International Financial Reporting Standards (IFRS) 2026

IAS-Verordnung, Rahmenkonzept 2003 und die von der EU gebilligten Standards und Interpretationen – deutsche Texte

English & German edition of the official standards and interpretations approved by the EU

Mit einem Geleitwort und einer Einstiegshilfe von Prof. Dr. Henning Zülch und Prof. Dr. Matthias Hendler

With a foreword and a primer by Prof. Dr Henning Zülch and Prof. Dr Matthias Hendler

Bibliografische Information der Deutschen Nationalbibliothek
Die Deutsche Nationalbibliothek verzeichnet diese Publikation in der Deutschen Nationalbibliografie; detaillierte bibliografische Daten sind im Internet über <http://dnb.d-nb.de> abrufbar.

Print ISBN: 978-3-527-51239-3
Umschlaggestaltung: Christian Kalkert, Birken-Honigsessen
Satz: Straive, Chennai, India
Druck und Bindung: Bell and Bain Ltd, Glasgow

Library of Congress Card No.:
applied for

British Library Cataloguing-in-Publication Data
A catalogue record for this book is available from the British Library.

Bibliographic information published by the Deutsche Nationalbibliothek
The Deutsche Nationalbibliothek lists this publication in the Deutsche Nationalbibliografie; detailed bibliographic data are available on the Internet at http://dnb.d-nb.de.

ISBN: 978-3-527-51239-3
Cover design: Christian Kalkert, Birken-Honigsessen
Typesetting: Straive, Chennai, India
Printing and Binding: Bell and Bain Ltd, Glasgow

Hinweis des Verlags:

Bitte beachten Sie unseren besonderen Service: Änderungen, die von der EU zeitnah zur Erstveröffentlichung dieses Buchs genehmigt und veröffentlicht werden, können Sie gegebenenfalls online unter http://www.wiley-vch.de/publish/dt/books/ISBN978-3-527-51239-3/ abrufen.

Publisher' Note:

Please note our special service:
Should any novelties or amendments be endorsed and published by the EU promptly after the first publication of this book, they will be made accessible online via http://www.wiley-vch.de/publish/dt/books/ISBN978-3-527-51239-3/.

Prof. Dr. Henning Zülch ist Inhaber des Lehrstuhls Rechnungslegung, Prüfung und Kapitalmarktkommunikation an der Handelshochschule Leipzig (HHL) – Leipzig Graduate School of Management. Die HHL, 1898 als Handelshochschule Leipzig entstanden und 1992 neu gegründet, ist Deutschlands älteste betriebswirtschaftliche Hochschule und zählt heute zu den führenden Business Schools in Europa. Die HHL ist eine private staatlich anerkannte universitäre Hochschule mit Promotions- und Habilitationsrecht. Henning Zülch ist überdies seit dem Wintersemester 2007/2008 Gastprofessor an der Universität Wien im Bereich „Selected Foreign Accounting Systems". Daneben ist er Autor mehrerer Monographien und von über 600 nationalen wie internationalen Zeitschriftenbeiträgen sowie Mitglied in zahlreichen wissenschaftlichen und berufsständischen Organisationen im Bereich der externen Rechnungslegung, Wirtschaftsprüfung, Corporate Governance und Finanzkommunikation. So ist er Mitglied im Herausgeberbeirat zahlreicher nationaler wie internationaler Journals sowie Mitbegründer des Instituts für Kapitalmarktforschung (www.kapitalmarkt-forschung.info).

StB Prof. Dr. Matthias Hendler ist Professor für Unternehmensrechnung an der Hochschule Bochum. Nach seiner Promotion 2002 war er drei Jahre Mitglied der IFRS-Advisory-Group der KPMG, Düsseldorf. Dort war er verantwortlich für die fachliche Schulung von Mandanten und Mitarbeitern sowie die fachliche Unterstützung von Prüfungsteams. 2004 wurde er zum Steuerberater bestellt. Nach vier Jahren an der Fachhochschule Oldenburg/Ostfriesland/Wilhelmshaven ereilte ihn 2009 der Ruf an die Hochschule Bochum.

Prof. Dr. Matthias Hendler ist Gesellschafter der DOSU AG Wirtschaftsprüfungsgesellschaft, Dortmund. Als ausgewiesener Spezialist in nationaler und internationaler Rechnungslegung ist er Leiter des IFRS-Competence-Center der DOSU AG, Dortmund. Dort ist er verantwortlich für die Prüfung von nach IFRS erstellten Konzernabschlüssen, die Begleitung und Beratung von Unternehmen in Enforcement-Verfahren sowie die fachliche Unterstützung von Unternehmen.

Prof. Dr. Matthias Hendler ist seit vielen Jahren Referent bei zahlreichen Seminaren sowie Inhouse-Schulungen und -Workshops zur nationalen und internationalen Rechnungslegung.

Kontakt: matthias@hendler.eu

Prof. Dr Henning Zülch holds the Chair of Accounting and Capital Market Communication at HHL — Leipzig Graduate School of Management. HHL, founded in 1898 as Handelshochschule Leipzig and reopened in 1992, is Germany's oldest business school. Today it is ranked among the leading business schools in Europe. HHL is a private and state-recognized university with the right to award doctorates and post-doctoral lecture qualifications. Moreover, Henning Zülch is visiting professor at the University of Vienna in the field of "Selected Foreign Accounting Systems" since the Fall Term 2007. In addition he is the author of several books and more than 500 national and international papers and articles, and a member of several scientific and professional organizations in the field of accounting, auditing, corporate governance and financial communication. He is also a member of the editorial board of several respected national and international journals and the co-founder of the Institute of Capital-Market-Research (www.kapitalmarkt-forschung.info).

Prof. Dr Matthias Hendler, Certified Tax Consultant, is chair of Accounting at the University of Applied Sciences Bochum. After his graduation in 2002 he was a member of the IFRS Advisory Group of KPMG, Düsseldorf for three years. There he was responsible for the professional instruction of clients and staff members as well as for the professional support of audit teams. In 2004 he was appointed as a Certified Tax Consultant. After four years at the University of Applied Sciences Oldenburg/Ostfriesland/Wilhelmshaven he was offered a chair by the University of Applied Sciences in Bochum in 2009.

Prof. Dr Matthias Hendler is associate of the supervisory board of the DOSU AG (Dosu limited company) Wirtschaftsprüfungsgesellschaft, Dortmund. As a renowned expert in national and international financial reporting he is the director of the IFRS centre of excellence of DOSU AG, Dortmund. There he is responsible for the auditing of IFRS consolidated financial statements, the monitoring and consulting of companies in enforcement-proceedings and the professional support of companies.

For several years now Prof. Dr Matthias Hendler has been a speaker at numerous seminars and inhouse training workshops concerning national and international accounting.

Contact: matthias@hendler.eu

Geleitwort

Die Globalisierung der Kapitalmärkte hat dazu geführt, dass die internationalen Rechnungslegungsvorschriften in den letzten Jahrzehnten stark an Bedeutung gewonnen haben. Rechnungsleger weltweit sprechen keine nationalen Sprachen mehr, sondern eine internationale Sprache. Die gemeinsame Sprache der Rechnungsleger heißt „International Financial Reporting Standards (IFRS)" des International Accounting Standards Board (IASB).

Der Durchbruch der IFRS gelang in der Europäischen Union am 19. Juli 2002 mit der Verabschiedung der so genannten IAS-Verordnung durch das Europäische Parlament und den Rat der Europäischen Union. Auf Grund dieser Verordnung sind kapitalmarktorientierte Unternehmen mit Sitz in der Europäischen Union verpflichtet ihren Konzernabschluss nach den Vorschriften der IFRS zu erstellen.

Zudem erstellen zahlreiche Unternehmen einen Konzernabschluss nach den IFRS, ohne dazu rechtlich verpflichtet zu sein. Häufig wird in diesem Zusammenhang von einer „freiwilligen" Erstellung nach den IFRS gesprochen. Davon kann aber nicht in allen Fällen die Rede sein, da eine mittelbare Verpflichtung häufig aus den Anforderungen von Kunden, Lieferanten, Banken, sonstigen Geschäftspartnern und/oder Investoren resultiert.

Auch in den USA setzen sich die IFRS weiter durch. Ausländische Unternehmen dürfen in Übereinstimmung mit den IFRS erstellte Berichte sowie Zwischenberichte bei der SEC einreichen, ohne diese auf US-GAAP überleiten zu müssen (Releases „33-8879, 34-57026").

Am 14. November 2008 hat die SEC bereits den Vorschlag einer Roadmap verabschiedet (Release „33-8982, 34-58960"; File No. S7-27-08), nach welcher US-amerikanische Emittenten verpflichtet wären, ab 2014 den Konzernabschluss nach IFRS zu erstellen. Von der SEC wurden seinerzeit über 200 Stellungnahmen zu dieser Roadmap ausgewertet. Einigkeit herrscht darüber, dass künftig nur noch ein „set of accounting standards" angewandt werden soll. Um dieses Ziel zu erreichen, lief ein Konvergenzprojekt zwischen dem für die IFRS verantwortlichen IASB und dem für die US-GAAP zuständigen FASB, welches bis Mitte 2011 im Wesentlichen abgeschlossen sein sollte. Dies war indes nicht der Fall. Vielmehr wurde am 13. Juli 2012 der finale Bericht der Arbeitsgruppe der SEC veröffentlicht, in dem umfassend das Rechnungslegungssystem der IFRS sowie das Standardsetzungsverfahren des IASB im Hinblick auf eine Übernahme der IFRS in den USA analysiert wird. Eine Empfehlung für das weitere Vorgehen wird allerdings seitens der SEC nicht ausgesprochen. Ein sogenanntes Condorsement, d. h. eine fortschreitende Konvergenz der Regelungsbereiche mit dem Ziel eines U.S.-amerikanischen Endorsement scheint immer noch ein möglicher Weg einer IFRS-Akzeptanz zu sein. Der Chief Accountant der SEC hat am 8. Dezember 2014 in diesem Zusammenhang angekündigt, zeitnah und unvoreingenommen, d. h. ungeachtet bestehender Vorarbeiten, zu einer Entscheidung hinsichtlich der Einführung von IFRS gelangen zu wollen. In Reden vom 5. Dezember 2016 und 10. Dezember 2018 bestärkte der Chief Accountant der SEC die weitere Zusammenarbeit des FASB und des IASB, um vor allem Unterschiede zwischen US-GAAP und den IFRS zu eliminieren. Gleichwohl bekräftige er, dass zumindest für die nahe Zukunft an dem FASB und den US-GAAP noch festgehalten würde (siehe dessen Rede auf der „2018 AICPA Conference on Current SEC and PCAOB Developments" und der „2018 AICPA Conference on Current SEC and PCAOB Developments" unter https://www.sec.gov/news/speech/keynote-address-2016-aicpa-conference-working-together.html sowie https://www.sec.gov/news/speech/speech-bricker-121018-1). Seitdem hat sich am grundsätzlichen Kurs der SEC nichts geändert. Die USA haben die IFRS für inländische Emittenten bis heute nicht übernommen, und eine Einführung ist auch aktuell nicht vorgesehen. Ausländische Emittenten (Foreign Private Issuers) dürfen ihre Abschlüsse weiterhin nach IFRS „as issued by the IASB" ohne Überleitungsrechnung auf US-GAAP bei der SEC einreichen. Ein umfassendes Konvergenzprogramm zwischen IASB und FASB besteht nicht mehr; es finden lediglich punktuelle Abstimmungen statt. In regulatorischer Hinsicht richtet sich die Aufmerksamkeit der SEC derzeit vor allem auf Fragen der Nachhaltigkeits- und Klimaberichterstattung. Die im März 2024 verabschiedete SEC-Klimaregel wurde nach rechtlichen Anfechtungen im April 2024 ausgesetzt, und im März 2025 hat die SEC erklärt, die Verteidigung dieser Regel nicht weiterzuführen, sodass das Verfahren aktuell pausiert ist. Während international die vom ISSB entwickelten Standards IFRS S1 und S2 bereits in zahlreichen Jurisdiktionen eingeführt oder in Vorbereitung sind, hat die SEC deren Übernahme in den USA bislang nicht beschlossen. Damit bleibt offen, wie sich der bedeutendste Kapitalmarkt der Welt in Bezug auf eine Annäherung an die IFRS künftig positionieren wird.

Auf Grund der großen Zahl an Unternehmen und den detaillierten Vorschriften der IFRS, ist der Bedarf an IFRS-spezifischem Know-how nach wie vor enorm groß. Bei der Auseinandersetzung mit den IFRS stellt der interessierte Rechnungsleger schnell fest, dass die vom IASB verabschiedeten Standards in englischer Sprache veröffentlicht werden. Hilfreich ist dabei für viele Rechnungsleger eine deutsche Übersetzung der Standards. Dabei ist indes zu beachten, dass die deutsche Übersetzung an einigen Stellen ungenau oder sogar fehlerhaft ist.

In diesem Buch werden die englischen Texte der IFRS sowie deren offizielle Übersetzung durch die Europäische Union parallel dargestellt. Dies ermöglicht dem Leser, innerhalb kurzer Zeit sowohl auf den deutschen als auch auf den englischen Originaltext zurückzugreifen. Enthalten sind in diesem Buch die von der EU im europäischen Amtsblatt veröffentlichten Standards.

Foreword

Globalisation of capital markets has led to a sharp increase in the importance of international financial reporting regulations in the last decades. Accountants worldwide no longer speak national languages but one international language. The common language of accountants is "International Financial Reporting Standards (IFRS)" of the International Accounting Standards Board (IASB).

IFRS's breakthrough in the European Union occurred on 19th July 2002 with the approval of the so-called IAS regulation by the European Parliament and the Council of the European Union. Under this regulation, public listed companies governed by the law of a Member State are obliged to issue their consolidated financial statements in accordance with IFRS.

In addition, many companies account for under IFRS without being legally obliged to this. This is often referred to as "voluntary" IFRS-compliant reporting. This is not always strictly accurate, however, since an indirect obligation often results from the demands of customers, suppliers, banks, other business partners and/or investors.

The IFRS are also gaining wider acceptance in the United States. Non-domestic companies are allowed to file reports and interim reports with the SEC that have been compiled according to IFRS, without being obliged to translate them according to U.S. GAAP standards (Releases "33-8879, 34-57026").

Additionally the SEC issued already a roadmap (Release "33-8982, 34-58960"; File No. S7-27-08) under which U.S. issuers may be required to use IFRS in 2014. The SEC evaluated at that time over 200 statements on this roadmap. It is common consensus that only one "set of accounting standards" is to be used in the future. To achieve this aim, there was a convergence project between the IASB (responsible standard setter for the IFRS standards) and the FASB (responsible standard setter for the U.S.GAAP), which should be essentially finished by mid-2011. However, this was not the case. Instead, the SEC's staff issued on July 13, 2012 its "Final Staff Report", in which it comprehensively analyzed the IFRS accounting system as well as the IASB's standard setting procedure regarding possible acceptance of IFRS in the U.S. However, a recommendation regarding next steps on the roadmap is not mentioned by the SEC. A so-called "condorsement" approach, i.e. an accelerated convergence of IFRS and U.S. GAAP with a view to a U.S. Endorsement, seems to be one option of IFRS acceptance in the U.S. On 8th December 2014, the SEC Chief Accountant has announced in this context to reach a decision regarding IFRS adoption in a timely, but unprejudiced manner. In speeches on December 5, 2016 and December 10, 2018, the SEC Chief Accountant again encouraged the FASB and the IASB to continue their efforts in eliminating the differences between their respective standards. However, he affirmed that the FASB and the US GAAP will not cease to exist in the foreseeable future (see his speeches at the 2016 AICPA Conference on Current SEC and PCAOB Developments and at the 2018 AICPA Conference on Current SEC and PCAOB Developments available at https://www.sec.gov/news/speech/keynote-address-2016-aicpa-conference-working-together.html and https://www.sec.gov/news/speech/speech-bricker-121018-1). In the meantime no further steps have been taken to adopt IFRS in the USA or to further converge IFRS and US GAAP. It remains exciting what will happen in the world's largest capital market.

Owing to the large number of companies and the detailed rules of the IFRS, the demand for IRFS-specific expertise is still huge. When dealing with the IFRS, the accountant soon realises that the standards issued by the IASB are published in English. A German translation of the standards is useful for many accountants. Here it must be borne in mind that the German translation is in some places inexact or even wrong.

This book presents both the English texts of the IFRS and the official translation by the European Union side by side. This will enable the reader to refer quickly to both the German and the original English text. This book contains the standards published by the EU in the Official Journal.

Ergänzend zu dieser Textausgabe ist im Wiley-Verlag das von Prof. Dr. Henning Zülch und Prof. Dr. Matthias Hendler verfasste Lehrbuch „Bilanzierung nach IFRS“ erschienen. In diesem Lehrbuch werden die IFRS didaktisch aufbereitet und erläutert. Neben einer grundlegenden und prägnanten Einführung in die IFRS im europäischen Kontext werden die Bilanzierung der Hauptpositionen einer IFRS-Bilanz, bilanzielle Sonderbereiche wie etwa die Fertigungsaufträge, Steuerabgrenzung, Leasing oder Wertminderungen sowie konzernspezifische Regelungen erläutert. Die Kernaussagen werden zu Beginn eines jeden Kapitels dargestellt, was dem Leser erleichtert, in kurzer Zeit einen umfassenden Überblick über die Regelungen zu erhalten. Praxisbeispiele und weiterführende Literaturhinweise runden die Darstellung der Sachverhalte ab.

Die vorliegende Textausgabe hat den Redaktionsstand 1. Februar 2026 und basiert auf der mit Verordnung 2023/1803 in europäisches Recht übernommenen Neuübersetzung (vgl. hierzu detailliert auch HOFFMANN, S., Die neuen amtlichen Übersetzungen der IFRS, in: WPg 24/2024, S. 1291-1295). Neu in dieser Ausgabe sind unter anderem die Änderungen an IFRS 7 und IFRS 9 zu Änderungen an der Einstufung und Bewertung von Finanzinstrumenten sowie zu Verträgen, die sich auf naturabhängigen Strom beziehen und die Jährlichen Verbesserungen an den IFRS-Rechnungslegungsstandards – Band 11. Andere Projekte sind aktuell Gegenstand des EU-Endorsement-Prozesses. Diese Verlautbarungen befinden sich daher nicht in der vorliegenden Ausgabe.

Wir wünschen allen Lesern dieses Buches viel Freude und Erfolg bei der Arbeit mit den IFRS, und hoffen, dass Ihnen dieses Buch behilflich ist, sich in den zahlreichen Regelungen zu Recht zu finden! Anregungen und Hinweise können Sie an die Postadresse des Verlags oder an „Wirtschaft@Wiley-VCH.de“ senden.

Leipzig und Münster
im Januar 2026

Professor Dr. Henning Zülch und
Professor Dr. Matthias Hendler

In addition to the publication on hand, Wiley-VCH has published a textbook called "Bilanzierung nach IFRS", written by Professor Dr Henning Zülch and Professor Dr Matthias Hendler. This textbook provides a plain overview of the IFRS. Headed by a basic and concise introduction to the IFRS in a European context, it offers clarifications on the main financial positions of an IFRS statement as well as on special categories such as construction contracts, deferred taxation, leasing contracts, and impairment. Moreover it provides the reader with an introduction into the field of consolidated financial statements under IFRS. The most crucial points are summarized at the beginning of each chapter which enables the reader to gain a comprehensive insight into the respective standards very quickly. Presentation is completed by practical examples and tips for further reading.

The present edition went to press on 1st February 2026. New in this edition are amongst others, amendments to IFRS 7 and IFRS 9 regarding amendments to the classification and measurement of financial instruments and contracts referencing nature-dependent electricity as well as annual improvements to IFRS – Volume 11. Other regulations approved by the IASB, are part of the ongoing endorsement discussion in the European Union. These pronouncements are therefore not to be found in the present edition.

We wish all readers of this book much pleasure and success in their work with the IFRS and hope that this book helps them to find their way among the numerous rules! You can send your suggestions and comments to the publisher's postal address or to "Wirtschaft@Wiley-VCH.de".

Leipzig and Münster
January 2026

Professor Dr Henning Zülch and
Professor Dr Matthias Hendler

Inhalt

Contents

IFRIC Interpretationen

Standing Interpretations Committee Interpretationen

IFRIC Interpretation

Standing Interpretations Committee Interpretationen

Die Verlautbarungen der IASB-Rechnungslegung

Eine Einstiegshilfe von
Professor Dr. Henning Zülch, Leipzig/Wien und Professor Dr. Matthias Hendler, Münster

Ausgangspunkt

Dieses einführende Kapitel soll Ihnen zunächst einen Einblick in das Regelwerk des IASB geben. Dies hilft Ihnen, den Stellenwert der zahlreichen, in diesem Textband veröffentlichten Standards und Interpretationen des IASB auszumachen. Folgende Fragen sind in diesem Zusammenhang zu klären:
- Welche Verlautbarungen existieren im Rahmen der IASB-Rechnungslegung und welche praktische Bedeutung bzw. Bindungswirkung besitzen diese einzelnen Verlautbarungen für die bilanzierenden Unternehmen?
- Was geschieht im Falle von Regelungslücken?
- Wie kann Ihnen die vorliegende Textausgabe im Rahmen der Bilanzierung nach IFRS weiterhelfen?

Die Verlautbarungen in der IASB-Rechnungslegung und ihre Bindungswirkung

Aufgrund der Dynamik des Wirtschaftslebens ist es unerlässlich, dass sich die Rechnungslegungsnormen permanent an die Umfeldbedingungen anpassen. Um der wirtschaftlichen Dynamik gerecht zu werden, erlässt das IASB eine Vielzahl von Verlautbarungen, die sich vor allem durch ihre Bindungswirkung für die bilanzierenden Unternehmen voneinander unterscheiden. Vor jedem IFRS bzw. IAS wird in der Originalausgabe des IASB der Hinweis gegeben, dass der jeweilige Standard in Verbindung mit seiner Zielsetzung, ggf. den Grundlagen für Schlussfolgerungen, dem Vorwort zu den International Financial Reporting Standards und dem Rahmenkonzept zu betrachten ist. Zudem werden vom IASB überdies die sogenannten Anwendungshilfen veröffentlicht. Im Folgenden werden die nachstehenden Verlautbarungen erläutert:
- das Vorwort zu den International Financial Reporting Standards,
- das Rahmenkonzept,
- die Rechnungslegungsstandards (IAS/IFRS),
- die Rechnungslegungsinterpretationen (SIC/IFRIC),
- die Grundlagen für Schlussfolgerungen und
- die sog. Anwendungshilfen (Anleitungen zur Standardanwendung/Anwendungsleitlinien/Anwendungsbeispiele).

Die Ausführungen im Vorwort zu den IFRS enthalten allgemeine Hinweise zur IASB-Rechnungslegung. So werden im **Vorwort** u. a. die Zielsetzung des IASB sowie der Anwendungsbereich, die Bindungswirkung sowie das förmliche Verfahren der Entwicklung und Verabschiedung der Rechnungslegungsstandards geklärt. Besonders relevant bezüglich der Bindungswirkung der Verlautbarungen sind dabei die Hinweise in IAS 1.16. IAS 1.16 bestimmt, dass ein Abschluss nicht als mit den IFRS übereinstimmend bezeichnet werden darf, solange er nicht sämtliche Anforderungen der IFRS erfüllt.

Das **Rahmenkonzept** des IASB bildet ein hierarchisch aufgebautes Grundsatzsystem, welches geleitet von der Zielsetzung der IASB-Rechnungslegung – Vermittlung entscheidungsnützlicher Informationen an die Abschlussadressaten – Basisgrundsätze und Qualitätsgrundsätze umschließt. Die **Basisgrundsätze** stellen die einem IFRS-Abschluss zu Grunde liegenden Rechnungslegungsannahmen dar. Zu ihnen zählen die Grundsätze der Unternehmensfortführung und der periodengerechten Erfolgsabgrenzung. Diese Grundsätze sind auch als handelsrechtliche Grundsätze ordnungsmäßiger Buchführung bekannt und inhaltlich nahezu identisch mit den handelsrechtlichen Regelungen. Mit den **Qualitätsgrundsätzen** werden die Anforderungen an Abschlussinformationen formuliert. Als qualitative Anforderungen gelten die Verständlichkeit, die Relevanz, die Verlässlichkeit und die Vergleichbarkeit. Die qualitativen Anforderungen der Relevanz und der Zuverlässigkeit werden ihrerseits wiederum durch Nebenbedingungen begrenzt. Zu diesen Nebenbedingungen zählen die zeitnahe Berichterstattung, die Kosten-Nutzen-Abwägung und die Grundsatzabwägung. Mit Hilfe dieser Nebenbedingungen sollen mögliche Zielkonflikte zwischen den qualitativen Anforderungen der Relevanz und der Zuverlässigkeit ausgeräumt werden. Den Adressaten eines IFRS-Abschlusses sind letztlich unter Beachtung der bezeichneten Nebenbedingungen sowohl relevante als auch zuverlässige Abschlussinformationen zu vermitteln. Die angeführten Basisgrundsätze und Qualitätsgrundsätze werden überdies ergänzt durch weitere Rechnungslegungsgrundsätze, wie die Ansatz- und Bewertungsgrundsätze und die Kapitalerhaltungskonzepte des IASB. Diese Grundsätze werden ebenso wie die Basisgrundsätze und Qualitätsgrundsätze als Rahmengrundsätze der IASB-Rechnungslegung bezeichnet. Insgesamt ist festzuhalten: Das Rahmenkonzept dient als Auslegungs- und Orientierungshilfe und ist damit der konzeptionelle Bezugsrahmen für das Rechnungslegungssystem des IASB. Es richtet sich an das IASB, die Ersteller von IFRS-Abschlüssen, deren Prüfer sowie die Abschlussadressaten. Es dient darüber hinaus als Grundlage für die Erarbeitung neuer sowie die Auslegung bereits bestehender Rechnungslegungsstandards. Ihm wird nicht der Rang bzw. Verpflichtungscharakter eines Rechnungslegungsstandards zuteil. Unter Berufung auf das Rahmenkonzept darf auch nicht gegen einzelne Rechnungslegungsstandards verstoßen werden. Diese Textausgabe enthält das von der EU als Anhang des Kommentars zur IAS-Verordnung und den Rechnungslegungsrichtlinien im November 2003 veröffentlichte Rahmenkonzept. Indes ist darauf hinzuweisen, dass das IASB im Rahmen der Neuentwicklung des Rahmenkonzepts im Juli 2013 das Discussion Paper DP/2013/1 veröffentlicht hat, welches bis Januar 2014 kommentiert worden ist. Der entsprechende Exposure Draft wurde im Mai 2015 veröffentlicht und bis November 2015 kommentiert. Die eingegangenen Stellungnahmen wurden schließlich

The IASB Financial Reporting Pronouncements

A Primer by

Professor Dr Henning Zülch, Leipzig/Vienna and Professor Dr Matthias Hendler, Münster

Starting point

To begin with, this introductory chapter offers an insight into the IASB rule set. This will help you to understand the relative importance of the many IASB standards and interpretations published in this volume. In this context the following questions will be addressed:

— What pronouncements exist within the context of IASB financial reporting and what practical significance or binding force do these individual pronouncements have for the reporting company?
— What happens when there are regulatory gaps?
— How can this book help you in the context of IFRS-compliant accounting?

The Pronouncements in IASB financial reporting and their binding force

The dynamics of business life make it essential that financial reporting standards adapt continuously to external conditions. To meet the demands of business dynamics the IASB issues a large number of pronouncements, which differ among themselves principally in terms of their mandatory effect for the reporting company. At the head of each IFRS or IAS in the original edition it is pointed out by the IASB that the standard in question is to be viewed in conjunction with its objective, the basis for conclusions, the Preface to the International Financial Reporting Standards and the framework. In addition the IASB also provides what it terms guidance. The following pronouncements will now be discussed in more detail:

— Preface to the International Financial Reporting Standards,
— Framework,
— International Accounting Standards/International Financial Reporting Standards (IASs/IFRSs),
— Financial reporting interpretations (SICs/IFRICs),
— Bases for conclusions and
— Guidance (application guidance/implementation guidance/illustrative examples).

The statements in the **Preface** to the IFRS contain general notes on IASB financial reporting. The Preface explains, among other things, the objectives of the IASB and the scope, the mandatory force and the due process for developing and approving financial reporting standards. Of particular importance in relation to the mandatory force of pronouncements are the references in IAS 1.16. IAS 1.16 stipulates that a financial statement cannot be described as IFRS-compliant unless it meets all IFRS requirements.

The IASB **Framework** forms a hierarchical system of principles which, headed by the IASB financial reporting objectives — to provide information to the users of financial statements that is useful in making economic decisions — comprises basic principles and qualitative characteristics of financial statements. The **basic principles** are embodied in the financial reporting assumptions on which an IFRS financial statement is based. These include the principles of the going concern and accounting on an accrual basis. These principles are also known as generally accepted accounting principles under German Commercial Code (GCC) and in content practically identical. The informational requirements of a financial statement are formulated under the **qualitative characteristics of financial statements.** The quality requirements are understandability, relevance, reliability and comparability. The qualitative characteristics of relevance and reliability are further modified by subsidiary conditions. These subsidiary conditions include timely reporting, the balance between benefit and cost and the balance between the qualitative characteristics. The aim of these subsidiary conditions is to eliminate potential conflicts between the qualitative characteristics of relevance and reliability. Through observance of the subsidiary conditions the user of an IFRS financial statement should finally receive relevant and reliable financial information. The above basic and qualitative characteristics are then supplemented by further financial reporting principles, such as the recognition and measurement principles and the IASB's capital maintenance concepts. These principles, like the basic principles and qualitative characteristics, are termed the Framework of IASB financial reporting. In summary, the Framework serves as an aid to interpretation and orientation and is thus the conceptual frame of reference for the IASB's financial reporting system. It is addressed to the IASB, the preparers of IFRS financial statements, auditors and users of the statements. It further serves as a basis for the elaboration of new financial reporting standards and the interpretation of existing ones. It is not assigned the status or mandatory nature of an Financial Reporting Standard. Nor can individual financial reporting standards be infringed by appeal to the Framework. This publication includes the conceptual framework as published by the European Union in November 2003 as an appendix to the commentary on the IAS regulation and accounting principles. As part of the revision of the conceptual framework, the IASB published the Discussion Paper DP/2013/1 in July 2013 which has been commented until January 2014. The respective Exposure Draft was issued in May 2015 and was open to public consultation until November 2015. Comments received were finally discussed intensively by the IASB in 2016. The revised Framework was published on March 29, 2018 by the IASB. The status quo of the Framework revision project can be accessed here: https://www.ifrs.org/projects/2018/conceptual-framework/. However, as of January

intensiv vom IASB in 2016 erörtert. Das überarbeitete Rahmenkonzept wurde letztendlich am 29. März 2018 vom IASB veröffentlicht. Der aktuelle Stand des Überarbeitungsprojektes kann hier aufgerufen werden: https://www.ifrs.org/projects/2018/conceptual-framework/. Indes wurde das überarbeitete Rahmenkonzept per se noch nicht von der EU gebilligt, siehe beispielsweise www.iasplus.com (Stand: Juli 2025). Das überarbeitete Rahmenwerk ist für Unternehmen anzuwenden, deren Geschäftsjahre am oder nach dem 1. Januar 2025 beginnen (https://www.ifrs.org/issued-standards/list-of-standards/conceptual-framework/). Klarstellend ist in diesem Zusammenhang festzustellen, dass das Rahmenkonzept selbst nicht als IFRS-Standard gilt und deshalb nicht unmittelbar dem EU-Endorsement-Verfahren unterliegt. Indes hat die EU im Dezember 2019 die Übernahme der sogenannten „Amendments to References to the Conceptual Framework in IFRS Standards" beschlossen, sodass die Verweise in bestehenden IFRS-Standards auf das neue Rahmenkonzept angepasst wurden. Damit beziehen sich die Standards nun konsistent auf die Fassung von 2018, ohne dass das Rahmenkonzept selbst als eigenständiger Rechtsakt in der EU gebilligt worden wäre. Das überarbeitete Rahmenwerk ist damit in der Praxis ab 1. Januar 2025 wirksam, bleibt aber im Verhältnis zu den IFRS nachrangig: Im Falle eines Widerspruchs zwischen einem Standard und dem Rahmenkonzept hat stets der Standard Vorrang.

Zu den **Rechnungslegungsstandards** als dem Kernelement der IASB-Rechnungslegung zählen gem. IAS 1.7 die IAS und IFRS sowie die SIC und IFRIC. Die bis zur Restrukturierung des IASC im Jahre 2001 erlassenen Rechnungslegungsnormen heißen IAS bzw. SIC und die nach der Restrukturierung durch das IASB erlassenen Rechnungslegungsstandards tragen die Bezeichnung IFRS bzw. IFRIC. Dabei wird die Bezeichnung „IFRS" zusätzlich als Oberbegriff für sämtliche Rechnungslegungsstandards und Rechnungslegungsinterpretationen verwendet. Bis zu seiner Restrukturierung im Jahre 2001 hat das IASC 41 IAS erlassen und veröffentlicht, von denen 16 wieder aufgehoben oder zurückgezogen wurden und 25 derzeit gültig sind. Das zum 1. April 2001 als zentrales Entscheidungsorgan eingesetzte IASB hat bislang 19 IFRS veröffentlicht. IFRS 18 (Zu Darstellung und Angaben im Abschluss) und IFRS 19 (Tochternehmen ohne öffentliche Rechenschaftspflicht) wurden im April/Mai 2024 herausgegeben und sind erstmalig für Geschäftsjahre anzuwenden, die am oder nach dem 1. Januar 2027 beginnen. Die Rechnungslegungsstandards befassen sich mit abgegrenzten Teilbereichen der IASB-Rechnungslegung. Sie folgen keiner einheitlichen Systematik und decken teilweise Bilanzposten (z. B. IAS 2 – Vorräte; IAS 16 – Sachanlagevermögen oder IAS 38 – Immaterielle Vermögenswerte) und bestimmte Probleme der Rechnungslegung (z. B. IFRS 15 – Erlöse aus Verträgen mit Kunden) ab. Zum Teil behandeln sie die Gestaltung von Bestandteilen des Abschlusses (z. B. IAS 7 – Kapitalflussrechnung) oder Sonderfragen einzelner Branchen (z. B. IAS 41 – Landwirtschaft). Die einzelnen IAS/IFRS sind meist wie folgt gegliedert:

- Zielsetzung,
- Anwendungsbereich,
- Definitionen (bei den IFRS im Anhang A),
- Bilanzierungsregeln,
- Offenlegungspflichten,
- Übergangsvorschriften,
- Zeitpunkt des Inkrafttretens und
- Anhang.

Für die Aufstellung eines IFRS-Abschlusses sind generell **alle gültigen IAS/IFRS verpflichtend anzuwenden.** Ein Rechnungslegungsstandard muss allerdings dann nicht angewendet werden, wenn seine Anwendung unwesentliche Auswirkungen auf die Vermögens-, Finanz- und Ertragslage des bilanzierenden Unternehmens hat (Wesentlichkeitsvorbehalt, IAS 8.8).

Die vor der Restrukturierung des IASC vom SIC erarbeiteten und veröffentlichten **Rechnungslegungsinterpretationen** werden SIC-Interpretationen genannt. Die im Anschluss daran vom IFRIC erlassenen und veröffentlichten Rechnungslegungsinterpretationen tragen die Bezeichnung IFRIC-Interpretationen. SIC- und IFRIC-Interpretationen gehören neben den IAS/IFRS zum Kern des IASB-Regelwerkes. Aktuell gelten insgesamt 35 Rechnungslegungsinterpretationen, wovon zwölf Interpretationen vom SIC und 23 Interpretationen bislang vom IFRIC veröffentlicht wurden. Die Interpretationen des IFRIC beschäftigen sich u. a. mit Fragestellungen in Bezug auf die Bilanzierung von Entsorgungsverpflichtungen (IFRIC 1) oder in Bezug auf Sachausschüttungen an Eigentümer (IFRIC 17). Mit den Interpretationen werden rechtzeitig Leitlinien für neue Fragen der Rechnungslegung für Unternehmen erarbeitet, die in den IFRS nicht gesondert behandelt werden, oder für solche Fragen, bei welchen sich unbefriedigende oder gegensätzliche Interpretationen entwickelt haben oder sich möglicherweise entwickeln werden. Die Rechnungslegungsinterpretationen werden zeitnah herausgegeben und beziehen sich nur auf Bilanzierungsfragen von allgemeinem Interesse. Sie werden konsistent zu den Rahmengrundsätzen und zu den bestehenden Rechnungslegungsstandards entwickelt. Die **Anwendung der Rechnungslegungsinterpretationen** ist, wie die der Rechnungslegungsstandards, verpflichtend. Die Interpretationen des IFRIC sind Normen, die Unternehmen zu beachten haben, wenn sie ihren Abschluss als IFRS-konform kennzeichnen wollen.

Die **Grundlagen für Schlussfolgerungen** fassen die Überlegungen des IASB bei der Entwicklung des entsprechenden Standards zusammen. Sie sind eine Art Gesetzesbegründung, in der festgehalten wird, welche alternativen Lösungen es für einen Sachverhalt gibt und warum sich der Board wie im Standard umgesetzt entschieden hat. Die Grundlagen für Schlussfolgerungen haben informativen Charakter. Bindungswirkung entfalten sie nicht.

Unter dem Begriff der **Anwendunghilfen** werden schließlich Anleitungen zur Standardanwendung, Anwendungsleitlinien sowie Anwendungsbeispiele verstanden. Allerdings gelten die Anleitungen zur Standardanwendung als integraler Bestandteil des jeweiligen Rechnungslegungsstandards (z. B. IAS 33, IFRS 9 und IFRS 13). Sie sind dementsprechend verpflichtend anzuwenden. Anwendungsleitlinien und Anwendungsbeispiele hingegen weisen einen geringeren

2025, the revised Framework itself has not been endorsed by the European Union, see e.g. www.iasplus.com. The revised framework applies for companies whose financial years begin on or after the 1st January 2025 (https://www.ifrs.org/issued-standards/list-of-standards/conceptual-framework/).

The **Financial Reporting Standards,** as the core element of IASB financial reporting, comprise, in accordance with IAS 1.7, the IAS and IFRS plus the SIC and IFRIC. The financial reporting standards issued up to the restructuring of the IASC in 2001 are known as IAS and SIC; the financial reporting standards issued after the restructuring by the IASB are termed IFRS and IFRIC. The term "IFRS" is also used as an umbrella term for all financial reporting standards and financial reporting interpretations. Up to the time of its restructuring in 2001 the IASC enacted and published 41 IAS, of which 16 have since been removed or withdrawn and 25 are currently in effect. The IASB, established in April 2001 as the central decision-making body, has published 19 IFRS so far. IFRS 18 (Presentation and Disclosure in Financial Statements) and IFRS 19 (Subsidiaries without Public Accountability: Disclosures) were publisched in April/May 2024 and are effective for financial years beginning on or after the 1 January 2027. The Financial Reporting Standards adress separate subsections of IASB financial reporting. They do not follow a uniform system: some cover balance sheet items (eg, IAS 2 — Inventories; IAS 16 — Property, Plant and Equipment or IAS 38 — Intangible Assets); others cover special problems of financial reporting (eg, IFRS 15 — Revenue from Contracts with Customers). Some deal with components of financial statements (eg, IAS 7 — Cash Flow Statements) or issues of special industries (eg, IAS 41 — Agriculture). The individual IAS/IFRS are usually structured as follows:

— objective
— scope
— definitions (in IFRS in the Appendix A)
— recognition and measurement
— disclosures
— transitional provisions
— effective date
— appendix

In general, in preparing IFRS financial statements **IASs/IFRSs which became effective must be applied.** A Financial Reporting Standard need not be applied, however, if its application would have immaterial consequences for the financial position or financial performance of the reporting entity (materiality reservation, IAS 8.8).

Financial reporting interpretations developed and published by the SIC before the restructuring of the IASC are known as SIC interpretations. Accounting interpretations issued and published subsequently by the IFRIC are termed IFRIC interpretations. SIC and IFRIC interpretations belong, with the IASs/IFRSs, to the core of the IASB regulatory code. A total of 35 financial reporting interpretations are currently in effect: twelve SIC interpretations and 23 IFRIC interpretations have so far been issued. The IFRIC interpretations are concerned with, among other topics, issues relating to the "Changes in Existing Decommissioning, Restoration and Similar Liabilities" (IFRIC 1) or with distributions of non-cash assets to owners (IFRIC 17). The interpretation shall provide timely guidance on newly identified financial reporting issues not specifically addressed in an IFRS or issues where unsatisfactory or conflicting interpretations have developed or seem likely to develop. Financial reporting interpretations are published in a timely way and refer only to accounting problems of general interest. They are developed consistent with the framework principles and existing financial reporting standards. The **application of the financial reporting interpretations** is, like that of financial reporting standards, mandatory. IFRIC interpretations are standards that companies have to follow if they wish to describe their financial statements as IFRS-compliant.

The **Basis for Conclusions** summarizes the IASB's reasoning in the development of the standard in question. It is a kind of preamble which states what alternative solutions there are for a particular case and why the Board decided as it did on the implementation in the standard. Bases for conclusions have an informational character. They have no mandatory force.

The term **guidance** is used to denote application guidance, implementation guidance and illustrative examples. An application guidance, however, is an integral part of the corresponding financial reporting standard (eg, IAS 33, IFRS 9 and IFRS 13). It must therefore mandatorily be applied. Implementation guidance and illustrative examples, on the other hand, have less of a mandatory character and constitute guidance in the narrower sense. They supplement the

Verpflichtungscharakter auf und bilden die Anwendungshilfen im engeren Sinne. Sie ergänzen den jeweiligen Rechnungslegungsstandard und stellen seine Umsetzbarkeit für die Bilanzierungspraxis klar. Anwendungsleitlinien wurden erstmals zu IAS 39 (Finanzinstrumente: Ansatz und Bewertung) veröffentlicht. Mittlerweile werden sie im Zusammenhang mit nahezu jedem neuen Rechnungslegungsstandard herausgegeben. Eine Anwendungsleitlinie ist so aufgebaut, dass sie Antworten auf die von Anwenderseite am häufigsten gestellten Fragen zur praktischen Umsetzung bestimmter Rechnungslegungsstandards vermittelt. Die Anwendungsleitlinien besitzen jedoch lediglich Empfehlungscharakter. Ebenso Empfehlungscharakter besitzen die Anwendungsbeispiele, welche wie die Anwendungsleitlinien nicht als Standardbestandteil gelten. Die Anwendungsbeispiele liefern praktische Umsetzungsbeispiele für den jeweiligen, durch den Rechnungslegungsstandard abzudeckenden bilanziellen Sachverhalt. Sie repräsentieren nicht die einzig zulässigen Umsetzungsmöglichkeiten der Standardregelungen und sind daher nicht als abschließend zu bezeichnen.

Hierarchie des IASB-Regelwerkes und Behandlung von Regelungslücken

Die dargestellten Verlautbarungen des IASB können noch nicht als in sich geschlossenes Normensystem angesehen werden. Weder liegt eine hinreichend verbindliche Regelungsgrundlage vor, noch sind alle Regelungslücken geschlossen. Regelungslücken sind durch zweckgerechte Auslegung seitens der Bilanzierenden selbst zu schließen. Dieses Problem bestehender und auslegungsbedürftiger Regelungslücken erkannte das IASB und führte im Rahmen des im Dezember 2003 abgeschlossenen Improvements Project in IAS 8 (Bilanzierungs- und Bewertungsmethoden, Änderungen von Schätzungen und Fehlern) eine Normenhierarchie zur Schließung derartiger Regelungslücken ein. Diese Normenhierarchie stellte eine Überarbeitung der bislang in IAS 1 (Darstellung des Abschlusses) verankerten Hierarchie dar.

Als oberste Aufgabe von IFRS-Abschlüssen und damit als Ausgangspunkt der Normenhierarchie gilt gemäß IAS 1.15 in Verbindung mit OB12, die Vermögens-, Finanz- und Ertragslage sowie die Mittelzu- und -abflüsse eines Unternehmens den tatsächlichen Verhältnissen entsprechend abzubilden. Bestimmte Umstände können jedoch dazu führen, dass die Einhaltung einer Standardbestimmung oder einer Interpretationsregelung ein falsches Bild von der wirtschaftlichen Lage des bilanzierenden Unternehmens zeichnet. In diesen denkbaren aber vom IASB in IAS 1.23 als sehr seltenen Einzelfall bezeichneten Situationen soll von der speziellen Einzelnorm abgewichen und über die Abweichung detailliert berichtet werden.

Abgesehen von seltenen Ausnahmen führt die Anwendung der IFRS annahmengemäß zu Abschlüssen, die das verlangte tatsächliche Bild der wirtschaftlichen Lage eines Unternehmens zeichnen. Bei konkreten bilanziell zu erfassenden Sachverhalten sind daher gem. IAS 8.7 ausdrücklich die geltenden Rechnungslegungsstandards und Rechnungslegungsinterpretationen heranzuziehen. Sie sind folglich die Grundlage der IASB-Normenhierarchie. Ergänzt werden die Rechnungslegungsstandards und Rechnungslegungsinterpretationen durch die veröffentlichten Anwendungshilfen, welche gemäß IAS 8.7 ebenfalls zur Lösung bilanzieller Problemstellungen angewendet werden sollen. Sie entfalten – wie oben bereits ausgeführt – bis auf die Anleitungen zur Standardanwendung, die integraler Bestandteil einiger Rechnungslegungsstandards sind, allerdings keine so starke Bindungswirkung wie Rechnungslegungsstandards und Rechnungslegungsinterpretationen.

Existieren nun allerdings Regelungslücken in der IASB-Rechnungslegung, d. h., kann ein Sachverhalt mittels geltender Rechnungslegungsstandards, Rechnungslegungsinterpretationen und Anwendungshilfen nicht zweckgerecht in einem IFRS-Abschluss abgebildet werden, bieten den Bilanzierenden die Regelungen in IAS 8.10–8.12 Auslegungshilfe. In den genannten Regelungen werden nicht bestimmte Methoden zur Lückenschließung expliziert, sondern es werden die Anforderungen an die bilanzielle Lösung formuliert und die zur Auslegung heranzuziehenden Quellen konkretisiert.

Generell gilt: Die Unternehmensführung des bilanzierenden Unternehmens hat im Fall einer Regelungslücke gemäß IAS 8.10 bei ihrer Urteilsbildung die qualitativen Anforderungen der Relevanz und Zuverlässigkeit zu berücksichtigen. Diese zunächst sehr abstrakte und in der Praxis wenig hilfreiche Forderung wird in **IAS 8.11** und **IAS 8.12** dahingehend präzisiert, dass eine **„Auslegungshierarchie"** festgelegt wird:

- Zunächst sind die Vorschriften anderer Rechnungslegungsstandards (IAS/IFRS) und Rechnungslegungsinterpretationen (SIC/IFRIC), die auf den betreffenden Sachverhalt analog angewendet werden können (IAS 8.11 (a)), zu betrachten.
- In einem weiteren Schritt sind die im Rahmenkonzept vorgegebenen Definitionen wie auch die dort festgeschriebenen Ansatz- und Bewertungskriterien für Vermögenswerte, Schulden, Erträge und Aufwendungen zur Auslegung zu verwerten (IAS 8.11 (b)).
- Im Zusammenhang mit den beiden erstgenannten Auslegungshilfen sowie für die Fälle, in denen die genannten Auslegungshilfen bestehende Regelungslücken nicht schließen konnten, dürfen Verlautbarungen anderer Standardsetter (z. B. FASB oder ASB), anerkannte Branchenpraktiken und wissenschaftliche Kommentarliteratur zur Auslegung hinzugezogen werden. Allerdings muss sichergestellt sein, dass diese Verlautbarungen und Branchenpraktiken sowie die wissenschaftliche Kommentarliteratur mit den Vorschriften des IASB vereinbar sind (IAS 8.12). Zur wissenschaftlichen Kommentarliteratur zu zählen sind u. a. Schriften, die sich mit abgegrenzten bilanziellen Problemstellungen beschäftigen (Dissertationen), und Beiträge in anerkannten Fachzeitschriften.

Neben den aufgeführten und in IAS 8.11 und IAS 8.12 explizit vorgesehenen Auslegungshilfen sind zwei weitere Auslegungshilfen abschließend zu würdigen. Zum einen kann das Vorwort zu den IFRS noch als Auslegungshilfe angesehen werden. Obwohl eingangs dem Vorwort für die Anwendung und Auslegung von Rechnungslegungsstandards keine Bedeutung zugesprochen wurde, muss festgestellt werden, dass jeder künftige oder überarbeitete Rechnungslegungsstandard in Zusammenhang mit dem Vorwort zu den IFRS zu lesen ist. Das Vorwort zu den IFRS ist somit ebenso als eine Auslegungshilfe im weiteren Sinne zu verstehen. Zum anderen können Standardentwürfe oder Entwürfe von Rechnungslegungsinterpretationen zur Schließung

corresponding standard and present possible implementations in accounting practice. Implementation guidance was first published for IAS 39 (Financial Instruments: Recognition and Measurement). Now it is published in conjunction with almost every new financial reporting standard. An implementation guidance is so constructed as to provide answers to users' most frequently asked questions on the practical implementation of particular financial reporting standards. Implementation guidance has, however, only the status of recommendation. Also recommendatory are the illustrative examples, which, like the implementation guidance, are not considered part of the standard. The illustrative examples provide practical examples of implementations for the accounting scenarios covered by the financial reporting standard. They do not represent the only possible permissible implementations of the standard rules and cannot therefore be defined as exclusive.

Hierarchy of the IASB regulatory code and treatment of regulatory gaps

The IASB pronouncements presented above cannot be viewed as a self-contained system of standards. No sufficiently mandatory regulatory base exists and not all regulatory gaps have been closed. Gaps in the regulations are to be closed by appropriate interpretation on the part of the accountant him- or herself. The IASB recognized this problem of regulatory gaps that existed and needed interpretation and under the Improvements Project, completed in December 2003, introduced in IAS 8 (Accounting Policies, Changes in Accounting Estimates, and Errors) a hierarchy of standards to close such regulatory gaps. This hierarchy of standards constitutes a reworking of the hierarchy previously established in IAS 1 (Presentation of Financial Statements).

The primary function of IFRS financial statements and thus the starting point of the hierarchy of standards is, according to IAS 1.15 in conjunction with OB12, to provide a fair presentation of the financial position, financial performance and cash flows of a company. Particular circumstances may, however, mean that compliance with the provisions of a standard or interpretation creates a false picture of the financial situation of the reporting company. In these situations — conceivable but described by the IASB in IAS 1.23 as extremely rare individual cases — departure from the particular requirement should be made and full details of the departure reported.

Rare exceptions apart, application of the IFRSs is presumed to result in financial statements that achieve the required fair presentation of the actual financial situation of a company. For concrete cases to be accounted for the applicable financial reporting standards and financial reporting interpretations according to IAS 8.7 should therefore be followed. Consequently, they are the basis of the IASB hierarchy of standards. The financial reporting standards and financial reporting interpretations are supplemented by guidance, which according to IAS 8.7 should also be used in the solving of accounting problems. As explained above, however, these guidances, apart from the application guidance, which are an integral component of some financial reporting standards, do not have the same mandatory force as financial reporting standards and financial reporting interpretations.

If, however, regulatory gaps exist in IASB financial reporting, ie, if a set of circumstances cannot be fairly presented in an IFRS financial statement by means of existing applicable financial reporting standards, financial reporting interpretations and guidances, the rules in IAS 8.10—8.12 offer the accountant interpretive help. These rules do not define specific ways of closing gaps; rather, they formulate the requirements of the accounting solution and specify the sources to be drawn on for interpretation.

The general rule is: in case of a regulatory gap, the management of the reporting company should, according to IAS 8.10, consider the qualitative demands of relevance and reliability in forming its judgement. This requirement, on the face of it very abstract and of little help in practice, is made more precise in **IAS 8.11** and **IAS 8.12** to the extent that a **"hierarchy of interpretation"** is established:

- First, the regulations of other Financial Reporting Standards (IASs/IFRSs) and Financial Reporting Interpretations (SICs/IFRICs) that can be applied by analogy to the case in question (IAS 8.11 (a)) should be considered.
- The next step is to evaluate both the definitions given in the Framework and the recognition criteria and measurement concepts stipulated there for assets, liabilities, income and expenses for the interpretation.
- In conjunction with the above two aids to interpretation and in cases where these aids to interpretation cannot close existing regulatory gaps, most recent pronouncements of other standardsetting bodies (eg, FASB or ASB), accepted industry practices and academic literature may be drawn upon for the interpretation. It must of course be ensured that these pronouncements, industry practices and academic literature are compatible with the rules of the IASB (IAS 8.12). Academic literature includes papers dealing with specific accounting topics (Ph.D.-Theses) and articles in accepted professional journals.

Finally, in addition to the aids to interpretation listed above and explicitly provided in IAS 8.11 and IAS 8.12, two more aids to interpretation are worthy of mention. Firstly, the Preface to the IFRS can be seen as another aid to interpretation. Although initially no significance was attributed to the Preface for the application and interpretation of financial reporting standards, it must be noted that every future or revised financial reporting standard is to be read in conjunction with the Preface of the IFRS. The Preface to the IFRS should therefore also be considered an aid to interpretation in a wider sense. Secondly, exposure drafts of financial reporting standards or interpretations can be drawn upon to close regulatory gaps.

von Regelungslücken herangezogen werden. Sollten die im Standardentwurf oder im Interpretationsentwurf vorgesehenen Bilanzierungs- und Bewertungsmethoden im Rahmen der öffentlichen Diskussion auf allgemeine Zustimmung stoßen, wird diesen Entwürfen der Status wissenschaftlicher Kommentarliteratur beigemessen. Stellen sich bei der endgültigen Verabschiedung der Rechnungslegungsstandards oder Rechnungslegungsinterpretationen allerdings Abweichungen zwischen Entwurf und verabschiedeter Norm heraus, sind vom bilanzierenden Unternehmen ggf. rückwirkende Anpassungen vorzunehmen. Nähere Informationen zur Schließung von Regelungslücken finden Sie auch im korrespondierenden Lehrbuch von Zülch|Hendler, Bilanzierung nach IFRS, 2. Auflage, ISBN 978-3-527-50767-2, auf den Seiten 37–40.

Bedeutung der vorliegenden Textausgabe

Die vorliegende Textausgabe umfasst die von der Europäischen Union (EU) gebilligten und veröffentlichten Rechnungslegungsnormen des IASB. Hierbei handelt es sich um die von der EU gebilligten Rechnungslegungsstandards (IAS/IFRS) und Rechnungslegungsinterpretationen (SIC/IFRIC). Ihre Billigung basiert auf einem speziellen Anerkennungsverfahren. Dieses Verfahren müssen neue wie überarbeitete Rechnungslegungsstandards und Rechnungslegungsinterpretationen bestehen, bevor sie auf EU-Ebene rechtskräftig werden. So vermeidet die EU, den Prozess der Entwicklung von Rechnungslegungsnormen, und damit letztlich der Rechnungslegungsgesetze, in die Hände einer privatrechtlichen Institution zu legen. Sie behält somit weiterhin die legislative Kompetenz.

Lassen Sie uns einen tieferen Blick in dieses Verfahren werfen, welches mittlerweile einen sehr großen Stellenwert in der europäischen Rechnungslegung einnimmt und die Basis dieser Textausgabe darstellt.

Im Rahmen des EU-Anerkennungsverfahrens von IASB-Rechnungslegungsnormen sind zwei Entscheidungsebenen voneinander zu unterscheiden: eine technische Ebene und eine politische Ebene. Auf der technischen Ebene ist eine Expertengruppe, die European Financial Reporting Advisory Group (EFRAG), eingesetzt worden. Die EFRAG hat sich zum Ziel gesetzt, die europäischen Interessen gegenüber dem IASB zu vertreten und die Arbeit der nationalen europäischen Rechnungslegungsgremien zu koordinieren. Überdies berät die EFRAG die Europäische Kommission in fachlichen Fragen. Die EFRAG holt Kommentare interessierter Rechnungslegungskreise (Theorie und Praxis) auf europäischer Ebene ein und schlägt der Kommission innerhalb von zwei Monaten nach Verabschiedung einer Rechnungslegungsnorm durch das IASB die Annahme oder Ablehnung der jeweiligen Norm vor. Die Europäische Kommission legt sodann den Vorschlag der EFRAG dem Accounting Regulatory Committee (ARC) vor. Das ARC ist der Regelungsausschuss für Rechnungslegung. Er bildet die politische Ebene des Anerkennungsverfahrens. In diesem Ausschuss, der unter dem Vorsitz der Europäischen Kommission steht, sind die europäischen Mitgliedstaaten vertreten. Das ARC ist im Rahmen eines vereinfachten Gesetzgebungsverfahrens zuständig für die europaweite Anerkennung der Rechnungslegungsnormen des IASB. Im Falle eines positiven Urteils über die Konformität der Normen mit den EU-Richtlinien werden diese von der Kommission freigegeben und dem Europäischen Parlament und dem Rat der Europäischen Union als EU-Verordnungsentwurf vorgeschlagen. Das dargestellte Anerkennungsverfahren ist in seinen Grundzügen weiterhin gültig, allerdings haben sich einzelne Aspekte konkretisiert und erweitert. So ist die im ursprünglichen Verfahren vorgesehene Frist von zwei Monaten für die Empfehlung der EFRAG nicht verbindlich; in der Praxis kann sich der Prozess je nach Komplexität der Rechnungslegungsnorm über mehrere Monate erstrecken. Die EFRAG nimmt nach wie vor die Rolle des zentralen fachlichen Beraters der Europäischen Kommission ein, ihre Aufgaben wurden jedoch ausgeweitet: Neben Fragen der internationalen Rechnungslegung ist sie inzwischen auch für die fachliche Beratung im Rahmen der europäischen Nachhaltigkeitsberichterstattung zuständig, insbesondere bei der Entwicklung und Einführung der European Sustainability Reporting Standards (ESRS) im Zusammenhang mit der Corporate Sustainability Reporting Directive (CSRD). Die Empfehlungen der EFRAG haben beratenden Charakter und sind für die Kommission nicht bindend, wenngleich Abweichungen in der Praxis selten vorkommen. Rechtsverbindlichkeit erlangen die Normen erst durch die Veröffentlichung im Amtsblatt der Europäischen Union. Derzeit befinden sich mehrere vom IASB bereits verabschiedete Standards noch im europäischen Anerkennungsverfahren, darunter IFRS 18 „Presentation and Disclosure in Financial Statements“, IFRS 19 „Subsidiaries without Public Accountability: Disclosures“ sowie Änderungen an IFRS 9 und IFRS 7 zur Klassifizierung und Bewertung von Finanzinstrumenten. Darüber hinaus ist das Verfahren in den letzten Jahren stärker formalisiert worden: EFRAG führt öffentliche Konsultationen durch, legt Sitzungsunterlagen offen und unterliegt einem erhöhten Transparenzanspruch im Rahmen ihres Due Process. Grundsätzlich übernimmt die EU die vom IASB erlassenen Standards inhaltlich unverändert; in Ausnahmefällen sind jedoch weiterhin Abweichungen („Carve-outs“) möglich, wie dies in der Vergangenheit bei einzelnen Bestimmungen von IAS 39 geschehen ist.

Damit verhindert wird, dass EU-spezifische IAS/IFRS entstehen, soll ein Rechnungslegungsstandard entweder in der vom IASB verabschiedeten Fassung oder überhaupt nicht übernommen werden. Die anerkannten Rechnungslegungsnormen des IASB werden als Kommissionsverordnung vollständig in allen Amtssprachen im Amtsblatt der EU veröffentlicht. Den aktuellen Stand des Anerkennungsverfahrens können Sie auch unter http://www.efrag.org/Endorsement abrufen.

Das Rahmenkonzept des IASB wurde von der EU nicht gebilligt. In dieser Textausgabe ist das von der EU als Anhang des Kommentars zur IAS-Verordnung und den Rechnungslegungsrichtlinien im November 2003 veröffentlichte Rahmenkonzept abgedruckt. Den aktuellen Stand des Projekts zur Neuentwicklung des Rahmenkonzepts können Sie auf der Webseite des IASB einsehen (https://www.ifrs.org/issued-standards/list-of-standards/conceptual-framework/).

Bitte beachten Sie bei der Arbeit mit der Textausgabe – wie bereits im Geleitwort angedeutet –, dass Sie mit einer synoptischen Gegenüberstellung der Rechnungslegungsnormen in **englischer und deutscher Sprache** arbeiten. Vielfach treten in der deutschen Übersetzung Unzulänglichkeiten im Vergleich zum englischen Originaltext auf. Im Zweifel gilt: Ziehen Sie den Originaltext der IFRS zur Lösung einer bilanziellen Frage heran!

Should the accounting policies provided in the draft standards or interpretations meet with general agreement in public discussion, these drafts attain the status of academic literature. If, however, differences between the exposure draft and the issued standard become evident when the financial reporting standard or financial reporting interpretation is finally issued, retrospective adjustments should, if necessary, be made by the reporting company. Detailed information concerning the treatment of regulatory gaps in IFRS-accounting are available in our corresponding textbook written by Zülch|Hendler, Bilanzierung nach IFRS, 2nd edition, ISBN 978-3-527-50767-2, on pages 37—40.

Significance of the present publication

The present publication comprises the financial reporting standards of the IASB-endorsed and published by the European Union (EU). These are primarily the financial reporting standards (IASs/IFRSs) and financial reporting interpretations (SICs/IFRICs) endorsed by the EU. Their endorsement is based on a specific endorsement procedure. Both new and amended financial reporting standards and financial reporting interpretations must pass through this procedure before they come into effect at the EU level. In this way the EU avoids putting the process of developing financial reporting standards, and thus eventually financial reporting laws, into the hands of a private institution. It thus continues to retain legislative authority.

Let us have a closer look into this procedure, which now occupies an extremely important position in European financial reporting and constitutes the basis of this publication.

Within the EU endorsement mechanism for IASB financial reporting standards two decision-making levels must be distinguished: a technical level and a political level. At the technical level a group of experts, the European Financial Reporting Advisory Group (EFRAG) has been established. EFRAG has set itself the aim of representing European interests vis-a-vis the IASB and co-ordinating the work of national European financial reporting bodies. EFRAG also advises the European Commission on technical matters. EFRAG gathers the opinions of financial reporting interest groups (theory and practice) at the European level and proposes to the Commission, within two months of the issuance of a financial reporting standard by the IASB, the endorsement or rejection of that standard. The European Commission then submits the EFRAG proposal to the Accounting Regulatory Committee (ARC). The ARC is the regulatory committee for financial reporting. It constitutes the political level of the endorsement mechanism. On this committee, which is chaired by the European Commission, the European member states are represented. The ARC is responsible within the context of a simplified legislative process for Europe-wide acceptance of IASB financial reporting standards. If the standard is judged to conform to EU directives, it is released by the commission and presented to the European Parliament and the council of the European Union as a draft regulation.

This prevents the creation of an EU-specific IAS/IFRS if a financial reporting standard is either not adopted, or not adopted in the form issued by the IASB. Adopted IASB financial reporting standards are published in full as a Commission decree in all official languages in the Official Journal of the EU. You can also view the current status of the endorsement process at http://www.efrag.org/Endorsement.

The framework of the IASB has not been approved by the EU. Included in this publication is the framework as made available to the public by the European Union in November 2003 as an appendix to the commentary on the IAS regulation and accounting principles. The status of the framework project can be accessed on the web page of the IASB (https://www.ifrs.org/issued-standards/list-of-standards/conceptual-framework/).

Please note when working with this publication — as already mentioned in the foreword — that you are working with a synoptical parallel presentation of the financial reporting standards in **German and in English.** Many inadequacies appear in the German translation when it is compared with the original English text. In case of doubt the original IASB text should be consulted when answering accounting questions!

RAHMENKONZEPT FÜR DIE AUFSTELLUNG UND DARSTELLUNG VON ABSCHLÜSSEN

in der von der Kommission der Europäischen Gemeinschaften im November 2003 veröffentlichten Fassung

Im April 1989 wurde vom Board die Veröffentlichung des IASC Rahmenkonzepts im Juli 1989 genehmigt; seine Annahme durch den IASB erfolgte im April 2001.

INHALT

FRAMEWORK FOR THE PREPARATION AND PRESENTATION OF FINANCIAL STATEMENTS

as published by the Commission of the European Communities in November 2003

The IASB Framework was approved by the IASC Board in April 1989 for publication in July 1989, and adopted by the IASB in April 2001.

CONTENTS

VORWORT

Weltweit werden von vielen Unternehmen Abschlüsse für externe Adressaten aufgestellt und dargestellt. Obwohl solche Abschlüsse von Land zu Land Ähnlichkeiten aufweisen, bestehen auch Unterschiede, die vermutlich auf einer Vielzahl von sozialen, wirtschaftlichen und rechtlichen Umständen sowie darauf beruhen, dass die einzelnen Länder bei der Festlegung nationaler Vorschriften die Bedürfnisse der verschiedenen Abschlussadressaten berücksichtigt haben.

Diese unterschiedlichen Gegebenheiten haben zur Verwendung verschiedener Definitionen für die Abschlussposten geführt, beispielsweise für die Termini Vermögenswerte, Schulden, Eigenkapital, Erträge und Aufwendungen. Sie haben ferner zur Verwendung unterschiedlicher Kriterien für die Darstellung von Sachverhalten im Abschluss sowie zu unterschiedlichen Bewertungsgrundlagen geführt. Auch der Anwendungsbereich der Abschlüsse sowie die darin aufgeführten Angaben waren davon betroffen.

Das International Accounting Standards Committee (IASC) ist bestrebt, diese Unterschiede durch Harmonisierung der Vorschriften, Rechnungslegungsstandards und Verfahren hinsichtlich der Aufstellung und Darstellung von Abschlüssen zu verringern. Es ist der Ansicht, dass eine weitere Harmonisierung am besten dadurch erreicht werden kann, dass man sich auf die Abschlüsse konzentriert, deren Aufstellung zum Ziel hat, nützliche Informationen für wirtschaftliche Entscheidungen zu liefern.

Der Board des IASC ist überzeugt, dass die zu diesem Zweck aufgestellten Abschlüsse den gemeinsamen Bedürfnissen der meisten Adressaten gerecht werden. Dies ist darauf zurückzuführen, dass fast alle Adressaten wirtschaftliche Entscheidungen treffen, beispielsweise, um:

(a) zu entscheiden, wann ein Kapitalanteil zu kaufen, zu halten oder zu verkaufen ist;
(b) die Handlungen oder die Verantwortlichkeit des Managements zu beurteilen;
(c) die Fähigkeit des Unternehmens zu beurteilen, seine Arbeitnehmer zu entlohnen und ihnen weitere Vergünstigungen zu bieten;
(d) die Sicherheit der dem Unternehmen geliehenen Beträge zu beurteilen;
(e) die Festlegung der Steuerpolitik;
(f) ausschüttbare Gewinne und Dividenden zu bestimmen;
(g) Statistiken über das Volkseinkommen aufzustellen und zu nutzen; oder
(h) die Tätigkeiten von Unternehmen zu reglementieren.

Der Board erkennt allerdings an, dass insbesondere Regierungen andere oder zusätzliche Anforderungen für eigene Zwecke formulieren können. Doch diese Anforderungen dürfen die zum Nutzen der anderen Adressaten veröffentlichten Abschlüsse nicht beeinträchtigen, es sei denn, dass sie ebenfalls den Bedürfnissen dieser anderen Adressaten entsprechen. Abschlüsse werden in der Regel gemäß einem Rechnungslegungsmodell auf der Grundlage historischer Anschaffungs- oder Herstellungskosten und dem Konzept der nominalen Kapitalerhaltung aufgestellt. Andere Modelle und Konzepte können unter der Zielsetzung, nützliche Informationen für wirtschaftliche Entscheidungen bereitzustellen, angemessener sein. Gleichwohl besteht derzeit kein Einvernehmen über eine Änderung. Das vorliegende Rahmenkonzept wurde so entwickelt, dass es sich auf eine Reihe verschiedener Rechnungslegungsmodelle sowie Kapital- und Kapitalerhaltungskonzepte anwenden lässt.

EINFÜHRUNG

Zweck und Status

1 Dieses Rahmenkonzept legt die Konzeptionen dar, die der Aufstellung und Darstellung von Abschlüssen für externe Adressaten zugrunde liegen. Das Rahmenkonzept verfolgt die nachfolgenden Zwecke:

(a) Unterstützung des Board des IASC bei der Entwicklung zukünftiger International Accounting Standards sowie bei der Überprüfung bereits bestehender International Accounting Standards;
(b) Unterstützung des Board des IASC bei der Förderung der Harmonisierung von Vorschriften, Rechnungslegungsstandards und Verfahren hinsichtlich der Darstellung von Abschlüssen, indem eine Grundlage für die Reduzierung der Anzahl alternativer Bilanzierungsmethoden, die nach den International Accounting Standards zulässig sind, geschaffen wird;
(c) Unterstützung der nationalen Standardsetter bei der Entwicklung nationaler Standards;
(d) Unterstützung der mit der Aufstellung von Abschlüssen befassten Personen bei der Anwendung der International Accounting Standards sowie bei der Behandlung von Themen, die noch Gegenstand eines International Accounting Standard sein werden;
(e) Unterstützung von Abschlussprüfern bei der Urteilsfindung, ob Abschlüsse den International Accounting Standards entsprechen;
(f) Unterstützung der Abschlussadressaten bei der Interpretation der Informationen aus den Abschlüssen, die gemäß den International Accounting Standards aufgestellt wurden; und
(g) Bereitstellung von Informationen über das Vorgehen bei der Formulierung der International Accounting Standards für die Personen, die sich für die Arbeit des IASC interessieren.

PREFACE

Financial statements are prepared and presented for external users by many enterprises around the world. Although such financial statements may appear similar from country to country, there are differences which have probably been caused by a variety of social, economic and legal circumstances and by different countries having in mind the needs of different users of financial statements when setting national requirements.

These different circumstances have led to the use of a variety of definitions of the elements of financial statements; that is, for example, assets, liabilities, equity, income and expenses. They have also resulted in the use of different criteria for the recognition of items in the financial statements and in a preference for different bases of measurement. The scope of the financial statements and the disclosures made in them have also been affected.

The International Accounting Standards Committee (IASC) is committed to narrowing these differences by seeking to harmonise regulations, accounting standards and procedures relating to the preparation and presentation of financial statements. It believes that further harmonisation can best be pursued by focusing on financial statements that are prepared for the purpose of providing information that is useful in making economic decisions.

The Board of IASC believes that financial statements prepared for this purpose meet the common needs of most users. This is because nearly all users are making economic decisions, for example, to:

(a) decide when to buy, hold or sell an equity investment;
(b) assess the stewardship or accountability of management;
(c) assess the ability of the enterprise to pay and provide other benefits to its employees;
(d) assess the security for amounts lent to the enterprise;
(e) determine taxation policies;
(f) determine distributable profits and dividends;
(g) prepare and use national income statistics; or
(h) regulate the activities of enterprises.

The Board recognises, however, that governments, in particular, may specify different or additional requirements for their own purposes. These requirements should not, however, affect financial statements published for the benefit of other users unless they also meet the needs of those other users.

Financial statements are most commonly prepared in accordance with an accounting model based on recoverable historical cost and the nominal financial capital maintenance concept. Other models and concepts may be more appropriate in order to meet the objective of providing information that is useful for making economic decisions although there is presently no consensus for change. This Framework has been developed so that it is applicable to a range of accounting models and concepts of capital and capital maintenance.

INTRODUCTION

Purpose and Status

This Framework sets out the concepts that underlie the preparation and presentation of financial statements for external 1
users. The purpose of the Framework is to:

(a) assist the Board of IASC in the development of future International Accounting Standards and in its review of existing International Accounting Standards;
(b) assist the Board of IASC in promoting harmonisation of regulations, accounting standards and procedures relating to the presentation of financial statements by providing a basis for reducing the number of alternative accounting treatments permitted by International Accounting Standards;
(c) assist national standard-setting bodies in developing national standards;
(d) assist preparers of financial statements in applying International Accounting Standards and in dealing with topics that have yet to form the subject of an International Accounting Standard;
(e) assist auditors in forming an opinion as to whether financial statements conform with International Accounting Standards;
(f) assist users of financial statements in interpreting the information contained in financial statements prepared in conformity with International Accounting Standards; and
(g) provide those who are interested in the work of IASC with information about its approach to the formulation of International Accounting Standards.

2 Dieses Rahmenkonzept ist kein International Accounting Standard und definiert damit keine Grundsätze für bestimmte Fragen der Bewertung oder von Angaben. Keine Passage aus diesem Rahmenkonzept geht einem International Accounting Standard vor.

3 Der Board des IASC erkennt an, dass in einer begrenzten Anzahl von Fällen Konflikte zwischen dem Rahmenkonzept und einem International Accounting Standard bestehen können. In diesen Fällen, in denen ein Konflikt besteht, haben die Anforderungen aus dem International Accounting Standard Vorrang vor denjenigen aus dem Rahmenkonzept. Da sich aber der Board des IASC bei der Ausarbeitung künftiger Standards sowie bei der Überprüfung bereits bestehender Standards an dem Rahmenkonzept orientiert, wird sich die Zahl der Konfliktpunkte zwischen diesem Rahmenkonzept und den International Accounting Standards mit der Zeit verringern.

4 Der Board wird das Rahmenkonzept regelmäßig auf der Grundlage der damit gemachten Erfahrungen überarbeiten.

Anwendungsbereich

5 Das Rahmenkonzept beschäftigt sich mit folgenden Punkten:
(a) der Zielsetzung von Abschlüssen;
(b) den qualitativen Anforderungen, die den Nutzen der im Abschluss enthaltenen Informationen bestimmen;
(c) der Definition, Ansatz und Bewertung der Abschlussposten, aus denen der Abschluss besteht; und
(d) Kapital- und Kapitalerhaltungskonzepten.

6 Das Rahmenkonzept befasst sich mit Abschlüssen für allgemeine Zwecke (nachstehend „Abschlüsse" genannt) einschließlich der Konzernabschlüsse. Solche Abschlüsse werden mindestens einmal jährlich aufgestellt und publiziert und richten sich nach den gemeinsamen Informationsbedürfnissen eines weiten Adressatenkreises. Einige Adressaten können Informationen benötigen, die nicht im Abschluss enthalten sind, haben aber eventuell Einfluss, diese Informationen zu erhalten. Viele Adressaten hingegen müssen sich auf die Abschlüsse als ihre Hauptquelle für Finanzinformationen verlassen, daher sind diese Abschlüsse unter Berücksichtigung ihrer Bedürfnisse aufzustellen und darzustellen. Finanzberichte für besondere Zwecke, beispielsweise Börsenprospekte und Berechnungen für steuerliche Zwecke, fallen nicht unter den Anwendungsbereich dieses Rahmenkonzeptes. Dennoch kann das Rahmenkonzept für die Erstellung solcher besonderen Berichte zugrundegelegt werden, wenn deren Anforderungen dies gestatten.

7 Abschlüsse sind Teil des Prozesses der Rechnungslegung. Ein vollständiger Abschluss umfasst im Regelfall eine Bilanz, eine Gewinn- und Verlustrechnung, eine Kapitalflussrechnung (hier sind verschiedene Darstellungsformen möglich, beispielsweise eine Darstellung der Barmittelzu- und abflüsse oder eine Darstellung (sonstiger) Mittelzu- und abflüsse) sowie den Anhang und weitere Aufstellungen und Erläuterungen, die integraler Bestandteil des Abschlusses sind. Ferner kann er ergänzende Übersichten und Informationen enthalten, die auf den Darstellungen beruhen oder daraus abgeleitet werden und von denen man erwartet, dass sie in Verbindung mit diesen gelesen werden. Diese Aufstellungen und ergänzenden Informationen können beispielsweise Finanzinformationen zu Geschäftsfeldern und geographischen Segmenten und Angaben zu Auswirkungen von Preisänderungen behandeln. Abschlüsse enthalten allerdings keine Elemente wie Berichte der Mitglieder des Geschäftsführungs- und/oder Aufsichtsorgans oder dessen Vorsitzender, Analysen des Managements oder ähnliche Bestandteile, die in einem Geschäftsbericht enthalten sein können.

8 Das Rahmenkonzept gilt für die Abschlüsse aller privaten und öffentlichen Handels-, Industrie- und Dienstleistungsunternehmen, die Bericht erstatten. Ein berichterstattendes Unternehmen ist ein Unternehmen, das Adressaten hat, die sich auf die Abschlüsse als ihre wichtigste Quelle für Finanzinformationen über das Unternehmen verlassen.

Adressaten und ihre Informationsbedürfnisse

9 Zu den Abschlussadressaten gehören derzeitige und potenzielle Investoren, Arbeitnehmer, Kreditgeber, Lieferanten und weitere Kreditoren, Kunden, Regierungen sowie deren Institutionen und die Öffentlichkeit. Sie verwenden die Abschlüsse, um einige ihrer unterschiedlichen Informationsbedürfnisse zu befriedigen. Dazu gehören:
(a) *Investoren.* Die Bereitsteller von Risikokapital und ihre Berater sind mit den Risiken und Erträgen ihrer Investitionen befasst. Sie benötigen Informationen, um besser beurteilen zu können, ob sie kaufen, halten oder veräußern sollen. Auch Aktionäre sind interessiert an Informationen, mit denen sie die Fähigkeit des Unternehmens zur Dividendenausschüttung beurteilen können.
(b) *Arbeitnehmer.* Arbeitnehmer und ihre Vertretungen sind interessiert an Informationen über die Stabilität und Rentabilität ihrer Arbeitgeber. Ferner sind sie interessiert an Informationen, anhand derer sie die Fähigkeit des Unternehmens zur Zahlung von Löhnen und Gehältern, Altersversorgungsleistungen und zur Bereitstellung von Arbeitsplätzen beurteilen können.
(c) *Kreditgeber.* Kreditgeber sind interessiert an Informationen, mit denen sie beurteilen können, ob ihre Darlehen und die damit verbundenen Zinsen bei Fälligkeit gezahlt werden.

This Framework is not an International Accounting Standard and hence does not define standards for any particular measurement or disclosure issue. Nothing in this Framework overrides any specific International Accounting Standard. 2

The Board of IASC recognises that in a limited number of cases there may be a conflict between the Framework and an International Accounting Standard. In those cases where there is a conflict, the requirements of the International Accounting Standard prevail over those of the Framework. As, however, the Board of IASC will be guided by the Framework in the development of future Standards and in its review of existing Standards, the number of cases of conflict between the Framework and International Accounting Standards will diminish through time. 3

The Framework will be revised from time to time on the basis of the Board's experience of working with it. 4

Scope

The Framework deals with: 5
(a) the objective of financial statements;
(b) the qualitative characteristics that determine the usefulness of information in financial statements;
(c) the definition, recognition and measurement of the elements from which financial statements are constructed; and
(d) concepts of capital and capital maintenance.

The Framework is concerned with general purpose financial statements (hereafter referred to as "financial statements") including consolidated financial statements. Such financial statements are prepared and presented at least annually and are directed toward the common information needs of a wide range of users. Some of these users may require, and have the power to obtain, information in addition to that contained in the financial statements. Many users, however, have to rely on the financial statements as their major source of financial information and such financial statements should, therefore, be prepared and presented with their needs in view. Special purpose financial reports, for example, prospectuses and computations prepared for taxation purposes, are outside the scope of this Framework. Nevertheless, the Framework may be applied in the preparation of such special purpose reports where their requirements permit. 6

Financial statements form part of the process of financial reporting. A complete set of financial statements normally includes a balance sheet, an income statement, a statement of changes in financial position (which may be presented in a variety of ways, for example, as a statement of cash flows or a statement of funds flow), and those notes and other statements and explanatory material that are an integral part of the financial statements. They may also include supplementary schedules and information based on or derived from, and expected to be read with, such statements. Such schedules and supplementary information may deal, for example, with financial information about industrial and geographical segments and disclosures about the effects of changing prices. Financial statements do not, however, include such items as reports by directors, statements by the chairman, discussion and analysis by management and similar items that may be included in a financial or annual report. 7

The Framework applies to the financial statements of all commercial, industrial and business reporting enterprises, whether in the public or the private sectors. A reporting enterprise is an enterprise for which there are users who rely on the financial statements as their major source of financial information about the enterprise. 8

Users and Their Information Needs

The users of financial statements include present and potential investors, employees, lenders, suppliers and other trade creditors, customers, governments and their agencies and the public. They use financial statements in order to satisfy some of their different needs for information. These needs include the following: 9
(a) *Investors.* The providers of risk capital and their advisers are concerned with the risk inherent in, and return provided by, their investments. They need information to help them determine whether they should buy, hold or sell. Shareholders are also interested in information which enables them to assess the ability of the enterprise to pay dividends.
(b) *Employees.* Employees and their representative groups are interested in information about the stability and profitability of their employers. They are also interested in information which enables them to assess the ability of the enterprise to provide remuneration, retirement benefits and employment opportunities.
(c) *Lenders.* Lenders are interested in information that enables them to determine whether their loans, and the interest attaching to them, will be paid when due.

(d) *Lieferanten und andere Gläubiger.* Lieferanten und andere Gläubiger sind interessiert an Informationen, mit denen sie beurteilen können, ob die ihnen geschuldeten Beträge bei Fälligkeit gezahlt werden. Andere Gläubiger sind in der Regel kurzfristiger an einem Unternehmen interessiert als Gläubiger, sofern sie nicht von der Weiterführung des Unternehmens als wichtigem Kunden abhängen.

(e) *Kunden.* Kunden sind an Informationen über die Fortführung eines Unternehmens interessiert, vor allem dann, wenn sie eine langfristige Geschäftsbeziehung zu dem Unternehmen haben oder von diesem abhängen.

(f) *Regierungen und ihre Institutionen.* Regierungen und ihre Institutionen sind an der Zuteilung von Ressourcen und demnach an den Tätigkeiten des Unternehmens interessiert. Sie benötigen auch Informationen, um die Tätigkeiten der Unternehmen zu regulieren sowie die Steuerpolitik festzulegen, und sie benötigen Informationen als Grundlage für die Ermittlung des Volkseinkommens u. ä. Statistiken.

(g) *Öffentlichkeit.* Die Unternehmen können Mitglieder der Öffentlichkeit in vielerlei Hinsicht betreffen. So können Unternehmen beispielsweise in unterschiedlichster Form einen erheblichen Beitrag zur lokalen Wirtschaft leisten, dazu zählen auch die Anzahl der Beschäftigten des Unternehmens und ihre Unterstützung der lokalen Lieferanten. Abschlüsse können die Öffentlichkeit unterstützen, indem sie Informationen über die Tendenzen und jüngsten Entwicklungen der Prosperität des Unternehmens sowie über seine Tätigkeitsbereiche geben.

10 Obwohl die Abschlüsse nicht alle Informationsbedürfnisse dieser Adressaten erfüllen können, gibt es Bedürfnisse, die allen Adressaten gemein sind. Da Investoren dem Unternehmen Risikokapital zur Verfügung stellen, werden die Angaben aus den Abschlüssen, die ihrem Informationsbedarf entsprechen, auch den Informationsbedürfnissen der meisten anderen Adressaten entsprechen, die ein Abschluss erfüllen kann.

11 Das Management trägt die Hauptverantwortung für die Aufstellung und Darstellung des Abschlusses eines Unternehmens. Es ist ebenfalls an den im Abschluss enthaltenen Informationen interessiert, obwohl es Zugang zu weiteren Management- und Finanzinformationen hat, mit denen es seine Planungen und seine Entscheidungsfindung besser vornehmen und seiner Kontrollverantwortung besser nachkommen kann. Das Management kann Form und Inhalt solcher zusätzlichen Informationen festlegen, um seinen eigenen Bedürfnissen Rechnung zu tragen. Die Bereitstellung solcher Informationen fällt jedoch nicht unter den Anwendungsbereich dieses Rahmenkonzeptes. Doch die veröffentlichten Abschlüsse basieren auf den vom Management verwendeten Informationen über die Vermögens-, Finanz- und Ertragslage sowie Veränderungen in der Vermögens- und Finanzlage des Unternehmens.

DIE ZIELSETZUNG VON ABSCHLÜSSEN

12 Zielsetzung von Abschlüssen ist es, Informationen über die Vermögens-, Finanz- und Ertragslage sowie Veränderungen in der Vermögens- und Finanzlage eines Unternehmens zu geben, die für einen weiten Adressatenkreis bei dessen wirtschaftlichen Entscheidungen nützlich sind.

13 Die zu diesem Zweck aufgestellten Abschlüsse erfüllen die gemeinsamen Bedürfnisse der meisten Adressaten. Die Abschlüsse erfüllen jedoch nicht alle Informationen, die die Adressaten gegebenenfalls für ihre wirtschaftlichen Entscheidungen benötigen, da sie vor allem die wirtschaftlichen Auswirkungen der Ereignisse der Vergangenheit zeigen und nicht notwendigerweise auch andere Informationen als Finanzinformationen wiedergeben.

14 Abschlüsse zeigen auch die Ergebnisse der Führung des Unternehmens durch das Management und dessen Verantwortlichkeit für das ihm anvertraute Vermögen. Die Adressaten, die die Qualität oder die Effizienz des Managements beurteilen möchten, tun dies, um wirtschaftliche Entscheidungen zu treffen. Dazu gehört die Entscheidung, die Anteile an dem Unternehmen zu halten oder zu veräußern, sowie die Entscheidung, die Unternehmensleitung zu bestätigen oder zu ersetzen.

Vermögens-, Finanz- und Ertragslage sowie Veränderungen in der Vermögens- und Finanzlage

15 Die von den Abschlussadressaten getroffenen wirtschaftlichen Entscheidungen erfordern eine Beurteilung der Fähigkeit des Unternehmens, Zahlungsmittel und Zahlungsmitteläquivalente zu erwirtschaften, ferner des Zeitpunktes und der Wahrscheinlichkeit ihres Entstehens. Hiernach bestimmt sich letztendlich etwa die Fähigkeit eines Unternehmens, seine Beschäftigten und Lieferanten zu bezahlen, Zinsverpflichtungen einzuhalten, Darlehen zurückzuzahlen und Ausschüttungen an seine Eigentümer vorzunehmen. Die Adressaten können diese Fähigkeit zur Erwirtschaftung von Zahlungsmitteln und Zahlungsmitteläquivalenten besser beurteilen, wenn sie Informationen erhalten, die sich auf die Vermögens-, Finanz- und Ertragslage sowie auf Veränderungen in der Vermögens- und Finanzlage eines Unternehmens konzentrieren.

16 Die Vermögens- und Finanzlage eines Unternehmens wird von den wirtschaftlichen Ressourcen bestimmt, über die ein Unternehmen die Verfügungsmacht besitzt, seiner Vermögens- und Finanzstruktur, seiner Liquidität und Solvenz sowie seiner Anpassungsfähigkeit an Veränderungen in seinem Tätigkeitsumfeld. Informationen über die in der Verfügungsmacht des Unternehmens stehenden wirtschaftlichen Ressourcen und seine Fähigkeit in der Vergangenheit, den Ressourcenbestand zu ändern, sind nützlich, um die Fähigkeit des Unternehmens zur zukünftigen Erwirtschaftung von Zahlungsmitteln und Zahlungsmitteläquivalenten zu prognostizieren. Informationen über die Vermögens- und Finanzstruktur sind hilfreich bei

(d) *Suppliers and other trade creditors.* Suppliers and other creditors are interested in information that enables them to determine whether amounts owing to them will be paid when due. Trade creditors are likely to be interested in an enterprise over a shorter period than lenders unless they are dependent upon the continuation of the enterprise as a major customer.

(e) *Customers.* Customers have an interest in information about the continuance of an enterprise, especially when they have a long-term involvement with, or are dependent on, the enterprise.

(f) *Governments and their agencies.* Governments and their agencies are interested in the allocation of resources and, therefore, the activities of enterprises. They also require information in order to regulate the activities of enterprises, determine taxation policies and as the basis for national income and similar statistics.

(g) *Public.* Enterprises affect members of the public in a variety of ways. For example, enterprises may make a substantial contribution to the local economy in many ways including the number of people they employ and their patronage of local suppliers. Financial statements may assist the public by providing information about the trends and recent developments in the prosperity of the enterprise and the range of its activities.

While all of the information needs of these users cannot be met by financial statements, there are needs which are common to all users. As investors are providers of risk capital to the enterprise, the provision of financial statements that meet their needs will also meet most of the needs of other users that financial statements can satisfy. 10

The management of an enterprise has the primary responsibility for the preparation and presentation of the financial statements of the enterprise. Management is also interested in the information contained in the financial statements even though it has access to additional management and financial information that helps it carry out its planning, decision-making and control responsibilities. Management has the ability to determine the form and content of such additional information in order to meet its own needs. The reporting of such information, however, is beyond the scope of this Framework. Nevertheless, published financial statements are based on the information used by management about the financial position, performance and changes in financial position of the enterprise. 11

THE OBJECTIVES OF FINANCIAL STATEMENTS

The objective of financial statements is to provide information about the financial position, performance and changes in financial position of an enterprise that is useful to a wide range of users in making economic decisions. 12

Financial statements prepared for this purpose meet the common needs of most users. However, financial statements do not provide all the information that users may need to make economic decisions since they largely portray the financial effects of past events and do not necessarily provide non-financial information. 13

Financial statements also show the results of the stewardship of management, or the accountability of management for the resources entrusted to it. Those users who wish to assess the stewardship or accountability of management do so in order that they may make economic decisions; these decisions may include, for example, whether to hold or sell their investment in the enterprise or whether to reappoint or replace the management. 14

Financial Position, Performance and Changes in Financial Position

The economic decisions that are taken by users of financial statements require an evaluation of the ability of an enterprise to generate cash and cash equivalents and of the timing and certainty of their generation. This ability ultimately determines, for example, the capacity of an enterprise to pay its employees and suppliers, meet interest payments, repay loans and make distributions to its owners. Users are better able to evaluate this ability to generate cash and cash equivalents if they are provided with information that focuses on the financial position, performance and changes in financial position of an enterprise. 15

The financial position of an enterprise is affected by the economic resources it controls, its financial structure, its liquidity and solvency, and its capacity to adapt to changes in the environment in which it operates. Information about the economic resources controlled by the enterprise and its capacity in the past to modify these resources is useful in predicting the ability of the enterprise to generate cash and cash equivalents in the future. Information about financial structure is useful in predicting future borrowing needs and how future profits and cash flows will be distributed among those with an interest in the enterprise; it is also useful in predicting how successful the enterprise is likely to be in raising further 16

der Beurteilung, wie viel Fremdkapital in der Zukunft benötigt wird und wie zukünftige Gewinne und Mittelzuflüsse unter denjenigen verteilt werden, die am Unternehmen beteiligt sind. Sie sind auch nützlich, um vorhersagen zu können, wie erfolgreich das Unternehmen voraussichtlich bei der Aufbringung weiterer Finanzmittel sein wird. Informationen über Liquidität und Solvenz helfen bei der Prognose, inwieweit das Unternehmen fähig sein wird, seinen finanziellen Verpflichtungen bei deren Fälligkeit nachzukommen. Liquidität bezieht sich auf die Verfügbarkeit von Zahlungsmitteln in der nahen Zukunft, nachdem die finanziellen Verpflichtungen für diesen Zeitraum berücksichtigt worden sind. Solvenz bezieht sich auf die langfristige Verfügbarkeit flüssiger Mittel zur Erfüllung finanzieller Verpflichtungen bei deren Fälligkeit.

17 Informationen über die Ertragskraft und insbesondere die Rentabilität eines Unternehmens sind für die Beurteilung potenzieller Veränderungen der wirtschaftlichen Ressourcen, über die das Unternehmen voraussichtlich in Zukunft die Verfügungsmacht besitzen wird, erforderlich. In dieser Hinsicht sind Informationen über die Schwankungen der Ertragskraft wichtig. Informationen über die Ertragskraft dienen der Vorhersage über die Fähigkeit des Unternehmens, Zahlungsmittel aus seiner bestehenden Ressourcengrundlage zu erwirtschaften. Mit ihnen kann auch beurteilt werden, wie wirksam das Unternehmen zusätzliche Ressourcen einsetzen könnte.

18 Informationen hinsichtlich der Veränderungen in der Vermögens- und Finanzlage eines Unternehmens helfen bei der Beurteilung seiner Investitions-, Finanzierungs- und betrieblichen Tätigkeiten während der Berichtsperiode. Diese Informationen bieten dem Adressaten eine Grundlage für die Beurteilung der Fähigkeit des Unternehmens zur Erwirtschaftung von Zahlungsmitteln und Zahlungsmitteläquivalenten sowie des Bedarfes des Unternehmens, diese Cashflows zu nutzen. Bei der Erstellung der Kapitalflussrechnung können die Fonds auf verschiedene Weise definiert werden, beispielsweise als Gesamtheit der finanziellen Ressourcen, Nettoumlaufvermögen, liquide Mittel oder Zahlungsmittel. In diesem Rahmenkonzept soll keine Definition von Fonds vorgegeben werden.

19 Informationen über die Vermögens- und Finanzlage werden in erster Linie über die Bilanz bereitgestellt. Informationen zur Ertragskraft werden in erster Linie über die Gewinn- und Verlustrechnung bereitgestellt. Informationen über Veränderungen in der Vermögens- und Finanzlage werden in den Abschlüssen in Form einer gesonderten Aufstellung bereitgestellt.

20 Die Bestandteile des Abschlusses stehen miteinander in Verbindung, da sie unterschiedliche Aspekte derselben Transaktionen oder anderer Ereignisse widerspiegeln. Obwohl jede Aufstellung Informationen enthält, die sich von denjenigen aus den anderen Aufstellungen unterscheiden, verfolgt keine nur einen einzigen Zweck oder liefert alle Informationen für einen spezifischen Bedarf der Adressaten. Eine Gewinn- und Verlustrechnung zeichnet beispielsweise nur ein unvollständiges Bild der Ertragskraft, wenn sie nicht in Verbindung mit der Bilanz und der Kapitalflussrechnung verwendet wird.

Anhang und ergänzende Übersichten

21 Der Abschluss enthält auch einen Anhang, ergänzende Übersichten und weitere Informationen. Er kann beispielsweise zusätzliche Angaben umfassen, die für das Informationsbedürfnis der Adressaten hinsichtlich der Posten in der Bilanz und der Gewinn- und Verlustrechnung relevant sind. Er kann Angaben über Risiken und Unsicherheiten enthalten, die das Unternehmen und seine Ressourcen betreffen (beispielsweise Bodenschätze), ferner Verpflichtungen, die in der Bilanz nicht erfasst sind. Informationen zu Geschäftssegmenten und geographischen Segmenten sowie die Auswirkungen von Preisänderungen auf das Unternehmen können ebenfalls in Form von ergänzenden Angaben gegeben werden.

ZU GRUNDE LIEGENDE ANNAHMEN

Periodenabgrenzung

22 Damit die Abschlüsse ihren Zielen gerecht werden, werden sie nach dem Konzept der Periodenabgrenzung aufgestellt. Gemäß diesem Konzept werden die Auswirkungen von Geschäftsvorfällen und anderen Ereignissen erfasst, wenn sie auftreten (und nicht wenn ein Zahlungsmittel oder ein Zahlungsmitteläquivalent eingeht oder bezahlt wird). Sie werden in der Periode in der Buchhaltung erfasst und im Abschluss der Periode ausgewiesen, der sie zuzurechnen sind. Abschlüsse, die nach dem Konzept der Periodenabgrenzung erstellt sind, bieten den Adressaten nicht nur Informationen über vergangene Geschäftsvorfälle einschließlich geleisteter und erhaltener Zahlungen, sondern sie informieren auch über künftige Zahlungsverpflichtungen sowie Ressourcen, die in der Zukunft zu Zahlungsmittelzuflüssen führen. Somit liefern sie die Art von Informationen über zurückliegende Geschäftsvorfälle und andere Ereignisse, die für die Adressaten bei deren wirtschaftlichen Entscheidungen besonders nützlich sind.

Unternehmensfortführung

23 Bei der Aufstellung von Abschlüssen wird im Regelfall von der Annahme der Unternehmensfortführung für den absehbaren Zeitraum ausgegangen. Daher wird angenommen, dass das Unternehmen weder die Absicht hat noch gezwungen ist, seine Tätigkeiten einzustellen oder deren Umfang wesentlich einzuschränken. Besteht eine derartige Absicht oder Notwendigkeit, so muss der Abschluss ggf. auf einer anderen Grundlage erstellt werden, die dann anzugeben ist.

finance. Information about liquidity and solvency is useful in predicting the ability of the enterprise to meet its financial commitments as they fall due. Liquidity refers to the availability of cash in the near future after taking account of financial commitments over this period. Solvency refers to the availability of cash over the longer term to meet financial commitments as they fall due.

Information about the performance of an enterprise, in particular its profitability, is required in order to assess potential changes in the economic resources that it is likely to control in the future. Information about variability of performance is important in this respect. Information about performance is useful in predicting the capacity of the enterprise to generate cash flows from its existing resource base. It is also useful in forming judgements about the effectiveness with which the enterprise might employ additional resources. 17

Information concerning changes in the financial position of an enterprise is useful in order to assess its investing, financing and operating activities during the reporting period. This information is useful in providing the user with a basis to assess the ability of the enterprise to generate cash and cash equivalents and the needs of the enterprise to utilise those cash flows. In constructing a statement of changes in financial position, funds can be defined in various ways, such as all financial resources, working capital, liquid assets or cash. No attempt is made in this Framework to specify a definition of funds. 18

Information about financial position is primarily provided in a balance sheet. Information about performance is primarily provided in an income statement. Information about changes in financial position is provided in the financial statements by means of a separate statement. 19

The component parts of the financial statements interrelate because they reflect different aspects of the same transactions or other events. Although each statement provides information that is different from the others, none is likely to serve only a single purpose or provide all the information necessary for particular needs of users. For example, an income statement provides an incomplete picture of performance unless it is used in conjunction with the balance sheet and the statement of changes in financial position. 20

Notes and Supplementary Schedules

The financial statements also contain notes and supplementary schedules and other information. For example, they may contain additional information that is relevant to the needs of users about the items in the balance sheet and income statement. They may include disclosures about the risks and uncertainties affecting the enterprise and any resources and obligations not recognised in the balance sheet (such as mineral reserves). Information about geographical and industry segments and the effect on the enterprise of changing prices may also be provided in the form of supplementary information. 21

UNDERLAYING ASSUMPTIONS

Accrual Basis

In order to meet their objectives, financial statements are prepared on the accrual basis of accounting. Under this basis, the effects of transactions and other events are recognised when they occur (and not as cash or its equivalent is received or paid) and they are recorded in the accounting records and reported in the financial statements of the periods to which they relate. Financial statements prepared on the accrual basis inform users not only of past transactions involving the payment and receipt of cash but also of obligations to pay cash in the future and of resources that represent cash to be received in the future. Hence, they provide the type of information about past transactions and other events that is most useful to users in making economic decisions. 22

Going Concern

The financial statements are normally prepared on the assumption that an enterprise is a going concern and will continue in operation for the foreseeable future. Hence, it is assumed that the enterprise has neither the intention nor the need to liquidate or curtail materially the scale of its operations; if such an intention or need exists, the financial statements may have to be prepared on a different basis and, if so, the basis used is disclosed. 23

QUALITATIVE ANFORDERUNGEN AN DEN ABSCHLUSS

24 Als qualitative Anforderungen gelten die Merkmale, durch welche die im Abschluss erteilten Informationen für die Adressaten nützlich werden. Die vier wichtigsten qualitativen Anforderungen sind Verständlichkeit, Relevanz, Verlässlichkeit und Vergleichbarkeit.

Verständlichkeit

25 Es ist für die Qualität der im Abschluss erteilten Informationen wesentlich, dass diese für die Adressaten leicht verständlich sind. Zu diesem Zweck wird bei den Adressaten vorausgesetzt, dass sie eine angemessene Kenntnis geschäftlicher und wirtschaftlicher Tätigkeiten und der Rechnungslegung sowie die Bereitschaft besitzen, die Informationen mit entsprechender Sorgfalt zu lesen. Informationen zu komplexen Themen, die auf Grund ihrer Relevanz für wirtschaftliche Entscheidungen der Adressaten im Abschluss enthalten sein müssen, dürfen jedoch nicht allein deswegen weggelassen werden, weil sie für bestimmte Adressaten zu schwer verständlich sein könnten.

Relevanz

26 Um nützlich zu sein, müssen die Informationen für die wirtschaftlichen Entscheidungen der Adressaten relevant sein. Informationen gelten dann als relevant, wenn sie die wirtschaftlichen Entscheidungen der Adressaten beeinflussen, indem sie ihnen bei der Beurteilung vergangener, derzeitiger oder zukünftiger Ereignisse helfen oder ihre Beurteilungen aus der Vergangenheit bestätigen oder korrigieren.

27 Die Aspekte der Prognose und der Bestätigung durch Informationen sind miteinander verknüpft. So sind beispielsweise Informationen über den derzeitigen Bestand und die Struktur des Besitzes von Vermögenswerten für die Adressaten relevant, etwa wenn sie sich bemühen, die Fähigkeit des Unternehmens zu prognostizieren, Chancen zu nutzen und auf ungünstige Situationen zu reagieren. Dieselben Informationen haben einen bestätigenden Charakter im Hinblick auf frühere Prognosen, beispielsweise zur Strukturierung des Unternehmens oder zum Resultat geplanter Tätigkeiten.

28 Informationen über die Vermögens-, Finanz- und Ertragslage in der Vergangenheit werden häufig als Grundlage für die Prognose der zukünftigen Vermögens-, Finanz- und Ertragslage sowie anderer Punkte verwendet, an denen die Adressaten direkt interessiert sind, beispielsweise die Zahlung von Dividenden, Löhnen und Gehältern, Kursveränderungen bei Wertpapieren und die Fähigkeit des Unternehmens, seinen Verpflichtungen bei Fälligkeit nachzukommen. Um für Prognosen verwendbar zu sein, müssen die Informationen nicht unbedingt in Form einer konkreten Prognoserechnung vorliegen. Allerdings wird die Möglichkeit, auf der Grundlage des Abschlusses Prognosen zu machen, durch die Darstellungsform der Informationen zu vergangenen Geschäftsvorfällen und Ereignissen beeinflusst. So besitzt beispielsweise die Gewinn- und Verlustrechnung einen höheren Wert für Voraussagen, wenn außergewöhnliche, ungewöhnliche und seltene Erträge und Aufwendungen separat angegeben werden.

Wesentlichkeit

29 Die Relevanz einer Information wird durch ihre Art und Wesentlichkeit bedingt. In einigen Fällen reicht allein die Art der Information für die Bestimmung ihrer Relevanz aus. So kann beispielsweise die Berichterstattung über ein neues Segment die Beurteilung der Risiken und Chancen für das Unternehmen beeinflussen, und zwar unabhängig von der Wesentlichkeit der vom neuen Segment in der Berichtsperiode erzielten Ergebnisse. In anderen Fällen sind sowohl Art als auch Wesentlichkeit von Bedeutung, beispielsweise bei Vorräten in jeder der Hauptkategorien, die für das Geschäft angemessen sind.

30 Informationen sind wesentlich, wenn ihr Weglassen oder ihre fehlerhafte Darstellung die auf der Basis des Abschlusses getroffenen wirtschaftlichen Entscheidungen der Adressaten beeinflussen könnten. Die Wesentlichkeit ist von der Größe des Postens oder des Fehlers abhängig, die sich nach den besonderen Umständen des Weglassens oder der fehlerhaften Darstellung ergibt. Somit ist die Wesentlichkeit eher eine Schwelle oder ein Grenzwert und weniger eine primäre qualitative Anforderung, die eine Information haben muss, um nützlich zu sein.

Verlässlichkeit

31 Um nützlich zu sein, müssen Informationen auch verlässlich sein. Informationen sind dann verlässlich, wenn sie keine wesentlichen Fehler enthalten und frei von verzerrenden Einflüssen sind und sich die Adressaten darauf verlassen können, dass sie glaubwürdig darstellen, was sie vorgeben darzustellen oder was vernünftigerweise inhaltlich von ihnen erwartet werden kann.

32 Informationen können zwar relevant, jedoch in ihrer Art oder Darstellung so unzuverlässig sein, dass ihr Ansatz möglicherweise irreführend ist. Sind beispielsweise Rechtsgültigkeit und Betrag eines Schadensersatzanspruches im Rahmen eines Gerichtsverfahrens strittig, kann es für das Unternehmen unangebracht sein, den vollen Betrag des Anspruches in der Bilanz anzusetzen. Gleichwohl kann es angebracht sein, den Betrag sowie die Umstände des Anspruches anzugeben.

QUALITATIVE CHARACTERISTICS OF FINANCIAL STATEMENTS

Qualitative characteristics are the attributes that make the information provided in financial statements useful to users. 24
The four principal qualitative characteristics are understandability, relevance, reliability and comparability.

Understandability

An essential quality of the information provided in financial statements is that it is readily understandable by users. For 25
this purpose, users are assumed to have a reasonable knowledge of business and economic activities and accounting and a willingness to study the information with reasonable diligence. However, information about complex matters that should be included in the financial statements because of its relevance to the economic decision-making needs of users should not be excluded merely on the grounds that it may be too difficult for certain users to understand.

Relevance

To be useful, information must be relevant to the decision-making needs of users. Information has the quality of relevance 26
when it influences the economic decisions of users by helping them evaluate past, present or future events or confirming, or correcting, their past evaluations.

The predictive and confirmatory roles of information are interrelated. For example, information about the current level 27
and structure of asset holdings has value to users when they endeavour to predict the ability of the enterprise to take advantage of opportunities and its ability to react to adverse situations. The same information plays a confirmatory role in respect of past predictions about, for example, the way in which the enterprise would be structured or the outcome of planned operations.

Information about financial position and past performance is frequently used as the basis for predicting future financial 28
position and performance and other matters in which users are directly interested, such as dividend and wage payments, security price movements and the ability of the enterprise to meet its commitments as they fall due. To have predictive value, information need not be in the form of an explicit forecast. The ability to make predictions from financial statements is enhanced, however, by the manner in which information on past transactions and events is displayed. For example, the predictive value of the income statement is enhanced if unusual, abnormal and infrequent items of income or expense are separately disclosed.

Materiality

The relevance of information is affected by its nature and materiality. In some cases, the nature of information alone is 29
sufficient to determine its relevance. For example, the reporting of a new segment may affect the assessment of the risks and opportunities facing the enterprise irrespective of the materiality of the results achieved by the new segment in the reporting period. In other cases, both the nature and materiality are important, for example, the amounts of inventories held in each of the main categories that are appropriate to the business.

Information is material if its omission or misstatement could influence the economic decisions of users taken on the basis 30
of the financial statements. Materiality depends on the size of the item or error judged in the particular circumstances of its omission or misstatement. Thus, materiality provides a threshold or cut-off point rather than being a primary qualitative characteristic which information must have if it is to be useful.

Reliability

To be useful, information must also be reliable. Information has the quality of reliability when it is free from material error 31
and bias and can be depended upon by users to represent faithfully that which it either purports to represent or could reasonably be expected to represent.

Information may be relevant but so unreliable in nature or representation that its recognition may be potentially mislead- 32
ing. For example, if the validity and amount of a claim for damages under a legal action are disputed, it may be inappropriate for the enterprise to recognise the full amount of the claim in the balance sheet, although it may be appropriate to disclose the amount and circumstances of the claim.

Glaubwürdige Darstellung

33 Um verlässlich zu sein, müssen Informationen die Geschäftsvorfälle und anderen Ereignisse glaubwürdig darstellen, die sie zum Inhalt haben oder die sie entweder vorgeben darzustellen oder von denen vernünftigerweise erwartet werden kann, dass sie sie darstellen. So hat beispielsweise eine Bilanz diejenigen Geschäftsvorfälle und Ereignisse glaubwürdig darzulegen, die bei einem Unternehmen am Abschlussstichtag zu Vermögenswerten, Schulden und Eigenkapital führen, die die Bedingungen für ihren Ansatz erfüllen.

34 Die meisten Finanzinformationen unterliegen dem Risiko, dass sie eine weniger glaubwürdige Darstellung dessen sind, was sie vorgeben darzustellen. Das ist nicht durch verzerrende Einflüsse bedingt, sondern vielmehr entweder den inhärenten Schwierigkeiten bei der Identifizierung der zu bewertenden Geschäftsvorfälle und anderen Ereignisse oder der Entwicklung und Anwendung von Bewertungs- und Darstellungstechniken zuzuschreiben, die diesen Geschäftsvorfällen und Ereignissen entsprechende Aussagen vermitteln können. In bestimmten Fällen kann die Bewertung der finanziellen Auswirkungen von Sachverhalten so ungewiss sein, dass die Unternehmen diese im Allgemeinen nicht in den Abschluss aufnehmen würden. Obwohl beispielsweise die meisten Unternehmen intern im Laufe der Zeit einen Geschäfts- oder Firmenwert erzeugen, ist es im Regelfall schwierig, diesen verlässlich zu bestimmen oder zu bewerten. In anderen Fällen kann es jedoch relevant sein, Sachverhalte zu erfassen und das mit ihrem Ansatz und ihrer Bewertung verbundene Fehlerrisiko anzugeben.

Wirtschaftliche Betrachtungsweise

35 Wenn die Informationen die Geschäftsvorfälle und anderen Ereignisse, die sie vorgeben darzustellen, glaubwürdig darstellen sollen, müssen sie gemäß ihrem tatsächlichen wirtschaftlichen Gehalt und nicht allein gemäß der rechtlichen Gestaltung bilanziert und dargestellt werden. Der wirtschaftliche Gehalt von Geschäftsvorfällen oder anderen Ereignissen stimmt nicht immer mit dem überein, was scheinbar aus ihrer rechtlichen Gestaltung oder Sachverhaltsgestaltung hervorgeht. Ein Unternehmen kann beispielsweise einen Vermögenswert an eine andere Partei so veräußern, dass das Eigentum formalrechtlich auf diese Partei übergeht. Es können Vereinbarungen bestehen, wonach dem Unternehmen der künftige wirtschaftliche Nutzen aus dem Vermögenswert weiterhin zukommt. Unter derartigen Umständen würde eine Berichterstattung über einen Verkauf den vorgenommenen Geschäftsvorfall nicht glaubwürdig darstellen (wenn tatsächlich eine Transaktion stattgefunden hat).

Neutralität

36 Damit die im Abschluss enthaltenen Informationen verlässlich sind, müssen sie neutral, also frei von verzerrenden Einflüssen sein. Abschlüsse sind nicht neutral, wenn sie durch Auswahl oder Darstellung der Informationen eine Entscheidung oder Beurteilung beeinflussen, um so ein vorher festgelegtes Resultat oder Ergebnis zu erzielen.

Vorsicht

37 Die mit der Aufstellung des Abschlusses befassten Personen müssen sich allerdings mit den Ungewissheiten auseinandersetzen, die mit vielen Ereignissen und Umständen unvermeidlich verbunden sind, beispielsweise mit der Wahrscheinlichkeit, zweifelhafte Forderungen einzutreiben, der voraussichtlichen Nutzungsdauer von technischen Anlagen und Betriebs- und Geschäftsausstattung sowie der Zahl von Garantieansprüchen, die auftreten können. Solchen Ungewissheiten wird durch die Angabe ihrer Art und ihres Umfanges sowie dadurch Rechnung getragen, dass bei der Aufstellung des Abschlusses die Vorsicht berücksichtigt wird. Vorsicht bedeutet, dass ein gewisses Maß an Sorgfalt bei der Ermessensausübung, die für die erforderlichen Schätzungen unter ungewissen Umständen erforderlich ist, einbezogen wird, so dass Vermögenswerte oder Erträge nicht zu hoch und Schulden oder Aufwendungen nicht zu niedrig angesetzt werden. Allerdings gestattet eine vorsichtige Vorgehensweise beispielsweise nicht, stille Reserven zu legen oder Rückstellungen überzubewerten, den bewusst zu niedrigen Ansatz von Vermögenswerten oder Erträgen oder den bewusst zu hohen Ansatz von Schulden oder Aufwendungen, da der Abschluss dann nicht neutral wäre und deshalb das Kriterium der Verlässlichkeit nicht erfüllen würde.

Vollständigkeit

38 Damit die im Abschluss enthaltenen Informationen verlässlich sind, müssen sie in den Grenzen von Wesentlichkeit und Kosten vollständig sein. Ein Weglassen kann dazu führen, dass die Informationen falsch oder irreführend und somit hinsichtlich ihrer Relevanz unzuverlässig und mangelhaft sind.

Vergleichbarkeit

39 Es muss den Adressaten möglich sein, die Abschlüsse eines Unternehmens über die Zeit hinweg zu vergleichen, damit sie Tendenzen in seiner Vermögens-, Finanz- und Ertragslage erkennen können. Die Adressaten müssen ebenfalls die Abschlüsse verschiedener Unternehmen vergleichen können, damit sie deren jeweilige Vermögens-, Finanz- und Ertragslage sowie Veränderungen in deren Vermögens- und Finanzlage beurteilen können. Daher müssen die Bewertung und Darstellung der ökonomischen Auswirkungen ähnlicher Geschäftsvorfälle und anderer Ereignisse innerhalb eines Unternehmens und für dieses über die Zeit hinweg sowie für verschiedene Unternehmen stetig vorgenommen werden.

Faithful Representation

To be reliable, information must represent faithfully the transactions and other events it either purports to represent or could reasonably be expected to represent. Thus, for example, a balance sheet should represent faithfully the transactions and other events that result in assets, liabilities and equity of the enterprise at the reporting date which meet the recognition criteria. 33

Most financial information is subject to some risk of being less than a faithful representation of that which it purports to portray. This is not due to bias, but rather to inherent difficulties either in identifying the transactions and other events to be measured or in devising and applying measurement and presentation techniques that can convey messages that correspond with those transactions and events. In certain cases, the measurement of the financial effects of items could be so uncertain that enterprises generally would not recognise them in the financial statements; for example, although most enterprises generate goodwill internally over time, it is usually difficult to identify or measure that goodwill reliably. In other cases, however, it may be relevant to recognise items and to disclose the risk of error surrounding their recognition and measurement. 34

Substance Over Form

If information is to represent faithfully the transactions and other events that it purports to represent, it is necessary that they are accounted for and presented in accordance with their substance and economic reality and not merely their legal form. The substance of transactions or other events is not always consistent with that which is apparent from their legal or contrived form. For example, an enterprise may dispose of an asset to another party in such a way that the documentation purports to pass legal ownership to that party; nevertheless, agreements may exist that ensure that the enterprise continues to enjoy the future economic benefits embodied in the asset. In such circumstances, the reporting of a sale would not represent faithfully the transaction entered into (if indeed there was a transaction). 35

Neutrality

To be reliable, the information contained in financial statements must be neutral, that is, free from bias. Financial statements are not neutral if, by the selection or presentation of information, they influence the making of a decision or judgement in order to achieve a predetermined result or outcome. 36

Prudence

The preparers of financial statements do, however, have to contend with the uncertainties that inevitably surround many events and circumstances, such as the collectability of doubtful receivables, the probable useful life of plant and equipment and the number of warranty claims that may occur. Such uncertainties are recognised by the disclosure of their nature and extent and by the exercise of prudence in the preparation of the financial statements. Prudence is the inclusion of a degree of caution in the exercise of the judgements needed in making the estimates required under conditions of uncertainty, such that assets or income are not overstated and liabilities or expenses are not understated. However, the exercise of prudence does not allow, for example, the creation of hidden reserves or excessive provisions, the deliberate understatement of assets or income, or the deliberate overstatement of liabilities or expenses, because the financial statements would not be neutral and, therefore, not have the quality of reliability. 37

Completeness

To be reliable, the information in financial statements must be complete within the bounds of materiality and cost. An omission can cause information to be false or misleading and thus unreliable and deficient in terms of its relevance. 38

Comparability

Users must be able to compare the financial statements of an enterprise through time in order to identify trends in its financial position and performance. Users must also be able to compare the financial statements of different enterprises in order to evaluate their relative financial position, performance and changes in financial position. Hence, the measurement and display of the financial effect of like transactions and other events must be carried out in a consistent way throughout an enterprise and over time for that enterprise and in a consistent way for different enterprises. 39

40 Eine wichtige Folgerung aus der qualitativen Anforderung der Vergleichbarkeit schließt ein, dass die Adressaten über die bei der Aufstellung der Abschlüsse zu Grunde gelegten Bilanzierungs- und Bewertungsmethoden, Änderungen bei diesen Methoden und die Auswirkungen solcher Änderungen informiert werden. Adressaten müssen in der Lage sein, Unterschiede in den Bilanzierungs- und Bewertungsmethoden für ähnliche Geschäftsvorfälle und andere Ereignisse zu erkennen, die von einem Unternehmen von Periode zu Periode und von verschiedenen Unternehmen angewendet werden. Die Übereinstimmung mit den International Accounting Standards, einschließlich der Angabe der Bilanzierungs- und Bewertungsmethoden, hilft, die Vergleichbarkeit zu erreichen.

41 Die Notwendigkeit der Vergleichbarkeit darf nicht mit einer bloßen Einheitlichkeit verwechselt und nicht zu einem Hindernis für die Einführung verbesserter Rechnungslegungsstandards werden. Es ist für ein Unternehmen nicht zweckmäßig, einen Geschäftsvorfall oder ein anderes Ereignis weiterhin in derselben Art und Weise zu bilanzieren, wenn die angewandte Methode nicht mit den qualitativen Anforderungen der Relevanz und Verlässlichkeit übereinstimmt. Ferner ist es für ein Unternehmen auch nicht sachgerecht, seine Bilanzierungs- und Bewertungsmethoden beizubehalten, wenn relevantere und verlässlichere Alternativen bestehen.

42 Da die Adressaten die Vermögens-, Finanz- und Ertragslage sowie Veränderungen in der Vermögens- und Finanzlage eines Unternehmens im Zeitablauf vergleichen möchten, ist es wichtig, dass die Abschlüsse auch die entsprechenden Informationen für die vorhergehenden Perioden anführen.

Beschränkungen für relevante und verlässliche Informationen

Zeitnähe

43 Kommt es bei der Berichterstattung zu einer unangemessenen Verzögerung, so können die Informationen ihre Relevanz verlieren. Das Management muss in vielen Fällen die jeweiligen Vorteile einer zeitnahen Berichterstattung und einer Bereitstellung verlässlicher Informationen gegeneinander abwägen. Um Informationen zeitnah bereitzustellen, kann es häufig erforderlich sein zu berichten, bevor alle Aspekte eines Geschäftsvorfalles oder eines Ereignisses bekannt sind, wodurch die Verlässlichkeit gemindert ist. Wird umgekehrt die Berichterstattung hinausgezögert, bis alle Aspekte bekannt sind, mag die Information zwar äußerst verlässlich sein, jedoch ist sie für die Adressaten, die in der Zwischenzeit Entscheidungen treffen mussten, nur von geringem Nutzen. Um eine Ausgewogenheit zwischen Relevanz und Verlässlichkeit zu erreichen, ist die übergeordnete Überlegung zu berücksichtigen, wie den Bedürfnissen der Adressaten im Hinblick auf ihre wirtschaftlichen Entscheidungen am besten entsprochen werden kann.

Abwägung von Nutzen und Kosten

44 Die Abwägung von Nutzen und Kosten ist weniger eine qualitative Anforderung als vielmehr ein vorherrschender Sachzwang. Der aus einer Information abzuleitende Nutzen muss höher sein als die Kosten für die Bereitstellung der Information. Die Abschätzung von Nutzen und Kosten ist jedoch im Wesentlichen eine Ermessensfrage. Darüber hinaus sind die Kosten nicht notwendigerweise von den Adressaten zu tragen, die in den Genuss des Nutzens kommen. Nutzen kann auch anderen zugute kommen als den Adressaten, für die die Informationen bereitgestellt werden. Beispielsweise kann die Bereitstellung zusätzlicher Informationen für Kreditgeber die Fremdkapitalkosten eines Unternehmens senken. Aus diesen Gründen ist es schwierig, in jedem besonderen Fall einen Kosten-Nutzen-Test durchzuführen. Dennoch müssen die Standardsetter und die Personen, die die Abschlüsse aufstellen, sowie deren Adressaten sich dieses Sachzwanges bewusst sein.

Abwägung der qualitativen Anforderungen an den Abschluss

45 In der Praxis ist häufig ein Abwägen der qualitativen Anforderungen notwendig. In der Regel wird eine angemessene Ausgewogenheit zwischen den Anforderungen angestrebt, damit die Zielsetzung des Abschlusses erreicht wird. Die relative Bedeutung der Anforderungen in den einzelnen Fällen ist eine Frage fachkundiger Beurteilung.

Vermittlung eines den tatsächlichen Verhältnissen entsprechenden Bildes

46 Abschlüsse verfolgen häufig das Konzept, ein den tatsächlichen Verhältnissen entsprechendes Bild der Vermögens-, Finanz- und Ertragslage des Unternehmens sowie der Veränderungen in dessen Vermögens- und Finanzlage zu vermitteln. Obwohl sich dieses Rahmenkonzept nicht direkt mit solchen Überlegungen befasst, führt die Anwendung der grundlegenden qualitativen Anforderungen und der einschlägigen Rechnungslegungsstandards im Regelfall zu einem Abschluss, der das widerspiegelt, was im Allgemeinen als Vermittlung eines den tatsächlichen Verhältnissen entsprechenden Bildes verstanden wird.

DIE ABSCHLUSSPOSTEN

47 Der Abschluss zeigt die wirtschaftlichen Auswirkungen von Geschäftsvorfällen und anderen Ereignissen, indem er sie je nach ihren ökonomischen Merkmalen in große Klassen einteilt. Diese werden als Abschlussposten bezeichnet. Die in der

An important implication of the qualitative characteristic of comparability is that users be informed of the accounting policies employed in the preparation of the financial statements, any changes in those policies and the effects of such changes. Users need to be able to identify differences between the accounting policies for like transactions and other events used by the same enterprise from period to period and by different enterprises. Compliance with International Accounting Standards, including the disclosure of the accounting policies used by the enterprise, helps to achieve comparability. 40

The need for comparability should not be confused with mere uniformity and should not be allowed to become an impediment to the introduction of improved accounting standards. It is not appropriate for an enterprise to continue accounting in the same manner for a transaction or other event if the policy adopted is not in keeping with the qualitative characteristics of relevance and reliability. It is also inappropriate for an enterprise to leave its accounting policies unchanged when more relevant and reliable alternatives exist. 41

Because users wish to compare the financial position, performance and changes in financial position of an enterprise over time, it is important that the financial statements show corresponding information for the preceding periods. 42

Constraints on Relevant and Reliable Information

Timeliness

If there is undue delay in the reporting of information it may lose its relevance. Management may need to balance the relative merits of timely reporting and the provision of reliable information. To provide information on a timely basis it may often be necessary to report before all aspects of a transaction or other event are known, thus impairing reliability. Conversely, if reporting is delayed until all aspects are known, the information may be highly reliable but of little use to users who have had to make decisions in the interim. In achieving a balance between relevance and reliability, the overriding consideration is how best to satisfy the economic decision-making needs of users. 43

Balance between Benefit and Cost

The balance between benefit and cost is a pervasive constraint rather than a qualitative characteristic. The benefits derived from information should exceed the cost of providing it. The evaluation of benefits and costs is, however, substantially a judgmental process. Furthermore, the costs do not necessarily fall on those users who enjoy the benefits. Benefits may also be enjoyed by users other than those for whom the information is prepared; for example, the provision of further information to lenders may reduce the borrowing costs of an enterprise. For these reasons, it is difficult to apply a cost-benefit test in any particular case. Nevertheless, standard-setters in particular, as well as the preparers and users of financial statements, should be aware of this constraint. 44

Balance between Qualitative Characteristics

In practice a balancing, or trade-off, between qualitative characteristics is often necessary. Generally the aim is to achieve an appropriate balance among the characteristics in order to meet the objective of financial statements. The relative importance of the characteristics in different cases is a matter of professional judgment. 45

True and Fair View/Fair Presentation

Financial statements are frequently described as showing a true and fair view of, or as presenting fairly, the financial position, performance and changes in financial position of an enterprise. Although this Framework does not deal directly with such concepts, the application of the principal qualitative characteristics and of appropriate accounting standards normally results in financial statements that convey what is generally understood as a true and fair view of, or as presenting fairly such information. 46

THE ELEMENTS OF FINANCIAL STATEMENTS

Financial statements portray the financial effects of transactions and other events by grouping them into broad classes according to their economic characteristics. These broad classes are termed the elements of financial statements. 47

Bilanz direkt mit der Ermittlung der Vermögens- und Finanzlage verbundenen Posten sind Vermögenswerte, Schulden und Eigenkapital. Die in der Gewinn- und Verlustrechnung direkt mit der Ermittlung der Ertragskraft verbundenen Posten sind Erträge und Aufwendungen. Die Kapitalflussrechnung spiegelt im Regelfall Posten aus der Gewinn- und Verlustrechnung und Veränderungen von Posten aus der Bilanz wider. Daher werden in diesem Rahmenkonzept keine Posten angesprochen, die nur dieser Darstellung zuzuordnen sind.

48 Die Darstellung dieser Posten in der Bilanz und in der Gewinn- und Verlustrechnung erfordert eine Untereinteilung. So können beispielsweise Vermögenswerte und Schulden nach ihrer Art oder Funktion in der Geschäftstätigkeit des Unternehmens eingeteilt werden, damit Informationen bereitgestellt werden, die für die Adressaten bei deren wirtschaftlichen Entscheidungen von größtmöglichem Nutzen sind.

Vermögens- und Finanzlage

49 Die unmittelbar mit der Ermittlung der Vermögens- und Finanzlage verbundenen Posten sind Vermögenswerte, Schulden und Eigenkapital. Diese werden wie folgt definiert:

(a) Ein Vermögenswert ist eine Ressource, die auf Grund von Ereignissen der Vergangenheit in der Verfügungsmacht des Unternehmens steht, und von der erwartet wird, dass dem Unternehmen aus ihr künftiger wirtschaftlicher Nutzen zufließt.

(b) Eine Schuld ist eine gegenwärtige Verpflichtung des Unternehmens, die aus Ereignissen der Vergangenheit entsteht und deren Erfüllung für das Unternehmen erwartungsgemäß mit einem Abfluss von Ressourcen mit wirtschaftlichem Nutzen verbunden ist.

(c) Eigenkapital ist der nach Abzug aller Schulden verbleibende Restbetrag der Vermögenswerte des Unternehmens.

50 Die Definitionen eines Vermögenswertes und einer Schuld kennzeichnen deren wesentlichen Merkmale, aber sie versuchen nicht, Kriterien festzulegen, die im Vorfeld der Prüfung des Bilanzansatzes erfüllt sein müssen. Somit umfassen die Definitionen auch Sachverhalte, die in der Bilanz nicht als Vermögenswerte oder Schulden angesetzt werden, weil sie die in den Paragraphen 82 bis 98 erörterten Kriterien für einen Ansatz nicht erfüllen. Insbesondere muss die Erwartung, dass künftiger wirtschaftlicher Nutzen einem Unternehmen zu- oder aus diesem abfließen wird, hinreichend sicher sein, damit das Kriterium der Wahrscheinlichkeit aus Paragraph 83 erfüllt ist, bevor ein Vermögenswert oder eine Schuld angesetzt wird.

51 Bei der Beurteilung, ob ein Sachverhalt die Definition eines Vermögenswertes, einer Schuld oder des Eigenkapitals erfüllt, müssen sein tatsächlicher wirtschaftlicher Gehalt und nicht allein seine rechtliche Gestaltung berücksichtigt werden. So ist beispielsweise im Falle von Finanzierungsleasing der tatsächliche wirtschaftliche Gehalt so ausgestaltet, dass der Leasingnehmer den wirtschaftlichen Nutzen aus dem Gebrauch des geleasten Vermögenswertes für den Großteil seiner Nutzungsdauer als Gegenleistung dafür erwirbt, dass er für dieses Recht eine Zahlungsverpflichtung eingeht, die in etwa dem beizulegenden Zeitwert des Vermögenswertes und den damit verbundenen Finanzierungskosten entspricht. Dadurch entstehen bei Finanzierungsleasing Sachverhalte, die die Definition eines Vermögenswertes und einer Schuld erfüllen und als solche in der Bilanz des Leasingnehmers angesetzt werden.

52 Bilanzen, die gemäß den derzeit geltenden International Accounting Standards aufgestellt werden, können Posten enthalten, die die Definitionen eines Vermögenswertes oder einer Schuld nicht erfüllen und nicht als Teil des Eigenkapitals gezeigt werden. Die Definitionen aus Paragraph 49 werden jedoch bei zukünftigen Überarbeitungen bestehender International Accounting Standards sowie bei der Formulierung neuer Standards zu Grunde gelegt werden.

Vermögenswerte

53 Der einem Vermögenswert innewohnende künftige wirtschaftliche Nutzen repräsentiert das Potenzial, direkt oder indirekt zum Zufluss von Zahlungsmitteln und Zahlungsmitteläquivalenten zum Unternehmen beizutragen. Dieses Potenzial kann zur Leistungserstellung als Teil der laufenden Geschäftstätigkeit des Unternehmens gehören. Es kann auch in der Konvertierbarkeit in Zahlungsmittel oder Zahlungsmitteläquivalente oder in der Fähigkeit bestehen, den Mittelabfluss zu verringern, beispielsweise wenn ein alternatives Herstellungsverfahren die Produktionskosten vermindert.

54 Im Regelfall setzt ein Unternehmen seine Vermögenswerte ein, um Güter oder Dienstleistungen zu erzeugen, mit denen die Wünsche oder Bedürfnisse der Kunden befriedigt werden können. Da diese Güter oder Dienstleistungen diese Wünsche oder Bedürfnisse befriedigen können, sind die Kunden bereit, dafür zu zahlen und somit zum Cashflow des Unternehmens beizutragen. Zahlungsmittel an sich leisten dem Unternehmen einen Dienst, weil dieses damit über andere Ressourcen verfügen kann.

55 Der einem Vermögenswert innewohnende künftige wirtschaftliche Nutzen kann dem Unternehmen auf verschiedene Weise zufließen. Ein Vermögenswert kann beispielsweise

(a) allein oder in Verbindung mit anderen Vermögenswerten bei der Produktion von Gütern oder Dienstleistungen, die vom Unternehmen verkauft werden, genutzt werden;

(b) gegen andere Vermögenswerte eingetauscht werden;

The elements directly related to the measurement of financial position in the balance sheet are assets, liabilities and equity. The elements directly related to the measurement of performance in the income statement are income and expenses. The statement of changes in financial position usually reflects income statement elements and changes in balance sheet elements; accordingly, this Framework identifies no elements that are unique to this statement.

The presentation of these elements in the balance sheet and the income statement involves a process of sub-classification. 48
For example, assets and liabilities may be classified by their nature or function in the business of the enterprise in order to display information in the manner most useful to users for purposes of making economic decisions.

Financial Position

The elements directly related to the measurement of financial position are assets, liabilities and equity. These are defined 49
as follows:

(a) An asset is a resource controlled by the enterprise as a result of past events and from which future economic benefits are expected to flow to the enterprise.

(b) A liability is a present obligation of the enterprise arising from past events, the settlement of which is expected to result in an outflow from the enterprise of resources embodying economic benefits.

(c) Equity is the residual interest in the assets of the enterprise after deducting all its liabilities.

The definitions of an asset and a liability identify their essential features but do not attempt to specify the criteria that need 50
to be met before they are recognised in the balance sheet. Thus, the definitions embrace items that are not recognised as assets or liabilities in the balance sheet because they do not satisfy the criteria for recognition discussed in paragraphs 82 to 98. In particular, the expectation that future economic benefits will flow to or from an enterprise must be sufficiently certain to meet the probability criterion in paragraph'83 before an asset or liability is recognised.

In assessing whether an item meets the definition of an asset, liability or equity, attention needs to be given to its underly- 51
ing substance and economic reality and not merely its legal form. Thus, for example, in the case of finance leases, the substance and economic reality are that the lessee acquires the economic benefits of the use of the leased asset for the major part of its useful life in return for entering into an obligation to pay for that right an amount approximating to the fair value of the asset and the related finance charge. Hence, the finance lease gives rise to items that satisfy the definition of an asset and a liability and are recognised as such in the lessee's balance sheet.

Balance sheets drawn up in accordance with current International Accounting Standards may include items that do not 52
satisfy the definitions of an asset or liability and are not shown as part of equity. The definitions set out in paragraph 49 will, however, underlie future reviews of existing International Accounting Standards and the formulation of further Standards.

Assets

The future economic benefit embodied in an asset is the potential to contribute, directly or indirectly, to the flow of cash 53
and cash equivalents to the enterprise. The potential may be a productive one that is part of the operating activities of the enterprise. It may also take the form of convertibility into cash or cash equivalents or a capability to reduce cash outflows, such as when an alternative manufacturing process lowers the costs of production.

An enterprise usually employs its assets to produce goods or services capable of satisfying the wants or needs of customers; 54
because these goods or services can satisfy these wants or needs, customers are prepared to pay for them and hence contribute to the cash flow of the enterprise. Cash itself renders a service to the enterprise because of its command over other resources.

The future economic benefits embodied in an asset may flow to the enterprise in a number of ways. For example, an 55
asset may be:

(a) used singly or in combination with other assets in the production of goods or services to be sold by the enterprise;

(b) exchanged for other assets;

(c) für die Begleichung einer Schuld genutzt werden; oder
(d) an die Eigentümer des Unternehmens verteilt werden.

56 Viele Vermögenswerte, beispielsweise Sachanlagen, sind materieller Natur. Vermögenswerte brauchen jedoch nicht unbedingt materieller Natur zu sein, folglich sind beispielsweise Patente und Copyrights auch Vermögenswerte, sofern erwartet wird, dass dem Unternehmen aus ihnen ein künftiger wirtschaftlicher Nutzen zufließt und dass das Unternehmen die Verfügungsmacht über sie besitzt.

57 Viele Vermögenswerte, beispielsweise Forderungen sowie Grundstücke und Bauten, sind mit gesetzlichen Rechten einschließlich des Eigentumsrechtes verbunden. Bei der Bestimmung, ob ein Vermögenswert vorliegt, ist das Eigentumsrecht nicht entscheidend. So liegt beispielsweise bei Grundstücken und Bauten, die auf Grund eines Leasingverhältnisses gehalten werden, ein Vermögenswert vor, wenn das Unternehmen die Verfügungsmacht über den aus den Grundstücken und Bauten erwarteten Nutzen ausübt. Obwohl die Fähigkeit eines Unternehmens, die Verfügungsmacht über den Nutzen auszuüben, im Regelfall auf gesetzlichen Rechten beruht, kann ein Sachverhalt auch ohne gesetzliche Verfügungsmacht der Definition eines Vermögenswertes entsprechen. Beispielsweise kann Know-how aus einer Entwicklungstätigkeit das Kriterium eines Vermögenswertes erfüllen, wenn ein Unternehmen durch Geheimhaltung dieses Know-hows die Verfügungsmacht über den daraus erwarteten Nutzen ausübt.

58 Die Vermögenswerte eines Unternehmens sind Ergebnis vergangener Geschäftsvorfälle oder anderer Ereignisse der Vergangenheit. Unternehmen erhalten Vermögenswerte im Regelfall durch Kauf oder Produktion, aber auch andere Geschäftsvorfälle oder Ereignisse können Vermögenswerte erzeugen. Zu den Beispielen zählen Grundstücke und Bauten, die ein Unternehmen vom Staat als Teil eines Programms zur Förderung des Wirtschaftswachstums in einem Gebiet erhält, sowie die Entdeckung von Erzlagerstätten. Geschäftsvorfälle oder Ereignisse, deren Eintreten für die Zukunft erwartet wird, erzeugen für sich gesehen keine Vermögenswerte, daher erfüllt beispielsweise die Absicht, Vorräte zu kaufen, nicht die Definition eines Vermögenswertes.

59 Es besteht eine enge Verknüpfung zwischen dem Tätigen von Ausgaben und dem Entstehen von Vermögenswerten, beides muss jedoch nicht notwendigerweise zusammenfallen. Folglich kann zwar die Tatsache, dass ein Unternehmen Ausgaben tätigt, ein substanzieller Hinweis darauf sein, dass künftiger wirtschaftlicher Nutzen angestrebt wurde, aber sie ist kein schlüssiger Beweis dafür, dass ein Posten beschafft wurde, der die Definition eines Vermögenswertes erfüllt. Gleichermaßen schließt das Fehlen einer dazugehörigen Ausgabe nicht aus, dass ein Sachverhalt die Definition eines Vermögenswertes erfüllt und damit für den Ansatz in der Bilanz in Frage kommt. Beispielsweise können auch Dinge, die dem Unternehmen geschenkt wurden, die Definition eines Vermögenswertes erfüllen.

Schulden

60 Ein wesentliches Merkmal einer Schuld ist die Tatsache, dass das Unternehmen eine gegenwärtige Verpflichtung hat. Eine Verpflichtung ist eine Pflicht oder Verantwortung, in bestimmter Weise zu handeln oder eine Leistung zu erbringen. Verpflichtungen können als Folge eines bindenden Vertrages oder einer gesetzlichen Vorschrift rechtlich durchsetzbar sein. Das gilt im Regelfall beispielsweise für Beträge, die für erhaltene Waren und Dienstleistungen zu zahlen sind. Verpflichtungen erwachsen jedoch auch aus dem üblichen Geschäftsgebaren, aus den Usancen und aus dem Wunsch, gute Geschäftsbeziehungen zu pflegen oder in angemessener Weise zu handeln. Entscheidet sich ein Unternehmen beispielsweise im Rahmen seiner Unternehmenspolitik dafür, Fehler an seinen Produkten zu beheben, selbst wenn diese erst nach Ablauf der Garantiezeit auftreten, so sind die Beträge, die erwartungsgemäß für bereits verkaufte Waren aufzuwenden sind, Schulden.

61 Es muss zwischen einer gegenwärtigen und einer zukünftigen Verpflichtung unterschieden werden. Die Entscheidung des Managements, in der Zukunft Vermögenswerte zu erwerben, führt an sich nicht zu einer gegenwärtigen Verpflichtung. Eine gegenwärtige Verpflichtung erwächst im Regelfall nur bei Lieferung des Vermögenswertes oder dann, wenn das Unternehmen eine unwiderrufliche Vereinbarung über den Erwerb des Vermögenswertes abschließt. Im letzten Fall bedeutet die Unwiderruflichkeit der Vereinbarung, dass die wirtschaftlichen Konsequenzen eines Versäumnisses, dieser Verpflichtung nachzukommen, beispielsweise auf Grund einer wesentlichen Vertragsstrafe, dem Unternehmen nur wenig, wenn überhaupt, Ermessensfreiheit lassen, den Abfluss von Ressourcen an eine andere Partei zu vermeiden.

62 Die Erfüllung einer gegenwärtigen Verpflichtung führt in der Regel dazu, dass das Unternehmen Ressourcen, die wirtschaftlichen Nutzen enthalten, aufgeben muss, um die Ansprüche der anderen Partei zu erfüllen. Die Erfüllung einer gegenwärtigen Verpflichtung kann auf verschiedene Weise erfolgen, beispielsweise durch:
(a) Zahlung flüssiger Mittel;
(b) Übertragung anderer Vermögenswerte;
(c) Erbringung von Dienstleistungen;
(d) Ersatz dieser Verpflichtung durch eine andere Verpflichtung; oder
(e) Umwandlung der Verpflichtung in Eigenkapital.

Eine Verpflichtung kann auch auf anderem Wege erlöschen, beispielsweise dadurch, dass ein Gläubiger auf seine Ansprüche verzichtet oder diese verliert.

(c) used to settle a liability; or
(d) distributed to the owners of the enterprise.

Many assets, for example, property, plant and equipment, have a physical form. However, physical form is not essential to the existence of an asset; hence patents and copyrights, for example, are assets if future economic benefits are expected to flow from them to the enterprise and if they are controlled by the enterprise. 56

Many assets, for example, receivables and property, are associated with legal rights, including the right of ownership. In determining the existence of an asset, the right of ownership is not essential; thus, for example, property held on a lease is an asset if the enterprise controls the benefits which are expected to flow from the property. Although the capacity of an enterprise to control benefits is usually the result of legal rights, an item may nonetheless satisfy the definition of an asset even when there is no legal control. For example, know-how obtained from a development activity may meet the definition of an asset when, by keeping that know-how secret, an enterprise controls the benefits that are expected to flow from it. 57

The assets of an enterprise result from past transactions or other past events. Enterprises normally obtain assets by purchasing or producing them, but other transactions or events may generate assets; examples include property received by an enterprise from government as part of a programme to encourage economic growth in an area and the discovery of mineral deposits. Transactions or events expected to occur in the future do not in themselves give rise to assets; hence, for example, an intention to purchase inventory does not, of itself, meet the definition of an asset. 58

There is a close association between incurring expenditure and generating assets but the two do not necessarily coincide. Hence, when an enterprise incurs expenditure, this may provide evidence that future economic benefits were sought but is not conclusive proof that an item satisfying the definition of an asset has been obtained. Similarly the absence of a related expenditure does not preclude an item from satisfying the definition of an asset and thus becoming a candidate for recognition in the balance sheet; for example, items that have been donated to the enterprise may satisfy the definition of an asset. 59

Liabilities

An essential characteristic of a liability is that the enterprise has a present obligation. An obligation is a duty or responsibility to act or perform in a certain way. Obligations may be legally enforceable as a consequence of a binding contract or statutory requirement. This is normally the case, for example, with amounts payable for goods and services received. Obligations also arise, however, from normal business practice, custom and a desire to maintain good business relations or act in an equitable manner. If, for example, an enterprise decides as a matter of policy to rectify faults in its products even when these become apparent after the warranty period has expired, the amounts that are expected to be expended in respect of goods already sold are liabilities. 60

A distinction needs to be drawn between a present obligation and a future commitment. A decision by the management of an enterprise to acquire assets in the future does not, of itself, give rise to a present obligation. An obligation normally arises only when the asset is delivered or the enterprise enters into an irrevocable agreement to acquire the asset. In the latter case, the irrevocable nature of the agreement means that the economic consequences of failing to honour the obligation, for example, because of the existence of a substantial penalty, leave the enterprise with little, if any, discretion to avoid the outflow of resources to another party. 61

The settlement of a present obligation usually involves the enterprise giving up resources embodying economic benefits in order to satisfy the claim of the other party. Settlement of a present obligation may occur in a number of ways, for example, by: 62
(a) payment of cash;
(b) transfer of other assets;
(c) provision of services;
(d) replacement of that obligation with another obligation; or
(e) conversion of the obligation to equity.

An obligation may also be extinguished by other means, such as a creditor waiving or forfeiting its rights.

63 Schulden resultieren aus vergangenen Geschäftsvorfällen oder anderen Ereignissen der Vergangenheit. So entstehen beispielsweise durch den Erwerb von Waren und die Inanspruchnahme von Dienstleistungen Verbindlichkeiten aus Lieferungen und Leistungen (sofern sie nicht im Voraus oder bei Lieferung bezahlt wurden), und der Erhalt eines Bankdarlehens führt zu der Verpflichtung, das Darlehen zurückzuzahlen. Ein Unternehmen kann auch künftige Preisnachlässe auf jährliche Einkäufe durch Kunden als Schulden ansetzen. In diesem Fall ist der Verkauf der Waren in der Vergangenheit der Geschäftsvorfall, der die Schulden verursacht.

64 Einige Schulden können nur mit einem erheblichen Maß an Schätzung bewertet werden. Einige Unternehmen beschreiben diese Schulden als Rückstellungen. In einigen Ländern werden derartige Rückstellungen nicht als Schulden im Sinne einer Verbindlichkeit angesehen, weil der Begriff der Verbindlichkeit sehr eng gefasst ist und nur die Beträge umfasst, die ohne Schätzung ermittelt werden können. Die Definition der Schulden aus Paragraph 49 verfolgt einen weiteren Ansatz. Danach stellt eine Rückstellung, wenn sie eine gegenwärtige Verpflichtung umfasst und den Rest der Definition erfüllt, eine Schuld dar, selbst wenn der Betrag geschätzt werden muss. Beispiele hierfür sind Rückstellungen für Garantieverpflichtungen und Rückstellungen für Pensionsverpflichtungen.

Eigenkapital

65 Obwohl das Eigenkapital in Paragraph 49 als eine Restgröße definiert ist, kann es in der Bilanz unterteilt werden. So können beispielsweise in einer Kapitalgesellschaft Gesellschafterbeiträge, Gewinnrücklagen vor oder nach Verwendung und Kapitalerhaltungsrücklagen gesondert ausgewiesen werden. Solche Aufgliederungen können für die Abschlussadressaten im Rahmen ihrer Entscheidungserfordernisse relevant sein, wenn sie auf gesetzliche oder andere Einschränkungen in der Fähigkeit des Unternehmens hinweisen, Ausschüttungen vorzunehmen oder das Eigenkapital anderweitig zu verwenden. Sie können auch die Tatsache widerspiegeln, dass Anteilseigner eines Unternehmens unterschiedliche Dividendenrechte oder unterschiedliche Rechte auf Rückzahlung von Kapital haben.

66 Die Dotierung von Rücklagen ist manchmal durch die gesellschaftsrechtlichen Statuten oder andere Gesetze vorgeschrieben, damit das Unternehmen und seine Gläubiger in einem höheren Maß vor den Auswirkungen von Verlusten geschützt sind. Andere Rücklagen können gebildet werden, wenn das nationale Steuerrecht bei einem Übertrag auf solche Rücklagen Befreiungen von der Besteuerung oder Steuervergünstigungen gewährt. Existenz und Höhe dieser gesetzlichen, statutarischen oder steuerlichen Rücklagen können für die Adressaten und deren wirtschaftliche Entscheidungen relevant sein. Zuführungen zu solchen Rücklagen sind als Verwendung von Gewinnrücklagen, nicht aber als Aufwendungen anzusehen.

67 Der Betrag, mit dem das Eigenkapital in der Bilanz ausgewiesen wird, hängt von der Ermittlung der Vermögenswerte und Schulden ab. Im Regelfall stimmt die Summe des Eigenkapitals nur zufällig überein mit dem Gesamtmarktwert der Aktien eines Unternehmens oder der Summe, die aus einer Veräußerung des Reinvermögens in Einzelteilen oder des Unternehmens als Ganzes auf Grundlage der Unternehmensfortführung erzielt werden könnte.

68 Handels-, Industrie- oder Dienstleistungstätigkeiten werden häufig von Unternehmen in Form von Einzelunternehmen, Personengesellschaften und Trusts sowie in verschiedenen Formen von staatlichen Unternehmen betrieben. Die rechtlichen Rahmenbedingungen für solche Unternehmen unterscheiden sich häufig von denjenigen, die für Kapitalgesellschaften gelten. Beispielsweise kann es, wenn überhaupt, nur sehr wenige Einschränkungen bezüglich der Verteilung von Eigenkapital an die Eigentümer oder andere Begünstigte geben. Dennoch sind die Definition des Eigenkapitals sowie die anderen Aspekte dieses Rahmenkonzeptes, die sich mit dem Eigenkapital befassen, auch für solche Unternehmen von Bedeutung.

Ertragskraft

69 Der Gewinn wird häufig herangezogen als Maßstab für die Ertragskraft oder als Grundlage für andere Berechnungen, wie beispielsweise der Verzinsung des eingesetzten Kapitals oder des Ergebnisses je Aktie. Die direkt mit der Ermittlung des Gewinnes verbundenen Posten sind Erträge und Aufwendungen. Die Erfassung und Bemessung von Erträgen und Aufwendungen und folglich des Gewinnes hängt teilweise von den Kapital- und Kapitalerhaltungskonzepten ab, die das Unternehmen bei der Aufstellung seines Abschlusses anwendet. Diese Konzepte werden in den Paragraphen 102 bis 110 erörtert.

70 Die Posten Erträge und Aufwendungen werden wie folgt definiert:

(a) Erträge stellen eine Zunahme des wirtschaftlichen Nutzens in der Berichtsperiode in Form von Zuflüssen oder Erhöhungen von Vermögenswerten oder einer Abnahme von Schulden dar, die zu einer Erhöhung des Eigenkapitals führen, welche nicht auf eine Einlage der Anteilseigner zurückzuführen ist.

(b) Aufwendungen stellen eine Abnahme des wirtschaftlichen Nutzens in der Berichtsperiode in Form von Abflüssen oder Verminderungen von Vermögenswerten oder einer Erhöhung von Schulden dar, die zu einer Abnahme des Eigenkapitals führen, welche nicht auf Ausschüttungen an die Anteilseigner zurückzuführen ist.

Liabilities result from past transactions or other past events. Thus, for example, the acquisition of goods and the use of services give rise to trade payables (unless paid for in advance or on delivery) and the receipt of a bank loan results in an obligation to repay the loan. An enterprise may also recognise future rebates based on annual purchases by customers as liabilities; in this case, the sale of the goods in the past is the transaction that gives rise to the liability. 63

Some liabilities can be measured only by using a substantial degree of estimation. Some enterprises describe these liabilities as provisions. In some countries, such provisions are not regarded as liabilities because the concept of a liability is defined narrowly so as to include only amounts that can be established without the need to make estimates. The definition of a liability in paragraph 49 follows a broader approach. Thus, when a provision involves a present obligation and satisfies the rest of the definition, it is a liability even if the amount has to be estimated. Examples include provisions for payments to be made under existing warranties and provisions to cover pension obligations. 64

Equity

Although equity is defined in paragraph 49 as a residual, it may be sub-classified in the balance sheet. For example, in a corporate enterprise, funds contributed by shareholders, retained earnings, reserves representing appropriations of retained earnings and reserves representing capital maintenance adjustments may be shown separately. Such classifications can be relevant to the decision-making needs of the users of financial statements when they indicate legal or other restrictions on the ability of the enterprise to distribute or otherwise apply its equity. They may also reflect the fact that parties with ownership interests in an enterprise have differing rights in relation to the receipt of dividends or the repayment of capital. 65

The creation of reserves is sometimes required by statute or other law in order to give the enterprise and its creditors an added measure of protection from the effects of losses. Other reserves may be established if national tax law grants exemptions from, or reductions in, taxation liabilities when transfers to such reserves are made. The existence and size of these legal, statutory and tax reserves is information that can be relevant to the decision-making needs of users. Transfers to such reserves are appropriations of retained earnings rather than expenses. 66

The amount at which equity is shown in the balance sheet is dependent on the measurement of assets and liabilities. Normally, the aggregate amount of equity only by coincidence corresponds with the aggregate market value of the shares of the enterprise or the sum that could be raised by disposing of either the net assets on a piecemeal basis or the enterprise as a whole on a going concern basis. 67

Commercial, industrial and business activities are often undertaken by means of enterprises such as sole proprietorships, partnerships and trusts and various types of government business undertakings. The legal and regulatory framework for such enterprises is often different from that applying to corporate enterprises. For example, there may be few, if any, restrictions on the distribution to owners or other beneficiaries of amounts included in equity. Nevertheless, the definition of equity and the other aspects of this Framework that deal with equity are appropriate for such enterprises. 68

Performance

Profit is frequently used as a measure of performance or as the basis for other measures, such as return on investment or earnings per share. The elements directly related to the measurement of profit are income and expenses. The recognition and measurement of income and expenses, and hence profit, depends in part on the concepts of capital and capital maintenance used by the enterprise in preparing its financial statements. These concepts are discussed in paragraphs 102 to 110. 69

The elements of income and expenses are defined as follows: 70

(a) Income is increases in economic benefits during the accounting period in the form of inflows or enhancements of assets or decreases of liabilities that result in increases in equity, other than those relating to contributions from equity participants.
(b) Expenses are decreases in economic benefits during the accounting period in the form of outflows or depletions of assets or incurrences of liabilities that result in decreases in equity, other than those relating to distributions to equity participants.

71 Die Definitionen von Erträgen und Aufwendungen kennzeichnen deren wesentliche Merkmale, aber sie versuchen keine Kriterien festzulegen, die erfüllt sein müssen, bevor sie in der Gewinn- und Verlustrechnung erfasst werden. Die Kriterien für die Erfassung von Erträgen und Aufwendungen werden in den Paragraphen 82 bis 98 erörtert.

72 Erträge und Aufwendungen können in der Gewinn- und Verlustrechnung auf unterschiedliche Weise dargestellt werden, damit sie für wirtschaftliche Entscheidungen relevante Informationen liefern. So ist es beispielsweise übliche Praxis, zwischen Ertrags- und Aufwandsposten zu unterscheiden, die aus der gewöhnlichen Tätigkeit des Unternehmens entstehen, und jenen, bei denen dies nicht der Fall ist. Diese Unterscheidung erfolgt auf der Grundlage, dass die Quelle eines Postens für die Beurteilung der Fähigkeit eines Unternehmens relevant ist, in der Zukunft Zahlungsmittel und Zahlungsmitteläquivalenten zu erwirtschaften. Beispielsweise ist es bei gelegentlichen Tätigkeiten wie der Veräußerung einer langfristigen Finanzinvestition unwahrscheinlich, dass sie regelmäßig auftreten. Bei einer solchen Unterscheidung sind Art und Tätigkeit des Unternehmens zu beachten. Posten, die sich aus der gewöhnlichen Tätigkeit eines Unternehmens ergeben, können bei einem anderen Unternehmen ungewöhnlich sein.

73 Die Unterscheidung zwischen verschiedenen Aufwands- und Ertragsposten sowie die Möglichkeit, diese in unterschiedlicher Art und Weise zu strukturieren, lassen auch verschiedene Ermittlungsformen zu, die Ertragskraft eines Unternehmens zu zeigen. Diese weisen einen unterschiedlichen Aggregierungsgrad auf. Die Gewinn- und Verlustrechnung kann beispielsweise Bruttogewinnspanne, Gewinn der gewöhnlichen Tätigkeit vor Steuern, Gewinn der gewöhnlichen Tätigkeit nach Steuern und Nettogewinn angeben.

Erträge

74 Die Definition der Erträge umfasst Erlöse und andere Erträge. Die einen fallen im Rahmen der gewöhnlichen Tätigkeit eines Unternehmens an und haben verschiedene Bezeichnungen, wie Umsatzerlöse, Dienstleistungsentgelte, Zinsen, Mieten, Dividenden und Lizenzerträge.

75 Andere Erträge stehen für weitere Posten, die die Definition von Erträgen erfüllen. Sie können im Rahmen der gewöhnlichen Tätigkeit eines Unternehmens anfallen oder nicht. Die anderen Erträge stellen eine Zunahme des wirtschaftlichen Nutzens dar und unterscheiden sich insofern ihrer Art nach nicht von Erlösen. Folglich werden sie in diesem Rahmenkonzept nicht als eigenständige Posten betrachtet.

76 Zu den anderen Erträgen zählen beispielsweise Erträge aus der Veräußerung von langfristigen Vermögenswerten. Die Definition der Erträge umfasst auch unrealisierte Erträge, beispielsweise Erträge aus der Neubewertung marktfähiger Wertpapiere sowie Erträge aus der Erhöhung des Buchwertes langfristiger Vermögenswerte. Werden andere Erträge in der Gewinn- und Verlustrechnung erfasst, so werden sie gewöhnlich gesondert gezeigt, da ihre Kenntnis für den Zweck, wirtschaftliche Entscheidungen zu treffen, hilfreich ist. Die anderen Erträge werden häufig nach Abzug der damit verbundenen Aufwendungen dargestellt.

77 Zugänge, Erweiterungen und Verbesserungen verschiedener Arten von Vermögenswerten sind gegebenenfalls als Erträge zu erfassen. Dazu zählen Zahlungsmittel, Forderungen sowie Waren und Dienstleistungen im Austausch für gelieferte Waren und Dienstleistungen. Erträge können auch aus der Abgeltung von Schulden resultieren. Ein Unternehmen kann beispielsweise einem Darlehensgeber Waren und Dienstleistungen liefern, um eine Schuld zu erfüllen und damit der Pflicht zu Rückzahlung eines noch ausstehenden Darlehens nachzukommen.

Aufwendungen

78 Die Definition der Aufwendungen umfasst sowohl Aufwendungen, die im Rahmen der gewöhnlichen Tätigkeit des Unternehmens anfallen, als auch andere Aufwendungen. Zu den Aufwendungen, die im Rahmen der gewöhnlichen Tätigkeit des Unternehmens anfallen, zählen beispielsweise die Umsatzkosten, Löhne und Gehälter sowie Abschreibungen. Gewöhnlich treten sie als Abfluss oder als Abnahme von Vermögenswerten auf, beispielsweise von Zahlungsmitteln und Zahlungsmitteläquivalenten, Vorräten und Sachanlagen.

79 Andere Aufwendungen stehen für weitere Posten, die die Definition von Aufwendungen erfüllen. Sie können im Rahmen der gewöhnlichen Tätigkeit eines Unternehmens entstehen oder nicht. Andere Aufwendungen stellen eine Abnahme des wirtschaftlichen Nutzens dar und unterscheiden sich insofern ihrer Art nach nicht von den Aufwendungen, die im Rahmen der gewöhnlichen Tätigkeit des Unternehmens anfallen. Folglich werden sie in diesem Rahmenkonzept nicht als eigenständige Posten betrachtet.

80 Zu den anderen Aufwendungen zählen beispielsweise auch Aufwendungen aus Naturkatastrophen, wie Brand und Überschwemmung, sowie Aufwendungen aus der Veräußerung von langfristigen Vermögenswerten. Die Definition der Aufwendungen umfasst auch unrealisierte andere Aufwendungen, beispielsweise Aufwendungen aus einem Anstieg des Wechselkurses einer Fremdwährung bei den aufgenommenen Krediten eines Unternehmens in der betreffenden Währung. Werden andere Aufwendungen in der Gewinn- und Verlustrechnung erfasst, so werden sie gewöhnlich

The definitions of income and expenses identify their essential features but do not attempt to specify the criteria that would need to be met before they are recognised in the income statement. Criteria for the recognition of income and expenses are discussed in paragraphs 82 to 98. 71

Income and expenses may be presented in the income statement in different ways so as to provide information that is relevant for economic decision-making. For example, it is common practice to distinguish between those items of income and expenses that arise in the course of the ordinary activities of the enterprise and those that do not. This distinction is made on the basis that the source of an item is relevant in evaluating the ability of the enterprise to generate cash and cash equivalents in the future; for example, incidental activities such as the disposal of a long-term investment are unlikely to recur on a regular basis. When distinguishing between items in this way consideration needs to be given to the nature of the enterprise and its operations. Items that arise from the ordinary activities of one enterprise may be unusual in respect of another. 72

Distinguishing between items of income and expense and combining them in different ways also permits several measures of enterprise performance to be displayed. These have differing degrees of inclusiveness. For example, the income statement could display gross margin, profit from ordinary activities before taxation, profit from ordinary activities after taxation, and net profit. 73

Income

The definition of income encompasses both revenue and gains. Revenue arises in the course of the ordinary activities of an enterprise and is referred to by a variety of different names including sales, fees, interest, dividends, royalties and rent. 74

Gains represent other items that meet the definition of income and may, or may not, arise in the course of the ordinary activities of an enterprise. Gains represent increases in economic benefits and as such are no different in nature from revenue. Hence, they are not regarded as constituting a separate element in this Framework. 75

Gains include, for example, those arising on the disposal of non-current assets. The definition of income also includes unrealised gains; for example, those arising on the revaluation of marketable securities and those resulting from increases in the carrying amount of long term assets. When gains are recognised in the income statement, they are usually displayed separately because knowledge of them is useful for the purpose of making economic decisions. Gains are often reported net of related expenses. 76

Various kinds of assets may be received or enhanced by income; examples include cash, receivables and goods and services received in exchange for goods and services supplied. Income may also result from the settlement of liabilities. For example, an enterprise may provide goods and services to a lender in settlement of an obligation to repay an outstanding loan. 77

Expenses

The definition of expenses encompasses losses as well as those expenses that arise in the course of the ordinary activities of the enterprise. Expenses that arise in the course of the ordinary activities of the enterprise include, for example, cost of sales, wages and depreciation. They usually take the form of an outflow or depletion of assets such as cash and cash equivalents, inventory, property, plant and equipment. 78

Losses represent other items that meet the definition of expenses and may, or may not, arise in the course of the ordinary activities of the enterprise. Losses represent decreases in economic benefits and as such they are no different in nature from other expenses. Hence, they are not regarded as a separate element in this Framework. 79

Losses include, for example, those resulting from disasters such as fire and flood, as well as those arising on the disposal of non-current assets. The definition of expenses also includes unrealised losses, for example, those arising from the effects of increases in the rate of exchange for a foreign currency in respect of the borrowings of an enterprise in that 80

gesondert gezeigt, da ihre Kenntnis für das Ziel, wirtschaftliche Entscheidungen zu treffen, hilfreich ist. Die anderen Aufwendungen werden häufig nach Abzug der damit verbundenen Erträge dargestellt.

Kapitalerhaltungsanpassungen

81 Die Neubewertung oder Anpassung von Vermögenswerten und Schulden führt zur Erhöhung oder Verminderung des Eigenkapitals. Obwohl solche Zunahmen oder Abnahmen der Definition von positiven und negativen Erfolgsbeiträgen entsprechen, werden sie entsprechend bestimmten Konzepten der Kapitalerhaltung nicht in die Gewinn- und Verlustrechnung aufgenommen. Stattdessen werden sie im Eigenkapital als Kapitalerhaltungsanpassungen oder Neubewertungsrücklagen aufgeführt. Diese Kapitalerhaltungskonzepte werden in den Paragraphen 102 bis 110 dieses Rahmenkonzeptes erörtert.

ERFASSUNG VON ABSCHLUSSPOSTEN

82 Unter Erfassung versteht man den Einbezug eines Sachverhaltes in der Bilanz oder in der Gewinn- und Verlustrechnung, der die Definition eines Abschlusspostens und die Kriterien für die Erfassung erfüllt und die in Paragraph 83 dargelegt sind. Dies erfordert eine verbale und quantitative Beschreibung des Sachverhaltes sowie die Einbeziehung in die Bilanz oder die Gewinn- und Verlustrechnung. Sachverhalte, die die Kriterien für die Erfassung erfüllen, sind in der Bilanz oder der Gewinn- und Verlustrechnung zu erfassen. Wird es unterlassen, solch einen Sachverhalt zu erfassen, kann dieses weder durch die Angabe der verwendeten Bilanzierungs- und Bewertungsmethoden noch durch Anhangangaben oder Erläuterungen berichtigt werden.

83 Ein Sachverhalt, der die Definition eines Abschlusspostens erfüllt, ist zu erfassen, wenn

(a) es wahrscheinlich ist, dass ein mit dem Sachverhalt verbundener künftiger wirtschaftlicher Nutzen dem Unternehmen zufließen oder von ihm abfließen wird; und

(b) die Anschaffungs- oder Herstellungskosten oder der Wert des Sachverhaltes verlässlich bewertet werden können.

84 Bei der Beurteilung, ob ein Sachverhalt diese Kriterien erfüllt und daher im Abschluss zu erfassen ist, muss den in den Paragraphen 29 und 30 beschriebenen Wesentlichkeitsüberlegungen Rechnung getragen werden. Der Zusammenhang zwischen den Abschlussposten bedeutet, dass ein Sachverhalt, der die Definition und die Kriterien für die Erfassung in einem bestimmten Postens erfüllt, beispielsweise die eines Vermögenswertes, automatisch die Erfassung eines anderen Postens, beispielsweise eines Ertrages oder einer Schuld, nach sich zieht.

Die Wahrscheinlichkeit eines künftigen wirtschaftlichen Nutzens

85 Das Konzept der Wahrscheinlichkeit wird in den Kriterien der Erfassung verwendet, um auf den Grad an Unsicherheit hinzuweisen, mit dem der mit dem Sachverhalt verbundene künftige wirtschaftliche Nutzen dem Unternehmen zufließen oder von ihm abfließen wird. Das Konzept trägt der Unsicherheit Rechnung, die das Umfeld, in dem ein Unternehmen tätig ist, kennzeichnet. Die Beurteilung des mit dem Zufluss eines künftigen wirtschaftlichen Nutzens verbundenen Grades an Unsicherheit erfolgt auf der Grundlage der zum Zeitpunkt der Aufstellung des Abschlusses verfügbaren substanziellen Hinweise. Ist es beispielsweise wahrscheinlich, dass eine ausstehende Forderung an ein Unternehmen bezahlt werden wird, so ist es berechtigt, die Forderung als Vermögenswert anzusetzen, solange kein gegenteiliger substanzieller Hinweis vorliegt. Bei einer großen Menge von Forderungen wird jedoch im Regelfall ein gewisses Ausmaß von Zahlungsausfällen als wahrscheinlich erachtet. Folglich wird die erwartete Verminderung des wirtschaftlichen Nutzens als Aufwand erfasst.

Verlässlichkeit der Bewertung

86 Als zweites Kriterium für die Erfassung im Abschluss müssen diesem Sachverhalt Anschaffungs- oder Herstellungskosten oder andere Werte beizumessen sein, die entsprechend den Paragraphen 31 bis 38 dieses Rahmenkonzeptes verlässlich bewertet werden können. In vielen Fällen müssen die Anschaffungs- oder Herstellungskosten oder ein anderer Wert geschätzt werden. Die Verwendung hinreichend genauer Schätzungen ist ein wesentlicher Teil der Aufstellung des Abschlusses, dessen Verlässlichkeit dadurch nicht beeinträchtigt wird. Ist eine hinreichend genaue Schätzung jedoch nicht möglich, wird der Sachverhalt nicht in der Bilanz oder in der Gewinn- und Verlustrechnung erfasst. So können beispielsweise die erwarteten Erlöse aus einem Rechtsstreit sowohl den Definitionen eines Vermögenswertes und eines Ertrages entsprechen und auch das Kriterium der Wahrscheinlichkeit für die Erfassung erfüllen. Kann die Höhe des Anspruches jedoch nicht verlässlich bewertet werden, so ist er nicht als Vermögenswert oder Ertrag zu erfassen. Die Existenz eines solchen Anspruches würde allerdings im Anhang, den Erläuterungen oder den ergänzenden Übersichten angegeben.

87 Ein Sachverhalt, der die Kriterien für die Erfassung aus Paragraph 83 zu einem bestimmten Zeitpunkt nicht erfüllt, kann diese zu einem späteren Zeitpunkt auf Grund nachfolgender Umstände oder Ereignisse erfüllen.

currency. When losses are recognised in the income statement, they are usually displayed separately because knowledge of them is useful for the purpose of making economic decisions. Losses are often reported net of related income.

Capital Maintenance Adjustments

The revaluation or restatement of assets and liabilities gives rise to increases or decreases in equity. While these increases 81
or decreases meet the definition of income and expenses, they are not included in the income statement under certain concepts of capital maintenance. Instead these items are included in equity as capital maintenance adjustments or revaluation reserves. These concepts of capital maintenance are discussed in paragraphs 102 to 110 of this Framework.

RECOGNITION OF THE ELEMENTS OF FINANCIAL STATEMENTS

Recognition is the process of incorporating in the balance sheet or income statement an item that meets the definition of 82
an element and satisfies the criteria for recognition set out in paragraph 83. It involves the depiction of the item in words and by a monetary amount and the inclusion of that amount in the balance sheet or income statement totals. Items that satisfy the recognition criteria should be recognised in the balance sheet or income statement. The failure to recognise such items is not rectified by disclosure of the accounting policies used nor by notes or explanatory material.

An item that meets the definition of an element should be recognised if: 83
(a) it is probable that any future economic benefit associated with the item will flow to or from the enterprise; and
(b) the item has a cost or value that can be measured with reliability.

In assessing whether an item meets these criteria and therefore qualifies for recognition in the financial statements, regard 84
needs to be given to the materiality considerations discussed in paragraphs 29 and 30. The interrelationship between the elements means that an item that meets the definition and recognition criteria for a particular element, for example, an asset, automatically requires the recognition of another element, for example, income or a liability.

The Probability of Future Economic Benefit

The concept of probability is used in the recognition criteria to refer to the degree of uncertainty that the future economic 85
benefits associated with the item will flow to or from the enterprise. The concept is in keeping with the uncertainty that characterises the environment in which an enterprise operates. Assessments of the degree of uncertainty attaching to the flow of future economic benefits are made on the basis of the evidence available when the financial statements are prepared. For example, when it is probable that a receivable owed by an enterprise will be paid, it is then justifiable, in the absence of any evidence to the contrary, to recognise the receivable as an asset. For a large population of receivables, however, some degree of non-payment is normally considered probable; hence an expense representing the expected reduction in economic benefits is recognised.

Reliability of Measurement

The second criterion for the recognition of an item is that it possesses a cost or value that can be measured with reliability 86
as discussed in paragraphs 31 to 38 of this Framework. In many cases, cost or value must be estimated; the use of reasonable estimates is an essential part of the preparation of financial statements and does not undermine their reliability. When, however, a reasonable estimate cannot be made the item is not recognised in the balance sheet or income statement. For example, the expected proceeds from a lawsuit may meet the definitions of both an asset and income as well as the probability criterion for recognition; however, if it is not possible for the claim to be measured reliably, it should not be recognised as an asset or as income; the existence of the claim, however, would be disclosed in the notes, explanatory material or supplementary schedules.

An item that, at a particular point in time, fails to meet the recognition criteria in paragraph 83 may qualify for recognition 87
at a later date as a result of subsequent circumstances or events.

88 Bei einem Sachverhalt, der zwar die wesentlichen Merkmale eines Abschlusspostens aufweist, die Kriterien für die Erfassung jedoch nicht erfüllt, kann trotzdem eine Angabe im Anhang, in den Erläuterungen oder den ergänzenden Darstellungen gerechtfertigt sein. Dies ist angemessen, wenn die Kenntnis des Sachverhaltes als relevant für die Beurteilung der Vermögens-, Finanz- und Ertragslage sowie der Veränderungen der Vermögens- und Finanzlage eines Unternehmens durch die Abschlussadressaten angesehen wird.

Ansatz von Vermögenswerten

89 Ein Vermögenswert wird in der Bilanz angesetzt, wenn es wahrscheinlich ist, dass der künftige wirtschaftliche Nutzen dem Unternehmen zufließen wird, und wenn seine Anschaffungs- oder Herstellungskosten oder ein anderer Wert verlässlich bewertet werden können.

90 Ein Vermögenswert wird nicht in der Bilanz angesetzt, wenn Ausgaben getätigt wurden, bei denen es unwahrscheinlich ist, dass dem Unternehmen über die aktuelle Berichtsperiode hinaus wirtschaftlicher Nutzen zufließen wird. Stattdessen wird ein solcher Geschäftsvorfall in der Gewinn- und Verlustrechnung als Aufwand erfasst. Diese Behandlung impliziert weder, dass das Management mit der Ausgabe keinen künftigen wirtschaftlichen Nutzen für das Unternehmen erzielen wollte, noch, dass das Management eine falsche Entscheidung getroffen hat. Sie impliziert einzig und allein, dass der Grad der Gewissheit, dass der künftige wirtschaftliche Nutzen, der dem Unternehmen über die aktuelle Berichtsperiode hinaus zufließen wird, nicht ausreicht, um den Ansatz eines Aktivpostens zu rechtfertigen.

Ansatz von Schulden

91 Eine Schuld wird in der Bilanz angesetzt, wenn es wahrscheinlich ist, dass sich aus der Erfüllung einer gegenwärtigen Verpflichtung ein direkter Abfluss von Ressourcen ergibt, die wirtschaftlichen Nutzen enthalten, und dass der Erfüllungsbetrag verlässlich bewertet werden kann. In der Praxis werden vertragliche Verpflichtungen, die beidseitig anteilig nicht erfüllt sind (beispielsweise Schulden für bestellte, aber noch nicht erhaltene Vorräte) im Regelfall im Abschluss nicht als Schuld erfasst. Allerdings können solche Verpflichtungen definitionsgemäß Schulden sein und, unter der Voraussetzung, dass die Kriterien für die Erfassung unter den besonderen Umständen erfüllt sind, erfasst werden. Unter solchen Umständen erfordert der Ansatz von Schulden die Erfassung der korrespondierenden Vermögenswerte oder Aufwendungen.

Erfassung von Erträgen

92 Erträge werden in der Gewinn- und Verlustrechnung erfasst, wenn es zu einer Zunahme des künftigen wirtschaftlichen Nutzens in Verbindung mit einer Zunahme bei einem Vermögenswert oder einer Abnahme bei einer Schuld gekommen ist, die verlässlich bewertet werden kann. Dies bedeutet letztlich, dass mit der Erfassung von Erträgen gleichzeitig die Erfassung einer Zunahme bei den Vermögenswerten oder einer Abnahme bei den Schulden verbunden ist (beispielsweise die Nettozunahme der Vermögenswerte beim Verkauf von Gütern oder Dienstleistungen oder die Abnahme der Schulden durch den Verzicht auf eine zu zahlende Verbindlichkeit).

93 Die Verfahren, die normalerweise in der Praxis für die Erfassung von Erträgen gewählt werden, beispielsweise die Anforderung, dass Erlöse, die regelmäßig im Rahmen der gewöhnlichen Tätigkeit anfallen, erfolgswirksam zu verrechnen sind, fallen unter die Anwendungsfälle der Kriterien dieses Rahmenkonzeptes. Solche Verfahren haben im Allgemeinen das Ziel, die Erfassung von Erträgen auf diejenigen Sachverhalte zu beschränken, die verlässlich bewertet werden können und die einen hinreichenden Grad an Sicherheit aufweisen.

Erfassung von Aufwendungen

94 Aufwendungen werden in der Gewinn- und Verlustrechnung erfasst, wenn es zu einer Abnahme des künftigen wirtschaftlichen Nutzens in Verbindung mit einer Abnahme bei einem Vermögenswert oder einer Zunahme bei einer Schuld gekommen ist, die verlässlich bewertet werden kann. Dies bedeutet letztlich, dass die Erfassung von Aufwendungen mit der gleichzeitigen Erfassung einer Zunahme bei den Schulden oder einer Abnahme bei den Vermögenswerten verbunden ist (beispielsweise die Rückstellung für Ansprüche der Arbeitnehmer oder die Abschreibung von Betriebs- und Geschäftsausstattung).

95 Aufwendungen werden in der Gewinn- und Verlustrechnung auf der Grundlage eines direkten Zusammenhanges zwischen den angefallenen Kosten und den entsprechenden Erträgen erfasst. Dieses Verfahren, das im Allgemeinen als Zuordnung von Aufwendungen zu Erlösen bezeichnet wird, umfasst die gleichzeitige und gemeinsame Erfassung von Erlösen und Aufwendungen, die unmittelbar und gemeinsam aus denselben Geschäftsvorfällen oder anderen Ereignissen resultieren. Beispielsweise werden die unterschiedlichen Komponenten der Umsatzkosten zur gleichen Zeit wie die Erträge aus dem Verkauf von Waren angesetzt. Die Anwendung dieses Konzeptes der sachlichen Abgrenzung gemäß dem Rahmenkonzept gestattet jedoch nicht die Erfassung von Posten in der Bilanz, die nicht die Definition von Vermögenswerten oder Schulden erfüllen.

An item that possesses the essential characteristics of an element but fails to meet the criteria for recognition may nonetheless warrant disclosure in the notes, explanatory material or in supplementary schedules. This is appropriate when knowledge of the item is considered to be relevant to the evaluation of the financial position, performance and changes in financial position of an enterprise by the users of financial statements. 88

Recognition of Assets

An asset is recognised in the balance sheet when it is probable that the future economic benefits will flow to the enterprise and the asset has a cost or value that can be measured reliably. 89

An asset is not recognised in the balance sheet when expenditure has been incurred for which it is considered improbable that economic benefits will flow to the enterprise beyond the current accounting period. Instead such a transaction results in the recognition of an expense in the income statement. This treatment does not imply either that the intention of management in incurring expenditure was other than to generate future economic benefits for the enterprise or that management was misguided. The only implication is that the degree of certainty that economic benefits will flow to the enterprise beyond the current accounting period is insufficient to warrant the recognition of an asset. 90

Recognition of Liabilities

A liability is recognised in the balance sheet when it is probable that an outflow of resources embodying economic benefits will result from the settlement of a present obligation and the amount at which the settlement will take place can be measured reliably. In practice, obligations under contracts that are equally proportionately unperformed (for example, liabilities for inventory ordered but not yet received) are generally not recognised as liabilities in the financial statements. However, such obligations may meet the definition of liabilities and, provided the recognition criteria are met in the particular circumstances, may qualify for recognition. In such circumstances, recognition of liabilities entails recognition of related assets or expenses. 91

Recognition of Income

Income is recognised in the income statement when an increase in future economic benefits related to an increase in an asset or a decrease of a liability has arisen that can be measured reliably. This means, in effect, that recognition of income occurs simultaneously with the recognition of increases in assets or decreases in liabilities (for example, the net increase in assets arising on a sale of goods or services or the decrease in liabilities arising from the waiver of a debt payable). 92

The procedures normally adopted in practice for recognising income, for example, the requirement that revenue should be earned, are applications of the recognition criteria in this Framework. Such procedures are generally directed at restricting the recognition as income to those items that can be measured reliably and have a sufficient degree of certainty. 93

Recognition of Expenses

Expenses are recognised in the income statement when a decrease in future economic benefits related to a decrease in an asset or an increase of a liability has arisen that can be measured reliably. This means, in effect, that recognition of expenses occurs simultaneously with the recognition of an increase in liabilities or a decrease in assets (for example, the accrual of employee entitlements or the depreciation of equipment). 94

Expenses are recognised in the income statement on the basis of a direct association between the costs incurred and the earning of specific items of income. This process, commonly referred to as the matching of costs with revenues, involves the simultaneous or combined recognition of revenues and expenses that result directly and jointly from the same transactions or other events; for example, the various components of expense making up the cost of goods sold are recognised at the same time as the income derived from the sale of the goods. However, the application of the matching concept under this Framework does not allow the recognition of items in the balance sheet which do not meet the definition of assets or liabilities. 95

96 Wenn zu erwarten ist, dass wirtschaftlicher Nutzen über mehrere Berichtsperioden hinweg entsteht, und wenn der Zusammenhang mit dem Ertrag nur grob oder indirekt ermittelt werden kann, werden die Aufwendungen in der Gewinn- und Verlustrechnung auf der Grundlage systematischer und vernünftiger Verteilungsverfahren erfasst. Dies ist häufig bei der Erfassung von Aufwendungen erforderlich, die mit dem Verbrauch von Vermögenswerten, beispielsweise Sachanlagen, Geschäfts- oder Firmenwert, Patenten und Schutzrechten, verbunden sind. In diesen Fällen wird der Aufwand als planmäßige Abschreibung bezeichnet. Mit diesen Verteilungsverfahren sollen Aufwendungen in den Perioden erfasst werden, in denen der mit diesen Sachverhalten verbundene wirtschaftliche Nutzen verbraucht wird oder ausläuft.

97 Ein Aufwand wird unverzüglich in der Gewinn- und Verlustrechnung erfasst, wenn eine Ausgabe keinen künftigen wirtschaftlichen Nutzen bewirkt oder wenn, und in dem Maße wie künftiger wirtschaftlicher Nutzen nicht oder nicht mehr für eine Erfassung als Vermögenswert in der Bilanz in Betracht kommt.

98 Ein Aufwand wird auch in den Fällen in der Gewinn- und Verlustrechnung erfasst, in denen eine Schuld besteht, ohne dass die Erfassung eines Vermögenswertes in Betracht kommt, beispielsweise wenn eine Schuld aus einer Produktgarantie erwächst.

BEWERTUNG DER ABSCHLUSSPOSTEN

99 Bewertung bezeichnet das Verfahren zur Bestimmung der Geldbeträge, mit denen die Abschlussposten zu erfassen und in der Bilanz und in der Gewinn- und Verlustrechnung anzusetzen sind. Dies erfordert die Wahl einer bestimmten Bewertungsgrundlage.

100 In Abschlüssen werden verschiedene Bewertungsgrundlagen in unterschiedlichem Maße und in unterschiedlichen Kombinationen eingesetzt. Dazu gehören:

(a) *Historische Anschaffungs- oder Herstellungskosten.* Vermögenswerte werden mit dem Betrag der entrichteten Zahlungsmittel oder Zahlungsmitteläquivalente oder dem beizulegenden Zeitwert der Gegenleistung für ihren Erwerb zum Erwerbszeitpunkt erfasst. Schulden werden mit dem Betrag des im Austausch für die Verpflichtung erhaltenen Erlöses erfasst, oder in manchen Fällen (beispielsweise bei Ertragsteuern) mit dem Betrag an Zahlungsmitteln oder Zahlungsmitteläquivalenten, der erwartungsgemäß gezahlt werden muss, um die Schuld im normalen Geschäftsverlauf zu tilgen.

(b) *Tageswert.* Vermögenswerte werden mit dem Betrag an Zahlungsmitteln oder Zahlungsmitteläquivalenten erfasst, der für den Erwerb desselben oder eines entsprechenden Vermögenswertes zum gegenwärtigen Zeitpunkt gezahlt werden müsste. Schulden werden mit dem nicht diskontierten Betrag an Zahlungsmitteln oder Zahlungsmitteläquivalenten angesetzt, der für eine Begleichung der Verpflichtung zum gegenwärtigen Zeitpunkt erforderlich wäre.

(c) *Veräußerungswert (Erfüllungsbetrag).* Vermögenswerte werden mit dem Betrag an Zahlungsmitteln oder Zahlungsmitteläquivalenten angesetzt, der zum gegenwärtigen Zeitpunkt durch Veräußerung des Vermögenswertes im normalen Geschäftsverlauf erzielt werden könnte. Schulden werden mit dem Erfüllungsbetrag erfasst, d. h. zum nicht diskontierten Betrag an Zahlungsmitteln oder Zahlungsmitteläquivalenten, der erwartungsgemäß gezahlt werden muss, um die Schuld im normalen Geschäftsverlauf zu begleichen.

(d) *Barwert.* Vermögenswerte werden mit dem Barwert des künftigen Nettomittelzuflusses angesetzt, den dieser Posten erwartungsgemäß im normalen Geschäftsverlauf erzielen wird. Schulden werden zum Barwert des künftigen Nettomittelabflusses angesetzt, der erwartungsgemäß im normalen Geschäftsverlauf für eine Erfüllung der Schuld erforderlich ist.

101 Die von den Unternehmen bei der Aufstellung ihrer Abschlüsse am häufigsten eingesetzte Bewertungsgrundlage sind die historischen Anschaffungs- oder Herstellungskosten. Sie wird gewöhnlich mit anderen Bewertungsgrundlagen kombiniert. Beispielsweise werden Vorräte zum niedrigeren Betrag von Anschaffungs- oder Herstellungskosten und Nettoveräußerungswert geführt, marktfähige Wertpapiere können zum Marktwert und Pensionsverpflichtungen mit ihrem Barwert angesetzt werden. Ferner verwenden einige Unternehmen das Konzept der Tageswerte, um dem Umstand Rechnung zu tragen, dass das Rechnungslegungsmodell der historischen Anschaffungs- oder Herstellungskosten die Auswirkungen von Preisänderungen nicht monetärer Vermögenswerte nicht berücksichtigt.

KAPITAL- UND KAPITALERHALTUNGSKONZEPTE

Kapitalkonzepte

102 Die meisten Unternehmen wenden bei der Aufstellung ihrer Abschlüsse ein finanzwirtschaftliches Kapitalkonzept an. Im Rahmen eines finanzwirtschaftlichen Kapitalkonzeptes, wie investiertes Geld oder investierte Kaufkraft, ist Kapital ein Synonym für das Reinvermögen oder Eigenkapital des Unternehmens. Im Rahmen eines leistungswirtschaftlichen Kapitalkonzeptes, wie betriebliche Leistungsfähigkeit, wird Kapital als Produktionskapazität des Unternehmens, beispielsweise auf der Grundlage der Ausbringungsmenge pro Tag, angesehen.

When economic benefits are expected to arise over several accounting periods and the association with income can only be broadly or indirectly determined, expenses are recognised in the income statement on the basis of systematic and rational allocation procedures. This is often necessary in recognising the expenses associated with the using up of assets such as property, plant, equipment, goodwill, patents and trademarks; in such cases the expense is referred to as depreciation or amortisation. These allocation procedures are intended to recognise expenses in the accounting periods in which the economic benefits associated with these items are consumed or expire. 96

An expense is recognised immediately in the income statement when an expenditure produces no future economic benefits or when, and to the extent that, future economic benefits do not qualify, or cease to qualify, for recognition in the balance sheet as an asset. 97

An expense is also recognised in the income statement in those cases when a liability is incurred without the recognition of an asset, as when a liability under a product warranty arises. 98

MEASUREMENTS OF THE ELEMENTS OF FINANCIAL STATEMENTS

Measurement is the process of determining the monetary amounts at which the elements of the financial statements are to be recognised and carried in the balance sheet and income statement. This involves the selection of the particular basis of measurement. 99

A number of different measurement bases are employed to different degrees and in varying combinations in financial statements. They include the following: 100

(a) *Historical cost.* Assets are recorded at the amount of cash or cash equivalents paid or the fair value of the consideration given to acquire them at the time of their acquisition. Liabilities are recorded at the amount of proceeds received in exchange for the obligation, or in some circumstances (for example, income taxes), at the amounts of cash or cash equivalents expected to be paid to satisfy the liability in the normal course of business.

(b) *Current cost.* Assets are carried at the amount of cash or cash equivalents that would have to be paid if the same or an equivalent asset was acquired currently. Liabilities are carried at the undiscounted amount of cash or cash equivalents that would be required to settle the obligation currently.

(c) *Realisable (settlement) value.* Assets are carried at the amount of cash or cash equivalents that could currently be obtained by selling the asset in an orderly disposal. Liabilities are carried at their settlement values; that is, the undiscounted amounts of cash or cash equivalents expected to be paid to satisfy the liabilities in the normal course of business.

(d) *Present value.* Assets are carried at the present discounted value of the future net cash inflows that the item is expected to generate in the normal course of business. Liabilities are carried at the present discounted value of the future net cash outflows that are expected to be required to settle the liabilities in the normal course of business.

The measurement basis most commonly adopted by enterprises in preparing their financial statements is historical cost. This is usually combined with other measurement bases. For example, inventories are usually carried at the lower of cost and net realisable value, marketable securities may be carried at market value and pension liabilities are carried at their present value. Furthermore, some enterprises use the current cost basis as a response to the inability of the historical cost accounting model to deal with the effects of changing prices of non-monetary assets. 101

CONCEPTS OF CAPITAL AND CAPITAL MAINTENANCE

Concepts of Capital

A financial concept of capital is adopted by most enterprises in preparing their financial statements. Under a financial concept of capital, such as invested money or invested purchasing power, capital is synonymous with the net assets or equity of the enterprise. Under a physical concept of capital, such as operating capability, capital is regarded as the productive capacity of the enterprise based on, for example, units of output per day. 102

103 Die Auswahl des geeigneten Kapitalkonzeptes durch das Unternehmen muss auf der Grundlage der Bedürfnisse der Abschlussadressaten erfolgen. Daher ist ein finanzwirtschaftliches Kapitalkonzept zu wählen, wenn die Adressaten des Abschlusses hauptsächlich an der Erhaltung des investierten Nominalkapitals oder der Kaufkraft des investierten Kapitals interessiert sind. Ist das Hauptanliegen der Adressaten jedoch die betriebliche Leistungsfähigkeit des Unternehmens, so ist ein leistungswirtschaftliches Kapitalkonzept anzuwenden. Das gewählte Konzept gibt einen Hinweis auf das bei der Ermittlung des Gewinnes angestrebte Ziel, selbst wenn bei der Umsetzung des Konzeptes einige Schwierigkeiten bei der Bewertung auftreten können.

Kapitalerhaltungskonzepte und Gewinnermittlung

104 Die Kapitalkonzepte in Paragraph 102 führen zu den folgenden Kapitalerhaltungskonzepten:

(a) *Finanzwirtschaftliche Kapitalerhaltung.* Nach diesem Konzept gilt ein Gewinn nur dann als erwirtschaftet, wenn der finanzielle (oder Geld-)Betrag des Reinvermögens am Ende der Berichtsperiode höher ist als der finanzielle (oder Geld-)Betrag des Reinvermögens zu Beginn der Berichtsperiode, nachdem alle Kapitalabführungen an die Anteilseigner und Kapitalzuführungen von den Anteilseignern im Laufe der Periode abgerechnet sind. Finanzwirtschaftliche Kapitalerhaltung kann entweder mit nominalen Geldeinheiten oder in Einheiten der konstanten Kaufkraft bewertet werden.

(b) *Leistungswirtschaftliche Kapitalerhaltung.* Nach diesem Konzept gilt ein Gewinn nur dann als erwirtschaftet, wenn die physische Produktionskapazität (oder betriebliche Leistungsfähigkeit) des Unternehmens (oder die für die Bereitstellung dieser Kapazität benötigten Ressourcen oder Mittel) am Ende der Periode höher ist als die physische Produktionskapazität zu Beginn der Periode, nachdem alle Kapitalabführungen an die Anteilseigner und Kapitalzuführungen von den Anteilseignern im Laufe der Periode abgerechnet sind.

105 Das Konzept der Kapitalerhaltung befasst sich damit, wie ein Unternehmen das Kapital definiert, das es erhalten möchte. Es liefert die Verbindung zwischen den Kapitalkonzepten und den Erfolgskonzepten, denn es liefert den Anhaltspunkt dafür, wie Gewinn bewertet wird. Es ist eine Voraussetzung für die Unterscheidung zwischen dem Kapitalertrag und der Kapitalrückzahlung eines Unternehmens. Nur die Zuflüsse von Vermögenswerten über die zur Erhaltung von Kapital erforderlichen Beträge hinaus dürfen als Gewinn und somit Kapitalertrag betrachtet werden. Folglich ist Gewinn der Restbetrag, nachdem die Aufwendungen (einschließlich angemessener Kapitalerhaltungsanpassungen) von den Erträgen abgezogen wurden. Übersteigen die Aufwendungen die Erträge, so ist der Restbetrag ein Periodenfehlbetrag.

106 Das Konzept der leistungswirtschaftlichen Kapitalerhaltung erfordert eine Bewertung auf der Grundlage von Tageswerten. Das Konzept der finanzwirtschaftlichen Kapitalerhaltung erfordert jedoch nicht die Verwendung einer bestimmten Bewertungsgrundlage. Die Auswahl einer Grundlage nach diesem Konzept ist abhängig von der Art des finanzwirtschaftlichen Kapitals, das das Unternehmen erhalten möchte.

107 Der grundlegende Unterschied zwischen den beiden Kapitalerhaltungskonzepten besteht in der Behandlung der Auswirkungen von Preisänderungen bei Vermögenswerten und Schulden des Unternehmens. Allgemein hat ein Unternehmen sein Kapital erhalten, wenn es am Ende der Periode so viel Kapital hat wie zu dessen Beginn. Jeder Betrag, der über denjenigen hinausgeht, der zur Erhaltung des zu Beginn der Periode vorhandenen Kapitals erforderlich ist, gilt als Gewinn.

108 Gemäß dem Konzept der finanzwirtschaftlichen Kapitalerhaltung, bei dem das Kapital in nominalen Geldeinheiten definiert wird, stellt der Gewinn die Zunahme des nominalen Geldkapitals im Laufe der Periode dar. Somit stellt der Anstieg der Preise für die Vermögenswerte, die in der Periode gehalten werden, üblicherweise als Wertzuwachs bezeichnet, nach diesem Konzept Gewinn dar. Allerdings dürfen sie als solche erst nach Veräußerung der Vermögenswerte in einem Austauschvorgang angesetzt werden. Wird das Konzept der finanzwirtschaftlichen Kapitalerhaltung mit konstanten Einheiten der Kaufkraft definiert, stellt der Gewinn die Zunahme der investierten Kaufkraft der Periode dar. Folglich wird nur der Teil des Anstieges der Preise für die Vermögenswerte, der über den allgemeinen Preisanstieg hinausgeht, als Gewinn angesehen. Der Rest der Zunahme wird als Kapitalerhaltungsanpassung und damit als Teil des Eigenkapitals betrachtet.

109 Gemäß dem Konzept der leistungswirtschaftlichen Kapitalerhaltung, bei dem das Kapital als physische Produktionskapazität definiert wird, ist der Gewinn die Erhöhung dieses Kapitals in der Periode. Sämtliche Preisänderungen, die die Vermögenswerte und Schulden des Unternehmens betreffen, werden als Änderungen bei der Ermittlung der physischen Produktionskapazität des Unternehmens betrachtet. Sie werden folglich als Kapitalerhaltungsanpassungen, die Teil des Eigenkapitals sind, und nicht als Gewinn behandelt.

110 Die Wahl der Bewertungsgrundlagen und des Konzeptes der Kapitalerhaltung bedingen das bei der Aufstellung des Abschlusses verwendete Rechnungslegungsmodell. Verschiedene Rechnungslegungsmodelle weisen unterschiedliche Grade an Relevanz und Verlässlichkeit auf, und das Management muss hier, wie in anderen Bereichen, einen Ausgleich zwischen Relevanz und Verlässlichkeit anstreben. Dieses Rahmenkonzept ist auf verschiedene Rechnungslegungsmodelle anwendbar und bietet Unterstützung für die Aufstellung und Darstellung des nach dem ausgewählten Modell erstellten Abschlusses. Derzeit hat der Board des IASC nicht die Absicht, ein bestimmtes Modell vorzuschreiben. Dies ist nur unter besonderen Umständen der Fall, wie beispielsweise für die Unternehmen, die in der Währung eines hochinflationären Landes berichten. Diese Absicht wird jedoch angesichts der weltweiten Entwicklungen überprüft.

The selection of the appropriate concept of capital by an enterprise should be based on the needs of the users of its financial statements. Thus, a financial concept of capital should be adopted if the users of financial statements are primarily concerned with the maintenance of nominal invested capital or the purchasing power of invested capital. If, however, the main concern of users is with the operating capability of the enterprise, a physical concept of capital should be used. The concept chosen indicates the goal to be attained in determining profit, even though there may be some measurement difficulties in making the concept operational. 103

Concepts of Capital Maintenance and the Determination of Profit

The concepts of capital in paragraph 102 give rise to the following concepts of capital maintenance: 104

(a) *Financial capital maintenance.* Under this concept a profit is earned only if the financial (or money) amount of the net assets at the end of the period exceeds the financial (or money) amount of net assets at the beginning of the period, after excluding any distributions to, and contributions from, owners during the period. Financial capital maintenance can be measured in either nominal monetary units or units of constant purchasing power.

(b) *Physical capital maintenance.* Under this concept a profit is earned only if the physical productive capacity (or operating capability) of the enterprise (or the resources or funds needed to achieve that capacity) at the end of the period exceeds the physical productive capacity at the beginning of the period, after excluding any distributions to, and contributions from, owners during the period.

The concept of capital maintenance is concerned with how an enterprise defines the capital that it seeks to maintain. It provides the linkage between the concepts of capital and the concepts of profit because it provides the point of reference by which profit is measured; it is a prerequisite for distinguishing between an enterprise's return on capital and its return of capital; only inflows of assets in excess of amounts needed to maintain capital may be regarded as profit and therefore as a return on capital. Hence, profit is the residual amount that remains after expenses (including capital maintenance adjustments, where appropriate) have been deducted from income. If expenses exceed income the residual amount is a net loss. 105

The physical capital maintenance concept requires the adoption of the current cost basis of measurement. The financial capital maintenance concept, however, does not require the use of a particular basis of measurement. Selection of the basis under this concept is dependent on the type of financial capital that the enterprise is seeking to maintain. 106

The principal difference between the two concepts of capital maintenance is the treatment of the effects of changes in the prices of assets and liabilities of the enterprise. In general terms, an enterprise has maintained its capital if it has as much capital at the end of the period as it had at the beginning of the period. Any amount over and above that required to maintain the capital at the beginning of the period is profit. 107

Under the concept of financial capital maintenance where capital is defined in terms of nominal monetary units, profit represents the increase in nominal money capital over the period. Thus, increases in the prices of assets held over the period, conventionally referred to as holding gains, are, conceptually, profits. They may not be recognised as such, however, until the assets are disposed of in an exchange transaction. When the concept of financial capital maintenance is defined in terms of constant purchasing power units, profit represents the increase in invested purchasing power over the period. Thus, only that part of the increase in the prices of assets that exceeds the increase in the general level of prices is regarded as profit. The rest of the increase is treated as a capital maintenance adjustment and, hence, as part of equity. 108

Under the concept of physical capital maintenance when capital is defined in terms of the physical productive capacity, profit represents the increase in that capital over the period. All price changes affecting the assets and liabilities of the enterprise are viewed as changes in the measurement of the physical productive capacity of the enterprise; hence, they are treated as capital maintenance adjustments that are part of equity and not as profit. 109

The selection of the measurement bases and concept of capital maintenance will determine the accounting model used in the preparation of the financial statements. Different accounting models exhibit different degrees of relevance and reliability and, as in other areas, management must seek a balance between relevance and reliability. This Framework is applicable to a range of accounting models and provides guidance on preparing and presenting the financial statements constructed under the chosen model. At the present time, it is not the intention of the Board of IASC to prescribe a particular model other than in exceptional circumstances, such as for those enterprises reporting in the currency of a hyperinflationary economy. This intention will, however, be reviewed in the light of world developments. 110

INTERNATIONAL ACCOUNTING STANDARD 1
Darstellung des Abschlusses

INHALT

INTERNATIONAL ACCOUNTING STANDARD 1

Presentation of Financial Statements

SUMMARY

ZIELSETZUNG

1 Dieser Standard schreibt die Grundlagen für die Darstellung eines Abschlusses für allgemeine Zwecke vor, um die Vergleichbarkeit sowohl mit den Abschlüssen des eigenen Unternehmens aus vorangegangenen Perioden als auch mit den Abschlüssen anderer Unternehmen zu gewährleisten. Er enthält grundlegende Vorschriften für die Darstellung von Abschlüssen, Anwendungsleitlinien für deren Struktur und Mindestanforderungen an deren Inhalt.

ANWENDUNGSBEREICH

2 **Ein Unternehmen hat diesen Standard anzuwenden, wenn es Abschlüsse für allgemeine Zwecke gemäß den International Financial Reporting Standards (IFRS) aufstellt und vorlegt.**

3 Die Erfassungs-, Bewertungs- und Angabevorschriften für bestimmte Geschäftsvorfälle und sonstige Ereignisse werden in anderen IFRS behandelt.

4 Dieser Standard gilt nicht für die Struktur und den Inhalt verkürzter Zwischenabschlüsse, die gemäß IAS 34 *Zwischenberichterstattung* aufgestellt werden. Die Paragraphen 15–35 sind hingegen auf solche Zwischenabschlüsse anzuwenden. Dieser Standard gilt gleichermaßen für alle Unternehmen, unabhängig davon, ob sie einen Konzernabschluss gemäß IFRS 10 *Konzernabschlüsse*, oder einen Einzelabschluss gemäß IAS 27 *Einzelabschlüsse* vorlegen.

5 Die in diesem Standard verwendete Terminologie ist für gewinnorientierte Unternehmen einschließlich Unternehmen des öffentlichen Sektors geeignet. Nicht gewinnorientierte Unternehmen des privaten oder öffentlichen Sektors, die diesen Standard anwenden, müssen gegebenenfalls Bezeichnungen für einzelne Posten im Abschluss und für den Abschluss selbst anpassen.

6 In gleicher Weise haben Unternehmen, die kein Eigenkapital gemäß IAS 32 *Finanzinstrumente: Darstellung* haben (z. B. bestimmte offene Investmentfonds), sowie Unternehmen, deren Kapital kein Eigenkapital darstellt (z. B. bestimmte Genossenschaften) die Darstellung der Anteile der Mitglieder bzw. Anteilseigner im Abschluss entsprechend anzupassen.

DEFINITIONEN

7 **Folgende Begriffe werden in diesem Standard mit der angegebenen Bedeutung verwendet:**

Der Begriff *Rechnungslegungsmethoden* wird in Paragraph 5 des IAS 8 *Rechnungslegungsmethoden, Änderungen von rechnungslegungsbezogenen Schätzungen und Fehler* definiert und im vorliegenden Standard mit derselben Bedeutung verwendet.

Ein *Abschluss für allgemeine Zwecke* (auch als „Abschluss" bezeichnet) soll den Bedürfnissen von Adressaten gerecht werden, die nicht in der Lage sind, einem Unternehmen die Veröffentlichung von Berichten vorzuschreiben, die auf ihre spezifischen Informationsbedürfnisse zugeschnitten sind.

***Undurchführbar:* Die Anwendung einer Vorschrift gilt dann als undurchführbar, wenn sie trotz aller angemessenen Anstrengungen des Unternehmens nicht angewandt werden kann.**

***International Financial Reporting Standards (IFRS)* sind die vom International Accounting Standards Board (IASB) herausgegebenen Standards und Interpretationen. Sie umfassen**

(a) International Financial Reporting Standards,
(b) International Accounting Standards,
(c) IFRIC-Interpretationen und
(d) SIC-Interpretationen.[1]

***Wesentlich*:**

Informationen sind wesentlich, wenn angemessenerweise erwartet werden kann, dass ihre Auslassung, fehlerhafte Darstellung oder Verschleierung die von den Hauptadressaten eines Abschlusses für allgemeine Zwecke, der Finanzinformationen zum berichtenden Unternehmen enthält, getroffenen Entscheidungen beeinflusst.

Wesentlichkeit hängt von der Art oder dem Umfang der Informationen oder von beidem ab. Ein Unternehmen beurteilt, ob eine Information für sich allein genommen oder in Verbindung mit anderen Informationen vor dem Hintergrund seines gesamten Abschlusses wesentlich ist.

Eine Information ist verschleiert, wenn sie so kommuniziert wird, dass sie für die Hauptadressaten des Abschlusses eine ähnliche Wirkung hat wie ihre Auslassung oder fehlerhafte Darstellung. Es folgen einige Beispiele für Situationen, die zu einer verschleierten Darstellung von Informationen führen können:

(a) Die Information über einen wesentlichen Posten, einen wesentlichen Geschäftsvorfall oder ein wesentliches sonstiges Ereignis ist im Abschluss enthalten, aber vage oder unklar formuliert.
(b) Die Information über einen wesentlichen Posten, einen wesentlichen Geschäftsvorfall oder ein wesentliches sonstiges Ereignis ist über den gesamten Abschluss verstreut dargestellt.

---

1 Die IFRS-Definition wurde geändert, um den 2010 in der geänderten Satzung der IFRS-Stiftung vorgenommenen Namensänderungen Rechnung zu tragen.

OBJECTIVE

This Standard prescribes the basis for presentation of general purpose financial statements to ensure comparability both with the entity's financial statements of previous periods and with the financial statements of other entities. It sets out overall requirements for the presentation of financial statements, guidelines for their structure and minimum requirements for their content. 1

SCOPE

An entity shall apply this Standard in preparing and presenting general purpose financial statements in accordance with International Financial Reporting Standards (IFRSs). 2

Other IFRSs set out the recognition, measurement and disclosure requirements for specific transactions and other events. 3

This Standard does not apply to the structure and content of condensed interim financial statements prepared in accordance with IAS 34 *Interim Financial Reporting*. However, paragraphs 15—35 apply to such financial statements. This Standard applies equally to all entities, including those that present consolidated financial statements in accordance with IFRS 10 *Consolidated Financial Statements* and those that present separate financial statements in accordance with IAS 27 *Separate Financial Statements*. 4

This Standard uses terminology that is suitable for profit-oriented entities, including public sector business entities. If entities with not-for-profit activities in the private sector or the public sector apply this Standard, they may need to amend the descriptions used for particular line items in the financial statements and for the financial statements themselves. 5

Similarly, entities that do not have equity as defined in IAS 32 *Financial Instruments: Presentation* (e.g. some mutual funds) and entities whose share capital is not equity (e.g. some co-operative entities) may need to adapt the financial statement presentation of members' or unitholders' interests. 6

DEFINITIONS

The following terms are used in this Standard with the meanings specified: 7

***Accounting policies* are defined in paragraph 5 of IAS 8 *Accounting Policies, Changes in Accounting Estimates and Errors*, and the term is used in this Standard with the same meaning.**

***General purpose financial statements* (referred to as financial statements) are those intended to meet the needs of users who are not in a position to require an entity to prepare reports tailored to their particular information needs.**

***Impracticable* Applying a requirement is impracticable when the entity cannot apply it after making every reasonable effort to do so.**

***International Financial Reporting Standards (IFRSs)* are Standards and Interpretations issued by the International Accounting Standards Board (IASB). They comprise:**

(a) International Financial Reporting Standards;

(b) International Accounting Standards;

(c) IFRIC Interpretations; and

(d) SIC Interpretations[1].

Material

Information is material if omitting, misstating or obscuring it could reasonably be expected to influence decisions that the primary users of general purpose financial statements make on the basis of those financial statements, which provide financial information about a specific reporting entity.

Materiality depends on the nature or magnitude of information, or both. An entity assesses whether information, either individually or in combination with other information, is material in the context of its financial statements taken as a whole.

Information is obscured if it is communicated in a way that would have a similar effect for primary users of financial statements to omitting or misstating that information. The following are examples of circumstances that may result in material information being obscured:

(a) information regarding a material item, transaction or other event is disclosed in the financial statements but the language used is vague or unclear;

(b) information regarding a material item, transaction or other event is scattered throughout the financial statements;

1 Definition of IFRSs amended after the name changes introduced by the revised Constitution of the IFRS Foundation in 2010.

(c) Nicht ähnliche Posten, Geschäftsvorfälle oder sonstige Ereignisse sind in unangemessener Weise aggregiert dargestellt.
(d) Ähnliche Posten, Geschäftsvorfälle oder sonstige Ereignisse sind in unangemessener Weise getrennt dargestellt.
(e) Die Verständlichkeit des Abschlusses wird dadurch eingeschränkt, dass wesentliche Informationen in unwesentlichen Informationen versteckt dargestellt werden, sodass die Hauptadressaten nicht erkennen können, welche Informationen wesentlich sind.

Um beurteilen zu können, ob angemessenerweise erwartet werden kann, dass eine in seinem Abschluss für allgemeine Zwecke enthaltene Information die von den Hauptadressaten getroffenen Entscheidungen beeinflusst, muss ein Unternehmen die Eigenschaften dieser Adressaten und gleichzeitig die eigene Unternehmenssituation berücksichtigen.

Viele bestehende und potenzielle Investoren, Kreditgeber und andere Gläubiger können von den berichtenden Unternehmen nicht verlangen, dass diese ihnen die Informationen direkt zur Verfügung stellen und stützen sich daher in Bezug auf zahlreiche Finanzinformationen auf deren Abschlüsse für allgemeine Zwecke. Sie sind daher die Hauptadressaten der Abschlüsse für allgemeine Zwecke. Die Abschlüsse richten sich an Adressaten, die eine angemessene Kenntnis geschäftlicher und wirtschaftlicher Tätigkeiten besitzen und die Informationen sorgfältig lesen und prüfen. Auch fachkundige und sorgfältige Adressaten müssen zuweilen die Hilfe eines Beraters in Anspruch nehmen, um Informationen über komplexe wirtschaftliche Phänomene zu verstehen.

Der *Anhang* enthält zusätzliche Angaben zur Bilanz, zur Darstellung/zu den Darstellungen von Gewinn oder Verlust und sonstigem Ergebnis, zur Eigenkapitalveränderungsrechnung und zur Kapitalflussrechnung. Anhangangaben enthalten verbale Beschreibungen oder Aufgliederungen der in diesen Abschlussbestandteilen enthaltenen Posten sowie Informationen über nicht ansatzpflichtige Posten.

Das *sonstige Ergebnis* umfasst Ertrags- und Aufwandsposten (einschließlich Umgliederungsbeträgen), die nach anderen IFRS nicht erfolgswirksam erfasst werden dürfen oder müssen.

Das sonstige Ergebnis setzt sich aus folgenden Bestandteilen zusammen:
(a) Veränderungen der Neubewertungsrücklage (siehe IAS 16 *Sachanlagen* und IAS 38 *Immaterielle Vermögenswerte*),
(b) Neubewertungen von leistungsorientierten Plänen (siehe IAS 19 *Leistungen an Arbeitnehmer*),
(c) Gewinne und Verluste aus der Umrechnung des Abschlusses eines ausländischen Geschäftsbetriebs (siehe IAS 21 *Auswirkungen von Wechselkursänderungen*),
(d) Gewinne und Verluste aus Finanzinvestitionen in Eigenkapitalinstrumente, die gemäß Paragraph 5.7.5 von IFRS 9 *Finanzinstrumente* als zum beizulegenden Zeitwert erfolgsneutral im sonstigen Ergebnis bewertet designiert wurden,
(da) Gewinne und Verluste aus finanziellen Vermögenswerten, die gemäß Paragraph 4.1.2A von IFRS 9 zum beizulegenden Zeitwert erfolgsneutral im sonstigen Ergebnis bewertet werden,
(e) der effektive Teil der Gewinne und Verluste aus Sicherungsinstrumenten bei einer Absicherung von Zahlungsströmen und Gewinne und Verluste aus Sicherungsinstrumenten zur Absicherung von Finanzinvestitionen in Eigenkapitalinstrumente, die gemäß Paragraph 5.7.5 von IFRS 9 zum beizulegenden Zeitwert erfolgsneutral im sonstigen Ergebnis bewertet werden (siehe Kapitel 6 von IFRS 9),
(f) bei bestimmten Verbindlichkeiten, die als erfolgswirksam zum beizulegenden Zeitwert bewertet designiert wurden, der Betrag der Änderung des beizulegenden Zeitwerts, der auf Änderungen beim Ausfallrisiko der Verbindlichkeit zurückzuführen ist (siehe Paragraph 5.7.7 von IFRS 9),
(g) Wertänderungen des Zeitwerts von Optionen bei Trennung eines Optionskontrakts in inneren Wert und Zeitwert, wobei nur die Änderungen des inneren Werts als Sicherungsinstrument designiert sind (siehe Kapitel 6 von IFRS 9),
(h) Wertänderungen des Terminelements von Termingeschäften bei Trennung eines Termingeschäfts in Terminelement und Kassaelement, wobei nur die Änderungen des Kassaelements als Sicherungsinstrument designiert sind, sowie Wertänderungen des Währungsbasis-Spreads eines Finanzinstruments, wenn dies aus der Designation dieses Finanzinstruments als Sicherungsinstrument ausgenommen ist (siehe Kapitel 6 von IFRS 9),
(i) versicherungstechnische Finanzerträge und -aufwendungen aus gezeichneten Verträgen im Anwendungsbereich von IFRS 17 *Versicherungsverträge*, die von einer erfolgswirksamen Erfassung ausgeschlossen werden, wenn die Gesamtsumme der versicherungstechnischen Finanzerträge oder -aufwendungen aufgegliedert wird, um einen Betrag erfolgswirksam zu erfassen, der durch eine systematische Aufteilung unter Anwendung von Paragraph 88 (b) des IFRS 17 bestimmt wird, oder mit dem Betrag bestimmt wird, mit dem Bewertungsinkonsistenzen mit den Finanzerträgen oder -aufwendungen aus den zugrunde liegenden Referenzwerten unter Anwendung von Paragraph 89 (b) des IFRS 17 eliminiert werden, und
(j) versicherungstechnische Finanzerträge und -aufwendungen aus gehaltenen Rückversicherungsverträgen, die von einer erfolgswirksamen Erfassung ausgeschlossen werden, wenn die Gesamtsumme der versicherungstechnischen Finanzerträge oder -aufwendungen aus der Rückversicherung aufgegliedert wird, um einen Betrag erfolgswirksam zu erfassen, der durch eine systematische Aufteilung unter Anwendung von Paragraph 88 (b) des IFRS 17 bestimmt wird.

***Eigentümer* sind die Inhaber von Instrumenten, die als Eigenkapital eingestuft werden.**

***Gewinn oder Verlust* ist die Summe der Erträge abzüglich Aufwendungen, ohne Berücksichtigung der Bestandteile des sonstigen Ergebnisses.**

***Umgliederungsbeträge* sind Beträge, die in der aktuellen oder einer früheren Periode als sonstiges Ergebnis erfasst wurden und in der aktuellen Periode erfolgswirksam umgegliedert werden.**

Das *Gesamtergebnis* ist die Veränderung des Eigenkapitals in einer Periode infolge von Geschäftsvorfällen und sonstigen Ereignissen, mit Ausnahme von Veränderungen, die sich aus Geschäftsvorfällen mit Eigentümern ergeben, die in ihrer Eigenschaft als Eigentümer handeln.

Das Gesamtergebnis umfasst alle Bestandteile des „Gewinns oder Verlusts" und des „sonstigen Ergebnisses".

(c) dissimilar items, transactions or other events are inappropriately aggregated;
(d) similar items, transactions or other events are inappropriately disaggregated; and
(e) the understandability of the financial statements is reduced as a result of material information being hidden by immaterial information to the extent that a primary user is unable to determine what information is material.

Assessing whether information could reasonably be expected to influence decisions made by the primary users of a specific reporting entity's general purpose financial statements requires an entity to consider the characteristics of those users while also considering the entity's own circumstances.

Many existing and potential investors, lenders and other creditors cannot require reporting entities to provide information directly to them and must rely on general purpose financial statements for much of the financial information they need. Consequently, they are the primary users to whom general purpose financial statements are directed. Financial statements are prepared for users who have a reasonable knowledge of business and economic activities and who review and analyse the information diligently. At times, even well-informed and diligent users may need to seek the aid of an adviser to understand information about complex economic phenomena.

***Notes* contain information in addition to that presented in the statement of financial position, statement(s) of profit or loss and other comprehensive income, statement of changes in equity and statement of cash flows. Notes provide narrative descriptions or disaggregations of items presented in those statements and information about items that do not qualify for recognition in those statements.**

***Other comprehensive income* comprises items of income and expense (including reclassification adjustments) that are not recognised in profit or loss as required or permitted by other IFRSs.**

The components of other comprehensive income include:

(a) changes in revaluation surplus (see IAS 16 *Property, Plant and Equipment* and IAS 38 *Intangible Assets*);
(b) remeasurements of defined benefit plans (see IAS 19 *Employee Benefits*);
(c) gains and losses arising from translating the financial statements of a foreign operation (see IAS 21 *The Effects of Changes in Foreign Exchange Rates*);
(d) gains and losses from investments in equity instruments designated at fair value through other comprehensive income in accordance with paragraph 5.7.5 of IFRS 9 *Financial Instruments*;
(da) gains and losses on financial assets measured at fair value through other comprehensive income in accordance with paragraph 4.1.2A of IFRS 9.
(e) the effective portion of gains and losses on hedging instruments in a cash flow hedge and the gains and losses on hedging instruments that hedge investments in equity instruments measured at fair value through other comprehensive income in accordance with paragraph 5.7.5 of IFRS 9 (see Chapter 6 of IFRS 9);
(f) for particular liabilities designated as at fair value through profit or loss, the amount of the change in fair value that is attributable to changes in the liability's credit risk (see paragraph 5.7.7 of IFRS 9);
(g) changes in the value of the time value of options when separating the intrinsic value and time value of an option contract and designating as the hedging instrument only the changes in the intrinsic value (see Chapter 6 of IFRS 9);
(h) changes in the value of the forward elements of forward contracts when separating the forward element and spot element of a forward contract and designating as the hedging instrument only the changes in the spot element, and changes in the value of the foreign currency basis spread of a financial instrument when excluding it from the designation of that financial instrument as the hedging instrument (see Chapter 6 of IFRS 9);
(i) insurance finance income and expenses from contracts issued within the scope of IFRS 17 *Insurance Contracts* excluded from profit or loss when total insurance finance income or expenses is disaggregated to include in profit or loss an amount determined by a systematic allocation applying paragraph 88 (b) of IFRS 17, or by an amount that eliminates accounting mismatches with the finance income or expenses arising on the underlying items, applying paragraph 89 (b) of IFRS 17; and
(j) finance income and expenses from reinsurance contracts held excluded from profit or loss when total reinsurance finance income or expenses is disaggregated to include in profit or loss an amount determined by a systematic allocation applying paragraph 88 (b) of IFRS 17.

***Owners* are holders of instruments classified as equity.**

***Profit or loss* is the total of income less expenses, excluding the components of other comprehensive income.**

***Reclassification adjustments* are amounts reclassified to profit or loss in the current period that were recognised in other comprehensive income in the current or previous periods.**

***Total comprehensive income* is the change in equity during a period resulting from transactions and other events, other than those changes resulting from transactions with owners in their capacity as owners.**

Total comprehensive income comprises all components of 'profit or loss' and of 'other comprehensive income'.

8 In diesem Standard werden die Begriffe „sonstiges Ergebnis", „Gewinn oder Verlust" und „Gesamtergebnis" verwendet; es steht einem Unternehmen jedoch frei, hierfür andere Bezeichnungen zu verwenden, solange deren Bedeutung klar verständlich ist. Beispielsweise könnte der Gewinn oder Verlust mit dem Begriff „Überschuss" bzw. „Fehlbetrag" bezeichnet werden.

8A Die folgenden Begriffe werden in IAS 32 *Finanzinstrumente: Darstellung* erläutert und im vorliegenden Standard in der in IAS 32 genannten Bedeutung verwendet:

(a) als Eigenkapitalinstrument eingestuftes kündbares Finanzinstrument (Erläuterung siehe IAS 32 Paragraphen 16A und 16B),

(b) als Eigenkapitalinstrument eingestuftes Instrument, das das Unternehmen dazu verpflichtet, einer anderen Partei im Falle der Liquidation einen proportionalen Anteil an seinem Nettovermögen zu überlassen (Erläuterung siehe IAS 32 Paragraphen 16C und 16D).

ABSCHLUSS

Zweck des Abschlusses

9 Ein Abschluss ist eine strukturierte Abbildung der Vermögens-, Finanz- und Ertragslage eines Unternehmens. Die Zielsetzung eines Abschlusses ist es, Informationen über die Vermögens-, Finanz- und Ertragslage und die Zahlungsströme eines Unternehmens bereitzustellen, die für ein breites Spektrum von Adressaten nützlich sind, um wirtschaftliche Entscheidungen zu treffen. Ein Abschluss legt ebenfalls Rechenschaft über die Ergebnisse der Verwaltung des dem Management anvertrauten Vermögens ab. Um diese Zielsetzung zu erfüllen, enthält ein Abschluss Informationen über

(a) Vermögenswerte,

(b) Schulden,

(c) Eigenkapital,

(d) Erträge und Aufwendungen, einschließlich Gewinne und Verluste,

(e) Kapitalzuführungen von Eigentümern und Ausschüttungen an Eigentümer, die jeweils in ihrer Eigenschaft als Eigentümer handeln, und

(f) Zahlungsströme eines Unternehmens.

Diese Informationen helfen den Adressaten zusammen mit den anderen Informationen im Anhang, die künftigen Zahlungsströme des Unternehmens sowie insbesondere deren Zeitpunkt und Sicherheit des Entstehens vorauszusagen.

Vollständiger Abschluss

10 **Ein vollständiger Abschluss besteht aus**

(a) einer Bilanz zum Abschlussstichtag,

(b) einer Darstellung von Gewinn oder Verlust und sonstigem Ergebnis („Gesamtergebnisrechnung") für die Periode,

(c) einer Eigenkapitalveränderungsrechnung für die Periode,

(d) einer Kapitalflussrechnung für die Periode,

(e) dem Anhang, einschließlich wesentlicher Angaben zu den Rechnungslegungsmethoden und sonstiger Erläuterungen,

(ea) Vergleichsinformationen für die vorangegangene Periode gemäß den Paragraphen 38 und 38A und

(f) einer Bilanz zu Beginn der vorangegangenen Periode, wenn ein Unternehmen eine Rechnungslegungsmethode rückwirkend anwendet oder Posten im Abschluss rückwirkend anpasst oder gemäß den Paragraphen 40A–40D umgliedert.

Ein Unternehmen kann für diese Bestandteile andere Bezeichnungen als die in diesem Standard vorgesehenen Begriffe verwenden. So kann ein Unternehmen beispielsweise die Bezeichnung „Gesamtergebnisrechnung" anstelle von „Darstellung von Gewinn oder Verlust und sonstigem Ergebnis" verwenden.

10A **Ein Unternehmen kann seinen Gewinn/Verlust und sein sonstiges Ergebnis in einer einzigen fortlaufenden Darstellung ausweisen, in der Gewinn oder Verlust und das sonstige Ergebnis in getrennten Teilen ausgewiesen werden. Diese fortlaufende Darstellung enthält an erster Stelle den Teil „Gewinn und Verlust", unmittelbar gefolgt von dem Teil „sonstiges Ergebnis". Ein Unternehmen kann den Teil „Gewinn oder Verlust" auch in einer gesonderten Gewinn- und Verlustrechnung darstellen. Ist dies der Fall, muss diese der Gesamtergebnisrechnung unmittelbar vorangehen; letztere wiederum muss mit dem Gewinn oder Verlust beginnen.**

11 **Ein Unternehmen hat alle Bestandteile des Abschlusses in einem vollständigen Abschluss gleichwertig darzustellen.**

12 [gestrichen]

13 Viele Unternehmen veröffentlichen neben dem Abschluss einen durch das Management erstellten Bericht über die Unternehmenslage, der die wesentlichen Merkmale der Vermögens-, Finanz- und Ertragslage des Unternehmens sowie die wichtigsten Unsicherheiten, denen sich das Unternehmen gegenübersieht, beschreibt und erläutert. Ein solcher Bericht könnte einen Überblick geben über

Although this Standard uses the terms 'other comprehensive income', 'profit or loss' and 'total comprehensive income', an entity may use other terms to describe the totals as long as the meaning is clear. For example, an entity may use the term 'net income' to describe profit or loss. 8

The following terms are described in IAS 32 *Financial Instruments: Presentation* and are used in this Standard with the meaning specified in IAS 32: 8A

(a) puttable financial instrument classified as an equity instrument (described in paragraphs 16A and 16B of IAS 32)
(b) an instrument that imposes on the entity an obligation to deliver to another party a pro rata share of the net assets of the entity only on liquidation and is classified as an equity instrument (described in paragraphs 16C and 16D of IAS 32).

FINANCIAL STATEMENTS

Purpose of financial statements

Financial statements are a structured representation of the financial position and financial performance of an entity. The objective of financial statements is to provide information about the financial position, financial performance and cash flows of an entity that is useful to a wide range of users in making economic decisions. Financial statements also show the results of the management's stewardship of the resources entrusted to it. To meet this objective, financial statements provide information about an entity's: 9

(a) assets;
(b) liabilities;
(c) equity;
(d) income and expenses, including gains and losses;
(e) contributions by and distributions to owners in their capacity as owners; and
(f) cash flows.

This information, along with other information in the notes, assists users of financial statements in predicting the entity's future cash flows and, in particular, their timing and certainty.

Complete set of financial statements

A complete set of financial statements comprises: 10

(a) a statement of financial position as at the end of the period;
(b) a statement of profit or loss and other comprehensive income for the period;
(c) a statement of changes in equity for the period;
(d) a statement of cash flows for the period;
(e) notes, comprising material accounting policy information and other explanatory information;
(ea) comparative information in respect of the preceding period as specified in paragraphs 38 and 38A; and
(f) a statement of financial position as at the beginning of the preceding period when an entity applies an accounting policy retrospectively or makes a retrospective restatement of items in its financial statements, or when it reclassifies items in its financial statements in accordance with paragraphs 40A—40D.

An entity may use titles for the statements other than those used in this Standard. For example, an entity may use the title 'statement of comprehensive income' instead of 'statement of profit or loss and other comprehensive income'.

An entity may present a single statement of profit or loss and other comprehensive income, with profit or loss and other comprehensive income presented in two sections. The sections shall be presented together, with the profit or loss section presented first followed directly by the other comprehensive income section. An entity may present the profit or loss section in a separate statement of profit or loss. If so, the separate statement of profit or loss shall immediately precede the statement presenting comprehensive income, which shall begin with profit or loss. 10A

An entity shall present with equal prominence all of the financial statements in a complete set of financial statements. 11

[deleted] 12

Many entities present, outside the financial statements, a financial review by management that describes and explains the main features of the entity's financial performance and financial position, and the principal uncertainties it faces. Such a report may include a review of: 13

(a) die Hauptfaktoren und Einflüsse, welche die Ertragslage bestimmen, einschließlich Veränderungen des Umfelds, in dem das Unternehmen tätig ist, die Reaktionen des Unternehmens auf diese Veränderungen und deren Auswirkungen sowie die Investitionspolitik des Unternehmens, durch die die Ertragslage erhalten und verbessert werden soll, einschließlich der Dividendenpolitik,
(b) die Finanzierungsquellen des Unternehmens und das vom Unternehmen angestrebte Verhältnis von Fremd- zu Eigenkapital und
(c) die gemäß den IFRS nicht in der Bilanz ausgewiesenen Ressourcen.

14 Viele Unternehmen veröffentlichen außerhalb ihres Abschlusses auch Berichte und Aufstellungen, wie Umweltberichte und Wertschöpfungsrechnungen, insbesondere in Branchen, in denen Umweltfaktoren von Bedeutung sind, und in Fällen, in denen Arbeitnehmer als eine bedeutende Adressatengruppe betrachtet werden. Die Berichte und Aufstellungen, die außerhalb des Abschlusses veröffentlicht werden, fallen nicht in den Anwendungsbereich der IFRS.

Allgemeine Merkmale

Vermittlung eines den tatsächlichen Verhältnissen entsprechenden Bilds und Übereinstimmung mit den IFRS

15 **Abschlüsse haben die Vermögens-, Finanz- und Ertragslage sowie die Zahlungsströme eines Unternehmens den tatsächlichen Verhältnissen entsprechend darzustellen. Eine den tatsächlichen Verhältnissen entsprechende Darstellung erfordert, dass die Auswirkungen der Geschäftsvorfälle sowie der sonstigen Ereignisse und Bedingungen gemäß den im *Rahmenkonzept für die Finanzberichterstattung (Rahmenkonzept)* enthaltenen Definitionen und Erfassungskriterien für Vermögenswerte, Schulden, Erträge und Aufwendungen glaubwürdig dargestellt werden. Die Anwendung der IFRS, gegebenenfalls um zusätzliche Angaben ergänzt, führt annahmegemäß zu Abschlüssen, die ein den tatsächlichen Verhältnissen entsprechendes Bild vermitteln.**

16 **Ein Unternehmen, dessen Abschluss mit den IFRS in Einklang steht, hat dies in einer ausdrücklichen und uneingeschränkten Erklärung der Übereinstimmung im Anhang anzugeben. Ein Unternehmen darf einen Abschluss nur dann als mit den IFRS übereinstimmend bezeichnen, wenn er sämtliche Vorschriften der IFRS erfüllt.**

17 Unter nahezu allen Umständen wird ein den tatsächlichen Verhältnissen entsprechendes Bild durch Übereinstimmung mit den anzuwendenden IFRS erreicht. Um ein den tatsächlichen Verhältnissen entsprechendes Bild zu vermitteln, hat ein Unternehmen außerdem Folgendes zu leisten:
(a) Auswahl und Anwendung der Rechnungslegungsmethoden gemäß IAS 8 *Rechnungslegungsmethoden, Änderungen von rechnungslegungsbezogenen Schätzungen und Fehler*. In IAS 8 ist eine Hierarchie der maßgeblichen Leitlinien aufgeführt, die das Management beim Fehlen eines spezifischen IFRS für einen Posten berücksichtigt,
(b) Darstellung von Informationen, einschließlich der Rechnungslegungsmethoden, auf eine Weise, die zu relevanten, verlässlichen, vergleichbaren und verständlichen Informationen führt,
(c) Bereitstellung zusätzlicher Angaben, wenn die Einhaltung der IFRS-Vorschriften allein nicht ausreicht, um die Auswirkungen einzelner Geschäftsvorfälle sowie sonstiger Ereignisse und Bedingungen auf die Vermögens-, Finanz- und Ertragslage des Unternehmens verstehen zu können.

18 **Die Anwendung ungeeigneter Rechnungslegungsmethoden kann weder durch die Angabe der angewandten Methoden noch durch Anhangangaben oder zusätzliche Erläuterungen behoben werden.**

19 **In den äußerst seltenen Fällen, in denen das Management zu dem Ergebnis gelangt, dass die Einhaltung einer in einem IFRS enthaltenen Vorschrift so irreführend wäre, dass sie zu einem Konflikt mit dem im *Rahmenkonzept* dargestellten Zweck des Abschlusses führen würde, hat ein Unternehmen unter Beachtung der Vorgaben des Paragraphen 20 von dieser Vorschrift abzuweichen, sofern die geltenden rechtlichen Rahmenbedingungen eine solche Abweichung erfordern oder ansonsten nicht untersagen.**

20 **Weicht ein Unternehmen von einer in einem IFRS enthaltenen Vorschrift gemäß Paragraph 19 ab, hat es Folgendes anzugeben:**
(a) dass das Management zu dem Ergebnis gekommen ist, dass der Abschluss die Vermögens-, Finanz- und Ertragslage sowie die Zahlungsströme des Unternehmens den tatsächlichen Verhältnissen entsprechend darstellt,
(b) dass es die anzuwendenden IFRS befolgt hat, aber von einer bestimmten Vorschrift abgewichen ist, um ein den tatsächlichen Verhältnissen entsprechendes Bild zu vermitteln,
(c) die Bezeichnung des IFRS, von dem das Unternehmen abgewichen ist, die Art der Abweichung einschließlich der Bilanzierungsweise, die der IFRS erfordern würde, den Grund, warum diese Bilanzierungsweise unter den gegebenen Umständen so irreführend wäre, dass sie zu einem Konflikt mit der im Rahmenkonzept dargestellten Zielsetzung des Abschlusses führen würde, und die Bilanzierungsweise, die angewandt wurde, und
(d) für jede dargestellte Periode die finanziellen Auswirkungen der Abweichung auf jeden Abschlussposten, der bei Einhaltung der Vorschrift ausgewiesen worden wäre.

(a) the main factors and influences determining financial performance, including changes in the environment in which the entity operates, the entity's response to those changes and their effect, and the entity's policy for investment to maintain and enhance financial performance, including its dividend policy;
(b) the entity's sources of funding and its targeted ratio of liabilities to equity; and
(c) the entity's resources not recognised in the statement of financial position in accordance with IFRSs.

Many entities also present, outside the financial statements, reports and statements such as environmental reports and value added statements, particularly in industries in which environmental factors are significant and when employees are regarded as an important user group. Reports and statements presented outside financial statements are outside the scope of IFRSs. 14

General features

Fair presentation and compliance with IFRSs

Financial statements shall present fairly the financial position, financial performance and cash flows of an entity. Fair presentation requires the faithful representation of the effects of transactions, other events and conditions in accordance with the definitions and recognition criteria for assets, liabilities, income and expenses set out in the *Conceptual Framework for Financial Reporting* (*Conceptual Framework*). The application of IFRSs, with additional disclosure when necessary, is presumed to result in financial statements that achieve a fair presentation. 15

An entity whose financial statements comply with IFRSs shall make an explicit and unreserved statement of such compliance in the notes. An entity shall not describe financial statements as complying with IFRSs unless they comply with all the requirements of IFRSs. 16

In virtually all circumstances, an entity achieves a fair presentation by compliance with applicable IFRSs. A fair presentation also requires an entity: 17
(a) to select and apply accounting policies in accordance with IAS 8 *Accounting Policies, Changes in Accounting Estimates and Errors*. IAS 8 sets out a hierarchy of authoritative guidance that management considers in the absence of an IFRS that specifically applies to an item.
(b) to present information, including accounting policies, in a manner that provides relevant, reliable, comparable and understandable information.
(c) to provide additional disclosures when compliance with the specific requirements in IFRSs is insufficient to enable users to understand the impact of particular transactions, other events and conditions on the entity's financial position and financial performance.

An entity cannot rectify inappropriate accounting policies either by disclosure of the accounting policies used or by notes or explanatory material. 18

In the extremely rare circumstances in which management concludes that compliance with a requirement in an IFRS would be so misleading that it would conflict with the objective of financial statements set out in the *Conceptual Framework*, the entity shall depart from that requirement in the manner set out in paragraph 20 if the relevant regulatory framework requires, or otherwise does not prohibit, such a departure. 19

When an entity departs from a requirement of an IFRS in accordance with paragraph 19, it shall disclose: 20
(a) that management has concluded that the financial statements present fairly the entity's financial position, financial performance and cash flows;
(b) that it has complied with applicable IFRSs, except that it has departed from a particular requirement to achieve a fair presentation;
(c) the title of the IFRS from which the entity has departed, the nature of the departure, including the treatment that the IFRS would require, the reason why that treatment would be so misleading in the circumstances that it would conflict with the objective of financial statements set out in the *Conceptual Framework*, and the treatment adopted; and
(d) for each period presented, the financial effect of the departure on each item in the financial statements that would have been reported in complying with the requirement.

21 **Ist ein Unternehmen in einer früheren Periode von einer in einem IFRS enthaltenen Vorschrift abgewichen und wirkt sich eine solche Abweichung auf Beträge im Abschluss der aktuellen Periode aus, sind die in den Paragraphen 20 (c) und (d) vorgeschriebenen Angaben zu machen.**

22 Paragraph 21 gilt beispielsweise dann, wenn ein Unternehmen in einer früheren Periode bei der Bewertung von Vermögenswerten oder Schulden von einer in einem IFRS enthaltenen Vorschrift abgewichen ist, und zwar so, dass sich aufgrund der Abweichung die Bewertung der Vermögenswerte und der Schulden ändert, die im Abschluss des Unternehmens für die aktuelle Periode ausgewiesen sind.

23 **In den äußerst seltenen Fällen, in denen das Management zu dem Ergebnis gelangt, dass die Einhaltung einer in einem IFRS enthaltenen Vorschrift so irreführend wäre, dass sie zu einem Konflikt mit dem im *Rahmenkonzept* dargestellten Zweck des Abschlusses führen würde, die geltenden rechtlichen Rahmenbedingungen aber ein Abweichen von der Vorschrift verbieten, hat das Unternehmen die für irreführend erachteten Aspekte bestmöglich zu verringern, indem es Folgendes angibt:**

(a) die Bezeichnung des betreffenden IFRS, die Art der Vorschrift und den Grund, warum die Einhaltung der Vorschrift unter den gegebenen Umständen so irreführend ist, dass sie nach Ansicht des Managements zu einem Konflikt mit dem im *Rahmenkonzept* dargestellten Zweck des Abschlusses führt, und

(b) für jede dargestellte Periode die Anpassungen, die nach Ansicht des Managements bei jedem Posten im Abschluss zur Vermittlung eines den tatsächlichen Verhältnissen entsprechenden Bildes erforderlich wären.

24 Zwischen einer einzelnen Information und der Zielsetzung des Abschlusses besteht dann ein Konflikt im Sinne der Paragraphen 19–23, wenn diese Information die Geschäftsvorfälle, sonstigen Ereignisse und Bedingungen nicht so glaubwürdig darstellt, wie sie es entweder vorgibt oder es angemessenerweise erwartet werden kann, und sie folglich die wirtschaftlichen Entscheidungen der Abschlussadressaten beeinflussen dürfte. Bei der Prüfung, ob die Einhaltung einer bestimmten Vorschrift in einem IFRS so irreführend wäre, dass sie zu einem Konflikt mit dem im *Rahmenkonzept* dargestellten Zweck des Abschlusses führen würde, berücksichtigt das Management,

(a) warum der Zweck des Abschlusses unter den gegebenen Umständen nicht erreicht wird und

(b) wie sich die besonderen Umstände des Unternehmens von denen anderer Unternehmen, die die Vorschrift einhalten, unterscheiden. Wenn andere Unternehmen unter ähnlichen Umständen die Vorschrift einhalten, gilt die widerlegbare Vermutung, dass die Einhaltung der Vorschrift durch das Unternehmen nicht so irreführend wäre, dass sie zu einem Konflikt mit dem im *Rahmenkonzept* dargestellten Zweck des Abschlusses führen würde.

Unternehmensfortführung

25 **Bei der Aufstellung eines Abschlusses hat das Management die Fähigkeit des Unternehmens, den Geschäftsbetrieb fortzuführen, einzuschätzen. Ein Abschluss ist solange auf der Grundlage der Annahme der Unternehmensfortführung aufzustellen, bis das Management entweder beabsichtigt, das Unternehmen aufzulösen oder das Geschäft einzustellen oder bis das Management keine realistische Alternative mehr hat, als so zu handeln. Wenn dem Management bei seiner Einschätzung wesentliche Unsicherheiten bekannt sind, die sich auf Ereignisse oder Bedingungen beziehen und die erhebliche Zweifel an der Fähigkeit des Unternehmens zur Fortführung seines Geschäftsbetriebs aufwerfen, sind diese Unsicherheiten anzugeben. Wird der Abschluss nicht auf der Grundlage der Annahme der Unternehmensfortführung aufgestellt, ist diese Tatsache zusammen mit den Grundlagen, auf denen der Abschluss basiert, und dem Grund, warum von einer Fortführung des Unternehmens nicht ausgegangen wird, anzugeben.**

26 Bei der Einschätzung, ob die Annahme der Unternehmensfortführung angemessen ist, zieht das Management sämtliche verfügbaren Informationen über die Zukunft in Betracht, die mindestens zwölf Monate nach dem Abschlussstichtag umfasst, aber nicht auf diesen Zeitraum beschränkt ist. Der Umfang der Berücksichtigung ist von den Gegebenheiten jedes einzelnen Sachverhalts abhängig. Verfügte ein Unternehmen in der Vergangenheit über einen rentablen Geschäftsbetrieb und hat es schnellen Zugriff auf Finanzquellen, kann es ohne eine detaillierte Analyse die Schlussfolgerung ziehen, dass die Annahme der Unternehmensfortführung als Grundlage der Rechnungslegung angemessen ist. In anderen Fällen wird das Management zahlreiche Faktoren im Zusammenhang mit der derzeitigen und künftigen Rentabilität, Schuldentilgungsplänen und potenziellen Refinanzierungsquellen berücksichtigen müssen, um festzustellen, dass die Annahme der Unternehmensfortführung angemessen ist.

Konzept der Periodenabgrenzung

27 **Ein Unternehmen hat seinen Abschluss, mit Ausnahme der Kapitalflussrechnung, nach dem Konzept der Periodenabgrenzung aufzustellen.**

28 Wird der Abschluss nach dem Konzept der Periodenabgrenzung erstellt, sind Posten dann als Vermögenswerte, Schulden, Eigenkapital, Erträge und Aufwendungen (die Bestandteile des Abschlusses) zu erfassen, wenn sie die im *Rahmenkonzept* für die betreffenden Elemente enthaltenen Definitionen und Erfassungskriterien erfüllen.

When an entity has departed from a requirement of an IFRS in a prior period, and that departure affects the amounts recognised in the financial statements for the current period, it shall make the disclosures set out in paragraph 20 (c) and (d). 21

Paragraph 21 applies, for example, when an entity departed in a prior period from a requirement in an IFRS for the measurement of assets or liabilities and that departure affects the measurement of changes in assets and liabilities recognised in the current period's financial statements. 22

In the extremely rare circumstances in which management concludes that compliance with a requirement in an IFRS would be so misleading that it would conflict with the objective of financial statements set out in the *Conceptual Framework*, but the relevant regulatory framework prohibits departure from the requirement, the entity shall, to the maximum extent possible, reduce the perceived misleading aspects of compliance by disclosing: 23

(a) **the title of the IFRS in question, the nature of the requirement, and the reason why management has concluded that complying with that requirement is so misleading in the circumstances that it conflicts with the objective of financial statements set out in the *Conceptual Framework*; and**
(b) **for each period presented, the adjustments to each item in the financial statements that management has concluded would be necessary to achieve a fair presentation.**

For the purpose of paragraphs 19—23, an item of information would conflict with the objective of financial statements when it does not represent faithfully the transactions, other events and conditions that it either purports to represent or could reasonably be expected to represent and, consequently, it would be likely to influence economic decisions made by users of financial statements. When assessing whether complying with a specific requirement in an IFRS would be so misleading that it would conflict with the objective of financial statements set out in the *Conceptual Framework*, management considers: 24

(a) why the objective of financial statements is not achieved in the particular circumstances; and
(b) how the entity's circumstances differ from those of other entities that comply with the requirement. If other entities in similar circumstances comply with the requirement, there is a rebuttable presumption that the entity's compliance with the requirement would not be so misleading that it would conflict with the objective of financial statements set out in the *Conceptual Framework*.

Going concern

When preparing financial statements, management shall make an assessment of an entity's ability to continue as a going concern. An entity shall prepare financial statements on a going concern basis unless management either intends to liquidate the entity or to cease trading, or has no realistic alternative but to do so. When management is aware, in making its assessment, of material uncertainties related to events or conditions that may cast significant doubt upon the entity's ability to continue as a going concern, the entity shall disclose those uncertainties. When an entity does not prepare financial statements on a going concern basis, it shall disclose that fact, together with the basis on which it prepared the financial statements and the reason why the entity is not regarded as a going concern. 25

In assessing whether the going concern assumption is appropriate, management takes into account all available information about the future, which is at least, but is not limited to, twelve months from the end of the reporting period. The degree of consideration depends on the facts in each case. When an entity has a history of profitable operations and ready access to financial resources, the entity may reach a conclusion that the going concern basis of accounting is appropriate without detailed analysis. In other cases, management may need to consider a wide range of factors relating to current and expected profitability, debt repayment schedules and potential sources of replacement financing before it can satisfy itself that the going concern basis is appropriate. 26

Accrual basis of accounting

An entity shall prepare its financial statements, except for cash flow information, using the accrual basis of accounting. 27

When the accrual basis of accounting is used, an entity recognises items as assets, liabilities, equity, income and expenses (the elements of financial statements) when they satisfy the definitions and recognition criteria for those elements in the *Conceptual Framework*. 28

Wesentlichkeit und Zusammenfassung von Posten

29 **Ein Unternehmen hat jede wesentliche Gruppe ähnlicher Posten gesondert darzustellen. Posten einer nicht ähnlichen Art oder Funktion werden gesondert dargestellt, sofern sie nicht unwesentlich sind.**

30 Abschlüsse resultieren aus der Verarbeitung einer großen Anzahl von Geschäftsvorfällen oder sonstigen Ereignissen, die strukturiert werden, indem sie gemäß ihrer Art oder ihrer Funktion zu Gruppen zusammengefasst werden. In der abschließenden Phase des Zusammenfassungs- und Gliederungsprozesses werden die zusammengefassten und gegliederten Daten dargestellt, die als Posten im Abschluss ausgewiesen werden. Ist ein Posten für sich allein betrachtet nicht wesentlich, wird er mit anderen Posten entweder in einem bestimmten Abschlussbestandteil oder in den Anhangangaben zusammengefasst. Ein Posten, der nicht wesentlich genug ist, um eine gesonderte Darstellung in den genannten Abschlussbestandteilen zu rechtfertigen, kann dennoch eine gesonderte Darstellung in den Anhangangaben rechtfertigen.

30A Bei der Anwendung dieses Standards und anderer IFRS entscheidet das Unternehmen unter Berücksichtigung aller maßgeblichen Sachverhalte und Umstände, wie es die Informationen in den Abschlussbestandteilen einschließlich der Anhangangaben zusammenfasst. Ein Unternehmen darf die Verständlichkeit seiner Abschlussbestandteile nicht erschweren, indem es wesentliche Informationen dadurch verschleiert, dass es sie zusammen mit unwesentlichen Informationen aufführt oder dass es wesentliche Posten unterschiedlicher Art oder Funktion zusammenfasst.

31 Einige IFRS nennen die Informationen, die in den Abschlussbestandteilen einschließlich der Anhangangaben enthalten sein müssen. Ein Unternehmen braucht einer bestimmten Angabepflicht eines IFRS nicht nachzukommen, wenn die anzugebende Information nicht wesentlich ist. Dies gilt selbst dann, wenn der IFRS bestimmte Anforderungen oder Mindestanforderungen vorgibt. Ein Unternehmen hat außerdem die Bereitstellung zusätzlicher Angaben in Betracht zu ziehen, wenn die Einhaltung der IFRS-Vorschriften allein nicht ausreicht, um die Auswirkungen einzelner Geschäftsvorfälle sowie sonstiger Ereignisse und Bedingungen auf die Vermögens-, Finanz- und Ertragslage des Unternehmens verstehen zu können.

Saldierung von Posten

32 **Ein Unternehmen darf Vermögenswerte und Schulden sowie Erträge und Aufwendungen nicht miteinander saldieren, sofern nicht die Saldierung von einem IFRS vorgeschrieben oder gestattet wird.**

33 Ein Unternehmen hat Vermögenswerte und Schulden sowie Erträge und Aufwendungen gesondert auszuweisen. Saldierungen in der Gesamtergebnisrechnung, in der Bilanz oder in der gesonderten Gewinn- und Verlustrechnung (sofern aufgestellt) vermindern die Fähigkeit der Adressaten, Geschäftsvorfälle, sonstige Ereignisse oder Bedingungen zu verstehen und die künftigen Zahlungsströme des Unternehmens zu schätzen, es sei denn, die Saldierung spiegelt den wirtschaftlichen Gehalt eines Geschäftsvorfalls oder eines sonstigen Ereignisses wider. Die Bewertung von Vermögenswerten nach Abzug von Wertberichtigungen – beispielsweise Abschläge für veraltete Bestände und Wertberichtigungen von zweifelhaften Forderungen – ist keine Saldierung.

34 Gemäß IFRS 15 *Erlöse aus Verträgen mit Kunden* hat ein Unternehmen die Erlöse aus Verträgen mit Kunden in einer Höhe zu erfassen, die der Gegenleistung entspricht, die das Unternehmen im Austausch für die Übertragung der zugesagten Güter oder Dienstleistungen erwartet. So muss der erfasste Umsatzbetrag die vom Unternehmen gewährten Preisnachlässe und Mengenrabatte berücksichtigen. Ein Unternehmen wickelt im Verlauf seiner gewöhnlichen Geschäftstätigkeit auch Geschäftsvorfälle ab, die selbst zu keinen Umsatzerlösen führen, die aber zusammen mit den Hauptumsatzaktivitäten anfallen. Die Ergebnisse solcher Geschäftsvorfälle sind durch die Saldierung aller Erträge mit den dazugehörigen Aufwendungen, die durch denselben Geschäftsvorfall entstehen, darzustellen, wenn diese Darstellung den wirtschaftlichen Gehalt des Geschäftsvorfalls oder des sonstigen Ereignisses widerspiegelt. Es folgen einige Beispiele:

(a) ein Unternehmen stellt Gewinne und Verluste aus der Veräußerung langfristiger Vermögenswerte einschließlich Finanzinvestitionen und betrieblicher Vermögenswerte dar, indem es vom Betrag der Veräußerungsgegenleistung den Buchwert der Vermögenswerte und die damit in Zusammenhang stehenden Veräußerungskosten abzieht, und

(b) ein Unternehmen darf Ausgaben in Verbindung mit einer Rückstellung, die gemäß IAS 37 *Rückstellungen, Eventualverbindlichkeiten und Eventualforderungen* angesetzt wird und die gemäß einer vertraglichen Vereinbarung mit einem Dritten (z. B. Lieferantengewährleistung) erstattet werden, mit der entsprechenden Rückerstattung saldieren.

35 Außerdem stellt ein Unternehmen Gewinne und Verluste saldiert dar, die aus einer Gruppe von ähnlichen Geschäftsvorfällen entstehen, beispielsweise Gewinne und Verluste aus der Währungsumrechnung oder solche, die aus Finanzinstrumenten entstehen, die zu Handelszwecken gehalten werden. Ein Unternehmen hat solche Gewinne und Verluste jedoch, sofern sie wesentlich sind, gesondert auszuweisen.

Häufigkeit der Berichterstattung

36 **Ein Unternehmen hat mindestens jährlich einen vollständigen Abschluss (einschließlich Vergleichsinformationen) aufzustellen. Wenn sich der Abschlussstichtag ändert und der Abschluss für einen Zeitraum aufgestellt wird, der**

Materiality and aggregation

An entity shall present separately each material class of similar items. An entity shall present separately items of a dissimilar nature or function unless they are immaterial. 29

Financial statements result from processing large numbers of transactions or other events that are aggregated into classes according to their nature or function. The final stage in the process of aggregation and classification is the presentation of condensed and classified data, which form line items in the financial statements. If a line item is not individually material, it is aggregated with other items either in those statements or in the notes. An item that is not sufficiently material to warrant separate presentation in those statements may warrant separate presentation in the notes. 30

When applying this and other IFRSs an entity shall decide, taking into consideration all relevant facts and circumstances, how it aggregates information in the financial statements, which include the notes. An entity shall not reduce the understandability of its financial statements by obscuring material information with immaterial information or by aggregating material items that have different natures or functions. 30A

Some IFRSs specify information that is required to be included in the financial statements, which include the notes. An entity need not provide a specific disclosure required by an IFRS if the information resulting from that disclosure is not material. This is the case even if the IFRS contains a list of specific requirements or describes them as minimum requirements. An entity shall also consider whether to provide additional disclosures when compliance with the specific requirements in IFRS is insufficient to enable users of financial statements to understand the impact of particular transactions, other events and conditions on the entity's financial position and financial performance. 31

Offsetting

An entity shall not offset assets and liabilities or income and expenses, unless required or permitted by an IFRS. 32

An entity reports separately both assets and liabilities, and income and expenses. Offsetting in the statements of comprehensive income or financial position or in the separate income statement (if presented), except when offsetting reflects the substance of the transaction or other event, detracts from the ability of users both to understand the transactions, other events and conditions that have occurred and to assess the entity's future cash flows. Measuring assets net of valuation allowances — for example, obsolescence allowances on inventories and doubtful debts allowances on receivables — is not offsetting. 33

IFRS 15 *Revenue from Contracts with Customers* requires an entity to measure revenue from contracts with customers at the amount of consideration to which the entity expects to be entitled in exchange for transferring promised goods or services. For example, the amount of revenue recognised reflects any trade discounts and volume rebates the entity allows. An entity undertakes, in the course of its ordinary activities, other transactions that do not generate revenue but are incidental to the main revenue-generating activities. An entity presents the results of such transactions, when this presentation reflects the substance of the transaction or other event, by netting any income with related expenses arising on the same transaction. For example: 34

(a) an entity presents gains and losses on the disposal of non-current assets, including investments and operating assets, by deducting from the amount of consideration on disposal the carrying amount of the asset and related selling expenses; and
(b) an entity may net expenditure related to a provision that is recognised in accordance with IAS 37 *Provisions, Contingent Liabilities and Contingent Assets* and reimbursed under a contractual arrangement with a third party (for example, a supplier's warranty agreement) against the related reimbursement.

In addition, an entity presents on a net basis gains and losses arising from a group of similar transactions, for example, foreign exchange gains and losses or gains and losses arising on financial instruments held for trading. However, an entity presents such gains and losses separately if they are material. 35

Frequency of reporting

An entity shall present a complete set of financial statements (including comparative information) at least annually. When an entity changes the end of its reporting period and presents financial statements for a period longer or shorter than one year, an entity shall disclose, in addition to the period covered by the financial statements: 36

länger oder kürzer als ein Jahr ist, hat ein Unternehmen zusätzlich zur Periode, auf die sich der Abschluss bezieht, Folgendes anzugeben:
(a) den Grund für die Verwendung einer längeren bzw. kürzeren Berichtsperiode und
(b) die Tatsache, dass Beträge des Abschlusses nicht vollständig vergleichbar sind.

37 Normalerweise stellt ein Unternehmen einen Abschluss gleichbleibend für einen Zeitraum von einem Jahr auf. Allerdings bevorzugen einige Unternehmen aus praktischen Gründen, über eine Periode von 52 Wochen zu berichten. Dieser Standard schließt diese Vorgehensweise nicht aus.

Vergleichsinformationen

Mindestvergleichsinformationen

38 **Sofern die IFRS nicht etwas anderes erlauben oder verlangen, hat ein Unternehmen für alle im Abschluss der aktuellen Periode enthaltenen quantitativen Informationen Vergleichsinformationen hinsichtlich der vorangegangenen Periode darzustellen. Vergleichsinformationen sind in die verbalen und beschreibenden Informationen einzubeziehen, wenn sie für das Verständnis des Abschlusses der aktuellen Berichtsperiode von Bedeutung sind.**

38A **Ein Unternehmen hat mindestens zwei Bilanzen, zwei Gesamtergebnisrechnungen, zwei gesonderte Gewinn- und Verlustrechnungen (falls erstellt), zwei Kapitalflussrechnungen und zwei Eigenkapitalveränderungsrechnungen und die zugehörigen Anhangangaben vorzulegen.**

38B In manchen Fällen sind verbale Informationen, die in den Abschlüssen der vorangegangenen Periode/der vorangegangenen Perioden gemacht wurden, auch für die aktuelle Berichtsperiode von Bedeutung. Beispielsweise gibt ein Unternehmen in der aktuellen Berichtsperiode die Einzelheiten eines Rechtsstreits an, dessen Ausgang am Ende der vorangegangenen Berichtsperiode unsicher war und der noch entschieden werden muss. Die Adressaten können Nutzen aus der Angabe der Information ziehen, dass am Ende der vorangegangenen Berichtsperiode eine Unsicherheit bestand, und aus der Angabe von Informationen über die Schritte, die während der Periode unternommen worden sind, um diese Unsicherheit zu beseitigen.

Zusätzliche Vergleichsinformationen

38C Ein Unternehmen kann zusätzlich zu den nach den IFRS vorgeschriebenen Mindestvergleichsabschlussbestandteilen Vergleichsinformationen vorlegen, sofern diese Informationen gemäß den IFRS erstellt werden. Diese Vergleichsinformationen können aus einem oder mehreren der in Paragraph 10 aufgeführten Abschlussbestandteile bestehen, brauchen aber keinen vollständigen Abschluss zu umfassen. In diesem Fall hat das Unternehmen die zugehörigen Anhangangaben für diese zusätzlichen Abschlussbestandteile vorzulegen.

38D Ein Unternehmen kann z. B. eine dritte Darstellung von Gewinn oder Verlust und sonstigem Ergebnis vorlegen (dadurch würden die aktuelle Periode, die vorangegangene Periode und eine zusätzliche Vergleichsperiode dargestellt). Das Unternehmen ist jedoch nicht verpflichtet, eine dritte Bilanz, eine dritte Kapitalflussrechnung oder eine dritte Eigenkapitalveränderungsrechnung (d. h. einen zusätzlichen Abschluss zu Vergleichszwecken) vorzulegen. Demgegenüber ist das Unternehmen verpflichtet, im Anhang zum Abschluss die Vergleichsinformationen für diese zusätzliche Darstellung von Gewinn oder Verlust und sonstigem Ergebnis darzustellen.

39–40 [gestrichen]

Änderung der Rechnungslegungsmethode, rückwirkende Berichtigung oder Umgliederung

40A **Ein Unternehmen hat zusätzlich zu den Mindestvergleichsabschlussbestandteilen gemäß Paragraph 38A eine dritte Bilanz zum Beginn der vorangegangenen Periode vorzulegen, wenn**
(a) es eine Rechnungslegungsmethode rückwirkend anwendet, eine rückwirkende Berichtigung von Abschlussposten vornimmt oder Abschlussposten umgliedert und
(b) die rückwirkende Anwendung, die rückwirkende Berichtigung oder die Umgliederung eine wesentliche Auswirkung auf die Informationen in der Bilanz zu Beginn der vorangegangenen Periode hat.

40B In den in Paragraph 40A genannten Fällen hat ein Unternehmen drei Bilanzen zu folgenden Terminen vorzulegen:
(a) zum Ende der aktuellen Periode,
(b) zum Ende der vorangegangenen Periode und
(c) zu Beginn der vorangegangenen Periode.

40C Ist ein Unternehmen verpflichtet, gemäß Paragraph 40A eine zusätzliche Bilanz vorzulegen, muss es die in den Paragraphen 41–44 und IAS 8 vorgeschriebenen Angaben machen. Allerdings sind die zugehörigen Anhangangaben zur Eröffnungsbilanz zu Beginn der vorangegangenen Periode nicht erforderlich.

(a) **the reason for using a longer or shorter period, and**
(b) **the fact that amounts presented in the financial statements are not entirely comparable.**

Normally, an entity consistently prepares financial statements for a one-year period. However, for practical reasons, some entities prefer to report, for example, for a 52-week period. This Standard does not preclude this practice. 37

Comparative information

Minimum comparative information

Except when IFRSs permit or require otherwise, an entity shall present comparative information in respect of the preceding period for all amounts reported in the current period's financial statements. An entity shall include comparative information for narrative and descriptive information if it is relevant to understanding the current period's financial statements. 38

An entity shall present, as a minimum, two statements of financial position, two statements of profit or loss and other comprehensive income, two separate statements of profit or loss (if presented), two statements of cash flows and two statements of changes in equity, and related notes. 38A

In some cases, narrative information provided in the financial statements for the preceding period(s) continues to be relevant in the current period. For example, an entity discloses in the current period details of a legal dispute, the outcome of which was uncertain at the end of the preceding period and is yet to be resolved. Users may benefit from the disclosure of information that the uncertainty existed at the end of the preceding period and from the disclosure of information about the steps that have been taken during the period to resolve the uncertainty. 38B

Additional comparative information

An entity may present comparative information in addition to the minimum comparative financial statements required by IFRSs, as long as that information is prepared in accordance with IFRSs. This comparative information may consist of one or more statements referred to in paragraph 10, but need not comprise a complete set of financial statements. When this is the case, the entity shall present related note information for those additional statements. 38C

For example, an entity may present a third statement of profit of loss and other comprehensive income (thereby presenting the current period, the preceding period and one additional comparative period). However, the entity is not required to present a third statement of financial position, a third statement of cash flows or a third statement of changes in equity (ie an additional financial statement comparative). The entity is required to present, in the notes to the financial statements, the comparative information related to that additional statement of profit or loss and other comprehensive income. 38D

[deleted] 39–40

Change in accounting policy, retrospective restatement or reclassification

An entity shall present a third statement of financial position as at the beginning of the preceding period in addition to the minimum comparative financial statements required in paragraph 38A if: 40A
(a) **it applies an accounting policy retrospectively, makes a retrospective restatement of items in its financial statements or reclassifies items in its financial statements; and**
(b) **the retrospective application, retrospective restatement or the reclassification has a material effect on the information in the statement of financial position at the beginning of the preceding period.**

In the circumstances described in paragraph 40A, an entity shall present three statements of financial position as at: 40B
(a) the end of the current period;
(b) the end of the preceding period; and
(c) the beginning of the preceding period.

When an entity is required to present an additional statement of financial position in accordance with paragraph 40A, it must disclose the information required by paragraphs 41—44 and IAS 8. However, it need not present the related notes to the opening statement of financial position as at the beginning of the preceding period. 40C

40D Der Stichtag dieser Eröffnungsbilanz ist der Beginn der vorangegangenen Periode, unabhängig davon, ob der Abschluss eines Unternehmens Vergleichsinformationen für frühere Perioden umfasst (so wie in Paragraph 38C gestattet).

41 **Ändert ein Unternehmen die Darstellung oder Gliederung von Posten im Abschluss, hat es, außer wenn undurchführbar, auch die Vergleichsbeträge umzugliedern. Gliedert ein Unternehmen die Vergleichsbeträge um, muss es folgende Angaben machen (einschließlich zum Beginn der vorangegangenen Periode):**
(a) **Art der Umgliederung,**
(b) **Betrag jedes umgegliederten Postens bzw. jeder umgegliederten Postengruppe und**
(c) **Grund für die Umgliederung.**

42 **Ist die Umgliederung der Vergleichsbeträge undurchführbar, sind folgende Angaben erforderlich:**
(a) **der Grund für die unterlassene Umgliederung und**
(b) **die Art der Anpassungen, die bei einer Umgliederung erfolgt wären.**

43 Die Verbesserung der Vergleichbarkeit der Angaben zwischen den einzelnen Perioden hilft den Adressaten bei wirtschaftlichen Entscheidungen; insbesondere können für Prognosezwecke Trends in den Finanzinformationen beurteilt werden. Unter bestimmten Umständen ist es undurchführbar, die Vergleichsbeträge für eine bestimmte vorangegangene Periode umzugliedern und so eine Vergleichbarkeit mit der aktuellen Periode zu erreichen. Beispielsweise ist es möglich, dass ein Unternehmen Daten in der vorangegangenen Periode/den vorangegangenen Perioden auf eine Art erhoben hat, die eine Umgliederung nicht zulässt, und eine Wiederherstellung der Informationen undurchführbar ist.

44 IAS 8 führt aus, welche Anpassungen der Vergleichsinformationen bei der Änderung einer Rechnungslegungsmethode oder der Berichtigung eines Fehlers erforderlich sind.

Darstellungsstetigkeit

45 **Ein Unternehmen hat die Darstellung und den Ausweis von Posten im Abschluss von einer Periode zur nächsten beizubehalten, es sei denn,**
(a) **aufgrund einer wesentlichen Änderung des Tätigkeitsfelds des Unternehmens oder einer Überprüfung der Darstellung seines Abschlusses zeigt sich, dass eine Änderung der Darstellung oder der Gliederung unter Berücksichtigung der in IAS 8 enthaltenen Kriterien zur Auswahl bzw. zur Anwendung der Rechnungslegungsmethoden zu einer besser geeigneten Darstellungsform führt, oder**
(b) **ein IFRS schreibt eine geänderte Darstellung vor.**

46 Ein bedeutender Erwerb, eine bedeutende Veräußerung oder eine Überprüfung der Darstellungsform des Abschlusses könnte beispielsweise nahelegen, dass der Abschluss auf eine andere Art und Weise darzustellen ist. Ein Unternehmen ändert die Darstellungsform nur dann, wenn aufgrund der Änderungen Informationen gegeben werden, die zuverlässig und für die Adressaten relevanter sind, und die geänderte Darstellungsform wahrscheinlich Bestand haben wird, damit die Vergleichbarkeit nicht beeinträchtigt wird. Wird die Darstellungsform in einer solchen Weise geändert, gliedert ein Unternehmen seine Vergleichsinformationen gemäß Paragraph 41 und 42 um.

STRUKTUR UND INHALT

Einführung

47 Dieser Standard verlangt bestimmte Angaben in der Bilanz, der Gesamtergebnisrechnung, der gesonderten Gewinn- und Verlustrechnung (sofern aufgestellt) und in der Eigenkapitalveränderungsrechnung und schreibt die Angabe weiterer Posten wahlweise in dem entsprechenden Abschlussbestandteil oder im Anhang vor. IAS 7 *Kapitalflussrechnung* legt die Vorschriften an die Darstellung der Informationen zu Zahlungsströmen dar.

48 In diesem Standard wird der Begriff „Angabe" teilweise im weiteren Sinne als Posten verwendet, die im Abschluss aufzuführen sind. Angaben sind auch nach anderen IFRS vorgeschrieben. Sofern in diesem Standard oder in einem anderen IFRS nicht anders angegeben, sind solche Angaben im Abschluss zu machen.

Bezeichnung des Abschlusses

49 **Ein Unternehmen hat einen Abschluss eindeutig als solchen zu bezeichnen und von anderen Informationen, die im gleichen Dokument veröffentlicht werden, zu unterscheiden.**

50 IFRS werden nur auf den Abschluss angewandt und nicht unbedingt auf andere Informationen, die in einem Geschäftsbericht, in gesetzlich vorgeschriebenen Unterlagen oder in einem anderen Dokument dargestellt werden. Daher ist es wichtig, dass Adressaten in der Lage sind, die auf der Grundlage der IFRS erstellten Informationen von anderen Informationen zu unterscheiden, die für Adressaten nützlich sein können, aber nicht Gegenstand der Standards sind.

The date of that opening statement of financial position shall be as at the beginning of the preceding period regardless of whether an entity's financial statements present comparative information for earlier periods (as permitted in paragraph 38C). 40D

If an entity changes the presentation or classification of items in its financial statements, it shall reclassify comparative amounts unless reclassification is impracticable. When an entity reclassifies comparative amounts, it shall disclose (including as at the beginning of the preceding period): 41
(a) the nature of the reclassification;
(b) the amount of each item or class of items that is reclassified; and
(c) the reason for the reclassification.

When it is impracticable to reclassify comparative amounts, an entity shall disclose: 42
(a) the reason for not reclassifying the amounts, and
(b) the nature of the adjustments that would have been made if the amounts had been reclassified.

Enhancing the inter-period comparability of information assists users in making economic decisions, especially by allowing the assessment of trends in financial information for predictive purposes. In some circumstances, it is impracticable to reclassify comparative information for a particular prior period to achieve comparability with the current period. For example, an entity may not have collected data in the prior period(s) in a way that allows reclassification, and it may be impracticable to recreate the information. 43

IAS 8 sets out the adjustments to comparative information required when an entity changes an accounting policy or corrects an error. 44

Consistency of presentation

An entity shall retain the presentation and classification of items in the financial statements from one period to the next unless: 45
(a) it is apparent, following a significant change in the nature of the entity's operations or a review of its financial statements, that another presentation or classification would be more appropriate having regard to the criteria for the selection and application of accounting policies in IAS 8; or
(b) an IFRS requires a change in presentation.

For example, a significant acquisition or disposal, or a review of the presentation of the financial statements, might suggest that the financial statements need to be presented differently. An entity changes the presentation of its financial statements only if the changed presentation provides information that is reliable and more relevant to users of the financial statements and the revised structure is likely to continue, so that comparability is not impaired. When making such changes in presentation, an entity reclassifies its comparative information in accordance with paragraphs 41 and 42. 46

STRUCTURE AND CONTENT

Introduction

This Standard requires particular disclosures in the statement of financial position or of comprehensive income, in the separate income statement (if presented), or in the statement of changes in equity and requires disclosure of other line items either in those statements or in the notes. IAS 7 *Statement of Cash Flows* sets out requirements for the presentation of cash flow information. 47

This Standard sometimes uses the term 'disclosure' in a broad sense, encompassing items presented in the financial statements. Disclosures are also required by other IFRSs. Unless specified to the contrary elsewhere in this Standard or in another IFRS, such disclosures may be made in the financial statements. 48

Identification of the financial statements

An entity shall clearly identify the financial statements and distinguish them from other information in the same published document. 49

IFRSs apply only to financial statements, and not necessarily to other information presented in an annual report, a regulatory filing, or another document. Therefore, it is important that users can distinguish information that is prepared using IFRSs from other information that may be useful to users but is not the subject of those requirements. 50

51 **Ein Unternehmen hat jeden Bestandteil des Abschlusses und die Anhangangaben eindeutig zu bezeichnen. Zusätzlich sind die folgenden Informationen deutlich sichtbar darzustellen und zu wiederholen, falls es für das Verständnis der dargestellten Informationen notwendig ist:**

- **(a) der Name des berichtenden Unternehmens oder andere Mittel der Identifizierung sowie etwaige Änderungen dieser Angaben gegenüber dem vorangegangenen Abschlussstichtag,**
- **(b) ob es sich um den Abschluss eines einzelnen Unternehmens oder eines Konzerns handelt,**
- **(c) der Abschlussstichtag oder die Periode, auf die sich der Abschluss oder die Anhangangaben beziehen,**
- **(d) die Darstellungswährung laut Definition in IAS 21 und**
- **(e) wie weit bei der Darstellung von Beträgen im Abschluss gerundet wurde.**

52 Ein Unternehmen erfüllt die Vorschriften in Paragraph 51, indem es die Seiten, Aufstellungen, Anhangangaben, Spalten u. ä. mit entsprechenden Überschriften versieht. Die Wahl der besten Darstellungsform solcher Informationen erfordert eine Ermessensausübung. Veröffentlicht ein Unternehmen den Abschluss beispielsweise in elektronischer Form, werden möglicherweise keine getrennten Seiten verwendet; in diesem Fall sind die oben aufgeführten Angaben dergestalt zu machen, dass das Verständnis der im Abschluss enthaltenen Informationen gewährleistet ist.

53 Zum besseren Verständnis des Abschlusses stellt ein Unternehmen Informationen häufig in Tausend- oder Millioneneinheiten der Darstellungswährung dar. Dies ist akzeptabel, solange das Unternehmen angibt, wie weit gerundet wurde, und es keine wesentlichen Informationen auslässt.

Bilanz

Informationen, die in der Bilanz darzustellen sind

54 **In der Bilanz sind zumindest folgende Posten darzustellen:**

- **(a) Sachanlagen,**
- **(b) als Finanzinvestitionen gehaltene Immobilien,**
- **(c) immaterielle Vermögenswerte,**
- **(d) finanzielle Vermögenswerte (ohne die Beträge, die unter (e), (h) und (i) ausgewiesen werden),**
- **(da) Portfolios von Verträgen im Anwendungsbereich von IFRS 17, die Vermögenswerte sind, aufgegliedert wie in Paragraph 78 von IFRS 17 verlangt,**
- **(e) nach der Equity-Methode bilanzierte Beteiligungen,**
- **(f) biologische Vermögenswerte im Anwendungsbereich von IAS 41 *Landwirtschaft*,**
- **(g) Vorräte,**
- **(h) Forderungen aus Lieferungen und Leistungen und sonstige Forderungen,**
- **(i) Zahlungsmittel und Zahlungsmitteläquivalente,**
- **(j) die Summe der Vermögenswerte, die gemäß IFRS 5 *Zur Veräußerung gehaltene langfristige Vermögenswerte und aufgegebene Geschäftsbereiche* als zur Veräußerung gehalten eingestuft sind, und der Vermögenswerte, die zu einer als zur Veräußerung gehalten eingestuften Veräußerungsgruppe gehören,**
- **(k) Verbindlichkeiten aus Lieferungen und Leistungen und sonstige Verbindlichkeiten,**
- **(l) Rückstellungen,**
- **(m) finanzielle Verbindlichkeiten (ohne die Beträge, die unter (k) und (l) ausgewiesen werden),**
- **(ma) Portfolios von Verträgen im Anwendungsbereich von IFRS 17, die Verbindlichkeiten sind, aufgegliedert wie in Paragraph 78 von IFRS 17 verlangt,**
- **(n) Steuerschulden und -erstattungsansprüche gemäß IAS 12 *Ertragsteuern*,**
- **(o) latente Steueransprüche und -schulden gemäß IAS 12,**
- **(p) die Schulden, die den Veräußerungsgruppen zugeordnet sind, die gemäß IFRS 5 als zur Veräußerung gehalten eingestuft sind,**
- **(q) nicht beherrschende Anteile, die im Eigenkapital dargestellt werden, und**
- **(r) gezeichnetes Kapital und Rücklagen, die den Eigentümern der Muttergesellschaft zuzuordnen sind.**

55 **Ein Unternehmen hat in der Bilanz zusätzliche Posten (gegebenenfalls durch Einzeldarstellung der unter Paragraph 54 aufgeführten Posten), Überschriften und Zwischensummen darzustellen, wenn eine solche Darstellung für das Verständnis der Vermögens- und Finanzlage des Unternehmens relevant ist.**

55A Zwischensummen, die ein Unternehmen gemäß Paragraph 55 darstellt,

- (a) müssen aus Posten mit gemäß den IFRS angesetzten und bewerteten Beträgen bestehen,
- (b) müssen in einer Weise dargestellt und bezeichnet sein, die klar erkennen lässt, welche Posten in der Zwischensumme zusammengefasst sind,
- (c) müssen gemäß Paragraph 45 von Periode zu Periode stetig dargestellt werden und
- (d) dürfen nicht stärker hervorgehoben werden als die gemäß den IFRS in der Bilanz darzustellenden Zwischensummen und Summen.

An entity shall clearly identify each financial statement and the notes. In addition, an entity shall display the following information prominently, and repeat it when necessary for the information presented to be understandable: 51

(a) the name of the reporting entity or other means of identification, and any change in that information from the end of the preceding reporting period;

(b) whether the financial statements are of an individual entity or a group of entities;

(c) the date of the end of the reporting period or the period covered by the set of financial statements or notes;

(d) the presentation currency, as defined in IAS 21; and

(e) the level of rounding used in presenting amounts in the financial statements.

An entity meets the requirements in paragraph 51 by presenting appropriate headings for pages, statements, notes, columns and the like. Judgement is required in determining the best way of presenting such information. For example, when an entity presents the financial statements electronically, separate pages are not always used; an entity then presents the above items to ensure that the information included in the financial statements can be understood. 52

An entity often makes financial statements more understandable by presenting information in thousands or millions of units of the presentation currency. This is acceptable as long as the entity discloses the level of rounding and does not omit material information. 53

Statement of financial position

Information to be presented in the statement of financial position

The statement of financial position shall include line items that present the following amounts: 54

(a) property, plant and equipment;

(b) investment property;

(c) intangible assets;

(d) financial assets (excluding amounts shown under (e), (h) and (i));

(da) portfolios of contracts within the scope of IFRS 17 that are assets, disaggregated as required by paragraph 78 of IFRS 17;

(e) investments accounted for using the equity method;

(f) biological assets within the scope of IAS 41 *Agriculture*;

(g) inventories;

(h) trade and other receivables;

(i) cash and cash equivalents;

(j) the total of assets classified as held for sale and assets included in disposal groups classified as held for sale in accordance with IFRS 5 *Non-current Assets Held for Sale and Discontinued Operations*;

(k) trade and other payables;

(l) provisions;

(m) financial liabilities (excluding amounts shown under (k) and (l));

(ma) portfolios of contracts within the scope of IFRS 17 that are liabilities, disaggregated as required by paragraph 78 of IFRS 17;

(n) liabilities and assets for current tax, as defined in IAS 12 *Income Taxes*;

(o) deferred tax liabilities and deferred tax assets, as defined in IAS 12;

(p) liabilities included in disposal groups classified as held for sale in accordance with IFRS 5;

(q) non-controlling interest, presented within equity; and

(r) issued capital and reserves attributable to owners of the parent.

An entity shall present additional line items (including by disaggregating the line items listed in paragraph 54), headings and subtotals in the statement of financial position when such presentation is relevant to an understanding of the entity's financial position. 55

When an entity presents subtotals in accordance with paragraph 55, those subtotals shall: 55A

(a) be comprised of line items made up of amounts recognised and measured in accordance with IFRS;

(b) be presented and labelled in a manner that makes the line items that constitute the subtotal clear and understandable;

(c) be consistent from period to period, in accordance with paragraph 45; and

(d) not be displayed with more prominence than the subtotals and totals required in IFRS for the statement of financial position.

56 **Wenn ein Unternehmen lang- und kurzfristige Vermögenswerte bzw. lang- und kurzfristige Schulden in der Bilanz getrennt ausweist, dürfen latente Steueransprüche (-schulden) nicht als kurzfristige Vermögenswerte (Schulden) ausgewiesen werden.**

57 Dieser Standard schreibt nicht die Reihenfolge oder die Gliederung vor, in der ein Unternehmen die Posten darstellt. Paragraph 54 enthält lediglich eine Liste von Posten, die ihrem Wesen oder ihrer Funktion nach so unterschiedlich sind, dass sie einen getrennten Ausweis in der Bilanz erforderlich machen. Ferner gilt:

(a) Posten werden hinzugefügt, wenn der Umfang, die Art oder die Funktion eines Postens oder eine Zusammenfassung ähnlicher Posten so sind, dass eine gesonderte Darstellung für das Verständnis der Vermögens- und Finanzlage des Unternehmens relevant ist und

(b) die verwendeten Bezeichnungen, die Reihenfolge der Posten oder die Zusammenfassung ähnlicher Posten können der Art des Unternehmens und seinen Geschäftsvorfällen entsprechend geändert werden, um Informationen bereitzustellen, die für das Verständnis der Vermögens- und Finanzlage des Unternehmens relevant sind. Beispielsweise kann ein Finanzinstitut die oben stehenden Beschreibungen anpassen, um Informationen bereitzustellen, die für die Geschäftstätigkeit eines Finanzinstituts relevant sind.

58 Die Entscheidung des Unternehmens, ob zusätzliche Posten gesondert ausgewiesen werden, basiert auf einer Einschätzung

(a) der Art und der Liquidität von Vermögenswerten,

(b) der Funktion der Vermögenswerte innerhalb des Unternehmens und

(c) der Beträge, der Art und des Fälligkeitszeitpunkts von Schulden.

59 Die Anwendung unterschiedlicher Bewertungsgrundlagen für verschiedene Gruppen von Vermögenswerten lässt vermuten, dass sie sich in ihrer Art oder Funktion unterscheiden und deshalb als gesonderte Posten auszuweisen sind. Beispielsweise können bestimmte Gruppen von Sachanlagen gemäß IAS 16 zu Anschaffungs- oder Herstellungskosten oder zu neubewerteten Beträgen bilanziert werden.

Unterscheidung kurzfristig/langfristig

60 **Ein Unternehmen hat kurz- und langfristige Vermögenswerte und kurz- und langfristige Schulden in seiner Bilanz gesondert gemäß den Paragraphen 66-76B auszuweisen, es sei denn, ein liquiditätsbasierter Ausweis liefert verlässliche und relevantere Informationen. Ist Letzteres der Fall, hat das Unternehmen alle Vermögenswerte und Schulden nach ihrer Liquidität auszuweisen.**

61 **Unabhängig davon, welche Methode der Darstellung gewählt wird, hat ein Unternehmen für jeden Vermögens- und Schuldposten, der Beträge zusammenfasst, von denen erwartet wird, dass sie**

(a) spätestens zwölf Monate nach dem Abschlussstichtag bzw.

(b) nach mehr als zwölf Monaten nach dem Abschlussstichtag realisiert oder erfüllt werden den Betrag anzugeben, von dem erwartet wird, dass er nach mehr als zwölf Monaten realisiert oder erfüllt wird.

62 Bietet ein Unternehmen Güter oder Dienstleistungen innerhalb eines eindeutig identifizierbaren Geschäftszyklus an, so vermittelt eine getrennte Untergliederung von kurzfristigen und langfristigen Vermögenswerten und Schulden in der Bilanz nützliche Informationen, indem Nettovermögenswerte, die sich fortlaufend als kurzfristiges Nettobetriebskapital umschlagen, von denen unterschieden werden, die langfristigen Tätigkeiten des Unternehmens dienen. Zugleich werden Vermögenswerte, deren Realisierung innerhalb des laufenden Geschäftszyklus erwartet wird, und Schulden, deren Erfüllung in derselben Periode fällig wird, herausgestellt.

63 Bei bestimmten Unternehmen, wie beispielsweise Finanzinstituten, bietet die Darstellung der Vermögens- und Schuldposten aufsteigend oder absteigend nach Liquidität Informationen, die zuverlässig und gegenüber der Darstellung nach Fristigkeiten relevanter sind, da das Unternehmen keine Waren oder Dienstleistungen innerhalb eines eindeutig identifizierbaren Geschäftszyklus anbietet.

64 Bei der Anwendung von Paragraph 60 darf das Unternehmen einige Vermögenswerte und Schulden nach Liquidität anordnen und andere wiederum nach Fristigkeiten darstellen, wenn hierdurch zuverlässige und relevantere Informationen zu erzielen sind. Eine gemischte Aufstellung ist möglicherweise dann angezeigt, wenn das Unternehmen in unterschiedlichen Geschäftsfeldern tätig ist.

65 Informationen über die erwarteten Realisierungszeitpunkte von Vermögenswerten und Schulden sind nützlich, um die Liquidität und Zahlungsfähigkeit eines Unternehmens zu beurteilen. IFRS 7 *Finanzinstrumente: Angaben* verlangt die Angabe der Fälligkeitstermine sowohl von finanziellen Vermögenswerten als auch von finanziellen Verbindlichkeiten. Finanzielle Vermögenswerte enthalten Forderungen aus Lieferungen und Leistungen sowie sonstige Forderungen, und finanzielle Verbindlichkeiten enthalten Verbindlichkeiten aus Lieferungen und Leistungen sowie sonstige Verbindlichkeiten. Informationen über den erwarteten Zeitpunkt der Realisierung von nicht monetären Vermögenswerten, wie z. B. Vorräten, und der Erfüllung von nicht monetären Schulden, wie z. B. Rückstellungen, sind ebenfalls nützlich, und zwar unabhängig davon, ob die Vermögenswerte und Schulden als langfristig oder kurzfristig eingestuft sind oder nicht. Beispielsweise gibt ein Unternehmen den Buchwert der Vorräte an, deren Realisierung nach mehr als zwölf Monaten nach dem Abschlussstichtag erwartet wird.

When an entity presents current and non-current assets, and current and non-current liabilities, as separate classifications in its statement of financial position, it shall not classify deferred tax assets (liabilities) as current assets (liabilities). 56

This Standard does not prescribe the order or format in which an entity presents items. Paragraph 54 simply lists items that are sufficiently different in nature or function to warrant separate presentation in the statement of financial position. In addition: 57

(a) line items are included when the size, nature or function of an item or aggregation of similar items is such that separate presentation is relevant to an understanding of the entity's financial position; and
(b) the descriptions used and the ordering of items or aggregation of similar items may be amended according to the nature of the entity and its transactions, to provide information that is relevant to an understanding of the entity's financial position. For example, a financial institution may amend the above descriptions to provide information that is relevant to the operations of a financial institution.

An entity makes the judgement about whether to present additional items separately on the basis of an assessment of: 58

(a) the nature and liquidity of assets;
(b) the function of assets within the entity; and
(c) the amounts, nature and timing of liabilities.

The use of different measurement bases for different classes of assets suggests that their nature or function differs and, therefore, that an entity presents them as separate line items. For example, different classes of property, plant and equipment can be carried at cost or at revalued amounts in accordance with IAS 16. 59

Current/non-current distinction

An entity shall present current and non-current assets, and current and non-current liabilities, as separate classifications in its statement of financial position in accordance with paragraphs 66—76B except when a presentation based on liquidity provides information that is reliable and more relevant. When that exception applies, an entity shall present all assets and liabilities in order of liquidity. 60

Whichever method of presentation is adopted, an entity shall disclose the amount expected to be recovered or settled after more than twelve months for each asset and liability line item that combines amounts expected to be recovered or settled: 61

(a) no more than twelve months after the reporting period, and
(b) more than twelve months after the reporting period.

When an entity supplies goods or services within a clearly identifiable operating cycle, separate classification of current and non-current assets and liabilities in the statement of financial position provides useful information by distinguishing the net assets that are continuously circulating as working capital from those used in the entity's long-term operations. It also highlights assets that are expected to be realised within the current operating cycle, and liabilities that are due for settlement within the same period. 62

For some entities, such as financial institutions, a presentation of assets and liabilities in increasing or decreasing order of liquidity provides information that is reliable and more relevant than a current/non-current presentation because the entity does not supply goods or services within a clearly identifiable operating cycle. 63

In applying paragraph 60, an entity is permitted to present some of its assets and liabilities using a current/non-current classification and others in order of liquidity when this provides information that is reliable and more relevant. The need for a mixed basis of presentation might arise when an entity has diverse operations. 64

Information about expected dates of realisation of assets and liabilities is useful in assessing the liquidity and solvency of an entity. IFRS 7 *Financial Instruments: Disclosures* requires disclosure of the maturity dates of financial assets and financial liabilities. Financial assets include trade and other receivables, and financial liabilities include trade and other payables. Information on the expected date of recovery of non-monetary assets such as inventories and expected date of settlement for liabilities such as provisions is also useful, whether assets and liabilities are classified as current or as non-current. For example, an entity discloses the amount of inventories that are expected to be recovered more than twelve months after the reporting period. 65

Kurzfristige Vermögenswerte

66 **Ein Unternehmen hat einen Vermögenswert in folgenden Fällen als kurzfristig einzustufen:**

(a) die Realisierung des Vermögenswerts wird innerhalb des normalen Geschäftszyklus erwartet, oder der Vermögenswert wird zum Verkauf oder Verbrauch innerhalb dieses Zeitraums gehalten,

(b) der Vermögenswert wird primär für Handelszwecke gehalten,

(c) die Realisierung des Vermögenswerts wird innerhalb von zwölf Monaten nach dem Abschlussstichtag erwartet oder

(d) es handelt sich um Zahlungsmittel oder Zahlungsmitteläquivalente (gemäß der Definition in IAS 7), es sei denn, der Tausch oder die Nutzung des Vermögenswerts zur Erfüllung einer Verpflichtung sind für einen Zeitraum von mindestens zwölf Monaten nach dem Abschlussstichtag eingeschränkt.

Alle anderen Vermögenswerte sind als langfristig einzustufen.

67 Dieser Standard verwendet den Begriff „langfristig", um damit materielle, immaterielle und finanzielle Vermögenswerte mit langfristigem Charakter zu erfassen. Er untersagt nicht die Verwendung anderer Bezeichnungen, solange deren Bedeutung klar verständlich ist.

68 Der Geschäftszyklus eines Unternehmens ist der Zeitraum zwischen dem Erwerb von Vermögenswerten, die in einen Prozess eingehen, und deren Realisierung in Zahlungsmittel oder Zahlungsmitteläquivalente. Ist der normale Geschäftszyklus des Unternehmens nicht eindeutig identifizierbar, wird von einem Zeitraum von zwölf Monaten ausgegangen. Kurzfristige Vermögenswerte umfassen Vorräte und Forderungen aus Lieferungen und Leistungen, die als Teil des normalen Geschäftszyklus verkauft, verbraucht und realisiert werden, selbst wenn deren Realisierung nicht innerhalb von zwölf Monaten nach dem Abschlussstichtag erwartet wird. Zu kurzfristigen Vermögenswerten gehören ferner Vermögenswerte, die vorwiegend zu Handelszwecken gehalten werden (als Beispiel hierfür seien einige finanzielle Vermögenswerte angeführt, die die Definition von „zu Handelszwecken gehalten" gemäß IFRS 9 erfüllen) sowie der kurzfristige Teil langfristiger finanzieller Vermögenswerte.

Kurzfristige Schulden

69 **Ein Unternehmen hat eine Schuld in folgenden Fällen als kurzfristig einzustufen:**

(a) die Erfüllung der Schuld wird innerhalb des gewöhnlichen Geschäftszyklus erwartet,

(b) die Schuld wird primär zu Handelszwecken gehalten,

(c) die Schuld ist innerhalb von zwölf Monaten nach dem Abschlussstichtag zu erfüllen oder

(d) das Unternehmen hat am Abschlussstichtag nicht das Recht, die Erfüllung der Schuld um mindestens zwölf Monate nach dem Abschlussstichtag zu verschieben.

Alle anderen Schulden sind als langfristig einzustufen.

Gewöhnlicher Geschäftszyklus (Paragraph 69 Buchstabe a)

70 Einige kurzfristige Schulden, wie Verbindlichkeiten aus Lieferungen und Leistungen sowie Rückstellungen für personalbezogene Aufwendungen und andere betriebliche Aufwendungen bilden einen Teil des kurzfristigen Betriebskapitals, das im gewöhnlichen Geschäftszyklus des Unternehmens gebraucht wird. Solche betrieblichen Posten werden selbst dann als kurzfristige Schulden eingestuft, wenn sie später als zwölf Monate nach dem Abschlussstichtag fällig werden. Zur Unterteilung der Vermögenswerte und der Schulden des Unternehmens wird derselbe Geschäftszyklus herangezogen. Ist der gewöhnliche Geschäftszyklus des Unternehmens nicht eindeutig identifizierbar, wird von einem Zeitraum von zwölf Monaten ausgegangen.

Primär zu Handelszwecken gehalten (Paragraph 69 Buchstabe b) oder innerhalb von zwölf Monaten nach dem Abschlussstichtag zu erfüllen (Paragraph 69 Buchstabe c)

71 Andere kurzfristige Schulden werden zwar nicht als Teil des gewöhnlichen Geschäftszyklus erfüllt, sie sind aber innerhalb von zwölf Monaten nach dem Abschlussstichtag zu erfüllen oder sie werden vorwiegend zu Handelszwecken gehalten. Hierzu gehören beispielsweise finanzielle Verbindlichkeiten, die die Definition von „zu Handelszwecken gehalten" gemäß IFRS 9 erfüllen, Kontokorrentkredite, der kurzfristige Teil langfristiger finanzieller Verbindlichkeiten, Dividendenverbindlichkeiten, Ertragsteuern und sonstige nicht handelbare Verbindlichkeiten. Finanzielle Verbindlichkeiten, die die langfristige Finanzierung sichern (und somit nicht zum im gewöhnlichen Geschäftszyklus verwendeten Betriebskapital gehören) und die nicht innerhalb von zwölf Monaten nach dem Abschlussstichtag zu erfüllen sind, gelten vorbehaltlich der Paragraphen 72A-75 als langfristige finanzielle Verbindlichkeiten.

72 Ein Unternehmen hat seine finanziellen Verbindlichkeiten als kurzfristig einzustufen, wenn deren Erfüllung innerhalb von zwölf Monaten nach dem Abschlussstichtag fällig wird, selbst wenn

(a) die ursprüngliche Laufzeit einen Zeitraum von mehr als zwölf Monaten umfasst und

(b) eine Vereinbarung zur langfristigen Refinanzierung bzw. Umschuldung der Zahlungsverpflichtungen nach dem Abschlussstichtag, jedoch vor der Genehmigung zur Veröffentlichung des Abschlusses abgeschlossen wird.

Recht auf Verschiebung der Erfüllung um mindestens zwölf Monate (Paragraph 69 Buchstabe d)

72A Das Recht eines Unternehmens, die Erfüllung einer Schuld um mindestens zwölf Monate nach dem Abschlussstichtag zu verschieben, muss Substanz haben und zum Abschlussstichtag bestehen (siehe Paragraphen 72B-75).

Current assets

An entity shall classify an asset as current when: 66

(a) it expects to realise the asset, or intends to sell or consume it, in its normal operating cycle;

(b) it holds the asset primarily for the purpose of trading;

(c) it expects to realise the asset within twelve months after the reporting period; or

(d) the asset is cash or a cash equivalent (as defined in IAS 7) unless the asset is restricted from being exchanged or used to settle a liability for at least twelve months after the reporting period.

An entity shall classify all other assets as non-current.

This Standard uses the term 'non-current' to include tangible, intangible and financial assets of a long-term nature. It does 67 not prohibit the use of alternative descriptions as long as the meaning is clear.

The operating cycle of an entity is the time between the acquisition of assets for processing and their realisation in cash or 68 cash equivalents. When the entity's normal operating cycle is not clearly identifiable, it is assumed to be 12 months. Current assets include assets (such as inventories and trade receivables) that are sold, consumed or realised as part of the normal operating cycle even when they are not expected to be realised within 12 months after the reporting period. Current assets also include assets held primarily for the purpose of trading (examples include some financial assets that meet the definition of held for trading in IFRS 9) and the current portion of non-current financial assets.

Current liabilities

An entity shall classify a liability as current when: 69

(a) it expects to settle the liability in its normal operating cycle;

(b) it holds the liability primarily for the purpose of trading;

(c) the liability is due to be settled within 12 months after the reporting period; or

(d) it does not have the right at the end of the reporting period to defer settlement of the liability for at least 12 months after the reporting period.

An entity shall classify all other liabilities as non-current.

Normal operating cycle (paragraph 69 (a))

Some current liabilities, such as trade payables and some accruals for employee and other operating costs, are part of the 70 working capital used in the entity's normal operating cycle. An entity classifies such operating items as current liabilities even if they are due to be settled more than 12 months after the reporting period. The same normal operating cycle applies to the classification of an entity's assets and liabilities. When the entity's normal operating cycle is not clearly identifiable, it is assumed to be 12 months.

Held primarily for the purpose of trading (paragraph 69 (b)) or due to be settled within 12 months (paragraph 69 (c))

Other current liabilities are not settled as part of the normal operating cycle, but are due for settlement within 12 months 71 after the reporting period or held primarily for the purpose of trading. Examples are some financial liabilities that meet the definition of held for trading in IFRS 9, bank overdrafts, and the current portion of non-current financial liabilities, dividends payable, income taxes and other non-trade payables. Financial liabilities that provide financing on a long-term basis (ie are not part of the working capital used in the entity's normal operating cycle) and are not due for settlement within 12 months after the reporting period are non-current liabilities, subject to paragraphs 72A—75.

An entity classifies its financial liabilities as current when they are due to be settled within 12 months after the reporting 72 period, even if:

(a) the original term was for a period longer than 12 months; and

(b) an agreement to refinance, or to reschedule payments, on a long-term basis is completed after the reporting period and before the financial statements are authorised for issue.

Right to defer settlement for at least 12 months (paragraph 69 (d))

An entity's right to defer settlement of a liability for at least 12 months after the reporting period must have substance and, 72A as illustrated in paragraphs 72B—75, must exist at the end of the reporting period.

72B Das Recht eines Unternehmens, die Erfüllung einer Schuld aus einer Kreditvereinbarung um mindestens zwölf Monate nach dem Abschlussstichtag zu verschieben, kann an die Voraussetzung geknüpft sein, dass das Unternehmen in dieser Kreditvereinbarung festgelegte Bedingungen (im Folgenden „Nebenbedingungen") erfüllt. Für die Zwecke der Anwendung von Paragraph 69 Buchstabe d

(a) haben solche Nebenbedingungen einen Einfluss darauf, ob dieses Recht – wie in den Paragraphen 74-75 dargestellt – am Abschlussstichtag besteht, wenn das Unternehmen die Nebenbedingung am oder vor dem Abschlussstichtag erfüllen muss. Eine solche Nebenbedingung hat selbst dann einen Einfluss darauf, ob das Recht am Abschlussstichtag besteht, wenn die Einhaltung der Nebenbedingung erst nach dem Abschlussstichtag beurteilt wird (z. B. eine Nebenbedingung, die die Vermögens- und Finanzlage des Unternehmens am Abschlussstichtag betrifft, deren Einhaltung aber erst nach dem Abschlussstichtag beurteilt wird);

(b) haben solche Nebenbedingungen keinen Einfluss darauf, ob dieses Recht am Abschlussstichtag besteht, wenn das Unternehmen die Nebenbedingung erst nach dem Abschlussstichtag erfüllen muss (z. B. eine Nebenbedingung, die die Vermögens- und Finanzlage des Unternehmens sechs Monate nach dem Abschlussstichtag betrifft).

73 Hat ein Unternehmen am Abschlussstichtag das Recht, eine Verpflichtung im Rahmen einer bestehenden Kreditvereinbarung für mindestens zwölf Monate nach dem Abschlussstichtag zu verlängern, so stuft es die Verpflichtung selbst dann als langfristig ein, wenn sie ansonsten innerhalb eines kürzeren Zeitraums fällig wäre. Verfügt das Unternehmen nicht über ein solches Recht, so berücksichtigt es die Möglichkeit einer Refinanzierung nicht und stuft die betreffende Verpflichtung als kurzfristig ein.

74 Wird eine Nebenbedingung einer langfristigen Kreditvereinbarung von einem Unternehmen am oder vor dem Abschlussstichtag verletzt, sodass die Schuld jederzeit auf Nachfrage fällig werden kann, so hat es die Schuld selbst dann als kurzfristig einzustufen, wenn der Kreditgeber nach dem Abschlussstichtag und vor der Freigabe des Abschlusses zur Veröffentlichung nicht mehr auf Zahlung aufgrund der Verletzung besteht. Die Schuld wird deshalb als kurzfristig eingestuft, weil das Unternehmen am Abschlussstichtag nicht das Recht hat, ihre Erfüllung um mindestens zwölf Monate nach dem Abschlussstichtag zu verschieben.

75 Ein Unternehmen stuft die Schuld hingegen als langfristig ein, wenn der Kreditgeber bis zum Abschlussstichtag eine Nachfrist von mindestens zwölf Monaten nach dem Abschlussstichtag bewilligt hat, in der das Unternehmen die Verletzung abstellen und der Kreditgeber keine sofortige Rückzahlung verlangen kann.

75A Keinen Einfluss auf die Einstufung einer Schuld hat die Wahrscheinlichkeit, mit der das Unternehmen von seinem Recht Gebrauch machen wird, die Erfüllung der Schuld um mindestens zwölf Monate nach dem Abschlussstichtag zu verschieben. Erfüllt eine Schuld die in Paragraph 69 für eine Einstufung als langfristig genannten Kriterien, ist sie selbst dann als langfristig einzustufen, wenn das Management die Absicht hat oder erwartet, dass das Unternehmen die Schuld innerhalb von zwölf Monaten nach dem Abschlussstichtag erfüllt, oder wenn das Unternehmen die Schuld zwischen dem Abschlussstichtag und dem Tag der Freigabe des Abschlusses zur Veröffentlichung erfüllt. Allerdings muss das Unternehmen in den zuvor genannten Fällen unter Umständen Informationen zum Erfüllungszeitpunkt angeben, damit die Abschlussadressaten die Auswirkungen der Schuld auf die Vermögens- und Finanzlage des Unternehmens nachvollziehen können (siehe Paragraphen 17 Buchstabe c und 76 Buchstabe d).

76 Wenn zwischen dem Abschlussstichtag und dem Tag der Freigabe des Abschlusses zur Veröffentlichung die folgenden Ereignisse eintreten, sind diese als nicht berücksichtigungspflichtige Ereignisse gemäß IAS 10 *Ereignisse nach dem Abschlussstichtag* anzugeben:

(a) Langfristige Refinanzierung einer als kurzfristig eingestuften Schuld (siehe Paragraph 72),
(b) Abstellung einer Verletzung einer als kurzfristig eingestuften langfristigen Kreditvereinbarung (siehe Paragraph 74),
(c) Gewährung einer Nachfrist durch den Kreditgeber zur Abstellung der Verletzung einer als kurzfristig eingestuften langfristigen Kreditvereinbarung (siehe Paragraph 75) und
(d) Erfüllung einer als langfristig eingestuften Schuld (siehe Paragraph 75A).

76ZA **Bei der Anwendung der Paragraphen 69-75 könnte ein Unternehmen Schulden aus Kreditvereinbarungen als langfristig einstufen, wenn das Recht des Unternehmens, die Erfüllung dieser Schulden zu verschieben, an die Voraussetzung geknüpft ist, dass es innerhalb von zwölf Monaten nach dem Abschlussstichtag Nebenbedingungen erfüllt (siehe Paragraph 72B Buchstabe b). In solchen Fällen hat ein Unternehmen Angaben im Anhang zu machen, die es den Abschlussadressaten ermöglichen, das Risiko zu verstehen, dass die Schulden innerhalb von zwölf Monaten nach dem Abschlussstichtag rückzahlbar werden könnten, und u. a. Folgendes umfassen:**

(a) Angaben zu den Nebenbedingungen (einschließlich ihrer Art und des Zeitpunkts, zu dem sie vom Unternehmen erfüllt werden müssen) und den Buchwert der zugehörigen Schulden,

(b) gegebenenfalls Tatsachen und Umstände, die darauf hindeuten, dass das Unternehmen Schwierigkeiten mit der Erfüllung der Nebenbedingungen haben könnte – z. B. dass das Unternehmen während oder nach dem Berichtszeitraum Maßnahmen getroffen hat, um eine potenzielle Verletzung zu vermeiden oder abzumildern. Zu solchen Tatsachen und Umständen könnte auch gehören, dass das Unternehmen die Nebenbedingungen nicht erfüllt hätte, wenn deren Einhaltung anhand der Umstände des Unternehmens am Abschlussstichtag beurteilt würde.

An entity's right to defer settlement of a liability arising from a loan arrangement for at least 12 months after the reporting period may be subject to the entity complying with conditions specified in that loan arrangement (hereafter referred to as "covenants"). For the purposes of applying paragraph 69 (d), such covenants: 72B

(a) affect whether that right exists at the end of the reporting period— as illustrated in paragraphs 74—75— if an entity is required to comply with the covenant on or before the end of the reporting period. Such a covenant affects whether the right exists at the end of the reporting period even if compliance with the covenant is assessed only after the reporting period (for example, a covenant based on the entity's financial position at the end of the reporting period but assessed for compliance only after the reporting period);
(b) do not affect whether that right exists at the end of the reporting period if an entity is required to comply with the covenant only after the reporting period (for example, a covenant based on the entity's financial position six months after the end of the reporting period).

If an entity has the right, at the end of the reporting period, to roll over an obligation for at least 12 months after the reporting period under an existing loan facility, it classifies the obligation as non-current, even if it would otherwise be due within a shorter period. If the entity has no such right, the entity does not consider the potential to refinance the obligation and classifies the obligation as current. 73

When an entity breaches a covenant of a long-term loan arrangement on or before the end of the reporting period with the effect that the liability becomes payable on demand, it classifies the liability as current, even if the lender agreed, after the reporting period and before the authorisation of the financial statements for issue, not to demand payment as a consequence of the breach. An entity classifies the liability as current because, at the end of the reporting period, it does not have the right to defer its settlement for at least 12 months after that date. 74

However, an entity classifies the liability as non-current if the lender agreed by the end of the reporting period to provide a period of grace ending at least 12 months after the reporting period, within which the entity can rectify the breach and during which the lender cannot demand immediate repayment. 75

Classification of a liability is unaffected by the likelihood that the entity will exercise its right to defer settlement of the liability for at least 12 months after the reporting period. If a liability meets the criteria in paragraph 69 for classification as non-current, it is classified as non-current even if management intends or expects the entity to settle the liability within 12 months after the reporting period, or even if the entity settles the liability between the end of the reporting period and the date the financial statements are authorised for issue. However, in either of those circumstances, the entity may need to disclose information about the timing of settlement to enable users of its financial statements to understand the impact of the liability on the entity's financial position (see paragraphs 17 (c) and 76 (d)). 75A

If the following events occur between the end of the reporting period and the date the financial statements are authorised for issue, those events are disclosed as non-adjusting events in accordance with IAS 10 *Events after the Reporting Period*: 76

(a) refinancing on a long-term basis of a liability classified as current (see paragraph 72);
(b) rectification of a breach of a long-term loan arrangement classified as current (see paragraph 74);
(c) the granting by the lender of a period of grace to rectify a breach of a long-term loan arrangement classified as current (see paragraph 75); and
(d) settlement of a liability classified as non-current (see paragraph 75A).

In applying paragraphs 69—75, an entity might classify liabilities arising from loan arrangements as non-current when the entity's right to defer settlement of those liabilities is subject to the entity complying with covenants within 12 months after the reporting period (see paragraph 72B (b)). In such situations, the entity shall disclose information in the notes that enables users of financial statements to understand the risk that the liabilities could become repayable within 12 months after the reporting period, including: 76ZA

(a) information about the covenants (including the nature of the covenants and when the entity is required to comply with them) and the carrying amount of related liabilities.
(b) facts and circumstances, if any, that indicate the entity may have difficulty complying with the covenants – for example, the entity having acted during or after the reporting period to avoid or mitigate a potential breach. Such facts and circumstances could also include the fact that the entity would not have complied with the covenants if they were to be assessed for compliance based on the entity's circumstances at the end of the reporting period.

Erfüllung (Paragraph 69 Buchstaben a, c und d)

76A **Für die Zwecke der Einstufung einer Schuld als kurz- oder langfristig bezeichnet „Erfüllung" eine Übertragung an die Gegenpartei, die die Tilgung der Schuld zur Folge hat. Eine solche Übertragung könnte bestehen aus:**
(a) Zahlungsmitteln oder anderen wirtschaftlichen Ressourcen wie Gütern oder Dienstleistungen, oder
(b) Eigenkapitalanteilen des Unternehmens, sofern nicht Paragraph 76B gilt.

76B **Kann eine Schuld nach Wahl der Gegenpartei durch die Übertragung von eigenen Eigenkapitalinstrumenten des Unternehmens erfüllt werden, bleibt die Einstufung der Schuld als kurz- oder langfristig hiervon unberührt, wenn das Unternehmen die Option in Anwendung von IAS 32 *Finanzinstrumente: Darstellung* als Eigenkapitalinstrument einstuft und sie getrennt von der Schuld als Eigenkapitalkomponente eines zusammengesetzten Finanzinstruments erfasst.**

Informationen, die entweder in der Bilanz oder im Anhang darzustellen sind

77 **Ein Unternehmen hat weitere Unterposten entweder in der Bilanz oder in den Anhangangaben in einer für die Geschäftstätigkeit des Unternehmens geeigneten Weise anzugeben.**

78 Der durch Untergliederungen gegebene Detaillierungsgrad hängt von den Vorschriften der IFRS und von Größe, Art und Funktion der einbezogenen Beträge ab. Zur Ermittlung der Grundlage von Untergliederungen zieht ein Unternehmen auch die in Paragraph 58 enthaltenen Entscheidungskriterien heran. Die Angabepflichten variieren für jeden Posten, beispielsweise:
(a) Sachanlagen werden gemäß IAS 16 in Gruppen aufgegliedert,
(b) Forderungen werden in Forderungen aus Lieferungen und Leistungen, Forderungen gegen nahestehende Unternehmen und Personen sowie in Vorauszahlungen und sonstige Beträge gegliedert,
(c) Vorräte werden gemäß IAS 2 *Vorräte* in Gruppen wie etwa Handelswaren, Roh-, Hilfs- und Betriebsstoffe, unfertige Erzeugnisse und Fertigerzeugnisse gegliedert,
(d) Rückstellungen werden in Rückstellungen für Leistungen an Arbeitnehmer und sonstige Rückstellungen ge-gliedert und
(e) Eigenkapital und Rücklagen werden in verschiedene Gruppen, wie beispielsweise eingezahltes Kapital, Agio und Rücklagen gegliedert.

79 **Ein Unternehmen hat entweder in der Bilanz oder in der Eigenkapitalveränderungsrechnung oder im Anhang Folgendes anzugeben:**
(a) für jede Klasse von Anteilen
(i) die Zahl der genehmigten Anteile,
(ii) die Zahl der ausgegebenen und voll eingezahlten Anteile und die Anzahl der ausgegebenen und nicht voll eingezahlten Anteile,
(iii) den Nennwert der Anteile oder die Aussage, dass die Anteile keinen Nennwert haben,
(iv) eine Überleitungsrechnung der Zahl der im Umlauf befindlichen Anteile am Anfang und am Abschlussstichtag,
(v) die Rechte, Vorzugsrechte und Beschränkungen für die jeweilige Kategorie von Anteilen einschließlich Beschränkungen bei der Ausschüttung von Dividenden und der Rückzahlung des Kapitals,
(vi) Anteile an dem Unternehmen, die von dem Unternehmen selbst, seinen Tochterunternehmen oder assoziierten Unternehmen gehalten werden, und
(vii) Anteile, die für die Ausgabe aufgrund von Optionen und Verkaufsverträgen zurückgehalten werden, unter Angabe der Modalitäten und Beträge, und
(b) eine Beschreibung von Art und Zweck jeder Rücklage innerhalb des Eigenkapitals.

80 **Ein Unternehmen ohne gezeichnetes Kapital, wie etwa eine Personengesellschaft oder ein Treuhandfonds, hat Informationen anzugeben, die dem in Paragraph 79 (a) verlangten gleichwertig sind und Bewegungen während der Periode in jeder Eigenkapitalkategorie sowie die Rechte, Vorzugsrechte und Beschränkungen jeder Eigenkapitalkategorie zeigen.**

80A **Hat ein Unternehmen**
(a) ein als Eigenkapitalinstrument eingestuftes kündbares Finanzinstrument oder
(b) ein als Eigenkapitalinstrument eingestuftes Instrument, das das Unternehmen dazu verpflichtet, einer anderen Partei im Falle der Liquidation einen proportionalen Anteil an seinem Nettovermögen zu überlassen,
zwischen finanziellen Verbindlichkeiten und Eigenkapital umgegliedert, so hat es den in jeder Kategorie (d. h. bei den finanziellen Verbindlichkeiten oder dem Eigenkapital) ein bzw. ausgegliederten Betrag sowie den Zeitpunkt und die Gründe für die Umgliederung anzugeben.

Darstellung von Gewinn oder Verlust und sonstigem Ergebnis

81 [gestrichen]

81A **Die Darstellung von Gewinn oder Verlust und sonstigem Ergebnis (Gesamtergebnisrechnung) muss neben den Teilen „Gewinn oder Verlust" und „sonstiges Ergebnis" Folgendes ausweisen:**
(a) den Gewinn oder Verlust,

Settlement (paragraphs 69 (a), 69 (c) and 69 (d))

For the purpose of classifying a liability as current or non-current, settlement refers to a transfer to the counterparty that results in the extinguishment of the liability. The transfer could be of: 76A

(a) cash or other economic resources— for example, goods or services; or

(b) the entity's own equity instruments, unless paragraph 76B applies.

Terms of a liability that could, at the option of the counterparty, result in its settlement by the transfer of the entity's own equity instruments do not affect its classification as current or non-current if, applying IAS 32 *Financial Instruments: Presentation*, the entity classifies the option as an equity instrument, recognising it separately from the liability as an equity component of a compound financial instrument. 76B

Information to be presented either in the statement of financial position or in the notes

An entity shall disclose, either in the statement of financial position or in the notes, further subclassifications of the line items presented, classified in a manner appropriate to the entity's operations. 77

The detail provided in subclassifications depends on the requirements of IFRSs and on the size, nature and function of the amounts involved. An entity also uses the factors set out in paragraph 58 to decide the basis of subclassification. The disclosures vary for each item, for example: 78

(a) items of property, plant and equipment are disaggregated into classes in accordance with IAS 16;

(b) receivables are disaggregated into amounts receivable from trade customers, receivables from related parties, prepayments and other amounts;

(c) inventories are disaggregated, in accordance with IAS 2 *Inventories,* into classifications such as merchandise, production supplies, materials, work in progress and finished goods;

(d) provisions are disaggregated into provisions for employee benefits and other items; and

(e) equity capital and reserves are disaggregated into various classes, such as paid-in capital, share premium and reserves.

An entity shall disclose the following, either in the statement of financial position or the statement of changes in equity, or in the notes: 79

(a) for each class of share capital:

 (i) the number of shares authorised;

 (ii) the number of shares issued and fully paid, and issued but not fully paid;

 (iii) par value per share, or that the shares have no par value;

 (iv) a reconciliation of the number of shares outstanding at the beginning and at the end of the period;

 (v) the rights, preferences and restrictions attaching to that class including restrictions on the distribution of dividends and the repayment of capital;

 (vi) shares in the entity held by the entity or by its subsidiaries or associates; and

 (vii) shares reserved for issue under options and contracts for the sale of shares, including terms and amounts; and

(b) a description of the nature and purpose of each reserve within equity.

An entity without share capital, such as a partnership or trust, shall disclose information equivalent to that required by paragraph 79 (a), showing changes during the period in each category of equity interest, and the rights, preferences and restrictions attaching to each category of equity interest. 80

If an entity has reclassified 80A

(a) a puttable financial instrument classified as an equity instrument, or

(b) an instrument that imposes on the entity an obligation to deliver to another party a pro rata share of the net assets of the entity only on liquidation and is classified as an equity instrument

between financial liabilities and equity, it shall disclose the amount reclassified into and out of each category (financial liabilities or equity), and the timing and reason for that reclassification.

Statement of profit or loss and other comprehensive income

[deleted] 81

The statement of profit or loss and other comprehensive income (statement of comprehensive income) shall present, in addition to the profit or loss and other comprehensive income sections: 81A

(a) profit or loss;

(b) das sonstige Ergebnis insgesamt,
(c) das Gesamtergebnis für die Periode, d. h. die Summe aus Gewinn oder Verlust und sonstigem Ergebnis.

Stellt ein Unternehmen eine gesonderte Gewinn- und Verlustrechnung auf, so sieht es in der Gesamtergebnisrechnung von dem Teil „Gewinn oder Verlust" ab.

81B Ein Unternehmen hat zusätzlich zu den Teilen „Gewinn oder Verlust" sowie „sonstiges Ergebnis" die folgenden Posten als Ergebniszuordnung für den Gewinn oder Verlust und das sonstige Ergebnis der Periode auszuweisen:
(a) den Gewinn oder Verlust der Periode, der
  (i) nicht beherrschenden Anteilen und
  (ii) den Eigentümern des Mutterunternehmens zuzuordnen ist.
(b) das Gesamtergebnis für die Periode, das
  (i) nicht beherrschenden Anteilen und
  (ii) den Eigentümern des Mutterunternehmens zuzuordnen ist.

Weist ein Unternehmen den Gewinn oder Verlust in einer gesonderten Gewinn- und Verlustrechnung aus, muss diese die unter (a) verlangten Angaben enthalten.

Informationen, die im Teil „Gewinn oder Verlust" oder in der gesonderten Gewinn- und Verlustrechnung auszuweisen sind

82 Zusätzlich zu den in anderen IFRS vorgeschriebenen Posten sind im Teil „Gewinn oder Verlust" oder in der gesonderten Gewinn- und Verlustrechnung für die betreffende Periode die folgenden Posten auszuweisen:
(a) Umsatzerlöse, wobei getrennt ausgewiesen werden
  (i) die nach der Effektivzinsmethode berechneten Zinserträge und
  (ii) versicherungstechnische Erträge (siehe IFRS 17),
(aa) Gewinne und Verluste aus der Ausbuchung von finanziellen Vermögenswerten, die zu fortgeführten Anschaffungskosten bewertet werden,
(ab) versicherungstechnische Aufwendungen aus ausgestellten Verträgen im Anwendungsbereich von IFRS 17 (siehe IFRS 17),
(ac) Erträge oder Aufwendungen aus gehaltenen Rückversicherungsverträgen (siehe IFRS 17),
(b) Finanzierungsaufwendungen,
(ba) Wertminderungsaufwendungen (einschließlich Rückbuchungen von Wertminderungsaufwendungen oder -erträgen), die gemäß Abschnitt 5.5 von IFRS 9 bestimmt werden,
(bb) versicherungstechnische Finanzerträge oder -aufwendungen aus ausgestellten Verträgen im Anwendungsbereich von IFRS 17 (siehe IFRS 17),
(bc) Finanzerträge oder -aufwendungen aus gehaltenen Rückversicherungsverträgen (siehe IFRS 17),
(c) Gewinn- oder Verlustanteil von assoziierten Unternehmen und Gemeinschaftsunternehmen, die nach der Equity-Methode bilanziert werden,
(ca) wenn ein finanzieller Vermögenswert aus der Gruppe der Bewertung zu fortgeführten Anschaffungskosten in die Gruppe der erfolgswirksamen Bewertung zum beizulegenden Zeitwert umgegliedert wird, sämtliche Gewinne oder Verluste, die sich aus einer Differenz zwischen den bisherigen fortgeführten Anschaffungskosten des finanziellen Vermögenswerts und seinem bei zulegenden Zeitwert zum Zeitpunkt der Umgliederung (wie in IFRS 9 definiert) ergeben,
(cb) wenn ein finanzieller Vermögenswert aus der Kategorie der erfolgsneutralen Bewertung zum beizulegenden Zeitwert im sonstigen Ergebnis in die Kategorie der erfolgswirksamen Bewertung zum beizulegenden Zeitwert umgegliedert wird, sämtliche kumulierten Gewinne oder Verluste, die zuvor im sonstigen Ergebnis erfasst wurden und erfolgswirksam umgegliedert werden,
(d) Steueraufwendungen,
(e) [gestrichen]
(ea) ein gesonderter Betrag für die Summe aufgegebener Geschäftsbereiche (siehe IFRS 5).
(f)–(i) [gestrichen]

Informationen, die im Teil „sonstiges Ergebnis" auszuweisen sind

82A Im Teil „sonstiges Ergebnis" sind für die Beträge der Periode nachfolgende Posten auszuweisen:
(a) Posten des sonstigen Ergebnisses (mit Ausnahme der Beträge nach Paragraph b), nach Art des Betrags eingestuft und getrennt nach den Posten, die gemäß anderen IFRS
  (i) nicht zu einem späteren Zeitpunkt erfolgswirksam umgegliedert werden, und
  (ii) zu einem späteren Zeitpunkt erfolgswirksam umgegliedert werden, sofern bestimmte Bedingungen erfüllt sind.
(b) Anteil von assoziierten Unternehmen und Gemeinschaftsunternehmen, die nach der Equity-Methode bilanziert werden, am sonstigen Ergebnis, getrennt nach den Posten, die gemäß anderen IFRS
  (i) nicht zu einem späteren Zeitpunkt erfolgswirksam umgegliedert werden, und
  (ii) zu einem späteren Zeitpunkt erfolgswirksam umgegliedert werden, sofern bestimmte Bedingungen erfüllt sind.

(b) total other comprehensive income;

(c) comprehensive income for the period, being the total of profit or loss and other comprehensive income.

If an entity presents a separate statement of profit or loss it does not present the profit or loss section in the statement presenting comprehensive income.

An entity shall present the following items, in addition to the profit or loss and other comprehensive income sections, as allocation of profit or loss and other comprehensive income for the period: 81B

(a) profit or loss for the period attributable to:
- **(i) non-controlling interests, and**
- **(ii) owners of the parent.**

(b) comprehensive income for the period attributable to:
- **(i) non-controlling interests, and**
- **(ii) owners of the parent.**

If an entity presents profit or loss in a separate statement it shall present (a) in that statement.

Information to be presented in profit or loss section or the statement of profit or loss

In addition to items required by other IFRSs, the profit or loss section or the statement of profit or loss shall include line items that present the following amounts for the period: 82

(a) revenue, presenting separately:
- **(i) interest revenue calculated using the effective interest method; and**
- **(ii) insurance revenue (see IFRS 17);**

(aa) gains and losses arising from the derecognition of financial assets measured at amortised cost;

(ab) insurance service expenses from contracts issued within the scope of IFRS 17 (see IFRS 17);

(ac) income or expenses from reinsurance contracts held (see IFRS 17);

(b) finance costs;

(ba) impairment losses (including reversals of impairment losses or impairment gains) determined in accordance with Section 5.5 of IFRS 9;

(bb) insurance finance income or expenses from contracts issued within the scope of IFRS 17 (see IFRS 17);

(bc) finance income or expenses from reinsurance contracts held (see IFRS 17);

(c) share of the profit or loss of associates and joint ventures accounted for using the equity method;

(ca) if a financial asset is reclassified out of the amortised cost measurement category so that it is measured at fair value through profit or loss, any gain or loss arising from a difference between the previous amortised cost of the financial asset and its fair value at the reclassification date (as defined in IFRS 9);

(cb) if a financial asset is reclassified out of the fair value through other comprehensive income measurement category so that it is measured at fair value through profit or loss, any cumulative gain or loss previously recognised in other comprehensive income that is reclassified to profit or loss;

(d) tax expense;

(e) [deleted]

(ea) a single amount for the total of discontinued operations (see IFRS 5).

(f)-(i) [deleted]

Information to be presented in the other comprehensive income section

The other comprehensive income section shall present line items for the amounts for the period of: 82A

(a) items of other comprehensive income (excluding amounts in paragraph (b)), classified by nature and grouped into those that, in accordance with other IFRSs:
- **(i) will not be reclassified subsequently to profit or loss; and**
- **(ii) will be reclassified subsequently to profit or loss when specific conditions are met.**

(b) the share of the other comprehensive income of associates and joint ventures accounted for using the equity method, separated into the share of items that, in accordance with other IFRSs:
- **(i) will not be reclassified subsequently to profit or loss; and**
- **(ii) will be reclassified subsequently to profit or loss when specific conditions are met.**

83–84 [gestrichen]

85 **Ein Unternehmen hat in der/den Darstellung/en von Gewinn oder Verlust und sonstigem Ergebnis zusätzliche Posten (gegebenenfalls durch Einzelausweis der unter Paragraph 82 aufgeführten Posten), Überschriften und Zwischensummen einzufügen, wenn ein solcher Ausweis für das Verständnis der Ertragslage des Unternehmens relevant ist.**

85A Zwischensummen, die ein Unternehmen gemäß Paragraph 85 ausweist,
(a) müssen aus Posten mit gemäß den IFRS angesetzten und bewerteten Beträgen bestehen,
(b) müssen in einer Weise ausgewiesen und bezeichnet sein, die klar erkennen lässt, welche Posten in der Zwischensumme zusammengefasst sind,
(c) müssen gemäß Paragraph 45 von Periode zu Periode stetig ausgewiesen werden und
(d) dürfen nicht stärker hervorgehoben werden als die gemäß den IFRS in der Darstellung/den Darstellungen von Gewinn oder Verlust und sonstigem Ergebnis auszuweisenden Zwischensummen und Summen.

85B Ein Unternehmen hat die Posten in der Darstellung/den Darstellungen von Gewinn oder Verlust und sonstigem Ergebnis so darzustellen, dass eine Abstimmung zwischen den gemäß Paragraph 85 dargestellten Zwischensummen und den Zwischensummen oder Summen, die die IFRS für solche Abschlussbestandteile vorschreiben, möglich ist.

86 Da sich die Auswirkungen der verschiedenen Tätigkeiten, Geschäftsvorfälle und sonstigen Ereignisse hinsichtlich ihrer Häufigkeit, ihres Gewinn- oder Verlustpotenzials sowie ihrer Vorhersagbarkeit unterscheiden, hilft die Darstellung der Erfolgsbestandteile beim Verständnis der erreichten Erfolgslage des Unternehmens sowie bei der Vorhersage der künftigen Erfolgslage. Ein Unternehmen nimmt in die Darstellung/die Darstellungen von Gewinn oder Verlust und sonstigem Ergebnis zusätzliche Posten auf und ändert die Bezeichnung und Gliederung einzelner Posten, wenn dies zur Erläuterung der Erfolgsbestandteile notwendig ist. Dabei müssen Faktoren wie Wesentlichkeit, Art und Funktion der Ertrags- und Aufwandsposten berücksichtigt werden. Beispielsweise kann ein Finanzinstitut die oben beschriebenen Darstellungen anpassen, um Informationen bereitzustellen, die für die Geschäftstätigkeit eines Finanzinstituts relevant sind. Ertrags- und Aufwandsposten werden nur saldiert, wenn die Bedingungen des Paragraphen 32 erfüllt sind.

87 **Ein Unternehmen darf weder in der Darstellung/den Darstellungen von Gewinn oder Verlust und sonstigem Ergebnis noch im Anhang Ertrags- oder Aufwandsposten als außerordentliche Posten darstellen.**

Gewinn oder Verlust der Periode

88 **Ein Unternehmen hat alle Ertrags- und Aufwandsposten der Periode erfolgswirksam zu erfassen, es sei denn, etwas anderes ist durch einen IFRS gestattet oder vorgeschrieben.**

89 Einige IFRS nennen Umstände, aufgrund derer bestimmte Posten nicht in den Gewinn oder Verlust der aktuellen Periode eingehen. IAS 8 behandelt zwei solcher Fälle: die Berichtigung von Fehlern und die Auswirkungen von Änderungen der Rechnungslegungsmethoden. Andere IFRS verlangen oder gestatten, dass Bestandteile des sonstigen Ergebnisses, die im Sinne des *Rahmenkonzepts* als Erträge oder Aufwendungen zu definieren sind, bei der Ermittlung des Gewinns oder Verlusts unberücksichtigt bleiben (siehe Paragraph 7).

Sonstiges Ergebnis in der Periode

90 **Ein Unternehmen hat entweder in der Darstellung von Gewinn oder Verlust und sonstigem Ergebnis oder im Anhang den Betrag der Ertragsteuern anzugeben, der auf die einzelnen Posten des sonstigen Ergebnisses, einschließlich der Umgliederungsbeträge, entfällt.**

91 Ein Unternehmen kann die Posten des sonstigen Ergebnisses wie folgt darstellen:
(a) nach Berücksichtigung aller damit verbundenen steuerlichen Auswirkungen oder
(b) vor Berücksichtigung der mit diesen Posten verbundenen steuerlichen Auswirkungen, wobei die Summe der Ertragsteuern auf diese Posten als zusammengefasster Betrag ausgewiesen wird.

Wählt ein Unternehmen Alternative (b), hat es die Steuer auf die Posten aufzuteilen, die anschließend erfolgswirksam in den Teil „Gewinn oder Verlust" umgegliedert werden könnten, und die Posten, die anschließend nicht in den Teil „Gewinn oder Verlust" umgegliedert werden.

92 **Ein Unternehmen hat Umgliederungsbeträge anzugeben, die sich auf Bestandteile des sonstigen Ergebnisses beziehen.**

93 In anderen IFRS ist festgelegt, ob und wann Beträge, die vorher im sonstigen Ergebnis erfasst wurden, erfolgswirksam umgegliedert werden. Solche Umgliederungen werden in diesem Standard als „Umgliederungsbeträge" bezeichnet. Ein Umgliederungsbetrag wird mit dem zugehörigen Bestandteil des sonstigen Ergebnisses in der Periode berücksichtigt, in welcher der Betrag erfolgswirksam umgegliedert wird. Diese Beträge wurden in der aktuellen oder einer früheren Periode möglicherweise als nicht realisierte Gewinne im sonstigen Ergebnis ausgewiesen. Um eine doppelte Erfassung im Gesamtergebnis zu vermeiden, sind solche nicht realisierten Gewinne vom sonstigen Ergebnis in der Periode abzuziehen, in der die realisierten Gewinne erfolgswirksam umgegliedert werden.

[deleted] 83—84

An entity shall present additional line items (including by disaggregating the line items listed in paragraph 82), headings and subtotals in the statement(s) presenting profit or loss and other comprehensive income when such presentation is relevant to an understanding of the entity's financial performance. 85

When an entity presents subtotals in accordance with paragraph 85, those subtotals shall: 85A

(a) be comprised of line items made up of amounts recognised and measured in accordance with IFRS;
(b) be presented and labelled in a manner that makes the line items that constitute the subtotal clear and understandable;
(c) be consistent from period to period, in accordance with paragraph 45; and
(d) not be displayed with more prominence than the subtotals and totals required in IFRS for the statement(s) presenting profit or loss and other comprehensive income.

An entity shall present the line items in the statement(s) presenting profit or loss and other comprehensive income that reconcile any subtotals presented in accordance with paragraph 85 with the subtotals or totals required in IFRS for such statement(s). 85B

Because the effects of an entity's various activities, transactions and other events differ in frequency, potential for gain or loss and predictability, disclosing the components of financial performance assists users in understanding the financial performance achieved and in making projections of future financial performance. An entity includes additional line items in the statement(s) presenting profit or loss and other comprehensive income and it amends the descriptions used and the ordering of items when this is necessary to explain the elements of financial performance. An entity considers factors including materiality and the nature and function of the items of income and expense. For example, a financial institution may amend the descriptions to provide information that is relevant to the operations of a financial institution. An entity does not offset income and expense items unless the criteria in paragraph 32 are met. 86

An entity shall not present any items of income or expense as extraordinary items, in the statement(s) presenting profit or loss and other comprehensive income or in the notes. 87

Profit or loss for the period

An entity shall recognise all items of income and expense in a period in profit or loss unless an IFRS requires or permits otherwise. 88

Some IFRSs specify circumstances when an entity recognises particular items outside profit or loss in the current period. IAS 8 specifies two such circumstances: the correction of errors and the effect of changes in accounting policies. Other IFRSs require or permit components of other comprehensive income that meet the *Conceptual Framework*'s definition of income or expense to be excluded from profit or loss (see paragraph 7). 89

Other comprehensive income for the period

An entity shall disclose the amount of income tax relating to each item of other comprehensive income, including reclassification adjustments, either in the statement of profit or loss and other comprehensive income or in the notes. 90

An entity may present items of other comprehensive income either: 91

(a) net of related tax effects, or
(b) before related tax effects with one amount shown for the aggregate amount of income tax relating to those.

If an entity elects alternative (b), it shall allocate the tax between the items that might be reclassified subsequently to the profit or loss section and those that will not be reclassified subsequently to the profit or loss section.

An entity shall disclose reclassification adjustments relating to components of other comprehensive income. 92

Other IFRSs specify whether and when amounts previously recognised in other comprehensive income are reclassified to profit or loss. Such reclassifications are referred to in this Standard as reclassification adjustments. A reclassification adjustment is included with the related component of other comprehensive income in the period that the adjustment is reclassified to profit or loss. These amounts may have been recognised in other comprehensive income as unrealised gains in the current or previous periods. Those unrealised gains must be deducted from other comprehensive income in the period in which the realised gains are reclassified to profit or loss to avoid including them in total comprehensive income twice. 93

94 Ein Unternehmen kann Umgliederungsbeträge in der Darstellung/den Darstellungen von Gewinn oder Verlust und sonstigem Ergebnis oder im Anhang darstellen. Bei einer Darstellung der Umgliederungsbeträge im Anhang sind die Posten des sonstigen Ergebnisses nach Berücksichtigung zugehöriger Umgliederungsbeträge anzugeben.

95 Umgliederungsbeträge entstehen beispielsweise beim Verkauf eines ausländischen Geschäftsbetriebs (siehe IAS 21) oder wenn abgesicherte erwartete Zahlungsströme sich auf den Gewinn oder Verlust auswirken (siehe Paragraph 6.5.11 (d) von IFRS 9 in Zusammenhang mit der Absicherung von Zahlungsströmen).

96 Umgliederungsbeträge fallen bei Veränderungen der Neubewertungsrücklage, die gemäß IAS 16 oder IAS 38 erfasst werden, oder bei Neubewertungen leistungsorientierter Pläne, die gemäß IAS 19 erfasst werden, nicht an. Diese Bestandteile werden im sonstigen Ergebnis erfasst und in späteren Perioden nicht erfolgswirksam umgegliedert. Veränderungen der Neubewertungsrücklage können in späteren Perioden bei Nutzung des Vermögenswerts oder bei seiner Ausbuchung in die Gewinnrücklagen umgegliedert werden (siehe IAS 16 und IAS 38). Gemäß IFRS 9 entstehen keine Umgliederungsbeträge, wenn eine Absicherung von Zahlungsströmen oder die Bilanzierung des Zeitwerts einer Option (oder des Terminelements eines Termingeschäfts oder des Währungsbasis-Spreads eines Finanzinstruments) zu Beträgen führt, die aus der Rücklage für die Absicherung von Zahlungsströmen bzw. einer gesonderten Eigenkapitalkomponente ausgebucht und direkt in die erstmaligen Anschaffungskosten oder in den sonstigen Buchwert eines Vermögenswerts oder einer Verbindlichkeit einbezogen werden. Diese Beträge werden direkt den Vermögenswerten oder Verbindlichkeiten zugeordnet.

Informationen, die in der Darstellung/den Darstellungen von Gewinn oder Verlust und sonstigem Ergebnis oder im Anhang auszuweisen sind

97 **Wenn Ertrags- oder Aufwandsposten wesentlich sind, hat ein Unternehmen Art und Betrag dieser Posten gesondert anzugeben.**

98 Umstände, die zu einer gesonderten Angabe von Ertrags- und Aufwandsposten führen, können sein:
- (a) außerplanmäßige Abschreibung der Vorräte auf den Nettoveräußerungswert oder der Sachanlagen auf den erzielbaren Betrag sowie die Wertaufholung solcher außerplanmäßigen Abschreibungen,
- (b) eine Umstrukturierung der Tätigkeiten eines Unternehmens und die Auflösung von Rückstellungen für Umstrukturierungsaufwand,
- (c) Veräußerung von Posten der Sachanlagen,
- (d) Veräußerung von Finanzanlagen,
- (e) aufgegebene Geschäftsbereiche,
- (f) Beendigung von Rechtsstreitigkeiten und
- (g) sonstige Auflösungen von Rückstellungen.

99 **Ein Unternehmen hat den im Gewinn oder Verlust erfassten Aufwand aufzugliedern und dabei Gliederungskriterien anzuwenden, die entweder auf der Art der Aufwendungen oder auf deren Funktion innerhalb des Unternehmens beruhen je nachdem, welche Darstellungsform verlässliche und relevantere Informationen ermöglicht.**

100 Unternehmen wird empfohlen, die in Paragraph 99 vorgeschriebene Aufgliederung in der Darstellung/den Darstellungen von Gewinn oder Verlust und sonstigem Ergebnis auszuweisen.

101 Aufwendungen werden unterteilt, um die Erfolgsbestandteile, die sich bezüglich Häufigkeit, Gewinn- oder Verlustpotenzial und Vorhersagbarkeit unterscheiden können, hervorzuheben. Diese Informationen können auf zwei verschiedene Arten dargestellt werden.

102 Die erste Art der Aufgliederung wird als „Gesamtkostenverfahren" bezeichnet. Aufwendungen, die Bestandteile des Gewinns oder Verlusts sind, werden nach ihrer Art zusammengefasst (beispielsweise Abschreibungen, Materialeinkauf, Transportkosten, Leistungen an Arbeitnehmer, Werbekosten) und nicht nach ihrer Zugehörigkeit auf die einzelnen Funktionsbereiche des Unternehmens verteilt. Diese Methode ist einfach anzuwenden, da die betrieblichen Aufwendungen den einzelnen Funktionsbereichen nicht zugeordnet werden müssen. Es folgt ein Beispiel für eine Gliederung nach dem Gesamtkostenverfahren:

Umsatzerlöse		X
Sonstige Erträge		X
Veränderung des Bestands an Fertigerzeugnissen und unfertigen Erzeugnissen	X	
Aufwendungen für Roh-, Hilfs- und Betriebsstoffe	X	
Aufwendungen für Leistungen an Arbeitnehmer	X	
Aufwand für planmäßige Abschreibungen	X	
Andere Aufwendungen	X	
Gesamtaufwand		(X)
Gewinn vor Steuern		X

An entity may present reclassification adjustments in the statement(s) of profit or loss and other comprehensive income or in the notes. An entity presenting reclassification adjustments in the notes presents the items of other comprehensive income after any related reclassification adjustments. 94

Reclassification adjustments arise, for example, on disposal of a foreign operation (see IAS 21) and when some hedged forecast cash flow affect profit or loss (see paragraph 6.5.11 (d) of IFRS 9 in relation to cash flow hedges). 95

Reclassification adjustments do not arise on changes in revaluation surplus recognised in accordance with IAS 16 or IAS 38 or on remeasurements of defined benefit plans recognised in accordance with IAS 19. These components are recognised in other comprehensive income and are not reclassified to profit or loss in subsequent periods. Changes in revaluation surplus may be transferred to retained earnings in subsequent periods as the asset is used or when it is derecognised (see IAS 16 and IAS 38). In accordance with IFRS 9, reclassification adjustments do not arise if a cash flow hedge or the accounting for the time value of an option (or the forward element of a forward contract or the foreign currency basis spread of a financial instrument) result in amounts that are removed from the cash flow hedge reserve or a separate component of equity, respectively, and included directly in the initial cost or other carrying amount of an asset or a liability. These amounts are directly transferred to assets or liabilities. 96

Information to be presented in the statement(s) of profit or loss and other comprehensive income or in the notes

When items of income or expense are material, an entity shall disclose their nature and amount separately. 97

Circumstances that would give rise to the separate disclosure of items of income and expense include: 98
(a) write-downs of inventories to net realisable value or of property, plant and equipment to recoverable amount, as well as reversals of such write-downs;
(b) restructurings of the activities of an entity and reversals of any provisions for the costs of restructuring;
(c) disposals of items of property, plant and equipment;
(d) disposals of investments;
(e) discontinued operations;
(f) litigation settlements; and
(g) other reversals of provisions.

An entity shall present an analysis of expenses recognised in profit or loss using a classification based on either their nature or their function within the entity, whichever provides information that is reliable and more relevant. 99

Entities are encouraged to present the analysis in paragraph 99 in the statement(s) presenting profit or loss and other comprehensive income. 100

Expenses are subclassified to highlight components of financial performance that may differ in terms of frequency, potential for gain or loss and predictability. This analysis is provided in one of two forms. 101

The first form of analysis is the 'nature of expense' method. An entity aggregates expenses within profit or loss according to their nature (for example, depreciation, purchases of materials, transport costs, employee benefits and advertising costs), and does not reallocate them among functions within the entity. This method may be simple to apply because no allocations of expenses to functional classifications are necessary. An example of a classification using the nature of expense method is as follows: 102

Revenue		X
Other income		X
Changes in inventories of finished goods and work in progress	X	
Raw materials and consumables used	X	
Employee benefits expense	X	
Depreciation and amortisation expense	X	
Other expenses	X	
Total expenses		(X)
Profit before tax		X

103 Die zweite Art der Aufgliederung wird als „Umsatzkostenverfahren" bezeichnet und unterteilt die Aufwendungen nach ihrer funktionalen Zugehörigkeit als Teile der Umsatzkosten, beispielsweise der Aufwendungen für Vertriebs- oder Verwaltungstätigkeiten. Das Unternehmen hat diesem Verfahren zufolge zumindest die Umsatzkosten gesondert von anderen Aufwendungen auszuweisen. Diese Methode bietet den Adressaten oft relevantere Informationen als die Aufteilung nach Aufwandsarten, aber die Zuordnung von Aufwendungen zu Funktionen kann willkürlich sein und beruht auf erheblichen Ermessensentscheidungen. Es folgt ein Beispiel für eine Gliederung nach dem Umsatzkostenverfahren:

Umsatzerlöse	X
Umsatzkosten	(X)
Bruttogewinn	X
Sonstige Erträge	X
Vertriebskosten	(X)
Verwaltungsaufwendungen	(X)
Andere Aufwendungen	(X)
Gewinn vor Steuern	X

104 **Ein Unternehmen, welches das Umsatzkostenverfahren anwendet, hat zusätzliche Informationen über die Art der Aufwendungen, einschließlich des Aufwands für planmäßige Abschreibungen sowie Leistungen an Arbeitnehmer, anzugeben.**

105 Die Wahl zwischen dem Umsatzkosten- und dem Gesamtkostenverfahren hängt von historischen und branchenbezogenen Faktoren und von der Art des Unternehmens ab. Beide Verfahren geben Hinweise auf die Kosten, die sich direkt oder indirekt mit der Höhe des Umsatzes oder der Produktion des Unternehmens verändern können. Da jede der beiden Darstellungsformen für unterschiedliche Unternehmenstypen vorteilhaft ist, verpflichtet dieser Standard das Management zur Wahl der Darstellungsform, die zuverlässig und relevanter ist. Da Informationen über die Art von Aufwendungen für die Prognose künftiger Zahlungsströme nützlich sind, werden bei Anwendung des Umsatzkostenverfahrens zusätzliche Angaben verlangt. In Paragraph 104 hat der Begriff „Leistungen an Arbeitnehmer" dieselbe Bedeutung wie in IAS 19.

Eigenkapitalveränderungsrechnung

Informationen, die in der Eigenkapitalveränderungsrechnung darzustellen sind

106 **Ein Unternehmen hat gemäß Paragraph 10 eine Eigenkapitalveränderungsrechnung zu erstellen. Diese muss Folgendes enthalten:**

(a) **das Gesamtergebnis für die Periode, wobei die Beträge, die den Eigentümern des Mutterunternehmens und den nicht beherrschenden Anteilen insgesamt zuzuordnen sind, getrennt auszuweisen sind,**

(b) **für jede Eigenkapitalkomponente die Auswirkungen einer rückwirkenden Anwendung oder rückwirkenden Berichtigung, die gemäß IAS 8 erfasst wurde, und**

(c) [gestrichen]

(d) **für jede Eigenkapitalkomponente eine Überleitung vom Buchwert zu Beginn der Periode zum Buchwert am Ende der Periode, wobei (zumindest) die Veränderungen gesondert auszuweisen sind, die zurückzuführen sind auf**

  (i) **Gewinn oder Verlust,**

  (ii) **sonstiges Ergebnis und**

  (iii) **Geschäftsvorfälle mit Eigentümern, die in ihrer Eigenschaft als Eigentümer handeln, wobei Kapitalzuführungen von Eigentümern und Ausschüttungen an Eigentümer sowie Veränderungen bei Eigentumsanteilen an Tochterunternehmen, die keinen Verlust der Beherrschung nach sich ziehen, gesondert auszuweisen sind.**

Informationen, die entweder in der Eigenkapitalveränderungsrechnung oder im Anhang darzustellen sind

106A **Ein Unternehmen hat entweder in der Eigenkapitalveränderungsrechnung oder im Anhang für jede Eigenkapitalkomponente eine nach Posten gegliederte Aufgliederung des sonstigen Ergebnisses darzustellen (siehe Paragraph 106 (d) (ii)).**

107 **Ein Unternehmen hat entweder in der Eigenkapitalveränderungsrechnung oder im Anhang die Höhe der Dividenden, die während der Berichtsperiode als Ausschüttungen an die Eigentümer erfasst werden, sowie den betreffenden Dividendenbetrag je Anteil anzugeben.**

108 Zu den in Paragraph 106 genannten Eigenkapitalbestandteilen gehören beispielsweise jede Kategorie des eingebrachten Kapitals, der kumulierte Saldo jeder Kategorie des sonstigen Ergebnisses und die Gewinnrücklagen.

109 Veränderungen des Eigenkapitals eines Unternehmens zwischen dem Beginn und dem Ende der Berichtsperiode spiegeln die Zu- oder Abnahme seines Nettovermögens während der Periode wider. Mit Ausnahme von Änderungen, die sich aus Transaktionen mit Eigentümern, die in ihrer Eigenschaft als Eigentümer handeln (z. B. Kapitaleinlagen, Rückerwerb von

The second form of analysis is the 'function of expense' or 'cost of sales' method and classifies expenses according to their function as part of cost of sales or, for example, the costs of distribution or administrative activities. At a minimum, an entity discloses its cost of sales under this method separately from other expenses. This method can provide more relevant information to users than the classification of expenses by nature, but allocating costs to functions may require arbitrary allocations and involve considerable judgement. An example of a classification using the function of expense method is as follows: 103

Revenue	X
Cost of sales	(X)
Gross profit	X
Other income	X
Distribution costs	(X)
Administrative expenses	(X)
Other expenses	(X)
Profit before tax	X

An entity classifying expenses by function shall disclose additional information on the nature of expenses, including depreciation and amortisation expense and employee benefits expense. 104

The choice between the function of expense method and the nature of expense method depends on historical and industry factors and the nature of the entity. Both methods provide an indication of those costs that might vary, directly or indirectly, with the level of sales or production of the entity. Because each method of presentation has merit for different types of entities, this Standard requires management to select the presentation that is reliable and more relevant. However, because information on the nature of expenses is useful in predicting future cash flows, additional disclosure is required when the function of expense classification is used. In paragraph 104, 'employee benefits' has the same meaning as in IAS 19. 105

Statement of changes in equity

Information to be presented in the statement of changes in equity

An entity shall present a statement of changes in equity as required by paragraph 10. The statement of changes in equity includes the following information: 106

(a) total comprehensive income for the period, showing separately the total amounts attributable to owners of the parent and to non-controlling interests;

(b) for each component of equity, the effects of retrospective application or retrospective restatement recognised in accordance with IAS 8; and

(c) [deleted]

(d) for each component of equity, a reconciliation between the carrying amount at the beginning and the end of the period, separately (as a minimum) disclosing changes resulting from:

(i) profit or loss;

(ii) other comprehensive income; and

(iii) transactions with owners in their capacity as owners, showing separately contributions by and distributions to owners and changes in ownership interests in subsidiaries that do not result in a loss of control.

Information to be presented in the statement of changes in equity or in the notes

For each component of equity an entity shall present, either in the statement of changes in equity or in the notes, an analysis of other comprehensive income by item (see paragraph 106 (d) (ii)). 106A

An entity shall present, either in the statement of changes in equity or in the notes, the amounts of dividends recognised as distributions to owners during the period, and the related amount of dividends per share. 107

In paragraph 106, the components of equity include, for example, each class of contributed equity, the accumulated balance of each class of other comprehensive income and retained earnings. 108

Changes in an entity's equity between the beginning and the end of the reporting period reflect the increase or decrease in its net assets during the period. Except for changes resulting from transactions with owners in their capacity as owners (such as equity contributions, reacquisitions of the entity's own equity instruments and dividends) and transaction costs 109

Eigenkapitalinstrumenten des Unternehmens und Dividenden), sowie den unmittelbar damit zusammenhängenden Transaktionskosten ergeben, stellt die Gesamtveränderung des Eigenkapitals während der betreffenden Periode den Gesamtertrag bzw. -aufwand einschließlich der Gewinne und Verluste dar, die während der betreffenden Periode durch die Aktivitäten des Unternehmens entstehen.

110 Nach IAS 8 sind zur Berücksichtigung von Änderungen der Rechnungslegungsmethoden, soweit durchführbar, rückwirkende Anpassungen erforderlich, sofern die Übergangsvorschriften in einem anderen IFRS keine andere Erfassung vorschreiben. Ebenso sind nach IAS 8, soweit durchführbar, rückwirkende Berichtigungen von Fehlern erforderlich. Rückwirkende Anpassungen und rückwirkende Berichtigungen stellen keine Eigenkapitalveränderungen dar, sondern sind Anpassungen des Anfangssaldos der Gewinnrücklagen, sofern nicht ein IFRS eine rückwirkende Anpassung eines anderen Eigenkapitalbestandteils verlangt. Paragraph 106 (b) schreibt die Angabe der Gesamtanpassung für jeden Eigenkapitalposten, die sich aus Änderungen der Rechnungslegungsmethoden und – getrennt davon – aus der Fehlerberichtigung ergibt, in der Eigenkapitalveränderungsrechnung vor. Diese Anpassungen sind für jede Vorperiode sowie für den Periodenanfang anzugeben.

Kapitalflussrechnung

111 Die Kapitalflussrechnung bietet den Adressaten eine Grundlage für die Beurteilung der Fähigkeit des Unternehmens, Zahlungsmittel und Zahlungsmitteläquivalente zu erwirtschaften, sowie des Bedarfs des Unternehmens, diese Zahlungsströme zu verwenden. IAS 7 legt die Vorschriften für die Darstellung und Angabe von Informationen zu Zahlungsströmen fest.

Anhangangaben

Struktur

112 **Der Anhang hat**

(a) **Informationen über die Grundlagen der Aufstellung des Abschlusses und die spezifischen Rechnungslegungsmethoden, die gemäß den Paragraphen 117–124 angewandt worden sind, darzulegen,**

(b) **die nach IFRS erforderlichen Informationen zu geben, die nicht in den anderen Abschlussbestandteilen ausgewiesen sind, und**

(c) **Informationen zu vermitteln, die nicht in anderen Abschlussbestandteilen ausgewiesen werden, für das Verständnis derselben jedoch relevant sind.**

113 **Ein Unternehmen hat die Anhangangaben, soweit durchführbar, systematisch darzustellen. Bei der Festlegung der Darstellungssystematik hat das Unternehmen zu berücksichtigen, wie sich diese auf die Verständlichkeit und Vergleichbarkeit seiner Abschlüsse auswirkt. Jeder Posten in der Bilanz, der Darstellung/den Darstellungen von Gewinn oder Verlust und sonstigem Ergebnis, der Eigenkapitalveränderungsrechnung und der Kapitalflussrechnung muss mit einem Querverweis auf sämtliche zugehörigen Informationen im Anhang versehen sein.**

114 Eine systematische Ordnung oder Gliederung der Anhangangaben bedeutet beispielsweise,

(a) dass Tätigkeitsbereiche hervorgehoben werden, die nach Einschätzung des Unternehmens für das Verständnis seiner Vermögens-, Finanz- und Ertragslage besonders relevant sind, indem beispielsweise Informationen zu bestimmten betrieblichen Tätigkeiten zusammengefasst werden,

(b) dass Informationen über Posten, die in ähnlicher Weise bewertet werden, beispielsweise über zum beizulegenden Zeitwert bewertete Vermögenswerte, zusammengefasst werden, oder

(c) dass die Posten in der Reihenfolge ausgewiesen werden, in der sie in der Darstellung/den Darstellungen von Gewinn oder Verlust und sonstigem Ergebnis und der Bilanz aufgeführt sind, nämlich

   (i) Erklärung der Übereinstimmung mit den IFRS (siehe Paragraph 16),

   (ii) wesentliche Angaben zu den Rechnungslegungsmethoden (siehe Paragraph 117),

   (iii) ergänzende Informationen zu den in der Bilanz, der Darstellung/den Darstellungen von Gewinn oder Verlust und sonstigem Ergebnis, der Eigenkapitalveränderungsrechnung und der Kapitalflussrechnung dargestellten Posten in der Reihenfolge, in der jeder Abschlussbestandteil und jeder Posten dargestellt wird, und

   (iv) sonstige Angaben, einschließlich

      (1) Eventualverbindlichkeiten (siehe IAS 37) und nicht angesetzte vertragliche Verpflichtungen und

      (2) nichtfinanzielle Angaben, z. B. die Ziele und Methoden des Finanzrisikomanagements des Unternehmens (siehe IFRS 7).

115 [gestrichen]

116 Ein Unternehmen kann Informationen über die Grundlagen der Aufstellung des Abschlusses und die spezifischen Rechnungslegungsmethoden als gesonderten Teil des Abschlusses darstellen.

directly related to such transactions, the overall change in equity during a period represents the total amount of income and expense, including gains and losses, generated by the entity's activities during that period.

IAS 8 requires retrospective adjustments to effect changes in accounting policies, to the extent practicable, except when the transition provisions in another IFRS require otherwise. IAS 8 also requires restatements to correct errors to be made retrospectively, to the extent practicable. Retrospective adjustments and retrospective restatements are not changes in equity but they are adjustments to the opening balance of retained earnings, except when an IFRS requires retrospective adjustment of another component of equity. Paragraph 106 (b) requires disclosure in the statement of changes in equity of the total adjustment to each component of equity resulting from changes in accounting policies and, separately, from corrections of errors. These adjustments are disclosed for each prior period and the beginning of the period. 110

Statement of cash flows

Cash flow information provides users of financial statements with a basis to assess the ability of the entity to generate cash and cash equivalents and the needs of the entity to utilise those cash flows. IAS 7 sets out requirements for the presentation and disclosure of cash flow information. 111

Notes

Structure

The notes shall: 112

(a) **present information about the basis of preparation of the financial statements and the specific accounting policies used in accordance with paragraphs 117—124;**
(b) **disclose the information required by IFRSs that is not presented elsewhere in the financial statements; and**
(c) **provide information that is not presented elsewhere in the financial statements, but is relevant to an understanding of any of them.**

An entity shall, as far as practicable, present notes in a systematic manner. In determining a systematic manner, the entity shall consider the effect on the understandability and comparability of its financial statements. An entity shall cross-reference each item in the statements of financial position and in the statement(s) of profit or loss and other comprehensive income, and in the statements of changes in equity and of cash flows to any related information in the notes. 113

Examples of systematic ordering or grouping of the notes include: 114

(a) giving prominence to the areas of its activities that the entity considers to be most relevant to an understanding of its financial performance and financial position, such as grouping together information about particular operating activities;
(b) grouping together information about items measured similarly such as assets measured at fair value; or
(c) following the order of the line items in the statement(s) of profit or loss and other comprehensive income and the statement of financial position, such as:
    (i) statement of compliance with IFRSs (see paragraph 16);
    (ii) material accounting policy information (see paragraph 117);
    (iii) supporting information for items presented in the statements of financial position and in the statement(s) of profit or loss and other comprehensive income, and in the statements of changes in equity and of cash flows, in the order in which each statement and each line item is presented; and
    (iv) other disclosures, including
        (1) contingent liabilities (see IAS 37) and unrecognised contractual commitments; and
        (2) non-financial disclosures, eg the entity's financial risk management objectives and policies (see IFRS 7).

[deleted] 115

An entity may present notes providing information about the basis of preparation of the financial statements and specific accounting policies as a separate section of the financial statements. 116

Angaben zu den Rechnungslegungsmethoden

117 **Ein Unternehmen hat wesentliche Angaben zu seinen Rechnungslegungsmethoden zu machen (siehe Paragraph 7). Angaben zu Rechnungslegungsmethoden sind wesentlich, wenn bei gemeinsamer Betrachtung mit anderen im Abschluss eines Unternehmens enthaltenen Informationen vernünftigerweise erwartet werden kann, dass sie die Entscheidungen beeinflussen, die die Hauptadressaten eines Abschlusses für allgemeine Zwecke auf der Grundlage des jeweiligen Abschlusses treffen.**

117A Angaben zu Rechnungslegungsmethoden, die sich auf unwesentliche Geschäftsvorfälle, sonstige Ereignisse oder Bedingungen beziehen, sind ebenfalls unwesentlich und müssen nicht gemacht werden. Angaben zu Rechnungslegungsmethoden können jedoch aufgrund der Art der zugehörigen Geschäftsvorfälle, sonstigen Ereignisse oder Bedingungen wesentlich sein, selbst wenn die entsprechenden Beträge unwesentlich sind. Allerdings sind nicht alle Angaben zu Rechnungslegungsmethoden, die sich auf wesentliche Geschäftsvorfälle, sonstige Ereignisse oder Bedingungen beziehen, an sich wesentlich.

117B Angaben zu Rechnungslegungsmethoden sind dann als wesentlich zu betrachten, wenn die Adressaten des Abschlusses eines Unternehmens sie benötigen, um andere wesentliche Informationen im Abschluss zu verstehen. So dürfte ein Unternehmen Angaben zu Rechnungslegungsmethoden für seinen Abschluss als wesentlich betrachten, wenn sich die jeweiligen Angaben auf wesentliche Geschäftsvorfälle, sonstige Ereignisse oder Bedingungen beziehen und

(a) das Unternehmen seine Rechnungslegungsmethoden während der Berichtsperiode geändert hat und diese Änderung zu einer wesentlichen Änderung der Angaben im Abschluss geführt hat,

(b) das Unternehmen die Rechnungslegungsmethode aus den nach den IFRS zulässigen Optionen ausgewählt hat – ein solcher Fall könnte eintreten, wenn sich das Unternehmen dafür entscheidet, als Finanzinvestition gehaltene Immobilien nicht zum beizulegenden Zeitwert, sondern zu den historischen Anschaffungskosten zu bewerten,

(c) die Rechnungslegungsmethode in Ermangelung eines speziell auf den betreffenden Fall anwendbaren IFRS gemäß IAS 8 entwickelt wurde,

(d) sich die Rechnungslegungsmethode auf einen Bereich bezieht, für den sich das Unternehmen bei der Anwendung einer Rechnungslegungsmethode in erheblichem Umfang auf eine Ermessensausübung bzw. Annahmen stützen muss, und das Unternehmen die jeweiligen Ermessensentscheidungen oder Annahmen gemäß den Paragraphen 122 und 125 angibt oder

(e) die vorgeschriebene Bilanzierung für diese komplex ist, und die Adressaten des Abschlusses die betreffenden wesentlichen Geschäftsvorfälle, sonstigen Ereignisse oder Bedingungen andernfalls nicht verstehen würden – ein solcher Fall könnte eintreten, wenn ein Unternehmen auf eine Kategorie wesentlicher Geschäftsvorfälle mehr als einen IFRS anwendet.

117C Angaben zu Rechnungslegungsmethoden, die sich vorrangig darauf beziehen, wie ein Unternehmen die Vorschriften der IFRS auf seine eigene Situation angewendet hat, vermitteln unternehmensspezifische Informationen, die für die Abschlussadressaten nützlicher sind als standardisierte Angaben oder Angaben, die lediglich die Vorschriften der IFRS reproduzieren oder zusammenfassen.

117D Liefert ein Unternehmen unwesentliche Angaben zu seinen Rechnungslegungsmethoden, so dürfen diese wesentliche Angaben zu den Rechnungslegungsmethoden nicht verschleiern.

117E Gelangt ein Unternehmen zu dem Schluss, dass Angaben zu Rechnungslegungsmethoden unwesentlich sind, lässt dies die damit zusammenhängenden Angabepflichten anderer IFRS unberührt.

118–121 [gestrichen]

122 **Ein Unternehmen muss zusammen mit den wesentlichen Angaben zu den Rechnungslegungsmethoden oder sonstigen Erläuterungen Angaben dazu machen, welche Ermessensentscheidungen – außer solchen, bei denen Schätzungen einfließen (siehe Paragraph 125) – das Management bei der Anwendung der Rechnungslegungsmethoden getroffen hat und welche Ermessensentscheidungen die Beträge im Abschluss am stärksten beeinflussen.**

123 Die Anwendung der Rechnungslegungsmethoden unterliegt verschiedenen Ermessensausübungen des Managements – abgesehen von solchen, bei denen Schätzungen einfließen –, die die Beträge im Abschluss erheblich beeinflussen können. Das Management übt beispielsweise seinen Ermessensspielraum aus, wenn es festlegt,

(a) [gestrichen]

(b) wann alle wesentlichen mit dem rechtlichen Eigentum verbundenen Risiken und Chancen der finanziellen Vermögenswerte und – bei Leasinggebern – des Leasingvermögens auf andere Unternehmen übertragen werden,

(c) ob es sich bei bestimmten Warenverkaufsgeschäften im Wesentlichen um Finanzierungsvereinbarungen handelt, durch die folglich keine Umsatzerlöse erzielt werden, und

(d) ob die Vertragsbedingungen eines finanziellen Vermögenswerts zu festgelegten Zeitpunkten zu Zahlungsströmen führen, die ausschließlich Tilgungs- und Zinszahlungen auf den ausstehenden Kapitalbetrag darstellen.

124 Einige gemäß Paragraph 122 erforderlichen Angaben werden von anderen IFRS vorgeschrieben. So hat ein Unternehmen zum Beispiel nach IFRS 12 *Angaben zu Anteilen an anderen Unternehmen* anzugeben, welche Ermessensentscheidungen

Disclosure of accounting policy information

An entity shall disclose material accounting policy information (see paragraph 7). Accounting policy information is material if, when considered together with other information included in an entity's financial statements, it can reasonably be expected to influence decisions that the primary users of general purpose financial statements make on the basis of those financial statements. 117

Accounting policy information that relates to immaterial transactions, other events or conditions is immaterial and need not be disclosed. Accounting policy information may nevertheless be material because of the nature of the related transactions, other events or conditions, even if the amounts are immaterial. However, not all accounting policy information relating to material transactions, other events or conditions is itself material. 117A

Accounting policy information is expected to be material if users of an entity's financial statements would need it to understand other material information in the financial statements. For example, an entity is likely to consider accounting policy information material to its financial statements if that information relates to material transactions, other events or conditions and: 117B

(a) the entity changed its accounting policy during the reporting period and this change resulted in a material change to the information in the financial statements;
(b) the entity chose the accounting policy from one or more options permitted by IFRSs—such a situation could arise if the entity chose to measure investment property at historical cost rather than fair value;
(c) the accounting policy was developed in accordance with IAS 8 in the absence of an IFRS that specifically applies;
(d) the accounting policy relates to an area for which an entity is required to make significant judgements or assumptions in applying an accounting policy, and the entity discloses those judgements or assumptions in accordance with paragraphs 122 and 125; or
(e) the accounting required for them is complex and users of the entity's financial statements would otherwise not understand those material transactions, other events or conditions—such a situation could arise if an entity applies more than one IFRS to a class of material transactions.

Accounting policy information that focuses on how an entity has applied the requirements of the IFRSs to its own circumstances provides entity-specific information that is more useful to users of financial statements than standardised information, or information that only duplicates or summarises the requirements of the IFRSs. 117C

If an entity discloses immaterial accounting policy information, such information shall not obscure material accounting policy information. 117D

An entity's conclusion that accounting policy information is immaterial does not affect the related disclosure requirements set out in other IFRSs. 117E

[deleted] 118—121

An entity shall disclose, along with material accounting policy information or other notes, the judgements, apart from those involving estimations (see paragraph 125), that management has made in the process of applying the entity's accounting policies and that have the most significant effect on the amounts recognised in the financial statements. 122

In the process of applying the entity's accounting policies, management makes various judgements, apart from those involving estimations, that can significantly affect the amounts it recognises in the financial statements. For example, management makes judgements in determining: 123

(a) [deleted]
(b) when substantially all the significant risks and rewards of ownership of financial assets and, for lessors, assets subject to leases are transferred to other entities; and
(c) whether, in substance, particular sales of goods are financing arrangements and therefore do not give rise to revenue; and
(d) whether the contractual terms of a financial asset give rise on specified dates to cash flows that are solely payments of principal and interest on the principal amount outstanding.

Some of the disclosures made in accordance with paragraph 122 are required by other IFRSs. For example IFRS 12 *Disclosure of Interests in Other Entities* requires an entity to disclose the judgements it has made in determining whether it 124

es bei der Beurteilung getroffen hat, ob es ein anderes Unternehmen beherrscht. Nach IAS 40 *Als Finanzinvestition gehaltene Immobilien* sind die vom Unternehmen entwickelten Kriterien anzugeben, nach denen zwischen als Finanzinvestition gehaltenen, vom Eigentümer selbst genutzten Immobilien und Immobilien, die zum Verkauf im Rahmen der gewöhnlichen Geschäftstätigkeit gehalten werden, unterschieden wird, sofern eine Zuordnung Schwierigkeiten bereitet.

Quellen von Schätzungsunsicherheiten

125 Ein Unternehmen hat im Anhang die wichtigsten zukunftsbezogenen Annahmen anzugeben und Angaben über sonstige am Abschlussstichtag wesentliche Quellen von Schätzungsunsicherheiten zu machen, durch die ein beträchtliches Risiko entstehen kann, dass innerhalb des nächsten Geschäftsjahrs eine wesentliche Anpassung der Buchwerte der ausgewiesenen Vermögenswerte und Schulden erforderlich wird. Bezüglich solcher Vermögenswerte und Schulden sind im Anhang

(a) ihre Art und

(b) ihre Buchwerte am Abschlussstichtag anzugeben.

126 Zur Bestimmung der Buchwerte bestimmter Vermögenswerte und Schulden ist eine Schätzung der Auswirkungen ungewisser künftiger Ereignisse auf solche Vermögenswerte und Schulden am Abschlussstichtag erforderlich. Fehlen beispielsweise kürzlich festgestellte Marktpreise, sind zukunftsbezogene Schätzungen erforderlich, um den erzielbaren Betrag bestimmter Gruppen von Sachanlagen, die Folgen technischer Veralterung für Bestände, Rückstellungen, die von dem künftigen Ausgang von Gerichtsverfahren abhängen, sowie langfristige Verpflichtungen gegenüber Arbeitnehmern, wie beispielsweise Pensionszusagen, zu bewerten. Diese Schätzungen beziehen Annahmen über Faktoren wie Risikoanpassungen von Zahlungsströmen oder der Abzinsungssätze, künftige Gehaltsentwicklungen und künftige, andere Kosten beeinflussende Preisänderungen mit ein.

127 Die Annahmen sowie die sonstigen Quellen von Schätzungsunsicherheiten, die gemäß Paragraph 125 angegeben werden, beziehen sich auf Schätzungen, die eine besonders schwierige, subjektive oder komplizierte Ermessensentscheidung des Managements erfordern. Je höher die Anzahl der Variablen bzw. der Annahmen, die sich auf die mögliche künftige Beseitigung bestehender Unsicherheiten auswirken, desto subjektiver und schwieriger wird die Ermessensausübung, sodass die Wahrscheinlichkeit einer nachträglichen, wesentlichen Anpassung der angesetzten Buchwerte der betreffenden Vermögenswerte und Schulden in der Regel im gleichen Maße steigt.

128 Die in Paragraph 125 vorgeschriebenen Angaben sind nicht für Vermögenswerte und Schulden erforderlich, bei denen ein beträchtliches Risiko besteht, dass sich ihre Buchwerte innerhalb des nächsten Geschäftsjahrs wesentlich verändern, wenn diese am Abschlussstichtag zum beizulegenden Zeitwert auf der Basis eines an einem aktiven Markt notierten Preises für einen identischen Vermögenswert oder eine identische Schuld bewertet werden. Zwar besteht die Möglichkeit einer wesentlichen Änderung der beizulegenden Zeitwerte innerhalb des nächsten Geschäftsjahrs, doch sind diese Änderungen nicht auf Annahmen oder sonstige Quellen einer Schätzungsunsicherheit am Abschlussstichtag zurückzuführen.

129 Ein Unternehmen macht die in Paragraph 125 vorgeschriebenen Angaben auf eine Weise, die es den Adressaten erleichtert, die Ermessensausübung des Managements bezüglich der Zukunft und anderer wesentlicher Quellen von Schätzungsunsicherheiten zu verstehen. Die Art und der Umfang der gemachten Angaben hängen von der Art der Annahmen sowie anderen Umständen ab. Es folgen einige Beispiele für die Art der erforderlichen Angaben:

(a) die Art der Annahme bzw. der sonstigen Schätzungsunsicherheit,

(b) die Sensitivität der Buchwerte hinsichtlich der Methoden, der Annahmen und der Schätzungen, die der Berechnung der Buchwerte zugrunde liegen unter Angabe der Gründe für die Sensitivität,

(c) die erwartete Beseitigung einer Unsicherheit sowie die Bandbreite der angemessenerweise für möglich gehaltenen Gewinne oder Verluste innerhalb des nächsten Geschäftsjahrs bezüglich der Buchwerte der betreffenden Vermögenswerte und Schulden, und

(d) eine Erläuterung der Anpassungen früherer Annahmen bezüglich solcher Vermögenswerte und Schulden, sofern die Unsicherheit weiter bestehen bleibt.

130 Dieser Standard schreibt einem Unternehmen nicht die Angabe von Budgets oder Prognosen im Rahmen des Paragraphen 125 vor.

131 Manchmal ist die Angabe des Umfangs der möglichen Auswirkungen einer Annahme bzw. einer anderen Quelle von Schätzungsunsicherheiten am Abschlussstichtag undurchführbar. In solchen Fällen hat das Unternehmen anzugeben, dass es aufgrund bestehender Kenntnisse im Rahmen des Möglichen liegt, dass innerhalb des nächsten Geschäftsjahrs von der Annahme abweichende Ergebnisse eine wesentliche Anpassung des Buchwerts der betreffenden Vermögenswerte bzw. Schulden erforderlich machen könnten. In allen Fällen hat das Unternehmen die Art und den Buchwert der von der Annahme betroffenen einzelnen Vermögenswerte und Schulden (bzw. Gruppen von Vermögenswerten oder Schulden) anzugeben.

controls another entity. IAS 40 *Investment Property* requires disclosure of the criteria developed by the entity to distinguish investment property from owner-occupied property and from property held for sale in the ordinary course of business, when classification of the property is difficult.

Sources of estimation uncertainty

An entity shall disclose information about the assumptions it makes about the future, and other major sources of estimation uncertainty at the end of the reporting period, that have a significant risk of resulting in a material adjustment to the carrying amounts of assets and liabilities within the next financial year. In respect of those assets and liabilities, the notes shall include details of: 125

(a) their nature, and

(b) their carrying amount as at the end of the reporting period.

Determining the carrying amounts of some assets and liabilities requires estimation of the effects of uncertain future events on those assets and liabilities at the end of the reporting period. For example, in the absence of recently observed market prices, future-oriented estimates are necessary to measure the recoverable amount of classes of property, plant and equipment, the effect of technological obsolescence on inventories, provisions subject to the future outcome of litigation in progress, and long-term employee benefit liabilities such as pension obligations. These estimates involve assumptions about such items as the risk adjustment to cash flows or discount rates, future changes in salaries and future changes in prices affecting other costs. 126

The assumptions and other sources of estimation uncertainty disclosed in accordance with paragraph 125 relate to the estimates that require management's most difficult, subjective or complex judgements. As the number of variables and assumptions affecting the possible future resolution of the uncertainties increases, those judgements become more subjective and complex, and the potential for a consequential material adjustment to the carrying amounts of assets and liabilities normally increases accordingly. 127

The disclosures in paragraph 125 are not required for assets and liabilities with a significant risk that their carrying amounts might change materially within the next financial year if, at the end of the reporting period, they are measured at fair value based on a quoted price in an active market for an identical asset or liability. Such fair values might change materially within the next financial year but these changes would not arise from assumptions or other sources of estimation uncertainty at the end of the reporting period. 128

An entity presents the disclosures in paragraph 125 in a manner that helps users of financial statements to understand the judgements that management makes about the future and about other sources of estimation uncertainty. The nature and extent of the information provided vary according to the nature of the assumption and other circumstances. Examples of the types of disclosures an entity makes are: 129

(a) the nature of the assumption or other estimation uncertainty;

(b) the sensitivity of carrying amounts to the methods, assumptions and estimates underlying their calculation, including the reasons for the sensitivity;

(c) the expected resolution of an uncertainty and the range of reasonably possible outcomes within the next financial year in respect of the carrying amounts of the assets and liabilities affected; and

(d) an explanation of changes made to past assumptions concerning those assets and liabilities, if the uncertainty remains unresolved.

This Standard does not require an entity to disclose budget information or forecasts in making the disclosures in paragraph 125. 130

Sometimes it is impracticable to disclose the extent of the possible effects of an assumption or another source of estimation uncertainty at the end of the reporting period. In such cases, the entity discloses that it is reasonably possible, on the basis of existing knowledge, that outcomes within the next financial year that are different from the assumption could require a material adjustment to the carrying amount of the asset or liability affected. In all cases, the entity discloses the nature and carrying amount of the specific asset or liability (or class of assets or liabilities) affected by the assumption. 131

132 Die in Paragraph 122 vorgeschriebenen Angaben zu Ermessensentscheidungen des Managements bei der Anwendung der Rechnungslegungsmethoden des Unternehmens gelten nicht für die Angabe der Quellen von Schätzungsunsicherheiten gemäß Paragraph 125.

133 Andere IFRS verlangen die Angabe einiger Annahmen, die ansonsten gemäß Paragraph 125 erforderlich wären. Nach IAS 37 sind beispielsweise unter bestimmten Voraussetzungen die wesentlichen Annahmen bezüglich künftiger Ereignisse anzugeben, die die Rückstellungsarten beeinflussen könnten. Nach IFRS 13 *Bewertung zum beizulegenden Zeitwert* sind die wesentlichen Annahmen (einschließlich des Bewertungsverfahrens/der Bewertungsverfahren und der Eingangsparameter) anzugeben, die das Unternehmen in die Ermittlung des beizulegenden Zeitwerts von Vermögenswerten und Schulden einfließen lässt, die zum beizulegenden Zeitwert bilanziert werden.

Kapital

134 **Ein Unternehmen hat Angaben zu machen, die den Abschlussadressaten eine Beurteilung seiner Ziele, Methoden und Prozesse des Kapitalmanagements ermöglichen.**

135 Zur Einhaltung des Paragraphen 134 hat das Unternehmen die folgenden Angaben zu machen:
(a) qualitative Angaben zu seinen Zielen, Methoden und Prozessen beim Kapitalmanagement, einschließlich
  (i) einer Beschreibung dessen, was als Kapital gemanagt wird,
  (ii) für den Fall, dass ein Unternehmen externen Kapitalanforderungen unterliegt – der Art dieser Anforderungen und der Art und Weise, wie sie in das Kapitalmanagement einbezogen werden, und
  (iii) Angaben darüber, wie es seine Ziele für das Kapitalmanagement erfüllt,
(b) zusammenfassende quantitative Angaben darüber, was als Kapital gemanagt wird. Einige Unternehmen betrachten bestimmte finanzielle Verbindlichkeiten (wie einige Formen nachrangiger Verbindlichkeiten) als Teil des Kapitals. Für andere Unternehmen hingegen fallen bestimmte Eigenkapitalbestandteile (wie solche, die aus der Absicherung von Zahlungsströmen resultieren) nicht unter das Kapital,
(c) jede Veränderung, die gegenüber der vorangegangenen Periode bei (a) und (b) eingetreten ist,
(d) Angaben darüber, ob es in der Periode alle etwaigen externen Kapitalanforderungen erfüllt hat, denen es unterliegt,
(e) für den Fall, dass das Unternehmen solche externen Kapitalanforderungen nicht erfüllt hat, die Konsequenzen dieser Nichterfüllung.

Das Unternehmen stützt die vorstehend genannten Angaben auf die Informationen, die den Mitgliedern des Managements in Schlüsselpositionen intern vorgelegt werden.

136 Ein Unternehmen kann sein Kapital auf unterschiedliche Weise managen und einer Reihe unterschiedlicher Kapitalanforderungen unterliegen. So kann ein Konglomerat im Versicherungs- und Bankgeschäft tätige Unternehmen umfassen, wobei diese Unternehmen ihrer Tätigkeit in verschiedenen Rechtskreisen nachgehen können. Würden zusammengefasste Angaben zu Kapitalanforderungen und zur Art und Weise des Kapitalmanagements keine sachdienlichen Informationen ergeben oder den Abschlussadressaten ein verzerrtes Bild der Kapitalressourcen eines Unternehmens vermitteln, so hat das Unternehmen zu jeder Kapitalanforderung, der es unterliegt, gesonderte Angaben zu machen.

Als Eigenkapital eingestufte kündbare Finanzinstrumente

136A **Zu kündbaren Finanzinstrumenten, die als Eigenkapitalinstrumente eingestuft sind, hat ein Unternehmen folgende Angaben zu machen (sofern diese nicht bereits an anderer Stelle zu finden sind):**
(a) zusammengefasste quantitative Daten zu dem als Eigenkapital eingestuften Betrag,
(b) Ziele, Methoden und Verfahren, mit deren Hilfe das Unternehmen seiner Verpflichtung nachkommen will, die Instrumente zurückzukaufen oder zunehmen, wenn die Inhaber dies verlangen, einschließlich aller Änderungen gegenüber der vorangegangenen Periode,
(c) der bei Rücknahme oder Rückkauf dieser Klasse von Finanzinstrumenten erwartete Mittelabfluss und
(d) Informationen darüber, wie der bei Rücknahme oder Rückkauf erwartete Mittelabfluss ermittelt wurde.

Weitere Angaben

137 **Das Unternehmen hat im Anhang Folgendes anzugeben:**
(a) die Dividendenzahlungen des Unternehmens, die vorgeschlagen oder beschlossen wurden, bevor der Abschluss zur Veröffentlichung freigegeben wurde, die aber nicht als Ausschüttungen an die Eigentümer während der Periode im Abschluss erfasst wurden, sowie den Betrag je Anteil und
(b) den Betrag der kumulierten noch nicht erfassten Vorzugsdividenden.

138 **Ein Unternehmen hat Folgendes anzugeben, wenn diese Angaben nicht schon an anderer Stelle in Informationen enthalten sind, die zusammen mit dem Abschluss veröffentlicht werden:**
(a) den Sitz und die Rechtsform des Unternehmens, das Land, in dem es als juristische Person registriert ist, und die Adresse des eingetragenen Sitzes (oder des Hauptgeschäftssitzes, wenn dieser vom eingetragenen Sitz abweicht),
(b) eine Beschreibung der Art der Geschäftstätigkeit des Unternehmens und seiner Haupttätigkeiten,

The disclosures in paragraph 122 of particular judgements that management made in the process of applying the entity's accounting policies do not relate to the disclosures of sources of estimation uncertainty in paragraph 125. 132

Other IFRSs require the disclosure of some of the assumptions that would otherwise be required in accordance with paragraph 125. For example, IAS 37 requires disclosure, in specified circumstances, of major assumptions concerning future events affecting classes of provisions. IFRS 13 *Fair Value Measurement* requires disclosure of significant assumptions (including the valuation technique(s) and inputs) the entity uses when measuring the fair values of assets and liabilities that are carried at fair value. 133

Capital

An entity shall disclose information that enables users of its financial statements to evaluate the entity's objectives, policies and processes for managing capital. 134

To comply with paragraph 134, the entity discloses the following: 135

(a) qualitative information about its objectives, policies and processes for managing capital, including:
   (i) a description of what it manages as capital;
   (ii) when an entity is subject to externally imposed capital requirements, the nature of those requirements and how those requirements are incorporated into the management of capital; and
   (iii) how it is meeting its objectives for managing capital.
(b) summary quantitative data about what it manages as capital. Some entities regard some financial liabilities (e.g. some forms of subordinated debt) as part of capital. Other entities regard capital as excluding some components of equity (e.g. components arising from cash flow hedges).
(c) any changes in (a) and (b) from the previous period.
(d) whether during the period it complied with any externally imposed capital requirements to which it is subject.
(e) when the entity has not complied with such externally imposed capital requirements, the consequences of such non-compliance.

The entity bases these disclosures on the information provided internally to key management personnel.

An entity may manage capital in a number of ways and be subject to a number of different capital requirements. For example, a conglomerate may include entities that undertake insurance activities and banking activities and those entities may operate in several jurisdictions. When an aggregate disclosure of capital requirements and how capital is managed would not provide useful information or distorts a financial statement user's understanding of an entity's capital resources, the entity shall disclose separate information for each capital requirement to which the entity is subject. 136

Puttable financial instruments classified as equity

For puttable financial instruments classified as equity instruments, an entity shall disclose (to the extent not disclosed elsewhere): 136A

(a) summary quantitative data about the amount classified as equity;
(b) its objectives, policies and processes for managing its obligation to repurchase or redeem the instruments when required to do so by the instrument holders, including any changes from the previous period;
(c) the expected cash outflow on redemption or repurchase of that class of financial instruments; and
(d) information about how the expected cash outflow on redemption or repurchase was determined.

Other disclosures

An entity shall disclose in the notes: 137

(a) the amount of dividends proposed or declared before the financial statements were authorised for issue but not recognised as a distribution to owners during the period, and the related amount per share; and
(b) the amount of any cumulative preference dividends not recognised.

An entity shall disclose the following, if not disclosed elsewhere in information published with the financial statements: 138

(a) the domicile and legal form of the entity, its country of incorporation and the address of its registered office (or principal place of business, if different from the registered office);
(b) a description of the nature of the entity's operations and its principal activities;

(c) den Namen des Mutterunternehmens und des obersten Mutterunternehmens des Konzerns und

(d) wenn seine Lebensdauer begrenzt ist, die Angabe der Lebensdauer.

ÜBERGANGSVORSCHRIFTEN UND ZEITPUNKT DES INKRAFTTRETENS

139 Dieser Standard ist auf Geschäftsjahre anzuwenden, die am oder nach dem 1. Januar 2009 beginnen. Eine frühere Anwendung ist zulässig. Wendet ein Unternehmen diesen Standard auf eine frühere Periode an, hat es dies anzugeben.

139A Durch IFRS 27 (in der 2008 geänderten Fassung) wurde Paragraph 106 geändert. Diese Änderung ist auf Geschäftsjahre anzuwenden, die am oder nach dem 1. Juli 2009 beginnen. Wendet ein Unternehmen IAS 27 (geändert 2008) auf eine frühere Periode an, so hat es auf diese Periode auch diese Änderung anzuwenden. Diese Änderung ist rückwirkend anzuwenden.

139B Durch *Kündbare Finanzinstrumente und bei Liquidation entstehende Verpflichtungen* (im Februar 2008 veröffentlichte Änderungen an IAS 32 und IAS 1) wurden der Paragraph 138 geändert und die Paragraphen 8A, 80A und 136A eingefügt. Diese Änderungen sind auf Geschäftsjahre anzuwenden, die am oder nach dem 1. Januar 2009 beginnen. Eine frühere Anwendung ist zulässig. Wendet ein Unternehmen diese Änderungen auf eine frühere Periode an, so muss es dies angeben und gleichzeitig die entsprechenden Änderungen an IAS 32, IAS 39, IFRS 7 und IFRIC 2 *Geschäftsanteile an Genossenschaften und ähnliche Instrumente* anwenden.

139C Die Paragraphen 68 und 71 wurden im Rahmen der *Verbesserungen der IFRS* vom Mai 2008 geändert. Diese Änderungen sind auf Geschäftsjahre anzuwenden, die am oder nach dem 1. Januar 2009 beginnen. Eine frühere Anwendung ist zulässig. Wendet ein Unternehmen diese Änderungen auf eine frühere Periode an, hat es dies anzugeben.

139D–139E [gestrichen]

139F Im Rahmen der *Verbesserungen der IFRS* vom Mai 2010 wurden die Paragraphen 106 und 107 geändert und Paragraph 106A eingefügt. Diese Änderungen sind auf Geschäftsjahre anzuwenden, die am oder nach dem 1. Januar 2011 beginnen. Eine frühere Anwendung ist zulässig.

139G [gestrichen]

139H Durch IFRS 10 und IFRS 12, veröffentlicht im Mai 2011, wurden die Paragraphen 4, 119, 123 und 124 geändert. Ein Unternehmen hat diese Änderungen anzuwenden, wenn es IFRS 10 und IFRS 12 anwendet.

139I Durch IFRS 13, veröffentlicht im Mai 2011, wurden die Paragraphen 128 und 133 geändert. Wendet ein Unternehmen IFRS 13 an, sind diese Änderungen ebenfalls anzuwenden.

139J Mit *Darstellung von Posten des sonstigen Ergebnisses* (Änderungen an IAS 1), veröffentlicht im Juni 2011, wurden die Paragraphen 7, 10, 82, 85–87, 90, 91, 94, 100 und 115 geändert, die Paragraphen 10A, 81A, 81B und 82A eingefügt und die Paragraphen 12, 81, 83 und 84 gestrichen. Unternehmen haben diese Änderungen auf Geschäftsjahre anzuwenden, die am oder nach dem 1. Juli 2012 beginnen. Eine frühere Anwendung ist zulässig. Wendet ein Unternehmen diese Änderungen auf eine frühere Periode an, hat es dies anzugeben.

139K Durch IAS 19 *Leistungen an Arbeitnehmer* (in der im Juni 2011 geänderten Fassung) wurde die Definition für „sonstiges Ergebnis" in Paragraph 7 und Paragraph 96 geändert. Ein Unternehmen hat diese Änderungen anzuwenden, wenn es IAS 19 (in der im Juni 2011 geänderten Fassung) anwendet.

139L Mit den im Mai 2012 veröffentlichten *Jährlichen Verbesserungen, Zyklus 2009–2011* wurden die Paragraphen 10, 38 und 41 geändert, die Paragraphen 39–40 gestrichen sowie die Paragraphen 38A–38D und 40A–40D eingefügt. Diese Änderung ist rückwirkend gemäß IAS 8 *Rechnungslegungsmethoden, Änderungen von rechnungslegungsbezogenen Schätzungen und Fehler* auf Geschäftsjahre anzuwenden, die am oder nach dem 1. Januar 2013 beginnen. Eine frühere Anwendung ist zulässig. Wendet ein Unternehmen diese Änderungen auf eine frühere Periode an, hat es dies anzugeben.

139M [gestrichen]

139N Mit dem im Mai 2014 veröffentlichten IFRS 15 Erlöse aus Verträgen mit Kunden wurde Paragraph 34 geändert. Wendet ein Unternehmen IFRS 15 an, hat es diese Änderung ebenfalls anzuwenden.

139O Durch IFRS 9 (in der im Juli 2014 veröffentlichten Fassung) wurden die Paragraphen 7, 68, 71, 82, 93, 95, 96, 106 und 123 geändert und die Paragraphen 139E, 139G und 139M gestrichen. Wendet ein Unternehmen IFRS 9 an, hat es diese Änderungen ebenfalls anzuwenden.

(c) **the name of the parent and the ultimate parent of the group; and**
(d) **if it is a limited life entity, information regarding the length of its life.**

TRANSITION AND EFFECTIVE DATE

An entity shall apply this Standard for annual periods beginning on or after 1 January 2009. Earlier application is permitted. If an entity adopts this Standard for an earlier period, it shall disclose that fact. **139**

IAS 27 (as amended by the International Accounting Standards Board in 2008) amended paragraph 106. An entity shall apply that amendment for annual periods beginning on or after 1 July 2009. If an entity applies IAS 27 (amended 2008) for an earlier period, the amendment shall be applied for that earlier period. The amendment shall be applied retrospectively. **139A**

Puttable *Financial Instruments and Obligations Arising on Liquidation* (Amendments to IAS 32 and IAS 1), issued in February 2008, amended paragraph 138 and inserted paragraphs 8A, 80A and 136A. An entity shall apply those amendments for annual periods beginning on or after 1 January 2009. Earlier application is permitted. If an entity applies the amendments for an earlier period, it shall disclose that fact and apply the related amendments to IAS 32, IAS 39, IFRS 7 and IFRIC 2 *Members' Shares in Co-operative Entities and Similar Instruments* at the same time. **139B**

Paragraphs 68 and 71 were amended by *Improvements to IFRSs* issued in May 2008. An entity shall apply those amendments for annual periods beginning on or after 1 January 2009. Earlier application is permitted. If an entity applies the amendments for an earlier period it shall disclose that fact. **139C**

[deleted] **139D-139E**

Paragraphs 106 and 107 were amended and paragraph 106A was added by *Improvements to IFRSs* issued in May 2010. An entity shall apply those amendments for annual periods beginning on or after 1 January 2011. Earlier application is permitted. **139F**

[deleted] **139G**

IFRS 10 and IFRS 12, issued in May 2011, amended paragraphs 4, 119, 123 and 124. An entity shall apply those amendments when it applies IFRS 10 and IFRS 12. **139H**

IFRS 13, issued in May 2011, amended paragraphs 128 and 133. An entity shall apply those amendments when it applies IFRS 13. **139I**

Presentation of Items of Other Comprehensive Income (Amendments to IAS 1), issued in June 2011, amended paragraphs 7, 10, 82, 85— 87, 90, 91, 94, 100 and 115, added paragraphs 10A, 81A, 81B and 82A, and deleted paragraphs 12, 81, 83 and 84. An entity shall apply those amendments for annual periods beginning on or after 1 July 2012. Earlier application is permitted. If an entity applies the amendments for an earlier period it shall disclose that fact. **139J**

IAS 19 *Employee Benefits* (as amended in June 2011) amended the definition of 'other comprehensive income' in paragraph 7 and paragraph 96. An entity shall apply those amendments when it applies IAS 19 (as amended in June 2011). **139K**

Annual Improvements 2009—2011 Cycle, issued in May 2012, amended paragraphs 10, 38 and 41, deleted paragraphs 39— 40 and added paragraphs 38A—38D and 40A— 40D. An entity shall apply that amendment retrospectively in accordance with IAS 8 *Accounting Policies, Changes in Accounting Estimates and Errors* for annual periods beginning on or after 1 January 2013. Earlier application is permitted. If an entity applies that amendment for an earlier period it shall disclose that fact. **139L**

[deleted] **139M**

IFRS 15 *Revenue from Contracts with Customers,* issued in May 2014, amended paragraph 34. An entity shall apply that amendment when it applies IFRS 15. **139N**

IFRS 9, as issued in July 2014, amended paragraphs 7, 68, 71, 82, 93, 95, 96, 106 and 123 and deleted paragraphs 139E, 139G and 139M. An entity shall apply those amendments when it applies IFRS 9. **139O**

139P Mit der im Dezember 2014 veröffentlichten Verlautbarung *Angabeninitiative* (Änderungen an IAS 1) wurden die Paragraphen 10, 31, 54–55, 82A, 85, 113–114, 117, 119 und 122 geändert, die Paragraphen 30A, 55A und 85A–85B eingefügt und die Paragraphen 115 und 120 gestrichen. Diese Änderungen sind auf Geschäftsjahre anzuwenden, die am oder nach dem 1. Januar 2016 beginnen. Eine frühere Anwendung ist zulässig. Die Unternehmen sind nicht verpflichtet, in Bezug auf diese Änderungen die in den Paragraphen 28–30 von IAS 8 geforderten Angaben zu machen.

139Q Durch IFRS 16 *Leasingverhältnisse*, veröffentlicht im Januar 2016, wurde Paragraph 123 geändert. Wendet ein Unternehmen IFRS 16 an, hat es diese Änderung ebenfalls anzuwenden.

139R Durch IFRS 17, veröffentlicht im Mai 2017, wurden die Paragraphen 7, 54 und 82 geändert. Mit der im Juni 2020 veröffentlichten Verlautbarung *Änderungen an IFRS 17*, wurde Paragraph 54 geändert. Wendet ein Unternehmen IFRS 17 an, sind diese Änderungen ebenfalls anzuwenden.

139S Durch die 2018 veröffentlichte Verlautbarung *Änderungen der Verweise auf das Rahmenkonzept in IFRS-Standards* wurden die Paragraphen 7, 15, 19–20, 23–24, 28 und 89 geändert. Diese Änderungen sind auf Geschäftsjahre anzuwenden, die am oder nach dem 1. Januar 2020 beginnen. Eine frühere Anwendung ist zulässig, wenn das Unternehmen gleichzeitig alle anderen mit der Verlautbarung *Änderungen der Verweise auf das Rahmenkonzept in IFRS-Standards* einhergehenden Änderungen anwendet. Die Änderungen an IAS 1 sind gemäß IAS 8 *Rechnungslegungsmethoden, Änderungen von rechnungslegungsbezogenen Schätzungen und Fehler* rückwirkend anzuwenden. Sollte das Unternehmen jedoch feststellen, dass eine rückwirkende Anwendung nicht durchführbar oder mit unangemessenem Kosten- oder Zeitaufwand verbunden wäre, hat es die Änderungen an IAS 1 mit Verweis auf die Paragraphen 23–28, 50–53 und 54F von IAS 8 anzuwenden.

139T Mit der im Oktober 2018 veröffentlichten Verlautbarung *Definition von „wesentlich“* (Änderungen an IAS 1 und IAS 8) wurden Paragraph 7 von IAS 1 und Paragraph 5 von IAS 8 geändert und Paragraph 6 von IAS 8 gestrichen. Diese Änderungen sind prospektiv auf Geschäftsjahre anzuwenden, die am oder nach dem 1. Januar 2020 beginnen. Eine frühere Anwendung ist zulässig. Wendet ein Unternehmen diese Änderungen auf eine frühere Periode an, hat es dies anzugeben.

139U Durch *Einstufung von Schulden als kurz- oder langfristig*, veröffentlicht im Januar 2020, wurden die Paragraphen 69, 73, 74 und 76 geändert und die Paragraphen 72A, 75A, 76A und 76B eingefügt. Diese Änderungen sind rückwirkend gemäß IAS 8 erstmals in der Berichtsperiode eines am oder nach dem 1. Januar 2024 beginnenden Geschäftsjahrs anzuwenden. Eine frühere Anwendung ist zulässig. Wendet ein Unternehmen diese Änderungen auf eine frühere Periode nach Veröffentlichung von *Langfristige Schulden mit Nebenbedingungen* (siehe Paragraph 139W) an, so hat es auf diese Periode auch *Langfristige Schulden mit Nebenbedingungen* anzuwenden. Wendet ein Unternehmen *Einstufung von Schulden als kurz- oder langfristig* auf eine frühere Periode an, so hat es dies anzugeben.

139V Mit der im Februar 2021 veröffentlichten Verlautbarung *Angabe von Bilanzierungs- und Bewertungsmethoden* wurden die Paragraphen 7, 10, 114, 117 und 122 geändert, die Paragraphen 117A–117E angefügt und die Paragraphen 118, 119 und 121 gestrichen. Außerdem wurde mit der genannten Verlautbarung das IFRS-Leitliniendokument 2 *Fällen von Wesentlichkeitsentscheidungen* geändert. Die Änderungen an IAS 1 sind auf Geschäftsjahre anzuwenden, die am oder nach dem 1. Januar 2023 beginnen. Eine frühere Anwendung ist zulässig. Wendet ein Unternehmen diese Änderungen auf eine frühere Periode an, hat es dies anzugeben.

139W Durch *Langfristige Schulden mit Nebenbedingungen*, veröffentlicht im Oktober 2022, wurden die Paragraphen 60, 71, 72A, 74 und 139U geändert und die Paragraphen 72B und 76ZA eingefügt. Ein Unternehmen hat

(a) die Änderung an Paragraph 139U unmittelbar bei Veröffentlichung von *Langfristige Schulden mit Nebenbedingungen* anzuwenden;

(b) alle anderen Änderungen rückwirkend gemäß IAS 8 auf Geschäftsjahre anzuwenden, die am oder nach dem 1. Januar 2024 beginnen. Eine frühere Anwendung ist zulässig. Wendet ein Unternehmen diese Änderungen auf eine frühere Periode an, so hat es auf diese Periode auch *Einstufung von Schulden als kurz- oder langfristig* anzuwenden. Wendet ein Unternehmen *Langfristige Schulden mit Nebenbedingungen* auf eine frühere Periode an, hat es dies anzugeben.

RÜCKNAHME VON IAS 1 (ÜBERARBEITET 2003)

140 Der vorliegende Standard ersetzt IAS 1 *Darstellung des Abschlusses* (überarbeitet 2003) in der 2005 geänderten Fassung.

Disclosure Initiative (Amendments to IAS 1), issued in December 2014, amended paragraphs 10, 31, 54—55, 82A, 85, 113—114, 117, 119 and 122, added paragraphs 30A, 55A and 85A—85B and deleted paragraphs 115 and 120. An entity shall apply those amendments for annual periods beginning on or after 1 January 2016. Earlier application is permitted. Entities are not required to disclose the information required by paragraphs 28—30 of IAS 8 in relation to these amendments. **139P**

IFRS 16 *Leases*, issued in January 2016, amended paragraph 123. An entity shall apply that amendment when it applies IFRS 16. **139Q**

IFRS 17, issued in May 2017, amended paragraphs 7, 54 and 82. *Amendments to IFRS 17*, issued in June 2020, further amended paragraph 54. An entity shall apply those amendments when it applies IFRS 17. **139R**

Amendments to References to the Conceptual Framework in IFRS Standards, issued in 2018, amended paragraphs 7, 15, 19—20, 23—24, 28 and 89. An entity shall apply those amendments for annual periods beginning on or after 1 January 2020. Earlier application is permitted if at the same time an entity also applies all other amendments made by *Amendments to References to the Conceptual Framework in IFRS Standards*. An entity shall apply the amendments to IAS 1 retrospectively in accordance with IAS 8 *Accounting Policies, Changes in Accounting Estimates and Errors*. However, if an entity determines that retrospective application would be impracticable or would involve undue cost or effort, it shall apply the amendments to IAS 1 by reference to paragraphs 23—28, 50—53 and 54F of IAS 8. **139S**

Definition of Material (Amendments to IAS 1 and IAS 8), issued in October 2018, amended paragraph 7 of IAS 1 and paragraph 5 of IAS 8, and deleted paragraph 6 of IAS 8. An entity shall apply those amendments prospectively for annual periods beginning on or after 1 January 2020. Earlier application is permitted. If an entity applies those amendments for an earlier period, it shall disclose that fact. **139T**

Classification of Liabilities as Current or Non-current, issued in January 2020 amended paragraphs 69, 73, 74 and 76 and added paragraphs 72A, 75A, 76A and 76B. An entity shall apply those amendments for annual reporting periods beginning on or after 1 January 2024 retrospectively in accordance with IAS 8. Earlier application is permitted. If an entity applies those amendments for an earlier period after the issue of *Non-current Liabilities with Covenants* (see paragraph 139W), it shall also apply *Non-current Liabilities with Covenants* for that period. If an entity applies *Classification of Liabilities as Current or Non-current* for an earlier period, it shall disclose that fact. **139U**

Disclosure of Accounting Policies, issued in February 2021, amended paragraphs 7, 10, 114, 117 and 122, added paragraphs 117A—117E and deleted paragraphs 118, 119 and 121. It also amended IFRS Practice Statement 2 *Making Materiality Judgements*. An entity shall apply the amendments to IAS 1 for annual reporting periods beginning on or after 1 January 2023. Earlier application is permitted. If an entity applies those amendments for an earlier period, it shall disclose that fact. **139V**

Non-current Liabilities with Covenants, issued in October 2022, amended paragraphs 60, 71, 72A, 74 and 139U and added paragraphs 72B and 76ZA. An entity shall apply: **139W**

(a) the amendment to paragraph 139U immediately on issue of *Non-current Liabilities with Covenants*;

(b) all other amendments for annual reporting periods beginning on or after 1 January 2024 retrospectively in accordance with IAS 8. Earlier application is permitted. If an entity applies these amendments for an earlier period, it shall also apply *Classification of Liabilities as Current or Non-current* for that period. If an entity applies *Non-current Liabilities with Covenants* for an earlier period, it shall disclose that fact.

WITHDRAWAL OF IAS 1 (REVISED 2003)

This Standard supersedes IAS 1 *Presentation of Financial Statements* revised in 2003, as amended in 2005. **140**

INTERNATIONAL ACCOUNTING STANDARD 2
Vorräte

INHALT

ZIELSETZUNG

1 Zielsetzung dieses Standards ist die Regelung der Bilanzierung von Vorräten. Die primäre Fragestellung ist dabei die Höhe der Anschaffungs- oder Herstellungskosten, die als Vermögenswert anzusetzen und fortzuschreiben sind, bis die entsprechenden Erlöse erfasst werden. Dieser Standard enthält Anwendungsleitlinien für die Ermittlung der Anschaffungs- oder Herstellungskosten und deren nachfolgende Erfassung als Aufwand einschließlich etwaiger Abwertungen auf den Nettoveräußerungswert. Er beinhaltet außerdem Anleitungen zu den Verfahren, wie Anschaffungs- oder Herstellungskosten den Vorräten zugeordnet werden.

ANWENDUNGSBEREICH

2 **Dieser Standard ist auf alle Vorräte anzuwenden mit folgenden Ausnahmen:**
(a) [gestrichen]
(b) **Finanzinstrumente (siehe IAS 32 *Finanzinstrumente: Darstellung* und IFRS 9 *Finanzinstrumente*) und**
(c) **biologische Vermögenswerte, die mit landwirtschaftlicher Tätigkeit im Zusammenhang stehen, und landwirtschaftliche Erzeugnisse zum Zeitpunkt der Ernte (siehe IAS 41 *Landwirtschaft*).**

3 **Dieser Standard ist nicht auf die Bewertung folgender Vorräte anzuwenden:**
(a) **Vorräte von Erzeugern land- und forstwirtschaftlicher Erzeugnisse, landwirtschaftliche Erzeugnisse nach der Ernte sowie Mineralien und mineralische Stoffe jeweils insoweit, als diese Erzeugnisse nach der gut eingeführten Praxis ihrer Branche zum Nettoveräußerungswert bewertet werden. Werden solche Vorräte zum Nettoveräußerungswert bewertet, werden Wertänderungen erfolgswirksam in der Periode der Änderung erfasst.**
(b) **Vorräte von Warenmaklern/-händlern, die ihre Vorräte zum beizulegenden Zeitwert abzüglich der Verkaufskosten bewerten. Werden solche Vorräte zum beizulegenden Zeitwert abzüglich der Verkaufskosten bewertet, werden die Wertänderungen erfolgswirksam in der Periode der Änderung erfasst.**

4 Die in Paragraph 3 (a) genannten Vorräte werden in bestimmten Stadien der Produktion zum Nettoveräußerungswert bewertet. Dies ist beispielsweise dann der Fall, wenn landwirtschaftliche Erzeugnisse geerntet oder Mineralien gefördert worden sind und ihr Verkauf durch ein Termingeschäft oder eine staatliche Garantie abgesichert ist; des Weiteren, wenn ein aktiver Markt besteht, auf dem das Risiko der Unverkäuflichkeit vernachlässigt werden kann. Diese Vorräte sind nur von den Bewertungsvorschriften dieses Standards ausgeschlossen.

5 Makler/Händler kaufen bzw. verkaufen Waren für andere oder auf eigene Rechnung. Die in Paragraph 3 (b) genannten Vorräte werden hauptsächlich mit der Absicht erworben, sie kurzfristig zu verkaufen und einen Gewinn aus den

INTERNATIONAL ACCOUNTING STANDARD 2
Inventories

SUMMARY

OBJECTIVE

The objective of this standard is to prescribe the accounting treatment for inventories. A primary issue in accounting for inventories is the amount of cost to be recognised as an asset and carried forward until the related revenues are recognised. This standard provides guidance on the determination of cost and its subsequent recognition as an expense, including any write-down to net realisable value. It also provides guidance on the cost formulas that are used to assign costs to inventories. 1

SCOPE

This standard applies to all inventories, except: 2

(a) [deleted]

(b) financial instruments (see IAS 32 *Financial Instruments: Presentation* and IFRS 9 *Financial Instruments*; and

(c) biological assets related to agricultural activity and agricultural produce at the point of harvest (see IAS 41 *Agriculture*).

This standard does not apply to the measurement of inventories held by: 3

(a) producers of agricultural and forest products, agricultural produce after harvest, and minerals and mineral products, to the extent that they are measured at net realisable value in accordance with well-established practices in those industries. When such inventories are measured at net realisable value, changes in that value are recognised in profit or loss in the period of the change;

(b) commodity broker-traders who measure their inventories at fair value less costs to sell. When such inventories are measured at fair value less costs to sell, changes in fair value less costs to sell are recognised in profit or loss in the period of the change.

The inventories referred to in paragraph 3 (a) are measured at net realisable value at certain stages of production. This occurs, for example, when agricultural crops have been harvested or minerals have been extracted and sale is assured under a forward contract or a government guarantee, or when an active market exists and there is a negligible risk of failure to sell. These inventories are excluded from only the measurement requirements of this standard. 4

Broker-traders are those who buy or sell commodities for others or on their own account. The inventories referred to in paragraph 3 (b) are principally acquired with the purpose of selling in the near future and generating a profit from 5

Preisschwankungen oder der Makler-/Händlermarge zu erzielen. Wenn diese Vorräte zum beizulegenden Zeitwert abzüglich der Verkaufskosten bewertet werden, sind sie nur von den Bewertungsvorschriften dieses Standards ausgeschlossen.

DEFINITIONEN

6 **Die folgenden Begriffe werden in diesem Standard mit der angegebenen Bedeutung verwendet:**
Vorräte **sind Vermögenswerte,**
(a) **die zum Verkauf im Rahmen der gewöhnlichen Geschäftstätigkeit gehalten werden,**
(b) **die sich in der Herstellung für einen solchen Verkauf befinden, oder**
(c) **die als Roh-, Hilfs- und Betriebsstoffe dazu bestimmt sind, bei der Herstellung oder der Erbringung von Dienstleistungen verbraucht zu werden.**

Der ***Nettoveräußerungswert*** **ist der geschätzte, im Rahmen der gewöhnlichen Geschäftstätigkeit erzielbare Verkaufserlös abzüglich der geschätzten Kosten bis zur Fertigstellung und der geschätzten notwendigen Vertriebskosten.**

Der ***beizulegende Zeitwert*** **ist der Preis, der in einem gewöhnlichen Geschäftsvorfall zwischen Marktteilnehmern am Bewertungsstichtag für den Verkauf eines Vermögenswerts eingenommen bzw. für die Übertragung einer Schuld gezahlt würde. (Siehe IFRS 13** ***Bewertung zum beizulegenden Zeitwert.*****)**

7 Der Nettoveräußerungswert bezieht sich auf den Nettobetrag, den ein Unternehmen aus dem Verkauf der Vorräte im Rahmen der gewöhnlichen Geschäftstätigkeit zu erzielen erwartet. Der beizulegende Zeitwert spiegelt den Preis wider, für den dieselben Vorräte im Hauptmarkt oder vorteilhaftesten Markt für den betreffenden Vorrat in einem gewöhnlichen Geschäftsvorfall zwischen Marktteilnehmern am Bewertungsstichtag verkauft werden könnten. Ersterer ist ein unternehmensspezifischer Wert; letzterer ist es nicht. Der Nettoveräußerungswert von Vorräten kann von dem beizulegenden Zeitwert abzüglich der Verkaufskosten abweichen.

8 Vorräte umfassen zum Weiterverkauf erworbene Güter, wie beispielsweise von einem Einzelhändler zum Weiterverkauf erworbene Handelsgüter, oder Grundstücke und Gebäude, die zum Weiterverkauf gehalten werden. Des Weiteren umfassen Vorräte vom Unternehmen hergestellte Fertigerzeugnisse und unfertige Erzeugnisse sowie Roh-, Hilfs- und Betriebsstoffe vor Eingang in den Herstellungsprozess. Kosten, die einem Unternehmen im Zusammenhang mit der Erfüllung eines Vertrags mit einem Kunden entstehen und die nicht die Entstehung von Vorräten (oder Vermögenswerten im Sinne anderer Standards) zur Folge haben, werden nach IFRS 15 *Erlöse aus Verträgen mit Kunden* bilanziert.

BEWERTUNG VON VORRÄTEN

9 **Vorräte sind mit dem niedrigeren Wert aus Anschaffungs- oder Herstellungskosten und Nettoveräußerungswert zu bewerten.**

Anschaffungs- oder Herstellungskosten von Vorräten

10 **In die Anschaffungs- oder Herstellungskosten von Vorräten sind alle Kosten des Erwerbs und der Herstellung sowie sonstige Kosten einzubeziehen, die angefallen sind, um die Vorräte an ihren derzeitigen Ort zu bringen und in ihren derzeitigen Zustand zu versetzen.**

Kosten des Erwerbs

11 Die Kosten des Erwerbs von Vorräten umfassen den Erwerbspreis, Einfuhrzölle und andere Steuern (sofern es sich nicht um solche handelt, die das Unternehmen später von den Steuerbehörden zurückerlangen kann), Transport- und Abwicklungskosten sowie sonstige Kosten, die dem Erwerb von Fertigerzeugnissen, Materialien und Leistungen einzeln zugeordnet werden können. Skonti, Rabatte und andere vergleichbare Beträge werden bei der Ermittlung der Kosten des Erwerbs abgezogen.

Herstellungskosten

12 Die Herstellungskosten von Vorräten umfassen die Kosten, die den Produktionseinheiten einzeln zuordenbar sind, wie beispielsweise Fertigungslöhne. Weiterhin umfassen sie systematisch zugeordnete fixe und variable Produktionsgemeinkosten, die bei der Verarbeitung der Ausgangsstoffe zu Fertigerzeugnissen anfallen. Fixe Produktionsgemeinkosten sind solche nicht einzeln der Produktion zuordenbare Kosten, die unabhängig vom Produktionsvolumen relativ konstant anfallen, wie beispielsweise planmäßige Abschreibungen und Instandhaltungskosten von Betriebsgebäuden und -einrichtungen, in die Produktion einfließende Nutzungsrechte sowie die Kosten von Fabrikmanagement und Verwaltung. Variable Produktionsgemeinkosten sind solche nicht einzeln der Produktion zuordenbare Kosten, die unmittelbar oder nahezu unmittelbar mit dem Produktionsvolumen variieren, wie beispielsweise Materialgemeinkosten und Fertigungsgemeinkosten.

fluctuations in price or broker-traders' margin. When these inventories are measured at fair value less costs to sell, they are excluded from only the measurement requirements of this standard.

DEFINITIONS

The following terms are used in this standard with the meanings specified: *Inventories* are assets: 6

(a) held for sale in the ordinary course of business;

(b) in the process of production for such sale; or

(c) in the form of materials or supplies to be consumed in the production process or in the rendering of services.

***Net realisable value* is the estimated selling price in the ordinary course of business less the estimated costs of completion and the estimated costs necessary to make the sale.**

***Fair value* is the price that would be received to sell an asset or paid to transfer a liability in an orderly transaction between market participants at the measurement date. (See IFRS 13 *Fair Value Measurement*.)**

Net realisable value refers to the net amount that an entity expects to realise from the sale of inventory in the ordinary course of business. Fair value reflects the price at which an orderly transaction to sell the same inventory in the principal (or most advantageous) market for that inventory would take place between market participants at the measurement date. The former is an entity-specific value; the latter is not. Net realisable value for inventories may not equal fair value less costs to sell. 7

Inventories encompass goods purchased and held for resale including, for example, merchandise purchased by a retailer and held for resale, or land and other property held for resale. Inventories also encompass finished goods produced, or work in progress being produced, by the entity and include materials and supplies awaiting use in the production process. Costs incurred to fulfil a contract with a customer that do not give rise to inventories (or assets within the scope of another Standard) are accounted for in accordance with IFRS 15 *Revenue from Contracts with Customers*. 8

MEASUREMENT OF INVENTORIES

Inventories shall be measured at the lower of cost and net realisable value. 9

Cost of inventories

The cost of inventories shall comprise all costs of purchase, costs of conversion and other costs incurred in bringing the inventories to their present location and condition. 10

Costs of purchase

The costs of purchase of inventories comprise the purchase price, import duties and other taxes (other than those subsequently recoverable by the entity from the taxing authorities), and transport, handling and other costs directly attributable to the acquisition of finished goods, materials and services. Trade discounts, rebates and other similar items are deducted in determining the costs of purchase. 11

Costs of conversion

The costs of conversion of inventories include costs directly related to the units of production, such as direct labour. They also include a systematic allocation of fixed and variable production overheads that are incurred in converting materials into finished goods. Fixed production overheads are those indirect costs of production that remain relatively constant regardless of the volume of production, such as depreciation and maintenance of factory buildings, and equipment and right-of-use assets used in the production process, and the cost of factory management and administration. Variable production overheads are those indirect costs of production that vary directly, or nearly directly, with the volume of production, such as indirect materials and indirect labour. 12

13 Die Zuordnung fixer Produktionsgemeinkosten zu den Herstellungskosten basiert auf der normalen Kapazität der Produktionsanlagen. Die normale Kapazität ist das Produktionsvolumen, das im Durchschnitt über eine Anzahl von Perioden oder Saisons unter normalen Umständen und unter Berücksichtigung von Ausfällen aufgrund planmäßiger Instandhaltungen erwartet werden kann. Das tatsächliche Produktionsniveau kann zugrunde gelegt werden, wenn es der Normalkapazität nahekommt. Der auf die einzelne Produktionseinheit entfallende Betrag der fixen Gemeinkosten erhöht sich infolge eines geringen Produktionsvolumens oder eines Betriebsstillstandes nicht. Nicht zugeordnete Gemeinkosten sind in der Periode ihres Anfalls als Aufwand zu erfassen. In Perioden mit außergewöhnlich hohem Produktionsvolumen mindert sich der auf die einzelne Produktionseinheit entfallende Betrag der fixen Gemeinkosten, sodass die Vorräte nicht über den Herstellungskosten bewertet werden. Variable Produktionsgemeinkosten werden den einzelnen Produktionseinheiten auf der Grundlage des tatsächlichen Einsatzes der Produktionsmittel zugeordnet.

14 Ein Produktionsprozess kann dazu führen, dass mehr als ein Produkt gleichzeitig produziert wird. Dies ist beispielsweise bei der Kuppelproduktion von zwei Hauptprodukten oder eines Haupt- und eines Nebenprodukts der Fall. Wenn die Herstellungskosten jedes Produkts nicht einzeln feststellbar sind, werden sie den Produkten auf einer vernünftigen und stetigen Basis zugeordnet. Die Zuordnung kann beispielsweise auf dem relativen Verkaufswert des jeweiligen Produkts basieren, und zwar entweder in der Produktionsphase, in der die Produkte einzeln identifizierbar werden, oder nach Beendigung der Produktion. Die meisten Nebenprodukte sind ihrer Art nach unbedeutend. Wenn dies der Fall ist, werden sie häufig zum Nettoveräußerungswert bewertet, und dieser Wert wird von den Herstellungskosten des Hauptprodukts abgezogen. Damit unterscheidet sich der Buchwert des Hauptprodukts nicht wesentlich von seinen Herstellungskosten.

Sonstige Kosten

15 Sonstige Kosten werden nur insoweit in die Anschaffungs- oder Herstellungskosten der Vorräte einbezogen, als sie angefallen sind, um die Vorräte an ihren derzeitigen Ort zu bringen und in ihren derzeitigen Zustand zu versetzen. Beispielsweise kann es sachgerecht sein, nicht produktionsbezogene Gemeinkosten oder die Kosten der Produktentwicklung für bestimmte Kunden in die Herstellungskosten der Vorräte einzubeziehen.

16 Es folgen einige Beispiele für Kosten, die aus den Anschaffungs- oder Herstellungskosten von Vorräten ausgeschlossen sind und in der Periode ihres Anfalls als Aufwand behandelt werden:

(a) außergewöhnliche Beträge für Materialabfälle, Fertigungslöhne oder andere Produktionskosten,
(b) Lagerkosten, es sei denn, dass diese im Produktionsprozess vor einer weiteren Produktionsstufe erforderlich sind,
(c) Verwaltungsgemeinkosten, die nicht dazu beitragen, die Vorräte an ihren derzeitigen Ort zu bringen und in ihren derzeitigen Zustand zu versetzen, und
(d) Vertriebskosten.

17 IAS 23 *Fremdkapitalkosten* identifiziert die bestimmten Umstände, bei denen Fremdkapitalkosten in die Anschaffungs- oder Herstellungskosten von Vorräten einbezogen werden.

18 Ein Unternehmen kann beim Erwerb von Vorräten Zahlungsziele in Anspruch nehmen. Wenn die Vereinbarung effektiv ein Finanzierungselement enthält, wird dieses Element, beispielsweise eine Differenz zwischen dem Erwerbspreis mit normalem Zahlungsziel und dem bezahlten Betrag, während des Finanzierungszeitraums als Zinsaufwand erfasst.

19 [gestrichen]

Anschaffungs- oder Herstellungskosten landwirtschaftlicher Erzeugnisse in Form von Ernten von biologischen Vermögenswerten

20 Nach IAS 41 *Landwirtschaft* werden Vorräte, die landwirtschaftliche Erzeugnisse umfassen und die ein Unternehmen von seinen biologischen Vermögenswerten geerntet hat, beim erstmaligen Ansatz zum Zeitpunkt der Ernte zum beizulegenden Zeitwert abzüglich der Verkaufskosten bewertet. Dies sind die Anschaffungs- oder Herstellungskosten der Vorräte zum Zeitpunkt der Anwendung dieses Standards.

Verfahren zur Bemessung der Anschaffungs- oder Herstellungskosten

21 Zur Bemessung der Anschaffungs- und Herstellungskosten von Vorräten können vereinfachende Verfahren, wie beispielsweise die Standardkostenmethode oder die retrograde Methode, angewandt werden, wenn die Ergebnisse den tatsächlichen Anschaffungs- oder Herstellungskosten nahekommen. Standardkosten berücksichtigen die normale Höhe des Materialeinsatzes und der Löhne sowie die normale Leistungsfähigkeit und Kapazitätsauslastung. Sie werden regelmäßig überprüft und, falls notwendig, an die aktuellen Gegebenheiten angepasst.

22 Die retrograde Methode wird häufig im Einzelhandel angewandt, um eine große Anzahl rasch wechselnder Vorratsposten mit ähnlichen Gewinnmargen zu bewerten, für die es nicht praktikabel ist, andere Verfahren zur Bemessung der Anschaffungs- und Herstellungskosten zu verwenden. Die Anschaffungskosten der Vorräte werden durch Abzug einer angemessenen prozentualen Bruttogewinnmarge vom Verkaufspreis der Vorräte ermittelt. Der angewandte Prozentsatz berücksichtigt dabei auch solche Vorräte, deren ursprünglicher Verkaufspreis herabgesetzt worden ist. Häufig wird ein Durchschnittsprozentsatz für jede Einzelhandelsabteilung verwendet.

The allocation of fixed production overheads to the costs of conversion is based on the normal capacity of the production facilities. Normal capacity is the production expected to be achieved on average over a number of periods or seasons under normal circumstances, taking into account the loss of capacity resulting from planned maintenance. The actual level of production may be used if it approximates normal capacity. The amount of fixed overhead allocated to each unit of production is not increased as a consequence of low production or idle plant. Unallocated overheads are recognised as an expense in the period in which they are incurred. In periods of abnormally high production, the amount of fixed overhead allocated to each unit of production is decreased so that inventories are not measured above cost. Variable production overheads are allocated to each unit of production on the basis of the actual use of the production facilities. 13

A production process may result in more than one product being produced simultaneously. This is the case, for example, when joint products are produced or when there is a main product and a by-product. When the costs of conversion of each product are not separately identifiable, they are allocated between the products on a rational and consistent basis. The allocation may be based, for example, on the relative sales value of each product either at the stage in the production process when the products become separately identifiable, or at the completion of production. Most by-products, by their nature, are immaterial. When this is the case, they are often measured at net realisable value and this value is deducted from the cost of the main product. As a result, the carrying amount of the main product is not materially different from its cost. 14

Other costs

Other costs are included in the cost of inventories only to the extent that they are incurred in bringing the inventories to their present location and condition. For example, it may be appropriate to include non-production overheads or the costs of designing products for specific customers in the cost of inventories. 15

Examples of costs excluded from the cost of inventories and recognised as expenses in the period in which they are incurred are: 16

(a) abnormal amounts of wasted materials, labour or other production costs;
(b) storage costs, unless those costs are necessary in the production process before a further production stage;
(c) administrative overheads that do not contribute to bringing inventories to their present location and condition; and
(d) selling costs.

IAS 23 *Borrowing costs* identifies limited circumstances where borrowing costs are included in the cost of inventories. 17

An entity may purchase inventories on deferred settlement terms. When the arrangement effectively contains a financing element, that element, for example a difference between the purchase price for normal credit terms and the amount paid, is recognised as interest expense over the period of the financing. 18

[deleted] 19

Cost of agricultural produce harvested from biological assets

In accordance with IAS 41 *Agriculture* inventories comprising agricultural produce that an entity has harvested from its biological assets are measured on initial recognition at their fair value less costs to sell at the point of harvest. This is the cost of the inventories at that date for application of this Standard. 20

Techniques for the measurement of cost

Techniques for the measurement of the cost of inventories, such as the standard cost method or the retail method, may be used for convenience if the results approximate cost. Standard costs take into account normal levels of materials and supplies, labour, efficiency and capacity utilisation. They are regularly reviewed and, if necessary, revised in the light of current conditions. 21

The retail method is often used in the retail industry for measuring inventories of large numbers of rapidly changing items with similar margins for which it is impracticable to use other costing methods. The cost of the inventory is determined by reducing the sales value of the inventory by the appropriate percentage gross margin. The percentage used takes into consideration inventory that has been marked down to below its original selling price. An average percentage for each retail department is often used. 22

Kosten-Zuordnungsverfahren

23 **Die Anschaffungs- oder Herstellungskosten solcher Vorräte, die normalerweise nicht austauschbar sind, und solcher Güter oder Leistungen, die für spezifische Projekte hergestellt und ausgesondert werden, sind durch Einzelzuordnung ihrer individuellen Anschaffungs- oder Herstellungskosten zu bestimmen.**

24 Eine Einzelzuordnung der Anschaffungs- oder Herstellungskosten bedeutet, dass bestimmten Vorräten spezifische Anschaffungs- oder Herstellungskosten zugeordnet werden. Dies ist das geeignete Verfahren für solche Gegenstände, die für ein spezifisches Projekt ausgesondert worden sind, unabhängig davon, ob sie angeschafft oder hergestellt worden sind. Eine Einzelzuordnung ist jedoch ungeeignet, wenn es sich um eine große Anzahl von Vorräten handelt, die normalerweise untereinander austauschbar sind. Unter diesen Umständen könnten die Gegenstände, die in den Vorräten verbleiben, danach ausgewählt werden, dass sie im Voraus festgelegte Auswirkungen auf den Periodengewinn oder -verlust haben.

25 **Die Anschaffungs- oder Herstellungskosten von Vorräten, die nicht in Paragraph 23 behandelt werden, sind nach dem First-in-First-out-Verfahren (FIFO) oder nach der Durchschnittsmethode zu bestimmen. Ein Unternehmen hat für alle Vorräte, die von ähnlicher Beschaffenheit und Verwendung für das Unternehmen sind, dasselbe Kosten-Zuordnungsverfahren anzuwenden. Für Vorräte von unterschiedlicher Beschaffenheit oder Verwendung können unterschiedliche Zuordnungsverfahren gerechtfertigt sein.**

26 Vorräte, die in einem Geschäftssegment verwendet werden, können beispielsweise für das Unternehmen eine andere Verwendung haben als die gleiche Art von Vorräten, die in einem anderen Geschäftssegment eingesetzt werden. Ein Unterschied im geografischen Standort von Vorräten (oder in den jeweiligen Steuervorschriften) ist jedoch allein nicht ausreichend, um die Anwendung unterschiedlicher Kosten-Zuordnungsverfahren zu rechtfertigen.

27 Das FIFO-Verfahren geht von der Annahme aus, dass die zuerst erworbenen bzw. erzeugten Vorräte zuerst verkauft werden und folglich die am Ende der Periode verbleibenden Vorräte diejenigen sind, die zuletzt gekauft oder hergestellt worden sind. Bei Anwendung der Durchschnittsmethode werden die Anschaffungs- oder Herstellungskosten von Vorräten als durchschnittlich gewichtete Anschaffungs- oder Herstellungskosten ähnlicher Vorräte zu Beginn der Periode und der Anschaffungs- oder Herstellungskosten ähnlicher während der Periode gekaufter oder hergestellter Vorratsgegenstände ermittelt. Der Durchschnitt kann je nach den Gegebenheiten des Unternehmens auf periodischer Basis oder gleitend bei jeder zusätzlich erhaltenen Lieferung berechnet werden.

Nettoveräußerungswert

28 Die Anschaffungs- oder Herstellungskosten von Vorräten sind unter Umständen nicht erzielbar, wenn die Vorräte beschädigt, ganz oder teilweise veraltet sind oder wenn ihr Verkaufspreis zurückgegangen ist. Die Anschaffungs- oder Herstellungskosten von Vorräten können ferner nicht zu erzielen sein, wenn die geschätzten Kosten der Fertigstellung oder die geschätzten bis zum Verkauf anfallenden Kosten gestiegen sind. Die Abwertung der Vorräte auf den niedrigeren Nettoveräußerungswert folgt der Ansicht, dass Vermögenswerte nicht mit höheren Beträgen bilanziert werden dürfen, als bei ihrem Verkauf oder Gebrauch voraussichtlich zu realisieren sind.

29 Abwertungen von Vorräten auf den Nettoveräußerungswert erfolgen im Regelfall in Form von Einzelwertberichtigungen. Unter bestimmten Umständen kann es jedoch sachgerecht sein, ähnliche oder miteinander zusammenhängende Vorräte zusammenzufassen. Dies kann etwa bei Vorräten der Fall sein, die derselben Produktlinie angehören und einen ähnlichen Zweck oder Endgebrauch haben, in demselben geografischen Gebiet produziert und vermarktet werden und nicht auf praktikable Weise unabhängig von anderen Gegenständen aus dieser Produktlinie bewertet werden können. Es ist nicht sachgerecht, Vorräte qua Zugehörigkeit zu einer bestimmten Gruppe, zum Beispiel Fertigerzeugnisse, oder alle Vorräte eines bestimmten Geschäftssegments abzuwerten.

30 Schätzungen des Nettoveräußerungswerts basieren auf den verlässlichsten Anhaltspunkten, die zum Zeitpunkt der Schätzungen im Hinblick auf den für die Vorräte voraussichtlich erzielbaren Betrag verfügbar sind. Diese Schätzungen berücksichtigen Preis- oder Kostenänderungen, die in unmittelbarem Zusammenhang mit Vorgängen nach der Berichtsperiode stehen, insoweit, als diese Vorgänge Verhältnisse aufhellen, die bereits am Ende der Berichtsperiode bestanden haben.

31 Schätzungen des Nettoveräußerungswerts berücksichtigen weiterhin den Zweck, zu dem die Vorräte gehalten werden. Zum Beispiel basiert der Nettoveräußerungswert der Menge der Vorräte, die zur Erfüllung abgeschlossener Liefer- und Leistungsverträge gehalten werden, auf den vertraglich vereinbarten Preisen. Wenn die Verkaufsverträge nur einen Teil der Vorräte betreffen, basiert der Nettoveräußerungswert für den darüber hinausgehenden Teil auf allgemeinen Verkaufspreisen. Rückstellungen können aus abgeschlossenen Verkaufsverträgen über Vorräte, die über die vorhandenen Bestände hinausgehen, oder von abgeschlossenen Einkaufsverträgen entstehen. Diese Rückstellungen werden nach IAS 37 *Rückstellungen, Eventualverbindlichkeiten und Eventualforderungen* behandelt.

32 Roh-, Hilfs- und Betriebsstoffe, die für die Herstellung von Vorräten bestimmt sind, werden nicht auf einen unter ihren Anschaffungs- oder Herstellungskosten liegenden Wert abgewertet, wenn die Fertigerzeugnisse, in die sie eingehen,

Cost formulas

The cost of inventories of items that are not ordinarily interchangeable and goods or services produced and segregated for specific projects shall be assigned by using specific identification of their individual costs. 23

Specific identification of cost means that specific costs are attributed to identified items of inventory. This is the appropriate treatment for items that are segregated for a specific project, regardless of whether they have been bought or produced. However, specific identification of costs is inappropriate when there are large numbers of items of inventory that are ordinarily interchangeable. In such circumstances, the method of selecting those items that remain in inventories could be used to obtain predetermined effects on profit or loss. 24

The cost of inventories, other than those dealt with in paragraph 23, shall be assigned by using the first-in, first-out (FIFO) or weighted average cost formula. An entity shall use the same cost formula for all inventories having a similar nature and use to the entity. For inventories with a different nature or use, different cost formulas may be justified. 25

For example, inventories used in one operating segment may have a use to the entity different from the same type of inventories used in another operating segment. However, a difference in geographical location of inventories (or in the respective tax rules), by itself, is not sufficient to justify the use of different cost formulas. 26

The FIFO formula assumes that the items of inventory that were purchased or produced first are sold first, and consequently the items remaining in inventory at the end of the period are those most recently purchased or produced. Under the weighted average cost formula, the cost of each item is determined from the weighted average of the cost of similar items at the beginning of a period and the cost of similar items purchased or produced during the period. The average may be calculated on a periodic basis, or as each additional shipment is received, depending upon the circumstances of the entity. 27

Net realisable value

The cost of inventories may not be recoverable if those inventories are damaged, if they have become wholly or partially obsolete, or if their selling prices have declined. The cost of inventories may also not be recoverable if the estimated costs of completion or the estimated costs to be incurred to make the sale have increased. The practice of writing inventories down below cost to net realisable value is consistent with the view that assets should not be carried in excess of amounts expected to be realised from their sale or use. 28

Inventories are usually written down to net realisable value item by item. In some circumstances, however, it may be appropriate to group similar or related items. This may be the case with items of inventory relating to the same product line that have similar purposes or end uses, are produced and marketed in the same geographical area, and cannot be practicably evaluated separately from other items in that product line. It is not appropriate to write inventories down on the basis of a classification of inventory, for example, finished goods, or all the inventories in a particular operating segment. 29

Estimates of net realisable value are based on the most reliable evidence available at the time the estimates are made, of the amount the inventories are expected to realise. These estimates take into consideration fluctuations of price or cost directly relating to events occurring after the end of the period to the extent that such events confirm conditions existing at the end of the period. 30

Estimates of net realisable value also take into consideration the purpose for which the inventory is held. For example, the net realisable value of the quantity of inventory held to satisfy firm sales or service contracts is based on the contract price. If the sales contracts are for less than the inventory quantities held, the net realisable value of the excess is based on general selling prices. Provisions may arise from firm sales contracts in excess of inventory quantities held or from firm purchase contracts. Such provisions are dealt with under IAS 37 *Provisions, contingent liabilities and contingent assets*. 31

Materials and other supplies held for use in the production of inventories are not written down below cost if the finished products in which they will be incorporated are expected to be sold at or above cost. However, when a decline in the price 32

voraussichtlich zu den Herstellungskosten oder darüber verkauft werden können. Wenn jedoch ein Preisrückgang für diese Stoffe darauf hindeutet, dass die Herstellungskosten der Fertigerzeugnisse über dem Nettoveräußerungswert liegen, werden die Stoffe auf den Nettoveräußerungswert abgewertet. Unter diesen Umständen können die Wiederbeschaffungskosten der Stoffe die beste verfügbare Bewertungsgrundlage für den Nettoveräußerungswert sein.

33 Der Nettoveräußerungswert wird in jeder Folgeperiode neu ermittelt. Wenn die Umstände, die vorher zu einer Abwertung der Vorräte auf einen Wert unter ihre Anschaffungs- oder Herstellungskosten geführt haben, nicht länger bestehen oder wenn es aufgrund geänderter wirtschaftlicher Gegebenheiten eindeutige Anhaltspunkte für eine Erhöhung des Nettoveräußerungswerts gibt, wird der Betrag der Abwertung insoweit aufgeholt (d. h. die Aufholung beschränkt sich auf den Betrag der ursprünglichen Abwertung), dass der neue Buchwert dem niedrigeren Wert aus Anschaffungs- oder Herstellungskosten und berichtigtem Nettoveräußerungswert entspricht. Dies ist beispielsweise der Fall, wenn sich Vorräte, die aufgrund eines Rückgangs ihres Verkaufspreises zum Nettoveräußerungswert bilanziert wurden, in einer Folgeperiode noch im Bestand befinden und sich ihr Verkaufspreis wieder erhöht hat.

ERFASSUNG ALS AUFWAND

34 **Wenn Vorräte verkauft worden sind, ist der Buchwert dieser Vorräte in der Berichtsperiode als Aufwand zu erfassen, in der die zugehörigen Erträge erfasst wurden. Alle Abwertungen von Vorräten auf den Nettoveräußerungswert sowie alle Verluste bei den Vorräten sind in der Periode als Aufwand zu erfassen, in der die Abwertungen vorgenommen wurden oder die Verluste eingetreten sind. Alle Wertaufholungen bei Vorräten, die sich aus einer Erhöhung des Nettoveräußerungswerts ergeben, sind als Verminderung des als Aufwand erfassten Betrags der Vorräte in der Periode zu erfassen, in der die Wertaufholung eintritt.**

35 Vorräte können auch anderen Vermögenswerten zugeordnet werden, zum Beispiel dann, wenn Vorräte als Teil selbsterstellter Sachanlagen verwendet werden. Vorräte, die auf diese Weise einem anderen Vermögenswert zugeordnet worden sind, werden über die Nutzungsdauer dieses Vermögenswerts als Aufwand erfasst.

ANGABEN

36 **Abschlüsse haben die folgenden Angaben zu enthalten:**

(a) die für die Bewertung von Vorräten angewandten Rechnungslegungsmethoden einschließlich der Kosten-Zuordnungsverfahren,

(b) den Gesamtbuchwert der Vorräte und die Buchwerte in einer unternehmensspezifischen Klassifizierung,

(c) den Buchwert der zum beizulegenden Zeitwert abzüglich Verkaufskosten bilanzierten Vorräte,

(d) den Betrag der Vorräte, die als Aufwand in der Berichtsperiode erfasst worden sind,

(e) den Betrag von Abwertungen von Vorräten, die nach Paragraph 34 in der Berichtsperiode als Aufwand erfasst worden sind,

(f) den Betrag von vorgenommenen Wertaufholungen, die nach Paragraph 34 als Verminderung des als Aufwand erfassten Betrags der Vorräte in der Berichtsperiode erfasst worden sind,

(g) die Umstände oder Ereignisse, die zu der Wertaufholung der Vorräte nach Paragraph 34 geführt haben, und

(h) den Buchwert der Vorräte, die als Sicherheit für Schulden verpfändet sind.

37 Informationen über die Buchwerte von Vorräten nach Klassifizierung und das Ausmaß der Veränderungen dieser Vermögenswerte sind für die Abschlussadressaten nützlich. Verbreitet sind Untergliederungen der Vorräte in Handelsgüter, Roh-, Hilfs- und Betriebsstoffe, unfertige Erzeugnisse und Fertigerzeugnisse.

38 Der Betrag der Vorräte, der während der Periode als Aufwand erfasst worden ist und der oft als Umsatzkosten bezeichnet wird, umfasst die Kosten, die zuvor Teil der Bewertung der verkauften Vorräte waren, sowie die nicht zugeordneten Produktionsgemeinkosten und außergewöhnliche Produktionskosten der Vorräte. Die unternehmensspezifischen Umstände können die Einbeziehung weiterer Kosten, wie beispielsweise Vertriebskosten, rechtfertigen.

39 Einige Unternehmen verwenden eine Gliederung für die Gewinn- und Verlustrechnung, die dazu führt, dass andere Beträge als die während der Berichtsperiode erfassten Anschaffungs- und Herstellungskosten der Vorräte angegeben werden. In diesem Format gliedert ein Unternehmen den Aufwand auf und wendet dabei Gliederungskriterien an, die auf dem Gesamtkostenverfahren beruhen. In diesem Fall gibt das Unternehmen die als Aufwand erfassten Kosten für Rohstoffe und Verbrauchsgüter, Personalkosten und andere Kosten zusammen mit dem Betrag der Nettobestandsveränderungen des Vorratsvermögens in der Periode an.

of materials indicates that the cost of the finished products exceeds net realisable value, the materials are written down to net realisable value. In such circumstances, the replacement cost of the materials may be the best available measure of their net realisable value.

A new assessment is made of net realisable value in each subsequent period. When the circumstances that previously caused inventories to be written down below cost no longer exist or when there is clear evidence of an increase in net realisable value because of changed economic circumstances, the amount of the write-down is reversed (i.e. the reversal is limited to the amount of the original write-down) so that the new carrying amount is the lower of the cost and the revised net realisable value. This occurs, for example, when an item of inventory that is carried at net realisable value, because its selling price has declined, is still on hand in a subsequent period and its selling price has increased. 33

RECOGNITION AS AN EXPENSE

When inventories are sold, the carrying amount of those inventories shall be recognised as an expense in the period in which the related revenue is recognised. The amount of any write-down of inventories to net realisable value and all losses of inventories shall be recognised as an expense in the period the write-down or loss occurs. The amount of any reversal of any write-down of inventories, arising from an increase in net realisable value, shall be recognised as a reduction in the amount of inventories recognised as an expense in the period in which the reversal occurs. 34

Some inventories may be allocated to other asset accounts, for example, inventory used as a component of self-constructed property, plant or equipment. Inventories allocated to another asset in this way are recognised as an expense during the useful life of that asset. 35

DISCLOSURE

The financial statements shall disclose: 36

(a) the accounting policies adopted in measuring inventories, including the cost formula used;
(b) the total carrying amount of inventories and the carrying amount in classifications appropriate to the entity;
(c) the carrying amount of inventories carried at fair value less costs to sell;
(d) the amount of inventories recognised as an expense during the period;
(e) the amount of any write-down of inventories recognised as an expense in the period in accordance with paragraph 34;
(f) the amount of any reversal of any write-down that is recognised as a reduction in the amount of inventories recognised as expense in the period in accordance with paragraph 34;
(g) the circumstances or events that led to the reversal of a write-down of inventories in accordance with paragraph 34; and
(h) the carrying amount of inventories pledged as security for liabilities.

Information about the carrying amounts held in different classifications of inventories and the extent of the changes in these assets is useful to financial statement users. Common classifications of inventories are merchandise, production supplies, materials, work in progress and finished goods. 37

The amount of inventories recognised as an expense during the period, which is often referred to as cost of sales, consists of those costs previously included in the measurement of inventory that has now been sold and unallocated production overheads and abnormal amounts of production costs of inventories. The circumstances of the entity may also warrant the inclusion of other amounts, such as distribution costs. 38

Some entities adopt a format for profit or loss that results in amounts being disclosed other than the cost of inventories recognised as an expense during the period. Under this format, an entity presents an analysis of expenses using a classification based on the nature of expenses. In this case, the entity discloses the costs recognised as an expense for raw materials and consumables, labour costs and other costs together with the amount of the net change in inventories for the period. 39

ZEITPUNKT DES INKRAFTTRETENS

40 Dieser Standard ist auf Geschäftsjahre anzuwenden, die am oder nach dem 1. Januar 2005 beginnen. Eine frühere Anwendung wird empfohlen. Wendet ein Unternehmen diesen Standard für Berichtsperioden an, die vor dem 1. Januar 2005 beginnen, hat es dies anzugeben.

40A [gestrichen]

40B [gestrichen]

40C Durch IFRS 13, veröffentlicht im Mai 2011, wurde die Definition des beizulegenden Zeitwerts in Paragraph 6 geändert. Außerdem wurde Paragraph 7 geändert. Wendet ein Unternehmen IFRS 13 an, sind diese Änderungen ebenfalls anzuwenden.

40D [gestrichen]

40E Durch IFRS 15 *Erlöse aus Verträgen mit Kunden*, veröffentlicht im Mai 2014, wurden die Paragraphen 2, 8, 29 und 37 geändert und Paragraph 19 gestrichen. Wendet ein Unternehmen IFRS 15 an, sind diese Änderungen ebenfalls anzuwenden.

40F Durch IFRS 9, veröffentlicht im Juli 2014, wurde Paragraph 2 geändert und wurden die Paragraphen 40A, 40B und 40D gestrichen. Wendet ein Unternehmen IFRS 9 an, hat es diese Änderungen ebenfalls anzuwenden.

40G Durch IFRS 16 *Leasingverhältnisse*, veröffentlicht im Januar 2016, wurde Paragraph 12 geändert. Wendet ein Unternehmen IFRS 16 an, hat es diese Änderung ebenfalls anzuwenden.

RÜCKNAHME ANDERER VERLAUTBARUNGEN

41 Der vorliegende Standard ersetzt IAS 2 *Vorräte* (überarbeitet 1993).

42 Dieser Standard ersetzt SIC-1 *Stetigkeit – Unterschiedliche Verfahren zur Zuordnung der Anschaffungs- oder Herstellungskosten von Vorräten.*

EFFECTIVE DATE

An entity shall apply this standard for annual periods beginning on or after 1 January 2005. Earlier application is encouraged. If an entity applies this standard for a period beginning before 1 January 2005, it shall disclose that fact. 40

[deleted] 40A

[deleted] 40B

IFRS 13, issued in May 2011, amended the definition of fair value in paragraph 6 and amended paragraph 7. An entity shall apply those amendments when it applies IFRS 13. 40C

[deleted] 40D

IFRS 15 *Revenue from Contracts with Customers*, issued in May 2014, amended paragraphs 2, 8, 29 and 37 and deleted paragraph 19. An entity shall apply those amendments when it applies IFRS 15. 40E

IFRS 9, as issued in July 2014, amended paragraphs 2 and deleted paragraphs 40A, 40B and 40D. An entity shall apply those amendments when it applies IFRS 9. 40F

IFRS 16 *Leases*, issued in January 2016, amended paragraph 12. An entity shall apply that amendment when it applies IFRS 16. 40G

WITHDRAWAL OF OTHER PRONOUNCEMENTS

This standard supersedes IAS 2 *Inventories* (revised in 1993). 41

This standard supersedes SIC-1 *Consistency — different cost formulas for inventories.* 42

INTERNATIONAL ACCOUNTING STANDARD 7

Kapitalflussrechnung[1]

INHALT

ZIELSETZUNG

Informationen über die Zahlungsströme eines Unternehmens vermitteln den Abschlussadressaten eine Grundlage zur Beurteilung der Fähigkeit des Unternehmens, Zahlungsmittel und Zahlungsmitteläquivalente zu erwirtschaften, sowie zur Einschätzung des Liquiditätsbedarfs des Unternehmens. Die von den Adressaten getroffenen wirtschaftlichen Entscheidungen setzen eine Einschätzung der Fähigkeit eines Unternehmens zum Erwirtschaften von Zahlungsmitteln und Zahlungsmitteläquivalenten sowie des Zeitpunkts und der Wahrscheinlichkeit des Erwirtschaftens voraus.

Die Zielsetzung dieses Standards besteht darin, Informationen über die historischen Bewegungen der Zahlungsmittel und Zahlungsmitteläquivalente eines Unternehmens bereitzustellen. Diese Informationen werden durch eine Kapitalflussrechnung zur Verfügung gestellt, welche die Zahlungsströme der Berichtsperiode nach betrieblicher Tätigkeit, Investitions- und Finanzierungstätigkeit gliedert.

ANWENDUNGSBEREICH

1 **Ein Unternehmen hat eine Kapitalflussrechnung gemäß den Vorschriften dieses Standards zu erstellen und als integralen Bestandteil des Abschlusses für jede Periode darzustellen, für die Abschlüsse aufgestellt werden.**

2 Dieser Standard ersetzt den im Juli 1977 verabschiedeten IAS 7 *Kapitalflussrechnung*.

3 Die Adressaten des Abschlusses eines Unternehmens sind daran interessiert, auf welche Weise das Unternehmen Zahlungsmittel und Zahlungsmitteläquivalente erwirtschaftet und verwendet. Dies gilt unabhängig von der Art der Tätigkeiten des Unternehmens und unabhängig davon, ob Zahlungsmittel als das Produkt des Unternehmens betrachtet werden können, wie es bei einem Finanzinstitut der Fall ist. Im Grunde genommen benötigen Unternehmen Zahlungsmittel aus denselben Gründen, wie unterschiedlich ihre wesentlichen erlösbringenden Tätigkeiten auch sein mögen. Sie benötigen Zahlungsmittel zur Durchführung ihrer Tätigkeiten, zur Erfüllung ihrer finanziellen Verpflichtungen sowie zur Zahlung von Dividenden an ihre Investoren. Deshalb sind diesem Standard zufolge alle Unternehmen zur Aufstellung einer Kapitalflussrechnung verpflichtet.

1 Im September 2007 änderte der IASB infolge einer 2007 erfolgten Überarbeitung von IAS 1 *Darstellung des Abschlusses* den englischen Titel von IAS 7 von *Cash Flow Statements* in *Statement of Cash Flows* um. In der deutschen Übersetzung wurde der Titel *Kapitalflussrechnungen*, jetzt *Kapitalflussrechnung*, beibehalten.

INTERNATIONAL ACCOUNTING STANDARD 7

Statements of Cash Flows[1]

SUMMARY

OBJECTIVE

Information about the cash flows of an entity is useful in providing users of financial statements with a basis to assess the ability of the entity to generate cash and cash equivalents and the needs of the entity to utilise those cash flows. The economic decisions that are taken by users require an evaluation of the ability of an entity to generate cash and cash equivalents and the timing and certainty of their generation.

The objective of this standard is to require the provision of information about the historical changes in cash and cash equivalents of an entity by means of a statement of cash flows which classifies cash flows during the period from operating, investing and financing activities.

SCOPE

An entity shall prepare a statement of cash flows in accordance with the requirements of this standard and shall present it as an integral part of its financial statements for each period for which financial statements are presented. 1

This standard supersedes IAS 7 *Statement of changes in financial position*, approved in July 1977. 2

Users of an entity's financial statements are interested in how the entity generates and uses cash and cash equivalents. This is the case regardless of the nature of the entity's activities and irrespective of whether cash can be viewed as the product of the entity, as may be the case with a financial institution. Entities need cash for essentially the same reasons however different their principal revenue-producing activities might be. They need cash to conduct their operations, to pay their obligations, and to provide returns to their investors. Accordingly, this standard requires all entities to present a statement of cash flows. 3

1 In September 2007 the IASB amended the title of IAS 7 from *Cash Flow Statements to Statement of Cash Flows* as a consequence of the revision of IAS 1 *Presentation of Financial Statements in 2007.*

NUTZEN VON KAPITALFLUSSINFORMATIONEN

4 In Verbindung mit den übrigen Bestandteilen des Abschlusses liefert die Kapitalflussrechnung Informationen, anhand derer die Abschlussadressaten die Änderungen im Nettovermögen eines Unternehmens und seine Finanzstruktur (einschließlich Liquidität und Solvenz) bewerten können. Weiterhin können die Adressaten die Fähigkeit des Unternehmens zur Beeinflussung der Höhe und des zeitlichen Anfalls von Zahlungsströmen bewerten, die es ihm erlaubt, auf veränderte Umstände und Möglichkeiten zu reagieren. Kapitalflussinformationen sind hilfreich für die Beurteilung der Fähigkeit eines Unternehmens, Zahlungsmittel und Zahlungsmitteläquivalente zu erwirtschaften, und ermöglichen den Abschlussadressaten die Entwicklung von Modellen zur Beurteilung und zum Vergleich des Barwerts der künftigen Zahlungsströme verschiedener Unternehmen. Darüber hinaus verbessert eine Kapitalflussrechnung die Vergleichbarkeit der Darstellung der Ertragskraft unterschiedlicher Unternehmen, da die Auswirkungen der Verwendung verschiedener Bilanzierungs- und Bewertungsmethoden für dieselben Geschäftsvorfälle und Ereignisse eliminiert werden.

5 Historische Informationen über Zahlungsströme werden häufig als Indikator für den Betrag, den Zeitpunkt und die Wahrscheinlichkeit künftiger Zahlungsströme herangezogen. Außerdem sind die Informationen nützlich, um die Genauigkeit in der Vergangenheit vorgenommener Einschätzungen künftiger Zahlungsströme zu prüfen und die Beziehung zwischen der Rentabilität und dem Netto-Zahlungsstrom sowie die Auswirkungen von Preisänderungen zu untersuchen.

DEFINITIONEN

6 **Die folgenden Begriffe werden in diesem** Standard **mit der angegebenen Bedeutung verwendet:**

***Zahlungsmittel* umfassen Barmittel und Sichteinlagen.**

***Zahlungsmitteläquivalente* sind kurzfristige hochliquide Finanzinvestitionen, die jederzeit in festgelegte Zahlungsmittelbeträge umgewandelt werden können und nur unwesentlichen Wertschwankungsrisiken unterliegen.**

***Zahlungsströme* sind Zuflüsse und Abflüsse von Zahlungsmitteln und Zahlungsmitteläquivalenten.**

***Betriebliche Tätigkeiten* sind die wesentlichen erlösbringenden Tätigkeiten des Unternehmens sowie andere Tätigkeiten, die nicht den Investitions- oder Finanzierungstätigkeiten zuzuordnen sind.**

***Investitionstätigkeiten* sind der Erwerb und die Veräußerung langfristiger Vermögenswerte und sonstiger Finanzinvestitionen, die nicht zu den Zahlungsmitteläquivalenten gehören.**

***Finanzierungstätigkeiten* sind Tätigkeiten, die sich auf den Umfang und die Zusammensetzung des eingebrachten Eigenkapitals und der Fremdkapitalaufnahme des Unternehmens auswirken.**

Zahlungsmittel und Zahlungsmitteläquivalente

7 Zahlungsmitteläquivalente dienen dazu, kurzfristigen Zahlungsverpflichtungen nachkommen zu können. Sie werden gewöhnlich nicht zu Investitions- oder anderen Zwecken gehalten. Eine Finanzinvestition wird nur dann als Zahlungsmitteläquivalent eingestuft, wenn sie jederzeit in einen festgelegten Zahlungsmittelbetrag umgewandelt werden kann und nur unwesentlichen Wertschwankungsrisiken unterliegt. Aus diesem Grund gehört eine Finanzinvestition im Regelfall nur dann zu den Zahlungsmitteläquivalenten, wenn sie – gerechnet vom Erwerbszeitpunkt – eine Restlaufzeit von nicht mehr als etwa drei Monaten besitzt. Eigenkapitalbeteiligungen gehören grundsätzlich nicht zu den Zahlungsmitteläquivalenten, es sei denn, sie sind ihrem Wesen nach Zahlungsmitteläquivalente, wie beispielsweise im Fall von Vorzugsanteilen mit kurzer Restlaufzeit und festgelegtem Einlösungszeitpunkt.

8 Verbindlichkeiten gegenüber Banken gehören grundsätzlich zu den Finanzierungstätigkeiten. In einigen Ländern bilden Kontokorrentkredite, die auf Anforderung rückzahlbar sind, jedoch einen integralen Bestandteil der Zahlungsmitteldisposition des Unternehmens. In diesen Fällen werden Kontokorrentkredite den Zahlungsmitteln und Zahlungsmitteläquivalenten zugerechnet. Ein Merkmal solcher Vereinbarungen mit den Banken sind häufige Schwankungen des Kontosaldos zwischen Soll- und Haben-Beständen.

9 Bewegungen zwischen den Komponenten der Zahlungsmittel oder Zahlungsmitteläquivalente sind nicht als Zahlungsströme zu betrachten, da diese Komponenten Teil der Zahlungsmitteldisposition eines Unternehmens sind und nicht Teil der betrieblichen Tätigkeit, der Investitions- oder der Finanzierungstätigkeit. Zur Zahlungsmitteldisposition gehört auch die Investition überschüssiger Zahlungsmittel in Zahlungsmitteläquivalente.

DARSTELLUNG DER KAPITALFLUSSRECHNUNG

10 **Die Kapitalflussrechnung hat Zahlungsströme der Periode zu enthalten, die nach betrieblicher Tätigkeit, Investitions- und Finanzierungstätigkeit gegliedert werden.**

11 Ein Unternehmen stellt die Zahlungsströme aus betrieblicher Tätigkeit, Investitions- und Finanzierungstätigkeit in einer Weise dar, die seiner jeweiligen Geschäftstätigkeit möglichst angemessen ist. Die Gliederung nach Tätigkeitsbereichen

BENEFITS OF CASH FLOW INFORMATION

A statement of cash flows, when used in conjunction with the rest of the financial statements, provides information that enables users to evaluate the changes in net assets of an entity, its financial structure (including its liquidity and solvency) and its ability to affect the amounts and timing of cash flows in order to adapt to changing circumstances and opportunities. Cash flow information is useful in assessing the ability of the entity to generate cash and cash equivalents and enables users to develop models to assess and compare the present value of the future cash flows of different entities. It also enhances the comparability of the reporting of operating performance by different entities because it eliminates the effects of using different accounting treatments for the same transactions and events. 4

Historical cash flow information is often used as an indicator of the amount, timing and certainty of future cash flows. It is also useful in checking the accuracy of past assessments of future cash flows and in examining the relationship between profitability and net cash flow and the impact of changing prices. 5

DEFINITIONS

The following terms are used in this standard **with the meanings specified:** 6

***Cash* comprises cash on hand and demand deposits.**

***Cash equivalents* are short-term, highly liquid investments that are readily convertible to known amounts of cash and which are subject to an insignificant risk of changes in value.**

***Cash flows* are inflows and outflows of cash and cash equivalents.**

***Operating activities* are the principal revenue-producing activities of the entity and other activities that are not investing or financing activities.**

***Investing activities* are the acquisition and disposal of long-term assets and other investments not included in cash equivalents.**

***Financing activities* are activities that result in changes in the size and composition of the contributed equity and borrowings of the entity.**

Cash and cash equivalents

Cash equivalents are held for the purpose of meeting short-term cash commitments rather than for investment or other purposes. For an investment to qualify as a cash equivalent it must be readily convertible to a known amount of cash and be subject to an insignificant risk of changes in value. Therefore, an investment normally qualifies as a cash equivalent only when it has a short maturity of, say, three months or less from the date of acquisition. Equity investments are excluded from cash equivalents unless they are, in substance, cash equivalents, for example in the case of preferred shares acquired within a short period of their maturity and with a specified redemption date. 7

Bank borrowings are generally considered to be financing activities. However, in some countries, bank overdrafts which are repayable on demand form an integral part of an entity's cash management. In these circumstances, bank overdrafts are included as a component of cash and cash equivalents. A characteristic of such banking arrangements is that the bank balance often fluctuates from being positive to overdrawn. 8

Cash flows exclude movements between items that constitute cash or cash equivalents because these components are part of the cash management of an entity rather than part of its operating, investing and financing activities. Cash management includes the investment of excess cash in cash equivalents. 9

PRESENTATION OF A STATEMENT OF CASH FLOWS

The statement of cash flows shall report cash flows during the period classified by operating, investing and financing activities. 10

An entity presents its cash flows from operating, investing and financing activities in a manner which is most appropriate to its business. Classification by activity provides information that allows users to assess the impact of those activities on 11

liefert Informationen, anhand derer die Adressaten die Auswirkungen dieser Tätigkeiten auf die Vermögens- und Finanzlage des Unternehmens und die Höhe seiner Zahlungsmittel und Zahlungsmitteläquivalente beurteilen können. Weiterhin können diese Informationen eingesetzt werden, um die Beziehungen zwischen diesen Tätigkeiten zu bewerten.

12 Ein einziger Geschäftsvorfall umfasst unter Umständen Zahlungsströme, die unterschiedlichen Tätigkeiten zuzuordnen sind. Wenn die Rückzahlung eines Darlehens beispielsweise sowohl Zinsen als auch Tilgung umfasst, kann der Zinsanteil unter Umständen als betriebliche Tätigkeit, der Tilgungsanteil als Finanzierungstätigkeit eingestuft werden.

Betriebliche Tätigkeit

13 Die Zahlungsströme aus der betrieblichen Tätigkeit sind ein Schlüsselindikator dafür, in welchem Ausmaß es durch die Unternehmenstätigkeit gelungen ist, Zahlungsmittelüberschüsse zu erwirtschaften, die ausreichen, um Verbindlichkeiten zu tilgen, die Leistungsfähigkeit des Unternehmens zu erhalten, Dividenden zu zahlen und Investitionen zu tätigen, ohne dabei auf Quellen der Außenfinanzierung angewiesen zu sein. Informationen über die genauen Bestandteile der historischen Zahlungsströme aus betrieblicher Tätigkeit sind in Verbindung mit anderen Informationen von Nutzen, um künftige Zahlungsströme aus betrieblicher Tätigkeit zu prognostizieren.

14 Zahlungsströme aus der betrieblichen Tätigkeit stammen in erster Linie aus der erlösbringenden Tätigkeit des Unternehmens. Daher resultieren sie im Allgemeinen aus Geschäftsvorfällen und anderen Ereignissen, die in die Ermittlung des Gewinns oder Verlusts eingehen. Es folgen einige Beispiele für Zahlungsströme aus der betrieblichen Tätigkeit:

(a) Zahlungseingänge aus dem Verkauf von Gütern und der Erbringung von Dienstleistungen,
(b) Zahlungseingänge aus Nutzungsentgelten, Honoraren, Provisionen und anderen Erlösen,
(c) Auszahlungen an Lieferanten für Güter und Dienstleistungen,
(d) Auszahlungen an und für Beschäftigte,
(e) [gestrichen]
(f) Zahlungen oder Rückerstattungen von Ertragsteuern, es sei denn, die Zahlungen können der Finanzierungs- und Investitionstätigkeit zugeordnet werden, und
(g) Einzahlungen und Auszahlungen aus für Handelszwecke gehaltene Kontrakte.

Einige Geschäftsvorfälle, wie der Verkauf einer Sachanlage, führen zu einem Gewinn bzw. Verlust, der sich erfolgswirksam auswirkt. Die entsprechenden Zahlungsströme sind jedoch Zahlungsströme aus der Investitionstätigkeit. Auszahlungen für die Herstellung oder für den Erwerb von Vermögenswerten, die zur Weitervermietung und zum anschließenden Verkauf gehalten werden, so wie in Paragraph 68A von IAS 16 *Sachanlagen* beschrieben, sind Zahlungsströme aus betrieblichen Tätigkeiten. Die Bareinnahmen aus Miete und anschließendem Verkauf dieser Vermögenswerte sind ebenfalls Zahlungsströme aus der betrieblichen Tätigkeit.

15 Ein Unternehmen hält unter Umständen Wertpapiere und Anleihen zu Handelszwecken. In diesem Fall ähneln diese Posten den zur Weiterveräußerung bestimmten Vorräten. Aus diesem Grund werden Zahlungsströme aus dem Erwerb und Verkauf derartiger Wertpapiere als betriebliche Tätigkeit eingestuft. Ähnlich gelten von Finanzinstituten gewährte Kredite und Darlehen im Regelfall als betriebliche Tätigkeit, da sie mit der wesentlichen erlösbringenden Tätigkeit dieses Unternehmens in Zusammenhang stehen.

Investitionstätigkeit

16 Die gesonderte Angabe der Zahlungsströme aus der Investitionstätigkeit ist von Bedeutung, da die Zahlungsströme das Ausmaß angeben, in dem Ausgaben für Ressourcen getätigt wurden, die künftige Erträge und Zahlungsströme erwirtschaften sollen. Nur Ausgaben, die zu in der Bilanz angesetzten Vermögenswerten führen, können als Investitionstätigkeit eingestuft werden. Es folgen einige Beispiele für Zahlungsströme aus der Investitionstätigkeit:

(a) Auszahlungen für die Beschaffung von Sachanlagen, immateriellen und anderen langfristigen Vermögenswerten. Hierzu zählen auch Auszahlungen für aktivierte Entwicklungskosten und für selbst erstellte Sachanlagen,
(b) Einzahlungen aus dem Verkauf von Sachanlagen, immateriellen und anderen langfristigen Vermögenswerten,
(c) Auszahlungen für den Erwerb von Eigenkapital oder Schuldinstrumenten anderer Unternehmen und von Anteilen an Gemeinschaftsunternehmen (sofern diese Titel nicht als Zahlungsmitteläquivalente betrachtet oder zu Handelszwecken gehalten werden),
(d) Einzahlungen aus der Veräußerung von Eigenkapital- oder Schuldinstrumenten anderer Unternehmen und von Anteilen an Gemeinschaftsunternehmen (sofern diese Titel nicht als Zahlungsmitteläquivalente betrachtet oder zu Handelszwecken gehalten werden),
(e) Auszahlungen für Dritten gewährte Kredite und Darlehen (mit Ausnahme der von einem Finanzinstitut gewährten Kredite und Darlehen),
(f) Einzahlungen aus der Tilgung von Dritten gewährten Krediten und Darlehen (mit Ausnahme der von einem Finanzinstitut gewährten Kredite und Darlehen),

the financial position of the entity and the amount of its cash and cash equivalents. This information may also be used to evaluate the relationships among those activities.

A single transaction may include cash flows that are classified differently. For example, when the cash repayment of a loan includes both interest and capital, the interest element may be classified as an operating activity and the capital element is classified as a financing activity. 12

Operating activities

The amount of cash flows arising from operating activities is a key indicator of the extent to which the operations of the entity have generated sufficient cash flows to repay loans, maintain the operating capability of the entity, pay dividends and make new investments without recourse to external sources of financing. Information about the specific components of historical operating cash flows is useful, in conjunction with other information, in forecasting future operating cash flows. 13

Cash flows from operating activities are primarily derived from the principal revenue-producing activities of the entity. Therefore, they generally result from the transactions and other events that enter into the determination of profit or loss. Examples of cash flows from operating activities are: 14

(a) cash receipts from the sale of goods and the rendering of services;
(b) cash receipts from royalties, fees, commissions and other revenue;
(c) cash payments to suppliers for goods and services;
(d) cash payments to and on behalf of employees;
(e) [deleted]
(f) cash payments or refunds of income taxes unless they can be specifically identified with financing and investing activities; and
(g) cash receipts and payments from contracts held for dealing or trading purposes.

Some transactions, such as the sale of an item of plant, may give rise to a gain or loss that is included in recognised profit or loss. The cash flows relating to such transactions are cash flows from investing activities. However, cash payments to manufacture or acquire assets held for rental to others and subsequently held for sale as described in paragraph 68A of IAS 16 *Property, Plant and Equipment* are cash flows from operating activities. The cash receipts from rents and subsequent sales of such assets are also cash flows from operating activities.

An entity may hold securities and loans for dealing or trading purposes, in which case they are similar to inventory acquired specifically for resale. Therefore, cash flows arising from the purchase and sale of dealing or trading securities are classified as operating activities. Similarly, cash advances and loans made by financial institutions are usually classified as operating activities since they relate to the main revenue-producing activity of that entity. 15

Investing activities

The separate disclosure of cash flows arising from investing activities is important because the cash flows represent the extent to which expenditures have been made for resources intended to generate future income and cash flows. Only expenditures that result in a recognised asset in the statement of financial position are eligible for classification as investing activities. Examples of cash flows arising from investing activities are: 16

(a) cash payments to acquire property, plant and equipment, intangibles and other long-term assets. These payments include those relating to capitalised development costs and self-constructed property, plant and equipment;
(b) cash receipts from sales of property, plant and equipment, intangibles and other long-term assets;
(c) cash payments to acquire equity or debt instruments of other entities and interests in joint ventures (other than payments for those instruments considered to be cash equivalents or those held for dealing or trading purposes);
(d) cash receipts from sales of equity or debt instruments of other entities and interests in joint ventures (other than receipts for those instruments considered to be cash equivalents and those held for dealing or trading purposes);
(e) cash advances and loans made to other parties (other than advances and loans made by a financial institution);
(f) cash receipts from the repayment of advances and loans made to other parties (other than advances and loans of a financial institution);

(g) Auszahlungen für standardisierte und andere Termingeschäfte, Options- und Swap-Geschäfte, es sei denn, diese Kontrakte werden zu Handelszwecken gehalten oder die Auszahlungen werden als Finanzierungstätigkeit eingestuft, und
(h) Einzahlungen aus standardisierten und anderen Termingeschäften, Options- und Swap-Geschäften, es sei denn, diese Kontrakte werden zu Handelszwecken gehalten oder die Einzahlungen werden als Finanzierungstätigkeit eingestuft.

Wenn ein Kontrakt als Sicherungsbeziehung, die sich auf ein bestimmbares Grundgeschäft bezieht, bilanziert wird, werden die Zahlungsströme des Kontrakts auf dieselbe Art und Weise eingestuft wie die Zahlungsströme des Grundgeschäfts.

Finanzierungstätigkeit

17 Die gesonderte Angabe der Zahlungsströme aus der Finanzierungstätigkeit ist von Bedeutung, da sie für die Schätzung von Ansprüchen auf künftige Zahlungsströme der Kapitalgeber gegenüber dem Unternehmen nützlich sind. Es folgen einige Beispiele für Zahlungsströme aus der Finanzierungstätigkeit:
(a) Einzahlungen aus der Ausgabe von Anteilen oder anderen Eigenkapitalinstrumenten,
(b) Auszahlungen an Eigentümer zum Erwerb oder Rückkauf von (eigenen) Anteilen an dem Unternehmen,
(c) Einzahlungen aus der Ausgabe von Schuldverschreibungen, Schuldscheinen, Anleihen und hypothekarisch unterlegten Schuldtiteln sowie aus der Aufnahme von Darlehen und Hypotheken oder aus der Aufnahme von sonstigem kurz- oder langfristigem Fremdkapital,
(d) Auszahlungen für die Rückzahlung von Ausleihungen und
(e) Auszahlungen von Leasingnehmern zur Tilgung von Schulden aus Leasingverträgen.

DARSTELLUNG DER ZAHLUNGSSTRÖME AUS DER BETRIEBLICHEN TÄTIGKEIT

18 **Ein Unternehmen hat Zahlungsströme aus der betrieblichen Tätigkeit in einer der beiden folgenden Formen darzustellen:**
(a) direkte Methode, wobei die Hauptklassen der Bruttoeinzahlungen und Bruttoauszahlungen angegeben werden oder
(b) indirekte Methode, wobei der Periodengewinn oder -verlust um Auswirkungen nicht zahlungswirksamer Geschäftsvorfälle oder Abgrenzungen von vergangenen oder künftigen betrieblichen Ein- oder Auszahlungen (einschließlich Rückstellungen) sowie um Ertrags- oder Aufwandsposten, die den Zahlungsströmen aus der Investitions- oder der Finanzierungstätigkeit zuzuordnen sind, angepasst wird.

19 Unternehmen wird empfohlen, die Zahlungsströme aus der betrieblichen Tätigkeit nach der direkten Methode darzustellen. Die direkte Methode stellt Informationen zur Verfügung, welche die Schätzung künftiger Zahlungsströme erleichtern können und bei Anwendung der indirekten Methode nicht verfügbar sind. Bei Anwendung der direkten Methode können Informationen über die Hauptklassen von Bruttoeinzahlungen und Bruttoauszahlungen folgendermaßen abgeleitet werden:
(a) aus der Buchhaltung des Unternehmens oder
(b) durch Bereinigung der Umsatzerlöse und der Umsatzkosten (Zinsen und ähnliche Erträge sowie Zinsaufwendungen und ähnliche Aufwendungen bei einem Finanzinstitut) sowie anderer Posten der Gesamtergebnisrechnung um
    (i) Veränderungen der Periode bei den Vorräten und den Forderungen und Verbindlichkeiten aus Lieferungen und Leistungen,
    (ii) andere zahlungsunwirksame Posten und
    (iii) andere Posten, deren zahlungswirksame Auswirkungen Zahlungsströme aus der Investitions- oder Finanzierungstätigkeit darstellen.

20 Bei Anwendung der indirekten Methode wird der Netto-Zahlungsstrom aus der betrieblichen Tätigkeit durch Bereinigung des Periodengewinns oder -verlusts um die folgenden Größen ermittelt:
(a) Veränderungen der Periode bei den Vorräten und den Forderungen und Verbindlichkeiten aus Lieferungen und Leistungen,
(b) zahlungsunwirksame Posten, wie beispielsweise planmäßige Abschreibungen, Rückstellungen, latente Steuern, unrealisierte Fremdwährungsgewinne und -verluste und nicht ausgeschüttete Gewinne von assoziierten Unternehmen, und
(c) alle anderen Posten, deren zahlungswirksame Auswirkungen Zahlungsströme aus der Investitions- oder Finanzierungstätigkeit darstellen.

Alternativ kann der Netto-Zahlungsstrom aus der betrieblichen Tätigkeit auch in der indirekten Methode durch Gegenüberstellung der Aufwendungen und Erträge aus der Gesamtergebnisrechnung sowie der Änderungen der Vorräte und der Forderungen und Verbindlichkeiten aus Lieferungen und Leistungen im Laufe der Periode dargestellt werden.

(g) cash payments for futures contracts, forward contracts, option contracts and swap contracts except when the contracts are held for dealing or trading purposes, or the payments are classified as financing activities; and
(h) cash receipts from futures contracts, forward contracts, option contracts and swap contracts except when the contracts are held for dealing or trading purposes, or the receipts are classified as financing activities.

When a contract is accounted for as a hedge of an identifiable position, the cash flows of the contract are classified in the same manner as the cash flows of the position being hedged.

Financing activities

17 The separate disclosure of cash flows arising from financing activities is important because it is useful in predicting claims on future cash flows by providers of capital to the entity. Examples of cash flows arising from financing activities are:
(a) cash proceeds from issuing shares or other equity instruments;
(b) cash payments to owners to acquire or redeem the entity's shares;
(c) cash proceeds from issuing debentures, loans, notes, bonds, mortgages and other short or long-term borrowings;
(d) cash repayments of amounts borrowed; and
(e) cash payments by a lessee for the reduction of the outstanding liability relating to a lease.

REPORTING CASH FLOWS FROM OPERATING ACTIVITIES

18 **An entity shall report cash flows from operating activities using either:**
(a) the direct method, whereby major classes of gross cash receipts and gross cash payments are disclosed; or
(b) the indirect method, whereby profit or loss is adjusted for the effects of transactions of a non-cash nature, any deferrals or accruals of past or future operating cash receipts or payments, and items of income or expense associated with investing or financing cash flows.

19 Entities are encouraged to report cash flows from operating activities using the direct method. The direct method provides information which may be useful in estimating future cash flows and which is not available under the indirect method. Under the direct method, information about major classes of gross cash receipts and gross cash payments may be obtained either:
(a) from the accounting records of the entity; or
(b) by adjusting sales, cost of sales (interest and similar income and interest expense and similar charges for a financial institution) and other items in the statement of comprehensive income for:
    (i) changes during the period in inventories and operating receivables and payables;
    (ii) other non-cash items; and
    (iii) other items for which the cash effects are investing or financing cash flows.

20 Under the indirect method, the net cash flow from operating activities is determined by adjusting profit or loss for the effects of:
(a) changes during the period in inventories and operating receivables and payables;
(b) non-cash items such as depreciation, provisions, deferred taxes, unrealised foreign currency gains and losses, undistributed profits of associates, and non-controlling interests; and
(c) all other items for which the cash effects are investing or financing cash flows.

Alternatively, the net cash flow from operating activities may be presented under the indirect method by showing the revenues and expenses disclosed in the statement of comprehensive income and the changes during the period in inventories and operating receivables and payables.

DARSTELLUNG DER ZAHLUNGSSTRÖME AUS INVESTITIONS- UND FINANZIERUNGSTÄTIGKEIT

21 **Ein Unternehmen hat die Hauptklassen der Bruttoeinzahlungen und Bruttoauszahlungen, die aus der Investitions- und der Finanzierungstätigkeit entstehen, separat auszuweisen. Ausgenommen sind die Fälle, in denen die in den Paragraphen 22 und 24 beschriebenen Zahlungsströme saldiert ausgewiesen werden.**

SALDIERTE DARSTELLUNG DER ZAHLUNGSSTRÖME

22 **Für Zahlungsströme, die aus den folgenden betrieblichen Tätigkeiten, Investitions- oder Finanzierungstätigkeiten entstehen, ist ein saldierter Ausweis zulässig:**

(a) Einzahlungen und Auszahlungen im Namen von Kunden, wenn die Zahlungsströme eher auf Tätigkeiten des Kunden als auf Tätigkeiten des Unternehmens zurückzuführen sind, und

(b) Einzahlungen und Auszahlungen für Posten mit großer Umschlagshäufigkeit, großen Beträgen und kurzen Laufzeiten.

23 Beispiele für die in Paragraph 22 (a) genannten Einzahlungen und Auszahlungen sind:

(a) Annahme und Rückzahlung von Sichteinlagen bei einer Bank,

(b) von einer Anlagegesellschaft für Kunden gehaltene Finanzmittel und

(c) Mieten, die für Grundstückseigentümer eingezogen und an diese weitergeleitet werden.

23A Beispiele für die in Paragraph 22 (b) genannten Einzahlungen und Auszahlungen sind Einzahlungen und Auszahlungen für

(a) Darlehensbeträge gegenüber Kreditkartenkunden,

(b) den Kauf und Verkauf von Finanzinvestitionen und

(c) sonstiges kurzfristiges Fremdkapital, wie beispielsweise Kredite mit einer Laufzeit von bis zu drei Monaten.

24 **Für Zahlungsströme aus einer der folgenden Tätigkeiten eines Finanzinstituts ist eine saldierte Darstellung möglich:**

(a) Einzahlungen und Auszahlungen für die Annahme und die Rückzahlung von Einlagen mit fester Laufzeit,

(b) Platzierung von Einlagen bei Finanzinstituten und Rücknahme von Einlagen anderer Finanzinstitute und

(c) Kredite und Darlehen für Kunden und die Rückzahlung dieser Kredite und Darlehen.

ZAHLUNGSSTRÖME IN FREMDWÄHRUNG

25 **Zahlungsströme, die aus Geschäftsvorfällen in einer Fremdwährung entstehen, sind in der funktionalen Währung des Unternehmens zu erfassen, indem der Fremdwährungsbetrag mit dem zum Zahlungszeitpunkt gültigen Umrechnungskurs zwischen der funktionalen Währung und der Fremdwährung in die funktionale Währung umgerechnet wird.**

26 **Die Zahlungsströme eines ausländischen Tochterunternehmens sind mit dem zum Zahlungszeitpunkt geltenden Wechselkurs zwischen der funktionalen Währung und der Fremdwährung in die funktionale Währung umzurechnen.**

27 Zahlungsströme, die in einer Fremdwährung abgewickelt werden, sind gemäß IAS 21 *Auswirkungen von Wechselkursänderungen* auszuweisen. Dabei ist die Verwendung eines Wechselkurses zulässig, der dem tatsächlichen Kurs in etwa entspricht. So kann beispielsweise für die Erfassung von Fremdwährungstransaktionen oder für die Umrechnung der Zahlungsströme eines ausländischen Tochterunternehmens ein gewogener Periodendurchschnittskurs verwendet werden. Eine Umrechnung der Zahlungsströme eines ausländischen Tochterunternehmens zum Kurs am Abschlussstichtag ist jedoch gemäß IAS 21 nicht zulässig.

28 Nicht realisierte Gewinne und Verluste aus Wechselkursänderungen sind nicht als Zahlungsströme zu betrachten. Die Auswirkungen von Wechselkursänderungen auf Zahlungsmittel und Zahlungsmitteläquivalente, die in Fremdwährung gehalten werden oder fällig sind, werden jedoch in der Kapitalflussrechnung erfasst, um den Bestand an Zahlungsmitteln und Zahlungsmitteläquivalenten zu Beginn und am Ende der Periode abzustimmen. Dieser Betrag wird getrennt von den Zahlungsströmen aus betrieblicher Tätigkeit, Investitions- und Finanzierungstätigkeit ausgewiesen und umfasst die Differenzen etwaiger Wechselkursänderungen, die entstanden wären, wenn diese Zahlungsströme mit dem Stichtagskurs umgerechnet worden wären.

29–30 [gestrichen]

REPORTING CASH FLOWS FROM INVESTING AND FINANCING ACTIVITIES

An entity shall report separately major classes of gross cash receipts and gross cash payments arising from investing and financing activities, except to the extent that cash flows described in paragraphs 22 and 24 are reported on a net basis. 21

REPORTING CASH FLOWS ON A NET BASIS

Cash flows arising from the following operating, investing or financing activities may be reported on a net basis: 22
(a) cash receipts and payments on behalf of customers when the cash flows reflect the activities of the customer rather than those of the entity; and
(b) cash receipts and payments for items in which the turnover is quick, the amounts are large, and the maturities are short.

Examples of cash receipts and payments referred to in paragraph 22 (a) are: 23
(a) the acceptance and repayment of demand deposits of a bank;
(b) funds held for customers by an investment entity; and
(c) rents collected on behalf of, and paid over to, the owners of properties.

Examples of cash receipts and payments referred to in paragraph 22 (b) are advances made for, and the repayment of: 23A
(a) principal amounts relating to credit card customers;
(b) the purchase and sale of investments; and
(c) other short-term borrowings, for example, those which have a maturity period of three months or less.

Cash flows arising from each of the following activities of a financial institution may be reported on a net basis: 24
(a) cash receipts and payments for the acceptance and repayment of deposits with a fixed maturity date;
(b) the placement of deposits with and withdrawal of deposits from other financial institutions; and
(c) cash advances and loans made to customers and the repayment of those advances and loans.

FOREIGN CURRENCY CASH FLOWS

Cash flows arising from transactions in a foreign currency shall be recorded in an entity's functional currency by applying to the foreign currency amount the exchange rate between the functional currency and the foreign currency at the date of the cash flow. 25

The cash flows of a foreign subsidiary shall be translated at the exchange rates between the functional currency and the foreign currency at the dates of the cash flows. 26

Cash flows denominated in a foreign currency are reported in a manner consistent with IAS 21 *The effects of changes in foreign exchange rates*. This permits the use of an exchange rate that approximates the actual rate. For example, a weighted average exchange rate for a period may be used for recording foreign currency transactions or the translation of the cash flows of a foreign subsidiary. However, IAS 21 does not permit use of the exchange rate at the end of the reporting period when translating the cash flows of a foreign subsidiary. 27

Unrealised gains and losses arising from changes in foreign currency exchange rates are not cash flows. However, the effect of exchange rate changes on cash and cash equivalents held or due in a foreign currency is reported in the statement of cash flows in order to reconcile cash and cash equivalents at the beginning and the end of the period. This amount is presented separately from cash flows from operating, investing and financing activities and includes the differences, if any, had those cash flows been reported at end of period exchange rates. 28

[Deleted] 29—30

ZINSEN UND DIVIDENDEN

31 **Zahlungsströme aus erhaltenen und gezahlten Zinsen und Dividenden sind jeweils gesondert anzugeben. Jede Ein- und Auszahlung ist stetig von Periode zu Periode entweder als betriebliche Tätigkeit, Investitions- oder Finanzierungstätigkeit einzustufen.**

32 Der Gesamtbetrag der während einer Periode gezahlten Zinsen wird in der Kapitalflussrechnung angegeben unabhängig davon, ob der Betrag erfolgswirksam erfasst oder nach IAS 23 *Fremdkapitalkosten* aktiviert wurde.

33 Gezahlte Zinsen sowie erhaltene Zinsen und Dividenden werden bei einem Finanzinstitut im Normalfall als Zahlungsströme aus der betrieblichen Tätigkeit eingestuft. Im Hinblick auf andere Unternehmen besteht jedoch kein Einvernehmen über die Zuordnung dieser Zahlungsströme. Gezahlte Zinsen und erhaltene Zinsen und Dividenden können als Zahlungsströme aus der betrieblichen Tätigkeit eingestuft werden, da sie in die Ermittlung des Periodengewinns oder -verlusts eingehen. Alternativ können gezahlte Zinsen und erhaltene Zinsen und Dividenden als Zahlungsströme aus Finanzierungs- bzw. Investitionstätigkeit eingestuft werden, da sie Finanzierungsaufwendungen oder Erträge aus Investitionen sind.

34 Gezahlte Dividenden können als Zahlungsströme aus der Finanzierungstätigkeit eingestuft werden, da es sich um Finanzierungsaufwendungen handelt. Alternativ können gezahlte Dividenden als Bestandteil der Zahlungsströme aus der betrieblichen Tätigkeit eingestuft werden, damit die Fähigkeit eines Unternehmens, Dividenden aus Zahlungsströmen aus der betrieblichen Tätigkeit zu zahlen, leichter beurteilt werden kann.

ERTRAGSTEUERN

35 **Zahlungsströme aus Ertragsteuern sind gesondert anzugeben und als Zahlungsströme aus der betrieblichen Tätigkeit einzustufen, es sei denn, sie können bestimmten Finanzierungs- und Investitionstätigkeiten zugeordnet werden.**

36 Ertragsteuern entstehen aus Geschäftsvorfällen, die zu Zahlungsströmen führen, die in einer Kapitalflussrechnung als betriebliche Tätigkeit, Investitions- oder Finanzierungstätigkeit eingestuft werden. Während Investitions- oder Finanzierungstätigkeiten in der Regel der entsprechende Steueraufwand zugeordnet werden kann, ist die Bestimmung der damit verbundenen steuerbezogenen Zahlungsströme häufig nicht durchführbar, und die Zahlungsströme erfolgen unter Umständen in einer anderen Periode als die Zahlungsströme des zugrunde liegenden Geschäftsvorfalls. Aus diesem Grund werden gezahlte Steuern im Regelfall als Zahlungsströme aus der betrieblichen Tätigkeit eingestuft. Wenn die Zuordnung der steuerbezogenen Zahlungsströme zu einem Geschäftsvorfall, der zu Zahlungsströmen aus der Investitions- oder Finanzierungstätigkeit führt, jedoch praktisch möglich ist, werden die steuerbezogenen Zahlungsströme ebenso als Investitions- bzw. Finanzierungstätigkeit eingestuft. Wenn die steuerbezogenen Zahlungsströme mehr als einer Tätigkeit zugeordnet werden, wird der Gesamtbetrag der gezahlten Steuern angegeben.

BETEILIGUNGEN AN TOCHTERUNTERNEHMEN, ASSOZIIERTEN UNTERNEHMEN UND GEMEINSCHAFTSUNTERNEHMEN

37 Bei der Bilanzierung einer Beteiligung an einem assoziierten Unternehmen, einem Gemeinschaftsunternehmen oder einem Tochterunternehmen nach der Equity-Methode oder zu Anschaffungskosten beschränkt ein Investor seine Darstellung in der Kapitalflussrechnung auf die Zahlungsströme zwischen ihm und dem Beteiligungsunternehmen, beispielsweise auf Dividenden und Kredite.

38 Ein Unternehmen, das seine Anteile an einem assoziierten Unternehmen oder einem Gemeinschaftsunternehmen nach der Equity-Methode bilanziert, nimmt nur die Zahlungsströme in die Kapitalflussrechnung auf, die mit seiner Beteiligung an dem assoziierten Unternehmen oder dem Gemeinschaftsunternehmen sowie den Ausschüttungen und anderen Ein- und Auszahlungen zwischen ihm und dem assoziierten Unternehmen oder dem Gemeinschaftsunternehmen in Zusammenhang stehen.

ÄNDERUNGEN DER BETEILIGUNGSQUOTE AN TOCHTERUNTERNEHMEN UND SONSTIGEN GESCHÄFTSEINHEITEN

39 **Die Summe der Zahlungsströme aus der Erlangung oder dem Verlust der Beherrschung über Tochterunternehmen oder sonstige Geschäftseinheiten ist gesondert darzustellen und als Investitionstätigkeit einzustufen.**

INTEREST AND DIVIDENDS

Cash flows from interest and dividends received and paid shall each be disclosed separately. Each shall be classified in a consistent manner from period to period as either operating, investing or financing activities. 31

The total amount of interest paid during a period is disclosed in the statement of cash flows whether it has been recognised as an expense in the profit or loss or capitalised in accordance with IAS 23 *Borrowing Costs*. 32

Interest paid and interest and dividends received are usually classified as operating cash flows for a financial institution. However, there is no consensus on the classification of these cash flows for other entities. Interest paid and interest and dividends received may be classified as operating cash flows because they enter into the determination of profit or loss. Alternatively, interest paid and interest and dividends received may be classified as financing cash flows and investing cash flows respectively, because they are costs of obtaining financial resources or returns on investments. 33

Dividends paid may be classified as a financing cash flow because they are a cost of obtaining financial resources. Alternatively, dividends paid may be classified as a component of cash flows from operating activities in order to assist users to determine the ability of an entity to pay dividends out of operating cash flows. 34

TAXES ON INCOME

Cash flows arising from taxes on income shall be separately disclosed and shall be classified as cash flows from operating activities unless they can be specifically identified with financing and investing activities. 35

Taxes on income arise on transactions that give rise to cash flows that are classified as operating, investing or financing activities in a statement of cash flows. While tax expense may be readily identifiable with investing or financing activities, the related tax cash flows are often impracticable to identify and may arise in a different period from the cash flows of the underlying transaction. Therefore, taxes paid are usually classified as cash flows from operating activities. However, when it is practicable to identify the tax cash flow with an individual transaction that gives rise to cash flows that are classified as investing or financing activities the tax cash flow is classified as an investing or financing activity as appropriate. When tax cash flows are allocated over more than one class of activity, the total amount of taxes paid is disclosed. 36

INVESTMENTS IN SUBSIDIARIES, ASSOCIATES AND JOINT VENTURES

When accounting for an investment in an associate, a joint venture or a subsidiary accounted for by use of the equity method or at cost, an investor restricts its reporting in the statement of cash flows to the cash flows between itself and the investee, for example, to dividends and advances. 37

An entity that reports its interest in an associate or a joint venture using the equity method includes in its statement of cash flows the cash flows in respect of its investments in the associate or joint venture, and distributions and other payments or receipts between it and the associate or joint venture. 38

CHANGES IN OWNERSHIP INTERESTS IN SUBSIDIARIES AND OTHER BUSINESSES

The aggregate cash flows arising from obtaining or losing control of subsidiaries or other businesses shall be presented separately and classified as investing activities. 39

40 Ein Unternehmen hat im Hinblick auf die Erlangung oder den Verlust der Beherrschung über Tochter unternehmen oder sonstige Geschäftseinheiten, die während der Periode erfolgten, die folgenden zusammenfassenden Angaben zu machen:

(a) das gesamte gezahlte oder erhaltene Entgelt,

(b) den Teil des Entgelts, der aus Zahlungsmitteln und Zahlungsmitteläquivalenten bestand,

(c) den Betrag der Zahlungsmittel und Zahlungsmitteläquivalente der Tochterunternehmen oder sonstigen Geschäftseinheiten, über welche die Beherrschung erlangt oder verloren wurde, und

(d) die Beträge der nach Hauptgruppen gegliederten Vermögenswerte und Schulden mit Ausnahme der Zahlungsmittel und Zahlungsmitteläquivalente der Tochterunternehmen oder sonstigen Geschäftseinheiten, über welche die Beherrschung erlangt oder verloren wurde.

40A Eine Investmentgesellschaft im Sinne von IFRS 10 *Konzernabschlüsse* braucht die Paragraphen 40 (c) bzw. 40 (d) nicht auf eine Beteiligung an einem Tochterunternehmen anzuwenden, die erfolgswirksam zum beizulegenden Zeitwert zu bewerten ist.

41 Die gesonderte Darstellung der Auswirkungen der Zahlungsströme aus der Erlangung oder dem Verlust der Beherrschung über Tochterunternehmen oder sonstige Geschäftseinheiten als eigenständige Posten sowie die gesonderte Angabe der Beträge der erworbenen oder veräußerten Vermögenswerte und Schulden erleichtert die Unterscheidung dieser Zahlungsströme von den Zahlungsströmen aus der übrigen betrieblichen Tätigkeit, Investitions- und Finanzierungstätigkeit. Die Auswirkungen der Zahlungsströme aus dem Verlust der Beherrschung werden nicht mit denen aus der Erlangung der Beherrschung saldiert.

42 Die Summe des Betrags der als Entgelt für die Erlangung oder den Verlust der Beherrschung über Tochterunternehmen oder sonstige Geschäftseinheiten gezahlten oder erhaltenen Mittel wird in der Kapitalflussrechnung abzüglich der im Rahmen solcher Geschäftsvorfälle, Ereignisse oder veränderten Umstände erworbenen oder veräußerten Zahlungsmittel und Zahlungsmitteläquivalente ausgewiesen.

42A Zahlungsströme aus Änderungen der Beteiligungsquote an einem Tochterunternehmen, die nicht in einem Verlust der Beherrschung resultieren, sind als Zahlungsströme aus der Finanzierungstätigkeit einzustufen, es sei denn, das Tochterunternehmen wird von einer Investmentgesellschaft im Sinne von IFRS 10 gehalten und muss erfolgswirksam zum beizulegenden Zeitwert bewertet werden.

42B Änderungen der Beteiligungsquote an einem Tochterunternehmen, die nicht in einem Verlust der Beherrschung resultieren, wie beispielsweise ein späterer Kauf oder Verkauf von Eigenkapitalinstrumenten eines Tochterunternehmens, werden als Eigenkapitaltransaktionen bilanziert (siehe IFRS 10), es sei denn, das Tochterunternehmen wird von einer Investmentgesellschaft gehalten und muss erfolgswirksam zum beizulegenden Zeitwert bewertet werden. Demzufolge werden die daraus resultierenden Zahlungsströme genauso wie die anderen in Paragraph 17 beschriebenen Geschäftsvorfälle mit Eigentümern eingestuft.

NICHT ZAHLUNGSWIRKSAME TRANSAKTIONEN

43 Investitions- und Finanzierungstransaktionen, für die keine Zahlungsmittel oder Zahlungsmitteläquivalente eingesetzt werden, sind nicht Bestandteil der Kapitalflussrechnung. Solche Transaktionen sind an anderer Stelle im Abschluss derart anzugeben, dass alle notwendigen Informationen über diese Investitions- und Finanzierungstätigkeiten bereitgestellt werden.

44 Viele Investitions- und Finanzierungstätigkeiten haben keine direkten Auswirkungen auf die laufenden Zahlungsströme, beeinflussen jedoch die Kapital- und Vermögensstruktur eines Unternehmens. Der Ausschluss nicht zahlungswirksamer Transaktionen aus der Kapitalflussrechnung steht mit der Zielsetzung der Kapitalflussrechnung im Einklang, da diese Posten nicht zu Zahlungsströmen in der aktuellen Berichtsperiode führen. Beispiele für nicht zahlungswirksame Transaktionen sind:

(a) der Erwerb von Vermögenswerten durch Übernahme direkt damit verbundener Schulden oder durch ein Leasingverhältnis,

(b) der Erwerb eines Unternehmens gegen Ausgabe von Anteilen und

(c) die Umwandlung von Schulden in Eigenkapital.

An entity shall disclose, in aggregate, in respect of both obtaining and losing control of subsidiaries or other businesses during the period each of the following: 40

(a) the total consideration paid or received;

(b) the portion of the consideration consisting of cash and cash equivalents;

(c) the amount of cash and cash equivalents in the subsidiaries or other businesses over which control is obtained or lost; and

(d) the amount of the assets and liabilities other than cash or cash equivalents in the subsidiaries or other businesses over which control is obtained or lost, summarised by each major category.

An investment entity, as defined in IFRS 10 *Consolidated Financial Statements*, need not apply paragraphs 40 (c) or 40 (d) to an investment in a subsidiary that is required to be measured at fair value through profit or loss. 40A

The separate presentation of the cash flow effects of obtaining or losing control of subsidiaries or other businesses as single line items, together with the separate disclosure of the amounts of assets and liabilities acquired or disposed of, helps to distinguish those cash flows from the cash flows arising from the other operating, investing and financing activities. The cash flow effects of losing control are not deducted from those of obtaining control. 41

The aggregate amount of the cash paid or received as consideration for obtaining or losing control of subsidiaries or other businesses is reported in the statement of cash flows net of cash and cash equivalents acquired or disposed of as part of such transactions, events or changes in circumstances. 42

Cash flows arising from changes in ownership interests in a subsidiary that do not result in a loss of control shall be classified as cash flows from financing activities, unless the subsidiary is held by an investment entity, as defined in IFRS 10, and is required to be measured at fair value through profit or loss. 42A

Changes in ownership interests in a subsidiary that do not result in a loss of control, such as the subsequent purchase or sale by a parent of a subsidiary's equity instruments, are accounted for as equity transactions (see IFRS 10, unless the subsidiary is held by an investment entity and is required to be measured at fair value through profit or loss. Accordingly, the resulting cash flows are classified in the same way as other transactions with owners described in paragraph 17. 42B

NON-CASH TRANSACTIONS

Investing and financing transactions that do not require the use of cash or cash equivalents shall be excluded from a statement of cash flows. Such transactions shall be disclosed elsewhere in the financial statements in a way that provides all the relevant information about these investing and financing activities. 43

Many investing and financing activities do not have a direct impact on current cash flows although they do affect the capital and asset structure of an entity. The exclusion of non-cash transactions from the statement of cash flows is consistent with the objective of a statement of cash flows as these items do not involve cash flows in the current period. Examples of non-cash transactions are: 44

(a) the acquisition of assets either by assuming directly related liabilities or by means of a lease;

(b) the acquisition of an entity by means of an equity issue; and

(c) the conversion of debt to equity.

VERÄNDERUNGEN DER VERBINDLICHKEITEN AUS FINANZIERUNGSTÄTIGKEITEN

44A Ein Unternehmen hat Angaben zu machen, anhand deren die Abschlussadressaten Veränderungen der Verbindlichkeiten aus Finanzierungstätigkeiten, einschließlich Veränderungen durch Zahlungsströme und nicht zahlungswirksame Veränderungen, beurteilen können.

44B Soweit zur Erfüllung der Anforderung nach Paragraph 44A erforderlich, gibt ein Unternehmen folgende Veränderungen der Verbindlichkeiten aus Finanzierungstätigkeiten an:
(a) Veränderungen durch Zahlungsströme aus der Finanzierungtätigkeit,
(b) Veränderungen aufgrund der Erlangung oder des Verlustes der Beherrschung über Tochterunternehmen oder sonstige Geschäftseinheiten,
(c) die Auswirkung von Wechselkursänderungen,
(d) Veränderungen beizulegender Zeitwerte und
(e) sonstige Veränderungen.

44C Verbindlichkeiten aus Finanzierungstätigkeiten sind Verbindlichkeiten, bei denen Zahlungsströme in der Kapitalflussrechnung bisher oder in Zukunft als Zahlungsströme aus der Finanzierungstätigkeit eingestuft werden. Die Angabepflicht nach Paragraph 44A gilt auch für Veränderungen bei finanziellen Vermögenswerten (beispielsweise Vermögenswerte zur Absicherung von Verbindlichkeiten aus Finanzierungstätigkeiten), wenn Zahlungsströme aus diesen finanziellen Vermögenswerten bisher oder in Zukunft als Zahlungsströme aus Finanzierungstätigkeiten berücksichtigt werden.

44D Eine Möglichkeit zur Erfüllung der Angabepflicht nach Paragraph 44A besteht in der Bereitstellung einer Überleitungsrechnung der Eröffnungs- und Schlusssalden in der Bilanz für Verbindlichkeiten aus Finanzierungstätigkeiten, einschließlich der Veränderungen gemäß Paragraph 44B. Wenn ein Unternehmen eine solche Überleitungsrechnung veröffentlicht, macht es ausreichende Angaben, um den Abschlussadressaten eine Zuordnung der in die Überleitungsrechnung aufgenommenen Posten zur Bilanz und zur Kapitalflussrechnung zu ermöglichen.

44E Liefert ein Unternehmen die nach Paragraph 44A erforderlichen Angaben in Kombination mit Angaben zu Veränderungen bei anderen Vermögenswerten und Verbindlichkeiten, so gibt es Veränderungen von Verbindlichkeiten aus Finanzierungstätigkeiten getrennt von Veränderungen dieser anderen Vermögenswerte und Verbindlichkeiten an.

LIEFERANTENFINANZIERUNGSVEREINBARUNGEN

44F Ein Unternehmen hat Angaben zu seinen Lieferantenfinanzierungsvereinbarungen (wie in Paragraph 44G beschrieben) zu machen, die es den Abschlussadressaten ermöglichen, die Auswirkungen der genannten Vereinbarungen auf die Verbindlichkeiten und Zahlungsströme des Unternehmens sowie auf das Liquiditätsrisiko des Unternehmens zu beurteilen.

44G Lieferantenfinanzierungsvereinbarungen sind dadurch gekennzeichnet, dass ein oder mehrere Finanzdienstleister anbieten, Beträge zu zahlen, die ein Unternehmen seinen Lieferanten schuldet, und das Unternehmen sich verpflichtet, die Finanzdienstleister zu den Bedingungen der Vereinbarungen entweder zu demselben Zeitpunkt, zu dem die Lieferanten bezahlt werden, oder zu einem späteren Zeitpunkt zu bezahlen. Diese Vereinbarungen ermöglichen dem Unternehmen – im Vergleich zum Fälligkeitsdatum der entsprechenden Rechnung – verlängerte Zahlungsfristen oder den Lieferanten des Unternehmens vorzeitige Zahlungszeitpunkte. Lieferantenfinanzierungsvereinbarungen werden häufig als Lieferkettenfinanzierung, Finanzierung von Verbindlichkeiten oder Reverse- Factoring-Vereinbarungen bezeichnet. Vereinbarungen, die ausschließlich der Verbesserung der Kreditwürdigkeit des Unternehmens dienen (z. B. finanzielle Garantien einschließlich Akkreditiven, die als Garantien verwendet werden) oder Instrumente, die das Unternehmen verwendet, um die geschuldeten Beträge direkt mit einem Lieferanten zu begleichen (z. B. Kreditkarten), sind keine Lieferantenfinanzierungsvereinbarungen.

44H Um die in Paragraph 44F genannten Ziele zu erreichen, hat ein Unternehmen für seine Lieferantenfinanzierungsvereinbarungen Folgendes aggregiert anzugeben:
(a) die Bedingungen der Vereinbarungen (z. B. verlängerte Zahlungsfristen und gestellte Sicherheiten oder Garantien). Ein Unternehmen hat jedoch die Bedingungen von Vereinbarungen, die unterschiedliche Bedingungen aufweisen, gesondert anzugeben.
(b) zu Beginn und zum Ende der Berichtsperiode:
  (i) die Buchwerte der finanziellen Verbindlichkeiten, die Teil einer Lieferantenfinanzierungsvereinbarung sind, und die Bilanzposten, in denen diese finanziellen Verbindlichkeiten ausgewiesen werden.
  (ii) die Buchwerte der unter (i) angegebenen finanziellen Verbindlichkeiten, für die die Lieferanten bereits Zahlungen von den Finanzdienstleistern erhalten haben, und die zugehörigen Bilanzposten.

CHANGES IN LIABILITIES ARISING FROM FINANCING ACTIVITIES

An entity shall provide disclosures that enable users of financial statements to evaluate changes in liabilities arising from financing activities, including both changes arising from cash flows and non-cash changes. 44A

To the extent necessary to satisfy the requirement in paragraph 44A, an entity shall disclose the following changes in liabilities arising from financing activities: 44B
(a) changes from financing cash flows;
(b) changes arising from obtaining or losing control of subsidiaries or other businesses;
(c) the effect of changes in foreign exchange rates;
(d) changes in fair values; and
(e) other changes.

Liabilities arising from financing activities are liabilities for which cash flows were, or future cash flows will be, classified in the statement of cash flows as cash flows from financing activities. In addition, the disclosure requirement in paragraph 44A also applies to changes in financial assets (for example, assets that hedge liabilities arising from financing activities) if cash flows from those financial assets were, or future cash flows will be, included in cash flows from financing activities. 44C

One way to fulfil the disclosure requirement in paragraph 44A is by providing a reconciliation between the opening and closing balances in the statement of financial position for liabilities arising from financing activities, including the changes identified in paragraph 44B. Where an entity discloses such a reconciliation, it shall provide sufficient information to enable users of the financial statements to link items included in the reconciliation to the statement of financial position and the statement of cash flows. 44D

If an entity provides the disclosure required by paragraph 44A in combination with disclosures of changes in other assets and liabilities, it shall disclose the changes in liabilities arising from financing activities separately from changes in those other assets and liabilities. 44E

SUPPLIER FINANCE ARRANGEMENTS

An entity shall disclose information about its supplier finance arrangements (as described in paragraph 44G) that enables users of financial statements to assess the effects of those arrangements on the entity's liabilities and cash flows and on the entity's exposure to liquidity risk. 44F

Supplier finance arrangements are characterised by one or more finance providers offering to pay amounts an entity owes its suppliers and the entity agreeing to pay according to the terms and conditions of the arrangements at the same date as, or a date later than, suppliers are paid. These arrangements provide the entity with extended payment terms, or the entity's suppliers with early payment terms, compared to the related invoice payment due date. Supplier finance arrangements are often referred to as supply chain finance, payables finance or reverse factoring arrangements. Arrangements that are solely credit enhancements for the entity (for example, financial guarantees including letters of credit used as guarantees) or instruments used by the entity to settle directly with a supplier the amounts owed (for example, credit cards) are not supplier finance arrangements. 44G

To meet the objectives in paragraph 44F, an entity shall disclose in aggregate for its supplier finance arrangements: 44H
(a) the terms and conditions of the arrangements (for example, extended payment terms and security or guarantees provided). However, an entity shall disclose separately the terms and conditions of arrangements that have dissimilar terms and conditions.
(b) as at the beginning and end of the reporting period:
  (i) the carrying amounts, and associated line items presented in the entity's statement of financial position, of the financial liabilities that are part of a supplier finance arrangement.
  (ii) the carrying amounts, and associated line items, of the financial liabilities disclosed under (i) for which suppliers have already received payment from the finance providers.

(iii) die Bandbreite der Fälligkeitstermine (z. B. 30–40 Tage nach Rechnungsdatum) der unter (i) angegebenen finanziellen Verbindlichkeiten und vergleichbarer Verbindlichkeiten aus Lieferungen und Leistungen, die nicht Teil einer Lieferantenfinanzierungsvereinbarung sind. Vergleichbare Verbindlichkeiten aus Lieferungen und Leistungen sind beispielsweise Verbindlichkeiten aus Lieferungen und Leistungen des Unternehmens, die sich auf denselben Geschäftszweig oder denselben Rechtsraum beziehen wie die unter (i) angegebenen finanziellen Verbindlichkeiten. Sind die Bandbreiten der Fälligkeitstermine groß, hat ein Unternehmen Erläuterungen zu diesen Spannen zu geben oder zusätzliche Spannen (z. B. geschichtete Bandbreiten) anzugeben.

(c) Art und Auswirkung von nicht zahlungswirksamen Veränderungen der Buchwerte der unter (b) (i) angegebenen finanziellen Verbindlichkeiten. Beispiele für nicht zahlungswirksame Veränderungen sind die Auswirkungen von Unternehmenszusammenschlüssen, Umrechnungsdifferenzen oder anderen Transaktionen, für die keine Zahlungsmittel oder Zahlungsmitteläquivalente eingesetzt werden (siehe Paragraph 43).

BESTANDTEILE DER ZAHLUNGSMITTEL UND ZAHLUNGSMITTELÄQUIVALENTE

45 **Ein Unternehmen hat die Bestandteile der Zahlungsmittel und Zahlungsmitteläquivalente anzugeben und eine Überleitungsrechnung zu erstellen, in der die Beträge der Kapitalflussrechnung den entsprechenden Bilanzposten gegenübergestellt werden.**

46 Angesichts der Vielfalt der weltweiten Praktiken zur Zahlungsmitteldisposition und der Konditionen von Kreditinstituten sowie zur Erfüllung des IAS 1 *Darstellung des Abschlusses* gibt ein Unternehmen die gewählte Methode für die Bestimmung der Zusammensetzung der Zahlungsmittel und Zahlungsmitteläquivalente an.

47 Die Auswirkungen von Änderungen der Methode zur Bestimmung der Zusammensetzung der Zahlungsmittel und Zahlungsmitteläquivalente, wie beispielsweise eine Änderung in der Einstufung von Finanzinstrumenten, die ursprünglich dem Beteiligungsportfolio des Unternehmens zugeordnet waren, werden nach IAS 8 *Rechnungslegungsmethoden, Änderungen rechnungslegungsbezogener Schätzungen und Fehler* dargestellt.

WEITERE ANGABEN

48 **Ein Unternehmen hat in Verbindung mit einer Stellungnahme des Managements den Betrag an wesentlichen Zahlungsmitteln und Zahlungsmitteläquivalenten anzugeben, die vom Unternehmen gehalten wer den und über die der Konzern nicht verfügen kann.**

49 Unter verschiedenen Umständen kann ein Konzern nicht über Zahlungsmittel und Zahlungsmitteläquivalente eines Unternehmens verfügen. Dazu zählen beispielsweise Zahlungsmittel und Zahlungsmitteläquivalente, die von einem Tochterunternehmen in einem Land gehalten werden, in dem Devisenverkehrskontrollen oder andere gesetzliche Einschränkungen zum Tragen kommen, und das Mutterunternehmen oder andere Tochterunternehmen nicht uneingeschränkt über die Bestände verfügen können.

50 Zusätzliche Angaben können für die Adressaten von Bedeutung sein, um die Finanzlage und Liquidität eines Unternehmens einschätzen zu können. Solche Angaben (in Verbindung mit einer Erläuterung des Managements) werden empfohlen und können folgende Punkte enthalten:

(a) Betrag der nicht ausgenutzten Kreditlinien, die für die künftige betriebliche Tätigkeit und zur Erfüllung von Verpflichtungen eingesetzt werden könnten, unter Angabe aller Beschränkungen der Verwendung dieser Kreditlinien,

(b) die Summe des Betrags der Zahlungsströme, die Erweiterungen der Betriebskapazität betreffen, im Unterschied zu den Zahlungsströmen, die zur Erhaltung der Betriebskapazität erforderlich sind, und

(c) Betrag der Zahlungsströme aus betrieblicher Tätigkeit, aus der Investitionstätigkeit und aus der Finanzierungstätigkeit, aufgegliedert nach den einzelnen berichtspflichtigen Segmenten (siehe IFRS 8 *Geschäftssegmente*).

51 Durch die gesonderte Angabe von Zahlungsströmen, die eine Erhöhung der Betriebskapazität betreffen, und Zahlungsströmen, die zur Erhaltung der Betriebskapazität erforderlich sind, kann der Adressat der Kapitalflussrechnung beurteilen, ob das Unternehmen ausreichende Investitionen zur Erhaltung seiner Betriebskapazität vornimmt. Nimmt das Unternehmen nur unzureichende Investitionen zur Erhaltung seiner Betriebskapazität vor, schadet es unter Umständen der künftigen Rentabilität zugunsten der kurzfristigen Liquidität und der Ausschüttungen an Eigentümer.

(iii) the range of payment due dates (for example, 30—40 days after the invoice date) for both the financial liabilities disclosed under (i) and comparable trade payables that are not part of a supplier finance arrangement. Comparable trade payables are, for example, trade payables of the entity within the same line of business or jurisdiction as the financial liabilities disclosed under (i). If ranges of payment due dates are wide, an entity shall disclose explanatory information about those ranges or disclose additional ranges (for example, stratified ranges).

(c) the type and effect of non-cash changes in the carrying amounts of the financial liabilities disclosed under (b) (i). Examples of non-cash changes include the effect of business combinations, exchange differences or other transactions that do not require the use of cash or cash equivalents (see paragraph 43).

COMPONENTS OF CASH AND CASH EQUIVALENTS

An entity shall disclose the components of cash and cash equivalents and shall present a reconciliation of the amounts in its statement of cash flows with the equivalent items reported in the statement of financial position. 45

In view of the variety of cash management practices and banking arrangements around the world and in order to comply with IAS 1 *Presentation of financial statements*, an entity discloses the policy which it adopts in determining the composition of cash and cash equivalents. 46

The effect of any change in the policy for determining components of cash and cash equivalents, for example, a change in the classification of financial instruments previously considered to be part of an entity's investment portfolio, is reported in accordance with IAS 8 *Accounting policies, changes in accounting estimates and errors*. 47

OTHER DISCLOSURES

An entity shall disclose, together with a commentary by management, the amount of significant cash and cash equivalent balances held by the entity that are not available for use by the group. 48

There are various circumstances in which cash and cash equivalent balances held by an entity are not available for use by the group. Examples include cash and cash equivalent balances held by a subsidiary that operates in a country where exchange controls or other legal restrictions apply when the balances are not available for general use by the parent or other subsidiaries. 49

Additional information may be relevant to users in understanding the financial position and liquidity of an entity. Disclosure of this information, together with a commentary by management, is encouraged and may include: 50

(a) the amount of undrawn borrowing facilities that may be available for future operating activities and to settle capital commitments, indicating any restrictions on the use of these facilities;
(b) [deleted]
(c) the aggregate amount of cash flows that represent increases in operating capacity separately from those cash flows that are required to maintain operating capacity; and
(d) the amount of the cash flows arising from the operating, investing and financing activities of each reportable segment (see IFRS 8 *Operating segments*).

The separate disclosure of cash flows that represent increases in operating capacity and cash flows that are required to maintain operating capacity is useful in enabling the user to determine whether the entity is investing adequately in the maintenance of its operating capacity. An entity that does not invest adequately in the maintenance of its operating capacity may be prejudicing future profitability for the sake of current liquidity and distributions to owners. 51

52 Die Angabe segmentierter Zahlungsströme verhilft den Adressaten der Kapitalflussrechnung zu einem besseren Verständnis der Beziehung zwischen den Zahlungsströmen des Unternehmens als Ganzem und den Zahlungsströmen seiner Bestandteile sowie der Verfügbarkeit und Variabilität der segmentierten Zahlungsströme.

ZEITPUNKT DES INKRAFTTRETENS UND ÜBERGANGSVORSCHRIFTEN

53 Dieser Standard ist verbindlich auf Abschlüsse für Berichtsperioden anzuwenden, die am oder nach dem 1. Januar 1994 beginnen.

54 Durch IAS 27 (in der 2008 geänderten Fassung) wurden die Paragraphen 39–42 geändert und die Paragraphen 42A und 42B eingefügt. Diese Änderungen sind auf Geschäftsjahre anzuwenden, die am oder nach dem 1. Juli 2009 beginnen. Wendet ein Unternehmen IAS 27 (geändert 2008) auf eine frühere Periode an, so hat es auf diese Periode auch die genannten Änderungen anzuwenden. Diese Änderungen sind rückwirkend anzuwenden.

55 Durch die *Verbesserungen der IFRS*, veröffentlicht im Mai 2008, wurde Paragraph 14 geändert. Diese Änderung ist auf Geschäftsjahre anzuwenden, die am oder nach dem 1. Januar 2009 beginnen. Eine frühere Anwendung ist zulässig. Wendet ein Unternehmen diese Änderung auf eine frühere Periode an, hat es dies anzugeben und Paragraph 68A von IAS 16 anzuwenden.

56 Durch die *Verbesserungen der IFRS*, veröffentlicht im April 2009, wurde Paragraph 16 geändert. Diese Änderung ist auf Geschäftsjahre anzuwenden, die am oder nach dem 1. Januar 2010 beginnen. Eine frühere Anwendung ist zulässig. Wendet ein Unternehmen die Änderung für eine frühere Periode an, hat es dies anzugeben.

57 Durch IFRS 10 und IFRS 11 *Gemeinschaftliche Vereinbarungen*, veröffentlicht im Mai 2011, wurden die Paragraphen 37, 38 und 42B geändert und Paragraph 50 (b) wurde gestrichen. Wendet ein Unternehmen IFRS 10 und IFRS 11 an, hat es diese Änderungen ebenfalls anzuwenden.

58 Mit der im Oktober 2012 veröffentlichten Verlautbarung *Investmentgesellschaften* (Investment Entities) (Änderungen an IFRS 10, IFRS 12 und IAS 27) wurden die Paragraphen 42A und 42B geändert und Paragraph 40A eingefügt. Diese Änderungen sind auf Geschäftsjahre anzuwenden, die am oder nach dem 1. Januar 2014 beginnen. Eine frühere Anwendung ist zulässig. Wendet ein Unternehmen diese Änderungen früher an, hat es alle in der Verlautbarung enthaltenen Änderungen gleichzeitig anzuwenden.

59 Durch IFRS 16 *Leasingverhältnisse,* veröffentlicht im Januar 2016, wurden die Paragraphen 17 und 44 geändert. Wendet ein Unternehmen IFRS 16 an, sind diese Änderungen ebenfalls anzuwenden.

60 Mit der im Januar 2016 veröffentlichten Änderung des IAS 7 *Angabeninitiative* wurden die Paragraphen 44A–44E eingefügt. Diese Änderungen sind auf Geschäftsjahre anzuwenden, die am oder nach dem 1. Januar 2017 beginnen. Eine frühere Anwendung ist zulässig. Wenn das Unternehmen diese Änderungen erstmals anwendet, so ist es nicht verpflichtet, Vergleichsinformationen zu früheren Perioden bereitzustellen.

61 Durch IFRS 17 *Versicherungsverträge,* veröffentlicht im Mai 2017, wurde Paragraph 14 geändert. Wendet ein Unternehmen IFRS 17 an, ist diese Änderung ebenfalls anzuwenden.

62 Mit der im Mai 2023 veröffentlichten Verlautbarung *Lieferantenfinanzierungsvereinbarungen* wurden die Paragraphen 44F–44H eingefügt. Diese Änderungen sind auf Geschäftsjahre anzuwenden, die am oder nach dem 1. Januar 2024 beginnen. Eine frühere Anwendung ist zulässig. Wendet ein Unternehmen diese Änderungen auf eine frühere Periode an, hat es dies anzugeben.

63 Ein Unternehmen, das die Verlautbarung *Lieferantenfinanzierungsvereinbarungen* anwendet, ist nicht verpflichtet, Folgendes anzugeben:

(a) Vergleichsinformationen für Berichtsperioden, die vor Beginn des Geschäftsjahres dargestellt wurden, in der das Unternehmen diese Änderungen erstmals anwendet.

(b) die nach Paragraph 44H (b) (ii)–(iii) anderweitig vorgeschriebenen Angaben zu Beginn des Geschäftsjahres, in dem das Unternehmen diese Änderungen erstmals anwendet.

(c) die nach den Paragraphen 44F–44H anderweitig vorgeschriebenen Angaben für jede Zwischenberichtsperiode des Geschäftsjahres, in dem das Unternehmen diese Änderungen erstmals anwendet.

65 Durch die *Jährlichen Verbesserungen an den IFRS-Rechnungslegungsstandards – Band 11*, veröffentlicht im Juli 2024, wurde Paragraph 37 geändert. Diese Änderung ist auf Geschäftsjahre anzuwenden, die am oder nach dem 1. Januar 2026 beginnen. Eine frühere Anwendung ist zulässig. Wendet ein Unternehmen diese Änderung auf eine frühere Periode an, hat es dies anzugeben.

The disclosure of segmental cash flows enables users to obtain a better understanding of the relationship between the cash flows of the business as a whole and those of its component parts and the availability and variability of segmental cash flows. 52

EFFECTIVE DATE AND TRANSITION

This standard becomes operative for financial statements covering periods beginning on or after 1 January 1994. 53

IAS 27 (as amended by the International Accounting Standards Board in 2008) amended paragraphs 39—42 and added paragraphs 42A and 42B. An entity shall apply those amendments for annual periods beginning on or after 1 July 2009. If an entity applies IAS 27 (amended 2008) for an earlier period, the amendments shall be applied for that earlier period. The amendments shall be applied retrospectively. 54

Paragraph 14 was amended by *Improvements to IFRSs* issued in May 2008. An entity shall apply that amendment for annual periods beginning on or after 1 January 2009. Earlier application is permitted. If an entity applies the amendment for an earlier period it shall disclose that fact and apply paragraph 68A of IAS 16. 55

Paragraph 16 was amended by *Improvements to IFRSs* issued in April 2009. An entity shall apply that amendment for annual periods beginning on or after 1 January 2010. Earlier application is permitted. If an entity applies the amendment for an earlier period it shall disclose that fact. 56

IFRS 10 and IFRS 11 *Joint Arrangements*, issued in May 2011, amended paragraphs 37, 38 and 42B and deleted paragraph 50 (b). An entity shall apply those amendments when it applies IFRS 10 and IFRS 11. 57

Investment Entities (Amendments to IFRS 10, IFRS 12 and IAS 27), issued in October 2012, amended paragraphs 42A and 42B and added paragraph 40A. An entity shall apply those amendments for annual periods beginning on or after 1 January 2014. Earlier application of *Investment Entities* is permitted. If an entity applies those amendments earlier it shall also apply all amendments included in *Investment Entities* at the same time. 58

IFRS 16 *Leases*, issued in January 2016, amended paragraphs 17 and 44. An entity shall apply those amendments when it applies IFRS 16. 59

Disclosure Initiative (Amendments to IAS 7), issued in January 2016, added paragraphs 44A—44E. An entity shall apply those amendments for annual periods beginning on or after 1 January 2017. Earlier application is permitted. When the entity first applies those amendments, it is not required to provide comparative information for preceding periods. 60

IFRS 17 *Insurance Contracts*, issued in May 2017, amended paragraph 14. An entity shall apply that amendment when it applies IFRS 17. 61

Supplier Finance Arrangements, issued in May 2023, added paragraphs 44F—44H. An entity shall apply those amendments for annual reporting periods beginning on or after 1 January 2024. Earlier application is permitted. If an entity applies those amendments for an earlier period, it shall disclose that fact. 62

In applying *Supplier Finance Arrangements*, an entity is not required to disclose: 63
(a) comparative information for any reporting periods presented before the beginning of the annual reporting period in which the entity first applies those amendments.
(b) the information otherwise required by paragraph 44H (b) (ii)—(iii) as at the beginning of the annual reporting period in which the entity first applies those amendments.
(c) the information otherwise required by paragraphs 44F—44H for any interim period presented within the annual reporting period in which the entity first applies those amendments.

Annual Improvements to IFRS Accounting Standards – Volume 11, issued in July 2024, amended paragraph 37. An entity shall apply that amendment for annual reporting periods beginning on or after 1 January 2026. Earlier application is permitted. If an entity applies that amendment for an earlier period, it shall disclose that fact. 65

INTERNATIONAL ACCOUNTING STANDARD 8

Rechnungslegungsmethoden, Änderungen von rechnungslegungsbezogenen Schätzungen und Fehler

INHALT

ZIELSETZUNG

1 Dieser Standard schreibt die Kriterien zur Auswahl und Änderung der Rechnungslegungsmethoden sowie die bilanzielle Behandlung und Angabe von Änderungen der Rechnungslegungsmethoden, Änderungen von rechnungslegungsbezogenen Schätzungen sowie Fehlerkorrekturen vor. Der Standard soll die Relevanz und Zuverlässigkeit des Abschlusses eines Unternehmens sowie die Vergleichbarkeit dieser Abschlüsse im Zeitablauf sowie mit den Abschlüssen anderer Unternehmen verbessern.

2 Die Bestimmungen zur Angabe von Rechnungslegungsmethoden – davon ausgenommen: Änderungen von Rechnungslegungsmethoden – sind in IAS 1 *Darstellung des Abschlusses* aufgeführt.

ANWENDUNGSBEREICH

3 Dieser Standard ist bei der Auswahl und Anwendung von Rechnungslegungsmethoden sowie zur Bilanzierung von Änderungen der Rechnungslegungsmethoden, Änderungen von rechnungslegungsbezogenen Schätzungen und Korrekturen von Fehlern aus früheren Perioden anzuwenden.

4 Die steuerlichen Auswirkungen der Korrekturen von Fehlern aus früheren Perioden und von rückwirkenden Anpassungen zur Umsetzung der Änderungen von Rechnungslegungsmethoden werden nach IAS 12 *Ertragsteuern* bilanziert und angegeben.

DEFINITIONEN

5 **Die folgenden Begriffe werden in diesem Standard mit der angegebenen Bedeutung verwendet:**

***Rechnungslegungsmethoden* sind die besonderen Prinzipien, grundlegende Überlegungen, Konventionen, Regeln und Praktiken, die ein Unternehmen bei der Aufstellung und Darstellung eines Abschlusses anwendet.**

***Rechnungslegungsbezogene Schätzungen* sind in Abschlüssen angegebene Geldbeträge, die mit Bewertungsunsicherheit behaftet sind.**

***International Financial Reporting Standards (IFRS)* sind die vom International Accounting Standards Board (IASB) herausgegebenen Standards und Interpretationen. Sie umfassen**

INTERNATIONAL ACCOUNTING STANDARD 8

Accounting policies, changes in accounting estimates and errors

SUMMARY

OBJECTIVE

The objective of this standard is to prescribe the criteria for selecting and changing accounting policies, together with the accounting treatment and disclosure of changes in accounting policies, changes in accounting estimates and corrections of errors. The standard is intended to enhance the relevance and reliability of an entity's financial statements, and the comparability of those financial statements over time and with the financial statements of other entities. 1

Disclosure requirements for accounting policies, except those for changes in accounting policies, are set out in IAS 1 *Presentation of financial statements.* 2

SCOPE

This standard shall be applied in selecting and applying accounting policies, and accounting for changes in accounting policies, changes in accounting estimates and corrections of prior period errors. 3

The tax effects of corrections of prior period errors and of retrospective adjustments made to apply changes in accounting policies are accounted for and disclosed in accordance with IAS 12 *Income taxes.* 4

DEFINITIONS

The following terms are used in this standard with the meanings specified: 5

Accounting policies **are the specific principles, bases, conventions, rules and practices applied by an entity in preparing and presenting financial statements.**

Accounting estimates **are monetary amounts in financial statements that are subject to measurement uncertainty.**

A *change in accounting estimate* is an adjustment of the carrying amount of an asset or a liability, or the amount of the periodic consumption of an asset, that results from the assessment of the present status of, and expected future benefits and obligations associated with, assets and liabilities. Changes in accounting estimates result from new information or new developments and, accordingly, are not corrections of errors.

(a) International Financial Reporting Standards,
(b) International Accounting Standards,
(c) IFRIC-Interpretationen und
(d) SIC-Interpretationen[1].

Der Begriff „*wesentlich*" ist in Paragraph 7 von IAS 1 definiert und wird im vorliegenden Standard mit derselben Bedeutung verwendet.

***Fehler aus früheren Perioden* sind Auslassungen oder fehlerhafte Darstellungen in den Abschlüssen eines Unternehmens für eine oder mehrere Perioden, die sich aus einer Nicht- oder Fehlanwendung von zuverlässigen Informationen ergeben haben, die**

(a) zu dem Zeitpunkt, zu dem die Abschlüsse für die entsprechenden Perioden zur Veröffentlichung freigegeben wurden, zur Verfügung standen, und
(b) den Erwartungen zufolge hätten eingeholt und bei der Aufstellung und Darstellung der entsprechenden Abschlüsse berücksichtigt werden müssen.

Diese Fehler umfassen die Auswirkungen von Rechenfehlern, Fehlern bei der Anwendung von Rechnungslegungsmethoden, Flüchtigkeitsfehlern oder Fehlinterpretationen von Sachverhalten sowie die Auswirkungen von Betrugsfällen.

Die *rückwirkende Anwendung* besteht darin, eine neue Rechnungslegungsmethode auf Geschäftsvorfälle, sonstige Ereignisse und Bedingungen so anzuwenden, als wäre die Rechnungslegungsmethode stets angewandt worden.

Die *rückwirkende Berichtigung* ist die Korrektur einer Erfassung, Bewertung und Angabe von Beträgen aus Bestandteilen eines Abschlusses, als ob ein Fehler in einer früheren Periode nie aufgetreten wäre.

***Undurchführbar:* Die Anwendung einer Vorschrift gilt dann als undurchführbar, wenn sie trotz aller angemessenen Anstrengungen des Unternehmens nicht angewandt werden kann. Für eine bestimmte frühere Periode ist die rückwirkende Anwendung einer Änderung einer Rechnungslegungsmethode bzw. eine rückwirkende Berichtigung zur Fehlerkorrektur dann undurchführbar, wenn**

(a) die Auswirkungen der rückwirkenden Anwendung bzw. rückwirkenden Berichtigung nicht zu ermitteln sind,
(b) die rückwirkende Anwendung bzw. rückwirkende Berichtigung Annahmen über die mögliche Absicht des Managements in der entsprechenden Periode erfordert oder
(c) die rückwirkende Anwendung bzw. rückwirkende Berichtigung umfangreiche Schätzungen der Beträge erforderlich macht und es unmöglich ist, objektiv die Informationen aus diesen Schätzungen, die
  (i) einen Anhaltspunkt für die Umstände vermitteln, die zu dem Zeitpunkt/den Zeitpunkten bestanden, zu dem/denen die entsprechenden Beträge zu erfassen, zu bewerten oder anzugeben sind, und
  (ii) zur Verfügung gestanden hätten, als der Abschluss für jene frühere Periode zur Veröffentlichung freigegeben wurde,

  von sonstigen Informationen zu unterscheiden.

Die *prospektive Anwendung* der Änderung einer Rechnungslegungsmethode bzw. der Erfassung der Auswirkung der Änderung einer rechnungslegungsbezogenen Schätzung besteht darin,

(a) die neue Rechnungslegungsmethode auf Geschäftsvorfälle, sonstige Ereignisse und Bedingungen anzuwenden, die nach dem Zeitpunkt der Änderung der Rechnungslegungsmethode eintreten, und
(b) die Auswirkung der Änderung einer rechnungslegungsbezogenen Schätzung in der aktuellen Berichtsperiode und in zukünftigen Perioden anzusetzen, die von der Änderung betroffen sind.

6 [gestrichen]

RECHNUNGSLEGUNGSMETHODEN

Auswahl und Anwendung der Rechnungslegungsmethoden

7 Bezieht sich ein IFRS ausdrücklich auf einen Geschäftsvorfall oder auf sonstige Ereignisse oder Bedingungen, so ist bzw. sind die Rechnungslegungsmethode(n) für den entsprechenden Posten zu ermitteln, indem der IFRS angewandt wird.

8 Die IFRS legen Rechnungslegungsmethoden fest, die aufgrund einer Schlussfolgerung des IASB zu einem Abschluss führen, der relevante und zuverlässige Informationen über die Geschäftsvorfälle, sonstigen Ereignisse und Bedingungen enthält, für die sie gelten. Diese Methoden müssen nicht angewandt werden, wenn die Auswirkung ihrer Anwendung unwesentlich ist. Es ist jedoch nicht angemessen, unwesentliche Abweichungen von den IFRS vorzunehmen oder unberichtigt zu lassen, um eine bestimmte Darstellung der Vermögens-, Finanz- und Ertragslage oder der Zahlungsströme eines Unternehmens zu erzielen.

9 Die IFRS gehen mit Anwendungsleitlinien einher, um Unternehmen bei der Umsetzung der Vorschriften zu helfen. In den Anwendungsleitlinien wird klar festgelegt, ob sie ein integraler Bestandteil der IFRS sind. Ist letzteres der Fall, sind die Anwendungsleitlinien verbindlich. Anwendungsleitlinien, die kein integraler Bestandteil der IFRS sind, enthalten keine Vorschriften zu den Abschlüssen.

---

1 Die IFRS-Definition wurde geändert, um den 2010 in der geänderten *Satzung der IFRS-Stiftung* vorgenommenen Namensänderungen Rechnung zu tragen.

***International Financial Reporting Standards* (*IFRSs*) are standards and interpretations issued by the International Accounting Standards Board (IASB). They comprise:**

(a) International Financial Reporting Standards;

(b) International Accounting Standards;

(c) IFRIC Interpretations; and

(d) SIC Interpretations[1].

***Material* is defined in paragraph 7 of IAS 1 and is used in this Standard with the same meaning.**

***Prior period errors* are omissions from, and misstatements in, the entity's financial statements for one or more prior periods arising from a failure to use, or misuse of, reliable information that:**

(a) was available when financial statements for those periods were authorised for issue; and

(b) could reasonably be expected to have been obtained and taken into account in the preparation and presentation of those financial statements.

Such errors include the effects of mathematical mistakes, mistakes in applying accounting policies, oversights or misinterpretations of facts, and fraud.

***Retrospective application* is applying a new accounting policy to transactions, other events and conditions as if that policy had always been applied.**

***Retrospective restatement* is correcting the recognition, measurement and disclosure of amounts of elements of financial statements as if a prior period error had never occurred.**

***Impracticable* Applying a requirement is impracticable when the entity cannot apply it after making every reasonable effort to do so. For a particular prior period, it is impracticable to apply a change in an accounting policy retrospectively or to make a retrospective restatement to correct an error if:**

(a) the effects of the retrospective application or retrospective restatement are not determinable;

(b) the retrospective application or retrospective restatement requires assumptions about what management's intent would have been in that period; or

(c) the retrospective application or retrospective restatement requires significant estimates of amounts and it is impossible to distinguish objectively information about those estimates that:

(i) provides evidence of circumstances that existed on the date(s) as at which those amounts are to be recognised, measured or disclosed; and

(ii) would have been available when the financial statements for that prior period were authorised for issue; from other information.

***Prospective application* of a change in accounting policy and of recognising the effect of a change in an accounting estimate, respectively, are:**

(a) applying the new accounting policy to transactions, other events and conditions occurring after the date as at which the policy is changed; and

(b) recognising the effect of the change in the accounting estimate in the current and future periods affected by the change.

[deleted] 6

ACCOUNTING POLICIES

Selection and application of accounting policies

When an IFRS specifically applies to a transaction, other event or condition, the accounting policy or policies applied to that item shall be determined by applying the IFRS. 7

IFRSs set out accounting policies that the IASB has concluded result in financial statements containing relevant and reliable information about the transactions, other events and conditions to which they apply. Those policies need not be applied when the effect of applying them is immaterial. However, it is inappropriate to make, or leave uncorrected, immaterial departures from IFRSs to achieve a particular presentation of an entity's financial position, financial performance or cash flows. 8

IFRSs are accompanied by guidance to assist entities in applying their requirements. All such guidance states whether it is an integral part of IFRSs. Guidance that is an integral part of IFRSs is mandatory. Guidance that is not an integral part of IFRSs does not contain requirements for financial statements. 9

---

1 Definition of IFRSs amended after the name changes introduced by the revised *Constitution of the IFRS Foundation* in 2010.

10 **Bei Geschäftsvorfällen, sonstigen Ereignissen oder Bedingungen, für die kein IFRS ausdrücklich gilt, hat das Management nach eigenem Ermessen darüber zu entscheiden, welche Rechnungslegungsmethode zu entwickeln und anzuwenden ist, um Informationen bereitstellen zu können, die**

(a) für die wirtschaftliche Entscheidungsfindung der Adressaten von Bedeutung sind, und

(b) zuverlässig sind, in dem Sinne, dass der Abschluss

(i) die Vermögens-, Finanz- und Ertragslage sowie die Zahlungsströme des Unternehmens den tatsächlichen Verhältnissen entsprechend darstellt,

(ii) den wirtschaftlichen Gehalt von Geschäftsvorfällen und sonstigen Ereignissen und Bedingungen widerspiegelt und nicht nur deren rechtliche Form,

(iii) neutral ist, das heißt frei von verzerrenden Einflüssen,

(iv) vorsichtig ist und

(v) in allen wesentlichen Gesichtspunkten vollständig ist.

11 **Bei seiner Ermessensentscheidung nach Paragraph 10 hat das Management sich auf folgende Quellen – in absteigender Reihenfolge – zu beziehen und deren Anwendbarkeit zu berücksichtigen:**

(a) die Vorschriften der IFRS, die ähnliche und verwandte Fragen behandeln, und

(b) die im *Rahmenkonzept für die Finanzberichterstattung (Rahmenkonzept)* enthaltenen Definitionen, Erfassungskriterien und Bewertungskonzepte für Vermögenswerte, Schulden, Erträge und Aufwendungen[2]

12 **Bei seiner Ermessensentscheidung nach Paragraph 10 kann das Management außerdem die jüngsten Verlautbarungen anderer Standardisierungsgremien, die ein ähnliches konzeptionelles Rahmenkonzept zur Entwicklung von Rechnungslegungsstandards einsetzen, sowie sonstige Rechnungslegungs-Verlautbarungen und anerkannte Branchenpraktiken berücksichtigen, sofern sie nicht mit den in Paragraph 11 enthaltenen Quellen in Konflikt stehen.**

Stetigkeit der Rechnungslegungsmethoden

13 **Ein Unternehmen hat seine Rechnungslegungsmethoden für ähnliche Geschäftsvorfälle, sonstige Ereignisse und Bedingungen stetig auszuwählen und anzuwenden, es sei denn, ein IFRS erlaubt bzw. schreibt die Kategorisierung von Sachverhalten vor, für die andere Rechnungslegungsmethoden zutreffend sind. Sofern ein IFRS eine derartige Kategorisierung vorschreibt oder erlaubt, ist eine geeignete Rechnungslegungsmethode auszuwählen und stetig für jede Kategorie anzuwenden.**

Änderungen von Rechnungslegungsmethoden

14 **Ein Unternehmen darf eine Rechnungslegungsmethode nur dann ändern, wenn die Änderung**

(a) aufgrund eines IFRS erforderlich ist oder

(b) dazu führt, dass der Abschluss zuverlässige und relevantere Informationen über die Auswirkungen von Geschäftsvorfällen, sonstigen Ereignissen oder Bedingungen auf die Vermögens-, Finanz- oder Ertragslage oder die Zahlungsströme des Unternehmens vermittelt.

15 Die Adressaten der Abschlüsse müssen in der Lage sein, die Abschlüsse eines Unternehmens im Zeitablauf vergleichen zu können, um Tendenzen in der Vermögens-, Finanz- und Ertragslage sowie der Zahlungsströme zu erkennen. Daher sind in jeder Periode und von einer Periode auf die nächste stets dieselben Rechnungslegungsmethoden anzuwenden, es sei denn, die Änderung einer Rechnungslegungsmethode entspricht einem der in Paragraph 14 aufgeführten Kriterien.

16 **Die folgenden Fälle sind keine Änderung der Rechnungslegungsmethoden:**

(a) die Anwendung einer Rechnungslegungsmethode auf Geschäftsvorfälle, sonstige Ereignisse oder Bedingungen, die sich grundsätzlich von früheren Geschäftsvorfällen oder sonstigen Ereignissen oder Bedingungen unterscheiden, und

(b) die Anwendung einer neuen Rechnungslegungsmethode auf Geschäftsvorfälle oder sonstige Ereignisse oder Bedingungen, die früher nicht vorgekommen sind oder unwesentlich waren.

17 **Die erstmalige Anwendung einer Methode zur Neubewertung von Vermögenswerten nach IAS 16 *Sachanlagen* oder IAS 38 *Immaterielle Vermögenswerte* ist eine Änderung einer Rechnungslegungsmethode, die als Neubewertung im Rahmen des IAS 16 bzw. IAS 38 und nicht nach Maßgabe dieses Standards zu behandeln ist.**

18 Die Paragraphen 19–31 finden auf die im Paragraphen 17 beschriebene Änderung der Rechnungslegungsmethode keine Anwendung.

2 In Paragraph 54G ist dargelegt, wie diese Vorschrift für Salden regulatorischer Posten geändert wird.

In the absence of an IFRS that specifically applies to a transaction, other event or condition, management shall use its judgement in developing and applying an accounting policy that results in information that is: 10
(a) relevant to the economic decision-making needs of users; and
(b) reliable, in that the financial statements:
(i) represent faithfully the financial position, financial performance and cash flows of the entity;
(ii) reflect the economic substance of transactions, other events and conditions, and not merely the legal form;
(iii) are neutral, i.e. free from bias;
(iv) are prudent; and
(v) are complete in all material respects.

In making the judgement described in paragraph 10, management shall refer to, and consider the applicability of, the following sources in descending order: 11
(a) the requirements in IFRSs dealing with similar and related issues; and
(b) the definitions, recognition criteria and measurement concepts for assets, liabilities, income and expenses in the *Conceptual Framework for Financial Reporting* (*Conceptual Framework*)[2].

In making the judgement described in paragraph 10, management may also consider the most recent pronouncements of other standard-setting bodies that use a similar conceptual framework to develop accounting standards, other accounting literature and accepted industry practices, to the extent that these do not conflict with the sources in paragraph 11. 12

Consistency of accounting policies

An entity shall select and apply its accounting policies consistently for similar transactions, other events and conditions, unless an IFRS specifically requires or permits categorisation of items for which different policies may be appropriate. If an IFRS requires or permits such categorisation, an appropriate accounting policy shall be selected and applied consistently to each category. 13

Changes in accounting policies

An entity shall change an accounting policy only if the change: 14
(a) is required by an IFRS; or
(b) results in the financial statements providing reliable and more relevant information about the effects of transactions, other events or conditions on the entity's financial position, financial performance or cash flows.

Users of financial statements need to be able to compare the financial statements of an entity over time to identify trends in its financial position, financial performance and cash flows. Therefore, the same accounting policies are applied within each period and from one period to the next unless a change in accounting policy meets one of the criteria in paragraph 14. 15

The following are not changes in accounting policies: 16
(a) the application of an accounting policy for transactions, other events or conditions that differ in substance from those previously occurring; and
(b) the application of a new accounting policy for transactions, other events or conditions that did not occur previously or were immaterial.

The initial application of a policy to revalue assets in accordance with IAS 16 *Property, plant and equipment* or IAS 38 *Intangible assets* is a change in an accounting policy to be dealt with as a revaluation in accordance with IAS 16 or IAS 38, rather than in accordance with this standard. 17

Paragraphs 19—31 do not apply to the change in accounting policy described in paragraph 17. 18

2 Paragraph 54G explains how this requirement is amended for regulatory account balances.

Anwendung von Änderungen der Rechnungslegungsmethoden

19 **Vorbehaltlich Paragraph 23 gilt Folgendes:**

(a) Ein Unternehmen hat eine Änderung der Rechnungslegungsmethode aus der erstmaligen Anwendung eines IFRS nach den ggf. bestehenden spezifischen Übergangsvorschriften für den IFRS zu bilanzieren und

(b) sofern ein Unternehmen eine Rechnungslegungsmethode nach erstmaliger Anwendung eines IFRS ändert, der keine spezifischen Übergangsvorschriften zur entsprechenden Änderung enthält, oder aber die Rechnungslegungsmethode freiwillig ändert, so hat es die Änderung rückwirkend anzuwenden.

20 Im Sinne dieses Standards handelt es sich bei einer frühzeitigen Anwendung eines IFRS nicht um eine freiwillige Änderung der Rechnungslegungsmethode.

21 Bei Fehlen eines IFRS, der sich ausdrücklich auf einen Geschäftsvorfall, ein sonstiges Ereignis oder eine Bedingung bezieht, kann das Management nach Paragraph 12 eine Rechnungslegungsmethode nach den jüngsten Verlautbarungen anderer Standardisierungsgremien anwenden, die ein ähnliches konzeptionelles Rahmenkonzept zur Entwicklung von Rechnungslegungsstandards einsetzen. Falls das Unternehmen sich nach einer Änderung einer derartigen Verlautbarung dafür entscheidet, eine Rechnungslegungsmethode zu ändern, so ist diese Änderung als freiwillige Änderung der Rechnungslegungsmethode zu bilanzieren und anzugeben.

Rückwirkende Anwendung

22 **Wenn eine Änderung einer Rechnungslegungsmethode nach Paragraph 19 (a) oder (b) rückwirkend angewendet wird, hat das Unternehmen vorbehaltlich Paragraph 23 den Eröffnungsbilanzwert eines jeden Bestandteils des Eigenkapitals für die früheste dargestellte Periode sowie die sonstigen Vergleichsbeträge für jede frühere dargestellte Periode so anzupassen, als ob die neue Rechnungslegungsmethode stets angewandt worden wäre.**

Einschränkungen im Hinblick auf rückwirkende Anwendung

23 **Ist eine rückwirkende Anwendung nach Paragraph 19 (a) oder (b) vorgeschrieben, so ist eine Änderung der Rechnungslegungsmethode rückwirkend anzuwenden, es sei denn, dass die Ermittlung der periodenspezifischen Effekte oder der kumulierten Auswirkung der Änderung undurchführbar ist.**

24 **Wenn die Ermittlung der periodenspezifischen Effekte einer Änderung der Rechnungslegungsmethode bei Vergleichsinformationen für eine oder mehrere ausgewiesene Perioden undurchführbar ist, so hat das Unternehmen die neue Rechnungslegungsmethode auf die Buchwerte der Vermögenswerte und Schulden zu Beginn der frühesten Periode, für die die rückwirkende Anwendung durchführbar ist – dies kann auch die aktuelle Berichtsperiode sein – anzuwenden und die Eröffnungsbilanzwerte eines jeden betroffenen Eigenkapitalbestandteils für die entsprechende Periode entsprechend anzupassen.**

25 **Wenn die Ermittlung des kumulierten Effekts der Anwendung einer neuen Rechnungslegungsmethode auf alle früheren Perioden zu Beginn der aktuellen Berichtsperiode undurchführbar ist, so hat das Unternehmen die Vergleichsinformationen dahin gehend anzupassen, dass die neue Rechnungslegungsmethode prospektiv vom frühestmöglichen Zeitpunkt an angewandt wird.**

26 Wenn ein Unternehmen eine neue Rechnungslegungsmethode rückwirkend anwendet, so hat es die neue Rechnungslegungsmethode auf Vergleichsinformationen für frühere Perioden, so weit zurück, wie dies durchführbar ist, anzuwenden. Die rückwirkende Anwendung auf eine frühere Periode ist nur durchführbar, wenn die kumulierte Auswirkung auf die Beträge in sowohl der Eröffnungs- als auch der Abschlussbilanz für die entsprechende Periode ermittelt werden kann. Der Anpassungsbetrag für frühere Perioden, die nicht im Abschluss dargestellt sind, wird im Eröffnungsbilanzwert jedes betroffenen Eigenkapitalbestandteils der frühesten dargestellten Periode verrechnet. Normalerweise werden die Gewinnrücklagen angepasst. Allerdings kann auch jeder andere Eigenkapitalbestandteil (beispielsweise, um einem IFRS zu entsprechen) angepasst werden. Jede andere Information, die sich auf frühere Perioden bezieht, beispielsweise Zeitreihen von Finanzkennzahlen, wird ebenfalls so weit zurück, wie dies durchführbar ist, rückwirkend angepasst.

27 Ist die rückwirkende Anwendung einer neuen Rechnungslegungsmethode für ein Unternehmen undurchführbar, weil es die kumulierte Auswirkung der Anwendung auf alle früheren Perioden nicht ermitteln kann, so hat das Unternehmen die neue Rechnungslegungsmethode gemäß Paragraph 25 prospektiv ab Beginn der frühestmöglichen Periode anzuwenden. Daher lässt das Unternehmen den Anteil der kumulierten Anpassung von Vermögenswerten, Schulden und Eigenkapital vor dem entsprechenden Zeitpunkt außer Acht. Die Änderung einer Rechnungslegungsmethode ist selbst dann zulässig, wenn die prospektive Anwendung der entsprechenden Methode für frühere Perioden undurchführbar ist. Die Paragraphen 50–53 enthalten Leitlinien dafür, wann die Anwendung einer neuen Rechnungslegungsmethode auf eine oder mehrere frühere Perioden undurchführbar ist.

Applying changes in accounting policies

Subject to paragraph 23: 19

(a) **an entity shall account for a change in accounting policy resulting from the initial application of an IFRS in accordance with the specific transitional provisions, if any, in that IFRS; and**

(b) **when an entity changes an accounting policy upon initial application of an IFRS that does not include specific transitional provisions applying to that change, or changes an accounting policy voluntarily, it shall apply the change retrospectively.**

For the purpose of this standard, early application of an IFRS is not a voluntary change in accounting policy. 20

In the absence of an IFRS that specifically applies to a transaction, other event or condition, management may, in accordance with paragraph 12, apply an accounting policy from the most recent pronouncements of other standard-setting bodies that use a similar conceptual framework to develop accounting standards. If, following an amendment of such a pronouncement, the entity chooses to change an accounting policy, that change is accounted for and disclosed as a voluntary change in accounting policy. 21

Retrospective application

Subject to paragraph 23, when a change in accounting policy is applied retrospectively in accordance with paragraph 19 (a) or (b), the entity shall adjust the opening balance of each affected component of equity for the earliest prior period presented and the other comparative amounts disclosed for each prior period presented as if the new accounting policy had always been applied. 22

Limitations on retrospective application

When retrospective application is required by paragraph 19 (a) or (b), a change in accounting policy shall be applied retrospectively except to the extent that it is impracticable to determine either the period-specific effects or the cumulative effect of the change. 23

When it is impracticable to determine the period-specific effects of changing an accounting policy on comparative information for one or more prior periods presented, the entity shall apply the new accounting policy to the carrying amounts of assets and liabilities as at the beginning of the earliest period for which retrospective application is practicable, which may be the current period, and shall make a corresponding adjustment to the opening balance of each affected component of equity for that period. 24

When it is impracticable to determine the cumulative effect, at the beginning of the current period, of applying a new accounting policy to all prior periods, the entity shall adjust the comparative information to apply the new accounting policy prospectively from the earliest date practicable. 25

When an entity applies a new accounting policy retrospectively, it applies the new accounting policy to comparative information for prior periods as far back as is practicable. Retrospective application to a prior period is not practicable unless it is practicable to determine the cumulative effect on the amounts in both the opening and closing statements of financial positions for that period. The amount of the resulting adjustment relating to periods before those presented in the financial statements is made to the opening balance of each affected component of equity of the earliest prior period presented. Usually the adjustment is made to retained earnings. However, the adjustment may be made to another component of equity (for example, to comply with an IFRS). Any other information about prior periods, such as historical summaries of financial data, is also adjusted as far back as is practicable. 26

When it is impracticable for an entity to apply a new accounting policy retrospectively, because it cannot determine the cumulative effect of applying the policy to all prior periods, the entity, in accordance with paragraph 25, applies the new policy prospectively from the start of the earliest period practicable. It therefore disregards the portion of the cumulative adjustment to assets, liabilities and equity arising before that date. Changing an accounting policy is permitted even if it is impracticable to apply the policy prospectively for any prior period. Paragraphs 50—53 provide guidance on when it is impracticable to apply a new accounting policy to one or more prior periods. 27

Angaben

28 **Wenn die erstmalige Anwendung eines IFRS Auswirkungen auf die aktuelle Berichtsperiode oder eine frühere Periode hat oder derartige Auswirkungen haben würde, die Ermittlung des Anpassungsbetrags aber undurchführbar ist, oder wenn die Anwendung Auswirkungen auf zukünftige Perioden haben könnte, hat das Unternehmen Folgendes anzugeben:**

(a) den Titel des IFRS,

(b) falls zutreffend, dass die Rechnungslegungsmethode gemäß den Übergangsvorschriften geändert wird,

(c) die Art der Änderung der Rechnungslegungsmethode,

(d) falls zutreffend, eine Beschreibung der Übergangsvorschriften,

(e) falls zutreffend, die Übergangsvorschriften, die eine Auswirkung auf zukünftige Perioden haben könnten,

(f) den Anpassungsbetrag für die aktuelle Berichtsperiode sowie, soweit durchführbar, für jede frühere dargestellte Periode

(i) für jeden einzelnen betroffenen Posten des Abschlusses und

(ii) sofern IAS 33 *Ergebnis je Aktie* auf das Unternehmen anwendbar ist, für das unverwässerte und das verwässerte Ergebnis je Aktie

(g) den Anpassungsbetrag, sofern durchführbar, im Hinblick auf Perioden vor denjenigen, die ausgewiesen werden, und

(h) sofern eine rückwirkende Anwendung nach Paragraph 19 (a) oder (b) für eine bestimmte frühere Periode, oder aber für Perioden, die vor den ausgewiesenen Perioden liegen, undurchführbar ist, so sind die Umstände darzustellen, die zu jenem Zustand geführt haben und es ist anzugeben, wie und ab wann die Änderung der Rechnungslegungsmethode angewandt wurde.

In den Abschlüssen späterer Perioden müssen diese Angaben nicht wiederholt werden.

29 **Sofern eine freiwillige Änderung der Rechnungslegungsmethode Auswirkungen auf die aktuelle Berichtsperiode oder eine frühere Periode hat oder derartige Auswirkungen haben würde, die Ermittlung des Anpassungsbetrags aber undurchführbar ist, oder wenn die Änderung Auswirkungen auf zukünftige Perioden haben könnte, hat das Unternehmen Folgendes anzugeben:**

(a) die Art der Änderung der Rechnungslegungsmethode,

(b) die Gründe, aus denen die Anwendung der neuen Rechnungslegungsmethode zuverlässige und relevantere Informationen vermittelt,

(c) den Anpassungsbetrag für die aktuelle Berichtsperiode sowie, soweit durchführbar, für jede frühere dargestellte Periode

(i) für jeden einzelnen betroffenen Posten des Abschlusses und

(ii) sofern IAS 33 auf das Unternehmen anwendbar ist, für das unverwässerte und das verwässerte Ergebnis je Aktie,

(d) den Anpassungsbetrag, sofern durchführbar, im Hinblick auf Perioden vor denjenigen, die ausgewiesen werden, und

(e) sofern eine rückwirkende Anwendung für eine bestimmte frühere Periode, oder aber für Perioden, die vor den ausgewiesenen Perioden liegen, undurchführbar ist, so sind die Umstände darzustellen, die zu jenem Zustand geführt haben und es ist anzugeben, wie und ab wann die Änderung der Rechnungslegungsmethode angewandt wurde.

In den Abschlüssen späterer Perioden müssen diese Angaben nicht wiederholt werden.

30 **Wenn ein Unternehmen einen neuen IFRS nicht angewandt hat, der herausgegeben wurde, aber noch nicht in Kraft getreten ist, so hat das Unternehmen Folgendes anzugeben:**

(a) diese Tatsache und

(b) bekannte bzw. angemessen einschätzbare Informationen, die zur Beurteilung der möglichen Auswirkungen einer Anwendung des neuen IFRS auf den Abschluss des Unternehmens in der Periode der erstmaligen Anwendung relevant sind.

31 Unter Berücksichtigung des Paragraphen 30 erwägt ein Unternehmen die Angabe

(a) des Titels des neuen IFRS,

(b) der Art der bevorstehenden Änderung/en der Rechnungslegungsmethode,

(c) des Zeitpunkts, ab welchem die Anwendung des IFRS vorgeschrieben ist,

(d) des Zeitpunkts, ab welchem es die erstmalige Anwendung des IFRS beabsichtigt, und

(e) entweder

(i) einer Erörterung der erwarteten Auswirkungen der erstmaligen Anwendung des IFRS auf den Abschluss des Unternehmens oder

(ii) wenn diese Auswirkungen unbekannt oder nicht angemessen einschätzbar sind, einer Erklärung mit diesem Inhalt.

Disclosure

When initial application of an IFRS has an effect on the current period or any prior period, would have such an effect except that it is impracticable to determine the amount of the adjustment, or might have an effect on future periods, an entity shall disclose: 28

(a) the title of the IFRS;

(b) when applicable, that the change in accounting policy is made in accordance with its transitional provisions;

(c) the nature of the change in accounting policy;

(d) when applicable, a description of the transitional provisions;

(e) when applicable, the transitional provisions that might have an effect on future periods;

(f) for the current period and each prior period presented, to the extent practicable, the amount of the adjustment:

(i) for each financial statement line item affected; and

(ii) if IAS 33 *Earnings per share* applies to the entity, for basic and diluted earnings per share;

(g) the amount of the adjustment relating to periods before those presented, to the extent practicable; and

(h) if retrospective application required by paragraph 19 (a) or (b) is impracticable for a particular prior period, or for periods before those presented, the circumstances that led to the existence of that condition and a description of how and from when the change in accounting policy has been applied.

Financial statements of subsequent periods need not repeat these disclosures.

When a voluntary change in accounting policy has an effect on the current period or any prior period, would have an effect on that period except that it is impracticable to determine the amount of the adjustment, or might have an effect on future periods, an entity shall disclose: 29

(a) the nature of the change in accounting policy;

(b) the reasons why applying the new accounting policy provides reliable and more relevant information;

(c) for the current period and each prior period presented, to the extent practicable, the amount of the adjustment:

(i) for each financial statement line item affected; and

(ii) if IAS 33 applies to the entity, for basic and diluted earnings per share;

(d) the amount of the adjustment relating to periods before those presented, to the extent practicable; and

(e) if retrospective application is impracticable for a particular prior period, or for periods before those presented, the circumstances that led to the existence of that condition and a description of how and from when the change in accounting policy has been applied.

Financial statements of subsequent periods need not repeat these disclosures.

When an entity has not applied a new IFRS that has been issued but is not yet effective, the entity shall disclose: 30

(a) this fact; and

(b) known or reasonably estimable information relevant to assessing the possible impact that application of the new IFRS will have on the entity's financial statements in the period of initial application.

In complying with paragraph 30, an entity considers disclosing: 31

(a) the title of the new IFRS;

(b) the nature of the impending change or changes in accounting policy;

(c) the date by which application of the IFRS is required;

(d) the date as at which it plans to apply the IFRS initially; and

(e) either:

(i) a discussion of the impact that initial application of the IFRS is expected to have on the entity's financial statements; or

(ii) if that impact is not known or reasonably estimable, a statement to that effect.

RECHNUNGSLEGUNGSBEZOGENE SCHÄTZUNGEN

32 Eine Rechnungslegungsmethode kann vorschreiben, dass Posten in Abschlüssen unter Berücksichtigung von Bewertungsunsicherheiten bewertet werden, d. h. die Rechnungslegungsmethode kann vorschreiben, solche Posten in Geldbeträgen zu bewerten, die nicht direkt feststellbar sind und deshalb geschätzt werden müssen. In einem solchen Fall entwickelt ein Unternehmen eine rechnungslegungsbezogene Schätzung, um das in der Rechnungslegungsmethode festgelegte Ziel zu erreichen. Die Entwicklung von rechnungslegungsbezogenen Schätzungen erfolgt auf der Grundlage von Ermessensentscheidungen oder Annahmen, die auf den zuletzt verfügbaren verlässlichen Informationen beruhen. Beispiele für rechnungslegungsbezogene Schätzungen sind
(a) eine Wertberichtigung für erwartete Kreditverluste unter Anwendung von IFRS 9 *Finanzinstrumente*,
(b) der Nettoveräußerungswert von Vorräten unter Anwendung von IAS 2 *Vorräte*,
(c) der beizulegende Zeitwert eines Vermögenswerts oder einer Schuld unter Anwendung von IFRS 13 *Bewertung zum beizulegenden Zeitwert*,
(d) der Abschreibungsaufwand bei einer Sachanlage unter Anwendung von IAS 16 und
(e) eine Rückstellung für die Verpflichtungen aus Gewährleistungen unter Anwendung von IAS 37 *Rückstellungen, Eventualverbindlichkeiten und Eventualforderungen*.

32A Bei der Entwicklung einer rechnungslegungsbezogenen Schätzung legt ein Unternehmen Wertermittlungsverfahren und Eingangsparameter zugrunde. Zu den Wertermittlungsverfahren gehören Schätzverfahren (z. B. Verfahren zur Bemessung einer Wertberichtigung für erwartete Kreditverluste unter Anwendung von IFRS 9) und Bewertungsverfahren (z. B. Verfahren zur Bewertung eines Vermögenswerts oder einer Schuld zum beizulegenden Zeitwert unter Anwendung von IFRS 13).

32B In den IFRS wird der Begriff „Schätzung" in bestimmten Fällen für eine Schätzung verwendet, bei der es sich nicht um eine rechnungslegungsbezogene Schätzung im Sinne dieses Standards handelt. So bezieht sich der Begriff in einigen Fällen beispielsweise auf Eingangsparameter, die bei der Entwicklung von rechnungslegungsbezogenen Schätzungen zugrunde gelegt werden.

33 Die Verwendung angemessener Schätzungen ist bei der Aufstellung von Abschlüssen unumgänglich und beeinträchtigt deren Verlässlichkeit nicht.

Änderungen von rechnungslegungsbezogenen Schätzungen

34 Eine rechnungslegungsbezogene Schätzung muss unter Umständen geändert werden, wenn sich die Umstände, auf deren Grundlage sie erfolgt ist, ändern oder neue Informationen, neue Entwicklungen oder mehr Erfahrung vorliegen. Naturgemäß kann sich die Änderung einer rechnungslegungsbezogenen Schätzung nicht auf frühere Perioden beziehen und gilt auch nicht als Fehlerkorrektur.

34A Die Auswirkungen der Änderung eines Eingangsparameters oder eines Wertermittlungsverfahrens auf eine rechnungslegungsbezogene Schätzung sind Änderungen von rechnungslegungsbezogenen Schätzungen, es sei denn, sie ergeben sich aus der Berichtigung von Fehlern aus früheren Perioden.

35 Eine Änderung der verwendeten Bewertungsgrundlage ist eine Änderung einer Rechnungslegungsmethode und keine Änderung einer rechnungslegungsbezogenen Schätzung. Wenn es schwierig ist, eine Änderung einer Rechnungslegungsmethode von einer Änderung einer rechnungslegungsbezogenen Schätzung zu unterscheiden, gilt die entsprechende Änderung als eine Änderung einer rechnungslegungsbezogenen Schätzung.

Anwendung von Änderungen von rechnungslegungsbezogenen Schätzungen

36 Die Auswirkung der Änderung einer rechnungslegungsbezogenen Schätzung, bei der es sich nicht um eine Änderung im Sinne des Paragraphen 37 handelt, ist prospektiv erfolgswirksam zu erfassen in
(a) der Periode der Änderung, wenn die Änderung nur diese Periode betrifft, oder
(b) der Periode der Änderung und in zukünftigen Perioden, sofern die Änderung sowohl die Berichtsperiode als auch zukünftige Perioden betrifft.

37 Soweit eine Änderung einer rechnungslegungsbezogenen Schätzung zu Änderungen der Vermögenswerte oder Schulden führt oder sich auf einen Eigenkapitalposten bezieht, hat die Erfassung dadurch zu erfolgen, dass der Buchwert des entsprechenden Vermögenswerts oder der entsprechenden Schuld oder des entsprechenden Eigenkapitalpostens in der Periode der Änderung angepasst wird.

38 Die prospektive Erfassung der Auswirkung der Änderung einer rechnungslegungsbezogenen Schätzung bedeutet, dass die Änderung ab dem Zeitpunkt, zu dem sie vorgenommen wurde, auf Geschäftsvorfälle, sonstige Ereignisse und Bedingungen angewandt wird. Die Änderung einer rechnungslegungsbezogenen Schätzung kann nur den Gewinn oder Verlust der aktuellen Berichtsperiode, oder aber den Gewinn oder Verlust sowohl der aktuellen Berichtsperiode als auch zukünftiger Perioden betreffen. So betrifft beispielsweise die Änderung einer Wertberichtigung für erwartete

ACCOUNTING ESTIMATES

An accounting policy may require items in financial statements to be measured in a way that involves measurement uncertainty—that is, the accounting policy may require such items to be measured at monetary amounts that cannot be observed directly and must instead be estimated. In such a case, an entity develops an accounting estimate to achieve the objective set out by the accounting policy. Developing accounting estimates involves the use of judgements or assumptions based on the latest available, reliable information. Examples of accounting estimates include: 32

(a) a loss allowance for expected credit losses, applying IFRS 9 *Financial Instruments*;
(b) the net realisable value of an item of inventory, applying IAS 2 *Inventories*;
(c) the fair value of an asset or liability, applying IFRS 13 *Fair Value Measurement*;
(d) the depreciation expense for an item of property, plant and equipment, applying IAS 16; and
(e) a provision for warranty obligations, applying IAS 37 *Provisions, Contingent Liabilities and Contingent Assets*.

An entity uses measurement techniques and inputs to develop an accounting estimate. Measurement techniques include estimation techniques (for example, techniques used to measure a loss allowance for expected credit losses applying IFRS 9) and valuation techniques (for example, techniques used to measure the fair value of an asset or liability applying IFRS 13). 32A

The term 'estimate' in IFRSs sometimes refers to an estimate that is not an accounting estimate as defined in this Standard. For example, it sometimes refers to an input used in developing accounting estimates. 32B

The use of reasonable estimates is an essential part of the preparation of financial statements and does not undermine their reliability. 33

Changes in accounting estimates

An entity may need to change an accounting estimate if changes occur in the circumstances on which the accounting estimate was based or as a result of new information, new developments or more experience. By its nature, a change in an accounting estimate does not relate to prior periods and is not the correction of an error. 34

The effects on an accounting estimate of a change in an input or a change in a measurement technique are changes in accounting estimates unless they result from the correction of prior period errors. 34A

A change in the measurement basis applied is a change in an accounting policy, and is not a change in an accounting estimate. When it is difficult to distinguish a change in an accounting policy from a change in an accounting estimate, the change is treated as a change in an accounting estimate. 35

Applying changes in accounting estimates

The effect of a change in an accounting estimate, other than a change to which paragraph 37 applies, shall be recognised prospectively by including it in profit or loss in: 36

(a) the period of the change, if the change affects that period only; or
(b) the period of the change and future periods, if the change affects both.

To the extent that a change in an accounting estimate gives rise to changes in assets and liabilities, or relates to an item of equity, it shall be recognised by adjusting the carrying amount of the related asset, liability or equity item in the period of the change. 37

Prospective recognition of the effect of a change in an accounting estimate means that the change is applied to transactions, other events and conditions from the date of that change. A change in an accounting estimate may affect only the current period's profit or loss, or the profit or loss of both the current period and future periods. For example, a change in a loss allowance for expected credit losses affects only the current period's profit or loss and therefore is recognised in the current period. However, a change in the estimated useful life of, or the expected pattern of consumption of the future 38

Kreditverluste nur den Gewinn oder Verlust der Berichtsperiode und wird daher in dieser erfasst. Dagegen betrifft die Änderung einer Schätzung der Nutzungsdauer oder des erwarteten Abschreibungsverlaufs des künftigen wirtschaftlichen Nutzens eines abschreibungsfähigen Vermögenswerts den Abschreibungsaufwand der aktuellen Berichtsperiode und jeder folgenden Periode der verbleibenden Restnutzungsdauer des Vermögenswerts. In beiden Fällen wird die Auswirkung der Änderung, die sich auf die aktuelle Periode bezieht, als Ertrag oder Aufwand in der Berichtsperiode erfasst, soweit sie diese betreffen. Die mögliche Auswirkung auf zukünftige Perioden wird in diesen als Ertrag oder Aufwand erfasst.

Angaben

39 **Ein Unternehmen hat die Art und den Betrag einer Änderung einer rechnungslegungsbezogenen Schätzung anzugeben, die eine Auswirkung in der aktuellen Berichtsperiode hat oder von der erwartet wird, dass sie Auswirkungen in zukünftigen Perioden hat, es sei denn, dass die Angabe der Schätzung dieser Auswirkung auf zukünftige Perioden undurchführbar ist.**

40 Erfolgt die Angabe des Betrags der Auswirkung auf zukünftige Perioden nicht, weil die Schätzung dieser Auswirkung undurchführbar ist, so hat das Unternehmen auf diesen Umstand hinzuweisen.

FEHLER

41 Fehler können im Hinblick auf die Erfassung, Bewertung, Darstellung oder auf Angaben zu Bestandteilen eines Abschlusses entstehen. Ein Abschluss steht nicht im Einklang mit den IFRS, wenn er entweder wesentliche Fehler oder aber absichtlich herbeigeführte unwesentliche Fehler enthält, um eine bestimmte Darstellung der Vermögens-, Finanz- oder Ertragslage oder der Zahlungsströme des Unternehmens zu erreichen. Potenzielle Fehler in der aktuellen Berichtsperiode, die in dieser Periode entdeckt werden, sind zu korrigieren, bevor der Abschluss zur Veröffentlichung freigegeben wird. Jedoch werden wesentliche Fehler mitunter erst in einer nachfolgenden Periode entdeckt, und diese Fehler aus früheren Perioden werden in den Vergleichsinformationen im Abschluss für diese nachfolgende Periode korrigiert (siehe Paragraphen 42–47).

42 **Vorbehaltlich Paragraph 43 hat ein Unternehmen wesentliche Fehler aus früheren Perioden im ersten vollständigen Abschluss, der nach der Entdeckung der Fehler zur Veröffentlichung freigegeben wurde, rückwirkend zu korrigieren, indem**

(a) die Vergleichsbeträge für die dargestellten früheren Perioden, in denen der Fehler auftrat, berichtigt werden, oder

(b) wenn der Fehler vor der frühesten dargestellten Periode aufgetreten ist, die Eröffnungssalden von Vermögenswerten, Schulden und Eigenkapital für die früheste dargestellte Periode berichtigt werden.

Einschränkungen bei rückwirkender Berichtigung

43 **Ein Fehler aus einer früheren Periode ist durch rückwirkende Berichtigung zu korrigieren, es sei denn, die Ermittlung der periodenspezifischen Effekte oder der kumulierten Auswirkung des Fehlers ist undurchführbar.**

44 **Wenn die Ermittlung der periodenspezifischen Effekte eines Fehlers auf die Vergleichsinformationen für eine oder mehrere frühere dargestellte Perioden undurchführbar ist, so hat das Unternehmen die Eröffnungssalden von Vermögenswerten, Schulden und Eigenkapital für die früheste Periode zu berichtigen, für die eine rückwirkende Berichtigung durchführbar ist (es kann sich dabei um die aktuelle Berichtsperiode handeln).**

45 **Wenn die Ermittlung der kumulierten Auswirkung eines Fehlers auf alle früheren Perioden am Anfang der aktuellen Berichtsperiode undurchführbar ist, so hat das Unternehmen die Vergleichsinformationen dahin gehend zu berichtigen, dass der Fehler prospektiv ab dem frühestmöglichen Zeitpunkt korrigiert wird.**

46 Die Korrektur eines Fehlers aus einer früheren Periode ist für die Periode, in der er entdeckt wurde, erfolgsneutral zu erfassen. Jede Information, die sich auf frühere Perioden bezieht, wie beispielsweise Zeitreihen von Finanzkennzahlen, wird so weit zurück berichtigt, wie dies durchführbar ist.

47 Ist die betragsmäßige Ermittlung eines Fehlers (beispielsweise bei der Fehlanwendung einer Rechnungslegungsmethode) für alle früheren Perioden undurchführbar, so hat das Unternehmen die Vergleichsinformationen nach Paragraph 45 ab dem frühestmöglichen Zeitpunkt prospektiv zu berichtigen. Daher lässt das Unternehmen den Anteil der kumulierten Berichtigung von Vermögenswerten, Schulden und Eigenkapital vor dem entsprechenden Zeitpunkt außer Acht. Die Paragraphen 50–53 enthalten Leitlinien dafür, wann die Korrektur eines Fehlers für eine oder mehrere frühere Perioden undurchführbar ist.

48 Korrekturen von Fehlern werden getrennt von Änderungen der rechnungslegungsbezogenen Schätzungen behandelt. Rechnungslegungsbezogene Schätzungen sind ihrer Natur nach Annäherungen, die unter Umständen geändert werden müssen, sobald zusätzliche Informationen bekannt werden. Beispielsweise handelt es sich bei einem Gewinn oder Verlust als Ergebnis eines Haftungsverhältnisses nicht um die Korrektur eines Fehlers.

economic benefits embodied in, a depreciable asset affects depreciation expense for the current period and for each future period during the asset's remaining useful life. In both cases, the effect of the change relating to the current period is recognised as income or expense in the current period. The effect, if any, on future periods is recognised as income or expense in those future periods.

Disclosure

An entity shall disclose the nature and amount of a change in an accounting estimate that has an effect in the current period or is expected to have an effect in future periods, except for the disclosure of the effect on future periods when it is impracticable to estimate that effect. 39

If the amount of the effect in future periods is not disclosed because estimating it is impracticable, an entity shall disclose that fact. 40

ERRORS

Errors can arise in respect of the recognition, measurement, presentation or disclosure of elements of financial statements. Financial statements do not comply with IFRSs if they contain either material errors or immaterial errors made intentionally to achieve a particular presentation of an entity's financial position, financial performance or cash flows. Potential current period errors discovered in that period are corrected before the financial statements are authorised for issue. However, material errors are sometimes not discovered until a subsequent period, and these prior period errors are corrected in the comparative information presented in the financial statements for that subsequent period (see paragraphs 42—47). 41

Subject to paragraph 43, an entity shall correct material prior period errors retrospectively in the first set of financial statements authorised for issue after their discovery by: 42

(a) restating the comparative amounts for the prior period(s) presented in which the error occurred; or

(b) if the error occurred before the earliest prior period presented, restating the opening balances of assets, liabilities and equity for the earliest prior period presented.

Limitations on retrospective restatement

A prior period error shall be corrected by retrospective restatement except to the extent that it is impracticable to determine either the period-specific effects or the cumulative effect of the error. 43

When it is impracticable to determine the period-specific effects of an error on comparative information for one or more prior periods presented, the entity shall restate the opening balances of assets, liabilities and equity for the earliest period for which retrospective restatement is practicable (which may be the current period). 44

When it is impracticable to determine the cumulative effect, at the beginning of the current period, of an error on all prior periods, the entity shall restate the comparative information to correct the error prospectively from the earliest date practicable. 45

The correction of a prior period error is excluded from profit or loss for the period in which the error is discovered. Any information presented about prior periods, including any historical summaries of financial data, is restated as far back as is practicable. 46

When it is impracticable to determine the amount of an error (e.g. a mistake in applying an accounting policy) for all prior periods, the entity, in accordance with paragraph 45, restates the comparative information prospectively from the earliest date practicable. It therefore disregards the portion of the cumulative restatement of assets, liabilities and equity arising before that date. Paragraphs 50-53 provide guidance on when it is impracticable to correct an error for one or more prior periods. 47

Corrections of errors are distinguished from changes in accounting estimates. Accounting estimates by their nature are approximations that may need changing as additional information becomes known. For example, the gain or loss recognised on the outcome of a contingency is not the correction of an error. 48

Angaben von Fehlern aus früheren Perioden

49 Wenn Paragraph 42 angewandt wird, hat ein Unternehmen Folgendes anzugeben:

(a) die Art des Fehlers aus einer früheren Periode,

(b) die betragsmäßige Korrektur, soweit durchführbar, für jede frühere dargestellte Periode

(i) für jeden einzelnen betroffenen Posten des Abschlusses und

(ii) sofern IAS 33 auf das Unternehmen anwendbar ist, für das unverwässerte und das verwässerte Ergebnis je Aktie,

(c) die betragsmäßige Korrektur am Anfang der frühesten dargestellten Periode und

(d) wenn eine rückwirkende Berichtigung für eine bestimmte frühere Periode undurchführbar ist, so sind die Umstände darzustellen, die zu diesem Zustand geführt haben, und es ist anzugeben, wie und ab wann der Fehler korrigiert wurde.

In den Abschlüssen späterer Perioden müssen diese Angaben nicht wiederholt werden.

UNDURCHFÜHRBARKEIT HINSICHTLICH RÜCKWIRKENDER ANWENDUNG UND RÜCKWIRKENDER BERICHTIGUNG

50 Die Anpassung von Vergleichsinformationen für eine oder mehrere frühere Perioden zur Erzielung der Vergleichbarkeit mit der aktuellen Berichtsperiode kann unter bestimmten Umständen undurchführbar sein. Beispielsweise wurden die Daten in der früheren Periode/den früheren Perioden eventuell nicht auf eine Art und Weise erfasst, die entweder die rückwirkende Anwendung einer neuen Rechnungslegungsmethode (darunter auch, im Sinne der Paragraphen 51–53, die prospektive Anwendung auf frühere Perioden) oder eine rückwirkende Berichtigung ermöglicht, um einen Fehler aus einer früheren Periode zu korrigieren; auch kann die Wiederherstellung von Informationen undurchführbar sein.

51 Oftmals ist es bei der Anwendung einer Rechnungslegungsmethode auf Bestandteile eines Abschlusses, die im Zusammenhang mit Geschäftsvorfällen und sonstigen Ereignissen oder Bedingungen erfasst bzw. anzugeben sind, erforderlich, Schätzungen zu machen. Der Schätzungsprozess ist von Natur aus subjektiv, und Schätzungen können nach dem Abschlussstichtag entwickelt werden. Die Entwicklung von Schätzungen ist potenziell schwieriger, wenn eine Rechnungslegungsmethode rückwirkend angewandt wird oder eine Berichtigung rückwirkend vorgenommen wird, um einen Fehler aus einer früheren Periode zu korrigieren, weil ein eventuell längerer Zeitraum zurückliegt, seitdem der betreffende Geschäftsvorfall bzw. ein sonstiges Ereignis oder eine Bedingung eingetreten sind. Die Zielsetzung von Schätzungen im Zusammenhang mit früheren Perioden bleibt jedoch die gleiche wie für Schätzungen in der aktuellen Berichtsperiode, nämlich, dass die Schätzung die Umstände widerspiegeln soll, die zur Zeit des Geschäftsvorfalls oder des sonstigen Ereignisses oder der Bedingung existierten.

52 Daher verlangt die rückwirkende Anwendung einer neuen Rechnungslegungsmethode oder die Korrektur eines Fehlers aus einer früheren Periode Informationen, die

(a) einen Anhaltspunkt für die Umstände erbringen, die zu dem Zeitpunkt/den Zeitpunkten existierten, als der Geschäftsvorfall oder das sonstige Ereignis oder die Bedingung eintraten, und

(b) zur Verfügung gestanden hätten, als die Abschlüsse für jene frühere Periode zur Veröffentlichung freigegeben wurden,

von sonstigen Informationen zu unterscheiden. Für manche Arten von Schätzungen (z. B. eine Ermittlung des beizulegenden Zeitwerts, die auf wesentlichen, nicht beobachtbaren Eingangsparametern basiert) ist die Unterscheidung dieser Informationsarten undurchführbar. Erfordert eine rückwirkende Anwendung oder eine rückwirkende Berichtigung eine umfangreiche Schätzung, für die es unmöglich ist, diese beiden Informationsarten voneinander zu unterscheiden, so ist die rückwirkende Anwendung der neuen Rechnungslegungsmethode bzw. die rückwirkende Korrektur des Fehlers aus einer früheren Periode undurchführbar.

53 Wird in einer früheren Periode eine neue Rechnungslegungsmethode angewandt oder eine Betragskorrektur vorgenommen, so sind keine nachträglichen Erkenntnisse zu verwenden; dies bezieht sich auf Annahmen hinsichtlich der Absichten des Managements in einer früheren Periode sowie auf Schätzungen der in einer früheren Periode erfassten, bewerteten oder angegebenen Beträge. Berichtigt ein Unternehmen beispielsweise einen Fehler, der in einer früheren Periode bei der Ermittlung seiner Rückstellung für den kumulierten Krankengeldanspruch nach IAS 19 *Leistungen an Arbeitnehmer* unterlaufen ist, lässt es Informationen über eine ungewöhnlich heftige Grippesaison während der nächsten Periode außer Acht, die erst zur Verfügung standen, nachdem der Abschluss für die frühere Periode zur Veröffentlichung freigegeben wurde. Die Tatsache, dass zur Änderung von Vergleichsinformationen für frühere Perioden oftmals umfangreiche Schätzungen erforderlich sind, verhindert keine zuverlässige Anpassung bzw. Korrektur der Vergleichsinformationen.

ZEITPUNKT DES INKRAFTTRETENS UND ÜBERGANGSVORSCHRIFTEN

54 Dieser Standard ist auf Geschäftsjahre anzuwenden, die am oder nach dem 1. Januar 2005 beginnen. Eine frühere Anwendung wird empfohlen. Wendet ein Unternehmen diesen Standard für Berichtsperioden an, die vor dem 1. Januar 2005 beginnen, hat es dies anzugeben.

Disclosure of prior period errors

In applying paragraph 42, an entity shall disclose the following: 49

(a) the nature of the prior period error;

(b) for each prior period presented, to the extent practicable, the amount of the correction:

(i) for each financial statement line item affected; and

(ii) if IAS 33 applies to the entity, for basic and diluted earnings per share;

(c) the amount of the correction at the beginning of the earliest prior period presented; and

(d) if retrospective restatement is impracticable for a particular prior period, the circumstances that led to the existence of that condition and a description of how and from when the error has been corrected.

Financial statements of subsequent periods need not repeat these disclosures.

IMPRACTICABILITY IN RESPECT OF RETROSPECTIVE APPLICATION AND RETROSPECTIVE RESTATEMENT

In some circumstances, it is impracticable to adjust comparative information for one or more prior periods to achieve comparability with the current period. For example, data may not have been collected in the prior period(s) in a way that allows either retrospective application of a new accounting policy (including, for the purpose of paragraphs 51—53, its prospective application to prior periods) or retrospective restatement to correct a prior period error, and it may be impracticable to recreate the information. 50

It is frequently necessary to make estimates in applying an accounting policy to elements of financial statements recognised or disclosed in respect of transactions, other events or conditions. Estimation is inherently subjective, and estimates may be developed after the reporting period. Developing estimates is potentially more difficult when retrospectively applying an accounting policy or making a retrospective restatement to correct a prior period error, because of the longer period of time that might have passed since the affected transaction, other event or condition occurred. However, the objective of estimates related to prior periods remains the same as for estimates made in the current period, namely, for the estimate to reflect the circumstances that existed when the transaction, other event or condition occurred. 51

Therefore, retrospectively applying a new accounting policy or correcting a prior period error requires distinguishing information that 52

(a) provides evidence of circumstances that existed on the date(s) as at which the transaction, other event or condition occurred, and

(b) would have been available when the financial statements for that prior period were authorised for issue;

from other information. For some types of estimates (e.g. a fair value measurement that uses significant unobservable inputs), it is impracticable to distinguish these types of information. When retrospective application or retrospective restatement would require making a significant estimate for which it is impossible to distinguish these two types of information, it is impracticable to apply the new accounting policy or correct the prior period error retrospectively.

Hindsight should not be used when applying a new accounting policy to, or correcting amounts for, a prior period, either in making assumptions about what management's intentions would have been in a prior period or estimating the amounts recognised, measured or disclosed in a prior period. For example, when an entity corrects a prior period error in calculating its liability for employees' accumulated sick leave in accordance with IAS 19 *Employee Benefits*, it disregards information about an unusually severe influenza season during the next period that became available after the financial statements for the prior period were authorised for issue. The fact that significant estimates are frequently required when amending comparative information presented for prior periods does not prevent reliable adjustment or correction of the comparative information. 53

EFFECTIVE DATE AND TRANSITION

An entity shall apply this standard for annual periods beginning on or after 1 January 2005. Earlier application is encouraged. If an entity applies this standard for a period beginning before 1 January 2005, it shall disclose that fact. 54

54A–54B [gestrichen]

54C Durch IFRS 13 *Bewertung zum beizulegenden Zeitwert*, veröffentlicht im Mai 2011, wurde Paragraph 52 geändert. Wendet ein Unternehmen IFRS 13 an, ist diese Änderung ebenfalls anzuwenden.

54D [gestrichen]

54E Durch IFRS 9 *Finanzinstrumente*, veröffentlicht im Juli 2014, wurde Paragraph 53 geändert und wurden die Paragraphen 54A, 54B und 54D gestrichen. Wendet ein Unternehmen IFRS 9 an, hat es diese Änderungen ebenfalls anzuwenden.

54F Durch die 2018 veröffentlichte Verlautbarung *Änderungen der Verweise auf das Rahmenkonzept in IFRS-Standards* wurden die Paragraphen 6 und 11 (b) geändert. Diese Änderungen sind auf Geschäftsjahre anzuwenden, die am oder nach dem 1. Januar 2020 beginnen. Eine frühere Anwendung ist zulässig, wenn das Unternehmen gleichzeitig alle anderen mit der Verlautbarung *Änderungen der Verweise auf das Rahmenkonzept in IFRS-Standards* einhergehenden Änderungen anwendet. Gemäß dem vorliegenden Standard sind die Änderungen an den Paragraphen 6 und 11 (b) rückwirkend anzuwenden. Sollte das Unternehmen jedoch feststellen, dass eine rückwirkende Anwendung undurchführbar oder mit unangemessenem Kosten- oder Zeitaufwand verbunden wäre, hat es die Änderungen an den Paragraphen 6 und 11 (b) mit Verweis auf die Paragraphen 23–28 dieses Standards anzuwenden. Wenn die rückwirkende Anwendung einer der in der Verlautbarung *Änderungen der Verweise auf das Rahmenkonzept in IFRS-Standards* enthaltenen Änderungen mit unangemessenem Kosten- oder Zeitaufwand verbunden wäre, so ist bei der Anwendung der Paragraphen 23–28 des vorliegenden Standards jeder Verweis (außer dem im letzten Satz des Paragraphen 27) auf „undurchführbar" als „mit unangemessenem Kosten- oder Zeitaufwand verbunden" und jeder Verweis auf „durchführbar" als „ohne unangemessenen Kosten- oder Zeitaufwand möglich" zu verstehen.

54G Wendet ein Unternehmen IFRS 14 *Regulatorische Abgrenzungsposten* nicht an, so hat es bei der Anwendung des Paragraphen 11 (b) auf die Salden regulatorischer Posten weiterhin auf die im *Rahmenkonzept für die Aufstellung und Darstellung von Abschlüssen*[3] und nicht auf die im *Rahmenkonzept für die Finanzberichterstattung* enthaltenen Definitionen, Erfassungskriterien und Bewertungskonzepte Bezug zu nehmen und deren Anwendbarkeit zu erwägen. Der Saldo eines regulatorischen Postens ist der Saldo eines jeden Aufwands- (oder Ertrags-)postens, der nicht nach einem anderen anwendbaren IFRS-Standard als Vermögenswert oder Schuld erfasst wird, sondern vom Preisregulierer in die Festlegung des Preises/der Preise, der/die den Kunden in Rechnung gestellt werden kann/können, einbezogen oder voraussichtlich einbezogen wird. Ein Preisregulierer ist ein autorisiertes Organ, das aufgrund seiner Satzung oder kraft Rechtsvorschriften dazu ermächtigt ist, einen für ein Unternehmen verbindlichen Preis oder ein für ein Unternehmen verbindliches Preisspektrum festzulegen. Der Preisregulierer kann eine vom Unternehmen unabhängige Institution oder ein verbundenes Unternehmen, einschließlich des Leitungsorgans des Unternehmens, sein, wenn diese/s satzungsbedingt oder aufgrund von Rechtsvorschriften dazu verpflichtet ist, Preise sowohl im Interesse der Kunden als auch zur Sicherstellung der finanziellen Tragfähigkeit des Unternehmens festzusetzen.

54H Mit der im Oktober 2018 veröffentlichten Verlautbarung *Definition von „wesentlich"* (Änderungen an IAS 1 und IAS 8) wurden Paragraph 7 von IAS 1 und Paragraph 5 von IAS 8 geändert und Paragraph 6 von IAS 8 gestrichen. Diese Änderungen sind prospektiv auf Geschäftsjahre anzuwenden, die am oder nach dem 1. Januar 2020 beginnen. Eine frühere Anwendung ist zulässig. Wendet ein Unternehmen diese Änderungen früher an, hat es dies anzugeben.

54I Mit der im Februar 2021 veröffentlichten Verlautbarung *Definition von rechnungslegungsbezogenen Schätzungen* wurden die Paragraphen 5, 32, 34, 38 und 48 geändert und die Paragraphen 32A, 32B und 34A angefügt. Diese Änderungen sind auf Geschäftsjahre anzuwenden, die am oder nach dem 1. Januar 2023 beginnen. Eine frühere Anwendung ist zulässig. Ein Unternehmen hat diese Änderungen auf Änderungen von rechnungslegungsbezogenen Schätzungen und Änderungen von Rechnungslegungsmethoden anzuwenden, die zum oder nach dem Beginn des ersten Geschäftsjahres, in dem es diese Änderungen anwendet, eintreten.

RÜCKNAHME ANDERER VERLAUTBARUNGEN

55 Dieser Standard ersetzt IAS 8 *Periodenergebnis, grundlegende Fehler und Änderungen der Rechnungslegungsmethoden* (überarbeitet 1993).

56 Dieser Standard ersetzt die folgenden Interpretationen:
(a) SIC-2 *Stetigkeit – Aktivierung von Fremdkapitalkosten* und
(b) SIC-18 *Stetigkeit – Alternative Verfahren.*

3 Hiermit ist das vom IASB 2001 übernommene IASC-*Rahmenkonzept für die Finanzberichterstattung* gemeint. [Anmerkung des Verfassers: Ein Auszug aus dem vom IASB 2001 angenommenen IASC-*Rahmenkonzept für die Finanzberichterstattung* ist auf der Website der Stiftung unter „Supporting Implementation"/„Supporting Implementation by IFRS Standard"/„IAS 8" zu finden.]

[deleted] 54A–54B

IFRS 13 *Fair Value Measurement*, issued in May 2011, amended paragraph 52. An entity shall apply that amendment when it applies IFRS 13. 54C

[deleted] 54D

IFRS 9 *Financial Instruments*, as issued in July 2014, amended paragraph 53 and deleted paragraphs 54A, 54B and 54D. An entity shall apply those amendments when it applies IFRS 9. 54E

Amendments to References to the Conceptual Framework in IFRS Standards, issued in 2018, amended paragraphs 6 and 11 (b). An entity shall apply those amendments for annual periods beginning on or after 1 January 2020. Earlier application is permitted if at the same time an entity also applies all other amendments made by *Amendments to References to the Conceptual Framework in IFRS Standards*. An entity shall apply the amendments to paragraphs 6 and 11 (b) retrospectively in accordance with this Standard. However, if an entity determines that retrospective application would be impracticable or would involve undue cost or effort, it shall apply the amendments to paragraphs 6 and 11 (b) by reference to paragraphs 23—28 of this Standard. If retrospective application of any amendment in *Amendments to References to the Conceptual Framework in IFRS Standards* would involve undue cost or effort, an entity shall, in applying paragraphs 23—28 of this Standard, read any reference except in the last sentence of paragraph 27 to 'is impracticable' as 'involves undue cost or effort' and any reference to 'practicable' as 'possible without undue cost or effort'. 54F

If an entity does not apply IFRS 14 *Regulatory Deferral Accounts*, the entity shall, in applying paragraph 11 (b) to regulatory account balances, continue to refer to, and consider the applicability of, the definitions, recognition criteria, and measurement concepts in the *Framework for the Preparation and Presentation of Financial Statements*[3] instead of those in the *Conceptual Framework*. A regulatory account balance is the balance of any expense (or income) account that is not recognised as an asset or a liability in accordance with other applicable IFRS Standards but is included, or is expected to be included, by the rate regulator in establishing the rate(s) that can be charged to customers. A rate regulator is an authorised body that is empowered by statute or regulation to establish the rate or a range of rates that bind an entity. The rate regulator may be a third-party body or a related party of the entity, including the entity's own governing board, if that body is required by statute or regulation to set rates both in the interest of the customers and to ensure the overall financial viability of the entity. 54G

Definition of Material (Amendments to IAS 1 and IAS 8), issued in October 2018, amended paragraph 7 of IAS 1 and paragraph 5 of IAS 8, and deleted paragraph 6 of IAS 8. An entity shall apply those amendments prospectively for annual periods beginning on or after 1 January 2020. Earlier application is permitted. If an entity applies those amendments for an earlier period, it shall disclose that fact. 54H

Definition of Accounting Estimates, issued in February 2021, amended paragraphs 5, 32, 34, 38 and 48 and added paragraphs 32A, 32B and 34A. An entity shall apply these amendments for annual reporting periods beginning on or after 1 January 2023. Earlier application is permitted. An entity shall apply the amendments to changes in accounting estimates and changes in accounting policies that occur on or after the beginning of the first annual reporting period in which it applies the amendments. 54I

WITHDRAWAL OF OTHER PRONOUNCEMENTS

This standard supersedes IAS 8 *Net profit or loss for the period, fundamental errors and changes in accounting policies*, revised in 1993. 55

This standard supersedes the following interpretations: 56

(a) SIC-2 *Consistency—capitalisation of borrowing costs;* and
(b) SIC-18 *Consistency—alternative methods.*

3 The reference is to the IASC's *Framework for the Preparation and Presentation of Financial Statements* adopted by the Board in 2001.

INTERNATIONAL ACCOUNTING STANDARD 10

Ereignisse nach dem Abschlussstichtag

INHALT

ZIELSETZUNG

1 Zielsetzung dieses Standards ist es, Folgendes zu regeln:

(a) wann ein Unternehmen Ereignisse nach dem Abschlussstichtag in seinem Abschluss zu berücksichtigen hat und

(b) welche Angaben ein Unternehmen über den Zeitpunkt, zu dem der Abschluss zur Veröffentlichung freigegeben wurde, und über Ereignisse nach dem Abschlussstichtag zu machen hat.

Der Standard verlangt außerdem, dass ein Unternehmen seinen Abschluss nicht auf der Grundlage der Annahme der Unternehmensfortführung aufstellt, wenn Ereignisse nach dem Abschlussstichtag anzeigen, dass die Annahme der Unternehmensfortführung unangemessen ist.

ANWENDUNGSBEREICH

2 **Dieser Standard ist auf die Bilanzierung und Angabe von Ereignissen nach dem Abschlussstichtag anzuwenden.**

DEFINITIONEN

3 **Die folgenden Begriffe werden in diesem Standard mit der angegebenen Bedeutung verwendet:**

Ereignisse nach dem Abschlussstichtag **sind vorteilhafte oder nachteilige Ereignisse, die zwischen dem Abschlussstichtag und dem Tag eintreten, an dem der Abschluss zur Veröffentlichung freigegeben wird. Es wird dabei zwischen zwei Arten von Ereignissen unterschieden:**

(a) Ereignisse, die weitere Anhaltspunkte für Gegebenheiten liefern, die bereits am Abschlussstichtag vorgelegen haben ***(berücksichtigungspflichtige Ereignisse nach dem Abschlussstichtag)*** **und**

(b) Ereignisse, die Gegebenheiten anzeigen, die nach dem Abschlussstichtag eingetreten sind ***(nicht zu berücksichtigende Ereignisse nach dem Abschlussstichtag).***

4 Verfahren für die Freigabe des Abschlusses zur Veröffentlichung können sich je nach Managementstruktur, gesetzlichen Vorschriften und den Abläufen bei den Vorarbeiten und der Erstellung des Abschlusses voneinander unterscheiden.

5 In einigen Fällen ist ein Unternehmen verpflichtet, seinen Abschluss den Anteilseignern zur Genehmigung vorzulegen, nachdem der Abschluss veröffentlicht wurde. In solchen Fällen gilt der Abschluss zum Zeitpunkt der Veröffentlichung als zur Veröffentlichung freigegeben, und nicht erst, wenn die Anteilseigner den Abschluss genehmigen.

INTERNATIONAL ACCOUNTING STANDARD 10

Events after the Reporting Period

SUMMARY

OBJECTIVE

The objective of this standard is to prescribe: 1
(a) when an entity should adjust its financial statements for events after the reporting period; and
(b) the disclosures that an entity should give about the date when the financial statements were authorised for issue and about events after the reporting period.

The standard also requires that an entity should not prepare its financial statements on a going concern basis if events after the reporting period indicate that the going concern assumption is not appropriate.

SCOPE

This standard shall be applied in the accounting for, and disclosure of, events after the reporting period. 2

DEFINITIONS

The following terms are used in this standard with the meanings specified: 3

Events after the reporting period **are those events, favourable and unfavourable, that occur between the end of the reporting period and the date when the financial statements are authorised for issue. Two types of events can be identified:**

(a) those that provide evidence of conditions that existed at the end of the reporting period (*adjusting events after the reporting period*); and

(b) those that are indicative of conditions that arose after the reporting period (*non-adjusting events after the reporting period*).

The process involved in authorising the financial statements for issue will vary depending upon the management structure, statutory requirements and procedures followed in preparing and finalising the financial statements. 4

In some cases, an entity is required to submit its financial statements to its shareholders for approval after the financial statements have been issued. In such cases, the financial statements are authorised for issue on the date of issue, not the date when shareholders approve the financial statements. 5

Beispiel Das Management erstellt den Abschluss zum 31. Dezember 20X1 am 28. Februar 20X2 im Entwurf. Am 18. März 20X2 prüft das Geschäftsführungs- und/oder Aufsichtsorgan den Abschluss und gibt ihn zur Veröffentlichung frei. Das Unternehmen gibt sein Ergebnis und weitere ausgewählte finanzielle Informationen am 19. März 20X2 bekannt. Der Abschluss wird den Anteilseignern und anderen Personen am 1. April 20X2 zugänglich gemacht. Der Abschluss wird auf der Jahresversammlung der Anteilseigner am 15. Mai 20X2 genehmigt und dann am 17. Mai 20X2 bei einer Aufsichtsbehörde eingereicht.

Der Abschluss wird am 18. März 20X2 zur Veröffentlichung freigegeben (Tag der Freigabe zur Veröffentlichung durch das Geschäftsführungs- und/oder Aufsichtsorgan.

6 In einigen Fällen ist das Management des Unternehmens verpflichtet, den Abschluss einem Aufsichtsorgan (das ausschließlich aus nicht der Geschäftsführung angehörenden Personen besteht) zur Genehmigung vorzulegen. In solchen Fällen ist der Abschluss zur Veröffentlichung freigegeben, wenn das Management die Vorlage an das Aufsichtsorgan genehmigt.

Beispiel Am 18. März 20X2 gibt das Management den Abschluss zur Weitergabe an das Aufsichtsorgan frei. Das Aufsichtsorgan besteht ausschließlich aus nicht der Geschäftsführung angehörenden Personen und kann Arbeitnehmervertreter und externe Interessenvertreter einschließen. Das Aufsichtsorgan genehmigt den Abschluss am 26. März 20X2. Der Abschluss wird den Anteilseignern und anderen Personen am 1. April 20X2 zugänglich gemacht. Die Anteilseigner genehmigen den Abschluss auf ihrer Jahreshauptversammlung am 15. Mai 20X2 und der Abschluss wird dann am 17. Mai 20X2 bei einer Aufsichtsbehörde eingereicht.

Der Abschluss wird am 18. März 20X2 zur Veröffentlichung freigegeben (Tag der Freigabe zur Vorlage an das Aufsichtsorgan durch das Management).

7 Ereignisse nach dem Abschlussstichtag schließen alle Ereignisse bis zu dem Zeitpunkt ein, an dem der Abschluss zur Veröffentlichung freigegeben wird, auch wenn diese Ereignisse nach Ergebnisbekanntgabe oder der Veröffentlichung anderer ausgewählter finanzieller Informationen eintreten.

ERFASSUNG UND BEWERTUNG

Berücksichtigungspflichtige Ereignisse nach dem Abschlussstichtag

8 **Ein Unternehmen hat die in seinem Abschluss erfassten Beträge anzupassen, damit berücksichtigungspflichtige Ereignisse nach dem Abschlussstichtag abgebildet werden.**

9 Im Folgenden werden Beispiele von berücksichtigungspflichtigen Ereignissen nach dem Abschlussstichtag genannt, die ein Unternehmen dazu verpflichten, die im Abschluss erfassten Beträge anzupassen, oder Sachverhalte zu erfassen, die bislang nicht erfasst waren:

(a) die Beilegung eines gerichtlichen Verfahrens nach dem Abschlussstichtag, womit bestätigt wird, dass das Unternehmen eine gegenwärtige Verpflichtung zum Abschlussstichtag hatte. Jede zuvor angesetzte Rückstellung in Bezug auf dieses gerichtliche Verfahren wird vom Unternehmen nach IAS 37 *Rückstellungen, Eventualverbindlichkeiten und Eventualforderungen* angepasst oder eine neue Rückstellung wird angesetzt. Das Unternehmen gibt nicht bloß eine Eventualverbindlichkeit an, weil die Beilegung zusätzliche Anhaltspunkte liefert, die nach Paragraph 16 von IAS 37 berücksichtigt werden,

(b) das Erlangen von Informationen nach dem Abschlussstichtag darüber, dass ein Vermögenswert am Abschlussstichtag wertgemindert war oder dass der Betrag eines früher erfassten Wertminderungsaufwands für diesen Vermögenswert angepasst werden muss. Beispiel:

  (i) das nach dem Abschlussstichtag eingeleitete Insolvenzverfahren eines Kunden, das im Regelfall bestätigt, dass die Bonität des Kunden am Abschlussstichtag beeinträchtigt war, und

  (ii) der Verkauf von Vorräten nach dem Abschlussstichtag kann einen Anhaltspunkt für den Nettoveräußerungswert am Abschlussstichtag liefern,

(c) die nach dem Abschlussstichtag erfolgte Ermittlung der Anschaffungskosten für erworbene Vermögenswerte oder der Erlöse für vor dem Abschlussstichtag verkaufte Vermögenswerte,

(d) die nach dem Abschlussstichtag erfolgte Ermittlung der Beträge für Zahlungen aus Gewinn- oder Erfolgsbeteiligungsplänen, wenn das Unternehmen am Abschlussstichtag eine gegenwärtige rechtliche oder faktische Verpflichtung hatte, solche Zahlungen aufgrund von vor diesem Zeitpunkt liegenden Ereignissen zu leisten (siehe IAS 19 *Leistungen an Arbeitnehmer*),

(e) die Entdeckung eines Betrugs oder von Fehlern, die zeigt, dass der Abschluss falsch ist.

Example The management of an entity completes draft financial statements for the year to 31 December 20X1 on 28 February 20X2. On 18 March 20X2, the board of directors reviews the financial statements and authorises them for issue. The entity announces its profit and selected other financial information on 19 March 20X2. The financial statements are made available to shareholders and others on 1 April 20X2. The shareholders approve the financial statements at their annual meeting on 15 May 20X2 and the approved financial statements are then filed with a regulatory body on 17 May 20X2.

The financial statements are authorised for issue on 18 March 20X2 (date of board authorisation for issue).

In some cases, the management of an entity is required to issue its financial statements to a supervisory board (made up solely of non-executives) for approval. In such cases, the financial statements are authorised for issue when the management authorises them for issue to the supervisory board. 6

Example On 18 March 20X2, the management of an entity authorises financial statements for issue to its supervisory board. The supervisory board is made up solely of non-executives and may include representatives of employees and other outside interests. The supervisory board approves the financial statements on26 March 20X2. The financial statements are made available to shareholders and others on 1 April 20X2. The shareholders approve the financial statements at their annual meeting on 15 May 20X2 and the financial statements are then filed with a regulatory body on 17 May 20X2.

The financial statements are authorised for issue on 18 March 20X2 (date of management authorisation for issue to the supervisory board).

Events after the reporting period include all events up to the date when the financial statements are authorised for issue, even if those events occur after the public announcement of profit or of other selected financial information. 7

RECOGNITION AND MEASUREMENT

Adjusting events after the reporting period

An entity shall adjust the amounts recognised in its financial statements to reflect adjusting events after the reporting period. 8

The following are examples of adjusting events after the reporting period that require an entity to adjust the amounts recognised in its financial statements, or to recognise items that were not previously recognised: 9

(a) the settlement after the reporting period of a court case that confirms that the entity had a present obligation at the end of the reporting period. The entity adjusts any previously recognised provision related to this court case in accordance with IAS 37 *Provisions, contingent liabilities and contingent assets* or recognises a new provision. The entity does not merely disclose a contingent liability because the settlement provides additional evidence that would be considered in accordance with paragraph 16 of IAS 37;

(b) the receipt of information after the reporting period indicating that an asset was impaired at the end of the reporting period, or that the amount of a previously recognised impairment loss for that asset needs to be adjusted. For example:
   (i) the bankruptcy of a customer that occurs after the reporting period usually confirms that the customer was credit-impaired at the end of the reporting period;
   (ii) the sale of inventories after the reporting period may give evidence about their net realisable value at the end of the reporting period;

(c) the determination after the reporting period of the cost of assets purchased, or the proceeds from assets sold, before the end of the reporting period;

(d) the determination after the reporting period of the amount of profit-sharing or bonus payments, if the entity had a present legal or constructive obligation at the end of the reporting period to make such payments as a result of events before that date (see IAS 19 *Employee benefits*);

(e) the discovery of fraud or errors that show that the financial statements are incorrect.

Nicht zu berücksichtigende Ereignisse nach dem Abschlussstichtag

10 **Ein Unternehmen darf die im Abschluss erfassten Beträge nicht anpassen, um nicht zu berücksichtigende Ereignisse nach dem Abschlussstichtag abzubilden.**

11 Ein Beispiel für nicht zu berücksichtigende Ereignisse nach dem Abschlussstichtag ist das Sinken des beizulegenden Zeitwerts von Finanzinvestitionen zwischen dem Abschlussstichtag und dem Tag, an dem der Abschluss zur Veröffentlichung freigegeben wird. Das Sinken des beizulegenden Zeitwerts hängt in der Regel nicht mit der Beschaffenheit der Finanzinvestitionen am Abschlussstichtag zusammen, sondern spiegelt Umstände wider, die nachträglich eingetreten sind. Daher passt ein Unternehmen die im Abschluss für Finanzinvestitionen erfassten Beträge nicht an. Gleichermaßen aktualisiert ein Unternehmen nicht die für Finanzinvestitionen angegebenen Beträge zum Abschlussstichtag, obwohl es notwendig sein kann, zusätzliche Angaben nach Paragraph 21 zu machen.

Dividenden

12 **Wenn ein Unternehmen nach dem Abschlussstichtag Dividenden für Inhaber von Eigenkapitalinstrumenten (wie in IAS 32 *Finanzinstrumente: Darstellung* definiert) beschließt, darf das Unternehmen diese Dividenden zum Abschlussstichtag nicht als Schulden ansetzen.**

13 Wenn Dividenden nach der Berichtsperiode, aber vor der Freigabe des Abschlusses zur Veröffentlichung beschlossen werden, werden diese Dividenden am Abschlussstichtag nicht als Schulden angesetzt, da zu dem Zeitpunkt keine Verpflichtung dazu besteht. Diese Dividenden werden nach IAS 1 *Darstellung des Abschlusses* im Anhang angegeben.

UNTERNEHMENSFORTFÜHRUNG

14 **Ein Unternehmen darf seinen Abschluss nicht auf der Grundlage der Annahme der Unternehmensfortführung aufstellen, wenn das Management nach dem Abschlussstichtag entweder beabsichtigt, das Unternehmen aufzulösen, den Geschäftsbetrieb einzustellen oder keine realistische Alternative mehr hat, als so zu handeln.**

15 Eine Verschlechterung der Vermögens-, Finanz- und Ertragslage nach dem Abschlussstichtag kann ein Hinweis darauf sein, dass es notwendig ist, zu prüfen, ob die Aufstellung des Abschlusses unter der Annahme der Unternehmensfortführung weiterhin angemessen ist. Ist die Annahme der Unternehmensfortführung nicht länger angemessen, wirkt sich dies so entscheidend aus, dass dieser Standard eine fundamentale Änderung der Grundlage der Rechnungslegung fordert und nicht nur die Anpassung der im Rahmen der ursprünglichen Grundlage der Rechnungslegung erfassten Beträge.

16 IAS 1 spezifiziert die geforderten Angaben, wenn
(a) der Abschluss nicht unter der Annahme der Unternehmensfortführung erstellt wird oder
(b) dem Management wesentliche Unsicherheiten in Verbindung mit Ereignissen und Gegebenheiten bekannt sind, die erhebliche Zweifel an der Fortführbarkeit des Unternehmens aufwerfen. Die Ereignisse und Gegebenheiten, die Angaben erfordern, können nach dem Abschlussstichtag entstehen.

ANGABEN

Zeitpunkt der Freigabe zur Veröffentlichung

17 **Ein Unternehmen hat den Zeitpunkt anzugeben, an dem der Abschluss zur Veröffentlichung freigegeben wurde und wer diese Freigabe vorgenommen hat. Wenn die Eigentümer des Unternehmens oder andere Personen die Möglichkeit haben, den Abschluss nach der Veröffentlichung zu ändern, hat das Unternehmen dies anzugeben.**

18 Für die Abschlussadressaten ist es wichtig zu wissen, wann der Abschluss zur Veröffentlichung freigegeben wurde, da der Abschluss keine Ereignisse nach diesem Zeitpunkt widerspiegelt.

Aktualisierung der Angaben über Gegebenheiten am Abschlussstichtag

19 **Wenn ein Unternehmen Informationen über Gegebenheiten, die bereits am Abschlussstichtag bestanden haben, nach dem Abschlussstichtag erhält, hat es die betreffenden Angaben auf der Grundlage der neuen Informationen zu aktualisieren.**

20 In einigen Fällen ist es notwendig, dass ein Unternehmen die Angaben im Abschluss aktualisiert, um die nach dem Abschlussstichtag erhaltenen Informationen widerzuspiegeln, auch wenn die Informationen nicht die Beträge betreffen, die im Abschluss erfasst sind. Ein Beispiel für die Notwendigkeit der Aktualisierung der Angaben ist ein erst nach dem Abschlussstichtag vorliegender Nachweis für das Vorliegen einer Eventualverbindlichkeit, die bereits am Abschlussstichtag

Non-adjusting events after the reporting period

An entity shall not adjust the amounts recognised in its financial statements to reflect non-adjusting events after the reporting period. 10

An example of a non-adjusting event after the reporting period is a decline in fair value of investments between the end of the reporting period and the date when the financial statements are authorised for issue. The decline in fair value does not normally relate to the condition of the investments at the end of the reporting period, but reflects circumstances that have arisen subsequently. Therefore, an entity does not adjust the amounts recognised in its financial statements for the investments. Similarly, the entity does not update the amounts disclosed for the investments as at the end of the reporting period, although it may need to give additional disclosure under paragraph 21. 11

Dividends

If an entity declares dividends to holders of equity instruments (as defined in IAS 32 *Financial instruments: presentation*) after the reporting period, the entity shall not recognise those dividends as a liability at the end of the reporting period. 12

If dividends are declared after the reporting period but before the financial statements are authorised for issue, the dividends are not recognised as a liability at the end of the reporting period because no obligation exists at that time. Such dividends are disclosed in the notes in accordance with IAS 1 *Presentation of Financial Statements.* 13

GOING CONCERN

An entity shall not prepare its financial statements on a going concern basis if management determines after the reporting period either that it intends to liquidate the entity or to cease trading, or that it has no realistic alternative but to do so. 14

Deterioration in operating results and financial position after the reporting period may indicate a need to consider whether the going concern assumption is still appropriate. If the going concern assumption is no longer appropriate, the effect is so pervasive that this standard requires a fundamental change in the basis of accounting, rather than an adjustment to the amounts recognised within the original basis of accounting. 15

IAS 1 specifies required disclosures if: 16

(a) the financial statements are not prepared on a going concern basis; or

(b) management is aware of material uncertainties related to events or conditions that may cast significant doubt upon the entity's ability to continue as a going concern. The events or conditions requiring disclosure may arise after the reporting period.

DISCLOSURE

Date of authorisation for issue

An entity shall disclose the date when the financial statements were authorised for issue and who gave that authorisation. If the entity's owners or others have the power to amend the financial statements after issue, the entity shall disclose that fact. 17

It is important for users to know when the financial statements were authorised for issue, because the financial statements do not reflect events after this date. 18

Updating disclosure about conditions at the end of the reporting period

If an entity receives information after the reporting period about conditions that existed at the end of the reporting period, it shall update disclosures that relate to those conditions, in the light of the new information. 19

In some cases, an entity needs to update the disclosures in its financial statements to reflect information received after the reporting period, even when the information does not affect the amounts that it recognises in its financial statements. One example of the need to update disclosures is when evidence becomes available after the reporting period about a contingent 20

bestanden hat. Zusätzlich zu der Betrachtung, ob die Eventualverbindlichkeit als Rückstellung nach IAS 37 zu erfassen oder zu ändern ist, aktualisiert ein Unternehmen seine Angaben über die Eventualverbindlichkeit auf der Grundlage dieses Nachweises.

Nicht zu berücksichtigende Ereignisse nach dem Abschlussstichtag

21 **Sind nicht zu berücksichtigende Ereignisse nach dem Abschlussstichtag wesentlich, ist unter normalen Umständen davon auszugehen, dass ihre Nichtangabe die Entscheidungen, die die Hauptadressaten eines Abschlusses für allgemeine Zwecke, der Finanzinformationen zum berichtenden Unternehmen enthält, auf der Grundlage dieses Abschlusses treffen, beeinflussen. Demzufolge hat ein Unternehmen folgende Informationen zu jeder bedeutenden Kategorie von nicht zu berücksichtigenden Ereignissen nach dem Abschlussstichtag anzugeben:**

(a) die Art des Ereignisses und

(b) eine Schätzung der finanziellen Auswirkungen oder eine Aussage darüber, dass eine solche Schätzung nicht vorgenommen werden kann.

22 Im Folgenden werden Beispiele von nicht zu berücksichtigenden Ereignissen nach dem Abschlussstichtag genannt, die im Allgemeinen anzugeben sind:

(a) ein umfangreicher Unternehmenszusammenschluss nach dem Abschlussstichtag (IFRS 3 *Unternehmenszusammenschlüsse* erfordert in solchen Fällen besondere Angaben) oder die Veräußerung eines umfangreichen Tochterunternehmens,

(b) Bekanntgabe eines Plans für die Aufgabe von Geschäftsbereichen,

(c) umfangreiche Käufe von Vermögenswerten, Einstufung von Vermögenswerten als zur Veräußerung gehalten nach IFRS 5 *Zur Veräußerung gehaltene langfristige Vermögenswerte und aufgegebene Geschäftsbereiche*, andere Veräußerungen von Vermögenswerten oder Enteignung von umfangreichen Vermögenswerten durch die öffentliche Hand,

(d) die Zerstörung einer bedeutenden Produktionsstätte durch einen Brand nach dem Abschlussstichtag,

(e) Bekanntgabe oder Beginn der Durchführung einer umfangreichen Restrukturierung (siehe IAS 37),

(f) umfangreiche Transaktionen in Bezug auf Stammaktien und potenzielle Stammaktien nach dem Abschlussstichtag (IAS 33 *Ergebnis je Aktie* verlangt von einem Unternehmen, eine Beschreibung solcher Transaktionen anzugeben mit Ausnahme der Transaktionen, die Ausgaben von Gratisaktien bzw. Bonusaktien, Aktiensplitts oder umgekehrte Aktiensplitts betreffen, welche alle nach IAS 33 berücksichtigt werden müssen),

(g) außergewöhnlich große Änderungen der Preise von Vermögenswerten oder der Wechselkurse nach dem Abschlussstichtag,

(h) Änderungen der Steuersätze oder Steuervorschriften, die nach dem Abschlussstichtag in Kraft treten oder angekündigt werden und wesentliche Auswirkungen auf tatsächliche und latente Steueransprüche und -schulden haben (siehe IAS 12 *Ertragsteuern*),

(i) Eingehen wesentlicher Verpflichtungen oder Eventualverbindlichkeiten, zum Beispiel durch Zusage beträchtlicher Gewährleistungen, und

(j) Beginn umfangreicher Rechtsstreitigkeiten, die ausschließlich aufgrund von Ereignissen entstehen, die nach dem Abschlussstichtag eingetreten sind.

ZEITPUNKT DES INKRAFTTRETENS

23 Dieser Standard ist auf Geschäftsjahre anzuwenden, die am oder nach dem 1. Januar 2005 beginnen. Eine frühere Anwendung wird empfohlen. Wendet ein Unternehmen diesen Standard für Berichtsperioden an, die vor dem 1. Januar 2005 beginnen, hat es dies anzugeben.

23A Durch IFRS 13 Bewertung zum beizulegenden Zeitwert, veröffentlicht im Mai 2011, wurde Paragraph 11 geändert. Wendet ein Unternehmen IFRS 13 an, ist diese Änderung ebenfalls anzuwenden.

23B Durch IFRS 9 *Finanzinstrumente*, veröffentlicht im Juli 2014, wurde Paragraph 9 geändert. Wendet ein Unternehmen IFRS 9 an, ist diese Änderung ebenfalls anzuwenden.

23C Mit der im Oktober 2018 veröffentlichten Verlautbarung *Definition von „wesentlich"* (Änderungen an IAS 1 und IAS 8) wurde Paragraph 21 geändert. Diese Änderung ist prospektiv auf Geschäftsjahre anzuwenden, die am oder nach dem 1. Januar 2020 beginnen. Eine frühere Anwendung ist zulässig. Wendet ein Unternehmen diese Änderung früher an, hat es dies anzugeben. Ein Unternehmen hat diese Änderung anzuwenden, wenn es die geänderte Definition von „wesentlich" in Paragraph 7 von IAS 1 und in den Paragraphen 5 und 6 von IAS 8 anwendet.

RÜCKNAHME VON IAS 10 (ÜBERARBEITET 1999)

24 Dieser Standard ersetzt IAS 10 *Ereignisse nach dem Abschlussstichtag* (überarbeitet 1999).

liability that existed at the end of the reporting period. In addition to considering whether it should recognise or change a provision under IAS 37, an entity updates its disclosures about the contingent liability in the light of that evidence.

Non-adjusting events after the reporting period

If non-adjusting events after the reporting period are material, non-disclosure could reasonably be expected to influence decisions that the primary users of general purpose financial statements make on the basis of those financial statements, which provide financial information about a specific reporting entity. Accordingly, an entity shall disclose the following for each material category of non-adjusting event after the reporting period: 21

(a) the nature of the event; and

(b) an estimate of its financial effect, or a statement that such an estimate cannot be made.

The following are examples of non-adjusting events after the reporting period that would generally result in disclosure: 22

(a) a major business combination after the reporting period (IFRS 3 *Business combinations* requires specific disclosures in such cases) or disposing of a major subsidiary;

(b) announcing a plan to discontinue an operation;

(c) major purchases of assets, classification of assets as held for sale in accordance with IFRS 5 *Non-current assets held for sale and discontinued operations*, other disposals of assets, or expropriation of major assets by government;

(d) the destruction of a major production plant by a fire after the reporting period;

(e) announcing, or commencing the implementation of, a major restructuring (see IAS 37);

(f) major ordinary share transactions and potential ordinary share transactions after the reporting period (IAS 33 *Earnings per share* requires an entity to disclose a description of such transactions, other than when such transactions involve capitalisation or bonus issues, share splits or reverse share splits all of which are required to be adjusted under IAS 33);

(g) abnormally large changes after the reporting period in asset prices or foreign exchange rates;

(h) changes in tax rates or tax laws enacted or announced after the reporting period that have a significant effect on current and deferred tax assets and liabilities (see IAS 12 *Income taxes*);

(i) entering into significant commitments or contingent liabilities, for example, by issuing significant guarantees; and

(j) commencing major litigation arising solely out of events that occurred after the reporting period.

EFFECTIVE DATE

An entity shall apply this standard for annual periods beginning on or after 1 January 2005. Earlier application is encouraged. If an entity applies this standard for a period beginning before 1 January 2005, it shall disclose that fact. 23

IFRS 13, issued in May 2011, amended paragraph 11. An entity shall apply that amendment when it applies IFRS 13. 23A

IFRS 9 *Financial Instruments*, as issued in July 2014, amended paragraph 9. An entity shall apply that amendment when it applies IFRS 9. 23B

Definition of Material (Amendments to IAS 1 and IAS 8), issued in October 2018, amended paragraph 21. An entity shall apply those amendments prospectively for annual periods beginning on or after 1 January 2020. Earlier application is permitted. If an entity applies those amendments for an earlier period, it shall disclose that fact. An entity shall apply those amendments when it applies the amendments to the definition of material in paragraph 7 of IAS 1 and paragraphs 5 and 6 of IAS 8. 23C

WITHDRAWAL OF IAS 10 (REVISED 1999)

This standard supersedes IAS 10 *Events after the balance sheet date* (revised in 1999). 24

INTERNATIONAL ACCOUNTING STANDARD 12
Ertragsteuern

INHALT

ZIELSETZUNG

Zielsetzung dieses Standards ist die Regelung der Bilanzierung von Ertragsteuern. Die grundsätzliche Fragestellung bei der Bilanzierung von Ertragsteuern ist die Behandlung gegenwärtiger und künftiger steuerlicher Konsequenzen aus

(a) der künftigen Realisierung (Erfüllung) des Buchwerts von Vermögenswerten (Schulden), welche in der Bilanz eines Unternehmens angesetzt sind, und

(b) Geschäftsvorfällen und anderen Ereignissen der aktuellen Berichtsperiode, die im Abschluss eines Unternehmens erfasst sind.

Es ist dem Ansatz eines Vermögenswerts oder einer Schuld inhärent, dass das berichtende Unternehmen erwartet, den Buchwert dieses Vermögenswerts zu realisieren bzw. diese Schuld zum Buchwert zu erfüllen. Falls es wahrscheinlich ist, dass die Realisierung oder die Erfüllung dieses Buchwerts zu zukünftigen höheren (niedrigeren) Steuerzahlungen führen würde, als dies der Fall wäre, wenn eine solche Realisierung oder eine solche Erfüllung keine steuerlichen Konsequenzen hätte, dann verlangt dieser Standard von einem Unternehmen, von bestimmten begrenzten Ausnahmen abgesehen, den Ansatz einer latenten Steuerschuld (eines latenten Steueranspruchs).

Dieser Standard verlangt von einem Unternehmen, dass es die steuerlichen Konsequenzen von Geschäftsvorfällen und anderen Ereignissen grundsätzlich auf die gleiche Weise bilanziert wie die Geschäftsvorfälle und anderen Ereignisse

INTERNATIONAL ACCOUNTING STANDARD 12

Income taxes

SUMMARY

OBJECTIVE

The objective of this standard is to prescribe the accounting treatment for income taxes. The principal issue in accounting for income taxes is how to account for the current and future tax consequences of:

(a) the future recovery (settlement) of the carrying amount of assets (liabilities) that are recognised in an entity's statement of financial position; and

(b) transactions and other events of the current period that are recognised in an entity's financial statements.

It is inherent in the recognition of an asset or liability that the reporting entity expects to recover or settle the carrying amount of that asset or liability. If it is probable that recovery or settlement of that carrying amount will make future tax payments larger (smaller) than they would be if such recovery or settlement were to have no tax consequences, this standard requires an entity to recognise a deferred tax liability (deferred tax asset), with certain limited exceptions.

This standard requires an entity to account for the tax consequences of transactions and other events in the same way that it accounts for the transactions and other events themselves. Thus, for transactions and other events recognised in profit or loss, any related tax effects are also recognised in profit or loss. For transactions and other events recognised outside

selbst. Für Geschäftsvorfälle und andere Ereignisse, die erfolgswirksam erfasst werden, werden alle damit verbundenen steuerlichen Auswirkungen ebenfalls erfolgswirksam erfasst. Für Geschäftsvorfälle und andere Ereignisse, die außerhalb des Gewinns oder Verlusts (entweder im sonstigen Ergebnis oder direkt im Eigenkapital) erfasst werden, werden alle damit verbundenen steuerlichen Auswirkungen ebenfalls nicht erfolgswirksam (entweder im sonstigen Ergebnis oder direkt im Eigenkapital) erfasst. Gleichermaßen beeinflusst der Ansatz latenter Steueransprüche und latenter Steuerschulden aus einem Unternehmenszusammenschluss den Betrag des aus diesem Unternehmenszusammenschluss entstandenen Geschäfts- oder Firmenwerts oder den Betrag des aus dem Erwerb zu einem Preis unter dem Marktwert erfassten Gewinns.

Dieser Standard befasst sich ebenfalls mit dem Ansatz latenter Steueransprüche aus bislang ungenutzten steuerlichen Verlusten oder noch nicht genutzten Steuergutschriften, der Darstellung von Ertragsteuern im Abschluss und den Angabepflichten in Bezug auf Informationen zu den Ertragsteuern.

ANWENDUNGSBEREICH

1 **Dieser Standard ist bei der Bilanzierung von Ertragsteuern anzuwenden.**

2 Für die Zwecke dieses Standards umfassen Ertragsteuern alle in- und ausländischen Steuern auf Grundlage des zu versteuernden Gewinns. Zu den Ertragsteuern gehören auch Steuern wie Quellensteuern, welche von einem Tochterunternehmen, einem assoziierten Unternehmen oder einer gemeinschaftlichen Vereinbarung aufgrund von Ausschüttungen an das berichtende Unternehmen geschuldet werden.

3 [gestrichen]

4 Dieser Standard befasst sich nicht mit den Methoden der Bilanzierung von Zuwendungen der öffentlichen Hand (siehe IAS 20 *Bilanzierung und Darstellung von Zuwendungen der öffentlichen Hand*) oder von investitionsabhängigen Steuergutschriften. Dieser Standard befasst sich jedoch mit der Bilanzierung temporärer Differenzen, die aus solchen öffentlichen Zuwendungen oder investitionsabhängigen Steuergutschriften resultieren können.

4A Dieser Standard gilt für Ertragsteuern, die sich aus geltenden oder angekündigten Steuervorschriften zur Umsetzung der von der Organisation für wirtschaftliche Zusammenarbeit und Entwicklung (OECD) veröffentlichten Säule-2-Mustervorschriften ergeben, worunter auch Steuervorschriften fallen, mit denen die in diesen Regeln beschriebenen anerkannten nationalen Ergänzungssteuern implementiert werden. Diese Steuervorschriften und die sich daraus ergebenden Ertragsteuern werden im Folgenden als „Säule-2-Gesetze" bzw. „Säule-2-Ertragsteuern" bezeichnet. Abweichend von den Anforderungen dieses Standards darf ein Unternehmen latente Steueransprüche und latente Steuerschulden im Zusammenhang mit Säule-2-Ertragsteuern weder ansetzen noch angeben.

DEFINITIONEN

5 **Die folgenden Begriffe werden in diesem** Standard **mit der angegebenen Bedeutung verwendet:**

Das *bilanzielle Ergebnis vor Steuern* ist der Gewinn oder Verlust einer Periode vor Abzug des Steueraufwands.

Der *zu versteuernde Gewinn (der steuerliche Verlust)* ist der nach den steuerlichen Vorschriften ermittelte Gewinn oder Verlust der Periode, aufgrund dessen die Ertragsteuern zahlbar (erstattungsfähig) sind.

Der *Steueraufwand (Steuerertrag)* ist die Summe des Betrags aus tatsächlichen Steuern und latenten Steuern, die in die Ermittlung des Gewinns oder Verlusts der Periode eingeht.

Die *tatsächlichen Ertragsteuern* sind der Betrag der geschuldeten (erstattungsfähigen) Ertragsteuern, der aus dem zu versteuernden Gewinn (steuerlichen Verlust) der Periode resultiert.

Die *latenten Steuerschulden* sind die Beträge an Ertragsteuern, die in zukünftigen Perioden resultierend aus zu versteuernden temporären Differenzen zahlbar sind.

Die *latenten Steueransprüche* sind die Beträge an Ertragsteuern, die in zukünftigen Perioden erstattungsfähig sind und aus

(a) abzugsfähigen temporären Differenzen,

(b) dem Vortrag noch nicht genutzter steuerlicher Verluste und

(c) dem Vortrag noch nicht genutzter Steuergutschriften resultieren.

***Temporäre Differenzen* sind Unterschiedsbeträge zwischen dem Buchwert eines Vermögenswerts oder einer Schuld in der Bilanz und seiner bzw. ihrer steuerlichen Basis. Temporäre Differenzen können entweder**

(a) *zu versteuernde temporäre Differenzen* sein, die temporäre Differenzen darstellen, die zu steuerpflichtigen Beträgen bei der Ermittlung des zu versteuernden Gewinns (steuerlichen Verlustes) zukünftiger Perioden führen, wenn der Buchwert des Vermögenswerts realisiert oder die Schuld erfüllt wird, oder

(b) *abzugsfähige temporäre Differenzen* sein, die temporäre Differenzen darstellen, die zu Beträgen führen, die bei der Ermittlung des zu versteuernden Gewinns (steuerlichen Verlustes) zukünftiger Perioden abzugsfähig sind, wenn der Buchwert des Vermögenswerts realisiert oder die Schuld erfüllt wird.

profit or loss (either in other comprehensive income or directly in equity), any related tax effects are also recognised outside profit or loss (either in other comprehensive income or directly in equity, respectively). Similarly, the recognition of deferred tax assets and liabilities in a business combination affects the amount of goodwill arising in that business combination or the amount of the bargain purchase gain recognised.

This standard also deals with the recognition of deferred tax assets arising from unused tax losses or unused tax credits, the presentation of income taxes in the financial statements and the disclosure of information relating to income taxes.

SCOPE

This standard shall be applied in accounting for income taxes. 1

For the purposes of this standard, income taxes include all domestic and foreign taxes which are based on taxable profits. Income taxes also include taxes, such as withholding taxes, which are payable by a subsidiary, associate or joint arrangement on distributions to the reporting entity. 2

[deleted] 3

This standard does not deal with the methods of accounting for government grants (see IAS 20 *Accounting for government grants and disclosure of government assistance)* or investment tax credits. However, this standard does deal with the accounting for temporary differences that may arise from such grants or investment tax credits. 4

This Standard applies to income taxes arising from tax law enacted or substantively enacted to implement the Pillar Two model rules published by the Organisation for Economic Cooperation and Development (OECD), including tax law that implements qualified domestic minimum top-up taxes described in those rules. Such tax law, and the income taxes arising from it, are hereafter referred to as 'Pillar Two legislation' and 'Pillar Two income taxes'. As an exception to the requirements in this Standard, an entity shall neither recognise nor disclose information about deferred tax assets and liabilities related to Pillar Two income taxes. 4A

DEFINITIONS

The following terms are used in this standard with the meanings specified: 5

***Accounting profit* is profit or loss for a period before deducting tax expense.**

***Taxable profit (tax loss)* is the profit (loss) for a period, determined in accordance with the rules established by the taxation authorities, upon which income taxes are payable (recoverable).**

***Tax expense (tax income)* is the aggregate amount included in the determination of profit or loss for the period in respect of current tax and deferred tax.**

***Current tax* is the amount of income taxes payable (recoverable) in respect of the taxable profit (tax loss) for a period.**

***Deferred tax liabilities* are the amounts of income taxes payable in future periods in respect of taxable temporary differences.**

***Deferred tax assets* are the amounts of income taxes recoverable in future periods in respect of:**

(a) deductible temporary differences;

(b) the carryforward of unused tax losses; and

(c) the carryforward of unused tax credits.

***Temporary differences* are differences between the carrying amount of an asset or liability in the statement of financial position and its tax base. Temporary differences may be either:**

(a) *taxable temporary differences,* which are temporary differences that will result in taxable amounts in determining taxable profit (tax loss) of future periods when the carrying amount of the asset or liability is recovered or settled; or

(b) *deductible temporary differences,* which are temporary differences that will result in amounts that are deductible in determining taxable profit (tax loss) of future periods when the carrying amount of the asset or liability is recovered or settled.

Die *steuerliche Basis* eines Vermögenswerts oder einer Schuld ist der diesem Vermögenswert oder dieser Schuld für steuerliche Zwecke beizulegende Betrag.

6 Der Steueraufwand (Steuerertrag) umfasst den tatsächlichen Steueraufwand (tatsächlichen Steuerertrag) und den latenten Steueraufwand (latenten Steuerertrag).

Steuerliche Basis

7 Die steuerliche Basis eines Vermögenswerts ist der Betrag, der für steuerliche Zwecke von allen zu versteuernden wirtschaftlichen Vorteilen abgezogen werden kann, die einem Unternehmen bei Realisierung des Buchwerts des Vermögenswerts zufließen werden. Sind diese wirtschaftlichen Vorteile nicht zu versteuern, dann ist die steuerliche Basis des Vermögenswerts gleich seinem Buchwert.

Beispiele

1 Eine Maschine kostet 100. In der aktuellen Berichtsperiode und in früheren Perioden wurde für steuerliche Zwecke bereits eine Abschreibung von 30 abgezogen, und die verbleibenden Anschaffungskosten sind in zukünftigen Perioden entweder als Abschreibung oder durch einen Abzug bei der Veräußerung steuerlich abzugsfähig. Die sich aus der Nutzung der Maschine ergebenden Umsatzerlöse sind zu versteuern, ebenso ist jeder Veräußerungsgewinn aus dem Verkauf der Maschine zu versteuern bzw. jeder Veräußerungsverlust für steuerliche Zwecke abzugsfähig. *Die steuerliche Basis der Maschine beträgt 70.*

2 Forderungen aus Zinsen haben einen Buchwert von 100. Die damit verbundenen Zinserlöse werden bei Zufluss besteuert. *Die steuerliche Basis der Zinsforderungen beträgt null.*

3 Forderungen aus Lieferungen und Leistungen haben einen Buchwert von 100. Die damit verbundenen Umsatzerlöse wurden bereits in den zu versteuernden Gewinn (den steuerlichen Verlust) einbezogen. *Die steuerliche Basis der Forderungen aus Lieferungen und Leistungen beträgt 100.*

4 Dividendenforderungen gegen ein Tochterunternehmen haben einen Buchwert von 100. Die Dividenden sind nicht zu versteuern. Dem Grunde nach ist der gesamte Buchwert des Vermögenswerts von dem zufließenden wirtschaftlichen Nutzen abzugsfähig. Folglich beträgt die steuerliche Basis der Dividendenforderungen 100[1].

5 Eine Darlehensforderung hat einen Buchwert von 100. Die Rückzahlung des Darlehens zieht keine steuerlichen Konsequenzen nach sich. *Die steuerliche Basis des Darlehens beträgt 100.*

8 Die steuerliche Basis einer Schuld ist deren Buchwert abzüglich aller Beträge, die für steuerliche Zwecke hinsichtlich dieser Schuld in zukünftigen Perioden abzugsfähig sind. Im Falle von im Voraus gezahlten Umsatzerlösen ist die steuerliche Basis der sich ergebenden Schuld ihr Buchwert abzüglich aller Beträge aus diesen Umsatzerlösen, die in Folgeperioden nicht besteuert werden.

Beispiele

1 Kurzfristige Schulden schließen Aufwandsabgrenzungen (sonstige Verbindlichkeiten) mit einem Buchwert von 100 ein. Der damit verbundene Aufwand wird für steuerliche Zwecke bei Zahlung erfasst. *Die steuerliche Basis der sonstigen Verbindlichkeiten ist null.*

2 Kurzfristige Schulden schließen vorausbezahlte Zinserlöse mit einem Buchwert von 100 ein. Der damit verbundene Zinserlös wurde bei Zufluss besteuert. *Die steuerliche Basis der vorausbezahlten Zinsen ist null.*

3 Kurzfristige Schulden schließen Aufwandsabgrenzungen (sonstige Verbindlichkeiten) mit einem Buchwert von 100 ein. Der damit verbundene Aufwand wurde für steuerliche Zwecke bereits abgezogen. *Die steuerliche Basis der sonstigen Verbindlichkeiten ist 100.*

4 Kurzfristige Schulden schließen passivierte Geldbußen und -strafen mit einem Buchwert von 100 ein. Geldbußen und -strafen sind steuerlich nicht abzugsfähig. *Die steuerliche Basis der passivierten Geldbußen und -strafen beträgt 100*[2].

5 Eine Darlehensverbindlichkeit hat einen Buchwert von 100. Die Rückzahlung des Darlehens zieht keine steuerlichen Konsequenzen nach sich. *Die steuerliche Basis des Darlehens beträgt 100.*

1 Bei dieser Analyse bestehen keine zu versteuernden temporären Differenzen. Eine alternative Analyse besteht darin, dass der Dividendenforderung die steuerliche Basis null zugeordnet wird und auf die sich ergebenden zu versteuernde temporäre Differenz von 100 ein Steuersatz von null angewandt wird. In beiden Fällen besteht keine latente Steuerschuld.

The *tax base* of an asset or liability is the amount attributed to that asset or liability for tax purposes.

Tax expense (tax income) comprises current tax expense (current tax income) and deferred tax expense (deferred tax income). 6

Tax base

The tax base of an asset is the amount that will be deductible for tax purposes against any taxable economic benefits that will flow to an entity when it recovers the carrying amount of the asset. If those economic benefits will not be taxable, the tax base of the asset is equal to its carrying amount. 7

Examples

1. A machine cost 100. For tax purposes, depreciation of 30 has already been deducted in the current and prior periods and the remaining cost will be deductible in future periods, either as depreciation or through a deduction on disposal. Revenue generated by using the machine is taxable, any gain on disposal of the machine will be taxable and any loss on disposal will be deductible for tax purposes. *The tax base of the machine is 70.*
2. Interest receivable has a carrying amount of 100. The related interest revenue will be taxed on a cash basis. *The tax base of the interest receivable is nil.*
3. Trade receivables have a carrying amount of 100. The related revenue has already been included in taxable profit (tax loss). *The tax base of the trade receivables is 100.*
4. Dividends receivable from a subsidiary have a carrying amount of 100. The dividends are not taxable. In substance, the entire carrying amount of the asset is deductible against the economic benefits. Consequently, the tax base of the dividends receivable is 100[1].
5. A loan receivable has a carrying amount of 100. The repayment of the loan will have no tax consequences. *The tax base of the loan is 100.*

The tax base of a liability is its carrying amount, less any amount that will be deductible for tax purposes in respect of that liability in future periods. In the case of revenue which is received in advance, the tax base of the resulting liability is its carrying amount, less any amount of the revenue that will not be taxable in future periods. 8

Examples

1. Current liabilities include accrued expenses with a carrying amount of 100. The related expense will be deducted for tax purposes on a cash basis. *The tax base of the accrued expenses is nil.*
2. Current liabilities include interest revenue received in advance, with a carrying amount of 100. The related interest revenue was taxed on a cash basis. *The tax base of the interest received in advance is nil.*
3. Current liabilities include accrued expenses with a carrying amount of 100. The related expense has already been deducted for tax purposes. *The tax base of the accrued expenses is 100.*
4. Current liabilities include accrued fines and penalties with a carrying amount of 100. Fines and penalties are not deductible for tax purposes. *The tax base of the accrued fines and penalties is 100*[2].
5. A loan payable has a carrying amount of 100. The repayment of the loan will have no tax consequences. *The tax base of the loan is 100.*

1 Under this analysis, there is no taxable temporary difference. An alternative analysis is that the accrued dividends receivable have a tax base of nil and that a tax rate of nil is applied to the resulting taxable temporary difference of 100. Under both analyses, there is no deferred tax liability.

9 Einige Sachverhalte haben zwar eine steuerliche Basis, sie sind jedoch in der Bilanz nicht als Vermögenswerte oder Schulden angesetzt. Beispielsweise werden Forschungskosten bei der Bestimmung des bilanziellen Ergebnisses vor Steuern in der Periode, in welcher sie anfallen, als Aufwand angesetzt, während ihr Abzug bei der Ermittlung des zu versteuernden Gewinns (steuerlichen Verlusts) möglicherweise erst in einer späteren Periode zulässig ist. Der Unterschiedsbetrag zwischen der steuerlichen Basis der Forschungskosten, der von den Steuerbehörden als ein in zukünftigen Perioden abzugsfähiger Betrag anerkannt wird, und dem Buchwert von null ist eine abzugsfähige temporäre Differenz, die einen latenten Steueranspruch zur Folge hat.

10 Ist die steuerliche Basis eines Vermögenswerts oder einer Schuld nicht unmittelbar erkennbar, ist es hilfreich, das Grundprinzip, auf dem dieser Standard aufgebaut ist, heranzuziehen: Ein Unternehmen hat, mit wenigen festgelegten Ausnahmen, eine latente Steuerschuld (einen latenten Steueranspruch) dann anzusetzen, wenn die Realisierung oder die Erfüllung des Buchwerts des Vermögenswerts oder der Schuld zu zukünftigen höheren (niedrigeren) Steuerzahlungen führen würde, als dies der Fall wäre, wenn eine solche Realisierung oder Erfüllung keine steuerlichen Konsequenzen hätte. Beispiel C nach Paragraph 51A stellt Umstände dar, in denen es hilfreich sein kann, dieses Grundprinzip heranzuziehen, beispielsweise, wenn die steuerliche Basis eines Vermögenswerts oder einer Schuld von der erwarteten Art der Realisierung oder Erfüllung abhängt.

11 In einem Konzernabschluss werden temporäre Differenzen durch den Vergleich der Buchwerte von Vermögenswerten und Schulden im Konzernabschluss mit der zutreffenden steuerlichen Basis ermittelt. Die steuerliche Basis wird durch Bezugnahme auf eine Steuererklärung für den Konzern in den Ländern ermittelt, in denen eine solche Steuererklärung abgegeben wird. In anderen Ländern wird die steuerliche Basis durch Bezugnahme auf die Steuererklärungen der einzelnen Unternehmen des Konzerns ermittelt.

ANSATZ TATSÄCHLICHER STEUERSCHULDEN UND TATSÄCHLICHER STEUERANSPRÜCHE

12 **Die tatsächlichen Ertragsteuern für die laufende und frühere Perioden sind in dem Umfang, in dem sie noch nicht bezahlt sind, als Schuld anzusetzen. Falls der auf die laufende und frühere Perioden entfallende und bereits bezahlte Betrag den für diese Perioden geschuldeten Betrag übersteigt, so ist der Unterschiedsbetrag als Vermögenswert anzusetzen.**

13 **Der in der Erstattung tatsächlicher Ertragsteuern einer früheren Periode bestehende Vorteil eines steuerlichen Verlustrücktrags ist als Vermögenswert anzusetzen.**

14 Wenn ein steuerlicher Verlust zu einem Verlustrücktrag und zur Erstattung tatsächlicher Ertragsteuern einer früheren Periode genutzt wird, so setzt ein Unternehmen den Erstattungsanspruch als einen Vermögenswert in der Periode an, in der der steuerliche Verlust entsteht, da es wahrscheinlich ist, dass der Nutzen aus dem Erstattungsanspruch dem Unternehmen zufließen wird und verlässlich ermittelt werden kann.

ANSATZ LATENTER STEUERSCHULDEN UND LATENTER STEUERANSPRÜCHE

Zu versteuernde temporäre Differenzen

15 **Für alle zu versteuernden temporären Differenzen ist eine latente Steuerschuld anzusetzen, es sei denn, die latente Steuerschuld erwächst aus**

(a) dem erstmaligen Ansatz des Geschäfts- oder Firmenwerts oder

(b) dem erstmaligen Ansatz eines Vermögenswerts oder einer Schuld bei einem Geschäftsvorfall, der

  (i) kein Unternehmenszusammenschluss ist,

  (ii) zum Zeitpunkt des Geschäftsvorfalls weder das bilanzielle Ergebnis vor Steuern noch den zu versteuernden Gewinn (den steuerlichen Verlust) beeinflusst und

  (iii) zum Zeitpunkt des Geschäftsvorfalls keine zu versteuernden und abzugsfähigen temporären Differenzen in gleicher Höhe bewirkt.

Bei zu versteuernden temporären Differenzen in Verbindung mit Beteiligungen an Tochterunternehmen, Zweigniederlassungen und assoziierten Unternehmen sowie Anteilen an gemeinschaftlichen Vereinbarungen ist jedoch eine latente Steuerschuld gemäß Paragraph 39 anzusetzen.

16 Definitionsgemäß wird bei dem Ansatz eines Vermögenswerts angenommen, dass sein Buchwert durch einen wirtschaftlichen Nutzen, der dem Unternehmen in zukünftigen Perioden zufließt, realisiert wird. Wenn der Buchwert des

---

2 Bei dieser Analyse bestehen keine abzugsfähigen temporären Differenzen. Eine alternative Analyse besteht darin, dass dem Gesamtbetrag der zahlbaren Geldstrafen und Geldbußen eine steuerliche Basis von null zugeordnet wird und ein Steuersatz von null auf die sich ergebende abzugsfähige temporäre Differenz von 100 angewandt wird. In beiden Fällen besteht kein latenter Steueranspruch.

Some items have a tax base but are not recognised as assets and liabilities in the statement of financial position. For example, research costs are recognised as an expense in determining accounting profit in the period in which they are incurred but may not be permitted as a deduction in determining taxable profit (tax loss) until a later period. The difference between the tax base of the research costs, being the amount the taxation authorities will permit as a deduction in future periods, and the carrying amount of nil is a deductible temporary difference that results in a deferred tax asset. 9

Where the tax base of an asset or liability is not immediately apparent, it is helpful to consider the fundamental principle upon which this Standard is based: that an entity shall, with certain limited exceptions, recognise a deferred tax liability (asset) whenever recovery or settlement of the carrying amount of an asset or liability would make future tax payments larger (smaller) than they would be if such recovery or settlement were to have no tax consequences. Example C following paragraph 51A illustrates circumstances when it may be helpful to consider this fundamental principle, for example, when the tax base of an asset or liability depends on the expected manner of recovery or settlement. 10

In consolidated financial statements, temporary differences are determined by comparing the carrying amounts of assets and liabilities in the consolidated financial statements with the appropriate tax base. The tax base is determined by reference to a consolidated tax return in those jurisdictions in which such a return is filed. In other jurisdictions, the tax base is determined by reference to the tax returns of each entity in the group. 11

RECOGNITION OF CURRENT TAX LIABILITIES AND CURRENT TAX ASSETS

Current tax for current and prior periods shall, to the extent unpaid, be recognised as a liability. If the amount already paid in respect of current and prior periods exceeds the amount due for those periods, the excess shall be recognised as an asset. 12

The benefit relating to a tax loss that can be carried back to recover current tax of a previous period shall be recognised as an asset. 13

When a tax loss is used to recover current tax of a previous period, an entity recognises the benefit as an asset in the period in which the tax loss occurs because it is probable that the benefit will flow to the entity and the benefit can be reliably measured. 14

RECOGNITION OF DEFERRED TAX LIABILITIES AND DEFERRED TAX ASSETS

Taxable temporary differences

A deferred tax liability shall be recognised for all taxable temporary differences, except to the extent that the deferred tax liability arises from: 15

(a) the initial recognition of goodwill; or

(b) the initial recognition of an asset or liability in a transaction which:

(i) is not a business combination;

(ii) at the time of the transaction, affects neither accounting profit nor taxable profit (tax loss); and

(iii) at the time of the transaction, does not give rise to equal taxable and deductible temporary differences.

However, for taxable temporary differences associated with investments in subsidiaries, branches and associates, and interests in joint arrangements, a deferred tax liability shall be recognised in accordance with paragraph 39.

It is inherent in the recognition of an asset that its carrying amount will be recovered in the form of economic benefits that flow to the entity in future periods. When the carrying amount of the asset exceeds its tax base, the amount of taxable 16

2 Under this analysis, there is no deductible temporary difference. An alternative analysis is that the accrued fines and penalties payable have a tax base of nil and that a tax rate of nil is applied to the resulting deductible temporary difference of 100. Under both analyses, there is no deferred tax asset.

Vermögenswerts seine steuerliche Basis übersteigt, wird der Betrag des zu versteuernden wirtschaftlichen Nutzens den steuerlich abzugsfähigen Betrag übersteigen. Dieser Unterschiedsbetrag ist eine zu versteuernde temporäre Differenz, und die Zahlungsverpflichtung für die auf ihn in zukünftigen Perioden entstehenden Ertragsteuern ist eine latente Steuerschuld. Wenn das Unternehmen den Buchwert des Vermögenswerts realisiert, löst sich die zu versteuernde temporäre Differenz auf, und das Unternehmen erzielt einen zu versteuernden Gewinn. Dadurch ist es wahrscheinlich, dass das Unternehmen durch den Abfluss eines wirtschaftlichen Nutzens in Form von Steuerzahlungen belastet wird. Daher sind gemäß diesem Standard alle latenten Steuerschulden anzusetzen, ausgenommen bei Vorliegen gewisser Sachverhalte, die in den Paragraphen 15 und 39 beschrieben werden.

Beispiel Ein Vermögenswert mit Anschaffungskosten von 150 hat einen Buchwert von 100. Die kumulierte Abschreibung für Steuerzwecke beträgt 90, und der Steuersatz ist 25 %.

Die steuerliche Basis des Vermögenswerts beträgt 60 (Anschaffungskosten von 150 abzüglich der kumulierten steuerlichen Abschreibung von 90). Um den Buchwert von 100 zu realisieren, muss das Unternehmen ein zu versteuerndes Ergebnis von 100 erzielen, es kann aber lediglich eine steuerliche Abschreibung von 60 erfassen. Als Folge wird das Unternehmen bei Realisierung des Buchwerts des Vermögenswerts Ertragsteuern von 10 (25 % von 40) bezahlen. Der Unterschiedsbetrag zwischen dem Buchwert von 100 und der steuerlichen Basis von 60 ist eine zu versteuernde temporäre Differenz von 40. Daher setzt das Unternehmen eine latente Steuerschuld von 10 (25 % von 40) an, die die Ertragsteuern darstellt, die es bei Realisierung des Buchwerts des Vermögenswerts zu bezahlen hat.

17 Einige temporäre Differenzen können entstehen, wenn Ertrag oder Aufwand in einer Periode in das bilanzielle Ergebnis vor Steuern einbezogen werden, aber in einer anderen Periode in den zu versteuernden Gewinn einfließen. Solche temporären Differenzen werden oft als zeitliche Ergebnisunterschiede bezeichnet. Im Folgenden sind Beispiele von temporären Differenzen dieser Art aufgeführt. Es handelt sich dabei um zu versteuernde temporäre Differenzen, welche folglich zu latenten Steuerschulden führen:

(a) Zinserlöse werden im bilanziellen Ergebnis vor Steuern auf Grundlage einer zeitlichen Abgrenzung erfasst, sie können jedoch gemäß einigen Steuergesetzgebungen zum Zeitpunkt des Zuflusses der Zahlung als zu versteuernder Gewinn behandelt werden. Die steuerliche Basis aller derartigen in der Bilanz angesetzten Forderungen ist null, weil die Umsatzerlöse den zu versteuernden Gewinn erst mit Erhalt der Zahlung beeinflussen.

(b) Die zur Ermittlung des zu versteuernden Gewinns (steuerlichen Verlusts) verwendete Abschreibung kann sich von der zur Ermittlung des bilanziellen Ergebnisses vor Steuern verwendeten unterscheiden. Die temporäre Differenz ist der Unterschiedsbetrag zwischen dem Buchwert des Vermögenswerts und seiner steuerlichen Basis, der sich aus den ursprünglichen Anschaffungs- oder Herstellungskosten des Vermögenswerts abzüglich aller von den Steuerbehörden zur Ermittlung des zu versteuernden Gewinns der laufenden und für frühere Perioden zugelassenen Abschreibungen auf diesen Vermögenswert berechnet. Eine zu versteuernde temporäre Differenz entsteht und erzeugt eine latente Steuerschuld, wenn die steuerliche Abschreibungsrate über der berichteten planmäßigen Abschreibung liegt (falls die steuerliche Abschreibung langsamer ist als die berichtete planmäßige, entsteht eine abzugsfähige temporäre Differenz, die zu einem latenten Steueranspruch führt).

(c) Entwicklungskosten können bei der Ermittlung des bilanziellen Ergebnisses vor Steuern zunächst aktiviert und in späteren Perioden abgeschrieben werden; bei der Ermittlung des zu versteuernden Gewinns werden sie jedoch in der Periode abgezogen, in der sie anfallen. Solche Entwicklungskosten haben eine steuerliche Basis von null, da sie bereits vom zu versteuernden Gewinn abgezogen wurden. Die temporäre Differenz ist der Unterschiedsbetrag zwischen dem Buchwert der Entwicklungskosten und ihrer steuerlichen Basis von null.

18 Temporäre Differenzen entstehen ebenfalls, wenn

(a) die bei einem Unternehmenszusammenschluss erworbenen identifizierbaren Vermögenswerte und die übernommenen Schulden gemäß IFRS 3 *Unternehmenszusammenschlüsse* mit ihren beizulegenden Zeitwerten angesetzt werden, jedoch keine entsprechende Bewertungsanpassung für Steuerzwecke erfolgt (siehe Paragraph 19),

(b) Vermögenswerte neu bewertet werden und für Steuerzwecke keine entsprechende Bewertungsanpassung durchgeführt wird (siehe Paragraph 20),

(c) ein Geschäfts- oder Firmenwert bei einem Unternehmenszusammenschluss entsteht (siehe Paragraph 21),

(d) die steuerliche Basis eines Vermögenswerts oder einer Schuld beim erstmaligen Ansatz von dessen bzw. deren anfänglichem Buchwert abweicht, beispielsweise, wenn ein Unternehmen steuerfreie Zuwendungen der öffentlichen Hand für bestimmte Vermögenswerte erhält (siehe Paragraphen 22 und 33), oder

(e) der Buchwert von Beteiligungen an Tochterunternehmen, Zweigniederlassungen und assoziierten Unternehmen oder Anteilen an gemeinschaftlichen Vereinbarungen sich verändert hat, sodass er sich von der steuerlichen Basis der Beteiligung oder des Anteils unterscheidet (siehe Paragraphen 38–45).

Unternehmenszusammenschlüsse

19 Die bei einem Unternehmenszusammenschluss erworbenen identifizierbaren Vermögenswerte und die übernommenen Schulden werden mit begrenzten Ausnahmen mit ihren beizulegenden Zeitwerten zum Erwerbszeitpunkt angesetzt. Temporäre Differenzen entstehen, wenn die steuerliche Basis der erworbenen identifizierbaren Vermögenswerte oder übernommenen identifizierbaren Schulden vom Unternehmenszusammenschluss nicht oder anders beeinflusst wird.

economic benefits will exceed the amount that will be allowed as a deduction for tax purposes. This difference is a taxable temporary difference and the obligation to pay the resulting income taxes in future periods is a deferred tax liability. As the entity recovers the carrying amount of the asset, the taxable temporary difference will reverse and the entity will have taxable profit. This makes it probable that economic benefits will flow from the entity in the form of tax payments. Therefore, this standard requires the recognition of all deferred tax liabilities, except in certain circumstances described in paragraphs 15 and 39.

Example An asset which cost 150 has a carrying amount of 100. Cumulative depreciation for tax purposes is 90 and the tax rate is 25 %.

The tax base of the asset is 60 (cost of 150 less cumulative tax depreciation of 90). To recover the carrying amount of 100, the entity must earn taxable income of 100, but will only be able to deduct tax depreciation of 60. Consequently, the entity will pay income taxes of 10 (40 at 25 %) when it recovers the carrying amount of the asset. The difference between the carrying amount of 100 and the tax base of 60 is a taxable temporary difference of 40. Therefore, the entity recognises a deferred tax liability of 10 (40 at 25 %) representing the income taxes that it will pay when it recovers the carrying amount of the asset.

Some temporary differences arise when income or expense is included in accounting profit in one period but is included in taxable profit in a different period. Such temporary differences are often described as timing differences. The following are examples of temporary differences of this kind which are taxable temporary differences and which therefore result in deferred tax liabilities: 17

(a) interest revenue is included in accounting profit on a time proportion basis but may, in some jurisdictions, be included in taxable profit when cash is collected. The tax base of any receivable recognised in the statement of financial position with respect to such revenues is nil because the revenues do not affect taxable profit until cash is collected;

(b) depreciation used in determining taxable profit (tax loss) may differ from that used in determining accounting profit. The temporary difference is the difference between the carrying amount of the asset and its tax base which is the original cost of the asset less all deductions in respect of that asset permitted by the taxation authorities in determining taxable profit of the current and prior periods. A taxable temporary difference arises, and results in a deferred tax liability, when tax depreciation is accelerated (if tax depreciation is less rapid than accounting depreciation, a deductible temporary difference arises, and results in a deferred tax asset); and

(c) development costs may be capitalised and amortised over future periods in determining accounting profit but deducted in determining taxable profit in the period in which they are incurred. Such development costs have a tax base of nil as they have already been deducted from taxable profit. The temporary difference is the difference between the carrying amount of the development costs and their tax base of nil.

Temporary differences also arise when: 18

(a) the identifiable assets acquired and liabilities assumed in a business combination are recognised at their fair values in accordance with IFRS 3 *Business Combinations,* but no equivalent adjustment is made for tax purposes (see paragraph 19);

(b) assets are revalued and no equivalent adjustment is made for tax purposes (see paragraph 20);

(c) goodwill arises in a business combination (see paragraph 21);

(d) the tax base of an asset or liability on initial recognition differs from its initial carrying amount, for example when an entity benefits from non-taxable government grants related to assets (see paragraphs 22 and 33); or

(e) the carrying amount of investments in subsidiaries, branches and associates or interests in joint arrangements becomes different from the tax base of the investment or interest (see paragraphs 38—45).

Business combinations

With limited exceptions, the identifiable assets acquired and liabilities assumed in a business combination are recognised at their fair values at the acquisition date. Temporary differences arise when the tax bases of the identifiable assets acquired and liabilities assumed are not affected by the business combination or are affected differently. For example, when the carrying amount of an asset is increased to fair value but the tax base of the asset remains at cost to the previous owner, a 19

Wenn beispielsweise der Buchwert eines Vermögenswerts auf seinen beizulegenden Zeitwert erhöht wird, die steuerliche Basis des Vermögenswerts jedoch weiterhin dem Betrag der Anschaffungs- oder Herstellungskosten des früheren Eigentümers entspricht, führt dies zu einer zu versteuernden temporären Differenz, aus der eine latente Steuerschuld resultiert. Die sich ergebende latente Steuerschuld beeinflusst den Geschäfts- oder Firmenwert (siehe Paragraph 66).

Vermögenswerte, die zum beizulegenden Zeitwert bilanziert werden

20 IFRS gestatten oder verlangen, dass bestimmte Vermögenswerte zum beizulegenden Zeitwert bilanziert oder neubewertet werden (siehe zum Beispiel IAS 16 *Sachanlagen*, IAS 38 *Immaterielle Vermögenswerte*, IAS 40 *Als Finanzinvestition gehaltene Immobilien*, IFRS 9 *Finanzinstrumente* und IFRS 16 *Leasingverhältnisse*). In manchen Rechtskreisen beeinflusst die Neubewertung oder eine andere Anpassung eines Vermögenswerts auf den beizulegenden Zeitwert den zu versteuernden Gewinn (den steuerlichen Verlust) der laufenden Berichtsperiode. Als Folge davon wird die steuerliche Basis des Vermögenswerts angepasst, und es entstehen keine temporären Differenzen. In anderen Steuerrechtsordnungen beeinflusst die Neubewertung oder Anpassung eines Vermögenswerts nicht den zu versteuernden Gewinn der Periode der Neubewertung oder der Anpassung, und demzufolge wird die steuerliche Basis des Vermögenswerts nicht angepasst. Trotzdem führt die künftige Realisierung des Buchwerts zu einem zu versteuernden Zufluss an wirtschaftlichem Nutzen für das Unternehmen und der Betrag, der für Steuerzwecke abzugsfähig ist, wird von dem des wirtschaftlichen Nutzens abweichen. Der Unterschiedsbetrag zwischen dem Buchwert eines neubewerteten Vermögenswerts und seiner steuerlichen Basis ist eine temporäre Differenz und führt zu einer latenten Steuerschuld oder einem latenten Steueranspruch. Dies trifft auch zu, wenn

(a) das Unternehmen keine Veräußerung des Vermögenswerts beabsichtigt. In solchen Fällen wird der neubewertete Buchwert des Vermögenswerts durch seine Nutzung realisiert, und dies erzeugt ein zu versteuerndes Ergebnis, das die in den Folgeperioden steuerlich zulässigen Abschreibungen übersteigt, oder

(b) die Steuer auf Kapitalerträge aufgeschoben wird, wenn die Erlöse aus dem Verkauf des Vermögenswerts in ähnliche Vermögenswerte wieder investiert werden. In solchen Fällen wird die Steuerzahlung endgültig bei Verkauf oder Nutzung der ähnlichen Vermögenswerte fällig.

Geschäfts- oder Firmenwert

21 Der bei einem Unternehmenszusammenschluss entstehende Geschäfts- oder Firmenwert wird mit dem Betrag bewertet, um den (a) (b) übersteigt:

(a) die Summe aus

  (i) der übertragenen Gegenleistung, die gemäß IFRS 3 im Allgemeinen zu dem zum Erwerbszeitpunkt geltenden beizulegenden Zeitwert bestimmt wird,

  (ii) dem Betrag aller nicht beherrschenden Anteile an dem erworbenen Unternehmen, die gemäß IFRS 3 angesetzt werden, und

  (iii) dem zum Erwerbszeitpunkt geltenden beizulegenden Zeitwert des zuvor vom Erwerber gehaltenen Eigenkapitalanteils an dem erworbenen Unternehmen, wenn es sich um einen sukzessiven Unternehmenszusammenschluss handelt;

(b) der Saldo der zum Erwerbszeitpunkt bestehenden und gemäß IFRS 3 bewerteten Beträge der erworbenen identifizierbaren Vermögenswerte und der übernommenen Schulden.

Viele Steuerbehörden gestatten bei der Ermittlung des zu versteuernden Gewinns keine Verminderungen des Buchwerts des Geschäfts- oder Firmenwerts als abzugsfähigen betrieblichen Aufwand. Außerdem sind die Anschaffungskosten des Geschäfts- oder Firmenwerts nach solchen Rechtsordnungen häufig nicht abzugsfähig, wenn ein Tochterunternehmen sein zugrunde liegendes Geschäft veräußert. Bei dieser Rechtslage hat der Geschäfts- oder Firmenwert eine steuerliche Basis von null. Jeglicher Unterschiedsbetrag zwischen dem Buchwert des Geschäfts- oder Firmenwerts und seiner steuerlichen Basis von null ist eine zu versteuernde temporäre Differenz. Dieser Standard erlaubt jedoch nicht den Ansatz der entstehenden latenten Steuerschuld, weil der Geschäfts- oder Firmenwert als ein Restwert bewertet wird und der Ansatz der latenten Steuerschuld wiederum eine Erhöhung des Buchwerts des Geschäfts- oder Firmenwerts zur Folge hätte.

21A Nachträgliche Verringerungen einer latenten Steuerschuld, die nicht angesetzt ist, da sie aus einem erstmaligen Ansatz eines Geschäfts- oder Firmenwerts hervorging, werden angesehen, als wären sie aus dem erstmaligen Ansatz des Geschäfts- oder Firmenwerts entstanden und daher gemäß Paragraph 15 (a) nicht angesetzt. Wenn beispielsweise ein Unternehmen einen bei einem Unternehmenszusammenschluss erworbenen Geschäfts- oder Firmenwert, der eine steuerliche Basis von null hat, mit 100 WE ansetzt, untersagt Paragraph 15 (a) dem Unternehmen, die daraus entstehende latente Steuerschuld anzusetzen. Wenn das Unternehmen nachträglich einen Wertminderungsaufwand von 20 WE für diesen Geschäfts- oder Firmenwert ansetzt, so wird der Betrag der zu versteuernden temporären Differenz in Bezug auf den Geschäfts- oder Firmenwert von 100 WE auf 80 WE vermindert mit einer sich daraus ergebenden Wertminderung der nicht angesetzten latenten Steuerschuld. Diese Wertminderung der nicht angesetzten latenten Steuerschuld wird angesehen, als wäre sie aus dem erstmaligen Ansatz des Geschäfts- oder Firmenwerts entstanden, und ist daher gemäß Paragraph 15 (a) vom Ansatz ausgenommen.

21B Latente Steuerschulden für zu versteuernde temporäre Differenzen werden jedoch in Bezug auf den Geschäfts- oder Firmenwert in dem Maße angesetzt, in dem sie nicht aus dem erstmaligen Ansatz des Geschäfts- oder Firmenwerts hervorgehen. Wenn ein bei einem Unternehmenszusammenschluss erworbener Geschäfts- oder Firmenwert beispielsweise mit 100 WE angesetzt wird und mit einem Satz von 20 Prozent pro Jahr steuerlich abzugsfähig ist, beginnend im

taxable temporary difference arises which results in a deferred tax liability. The resulting deferred tax liability affects goodwill (see paragraph 66).

Assets carried at fair value

IFRSs permit or require certain assets to be carried at fair value or to be revalued (see, for example, IAS 16 *Property, Plant and Equipment*, IAS 38 *Intangible Assets*, IAS 39 *Financial Instruments: Recognition and Measurement*, IAS 40 *Investment Property* and IFRS 16 *Leases*). In some jurisdictions, the revaluation or other restatement of an asset to fair value affects taxable profit (tax loss) for the current period. As a result, the tax base of the asset is adjusted and no temporary difference arises. In other jurisdictions, the revaluation or restatement of an asset does not affect taxable profit in the period of the revaluation or restatement and, consequently, the tax base of the asset is not adjusted. Nevertheless, the future recovery of the carrying amount will result in a taxable flow of economic benefits to the entity and the amount that will be deductible for tax purposes will differ from the amount of those economic benefits. The difference between the carrying amount of a revalued asset and its tax base is a temporary difference and gives rise to a deferred tax liability or asset. This is true even if: 20

(a) the entity does not intend to dispose of the asset. In such cases, the revalued carrying amount of the asset will be recovered through use and this will generate taxable income which exceeds the depreciation that will be allowable for tax purposes in future periods; or
(b) tax on capital gains is deferred if the proceeds of the disposal of the asset are invested in similar assets. In such cases, the tax will ultimately become payable on sale or use of the similar assets.

Goodwill

Goodwill arising in a business combination is measured as the excess of (a) over (b) below: 21

(a) the aggregate of:
    (i) the consideration transferred measured in accordance with IFRS 3, which generally requires acquisition-date fair value;
    (ii) the amount of any non-controlling interest in the acquiree recognised in accordance with IFRS 3; and
    (iii) in a business combination achieved in stages, the acquisition-date fair value of the acquirer's previously held equity interest in the acquiree.
(b) the net of the acquisition-date amounts of the identifiable assets acquired and liabilities assumed measured in accordance with IFRS 3.

Many taxation authorities do not allow reductions in the carrying amount of goodwill as a deductible expense in determining taxable profit. Moreover, in such jurisdictions, the cost of goodwill is often not deductible when a subsidiary disposes of its underlying business. In such jurisdictions, goodwill has a tax base of nil. Any difference between the carrying amount of goodwill and its tax base of nil is a taxable temporary difference. However, this standard does not permit the recognition of the resulting deferred tax liability because goodwill is measured as a residual and the recognition of the deferred tax liability would increase the carrying amount of goodwill.

Subsequent reductions in a deferred tax liability that is unrecognised because it arises from the initial recognition of goodwill are also regarded as arising from the initial recognition of goodwill and are therefore not recognised under paragraph 15 (a). For example, if in a business combination an entity recognises goodwill of CU100 that has a tax base of nil, paragraph 15 (a) prohibits the entity from recognising the resulting deferred tax liability. If the entity subsequently recognises an impairment loss of CU20 for that goodwill, the amount of the taxable temporary difference relating to the goodwill is reduced from CU100 to CU80, with a resulting decrease in the value of the unrecognised deferred tax liability. That decrease in the value of the unrecognised deferred tax liability is also regarded as relating to the initial recognition of the goodwill and is therefore prohibited from being recognised under paragraph 15 (a). 21A

Deferred tax liabilities for taxable temporary differences relating to goodwill are, however, recognised to the extent they do not arise from the initial recognition of goodwill. For example, if in a business combination an entity recognises goodwill of CU100 that is deductible for tax purposes at a rate of 20 per cent per year starting in the year of acquisition, the tax base of the goodwill is CU100 on initial recognition and CU80 at the end of the year of acquisition. If the carrying amount 21B

Erwerbsjahr, so beläuft sich die steuerliche Basis des Geschäfts- oder Firmenwerts bei erstmaligem Ansatz auf 100 WE und am Ende des Erwerbsjahrs auf 80 WE. Wenn der Buchwert des Geschäfts- oder Firmenwerts am Ende des Erwerbsjahrs unverändert bei 100 WE liegt, entsteht am Ende dieses Jahrs eine zu versteuernde temporäre Differenz von 20 WE. Da diese zu versteuernde temporäre Differenz sich nicht auf den erstmaligen Ansatz des Geschäfts- oder Firmenwerts bezieht, wird die daraus entstehende latente Steuerschuld angesetzt.

Erstmaliger Ansatz eines Vermögenswerts oder einer Schuld

22 Beim erstmaligen Ansatz eines Vermögenswerts oder einer Schuld kann eine temporäre Differenz entstehen, beispielsweise, wenn der Betrag der Anschaffungs- oder Herstellungskosten eines Vermögenswerts teilweise oder insgesamt steuerlich nicht abzugsfähig ist. Die Bilanzierungsmethode für eine derartige temporäre Differenz hängt von der Art des Geschäftsvorfalls ab, welcher dem erstmaligen Ansatz des Vermögenswerts oder der Schuld zugrunde lag:

(a) Bei einem Unternehmenszusammenschluss setzt ein Unternehmen alle latenten Steuerschulden oder latenten Steueransprüche an, und dies beeinflusst die Höhe des Geschäfts- oder Firmenwerts oder den Gewinn aus einem Erwerb zu einem Preis unter dem Marktwert (siehe Paragraph 19).

(b) Falls der Geschäftsvorfall entweder das bilanzielle Ergebnis vor Steuern oder das zu versteuernde Ergebnis beeinflusst oder zu versteuernde und abzugsfähige temporäre Differenzen in gleicher Höhe bewirkt, setzt ein Unternehmen alle latenten Steuerschulden oder latenten Steueransprüche an und erfasst den sich ergebenden latenten Steueraufwand oder Steuerertrag (siehe Paragraph 59).

(c) Falls es sich bei dem Geschäftsvorfall nicht um einen Unternehmenszusammenschluss handelt und der Geschäftsvorfall weder das bilanzielle Ergebnis vor Steuern noch das zu versteuernde Ergebnis beeinflusst und keine zu versteuernden und abzugsfähigen temporären Differenzen in gleicher Höhe bewirkt, würde ein Unternehmen, falls keine Befreiung gemäß den Paragraphen 15 und 24 möglich ist, die sich ergebenden latenten Steuerschulden oder latenten Steueransprüche ansetzen und den Buchwert des Vermögenswerts oder der Schuld in Höhe des gleichen Betrags anpassen. Ein Abschluss würde jedoch durch solche Anpassungen unklarer. Aus diesem Grund gestattet dieser Standard es einem Unternehmen nicht, die sich ergebende latente Steuerschuld oder den sich ergebenden latenten Steueranspruch anzusetzen, und zwar weder beim erstmaligen Ansatz noch in den Folgeperioden (siehe nachstehendes Beispiel). Auch spätere Änderungen bei den nicht angesetzten latenten Steuerschulden oder -ansprüchen, die sich aus der planmäßigen Abschreibung des Vermögenswerts ergeben, werden vom Unternehmen nicht berücksichtigt.

Beispiel zur Veranschaulichung des Paragraphen 22 (c) Ein Unternehmen beabsichtigt, einen Vermögenswert mit Anschaffungskosten von 1000 während seiner Nutzungsdauer von fünf Jahren zu verwenden und ihn dann zu einem Restwert von null zu veräußern. Der Steuersatz beträgt 40 %. Die planmäßige Abschreibung des Vermögenswerts ist steuerlich nicht abzugsfähig. Jeder Kapitalertrag bei einem Verkauf wäre steuerfrei, und jeder Verlust wäre nicht abzugsfähig.

Bei der Realisierung des Buchwerts des Vermögenswerts erzielt das Unternehmen ein zu versteuerndes Ergebnis von 1000 und bezahlt Steuern von 400. Das Unternehmen setzt die sich ergebende latente Steuerschuld von 400 nicht an, da sie aus dem erstmaligen Ansatz des Vermögenswerts stammt.

In der Folgeperiode beträgt der Buchwert des Vermögenswerts 800. Bei der Erzielung eines zu versteuernden Ergebnisses von 800 bezahlt das Unternehmen Steuern in Höhe von 320. Das Unternehmen setzt die latente Steuerschuld von 320 nicht an, da sie aus dem erstmaligen Ansatz des Vermögenswerts stammt.

22A Es ist möglich, dass ein Geschäftsvorfall, bei dem es sich nicht um einen Unternehmenszusammenschluss handelt, zum erstmaligen Ansatz eines Vermögenswerts und einer Schuld führt und zum Zeitpunkt des Geschäftsvorfalls weder das bilanzielle Ergebnis vor Steuern noch das zu versteuernde Ergebnis beeinflusst. Beispielsweise setzt ein Leasingnehmer am Bereitstellungsdatum in der Regel eine Leasingverbindlichkeit und den entsprechenden Betrag als Teil der Kosten eines Nutzungsrechts an. Je nach anwendbarem Steuerrecht können bei einem solchen Geschäftsvorfall beim erstmaligen Ansatz des Vermögenswerts und der Schuld zu versteuernde und abzugsfähige temporäre Differenzen in gleicher Höhe entstehen. Die in den Paragraphen 15 und 24 vorgesehene Befreiung gilt nicht für solche temporären Differenzen, und ein Unternehmen hat daraus resultierende latente Steuerschulden und latente Steueransprüche anzusetzen.

23 Gemäß IAS 32 *Finanzinstrumente: Darstellung* stuft der Emittent zusammengesetzter Finanzinstrumente (beispielsweise einer Wandelschuldverschreibung) die Schuldkomponente des Instruments als eine Schuld und die Eigenkapitalkomponente als Eigenkapital ein. In manchen Rechtskreisen ist beim erstmaligen Ansatz die steuerliche Basis der Schuldkomponente gleich dem anfänglichen Betrag der Summe aus Schuld- und Eigenkapitalkomponente. Die entstehende zu versteuernde temporäre Differenz ergibt sich daraus, dass der erstmalige Ansatz der Eigenkapitalkomponente getrennt von demjenigen der Schuldkomponente erfolgt. Daher ist die in Paragraph 15 (b) dargestellte Ausnahme nicht anwendbar. Demzufolge setzt ein Unternehmen die sich ergebende latente Steuerschuld an. Gemäß Paragraph 61A wird die latente Steuerschuld unmittelbar dem Buchwert der Eigenkapitalkomponente belastet. Gemäß Paragraph 58 werden nachfolgende Änderungen der latenten Steuerschuld erfolgswirksam als latenter Steueraufwand (Steuerertrag) angesetzt.

of goodwill at the end of the year of acquisition remains unchanged at CU100, a taxable temporary difference of CU20 arises at the end of that year. Because that taxable temporary difference does not relate to the initial recognition of the goodwill, the resulting deferred tax liability is recognised.

Initial recognition of an asset or liability

A temporary difference may arise on initial recognition of an asset or liability, for example if part or all of the cost of an asset will not be deductible for tax purposes. The method of accounting for such a temporary difference depends on the nature of the transaction that led to the initial recognition of the asset or liability: 22

(a) in a business combination, an entity recognises any deferred tax liability or asset and this affects the amount of goodwill or bargain purchase gain it recognises (see paragraph 19);

(b) if the transaction affects either accounting profit or taxable profit, or gives rise to equal taxable and deductible temporary differences, an entity recognises any deferred tax liability or asset and recognises the resulting deferred tax expense or income in profit or loss (see paragraph 59);

(c) if the transaction is not a business combination, affects neither accounting profit nor taxable profit and does not give rise to equal taxable and deductible temporary differences, an entity would, in the absence of the exemption provided by paragraphs 15 and 24, recognise the resulting deferred tax liability or asset and adjust the carrying amount of the asset or liability by the same amount. Such adjustments would make the financial statements less transparent. Therefore, this Standard does not permit an entity to recognise the resulting deferred tax liability or asset, either on initial recognition or subsequently (see example below). Furthermore, an entity does not recognise subsequent changes in the unrecognised deferred tax liability or asset as the asset is depreciated.

Example illustrating paragraph 22 (c) An entity intends to use an asset which cost 1000 throughout its useful life of five years and then dispose of it for a residual value of nil. The tax rate is 40 %. Depreciation of the asset is not deductible for tax purposes. On disposal, any capital gain would not be taxable and any capital loss would not be deductible.

As it recovers the carrying amount of the asset, the entity will earn taxable income of 1000 and pay tax of 400. The entity does not recognise the resulting deferred tax liability of 400 because it results from the initial recognition of the asset.

In the following year, the carrying amount of the asset is 800. In earning taxable income of 800, the entity will pay tax of 320. The entity does not recognise the deferred tax liability of 320 because it results from the initial recognition of the asset.

A transaction that is not a business combination may lead to the initial recognition of an asset and a liability and, at the time of the transaction, affect neither accounting profit nor taxable profit. For example, at the commencement date of a lease, a lessee typically recognises a lease liability and the corresponding amount as part of the cost of a right-of-use asset. Depending on the applicable tax law, equal taxable and deductible temporary differences may arise on initial recognition of the asset and liability in such a transaction. The exemption provided by paragraphs 15 and 24 does not apply to such temporary differences and an entity recognises any resulting deferred tax liability and asset. 22A

In accordance with IAS 32 *Financial instruments: presentation* the issuer of a compound financial instrument (for example, a convertible bond) classifies the instrument's liability component as a liability and the equity component as equity. In some jurisdictions, the tax base of the liability component on initial recognition is equal to the initial carrying amount of the sum of the liability and equity components. The resulting taxable temporary difference arises from the initial recognition of the equity component separately from the liability component. Therefore, the exception set out in paragraph 15 (b) does not apply. Consequently, an entity recognises the resulting deferred tax liability. In accordance with paragraph 61A, the deferred tax is charged directly to the carrying amount of the equity component. In accordance with paragraph 58, subsequent changes in the deferred tax liability are recognised in profit or loss as deferred tax expense (income). 23

Abzugsfähige temporäre Differenzen

24 **Ein latenter Steueranspruch ist für alle abzugsfähigen temporären Differenzen in dem Umfang anzusetzen, in dem es wahrscheinlich ist, dass ein zu versteuernder Gewinn verfügbar sein wird, gegen das die abzugsfähige temporäre Differenz verwendet werden kann, es sei denn, der latente Steueranspruch stammt aus dem erstmaligen Ansatz eines Vermögenswerts oder einer Schuld zu einem Geschäftsvorfall, der**

(a) kein Unternehmenszusammenschluss ist,

(b) zum Zeitpunkt des Geschäftsvorfalls weder das bilanzielle Ergebnis vor Steuern noch das zu versteuernde Ergebnis (den steuerlichen Verlust) beeinflusst und

(c) zum Zeitpunkt des Geschäftsvorfalls keine zu versteuernden und abzugsfähigen temporären Differenzen in gleicher Höhe bewirkt.

Für abzugsfähige temporäre Differenzen in Verbindung mit Beteiligungen an Tochterunternehmen, Zweigniederlassungen und assoziierten Unternehmen sowie Anteilen an gemeinschaftlichen Vereinbarungen ist ein latenter Steueranspruch jedoch gemäß Paragraph 44 anzusetzen.

25 Definitionsgemäß wird beim Ansatz einer Schuld angenommen, dass deren Buchwert in künftigen Perioden durch einen Abfluss von Unternehmensressourcen mit wirtschaftlichem Nutzen erfüllt wird. Beim Abfluss der Ressourcen vom Unternehmen können alle Beträge oder ein Teil davon bei der Ermittlung des zu versteuernden Gewinns einer Periode, die zeitlich auf die Periode der Passivierung der Schuld folgt, abzugsfähig sein. In solchen Fällen besteht eine temporäre Differenz zwischen dem Buchwert der Schuld und ihrer steuerlichen Basis. Dementsprechend entsteht ein latenter Steueranspruch im Hinblick auf die in künftigen Perioden erstattungsfähigen Ertragsteuern, wenn dieser Teil der Schuld bei der Ermittlung des zu versteuernden Gewinns abzugsfähig ist. Ist analog der Buchwert eines Vermögenswerts geringer als seine steuerliche Basis, entsteht aus dem Unterschiedsbetrag ein latenter Steueranspruch in Bezug auf die in künftigen Perioden erstattungsfähigen Ertragsteuern.

Beispiel Ein Unternehmen setzt eine Schuld von 100 für kumulierte Gewährleistungskosten hinsichtlich eines Produkts an. Die Gewährleistungskosten für dieses Produkt sind für steuerliche Zwecke erst zu dem Zeitpunkt abzugsfähig, an dem das Unternehmen Gewährleistungsverpflichtungen zahlt. Der Steuersatz beträgt 25 %.

Die steuerliche Basis der Schuld ist null (Buchwert von 100 abzüglich des Betrags, der im Hinblick auf die Schulden in zukünftigen Perioden steuerlich abzugsfähig ist). Mit der Erfüllung der Schuld zu ihrem Buchwert verringert das Unternehmen seinen künftigen zu versteuernden Gewinn um einen Betrag von 100 und verringert folglich seine zukünftigen Steuerzahlungen um 25 (25 % von 100). Der Unterschiedsbetrag zwischen dem Buchwert von 100 und der steuerlichen Basis von null ist eine abzugsfähige temporäre Differenz von 100. Daher setzt das Unternehmen einen latenten Steueranspruch von 25 (25 % von 100) an, vorausgesetzt, es ist wahrscheinlich, dass das Unternehmen in zukünftigen Perioden einen ausreichenden zu versteuerndes Gewinn erwirtschaftet, um aus der Verringerung der Steuerzahlungen einen Vorteil zu ziehen.

26 Im Folgenden sind Beispiele von abzugsfähigen temporären Differenzen aufgeführt, die latente Steueransprüche zur Folge haben:

(a) Kosten der betrieblichen Altersversorgung können bei der Ermittlung des bilanziellen Ergebnisses vor Steuern entsprechend der Leistungserbringung durch den Arbeitnehmer abgezogen werden. Der Abzug zur Ermittlung des zu versteuernden Gewinns ist hingegen erst zulässig, wenn die Beiträge vom Unternehmen in einen Pensionsfonds eingezahlt werden oder wenn betriebliche Altersversorgungsleistungen vom Unternehmen bezahlt werden. Es besteht eine temporäre Differenz zwischen dem Buchwert der Schuld und ihrer steuerlichen Basis, wobei die steuerliche Basis der Schuld im Regelfall null ist. Eine derartige abzugsfähige temporäre Differenz hat einen latenten Steueranspruch zur Folge, da die Verminderung des zu versteuernden Gewinns durch die Bezahlung von Beiträgen oder Versorgungsleistungen für das Unternehmen einen Zufluss an wirtschaftlichem Nutzen bedeutet.

(b) Forschungskosten werden in der Periode, in der sie anfallen, als Aufwand bei der Ermittlung des bilanziellen Ergebnisses vor Steuern angesetzt, der Abzug bei der Ermittlung des zu versteuernden Gewinns (steuerlichen Verlustes) ist möglicherweise erst in einer späteren Periode zulässig. Der Unterschiedsbetrag zwischen der steuerlichen Basis der Forschungskosten als dem Betrag, dessen Abzug in zukünftigen Perioden von den Steuerbehörden erlaubt wird, und dem Buchwert von null ist eine abzugsfähige temporäre Differenz, die einen latenten Steueranspruch zur Folge hat.

(c) Die bei einem Unternehmenszusammenschluss erworbenen identifizierbaren Vermögenswerte und übernommenen Schulden werden mit begrenzten Ausnahmen mit ihren beizulegenden Zeitwerten zum Erwerbszeitpunkt angesetzt. Wird eine übernommene Schuld zum Erwerbszeitpunkt angesetzt, die damit verbundenen Kosten bei der Ermittlung des zu versteuernden Gewinns aber erst in einer späteren Periode in Abzug gebracht, entsteht eine abzugsfähige temporäre Differenz, die einen latenten Steueranspruch zur Folge hat. Ein latenter Steueranspruch entsteht ebenfalls, wenn der beizulegende Zeitwert eines erworbenen identifizierbaren Vermögenswerts geringer als seine steuerliche Basis ist. In beiden Fällen beeinflusst der sich ergebende latente Steueranspruch den Geschäfts- oder Firmenwert (siehe Paragraph 66).

(d) Bestimmte Vermögenswerte können zum beizulegenden Zeitwert bilanziert oder neubewertet werden, ohne dass eine entsprechende Bewertungsanpassung für steuerliche Zwecke durchgeführt wird (siehe Paragraph 20). Es entsteht eine abzugsfähige temporäre Differenz, wenn die steuerliche Basis des Vermögenswerts seinen Buchwert übersteigt.

Deductible temporary differences

A deferred tax asset shall be recognised for all deductible temporary differences to the extent that it is probable that taxable profit will be available against which the deductible temporary difference can be utilised, unless the deferred tax asset arises from the initial recognition of an asset or liability in a transaction that: 24

(a) is not a business combination;

(b) at the time of the transaction, affects neither accounting profit nor taxable profit (tax loss); and

(c) at the time of the transaction, does not give rise to equal taxable and deductible temporary differences.

However, for deductible temporary differences associated with investments in subsidiaries, branches and associates, and interests in joint arrangements, a deferred tax asset shall be recognised in accordance with paragraph 44.

It is inherent in the recognition of a liability that the carrying amount will be settled in future periods through an outflow from the entity of resources embodying economic benefits. When resources flow from the entity, part or all of their amounts may be deductible in determining taxable profit of a period later than the period in which the liability is recognised. In such cases, a temporary difference exists between the carrying amount of the liability and its tax base. Accordingly, a deferred tax asset arises in respect of the income taxes that will be recoverable in the future periods when that part of the liability is allowed as a deduction in determining taxable profit. Similarly, if the carrying amount of an asset is less than its tax base, the difference gives rise to a deferred tax asset in respect of the income taxes that will be recoverable in future periods. 25

Example An entity recognises a liability of 100 for accrued product warranty costs. For tax purposes, the product warranty costs will not be deductible until the entity pays claims. The tax rate is 25 %.

The tax base of the liability is nil (carrying amount of 100, less the amount that will be deductible for tax purposes in respect of that liability in future periods). In settling the liability for its carrying amount, the entity will reduce its future taxable profit by an amount of 100 and, consequently, reduce its future tax payments by 25 (100 at 25 %). The difference between the carrying amount of 100 and the tax base of nil is a deductible temporary difference of 100. Therefore, the entity recognises a deferred tax asset of 25 (100 at 25 %), provided that it is probable that the entity will earn sufficient taxable profit in future periods to benefit from a reduction in tax payments.

The following are examples of deductible temporary differences which result in deferred tax assets: 26

(a) retirement benefit costs may be deducted in determining accounting profit as service is provided by the employee, but deducted in determining taxable profit either when contributions are paid to a fund by the entity or when retirement benefits are paid by the entity. A temporary difference exists between the carrying amount of the liability and its tax base; the tax base of the liability is usually nil. Such a deductible temporary difference results in a deferred tax asset as economic benefits will flow to the entity in the form of a deduction from taxable profits when contributions or retirement benefits are paid;

(b) research costs are recognised as an expense in determining accounting profit in the period in which they are incurred but may not be permitted as a deduction in determining taxable profit (tax loss) until a later period. The difference between the tax base of the research costs, being the amount the taxation authorities will permit as a deduction in future periods, and the carrying amount of nil is a deductible temporary difference that results in a deferred tax asset;

(c) with limited exceptions, an entity recognises the identifiable assets acquired and liabilities assumed in a business combination at their fair values at the acquisition date. When a liability assumed is recognised at the acquisition date but the related costs are not deducted in determining taxable profits until a later period, a deductible temporary difference arises which results in a deferred tax asset. A deferred tax asset also arises when the fair value of an identifiable asset acquired is less than its tax base. In both cases, the resulting deferred tax asset affects goodwill (see paragraph 66); and

(d) certain assets may be carried at fair value, or may be revalued, without an equivalent adjustment being made for tax purposes (see paragraph 20). A deductible temporary difference arises if the tax base of the asset exceeds its carrying amount.

Beispiel zur Veranschaulichung des Paragraphen 26 (d)

Identifizierung einer abzugsfähigen temporären Differenz am Ende von Jahr 2:

Unternehmen A kauft zu Beginn von Jahr 1 für 1000 WE einen Schuldtitel mit einem Nominalwert von 1000 WE, zahlbar bei Fälligkeit in 5 Jahren mit einem Zinssatz von 2 %, zahlbar am Ende jeden Jahrs. Der Effektivzinssatz beträgt 2 %. Der Schuldtitel wird zum beizulegenden Zeitwert bewertet.

Am Ende von Jahr 2 hat sich der beizulegende Zeitwert des Schuldtitels aufgrund eines Anstiegs der Zinssätze auf 5 % auf 918 WE verringert. Wenn Unternehmen A den Schuldtitel weiter hält, wird es wahrscheinlich alle vertraglich festgelegten Zahlungsströme vereinnahmen.

Etwaige Gewinne (Verluste) aus dem Schuldtitel sind erst zu versteuern (abzugsfähig), wenn sie realisiert werden. Gewinne (Verluste) aus der Veräußerung oder bei Fälligkeit des Schuldtitels werden für steuerliche Zwecke als Differenz zwischen dem vereinnahmten Betrag und den ursprünglichen Kosten des Schuldtitels berechnet.

Die steuerliche Basis des Schuldtitels sind somit seine ursprünglichen Kosten.

Die Differenz zwischen dem Buchwert des Schuldtitels in der Bilanz des Unternehmens A in Höhe von 918 WE und seiner steuerlichen Basis in Höhe von 1000 WE ergibt am Ende des Jahrs 2 eine abzugsfähige temporäre Differenz von 82 WE (siehe Paragraphen 20 und 26 (d)), und zwar unabhängig davon, ob das Unternehmen A erwartet, den Buchwert des Schuldtitels durch Veräußerung oder durch Nutzung (d. h. Halten und Vereinnahmen der vertraglich festgelegten Zahlungsströme) oder durch eine Kombination aus beiden, zu realisieren.

Dies ist darauf zurückzuführen, dass abzugsfähige temporäre Differenzen Unterschiedsbeträge zwischen dem Buchwert eines Vermögenswerts oder einer Schuld in der Bilanz und seiner/ihrer steuerlichen Basis sind, die zu Beträgen führen, die bei der Ermittlung des zu versteuernden Gewinns (steuerlichen Verlusts) zukünftiger Perioden abzugsfähig sind, wenn der Buchwert des Vermögenswerts realisiert oder eine Schuld erfüllt wird (siehe Paragraph 5). Unternehmen A kann bei der Ermittlung des zu versteuernden Gewinns (steuerlichen Verlustes) bei Veräußerung oder bei Fälligkeit einen Abzug in Höhe der steuerlichen Basis des Vermögenswerts von 1000 WE geltend machen.

27 Die Auflösung abzugsfähiger temporärer Differenzen führt zu Abzügen bei der Ermittlung des zu versteuernden Gewinns zukünftiger Perioden. Der wirtschaftliche Nutzen in der Form verminderter Steuerzahlungen fließt dem Unternehmen allerdings nur dann zu, wenn es ausreichende zu versteuernde Gewinne erzielt, gegen die die Abzüge saldiert werden können. Daher setzt ein Unternehmen latente Steueransprüche nur an, wenn es wahrscheinlich ist, dass zu versteuernde Gewinne zur Verfügung stehen, gegen welche die abzugsfähigen temporären Differenzen verwendet werden können.

27A Bei der Beurteilung, ob zu versteuernde Gewinne zur Verfügung stehen, gegen welche die abzugsfähigen temporären Differenzen verwendet werden können, berücksichtigt das Unternehmen etwaige im Steuerrecht bestehende Beschränkungen hinsichtlich der Quellen zu versteuernder Gewinne, gegen die es bei der Auflösung der abzugsfähigen temporären Differenz Abzüge vornehmen kann. Enthält das Steuerrecht keine solchen Beschränkungen, prüft das Unternehmen jede abzugsfähige temporäre Differenz in Kombination mit allen anderen abzugsfähigen temporären Differenzen. Beschränkt das Steuerrecht dagegen die Möglichkeit zur Verwendung von Verlusten zum Abzug von Einkünften einer bestimmten Art, so wird die abzugsfähige temporäre Differenz nur in Kombination mit anderen abzugsfähigen temporären Differenzen der entsprechenden Art beurteilt.

28 Es ist wahrscheinlich, dass der zu versteuernde Gewinn, gegen den eine abzugsfähige temporäre Differenz verwendet werden kann, zur Verfügung stehen wird, wenn ausreichende zu versteuernde temporäre Differenzen in Bezug auf dieselbe Steuerbehörde und dasselbe Steuersubjekt vorhanden sind, deren Auflösung erwartet wird

(a) in derselben Periode wie die erwartete Auflösung der abzugsfähigen temporären Differenz oder

(b) in Perioden, in die steuerliche Verluste aus dem latenten Steueranspruch zurückgetragen oder vorgetragen werden können.

In solchen Fällen wird der latente Steueranspruch in der Periode, in der die abzugsfähigen temporären Differenzen entstehen, angesetzt.

29 Liegen keine ausreichenden zu versteuernden temporären Differenzen in Bezug auf dieselbe Steuerbehörde und dasselbe Steuersubjekt vor, wird der latente Steueranspruch in dem Umfang angesetzt, in dem

(a) es wahrscheinlich ist, dass dem Unternehmen ausreichende zu versteuernde Gewinne in Bezug auf dieselbe Steuerbehörde und dasselbe Steuersubjekt in der Periode der Auflösung der abzugsfähigen temporären Differenz (oder in den Perioden, in die ein steuerlicher Verlust infolge eines latenten Steueranspruches zurückgetragen oder vorgetragen werden kann) zur Verfügung stehen werden. Bei der Einschätzung, ob ein ausreichender zu versteuernder Gewinn in künftigen Perioden zur Verfügung stehen wird,

    (i) vergleicht ein Unternehmen die abzugsfähigen temporären Differenzen mit künftigen zu versteuernden Gewinnen ohne steuerliche Abzugsmöglichkeiten aufgrund der Auflösung der abzugsfähigen temporären Differenzen. Dieser Vergleich zeigt, inwieweit die künftigen zu versteuernden Gewinne des Unternehmens für einen Abzug der Beträge aus der Auflösung der abzugsfähigen temporären Differenzen ausreichen; und

Example illustrating paragraph 26 (d)

Identification of a deductible temporary difference at the end of Year 2:

Entity A purchases for CU 1 000, at the beginning of Year 1, a debt instrument with a nominal value of CU 1 000 payable on maturity in 5 years with an interest rate of 2 % payable at the end of each year. The effective interest rate is 2 %. The debt instrument is measured at fair value.

At the end of Year 2, the fair value of the debt instrument has decreased to CU 918 as a result of an increase in market interest rates to 5 %. It is probable that Entity A will collect all the contractual cash flows if it continues to hold the debt instrument.

Any gains (losses) on the debt instrument are taxable (deductible) only when realised. The gains (losses) arising on the sale or maturity of the debt instrument are calculated for tax purposes as the difference between the amount collected and the original cost of the debt instrument.

Accordingly, the tax base of the debt instrument is its original cost.

The difference between the carrying amount of the debt instrument in Entity A's statement of financial position of CU 918 and its tax base of CU 1 000 gives rise to a deductible temporary difference of CU 82 at the end of Year 2 (see paragraphs 20 and 26 (d)), irrespective of whether Entity A expects to recover the carrying amount of the debt instrument by sale or by use, ie by holding it and collecting contractual cash flows, or a combination of both.

This is because deductible temporary differences are differences between the carrying amount of an asset or liability in the statement of financial position and its tax base that will result in amounts that are deductible in determining taxable profit (tax loss) of future periods, when the carrying amount of the asset or liability is recovered or settled (see paragraph 5). Entity A obtains a deduction equivalent to the tax base of the asset of CU 1 000 in determining taxable profit (tax loss) either on sale or on maturity.

The reversal of deductible temporary differences results in deductions in determining taxable profits of future periods. **27**
However, economic benefits in the form of reductions in tax payments will flow to the entity only if it earns sufficient taxable profits against which the deductions can be offset. Therefore, an entity recognises deferred tax assets only when it is probable that taxable profits will be available against which the deductible temporary differences can be utilised.

When an entity assesses whether taxable profits will be available against which it can utilise a deductible temporary difference, **27A**
it considers whether tax law restricts the sources of taxable profits against which it may make deductions on the reversal of that deductible temporary difference. If tax law imposes no such restrictions, an entity assesses a deductible temporary difference in combination with all of its other deductible temporary differences. However, if tax law restricts the utilisation of losses to deduction against income of a specific type, a deductible temporary difference is assessed in combination only with other deductible temporary differences of the appropriate type.

It is probable that taxable profit will be available against which a deductible temporary difference can be utilised when **28**
there are sufficient taxable temporary differences relating to the same taxation authority and the same taxable entity which are expected to reverse:

(a) in the same period as the expected reversal of the deductible temporary difference; or
(b) in periods into which a tax loss arising from the deferred tax asset can be carried back or forward.

In such circumstances, the deferred tax asset is recognised in the period in which the deductible temporary differences arise.

When there are insufficient taxable temporary differences relating to the same taxation authority and the same taxable **29**
entity, the deferred tax asset is recognised to the extent that:

(a) it is probable that the entity will have sufficient taxable profit relating to the same taxation authority and the same taxable entity in the same period as the reversal of the deductible temporary difference (or in the periods into which a tax loss arising from the deferred tax asset can be carried back or forward). In evaluating whether it will have sufficient taxable profit in future periods, an entity:
   (i) compares the deductible temporary differences with future taxable profit that excludes tax deductions resulting from the reversal of those deductible temporary differences. This comparison shows the extent to which the future taxable profit is sufficient for the entity to deduct the amounts resulting from the reversal of those deductible temporary differences.

(ii) lässt ein Unternehmen zu versteuernde Beträge außer Acht, die sich aus dem in künftigen Perioden erwarteten Entstehen von abzugsfähigen temporären Differenzen ergeben, weil der latente Steueranspruch aus diesen abzugsfähigen temporären Differenzen seinerseits einen künftigen zu versteuernden Gewinn voraussetzt, um genutzt zu werden; oder

(b) sich dem Unternehmen Steuergestaltungsmöglichkeiten zur Erzeugung eines zu versteuernden Gewinns in geeigneten Perioden bieten.

29A Bei der Schätzung der voraussichtlichen künftigen zu versteuernden Gewinne kann die Realisierung eines Teils der Vermögenswerte eines Unternehmens mit einem über dem Buchwert liegenden Betrag angenommen werden, wenn ausreichende Nachweise dafür vorliegen, dass das Unternehmen einen solchen Betrag erzielen wird. Wird zum Beispiel ein Vermögenswert zum beizulegenden Zeitwert bewertet, prüft das Unternehmen, ob ausreichende Nachweise dafür vorliegen, dass es den Vermögenswert wahrscheinlich mit einem über dem Buchwert liegenden Betrag realisieren kann. Dies kann beispielsweise der Fall sein, wenn ein Unternehmen erwartet, einen festverzinslichen Schuldtitel zu halten und die vertraglich festgelegten Zahlungsströme zu vereinnahmen.

30 Steuergestaltungsmöglichkeiten sind Möglichkeiten, die das Unternehmen ergreifen kann, um in einer bestimmten Periode ein zu versteuerndes Ergebnis zu erzeugen oder zu erhöhen, bevor ein steuerlicher Verlustvortrag oder eine vorgetragene Steuergutschrift verfällt. Beispielsweise kann nach manchen Steuergesetzgebungen der zu versteuernde Gewinn wie folgt erzeugt oder erhöht werden:

(a) durch Wahl der Besteuerung von Zinserträgen entweder auf der Grundlage des Zuflussprinzips oder der Abgrenzung als ausstehende Forderung,

(b) durch ein Hinausschieben von bestimmten zulässigen Abzügen vom zu versteuernden Gewinn,

(c) durch Verkauf und möglicherweise Leaseback von Vermögenswerten, die einen Wertzuwachs erfahren haben, für die aber die steuerliche Basis noch nicht angepasst wurde, um diesen Wertzuwachs zu erfassen, und

(d) durch Verkauf eines Vermögenswerts, der ein steuerfreies Ergebnis erzeugt (wie, nach manchen Steuergesetzgebungen möglich, einer Staatsobligation), damit ein anderer Vermögenswert gekauft werden kann, der zu versteuerndes Ergebnis erzeugt.

Wenn durch die Nutzung von Steuergestaltungsmöglichkeiten ein zu versteuernder Gewinn von einer späteren Periode in eine frühere Periode vorgezogen wird, hängt die Verwertung eines steuerlichen Verlustvortrags oder einer vorgetragenen Steuergutschrift noch vom Vorhandensein künftiger zu versteuernder Gewinne ab, welche aus anderen Quellen als aus künftig noch entstehenden temporären Differenzen stammen.

31 Weist ein Unternehmen in der näheren Vergangenheit eine Folge von Verlusten auf, so hat es die Anwendungsleitlinien in den Paragraphen 35 und 36 zu beachten.

32 [gestrichen]

Geschäfts- oder Firmenwert

32A Wenn der Buchwert eines bei einem Unternehmenszusammenschluss entstehenden Geschäfts- oder Firmenwerts geringer als seine steuerliche Basis ist, entsteht aus dem Unterschiedsbetrag ein latenter Steueranspruch. Der latente Steueranspruch, der aus dem erstmaligen Ansatz des Geschäfts- oder Firmenwerts hervorgeht, ist im Rahmen der Bilanzierung eines Unternehmenszusammenschlusses in dem Umfang anzusetzen, in dem es wahrscheinlich ist, dass ein zu versteuernder Gewinn bestehen wird, gegen den die abzugsfähigen temporären Differenzen verwendet werden können.

Erstmaliger Ansatz eines Vermögenswerts oder einer Schuld

33 Ein Fall eines latenten Steueranspruchs aus dem erstmaligen Ansatz eines Vermögenswerts liegt vor, wenn eine nicht zu versteuernde Zuwendung der öffentlichen Hand hinsichtlich eines Vermögenswerts bei der Bestimmung des Buchwerts des Vermögenswerts in Abzug gebracht wird, jedoch für steuerliche Zwecke nicht von dem abschreibungsfähigen Betrag (anders gesagt: der steuerlichen Basis) des Vermögenswerts abgezogen wird. Der Buchwert des Vermögenswerts ist geringer als seine steuerliche Basis, und dies führt zu einer abzugsfähigen temporären Differenz. Zuwendungen der öffentlichen Hand dürfen ebenfalls als passivischer Abgrenzungsposten angesetzt werden. In diesem Fall ergibt der Unterschiedsbetrag zwischen dem passivischen Abgrenzungsposten und seiner steuerlichen Basis von null eine abzugsfähige temporäre Differenz. Unabhängig von der vom Unternehmen gewählten Darstellungsmethode darf das Unternehmen den sich ergebenden latenten Steueranspruch aufgrund der in Paragraph 22 aufgeführten Begründung nicht ansetzen.

Noch nicht genutzte steuerliche Verluste und noch nicht genutzte Steuergutschriften

34 **Ein latenter Steueranspruch für den Vortrag noch nicht genutzter steuerlicher Verluste und noch nicht genutzter Steuergutschriften ist in dem Umfang anzusetzen, in dem es wahrscheinlich ist, dass ein künftiger zu versteuernder Gewinn zur Verfügung stehen wird, gegen den die noch nicht genutzten steuerlichen Verluste und noch nicht genutzten Steuergutschriften verwendet werden können.**

(ii) ignores taxable amounts arising from deductible temporary differences that are expected to originate in future periods, because the deferred tax asset arising from these deductible temporary differences will itself require future taxable profit in order to be utilised.

(b) tax planning opportunities are available to the entity that will create taxable profit in appropriate periods.

The estimate of probable future taxable profit may include the recovery of some of an entity's assets for more than their carrying amount if there is sufficient evidence that it is probable that the entity will achieve this. For example, when an asset is measured at fair value, the entity shall consider whether there is sufficient evidence to conclude that it is probable that the entity will recover the asset for more than its carrying amount. This may be the case, for example, when an entity expects to hold a fixed-rate debt instrument and collect the contractual cash flows. 29A

Tax planning opportunities are actions that the entity would take in order to create or increase taxable income in a particular period before the expiry of a tax loss or tax credit carryforward. For example, in some jurisdictions, taxable profit may be created or increased by: 30

(a) electing to have interest income taxed on either a received or receivable basis;
(b) deferring the claim for certain deductions from taxable profit;
(c) selling, and perhaps leasing back, assets that have appreciated but for which the tax base has not been adjusted to reflect such appreciation; and
(d) selling an asset that generates non-taxable income (such as, in some jurisdictions, a government bond) in order to purchase another investment that generates taxable income.

Where tax planning opportunities advance taxable profit from a later period to an earlier period, the utilisation of a tax loss or tax credit carryforward still depends on the existence of future taxable profit from sources other than future originating temporary differences.

When an entity has a history of recent losses, the entity considers the guidance in paragraphs 35 and 36. 31

[deleted] 32

Goodwill

If the carrying amount of goodwill arising in a business combination is less than its tax base, the difference gives rise to a deferred tax asset. The deferred tax asset arising from the initial recognition of goodwill shall be recognised as part of the accounting for a business combination to the extent that it is probable that taxable profit will be available against which the deductible temporary difference could be utilised. 32A

Initial recognition of an asset or liability

One case when a deferred tax asset arises on initial recognition of an asset is when a non-taxable government grant related to an asset is deducted in arriving at the carrying amount of the asset but, for tax purposes, is not deducted from the asset's depreciable amount (in other words its tax base); the carrying amount of the asset is less than its tax base and this gives rise to a deductible temporary difference. Government grants may also be set up as deferred income in which case the difference between the deferred income and its tax base of nil is a deductible temporary difference. Whichever method of presentation an entity adopts, the entity does not recognise the resulting deferred tax asset, for the reason given in paragraph 22. 33

Unused tax losses and unused tax credits

A deferred tax asset shall be recognised for the carryforward of unused tax losses and unused tax credits to the extent that it is probable that future taxable profit will be available against which the unused tax losses and unused tax credits can be utilised. 34

35 Die Kriterien für den Ansatz latenter Steueransprüche aus Vorträgen noch nicht genutzter steuerlicher Verluste und Steuergutschriften sind die gleichen wie die Kriterien für den Ansatz latenter Steueransprüche aus abzugsfähigen temporären Differenzen. Allerdings spricht das Vorhandensein noch nicht genutzter steuerlicher Verluste deutlich dafür, dass ein künftiger zu versteuernder Gewinn möglicherweise nicht zur Verfügung stehen wird. Weist ein Unternehmen in der näheren Vergangenheit eine Reihe von Verlusten auf, kann es daher latente Steueransprüche aus ungenutzten steuerlichen Verlusten oder ungenutzten Steuergutschriften nur in dem Umfang ansetzen, in dem es über ausreichende zu versteuernde temporäre Differenzen verfügt oder soweit überzeugende Nachweise dafür vorliegen, dass ein ausreichender zu versteuernder Gewinn zur Verfügung stehen wird, gegen den die ungenutzten steuerlichen Verluste oder ungenutzten Steuergutschriften vom Unternehmen verwendet werden können. In solchen Fällen sind gemäß Paragraph 82 der Betrag des latenten Steueranspruches und die Art der Nachweise, die den Ansatz rechtfertigen, anzugeben.

36 Bei der Beurteilung der Wahrscheinlichkeit, ob ein zu versteuernder Gewinn zur Verfügung stehen wird, gegen den noch nicht genutzte steuerliche Verluste oder noch nicht genutzte Steuergutschriften verwendet werden können, sind von einem Unternehmen die folgenden Kriterien zu beachten:

(a) ob das Unternehmen ausreichende zu versteuernde temporäre Differenzen in Bezug auf dieselbe Steuerbehörde und dasselbe Steuersubjekt hat, woraus zu versteuernde Beträge erwachsen, gegen die die noch nicht genutzten steuerlichen Verluste oder noch nicht genutzten Steuergutschriften vor ihrem Verfall verwendet werden können,

(b) ob es wahrscheinlich ist, dass das Unternehmen zu versteuernde Gewinne erzielen wird, bevor die noch nicht genutzten steuerlichen Verluste oder noch nicht genutzten Steuergutschriften verfallen,

(c) ob die noch nicht genutzten steuerlichen Verluste aus identifizierbaren Ursachen stammen, welche aller Wahrscheinlichkeit nach nicht wieder auftreten, und

(d) ob dem Unternehmen Steuergestaltungsmöglichkeiten (siehe Paragraph 30) zur Verfügung stehen, die einen zu versteuernden Gewinn in der Periode erzeugen, in der die noch nicht genutzten steuerlichen Verluste oder noch nicht genutzten Steuergutschriften verwendet werden können.

Der latente Steueranspruch wird in dem Umfang nicht angesetzt, in dem es unwahrscheinlich erscheint, dass der zu versteuernde Gewinn zur Verfügung stehen wird, gegen den die noch nicht genutzten steuerlichen Verluste oder noch nicht genutzten Steuergutschriften verwendet werden können.

Erneute Beurteilung von nicht angesetzten latenten Steueransprüchen

37 Ein Unternehmen hat zu jedem Abschlussstichtag nicht angesetzte latente Steueransprüche erneut zu beurteilen. Das Unternehmen setzt einen bislang nicht angesetzten latenten Steueranspruch in dem Umfang an, in dem es wahrscheinlich geworden ist, dass ein künftiger zu versteuernder Gewinn die Realisierung des latenten Steueranspruchs gestatten wird. Beispielsweise kann eine Verbesserung des Geschäftsumfelds es wahrscheinlicher erscheinen lassen, dass das Unternehmen in der Lage sein wird, in der Zukunft einen ausreichenden zu versteuernden Gewinn für den latenten Steueranspruch zu erzeugen, um die in Paragraph 24 oder 34 beschriebenen Ansatzkriterien zu erfüllen. Ein anderes Beispiel liegt vor, wenn ein Unternehmen latente Steueransprüche zum Zeitpunkt eines Unternehmenszusammenschlusses oder nachfolgend erneut beurteilt (siehe Paragraphen 67 und 68).

Beteiligungen an Tochterunternehmen, Zweigniederlassungen und assoziierten Unternehmen sowie Anteile an gemeinschaftlichen Vereinbarungen

38 Temporäre Differenzen entstehen, wenn der Buchwert von Beteiligungen an Tochterunternehmen, Zweigniederlassungen und assoziierten Unternehmen oder Anteilen an gemeinschaftlichen Vereinbarungen (d. h. der Anteil des Mutterunternehmens oder des Investors am Nettovermögen des Tochterunternehmens, der Zweigniederlassung, des assoziierten Unternehmens oder des Unternehmens, an dem Beteiligungen gehalten werden, einschließlich des Buchwerts eines Geschäfts- oder Firmenwerts) sich gegenüber der steuerlichen Basis der Beteiligung oder des Anteils (welcher häufig gleich den Anschaffungskosten ist) unterschiedlich entwickelt. Solche Unterschiede können aus einer Reihe unterschiedlicher Umstände entstehen, beispielsweise

(a) dem Vorhandensein nicht ausgeschütteter Gewinne von Tochterunternehmen, Zweigniederlassungen, assoziierten Unternehmen und gemeinschaftlichen Vereinbarungen,

(b) Änderungen der Wechselkurse, wenn ein Mutterunternehmen und sein Tochterunternehmen ihren jeweiligen Sitz in unterschiedlichen Ländern haben, und

(c) einer Verminderung des Buchwerts der Beteiligung an einem assoziierten Unternehmen auf seinen erzielbaren Betrag.

Im Konzernabschluss kann sich die temporäre Differenz von der temporären Differenz für diese Beteiligung im Einzelabschluss des Mutterunternehmens unterscheiden, falls das Mutterunternehmen die Beteiligung in seinem Einzelabschluss zu den Anschaffungskosten oder dem Neubewertungsbetrag bilanziert.

39 **Ein Unternehmen hat eine latente Steuerschuld für alle zu versteuernden temporären Differenzen in Verbindung mit Beteiligungen an Tochterunternehmen, Zweigniederlassungen und assoziierten Unternehmen und Anteilen an gemeinschaftlichen Vereinbarungen anzusetzen, ausgenommen in dem Umfang, in dem die beiden folgenden Bedingungen erfüllt sind:**

The criteria for recognising deferred tax assets arising from the carryforward of unused tax losses and tax credits are the same as the criteria for recognising deferred tax assets arising from deductible temporary differences. However, the existence of unused tax losses is strong evidence that future taxable profit may not be available. Therefore, when an entity has a history of recent losses, the entity recognises a deferred tax asset arising from unused tax losses or tax credits only to the extent that the entity has sufficient taxable temporary differences or there is convincing other evidence that sufficient taxable profit will be available against which the unused tax losses or unused tax credits can be utilised by the entity. In such circumstances, paragraph 82 requires disclosure of the amount of the deferred tax asset and the nature of the evidence supporting its recognition. 35

An entity considers the following criteria in assessing the probability that taxable profit will be available against which the unused tax losses or unused tax credits can be utilised: 36

(a) whether the entity has sufficient taxable temporary differences relating to the same taxation authority and the same taxable entity, which will result in taxable amounts against which the unused tax losses or unused tax credits can be utilised before they expire;
(b) whether it is probable that the entity will have taxable profits before the unused tax losses or unused tax credits expire;
(c) whether the unused tax losses result from identifiable causes which are unlikely to recur; and
(d) whether tax planning opportunities (see paragraph 30) are available to the entity that will create taxable profit in the period in which the unused tax losses or unused tax credits can be utilised.

To the extent that it is not probable that taxable profit will be available against which the unused tax losses or unused tax credits can be utilised, the deferred tax asset is not recognised.

Reassessment of unrecognised deferred tax assets

At the end of the reporting period, an entity reassesses unrecognised deferred tax assets. The entity recognises a previously unrecognised deferred tax asset to the extent that it has become probable that future taxable profit will allow the deferred tax asset to be recovered. For example, an improvement in trading conditions may make it more probable that the entity will be able to generate sufficient taxable profit in the future for the deferred tax asset to meet the recognition criteria set out in paragraph 24 or 34. Another example is when an entity reassesses deferred tax assets at the date of a business combination or subsequently (see paragraphs 67 and 68). 37

Investments in subsidiaries, branches and associates and interests in joint arrangements

Temporary differences arise when the carrying amount of investments in subsidiaries, branches and associates or interests in joint arrangements (namely the parent or investor's share of the net assets of the subsidiary, branch, associate or investee, including the carrying amount of goodwill) becomes different from the tax base (which is often cost) of the investment or interest. Such differences may arise in a number of different circumstances, for example: 38

(a) the existence of undistributed profits of subsidiaries, branches, associates and joint arrangements;
(b) changes in foreign exchange rates when a parent and its subsidiary are based in different countries; and
(c) a reduction in the carrying amount of an investment in an associate to its recoverable amount.

In consolidated financial statements, the temporary difference may be different from the temporary difference associated with that investment in the parent's separate financial statements if the parent carries the investment in its separate financial statements at cost or revalued amount.

An entity shall recognise a deferred tax liability for all taxable temporary differences associated with investments in subsidiaries, branches and associates, and interests in joint arrangements, except to the extent that both of the following conditions are satisfied: 39

(a) **das Mutterunternehmen, der Investor, das Partnerunternehmen oder der gemeinschaftlich Tätige ist in der Lage, den zeitlichen Verlauf der Auflösung der temporären Differenz zu steuern, und**

(b) **es ist wahrscheinlich, dass sich die temporäre Differenz in absehbarer Zeit nicht auflösen wird.**

40 Da ein Mutterunternehmen die Dividendenpolitik seines Tochterunternehmens beherrscht, ist es in der Lage, den Zeitpunkt der Auflösung der temporären Differenzen in Verbindung mit dieser Beteiligung zu steuern (einschließlich der temporären Differenzen, die nicht nur aus thesaurierten Gewinnen, sondern auch aus Unterschiedsbeträgen infolge von Währungsumrechnung resultieren). Außerdem wäre es häufig in der Praxis nicht möglich, den Betrag der Ertragsteuern zu bestimmen, der bei Auflösung der temporären Differenz zahlbar wäre. Daher hat das Mutterunternehmen eine latente Steuerschuld nicht anzusetzen, wenn es bestimmt hat, dass diese Gewinne in absehbarer Zeit nicht ausgeschüttet werden. Die gleichen Überlegungen gelten für Beteiligungen an Zweigniederlassungen.

41 Ein Unternehmen bewertet die nicht monetären Vermögenswerte und Schulden in seiner funktionalen Währung (siehe IAS 21 *Auswirkungen von Wechselkursänderungen*). Wird der zu versteuernde Gewinn oder der steuerliche Verlust (und somit die steuerliche Basis seiner nicht monetären Vermögenswerte und Schulden) in der Fremdwährung ausgedrückt, so haben Änderungen der Wechselkurse temporäre Differenzen zur Folge, woraus sich eine latente Steuerschuld oder (unter Beachtung des Paragraphen 24) ein latenter Steueranspruch ergibt. Die sich ergebende latente Steuer wird erfolgswirksam erfasst (siehe Paragraph 58).

42 Ein Investor, der eine Beteiligung an einem assoziierten Unternehmen hält, beherrscht dieses Unternehmen nicht und ist im Regelfall nicht in einer Position, dessen Dividendenpolitik zu bestimmen. Daher setzt ein Investor eine latente Steuerschuld aus einer zu versteuernden temporären Differenz in Verbindung mit seiner Beteiligung am assoziierten Unternehmen an, falls nicht in einem Vertrag bestimmt ist, dass die Gewinne des assoziierten Unternehmens in absehbarer Zeit nicht ausgeschüttet werden. In einigen Fällen ist ein Investor möglicherweise nicht in der Lage, den Betrag der Steuern zu ermitteln, die bei der Realisierung der Anschaffungskosten seiner Beteiligung an einem assoziierten Unternehmen fällig wären. Er kann jedoch in solchen Fällen ermitteln, dass diese einem Mindestbetrag entsprechen oder ihn übersteigen. In solchen Fällen wird die latente Steuerschuld mit diesem Betrag bewertet.

43 Die zwischen den Parteien einer gemeinschaftlichen Vereinbarung getroffene Vereinbarung befasst sich im Regelfall mit der Gewinnaufteilung und der Festsetzung, ob Entscheidungen in diesen Angelegenheiten die einstimmige Zustimmung aller Parteien oder einer Gruppe der Parteien erfordern. Wenn das Partnerunternehmen oder der gemeinschaftlich Tätige den Zeitpunkt der Ausschüttung seines Anteils an den Gewinnen der gemeinschaftlichen Vereinbarung steuern kann und wenn es wahrscheinlich ist, dass sein Gewinnanteil in absehbarer Zeit nicht ausgeschüttet wird, wird eine latente Steuerschuld nicht angesetzt.

44 **Ein Unternehmen hat einen latenten Steueranspruch für alle abzugsfähigen temporären Differenzen aus Beteiligungen an Tochterunternehmen, Zweigniederlassungen und assoziierten Unternehmen sowie Anteilen an gemeinschaftlichen Vereinbarungen ausschließlich in dem Umfang anzusetzen, in dem es wahrscheinlich ist,**

(a) **dass sich die temporäre Differenz in absehbarer Zeit auflösen wird und**

(b) **dass der zu versteuernde Gewinn zur Verfügung stehen wird, gegen den die temporäre Differenz verwendet werden kann.**

45 Bei der Entscheidung, ob ein latenter Steueranspruch für abzugsfähige temporäre Differenzen in Verbindung mit seinen Beteiligungen an Tochterunternehmen, Zweigniederlassungen und assoziierten Unternehmen sowie seinen Anteilen an gemeinschaftlichen Vereinbarungen anzusetzen ist, hat ein Unternehmen die in den Paragraphen 28 bis 31 beschriebenen Anwendungsleitlinien zu beachten.

BEWERTUNG

46 **Tatsächliche Ertragsteuerschulden (Ertragsteueransprüche) für die laufende Berichtsperiode und für frühere Perioden sind mit dem Betrag zu bewerten, in dessen Höhe eine Zahlung an die Steuerbehörden (eine Erstattung von den Steuerbehörden) erwartet wird, und zwar auf der Grundlage von Steuersätzen (und Steuervorschriften), die am Abschlussstichtag gelten oder angekündigt sind.**

47 **Latente Steueransprüche und latente Steuerschulden sind anhand der Steuersätze zu bewerten, deren Gültigkeit für die Periode, in der ein Vermögenswert realisiert wird oder eine Schuld erfüllt wird, erwartet wird. Dabei werden die Steuersätze (und Steuervorschriften) verwendet, die am Abschlussstichtag gelten oder angekündigt sind.**

48 Tatsächliche und latente Steueransprüche und Steuerschulden sind im Regelfall anhand der Steuersätze (und Steuervorschriften) zu bewerten, die Gültigkeit haben. In manchen Steuergesetzgebungen hat die Ankündigung von Steuersätzen (und Steuervorschriften) durch die Regierung jedoch die Wirkung einer tatsächlichen Inkraftsetzung. Die Inkraftsetzung kann erst mehrere Monate nach der Ankündigung erfolgen. Unter diesen Umständen sind Steueransprüche und Steuerschulden auf der Grundlage des angekündigten Steuersatzes (und der angekündigten Steuervorschriften) zu bewerten.

(a) the parent, investor, joint venturer or joint operator is able to control the timing of the reversal of the temporary difference; and
(b) it is probable that the temporary difference will not reverse in the foreseeable future.

As a parent controls the dividend policy of its subsidiary, it is able to control the timing of the reversal of temporary differences associated with that investment (including the temporary differences arising not only from undistributed profits but also from any foreign exchange translation differences). Furthermore, it would often be impracticable to determine the amount of income taxes that would be payable when the temporary difference reverses. Therefore, when the parent has determined that those profits will not be distributed in the foreseeable future the parent does not recognise a deferred tax liability. The same considerations apply to investments in branches. 40

The non-monetary assets and liabilities of an entity are measured in its functional currency (see IAS 21 *The effects of changes in foreign exchange rates).* If the entity's taxable profit or tax loss (and, hence, the tax base of its non-monetary assets and liabilities) is determined in a different currency, changes in the exchange rate give rise to temporary differences that result in a recognised deferred tax liability or (subject to paragraph 24) asset. The resulting deferred tax is charged or credited to profit or loss (see paragraph 58). 41

An investor in an associate does not control that entity and is usually not in a position to determine its dividend policy. Therefore, in the absence of an agreement requiring that the profits of the associate will not be distributed in the foreseeable future, an investor recognises a deferred tax liability arising from taxable temporary differences associated with its investment in the associate. In some cases, an investor may not be able to determine the amount of tax that would be payable if it recovers the cost of its investment in an associate, but can determine that it will equal or exceed a minimum amount. In such cases, the deferred tax liability is measured at this amount. 42

The arrangement between the parties to a joint arrangement usually deals with the distribution of the profits and identifies whether decisions on such matters require the consent of all the parties or a group of the parties. When the joint venturer or joint operator can control the timing of the distribution of its share of the profits of the joint arrangement and it is probable that its share of the profits will not be distributed in the foreseeable future, a deferred tax liability is not recognised. 43

An entity shall recognise a deferred tax asset for all deductible temporary differences arising from investments in subsidiaries, branches and associates, and interests in joint arrangements, to the extent that, and only to the extent that, it is probable that: 44
(a) the temporary difference will reverse in the foreseeable future; and
(b) taxable profit will be available against which the temporary difference can be utilised.

In deciding whether a deferred tax asset is recognised for deductible temporary differences associated with its investments in subsidiaries, branches and associates, and its interests in joint arrangements, an entity considers the guidance set out in paragraphs 28 to 31. 45

MEASUREMENT

Current tax liabilities (assets) for the current and prior periods shall be measured at the amount expected to be paid to (recovered from) the taxation authorities, using the tax rates (and tax laws) that have been enacted or substantively enacted by the end of the reporting period. 46

Deferred tax assets and liabilities shall be measured at the tax rates that are expected to apply to the period when the asset is realised or the liability is settled, based on tax rates (and tax laws) that have been enacted or substantively enacted by the end of the reporting period. 47

Current and deferred tax assets and liabilities are usually measured using the tax rates (and tax laws) that have been enacted. However, in some jurisdictions, announcements of tax rates (and tax laws) by the government have the substantive effect of actual enactment, which may follow the announcement by a period of several months. In these circumstances, tax assets and liabilities are measured using the announced tax rate (and tax laws). 48

49 Sind unterschiedliche Steuersätze auf unterschiedliche Höhen des zu versteuernden Ergebnisses anzuwenden, sind latente Steueransprüche und latente Steuerschulden mit den Durchschnittssätzen zu bewerten, deren Anwendung auf den zu versteuernden Gewinn (den steuerlichen Verlust) in den Perioden erwartet wird, in denen sich die temporären Differenzen den Erwartungen zufolge auflösen werden.

50 [gestrichen]

51 **Bei der Bewertung latenter Steuerschulden und latenter Steueransprüche sind die steuerlichen Konsequenzen zu berücksichtigen, die daraus resultieren, in welcher Art und Weise ein Unternehmen zum Abschlussstichtag erwartet, den Buchwert seiner Vermögenswerte zu realisieren oder seiner Schulden zu erfüllen.**

51A Nach manchen Steuergesetzgebungen kann die Art und Weise, in der ein Unternehmen den Buchwert eines Vermögenswerts realisiert oder den Buchwert einer Schuld erfüllt, entweder einen oder beide der folgenden Parameter beeinflussen:

(a) den anzuwendenden Steuersatz, wenn das Unternehmen den Buchwert des Vermögenswerts realisiert oder den Buchwert der Schuld erfüllt, und

(b) die steuerliche Basis des Vermögenswerts (der Schuld).

In solchen Fällen bewertet ein Unternehmen latente Steuerschulden und latente Steueransprüche unter Anwendung des Steuersatzes und der steuerlichen Basis, die der erwarteten Art und Weise der Realisierung oder der Erfüllung entsprechen.

Beispiel A Eine Sachanlage hat einen Buchwert von 100 und eine steuerliche Basis von 60. Ein Steuersatz von 20 % wäre bei einem Verkauf der Sachanlage anwendbar, und ein Steuersatz von 30 % wäre bei anderen Erträgen anwendbar.

Das Unternehmen setzt eine latente Steuerschuld von 8 (20 % von 40) an, falls es erwartet, die Sachanlage ohne weitere Nutzung zu verkaufen, und eine latente Steuerschuld von 12 (30 % von 40), falls es erwartet, die Sachanlage zu behalten und durch ihre Nutzung ihren Buchwert zu realisieren.

Beispiel B Eine Sachanlage mit Anschaffungskosten von 100 und einem Buchwert von 80 wird mit 150 neu bewertet. Für steuerliche Zwecke erfolgt keine entsprechende Bewertungsanpassung. Die kumulierte planmäßige Abschreibung für Steuerzwecke beträgt 30, und der Steuersatz ist 30 %. Falls die Sachanlage für mehr als die Anschaffungskosten verkauft wird, wird die kumulierte Abschreibung von 30 in das zu versteuernde Ergebnis einbezogen, die Verkaufserlöse, welche die Anschaffungskosten übersteigen, sind aber nicht zu versteuern.

Die steuerliche Basis der Sachanlage ist 70, und es liegt eine zu versteuernde temporäre Differenz von 80 vor. Falls das Unternehmen erwartet, den Buchwert durch die Nutzung der Sachanlage zu realisieren, muss es ein zu versteuerndes Ergebnis von 150 erzeugen, kann aber lediglich Abschreibungen von 70 in Abzug bringen. Auf dieser Grundlage besteht eine latente Steuerschuld von 24 (30 % von 80). Erwartet das Unternehmen die Realisierung des Buchwerts durch den sofortigen Verkauf der Sachanlage für 150, wird die latente Steuerschuld wie folgt berechnet:

	Zu versteuernde temporäre Differenz	*Steuersatz*	*Latente Steuerschuld*
Kumulierte steuerliche Abschreibung	*30*	*30 %*	*9*
Die Anschaffungskosten übersteigender Erlös	*50*	null	*–*
Summe	*80*		*9*

(Hinweis: Gemäß Paragraph 61A wird die zusätzliche latente Steuer, die aus der Neubewertung erwächst, im sonstigen Ergebnis erfasst.)

Beispiel C Der Sachverhalt entspricht Beispiel B, mit folgender Ausnahme: Falls die Sachanlage für mehr als die Anschaffungskosten verkauft wird, wird die kumulierte steuerliche Abschreibung in das zu versteuernde Ergebnis aufgenommen (besteuert zu 30 %) und der Verkaufserlös wird mit 40 % besteuert (nach Abzug von inflationsbereinigten Anschaffungskosten von 110).

Falls das Unternehmen erwartet, den Buchwert durch die Nutzung der Sachanlage zu realisieren, muss es ein zu versteuerndes Ergebnis von 150 erzeugen, kann aber lediglich Abschreibungen von 70 in Abzug bringen. Auf dieser Grundlage beträgt die steuerliche Basis 70, es besteht eine zu versteuernde temporäre Differenz von 80, und – wie in Beispiel B – eine latente Steuerschuld von 24 (30 % von 80).

Falls das Unternehmen erwartet, den Buchwert durch den sofortigen Verkauf der Sachanlage für 150 zu realisieren, kann es die indizierten Anschaffungskosten von 110 in Abzug bringen. Der Reinerlös von 40 wird mit 40 % besteuert. Zusätzlich wird die kumulierte Abschreibung von 30 in das zu versteuernde Ergebnis mit aufgenommen und mit 30 %

When different tax rates apply to different levels of taxable income, deferred tax assets and liabilities are measured using the average rates that are expected to apply to the taxable profit (tax loss) of the periods in which the temporary differences are expected to reverse. 49

[deleted] 50

The measurement of deferred tax liabilities and deferred tax assets shall reflect the tax consequences that would follow from the manner in which the entity expects, at the end of the reporting period, to recover or settle the carrying amount of its assets and liabilities. 51

In some jurisdictions, the manner in which an entity recovers (settles) the carrying amount of an asset (liability) may affect either or both of: 51A

(a) the tax rate applicable when the entity recovers (settles) the carrying amount of the asset (liability); and
(b) the tax base of the asset (liability).

In such cases, an entity measures deferred tax liabilities and deferred tax assets using the tax rate and the tax base that are consistent with the expected manner of recovery or settlement.

Example A An item of property, plant and equipment has a carrying amount of 100 and a tax base of 60. A tax rate of 20 % would apply if the item were sold and a tax rate of 30 % would apply to other income.

The entity recognises a deferred tax liability of 8 (40 at 20 %) if it expects to sell the item without further use and a deferred tax liability of 12 (40 at 30 %) if it expects to retain the item and recover its carrying amount through use.

Example B An item of property, plant and equipment with a cost of 100 and a carrying amount of 80 is revalued to 150. No equivalent adjustment is made for tax purposes. Cumulative depreciation for tax purposes is 30 and the tax rate is 30 %. If the item is sold for more than cost, the cumulative tax depreciation of 30 will be included in taxable income but sale proceeds in excess of cost will not be taxable.

The tax base of the item is 70 and there is a taxable temporary difference of 80. If the entity expects to recover the carrying amount by using the item, it must generate taxable income of 150, but will only be able to deduct depreciation of 70. On this basis, there is a deferred tax liability of 24 (80 at 30 %). If the entity expects to recover the carrying amount by selling the item immediately for proceeds of 150, the deferred tax liability is computed as follows:

	Taxable Temporary Difference	*Tax Rate*	*Deferred Tax Liability*
Cumulative tax depreciation	*30*	*30 %*	*9*
Proceeds in excess of cost	*50*	*nil*	*–*
Total	*80*		*9*

(note: in accordance with paragraph 61A, the additional deferred tax that arises on the revaluation is recognised in other comprehensive income)

Example C
The facts are as in example B, except that if the item is sold for more than cost, the cumulative tax depreciation will be included in taxable income (taxed at 30 %) and the sale proceeds will be taxed at 40 %, after deducting an inflation-adjusted cost of 110.

If the entity expects to recover the carrying amount by using the item, it must generate taxable income of 150, but will only be able to deduct depreciation of 70. On this basis, the tax base is 70, there is a taxable temporary difference of 80 and there is a deferred tax liability of 24 (80 at 30 %), as in example B.

If the entity expects to recover the carrying amount by selling the item immediately for proceeds of 150, the entity will be able to deduct the indexed cost of 110. The net proceeds of 40 will be taxed at 40 %. In addition, the cumulative tax depreciation of 30 will be included in taxable income and taxed at 30 %. On this basis, the tax base is 80 (110 less 30), there is

besteuert. Auf dieser Grundlage beträgt die steuerliche Basis 80 (110 abzüglich 30), es besteht eine zu versteuernde temporäre Differenz von 70 und eine latente Steuerschuld von 25 (40 % von 40 und 30 % von 30). Ist die steuerliche Basis in diesem Beispiel nicht unmittelbar erkennbar, kann es hilfreich sein, das in Paragraph 10 beschriebene Grundprinzip heranzuziehen.

(Hinweis: Gemäß Paragraph 61A wird die zusätzliche latente Steuer, die aus der Neubewertung erwächst, im sonstigen Ergebnis erfasst.)

51B Ergibt sich aus einem nach dem Neubewertungsmodell in IAS 16 bewerteten nicht planmäßig abzuschreibenden Vermögenswert eine latente Steuerschuld oder ein latenter Steueranspruch, ist bei der Bewertung der latenten Steuerschuld oder des latenten Steueranspruchs den steuerlichen Konsequenzen Rechnung zu tragen, die sich aus der Realisierung des Buchwerts dieses Vermögenswerts durch seinen Verkauf ergäben, unabhängig davon, nach welcher Methode der Buchwert ermittelt worden ist. Sieht das Steuerrecht für den zu versteuernden Betrag aus dem Verkauf eines Vermögenswerts einen anderen Steuersatz vor als für den zu versteuernden Betrag aus der Nutzung eines Vermögenswerts, so ist bei der Bewertung der mit einem nicht planmäßig abzuschreibenden Vermögenswert im Zusammenhang stehenden latenten Steuerschuld oder des entsprechenden latenten Steueranspruchs deshalb erstgenannter Steuersatz anzuwenden.

51C Ergibt sich aus einer nach dem Zeitwertmodell in IAS 40 bewerteten, als Finanzinvestition gehaltenen Immobilie eine latente Steuerschuld oder ein latenter Steueranspruch, besteht die widerlegbare Vermutung, dass der Buchwert der als Finanzinvestition gehaltenen Immobilie durch Verkauf realisiert wird. Sofern diese Vermutung nicht widerlegt ist, ist bei der Bewertung der latenten Steuerschuld oder des latenten Steueranspruchs daher den steuerlichen Konsequenzen einer vollständigen Realisierung des Buchwerts der Immobilie durch Verkauf Rechnung zu tragen. Diese Vermutung ist widerlegt, wenn die als Finanzinvestition gehaltene Immobilie abschreibungsfähig ist und im Rahmen eines Geschäftsmodells gehalten wird, das darauf abzielt, den gesamten wirtschaftlichen Nutzen dieser Immobilie im Laufe der Zeit im Wesentlichen zu verbrauchen statt sie zu verkaufen. Wird die Vermutung widerlegt, gelten die Vorschriften der Paragraphen 51 und 51A.

Beispiel zur Veranschaulichung des Paragraphen 51C Eine als Finanzinvestition gehaltene Immobilie mit Anschaffungskosten von 100 und einem beizulegenden Zeitwert von 150 wird nach dem Zeitwertmodell in IAS 40 bewertet. Sie umfasst ein Grundstück mit Anschaffungskosten von 40 und einem beizulegenden Zeitwert von 60 sowie ein Gebäude mit Anschaffungskosten von 60 und einem beizulegenden Zeitwert von 90. Die Nutzungsdauer des Grundstücks ist unbegrenzt.

Die kumulierte Abschreibung des Gebäudes zu Steuerzwecken beträgt 30. Nicht realisierte Änderungen des beizulegenden Zeitwerts der als Finanzinvestition gehaltenen Immobilie wirken sich nicht auf den zu versteuernden Gewinn aus. Wird die als Finanzinvestition gehaltene Immobilie für mehr als die Anschaffungskosten verkauft, wird die Wertaufholung der kumulierten steuerlichen Abschreibung von 30 in den zu versteuernden Gewinn aufgenommen und mit einem regulären Satz von 30 % versteuert. Für Verkaufserlöse, die über die Anschaffungskosten hinausgehen, sieht das Steuerrecht Steuersätze von 25 % (Vermögenswerte, die weniger als zwei Jahre gehalten werden) und 20 % (Vermögenswerte, die zwei Jahre oder länger gehalten werden) vor.

Da die als Finanzinvestition gehaltene Immobilie nach dem Zeitwertmodell in IAS 40 bewertet wird, besteht die widerlegbare Vermutung, dass das Unternehmen den Buchwert dieser Immobilie vollständig durch Verkauf realisieren wird. Wird diese Vermutung nicht widerlegt, spiegelt die latente Steuer auch dann die steuerlichen Konsequenzen der vollständigen Realisierung des Buchwerts der Immobilie durch Verkauf wider, wenn das Unternehmen vor dem Verkauf mit Mieteinnahmen aus dieser Immobilie rechnet.

Bei Verkauf ist die steuerliche Basis des Grundstücks 40 und liegt eine zu versteuernde temporäre Differenz von 20 (60 – 40) vor. Bei Verkauf ist die steuerliche Basis des Gebäudes 30 (60 – 30) und es liegt eine zu versteuernde temporäre Differenz von 60 (90 – 30) vor. Damit beträgt die zu versteuernde temporäre Differenz für die als Finanzinvestition gehaltene Immobilie insgesamt 80 (20 + 60).

Gemäß Paragraph 47 ist der Steuersatz der für die Periode, in der die als Finanzinvestition gehaltene Immobilie realisiert wird, erwartete Satz. Falls das Unternehmen erwartet, die Immobilie nach einer Haltezeit von mehr als zwei Jahren zu veräußern, errechnet sich die daraus resultierende latente Steuerschuld deshalb wie folgt:

	Zu versteuernde temporäre Differenz	*Steuersatz*	*Latente Steuerschuld*
Kumulierte steuerliche Abschreibung	*30*	*30 %*	*9*
Die Anschaffungskosten übersteigender Erlös	*50*	*20 %*	*10*
Summe	*80*		*19*

a taxable temporary difference of 70 and there is a deferred tax liability of 25 (40 at 40 % plus 30 at 30 %). If the tax base is not immediately apparent in this example, it may be helpful to consider the fundamental principle set out in paragraph 10.

(note: in accordance with paragraph 61A, the additional deferred tax that arises on the revaluation is recognised in other comprehensive income)

If a deferred tax liability or deferred tax asset arises from a non-depreciable asset measured using the revaluation model in IAS 16, the measurement of the deferred tax liability or deferred tax asset shall reflect the tax consequences of recovering the carrying amount of the non-depreciable asset through sale, regardless of the basis of measuring the carrying amount of that asset. Accordingly, if the tax law specifies a tax rate applicable to the taxable amount derived from the sale of an asset that differs from the tax rate applicable to the taxable amount derived from using an asset, the former rate is applied in measuring the deferred tax liability or asset related to a non-depreciable asset. **51B**

If a deferred tax liability or asset arises from investment property that is measured using the fair value model in IAS 40, there is a rebuttable presumption that the carrying amount of the investment property will be recovered through sale. Accordingly, unless the presumption is rebutted, the measurement of the deferred tax liability or deferred tax asset shall reflect the tax consequences of recovering the carrying amount of the investment property entirely through sale. This presumption is rebutted if the investment property is depreciable and is held within a business model whose objective is to consume substantially all of the economic benefits embodied in the investment property over time, rather than through sale. If the presumption is rebutted, the requirements of paragraphs 51 and 51A shall be followed. **51C**

Example illustrating paragraph 51C An investment property has a cost of 100 and fair value of 150. It is measured using the fair value model in IAS 40. It comprises land with a cost of 40 and fair value of 60 and a building with a cost of 60 and fair value of 90. The land has an unlimited useful life.

Cumulative depreciation of the building for tax purposes is 30. Unrealised changes in the fair value of the investment property do not affect taxable profit. If the investment property is sold for more than cost, the reversal of the cumulative tax depreciation of 30 will be included in taxable profit and taxed at an ordinary tax rate of 30 %. For sales proceeds in excess of cost, tax law specifies tax rates of 25 % for assets held for less than two years and 20 % for assets held for two years or more.

Because the investment property is measured using the fair value model in IAS 40, there is a rebuttable presumption that the entity will recover the carrying amount of the investment property entirely through sale. If that presumption is not rebutted, the deferred tax reflects the tax consequences of recovering the carrying amount entirely through sale, even if the entity expects to earn rental income from the property before sale.

The tax base of the land if it is sold is 40 and there is a taxable temporary difference of 20 (60 – 40). The tax base of the building if it is sold is 30 (60 – 30) and there is a taxable temporary difference of 60 (90 – 30). As a result, the total taxable temporary difference relating to the investment property is 80 (20 + 60).

In accordance with paragraph 47, the tax rate is the rate expected to apply to the period when the investment property is realised. Thus, the resulting deferred tax liability is computed as follows, if the entity expects to sell the property after holding it for more than two years:

	Taxable Temporary Difference	Tax Rate	Deferred Tax Liability
Cumulative tax depreciation	*30*	*30 %*	*9*
Proceeds in excess of cost	*50*	*20 %*	*10*
Total	*80*		*19*

Falls das Unternehmen erwartet, die Immobilie nach einer Haltezeit von weniger als zwei Jahren zu veräußern, würde in der obigen Berechnung auf die über die Anschaffungskosten hinausgehenden Erlöse anstelle des Satzes von 20 % ein Satz von 25 % angewandt.

Wird das Gebäude stattdessen im Rahmen eines Geschäftsmodells gehalten, das darauf abzielt, den gesamten wirtschaftlichen Nutzen des Gebäudes im Laufe der Zeit im Wesentlichen zu verbrauchen, statt es zu verkaufen, wäre diese Vermutung für das Gebäude widerlegt. Das Grundstück dagegen ist nicht abschreibungsfähig. Für das Grundstück wäre die Vermutung der Realisierung durch Verkauf deshalb nicht widerlegt. Dementsprechend würde die latente Steuerschuld die steuerlichen Konsequenzen einer Realisierung des Buchwerts des Gebäudes durch Nutzung und des Buchwerts des Grundstücks durch Verkauf widerspiegeln.

Bei Nutzung ist die steuerliche Basis des Gebäudes 30 (60 – 30) und liegt eine zu versteuernde temporäre Differenz von 60 (90 – 30) vor, woraus sich eine latente Steuerschuld von 18 (30 % von 60) ergibt.

Bei Verkauf ist die steuerliche Basis des Grundstücks 40 und liegt eine zu versteuernde temporäre Differenz von 20 (60 – 40) vor, woraus sich eine latente Steuerschuld von 4 (20 % von 20) ergibt.

Wird die Vermutung der Realisierung durch Verkauf für das Gebäude widerlegt, beträgt die latente Steuerschuld für die als Finanzinvestition gehaltene Immobilie folglich 22 (18 + 4).

51D Die widerlegbare Vermutung nach Paragraph 51C gilt auch dann, wenn sich aus der Bewertung einer als Finanzinvestition gehaltenen Immobilie bei einem Unternehmenszusammenschluss eine latente Steuerschuld oder ein latenter Steueranspruch ergibt und das Unternehmen diese als Finanzinvestition gehaltene Immobilie in der Folge nach dem Modell des beizulegenden Zeitwerts bewertet.

51E Von den Paragraphen 51B–51D unberührt bleibt die Pflicht, bei Ansatz und Bewertung latenter Steueransprüche nach den Grundsätzen der Paragraphen 24–33 (abzugsfähige temporäre Differenzen) und 34–36 (noch nicht genutzte steuerliche Verluste und noch nicht genutzte Steuergutschriften) dieses Standards zu verfahren.

52 [verschoben und in 51A umnummeriert]

52A In manchen Rechtskreisen sind Ertragsteuern einem erhöhten oder verminderten Steuersatz unterworfen, falls das Nettoergebnis oder die Gewinnrücklagen teilweise oder vollständig als Dividenden an die Anteilseigner des Unternehmens ausgezahlt werden. In einigen anderen Rechtskreisen werden Ertragsteuern erstattet oder sind nachzuzahlen, falls das Nettoergebnis oder die Gewinnrücklagen teilweise oder vollständig als Dividenden an die Anteilseigner des Unternehmens ausgezahlt werden. Unter diesen Umständen sind die tatsächlichen und latenten Steueransprüche bzw. Steuerschulden mit dem Steuersatz, der auf nicht ausgeschüttete Gewinne anzuwenden ist, zu bewerten.

52B [gestrichen]

Beispiel zur Veranschaulichung der Paragraphen 52A und 57A Das folgende Beispiel behandelt die Bewertung von tatsächlichen und latenten Steueransprüchen und -schulden eines Unternehmens in einem Land, in dem die Ertragsteuern auf nicht ausgeschüttete Gewinne (50 %) höher sind und ein Betrag erstattet wird, wenn die Gewinne ausgeschüttet werden. Der Steuersatz auf ausgeschüttete Gewinne beträgt 35 %. Am Abschlussstichtag, 31. Dezember 20X1, hat das Unternehmen keine Verbindlichkeiten für Dividenden, die zur Auszahlung nach dem Abschlussstichtag vorgeschlagen oder beschlossen wurden, zu passivieren. Daraus resultiert, dass im Jahr 20X1 keine Dividenden berücksichtigt wurden. Das zu versteuernde Ergebnis für das Jahr 20X1 beträgt 100 000. Die zu versteuernde temporäre Differenz für das Jahr 20X1 beträgt 40 000.

Das Unternehmen setzt eine tatsächliche Steuerschuld und einen tatsächlichen Steueraufwand von 50 000 an. Es wird kein Vermögenswert für den potenziell für künftige Dividendenzahlungen zu erstattenden Betrag angesetzt. Das Unternehmen setzt auch eine latente Steuerschuld und einen latenten Steueraufwand von 20 000 (50 % von 40 000) an, die die Ertragsteuern darstellen, die das Unternehmen bezahlen wird, wenn es den Buchwert der Vermögenswerte realisiert oder den Buchwert der Schulden erfüllt, und zwar auf der Grundlage des Steuersatzes für nicht ausgeschüttete Gewinne.

Am 15. März 20X2 setzt das Unternehmen Dividenden aus früheren Betriebsergebnissen in Höhe von 10 000 als Verbindlichkeiten an.

Das Unternehmen setzt am 15. März 20X2 die Erstattung von Ertragsteuern in Höhe von 1500 (15 % der als Verbindlichkeit angesetzten Dividendenzahlung) als einen tatsächlichen Steueranspruch und als eine Minderung des Ertragsteueraufwands für das Jahr 20X2 an.

53 **Latente Steueransprüche und latente Steuerschulden sind nicht abzuzinsen**

54 Die verlässliche Ermittlung latenter Steueransprüche und latenter Steuerschulden auf der Grundlage einer Abzinsung erfordert eine detaillierte Aufstellung des zeitlichen Verlaufs der Auflösung jeder temporären Differenz. In vielen Fällen

If the entity expects to sell the property after holding it for less than two years, the above computation would be amended to apply a tax rate of 25 %, rather than 20 %, to the proceeds in excess of cost.

If, instead, the entity holds the building within a business model whose objective is to consume substantially all of the economic benefits embodied in the building over time, rather than through sale, this presumption would be rebutted for the building. However, the land is not depreciable. Therefore the presumption of recovery through sale would not be rebutted for the land. It follows that the deferred tax liability would reflect the tax consequences of recovering the carrying amount of the building through use and the carrying amount of the land through sale.

The tax base of the building if it is used is 30 (60 — 30) and there is a taxable temporary difference of 60 (90 — 30), resulting in a deferred tax liability of 18 (60 at 30 %).

The tax base of the land if it is sold is 40 and there is a taxable temporary difference of 20 (60 — 40), resulting in a deferred tax liability of 4 (20 at 20 %).

As a result, if the presumption of recovery through sale is rebutted for the building, the deferred tax liability relating to the investment property is 22 (18 + 4).

The rebuttable presumption in paragraph 51C also applies when a deferred tax liability or a deferred tax asset arises from measuring investment property in a business combination if the entity will use the fair value model when subsequently measuring that investment property. **51D**

Paragraphs 51B—51D do not change the requirements to apply the principles in paragraphs 24—33 (deductible temporary differences) and paragraphs 34—36 (unused tax losses and unused tax credits) of this Standard when recognising and measuring deferred tax assets. **51E**

In some jurisdictions, income taxes are payable at a higher or lower rate if part or all of the net profit or retained earnings is paid out as a dividend to shareholders of the entity. In some other jurisdictions, income taxes may be refundable or payable if part or all of the net profit or retained earnings is paid out as a dividend to shareholders of the entity. In these circumstances, current and deferred tax assets and liabilities are measured at the tax rate applicable to undistributed profits. **52A**

[deleted] **52B**

Example illustrating paragraphs 52A and 57A The following example deals with the measurement of current and deferred tax assets and liabilities for an entity in a jurisdiction where income taxes are payable at a higher rate on undistributed profits (50 %) with an amount being refundable when profits are distributed. The tax rate on distributed profits is 35 %. At the end of the reporting period, 31 December 20X1, the entity does not recognise a liability for dividends proposed or declared after the reporting period. As a result, no dividends are recognised in the year 20X1. Taxable income for 20X1 is 100 000. The net taxable temporary difference for the year 20X1 is 40 000.

The entity recognises a current tax liability and a current income tax expense of 50 000. No asset is recognised for the amount potentially recoverable as a result of future dividends. The entity also recognises a deferred tax liability and deferred tax expense of 20 000 (40 000 at 50 %) representing the income taxes that the entity will pay when it recovers or settles the carrying amounts of its assets and liabilities based on the tax rate applicable to undistributed profits.

Subsequently, on 15 March 20X2 the entity recognises dividends of 10 000 from previous operating profits as a liability.

On 15 March 20X2, the entity recognises the recovery of income taxes of 1500 (15 % of the dividends recognised as a liability) as a current tax asset and as a reduction of current income tax expense for 20X2.

Deferred tax assets and liabilities shall not be discounted. **53**

The reliable determination of deferred tax assets and liabilities on a discounted basis requires detailed scheduling of the timing of the reversal of each temporary difference. In many cases such scheduling is impracticable or highly complex. **54**

ist eine solche Aufstellung nicht durchführbar oder aufgrund ihrer Komplexität nicht vertretbar. Demzufolge ist die Verpflichtung zu einer Abzinsung latenter Steueransprüche und latenter Steuerschulden nicht sachgerecht. Ein Wahlrecht zur Abzinsung würde zu latenten Steueransprüchen und latenten Steuerschulden führen, die zwischen den Unternehmen nicht vergleichbar wären. Daher ist gemäß diesem Standard die Abzinsung latenter Steueransprüche und latenter Steuerschulden weder erforderlich noch gestattet.

55 Die Bestimmung temporärer Differenzen erfolgt aufgrund des Buchwerts eines Vermögenswerts oder einer Schuld. Dies trifft auch dann zu, wenn der Buchwert seinerseits auf Grundlage einer Abzinsung ermittelt wurde, beispielsweise im Falle von Pensionsverpflichtungen (siehe IAS 19 *Leistungen an Arbeitnehmer*).

56 **Der Buchwert eines latenten Steueranspruchs ist zu jedem Abschlussstichtag zu überprüfen. Ein Unternehmen hat den Buchwert eines latenten Steueranspruchs in dem Umfang zu mindern, in dem es nicht mehr wahrscheinlich ist, dass ein ausreichender zu versteuernder Gewinn zur Verfügung stehen wird, um den latenten Steueranspruch entweder teilweise oder insgesamt zu nutzen. Alle derartigen Minderungen sind in dem Umfang wieder aufzuholen, in dem es wahrscheinlich wird, dass ein ausreichender zu versteuernder Gewinn zur Verfügung stehen wird.**

ANSATZ TATSÄCHLICHER UND LATENTER STEUERN

57 Die Bilanzierung der Auswirkungen tatsächlicher und latenter Steuern eines Geschäftsvorfalls oder eines anderen Ereignisses hat mit der Bilanzierung des Geschäftsvorfalls oder des Ereignisses selbst konsistent zu sein. Dieses Prinzip wird in den Paragraphen 58 bis 68C festgelegt.

57A Ein Unternehmen hat ertragsteuerliche Konsequenzen von Dividendenzahlungen (im Sinne von IFRS 9) dann zu erfassen, wenn es die Verpflichtung zur Dividendenausschüttung ansetzt. Ertragsteuerliche Konsequenzen von Dividendenzahlungen sind mehr mit Geschäften oder Ereignissen der Vergangenheit verbunden, die ausschüttungsfähige Gewinne generiert haben, als mit der Ausschüttung an die Eigentümer. Aus diesem Grund sind ertragsteuerliche Konsequenzen von Dividendenzahlungen – je nachdem, wie das Unternehmen diese vergangenen Geschäfte oder Ereignisse ursprünglich erfasst hat – im Periodenergebnis, im sonstigen Ergebnis oder im Eigenkapital zu erfassen.

Erfolgswirksam erfasste Posten

58 **Tatsächliche und latente Steuern sind als Ertrag oder Aufwand zu erfassen und in den Gewinn oder Verlust der Periode einzubeziehen, ausgenommen in dem Umfang, in dem die Steuer herrührt aus**

(a) einem Geschäftsvorfall oder Ereignis, der bzw. das in derselben oder einer anderen Periode außerhalb des Gewinns oder Verlusts entweder im sonstigen Ergebnis oder direkt im Eigenkapital angesetzt wird (siehe Paragraphen 61A–65), oder

(b) einem Unternehmenszusammenschluss (mit Ausnahme des Erwerbs eines Tochterunternehmens durch eine Investmentgesellschaft im Sinne von IFRS 10 *Konzernabschlüsse,* wenn das Tochterunternehmen erfolgswirksam zum beizulegenden Zeitwert bewertet werden muss) (siehe Paragraphen 66–68).

59 Die meisten latenten Steuerschulden und latenten Steueransprüche entstehen dort, wo Ertrag oder Aufwand in das bilanzielle Ergebnis vor Steuern einer Periode einbezogen werden, jedoch im zu versteuernden Gewinn (steuerlichen Verlust) einer anderen Periode erfasst werden. Die sich daraus ergebende latente Steuer wird erfolgswirksam erfasst. Beispiele dafür sind:

(a) Zinsen, Nutzungsentgelte oder Dividenden werden rückwirkend geleistet und gemäß IFRS 15 *Erlöse aus Verträgen mit Kunden*, IAS 39 *Finanzinstrumente*: *Ansatz und Bewertung* oder IFRS 9 *Finanzinstrumente* in das bilanzielle Ergebnis vor Steuern einbezogen, die Berücksichtigung im zu versteuernden Gewinn (steuerlichen Verlust) erfolgt dagegen auf Grundlage des Zahlungsmittelflusses;

(b) Kosten für immaterielle Vermögenswerte werden gemäß IAS 38 aktiviert und erfolgswirksam planmäßig abgeschrieben, der Abzug für steuerliche Zwecke erfolgt aber, wenn sie anfallen.

60 Der Buchwert latenter Steueransprüche und latenter Steuerschulden kann sich verändern, auch wenn der Betrag der damit verbundenen temporären Differenzen nicht geändert wird. Dies kann beispielsweise aus Folgendem resultieren:

(a) einer Änderung der Steuersätze oder Steuervorschriften,

(b) einer erneuten Beurteilung der Realisierbarkeit latenter Steueransprüche oder

(c) einer Änderung der erwarteten Art und Weise der Realisierung eines Vermögenswerts.

Die sich ergebende latente Steuer ist erfolgswirksam zu erfassen, ausgenommen in dem Umfang, in dem sie sich auf Posten bezieht, welche früher außerhalb des Gewinns oder Verlusts erfasst wurden (siehe Paragraph 63).

Posten, die außerhalb des Gewinns oder Verlusts erfasst werden

61 [gestrichen]

Therefore, it is inappropriate to require discounting of deferred tax assets and liabilities. To permit, but not to require, discounting would result in deferred tax assets and liabilities which would not be comparable between entities. Therefore, this standard does not require or permit the discounting of deferred tax assets and liabilities.

Temporary differences are determined by reference to the carrying amount of an asset or liability. This applies even where that carrying amount is itself determined on a discounted basis, for example in the case of retirement benefit obligations (see IAS 19 *Employee benefits).* 55

The carrying amount of a deferred tax asset shall be reviewed at the end of the reporting period. An entity shall reduce the carrying amount of a deferred tax asset to the extent that it is no longer probable that sufficient taxable profit will be available to allow the benefit of part or all of that deferred tax asset to be utilised. Any such reduction shall be reversed to the extent that it becomes probable that sufficient taxable profit will be available. 56

RECOGNITION OF CURRENT AND DEFERRED TAX

Accounting for the current and deferred tax effects of a transaction or other event is consistent with the accounting for the transaction or event itself. Paragraphs 58 to 68C implement this principle. 57

An entity shall recognise the income tax consequences of dividends as defined in IFRS 9 when it recognises a liability to pay a dividend. The income tax consequences of dividends are linked more directly to past transactions or events that generated distributable profits than to distributions to owners. Therefore, an entity shall recognise the income tax consequences of dividends in profit or loss, other comprehensive income or equity according to where the entity originally recognised those past transactions or events. 57A

Items recognised in profit or loss

Current and deferred tax shall be recognised as income or an expense and included in profit or loss for the period, except to the extent that the tax arises from: 58

(a) a transaction or event which is recognised, in the same or a different period, outside profit or loss, either in other comprehensive income or directly in equity (see paragraphs 61A to 65); or

(b) a business combination (other than the acquisition by an investment entity, as defined in IFRS 10 *Consolidated Financial Statements*, of a subsidiary that is required to be measured at fair value through profit or loss) (see paragraphs 66 to 68).

Most deferred tax liabilities and deferred tax assets arise where income or expense is included in accounting profit in one period, but is included in taxable profit (tax loss) in a different period. The resulting deferred tax is recognised in profit or loss. Examples are when: 59

(a) interest, royalty or dividend revenue is received in arrears and is included in accounting profit in accordance with IFRS 15 *Revenue from Contracts with Customers,* IAS 39 *Financial Instruments: Recognition and Measurement* or IFRS 9 *Financial Instruments*, as relevant, but is included in taxable profit (tax loss) on a cash basis; and

(b) costs of intangible assets have been capitalised in accordance with IAS 38 and are being amortised in profit or loss, but were deducted for tax purposes when they were incurred.

The carrying amount of deferred tax assets and liabilities may change even though there is no change in the amount of the related temporary differences. This can result, for example, from: 60

(a) a change in tax rates or tax laws;

(b) a reassessment of the recoverability of deferred tax assets; or

(c) a change in the expected manner of recovery of an asset.

The resulting deferred tax is recognised in profit or loss, except to the extent that it relates to items previously recognised outside profit or loss (see paragraph 63).

Items recognised outside profit or loss

[deleted] 61

61A Tatsächliche Ertragsteuern und latente Steuern sind außerhalb des Gewinns oder Verlusts zu erfassen, wenn sich die Steuer auf Posten bezieht, die in derselben oder einer anderen Periode außerhalb des Gewinns oder Verlusts erfasst werden. Dementsprechend sind tatsächliche Ertragsteuern und latente Steuern in Zusammenhang mit Posten, die in derselben oder einer anderen Periode

(a) im sonstigen Ergebnis erfasst werden, im sonstigen Ergebnis zu erfassen (siehe Paragraph 62).

(b) direkt im Eigenkapital erfasst werden, direkt im Eigenkapital zu erfassen (siehe Paragraph 62A).

62 Die International Financial Reporting Standards verlangen oder erlauben die Erfassung bestimmter Posten im sonstigen Ergebnis. Beispiele solcher Posten sind:

(a) eine Änderung im Buchwert infolge einer Neubewertung von Sachanlagen (siehe IAS 16) und

(b) [gestrichen]

(c) Währungsdifferenzen infolge einer Umrechnung des Abschlusses eines ausländischen Geschäftsbetriebs (siehe IAS 21).

(d) [gestrichen]

62A Die International Financial Reporting Standards verlangen oder erlauben die unmittelbare Gutschrift oder Belastung bestimmter Posten im Eigenkapital. Beispiele solcher Posten sind:

(a) eine Anpassung des Anfangssaldos der Gewinnrücklagen infolge einer Änderung der Rechnungslegungsmethoden, die rückwirkend angewandt wird, oder infolge einer Fehlerkorrektur (siehe IAS 8 *Rechnungslegungsmethoden, Änderungen von rechnungslegungsbezogenen Schätzungen und Fehler*) und

(b) beim erstmaligen Ansatz der Eigenkapitalkomponente eines zusammengesetzten Finanzinstruments entstehende Beträge (siehe Paragraph 23).

63 In außergewöhnlichen Umständen kann es schwierig sein, den Betrag der tatsächlichen und latenten Steuer zu ermitteln, der sich auf Posten bezieht, die außerhalb des Gewinns oder Verlusts (entweder im sonstigen Ergebnis oder direkt im Eigenkapital) erfasst werden. Dies kann beispielsweise der Fall sein, wenn

(a) die Ertragsteuersätze abgestuft sind und es unmöglich ist, den Steuersatz zu ermitteln, zu dem ein bestimmter Bestandteil des zu versteuernden Gewinns (steuerlichen Verlusts) besteuert wurde,

(b) eine Änderung des Steuersatzes oder anderer Steuervorschriften einen latenten Steueranspruch oder eine latente Steuerschuld beeinflusst, der bzw. die vollständig oder teilweise mit einem Posten in Zusammenhang steht, der vorher außerhalb des Gewinns oder Verlusts erfasst wurde, oder

(c) ein Unternehmen entscheidet, dass ein latenter Steueranspruch anzusetzen ist oder nicht mehr in voller Höhe anzusetzen ist und der latente Steueranspruch sich (insgesamt oder teilweise) auf einen Posten bezieht, der vorher außerhalb des Gewinns oder Verlusts erfasst wurde.

In solchen Fällen wird die tatsächliche und latente Steuer in Bezug auf Posten, die außerhalb des Gewinns oder Verlusts erfasst werden, auf Basis einer angemessenen anteiligen Verteilung der tatsächlichen und latenten Steuer des Unternehmens in der betreffenden Steuergesetzgebung errechnet, oder es wird ein anderes Verfahren gewählt, welches unter den vorliegenden Umständen eine sachgerechtere Verteilung ermöglicht.

64 IAS 16 legt nicht fest, ob ein Unternehmen in jeder Periode einen Betrag aus der Neubewertungsrücklage in die Gewinnrücklagen zu übertragen hat, der dem Unterschiedsbetrag zwischen der planmäßigen Abschreibung eines neubewerteten Vermögenswerts und der planmäßigen Abschreibung auf Basis der Anschaffungs- oder Herstellungskosten dieses Vermögenswerts entspricht. Falls ein Unternehmen eine solche Übertragung durchführt, ist der zu übertragende Betrag nach Abzug aller damit verbundenen latenten Steuern zu ermitteln. Entsprechende Überlegungen finden Anwendung auf Übertragungen bei der Veräußerung von Sachanlagen.

65 Wird ein Vermögenswert für steuerliche Zwecke neubewertet und bezieht sich diese Neubewertung auf eine bilanzielle Neubewertung einer früheren Periode oder auf eine, die den Erwartungen zufolge in einer künftigen Periode durchgeführt werden soll, werden die steuerlichen Auswirkungen sowohl der Neubewertung des Vermögenswerts als auch der Anpassung der steuerlichen Basis im sonstigen Ergebnis in den Perioden erfasst, in denen sie sich ereignen. Ist die Neubewertung für steuerliche Zwecke jedoch nicht mit einer bilanziellen Neubewertung einer früheren oder einer für zukünftige Perioden erwarteten bilanziellen Neubewertung verbunden, werden die steuerlichen Auswirkungen der Anpassung der steuerlichen Basis erfolgswirksam erfasst.

65A Wenn ein Unternehmen Dividenden an seine Anteilseigner zahlt, ist es unter Umständen verpflichtet, einen Teil der Dividenden im Namen der Anteilseigner an die Steuerbehörden zu zahlen. In vielen Ländern wird diese Steuer als Quellensteuer bezeichnet. Ein solcher Betrag, der an die Steuerbehörden zu zahlen ist oder gezahlt wurde, ist direkt mit dem Eigenkapital als Teil der Dividenden zu verrechnen.

Latente Steuern als Folge eines Unternehmenszusammenschlusses

66 Wie in den Paragraphen 19 und 26 (c) erläutert, können temporäre Differenzen bei einem Unternehmenszusammenschluss entstehen. Gemäß IFRS 3 setzt ein Unternehmen alle sich ergebenden latenten Steueransprüche (in dem Umfang, in dem

Current tax and deferred tax shall be recognised outside profit or loss if the tax relates to items that are recognised, in the same or a different period, outside profit or loss. Therefore, current tax and deferred tax that relates to items that are recognised, in the same or a different period: 61A
(a) in other comprehensive income, shall be recognised in other comprehensive income (see paragraph 62).
(b) directly in equity, shall be recognised directly in equity (see paragraph 62A).

International Financial Reporting Standards require or permit particular items to be recognised in other comprehensive income. Examples of such items are: 62
(a) a change in carrying amount arising from the revaluation of property, plant and equipment (see IAS 16); and
(b) [deleted]
(c) exchange differences arising on the translation of the financial statements of a foreign operation (see IAS 21).
(d) [deleted]

International Financial Reporting Standards require or permit particular items to be credited or charged directly to equity. Examples of such items are: 62A
(a) an adjustment to the opening balance of retained earnings resulting from either a change in accounting policy that is applied retrospectively or the correction of an error (see IAS 8 *Accounting Policies, Changes in Accounting Estimates and Errors);* and
(b) amounts arising on initial recognition of the equity component of a compound financial instrument (see paragraph 23).

In exceptional circumstances it may be difficult to determine the amount of current and deferred tax that relates to items recognised outside profit or loss (either in other comprehensive income or directly in equity). This may be the case, for example, when: 63
(a) there are graduated rates of income tax and it is impossible to determine the rate at which a specific component of taxable profit (tax loss) has been taxed;
(b) a change in the tax rate or other tax rules affects a deferred tax asset or liability relating (in whole or in part) to an item that was previously recognised outside profit or loss; or
(c) an entity determines that a deferred tax asset should be recognised, or should no longer be recognised in full, and the deferred tax asset relates (in whole or in part) to an item that was previously recognised outside profit or loss.

In such cases, the current and deferred tax related to items that are recognised outside profit or loss are based on a reasonable pro rata allocation of the current and deferred tax of the entity in the tax jurisdiction concerned, or other method that achieves a more appropriate allocation in the circumstances.

IAS 16 does not specify whether an entity should transfer each year from revaluation surplus to retained earnings an amount equal to the difference between the depreciation or amortisation on a revalued asset and the depreciation or amortisation based on the cost of that asset. If an entity makes such a transfer, the amount transferred is net of any related deferred tax. Similar considerations apply to transfers made on disposal of an item of property, plant or equipment. 64

When an asset is revalued for tax purposes and that revaluation is related to an accounting revaluation of an earlier period, or to one that is expected to be carried out in a future period, the tax effects of both the asset revaluation and the adjustment of the tax base are recognised in other comprehensive income in the periods in which they occur. However, if the revaluation for tax purposes is not related to an accounting revaluation of an earlier period, or to one that is expected to be carried out in a future period, the tax effects of the adjustment of the tax base are recognised in profit or loss. 65

When an entity pays dividends to its shareholders, it may be required to pay a portion of the dividends to taxation authorities on behalf of shareholders. In many jurisdictions, this amount is referred to as a withholding tax. Such an amount paid or payable to taxation authorities is charged to equity as a part of the dividends. 65A

Deferred tax arising from a business combination

As explained in paragraphs 19 and 26 (c), temporary differences may arise in a business combination. In accordance with IFRS 3, an entity recognises any resulting deferred tax assets (to the extent that they meet the recognition criteria in 66

sie die Ansatzkriterien des Paragraphen 24 erfüllen) oder latenten Steuerschulden als identifizierbare Vermögenswerte und Schulden zum Erwerbszeitpunkt an. Folglich beeinflussen jene latenten Steueransprüche und latenten Steuerschulden den Betrag des Geschäfts- oder Firmenwerts oder den Gewinn, der aus einem Erwerb zu einem Preis unter Marktwert erfasst wurde. Gemäß Paragraph 15 (a) setzt ein Unternehmen jedoch keine latenten Steuerschulden an, die aus dem erstmaligen Ansatz eines Geschäfts- oder Firmenwerts entstanden sind.

67 Infolge eines Unternehmenszusammenschlusses könnte sich die Wahrscheinlichkeit, dass ein Erwerber einen latenten Steueranspruch aus der Zeit vor dem Zusammenschluss realisiert, ändern. Ein Erwerber kann es für wahrscheinlich halten, dass er seinen eigenen latenten Steueranspruch, der vor dem Unternehmenszusammenschluss nicht angesetzt war, realisieren wird. Beispielsweise kann ein Erwerber in der Lage sein, den Vorteil seiner noch nicht genutzten steuerlichen Verluste gegen den zukünftigen zu versteuernden Gewinn des erworbenen Unternehmens zu verwenden. Infolge eines Unternehmenszusammenschlusses könnte es alternativ nicht mehr wahrscheinlich sein, dass mit zukünftig zu versteuerndem Gewinn der latente Steueranspruch realisiert werden kann. In solchen Fällen erfasst der Erwerber eine Änderung des latenten Steueranspruchs in der Periode des Unternehmenszusammenschlusses, schließt diese Änderung jedoch nicht als Teil der Bilanzierung des Unternehmenszusammenschlusses ein. Deshalb berücksichtigt der Erwerber ihn bei der Bewertung des Geschäfts- oder Firmenwerts oder des Gewinns aus einem Erwerb zu einem Preis unter dem Marktwert, der bei einem Unternehmenszusammenschluss erfasst wird, nicht.

68 Der potenzielle Nutzen eines ertragsteuerlichen Verlustvortrags oder anderer latenter Steueransprüche des erworbenen Unternehmens könnte die Kriterien für einen gesonderten Ansatz zum Zeitpunkt des erstmaligen Ansatzes eines Unternehmenszusammenschlusses nicht erfüllen, aber könnte nachträglich realisiert werden.
Ein Unternehmen hat erworbene latente Steuervorteile, die es nach dem Unternehmenszusammenschluss realisiert, wie folgt zu erfassen:

(a) Erworbene latente Steuervorteile, die innerhalb des Bewertungszeitraums erfasst werden und sich aus neuen Informationen über Fakten und Umstände ergeben, die zum Erwerbszeitpunkt bestanden, sind zur Verringerung des Buchwerts eines Geschäfts- oder Firmenwerts, der in Zusammenhang mit diesem Erwerb steht, anzuwenden. Wenn der Buchwert dieses Geschäfts- oder Firmenwerts gleich null ist, sind alle verbleibenden latenten Steuervorteile im Ergebnis zu erfassen.
(b) Alle anderen realisierten erworbenen latenten Steuervorteile sind im Ergebnis zu erfassen (oder nicht im Ergebnis, sofern es dieser Standards verlangt).

Tatsächliche und latente Steuern aus anteilsbasierten Vergütungen

68A In manchen Rechtskreisen kann ein Unternehmen im Zusammenhang mit Vergütungen, die in Anteilen, Anteilsoptionen oder anderen Eigenkapitalinstrumenten des Unternehmens abgegolten werden, einen Steuerabzug (d. h. einen Betrag, der bei der Ermittlung des zu versteuernden Gewinns abzugsfähig ist) in Anspruch nehmen. Die Höhe dieses Steuerabzugs kann sich vom kumulativen Vergütungsaufwand unterscheiden und in einer späteren Bilanzierungsperiode anfallen. Beispielsweise kann ein Unternehmen in einigen Rechtskreisen den Verbrauch der als Gegenleistung für gewährte Anteilsoptionen erhaltenen Arbeitsleistungen gemäß IFRS 2 *Anteilsbasierte Vergütung* als Aufwand erfassen, jedoch erst bei Ausübung der Anteilsoptionen einen Steuerabzug geltend machen, dessen Höhe nach dem Anteilspreis des Unternehmens am Tag der Ausübung bewertet wird.

68B Wie bei den in den Paragraphen 9 und 26 (b) erörterten Forschungskosten ist der Unterschiedsbetrag zwischen der steuerlichen Basis der bisher erhaltenen Arbeitsleistungen (als Betrag, dessen Abzug in den zukünftigen Perioden von den Steuerbehörden gestattet wird) und dem Buchwert von null eine abzugsfähige temporäre Differenz, die einen latenten Steueranspruch zur Folge hat. Ist der Betrag, dessen Abzug in zukünftigen Perioden von den Steuerbehörden erlaubt ist, am Ende der Berichtsperiode nicht bekannt, ist er anhand der zu diesem Zeitpunkt verfügbaren Informationen zu schätzen. Wenn beispielsweise die Höhe des Betrags, der von den Steuerbehörden als in künftigen Perioden abzugsfähig anerkannt wird, vom Anteilspreis des Unternehmens zu einem künftigen Zeitpunkt abhängig ist, muss zur Ermittlung der abzugsfähigen temporären Differenz der Anteilspreis des Unternehmens am Ende der Berichtsperiode herangezogen werden.

68C Wie in Paragraph 68A aufgeführt, kann sich der steuerlich absetzbare Betrag (oder der gemäß Paragraph 68B berechnete voraussichtliche künftige Steuerabzug) von dem dazugehörigen kumulativen Vergütungsaufwand unterscheiden. Paragraph 58 des Standards verlangt, dass tatsächliche und latente Steuern als Ertrag oder Aufwand zu erfassen und in den Gewinn oder Verlust der Periode einzubeziehen sind, ausgenommen in dem Umfang, in dem die Steuer (a) aus einem Geschäftsvorfall oder einem Ereignis herrührt, der bzw. das in derselben oder einer anderen Periode außerhalb des Gewinns oder Verlusts erfasst wird, oder (b) aus einem Unternehmenszusammenschluss (mit Ausnahme des Erwerbs eines Tochterunternehmens durch eine Investmentgesellschaft, wenn das Tochterunternehmen erfolgswirksam zum beizulegenden Zeitwert bewertet werden muss). Wenn der steuerlich absetzbare Betrag (oder der geschätzte künftige Steuerabzug) den Betrag des dazugehörigen kumulativen Vergütungsaufwands übersteigt, weist dies darauf hin, dass sich der Steuerabzug nicht nur auf den Vergütungsaufwand, sondern auch auf einen Eigenkapitalposten bezieht. In dieser Situation ist der Überschuss der verbundenen tatsächlichen und latenten Steuern direkt im Eigenkapital zu erfassen.

paragraph 24) or deferred tax liabilities as identifiable assets and liabilities at the acquisition date. Consequently, those deferred tax assets and deferred tax liabilities affect the amount of goodwill or the bargain purchase gain the entity recognises. However, in accordance with paragraph 15 (a), an entity does not recognise deferred tax liabilities arising from the initial recognition of goodwill.

As a result of a business combination, the probability of realising a pre-acquisition deferred tax asset of the acquirer could change. An acquirer may consider it probable that it will recover its own deferred tax asset that was not recognised before the business combination. For example, the acquirer may be able to utilise the benefit of its unused tax losses against the future taxable profit of the acquiree. Alternatively, as a result of the business combination it might no longer be probable that future taxable profit will allow the deferred tax asset to be recovered. In such cases, the acquirer recognises a change in the deferred tax asset in the period of the business combination, but does not include it as part of the accounting for the business combination. Therefore, the acquirer does not take it into account in measuring the goodwill or bargain purchase gain it recognises in the business combination. 67

The potential benefit of the acquiree's income tax loss carryforwards or other deferred tax assets might not satisfy the criteria for separate recognition when a business combination is initially accounted for but might be realised subsequently. An entity shall recognise acquired deferred tax benefits that it realises after the business combination as follows: 68

(a) Acquired deferred tax benefits recognised within the measurement period that result from new information about facts and circumstances that existed at the acquisition date shall be applied to reduce the carrying amount of any goodwill related to that acquisition. If the carrying amount of that goodwill is zero, any remaining deferred tax benefits shall be recognised in profit or loss.
(b) All other acquired deferred tax benefits realised shall be recognised in profit or loss (or, if this Standard so requires, outside profit or loss).

Current and deferred tax arising from share-based payment transactions

In some tax jurisdictions, an entity receives a tax deduction (i.e. an amount that is deductible in determining taxable profit) that relates to remuneration paid in shares, share options or other equity instruments of the entity. The amount of that tax deduction may differ from the related cumulative remuneration expense, and may arise in a later accounting period. For example, in some jurisdictions, an entity may recognise an expense for the consumption of employee services received as consideration for share options granted, in accordance with IFRS 2 *Share-based payment*, and not receive a tax deduction until the share options are exercised, with the measurement of the tax deduction based on the entity's share price at the date of exercise. 68A

As with the research costs discussed in paragraphs 9 and 26 (b) of this standard, the difference between the tax base of the employee services received to date (being the amount the taxation authorities will permit as a deduction in future periods), and the carrying amount of nil, is a deductible temporary difference that results in a deferred tax asset. If the amount the taxation authorities will permit as a deduction in future periods is not known at the end of the period, it shall be estimated, based on information available at the end of the period. For example, if the amount that the taxation authorities will permit as a deduction in future periods is dependent upon the entity's share price at a future date, the measurement of the deductible temporary difference should be based on the entity's share price at the end of the period. 68B

As noted in paragraph 68A, the amount of the tax deduction (or estimated future tax deduction, measured in accordance with paragraph 68B) may differ from the related cumulative remuneration expense. Paragraph 58 of the Standard requires that current and deferred tax should be recognised as income or an expense and included in profit or loss for the period, except to the extent that the tax arises from (a) a transaction or event that is recognised, in the same or a different period, outside profit or loss, or (b) a business combination (other than the acquisition by an investment entity of a subsidiary that is required to be measured at fair value through profit or loss). If the amount of the tax deduction (or estimated future tax deduction) exceeds the amount of the related cumulative remuneration expense, this indicates that the tax deduction relates not only to remuneration expense but also to an equity item. In this situation, the excess of the associated current or deferred tax should be recognised directly in equity. 68C

DARSTELLUNG

Steueransprüche und Steuerschulden

69–70 [gestrichen]

Saldierung

71 **Ein Unternehmen hat tatsächliche Steueransprüche und tatsächliche Steuerschulden nur dann zu saldieren, wenn es**
(a) ein einklagbares Recht hat, die erfassten Beträge miteinander zu verrechnen, und
(b) beabsichtigt, entweder den Ausgleich auf Nettobasis herbeizuführen oder gleichzeitig mit der Realisierung des betreffenden Vermögenswerts die dazugehörige Schuld abzulösen.

72 Obwohl tatsächliche Steueransprüche und Steuerschulden voneinander getrennt angesetzt und bewertet werden, erfolgt eine Saldierung in der Bilanz dann, wenn die Kriterien analog erfüllt sind, die für Finanzinstrumente in IAS 32 angegeben sind. Ein Unternehmen wird im Regelfall ein einklagbares Recht zur Aufrechnung eines tatsächlichen Steueranspruchs gegen eine tatsächliche Steuerschuld haben, wenn diese in Verbindung mit Ertragsteuern stehen, die von derselben Steuerbehörde erhoben werden, und die Steuerbehörde dem Unternehmen gestattet, eine einzige Nettozahlung zu leisten oder zu empfangen.

73 In einem Konzernabschluss wird ein tatsächlicher Steueranspruch eines Konzernunternehmens nur dann gegen eine tatsächliche Steuerschuld eines anderen Konzernunternehmens saldiert, wenn die betreffenden Unternehmen ein einklagbares Recht haben, nur eine einzige Nettozahlung zu leisten oder zu empfangen, und die Unternehmen beabsichtigen, auch lediglich eine Nettozahlung zu leisten oder zu empfangen bzw. gleichzeitig den Anspruch zu realisieren und die Schuld abzulösen.

74 **Ein Unternehmen hat latente Steueransprüche und latente Steuerschulden nur dann zu saldieren, wenn**
(a) das Unternehmen ein einklagbares Recht zur Aufrechnung tatsächlicher Steueransprüche gegen tatsächliche Steuerschulden hat und
(b) die latenten Steueransprüche und die latenten Steuerschulden sich auf Ertragsteuern beziehen, die von derselben Steuerbehörde erhoben werden für
(i) entweder dasselbe Steuersubjekt oder
(ii) unterschiedliche Steuersubjekte, die beabsichtigen, in jeder künftigen Periode, in der die Ablösung oder Realisierung erheblicher Beträge an latenten Steuerschulden bzw. Steueransprüchen zu erwarten ist, entweder den Ausgleich der tatsächlichen Steuerschulden und Steueransprüche auf Nettobasis herbeizuführen oder gleichzeitig mit der Realisierung der Ansprüche die Schulden abzulösen.

75 Um das Erfordernis einer detaillierten Aufstellung des zeitlichen Verlaufs der Auflösung jeder einzelnen temporären Differenz zu vermeiden, verlangt dieser Standard von einem Unternehmen die Saldierung eines latenten Steueranspruchs gegen eine latente Steuerschuld desselben Steuersubjektes nur dann, wenn diese sich auf Ertragsteuern beziehen, die von derselben Steuerbehörde erhoben werden, und das Unternehmen ein einklagbares Recht auf Aufrechnung tatsächlicher Steueransprüche gegen tatsächliche Steuerschulden hat.

76 In seltenen Fällen kann ein Unternehmen ein einklagbares Recht auf Aufrechnung haben und beabsichtigen, nur für einige Perioden einen Ausgleich auf Nettobasis durchzuführen, aber nicht für andere. In solchen seltenen Fällen kann eine detaillierte Aufstellung erforderlich sein, damit verlässlich ermittelt werden kann, ob die latente Steuerschuld eines Steuersubjekts zu erhöhten Steuerzahlungen in derselben Periode führen wird, in der ein latenter Steueranspruch eines anderen Steuersubjekts zu verminderten Zahlungen dieses zweiten Steuersubjekts führen wird.

Steueraufwand

Dem Gewinn oder Verlust aus gewöhnlicher Tätigkeit zuzurechnender Steueraufwand (Steuerertrag)

77 **Der dem Gewinn oder Verlust aus gewöhnlicher Tätigkeit zuzurechnende Steueraufwand (Steuerertrag) ist in der Darstellung/den Darstellungen von Gewinn oder Verlust und sonstigem Ergebnis als Ergebnisbestandteil darzustellen.**

77A [gestrichen]

Währungsdifferenzen aus latenten Auslandssteuerschulden oder -ansprüchen

78 IAS 21 verlangt die Erfassung bestimmter Währungsdifferenzen als Aufwand oder Ertrag, legt aber nicht fest, wo solche Unterschiedsbeträge in der Gesamtergebnisrechnung auszuweisen sind. Sind entsprechend Währungsdifferenzen aus latenten Auslandssteuerschulden oder latenten Auslandssteueransprüchen in der Gesamtergebnisrechnung erfasst, können demzufolge solche Unterschiedsbeträge auch als latenter Steueraufwand (Steuerertrag) ausgewiesen werden, falls anzunehmen ist, dass dieser Ausweis für die Informationsinteressen der Abschlussadressaten am geeignetsten ist.

PRESENTATION

Tax assets and tax liabilities

[deleted] 69—70

Offset

An entity shall offset current tax assets and current tax liabilities if, and only if, the entity: 71
(a) has a legally enforceable right to set off the recognised amounts; and
(b) intends either to settle on a net basis, or to realise the asset and settle the liability simultaneously.

Although current tax assets and liabilities are separately recognised and measured they are offset in the statement of finan- 72
cial position subject to criteria similar to those established for financial instruments in IAS 32. An entity will normally have a legally enforceable right to set off a current tax asset against a current tax liability when they relate to income taxes levied by the same taxation authority and the taxation authority permits the entity to make or receive a single net payment.

In consolidated financial statements, a current tax asset of one entity in a group is offset against a current tax liability of 73
another entity in the group if, and only if, the entities concerned have a legally enforceable right to make or receive a single net payment and the entities intend to make or receive such a net payment or to recover the asset and settle the liability simultaneously.

An entity shall offset deferred tax assets and deferred tax liabilities if, and only if: 74
(a) the entity has a legally enforceable right to set off current tax assets against current tax liabilities; and
(b) the deferred tax assets and the deferred tax liabilities relate to income taxes levied by the same taxation authority on either:
(i) the same taxable entity; or
(ii) different taxable entities which intend either to settle current tax liabilities and assets on a net basis, or to realise the assets and settle the liabilities simultaneously, in each future period in which significant amounts of deferred tax liabilities or assets are expected to be settled or recovered.

To avoid the need for detailed scheduling of the timing of the reversal of each temporary difference, this standard requires 75
an entity to set off a deferred tax asset against a deferred tax liability of the same taxable entity if, and only if, they relate to income taxes levied by the same taxation authority and the entity has a legally enforceable right to set off current tax assets against current tax liabilities.

In rare circumstances, an entity may have a legally enforceable right of set-off, and an intention to settle net, for some 76
periods but not for others. In such rare circumstances, detailed scheduling may be required to establish reliably whether the deferred tax liability of one taxable entity will result in increased tax payments in the same period in which a deferred tax asset of another taxable entity will result in decreased payments by that second taxable entity.

Tax expense

Tax expense (income) related to profit or loss from ordinary activities

The tax expense (income) related to profit or loss from ordinary activities shall be presented as part of profit or loss 77
in the statement(s) of profit or loss and other comprehensive income.

[deleted] 77A

Exchange differences on deferred foreign tax liabilities or assets

IAS 21 requires certain exchange differences to be recognised as income or expense but does not specify where such dif- 78
ferences should be presented in the statement of comprehensive income. Accordingly, where exchange differences on deferred foreign tax liabilities or assets are recognised in the statement of comprehensive income, such differences may be classified as deferred tax expense (income) if that presentation is considered to be the most useful to financial statement users.

ANGABEN

79 Die Hauptbestandteile des Steueraufwands (Steuerertrags) sind getrennt anzugeben.

80 Zu den Bestandteilen des Steueraufwands (Steuerertrags) kann Folgendes gehören:
(a) tatsächlicher Steueraufwand (Steuerertrag),
(b) alle in der Periode erfassten Anpassungen für periodenfremde tatsächliche Ertragsteuern,
(c) der Betrag des latenten Steueraufwands (Steuerertrags), der auf das Entstehen bzw. die Auflösung temporärer Differenzen zurückzuführen ist,
(d) der Betrag des latenten Steueraufwands (Steuerertrags), der auf Änderungen der Steuersätze oder der Einführung neuer Steuern beruht,
(e) der Betrag der Minderung des tatsächlichen Ertragsteueraufwands aufgrund der Nutzung bisher nicht berücksichtigter steuerlicher Verluste, aufgrund von Steuergutschriften oder infolge einer bisher nicht berücksichtigten temporären Differenz einer früheren Periode,
(f) der Betrag der Minderung des latenten Steueraufwands aufgrund bisher nicht berücksichtigter steuerlicher Verluste, aufgrund von Steuergutschriften oder infolge einer bisher nicht berücksichtigten temporären Differenz einer früheren Periode,
(g) der latente Steueraufwand infolge einer Abwertung oder Aufholung einer früheren Abwertung eines latenten Steueranspruchs gemäß Paragraph 56 und
(h) der Betrag des Ertragsteueraufwands (Ertragsteuerertrags), der aus Änderungen der Rechnungslegungsmethoden und Fehlern resultiert, die nach IAS 8 erfolgswirksam erfasst wurden, weil sie nicht rückwirkend berücksichtigt werden können.

81 Weiterhin ist ebenfalls getrennt anzugeben:
(a) die Summe des Betrags tatsächlicher und latenter Steuern resultierend aus Posten, die direkt dem Eigenkapital belastet oder gutgeschrieben werden (siehe Paragraph 62A),
(ab) der mit jedem Bestandteil des sonstigen Ergebnisses in Zusammenhang stehende Ertragsteuerbetrag (siehe Paragraph 62 und IAS 1 (in der 2007 überarbeiteten Fassung)),
(b) [gestrichen]
(c) eine Erläuterung der Beziehung zwischen dem Steueraufwand (Steuerertrag) und dem bilanziellen Ergebnis vor Steuern in einer der beiden oder in beiden folgenden Formen:
(i) eine Überleitungsrechnung zwischen dem Steueraufwand (Steuerertrag) und dem Produkt aus dem bilanziellen Ergebnis vor Steuern und dem anzuwendenden Steuersatz/den anzuwendenden Steuersätzen, wobei auch die Basis anzugeben ist, auf der der anzuwendende Steuersatz berechnet wurde/die anzuwendenden Steuersätze berechnet wurden, oder
(ii) eine Überleitungsrechnung zwischen dem durchschnittlichen effektiven Steuersatz und dem anzuwendenden Steuersatz, wobei auch die Grundlage anzugeben ist, auf der der anzuwendende Steuersatz berechnet wurde,
(d) eine Erläuterung zu Änderungen des anzuwendenden Steuersatzes/der anzuwendenden Steuersätze im Vergleich zu der vorherigen Bilanzierungsperiode,
(e) der Betrag (und, falls erforderlich, das Datum des Verfalls) der abzugsfähigen temporären Differenzen, der noch nicht genutzten steuerlichen Verluste und der noch nicht genutzten Steuergutschriften, für welche in der Bilanz kein latenter Steueranspruch angesetzt wurde,
(f) die Summe des Betrags temporärer Differenzen im Zusammenhang mit Beteiligungen an Tochterunternehmen, Zweigniederlassungen und assoziierten Unternehmen sowie Anteilen an gemeinschaftlichen Vereinbarungen, für die keine latenten Steuerschulden angesetzt worden sind (siehe Paragraph 39),
(g) bezüglich jeder Art temporärer Differenzen und jeder Art noch nicht genutzter steuerlicher Verluste und noch nicht genutzter Steuergutschriften:
(i) der Betrag der latenten Steueransprüche und latenten Steuerschulden, die in der Bilanz für jede dargestellte Periode angesetzt wurden,
(ii) der Betrag des erfolgswirksam erfassten latenten Steuerertrags oder Steueraufwands, falls dies nicht bereits aus den Änderungen der in der Bilanz angesetzten Beträge hervorgeht,
(h) der Steueraufwand hinsichtlich aufgegebener Geschäftsbereiche für
(i) den auf die Aufgabe entfallenden Gewinn oder Verlust und
(ii) den Gewinn oder Verlust, soweit er aus der gewöhnlichen Tätigkeit des aufgegebenen Geschäftsbereiches für die Periode resultiert, zusammen mit den Vergleichszahlen für jede dargestellte frühere Periode,
(i) der Betrag der ertragsteuerlichen Konsequenzen von Dividendenzahlungen an die Anteilseigner des Unternehmens, die vorgeschlagen oder beschlossen wurden, bevor der Abschluss zur Veröffentlichung genehmigt wurde, die aber nicht als Verbindlichkeit im Abschluss angesetzt wurden,
(j) wenn ein Unternehmenszusammenschluss, bei dem das Unternehmen der Erwerber ist, eine Änderung des Betrags verursacht, der für die latenten Steueransprüche vor dem Erwerb angesetzt wurde (siehe Paragraph 67), der Betrag dieser Änderung und
(k) wenn die bei einem Unternehmenszusammenschluss erworbenen latenten Steuervorteile nicht zum Erwerbszeitpunkt erfasst wurden, sondern erst danach (siehe Paragraph 68), eine Beschreibung des Ereignisses oder der Änderung des Umstands, welche begründen, dass die latenten Steuervorteile erfasst werden.

DISCLOSURE

The major components of tax expense (income) shall be disclosed separately. 79

Components of tax expense (income) may include: 80

(a) current tax expense (income);
(b) any adjustments recognised in the period for current tax of prior periods;
(c) the amount of deferred tax expense (income) relating to the origination and reversal of temporary differences;
(d) the amount of deferred tax expense (income) relating to changes in tax rates or the imposition of new taxes;
(e) the amount of the benefit arising from a previously unrecognised tax loss, tax credit or temporary difference of a prior period that is used to reduce current tax expense;
(f) the amount of the benefit from a previously unrecognised tax loss, tax credit or temporary difference of a prior period that is used to reduce deferred tax expense;
(g) deferred tax expense arising from the write-down, or reversal of a previous write-down, of a deferred tax asset in accordance with paragraph 56; and
(h) the amount of tax expense (income) relating to those changes in accounting policies and errors that are included in profit or loss in accordance with IAS 8, because they cannot be accounted for retrospectively.

The following shall also be disclosed separately: 81

(a) the aggregate current and deferred tax relating to items that are charged or credited directly to equity (see paragraph 62A);
(ab) the amount of income tax relating to each component of other comprehensive income (see paragraph 62 and IAS 1 (as revised in 2007));
(b) [deleted]
(c) an explanation of the relationship between tax expense (income) and accounting profit in either or both of the following forms:
   (i) a numerical reconciliation between tax expense (income) and the product of accounting profit multiplied by the applicable tax rate(s), disclosing also the basis on which the applicable tax rate(s) is (are) computed; or
   (ii) a numerical reconciliation between the average effective tax rate and the applicable tax rate, disclosing also the basis on which the applicable tax rate is computed;
(d) an explanation of changes in the applicable tax rate(s) compared to the previous accounting period;
(e) the amount (and expiry date, if any) of deductible temporary differences, unused tax losses, and unused tax credits for which no deferred tax asset is recognised in the statement of financial position;
(f) the aggregate amount of temporary differences associated with investments in subsidiaries, branches and associates and interests in joint arrangements, for which deferred tax liabilities have not been recognised (see paragraph 39);
(g) in respect of each type of temporary difference, and in respect of each type of unused tax losses and unused tax credits:
   (i) the amount of the deferred tax assets and liabilities recognised in the statement of financial position for each period presented;
   (ii) the amount of the deferred tax income or expense recognised in profit or loss, if this is not apparent from the changes in the amounts recognised in the statement of financial position;
(h) in respect of discontinued operations, the tax expense relating to:
   (i) the gain or loss on discontinuance; and
   (ii) the profit or loss from the ordinary activities of the discontinued operation for the period, together with the corresponding amounts for each prior period presented;
(i) the amount of income tax consequences of dividends to shareholders of the entity that were proposed or declared before the financial statements were authorised for issue, but are not recognised as a liability in the financial statements;
(j) if a business combination in which the entity is the acquirer causes a change in the amount recognised for its pre-acquisition deferred tax asset (see paragraph 67), the amount of that change; and
(k) if the deferred tax benefits acquired in a business combination are not recognised at the acquisition date but are recognised after the acquisition date (see paragraph 68), a description of the event or change in circumstances that caused the deferred tax benefits to be recognised.

82 **Ein Unternehmen hat den Betrag eines latenten Steueranspruchs und die Art der Nachweise für seinen Ansatz anzugeben, wenn**

(a) die Realisierung des latenten Steueranspruchs von künftigen zu versteuernden Gewinnen abhängt, die höher als die Ergebniseffekte aus der Auflösung bestehender zu versteuernder temporärer Differenzen sind, und

(b) das Unternehmen in der laufenden Periode oder der Vorperiode in demselben Steuerrechtskreis, auf den sich der latente Steueranspruch bezieht, Verluste erlitten hat.

82A **Unter den Umständen, wie sie in Paragraph 52A beschrieben sind, hat ein Unternehmen die Art der potenziellen ertragsteuerlichen Konsequenzen, die sich durch die Zahlung von Dividenden an die Anteilseigner ergeben, anzugeben. Zusätzlich hat das Unternehmen die Beträge der potenziellen ertragsteuerlichen Konsequenzen, die praktisch bestimmbar sind, anzugeben und es hat anzugeben, ob irgendwelche nicht praktisch bestimmbaren potenziellen ertragsteuerlichen Konsequenzen vorhanden sind.**

83 [gestrichen]

84 Die nach Paragraph 81 (c) verlangten Angaben ermöglichen es Abschlussadressaten, zu verstehen, ob die Beziehung zwischen dem Steueraufwand (Steuerertrag) und dem bilanziellen Ergebnis vor Steuern ungewöhnlich ist, und die maßgeblichen Faktoren zu verstehen, die diese Beziehung in der Zukunft beeinflussen könnten. Die Beziehung zwischen dem Steueraufwand (Steuerertrag) und dem bilanziellen Ergebnis vor Steuern kann durch steuerfreie Umsatzerlöse, bei der Ermittlung des zu versteuernden Gewinns (steuerlichen Verlusts) nicht abzugsfähigen Aufwand sowie durch die Auswirkungen steuerlicher Verluste und ausländischer Steuersätze beeinflusst werden.

85 Bei der Erklärung der Beziehung zwischen dem Steueraufwand (Steuerertrag) und dem bilanziellen Ergebnis vor Steuern ist ein Steuersatz anzuwenden, der für die Informationsinteressen der Abschlussadressaten am geeignetsten ist. Häufig ist der geeignetste Steuersatz der inländische Steuersatz des Landes, in dem das Unternehmen seinen Sitz hat. Dieser ergibt sich aus der Addition der auf nationaler Ebene erhobenen Steuersätze mit den auf lokaler Ebene erhobenen Steuersätzen, die auf der Grundlage eines im Wesentlichen vergleichbaren Niveaus des zu versteuernden Gewinns (steuerlichen Verlusts) berechnet werden. Für ein Unternehmen, das in verschiedenen Steuerrechtskreisen tätig ist, kann es sinnvoller sein, anhand der für die einzelnen Steuerrechtskreise gültigen inländischen Steuersätze verschiedene Überleitungsrechnungen zu erstellen und diese zusammenzufassen. Das folgende Beispiel zeigt, wie sich die Auswahl des anzuwendenden Steuersatzes auf die Darstellung der Überleitungsrechnung auswirkt.

Beispiel zur Veranschaulichung von Paragraph 85 Im Jahr 19X2 erzielt ein Unternehmen in seinem eigenen Steuerrechtskreis (Land A) ein bilanzielles Ergebnis vor Steuern von 1500 (19X1: 2000) und in Land B von 1500 (19X1: 500). Der Steuersatz beträgt 30 % in Land A und 20 % in Land B. In Land A sind Aufwendungen von 100 (19X1: 200) steuerlich nicht abzugsfähig.

Nachstehend ein Beispiel einer Überleitungsrechnung für einen inländischen Steuersatz.

	19X1	19X2
Bilanzielles Ergebnis vor Steuern	2500	3000
Steuer zum inländischen Steuersatz von 30 %	750	900
Steuerauswirkung von steuerlich nicht abzugsfähigen Aufwendungen	60	30
Auswirkung der niedrigeren Steuersätze in Land B	(50)	(150)
Steueraufwand	760	780

Es folgt ein Beispiel einer Überleitungsrechnung, in der getrennte Überleitungsrechnungen für jeden einzelnen nationalen Steuerrechtskreis zusammengefasst wurden. Nach dieser Methode erscheint die Auswirkung der Unterschiedsbeträge zwischen dem eigenen inländischen Steuersatz des berichtenden Unternehmens und dem inländischen Steuersatz in anderen Steuerrechtskreisen nicht als ein getrennter Posten in der Überleitungsrechnung. Ein Unternehmen hat möglicherweise die Auswirkungen maßgeblicher Änderungen in den Steuersätzen oder die strukturelle Zusammensetzung von in unterschiedlichen Steuerrechtskreisen erzielten Gewinnen zu erörtern, um die Änderungen im anzuwendenden Steuersatz/den anzuwendenden Steuersätzen wie gemäß Paragraph 81 (d) verlangt, zu erklären.

Bilanzielles Ergebnis vor Steuern	2500	3000
Steuer zum inländischen Steuersatz anzuwenden auf Gewinne in dem betreffenden Land	700	750
Steuerauswirkung von steuerlich nicht abzugsfähigen Aufwendungen	60	30
Steueraufwand	760	780

86 Der durchschnittliche effektive Steuersatz ist der Steueraufwand (Steuerertrag), geteilt durch das bilanzielle Ergebnis vor Steuern.

An entity shall disclose the amount of a deferred tax asset and the nature of the evidence supporting its recognition, when: 82

(a) the utilisation of the deferred tax asset is dependent on future taxable profits in excess of the profits arising from the reversal of existing taxable temporary differences; and

(b) the entity has suffered a loss in either the current or preceding period in the tax jurisdiction to which the deferred tax asset relates.

In the circumstances described in paragraph 52A, an entity shall disclose the nature of the potential income tax consequences that would result from the payment of dividends to its shareholders. In addition, the entity shall disclose the amounts of the potential income tax consequences practicably determinable and whether there are any potential income tax consequences not practicably determinable. 82A

[deleted] 83

The disclosures required by paragraph 81 (c) enable users of financial statements to understand whether the relationship between tax expense (income) and accounting profit is unusual and to understand the significant factors that could affect that relationship in the future. The relationship between tax expense (income) and accounting profit may be affected by such factors as revenue that is exempt from taxation, expenses that are not deductible in determining taxable profit (tax loss), the effect of tax losses and the effect of foreign tax rates. 84

In explaining the relationship between tax expense (income) and accounting profit, an entity uses an applicable tax rate that provides the most meaningful information to the users of its financial statements. Often, the most meaningful rate is the domestic rate of tax in the country in which the entity is domiciled, aggregating the tax rate applied for national taxes with the rates applied for any local taxes which are computed on a substantially similar level of taxable profit (tax loss). However, for an entity operating in several jurisdictions, it may be more meaningful to aggregate separate reconciliations prepared using the domestic rate in each individual jurisdiction. The following example illustrates how the selection of the applicable tax rate affects the presentation of the numerical reconciliation. 85

Example illustrating paragraph 85 In 19X2, an entity has accounting profit in its own jurisdiction (country A) of 1500 (19X1: 2 000) and in country B of 1 500 (19X1: 500). The tax rate is 30 % in country A and 20 % in country B. In country A, expenses of 100 (19X1: 200) are not deductible for tax purposes.

The following is an example of a reconciliation to the domestic tax rate.

	19X1	19X2
Accounting profit	2 500	3 000
Tax at the domestic rate of 30 %	750	900
Tax effect of expenses that are not deductible for tax purposes	60	30
Effect of lower tax rates in country B	(50)	(150)
Tax expense	760	780

The following is an example of a reconciliation prepared by aggregating separate reconciliations for each national jurisdiction. Under this method, the effect of differences between the reporting entity's own domestic tax rate and the domestic tax rate in other jurisdictions does not appear as a separate item in the reconciliation. An entity may need to discuss the effect of significant changes in either tax rates, or the mix of profits earned in different jurisdictions, in order to explain changes in the applicable tax rate(s), as required by paragraph 81 (d).

Accounting profit	2 500	3 000
Tax at the domestic rates applicable to profits in the country concerned	700	750
Tax effect of expenses that are not deductible for tax purposes	60	30
Tax expense	760	780

The average effective tax rate is the tax expense (income) divided by the accounting profit. 86

87 Es ist häufig nicht praktikabel, den Betrag der nicht angesetzten latenten Steuerschulden aus Beteiligungen an Tochterunternehmen, Zweigniederlassungen und assoziierten Unternehmen sowie Anteilen an gemeinschaftlichen Vereinbarungen zu berechnen (siehe Paragraph 39). Daher verlangt dieser Standard von einem Unternehmen die Angabe der Summe des Betrags der zugrunde liegenden temporären Differenzen, aber er verlangt keine Angabe der latenten Steuerschulden. Wo dies praktikabel ist, wird dem Unternehmen dennoch empfohlen, die Beträge der nicht angesetzten latenten Steuerschulden anzugeben, da diese Angaben für die Adressaten des Abschlusses nützlich sein könnten.

87A Nach Paragraph 82A hat ein Unternehmen die Art der potenziellen ertragsteuerlichen Konsequenzen, die aus der Zahlung von Dividenden an die Anteilseigner resultieren würden, anzugeben. Ein Unternehmen gibt die wichtigen Bestandteile des ertragsteuerlichen Systems und die Faktoren an, die den Betrag der potenziellen ertragsteuerlichen Konsequenzen von Dividenden beeinflussen.

87B Mitunter wird es nicht durchführbar sein, den gesamten Betrag der potenziellen ertragsteuerlichen Konsequenzen, die aus der Zahlung von Dividenden an die Anteilseigner resultieren würden, zu berechnen. Dies könnte zum Beispiel der Fall sein, wenn ein Unternehmen eine große Anzahl von ausländischen Tochtergesellschaften hat. Auch unter diesen Umständen kann es jedoch möglich sein, einen Teilbetrag leicht zu ermitteln Zum Beispiel könnten in einem Konzern ein Mutterunternehmen und einige der Tochterunternehmen Ertragsteuern zu einem höheren Satz auf nicht ausgeschüttete Gewinne gezahlt haben und wissen, welcher Betrag zurückerstattet würde, wenn die Dividenden später an die Anteilseigner aus den konsolidierten Gewinnrücklagen gezahlt werden. In diesem Fall ist der erstattungsfähige Betrag anzugeben. Gegebenenfalls muss das Unternehmen auch angeben, dass weitere potenzielle ertragsteuerliche Konsequenzen praktisch nicht bestimmbar sind. Im Abschluss des Mutterunternehmens sind Angaben über die potenziellen ertragsteuerlichen Konsequenzen zu machen, soweit vorhanden, die sich auf die Gewinnrücklagen des Mutterunternehmens beziehen.

87C Ein Unternehmen, das die Angaben nach Paragraph 82A machen muss, könnte darüber hinaus auch verpflichtet sein, Angaben zu den temporären Differenzen, die aus Beteiligungen an Tochterunternehmen, Zweigniederlassungen und assoziierten Unternehmen oder Anteilen an gemeinschaftlichen Vereinbarungen stammen, zu machen. In diesem Fall beachtet das Unternehmen dies bei der Ermittlung der Angaben, die nach Paragraph 82A zu machen sind. Ein Unternehmen kann zum Beispiel verpflichtet sein, die Summe des Betrags temporärer Differenzen im Zusammenhang mit Beteiligungen an Tochterunternehmen, für die keine latenten Steuerschulden angesetzt worden sind (siehe auch Paragraph 81 (f)), anzugeben. Wenn es nicht praktikabel ist, den Betrag der nicht angesetzten latenten Steuerschulden zu berechnen (siehe Paragraph 87), könnte es sein, dass sich potenzielle ertragsteuerliche Konsequenzen, die sich aus Dividenden in Bezug auf diese Tochterunternehmen ergeben, praktisch nicht ermitteln lassen.

88 Ein Unternehmen gibt alle steuerbezogenen Eventualverbindlichkeiten und Eventualforderungen – gemäß IAS 37 *Rückstellungen, Eventualverbindlichkeiten und Eventualforderungen* – an. Eventualverbindlichkeiten und Eventualforderungen können beispielsweise aus ungelösten Streitigkeiten mit den Steuerbehörden stammen. Ähnlich hierzu gibt ein Unternehmen, wenn Änderungen der Steuersätze oder Steuervorschriften nach dem Abschlussstichtag in Kraft treten oder angekündigt werden, alle wesentlichen Auswirkungen dieser Änderungen auf seine tatsächlichen und latenten Steueransprüche bzw. -schulden an (siehe IAS 10 *Ereignisse nach dem Abschlussstichtag*).

Internationale Steuerreform – Säule-2-Mustervorschriften

88A Hat ein Unternehmen die Ausnahme von Ansatz und Angabe latenter Steueransprüche und latenter Steuerschulden im Zusammenhang mit Säule-2-Ertragsteuern angewendet (siehe Paragraph 4A), so hat es dies anzugeben.

88B Ein Unternehmen hat den tatsächlichen Steueraufwand (-ertrag) im Zusammenhang mit Säule-2-Ertragsteuern gesondert anzugeben.

88C In Perioden, in denen Säule-2-Gesetze gelten oder angekündigt, aber noch nicht in Kraft sind, hat ein Unternehmen vorhandene oder angemessen abschätzbare Informationen anzugeben, anhand deren sich die Abschlussadressaten ein Bild davon machen können, welche Belastung dem Unternehmen durch diese Gesetze aus Säule-2-Ertragsteuern entsteht.

88D Um das in Paragraph 88C genannte Angabeziel zu erreichen, hat ein Unternehmen am Ende der Berichtsperiode qualitative und quantitative Angaben zu seiner Belastung durch Säule-2-Ertragsteuern zu machen. Diese Angaben müssen nicht alle spezifischen Anforderungen der Säule-2-Gesetze erfüllen und können als indikative Bandbreite geliefert werden. Sind keine Informationen vorhanden oder sind diese nicht angemessen abschätzbar, hat ein Unternehmen stattdessen eine diesbezügliche Erklärung abzugeben und Angaben über seine Fortschritte bei der Beurteilung seiner Belastung zu machen.

Beispiele zur Veranschaulichung der Paragraphen 88C–88D

Beispiele für Angaben, die ein Unternehmen machen könnte, um die in den Paragraphen 88C–88D genannte Zielsetzung zu erreichen und die dort genannten Anforderungen zu erfüllen, sind

(a) qualitative Angaben beispielsweise darüber, inwieweit das Unternehmen von Säule-2-Gesetzen betroffen ist und über die wesentlichen Rechtskreise, in denen es zu einer Belastung durch Säule-2-Ertragsteuern kommen könnte, und

It would often be impracticable to compute the amount of unrecognised deferred tax liabilities arising from investments in subsidiaries, branches and associates and interests in joint arrangements (see paragraph 39). Therefore, this standard requires an entity to disclose the aggregate amount of the underlying temporary differences but does not require disclosure of the deferred tax liabilities. Nevertheless, where practicable, entities are encouraged to disclose the amounts of the unrecognised deferred tax liabilities because financial statement users may find such information useful. 87

Paragraph 82A requires an entity to disclose the nature of the potential income tax consequences that would result from the payment of dividends to its shareholders. An entity discloses the important features of the income tax systems and the factors that will affect the amount of the potential income tax consequences of dividends. 87A

It would sometimes not be practicable to compute the total amount of the potential income tax consequences that would result from the payment of dividends to shareholders. This may be the case, for example, where an entity has a large number of foreign subsidiaries. However, even in such circumstances, some portions of the total amount may be easily determinable. For example, in a consolidated group, a parent and some of its subsidiaries may have paid income taxes at a higher rate on undistributed profits and be aware of the amount that would be refunded on the payment of future dividends to shareholders from consolidated retained earnings. In this case, that refundable amount is disclosed. If applicable, the entity also discloses that there are additional potential income tax consequences not practicably determinable. In the parent's separate financial statements, if any, the disclosure of the potential income tax consequences relates to the parent's retained earnings. 87B

An entity required to provide the disclosures in paragraph 82A may also be required to provide disclosures related to temporary differences associated with investments in subsidiaries, branches and associates or interests in joint arrangements. In such cases, an entity considers this in determining the information to be disclosed under paragraph 82A. For example, an entity may be required to disclose the aggregate amount of temporary differences associated with investments in subsidiaries for which no deferred tax liabilities have been recognised (see paragraph 81 (f)). If it is impracticable to compute the amounts of unrecognised deferred tax liabilities (see paragraph 87) there may be amounts of potential income tax consequences of dividends not practicably determinable related to these subsidiaries. 87C

An entity discloses any tax-related contingent liabilities and contingent assets in accordance with IAS 37 *Provisions, contingent liabilities and contingent assets*. Contingent liabilities and contingent assets may arise, for example, from unresolved disputes with the taxation authorities. Similarly, where changes in tax rates or tax laws are enacted or announced after the reporting period, an entity discloses any significant effect of those changes on its current and deferred tax assets and liabilities (see IAS 10 *Events after the reporting period).* 88

International tax reform—Pillar Two model rules

An entity shall disclose that it has applied the exception to recognising and disclosing information about deferred tax assets and liabilities related to Pillar Two income taxes (see paragraph 4A). 88A

An entity shall disclose separately its current tax expense (income) related to Pillar Two income taxes. 88B

In periods in which Pillar Two legislation is enacted or substantively enacted but not yet in effect, an entity shall disclose known or reasonably estimable information that helps users of financial statements understand the entity's exposure to Pillar Two income taxes arising from that legislation. 88C

To meet the disclosure objective in paragraph 88C, an entity shall disclose qualitative and quantitative information about its exposure to Pillar Two income taxes at the end of the reporting period. This information does not have to reflect all the specific requirements of the Pillar Two legislation and can be provided in the form of an indicative range. To the extent information is not known or reasonably estimable, an entity shall instead disclose a statement to that effect and disclose information about the entity's progress in assessing its exposure. 88D

Examples illustrating paragraphs 88C—88D

Examples of information an entity could disclose to meet the objective and requirements in paragraphs 88C—88D include:

(a) qualitative information such as information about how an entity is affected by Pillar Two legislation and the main jurisdictions in which exposures to Pillar Two income taxes might exist; and

(b) quantitative Angaben, wie beispielsweise
   (i) die indikative Angabe des Anteils der Unternehmensgewinne, der Säule-2-Ertragsteuern unterliegen könnte, und des für diese Gewinne geltenden durchschnittlichen effektiven Steuersatzes oder
   (ii) die indikative Angabe, wie sich der durchschnittliche effektive Steuersatz des Unternehmens geändert hätte, wären die Säule-2-Gesetze in Kraft gewesen.

ZEITPUNKT DES INKRAFTTRETENS

89 Dieser Standard ist verbindlich auf Abschlüsse für Berichtsperioden anzuwenden, die am oder nach dem 1. Januar 1998 beginnen, es sei denn, in Paragraph 91 ist etwas anderes festgelegt. Wenn ein Unternehmen diesen Standard auf Berichtsperioden anwendet, die vor dem 1. Januar 1998 beginnen, hat das Unternehmen anzugeben, dass es diesen Standard anstelle von IAS 12 *Bilanzierung von Ertragsteuern*, genehmigt 1979, angewendet hat.

90 Dieser Standard ersetzt den 1979 genehmigten IAS 12 *Bilanzierung von Ertragsteuern.*

91 Die Paragraphen 52A, 52B, 65A, 81 (i), 82A, 87A, 87B, 87C und die Streichung der Paragraphen 3 und 50 sind verbindlich auf Jahresabschlüsse eines am oder nach dem 1. Januar 2001 beginnenden Geschäftsjahrs[3] anzuwenden. Eine frühere Anwendung wird empfohlen. Wenn die frühere Anwendung den Abschluss beeinflusst, so ist dies anzugeben.

92 Durch IAS 1 (in der 2007 überarbeiteten Fassung) wurde die in allen IAS/IFRS verwendete Terminologie geändert. Außerdem wurden die Paragraphen 23, 52, 58, 60, 62, 63, 65, 68C, 77 und 81 geändert, Paragraph 61 gestrichen und die Paragraphen 61A, 62A und 77A eingefügt. Diese Änderungen sind auf Geschäftsjahre anzuwenden, die am oder nach dem 1. Januar 2009 beginnen. Wendet ein Unternehmen IAS 1 (überarbeitet 2007) auf eine frühere Periode an, so hat es auf diese Periode auch diese Änderungen anzuwenden.

93 Paragraph 68 ist vom Zeitpunkt des Inkrafttretens von IFRS 3 (in der 2008 überarbeiteten Fassung) prospektiv auf den Ansatz latenter Steueransprüche, die bei einem Unternehmenszusammenschluss erworben wurden, anzuwenden.

94 Daher dürfen Unternehmen die Bilanzierung früherer Unternehmenszusammenschlüsse nicht anpassen, wenn Steuervorteile die Kriterien für eine gesonderte Erfassung zum Erwerbszeitpunkt nicht erfüllten und nach dem Erwerbszeitpunkt erfasst werden, es sei denn die Steuervorteile werden innerhalb des Bewertungszeitraums erfasst und stammen von neuen Informationen über Fakten und Umstände, die zum Erwerbszeitpunkt bestanden. Sonstige angesetzte Steuervorteile sind erfolgswirksam zu erfassen (oder außerhalb des Gewinns oder Verlusts, sofern es dieser Standards verlangt).

95 Durch IFRS 3 (in der 2008 überarbeiteten Fassung) wurden die Paragraphen 21 und 67 geändert und die Paragraphen 32A und 81 (j) und (k) eingefügt. Diese Änderungen sind auf Geschäftsjahre anzuwenden, die am oder nach dem 1. Juli 2009 beginnen. Wendet ein Unternehmen IFRS 3 (überarbeitet 2008) auf eine frühere Periode an, so hat es auf diese Periode auch diese Änderungen anzuwenden.

96–97 [gestrichen]

98 Durch *Latente Steuern: Realisierung zugrunde liegender Vermögenswerte*, veröffentlicht im Dezember 2010, wurde Paragraph 52 in Paragraph 51A umbenannt, wurden Paragraph 10 und die Beispiele im Anschluss an Paragraph 51A geändert und die Paragraphen 51B und 51C samt nachfolgendem Beispiel sowie die Paragraphen 51D, 51E und 99 eingefügt. Diese Änderungen sind auf Geschäftsjahre anzuwenden, die am oder nach dem 1. Januar 2012 beginnen. Eine frühere Anwendung ist zulässig. Wendet ein Unternehmen die Änderungen auf eine frühere Periode an, hat es dies anzugeben.

98A Durch IFRS 11 *Gemeinschaftliche Vereinbarungen*, veröffentlicht im Mai 2011, wurden die Paragraphen 2, 15, 18 (e), 24, 38, 39, 43–45, 81 (f), 87 und 87C geändert. Wendet ein Unternehmen IFRS 11 an, hat es diese Änderungen ebenfalls anzuwenden.

98B Durch *Darstellung von Posten des sonstigen Ergebnisses* (Änderungen an IAS 1), veröffentlicht im Juni 2011, wurde Paragraph 77 geändert und Paragraph 77A gestrichen. Wendet ein Unternehmen IAS 1 (in der im Juni 2011 geänderten Fassung) an, hat es diese Änderungen ebenfalls anzuwenden.

98C Durch die im Oktober 2012 veröffentlichte Verlautbarung *Investmentgesellschaften* (Investment Entities) (Änderungen an IFRS 10, IFRS 12 und IAS 27) wurden die Paragraphen 58 und 68C geändert. Diese Änderungen sind auf Geschäftsjahre anzuwenden, die am oder nach dem 1. Januar 2014 beginnen. Eine frühere Anwendung ist zulässig. Wendet ein Unternehmen diese Änderungen früher an, hat es alle in der Verlautbarung *Investmentgesellschaften* enthaltenen Änderungen gleichzeitig anzuwenden.

98D [gestrichen]

---

3 In Übereinstimmung mit der im Jahr 1998 verabschiedeten, sprachlich präziseren Bestimmung für den Zeitpunkt des Inkrafttretens bezieht sich Paragraph 91 auf „Abschlüsse eines Geschäftsjahrs". Paragraph 89 bezieht sich auf „Abschlüsse einer Berichtsperiode".

(b) quantitative information such as:
   (i) an indication of the proportion of an entity's profits that might be subject to Pillar Two income taxes and the average effective tax rate applicable to those profits; or
   (ii) an indication of how the entity's average effective tax rate would have changed if Pillar Two legislation had been in effect.

EFFECTIVE DATE

This standard becomes operative for financial statements covering periods beginning on or after 1 January 1998, except as specified in paragraph 91. If an entity applies this standard for financial statements covering periods beginning before 1 January 1998, the entity shall disclose the fact it has applied this standard instead of IAS 12 *Accounting for Taxes on Income,* approved in 1979. 89

This standard supersedes IAS 12 *Accounting for taxes on income,* approved in 1979. 90

Paragraphs 52A, 52B, 65A, 81 (i), 82A, 87A, 87B, 87C and the deletion of paragraphs 3 and 50 become operative for annual financial statements[3] covering periods beginning on or after 1 January 2001. Earlier adoption is encouraged. If earlier adoption affects the financial statements, an entity shall disclose that fact. 91

IAS 1 (as revised in 2007) amended the terminology used throughout IFRSs. In addition it amended paragraphs 23, 52, 58, 60, 62, 63, 65, 68C, 77 and 81, deleted paragraph 61 and added paragraphs 61A, 62A and 77A. An entity shall apply those amendments for annual periods beginning on or after 1 January 2009. If an entity applies IAS 1 (revised 2007) for an earlier period, the amendments shall be applied for that earlier period. 92

Paragraph 68 shall be applied prospectively from the effective date of IFRS 3 (as revised by the International Accounting Standards Board in 2008) to the recognition of deferred tax assets acquired in business combinations. 93

Therefore, entities shall not adjust the accounting for prior business combinations if tax benefits failed to satisfy the criteria for separate recognition as of the acquisition date and are recognised after the acquisition date, unless the benefits are recognised within the measurement period and result from new information about facts and circumstances that existed at the acquisition date. Other tax benefits recognised shall be recognised in profit or loss (or, if this Standard so requires, outside profit or loss). 94

IFRS 3 (as revised by the International Accounting Standards Board in 2008) amended paragraphs 21 and 67 and added paragraphs 32A and 81 (j) and (k). An entity shall apply those amendments for annual periods beginning on or after 1 July 2009. If an entity applies IFRS 3 (revised 2008) for an earlier period, the amendments shall also be applied for that earlier period. 95

[deleted] 96—97

Paragraph 52 was renumbered as 51A, paragraph 10 and the examples following paragraph 51A were amended, and paragraphs 51B and 51C and the following example and paragraphs 51D, 51E and 99 were added by *Deferred Tax: Recovery of Underlying Assets,* issued in December 2010. An entity shall apply those amendments for annual periods beginning on or after 1 January 2012. Earlier application is permitted. If an entity applies the amendments for an earlier period, it shall disclose that fact. 98

IFRS 11 *Joint Arrangements,* issued in May 2011, amended paragraphs 2, 15, 18 (e), 24, 38, 39, 43—45, 81 (f), 87 and 87C. An entity shall apply those amendments when it applies IFRS 11. 98A

Presentation of Items of Other Comprehensive Income (Amendments to IAS 1), issued in June 2011, amended paragraph 77 and deleted paragraph 77A. An entity shall apply those amendments when it applies IAS 1 as amended in June 2011. 98B

Investment Entities (Amendments to IFRS 10, IFRS 12 and IAS 27), issued in October 2012, amended paragraphs 58 and 68C. An entity shall apply those amendments for annual periods beginning on or after 1 January 2014. Earlier application of *Investment Entities* is permitted. If an entity applies those amendments earlier it shall also apply all amendments included in *Investment Entities* at the same time. 98C

[deleted] 98D

3 Paragraph 91 refers to 'annual financial statements' in line with more explicit language for writing effective dates adopted in 1998. Paragraph 89 refers to 'financial statements'.

98E Durch IFRS 15 *Erlöse aus Verträgen mit Kunden*, veröffentlicht im Mai 2014, wurde Paragraph 59 geändert. Wendet ein Unternehmen IFRS 15 an, hat es diese Änderung ebenfalls anzuwenden.

98F Durch IFRS 9, veröffentlicht im Juli 2014, wurde Paragraph 20 geändert und wurden die Paragraphen 96, 97 und 98D gestrichen. Wendet ein Unternehmen IFRS 9 an, hat es diese Änderungen ebenfalls anzuwenden.

98G Durch IFRS 16, veröffentlicht im Januar 2016, wurde Paragraph 20 geändert. Wendet ein Unternehmen IFRS 16 an, hat es diese Änderung ebenfalls anzuwenden.

98H Durch *Ansatz latenter Steueransprüche für nicht realisierte Verluste* (Änderungen an IAS 12), veröffentlicht im Januar 2016, wurden Paragraph 29 geändert und die Paragraphen 27A, 29A sowie das Beispiel nach Paragraph 26 eingefügt. Diese Änderungen sind auf Geschäftsjahre anzuwenden, die am oder nach dem 1. Januar 2017 beginnen. Eine frühere Anwendung ist zulässig. Wendet ein Unternehmen diese Änderungen auf eine frühere Periode an, hat es dies anzugeben. Diese Änderungen sind gemäß IAS 8 *Rechnungslegungsmethoden, Änderungen von rechnungslegungsbezogenen Schätzungen und Fehler* rückwirkend anzuwenden. Bei der erstmaligen Anwendung der Änderung kann die Veränderung des Eigenkapitalanfangssaldos der frühesten Vergleichsperiode jedoch im Anfangssaldo der Gewinnrücklagen (oder ggf. unter einer anderen Eigenkapitalkomponente) angesetzt werden, ohne dass der Wechsel dem Anfangssaldo der Gewinnrücklagen und sonstigen Eigenkapitalkomponenten zugeordnet wird. Macht ein Unternehmen von dieser Möglichkeit Gebrauch, hat es dies anzugeben.

98I Durch die im Dezember 2017 veröffentlichten *Jährlichen Verbesserungen an den IFRS-Standards*, Zyklus 2015–2017, wurde Paragraph 57A eingefügt und Paragraph 52B gestrichen. Diese Änderungen sind auf Geschäftsjahre anzuwenden, die am oder nach dem 1. Januar 2019 beginnen. Eine frühere Anwendung ist zulässig. Wendet ein Unternehmen diese Änderungen zu einem früheren Zeitpunkt an, hat es dies anzugeben. Bei der erstmaligen Anwendung dieser Änderungen hat das Unternehmen diese auf ertragsteuerliche Konsequenzen von Dividendenzahlungen anzuwenden, die bei oder nach Beginn der frühesten Vergleichsperiode erfasst wurden.

98J Mit der im Mai 2021 veröffentlichten Verlautbarung *Latente Steuern, die sich auf Vermögenswerte und Schulden beziehen, die aus einem einzigen Geschäftsvorfall entstehen* wurden die Paragraphen 15, 22 und 24 geändert und Paragraph 22A hinzugefügt. Diese Änderungen sind gemäß den Paragraphen 98K–98L auf jährliche Berichtsperioden anzuwenden, die am oder nach dem 1. Januar 2023 beginnen. Eine frühere Anwendung ist zulässig. Wendet ein Unternehmen die Änderungen auf eine frühere Periode an, hat es dies anzugeben.

98K Die Verlautbarung *Latente Steuern, die sich auf Vermögenswerte und Schulden beziehen, die aus einem einzigen Geschäftsvorfall entstehen* ist auf Geschäftsvorfälle anzuwenden, die bei oder nach Beginn der frühesten dargestellten Vergleichsperiode eintreten.

98L Ein Unternehmen, das die Verlautbarung *Latente Steuern, die sich auf Vermögenswerte und Schulden beziehen, die aus einem einzigen Geschäftsvorfall entstehen* anwendet, hat außerdem zu Beginn der frühesten dargestellten Vergleichsperiode

(a) einen latenten Steueranspruch in dem Umfang anzusetzen, in dem es wahrscheinlich ist, dass ein zu versteuernder Gewinn bestehen wird, gegen den die abzugsfähige temporäre Differenz verwendet werden kann, und eine latente Steuerschuld anzusetzen für alle abzugsfähigen und zu versteuernden temporären Differenzen im Zusammenhang mit
  (i) Nutzungsrechten und Leasingverbindlichkeiten sowie
  (ii) Entsorgungs-, Wiederherstellungs- und ähnlichen Verpflichtungen und den entsprechenden Beträgen, die als Teil der Anschaffungskosten des zugehörigen Vermögenswerts erfasst werden, und

(b) die kumulierte Auswirkung der erstmaligen Anwendung der Änderungen als Berichtigung des Eröffnungsbilanzwerts der Gewinnrücklagen (oder – soweit sachgerecht – einer anderen Eigenkapitalkomponente) zu diesem Zeitpunkt anzusetzen.

98M Durch *Internationale Steuerreform – Säule-2-Mustervorschriften*, veröffentlicht im Mai 2023, wurden die Paragraphen 4A und 88A–88D eingefügt. Ein Unternehmen hat

(a) die Paragraphen 4A und 88A unmittelbar nach Veröffentlichung dieser Änderungen und rückwirkend gemäß IAS 8 anzuwenden und

(b) die Paragraphen 88B–88D auf Geschäftsjahre anzuwenden, die am oder nach dem 1. Januar 2023 beginnen. Die in diesen Paragraphen verlangten Angaben müssen nicht für Zwischenberichtsperioden gemacht werden, die am oder vor dem 31. Dezember 2023 enden.

RÜCKNAHME VON SIC-21

99 Die in *Latente Steuern: Realisierung zugrunde liegender Vermögenswerte* vom Dezember 2010 vorgenommenen Änderungen ersetzen die SIC-Interpretation 21 *Ertragsteuern – Realisierung von neubewerteten, nicht planmäßig abzuschreibenden Vermögenswerten.*

IFRS 15 *Revenue from Contracts with Customers*, issued in May 2014, amended paragraph 59. An entity shall apply that amendment when it applies IFRS 15. 98E

IFRS 9, as issued in July 2014, amended paragraph 20 and deleted paragraphs 96, 97 and 98D. An entity shall apply those amendments when it applies IFRS 9. 98F

IFRS 16, issued in January 2016, amended paragraph 20. An entity shall apply that amendment when it applies IFRS 16. 98G

Recognition of Deferred Tax Assets for Unrealised Losses (Amendments to IAS 12), issued in January 2016, amended paragraph 29 and added paragraphs 27A, 29A and the example following paragraph 26. An entity shall apply those amendments for annual periods beginning on or after 1 January 2017. Earlier application is permitted. If an entity applies those amendments for an earlier period, it shall disclose that fact. An entity shall apply those amendments retrospectively in accordance with IAS 8 *Accounting Policies, Changes in Accounting Estimates and Errors*. However, on initial application of the amendment, the change in the opening equity of the earliest comparative period may be recognised in opening retained earnings (or in another component of equity, as appropriate), without allocating the change between opening retained earnings and other components of equity. If an entity applies this relief, it shall disclose that fact. 98H

Annual Improvements to IFRS Standards 2015—2017 Cycle, issued in December 2017, added paragraph 57A and deleted paragraph 52B. An entity shall apply those amendments for annual reporting periods beginning on or after 1 January 2019. Earlier application is permitted. If an entity applies those amendments earlier, it shall disclose that fact. When an entity first applies those amendments, it shall apply them to the income tax consequences of dividends recognised on or after the beginning of the earliest comparative period. 98I

Deferred Tax related to Assets and Liabilities arising from a Single Transaction, issued in May 2021, amended paragraphs 15, 22 and 24 and added paragraph 22A. An entity shall apply these amendments in accordance with paragraphs 98K—98L for annual reporting periods beginning on or after 1 January 2023. Earlier application is permitted. If an entity applies the amendments for an earlier period, it shall disclose that fact. 98J

An entity shall apply *Deferred Tax related to Assets and Liabilities arising from a Single Transaction* to transactions that occur on or after the beginning of the earliest comparative period presented. 98K

An entity applying *Deferred Tax related to Assets and Liabilities arising from a Single Transaction* shall also, at the beginning of the earliest comparative period presented: 98L

(a) recognise a deferred tax asset—to the extent that it is probable that taxable profit will be available against which the deductible temporary difference can be utilised—and a deferred tax liability for all deductible and taxable temporary differences associated with:
   (i) right-of-use assets and lease liabilities; and
   (ii) decommissioning, restoration and similar liabilities and the corresponding amounts recognised as part of the cost of the related asset; and
(b) recognise the cumulative effect of initially applying the amendments as an adjustment to the opening balance of retained earnings (or other component of equity, as appropriate) at that date.

International Tax Reform—Pillar Two Model Rules, issued in May 2023, added paragraphs 4A and 88A—88D. An entity shall: 98M

(a) apply paragraphs 4A and 88A immediately upon the issue of these amendments and retrospectively in accordance with IAS 8; and
(b) apply paragraphs 88B—88D for annual reporting periods beginning on or after 1 January 2023. An entity is not required to disclose the information required by these paragraphs for any interim period ending on or before 31 December 2023.

WITHDRAWAL OF SIC-21

The amendments made by *Deferred Tax: Recovery of Underlying Assets,* issued in December 2010, supersede SIC Interpretation 21 *Income Taxes—Recovery of Revalued Non-Depreciable Assets.* 99

INTERNATIONAL ACCOUNTING STANDARD 16

Sachanlagen

INHALT

ZIELSETZUNG

1 Zielsetzung dieses Standards ist es, die Bilanzierungsmethoden für Sachanlagen vorzuschreiben, damit Abschlussadressaten Informationen über Investitionen eines Unternehmens in Sachanlagen und Änderungen solcher Investitionen erkennen können. Die grundsätzlichen Fragen zur Bilanzierung von Sachanlagen betreffen den Ansatz der Vermögenswerte, die Bestimmung ihrer Buchwerte und der im Zusammenhang mit ihnen zu erfassenden Abschreibungs- und Wertminderungsaufwendungen.

ANWENDUNGSBEREICH

2 **Dieser Standard ist auf die Bilanzierung von Sachanlagen anzuwenden, es sei denn, dass ein anderer Standard eine andere Bilanzierungsmethode erfordert oder zulässt.**

3 Dieser Standard ist nicht anwendbar auf:

(a) Sachanlagen, die gemäß IFRS 5 *Zur Veräußerung gehaltene langfristige Vermögenswerte und aufgegebene Geschäftsbereiche* als zur Veräußerung gehalten eingestuft werden.

(b) biologische Vermögenswerte, die mit landwirtschaftlicher Tätigkeit im Zusammenhang stehen; eine Ausnahme bilden fruchttragende Pflanzen (siehe IAS 41 *Landwirtschaft*). Dieser Standard ist auf fruchttragende Pflanzen, nicht jedoch auf deren Erzeugnisse anwendbar.

(c) den Ansatz und die Bewertung von Vermögenswerten aus Exploration und Evaluierung (siehe IFRS 6 *Exploration und Evaluierung von Bodenschätzen*).

(d) Abbau- und Schürfrechte sowie Bodenschätze wie Öl, Erdgas und ähnliche nicht-regenerative Ressourcen.

Er gilt jedoch für Sachanlagen, die verwendet werden, um die unter b) bis d) beschriebenen Vermögenswerte zu entwickeln oder instand zu halten.

INTERNATIONAL ACCOUNTING STANDARD 16

Property, plant and equipment

SUMMARY

OBJECTIVE

The objective of this standard is to prescribe the accounting treatment for property, plant and equipment so that users of the financial statements can discern information about an entity's investment in its property, plant and equipment and the changes in such investment. The principal issues in accounting for property, plant and equipment are the recognition of the assets, the determination of their carrying amounts and the depreciation charges and impairment losses to be recognised in relation to them. 1

SCOPE

This standard shall be applied in accounting for property, plant and equipment except when another standard requires or permits a different accounting treatment. 2

This standard does not apply to: 3

(a) property, plant and equipment classified as held for sale in accordance with IFRS 5 *Non-current Assets Held for Sale and Discontinued Operations*.

(b) biological assets related to agricultural activity other than bearer plants (see IAS 41 *Agriculture*). This Standard applies to bearer plants but it does not apply to the produce on bearer plants.

(c) the recognition and measurement of exploration and evaluation assets (see IFRS 6 *Exploration for and Evaluation of Mineral Resources*).

(d) mineral rights and mineral reserves such as oil, natural gas and similar non-regenerative resources.

However, this standard applies to property, plant and equipment used to develop or maintain the assets described in (b)—(d).

4 [gestrichen]

5 Ein Unternehmen, das für als Finanzinvestition gehaltene Immobilien das Anschaffungskostenmodel gemäß IAS 40 *Als Finanzinvestition gehaltene Immobilien* anwendet, hat für eigene als Finanzinvestition gehaltene Immobilien das Anschaffungskostenmodell dieses Standards anzuwenden.

DEFINITIONEN

6 **Die folgenden Begriffe werden in diesem Standard mit der angegebenen Bedeutung verwendet:**

Eine *fruchttragende Pflanze* ist eine lebende Pflanze, die

(a) zur Herstellung oder Lieferung landwirtschaftlicher Erzeugnisse verwendet wird,

(b) den Erwartungen zufolge mehr als eine Periode Frucht tragen wird und

(c) mit Ausnahme des Verkaufs nach Ende der Nutzbarkeit nur mit sehr geringer Wahrscheinlichkeit als landwirtschaftliches Erzeugnis verkauft wird.

(In den Paragraphen 5A–5B von IAS 41 wird diese Definition einer fruchttragenden Pflanze weiter ausgeführt.)

Der *Buchwert* ist der Betrag, mit dem ein Vermögenswert nach Abzug aller kumulierten planmäßigen Abschreibungen und kumulierten Wertminderungsaufwendungen erfasst wird.

***Anschaffungs- oder Herstellungskosten* sind der zum Erwerb oder zur Herstellung eines Vermögenswerts entrichtete Betrag an Zahlungsmitteln oder Zahlungsmitteläquivalenten oder der beizulegende Zeitwert einer anderen Entgeltform zum Zeitpunkt des Erwerbs oder der Herstellung oder, falls zutreffend, der Betrag, der diesem Vermögenswert beim erstmaligen Ansatz gemäß den besonderen Bestimmungen anderer IFRS, wie beispielsweise IFRS 2 *Anteilsbasierte Vergütung*, beigelegt wird.**

Der *Abschreibungsbetrag* ist die Differenz zwischen den Anschaffungs- oder Herstellungskosten eines Vermögenswerts oder eines Ersatzbetrags und dem Restwert.

***Planmäßige Abschreibung* ist die systematische Verteilung des Abschreibungsbetrags eines Vermögenswerts über dessen Nutzungsdauer.**

Der *unternehmensspezifische Wert* ist der Barwert der Zahlungsströme, von denen ein Unternehmen erwartet, dass sie aus der fortgesetzten Nutzung eines Vermögenswerts und seinem Abgang am Ende seiner Nutzungsdauer oder bei Begleichung einer Schuld entstehen.

Der *beizulegende Zeitwert* ist der Preis, der in einem gewöhnlichen Geschäftsvorfall zwischen Marktteilnehmern am Bewertungsstichtag für den Verkauf eines Vermögenswerts eingenommen bzw. für die Übertragung einer Schuld gezahlt würde. (Siehe IFRS 13 *Bewertung zum beizulegenden Zeitwert*.)

Ein *Wertminderungsaufwand* ist der Betrag, um den der Buchwert eines Vermögenswerts seinen erzielbaren Betrag übersteigt.

***Sachanlagen* umfassen materielle Vermögenswerte,**

(a) die für Zwecke der Herstellung oder der Lieferung von Gütern und Dienstleistungen, zur Vermietung an Dritte oder für Verwaltungszwecke gehalten werden, und

(b) die den Erwartungen zufolge länger als eine Periode genutzt werden.

Der *erzielbare Betrag* ist der höhere der beiden Beträge aus beizulegendem Zeitwert eines Vermögenswerts abzüglich Veräußerungskosten und Nutzungswert.

Der *Restwert* eines Vermögenswerts ist der geschätzte Betrag, den ein Unternehmen derzeit bei Abgang des Vermögenswerts nach Abzug der bei Abgang voraussichtlich anfallenden Ausgaben erhalten würde, wenn der Vermögenswert alters- und zustandsmäßig schon am Ende seiner Nutzungsdauer angelangt wäre.

Die *Nutzungsdauer* ist

(a) der Zeitraum, über den ein Vermögenswert voraussichtlich von einem Unternehmen nutzbar ist, oder

(b) die voraussichtlich durch den Vermögenswert im Unternehmen zu erzielende Anzahl an Produktionseinheiten oder ähnlichen Maßgrößen.

ANSATZ

7 **Die Anschaffungs- oder Herstellungskosten einer Sachanlage sind nur dann als Vermögenswert anzusetzen, wenn**

(a) es wahrscheinlich ist, dass ein mit der Sachanlage verbundener künftiger wirtschaftlicher Nutzen dem Unternehmen zufließen wird, und wenn

(b) die Anschaffungs- oder Herstellungskosten der Sachanlage verlässlich ermittelt werden können.

8 Posten wie Ersatzteile, Bereitschaftsausrüstungen und Wartungsgeräte werden gemäß diesem IFRS angesetzt, wenn sie die Definition des Begriffs „Sachanlage“ erfüllen. Ansonsten werden diese Posten als Vorräte behandelt.

[Deleted] 4

An entity using the cost model for investment property in accordance with IAS 40 *Investment Property* shall use the cost model in this Standard for owned investment property. 5

DEFINITIONS

The following terms are used in this standard with the meanings specified: 6

A *bearer plant* is a living plant that:

(a) is used in the production or supply of agricultural produce;

(b) is expected to bear produce for more than one period; and

(c) has a remote likelihood of being sold as agricultural produce, except for incidental scrap sales.

(Paragraphs 5A—5B of IAS 41 elaborate on this definition of a bearer plant.)

***Carrying amount* is the amount at which an asset is recognised after deducting any accumulated depreciation and accumulated impairment losses.**

Cost* is the amount of cash or cash equivalents paid or the fair value of the other consideration given to acquire an asset at the time of its acquisition or construction or, where applicable, the amount attributed to that asset when initially recognised in accordance with the specific requirements of other IFRSs, e.g. IFRS 2 *Share-based payment.

***Depreciable amount* is the cost of an asset, or other amount substituted for cost, less its residual value.**

***Depreciation* is the systematic allocation of the depreciable amount of an asset over its useful life.**

***Entity-specific value* is the present value of the cash flows an entity expects to arise from the continuing use of an asset and from its disposal at the end of its useful life or expects to incur when settling a liability.**

***Fair value* is the price that would be received to sell an asset or paid to transfer a liability in an orderly transaction between market participants at the measurement date. (See IFRS 13 *Fair Value Measurement.*)**

An *impairment loss* is the amount by which the carrying amount of an asset exceeds its recoverable amount.

***Property, plant and equipment* are tangible items that:**

(a) are held for use in the production or supply of goods or services, for rental to others, or for administrative purposes; and

(b) are expected to be used during more than one period.

***Recoverable amount* is the higher of an asset's fair value less costs to sell and its value in use.**

The *residual value* of an asset is the estimated amount that an entity would currently obtain from disposal of the asset, after deducting the estimated costs of disposal, if the asset were already of the age and in the condition expected at the end of its useful life.

***Useful life* is:**

(a) the period over which an asset is expected to be available for use by an entity; or

(b) the number of production or similar units expected to be obtained from the asset by an entity.

RECOGNITION

The cost of an item of property, plant and equipment shall be recognised as an asset if, and only if: 7

(a) it is probable that future economic benefits associated with the item will flow to the entity; and

(b) the cost of the item can be measured reliably.

Items such as spare parts, stand-by equipment and servicing equipment are recognised in accordance with this IFRS when they meet the definition of property, plant and equipment. Otherwise, such items are classified as inventory. 8

9 Dieser Standard schreibt für den Ansatz keine Maßeinheit hinsichtlich einer Sachanlage vor. Demzufolge ist bei der Anwendung der Ansatzkriterien auf die unternehmensspezifischen Gegebenheiten eine Ermessensausübung erforderlich. Es kann angemessen sein, einzelne unbedeutende Gegenstände, wie Press-, Gussformen und Werkzeuge, zusammenzufassen und die Kriterien auf den zusammengefassten Wert anzuwenden.

10 Ein Unternehmen bewertet alle Kosten für Sachanlagen nach diesem Ansatzgrundsatz zu dem Zeitpunkt, an dem sie anfallen. Hierzu zählen die anfänglich für den Erwerb oder die Herstellung der Sachanlage angefallenen Kosten sowie die späteren Kosten für ihren Ausbau, ihre teilweise Ersetzung oder ihre Instandhaltung. Zu den Anschaffungs- oder Herstellungskosten für eine Sachanlage können auch Kosten zählen, die im Zusammenhang mit der Anmietung von Vermögenswerten anfallen, die für den Bau, den Ausbau, die teilweise Ersetzung oder die Instandhaltung der Sachanlage verwendet werden, wie die planmäßige Abschreibung von Nutzungsrechten.

Erstmalige Anschaffungs- oder Herstellungskosten

11 Sachanlagen können aus Gründen der Sicherheit oder des Umweltschutzes erworben werden. Der Erwerb solcher Gegenstände steigert zwar nicht direkt den künftigen wirtschaftlichen Nutzen einer bereits vorhandenen Sachanlage, er kann aber notwendig sein, um den künftigen wirtschaftlichen Nutzen aus den anderen Vermögenswerten des Unternehmens zu gewinnen. Solche Sachanlagen können als Vermögenswerte angesetzt werden, da sie es einem Unternehmen ermöglichen, künftig einen höheren wirtschaftlichen Nutzen aus den verbundenen Vermögenswerten zu ziehen, als es ohne den Erwerb möglich gewesen wäre. So kann beispielsweise ein Chemieunternehmen bestimmte neue chemische Bearbeitungsverfahren einrichten, um die Umweltschutzvorschriften für die Herstellung und Lagerung gefährlicher chemischer Stoffe zu erfüllen. Damit verbundene Betriebsverbesserungen werden als Vermögenswert angesetzt, da das Unternehmen ohne sie keine Chemikalien herstellen und verkaufen kann. Der aus solchen Vermögenswerten und damit verbundenen Vermögenswerten entstehende Buchwert wird jedoch auf Wertminderung gemäß IAS 36 *Wertminderung von Vermögenswerten* überprüft.

Nachträgliche Anschaffungs- oder Herstellungskosten

12 Nach den Ansatzkriterien in Paragraph 7 erfasst ein Unternehmen die laufenden Wartungskosten für eine Sachanlage nicht in ihrem Buchwert. Diese Kosten werden sofort erfolgswirksam erfasst. Kosten für die laufende Wartung setzen sich vor allem aus Kosten für Lohn und Verbrauchsgüter zusammen und können auch Kosten für Kleinteile beinhalten. Der Zweck dieser Aufwendungen wird häufig als „Reparaturen und Instandhaltungen" der Sachanlagen beschrieben.

13 Teile einiger Sachanlagen bedürfen in regelmäßigen Zeitabständen gegebenenfalls eines Ersatzes. Das gilt beispielsweise für einen Hochofen, der nach einer bestimmten Gebrauchszeit auszufüttern ist, oder für Flugzeugteile wie Sitze und Bordküchen, die über die Lebensdauer des Flugzeuges mehrfach ausgetauscht werden. Sachanlagen können auch erworben werden, um einen nicht so häufig wiederkehrenden Ersatz vorzunehmen, wie den Ersatz der Innenwände eines Gebäudes, oder um einen einmaligen Ersatz vorzunehmen. Nach dem Ansatzgrundsatz in Paragraph 7 erfasst ein Unternehmen im Buchwert einer Sachanlage die Anschaffungs- oder Herstellungskosten für den Ersatz eines Teils eines solchen Gegenstands zum Zeitpunkt des Anfalls der Kosten, wenn die Ansatzkriterien erfüllt sind. Der Buchwert jener Teile, die ersetzt wurden, wird gemäß den Ausbuchungsbestimmungen dieses Standards ausgebucht (siehe Paragraph 67–72).

14 Eine Voraussetzung für die Fortführung des Betriebs einer Sachanlage (z. B. eines Flugzeugs) kann die Durchführung regelmäßiger größerer Wartungen sein, ungeachtet dessen, ob Teile ersetzt werden. Bei Durchführung jeder größeren Wartung werden die Kosten im Buchwert der Sachanlage als Ersatz erfasst, wenn die Ansatzkriterien erfüllt sind. Jeder verbleibende Buchwert der Kosten für die vorhergehende Wartung (im Unterschied zu physischen Teilen) wird ausgebucht. Dies erfolgt ungeachtet dessen, ob die Kosten der vorhergehenden Wartung der Transaktion zugeordnet wurden, bei der die Sachanlage erworben oder hergestellt wurde. Falls erforderlich, können die geschätzten Kosten einer zukünftigen ähnlichen Wartung als Anhaltspunkt für die Kosten verwendet werden, die zum Zeitpunkt des Erwerbs oder der Herstellung der Sachanlage für den jetzigen Wartungsbestandteil angefallen sind.

BEWERTUNG BEI ERSTMALIGEM ANSATZ

15 **Eine Sachanlage, die als Vermögenswert anzusetzen ist, ist bei erstmaligem Ansatz mit ihren Anschaffungs- oder Herstellungskosten zu bewerten.**

Bestandteile der Anschaffungs- oder Herstellungskosten

16 Die Anschaffungs- oder Herstellungskosten einer Sachanlage umfassen

This standard does not prescribe the unit of measure for recognition, i.e. what constitutes an item of property, plant and equipment. Thus, judgement is required in applying the recognition criteria to an entity's specific circumstances. It may be appropriate to aggregate individually insignificant items, such as moulds, tools and dies, and to apply the criteria to the aggregate value. 9

An entity evaluates under this recognition principle all its property, plant and equipment costs at the time they are incurred. These costs include costs incurred initially to acquire or construct an item of property, plant and equipment and costs incurred subsequently to add to, replace part of, or service it. The cost of an item of property, plant and equipment may include costs incurred relating to leases of assets that are used to construct, add to, replace part of or service an item of property, plant and equipment, such as depreciation of right-of-use assets. 10

Initial costs

Items of property, plant and equipment may be acquired for safety or environmental reasons. The acquisition of such property, plant and equipment, although not directly increasing the future economic benefits of any particular existing item of property, plant and equipment, may be necessary for an entity to obtain the future economic benefits from its other assets. Such items of property, plant and equipment qualify for recognition as assets because they enable an entity to derive future economic benefits from related assets in excess of what could be derived had those items not been acquired. For example, a chemical manufacturer may install new chemical handling processes to comply with environmental requirements for the production and storage of dangerous chemicals; related plant enhancements are recognised as an asset because without them the entity is unable to manufacture and sell chemicals. However, the resulting carrying amount of such an asset and related assets is reviewed for impairment in accordance with IAS 36 *Impairment of assets*. 11

Subsequent costs

Under the recognition principle in paragraph 7, an entity does not recognise in the carrying amount of an item of property, plant and equipment the costs of the day-to-day servicing of the item. Rather, these costs are recognised in profit or loss as incurred. Costs of day-to-day servicing are primarily the costs of labour and consumables, and may include the cost of small parts. The purpose of these expenditures is often described as for the 'repairs and maintenance' of the item of property, plant and equipment. 12

Parts of some items of property, plant and equipment may require replacement at regular intervals. For example, a furnace may require relining after a specified number of hours of use, or aircraft interiors such as seats and galleys may require replacement several times during the life of the airframe. Items of property, plant and equipment may also be acquired to make a less frequently recurring replacement, such as replacing the interior walls of a building, or to make a nonrecurring replacement. Under the recognition principle in paragraph 7, an entity recognises in the carrying amount of an item of property, plant and equipment the cost of replacing part of such an item when that cost is incurred if the recognition criteria are met. The carrying amount of those parts that are replaced is derecognised in accordance with the derecognition provisions of this standard (see paragraphs 67—72). 13

A condition of continuing to operate an item of property, plant and equipment (for example, an aircraft) may be performing regular major inspections for faults regardless of whether parts of the item are replaced. When each major inspection is performed, its cost is recognised in the carrying amount of the item of property, plant and equipment as a replacement if the recognition criteria are satisfied. Any remaining carrying amount of the cost of the previous inspection (as distinct from physical parts) is derecognised. This occurs regardless of whether the cost of the previous inspection was identified in the transaction in which the item was acquired or constructed. If necessary, the estimated cost of a future similar inspection may be used as an indication of what the cost of the existing inspection component was when the item was acquired or constructed. 14

MEASUREMENT AT RECOGNITION

An item of property, plant and equipment that qualifies for recognition as an asset shall be measured at its cost. 15

Elements of cost

The cost of an item of property, plant and equipment comprises: 16

(a) den Erwerbspreis einschließlich Einfuhrzölle und nicht erstattungsfähiger Umsatzsteuern nach Abzug von Rabatten, Boni und Skonti,
(b) alle einzeln zuordenbaren Kosten, die anfallen, um den Vermögenswert zu seinem Standort und in den Zustand zu bringen, der erforderlich ist, damit er in der vom Management beabsichtigten Weise genutzt werden kann,
(c) die erstmalig geschätzten Kosten für den Abbruch und die Beseitigung des Gegenstands sowie für die Wiederherstellung des Standorts, an dem er sich befindet, aus der Verpflichtung, die ein Unternehmen entweder bei Erwerb des Gegenstands oder als Folge eingeht, wenn es ihn während einer bestimmten Periode zu anderen Zwecken als zur Herstellung von Vorräten benutzt hat.

17 Beispiele für einzeln zuordenbare Kosten sind:
(a) Kosten für Leistungen an Arbeitnehmer (wie in IAS 19 *Leistungen an Arbeitnehmer* definiert), die direkt aufgrund der Herstellung oder Anschaffung der Sachanlage anfallen,
(b) Kosten der Standortvorbereitung,
(c) Kosten der erstmaligen Lieferung und Verbringung,
(d) Installations- und Montagekosten,
(e) Kosten für Testläufe, mit denen überprüft wird, ob der Vermögenswert ordnungsgemäß funktioniert (d. h. es wird beurteilt, ob der Vermögenswert technisch und physisch so leistungsfähig ist, dass er für die Produktion oder für Lieferungen oder Leistungen, für Zwecke der Vermietung an Dritte oder für administrative Zwecke eingesetzt werden kann), und
(f) Honorare.

18 Ein Unternehmen wendet IAS 2 *Vorräte* an für die Kosten aus Verpflichtungen für den Abbruch, die Beseitigung und die Wiederherstellung des Standorts, an dem sich ein Gegenstand befindet, die während einer bestimmten Periode infolge der Nutzung des Gegenstands zur Herstellung von Vorräten in der besagten Periode eingegangen wurden. Die Verpflichtungen für Kosten, die gemäß IAS 2 oder IAS 16 bilanziert werden, werden gemäß IAS 37 *Rückstellungen, Eventualverbindlichkeiten und Eventualforderungen* angesetzt und bewertet.

19 Beispiele für Kosten, die nicht zu den Anschaffungs- oder Herstellungskosten von Sachanlagen gehören, sind
(a) Kosten für die Eröffnung einer neuen Betriebsstätte,
(b) Kosten für die Einführung eines neuen Produkts oder einer neuen Dienstleistung (einschließlich Kosten für Werbung und verkaufsfördernde Maßnahmen),
(c) Kosten für Geschäftstätigkeiten an einem neuen Standort oder mit einer neuen Kundengruppe (einschließlich Schulungskosten) und
(d) Verwaltungs- und andere allgemeine Gemeinkosten.

20 Der Ansatz von Anschaffungs- und Herstellungskosten im Buchwert einer Sachanlage endet, wenn sie sich an ihrem Standort und in dem Zustand befindet, der erforderlich ist, damit sie in der vom Management beabsichtigten Weise genutzt werden kann. Kosten, die bei der Nutzung oder Verlagerung einer Sachanlage anfallen, sind nicht im Buchwert dieses Gegenstands enthalten. Die nachstehenden Kosten gehören beispielsweise nicht zum Buchwert einer Sachanlage:
(a) Kosten, die anfallen, während eine Sachanlage sich in einem Zustand befindet, der die vom Management beabsichtigte Nutzung ermöglicht, jedoch noch in Betrieb gesetzt werden muss oder ihren Betrieb noch nicht voll aufgenommen hat,
(b) anfängliche Betriebsverluste, wie diejenigen, die anfallen, bis sich die Nachfrage nach der Produktion des Vermögenswerts aufgebaut hat, und
(c) Kosten für die Verlagerung oder Umstrukturierung eines Teils oder der gesamten Geschäftstätigkeit des Unternehmens.

20A Gegenstände können produziert werden, während eine Sachanlage zu ihrem Standort und in den Zustand gebracht wird, der erforderlich ist, damit sie in der vom Management beabsichtigten Weise genutzt werden kann (wie Muster, die im Zuge der Überprüfung, ob der Vermögenswert ordnungsgemäß funktioniert, gefertigt werden). Ein Unternehmen erfasst die Erlöse aus dem Verkauf solcher Gegenstände und die Kosten dieser Gegenstände gemäß den einschlägigen Standards in der Gewinn- und Verlustrechnung. Das Unternehmen bemisst die Kosten dieser Gegenstände nach den Bewertungsvorschriften von IAS 2.

21 Einige Geschäftstätigkeiten treten bei der Herstellung oder Entwicklung einer Sachanlage auf, sind jedoch nicht notwendig, um sie zu ihrem Standort und in den Zustand zu bringen, der erforderlich ist, damit sie in der vom Management beabsichtigten Weise genutzt werden kann. Diese Nebentätigkeiten können vor den oder während der Herstellungs- oder Entwicklungstätigkeiten auftreten. Einnahmen können zum Beispiel erzielt werden, indem der Standort für ein Gebäude vor Baubeginn als Parkplatz genutzt wird. Da Nebentätigkeiten nicht notwendig sind, um eine Sachanlage zu ihrem Standort zu bringen und in einen Zustand zu versetzen, der die vom Management beabsichtigte Nutzung ermöglicht, werden die Erträge und dazugehörigen Aufwendungen der Nebentätigkeiten erfolgswirksam erfasst und in ihren entsprechenden Ertrags- und Aufwandsposten ausgewiesen.

(a) its purchase price, including import duties and non-refundable purchase taxes, after deducting trade discounts and rebates;
(b) any costs directly attributable to bringing the asset to the location and condition necessary for it to be capable of operating in the manner intended by management;
(c) the initial estimate of the costs of dismantling and removing the item and restoring the site on which it is located, the obligation for which an entity incurs either when the item is acquired or as a consequence of having used the item during a particular period for purposes other than to produce inventories during that period.

Examples of directly attributable costs are: **17**
(a) costs of employee benefits (as defined in IAS 19 *Employee benefits*) arising directly from the construction or acquisition of the item of property, plant and equipment;
(b) costs of site preparation;
(c) initial delivery and handling costs;
(d) installation and assembly costs;
(e) costs of testing whether the asset is functioning properly (i.e. assessing whether the technical and physical performance of the asset is such that it is capable of being used in the production or supply of goods or services, for rental to others, or for administrative purposes); and
(f) professional fees.

An entity applies IAS 2 *Inventories* to the costs of obligations for dismantling, removing and restoring the site on which an item is located that are incurred during a particular period as a consequence of having used the item to produce inventories during that period. The obligations for costs accounted for in accordance with IAS 2 or IAS 16 are recognised and measured in accordance with IAS 37 *Provisions, contingent liabilities and contingent assets*. **18**

Examples of costs that are not costs of an item of property, plant and equipment are: **19**
(a) costs of opening a new facility;
(b) costs of introducing a new product or service (including costs of advertising and promotional activities);
(c) costs of conducting business in a new location or with a new class of customer (including costs of staff training); and
(d) administration and other general overhead costs.

Recognition of costs in the carrying amount of an item of property, plant and equipment ceases when the item is in the location and condition necessary for it to be capable of operating in the manner intended by management. Therefore, costs incurred in using or redeploying an item are not included in the carrying amount of that item. For example, the following costs are not included in the carrying amount of an item of property, plant and equipment: **20**
(a) costs incurred while an item capable of operating in the manner intended by management has yet to be brought into use or is operated at less than full capacity;
(b) initial operating losses, such as those incurred while demand for the item's output builds up; and
(c) costs of relocating or reorganising part or all of an entity's operations.

Items may be produced while bringing an item of property, plant and equipment to the location and condition necessary for it to be capable of operating in the manner intended by management (such as samples produced when testing whether the asset is functioning properly). An entity recognises the proceeds from selling any such items, and the cost of those items, in profit or loss in accordance with applicable Standards. The entity measures the cost of those items applying the measurement requirements of IAS 2. **20A**

Some operations occur in connection with the construction or development of an item of property, plant and equipment, but are not necessary to bring the item to the location and condition necessary for it to be capable of operating in the manner intended by management. These incidental operations may occur before or during the construction or development activities. For example, income may be earned through using a building site as a car park until construction starts. Because incidental operations are not necessary to bring an item to the location and condition necessary for it to be capable of operating in the manner intended by management, the income and related expenses of incidental operations are recognised in profit or loss and included in their respective classifications of income and expense. **21**

22 Die Ermittlung der Herstellungskosten für selbst hergestellte Vermögenswerte folgt denselben Grundsätzen, die auch beim Erwerb von Vermögenswerten angewandt werden. Wenn ein Unternehmen ähnliche Vermögenswerte für den Verkauf im Rahmen seiner normalen Geschäftstätigkeit herstellt, sind die Herstellungskosten eines Vermögenswerts normalerweise dieselben wie die für die Herstellung der zu veräußernden Gegenstände (siehe IAS 2). Daher sind etwaige interne Gewinne aus diesen Kosten herauszurechnen. Gleichermaßen stellen auch die Kosten für außergewöhnliche Mengen an Ausschuss, unnötigen Arbeitsaufwand oder andere verschwendete Ressourcen keine Bestandteile der Herstellungskosten des selbst hergestellten Vermögenswerts dar. IAS 23 *Fremdkapitalkosten* legt Kriterien für die Aktivierung von Zinsen als Bestandteil des Buchwerts einer selbst erstellten Sachanlage fest.

22A Fruchttragende Pflanzen sind, bevor sie sich an ihrem Standort und in einem Zustand befinden, der die vom Management beabsichtigte Nutzung ermöglicht, in gleicher Weise zu bilanzieren wie selbst erstellte Sachanlagen. Die Bestimmungen zur „Herstellung“ in diesem Standard sollten daher so verstanden werden, dass sie die erforderlichen Arbeiten zur Kultivierung der fruchttragenden Pflanzen einschließen, bis diese sich an ihrem Standort und in einem Zustand befinden, der die vom Management beabsichtigte Nutzung ermöglicht.

Bestimmung der Anschaffungs- und Herstellungskosten

23 Die Anschaffungs- oder Herstellungskosten einer Sachanlage entsprechen dem Gegenwert des Barpreises zum Erfassungszeitpunkt. Wird die Zahlung über das normale Zahlungsziel hinaus aufgeschoben, wird die Differenz zwischen dem Gegenwert des Barpreises und der zu leistenden Gesamtzahlung über den Zeitraum des Zahlungsziels als Zinsen erfasst, wenn diese Zinsen nicht gemäß IAS 23 aktiviert werden.

24 Eine oder mehrere Sachanlagen können im Tausch gegen nicht-monetäre Vermögenswerte oder eine Kombination von monetären und nicht-monetären Vermögenswerten erworben werden. Die folgenden Ausführungen beziehen sich nur auf einen Tausch von einem nicht-monetären Vermögenswert gegen einen anderen, finden aber auch auf alle anderen im vorstehenden Satz genannten Tauschvorgänge Anwendung. Die Anschaffungskosten einer solchen Sachanlage werden zum beizulegenden Zeitwert bewertet, es sei denn, a) dem Tauschgeschäft fehlt es an wirtschaftlicher Substanz oder b) weder der beizulegende Zeitwert des erhaltenen Vermögenswerts noch der des aufgegebenen Vermögenswerts ist verlässlich ermittelbar. Der erworbene Gegenstand wird in dieser Art bewertet, auch wenn ein Unternehmen den aufgegebenen Vermögenswert nicht sofort ausbuchen kann. Wenn der erworbene Gegenstand nicht zum beizulegenden Zeitwert bewertet wird, werden die Anschaffungskosten zum Buchwert des aufgegebenen Vermögenswerts bewertet.

25 Ein Unternehmen beurteilt, ob ein Tauschgeschäft wirtschaftliche Substanz hat, indem es prüft, in welchem Umfang sich die künftigen Zahlungsströme infolge der Transaktion voraussichtlich ändern. Ein Tauschgeschäft hat wirtschaftliche Substanz, wenn

(a) die Zusammensetzung (Risiko, Zeitpunkt und Betrag) der Zahlungsströme des erhaltenen Vermögenswerts sich von der Zusammensetzung der Zahlungsströme des übertragenen Vermögenswerts unterscheidet oder
(b) der unternehmensspezifische Wert des Teils der Geschäftstätigkeiten des Unternehmens, der von der Transaktion betroffen ist, sich aufgrund des Tauschgeschäfts ändert und
(c) die Differenz in (a) oder (b) im Verhältnis zum beizulegenden Zeitwert der getauschten Vermögenswerte signifikant ist.

Für den Zweck der Bestimmung, ob ein Tauschgeschäft wirtschaftliche Substanz hat, spiegelt der unternehmensspezifische Wert des Teils der Geschäftstätigkeiten des Unternehmens, der von der Transaktion betroffen ist, Zahlungsströme nach Steuern wider. Das Ergebnis dieser Analysen kann eindeutig sein, ohne dass ein Unternehmen detaillierte Kalkulationen erbringen muss.

26 Der beizulegende Zeitwert eines Vermögenswerts gilt als verlässlich ermittelbar, wenn a) die Schwankungsbandbreite der angemessenen Ermittlungen des beizulegenden Zeitwerts für diesen Vermögenswert nicht signifikant ist oder b) die Eintrittswahrscheinlichkeiten der verschiedenen Schätzungen innerhalb dieser Bandbreite angemessen beurteilt und bei der Ermittlung des beizulegenden Zeitwerts verwendet werden können. Wenn ein Unternehmen den beizulegenden Zeitwert des erhaltenen Vermögenswerts oder des aufgegebenen Vermögenswerts verlässlich ermitteln kann, dann wird der beizulegende Zeitwert des aufgegebenen Vermögenswerts benutzt, um die Anschaffungskosten des erhaltenen Vermögenswerts zu ermitteln, es sei denn, der beizulegende Zeitwert des erhaltenen Vermögenswerts ist der offensichtlichere.

27 [gestrichen]

28 Der Buchwert einer Sachanlage kann gemäß IAS 20 *Bilanzierung und Darstellung von Zuwendungen der öffentlichen Hand* um Zuwendungen der öffentlichen Hand gemindert werden.

The cost of a self-constructed asset is determined using the same principles as for an acquired asset. If an entity makes similar assets for sale in the normal course of business, the cost of the asset is usually the same as the cost of constructing an asset for sale (see IAS 2). Therefore, any internal profits are eliminated in arriving at such costs. Similarly, the cost of abnormal amounts of wasted material, labour, or other resources incurred in self-constructing an asset is not included in the cost of the asset. IAS 23 *Borrowing costs* establishes criteria for the recognition of interest as a component of the carrying amount of a self-constructed item of property, plant and equipment. 22

Bearer plants are accounted for in the same way as self-constructed items of property, plant and equipment before they are in the location and condition necessary to be capable of operating in the manner intended by management. Consequently, references to 'construction' in this Standard should be read as covering activities that are necessary to cultivate the bearer plants before they are in the location and condition necessary to be capable of operating in the manner intended by management. 22A

Measurement of cost

The cost of an item of property, plant and equipment is the cash price equivalent at the recognition date. If payment is deferred beyond normal credit terms, the difference between the cash price equivalent and the total payment is recognised as interest over the period of credit unless such interest is capitalised in accordance with IAS 23. 23

One or more items of property, plant and equipment may be acquired in exchange for a non-monetary asset or assets, or a combination of monetary and non-monetary assets. The following discussion refers simply to an exchange of one non-monetary asset for another, but it also applies to all exchanges described in the preceding sentence. The cost of such an item of property, plant and equipment is measured at fair value unless (a) the exchange transaction lacks commercial substance or (b) the fair value of neither the asset received nor the asset given up is reliably measurable. The acquired item is measured in this way even if an entity cannot immediately derecognise the asset given up. If the acquired item is not measured at fair value, its cost is measured at the carrying amount of the asset given up. 24

An entity determines whether an exchange transaction has commercial substance by considering the extent to which its future cash flows are expected to change as a result of the transaction. An exchange transaction has commercial substance if: 25

(a) the configuration (risk, timing and amount) of the cash flows of the asset received differs from the configuration of the cash flows of the asset transferred; or
(b) the entity-specific value of the portion of the entity's operations affected by the transaction changes as a result of the exchange; and
(c) the difference in (a) or (b) is significant relative to the fair value of the assets exchanged.

For the purpose of determining whether an exchange transaction has commercial substance, the entity-specific value of the portion of the entity's operations affected by the transaction shall reflect post-tax cash flows. The result of these analyses may be clear without an entity having to perform detailed calculations.

The fair value of an asset is reliably measurable if (a) the variability in the range of reasonable fair value measurements is not significant for that asset or (b) the probabilities of the various estimates within the range can be reasonably assessed and used when measuring fair value. If an entity is able to measure reliably the fair value of either the asset received or the asset given up, then the fair value of the asset given up is used to measure the cost of the asset received unless the fair value of the asset received is more clearly evident. 26

[Deleted] 27

The carrying amount of an item of property, plant and equipment may be reduced by government grants in accordance with IAS 20 *Accounting for government grants and disclosure of government assistance.* 28

FOLGEBEWERTUNG

29 **Ein Unternehmen wählt als Rechnungslegungsmethode entweder das Anschaffungskostenmodell nach Paragraph 30 oder das Neubewertungsmodell nach Paragraph 31 aus und wendet dann die gewählte Methode auf eine gesamte Gruppe von Sachanlagen an.**

29A Einige Unternehmen betreiben intern oder extern einen Investmentfonds, der für die Anleger Leistungen erbringt, die sich nach der Anzahl der Fondsanteile richten. Ebenso zeichnen einige Unternehmen Gruppen von Versicherungsverträgen mit direkter Überschussbeteiligung und halten die zugrunde liegenden Referenzwerte. Einige solcher Fonds oder zugrunde liegender Referenzwerte umfassen auch vom Eigentümer selbst genutzte Immobilien. Auf vom Eigentümer selbst genutzte Immobilien, die Teil eines solchen Fonds sind, oder die zugrunde liegenden Referenzwerte sind, wendet das Unternehmen IAS 16 an. Ungeachtet von Paragraph 29 kann das Unternehmen wählen, solche Immobilien unter Anwendung des Modells des beizulegenden Zeitwerts nach IAS 40 zu bewerten. Für die Zwecke dieses Wahlrechts umfassen Versicherungsverträge auch Kapitalanlageverträge mit ermessensabhängiger Überschussbeteiligung. (Siehe IFRS 17 *Versicherungsverträge* in Bezug auf die in diesem Paragraphen verwendeten Begriffe, die in dem genannten Standard definiert sind)

29B Ein Unternehmen hat die vom Eigentümer selbst genutzten Immobilien, die unter Anwendung von Paragraph 29A nach dem Modell des beizulegenden Zeitwerts für als Finanzinvestitionen gehaltene Immobilien bewertet werden, als eine getrennte Gruppe von Sachanlagen zu behandeln.

Anschaffungskostenmodell

30 **Nach dem Ansatz als Vermögenswert ist eine Sachanlage zu ihren Anschaffungs- oder Herstellungskosten abzüglich der kumulierten planmäßigen Abschreibungen und kumulierten Wertminderungsaufwendungen zu bilanzieren.**

Neubewertungsmodell

31 **Eine Sachanlage, deren beizulegender Zeitwert verlässlich ermittelt werden kann, ist nach dem Ansatz als Vermögenswert zu einem Neubewertungsbetrag zu bilanzieren, der seinem beizulegenden Zeitwert zum Zeitpunkt der Neubewertung abzüglich nachfolgender kumulierter planmäßiger Abschreibungen und nachfolgender kumulierter Wertminderungsaufwendungen entspricht. Neubewertungen sind in hinreichend regelmäßigen Abständen vorzunehmen, um sicherzustellen, dass der Buchwert nicht wesentlich von dem abweicht, was unter Verwendung des beizulegenden Zeitwerts zum Abschlussstichtag ermittelt würde.**

32–33 [gestrichen]

34 Die Häufigkeit der Neubewertungen hängt von den Änderungen des beizulegenden Zeitwerts der Sachanlagen ab, die neu bewertet werden. Eine erneute Bewertung ist erforderlich, wenn beizulegender Zeitwert und Buchwert eines neu bewerteten Vermögenswerts wesentlich voneinander abweichen. Bei manchen Sachanlagen kommt es zu signifikanten Schwankungen des beizulegenden Zeitwerts, die eine jährliche Neubewertung erforderlich machen. Derart häufige Neubewertungen sind bei Sachanlagen, bei denen sich der beizulegende Zeitwert nur geringfügig ändert, nicht erforderlich. Stattdessen kann es hier notwendig sein, den Gegenstand nur alle drei oder fünf Jahre neu zu bewerten.

35 Bei Neubewertung einer Sachanlage wird deren Buchwert an den Neubewertungsbetrag angepasst. Zum Zeitpunkt der Neubewertung wird der Vermögenswert wie folgt behandelt:

(a) der Bruttobuchwert wird in einer Weise angepasst, die mit der Neubewertung des Buchwerts in Einklang steht. So kann der Bruttobuchwert beispielsweise unter Bezugnahme auf beobachtbare Marktdaten oder proportional zur Änderung des Buchwerts angepasst werden. Die kumulierte planmäßige Abschreibung zum Zeitpunkt der Neubewertung wird so angepasst, dass sie nach Berücksichtigung kumulierter Wertminderungsaufwendungen der Differenz zwischen dem Bruttobuchwert und dem Buchwert der Sachanlage entspricht; oder

(b) die kumulierte planmäßige Abschreibung wird gegen den Bruttobuchwert der Sachanlage ausgebucht.

Der Betrag, um den die kumulierte Abschreibung angepasst wird, ist Bestandteil der Erhöhung oder Verringerung des Buchwerts, der gemäß den Paragraphen 39 und 40 zu behandeln ist.

36 **Wird eine Sachanlage neu bewertet, ist die ganze Gruppe der Sachanlagen, zu der der Gegenstand gehört, neu zu bewerten.**

37 Unter einer Gruppe von Sachanlagen wird eine Zusammenfassung von Vermögenswerten verstanden, die sich durch ähnliche Art und ähnliche Verwendung in einem Unternehmen auszeichnen. Beispiele für eigenständige Gruppen sind:

(a) unbebaute Grundstücke,
(b) Grundstücke und Gebäude,
(c) Maschinen und technische Anlagen,
(d) Schiffe,

MEASUREMENT AFTER RECOGNITION

An entity shall choose either the cost model in paragraph 30 or the revaluation model in paragraph 31 as its accounting policy and shall apply that policy to an entire class of property, plant and equipment. 29

Some entities operate, either internally or externally, an investment fund that provides investors with benefits determined by units in the fund. Similarly, some entities issue groups of insurance contracts with direct participation features and hold the underlying items. Some such funds or underlying items include owner-occupied property. The entity applies IAS 16 to owner-occupied properties that are included in such a fund or are underlying items. Despite paragraph 29, the entity may elect to measure such properties using the fair value model in accordance with IAS 40. For the purposes of this election, insurance contracts include investment contracts with discretionary participation features. (See IFRS 17 *Insurance Contracts* for terms used in this paragraph that are defined in that Standard). 29A

An entity shall treat owner-occupied property measured using the investment property fair value model applying paragraph 29A as a separate class of property, plant and equipment. 29B

Cost model

After recognition as an asset, an item of property, plant and equipment shall be carried at its cost less any accumulated depreciation and any accumulated impairment losses. 30

Revaluation model

After recognition as an asset, an item of property, plant and equipment whose fair value can be measured reliably shall be carried at a revalued amount, being its fair value at the date of the revaluation less any subsequent accumulated depreciation and subsequent accumulated impairment losses. Revaluations shall be made with sufficient regularity to ensure that the carrying amount does not differ materially from that which would be determined using fair value at the end of the reporting period. 31

[deleted] 32—33

The frequency of revaluations depends upon the changes in fair values of the items of property, plant and equipment being revalued. When the fair value of a revalued asset differs materially from its carrying amount, a further revaluation is required. Some items of property, plant and equipment experience significant and volatile changes in fair value, thus necessitating annual revaluation. Such frequent revaluations are unnecessary for items of property, plant and equipment with only insignificant changes in fair value. Instead, it may be necessary to revalue the item only every three or five years. 34

When an item of property, plant and equipment is revalued, the carrying amount of that asset is adjusted to the revalued amount. At the date of the revaluation, the asset is treated in one of the following ways: 35

(a) the gross carrying amount is adjusted in a manner that is consistent with the revaluation of the carrying amount of the asset. For example, the gross carrying amount may be restated by reference to observable market data or it may be restated proportionately to the change in the carrying amount. The accumulated depreciation at the date of the revaluation is adjusted to equal the difference between the gross carrying amount and the carrying amount of the asset after taking into account accumulated impairment losses; or
(b) the accumulated depreciation is eliminated against the gross carrying amount of the asset.

The amount of the adjustment of accumulated depreciation forms part of the increase or decrease in carrying amount that is accounted for in accordance with paragraphs 39 and 40.

If an item of property, plant and equipment is revalued, the entire class of property, plant and equipment to which that asset belongs shall be revalued. 36

A class of property, plant and equipment is a grouping of assets of a similar nature and use in an entity's operations. The following are examples of separate classes: 37

(a) land;
(b) land and buildings;
(c) machinery;
(d) ships;

(e) Flugzeuge,
(f) Kraftfahrzeuge,
(g) Betriebsausstattung,
(h) Büroausstattung und
(i) fruchttragende Pflanzen.

38 Die Gegenstände innerhalb einer Gruppe von Sachanlagen sind gleichzeitig neu zu bewerten, um eine selektive Neubewertung von Vermögenswerten und eine Mischung aus fortgeführten Anschaffungs- oder Herstellungskosten und Neubewertungsbeträgen zu verschiedenen Zeitpunkten im Abschluss zu vermeiden. Jedoch darf eine Gruppe von Vermögenswerten auf fortlaufender Basis neu bewertet werden, sofern ihre Neubewertung in einer kurzen Zeitspanne vollendet wird und die Neubewertungen aktuell gehalten werden.

39 **Führt eine Neubewertung zu einer Erhöhung des Buchwerts eines Vermögenswerts, ist die Wertsteigerung im sonstigen Ergebnis zu erfassen und im Eigenkapital im Posten Neubewertungsrücklage zu kumulieren. Allerdings wird der Wertzuwachs in dem Umfang erfolgswirksam erfasst, in dem er einer in der Vergangenheit erfolgswirksam erfassten Abwertung desselben Vermögenswerts aufgrund einer Neubewertung entspricht.**

40 **Führt eine Neubewertung zu einer Verringerung des Buchwerts eines Vermögenswerts, ist die Wertminderung erfolgswirksam zu erfassen. Die Wertminderung ist jedoch direkt im sonstigen Ergebnis zu erfassen, soweit sie das Guthaben der Neubewertungsrücklage in Bezug auf diesen Vermögenswert nicht übersteigt. Durch die im sonstigen Ergebnis erfasste Wertminderung reduziert sich der Betrag, der im Eigenkapital im Posten Neubewertungsrücklage kumuliert wird.**

41 Bei einer Sachanlage kann die Neubewertungsrücklage im Eigenkapital direkt den Gewinnrücklagen zugeführt werden, sofern der Vermögenswert ausgebucht ist. Bei Stilllegung oder Veräußerung des Vermögenswerts kann es zu einer Übertragung der gesamten Rücklage kommen. Ein Teil der Rücklage kann allerdings schon bei Nutzung des Vermögenswerts durch das Unternehmen übertragen werden. In diesem Fall ist die übertragene Rücklage die Differenz zwischen der planmäßigen Abschreibung auf Basis des neu bewerteten Buchwerts und der planmäßigen Abschreibung auf Basis historischer Anschaffungs- oder Herstellungskosten. Übertragungen von der Neubewertungsrücklage in die Gewinnrücklagen erfolgen erfolgsneutral.

42 Die sich aus der Neubewertung von Sachanlagen eventuell ergebenden Konsequenzen für die Ertragsteuern werden gemäß IAS 12 *Ertragsteuern* erfasst und angegeben.

Planmäßige Abschreibung

43 **Jeder Teil einer Sachanlage mit Anschaffungs- oder Herstellungskosten, die im Verhältnis zu den gesamten Anschaffungs- oder Herstellungskosten der Sachanlage bedeutsam sind, wird getrennt planmäßig abgeschrieben.**

44 Ein Unternehmen ordnet den erstmalig angesetzten Betrag einer Sachanlage ihren bedeutsamen Teilen zu und schreibt jedes dieser Teile getrennt ab. Es kann zum Beispiel angemessen sein, das Flugwerk und die Triebwerke eines Flugzeugs getrennt planmäßig abzuschreiben. Wenn ein Unternehmen für ein Operating-Leasingverhältnis, bei dem es der Leasinggeber ist, Sachanlagen erwirbt, kann es ebenso angemessen sein, Beträge, die sich in den Anschaffungskosten dieses Vermögenswerts widerspiegeln und die hinsichtlich der Marktbedingungen günstigen oder ungünstigen Leasingbedingungen zuzuordnen sind, getrennt planmäßig abzuschreiben.

45 Ein bedeutsamer Teil einer Sachanlage kann eine Nutzungsdauer und eine Abschreibungsmethode haben, die identisch mit denen eines anderen bedeutsamen Teils desselben Gegenstands sind. Diese Teile können bei der Bestimmung des Abschreibungsaufwands zusammengefasst werden.

46 Soweit ein Unternehmen einige Teile einer Sachanlage getrennt planmäßig abschreibt, schreibt es auch den Rest des Gegenstands getrennt planmäßig ab. Der Rest besteht aus den Teilen des Gegenstands, die einzeln nicht bedeutsam sind. Wenn ein Unternehmen unterschiedliche Erwartungen in diese Teile setzt, können Angleichungsmethoden erforderlich werden, um den Rest in einer Weise planmäßig abzuschreiben, die den Abschreibungsverlauf und/oder die Nutzungsdauer der Teile genau wiedergibt.

47 Ein Unternehmen kann sich auch für die getrennte planmäßige Abschreibung der Teile eines Gegenstands entscheiden, deren Anschaffungs- oder Herstellungskosten im Verhältnis zu den gesamten Anschaffungs- oder Herstellungskosten des Gegenstands nicht bedeutsam sind.

48 **Die planmäßige Abschreibung für jede Periode ist erfolgswirksam zu erfassen, soweit er nicht in die Buchwerte anderer Vermögenswerte einzubeziehen ist.**

(e) aircraft;
(f) motor vehicles;
(g) furniture and fixtures;
(h) office equipment; and
(i) bearer plants.

The items within a class of property, plant and equipment are revalued simultaneously to avoid selective revaluation of assets and the reporting of amounts in the financial statements that are a mixture of costs and values as at different dates. However, a class of assets may be revalued on a rolling basis provided revaluation of the class of assets is completed within a short period and provided the revaluations are kept up to date. 38

If an asset's carrying amount is increased as a result of a revaluation, the increase shall be recognised in other comprehensive income and accumulated in equity under the heading of revaluation surplus. However, the increase shall be recognised in profit or loss to the extent that it reverses a revaluation decrease of the same asset previously recognised in profit or loss. 39

If an asset's carrying amount is decreased as a result of a revaluation, the decrease shall be recognised in profit or loss. However, the decrease shall be recognised in other comprehensive income to the extent of any credit balance existing in the revaluation surplus in respect of that asset. The decrease recognised in other comprehensive income reduces the amount accumulated in equity under the heading of revaluation surplus. 40

The revaluation surplus included in equity in respect of an item of property, plant and equipment may be transferred directly to retained earnings when the asset is derecognised. This may involve transferring the whole of the surplus when the asset is retired or disposed of. However, some of the surplus may be transferred as the asset is used by an entity. In such a case, the amount of the surplus transferred would be the difference between depreciation based on the revalued carrying amount of the asset and depreciation based on the asset's original cost. Transfers from revaluation surplus to retained earnings are not made through profit or loss. 41

The effects of taxes on income, if any, resulting from the revaluation of property, plant and equipment are recognised and disclosed in accordance with IAS 12 *Income taxes*. 42

Depreciation

Each part of an item of property, plant and equipment with a cost that is significant in relation to the total cost of the item shall be depreciated separately. 43

An entity allocates the amount initially recognised in respect of an item of property, plant and equipment to its significant parts and depreciates separately each such part. For example, it may be appropriate to depreciate separately the airframe and engines of an aircraft. Similarly, if an entity acquires property, plant and equipment subject to an operating lease in which it is the lessor, it may be appropriate to depreciate separately amounts reflected in the cost of that item that are attributable to favourable or unfavourable lease terms relative to market terms. 44

A significant part of an item of property, plant and equipment may have a useful life and a depreciation method that are the same as the useful life and the depreciation method of another significant part of that same item. Such parts may be grouped in determining the depreciation charge. 45

To the extent that an entity depreciates separately some parts of an item of property, plant and equipment, it also depreciates separately the remainder of the item. The remainder consists of the parts of the item that are individually not significant. If an entity has varying expectations for these parts, approximation techniques may be necessary to depreciate the remainder in a manner that faithfully represents the consumption pattern and/or useful life of its parts. 46

An entity may choose to depreciate separately the parts of an item that do not have a cost that is significant in relation to the total cost of the item. 47

The depreciation charge for each period shall be recognised in profit or loss unless it is included in the carrying amount of another asset. 48

49 Die planmäßige Abschreibung einer Periode ist in der Regel erfolgswirksam zu erfassen. Mitunter wird jedoch der künftige wirtschaftliche Nutzen eines Vermögenswerts durch die Herstellung anderer Vermögenswerte verbraucht. In diesem Fall stellt die planmäßige Abschreibung einen Teil der Herstellungskosten des anderen Vermögenswerts dar und wird in dessen Buchwert einbezogen. Beispielsweise ist die planmäßige Abschreibung von technischen Anlagen und Betriebs- und Geschäftsausstattung in den Herstellungskosten von Vorräten enthalten (siehe IAS 2). Gleichermaßen kann die planmäßige Abschreibung von Sachanlagen, die für Entwicklungstätigkeiten genutzt werden, in die Herstellungskosten eines immateriellen Vermögenswerts, der gemäß IAS 38 *Immaterielle Vermögenswerte* erfasst wird, eingerechnet werden.

Abschreibungsbetrag und Abschreibungsperiode

50 **Der Abschreibungsbetrag eines Vermögenswerts ist planmäßig über seine Nutzungsdauer zu verteilen.**

51 **Der Restwert und die Nutzungsdauer eines Vermögenswerts sind mindestens zum Ende jedes Geschäftsjahrs zu überprüfen, und wenn die Erwartungen von früheren Einschätzungen abweichen, sind Änderungen als Änderungen rechnungslegungsbezogener Schätzungen gemäß IAS 8 *Rechnungslegungsmethoden, Änderungen von rechnungslegungsbezogenen Schätzungen und Fehler* auszuweisen.**

52 Planmäßige Abschreibungen werden so lange, wie der Restwert des Vermögenswerts nicht höher als der Buchwert ist, erfasst, auch wenn der beizulegende Zeitwert des Vermögenswerts seinen Buchwert übersteigt. Reparatur und Instandhaltung eines Vermögenswerts widersprechen nicht der Notwendigkeit, planmäßige Abschreibungen vorzunehmen.

53 Der Abschreibungsbetrag eines Vermögenswerts wird nach Abzug seines Restwerts ermittelt. In der Praxis ist der Restwert oft unbedeutend und daher für die Berechnung des Abschreibungsbetrags unwesentlich.

54 Der Restwert eines Vermögenswerts kann bis zu einem Betrag ansteigen, der entweder dem Buchwert entspricht oder ihn übersteigt. Wenn dies der Fall ist, ist die planmäßige Abschreibung des Vermögenswerts null, solange der Restwert anschließend nicht unter den Buchwert des Vermögenswerts gefallen ist.

55 Die planmäßige Abschreibung eines Vermögenswerts beginnt, wenn er zur Verfügung steht, d. h. wenn er sich an seinem Standort und in dem Zustand befindet, der erforderlich ist, damit er in der vom Management beabsichtigten Weise genutzt werden kann. Die planmäßige Abschreibung eines Vermögenswerts endet an dem Tag, an dem der Vermögenswert gemäß IFRS 5 als zur Veräußerung gehalten eingestuft (oder in eine als zur Veräußerung gehalten eingestufte Veräußerungsgruppe aufgenommen) wird, spätestens jedoch an dem Tag, an dem er ausgebucht wird, je nachdem, welcher Zeitpunkt früher liegt. Demzufolge hört die planmäßige Abschreibung nicht auf, wenn der Vermögenswert nicht mehr genutzt wird oder aus dem tatsächlichen Gebrauch ausgeschieden ist, es sei denn, der Vermögenswert ist voll abgeschrieben. Allerdings kann die planmäßige Abschreibung bei verbrauchsabhängigen Abschreibungsmethoden null sein, wenn keine Produktion läuft.

56 Der künftige wirtschaftliche Nutzen eines Vermögenswerts wird vom Unternehmen grundsätzlich durch dessen Nutzung verbraucht. Wenn der Vermögenswert ungenutzt bleibt, können jedoch andere Faktoren, wie technische und gewerbliche Veralterung und Verschleiß, den potenziellen Nutzen mindern. Bei der Bestimmung der Nutzungsdauer eines Vermögenswerts werden deshalb alle folgenden Faktoren berücksichtigt:

(a) die erwartete Nutzung des Vermögenswerts. Diese wird durch Berücksichtigung der Kapazität oder der Ausbringungsmenge des Vermögenswerts ermittelt;

(b) der erwartete physische Verschleiß in Abhängigkeit von Betriebsfaktoren wie der Anzahl der Schichten, in denen der Vermögenswert genutzt wird, und dem Reparatur- und Instandhaltungsprogramm sowie der Wartung und Pflege des Vermögenswerts während der Stillstandszeiten;

(c) die technische oder gewerbliche Veralterung, die auf Änderungen oder Verbesserungen in der Produktion oder auf Änderungen in der Marktnachfrage nach den von diesem Vermögenswert erzeugten Gütern oder Leistungen zurückzuführen ist. Wird für die Zukunft mit einem Rückgang des Verkaufspreises eines mithilfe dieses Vermögenswerts erzeugten Produkts gerechnet, könnte dies ein Indikator dafür sein, dass sich der künftige wirtschaftliche Nutzen des Vermögenswerts aufgrund der für ihn erwarteten technischen oder gewerblichen Veralterung vermindert;

(d) rechtliche oder ähnliche Nutzungsbeschränkungen des Vermögenswerts wie das Ablaufen zugehöriger Leasingverträge.

57 Die Nutzungsdauer eines Vermögenswerts wird nach der voraussichtlichen Nutzbarkeit für das Unternehmen definiert. Die Investitionspolitik des Unternehmens kann vorsehen, dass Vermögenswerte nach einer bestimmten Zeit oder nach dem Verbrauch eines bestimmten Teils des künftigen wirtschaftlichen Nutzens des Vermögenswerts veräußert werden. Daher kann die voraussichtliche Nutzungsdauer eines Vermögenswerts kürzer sein als seine wirtschaftliche Nutzungsdauer. Die Schätzung der voraussichtlichen Nutzungsdauer des Vermögenswerts bedarf einer Ermessensentscheidung, der Erfahrungswerte des Unternehmens mit vergleichbaren Vermögenswerten zugrunde liegen.

The depreciation charge for a period is usually recognised in profit or loss. However, sometimes, the future economic benefits embodied in an asset are absorbed in producing other assets. In this case, the depreciation charge constitutes part of the cost of the other asset and is included in its carrying amount. For example, the depreciation of manufacturing plant and equipment is included in the costs of conversion of inventories (see IAS 2). Similarly, depreciation of property, plant and equipment used for development activities may be included in the cost of an intangible asset recognised in accordance with IAS 38 *Intangible assets.* 49

Depreciable amount and depreciation period

The depreciable amount of an asset shall be allocated on a systematic basis over its useful life. 50

The residual value and the useful life of an asset shall be reviewed at least at each financial year-end and, if expectations differ from previous estimates, the change(s) shall be accounted for as a change in an accounting estimate in accordance with IAS 8 *Accounting policies, changes in accounting estimates and errors.* 51

Depreciation is recognised even if the fair value of the asset exceeds its carrying amount, as long as the asset's residual value does not exceed its carrying amount. Repair and maintenance of an asset do not negate the need to depreciate it. 52

The depreciable amount of an asset is determined after deducting its residual value. In practice, the residual value of an asset is often insignificant and therefore immaterial in the calculation of the depreciable amount. 53

The residual value of an asset may increase to an amount equal to or greater than the asset's carrying amount. If it does, the asset's depreciation charge is zero unless and until its residual value subsequently decreases to an amount below the asset's carrying amount. 54

Depreciation of an asset begins when it is available for use, i.e. when it is in the location and condition necessary for it to be capable of operating in the manner intended by management. Depreciation of an asset ceases at the earlier of the date that the asset is classified as held for sale (or included in a disposal group that is classified as held for sale) in accordance with IFRS 5 and the date that the asset is derecognised. Therefore, depreciation does not cease when the asset becomes idle or is retired from active use unless the asset is fully depreciated. However, under usage methods of depreciation the depreciation charge can be zero while there is no production. 55

The future economic benefits embodied in an asset are consumed by an entity principally through its use. However, other factors, such as technical or commercial obsolescence and wear and tear while an asset remains idle, often result in the diminution of the economic benefits that might have been obtained from the asset. Consequently, all the following factors are considered in determining the useful life of an asset: 56

(a) expected usage of the asset. Usage is assessed by reference to the asset's expected capacity or physical output;
(b) expected physical wear and tear, which depends on operational factors such as the number of shifts for which the asset is to be used and the repair and maintenance programme, and the care and maintenance of the asset while idle;
(c) technical or commercial obsolescence arising from changes or improvements in production, or from a change in the market demand for the product or service output of the asset. Expected future reductions in the selling price of an item that was produced using an asset could indicate the expectation of technical or commercial obsolescence of the asset, which, in turn, might reflect a reduction of the future economic benefits embodied in the asset.
(d) legal or similar limits on the use of the asset, such as the expiry dates of related leases.

The useful life of an asset is defined in terms of the asset's expected utility to the entity. The asset management policy of the entity may involve the disposal of assets after a specified time or after consumption of a specified proportion of the future economic benefits embodied in the asset. Therefore, the useful life of an asset may be shorter than its economic life. The estimation of the useful life of the asset is a matter of judgement based on the experience of the entity with similar assets. 57

58 Grundstücke und Gebäude sind trennbare Vermögenswerte und als solche zu bilanzieren, auch wenn sie zusammen erworben wurden. Grundstücke haben mit einigen Ausnahmen, wie Steinbrüche und Müllgruben, eine unbegrenzte Nutzungsdauer und werden deshalb nicht planmäßig abgeschrieben. Gebäude haben eine begrenzte Nutzungsdauer und stellen daher abschreibungsfähige Vermögenswerte dar. Eine Wertsteigerung eines Grundstücks, auf dem ein Gebäude steht, berührt nicht die Bestimmung des Abschreibungsbetrags des Gebäudes.

59 Wenn die Anschaffungskosten für Grundstücke die Kosten für Abbau, Beseitigung und Wiederherstellung des Grundstücks beinhalten, so wird dieser Anteil des Grundstückwerts über den Zeitraum planmäßig abgeschrieben, in dem Nutzen durch die Einbringung dieser Kosten erzielt wird. In einigen Fällen kann das Grundstück selbst eine begrenzte Nutzungsdauer haben, es wird dann in der Weise planmäßig abgeschrieben, dass der daraus entstehende Nutzen widergespiegelt wird.

Abschreibungsmethode

60 **Die Abschreibungsmethode hat dem erwarteten Verlauf des Verbrauchs des künftigen wirtschaftlichen Nutzens des** Vermögenswerts **durch das Unternehmen zu entsprechen.**

61 **Die Abschreibungsmethode für Vermögenswerte ist mindestens am Ende eines jeden Geschäftsjahrs zu überprüfen. Sofern erhebliche Änderungen in dem erwarteten künftigen wirtschaftlichen Nutzenverlauf der Vermögenswerte eingetreten sind, ist die Methode anzupassen, um den geänderten Verlauf widerzuspiegeln. Solch eine Änderung wird als Änderung einer rechnungslegungsbezogenen Schätzung gemäß IAS 8 dargestellt.**

62 Für die planmäßige Abschreibung kommt eine Vielzahl an Methoden in Betracht, um den Abschreibungsbetrag eines Vermögenswerts systematisch über seine Nutzungsdauer zu verteilen. Zu diesen Methoden zählen die lineare und degressive Abschreibung sowie die leistungsabhängige planmäßige Abschreibung. Die lineare planmäßige Abschreibung ergibt einen konstanten Betrag über die Nutzungsdauer, sofern sich der Restwert des Vermögenswerts nicht ändert. Die degressive Abschreibungsmethode führt zu im Laufe der Nutzungsdauer abnehmenden Abschreibungen. Die leistungsabhängige Abschreibungsmethode ergibt eine Abschreibung auf der Grundlage der voraussichtlichen Nutzung oder Leistung. Das Unternehmen wählt die Methode aus, die am genauesten den erwarteten Verlauf des Verbrauchs des künftigen wirtschaftlichen Nutzens des Vermögenswerts widerspiegelt. Diese Methode ist von Periode zu Periode stetig anzuwenden, es sei denn, dass sich der erwartete Verlauf des Verbrauchs jenes künftigen wirtschaftlichen Nutzens ändert.

62A Eine Abschreibungsmethode, die sich auf die Umsatzerlöse aus einer Tätigkeit stützt, die die Verwendung eines Vermögenswerts einschließt, ist nicht als sachgerecht zu betrachten. Die Umsatzerlöse aus einer Tätigkeit, die die Verwendung eines Vermögenswerts einschließt, spiegeln im Allgemeinen andere Faktoren als den Verbrauch des wirtschaftlichen Nutzens des Vermögenswerts wider. So werden die Umsatzerlöse beispielsweise durch andere Inputfaktoren und Prozesse, durch die Absatzmenge und durch Veränderungen bei Absatzvolumen und -preisen beeinflusst. Die Preiskomponente der Umsatzerlöse kann durch Inflation beeinflusst werden, was sich nicht auf den Verbrauch eines Vermögenswerts auswirkt.

Wertminderung

63 Um festzustellen, ob ein Gegenstand der Sachanlagen wertgemindert ist, wendet ein Unternehmen IAS 36 *Wertminderung von Vermögenswerten* an. Dieser Standard erklärt, wie ein Unternehmen den Buchwert seiner Vermögenswerte überprüft, wie es den erzielbaren Betrag eines Vermögenswerts ermittelt, und wann es einen Wertminderungsaufwand erfasst oder aufhebt.

64 [gestrichen]

Entschädigung für Wertminderung

65 **Entschädigungen von Dritten für wertgeminderte, untergegangene oder außer Betrieb genommene Sachanlagen sind erfolgswirksam zu erfassen, wenn die Entschädigungen zu Forderungen werden.**

66 Wertminderungen oder der Untergang von Sachanlagen, damit verbundene Ansprüche auf oder Zahlungen von Entschädigungen von Dritten und jeglicher nachfolgender Erwerb oder nachfolgende Herstellung von Ersatzvermögenswerten sind einzelne wirtschaftliche Ereignisse und sind als solche separat wie folgt zu bilanzieren:
(a) Wertminderungen von Sachanlagen werden gemäß IAS 36 erfasst,
(b) Ausbuchungen von stillgelegten oder abgegangenen Sachanlagen werden nach diesem Standard ermittelt,
(c) Entschädigungen von Dritten für wertgeminderte, untergegangene oder außer Betrieb genommene Sachanlagen sind erfolgswirksam zu erfassen, wenn sie zur Forderung werden, und
(d) die Anschaffungs- oder Herstellungskosten von Sachanlagen, die als Ersatz instandgesetzt, erworben oder hergestellt wurden, werden nach diesem Standard ermittelt.

Land and buildings are separable assets and are accounted for separately, even when they are acquired together. With some exceptions, such as quarries and sites used for landfill, land has an unlimited useful life and therefore is not depreciated. Buildings have a limited useful life and therefore are depreciable assets. An increase in the value of the land on which a building stands does not affect the determination of the depreciable amount of the building. 58

If the cost of land includes the costs of site dismantlement, removal and restoration, that portion of the land asset is depreciated over the period of benefits obtained by incurring those costs. In some cases, the land itself may have a limited useful life, in which case it is depreciated in a manner that reflects the benefits to be derived from it. 59

Depreciation method

The depreciation method used shall reflect the pattern in which the asset's future economic benefits are expected to be consumed by the entity. 60

The depreciation method applied to an asset shall be reviewed at least at each financial year-end and, if there has been a significant change in the expected pattern of consumption of the future economic benefits embodied in the asset, the method shall be changed to reflect the changed pattern. Such a change shall be accounted for as a change in an accounting estimate in accordance with IAS 8. 61

A variety of depreciation methods can be used to allocate the depreciable amount of an asset on a systematic basis over its useful life. These methods include the straight-line method, the diminishing balance method and the units of production method. Straight-line depreciation results in a constant charge over the useful life if the asset's residual value does not change. The diminishing balance method results in a decreasing charge over the useful life. The units of production method results in a charge based on the expected use or output. The entity selects the method that most closely reflects the expected pattern of consumption of the future economic benefits embodied in the asset. That method is applied consistently from period to period unless there is a change in the expected pattern of consumption of those future economic benefits. 62

A depreciation method that is based on revenue that is generated by an activity that includes the use of an asset is not appropriate. The revenue generated by an activity that includes the use of an asset generally reflects factors other than the consumption of the economic benefits of the asset. For example, revenue is affected by other inputs and processes, selling activities and changes in sales volumes and prices. The price component of revenue may be affected by inflation, which has no bearing upon the way in which an asset is consumed. 62A

Impairment

To determine whether an item of property, plant and equipment is impaired, an entity applies IAS 36 *Impairment of assets*. That standard explains how an entity reviews the carrying amount of its assets, how it determines the recoverable amount of an asset, and when it recognises, or reverses the recognition of, an impairment loss. 63

[deleted] 64

Compensation for impairment

Compensation from third parties for items of property, plant and equipment that were impaired, lost or given up shall be included in profit or loss when the compensation becomes receivable. 65

Impairments or losses of items of property, plant and equipment, related claims for or payments of compensation from third parties and any subsequent purchase or construction of replacement assets are separate economic events and are accounted for separately as follows: 66

(a) impairments of items of property, plant and equipment are recognised in accordance with IAS 36;
(b) derecognition of items of property, plant and equipment retired or disposed of is determined in accordance with this standard;
(c) compensation from third parties for items of property, plant and equipment that were impaired, lost or given up is included in determining profit or loss when it becomes receivable; and
(d) the cost of items of property, plant and equipment restored, purchased or constructed as replacements is determined in accordance with this standard.

AUSBUCHUNG

67 **Der Buchwert einer Sachanlage ist auszubuchen**
(a) bei Abgang oder
(b) wenn kein weiterer wirtschaftlicher Nutzen aus seiner Nutzung oder seinem Abgang zu erwarten ist.

68 **Die aus der Ausbuchung einer Sachanlage resultierenden Gewinne oder Verluste sind erfolgswirksam zu erfassen, wenn der Gegenstand ausgebucht wird (sofern IFRS 16 *Leasingverhältnisse* bei Sale-and-Leaseback-Transaktionen nichts anderes verlangt). Gewinne sind nicht als Umsatzerlöse auszuweisen.**

68A Ein Unternehmen jedoch, das im Rahmen seiner gewöhnlichen Geschäftstätigkeit regelmäßig Sachanlagen verkauft, die es zwecks Weitervermietung gehalten hat, überträgt diese Vermögenswerte zum Buchwert in die Vorräte, wenn sie nicht mehr vermietet werden und zum Verkauf anstehen. Die Erlöse aus dem Verkauf dieser Vermögenswerte werden gemäß IFRS 15 *Erlöse aus Verträgen mit Kunden* als Umsatzerlöse erfasst. IFRS 5 findet keine Anwendung, wenn Vermögenswerte, die im Rahmen der gewöhnlichen Geschäftstätigkeit zum Verkauf gehalten werden, in die Vorräte übertragen werden.

69 Der Abgang einer Sachanlage kann auf verschiedene Arten erfolgen (z. B. Verkauf, Eintritt in ein Finanzierungsleasing oder Schenkung). Als Abgangsdatum einer Sachanlage gilt das Datum, an dem der Empfänger – gemäß den Vorschriften über die Erfüllung der Leistungsverpflichtung in IFRS 15 – die Verfügungsgewalt darüber erlangt. IFRS 16 wird auf Abgänge durch Sale-and-Leaseback-Transaktionen angewandt.

70 Wenn ein Unternehmen nach dem Ansatzgrundsatz in Paragraph 7 im Buchwert einer Sachanlage die Anschaffungs- oder Herstellungskosten für den Ersatz eines Teils des Gegenstands erfasst, dann bucht es den Buchwert des ersetzten Teils aus, ungeachtet dessen, ob das ersetzte Teil separat planmäßig abgeschrieben wurde. Sollte die Ermittlung des Buchwerts des ersetzten Teils für ein Unternehmen praktisch nicht durchführbar sein, kann es die Kosten für den Ersatz als Anhaltspunkt für die Anschaffungs- oder Herstellungskosten des ersetzten Teils zum Zeitpunkt seines Kaufs oder seiner Herstellung verwenden.

71 **Der Gewinn oder Verlust aus der Ausbuchung einer Sachanlage ist als Differenz zwischen dem Nettoveräußerungserlös, sofern vorhanden, und dem Buchwert des Gegenstands zu bestimmen.**

72 Die Höhe der im Falle der Ausbuchung einer Sachanlage erfolgswirksam zu erfassenden Gegenleistung ergibt sich aus den Vorschriften über die Bestimmung des Transaktionspreises in IFRS 15 Paragraphen 47 bis 72. Spätere Änderungen des erfolgswirksam erfassten geschätzten Gegenleistungsbetrags werden gemäß den Bestimmungen über Änderungen des Transaktionspreises in IFRS 15 erfasst.

ANGABEN

73 **Für jede Gruppe von Sachanlagen sind im Abschluss folgende Angaben erforderlich:**
(a) die Bewertungsgrundlagen für die Bestimmung des Bruttobuchwerts,
(b) die verwendeten Abschreibungsmethoden,
(c) die zugrunde gelegten Nutzungsdauern oder Abschreibungssätze,
(d) der Bruttobuchwert und die kumulierten planmäßigen Abschreibungen (zusammengefasst mit den kumulierten Wertminderungsaufwendungen) zu Beginn und zum Ende der Periode und
(e) eine Überleitung des Buchwerts zu Beginn und zum Ende der Periode unter gesonderter Angabe der
(i) Zugänge,
(ii) Vermögenswerte, die gemäß IFRS 5 als zur Veräußerung gehalten eingestuft sind oder zu einer als zur Veräußerung gehalten eingestuften Veräußerungsgruppe gehören, und anderer Abgänge,
(iii) Erwerbe durch Unternehmenszusammenschlüsse,
(iv) Wertsteigerungen oder Abwertungen aufgrund von Neubewertungen gemäß den Paragraphen 31, 39 und 40 und von im sonstigen Ergebnis erfassten oder aufgeholten Wertminderungsaufwendungen gemäß IAS 36,
(v) gemäß IAS 36 erfolgswirksam erfassten Wertminderungsaufwendungen,
(vi) gemäß IAS 36 erfolgswirksam aufgeholten Wertminderungsaufwendungen,
(vii) planmäßigen Abschreibungen,
(viii) Nettoumrechnungsdifferenzen aufgrund der Umrechnung des Abschlusses von der funktionalen Währung in eine andere Darstellungswährung, einschließlich der Umrechnung einer ausländischen Betriebsstätte in die Darstellungswährung des berichtenden Unternehmens, und
(ix) anderen Änderungen.

DERECOGNITION

The carrying amount of an item of property, plant and equipment shall be derecognised: 67
(a) on disposal; or
(b) when no future economic benefits are expected from its use or disposal.

The gain or loss arising from the derecognition of an item of property, plant and equipment shall be included in profit or loss when the item is derecognised (unless IFRS 16 *Leases* requires otherwise on a sale and leaseback). Gains shall not be classified as revenue. 68

However, an entity that, in the course of its ordinary activities, routinely sells items of property, plant and equipment that it has held for rental to others shall transfer such assets to inventories at their carrying amount when they cease to be rented and become held for sale. The proceeds from the sale of such assets shall be recognised as revenue in accordance with IFRS 15 *Revenue from Contracts with Customers*. IFRS 5 does not apply when assets that are held for sale in the ordinary course of business are transferred to inventories. 68A

The disposal of an item of property, plant and equipment may occur in a variety of ways (eg by sale, by entering into a finance lease or by donation). The date of disposal of an item of property, plant and equipment is the date the recipient obtains control of that item in accordance with the requirements for determining when a performance obligation is satisfied in IFRS 15. IFRS 16 applies to disposal by a sale and leaseback. 69

If, under the recognition principle in paragraph 7, an entity recognises in the carrying amount of an item of property, plant and equipment the cost of a replacement for part of the item, then it derecognises the carrying amount of the replaced part regardless of whether the replaced part had been depreciated separately. If it is not practicable for an entity to determine the carrying amount of the replaced part, it may use the cost of the replacement as an indication of what the cost of the replaced part was at the time it was acquired or constructed. 70

The gain or loss arising from the derecognition of an item of property, plant and equipment shall be determined as the difference between the net disposal proceeds, if any, and the carrying amount of the item. 71

The amount of consideration to be included in the gain or loss arising from the derecognition of an item of property, plant and equipment is determined in accordance with the requirements for determining the transaction price in paragraphs 47—72 of IFRS 15. Subsequent changes to the estimated amount of the consideration included in the gain or loss shall be accounted for in accordance with the requirements for changes in the transaction price in IFRS 15. 72

DISCLOSURE

The financial statements shall disclose, for each class of property, plant and equipment: 73
(a) the measurement bases used for determining the gross carrying amount;
(b) the depreciation methods used;
(c) the useful lives or the depreciation rates used;
(d) the gross carrying amount and the accumulated depreciation (aggregated with accumulated impairment losses) at the beginning and end of the period; and
(e) a reconciliation of the carrying amount at the beginning and end of the period showing:
  (i) additions;
  (ii) assets classified as held for sale or included in a disposal group classified as held for sale in accordance with IFRS 5 and other disposals;
  (iii) acquisitions through business combinations;
  (iv) increases or decreases resulting from revaluations under paragraphs 31, 39 and 40 and from impairment losses recognised or reversed in other comprehensive income in accordance with IAS 36;
  (v) impairment losses recognised in profit or loss in accordance with IAS 36;
  (vi) impairment losses reversed in profit or loss in accordance with IAS 36;
  (vii) depreciation;
  (viii) the net exchange differences arising on the translation of the financial statements from the functional currency into a different presentation currency, including the translation of a foreign operation into the presentation currency of the reporting entity; and
  (ix) other changes.

74 **Folgende Angaben müssen in den Abschlüssen ebenso enthalten sein:**
(a) das Vorhandensein und die Beträge von Beschränkungen von Verfügungsrechten sowie als Sicherheiten für Schulden verpfändete Sachanlagen,
(b) der Betrag an Ausgaben, der im Buchwert einer Sachanlage während ihrer Herstellung erfasst wird, und
(c) der Betrag für vertragliche Verpflichtungen für den Erwerb von Sachanlagen.

74A **Nachstehend genannte Beträge sind in den Abschlüssen ebenso anzugeben, sofern sie nicht gesondert in der Gesamtergebnisrechnung ausgewiesen werden:**
(a) der Betrag der in der Gewinn- und Verlustrechnung erfassten Entschädigungen von Dritten für wertgeminderte, untergegangene oder außer Betrieb genommene Sachanlagen und
(b) die Beträge der gemäß Paragraph 20A in der Gewinn- und Verlustrechnung erfassten Erlöse und Kosten für Gegenstände, die nicht im Rahmen der gewöhnlichen Geschäftstätigkeit des Unternehmens hergestellt wurden, und die Angabe, in welchem bzw. welchen Posten der Gesamtergebnisrechnung derartige Erlöse und Kosten enthalten sind.

75 Die Wahl der Abschreibungsmethode und die Schätzung der Nutzungsdauer von Vermögenswerten bedürfen einer Ermessensentscheidung. Deshalb gibt die Angabe der angewandten Methoden und der geschätzten Nutzungsdauern oder Abschreibungsraten den Abschlussadressaten Informationen, die es ihnen erlauben, die vom Management gewählten Rechnungslegungsmethoden einzuschätzen und Vergleiche mit anderen Unternehmen vorzunehmen. Aus ähnlichen Gründen ist es erforderlich, Angaben zu machen über
(a) die planmäßige Abschreibung einer Periode, unabhängig davon, ob sie erfolgswirksam erfasst wird oder als Teil der Anschaffungs- und Herstellungskosten anderer Vermögenswerte, und
(b) die kumulierte planmäßige Abschreibung am Ende der Periode.

76 Gemäß IAS 8 hat ein Unternehmen die Art und Auswirkung einer veränderten rechnungslegungsbezogenen Schätzung, die eine Auswirkung in der aktuellen Periode hat oder von der erwartet wird, dass sie Auswirkungen in folgenden Perioden hat, darzulegen. Bei Sachanlagen entstehen möglicherweise derartige Angaben aus Änderungen von Schätzungen in Bezug auf
(a) Restwerte,
(b) geschätzte Kosten für den Abbruch, die Beseitigung oder die Wiederherstellung von Sachanlagen,
(c) Nutzungsdauern und
(d) Abschreibungsmethoden.

77 **Werden Sachanlagen neu bewertet, ist zusätzlich zu den in IFRS 13 vorgeschriebenen Angaben anzugeben:**
(a) der Stichtag der Neubewertung,
(b) ob ein unabhängiger Gutachter hinzugezogen wurde,
(c) [gestrichen]
(d) [gestrichen]
(e) für jede neu bewertete Gruppe von Sachanlagen der Buchwert, der angesetzt worden wäre, wenn die Vermögenswerte nach dem Anschaffungskostenmodell bewertet worden wären, und
(f) die Neubewertungsrücklage mit Angabe der Veränderung in der Periode und eventuell bestehender Ausschüttungsbeschränkungen an die Anteilseigner.

78 Gemäß IAS 36 macht ein Unternehmen Angaben über wertgeminderte Sachanlagen zusätzlich zu den gemäß Paragraph 73 (e) (iv)–(vi) erforderlichen Informationen.

79 Die Adressaten des Abschlusses können ebenso die folgenden Angaben als entscheidungsrelevant erachten:
(a) den Buchwert vorübergehend ungenutzter Sachanlagen,
(b) den Bruttobuchwert voll abgeschriebener, aber noch genutzter Sachanlagen,
(c) den Buchwert von Sachanlagen, die nicht mehr genutzt werden und die nicht gemäß IFRS 5 als zur Veräußerung gehalten eingestuft werden, und
(d) bei Anwendung des Anschaffungskostenmodells die Angabe des beizulegenden Zeitwerts der Sachanlagen, sofern dieser wesentlich vom Buchwert abweicht.

Daher wird den Unternehmen die Angabe dieser Beträge empfohlen.

ÜBERGANGSVORSCHRIFTEN

80 **Die Vorschriften der Paragraphen 24–26 hinsichtlich der erstmaligen Bewertung einer Sachanlage, die in einem Tauschvorgang erworben wurde, sind nur auf künftige Transaktionen prospektiv anzuwenden.**

80A Durch die *Jährlichen Verbesserungen an den IFRS-Standards, Zyklus 2010–2012*, wurde Paragraph 35 geändert. Ein Unternehmen hat diese Änderung auf alle Neubewertungen anzuwenden, die in Geschäftsjahren, die zu oder nach dem

The financial statements shall also disclose: 74
(a) **the existence and amounts of restrictions on title, and property, plant and equipment pledged as security for liabilities;**
(b) **the amount of expenditures recognised in the carrying amount of an item of property, plant and equipment in the course of its construction; and**
(c) **the amount of contractual commitments for the acquisition of property, plant and equipment.**

If not presented separately in the statement of comprehensive income, the financial statements shall also disclose: 74A
(a) **the amount of compensation from third parties for items of property, plant and equipment that were impaired, lost or given up that is included in profit or loss; and**
(b) **the amounts of proceeds and cost included in profit or loss in accordance with paragraph 20A that relate to items produced that are not an output of the entity's ordinary activities, and which line item(s) in the statement of comprehensive income include(s) such proceeds and cost.**

Selection of the depreciation method and estimation of the useful life of assets are matters of judgement. Therefore, disclosure of the methods adopted and the estimated useful lives or depreciation rates provides users of financial statements with information that allows them to review the policies selected by management and enables comparisons to be made with other entities. For similar reasons, it is necessary to disclose: 75
(a) depreciation, whether recognised in profit or loss or as a part of the cost of other assets, during a period; and
(b) accumulated depreciation at the end of the period.

In accordance with IAS 8 an entity discloses the nature and effect of a change in an accounting estimate that has an effect in the current period or is expected to have an effect in subsequent periods. For property, plant and equipment, such disclosure may arise from changes in estimates with respect to: 76
(a) residual values;
(b) the estimated costs of dismantling, removing or restoring items of property, plant and equipment;
(c) useful lives; and
(d) depreciation methods.

If items of property, plant and equipment are stated at revalued amounts, the following shall be disclosed in addition to the disclosures required by IFRS 13: 77
(a) **the effective date of the revaluation;**
(b) **whether an independent valuer was involved;**
(c) [deleted]
(d) [deleted]
(e) **for each revalued class of property, plant and equipment, the carrying amount that would have been recognised had the assets been carried under the cost model; and**
(f) **the revaluation surplus, indicating the change for the period and any restrictions on the distribution of the balance to shareholders.**

In accordance with IAS 36 an entity discloses information on impaired property, plant and equipment in addition to the information required by paragraph 73 (e) (iv)—(vi). 78

Users of financial statements may also find the following information relevant to their needs: 79
(a) the carrying amount of temporarily idle property, plant and equipment;
(b) the gross carrying amount of any fully depreciated property, plant and equipment that is still in use;
(c) the carrying amount of property, plant and equipment retired from active use and not classified as held for sale in accordance with IFRS 5; and
(d) when the cost model is used, the fair value of property, plant and equipment when this is materially different from the carrying amount.

Therefore, entities are encouraged to disclose these amounts.

TRANSITIONAL PROVISIONS

The requirements of paragraphs 24—26 regarding the initial measurement of an item of property, plant and equipment acquired in an exchange of assets transaction shall be applied prospectively only to future transactions. 80

Paragraph 35 was amended by *Annual Improvements to IFRSs 2010—2012 Cycle*. An entity shall apply that amendment to all revaluations recognised in annual periods beginning on or after the date of initial application of that amendment and 80A

Zeitpunkt der erstmaligen Anwendung dieser Änderung beginnen, sowie im unmittelbar vorangehenden Geschäftsjahr erfasst werden. Ein Unternehmen kann auch für jedes früher dargestellte Geschäftsjahr angepasste Vergleichsangaben vorlegen, ist hierzu aber nicht verpflichtet. Legt ein Unternehmen für frühere Geschäftsjahre nicht angepasste Vergleichsinformationen vor, hat es diese klar zu kennzeichnen, darauf hinzuweisen, dass sie auf einer anderen Grundlage beruhen und diese Grundlage zu erläutern.

80B In der Berichtsperiode, in der die Verlautbarung *Landwirtschaft: Fruchttragende Pflanzen* (Änderungen an IAS 16 und IAS 41) erstmals angewendet wird, braucht das Unternehmen die gemäß IAS 8 Paragraph 28 (f) für die laufende Periode vorgeschriebenen quantitativen Angaben nicht zu machen. Es muss jedoch die gemäß IAS 8 Paragraph 28 (f) vorgeschriebenen quantitativen Angaben für jede frühere dargestellte Periode machen.

80C Ein Unternehmen kann eine fruchttragende Pflanze zu Beginn der frühesten im Abschluss dargestellten Berichtsperiode, in der das Unternehmen die Verlautbarung *Landwirtschaft: Fruchttragende Pflanzen* (Änderungen an IAS 16 und IAS 41) erstmals anwendet, zu ihrem beizulegenden Zeitwert bewerten und diesen beizulegenden Zeitwert als Ersatz für Anschaffungs- oder Herstellungskosten an diesem Datum verwenden. Jede Differenz zwischen dem früheren Buchwert und dem beizulegenden Zeitwert ist zu Beginn der frühesten dargestellten Periode im Anfangssaldo der Gewinnrücklagen auszuweisen.

80D Durch die im Mai 2020 veröffentlichte Verlautbarung *Sachanlagen – Einnahmen vor der beabsichtigten Nutzung* wurden die Paragraphen 17 und 74 geändert und die Paragraphen 20A und 74A eingefügt. Ein Unternehmen hat diese Änderungen rückwirkend anzuwenden, allerdings nur auf Sachanlagen, die an ihren Standort und in den Zustand gebracht werden, der erforderlich ist, damit sie zu oder nach Beginn der frühesten im Abschluss dargestellten Periode, in der das Unternehmen die Änderungen erstmals anwendet, in der vom Management beabsichtigten Weise genutzt werden können. Das Unternehmen erfasst die kumulierte Auswirkung der erstmaligen Anwendung der Änderungen zu Beginn dieser frühesten dargestellten Periode als Anpassung des Anfangssaldos der Gewinnrücklagen (oder einer anderen als sachgerecht angesehenen Eigenkapitalkomponente).

ZEITPUNKT DES INKRAFTTRETENS

81 Dieser Standard ist auf Geschäftsjahre anzuwenden, die am oder nach dem 1. Januar 2005 beginnen. Eine frühere Anwendung wird empfohlen. Wendet ein Unternehmen diesen Standard auf Berichtsperioden an, die vor dem 1. Januar 2005 beginnen, hat es dies anzugeben.

81A Die Änderungen in Paragraph 3 sind auf Geschäftsjahre anzuwenden, die am oder nach dem 1. Januar 2006 beginnen. Wendet ein Unternehmen IFRS 6 auf eine frühere Periode an, sind auch diese Änderungen auf jene frühere Periode anzuwenden.

81B Durch IAS 1 *Darstellung des Abschlusses* (in der 2007 überarbeiteten Fassung) wurde die in allen IAS/IFRS verwendete Terminologie geändert. Außerdem wurden die Paragraphen 39, 40 und 73 (e) (iv) geändert. Diese Änderungen sind auf Geschäftsjahre anzuwenden, die am oder nach dem 1. Januar 2009 beginnen. Wendet ein Unternehmen IAS 1 (überarbeitet 2007) auf eine frühere Periode an, so hat es auf diese Periode auch diese Änderungen anzuwenden.

81C Durch IFRS 3 *Unternehmenszusammenschlüsse* (in der 2008 überarbeiteten Fassung) wurde Paragraph 44 geändert. Diese Änderung ist auf Geschäftsjahre anzuwenden, die am oder nach dem 1. Juli 2009 beginnen. Wendet ein Unternehmen IFRS 3 (überarbeitet 2008) auf eine frühere Periode an, so hat es auf diese Periode auch diese Änderung anzuwenden.

81D Durch *Verbesserungen an den IFRS*, veröffentlicht im Mai 2008, wurden die Paragraphen 6 und 69 geändert und Paragraph 68A eingefügt. Diese Änderungen sind auf Geschäftsjahre anzuwenden, die am oder nach dem 1. Januar 2009 beginnen. Eine frühere Anwendung ist zulässig. Wendet ein Unternehmen diese Änderungen auf eine frühere Periode an, so hat es dies anzugeben und die entsprechenden Änderungen an IAS 7 *Kapitalflussrechnung* gleichzeitig anzuwenden.

81E Durch *Verbesserungen an den IFRS*, veröffentlicht im Mai 2008, wurde Paragraph 5 geändert. Diese Änderung ist prospektiv auf Geschäftsjahre anzuwenden, die am oder nach dem 1. Januar 2009 beginnen. Eine frühere Anwendung ist zulässig, sofern das Unternehmen gleichzeitig die Änderungen an den Paragraphen 8, 9, 22, 48, 53, 53A, 53B, 54, 57 und 85B von IAS 40 anwendet. Wendet ein Unternehmen diese Änderungen auf eine frühere Periode an, hat es dies anzugeben.

81F Durch IFRS 13, veröffentlicht im Mai 2011, wurden die Definition des beizulegenden Zeitwerts und die Definition des erzielbaren Betrags in Paragraph 6 geändert. Außerdem wurden die Paragraphen 26, 35 und 77 geändert und die Paragraphen 32 und 33 gestrichen. Wendet ein Unternehmen IFRS 13 an, hat es diese Änderungen ebenfalls anzuwenden.

in the immediately preceding annual period. An entity may also present adjusted comparative information for any earlier periods presented, but it is not required to do so. If an entity presents unadjusted comparative information for any earlier periods, it shall clearly identify the information that has not been adjusted, state that it has been presented on a different basis and explain that basis.

In the reporting period when Agriculture: Bearer Plants (Amendments to IAS 16 and IAS 41) is first applied an entity need not disclose the quantitative information required by paragraph 28 (f) of IAS 8 for the current period. However, an entity shall present the quantitative information required by paragraph 28 (f) of IAS 8 for each prior period presented. **80B**

An entity may elect to measure an item of bearer plants at its fair value at the beginning of the earliest period presented in the financial statements for the reporting period in which the entity first applies Agriculture: Bearer Plants (Amendments to IAS 16 and IAS 41) and use that fair value as its deemed cost at that date. Any difference between the previous carrying amount and fair value shall be recognised in opening retained earnings at the beginning of the earliest period presented. **80C**

Property, Plant and Equipment—Proceeds before Intended Use, issued in May 2020, amended paragraphs 17 and 74 and added paragraphs 20A and 74A. An entity shall apply those amendments retrospectively, but only to items of property, plant and equipment that are brought to the location and condition necessary for them to be capable of operating in the manner intended by management on or after the beginning of the earliest period presented in the financial statements in which the entity first applies the amendments. The entity shall recognise the cumulative effect of initially applying the amendments as an adjustment to the opening balance of retained earnings (or other component of equity, as appropriate) at the beginning of that earliest period presented. **80D**

EFFECTIVE DATE AND TRANSITION

An entity shall apply this standard for annual periods beginning on or after 1 January 2005. Earlier application is encouraged. If an entity applies this standard for a period beginning before 1 January 2005, it shall disclose that fact. **81**

An entity shall apply the amendments in paragraph 3 for annual periods beginning on or after 1 January 2006. If an entity applies IFRS 6 for an earlier period, those amendments shall be applied for that earlier period. **81A**

IAS 1 *Presentation of Financial Statements* (as revised in 2007) amended the terminology used throughout IFRSs. In addition it amended paragraphs 39, 40 and 73 (e) (iv). An entity shall apply those amendments for annual periods beginning on or after 1 January 2009. If an entity applies IAS 1 (revised 2007) for an earlier period, the amendments shall be applied for that earlier period. **81B**

IFRS 3 *Business Combinations* (as revised by the International Accounting Standards Board in 2008) amended paragraph 44. An entity shall apply that amendment for annual periods beginning on or after 1 July 2009. If an entity applies IFRS 3 (revised 2008) for an earlier period, the amendment shall also be applied for that earlier period. **81C**

Paragraphs 6 and 69 were amended and paragraph 68A was added by *Improvements to IFRSs* issued in May 2008. An entity shall apply those amendments for annual periods beginning on or after 1 January 2009. Earlier application is permitted. If an entity applies the amendments for an earlier period it shall disclose that fact and at the same time apply the related amendments to IAS 7 *Statement of Cash Flows*. **81D**

Paragraph 5 was amended by *Improvements to IFRSs* issued in May 2008. An entity shall apply that amendment prospectively for annual periods beginning on or after 1 January 2009. Earlier application is permitted if an entity also applies the amendments to paragraphs 8, 9, 22, 48, 53, 53A, 53B, 54, 57 and 85B of IAS 40 at the same time. If an entity applies the amendment for an earlier period it shall disclose that fact. **81E**

IFRS 13, issued in May 2011, amended the definition of fair value in paragraph 6, amended paragraphs 26, 35 and 77 and deleted paragraphs 32 and 33. An entity shall apply those amendments when it applies IFRS 13. **81F**

81G Durch die *Jährlichen Verbesserungen, Zyklus 2009–2011*, veröffentlicht im Mai 2012, wurde Paragraph 8 geändert. Diese Änderung ist rückwirkend gemäß IAS 8 *Rechnungslegungsmethoden, Änderungen von rechnungslegungsbezogenen Schätzungen und Fehler* auf Geschäftsjahre anzuwenden, die am oder nach dem 1. Januar 2013 beginnen. Eine frühere Anwendung ist zulässig. Wendet ein Unternehmen diese Änderung auf eine frühere Periode an, hat es dies anzugeben.

81H Durch die *Jährlichen Verbesserungen an den IFRS, Zyklus 2010–2012*, veröffentlicht im Dezember 2013, wurde Paragraph 35 geändert und Paragraph 80A eingefügt. Diese Änderung ist auf Geschäftsjahre anzuwenden, die am oder nach dem 1. Juli 2014 beginnen. Eine frühere Anwendung ist zulässig. Wendet ein Unternehmen diese Änderung auf eine frühere Periode an, hat es dies anzugeben.

81I Durch *Klarstellung akzeptabler Abschreibungsmethoden* (Änderungen an IAS 16 und IAS 38), veröffentlicht im Mai 2014, wurde Paragraph 56 geändert und Paragraph 62A eingefügt. Diese Änderungen sind prospektiv auf am oder nach dem 1. Januar 2016 beginnende Geschäftsjahre anzuwenden. Eine frühere Anwendung ist zulässig. Wendet ein Unternehmen diese Änderungen auf eine frühere Periode an, hat es dies anzugeben.

81J Durch IFRS 15 *Erlöse aus Verträgen mit Kunden*, veröffentlicht im Mai 2014, wurden die Paragraphen 68A, 69 und 72 geändert. Wendet ein Unternehmen IFRS 15 an, hat es diese Änderungen ebenfalls anzuwenden.

81K Durch die im Juni 2014 veröffentlichte Verlautbarung *Landwirtschaft: Fruchttragende Pflanzen* (Änderungen an IAS 16 und IAS 41) wurden die Paragraphen 3, 6 und 37 geändert sowie die Paragraphen 22A und 80B–80C eingefügt. Diese Änderungen sind auf Geschäftsjahre anzuwenden, die am oder nach dem 1. Januar 2016 beginnen. Eine frühere Anwendung ist zulässig. Wendet ein Unternehmen diese Änderungen auf eine frühere Periode an, hat es dies anzugeben. Diese Änderungen sind mit Ausnahme der Darlegungen in Paragraph 80C gemäß IAS 8 rückwirkend anzuwenden.

81L Durch IFRS 16, veröffentlicht im Januar 2016, wurden die Paragraphen 4 und 27 gestrichen und die Paragraphen 5, 10, 44 und 68–69 geändert. Wendet ein Unternehmen IFRS 16 an, hat es diese Änderungen ebenfalls anzuwenden.

81M Durch IFRS 17, veröffentlicht im Mai 2017, wurden die Paragraphen 29A und 29B eingefügt. Wendet ein Unternehmen IFRS 17 an, hat es diese Änderungen ebenfalls anzuwenden.

81N Durch die im Mai 2020 veröffentlichte Verlautbarung *Sachanlagen – Einnahmen vor der beabsichtigten Nutzung* wurden die Paragraphen 17 und 74 geändert und die Paragraphen 20A, 74A und 80D eingefügt. Diese Änderungen sind auf Geschäftsjahre anzuwenden, die am oder nach dem 1. Januar 2022 beginnen. Eine frühere Anwendung ist zulässig. Wendet ein Unternehmen diese Änderungen auf eine frühere Periode an, hat es dies anzugeben.

RÜCKNAHME ANDERER VERLAUTBARUNGEN

82 Dieser Standard ersetzt IAS 16 *Sachanlagen* (überarbeitet 1998).

83 Dieser Standard ersetzt die folgenden Interpretationen:

(a) SIC-6 *Kosten der Anpassung vorhandener Software*

(b) SIC-14 *Sachanlagen – Entschädigung für die Wertminderung oder den Verlust von Gegenständen* und

(c) SIC-23 *Sachanlagen – Kosten für Großinspektionen oder Generalüberholungen.*

Annual Improvements 2009—2011 Cycle, issued in May 2012, amended paragraph 8. An entity shall apply that amendment retrospectively in accordance with IAS 8 *Accounting Policies, Changes in Accounting Estimates and Errors* for annual periods beginning on or after 1 January 2013. Earlier application is permitted. If an entity applies that amendment for an earlier period it shall disclose that fact. 81G

Annual Improvements to IFRSs 2010—2012 Cycle, issued in December 2013, amended paragraph 35 and added paragraph 80A. An entity shall apply that amendment for annual periods beginning on or after 1 July 2014. Earlier application is permitted. If an entity applies that amendment for an earlier period it shall disclose that fact. 81H

Clarification of Acceptable Methods of Depreciation and Amortisation (Amendments to IAS 16 and IAS 38), issued in May 2014, amended paragraph 56 and added paragraph 62A. An entity shall apply those amendments prospectively for annual periods beginning on or after 1 January 2016. Earlier application is permitted. If an entity applies those amendments for an earlier period it shall disclose that fact. 81I

IFRS 15 *Revenue from Contracts with Customers*, issued in May 2014, amended paragraphs 68A, 69 and 72. An entity shall apply those amendments when it applies IFRS 15. 81J

Agriculture: Bearer Plants (Amendments to IAS 16 and IAS 41), issued in June 2014, amended paragraphs 3, 6 and 37 and added paragraphs 22A and 80B—80C. An entity shall apply those amendments for annual periods beginning on or after 1 January 2016. Earlier application is permitted. If an entity applies those amendments for an earlier period, it shall disclose that fact. An entity shall apply those amendments retrospectively, in accordance with IAS 8, except as specified in paragraph 80C. 81K

IFRS 16, issued in January 2016, deleted paragraphs 4 and 27 and amended paragraphs 5, 10, 44 and 68—69. An entity shall apply those amendments when it applies IFRS 16. 81L

IFRS 17, issued in May 2017, added paragraphs 29A and 29B. An entity shall apply those amendments when it applies IFRS 17. 81M

Property, Plant and Equipment—Proceeds before Intended Use, issued in May 2020, amended paragraphs 17 and 74, and added paragraphs 20A, 74A and 80D. An entity shall apply those amendments for annual reporting periods beginning on or after 1 January 2022. Earlier application is permitted. If an entity applies those amendments for an earlier period, it shall disclose that fact. 81N

WITHDRAWAL OF OTHER PRONOUNCEMENTS

This standard supersedes IAS 16 *Property, plant and equipment* (revised in 1998). 82

This standard supersedes the following interpretations: 83

(a) SIC-6 *Costs of modifying existing software*;
(b) SIC-14 *Property, plant and equipment — compensation for the impairment or loss of items;* and
(c) SIC-23 *Property, plant and equipment — major inspection or overhaul costs.*

INTERNATIONAL ACCOUNTING STANDARD 19
Leistungen an Arbeitnehmer

INHALT

INTERNATIONAL ACCOUNTING STANDARD 19

Employee Benefits

SUMMARY

ZIELSETZUNG

1 Ziel des vorliegenden Standards ist die Regelung der Bilanzierung und der Angabepflichten für Leistungen an Arbeitnehmer. Nach diesem Standard ist ein Unternehmen verpflichtet,
(a) eine Schuld anzusetzen, wenn ein Arbeitnehmer Arbeitsleistungen im Austausch gegen in der Zukunft zu zahlende Leistungen an Arbeitnehmer erbracht hat, und
(b) einen Aufwand anzusetzen, wenn das Unternehmen den wirtschaftlichen Nutzen aus der im Austausch für Leistungen an Arbeitnehmer von einem Arbeitnehmer erbrachten Arbeitsleistung vereinnahmt hat.

ANWENDUNGSBEREICH

2 **Dieser Standard ist von Arbeitgebern bei der Bilanzierung sämtlicher Leistungen an Arbeitnehmer anzuwenden, ausgenommen Leistungen, auf die IFRS 2 *Anteilsbasierte Vergütung* Anwendung findet.**

3 Der Standard behandelt nicht die Berichterstattung von Versorgungsplänen für Arbeitnehmer (siehe IAS 26 *Bilanzierung und Berichterstattung von Altersversorgungsplänen*).

4 Der Standard bezieht sich unter anderem auf Leistungen an Arbeitnehmer, die
(a) gemäß formellen Plänen oder anderen formellen Vereinbarungen zwischen einem Unternehmen und einzelnen Arbeitnehmern, Arbeitnehmergruppen oder deren Vertretern gewährt werden,
(b) gemäß gesetzlichen Bestimmungen oder im Rahmen von tarifvertraglichen Vereinbarungen gewährt werden, durch die Unternehmen verpflichtet sind, Beiträge zu Plänen des Staates, eines Bundeslands, eines Industriezweigs oder zu anderen gemeinschaftlichen Plänen mehrerer Arbeitgeber zu leisten, oder
(c) gemäß betrieblicher Praxis, die eine faktische Verpflichtung begründet, gewährt werden. Betriebliche Praxis begründet faktische Verpflichtungen, wenn das Unternehmen keine realistische Alternative zur Zahlung der Leistungen an Arbeitnehmer hat. Eine faktische Verpflichtung ist beispielsweise dann gegeben, wenn eine Änderung der üblichen betrieblichen Praxis zu einer unannehmbaren Schädigung des sozialen Klimas im Betrieb führen würde.

5 Leistungen an Arbeitnehmer beinhalten
(a) kurzfristig fällige Leistungen an Arbeitnehmer wie die nachfolgend aufgeführten, sofern davon ausgegangen wird, dass diese innerhalb von zwölf Monaten nach dem Abschlussstichtag des Geschäftsjahrs, in dem die Arbeitnehmer die entsprechende Arbeitsleistung erbringen, vollständig beglichen werden:
  (i) Löhne, Gehälter und Sozialversicherungsbeiträge,
  (ii) Urlaubs- und Krankengeld,
  (iii) Gewinn- und Erfolgsbeteiligungen sowie
  (iv) geldwerte Leistungen (wie medizinische Versorgung, Unterbringung und Dienstwagen sowie kostenlose oder vergünstigte Güter oder Dienstleistungen) für aktive Arbeitnehmer,
(b) Leistungen nach Beendigung des Arbeitsverhältnisses wie
  (i) Altersversorgungsleistungen (beispielweise Renten und einmalige Zahlungen bei Renteneintritt) sowie
  (ii) sonstige Leistungen nach Beendigung des Arbeitsverhältnisses wie Lebensversicherungen und medizinische Versorgung nach Beendigung des Arbeitsverhältnisses,
(c) andere langfristig fällige Leistungen an Arbeitnehmer, wie
  (i) langfristig fällige Leistungen für bezahlte Abwesenheiten wie Sonderurlaub nach langjähriger Dienstzeit oder Urlaub zur persönlichen Weiterbildung,
  (ii) Jubiläumsgelder oder andere Leistungen für langjährige Dienstzeiten sowie
  (iii) langfristig fällige Leistungen bei Erwerbsunfähigkeit sowie
(d) Leistungen aus Anlass der Beendigung des Arbeitsverhältnisses.

6 Leistungen an Arbeitnehmer beinhalten Leistungen sowohl an die Arbeitnehmer selbst als auch an von diesen wirtschaftlich abhängige Personen und können durch Zahlung (oder die Bereitstellung von Gütern oder Dienstleistungen) an die Arbeitnehmer direkt, an deren Ehepartner, Kinder oder sonstige von den Arbeitnehmern wirtschaftlich abhängige Personen oder an andere, wie z. B. Versicherungsunternehmen, erfüllt werden.

7 Ein Arbeitnehmer kann für ein Unternehmen Arbeitsleistungen auf Vollzeit- oder Teilzeitbasis, dauerhaft oder gelegentlich oder auch auf befristeter Basis erbringen. Für die Zwecke dieses Standards zählen Mitglieder des Geschäftsführungs- und/oder Aufsichtsorgans und sonstiges leitendes Personal zu den Arbeitnehmern.

DEFINITIONEN

8 **Die folgenden Begriffe werden im vorliegenden Standard mit der angegebenen Bedeutung verwendet:**

OBJECTIVE

The objective of this Standard is to prescribe the accounting and disclosure for employee benefits. The Standard requires an entity to recognise: 1
(a) a liability when an employee has provided service in exchange for employee benefits to be paid in the future; and
(b) an expense when the entity consumes the economic benefit arising from service provided by an employee in exchange for employee benefits.

SCOPE

This Standard shall be applied by an employer in accounting for all employee benefits, except those to which IFRS 2 *Share-based Payment* applies. 2

This Standard does not deal with reporting by employee benefit plans (see IAS 26 *Accounting and Reporting by Retirement Benefit Plans).* 3

The employee benefits to which this Standard applies include those provided: 4
(a) under formal plans or other formal agreements between an entity and individual employees, groups of employees or their representatives;
(b) under legislative requirements, or through industry arrangements, whereby entities are required to contribute to national, state, industry or other multi-employer plans; or
(c) by those informal practices that give rise to a constructive obligation. Informal practices give rise to a constructive obligation where the entity has no realistic alternative but to pay employee benefits. An example of a constructive obligation is where a change in the entity's informal practices would cause unacceptable damage to its relationship with employees.

Employee benefits include: 5
(a) short-term employee benefits, such as the following, if expected to be settled wholly before twelve months after the end of the annual reporting period in which the employees render the related services:
    (i) wages, salaries and social security contributions;
    (ii) paid annual leave and paid sick leave;
    (iii) profit-sharing and bonuses; and
    (iv) non-monetary benefits (such as medical care, housing, cars and free or subsidised goods or services) for current employees;
(b) post-employment benefits, such as the following:
    (i) retirement benefits (eg pensions and lump sum payments on retirement); and
    (ii) other post-employment benefits, such as post-employment life insurance and post-employment medical care;
(c) other long-term employee benefits, such as the following:
    (i) long-term paid absences such as long-service leave or sabbatical leave;
    (ii) jubilee or other long-service benefits; and
    (iii) long-term disability benefits; and
(d) termination benefits.

Employee benefits include benefits provided either to employees or to their dependants or beneficiaries and may be settled by payments (or the provision of goods or services) made either directly to the employees, to their spouses, children or other dependants or to others, such as insurance companies. 6

An employee may provide services to an entity on a full-time, part-time, permanent, casual or temporary basis. For the purpose of this Standard, employees include directors and other management personnel. 7

DEFINITIONS

The following terms are used in this Standard with the meanings specified: 8

Leistungen an Arbeitnehmer – Definitionen

Leistungen an Arbeitnehmer sind alle Formen von Gegenleistungen, die ein Unternehmen im Austausch für die von Arbeitnehmern erbrachte Arbeitsleistung oder aus Anlass der Beendigung des Arbeitsverhältnisses gewährt.

Kurzfristig fällige Leistungen an Arbeitnehmer sind Leistungen an Arbeitnehmer (außer Leistungen aus Anlass der Beendigung des Arbeitsverhältnisses), bei denen zu erwarten ist, dass sie innerhalb von zwölf Monaten nach dem Abschlussstichtag des Geschäftsjahrs, in dem die Arbeitnehmer die entsprechende Arbeitsleistung erbringen, vollständig beglichen werden.

Leistungen nach Beendigung des Arbeitsverhältnisses sind Leistungen an Arbeitnehmer (außer Leistungen aus Anlass der Beendigung des Arbeitsverhältnisses und kurzfristig fällige Leistungen an Arbeitnehmer), die nach Beendigung des Arbeitsverhältnisses zu zahlen sind.

Andere langfristig fällige Leistungen an Arbeitnehmer sind alle Leistungen an Arbeitnehmer, mit Ausnahme von kurzfristig fälligen Leistungen an Arbeitnehmer, Leistungen nach Beendigung des Arbeitsverhältnisses und Leistungen aus Anlass der Beendigung des Arbeitsverhältnisses.

Leistungen aus Anlass der Beendigung des Arbeitsverhältnisses sind Leistungen an Arbeitnehmer, die im Austausch für die Beendigung des Arbeitsverhältnisses eines Arbeitnehmers gezahlt werden und daraus resultieren, dass entweder

(a) ein Unternehmen die Beendigung des Arbeitsverhältnisses eines Arbeitnehmers vor dem regulären Renteneintrittszeitpunkt beschlossen hat oder

(b) ein Arbeitnehmer im Austausch für die Beendigung des Arbeitsverhältnisses einem Leistungsangebot zugestimmt hat.

Definitionen in Bezug auf die Einstufung von Plänen

Pläne für Leistungen nach Beendigung des Arbeitsverhältnisses sind formelle oder informelle Vereinbarungen, durch die ein Unternehmen einem oder mehreren Arbeitnehmern Leistungen nach Beendigung des Arbeitsverhältnisses gewährt.

Beitragsorientierte Pläne sind Pläne für Leistungen nach Beendigung des Arbeitsverhältnisses, bei denen ein Unternehmen festgelegte Beiträge an eine eigenständige Einheit (einen Fonds) entrichtet und weder rechtlich noch faktisch zur Zahlung darüber hinausgehender Beiträge verpflichtet ist, wenn der Fonds nicht über ausreichende Vermögenswerte verfügt, um alle Leistungen an Arbeitnehmer in Bezug auf Arbeitsleistungen der Arbeitnehmer in der aktuellen Berichtsperiode und früheren Perioden zu erbringen.

Leistungsorientierte Pläne sind Pläne für Leistungen nach Beendigung des Arbeitsverhältnisses, die nicht unter die Definition der beitragsorientierten Pläne fallen.

Gemeinschaftliche Pläne mehrerer Arbeitgeber sind beitragsorientierte (außer staatlichen Plänen) oder leistungsorientierte Pläne (außer staatlichen Plänen), bei denen

(a) Vermögenswerte zusammengeführt werden, die von verschiedenen, nicht einer gemeinschaftlichen Beherrschung unterliegenden Unternehmen in den Plan eingebracht wurden, und

(b) diese Vermögenswerte zur Gewährung von Leistungen an Arbeitnehmer aus mehr als einem Unternehmen verwendet werden, ohne dass die Beitrags- und Leistungshöhe von dem Unternehmen, in dem die entsprechenden Arbeitnehmer beschäftigt sind, abhängen.

Definitionen in Bezug auf die Nettoschuld (den Nettovermögenswert) aus einem leistungsorientierten Plan

Die _Nettoschuld_ (der Nettovermögenswert) aus einem leistungsorientierten Plan ist die Unter- oder Überdeckung nach Berücksichtigung der Auswirkung der Begrenzung eines Nettovermögenswerts aus einem leistungsorientierten Plan auf die Obergrenze für den Vermögenswert.

Eine _Unter- oder Überdeckung_ ist

(a) der Barwert der leistungsorientierten Verpflichtung abzüglich

(b) des beizulegenden Zeitwerts eines etwaigen Planvermögens.

Die _Obergrenze für den Vermögenswert_ ist der Barwert eines wirtschaftlichen Nutzens in Form von Rückerstattungen aus dem Plan oder Minderungen künftiger Beitragszahlungen an den Plan.

Der _Barwert einer leistungsorientierten Verpflichtung_ ist der ohne Abzug von Planvermögen beizulegende Barwert erwarteter künftiger Zahlungen, die erforderlich sind, um die aufgrund von Arbeitnehmerleistungen in der aktuellen Berichtsperiode oder früheren Perioden entstandenen Verpflichtungen abgelten zu können.

Planvermögen umfasst

(a) Vermögen, das durch einen langfristig ausgelegten Fonds zur Erfüllung von Leistungen an Arbeitnehmer gehalten wird, und

(b) qualifizierende Versicherungspolicen.

Vermögen, das durch einen langfristig ausgelegten Fonds zur Erfüllung von Leistungen an Arbeitnehmer gehalten wird, ist Vermögen (außer nicht übertragbaren Finanzinstrumenten, die vom berichtenden Unternehmen ausgegeben wurden), das

(a) von einer Einheit (einem Fonds) gehalten wird, die von dem berichtenden Unternehmen rechtlich unabhängig ist und die ausschließlich besteht, um Leistungen an Arbeitnehmer zu zahlen oder zu finanzieren, und

Definitions of employee benefits

***Employee benefits* are all forms of consideration given by an entity in exchange for service rendered by employees or for the termination of employment.**

***Short-term employee benefits* are employee benefits (other than termination benefits) that are expected to be settled wholly before twelve months after the end of the annual reporting period in which the employees render the related service.**

***Post-employment benefits* are employee benefits (other than termination benefits and short-term employee benefits) that are payable after the completion of employment.**

***Other long-term employee benefits* are all employee benefits other than short-term employee benefits, postemployment benefits and termination benefits.**

***Termination benefits* are employee benefits provided in exchange for the termination of an employee's employment as a result of either:**

(a) an entity's decision to terminate an employee's employment before the normal retirement date; or

(b) an employee's decision to accept an offer of benefits in exchange for the termination of employment.

Definitions relating to classification of plans

***Post-employment benefit plans* are formal or informal arrangements under which an entity provides post-employment benefits for one or more employees.**

***Defined contribution plans* are post-employment benefit plans under which an entity pays fixed contributions into a separate entity (a fund) and will have no legal or constructive obligation to pay further contributions if the fund does not hold sufficient assets to pay all employee benefits relating to employee service in the current and prior periods.**

***Defined benefit plans* are post-employment benefit plans other than defined contribution plans.**

***Multi-employer plans* are defined contribution plans (other than state plans) or defined benefit plans (other than state plans) that:**

(a) pool the assets contributed by various entities that are not under common control; and

(b) use those assets to provide benefits to employees of more than one entity, on the basis that contribution and benefit levels are determined without regard to the identity of the entity that employs the employees.

Definitions relating to the net defined benefit liability (asset)

The *net defined benefit liability (asset)* is the deficit or surplus, adjusted for any effect of limiting a net defined benefit asset to the asset ceiling.

The *deficit or surplus* is:

(a) the present value of the defined benefit obligation less

(b) the fair value of plan assets (if any).

The *asset ceiling* is the present value of any economic benefits available in the form of refunds from the plan or reductions in future contributions to the plan.

The *present value of a defined benefit obligation* is the present value, without deducting any plan assets, of expected future payments required to settle the obligation resulting from employee service in the current and prior periods

***Plan assets* comprise:**

(a) assets held by a long-term employee benefit fund; and

(b) qualifying insurance policies.

***Assets held by a long-term employee benefit fund* are assets (other than non-transferable financial instruments issued by the reporting entity) that:**

(a) are held by an entity (a fund) that is legally separate from the reporting entity and exists solely to pay or fund employee benefits; and

(b) verfügbar ist, um ausschließlich die Leistungen an Arbeitnehmer zu zahlen oder zu finanzieren, aber nicht für die Gläubiger des berichtenden Unternehmens verfügbar ist (auch nicht im Falle eines Insolvenzverfahren), und das nicht an das berichtende Unternehmen zurückgezahlt werden kann, es sei denn
   (i) das verbleibende Vermögen des Fonds reicht aus, um alle Leistungsverpflichtungen gegenüber den Arbeitnehmern, die mit dem Plan oder dem berichtenden Unternehmen verbunden sind, zu erfüllen oder
   (ii) das Vermögen wird an das berichtende Unternehmen zurückgezahlt, um Leistungen an Arbeitnehmer, die bereits gezahlt wurden, zu erstatten.

Eine *qualifizierende Versicherungspolice* ist eine Versicherungspolice[1] (7) eines Versicherers, der nicht zu den nahestehenden Unternehmen und Personen des berichtenden Unternehmens gehört (wie in IAS 24 *Angaben über Beziehungen zu nahestehenden Unternehmen und Personen* definiert), wenn die Erlöse aus dem Vertrag
(a) nur verwendet werden können, um Leistungen an Arbeitnehmer aus einem leistungsorientierten Plan zu zahlen oder zu finanzieren, und
(b) nicht den Gläubigern des berichtenden Unternehmens zur Verfügung stehen (auch nicht im Falle eines Insolvenzverfahrens) und nicht an das berichtende Unternehmen gezahlt werden können, es sei denn
   (i) die Erlöse stellen Überschüsse dar, die für die Erfüllung sämtlicher Leistungsverpflichtungen gegen über Arbeitnehmern im Zusammenhang mit der Versicherungspolice nicht benötigt werden, oder
   (ii) die Erlöse werden an das berichtende Unternehmen zurückgezahlt, um bereits gezahlte Leistungen an Arbeitnehmer zu erstatten.

Der beizulegende Zeitwert ist der Preis, der in einem gewöhnlichen Geschäftsvorfall zwischen Marktteilnehmern am Bewertungsstichtag für den Verkauf eines Vermögenswerts eingenommen bzw. für die Übertragung einer Schuld gezahlt würde. (Siehe IFRS 13 Bewertung zum beizulegenden Zeitwert.)

Definitionen in Bezug auf die Kosten aus leistungsorientierten Plänen

Dienstzeitaufwand umfasst Folgendes:
(a) *laufenden Dienstzeitaufwand*: Dies ist der Anstieg des Barwerts einer leistungsorientierten Verpflichtung, der auf die Arbeitsleistung von Arbeitnehmern in der aktuellen Berichtsperiode entfällt,
(b) *nachzuverrechnenden Dienstzeitaufwand*: Dies ist die Veränderung des Barwerts der leistungsorientierten Verpflichtung für Arbeitsleistung vorangegangener Perioden, die aus einer Änderung (Einführung, Rücknahme oder Änderungen eines leistungsorientierten Plans) oder einer Kürzung des Plans (einer erheblichen unternehmensseitigen Senkung der Anzahl in einem Plan erfasster Arbeitnehmer) entsteht, und
(c) Gewinne oder Verluste bei Abgeltung.

Nettozinsen auf die Nettoschuld (den Nettovermögenswert) aus einem leistungsorientierten Plan sind aufgrund des Verstreichens von Zeit während der Berichtsperiode eintretende Veränderungen der Nettoschuld (des Nettovermögenswerts) aus einem leistungsorientierten Plan.

Neubewertungen der Nettoschuld (des Nettovermögenswerts) aus einem leistungsorientierten Plan umfassen
(a) versicherungsmathematische Gewinne und Verluste,
(b) den Ertrag aus dem Planvermögen unter Ausschluss von Beträgen, die in den Nettozinsen auf die Nettoschuld (den Nettovermögenswert) aus einem leistungsorientierten Plan enthalten sind, und
(c) Veränderungen bei der Auswirkung der Obergrenze für den Vermögenswert unter Ausschluss von Beträgen, die in den Nettozinsen auf die Nettoschuld (den Nettovermögenswert) aus einem leistungsorientierten Planenthalten sind.

Versicherungsmathematische Gewinne und Verluste sind Veränderungen des Barwerts der leistungsorientierten Verpflichtung aufgrund von
(a) erfahrungsbedingten Anpassungen (die Auswirkungen der Abweichungen zwischen früheren versicherungsmathematischen Annahmen und der tatsächlichen Entwicklung) und
(b) Auswirkungen von Änderungen versicherungsmathematischer Annahmen.

Der *Ertrag aus dem Planvermögen* setzt sich aus Zinsen, Dividenden und sonstigen Erträgen aus dem Planvermögen zusammen und umfasst auch realisierte und nicht realisierte Gewinne oder Verluste aus dem Planvermögen, abzüglich
(a) etwaiger Kosten für die Verwaltung des Planvermögens und
(b) vom Plan selbst zu entrichtender Steuern, soweit es sich nicht um Steuern handelt, die bereits in die versicherungsmathematischen Annahmen eingeflossen sind, die zur Ermittlung des Barwerts der leistungsorientierten Verpflichtung verwendet werden.

Eine *Abgeltung* ist eine Vereinbarung, wonach alle weiteren rechtlichen und faktischen Verpflichtungen in Bezug auf einen Teil oder die Gesamtheit der in einem leistungsorientierten Plan zugesagten Leistungen eliminiert werden, soweit es sich nicht um eine in den Regelungen des Plans vorgesehene und in den versicherungsmathematischen Annahmen enthaltene Zahlung von Leistungen direkt an Arbeitnehmer oder zu deren Gunsten handelt.

---

1 Eine qualifizierende Versicherungspolice ist nicht notwendigerweise ein Versicherungsvertrag gemäß der Definition in IFRS 17 *Versicherungsverträge*.

(b) are available to be used only to pay or fund employee benefits, are not available to the reporting entity's own creditors (even in bankruptcy), and cannot be returned to the reporting entity, unless either:
  (i) the remaining assets of the fund are sufficient to meet all the related employee benefit obligations of the plan or the reporting entity; or
  (ii) the assets are returned to the reporting entity to reimburse it for employee benefits already paid.

A *qualifying insurance policy* is an insurance policy[1] issued by an insurer that is not a related party (as defined in IAS 24 *Related Party Disclosures)* of the reporting entity, if the proceeds of the policy:
(a) can be used only to pay or fund employee benefits under a defined benefit plan; and
(b) are not available to the reporting entity's own creditors (even in bankruptcy) and cannot be paid to the reporting entity, unless either:
  (i) the proceeds represent surplus assets that are not needed for the policy to meet all the related employee benefit obligations; or
  (ii) the proceeds are returned to the reporting entity to reimburse it for employee benefits already paid.

Fair value is the price that would be received to sell an asset or paid to transfer a liability in an orderly transaction between market participants at the measurement date. (See IFRS 13 *Fair Value Measurement*.)

Definitions relating to defined benefit cost

Service cost comprises:
(a) *current service cost,* which is the increase in the present value of the defined benefit obligation resulting from employee service in the current period;
(b) *past service cost,* which is the change in the present value of the defined benefit obligation for employee service in prior periods, resulting from a plan amendment (the introduction or withdrawal of, or changes to, a defined benefit plan) or a curtailment (a significant reduction by the entity in the number of employees covered by a plan); and
(c) any gain or loss on settlement.

Net interest on the net defined benefit liability (asset) is the change during the period in the net defined benefit liability (asset) that arises from the passage of time.

Remeasurements of the net defined benefit liability (asset) comprise:
(a) actuarial gains and losses;
(b) the return on plan assets, excluding amounts included in net interest on the net defined benefit liability (asset); and
(c) any change in the effect of the asset ceiling, excluding amounts included in net interest on the net defined benefit liability (asset).

Actuarial gains and losses are changes in the present value of the defined benefit obligation resulting from:
(a) experience adjustments (the effects of differences between the previous actuarial assumptions and what has actually occurred); and
(b) the effects of changes in actuarial assumptions.

The *return on plan assets* is interest, dividends and other income derived from the plan assets, together with realised and unrealised gains or losses on the plan assets, less:
(a) any costs of managing plan assets; and
(b) any tax payable by the plan itself, other than tax included in the actuarial assumptions used to measure the present value of the defined benefit obligation.

A *settlement* is a transaction that eliminates all further legal or constructive obligations for part or all of the benefits provided under a defined benefit plan, other than a payment of benefits to, or on behalf of, employees that is set out in the terms of the plan and included in the actuarial assumptions.

1 A qualifying insurance policy is not necessarily an insurance contract, as defined in IFRS 17 *Insurance Contracts*.

KURZFRISTIG FÄLLIGE LEISTUNGEN AN ARBEITNEHMER

9 Kurzfristig fällige Leistungen an Arbeitnehmer umfassen Posten gemäß nachstehender Aufzählung, sofern davon ausgegangen wird, dass diese innerhalb von zwölf Monaten nach dem Abschlussstichtag des Geschäftsjahrs, in dem die Arbeitnehmer die betreffende Arbeitsleistung erbringen, vollständig beglichen werden:
(a) Löhne, Gehälter und Sozialversicherungsbeiträge,
(b) Urlaubs- und Krankengeld,
(c) Gewinn- und Erfolgsbeteiligungen und
(d) geldwerte Leistungen (wie medizinische Versorgung, Unterbringung und Dienstwagen sowie kostenlose oder vergünstigte Güter oder Dienstleistungen) für aktive Arbeitnehmer.

10 Ein Unternehmen muss eine kurzfristig fällige Leistung an Arbeitnehmer nicht umgliedern, wenn sich die Erwartungen des Unternehmens bezüglich des Zeitpunkts der Abgeltung vorübergehend ändern. Verändern sich jedoch die Merkmale der Leistung (beispielsweise Umstellung von einer nicht ansammelbaren Leistung auf eine ansammelbare Leistung) oder sind Erwartungen bezüglich des Zeitpunkts der Abgeltung nicht vorübergehender Natur, hat das Unternehmen zu prüfen, ob die Leistung noch der Definition einer kurzfristig fälligen Leistung an Arbeitnehmer entspricht.

Ansatz und Bewertung

Alle kurzfristig fälligen Leistungen an Arbeitnehmer

11 **Hat ein Arbeitnehmer im Verlauf der Bilanzierungsperiode Arbeitsleistungen für ein Unternehmen erbracht, ist von dem Unternehmen der nicht abgezinste Betrag der kurzfristig fälligen Leistung zu erfassen, der voraussichtlich im Austausch für diese Arbeitsleistung gezahlt wird, und zwar**
(a) **als Schuld (passivische Abgrenzung) nach Abzug bereits geleisteter Zahlungen. Übersteigt der bereits gezahlte Betrag den nicht abgezinsten Betrag der Leistungen, so hat das Unternehmen die Differenz als Vermögenswert zu aktivieren (aktivische Abgrenzung), soweit die Vorauszahlung beispielsweise zu einer Verringerung künftiger Zahlungen oder einer Rückerstattung führen wird.**
(b) **als Aufwand, es sei denn, ein anderer IFRS verlangt oder erlaubt die Einbeziehung der Leistungen in die Anschaffungs- oder Herstellungskosten eines Vermögenswerts (siehe z. B. IAS 2 *Vorräte* und IAS 16 *Sachanlagen*).**

12 **In den Paragraphen 13, 16 und 19 wird erläutert, wie ein Unternehmen Paragraph 11 auf kurzfristig fällige Leistungen an Arbeitnehmer in Form von vergüteter Abwesenheit und Gewinn- und Erfolgsbeteiligung anzuwenden hat.**

Kurzfristig fällige Abwesenheitsvergütungen

13 **Ein Unternehmen hat die erwarteten Kosten für kurzfristig fällige Leistungen an Arbeitnehmer in Form von vergüteten Abwesenheiten gemäß Paragraph 11 wie folgt zu erfassen:**
(a) **im Falle ansammelbarer Ansprüche, sobald die Arbeitnehmer Arbeitsleistungen erbracht haben, durch die sich ihre Ansprüche auf vergütete künftige Abwesenheit erhöhen.**
(b) **im Falle nicht ansammelbarer Ansprüche zu dem Zeitpunkt, zu dem die Abwesenheit eintritt.**

14 Ein Unternehmen kann aus verschiedenen Gründen Vergütungen bei Abwesenheit von Arbeitnehmern zahlen, z. B. bei Urlaub, Krankheit, vorübergehender Arbeitsunfähigkeit, Erziehungsurlaub, Schöffentätigkeit oder bei Ableistung von Militärdienst. Ansprüche auf vergütete Abwesenheiten werden unterteilt in
(a) ansammelbare Ansprüche und
(b) nicht ansammelbare Ansprüche.

15 Ansammelbare Ansprüche auf vergütete Abwesenheit sind solche, die vorgetragen werden und in künftigen Perioden genutzt werden können, wenn der Anspruch in der aktuellen Berichtsperiode nicht voll ausgeschöpft wird. Ansammelbare Ansprüche auf vergütete Abwesenheit können entweder unverfallbar (d. h. Arbeitnehmer haben bei ihrem Ausscheiden aus dem Unternehmen Anspruch auf einen Barausgleich für nicht in Anspruch genommene Leistungen) oder verfallbar sein (d. h. Arbeitnehmer haben bei ihrem Ausscheiden aus dem Unternehmen keinen Anspruch auf Barausgleich für nicht in Anspruch genommene Leistungen). Eine Verpflichtung entsteht, wenn Arbeitnehmer Arbeitsleistungen erbringen, durch die sich ihr Anspruch auf künftige vergütete Abwesenheit erhöht. Die Verpflichtung entsteht selbst dann und ist zu erfassen, wenn die Ansprüche auf vergütete Abwesenheit verfallbar sind, wobei allerdings die Bewertung dieser Verpflichtung davon beeinflusst wird, dass Arbeitnehmer möglicherweise aus dem Unternehmen ausscheiden, bevor sie die angesammelten verfallbaren Ansprüche nutzen.

16 **Ein Unternehmen hat die erwarteten Kosten ansammelbarer Ansprüche auf vergütete Abwesenheit mit dem zusätzlichen Betrag zu bewerten, den das Unternehmen aufgrund der zum Abschlussstichtag angesammelten, nicht genutzten Ansprüche voraussichtlich zahlen muss.**

SHORT-TERM EMPLOYEE BENEFITS

Short-term employee benefits include items such as the following, if expected to be settled wholly before twelve months after the end of the annual reporting period in which the employees render the related services: 9

(a) wages, salaries and social security contributions;
(b) paid annual leave and paid sick leave;
(c) profit-sharing and bonuses; and
(d) non-monetary benefits (such as medical care, housing, cars and free or subsidised goods or services) for current employees.

An entity need not reclassify a short-term employee benefit if the entity's expectations of the timing of settlement change temporarily. However, if the characteristics of the benefit change (such as a change from a non-accumulating benefit to an accumulating benefit) or if a change in expectations of the timing of settlement is not temporary, then the entity considers whether the benefit still meets the definition of short-term employee benefits. 10

Recognition and measurement

All short-term employee benefits

When an employee has rendered service to an entity during an accounting period, the entity shall recognise the undiscounted amount of short-term employee benefits expected to be paid in exchange for that service: 11

(a) as a liability (accrued expense), after deducting any amount already paid. If the amount already paid exceeds the undiscounted amount of the benefits, an entity shall recognise that excess as an asset (prepaid expense) to the extent that the prepayment will lead to, for example, a reduction in future payments or a cash refund.
(b) as an expense, unless another IFRS requires or permits the inclusion of the benefits in the cost of an asset (see, for example, IAS 2 *Inventories* and IAS 16 *Property, Plant and Equipment*).

Paragraphs 13, 16 and 19 explain how an entity shall apply paragraph 11 to short-term employee benefits in the form of paid absences and profit-sharing and bonus plans. 12

Short-term paid absences

An entity shall recognise the expected cost of short-term employee benefits in the form of paid absences under paragraph 11 as follows: 13

(a) in the case of accumulating paid absences, when the employees render service that increases their entitlement to future paid absences.
(b) in the case of non-accumulating paid absences, when the absences occur.

An entity may pay employees for absence for various reasons including holidays, sickness and short-term disability, maternity or paternity, jury service and military service. Entitlement to paid absences falls into two categories: 14

(a) accumulating; and
(b) non-accumulating.

Accumulating paid absences are those that are carried forward and can be used in future periods if the current period's entitlement is not used in full. Accumulating paid absences may be either vesting (in other words, employees are entitled to a cash payment for unused entitlement on leaving the entity) or non-vesting (when employees are not entitled to a cash payment for unused entitlement on leaving). An obligation arises as employees render service that increases their entitlement to future paid absences. The obligation exists, and is recognised, even if the paid absences are non-vesting, although the possibility that employees may leave before they use an accumulated non-vesting entitlement affects the measurement of that obligation. 15

An entity shall measure the expected cost of accumulating paid absences as the additional amount that the entity expects to pay as a result of the unused entitlement that has accumulated at the end of the reporting period. 16

17 Bei dem im vorangegangenen Paragraphen beschriebenen Verfahren wird die Verpflichtung mit dem Betrag der zusätzlichen Zahlungen angesetzt, die voraussichtlich allein aufgrund der Tatsache entstehen, dass die Leistung ansammelbar ist. In vielen Fällen bedarf es keiner detaillierten Berechnungen des Unternehmens, um abschätzen zu können, dass keine wesentliche Verpflichtung aus ungenutzten Ansprüchen auf vergütete Abwesenheit existiert. Zum Beispiel ist eine Krankengeldverpflichtung wahrscheinlich nur dann wesentlich, wenn im Unternehmen formell oder informell Einvernehmen darüber herrscht, dass ungenutzte vergütete Abwesenheit für Krankheit als bezahlter Jahresurlaub genommen werden kann.

Beispiel zur Veranschaulichung der Paragraphen 16 und 17 Ein Unternehmen beschäftigt 100 Mitarbeiter, die jeweils Anspruch auf fünf bezahlte Krankheitstage pro Jahr haben. Nicht in Anspruch genommene Krankheitstage können ein Kalenderjahr vorgetragen werden. Krankheitstage werden zuerst mit den Ansprüchen des laufenden Jahrs und dann mit den etwaigen übertragenen Ansprüchen aus dem vorangegangenen Jahr (auf LIFO-Basis) verrechnet. Zum 31. Dezember 20X1 belaufen sich die durchschnittlich ungenutzten Ansprüche auf zwei Tage je Arbeitnehmer. Das Unternehmen erwartet, dass die bisherigen Erfahrungen auch in Zukunft zutreffen, und geht davon aus, dass in 20X2 92 Arbeitnehmer nicht mehr als fünf bezahlte Krankheitstage und die restlichen acht Arbeitnehmer im Durchschnitt sechseinhalb Tage in Anspruch nehmen werden.

Das Unternehmen erwartet, dass es aufgrund der zum 31. Dezember 20X1 ungenutzten angesammelten Ansprüche für zusätzliche zwölf Krankentage zahlen wird (das entspricht je eineinhalb Tagen für acht Arbeitnehmer). Daher setzt das Unternehmen eine Schuld in Höhe von 12 Tagen Krankengeld an.

18 Nicht ansammelbare Ansprüche auf vergütete Abwesenheit können nicht vorgetragen werden: Sie verfallen, soweit die Ansprüche in der aktuellen Berichtsperiode nicht vollständig genutzt werden, und berechtigen Arbeitnehmer auch nicht zum Erhalt eines Barausgleichs für ungenutzte Ansprüche bei Ausscheiden aus dem Unternehmen. Dies ist üblicherweise der Fall bei Krankengeld (soweit ungenutzte Ansprüche der Vergangenheit künftige Ansprüche nicht erhöhen), Erziehungsurlaub und vergüteter Abwesenheit bei Schöffentätigkeit oder Militärdienst. Ein Unternehmen erfasst eine Schuld oder einen Aufwand nicht vor dem Zeitpunkt der Abwesenheit, da die Arbeitsleistung der Arbeitnehmer den Wert des Leistungsanspruchs nicht erhöht.

Gewinn- und Erfolgsbeteiligungspläne

19 **Ein Unternehmen hat die erwarteten Kosten eines Gewinn- oder Erfolgsbeteiligungsplanes gemäß Paragraph 11 nur dann zu erfassen, wenn**

(a) das Unternehmen aufgrund von Ereignissen der Vergangenheit gegenwärtig eine rechtliche oder faktische Verpflichtung hat, solche Leistungen zu gewähren und

(b) die Höhe der Verpflichtung verlässlich geschätzt werden kann.

Eine gegenwärtige Verpflichtung besteht nur dann, wenn das Unternehmen keine realistische Alternative zur Zahlung hat.

20 Einige Gewinnbeteiligungspläne sehen vor, dass Arbeitnehmer nur dann einen Gewinnanteil erhalten, wenn sie für einen festgelegten Zeitraum beim Unternehmen bleiben. Im Rahmen solcher Pläne entsteht dennoch eine faktische Verpflichtung für das Unternehmen, da Arbeitnehmer Arbeitsleistung erbringen, durch die sich der zu zahlende Betrag erhöht, sofern sie bis zum Ende des festgesetzten Zeitraums im Unternehmen verbleiben. Bei der Bewertung solcher faktischen Verpflichtungen ist zu berücksichtigen, dass möglicherweise einige Arbeitnehmer ausscheiden, ohne eine Gewinnbeteiligung zu erhalten.

Beispiel zur Veranschaulichung des Paragraphen 20 Ein Gewinnbeteiligungsplan verpflichtet ein Unternehmen zur Zahlung eines bestimmten Anteils vom Jahresgewinn an Arbeitnehmer, die während des ganzen Jahres beschäftigt sind. Wenn im Laufe des Jahres keine Arbeitnehmer ausscheiden, werden die insgesamt auszuzahlenden Gewinnbeteiligungen für das Jahr 3 % des Gewinns betragen. Das Unternehmen schätzt, dass sich die Zahlungen aufgrund der Mitarbeiterfluktuation auf 2,5 % des Gewinns reduzieren.

Das Unternehmen erfasst eine Schuld und einen Aufwand in Höhe von 2,5 % des Gewinns.

21 Möglicherweise ist ein Unternehmen rechtlich nicht zur Zahlung von Erfolgsbeteiligungen verpflichtet. In einigen Fällen ist dies jedoch betriebliche Praxis. In diesen Fällen besteht eine faktische Verpflichtung, da das Unternehmen keine realistische Alternative zur Zahlung der Erfolgsbeteiligung hat. Bei der Bewertung der faktischen Verpflichtung ist zu berücksichtigen, dass möglicherweise einige Arbeitnehmer ausscheiden, ohne eine Erfolgsbeteiligung zu erhalten.

22 Eine verlässliche Schätzung einer rechtlichen oder faktischen Verpflichtung eines Unternehmens hinsichtlich eines Gewinn- oder Erfolgsbeteiligungsplans ist nur dann möglich, wenn

(a) die formellen Regelungen des Plans eine Formel zur Bestimmung der Leistungshöhe enthalten,

The method specified in the previous paragraph measures the obligation at the amount of the additional payments that are expected to arise solely from the fact that the benefit accumulates. In many cases, an entity may not need to make detailed computations to estimate that there is no material obligation for unused paid absences. For example, a sick leave obligation is likely to be material only if there is a formal or informal understanding that unused paid sick leave may be taken as paid annual leave. 17

Example illustrating paragraphs 16 and 17
An entity has 100 employees, who are each entitled to five working days of paid sick leave for each year. Unused sick leave may be carried forward for one calendar year. Sick leave is taken first out of the current year's entitlement and then out of any balance brought forward from the previous year (a LIFO basis). At 31 December 20X1 the average unused entitlement is two days per employee. The entity expects, on the basis of experience that is expected to continue, that 92 employees will take no more than five days of paid sick leave in 20X2 and that the remaining eight employees will take an average of six and a half days each.

The entity expects that it will pay an additional twelve days of sick pay as a result of the unused entitlement that has accumulated at 31 December 20X1 (one and a half days each, for eight employees). Therefore, the entity recognises a liability equal to twelve days of sick pay.

Non-accumulating paid absences do not carry forward: they lapse if the current period's entitlement is not used in full and do not entitle employees to a cash payment for unused entitlement on leaving the entity. This is commonly the case for sick pay (to the extent that unused past entitlement does not increase future entitlement), maternity or paternity leave and paid absences for jury service or military service. An entity recognises no liability or expense until the time of the absence, because employee service does not increase the amount of the benefit. 18

Profit-sharing and bonus plans

An entity shall recognise the expected cost of profit-sharing and bonus payments under paragraph 11 when, and only when: 19
(a) the entity has a present legal or constructive obligation to make such payments as a result of past events; and
(b) a reliable estimate of the obligation can be made.
A present obligation exists when, and only when, the entity has no realistic alternative but to make the payments.

Under some profit-sharing plans, employees receive a share of the profit only if they remain with the entity for a specified period. Such plans create a constructive obligation as employees render service that increases the amount to be paid if they remain in service until the end of the specified period. The measurement of such constructive obligations reflects the possibility that some employees may leave without receiving profit-sharing payments. 20

Example illustrating paragraph 20 A profit-sharing plan requires an entity to pay a specified proportion of its profit for the year to employees who serve throughout the year. If no employees leave during the year, the total profit-sharing payments for the year will be 3 per cent of profit. The entity estimates that staff turnover will reduce the payments to 2.5 per cent of profit.

The entity recognises a liability and an expense of 2,5 per cent of profit.

An entity may have no legal obligation to pay a bonus. Nevertheless, in some cases, an entity has a practice of paying bonuses. In such cases, the entity has a constructive obligation because the entity has no realistic alternative but to pay the bonus. The measurement of the constructive obligation reflects the possibility that some employees may leave without receiving a bonus. 21

An entity can make a reliable estimate of its legal or constructive obligation under a profit-sharing or bonus plan when, and only when: 22
(a) the formal terms of the plan contain a formula for determining the amount of the benefit;

(b) das Unternehmen die zu zahlenden Beträge festlegt, bevor der Abschluss zur Veröffentlichung genehmigt wurde oder
(c) aufgrund früherer Praktiken die Höhe der faktischen Verpflichtung des Unternehmens eindeutig bestimmt ist.

23 Eine Verpflichtung aus Gewinn- und Erfolgsbeteiligungsplänen beruht auf der Arbeitsleistung der Arbeitnehmer und nicht auf einem Rechtsgeschäft mit den Eigentümern des Unternehmens. Deswegen werden die Kosten eines Gewinn- und Erfolgsbeteiligungsplans nicht als Gewinnausschüttung, sondern als Aufwand erfasst.

24 Werden Zahlungen aus Gewinn- und Erfolgsbeteiligungsplänen nicht innerhalb von zwölf Monaten nach dem Abschlussstichtag des Geschäftsjahrs, in dem die Arbeitnehmer die entsprechende Arbeitsleistung erbringen, vollständig beglichen, so fallen sie unter andere langfristig fällige Leistungen an Arbeitnehmer (siehe die Paragraphen 153–158).

Angaben

25 Obgleich dieser Standard keine besonderen Angaben zu kurzfristig fälligen Leistungen an Arbeitnehmer vorschreibt, können solche Angaben nach Maßgabe anderer IFRS erforderlich sein. Zum Beispiel sind nach IAS 24 Angaben zu Leistungen für das Management in Schlüsselpositionen zu machen. Nach IAS 1 *Darstellung des Abschlusses* ist der Aufwand für Leistungen an Arbeitnehmer anzugeben.

LEISTUNGEN NACH BEENDIGUNG DES ARBEITSVERHÄLTNISSES: UNTERSCHEIDUNG ZWISCHEN BEITRAGSORIENTIERTEN UND LEISTUNGSORIENTIERTEN PLÄNEN

26 Leistungen nach Beendigung des Arbeitsverhältnisses umfassen u.a.
(a) Altersversorgungsleistungen (beispielweise Renten und einmalige Zahlungen bei Renteneintritt) und
(b) sonstige Leistungen nach Beendigung des Arbeitsverhältnisses wie Lebensversicherungen und medizinische Versorgung nach Beendigung des Arbeitsverhältnisses.

Vereinbarungen, nach denen ein Unternehmen solche Leistungen gewährt, werden als Pläne für Leistungen nach Beendigung des Arbeitsverhältnisses bezeichnet. Dieser Standard ist auf alle derartigen Vereinbarungen anzuwenden, unabhängig davon, ob diese die Errichtung einer eigenständigen Einheit vorsehen, an die Beiträge entrichtet und aus der Leistungen erbracht werden, oder nicht.

27 Pläne für Leistungen nach Beendigung des Arbeitsverhältnisses werden in Abhängigkeit von ihrem wirtschaftlichen Gehalt, der sich aus den grundlegenden Leistungsbedingungen und -voraussetzungen des Plans ergibt, entweder als leistungsorientiert oder als beitragsorientiert eingestuft.

28 Im Rahmen beitragsorientierter Pläne ist die rechtliche oder faktische Verpflichtung eines Unternehmens auf den vom Unternehmen vereinbarten Beitrag zum Fonds begrenzt. Damit richtet sich die Höhe der Leistungen nach Beendigung des Arbeitsverhältnisses, die der Arbeitnehmer erhält, nach der Höhe der Beiträge, die das Unternehmen (und manchmal auch dessen Arbeitnehmer) an den betreffenden Plan oder an ein Versicherungsunternehmen gezahlt haben, sowie der Rendite aus der Anlage dieser Beiträge. Folglich werden das versicherungsmathematische Risiko (dass Leistungen geringer ausfallen können als erwartet) und das Anlagerisiko (dass die angelegten Vermögenswerte nicht ausreichen, um die erwarteten Leistungen zu erbringen) letztlich vom Arbeitnehmer getragen.

29 Beispiele für Situationen, in denen die Verpflichtung eines Unternehmens nicht auf die vereinbarten Beitragszahlungen an den Fonds begrenzt ist, liegen dann vor, wenn die rechtliche oder faktische Verpflichtung des Unternehmens dadurch gekennzeichnet ist, dass
(a) die in einem Plan enthaltene Leistungsformel nicht ausschließlich auf die Beiträge abstellt, sondern dem Unternehmen die Zahlung weiterer Beiträge vorschreibt, falls das Vermögen nicht ausreicht, um die in der Leistungsformel des Plans vorgesehenen Leistungen zu erfüllen,
(b) eine bestimmte Mindestverzinsung der Beiträge entweder mittelbar über einen Leistungsplan oder unmittelbar garantiert wurde, oder
(c) betriebsübliche Praktiken eine faktische Verpflichtung begründen. Eine faktische Verpflichtung kann beispielsweise entstehen, wenn ein Unternehmen in der Vergangenheit stets die Leistungen für ausgeschiedene Arbeitnehmer erhöht hat, um sie an die Inflation anzupassen, selbst wenn dazu keine rechtliche Verpflichtung bestand.

30 Im Rahmen leistungsorientierter Pläne
(a) besteht die Verpflichtung des Unternehmens in der Gewährung der zugesagten Leistungen an aktive und ausgeschiedene Arbeitnehmer und
(b) werden das versicherungsmathematische Risiko (d. h., dass die Leistungen höhere Kosten als erwartet verursachen) sowie das Anlagerisiko letztlich vom Unternehmen getragen. Sollte die tatsächliche Entwicklung ungünstiger verlaufen als dies nach den versicherungsmathematischen Annahmen oder Renditeannahmen für die Vermögensanlage erwartet wurde, so kann sich die Verpflichtung des Unternehmens erhöhen.

(b) the entity determines the amounts to be paid before the financial statements are authorised for issue; or
(c) past practice gives clear evidence of the amount of the entity's constructive obligation.

An obligation under profit-sharing and bonus plans results from employee service and not from a transaction with the entity's owners. Therefore, an entity recognises the cost of profit-sharing and bonus plans not as a distribution of profit but as an expense. 23

If profit-sharing and bonus payments are not expected to be settled wholly before twelve months after the end of the annual reporting period in which the employees render the related service, those payments are other long-term employee benefits (see paragraphs 153—158). 24

Disclosure

Although this Standard does not require specific disclosures about short-term employee benefits, other IFRSs may require disclosures. For example, IAS 24 requires disclosures about employee benefits for key management personnel. IAS 1 *Presentation of Financial Statements* requires disclosure of employee benefits expense. 25

POST-EMPLOYMENT BENEFITS: DISTINCTION BETWEEN DEFINED CONTRIBUTION PLANS AND DEFINED BENEFIT PLANS

Post-employment benefits include items such as the following: 26
(a) retirement benefits (eg pensions and lump sum payments on retirement); and
(b) other post-employment benefits, such as post-employment life insurance and post-employment medical care.

Arrangements whereby an entity provides post-employment benefits are post-employment benefit plans. An entity applies this Standard to all such arrangements whether or not they involve the establishment of a separate entity to receive contributions and to pay benefits.

Post-employment benefit plans are classified as either defined contribution plans or defined benefit plans, depending on the economic substance of the plan as derived from its principal terms and conditions. 27

Under defined contribution plans the entity's legal or constructive obligation is limited to the amount that it agrees to contribute to the fund. Thus, the amount of the post-employment benefits received by the employee is determined by the amount of contributions paid by an entity (and perhaps also the employee) to a postemployment benefit plan or to an insurance company, together with investment returns arising from the contributions. In consequence, actuarial risk (that benefits will be less than expected) and investment risk (that assets invested will be insufficient to meet expected benefits) fall, in substance, on the employee. 28

Examples of cases where an entity's obligation is not limited to the amount that it agrees to contribute to the fund are when the entity has a legal or constructive obligation through: 29
(a) a plan benefit formula that is not linked solely to the amount of contributions and requires the entity to provide further contributions if assets are insufficient to meet the benefits in the plan benefit formula;
(b) a guarantee, either indirectly through a plan or directly, of a specified return on contributions; or
(c) those informal practices that give rise to a constructive obligation. For example, a constructive obligation may arise where an entity has a history of increasing benefits for former employees to keep pace with inflation even where there is no legal obligation to do so.

Under defined benefit plans: 30
(a) the entity's obligation is to provide the agreed benefits to current and former employees; and
(b) actuarial risk (that benefits will cost more than expected) and investment risk fall, in substance, on the entity. If actuarial or investment experience are worse than expected, the entity's obligation may be increased.

31 In den Paragraphen 32–49 wird die Unterscheidung zwischen beitragsorientierten und leistungsorientierten Plänen in Bezug auf gemeinschaftliche Pläne mehrerer Arbeitgeber, leistungsorientierte Pläne mit Risikoverteilung zwischen Unternehmen unter gemeinsamer Beherrschung und staatliche Pläne sowie in Bezug auf versicherte Leistungen erläutert.

Gemeinschaftliche Pläne mehrerer Arbeitgeber

32 **Ein gemeinschaftlicher Plan mehrerer Arbeitgeber ist von einem Unternehmen nach den Regelungen des Plans (einschließlich faktischer Verpflichtungen, die über die formalen Regelungen des Plans hinausgehen) als beitragsorientierter Plan oder als leistungsorientierter Plan einzustufen.**

33 **Nimmt ein Unternehmen an einem leistungsorientierten gemeinschaftlichen Plan mehrerer Arbeitgeber teil, hat das Unternehmen, sofern Paragraph 34 nicht anwendbar ist,**
(a) **seinen Anteil an der leistungsorientierten Verpflichtung, dem Planvermögen und den mit dem Plan verbundenen Kosten genauso zu bilanzieren wie bei jedem anderen leistungsorientierten Plan und**
(b) **die gemäß den Paragraphen 135–148 (mit Ausnahme von Paragraph 148 (d)) erforderlichen Angaben zu machen.**

34 **Falls keine ausreichenden Informationen zur Verfügung stehen, um einen leistungsorientierten gemeinschaftlichen Plan mehrerer Arbeitgeber wie einen leistungsorientierten Plan zu bilanzieren, hat das Unternehmen**
(a) **den Plan wie einen beitragsorientierten Plan zu bilanzieren, d. h. gemäß den Paragraphen 51 und 52, und**
(b) **die in Paragraph 148 vorgeschriebenen Angaben zu machen.**

35 Ein leistungsorientierter gemeinschaftlicher Plan mehrerer Arbeitgeber liegt beispielsweise dann vor, wenn
(a) der Plan durch Umlagebeiträge finanziert wird, mit denen die in derselben Periode fälligen Leistungen voraussichtlich voll gezahlt werden können, während die in der aktuellen Berichtsperiode erdienten künftigen Leistungen aus künftigen Beiträgen gezahlt werden, und
(b) sich die Höhe der Leistungen an Arbeitnehmer nach der Länge ihrer Dienstzeiten bemisst und die am Plan teilnehmenden Unternehmen keine realistische Möglichkeit zur Beendigung ihrer Mitgliedschaft haben, ohne einen Beitrag für die bis zum Tag des Ausscheidens aus dem Plan erdienten Leistungen ihrer Arbeitnehmer zu zahlen. Ein solcher Plan beinhaltet versicherungsmathematische Risiken für das Unternehmen: Falls die tatsächlichen Kosten der bis zum Abschlussstichtag bereits erdienten Leistungen höher sind als erwartet, wird das Unternehmen entweder seine Beiträge erhöhen oder die Arbeitnehmer davon überzeugen müssen, Leistungsminderungen zu akzeptieren. Aus diesem Grund ist ein solcher Plan ein leistungsorientierter Plan.

36 Wenn ausreichende Informationen über einen leistungsorientierten gemeinschaftlichen Plan mehrerer Arbeitgeber verfügbar sind, erfasst das Unternehmen seinen Anteil an der leistungsorientierten Verpflichtung, dem Planvermögen und den Kosten für Leistungen nach Beendigung des Arbeitsverhältnisses in der gleichen Weise wie für jeden anderen leistungsorientierten Plan. Doch ist ein Unternehmen möglicherweise nicht in der Lage, seinen Anteil an der Vermögens-, Finanz- und Ertragslage des Plans für Bilanzierungszwecke hinreichend verlässlich zu bestimmen. Dies kann der Fall sein, wenn
(a) der Plan die teilnehmenden Unternehmen versicherungsmathematischen Risiken in Bezug auf die aktiven und ausgeschiedenen Arbeitnehmer der anderen Unternehmen aussetzt, und so im Ergebnis keine stetige und verlässliche Grundlage für die Zuordnung der Verpflichtung, des Planvermögens und der Kosten auf die einzelnen, teilnehmenden Unternehmen existiert oder
(b) das Unternehmen keinen Zugang zu ausreichenden Informationen über den Plan hat, die den Vorschriften dieses Standards genügen.

In diesen Fällen bilanziert das Unternehmen den Plan wie einen beitragsorientierten Plan und macht die in Paragraph 148 vorgeschriebenen Angaben.

37 Es kann eine vertragliche Vereinbarung zwischen dem gemeinschaftlichen Plan mehrerer Arbeitgeber und dessen Teilnehmern bestehen, worin festgelegt ist, wie die Überdeckung im Plan an die Teilnehmer verteilt wird (oder die Unterdeckung finanziert wird). Ein Teilnehmer eines gemeinschaftlichen Plans mehrerer Arbeitgeber mit einer derartigen Vereinbarung, der als beitragsorientierter Plan gemäß Paragraph 34 bilanziert wird, hat den Vermögenswert oder die Schuld aus der vertraglichen Vereinbarung anzusetzen und die daraus entstehenden Erträge oder Aufwendungen erfolgswirksam zu erfassen.

Beispiel zur Veranschaulichung des Paragraphen 37 Ein Unternehmen nimmt an einem leistungsorientierten gemeinschaftlichen Plan mehrerer Arbeitgeber teil, der jedoch keine auf IAS 19 basierenden Bewertungen des Plans erstellt. Das Unternehmen bilanziert den Plan daher als beitragsorientierten Plan. Eine nicht auf IAS 19 basierende

Paragraphs 32—49 explain the distinction between defined contribution plans and defined benefit plans in the context of multi-employer plans, defined benefit plans that share risks between entities under common control, state plans and insured benefits. 31

Multi-employer plans

An entity shall classify a multi-employer plan as a defined contribution plan or a defined benefit plan under the terms of the plan (including any constructive obligation that goes beyond the formal terms). 32

If an entity participates in a multi-employer defined benefit plan, unless paragraph 34 applies, it shall: 33
(a) account for its proportionate share of the defined benefit obligation, plan assets and cost associated with the plan in the same way as for any other defined benefit plan; and
(b) disclose the information required by paragraphs 135—148 (excluding paragraph 148 (d)).

When sufficient information is not available to use defined benefit accounting for a multi-employer defined benefit plan, an entity shall: 34
(a) account for the plan in accordance with paragraphs 51 and 52 as if it were a defined contribution plan; and
(b) disclose the information required by paragraph 148.

One example of a multi-employer defined benefit plan is one where: 35
(a) the plan is financed on a pay-as-you-go basis: contributions are set at a level that is expected to be sufficient to pay the benefits falling due in the same period; and future benefits earned during the current period will be paid out of future contributions; and
(b) employees' benefits are determined by the length of their service and the participating entities have no realistic means of withdrawing from the plan without paying a contribution for the benefits earned by employees up to the date of withdrawal. Such a plan creates actuarial risk for the entity: if the ultimate cost of benefits already earned at the end of the reporting period is more than expected, the entity will have either to increase its contributions or to persuade employees to accept a reduction in benefits. Therefore, such a plan is a defined benefit plan.

Where sufficient information is available about a multi-employer defined benefit plan, an entity accounts for its proportionate share of the defined benefit obligation, plan assets and post-employment cost associated with the plan in the same way as for any other defined benefit plan. However, an entity may not be able to identify its share of the underlying financial position and performance of the plan with sufficient reliability for accounting purposes. This may occur if: 36
(a) the plan exposes the participating entities to actuarial risks associated with the current and former employees of other entities, with the result that there is no consistent and reliable basis for allocating the obligation, plan assets and cost to individual entities participating in the plan; or
(b) the entity does not have access to sufficient information about the plan to satisfy the requirements of this Standard.

In those cases, an entity accounts for the plan as if it were a defined contribution plan and discloses the information required by paragraph 148.

There may be a contractual agreement between the multi-employer plan and its participants that determines how the surplus in the plan will be distributed to the participants (or the deficit funded). A participant in a multiemployer plan with such an agreement that accounts for the plan as a defined contribution plan in accordance with paragraph 34 shall recognise the asset or liability that arises from the contractual agreement and the resulting income or expense in profit or loss. 37

Example illustrating paragraph 37 An entity participates in a multi-employer defined benefit plan that does not prepare plan valuations on an IAS 19 basis. It therefore accounts for the plan as if it were a defined contribution plan.

Bewertung der Finanzierung weist eine Unterdeckung des Plans von 100 Mio. WE[2] 0 auf. Der Plan hat mit den teilnehmenden Arbeitgebern vertraglich einen Beitragsplan vereinbart, der innerhalb der nächsten fünf Jahre die Unterdeckung ausgleichen wird. Die vertraglich vereinbarten Gesamtbeiträge des Unternehmens belaufen sich auf 8 Mio. WE.

Das Unternehmen setzt die Schuld für die Beiträge nach Berücksichtigung des Zeitwerts des Geldes an und erfasst den entsprechenden Aufwand erfolgswirksam.

38 Gemeinschaftliche Pläne mehrerer Arbeitgeber unterscheiden sich von gemeinschaftlich verwalteten Plänen. Ein gemeinschaftlich verwalteter Plan ist lediglich eine Zusammenfassung von Plänen einzelner Arbeitgeber, die es diesen ermöglicht, ihre jeweiligen Planvermögen für Zwecke der gemeinsamen Anlage zusammenzulegen und die Kosten der Vermögensanlage und der allgemeinen Verwaltung zu senken, wobei die Ansprüche der verschiedenen Arbeitgeber aber getrennt bleiben und nur Leistungen an ihre jeweiligen Arbeitnehmer betreffen. Gemeinschaftlich verwaltete Pläne verursachen keine besonderen Bilanzierungsprobleme, weil die erforderlichen Informationen jederzeit verfügbar sind, um sie wie jeden anderen Plan eines einzelnen Arbeitgebers zu behandeln, und weil solche Pläne die teilnehmenden Unternehmen keinen versicherungsmathematischen Risiken in Bezug auf aktive und ausgeschiedene Arbeitnehmer der anderen Unternehmen aussetzen. Die Definitionen in diesem Standard verpflichten ein Unternehmen, einen gemeinschaftlich verwalteten Plan entsprechend den Regelungen des Plans (einschließlich möglicher faktischer Verpflichtungen, die über die formalen Regelungen hinausgehen) als einen beitragsorientierten Plan oder einen leistungsorientierten Plan einzustufen.

39 **Bei der Feststellung, wann eine im Zusammenhang mit der Auflösung eines leistungsorientierten gemeinschaftlichen Plans mehrerer Arbeitgeber oder des Ausscheidens des Unternehmens aus einem leistungsorientierten gemeinschaftlichen Plan mehrerer Arbeitgeber entstandene Schuld anzusetzen und wie sie zu bewerten ist, hat ein Unternehmen IAS 37 *Rückstellungen, Eventualverbindlichkeiten und Eventualforderungen* anzuwenden.**

Leistungsorientierte Pläne, die Risiken auf verschiedene Unternehmen unter gemeinsamer Beherrschung verteilen

40 Leistungsorientierte Pläne, die Risiken auf mehrere Unternehmen unter gemeinsamer Beherrschung verteilen, wie auf ein Mutterunternehmen und seine Tochterunternehmen, gelten nicht als gemeinschaftliche Pläne mehrerer Arbeitgeber.

41 Ein an einem solchen Plan teilnehmendes Unternehmen hat Informationen über den gesamten Plan einzuholen, der nach dem vorliegenden Standard auf Grundlage von Annahmen, die für den gesamten Plan gelten, bewertet wird. Besteht eine vertragliche Vereinbarung oder eine ausgewiesene Richtlinie, die Nettokosten aus dem gesamten, gemäß dem vorliegenden Standard bewerteten leistungsorientierten Plan den einzelnen Konzernunternehmen anzulasten, so hat das Unternehmen die angelasteten Nettokosten aus dem leistungsorientierten Plan in seinem Einzelabschluss zu erfassen. Gibt es keine derartige Vereinbarung oder Richtlinie, sind die Nettokosten aus dem leistungsorientierten Plan von dem Konzernunternehmen, das das rechtliche Trägerunternehmen des Plans ist, in seinem Einzelabschluss zu erfassen. Die anderen Konzernunternehmen haben in ihren Einzelabschlüssen einen Aufwand zu erfassen, der ihrem in der betreffenden Berichtsperiode zu zahlenden Beitrag entspricht.

42 Für jedes einzelne Konzernunternehmen stellt die Teilnahme an einem solchen Plan einen Geschäftsvorfall mit nahestehenden Unternehmen und Personen dar. Daher hat ein Unternehmen in seinem Einzelabschluss die in Paragraph 149 vorgeschriebenen Angaben zu machen.

Staatliche Pläne

43 **Ein Unternehmen hat einen staatlichen Plan genauso zu behandeln wie einen gemeinschaftlichen Plan mehrerer Arbeitgeber (siehe Paragraphen 32–39).**

44 Staatliche Pläne werden durch den Gesetzgeber festgelegt, um alle Unternehmen (oder alle Unternehmen einer bestimmten Kategorie, wie z. B. in einem bestimmten Industriezweig) zu erfassen, und sie werden vom Staat, von regionalen oder überregionalen Einrichtungen des öffentlichen Rechts oder anderen Stellen (z. B. eigens dafür geschaffenen autonomen Institutionen) betrieben, welche nicht der Beherrschung oder Einflussnahme des berichtenden Unternehmens unterliegen. Einige von Unternehmen eingerichtete Pläne erbringen sowohl Pflichtleistungen – und ersetzen insofern die andernfalls über einen staatlichen Plan zu versichernden Leistungen – als auch zusätzliche freiwillige Leistungen. Solche Pläne sind keine staatlichen Pläne.

2 In diesem Standard werden Geldbeträge in „Währungseinheiten (WE)“ ausgedrückt.

A non-IAS 19 funding valuation shows a deficit of CU100 million[2] in the plan. The plan has agreed under contract a schedule of contributions with the participating employers in the plan that will eliminate the deficit over the next five years. The entity's total contributions under the contract are CU8 million.

The entity recognises a liability for the contributions adjusted for the time value of money and an equal expense in profit or loss.

Multi-employer plans are distinct from group administration plans. A group administration plan is merely an aggregation of single employer plans combined to allow participating employers to pool their assets for investment purposes and reduce investment management and administration costs, but the claims of different employers are segregated for the sole benefit of their own employees. Group administration plans pose no particular accounting problems because information is readily available to treat them in the same way as any other single employer plan and because such plans do not expose the participating entities to actuarial risks associated with the current and former employees of other entities. The definitions in this Standard require an entity to classify a group administration plan as a defined contribution plan or a defined benefit plan in accordance with the terms of the plan (including any constructive obligation that goes beyond the formal terms). 38

In determining when to recognise, and how to measure, a liability relating to the wind-up of a multi-employer defined benefit plan, or the entity's withdrawal from a multi-employer defined benefit plan, an entity shall apply IAS 37 *Provisions, Contingent Liabilities and Contingent Assets*. 39

Defined benefit plans that share risks between entities under common control

Defined benefit plans that share risks between entities under common control, for example, a parent and its subsidiaries, are not multi-employer plans. 40

An entity participating in such a plan shall obtain information about the plan as a whole measured in accordance with this Standard on the basis of assumptions that apply to the plan as a whole. If there is a contractual agreement or stated policy for charging to individual group entities the net defined benefit cost for the plan as a whole measured in accordance with this Standard, the entity shall, in its separate or individual financial statements, recognise the net defined benefit cost so charged. If there is no such agreement or policy, the net defined benefit cost shall be recognised in the separate or individual financial statements of the group entity that is legally the sponsoring employer for the plan. The other group entities shall, in their separate or individual financial statements, recognise a cost equal to their contribution payable for the period. 41

Participation in such a plan is a related party transaction for each individual group entity. An entity shall therefore, in its separate or individual financial statements, disclose the information required by paragraph 149. 42

State plans

An entity shall account for a state plan in the same way as for a multi-employer plan (see paragraphs 32—39). 43

State plans are established by legislation to cover all entities (or all entities in a particular category, for example, a specific industry) and are operated by national or local government or by another body (for example, an autonomous agency created specifically for this purpose) that is not subject to control or influence by the reporting entity. Some plans established by an entity provide both compulsory benefits, as a substitute for benefits that would otherwise be covered under a state plan, and additional voluntary benefits. Such plans are not state plans. 44

2 In this Standard monetary amounts are denominated in 'currency units (CU)'.

45 Staatliche Pläne werden als leistungsorientiert oder als beitragsorientiert eingestuft, je nachdem, welche Verpflichtung dem Unternehmen aus dem Plan erwächst. Viele staatliche Pläne werden nach dem Umlageprinzip finanziert: Die Beiträge werden ausreichend hoch angesetzt, damit die in derselben Periode fälligen Leistungen voraussichtlich voll gezahlt werden können; künftige, in der laufenden Periode erdiente Leistungen werden aus künftigen Beiträgen erbracht. Dennoch besteht bei staatlichen Plänen in den meisten Fällen keine rechtliche oder faktische Verpflichtung des Unternehmens zur Zahlung dieser künftigen Leistungen: Es ist nur dazu verpflichtet, die fälligen Beiträge zu entrichten, und wenn das Unternehmen keine dem staatlichen Plan angehörenden Mitarbeiter mehr beschäftigt, ist es auch nicht verpflichtet, die in früheren Jahren erdienten Leistungen der eigenen Mitarbeiter zu erbringen. Deswegen sind staatliche Pläne im Regelfall beitragsorientierte Pläne. Ist ein staatlicher Plan jedoch ein leistungsorientierter Plan, wendet ein Unternehmen die Vorschriften der Paragraphen 32–39 an.

Versicherte Leistungen

46 **Ein Unternehmen kann einen Plan für Leistungen nach Beendigung des Arbeitsverhältnisses durch Zahlung von Versicherungsprämien finanzieren. Ein solcher Plan ist als beitragsorientierter Plan zu behandeln, es sei denn, das Unternehmen ist (unmittelbar oder mittelbar über den Plan) rechtlich oder faktisch dazu verpflichtet,**

(a) die Leistungen bei Fälligkeit entweder unmittelbar an die Arbeitnehmer zu zahlen oder

(b) zusätzliche Beträge zu entrichten, falls der Versicherer nicht alle in der laufenden oder in früheren Perioden erdienten Leistungen zahlt.

Wenn eine solche rechtliche oder faktische Verpflichtung beim Unternehmen verbleibt, ist der Plan als leistungsorientierter Plan zu behandeln.

47 Die durch eine Versicherungspolice versicherten Leistungen müssen keine direkte oder automatische Beziehung zur Verpflichtung des Unternehmens haben. Bei versicherten Plänen für Leistungen nach Beendigung des Arbeitsverhältnisses gilt die gleiche Unterscheidung zwischen Bilanzierung und Finanzierung wie bei anderen fondsfinanzierten Plänen.

48 Wenn ein Unternehmen eine Verpflichtung zu einer nach Beendigung des Arbeitsverhältnisses zu erbringenden Leistung über Beiträge zu einer Versicherungspolice finanziert und gemäß dieser eine rechtliche oder faktische Verpflichtung bei dem Unternehmen verbleibt (unmittelbar oder mittelbar über den Plan, durch den Mechanismus bei der Festlegung zukünftiger Beiträge oder, weil der Versicherer ein nahestehendes Unternehmen ist), ist die Zahlung der Versicherungsprämien nicht als beitragsorientierte Vereinbarung einzustufen. Daraus folgt, dass das Unternehmen

(a) die qualifizierende Versicherungspolice als Planvermögen erfasst (siehe Paragraph 8) und

(b) andere Versicherungspolicen als Erstattungsansprüche ansetzt (wenn die Policen das Kriterium des Paragraphen 116 erfüllen).

49 Ist eine Versicherungspolice auf den Namen eines einzelnen Planbegünstigten oder auf eine Gruppe von Planbegünstigten ausgestellt und das Unternehmen weder rechtlich noch faktisch dazu verpflichtet, mögliche Verluste aus der Versicherungspolice auszugleichen, so ist das Unternehmen auch nicht dazu verpflichtet, Leistungen unmittelbar an die Arbeitnehmer zu zahlen; die alleinige Verantwortung zur Zahlung der Leistungen liegt dann beim Versicherer. Im Rahmen solcher Verträge stellt die Zahlung der festgelegten Versicherungsprämien grundsätzlich die Abgeltung der Leistungsverpflichtung an Arbeitnehmer dar und nicht lediglich eine Finanzinvestition zur Erfüllung der Verpflichtung. Folglich existieren bei dem Unternehmen kein diesbezüglicher Vermögenswert und keine diesbezügliche Schuld mehr. Ein Unternehmen behandelt derartige Zahlungen daher wie Beiträge an einen beitragsorientierten Plan.

LEISTUNGEN NACH BEENDIGUNG DES ARBEITSVERHÄLTNISSES: BEITRAGSORIENTIERTE PLÄNE

50 Die Bilanzierung beitragsorientierter Pläne ist einfach, weil die Verpflichtung des berichtenden Unternehmens in jeder Periode durch die für diese Periode zu entrichtenden Beiträge bestimmt wird. Deswegen sind zur Bewertung von Verpflichtung oder Aufwand des Unternehmens keine versicherungsmathematischen Annahmen erforderlich, und es können keine versicherungsmathematischen Gewinne oder Verluste entstehen. Darüber hinaus werden die Verpflichtungen auf nicht abgezinster Basis bewertet, es sei denn, sie werden voraussichtlich nicht innerhalb von zwölf Monaten nach dem Abschlussstichtag des Geschäftsjahrs, in dem die Arbeitnehmer die entsprechende Arbeitsleistung erbringen, vollständig beglichen.

Ansatz und Bewertung

51 **Hat ein Arbeitnehmer im Verlauf einer Periode Arbeitsleistungen erbracht, so hat das Unternehmen den im Austausch für die Arbeitsleistung zu zahlenden Beitrag an einen beitragsorientierten Plan wie folgt zu erfassen:**

State plans are characterised as defined benefit or defined contribution, depending on the entity's obligation under the plan. Many state plans are funded on a pay-as-you-go basis: contributions are set at a level that is expected to be sufficient to pay the required benefits falling due in the same period; future benefits earned during the current period will be paid out of future contributions. Nevertheless, in most state plans the entity has no legal or constructive obligation to pay those future benefits: its only obligation is to pay the contributions as they fall due and if the entity ceases to employ members of the state plan, it will have no obligation to pay the benefits earned by its own employees in previous years. For this reason, state plans are normally defined contribution plans. However, when a state plan is a defined benefit plan an entity applies paragraphs 32—39. 45

Insured benefits

An entity may pay insurance premiums to fund a post-employment benefit plan. The entity shall treat such a plan as a defined contribution plan unless the entity will have (either directly, or indirectly through the plan) a legal or constructive obligation either: 46

(a) to pay the employee benefits directly when they fall due; or

(b) to pay further amounts if the insurer does not pay all future employee benefits relating to employee service in the current and prior periods.

If the entity retains such a legal or constructive obligation, the entity shall treat the plan as a defined benefit plan.

The benefits insured by an insurance policy need not have a direct or automatic relationship with the entity's obligation for employee benefits. Post-employment benefit plans involving insurance policies are subject to the same distinction between accounting and funding as other funded plans. 47

Where an entity funds a post-employment benefit obligation by contributing to an insurance policy under which the entity (either directly, indirectly through the plan, through the mechanism for setting future premiums or through a related party relationship with the insurer) retains a legal or constructive obligation, the payment of the premiums does not amount to a defined contribution arrangement. It follows that the entity: 48

(a) accounts for a qualifying insurance policy as a plan asset (see paragraph 8); and

(b) recognises other insurance policies as reimbursement rights (if the policies satisfy the criterion in paragraph 116).

Where an insurance policy is in the name of a specified plan participant or a group of plan participants and the entity does not have any legal or constructive obligation to cover any loss on the policy, the entity has no obligation to pay benefits to the employees and the insurer has sole responsibility for paying the benefits. The payment of fixed premiums under such contracts is, in substance, the settlement of the employee benefit obligation, rather than an investment to meet the obligation. Consequently, the entity no longer has an asset or a liability. Therefore, an entity treats such payments as contributions to a defined contribution plan. 49

POST-EMPLOYMENT BENEFITS: DEFINED CONTRIBUTION PLANS

Accounting for defined contribution plans is straightforward because the reporting entity's obligation for each period is determined by the amounts to be contributed for that period. Consequently, no actuarial assumptions are required to measure the obligation or the expense and there is no possibility of any actuarial gain or loss. Moreover, the obligations are measured on an undiscounted basis, except where they are not expected to be settled wholly before twelve months after the end of the annual reporting period in which the employees render the related service. 50

Recognition and measurement

When an employee has rendered service to an entity during a period, the entity shall recognise the contribution payable to a defined contribution plan in exchange for that service: 51

(a) als Schuld (abzugrenzender Aufwand) nach Abzug bereits entrichteter Beiträge. Übersteigt der bereits gezahlte Beitrag denjenigen Beitrag, der der bis zum Abschlussstichtag erbrachten Arbeitsleistung entspricht, so hat das Unternehmen die Differenz als Vermögenswert zu aktivieren (aktivische Abgrenzung), sofern die Vorauszahlung beispielsweise zu einer Verringerung künftiger Zahlungen oder einer Rückerstattung führen wird.

(b) als Aufwand, es sei denn, ein anderer IFRS verlangt oder erlaubt die Einbeziehung des Beitrags in die Anschaffungs- oder Herstellungskosten eines Vermögenswerts (siehe z. B. IAS 2 und IAS 16).

52 **Soweit Beiträge an einen beitragsorientierten Plan voraussichtlich nicht innerhalb von zwölf Monaten nach dem Abschlussstichtag des Geschäftsjahrs, in dem die Arbeitnehmer die entsprechende Arbeitsleistung erbringen, vollständig beglichen werden, sind sie unter Anwendung des in Paragraph 83 angegebenen Abzinsungssatzes abzuzinsen.**

Angaben

53 **Der als Aufwand für einen beitragsorientierten Plan erfasste Betrag ist im Abschluss des Unternehmens anzugeben.**

54 Falls IAS 24 dies vorschreibt, sind Angaben über Beiträge an beitragsorientierte Versorgungspläne für das Management in Schlüsselpositionen zu machen.

LEISTUNGEN NACH BEENDIGUNG DES ARBEITSVERHÄLTNISSES: LEISTUNGSORIENTIERTE PLÄNE

55 Die Bilanzierung leistungsorientierter Pläne ist komplex, weil zur Bewertung von Verpflichtung und Aufwand versicherungsmathematische Annahmen erforderlich sind und versicherungsmathematische Gewinne und Verluste auftreten können. Darüber hinaus wird die Verpflichtung auf abgezinster Basis bewertet, da sie möglicherweise erst viele Jahre nach Erbringung der damit zusammenhängenden Arbeitsleistung der Arbeitnehmer gezahlt wird.

Ansatz und Bewertung

56 Leistungsorientierte Pläne können durch die Zahlung von Beiträgen des Unternehmens, manchmal auch seiner Arbeitnehmer, an eine vom berichtenden Unternehmen unabhängige, rechtlich selbstständige Einheit oder einen Fonds, aus der/dem die Leistungen an die Arbeitnehmer gezahlt werden, ganz oder teilweise finanziert sein, oder sie bestehen ohne Fondsdeckung. Die Zahlung der über einen Fonds finanzierten Leistungen hängt bei deren Fälligkeit nicht nur von der Vermögens- und Finanzlage und dem Anlageerfolg des Fonds ab, sondern auch von der Fähigkeit und Bereitschaft des Unternehmens, etwaige Fehlbeträge im Vermögen des Fonds auszugleichen. Daher trägt letztlich das Unternehmen die mit dem Plan verbundenen versicherungsmathematischen Risiken und Anlagerisiken. Der für einen leistungsorientierten Plan zu erfassende Aufwand entspricht daher nicht notwendigerweise dem in der Periode fälligen Beitrag.

57 Die Bilanzierung leistungsorientierter Pläne durch ein Unternehmen umfasst folgende Schritte:

(a) Die Bestimmung der Unter- oder Überdeckung. Dies beinhaltet

(i) die Anwendung einer versicherungsmathematischen Methode, nämlich der Methode der laufenden Einmalprämien, zur verlässlichen Schätzung der Kosten, die dem Unternehmen für die Leistungen, die Arbeitnehmer im Austausch für in der laufenden Periode und in früheren Perioden erbrachte Arbeitsleistungen erdient haben, tatsächlich entstehen (siehe Paragraphen 67–69). Dazu muss ein Unternehmen bestimmen, zu welchem Teil die Leistungen der laufenden und früheren Perioden zuzuordnen sind (siehe Paragraphen 70–74), und Einschätzungen (versicherungsmathematische Annahmen) zu demographischen Variablen (z. B. Mitarbeiterfluktuation und Sterbewahrscheinlichkeit) sowie zu finanziellen Variablen (z. B. künftige Gehaltssteigerungen und Kostentrends für medizinische Versorgung) vornehmen, die die Kosten für die zugesagten Leistungen beeinflussen (siehe Paragraphen 75–98).

(ii) die Abzinsung dieser Leistungen zur Bestimmung des Barwerts der leistungsorientierten Verpflichtung und des laufenden Dienstzeitaufwands (siehe Paragraphen 67–69 und 83–86).

(iii) den Abzug des beizulegenden Zeitwerts eines etwaigen Planvermögens (siehe Paragraphen 113–115) vom Barwert der leistungsorientierten Verpflichtung.

(b) die Bestimmung der Höhe der Nettoschuld (des Nettovermögenswerts) aus einem leistungsorientierten Plan als Betrag der gemäß (a) bestimmten Unter- oder Überdeckung, berichtigt um die Auswirkung der Begrenzung eines Nettovermögenswerts aus einem leistungsorientierten Plan auf die Obergrenze für den Vermögenswert (siehe Paragraph 64).

(c) die Bestimmung der folgenden, erfolgswirksam zu erfassenden Beträge:

(i) laufender Dienstzeitaufwand (siehe Paragraphen 70–74 und Paragraph 122A),

(ii) nachzuverrechnender Dienstzeitaufwand und Gewinn oder Verlust aus der Abgeltung (siehe Paragraphen 99–112),

(iii) Nettozinsen auf die Nettoschuld (den Nettovermögenswert) aus einem leistungsorientierten Plan (siehe Paragraphen 123–126).

(a) **as a liability (accrued expense), after deducting any contribution already paid. If the contribution already paid exceeds the contribution due for service before the end of the reporting period, an entity shall recognise that excess as an asset (prepaid expense) to the extent that the prepayment will lead to, for example, a reduction in future payments or a cash refund.**

(b) **as an expense, unless another IFRS requires or permits the inclusion of the contribution in the cost of an asset (see, for example, IAS 2 and IAS 16).**

When contributions to a defined contribution plan are not expected to be settled wholly before twelve months after the end of the annual reporting period in which the employees render the related service, they shall be discounted using the discount rate specified in paragraph 83. 52

Disclosure

An entity shall disclose the amount recognised as an expense for defined contribution plans. 53

Where required by IAS 24 an entity discloses information about contributions to defined contribution plans for key management personnel. 54

POST-EMPLOYMENT BENEFITS: DEFINED BENEFIT PLANS

Accounting for defined benefit plans is complex because actuarial assumptions are required to measure the obligation and the expense and there is a possibility of actuarial gains and losses. Moreover, the obligations are measured on a discounted basis because they may be settled many years after the employees render the related service. 55

Recognition and measurement

Defined benefit plans may be unfunded, or they may be wholly or partly funded by contributions by an entity, and sometimes its employees, into an entity, or fund, that is legally separate from the reporting entity and from which the employee benefits are paid. The payment of funded benefits when they fall due depends not only on the financial position and the investment performance of the fund but also on an entity's ability, and willingness, to make good any shortfall in the fund's assets. Therefore, the entity is, in substance, underwriting the actuarial and investment risks associated with the plan. Consequently, the expense recognised for a defined benefit plan is not necessarily the amount of the contribution due for the period. 56

Accounting by an entity for defined benefit plans involves the following steps: 57

(a) determining the deficit or surplus. This involves:
   (i) using an actuarial technique, the projected unit credit method, to make a reliable estimate of the ultimate cost to the entity of the benefit that employees have earned in return for their service in the current and prior periods (see paragraphs 67—69). This requires an entity to determine how much benefit is attributable to the current and prior periods (see paragraphs 70—74) and to make estimates (actuarial assumptions) about demographic variables (such as employee turnover and mortality) and financial variables (such as future increases in salaries and medical costs) that will affect the cost of the benefit (see paragraphs 75—98).
   (ii) discounting that benefit in order to determine the present value of the defined benefit obligation and the current service cost (see paragraphs 67—69 and 83—86).
   (iii) deducting the fair value of any plan assets (see paragraphs 113—115) from the present value of the defined benefit obligation.

(b) determining the amount of the net defined benefit liability (asset) as the amount of the deficit or surplus determined in (a), adjusted for any effect of limiting a net defined benefit asset to the asset ceiling (see paragraph 64).

(c) determining amounts to be recognised in profit or loss:
   (i) current service cost (see paragraphs 70—74 and paragraph 122A).
   (ii) any past service cost and gain or loss on settlement (see paragraphs 99—112).
   (iii) net interest on the net defined benefit liability (asset) (see paragraphs 123—126).

(d) die Bestimmung der Neubewertungen der Nettoschuld (des Nettovermögenswerts) aus einem leistungsorientierten Plan; diese sind unter „Sonstiges Ergebnis" anzusetzen und setzen sich zusammen aus
   (i) versicherungsmathematischen Gewinnen und Verlusten (siehe Paragraphen 128 und 129),
   (ii) dem Ertrag aus Planvermögen unter Ausschluss von Beträgen, die in den Nettozinsen auf die Nettoschuld (den Nettovermögenswert) aus einem leistungsorientierten Plan enthalten sind (siehe Paragraph 130), und
   (iii) Veränderungen in der Auswirkung der Obergrenze für den Vermögenswert (siehe Paragraph 64) unter Ausschluss von Beträgen, die in den Nettozinsen auf die Nettoschuld (den Nettovermögenswert) aus einem leistungsorientierten Plan enthalten sind.

Wenn ein Unternehmen mehr als einen leistungsorientierten Plan hat, ist diese Vorgehensweise auf jeden wesentlichen Plan gesondert anzuwenden.

58 **Ein Unternehmen hat die Nettoschuld (den Nettovermögenswert) aus einem leistungsorientierten Plan so regelmäßig zu bestimmen, dass sichergestellt ist, dass sich die im Abschluss angesetzten Beträge nicht wesentlich von den Beträgen unterscheiden, die sich bei Bestimmung am Abschlussstichtag ergäben.**

59 Der vorliegende Standard empfiehlt, schreibt aber nicht vor, dass ein Unternehmen in die Bewertung aller wesentlichen Verpflichtungen zu einer nach Beendigung des Arbeitsverhältnisses zu erbringenden Leistung einen qualifizierten Versicherungsmathematiker einbezieht. Ein Unternehmen kann aus praktischen Gründen einen qualifizierten Versicherungsmathematiker damit beauftragen, vor dem Abschlussstichtag eine detaillierte Bewertung der Verpflichtung durchzuführen. Die Ergebnisse dieser Bewertung werden jedoch aktualisiert, um wesentlichen Geschäftsvorfällen und anderen wesentlichen Veränderungen (einschließlich Veränderungen bei Marktwerten und Zinssätzen) bis zum Abschlussstichtag Rechnung zu tragen.

60 In einigen Fällen können die in diesem Standard dargestellten detaillierten Berechnungen durch Schätzungen, Durchschnittsbildung und vereinfachte Berechnungen verlässlich angenähert werden.

Bilanzierung der faktischen Verpflichtung

61 **Ein Unternehmen hat nicht nur die aus den formalen Regelungen eines leistungsorientierten Plans resultierenden rechtlichen Verpflichtungen zu bilanzieren, sondern auch alle faktischen Verpflichtungen, die aus betriebsüblichen Praktiken resultieren. Betriebliche Praxis begründet faktische Verpflichtungen, wenn das Unternehmen keine realistische Alternative zur Zahlung der Leistungen an Arbeitnehmer hat. Eine faktische Verpflichtung ist beispielsweise dann gegeben, wenn eine Änderung der üblichen betrieblichen Praxis zu einer unannehmbaren Schädigung des sozialen Klimas im Betrieb führen würde.**

62 Die formalen Regelungen eines leistungsorientierten Plans können es einem Unternehmen gestatten, sich von seinen Verpflichtungen aus dem Plan zu befreien. Dennoch ist es für ein Unternehmen in der Regel schwierig, sich von seinen Verpflichtungen aus dem Plan (ohne Zahlung) zu befreien, wenn die Arbeitnehmer gehalten werden sollen. Solange keine Anhaltspunkte für das Gegenteil vorliegen, erfolgt daher die Bilanzierung von nach Beendigung des Arbeitsverhältnisses zu erbringenden Leistungen unter der Annahme, dass ein Unternehmen, das seinen Arbeitnehmer gegenwärtig solche Leistungen zusagt, dies während der erwarteten Restlebensarbeitszeit der Arbeitnehmer auch weiterhin tun wird.

Bilanz

63 **Ein Unternehmen hat die Nettoschuld (den Nettovermögenswert) aus einem leistungsorientierten Plan in der Bilanz anzusetzen.**

64 **Erzielt ein Unternehmen bei einem leistungsorientierten Plan eine Überdeckung, hat es den Nettovermögenswert aus dem leistungsorientierten Plan zum niedrigeren der folgenden Beträge zu bewerten:**
(a) der Überdeckung des leistungsorientierten Plans und
(b) der Obergrenze für den Vermögenswert, die anhand des in Paragraph 83 aufgeführten Abzinsungssatzes bestimmt wird.

65 Ein Nettovermögenswert aus dem leistungsorientierten Plan kann entstehen, wenn ein solcher Plan überdotiert ist oder versicherungsmathematische Gewinne entstanden sind. In diesen Fällen setzt das Unternehmen einen Nettovermögenswert aus einem leistungsorientierten Plan an, da
(a) das Unternehmen Verfügungsmacht über eine Ressource besitzt, d. h. die Möglichkeit hat, aus der Überdeckung künftigen Nutzen zu ziehen,
(b) diese Verfügungsmacht Ergebnis von Ereignissen der Vergangenheit ist (vom Unternehmen gezahlte Beiträge und von den Arbeitnehmern erbrachte Arbeitsleistung) und

(d) determining the remeasurements of the net defined benefit liability (asset), to be recognised in other comprehensive income, comprising:
   (i) actuarial gains and losses (see paragraphs 128 and 129);
   (ii) return on plan assets, excluding amounts included in net interest on the net defined benefit liability (asset) (see paragraph 130); and
   (iii) any change in the effect of the asset ceiling (see paragraph 64), excluding amounts included in net interest on the net defined benefit liability (asset).

Where an entity has more than one defined benefit plan, the entity applies these procedures for each material plan separately.

An entity shall determine the net defined benefit liability (asset) with sufficient regularity that the amounts recognised in the financial statements do not differ materially from the amounts that would be determined at the end of the reporting period. 58

This Standard encourages, but does not require, an entity to involve a qualified actuary in the measurement of all material post-employment benefit obligations. For practical reasons, an entity may request a qualified actuary to carry out a detailed valuation of the obligation before the end of the reporting period. Nevertheless, the results of that valuation are updated for any material transactions and other material changes in circumstances (including changes in market prices and interest rates) up to the end of the reporting period. 59

In some cases, estimates, averages and computational short cuts may provide a reliable approximation of the detailed computations illustrated in this Standard. 60

Accounting for the constructive obligation

An entity shall account not only for its legal obligation under the formal terms of a defined benefit plan, but also for any constructive obligation that arises from the entity's informal practices. Informal practices give rise to a constructive obligation where the entity has no realistic alternative but to pay employee benefits. An example of a constructive obligation is where a change in the entity's informal practices would cause unacceptable damage to its relationship with employees. 61

The formal terms of a defined benefit plan may permit an entity to terminate its obligation under the plan. Nevertheless, it is usually difficult for an entity to terminate its obligation under a plan (without payment) if employees are to be retained. Therefore, in the absence of evidence to the contrary, accounting for postemployment benefits assumes that an entity that is currently promising such benefits will continue to do so over the remaining working lives of employees. 62

Statement of financial position

An entity shall recognise the net defined benefit liability (asset) in the statement of financial position. 63

When an entity has a surplus in a defined benefit plan, it shall measure the net defined benefit asset at the lower of: 64
(a) the surplus in the defined benefit plan; and
(b) the asset ceiling, determined using the discount rate specified in paragraph 83.

A net defined benefit asset may arise where a defined benefit plan has been overfunded or where actuarial gains have arisen. An entity recognises a net defined benefit asset in such cases because: 65
(a) the entity controls a resource, which is the ability to use the surplus to generate future benefits;
(b) that control is a result of past events (contributions paid by the entity and service rendered by the employee); and

(c) dem Unternehmen daraus künftige wirtschaftlicher Nutzen entsteht, und zwar entweder in Form geminderter künftiger Beitragszahlungen oder in Form von Rückerstattungen, entweder unmittelbar an das Unternehmen selbst oder mittelbar an einen anderen Plan mit Unterdeckung. Die Obergrenze für den Vermögenswert ist der Barwert dieses künftigen Nutzens.

Ansatz und Bewertung: Barwert leistungsorientierter Verpflichtungen und laufender Dienstzeitaufwand

66 Die tatsächlichen Kosten eines leistungsorientierten Plans können durch viele Variablen beeinflusst werden, wie Endgehälter, Mitarbeiterfluktuation und Sterbewahrscheinlichkeit, Arbeitnehmerbeiträge und Kostentrends im Bereich der medizinischen Versorgung. Die tatsächlichen Kosten des Plans sind ungewiss und diese Ungewissheit besteht in der Regel über einen langen Zeitraum. Um den Barwert von Verpflichtungen zu einer nach Beendigung des Arbeitsverhältnisses zu erbringenden Leistung und den damit verbundenen Dienstzeitaufwand einer Periode zu bestimmen, ist es erforderlich,

(a) eine versicherungsmathematische Bewertungsmethode anzuwenden (siehe Paragraphen 67–69),
(b) die Leistungen den Dienstjahren der Arbeitnehmer zuzuordnen (siehe Paragraphen 70–74) und
(c) versicherungsmathematische Annahmen zu treffen (siehe Paragraphen 75–98).

Versicherungsmathematische Bewertungsmethode

67 **Zur Bestimmung des Barwerts einer leistungsorientierten Verpflichtung, des damit verbundenen Dienstzeitaufwands und, falls zutreffend, des nachzuverrechnenden Dienstzeitaufwands hat ein Unternehmen die Methode der laufenden Einmalprämien anzuwenden.**

68 Die Methode der laufenden Einmalprämien (mitunter auch als Anwartschaftsansammlungsverfahren oder Anwartschaftsbarwertverfahren bezeichnet, weil Leistungsbausteine linear pro-rata oder der Planformel folgend den Dienstjahren zugeordnet werden) geht davon aus, dass in jedem Dienstjahr ein zusätzlicher Teil des Leistungsanspruchs erdient wird (siehe Paragraphen 70–74) und bewertet jeden dieser Leistungsbausteine separat, um so die endgültige Verpflichtung aufzubauen (siehe Paragraphen 75–98).

Beispiel zur Veranschaulichung des Paragraphen 68 Bei Beendigung des Arbeitsverhältnisses ist eine einmalige Kapitalleistung in Höhe von 1 % des Endgehalts für jedes geleistete Dienstjahr zu zahlen. Im ersten Dienstjahr beträgt das Gehalt 10 000 WE und wird voraussichtlich jedes Jahr um 7 % ansteigen (bezogen auf den Vorjahresstand). Der angewendete Abzinsungssatz beträgt 10 % per annum. Die folgende Tabelle veranschaulicht, wie sich die Verpflichtung für einen Mitarbeiter aufbaut, dessen Ausscheiden am Ende des 5. Dienstjahrs erwartet wird, wobei unterstellt wird, dass die versicherungsmathematischen Annahmen keinen Änderungen unterliegen. Zur Vereinfachung wird im Beispiel die ansonsten erforderliche Berücksichtigung der Wahrscheinlichkeit vernachlässigt, dass der Arbeitnehmer vor oder nach diesem Zeitpunkt ausscheidet.

Jahr	*1*	*2*	*3*	*4*	*5*
	WE	*WE*	*WE*	*WE*	*WE*
Leistung erdient in:					
– früheren Dienstjahren	*0*	*131*	*262*	*393*	*524*
– dem laufenden Dienstjahr (1 % des Endgehalts)	*131*	*131*	*131*	*131*	*131*
– dem laufenden und früheren Dienstjahren	*131*	*262*	*393*	*524*	*655*
Verpflichtung zu Beginn des Berichtszeitraums	*–*	*89*	*196*	*324*	*476*
Zinsen von 10 %	*–*	*9*	*20*	*33*	*48*
Laufender Dienstzeitaufwand	*89*	*98*	*108*	*119*	*131*
Verpflichtung am Ende des Berichtszeitraums	*89*	*196*	*324*	*476*	*655*

Hinweis:

1 *Die Verpflichtung zu Beginn des Berichtszeitraums entspricht dem Barwert der Leistungen, die früheren Dienstjahren zugeordnet werden.*

2 *Der laufende Dienstzeitaufwand entspricht dem Barwert der Leistungen, die dem laufenden Dienstjahr zugeordnet werden.*

3 *Die Verpflichtung am Ende des Berichtszeitraums entspricht dem Barwert der Leistungen, die dem laufenden und früheren Dienstjahren zugeordnet werden.*

(c) future economic benefits are available to the entity in the form of a reduction in future contributions or a cash refund, either directly to the entity or indirectly to another plan in deficit. The asset ceiling is the present value of those future benefits.

Recognition and measurement: present value of defined benefit obligations and current service cost

The ultimate cost of a defined benefit plan may be influenced by many variables, such as final salaries, employee turnover and mortality, employee contributions and medical cost trends. The ultimate cost of the plan is uncertain and this uncertainty is likely to persist over a long period of time. In order to measure the present value of the postemployment benefit obligations and the related current service cost, it is necessary: 66

(a) to apply an actuarial valuation method (see paragraphs 67—69);
(b) to attribute benefit to periods of service (see paragraphs 70—74); and
(c) to make actuarial assumptions (see paragraphs 75—98).

Actuarial valuation method

An entity shall use the projected unit credit method to determine the present value of its defined benefit obligations and the related current service cost and, where applicable, past service cost. 67

The projected unit credit method (sometimes known as the accrued benefit method pro-rated on service or as the benefit/years of service method) sees each period of service as giving rise to an additional unit of benefit entitlement (see paragraphs 70—74) and measures each unit separately to build up the final obligation (see paragraphs 75—98). 68

Example illustrating paragraph 68 A lump sum benefit is payable on termination of service and equal to 1 per cent of final salary for each year of service. The salary in year 1 is CU10,000 and is assumed to increase at 7 per cent (compound) each year. The discount rate used is 10 per cent per year. The following table shows how the obligation builds up for an employee who is expected to leave at the end of year 5, assuming that there are no changes in actuarial assumptions. For simplicity, this example ignores the additional adjustment needed to reflect the probability that the employee may leave the entity at an earlier or later date.

Year	1	2	3	4	5
	CU	*CU*	*CU*	*CU*	*CU*
Benefit attributed to:					
— prior years	*0*	*131*	*262*	*393*	*524*
— current year (1 % of final salary)	*131*	*131*	*131*	*131*	*131*
— current and prior years	*131*	*262*	*393*	*524*	*655*
Opening obligation	—	*89*	*196*	*324*	*476*
Interest at 10 %	—	*9*	*20*	*33*	*48*
Current service cost	*89*	*98*	*108*	*119*	*131*
Closing obligation	*89*	*196*	*324*	*476*	*655*

1 *Note: The opening obligation is the present value of the benefit attributed to prior years.*

2 *The current service cost is the present value of the benefit attributed to the current year.*

3 *The closing obligation is the present value of the benefit attributed to current and prior years.*

69 Die gesamte Verpflichtung zu einer nach Beendigung des Arbeitsverhältnisses zu erbringenden Leistung ist vom Unternehmen abzuzinsen, auch wenn ein Teil der Verpflichtung voraussichtlich innerhalb von zwölf Monaten nach dem Abschlussstichtag abgegolten wird.

Zuordnung von Leistungen zu Dienstjahren

70 **Bei der Bestimmung des Barwerts seiner leistungsorientierten Verpflichtungen, des damit verbundenen Dienstzeitaufwands und, sofern zutreffend, des nachzuverrechnenden Dienstzeitaufwands hat das Unternehmen die Leistungen den Dienstjahren so zuzuordnen, wie es die Planformel vorgibt. Begründet die in späteren Dienstjahren erbrachte Arbeitsleistung der Arbeitnehmer jedoch wesentlich höhere Anwartschaften als die in früheren Dienstjahren erbrachte Arbeitsleistung, so ist die Leistungszuordnung linear vorzunehmen, und zwar**

(a) **ab dem Zeitpunkt, zu dem die Arbeitsleistung des Arbeitnehmers erstmalig zu Leistungen aus dem Plan führt (unabhängig davon, ob die Gewährung der Leistungen vom Fortbestand des Arbeitsverhältnisses abhängig ist oder nicht), bis**

(b) **zu dem Zeitpunkt, ab dem die weitere Arbeitsleistung des Arbeitnehmers die Leistungen aus dem Plan, von Erhöhungen wegen Gehaltssteigerungen abgesehen, nicht mehr wesentlich erhöht.**

71 Die Methode der laufenden Einmalprämien verlangt, dass das Unternehmen der laufenden Periode (zwecks Bestimmung des laufenden Dienstzeitaufwands) sowie der laufenden und früheren Perioden (zwecks Bestimmung des gesamten Barwerts der leistungsorientierten Verpflichtung) Leistungsteile zuordnet. Leistungsteile werden jenen Perioden zugeordnet, in denen die Verpflichtung, diese nach Beendigung des Arbeitsverhältnisses zu gewähren, entsteht. Diese Verpflichtung entsteht in dem Maße, wie die Arbeitnehmer ihre Arbeitsleistungen im Austausch für Leistungen nach Beendigung des Arbeitsverhältnisses erbringen, die ein Unternehmen in späteren Berichtsperioden zu zahlen erwartet. Versicherungsmathematische Verfahren versetzen das Unternehmen in die Lage, diese Verpflichtung hinreichend verlässlich zu bewerten, um den Ansatz einer Schuld zu begründen.

Beispiele zur Veranschaulichung des Paragraphen 71

1 Ein leistungsorientierter Plan sieht bei Renteneintritt eine einmalige Zahlung von 100 WE für jedes Dienstjahr vor.

Jedem Dienstjahr wird eine Leistung von 100 WE zugeordnet. Der laufende Dienstzeitaufwand entspricht dem Barwert von 100 WE. Der gesamte Barwert der leistungsorientierten Verpflichtung entspricht dem Barwert von 100 WE, multipliziert mit der Anzahl der bis zum Abschlussstichtag geleisteten Dienstjahre.

Wenn die Leistung unmittelbar beim Ausscheiden des Arbeitnehmers aus dem Unternehmen fällig wird, geht der erwartete Zeitpunkt des Ausscheidens des Arbeitnehmers in die Berechnung des laufenden Dienstzeitaufwands und des Barwerts der leistungsorientierten Verpflichtung ein. Folglich sind beide Werte – wegen des Abzinsungseffekts – geringer als die Beträge, die sich bei Ausscheiden des Mitarbeiters am Abschlussstichtag ergeben würden.

2 Ein Plan sieht eine monatliche Rente von 0,2 % des Endgehalts für jedes Dienstjahr vor. Die Rente ist ab Vollendung des 65. Lebensjahrs zu zahlen.

Jedem Dienstjahr wird eine Leistung in Höhe des zum erwarteten Zeitpunkt des Renteneintritts ermittelten Barwerts einer lebenslangen monatlichen Rente von 0,2 % des geschätzten Endgehalts zugeordnet. Der laufende Dienstzeitaufwand entspricht dem Barwert dieser Leistung. Der Barwert der leistungsorientierten Verpflichtung entspricht dem Barwert monatlicher Rentenzahlungen in Höhe von 0,2 % des Endgehalts, multipliziert mit der Anzahl der bis zum Abschlussstichtag geleisteten Dienstjahre. Der laufende Dienstzeitaufwand und der Barwert der leistungsorientierten Verpflichtung werden abgezinst, weil die Rentenzahlungen erst mit Vollendung des 65. Lebensjahrs beginnen.

72 Die erbrachte Arbeitsleistung eines Arbeitnehmers führt bei leistungsorientierten Plänen selbst dann zu einer Verpflichtung, wenn die Gewährung der Leistungen vom Fortbestand des Arbeitsverhältnisses abhängt (die Leistungen also noch nicht unverfallbar sind). Eine Arbeitsleistung, die vor Eintreten der Unverfallbarkeit erbracht wurde, begründet eine faktische Verpflichtung, weil die bis zur vollen Anspruchsberechtigung noch zu erbringende Arbeitsleistung an jedem folgenden Abschlussstichtag sinkt. Das Unternehmen berücksichtigt bei der Bewertung seiner leistungsorientierten Verpflichtung die Wahrscheinlichkeit, dass einige Mitarbeiter die Unverfallbarkeitsvoraussetzungen nicht erfüllen. Auch wenn verschiedene Leistungen nach Beendigung des Arbeitsverhältnisses nur dann gezahlt werden, wenn nach dem Ausscheiden eines Arbeitnehmers ein bestimmtes Ereignis eintritt, z. B. im Falle der medizinischen Versorgung nach Beendigung des Arbeitsverhältnisses, entsteht gleichermaßen eine Verpflichtung bereits mit der Erbringung der Arbeitsleistung des Arbeitnehmers, wenn diese einen Leistungsanspruch bei Eintreten des bestimmten Ereignisses begründet. Die Wahrscheinlichkeit, dass das bestimmte Ereignis eintritt, beeinflusst die Verpflichtung in ihrer Höhe, nicht jedoch dem Grunde nach.

An entity discounts the whole of a post-employment benefit obligation, even if part of the obligation is expected to be settled before twelve months after the reporting period. 69

Attributing benefit to periods of service

In determining the present value of its defined benefit obligations and the related current service cost and, where applicable, past service cost, an entity shall attribute benefit to periods of service under the plan's benefit formula. However, if an employee's service in later years will lead to a materially higher level of benefit than in earlier years, an entity shall attribute benefit on a straight-line basis from: 70

(a) the date when service by the employee first leads to benefits under the plan (whether or not the benefits are conditional on further service) until

(b) the date when further service by the employee will lead to no material amount of further benefits under the plan, other than from further salary increases.

The projected unit credit method requires an entity to attribute benefit to the current period (in order to determine current service cost) and the current and prior periods (in order to determine the present value of defined benefit obligations). An entity attributes benefit to periods in which the obligation to provide post-employment benefits arises. That obligation arises as employees render services in return for post-employment benefits that an entity expects to pay in future reporting periods. Actuarial techniques allow an entity to measure that obligation with sufficient reliability to justify recognition of a liability. 71

Examples illustrating paragraph 71

1 A defined benefit plan provides a lump sum benefit of CU100 payable on retirement for each year of service.

A benefit of CU100 is attributed to each year. The current service cost is the present value of CU100. The present value of the defined benefit obligation is the present value of CU100, multiplied by the number of years of service up to the end of the reporting period.

If the benefit is payable immediately when the employee leaves the entity, the current service cost and the present value of the defined benefit obligation reflect the date at which the employee is expected to leave. Thus, because of the effect of discounting, they are less than the amounts that would be determined if the employee left at the end of the reporting period.

2 A plan provides a monthly pension of 0,2 per cent of final salary for each year of service. The pension is payable from the age of 65.

Benefit equal to the present value, at the expected retirement date, of a monthly pension of 0,2 per cent of the estimated final salary payable from the expected retirement date until the expected date of death is attributed to each year of service. The current service cost is the present value of that benefit. The present value of the defined benefit obligation is the present value of monthly pension payments of 0,2 per cent of final salary, multiplied by the number of years of service up to the end of the reporting period. The current service cost and the present value of the defined benefit obligation are discounted because pension payments begin at the age of 65.

Employee service gives rise to an obligation under a defined benefit plan even if the benefits are conditional on future employment (in other words they are not vested). Employee service before the vesting date gives rise to a constructive obligation because, at the end of each successive reporting period, the amount of future service that an employee will have to render before becoming entitled to the benefit is reduced. In measuring its defined benefit obligation, an entity considers the probability that some employees may not satisfy any vesting requirements. Similarly, although some post-employment benefits, for example, post-employment medical benefits, become payable only if a specified event occurs when an employee is no longer employed, an obligation is created when the employee renders service that will provide entitlement to the benefit if the specified event occurs. The probability that the specified event will occur affects the measurement of the obligation, but does not determine whether the obligation exists. 72

Beispiele zur Veranschaulichung des Paragraphen 72

1 Ein Plan zahlt eine Leistung von 100 WE für jedes Dienstjahr. Nach zehn Dienstjahren wird die Anwartschaft unverfallbar.

Jedem Dienstjahr wird eine Leistung von 100 WE zugeordnet. In jedem der ersten zehn Jahre ist im laufenden Dienstzeitaufwand und im Barwert der Verpflichtung die Wahrscheinlichkeit zu berücksichtigen, dass der Arbeitnehmer eventuell keine zehn Dienstjahre vollendet.

2 Aus einem Plan wird eine Leistung von 100 WE für jedes Dienstjahr gewährt, wobei Dienstjahre vor Vollendung des 25. Lebensjahrs ausgeschlossen sind. Die Anwartschaft ist sofort unverfallbar.

Den vor Vollendung des 25. Lebensjahrs erbrachten Dienstjahren wird keine Leistung zugeordnet, da die vor diesem Zeitpunkt erbrachte Arbeitsleistung (unabhängig vom Fortbestand des Arbeitsverhältnisses) keine Anwartschaft auf Leistungen begründet. Jedem Folgejahr wird eine Leistung von 100 WE zugeordnet.

73 Die Verpflichtung erhöht sich bis zu dem Zeitpunkt, ab dem weitere Arbeitsleistungen zu keiner wesentlichen Erhöhung der Leistungen mehr führen. Daher werden alle Leistungen Perioden zugeordnet, die zu diesem Zeitpunkt oder vorher enden. Die Leistung wird den einzelnen Bilanzierungsperioden nach Maßgabe der im Plan enthaltenen Formel zugeordnet. Begründet die in späteren Jahren erbrachte Arbeitsleistung eines Arbeitnehmers jedoch wesentlich höhere Anwartschaften als die in früheren Jahren erbrachte, so hat das Unternehmen die Leistungen linear auf die Berichtsperioden bis zu dem Zeitpunkt zu verteilen, ab dem weitere Arbeitsleistungen des Arbeitnehmers zu keiner wesentlichen Erhöhung der Anwartschaft mehr führen. Begründet ist dies dadurch, dass letztlich die im gesamten Zeitraum erbrachte Arbeitsleistung zu einer Anwartschaft auf diesem höheren Niveau führt.

Beispiele zur Veranschaulichung des Paragraphen 73

1 Ein Plan sieht eine einmalige Kapitalleistung von 1000 WE vor, die nach zehn Dienstjahren unverfallbar wird. Für nachfolgende Dienstjahre sieht der Plan keine weiteren Leistungen mehr vor.

Jedem der ersten 10 Jahre wird eine Leistung von 100 WE (1000 WE geteilt durch 10) zugeordnet.

Im laufenden Dienstzeitaufwand für jedes der ersten zehn Jahre ist die Wahrscheinlichkeit zu berücksichtigen, dass der Arbeitnehmer eventuell vor Vollendung von zehn Dienstjahren ausscheidet. Den folgenden Jahren wird keine Leistung zugeordnet.

2 Ein Plan zahlt bei Renteneintritt eine einmalige Kapitalleistung von 2000 WE an alle Arbeitnehmer, die im Alter von 55 Jahren nach zwanzig Dienstjahren noch im Unternehmen beschäftigt sind oder an Arbeitnehmer, die unabhängig von ihrer Dienstzeit im Alter von 65 Jahren noch im Unternehmen beschäftigt sind.

Arbeitnehmer, die vor Vollendung des 35. Lebensjahrs eintreten, erwerben erst mit Vollendung des 35. Lebensjahres eine Anwartschaft auf Leistungen aus diesem Plan (ein Arbeitnehmer könnte mit 30 aus dem Unternehmen ausscheiden und mit 33 zurückkehren, ohne dass dies Auswirkungen auf die Höhe oder die Fälligkeit der Leistung hätte). Die Gewährung dieser Leistungen hängt von der Erbringung künftiger Arbeitsleistung ab. Zudem führt die Erbringung von Arbeitsleistung nach Vollendung des 55. Lebensjahrs nicht zu einer wesentlichen Erhöhung der Anwartschaft. Für diese Arbeitnehmer ordnet das Unternehmen jedem Dienstjahr zwischen Vollendung des 35. und des 55. Lebensjahrs eine Leistung von 100 WE (2000 WE geteilt durch 20) zu.

Für Arbeitnehmer, die im Alter von 55 Jahren eintreten, führt eine Dienstzeit von mehr als 10 Jahren nicht zu einer wesentlichen Erhöhung der Anwartschaft. Jedem der ersten 10 Dienstjahre dieser Arbeitnehmer ordnet das Unternehmen eine Leistung von 200 WE zu (2000 WE geteilt durch 10).

Im laufenden Dienstzeitaufwand und im Barwert der Verpflichtung ist für alle Arbeitnehmer die Wahrscheinlichkeit zu berücksichtigen, dass die für die Leistung erforderlichen Dienstjahre eventuell nicht erreicht werden.

3 Ein Plan für Leistungen der medizinischen Versorgung nach Beendigung des Arbeitsverhältnisses erstattet dem Arbeitnehmer 40 % der Kosten für medizinische Versorgung nach Beendigung des Arbeitsverhältnisses, wenn er nach mehr als 10 und weniger als 20 Dienstjahren ausscheidet und 50 % der Kosten, wenn er nach 20 oder mehr Jahren ausscheidet.

Nach Maßgabe der Leistungsformel des Plans ordnet das Unternehmen jedem der ersten 10 Dienstjahre 4 % (40 % geteilt durch 10) und jedem der folgenden 10 Dienstjahre 1 % (10 % geteilt durch 10) des Barwerts der erwarteten Kosten für medizinische Versorgung zu. Im laufenden Dienstzeitaufwand eines jeden Dienstjahrs wird die Wahrscheinlichkeit berücksichtigt, dass der Arbeitnehmer die für die gesamten oder anteiligen Leistungen erforderlichen Dienstjahre eventuell nicht erreicht. Für Arbeitnehmer, deren Ausscheiden innerhalb der ersten zehn Jahre erwartet wird, wird keine Leistung zugeordnet.

Examples illustrating paragraph 72

1 A plan pays a benefit of CU100 for each year of service. The benefits vest after ten years of service.

A benefit of CU100 is attributed to each year. In each of the first ten years, the current service cost and the present value of the obligation reflect the probability that the employee may not complete ten years of service.

2 A plan pays a benefit of CU100 for each year of service, excluding service before the age of 25. The benefits vest immediately.

No benefit is attributed to service before the age of 25 because service before that date does not lead to benefits (conditional or unconditional). A benefit of CU100 is attributed to each subsequent year.

The obligation increases until the date when further service by the employee will lead to no material amount of further benefits. Therefore, all benefit is attributed to periods ending on or before that date. Benefit is attributed to individual accounting periods under the plan's benefit formula. However, if an employee's service in later years will lead to a materially higher level of benefit than in earlier years, an entity attributes benefit on a straight-line basis until the date when further service by the employee will lead to no material amount of further benefits. That is because the employee's service throughout the entire period will ultimately lead to benefit at that higher level. 73

Examples illustrating paragraph 73

1 A plan pays a lump sum benefit of CU1,000 that vests after ten years of service. The plan provides no further benefit for subsequent service.

A benefit of CU100 (CU1,000 divided by ten) is attributed to each of the first ten years.

The current service cost in each of the first ten years reflects the probability that the employee may not complete ten years of service. No benefit is attributed to subsequent years.

2 A plan pays a lump sum retirement benefit of CU2,000 to all employees who are still employed at the age of 55 after twenty years of service, or who are still employed at the age of 65, regardless of their length of service.

For employees who join before the age of 35, service first leads to benefits under the plan at the age of 35 (an employee could leave at the age of 30 and return at the age of 33, with no effect on the amount or timing of benefits). Those benefits are conditional on further service. Also, service beyond the age of 55 will lead to no material amount of further benefits. For these employees, the entity attributes benefit of CU100 (CU2,000 divided by twenty) to each year from the age of 35 to the age of 55.

For employees who join between the ages of 35 and 45, service beyond twenty years will lead to no material amount of further benefits. For these employees, the entity attributes benefit of 100 (2,000 divided by twenty) to each of the first twenty years.

For an employee who joins at the age of 55, service beyond ten years will lead to no material amount of further benefits. For this employee, the entity attributes benefit of CU200 (CU2,000 divided by ten) to each of the first ten years.

For all employees, the current service cost and the present value of the obligation reflect the probability that the employee may not complete the necessary period of service.

3 A post-employment medical plan reimburses 40 per cent of an employee's post-employment medical costs if the employee leaves after more than ten and less than twenty years of service and 50 per cent of those costs if the employee leaves after twenty or more years of service.

Under the plan's benefit formula, the entity attributes 4 per cent of the present value of the expected medical costs (40 per cent divided by ten) to each of the first ten years and 1 per cent (10 per cent divided by ten) to each of the second ten years. The current service cost in each year reflects the probability that the employee may not complete the necessary period of service to earn part or all of the benefits. For employees expected to leave within ten years, no benefit is attributed.

4 Ein Plan für Leistungen der medizinischen Versorgung nach Beendigung des Arbeitsverhältnisses erstattet dem Arbeitnehmer 10 % der Kosten für medizinische Versorgung nach Beendigung des Arbeitsverhältnisses, wenn er nach mehr als 10 und weniger als 20 Dienstjahren ausscheidet und 50 % der Kosten, wenn er nach 20 oder mehr Jahren ausscheidet.

Arbeitsleistung in späteren Jahren berechtigt zu wesentlich höheren Leistungen als Arbeitsleistung in früheren Jahren der Dienstzeit. Für Arbeitnehmer, deren Ausscheiden nach 20 oder mehr Jahren erwartet wird, wird die Leistung daher linear gemäß Paragraph 71 verteilt. Die Erbringung von Arbeitsleistung nach mehr als 20 Jahren führt zu keiner wesentlichen Erhöhung der zugesagten Leistung. Deswegen wird jedem der ersten 20 Jahre ein Leistungsteil von 2,5 % des Barwerts der erwarteten Kosten der medizinischen Versorgung zugeordnet (50 % geteilt durch 20).

Für Arbeitnehmer, deren Ausscheiden zwischen dem zehnten und dem zwanzigsten Jahr erwartet wird, wird jedem der ersten 10 Jahre eine Teilleistung von 1 % des Barwerts der erwarteten Kosten für die medizinische Versorgung zugeordnet.

Für diese Arbeitnehmer wird den Dienstjahren zwischen dem Ende des zehnten Jahrs und dem geschätzten Datum des Ausscheidens keine Leistung zugeordnet.

Für Arbeitnehmer, deren Ausscheiden innerhalb der ersten zehn Jahre erwartet wird, wird keine Leistung zugeordnet.

74 Entspricht die Höhe der zugesagten Leistung einem konstanten Anteil am Endgehalt für jedes Dienstjahr, so haben künftige Gehaltssteigerungen zwar Auswirkungen auf den zur Erfüllung der am Abschlussstichtag bestehenden, auf frühere Dienstjahre zurückgehenden Verpflichtung nötigen Betrag, sie führen jedoch nicht zu einer Erhöhung der Verpflichtung selbst. Deswegen

(a) begründen Gehaltssteigerungen in Bezug auf Paragraph 70 (b) keine zusätzliche Leistung an Arbeitnehmer, obwohl sich die Leistungshöhe am Endgehalt bemisst, und
(b) entspricht die jeder Berichtsperiode zugeordnete Leistung in ihrer Höhe einem konstanten Anteil desjenigen Gehalts, auf das sich die Leistung bezieht.

Beispiel zur Veranschaulichung des Paragraphen 74 Den Arbeitnehmern steht eine Leistung in Höhe von 3 % des Endgehalts für jedes Dienstjahr vor Vollendung des 55. Lebensjahrs zu.

Jedem Dienstjahr bis zur Vollendung des 55. Lebensjahrs wird eine Leistung in Höhe von 3 % des geschätzten Endgehalts zugeordnet. Dieses ist der Zeitpunkt, ab dem weitere Arbeitsleistung zu keiner wesentlichen Erhöhung der Leistung aus dem Plan mehr führt. Dienstzeiten nach Vollendung des 55. Lebensjahrs wird keine Leistung zugeordnet.

Versicherungsmathematische Annahmen

75 **Versicherungsmathematische Annahmen müssen unvoreingenommen und aufeinander abgestimmt sein.**

76 Versicherungsmathematische Annahmen sind die bestmögliche Einschätzung eines Unternehmens zu Variablen, die die tatsächlichen Kosten für Leistungen nach Beendigung des Arbeitsverhältnisses bestimmen. Die versicherungsmathematischen Annahmen umfassen

(a) demografische Annahmen über die künftige Zusammensetzung der aktiven und ausgeschiedenen Arbeitnehmer (und deren Angehörigen), die für Leistungen infrage kommen. Derartige demografische Annahmen beziehen sich auf
    (i) die Sterbewahrscheinlichkeit (siehe Paragraphen 81 und 82),
    (ii) Fluktuations-, Invalidisierungs- und Frühverrentungsraten der Mitarbeiter,
    (iii) den Anteil der begünstigten Arbeitnehmer mit Angehörigen, die für Leistungen infrage kommen,
    (iv) den Anteil der begünstigten Arbeitnehmer, die jeweils eine bestimmte, nach den Regelungen des Plans verfügbare Auszahlungsform wählen, und
    (v) die Raten der Inanspruchnahme von Leistungen aus Plänen zur medizinischen Versorgung.
(b) finanzielle Annahmen, zum Beispiel in Bezug auf
    (i) den Abzinsungssatz (siehe Paragraphen 83–86),
    (ii) das Leistungsniveau, unter Ausschluss etwaiger von den Arbeitnehmern zu tragenden Kosten für Leistungen, sowie das künftige Gehalt (siehe Paragraphen 87–95),
    (iii) im Falle von Leistungen im Rahmen der medizinischen Versorgung, die künftigen Kosten im Bereich der medizinischen Versorgung, einschließlich der Kosten für die Behandlung von Ansprüchen (d. h. bei der Bearbeitung und Klärung von Ansprüchen entstehende Kosten einschließlich der Honorare für Rechtsberatung und Sachverständige (siehe Paragraphen 96–98), und
    (iv) vom Plan zu tragende Steuern auf Beiträge für Dienstzeiten vor dem Abschlussstichtag oder auf Leistungen, die auf diese Dienstzeiten zurückgehen.

77 Versicherungsmathematische Annahmen sind unvoreingenommen, wenn sie weder unvorsichtig noch übertrieben vorsichtig sind.

4 A post-employment medical plan reimburses 10 per cent of an employee's post-employment medical costs if the employee leaves after more than ten and less than twenty years of service and 50 per cent of those costs if the employee leaves after twenty or more years of service.

Service in later years will lead to a materially higher level of benefit than in earlier years. Therefore, for employees expected to leave after twenty or more years, the entity attributes benefit on a straight-line basis under paragraph 71. Service beyond twenty years will lead to no material amount of further benefits. Therefore, the benefit attributed to each of the first twenty years is 2,5 per cent of the present value of the expected medical costs (50 per cent divided by twenty).

For employees expected to leave between ten and twenty years, the benefit attributed to each of the first ten years is 1 per cent of the present value of the expected medical costs.

For these employees, no benefit is attributed to service between the end of the tenth year and the estimated date of leaving.

For employees expected to leave within ten years, no benefit is attributed.

Where the amount of a benefit is a constant proportion of final salary for each year of service, future salary increases will affect the amount required to settle the obligation that exists for service before the end of the reporting period, but do not create an additional obligation. Therefore: 74

(a) for the purpose of paragraph 70 (b), salary increases do not lead to further benefits, even though the amount of the benefits is dependent on final salary; and

(b) the amount of benefit attributed to each period is a constant proportion of the salary to which the benefit is linked.

Example illustrating paragraph 74 Employees are entitled to a benefit of 3 per cent of final salary for each year of service before the age of 55.

Benefit of 3 per cent of estimated final salary is attributed to each year up to the age of 55. This is the date when further service by the employee will lead to no material amount of further benefits under the plan. No benefit is attributed to service after that age.

Actuarial assumptions

Actuarial assumptions shall be unbiased and mutually compatible. 75

Actuarial assumptions are an entity's best estimates of the variables that will determine the ultimate cost of providing post-employment benefits. Actuarial assumptions comprise: 76

(a) demographic assumptions about the future characteristics of current and former employees (and their dependants) who are eligible for benefits. Demographic assumptions deal with matters such as:
   (i) mortality (see paragraphs 81 and 82);
   (ii) rates of employee turnover, disability and early retirement;
   (iii) the proportion of plan members with dependants who will be eligible for benefits;
   (iv) the proportion of plan members who will select each form of payment option available under the plan terms; and
   (v) claim rates under medical plans.

(b) financial assumptions, dealing with items such as:
   (i) the discount rate (see paragraphs 83—86);
   (ii) benefit levels, excluding any cost of the benefits to be met by employees, and future salary (see paragraphs 87—95);
   (iii) in the case of medical benefits, future medical costs, including claim handling costs (ie the costs that will be incurred in processing and resolving claims, including legal and adjuster's fees) (see paragraphs 96—98); and
   (iv) taxes payable by the plan on contributions relating to service before the reporting date or on benefits resulting from that service.

Actuarial assumptions are unbiased if they are neither imprudent nor excessively conservative. 77

78 Versicherungsmathematische Annahmen sind aufeinander abgestimmt, wenn sie die wirtschaftlichen Zusammenhänge zwischen Faktoren wie Inflation, Lohn- und Gehaltssteigerungen und Abzinsungssätzen widerspiegeln. Beispielsweise haben alle Annahmen, die in jeder künftigen Periode von einem bestimmten Inflationsniveau abhängen (wie Annahmen zu Zinssätzen, zu Lohn- und Gehaltssteigerungen und zu Steigerungen von Leistungen), für jede dieser Perioden von dem gleichen Inflationsniveau auszugehen.

79 Die Annahmen zum Abzinsungssatz und andere finanzielle Annahmen werden vom Unternehmen mit nominalen (nominal festgesetzten) Werten festgelegt, es sei denn, Schätzungen auf Basis realer (inflationsbereinigter) Werte sind verlässlicher, wie z. B. in einer hochinflationären Volkswirtschaft (siehe IAS 29 *Rechnungslegung in Hochinflationsländern*) oder in Fällen, in denen die Leistung an einen Index gekoppelt ist und zugleich ein liquider Markt für indexgebundene Anleihen in derselben Währung und mit derselben Laufzeit vorhanden ist.

80 **Annahmen zu finanziellen Variablen haben auf den am Abschlussstichtag bestehenden Erwartungen des Marktes für den Zeitraum zu beruhen, über den die Verpflichtungen zu erfüllen sind.**

Versicherungsmathematische Annahmen: Sterbewahrscheinlichkeit

81 **Bei der Bestimmung seiner Annahmen zur Sterbewahrscheinlichkeit hat ein Unternehmen seine bestmögliche Einschätzung der Sterbewahrscheinlichkeit der begünstigten Arbeitnehmer sowohl während des Arbeitsverhältnisses als auch nach dessen Beendigung zugrunde zu legen.**

82 Bei der Einschätzung der tatsächlichen Kosten für die Leistung berücksichtigt ein Unternehmen erwartete Veränderungen bei der Sterbewahrscheinlichkeit, indem es beispielsweise Standardsterbetafeln durch Einschätzungen des Sinkens von Sterbewahrscheinlichkeiten abändert.

Versicherungsmathematische Annahmen: Abzinsungssatz

83 **Der Zinssatz, der zur Abzinsung der Verpflichtungen für die nach Beendigung des Arbeitsverhältnisses zu erbringenden Leistungen (fondsfinanziert oder nicht fondsfinanziert) herangezogen wird, ist auf Grundlage der Renditen zu bestimmen, die am Abschlussstichtag für hochwertige Unternehmensanleihen am Markt erzielt werden. Für Währungen ohne liquiden Markt für solche hochwertigen Unternehmensanleihen sind stattdessen die (am Abschlussstichtag geltenden) Marktrenditen für auf diese Währung lautende Staatsanleihen zu verwenden. Währung und Laufzeiten der zugrunde gelegten Unternehmens- oder Staatsanleihen haben mit der Währung und den voraussichtlichen Fristigkeiten der Verpflichtungen zu nach Beendigung des Arbeitsverhältnisses zu erbringenden Leistungen übereinzustimmen.**

84 Der Abzinsungssatz ist eine versicherungsmathematische Annahme mit wesentlicher Auswirkung. Der Abzinsungssatz reflektiert den Zeitwert des Geldes, nicht jedoch das versicherungsmathematische Risiko oder das mit der Anlage des Fondsvermögens verbundene Anlagerisiko. Weiterhin gehen weder das unternehmensspezifische Ausfallrisiko, das die Gläubiger des Unternehmens tragen, noch das Risiko, dass die künftige Entwicklung von den versicherungsmathematischen Annahmen abweichen kann, in diesen Zinssatz ein.

85 Der Abzinsungssatz berücksichtigt die voraussichtliche Auszahlung der Leistungen im Zeitablauf. In der Praxis wird ein Unternehmen dies häufig durch die Verwendung eines einzigen gewichteten Durchschnittszinssatzes erreichen, in dem sich die geschätzten Fälligkeiten, die geschätzte Höhe und die Währung der zu zahlenden Leistungen widerspiegeln.

86 In einigen Fällen ist möglicherweise kein liquider Markt für Anleihen mit ausreichend langen Laufzeiten vorhanden, die den geschätzten Fristigkeiten aller Leistungszahlungen entsprechen. In diesen Fällen verwendet ein Unternehmen für die Abzinsung kurzfristigerer Zahlungen die jeweils aktuellen Marktzinssätze für entsprechende Laufzeiten, während es den Abzinsungssatz für längerfristige Fälligkeiten durch Extrapolation der aktuellen Marktzinssätze entlang der Zinskurve schätzt. Die Höhe des gesamten Barwerts einer leistungsorientierten Verpflichtung dürfte durch den Abzinsungssatz für den Teil der Leistungen, der erst nach Endfälligkeit der zur Verfügung stehenden Unternehmens- oder Staatsanleihen zu zahlen ist, kaum besonders empfindlich beeinflusst werden.

Versicherungsmathematische Annahmen: Gehälter, Leistungen und Kosten medizinischer Versorgung

87 **Bei der Bewertung leistungsorientierter Verpflichtungen legt ein Unternehmen Folgendes zugrunde:**

(a) **die aufgrund der Regelungen des Plans (oder aufgrund einer faktischen Verpflichtung auch über die Planregelungen hinaus) am Abschlussstichtag zugesagten Leistungen,**

(b) **geschätzte künftige Gehaltssteigerungen, die sich auf die zu zahlenden Leistungen auswirken,**

(c) **die Auswirkung von Begrenzungen des Arbeitgeberanteils an den Kosten künftiger Leistungen,**

(d) **Beiträge von Arbeitnehmern oder Dritten, die zu einer Verminderung der tatsächlichen Kosten des Unternehmens für diese Leistungen führen, und**

Actuarial assumptions are mutually compatible if they reflect the economic relationships between factors such as inflation, rates of salary increase and discount rates. For example, all assumptions that depend on a particular inflation level (such as assumptions about interest rates and salary and benefit increases) in any given future period assume the same inflation level in that period. 78

An entity determines the discount rate and other financial assumptions in nominal (stated) terms, unless estimates in real (inflation-adjusted) terms are more reliable, for example, in a hyperinflationary economy (see IAS 29 *Financial Reporting in Hyperinflationary Economies*), or where the benefit is index-linked and there is a deep market in index-linked bonds of the same currency and term. 79

Financial assumptions shall be based on market expectations, at the end of the reporting period, for the period over which the obligations are to be settled. 80

Actuarial assumptions: mortality

An entity shall determine its mortality assumptions by reference to its best estimate of the mortality of plan members both during and after employment. 81

In order to estimate the ultimate cost of the benefit an entity takes into consideration expected changes in mortality, for example by modifying standard mortality tables with estimates of mortality improvements. 82

Actuarial assumptions: discount rate

The rate used to discount post-employment benefit obligations (both funded and unfunded) shall be determined by reference to market yields at the end of the reporting period on high quality corporate bonds. For currencies for which there is no deep market in such high quality corporate bonds, the market yields (at the end of the reporting period) on government bonds denominated in that currency shall be used. The currency and term of the corporate bonds or government bonds shall be consistent with the currency and estimated term of the post-employment benefit obligations. 83

One actuarial assumption that has a material effect is the discount rate. The discount rate reflects the time value of money but not the actuarial or investment risk. Furthermore, the discount rate does not reflect the entity-specific credit risk borne by the entity's creditors, nor does it reflect the risk that future experience may differ from actuarial assumptions. 84

The discount rate reflects the estimated timing of benefit payments. In practice, an entity often achieves this by applying a single weighted average discount rate that reflects the estimated timing and amount of benefit payments and the currency in which the benefits are to be paid. 85

In some cases, there may be no deep market in bonds with a sufficiently long maturity to match the estimated maturity of all the benefit payments. In such cases, an entity uses current market rates of the appropriate term to discount shorter-term payments, and estimates the discount rate for longer maturities by extrapolating current market rates along the yield curve. The total present value of a defined benefit obligation is unlikely to be particularly sensitive to the discount rate applied to the portion of benefits that is payable beyond the final maturity of the available corporate or government bonds. 86

Actuarial assumptions: salaries, benefits and medical costs

An entity shall measure its defined benefit obligations on a basis that reflects: 87

(a) the benefits set out in the terms of the plan (or resulting from any constructive obligation that goes beyond those terms) at the end of the reporting period;

(b) any estimated future salary increases that affect the benefits payable;

(c) the effect of any limit on the employer's share of the cost of the future benefits;

(d) contributions from employees or third parties that reduce the ultimate cost to the entity of those benefits; and

(e) die geschätzten künftigen Änderungen beim Niveau staatlicher Leistungen, die sich auf die nach Maßgabe des leistungsorientierten Plans zu zahlenden Leistungen auswirken, jedoch nur dann, wenn entweder
(i) diese Änderungen bereits vor dem Abschlussstichtag in Kraft getreten sind oder
(ii) die Erfahrungen der Vergangenheit oder andere Anhaltspunkte darauf hindeuten, dass sich die staatlichen Leistungen in einer einigermaßen vorhersehbaren Weise ändern werden, z. B. in Anlehnung an künftige Veränderungen der allgemeinen Preis- oder Gehaltsniveaus.

88 Die versicherungsmathematischen Annahmen spiegeln Änderungen der künftigen Leistungen wider, die sich am Abschlussstichtag aus den formalen Regelungen eines Plans (oder einer faktischen, darüber hinausgehenden Verpflichtung) ergeben. Dies ist z. B. der Fall, wenn
(a) das Unternehmen in der Vergangenheit stets die Leistungen erhöht hat, beispielsweise um die Auswirkungen der Inflation zu mindern, und nichts darauf hindeutet, dass diese Praxis in Zukunft geändert wird,
(b) das Unternehmen entweder aufgrund der formalen Regelungen eines Plans (oder aufgrund einer faktischen, darüber hinausgehenden Verpflichtung) oder aufgrund gesetzlicher Bestimmungen eine etwaige Überdeckung im Plan zugunsten der begünstigten Arbeitnehmer verwenden muss (siehe Paragraph 108 (c)) oder
(c) Leistungen aufgrund eines Leistungsziels oder aufgrund anderer Kriterien schwanken. In den Regelungen des Plans kann beispielsweise festgelegt sein, dass bei unzureichendem Planvermögen verminderte Leistungen gezahlt oder zusätzliche Beiträge von den Arbeitnehmern verlangt werden. Die Bewertung der Verpflichtung spiegelt die bestmögliche Einschätzung der Auswirkungen des Leitungsziels oder anderer Kriterien wider.

89 Die versicherungsmathematischen Annahmen berücksichtigen nicht Änderungen der künftigen Leistungen, die sich am Abschlussstichtag nicht aus den formalen Regelungen des Plans (oder einer faktischen Verpflichtung) ergeben. Derartige Änderungen führen zu
(a) nachzuverrechnendem Dienstzeitaufwand, soweit sie die Höhe von Leistungen für vor der Änderung erbrachte Arbeitsleistung ändern, und
(b) laufendem Dienstzeitaufwand in den Perioden nach der Änderung, soweit sie die Höhe von Leistungen für nach der Änderung erbrachte Arbeitsleistung ändern.

90 Schätzungen künftiger Gehaltssteigerungen berücksichtigen Inflation, Dauer der Betriebszugehörigkeit, Beförderungen und andere maßgebliche Faktoren wie Angebot und Nachfrage auf dem Arbeitsmarkt.

91 Einige leistungsorientierte Pläne begrenzen die Beiträge, die ein Unternehmen zu zahlen hat. Bei den tatsächlichen Kosten der Leistungen wird die Auswirkung einer Beitragsbegrenzung berücksichtigt. Die Auswirkung einer Beitragsbegrenzung wird für den kürzeren der folgenden Zeiträume ermittelt:
(a) die geschätzte Lebensdauer des Unternehmens und
(b) die geschätzte Laufzeit des Plans.

92 Einige leistungsorientierte Pläne sehen eine Beteiligung der Arbeitnehmer oder Dritter an den Kosten des Plans vor. Arbeitnehmerbeiträge bedeuten für das Unternehmen eine Senkung der Kosten für die Leistungen. Ein Unternehmen prüft, ob Beiträge Dritter die Kosten der Leistungen für das Unternehmen senken oder ob sie ein Erstattungsanspruch gemäß Beschreibung in Paragraph 116 sind. Arbeitnehmerbeiträge oder Beiträge Dritter sind entweder in den formalen Regelungen des Plans festgelegt (oder ergeben sich aus einer faktischen, darüber hinausgehenden Verpflichtung) oder sie sind freiwillig. Freiwillige Beiträge von Arbeitnehmern oder Dritten vermindern bei Einzahlung der betreffenden Beiträge in den Plan den Dienstzeitaufwand.

93 In den formalen Regelungen des Plans festgelegte Beiträge von Arbeitnehmern oder Dritten vermindern entweder den Dienstzeitaufwand (wenn sie mit der Arbeitsleistung verknüpft sind) oder beeinflussen die Neubewertungen der Nettoschuld (des Nettovermögenswerts) aus einem leistungsorientierten Plan, wenn sie nicht mit der Arbeitsleistung verknüpft sind. Nicht mit der Arbeitsleistung verknüpft sind Beiträge beispielsweise, wenn sie zur Minderung einer Unterdeckung erforderlich sind, die aus Verlusten im Planvermögen oder aus versicherungsmathematischen Verlusten entstanden ist. Sind Beiträge von Arbeitnehmern oder Dritten mit der Arbeitsleistung verknüpft, so vermindern sie den Dienstzeitaufwand wie folgt:
(a) wenn die Höhe der Beiträge von der Anzahl der Dienstjahre abhängig ist, hat ein Unternehmen die Beiträge den Dienstzeiten nach derselben Methode zuzuordnen, wie Paragraph 70 es für die Zuordnung der Bruttoleistung vorschreibt (d. h. entweder nach der Beitragsformel des Plans oder linear), oder
(b) wenn die Höhe der Beiträge nicht von der Anzahl der Dienstjahre abhängig ist, ist es dem das Unternehmen gestattet, solche Beiträge als Minderung des Dienstzeitaufwands in der Periode zu erfassen, in der die zugehörige Arbeitsleistung erbracht wird. Von der Anzahl der Dienstjahre unabhängig sind Beiträge beispielsweise, wenn sie einen festen Prozentsatz des Gehalts des Arbeitnehmers oder einen festen Betrag über die Dienstzeit hinweg ausmachen oder vom Alter des Arbeitnehmers abhängen.

Die entsprechenden Anwendungsleitlinien sind in Paragraph A1 enthalten.

(e) **estimated future changes in the level of any state benefits that affect the benefits payable under a defined benefit plan, if, and only if, either:**
   (i) **those changes were enacted before the end of the reporting period; or**
   (ii) **historical data, or other reliable evidence, indicate that those state benefits will change in some predictable manner, for example, in line with future changes in general price levels or general salary levels.**

Actuarial assumptions reflect future benefit changes that are set out in the formal terms of a plan (or a constructive obligation that goes beyond those terms) at the end of the reporting period. This is the case if, for example: **88**
(a) the entity has a history of increasing benefits, for example, to mitigate the effects of inflation, and there is no indication that this practice will change in the future;
(b) the entity is obliged, by either the formal terms of a plan (or a constructive obligation that goes beyond those terms) or legislation, to use any surplus in the plan for the benefit of plan participants (see paragraph 108 (c)); or
(c) benefits vary in response to a performance target or other criteria. For example, the terms of the plan may state that it will pay reduced benefits or require additional contributions from employees if the plan assets are insufficient. The measurement of the obligation reflects the best estimate of the effect of the performance target or other criteria.

Actuarial assumptions do not reflect future benefit changes that are not set out in the formal terms of the plan (or a constructive obligation) at the end of the reporting period. Such changes will result in: **89**
(a) past service cost, to the extent that they change benefits for service before the change; and
(b) current service cost for periods after the change, to the extent that they change benefits for service after the change.

Estimates of future salary increases take account of inflation, seniority, promotion and other relevant factors, such as supply and demand in the employment market. **90**

Some defined benefit plans limit the contributions that an entity is required to pay. The ultimate cost of the benefits takes account of the effect of a limit on contributions. The effect of a limit on contributions is determined over the shorter of: **91**
(a) the estimated life of the entity; and
(b) the estimated life of the plan.

Some defined benefit plans require employees or third parties to contribute to the cost of the plan. Contributions by employees reduce the cost of the benefits to the entity. An entity considers whether third-party contributions reduce the cost of the benefits to the entity, or are a reimbursement right as described in paragraph 116. Contributions by employees or third parties are either set out in the formal terms of the plan (or arise from a constructive obligation that goes beyond those terms), or are discretionary. Discretionary contributions by employees or third parties reduce service cost upon payment of these contributions to the plan. **92**

Contributions from employees or third parties set out in the formal terms of the plan either reduce service cost (if they are linked to service), or affect remeasurements of the net defined benefit liability (asset) (if they are not linked to service). An example of contributions that are not linked to service is when (the contributions are required to reduce a deficit arising from losses on plan assets or from actuarial losses). If contributions from employees or third parties are linked to service, those contributions reduce the service cost as follows: **93**
(a) if the amount of the contributions is dependent on the number of years of service, an entity shall attribute the contributions to periods of service using the same attribution method required by paragraph 70 for the gross benefit (ie either using the plan's contribution formula or on a straight-line basis); or
(b) if the amount of the contributions is independent of the number of years of service, the entity is permitted to recognise such contributions as a reduction of the service cost in the period in which the related service is rendered. Examples of contributions that are independent of the number of years of service include those that are a fixed percentage of the employee's salary, a fixed amount throughout the service period or dependent on the employee's age.

Paragraph A1 provides related application guidance.

94 Änderungen der Beiträge von Arbeitnehmern oder Dritten, bei denen die Zuordnung zu Dienstzeiten nach Paragraph 93 (a) erfolgt, führen zu

(a) laufendem und nachzuverrechnendem Dienstzeitaufwand (sofern die Änderungen nicht in den formalen Regelungen eines Plans festgelegt sind und sich nicht aus einer faktischen Verpflichtung ergeben) oder

(b) versicherungsmathematischen Gewinnen und Verlusten (sofern die Änderungen in den formalen Regelungen eines Plans festgelegt sind oder sich aus einer faktischen Verpflichtung ergeben).

95 Einige Leistungen nach Beendigung des Arbeitsverhältnisses sind an Variablen wie z. B. das Niveau staatlicher Altersversorgungsleistungen oder das der staatlichen medizinischen Versorgung gebunden. Bei der Bewertung dieser Leistungen werden die bestmöglichen Einschätzungen dieser Variablen aufgrund der Erfahrungen der Vergangenheit und anderer verlässlicher Anhaltspunkte berücksichtigt.

96 **Bei den Annahmen zu den Kosten medizinischer Versorgung sind erwartete Kostentrends für medizinische Dienstleistungen aufgrund von Inflation oder spezifischer Anpassungen der medizinischen Kosten zu berücksichtigen.**

97 Die Bewertung von medizinischen Leistungen nach Beendigung des Arbeitsverhältnisses erfordert Annahmen über Höhe und Häufigkeit künftiger Ansprüche und über die Kosten zur Erfüllung dieser Ansprüche. Kosten der künftigen medizinischen Versorgung werden vom Unternehmen anhand eigener, aus Erfahrungswerten der Vergangenheit gewonnenen Daten geschätzt, wobei – falls erforderlich – Erfahrungswerte anderer Unternehmen, Versicherungsunternehmen, medizinischer Dienstleister und anderer Quellen hinzugezogen werden können. In die Schätzung der Kosten künftiger medizinischer Versorgung gehen die Auswirkungen technologischen Fortschritts, Änderungen der Inanspruchnahme von Gesundheitsfürsorgeleistungen oder der Bereitstellungsstrukturen sowie Änderungen des Gesundheitszustands der begünstigten Arbeitnehmer ein.

98 Die Höhe der geltend gemachten Ansprüche und deren Häufigkeit hängen insbesondere von Alter, Gesundheitszustand und Geschlecht der Arbeitnehmer (und ihrer Angehörigen) ab, wobei jedoch auch andere Faktoren wie der geografische Standort von Bedeutung sein können. Deswegen sind Erfahrungswerte aus der Vergangenheit anzupassen, soweit die demografische Zusammensetzung des vom Plan erfassten Personenbestands von der Zusammensetzung des Bestands abweicht, der den Daten zugrunde liegt. Eine Anpassung ist auch dann erforderlich, wenn aufgrund verlässlicher Anhaltspunkte davon ausgegangen werden kann, dass sich historische Trends nicht fortsetzen werden.

Nachzuverrechnender Dienstzeitaufwand und Gewinne oder Verlust aus der Abgeltung

99 **Bei der Bestimmung des nachzuverrechnenden Dienstzeitaufwands oder eines Gewinns oder Verlusts aus der Abgeltung hat ein Unternehmen eine Neubewertung der Nettoschuld (des Nettovermögenswerts) aus einem leistungsorientierten Plan vorzunehmen; hierbei stützt es sich auf den aktuellen beizulegenden Zeitwert des Planvermögens und aktuelle versicherungsmathematische Annahmen (unter Einschluss aktueller Marktzinssätze und anderer aktueller Marktpreise), in denen sich Folgendes widerspiegelt:**

(a) die gemäß dem Plan vorgesehenen Leistungen und das Planvermögen vor der Änderung, Kürzung oder Abgeltung des Plans und

(b) die gemäß dem Plan vorgesehenen Leistungen und das Planvermögen nach der Änderung, Kürzung oder Abgeltung des Plans.

100 Ein Unternehmen muss keine Unterscheidung zwischen nachzuverrechnendem Dienstzeitaufwand, der sich aus einer Planänderung ergibt, nachzuverrechnendem Dienstzeitaufwand, der aus einer Kürzung entsteht, und Gewinn oder Verlust aus einer Abgeltung vornehmen, wenn diese Geschäftsvorfälle gleichzeitig eintreten. In bestimmten Fällen tritt eine Planänderung vor einer Abgeltung auf; dies trifft beispielsweise zu, wenn ein Unternehmen die Leistungen im Rahmen des Plans ändert und diese geänderten Leistungen zu einem späteren Zeitpunkt abgilt. In derartigen Fällen setzt ein Unternehmen den nachzuverrechnenden Dienstzeitaufwand vor einem Gewinn oder Verlust aus der Abgeltung an.

101 Eine Abgeltung tritt dann gleichzeitig mit einer Änderung und Kürzung eines Plans ein, wenn dieser mit dem Ergebnis beendet wird, dass die Verpflichtung abgegolten wird und der Plan nicht mehr existiert. Die Beendigung eines Plans stellt jedoch dann keine Abgeltung dar, wenn der Plan durch einen neuen ersetzt wird, der im Wesentlichen die gleichen Leistungen vorsieht.

101A Bei einer Planänderung, -kürzung oder -abgeltung hat das Unternehmen jeden etwaigen nachzuverrechnenden Dienstzeitaufwand oder einen aus der Abgeltung entstehenden Gewinn oder Verlust gemäß den Paragraphen 99–101 und 102–112 anzusetzen und zu bewerten. Die Auswirkung der Obergrenze für den Vermögenswert ist dabei außer Acht zu lassen. Anschließend hat das Unternehmen die Auswirkung der Obergrenze für den Vermögenswert nach der Planänderung, -kürzung oder -abgeltung zu bestimmen und Veränderungen in der Auswirkung gemäß Paragraph 57 (d) anzusetzen.

For contributions from employees or third parties that are attributed to periods of service in accordance with paragraph 93 (a), changes in the contributions result in: 94

(a) current and past service cost (if those changes are not set out in the formal terms of a plan and do not arise from a constructive obligation); or
(b) actuarial gains and losses (if those changes are set out in the formal terms of a plan, or arise from a constructive obligation).

Some post-employment benefits are linked to variables such as the level of state retirement benefits or state medical care. The measurement of such benefits reflects the best estimate of such variables, based on historical data and other reliable evidence. 95

Assumptions about medical costs shall take account of estimated future changes in the cost of medical services, resulting from both inflation and specific changes in medical costs. 96

Measurement of post-employment medical benefits requires assumptions about the level and frequency of future claims and the cost of meeting those claims. An entity estimates future medical costs on the basis of historical data about the entity's own experience, supplemented where necessary by historical data from other entities, insurance companies, medical providers or other sources. Estimates of future medical costs consider the effect of technological advances, changes in health care utilisation or delivery patterns and changes in the health status of plan participants. 97

The level and frequency of claims is particularly sensitive to the age, health status and sex of employees (and their dependants) and may be sensitive to other factors such as geographical location. Therefore, historical data are adjusted to the extent that the demographic mix of the population differs from that of the population used as a basis for the data. They are also adjusted where there is reliable evidence that historical trends will not continue. 98

Past service cost and gains and losses on settlement

When determining past service cost, or a gain or loss on settlement, an entity shall remeasure the net defined benefit liability (asset) using the current fair value of plan assets and current actuarial assumptions, (including current market interest rates and other current market prices), reflecting: 99

(a) the benefits offered under the plan and the plan assets before the plan amendment, curtailment or settlement; and
(b) the benefits offered under the plan and the plan assets after the plan amendment, curtailment or settlement.

An entity need not distinguish between past service cost resulting from a plan amendment, past service cost resulting from a curtailment and a gain or loss on settlement if these transactions occur together. In some cases, a plan amendment occurs before a settlement, such as when an entity changes the benefits under the plan and settles the amended benefits later. In those cases an entity recognises past service cost before any gain or loss on settlement. 100

A settlement occurs together with a plan amendment and curtailment if a plan is terminated with the result that the obligation is settled and the plan ceases to exist. However, the termination of a plan is not a settlement if the plan is replaced by a new plan that offers benefits that are, in substance, the same. 101

When a plan amendment, curtailment or settlement occurs, an entity shall recognise and measure any past service cost, or a gain or loss on settlement, in accordance with paragraphs 99–101 and paragraphs 102–112. In doing so, an entity shall not consider the effect of the asset ceiling. An entity shall then determine the effect of the asset ceiling after the plan amendment, curtailment or settlement and shall recognise any change in that effect in accordance with paragraph 57 (d). 101A

Nachzuverrechnender Dienstzeitaufwand

102 Nachzuverrechnender Dienstzeitaufwand ist die Veränderung des Barwerts einer leistungsorientierten Verpflichtung, die aus einer Planänderung oder -kürzung entsteht.

103 Ein Unternehmen hat nachzuverrechnenden Dienstzeitaufwand zum früheren der folgenden Zeitpunkte als Aufwand zu erfassen:

(a) dem Zeitpunkt, an dem die Änderung oder Kürzung des Plans eintritt, und

(b) dem Zeitpunkt, an dem das Unternehmen verbundene Restrukturierungskosten (siehe IAS 37) oder Leistungen aus Anlass der Beendigung des Arbeitsverhältnisses (siehe Paragraph 165) erfasst.

104 Eine Planänderung liegt vor, wenn ein Unternehmen einen leistungsorientierten Plan einführt oder zurückzieht oder Leistungen, die im Rahmen eines bestehenden leistungsorientierten Plan zu zahlen sind, ändert.

105 Eine Plankürzung liegt vor, wenn ein Unternehmen die Anzahl der durch einen Plan erfassten Arbeitnehmer erheblich verringert. Eine Plankürzung kann die Folge eines einzelnen Ereignisses wie einer Betriebsschließung, der Aufgabe eines Geschäftsbereichs oder einer Beendigung oder Aussetzung eines Plans sein.

106 Der nachzuverrechnende Dienstzeitaufwand kann entweder positiv (wenn Leistungen eingeführt oder geändert werden und sich daraus eine Zunahme des Barwerts der leistungsorientierten Verpflichtung ergibt) oder negativ sein (wenn Leistungen gestrichen oder in der Weise verändert werden, dass der Barwert der leistungsorientierten Verpflichtung sinkt).

107 Reduziert ein Unternehmen im Rahmen eines bestehenden leistungsorientierten Plans zu zahlende Leistungen, und erhöht es gleichzeitig andere Leistungen, die denselben Arbeitnehmern im Rahmen des Plans zu zahlen sind, dann behandelt es die Änderung als eine einzige Nettoänderung.

108 Nachzuverrechnender Dienstzeitaufwand beinhaltet nicht

(a) die Auswirkungen von Unterschieden zwischen tatsächlichen und ursprünglich angenommenen Gehaltssteigerungen auf die Höhe der in früheren Jahren erdienten Leistungen (nachzuverrechnender Dienstzeitaufwand entsteht nicht, da die Gehaltsentwicklung über die versicherungsmathematischen Annahmen berücksichtigt ist),

(b) zu hoch oder zu niedrig geschätzte freiwillige Rentenerhöhungen, wenn das Unternehmen faktisch verpflichtet ist, derartige Erhöhungen zu gewähren (nachzuverrechnender Dienstzeitaufwand entsteht nicht, da solche Steigerungen über die versicherungsmathematischen Annahmen berücksichtigt sind),

(c) geschätzte Auswirkungen von Leistungsverbesserungen aus versicherungsmathematischen Gewinnen oder aus Erträgen aus dem Planvermögen, die im Abschluss erfasst wurden, wenn das Unternehmen aufgrund der formalen Regelungen des Plans (oder aufgrund einer faktischen, über diese Regelungen hinausgehenden Verpflichtung) oder aufgrund rechtlicher Bestimmungen dazu verpflichtet ist, eine etwaige Überdeckung im Plan zugunsten der vom Plan erfassten Arbeitnehmer zu verwenden, und zwar selbst dann, wenn die Leistungserhöhung noch nicht formal zuerkannt wurde (in diesem Fall entsteht kein nachzuverrechnender Dienstzeitaufwand, da die resultierende höhere Verpflichtung ein versicherungsmathematischer Verlust ist, siehe Paragraph 88), und

(d) der Zuwachs an unverfallbaren Leistungen (d. h. Leistungen, deren Gewährung nicht vom künftigen Fortbestand des Arbeitsverhältnisses abhängt, siehe Paragraph 72), wenn – ohne dass neue oder verbesserte Leistungen vorliegen – Arbeitnehmer Unverfallbarkeitsbedingungen erfüllen (in diesem Fall entsteht kein nachzuverrechnender Dienstzeitaufwand, weil das Unternehmen die geschätzten Kosten für die Gewährung der Leistungen als laufenden Dienstzeitaufwand in der Periode erfasst, in der die Arbeitsleistung erbracht wurde).

Gewinne oder Verluste aus der Abgeltung

109 Der Gewinn oder Verlust aus einer Abgeltung entspricht der Differenz zwischen

(a) dem Barwert der leistungsorientierten Verpflichtung, die abgegolten wird, wobei der Barwert am Tag der Abgeltung bestimmt wird, und

(b) dem Abgeltungspreis; dieser schließt eventuell übertragenes Planvermögen sowie unmittelbar vom Unternehmen in Verbindung mit der Abgeltung geleistete Zahlungen ein.

110 Ein Unternehmen hat einen Gewinn oder Verlust aus der Abgeltung eines leistungsorientierten Plans zum Zeitpunkt der Abgeltung zu erfassen.

111 Eine Abgeltung liegt vor, wenn ein Unternehmen eine Vereinbarung eingeht, wonach alle weiteren rechtlichen und faktischen Verpflichtungen in Bezug auf einen Teil oder die Gesamtheit der in einem leistungsorientierten Plan zugesagten Leistungen eliminiert werden, soweit es sich nicht um eine in den Regelungen des Plans vorgesehene und in den versicherungsmathematischen Annahmen enthaltene Zahlung von Leistungen direkt an Arbeitnehmer oder zu deren Gunsten handelt. Werden beispielsweise erhebliche Verpflichtungen eines Arbeitgebers aus dem Versorgungsplan mittels Erwerb einer Versicherungspolice einmalig übertragen, stellt dies eine Abgeltung dar; eine im Rahmen eines Plans erfolgte einmalige Zahlung an begünstigte Arbeitnehmer als Gegenleistung für deren Verzicht auf bestimmte Leistungen nach Beendigung des Arbeitsverhältnisses stellt dagegen keine Abgeltung dar.

Past service cost

Past service cost is the change in the present value of the defined benefit obligation resulting from a plan amendment or curtailment. 102

An entity shall recognise past service cost as an expense at the earlier of the following dates: 103
(a) when the plan amendment or curtailment occurs; and
(b) when the entity recognises related restructuring costs (see IAS 37) or termination benefits (see paragraph 165).

A plan amendment occurs when an entity introduces, or withdraws, a defined benefit plan or changes the benefits payable under an existing defined benefit plan. 104

A curtailment occurs when an entity significantly reduces the number of employees covered by a plan. A curtailment may arise from an isolated event, such as the closing of a plant, discontinuance of an operation or termination or suspension of a plan. 105

Past service cost may be either positive (when benefits are introduced or changed so that the present value of the defined benefit obligation increases) or negative (when benefits are withdrawn or changed so that the present value of the defined benefit obligation decreases). 106

Where an entity reduces benefits payable under an existing defined benefit plan and, at the same time, increases other benefits payable under the plan for the same employees, the entity treats the change as a single net change. 107

Past service cost excludes: 108
(a) the effect of differences between actual and previously assumed salary increases on the obligation to pay benefits for service in prior years (there is no past service cost because actuarial assumptions allow for projected salaries);
(b) underestimates and overestimates of discretionary pension increases when an entity has a constructive obligation to grant such increases (there is no past service cost because actuarial assumptions allow for such increases);
(c) estimates of benefit improvements that result from actuarial gains or from the return on plan assets that have been recognised in the financial statements if the entity is obliged, by either the formal terms of a plan (or a constructive obligation that goes beyond those terms) or legislation, to use any surplus in the plan for the benefit of plan participants, even if the benefit increase has not yet been formally awarded (there is no past service cost because the resulting increase in the obligation is an actuarial loss, see paragraph 88); and
(d) the increase in vested benefits (ie benefits that are not conditional on future employment, see paragraph 72) when, in the absence of new or improved benefits, employees complete vesting requirements (there is no past service cost because the entity recognised the estimated cost of benefits as current service cost as the service was rendered).

Gains and losses on settlement

The gain or loss on a settlement is the difference between: 109
(a) the present value of the defined benefit obligation being settled, as determined on the date of settlement; and
(b) the settlement price, including any plan assets transferred and any payments made directly by the entity in connection with the settlement.

An entity shall recognise a gain or loss on the settlement of a defined benefit plan when the settlement occurs. 110

A settlement occurs when an entity enters into a transaction that eliminates all further legal or constructive obligation for part or all of the benefits provided under a defined benefit plan (other than a payment of benefits to, or on behalf of, employees in accordance with the terms of the plan and included in the actuarial assumptions). For example, a one-off transfer of significant employer obligations under the plan to an insurance company through the purchase of an insurance policy is a settlement; a lump sum cash payment, under the terms of the plan, to plan participants in exchange for their rights to receive specified post-employment benefits is not. 111

112 In manchen Fällen erwirbt ein Unternehmen eine Versicherungspolice, um alle Ansprüche, die auf Arbeitsleistungen der Arbeitnehmer in der laufenden oder früheren Periode zurückgehen, abzudecken. Der Erwerb einer solchen Police ist keine Abgeltung, wenn das Unternehmen für den Fall, dass der Versicherer die in der Versicherungspolice vorgesehenen Leistungen nicht zahlt, die rechtliche oder faktische Verpflichtung (siehe Paragraph 46) zur Zahlung weiterer Beträge behält. Die Paragraphen 116–119 behandeln Ansatz und Bewertung von Erstattungsansprüchen aus Versicherungspolicen, die kein Planvermögen sind.

Ansatz und Bewertung: Planvermögen

Beizulegender Zeitwert des Planvermögens

113 Der beizulegende Zeitwert des Planvermögens wird bei der Ermittlung der Unter- oder Überdeckung vom Barwert der leistungsorientierten Verpflichtung abgezogen.

114 Nicht zum Planvermögen zählen fällige, aber noch nicht an den Fonds entrichtete Beiträge des berichtenden Unternehmens sowie nicht übertragbare Finanzinstrumente, die vom Unternehmen emittiert und vom Fonds gehalten werden. Das Planvermögen wird gemindert um jegliche Schulden des Fonds, die nicht im Zusammenhang mit Leistungen an Arbeitnehmer stehen, zum Beispiel Verbindlichkeiten aus Lieferungen und Leistungen oder andere Verbindlichkeiten und Schulden, die aus derivativen Finanzinstrumenten resultieren.

115 Soweit zum Planvermögen qualifizierende Versicherungspolicen gehören, die alle oder einige der zugesagten Leistungen hinsichtlich ihres Betrags und ihrer Fälligkeiten genau abdecken, ist der beizulegende Zeitwert der Versicherungspolicen annahmegemäß gleich dem Barwert der abgedeckten Verpflichtungen (vorbehaltlich jeder zu erfassenden Reduzierung, wenn die Beträge, die aus den Versicherungspolicen beansprucht werden, nicht voll erzielbar sind).

Erstattungen

116 **Nur wenn so gut wie sicher ist, dass eine andere Partei die Ausgaben zur Erfüllung der leistungsorientierten Verpflichtung teilweise oder ganz erstatten wird, hat ein Unternehmen**

(a) **seinen Erstattungsanspruch als gesonderten Vermögenswert anzusetzen. Das Unternehmen hat den Vermögenswert zum beizulegenden Zeitwert zu bewerten.**

(b) **Änderungen des beizulegenden Zeitwerts seines Erstattungsanspruchs in der gleichen Weise aufzugliedern und zu erfassen wie Änderungen des beizulegenden Zeitwerts des Planvermögens (siehe Paragraphen 124 und 125). Die gemäß Paragraph 120 erfassten Kostenkomponenten eines leistungsorientierten Plans können nach Abzug der Beträge, die sich auf Änderungen des Buchwerts des Erstattungsanspruchs beziehen, erfasst werden.**

117 In einigen Fällen kann ein Unternehmen von einer anderen Partei, zum Beispiel einem Versicherer, erwarten, dass diese die Ausgaben zur Erfüllung der leistungsorientierten Verpflichtung ganz oder teilweise zahlt. Qualifizierende Versicherungspolicen, wie in Paragraph 8 definiert, sind Planvermögen. Ein Unternehmen bilanziert qualifizierende Versicherungspolicen genauso wie jedes andere Planvermögen und Paragraph 116 findet keine Anwendung (siehe auch Paragraphen 46–49 und 115).

118 Ist eine auf ein Unternehmen ausgestellte Versicherungspolice keine qualifizierende Versicherungspolice, dann ist diese auch kein Planvermögen. In solchen Fällen wird Paragraph 116 angewendet: Das Unternehmen erfasst seinen Erstattungsanspruch aus der Versicherungspolice als separaten Vermögenswert und nicht als einen Abzug bei der Ermittlung der Unter- oder Überdeckung eines leistungsorientierten Plans. Paragraph 140 (b) verpflichtet das Unternehmen zu einer kurzen Beschreibung des Zusammenhangs zwischen Erstattungsanspruch und zugehöriger Verpflichtung.

119 Entsteht der Erstattungsanspruch aus einer Versicherungspolice, die einige oder alle der aus einem leistungsorientierten Plan zu zahlenden Leistungen hinsichtlich ihres Betrages und ihrer Fälligkeiten genau abdeckt, ist der beizulegende Zeitwert des Erstattungsanspruchs annahmegemäß gleich dem Barwert der zugehörigen Verpflichtung (vorbehaltlich jeder zu erfassenden Reduzierung, wenn die Erstattung nicht voll erzielbar ist).

Kostenkomponenten leistungsorientierter Pläne

120 **Ein Unternehmen hat die Kostenkomponenten eines leistungsorientierten Plans wie folgt zu erfassen, es sei denn, ein anderer IFRS verlangt oder erlaubt deren Einbeziehung in die Anschaffungs- oder Herstellungskosten eines Vermögenswerts:**

(a) **Dienstzeitaufwand (siehe Paragraphen 66–112 und Paragraph 122A) erfolgswirksam,**

(b) **Nettozinsen auf die Nettoschuld (den Nettovermögenswert) aus einem leistungsorientierten Plan (siehe Paragraphen 123–126) erfolgswirksam und**

(c) **Neubewertungen der Nettoschuld (des Nettovermögenswerts) aus einem leistungsorientierten Plan (siehe Paragraphen 127–130) im sonstigen Ergebnis.**

In some cases, an entity acquires an insurance policy to fund some or all of the employee benefits relating to employee service in the current and prior periods. The acquisition of such a policy is not a settlement if the entity retains a legal or constructive obligation (see paragraph 46) to pay further amounts if the insurer does not pay the employee benefits specified in the insurance policy. Paragraphs 116—119 deal with the recognition and measurement of reimbursement rights under insurance policies that are not plan assets. 112

Recognition and measurement: plan assets

Fair value of plan assets

The fair value of any plan assets is deducted in determining the deficit or surplus. 113

Plan assets exclude unpaid contributions due from the reporting entity to the fund, as well as any non-transferable financial instruments issued by the entity and held by the fund. Plan assets are reduced by any liabilities of the fund that do not relate to employee benefits, for example, trade and other payables and liabilities resulting from derivative financial instruments. 114

Where plan assets include qualifying insurance policies that exactly match the amount and timing of some or all of the benefits payable under the plan, the fair value of those insurance policies is deemed to be the present value of the related obligations (subject to any reduction required if the amounts receivable under the insurance policies are not recoverable in full). 115

Reimbursements

When, and only when, it is virtually certain that another party will reimburse some or all of the expenditure required to settle a defined benefit obligation, an entity shall: 116

(a) recognise its right to reimbursement as a separate asset. The entity shall measure the asset at fair value.

(b) disaggregate and recognise changes in the fair value of its right to reimbursement in the same way as for changes in the fair value of plan assets (see paragraphs 124 and 125). The components of defined benefit cost recognised in accordance with paragraph 120 may be recognised net of amounts relating to changes in the carrying amount of the right to reimbursement.

Sometimes, an entity is able to look to another party, such as an insurer, to pay part or all of the expenditure required to settle a defined benefit obligation. Qualifying insurance policies, as defined in paragraph 8, are plan assets. An entity accounts for qualifying insurance policies in the same way as for all other plan assets and paragraph 116 is not relevant (see paragraphs 46—49 and 115). 117

When an insurance policy held by an entity is not a qualifying insurance policy, that insurance policy is not a plan asset. Paragraph 116 is relevant to such cases: the entity recognises its right to reimbursement under the insurance policy as a separate asset, rather than as a deduction in determining the defined benefit deficit or surplus. Paragraph 140 (b) requires the entity to disclose a brief description of the link between the reimbursement right and the related obligation. 118

If the right to reimbursement arises under an insurance policy that exactly matches the amount and timing of some or all of the benefits payable under a defined benefit plan, the fair value of the reimbursement right is deemed to be the present value of the related obligation (subject to any reduction required if the reimbursement is not recoverable in full). 119

Components of defined benefit cost

An entity shall recognise the components of defined benefit cost, except to the extent that another IFRS requires or permits their inclusion in the cost of an asset, as follows: 120

(a) service cost (see paragraphs 66—112 and paragraph 122A) in profit or loss;

(b) net interest on the net defined benefit liability (asset) (see paragraphs 123—126) in profit or loss; and

(c) remeasurements of the net defined benefit liability (asset) (see paragraphs 127—130) in other comprehensive income.

121 Andere IFRS schreiben vor, dass die Kosten für bestimmte Leistungen an Arbeitnehmer in die Anschaffungs- oder Herstellungskosten von Vermögenswerten, beispielsweise Vorräte und Sachanlagen, einbezogen werden (siehe IAS 2 und IAS 16). In die Anschaffungs- und Herstellungskosten von Vermögenswerten einbezogene Kosten von Leistungen nach Beendigung des Arbeitsverhältnisses beinhalten auch einen angemessenen Anteil der in Paragraph 120 aufgeführten Komponenten.

122 **Neubewertungen der Nettoschuld (des Nettovermögenswerts) aus einem leistungsorientierten Plan, die im sonstigen Ergebnis erfasst werden, dürfen in einer nachfolgenden Periode nicht erfolgswirksam umgegliedert werden. Das Unternehmen kann diese im sonstigen Ergebnis erfassten Beträge jedoch innerhalb des Eigenkapitals umgliedern.**

Laufender Dienstzeitaufwand

122A **Der laufende Dienstzeitaufwand ist anhand versicherungsmathematischer Annahmen zu bestimmen, die zu Beginn des Geschäftsjahrs festgelegt wurden. Nimmt ein Unternehmen allerdings eine Neubewertung der Nettoschuld (des Nettovermögenswerts) aus einem leistungsorientierten Plan nach Paragraph 99 vor, so hat es den laufenden Dienstzeitaufwand für den nach der Änderung, Kürzung oder Abgeltung des Plans noch verbleibenden Teil des Geschäftsjahrs zu bestimmen und sich dabei auf die versicherungsmathematischen Annahmen zu stützen, die für die Neubewertung der Nettoschuld (des Nettovermögenswerts) gemäß Paragraph 99 (b) herangezogen wurden.**

Nettozinsen auf die Nettoschuld (den Nettovermögenswert) aus einem leistungsorientierten Plan

123 **Nettozinsen auf die Nettoschuld (den Nettovermögenswert) aus einem leistungsorientierten Plan sind mittels Multiplikation der Nettoschuld (des Nettovermögenswerts) mit dem in Paragraph 83 beschriebenen Abzinsungssatz zu ermitteln.**

123A **Zur Bestimmung der Nettozinsen gemäß Paragraph 123 hat ein Unternehmen die Nettoschuld (den Nettovermögenswert) aus einem leistungsorientierten Plan und den Abzinsungssatz zugrunde zu legen, wobei beide Größen jeweils zu Beginn des Geschäftsjahrs festgelegt werden. Nimmt ein Unternehmen allerdings eine Neubewertung der Nettoschuld (des Nettovermögenswerts) gemäß Paragraph 99 vor, so hat es die Nettozinsen für den nach der Änderung, Kürzung oder Abgeltung des Plans noch verbleibenden Teil des Geschäftsjahrs zu bestimmen und sich dabei zu stützen auf**

(a) die (den) gemäß Paragraph 99 (b) bestimmte(n) Nettoschuld (Nettovermögenswert) aus einem leistungsorientierten Plan und

(b) den Abzinsungssatz, der zur Neubewertung der Nettoschuld (des Nettovermögenswerts) aus einem leistungsorientierten Plan gemäß Paragraph 99 (b) herangezogen wurde.

Bei der Anwendung des Paragraphen 123A hat das Unternehmen auch alle etwaigen Änderungen bei der Nettoschuld (dem Nettovermögenswert) aus einem leistungsorientierten Plan zu berücksichtigen, die während der Berichtsperiode aufgrund von Beitrags- oder Leistungszahlungen eingetreten sind.

124 Nettozinsen auf die Nettoschuld (den Nettovermögenswert) aus einem leistungsorientierten Plan können angesehen werden als die Zusammensetzung von Zinserträgen aus dem Planvermögen, Zinsaufwendungen für die leistungsorientierte Verpflichtung und Zinsen auf die Auswirkung der in Paragraph 64 erwähnten Obergrenze für den Vermögenswert.

125 Zinserträge aus dem Planvermögen sind ein Bestandteil des Ertrags aus dem Planvermögen. Sie werden durch Multiplikation des beizulegenden Zeitwerts des Planvermögens mit dem in Paragraph 123A beschriebenen Abzinsungssatz ermittelt. Der beizulegende Zeitwert des Planvermögens ist zu Beginn des Geschäftsjahrs zu bestimmen. Nimmt ein Unternehmen allerdings eine Neubewertung der Nettoschuld (des Nettovermögenswerts) aus einem leistungsorientierten Plan gemäß Paragraph 99 vor, so hat es die Zinserträge für den nach der Änderung, Kürzung oder Abgeltung des Plans noch verbleibenden Teil des Geschäftsjahrs zu bestimmen und sich dabei auf das Planvermögen zu stützen, das für die Neubewertung der Nettoschuld (des Nettovermögenswerts) gemäß Paragraph 99 (b) herangezogen wurde. Bei der Anwendung des Paragraphen 125 hat das Unternehmen auch alle etwaigen Änderungen beim Planvermögen zu berücksichtigen, die während der Berichtsperiode aufgrund von Beitrags- oder Leistungszahlungen eingetreten sind. Die Differenz zwischen den Zinserträgen aus dem Planvermögen und des Ertrags aus dem Planvermögen wird in die Neubewertung der Nettoschuld (des Nettovermögenswerts) aus einem leistungsorientierten Plan einbezogen.

126 Die Zinsen auf die Auswirkung der Obergrenze für den Vermögenswert sind Bestandteil der gesamten Änderung der Auswirkung der Obergrenze für den Vermögenswert. Ihre Ermittlung erfolgt mittels Multiplikation der Auswirkung der Obergrenze für den Vermögenswert mit dem in Paragraph 123A beschriebenen Abzinsungssatz. Die Auswirkung der Obergrenze für den Vermögenswert ist zu Beginn des Geschäftsjahrs zu bestimmen. Nimmt ein Unternehmen allerdings eine Neubewertung der Nettoschuld (des Nettovermögenswerts) aus einem leistungsorientierten Plan gemäß Paragraph 99 vor, so hat es die Zinsen auf die Auswirkung der Obergrenze für den Vermögenswert für den nach der Änderung, Kürzung oder Abgeltung des Plans noch verbleibenden Teil des Geschäftsjahrs zu bestimmen und dabei alle etwaigen Änderungen bei der Auswirkung der Obergrenze für den Vermögenswert zu berücksichtigen, die gemäß Paragraph 101A bestimmt wurden. Die Differenz zwischen den Zinsen auf die Auswirkung der Obergrenze für den Vermögenswert und

Other IFRSs require the inclusion of some employee benefit costs within the cost of assets, such as inventories and property, plant and equipment (see IAS 2 and IAS 16). Any post-employment benefit costs included in the cost of such assets include the appropriate proportion of the components listed in paragraph 120. 121

Remeasurements of the net defined benefit liability (asset) recognised in other comprehensive income shall not be reclassified to profit or loss in a subsequent period. However, the entity may transfer those amounts recognised in other comprehensive income within equity. 122

Current service cost

An entity shall determine current service cost using actuarial assumptions determined at the start of the annual reporting period. However, if an entity remeasures the net defined benefit liability (asset) in accordance with paragraph 99, it shall determine current service cost for the remainder of the annual reporting period after the plan amendment, curtailment or settlement using the actuarial assumptions used to remeasure the net defined benefit liability (asset) in accordance with paragraph 99 (b). 122A

Net interest on the net defined benefit liability (asset)

An entity shall determine net interest on the net defined benefit liability (asset) by multiplying the net defined benefit liability (asset) by the discount rate specified in paragraph 83. 123

To determine net interest in accordance with paragraph 123, an entity shall use the net defined benefit liability (asset) and the discount rate determined at the start of the annual reporting period. However, if an entity remeasures the net defined benefit liability (asset) in accordance with paragraph 99, the entity shall determine net interest for the remainder of the annual reporting period after the plan amendment, curtailment or settlement using: 123A

(a) the net defined benefit liability (asset) determined in accordance with paragraph 99 (b); and

(b) the discount rate used to remeasure the net defined benefit liability (asset) in accordance with paragraph 99 (b).

In applying paragraph 123A, the entity shall also take into account any changes in the net defined benefit liability (asset) during the period resulting from contributions or benefit payments.

Net interest on the net defined benefit liability (asset) can be viewed as comprising interest income on plan assets, interest cost on the defined benefit obligation and interest on the effect of the asset ceiling mentioned in paragraph 64. 124

Interest income on plan assets is a component of the return on plan assets, and is determined by multiplying the fair value of the plan assets by the discount rate specified in paragraph 123A. An entity shall determine the fair value of the plan assets at the start of the annual reporting period. However, if an entity remeasures the net defined benefit liability (asset) in accordance with paragraph 99, the entity shall determine interest income for the remainder of the annual reporting period after the plan amendment, curtailment or settlement using the plan assets used to remeasure the net defined benefit liability (asset) in accordance with paragraph 99 (b). In applying paragraph 125, the entity shall also take into account any changes in the plan assets held during the period resulting from contributions or benefit payments. The difference between the interest income on plan assets and the return on plan assets is included in the remeasurement of the net defined benefit liability (asset). 125

Interest on the effect of the asset ceiling is part of the total change in the effect of the asset ceiling, and is determined by multiplying the effect of the asset ceiling by the discount rate specified in paragraph 123A. An entity shall determine the effect of the asset ceiling at the start of the annual reporting period. However, if an entity remeasures the net defined benefit liability (asset) in accordance with paragraph 99, the entity shall determine interest on the effect of the asset ceiling for the remainder of the annual reporting period after the plan amendment, curtailment or settlement taking into account any change in the effect of the asset ceiling determined in accordance with paragraph 101A. The difference between 126

der gesamten Veränderung der Auswirkung der Obergrenze für den Vermögenswert wird in die Neubewertung der Nettoschuld (des Nettovermögenswerts) aus einem leistungsorientierten Plan einbezogen.

Neubewertungen der Nettoschuld (des Nettovermögenswerts) aus einem leistungsorientierten Plan

127 Neubewertungen der Nettoschuld (des Nettovermögenswerts) aus einem leistungsorientierten Plan umfassen

(a) versicherungsmathematische Gewinne und Verluste (siehe Paragraphen 128 und 129),

(b) den Ertrag aus dem Planvermögen (siehe Paragraph 130) unter Ausschluss von Beträgen, die in den Nettozinsen auf die Nettoschuld (den Nettovermögenswert) aus einem leistungsorientierten Plan enthalten sind (siehe Paragraph 125), und

(c) Änderungen der Auswirkung der Obergrenze für den Vermögenswert unter Ausschluss der Beträge, die in den Nettozinsen auf die Nettoschuld (den Nettovermögenswert) aus einem leistungsorientierten Plan enthalten sind (siehe Paragraph 126).

128 Versicherungsmathematische Gewinne und Verluste entstehen aus Zu- oder Abnahmen des Barwerts der leistungsorientierten Verpflichtung, die aufgrund von Veränderungen bei den versicherungsmathematischen Annahmen und erfahrungsbedingten Anpassungen eintreten. Zu den Gründen für das Entstehen versicherungsmathematischer Gewinne und Verluste gehören beispielsweise

(a) unerwartet hohe oder niedrige Fluktuations- oder Frühverrentungsraten oder Sterblichkeitsquoten der Mitarbeiter; unerwartet hohe oder niedrige Steigerungen bei Gehältern und Leistungen (sofern die formalen oder faktischen Regelungen eines Plans Leistungsanhebungen zum Inflationsausgleich vorsehen) oder bei den Kosten der medizinischen Versorgung,

(b) die Auswirkung von Änderungen bei den Annahmen im Hinblick auf die Optionen für Leistungszahlungen,

(c) die Auswirkung von Änderungen bei den Schätzungen der Fluktuations- oder Frühverrentungsraten oder Sterblichkeitsquoten der Mitarbeiter; Steigerungen bei Gehältern und Leistungen (sofern die formalen oder faktischen Regelungen eines Plans Leistungsanhebungen zum Inflationsausgleich vorsehen) oder bei den Kosten der medizinischen Versorgung und

(d) die Auswirkung von Änderungen des Abzinsungssatzes.

129 In versicherungsmathematischen Gewinnen und Verlusten sind keine Änderungen des Barwerts der leistungsorientierten Verpflichtung enthalten, die durch die Einführung, Änderung, Kürzung oder Abgeltung des leistungsorientierten Plans hervorgerufen werden; ebenfalls nicht enthalten sind Änderungen bei den im Rahmen des leistungsorientierten Plans zu zahlenden Leistungen. Änderungen dieser Art führen zu nachzuverrechnendem Dienstzeitaufwand oder zu Gewinnen oder Verlusten bei der Abgeltung.

130 Bei der Ermittlung des Ertrags aus dem Planvermögen zieht ein Unternehmen die Kosten für die Verwaltung des Planvermögens sowie alle vom Plan selbst zu entrichtenden Steuern ab, soweit es sich nicht um Steuern handelt, die bereits in die versicherungsmathematischen Annahmen eingeflossen sind, die zur Bewertung der leistungsorientierten Verpflichtung verwendet werden (Paragraph 76). Sonstige Verwaltungskosten werden vom Ertrag aus dem Planvermögen nicht abgezogen.

Darstellung

Saldierung

131 **Ein Unternehmen hat einen Vermögenswert aus einem Plan nur dann mit der Schuld aus einem anderen Plan zu saldieren, wenn das Unternehmen**

(a) ein einklagbares Recht hat, die Überdeckung des einen Plans zur Abgeltung von Verpflichtungen aus dem anderen Plan zu verwenden und

(b) beabsichtigt, entweder die Abgeltung der Verpflichtungen auf Nettobasis herbeizuführen, oder gleichzeitig mit der Verwertung der Überdeckung des einen Plans seine Verpflichtung aus dem anderen Plan abzugelten.

132 Die Kriterien für eine Saldierung gleichen annähernd denen für Finanzinstrumente gemäß IAS 32 *Finanzinstrumente: Darstellung*.

Unterscheidung von Kurz- und Langfristigkeit

133 Einige Unternehmen unterscheiden zwischen kurzfristigen und langfristigen Vermögenswerten oder Schulden. Dieser Standard regelt nicht, ob ein Unternehmen eine diesbezügliche Unterscheidung nach kurz- und langfristigen Aktiva oder Passiva aus Leistungen nach Beendigung des Arbeitsverhältnisses vorzunehmen hat.

Kostenkomponenten leistungsorientierter Pläne

134 Paragraph 120 schreibt vor, dass ein Unternehmen den Dienstzeitaufwand und die Nettozinsen auf die Nettoschuld (den Nettovermögenswert) aus einem leistungsorientierten Plan erfolgswirksam anzusetzen hat. Dieser Standard regelt nicht,

interest on the effect of the asset ceiling and the total change in the effect of the asset ceiling is included in the remeasurement of the net defined benefit liability (asset).

Remeasurements of the net defined benefit liability (asset)

Remeasurements of the net defined benefit liability (asset) comprise: 127

(a) actuarial gains and losses (see paragraphs 128 and 129);
(b) the return on plan assets (see paragraph 130), excluding amounts included in net interest on the net defined benefit liability (asset) (see paragraph 125); and
(c) any change in the effect of the asset ceiling, excluding amounts included in net interest on the net defined benefit liability (asset) (see paragraph 126).

Actuarial gains and losses result from increases or decreases in the present value of the defined benefit obligation because of changes in actuarial assumptions and experience adjustments. Causes of actuarial gains and losses include, for example: 128

(a) unexpectedly high or low rates of employee turnover, early retirement or mortality or of increases in salaries, benefits (if the formal or constructive terms of a plan provide for inflationary benefit increases) or medical costs;
(b) the effect of changes to assumptions concerning benefit payment options;
(c) the effect of changes in estimates of future employee turnover, early retirement or mortality or of increases in salaries, benefits (if the formal or constructive terms of a plan provide for inflationary benefit increases) or medical costs; and
(d) the effect of changes in the discount rate.

Actuarial gains and losses do not include changes in the present value of the defined benefit obligation because of the introduction, amendment, curtailment or settlement of the defined benefit plan, or changes to the benefits payable under the defined benefit plan. Such changes result in past service cost or gains or losses on settlement. 129

In determining the return on plan assets, an entity deducts the costs of managing the plan assets and any tax payable by the plan itself, other than tax included in the actuarial assumptions used to measure the defined benefit obligation (paragraph 76). Other administration costs are not deducted from the return on plan assets. 130

Presentation

Offset

An entity shall offset an asset relating to one plan against a liability relating to another plan when, and only when, the entity: 131

(a) has a legally enforceable right to use a surplus in one plan to settle obligations under the other plan; and
(b) intends either to settle the obligations on a net basis, or to realise the surplus in one plan and settle its obligation under the other plan simultaneously.

The offsetting criteria are similar to those established for financial instruments in IAS 32 *Financial Instruments: Presentation.* 132

Current/non-current distinction

Some entities distinguish current assets and liabilities from non-current assets and liabilities. This Standard does not specify whether an entity should distinguish current and non-current portions of assets and liabilities arising from post-employment benefits. 133

Components of defined benefit cost

Paragraph 120 requires an entity to recognise service cost and net interest on the net defined benefit liability (asset) in profit or loss. This Standard does not specify how an entity should present service cost and net interest on the net defined benefit liability (asset). An entity presents those components in accordance with IAS 1. 134

wie ein Unternehmen Dienstzeitaufwand und Nettozinsen auf die Nettoschuld (den Nettovermögenswert) aus einem leistungsorientierten Plan darzustellen hat. Bei der Darstellung dieser Komponenten legt das Unternehmen IAS 1 zugrunde.

Angaben

135 Ein Unternehmen hat Angaben zu machen, die

(a) die Merkmale seiner leistungsorientierten Pläne und der damit verbundenen Risiken erläutern (siehe Paragraph 139),

(b) die in seinen Abschlüssen ausgewiesenen Beträge, die sich aus seinen leistungsorientierten Plänen ergeben (siehe Paragraphen 140–144), feststellen und erläutern und

(c) beschreiben, in welcher Weise seine leistungsorientierten Pläne die Höhe, den Zeitpunkt und die Unsicherheit der künftigen Zahlungsströme des Unternehmens beeinflussen könnten (siehe Paragraphen 145–147).

136 Zur Erfüllung der in Paragraph 135 beschriebenen Zielsetzungen hat ein Unternehmen alle nachstehend genannten Gesichtspunkte zu berücksichtigen:

(a) den zur Erfüllung der Angabepflichten notwendigen Detaillierungsgrad,

(b) das Gewicht, das auf jede der verschiedenen Vorschriften zu legen ist,

(c) den Umfang vorzunehmender Zusammenfassungen oder Aufgliederungen und

(d) die Notwendigkeit zusätzlicher Informationen für Abschlussadressaten, damit diese die angegebenen quantitativen Informationen beurteilen können.

137 Reichen die gemäß diesem Standard und anderen IFRS gemachten Angaben zur Erfüllung der Zielsetzungen in Paragraph 135 nicht aus, hat ein Unternehmen zusätzliche Angaben zu machen, um diese Zielsetzungen zu erfüllen. Ein Unternehmen kann beispielsweise eine Aufgliederung des Barwerts der leistungsorientierten Verpflichtung vorlegen, in der zwischen der Art, den Merkmalen und den Risiken der Verpflichtung unterschieden wird. In einer solchen Angabe kann unterschieden werden

(a) zwischen Beträgen, die aktiven begünstigten Arbeitnehmern, ausgeschiedenen Anwärtern und Rentnern geschuldet werden,

(b) zwischen unverfallbaren Leistungen und angesammelten, aber nicht unverfallbar gewordenen Leistungen,

(c) zwischen bedingten Leistungen, künftigen Gehaltssteigerungen zuzuordnenden Beträgen und sonstigen Leistungen.

138 Ein Unternehmen hat zu beurteilen, ob bei allen oder einigen Angaben eine Aufgliederung nach Plänen oder Gruppen von Plänen mit erheblich voneinander abweichenden Risiken vorzunehmen ist. Ein Unternehmen kann beispielsweise Angaben über Pläne nach einem oder mehreren der folgenden Merkmale aufgliedern:

(a) unterschiedliche geografische Standorte,

(b) unterschiedliche Merkmale wie Festgehaltspläne, Endgehaltspläne oder Pläne für medizinische Versorgung nach Beendigung des Arbeitsverhältnisses,

(c) unterschiedliche regulatorische Rahmenbedingungen,

(d) unterschiedliche Berichtssegmente,

(e) unterschiedliche Finanzierungsvereinbarungen (z. B. nicht fondsfinanziert, ganz oder teilweise fondsfinanziert).

Merkmale leistungsorientierter Pläne und damit verbundene Risiken

139 Ein Unternehmen hat folgende Angaben zu machen:

(a) Informationen über die Merkmale seiner leistungsorientierten Pläne, unter Einschluss

 (i) der Art der durch den Plan bereitgestellten Leistungen (z. B. leistungsorientierter Plan auf Endgehaltsbasis oder beitragsbasierter Plan mit Garantie),

 (ii) einer Beschreibung des regulatorischen Rahmens, innerhalb dessen der Versorgungsplan betrieben wird, beispielsweise der Höhe eventueller Mindestdotierungsverpflichtungen sowie möglicher Auswirkungen des regulatorischen Rahmens auf den Plan; dies kann beispielsweise die Obergrenze für den Vermögenswert betreffen (siehe Paragraph 64),

 (iii) einer Beschreibung der Verantwortlichkeiten anderer Einheiten für die Führung des Plans; dies kann beispielsweise die Verantwortlichkeiten von Treuhändern oder Mitgliedern der Aufsichtsorgane des Plans betreffen.

(b) eine Beschreibung der Risiken, denen das Unternehmen durch den Plan ausgesetzt ist; hier ist das Hauptaugenmerk auf ungewöhnliche, unternehmens- oder planspezifische Risiken sowie erhebliche Risikokonzentrationen zu richten. Ist das Planvermögen hauptsächlich in eine Gruppe von Anlagen wie beispielsweise Immobilien investiert, kann für das Unternehmen durch den Plan eine Konzentration von Immobilienmarktrisiken entstehen.

(c) eine Beschreibung etwaiger Änderungen, Kürzungen und Abgeltungen des Plans.

Disclosure

An entity shall disclose information that: 135
(a) explains the characteristics of its defined benefit plans and risks associated with them (see paragraph 139);
(b) identifies and explains the amounts in its financial statements arising from its defined benefit plans (see paragraphs 140—144); and
(c) describes how its defined benefit plans may affect the amount, timing and uncertainty of the entity's future cash flows (see paragraphs 145—147).

To meet the objectives in paragraph 135, an entity shall consider all the following: 136
(a) the level of detail necessary to satisfy the disclosure requirements;
(b) how much emphasis to place on each of the various requirements;
(c) how much aggregation or disaggregation to undertake; and
(d) whether users of financial statements need additional information to evaluate the quantitative information disclosed.

If the disclosures provided in accordance with the requirements in this Standard and other IFRSs are insufficient to meet 137 the objectives in paragraph 135, an entity shall disclose additional information necessary to meet those objectives. For example, an entity may present an analysis of the present value of the defined benefit obligation that distinguishes the nature, characteristics and risks of the obligation. Such a disclosure could distinguish:
(a) between amounts owing to active members, deferred members, and pensioners.
(b) between vested benefits and accrued but not vested benefits.
(c) between conditional benefits, amounts attributable to future salary increases and other benefits.

An entity shall assess whether all or some disclosures should be disaggregated to distinguish plans or groups of plans with 138 materially different risks. For example, an entity may disaggregate disclosure about plans showing one or more of the following features:
(a) different geographical locations.
(b) different characteristics such as flat salary pension plans, final salary pension plans or post-employment medical plans.
(c) different regulatory environments.
(d) different reporting segments.
(e) different funding arrangements (eg wholly unfunded, wholly or partly funded).

Characteristics of defined benefit plans and risks associated with them

An entity shall disclose: 139
(a) information about the characteristics of its defined benefit plans, including:
  (i) the nature of the benefits provided by the plan (eg final salary defined benefit plan or contribution-based plan with guarantee).
  (ii) a description of the regulatory framework in which the plan operates, for example the level of any minimum funding requirements, and any effect of the regulatory framework on the plan, such as the asset ceiling (see paragraph 64).
  (iii) a description of any other entity's responsibilities for the governance of the plan, for example responsibilities of trustees or of board members of the plan.
(b) a description of the risks to which the plan exposes the entity, focused on any unusual, entity-specific or plan-specific risks, and of any significant concentrations of risk. For example, if plan assets are invested primarily in one class of investments, eg property, the plan may expose the entity to a concentration of property market risk.
(c) a description of any plan amendments, curtailments and settlements.

Erläuterung der Beträge im Abschluss

140 Ein Unternehmen hat, sofern zutreffend, für jeden der folgenden Posten eine Überleitungsrechnung von den Eröffnungs- zu den Schlusssalden vorzulegen:

(a) die Nettoschuld (den Nettovermögenswert) aus einem leistungsorientierten Plan mit getrennten Überleitungsrechnungen für
  (i) das Planvermögen,
  (ii) den Barwert der leistungsorientierten Verpflichtung,
  (iii) die Auswirkung der Obergrenze für den Vermögenswert,

(b) etwaige Erstattungsansprüche. Ein Unternehmen hat außerdem eine Beschreibung der Beziehung zwischen einem etwaigen Erstattungsanspruch und der zugehörigen Verpflichtung abzugeben.

141 In jeder der in Paragraph 140 aufgeführten Überleitungsrechnungen sind außerdem, falls zutreffend, jeweils die folgenden Posten aufzuführen:

(a) laufender Dienstzeitaufwand.

(b) Zinserträge oder -aufwendungen.

(c) Neubewertungen der Nettoschuld (des Nettovermögenswerts) aus einem leistungsorientierten Plan mit getrenntem Ausweis
  (i) des Ertrags aus dem Planvermögen unter Ausschluss von Beträgen, die in den in (b) aufgeführten Zinsen enthalten sind,
  (ii) versicherungsmathematischer Gewinne und Verluste, die aus Veränderungen bei den demografischen Annahmen entstehen (siehe Paragraph 76 (a)),
  (iii) versicherungsmathematischer Gewinne und Verluste, die aus Veränderungen bei den finanziellen Annahmen entstehen (siehe Paragraph 76 (b)),
  (iv) Veränderungen der Auswirkung einer Begrenzung eines Nettovermögenswerts aus einem leistungsorientierten Plan auf die Obergrenze für den Vermögenswert unter Ausschluss von Beträgen, die in den Zinsen in (b) enthalten sind. Ein Unternehmen hat außerdem anzugeben, wie es den verfügbaren maximalen wirtschaftlichen Nutzen ermittelt hat, d.h. ob es den Nutzen in Form von Rückerstattungen, in Form von geminderten künftigen Beitragszahlungen oder einer Kombination aus beidem erhalten würde.

(d) nachzuverrechnender Dienstzeitaufwand sowie Gewinne und Verluste aus Abgeltungen. Nach Paragraph 100 ist es zulässig, dass zwischen nachzuverrechnendem Dienstzeitaufwand und Gewinnen und Verlusten aus Abgeltungen keine Unterscheidung getroffen wird, wenn diese zusammen eintreten.

(e) die Auswirkung von Wechselkursänderungen.

(f) Beiträge zum Plan; dabei sind Beiträge des Arbeitgebers und Beiträge der begünstigten Arbeitnehmer getrennt auszuweisen.

(g) aus dem Plan geleistete Zahlungen. Dabei ist der im Zusammenhang mit Abgeltungen gezahlte Betrag getrennt auszuweisen.

(h) die Auswirkungen von Unternehmenszusammenschlüssen und -veräußerungen.

142 Ein Unternehmen hat den beizulegenden Zeitwert des Planvermögens in Gruppen aufzugliedern, bei denen nach der Art und den Risiken der betreffenden Vermögenswerte unterschieden wird; dabei erfolgt in jeder Planvermögensgruppe eine weitere Unterteilung in Vermögenswerte, für die eine Marktpreisnotierung in einem aktiven Markt besteht (gemäß Definition in IFRS 13 *Bewertung zum beizulegenden Zeitwert*) und Vermögenswerte, bei denen dies nicht der Fall ist. Ein Unternehmen könnte unter Berücksichtigung des in Paragraph 136 angegebenen Umfangs der Angabepflichten beispielsweise folgende Posten unterscheiden:

(a) Zahlungsmittel und Zahlungsmitteläquivalente,

(b) Eigenkapitalinstrumente (getrennt nach Art der Branche, Unternehmensgröße, geografischem Gebiet etc.),

(c) Schuldinstrumente (getrennt nach Art des Emittenten, Bonität, geografischem Gebiet etc.),

(d) Immobilien (getrennt nach geografischem Gebiet etc.),

(e) Derivate (getrennt nach Art des dem Kontrakt zugrunde liegenden Risikos, z. B. Zinskontrakte, Devisenkontrakte, Eigenkapitalkontrakte, Kreditkontrakte, Langlebigkeits-Swaps etc.),

(f) Investmentfonds (getrennt nach Art des Fonds),

(g) forderungsbesicherte Wertpapiere und

(h) strukturierte Schuldtitel.

143 Ein Unternehmen hat den beizulegenden Zeitwert seiner eigenen, als Planvermögen gehaltenen übertragbaren Finanzinstrumente anzugeben; dasselbe gilt für den beizulegenden Zeitwert des Planvermögens in Form von Immobilien oder anderen Vermögenswerten, die das Unternehmen selbst nutzt.

144 Ein Unternehmen hat die erheblichen versicherungsmathematischen Annahmen anzugeben, die zur Ermittlung des Barwerts der leistungsorientierten Verpflichtung eingesetzt werden (siehe Paragraph 76). Eine solche Angabe muss in

Explanation of amounts in the financial statements

An entity shall provide a reconciliation from the opening balance to the closing balance for each of the following, if applicable: 140

(a) the net defined benefit liability (asset), showing separate reconciliations for:
    (i) plan assets.
    (ii) the present value of the defined benefit obligation.
    (iii) the effect of the asset ceiling.
(b) any reimbursement rights. An entity shall also describe the relationship between any reimbursement right and the related obligation.

Each reconciliation listed in paragraph 140 shall show each of the following, if applicable: 141

(a) current service cost.
(b) interest income or expense.
(c) remeasurements of the net defined benefit liability (asset), showing separately:
    (i) the return on plan assets, excluding amounts included in interest in (b).
    (ii) actuarial gains and losses arising from changes in demographic assumptions (see paragraph 76 (a)).
    (iii) actuarial gains and losses arising from changes in financial assumptions (see paragraph 76 (b)).
    (iv) changes in the effect of limiting a net defined benefit asset to the asset ceiling, excluding amounts included in interest in (b). An entity shall also disclose how it determined the maximum economic benefit available, ie whether those benefits would be in the form of refunds, reductions in future contributions or a combination of both.
(d) past service cost and gains and losses arising from settlements. As permitted by paragraph 100, past service cost and gains and losses arising from settlements need not be distinguished if they occur together.
(e) the effect of changes in foreign exchange rates.
(f) contributions to the plan, showing separately those by the employer and by plan participants.
(g) payments from the plan, showing separately the amount paid in respect of any settlements.
(h) the effects of business combinations and disposals.

An entity shall disaggregate the fair value of the plan assets into classes that distinguish the nature and risks of those assets, subdividing each class of plan asset into those that have a quoted market price in an active market (as defined in IFRS 13 *Fair Value Measurement*) and those that do not. For example, and considering the level of disclosure discussed in paragraph 136, an entity could distinguish between: 142

(a) cash and cash equivalents;
(b) equity instruments (segregated by industry type, company size, geography etc);
(c) debt instruments (segregated by type of issuer, credit quality, geography etc);
(d) real estate (segregated by geography etc);
(e) derivatives (segregated by type of underlying risk in the contract, for example, interest rate contracts, foreign exchange contracts, equity contracts, credit contracts, longevity swaps etc);
(f) investment funds (segregated by type of fund);
(g) asset-backed securities; and
(h) structured debt.

An entity shall disclose the fair value of the entity's own transferable financial instruments held as plan assets, and the fair value of plan assets that are property occupied by, or other assets used by, the entity. 143

An entity shall disclose the significant actuarial assumptions used to determine the present value of the defined benefit obligation (see paragraph 76). Such disclosure shall be in absolute terms (eg as an absolute percentage, and not just as a 144

absoluten Werten erfolgen (z. B. als absoluter Prozentsatz und nicht nur als Spanne zwischen verschiedenen Prozentsätzen und anderen Variablen). Legt ein Unternehmen für eine Gruppe von Plänen zusammenfassende Angaben vor, hat es diese Angaben in Form von gewichteten Durchschnitten oder vergleichsweise engen Bandbreiten zu machen.

Höhe, Zeitpunkt und Unsicherheit künftiger Zahlungsströme

145 Ein Unternehmen hat folgende Angaben zu machen:

(a) eine Sensitivitätsanalyse jeder erheblichen versicherungsmathematischen Annahme (gemäß Angabe nach Paragraph 144) zum Abschlussstichtag, in der aufgezeigt wird, in welcher Weise die leistungsorientierte Verpflichtung durch Veränderungen bei den maßgeblichen versicherungsmathematischen Annahmen, die zu diesem Zeitpunkt angemessenerweise für möglich gehalten wurden, beeinflusst worden wäre,

(b) die Methoden und Annahmen, die bei der Erstellung der in (a) vorgeschriebenen Sensitivitätsanalyse verwendet wurden, sowie die Grenzen dieser Methoden,

(c) die Änderungen bei den Methoden und Annahmen, die bei der Erstellung der in (a) vorgeschriebenen Sensitivitätsanalyse verwendet wurden, im Vergleich zur vorangegangenen Berichtsperiode sowie die Gründe für diese Änderungen.

146 Ein Unternehmen hat eine Beschreibung der Strategien vorzulegen, die der Versorgungsplan bzw. das Unternehmen zum Ausgleich der Risiken auf der Aktiv- und Passivseite verwendet; hierunter fällt auch die Verwendung von Annuitäten und anderen Verfahren wie Langlebigkeits-Swaps zum Zweck des Risikomanagements.

147 Um einen Hinweis auf die Auswirkung des leistungsorientierten Plans auf die künftigen Zahlungsströme des Unternehmens zu geben, hat ein Unternehmen folgende Angaben zu machen:

(a) eine Beschreibung der Finanzierungsvereinbarungen und Finanzierungsrichtlinien, die sich auf die künftigen Beiträge auswirken,

(b) die für das folgende Geschäftsjahr erwarteten Beiträge zum Plan,

(c) Informationen über das Fälligkeitsprofil der leistungsorientierten Verpflichtung. Hierunter fallen die gewichtete durchschnittliche Laufzeit der leistungsorientierten Verpflichtung sowie eventuell weitere Angaben über die zeitliche Verteilung der Leistungszahlungen, beispielsweise in Form einer Fälligkeitsanalyse der Leistungszahlungen.

Gemeinschaftliche Pläne mehrerer Arbeitgeber

148 Nimmt ein Unternehmen an einem leistungsorientierten gemeinschaftlichen Plan mehrerer Arbeitgeber teil, so hat das Unternehmen folgende Angaben zu machen:

(a) eine Beschreibung der Finanzierungsvereinbarungen einschließlich einer Beschreibung der Methode, die zur Ermittlung des Beitragssatzes des Unternehmens verwendet wird, sowie einer Beschreibung der Mindestdotierungsverpflichtungen.

(b) eine Beschreibung des Umfangs, in dem das Unternehmen gemäß den Regelungen und Bedingungen des gemeinschaftlichen Plans mehrerer Arbeitgeber für Verpflichtungen anderer Unternehmen gegenüber dem Plan haftbar sein kann.

(c) eine Beschreibung einer etwaigen vereinbarten Zuweisung einer Unter- oder Überdeckung bei
   (i) Beendigung des Plans oder
   (ii) Ausscheiden des Unternehmens aus dem Plan.

(d) bilanziert das Unternehmen diesen Plan so, als handele es sich um einen beitragsorientierten Plan nach Paragraph 34, hat es zusätzlich zu den in (a)–(c) vorgeschriebenen Angaben und anstelle der in den Paragraphen 139–147 vorgeschriebenen Angaben Folgendes darzulegen:
   (i) den Sachverhalt, dass es sich bei dem Plan um einen leistungsorientierten Plan handelt,
   (ii) den Grund für das Fehlen ausreichender Informationen, die das Unternehmen in die Lage versetzen würden, den Plan als leistungsorientierten Plan zu bilanzieren,
   (iii) die für das folgende Geschäftsjahr erwarteten Beiträge zum Plan,
   (iv) Informationen über eine Unter- oder Überdeckung des Plans, die sich auf die Höhe künftiger Beitragszahlungen auswirken könnte; hierunter fallen auch die Grundlage, auf die sich das Unternehmen bei der Ermittlung der Unter- oder Überdeckung gestützt hat, sowie eventuelle Konsequenzen für das Unternehmen,
   (v) ein Hinweis auf den Umfang, in dem das Unternehmen im Vergleich zu anderen teilnehmenden Unternehmen am Plan teilnimmt. Messgrößen, die einen solchen Hinweis geben könnten, sind beispielsweise der Anteil des Unternehmens an den gesamten Beiträgen zum Plan oder der Anteil des Unternehmens an der Gesamtzahl der aktiven und pensionierten begünstigten Arbeitnehmer sowie der ehemaligen begünstigten Arbeitnehmer mit Leistungsansprüchen, sofern diese Informationen zur Verfügung stehen.

Leistungsorientierte Pläne, die Risiken auf verschiedene Unternehmen unter gemeinsamer Beherrschung verteilen

149 Nimmt ein Unternehmen an einem leistungsorientierten Plan teil, der Risiken zwischen verschiedenen Unternehmen unter gemeinsamer Beherrschung aufteilt, hat es folgende Angaben zu machen:

(a) die vertragliche Vereinbarung oder erklärte Richtlinie zur Anlastung der Nettokosten aus dem leistungsorientierten Plan oder den Sachverhalt, dass eine solche Richtlinie nicht besteht,

margin between different percentages and other variables). When an entity provides disclosures in total for a grouping of plans, it shall provide such disclosures in the form of weighted averages or relatively narrow ranges.

Amount, timing and uncertainty of future cash flows

An entity shall disclose: 145

(a) a sensitivity analysis for each significant actuarial assumption (as disclosed under paragraph 144) as of the end of the reporting period, showing how the defined benefit obligation would have been affected by changes in the relevant actuarial assumption that were reasonably possible at that date.
(b) the methods and assumptions used in preparing the sensitivity analyses required by (a) and the limitations of those methods.
(c) changes from the previous period in the methods and assumptions used in preparing the sensitivity analyses, and the reasons for such changes.

An entity shall disclose a description of any asset-liability matching strategies used by the plan or the entity, including the use of annuities and other techniques, such as longevity swaps, to manage risk. 146

To provide an indication of the effect of the defined benefit plan on the entity's future cash flows, an entity shall disclose: 147

(a) a description of any funding arrangements and funding policy that affect future contributions.
(b) the expected contributions to the plan for the next annual reporting period.
(c) information about the maturity profile of the defined benefit obligation. This will include the weighted average duration of the defined benefit obligation and may include other information about the distribution of the timing of benefit payments, such as a maturity analysis of the benefit payments.

Multi-employer plans

If an entity participates in a multi-employer defined benefit plan, it shall disclose: 148

(a) a description of the funding arrangements, including the method used to determine the entity's rate of contributions and any minimum funding requirements.
(b) a description of the extent to which the entity can be liable to the plan for other entities' obligations under the terms and conditions of the multi-employer plan.
(c) a description of any agreed allocation of a deficit or surplus on:
    (i) wind-up of the plan; or
    (ii) the entity's withdrawal from the plan.
(d) if the entity accounts for that plan as if it were a defined contribution plan in accordance with paragraph 34, it shall disclose the following, in addition to the information required by (a)—(c) and instead of the information required by paragraphs 139—147:
    (i) the fact that the plan is a defined benefit plan.
    (ii) the reason why sufficient information is not available to enable the entity to account for the plan as a defined benefit plan.
    (iii) the expected contributions to the plan for the next annual reporting period.
    (iv) information about any deficit or surplus in the plan that may affect the amount of future contributions, including the basis used to determine that deficit or surplus and the implications, if any, for the entity.
    (v) an indication of the level of participation of the entity in the plan compared with other participating entities. Examples of measures that might provide such an indication include the entity's proportion of the total contributions to the plan or the entity's proportion of the total number of active members, retired members, and former members entitled to benefits, if that information is available.

Defined benefit plans that share risks between entities under common control

If an entity participates in a defined benefit plan that shares risks between entities under common control, it shall disclose: 149

(a) the contractual agreement or stated policy for charging the net defined benefit cost or the fact that there is no such policy.

(b) die Richtlinie für die Ermittlung des Beitrags, den das Unternehmen zu zahlen hat,
(c) in Fällen, in denen das Unternehmen eine Zuweisung der Nettokosten aus dem leistungsorientierten Plan gemäß Paragraph 41 bilanziert, sämtliche Informationen über den Plan, die insgesamt in den Paragraphen 135–147 vorgeschrieben werden,
(d) in Fällen, in denen das Unternehmen den für die Periode zu zahlenden Beitrag gemäß Paragraph 41 bilanziert, sämtliche Informationen über den Plan, die insgesamt in den Paragraphen 135–137, 139, 142–144 und 147 (a) und (b) vorgeschrieben werden.

150 Die in Paragraph 149 (c) und (d) vorgeschriebenen Informationen können mittels Querverweis auf Angaben im Abschluss eines anderen Konzernunternehmens ausgewiesen werden, wenn
(a) im Abschluss des betreffenden Konzernunternehmens die verlangten Informationen über den Plan getrennt bestimmt und angegeben werden, und
(b) der Abschluss des betreffenden Konzernunternehmens Abschlussadressaten zu denselben Bedingungen und zur selben Zeit wie oder früher als der Abschluss des Unternehmens zur Verfügung steht.

Angabepflichten in anderen IFRS

151 Falls IAS 24 dies vorschreibt, hat das Unternehmen Angaben zu machen über
(a) Geschäftsvorfälle zwischen Plänen für Leistungen nach Beendigung des Arbeitsverhältnisses und nahestehenden Unternehmen und Personen und
(b) Leistungen nach Beendigung des Arbeitsverhältnisses für das Management in Schlüsselpositionen.

152 Falls IAS 37 dies vorschreibt, macht das Unternehmen Angaben über Eventualverbindlichkeiten, die aus Leistungsverpflichtungen nach Beendigung des Arbeitsverhältnisses resultieren.

ANDERE LANGFRISTIG FÄLLIGE LEISTUNGEN AN ARBEITNEHMER

153 Andere langfristig fällige Leistungen an Arbeitnehmer umfassen unter anderem die folgenden Leistungen, sofern sie nicht voraussichtlich innerhalb von zwölf Monaten nach dem Abschlussstichtag des Geschäftsjahrs, in dem die Arbeitnehmer die betreffende Arbeitsleistung erbringen, vollständig beglichen werden:
(a) langfristig fällige Leistungen für bezahlte Abwesenheiten wie Sonderurlaub nach langjähriger Dienstzeit oder Urlaub zur persönlichen Weiterbildung,
(b) Jubiläumsgelder oder andere Leistungen für langjährige Dienstzeiten;
(c) langfristig fällige Leistungen bei Erwerbsunfähigkeit,
(d) Gewinn- und Erfolgsbeteiligungen und
(e) aufgeschobene Vergütungen.

154 Die Bewertung anderer langfristig fälliger Leistungen an Arbeitnehmer unterliegt für gewöhnlich nicht den gleichen Unsicherheiten wie dies bei Leistungen nach Beendigung des Arbeitsverhältnisses der Fall ist. Aus diesem Grund schreibt dieser Standard eine vereinfachte Bilanzierungsmethode für andere langfristig fällige Leistungen an Arbeitnehmer vor. Anders als bei der für Leistungen nach Beendigung des Arbeitsverhältnisses vorgeschriebenen Bilanzierung werden Neubewertungen bei dieser Methode nicht im sonstigen Ergebnis angesetzt.

Ansatz und Bewertung

155 **Bei Ansatz und Bewertung der Über- oder Unterdeckung eines Versorgungsplans für andere langfristig fällige Leistungen an Arbeitnehmer hat ein Unternehmen die Paragraphen 56–98 und 113–115 anzuwenden. Bei Ansatz und Bewertung von Erstattungsansprüchen hat ein Unternehmen die Paragraphen 116–119 anzuwenden.**

156 **In Bezug auf andere langfristig fällige Leistungen an Arbeitnehmer hat ein Unternehmen die Nettosumme der folgenden Beträge erfolgswirksam anzusetzen, es sei denn, ein anderer IFRS verlangt oder erlaubt die Einbeziehung der Leistungen in die Anschaffungs- oder Herstellungskosten eines Vermögenswerts:**
(a) Dienstzeitaufwand (siehe Paragraphen 66–112 und Paragraph 122A),
(b) Nettozinsen auf die Nettoschuld (den Nettovermögenswert) aus einem leistungsorientierten Plan (siehe Paragraphen 123–126) und
(c) Neubewertungen der Nettoschuld (des Nettovermögenswerts) aus einem leistungsorientierten Plan (siehe Paragraphen 127–130).

157 Zu den anderen langfristig fälligen Leistungen an Arbeitnehmer gehören auch die langfristigen Leistungen bei Erwerbsunfähigkeit. Hängt die Höhe der zugesagten Leistung von der Dauer der Dienstzeit ab, so entsteht die Verpflichtung mit der Ableistung der Dienstzeit. In die Bewertung der Verpflichtung gehen die Wahrscheinlichkeit des Eintretens von Leistungsfällen und die wahrscheinliche Dauer der Zahlungen ein. Ist die Höhe der zugesagten Leistung ungeachtet der Dienstjahre für alle erwerbsunfähigen Arbeitnehmer gleich, werden die erwarteten Kosten für diese Leistungen bei Eintreten des Ereignisses, durch das die Erwerbsunfähigkeit verursacht wird, erfasst.

(b) the policy for determining the contribution to be paid by the entity.
(c) if the entity accounts for an allocation of the net defined benefit cost as noted in paragraph 41, all the information about the plan as a whole required by paragraphs 135—147.
(d) if the entity accounts for the contribution payable for the period as noted in paragraph 41, the information about the plan as a whole required by paragraphs 135—137, 139, 142—144 and 147 (a) and (b).

The information required by paragraph 149 (c) and (d) can be disclosed by cross-reference to disclosures in another group entity's financial statements if: 150
(a) that group entity's financial statements separately identify and disclose the information required about the plan; and
(b) that group entity's financial statements are available to users of the financial statements on the same terms as the financial statements of the entity and at the same time as, or earlier than, the financial statements of the entity.

Disclosure requirements in other IFRSs

Where required by IAS 24 an entity discloses information about: 151
(a) related party transactions with post-employment benefit plans; and
(b) post-employment benefits for key management personnel.

Where required by IAS 37 an entity discloses information about contingent liabilities arising from post-employment benefit obligations. 152

OTHER LONG-TERM EMPLOYEE BENEFITS

Other long-term employee benefits include items such as the following, if not expected to be settled wholly before twelve months after the end of the annual reporting period in which the employees render the related service: 153
(a) long-term paid absences such as long-service or sabbatical leave;
(b) jubilee or other long-service benefits;
(c) long-term disability benefits;
(d) profit-sharing and bonuses; and
(e) deferred remuneration.

The measurement of other long-term employee benefits is not usually subject to the same degree of uncertainty as the measurement of post-employment benefits. For this reason, this Standard requires a simplified method of accounting for other long-term employee benefits. Unlike the accounting required for post-employment benefits, this method does not recognise remeasurements in other comprehensive income. 154

Recognition and measurement

In recognising and measuring the surplus or deficit in another long-term employee benefit plan, an entity shall apply paragraphs 56—98 and 113—115. An entity shall apply paragraphs 116—119 in recognising and measuring any reimbursement right. 155

For other long-term employee benefits, an entity shall recognise the net total of the following amounts in profit or loss, except to the extent that another IFRS requires or permits their inclusion in the cost of an asset: 156
(a) service cost (see paragraphs 66—112 and paragraph 122A);
(b) net interest on the net defined benefit liability (asset) (see paragraphs 123—126); and
(c) remeasurements of the net defined benefit liability (asset) (see paragraphs 127—130).

One form of other long-term employee benefit is long-term disability benefit. If the level of benefit depends on the length of service, an obligation arises when the service is rendered. Measurement of that obligation reflects the probability that payment will be required and the length of time for which payment is expected to be made. If the level of benefit is the same for any disabled employee regardless of years of service, the expected cost of those benefits is recognised when an event occurs that causes a long-term disability. 157

Angaben

158 Dieser Standard verlangt keine besonderen Angaben über andere langfristig fällige Leistungen an Arbeitnehmer, jedoch können solche Angaben nach Maßgabe anderer IFRS erforderlich sein. Zum Beispiel sind nach IAS 24 Angaben zu Leistungen für das Management in Schlüsselpositionen zu machen. Nach IAS 1 ist der Aufwand für Leistungen an Arbeitnehmer anzugeben.

LEISTUNGEN AUS ANLASS DER BEENDIGUNG DES ARBEITSVERHÄLTNISSES

159 In diesem Standard werden Leistungen aus Anlass der Beendigung des Arbeitsverhältnisses getrennt von anderen Leistungen an Arbeitnehmer behandelt, weil das Entstehen einer Verpflichtung durch die Beendigung des Arbeitsverhältnisses und nicht durch die vom Arbeitnehmer geleistete Arbeit begründet ist. Leistungen aus Anlass der Beendigung des Arbeitsverhältnisses entstehen entweder aufgrund der Entscheidung eines Unternehmens, das Arbeitsverhältnis zu beenden, oder der Entscheidung eines Arbeitnehmers, im Austausch für die Beendigung des Arbeitsverhältnisses ein Angebot des Unternehmens zur Zahlung von Leistungen anzunehmen.

160 Bei Leistungen an Arbeitnehmer, die aus einer Beendigung des Arbeitsverhältnisses auf Verlangen des Arbeitnehmers, ohne entsprechendes Angebot des Unternehmens entstehen, sowie bei Leistungen aufgrund zwingender Vorschriften bei Renteneintritt handelt es sich um Leistungen nach Beendigung des Arbeitsverhältnisses. Sie fallen daher nicht unter die Leistungen aus Anlass der Beendigung des Arbeitsverhältnisses. Mitunter bieten Unternehmen bei einer Beendigung des Arbeitsverhältnisses auf Verlangen des Arbeitnehmers niedrigere Leistungen aus Anlass der Beendigung des Arbeitsverhältnisses (d. h. dem Wesen nach eine Leistung nach Beendigung des Arbeitsverhältnisses) als bei einer Beendigung des Arbeitsverhältnisses auf Verlangen des Unternehmens. Die Differenz zwischen der Leistung, die bei Beendigung des Arbeitsverhältnisses auf Verlangen des Arbeitnehmers fällig wird, und der höheren Leistung bei Beendigung des Arbeitsverhältnisses auf Verlangen des Unternehmens stellt eine Leistung aus Anlass der Beendigung des Arbeitsverhältnisses dar.

161 Die Form der an den Arbeitnehmer gezahlten Leistung legt nicht fest, ob sie im Austausch für erbrachte Arbeitsleistungen oder im Austausch für die Beendigung des Arbeitsverhältnisses mit dem Arbeitnehmer gewährt wird. Leistungen aus Anlass der Beendigung des Arbeitsverhältnisses sind in der Regel einmalige Zahlungen, können aber auch Folgendes umfassen:

(a) Verbesserung der Leistungen nach Beendigung des Arbeitsverhältnisses entweder mittelbar über einen Versorgungsplan oder unmittelbar,

(b) Lohnfortzahlung bis zum Ende einer bestimmten Kündigungsfrist, ohne dass der Arbeitnehmer weitere Arbeitsleistung erbringt, die dem Unternehmen wirtschaftlichen Nutzen verschafft.

162 Indikatoren, dass eine Leistung an Arbeitnehmer im Austausch für Arbeitsleistungen gewährt wird, sind u. a.:

(a) Die Leistung hängt von der Erbringung künftiger Arbeitsleistungen ab (hierunter fallen auch Leistungen, die mit der Erbringung weiterer Arbeitsleistungen steigen).

(b) Die Leistung wird gemäß den Regelungen eines Versorgungsplans gewährt.

163 Mitunter werden Leistungen aus Anlass der Beendigung des Arbeitsverhältnisses gemäß den Regelungen eines bestehenden Versorgungsplans gewährt. Solche Bedingungen können beispielsweise gesetzlich, im Anstellungsvertrag oder im Tarifvertrag verankert sein oder sich stillschweigend aus der bisherigen betrieblichen Praxis bei der Gewährung ähnlicher Leistungen ergeben. Weitere Beispiele sind Fälle, in denen ein Unternehmen ein Angebot für Leistungen macht, das nicht nur kurzfristig gilt, oder in denen zwischen dem Angebot und dem erwarteten Zeitpunkt der tatsächlichen Beendigung des Arbeitsverhältnisses mehr als nur ein kurzer Zeitraum liegt; trifft dies zu, prüft das Unternehmen, ob es damit einen neuen Versorgungsplan begründet hat und ob die Leistungen, die im Rahmen dieses Plans angeboten werden, Leistungen aus Anlass der Beendigung des Arbeitsverhältnisses oder Leistungen nach Beendigung des Arbeitsverhältnisses sind. Leistungen an Arbeitnehmer, die gemäß den Regelungen eines Versorgungsplans gewährt werden, sind Leistungen aus Anlass der Beendigung des Arbeitsverhältnisses, wenn sie aus der Entscheidung eines Unternehmens zur Beendigung des Arbeitsverhältnisses entstehen und nicht davon abhängen, ob künftig Arbeitsleistungen erbracht werden.

164 Einige Leistungen an Arbeitnehmer werden unabhängig vom Grund des Ausscheidens gewährt. Die Zahlung solcher Leistungen ist gewiss (vorbehaltlich der Erfüllung etwaiger Unverfallbarkeits- oder Mindestdienstzeitkriterien), der Zeitpunkt der Zahlung ist jedoch ungewiss. Obwohl solche Leistungen in einigen Ländern als Entschädigungen, Abfindungen oder Abfertigungen bezeichnet werden, sind sie Leistungen nach Beendigung des Arbeitsverhältnisses und nicht Leistungen aus Anlass der Beendigung des Arbeitsverhältnisses, sodass ein Unternehmen sie demzufolge auch wie Leistungen nach Beendigung des Arbeitsverhältnisses bilanziert.

Disclosure

Although this Standard does not require specific disclosures about other long-term employee benefits, other IFRSs may require disclosures. For example, IAS 24 requires disclosures about employee benefits for key management personnel. IAS 1 requires disclosure of employee benefits expense. 158

TERMINATION BENEFITS

This Standard deals with termination benefits separately from other employee benefits because the event that gives rise to an obligation is the termination of employment rather than employee service. Termination benefits result from either an entity's decision to terminate the employment or an employee's decision to accept an entity's offer of benefits in exchange for termination of employment. 159

Termination benefits do not include employee benefits resulting from termination of employment at the request of the employee without an entity's offer, or as a result of mandatory retirement requirements, because those benefits are post-employment benefits. Some entities provide a lower level of benefit for termination of employment at the request of the employee (in substance, a post-employment benefit) than for termination of employment at the request of the entity. The difference between the benefit provided for termination of employment at the request of the employee and a higher benefit provided at the request of the entity is a termination benefit. 160

The form of the employee benefit does not determine whether it is provided in exchange for service or in exchange for termination of the employee's employment. Termination benefits are typically lump sum payments, but sometimes also include: 161

(a) enhancement of post-employment benefits, either indirectly through an employee benefit plan or directly.
(b) salary until the end of a specified notice period if the employee renders no further service that provides economic benefits to the entity.

Indicators that an employee benefit is provided in exchange for services include the following: 162

(a) the benefit is conditional on future service being provided (including benefits that increase if further service is provided).
(b) the benefit is provided in accordance with the terms of an employee benefit plan.

Some termination benefits are provided in accordance with the terms of an existing employee benefit plan. For example, they may be specified by statute, employment contract or union agreement, or may be implied as a result of the employer's past practice of providing similar benefits. As another example, if an entity makes an offer of benefits available for more than a short period, or there is more than a short period between the offer and the expected date of actual termination, the entity considers whether it has established a new employee benefit plan and hence whether the benefits offered under that plan are termination benefits or post-employment benefits. Employee benefits provided in accordance with the terms of an employee benefit plan are termination benefits if they both result from an entity's decision to terminate an employee's employment and are not conditional on future service being provided. 163

Some employee benefits are provided regardless of the reason for the employee's departure. The payment of such benefits is certain (subject to any vesting or minimum service requirements) but the timing of their payment is uncertain. Although such benefits are described in some jurisdictions as termination indemnities or termination gratuities, they are post-employment benefits rather than termination benefits, and an entity accounts for them as post-employment benefits. 164

Ansatz

165 Ein Unternehmen hat eine Schuld oder einen Aufwand für Leistungen aus Anlass der Beendigung des Arbeitsverhältnisses zum früheren der folgenden Zeitpunkte zu erfassen:
(a) wenn das Unternehmen das Angebot derartiger Leistungen nicht mehr zurückziehen kann und
(b) wenn das Unternehmen Kosten für eine Restrukturierung ansetzt, die in den Anwendungsbereich von IAS 37 fällt und die Zahlung von Leistungen aus Anlass der Beendigung des Arbeitsverhältnisses beinhaltet.

166 Bei Leistungen aus Anlass der Beendigung des Arbeitsverhältnisses, die infolge der Entscheidung eines Arbeitnehmers, ein Angebot von Leistungen im Austausch für die Beendigung des Arbeitsverhältnisses anzunehmen, zu zahlen sind, entspricht der Zeitpunkt, an dem das Unternehmen das Angebot der Leistungen aus Anlass der Beendigung des Arbeitsverhältnisses nicht mehr zurückziehen kann, dem früheren der folgenden Zeitpunkte:
(a) dem Zeitpunkt, an dem der Arbeitnehmer das Angebot annimmt, und
(b) dem Zeitpunkt, an dem eine Beschränkung der Fähigkeit des Unternehmens, das Angebot zurückzuziehen, wirksam wird (beispielsweise aufgrund einer gesetzlichen, aufsichtsbehördlichen oder vertraglichen Vorschrift oder sonstiger Beschränkungen). Dieser Zeitpunkt würde also eintreten, wenn das Angebot unterbreitet wird, sofern die Beschränkung zum Zeitpunkt des Angebots bereits bestand.

167 Bei Leistungen aus Anlass der Beendigung des Arbeitsverhältnisses, die infolge der Entscheidung eines Unternehmens, das Arbeitsverhältnis eines Arbeitnehmers zu beenden, zu zahlen sind, ist dem Unternehmen die Rücknahme des Angebots nicht mehr möglich, wenn es die betroffenen Arbeitnehmer über einen Plan hinsichtlich der Beendigung des Arbeitsverhältnisses informiert hat, der sämtliche nachstehenden Kriterien erfüllt:
(a) Die für die Umsetzung des Plans erforderlichen Maßnahmen deuten darauf hin, dass an dem Plan wahrscheinlich keine wesentlichen Änderungen mehr vorgenommen werden.
(b) Der Plan nennt die Anzahl der Arbeitnehmer, deren Arbeitsverhältnis beendet werden soll, deren Tätigkeitskategorien oder Aufgabenbereiche sowie deren Standorte (der Plan muss aber nicht jeden einzelnen Arbeitnehmer nennen) und den erwarteten Umsetzungszeitpunkt.
(c) Der Plan legt die Leistungen aus Anlass der Beendigung des Arbeitsverhältnisses, die Arbeitnehmer erhalten werden, hinreichend detailliert fest, sodass Arbeitnehmer Art und Höhe der Leistungen, die sie bei Beendigung ihres Arbeitsverhältnisses erhalten werden, ermitteln können.

168 Setzt ein Unternehmen Leistungen aus Anlass der Beendigung des Arbeitsverhältnisses an, muss es unter Umständen auch eine Ergänzung des Plans oder eine Kürzung anderer Leistungen an Arbeitnehmer bilanzieren (siehe Paragraph 103).

Bewertung

169 Ein Unternehmen hat Leistungen aus Anlass der Beendigung des Arbeitsverhältnisses beim erstmaligen Ansatz zu bewerten und spätere Änderungen entsprechend der Art der Leistungen an Arbeitnehmer zu bewerten und anzusetzen; in Fällen, in denen die Leistungen aus Anlass der Beendigung des Arbeitsverhältnisses eine Verbesserung der Leistungen nach Beendigung des Arbeitsverhältnisses darstellen, hat das Unternehmen jedoch die Vorschriften für Leistungen nach Beendigung des Arbeitsverhältnisses anzuwenden. Andernfalls
(a) hat das Unternehmen in Fällen, in denen die Leistungen aus Anlass der Beendigung des Arbeitsverhältnisses voraussichtlich innerhalb von zwölf Monaten nach dem Abschlussstichtag des Geschäftsjahrs, in dem die Leistungen aus Anlass der Beendigung des Arbeitsverhältnisses angesetzt werden, vollständig beglichen werden, die Vorschriften für kurzfristig fällige Leistungen an Arbeitnehmer anzuwenden.
(b) hat das Unternehmen in Fällen, in denen die Leistungen aus Anlass der Beendigung des Arbeitsverhältnisses voraussichtlich nicht innerhalb von zwölf Monaten nach dem Abschlussstichtag des Geschäftsjahrs vollständig beglichen werden, die Vorschriften für andere langfristig fällige Leistungen an Arbeitnehmer anzuwenden.

170 Da Leistungen aus Anlass der Beendigung des Arbeitsverhältnisses nicht im Austausch für Arbeitsleistungen gewährt werden, sind die Paragraphen 70–74, die sich auf die Zuordnung von Leistungen auf Dienstjahre beziehen, hier nicht maßgeblich.

Beispiel zur Veranschaulichung der Paragraphen 159–170

Hintergrund

Infolge eines kürzlich erfolgten Erwerbs plant ein Unternehmen, ein Werk in zehn Monaten zu schließen und zu diesem Zeitpunkt die Arbeitsverhältnisse aller in dem Werk verbliebenen Arbeitnehmer zu beenden. Da das Unternehmen für die Fertigstellung einiger Aufträge die Fachkenntnisse der im Werk beschäftigten Arbeitnehmer benötigt, gibt es folgenden Plan hinsichtlich der Beendigung des Arbeitsverhältnisses bekannt.

Jeder Arbeitnehmer, der bis zur Werksschließung bleibt und seine Arbeitsleistung erbringt, erhält zum Zeitpunkt der Beendigung des Arbeitsverhältnisses eine Barzahlung in Höhe von 30 000 WE. Arbeitnehmer, die vor der Werksschließung ausscheiden, erhalten 10 000 WE.

Recognition

An entity shall recognise a liability and expense for termination benefits at the earlier of the following dates: 165

(a) when the entity can no longer withdraw the offer of those benefits; and

(b) when the entity recognises costs for a restructuring that is within the scope of IAS 37 and involves the payment of termination benefits.

For termination benefits payable as a result of an employee's decision to accept an offer of benefits in exchange for the termination of employment, the time when an entity can no longer withdraw the offer of termination benefits is the earlier of: 166

(a) when the employee accepts the offer; and

(b) when a restriction (eg a legal, regulatory or contractual requirement or other restriction) on the entity's ability to withdraw the offer takes effect. This would be when the offer is made, if the restriction existed at the time of the offer.

For termination benefits payable as a result of an entity's decision to terminate an employee's employment, the entity can no longer withdraw the offer when the entity has communicated to the affected employees a plan of termination meeting all of the following criteria: 167

(a) Actions required to complete the plan indicate that it is unlikely that significant changes to the plan will be made.

(b) The plan identifies the number of employees whose employment is to be terminated, their job classifications or functions and their locations (but the plan need not identify each individual employee) and the expected completion date.

(c) The plan establishes the termination benefits that employees will receive in sufficient detail that employees can determine the type and amount of benefits they will receive when their employment is terminated.

When an entity recognises termination benefits, the entity may also have to account for a plan amendment or a curtailment of other employee benefits (see paragraph 103). 168

Measurement

An entity shall measure termination benefits on initial recognition, and shall measure and recognise subsequent changes, in accordance with the nature of the employee benefit, provided that if the termination benefits are an enhancement to post-employment benefits, the entity shall apply the requirements for post-employment benefits. Otherwise: 169

(a) if the termination benefits are expected to be settled wholly before twelve months after the end of the annual reporting period in which the termination benefit is recognised, the entity shall apply the requirements for short-term employee benefits.

(b) if the termination benefits are not expected to be settled wholly before twelve months after the end of the annual reporting period, the entity shall apply the requirements for other long-term employee benefits.

Because termination benefits are not provided in exchange for service, paragraphs 70—74 relating to the attribution of the benefit to periods of service are not relevant. 170

Example illustrating paragraphs 159—170

Background

As a result of a recent acquisition, an entity plans to close a factory in ten months and, at that time, terminate the employment of all of the remaining employees at the factory. Because the entity needs the expertise of the employees at the factory to complete some contracts, it announces a plan of termination as follows.

Each employee who stays and renders service until the closure of the factory will receive on the termination date a cash payment of CU30,000. Employees leaving before closure of the factory will receive CU10,000.

Im Werk sind 120 Arbeitnehmer beschäftigt. Zum Zeitpunkt der Bekanntgabe des Plans geht das Unternehmen davon aus, dass 20 von ihnen vor der Schließung ausscheiden werden. Die insgesamt erwarteten Mittelabflüsse im Rahmen des Plans betragen also 3 200 000 WE (d. h. 20 × 10 000 WE + 100 × 30 000 WE). Wie in Paragraph 160 vorgeschrieben, bilanziert das Unternehmen Leistungen, die im Austausch für eine Beendigung des Arbeitsverhältnisses gewährt werden, als Leistungen aus Anlass der Beendigung des Arbeitsverhältnisses und Leistungen, die im Austausch für Arbeitsleistungen gezahlt werden, als kurzfristig fällige Leistungen an Arbeitnehmer.

Leistungen aus Anlass der Beendigung des Arbeitsverhältnisses

Die im Austausch für die Beendigung des Arbeitsverhältnisses gezahlte Leistung beträgt 10 000 WE. Dies ist der Betrag, den ein Unternehmen für die Beendigung des Arbeitsverhältnisses zu zahlen hat, unabhängig davon, ob die Arbeitnehmer bis zur Schließung des Werks bleiben und Arbeitsleistung erbringen, oder ob sie vor der Schließung ausscheiden. Auch wenn die Arbeitnehmer vor der Schließung ausscheiden können, ist die Beendigung der Arbeitsverhältnisse aller Arbeitnehmer die Folge der Unternehmensentscheidung, das Werk zu schließen und deren Arbeitsverhältnisse zu beenden (d. h. alle Arbeitnehmer scheiden aus dem Arbeitsverhältnis aus, wenn das Werk schließt). Deshalb setzt das Unternehmen eine Schuld von 1 200 000 WE (d. h. 120 × 10 000 WE) für die gemäß dem Versorgungsplan gewährten Leistungen aus Anlass der Beendigung des Arbeitsverhältnisses an; abhängig davon, welcher der Zeitpunkte früher eintritt, erfolgt der Ansatz entweder zu dem Zeitpunkt, zu dem der Plan zur Beendigung des Arbeitsverhältnisses bekannt gegeben wird, oder zu dem Zeitpunkt, zu dem das Unternehmen die mit der Werksschließung verbundenen Restrukturierungskosten ansetzt.

Im Austausch für Arbeitsleistung gezahlte Leistungen

Die zusätzlichen Leistungen, die Arbeitnehmer erhalten, wenn sie über den vollen Zehnmonatszeitraum Arbeitsleistungen erbringen, gelten im Austausch für Arbeitsleistungen, die während der Dauer dieses Zeitraums erbracht werden. Das Unternehmen bilanziert sie als kurzfristig fällige Leistungen an Arbeitnehmer, weil es davon ausgeht, sie innerhalb von zwölf Monaten nach dem Abschlussstichtag des Geschäftsjahrs abzugelten. In diesem Beispiel ist keine Abzinsung erforderlich, sodass in jedem Monat während der Dienstzeit von zehn Monaten ein Aufwand von 200 000 WE (d. h. 2 000 000 ÷ 10) angesetzt wird, mit einem entsprechenden Anstieg im Buchwert der Schuld.

Angaben

171 Obgleich dieser Standard keine besonderen Angaben zu Leistungen aus Anlass der Beendigung des Arbeitsverhältnisses vorschreibt, können solche Angaben nach Maßgabe anderer IFRS erforderlich sein. Zum Beispiel sind nach IAS 24 Angaben zu Leistungen für das Management in Schlüsselpositionen zu machen. Nach IAS 1 ist der Aufwand für Leistungen an Arbeitnehmer anzugeben.

ÜBERGANGSVORSCHRIFTEN UND ZEITPUNKT DES INKRAFTTRETENS

172 Dieser Standard ist auf Geschäftsjahre anzuwenden, die am oder nach dem 1. Januar 2013 beginnen. Eine frühere Anwendung ist zulässig. Wendet ein Unternehmen diesen Standard auf eine frühere Periode an, hat es dies anzugeben.

173 Ein Unternehmen hat diesen Standard gemäß IAS 8 *Rechnungslegungsmethoden, Änderungen von rechnungslegungsbezogenen Schätzungen und Fehler* rückwirkend anzuwenden, es sei denn,

(a) ein Unternehmen braucht den Buchwert von Vermögenswerten, die nicht in den Anwendungsbereich dieses Standards fallen, nicht um Änderungen bei den Kosten für Leistungen an Arbeitnehmer anzupassen, die bereits vor dem Zeitpunkt der erstmaligen Anwendung im Buchwert enthalten waren. Der Zeitpunkt der erstmaligen Anwendung entspricht dem Beginn der frühesten Berichtsperiode, die im ersten Abschluss, in dem das Unternehmen diesen Standard anwendet, ausgewiesen wird.

(b) ein Unternehmen braucht in Abschlüssen für vor dem 1. Januar 2014 beginnende Berichtsperioden keine Vergleichsinformationen auszuweisen, die nach Paragraph 145 über die Sensitivität der leistungsorientierten Verpflichtung vorgeschrieben sind.

174 Durch IFRS 13, veröffentlicht im Mai 2011, wurden die Definition des beizulegenden Zeitwerts in Paragraph 8 sowie Paragraph 113 geändert. Wendet ein Unternehmen IFRS 13 an, sind diese Änderungen ebenfalls anzuwenden.

175 Mit der im November 2013 veröffentlichten Verlautbarung *Leistungsorientierte Pläne: Arbeitnehmerbeiträge* (Änderungen an IAS 19) wurden die Paragraphen 93–94 geändert. Ein Unternehmen hat diese Änderungen nach IAS 8 *Rechnungslegungsmethoden, Änderungen von rechnungslegungsbezogenen Schätzungen und Fehler* rückwirkend auf Geschäftsjahre anzuwenden, die am oder nach dem 1. Juli 2014 beginnen. Eine frühere Anwendung ist zulässig. Wendet ein Unternehmen diese Änderungen auf eine frühere Periode an, hat es dies anzugeben.

There are 120 employees at the factory. At the time of announcing the plan, the entity expects 20 of them to leave before closure. Therefore, the total expected cash outflows under the plan are CU3,200,000 (ie 20 × CU10,000 + 100 × CU30,000). As required by paragraph 160, the entity accounts for benefits provided in exchange for termination of employment as termination benefits and accounts for benefits provided in exchange for services as short-term employee benefits.

Termination benefits

The benefit provided in exchange for termination of employment is CU10,000. This is the amount that an entity would have to pay for terminating the employment regardless of whether the employees stay and render service until closure of the factory or they leave before closure. Even though the employees can leave before closure, the termination of all employees' employment is a result of the entity's decision to close the factory and terminate their employment (ie all employees will leave employment when the factory closes). Therefore the entity recognises a liability of CU1,200,000 (ie 120 × CU10,000) for the termination benefits provided in accordance with the employee benefit plan at the earlier of when the plan of termination is announced and when the entity recognises the restructuring costs associated with the closure of the factory.

Benefits provided in exchange for service

The incremental benefits that employees will receive if they provide services for the full ten-month period are in exchange for services provided over that period. The entity accounts for them as short-term employee benefits because the entity expects to settle them before twelve months after the end of the annual reporting period. In this example, discounting is not required, so an expense of CU200,000 (ie CU2,000,000 ÷ 10) is recognised in each month during the service period of ten months, with a corresponding increase in the carrying amount of the liability.

Disclosure

Although this Standard does not require specific disclosures about termination benefits, other IFRSs may require disclosures. For example, IAS 24 requires disclosures about employee benefits for key management personnel. IAS 1 requires disclosure of employee benefits expense. **171**

TRANSITION AND EFFECTIVE DATE

An entity shall apply this Standard for annual periods beginning on or after 1 January 2013. Earlier application is permitted. If an entity applies this Standard for an earlier period, it shall disclose that fact. **172**

An entity shall apply this Standard retrospectively, in accordance with IAS 8 *Accounting Policies, Changes in Accounting Estimates and Errors,* except that: **173**

(a) an entity need not adjust the carrying amount of assets outside the scope of this Standard for changes in employee benefit costs that were included in the carrying amount before the date of initial application. The date of initial application is the beginning of the earliest prior period presented in the first financial statements in which the entity adopts this Standard.

(b) in financial statements for periods beginning before 1 January 2014, an entity need not present comparative information for the disclosures required by paragraph 145 about the sensitivity of the defined benefit obligation.

IFRS 13, issued in May 2011, amended the definition of fair value in paragraph 8 and amended paragraph 113. An entity shall apply those amendments when it applies IFRS 13. **174**

Defined Benefit Plans: Employee Contributions (Amendments to IAS 19), issued in November 2013, amended paragraphs 93—94. An entity shall apply those amendments for annual periods beginning on or after 1 July 2014 retrospectively in accordance with IAS 8 *Accounting Policies, Changes in Accounting Estimates and Errors*. Earlier application is permitted. If an entity applies those amendments for an earlier period, it shall disclose that fact. **175**

176 Durch die *Jährlichen Verbesserungen an den IFRS, Zyklus 2012–2014*, veröffentlicht im September 2014, wurde Paragraph 83 geändert und Paragraph 177 eingefügt. Diese Änderungen sind auf Geschäftsjahre anzuwenden, die am oder nach dem 1. Januar 2016 beginnen. Eine frühere Anwendung ist zulässig. Wendet ein Unternehmen diese Änderung auf eine frühere Periode an, hat es dies anzugeben.

177 Die in Paragraph 176 vorgenommenen Änderungen sind mit Beginn der frühesten Vergleichsperiode, die im ersten nach diesen Änderungen erstellten Abschluss dargestellt ist, anzuwenden. Alle Anpassungen aufgrund der erstmaligen Anwendung dieser Änderungen sind in den Gewinnrücklagen zu Beginn dieser Periode zu erfassen.

178 Durch IFRS 17, veröffentlicht im Mai 2017, wurde die Fußnote zu Paragraph 8 geändert. Wendet ein Unternehmen IFRS 17 an, sind diese Änderung ebenfalls anzuwenden.

179 Durch die im Februar 2018 veröffentlichte Verlautbarung *Planänderung, -kürzung oder -abgeltung* (Änderungen an IAS 19) wurden die Paragraphen 101A, 122A und 123A eingefügt und die Paragraphen 57, 99, 120, 123, 125, 126 und 156 geändert. Diese Änderungen sind auf Planänderungen, -kürzungen oder -abgeltungen anzuwenden, die zu oder nach Beginn des ersten Geschäftsjahrs eintreten, welches am oder nach dem 1. Januar 2019 beginnt. Eine frühere Anwendung ist zulässig. Wendet ein Unternehmen diese Änderungen früher an, hat es dies anzugeben.

Anhang A
Anwendungsleitlinien

Dieser Anhang ist integraler Bestandteil des Standards. Er beschreibt die Anwendung der Paragraphen 92–93 und hat die gleiche bindende Kraft wie die anderen Teile des Standards.

A1 Die Bilanzierungsvorschriften für Beiträge von Arbeitnehmern oder Dritten sind in nachstehender Übersicht dargestellt.

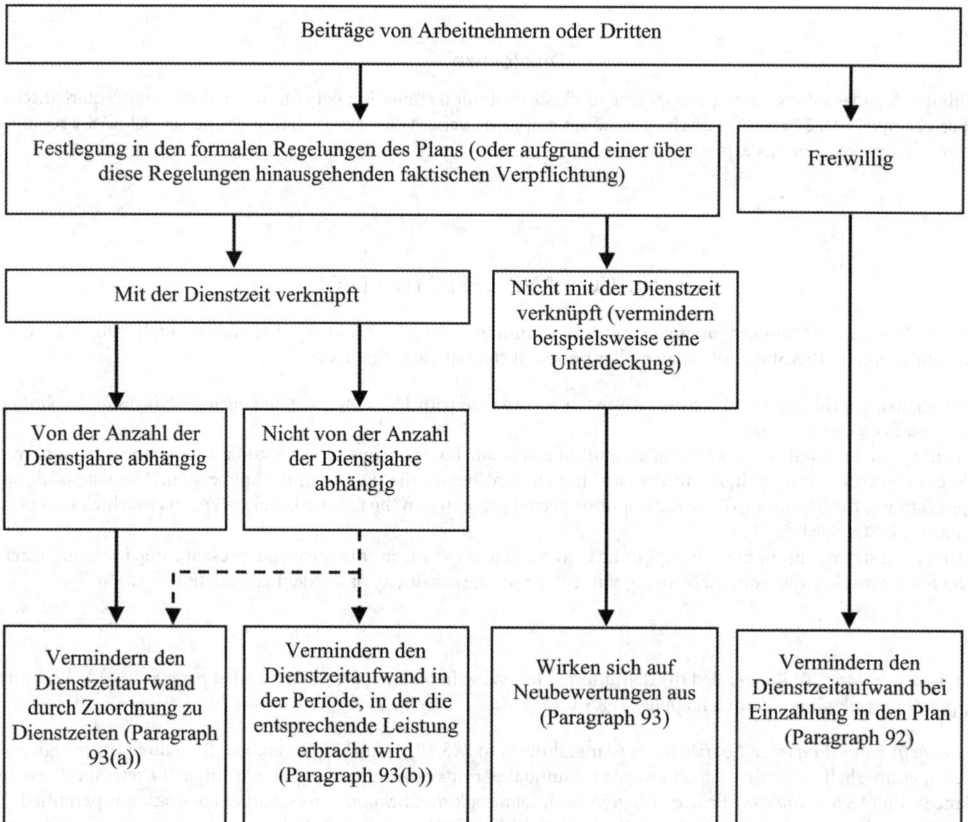

(1) Die gestrichelte Linie zeigt an, dass das Unternehmen eine der beiden Bilanzierungsmöglichkeiten auswählen kann.

Annual Improvements to IFRSs 2012—2014 Cycle, issued in September 2014, amended paragraph 83 and added paragraph 177. An entity shall apply that amendment for annual periods beginning on or after 1 January 2016. Earlier application is permitted. If an entity applies that amendment for an earlier period it shall disclose that fact. 176

An entity shall apply the amendment in paragraph 176 from the beginning of the earliest comparative period presented in the first financial statements in which the entity applies the amendment. Any initial adjustment arising from the application of the amendment shall be recognised in retained earnings at the beginning of that period. 177

IFRS 17, issued in May 2017, amended the footnote to paragraph 8. An entity shall apply that amendment when it applies IFRS 17. 178

Plan Amendment, Curtailment or Settlement (Amendments to IAS 19), issued in February 2018, added paragraphs 101A, 122A and 123A, and amended paragraphs 57, 99, 120, 123, 125, 126 and 156. An entity shall apply these amendments to plan amendments, curtailments or settlements occurring on or after the beginning of the first annual reporting period that begins on or after 1 January 2019. Earlier application is permitted. If an entity applies these amendments earlier, it shall disclose that fact. 179

Appendix A
Application Guidance

This appendix is an integral part of the IFRS. It describes the application of paragraphs 92—93 and has the same authority as the other parts of the IFRS.

The accounting requirements for contributions from employees or third parties are illustrated in the diagram below. A1

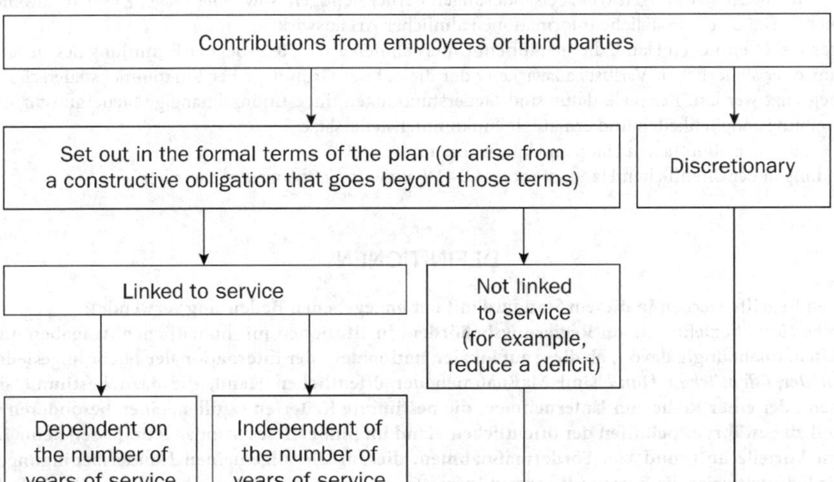

(1) This dotted arrow means that an entity is permitted to choose either accounting.

INTERNATIONAL ACCOUNTING STANDARD 20

Bilanzierung und Darstellung von Zuwendungen der öffentlichen Hand[1]

INHALT

ANWENDUNGSBEREICH

1 **Dieser Standard ist auf die Bilanzierung und Darstellung von Zuwendungen der öffentlichen Hand sowie auf die Angaben sonstiger Unterstützungsmaßnahmen der öffentlichen Hand anzuwenden.**

2 Folgende Fragestellungen werden in diesem Standard nicht behandelt:

(a) die besonderen Probleme, die sich aus der Bilanzierung von Zuwendungen der öffentlichen Hand in Abschlüssen ergeben, die die Auswirkungen von Preisänderungen berücksichtigen, sowie die Frage, wie sich Zuwendungen der öffentlichen Hand auf zusätzliche Informationen ähnlicher Art auswirken;

(b) Beihilfen der öffentlichen Hand, die sich für ein Unternehmen als Vorteile bei der Ermittlung des zu versteuernden Gewinns oder steuerlichen Verlusts auswirken oder die auf der Grundlage der Einkommensteuerschuld bestimmt oder begrenzt werden. Beispiele dafür sind Steuerstundungen, investitionsabhängige Steuergutschriften, erhöhte Abschreibungsmöglichkeiten und ermäßigte Einkommensteuersätze;

(c) Beteiligungen der öffentlichen Hand an Unternehmen;

(d) Zuwendungen der öffentlichen Hand, die von IAS 41 *Landwirtschaft* abgedeckt werden.

DEFINITIONEN

3 **Die folgenden Begriffe werden in diesem Standard mit der angegebenen Bedeutung verwendet:**

Öffentliche Hand **bezieht sich auf Regierungsbehörden, Institutionen mit hoheitlichen Aufgaben und ähnliche Körperschaften, unabhängig davon, ob diese auf lokaler, nationaler oder internationaler Ebene angesiedelt sind.**

Beihilfen der öffentlichen Hand **sind Maßnahmen der öffentlichen Hand, die dazu bestimmt sind, einem Unternehmen oder einer Reihe von Unternehmen, die bestimmte Kriterien erfüllen, einen besonderen wirtschaftlichen Vorteil zu gewähren. Beihilfen der öffentlichen Hand im Sinne dieses** Standards **umfassen keine indirekt bereitgestellten Vorteile aufgrund von Fördermaßnahmen, die auf die allgemeinen Handelsbedingungen Einfluss nehmen, wie beispielsweise die Bereitstellung von Infrastruktur in Entwicklungsgebieten oder die Auferlegung von Handelsbeschränkungen für Wettbewerber.**

Zuwendungen der öffentlichen Hand **sind Beihilfen der öffentlichen Hand, die einem Unternehmen durch Übertragung von Mitteln gewährt werden und die zum Ausgleich für die vergangene oder künftige Erfüllung bestimmter Bedingungen im Zusammenhang mit den betrieblichen Tätigkeiten des Unternehmens dienen. Davon ausgeschlossen sind bestimmte Formen von Beihilfen der öffentlichen Hand, die sich nicht angemessen bewerten lassen, sowie Geschäfte mit der öffentlichen Hand, die von der normalen Tätigkeit des Unternehmens nicht unterschieden werden können.**[2]

---

1 Durch die *Verbesserungen der IFRS*, veröffentlicht im Mai 2008, hat der IASB-Board die in diesem Standard verwendete Terminologie geändert, um die Kohärenz mit den anderen IFRS zu gewährleisten:

(a) „zu versteuerndes Einkommen" wird geändert in „zu versteuernder Gewinn oder steuerlicher Verlust",

(b) „als Ertrag/ Aufwand zu erfassen" wird geändert in „erfolgswirksam zu erfassen",

(c) „dem Eigenkapital unmittelbar zuordnen" wird geändert in „nicht erfolgswirksam erfassen", und

(d) „Berichtigung einer Schätzung" wird geändert in „Änderung einer Schätzung".

2 Siehe auch SIC-10 *Beihilfen der öffentlichen Hand – Kein spezifischer Zusammenhang mit betrieblichen Tätigkeiten.*

INTERNATIONAL ACCOUNTING STANDARD 20

Accounting for government grants and disclosure of government assistance[1]

SUMMARY

SCOPE

This standard shall be applied in accounting for, and in the disclosure of, government grants and in the disclosure of other forms of government assistance. 1

This standard does not deal with: 2

(a) the special problems arising in accounting for government grants in financial statements reflecting the effects of changing prices or in supplementary information of a similar nature;

(b) government assistance that is provided for an entity in the form of benefits that are available in determining taxable profit or tax loss, or are determined or limited on the basis of income tax liability. Examples of such benefits are income tax holidays, investment tax credits, accelerated depreciation allowances and reduced income tax rates;

(c) government participation in the ownership of the entity;

(d) government grants covered by IAS 41 *Agriculture*.

DEFINITIONS

The following terms are used in this standard with the meanings specified: 3

Government **refers to government, government agencies and similar bodies whether local, national or international.**

Government assistance **is action by government designed to provide an economic benefit specific to an entity or range of entities qualifying under certain criteria. Government assistance for the purpose of this standard does not include benefits provided only indirectly through action affecting general trading conditions, such as the provision of infrastructure in development areas or the imposition of trading constraints on competitors.**

Government grants **are assistance by government in the form of transfers of resources to an entity in return for past or future compliance with certain conditions relating to the operating activities of the entity. They exclude those forms of government assistance which cannot reasonably have a value placed upon them and transactions with government which cannot be distinguished from the normal trading transactions of the entity**[2].

1 As part of *Improvements to IFRSs* issued in May 2008 the Board amended terminology used in this Standard to be consistent with other IFRSs as follows:
(a) 'taxable income' was amended to 'taxable profit or tax loss';
(b) 'recognised as income/expense' was amended to 'recognised in profit or loss';
(c) 'credited directly to shareholders' interests/equity' was amended to 'recognised outside profit or loss'; and
(d) 'revision to an accounting estimate' was amended to 'change in accounting estimate'.

2 See also SIC-10 *Government assistance — no specific relation to operating activities.*

***Zuwendungen für Vermögenswerte* sind Zuwendungen der öffentlichen Hand, die an die Hauptbedingung geknüpft sind, dass ein Unternehmen, um die Zuwendungsvoraussetzungen zu erfüllen, langfristige Vermögenswerte kauft, herstellt oder auf andere Weise erwirbt. Damit können auch Nebenbedingungen verbunden sein, die die Art oder den Standort der Vermögenswerte oder die Perioden, während derer sie zu erwerben oder zu halten sind, beschränken.**

***Erfolgsbezogene Zuwendungen* sind Zuwendungen der öffentlichen Hand, die sich nicht auf Vermögenswerte beziehen.**

***Erlassbare Darlehen* sind Darlehen, die der Darlehensgeber mit der Zusage gewährt, die Rückzahlung unter bestimmten im Voraus festgelegten Bedingungen zu erlassen.**

Der *beizulegende Zeitwert* ist der Preis, der in einem gewöhnlichen Geschäftsvorfall zwischen Marktteilnehmern am Bewertungsstichtag für den Verkauf eines Vermögenswerts eingenommen bzw. für die Übertragung einer Schuld gezahlt würde. (Siehe IFRS 13 *Bewertung zum beizulegenden Zeitwert.*)

4 Beihilfen der öffentlichen Hand können vielfache Formen annehmen und variieren sowohl in der Art der gewährten Beihilfe als auch in den Bedingungen, die daran üblicherweise geknüpft sind. Der Zweck einer Beihilfe kann darin bestehen, ein Unternehmen zu ermutigen, eine Tätigkeit aufzunehmen, die es nicht aufgenommen hätte, wenn die Beihilfe nicht gewährt worden wäre.

5 Der Erhalt von Beihilfen der öffentlichen Hand durch ein Unternehmen kann aus zwei Gründen für die Aufstellung des Abschlusses wesentlich sein. Erstens muss bei erfolgter Mittelübertragung eine sachgerechte Behandlung für die Bilanzierung der Übertragung gefunden werden. Zweitens ist die Angabe des Umfangs wünschenswert, in dem das Unternehmen während der Berichtsperiode von derartigen Beihilfen profitiert hat. Dies erleichtert den Vergleich mit Abschlüssen früherer Perioden und mit denen anderer Unternehmen.

6 Zuwendungen der öffentlichen Hand werden mitunter anders bezeichnet, beispielsweise als Zuschüsse, Subventionen oder als Prämien.

ZUWENDUNGEN DER ÖFFENTLICHEN HAND

7 **Eine Erfassung von Zuwendungen der öffentlichen Hand, einschließlich nicht monetärer Zuwendungen zum beizulegenden Zeitwert, erfolgt nur dann, wenn eine angemessene Sicherheit darüber besteht, dass**

(a) das Unternehmen die damit verbundenen Bedingungen erfüllen wird und

(b) die Zuwendungen gewährt werden.

8 Zuwendungen der öffentlichen Hand werden nur erfasst, wenn eine angemessene Sicherheit darüber besteht, dass das Unternehmen die damit verbundenen Bedingungen erfüllen wird und dass die Zuwendungen gewährt werden. Der Zufluss einer Zuwendung liefert für sich allein keinen schlüssigen Nachweis dafür, dass die mit der Zuwendung verbundenen Bedingungen erfüllt worden sind oder werden.

9 Die Art, in der eine Zuwendung gewährt wird, berührt die Bilanzierungsmethode, die auf die Zuwendung anzuwenden ist, nicht. Die Zuwendung ist in derselben Weise zu bilanzieren, unabhängig davon, ob sie als Zahlung oder als Verringerung einer Verpflichtung gegenüber der öffentlichen Hand empfangen wurde.

10 Ein erlassbares Darlehen der öffentlichen Hand wird als Zuwendung der öffentlichen Hand behandelt, wenn angemessene Sicherheit darüber besteht, dass das Unternehmen die Bedingungen für den Erlass des Darlehens erfüllen wird.

10A Der Vorteil aus einem öffentlichen Darlehen zu einem unter dem Marktzins liegenden Zinssatz wird wie eine Zuwendung der öffentlichen Hand behandelt. Das Darlehen wird gemäß IFRS 9 *Finanzinstrumente* angesetzt und bewertet. Der Vorteil aus dem unter dem Marktzins liegenden Zinssatz wird als Differenz zwischen dem nach IFRS 9 ermittelten ursprünglichen Buchwert des Darlehens und den erhaltenen Zahlungen bewertet. Der Vorteil ist gemäß diesem Standard zu bilanzieren. Bei der Bestimmung der Kosten, die der mit dem Darlehen verbundene Vorteil kompensieren soll, hat ein Unternehmen die Bedingungen und Verpflichtungen zu berücksichtigen, die zu erfüllen waren oder in Zukunft noch zu erfüllen sind.

11 Ist eine Zuwendung der öffentlichen Hand bereits erfasst worden, so ist jede damit verbundene Eventualverbindlichkeit oder Eventualforderung gemäß IAS 37 *Rückstellungen, Eventualverbindlichkeiten und Eventualforderungen* zu behandeln.

12 **Zuwendungen der öffentlichen Hand sind planmäßig erfolgswirksam zu erfassen, und zwar im Verlauf der Perioden, in denen das Unternehmen die entsprechenden Kosten, die die Zuwendungen der öffentlichen Hand kompensieren sollen, als Aufwendungen ansetzt.**

13 Für die Behandlung von Zuwendungen der öffentlichen Hand existieren zwei grundlegende Methoden: die Methode der Behandlung als Eigenkapital, wonach die Zuwendung nicht erfolgswirksam erfasst wird, und die Methode der erfolgswirksamen Behandlung der Zuwendungen, wonach die Zuwendung über eine oder mehrere Perioden erfolgswirksam erfasst wird.

14 Die Verfechter der Behandlung als Eigenkapital argumentieren in folgender Weise:

(a) Zuwendungen der öffentlichen Hand sind eine Finanzierungshilfe, die in der Bilanz auch als solche zu behandeln ist und die erfolgswirksam erfasst wird, um mit den Aufwendungen saldiert zu werden, zu deren Finanzierung die Zuwendung gewährt wurde. Da keine Rückzahlung zu erwarten ist, sind sie nicht erfolgswirksam zu erfassen.

Grants related to assets **are government grants whose primary condition is that an entity qualifying for them should purchase, construct or otherwise acquire long-term assets. Subsidiary conditions may also be attached restricting the type or location of the assets or the periods during which they are to be acquired or held.**

Grants related to income **are government grants other than those related to assets.**

Forgivable loans **are loans which the lender undertakes to waive repayment of under certain prescribed conditions.**

Fair value **is the price that would be received to sell an asset or paid to transfer a liability in an orderly transaction between market participants at the measurement date. (See IFRS 13 *Fair Value Measurement*.)**

Government assistance takes many forms varying both in the nature of the assistance given and in the conditions which are usually attached to it. The purpose of the assistance may be to encourage an entity to embark on a course of action which it would not normally have taken if the assistance was not provided. 4

The receipt of government assistance by an entity may be significant for the preparation of the financial statements for two reasons. Firstly, if resources have been transferred, an appropriate method of accounting for the transfer must be found. Secondly, it is desirable to give an indication of the extent to which the entity has benefited from such assistance during the reporting period. This facilitates comparison of an entity's financial statements with those of prior periods and with those of other entities. 5

Government grants are sometimes called by other names such as subsidies, subventions, or premiums. 6

GOVERNMENT GRANTS

Government grants, including non-monetary grants at fair value, shall not be recognised until there is reasonable assurance that: 7
(a) the entity will comply with the conditions attaching to them; and
(b) the grants will be received.

A government grant is not recognised until there is reasonable assurance that the entity will comply with the conditions attaching to it, and that the grant will be received. Receipt of a grant does not of itself provide conclusive evidence that the conditions attaching to the grant have been or will be fulfilled. 8

The manner in which a grant is received does not affect the accounting method to be adopted in regard to the grant. Thus a grant is accounted for in the same manner whether it is received in cash or as a reduction of a liability to the government. 9

A forgivable loan from government is treated as a government grant when there is reasonable assurance that the entity will meet the terms for forgiveness of the loan. 10

The benefit of a government loan at a below-market rate of interest is treated as a government grant. The loan shall be recognised and measured in accordance with IFRS 9 *Financial Instruments*. The benefit of the below-market rate of interest shall be measured as the difference between the initial carrying value of the loan determined in accordance with IFRS 9 and the proceeds received. The benefit is accounted for in accordance with this Standard. The entity shall consider the conditions and obligations that have been, or must be, met when identifying the costs for which the benefit of the loan is intended to compensate. 10A

Once a government grant is recognised, any related contingent liability or contingent asset is treated in accordance with IAS 37 *Provisions, contingent liabilities and contingent assets*. 11

Government grants shall be recognised in profit or loss on a systematic basis over the periods in which the entity recognises as expenses the related costs for which the grants are intended to compensate. 12

There are two broad approaches to the accounting for government grants: the capital approach, under which a grant is recognised outside profit or loss, and the income approach, under which a grant is recognised in profit or loss over one or more periods. 13

Those in support of the capital approach argue as follows: 14
(a) government grants are a financing device and should be dealt with as such in the statement of financial position rather than be recognised in profit or loss to offset the items of expense that they finance. Because no repayment is expected, such grants should be recognised outside profit or loss;

(b) Es ist unangemessen, die Zuwendungen der öffentlichen Hand erfolgswirksam zu erfassen, da sie nicht verdient worden sind, sondern einen von der öffentlichen Hand gewährten Anreiz darstellen, ohne dass entsprechender Aufwand entsteht.

15 Die Argumente für eine erfolgswirksame Behandlung lauten folgendermaßen:

(a) Da Zuwendungen der öffentlichen Hand Mittel sind, die nicht von den Anteilseignern zugeführt werden, dürfen sie nicht unmittelbar dem Eigenkapital zugeordnet werden, sondern sind erfolgswirksam in den entsprechenden Perioden zu erfassen.

(b) Zuwendungen der öffentlichen Hand sind selten unentgeltlich. Das Unternehmen verdient sie durch die Beachtung der Bedingungen und mit der Erfüllung der vorgesehenen Verpflichtungen. Sie sollten daher erfolgswirksam erfasst werden, und zwar im Verlauf der Perioden, in denen das Unternehmen die entsprechenden Kosten, die die Zuwendungen der öffentlichen Hand kompensieren sollen, als Aufwendungen ansetzt.

(c) Da Einkommensteuern und andere Steuern Aufwendungen sind, ist es logisch, auch Zuwendungen der öffentlichen Hand, die eine Ausdehnung der Steuerpolitik darstellen, erfolgswirksam zu erfassen.

16 Für die Methode der erfolgswirksamen Behandlung von Zuwendungen der öffentlichen Hand ist es von grundlegender Bedeutung, dass die Zuwendungen der öffentlichen Hand planmäßig erfolgswirksam erfasst werden, und zwar im Verlauf der Perioden, in denen das Unternehmen die entsprechenden Kosten, die die Zuwendungen der öffentlichen Hand kompensieren sollen, als Aufwendungen ansetzt. Die erfolgswirksame Erfassung von Zuwendungen der öffentlichen Hand auf der Grundlage ihres Zuflusses steht nicht in Übereinstimmung mit der Grundvoraussetzung der Periodenabgrenzung (siehe IAS 1 *Darstellung des Abschlusses*), und eine Erfassung bei Zufluss der Zuwendung ist nur zulässig, wenn für die Periodisierung der Zuwendung keine andere Grundlage als die des Zuflusszeitpunkts verfügbar ist.

17 In den meisten Fällen sind die Perioden, über welche die im Zusammenhang mit einer Zuwendung der öffentlichen Hand anfallenden Aufwendungen erfasst werden, leicht feststellbar. Daher werden Zuwendungen, die mit bestimmten Aufwendungen zusammenhängen, in der gleichen Periode wie diese erfolgswirksam erfasst. Entsprechend werden Zuwendungen für abschreibungsfähige Vermögenswerte über die Perioden und in dem Verhältnis erfolgswirksam erfasst, in dem die Abschreibung auf diese Vermögenswerte angesetzt wird.

18 Zuwendungen der öffentlichen Hand, die im Zusammenhang mit nicht abschreibungsfähigen Vermögenswerten gewährt werden, können ebenfalls die Erfüllung bestimmter Verpflichtungen voraussetzen und werden dann erfolgswirksam während der Perioden erfasst, die durch Aufwendungen infolge der Erfüllung der Verpflichtungen belastet werden. Beispielsweise kann eine Zuwendung in Form von Grund und Boden an die Bedingung gebunden sein, auf diesem Grundstück ein Gebäude zu errichten, und es kann angemessen sein, die Zuwendung während der Lebensdauer des Gebäudes erfolgswirksam zu erfassen.

19 Zuwendungen können auch Teil eines Bündels finanzieller oder steuerlicher Fördermaßnahmen sein, die an eine Reihe von Bedingungen geknüpft sind. In solchen Fällen ist die Feststellung der Bedingungen, die die Aufwendungen der Perioden verursachen, in denen die Zuwendung vereinnahmt wird, sorgfältig durchzuführen. So kann es angemessen sein, einen Teil der Zuwendung auf der einen und einen anderen Teil auf einer anderen Grundlage zu verteilen.

20 **Eine Zuwendung der öffentlichen Hand, die als Ausgleich für bereits angefallene Aufwendungen oder Verluste oder zur sofortigen finanziellen Unterstützung ohne künftig damit verbundenen Aufwand gezahlt wird, ist erfolgswirksam in der Periode zu erfassen, in der der entsprechende Anspruch entsteht.**

21 In einigen Fällen kann eine Zuwendung der öffentlichen Hand gewährt werden, um ein Unternehmen sofort finanziell zu unterstützen, ohne dass mit dieser Zuwendung ein Anreiz verbunden wäre, bestimmte Aufwendungen zu tätigen. Derartige Zuwendungen können auf ein bestimmtes Unternehmen beschränkt sein und stehen unter Umständen nicht einer ganzen Klasse von Begünstigten zur Verfügung. Diese Umstände können eine erfolgswirksame Erfassung einer Zuwendung in der Periode erforderlich machen, in der das Unternehmen für eine Zuwendung in Betracht kommt, mit entsprechender Angabepflicht, um sicherzustellen, dass ihre Auswirkungen klar zu erkennen sind.

22 Eine Zuwendung der öffentlichen Hand kann einem Unternehmen zum Ausgleich von Aufwendungen oder Verlusten, die bereits in einer vorangegangenen Periode entstanden sind, gewährt werden. Solche Zuwendungen sind erfolgswirksam in der Periode zu erfassen, in der der entsprechende Anspruch entsteht, mit entsprechender Angabepflicht, um sicherzustellen, dass ihre Auswirkungen klar zu erkennen sind.

Nicht monetäre Zuwendungen der öffentlichen Hand

23 Eine Zuwendung der öffentlichen Hand kann als ein nicht monetärer Vermögenswert, wie beispielsweise Grund und Boden oder andere Ressourcen, zur Verwertung im Unternehmen übertragen werden. Unter diesen Umständen gilt es als übliches Verfahren, den beizulegenden Zeitwert des nicht monetären Vermögenswerts zu bestimmen und so-wohl die Zuwendung als auch den Vermögenswert zu diesem beizulegenden Zeitwert zu bilanzieren. Als Alternative wird mitunter sowohl der Vermögenswert als auch die Zuwendung zu einem Merkposten bzw. zu einem Merkposten angesetzt.

(b) it is inappropriate to recognise government grants in profit or loss, because they are not earned but represent an incentive provided by government without related costs.

Arguments in support of the income approach are as follows: 15

(a) because government grants are receipts from a source other than shareholders, they should not be recognised directly in equity but should be recognised in profit or loss in appropriate periods;
(b) government grants are rarely gratuitous. The entity earns them through compliance with their conditions and meeting the envisaged obligations. They should therefore be recognised in profit or loss over the periods in which the entity recognises as expenses the related costs for which the grant is intended to compensate;
(c) because income and other taxes are expenses, it is logical to deal also with government grants, which are an extension of fiscal policies, in profit or loss.

It is fundamental to the income approach that government grants should be recognised in profit or loss on a systematic basis over the periods in which the entity recognises as expenses the related costs for which the grant is intended to compensate. Recognition of government grants in profit or loss on a receipts basis is not in accordance with the accrual accounting assumption (see IAS 1 *Presentation of Financial Statements*) and would be acceptable only if no basis existed for allocating a grant to periods other than the one in which it was received. 16

In most cases the periods over which an entity recognises the costs or expenses related to a government grant are readily ascertainable. Thus grants in recognition of specific expenses are recognised in profit or loss in the same period as the relevant expenses. Similarly, grants related to depreciable assets are usually recognised in profit or loss over the periods and in the proportions in which depreciation expense on those assets is recognised. 17

Grants related to non-depreciable assets may also require the fulfilment of certain obligations and would then be recognised in profit or loss over the periods that bear the cost of meeting the obligations. As an example, a grant of land may be conditional upon the erection of a building on the site and it may be appropriate to recognise the grant in profit or loss over the life of the building. 18

Grants are sometimes received as part of a package of financial or fiscal aids to which a number of conditions are attached. In such cases, care is needed in identifying the conditions giving rise to costs and expenses which determine the periods over which the grant will be earned. It may be appropriate to allocate part of a grant on one basis and part on another. 19

A government grant that becomes receivable as compensation for expenses or losses already incurred or for the purpose of giving immediate financial support to the entity with no future related costs shall be recognised in profit or loss of the period in which it becomes receivable. 20

In some circumstances, a government grant may be awarded for the purpose of giving immediate financial support to an entity rather than as an incentive to undertake specific expenditures. Such grants may be confined to a particular entity and may not be available to a whole class of beneficiaries. These circumstances may warrant recognising a grant in profit or loss of the period in which the entity qualifies to receive it, with disclosure to ensure that its effect is clearly understood. 21

A government grant may become receivable by an entity as compensation for expenses or losses incurred in a previous period. Such a grant is recognised in profit or loss of the period in which it becomes receivable, with disclosure to ensure that its effect is clearly understood. 22

Non-monetary government grants

A government grant may take the form of a transfer of a non-monetary asset, such as land or other resources, for the use of the entity. In these circumstances it is usual to assess the fair value of the non-monetary asset and to account for both grant and asset at that fair value. An alternative course that is sometimes followed is to record both asset and grant at a nominal amount. 23

Darstellung von Zuwendungen für Vermögenswerte

24 **Zuwendungen der öffentlichen Hand für Vermögenswerte, einschließlich nicht monetärer Zuwendungen zum beizulegenden Zeitwert, sind in der Bilanz entweder als passivischer Abgrenzungsposten darzustellen oder bei der Bestimmung des Buchwerts des Vermögenswerts abzusetzen.**

25 Die beiden Methoden der Darstellung von Zuwendungen (oder von entsprechenden Teilen der Zuwendungen) für Vermögenswerte sind im Abschluss als gleichwertig zu betrachten.

26 Der einen Methode zufolge wird die Zuwendung als passivischer Abgrenzungsposten berücksichtigt, die während der Nutzungsdauer des Vermögenswerts auf einer planmäßigen Grundlage erfolgswirksam zu erfassen ist.

27 Nach der anderen Methode wird die Zuwendung bei der Bestimmung des Buchwerts des Vermögenswerts abgezogen. Die Zuwendung wird mittels eines reduzierten Abschreibungsbetrags über die Nutzungsdauer des abschreibungsfähigen Vermögenswerts erfolgswirksam erfasst.

28 Der Erwerb von Vermögenswerten und die damit zusammenhängenden Zuwendungen können in den Zahlungsströmen eines Unternehmens größere Bewegungen verursachen. Aus diesem Grund und zur Darstellung der Bruttoinvestitionen in Vermögenswerte werden diese Bewegungen oft als gesonderte Posten in der Kapitalflussrechnung angegeben, und zwar unabhängig davon, ob die Zuwendung von dem entsprechenden Vermögenswert zum Zweck der Darstellung in der Bilanz abgezogen wird oder nicht.

Darstellung von erfolgsbezogenen Zuwendungen

29 Erfolgsbezogene Zuwendungen werden entweder gesondert oder unter einem Hauptposten, wie beispielsweise „sonstige Erträge", als Ergebnisbestandteil dargestellt, oder sie werden von den entsprechenden Aufwendungen abgezogen.

29A [gestrichen]

30 Die Befürworter der ersten Methode vertreten die Meinung, dass es unangebracht ist, Ertrags- und Aufwandsposten zu saldieren, und dass die Trennung der Zuwendung von den Aufwendungen den Vergleich mit anderen Aufwendungen, die nicht von einer Zuwendung beeinflusst sind, erleichtert. In Bezug auf die zweite Methode wird der Standpunkt vertreten, dass die Aufwendungen dem Unternehmen nicht entstanden wären, wenn die Zuwendung nicht verfügbar gewesen wäre, und dass die Darstellung der Aufwendungen ohne Saldierung der Zuwendung aus diesem Grund irreführend sein könnte.

31 Beide Vorgehensweisen sind als akzeptable Methoden zur Darstellung von erfolgsbezogenen Zuwendungen zu betrachten. Die Angabe der Zuwendungen kann für das richtige Verständnis von Abschlüssen notwendig sein. Es ist normalerweise angemessen, die Auswirkung von Zuwendungen auf jeden gesondert darzustellenden Ertrags- oder Aufwandsposten anzugeben.

Rückzahlung von Zuwendungen der öffentlichen Hand

32 Eine Zuwendung der öffentlichen Hand, die rückzahlungspflichtig wird, ist als Änderung einer rechnungslegungsbezogenen Schätzung zu behandeln (vgl. IAS 8 *Rechnungslegungsmethoden, Änderungen von rechnungslegungsbezogenen Schätzungen und Fehler*). Die Rückzahlung einer erfolgsbezogenen Zuwendung ist zunächst mit dem nicht amortisierten, passivischen Abgrenzungsposten aus der Zuwendung zu verrechnen. Soweit die Rückzahlung diesen passivischen Abgrenzungsposten übersteigt oder für den Fall, dass ein solcher nicht vorhanden ist, ist die Rückzahlung unmittelbar erfolgswirksam zu erfassen. Rückzahlungen von Zuwendungen für Vermögenswerte sind durch Zuschreibung zum Buchwert des Vermögenswerts oder durch Verminderung des passivischen Abgrenzungspostens um den rückzahlungspflichtigen Betrag zu korrigieren. Die kumulative zusätzliche Abschreibung, die ohne die Zuwendung bis zu diesem Zeitpunkt zu erfassen gewesen wäre, ist unmittelbar erfolgswirksam zu erfassen.

33 Umstände, die Anlass für eine Rückzahlung von Zuwendungen für Vermögenswerte sind, können es erforderlich machen, eine mögliche Wertminderung des neuen Buchwerts in Erwägung zu ziehen.

BEIHILFEN DER ÖFFENTLICHEN HAND

34 Die Definition der Zuwendungen der öffentlichen Hand in Paragraph 3 schließt bestimmte Formen von Beihilfen der öffentlichen Hand, die sich nicht angemessen bewerten lassen, aus; dies gilt ebenso für Geschäfte mit der öffentlichen Hand, die von der normalen Tätigkeit des Unternehmens nicht unterschieden werden können.

35 Beispiele für Beihilfen, die sich nicht angemessen bewerten lassen, sind die unentgeltliche technische oder Markterschließungs-Beratung und die Bereitstellung von Garantien. Ein Beispiel für eine Beihilfe, die nicht von der normalen Tätigkeit des

Presentation of grants related to assets

Government grants related to assets, including non-monetary grants at fair value, shall be presented in the statement of financial position either by setting up the grant as deferred income or by deducting the grant in arriving at the carrying amount of the asset. 24

Two methods of presentation in financial statements of grants (or the appropriate portions of grants) related to assets are regarded as acceptable alternatives. 25

One method recognises the grant as deferred income that is recognised in profit or loss on a systematic basis over the useful life of the asset. 26

The other method deducts the grant in calculating the carrying amount of the asset. The grant is recognised in profit or loss over the life of a depreciable asset as a reduced depreciation expense. 27

The purchase of assets and the receipt of related grants can cause major movements in the cash flow of an entity. For this reason and in order to show the gross investment in assets, such movements are often disclosed as separate items in the statement of cash flows regardless of whether or not the grant is deducted from the related asset for presentation purposes in the statement of financial position. 28

Presentation of grants related to income

Grants related to income are presented as part of profit or loss, either separately or under a general heading such as 'Other income'; alternatively, they are deducted in reporting the related expense. 29

[deleted] 29A

Supporters of the first method claim that it is inappropriate to net income and expense items and that separation of the grant from the expense facilitates comparison with other expenses not affected by a grant. For the second method it is argued that the expenses might well not have been incurred by the entity if the grant had not been available and presentation of the expense without offsetting the grant may therefore be misleading. 30

Both methods are regarded as acceptable for the presentation of grants related to income. Disclosure of the grant may be necessary for a proper understanding of the financial statements. Disclosure of the effect of the grants on any item of income or expense which is required to be separately disclosed is usually appropriate. 31

Repayment of government grants

A government grant that becomes repayable shall be accounted for as a change in accounting estimate (see IAS 8 *Accounting Policies, Changes in Accounting Estimates and Errors*). Repayment of a grant related to income shall be applied first against any unamortised deferred credit recognised in respect of the grant. To the extent that the repayment exceeds any such deferred credit, or when no deferred credit exists, the repayment shall be recognised immediately in profit or loss. Repayment of a grant related to an asset shall be recognised by increasing the carrying amount of the asset or reducing the deferred income balance by the amount repayable. The cumulative additional depreciation that would have been recognised in profit or loss to date in the absence of the grant shall be recognised immediately in profit or loss. 32

Circumstances giving rise to repayment of a grant related to an asset may require consideration to be given to the possible impairment of the new carrying amount of the asset. 33

GOVERNMENT ASSISTANCE

Excluded from the definition of government grants in paragraph 3 are certain forms of government assistance which cannot reasonably have a value placed upon them and transactions with government which cannot be distinguished from the normal trading transactions of the entity. 34

Examples of assistance that cannot reasonably have a value placed upon them are free technical or marketing advice and the provision of guarantees. An example of assistance that cannot be distinguished from the normal trading transactions 35

Unternehmens unterschieden werden kann, ist die staatliche Beschaffungspolitik, die für einen Teil des Umsatzes verantwortlich ist. Das Vorhandensein des Vorteils mag dabei zwar nicht infrage gestellt sein, doch jeder Versuch, die betriebliche Tätigkeit von der Beihilfe der öffentlichen Hand zu trennen, könnte leicht willkürlich sein.

36 Die Bedeutung des Vorteils mit Bezug auf die vorgenannten Beispiele kann sich so darstellen, dass Art, Umfang und Laufzeit der Beihilfe anzugeben sind, damit der Abschluss nicht irreführend ist.

37 [gestrichen]

38 Dieser Standard behandelt die Bereitstellung von Infrastruktur durch Verbesserung des allgemeinen Verkehrs- und Kommunikationsnetzes und die Bereitstellung verbesserter Versorgungsanlagen, wie Bewässerung oder Wassernetze, die auf dauernder, unbestimmter Basis zum Vorteil eines ganzen Gemeinwesens verfügbar sind, nicht als Beihilfen der öffentlichen Hand.

ANGABEN

39 **Folgende Angaben sind erforderlich:**
(a) **die auf Zuwendungen der öffentlichen Hand angewandte Rechnungslegungsmethode, einschließlich der im Abschluss angewandten Darstellungsmethoden,**
(b) **Art und Umfang der im Abschluss erfassten Zuwendungen der öffentlichen Hand und ein Hinweis auf andere Formen von Beihilfen der öffentlichen Hand, von denen das Unternehmen unmittelbar begünstigt wurde, und**
(c) **unerfüllte Bedingungen und andere Erfolgsunsicherheiten im Zusammenhang mit im Abschluss erfassten Beihilfen der öffentlichen Hand.**

ÜBERGANGSVORSCHRIFTEN

40 **Unternehmen, die den Standard erstmals anwenden, haben**
(a) **die Angabepflichten zu erfüllen, wo dies angemessen ist, und**
(b) **entweder**
(i) **ihren Abschluss wegen des Wechsels der Rechnungslegungsmethoden gemäß IAS 8 anzupassen oder**
(ii) **die Bilanzierungsvorschriften des Standards nur auf solche Zuwendungen oder Teile davon anzuwenden, für die der Anspruch oder die Rückzahlung nach dem Zeitpunkt des Inkrafttretens des Standards entsteht.**

ZEITPUNKT DES INKRAFTTRETENS

41 Dieser Standard ist verbindlich auf Abschlüsse für Berichtsperioden anzuwenden, die am oder nach dem 1. Januar 1984 beginnen.

42 Durch IAS 1 (überarbeitet 2007) wurde die in den IAS/IFRS verwendete Terminologie geändert. Außerdem wurde Paragraph 29A eingefügt. Diese Änderungen sind auf Geschäftsjahre anzuwenden, die am oder nach dem 1. Januar 2009 beginnen. Wendet ein Unternehmen IAS 1 (in der 2007 überarbeiteten Fassung) auf eine frühere Periode an, so hat es auf diese Periode auch diese Änderungen anzuwenden.

43 Im Rahmen der *Verbesserungen der IFRS*, veröffentlicht im Mai 2008, wurde Paragraph 37 gestrichen und Paragraph 10A eingefügt. Ein Unternehmen kann diese Änderungen prospektiv auf öffentliche Darlehen anwenden, die es in Berichtsperioden, die am oder nach dem 1. Januar 2009 beginnen, erhalten hat. Eine frühere Anwendung ist zulässig. Wendet ein Unternehmen diese Änderungen auf eine frühere Periode an, hat es dies anzugeben.

44 [gestrichen]

45 Durch IFRS 13, veröffentlicht im Mai 2011, wurde die Definition des beizulegenden Zeitwerts in Paragraph 3 geändert. Wendet ein Unternehmen IFRS 13 an, hat es diese Änderung ebenfalls anzuwenden.

46 Mit *Darstellung von Posten des sonstigen Ergebnisses* (Änderungen an IAS 1), veröffentlicht im Juni 2011, wurde Paragraph 29 geändert und Paragraph 29A gestrichen. Wendet ein Unternehmen IAS 1 in der im Juni 2011 geänderten Fassung an, hat es diese Änderungen ebenfalls anzuwenden.

47 [gestrichen]

48 Durch IFRS 9 in der im Juli 2014 veröffentlichten Fassung wurde Paragraph 10A geändert und wurden die Paragraphen 44 und 47 gestrichen. Wendet ein Unternehmen IFRS 9 an, hat es diese Änderungen ebenfalls anzuwenden.

of the entity is a government procurement policy that is responsible for a portion of the entity's sales. The existence of the benefit might be unquestioned but any attempt to segregate the trading activities from government assistance could well be arbitrary.

The significance of the benefit in the above examples may be such that disclosure of the nature, extent and duration of the assistance is necessary in order that the financial statements may not be misleading. 36

[deleted] 37

In this standard, government assistance does not include the provision of infrastructure by improvement to the general transport and communication network and the supply of improved facilities such as irrigation or water reticulation which is available on an ongoing indeterminate basis for the benefit of an entire local community. 38

DISCLOSURE

The following matters shall be disclosed: 39

(a) the accounting policy adopted for government grants, including the methods of presentation adopted in the financial statements;

(b) the nature and extent of government grants recognised in the financial statements and an indication of other forms of government assistance from which the entity has directly benefited; and

(c) unfulfilled conditions and other contingencies attaching to government assistance that has been recognised.

TRANSITIONAL PROVISIONS

An entity adopting the standard for the first time shall: 40

(a) comply with the disclosure requirements, where appropriate; and

(b) either:

(i) adjust its financial statements for the change in accounting policy in accordance with IAS 8; or

(ii) apply the accounting provisions of the standard only to grants or portions of grants becoming receivable or repayable after the effective date of the standard.

EFFECTIVE DATE

This standard becomes operative for financial statements covering periods beginning on or after 1 January 1984. 41

IAS 1 (as revised in 2007) amended the terminology used throughout IFRSs. In addition it added paragraph 29A. An entity shall apply those amendments for annual periods beginning on or after 1 January 2009. If an entity applies IAS 1 (revised 2007) for an earlier period, the amendments shall be applied for that earlier period. 42

Paragraph 37 was deleted and paragraph 10A added by *Improvements to IFRSs* issued in May 2008. An entity shall apply those amendments prospectively to government loans received in periods beginning on or after 1 January 2009. Earlier application is permitted. If an entity applies the amendments for an earlier period it shall disclose that fact. 43

[deleted] 44

IFRS 13, issued in May 2011, amended the definition of fair value in paragraph 3. An entity shall apply that amendment when it applies IFRS 13. 45

Presentation of Items of Other Comprehensive Income (Amendments to IAS 1), issued in June 2011, amended paragraph 29 and deleted paragraph 29A. An entity shall apply those amendments when it applies IAS 1 as amended in June 2011. 46

[deleted] 47

IFRS 9, as issued in July 2014, amended paragraph 10A and deleted paragraphs 44 and 47. An entity shall apply those amendments when it applies IFRS 9. 48

INTERNATIONAL ACCOUNTING STANDARD 21
Auswirkungen von Wechselkursänderungen

INHALT

ZIELSETZUNG

1 Für ein Unternehmen gibt es zwei Möglichkeiten, ausländische Geschäftsbeziehungen einzugehen. Entweder in Form von Geschäftsvorfällen in Fremdwährung oder in Form ausländischer Geschäftsbetriebe. Außerdem kann ein Unternehmen seinen Abschluss in einer Fremdwährung darstellen. Ziel dieses Standards ist es zu regeln, wie Fremdwährungstransaktionen und ausländische Geschäftsbetriebe in den Abschluss eines Unternehmens einzubeziehen sind und wie ein Abschluss in eine Darstellungswährung umzurechnen ist.

2 Die grundsätzliche Fragestellung lautet, welcher Wechselkurs/welche Wechselkurse heranzuziehen sind und wie die Auswirkungen von Wechselkursänderungen im Abschluss zu berücksichtigen sind.

ANWENDUNGSBEREICH

3 **Dieser Standard ist anzuwenden auf**[1]

(a) **die Bilanzierung von Geschäftsvorfällen und Salden in Fremdwährungen, mit Ausnahme von Geschäftsvorfällen und Salden, die sich auf Derivate beziehen, welche in den Anwendungsbereich von IFRS 9 *Finanzinstrumente* fallen,**

(b) **die Umrechnung der Vermögens-, Finanz- und Ertragslage ausländischer Geschäftsbetriebe, die durch Vollkonsolidierung oder durch die Equity-Methode in den Abschluss des Unternehmens einbezogen sind, und**

(c) **die Umrechnung der Vermögens-, Finanz- und Ertragslage eines Unternehmens in eine Darstellungswährung.**

4 IFRS 9 ist auf viele Fremdwährungsderivate anzuwenden, die folglich aus dem Anwendungsbereich des vorliegenden Standards ausgeschlossen sind. Alle Fremdwährungsderivate, die nicht in den Anwendungsbereich von IFRS 9 fallen (z. B. einige Fremdwährungsderivate, die in andere Verträge Kontrakte sind), fallen dagegen in den Anwendungsbereich des vorliegenden Standards. Der vorliegende Standard ist ferner anzuwenden, wenn ein Unternehmen Beträge im Zusammenhang mit Derivaten von seiner funktionalen Währung in seine Darstellungswährung umrechnet.

1 Siehe auch SIC-7 *Einführung des Euro.*

INTERNATIONAL ACCOUNTING STANDARD 21
The effects of changes in foreign exchange rates

SUMMARY

OBJECTIVE

An entity may carry on foreign activities in two ways. It may have transactions in foreign currencies or it may have foreign operations. In addition, an entity may present its financial statements in a foreign currency. The objective of this standard is to prescribe how to include foreign currency transactions and foreign operations in the financial statements of an entity and how to translate financial statements into a presentation currency. 1

The principal issues are which exchange rate(s) to use and how to report the effects of changes in exchange rates in the financial statements. 2

SCOPE

This standard shall be applied[1]: 3

(a) in accounting for transactions and balances in foreign currencies, except for those derivative transactions and balances that are within the scope of IFRS 9 *Financial Instruments*;

(b) in translating the results and financial position of foreign operations that are included in the financial statements of the entity by consolidation or the equity method; and

(c) in translating an entity's results and financial position into a presentation currency.

IFRS 9 applies to many foreign currency derivatives and, accordingly, these are excluded from the scope of this Standard. However, those foreign currency derivatives that are not within the scope of IFRS 9 (eg some foreign currency derivatives that are embedded in other contracts) are within the scope of this Standard. In addition, this Standard applies when an entity translates amounts relating to derivatives from its functional currency to its presentation currency. 4

1 See also SIC-7 *Introduction of the Euro*.

5 Dieser Standard gilt nicht für die Bilanzierung von Sicherungsgeschäften für Fremdwährungsposten, einschließlich der Absicherung einer Nettoinvestition in einen ausländischen Geschäftsbetrieb. Für die Bilanzierung von Sicherungsgeschäften ist IFRS 9 maßgeblich.

6 Der vorliegende Standard ist auf die Darstellung des Abschlusses eines Unternehmens in einer Fremdwährung anzuwenden und beschreibt, welche Anforderungen der daraus resultierende Abschluss erfüllen muss, um als mit den International Financial Reporting Standards (IFRS) übereinstimmend bezeichnet werden zu können. Bei Fremdwährungsumrechnungen von Finanzinformationen, die diese Anforderungen nicht erfüllen, legt dieser Standard die anzugebenden Informationen fest.

7 Nicht anzuwenden ist dieser Standard auf die Darstellung der Zahlungsströme aus Fremdwährungstransaktionen in einer Kapitalflussrechnung oder die Umrechnung der Zahlungsströme eines ausländischen Geschäftsbetriebs (siehe dazu IAS 7 *Kapitalflussrechnung*).

DEFINITIONEN

8 **Die folgenden Begriffe werden in diesem Standard mit der angegebenen Bedeutung verwendet:**

Der *Stichtagskurs* ist der Kassakurs einer Währung am Abschlussstichtag.

Eine Währung ist in eine andere Währung *umtauschbar*, wenn ein Unternehmen die andere Währung innerhalb eines Zeitrahmens, der eine normale administrative Verzögerung einschließen kann, über einen Markt oder Tauschmechanismus, bei dem eine Tauschtransaktion durchsetzbare Rechte und Verpflichtungen begründen würde, erhalten kann.

Eine *Umrechnungsdifferenz* ist die Differenz, die sich ergibt, wenn die gleiche Anzahl von Währungseinheiten zu unterschiedlichen Wechselkursen in eine andere Währung umgerechnet wird.

Der *Wechselkurs* ist das Umtauschverhältnis zwischen zwei Währungen.

Der *beizulegende Zeitwert* ist der Preis, der in einem gewöhnlichen Geschäftsvorfall zwischen Marktteilnehmern am Bewertungsstichtag für den Verkauf eines Vermögenswerts eingenommen bzw. für die Übertragung einer Schuld gezahlt würde. (Siehe IFRS 13 *Bewertung zum beizulegenden Zeitwert*.)

Eine *Fremdwährung* ist jede Währung außer der funktionalen Währung des berichtenden Unternehmens.

Ein *ausländischer Geschäftsbetrieb* ist ein Tochterunternehmen, ein assoziiertes Unternehmen, eine gemeinschaftliche Vereinbarung oder eine Niederlassung des berichtenden Unternehmens, dessen/deren Geschäftstätigkeit in einem anderen Land angesiedelt ist oder in einer anderen Währung ausgeübt wird oder sich auf ein anderes Land oder eine andere Währung als die des berichtenden Unternehmens erstreckt.

Die *funktionale Währung* ist die Währung des primären Wirtschaftsumfelds, in dem das Unternehmen tätig ist.

Ein *Konzern* ist ein Mutterunternehmen mit allen seinen Tochterunternehmen.

***Monetäre Posten* sind gehaltene Währungseinheiten sowie Vermögenswerte und Schulden, für die das Unternehmen eine feste oder bestimmbare Anzahl von Währungseinheiten erhält oder zahlen muss.**

Eine *Nettoinvestition in einen ausländischen Geschäftsbetrieb* ist die Höhe des Anteils des berichtenden Unternehmens am Nettovermögen dieses Geschäftsbetriebs.

Die *Darstellungswährung* ist die Währung, in der die Abschlüsse dargestellt werden.

Der *Kassakurs* ist der Wechselkurs bei sofortiger Ausführung.

Ausführungen zu den Definitionen

Umtauschbarkeit (Paragraphen A2–A10)

8A Die Beurteilung, ob eine Währung in eine andere Währung umtauschbar ist, nimmt ein Unternehmen
(a) zum Bewertungsstichtag und
(b) für einen bestimmten Zweck vor.

8B Eine Währung ist nicht in eine andere Währung umtauschbar, wenn ein Unternehmen zum Bewertungsstichtag für den bestimmten Zweck nur einen unwesentlichen Betrag in der anderen Währung erhalten kann.

Funktionale Währung

9 Das primäre Wirtschaftsumfeld eines Unternehmens ist normalerweise das Umfeld, in dem es hauptsächlich Zahlungsmittel erwirtschaftet und aufwendet. Bei der Bestimmung seiner funktionalen Währung hat ein Unternehmen die folgenden Faktoren zu berücksichtigen:
(a) die Währung,
  (i) die den größten Einfluss auf die Verkaufspreise seiner Güter und Dienstleistungen hat (dies ist häufig die Währung, in der die Verkaufspreise der Waren und Dienstleistungen angegeben und abgerechnet werden), und
  (ii) des Landes, dessen Wettbewerbskräfte und Bestimmungen für die Verkaufspreise seiner Waren und Dienstleistungen ausschlaggebend sind,
(b) die Währung, die den größten Einfluss auf die Lohn-, Material- und sonstigen mit der Bereitstellung der Güter und Dienstleistungen zusammenhängenden Kosten hat (dies ist häufig die Währung, in der diese Kosten angegeben und abgerechnet werden.)

This Standard does not apply to hedge accounting for foreign currency items, including the hedging of a net investment in a foreign operation. IFRS 9 applies to hedge accounting. 5

This standard applies to the presentation of an entity's financial statements in a foreign currency and sets out requirements for the resulting financial statements to be described as complying with international financial reporting standards. For translations of financial information into a foreign currency that do not meet these requirements, this standard specifies information to be disclosed. 6

This standard does not apply to the presentation in a statement of cash flows of the cash flows arising from transactions in a foreign currency, or to the translation of cash flows of a foreign operation (see IAS 7 *Statement of Cash Flows*). 7

DEFINITIONS

The following terms are used in this standard with the meanings specified: 8

***Closing rate* is the spot exchange rate at the end of the reporting period.**

A currency is *exchangeable* into another currency when an entity is able to obtain the other currency within a time frame that allows for a normal administrative delay and through a market or exchange mechanism in which an exchange transaction would create enforceable rights and obligations.

***Exchange difference* is the difference resulting from translating a given number of units of one currency into another currency at different exchange rates.**

***Exchange rate* is the ratio of exchange for two currencies.**

***Fair value* is the price that would be received to sell an asset or paid to transfer a liability in an orderly transaction between market participants at the measurement date. (See IFRS 13 *Fair Value Measurement*.)**

***Foreign currency* is a currency other than the functional currency of the entity.**

***Foreign operation* is an entity that is a subsidiary, associate, joint arrangement or branch of a reporting entity, the activities of which are based or conducted in a country or currency other than those of the reporting entity.**

***Functional currency* is the currency of the primary economic environment in which the entity operates.**

A *group* is a parent and all its subsidiaries.

***Monetary items* are units of currency held and assets and liabilities to be received or paid in a fixed or determinable number of units of currency.**

***Net investment in a foreign operation* is the amount of the reporting entity's interest in the net assets of that operation.**

***Presentation currency* is the currency in which the financial statements are presented.**

***Spot exchange rate* is the exchange rate for immediate delivery.**

Elaboration on the definitions

Exchangeable (paragraphs A2—A10)

An entity assesses whether a currency is exchangeable into another currency: 8A

(a) at a measurement date; and

(b) for a specified purpose.

If an entity is able to obtain no more than an insignificant amount of the other currency at the measurement date for the specified purpose, the currency is not exchangeable into the other currency. 8B

Functional currency

The primary economic environment in which an entity operates is normally the one in which it primarily generates and expends cash. An entity considers the following factors in determining its functional currency: 9

(a) the currency:
   (i) that mainly influences sales prices for goods and services (this will often be the currency in which sales prices for its goods and services are denominated and settled); and
   (ii) of the country whose competitive forces and regulations mainly determine the sales prices of its goods and services;

(b) the currency that mainly influences labour, material and other costs of providing goods or services (this will often be the currency in which such costs are denominated and settled).

10 Die folgenden Faktoren können ebenfalls Anhaltspunkte für die funktionale Währung eines Unternehmens geben:

(a) die Währung, in der Mittel aus Finanzierungstätigkeiten (z. B. Ausgabe von Schuldverschreibungen oder Eigenkapitalinstrumenten) generiert werden,

(b) die Währung, in der Einnahmen aus betrieblicher Tätigkeit normalerweise einbehalten werden.

11 Bei der Bestimmung der funktionalen Währung eines ausländischen Geschäftsbetriebs und der Entscheidung, ob dessen funktionale Währung mit der des berichtenden Unternehmens identisch ist (in diesem Kontext entspricht das berichtende Unternehmen dem Unternehmen, das den ausländischen Geschäftsbetrieb als Tochterunternehmen, Niederlassung, assoziiertes Unternehmen oder gemeinschaftliche Vereinbarung unterhält), werden die folgenden Faktoren herangezogen:

(a) ob die Tätigkeit des ausländischen Geschäftsbetriebs als erweiterter Bestandteil des berichtenden Unternehmens oder weitgehend unabhängig ausgeübt wird. Ersteres ist beispielsweise der Fall, wenn der ausländische Geschäftsbetrieb ausschließlich vom berichtenden Unternehmen eingeführte Güter verkauft und die erzielten Einnahmen wieder an dieses zurückleitet. Dagegen ist ein Geschäftsbetrieb als weitgehend unabhängig zu bezeichnen, wenn er überwiegend in seiner Landeswährung Zahlungsmittel und andere monetäre Posten ansammelt, Aufwendungen tätigt, Erträge erwirtschaftet und Fremdkapital aufnimmt.

(b) ob die Geschäftsvorfälle mit dem berichtenden Unternehmen bezogen auf das Gesamtgeschäftsvolumen des ausländischen Geschäftsbetriebs ein großes oder geringes Gewicht haben.

(c) ob sich die Zahlungsströme aus der Tätigkeit des ausländischen Geschäftsbetriebs direkt auf die Zahlungsströme des berichtenden Unternehmens auswirken und jederzeit dorthin zurückgeleitet werden können.

(d) ob die Zahlungsströme aus der Tätigkeit des ausländischen Geschäftsbetriebs ausreichen, um vorhandene und im Rahmen des normalen Geschäftsgangs erwartete Schuldverpflichtungen zu bedienen, ohne dass hierfür Mittel vom berichtenden Unternehmen bereitgestellt werden.

12 Wenn sich aus den obigen Indikatoren kein einheitliches Bild ergibt und die funktionale Währung nicht klar ersichtlich ist, bestimmt die Geschäftsleitung nach eigenem Ermessen die funktionale Währung, welche die wirtschaftlichen Auswirkungen der zugrunde liegenden Geschäftsvorfälle, Ereignisse und Umstände am glaubwürdigsten darstellt. Dabei berücksichtigt die Geschäftsleitung vorrangig die in Paragraph 9 genannten primären Faktoren und erst dann die Indikatoren in den Paragraphen 10 und 11, die als zusätzliche unterstützende Anhaltspunkte zur Bestimmung der funktionalen Währung eines Unternehmens dienen sollen.

13 Die funktionale Währung eines Unternehmens spiegelt die zugrunde liegenden Geschäftsvorfälle, Ereignisse und Umstände wider, die für das Unternehmen relevant sind. Daraus folgt, dass eine funktionale Währung nach ihrer Ermittlung nur dann geändert wird, wenn sich diese zugrunde liegenden Geschäftsvorfälle, Ereignisse und Umstände geändert haben.

14 Handelt es sich bei der funktionalen Währung um die Währung eines Hochinflationslandes, werden die Abschlüsse des Unternehmens gemäß IAS 29 *Rechnungslegung in Hochinflationsländern* angepasst. Ein Unternehmen kann eine Anpassung gemäß IAS 29 nicht dadurch umgehen, dass es beispielsweise eine andere funktionale Währung festlegt als die, die nach dem vorliegenden Standard ermittelt würde (z. B. die funktionale Währung des Mutterunternehmens).

Nettoinvestition in einen ausländischen Geschäftsbetrieb

15 Ein Unternehmen kann monetäre Posten in Form einer ausstehenden Forderung oder Verbindlichkeit gegenüber einem ausländischen Geschäftsbetrieb haben. Ein Posten, dessen Abwicklung auf absehbare Zeit weder geplant noch wahrscheinlich ist, stellt im Wesentlichen einen Teil der Nettoinvestition in diesen ausländischen Geschäftsbetrieb dar und wird gemäß den Paragraphen 32 und 33 behandelt. Zu solchen monetären Posten können langfristige Forderungen oder Darlehen, nicht jedoch Forderungen oder Verbindlichkeiten aus Lieferungen und Leistungen gezählt werden.

15A Bei dem Unternehmen, das über einen monetären Posten in Form einer ausstehenden Forderung oder Verbindlichkeit gegenüber einem in Paragraph 15 beschriebenen ausländischen Geschäftsbetrieb verfügt, kann es sich um jede Tochtergesellschaft des Konzerns handeln. Zum Beispiel: Ein Unternehmen hat zwei Tochtergesellschaften A und B, wobei B ein ausländischer Geschäftsbetrieb ist. Tochtergesellschaft A gewährt Tochtergesellschaft B einen Kredit. Die Forderung von Tochtergesellschaft A gegenüber Tochtergesellschaft B würde einen Teil der Nettoinvestition des Unternehmens in Tochtergesellschaft B darstellen, wenn die Rückzahlung des Darlehens auf absehbare Zeit weder geplant noch wahrscheinlich ist. Dies würde auch dann gelten, wenn die Tochtergesellschaft A selbst ein ausländischer Geschäftsbetrieb wäre.

Monetäre Posten

16 Das wesentliche Merkmal eines monetären Postens ist das Recht auf Erhalt (oder Verpflichtung zur Zahlung) einer festen oder bestimmbaren Anzahl von Währungseinheiten. Dazu zählen beispielsweise bar auszuzahlende Renten und andere Leistungen an Arbeitnehmer; bar zu begleichende Verpflichtungen; Leasingverbindlichkeiten; und Bardividenden, die als Verbindlichkeit erfasst werden. Auch ein Vertrag über den Erhalt (oder die Lieferung) einer variablen Anzahl von eigenen Eigenkapitalinstrumenten des Unternehmens oder einer variablen Menge von Vermögenswerten, bei denen der zu erhaltende (oder zu zahlende) beizulegende Zeitwert einer festen oder bestimmbaren Anzahl von Währungseinheiten entspricht, ist als monetärer Posten anzusehen. Umgekehrt besteht das wesentliche Merkmal eines nicht monetären Postens

The following factors may also provide evidence of an entity's functional currency: 10
(a) the currency in which funds from financing activities (i.e. issuing debt and equity instruments) are generated;
(b) the currency in which receipts from operating activities are usually retained.

The following additional factors are considered in determining the functional currency of a foreign operation, and whether its functional currency is the same as that of the reporting entity (the reporting entity, in this context, being the entity that has the foreign operation as its subsidiary, branch, associate or joint arrangement): 11
(a) whether the activities of the foreign operation are carried out as an extension of the reporting entity, rather than being carried out with a significant degree of autonomy. An example of the former is when the foreign operation only sells goods imported from the reporting entity and remits the proceeds to it. An example of the latter is when the operation accumulates cash and other monetary items, incurs expenses, generates income and arranges borrowings, all substantially in its local currency;
(b) whether transactions with the reporting entity are a high or a low proportion of the foreign operation's activities;
(c) whether cash flows from the activities of the foreign operation directly affect the cash flows of the reporting entity and are readily available for remittance to it;
(d) whether cash flows from the activities of the foreign operation are sufficient to service existing and normally expected debt obligations without funds being made available by the reporting entity.

When the above indicators are mixed and the functional currency is not obvious, management uses its judgement to determine the functional currency that most faithfully represents the economic effects of the underlying transactions, events and conditions. As part of this approach, management gives priority to the primary indicators in paragraph 9 before considering the indicators in paragraphs 10 and 11, which are designed to provide additional supporting evidence to determine an entity's functional currency. 12

An entity's functional currency reflects the underlying transactions, events and conditions that are relevant to it. Accordingly, once determined, the functional currency is not changed unless there is a change in those underlying transactions, events and conditions. 13

If the functional currency is the currency of a hyperinflationary economy, the entity's financial statements are restated in accordance with IAS 29 *Financial reporting in hyperinflationary economies*. An entity cannot avoid restatement in accordance with IAS 29 by, for example, adopting as its functional currency a currency other than the functional currency determined in accordance with this standard (such as the functional currency of its parent). 14

Net investment in a foreign operation

An entity may have a monetary item that is receivable from or payable to a foreign operation. An item for which settlement is neither planned nor likely to occur in the foreseeable future is, in substance, a part of the entity's net investment in that foreign operation, and is accounted for in accordance with paragraphs 32 and 33. Such monetary items may include long-term receivables or loans. They do not include trade receivables or trade payables. 15

The entity that has a monetary item receivable from or payable to a foreign operation described in paragraph 15 may be any subsidiary of the group. For example, an entity has two subsidiaries, A and B. Subsidiary B is a foreign operation. Subsidiary A grants a loan to Subsidiary B. Subsidiary A's loan receivable from Subsidiary B would be part of the entity's net investment in Subsidiary B if settlement of the loan is neither planned nor likely to occur in the foreseeable future. This would also be true if Subsidiary A were itself a foreign operation. 15A

Monetary items

The essential feature of a monetary item is a right to receive (or an obligation to deliver) a fixed or determinable number of units of currency. Examples include: pensions and other employee benefits to be paid in cash; provisions that are to be settled in cash; lease liabilities; and cash dividends that are recognised as a liability. Similarly, a contract to receive (or deliver) a variable number of the entity's own equity instruments or a variable amount of assets in which the fair value to be received (or delivered) equals a fixed or determinable number of units of currency is a monetary item. Conversely, the essential feature of a non-monetary item is the absence of a right to receive (or an obligation to deliver) a fixed or determinable number of units of currency. Examples include: amounts prepaid for goods and services; goodwill; intangible 16

darin, dass er mit keinerlei Recht auf Erhalt (bzw. keinerlei Verpflichtung zur Zahlung) einer festen oder bestimmbaren Anzahl von Währungseinheiten verbunden ist. Dazu zählen beispielsweise Vorauszahlungen für Güter und Dienstleistungen; Geschäfts- oder Firmenwert; immaterielle Vermögenswerte; Vorräte; Sachanlagen; Nutzungsrechte; sowie Verpflichtungen, die durch nicht monetäre Vermögenswerte erfüllt werden.

ZUSAMMENFASSUNG DES IN DIESEM STANDARD VORGESCHRIEBENEN ANSATZES

17 Bei der Erstellung des Abschlusses ermittelt jedes Unternehmen – unabhängig davon, ob es sich um ein konzernunverbundenes Unternehmen, ein Unternehmen mit ausländischem Geschäftsbetrieb (z. B. ein Mutterunternehmen) oder einen ausländischen Geschäftsbetrieb (z. B. ein Tochterunternehmen oder eine Niederlassung) handelt – gemäß den Paragraphen 9–14 seine funktionale Währung. Das Unternehmen rechnet die Fremdwährungsposten in die funktionale Währung um und weist die Auswirkungen einer solchen Umrechnung gemäß den Paragraphen 20–37 und 50 aus.

18 Viele berichtende Unternehmen bestehen aus mehreren Einzelunternehmen (so umfasst ein Konzern ein Mutterunternehmen und ein oder mehrere Tochterunternehmen). Verschiedene Arten von Unternehmen, ob Mitglieder eines Konzerns oder sonstige Unternehmen, können Beteiligungen an assoziierten Unternehmen oder gemeinschaftlichen Vereinbarungen haben. Sie können auch Niederlassungen unterhalten. Es ist erforderlich, dass die Vermögens-, Finanz- und Ertragslage jedes einzelnen Unternehmens, das in das berichtende Unternehmen integriert ist, in die Währung umgerechnet wird, in der das berichtende Unternehmen seinen Abschluss darstellt. Dieser Standard gestattet es einem berichtenden Unternehmen, seine Darstellungswährung (oder -währungen) frei zu wählen. Die Vermögens-, Finanz- und Ertragslage jedes einzelnen Unternehmens innerhalb des berichtenden Unternehmens, dessen funktionale Währung von der Darstellungswährung abweicht, ist gemäß den Paragraphen 38–50 umzurechnen.

19 Dieser Standard gestattet es auch einem konzernunverbundenen Unternehmen, das einen Abschluss erstellt, oder einem Unternehmen, das einen Einzelabschluss nach IAS 27 *Einzelabschlüsse* erstellt, den Abschluss in jeder beliebigen Währung (oder Währungen) darzustellen. Weicht die Darstellungswährung eines Unternehmens von seiner funktionalen Währung ab, ist seine Vermögens-, Finanz- und Ertragslage ebenfalls gemäß den Paragraphen 38–50 in die Darstellungswährung umzurechnen.

SCHÄTZUNG DES KASSAKURSES, WENN EINE WÄHRUNG NICHT UMTAUSCHBAR IST (PARAGRAPHEN A11–A17)

19A Ist eine Währung zum Bewertungsstichtag nicht in eine andere Währung umtauschbar (wie in den Paragraphen 8, 8A–8B und A2–A10 beschrieben), so hat ein Unternehmen den Kassakurs zum Bewertungsstichtag zu schätzen. Ziel des Unternehmens muss es dabei sein, den Kurs zu schätzen, zu dem eine gewöhnliche Tauschtransaktion zwischen Marktteilnehmern zum Bewertungsstichtag unter den vorherrschenden wirtschaftlichen Bedingungen stattfinden würde.

BILANZIERUNG VON FREMDWÄHRUNGSTRANSAKTIONEN IN DER FUNKTIONALEN WÄHRUNG

Erstmaliger Ansatz

20 Eine Fremdwährungstransaktion ist ein Geschäftsvorfall, dessen Wert in einer Fremdwährung angegeben ist oder der die Erfüllung in einer Fremdwährung erfordert, einschließlich Geschäftsvorfällen, die auftreten, wenn ein Unternehmen
(a) Güter oder Dienstleistungen kauft oder verkauft, deren Preise in einer Fremdwährung angegeben sind,
(b) Mittel aufnimmt oder verleiht, wobei der Wert der Verbindlichkeiten oder Forderungen in einer Fremdwährung angegeben ist, oder
(c) auf sonstige Weise Vermögenswerte erwirbt oder veräußert oder Schulden eingeht oder begleicht, deren Wert in einer Fremdwährung angegeben ist.

21 **Die Fremdwährungstransaktion ist erstmalig in der funktionalen Währung anzusetzen, indem der Fremdwährungsbetrag mit dem am jeweiligen Tag des Geschäftsvorfalls gültigen Kassakurs zwischen der funktionalen Währung und der Fremdwährung umgerechnet wird.**

22 Der Tag des Geschäftsvorfalls ist der Tag, an dem der Geschäftsvorfall erstmals gemäß den IFRS ansetzbar ist. Aus praktischen Erwägungen wird häufig ein Kurs verwendet, der einen Näherungswert für den aktuellen Kurs am Tag des Geschäftsvorfalls darstellt. So kann beispielsweise der Durchschnittskurs einer Woche oder eines Monats für alle Geschäftsvorfälle in der jeweiligen Fremdwährung verwendet werden. Bei stark schwankenden Wechselkursen ist jedoch die Verwendung von Durchschnittskursen für einen Zeitraum unangemessen.

assets; inventories; property, plant and equipment; right-of-use assets; and provisions that are to be settled by the delivery of a non-monetary asset.

SUMMARY OF THE APPROACH REQUIRED BY THIS STANDARD

In preparing financial statements, each entity — whether a stand-alone entity, an entity with foreign operations (such as a parent) or a foreign operation (such as a subsidiary or branch) — determines its functional currency in accordance with paragraphs 9—14. The entity translates foreign currency items into its functional currency and reports the effects of such translation in accordance with paragraphs 20—37 and 50. 17

Many reporting entities comprise a number of individual entities (e.g. a group is made up of a parent and one or more subsidiaries). Various types of entities, whether members of a group or otherwise, may have investments in associates or joint arrangements. They may also have branches. It is necessary for the results and financial position of each individual entity included in the reporting entity to be translated into the currency in which the reporting entity presents its financial statements. This standard permits the presentation currency of a reporting entity to be any currency (or currencies). The results and financial position of any individual entity within the reporting entity whose functional currency differs from the presentation currency are translated in accordance with paragraphs 38—50. 18

This Standard also permits a stand-alone entity preparing financial statements or an entity preparing separate financial statements in accordance with IAS 27 *Separate Financial Statements* to present its financial statements in any currency (or currencies). If the entity's presentation currency differs from its functional currency, its results and financial position are also translated into the presentation currency in accordance with paragraphs 38—50. 19

ESTIMATING THE SPOT EXCHANGE RATE WHEN A CURRENCY IS NOT EXCHANGEABLE (PARAGRAPHS A11—A17)

An entity shall estimate the spot exchange rate at a measurement date when a currency is not exchangeable into another currency (as described in paragraphs 8, 8A— -8B and A2—A10) at that date. An entity's objective in estimating the spot exchange rate is to reflect the rate at which an orderly exchange transaction would take place at the measurement date between market participants under prevailing economic conditions. 19A

REPORTING FOREIGN CURRENCY TRANSACTIONS IN THE FUNCTIONAL CURRENCY

Initial recognition

A foreign currency transaction is a transaction that is denominated or requires settlement in a foreign currency, including transactions arising when an entity: 20

(a) buys or sells goods or services whose price is denominated in a foreign currency;
(b) borrows or lends funds when the amounts payable or receivable are denominated in a foreign currency; or
(c) otherwise acquires or disposes of assets, or incurs or settles liabilities, denominated in a foreign currency.

A foreign currency transaction shall be recorded, on initial recognition in the functional currency, by applying to the foreign currency amount the spot exchange rate between the functional currency and the foreign currency at the date of the transaction. 21

The date of a transaction is the date on which the transaction first qualifies for recognition in accordance with international financial reporting standards. For practical reasons, a rate that approximates the actual rate at the date of the transaction is often used, for example, an average rate for a week or a month might be used for all transactions in each foreign currency occurring during that period. However, if exchange rates fluctuate significantly, the use of the average rate for a period is inappropriate. 22

Bilanzierung in Folgeperioden

23 **Zu jedem Abschlussstichtag sind**

(a) monetäre Posten in einer Fremdwährung zum Stichtagskurs umzurechnen,

(b) nicht monetäre Posten, die zu historischen Anschaffungs- oder Herstellungskosten in einer Fremdwährung bewertet wurden, zum Kurs am Tag des Geschäftsvorfalls umzurechnen und

(c) nicht monetäre Posten, die zu ihrem beizulegenden Zeitwert in einer Fremdwährung bewertet wurden, zu dem Kurs umzurechnen, der am Tag der Ermittlung des beizulegenden Zeitwerts gültig war.

24 Der Buchwert eines Postens wird in Verbindung mit anderen einschlägigen Standards ermittelt. Beispielsweise können Sachanlagen zum beizulegenden Zeitwert oder zu den historischen Anschaffungs- oder Herstellungskosten gemäß IAS 16 *Sachanlagen* bewertet werden. Unabhängig davon, ob der Buchwert zu den historischen Anschaffungs- oder Herstellungskosten oder zum beizulegenden Zeitwert bestimmt wird, hat bei einer Ermittlung dieses Werts in einer Fremdwährung eine Umrechnung in die funktionale Währung gemäß diesem Standard zu erfolgen.

25 Der Buchwert einiger Posten wird durch den Vergleich von zwei oder mehr Beträgen ermittelt. Beispielsweise entspricht der Buchwert von Vorräten gemäß IAS 2 *Vorräte* den Anschaffungs- bzw. Herstellungskosten oder dem Nettoveräußerungswert, je nachdem, welcher dieser Beträge der niedrigere ist. Auf ähnliche Weise wird gemäß IAS 36 *Wertminderung von Vermögenswerten* ein Vermögenswert, bei dem ein Anhaltspunkt für eine Wertminderung vorliegt, zum Buchwert vor einer Erfassung des möglichen Wertminderungsaufwands oder zu seinem erzielbaren Betrag angesetzt, je nachdem, welcher von beiden der niedrigere ist. Handelt es sich dabei um einen nicht monetären Vermögenswert, der in einer Fremdwährung bewertet wird, ergibt sich der Buchwert aus einem Vergleich zwischen

(a) den Anschaffungs- oder Herstellungskosten oder gegebenenfalls dem Buchwert, die bzw. der zum Wechselkurs am Tag der Ermittlung dieses Werts umgerechnet werden bzw. wird (d. h. zum Kurs am Tag des Geschäftsvorfalls bei einem Posten, der zu den historischen Anschaffungs- oder Herstellungskosten bewertet wird), und

(b) dem Nettoveräußerungswert oder gegebenenfalls dem erzielbaren Betrag, der zum Wechselkurs am Tag der Ermittlung dieses Werts umgerechnet wird (d. h. zum Stichtagskurs am Abschlussstichtag).

Dieser Vergleich kann dazu führen, dass ein Wertminderungsaufwand in der funktionalen Währung, nicht aber in der Fremdwährung erfasst wird oder umgekehrt.

26 Sind mehrere Wechselkurse verfügbar, wird der Kurs verwendet, zu dem die zukünftigen Zahlungsströme, die durch den Geschäftsvorfall oder Saldo dargestellt werden, hätten abgerechnet werden können, wenn sie am Bewertungsstichtag stattgefunden hätten.

Erfassung von Umrechnungsdifferenzen

27 Wie in den Paragraphen 3 (a) und 5 angemerkt, werden Sicherungsgeschäfte für Fremdwährungsposten gemäß IFRS 9 bilanziert. Bei der Bilanzierung von Sicherungsgeschäften ist ein Unternehmen verpflichtet, bestimmte Umrechnungsdifferenzen anders zu behandeln, als es den Bestimmungen dieses Standards entspricht. IFRS 9 verlangt beispielsweise, dass Umrechnungsdifferenzen bei monetären Posten, die als Sicherungsinstrumente zum Zweck der Absicherung von Zahlungsströmen eingesetzt werden, in dem Umfang der Wirksamkeit des Sicherungsgeschäfts zunächst im sonstigen Ergebnis zu erfassen sind.

28 **Umrechnungsdifferenzen, die sich aus dem Umstand ergeben, dass monetäre Posten zu einem anderen Kurs abgewickelt oder umgerechnet werden als dem, zu dem sie bei der erstmaligen Erfassung während der Berichtsperiode oder in früheren Abschlüssen umgerechnet wurden, sind mit Ausnahme der in Paragraph 32 beschriebenen Fälle in der Berichtsperiode, in der diese Differenzen entstehen, erfolgswirksam zu erfassen.**

29 Eine Umrechnungsdifferenz ergibt sich, wenn bei monetären Posten aus einer Fremdwährungstransaktion am Tag des Geschäftsvorfalls und am Tag der Abwicklung unterschiedliche Wechselkurse bestehen. Erfolgt die Abwicklung des Geschäftsvorfalls innerhalb derselben Bilanzierungsperiode wie die erstmalige Erfassung, wird die Umrechnungsdifferenz in dieser Periode berücksichtigt. Wird der Geschäftsvorfall jedoch in einer späteren Bilanzierungsperiode abgewickelt, so wird die Umrechnungsdifferenz, die in jeder dazwischen liegenden Periode bis zur Periode, in welcher der Ausgleich erfolgt, erfasst wird, durch die Änderungen der Wechselkurse während der Periode bestimmt.

30 **Wird ein Gewinn oder Verlust aus einem nicht monetären Posten im sonstigen Ergebnis erfasst, ist jeder Umrechnungsbestandteil dieses Gewinns oder Verlusts ebenfalls im sonstigen Ergebnis zu erfassen. Umgekehrt gilt: Wird ein Gewinn oder Verlust aus einem nicht monetären Posten erfolgswirksam erfasst, ist jeder Umrechnungsbestandteil dieses Gewinns oder Verlusts ebenfalls erfolgswirksam zu erfassen.**

31 Andere IFRS schreiben die Erfassung von Gewinnen und Verlusten im sonstigen Ergebnis vor. Beispielsweise besteht nach IAS 16 die Verpflichtung, bestimmte Gewinne und Verluste aus der Neubewertung von Sachanlagen im sonstigen Ergebnis zu erfassen. Wird ein solcher Vermögenswert in einer Fremdwährung bewertet, ist der neubewertete Betrag gemäß Paragraph 23 (c) zum Kurs am Tag der Wertermittlung umzurechnen, was zu einer Umrechnungsdifferenz führt, die ebenfalls im sonstigen Ergebnis zu erfassen ist.

Reporting at the ends of subsequent reporting periods

At the end of each reporting period: 23

(a) foreign currency monetary items shall be translated using the closing rate;

(b) non-monetary items that are measured in terms of historical cost in a foreign currency shall be translated using the exchange rate at the date of the transaction; and

(c) non-monetary items that are measured at fair value in a foreign currency shall be translated using the exchange rates at the date when the fair value was measured.

The carrying amount of an item is determined in conjunction with other relevant standards. For example, property, plant and equipment may be measured in terms of fair value or historical cost in accordance with IAS 16 *Property, plant and equipment*. Whether the carrying amount is determined on the basis of historical cost or on the basis of fair value, if the amount is determined in a foreign currency it is then translated into the functional currency in accordance with this standard. 24

The carrying amount of some items is determined by comparing two or more amounts. For example, the carrying amount of inventories is the lower of cost and net realisable value in accordance with IAS 2 *Inventories*. Similarly, in accordance with IAS 36 *Impairment of assets*, the carrying amount of an asset for which there is an indication of impairment is the lower of its carrying amount before considering possible impairment losses and its recoverable amount. When such an asset is non-monetary and is measured in a foreign currency, the carrying amount is determined by comparing: 25

(a) the cost or carrying amount, as appropriate, translated at the exchange rate at the date when that amount was determined (i.e. the rate at the date of the transaction for an item measured in terms of historical cost); and

(b) the net realisable value or recoverable amount, as appropriate, translated at the exchange rate at the date when that value was determined (e.g. the closing rate at the end of the reporting period).

The effect of this comparison may be that an impairment loss is recognised in the functional currency but would not be recognised in the foreign currency, or vice versa.

When several exchange rates are available, the rate used is that at which the future cash flows represented by the transaction or balance could have been settled if those cash flows had occurred at the measurement date. 26

Recognition of exchange differences

As noted in paragraphs 3 (a) and 5, IFRS 9 applies to hedge accounting for foreign currency items. The application of hedge accounting requires an entity to account for some exchange differences differently from the treatment of exchange differences required by this Standard. For example, IFRS 9 requires that exchange differences on monetary items that qualify as hedging instruments in a cash flow hedge are recognised initially in other comprehensive income to the extent that the hedge is effective. 27

Exchange differences arising on the settlement of monetary items or on translating monetary items at rates different from those at which they were translated on initial recognition during the period or in previous financial statements shall be recognised in profit or loss in the period in which they arise, except as described in paragraph 32. 28

When monetary items arise from a foreign currency transaction and there is a change in the exchange rate between the transaction date and the date of settlement, an exchange difference results. When the transaction is settled within the same accounting period as that in which it occurred, all the exchange difference is recognised in that period. However, when the transaction is settled in a subsequent accounting period, the exchange difference recognised in each period up to the date of settlement is determined by the change in exchange rates during each period. 29

When a gain or loss on a non-monetary item is recognised in other comprehensive income, any exchange component of that gain or loss shall be recognised in other comprehensive income. Conversely, when a gain or loss on a non-monetary item is recognised in profit or loss, any exchange component of that gain or loss shall be recognised in profit or loss. 30

Other standards require some gains and losses to be recognised in other comprehensive income. For example, IAS 16 requires some gains and losses arising on a revaluation of property, plant and equipment to be recognised in other comprehensive income. When such an asset is measured in a foreign currency, paragraph 23 (c) of this standard requires the revalued amount to be translated using the rate at the date the value is determined, resulting in an exchange difference that is also recognised in equity. 31

32 **Umrechnungsdifferenzen aus einem monetären Posten, der Teil einer Nettoinvestition des berichtenden Unternehmens in einen ausländischen Geschäftsbetrieb ist (siehe Paragraph 15), sind im Einzelabschluss des berichtenden Unternehmens oder gegebenenfalls im Einzelabschluss des ausländischen Geschäftsbetriebs erfolgswirksam zu erfassen. In dem Abschluss, der den ausländischen Geschäftsbetrieb und das berichtende Unternehmen enthält (z. B. dem Konzernabschluss, wenn der ausländische Geschäftsbetrieb ein Tochterunternehmen ist), werden solche Umrechnungsdifferenzen zunächst im sonstigen Ergebnis erfasst und bei einer Veräußerung der Nettoinvestition gemäß Paragraph 48 aus dem Eigenkapital erfolgswirksam umgegliedert.**

33 Wenn ein monetärer Posten Teil einer Nettoinvestition des berichtenden Unternehmens in einen ausländischen Geschäftsbetrieb ist und in der funktionalen Währung des berichtenden Unternehmens angegeben wird, ergeben sich in den Einzelabschlüssen des ausländischen Geschäftsbetriebs Umrechnungsdifferenzen gemäß Paragraph 28. Wird ein solcher Posten in der funktionalen Währung des ausländischen Geschäftsbetriebs angegeben, entsteht im Einzelabschluss des berichtenden Unternehmens eine Umrechnungsdifferenz gemäß Paragraph 28. Wird ein solcher Posten in einer anderen Währung als der funktionalen Währung des berichtenden Unternehmens oder des ausländischen Geschäftsbetriebs angegeben, entstehen im Einzelabschluss des berichtenden Unternehmens und in den Einzelabschlüssen des ausländischen Geschäftsbetriebs Umrechnungsdifferenzen gemäß Paragraph 28. Derartige Umrechnungsdifferenzen werden in den Abschlüssen, die den ausländischen Geschäftsbetrieb und das berichtende Unternehmen umfassen (d. h. Abschlüssen, in denen der ausländische Geschäftsbetrieb konsolidiert oder nach der Equity-Methode bilanziert wird), im sonstigen Ergebnis erfasst.

34 Führt ein Unternehmen seine Bücher und Aufzeichnungen in einer anderen Währung als seiner funktionalen Währung, sind bei der Erstellung seines Abschlusses alle Beträge gemäß den Paragraphen 20–26 in die funktionale Währung umzurechnen. Daraus ergeben sich die gleichen Beträge in der funktionalen Währung, wie wenn die Posten ursprünglich in der funktionalen Währung erfasst worden wären. Beispielsweise werden monetäre Posten zum Stichtagskurs und nicht monetäre Posten, die zu den historischen Anschaffungs- oder Herstellungskosten bewertet werden, zum Wechselkurs am Tag des Geschäftsvorfalls, der zu ihrer Erfassung geführt hat, in die funktionale Währung umgerechnet.

Wechsel der funktionalen Währung

35 **Bei einem Wechsel der funktionalen Währung hat das Unternehmen die für die neue funktionale Währung geltenden Umrechnungsverfahren prospektiv ab dem Zeitpunkt des Wechsels anzuwenden.**

36 Wie in Paragraph 13 erwähnt, spiegelt die funktionale Währung eines Unternehmens die zugrunde liegenden Geschäftsvorfälle, Ereignisse und Umstände wider, die für das Unternehmen relevant sind. Daraus folgt, dass eine funktionale Währung nach ihrer Ermittlung nur dann geändert werden kann, wenn sich diese zugrunde liegenden Geschäftsvorfälle, Ereignisse und Umstände geändert haben. Ein Wechsel der funktionalen Währung kann beispielsweise dann angebracht sein, wenn sich die Währung, die den größten Einfluss auf die Verkaufspreise der Güter und Dienstleistungen eines Unternehmens hat, ändert.

37 Die Auswirkungen eines Wechsels der funktionalen Währung werden prospektiv bilanziert. Das bedeutet, dass ein Unternehmen alle Posten zum Kurs am Tag des Wechsels in die neue funktionale Währung umrechnet. Die daraus resultierenden umgerechneten Beträge der nicht monetären Vermögenswerte werden als historische Anschaffungs- oder Herstellungskosten dieser Posten behandelt. Umrechnungsdifferenzen aus der Umrechnung eines ausländischen Geschäftsbetriebs, die bisher gemäß den Paragraphen 32 und 39 (c) im sonstigen Ergebnis erfasst wurden, werden erst bei dessen Veräußerung aus dem Eigenkapital erfolgswirksam umgegliedert.

VERWENDUNG EINER ANDEREN DARSTELLUNGSWÄHRUNG ALS DER FUNKTIONALEN WÄHRUNG

Umrechnung in die Darstellungswährung

38 Ein Unternehmen kann seinen Abschluss in jeder beliebigen Währung (oder Währungen) darstellen. Weicht die Darstellungswährung von der funktionalen Währung des Unternehmens ab, ist seine Vermögens-, Finanz- und Ertragslage in die Darstellungswährung umzurechnen. Beispielsweise gibt ein Konzern, der aus mehreren Einzelunternehmen mit verschiedenen funktionalen Währungen besteht, die Vermögens-, Finanz- und Ertragslage der einzelnen Unternehmen in einer gemeinsamen Währung an, sodass ein Konzernabschluss aufgestellt werden kann.

39 **Die Vermögens-, Finanz- und Ertragslage eines Unternehmens, dessen funktionale Währung keine Währung eines Hochinflationslandes ist, wird nach folgenden Verfahren in eine andere Darstellungswährung umgerechnet:**

(a) **Vermögenswerte und Schulden sind für jede vorgelegte Bilanz (d. h. einschließlich Vergleichsinformationen) zum jeweiligen Abschlussstichtagskurs umzurechnen,**

(b) **Erträge und Aufwendungen sind für jede Darstellung von Gewinn oder Verlust und sonstigem Ergebnis (d. h. einschließlich Vergleichsinformationen) zum Wechselkurs am Tag des Geschäftsvorfalls um zurechnen, und**

(c) **alle sich ergebenden Umrechnungsdifferenzen sind im sonstigen Ergebnis zu erfassen.**

Exchange differences arising on a monetary item that forms part of a reporting entity's net investment in a foreign operation (see paragraph 15) shall be recognised in profit or loss in the separate financial statements of the reporting entity or the individual financial statements of the foreign operation, as appropriate. In the financial statements that include the foreign operation and the reporting entity (e.g. consolidated financial statements when the foreign operation is a subsidiary), such exchange differences shall be recognised initially in other comprehensive income and reclassified from equity to profit or loss on disposal of the net investment in accordance with paragraph 48. 32

When a monetary item forms part of a reporting entity's net investment in a foreign operation and is denominated in the functional currency of the reporting entity, an exchange difference arises in the foreign operation's individual financial statements in accordance with paragraph 28. If such an item is denominated in the functional currency of the foreign operation, an exchange difference arises in the reporting entity's separate financial statements in accordance with paragraph 28. If such an item is denominated in a currency other than the functional currency of either the reporting entity or the foreign operation, an exchange difference arises in the reporting entity's separate financial statements and in the foreign operation's individual financial statements in accordance with paragraph 28. Such exchange differences are recognised in other comprehensive income in the financial statements that include the foreign operation and the reporting entity (i.e. financial statements in which the foreign operation is consolidated or accounted for using the equity method). 33

When an entity keeps its books and records in a currency other than its functional currency, at the time the entity prepares its financial statements all amounts are translated into the functional currency in accordance with paragraphs 20—26. This produces the same amounts in the functional currency as would have occurred had the items been recorded initially in the functional currency. For example, monetary items are translated into the functional currency using the closing rate, and non-monetary items that are measured on a historical cost basis are translated using the exchange rate at the date of the transaction that resulted in their recognition. 34

Change in functional currency

When there is a change in an entity's functional currency, the entity shall apply the translation procedures applicable to the new functional currency prospectively from the date of the change. 35

As noted in paragraph 13, the functional currency of an entity reflects the underlying transactions, events and conditions that are relevant to the entity. Accordingly, once the functional currency is determined, it can be changed only if there is a change to those underlying transactions, events and conditions. For example, a change in the currency that mainly influences the sales prices of goods and services may lead to a change in an entity's functional currency. 36

The effect of a change in functional currency is accounted for prospectively. In other words, an entity translates all items into the new functional currency using the exchange rate at the date of the change. The resulting translated amounts for non-monetary items are treated as their historical cost. Exchange differences arising from the translation of a foreign operation previously recognised in other comprehensive income in accordance with paragraphs 32 and 39 (c) are not reclassified from equity to profit or loss until the disposal of the operation. 37

USE OF A PRESENTATION CURRENCY OTHER THAN THE FUNCTIONAL CURRENCY

Translation to the presentation currency

An entity may present its financial statements in any currency (or currencies). If the presentation currency differs from the entity's functional currency, it translates its results and financial position into the presentation currency. For example, when a group contains individual entities with different functional currencies, the results and financial position of each entity are expressed in a common currency so that consolidated financial statements may be presented. 38

The results and financial position of an entity whose functional currency is not the currency of a hyperinflationary economy shall be translated into a different presentation currency using the following procedures: 39

(a) assets and liabilities for each statement of financial position presented (i.e. including comparatives) shall be translated at the closing rate at the date of that statement of financial position;

(b) income and expenses for each statement presenting profit or loss and other comprehensive income (ie including comparatives) shall be translated at exchange rates at the dates of the transactions; and

(c) all resulting exchange differences shall be recognised in other comprehensive income.

40 Aus praktischen Erwägungen wird zur Umrechnung von Ertrags- und Aufwandsposten häufig ein Kurs verwendet, der einen Näherungswert für den Umrechnungskurs am Tag des Geschäftsvorfalls darstellt, beispielsweise der Durchschnittskurs einer Periode. Bei stark schwankenden Wechselkursen ist jedoch die Verwendung von Durchschnittskursen für einen Zeitraum unangemessen.

41 Die in Paragraph 39 (c) genannten Umrechnungsdifferenzen ergeben sich aus

(a) der Umrechnung von Erträgen und Aufwendungen zu den Wechselkursen an den Tagen der Geschäftsvorfälle und der Vermögenswerte und Schulden zum Stichtagskurs und

(b) der Umrechnung des Eröffnungsbilanzwerts des Nettovermögens zu einem Stichtagskurs, der vom vorherigen Stichtagskurs abweicht.

Diese Umrechnungsdifferenzen werden nicht erfolgswirksam erfasst, weil die Veränderungen bei den Wechselkursen nur einen geringen oder überhaupt keinen direkten Einfluss auf den gegenwärtigen und künftigen operativen Cashflow haben. Der kumulierte Betrag der Umrechnungsdifferenzen wird bis zum Abgang des ausländischen Geschäftsbetriebs in einem separaten Bestandteil des Eigenkapitals ausgewiesen. Beziehen sich die Umrechnungsdifferenzen auf einen ausländischen Geschäftsbetrieb, der konsolidiert wird, jedoch nicht vollständig im Eigentum des Mutterunternehmens steht, so sind die kumulierten Umrechnungsdifferenzen, die aus nicht beherrschenden Anteilen stammen und diesen zuzurechnen sind, diesen nicht beherrschenden Anteilen zuzuweisen und als Teil derer in der Konzernbilanz anzusetzen.

42 **Die Vermögens-, Finanz- und Ertragslage eines Unternehmens, dessen funktionale Währung die Währung eines Hochinflationslandes ist, wird nach folgenden Verfahren in eine andere Darstellungswährung umgerechnet:**

(a) **Alle Beträge (d. h. Vermögenswerte, Schulden, Eigenkapitalposten, Erträge und Aufwendungen, einschließlich Vergleichsinformationen) sind zum Stichtagskurs der letzten Bilanz umzurechnen, mit folgender Ausnahme:**

(b) **Bei der Umrechnung von Beträgen in die Währung eines Nicht-Hochinflationslandes sind als Vergleichswerte die Beträge heranzuziehen, die im betreffenden Vorjahresabschluss als Beträge des aktuellen Jahres ausgewiesen wurden (d. h. es erfolgt keine Anpassung zur Berücksichtigung späterer Preis- oder Wechselkursänderungen).**

43 **Handelt es sich bei der funktionalen Währung eines Unternehmens um die Währung eines Hochinflationslandes, hat das Unternehmen seinen Abschluss gemäß IAS 29 anzupassen, bevor es die in Paragraph 42 beschriebene Umrechnungsmethode anwendet; davon ausgenommen sind Vergleichsbeträge, die in die Währung eines Nicht-Hochinflationslandes umgerechnet werden (siehe Paragraph 42 (b)). Wenn ein bisheriges Hochinflationsland nicht mehr als solches eingestuft wird und das Unternehmen seinen Abschluss nicht mehr gemäß IAS 29 anpasst, sind als historische Anschaffungs- oder Herstellungskosten für die Umrechnung in die Darstellungswährung die an das Preisniveau angepassten Beträge maßgeblich, die zu dem Zeitpunkt galten, an dem das Unternehmen mit der Anpassung seines Abschlusses aufgehört hat.**

Umrechnung eines ausländischen Geschäftsbetriebs

44 Die Paragraphen 45–47 sind zusätzlich zu den Paragraphen 38–43 anzuwenden, wenn die Vermögens-, Finanz- und Ertragslage eines ausländischen Geschäftsbetriebs in eine Darstellungswährung umgerechnet wird, damit der ausländische Geschäftsbetrieb durch Vollkonsolidierung oder durch die Equity-Methode in den Abschluss des berichtenden Unternehmens einbezogen werden kann.

45 Die Einbeziehung der Vermögens-, Finanz- und Ertragslage eines ausländischen Geschäftsbetriebs in den Abschluss des berichtenden Unternehmens folgt den üblichen Konsolidierungsverfahren. Dazu zählen etwa die Eliminierung konzerninterner Salden und konzerninterne Transaktionen eines Tochterunternehmens (siehe IFRS 10 *Konzernabschlüsse*). Ein konzerninterner monetärer Vermögenswert (oder eine konzerninterne monetäre Verbindlichkeit), ob kurzfristig oder langfristig, darf jedoch nur dann mit einem entsprechenden konzerninternen Vermögenswert (oder einer konzerninternen Verbindlichkeit) verrechnet werden, wenn das Ergebnis von Währungsschwankungen im Konzernabschluss ausgewiesen wird. Dies ist deshalb der Fall, weil der monetäre Posten eine Verpflichtung darstellt, eine Währung in eine andere umzuwandeln, und das berichtende Unternehmen einen Gewinn oder Verlust aus Währungsschwankungen zu verzeichnen hat. Demgemäß wird eine derartige Umrechnungsdifferenz im Konzernabschluss des berichtenden Unternehmens weiter erfolgswirksam erfasst, es sei denn, sie stammt aus Umständen, die in Paragraph 32 beschrieben wurden; in diesen Fällen wird sie bis zur Veräußerung des ausländischen Geschäftsbetriebs im sonstigen Ergebnis erfasst und in einem separaten Bestandteil des Eigenkapitals kumuliert.

46 Wird der Abschluss eines ausländischen Geschäftsbetriebs zu einem anderen Stichtag als dem des berichtenden Unternehmens aufgestellt, so erstellt dieser ausländische Geschäftsbetrieb häufig einen zusätzlichen Abschluss auf den Stichtag des berichtenden Unternehmens. Ist dies nicht der Fall, so kann gemäß IFRS 10 ein abweichender Stichtag verwendet werden, sofern die Differenz nicht größer als drei Monate ist und Anpassungen für die Auswirkungen aller bedeutenden Geschäftsvorfälle oder Ereignisse vorgenommen werden, die zwischen den abweichenden Stichtagen eingetreten sind. In einem solchen Fall werden die Vermögenswerte und Schulden des ausländischen Geschäftsbetriebs zum Wechselkurs am Abschlussstichtag des ausländischen Geschäftsbetriebs umgerechnet. Treten bis zum Abschlussstichtag des berichtenden Unternehmens erhebliche Wechselkursänderungen ein, so werden diese gemäß IFRS 10 angepasst. Derselbe Ansatz gilt für die Anwendung der Equity-Methode auf assoziierte Unternehmen und Gemeinschaftsunternehmen gemäß IAS 28 (in der 2011 geänderten Fassung).

For practical reasons, a rate that approximates the exchange rates at the dates of the transactions, for example an average rate for the period, is often used to translate income and expense items. However, if exchange rates fluctuate significantly, the use of the average rate for a period is inappropriate. 40

The exchange differences referred to in paragraph 39 (c) result from: 41

(a) translating income and expenses at the exchange rates at the dates of the transactions and assets and liabilities at the closing rate.
(b) translating the opening net assets at a closing rate that differs from the previous closing rate.

These exchange differences are not recognised in profit or loss because the changes in exchange rates have little or no direct effect on the present and future cash flows from operations. The cumulative amount of the exchange differences is presented in a separate component of equity until disposal of the foreign operation. When the exchange differences relate to a foreign operation that is consolidated but not wholly-owned, accumulated exchange differences arising from translation and attributable to non-controlling interests are allocated to, and recognised as part of, non-controlling interest in the consolidated statement of financial position.

The results and financial position of an entity whose functional currency is the currency of a hyperinflationary economy shall be translated into a different presentation currency using the following procedures: 42

(a) all amounts (i.e. assets, liabilities, equity items, income and expenses, including comparatives) shall be translated at the closing rate at the date of the most recent statement of financial position; except that
(b) when amounts are translated into the currency of a non-hyperinflationary economy, comparative amounts shall be those that were presented as current year amounts in the relevant prior year financial statements (i.e. not adjusted for subsequent changes in the price level or subsequent changes in exchange rates).

When an entity's functional currency is the currency of a hyperinflationary economy, the entity shall restate its financial statements in accordance with IAS 29 before applying the translation method set out in paragraph 42, except for comparative amounts that are translated into a currency of a non-hyperinflationary economy (see paragraph 42 (b)). When the economy ceases to be hyperinflationary and the entity no longer restates its financial statements in accordance with IAS 29, it shall use as the historical costs for translation into the presentation currency the amounts restated to the price level at the date the entity ceased restating its financial statements. 43

Translation of a foreign operation

Paragraphs 45—47, in addition to paragraphs 38—43, apply when the results and financial position of a foreign operation are translated into a presentation currency so that the foreign operation can be included in the financial statements of the reporting entity by consolidation or the equity method. 44

The incorporation of the results and financial position of a foreign operation with those of the reporting entity follows normal consolidation procedures, such as the elimination of intragroup balances and intragroup transactions of a subsidiary (see IFRS 10 *Consolidated Financial Statements*). However, an intragroup monetary asset (or liability), whether short-term or long-term, cannot be eliminated against the corresponding intragroup liability (or asset) without showing the results of currency fluctuations in the consolidated financial statements. This is because the monetary item represents a commitment to convert one currency into another and exposes the reporting entity to a gain or loss through currency fluctuations. Accordingly, in the consolidated financial statements of the reporting entity, such an exchange difference is recognised in profit or loss or, if it arises from the circumstances described in paragraph 32, it is recognised in other comprehensive income and accumulated in a separate component of equity until the disposal of the foreign operation. 45

When the financial statements of a foreign operation are as of a date different from that of the reporting entity, the foreign operation often prepares additional statements as of the same date as the reporting entity's financial statements. When this is not done, IFRS 10 allows the use of a different date provided that the difference is no greater than three months and adjustments are made for the effects of any significant transactions or other events that occur between the different dates. In such a case, the assets and liabilities of the foreign operation are translated at the exchange rate at the end of the reporting period of the foreign operation. Adjustments are made for significant changes in exchange rates up to the end of the reporting period of the reporting entity in accordance with IFRS 10. The same approach is used in applying the equity method to associates and joint ventures in accordance with IAS 28 (as amended in 2011). 46

47 **Jeglicher im Zusammenhang mit dem Erwerb eines ausländischen Geschäftsbetriebs entstehende Geschäfts- oder Firmenwert und sämtliche am beizulegenden Zeitwert ausgerichteten Anpassungen des Buchwerts der Vermögenswerte und Schulden, die aus dem Erwerb dieses ausländischen Geschäftsbetriebs resultieren, sind als Vermögenswerte und Schulden des ausländischen Geschäftsbetriebs zu behandeln. Sie werden daher in der funktionalen Währung des ausländischen Geschäftsbetriebs angegeben und sind gemäß den Paragraphen 39 und 42 zum Stichtagskurs umzurechnen.**

Abgang oder Teilabgang eines ausländischen Geschäftsbetriebs

48 **Beim Abgang eines ausländischen Geschäftsbetriebs sind die entsprechenden kumulierten Umrechnungsdifferenzen, die bis zu diesem Zeitpunkt im sonstigen Ergebnis erfasst und in einem separaten Bestandteil des Eigenkapitals kumuliert wurden, in derselben Periode, in der auch der Gewinn oder Verlust aus dem Abgang erfasst wird, erfolgswirksam umzugliedern (als Umgliederungsbetrag) (siehe IAS 1 *Darstellung des Abschlusses* (überarbeitet 2007)).**

48A Zusätzlich zum Abgang des gesamten Anteils eines Unternehmens an einem ausländischen Geschäftsbetrieb werden folgende Teilabgänge als Abgänge bilanziert,

(a) wenn der Teilabgang mit einem Verlust der Beherrschung eines Tochterunternehmens, zu dem ein ausländischer Geschäftsbetrieb gehört, einhergeht, unabhängig davon, ob das Unternehmen nach dem Teilabgang einen nicht beherrschenden Anteil am ehemaligen Tochterunternehmen zurückbehält, und

(b) wenn es sich bei dem zurückbehaltenen Anteil nach dem Teilabgang eines Anteils an einer gemeinschaftlichen Vereinbarung oder nach dem Teilabgang eines Anteils an einem assoziierten Unternehmen, zu dem ein ausländischer Geschäftsbetrieb gehört, um einen finanziellen Vermögenswert handelt, zu dem ein ausländischer Geschäftsbetrieb gehört.

48B Beim Abgang eines Tochterunternehmens, zu dem ein ausländischer Geschäftsbetrieb gehört, sind die kumulierten zu diesem ausländischen Geschäftsbetrieb gehörenden Umrechnungsdifferenzen, die den nicht beherrschenden Anteilen zugeordnet waren, auszubuchen, aber nicht erfolgswirksam umzugliedern.

48C **Bei einem Teilabgang eines Tochterunternehmens, zu dem ein ausländischer Geschäftsbetrieb gehört, ist der entsprechende Anteil an den kumulierten Umrechnungsdifferenzen, die im sonstigen Ergebnis erfasst sind, den nicht beherrschenden Anteilen an diesem ausländischen Geschäftsbetrieb wieder zuzuordnen. Bei allen anderen Teilabgängen eines ausländischen Geschäftsbetriebs hat das Unternehmen nur den entsprechenden Anteil der kumulierten Umrechnungsdifferenzen, der im sonstigen Ergebnis erfasst war, erfolgswirksam umzugliedern.**

48D Ein Teilabgang eines Anteils eines Unternehmens an einem ausländischen Geschäftsbetrieb ist jegliche Verringerung der Beteiligungsquote eines Unternehmens an einem ausländischen Geschäftsbetrieb; davon ausgenommen sind jene in Paragraph 48A dargestellten Verringerungen, die als Abgänge bilanziert werden.

49 Ein Unternehmen kann seinen Anteil an einem ausländischen Geschäftsbetrieb durch Verkauf, Liquidation, Kapitalrückzahlung oder Aufgabe der Gesamtheit oder eines Teils des Geschäftsbetriebs ganz oder teilweise abgeben. Eine außerplanmäßige Abschreibung des Buchwerts eines ausländischen Geschäftsbetriebs aufgrund eigener Verluste oder aufgrund einer vom Investor erfassten Wertminderung ist nicht als Teilabgang zu betrachten. Folglich wird auch kein Teil der Umrechnungsgewinne oder -verluste, die im sonstigen Ergebnis erfasst sind, zum Zeitpunkt der außerplanmäßigen Abschreibung erfolgswirksam umgegliedert.

STEUERLICHE AUSWIRKUNGEN SÄMTLICHER UMRECHNUNGSDIFFERENZEN

50 Gewinne und Verluste aus Fremdwährungstransaktionen sowie Umrechnungsdifferenzen aus der Umrechnung der Vermögens-, Finanz- und Ertragslage eines Unternehmens (einschließlich eines ausländischen Geschäftsbetriebs) können steuerliche Auswirkungen haben, die gemäß IAS 12 *Ertragsteuern* bilanziert werden.

ANGABEN

51 **Die Bestimmungen zur funktionalen Währung in den Paragraphen 53 und 55–57 beziehen sich im Falle eines Konzerns auf die funktionale Währung des Mutterunternehmens.**

52 **Ein Unternehmen hat Folgendes anzugeben:**

(a) den Betrag der Umrechnungsdifferenzen, der erfolgswirksam erfasst wurde; davon ausgenommen sind Umrechnungsdifferenzen aus Finanzinstrumenten, die gemäß IFRS 9 erfolgswirksam zum beizulegenden Zeitwert bewertet werden, und

(b) den Saldo der Umrechnungsdifferenzen, der im sonstigen Ergebnis erfasst und in einem separaten Bestandteil des Eigenkapitals kumuliert wurde, und eine Überleitungsrechnung des Betrags solcher Umrechnungsdifferenzen zum Beginn und am Ende der Berichtsperiode.

Any goodwill arising on the acquisition of a foreign operation and any fair value adjustments to the carrying amounts of assets and liabilities arising on the acquisition of that foreign operation shall be treated as assets and liabilities of the foreign operation. Thus they shall be expressed in the functional currency of the foreign operation and shall be translated at the closing rate in accordance with paragraphs 39 and 42. 47

Disposal or partial disposal of a foreign operation

On the disposal of a foreign operation, the cumulative amount of the exchange differences relating to that foreign operation, recognised in other comprehensive income and accumulated in a separate component of equity, shall be reclassified from equity to profit or loss (as a reclassification adjustment) when the gain or loss on disposal is recognised (see IAS 1 *Presentation of Financial Statements* (as revised in 2007)). 48

In addition to the disposal of an entity$apos$s entire interest in a foreign operation, the following partial disposals are accounted for as disposals: **48A**

(a) when the partial disposal involves the loss of control of a subsidiary that includes a foreign operation, regardless of whether the entity retains a non-controlling interest in its former subsidiary after the partial disposal; and
(b) when the retained interest after the partial disposal of an interest in a joint arrangement or a partial disposal of an interest in an associate that includes a foreign operation is a financial asset that includes a foreign operation.

On disposal of a subsidiary that includes a foreign operation, the cumulative amount of the exchange differences relating to that foreign operation that have been attributed to the non-controlling interests shall be derecognised, but shall not be reclassified to profit or loss. **48B**

On the partial disposal of a subsidiary that includes a foreign operation, the entity shall re-attribute the proportionate share of the cumulative amount of the exchange differences recognised in other comprehensive income to the non-controlling interests in that foreign operation. In any other partial disposal of a foreign operation the entity shall reclassify to profit or loss only the proportionate share of the cumulative amount of the exchange differences recognised in other comprehensive income. **48C**

A partial disposal of an entity's interest in a foreign operation is any reduction in an entity's ownership interest in a foreign operation, except those reductions in paragraph 48A that are accounted for as disposals. **48D**

An entity may dispose or partially dispose of its interest in a foreign operation through sale, liquidation, repayment of share capital or abandonment of all, or part of, that entity. A write-down of the carrying amount of a foreign operation, either because of its own losses or because of an impairment recognised by the investor, does not constitute a partial disposal. Accordingly, no part of the foreign exchange gain or loss recognised in other comprehensive income is reclassified to profit or loss at the time of a write-down. **49**

TAX EFFECTS OF ALL EXCHANGE DIFFERENCES

Gains and losses on foreign currency transactions and exchange differences arising on translating the results and financial position of an entity (including a foreign operation) into a different currency may have tax effects. IAS 12 *Income taxes* applies to these tax effects. **50**

DISCLOSURE

In paragraphs 53 and 55—57 references to 'functional currency' apply, in the case of a group, to the functional currency of the parent. **51**

An entity shall disclose: **52**

(a) the amount of exchange differences recognised in profit or loss except for those arising on financial instruments measured at fair value through profit or loss in accordance with IFRS 9; and
(b) net exchange differences recognised in other comprehensive income and accumulated in a separate component of equity, and a reconciliation of the amount of such exchange differences at the beginning and end of the period.

53 **Wenn die Darstellungswährung nicht der funktionalen Währung entspricht, ist dieser Umstand zusammen mit der Nennung der funktionalen Währung und einer Begründung für die Verwendung einer abweichenden Währung anzugeben.**

54 **Bei einem Wechsel der funktionalen Währung des berichtenden Unternehmens oder eines wesentlichen ausländischen Geschäftsbetriebs sind dieser Umstand und die Gründe anzugeben, die zur Umstellung der funktionalen Währung geführt haben.**

55 **Stellt ein Unternehmen seinen Abschluss in einer anderen Währung als seiner funktionalen Währung dar, darf es den Abschluss nur dann als mit den IFRS übereinstimmend bezeichnen, wenn dieser sämtliche Vorschriften aller anzuwendenden IFRS, einschließlich der in den Paragraphen 39 und 42 dargelegten Umrechnungsmethode erfüllt.**

56 Ein Unternehmen stellt seinen Abschluss oder andere Finanzinformationen mitunter in einer anderen Währung als seiner funktionalen Währung dar, ohne die Anforderungen von Paragraph 55 zu erfüllen. Beispielsweise kommt es vor, dass ein Unternehmen nur ausgewählte Posten seines Abschlusses in eine andere Währung umrechnet. Oder ein Unternehmen, dessen funktionale Währung nicht die Währung eines Hochinflationslandes ist, rechnet seinen Abschluss in eine andere Währung um, indem es für alle Posten den letzten Stichtagskurs verwendet. Derartige Umrechnungen entsprechen nicht den IFRS, und es sind die in Paragraph 57 genannten Angaben erforderlich.

57 **Stellt ein Unternehmen seinen Abschluss oder andere Finanzinformationen in einer anderen Währung als seiner funktionalen oder seiner Darstellungswährung dar und werden die Anforderungen von Paragraph 55 nicht erfüllt, so hat das Unternehmen**

(a) **die Informationen deutlich als zusätzliche Informationen zu kennzeichnen, um sie von den mit den IFRS übereinstimmenden Informationen zu unterscheiden,**

(b) **die Währung anzugeben, in der die zusätzlichen Informationen dargestellt werden, und**

(c) **die funktionale Währung des** Unternehmens **und die verwendete Umrechnungsmethode zur Ermittlung der zusätzlichen Informationen anzugeben.**

57A Schätzt ein Unternehmen einen Kassakurs, weil eine Währung nicht in eine andere Währung umtauschbar ist (siehe Paragraph 19A), hat das Unternehmen Angaben zu machen, die den Abschlussadressaten die Auswirkungen bzw. voraussichtlichen Auswirkungen dieser fehlenden Umtauschbarkeit auf die Vermögens-, Finanz- und Ertragslage des Unternehmens und seine Zahlungsströme verständlich machen. Um dieses Ziel zu erreichen, hat ein Unternehmen Folgendes anzugeben:

(a) Grund für die mangelnde Umtauschbarkeit in die andere Währung und finanzielle Auswirkungen,

(b) verwendete/r Kassakurs(e),

(c) Schätzverfahren und

(d) Risiken, die sich für das Unternehmen aus der fehlenden Umtauschbarkeit der Währung in die andere Währung ergeben.

57B Die Paragraphen A18–A20 regeln, wie ein Unternehmen Paragraph 57A anzuwenden hat.

ZEITPUNKT DES INKRAFTTRETENS UND ÜBERGANGSVORSCHRIFTEN

58 Dieser Standard ist auf Geschäftsjahre anzuwenden, die am oder nach dem 1. Januar 2005 beginnen. Eine frühere Anwendung wird empfohlen. Wendet ein Unternehmen diesen Standard auf Berichtsperioden an, die vor dem 1. Januar 2005 beginnen, hat es dies anzugeben.

58A Durch die im Dezember 2005 veröffentlichte Änderung an IAS 21 *Nettoinvestition in einen ausländischen Geschäftsbetrieb* wurde Paragraph 15A eingefügt und Paragraph 33 geändert. Diese Änderungen sind auf Geschäftsjahre anzuwenden, die am oder nach dem 1. Januar 2006 beginnen. Eine frühere Anwendung wird empfohlen.

59 Ein Unternehmen hat Paragraph 47 prospektiv auf alle Erwerbe anzuwenden, die nach Beginn der Berichtsperiode, in der dieser Standard erstmalig angewendet wird, stattfinden. Eine rückwirkende Anwendung des Paragraphen 47 auf frühere Erwerbe ist zulässig. Beim Erwerb eines ausländischen Geschäftsbetriebs, der prospektiv behandelt wird, jedoch vor dem Zeitpunkt der erstmaligen Anwendung dieses Standards stattgefunden hat, darf das Unternehmen keine Anpassung der Vorjahre vornehmen und kann daher, sofern angemessen, den Geschäfts- oder Firmenwert und die Anpassungen an den beizulegenden Zeitwert im Zusammenhang mit diesem Erwerb als Vermögenswerte und Schulden des Unternehmens und nicht als Vermögenswerte und Schulden des ausländischen Geschäftsbetriebs behandeln. Der Geschäfts- oder Firmenwert und die Anpassungen an den beizulegenden Zeitwert sind daher bereits in der funktionalen Währung des berichtenden Unternehmens angegeben, oder es handelt sich um nicht monetäre Fremdwährungsposten, die zu dem zum Zeitpunkt des Erwerbs geltenden Wechselkurs umgerechnet werden.

60 Alle anderen Änderungen, die sich aus der Anwendung dieses Standards ergeben, sind gemäß den Vorschriften von IAS 8 *Rechnungslegungsmethoden, Änderungen von rechnungslegungsbezogenen Schätzungen und Fehler* zu bilanzieren.

When the presentation currency is different from the functional currency, that fact shall be stated, together with disclosure of the functional currency and the reason for using a different presentation currency. 53

When there is a change in the functional currency of either the reporting entity or a significant foreign operation, that fact and the reason for the change in functional currency shall be disclosed. 54

When an entity presents its financial statements in a currency that is different from its functional currency, it shall describe the financial statements as complying with international financial reporting standards only if they comply with all the requirements of each applicable standard and each applicable interpretation of those standards, including the translation method set out in paragraphs 39 and 42. 55

An entity sometimes presents its financial statements or other financial information in a currency that is not its functional currency without meeting the requirements of paragraph 55. For example, an entity may convert into another currency only selected items from its financial statements. Or, an entity whose functional currency is not the currency of a hyperinflationary economy may convert the financial statements into another currency by translating all items at the most recent closing rate. Such conversions are not in accordance with international financial reporting standards and the disclosures set out in paragraph 57 are required. 56

When an entity displays its financial statements or other financial information in a currency that is different from either its functional currency or its presentation currency and the requirements of paragraph 55 are not met, it shall: 57

(a) clearly identify the information as supplementary information to distinguish it from the information that complies with international financial reporting standards;

(b) disclose the currency in which the supplementary information is displayed; and

(c) disclose the entity's functional currency and the method of translation used to determine the supplementary information.

When an entity estimates a spot exchange rate because a currency is not exchangeable into another currency (see paragraph 19A), the entity shall disclose information that enables users of its financial statements to understand how the currency not being exchangeable into the other currency affects, or is expected to affect, the entity's financial performance, financial position and cash flows. To achieve this objective, an entity shall disclose information about: 57A

(a) the nature and financial effects of the currency not being exchangeable into the other currency;

(b) the spot exchange rate(s) used;

(c) the estimation process; and

(d) the risks to which the entity is exposed because of the currency not being exchangeable into the other currency.

Paragraphs A18—A20 specify how an entity applies paragraph 57A. 57B

EFFECTIVE DATE AND TRANSITION

An entity shall apply this standard for annual periods beginning on or after 1 January 2005. Earlier application is encouraged. If an entity applies this standard for a period beginning before 1 January 2005, it shall disclose that fact. 58

Net investment in a foreign operation (amendment to IAS 21), issued in December 2005, added paragraph 15A and amended paragraph 33. An entity shall apply those amendments for annual periods beginning on or after 1 January 2006. Earlier application is encouraged. 58A

An entity shall apply paragraph 47 prospectively to all acquisitions occurring after the beginning of the financial reporting period in which this standard is first applied. Retrospective application of paragraph 47 to earlier acquisitions is permitted. For an acquisition of a foreign operation treated prospectively but which occurred before the date on which this standard is first applied, the entity shall not restate prior years and accordingly may, when appropriate, treat goodwill and fair value adjustments arising on that acquisition as assets and liabilities of the entity rather than as assets and liabilities of the foreign operation. Therefore, those goodwill and fair value adjustments either are already expressed in the entity's functional currency or are non-monetary foreign currency items, which are reported using the exchange rate at the date of the acquisition. 59

All other changes resulting from the application of this standard shall be accounted for in accordance with the requirements of IAS 8 *Accounting policies, changes in accounting estimates and errors.* 60

60A Durch IAS 1 (in der 2007 überarbeiteten Fassung) wurde die in den IAS/IFRS verwendete Terminologie geändert. Außerdem wurden die Paragraphen 27, 30–33, 37, 39, 41, 45, 48 und 52 geändert. Diese Änderungen sind auf Geschäftsjahre anzuwenden, die am oder nach dem 1. Januar 2009 beginnen. Wendet ein Unternehmen IAS 1 (überarbeitet 2007) auf eine frühere Periode an, so hat es auf diese Periode auch diese Änderungen anzuwenden.

60B Mit der 2008 geänderten Fassung von IAS 27 wurden die Paragraphen 48A–48D eingefügt und Paragraph 49 geändert. Diese Änderungen sind prospektiv auf Geschäftsjahre anzuwenden, die am oder nach dem 1. Juli 2009 beginnen. Wendet ein Unternehmen IAS 27 (geändert 2008) auf eine frühere Periode an, sind auch die Änderungen auf diese frühere Periode anzuwenden.

60C [gestrichen]

60D Durch die *Verbesserungen der IFRS*, veröffentlicht im Mai 2010, wurde Paragraph 60B geändert. Diese Änderung ist auf Geschäftsjahre anzuwenden, die am oder nach dem 1. Juli 2010 beginnen. Eine frühere Anwendung ist zulässig.

60E [gestrichen]

60F Durch IFRS 10 und IFRS 11 *Gemeinschaftliche Vereinbarungen*, veröffentlicht im Mai 2011, wurden die Paragraphen 3 (b), 8, 11, 18, 19, 33, 44–46 und 48A geändert. Wendet ein Unternehmen IFRS 10 und IFRS 11 an, hat es diese Änderungen ebenfalls anzuwenden.

60G Durch IFRS 13, veröffentlicht im Mai 2011, wurden die Definition des beizulegenden Zeitwerts in Paragraph 8 und der Paragraph 23 geändert. Wendet ein Unternehmen IFRS 13 an, hat es diese Änderungen ebenfalls anzuwenden.

60H Durch *Darstellung von Posten des sonstigen Ergebnisses* (Änderungen an IAS 1), veröffentlicht im Juni 2011, wurde Paragraph 39 geändert. Wendet ein Unternehmen IAS 1 (in der im Juni 2011 geänderten Fassung) an, ist diese Änderung ebenfalls anzuwenden.

60I [gestrichen]

60J Durch IFRS 9, veröffentlicht im Juli 2014, wurden die Paragraphen 3, 4, 5, 27 und 52 geändert und die Paragraphen 60C, 60E und 60I gestrichen. Wendet ein Unternehmen IFRS 9 an, hat es diese Änderungen ebenfalls anzuwenden.

60K Durch IFRS 16 *Leasingverhältnisse*, veröffentlicht im Januar 2016, wurde Paragraph 16 geändert. Wendet ein Unternehmen IFRS 16 an, hat es diese Änderung ebenfalls anzuwenden.

60L Mit der im August 2023 veröffentlichten Verlautbarung *Mangelnde Umtauschbarkeit* wurden die Paragraphen 8 und 26 geändert und die Paragraphen 8A–8B, 19A, 57A–57B und Anhang A eingefügt. Diese Änderungen sind auf Geschäftsjahre anzuwenden, die am oder nach dem 1. Januar 2025 beginnen. Eine frühere Anwendung ist zulässig. Wendet ein Unternehmen diese Änderungen auf eine frühere Periode an, hat es dies anzugeben. Zeitpunkt der erstmaligen Anwendung ist der Beginn des Geschäftsjahres, in dem ein Unternehmen diese Änderungen erstmals anwendet.

60M Bei der Anwendung der Verlautbarung *Mangelnde Umtauschbarkeit* muss ein Unternehmen keine Anpassung von Vergleichsinformationen vornehmen. Stattdessen hat das Unternehmen,

(a) wenn es Fremdwährungstransaktionen in seiner funktionalen Währung bilanziert und zum Zeitpunkt der erstmaligen Anwendung zu dem Schluss gelangt, dass seine funktionale Währung nicht in die Fremdwährung umtauschbar ist, oder, sofern zutreffend, zu dem Schluss gelangt, dass die Fremdwährung nicht in seine funktionale Währung umtauschbar ist, zum Zeitpunkt der erstmaligen Anwendung

   (i) betroffene monetäre Posten in Fremdwährung und nichtmonetäre Posten, die zum beizulegenden Zeitwert in einer Fremdwährung bewertet werden, unter Verwendung des zu diesem Zeitpunkt geschätzten Kassakurses umzurechnen, und

   (ii) alle Auswirkungen der erstmaligen Anwendung der Änderungen als Anpassung des Eröffnungsbilanzwerts der Gewinnrücklagen zu erfassen.

(b) Wenn das Unternehmen eine Darstellungswährung verwendet, die nicht mit seiner funktionalen Währung identisch ist, oder das Unternehmen die Vermögens-, Finanz- und Ertragslage eines ausländischen Geschäfts betriebs umrechnet, und es zum Zeitpunkt der erstmaligen Anwendung zu dem Schluss gelangt, dass seine funktionale Währung (oder die funktionale Währung des ausländischen Geschäftsbetriebs) nicht in seine Darstellungswährung umtauschbar ist, oder es, sofern zutreffend, zu dem Schluss gelangt, dass seine Darstellungswährung nicht in seine funktionale Währung (oder die funktionale Währung des ausländischen Geschäftsbetriebs) umtauschbar ist, so hat das Unternehmen zum Zeitpunkt der erstmaligen Anwendung

   (i) die betroffenen Vermögenswerte und Schulden unter Verwendung des zu diesem Zeitpunkt geschätzten Kassakurses umzurechnen,

   (ii) die betroffenen Eigenkapitalpositionen unter Verwendung des zu diesem Zeitpunkt geschätzten Kassakurses umzurechnen, sofern die funktionale Währung des Unternehmens hochinflationär ist, und

   (iii) alle Auswirkungen der erstmaligen Anwendung der Änderungen als Anpassung des kumulierten Betrags der Umrechnungsdifferenzen – kumuliert in einer separaten Komponente des Eigenkapitals – zu erfassen.

IAS 1 (as revised in 2007) amended the terminology used throughout IFRSs. In addition it amended paragraphs 27, 30—33, 37, 39, 41, 45, 48 and 52. An entity shall apply those amendments for annual periods beginning on or after 1 January 2009. If an entity applies IAS 1 (revised 2007) for an earlier period, the amendments shall be applied for that earlier period. **60A**

IAS 27 (as amended in 2008) added paragraphs 48A—48D and amended paragraph 49. An entity shall apply those amendments prospectively for annual periods beginning on or after 1 July 2009. If an entity applies IAS 27 (amended 2008) for an earlier period, the amendments shall be applied for that earlier period. **60B**

[deleted] **60C**

Paragraph 60B was amended by *Improvements to IFRSs* issued in May 2010. An entity shall apply that amendment for annual periods beginning on or after 1 July 2010. Earlier application is permitted. **60D**

[deleted] **60E**

IFRS 10 and IFRS 11 *Joint Arrangements*, issued in May 2011, amended paragraphs 3 (b), 8, 11, 18, 19, 33, 44—46 and 48A. An entity shall apply those amendments when it applies IFRS 10 and IFRS 11. **60F**

IFRS 13, issued in May 2011, amended the definition of fair value in paragraph 8 and amended paragraph 23. An entity shall apply those amendments when it applies IFRS 13. **60G**

Presentation of Items of Other Comprehensive Income (Amendments to IAS 1), issued in June 2011, amended paragraph 39. An entity shall apply that amendment when it applies IAS 1 as amended in June 2011. **60H**

[deleted] **60I**

IFRS 9, as issued in July 2014, amended paragraphs 3, 4, 5, 27 and 52 and deleted paragraphs 60C, 60E and 60I. An entity shall apply those amendments when it applies IFRS 9. **60J**

IFRS 16 Leases, issued in January 2016, amended paragraph 16. An entity shall apply that amendment when it applies IFRS 16. **60K**

Lack of Exchangeability, issued in August 2023, amended paragraphs 8 and 26, and added paragraphs 8A—8B, 19A, 57A—57B and Appendix A. An entity shall apply those amendments for annual reporting periods beginning on or after 1 January 2025. Earlier application is permitted. If an entity applies the amendments for an earlier period, it shall disclose that fact. The date of initial application is the beginning of the annual reporting period in which an entity first applies those amendments. **60L**

In applying *Lack of Exchangeability*, an entity shall not restate comparative information. Instead: **60M**

(a) when the entity reports foreign currency transactions in its functional currency, and, at the date of initial application, concludes that its functional currency is not exchangeable into the foreign currency or, if applicable, concludes that the foreign currency is not exchangeable into its functional currency, the entity shall, at the date of initial application:
   (i) translate affected foreign currency monetary items, and non-monetary items measured at fair value in a foreign currency, using the estimated spot exchange rate at that date; and
   (ii) recognise any effect of initially applying the amendments as an adjustment to the opening balance of retained earnings;

(b) when the entity uses a presentation currency other than its functional currency, or translates the results and financial position of a foreign operation, and, at the date of initial application, concludes that its functional currency (or the foreign operation's functional currency) is not exchangeable into its presentation currency or, if applicable, concludes that its presentation currency is not exchangeable into its functional currency (or the foreign operation's functional currency), the entity shall, at the date of initial application:
   (i) translate affected assets and liabilities using the estimated spot exchange rate at that date;
   (ii) translate affected equity items using the estimated spot exchange rate at that date if the entity's functional currency is hyperinflationary; and
   (iii) recognise any effect of initially applying the amendments as an adjustment to the cumulative amount of translation differences—accumulated in a separate component of equity.

RÜCKNAHME ANDERER VERLAUTBARUNGEN

61 Dieser Standard ersetzt IAS 21 *Auswirkungen von Wechselkursänderungen* (überarbeitet 1993).

62 Dieser Standard ersetzt die folgenden Interpretationen:
(a) SIC-11 *Fremdwährung – Aktivierung von Verlusten aus erheblichen Währungsabwertungen,*
(b) SIC-19 *Berichtswährung – Bewertung und Darstellung von Abschlüssen gemäß IAS 21 und IAS 29* und
(c) SIC-30 *Berichtswährung – Umrechnung von der Bewertungs- in die Darstellungswährung.*

ANHANG A
Anwendungsleitlinien

Dieser Anhang ist integraler Bestandteil des Standards.

Umtauschbarkeit

A1 Das folgende Diagramm soll Unternehmen dabei helfen, die Umtauschbarkeit einer Währung zu beurteilen und für den Fall, dass eine Währung nicht umtauschbar ist, den Kassakurs zu schätzen.

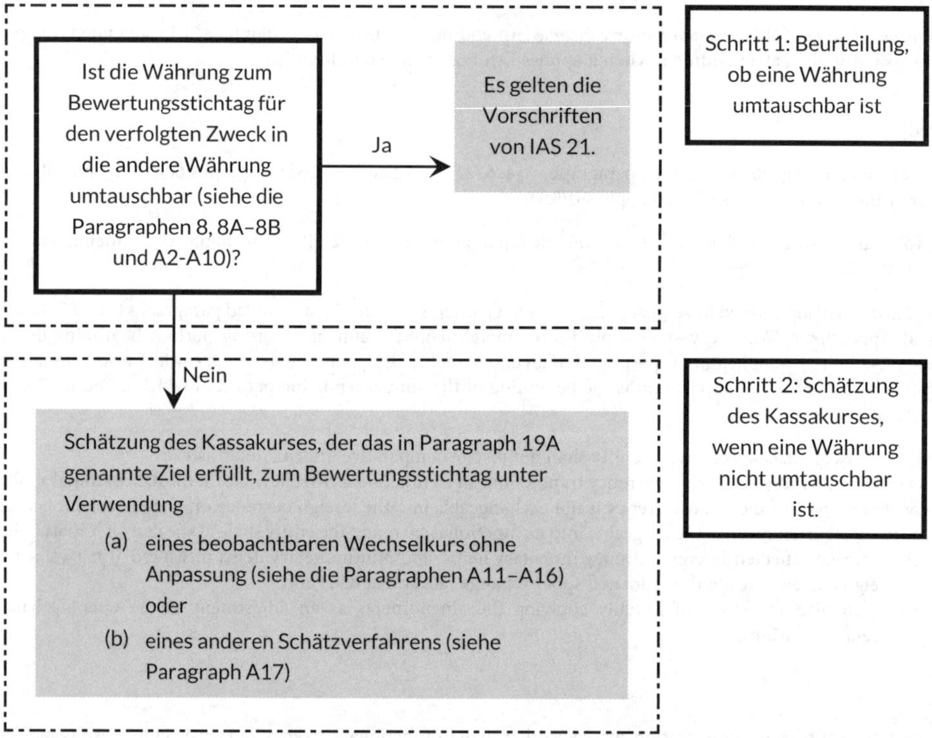

Schritt 1: Beurteilung, ob eine Währung umtauschbar ist (Paragraphen 8 und 8A–8B)

A2 Die Paragraphen A3–A10 enthalten Anwendungsleitlinien, die einem Unternehmen bei der Beurteilung helfen sollen, ob eine Währung in eine andere Währung umtauschbar ist. Ein Unternehmen kann unter Umständen feststellen, dass eine Währung nicht in eine andere Währung umtauschbar ist, obwohl ein Umtausch in die andere Richtung möglich ist. Beispielsweise kann ein Unternehmen feststellen, dass die Währung PC nicht in die Währung LC umtauschbar ist, obwohl die Währung LC in die Währung PC umtauschbar ist.

WITHDRAWAL OF OTHER PRONOUNCEMENTS

This standard supersedes IAS 21 *The effects of changes in foreign exchange rates* (revised in 1993). 61

This standard supersedes the following interpretations: 62
(a) SIC-11 *Foreign exchange — capitalisation of losses resulting from severe currency devaluations*;
(b) SIC-19 *Reporting currency — measurement and presentation of financial statements under IAS 21 and IAS 29*; and
(c) SIC-30 *Reporting currency — translation from measurement currency to presentation currency.*

APPENDIX A

Application guidance

This appendix is an integral part of the Standard.

Exchangeability

The purpose of the following diagram is to help entities assess whether a currency is exchangeable and estimate the spot exchange rate when a currency is not exchangeable. A1

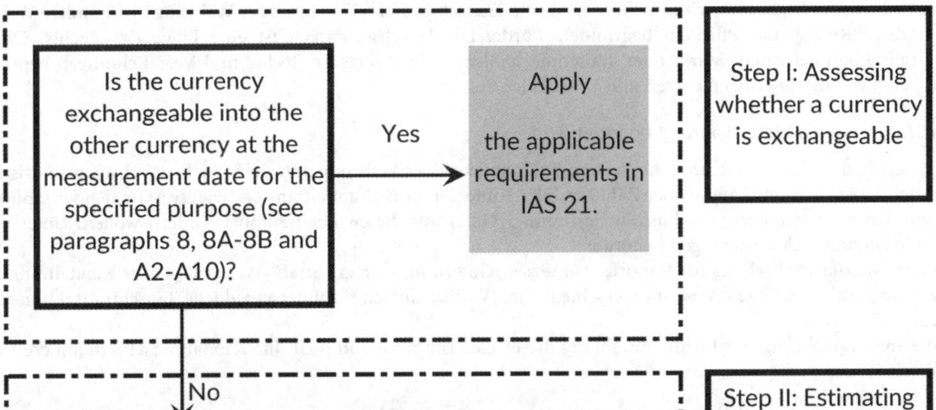

Step I: Assessing whether a currency is exchangeable (paragraphs 8 and 8A—8B)

Paragraphs A3—A10 set out application guidance to help an entity assess whether a currency is exchangeable into another currency. An entity might determine that a currency is not exchangeable into another currency, even though that other currency might be exchangeable in the other direction. For example, an entity might determine that currency PC is not exchangeable into currency LC, even though currency LC is exchangeable into currency PC. A2

Zeitrahmen

A3 In Paragraph 8 wird der Kassakurs als Wechselkurs bei sofortiger Ausführung definiert. Doch kann eine Tauschtransaktion aufgrund gesetzlicher oder regulatorischer Anforderungen oder aus praktischen Gründen wie etwa aufgrund gesetzlicher Feiertage möglicherweise nicht immer sofort ausgeführt werden. Eine normale administrative Verzögerung beim Erhalt der anderen Währung bedeutet aber nicht, dass eine Währung nicht in diese andere Währung umtauschbar ist. Was unter einer normalen administrativen Verzögerung zu verstehen ist, hängt von den jeweiligen Fakten und Umständen ab.

Möglichkeit, die andere Währung zu erhalten

A4 Bei der Beurteilung, ob eine Währung in eine andere Währung umtauschbar ist, hat ein Unternehmen die Frage zugrundezulegen, ob es in der Lage ist, die andere Währung zu erhalten, und nicht, ob es dies beabsichtigt oder sich dafür entscheidet. Vorbehaltlich der sonstigen Anforderungen der Paragraphen A2–A10 ist eine Währung in eine andere Währung umtauschbar, wenn ein Unternehmen in der Lage ist, die andere Währung – direkt oder indirekt – zu erhalten, selbst wenn es dies nicht beabsichtigt oder sich dagegen entscheidet. Vorbehaltlich der sonstigen Anforderungen der Paragraphen A2–A10 ist die Währung LC beispielsweise dann in die Währung PC umtauschbar, wenn ein Unternehmen unabhängig davon, ob es die Währung PC erhalten will oder zu erhalten beschließt, entweder die Währung LC in die Währung PC umtauschen kann oder die Währung LC in eine andere Währung (FC) und dann die Währung FC in die Währung PC umtauschen kann.

Märkte oder Tauschmechanismen

A5 Bei der Beurteilung, ob eine Währung in eine andere Währung umtauschbar ist, hat ein Unternehmen nur Märkte oder Tauschmechanismen zu berücksichtigen, bei denen eine Transaktion zum Umtausch der Währung in die andere Währung durchsetzbare Rechte und Pflichten begründen würde. Die Durchsetzbarkeit ist eine Frage des Rechts. Ob eine Tauschtransaktion bei einem Markt oder Tauschmechanismus durchsetzbare Rechte und Verpflichtungen begründen würde, hängt von den jeweiligen Fakten und Umständen ab.

Zweck, für den die andere Währung benötigt wird

A6 Es ist möglich, dass für unterschiedliche Verwendungszwecke einer Währung unterschiedliche Wechselkurse existieren. So könnte beispielsweise ein Land, dessen Zahlungsbilanz unter Druck ist, Kapitaltransfers (wie etwa Dividendenzahlungen) in andere Länder verhindern, die Einfuhr bestimmter Güter aus diesen Ländern aber fördern wollen. Unter diesen Umständen könnten die zuständigen Behörden

(a) einen Vorzugswechselkurs für Importe von diesen Gütern und einen „Straf"-Wechselkurs für Kapitaltransfers in andere Länder festsetzen, was zu unterschiedlichen Wechselkursen für unterschiedliche Tauschtransaktionen führen würde, oder

(b) die andere Währung nur für die Bezahlung dieser Güterimporte und nicht für Kapitaltransfers in andere Länder bereitstellen.

A7 Dementsprechend könnte die Frage, ob eine Währung in eine andere Währung umtauschbar ist, davon abhängen, zu welchem Zweck das Unternehmen die andere Währung benötigt (oder hypothetisch benötigen könnte). Bei der Bewertung der Umtauschbarkeit gilt:

(a) Wenn ein Unternehmen Fremdwährungstransaktionen in seiner funktionalen Währung bilanziert (siehe die Paragraphen 20–37), hat es davon auszugehen, dass die andere Währung zu dem Zweck benötigt wird, einzelne Fremdwährungstransaktionen, Vermögenswerte oder Verbindlichkeiten zu realisieren oder auszugleichen.

(b) Wenn die Darstellungswährung eines Unternehmens nicht seine funktionale Währung ist (siehe die Paragraphen 38–43), hat das Unternehmen davon auszugehen, dass die andere Währung zu dem Zweck benötigt wird, sein Nettovermögen oder seine Nettoverbindlichkeiten zu realisieren oder auszugleichen.

(c) Wenn ein Unternehmen die Vermögens-, Finanz- und Ertragslage eines ausländischen Geschäftsbetriebs in seine Darstellungswährung umrechnet (siehe die Paragraphen 44–47), hat es davon auszugehen, dass die andere Währung zu dem Zweck benötigt wird, seine Nettoinvestition in den ausländischen Geschäftsbetrieb zu realisieren oder auszugleichen.

A8 Die Realisierung des Nettovermögens eines Unternehmens oder seiner Nettoinvestition in einen ausländischen Geschäftsbetrieb könnte sich beispielsweise ergeben aus:

(a) der Ausschüttung einer Rendite an die Eigentümer des Unternehmens,

(b) dem Erhalt einer Rendite aus dem ausländischen Geschäftsbetrieb des Unternehmens oder

(c) der Rückgewinnung der Investition durch das Unternehmen oder die Eigentümer des Unternehmens, z. B. durch Veräußerung der Investition.

A9 Ein Unternehmen hat für jeden der in Paragraph A7 genannten Zwecke gesondert zu beurteilen, ob eine Währung in eine andere Währung umtauschbar ist. So hat ein Unternehmen die Umtauschbarkeit zum Zweck der Bilanzierung von Fremdwährungstransaktionen in seiner funktionalen Währung (siehe Paragraph A7 (a)) gesondert von der Umtauschbarkeit zum Zweck der Umrechnung der Vermögens-, Finanz- und Ertragslage eines ausländischen Geschäftsbetriebs zu beurteilen (siehe Paragraph A7 (c)).

Time frame

Paragraph 8 defines a spot exchange rate as the exchange rate for immediate delivery. However, an exchange transaction might not always complete instantaneously because of legal or regulatory requirements, or for practical reasons such as public holidays. A normal administrative delay in obtaining the other currency does not preclude a currency from being exchangeable into that other currency. What constitutes a normal administrative delay depends on facts and circumstances. A3

Ability to obtain the other currency

In assessing whether a currency is exchangeable into another currency, an entity shall consider its ability to obtain the other currency, rather than its intention or decision to do so. Subject to the other requirements in paragraphs A2—A10, a currency is exchangeable into another currency if an entity is able to obtain the other currency—either directly or indirectly—even if it intends or decides not to do so. For example, subject to the other requirements in paragraphs A2—A10, regardless of whether the entity intends or decides to obtain PC, currency LC is exchangeable into currency PC if an entity is able to either exchange LC for PC, or exchange LC for another currency (FC) and then exchange FC for PC. A4

Markets or exchange mechanisms

In assessing whether a currency is exchangeable into another currency, an entity shall consider only markets or exchange mechanisms in which a transaction to exchange the currency for the other currency would create enforceable rights and obligations. Enforceability is a matter of law. Whether an exchange transaction in a market or exchange mechanism would create enforceable rights and obligations depends on facts and circumstances. A5

Purpose of obtaining the other currency

Different exchange rates might be available for different uses of a currency. For example, a jurisdiction facing pressure on its balance of payments might wish to deter capital remittances (such as dividend payments) to other jurisdictions but encourage imports of specific goods from those jurisdictions. In such circumstances, the relevant authorities might: A6

(a) set a preferential exchange rate for imports of those goods and a 'penalty' exchange rate for capital remittances to other jurisdictions, thus resulting in different exchange rates applying to different exchange transactions; or
(b) make the other currency available only to pay for imports of those goods and not for capital remittances to other jurisdictions.

Accordingly, whether a currency is exchangeable into another currency could depend on the purpose for which the entity obtains (or hypothetically might need to obtain) the other currency. In assessing exchangeability: A7

(a) when an entity reports foreign currency transactions in its functional currency (see paragraphs 20—37), the entity shall assume its purpose in obtaining the other currency is to realise or settle individual foreign currency transactions, assets or liabilities;
(b) when an entity uses a presentation currency other than its functional currency (see paragraphs 38—43), the entity shall assume its purpose in obtaining the other currency is to realise or settle its net assets or net liabilities;
(c) when an entity translates the results and financial position of a foreign operation into the presentation currency (see paragraphs 44—47), the entity shall assume its purpose in obtaining the other currency is to realise or settle its net investment in the foreign operation.

An entity's net assets or net investment in a foreign operation might be realised by, for example: A8

(a) the distribution of a financial return to the entity's owners;
(b) the receipt of a financial return from the entity's foreign operation; or
(c) the recovery of the investment by the entity or the entity's owners, such as through disposal of the investment.

An entity shall assess whether a currency is exchangeable into another currency separately for each purpose specified in paragraph A7. For example, an entity shall assess exchangeability for the purpose of reporting foreign currency transactions in its functional currency (see paragraph A7 (a)) separately from exchangeability for the purpose of translating the results and financial position of a foreign operation (see paragraph A7 (c)). A9

Möglichkeit, lediglich begrenzte Beträge in der anderen Währung zu erhalten

A10 Eine Währung ist nicht in eine andere Währung umtauschbar, wenn ein Unternehmen für einen in Paragraph A7 genannten Zweck nur einen unwesentlichen Betrag in der anderen Währung erhalten kann. Ein Unternehmen hat die Wesentlichkeit des Betrags, den es für einen bestimmten Zweck in der anderen Währung erhalten kann, zu beurteilen, indem es diesen Betrag mit dem für den betreffenden Zweck erforderlichen Gesamtbetrag in der anderen Währung vergleicht. Als Beispiel: Ein Unternehmen, dessen funktionale Währung die Währung LC ist, hat Schulden, die auf die Währung FC lauten. Das Unternehmen beurteilt, ob der Gesamtbetrag an Währung FC, den es für den Ausgleich dieser Schulden erhalten kann, im Vergleich zum Gesamtbetrag (der Summe) seiner auf die Währung FC lautenden Schuldensalden lediglich einen unwesentlichen Betrag darstellt.

Schritt 2: Schätzung des Kassakurses, wenn eine Währung nicht umtauschbar ist (Paragraph 19A)

A11 In diesem Standard wird nicht festgelegt, wie ein Unternehmen den Kassakurs zu schätzen hat, um das in Paragraph 19A genannte Ziel zu erreichen. Ein Unternehmen kann einen beobachtbaren Wechselkurs ohne Anpassung (siehe die Paragraphen A12–A16) oder ein anderes Schätzverfahren (siehe Paragraph A17) verwenden.

Verwendung eines beobachtbaren Wechselkurses ohne Anpassung

A12 Bei der Schätzung des Kassakurses gemäß Paragraph 19A kann ein Unternehmen einen beobachtbaren Wechselkurs ohne Anpassung verwenden, wenn dieser beobachtbare Wechselkurs das in Paragraph 19A genannte Ziel erfüllt. Beispiele für einen beobachtbaren Wechselkurs sind:

(a) ein Kassakurs für einen anderen Zweck als den, für den ein Unternehmen die Umtauschbarkeit bewertet (siehe die Paragraphen A13–A14), und

(b) der erste Wechselkurs, zu dem ein Unternehmen die andere Währung für den angegebenen Zweck erhalten kann, nachdem die Umtauschbarkeit der Währung wieder gegeben ist (erster nachfolgender Wechselkurs) (siehe die Paragraphen A15–A16).

Verwendung eines beobachtbaren Wechselkurses für einen anderen Zweck

A13 Eine Währung, die für einen bestimmten Zweck nicht in eine andere Währung umtauschbar ist, kann für einen anderen Zweck in diese Währung umtauschbar sein. So könnte ein Unternehmen eine Währung beispielsweise für die Einfuhr bestimmter Güter, nicht aber für die Zahlung von Dividenden erhalten können. In solchen Fällen könnte das Unternehmen zu dem Schluss gelangen, dass ein für einen anderen Zweck beobachtbarer Wechselkurs das in Paragraph 19A genannte Ziel erfüllt. Wenn der Kurs das in Paragraph 19A genannte Ziel erfüllt, kann ein Unternehmen ihn als geschätzten Kassakurs verwenden.

A14 Bei der Beurteilung, ob ein solcher beobachtbarer Wechselkurs das in Paragraph 19A genannte Ziel erfüllt, hat ein Unternehmen unter anderem Folgendes zu berücksichtigen:

(a) *die Frage, ob mehrere beobachtbare Wechselkurse existieren* – Die Existenz mehrerer beobachtbarer Wechselkurse könnte darauf hindeuten, dass Wechselkurse festgesetzt werden, um Unternehmen dazu zu veranlassen oder davon abzuhalten, die andere Währung für bestimmte Zwecke zu erhalten. Diese beobachtbaren Wechselkurse können einen „Anreiz" oder eine „Strafe" beinhalten und daher möglicherweise die vorherrschenden wirtschaftlichen Bedingungen nicht getreu widerspiegeln.

(b) *den Zweck, zu dem die Währung umtauschbar ist* – Wenn ein Unternehmen die andere Währung nur für begrenzte Zwecke (z. B. für die Einfuhr von Hilfsgütern) erwerben kann, spiegelt der beobachtbare Wechselkurs die vorherrschenden wirtschaftlichen Bedingungen möglicherweise nicht getreu wider.

(c) *die Art des Wechselkurses* – Ein frei schwankender beobachtbarer Wechselkurs spiegelt eher die vorherrschenden wirtschaftlichen Bedingungen getreu wider als ein Wechselkurs, der durch regelmäßige Interventionen der zuständigen Behörden festgelegt wird.

(d) *die Häufigkeit, mit der Wechselkurse aktualisiert werden* – Bei einem beobachtbaren Wechselkurs, der über einen bestimmten Zeitraum unverändert bleibt, ist es weniger wahrscheinlich, dass er die vorherrschenden wirtschaftlichen Bedingungen getreu widerspiegelt als bei einem beobachtbaren Wechselkurs, der täglich (oder mehrmals am Tag) aktualisiert wird.

Verwendung des ersten nachfolgenden Wechselkurses

A15 Eine Währung, die zum Bewertungsstichtag für einen bestimmten Zweck nicht in eine andere Währung umtauschbar ist, kann zu einem späteren Zeitpunkt für diesen Zweck in die jeweilige Währung umtauschbar werden. In solchen Fällen könnte ein Unternehmen zu dem Schluss gelangen, dass der erste nachfolgende Wechselkurs das in Paragraph 19A genannte Ziel erfüllt. Wenn der Kurs das in Paragraph 19A genannte Ziel erfüllt, kann ein Unternehmen ihn als geschätzten Kassakurs verwenden.

A16 Bei der Beurteilung, ob der erste nachfolgende Wechselkurs das in Paragraph 19A genannte Ziel erfüllt, hat ein Unternehmen unter anderem Folgendes zu berücksichtigen:

Ability to obtain only limited amounts of the other currency

A currency is not exchangeable into another currency if, for a purpose specified in paragraph A7, an entity is able to obtain no more than an insignificant amount of the other currency. An entity shall assess the significance of the amount of the other currency it is able to obtain for a specified purpose by comparing that amount with the total amount of the other currency required for that purpose. For example, an entity with a functional currency of LC has liabilities denominated in currency FC. The entity assesses whether the total amount of FC it can obtain for the purpose of settling those liabilities is no more than an insignificant amount compared with the aggregated amount (the sum) of its liability balances denominated in FC. **A10**

Step II: Estimating the spot exchange rate when a currency is not exchangeable (paragraph 19A)

This Standard does not specify how an entity estimates the spot exchange rate to meet the objective in paragraph 19A. An entity can use an observable exchange rate without adjustment (see paragraphs A12—A16) or another estimation technique (see paragraph A17). **A11**

Using an observable exchange rate without adjustment

In estimating the spot exchange rate as required by paragraph 19A, an entity may use an observable exchange rate without adjustment if that observable exchange rate meets the objective in paragraph 19A. Examples of an observable exchange rate include: **A12**

(a) a spot exchange rate for a purpose other than that for which an entity assesses exchangeability (see paragraphs A13—A14); and

(b) the first exchange rate at which an entity is able to obtain the other currency for the specified purpose after exchangeability of the currency is restored (first subsequent exchange rate) (see paragraphs A15—A16).

Using an observable exchange rate for another purpose

A currency that is not exchangeable into another currency for one purpose might be exchangeable into that currency for another purpose. For example, an entity might be able to obtain a currency to import specific goods but not to pay dividends. In such situations, the entity might conclude that an observable exchange rate for another purpose meets the objective in paragraph 19A. If the rate meets the objective in paragraph 19A, an entity may use that rate as the estimated spot exchange rate. **A13**

In assessing whether such an observable exchange rate meets the objective in paragraph 19A, an entity shall consider, among other factors: **A14**

(a) *whether several observable exchange rates exist*—the existence of more than one observable exchange rate might indicate that exchange rates are set to encourage, or deter, entities from obtaining the other currency for particular purposes. These observable exchange rates might include an 'incentive' or 'penalty' and therefore might not reflect the prevailing economic conditions.

(b) *the purpose for which the currency is exchangeable*—if an entity is able to obtain the other currency only for limited purposes (such as to import emergency supplies), the observable exchange rate might not reflect the prevailing economic conditions.

(c) *the nature of the exchange rate*—a free-floating observable exchange rate is more likely to reflect the prevailing economic conditions than an exchange rate set through regular interventions by the relevant authorities.

(d) *the frequency with which exchange rates are updated*—an observable exchange rate unchanged over time is less likely to reflect the prevailing economic conditions than an observable exchange rate that is updated on a daily basis (or even more frequently).

Using the first subsequent exchange rate

A currency that is not exchangeable into another currency at the measurement date for a specified purpose might subsequently become exchangeable into that currency for that purpose. In such situations, an entity might conclude that the first subsequent exchange rate meets the objective in paragraph 19A. If the rate meets the objective in paragraph 19A, an entity may use that rate as the estimated spot exchange rate. **A15**

In assessing whether the first subsequent exchange rate meets the objective in paragraph 19A, an entity shall consider, among other factors: **A16**

(a) *den Zeitraum zwischen dem Bewertungsstichtag und dem Zeitpunkt, zu dem die Umtauschbarkeit wieder gegeben ist* – Je kürzer dieser Zeitraum, desto wahrscheinlicher ist es, dass der erste nachfolgende Wechselkurs die vorherrschenden wirtschaftlichen Bedingungen getreu widerspiegelt.

(b) *Inflationsraten* – Wenn eine Volkswirtschaft einer hohen Inflation unterliegt oder gar hochinflationär ist (gemäß IAS 29 *Rechnungslegung in Hochinflationsländern*), ändern sich die Kurse häufig schnell, unter Umständen mehrmals pro Tag. Folglich spiegelt der erste nachfolgende Wechselkurs für eine Währung einer solchen Volkswirtschaft die vorherrschenden wirtschaftlichen Bedingungen möglicherweise nicht getreu wider.

Verwendung eines anderen Schätzverfahrens

A17 Ein Unternehmen, das ein anderes Schätzverfahren verwendet, kann jeden beobachtbaren Wechselkurs verwenden, einschließlich Wechselkursen aus Tauschtransaktionen an Märkten oder Tauschmechanismen, die keine durchsetzbaren Rechte und Verpflichtungen begründen, und den jeweiligen Kurs erforderlichenfalls anpassen, um das in Paragraph 19A genannte Ziel zu erfüllen.

Angaben, wenn eine Währung nicht umtauschbar ist

A18 Ein Unternehmen hat zu erwägen, wie detailliert die Angaben sein müssen, damit die mit den Angabepflichten in Paragraph 57A verfolgte Zielsetzung erreicht ist. Ein Unternehmen hat die in den Paragraphen A19–A20 genannten Angaben und alle etwaigen zusätzlichen Angaben zu machen, die zur Erfüllung der Angabepflichten in Paragraph 57A erforderlich sind.

A19 Bei der Anwendung von Paragraph 57A hat ein Unternehmen Folgendes anzugeben:

(a) die Währung und eine Beschreibung der Einschränkungen, aufgrund deren die jeweilige Währung nicht in die andere Währung umtauschbar ist,

(b) eine Beschreibung der betroffenen Transaktionen,

(c) den Buchwert der betroffenen Vermögenswerte und Schulden,

(d) die verwendeten Kassakurse und ob es sich bei diesen Kassakursen um Folgendes handelt:

   (i) beobachtbare Wechselkurse ohne Anpassung (siehe die Paragraphen A12–A16) oder

   (ii) anhand eines anderen Schätzverfahrens geschätzte Kassakurse (siehe Paragraph A17),

(e) eine Beschreibung aller vom Unternehmen angewendeten Schätzverfahren sowie qualitative und quantitative Angaben zu den bei diesem Schätzverfahren verwendeten Eingangsparametern und getroffenen Annahmen und

(f) qualitative Angaben zu jeder Art von Risiko, dem das Unternehmen ausgesetzt ist, weil die Währung nicht in die andere Währung umtauschbar ist, sowie Art und Buchwert der Vermögenswerte und Schulden, die den einzelnen Arten von Risiko ausgesetzt sind.

A20 Wenn die funktionale Währung eines ausländischen Geschäftsbetriebs nicht in die Darstellungswährung eines Unternehmens umtauschbar ist, oder, sofern zutreffend, die Darstellungswährung eines Unternehmens nicht in die funktionale Währung eines ausländischen Geschäftsbetriebs umtauschbar ist, hat das Unternehmen ferner Folgendes anzugeben:

(a) den Namen des ausländischen Geschäftsbetriebs; ob es sich bei dem ausländischen Geschäftsbetrieb um ein Tochterunternehmen, eine gemeinschaftliche Tätigkeit, ein Gemeinschaftsunternehmen, ein assoziiertes Unternehmen oder eine Niederlassung handelt; und den Hauptgeschäftssitz des ausländischen Geschäftsbetriebs,

(b) zusammengefasste Finanzinformationen über den ausländischen Geschäftsbetrieb und

(c) die Art und die Bedingungen aller vertraglichen Vereinbarungen, die das Unternehmen zur finanziellen Unterstützung des ausländischen Geschäftsbetriebs verpflichten könnten; dazu zählen auch Ereignisse oder Umstände, durch die das Unternehmen einen Verlust erleiden könnte.

(a) *the time between the measurement date and the date at which exchangeability is restored*—the shorter this period, the more likely the first subsequent exchange rate will reflect the prevailing economic conditions;
(b) *inflation rates*—when an economy is subject to high inflation, including when an economy is hyperinflationary (as specified in IAS 29 *Financial Reporting in Hyperinflationary Economies*), prices often change quickly, perhaps several times a day. Accordingly, the first subsequent exchange rate for a currency of such an economy might not reflect the prevailing economic conditions.

Using another estimation technique

An entity using another estimation technique may use any observable exchange rate—including rates from exchange transactions in markets or exchange mechanisms that do not create enforceable rights and obligations—and adjust that rate, as necessary, to meet the objective in paragraph 19A. **A17**

Disclosure when a currency is not exchangeable

An entity shall consider how much detail is necessary to satisfy the disclosure objective in paragraph 57A. An entity shall disclose the information specified in paragraphs A19—A20 and any additional information necessary to meet the disclosure objective in paragraph 57A. **A18**

In applying paragraph 57A, an entity shall disclose: **A19**
(a) the currency and a description of the restrictions that result in that currency not being exchangeable into the other currency;
(b) a description of affected transactions;
(c) the carrying amount of affected assets and liabilities;
(d) the spot exchange rates used and whether those rates are:
  (i) observable exchange rates without adjustment (see paragraphs A12—A16); or
  (ii) spot exchange rates estimated using another estimation technique (see paragraph A17);
(e) a description of any estimation technique the entity has used, and qualitative and quantitative information about the inputs and assumptions used in that estimation technique; and
(f) qualitative information about each type of risk to which the entity is exposed because the currency is not exchangeable into the other currency, and the nature and carrying amount of assets and liabilities exposed to each type of risk.

When a foreign operation's functional currency is not exchangeable into the presentation currency or, if applicable, the presentation currency is not exchangeable into a foreign operation's functional currency, an entity shall also disclose: **A20**
(a) the name of the foreign operation; whether the foreign operation is a subsidiary, joint operation, joint venture, associate or branch; and its principal place of business;
(b) summarised financial information about the foreign operation; and
(c) the nature and terms of any contractual arrangements that could require the entity to provide financial support to the foreign operation, including events or circumstances that could expose the entity to a loss.

INTERNATIONAL ACCOUNTING STANDARD 23
Fremdkapitalkosten

INHALT

GRUNDPRINZIP

1 **Fremdkapitalkosten, die einzeln dem Erwerb, dem Bau oder der Herstellung eines qualifizierten Vermögenswerts zugeordnet werden können, gehören zu den Anschaffungs- oder Herstellungskosten dieses Vermögenswerts. Andere Fremdkapitalkosten werden als Aufwand erfasst.**

ANWENDUNGSBEREICH

2 **Dieser Standard ist auf die bilanzielle Behandlung von Fremdkapitalkosten anzuwenden.**

3 Der Standard befasst sich nicht mit den tatsächlichen oder kalkulatorischen Kosten des Eigenkapitals, was auch bevorrechtigte Kapitalbestandteile, die nicht als Schuld einzustufen sind, einschließt.

4 Ein Unternehmen ist nicht verpflichtet, den Standard auf Fremdkapitalkosten anzuwenden, die einzeln dem Erwerb, dem Bau oder der Herstellung folgender Vermögenswerte zugeordnet werden können:
(a) qualifizierte Vermögenswerte, die zum beizulegenden Zeitwert bewertet werden, wie beispielsweise biologische Vermögenswerte im Anwendungsbereich von IAS 41 *Landwirtschaft*, oder
(b) Vorräte, die in großen Mengen wiederholt gefertigt oder auf andere Weise hergestellt werden.

DEFINITIONEN

5 **In diesem Standard werden die folgenden Begriffe mit der angegebenen Bedeutung verwendet:**
***Fremdkapitalkosten* sind Zinsen und sonstige Kosten, die bei einem Unternehmen im Zusammenhang mit der Aufnahme von Fremdkapital anfallen.**
Ein *qualifizierter Vermögenswert* ist ein Vermögenswert, für den ein beträchtlicher Zeitraum erforderlich ist, um ihn in seinen beabsichtigten gebrauchs- oder verkaufsfähigen Zustand zu versetzen.

6 Fremdkapitalkosten können Folgendes umfassen:
(a) Zinsaufwand, der nach der in IFRS 9 beschriebenen Effektivzinsmethode berechnet wird,
(b) [gestrichen]
(c) [gestrichen]
(d) Finanzierungskosten aus Finanzierungs-Leasingverhältnissen, die gemäß IFRS 16 *Leasingverhältnisse* erfasst werden, und
(e) Währungsdifferenzen aus Fremdwährungskrediten, soweit sie als Zinskorrektur anzusehen sind.

7 Je nach Art der Umstände kommen als qualifizierte Vermögenswerte in Betracht:
(a) Vorräte,
(b) Fabrikationsanlagen,

INTERNATIONAL ACCOUNTING STANDARD 23

Borrowing Costs

SUMMARY

CORE PRINCIPLE

Borrowing costs that are directly attributable to the acquisition, construction or production of a qualifying asset form part of the cost of that asset. Other borrowing costs are recognised as an expense. 1

SCOPE

An entity shall apply this Standard in accounting for borrowing costs. 2

The Standard does not deal with the actual or imputed cost of equity, including preferred capital not classified as a liability. 3

An entity is not required to apply the Standard to borrowing costs directly attributable to the acquisition, construction or production of: 4
(a) a qualifying asset measured at fair value, for example a biological asset within the scope of IAS 41 *Agriculture*; or
(b) inventories that are manufactured, or otherwise produced, in large quantities on a repetitive basis.

DEFINITIONS

This Standard uses the following terms with the meanings specified: 5
***Borrowing costs* are interest and other costs that an entity incurs in connection with the borrowing of funds.**
A *qualifying asset* is an asset that necessarily takes a substantial period of time to get ready for its intended use or sale.

Borrowing costs may include: 6
(a) interest expense calculated using the effective interest method as described in IFRS 9;
(b) [deleted]
(c) [deleted]
(d) interest in respect of leases liabilities recognised in accordance with IFRS 16 *Leases*; and
(e) exchange differences arising from foreign currency borrowings to the extent that they are regarded as an adjustment to interest costs.

Depending on the circumstances, any of the following may be qualifying assets: 7
(a) inventories
(b) manufacturing plants

(c) Energieversorgungseinrichtungen,
(d) immaterielle Vermögenswerte,
(e) als Finanzinvestitionen gehaltene Immobilien,
(f) fruchttragende Pflanzen.

Finanzielle Vermögenswerte und Vorräte, die über einen kurzen Zeitraum gefertigt oder auf andere Weise hergestellt werden, sind keine qualifizierten Vermögenswerte. Gleiches gilt für Vermögenswerte, die bereits bei Erwerb in ihrem beabsichtigten gebrauchs- oder verkaufsfähigen Zustand sind.

ANSATZ

8 **Fremdkapitalkosten, die einzeln dem Erwerb, dem Bau oder der Herstellung eines qualifizierten Vermögenswerts zugeordnet werden können, sind als Teil der Anschaffungs- oder Herstellungskosten dieses Vermögenswerts zu aktivieren. Andere Fremdkapitalkosten sind in der Periode ihres Anfalls als Aufwand zu erfassen.**

9 Fremdkapitalkosten, die einzeln dem Erwerb, dem Bau oder der Herstellung eines qualifizierten Vermögenswerts zugeordnet werden können, gehören zu den Anschaffungs- oder Herstellungskosten dieses Vermögenswerts. Solche Fremdkapitalkosten werden als Teil der Anschaffungs- oder Herstellungskosten des Vermögenswerts aktiviert, wenn wahrscheinlich ist, dass dem Unternehmen hieraus künftiger wirtschaftlicher Nutzen erwächst und die Kosten verlässlich ermittelt werden können. Wenn ein Unternehmen IAS 29 *Rechnungslegung in Hochinflationsländern* anwendet, hat es gemäß Paragraph 21 des genannten Standards jenen Teil der Fremdkapitalkosten als Aufwand zu erfassen, der als Ausgleich für die Inflation im entsprechenden Zeitraum dient.

Aktivierbare Fremdkapitalkosten

10 Fremdkapitalkosten, die einzeln dem Erwerb, dem Bau oder der Herstellung eines qualifizierten Vermögenswerts zugeordnet werden können, sind solche Fremdkapitalkosten, die vermieden worden wären, wenn die Ausgaben für den qualifizierten Vermögenswert nicht getätigt worden wären. Wenn ein Unternehmen speziell für die Beschaffung eines bestimmten qualifizierten Vermögenswerts Mittel aufnimmt, können die Fremdkapitalkosten, die diesem qualifizierten Vermögenswert einzeln zugeordnet werden können, ohne Weiteres bestimmt werden.

11 Es kann schwierig sein, einen direkten Zusammenhang zwischen bestimmten Fremdkapitalaufnahmen und einem qualifizierten Vermögenswert festzustellen und die Fremdkapitalaufnahmen zu bestimmen, die andernfalls hätten vermieden werden können. Solche Schwierigkeiten ergeben sich beispielsweise, wenn die Finanzierungstätigkeit eines Unternehmens zentral koordiniert wird. Schwierigkeiten treten auch dann auf, wenn ein Konzern verschiedene Schuldinstrumente mit unterschiedlichen Zinssätzen in Anspruch nimmt und diese Mittel zu unterschiedlichen Bedingungen an andere Unternehmen des Konzerns ausleiht. Andere Komplikationen erwachsen aus der Inanspruchnahme von Fremdwährungskrediten oder von Krediten, die an Fremdwährungen gekoppelt sind, wenn der Konzern in Hochinflationsländern tätig ist, sowie aus Wechselkursschwankungen. Dies führt dazu, dass der Betrag der Fremdkapitalkosten, die einzeln einem qualifizierten Vermögenswert zugeordnet werden können, schwierig zu bestimmen ist und einer Ermessensentscheidung bedarf.

12 **Hat ein Unternehmen Fremdmittel speziell für die Beschaffung eines qualifizierten Vermögenswerts aufgenommen, ist der Betrag der für diesen Vermögenswert aktivierbaren Fremdkapitalkosten als die tatsächlich in der Periode aufgrund dieser Fremdkapitalaufnahme angefallenen Fremdkapitalkosten abzüglich etwaiger Anlageerträge aus der vorübergehenden Zwischenanlage dieser Mittel zu bestimmen.**

13 Die Finanzierungsvereinbarungen für einen qualifizierten Vermögenswert können dazu führen, dass ein Unternehmen die Mittel erhält und ihm die damit verbundenen Fremdkapitalkosten entstehen, bevor diese Mittel ganz oder teilweise für Zahlungen für den qualifizierten Vermögenswert verwendet werden. In einem solchen Fall werden die Mittel häufig vorübergehend bis zur Verwendung für den qualifizierten Vermögenswert angelegt. Bei der Bestimmung des Betrags der aktivierbaren Fremdkapitalkosten einer Periode werden alle Anlageerträge aus derartigen Finanzinvestitionen von den angefallenen Fremdkapitalkosten abgezogen.

14 **Hat ein Unternehmen Fremdmittel allgemein aufgenommen und für die Beschaffung eines qualifizierten Vermögenswerts verwendet hat, ist der Betrag der aktivierbaren Fremdkapitalkosten durch Anwendung eines Finanzierungskostensatzes auf die Ausgaben für diesen Vermögenswert zu bestimmen. Als Finanzierungskostensatz ist der gewogene Durchschnitt der Fremdkapitalkosten für sämtliche Kredite des Unternehmens zugrunde zu legen, die während der Periode bestanden haben. Allerdings hat ein Unternehmen Fremdkapitalkosten, die Fremdkapital betreffen, das speziell für die Beschaffung eines qualifizierten Vermögenswerts aufgenommen wurde, solange aus dieser Berechnung auszunehmen, bis alle Arbeiten, die erforderlich sind, um den Vermögenswert für seinen beabsichtigten Gebrauch oder Verkauf vorzubereiten, im Wesentlichen fertiggestellt sind. Die während einer Periode aktivierten Fremdkapitalkosten dürfen die in der betreffenden Periode angefallenen Fremdkapitalkosten nicht übersteigen.**

(c) power generation facilities
(d) intangible assets
(e) investment properties
(f) bearer plants.

Financial assets, and inventories that are manufactured, or otherwise produced, over a short period of time, are not qualifying assets. Assets that are ready for their intended use or sale when acquired are not qualifying assets.

RECOGNITION

An entity shall capitalise borrowing costs that are directly attributable to the acquisition, construction or production of a qualifying asset as part of the cost of that asset. An entity shall recognise other borrowing costs as an expense in the period in which it incurs them. 8

Borrowing costs that are directly attributable to the acquisition, construction or production of a qualifying asset are included in the cost of that asset. Such borrowing costs are capitalised as part of the cost of the asset when it is probable that they will result in future economic benefits to the entity and the costs can be measured reliably. When an entity applies IAS 29 *Financial Reporting in Hyperinflationary Economies*, it recognises as an expense the part of borrowing costs that compensates for inflation during the same period in accordance with paragraph 21 of that Standard. 9

Borrowing costs eligible for capitalisation

The borrowing costs that are directly attributable to the acquisition, construction or production of a qualifying asset are those borrowing costs that would have been avoided if the expenditure on the qualifying asset had not been made. When an entity borrows funds specifically for the purpose of obtaining a particular qualifying asset, the borrowing costs that directly relate to that qualifying asset can be readily identified. 10

It may be difficult to identify a direct relationship between particular borrowings and a qualifying asset and to determine the borrowings that could otherwise have been avoided. Such a difficulty occurs, for example, when the financing activity of an entity is coordinated centrally. Difficulties also arise when a group uses a range of debt instruments to borrow funds at varying rates of interest, and lends those funds on various bases to other entities in the group. Other complications arise through the use of loans denominated in or linked to foreign currencies, when the group operates in highly inflationary economies, and from fluctuations in exchange rates. As a result, the determination of the amount of borrowing costs that are directly attributable to the acquisition of a qualifying asset is difficult and the exercise of judgement is required. 11

To the extent that an entity borrows funds specifically for the purpose of obtaining a qualifying asset, the entity shall determine the amount of borrowing costs eligible for capitalisation as the actual borrowing costs incurred on that borrowing during the period less any investment income on the temporary investment of those borrowings. 12

The financing arrangements for a qualifying asset may result in an entity obtaining borrowed funds and incurring associated borrowing costs before some or all of the funds are used for expenditures on the qualifying asset. In such circumstances, the funds are often temporarily invested pending their expenditure on the qualifying asset. In determining the amount of borrowing costs eligible for capitalisation during a period, any investment income earned on such funds is deducted from the borrowing costs incurred. 13

To the extent that an entity borrows funds generally and uses them for the purpose of obtaining a qualifying asset, the entity shall determine the amount of borrowing costs eligible for capitalisation by applying a capitalisation rate to the expenditures on that asset. The capitalisation rate shall be the weighted average of the borrowing costs applicable to all borrowings of the entity that are outstanding during the period. However, an entity shall exclude from this calculation borrowing costs applicable to borrowings made specifically for the purpose of obtaining a qualifying asset until substantially all the activities necessary to prepare that asset for its intended use or sale are complete. The amount of borrowing costs that an entity capitalises during a period shall not exceed the amount of borrowing costs it incurred during that period. 14

15 In manchen Fällen ist es angebracht, alle Fremdkapitalaufnahmen des Mutterunternehmens und seiner Tochterunternehmen in die Berechnung des gewogenen Durchschnitts der Fremdkapitalkosten einzubeziehen. In anderen Fällen ist es angebracht, dass jedes Tochterunternehmen den für seine eigenen Fremdkapitalaufnahmen geltenden gewogenen Durchschnitt der Fremdkapitalkosten verwendet.

Buchwert des qualifizierten Vermögenswerts ist höher als der erzielbare Betrag

16 Ist der Buchwert oder sind die letztlich zu erwartenden Anschaffungs- oder Herstellungskosten des qualifizierten Vermögenswerts höher als sein erzielbarer Betrag oder sein Nettoveräußerungswert, so wird der Buchwert gemäß den Vorschriften anderer Standards außerplanmäßig abgeschrieben oder ausgebucht. In bestimmten Fällen wird der Betrag der außerplanmäßigen Abschreibung oder Ausbuchung gemäß diesen anderen Standards später wieder zugeschrieben bzw. eingebucht.

Beginn der Aktivierung

17 **Ein Unternehmen hat mit der Aktivierung der Fremdkapitalkosten als Teil der Anschaffungs- oder Herstellungskosten eines qualifizierten Vermögenswerts am Anfangszeitpunkt zu beginnen. Der Anfangszeitpunkt für die Aktivierung ist der Tag, an dem das Unternehmen alle folgenden Bedingungen erfüllt:**

(a) **es fallen Ausgaben für den Vermögenswert an,**

(b) **es fallen Fremdkapitalkosten an, und**

(c) **es werden die erforderlichen Arbeiten durchgeführt, um den Vermögenswert für seinen beabsichtigten Gebrauch oder Verkauf herzurichten.**

18 Ausgaben für einen qualifizierten Vermögenswert umfassen nur solche Ausgaben, die durch Barzahlungen, Übertragung anderer Vermögenswerte oder die Übernahme verzinslicher Schulden erfolgt sind. Die Ausgaben werden um alle in Verbindung mit dem Vermögenswert erhaltenen Abschlagszahlungen und Zuwendungen gekürzt (siehe IAS 20 *Bilanzierung und Darstellung von Zuwendungen der öffentlichen Hand*). Der durchschnittliche Buchwert des Vermögenswerts während einer Periode einschließlich der früher aktivierten Fremdkapitalkosten ist in der Regel ein angemessener Näherungswert für die Ausgaben, auf die der Finanzierungskostensatz in der betreffenden Periode angewendet wird.

19 Die Arbeiten, die erforderlich sind, um den Vermögenswert für seinen beabsichtigten Gebrauch oder Verkauf herzurichten, umfassen mehr als die physische Herstellung des Vermögenswerts. Darin eingeschlossen sind auch technische und administrative Arbeiten vor dem Beginn der physischen Herstellung, wie beispielsweise die Tätigkeiten, die mit der Einholung von Genehmigungen vor Beginn der physischen Herstellung verbunden sind. Davon ausgeschlossen ist jedoch das bloße Halten eines Vermögenswerts ohne jedwede Bearbeitung oder Entwicklung, die seinen Zustand verändert. Beispielsweise werden Fremdkapitalkosten, die während der Erschließung unbebauter Grundstücke anfallen, in der Periode aktiviert, in der die mit der Erschließung zusammenhängenden Arbeiten unternommen werden. Werden jedoch für Bebauungszwecke erworbene Grundstücke ohne eine damit verbundene Erschließungstätigkeit gehalten, sind Fremdkapitalkosten, die während dieser Zeit anfallen, nicht aktivierbar.

Unterbrechung der Aktivierung

20 **Ein Unternehmen hat die Aktivierung von Fremdkapitalkosten zu unterbrechen, wenn es die aktive Entwicklung eines qualifizierten Vermögenswerts für einen längeren Zeitraum unterbricht.**

21 Bei einem Unternehmen können Fremdkapitalkosten während eines längeren Zeitraumes anfallen, in dem das Unternehmen die Arbeiten, die erforderlich sind, um einen Vermögenswert für den beabsichtigten Gebrauch oder Verkauf herzurichten, unterbrochen hat. Bei diesen Kosten handelt es sich um Kosten für das Halten teilweise fertiggestellter Vermögenswerte, die nicht aktivierbar sind. Im Regelfall unterbricht ein Unternehmen die Aktivierung von Fremdkapitalkosten allerdings nicht, wenn das Unternehmen während einer Periode wesentliche technische und administrative Leistungen erbracht hat. Ein Unternehmen unterbricht die Aktivierung von Fremdkapitalkosten ferner nicht, wenn eine vorübergehende Verzögerung notwendiger Prozessbestandteil ist, um den Vermögenswert für seinen beabsichtigten Gebrauch oder Verkauf herzurichten. Beispielsweise läuft die Aktivierung über einen solchen längeren Zeitraum weiter, um den sich Brückenbauarbeiten aufgrund hoher Wasserstände verzögern, sofern mit derartigen Wasserständen innerhalb der Bauzeit in der betreffenden geographischen Region üblicherweise zu rechnen ist.

Beendigung der Aktivierung

22 **Ein Unternehmen hat die Aktivierung von Fremdkapitalkosten zu beenden, wenn im Wesentlichen alle Arbeiten abgeschlossen sind, um den qualifizierten Vermögenswert für seinen beabsichtigten Gebrauch oder Verkauf herzurichten.**

23 Ein Vermögenswert ist in der Regel dann für seinen beabsichtigten Gebrauch oder Verkauf fertiggestellt, wenn die physische Herstellung des Vermögenswerts abgeschlossen ist, auch wenn routinemäßige Verwaltungsarbeiten noch andauern. Wenn lediglich geringfügige Veränderungen ausstehen, wie die Ausstattung eines Gebäudes nach den Angaben des Käufers oder Benutzers, deutet dies darauf hin, dass im Wesentlichen alle Arbeiten abgeschlossen sind.

In some circumstances, it is appropriate to include all borrowings of the parent and its subsidiaries when computing a weighted average of the borrowing costs; in other circumstances, it is appropriate for each subsidiary to use a weighted average of the borrowing costs applicable to its own borrowings. 15

Excess of the carrying amount of the qualifying asset over recoverable amount

When the carrying amount or the expected ultimate cost of the qualifying asset exceeds its recoverable amount or net realisable value, the carrying amount is written down or written off in accordance with the requirements of other Standards. In certain circumstances, the amount of the write-down or write-off is written back in accordance with those other Standards. 16

Commencement of capitalisation

An entity shall begin capitalising borrowing costs as part of the cost of a qualifying asset on the commencement date. The commencement date for capitalisation is the date when the entity first meets all of the following conditions: 17

(a) it incurs expenditures for the asset;

(b) it incurs borrowing costs; and

(c) it undertakes activities that are necessary to prepare the asset for its intended use or sale.

Expenditures on a qualifying asset include only those expenditures that have resulted in payments of cash, transfers of other assets or the assumption of interest-bearing liabilities. Expenditures are reduced by any progress payments received and grants received in connection with the asset (see IAS 20 *Accounting for Government Grants and Disclosure of Government Assistance*). The average carrying amount of the asset during a period, including borrowing costs previously capitalised, is normally a reasonable approximation of the expenditures to which the capitalisation rate is applied in that period. 18

The activities necessary to prepare the asset for its intended use or sale encompass more than the physical construction of the asset. They include technical and administrative work prior to the commencement of physical construction, such as the activities associated with obtaining permits prior to the commencement of the physical construction. However, such activities exclude the holding of an asset when no production or development that changes the asset's condition is taking place. For example, borrowing costs incurred while land is under development are capitalised during the period in which activities related to the development are being undertaken. However, borrowing costs incurred while land acquired for building purposes is held without any associated development activity do not qualify for capitalisation. 19

Suspension of capitalisation

An entity shall suspend capitalisation of borrowing costs during extended periods in which it suspends active development of a qualifying asset. 20

An entity may incur borrowing costs during an extended period in which it suspends the activities necessary to prepare an asset for its intended use or sale. Such costs are costs of holding partially completed assets and do not qualify for capitalisation. However, an entity does not normally suspend capitalising borrowing costs during a period when it carries out substantial technical and administrative work. An entity also does not suspend capitalising borrowing costs when a temporary delay is a necessary part of the process of getting an asset ready for its intended use or sale. For example, capitalisation continues during the extended period that high water levels delay construction of a bridge, if such high water levels are common during the construction period in the geographical region involved. 21

Cessation of capitalisation

An entity shall cease capitalising borrowing costs when substantially all the activities necessary to prepare the qualifying asset for its intended use or sale are complete. 22

An asset is normally ready for its intended use or sale when the physical construction of the asset is complete even though routine administrative work might still continue. If minor modifications, such as the decoration of a property to the purchaser's or user's specification, are all that are outstanding, this indicates that substantially all the activities are complete. 23

24 Wenn ein Unternehmen die Herstellung eines qualifizierten Vermögenswerts in Teilen abgeschlossen hat und die einzelnen Teile nutzbar sind, während der Herstellungsprozess für weitere Teile fortgesetzt wird, hat das Unternehmen die Aktivierung der Fremdkapitalkosten zu beenden, wenn im Wesentlichen alle Arbeiten abgeschlossen sind, um den betreffenden Teil für den beabsichtigten Gebrauch oder Verkauf herzurichten.

25 Ein Gewerbepark mit mehreren Gebäuden, die jeweils einzeln genutzt werden können, ist ein Beispiel für einen qualifizierten Vermögenswert, bei dem einzelne Teile nutzbar sind, während andere Teile noch erstellt werden. Ein Beispiel für einen qualifizierten Vermögenswert, der fertiggestellt sein muss, bevor irgendein Teil genutzt werden kann, ist eine industrielle Anlage mit verschiedenen Prozessen, die nacheinander in verschiedenen Teilen der Anlage am selben Standort ablaufen, wie beispielsweise ein Stahlwerk.

ANGABEN

26 Ein Unternehmen hat Folgendes anzugeben:
(a) den Betrag der in der Periode aktivierten Fremdkapitalkosten und
(b) den Finanzierungskostensatz, der bei der Bestimmung der aktivierbaren Fremdkapitalkosten zugrunde gelegt worden ist.

ÜBERGANGSVORSCHRIFTEN

27 Sofern die Anwendung dieses Standards zu einer Änderung der Rechnungslegungsmethoden führt, hat ein Unternehmen den Standard auf die Fremdkapitalkosten für qualifizierte Vermögenswerte anzuwenden, deren Anfangszeitpunkt für die Aktivierung am oder nach dem Tag des Inkrafttretens liegt.

28 Ein Unternehmen kann jedoch einen beliebigen Tag vor dem Zeitpunkt des Inkrafttretens bestimmen und den Standard auf die Fremdkapitalkosten für alle qualifizierten Vermögenswerte anwenden, deren Anfangszeitpunkt für die Aktivierung am oder nach diesem Tag liegt.

28A Durch die *Jährlichen Verbesserungen an den IFRS-Standards, Zyklus 2015–2017*, veröffentlicht im Dezember 2017, wurde Paragraph 14 geändert. Diese Änderung ist auf Fremdkapitalkosten anzuwenden, die mit oder nach Beginn des Geschäftsjahrs anfallen, in dem die Änderungen zum ersten Mal angewandt werden.

ZEITPUNKT DES INKRAFTTRETENS

29 Dieser Standard ist auf Geschäftsjahre anzuwenden, die am oder nach dem 1. Januar 2009 beginnen. Eine frühere Anwendung ist zulässig. Wendet ein Unternehmen diesen Standard auf Berichtsperioden an, die vor dem 1. Januar 2009 beginnen, hat es dies anzugeben.

29A Durch die *Verbesserungen der IFRS*, veröffentlicht im Mai 2008, wurde Paragraph 6 geändert. Diese Änderung ist auf Geschäftsjahre anzuwenden, die am oder nach dem 1. Januar 2009 beginnen. Eine frühere Anwendung ist zulässig. Wendet ein Unternehmen diese Änderung auf eine frühere Periode an, hat es dies anzugeben.

29B Durch IFRS 9, veröffentlicht im Juli 2014, wurde Paragraph 6 geändert. Wendet ein Unternehmen IFRS 9 an, hat es diese Änderung ebenfalls anzuwenden.

29C Durch IFRS 16, veröffentlicht im Januar 2016, wurde Paragraph 6 geändert. Wendet ein Unternehmen IFRS 16 an, hat es diese Änderung ebenfalls anzuwenden.

29D Durch die *Jährlichen Verbesserungen an den IFRS-Standards, Zyklus 2015–2017*, veröffentlicht im Dezember 2017, wurde Paragraph 14 geändert und Paragraph 28A eingefügt. Diese Änderungen sind auf Geschäftsjahre anzuwenden, die am oder nach dem 1. Januar 2019 beginnen. Eine frühere Anwendung ist zulässig. Wendet ein Unternehmen diese Änderungen zu einem früheren Zeitpunkt an, hat es dies anzugeben.

RÜCKNAHME VON IAS 23 (ÜBERARBEITET 1993)

30 Der vorliegende Standard ersetzt IAS 23 *Fremdkapitalkosten* (überarbeitet 1993).

When an entity completes the construction of a qualifying asset in parts and each part is capable of being used while construction continues on other parts, the entity shall cease capitalising borrowing costs when it completes substantially all the activities necessary to prepare that part for its intended use or sale. 24

A business park comprising several buildings, each of which can be used individually, is an example of a qualifying asset for which each part is capable of being usable while construction continues on other parts. An example of a qualifying asset that needs to be complete before any part can be used is an industrial plant involving several processes which are carried out in sequence at different parts of the plant within the same site, such as a steel mill. 25

DISCLOSURE

An entity shall disclose: 26

(a) the amount of borrowing costs capitalised during the period; and

(b) the capitalisation rate used to determine the amount of borrowing costs eligible for capitalisation.

TRANSITIONAL PROVISIONS

When application of this Standard constitutes a change in accounting policy, an entity shall apply the Standard to borrowing costs relating to qualifying assets for which the commencement date for capitalisation is on or after the effective date. 27

However, an entity may designate any date before the effective date and apply the Standard to borrowing costs relating to all qualifying assets for which the commencement date for capitalisation is on or after that date. 28

Annual Improvements to IFRS Standards 2015–2017 Cycle, issued in December 2017, amended paragraph 14. An entity shall apply those amendments to borrowing costs incurred on or after the beginning of the annual reporting period in which the entity first applies those amendments. 28A

EFFECTIVE DATE

An entity shall apply the Standard for annual periods beginning on or after 1 January 2009. Earlier application is permitted. If an entity applies the Standard from a date before 1 January 2009, it shall disclose that fact. 29

Paragraph 6 was amended by *Improvements to IFRSs* issued in May 2008. An entity shall apply that amendment for annual periods beginning on or after 1 January 2009. Earlier application is permitted. If an entity applies the amendment for an earlier period it shall disclose that fact. 29A

IFRS 9, as issued in July 2014, amended paragraph 6. An entity shall apply that amendment when it applies IFRS 9. 29B

IFRS 16, issued in January 2016, amended paragraph 6. An entity shall apply that amendment when it applies IFRS 16. 29C

Annual Improvements to IFRS Standards 2015–2017 Cycle, issued in December 2017, amended paragraph 14 and added paragraph 28A. An entity shall apply those amendments for annual reporting periods beginning on or after 1 January 2019. Earlier application is permitted. If an entity applies those amendments earlier, it shall disclose that fact. 29D

WITHDRAWAL OF IAS 23 (REVISED 1993)

This Standard supersedes IAS 23 *Borrowing Costs* revised in 1993. 30

INTERNATIONAL ACCOUNTING STANDARD 24

Angaben über Beziehungen zu nahestehenden Unternehmen und Personen

INHALT

ZIELSETZUNG

1 Dieser Standard soll sicherstellen, dass die Abschlüsse eines Unternehmens alle Angaben enthalten, die notwendig sind, um auf die Möglichkeit hinzuweisen, dass die Vermögens- und Finanzlage und der Gewinn oder Verlust des Unternehmens durch die Existenz nahestehender Unternehmen und Personen sowie durch Geschäftsvorfälle mit und Forderungen und Verbindlichkeiten (einschließlich Verpflichtungen) gegenüber diesen beeinflusst werden können.

ANWENDUNGSBEREICH

2 **Dieser Standard ist anzuwenden bei**

(a) der Ermittlung von Beziehungen zu und Geschäftsvorfällen mit nahestehenden Unternehmen und Personen,

(b) der Ermittlung der zwischen einem Unternehmen und den ihm nahestehenden Unternehmen und Personen bestehenden Forderungen und Verbindlichkeiten (einschließlich Verpflichtungen),

(c) der Ermittlung der Umstände, unter denen die unter (a) und (b) genannten Sachverhalte angegeben werden müssen, und

(d) der Bestimmung der zu diesen Sachverhalten zu machenden Angaben.

3 **Nach diesem Standard sind Beziehungen zu nahestehenden Unternehmen und Personen, Geschäftsvorfälle mit und Forderungen und Verbindlichkeiten (einschließlich Verpflichtungen) gegenüber diesen in den Konzern- und Einzelabschlüssen von Mutterunternehmen oder von Investoren, unter deren gemeinschaftlicher Führung oder erheblichem Einfluss ein Beteiligungsunternehmen steht, gemäß IFRS 10 *Konzernabschlüsse* oder IAS 27 *Einzelabschlüsse* anzugeben. Dieser Standard ist auch auf Einzelabschlüsse anzuwenden.**

4 Geschäftsvorfälle mit und Forderungen und Verbindlichkeiten gegenüber nahestehenden Unternehmen und Personen, bei denen es sich um andere Unternehmen des Konzerns handelt, sind im Abschluss des Unternehmens anzugeben. Konzerninterne Geschäftsvorfälle und Forderungen und Verbindlichkeiten werden bei der Aufstellung des Konzernabschlusses eliminiert; davon ausgenommen sind solche zwischen einer Investmentgesellschaft und ihren erfolgswirksam zum beizulegenden Zeitwert bewerteten Tochterunternehmen.

ZWECK DER ANGABEN ÜBER BEZIEHUNGEN ZU NAHESTEHENDEN UNTERNEHMEN UND PERSONEN

5 Beziehungen zu nahestehenden Unternehmen und Personen sind in Handel und Gewerbe gängige Praxis. So wickeln Unternehmen oftmals Teile ihrer Tätigkeiten über Tochterunternehmen, Gemeinschaftsunternehmen oder assoziierte Unternehmen ab. In einem solchen Fall hat das Unternehmen die Möglichkeit, durch Beherrschung, gemeinschaftliche Führung oder maßgeblichen Einfluss auf die Finanz- und Geschäftspolitik des Beteiligungsunternehmens einzuwirken.

6 Eine Beziehung zu nahestehenden Unternehmen und Personen kann sich auf die Vermögens- und Finanzlage und den Gewinn oder Verlust eines Unternehmens auswirken. Nahestehende Unternehmen und Personen tätigen möglicherweise Geschäfte, die fremde Dritte nicht tätigen würden. So wird ein Unternehmen, das seinem Mutterunternehmen Güter zu Anschaffungs- oder Herstellungskosten verkauft, diese möglicherweise nicht zu den gleichen Konditionen an andere Kunden verkaufen. Auch werden Geschäftsvorfälle zwischen nahestehenden Unternehmen und Personen möglicherweise nicht zu den gleichen Beträgen abgewickelt wie zwischen fremden Dritten.

INTERNATIONAL ACCOUNTING STANDARD 24

Related Party Disclosures

SUMMARY

OBJECTIVE

The objective of this Standard is to ensure that an entity's financial statements contain the disclosures necessary to draw attention to the possibility that its financial position and profit or loss may have been affected by the existence of related parties and by transactions and outstanding balances, including commitments, with such parties. 1

SCOPE

This Standard shall be applied in: 2

(a) identifying related party relationships and transactions;

(b) identifying outstanding balances, including commitments, between an entity and its related parties;

(c) identifying the circumstances in which disclosure of the items in (a) and (b) is required; and

(d) determining the disclosures to be made about those items.

This Standard requires disclosure of related party relationships, transactions and outstanding balances, including commitments, in the consolidated and separate financial statements of a parent or investors with joint control of, or significant influence over, an investee presented in accordance with IFRS 10 Consolidated Financial Statements or IAS 27 *Separate Financial Statements*. This Standard also applies to individual financial statements. 3

Related party transactions and outstanding balances with other entities in a group are disclosed in an entity's financial statements. Intragroup related party transactions and outstanding balances are eliminated, except for those between an investment entity and its subsidiaries measured at fair value through profit or loss, in the preparation of consolidated financial statements of the group. 4

PURPOSE OF RELATED PARTY DISCLOSURES

Related party relationships are a normal feature of commerce and business. For example, entities frequently carry on parts of their activities through subsidiaries, joint ventures and associates. In those circumstances, the entity has the ability to affect the financial and operating policies of the investee through the presence of control, joint control or significant influence. 5

A related party relationship could have an effect on the profit or loss and financial position of an entity. Related parties may enter into transactions that unrelated parties would not. For example, an entity that sells goods to its parent at cost might not sell on those terms to another customer. Also, transactions between related parties may not be made at the same amounts as between unrelated parties. 6

7 Eine Beziehung zu nahestehenden Unternehmen und Personen kann sich auch dann auf die Vermögens- und Finanzlage und den Gewinn oder Verlust eines Unternehmens auswirken, wenn keine Geschäfte mit nahestehenden Unternehmen und Personen stattfinden. Die bloße Existenz der Beziehung kann ausreichen, um die Geschäfte des berichtenden Unternehmens mit Dritten zu beeinflussen. So könnte beispielsweise ein Tochterunternehmen seine Beziehungen zu einem Handelspartner beenden, weil eine Schwestergesellschaft, die in demselben Geschäftsfeld wie der frühere Geschäftspartner tätig ist, vom Mutterunternehmen erworben wurde. Ebenso gut könnte eine Partei aufgrund des maßgeblichen Einflusses einer anderen Partei eine Handlung unterlassen – ein Tochterunternehmen könnte beispielsweise von seinem Mutterunternehmen die Anweisung erhalten, keine Forschungs- und Entwicklungstätigkeiten auszuführen.

8 Sind die Abschlussadressaten über die Geschäftsvorfälle, Forderungen und Verbindlichkeiten (einschließlich Verpflichtungen) und Beziehungen eines Unternehmens mit bzw. gegenüber nahestehenden Unternehmen und Personen im Bilde, kann dies aus den genannten Gründen ihre Beurteilung der Geschäftstätigkeit des Unternehmens und der bestehenden Risiken und Chancen beeinflussen.

DEFINITIONEN

9 **Die folgenden Begriffe werden in diesem Standard mit der angegebenen Bedeutung verwendet:**
Nahestehende Unternehmen und Personen **sind Personen oder Unternehmen, die dem abschlusserstellenden Unternehmen (in diesem Standard „berichtendes Unternehmen" genannt) nahestehen.**

(a) Eine Person oder ein naher Familienangehöriger dieser Person steht einem berichtenden Unternehmen nahe, wenn sie/er
- **(i) das berichtende Unternehmen beherrscht oder an dessen gemeinschaftlicher Führung beteiligt ist,**
- **(ii) maßgeblichen Einfluss auf das berichtende Unternehmen hat oder**
- **(iii) im Management des berichtenden Unternehmens oder eines Mutterunternehmens des berichtenden Unternehmens eine Schlüsselposition bekleidet.**

(b) Ein Unternehmen steht einem berichtenden Unternehmen nahe, wenn eine der folgenden Bedingungen erfüllt ist:
- **(i) Das Unternehmen und das berichtende Unternehmen gehören zu demselben Konzern (was bedeutet, dass Mutterunternehmen, Tochterunternehmen und Schwestergesellschaften alle einander nahestehen).**
- **(ii) Eines der beiden Unternehmen ist ein assoziiertes Unternehmen oder ein Gemeinschaftsunternehmen des anderen (oder ein assoziiertes Unternehmen oder ein Gemeinschaftsunternehmen eines Unternehmens eines Konzerns, dem auch das andere Unternehmen angehört).**
- **(iii) Beide Unternehmen sind Gemeinschaftsunternehmen desselben Dritten.**
- **(iv) Eines der beiden Unternehmen ist ein Gemeinschaftsunternehmen eines dritten Unternehmens und das andere ist ein assoziiertes Unternehmen dieses dritten Unternehmens.**
- **(v) Bei dem Unternehmen handelt es sich um einen Plan für Leistungen nach Beendigung des Arbeitsverhältnisses zugunsten der Arbeitnehmer entweder des berichtenden Unternehmens oder eines dem berichtenden Unternehmen nahestehenden Unternehmens. Handelt es sich bei dem berichtenden Unternehmen selbst um einen solchen Plan, sind auch die in diesen Plan einzahlenden Arbeitgeber als dem berichtenden Unternehmen nahestehend zu betrachten.**
- **(vi) Das Unternehmen wird von einer unter (a) genannten Person beherrscht oder steht unter gemeinschaftlicher Führung, an der eine unter (a) genannte Person beteiligt ist.**
- **(vii) Eine unter (a) (i) genannte Person hat maßgeblichen Einfluss auf das Unternehmen oder bekleidet im Management des Unternehmens (oder eines Mutterunternehmens des Unternehmens) eine Schlüsselposition.**
- **(viii) Das Unternehmen oder ein Mitglied des Konzerns, dem es angehört, erbringt für das berichtende Unternehmen oder dessen Mutterunternehmen Leistungen im Bereich des Managements in Schlüsselpositionen.**

Ein *Geschäftsvorfall mit nahestehenden Unternehmen und Personen* ist eine Übertragung von Ressourcen, Dienstleistungen oder Verpflichtungen zwischen einem berichtenden Unternehmen und einem nahestehenden Unternehmen/einer nahestehenden Person, unabhängig davon, ob dafür ein Entgelt in Rechnung gestellt wird.

Nahe Familienangehörige einer Person **sind Familienmitglieder, von denen angenommen werden kann, dass sie bei ihren Transaktionen mit dem Unternehmen auf die Person Einfluss nehmen oder von ihr beeinflusst werden können. Dazu gehören**
- **(a) Kinder und Ehegatte oder Lebenspartner dieser Person,**
- **(b) Kinder des Ehegatten oder Lebenspartners dieser Person und**
- **(c) abhängige Angehörige dieser Person oder des Ehegatten oder Lebenspartners dieser Person.**

Vergütungen **umfassen sämtliche Leistungen an Arbeitnehmer (gemäß Definition in IAS 19 *Leistungen an Arbeitnehmer*), einschließlich solcher, auf die IFRS 2 *Anteilsbasierte Vergütung* anzuwenden ist. Leistungen an Arbeitnehmer sind jede Form von Vergütung, die von dem Unternehmen oder in dessen Namen als Gegenleistung für erhaltene Dienstleistungen gezahlt wurde, zu zahlen ist oder bereitgestellt wird Dazu gehören auch Gegenleistungen, die von dem Unternehmen für ein Mutterunternehmen erbracht werden.**
Vergütungen umfassen
- **(a) kurzfristig fällige Leistungen an Arbeitnehmer wie Löhne, Gehälter und Sozialversicherungsbeiträge, Urlaubs- und Krankengeld, Gewinn- und Erfolgsbeteiligungen (sofern diese innerhalb von zwölf Monaten nach Ende der Berichtsperiode zu zahlen sind) sowie geldwerte Leistungen (wie medizinische Versorgung, Wohnung und Dienstwagen sowie kostenlose oder vergünstigte Güter oder Dienstleistungen) für aktive Arbeitnehmer,**

The profit or loss and financial position of an entity may be affected by a related party relationship even if related party transactions do not occur. The mere existence of the relationship may be sufficient to affect the transactions of the entity with other parties. For example, a subsidiary may terminate relations with a trading partner on acquisition by the parent of a fellow subsidiary engaged in the same activity as the former trading partner. Alternatively, one party may refrain from acting because of the significant influence of another–for example, a subsidiary may be instructed by its parent not to engage in research and development. 7

For these reasons, knowledge of an entity's transactions, outstanding balances, including commitments, and relationships with related parties may affect assessments of its operations by users of financial statements, including assessments of the risks and opportunities facing the entity. 8

DEFINITIONS

The following terms are used in this Standard with the meanings specified: 9

A *related party* is a person or entity that is related to the entity that is preparing its financial statements (in this Standard referred to as the "reporting entity").

(a) A person or a close member of that person's family is related to a reporting entity if that person:
- **(i) has control or joint control of the reporting entity;**
- **(ii) has significant influence over the reporting entity; or**
- **(iii) is a member of the key management personnel of the reporting entity or of a parent of the reporting entity.**

(b) An entity is related to a reporting entity if any of the following conditions applies:
- **(i) The entity and the reporting entity are members of the same group (which means that each parent, subsidiary and fellow subsidiary is related to the others).**
- **(ii) One entity is an associate or joint venture of the other entity (or an associate or joint venture of a member of a group of which the other entity is a member).**
- **(iii) Both entities are joint ventures of the same third party.**
- **(iv) One entity is a joint venture of a third entity and the other entity is an associate of the third entity.**
- **(v) The entity is a post-employment benefit plan for the benefit of employees of either the reporting entity or an entity related to the reporting entity. If the reporting entity is itself such a plan, the sponsoring employers are also related to the reporting entity.**
- **(vi) The entity is controlled or jointly controlled by a person identified in (a).**
- **(vii) A person identified in (a) (i) has significant influence over the entity or is a member of the key management personnel of the entity (or of a parent of the entity).**
- **(viii) The entity, or any member of a group of which it is a part, provides key management personnel services to the reporting entity or to the parent of the reporting entity.**

A *related party transaction* is a transfer of resources, services or obligations between a reporting entity and a related party, regardless of whether a price is charged.

***Close members of the family of a person* are those family members who may be expected to influence, or be influenced by, that person in their dealings with the entity and include:**

(a) that person's children and spouse or domestic partner;

(b) children of that person's spouse or domestic partner; and

(c) dependants of that person or that person's spouse or domestic partner.

***Compensation* includes all employee benefits (as defined in IAS 19 *Employee Benefits*) including employee benefits to which IFRS 2 *Share-based Payment* applies. Employee benefits are all forms of consideration paid, payable or provided by the entity, or on behalf of the entity, in exchange for services rendered to the entity. It also includes such consideration paid on behalf of a parent of the entity in respect of the entity. Compensation includes:**

(a) short-term employee benefits, such as wages, salaries and social security contributions, paid annual leave and paid sick leave, profit-sharing and bonuses (if payable within twelve months of the end of the period) and non-monetary benefits (such as medical care, housing, cars and free or subsidised goods or services) for current employees;

(b) Leistungen nach Beendigung des Arbeitsverhältnisses wie Renten, sonstige Altersversorgungsleistungen, Lebensversicherungen und medizinische Versorgung,

(c) andere langfristig fällige Leistungen an Arbeitnehmer wie Sonderurlaub nach langjähriger Dienstzeit oder vergütete Dienstfreistellungen, Jubiläumsgelder oder andere Leistungen für langjährige Dienstzeit, langfristige Leistungen bei Erwerbsunfähigkeit und – sofern diese Leistungen nicht vollständig innerhalb von zwölf Monaten nach Ende der Berichtsperiode zu zahlen sind – Gewinn- und Erfolgsbeteiligungen sowie später fällige Vergütungsbestandteile,

(d) Leistungen aus Anlass der Beendigung des Arbeitsverhältnisses und

(e) anteilsbasierte Vergütungen.

***Mitglieder des Managements in Schlüsselpositionen* sind Personen, die direkt oder indirekt für die Planung, Leitung und Überwachung der Tätigkeiten des Unternehmens zuständig und verantwortlich sind; dies schließt Mitglieder der Geschäftsführungs- und Aufsichtsorgane ein.**

***Öffentliche Hand* bezieht sich auf Regierungsbehörden, Institutionen mit hoheitlichen Aufgaben und ähnliche Körperschaften, unabhängig davon, ob diese auf lokaler, nationaler oder internationaler Ebene angesiedelt sind.**

***Der öffentlichen Hand nahestehende Unternehmen* sind Unternehmen, die von einer öffentlichen Hand beherrscht werden oder unter gemeinschaftlicher Führung oder maßgeblichem Einfluss einer öffentlichen Hand stehen.**

Die Begriffe „Beherrschung" und „Investmentgesellschaft" sowie „gemeinschaftliche Führung" und „maßgeblicher Einfluss" werden in IFRS 10, IFRS 11 *Gemeinschaftliche Vereinbarungen* bzw. IAS 28 *Beteiligungen an assoziierten Unternehmen und Gemeinschaftsunternehmen* definiert; im vorliegenden Standard werden sie gemäß den dort festgelegten Bedeutungen verwendet.

10 Bei der Betrachtung aller möglichen Beziehungen zu nahestehenden Unternehmen und Personen wird auf den wirtschaftlichen Gehalt der Beziehung und nicht allein auf die rechtliche Gestaltung abgestellt.

11 Im Rahmen dieses Standards sind nicht als nahestehende Unternehmen und Personen anzusehen:

(a) zwei Unternehmen, die lediglich ein Geschäftsleitungsmitglied oder ein anderes Mitglied des Managements in einer Schlüsselposition gemeinsam haben, oder bei denen ein Mitglied des Managements in einer Schlüsselposition bei dem einen Unternehmen maßgeblichen Einfluss auf das andere Unternehmen hat,

(b) zwei Partnerunternehmen, die lediglich die gemeinschaftliche Führung eines Gemeinschaftsunternehmens ausüben,

(c) (i) Kapitalgeber,
   (ii) Gewerkschaften,
   (iii) öffentliche Versorgungsunternehmen und
   (iv) Behörden und Institutionen einer öffentlichen Hand, die das berichtende Unternehmen weder beherrscht noch gemeinschaftlich führt noch maßgeblich beeinflusst,

   lediglich aufgrund ihrer gewöhnlichen Geschäftsbeziehungen mit einem Unternehmen (dies gilt auch, wenn sie den Handlungsspielraum eines Unternehmens einengen oder am Entscheidungsprozess mitwirken können),

(d) einzelne Kunden, Lieferanten, Franchisegeber, Vertriebspartner oder Generalvertreter, mit denen ein Unternehmen ein signifikantes Geschäftsvolumen abwickelt, lediglich aufgrund der daraus resultierenden wirtschaftlichen Abhängigkeit.

12 In der Definition des Begriffs „nahestehende Unternehmen und Personen" schließt „assoziiertes Unternehmen" auch Tochterunternehmen des assoziierten Unternehmens und „Gemeinschaftsunternehmen" auch Tochterunternehmen des Gemeinschaftsunternehmens ein. Aus diesem Grund sind beispielsweise das Tochterunternehmen eines assoziierten Unternehmens und der Investor, der maßgeblichen Einfluss auf das assoziierte Unternehmen hat, als gegenseitig nahestehend zu betrachten.

ANGABEN

Alle Unternehmen

13 **Beziehungen zwischen einem Mutter- und seinen Tochterunternehmen sind anzugeben, unabhängig davon, ob Geschäftsvorfälle zwischen ihnen stattgefunden haben. Ein Unternehmen hat den Namen seines Mutterunternehmens und, falls abweichend, die oberste beherrschende Partei anzugeben. Veröffentlicht weder das Mutterunternehmen noch die oberste beherrschende Partei einen Konzernabschluss, ist auch der Name des nächsthöheren Mutterunternehmens, das einen Konzernabschluss veröffentlicht, anzugeben.**

14 Damit sich die Abschlussadressaten ein Urteil darüber bilden können, wie sich Beziehungen zu nahestehenden Unternehmen und Personen auf ein Unternehmen auswirken, ist es angebracht, die Beziehungen zu nahestehenden Unternehmen und Personen anzugeben, bei denen ein Beherrschungsverhältnis vorliegt, und zwar unabhängig davon, ob es zwischen den nahestehenden Unternehmen und Personen Geschäftsvorfälle gegeben hat.

15 Die Pflicht zur Angabe von Beziehungen zu nahestehenden Unternehmen und Personen zwischen einem Mutter- und seinen Tochterunternehmen besteht zusätzlich zu den Angabepflichten in IAS 27 und IFRS 12 *Angaben zu Anteilen an anderen Unternehmen.*

(b) **post-employment benefits such as pensions, other retirement benefits, post-employment life insurance and post-employment medical care;**
(c) **other long-term employee benefits, including long-service leave or sabbatical leave, jubilee or other long-service benefits, long-term disability benefits and, if they are not payable wholly within twelve months after the end of the period, profit-sharing, bonuses and deferred compensation;**
(d) **termination benefits; and**
(e) **share-based payment.**

Key management personnel **are those persons having authority and responsibility for planning, directing and controlling the activities of the entity, directly or indirectly, including any director (whether executive or otherwise) of that entity.**

Government **refers to government, government agencies and similar bodies whether local, national or international.**

A ***government-related entity*** **is an entity that is controlled, jointly controlled or significantly influenced by a government.**

The terms "control" and "investment entity", "joint control", and "significant influence" are defined in IFRS 10, IFRS 11 ***Joint Arrangements*** **and IAS 28** ***Investments in Associates and Joint Ventures*** **respectively and are used in this Standard with the meanings specified in those IFRSs.**

In considering each possible related party relationship, attention is directed to the substance of the relationship and not merely the legal form. **10**

In the context of this Standard, the following are not related parties: **11**
(a) two entities simply because they have a director or other member of key management personnel in common or because a member of key management personnel of one entity has significant influence over the other entity.
(b) two joint venturers simply because they share joint control of a joint venture.
(c) (i) providers of finance,
 (ii) trade unions,
 (iii) public utilities, and
 (iv) departments and agencies of a government that does not control, jointly control or significantly influence the reporting entity,

 simply by virtue of their normal dealings with an entity (even though they may affect the freedom of action of an entity or participate in its decision-making process).
(d) a customer, supplier, franchisor, distributor or general agent with whom an entity transacts a significant volume of business, simply by virtue of the resulting economic dependence.

In the definition of a related party, an associate includes subsidiaries of the associate and a joint venture includes subsidiaries of the joint venture. Therefore, for example, an associate's subsidiary and the investor that has significant influence over the associate are related to each other. **12**

DISCLOSURES

All entities

Relationships between a parent and its subsidiaries shall be disclosed irrespective of whether there have been transactions between them. An entity shall disclose the name of its parent and, if different, the ultimate controlling party. If neither the entity's parent nor the ultimate controlling party produces consolidated financial statements available for public use, the name of the next most senior parent that does so shall also be disclosed. **13**

To enable users of financial statements to form a view about the effects of related party relationships on an entity, it is appropriate to disclose the related party relationship when control exists, irrespective of whether there have been transactions between the related parties. **14**

The requirement to disclose related party relationships between a parent and its subsidiaries is in addition to the disclosure requirements in IAS 27 and IFRS 12 *Disclosure of Interests in Other Entities*. **15**

16 In Paragraph 13 wird auf das nächsthöhere Mutterunternehmen verwiesen. Dabei handelt es sich um das erste Mutterunternehmen über dem unmittelbaren Mutterunternehmen, das einen Konzernabschluss veröffentlicht.

17 **Ein Unternehmen hat die Vergütung der Mitglieder seines Managements in Schlüsselpositionen sowohl insgesamt als auch gesondert für jede der folgenden Kategorien anzugeben:**

(a) kurzfristig fällige Leistungen an Arbeitnehmer,

(b) Leistungen nach Beendigung des Arbeitsverhältnisses,

(c) andere langfristig fällige Leistungen,

(d) Leistungen aus Anlass der Beendigung des Arbeitsverhältnisses und

(e) anteilsbasierte Vergütungen.

17A **Erhält ein Unternehmen von einem anderen Unternehmen („leistungserbringendes Unternehmen") Leistungen im Bereich des Managements in Schlüsselpositionen, ist es nicht verpflichtet, die Anforderungen des Paragraphen 17 auf die vom leistungserbringenden Unternehmen an seine Mitarbeiter oder Mitglieder des Geschäftsführungs- und/oder Aufsichtsorgans gezahlten oder zahlbaren Vergütungen anzuwenden.**

18 **Hat es bei einem Unternehmen in den Perioden, auf die sich die Abschlüsse beziehen, Geschäftsvorfälle mit nahestehenden Unternehmen oder Personen gegeben, so hat das Unternehmen die Art seiner Beziehung zu den nahestehenden Unternehmen oder Personen anzugeben sowie Informationen über diese Geschäftsvorfälle und Forderungen und Verbindlichkeiten (einschließlich Verpflichtungen) darzulegen, die die Abschlussadressaten benötigen, um die möglichen Auswirkungen dieser Beziehung auf den Abschluss nachzuvollziehen. Diese Angabepflichten bestehen zusätzlich zu den in Paragraph 17 genannten. Diese Angaben müssen zumindest Folgendes umfassen:**

(a) die Höhe der Geschäftsvorfälle,

(b) die Höhe der Forderungen und Verbindlichkeiten, einschließlich Verpflichtungen, und

(i) deren Bedingungen und Konditionen – u. a., ob eine Besicherung besteht – sowie die Art der Leistungserfüllung und

(ii) Einzelheiten gewährter oder erhaltener Garantien,

(c) mit den Forderungen und Verbindlichkeiten zusammenhängende Rückstellungen für zweifelhafte Forderungen und

(d) den während der Periode erfassten Aufwand für uneinbringliche oder zweifelhafte Forderungen gegenüber nahestehenden Unternehmen und Personen.

18A **Beträge, die das Unternehmen für Leistungen eines anderen Unternehmens (leistungserbringendes Unternehmen) im Bereich des Managements in Schlüsselpositionen aufgewendet hat, sind anzugeben.**

19 **Die nach Paragraph 18 erforderlichen Angaben sind für jede der folgenden Kategorien gesondert zu machen:**

(a) das Mutterunternehmen,

(b) Unternehmen, die an der gemeinschaftlichen Führung des Unternehmens beteiligt sind oder maßgeblichen Einfluss auf das Unternehmen haben,

(c) Tochterunternehmen,

(d) assoziierte Unternehmen,

(e) Gemeinschaftsunternehmen, bei denen das Unternehmen ein Partnerunternehmen ist,

(f) Mitglieder des Managements in Schlüsselpositionen des Unternehmens oder dessen Mutterunternehmens und

(g) sonstige nahestehende Unternehmen und Personen.

20 Die in Paragraph 19 vorgeschriebene Aufschlüsselung der an nahestehende Unternehmen und Personen zu zahlenden oder von diesen zu fordernden Beträge in verschiedene Kategorien von nahestehenden Unternehmen und Personen stellt eine Erweiterung der Angabepflichten nach IAS 1 *Darstellung des Abschlusses* für die Informationen dar, die entweder in der Bilanz oder im Anhang darzustellen sind. Die Kategorien werden erweitert, um eine umfassendere Aufgliederung der Salden nahestehender Unternehmen und Personen bereitzustellen, und sind auf Geschäftsvorfälle mit nahestehenden Unternehmen und Personen anzuwenden.

21 Es folgen Beispiele von Geschäftsvorfällen, die anzugeben sind, wenn sie sich auf nahestehende Unternehmen oder Personen beziehen:

(a) Käufe oder Verkäufe (fertiger oder unfertiger) Güter,

(b) Käufe oder Verkäufe von Grundstücken, Bauten und anderen Vermögenswerten,

(c) Erbringung oder Erhalt von Dienstleistungen,

(d) Leasingverhältnisse,

(e) Transfers von Dienstleistungen im Bereich Forschung und Entwicklung,

(f) Transfers aufgrund von Lizenzvereinbarungen,

(g) Transfers im Rahmen von Finanzierungsvereinbarungen (einschließlich Darlehen und Kapitaleinlagen in Form von Bar- oder Sacheinlagen),

(h) Gewährung von Bürgschaften oder Sicherheiten,

Paragraph 13 refers to the next most senior parent. This is the first parent in the group above the immediate parent that produces consolidated financial statements available for public use. 16

An entity shall disclose key management personnel compensation in total and for each of the following categories: 17

(a) short-term employee benefits;
(b) post-employment benefits;
(c) other long-term benefits;
(d) termination benefits; and
(e) share-based payment.

If an entity obtains key management personnel services from another entity (the "management entity"), the entity is not required to apply the requirements in paragraph 17 to the compensation paid or payable by the management entity to the management entity's employees or directors. 17A

If an entity has had related party transactions during the periods covered by the financial statements, it shall disclose the nature of the related party relationship as well as information about those transactions and outstanding balances, including commitments, necessary for users to understand the potential effect of the relationship on the financial statements. These disclosure requirements are in addition to those in paragraph 17. At a minimum, disclosures shall include: 18

(a) the amount of the transactions;
(b) the amount of outstanding balances, including commitments, and:
  (i) their terms and conditions, including whether they are secured, and the nature of the consideration to be provided in settlement; and
  (ii) details of any guarantees given or received;
(c) provisions for doubtful debts related to the amount of outstanding balances; and
(d) the expense recognised during the period in respect of bad or doubtful debts due from related parties.

Amounts incurred by the entity for the provision of key management personnel services that are provided by a separate management entity shall be disclosed. 18A

The disclosures required by paragraph 18 shall be made separately for each of the following categories: 19

(a) the parent;
(b) entities with joint control of, or significant influence over, the entity;
(c) subsidiaries;
(d) associates;
(e) joint ventures in which the entity is a joint venturer;
(f) key management personnel of the entity or its parent; and
(g) other related parties.

The classification of amounts payable to, and receivable from, related parties in the different categories as required in paragraph 19 is an extension of the disclosure requirement in IAS 1 *Presentation of Financial Statements* for information to be presented either in the statement of financial position or in the notes. The categories are extended to provide a more comprehensive analysis of related party balances and apply to related party transactions. 20

The following are examples of transactions that are disclosed if they are with a related party: 21

(a) purchases or sales of goods (finished or unfinished);
(b) purchases or sales of property and other assets;
(c) rendering or receiving of services;
(d) leases;
(e) transfers of research and development;
(f) transfers under licence agreements;
(g) transfers under finance arrangements (including loans and equity contributions in cash or in kind);
(h) provision of guarantees or collateral;

(i) Verpflichtungen, bei künftigem Eintreten oder Ausbleiben eines bestimmten Ereignisses etwas Bestimmtes zu tun, worunter auch (erfasste und nicht erfasste) noch zu erfüllende Verträge[1] ([12]) fallen, und
(j) die Erfüllung von Verbindlichkeiten für Rechnung des Unternehmens oder durch das Unternehmen für Rechnung dieses nahestehenden Unternehmens/dieser nahestehenden Person.

22 Die Teilnahme eines Mutter- oder Tochterunternehmens an einem leistungsorientierten Plan, der die Risiken zwischen den Unternehmen eines Konzerns aufteilt, stellt einen Geschäftsvorfall zwischen nahestehenden Unternehmen und Personen dar (siehe IAS 19 (in der 2011 geänderten Fassung) Paragraph 42).

23 Die Angabe, dass Geschäftsvorfälle mit nahestehenden Unternehmen und Personen unter den gleichen Bedingungen abgewickelt wurden wie Geschäftsvorfälle mit unabhängigen Geschäftspartnern, ist nur zulässig, wenn dies nachgewiesen werden kann.

24 **Ähnliche Posten dürfen zusammengefasst angegeben werden, es sei denn, eine gesonderte Angabe ist erforderlich, um die Auswirkungen der Geschäftsvorfälle mit nahestehenden Unternehmen und Personen auf den Abschluss des Unternehmens beurteilen zu können.**

Einer öffentlichen Hand nahestehende Unternehmen

25 **Ein berichtendes Unternehmen ist von der in Paragraph 18 festgelegten Pflicht zur Angabe von Geschäftsvorfällen mit und Forderungen und Verbindlichkeiten (einschließlich Verpflichtungen) gegenüber nahestehenden Unternehmen und Personen befreit, wenn es sich bei diesen Unternehmen und Personen handelt um**
(a) eine öffentliche Hand, die das berichtende Unternehmen beherrscht oder an dessen gemeinschaftlicher Führung beteiligt ist oder maßgeblichen Einfluss auf das berichtende Unternehmen hat, und
(b) ein anderes Unternehmen, das als nahestehend zu betrachten ist, weil dieselbe öffentliche Hand sowohl das berichtende als auch dieses andere Unternehmen beherrscht oder an deren gemeinschaftlicher Führung beteiligt ist oder maßgeblichen Einfluss auf diese hat.

26 **Nimmt ein berichtendes Unternehmen die in Paragraph 25 genannte Befreiung in Anspruch, hat es zu den dort genannten Geschäftsvorfällen und den dazugehörigen Forderungen und Verbindlichkeiten Folgendes anzugeben:**
(a) den Namen der öffentlichen Hand und die Art ihrer Beziehung zum berichtenden Unternehmen (d. h. Beherrschung, gemeinschaftliche Führung oder maßgeblicher Einfluss),
(b) die folgenden Informationen, und zwar so detailliert, dass die Abschlussadressaten des Unternehmens die Auswirkungen der Geschäftsvorfälle mit nahestehenden Unternehmen und Personen auf dessen Abschluss beurteilen können:
(i) Art und Höhe jedes Geschäftsvorfalls, der für sich genommen signifikant ist, und
(ii) einen Hinweis auf den qualitativen oder quantitativen Umfang der anderen Geschäftsvorfälle, die zwar nicht für sich genommen, aber in ihrer Gesamtheit signifikant sind. Hierunter fallen u. a. die in Paragraph 21 genannten Arten von Geschäftsvorfällen.

27 Bei Ausübung seines Ermessens zur Bestimmung des Grads der Detailliertheit der in Paragraph 26 (b) vorgeschriebenen Angaben trägt das berichtende Unternehmen der Nähe der Beziehung zu nahestehenden Unternehmen und Personen sowie anderen für die Bestimmung der Signifikanz des Geschäftsvorfalls relevanten Faktoren Rechnung, d. h., ob der Geschäftsvorfall
(a) von seinem Umfang her signifikant ist,
(b) zu nicht marktüblichen Bedingungen stattgefunden hat,
(c) außerhalb des regulären Tagesgeschäfts anzusiedeln ist, wie der Kauf oder Verkauf von Unternehmen,
(d) Regulierungs- oder Aufsichtsbehörden gemeldet wird,
(e) der oberen Führungsebene gemeldet wird,
(f) von den Anteilseignern genehmigt werden muss.

ZEITPUNKT DES INKRAFTTRETENS UND ÜBERGANGSVORSCHRIFTEN

28 Dieser Standard ist rückwirkend auf Geschäftsjahre anzuwenden, die am oder nach dem 1. Januar 2011 beginnen. Eine frühere Anwendung – des gesamten Standards oder der in den Paragraphen 25–27 vorgesehenen Teilbefreiung von einer öffentlichen Hand nahestehenden Unternehmen – ist zulässig. Wendet ein Unternehmen den gesamten Standard oder die Teilbefreiung für Berichtsperioden an, die vor dem 1. Januar 2011 beginnen, hat es dies anzugeben.

1 In IAS 37 *Rückstellungen, Eventualverbindlichkeiten und Eventualforderungen* werden noch zu erfüllende Verträge definiert als Verträge, bei denen beide Parteien ihre Verpflichtungen in keiner Weise oder teilweise zu gleichen Teilen erfüllt haben.

(i) commitments to do something if a particular event occurs or does not occur in the future, including executory contracts[1] (recognised and unrecognised); and
(j) settlement of liabilities on behalf of the entity or by the entity on behalf of that related party.

Participation by a parent or subsidiary in a defined benefit plan that shares risks between group entities is a transaction between related parties (see paragraph 42 of IAS 19 (as amended in 2011)). 22

Disclosures that related party transactions were made on terms equivalent to those that prevail in arm's length transactions are made only if such terms can be substantiated. 23

Items of a similar nature may be disclosed in aggregate except when separate disclosure is necessary for an understanding of the effects of related party transactions on the financial statements of the entity. 24

Government-related entities

A reporting entity is exempt from the disclosure requirements of paragraph 18 in relation to related party transactions and outstanding balances, including commitments, with: 25
(a) a government that has control, or joint control of, or significance influence over, the reporting entity; and
(b) another entity that is a related party because the same government has control, or joint control of, or significance influence over, both the reporting entity and the other entity.

If a reporting entity applies the exemption in paragraph 25, it shall disclose the following about the transactions and related outstanding balances referred to in paragraph 25: 26
(a) the name of the government and the nature of its relationship with the reporting entity (ie control, joint control or significant influence);
(b) the following information in sufficient detail to enable users of the entity's financial statements to understand the effect of related party transactions on its financial statements:
(i) the nature and amount of each individually significant transaction; and
(ii) for other transactions that are collectively, but not individually, significant, a qualitative or quantitative indication of their extent. Types of transactions include those listed in paragraph 21.

In using its judgement to determine the level of detail to be disclosed in accordance with the requirements in paragraph 26 (b), the reporting entity shall consider the closeness of the related party relationship and other factors relevant in establishing the level of significance of the transaction such as whether it is: 27
(a) significant in terms of size;
(b) carried out on non-market terms;
(c) outside normal day-to-day business operations, such as the purchase and sale of businesses;
(d) disclosed to regulatory or supervisory authorities;
(e) reported to senior management;
(f) subject to shareholder approval.

EFFECTIVE DATE AND TRANSITION

An entity shall apply this Standard retrospectively for annual periods beginning on or after 1 January 2011. Earlier application is permitted, either of the whole Standard or of the partial exemption in paragraphs 25—27 for government-related entities. If an entity applies either the whole Standard or that partial exemption for a period beginning before 1 January 2011, it shall disclose that fact. 28

1 IAS 37 *Provisions, Contingent Liabilities and Contingent Assets* defines executory contracts as contracts under which neither party has performed any of its obligations or both parties have partially performed their obligations to an equal extent.

28A Durch IFRS 10, IFRS 11 *Gemeinschaftliche Vereinbarungen* und IFRS 12, veröffentlicht im Mai 2011, wurden die Paragraphen 3, 9, 11 (b), 15, 19 (b) und (e) und 25 geändert. Wendet ein Unternehmen IFRS 10, IFRS 11 und IFRS 12 an, sind diese Änderungen ebenfalls anzuwenden.

28B Mit der im Oktober 2012 veröffentlichten Verlautbarung *Investmentgesellschaften* (Investment Entities) (Änderungen an IFRS 10, IFRS 12 und IAS 27) wurden die Paragraphen 4 und 9 geändert. Diese Änderungen sind auf Geschäftsjahre anzuwenden, die am oder nach dem 1. Januar 2014 beginnen. Eine frühere Anwendung ist zulässig. Wendet ein Unternehmen diese Änderungen früher an, hat es alle in der Verlautbarung *Investmentgesellschaften* enthaltenen Änderungen gleichzeitig anzuwenden.

28C Mit den im Dezember 2013 veröffentlichten *Jährlichen Verbesserungen an den IFRS, Zyklus 2010–2012*, wurde Paragraph 9 geändert und wurden die Paragraphen 17A und 18A eingefügt. Diese Änderung sind auf Geschäftsjahre anzuwenden, die am oder nach dem 1. Juli 2014 beginnen. Eine frühere Anwendung ist zulässig. Wendet ein Unternehmen diese Änderung auf eine frühere Periode an, hat es dies anzugeben.

RÜCKNAHME VON IAS 24 (2003)

29 Dieser Standard ersetzt IAS 24 *Angaben über Beziehungen zu nahestehenden Unternehmen und Personen* (in der 2003 überarbeiteten Fassung).

IFRS 10, IFRS 11 *Joint Arrangements* and IFRS 12, issued in May 2011, amended paragraphs 3, 9, 11 (b), 15, 19 (b) and (e) and 25. An entity shall apply those amendments when it applies IFRS 10, IFRS 11 and IFRS 12. **28A**

Investment Entities (Amendments to IFRS 10, IFRS 12 and IAS 27), issued in October 2012, amended paragraphs 4 and 9. An entity shall apply those amendments for annual periods beginning on or after 1 January 2014. Earlier application of *Investment Entities* is permitted. If an entity applies those amendments earlier it shall also apply all amendments included in *Investment Entities* at the same time. **28B**

Annual Improvements to IFRSs 2010–2012 Cycle, issued in December 2013, amended paragraph 9 and added paragraphs 17A and 18A. An entity shall apply that amendment for annual periods beginning on or after 1 July 2014. Earlier application is permitted. If an entity applies that amendment for an earlier period it shall disclose that fact. **28C**

WITHDRAWAL OF IAS 24 (2003)

This Standard supersedes IAS 24 *Related Party Disclosures* (as revised in 2003). **29**

INTERNATIONAL ACCOUNTING STANDARD 26

Bilanzierung und Berichterstattung von Altersversorgungsplänen

INHALT

ANWENDUNGSBEREICH

1 **Dieser Standard ist auf Abschlüsse von Altersversorgungsplänen, bei denen die Erstellung solcher Abschlüsse vorgesehen ist, anzuwenden.**

2 Altersversorgungspläne werden mitunter auch anders bezeichnet, beispielsweise als „Pensionsordnungen", „Versorgungswerke" oder „Betriebsrentenordnungen". Dieser Standard betrachtet einen Altersversorgungsplan als eine von den Arbeitgebern der Begünstigten des Plans losgelöste Berichtseinheit. Alle anderen Standards sind auf die Abschlüsse von Altersversorgungsplänen anzuwenden, soweit sie nicht durch diesen Standard ersetzt werden.

3 Dieser Standard befasst sich mit der Bilanzierung und Berichterstattung eines Plans für die Gesamtheit aller Begünstigten. Er beschäftigt sich nicht mit Berichten an einzelne Begünstigte im Hinblick auf ihre Altersversorgungsansprüche.

4 IAS 19 *Leistungen an Arbeitnehmer* behandelt die Bestimmung der Aufwendungen für Versorgungsleistungen in den Abschlüssen von Arbeitgebern, die über solche Pläne verfügen. Der vorliegende Standard ergänzt daher IAS 19.

5 Ein Altersversorgungsplan kann entweder beitrags- oder leistungsorientiert sein. Bei vielen ist die Schaffung getrennter Fonds erforderlich, in die Beiträge einbezahlt und aus denen die Versorgungsleistungen ausbezahlt werden; die Fonds können, müssen aber nicht über folgende Merkmale verfügen: rechtliche Eigenständigkeit und Vorhandensein von Treuhändern. Dieser Standard gilt unabhängig davon, ob ein solcher Fonds geschaffen wurde und ob Treuhänder vorhanden sind.

6 Altersversorgungspläne, deren Vermögenswerte bei Versicherungsunternehmen angelegt werden, unterliegen denselben Rechnungslegungs- und Finanzierungsvorschriften wie selbstverwaltete Anlagen. Demgemäß fallen diese Pläne in den Anwendungsbereich dieses Standards, es sei denn, die Vereinbarung mit dem Versicherungsunternehmen ist im Namen eines bezeichneten Begünstigten oder einer Gruppe von Begünstigten abgeschlossen worden und die Verpflichtung aus der Versorgungszusage obliegt allein dem Versicherungsunternehmen.

7 Dieser Standard befasst sich nicht mit anderen Leistungsformen aus Arbeitsverhältnissen wie Abfindungen bei Beendigung des Arbeitsverhältnisses, Vereinbarungen über später fällige Vergütungsbestandteile, Vergütungen bei Ausscheiden nach langer Dienstzeit, Vorruhestandsregelungen oder Sozialpläne, Gesundheits- und Fürsorgeregelungen oder Erfolgsbeteiligungen. Öffentliche Sozialversicherungssysteme sind von dem Anwendungsbereich dieses Standards ebenfalls ausgeschlossen.

DEFINITIONEN

8 **Die folgenden Begriffe werden in diesem Standard mit der angegebenen Bedeutung verwendet:**

***Altersversorgungspläne* sind Vereinbarungen, durch die ein Unternehmen seinen Mitarbeitern Versorgungsleistungen bei oder nach Beendigung des Arbeitsverhältnisses gewährt (entweder in Form einer Jahresrente oder in Form einer einmaligen Zahlung), sofern solche Versorgungsleistungen bzw. die dafür erbrachten Beiträge vor der Pensionierung der Mitarbeiter aufgrund einer vertraglichen Vereinbarung oder aufgrund der betrieblichen Praxis bestimmt oder geschätzt werden können.**

***Beitragsorientierte Pläne* sind Altersversorgungspläne, bei denen die als Versorgungsleistung zu zahlenden Beträge durch die Beiträge zu einem Fonds und den daraus erzielten Anlageerträgen bestimmt werden.**

INTERNATIONAL ACCOUNTING STANDARD 26
Accounting and reporting by retirement benefit plans

SUMMARY

SCOPE

This standard shall be applied in the financial statements of retirement benefit plans where such financial statements are prepared. 1

Retirement benefit plans are sometimes referred to by various other names, such as 'pension schemes', 'superannuation schemes' or 'retirement benefit schemes'. This standard regards a retirement benefit plan as a reporting entity separate from the employers of the participants in the plan. All other standards apply to the financial statements of retirement benefit plans to the extent that they are not superseded by this standard. 2

This standard deals with accounting and reporting by the plan to all participants as a group. It does not deal with reports to individual participants about their retirement benefit rights. 3

IAS 19 *Employee benefits* is concerned with the determination of the cost of retirement benefits in the financial statements of employers having plans. Hence this standard complements IAS 19. 4

Retirement benefit plans may be defined contribution plans or defined benefit plans. Many require the creation of separate funds, which may or may not have separate legal identity and may or may not have trustees, to which contributions are made and from which retirement benefits are paid. This standard applies regardless of whether such a fund is created and regardless of whether there are trustees. 5

Retirement benefit plans with assets invested with insurance companies are subject to the same accounting and funding requirements as privately invested arrangements. Accordingly, they are within the scope of this standard unless the contract with the insurance company is in the name of a specified participant or a group of participants and the retirement benefit obligation is solely the responsibility of the insurance company. 6

This standard does not deal with other forms of employment benefits such as employment termination indemnities, deferred compensation arrangements, long-service leave benefits, special early retirement or redundancy plans, health and welfare plans or bonus plans. Government social security type arrangements are also excluded from the scope of this standard. 7

DEFINITIONS

The following terms are used in this standard with the meanings specified: 8

***Retirement benefit plans* are arrangements whereby an entity provides benefits for employees on or after termination of service (either in the form of an annual income or as a lump sum) when such benefits, or the contributions towards them, can be determined or estimated in advance of retirement from the provisions of a document or from the entity's practices.**

***Defined contribution plans* are retirement benefit plans under which amounts to be paid as retirement benefits are determined by contributions to a fund together with investment earnings thereon.**

***Leistungsorientierte Pläne* sind Altersversorgungspläne, bei denen die als Versorgungsleistung zu zahlenden Beträge nach Maßgabe einer Formel bestimmt werden, die üblicherweise das Einkommen des Arbeitnehmers und/oder die Jahre seiner Dienstzeit berücksichtigt.**

***Fondsfinanzierung* ist der Vermögenstransfer vom Arbeitgeber zu einer vom Unternehmen getrennten Einheit (einem Fonds), um die Erfüllung künftiger Verpflichtungen zur Zahlung von Altersversorgungsleistungen sicherzustellen.**

Außerdem werden im Rahmen dieses Standards die folgenden Begriffe verwendet:

Die *Begünstigten* sind die Mitglieder eines Altersversorgungsplans und andere Personen, die gemäß dem Plan Ansprüche auf Leistungen haben.

***Das für Leistungen zur Verfügung stehende Nettovermögen* umfasst alle Vermögenswerte eines Altersversorgungsplans, abzüglich der Verbindlichkeiten mit Ausnahme des versicherungsmathematischen Barwerts der zugesagten Versorgungsleistungen.**

***Der versicherungsmathematische Barwert der zugesagten Versorgungsleistungen* ist der Barwert der künftig zu erwartenden Versorgungszahlungen des Altersversorgungsplans an aktive und bereits ausgeschiedene Arbeitnehmer, soweit diese der bereits geleisteten Dienstzeit als erdient zuzurechnen sind.**

***Unverfallbare Leistungen* sind erworbene Ansprüche auf künftige Leistungen, die nach den Bedingungen eines Altersversorgungsplans nicht von der Fortsetzung des Arbeitsverhältnisses abhängig sind.**

9 Einige Altersversorgungspläne haben Geldgeber, die nicht mit den Arbeitgebern identisch sind; dieser Standard bezieht sich auch auf die Abschlüsse solcher Pläne.

10 Die Mehrzahl der Altersversorgungspläne beruht auf formalen Vereinbarungen. Einige Pläne sind ohne formale Grundlage, haben aber durch die bestehende Praxis des Arbeitgebers Verpflichtungscharakter erlangt. Selbst wenn einige Pläne den Arbeitgebern gestatten, ihre Verpflichtungen nach den Plänen einzuschränken, ist es im Allgemeinen für einen Arbeitgeber schwierig, einen Altersversorgungsplan außer Kraft zu setzen, wenn die Arbeitnehmer gehalten werden sollen. Für einen vertraglich geregelten Versorgungsplan gelten dieselben Grundsätze für Bilanzierung und Berichterstattung wie für einen Versorgungsplan ohne formale Grundlage.

11 Viele Altersversorgungspläne sehen die Bildung von separaten Fonds zur Entgegennahme von Beiträgen und für die Auszahlung von Leistungen vor. Solche Fonds können von Personen verwaltet werden, welche das Fondsvermögen in unabhängiger Weise betreuen. Diese Personen werden in einigen Ländern als Treuhänder bezeichnet. Der Begriff Treuhänder wird in diesem Standard verwendet, um solche Personen zu bezeichnen, und zwar unabhängig davon, ob ein Treuhandfonds gebildet worden ist.

12 Altersversorgungspläne werden im Regelfall entweder als beitragsorientierte Pläne oder als leistungsorientierte Pläne bezeichnet. Beide verfügen über ihre eigenen charakteristischen Merkmale. Gelegentlich bestehen Pläne, welche Merkmale von beiden aufweisen. Solche Mischpläne werden im Rahmen dieses Standards wie leistungsorientierte Pläne behandelt.

BEITRAGSORIENTIERTE PLÄNE

13 **Der Abschluss eines beitragsorientierten Plans hat eine Aufstellung des für Leistungen zur Verfügung stehenden Nettovermögens sowie eine Beschreibung der Grundsätze der Fondsfinanzierung zu enthalten.**

14 Bei einem beitragsorientierten Plan ergibt sich die Höhe der zukünftigen Versorgungsleistungen für einen Begünstigten aus den Beiträgen des Arbeitgebers, des Begünstigten oder beiden sowie aus der Wirtschaftlichkeit und den Anlageerträgen des Fonds. Im Allgemeinen wird der Arbeitgeber durch seine Beiträge an den Fonds von seinen Verpflichtungen befreit. Die Beratung durch einen Versicherungsmathematiker ist im Regelfall nicht vorgeschrieben, obwohl eine solche Beratung manchmal in Anspruch genommen wird, um die künftigen Versorgungsleistungen, die sich unter Zugrundelegung der gegenwärtigen Beiträge und unterschiedlicher Niveaus zukünftiger Beiträge und Anlageerträge ergeben, zu schätzen.

15 Die Begünstigten sind an den Aktivitäten des Plans interessiert, da diese eine direkte Auswirkung auf die Höhe ihrer zukünftigen Versorgungsleistungen haben. Die Begünstigten möchten auch erfahren, ob Beiträge eingegangen sind und eine ordnungsgemäße Kontrolle stattgefunden hat, um ihre Ansprüche zu schützen. Ein Arbeitgeber hat ein Interesse an einer wirtschaftlichen und unparteiischen Durchführung des Plans.

16 Zielsetzung der Berichterstattung von beitragsorientierten Plänen ist die regelmäßige Bereitstellung von Informationen über den Plan und die Ertragskraft der Kapitalanlagen. Dieses Ziel wird im Allgemeinen durch die Bereitstellung eines Abschlusses erfüllt, der Folgendes enthält:

(a) eine Beschreibung der maßgeblichen Tätigkeiten in der Periode und der Auswirkung aller Änderungen in Bezug auf den Versorgungsplan sowie seiner Mitglieder und der Vertragsbedingungen,

(b) Aufstellungen zu den Geschäftsvorfällen und der Ertragskraft der Kapitalanlagen der Periode sowie zu der Vermögens- und Finanzlage des Versorgungsplans am Ende der Periode und

(c) eine Beschreibung der Kapitalanlagepolitik.

***Defined benefit plans* are retirement benefit plans under which amounts to be paid as retirement benefits are determined by reference to a formula usually based on employees' earnings and/or years of service.**

***Funding* is the transfer of assets to an entity (the *fund*) separate from the employer's entity to meet future obligations for the payment of retirement benefits.**

For the purposes of this standard the following terms are also used:

***Participants* are the members of a retirement benefit plan and others who are entitled to benefits under the plan.**

***Net assets available for benefits* are the assets of a plan less liabilities other than the actuarial present value of promised retirement benefits.**

***Actuarial present value of promised retirement benefits* is the present value of the expected payments by a retirement benefit plan to existing and past employees, attributable to the service already rendered.**

***Vested benefits* are benefits, the rights to which, under the conditions of a retirement benefit plan, are not conditional on continued employment.**

Some retirement benefit plans have sponsors other than employers; this standard also applies to the financial statements of such plans. 9

Most retirement benefit plans are based on formal agreements. Some plans are informal but have acquired a degree of obligation as a result of employers' established practices. While some plans permit employers to limit their obligations under the plans, it is usually difficult for an employer to cancel a plan if employees are to be retained. The same basis of accounting and reporting applies to an informal plan as to a formal plan. 10

Many retirement benefit plans provide for the establishment of separate funds into which contributions are made and out of which benefits are paid. Such funds may be administered by parties who act independently in managing fund assets. Those parties are called trustees in some countries. The term trustee is used in this standard to describe such parties regardless of whether a trust has been formed. 11

Retirement benefit plans are normally described as either defined contribution plans or defined benefit plans, each having their own distinctive characteristics. Occasionally plans exist that contain characteristics of both. Such hybrid plans are considered to be defined benefit plans for the purposes of this standard. 12

DEFINED CONTRIBUTION PLANS

The financial statements of a defined contribution plan shall contain a statement of net assets available for benefits and a description of the funding policy. 13

Under a defined contribution plan, the amount of a participant's future benefits is determined by the contributions paid by the employer, the participant, or both, and the operating efficiency and investment earnings of the fund. An employer's obligation is usually discharged by contributions to the fund. An actuary's advice is not normally required although such advice is sometimes used to estimate future benefits that may be achievable based on present contributions and varying levels of future contributions and investment earnings. 14

The participants are interested in the activities of the plan because they directly affect the level of their future benefits. Participants are interested in knowing whether contributions have been received and proper control has been exercised to protect the rights of beneficiaries. An employer is interested in the efficient and fair operation of the plan. 15

The objective of reporting by a defined contribution plan is periodically to provide information about the plan and the performance of its investments. That objective is usually achieved by providing financial statements, including the following: 16

(a) a description of significant activities for the period and the effect of any changes relating to the plan, and its membership and terms and conditions;

(b) statements reporting on the transactions and investment performance for the period and the financial position of the plan at the end of the period; and

(c) a description of the investment policies.

LEISTUNGSORIENTIERTE PLÄNE

17 **Der Abschluss eines leistungsorientierten Plans hat zu enthalten entweder**
(a) eine Aufstellung, aus der Folgendes zu ersehen ist:
(i) das für Leistungen zur Verfügung stehende Nettovermögen,
(ii) der versicherungsmathematische Barwert der zugesagten Versorgungsleistungen, wobei zwischen unverfallbaren und verfallbaren Ansprüchen unterschieden wird, und
(iii) eine sich ergebende Vermögensüber- oder -unterdeckung, oder
(b) eine Aufstellung des für Leistungen zur Verfügung stehenden Nettovermögens, einschließlich entweder
(i) einer Angabe, die den versicherungsmathematischen Barwert der zugesagten Versorgungsleistungen, unterschieden nach unverfallbaren und verfallbaren Ansprüchen, offen legt, oder
(ii) eines Verweises auf diese Information in einem beigefügten Gutachten eines Versicherungsmathematikers.
Falls zum Abschlussstichtag keine versicherungsmathematische Bewertung erfolgt ist, ist die aktuellste Bewertung als Grundlage heranzuziehen und ist der Bewertungsstichtag anzugeben.

18 **Für die Zwecke des Paragraphen 17 sind dem versicherungsmathematischen Barwert der zugesagten Versorgungsleistungen die gemäß den Regelungen des Plans für die bisher erbrachte Dienstzeit zugesagten Versorgungsleistungen zugrunde zu legen; hierbei dürfen entweder die gegenwärtigen oder die erwarteten künftigen Gehaltsniveaus berücksichtigt werden, wobei die verwendete Rechnungsgrundlage anzugeben ist. Auch jede Änderung der versicherungsmathematischen Annahmen, die sich erheblich auf den versicherungsmathematischen Barwert der zugesagten Versorgungsleistungen ausgewirkt hat, ist anzugeben.**

19 **Der Abschluss hat die Beziehung zwischen dem versicherungsmathematischen Barwert der zugesagten Versorgungsleistungen und dem für Leistungen zur Verfügung stehenden Nettovermögen sowie die Grundsätze für die über den Fonds erfolgende Finanzierung der zugesagten Versorgungsleistungen zu erläutern.**

20 Die Zahlung zugesagter Versorgungsleistungen hängt bei einem leistungsorientierten Plan auch von dessen Vermögens- und Finanzlage und der Fähigkeit der Beitragszahler, auch künftig Beiträge zu leisten, sowie von der Ertragskraft der Kapitalanlagen in dem Fonds und der Wirtschaftlichkeit des Plans ab.

21 Ein leistungsorientierter Plan benötigt regelmäßige Beratung durch einen Versicherungsmathematiker, um seine Vermögens- und Finanzlage zu beurteilen, die Berechnungsannahmen zu überprüfen und um Empfehlungen für zukünftige Beitragsniveaus zu erhalten.

22 Ziel der Berichterstattung eines leistungsorientierten Plans ist es, in regelmäßigen Zeitabständen Informationen über seine Kapitalanlagen und Aktivitäten zu geben; diese müssen geeignet sein, das Verhältnis von angesammelten Ressourcen zu den Versorgungsleistungen im Zeitablauf zu beurteilen. Dieses Ziel wird im Allgemeinen durch die Bereitstellung eines Abschlusses erfüllt, der Folgendes enthält:
(a) eine Beschreibung der maßgeblichen Tätigkeiten in der Periode und der Auswirkung aller Änderungen in Bezug auf den Versorgungsplan sowie seiner Mitglieder und der Vertragsbedingungen,
(b) Aufstellungen zu den Geschäftsvorfällen und der Ertragskraft der Kapitalanlagen in der Periode sowie zu der Vermögens- und Finanzlage des Versorgungsplans am Ende der Periode,
(c) versicherungsmathematische Angaben, entweder als Teil der Aufstellungen oder durch einen separaten Bericht, und
(d) eine Beschreibung der Kapitalanlagepolitik.

Versicherungsmathematischer Barwert der zugesagten Versorgungsleistungen

23 Der Barwert der zu erwartenden Zahlungen eines Altersversorgungsplans kann unter Verwendung der gegenwärtigen oder der bis zur Pensionierung der Begünstigten erwarteten künftigen Gehaltsniveaus berechnet und berichtet werden.

24 Die Verwendung eines Ansatzes, der gegenwärtige Gehälter berücksichtigt, wird u. a. damit begründet, dass
(a) der versicherungsmathematische Barwert der zugesagten Versorgungsleistungen, definiert als Summe der Beträge, die jedem einzelnen Begünstigten derzeit zuzuordnen sind, auf diese Weise objektiver bestimmt werden kann als bei Zugrundelegung der erwarteten künftigen Gehaltsniveaus, weil weniger Annahmen zu treffen sind,
(b) auf eine Gehaltssteigerung zurückgehende Leistungserhöhungen erst zum Zeitpunkt der Gehaltssteigerung zu einer Verpflichtung des Plans werden und
(c) der versicherungsmathematische Barwert der zugesagten Versorgungsleistungen unter dem Ansatz des gegenwärtigen Gehaltsniveaus im Falle einer Schließung oder Einstellung eines Versorgungsplans im Allgemeinen in engerer Beziehung zu dem zu zahlenden Betrag steht.

25 Die Verwendung eines Ansatzes, der die erwarteten künftigen Gehaltsniveaus berücksichtigt, wird u. a. damit begründet, dass
(a) Finanzinformationen ausgehend von der Prämisse der Unternehmensfortführung erstellt werden sollten, ohne Rücksicht darauf, dass Annahmen zu treffen und Schätzungen vorzunehmen sind;
(b) sich bei Plänen, die auf das Entgelt zum Zeitpunkt der Pensionierung abstellen, die Leistungen nach den Gehältern zum Zeitpunkt oder nahe dem Zeitpunkt der Pensionierung bestimmen; daher sind Gehälter, Beitragsniveaus und Verzinsung zu projizieren; und

DEFINED BENEFIT PLANS

The financial statements of a defined benefit plan shall contain either: 17

(a) a statement that shows:

(i) the net assets available for benefits;

(ii) the actuarial present value of promised retirement benefits, distinguishing between vested benefits and non-vested benefits; and

(iii) the resulting excess or deficit; or

(b) a statement of net assets available for benefits, including either:

(i) a note disclosing the actuarial present value of promised retirement benefits, distinguishing between vested benefits and non-vested benefits; or

(ii) a reference to this information in an accompanying actuarial report.

If an actuarial valuation has not been prepared at the date of the financial statements, the most recent valuation shall be used as a base and the date of the valuation disclosed.

For the purposes of paragraph 17, the actuarial present value of promised retirement benefits shall be based on the benefits promised under the terms of the plan on service rendered to date using either current salary levels or projected salary levels with disclosure of the basis used. The effect of any changes in actuarial assumptions that have had a significant effect on the actuarial present value of promised retirement benefits shall also be disclosed. 18

The financial statements shall explain the relationship between the actuarial present value of promised retirement benefits and the net assets available for benefits, and the policy for the funding of promised benefits. 19

Under a defined benefit plan, the payment of promised retirement benefits depends on the financial position of the plan and the ability of contributors to make future contributions to the plan as well the investment performance and operating efficiency of the plan. 20

A defined benefit plan needs the periodic advice of an actuary to assess the financial condition of the plan, review the assumptions and recommend future contribution levels. 21

The objective of reporting by a defined benefit plan is periodically to provide information about the financial resources and activities of the plan that is useful in assessing the relationships between the accumulation of resources and plan benefits over time. This objective is usually achieved by providing financial statements, including the following: 22

(a) a description of significant activities for the period and the effect of any changes relating to the plan, and its membership and terms and conditions;

(b) statements reporting on the transactions and investment performance for the period and the financial position of the plan at the end of the period;

(c) actuarial information either as part of the statements or by way of a separate report; and

(d) a description of the investment policies.

Actuarial present value of promised retirement benefits

The present value of the expected payments by a retirement benefit plan may be calculated and reported using current salary levels or projected salary levels up to the time of retirement of participants. 23

The reasons given for adopting a current salary approach include: 24

(a) the actuarial present value of promised retirement benefits, being the sum of the amounts presently attributable to each participant in the plan, can be calculated more objectively than with projected salary levels because it involves fewer assumptions;

(b) increases in benefits attributable to a salary increase become an obligation of the plan at the time of the salary increase; and

(c) the amount of the actuarial present value of promised retirement benefits using current salary levels is generally more closely related to the amount payable in the event of termination or discontinuance of the plan.

Reasons given for adopting a projected salary approach include: 25

(a) financial information should be prepared on a going concern basis, irrespective of the assumptions and estimates that must be made;

(b) under final pay plans, benefits are determined by reference to salaries at or near retirement date; hence salaries, contribution levels and rates of return must be projected; and

(c) die Außerachtlassung künftiger Gehaltssteigerungen angesichts der Tatsache, dass der Finanzierung von Fonds überwiegend Gehaltsprojektionen zugrunde liegen, möglicherweise dazu führen kann, dass der Fonds eine offensichtliche Überdotierung aufweist, obwohl dies in Wirklichkeit nicht der Fall ist, oder er sich als angemessen dotiert darstellt, obwohl in Wirklichkeit eine Unterdotierung vorliegt.

26 Die Angabe des versicherungsmathematischen Barwerts zugesagter Versorgungsleistungen unter Berücksichtigung des gegenwärtigen Gehaltsniveaus in einem Abschluss des Plans dient als Hinweis auf die zum Zeitpunkt des Abschlusses bestehende Verpflichtung für erworbene Versorgungsleistungen. Die Angabe des versicherungsmathematischen Barwerts zugesagter Versorgungsleistungen unter Berücksichtigung der künftigen Gehälter dient ausgehend von der Prämisse der Unternehmensfortführung als Hinweis auf das Ausmaß der potenziellen Verpflichtung, wobei diese Prämisse im Allgemeinen die Grundlage der Fondsfinanzierung darstellt. Zusätzlich zur Angabe des versicherungsmathematischen Barwerts zugesagter Versorgungsleistungen sind eventuell ausreichende Erläuterungen nötig, um genau anzugeben, in welchem Umfeld dieser Wert zu verstehen ist. Eine derartige Erläuterung kann in Form von Informationen über die Angemessenheit der geplanten zukünftigen Fondsfinanzierung und der Finanzierungspolitik aufgrund der Gehaltsprojektionen erfolgen. Dies kann in den Abschluss oder in das Gutachten des Versicherungsmathematikers einbezogen werden.

Häufigkeit versicherungsmathematischer Bewertungen

27 In vielen Ländern werden versicherungsmathematische Bewertungen nicht häufiger als alle drei Jahre erstellt. Falls zum Abschlussstichtag keine versicherungsmathematische Bewertung erstellt wurde, ist die aktuellste Bewertung als Grundlage heranzuziehen und der Bewertungsstichtag anzugeben.

Inhalt des Abschlusses

28 Bei leistungsorientierten Plänen sind die Angaben in einem der nachfolgend beschriebenen Formate darzustellen, die die unterschiedliche Praxis bei der Angabe und Darstellung versicherungsmathematischer Informationen widerspiegeln:

(a) als Abschluss mit einer Aufstellung, die das für Leistungen zur Verfügung stehende Nettovermögen, den versicherungsmathematischen Barwert der zugesagten Versorgungsleistungen und eine sich ergebende Vermögensüber- oder -unterdeckung zeigt. Der Abschluss des Plans beinhaltet auch Veränderungsrechnungen in Bezug auf das für Leistungen zur Verfügung stehende Nettovermögen und den versicherungsmathematischen Barwert der zugesagten Versorgungsleistungen. Dem Abschluss kann auch ein separates versicherungsmathematisches Gutachten beigefügt sein, welches den versicherungsmathematischen Barwert der zugesagten Versorgungsleistungen bestätigt;

(b) als Abschluss mit einer Aufstellung des für Leistungen zur Verfügung stehenden Nettovermögens und einer Veränderungsrechnung in Bezug auf das für Leistungen zur Verfügung stehende Nettovermögen; Der versicherungsmathematische Barwert der zugesagten Versorgungsleistungen wird im Anhang angegeben. Dem Abschluss kann auch ein versicherungsmathematisches Gutachten beigefügt sein, welches den versicherungsmathematischen Barwert der zugesagten Versorgungsleistungen bestätigt; oder

(c) als Abschluss mit einer Aufstellung des für Leistungen zur Verfügung stehenden Nettovermögens und einer Veränderungsrechnung in Bezug auf das für Leistungen zur Verfügung stehende Nettovermögen, wobei der versicherungsmathematische Barwert der zugesagten Versorgungsleistungen in einem separaten versicherungsmathematischen Gutachten angegeben ist.

In jedem der gezeigten Formate kann dem Abschluss auch ein Bericht des Treuhänders in Form eines Berichtes des Managements sowie ein Kapitalanlagebericht beigefügt werden.

29 Die Befürworter der in den Paragraphen 28 (a) und (b) gezeigten Formate vertreten die Auffassung, dass die Quantifizierung der zugesagten Versorgungsleistungen und anderer gemäß diesen Ansätzen gegebener Informationen es den Abschlussadressaten erleichtert, die gegenwärtige Lage des Plans und die Wahrscheinlichkeit, dass dieser seine Verpflichtungen erfüllen kann, zu beurteilen. Sie sind auch der Ansicht, dass die Abschlüsse in sich vollständig sein müssen und nicht auf begleitende Aufstellungen bauen dürfen. Mitunter wird jedoch auch die Auffassung vertreten, dass das unter Paragraph 28 (a) beschriebene Format den Eindruck einer bestehenden Verbindlichkeit hervorrufen könnte, wobei der versicherungsmathematische Barwert der zugesagten Versorgungsleistungen nach dieser Auffassung nicht alle Merkmale einer Verbindlichkeit besitzt.

30 Die Befürworter des in Paragraph 28 (c) gezeigten Formats vertreten die Auffassung, dass der versicherungsmathematische Barwert der zugesagten Versorgungsleistungen nicht in eine Aufstellung des für Versorgungsleistungen zur Verfügung stehenden Nettovermögens, wie in Paragraph 28 (a) gezeigt, einzubeziehen ist oder gemäß Paragraph 28 (b) im Anhang anzugeben ist, da dies einen direkten Vergleich mit dem Planvermögen nach sich ziehen würde und ein derartiger Vergleich nicht zulässig sein könnte. Dabei wird vorgebracht, dass Versicherungsmathematiker nicht notwendigerweise die versicherungsmathematischen Barwerte der zugesagten Versorgungsleistungen mit den Marktwerten der Kapitalanlagen vergleichen, sondern hierzu stattdessen möglicherweise den Barwert der aus diesen Kapitalanlagen erwarteten Mittelzuflüsse heranziehen. Daher ist es nach Auffassung derjenigen, die dieses Format bevorzugen, unwahrscheinlich, dass ein solcher Vergleich die generelle Beurteilung des Plans durch den Versicherungsmathematiker wiedergibt und so Missverständnisse entstehen. Zudem wird vorgebracht, dass die Informationen über die zugesagten

(c) failure to incorporate salary projections, when most funding is based on salary projections, may result in the reporting of an apparent overfunding when the plan is not overfunded, or in reporting adequate funding when the plan is underfunded.

The actuarial present value of promised retirement benefits based on current salaries is disclosed in the financial statements of a plan to indicate the obligation for benefits earned to the date of the financial statements. The actuarial present value of promised retirement benefits based on projected salaries is disclosed to indicate the magnitude of the potential obligation on a going concern basis which is generally the basis for funding. In addition to disclosure of the actuarial present value of promised retirement benefits, sufficient explanation may need to be given so as to indicate clearly the context in which the actuarial present value of promised retirement benefits should be read. Such explanation may be in the form of information about the adequacy of the planned future funding and of the funding policy based on salary projections. This may be included in the financial statements or in the actuary's report. 26

Frequency of actuarial valuations

In many countries, actuarial valuations are not obtained more frequently than every three years. If an actuarial valuation has not been prepared at the date of the financial statements, the most recent valuation is used as a base and the date of the valuation disclosed. 27

Financial statement content

For defined benefit plans, information is presented in one of the following formats which reflect different practices in the disclosure and presentation of actuarial information: 28

(a) a statement is included in the financial statements that shows the net assets available for benefits, the actuarial present value of promised retirement benefits, and the resulting excess or deficit. The financial statements of the plan also contain statements of changes in net assets available for benefits and changes in the actuarial present value of promised retirement benefits. The financial statements may be accompanied by a separate actuary's report supporting the actuarial present value of promised retirement benefits;
(b) financial statements that include a statement of net assets available for benefits and a statement of changes in net assets available for benefits. The actuarial present value of promised retirement benefits is disclosed in a note to the statements. The financial statements may also be accompanied by a report from an actuary supporting the actuarial present value of promised retirement benefits; and
(c) financial statements that include a statement of net assets available for benefits and a statement of changes in net assets available for benefits with the actuarial present value of promised retirement benefits contained in a separate actuarial report.

In each format a trustees' report in the nature of a management or directors' report and an investment report may also accompany the financial statements.

Those in favour of the formats described in paragraph 28 (a) and (b) believe that the quantification of promised retirement benefits and other information provided under those approaches help users to assess the current status of the plan and the likelihood of the plan's obligations being met. They also believe that financial statements should be complete in themselves and not rely on accompanying statements. However, some believe that the format described in paragraph 28 (a) could give the impression that a liability exists, whereas the actuarial present value of promised retirement benefits does not in their opinion have all the characteristics of a liability. 29

Those who favour the format described in paragraph 28 (c) believe that the actuarial present value of promised retirement benefits should not be included in a statement of net assets available for benefits as in the format described in paragraph 28 (a) or even be disclosed in a note as in paragraph 28 (b), because it will be compared directly with plan assets and such a comparison may not be valid. They contend that actuaries do not necessarily compare actuarial present value of promised retirement benefits with market values of investments but may instead assess the present value of cash flows expected from the investments. Therefore, those in favour of this format believe that such a comparison is unlikely to reflect the actuary's overall assessment of the plan and that it may be misunderstood. Also, some believe that, regardless of whether 30

Versorgungsleistungen, ob quantifiziert oder nicht, nur im gesonderten versicherungsmathematischen Gutachten aufgeführt werden sollten, da dort angemessene Erläuterungen gegeben werden können.

31 In diesem Standard wird die Auffassung akzeptiert, dass es gestattet werden sollte, die Angaben zu zugesagten Versorgungsleistungen in einem gesonderten versicherungsmathematischen Gutachten aufzuführen. Dagegen werden die Argumente gegen eine Quantifizierung des versicherungsmathematischen Barwerts der zugesagten Versorgungsleistungen abgelehnt. Dementsprechend sind die in Paragraph 28 (a) und (b) beschriebenen Formate gemäß diesem Standard akzeptabel. Dies gilt auch für das in Paragraph 28 (c) beschriebene Format, sofern dem Abschluss das versicherungsmathematische Gutachten, welches den versicherungsmathematischen Barwert der zugesagten Versorgungsleistungen aufzeigt, beigefügt wird und die Angaben einen Verweis auf das Gutachten enthalten.

ALLE PLÄNE

Bewertung des Planvermögens

32 **Die Kapitalanlagen des Altersversorgungsplans sind zum beizulegenden Zeitwert zu bilanzieren. Bei markt fähigen Wertpapieren ist der beizulegende Zeitwert gleich dem Marktwert. Enthält ein Plan Kapitalanlagen, für die eine Schätzung des beizulegenden Zeitwerts nicht möglich ist, ist der Grund für die Nichtverwendung des beizulegenden Zeitwerts anzugeben.**

33 Bei marktfähigen Wertpapieren ist der beizulegende Zeitwert normalerweise gleich dem Marktwert, da dieser für die Wertpapiere zum Abschlussstichtag und für deren Ertragskraft der Periode den zweckmäßigsten Bewertungsmaßstab darstellt. Für Wertpapiere mit einem festen Rückkaufswert, die erworben wurden, um die Verpflichtungen des Plans oder bestimmte Teile davon abzudecken, können Beträge auf der Grundlage der endgültigen Rückkaufswerte unter Annahme einer bis zur Fälligkeit konstanten Rendite bilanziert werden. Ist eine Schätzung des beizulegenden Zeitwerts von Kapitalanlagen des Plans nicht möglich, wie im Fall einer hundertprozentigen Beteiligung an einem Unternehmen, ist der Grund für die Nichtverwendung des beizulegenden Zeitwerts anzugeben. In dem Maße, wie Kapitalanlagen zu anderen Beträgen als den Marktwerten oder beizulegenden Zeitwerten bilanziert werden, ist der beizulegende Zeitwert im Allgemeinen ebenfalls anzugeben. Die im Rahmen der betrieblichen Tätigkeit des Fonds genutzten Vermögenswerte sind gemäß den entsprechenden Standards zu bilanzieren.

Angaben

34 **Im Abschluss eines leistungs- oder beitragsorientierten Altersversorgungsplans sind ergänzend folgende Angaben zu machen:**
(a) eine Bewegungsbilanz des für Leistungen zur Verfügung stehenden Nettovermögens,
(b) wesentliche Angaben zu Rechnungslegungsmethoden und
(c) eine Beschreibung des Plans und der Auswirkung aller Änderungen im Plan während der Periode.

35 Falls zutreffend, beinhalten Abschlüsse, die von Altersversorgungsplänen erstellt werden, Folgendes:
(a) eine Aufstellung des für Leistungen zur Verfügung stehenden Nettovermögens, mit Angabe:
  (i) der in geeigneter Weise aufgegliederten Vermögenswerte zum Ende der Periode,
  (ii) der Grundlage der Bewertung der Vermögenswerte,
  (iii) der Einzelheiten zu jeder einzelnen Kapitalanlage, die entweder 5 % des für Leistungen zur Verfügung stehenden Nettovermögens oder 5 % einer Wertpapiergattung oder -art übersteigt,
  (iv) der Einzelheiten jeder Beteiligung am Arbeitgeber und
  (v) anderer Verbindlichkeiten als dem versicherungsmathematischen Barwert der zugesagten Versorgungsleistungen,
(b) eine Bewegungsbilanz des für Leistungen zur Verfügung stehenden Nettovermögens, die die folgenden Posten aufzeigt:
  (i) Arbeitgeberbeiträge,
  (ii) Arbeitnehmerbeiträge,
  (iii) Anlageerträge wie Zinsen und Dividenden,
  (iv) sonstige Erträge,
  (v) gezahlte oder zu zahlende Leistungen (beispielsweise aufgegliedert nach Leistungen für Alterspensionen, Todes- und Erwerbsunfähigkeitsfälle sowie einmalige Zahlungen),
  (vi) Verwaltungsaufwand,
  (vii) andere Aufwendungen,
  (viii) Ertragsteuern,
  (ix) Gewinne und Verluste aus der Veräußerung von Kapitalanlagen und Wertänderungen der Kapitalanlagen und
  (x) Vermögensübertragungen von und an andere/n Pläne/n,
(c) eine Beschreibung der Grundsätze der Fondsfinanzierung,

quantified, the information about promised retirement benefits should be contained solely in the separate actuarial report where a proper explanation can be provided.

This standard accepts the views in favour of permitting disclosure of the information concerning promised retirement benefits in a separate actuarial report. It rejects arguments against the quantification of the actuarial present value of promised retirement benefits. Accordingly, the formats described in paragraph 28 (a) and (b) are considered acceptable under this standard, as is the format described in paragraph 28 (c) so long as the financial statements contain a reference to, and are accompanied by, an actuarial report that includes the actuarial present value of promised retirement benefits. 31

ALL PLANS

Valuation of plan assets

Retirement benefit plan investments shall be carried at fair value. In the case of marketable securities fair value is market value. Where plan investments are held for which an estimate of fair value is not possible disclosure shall be made of the reason why fair value is not used. 32

In the case of marketable securities fair value is usually market value because this is considered the most useful measure of the securities at the report date and of the investment performance for the period. Those securities that have a fixed redemption value and that have been acquired to match the obligations of the plan, or specific parts thereof, may be carried at amounts based on their ultimate redemption value assuming a constant rate of return to maturity. Where plan investments are held for which an estimate of fair value is not possible, such as total ownership of an entity, disclosure is made of the reason why fair value is not used. To the extent that investments are carried at amounts other than market value or fair value, fair value is generally also disclosed. Assets used in the operations of the fund are accounted for in accordance with the applicable standards. 33

Disclosure

The financial statements of a retirement benefit plan, whether defined benefit or defined contribution, shall also contain the following information: 34

(a) a statement of changes in net assets available for benefits;
(b) material accounting policy information; and
(c) a description of the plan and the effect of any changes in the plan during the period.

Financial statements provided by retirement benefit plans include the following, if applicable: 35

(a) a statement of net assets available for benefits disclosing:
 (i) assets at the end of the period suitably classified;
 (ii) the basis of valuation of assets;
 (iii) details of any single investment exceeding either 5 % of the net assets available for benefits or 5 % of any class or type of security;
 (iv) details of any investment in the employer; and
 (v) liabilities other than the actuarial present value of promised retirement benefits;
(b) a statement of changes in net assets available for benefits showing the following:
 (i) employer contributions;
 (ii) employee contributions;
 (iii) investment income such as interest and dividends;
 (iv) other income;
 (v) benefits paid or payable (analysed, for example, as retirement, death and disability benefits, and lump-sum payments);
 (vi) administrative expenses;
 (vii) other expenses;
 (viii) taxes on income;
 (ix) profits and losses on disposal of investments and changes in value of investments; and
 (x) transfers from and to other plans;
(c) a description of the funding policy;

(d) bei leistungsorientierten Plänen der versicherungsmathematische Barwert der zugesagten Versorgungsleistungen (eventuell unterschieden nach unverfallbaren und verfallbaren Ansprüchen) auf der Grundlage der gemäß diesem Plan zugesagten Versorgungsleistungen und der bereits geleisteten Dienstzeit sowie unter Berücksichtigung der gegenwärtigen oder der erwarteten künftigen Gehaltsniveaus; diese Angaben können in einem beigefügten versicherungsmathematischen Gutachten enthalten sein, das in Verbindung mit dem zugehörigen Abschluss zu lesen ist, und
(e) bei leistungsorientierten Plänen eine Beschreibung der maßgeblichen versicherungsmathematischen Annahmen und der zur Berechnung des versicherungsmathematischen Barwerts der zugesagten Versorgungsleistungen verwendeten Methode.

36 Der Abschluss eines Altersversorgungsplans enthält eine Beschreibung des Plans, entweder als Teil des Abschlusses oder in einem separaten Bericht. Darin kann Folgendes enthalten sein:
(a) die Namen der Arbeitgeber und der vom Plan erfassten Arbeitnehmergruppen,
(b) die Anzahl der Begünstigten, welche Leistungen erhalten, und die Anzahl der anderen Begünstigten, in geeigneter Gruppierung,
(c) die Art des Plans – beitrags- oder leistungsorientiert,
(d) eine Angabe dazu, ob Begünstigte an den Plan Beiträge leisten,
(e) eine Beschreibung der den Begünstigten zugesagten Versorgungsleistungen,
(f) eine Beschreibung aller Regelungen hinsichtlich einer Schließung des Plans und
(g) Veränderungen in den Posten (a) bis (f) während der Periode, die durch den Abschluss behandelt wird.

Es ist nicht unüblich, auf andere den Plan beschreibende Unterlagen, die den Abschlussadressaten in einfacher Weise zugänglich sind, zu verweisen und lediglich Angaben zu nachträglichen Veränderungen aufzuführen.

ZEITPUNKT DES INKRAFTTRETENS

37 Dieser Standard ist verbindlich auf Abschlüsse von Altersversorgungsplänen für Berichtsperioden anzuwenden, die am oder nach dem 1. Januar 1988 beginnen.

38 Mit der im Februar 2021 veröffentlichten Verlautbarung *Angabe von Bilanzierungs- und Bewertungsmethoden,* mit der IAS 1 *Darstellung des Abschlusses* und das IFRS-Leitliniendokument 2 *Fällen von Wesentlichkeitsentscheidungen* geändert werden, wurde Paragraph 34 geändert. Diese Änderung ist auf Geschäftsjahre anzuwenden, die am oder nach dem 1. Januar 2023 beginnen. Eine frühere Anwendung ist zulässig. Wendet ein Unternehmen diese Änderung auf eine frühere Periode an, hat es dies anzugeben.

(d) for defined benefit plans, the actuarial present value of promised retirement benefits (which may distinguish between vested benefits and non-vested benefits) based on the benefits promised under the terms of the plan, on service rendered to date and using either current salary levels or projected salary levels; this information may be included in an accompanying actuarial report to be read in conjunction with the related financial statements; and

(e) for defined benefit plans, a description of the significant actuarial assumptions made and the method used to calculate the actuarial present value of promised retirement benefits.

The report of a retirement benefit plan contains a description of the plan, either as part of the financial statements or in a separate report. It may contain the following: **36**

(a) the names of the employers and the employee groups covered;
(b) the number of participants receiving benefits and the number of other participants, classified as appropriate;
(c) the type of plan—defined contribution or defined benefit;
(d) a note as to whether participants contribute to the plan;
(e) a description of the retirement benefits promised to participants;
(f) a description of any plan termination terms; and
(g) changes in items (a) to (f) during the period covered by the report.

It is not uncommon to refer to other documents that are readily available to users and in which the plan is described, and to include only information on subsequent changes.

EFFECTIVE DATE

This standard becomes operative for financial statements of retirement benefit plans covering periods beginning on or after 1 January 1988. **37**

Disclosure of Accounting Policies, which amends IAS 1 *Presentation of Financial Statements* and IFRS Practice Statement 2 *Making Materiality Judgements*, and was issued in February 2021, amended paragraph 34. An entity shall apply that amendment for annual reporting periods beginning on or after 1 January 2023. Earlier application is permitted. If an entity applies the amendment for an earlier period, it shall disclose that fact. **38**

INTERNATIONAL ACCOUNTING STANDARD 27
Einzelabschlüsse

INHALT

ZIEL

1 Mit diesem Standard sollen die Vorschriften festgelegt werden, die für die Bilanzierung und Darstellung von Beteiligungen an Tochterunternehmen, Gemeinschaftsunternehmen und assoziierten Unternehmen gelten, wenn ein Unternehmen einen Einzelabschluss aufstellt.

ANWENDUNGSBEREICH

2 **Dieser Standard ist bei der Bilanzierung von Beteiligungen an Tochterunternehmen, Gemeinschaftsunternehmen und assoziierten Unternehmen anzuwenden, wenn ein Unternehmen sich dafür entscheidet oder durch lokale Vorschriften gezwungen ist, einen Einzelabschluss aufzustellen.**

3 Der vorliegende Standard schreibt nicht vor, welche Unternehmen Einzelabschlüsse zu erstellen haben. Er ist anzuwenden, wenn ein Unternehmen einen Einzelabschluss aufstellt, der den International Financial Reporting Standards entspricht.

DEFINITIONEN

4 **Die folgenden Begriffe werden in diesem Standard mit der angegebenen Bedeutung verwendet:**

Ein *Konzernabschluss* ist der Abschluss eines Konzerns, in dem Vermögenswerte, Schulden, Eigenkapital, Erträge, Aufwendungen und Zahlungsströme des Mutterunternehmens und seiner Tochterunternehmen so dargestellt werden, als handele es sich um ein einziges Unternehmen.

***Einzelabschlüsse* sind die von einem Unternehmen aufgestellten Abschlüsse, bei denen das Unternehmen vorbehaltlich der Vorschriften dieses Standards wählen kann, ob es seine Beteiligungen an Tochterunternehmen, Gemeinschaftsunternehmen und assoziierten Unternehmen zu Anschaffungskosten, nach IFRS 9 *Finanzinstrumente*, oder nach der in IAS 28 *Beteiligungen an assoziierten Unternehmen und Gemeinschaftsunternehmen* beschriebenen Equity-Methode bilanziert.**

5 Die folgenden Begriffe sind in Anhang A von IFRS 10 *Konzernabschlüsse*, Anhang A von IFRS 11 *Gemeinschaftliche Vereinbarungen*, und Paragraph 3 von IAS 28 definiert:
- Assoziiertes Unternehmen,
- Beherrschung eines Beteiligungsunternehmens,
- Equity-Methode,
- Konzern,
- Investmentgesellschaft,
- Gemeinschaftliche Führung,
- Gemeinschaftsunternehmen,
- Gemeinschaftsunternehmen,
- Mutterunternehmen,
- Maßgeblicher Einfluss,
- Tochterunternehmen.

6 Einzelabschlüsse werden zusätzlich zu einem Konzernabschluss oder dem Abschluss eines Investors vorgelegt, der keine Beteiligungen an Tochterunternehmen, sondern Beteiligungen an assoziierten Unternehmen oder Gemeinschaftsunternehmen hält, bei dem die Beteiligungen an assoziierten Unternehmen oder Gemeinschaftsunternehmen gemäß IAS 28 anhand der Equity-Methode zu bilanzieren sind, sofern nicht die in den Paragraphen 8–8A genannten Umstände vorliegen.

7 Der Abschluss eines Unternehmens, das weder ein Tochterunternehmen noch ein assoziiertes Unternehmen besitzt oder Partnerunternehmen eines Gemeinschaftsunternehmens ist, stellt keinen Einzelabschluss dar.

INTERNATIONAL ACCOUNTING STANDARD 27
Separate Financial Statements

SUMMARY

OBJECTIVE

The objective of this Standard is to prescribe the accounting and disclosure requirements for investments in subsidiaries, joint ventures and associates when an entity prepares separate financial statements. 1

SCOPE

This Standard shall be applied in accounting for investments in subsidiaries, joint ventures and associates when an entity elects, or is required by local regulations, to present separate financial statements. 2

This Standard does not mandate which entities produce separate financial statements. It applies when an entity prepares separate financial statements that comply with International Financial Reporting Standards. 3

DEFINITIONS

The following terms are used in this Standard with the meanings specified: 4

Consolidated financial statements **are the financial statements of a group in which the assets, liabilities, equity, income, expenses and cash flows of the parent and its subsidiaries are presented as those of a single economic entity.**

Separate financial statements **are those presented by an entity in which the entity could elect, subject to the requirements in this Standard, to account for its investments in subsidiaries, joint ventures and associates either at cost, in accordance with IFRS 9** ***Financial Instruments*****, or using the equity method as described in IAS 28** ***Investments in Associates and Joint Ventures*****.**

The following terms are defined in Appendix A of IFRS 10 *Consolidated Financial Statements*, Appendix A of IFRS 11 *Joint Arrangements* and paragraph 3 of IAS 28 *Investments in Associates and Joint Ventures:* 5

— associate
— equity method
— control of an investee
— group
— investment entity
— joint control
— joint venture
— joint venturer
— parent
— significant influence
— subsidiary.

Separate financial statements are those presented in addition to consolidated financial statements or in addition to the financial statements of an investor that does not have investments in subsidiaries but has investments in associates or joint ventures in which the investments in associates or joint ventures are required by IAS 28 to be accounted for using the equity method, other than in the circumstances set out in paragraphs 8—8A. 6

The financial statements of an entity that does not have a subsidiary, associate or joint venturer's interest in a joint venture are not separate financial statements. 7

8 Ein Unternehmen, das nach Paragraph 4 (a) von IFRS 10 von der Aufstellung eines Konzernabschlusses oder nach Paragraph 17 von IAS 28 (in der 2011 geänderten Fassung) von der Anwendung der Equity-Methode befreit ist, kann einen Einzelabschluss als seinen einzigen Abschluss vorlegen.

8A Eine Investmentgesellschaft, die für die laufende Berichtsperiode und für alle dargestellten Vergleichsperioden verpflichtet ist, für alle ihre Tochterunternehmen die Ausnahme von der Konsolidierung nach Paragraph 31 von IFRS 10 anzuwenden, stellt als ihren einzigen Abschluss einen Einzelabschluss auf.

AUFSTELLUNG EINES EINZELABSCHLUSSES

9 **Ein Einzelabschluss ist mit Ausnahme der in Paragraph 10 aufgeführten Fälle gemäß allen maßgeblichen IFRS aufzustellen.**

10 **Stellt ein Unternehmen einen Einzelabschluss auf, so hat es Beteiligungen an Tochterunternehmen, Gemeinschaftsunternehmen und assoziierten Unternehmen entweder**

(a) zu Anschaffungskosten oder

(b) gemäß IFRS 9 oder

(c) anhand der in IAS 28 beschriebenen Equity-Methode zu bilanzieren.

Ein Unternehmen muss für alle Kategorien von Beteiligungen dieselben Rechnungslegungsmethoden anwenden. Zu Anschaffungskosten oder anhand der Equity-Methode bilanzierte Beteiligungen sind nach IFRS 5 *Zur Veräußerung gehaltene langfristige Vermögenswerte und aufgegebene Geschäftsbereiche* zu bilanzieren, wenn sie als zur Veräußerung oder zur Ausschüttung gehalten eingestuft werden (oder zu einer Veräußerungsgruppe gehören, die als zur Veräußerung oder zur Ausschüttung gehalten eingestuft ist). Die Bewertung der nach IFRS 9 bilanzierten Beteiligungen wird unter diesen Umständen beibehalten.

11 Entscheidet sich ein Unternehmen nach Paragraph 18 von IAS 28 (in der 2011 geänderten Fassung) dafür, seine Beteiligungen an assoziierten Unternehmen oder Gemeinschaftsunternehmen nach IFRS 9 erfolgswirksam zum beizulegenden Zeitwert zu bewerten, so hat es diese Beteiligungen in seinem Einzelabschluss in derselben Weise zu bilanzieren.

11A Ist ein Mutterunternehmen nach Paragraph 31 von IFRS 10 verpflichtet, seine Beteiligung an einem Tochterunternehmen nach IFRS 9 erfolgswirksam zum beizulegenden Zeitwert zu bewerten, so hat diese Beteiligung an einem Tochterunternehmen in seinem Einzelabschluss in derselben Weise zu bilanzieren.

11B Ein Mutterunternehmen, das den Status einer Investmentgesellschaft verliert oder erwirbt, hat diese Änderung seines Status ab dem Zeitpunkt, zu dem diese Änderung eintritt, wie folgt zu bilanzieren:

(a) Wenn ein Unternehmen den Status einer Investmentgesellschaft verliert, hat es seine Beteiligung an einem Tochterunternehmen nach Paragraph 10 zu bilanzieren. Der Zeitpunkt der Statusänderung gilt als fiktives Erwerbsdatum. Bei der Bilanzierung der Beteiligung nach Paragraph 10 stellt der beizulegende Zeitwert des Tochterunternehmens zum fiktiven Erwerbsdatum die übertragene fiktive Gegenleistung dar.

  (i) [gestrichen]

  (ii) [gestrichen]

(b) Wenn ein Unternehmen den Status einer Investmentgesellschaft erwirbt, hat es eine Beteiligung an einem Tochterunternehmen nach IFRS 9 erfolgswirksam zum beizulegenden Zeitwert zu bilanzieren. Die Differenz zwischen dem bisherigen Buchwert des Tochterunternehmens und seinem beizulegenden Zeitwert zum Zeitpunkt der Statusänderung des Investors ist als Gewinn oder Verlust erfolgswirksam zu erfassen. Der kumulierte Betrag eines etwaigen zuvor im sonstigen Ergebnis für diese Tochterunternehmen erfassten Gewinns oder Verlusts wird so behandelt, als hätte die Investmentgesellschaft diese Tochterunternehmen zum Zeitpunkt der Statusänderung veräußert.

12 **Dividenden aus einem Tochterunternehmen, einem Gemeinschaftsunternehmen oder einem assoziierten Unternehmen sind im Einzelabschluss des Unternehmens zu erfassen, wenn dem** Unternehmen **der Rechtsanspruch auf die Dividende entsteht. Die Dividende wird erfolgswirksam erfasst, sofern das Unternehmen sich nicht für die Anwendung der Equity-Methode entscheidet, bei der die Dividende als Verminderung des Buchwerts der Beteiligung erfasst wird.**

13 Strukturiert ein Mutterunternehmen seinen Konzern um, indem es ein neues Unternehmen als Mutterunternehmen einsetzt, und dabei

(a) das neue Mutterunternehmen durch Ausgabe von Eigenkapitalinstrumenten im Tausch gegen bestehende Eigenkapitalinstrumente des ursprünglichen Mutterunternehmens die Beherrschung über das ursprüngliche Mutterunternehmen erlangt,

(b) die Vermögenswerte und Schulden des neuen Konzerns und des ursprünglichen Konzerns unmittelbar vor und nach der Umstrukturierung gleich sind und

(c) die Eigentümer des ursprünglichen Mutterunternehmens vor der Umstrukturierung unmittelbar vor und nach der Umstrukturierung die gleichen Anteile (absolut wie relativ) am Nettovermögen des ursprünglichen bzw. des neuen Konzerns halten,

und das neue Mutterunternehmen seine Beteiligung am ursprünglichen Mutterunternehmen nach Paragraph 10a in seinem Einzelabschluss erfasst, so hat das neue Mutterunternehmen als Anschaffungskosten den Buchwert seiner Beteiligung an den Eigenkapitalposten anzusetzen, die zum Zeitpunkt der Umstrukturierung im Einzelabschluss des ursprünglichen Mutterunternehmens ausgewiesen sind.

An entity that is exempted in accordance with paragraph 4 (a) of IFRS 10 from consolidation or paragraph 17 of IAS 28 (as amended in 2011) from applying the equity method may present separate financial statements as its only financial statements. 8

An investment entity that is required, throughout the current period and all comparative periods presented, to apply the exception to consolidation for all of its subsidiaries in accordance with paragraph 31 of IFRS 10 presents separate financial statements as its only financial statements. 8A

PREPARATION OF SEPARATE FINANCIAL STATEMENTS

Separate financial statements shall be prepared in accordance with all applicable IFRSs, except as provided in paragraph 10. 9

When an entity prepares separate financial statements, it shall account for investments in subsidiaries, joint ventures and associates either: 10
(a) at cost;
(b) in accordance with IFRS 9; or
(c) using the equity method as described in IAS 28.
The entity shall apply the same accounting for each category of investments. Investments accounted for at cost or using the equity method shall be accounted for in accordance with IFRS 5 *Non-current Assets Held for Sale and Discontinued Operations* when they are classified as held for sale or for distribution (or included in a disposal group that is classified as held for sale or for distribution). The measurement of investments accounted for in accordance with IFRS 9 is not changed in such circumstances.

If an entity elects, in accordance with paragraph 18 of IAS 28 (as amended in 2011), to measure its investments in associates or joint ventures at fair value through profit or loss in accordance with IFRS 9, it shall also account for those investments in the same way in its separate financial statements. 11

If a parent is required, in accordance with paragraph 31 of IFRS 10, to measure its investment in a subsidiary at fair value through profit or loss in accordance with IFRS 9, it shall also account for its investment in a subsidiary in the same way in its separate financial statements. 11A

When a parent ceases to be an investment entity, or becomes an investment entity, it shall account for the change from the date when the change in status occurred, as follows: 11B
(a) when an entity ceases to be an investment entity, the entity shall account for an investment in a subsidiary in accordance with paragraph 10. The date of the change of status shall be the deemed acquisition date. The fair value of the subsidiary at the deemed acquisition date shall represent the transferred deemed consideration when accounting for the investment in accordance with paragraph 10.
    (i) [deleted]
    (ii) [deleted]
(b) when an entity becomes an investment entity, it shall account for an investment in a subsidiary at fair value through profit or loss in accordance with IFRS 9. The difference between the previous carrying amount of the subsidiary and its fair value at the date of the change of status of the investor shall be recognised as a gain or loss in profit or loss. The cumulative amount of any gain or loss previously recognised in other comprehensive income in respect of those subsidiaries shall be treated as if the investment entity had disposed of those subsidiaries at the date of change in status.

Dividends from a subsidiary, a joint venture or an associate are recognised in the separate financial statements of an entity when the entity's right to receive the dividend is established. The dividend is recognised in profit or loss unless the entity elects to use the equity method, in which case the dividend is recognised as a reduction from the carrying amount of the investment. 12

When a parent reorganises the structure of its group by establishing a new entity as its parent in a manner that satisfies the following criteria: 13
(a) the new parent obtains control of the original parent by issuing equity instruments in exchange for existing equity instruments of the original parent;
(b) the assets and liabilities of the new group and the original group are the same immediately before and after the reorganisation; and
(c) the owners of the original parent before the reorganisation have the same absolute and relative interests in the net assets of the original group and the new group immediately before and after the reorganisation,

and the new parent accounts for its investment in the original parent in accordance with paragraph 10 (a) in its separate financial statements, the new parent shall measure cost at the carrying amount of its share of the equity items shown in the separate financial statements of the original parent at the date of the reorganisation.

14 Auch ein Unternehmen, bei dem es sich nicht um ein Mutterunternehmen handelt, könnte ein neues Unternehmen als sein Mutterunternehmen einsetzen und dabei die in Paragraph 13 genannten Kriterien erfüllen. Für solche Umstrukturierungen gelten die Vorschriften des Paragraphen 13 ebenfalls. Verweise auf das „ursprüngliche Mutterunternehmen" und den „ursprünglichen Konzern" sind in einem solchen Fall als Verweise auf das „ursprüngliche Unternehmen" zu verstehen.

ANGABEN

15 Ein Unternehmen hat bei den Angaben in seinem Einzelabschluss alle maßgeblichen IFRS, einschließlich der Vorschriften in den Paragraphen 16 und 17, anzuwenden.

16 Entscheidet sich ein Mutterunternehmen nach Paragraph 4 von IFRS 10, keinen Konzernabschluss aufzustellen, und stellt es stattdessen einen Einzelabschluss auf, so muss dieser folgende Angaben enthalten:

(a) die Tatsache, dass es sich bei dem Abschluss um einen Einzelabschluss handelt; dass von der Befreiung von der Konsolidierung Gebrauch gemacht wurde; Name und Hauptniederlassung (und Gründungsland, falls abweichend) des Unternehmens, dessen Konzernabschluss nach den Vorschriften der International Financial Reporting Standards zu Veröffentlichungszwecken erstellt wurde; und die Anschrift, unter welcher der Konzernabschluss erhältlich ist,

(b) eine Auflistung bedeutender Beteiligungen an Tochterunternehmen, Gemeinschaftsunternehmen und assoziierten Unternehmen unter Angabe

(i) des Namens dieser Beteiligungsunternehmen,

(ii) der Hauptniederlassung (und Gründungsland, falls abweichend) dieser Beteiligungsunternehmen,

(iii) seiner Beteiligungsquote (und seiner Stimmrechtsquote, falls abweichend) an diesen Beteiligungsunternehmen,

(c) eine Beschreibung der Bilanzierungsmethode der unter (b) aufgeführten Beteiligungen.

16A Stellt eine Investmentgesellschaft, bei der es sich um ein Mutterunternehmen (jedoch kein Mutterunternehmen im Sinne von Paragraph 16) handelt, nach Paragraph 8A einen Einzelabschluss als ihren einzigen Abschluss auf, so hat sie dies anzugeben. In diesem Fall hat die Investmentgesellschaft auch die Angabepflichten für Investmentgesellschaften in IFRS 12 *Angaben zu Anteilen an anderen Unternehmen* zu erfüllen.

17 Stellt ein Mutterunternehmen (bei dem es sich nicht um ein Mutterunternehmen im Sinne der Paragraphen 16–16A handelt) oder ein Investor, der an der gemeinschaftlichen Führung eines Beteiligungsunternehmens beteiligt ist oder einen maßgeblichen Einfluss auf ein Beteiligungsunternehmen hat, Einzelabschlüsse auf, so hat das Mutterunternehmen oder der Investor anzugeben, welche der Abschlüsse, auf die sie sich beziehen, nach IFRS 10, IFRS 11 oder IAS 28 (in der 2011 geänderten Fassung) aufgestellt wurden. Das Mutterunternehmen oder der Investor hat in seinem Einzelabschluss zusätzlich folgende Angaben zu machen:

(a) die Tatsache, dass es sich bei den Abschlüssen um Einzelabschlüsse handelt und die Gründe, warum die Abschlüsse aufgestellt wurden, sofern nicht gesetzlich vorgeschrieben,

(b) eine Auflistung bedeutender Beteiligungen an Tochterunternehmen, Gemeinschaftsunternehmen und assoziierten Unternehmen unter Angabe

(i) des Namens dieser Beteiligungsunternehmen,

(ii) der Hauptniederlassung (und Gründungsland, falls abweichend) dieser Beteiligungsunternehmen,

(iii) seiner Beteiligungsquote (und seiner Stimmrechtsquote, falls abweichend) an diesen Beteiligungsunternehmen,

(c) eine Beschreibung der Bilanzierungsmethode der unter (b) aufgeführten Beteiligungen.

ZEITPUNKT DES INKRAFTTRETENS UND ÜBERGANGSVORSCHRIFTEN

18 Dieser Standard ist auf Geschäftsjahre anzuwenden, die am oder nach dem 1. Januar 2013 beginnen. Eine frühere Anwendung ist zulässig. Wendet ein Unternehmen diesen Standard früher an, hat es dies anzugeben und IFRS 10, IFRS 11, IFRS 12 und IAS 28 (in der 2011 geänderten Fassung) gleichzeitig anzuwenden.

18A Durch die im Oktober 2012 veröffentlichte Verlautbarung *Investmentgesellschaften* (Investment Entities) (Änderungen an IFRS 10, IFRS 12 und IAS 27) wurden die Paragraphen 5, 6, 17 und 18 geändert und die Paragraphen 8A, 11A– 11B, 16A und 18B–18I eingefügt. Diese Änderungen sind auf Geschäftsjahre anzuwenden, die am oder nach dem 1. Januar 2014 beginnen. Eine frühere Anwendung ist zulässig. Wendet ein Unternehmen diese Änderungen früher an, hat es dies anzugeben und alle in der Verlautbarung *Investmentgesellschaften* enthaltenen Änderungen gleichzeitig anzuwenden.

18B Kommt ein Mutterunternehmen zum Zeitpunkt der erstmaligen Anwendung der durch die Verlautbarung *Investmentgesellschaften* vorgenommenen Änderungen (für die Zwecke dieses IFRS ist dies der Beginn des Geschäftsjahrs, für das diese Änderungen erstmals angewendet werden) zu dem Schluss, dass es eine Investmentgesellschaft ist, hat es auf seine Beteiligung an einem Tochterunternehmen die Paragraphen 18C–18I anzuwenden.

Similarly, an entity that is not a parent might establish a new entity as its parent in a manner that satisfies the criteria in paragraph 13. The requirements in paragraph 13 apply equally to such reorganisations. In such cases, references to 'original parent' and 'original group' are to the 'original entity'. 14

DISCLOSURE

An entity shall apply all applicable IFRSs when providing disclosures in its separate financial statements, including the requirements in paragraphs 16 and 17. 15

When a parent, in accordance with paragraph 4 (a) of IFRS 10, elects not to prepare consolidated financial statements and instead prepares separate financial statements, it shall disclose in those separate financial statements: 16

(a) the fact that the financial statements are separate financial statements; that the exemption from consolidation has been used; the name and principal place of business (and country of incorporation, if different) of the entity whose consolidated financial statements that comply with International Financial Reporting Standards have been produced for public use; and the address where those consolidated financial statements are obtainable.

(b) a list of significant investments in subsidiaries, joint ventures and associates, including:

(i) the name of those investees.

(ii) the principal place of business (and country of incorporation, if different) of those investees.

(iii) its proportion of the ownership interest (and its proportion of the voting rights, if different) held in those investees.

(c) a description of the method used to account for the investments listed under (b).

When an investment entity that is a parent (other than a parent covered by paragraph 16) prepares, in accordance with paragraph 8A, separate financial statements as its only financial statements, it shall disclose that fact. The investment entity shall also present the disclosures relating to investment entities required by IFRS 12 *Disclosure of Interests in Other Entities*. 16A

When a parent (other than a parent covered by paragraphs 16—16A) or an investor with joint control of, or significant influence over, an investee prepares separate financial statements, the parent or investor shall identify the financial statements prepared in accordance with IFRS 10, IFRS 11 or IAS 28 (as amended in 2011) to which they relate. The parent or investor shall also disclose in its separate financial statements: 17

(a) the fact that the statements are separate financial statements and the reasons why those statements are prepared if not required by law.

(b) a list of significant investments in subsidiaries, joint ventures and associates, including:

(i) the name of those investees.

(ii) the principal place of business (and country of incorporation, if different) of those investees.

(iii) its proportion of the ownership interest (and its proportion of the voting rights, if different) held in those investees.

(c) a description of the method used to account for the investments listed under (b).

The parent or investor shall also identify the financial statements prepared in accordance with IFRS 10, IFRS 11 or IAS 28 (as amended in 2011) to which they relate.

EFFECTIVE DATE AND TRANSITION

An entity shall apply this Standard for annual periods beginning on or after 1 January 2013. Earlier application is permitted. If an entity applies this Standard earlier, it shall disclose that fact and apply IFRS 10, IFRS 11, IFRS 12 and IAS 28 (as amended in 2011) at the same time. 18

Investment Entities (Amendments to IFRS 10, IFRS 12 and IAS 27), issued in October 2012, amended paragraphs 5, 6, 17 and 18, and added paragraphs 8A, 11A—11B, 16A and 18B—18I. An entity shall apply those amendments for annual periods beginning on or after 1 January 2014. Early adoption is permitted. If an entity applies those amendments earlier, it shall disclose that fact and apply all amendments included in *Investment Entities* at the same time. 18A

If, at the date of initial application of the *Investment Entities* amendments (which, for the purposes of this IFRS, is the beginning of the annual reporting period for which those amendments are applied for the first time), a parent concludes that it is an investment entity, it shall apply paragraphs 18C—18I to its investment in a subsidiary. 18B

18C Zum Zeitpunkt der erstmaligen Anwendung hat eine Investmentgesellschaft, die ihre Beteiligung an einem Tochterunternehmen bisher zu Anschaffungskosten bewertet hat, diese Beteiligung erfolgswirksam zum beizulegenden Zeitwert zu bewerten, als ob die Vorschriften dieses IFRS schon immer in Kraft gewesen wären. Die Investmentgesellschaft nimmt rückwirkend eine Anpassung für das dem Zeitpunkt der erstmaligen Anwendung unmittelbar vorausgehende Geschäftsjahr sowie eine Anpassung der Gewinnrücklagen zu Beginn der unmittelbar vorausgehenden Periode um eine etwaige Differenz zwischen folgenden Werten vor:

(a) dem bisherigen Buchwert der Beteiligung und

(b) dem beizulegenden Zeitwert der Beteiligung des Investors an dem Tochterunternehmen.

18D Zum Zeitpunkt der erstmaligen Anwendung hat eine Investmentgesellschaft, die ihre Beteiligung an einem Tochterunternehmen bisher zum beizulegenden Zeitwert erfolgsneutral im sonstigen Ergebnis bewertet hat, diese Beteiligung auch weiterhin zum beizulegenden Zeitwert zu bewerten. Der kumulierte Betrag etwaiger Anpassungen des beizulegenden Zeitwerts, der bisher im sonstigen Ergebnis erfasst wurde, ist zu Beginn des dem Zeitpunkt der erstmaligen Anwendung unmittelbar vorausgehenden Geschäftsjahrs in die Gewinnrücklagen umzugliedern.

18E Zum Zeitpunkt der erstmaligen Anwendung darf eine Investmentgesellschaft ihre bisherige Bilanzierung eines Anteils an einem Tochterunternehmen, für den sie bisher die in Paragraph 10 vorgesehene Möglichkeit zur erfolgswirksamen Bewertung zum beizulegenden Zeitwert gemäß IFRS 9 in Anspruch genommen hat, nicht anpassen.

18F Bis zur erstmaligen Anwendung von IFRS 13 *Bewertung zum beizulegenden Zeitwert* hat eine Investmentgesellschaft die beizulegenden Zeitwerte zu verwenden, die bisher den Investoren oder dem Management vorgelegt wurden, sofern diese Werte dem Betrag entsprechen, zu dem die Beteiligung am Tag der Bewertung zwischen sachverständigen, vertragswilligen und voneinander unabhängigen Geschäftspartnern zu marktüblichen Bedingungen hätte getauscht werden können.

18G Ist die Bewertung einer Beteiligung an einem Tochterunternehmen gemäß den Paragraphen 18C–18F undurchführbar (im Sinne von IAS 8 *Rechnungslegungsmethoden, Änderungen von rechnungslegungsbezogenen Schätzungen und Fehler*), hat eine Investmentgesellschaft die Vorschriften dieses IFRS zu Beginn der frühsten Periode anzuwenden, für die eine Anwendung der Paragraphen 18C–18F durchführbar ist; dies kann die aktuelle Berichtsperiode sein. Der Investor hat rückwirkend eine Anpassung für das Geschäftsjahr vorzunehmen, das dem Zeitpunkt der erstmaligen Anwendung unmittelbar vorausgeht, es sei denn, der Beginn der frühesten Periode, für die die Anwendung dieses Paragraphen durchführbar ist, ist die aktuelle Berichtsperiode. Liegt der Zeitpunkt, zu dem die Ermittlung des beizulegenden Zeitwerts des Tochterunternehmens für die Investmentgesellschaft durchführbar ist, vor dem Beginn der unmittelbar vorausgehenden Berichtsperiode, hat der Investor zu Beginn der unmittelbar vorausgehenden Berichtsperiode eine Anpassung des Eigenkapitals um eine etwaige Differenz zwischen folgenden Werten vorzunehmen:

(a) dem bisherigen Buchwert der Beteiligung und

(b) dem beizulegenden Zeitwert der Beteiligung des Investors an dem Tochterunternehmen.

Ist die früheste Periode, für die eine Anwendung dieses Paragraphen durchführbar ist, die aktuelle Berichtsperiode, so ist die Anpassung des Eigenkapitals zu Beginn der aktuellen Berichtsperiode zu erfassen.

18H Hat eine Investmentgesellschaft vor dem Zeitpunkt der erstmaligen Anwendung der durch die Verlautbarung *Investmentgesellschaften* vorgenommenen Änderungen eine Beteiligung an einem Tochterunternehmen veräußert oder die Beherrschung über das Tochterunternehmen verloren, so ist sie nicht verpflichtet, für diese Beteiligung eine Anpassung der bisherigen Bilanzierung vorzunehmen.

18I Ungeachtet der Verweise auf das Geschäftsjahr, das dem Zeitpunkt der erstmaligen Anwendung unmittelbar vorausgeht (die „unmittelbar vorausgehende Berichtsperiode“) in den Paragraphen 18C–18G kann ein Unternehmen auch angepasste Vergleichsinformationen für frühere dargestellte Perioden vorlegen, ist dazu aber nicht verpflichtet. Legt ein Unternehmen angepasste Vergleichsinformationen für frühere Perioden vor, sind alle Verweise auf die „unmittelbar vorausgehende Berichtsperiode“ in den Paragraphen 18C–18G als die „früheste dargestellte angepasste Vergleichsperiode“ zu verstehen. Stellt ein Unternehmen für frühere Perioden keine angepassten Vergleichsinformationen dar, hat es die nicht angepassten Informationen klar zu kennzeichnen; außerdem hat es darauf hinzuweisen, dass diese Informationen auf einer anderen Grundlage beruhen, und diese Grundlage zu erläutern.

18J Durch die im August 2014 veröffentlichte Verlautbarung *Equity-Methode in Einzelabschlüssen* (Equity Method in Separate Financial Statements) (Änderungen an IAS 27) wurden die Paragraphen 4–7, 10, 11B und 12 geändert. Diese Änderungen sind nach IAS 8 *Rechnungslegungsmethoden, Änderungen von rechnungslegungsbezogenen Schätzungen und Fehler* rückwirkend auf Geschäftsjahre anzuwenden, die am oder nach dem 1. Januar 2016 beginnen. Eine frühere Anwendung ist zulässig. Wendet ein Unternehmen diese Änderungen auf eine frühere Periode an, hat es dies anzugeben.

Verweise auf IFRS 9

19 Wendet ein Unternehmen diesen Standard an, aber noch nicht IFRS 9, so ist jeder Verweis auf IFRS 9 als Verweis auf IAS 39 *Finanzinstrumente: Ansatz und Bewertung* zu verstehen.

RÜCKNAHME VON IAS 27 (2008)

20 Dieser Standard wird gleichzeitig mit IFRS 10 veröffentlicht. Die beiden IFRS ersetzen zusammen IAS 27 *Konzern- und Einzelabschlüsse* (in der 2008 geänderten Fassung).

At the date of initial application, an investment entity that previously measured its investment in a subsidiary at cost shall instead measure that investment at fair value through profit or loss as if the requirements of this IFRS had always been effective. The investment entity shall adjust retrospectively the annual period immediately preceding the date of initial application and shall adjust retained earnings at the beginning of the immediately preceding period for any difference between: 18C

(a) the previous carrying amount of the investment; and
(b) the fair value of the investor's investment in the subsidiary.

At the date of initial application, an investment entity that previously measured its investment in a subsidiary at fair value through other comprehensive income shall continue to measure that investment at fair value. The cumulative amount of any fair value adjustment previously recognised in other comprehensive income shall be transferred to retained earnings at the beginning of the annual period immediately preceding the date of initial application. 18D

At the date of initial application, an investment entity shall not make adjustments to the previous accounting for an interest in a subsidiary that it had previously elected to measure at fair value through profit or loss in accordance with IFRS 9, as permitted in paragraph 10. 18E

Before the date that IFRS 13 *Fair Value Measurement* is adopted, an investment entity shall use the fair value amounts previously reported to investors or to management, if those amounts represent the amount for which the investment could have been exchanged between knowledgeable, willing parties in an arm's length transaction at the date of the valuation. 18F

If measuring the investment in the subsidiary in accordance with paragraphs 18C—18F is impracticable (as defined in IAS 8 *Accounting Policies, Changes in Accounting Estimates and Errors*), an investment entity shall apply the requirements of this IFRS at the beginning of the earliest period for which application of paragraphs 18C—18F is practicable, which may be the current period. The investor shall adjust retrospectively the annual period immediately preceding the date of initial application, unless the beginning of the earliest period for which application of this paragraph is practicable is the current period. When the date that it is practicable for the investment entity to measure the fair value of the subsidiary is earlier than the beginning of the immediately preceding period, the investor shall adjust equity at the beginning of the immediately preceding period for any difference between: 18G

(a) the previous carrying amount of the investment; and
(b) the fair value of the investor's investment in the subsidiary.

If the earliest period for which application of this paragraph is practicable is the current period, the adjustment to equity shall be recognised at the beginning of the current period.

If an investment entity has disposed of, or lost control of, an investment in a subsidiary before the date of initial application of the *Investment Entities* amendments, the investment entity is not required to make adjustments to the previous accounting for that investment. 18H

Notwithstanding the references to the annual period immediately preceding the date of initial application (the 'immediately preceding period') in paragraphs 18C—18G, an entity may also present adjusted comparative information for any earlier periods presented, but is not required to do so. If an entity does present adjusted comparative information for any earlier periods, all references to the 'immediately preceding period' in paragraphs 18C—18G shall be read as the 'earliest adjusted comparative period presented'. If an entity presents unadjusted comparative information for any earlier periods, it shall clearly identify the information that has not been adjusted, state that it has been prepared on a different basis, and explain that basis. 18I

Equity Method in Separate Financial Statements (Amendments to IAS 27), issued in August 2014, amended paragraphs 4—7, 10, 11B and 12. An entity shall apply those amendments for annual periods beginning on or after 1 January 2016 retrospectively in accordance with IAS 8 *Accounting Policies, Changes in Accounting Estimates and Errors*. Earlier application is permitted. If an entity applies those amendments for an earlier period, it shall disclose that fact. 18J

References to IFRS 9

If an entity applies this Standard but does not yet apply IFRS 9, any reference to IFRS 9 shall be read as a reference to IAS 39 *Financial Instruments: Recognition and Measurement*. 19

WITHDRAWAL OF IAS 27 (2008)

This Standard is issued concurrently with IFRS 10. Together, the two IFRSs supersede IAS 27 *Consolidated and Separate Financial Statements* (as amended in 2008). 20

INTERNATIONAL ACCOUNTING STANDARD 28

Beteiligungen an assoziierten Unternehmen und Gemeinschaftsunternehmen

INHALT

ZIEL

1 **Ziel dieses Standards ist die Regelung der Bilanzierung von Beteiligungen an assoziierten Unternehmen und die Festlegung der Vorschriften für die Anwendung der Equity-Methode für die Bilanzierung von Beteiligungen an assoziierten Unternehmen und Gemeinschaftsunternehmen.**

ANWENDUNGSBEREICH

2 **Dieser Standard gilt für alle Unternehmen, die als Investoren an der gemeinschaftlichen Führung eines Beteiligungsunternehmens beteiligt sind oder maßgeblichen Einfluss auf ein Beteiligungsunternehmen haben.**

DEFINITIONEN

3 **Die folgenden Begriffe werden in diesem Standard mit der angegebenen Bedeutung verwendet:**

Ein *assoziiertes Unternehmen* ist ein Unternehmen, auf das der Investor maßgeblichen Einfluss hat.

Ein *Konzernabschluss* ist der Abschluss eines Konzerns, in dem Vermögenswerte, Schulden, Eigenkapital, Erträge, Aufwendungen und Zahlungsströme des Mutterunternehmens und seiner Tochterunternehmen so dargestellt werden, als handele es sich um ein einziges Unternehmen.

Die *Equity-Methode* ist eine Bilanzierungsmethode, bei der die Beteiligung zunächst mit den Anschaffungskosten angesetzt wird, dieser Ansatz aber in der Folge um etwaige Veränderungen beim Anteil des Investors am Nettovermögen des Beteiligungsunternehmens angepasst wird. Der Gewinn oder Verlust des Investors schließt dessen Anteil am Gewinn oder Verlust des Beteiligungsunternehmens ein und das sonstige Ergebnis des Investors schließt dessen Anteil am sonstigen Ergebnis des Beteiligungsunternehmens ein.

Eine *gemeinschaftliche Vereinbarung* ist eine Vereinbarung, bei der zwei oder mehr Parteien die gemeinschaftliche Führung innehaben.

***Gemeinschaftliche Führung* ist die vertraglich geregelte Teilung der Beherrschung einer Vereinbarung, die nur dann gegeben ist, wenn Entscheidungen über die maßgeblichen Tätigkeiten die einstimmige Zustimmung der sich die Beherrschung teilenden Parteien erfordern.**

Ein *Gemeinschaftsunternehmen* ist eine gemeinschaftliche Vereinbarung, bei der die Parteien, die die gemeinschaftliche Führung der Vereinbarung innehaben, Rechte am Nettovermögen der Vereinbarung haben.

Ein *Partnerunternehmen* bezeichnet einen Partner an einem Gemeinschaftsunternehmen, der an der gemeinschaftlichen Führung dieses Gemeinschaftsunternehmens beteiligt ist.

INTERNATIONAL ACCOUNTING STANDARD 28
Investments in Associates and Joint Ventures

SUMMARY

OBJECTIVE

The objective of this Standard is to prescribe the accounting for investments in associates and to set out the requirements for the application of the equity method when accounting for investments in associates and joint ventures. 1

SCOPE

This Standard shall be applied by all entities that are investors with joint control of, or significant influence over, an investee. 2

DEFINITIONS

The following terms are used in this Standard with the meanings specified: 3

An *associate* is an entity over which the investor has significant influence.

***Consolidated financial statements* are the financial statements of a group in which assets, liabilities, equity, income, expenses and cash flows of the parent and its subsidiaries are presented as those of a single economic entity.**

The *equity method* is a method of accounting whereby the investment is initially recognised at cost and adjusted thereafter for the post-acquisition change in the investor's share of the investee's net assets. The investor's profit or loss includes its share of the investee's profit or loss and the investor's other comprehensive income includes its share of the investee's other comprehensive income.

A *joint arrangement* is an arrangement of which two or more parties have joint control.

***Joint control* is the contractually agreed sharing of control of an arrangement, which exists only when decisions about the relevant activities require the unanimous consent of the parties sharing control.**

A *joint venture* is a joint arrangement whereby the parties that have joint control of the arrangement have rights to the net assets of the arrangement.

A *joint venturer* is a party to a joint venture that has joint control of that joint venture.

***Maßgeblicher Einfluss* ist die Möglichkeit, an den finanz- und geschäftspolitischen Entscheidungen des Beteiligungsunternehmens mitzuwirken, nicht aber die Beherrschung oder die gemeinschaftliche Führung der Entscheidungsprozesse.**

4 Die folgenden Begriffe werden in Paragraph 4 von IAS 27 *Einzelabschlüsse* und in Anhang A von IFRS 10 *Konzernabschlüsse* definiert und im vorliegenden Standard mit der in den oben genannten IFRS angegebenen Bedeutung verwendet:
- Beherrschung eines Beteiligungsunternehmens,
- Konzern,
- Mutterunternehmen,
- Einzelabschluss,
- Tochterunternehmen.

MAßGEBLICHER EINFLUSS

5 Hält ein Unternehmen direkt oder indirekt (z. B. durch Tochterunternehmen) 20 % oder mehr der Stimmrechte an einem Beteiligungsunternehmen, so wird vermutet, dass ein maßgeblicher Einfluss des Unternehmens vorliegt, es sei denn, dies kann eindeutig widerlegt werden. Umgekehrt wird bei einem direkt oder indirekt (z. B. durch Tochterunternehmen) gehaltenen Stimmrechtsanteil des Unternehmens von weniger als 20 % vermutet, dass das Unternehmen nicht über maßgeblichen Einfluss verfügt, es sei denn, dieser Einfluss kann eindeutig nachgewiesen werden. Ein erheblicher Anteilsbesitz oder eine Mehrheitsbeteiligung eines anderen Investors schließen nicht notwendigerweise aus, dass ein Unternehmen über maßgeblichen Einfluss verfügt.

6 Das Vorliegen eines oder mehrerer der folgenden Indikatoren lässt in der Regel auf einen maßgeblichen Einfluss des Unternehmens schließen:
(a) Zugehörigkeit zum Geschäftsführungs- und/oder Aufsichtsorgan oder einem gleichartigen Leitungsgremium des Beteiligungsunternehmens,
(b) Teilnahme an den Entscheidungsprozessen, einschließlich der Teilnahme an Entscheidungen über Dividenden oder sonstige Ausschüttungen,
(c) wesentliche Geschäftsvorfälle zwischen dem Unternehmen und seinem Beteiligungsunternehmen,
(d) Austausch von Führungspersonal oder
(e) Bereitstellung bedeutender technischer Informationen.

7 Ein Unternehmen kann Anteilsoptionsscheine, Anteilskaufoptionen, Schuld- oder Eigenkapitalinstrumente, die in Stammanteile oder in ähnliche Instrumente eines anderen Unternehmens umwandelbar sind, halten, deren Ausübung oder Umwandlung dem ausübenden Unternehmen die Möglichkeit gibt, zusätzliche Stimmrechte über die Finanz- und Geschäftspolitik eines anderen Unternehmens zu erlangen oder die Stimmrechte eines anderen Anteilseigners über diese zu beschränken (d. h. potenzielle Stimmrechte). Bei der Beurteilung der Frage, ob ein Unternehmen über maßgeblichen Einfluss verfügt, werden die Existenz und die Auswirkungen potenzieller Stimmrechte, die gegenwärtig ausgeübt oder umgewandelt werden können, einschließlich der von anderen Unternehmen gehaltenen potenziellen Stimmrechte berücksichtigt. Potenzielle Stimmrechte sind nicht als gegenwärtig ausübungsfähig oder umwandelbar anzusehen, wenn sie zum Beispiel erst zu einem künftigen Termin oder bei Eintreten eines künftigen Ereignisses ausgeübt oder umgewandelt werden können.

8 Bei der Beurteilung der Frage, ob potenzielle Stimmrechte zum maßgeblichen Einfluss beitragen, prüft das Unternehmen alle Fakten und Umstände, die die potenziellen Stimmrechte beeinflussen (einschließlich der Bedingungen für die Ausübung dieser Rechte und sonstiger vertraglicher Vereinbarungen, gleich ob in der Einzelfallbetrachtung oder im Zusammenhang), mit Ausnahme der Handlungsabsichten des Managements und der finanziellen Möglichkeiten einer Ausübung oder Umwandlung dieser potenziellen Rechte.

9 Ein Unternehmen verliert seinen maßgeblichen Einfluss über ein Beteiligungsunternehmen in dem Moment, in dem es die Möglichkeit verliert, an dessen finanz- und geschäftspolitischen Entscheidungsprozessen teilzuhaben. Dies kann mit oder ohne Änderung der absoluten oder relativen Eigentumsverhältnisse der Fall sein. Ein solcher Verlust kann beispielsweise eintreten, wenn ein assoziiertes Unternehmen unter die Kontrolle staatlicher Behörden, Gerichte, Zwangsverwalter oder Aufsichtsbehörden gerät. Er könnte auch das Ergebnis einer vertraglichen Vereinbarung sein.

EQUITY-METHODE

10 Bei der Equity-Methode wird die Beteiligung an einem assoziierten Unternehmen oder Gemeinschaftsunternehmen zunächst mit den Anschaffungskosten angesetzt. In der Folge erhöht oder verringert sich der Buchwert der Beteiligung entsprechend dem Anteil des Investors am Gewinn oder Verlust des Beteiligungsunternehmens. Der Anteil des Investors am Gewinn oder Verlust des Beteiligungsunternehmens wird im Gewinn oder Verlust des Investors erfasst.

***Significant influence* is the power to participate in the financial and operating policy decisions of the investee but is not control or joint control of those policies.**

The following terms are defined in paragraph 4 of IAS 27 *Separate Financial Statements* and in Appendix A of IFRS 10 *Consolidated Financial Statements* and are used in this Standard with the meanings specified in the IFRSs in which they are defined: 4
- control of an investee
- group
- parent
- separate financial statements
- subsidiary.

SIGNIFICANT INFLUENCE

If an entity holds, directly or indirectly (e.g. through subsidiaries), 20 per cent or more of the voting power of the investee, it is presumed that the entity has significant influence, unless it can be clearly demonstrated that this is not the case. Conversely, if the entity holds, directly or indirectly (e.g. through subsidiaries), less than 20 per cent of the voting power of the investee, it is presumed that the entity does not have significant influence, unless such influence can be clearly demonstrated. A substantial or majority ownership by another investor does not necessarily preclude an entity from having significant influence. 5

The existence of significant influence by an entity is usually evidenced in one or more of the following ways: 6
(a) representation on the board of directors or equivalent governing body of the investee;
(b) participation in policy-making processes, including participation in decisions about dividends or other distributions;
(c) material transactions between the entity and its investee;
(d) interchange of managerial personnel; or
(e) provision of essential technical information.

An entity may own share warrants, share call options, debt or equity instruments that are convertible into ordinary shares, or other similar instruments that have the potential, if exercised or converted, to give the entity additional voting power or to reduce another party's voting power over the financial and operating policies of another entity (i.e. potential voting rights). The existence and effect of potential voting rights that are currently exercisable or convertible, including potential voting rights held by other entities, are considered when assessing whether an entity has significant influence. Potential voting rights are not currently exercisable or convertible when, for example, they cannot be exercised or converted until a future date or until the occurrence of a future event. 7

In assessing whether potential voting rights contribute to significant influence, the entity examines all facts and circumstances (including the terms of exercise of the potential voting rights and any other contractual arrangements whether considered individually or in combination) that affect potential rights, except the intentions of management and the financial ability to exercise or convert those potential rights. 8

An entity loses significant influence over an investee when it loses the power to participate in the financial and operating policy decisions of that investee. The loss of significant influence can occur with or without a change in absolute or relative ownership levels. It could occur, for example, when an associate becomes subject to the control of a government, court, administrator or regulator. It could also occur as a result of a contractual arrangement. 9

EQUITY METHOD

Under the equity method, on initial recognition the investment in an associate or a joint venture is recognised at cost, and the carrying amount is increased or decreased to recognise the investor's share of the profit or loss of the investee after the date of acquisition. The investor's share of the investee's profit or loss is recognised in the investor's profit or loss. Distributions received from an investee reduce the carrying amount of the investment. Adjustments to the carrying 10

Vom Beteiligungsunternehmen empfangene Ausschüttungen vermindern den Buchwert der Beteiligung. Änderungen des Buchwerts können auch aufgrund von Änderungen der Beteiligungsquote des Investors notwendig sein, welche sich aufgrund von Änderungen im sonstigen Ergebnis des Beteiligungsunternehmens ergeben. Solche Änderungen entstehen unter anderem infolge einer Neubewertung von Sachanlagevermögen und aus der Umrechnung von Fremdwährungsabschlüssen. Der Anteil des Investors an diesen Änderungen wird im sonstigen Ergebnis des Investors erfasst (siehe IAS 1 *Darstellung des Abschlusses*).

11 Werden Erträge auf Basis der erhaltenen Dividenden angesetzt, so spiegelt dies unter Umständen nicht in angemessener Weise die Erträge wider, die ein Investor aus einer Beteiligung an einem assoziierten Unternehmen oder einem Gemeinschaftsunternehmen erzielt hat, da die Dividenden u. U. nur unzureichend in Relation zur Ertragskraft des assoziierten Unternehmens oder des Gemeinschaftsunternehmens stehen. Da der Investor in die gemeinschaftliche Führung des Beteiligungsunternehmens involviert ist oder über maßgeblichen Einfluss auf das Beteiligungsunternehmen verfügt, hat er ein Interesse an der Ertragskraft des assoziierten Unternehmens oder des Gemeinschaftsunternehmens und demzufolge an der Verzinsung des eingesetzten Kapitals. Diese Beteiligung an der Ertragskraft bilanziert der Investor, indem er den Umfang seines Abschlusses um seinen Anteil am Gewinn oder Verlust eines solchen Beteiligungsunternehmens erweitert. Dementsprechend bietet die Anwendung der Equity-Methode mehr Informationen über das Nettovermögen und den Gewinn oder Verlust des Investors.

12 Wenn potenzielle Stimmrechte oder sonstige Derivate mit potenziellen Stimmrechten bestehen, wird der Anteil eines Unternehmens an einem assoziierten Unternehmen oder einem Gemeinschaftsunternehmen lediglich auf Grundlage der bestehenden Beteiligungsquote und nicht unter Berücksichtigung der möglichen Ausübung oder Umwandlung potenzieller Stimmrechte oder sonstiger derivativer Instrumente bestimmt, es sei denn, Paragraph 13 findet Anwendung.

13 In einigen Fällen hat ein Unternehmen dem wirtschaftlichen Gehalt nach ein Eigentumsrecht infolge einer Transaktion, die ihm Zugang zu den mit einem Eigentumsanteil verbundenen wirtschaftlichen Erfolgen verschafft. Unter diesen Umständen wird der dem Unternehmen zugewiesene Anteil unter Berücksichtigung der letztlichen Ausübung dieser potenziellen Stimmrechte und sonstigen derivativen Instrumente festgelegt, aufgrund deren das Unternehmen derzeit Zugang zu den wirtschaftlichen Erfolgen hat.

14 IFRS 9 *Finanzinstrumente* findet keine Anwendung auf Beteiligungen an assoziierten Unternehmen und Gemeinschaftsunternehmen, deren Bilanzierung nach der Equity-Methode erfolgt. Wenn Instrumente mit potenziellen Stimmrechten ihrem wirtschaftlichen Gehalt nach derzeit Zugang zu den mit einem Eigentumsanteil an einem assoziierten Unternehmen oder einem Gemeinschaftsunternehmen verbundenen wirtschaftlichen Erfolgen verschaffen, unterliegen die Instrumente nicht IFRS 9. In allen anderen Fällen werden Instrumente mit potenziellen Stimmrechten an einem assoziierten Unternehmen oder einem Gemeinschaftsunternehmen nach IFRS 9 bilanziert.

14A Ein Unternehmen wendet IFRS 9 zudem auf sonstige Finanzinstrumente an einem assoziierten Unternehmen oder einem Gemeinschaftsunternehmen an, auf die die Equity-Methode nicht angewendet wird. Hierzu gehören langfristige Anteile, die dem wirtschaftlichen Gehalt nach der Nettoinvestition des Unternehmens in das assoziierte Unternehmen oder das Gemeinschaftsunternehmen zuzuordnen sind (siehe Paragraph 38). Bevor ein Unternehmen Paragraph 38 und die Paragraphen 40–43 des vorliegenden Standards anwendet, wendet es auf solche langfristigen Anteile IFRS 9 an. Bei der Anwendung von IFRS 9 berücksichtigt das Unternehmen keine Änderungen des Buchwerts der langfristigen Anteile, die sich aus der Anwendung des vorliegenden Standards ergeben.

15 Sofern eine Beteiligung oder ein Teil einer Beteiligung an einem assoziierten Unternehmen oder Gemeinschaftsunternehmens nach IFRS 5 *Zur Veräußerung gehaltene langfristige Vermögenswerte und aufgegebene Geschäftsbereiche* nicht als zur Veräußerung gehalten eingestuft wurde, ist die Beteiligung oder ein zurückbehaltener Teil der Beteiligung, der nicht als zur Veräußerung gehalten eingestuft wurde, als langfristiger Vermögenswert einzustufen.

ANWENDUNG DER EQUITY-METHODE

16 Ein Unternehmen, das in die gemeinschaftliche Führung eines Beteiligungsunternehmens involviert ist oder maßgeblichen Einfluss auf ein Beteiligungsunternehmen hat, hat seine Beteiligung an einem assoziierten Unternehmen oder einem Gemeinschaftsunternehmen nach der Equity-Methode zu bilanzieren, es sei denn, die Beteiligung fällt unter die Ausnahmeregelung nach den Paragraphen 17–19.

Ausnahmen von der Anwendung der Equity-Methode

17 Ein Unternehmen muss die Equity-Methode nicht auf seine Beteiligung an einem assoziierten Unternehmen oder einem Gemeinschaftsunternehmen anwenden, wenn das Unternehmen ein Mutterunternehmen ist, das nach der Ausnahme

amount may also be necessary for changes in the investor's proportionate interest in the investee arising from changes in the investee's other comprehensive income. Such changes include those arising from the revaluation of property, plant and equipment and from foreign exchange translation differences. The investor's share of those changes is recognised in the investor's other comprehensive income (see IAS 1 *Presentation of Financial Statements*).

The recognition of income on the basis of distributions received may not be an adequate measure of the income earned by an investor on an investment in an associate or a joint venture because the distributions received may bear little relation to the performance of the associate or joint venture. Because the investor has joint control of, or significant influence over, the investee, the investor has an interest in the associate's or joint venture's performance and, as a result, the return on its investment. The investor accounts for this interest by extending the scope of its financial statements to include its share of the profit or loss of such an investee. As a result, application of the equity method provides more informative reporting of the investor's net assets and profit or loss. 11

When potential voting rights or other derivatives containing potential voting rights exist, an entity's interest in an associate or a joint venture is determined solely on the basis of existing ownership interests and does not reflect the possible exercise or conversion of potential voting rights and other derivative instruments, unless paragraph 13 applies. 12

In some circumstances, an entity has, in substance, an existing ownership as a result of a transaction that currently gives it access to the returns associated with an ownership interest. In such circumstances, the proportion allocated to the entity is determined by taking into account the eventual exercise of those potential voting rights and other derivative instruments that currently give the entity access to the returns. 13

IFRS 9 *Financial Instruments* does not apply to interests in associates and joint ventures that are accounted for using the equity method. When instruments containing potential voting rights in substance currently give access to the returns associated with an ownership interest in an associate or a joint venture, the instruments are not subject to IFRS 9. In all other cases, instruments containing potential voting rights in an associate or a joint venture are accounted for in accordance with IFRS 9. 14

An entity also applies IFRS 9 to other financial instruments in an associate or joint venture to which the equity method is not applied. These include long-term interests that, in substance, form part of the entity's net investment in an associate or joint venture (see paragraph 38). An entity applies IFRS 9 to such long-term interests before it applies paragraph 38 and paragraphs 40—43 of this Standard. In applying IFRS 9, the entity does not take account of any adjustments to the carrying amount of long-term interests that arise from applying this Standard. 14A

Unless an investment, or a portion of an investment, in an associate or a joint venture is classified as held for sale in accordance with IFRS 5 *Non-current Assets Held for Sale and Discontinued Operations*, the investment, or any retained interest in the investment not classified as held for sale, shall be classified as a non-current asset. 15

APPLICATION OF THE EQUITY METHOD

An entity with joint control of, or significant influence over, an investee shall account for its investment in an associate or a joint venture using the equity method except when that investment qualifies for exemption in accordance with paragraphs 17—19. 16

Exemptions from applying the equity method

An entity need not apply the equity method to its investment in an associate or a joint venture if the entity is a parent that is exempt from preparing consolidated financial statements by the scope exception in paragraph 4 (a) of IFRS 10 or if all the following apply: 17

vom Anwendungsbereich gemäß Paragraph 4a von IFRS 10 von der Aufstellung eines Konzernabschlusses befreit ist oder wenn alle folgenden Punkte zutreffen:

(a) Das Unternehmen ist ein hundertprozentiges Tochterunternehmen oder ein teilweise im Eigentum eines anderen Unternehmens stehendes Tochterunternehmen und die anderen Eigentümer, einschließlich der nicht stimmberechtigten, sind darüber unterrichtet, dass das Unternehmen die Equity-Methode nicht anwendet, und erheben dagegen keine Einwände.

(b) Die Schuld- oder Eigenkapitalinstrumente des Unternehmens werden an keinem öffentlichen Markt (einer inländischen oder ausländischen Wertpapierbörse oder am Freiverkehrsmarkt, einschließlich lokaler und regionaler Märkte) gehandelt.

(c) Das Unternehmen hat seine Abschlüsse nicht zum Zweck der Emission von Finanzinstrumenten jeglicher Kategorie an einem öffentlichen Markt bei einer Börsenaufsicht oder sonstigen Aufsichtsbehörde eingereicht oder beabsichtigt dies zu tun.

(d) Das oberste oder ein zwischengeschaltetes Mutterunternehmen des Unternehmens stellt einen IFRS-konformen Abschluss auf, der veröffentlicht wird und in dem Tochtergesellschaften entweder konsolidiert oder nach IFRS 10 erfolgswirksam zum beizulegenden Zeitwert bewertet werden.

18 Wenn eine Beteiligung an einem assoziierten Unternehmen oder einem Gemeinschaftsunternehmen direkt oder indirekt von einem Unternehmen gehalten wird, bei dem es sich um eine Wagniskapital-Organisation, einen offenen Investmentfonds, einen Unit Trust oder ein ähnliches Unternehmen, einschließlich einer fondsgebundenen Versicherung, handelt, kann das Unternehmen diese Beteiligung erfolgswirksam zum beizulegenden Zeitwert nach IFRS 9 bewerten. Ein Beispiel für eine fondsgebundene Versicherung sind Fonds, die von einem Unternehmen als zugrunde liegende Posten für eine Gruppe von Versicherungsverträgen mit direkter Überschussbeteiligung gehalten werden. Für die Zwecke dieses Wahlrechts umfassen Versicherungsverträge auch Kapitalanlageverträge mit ermessensabhängiger Überschussbeteiligung. Diese Entscheidung ist für jedes assoziierte Unternehmen oder Gemeinschaftsunternehmen bei dessen erstmaligem Ansatz gesondert zu treffen. (Siehe IFRS 17 *Versicherungsverträge* in Bezug auf die in diesem Paragraphen verwendeten Begriffe, die in diesem Standard definiert sind.)

19 Hält ein Unternehmen eine Beteiligung an einem assoziierten Unternehmen, von der ein Teil indirekt über ein Unternehmen gehalten wird, bei dem es sich um eine Wagniskapital-Organisation, einen Investmentfonds, einen Unit Trust oder ähnliche Unternehmen, einschließlich fondsgebundener Versicherungen, handelt, kann sich das Unternehmen dafür entscheiden, diesen Teil der Beteiligung am assoziierten Unternehmen erfolgswirksam zum beizulegenden Zeitwert nach IFRS 9 zu bewerten, unabhängig davon, ob die Wagniskapital-Organisation, der Investmentfonds, der Unit Trust oder ähnliche Unternehmen, einschließlich fondsgebundener Versicherungen, maßgeblichen Einfluss auf diesen Teil der Beteiligung haben. Entscheidet sich das Unternehmen für diesen Ansatz, hat es die Equity-Methode auf den verbleibenden Teil seiner Beteiligung an einem assoziierten Unternehmen anzuwenden, der nicht von einer Wagniskapital-Organisation, einem Investmentfonds, einem Unit Trust oder ähnlichen Unternehmen, einschließlich fondsgebundener Versicherungen, gehalten wird.

Einstufung als „zur Veräußerung gehalten"

20 Ein Unternehmen hat IFRS 5 auf eine Beteiligung oder einen Teil einer Beteiligung an einem assoziierten Unternehmen oder einem Gemeinschaftsunternehmen anzuwenden, die/der die Kriterien für die Einstufung als „zur Veräußerung gehalten" erfüllt. Jeder zurückbehaltene Teil einer Beteiligung an einem assoziierten Unternehmen oder einem Gemeinschaftsunternehmen, der nicht als zur „zur Veräußerung gehalten" eingestuft wurde, ist nach der Equity-Methode zu bilanzieren, bis dass der Teil, der als „zur Veräußerung gehalten" eingestuft wurde, veräußert wird. Nach der Veräußerung hat ein Unternehmen jeden zurückbehaltenen Anteil an einem assoziierten Unternehmen oder Gemeinschaftsunternehmen nach IFRS 9 zu bilanzieren, es sei denn, bei dem zurückbehaltenen Anteil handelt es sich weiterhin um ein assoziiertes Unternehmen oder ein Gemeinschaftsunternehmen; in diesem Fall wendet das Unternehmen die Equity-Methode an.

21 Wenn eine Beteiligung oder ein Teil einer Beteiligung an einem assoziierten Unternehmen oder Gemeinschaftsunternehmen, die/der bisher unter die Einstufung „zur Veräußerung gehalten" fiel, die hierfür erforderlichen Kriterien nicht mehr erfüllt, muss sie/er ab dem Zeitpunkt, ab dem sie/er als „zur Veräußerung gehalten" eingestuft wurde, rückwirkend nach der Equity-Methode bilanziert werden. Die Abschlüsse für die Perioden seit der Einstufung als „zur Veräußerung gehalten" sind entsprechend anzupassen.

Beendigung der Anwendung der Equity-Methode

22 **Ein Unternehmen hat die Anwendung der Equity-Methode ab dem Zeitpunkt, an dem es sich bei seiner Beteiligung nicht mehr um eine Beteiligung an einem assoziierten Unternehmen oder einem Gemeinschaftsunternehmen handelt, in folgender Weise zu beenden:**

(a) Wird die Beteiligung zu einer Beteiligung an einem Tochterunternehmen, bilanziert das Unternehmen seine Beteiligung nach IFRS 3 *Unternehmenszusammenschlüsse* und IFRS 10.

(a) The entity is a wholly-owned subsidiary, or is a partially-owned subsidiary of another entity and its other owners, including those not otherwise entitled to vote, have been informed about, and do not object to, the entity not applying the equity method.
(b) The entity's debt or equity instruments are not traded in a public market (a domestic or foreign stock exchange or an over-the-counter market, including local and regional markets).
(c) The entity did not file, nor is it in the process of filing, its financial statements with a securities commission or other regulatory organisation, for the purpose of issuing any class of instruments in a public market.
(d) The ultimate or any intermediate parent of the entity produces financial statements available for public use that comply with IFRSs, in which subsidiaries are consolidated or are measured at fair value through profit or loss in accordance with IFRS 10.

When an investment in an associate or a joint venture is held by, or is held indirectly through, an entity that is a venture capital organisation, or a mutual fund, unit trust and similar entities including investment-linked insurance funds, the entity may elect to measure that investment at fair value through profit or loss in accordance with IFRS 9. An example of an investment-linked insurance fund is a fund held by an entity as the underlying items for a group of insurance contracts with direct participation features. For the purposes of this election, insurance contracts include investment contracts with discretionary participation features. An entity shall make this election separately for each associate or joint venture, at initial recognition of the associate or joint venture. (See IFRS 17 *Insurance Contracts* for terms used in this paragraph that are defined in that Standard.) 18

When an entity has an investment in an associate, a portion of which is held indirectly through a venture capital organisation, or a mutual fund, unit trust and similar entities including investment-linked insurance funds, the entity may elect to measure that portion of the investment in the associate at fair value through profit or loss in accordance with IFRS 9 regardless of whether the venture capital organisation, or the mutual fund, unit trust and similar entities including investment-linked insurance funds, has significant influence over that portion of the investment. If the entity makes that election, the entity shall apply the equity method to any remaining portion of its investment in an associate that is not held through a venture capital organisation, or a mutual fund, unit trust and similar entities including investment-linked insurance funds. 19

Classification as held for sale

An entity shall apply IFRS 5 to an investment, or a portion of an investment, in an associate or a joint venture that meets the criteria to be classified as held for sale. Any retained portion of an investment in an associate or a joint venture that has not been classified as held for sale shall be accounted for using the equity method until disposal of the portion that is classified as held for sale takes place. After the disposal takes place, an entity shall account for any retained interest in the associate or joint venture in accordance with IFRS 9 unless the retained interest continues to be an associate or a joint venture, in which case the entity uses the equity method. 20

When an investment, or a portion of an investment, in an associate or a joint venture previously classified as held for sale no longer meets the criteria to be so classified, it shall be accounted for using the equity method retrospectively as from the date of its classification as held for sale. Financial statements for the periods since classification as held for sale shall be amended accordingly. 21

Discontinuing the use of the equity method

An entity shall discontinue the use of the equity method from the date when its investment ceases to be an associate or a joint venture as follows: 22
(a) If the investment becomes a subsidiary, the entity shall account for its investment in accordance with IFRS 3 *Business Combinations* and IFRS 10.

(b) **Handelt es sich beim zurückbehaltenen Anteil am ehemaligen assoziierten Unternehmen oder Gemeinschaftsunternehmen um einen finanziellen Vermögenswert, hat das Unternehmen den zurückbehaltenen Anteil zum beizulegenden Zeitwert zu bewerten. Der beizulegende Zeitwert des zurückbehaltenen Anteils entspricht seinem beizulegenden Zeitwert beim erstmaligen Ansatz als finanzieller Vermögenswert nach IFRS 9. Das Unternehmen hat eine etwaige Differenz zwischen den folgenden Werten erfolgswirksam zu erfassen:**
   (i) **dem beizulegenden Zeitwert eines etwaigen zurückbehaltenen Anteils und etwaige Erlöse aus der Veräußerung eines Teils des Anteils an dem assoziierten Unternehmen oder Gemeinschaftsunternehmen und**
   (ii) **dem Buchwert der Beteiligung zum Zeitpunkt der Beendigung der Anwendung der Equity-Methode.**

(c) **Beendet ein Unternehmen die Anwendung der Equity-Methode, hat es alle in Bezug auf diese Beteiligung bisher im sonstigen Ergebnis erfassten Beträge auf derselben Grundlage zu bilanzieren wie für den Fall, dass das Beteiligungsunternehmen die dazugehörigen Vermögenswerte und Schulden direkt veräußert hätte.**

23 Falls daher ein zuvor vom Beteiligungsunternehmen im sonstigen Ergebnis erfasster Gewinn oder Verlust bei der Veräußerung der dazugehörigen Vermögenswerte oder Schulden erfolgswirksam umgegliedert würde, gliedert das Unternehmen den Gewinn oder Verlust erfolgswirksam um (als einen Umgliederungsbetrag), wenn es die Anwendung der Equity-Methode beendet. Hat z. B. ein assoziiertes Unternehmen oder ein Gemeinschaftsunternehmen kumulierte Umrechnungsdifferenzen aus der Tätigkeit eines ausländischen Geschäftsbetriebs und beendet das Unternehmen die Anwendung der Equity-Methode, hat das Unternehmen den zuvor im sonstigen Ergebnis erfassten Gewinn oder Verlust in Bezug auf den ausländischen Geschäftsbetrieb erfolgswirksam umzugliedern.

24 **Wird eine Beteiligung an einem assoziierten Unternehmen zu einer Beteiligung an einem Gemeinschaftsunternehmen oder eine Beteiligung an einem Gemeinschaftsunternehmen zu einer Beteiligung an einem assoziierten Unternehmen, wendet das Unternehmen die Equity-Methode weiterhin an und bewertet den zurückbehaltenen Anteil nicht neu.**

Änderungen der Beteiligungsquote

25 Wenn sich die Beteiligungsquote eines Unternehmens an einem assoziierten Unternehmen oder einem Gemeinschaftsunternehmen verringert hat, die Beteiligung aber weiterhin als Beteiligung an einem assoziierten Unternehmen bzw. Gemeinschaftsunternehmen eingestuft wird, hat das Unternehmen den Teil des zuvor im sonstigen Ergebnis erfassten Gewinns oder Verlusts, der auf die Verringerung der Beteiligungsquote entfällt, erfolgswirksam umzugliedern, wenn dieser Gewinn oder Verlust bei Veräußerung der dazugehörigen Vermögenswerte und Schulden erfolgswirksam umzugliedern wäre.

Verfahren der Equity-Methode

26 Viele der für die Anwendung der Equity-Methode sachgerechten Verfahren ähneln den in IFRS 10 beschriebenen Konsolidierungsverfahren. Außerdem werden die Ansätze, die den Konsolidierungsverfahren beim Erwerb eines Tochterunternehmens zugrunde liegen, auch bei der Bilanzierung des Erwerbs einer Beteiligung an einem assoziierten Unternehmen oder einem Gemeinschaftsunternehmen übernommen.

27 Der Anteil eines Konzerns an einem assoziierten Unternehmen oder einem Gemeinschaftsunternehmen ist die Summe der vom Mutterunternehmen und seinen Tochterunternehmen daran gehaltenen Anteile. Die von den anderen assoziierten Unternehmen oder Gemeinschaftsunternehmen des Konzerns gehaltenen Anteile bleiben für diese Zwecke unberücksichtigt. Wenn ein assoziiertes Unternehmen oder ein Gemeinschaftsunternehmen Tochterunternehmen, assoziierte Unternehmen oder Gemeinschaftsunternehmen besitzt, sind bei der Anwendung der Equity-Methode der Gewinn oder Verlust, das sonstige Ergebnis und das Nettovermögen zu berücksichtigen, wie sie im Abschluss des assoziierten Unternehmens oder des Gemeinschaftsunternehmens (einschließlich dessen Anteils am Gewinn oder Verlust, sonstigen Ergebnis und Nettovermögen seiner assoziierten Unternehmen und Gemeinschaftsunternehmen) nach etwaigen Anpassungen zur Anwendung einheitlicher Rechnungslegungsmethoden (siehe Paragraphen 35 und 36A) ausgewiesen werden.

28 Gewinne und Verluste aus „Upstream"- und „Downstream"-Transaktionen zwischen einem Unternehmen (einschließlich seiner konsolidierten Tochterunternehmen) und seinem assoziierten Unternehmen oder Gemeinschaftsunternehmen sind im Abschluss des Unternehmens nur entsprechend den Anteilen unabhängiger Investoren am assoziierten Unternehmen oder Gemeinschaftsunternehmen zu erfassen. „Upstream"-Transaktionen sind beispielsweise Verkäufe von Vermögenswerten eines assoziierten Unternehmens oder eines Gemeinschaftsunternehmens an den Investor. „Downstream"-Transaktionen sind beispielsweise Verkäufe oder Einlagen von Vermögenswerten eines Investors an bzw. in sein assoziiertes Unternehmen oder Gemeinschaftsunternehmen. Der Anteil des Investors am Gewinn oder Verlust des assoziierten Unternehmens oder Gemeinschaftsunternehmens aus solchen Transaktionen wird eliminiert.

29 Lassen „Downstream"-Transaktionen darauf schließen, dass der Nettoveräußerungswert der zu veräußernden oder einzubringenden Vermögenswerte abgenommen hat oder eine Wertminderung dieser Vermögenswerte eingetreten ist, sind

(b) If the retained interest in the former associate or joint venture is a financial asset, the entity shall measure the retained interest at fair value. The fair value of the retained interest shall be regarded as its fair value on initial recognition as a financial asset in accordance with IFRS 9. The entity shall recognise in profit or loss any difference between:

(i) the fair value of any retained interest and any proceeds from disposing of a part interest in the associate or joint venture; and

(ii) the carrying amount of the investment at the date the equity method was discontinued.

(c) When an entity discontinues the use of the equity method, the entity shall account for all amounts previously recognised in other comprehensive income in relation to that investment on the same basis as would have been required if the investee had directly disposed of the related assets or liabilities.

Therefore, if a gain or loss previously recognised in other comprehensive income by the investee would be reclassified to profit or loss on the disposal of the related assets or liabilities, the entity reclassifies the gain or loss from equity to profit or loss (as a reclassification adjustment) when the equity method is discontinued. For example, if an associate or a joint venture has cumulative exchange differences relating to a foreign operation and the entity discontinues the use of the equity method, the entity shall reclassify to profit or loss the gain or loss that had previously been recognised in other comprehensive income in relation to the foreign operation. 23

If an investment in an associate becomes an investment in a joint venture or an investment in a joint venture becomes an investment in an associate, the entity continues to apply the equity method and does not remeasure the retained interest. 24

Changes in ownership interest

If an entity's ownership interest in an associate or a joint venture is reduced, but the investment continues to be classified either as an associate or a joint venture respectively, the entity shall reclassify to profit or loss the proportion of the gain or loss that had previously been recognised in other comprehensive income relating to that reduction in ownership interest if that gain or loss would be required to be reclassified to profit or loss on the disposal of the related assets or liabilities. 25

Equity method procedures

Many of the procedures that are appropriate for the application of the equity method are similar to the consolidation procedures described in IFRS 10. Furthermore, the concepts underlying the procedures used in accounting for the acquisition of a subsidiary are also adopted in accounting for the acquisition of an investment in an associate or a joint venture. 26

A group's share in an associate or a joint venture is the aggregate of the holdings in that associate or joint venture by the parent and its subsidiaries. The holdings of the group's other associates or joint ventures are ignored for this purpose. When an associate or a joint venture has subsidiaries, associates or joint ventures, the profit or loss, other comprehensive income and net assets taken into account in applying the equity method are those recognised in the associate's or joint venture's financial statements (including the associate's or joint venture's share of the profit or loss, other comprehensive income and net assets of its associates and joint ventures), after any adjustments necessary to give effect to uniform accounting policies (see paragraphs 35—36A). 27

Gains and losses resulting from 'upstream' and 'downstream' transactions between an entity (including its consolidated subsidiaries) and its associate or joint venture are recognised in the entity's financial statements only to the extent of unrelated investors' interests in the associate or joint venture. 'Upstream' transactions are, for example, sales of assets from an associate or a joint venture to the investor. 'Downstream' transactions are, for example, sales or contributions of assets from the investor to its associate or its joint venture. The investor's share in the associate's or joint venture's gains or losses resulting from these transactions is eliminated. 28

When downstream transactions provide evidence of a reduction in the net realisable value of the assets to be sold or contributed, or of an impairment loss of those assets, those losses shall be recognised in full by the investor. When upstream 29

diese Verluste vom Investor in voller Höhe anzusetzen. Lassen „Upstream"-Transaktionen darauf schließen, dass der Nettoveräußerungswert der zu erwerbenden Vermögenswerte abgenommen hat oder eine Wertminderung dieser Vermögenswerte eingetreten ist, hat der Investor seinen Anteil an diesen Verlusten anzusetzen.

30 Die Einlage eines nichtmonetären Vermögenswerts in ein assoziiertes Unternehmen oder ein Gemeinschaftsunternehmen im Austausch für einen Eigenkapitalanteil an dem assoziierten Unternehmen oder Gemeinschaftsunternehmen ist nach Paragraph 28 zu bilanzieren, es sei denn, der Einlage fehlt es an wirtschaftlicher Substanz im Sinne dieses in IAS 16 *Sachanlagen* erläuterten Begriffs. Fehlt es einer solchen Einlage an wirtschaftlicher Substanz, wird der Gewinn oder Verlust als nicht realisiert betrachtet und nicht ausgewiesen, es sei denn, Paragraph 31 findet ebenfalls Anwendung. Solche nicht realisierten Gewinne und Verluste sind gegen die nach der Equity-Methode bilanzierte Beteiligung zu verrechnen und dürfen in der Konzernbilanz des Unternehmens oder der Bilanz des Unternehmens, in der die Beteiligungen nach der Equity-Methode bilanziert werden, nicht als erfolgsneutral abgegrenzte Gewinne oder Verluste dargestellt werden.

31 Erhält ein Unternehmen über einen Eigenkapitalanteil an einem assoziierten Unternehmen oder einem Gemeinschaftsunternehmen hinaus monetäre oder nichtmonetäre Vermögenswerte, weist das Unternehmen den Teil des sich aus der nichtmonetären Einlage ergebenden Gewinns oder Verlusts, der sich auf die erhaltenen monetären oder nichtmonetären Vermögenswerte bezieht, in voller Höhe erfolgswirksam aus.

32 Eine Beteiligung wird von dem Zeitpunkt an nach der Equity-Methode bilanziert, ab dem die Kriterien eines assoziierten Unternehmens oder eines Gemeinschaftsunternehmens erfüllt sind. Bei dem Beteiligungserwerb ist jede Differenz zwischen den Anschaffungskosten der Beteiligung und dem Anteil des Unternehmens am beizulegenden Nettozeitwert der identifizierbaren Vermögenswerte und Schulden des Beteiligungsunternehmens wie folgt zu bilanzieren:

(a) Der mit einem assoziierten Unternehmen oder einem Gemeinschaftsunternehmen verbundene Geschäfts- oder Firmenwert ist im Buchwert der Beteiligung enthalten. Die planmäßige Abschreibung dieses Geschäfts- oder Firmenwerts ist untersagt.

(b) Jeder Betrag, um den der Anteil des Unternehmens am beizulegenden Nettozeitwert der identifizierbaren Vermögenswerte und Schulden des Beteiligungsunternehmens die Anschaffungskosten der Beteiligung übersteigt, ist bei der Bestimmung des Anteils des Unternehmens am Gewinn oder Verlust des assoziierten Unternehmens oder des Gemeinschaftsunternehmens in der Periode, in der die Beteiligung erworben wurde, als Ertrag enthalten.

Der Anteil des Unternehmens an den vom assoziierten Unternehmen oder vom Gemeinschaftsunternehmen nach Erwerb verzeichneten Gewinnen oder Verlusten wird sachgerecht angepasst, um beispielsweise die planmäßige Abschreibung zu berücksichtigen, die bei abschreibungsfähigen Vermögenswerten auf der Basis ihrer beizulegenden Zeitwerte zum Erwerbszeitpunkt berechnet wird. Gleiches gilt für vom assoziierten Unternehmen oder Gemeinschaftsunternehmen erfasste Wertminderungsaufwendungen, z. B. für den Geschäfts- oder Firmenwert oder für Sachanlagen.

33 **Das Unternehmen verwendet bei der Anwendung der Equity-Methode den letzten verfügbaren Abschluss des assoziierten Unternehmens oder des Gemeinschaftsunternehmens. Weicht der Abschlussstichtag des Unternehmens von dem des assoziierten Unternehmens oder des Gemeinschaftsunternehmens ab, muss das assoziierte Unternehmen oder das Gemeinschaftsunternehmen zur Verwendung durch das Unternehmen einen Zwischenabschluss auf den Stichtag des Unternehmens aufstellen, es sei denn, dies ist undurchführbar.**

34 **Wird nach Paragraph 33 der bei der Anwendung der Equity-Methode herangezogene Abschluss eines assoziierten Unternehmens oder eines Gemeinschaftsunternehmens zu einem vom Unternehmen abweichenden Stichtag aufgestellt, so sind für die Auswirkungen bedeutender Geschäftsvorfälle oder anderer Ereignisse, die zwischen diesem Stichtag und dem Abschlussstichtag des Unternehmens eingetreten sind, Anpassungen vorzunehmen. In jedem Fall darf der Zeitraum zwischen dem Abschlussstichtag des assoziierten Unternehmens oder des Gemeinschaftsunternehmens und dem Abschlussstichtag des Unternehmens nicht mehr als drei Monate betragen. Die Länge der Berichtsperioden und die Abweichungen zwischen den Abschlussstichtagen müssen von Periode zu Periode gleich bleiben.**

35 **Bei der Aufstellung des Abschlusses des Unternehmens sind für gleichartige Geschäftsvorfälle und Ereignisse unter ähnlichen Umständen einheitliche Rechnungslegungsmethoden anzuwenden.**

36 Wenn ein assoziiertes Unternehmen oder ein Gemeinschaftsunternehmen für gleichartige Geschäftsvorfälle und Ereignisse unter ähnlichen Umständen andere Rechnungslegungsmethoden anwendet als das Unternehmen, sind für den Fall, dass der Abschluss des assoziierten Unternehmens oder des Gemeinschaftsunternehmens vom Unternehmen für die Anwendung der Equity-Methode herangezogen wird, die Rechnungslegungsmethoden an diejenigen des Unternehmens anzupassen, es sei denn, Paragraph 36A findet Anwendung.

36A Besitzt ein Unternehmen, das selbst keine Investmentgesellschaft ist, Anteile an einem assoziierten Unternehmen oder einem Gemeinschaftsunternehmen, das eine Investmentgesellschaft ist, kann es ungeachtet der Bestimmung in Paragraph 36 bei der Anwendung der Equity-Methode die Bewertung zum beizulegenden Zeitwert, die diese Investmentgesellschaft

transactions provide evidence of a reduction in the net realisable value of the assets to be purchased or of an impairment loss of those assets, the investor shall recognise its share in those losses.

The contribution of a non-monetary asset to an associate or a joint venture in exchange for an equity interest in the associate or joint venture shall be accounted for in accordance with paragraph 28, except when the contribution lacks commercial substance, as that term is described in IAS 16 *Property, Plant and Equipment*. If such a contribution lacks commercial substance, the gain or loss is regarded as unrealised and is not recognised unless paragraph 31 also applies. Such unrealised gains and losses shall be eliminated against the investment accounted for using the equity method and shall not be presented as deferred gains or losses in the entity's consolidated statement of financial position or in the entity's statement of financial position in which investments are accounted for using the equity method. 30

If, in addition to receiving an equity interest in an associate or a joint venture, an entity receives monetary or nonmonetary assets, the entity recognises in full in profit or loss the portion of the gain or loss on the non-monetary contribution relating to the monetary or non-monetary assets received. 31

An investment is accounted for using the equity method from the date on which it becomes an associate or a joint venture. On acquisition of the investment, any difference between the cost of the investment and the entity's share of the net fair value of the investee's identifiable assets and liabilities is accounted for as follows: 32

(a) Goodwill relating to an associate or a joint venture is included in the carrying amount of the investment. Amortisation of that goodwill is not permitted.
(b) Any excess of the entity's share of the net fair value of the investee's identifiable assets and liabilities over the cost of the investment is included as income in the determination of the entity's share of the associate or joint venture's profit or loss in the period in which the investment is acquired.

Appropriate adjustments to the entity's share of the associate's or joint venture's profit or loss after acquisition are made in order to account, for example, for depreciation of the depreciable assets based on their fair values at the acquisition date. Similarly, appropriate adjustments to the entity's share of the associate's or joint venture's profit or loss after acquisition are made for impairment losses such as for goodwill or property, plant and equipment.

The most recent available financial statements of the associate or joint venture are used by the entity in applying the equity method. When the end of the reporting period of the entity is different from that of the associate or joint venture, the associate or joint venture prepares, for the use of the entity, financial statements as of the same date as the financial statements of the entity unless it is impracticable to do so. 33

When, in accordance with paragraph 33, the financial statements of an associate or a joint venture used in applying the equity method are prepared as of a date different from that used by the entity, adjustments shall be made for the effects of significant transactions or events that occur between that date and the date of the entity's financial statements. In any case, the difference between the end of the reporting period of the associate or joint venture and that of the entity shall be no more than three months. The length of the reporting periods and any difference between the ends of the reporting periods shall be the same from period to period. 34

The entity's financial statements shall be prepared using uniform accounting policies for like transactions and events in similar circumstances. 35

Except as described in paragraph 36A, if an associate or a joint venture uses accounting policies other than those of the entity for like transactions and events in similar circumstances, adjustments shall be made to make the associate's or joint venture's accounting policies conform to those of the entity when the associate's or joint venture's financial statements are used by the entity in applying the equity method. 36

Notwithstanding the requirement in paragraph 36, if an entity that is not itself an investment entity has an interest in an associate or joint venture that is an investment entity, the entity may, when applying the equity method, elect to retain the fair value measurement applied by that investment entity associate or joint venture to the investment entity associate's or 36A

(assoziiertes Unternehmen oder Gemeinschaftsunternehmen) bei ihren Anteilen an Tochtergesellschaften vornimmt, beibehalten. Diese Entscheidung ist für jede Investmentgesellschaft (assoziiertes Unternehmen oder Gemeinschaftsunternehmen) gesondert zu treffen a) zu dem Zeitpunkt des erstmaligen Ansatzes der Investmentgesellschaft (assoziiertes Unternehmen oder Gemeinschaftsunternehmen), b) zu dem Zeitpunkt, zu dem das assoziierte Unternehmen oder das Gemeinschaftsunternehmen eine Investmentgesellschaft wird, oder c) zu dem Zeitpunkt, zu dem die Investmentgesellschaft (assoziiertes Unternehmen oder Gemeinschaftsunternehmen) erstmals ein Mutterunternehmen wird – je nachdem, welcher dieser Zeitpunkte der späteste ist.

37 Falls ein assoziiertes Unternehmen oder ein Gemeinschaftsunternehmen kumulative Vorzugsanteile ausgegeben hat, die von anderen Parteien als dem Unternehmen gehalten werden und als Eigenkapital ausgewiesen sind, berechnet das Unternehmen seinen Anteil an Gewinn oder Verlust nach Abzug der Dividende auf diese Vorzugsanteile, unabhängig davon, ob ein Dividendenbeschluss vorliegt.

38 Wenn der Anteil eines Unternehmens an den Verlusten eines assoziierten Unternehmens oder eines Gemeinschaftsunternehmens dem Wert seines Anteils an dem assoziierten Unternehmen oder Gemeinschaftsunternehmen entspricht oder diesen übersteigt, erfasst das Unternehmen keine weiteren Verlustanteile. Der Wert des Anteils an einem assoziierten Unternehmen oder einem Gemeinschaftsunternehmen ist der nach der Equity-Methode ermittelte Buchwert der Beteiligung an dem assoziierten Unternehmen oder dem Gemeinschaftsunternehmen zuzüglich sämtlicher langfristigen Anteile, die dem wirtschaftlichen Gehalt nach der Nettoinvestition des Unternehmens in das assoziierte Unternehmen oder das Gemeinschaftsunternehmen zuzuordnen sind. So stellt ein Posten, dessen Abwicklung auf absehbare Zeit weder geplant noch wahrscheinlich ist, seinem wirtschaftlichen Gehalt nach eine Erhöhung der Beteiligung an dem assoziierten Unternehmen oder dem Gemeinschaftsunternehmen dar. Solche Posten können Vorzugsanteile und langfristige Forderungen oder Darlehen einschließen, nicht aber Forderungen und Verbindlichkeiten aus Lieferungen und Leistungen oder langfristige Forderungen, für die angemessene Sicherheiten bestehen, wie etwa besicherte Kredite. Verluste, die nach der Equity-Methode erfasst werden und die Beteiligung des Unternehmens am Stammkapital übersteigen, werden den anderen Bestandteilen des Anteils des Unternehmens am assoziierten Unternehmen oder Gemeinschaftsunternehmen in umgekehrter Rangreihenfolge (d. h. ihrer Priorität bei der Liquidierung) zugeordnet.

39 Nachdem der Wert des Anteils des Unternehmens auf null reduziert ist, werden zusätzliche Verluste nur in dem Umfang berücksichtigt und als Schuld angesetzt, wie das Unternehmen rechtliche oder faktische Verpflichtungen eingegangen ist oder Zahlungen für das assoziierte Unternehmen oder das Gemeinschaftsunternehmen geleistet hat. Weist das assoziierte Unternehmen oder das Gemeinschaftsunternehmen zu einem späteren Zeitpunkt Gewinne aus, berücksichtigt das Unternehmen seinen Anteil an den Gewinnen erst dann, wenn der Gewinnanteil die noch nicht erfassten anteiligen Verluste abdeckt.

Wertminderungsaufwand

40 Nach Anwendung der Equity-Methode, einschließlich der Berücksichtigung von Verlusten des assoziierten Unternehmens oder des Gemeinschaftsunternehmens gemäß Paragraph 38, hat das Unternehmen unter Anwendung der Paragraphen 41A–41C zu bestimmen, ob objektive Anhaltspunkte für eine Wertminderung der Nettoinvestition in das assoziierte Unternehmen oder Gemeinschaftsunternehmen vorliegen.

41 [gestrichen]

41A Die Nettoinvestition in ein assoziiertes Unternehmen oder Gemeinschaftsunternehmen ist nur dann wertgemindert und es fallen nur dann Wertminderungsaufwendungen an, wenn infolge eines oder mehrerer Ereignisse, die nach dem erstmaligen Ansatz der Nettoinvestition eingetreten sind („Verlustereignis"), ein objektiver Anhaltspunkt für eine Wertminderung vorliegt und dieses Verlustereignis (diese Verlustereignisse) eine verlässlich schätzbare Auswirkung auf die geschätzten künftigen Zahlungsströme aus der Nettoinvestition hat (haben). Möglicherweise lässt sich nicht ein einzelnes, singuläres Ereignis als Grund für die Wertminderung identifizieren. Vielmehr könnte ein Zusammentreffen mehrerer Ereignisse die Wertminderung verursacht haben. Erwartete Verluste aus künftigen Ereignissen dürfen ungeachtet der Wahrscheinlichkeit ihres Eintretens nicht erfasst werden. Als objektive Anhaltspunkte für eine Wertminderung der Nettoinvestition gelten auch beobachtbare Daten zu den folgenden Verlustereignissen, von denen das Unternehmen Kenntnis erlangt:

(a) erhebliche finanzielle Schwierigkeiten des assoziierten Unternehmens oder Gemeinschaftsunternehmens,

(b) ein Vertragsbruch wie beispielsweise ein Zahlungsausfall oder -verzug durch das assoziierte Unternehmen oder Gemeinschaftsunternehmen,

(c) Zugeständnisse, die das Unternehmen gegenüber dem assoziierten Unternehmen oder Gemeinschaftsunternehmen aus wirtschaftlichen oder rechtlichen Gründen im Zusammenhang mit den finanziellen Schwierigkeiten des assoziierten Unternehmens oder Gemeinschaftsunternehmens macht, ansonsten aber nicht gewähren würde,

(d) es wird wahrscheinlich, dass das assoziierte Unternehmen oder Gemeinschaftsunternehmen in Insolvenz oder ein sonstiges Sanierungsverfahren geht, oder

joint venture's interests in subsidiaries. This election is made separately for each investment entity associate or joint venture, at the later of the date on which (a) the investment entity associate or joint venture is initially recognised; (b) the associate or joint venture becomes an investment entity; and (c) the investment entity associate or joint venture first becomes a parent.

If an associate or a joint venture has outstanding cumulative preference shares that are held by parties other than the entity and are classified as equity, the entity computes its share of profit or loss after adjusting for the dividends on such shares, whether or not the dividends have been declared. 37

If an entity's share of losses of an associate or a joint venture equals or exceeds its interest in the associate or joint venture, the entity discontinues recognising its share of further losses. The interest in an associate or a joint venture is the carrying amount of the investment in the associate or joint venture determined using the equity method together with any long-term interests that, in substance, form part of the entity's net investment in the associate or joint venture. For example, an item for which settlement is neither planned nor likely to occur in the foreseeable future is, in substance, an extension of the entity's investment in that associate or joint venture. Such items may include preference shares and long-term receivables or loans, but do not include trade receivables, trade payables or any long-term receivables for which adequate collateral exists, such as secured loans. Losses recognised using the equity method in excess of the entity's investment in ordinary shares are applied to the other components of the entity's interest in an associate or a joint venture in the reverse order of their seniority (ie priority in liquidation). 38

After the entity's interest is reduced to zero, additional losses are provided for, and a liability is recognised, only to the extent that the entity has incurred legal or constructive obligations or made payments on behalf of the associate or joint venture. If the associate or joint venture subsequently reports profits, the entity resumes recognising its share of those profits only after its share of the profits equals the share of losses not recognised. 39

Impairment losses

After application of the equity method, including recognising the associate's or joint venture's losses in accordance with paragraph 38, the entity applies paragraphs 41A—41C to determine whether there is any objective evidence that its net investment in the associate or joint venture is impaired. 40

[deleted] 41

The net investment in an associate or joint venture is impaired and impairment losses are incurred if, and only if, there is objective evidence of impairment as a result of one or more events that occurred after the initial recognition of the net investment (a 'loss event') and that loss event (or events) has an impact on the estimated future cash flows from the net investment that can be reliably estimated. It may not be possible to identify a single, discrete event that caused the impairment. Rather the combined effect of several events may have caused the impairment. Losses expected as a result of future events, no matter how likely, are not recognised. Objective evidence that the net investment is impaired includes observable data that comes to the attention of the entity about the following loss events: 41A

(a) significant financial difficulty of the associate or joint venture;
(b) a breach of contract, such as a default or delinquency in payments by the associate or joint venture;
(c) the entity, for economic or legal reasons relating to its associate's or joint venture's financial difficulty, granting to the associate or joint venture a concession that the entity would not otherwise consider;
(d) it becoming probable that the associate or joint venture will enter bankruptcy or other financial reorganisation; or

(e) der durch finanzielle Schwierigkeiten des assoziierten Unternehmens oder Gemeinschaftsunternehmens bedingte Wegfall eines aktiven Markts für die Nettoinvestition.

41B Der Wegfall eines aktiven Markts infolge der Einstellung des öffentlichen Handels mit Eigenkapital- oder Finanzinstrumenten des assoziierten Unternehmens oder Gemeinschaftsunternehmens ist kein Anhaltspunkt für eine Wertminderung. Eine Herabstufung des Bonitätsratings eines assoziierten Unternehmens oder Gemeinschaftsunternehmens oder ein Rückgang des beizulegenden Zeitwerts des assoziierten Unternehmens oder Gemeinschaftsunternehmens ist an sich noch kein Anhaltspunkt für eine Wertminderung, kann aber zusammen mit anderen verfügbaren Informationen ein Anhaltspunkt für eine Wertminderung sein.

41C Zusätzlich zu den in Paragraph 41A genannten Arten von Ereignissen sind auch Informationen über signifikante Änderungen mit nachteiligen Folgen, die in dem technologischen, marktbezogenen, wirtschaftlichen oder rechtlichen Umfeld, in welchem das assoziierte Unternehmen oder Gemeinschaftsunternehmen tätig ist, eingetreten sind, ein objektiver Anhaltspunkt für eine Wertminderung der Nettoinvestition in die Eigenkapitalinstrumente des assoziierten Unternehmens oder Gemeinschaftsunternehmens, der anzeigt, dass die Anschaffungskosten der Investition in das Eigenkapitalinstrument möglicherweise nicht zurückerlangt werden können. Ein signifikanter oder länger anhaltender Rückgang des beizulegenden Zeitwerts einer Finanzinvestition in ein Eigenkapitalinstrument unter dessen Anschaffungskosten ist ebenfalls ein objektiver Anhaltspunkt für eine Wertminderung.

42 Da der im Buchwert einer Nettoinvestition in ein assoziiertes Unternehmen oder Gemeinschaftsunternehmen enthaltene Geschäfts- oder Firmenwert nicht getrennt ausgewiesen wird, wird er nicht gemäß den Vorschriften für die Überprüfung auf Wertminderung beim Geschäfts- oder Firmenwert nach IAS 36 *Wertminderung von Vermögenswerten* separat auf Wertminderung geprüft. Stattdessen wird der gesamte Buchwert der Beteiligung nach IAS 36 als ein einziger Vermögenswert auf Wertminderung geprüft, indem sein erzielbarer Betrag (der höhere der beiden Beträge aus Nutzungswert und beizulegendem Zeitwert abzüglich Veräußerungskosten) mit dem Buchwert immer dann verglichen wird, wenn sich bei der Anwendung der Paragraphen 41A–41C Hinweise darauf ergeben, dass die Nettoinvestition wertgemindert sein könnte. Ein Wertminderungsaufwand, der unter diesen Umständen erfasst wird, wird keinem Vermögenswert zugeordnet und somit auch nicht dem Geschäfts- oder Firmenwert, der Teil des Buchwerts der Nettoinvestition in das assoziierte Unternehmen oder das Gemeinschaftsunternehmen ist. Folglich wird jede Wertaufholung nach IAS 36 in dem Umfang erfasst, in dem der erzielbare Betrag der Nettoinvestition anschließend steigt. Bei der Bestimmung des Nutzungswerts der Nettoinvestition schätzt ein Unternehmen

(a) seinen Anteil am Barwert der geschätzten künftigen Zahlungsströme, die von dem assoziierten Unternehmen oder Gemeinschaftsunternehmen voraussichtlich erwirtschaftet werden, einschließlich der Zahlungsströme aus den Tätigkeiten des assoziierten Unternehmens oder Gemeinschaftsunternehmens und der Erlöse aus der endgültigen Veräußerung der Beteiligung, oder

(b) den Barwert der geschätzten künftigen Zahlungsströme, die aus den Dividenden der Beteiligung und ihrer endgültigen Veräußerung resultieren.

Bei sachgemäßen Annahmen führen beide Methoden zu demselben Ergebnis.

43 Der für eine Beteiligung an einem assoziierten Unternehmen oder einem Gemeinschaftsunternehmen erzielbare Betrag wird für jedes assoziierte Unternehmen oder Gemeinschaftsunternehmen einzeln bestimmt, es sei denn, ein einzelnes assoziiertes Unternehmen oder Gemeinschaftsunternehmen erzeugt keine Mittelzuflüsse aus der fortgesetzten Nutzung, die von denen anderer Vermögenswerte des Unternehmens die Beteiligung haltenden Unternehmens größtenteils unabhängig sind.

EINZELABSCHLUSS

44 Eine Beteiligung an einem assoziierten Unternehmen oder Gemeinschaftsunternehmen ist im Einzelabschluss eines Unternehmens nach Paragraph 10 von IAS 27 (in der 2011 geänderten Fassung) zu bilanzieren.

ZEITPUNKT DES INKRAFTTRETENS UND ÜBERGANGSVORSCHRIFTEN

45 Dieser Standard ist auf Geschäftsjahre anzuwenden, die am oder nach dem 1. Januar 2013 beginnen. Eine frühere Anwendung ist zulässig. Wendet ein Unternehmen diesen Standard früher an, hat es dies anzugeben und IFRS 10, IFRS 11 *Gemeinschaftliche Vereinbarungen*, IFRS 12 *Angaben zu Anteilen an anderen Unternehmen* und IAS 27 (in der 2011 geänderten Fassung) gleichzeitig anzuwenden.

(e) the disappearance of an active market for the net investment because of financial difficulties of the associate or joint venture.

The disappearance of an active market because the associate's or joint venture's equity or financial instruments are no longer publicly traded is not evidence of impairment. A downgrade of an associate's or joint venture's credit rating or a decline in the fair value of the associate or joint venture, is not of itself, evidence of impairment, although it may be evidence of impairment when considered with other available information. **41B**

In addition to the types of events in paragraph 41A, objective evidence of impairment for the net investment in the equity instruments of the associate or joint venture includes information about significant changes with an adverse effect that have taken place in the technological, market, economic or legal environment in which the associate or joint venture operates, and indicates that the cost of the investment in the equity instrument may not be recovered. A significant or prolonged decline in the fair value of an investment in an equity instrument below its cost is also objective evidence of impairment. **41C**

Because goodwill that forms part of the carrying amount of the net investment in an associate or a joint venture is not separately recognised, it is not tested for impairment separately by applying the requirements for impairment testing goodwill in IAS 36 *Impairment of Assets*. Instead, the entire carrying amount of the investment is tested for impairment in accordance with IAS 36 as a single asset, by comparing its recoverable amount (higher of value in use and fair value less costs to sell) with its carrying amount whenever application of paragraphs 41A—41C indicates that the net investment may be impaired. An impairment loss recognised in those circumstances is not allocated to any asset, including goodwill, that forms part of the carrying amount of the net investment in the associate or joint venture. Accordingly, any reversal of that impairment loss is recognised in accordance with IAS 36 to the extent that the recoverable amount of the net investment subsequently increases. In determining the value in use of the net investment, an entity estimates: **42**

(a) its share of the present value of the estimated future cash flows expected to be generated by the associate or joint venture, including the cash flows from the operations of the associate or joint venture and the proceeds from the ultimate disposal of the investment; or
(b) the present value of the estimated future cash flows expected to arise from dividends to be received from the investment and from its ultimate disposal.

Using appropriate assumptions, both methods give the same result.

The recoverable amount of an investment in an associate or a joint venture shall be assessed for each associate or joint venture, unless the associate or joint venture does not generate cash inflows from continuing use that are largely independent of those from other assets of the entity. **43**

SEPARATE FINANCIAL STATEMENTS

An investment in an associate or a joint venture shall be accounted for in the entity's separate financial statements in accordance with paragraph 10 of IAS 27 (as amended in 2011). **44**

EFFECTIVE DATE AND TRANSITION

An entity shall apply this Standard for annual periods beginning on or after 1 January 2013. Earlier application is permitted. If an entity applies this Standard earlier, it shall disclose that fact and apply IFRS 10, IFRS 11 *Joint Arrangements*, IFRS 12 *Disclosure of Interests in Other Entities* and IAS 27 (as amended in 2011) at the same time. **45**

45A Durch IFRS 9 in der im Juli 2014 veröffentlichen Fassung wurden die Paragraphen 40–42 geändert und die Paragraphen 41A–41C eingefügt. Wendet ein Unternehmen IFRS 9 an, hat es diese Änderungen ebenfalls anzuwenden.

45B Mit der im August 2014 veröffentlichten Verlautbarung *Equity-Methode in Einzelabschlüssen* (Equity Method in Separate Financial Statements) (Änderungen an IAS 27) wurde Paragraph 25 geändert. Diese Änderung ist nach IAS 8 *Rechnungslegungsmethoden, Änderungen von rechnungslegungsbezogenen Schätzungen und Fehler* rückwirkend auf Geschäftsjahre anzuwenden, die am oder nach dem 1. Januar 2016 beginnen. Eine frühere Anwendung ist zulässig. Wendet ein Unternehmen diese Änderung auf eine frühere Periode an, hat es dies anzugeben.

45D Mit der im Dezember 2014 veröffentlichten Verlautbarung *Investmentgesellschaften: Anwendung der Ausnahme von der Konsolidierungspflicht* (Änderungen an IFRS 10, IFRS 12 und IAS 28) wurden die Paragraphen 17, 27 und 36 geändert und Paragraph 36A eingefügt. Diese Änderungen sind auf Geschäftsjahre anzuwenden, die am oder nach dem 1. Januar 2016 beginnen. Eine frühere Anwendung ist zulässig. Wendet ein Unternehmen diese Änderungen auf eine frühere Periode an, hat es dies anzugeben.

45E Durch die *Jährlichen Verbesserungen an den IFRS-Standards, Zyklus 2014–2016*, veröffentlicht im Dezember 2016, wurden die Paragraphen 18 und 36A geändert. Diese Änderungen sind nach IAS 8 rückwirkend auf Geschäftsjahre anzuwenden, die am oder nach dem 1. Januar 2018 beginnen. Eine frühere Anwendung ist zulässig. Wendet ein Unternehmen diese Änderungen auf eine frühere Periode an, hat es dies anzugeben.

45F Durch IFRS 17, veröffentlicht im Mai 2017, wurde Paragraph 18 geändert. Wendet ein Unternehmen IFRS 17 an, ist diese Änderung ebenfalls anzuwenden.

45G Mit der im Oktober 2017 veröffentlichten Verlautbarung *Langfristige Anteile an assoziierten Unternehmen und Gemeinschaftsunternehmen* wurde Paragraph 14A eingefügt und Paragraph 41 gestrichen. Diese Änderungen sind mit Ausnahme der Darlegungen in den Paragraphen 45H–45K auf Geschäftsjahre, die am oder nach dem 1. Januar 2019 beginnen, nach IAS 8 rückwirkend anzuwenden. Eine frühere Anwendung ist zulässig. Wendet ein Unternehmen diese Änderungen früher an, hat es dies anzugeben.

45H Ein Unternehmen, das die Änderungen in Paragraph 45G erstmals bei der erstmaligen Anwendung von IFRS 9 anwendet, hat auf die in Paragraph 14A beschriebenen langfristigen Anteile die Übergangsvorschriften von IFRS 9 anzuwenden.

45I Ein Unternehmen, das die Änderungen in Paragraph 45G erstmals nach der erstmaligen Anwendung von IFRS 9 anwendet, wendet die in IFRS 9 festgelegten Übergangsvorschriften an, die für die Anwendung der Vorschriften von Paragraph 14A auf langfristige Anteile erforderlich sind. Dabei sind Verweise auf den Zeitpunkt der erstmaligen Anwendung in IFRS 9 als Bezugnahmen auf den Beginn des Geschäftsjahrs zu verstehen, in dem das Unternehmen die Änderungen erstmals anwendet (Zeitpunkt der erstmaligen Anwendung der Änderungen). Das Unternehmen ist nicht verpflichtet, frühere Berichtsperioden anzupassen, um der Anwendung der Änderungen Rechnung zu tragen. Das Unternehmen darf frühere Berichtsperioden nur anpassen, wenn dabei keine nachträglichen Erkenntnisse verwendet werden.

45J Ein Unternehmen, das die Änderungen in Paragraph 45G erstmals anwendet und nach IFRS 4 *Versicherungsverträge* die vorübergehende Befreiung von der Anwendung von IFRS 9 in Anspruch nimmt, ist nicht verpflichtet, frühere Berichtsperioden anzupassen, um der Anwendung der Änderungen Rechnung zu tragen. Das Unternehmen darf frühere Berichtsperioden nur anpassen, wenn dabei keine nachträglichen Erkenntnisse verwendet werden.

45K Passt ein Unternehmen frühere Berichtsperioden in Anwendung des Paragraphen 45I oder 45J nicht an, so erfasst es zum Zeitpunkt der ersten Anwendung der Änderungen in der Eröffnungsbilanz der Gewinnrücklagen (oder, falls angemessen, einer anderen Eigenkapitalkategorie) eine etwaige Differenz zwischen
(a) dem bisherigen Buchwert der in Paragraph 14A beschriebenen langfristigen Anteile zu diesem Zeitpunkt und
(b) dem Buchwert dieser langfristigen Anteile zu diesem Zeitpunkt.

Verweise auf IFRS 9

46 Wendet ein Unternehmen diesen Standard, aber noch nicht IFRS 9 an, so ist jeder Verweis auf IFRS 9 als Verweis auf IAS 39 verstehen.

RÜCKNAHME VON IAS 28 (2003)

47 Dieser Standard ersetzt IAS 28 *Anteile an assoziierten Unternehmen* (in der 2003 überarbeiteten Fassung).

IFRS 9, as issued in July 2014, amended paragraphs 40—42 and added paragraphs 41A—41C. An entity shall apply those amendments when it applies IFRS 9. 45A

Equity Method in Separate Financial Statements (Amendments to IAS 27), issued in August 2014, amended paragraph 25. An entity shall apply that amendment for annual periods beginning on or after 1 January 2016 retrospectively in accordance with IAS 8 *Accounting Policies, Changes in Accounting Estimates and Errors.* Earlier application is permitted. If an entity applies that amendment for an earlier period, it shall disclose that fact. 45B

Investment Entities: Applying the Consolidation Exception (Amendments to IFRS 10, IFRS 12 and IAS 28), issued in December 2014, amended paragraphs 17, 27 and 36 and added paragraph 36A. An entity shall apply those amendments for annual periods beginning on or after 1 January 2016. Earlier application is permitted. If an entity applies those amendments for an earlier period, it shall disclose that fact. 45D

Annual Improvements to IFRS Standards 2014—2016 Cycle, issued in December 2016, amended paragraphs 18 and 36A. An entity shall apply those amendments retrospectively in accordance with IAS 8 for annual periods beginning on or after 1 January 2018. Earlier application is permitted. If an entity applies those amendments for an earlier period, it shall disclose that fact. 45E

IFRS 17, issued in May 2017, amended paragraph 18. An entity shall apply that amendment when it applies IFRS 17. 45F

Long-term Interests in Associates and Joint Ventures, issued in October 2017, added paragraph 14A and deleted paragraph 41. An entity shall apply those amendments retrospectively in accordance with IAS 8 for annual reporting periods beginning on or after 1 January 2019, except as specified in paragraphs 45H—45K. Earlier application is permitted. If an entity applies those amendments earlier, it shall disclose that fact. 45G

An entity that first applies the amendments in paragraph 45G at the same time it first applies IFRS 9 shall apply the transition requirements in IFRS 9 to the long-term interests described in paragraph 14A. 45H

An entity that first applies the amendments in paragraph 45G after it first applies IFRS 9 shall apply the transition requirements in IFRS 9 necessary for applying the requirements set out in paragraph 14A to long-term interests. For that purpose, references to the date of initial application in IFRS 9 shall be read as referring to the beginning of the annual reporting period in which the entity first applies the amendments (the date of initial application of the amendments). The entity is not required to restate prior periods to reflect the application of the amendments. The entity may restate prior periods only if it is possible without the use of hindsight. 45I

When first applying the amendments in paragraph 45G, an entity that applies the temporary exemption from IFRS 9 in accordance with IFRS 4 *Insurance Contracts* is not required to restate prior periods to reflect the application of the amendments. The entity may restate prior periods only if it is possible without the use of hindsight. 45J

If an entity does not restate prior periods applying paragraph 45I or paragraph 45J, at the date of initial application of the amendments it shall recognise in the opening retained earnings (or other component of equity, as appropriate) any difference between: 45K

(a) the previous carrying amount of long-term interests described in paragraph 14A at that date; and
(b) the carrying amount of those long-term interests at that date.

References to IFRS 9

If an entity applies this Standard but does not yet apply IFRS 9, any reference to IFRS 9 shall be read as a reference to IAS 39. 46

WITHDRAWAL OF IAS 28 (2003)

This Standard supersedes IAS 28 *Investments in Associates* (as revised in 2003). 47

INTERNATIONAL ACCOUNTING STANDARD 29

Rechnungslegung in Hochinflationsländern[1]

INHALT

ANWENDUNGSBEREICH

1 **Dieser Standard ist auf Einzel- und Konzernabschlüsse von Unternehmen anzuwenden, deren funktionale Währung die eines Hochinflationslandes ist.**

2 In einem Hochinflationsland ist eine Berichterstattung über die Vermögens-, Finanz- und Ertragslage in der lokalen Währung ohne Anpassung nicht zweckmäßig. Der Kaufkraftverlust ist so enorm, dass der Vergleich mit Beträgen, die aus früheren Geschäftsvorfällen und anderen Ereignissen resultieren, sogar innerhalb einer Bilanzierungsperiode irreführend ist.

3 Dieser Standard legt nicht fest, ab welcher Inflationsrate Hochinflation vorliegt. Die Notwendigkeit einer Anpassung des Abschlusses gemäß diesem Standard ist eine Ermessensfrage. Allerdings gibt es im wirtschaftlichen Umfeld eines Landes Anhaltspunkte, die auf Hochinflation hindeuten, nämlich u. a. folgende:

(a) Die Bevölkerung bevorzugt es, ihr Vermögen in nicht monetären Vermögenswerten oder in einer relativ stabilen Fremdwährung zu halten. Beträge in Inlandswährung werden unverzüglich investiert, um die Kaufkraft zu erhalten.

(b) Die Bevölkerung rechnet nicht in der Inlandswährung, sondern in einer relativ stabilen Fremdwährung. Preise können in dieser Währung angegeben werden.

(c) Verkäufe und Käufe auf Kredit werden zu Preisen getätigt, die den für die Kreditlaufzeit erwarteten Kaufkraftverlust berücksichtigen, selbst wenn die Laufzeit nur kurz ist.

(d) Zinssätze, Löhne und Preise sind an einen Preisindex gebunden.

(e) Die kumulative Inflationsrate innerhalb von drei Jahren nähert sich oder überschreitet 100 %.

4 Es ist wünschenswert, dass alle Unternehmen, die in der Währung eines bestimmten Hochinflationslandes bilanzieren, diesen Standard ab demselben Zeitpunkt anwenden. In jedem Fall ist er vom Beginn der Berichtsperiode an anzuwenden, in der das Unternehmen erkennt, dass in dem Land, in dessen Währung es bilanziert, Hochinflation herrscht.

ANPASSUNG DES ABSCHLUSSES

5 Dass sich Preise im Laufe der Zeit ändern, ist auf verschiedene spezifische oder allgemeine politische, wirtschaftliche und gesellschaftliche Kräfte zurückzuführen. Spezifische Kräfte, wie Änderungen bei Angebot und Nachfrage und technischer Fortschritt, führen unter Umständen dazu, dass einzelne Preise unabhängig voneinander erheblich steigen oder sinken. Darüber hinaus führen allgemeine Kräfte unter Umständen zu einer Änderung des allgemeinen Preisniveaus und somit der allgemeinen Kaufkraft.

1 Durch die *Verbesserungen der IFRS* vom Mai 2008 hat der IASB-Board die in IAS 29 verwendete Terminologie wie folgt geändert, um die Kohärenz mit den anderen IAS/IFRS zu gewährleisten: a) „Marktwert" wird in „beizulegender Zeitwert" und b) „Ergebnis" („results of operations") sowie „Ergebnis" („net income") werden in „Gewinn oder Verlust" geändert.

INTERNATIONAL ACCOUNTING STANDARD 29
Financial reporting in hyperinflationary economies[1]

SUMMARY

SCOPE

This standard shall be applied to the financial statements, including the consolidated financial statements, of any entity whose functional currency is the currency of a hyperinflationary economy. 1

In a hyperinflationary economy, reporting of operating results and financial position in the local currency without restatement is not useful. Money loses purchasing power at such a rate that comparison of amounts from transactions and other events that have occurred at different times, even within the same accounting period, is misleading. 2

This standard does not establish an absolute rate at which hyperinflation is deemed to arise. It is a matter of judgement when restatement of financial statements in accordance with this standard becomes necessary. Hyperinflation is indicated by characteristics of the economic environment of a country which include, but are not limited to, the following: 3

(a) the general population prefers to keep its wealth in non-monetary assets or in a relatively stable foreign currency. Amounts of local currency held are immediately invested to maintain purchasing power;
(b) the general population regards monetary amounts not in terms of the local currency but in terms of a relatively stable foreign currency. Prices may be quoted in that currency;
(c) sales and purchases on credit take place at prices that compensate for the expected loss of purchasing power during the credit period, even if the period is short;
(d) interest rates, wages and prices are linked to a price index; and
(e) the cumulative inflation rate over three years is approaching, or exceeds, 100 %.

It is preferable that all entities that report in the currency of the same hyperinflationary economy apply this standard from the same date. Nevertheless, this standard applies to the financial statements of any entity from the beginning of the reporting period in which it identifies the existence of hyperinflation in the country in whose currency it reports. 4

THE RESTATEMENT OF FINANCIAL STATEMENTS

Prices change over time as the result of various specific or general political, economic and social forces. Specific forces such as changes in supply and demand and technological changes may cause individual prices to increase or decrease significantly and independently of each other. In addition, general forces may result in changes in the general level of prices and therefore in the general purchasing power of money. 5

1 As part of *Improvements to IFRSs* issued in May 2008, the Board changed terms used in IAS 29 to be consistent with other IFRSs as follows: (a) 'market value' was amended to 'fair value', and (b) 'results of operations' and 'net income' were amended to 'profit or loss'.

6 Unternehmen, die ihre Abschlüsse auf der Basis historischer Anschaffungs- und Herstellungskosten erstellen, tun dies ungeachtet der Änderungen des allgemeinen Preisniveaus oder bestimmter Preissteigerungen der angesetzten Vermögenswerte oder Schulden. Eine Ausnahme bilden die Vermögenswerte und Schulden, die das Unternehmen zum beizulegenden Zeitwert ansetzen muss oder dies freiwillig tut. So können z. B. Sachanlagen zum beizulegenden Zeitwert neu bewertet werden und biologische Vermögenswerte müssen in der Regel zum beizulegenden Zeitwert angesetzt werden. Einige Unternehmen erstellen ihre Abschlüsse jedoch nach dem Konzept der Tageswerte, das den Auswirkungen bestimmter Preisänderungen bei im Bestand befindlichen Vermögenswerten Rechnung trägt.

7 In einem Hochinflationsland sind Abschlüsse unabhängig davon, ob sie auf dem Konzept der historischen Anschaffungs- und Herstellungskosten oder dem der Tageswerte basieren, nur zweckmäßig, wenn sie in der am Abschlussstichtag geltenden Maßeinheit ausgedrückt sind. Daher gilt dieser Standard für den Abschluss von Unternehmen, die in der Währung eines Hochinflationslandes bilanzieren. Die in diesem Standard geforderten Informationen in Form einer Ergänzung zu einem nicht angepassten Abschluss darzustellen, ist nicht zulässig. Auch von einer separaten Darstellung des Abschlusses vor der Anpassung wird abgeraten.

8 **Der Abschluss eines Unternehmens, dessen funktionale Währung die eines Hochinflationslandes ist, ist unabhängig davon, ob er auf dem Konzept der historischen Anschaffungs- und Herstellungskosten oder dem der Tageswerte basiert, in der am Abschlussstichtag geltenden Maßeinheit auszudrücken. Die in IAS 1 *Darstellung des Abschlusses* (in der 2007 überarbeiteten Fassung) geforderten Vergleichszahlen zur Vorperiode sowie alle anderen Informationen zu früheren Perioden sind ebenfalls in der am Abschlussstichtag geltenden Maßeinheit anzugeben. Für die Darstellung von Vergleichsbeträgen in einer anderen Darstellungswährung sind die Paragraphen 42 (b) und 43 von IAS 21 *Auswirkungen von Wechselkursänderungen* maßgeblich.**

9 **Der Gewinn oder Verlust aus der Nettoposition der monetären Posten ist erfolgswirksam zu erfassen und gesondert anzugeben.**

10 Zur Anpassung des Abschlusses gemäß diesem Standard müssen bestimmte Verfahren angewandt sowie Ermessensentscheidungen getroffen werden. Eine periodenübergreifend stetige Anwendung dieser Verfahren und Ermessensentscheidungen ist wichtiger als die Exaktheit der daraus in den angepassten Abschlüssen resultierenden Beträge.

Abschlüsse auf Basis historischer Anschaffungs- und Herstellungskosten

Bilanz

11 Beträge in der Bilanz, die noch nicht in der am Abschlussstichtag geltenden Maßeinheit ausgedrückt sind, werden anhand eines allgemeinen Preisindex angepasst.

12 Monetäre Posten werden nicht angepasst, da sie bereits in der am Abschlussstichtag geltenden Geldeinheit ausgedrückt sind. Monetäre Posten sind im Bestand befindliche Geldmittel oder Posten, für die das Unternehmen Geld zahlt oder erhält.

13 Forderungen und Verbindlichkeiten, die vertraglich an Preisveränderungen gekoppelt sind, wie Indexanleihen und -kredite, werden vertragsgemäß angeglichen, um den zum Abschlussstichtag ausstehenden Betrag zu ermitteln. Diese Posten werden in der angepassten Bilanz zu diesem angeglichenen Betrag geführt.

14 Alle anderen Vermögenswerte und Schulden sind nicht monetär. Manche dieser nicht monetären Posten werden zu den am Abschlussstichtag geltenden Beträgen geführt, beispielsweise zum Nettoveräußerungswert und zum beizulegenden Zeitwert, und somit nicht angepasst. Alle anderen nicht monetären Vermögenswerte und Schulden werden angepasst.

15 Die meisten nicht monetären Posten werden zu ihren Anschaffungs- oder Herstellungskosten bzw. fortgeführten Anschaffungs- oder Herstellungskosten angesetzt und damit zu dem zum Erwerbszeitpunkt geltenden Betrag ausgewiesen. Die angepassten bzw. fortgeführten Anschaffungs- oder Herstellungskosten jedes Postens werden bestimmt, indem man auf die historischen Anschaffungs- oder Herstellungskosten und die kumulierten planmäßigen Abschreibungen die zwischen Anschaffungsdatum und Abschlussstichtag eingetretene Veränderung eines allgemeinen Preisindex anwendet. Sachanlagen, Vorräte an Rohstoffen und Waren, Geschäfts- oder Firmenwerte, Patente, Warenzeichen und ähnliche Vermögenswerte werden somit ab ihrem Anschaffungsdatum angepasst. Vorräte an Halb- und Fertigerzeugnissen werden ab dem Datum angepasst, an dem die Anschaffungs- und Herstellungskosten angefallen sind.

16 In einigen seltenen Fällen lässt sich das Datum der Anschaffung der Sachanlagen aufgrund unvollständiger Aufzeichnungen möglicherweise nicht mehr genau feststellen oder schätzen. Unter diesen Umständen kann es bei erstmaliger Anwendung dieses Standards erforderlich sein, zur Ermittlung des Ausgangswerts für die Anpassung dieser Posten auf eine unabhängige professionelle Bewertung zurückzugreifen.

Entities that prepare financial statements on the historical cost basis of accounting do so without regard either to changes in the general level of prices or to increases in specific prices of recognised assets or liabilities. The exceptions to this are those assets and liabilities that the entity is required, or chooses, to measure at fair value. For example, property, plant and equipment may be revalued to fair value and biological assets are generally required to be measured at fair value. Some entities, however, present financial statements that are based on a current cost approach that reflects the effects of changes in the specific prices of assets held. 6

In a hyperinflationary economy, financial statements, whether they are based on a historical cost approach or a current cost approach, are useful only if they are expressed in terms of the measuring unit current at the end of the reporting period. As a result, this standard applies to the financial statements of entities reporting in the currency of a hyperinflationary economy. Presentation of the information required by this standard as a supplement to unrestated financial statements is not permitted. Furthermore, separate presentation of the financial statements before restatement is discouraged. 7

The financial statements of an entity whose functional currency is the currency of a hyperinflationary economy, whether they are based on a historical cost approach or a current cost approach, shall be stated in terms of the measuring unit current at the end of the reporting period. The corresponding figures for the previous period required by IAS 1 *Presentation of Financial Statements* (as revised in 2007) and any information in respect of earlier periods shall also be stated in terms of the measuring unit current at the end of the reporting period. For the purpose of presenting comparative amounts in a different presentation currency, paragraphs 42 (b) and 43 of IAS 21 *The Effects of Changes in Foreign Exchange Rates* apply. 8

The gain or loss on the net monetary position shall be included in profit or loss and separately disclosed. 9

The restatement of financial statements in accordance with this standard requires the application of certain procedures as well as judgement. The consistent application of these procedures and judgements from period to period is more important than the precise accuracy of the resulting amounts included in the restated financial statements. 10

Historical cost financial statements

Statement of financial position

Statement of financial position amounts not already expressed in terms of the measuring unit current at the end of the reporting period are restated by applying a general price index. 11

Monetary items are not restated because they are already expressed in terms of the monetary unit current at the end of the reporting period. Monetary items are money held and items to be received or paid in money. 12

Assets and liabilities linked by agreement to changes in prices, such as index linked bonds and loans, are adjusted in accordance with the agreement in order to ascertain the amount outstanding at the end of the reporting period. These items are carried at this adjusted amount in the restated statement of financial position. 13

All other assets and liabilities are non-monetary. Some non-monetary items are carried at amounts current at the end of the reporting period, such as net realisable value and fair value, so they are not restated. All other non-monetary assets and liabilities are restated. 14

Most non-monetary items are carried at cost or cost less depreciation; hence they are expressed at amounts current at their date of acquisition. The restated cost, or cost less depreciation, of each item is determined by applying to its historical cost and accumulated depreciation the change in a general price index from the date of acquisition to the end of the reporting period. For example, property, plant and equipment, inventories of raw materials and merchandise, goodwill, patents, trademarks and similar assets are restated from the dates of their purchase. Inventories of partly-finished and finished goods are restated from the dates on which the costs of purchase and of conversion were incurred. 15

Detailed records of the acquisition dates of items of property, plant and equipment may not be available or capable of estimation. In these rare circumstances, it may be necessary, in the first period of application of this standard, to use an independent professional assessment of the value of the items as the basis for their restatement. 16

17 Es ist möglich, dass für die Perioden, für die dieser Standard eine Anpassung der Sachanlagen vorschreibt, kein allgemeiner Preisindex zur Verfügung steht. In diesen Fällen kann es erforderlich sein, auf eine Schätzung zurückzugreifen, die beispielsweise auf den Bewegungen des Wechselkurses der funktionalen Währung gegenüber einer relativ stabilen Fremdwährung basiert.

18 Bei einigen nicht monetären Posten wird nicht der Wert zum Zeitpunkt der Anschaffung oder des Abschlussstichtags, sondern ein anderer angesetzt. Dies gilt beispielsweise für Sachanlagen, die zu einem früheren Zeitpunkt neu bewertet wurden. In diesen Fällen wird der Buchwert ab dem Datum der Neubewertung angepasst.

19 Der angepasste Wert eines nicht monetären Postens wird den einschlägigen IFRS entsprechend vermindert, wenn er den erzielbaren Betrag überschreitet. Bei Sachanlagen, Geschäfts- oder Firmenwerten, Patenten und Warenzeichen wird der angepasste Wert in solchen Fällen deshalb auf den erzielbaren Betrag und bei Vorräten auf den Nettoveräußerungswert herabgesetzt.

20 Es besteht die Möglichkeit, dass ein Beteiligungsunternehmen, das nach der Equity-Methode bilanziert wird, in der Währung eines Hochinflationslandes berichtet. Die Bilanz und die Gesamtergebnisrechnung eines solchen Beteiligungsunternehmens werden gemäß diesem Standard angepasst, damit der Anteil des Eigentümers am Nettovermögen und am Gewinn oder Verlust errechnet werden kann. Werden die angepassten Abschlüsse des Beteiligungsunternehmens in einer Fremdwährung ausgewiesen, so werden sie zum Stichtagskurs umgerechnet.

21 Die Auswirkungen der Inflation werden im Regelfall in den Fremdkapitalkosten erfasst. Es ist nicht sachgerecht, eine kreditfinanzierte Investition anzupassen und gleichzeitig den Teil der Fremdkapitalkosten zu aktivieren, der als Ausgleich für die Inflation im entsprechenden Zeitraum gedient hat. Dieser Teil der Fremdkapitalkosten wird in der Periode, in der diese Kosten anfallen, als Aufwand erfasst.

22 Ein Unternehmen kann Vermögenswerte im Rahmen einer Vereinbarung erwerben, die eine zinsfreie Stundung der Zahlung ermöglicht. Wenn die Zurechnung eines Zinsbetrags nicht durchführbar ist, werden solche Vermögenswerte ab dem Zahlungs- und nicht ab dem Erwerbszeitpunkt angepasst.

23 [gestrichen]

24 Zu Beginn der ersten Periode der Anwendung dieses Standards werden die Bestandteile des Eigenkapitals, mit Ausnahme der Gewinnrücklagen sowie etwaiger Neubewertungsrücklagen, vom Zeitpunkt ihrer Zuführung in das Eigenkapital anhand eines allgemeinen Preisindex angepasst. Alle in früheren Perioden entstandenen Neubewertungsrücklagen werden eliminiert. Angepasste Gewinnrücklagen werden aus allen anderen Beträgen in der angepassten Bilanz abgeleitet.

25 Am Ende der ersten Periode und in den folgenden Perioden werden sämtliche Bestandteile des Eigenkapitals jeweils vom Beginn der Periode oder vom Zeitpunkt einer gegebenenfalls späteren Zuführung an anhand eines allgemeinen Preisindex angepasst. Die Änderungen des Eigenkapitals in der Periode werden gemäß IAS 1 angegeben.

Gesamtergebnisrechnung

26 Nach diesem Standard sind alle Posten der Gesamtergebnisrechnung in der am Abschlussstichtag geltenden Maßeinheit auszudrücken. Dies bedeutet, dass alle Beträge anhand des allgemeinen Preisindex anzupassen sind und zwar ab dem Zeitpunkt, zu dem die jeweiligen Erträge und Aufwendungen erstmals im Abschluss erfasst wurden.

Gewinn oder Verlust aus der Nettoposition der monetären Posten

27 Hat ein Unternehmen in einer Periode der Inflation mehr monetäre Forderungen als Verbindlichkeiten, so verliert es an Kaufkraft, während ein Unternehmen mit mehr monetären Verbindlichkeiten als Forderungen an Kaufkraft gewinnt, sofern die Forderungen und Verbindlichkeiten nicht an einen Preisindex gekoppelt sind. Ein solcher Gewinn oder Verlust aus der Nettoposition der monetären Posten lässt sich aus der Differenz aus der Anpassung der nicht monetären Vermögenswerte, des Eigenkapitals und der Posten aus der Gesamtergebnisrechnung sowie der Angleichung der indexgebundenen Forderungen und Verbindlichkeiten ableiten. Ein solcher Gewinn oder Verlust kann geschätzt werden, indem die Änderung eines allgemeinen Preisindex auf den gewichteten Durchschnitt der in der Berichtsperiode verzeichneten Differenz zwischen monetären Forderungen und Verbindlichkeiten angewandt wird.

28 Der Gewinn bzw. Verlust aus der Nettoposition der monetären Posten wird erfolgswirksam erfasst. Die nach Paragraph 13 erfolgte Angleichung der Forderungen und Verbindlichkeiten, die vertraglich an Preisänderungen gebunden sind, wird mit dem Gewinn oder Verlust aus der Nettoposition der monetären Posten saldiert. Andere Ertrags- und Aufwandsposten wie Zinserträge und Zinsaufwendungen sowie Währungsumrechnungsdifferenzen in Verbindung mit investierten oder aufgenommenen liquiden Mitteln werden auch mit der Nettoposition der monetären Posten in Beziehung gesetzt. Obwohl diese Posten gesondert angegeben werden, kann es hilfreich sein, sie in der Gesamtergebnisrechnung zusammen mit dem Gewinn oder Verlust aus der Nettoposition der monetären Posten darzustellen.

A general price index may not be available for the periods for which the restatement of property, plant and equipment is required by this standard. In these circumstances, it may be necessary to use an estimate based, for example, on the movements in the exchange rate between the functional currency and a relatively stable foreign currency. 17

Some non-monetary items are carried at amounts current at dates other than that of acquisition or that of the statement of financial position, for example property, plant and equipment that has been revalued at some earlier date. In these cases, the carrying amounts are restated from the date of the revaluation. 18

The restated amount of a non-monetary item is reduced, in accordance with appropriate IFRSs, when it exceeds its recoverable amount. For example, restated amounts of property, plant and equipment, goodwill, patents and trademarks are reduced to recoverable amount and restated amounts of inventories are reduced to net realisable value. 19

An investee that is accounted for under the equity method may report in the currency of a hyperinflationary economy. The statement of financial position and statement of comprehensive income of such an investee are restated in accordance with this Standard in order to calculate the investor's share of its net assets and profit or loss. When the restated financial statements of the investee are expressed in a foreign currency they are translated at closing rates. 20

The impact of inflation is usually recognised in borrowing costs. It is not appropriate both to restate the capital expenditure financed by borrowing and to capitalise that part of the borrowing costs that compensates for the inflation during the same period. This part of the borrowing costs is recognised as an expense in the period in which the costs are incurred. 21

An entity may acquire assets under an arrangement that permits it to defer payment without incurring an explicit interest charge. Where it is impracticable to impute the amount of interest, such assets are restated from the payment date and not the date of purchase. 22

[deleted] 23

At the beginning of the first period of application of this standard, the components of owners' equity, except retained earnings and any revaluation surplus, are restated by applying a general price index from the dates the components were contributed or otherwise arose. Any revaluation surplus that arose in previous periods is eliminated. Restated retained earnings are derived from all the other amounts in the restated statement of financial position. 24

At the end of the first period and in subsequent periods, all components of owners' equity are restated by applying a general price index from the beginning of the period or the date of contribution, if later. The movements for the period in owners' equity are disclosed in accordance with IAS 1. 25

Statement of comprehensive income

This standard requires that all items in the statement of comprehensive income are expressed in terms of the measuring unit current at the end of the reporting period. Therefore all amounts need to be restated by applying the change in the general price index from the dates when the items of income and expenses were initially recorded in the financial statements. 26

Gain or loss on net monetary position

In a period of inflation, an entity holding an excess of monetary assets over monetary liabilities loses purchasing power and an entity with an excess of monetary liabilities over monetary assets gains purchasing power to the extent the assets and liabilities are not linked to a price level. This gain or loss on the net monetary position may be derived as the difference resulting from the restatement of non-monetary assets, owners' equity and items in the statement of comprehensive income and the adjustment of index linked assets and liabilities. The gain or loss may be estimated by applying the change in a general price index to the weighted average for the period of the difference between monetary assets and monetary liabilities. 27

The gain or loss on the net monetary position is included in profit or loss. The adjustment to those assets and liabilities linked by agreement to changes in prices made in accordance with paragraph 13 is offset against the gain or loss on net monetary position. Other income and expense items, such as interest income and expense, and foreign exchange differences related to invested or borrowed funds, are also associated with the net monetary position. Although such items are separately disclosed, it may be helpful if they are presented together with the gain or loss on net monetary position in the statement of comprehensive income. 28

Abschlüsse zu Tageswerten

Bilanz

29 Die zu Tageswerten angegebenen Posten werden nicht angepasst, da sie bereits in der am Abschlussstichtag geltenden Maßeinheit angegeben sind. Andere Posten in der Bilanz werden nach den Paragraphen 11 bis 25 angepasst.

Gesamtergebnisrechnung

30 Vor der Anpassung weist die zu Tageswerten aufgestellte Gesamtergebnisrechnung die Kosten zum Zeitpunkt der damit verbundenen Geschäftsvorfälle oder anderen Ereignisse aus. Umsatzkosten und planmäßige Abschreibungen werden zu den Tageswerten zum Zeitpunkt ihres Verbrauchs erfasst; Umsatzerlöse und andere Aufwendungen werden zu dem zum Zeitpunkt ihres Anfallens geltenden Geldbetrag erfasst. Daher sind alle Beträge anhand eines allgemeinen Preisindex in die am Abschlussstichtag geltende Maßeinheit umzurechnen.

Gewinn oder Verlust aus der Nettoposition der monetären Posten

31 Der Gewinn oder Verlust aus der Nettoposition der monetären Posten wird nach den Paragraphen 27 und 28 bilanziert.

Steuern

32 Die Anpassung des Abschlusses gemäß diesem Standard kann zu Differenzen zwischen dem in der Bilanz ausgewiesenen Buchwert der einzelnen Vermögenswerte und Schulden und deren steuerlichen Basis führen. Diese Differenzen werden nach IAS 12 *Ertragsteuern* bilanziert.

Kapitalflussrechnung

33 Nach diesem Standard sind alle Posten der Kapitalflussrechnung in der am Abschlussstichtag geltenden Maßeinheit auszudrücken.

Vergleichszahlen

34 Vergleichszahlen für die vorangegangene Berichtsperiode werden unabhängig davon, ob sie auf dem Konzept der historischen Anschaffungs- und Herstellungskosten oder dem der Tageswerte basieren, anhand eines allgemeinen Preisindex angepasst, damit der Vergleichsabschluss in der am Abschlussstichtag geltenden Maßeinheit dargestellt ist. Informationen zu früheren Perioden werden ebenfalls in der am Abschlussstichtag geltenden Maßeinheit ausgedrückt. Für die Darstellung von Vergleichsbeträgen in einer anderen Darstellungswährung sind die Paragraphen 42 (b) und 43 von IAS 21 maßgeblich.

Konzernabschlüsse

35 Ein Mutterunternehmen, das in der Währung eines Hochinflationslandes berichtet, kann Tochterunternehmen haben, die ihren Abschluss ebenfalls in der Währung eines hochinflationären Landes erstellen. Der Abschluss jedes dieser Tochterunternehmen ist anhand eines allgemeinen Preisindex des Landes anzupassen, in dessen Währung das Tochterunternehmen bilanziert, bevor er vom Mutterunternehmen in den Konzernabschluss einbezogen wird. Handelt es sich bei dem Tochterunternehmen um ein ausländisches Tochterunternehmen, so wird der angepasste Abschluss zum Stichtagskurs umgerechnet. Die Abschlüsse von Tochterunternehmen, die nicht in der Währung eines Hochinflationslandes berichten, werden gemäß IAS 21 behandelt.

36 Werden Abschlüsse mit unterschiedlichen Abschlussstichtagen konsolidiert, sind alle Posten – ob monetär oder nicht – an die am Stichtag des Konzernabschlusses geltende Maßeinheit anzupassen.

Auswahl und Verwendung des allgemeinen Preisindex

37 Zur Anpassung des Abschlusses gemäß diesem Standard muss ein allgemeiner Preisindex herangezogen werden, der die Veränderungen in der allgemeinen Kaufkraft widerspiegelt. Es ist wünschenswert, dass alle Unternehmen, die in der Währung derselben Volkswirtschaft berichten, denselben Index verwenden.

BEENDIGUNG DER HOCHINFLATION IN EINER VOLKSWIRTSCHAFT

38 **Wenn ein bisheriges Hochinflationsland nicht mehr als solches eingestuft wird und das Unternehmen aufhört, seinen Abschluss gemäß diesem Standard zu erstellen, sind die Beträge, die in der am Ende der vorangegangenen Berichtsperiode geltenden Maßeinheit ausgedrückt sind, als Grundlage für die Buchwerte in seinem darauffolgenden Abschluss heranzuziehen.**

Current cost financial statements

Statement of financial position

Items stated at current cost are not restated because they are already expressed in terms of the measuring unit current at the end of the reporting period. Other items in the statement of financial position are restated in accordance with paragraphs 11 to 25. 29

Statement of comprehensive income

The current cost statement of comprehensive income, before restatement, generally reports costs current at the time at which the underlying transactions or events occurred. Cost of sales and depreciation are recorded at current costs at the time of consumption; sales and other expenses are recorded at their money amounts when they occurred. Therefore all amounts need to be restated into the measuring unit current at the end of the reporting period by applying a general price index. 30

Gain or loss on net monetary position

The gain or loss on the net monetary position is accounted for in accordance with paragraphs 27 and 28. 31

Taxes

The restatement of financial statements in accordance with this standard may give rise to differences between the carrying amount of individual assets and liabilities in the statement of financial position and their tax bases. These differences are accounted for in accordance with IAS 12 *Income taxes*. 32

Statement of cash flows

This standard requires that all items in the statement of cash flows are expressed in terms of the measuring unit current at the end of the reporting period. 33

Corresponding figures

Corresponding figures for the previous reporting period, whether they were based on a historical cost approach or a current cost approach, are restated by applying a general price index so that the comparative financial statements are presented in terms of the measuring unit current at the end of the reporting period. Information that is disclosed in respect of earlier periods is also expressed in terms of the measuring unit current at the end of the reporting period. For the purpose of presenting comparative amounts in a different presentation currency, paragraphs 42 (b) and 43 of IAS 21 apply. 34

Consolidated financial statements

A parent that reports in the currency of a hyperinflationary economy may have subsidiaries that also report in the currencies of hyperinflationary economies. The financial statements of any such subsidiary need to be restated by applying a general price index of the country in whose currency it reports before they are included in the consolidated financial statements issued by its parent. Where such a subsidiary is a foreign subsidiary, its restated financial statements are translated at closing rates. The financial statements of subsidiaries that do not report in the currencies of hyperinflationary economies are dealt with in accordance with IAS 21. 35

If financial statements with different ends of the reporting periods are consolidated, all items, whether non-monetary or monetary, need to be restated into the measuring unit current at the date of the consolidated financial statements. 36

Selection and use of the general price index

The restatement of financial statements in accordance with this standard requires the use of a general price index that reflects changes in general purchasing power. It is preferable that all entities that report in the currency of the same economy use the same index. 37

ECONOMIES CEASING TO BE HYPERINFLATIONARY

When an economy ceases to be hyperinflationary and an entity discontinues the preparation and presentation of financial statements prepared in accordance with this standard, it shall treat the amounts expressed in the measuring unit current at the end of the previous reporting period as the basis for the carrying amounts in its subsequent financial statements. 38

ANGABEN

39 **Angegeben werden muss,**

(a) dass der Abschluss und die Vergleichszahlen für frühere Perioden aufgrund von Änderungen der allgemeinen Kaufkraft der funktionalen Währung angepasst wurden und daher in der am Abschlussstichtag geltenden Maßeinheit angegeben sind,

(b) ob der Abschluss auf dem Konzept historischer Anschaffungs- und Herstellungskosten oder dem Konzept der Tageswerte basiert und

(c) Art sowie Höhe des Preisindex am Abschlussstichtag sowie Veränderungen des Index während der aktuellen und der vorangegangenen Periode.

40 Die in diesem Standard geforderten Angaben sind notwendig, um die Grundlage für die Behandlung der Inflationsauswirkungen im Abschluss zu verdeutlichen. Ferner sind sie dazu bestimmt, weitere Informationen zu geben, die für das Verständnis dieser Grundlage und der daraus resultierenden Beträge notwendig sind.

ZEITPUNKT DES INKRAFTTRETENS

41 Dieser Standard ist verbindlich auf Abschlüsse für Berichtsperioden anzuwenden, die am oder nach dem 1. Januar 1990 beginnen.

DISCLOSURES

The following disclosures shall be made: 39

(a) the fact that the financial statements and the corresponding figures for previous periods have been restated for the changes in the general purchasing power of the functional currency and, as a result, are stated in terms of the measuring unit current at the end of the reporting period;

(b) whether the financial statements are based on a historical cost approach or a current cost approach; and

(c) the identity and level of the price index at the end of the reporting period and the movement in the index during the current and the previous reporting period.

The disclosures required by this standard are needed to make clear the basis of dealing with the effects of inflation in the financial statements. They are also intended to provide other information necessary to understand that basis and the resulting amounts. 40

EFFECTIVE DATE

This standard becomes operative for financial statements covering periods beginning on or after 1 January 1990. 41

INTERNATIONAL ACCOUNTING STANDARD 32

Finanzinstrumente: Darstellung

INHALT

ZIELSETZUNG

1 [gestrichen]

2 Zielsetzung dieses Standards ist es, Grundsätze für die Darstellung von Finanzinstrumenten als Verbindlichkeiten oder Eigenkapital und für die Saldierung von finanziellen Vermögenswerten und finanziellen Verbindlichkeiten aufzustellen. Dies bezieht sich auf die Einstufung von Finanzinstrumenten – aus Sicht des Emittenten – als finanzielle Vermögenswerte, finanzielle Verbindlichkeiten und Eigenkapitalinstrumente, die Einstufung der damit verbundenen Zinsen, Dividenden, Verluste und Gewinne sowie die Voraussetzungen für die Saldierung von finanziellen Vermögenswerten und finanziellen Verbindlichkeiten.

3 Die im vorliegenden Standard enthaltenen Grundsätze ergänzen die Grundsätze für den Ansatz und die Bewertung finanzieller Vermögenswerte und finanzieller Verbindlichkeiten in IFRS 9 *Finanzinstrumente* und für die diesbezüglichen Angaben in IFRS 7 *Finanzinstrumente: Angaben.*

ANWENDUNGSBEREICH

4 **Dieser Standard ist von allen Unternehmen auf alle Arten von Finanzinstrumenten anzuwenden; davon ausgenommen sind**

(a) **Anteile an Tochterunternehmen, assoziierten Unternehmen und Gemeinschaftsunternehmen, die gemäß IFRS 10 *Konzernabschlüsse,* IAS 27 *Einzelabschlüsse* oder IAS 28 *Beteiligungen an assoziierten Unternehmen und Gemeinschaftsunternehmen* bilanziert werden. In einigen Fällen muss oder darf ein Unternehmen jedoch nach IFRS 10, IAS 27 oder IAS 28 einen Anteil an einem Tochterunternehmen, einem assoziierten Unternehmen oder einem Gemeinschaftsunternehmen gemäß IFRS 9 bilanzieren; in diesen Fällen gelten die Vorschriften des vorliegenden Standards. Der vorliegende Standard ist auch auf Derivate anzuwenden, die an einen Anteil an einem Tochterunternehmen, einem assoziierten Unternehmen oder einem Gemeinschaftsunternehmen gebunden sind.**

(b) **Rechte und Verpflichtungen eines Arbeitgebers aus Altersversorgungsplänen, für die IAS 19 *Leistungen an Arbeitnehmer* gilt.**

(c) [gestrichen]

INTERNATIONAL ACCOUNTING STANDARD 32
Financial instruments: presentation

SUMMARY

OBJECTIVE

[deleted] 1

The objective of this standard is to establish principles for presenting financial instruments as liabilities or equity and for offsetting financial assets and financial liabilities. It applies to the classification of financial instruments, from the perspective of the issuer, into financial assets, financial liabilities and equity instruments; the classification of related interest, dividends, losses and gains; and the circumstances in which financial assets and financial liabilities should be offset. 2

The principles in this Standard complement the principles for recognising and measuring financial assets and financial liabilities in IFRS 9 *Financial Instruments*, and for disclosing information about them in IFRS 7 *Financial Instruments: Disclosures*. 3

SCOPE

This Standard shall be applied by all entities to all types of financial instruments except: 4

(a) **those interests in subsidiaries, associates or joint ventures that are accounted for in accordance with IFRS 10 *Consolidated Financial Statements*, IAS 27 *Separate Financial Statements* or IAS 28 *Investments in Associates and Joint Ventures*. However, in some cases, IFRS 10, IAS 27 or IAS 28 require or permit an entity to account for an interest in a subsidiary, associate or joint venture using IFRS 9; in those cases, entities shall apply the requirements of this Standard. Entities shall also apply this Standard to all derivatives linked to interests in subsidiaries, associates or joint ventures.**

(b) **employers' rights and obligations under employee benefit plans, to which IAS 19 *Employee benefits* applies;**

(c) [deleted]

(d) **Versicherungsverträge im Sinne der Definition in IFRS 17 *Versicherungsverträge* oder Kapitalanlageverträge mit ermessensabhängiger Überschussbeteiligung im Anwendungsbereich von IFRS 17. Anzuwenden ist der vorliegende Standard allerdings auf**
   (i) **Derivate, die in Verträge im Anwendungsbereich von IFRS 17 eingebettet sind, falls das Unternehmen diese Verträge nach IFRS 9 getrennt bilanzieren muss.**
   (ii) **Kapitalanlagekomponenten, die von Verträgen im Anwendungsbereich von IFRS 17 abgetrennt sind, wenn IFRS 17 eine solche Abtrennung vorschreibt, es sei denn, bei der abgetrennten Kapitalanlagekomponente handelt es sich um einen Kapitalanlagevertrag mit ermessensabhängiger Überschussbeteiligung im Anwendungsbereich von IFRS 17.**
   (iii) **die Rechte und Pflichten eines Versicherers aus Versicherungsverträgen, die die Definition von finanziellen Garantien erfüllen, wenn der Versicherer die Verträge nach IFRS 9 ansetzt und bewertet. Der Versicherer hat jedoch IFRS 17 anzuwenden, wenn er das Wahlrecht nach Paragraph 7 (e) von IFRS 17 ausübt, die Verträge nach IFRS 17 anzusetzen und zu bewerten.**
   (iv) **die Rechte und Pflichten eines Unternehmens, bei denen es sich um Finanzinstrumente handelt, die aus Kreditkartenverträgen oder ähnlichen Kredit- und Zahlungsmöglichkeiten bietenden Verträgen entstehen, und die ein Unternehmen ausgibt und die die Definition eines Versicherungsvertrags erfüllen, wenn das Unternehmen gemäß Paragraph 7 (h) von IFRS 17 und Paragraph 2.1 (e) (iv) von IFRS 9 auf diese Rechte und Pflichten IFRS 9 anwendet.**
   (v) **die Rechte und Pflichten eines Unternehmens, bei denen es sich um Finanzinstrumente handelt, die aus Versicherungsverträgen entstehen, die ein Unternehmen ausgibt, die den Schadenersatz im Versicherungsfall auf den Betrag begrenzen, der ansonsten erforderlich wäre, um die durch den Vertrag begründete Verpflichtung des Versicherungsnehmers zu erfüllen, wenn das Unternehmen das Wahlrecht nach Paragraph 8A von IFRS 17 ausübt, auf solche Verträge IFRS 9 anstatt IFRS 17 anzuwenden.**

(e) [gestrichen]

(f) **Finanzinstrumente, Verträge und Verpflichtungen im Zusammenhang mit anteilsbasierten Vergütungen, auf die IFRS 2 *Anteilsbasierte Vergütung* Anwendung findet, ausgenommen**
   (i) **in den Anwendungsbereich der Pararaphen 8–10 des vorliegenden Standards fallende Verträge, auf die der vorliegende Standard anzuwenden ist,**
   (ii) **die Paragraphen 33 und 34 des vorliegenden Standards, die auf eigene Anteile anzuwenden sind, die im Rahmen von Mitarbeiteranteilsoptionsplänen, Mitarbeiteranteilskaufplänen und allen anderen anteilsbasierten Vergütungsvereinbarungen erworben, verkauft, ausgegeben oder eingezogen werden.**

5–7 [gestrichen]

8 **Dieser Standard ist auf Verträge über den Kauf oder Verkauf eines nichtfinanziellen Postens anzuwenden, die durch einen Nettoausgleich in bar oder in anderen Finanzinstrumenten oder durch den Tausch von Finanzinstrumenten, so als handle es sich bei den Verträgen um Finanzinstrumente, erfüllt werden können; davon ausgenommen sind Verträge, die zwecks Empfang oder Lieferung nichtfinanzieller Posten gemäß dem erwarteten Einkaufs-, Verkaufs- oder Nutzungsbedarf des Unternehmens geschlossen wurden und in diesem Sinne weiter behalten werden. Dieser Standard ist allerdings auf Verträge anzuwenden, die ein Unternehmen gemäß Paragraph 2.5 von IFRS 9 *Finanzinstrumente* als erfolgswirksam zum beizulegenden Zeitwert bewertet designiert.**

9 Die Abwicklung eines Vertrags über den Kauf oder Verkauf eines nichtfinanziellen Postens durch Nettoausgleich in bar oder in anderen Finanzinstrumenten oder den Tausch von Finanzinstrumenten kann unter unterschiedlichen Rahmenbedingungen erfolgen, zu denen u. a. folgende zählen:

(a) die Vertragsbedingungen gestatten es jedem Kontrahenten, den Vertrag durch Nettoausgleich in bar oder in anderen Finanzinstrumenten bzw. durch Tausch von Finanzinstrumenten abzuwickeln,

(b) die Möglichkeit zu einem Nettoausgleich in bar oder in anderen Finanzinstrumenten bzw. durch Tausch von Finanzinstrumenten ist zwar nicht explizit in den Vertragsbedingungen vorgesehen, doch erfüllt das Unternehmen ähnliche Verträge für gewöhnlich durch Nettoausgleich in bar oder einem anderen Finanzinstrument bzw. durch Tausch von Finanzinstrumenten (sei es durch Abschluss gegenläufiger Verträge mit der Vertragspartei oder durch Verkauf des Vertrags vor dessen Ausübung oder Verfall),

(c) bei ähnlichen Verträgen nimmt das Unternehmen den Vertragsgegenstand für gewöhnlich an und veräußert ihn kurz nach der Anlieferung wieder, um Gewinne aus kurzfristigen Schwankungen von Preisen oder Händlermargen zu erzielen, und

(d) der nichtfinanzielle Posten, der Gegenstand des Vertrags ist, kann jederzeit in Zahlungsmittel umgewandelt werden.

Ein Vertrag, auf den (b) oder (c) zutrifft, wird nicht zwecks Empfang oder Lieferung nichtfinanzieller Posten gemäß dem erwarteten Einkaufs-, Verkaufs- oder Nutzungsbedarf des Unternehmens geschlossen und fällt somit in den Anwendungsbereich dieses Standards. Andere Verträge, auf die Paragraph 8 zutrifft, werden im Hinblick darauf geprüft, ob sie zwecks Empfang oder Lieferung nichtfinanzieller Posten gemäß dem erwarteten Einkaufs-, Verkaufs- oder Nutzungsbedarf des Unternehmens geschlossen wurden und weiterhin zu diesem Zweck gehalten werden und somit in den Anwendungsbereich dieses Standards fallen.

10 Eine geschriebene Option auf den Kauf oder Verkauf eines nichtfinanziellen Postens, der durch Nettoausgleich in bar oder in anderen Finanzinstrumenten bzw. durch Tausch von Finanzinstrumenten gemäß Paragraph 9 (a) oder (d) erfüllt

(d) insurance contracts as defined in IFRS 17 *Insurance Contracts* or investment contracts with discretionary participation features within the scope of IFRS 17. However, this Standard applies to:

(i) derivatives that are embedded in contracts within the scope of IFRS 17, if IFRS 9 requires the entity to account for them separately;

(ii) investment components that are separated from contracts within the scope of IFRS 17, if IFRS 17 requires such separation, unless the separated investment component is an investment contract with discretionary participation features within the scope of IFRS 17;

(iii) an issuer's rights and obligations arising under insurance contracts that meet the definition of financial guarantee contracts, if the issuer applies IFRS 9 in recognising and measuring the contracts. However, the issuer shall apply IFRS 17 if the issuer elects, in accordance with paragraph 7 (e) of IFRS 17, to apply IFRS 17 in recognising and measuring the contracts;

(iv) an entity's rights and obligations that are financial instruments arising under credit card contracts, or similar contracts that provide credit or payment arrangements, that an entity issues that meet the definition of an insurance contract if the entity applies IFRS 9 to those rights and obligations in accordance with paragraph 7 (h) of IFRS 17 and paragraph 2.1 (e) (iv) of IFRS 9;

(v) an entity's rights and obligations that are financial instruments arising under insurance contracts that an entity issues that limit the compensation for insured events to the amount otherwise required to settle the policyholder's obligation created by the contract if the entity elects, in accordance with paragraph 8A of IFRS 17, to apply IFRS 9 instead of IFRS 17 to such contracts.

(e) [deleted]

(f) financial instruments, contracts and obligations under share-based payment transactions to which IFRS 2 *Share-based payment* applies, except for:

(i) contracts within the scope of paragraphs 8—10 of this standard, to which this standard applies;

(ii) paragraphs 33 and 34 of this standard, which shall be applied to treasury shares purchased, sold, issued or cancelled in connection with employee share option plans, employee share purchase plans, and all other share-based payment arrangements.

[deleted] 5—7

This Standard shall be applied to those contracts to buy or sell a non-financial item that can be settled net in cash or another financial instrument, or by exchanging financial instruments, as if the contracts were financial instruments, with the exception of contracts that were entered into and continue to be held for the purpose of the receipt or delivery of a non-financial item in accordance with the entity's expected purchase, sale or usage requirements. However, this Standard shall be applied to those contracts that an entity designates as measured at fair value through profit or loss in accordance with paragraph 2.5 of IFRS 9 *Financial Instruments*. 8

There are various ways in which a contract to buy or sell a non-financial item can be settled net in cash or another financial instrument or by exchanging financial instruments. These include: 9

(a) when the terms of the contract permit either party to settle it net in cash or another financial instrument or by exchanging financial instruments;

(b) when the ability to settle net in cash or another financial instrument, or by exchanging financial instruments, is not explicit in the terms of the contract, but the entity has a practice of settling similar contracts net in cash or another financial instrument, or by exchanging financial instruments (whether with the counterparty, by entering into offsetting contracts or by selling the contract before its exercise or lapse);

(c) when, for similar contracts, the entity has a practice of taking delivery of the underlying and selling it within a short period after delivery for the purpose of generating a profit from short-term fluctuations in price or dealer's margin; and

(d) when the non-financial item that is the subject of the contract is readily convertible to cash.

A contract to which (b) or (c) applies is not entered into for the purpose of the receipt or delivery of the non-financial item in accordance with the entity's expected purchase, sale or usage requirements, and, accordingly, is within the scope of this standard. Other contracts to which paragraph 8 applies are evaluated to determine whether they were entered into and continue to be held for the purpose of the receipt or delivery of the non-financial item in accordance with the entity's expected purchase, sale or usage requirement, and accordingly, whether they are within the scope of this standard.

A written option to buy or sell a non-financial item that can be settled net in cash or another financial instrument, or by exchanging financial instruments, in accordance with paragraph 9 (a) or (d) is within the scope of this standard. Such a 10

werden kann, fällt in den Anwendungsbereich dieses Standards. Solch ein Vertrag kann nicht zwecks Empfang oder Lieferung eines nichtfinanziellen Postens gemäß dem erwarteten Einkaufs-, Verkaufs- oder Nutzungsbedarf des Unternehmens geschlossen werden.

DEFINITIONEN (SIEHE AUCH PARAGRAPHEN A3–A23)

11 **Die folgenden Begriffe werden in diesem Standard mit der angegebenen Bedeutung verwendet:**

Ein *Finanzinstrument* ist ein Vertrag, der gleichzeitig bei dem einen Unternehmen zu einem finanziellen Vermögenswert und bei dem anderen Unternehmen zu einer finanziellen Verbindlichkeit oder einem Eigenkapitalinstrument führt.

Finanzielle Vermögenswerte umfassen

(a) Zahlungsmittel,

(b) ein Eigenkapitalinstrument eines anderen Unternehmens,

(c) ein vertragliches Recht darauf,

(i) Zahlungsmittel oder andere finanzielle Vermögenswerte von einem anderen Unternehmen zu erhalten oder

(ii) finanzielle Vermögenswerte oder finanzielle Verbindlichkeiten mit einem anderen Unternehmen zu für das Unternehmen potenziell vorteilhaften Bedingungen zu tauschen, oder

(d) einen Vertrag, der in eigenen Eigenkapitalinstrumenten des Unternehmens erfüllt wird oder werden kann und bei dem es sich um Folgendes handelt:

(i) ein nicht derivatives Finanzinstrument, durch das das Unternehmen verpflichtet ist oder verpflichtet werden kann, eine variable Anzahl eigener Eigenkapitalinstrumente des Unternehmens zu erhalten, oder

(ii) ein derivatives Finanzinstrument, das nicht durch Austausch eines festen Betrags an Zahlungsmitteln oder anderen finanziellen Vermögenswerten gegen eine feste Anzahl eigener Eigenkapitalinstrumente des Unternehmens erfüllt wird oder werden kann. Nicht als eigene Eigenkapitalinstrumente eines Unternehmens gelten zu diesem Zweck kündbare Finanzinstrumente, die gemäß den Paragraphen 16A und 16B als Eigenkapitalinstrumente eingestuft sind, Instrumente, die das Unternehmen dazu verpflichten, einer anderen Partei im Falle der Liquidation einen proportionalen Anteil an seinem Nettovermögen zu liefern und die gemäß den Paragraphen 16C und 16D als Eigenkapitalinstrumente eingestuft sind, oder Instrumente, bei denen es sich um Verträge über den künftigen Empfang oder die künftige Lieferung von eigenen Eigenkapitalinstrumenten des Unternehmens handelt.

***Eine finanzielle Verbindlichkeit* ist eine Schuld und umfasst**

(a) eine vertragliche Verpflichtung,

(i) einem anderen Unternehmen Zahlungsmittel oder einen anderen finanziellen Vermögenswert zu liefern oder

(ii) mit einem anderen Unternehmen finanzielle Vermögenswerte oder finanzielle Verbindlichkeiten zu für das Unternehmen potenziell nachteiligen Bedingungen zu tauschen, oder

(b) einen Vertrag, der in eigenen Eigenkapitalinstrumenten des Unternehmens erfüllt wird oder werden kann und bei dem es sich um Folgendes handelt:

(i) ein nicht derivatives Finanzinstrument, durch das das Unternehmen verpflichtet ist oder verpflichtet werden kann, eine variable Anzahl eigener Eigenkapitalinstrumente des Unternehmens zu liefern, oder

(ii) ein derivatives Finanzinstrument, das nicht durch Austausch eines festen Betrags an Zahlungsmitteln oder anderen finanziellen Vermögenswerten gegen eine feste Anzahl eigener Eigenkapitalinstrumente des Unternehmens erfüllt wird oder werden kann. Rechte, Optionen oder Optionsscheine, die zum Erwerb einer festen Anzahl eigener Eigenkapitalinstrumente des Unternehmens zu einem festen Betrag in beliebiger Währung berechtigen, stellen zu diesem Zweck Eigenkapitalinstrumente dar, wenn das Unternehmen sie anteilsgemäß allen gegenwärtigen Inhabern derselben Klasse seiner eigenen nicht derivativen Eigenkapitalinstrumente anbietet. Nicht als Eigenkapitalinstrumente eines Unternehmens gelten zu diesem Zweck hingegen kündbare Finanzinstrumente, die gemäß den Paragraphen 16A und 16B als Eigenkapitalinstrumente eingestuft sind, Instrumente, die das Unternehmen dazu verpflichten, einer anderen Partei im Falle der Liquidation einen proportionalen Anteil an seinem Nettovermögen zu überlassen und die gemäß den Paragraphen 16C und 16D als Eigenkapitalinstrumente eingestuft sind, oder Instrumente, bei denen es sich um Verträge über den künftigen Empfang oder die künftige Lieferung eigener Eigenkapitalinstrumente des Unternehmens handelt.

Abweichend davon wird ein Instrument, das der Definition einer finanziellen Verbindlichkeit entspricht, als Eigenkapitalinstrument eingestuft, wenn es alle in den Paragraphen 16A und 16B oder 16C und 16D beschriebenen Merkmale aufweist und die dort genannten Bedingungen erfüllt.

Ein *Eigenkapitalinstrument* ist ein Vertrag, der einen Residualanspruch an den Vermögenswerten eines Unternehmens nach Abzug aller dazugehörigen Schulden begründet.

Der *beizulegende Zeitwert* ist der Preis, der in einem gewöhnlichen Geschäftsvorfall zwischen Marktteilnehmern am Bewertungsstichtag für den Verkauf eines Vermögenswerts eingenommen bzw. für die Übertragung einer Schuld gezahlt würde. (Siehe IFRS 13 *Bewertung zum beizulegenden Zeitwert*.)

Ein *kündbares Instrument* ist ein Finanzinstrument, das seinen Inhaber dazu berechtigt, es gegen Zahlungsmittel oder andere finanzielle Vermögenswerte an den Emittenten zurückzugeben, oder das bei Eintreten eines ungewissen künftigen Ereignisses, bei Ableben des Inhabers oder bei dessen Eintritt in den Ruhestand automatisch an den Emittenten zurückgeht.

contract cannot be entered into for the purpose of the receipt or delivery of the non-financial item in accordance with the entity's expected purchase, sale or usage requirements.

DEFINITIONS (SEE ALSO PARAGRAPHS AG3—AG23)

The following terms are used in this standard with the meanings specified: 11

A *financial instrument* is any contract that gives rise to a financial asset of one entity and a financial liability or equity instrument of another entity.

A *financial asset* is any asset that is:

(a) cash;

(b) an equity instrument of another entity;

(c) a contractual right:

- **(i) to receive cash or another financial asset from another entity; or**
- **(ii) to exchange financial assets or financial liabilities with another entity under conditions that are potentially favourable to the entity; or**

(d) a contract that will or may be settled in the entity's own equity instruments and is:

- **(i) a non-derivative for which the entity is or may be obliged to receive a variable number of the entity's own equity instruments; or**
- **(ii) a derivative that will or may be settled other than by the exchange of a fixed amount of cash or another financial asset for a fixed number of the entity's own equity instruments. For this purpose the entity's own equity instruments do not include puttable financial instruments classified as equity instruments in accordance with paragraphs 16A and 16B, instruments that impose on the entity an obligation to deliver to another party a pro rata share of the net assets of the entity only on liquidation and are classified as equity instruments in accordance with paragraphs 16C and 16D, or instruments that are contracts for the future receipt or delivery of the entity's own equity instruments.**

A *financial liability* is any liability that is:

(a) a contractual obligation:

- **(i) to deliver cash or another financial asset to another entity; or**
- **(ii) to exchange financial assets or financial liabilities with another entity under conditions that are potentially unfavourable to the entity; or**

(b) a contract that will or may be settled in the entity's own equity instruments and is:

- **(i) a non-derivative for which the entity is or may be obliged to deliver a variable number of the entity's own equity instruments; or**
- **(ii) a derivative that will or may be settled other than by the exchange of a fixed amount of cash or another financial asset for a fixed number of the entity's own equity instruments. For this purpose, rights, options or warrants to acquire a fixed number of the entity's own equity instruments for a fixed amount of any currency are equity instruments if the entity offers the rights, options or warrants pro rata to all of its existing owners of the same class of its own non-derivative equity instruments. Also for this purpose the entity's own equity instruments do not include puttable financial instruments that are classified as equity instruments in accordance with paragraphs 16A and 16B, instruments that impose on the entity an obligation to deliver to another party a pro rata share of the net assets of the entity only on liquidation and are classified as equity instruments in accordance with paragraphs 16C and 16D, or instruments that are contracts for the future receipt or delivery of the entity's own equity instruments.**

As an exception, an instrument that meets the definition of a financial liability is classified as an equity instrument if it has all the features and meets the conditions in paragraphs 16A and 16B or paragraphs 16C and 16D.

An *equity instrument* is any contract that evidences a residual interest in the assets of an entity after deducting all of its liabilities.

***Fair value* is the price that would be received to sell an asset or paid to transfer a liability in an orderly transaction between market participants at the measurement date. (See IFRS 13 *Fair Value Measurement*.)**

A *puttable instrument* is a financial instrument that gives the holder the right to put the instrument back to the issuer for cash or another financial asset or is automatically put back to the issuer on the occurrence of an uncertain future event or the death or retirement of the instrument holder.

12 Die folgenden Begriffe sind in Anhang A von IFRS 9 oder in Paragraph 9 von IAS 39 *Finanzinstrumente: Ansatz und Bewertung* definiert und werden im vorliegenden Standard mit den in IAS 39 und IFRS 9 angegebenen Bedeutungen verwendet:
- Fortgeführte Anschaffungskosten eines finanziellen Vermögenswerts oder einer finanziellen Verbindlichkeit,
- Ausbuchung,
- Derivat,
- Effektivzinsmethode,
- Finanzielle Garantie,
- Finanzielle Verbindlichkeit, die erfolgswirksam zum beizulegenden Zeitwert bewertet wird,
- Feste Verpflichtung,
- Künftige Transaktion,
- Wirksamkeit der Absicherung,
- Grundgeschäft,
- Sicherungsinstrument,
- Zu Handelszwecken gehalten,
- Marktüblicher Kauf oder Verkauf,
- Transaktionskosten.

13 Die Begriffe „Vertrag" und „vertraglich" beziehen sich in diesem Standard auf eine Vereinbarung zwischen zwei oder mehr Vertragsparteien, die normalerweise aufgrund ihrer rechtlichen Durchsetzbarkeit klare, für die einzelnen Vertragsparteien kaum oder gar nicht vermeidbare wirtschaftliche Folgen hat. Verträge und damit auch Finanzinstrumente können die verschiedensten Formen annehmen und müssen nicht in Schriftform abgefasst sein.

14 Der Begriff „Unternehmen" umfasst in diesem Standard Einzelpersonen, Personengesellschaften, Kapitalgesellschaften, Treuhänder und öffentliche Institutionen.

DARSTELLUNG

Schulden und Eigenkapital (siehe auch Paragraphen A13–A14J und A25–A29A)

15 **Der Emittent eines Finanzinstruments hat das Finanzinstrument oder dessen Bestandteile beim erstmaligen Ansatz nach der wirtschaftlichen Substanz der vertraglichen Vereinbarung und den Begriffsbestimmungen für finanzielle Verbindlichkeiten, finanzielle Vermögenswerte und Eigenkapitalinstrumente entsprechend als finanzielle Verbindlichkeit, finanziellen Vermögenswert oder Eigenkapitalinstrument einzustufen.**

16 Wenn ein Emittent die Begriffsbestimmungen in Paragraph 11 zur Einstufung eines Finanzinstruments als Eigenkapitalinstrument oder als finanzielle Verbindlichkeit anwendet, ist nur dann ein Eigenkapitalinstrument gegeben, wenn die nachfolgenden Bedingungen (a) und (b) kumulativ erfüllt sind.

(a) Das Finanzinstrument enthält keine vertragliche Verpflichtung,
 (i) einem anderen Unternehmen Zahlungsmittel oder einen anderen finanziellen Vermögenswert zu liefern, oder
 (ii) mit einem anderen Unternehmen finanzielle Vermögenswerte oder finanzielle Verbindlichkeiten zu potenziell nachteiligen Bedingungen für den Emittenten auszutauschen.

(b) Kann oder wird das Finanzinstrument in eigenen Eigenkapitalinstrumenten des Emittenten erfüllt werden, handelt es sich um
 (i) ein nicht derivatives Finanzinstrument, das für den Emittenten nicht mit einer vertraglichen Verpflichtung zur Lieferung einer variablen Anzahl eigener Eigenkapitalinstrumente verbunden ist, oder
 (ii) ein Derivat, das vom Emittenten nur durch Austausch eines festen Betrags an Zahlungsmitteln oder anderen finanziellen Vermögenswerten gegen eine feste Anzahl eigener Eigenkapitalinstrumente erfüllt wird. Rechte, Optionen oder Optionsscheine, die zum Erwerb einer festen Anzahl eigener Eigenkapitalinstrumente des Unternehmens zu einem festen Betrag in beliebiger Währung berechtigen, stellen zu diesem Zweck Eigenkapitalinstrumente dar, wenn das Unternehmen sie anteilsgemäß allen gegenwärtigen Inhabern derselben Klasse seiner eigenen, nicht derivativen Eigenkapitalinstrumente anbietet. Nicht als eigene Eigenkapitalinstrumente des Emittenten gelten hingegen zu diesem Zweck Instrumente, die alle in den Paragraphen 16A und 16B oder 16C und 16D beschriebenen Merkmale aufweisen und die dort genannten Bedingungen erfüllen, sowie Instrumente, die Verträge über den künftigen Empfang oder die künftige Lieferung eigener Eigenkapitalinstrumente des Emittenten darstellen.

Eine vertragliche Verpflichtung, die zum künftigen Empfang oder zur künftigen Lieferung eigener Eigenkapitalinstrumente des Emittenten führt oder führen kann, aber nicht die vorstehenden Bedingungen (a) und (b) erfüllt, ist kein Eigenkapitalinstrument; dies gilt auch, wenn die vertragliche Verpflichtung aus einem derivativen Finanzinstrument resultiert. Abweichend davon wird ein Instrument, das der Definition einer finanziellen Verbindlichkeit entspricht, als Eigenkapitalinstrument eingestuft, wenn es alle in den Paragraphen 16A und 16B oder 16C und 16D beschriebenen Merkmale aufweist und die dort genannten Bedingungen erfüllt.

The following terms are defined in Appendix A of IFRS 9 or paragraph 9 of IAS 39 *Financial Instruments: Recognition and Measurement* and are used in this Standard with the meaning specified in IAS 39 and IFRS 9. 12
— amortised cost of a financial asset or financial liability
— derecognition
— derivative
— effective interest method
— financial guarantee contract
— financial liability at fair value through profit or loss
— firm commitment
— forecast transaction
— hedge effectiveness
— hedged item
— hedging instrument
— held for trading
— regular way purchase or sale
— transaction costs.

In this standard, 'contract' and 'contractual' refer to an agreement between two or more parties that has clear economic consequences that the parties have little, if any, discretion to avoid, usually because the agreement is enforceable by law. Contracts, and thus financial instruments, may take a variety of forms and need not be in writing. 13

In this standard, 'entity' includes individuals, partnerships, incorporated bodies, trusts and government agencies. 14

PRESENTATION

Liabilities and equity (see also paragraphs AG13—AG14J and AG25—AG29A)

The issuer of a financial instrument shall classify the instrument, or its component parts, on initial recognition as a financial liability, a financial asset or an equity instrument in accordance with the substance of the contractual arrangement and the definitions of a financial liability, a financial asset and an equity instrument. 15

When an issuer applies the definitions in paragraph 11 to determine whether a financial instrument is an equity instrument rather than a financial liability, the instrument is an equity instrument if, and only if, both conditions (a) and (b) below are met. 16

(a) The instrument includes no contractual obligation:
   (i) to deliver cash or another financial asset to another entity; or
   (ii) to exchange financial assets or financial liabilities with another entity under conditions that are potentially unfavourable to the issuer.
(b) If the instrument will or may be settled in the issuer's own equity instruments, it is:
   (i) a non-derivative that includes no contractual obligation for the issuer to deliver a variable number of its own equity instruments; or
   (ii) a derivative that will be settled only by the issuer exchanging a fixed amount of cash or another financial asset for a fixed number of its own equity instruments. For this purpose, rights, options or warrants to acquire a fixed number of the entity's own equity instruments for a fixed amount of any currency are equity instruments if the entity offers the rights, options or warrants pro rata to all of its existing owners of the same class of its own non-derivative equity instruments. Also, for these purposes the issuer's own equity instruments do not include instruments that have all the features and meet the conditions described in paragraphs 16A and 16B or paragraphs 16C and 16D, or instruments that are contracts for the future receipt or delivery of the issuer's own equity instruments.

A contractual obligation, including one arising from a derivative financial instrument, that will or may result in the future receipt or delivery of the issuer's own equity instruments, but does not meet conditions (a) and (b) above, is not an equity instrument. As an exception, an instrument that meets the definition of a financial liability is classified as an equity instrument if it has all the features and meets the conditions in paragraphs 16A and 16B or paragraphs 16C and 16D.

Kündbare Instrumente

16A Der Emittent eines kündbaren Finanzinstruments ist vertraglich dazu verpflichtet, das Instrument bei Ausübung der Kündigungsoption gegen Zahlungsmittel oder einen anderen finanziellen Vermögenswert zurückzukaufen oder zurückzunehmen. Abweichend von der Definition einer finanziellen Verbindlichkeit wird ein Instrument, das mit einer solchen Verpflichtung verbunden ist, als Eigenkapitalinstrument eingestuft, wenn es alle folgenden Merkmale aufweist:

(a) Es gibt dem Inhaber das Recht, im Falle der Liquidation des Unternehmens einen proportionalen Anteil an dessen Nettovermögen zu erhalten. Das Nettovermögen eines Unternehmens stellen die Vermögenswerte dar, die nach Abzug aller anderen Forderungen gegen das Unternehmen verbleiben. Den proportionalen Anteil erhält man, indem
  (i) das Nettovermögen des Unternehmens bei Liquidation in Einheiten gleichen Betrags unterteilt und
  (ii) dieser Betrag mit der Anzahl der vom Inhaber des Finanzinstruments gehaltenen Einheiten multipliziert wird.

(b) Das Instrument zählt zu der Klasse von Instrumenten, die allen anderen im Rang nachgeht. Das Instrument fällt in diese Klasse, wenn es die folgenden Voraussetzungen erfüllt:
  (i) Es hat keinen Vorrang vor anderen Forderungen gegen das in Liquidation befindliche Unternehmen und
  (ii) es muss nicht in ein anderes Instrument umgewandelt werden, um in die nachrangigste Klasse von Instrumenten zu fallen.

(c) Alle Finanzinstrumente der nachrangigsten Klasse haben dieselben Merkmale. Sie sind beispielsweise allesamt kündbar, und die Formel oder Methode zur Berechnung des Rückkaufs- oder Rücknahmepreises ist für alle Instrumente dieser Klasse gleich;

(d) Abgesehen von der vertraglichen Verpflichtung des Emittenten, das Instrument gegen Zahlungsmittel oder einen anderen finanziellen Vermögenswert zurückzukaufen oder zurückzunehmen, ist das Instrument nicht mit der vertraglichen Verpflichtung verbunden, einem anderen Unternehmen Zahlungsmittel oder einen anderen finanziellen Vermögenswert zu liefern oder mit einem anderen Unternehmen finanzielle Vermögenswerte oder finanzielle Verbindlichkeiten zu für das Unternehmen potenziell nachteiligen Bedingungen auszutauschen, und es stellt keinen Vertrag dar, der nach Buchstabe (b) der Definition des Begriffs „finanzielle Verbindlichkeiten" in eigenen Eigenkapitalinstrumenten des Unternehmens erfüllt wird oder werden kann.

(e) Die für das Instrument über seine Laufzeit insgesamt erwarteten Zahlungsströme beruhen im Wesentlichen auf den Gewinnen oder Verlusten während der Laufzeit, auf Veränderungen, die in dieser Zeit bei den bilanzwirksamen Nettovermögenswerten eintreten, oder auf Veränderungen, die während der Laufzeit beim beizulegenden Zeitwert der bilanzwirksamen und -unwirksamen Nettovermögenswerte des Unternehmens zu verzeichnen sind (mit Ausnahme etwaiger Auswirkungen des Instruments selbst).

16B Ein Instrument wird dann als Eigenkapitalinstrument eingestuft, wenn es alle oben genannten Merkmale aufweist und darüber hinaus der Emittent keine weiteren Finanzinstrumente oder Verträge hält, auf die Folgendes zutrifft:

(a) die gesamten Zahlungsströme beruhen im Wesentlichen auf Gewinnen oder Verlusten, auf Veränderungen bei den bilanzwirksamen Nettovermögenswerten oder auf Veränderungen beim beizulegenden Zeitwert der bilanzwirksamen und -unwirksamen Nettovermögenswerte des Unternehmens (mit Ausnahme etwaiger Auswirkungen der Instrumente oder Verträge selbst), und

(b) sie beschränken die Restrendite für die Inhaber des kündbaren Instruments erheblich oder legen diese fest.

Nicht berücksichtigen darf das Unternehmen hierbei nichtfinanzielle Verträge, die mit dem Inhaber eines in Paragraph 16A beschriebenen Instruments geschlossen wurden und deren Konditionen denen eines entsprechenden Vertrags, der zwischen einer dritten Partei und dem emittierenden Unternehmen geschlossen werden könnte, ähnlich sind. Kann das Unternehmen nicht feststellen, ob diese Bedingung erfüllt ist, so darf es das kündbare Instrument nicht als Eigenkapitalinstrument einstufen.

Instrumente oder Bestandteile derselben, die das Unternehmen dazu verpflichten, einer anderen Partei im Falle der Liquidation einen proportionalen Anteil an seinem Nettovermögen zu überlassen

16C Einige Finanzinstrumente sind für das emittierende Unternehmen mit der vertraglichen Verpflichtung verbunden, einem anderen Unternehmen im Falle der Liquidation einen proportionalen Anteil an seinem Nettovermögen zu überlassen. Die Verpflichtung entsteht entweder, weil die Liquidation gewiss ist und sich der Kontrolle des Unternehmens entzieht (wie bei Unternehmen, deren Lebensdauer von Anfang an begrenzt ist) oder ungewiss ist, dem Inhaber des Instruments aber als Option zur Verfügung steht. Abweichend von der Definition einer finanziellen Verbindlichkeit wird ein Instrument, das mit einer solchen Verpflichtung verbunden ist, als Eigenkapitalinstrument eingestuft, wenn es alle folgenden Merkmale aufweist:

(a) Es gibt dem Inhaber das Recht, im Falle der Liquidation des Unternehmens einen proportionalen Anteil an dessen Nettovermögen zu erhalten. Das Nettovermögen eines Unternehmens stellen die Vermögenswerte dar, die nach Abzug aller anderen Forderungen gegen das Unternehmen verbleiben. Den proportionalen Anteil erhält man, indem
  (i) das Nettovermögen des Unternehmens bei Liquidation in Einheiten gleichen Betrags unterteilt und
  (ii) dieser Betrag mit der Anzahl der vom Inhaber des Finanzinstruments gehaltenen Einheiten multipliziert wird.

(b) Das Instrument zählt zu der Klasse von Instrumenten, die allen anderen im Rang nachgeht. Das Instrument fällt in diese Klasse, wenn es die folgenden Voraussetzungen erfüllt:
  (i) Es hat keinen Vorrang vor anderen Forderungen gegen das in Liquidation befindliche Unternehmen und
  (ii) es muss nicht in ein anderes Instrument umgewandelt werden, um in die nachrangigste Klasse von Instrumenten zu fallen.

Puttable instruments

A puttable financial instrument includes a contractual obligation for the issuer to repurchase or redeem that instrument for cash or another financial asset on exercise of the put. As an exception to the definition of a financial liability, an instrument that includes such an obligation is classified as an equity instrument if it has all the following features: 16A

(a) It entitles the holder to a pro rata share of the entity's net assets in the event of the entity's liquidation. The entity's net assets are those assets that remain after deducting all other claims on its assets. A pro rata share is determined by:
  (i) dividing the entity's net assets on liquidation into units of equal amount; and
  (ii) multiplying that amount by the number of the units held by the financial instrument holder.

(b) The instrument is in the class of instruments that is subordinate to all other classes of instruments. To be in such a class the instrument:
  (i) has no priority over other claims to the assets of the entity on liquidation, and
  (ii) does not need to be converted into another instrument before it is in the class of instruments that is subordinate to all other classes of instruments.

(c) All financial instruments in the class of instruments that is subordinate to all other classes of instruments have identical features. For example, they must all be puttable, and the formula or other method used to calculate the repurchase or redemption price is the same for all instruments in that class.

(d) Apart from the contractual obligation for the issuer to repurchase or redeem the instrument for cash or another financial asset, the instrument does not include any contractual obligation to deliver cash or another financial asset to another entity, or to exchange financial assets or financial liabilities with another entity under conditions that are potentially unfavourable to the entity, and it is not a contract that will or may be settled in the entity's own equity instruments as set out in subparagraph (b) of the definition of a financial liability.

(e) The total expected cash flows attributable to the instrument over the life of the instrument are based substantially on the profit or loss, the change in the recognised net assets or the change in the fair value of the recognised and unrecognised net assets of the entity over the life of the instrument (excluding any effects of the instrument).

For an instrument to be classified as an equity instrument, in addition to the instrument having all the above features, the issuer must have no other financial instrument or contract that has: 16B

(a) total cash flows based substantially on the profit or loss, the change in the recognised net assets or the change in the fair value of the recognised and unrecognised net assets of the entity (excluding any effects of such instrument or contract) and

(b) the effect of substantially restricting or fixing the residual return to the puttable instrument holders.

For the purposes of applying this condition, the entity shall not consider non-financial contracts with a holder of an instrument described in paragraph 16A that have contractual terms and conditions that are similar to the contractual terms and conditions of an equivalent contract that might occur between a non-instrument holder and the issuing entity. If the entity cannot determine that this condition is met, it shall not classify the puttable instrument as an equity instrument.

Instruments, or components of instruments, that impose on the entity an obligation to deliver to another party a pro rata share of the net assets of the entity only on liquidation

Some financial instruments include a contractual obligation for the issuing entity to deliver to another entity a pro rata share of its net assets only on liquidation. The obligation arises because liquidation either is certain to occur and outside the control of the entity (for example, a limited life entity) or is uncertain to occur but is at the option of the instrument holder. As an exception to the definition of a financial liability, an instrument that includes such an obligation is classified as an equity instrument if it has all the following features: 16C

(a) It entitles the holder to a pro rata share of the entity's net assets in the event of the entity's liquidation. The entity's net assets are those assets that remain after deducting all other claims on its assets. A pro rata share is determined by:
  (i) dividing the net assets of the entity on liquidation into units of equal amount; and
  (ii) multiplying that amount by the number of the units held by the financial instrument holder.

(b) The instrument is in the class of instruments that is subordinate to all other classes of instruments. To be in such a class the instrument:
  (i) has no priority over other claims to the assets of the entity on liquidation, and
  (ii) does not need to be converted into another instrument before it is in the class of instruments that is subordinate to all other classes of instruments.

(c) Alle Finanzinstrumente der nachrangigsten Klasse müssen für das emittierende Unternehmen mit der gleichen vertraglichen Verpflichtung verbunden sein, im Falle der Liquidation einen proportionalen Anteil an seinem Nettovermögen zu liefern.

16D Ein Instrument wird dann als Eigenkapitalinstrument eingestuft, wenn es alle oben genannten Merkmale aufweist und darüber hinaus der Emittent keine weiteren Finanzinstrumente oder Verträge hält, auf die Folgendes zutrifft:

(a) Die gesamten Zahlungsströme beruhen im Wesentlichen auf Gewinnen oder Verlusten, auf Veränderungen bei den bilanzwirksamen Nettovermögenswerten oder auf Veränderungen beim beizulegenden Zeitwert der bilanzwirksamen und -unwirksamen Nettovermögenswerte des Unternehmens (mit Ausnahme etwaiger Auswirkungen der Instrumente oder Verträge selbst), und

(b) sie beschränken die Restrendite für die Inhaber des kündbaren Instruments erheblich oder legen diese fest.

Nicht berücksichtigen darf das Unternehmen hierbei nichtfinanzielle Verträge, die mit dem Inhaber eines in Paragraph 16C beschriebenen Instruments geschlossen wurden und deren Konditionen denen eines entsprechenden Vertrags, der zwischen einer dritten Partei und dem emittierenden Unternehmen geschlossen werden könnte, ähnlich sind. Kann das Unternehmen nicht feststellen, ob diese Bedingung erfüllt ist, so darf es das Instrument nicht als Eigenkapitalinstrument einstufen.

Umgliederung von kündbaren Instrumenten und von Instrumenten, die das Unternehmen dazu verpflichten, einer anderen Partei im Falle der Liquidation einen proportionalen Anteil an seinem Nettovermögen zu überlassen

16E Ein Finanzinstrument ist nach den Paragraphen 16A und 16B oder 16C und 16D ab dem Zeitpunkt als Eigenkapitalinstrument einzustufen, ab dem es alle in diesen Paragraphen beschriebenen Merkmale aufweist und die dort genannten Bedingungen erfüllt. Umzugliedern ist ein Finanzinstrument zu dem Zeitpunkt, zu dem es nicht mehr alle in diesen Paragraphen beschriebenen Merkmale aufweist oder die dort genannten Bedingungen nicht mehr kumulativ erfüllt. Nimmt ein Unternehmen beispielsweise alle von ihm emittierten nicht kündbaren Instrumente zurück und weisen sämtliche im Umlauf befindlichen kündbaren Instrumente alle in den Paragraphen 16A und 16B beschriebenen Merkmale auf und erfüllen alle dort genannten Bedingungen, so hat das Unternehmen die kündbaren Instrumente zu dem Zeitpunkt in Eigenkapitalinstrumente umzugliedern, zu dem es die nicht kündbaren Instrumente zurücknimmt.

16F Die Umgliederung eines Instruments gemäß Paragraph 16E ist von dem Unternehmen wie folgt zu bilanzieren:

(a) Ein Eigenkapitalinstrument ist zu dem Zeitpunkt in eine finanzielle Verbindlichkeit umzugliedern, zu dem es nicht mehr alle in den Paragraphen 16A und 16B oder 16C und 16D beschriebenen Merkmale aufweist oder die dort genannten Bedingungen nicht mehr erfüllt. Die finanzielle Verbindlichkeit ist zu ihrem beizulegenden Zeitwert zum Zeitpunkt der Umgliederung zu bewerten. Das Unternehmen hat jede Differenz zwischen dem Buchwert des Eigenkapitalinstruments und dem beizulegenden Zeitwert der finanziellen Verbindlichkeit zum Zeitpunkt der Umgliederung im Eigenkapital zu erfassen.

(b) Eine finanzielle Verbindlichkeit ist zu dem Zeitpunkt in Eigenkapital umzugliedern, zu dem das Instrument alle in den Paragraphen 16A und 16B oder 16C und 16D beschriebenen Merkmale aufweist und die dort genannten Bedingungen erfüllt. Ein Eigenkapitalinstrument ist mit dem Buchwert der finanziellen Verbindlichkeit zum Zeitpunkt der Umgliederung zu bewerten.

Keine vertragliche Verpflichtung zur Lieferung von Zahlungsmitteln oder anderen finanziellen Vermögenswerten (Paragraph 16 (a))

17 Außer unter den in den Paragraphen 16A und 16B bzw. 16C und 16D beschriebenen Umständen ist ein wichtiger Anhaltspunkt bei der Entscheidung darüber, ob ein Finanzinstrument eine finanzielle Verbindlichkeit oder ein Eigenkapitalinstrument darstellt, das Vorliegen einer vertraglichen Verpflichtung, wonach die eine Vertragspartei (der Emittent) entweder der anderen (dem Inhaber) Zahlungsmittel oder andere finanzielle Vermögenswerte liefern oder mit dem Inhaber finanzielle Vermögenswerte oder finanzielle Verbindlichkeiten unter für den Emittenten potenziell nachteiligen Bedingungen tauschen muss. Auch wenn der Inhaber eines Eigenkapitalinstruments u. U. zum Empfang einer anteiligen Dividende oder anderer Ausschüttungen aus dem Eigenkapital berechtigt ist, unterliegt der Emittent doch keiner vertraglichen Verpflichtung zu derartigen Ausschüttungen, da von ihm die Lieferung von Zahlungsmitteln oder anderen finanziellen Vermögenswerten an eine andere Vertragspartei nicht verlangt werden kann.

18 Die Einstufung in der Bilanz des Unternehmens wird durch die wirtschaftliche Substanz eines Finanzinstruments und nicht allein durch seine rechtliche Form bestimmt. Wirtschaftliche Substanz und rechtliche Form stimmen zwar in der Regel, aber nicht immer überein. So stellen einige Finanzinstrumente rechtlich zwar Eigenkapital dar, sind aber aufgrund ihrer wirtschaftlichen Substanz Verbindlichkeiten, während andere Finanzinstrumente sowohl Merkmale von Eigenkapitalinstrumenten als auch Merkmale finanzieller Verbindlichkeiten aufweisen. Hierzu folgende Beispiele:

(a) Ein Vorzugsanteil, der die obligatorische Rücknahme durch den Emittenten zu einem festen oder bestimmbaren Geldbetrag und zu einem festen oder bestimmbaren Zeitpunkt vorsieht oder dem Inhaber das Recht einräumt, vom Emittenten die Rücknahme des Finanzinstruments zu bzw. nach einem bestimmten Termin und zu einem festen oder bestimmbaren Geldbetrag zu verlangen, ist als finanzielle Verbindlichkeit einzustufen.

(c) All financial instruments in the class of instruments that is subordinate to all other classes of instruments must have an identical contractual obligation for the issuing entity to deliver a pro rata share of its net assets on liquidation.

For an instrument to be classified as an equity instrument, in addition to the instrument having all the above features, the issuer must have no other financial instrument or contract that has: 16D

(a) total cash flows based substantially on the profit or loss, the change in the recognised net assets or the change in the fair value of the recognised and unrecognised net assets of the entity (excluding any effects of such instrument or contract) and
(b) the effect of substantially restricting or fixing the residual return to the instrument holders.

For the purposes of applying this condition, the entity shall not consider non-financial contracts with a holder of an instrument described in paragraph 16C that have contractual terms and conditions that are similar to the contractual terms and conditions of an equivalent contract that might occur between a non-instrument holder and the issuing entity. If the entity cannot determine that this condition is met, it shall not classify the instrument as an equity instrument.

Reclassification of puttable instruments and instruments that impose on the entity an obligation to deliver to another party a pro rata share of the net assets of the entity only on liquidation

An entity shall classify a financial instrument as an equity instrument in accordance with paragraphs 16A and 16B or paragraphs 16C and 16D from the date when the instrument has all the features and meets the conditions set out in those paragraphs. An entity shall reclassify a financial instrument from the date when the instrument ceases to have all the features or meet all the conditions set out in those paragraphs. For example, if an entity redeems all its issued non-puttable instruments and any puttable instruments that remain outstanding have all the features and meet all the conditions in paragraphs 16A and 16B, the entity shall reclassify the puttable instruments as equity instruments from the date when it redeems the non-puttable instruments. 16E

An entity shall account as follows for the reclassification of an instrument in accordance with paragraph 16E: 16F

(a) It shall reclassify an equity instrument as a financial liability from the date when the instrument ceases to have all the features or meet the conditions in paragraphs 16A and 16B or paragraphs 16C and 16D. The financial liability shall be measured at the instrument's fair value at the date of reclassification. The entity shall recognise in equity any difference between the carrying value of the equity instrument and the fair value of the financial liability at the date of reclassification.
(b) It shall reclassify a financial liability as equity from the date when the instrument has all the features and meets the conditions set out in paragraphs 16A and 16B or paragraphs 16C and 16D. An equity instrument shall be measured at the carrying value of the financial liability at the date of reclassification.

No contractual obligation to deliver cash or another financial asset (paragraph 16 (a))

With the exception of the circumstances described in paragraphs 16A and 16B or paragraphs 16C and 16D, a critical feature in differentiating a financial liability from an equity instrument is the existence of a contractual obligation of one party to the financial instrument (the issuer) either to deliver cash or another financial asset to the other party (the holder) or to exchange financial assets or financial liabilities with the holder under conditions that are potentially unfavourable to the issuer. Although the holder of an equity instrument may be entitled to receive a pro rata share of any dividends or other distributions of equity, the issuer does not have a contractual obligation to make such distributions because it cannot be required to deliver cash or another financial asset to another party. 17

The substance of a financial instrument, rather than its legal form, governs its classification in the entity's statement of financial position. Substance and legal form are commonly consistent, but not always. Some financial instruments take the legal form of equity but are liabilities in substance and others may combine features associated with equity instruments and features associated with financial liabilities. For example: 18

(a) a preference share that provides for mandatory redemption by the issuer for a fixed or determinable amount at a fixed or determinable future date, or gives the holder the right to require the issuer to redeem the instrument at or after a particular date for a fixed or determinable amount, is a financial liability;

(b) Finanzinstrumente, die den Inhaber berechtigen, sie gegen Zahlungsmittel oder andere finanzielle Vermögenswerte an den Emittenten zurückzugeben („kündbare Instrumente"), stellen mit Ausnahme der nach den Paragraphen 16A und 16B oder 16C und 16D als Eigenkapitalinstrumente eingestuften Instrumente finanzielle Verbindlichkeiten dar. Ein Finanzinstrument ist selbst dann eine finanzielle Verbindlichkeit, wenn der Betrag an Zahlungsmitteln oder anderen finanziellen Vermögenswerten auf der Grundlage eines Indexes oder einer anderen veränderlichen Bezugsgröße ermittelt wird. Wenn der Inhaber über das Wahlrecht verfügt, das Finanzinstrument gegen Zahlungsmittel oder andere finanzielle Vermögenswerte an den Emittenten zurückzugeben, erfüllt das kündbare Finanzinstrument die Definition einer finanziellen Verbindlichkeit, sofern es sich nicht um ein nach den Paragraphen 16A und 16B oder 16C und 16D als Eigenkapitalinstrument eingestuftes Instrument handelt. So können offene Investmentfonds, Unit Trusts, Personengesellschaften und bestimmte Genossenschaften ihre Anteilseigner bzw. Gesellschafter mit dem Recht ausstatten, ihre Anteile an dem Emittenten jederzeit gegen Zahlungsmittel in Höhe ihres jeweiligen Anteils am Eigenkapital des Emittenten einzulösen. Dies hat zur Folge, dass die Anteile von Anteilseignern oder Gesellschaftern mit Ausnahme der nach den Paragraphen 16A und 16B oder 16C und 16D als Eigenkapitalinstrumente eingestuften Instrumente als finanzielle Verbindlichkeiten klassifiziert werden. Eine Einstufung als finanzielle Verbindlichkeit schließt jedoch die Verwendung beschreibender Zusätze wie „Anspruch der Anteilseigner auf das Nettovermögen" und „Anspruch der Anteilseigner auf Änderungen im Nettovermögen" im Abschluss eines Unternehmens, das über kein gezeichnetes Kapital verfügt (wie dies bei einigen Investmentfonds und Unit Trusts der Fall ist, siehe erläuterndes Beispiel 7), oder die Verwendung zusätzlicher Angaben, aus denen hervorgeht, dass die Gesamtheit der von den Anteilseignern gehaltenen Anteile Posten wie Rücklagen, die der Definition von Eigenkapital entsprechen, und kündbare Finanzinstrumente, die dieser Definition nicht entsprechen, umfasst, nicht aus (siehe erläuterndes Beispiel 8).

19 Kann sich ein Unternehmen bei der Erfüllung einer vertraglichen Verpflichtung nicht uneingeschränkt der Lieferung von Zahlungsmitteln oder anderen finanziellen Vermögenswerten entziehen, so entspricht diese Verpflichtung mit Ausnahme der nach den Paragraphen 16A und 16B oder 16C und 16D als Eigenkapitalinstrumente eingestuften Instrumente der Definition einer finanziellen Verbindlichkeit. Hierzu folgende Beispiele:

(a) Ist die Fähigkeit eines Unternehmens zur Erfüllung der vertraglichen Verpflichtung beispielsweise durch fehlenden Zugang zu Fremdwährung oder die Notwendigkeit, von einer Aufsichtsbehörde eine Zahlungsgenehmigung zu erlangen, beschränkt, so entbindet dies das Unternehmen nicht von seiner vertraglichen Verpflichtung bzw. beeinträchtigt nicht das vertragliche Recht des Inhabers bezüglich des Finanzinstruments.

(b) Eine vertragliche Verpflichtung, die nur dann zu erfüllen ist, wenn eine Vertragspartei ihr Rückkaufsrecht in Anspruch nimmt, stellt eine finanzielle Verbindlichkeit dar, weil sich das Unternehmen in diesem Fall nicht uneingeschränkt der Lieferung von Zahlungsmitteln oder anderen finanziellen Vermögenswerten entziehen kann.

20 Ein Finanzinstrument, das nicht ausdrücklich eine vertragliche Verpflichtung zur Lieferung von Zahlungsmitteln oder anderen finanziellen Vermögenswerten enthält, kann eine solche Verpflichtung auch indirekt über die Vertragsbedingungen begründen, Hierzu folgende Beispiele:

(a) Ein Finanzinstrument kann eine nichtfinanzielle Verpflichtung enthalten, die nur dann zu erfüllen ist, wenn das Unternehmen keine Ausschüttung vornimmt oder das Instrument nicht zurückkauft. Kann das Unternehmen die Lieferung von Zahlungsmitteln oder anderen finanziellen Vermögenswerten nur durch Erfüllung der nichtfinanziellen Verpflichtung vermeiden, ist das Finanzinstrument als finanzielle Verbindlichkeit einzustufen.

(b) Ein Finanzinstrument ist auch dann eine finanzielle Verbindlichkeit, wenn das Unternehmen zur Erfüllung
   (i) Zahlungsmittel oder andere finanzielle Vermögenswerte oder
   (ii) eigene Anteile, deren Wert wesentlich höher angesetzt wird als der der Zahlungsmittel oder anderen finanziellen Vermögenswerte, liefern muss.

   Auch wenn das Unternehmen vertraglich nicht ausdrücklich zur Lieferung von Zahlungsmitteln oder anderen finanziellen Vermögenswerten verpflichtet ist, wird es sich aufgrund des Werts der Anteile für einen Ausgleich in bar entscheiden. In jedem Fall wird dem Inhaber die Auszahlung eines Betrags garantiert, der der wirtschaftlichen Substanz nach mindestens dem bei Wahl einer Vertragserfüllung in bar zu entrichtenden Betrag entspricht (siehe Paragraph 21).

Erfüllung in eigenen Eigenkapitalinstrumenten des Unternehmens (Paragraph 16 (b))

21 Der Umstand, dass ein Vertrag den Empfang oder die Lieferung von eigenen Eigenkapitalinstrumenten des Unternehmens nach sich ziehen kann, reicht allein nicht aus, um ihn als Eigenkapitalinstrument einzustufen. Ein Unternehmen kann vertraglich berechtigt oder verpflichtet sein, eine variable Anzahl eigener Anteile oder anderer Eigenkapitalinstrumente zu empfangen oder zu liefern, deren Höhe so bemessen wird, dass der beizulegende Zeitwert der zu empfangenden oder zu liefernden Eigenkapitalinstrumente des Unternehmens dem in Bezug auf das vertragliche Recht oder die vertragliche Verpflichtung festgelegten Betrag entspricht. Das vertragliche Recht oder die vertragliche Verpflichtung kann sich auf einen festen Betrag oder auf einen ganz oder teilweise in Abhängigkeit von einer anderen Variablen als dem Marktpreis der eigenen Eigenkapitalinstrumente (z. B. einem Zinssatz, einem Warenpreis oder dem Preis für ein Finanzinstrument) schwankenden Betrag beziehen. Zwei Beispiele hierfür sind (a) ein Vertrag zur Lieferung von eigenen Eigenkapitalinstrumenten eines Unternehmens im Wert von 100 WE[1] und (b) ein Vertrag zur Lieferung von eigenen Eigenkapitalinstrumenten des Unternehmens im Wert von 100 Unzen Gold. Auch wenn ein solcher Vertrag durch Lieferung von eigenen

1 In diesem Standard werden Geldbeträge in „Währungseinheiten" (WE) angegeben.

(b) a financial instrument that gives the holder the right to put it back to the issuer for cash or another financial asset (a puttable instrument) is a financial liability, except for those instruments classified as equity instruments in accordance with paragraphs 16A and 16B or paragraphs 16C and 16D. The financial instrument is a financial liability even when the amount of cash or other financial assets is determined on the basis of an index or other item that has the potential to increase or decrease. The existence of an option for the holder to put the instrument back to the issuer for cash or another financial asset means that the puttable instrument meets the definition of a financial liability, except for those instruments classified as equity instruments in accordance with paragraphs 16A and 16B or paragraphs 16C and 16D. For example, open-ended mutual funds, unit trusts, partnerships and some co-operative entities may provide their unitholders or members with a right to redeem their interests in the issuer at any time for cash, which results in the unitholders' or members' interests being classified as financial liabilities, except for those instruments classified as equity instruments in accordance with paragraphs 16A and 16B or paragraphs 16C and 16D. However, classification as a financial liability does not preclude the use of descriptors such as 'net asset value attributable to unitholders' and 'change in net asset value attributable to unitholders' in the financial statements of an entity that has no contributed equity (such as some mutual funds and unit trusts, see Illustrative Example 7) or the use of additional disclosure to show that total members' interests comprise items such as reserves that meet the definition of equity and puttable instruments that do not (see Illustrative Example 8).

If an entity does not have an unconditional right to avoid delivering cash or another financial asset to settle a contractual obligation, the obligation meets the definition of a financial liability, except for those instruments classified as equity instruments in accordance with paragraphs 16A and 16B or paragraphs 16C and 16D. For example: 19

(a) a restriction on the ability of an entity to satisfy a contractual obligation, such as lack of access to foreign currency or the need to obtain approval for payment from a regulatory authority, does not negate the entity's contractual obligation or the holder's contractual right under the instrument;
(b) a contractual obligation that is conditional on a counterparty exercising its right to redeem is a financial liability because the entity does not have the unconditional right to avoid delivering cash or another financial asset.

A financial instrument that does not explicitly establish a contractual obligation to deliver cash or another financial asset may establish an obligation indirectly through its terms and conditions. For example: 20

(a) a financial instrument may contain a non-financial obligation that must be settled if, and only if, the entity fails to make distributions or to redeem the instrument. If the entity can avoid a transfer of cash or another financial asset only by settling the non-financial obligation, the financial instrument is a financial liability;
(b) a financial instrument is a financial liability if it provides that on settlement the entity will deliver either:
    (i) cash or another financial asset; or
    (ii) its own shares whose value is determined to exceed substantially the value of the cash or other financial asset.

    Although the entity does not have an explicit contractual obligation to deliver cash or another financial asset, the value of the share settlement alternative is such that the entity will settle in cash. In any event, the holder has in substance been guaranteed receipt of an amount that is at least equal to the cash settlement option (see paragraph 21).

Settlement in the entity's own equity instruments (paragraph 16 (b))

A contract is not an equity instrument solely because it may result in the receipt or delivery of the entity's own equity instruments. An entity may have a contractual right or obligation to receive or deliver a number of its own shares or other equity instruments that varies so that the fair value of the entity's own equity instruments to be received or delivered equals the amount of the contractual right or obligation. Such a contractual right or obligation may be for a fixed amount or an amount that fluctuates in part or in full in response to changes in a variable other than the market price of the entity's own equity instruments (e.g. an interest rate, a commodity price or a financial instrument price). Two examples are (a) a contract to deliver as many of the entity's own equity instruments as are equal in value to CU100[1], and (b) a contract to deliver as many of the entity's own equity instruments as are equal in value to the value of 100 ounces of gold. Such 21

1 In this standard, monetary amounts are denominated in 'currency units' (CU).

Eigenkapitalinstrumenten erfüllt werden muss oder kann, stellt er eine finanzielle Verbindlichkeit des Unternehmens dar. Es handelt sich nicht um ein Eigenkapitalinstrument, weil das Unternehmen zur Erfüllung des Vertrags eine variable Anzahl eigener Eigenkapitalinstrumente verwendet. Dementsprechend begründet der Vertrag keinen Residualanspruch an den Vermögenswerten des Unternehmens nach Abzug aller Schulden.

22 Abgesehen von den in Paragraph 22A genannten Fällen ist ein Vertrag, zu dessen Erfüllung das Unternehmen eine feste Anzahl eigener Eigenkapitalinstrumente gegen einen festen Betrag an Zahlungsmitteln oder anderen finanziellen Vermögenswerten (erhält oder) liefert, als Eigenkapitalinstrument einzustufen. So stellt eine ausgegebene Anteilsoption, die die Vertragspartei gegen Entrichtung eines festgelegten Preises oder eines festgelegten Kapitalbetrags einer Anleihe zum Kauf einer festen Anzahl von Anteilen des Unternehmens berechtigt, ein Eigenkapitalinstrument dar. Sollte sich der beizulegende Zeitwert eines Vertrags infolge von Schwankungen der Marktzinssätze ändern, ohne dass sich dies auf die Höhe der bei Vertragserfüllung zu entrichtenden Zahlungsmittel oder anderen Vermögenswerte oder die Anzahl der zu liefernden oder zu erhaltenden Eigenkapitalinstrumente auswirkt, so schließt dies die Einstufung des Vertrags als Eigenkapitalinstrument nicht aus. Sämtliche erhaltenen Gegenleistungen (wie beispielsweise das Agio auf eine geschriebene Option oder ein Optionsschein auf die eigenen Anteile des Unternehmens) werden direkt zum Eigenkapital hinzugerechnet. Sämtliche gewährten Gegenleistungen (wie beispielsweise das auf eine erworbene Option gezahlte Agio) werden direkt vom Eigenkapital abgezogen. Änderungen des beizulegenden Zeitwerts eines Eigenkapitalinstruments sind nicht im Abschluss auszuweisen.

22A Handelt es sich bei den eigenen Eigenkapitalinstrumenten des Unternehmens, die es bei Vertragserfüllung entgegenzunehmen oder zu liefern hat, um kündbare Finanzinstrumente, die alle in den Paragraphen 16A und 16B beschriebenen Merkmale aufweisen und die dort genannten Bedingungen erfüllen, oder um Instrumente, die das Unternehmen dazu verpflichten, einer anderen Partei im Falle der Liquidation einen proportionalen Anteil an seinem Nettovermögen zu überlassen und die alle in den Paragraphen 16C und 16D beschriebenen Merkmale aufweisen und die dort genannten Bedingungen erfüllen, so ist der Vertrag als finanzieller Vermögenswert bzw. finanzielle Verbindlichkeit einzustufen. Dies gilt auch für Verträge, zu deren Erfüllung das Unternehmen im Austausch gegen einen festen Betrag an Zahlungsmitteln oder anderen finanziellen Vermögenswerten eine feste Anzahl dieser Instrumente zu liefern hat.

23 Abgesehen von den in den Paragraphen 16A und 16B oder 16C und 16D beschriebenen Umständen begründet ein Vertrag, der ein Unternehmen zum Kauf eigener Eigenkapitalinstrumente gegen Zahlungsmittel oder andere finanzielle Vermögenswerte verpflichtet, eine finanzielle Verbindlichkeit in Höhe des Barwerts des Rückzahlungsbetrags (beispielsweise in Höhe des Barwerts des Rückkaufpreises eines Termingeschäfts, des Ausübungskurses einer Option oder eines anderen Rückzahlungsbetrags). Dies ist auch dann der Fall, wenn der Vertrag selbst ein Eigenkapitalinstrument ist. Ein Beispiel hierfür ist die aus einem Termingeschäft resultierende Verpflichtung eines Unternehmens, eigene Eigenkapitalinstrumente gegen Zahlungsmittel zurückzuerwerben. Beim erstmaligen Ansatz ist die finanzielle Verbindlichkeit zum Barwert des Rückzahlungsbetrags anzusetzen und aus dem Eigenkapital umzugliedern. Anschließend wird sie gemäß IFRS 9 bewertet. Läuft der Vertrag aus, ohne dass eine Lieferung erfolgt, wird der Buchwert der finanziellen Verbindlichkeit wieder in das Eigenkapital umgegliedert. Die vertragliche Verpflichtung eines Unternehmens zum Kauf eigener Eigenkapitalinstrumente begründet auch dann eine finanzielle Verbindlichkeit in Höhe des Barwerts des Rückzahlungsbetrags, wenn die Kaufverpflichtung nur bei Ausübung des Rückgaberechts durch die Vertragspartei (z. B. durch Inanspruchnahme einer geschriebenen Verkaufsoption, welche die Vertragspartei zum Verkauf der Eigenkapitalinstrumente an das Unternehmen zu einem festen Preis berechtigt) zu erfüllen ist.

24 Ein Vertrag, zu dessen Erfüllung das Unternehmen eine feste Anzahl eigener Eigenkapitalinstrumente gegen einen variablen Betrag an Zahlungsmitteln oder anderen finanziellen Vermögenswerten liefert oder erhält, ist als finanzieller Vermögenswert bzw. finanzielle Verbindlichkeit einzustufen. Ein Beispiel ist ein Vertrag, bei dem das Unternehmen 100 eigene Eigenkapitalinstrumente gegen Zahlungsmittel im Wert von 100 Unzen Gold liefert.

Bedingte Erfüllungsvereinbarungen

25 Ein Finanzinstrument kann das Unternehmen zur Lieferung von Zahlungsmitteln oder anderen Vermögenswerten oder zu einer anderen als finanzielle Verbindlichkeit einzustufenden Erfüllung verpflichten, die vom Eintreten oder Nichteintreten ungewisser künftiger Ereignisse (oder dem Ausgang ungewisser Umstände), die außerhalb der Kontrolle sowohl des Emittenten als auch des Inhabers des Instruments liegen, abhängig sind; hierzu zählen beispielsweise Änderungen eines Aktienindex, Verbraucherpreisindex, Zinssatzes oder steuerlicher Vorschriften oder die künftigen Erträge, das Periodenergebnis oder der Verschuldungsgrad des Emittenten. Der Emittent eines solchen Instruments kann sich der Lieferung von Zahlungsmitteln oder anderen finanziellen Vermögenswerten (oder einer anderen als finanzielle Verbindlichkeit einzustufenden Erfüllung des Vertrags) nicht uneingeschränkt entziehen, sodass eine finanzielle Verbindlichkeit des Emittenten vorliegt, es sei denn,

(a) der Teil der bedingten Erfüllungsvereinbarung, der eine Erfüllung in Zahlungsmitteln oder anderen finanziellen Vermögenswerten (oder eine andere als finanzielle Verbindlichkeit einzustufende Art der Erfüllung) erforderlich machen könnte, besteht nicht wirklich,
(b) vom Emittenten kann nur im Falle seiner Liquidation verlangt werden, die Verpflichtung in Zahlungsmitteln oder anderen finanziellen Vermögenswerten (oder auf eine andere als finanzielle Verbindlichkeit einzustufende Weise) zu erfüllen, oder
(c) das Instrument weist alle in den Paragraphen 16A und 16B beschriebenen Merkmale auf und erfüllt die dort genannten Bedingungen.

a contract is a financial liability of the entity even though the entity must or can settle it by delivering its own equity instruments. It is not an equity instrument because the entity uses a variable number of its own equity instruments as a means to settle the contract. Accordingly, the contract does not evidence a residual interest in the entity's assets after deducting all of its liabilities.

Except as stated in paragraph 22A, a contract that will be settled by the entity (receiving or) delivering a fixed number of its own equity instruments in exchange for a fixed amount of cash or another financial asset is an equity instrument. For example, an issued share option that gives the counterparty a right to buy a fixed number of the entity's shares for a fixed price or for a fixed stated principal amount of a bond is an equity instrument. Changes in the fair value of a contract arising from variations in market interest rates that do not affect the amount of cash or other financial assets to be paid or received, or the number of equity instruments to be received or delivered, on settlement of the contract do not preclude the contract from being an equity instrument. Any consideration received (such as the premium received for a written option or warrant on the entity's own shares) is added directly to equity. Any consideration paid (such as the premium paid for a purchased option) is deducted directly from equity. Changes in the fair value of an equity instrument are not recognised in the financial statements. 22

If the entity's own equity instruments to be received, or delivered, by the entity upon settlement of a contract are puttable financial instruments with all the features and meeting the conditions described in paragraphs 16A and 16B, or instruments that impose on the entity an obligation to deliver to another party a pro rata share of the net assets of the entity only on liquidation with all of the features and meeting the conditions described in paragraphs 16C and 16D, the contract is a financial asset or a financial liability. This includes a contract that will be settled by the entity receiving or delivering a fixed number of such instruments in exchange for a fixed amount of cash or another financial asset. 22A

With the exception of the circumstances described in paragraphs 16A and 16B or paragraphs 16C and 16D, a contract that contains an obligation for an entity to purchase its own equity instruments for cash or another financial asset gives rise to a financial liability for the present value of the redemption amount (for example, for the present value of the forward repurchase price, option exercise price or other redemption amount). This is the case even if the contract itself is an equity instrument. One example is an entity's obligation under a forward contract to purchase its own equity instruments for cash. The financial liability is recognised initially at the present value of the redemption amount, and is reclassified from equity. Subsequently, the financial liability is measured in accordance with IFRS 9. If the contract expires without delivery, the carrying amount of the financial liability is reclassified to equity. An entity's contractual obligation to purchase its own equity instruments gives rise to a financial liability for the present value of the redemption amount even if the obligation to purchase is conditional on the counterparty exercising a right to redeem (eg a written put option that gives the counterparty the right to sell an entity's own equity instruments to the entity for a fixed price). 23

A contract that will be settled by the entity delivering or receiving a fixed number of its own equity instruments in exchange for a variable amount of cash or another financial asset is a financial asset or financial liability. An example is a contract for the entity to deliver 100 of its own equity instruments in return for an amount of cash calculated to equal the value of 100 ounces of gold. 24

Contingent settlement provisions

A financial instrument may require the entity to deliver cash or another financial asset, or otherwise to settle it in such a way that it would be a financial liability, in the event of the occurrence or non-occurrence of uncertain future events (or on the outcome of uncertain circumstances) that are beyond the control of both the issuer and the holder of the instrument, such as a change in a stock market index, consumer price index, interest rate or taxation requirements, or the issuer's future revenues, net income or debt-to-equity ratio. The issuer of such an instrument does not have the unconditional right to avoid delivering cash or another financial asset (or otherwise to settle it in such a way that it would be a financial liability). Therefore, it is a financial liability of the issuer unless: 25

(a) the part of the contingent settlement provision that could require settlement in cash or another financial asset (or otherwise in such a way that it would be a financial liability) is not genuine;
(b) the issuer can be required to settle the obligation in cash or another financial asset (or otherwise to settle it in such a way that it would be a financial liability) only in the event of liquidation of the issuer; or
(c) the instrument has all the features and meets the conditions in paragraphs 16A and 16B.

Erfüllungswahlrecht

26 **Ein Derivat, das einer Vertragspartei die Art der Erfüllung freistellt (der Emittent oder Inhaber kann sich z. B. für einen Nettoausgleich in bar oder durch den Tausch von Anteilen gegen Zahlungsmittel entscheiden), stellt einen finanziellen Vermögenswert oder eine finanzielle Verbindlichkeit dar, sofern nicht alle Erfüllungsalternativen zu einer Einstufung als Eigenkapitalinstrument führen würden.**

27 Ein Beispiel für ein als finanzielle Verbindlichkeit einzustufendes Derivat mit Erfüllungswahlrecht ist eine Anteilsoption, bei der der Emittent die Wahl hat, ob er diese in bar oder durch den Tausch eigener Anteile gegen Zahlungsmittel erfüllt. Ähnliches gilt für einige Verträge über den Kauf oder Verkauf eines nichtfinanziellen Postens gegen eigene Eigenkapitalinstrumente des Unternehmens, die ebenfalls in den Anwendungsbereich dieses Standards fallen, da sie wahlweise durch Lieferung des nichtfinanziellen Postens oder durch einen Nettoausgleich in bar oder in anderen Finanzinstrumenten erfüllt werden können (siehe Paragraphen 8–10). Solche Verträge sind finanzielle Vermögenswerte oder finanzielle Verbindlichkeiten und keine Eigenkapitalinstrumente.

Zusammengesetzte Finanzinstrumente (siehe auch Paragraphen AL30–A35 und erläuternde Beispiele 9–12)

28 **Der Emittent eines nicht derivativen Finanzinstruments hat anhand der Vertragsbedingungen des Finanzinstruments festzustellen, ob das Instrument sowohl eine Schuld- als auch eine Eigenkapitalkomponente enthält. Diese Komponenten sind zu trennen und gemäß Paragraph 15 als finanzielle Verbindlichkeiten, finanzielle Vermögenswerte oder Eigenkapitalinstrumente einzustufen.**

29 Bei einem Finanzinstrument, das (a) eine finanzielle Verbindlichkeit des Unternehmens begründet und (b) seinem Inhaber eine Option auf Umwandlung in ein Eigenkapitalinstrument des Unternehmens garantiert, sind diese beiden Komponenten vom Unternehmen getrennt zu erfassen. Wandelschuldverschreibungen oder ähnliche Instrumente, die der Inhaber in eine feste Anzahl von Stammanteilen des Unternehmens umwandeln kann, sind Beispiele für zusammengesetzte Finanzinstrumente. Aus Sicht des Unternehmens besteht ein solches Instrument aus zwei Komponenten: einer finanziellen Verbindlichkeit (einer vertraglichen Vereinbarung zur Lieferung von Zahlungsmitteln oder anderen finanziellen Vermögenswerten) und einem Eigenkapitalinstrument (einer Kaufoption, die dem Inhaber für einen bestimmten Zeitraum das Recht auf Umwandlung in eine feste Anzahl von Stammanteilen des Unternehmens garantiert). Wirtschaftlich gesehen hat die Emission eines solchen Finanzinstruments im Wesentlichen die gleichen Auswirkungen wie die Emission eines Schuldinstruments mit Vereinbarung der Möglichkeit vorzeitiger Erfüllung, das gleichzeitig mit einem Bezugsrecht auf Stammanteilen verknüpft ist, oder die Emission eines Schuldinstruments mit abtrennbaren Optionsscheinen zum Erwerb von Anteilen. Dementsprechend hat ein Unternehmen in allen Fällen dieser Art die Schuld- und die Eigenkapitalkomponenten getrennt in seiner Bilanz auszuweisen.

30 Die Einstufung der Schuld- und Eigenkapitalkomponente eines wandelbaren Instruments wird auch dann beibehalten, wenn sich die Wahrscheinlichkeit ändert, dass die Tauschoption ausgeübt wird; dies gilt auch dann, wenn die Ausübung der Tauschoption für einige Inhaber wirtschaftlich vorteilhaft erscheint. Die Inhaber handeln nicht immer in der erwarteten Weise, weil zum Beispiel die steuerlichen Folgen aus der Umwandlung bei jedem Inhaber unterschiedlich sein können. Darüber hinaus ändert sich die Wahrscheinlichkeit der Umwandlung von Zeit zu Zeit. Die vertragliche Verpflichtung des Unternehmens zu künftigen Zahlungen bleibt so lange bestehen, bis sie durch Umwandlung, Fälligkeit des Instruments oder andere Umstände getilgt ist.

31 In IFRS 9 geht es um die Bewertung finanzieller Vermögenswerte und finanzieller Verbindlichkeiten. Eigenkapitalinstrumente sind Finanzinstrumente, die einen Residualanspruch an den Vermögenswerten eines Unternehmens nach Abzug aller dazugehörigen Schulden begründen. Bei der Aufteilung des erstmaligen Buchwerts eines zusammengesetzten Finanzinstruments auf die Eigen- und Schuldkomponente wird der Eigenkapitalkomponente der Restwert zugewiesen, der sich nach Abzug des getrennt für die Schuldkomponente ermittelten Betrags vom beizulegenden Zeitwert des gesamten Instruments ergibt. Der Wert der derivativen Ausstattungsmerkmale (z. B. einer Kaufoption), die in ein zusammengesetztes Finanzinstrument eingebettet sind und keine Eigenkapitalkomponente darstellen (z. B. eine Option zur Umwandlung in ein Eigenkapitalinstrument), wird der Schuldkomponente hinzugerechnet. Die Summe der Buchwerte, die beim erstmaligen Ansatz in der Bilanz für die Schuld- und die Eigenkapitalkomponente ermittelt werden, ist in jedem Fall gleich dem beizulegenden Zeitwert, der für das Finanzinstrument als Ganzes anzusetzen wäre. Durch den getrennten erstmaligen Ansatz der Komponenten des Instruments entstehen keine Gewinne oder Verluste.

32 Bei dem in Paragraph 31 beschriebenen Ansatz bestimmt der Emittent einer in Stammanteile umwandelbaren Anleihe zunächst den Buchwert der Schuldkomponente, indem er den beizulegenden Zeitwert einer ähnlichen, nicht mit einer Eigenkapitalkomponente verbundenen Verbindlichkeit (einschließlich aller eingebetteten derivativen Ausstattungsmerkmale ohne Eigenkapitalcharakter) ermittelt. Der Buchwert eines Eigenkapitalinstruments, der durch die Option auf Umwandlung des Instruments in Stammanteile repräsentiert wird, ergibt sich danach durch Subtraktion des beizulegenden Zeitwerts der finanziellen Verbindlichkeit vom beizulegenden Zeitwert des gesamten zusammengesetzten Finanzinstruments.

Settlement options

When a derivative financial instrument gives one party a choice over how it is settled (e.g. the issuer or the holder can choose settlement net in cash or by exchanging shares for cash), it is a financial asset or a financial liability unless all of the settlement alternatives would result in it being an equity instrument. 26

An example of a derivative financial instrument with a settlement option that is a financial liability is a share option that the issuer can decide to settle net in cash or by exchanging its own shares for cash. Similarly, some contracts to buy or sell a non-financial item in exchange for the entity's own equity instruments are within the scope of this standard because they can be settled either by delivery of the non-financial item or net in cash or another financial instrument (see paragraphs 8—10). Such contracts are financial assets or financial liabilities and not equity instruments. 27

Compound financial instruments
(see also paragraphs AG30—AG35 and Illustrative Examples 9—12)

The issuer of a non-derivative financial instrument shall evaluate the terms of the financial instrument to determine whether it contains both a liability and an equity component. Such components shall be classified separately as financial liabilities, financial assets or equity instruments in accordance with paragraph 15. 28

An entity recognises separately the components of a financial instrument that (a) creates a financial liability of the entity and (b) grants an option to the holder of the instrument to convert it into an equity instrument of the entity. For example, a bond or similar instrument convertible by the holder into a fixed number of ordinary shares of the entity is a compound financial instrument. From the perspective of the entity, such an instrument comprises two components: a financial liability (a contractual arrangement to deliver cash or another financial asset) and an equity instrument (a call option granting the holder the right, for a specified period of time, to convert it into a fixed number of ordinary shares of the entity). The economic effect of issuing such an instrument is substantially the same as issuing simultaneously a debt instrument with an early settlement provision and warrants to purchase ordinary shares, or issuing a debt instrument with detachable share purchase warrants. Accordingly, in all cases, the entity presents the liability and equity components separately in its statement of financial position. 29

Classification of the liability and equity components of a convertible instrument is not revised as a result of a change in the likelihood that a conversion option will be exercised, even when exercise of the option may appear to have become economically advantageous to some holders. Holders may not always act in the way that might be expected because, for example, the tax consequences resulting from conversion may differ among holders. Furthermore, the likelihood of conversion will change from time to time. The entity's contractual obligation to make future payments remains outstanding until it is extinguished through conversion, maturity of the instrument or some other transaction. 30

IFRS 9 deals with the measurement of financial assets and financial liabilities. Equity instruments are instruments that evidence a residual interest in the assets of an entity after deducting all of its liabilities. Therefore, when the initial carrying amount of a compound financial instrument is allocated to its equity and liability components, the equity component is assigned the residual amount after deducting from the fair value of the instrument as a whole the amount separately determined for the liability component. The value of any derivative features (such as a call option) embedded in the compound financial instrument other than the equity component (such as an equity conversion option) is included in the liability component. The sum of the carrying amounts assigned to the liability and equity components on initial recognition is always equal to the fair value that would be ascribed to the instrument as a whole. No gain or loss arises from initially recognising the components of the instrument separately. 31

Under the approach described in paragraph 31, the issuer of a bond convertible into ordinary shares first determines the carrying amount of the liability component by measuring the fair value of a similar liability (including any embedded non-equity derivative features) that does not have an associated equity component. The carrying amount of the equity instrument represented by the option to convert the instrument into ordinary shares is then determined by deducting the fair value of the financial liability from the fair value of the compound financial instrument as a whole. 32

Eigene Anteile (siehe auch Paragraph AL36)

33 **Erwirbt ein Unternehmen seine eigenen Eigenkapitalinstrumente zurück, so sind diese Instrumente („eigene Anteile") vom Eigenkapital abzuziehen. Weder Kauf noch Verkauf, Ausgabe oder Einziehung von eigenen Eigenkapitalinstrumenten werden erfolgswirksam erfasst. Solche eigenen Anteile können vom Unternehmen selbst oder von anderen Konzernunternehmen erworben und gehalten werden. Alle gezahlten oder erhaltenen Gegenleistungen sind direkt im Eigenkapital zu erfassen.**

33A Einige Unternehmen betreiben intern oder extern einen Investmentfonds, der für die Anleger Leistungen erbringt, die sich nach der Anzahl der Fondsanteile richten. Für die an diese Anleger auszuzahlenden Beträge setzen diese Unternehmen finanzielle Verbindlichkeiten an. Ebenso zeichnen einige Unternehmen Gruppen von Versicherungsverträgen mit direkter Überschussbeteiligung und halten die zugrunde liegenden Referenzwerte. Einige dieser Fonds oder zugrunde liegenden Referenzwerte umfassen eigene Anteile des Unternehmens. Ungeachtet von Paragraph 33 kann ein Unternehmen wählen, einen eigenen Anteil, der Teil eines solchen Fonds oder ein zugrunde liegender Referenzwert ist, nicht vom Eigenkapital abzuziehen, allerdings nur dann, wenn das Unternehmen seine eigenen Eigenkapitalinstrumente zu diesen Zwecken zurückerwirbt. Das Unternehmen kann stattdessen wählen, diesen eigenen Anteil weiterhin als Eigenkapital zu bilanzieren und das zurückerworbene Instrument so zu bilanzieren, als sei es ein finanzieller Vermögenswert, und dieses Instrument gemäß IFRS 9 erfolgswirksam zum beizulegenden Zeitwert zu bewerten. Diese Entscheidung ist unwiderruflich und wird für jedes Instrument einzeln getroffen. Für die Zwecke dieses Wahlrechts umfassen Versicherungsverträge auch Kapitalanlageverträge mit ermessensabhängiger Überschussbeteiligung. (Siehe IFRS 17 in Bezug auf die in diesem Paragraphen verwendeten Begriffe, die in IFRS 17 definiert sind.)

34 Der Betrag der gehaltenen eigenen Anteile ist gemäß IAS 1 *Darstellung des Abschlusses* in der Bilanz oder im Anhang gesondert auszuweisen. Beim Rückerwerb eigener Eigenkapitalinstrumente von nahestehende Unternehmen und Personen sind die Angabepflichten gemäß IAS 24 *Angaben über Beziehungen zu nahestehenden Unternehmen und Personen* zu beachten.

Zinsen, Dividenden, Verluste und Gewinne (siehe auch Paragraph AL37)

35 **Zinsen, Dividenden, Verluste und Gewinne im Zusammenhang mit Finanzinstrumenten oder einer ihrer Komponenten, die finanzielle Verbindlichkeiten darstellen, sind erfolgswirksam zu erfassen. Ausschüttungen an Inhaber eines Eigenkapitalinstruments sind vom Unternehmen direkt im Eigenkapital zu erfassen. Die Transaktionskosten einer Eigenkapitaltransaktion sind als Abzug vom Eigenkapital zu bilanzieren.**

35A Die Ertragsteuern im Zusammenhang mit Ausschüttungen an Inhaber eines Eigenkapitalinstruments und den Transaktionskosten einer Eigenkapitaltransaktion sind gemäß IAS 12 *Ertragsteuern* zu bilanzieren.

36 Die Einstufung eines Finanzinstruments als finanzielle Verbindlichkeit oder als Eigenkapitalinstrument ist ausschlaggebend dafür, ob die mit diesem Instrument verbundenen Zinsen, Dividenden, Verluste und Gewinne erfolgswirksam erfasst werden. Daher sind auch Dividendenausschüttungen für als Verbindlichkeiten angesetzte Anteile genauso als Aufwand zu erfassen wie beispielsweise Zinsen für eine Anleihe. Entsprechend sind auch mit der Rücknahme oder der Refinanzierung von finanziellen Verbindlichkeiten verbundene Gewinne oder Verluste erfolgswirksam zu erfassen, während hingegen die Rücknahme oder die Refinanzierung von Eigenkapitalinstrumenten als Bewegungen im Eigenkapital abgebildet werden. Änderungen des beizulegenden Zeitwerts eines Eigenkapitalinstruments sind nicht im Abschluss auszuweisen.

37 Einem Unternehmen entstehen bei Ausgabe oder Erwerb eigener Eigenkapitalinstrumente in der Regel verschiedene Kosten. Hierzu zählen beispielsweise Register- und andere behördliche Gebühren, Honorare für Rechtsberater, Wirtschaftsprüfer und andere professionelle Berater, Druckkosten und Börsenumsatzsteuern. Die Transaktionskosten einer Eigenkapitaltransaktion sind als Abzug vom Eigenkapital zu bilanzieren, soweit es sich um zusätzliche, der Eigenkapitaltransaktion einzeln zuordenbare Kosten handelt, die andernfalls vermieden worden wären. Die Kosten einer eingestellten Eigenkapitaltransaktion sind als Aufwand zu erfassen.

38 Transaktionskosten, die mit der Ausgabe eines zusammengesetzten Finanzinstruments verbunden sind, sind der Schuld- und Eigenkapitalkomponente des Finanzinstruments in dem Verhältnis zuzurechnen, wie die empfangene Gegenleistung zugeordnet wurde. Transaktionskosten, die sich insgesamt auf mehr als eine Transaktion beziehen, wie Kosten eines gleichzeitigen Zeichnungsangebots für neue Anteile und für die Börsennotierung bereits ausgegebener Anteile sind anhand eines sinnvollen, bei ähnlichen Transaktionen verwendeten Schlüssels auf die einzelnen Transaktionen umzulegen.

39 Der Betrag der Transaktionskosten, der in der Periode als Abzug vom Eigenkapital bilanziert wurde, ist nach IAS 1 gesondert anzugeben.

40 Als Aufwendungen eingestufte Dividenden können in der Darstellung/den Darstellungen von Gewinn oder Verlust und sonstigem Ergebnis entweder mit Zinsaufwendungen für andere Verbindlichkeiten in einem Posten zusammengefasst oder gesondert ausgewiesen werden. Zusätzlich zu den Vorschriften dieses Standards sind bei Zinsen und Dividenden die

Treasury shares (see also paragraph AG36)

If an entity reacquires its own equity instruments, those instruments (treasury shares) shall be deducted from equity. No gain or loss shall be recognised in profit or loss on the purchase, sale, issue or cancellation of an entity's own equity instruments. Such treasury shares may be acquired and held by the entity or by other members of the consolidated group. Consideration paid or received shall be recognised directly in equity. 33

Some entities operate, either internally or externally, an investment fund that provides investors with benefits determined by units in the fund and recognise financial liabilities for the amounts to be paid to those investors. Similarly, some entities issue groups of insurance contracts with direct participation features and those entities hold the underlying items. Some such funds or underlying items include the entity's treasury shares. Despite paragraph 33, an entity may elect not to deduct from equity a treasury share that is included in such a fund or is an underlying item when, and only when, an entity reacquires its own equity instrument for such purposes. Instead, the entity may elect to continue to account for that treasury share as equity and to account for the reacquired instrument as if the instrument were a financial asset and measure it at fair value through profit or loss in accordance with IFRS 9. That election is irrevocable and made on an instrument-by-instrument basis. For the purposes of this election, insurance contracts include investment contracts with discretionary participation features. (See IFRS 17 for terms used in this paragraph that are defined in that Standard.) 33A

The amount of treasury shares held is disclosed separately either in the statement of financial position or in the notes, in accordance with IAS 1 *Presentation of financial statements*. An entity provides disclosure in accordance with IAS 24 *Related party disclosures* if the entity reacquires its own equity instruments from related parties. 34

Interest, dividends, losses and gains (see also paragraph AG37)

Interest, dividends, losses and gains relating to a financial instrument or a component that is a financial liability shall be recognised as income or expense in profit or loss. Distributions to holders of an equity instrument shall be recognised by the entity directly in equity. Transaction costs of an equity transaction shall be accounted for as a deduction from equity. 35

Income tax relating to distributions to holders of an equity instrument and to transaction costs of an equity transaction shall be accounted for in accordance with IAS 12 *Income Taxes*. 35A

The classification of a financial instrument as a financial liability or an equity instrument determines whether interest, dividends, losses and gains relating to that instrument are recognised as income or expense in profit or loss. Thus, dividend payments on shares wholly recognised as liabilities are recognised as expenses in the same way as interest on a bond. Similarly, gains and losses associated with redemptions or refinancings of financial liabilities are recognised in profit or loss, whereas redemptions or refinancings of equity instruments are recognised as changes in equity. Changes in the fair value of an equity instrument are not recognised in the financial statements. 36

An entity typically incurs various costs in issuing or acquiring its own equity instruments. Those costs might include registration and other regulatory fees, amounts paid to legal, accounting and other professional advisers, printing costs and stamp duties. The transaction costs of an equity transaction are accounted for as a deduction from equity to the extent that they are incremental costs directly attributable to the equity transaction that otherwise would have been avoided. The costs of an equity transaction that is abandoned are recognised as an expense. 37

Transaction costs that relate to the issue of a compound financial instrument are allocated to the liability and equity components of the instrument in proportion to the allocation of proceeds. Transaction costs that relate jointly to more than one transaction (for example, costs of a concurrent offering of some shares and a stock exchange listing of other shares) are allocated to those transactions using a basis of allocation that is rational and consistent with similar transactions. 38

The amount of transaction costs accounted for as a deduction from equity in the period is disclosed separately in accordance with IAS 1. 39

Dividends classified as an expense may be presented in the statement(s) of profit or loss and other comprehensive income either with interest on other liabilities or as a separate item. In addition to the requirements of this Standard, disclosure of interest and dividends is subject to the requirements of IAS 1 and IFRS 7. In some circumstances, because of the differences 40

Angabepflichten von IAS 1 und IFRS 7 zu beachten. Sofern jedoch, beispielsweise im Hinblick auf die steuerliche Abzugsfähigkeit, Unterschiede in der Behandlung von Dividenden und Zinsen bestehen, ist ein gesonderter Ausweis in der Darstellung/den Darstellungen von Gewinn oder Verlust und sonstigem Ergebnis wünschenswert. Bei den Angaben zu steuerlichen Einflüssen sind die Vorschriften nach IAS 12 zu erfüllen.

41 Gewinne und Verluste infolge von Änderungen des Buchwerts einer finanziellen Verbindlichkeit sind selbst dann erfolgswirksam zu erfassen, wenn sie sich auf ein Instrument beziehen, das einen Residualanspruch auf die Vermögenswerte des Unternehmens im Austausch gegen Zahlungsmittel oder andere finanzielle Vermögenswerte begründet (siehe Paragraph 18 (b)). Nach IAS 1 sind Gewinne und Verluste, die durch die Neubewertung eines derartigen Instruments entstehen, gesondert in der Gesamtergebnisrechnung auszuweisen, wenn dies für die Erläuterung der Ertragslage des Unternehmens relevant ist.

Saldierung von finanziellen Vermögenswerten und finanziellen Verbindlichkeiten (siehe auch Paragraphen AL38A–AL38F und AL39)

42 **Finanzielle Vermögenswerte und Verbindlichkeiten sind nur dann zu saldieren und als Nettobetrag in der Bilanz auszuweisen, wenn ein Unternehmen**

(a) zum gegenwärtigen Zeitpunkt ein einklagbares Recht hat, die erfassten Beträge miteinander zu verrechnen, und

(b) beabsichtigt, entweder den Ausgleich auf Nettobasis herbeizuführen, oder gleichzeitig mit der Verwertung des betreffenden Vermögenswerts die dazugehörige Verbindlichkeit abzulösen.

Wenn die Übertragung eines finanziellen Vermögenswerts die Voraussetzungen für eine Ausbuchung nicht erfüllt, dürfen der übertragene Vermögenswert und die verbundene Verbindlichkeit bei der Bilanzierung nicht saldiert werden (siehe Paragraph 3.2.22 von IFRS 9).

43 Finanzielle Vermögenswerte und finanzielle Verbindlichkeiten müssen diesem Standard zufolge auf Nettobasis dargestellt werden, wenn dadurch die erwarteten künftigen Zahlungsströme eines Unternehmens aus dem Ausgleich von zwei oder mehreren verschiedenen Finanzinstrumenten abgebildet werden. Wenn ein Unternehmen das Recht hat, einen einzelnen Nettobetrag zu erhalten bzw. zu zahlen und dies auch zu tun beabsichtigt, hat es tatsächlich nur einen einzigen finanziellen Vermögenswert bzw. nur eine einzige finanzielle Verbindlichkeit. In anderen Fällen werden die finanziellen Vermögenswerte und finanziellen Verbindlichkeiten entsprechend ihrer Eigenschaft als Ressource oder Verpflichtung des Unternehmens voneinander getrennt dargestellt. Ein Unternehmen hat die gemäß den Paragraphen 13B–13E von IFRS 7 für angesetzte Finanzinstrumente verlangten Informationen anzugeben, sofern diese Instrumente in den Anwendungsbereich des Paragraphen 13A von IFRS 7 fallen.

44 Die Saldierung eines angesetzten finanziellen Vermögenswerts mit einer angesetzten finanziellen Verbindlichkeit einschließlich der Darstellung des Nettobetrags ist von der Ausbuchung eines finanziellen Vermögenswerts und einer finanziellen Verbindlichkeit in der Bilanz zu unterscheiden. Während die Saldierung nicht zur Erfassung von Gewinnen und Verlusten führt, hat die Ausbuchung eines Finanzinstruments aus der Bilanz nicht nur den Abgang eines bis dahin bilanzwirksamen Postens, sondern möglicherweise auch die Erfassung von Gewinnen oder Verlusten zur Folge.

45 Der Anspruch auf Saldierung ist ein auf vertraglicher oder anderer Grundlage beruhendes einklagbares Recht eines Schuldners, eine Verbindlichkeit gegenüber einem Gläubiger ganz oder teilweise mit einer eigenen Forderung gegenüber diesem Gläubiger zu verrechnen oder anderweitig zu eliminieren. In außergewöhnlichen Fällen kann ein Schuldner berechtigt sein, eine Forderung gegenüber einem Dritten mit einer Verbindlichkeit gegenüber einem Gläubiger zu verrechnen, vorausgesetzt, dass zwischen allen drei Beteiligten eine eindeutige Vereinbarung über den Anspruch auf Saldierung vorliegt. Da der Anspruch auf Saldierung ein Rechtsanspruch ist, sind die Bedingungen, unter denen Saldierungsvereinbarungen gültig sind, abhängig von den Gebräuchen des Rechtskreises, in dem sie getroffen werden; daher sind im Einzelfall immer die für das Vertragsverhältnis zwischen den Parteien maßgeblichen Rechtsvorschriften zu berücksichtigen.

46 Besteht ein einklagbares Recht auf Saldierung eines finanziellen Vermögenswerts mit einer finanziellen Verbindlichkeit, wirkt sich dies nicht nur auf die Rechte und Pflichten aus, die mit dem betreffenden finanziellen Vermögenswert und der betreffenden finanziellen Verbindlichkeit verbunden sind, sondern kann auch die Ausfall- und Liquiditätsrisiken des Unternehmens beeinflussen. Das Bestehen eines solchen Rechts stellt für sich genommen aber noch keine hinreichende Voraussetzung für die Saldierung von Vermögens- und Schuldposten dar. Wenn nicht die Absicht besteht, von diesem Recht auch tatsächlich Gebrauch zu machen oder die jeweiligen Forderungen und Verbindlichkeiten zum selben Zeitpunkt zu bedienen, wirkt es sich weder auf die Höhe noch auf den Zeitpunkt der künftigen Zahlungsströme eines Unternehmens aus. Beabsichtigt ein Unternehmen jedoch, von dem Anspruch auf Saldierung Gebrauch zu machen oder die jeweiligen Forderungen und Verbindlichkeiten zum selben Zeitpunkt zu bedienen, spiegelt die Nettodarstellung des Vermögenswerts und der Verbindlichkeit die Höhe und den Zeitpunkt erwarteter künftiger Zahlungsströme sowie die mit diesen Zahlungsströmen verbundenen Risiken besser wider als die Bruttodarstellung. Die bloße Absicht einer oder beider Vertragsparteien, Forderungen und Verbindlichkeiten auf Nettobasis ohne rechtlich bindende Vereinbarung auszugleichen, stellt keine ausreichende Grundlage für eine bilanzielle Saldierung dar, da die mit den einzelnen finanziellen Vermögenswerten und Verbindlichkeiten verbundenen Rechte und Pflichten unverändert fortbestehen.

between interest and dividends with respect to matters such as tax deductibility, it is desirable to disclose them separately in the statement(s) of profit or loss and other comprehensive income. Disclosures of the tax effects are made in accordance with IAS 12.

Gains and losses related to changes in the carrying amount of a financial liability are recognised as income or expense in profit or loss even when they relate to an instrument that includes a right to the residual interest in the assets of the entity in exchange for cash or another financial asset (see paragraph 18 (b)). Under IAS 1 the entity presents any gain or loss arising from remeasurement of such an instrument separately in the statement of comprehensive income when it is relevant in explaining the entity's performance. 41

Offsetting a financial asset and a financial liability (see also paragraphs AG38 and AG39)

A financial asset and a financial liability shall be offset and the net amount presented in the statement of financial position when, and only when, an entity: 42

(a) currently has a legally enforceable right to set off the recognised amounts; and

(b) intends either to settle on a net basis, or to realise the asset and settle the liability simultaneously.

In accounting for a transfer of a financial asset that does not qualify for derecognition, the entity shall not offset the transferred asset and the associated liability (see IFRS 9, paragraph 3.2.22).

This Standard requires the presentation of financial assets and financial liabilities on a net basis when doing so reflects an entity's expected future cash flows from settling two or more separate financial instruments. When an entity has the right to receive or pay a single net amount and intends to do so, it has, in effect, only a single financial asset or financial liability. In other circumstances, financial assets and financial liabilities are presented separately from each other consistently with their characteristics as resources or obligations of the entity. An entity shall disclose the information required in paragraphs 13B—13E of IFRS 7 for recognised financial instruments that are within the scope of paragraph 13A of IFRS 7. 43

Offsetting a recognised financial asset and a recognised financial liability and presenting the net amount differs from the derecognition of a financial asset or a financial liability. Although offsetting does not give rise to recognition of a gain or loss, the derecognition of a financial instrument not only results in the removal of the previously recognised item from the statement of financial position but also may result in recognition of a gain or loss. 44

A right of set-off is a debtor's legal right, by contract or otherwise, to settle or otherwise eliminate all or a portion of an amount due to a creditor by applying against that amount an amount due from the creditor. In unusual circumstances, a debtor may have a legal right to apply an amount due from a third party against the amount due to a creditor provided that there is an agreement between the three parties that clearly establishes the debtor's right of set-off. Because the right of set-off is a legal right, the conditions supporting the right may vary from one legal jurisdiction to another and the laws applicable to the relationships between the parties need to be considered. 45

The existence of an enforceable right to set off a financial asset and a financial liability affects the rights and obligations associated with a financial asset and a financial liability and may affect an entity's exposure to credit and liquidity risk. However, the existence of the right, by itself, is not a sufficient basis for offsetting. In the absence of an intention to exercise the right or to settle simultaneously, the amount and timing of an entity's future cash flows are not affected. When an entity intends to exercise the right or to settle simultaneously, presentation of the asset and liability on a net basis reflects more appropriately the amounts and timing of the expected future cash flows, as well as the risks to which those cash flows are exposed. An intention by one or both parties to settle on a net basis without the legal right to do so is not sufficient to justify offsetting because the rights and obligations associated with the individual financial asset and financial liability remain unaltered. 46

47 Die Absichten eines Unternehmens bezüglich der Erfüllung von einzelnen Vermögens- und Schuldposten können durch die üblichen Geschäftspraktiken, die Anforderungen der Finanzmärkte und andere Umstände beeinflusst werden, die die Fähigkeit zur Bedienung auf Nettobasis oder zur gleichzeitigen Bedienung begrenzen. Hat ein Unternehmen einen Anspruch auf Saldierung, beabsichtigt aber nicht, auf Nettobasis auszugleichen bzw. den Vermögenswert zu verwerten und gleichzeitig die Verbindlichkeit zu begleichen, werden die Auswirkungen dieses Anspruchs auf das Ausfallrisiko, dem das Unternehmen ausgesetzt ist, gemäß Paragraph 36 von IFRS 7 angegeben.

48 Der gleichzeitige Ausgleich von zwei Finanzinstrumenten kann zum Beispiel durch direkten Austausch oder über eine Clearingstelle in einem organisierten Finanzmarkt erfolgen. In solchen Fällen findet tatsächlich nur ein einziger Finanzmitteltransfer statt, wobei weder ein Ausfall- noch ein Liquiditätsrisiko besteht. Erfolgt der Ausgleich über zwei voneinander getrennte (zu erhaltende bzw. zu leistende) Zahlungen, kann ein Unternehmen im Hinblick auf den vollen Betrag der betreffenden finanziellen Forderungen durchaus einem Ausfallrisiko und im Hinblick auf den vollen Betrag der finanziellen Verbindlichkeit einem Liquiditätsrisiko ausgesetzt sein. Auch wenn sie nur kurzzeitig auftreten, können solche Risikopositionen erheblich sein. Die Verwertung eines finanziellen Vermögenswerts und die Begleichung einer finanziellen Verbindlichkeit werden nur dann als gleichzeitig behandelt, wenn die Geschäftsvorfälle zum selben Zeitpunkt stattfinden.

49 In den nachstehend genannten Fällen sind die in Paragraph 42 genannten Voraussetzungen im Allgemeinen nicht erfüllt, sodass eine Saldierung unangemessen ist,

(a) wenn mehrere verschiedene Finanzinstrumente kombiniert werden, um die Merkmale eines einzelnen Finanzinstruments (eines „synthetischen Finanzinstruments“) nachzuahmen,

(b) wenn aus Finanzinstrumenten mit gleichem Risikoprofil, aber unterschiedlichen Vertragsparteien finanzielle Vermögenswerte und Verbindlichkeiten resultieren (wie bei einem Portfolio von Termingeschäften oder anderen Derivaten),

(c) wenn finanzielle oder andere Vermögenswerte als Sicherheit für finanzielle Verbindlichkeiten ohne Rückgriffsrecht verpfändet wurden,

(d) wenn finanzielle Vermögenswerte von einem Schuldner zur Begleichung einer Verpflichtung in ein Treuhandverhältnis gegeben werden, ohne dass diese Vermögenswerte vom Gläubiger zum Ausgleich der Verbindlichkeit akzeptiert worden sind (beispielsweise eine Tilgungsfondsvereinbarung), oder

(e) wenn bei Verpflichtungen, die aus Schadensereignissen entstehen, zu erwarten ist, dass diese durch Ersatzleistungen von Dritten beglichen werden, weil aus einem Versicherungsvertrag ein entsprechender Entschädigungsanspruch abgeleitet werden kann.

50 Ein Unternehmen, das mit einer einzigen Vertragspartei eine Reihe von Geschäften mit Finanzinstrumenten tätigt, kann mit dieser Vertragspartei einen Globalverrechnungsvertrag schließen. Ein solcher Vertrag sieht für den Fall von Nichtzahlung oder Kündigung bei einem einzigen Instrument die sofortige Aufrechnung bzw. Abwicklung aller unter den Rahmenvertrag fallenden Finanzinstrumente vor. Solche Rahmenverträge werden für gewöhnlich von Finanzinstituten verwendet, um sich gegen Verluste aus eventuellen Insolvenzverfahren oder anderen Umständen zu schützen, die dazu führen können, dass die Vertragspartei ihren Verpflichtungen nicht nachkommen kann. Ein Globalverrechnungsvertrag schafft normalerweise nur einen bedingten Anspruch auf Saldierung, der nur dann im Rechtsweg durchgesetzt werden kann und die Verwertung oder Begleichung eines einzelnen finanziellen Vermögenswerts oder einer einzelnen finanziellen Verbindlichkeit nur dann beeinflussen kann, wenn ein tatsächlicher Zahlungsverzug oder andere Umstände vorliegen, mit denen im gewöhnlichen Geschäftsverlauf nicht zu rechnen ist. Ein Globalverrechnungsvertrag stellt für sich genommen keine Grundlage für eine Saldierung in der Bilanz dar, es sei denn, die Saldierungsvoraussetzungen gemäß Paragraph 42 sind ebenfalls erfüllt. Wenn finanzielle Vermögenswerte und finanzielle Verbindlichkeiten im Rahmen eines Globalverrechnungsvertrages nicht miteinander saldiert werden, sind die Auswirkungen des Vertrags auf das Ausfallrisiko, dem das Unternehmen ausgesetzt ist, gemäß Paragraph 36 von IFRS 7 anzugeben.

51–95 [gestrichen]

ZEITPUNKT DES INKRAFTTRETENS UND ÜBERGANGSVORSCHRIFTEN

96 Dieser Standard ist auf Geschäftsjahre anzuwenden, die am oder nach dem 1. Januar 2005 beginnen. Eine frühere Anwendung ist zulässig. Eine Anwendung dieses Standards auf Geschäftsjahre, die vor dem 1. Januar 2005 beginnen, ist jedoch nur bei gleichzeitiger Anwendung von IAS 39 (veröffentlicht im Dezember 2003) in der im März 2004 geänderten Fassung gestattet. Wendet ein Unternehmen diesen Standard auf Berichtsperioden an, die vor dem 1. Januar 2005 beginnen, hat es dies anzugeben.

96A Gemäß *Kündbare Finanzinstrumente und bei Liquidation entstehende Verpflichtungen* (im Februar 2008 veröffentlichte Änderungen an IAS 32 und IAS 1) sind Finanzinstrumente, die alle in den Paragraphen 16A und 16B oder 16C und 16D beschriebenen Merkmale aufweisen und die dort genannten Bedingungen erfüllen, als Eigenkapitalinstrumente einzustufen; darüber hinaus wurden mit dem genannten Dokument die Paragraphen 11, 16, 17–19, 22, 23, 25, AL13, AL14

An entity's intentions with respect to settlement of particular assets and liabilities may be influenced by its normal business practices, the requirements of the financial markets and other circumstances that may limit the ability to settle net or to settle simultaneously. When an entity has a right of set-off, but does not intend to settle net or to realise the asset and settle the liability simultaneously, the effect of the right on the entity's credit risk exposure is disclosed in accordance with paragraph 36 of IFRS 7. 47

Simultaneous settlement of two financial instruments may occur through, for example, the operation of a clearing house in an organised financial market or a face-to-face exchange. In these circumstances the cash flows are, in effect, equivalent to a single net amount and there is no exposure to credit or liquidity risk. In other circumstances, an entity may settle two instruments by receiving and paying separate amounts, becoming exposed to credit risk for the full amount of the asset or liquidity risk for the full amount of the liability. Such risk exposures may be significant even though relatively brief. Accordingly, realisation of a financial asset and settlement of a financial liability are treated as simultaneous only when the transactions occur at the same moment. 48

The conditions set out in paragraph 42 are generally not satisfied and offsetting is usually inappropriate when: 49

(a) several different financial instruments are used to emulate the features of a single financial instrument (a 'synthetic instrument');
(b) financial assets and financial liabilities arise from financial instruments having the same primary risk exposure (for example, assets and liabilities within a portfolio of forward contracts or other derivative instruments) but involve different counterparties;
(c) financial or other assets are pledged as collateral for non-recourse financial liabilities;
(d) financial assets are set aside in trust by a debtor for the purpose of discharging an obligation without those assets having been accepted by the creditor in settlement of the obligation (for example, a sinking fund arrangement); or
(e) obligations incurred as a result of events giving rise to losses are expected to be recovered from a third party by virtue of a claim made under an insurance contract.

An entity that undertakes a number of financial instrument transactions with a single counterparty may enter into a 'master netting arrangement' with that counterparty. Such an agreement provides for a single net settlement of all financial instruments covered by the agreement in the event of default on, or termination of, any one contract. These arrangements are commonly used by financial institutions to provide protection against loss in the event of bankruptcy or other circumstances that result in a counterparty being unable to meet its obligations. A master netting arrangement commonly creates a right of set-off that becomes enforceable and affects the realisation or settlement of individual financial assets and financial liabilities only following a specified event of default or in other circumstances not expected to arise in the normal course of business. A master netting arrangement does not provide a basis for offsetting unless both of the criteria in paragraph 42 are satisfied. When financial assets and financial liabilities subject to a master netting arrangement are not offset, the effect of the arrangement on an entity's exposure to credit risk is disclosed in accordance with paragraph 36 of IFRS 7. 50

[deleted] 51—95

EFFECTIVE DATE AND TRANSITION

An entity shall apply this standard for annual periods beginning on or after 1 January 2005. Earlier application is permitted. An entity shall not apply this standard for annual periods beginning before 1 January 2005 unless it also applies IAS 39 (issued December 2003), including the amendments issued in March 2004. If an entity applies this standard for a period beginning before 1 January 2005, it shall disclose that fact. 96

Puttable Financial Instruments and Obligations Arising on Liquidation (Amendments to IAS 32 and IAS 1), issued in February 2008, required financial instruments that contain all the features and meet the conditions in paragraphs 16A and 16B or paragraphs 16C and 16D to be classified as an equity instrument, amended paragraphs 11, 16, 17—19, 22, 23, 25, AG13, AG14 and AG27, and inserted paragraphs 16A—16F, 22A, 96B, 96C, 97C, AG14A—AG14J and AG29A. An entity 96A

und AL27 geändert und die Paragraphen 16A–16F, 22A, 96B, 96C, 97C, AL14A– AL14J und AL29A eingefügt. Diese Änderungen sind auf Geschäftsjahre anzuwenden, die am oder nach dem 1. Januar 2009 beginnen. Eine frühere Anwendung ist zulässig. Wendet ein Unternehmen die Änderungen auf eine frühere Periode an, hat es dies anzugeben und gleichzeitig die entsprechenden Änderungen an IAS 1, IAS 39, IFRS 7 und IFRIC 2 anzuwenden.

96B *Kündbare Finanzinstrumente und bei Liquidation entstehende Verpflichtungen* sieht eine eingeschränkte Ausnahme vom Anwendungsbereich vor, die von einem Unternehmen folglich nicht analog anzuwenden ist.

96C Die Einstufung von Instrumenten im Rahmen dieser Ausnahme ist auf die Bilanzierung der betreffenden Instrumente nach IAS 1, IAS 32, IAS 39, IFRS 7 und IFRS 9 zu beschränken. Im Rahmen anderer Standards, wie IFRS 2, sind die Instrumente dagegen nicht als Eigenkapitalinstrumente einzustufen.

97 Dieser Standard ist rückwirkend anzuwenden.

97A Durch IAS 1 (in der 2007 überarbeiteten Fassung) wurde die in den IAS/IFRS verwendete Terminologie geändert. Außerdem wurde Paragraph 40 geändert. Diese Änderung ist auf Geschäftsjahre anzuwenden, die am oder nach dem 1. Januar 2009 beginnen. Wendet ein Unternehmen IAS 1 (überarbeitet 2007) auf eine frühere Periode an, so hat es auf diese Periode auch diese Änderungen anzuwenden.

97B Durch IFRS 3 *Unternehmenszusammenschlüsse* (in der 2008 überarbeiteten Fassung) wurde Paragraph 4 (c) gestrichen. Diese Änderung ist auf Geschäftsjahre anzuwenden, die am oder nach dem 1. Juli 2009 beginnen. Wendet ein Unternehmen IFRS 3 (überarbeitet 2008) auf eine frühere Periode an, so hat es auf diese frühere Periode auch die Änderung anzuwenden. Die Änderung ist jedoch nicht auf bedingte Gegenleistungen anzuwenden, die aus einem Unternehmenszusammenschluss stammen, bei dem der Erwerbszeitpunkt vor der Anwendung von IFRS 3 (überarbeitet 2008) liegt. Eine solche Gegenleistung ist stattdessen nach den Paragraphen 65A–65E der 2010 geänderten Fassung von IFRS 3 zu bilanzieren.

97C Wendet ein Unternehmen die in Paragraph 96A genannten Änderungen an, so muss es ein zusammengesetztes Finanzinstrument, das mit der Verpflichtung verbunden ist, einer anderen Partei bei Liquidation einen proportionalen Anteil an seinem Nettovermögen zu überlassen, in eine Schuld- und eine Eigenkapitalkomponente aufspalten. Wenn die Schuldkomponente nicht länger aussteht, würde eine rückwirkende Anwendung dieser Änderungen an IAS 32 die Aufteilung in zwei Eigenkapitalkomponenten erfordern. Die erste wäre den Gewinnrücklagen zuzuordnen und wäre der kumulierte Zinszuwachs der Schuldkomponente. Die andere wäre die ursprüngliche Eigenkapitalkomponente. Steht die Schuldkomponente zum Zeitpunkt der Anwendung der Änderungen nicht mehr aus, so muss das Unternehmen diese beiden Komponenten folglich nicht voneinander trennen.

97D Durch *Verbesserungen an den IFRS*, veröffentlicht im Mai 2008, wurde Paragraph 4 geändert. Diese Änderung ist auf Geschäftsjahre anzuwenden, die am oder nach dem 1. Januar 2009 beginnen. Eine frühere Anwendung ist zulässig. Wendet ein Unternehmen die Änderung auf eine frühere Periode an, so hat es dies anzugeben und die Änderungen an Paragraph 3 von IFRS 7, Paragraph 1 von IAS 28 und Paragraph 1 von IAS 31, veröffentlicht im Mai 2008, gleichzeitig anzuwenden. Ein Unternehmen kann die Änderungen prospektiv anwenden.

97E Durch *Klassifizierung von Bezugsrechten* (veröffentlicht im Oktober 2009) wurden die Paragraphen 11 und 16 geändert. Diese Änderungen sind auf Geschäftsjahre anzuwenden, die am oder nach dem 1. Februar 2010 beginnen. Eine frühere Anwendung ist zulässig. Wendet ein Unternehmen diese Änderungen auf eine frühere Periode an, hat es dies anzugeben.

97F [gestrichen]

97G Durch die *Verbesserungen der IFRS*, veröffentlicht im Mai 2010, wurde Paragraph 97B geändert. Diese Änderung ist auf Geschäftsjahre anzuwenden, die am oder nach dem 1. Juli 2010 beginnen. Eine frühere Anwendung ist zulässig.

97H [gestrichen]

97I Durch IFRS 10 und IFRS 11 *Gemeinschaftliche Vereinbarungen*, veröffentlicht im Mai 2011, wurden die Paragraphen 4 (a) und AL29 geändert. Wendet ein Unternehmen IFRS 10 und IFRS 11 an, hat es diese Änderungen ebenfalls anzuwenden.

97J Durch IFRS 13, veröffentlicht im Mai 2011, wurde die Definition des beizulegenden Zeitwerts in Paragraph 11 geändert und wurden die Paragraphen 23 und AL31 geändert. Wendet ein Unternehmen IFRS 13 an, sind diese Änderungen ebenfalls anzuwenden.

97K Durch *Darstellung von Posten des sonstigen Ergebnisses* (Änderungen an IAS 1), veröffentlicht im Juni 2011, wurde Paragraph 40 geändert. Wendet ein Unternehmen IAS 1 (in der im Juni 2011 geänderten Fassung) an, hat es diese Änderung ebenfalls anzuwenden.

shall apply those amendments for annual periods beginning on or after 1 January 2009. Earlier application is permitted. If an entity applies the changes for an earlier period, it shall disclose that fact and apply the related amendments to IAS 1, IAS 39, IFRS 7 and IFRIC 2 at the same time.

Puttable Financial Instruments and Obligations Arising on Liquidation introduced a limited scope exception; therefore, an entity shall not apply the exception by analogy. 96B

The classification of instruments under this exception shall be restricted to the accounting for such an instrument under IAS 1, IAS 32, IAS 39, IFRS 7 and IFRS 9. The instrument shall not be considered an equity instrument under other guidance, for example IFRS 2. 96C

This standard shall be applied retrospectively. 97

IAS 1 (as revised in 2007) amended the terminology used throughout IFRSs. In addition it amended paragraph 40. An entity shall apply those amendments for annual periods beginning on or after 1 January 2009. If an entity applies IAS 1 (revised 2007) for an earlier period, the amendments shall be applied for that earlier period. 97A

IFRS 3 (as revised in 2008) deleted paragraph 4 (c). An entity shall apply that amendment for annual periods beginning on or after 1 July 2009. If an entity applies IFRS 3 (revised 2008) for an earlier period, the amendment shall also be applied for that earlier period. However, the amendment does not apply to contingent consideration that arose from a business combination for which the acquisition date preceded the application of IFRS 3 (revised 2008). Instead, an entity shall account for such consideration in accordance with paragraphs 65A—65E of IFRS 3 (as amended in 2010). 97B

When applying the amendments described in paragraph 96A, an entity is required to split a compound financial instrument with an obligation to deliver to another party a pro rata share of the net assets of the entity only on liquidation into separate liability and equity components. If the liability component is no longer outstanding, a retrospective application of those amendments to IAS 32 would involve separating two components of equity. The first component would be in retained earnings and represent the cumulative interest accreted on the liability component. The other component would represent the original equity component. Therefore, an entity need not separate these two components if the liability component is no longer outstanding at the date of application of the amendments. 97C

Paragraph 4 was amended by *Improvements to IFRSs* issued in May 2008. An entity shall apply that amendment for annual periods beginning on or after 1 January 2009. Earlier application is permitted. If an entity applies the amendment for an earlier period it shall disclose that fact and apply for that earlier period the amendments to paragraph 3 of IFRS 7, paragraph 1 of IAS 28 and paragraph 1 of IAS 31 issued in May 2008. An entity is permitted to apply the amendment prospectively. 97D

Paragraphs 11 and 16 were amended by *Classification of Rights Issues* issued in October 2009. An entity shall apply that amendment for annual periods beginning on or after 1 February 2010. Earlier application is permitted. If an entity applies the amendment for an earlier period, it shall disclose that fact. 97E

[deleted] 97F

Paragraph 97B was amended by *Improvements to IFRSs* issued in May 2010. An entity shall apply that amendment for annual periods beginning on or after 1 July 2010. Earlier application is permitted. 97G

[deleted] 97H

IFRS 10 and IFRS 11 *Joint Arrangements,* issued in May 2011, amended paragraphs 4 (a) and AG29. An entity shall apply those amendments when it applies IFRS 10 and IFRS 11. 97I

IFRS 13, issued in May 2011, amended the definition of fair value in paragraph 11 and amended paragraphs 23 and AG31. An entity shall apply those amendments when it applies IFRS 13. 97J

Presentation of Items of Other Comprehensive Income (Amendments to IAS 1), issued in June 2011, amended paragraph 40. An entity shall apply that amendment when it applies IAS 1 as amended in June 2011. 97K

97L Durch *Saldierung von finanziellen Vermögenswerten und finanziellen Verbindlichkeiten* (Änderungen an IAS 32), veröffentlicht im Dezember 2011, wurde Paragraph AL38 gestrichen und wurden die Paragraphen AL38A–AL38F eingefügt. Diese Änderungen sind auf Geschäftsjahre anzuwenden, die am oder nach dem 1. Januar 2014 beginnen. Diese Änderungen sind rückwirkend anzuwenden. Eine frühere Anwendung ist zulässig. Wendet ein Unternehmen diese Änderungen ab einem früheren Zeitpunkt an, so hat es dies anzugeben und außerdem die Angaben gemäß *Angaben – Saldierung von finanziellen Vermögenswerten und finanziellen Verbindlichkeiten* (Änderungen an IFRS 7), veröffentlicht im Dezember 2011, zu machen.

97M Mit der im Dezember 2011 veröffentlichten Verlautbarung *Angaben – Saldierung von finanziellen Vermögenswerten und finanziellen Verbindlichkeiten* (Änderungen an IFRS 7) wurde Paragraph 43 dahin gehend geändert, dass ein Unternehmen dazu verpflichtet wird, die in den Paragraphen 13B–13E von IFRS 7 verlangten Angaben zu angesetzten finanziellen Vermögenswerten im Anwendungsbereich des Paragraphen 13A von IFRS 7 zu machen. Diese Änderung ist auf Geschäftsjahre, die am oder nach dem 1. Januar 2013 beginnen, sowie auf Zwischenberichtsperioden innerhalb dieser Geschäftsjahre anzuwenden. Ein Unternehmen hat die durch diese Änderung verlangten Angaben rückwirkend zu machen.

97N Durch die *Jährlichen Verbesserungen, Zyklus 2009–2011*, veröffentlicht im Mai 2012, wurden die Paragraphen 35, 37 und 39 geändert und Paragraph 35A eingefügt. Diese Änderung ist rückwirkend gemäß IAS 8 *Rechnungslegungsmethoden, Änderungen von rechnungslegungsbezogenen Schätzungen und Fehler* auf Geschäftsjahre anzuwenden, die am oder nach dem 1. Januar 2013 beginnen. Eine frühere Anwendung ist zulässig. Wendet ein Unternehmen diese Änderung auf eine frühere Periode an, hat es dies anzugeben.

97O Durch die im Oktober 2012 veröffentlichte Verlautbarung *Investmentgesellschaften* (Investment Entities) (Änderungen an IFRS 10, IFRS 12 und IAS 27) wurde Paragraph 4 geändert. Diese Änderung ist auf Geschäftsjahre anzuwenden, die am oder nach dem 1. Januar 2014 beginnen. Eine frühere Anwendung ist zulässig. Wendet ein Unternehmen diese Änderung früher an, hat es alle in der Verlautbarung *Investmentgesellschaften* enthaltenen Änderungen gleichzeitig anzuwenden.

97P [gestrichen]

97Q Durch IFRS 15 *Erlöse aus Verträgen mit Kunden*, veröffentlicht im Mai 2014, wurde Paragraph AL21 geändert. Wendet ein Unternehmen IFRS 15 an, ist diese Änderung ebenfalls anzuwenden.

97R Durch IFRS 9 (in der im Juli 2014 veröffentlichten Fassung) wurden die Paragraphen 3, 4, 8, 12, 23, 31, 42, 96C, AL2 und AL30 geändert und die Paragraphen 97F, 97H und 97P gestrichen. Wendet ein Unternehmen IFRS 9 an, hat es diese Änderungen ebenfalls anzuwenden.

97S Durch IFRS 16 *Leasingverhältnisse*, veröffentlicht im Januar 2016, wurden die Paragraphen AL9 und AL10 geändert. Wendet ein Unternehmen IFRS 16 an, sind diese Änderungen ebenfalls anzuwenden.

97T Durch IFRS 17, veröffentlicht im Mai 2017, wurden die Paragraphen 4, AL8 und AL36 geändert und Paragraph 33A eingefügt. Durch die im Juni 2020 veröffentlichte Verlautbarung *Änderungen an IFRS 17* wurde Paragraph 4 nochmals geändert. Wendet ein Unternehmen IFRS 17 an, sind diese Änderungen ebenfalls anzuwenden.

RÜCKNAHME ANDERER VERLAUTBARUNGEN

98 Dieser Standard ersetzt IAS 32 *Finanzinstrumente: Ansatz und Bewertung*, überarbeitet im Jahr 2000[2].

99 Dieser Standard ersetzt die folgenden Interpretationen:
(a) SIC-5 *Klassifizierung von Finanzinstrumenten – Bedingte Erfüllungsvereinbarungen,*
(b) SIC-16 *Gezeichnetes Kapital – Rückgekaufte eigene Eigenkapitalinstrumente (eigene Anteile)* und
(c) SIC-17 *Eigenkapital – Kosten einer Eigenkapitaltransaktion.*

100 Dieser Standard widerruft die Entwurfsfassung der SIC-Interpretation D34 *Financial Instruments – Instruments or Rights Redeemable by the Holder.*

2 Im August 2005 hat der IASB alle Angabepflichten zu Finanzinstrumenten in den IFRS 7 *Finanzinstrumente: Angaben* verlagert.

Offsetting Financial Assets and Financial Liabilities (Amendments to IAS 32), issued in December 2011, deleted paragraph AG38 and added paragraphs AG38A—AG38F. An entity shall apply those amendments for annual periods beginning on or after 1 January 2014. An entity shall apply those amendments retrospectively. Earlier application is permitted. If an entity applies those amendments from an earlier date, it shall disclose that fact and shall also make the disclosures required by *Disclosures—Offsetting Financial Assets and Financial Liabilities* (Amendments to IFRS 7) issued in December 2011. 97L

Disclosures—Offsetting Financial Assets and Financial Liabilities (Amendments to IFRS 7), issued in December 2011, amended paragraph 43 by requiring an entity to disclose the information required in paragraphs 13B–13E of IFRS 7 for recognised financial assets that are within the scope of paragraph 13A of IFRS 7. An entity shall apply that amendment for annual periods beginning on or after 1 January 2013 and interim periods within those annual periods. An entity shall provide the disclosures required by this amendment retrospectively. 97M

Annual Improvements 2009—2011 Cycle, issued in May 2012, amended paragraphs 35, 37 and 39 and added paragraph 35A. An entity shall apply that amendment retrospectively in accordance with IAS 8 *Accounting Policies, Changes in Accounting Estimates and Errors* for annual periods beginning on or after 1 January 2013. Earlier application is permitted. If an entity applies that amendment for an earlier period it shall disclose that fact. 97N

Investment Entities (Amendments to IFRS 10, IFRS 12 and IAS 27), issued in October 2012, amended paragraph 4. An entity shall apply that amendment for annual periods beginning on or after 1 January 2014. Earlier application of *Investment Entities* is permitted. If an entity applies that amendment earlier it shall also apply all amendments included in *Investment Entities* at the same time. 97O

[deleted] 97P

IFRS 15 *Revenue from Contracts with Customers*, issued in May 2014, amended paragraph AG21. An entity shall apply that amendment when it applies IFRS 15. 97Q

IFRS 9, as issued in July 2014, amended paragraphs 3, 4, 8, 12, 23, 31, 42, 96C, AG2 and AG30 and deleted paragraphs 97F, 97H and 97P. An entity shall apply those amendments when it applies IFRS 9. 97R

IFRS 16 *Leases*, issued in January 2016, amended paragraphs AG9 and AG10. An entity shall apply those amendments when it applies IFRS 16. 97S

IFRS 17, issued in May 2017, amended paragraphs 4, AG8 and AG36, and added paragraph 33A. *Amendments to IFRS 17*, issued in June 2020, further amended paragraph 4. An entity shall apply those amendments when it applies IFRS 17. 97T

WITHDRAWAL OF OTHER PRONOUNCEMENTS

This standard supersedes IAS 32 *Financial instruments: disclosure and presentation* revised in 2000[2]. 98

This standard supersedes the following interpretations: 99
(a) SIC-5 *Classification of financial instruments — contingent settlement provisions*;
(b) SIC-16 *Share capital — reacquired own equity instruments (treasury shares)*; and
(c) SIC-17 *Equity — costs of an equity transaction.*

This standard withdraws draft SIC Interpretation D34 *Financial instruments — instruments or rights redeemable by the holder.* 100

2 In August 2005 the IASB relocated all disclosures relating to financial instruments to IFRS 7 *Financial instruments: disclosures.*

ANHANG
ANWENDUNGSLEITLINIEN

Dieser Anhang ist integraler Bestandteil des Standards.

AL1 In diesen Anwendungsleitlinien wird die Umsetzung bestimmter Aspekte des Standards erläutert.

AL2 Der Standard behandelt nicht den Ansatz bzw. die Bewertung von Finanzinstrumenten. Die Vorschriften bezüglich des Ansatzes und der Bewertung von finanziellen Vermögenswerten und finanziellen Verbindlichkeiten sind in IFRS 9 dargelegt.

Definitionen (Paragraphen 11–14)

Finanzielle Vermögenswerte und finanzielle Verbindlichkeiten

AL3 Zahlungsmittel (flüssige Mittel) stellen einen finanziellen Vermögenswert dar, weil sie das Austauschmedium und deshalb die Grundlage sind, auf der alle Geschäftsvorfälle im Abschluss bewertet und erfasst werden. Eine Einzahlung flüssiger Mittel auf ein laufendes Konto bei einer Bank oder einem ähnlichen Finanzinstitut ist ein finanzieller Vermögenswert, weil sie das vertragliche Recht des Einzahlenden darstellt, Zahlungsmittel von dem Finanzinstitut zu erhalten bzw. einen Scheck oder ein ähnliches Finanzinstrument zugunsten eines Gläubigers zur Begleichung einer finanziellen Verbindlichkeit zu verwenden.

AL4 Typische Beispiele für finanzielle Vermögenswerte, die ein vertragliches Recht darstellen, zu einem künftigen Zeitpunkt Zahlungsmittel zu erhalten, und korrespondierend für finanzielle Verbindlichkeiten, die eine vertragliche Verpflichtung darstellen, zu einem künftigen Zeitpunkt Zahlungsmittel zu liefern, sind
(a) Forderungen und Verbindlichkeiten aus Lieferungen und Leistungen,
(b) Wechselforderungen und Wechselverbindlichkeiten,
(c) Darlehensforderungen und Darlehensverbindlichkeiten und
(d) Anleiheforderungen und Anleiheverbindlichkeiten.

In allen Fällen steht dem vertraglichen Recht der einen Vertragspartei, Zahlungsmittel zu erhalten (oder der Verpflichtung, Zahlungsmittel abzugeben), korrespondierend die vertragliche Zahlungsverpflichtung (oder das Recht, Zahlungsmittel zu erhalten) der anderen Vertragspartei gegenüber.

AL5 Andere Arten von Finanzinstrumenten sind solche, bei denen der (erwartete bzw. hingegebene) wirtschaftliche Nutzen nicht in Zahlungsmitteln, sondern in einem anderen finanziellen Vermögenswert besteht. Eine in Staatsanleihen zahlbare Wechselverbindlichkeit räumt dem Inhaber beispielsweise das vertragliche Recht ein und verpflichtet den Emittenten vertraglich zur Übergabe von Staatsanleihen und nicht von Zahlungsmitteln. Staatsanleihen sind finanzielle Vermögenswerte, weil sie eine Verpflichtung des emittierenden Staats auf Lieferung von Zahlungsmitteln darstellen. Wechsel stellen daher für den Wechselinhaber finanzielle Vermögenswerte dar, während sie für den Wechselemittenten finanzielle Verbindlichkeiten repräsentieren.

AL6 Ewige Schuldinstrumente (wie beispielsweise ewige schuldrechtliche Papiere, ungesicherte Schuldverschreibungen und Schuldscheine) räumen dem Inhaber normalerweise ein vertragliches Recht darauf ein, auf unbestimmte Zeit zu festgesetzten Terminen Zinszahlungen zu erhalten. Der Inhaber hat hierbei entweder kein Recht auf Rückerhalt des Kapitalbetrags, oder er hat dieses Recht zu Bedingungen, die den Erhalt sehr unwahrscheinlich machen bzw. ihn auf einen Termin in ferner Zukunft festlegen. Ein Unternehmen kann beispielsweise ein Finanzinstrument emittieren, mit dem es sich für alle Ewigkeit zu jährlichen Zahlungen zu einem vereinbarten Zinssatz von 8 % des ausgewiesenen Nennwerts oder Kapitalbetrags von 1 000 WE[3] verpflichtet. Wenn der marktgängige Zinssatz für das Finanzinstrument bei Ausgabe 8 % beträgt, übernimmt der Emittent eine vertragliche Verpflichtung zu einer Reihe von künftigen Zinszahlungen, deren beizulegender Zeitwert (Barwert) beim erstmaligen Ansatz 1 000 WE beträgt. Der Inhaber bzw. der Emittent des Finanzinstruments hat einen finanziellen Vermögenswert bzw. eine finanzielle Verbindlichkeit.

AL7 Ein vertragliches Recht auf oder eine vertragliche Verpflichtung zu Empfang, Lieferung oder Austausch von Finanzinstrumenten stellt selbst ein Finanzinstrument dar. Eine Kette von vertraglich vereinbarten Rechten oder Verpflichtungen erfüllt die Definition eines Finanzinstruments, wenn sie letztendlich zum Empfang oder zur Abgabe von Zahlungsmitteln oder zum Erwerb oder zur Emission von Eigenkapitalinstrumenten führt.

AL8 Die Fähigkeit zur Wahrnehmung eines vertraglichen Rechts oder die Pflicht zur Erfüllung einer vertraglichen Verpflichtung kann unbedingt oder abhängig vom Eintreten eines künftigen Ereignisses sein. Zum Beispiel ist eine Bürgschaft ein dem Kreditgeber vertraglich eingeräumtes Recht auf Empfang von Zahlungsmitteln durch den Bürgen und

3 In diesen Leitlinien werden Geldbeträge in „Währungseinheiten“ (WE) angegeben.

APPENDIX

APPLICATION GUIDANCE

This appendix is an integral part of the standard.

This Application Guidance explains the application of particular aspects of the standard. AG1

The Standard does not deal with the recognition or measurement of financial instruments. Requirements about the recognition and measurement of financial assets and financial liabilities are set out in IFRS 9. AG2

Definitions (Paragraphs 11—14)

Financial assets and financial liabilities

Currency (cash) is a financial asset because it represents the medium of exchange and is therefore the basis on which all transactions are measured and recognised in financial statements. A deposit of cash with a bank or similar financial institution is a financial asset because it represents the contractual right of the depositor to obtain cash from the institution or to draw a cheque or similar instrument against the balance in favour of a creditor in payment of a financial liability. AG3

Common examples of financial assets representing a contractual right to receive cash in the future and corresponding financial liabilities representing a contractual obligation to deliver cash in the future are: AG4

(a) trade accounts receivable and payable;
(b) notes receivable and payable;
(c) loans receivable and payable; and
(d) bonds receivable and payable.

In each case, one party's contractual right to receive (or obligation to pay) cash is matched by the other party's corresponding obligation to pay (or right to receive).

Another type of financial instrument is one for which the economic benefit to be received or given up is a financial asset other than cash. For example, a note payable in government bonds gives the holder the contractual right to receive and the issuer the contractual obligation to deliver government bonds, not cash. The bonds are financial assets because they represent obligations of the issuing government to pay cash. The note is, therefore, a financial asset of the note holder and a financial liability of the note issuer. AG5

'Perpetual' debt instruments (such as 'perpetual' bonds, debentures and capital notes) normally provide the holder with the contractual right to receive payments on account of interest at fixed dates extending into the indefinite future, either with no right to receive a return of principal or a right to a return of principal under terms that make it very unlikely or very far in the future. For example, an entity may issue a financial instrument requiring it to make annual payments in perpetuity equal to a stated interest rate of 8 per cent applied to a stated par or principal amount of CU1 000[3]. Assuming 8 per cent to be the market rate of interest for the instrument when issued, the issuer assumes a contractual obligation to make a stream of future interest payments having a fair value (present value) of CU1 000 on initial recognition. The holder and issuer of the instrument have a financial asset and a financial liability, respectively. AG6

A contractual right or contractual obligation to receive, deliver or exchange financial instruments is itself a financial instrument. A chain of contractual rights or contractual obligations meets the definition of a financial instrument if it will ultimately lead to the receipt or payment of cash or to the acquisition or issue of an equity instrument. AG7

The ability to exercise a contractual right or the requirement to satisfy a contractual obligation may be absolute, or it may be contingent on the occurrence of a future event. For example, a financial guarantee is a contractual right of the lender to receive cash from the guarantor, and a corresponding contractual obligation of the guarantor to pay the lender, if the AG8

3 In this guidance, monetary amounts are denominated in 'currency units' (CU).

eine korrespondierende vertragliche Verpflichtung des Bürgen zur Leistung einer Zahlung an den Kreditgeber, wenn der Kreditnehmer seinen Verpflichtungen nicht nachkommt. Das vertragliche Recht und die vertragliche Verpflichtung bestehen aufgrund früherer Rechtsgeschäfte oder Geschäftsvorfälle (Übernahme der Bürgschaft), selbst wenn die Fähigkeit des Kreditgebers zur Wahrnehmung seines Rechts und die Anforderung an den Bürgen, seinen Verpflichtungen nachzukommen, von einem künftigen Verzug des Kreditnehmers abhängig sind. Vom Eintreten bestimmter Ereignisse abhängige Rechte und Verpflichtungen erfüllen die Definition von finanziellen Vermögenswerten bzw. finanziellen Verbindlichkeiten, selbst wenn solche Vermögenswerte und Verbindlichkeiten nicht immer im Abschluss ausgewiesen werden. Einige dieser bedingten Rechte und Verpflichtungen können Versicherungsverträge im Anwendungsbereich von IFRS 17 sein.

AL9 Ein Leasingverhältnis begründet in der Regel einen Anspruch des Leasinggebers auf Erhalt bzw. die Verpflichtung des Leasingnehmers zur Leistung einer Reihe von Zahlungen, die im Wesentlichen integrierten Tilgungs- und Zinszahlungen bei einem Darlehensvertrag entsprechen. Der Leasinggeber verbucht seine Investition als ausstehende Forderung aufgrund eines Finanzierungsleasingverhältnisses und nicht den dem Finanzierungsleasing zugrunde liegenden Vermögenswert. Somit betrachtet der Leasinggeber ein Finanzierungsleasingverhältnis als Finanzinstrument. Gemäß IFRS 16 erfasst ein Leasinggeber seinen Anspruch auf Erhalt von Leasingzahlungen im Rahmen eines Operating-Leasingverhältnisses nicht. Der Leasinggeber verbucht weiterhin den zugrunde liegenden Vermögenswert und nicht die gemäß Leasingvertrag ausstehende Forderung. Somit betrachtet der Leasinggeber ein Operating-Leasingverhältnis nicht als Finanzinstrument, außer im Hinblick auf einzelne jeweils fällige Zahlungen des Leasingnehmers.

AL10 Materielle Vermögenswerte (wie Vorräte oder Sachanlagen), geleaste Vermögenswerte und immaterielle Vermögenswerte (wie Patente oder Warenrechte) gelten nicht als finanzielle Vermögenswerte. Mit der Verfügungsgewalt über materielle Vermögenswerte, geleaste Vermögenswerte und immaterielle Vermögenswerte ist zwar die Möglichkeit verbunden, Zahlungsmittelzuflüsse oder den Zufluss anderer finanzieller Vermögenswerte zu generieren, sie führt aber nicht zu einem Rechtsanspruch auf Zahlungsmittel oder andere finanzielle Vermögenswerte.

AL11 Vermögenswerte (wie aktivische Abgrenzungen), bei denen der künftige wirtschaftliche Nutzen im Empfang von Waren oder Dienstleistungen und nicht im Recht auf Erhalt von Zahlungsmitteln oder anderen finanziellen Vermögenswerten besteht, sind keine finanziellen Vermögenswerte. Auch Posten wie passivische Abgrenzungen und die meisten Gewährleistungs- bzw. Garantieverpflichtungen gelten nicht als finanzielle Verbindlichkeiten, da die aus ihnen resultierenden Nutzenabflüsse in der Bereitstellung von Gütern und Dienstleistungen und nicht in einer vertraglichen Verpflichtung zur Abgabe von Zahlungsmitteln oder anderen finanziellen Vermögenswerten bestehen.

AL12 Schulden oder Vermögenswerte, die nicht auf einer vertraglichen Vereinbarung basieren (wie Ertragsteuern, die aufgrund gesetzlicher Vorschriften erhoben werden), gelten nicht als finanzielle Verbindlichkeiten oder finanzielle Vermögenswerte. Die Bilanzierung von Ertragsteuern wird in IAS 12 behandelt. Auch die in IAS 37 *Rückstellungen, Eventualverbindlichkeiten und Eventualforderungen* definierten faktischen Verpflichtungen werden nicht durch Verträge begründet und stellen keine finanziellen Verbindlichkeiten dar.

Eigenkapitalinstrumente

AL13 Beispiele für Eigenkapitalinstrumente sind u. a. nicht kündbare Stammanteile, einige kündbare Instrumente (siehe Paragraphen 16A und 16B), einige Instrumente, die das Unternehmen dazu verpflichten, einer anderen Partei im Falle der Liquidation einen proportionalen Anteil an seinem Nettovermögen zu überlassen (siehe Paragraphen 16C und 16D), einige Arten von Vorzugsanteilen (siehe Paragraphen AL25 und AL26) sowie Optionsscheine oder geschriebene Verkaufsoptionen, die den Inhaber zur Zeichnung oder zum Kauf einer festen Anzahl nicht kündbarer Stammanteile des emittierenden Unternehmens gegen einen festen Betrag an Zahlungsmitteln oder anderen finanziellen Vermögenswerten berechtigen. Die Verpflichtung eines Unternehmens, gegen einen festen Betrag an Zahlungsmitteln oder anderen finanziellen Vermögenswerten eine feste Anzahl eigener Eigenkapitalinstrumente auszugeben oder zu erwerben, ist (abgesehen von den in Paragraph 22A genannten Fällen) als Eigenkapitalinstrument des Unternehmens einzustufen. Wird das Unternehmen in einem solchen Vertrag jedoch zur Abgabe von Zahlungsmitteln oder anderen finanziellen Vermögenswerten verpflichtet, so entsteht (sofern es sich nicht um einen Vertrag handelt, der gemäß den Paragraphen 16A und 16B oder 16C und 16D als Eigenkapitalinstrument eingestuft ist) gleichzeitig eine Verbindlichkeit in Höhe des Barwerts des Rückzahlungsbetrags (siehe Paragraph AL27 (a)). Ein Emittent nicht kündbarer Stammanteile geht eine Verbindlichkeit ein, wenn er förmliche Schritte für eine Ausschüttung einleitet und damit den Anteilseignern gegenüber rechtlich dazu verpflichtet wird. Dies kann nach einer Dividendenerklärung der Fall sein oder wenn das Unternehmen liquidiert wird und alle nach Begleichung der Schulden verbliebenen Vermögenswerte auf die Anteilseigner zu verteilen sind.

AL14 Eine erworbene Kaufoption oder ein ähnlicher erworbener Vertrag, der ein Unternehmen gegen Abgabe eines festen Betrags an Zahlungsmitteln oder anderen finanziellen Vermögenswerten zum Rückkauf einer festen Anzahl eigener Eigenkapitalinstrumente berechtigt, stellt (abgesehen von den in Paragraph 22A genannten Fällen) keinen finanziellen Vermögenswert des Unternehmens dar. Stattdessen werden sämtliche für einen solchen Vertrag entrichteten Gegenleistungen vom Eigenkapital abgezogen.

borrower defaults. The contractual right and obligation exist because of a past transaction or event (assumption of the guarantee), even though the lender's ability to exercise its right and the requirement for the guarantor to perform under its obligation are both contingent on a future act of default by the borrower. A contingent right and obligation meet the definition of a financial asset and a financial liability, even though such assets and liabilities are not always recognised in the financial statements. Some of these contingent rights and obligations may be contracts within the scope of IFRS 17.

A lease typically creates an entitlement of the lessor to receive, and an obligation of the lessee to pay, a stream of payments that are substantially the same as blended payments of principal and interest under a loan agreement. The lessor accounts for its investment in the amount receivable under a finance lease rather than the underlying asset itself that is subject to the finance lease. Accordingly, a lessor regards a finance lease as a financial instrument. Under IFRS 16, a lessor does not recognise its entitlement to receive lease payments under an operating lease. The lessor continues to account for the underlying asset itself rather than any amount receivable in the future under the contract. Accordingly, a lessor does not regard an operating lease as a financial instrument, except as regards individual payments currently due and payable by the lessee. **AG9**

Physical assets (such as inventories, property, plant and equipment), right-of-use assets and intangible assets (such as patents and trademarks) are not financial assets. Control of such physical assets, right-of-use assets and intangible assets creates an opportunity to generate an inflow of cash or another financial asset, but it does not give rise to a present right to receive cash or another financial asset. **AG10**

Assets (such as prepaid expenses) for which the future economic benefit is the receipt of goods or services, rather than the right to receive cash or another financial asset, are not financial assets. Similarly, items such as deferred revenue and most warranty obligations are not financial liabilities because the outflow of economic benefits associated with them is the delivery of goods and services rather than a contractual obligation to pay cash or another financial asset. **AG11**

Liabilities or assets that are not contractual (such as income taxes that are created as a result of statutory requirements imposed by governments) are not financial liabilities or financial assets. Accounting for income taxes is dealt with in IAS 12. Similarly, constructive obligations, as defined in IAS 37 *Provisions, contingent liabilities and contingent assets*, do not arise from contracts and are not financial liabilities. **AG12**

Equity instruments

Examples of equity instruments include non-puttable ordinary shares, some puttable instruments (see paragraphs 16A and 16B), some instruments that impose on the entity an obligation to deliver to another party a pro rata share of the net assets of the entity only on liquidation (see paragraphs 16C and 16D), some types of preference shares (see paragraphs AG25 and AG26), and warrants or written call options that allow the holder to subscribe for or purchase a fixed number of non-puttable ordinary shares in the issuing entity in exchange for a fixed amount of cash or another financial asset. An entity's obligation to issue or purchase a fixed number of its own equity instruments in exchange for a fixed amount of cash or another financial asset is an equity instrument of the entity (except as stated in paragraph 22A). However, if such a contract contains an obligation for the entity to pay cash or another financial asset (other than a contract classified as equity in accordance with paragraphs 16A and 16B or paragraphs 16C and 16D), it also gives rise to a liability for the present value of the redemption amount (see paragraph AG27 (a)). An issuer of non-puttable ordinary shares assumes a liability when it formally acts to make a distribution and becomes legally obliged to the shareholders to do so. This may be the case following the declaration of a dividend or when the entity is being wound up and any assets remaining after the satisfaction of liabilities become distributable to shareholders. **AG13**

A purchased call option or other similar contract acquired by an entity that gives it the right to reacquire a fixed number of its own equity instruments in exchange for delivering a fixed amount of cash or another financial asset is not a financial asset of the entity (except as stated in paragraph 22A). Instead, any consideration paid for such a contract is deducted from equity. **AG14**

Klasse von Instrumenten, die allen anderen im Rang nachgeht (Paragraph 16A (b) und 16C (b))

AL14A Eines der in den Paragraphen 16A und 16C genannten Merkmale ist, dass das Finanzinstrument in die Klasse von Instrumenten fällt, die allen anderen im Rang nachgeht.

AL14B Bei der Entscheidung darüber, ob ein Instrument in die nachrangigste Klasse fällt, bewertet das Unternehmen den Anspruch, der im Falle der Liquidation mit diesem Instrument verbunden ist, zu den zum Zeitpunkt der Einstufung herrschenden Bedingungen. Tritt bei maßgeblichen Umständen eine Veränderung ein, so hat das Unternehmen die Einstufung zu überprüfen. Gibt ein Unternehmen beispielsweise ein anderes Finanzinstrument aus oder nimmt ein solches zurück, so kann dies die Einstufung des betreffenden Instruments in die nachrangigste Instrumentenklasse infrage stellen.

AL14C Bei Liquidation des Unternehmens mit einem Vorzugsrecht verbunden zu sein, bedeutet nicht, dass das Instrument zu einem proportionalen Anteil am Nettovermögen des Unternehmens berechtigt. Im Falle der Liquidation mit einem Vorzugsrecht verbunden ist beispielsweise ein Instrument, das den Inhaber bei Liquidation nicht nur zu einem Anteil am Nettovermögen des Unternehmens, sondern auch zu einer festen Dividende berechtigt, während die anderen Instrumente in der nachrangigsten Klasse, die zu einem proportionalen Anteil am Nettovermögen berechtigen, bei Liquidation nicht mit dem gleichen Recht verbunden sind.

AL14D Verfügt ein Unternehmen nur über eine Klasse von Finanzinstrumenten, so ist diese so zu behandeln, als ginge sie allen anderen im Rang nach.

Für das Instrument über seine Laufzeit insgesamt erwartete Zahlungsströme (Paragraph 16A (e))

AL14E Die für das Instrument über seine Laufzeit insgesamt erwarteten Zahlungsströme müssen im Wesentlichen auf den Gewinnen oder Verlusten während der Laufzeit, auf Veränderungen, die in dieser Zeit bei den bilanzwirksamen Nettovermögenswerten eintreten, oder auf Veränderungen, die während der Laufzeit beim beizulegenden Zeitwert der bilanzwirksamen und -unwirksamen Nettovermögenswerte des Unternehmens zu verzeichnen sind, beruhen. Gewinne oder Verluste sowie Veränderungen bei den bilanzwirksamen Nettovermögenswerten werden gemäß den einschlägigen IFRS bewertet.

Transaktionen eines Instrumenteninhabers, der nicht Eigentümer des Unternehmens ist (Paragraphen 16A und 16C)

AL14F Der Inhaber eines kündbaren Finanzinstruments oder eines Instruments, das das Unternehmen dazu verpflichtet, einer anderen Partei im Falle der Liquidation einen proportionalen Anteil an seinem Nettovermögen zu überlassen, kann in einer anderen Eigenschaft als der eines Eigentümers Transaktionen mit dem Unternehmen eingehen. So kann es sich bei dem Inhaber des Instruments auch um einen Beschäftigten des Unternehmens handeln. In diesem Fall sind bei der Beurteilung der Frage, ob das Instrument nach Paragraph 16A oder nach Paragraph 16C als Eigenkapitalinstrument einzustufen ist, nur die Zahlungsströme und die Vertragsbedingungen zu berücksichtigen, die sich auf den Inhaber des Instruments in seiner Eigenschaft als Eigentümer beziehen.

AL14G Ein Beispiel hierfür ist eine Kommanditgesellschaft mit beschränkt und voll haftenden Gesellschaftern. Einige der voll haftenden Gesellschafter können dem Unternehmen gegenüber eine Garantie abgeben und dafür eine Vergütung erhalten. In solchen Fällen beziehen sich die Garantie und die damit verbundenen Zahlungsströme auf die Instrumenteninhaber in ihrer Eigenschaft als Garantiegeber und nicht als Eigentümer. Deshalb würden eine solche Garantie und die damit verbundenen Zahlungsströme nicht dazu führen, dass die voll haftenden Gesellschafter den beschränkt haftenden gegenüber als nachrangig eingestuft werden, und würden diese Garantie und die damit verbundenen Zahlungsströme bei der Beurteilung der Frage, ob die Vertragsbedingungen der Instrumente der beschränkt und voll haftenden Gesellschafter identisch sind, außer Acht gelassen.

AL14H Ein weiteres Beispiel ist eine Gewinn- oder Verlustbeteiligungsvereinbarung, bei der den Instrumenteninhabern die Gewinne bzw. Verluste nach Maßgabe der im laufenden und in vorangegangenen Geschäftsjahr/en geleisteten Dienste oder getätigten Geschäftsabschlüsse zugeteilt werden. Derartige Vereinbarungen werden mit den Instrumenteninhabern in ihrer Eigenschaft als Nichteigentümer geschlossen und sollten bei der Beurteilung der Frage, ob die in den Paragraphen 16A oder 16C genannten Merkmale gegeben sind, außer Acht gelassen werden. Gewinn oder Verlustbeteiligungsvereinbarungen, bei denen den Instrumenteninhabern Gewinne oder Verluste nach Maßgabe des Nennbetrags ihrer Instrumente im Vergleich zu anderen Instrumenten derselben Klasse zugeteilt werden, sind dagegen Transaktionen, bei denen die Instrumenteninhaber in ihrer Eigenschaft als Eigentümer agieren, und sind deshalb bei der Beurteilung der Frage, ob die in den Paragraphen 16A oder 16C genannten Merkmale gegeben sind, zu berücksichtigen.

AL14I Zahlungsströme und Vertragsbedingungen einer Transaktion zwischen dem Instrumenteninhaber (als Nichteigentümer) und dem emittierenden Unternehmen müssen ähnlich sein wie bei einer entsprechenden Transaktion, die zwischen einer dritten Partei und dem emittierenden Unternehmen stattfinden könnte.

The class of instruments that is subordinate to all other classes (paragraphs 16A (b) and 16C (b))

One of the features of paragraphs 16A and 16C is that the financial instrument is in the class of instruments that is subordinate to all other classes. **AG14A**

When determining whether an instrument is in the subordinate class, an entity evaluates the instrument's claim on liquidation as if it were to liquidate on the date when it classifies the instrument. An entity shall reassess the classification if there is a change in relevant circumstances. For example, if the entity issues or redeems another financial instrument, this may affect whether the instrument in question is in the class of instruments that is subordinate to all other classes. **AG14B**

An instrument that has a preferential right on liquidation of the entity is not an instrument with an entitlement to a pro rata share of the net assets of the entity. For example, an instrument has a preferential right on liquidation if it entitles the holder to a fixed dividend on liquidation, in addition to a share of the entity's net assets, when other instruments in the subordinate class with a right to a pro rata share of the net assets of the entity do not have the same right on liquidation. **AG14C**

If an entity has only one class of financial instruments, that class shall be treated as if it were subordinate to all other classes. **AG14D**

Total expected cash flows attributable to the instrument over the life of the instrument (paragraph 16A (e))

The total expected cash flows of the instrument over the life of the instrument must be substantially based on the profit or loss, change in the recognised net assets or fair value of the recognised and unrecognised net assets of the entity over the life of the instrument. Profit or loss and the change in the recognised net assets shall be measured in accordance with relevant IFRSs. **AG14E**

Transactions entered into by an instrument holder other than as owner of the entity (paragraphs 16A and 16C)

The holder of a puttable financial instrument or an instrument that imposes on the entity an obligation to deliver to another party a pro rata share of the net assets of the entity only on liquidation may enter into transactions with the entity in a role other than that of an owner. For example, an instrument holder may also be an employee of the entity. Only the cash flows and the contractual terms and conditions of the instrument that relate to the instrument holder as an owner of the entity shall be considered when assessing whether the instrument should be classified as equity under paragraph 16A or paragraph 16C. **AG14F**

An example is a limited partnership that has limited and general partners. Some general partners may provide a guarantee to the entity and may be remunerated for providing that guarantee. In such situations, the guarantee and the associated cash flows relate to the instrument holders in their role as guarantors and not in their roles as owners of the entity. Therefore, such a guarantee and the associated cash flows would not result in the general partners being considered subordinate to the limited partners, and would be disregarded when assessing whether the contractual terms of the limited partnership instruments and the general partnership instruments are identical. **AG14G**

Another example is a profit or loss sharing arrangement that allocates profit or loss to the instrument holders on the basis of services rendered or business generated during the current and previous years. Such arrangements are transactions with instrument holders in their role as non-owners and should not be considered when assessing the features listed in paragraph 16A or paragraph 16C. However, profit or loss sharing arrangements that allocate profit or loss to instrument holders based on the nominal amount of their instruments relative to others in the class represent transactions with the instrument holders in their roles as owners and should be considered when assessing the features listed in paragraph 16A or paragraph 16C. **AG14H**

The cash flows and contractual terms and conditions of a transaction between the instrument holder (in the role as a non-owner) and the issuing entity must be similar to an equivalent transaction that might occur between a non-instrument holder and the issuing entity. **AG14I**

Keine anderen Finanzinstrumente oder Verträge über die gesamten Zahlungsströme, die die Restrendite ihrer Inhaber erheblich beschränken oder festlegen (Paragraphen 16B und 16D)

AL14J Ein Finanzinstrument, das ansonsten die in den Paragraphen 16A oder 16C genannten Kriterien erfüllt, wird als Eigenkapital eingestuft, wenn das Unternehmen keine anderen Finanzinstrumente oder Verträge hält, bei denen a) die gesamten Zahlungsströme im Wesentlichen auf Gewinnen oder Verlusten, auf Veränderungen bei den bilanzwirksamen Nettovermögenswerten oder auf Veränderungen beim beizulegenden Zeitwert der bilanzwirksamen und -unwirksamen Nettovermögenswerte des Unternehmens beruhen, und die b) die Restrendite erheblich beschränken oder festlegen. Folgende Instrumente dürften, wenn sie unter handelsüblichen Vertragsbedingungen mit fremden Dritten geschlossen werden, einer Einstufung von Instrumenten, die ansonsten die in den Paragraphen 16A oder 16C genannten Kriterien erfüllen, als Eigenkapital nicht im Wege stehen:

(a) Instrumente, deren gesamte Zahlungsströme sich im Wesentlichen auf bestimmte Vermögenswerte des Unternehmens stützen,

(b) Instrumente, deren gesamte Zahlungsströme sich auf einen Prozentsatz der Erlöse stützen,

(c) Verträge, mit denen einzelne Mitarbeiter eine Vergütung für ihre dem Unternehmen geleisteten Dienste erhalten sollen,

(d) Verträge, die als Gegenleistung für erbrachte Dienste oder gelieferte Waren zur Zahlung eines unerheblichen Prozentsatzes des Gewinns verpflichten.

Derivative Finanzinstrumente

AL15 Finanzinstrumente umfassen originäre Instrumente (wie Forderungen, Zahlungsverpflichtungen oder Eigenkapitalinstrumente) und derivative Finanzinstrumente (wie Optionen, standardisierte und andere Termingeschäfte, Zinsswaps oder Währungsswaps). Derivative Finanzinstrumente erfüllen die Definition eines Finanzinstruments und fallen daher in den Anwendungsbereich dieses Standards.

AL16 Derivative Finanzinstrumente begründen Rechte und Verpflichtungen, sodass Finanzrisiken, die in den zugrunde liegenden originären Finanzinstrumenten enthalten sind, als separate Rechte und Verpflichtungen zwischen den Vertragsparteien übertragen werden können. Zu Beginn räumen derivative Finanzinstrumente einer Vertragspartei ein vertragliches Recht auf Austausch von finanziellen Vermögenswerten oder finanziellen Verbindlichkeiten mit der anderen Vertragspartei unter potenziell vorteilhaften Bedingungen ein bzw. verpflichten vertraglich zum Austausch von finanziellen Vermögenswerten oder finanziellen Verbindlichkeiten mit der anderen Vertragspartei unter potenziell nachteiligen Bedingungen. Im Allgemeinen[4] führen sie bei Vertragsabschluss jedoch nicht zu einer Übertragung des zugrunde liegenden originären Finanzinstruments, und auch die Erfüllung solcher Verträge ist nicht unbedingt mit einer Übertragung des originären Finanzinstruments verknüpft. Einige Finanzinstrumente schließen sowohl ein Recht auf Austausch als auch eine Verpflichtung zum Austausch ein. Da die Bedingungen des Austauschs zu Beginn der Laufzeit des derivativen Finanzinstrumentes festgelegt werden und die Kurse auf den Finanzmärkten ständigen Veränderungen unterworfen sind, können die Bedingungen im Laufe der Zeit entweder vorteilhaft oder nachteilig werden.

AL17 Eine Verkaufs- oder Kaufoption auf den Austausch finanzieller Vermögenswerte oder finanzieller Verbindlichkeiten (also anderer Finanzinstrumente als den eigenen Eigenkapitalinstrumenten des Unternehmens) räumt dem Inhaber ein Recht auf einen potenziellen künftigen wirtschaftlichen Nutzen aufgrund der Veränderungen im beizulegenden Zeitwert des Finanzinstruments ein, das dem Kontrakt zugrunde liegt. Umgekehrt geht der Stillhalter einer Option eine Verpflichtung ein, auf einen potenziellen künftigen wirtschaftlichen Nutzen zu verzichten bzw. potenzielle Verluste aufgrund der Veränderungen im beizulegenden Zeitwert des betreffenden Finanzinstrumentes zu tragen. Das vertragliche Recht des Inhabers und die Verpflichtung des Stillhalters erfüllen die definitorischen Merkmale eines finanziellen Vermögenswerts bzw. einer finanziellen Verbindlichkeit. Das einem Optionsvertrag zugrunde liegende Finanzinstrument kann ein beliebiger finanzieller Vermögenswert einschließlich Anteilen anderer Unternehmen und verzinslicher Instrumente sein. Eine Option kann den Stillhalter verpflichten, ein Schuldinstrument zu emittieren, anstatt einen finanziellen Vermögenswert zu übertragen, doch würde das dem Optionsvertrag zugrunde liegende Finanzinstrument bei Ausübung des Optionsrechts einen finanziellen Vermögenswert des Inhabers darstellen. Das Recht des Optionsinhabers auf Austausch der Vermögenswerte unter potenziell vorteilhaften Bedingungen und die Verpflichtung des Stillhalters zur Abgabe von Vermögenswerten unter potenziell nachteiligen Bedingungen sind von den zugrunde liegenden, bei Ausübung der Option auszutauschenden finanziellen Vermögenswerten zu unterscheiden. Die Art des Inhaberrechts und der Verpflichtung des Stillhalters bleiben von der Wahrscheinlichkeit der Ausübung des Optionsrechts unberührt.

AL18 Ein weiteres Beispiel für ein derivatives Finanzinstrument ist ein Termingeschäft, das in sechs Monaten zu erfüllen ist und in dem ein Käufer sich verpflichtet, im Austausch gegen festverzinsliche Staatsanleihen mit einem Nenn betrag von 1 000 000 WE Zahlungsmittel im Wert von 1 000 000 WE zu liefern, und der Verkäufer sich verpflichtet, im Austausch gegen Zahlungsmittel im Wert von 1 000 000 WE festverzinsliche Staatsanleihen mit einem Nennbetrag von 1 000 000 WE zu liefern. Während des Zeitraums von sechs Monaten haben beide Vertragsparteien ein vertragliches Recht und eine vertragliche Verpflichtung zum Austausch von Finanzinstrumenten. Wenn der Marktpreis der Staatsanleihen über 1 000 000 WE steigt, sind die Bedingungen für den Käufer vorteilhaft und für den Verkäufer nachteilig; wenn der Marktpreis unter 1 000 000 WE fällt, ist das Gegenteil der Fall. Der Käufer hat ein vertragliches Recht (einen finanziellen Vermögenswert)

4 Dies trifft auf die meisten, jedoch nicht alle Derivate zu. Beispielsweise wird bei einigen kombinierten Zins-Währungsswaps der Nennbetrag bei Vertragsabschluss getauscht (und bei Vertragserfüllung zurückgetauscht).

No other financial instrument or contract with total cash flows that substantially fixes or restricts the residual return to the instrument holder (paragraphs 16B and 16D)

A condition for classifying as equity a financial instrument that otherwise meets the criteria in paragraph 16A or paragraph 16C is that the entity has no other financial instrument or contract that has (a) total cash flows based substantially on the profit or loss, the change in the recognised net assets or the change in the fair value of the recognised and unrecognised net assets of the entity and (b) the effect of substantially restricting or fixing the residual return. The following instruments, when entered into on normal commercial terms with unrelated parties, are unlikely to prevent instruments that otherwise meet the criteria in paragraph 16A or paragraph 16C from being classified as equity: **AG14J**

(a) instruments with total cash flows substantially based on specific assets of the entity.
(b) instruments with total cash flows based on a percentage of revenue.
(c) contracts designed to reward individual employees for services rendered to the entity.
(d) contracts requiring the payment of an insignificant percentage of profit for services rendered or goods provided.

Derivative financial instruments

Financial instruments include primary instruments (such as receivables, payables and equity instruments) and derivative financial instruments (such as financial options, futures and forwards, interest rate swaps and currency swaps). Derivative financial instruments meet the definition of a financial instrument and, accordingly, are within the scope of this standard. **AG15**

Derivative financial instruments create rights and obligations that have the effect of transferring between the parties to the instrument one or more of the financial risks inherent in an underlying primary financial instrument. On inception, derivative financial instruments give one party a contractual right to exchange financial assets or financial liabilities with another party under conditions that are potentially favourable, or a contractual obligation to exchange financial assets or financial liabilities with another party under conditions that are potentially unfavourable. However, they generally[4] do not result in a transfer of the underlying primary financial instrument on inception of the contract, nor does such a transfer necessarily take place on maturity of the contract. Some instruments embody both a right and an obligation to make an exchange. Because the terms of the exchange are determined on inception of the derivative instrument, as prices in financial markets change those terms may become either favourable or unfavourable. **AG16**

A put or call option to exchange financial assets or financial liabilities (i.e. financial instruments other than an entity's own equity instruments) gives the holder a right to obtain potential future economic benefits associated with changes in the fair value of the financial instrument underlying the contract. Conversely, the writer of an option assumes an obligation to forgo potential future economic benefits or bear potential losses of economic benefits associated with changes in the fair value of the underlying financial instrument. The contractual right of the holder and obligation of the writer meet the definition of a financial asset and a financial liability, respectively. The financial instrument underlying an option contract may be any financial asset, including shares in other entities and interest-bearing instruments. An option may require the writer to issue a debt instrument, rather than transfer a financial asset, but the instrument underlying the option would constitute a financial asset of the holder if the option were exercised. The option-holder's right to exchange the financial asset under potentially favourable conditions and the writer's obligation to exchange the financial asset under potentially unfavourable conditions are distinct from the underlying financial asset to be exchanged upon exercise of the option. The nature of the holder's right and of the writer's obligation are not affected by the likelihood that the option will be exercised. **AG17**

Another example of a derivative financial instrument is a forward contract to be settled in six months' time in which one party (the purchaser) promises to deliver CU1 000 000 cash in exchange for CU1 000 000 face amount of fixed rate government bonds, and the other party (the seller) promises to deliver CU1 000 000 face amount of fixed rate government bonds in exchange for CU1 000 000 cash. During the six months, both parties have a contractual right and a contractual obligation to exchange financial instruments. If the market price of the government bonds rises above CU1 000 000, the conditions will be favourable to the purchaser and unfavourable to the seller; if the market price falls below CU1 000 000, **AG18**

4 This is true of most, but not all derivatives, e.g. in some cross-currency interest rate swaps principal is exchanged on inception (and re-exchanged on maturity).

ähnlich dem Recht aufgrund einer gehaltenen Kaufoption und eine vertragliche Verpflichtung (eine finanzielle Verbindlichkeit) ähnlich einer Verpflichtung aufgrund einer geschriebenen Verkaufsoption; der Verkäufer hat hingegen ein vertragliches Recht (einen finanziellen Vermögenswert) ähnlich dem Recht aufgrund einer gehaltenen Verkaufsoption und eine vertragliche Verpflichtung (eine finanzielle Verbindlichkeit) ähnlich einer Verpflichtung aufgrund einer geschriebenen Kaufoption. Wie bei Optionen stellen diese vertraglichen Rechte und Verpflichtungen finanzielle Vermögenswerte und finanzielle Verbindlichkeiten dar, die von den den Geschäften zugrunde liegenden Finanzinstrumenten (den auszutauschenden Staatsanleihen und Zahlungsmitteln) zu trennen und zu unterscheiden sind. Beide Vertragsparteien eines Termingeschäfts gehen eine zu einem vereinbarten Zeitpunkt zu erfüllende Verpflichtung ein, während die Erfüllung bei einem Optionsvertrag nur dann erfolgt, wenn der Inhaber der Option dies wünscht.

AL19 Viele andere Arten von derivativen Finanzinstrumenten enthalten ein Recht auf bzw. eine Verpflichtung zu einem künftigen Austausch, einschließlich Zins- und Währungsswaps, Zinsobergrenzen, Collars und Zinsuntergrenzen, Darlehenszusagen, NIFs (Note Issuance Facilities) und Akkreditive. Ein Zinsswap kann als Variante eines Termingeschäfts betrachtet werden, bei dem die Vertragsparteien übereinkommen, künftig eine Reihe von Geldbeträgen auszutauschen, wobei der eine Betrag aufgrund eines variablen Zinssatzes und der andere aufgrund eines festen Zinssatzes berechnet wird. Futures-Kontrakte stellen eine weitere Variante von Termingeschäften dar, die sich hauptsächlich dadurch unterscheiden, dass die Verträge standardisiert sind und an Börsen gehandelt werden.

Verträge über den Kauf oder Verkauf eines nichtfinanziellen Postens (Paragraphen 8–10)

AL20 Verträge über den Kauf oder Verkauf eines nichtfinanziellen Postens erfüllen nicht die Definition eines Finanzinstruments, weil das vertragliche Recht einer Vertragspartei auf den Empfang nichtfinanzieller Vermögenswerte oder Dienstleistungen und die korrespondierende Verpflichtung der anderen Vertragspartei nicht für beide Vertragsparteien einen bestehenden Rechtsanspruch oder eine Verpflichtung auf Empfang, Lieferung oder Übertragung eines finanziellen Vermögenswerts begründen. Beispielsweise gelten Verträge, die eine Erfüllung ausschließlich durch Erhalt oder Lieferung eines nichtfinanziellen Vermögenswerts (beispielsweise eine Option, ein standardisiertes oder anderes Termingeschäft über Silber) vorsehen, nicht als Finanzinstrumente. Dies trifft auf viele Warenverträge zu. Einige Warenverträge sind der Form nach standardisiert und werden in organisierten Märkten auf ähnliche Weise wie einige derivative Finanzinstrumente gehandelt. Ein standardisiertes Warentermingeschäft kann beispielsweise sofort gegen Bargeld gekauft und verkauft werden, weil es an einer Börse zum Handel zugelassen ist und häufig den Besitzer wechseln kann. Die Vertragsparteien, die den Vertrag kaufen bzw. verkaufen, handeln allerdings im Grunde genommen mit der dem Vertrag zugrunde liegenden Ware. Die Fähigkeit, einen Warenvertrag gegen Zahlungsmittel zu kaufen bzw. zu verkaufen, die Leichtigkeit, mit der der Warenvertrag gekauft bzw. verkauft werden kann, und die Möglichkeit, einen Barausgleich mit der Verpflichtung zu vereinbaren, die Ware zu erhalten bzw. zu liefern, ändern die grundlegende Eigenschaft nicht in einer Weise, dass ein Finanzinstrument gebildet würde. Dennoch fallen einige Verträge über den Kauf oder Verkauf nichtfinanzieller Posten, die durch einen Nettoausgleich in bar oder anderen Finanzinstrumenten erfüllt werden können oder bei denen der nichtfinanzielle Posten jederzeit in Zahlungsmittel umgewandelt werden kann, in den Anwendungsbereich dieses Standards, so als handle es sich um Finanzinstrumente (siehe Paragraph 8).

AL21 Sofern in IFRS 15 *Erlöse aus Verträgen mit Kunden* nichts anderes festgelegt ist, begründet ein Vertrag, der den Erhalt bzw. die Lieferung materieller Vermögenswerte enthält, weder einen finanziellen Vermögenswert bei der einen Vertragspartei noch eine finanzielle Verbindlichkeit bei der anderen, es sei denn, dass eine entsprechende Zahlung oder Teilzahlung auf einen Zeitpunkt nach Übertragung der materiellen Vermögenswerte verschoben wird. Dies ist beim Kauf oder Verkauf von Gütern mittels Handelskredit der Fall.

AL22 Einige Verträge beziehen sich zwar auf Waren, enthalten aber keine Erfüllung durch physische Entgegennahme bzw. Lieferung von Waren. Bei diesen Verträgen erfolgt die Erfüllung durch Barzahlungen, deren Höhe anhand einer im Vertrag festgelegten Formel bestimmt wird, und nicht durch Zahlung von Festbeträgen. Der Kapitalwert einer Anleihe kann beispielsweise durch Zugrundelegung des Marktpreises für Öl berechnet werden, der bei Fälligkeit der Anleihe für eine feste Ölmenge besteht. Der Kapitalwert wird im Hinblick auf den Warenpreis indiziert, aber ausschließlich mit Zahlungsmitteln erbracht. Solche Verträge stellen Finanzinstrumente dar.

AL23 Die Definition des Begriffs „Finanzinstrument“ umfasst auch Verträge, die zusätzlich zu finanziellen Vermögenswerten bzw. finanziellen Verbindlichkeiten zu nichtfinanziellen Vermögenswerten bzw. nichtfinanziellen Verbindlichkeiten führen. Solche Finanzinstrumente räumen einer Vertragspartei häufig eine Option auf Austausch eines finanziellen Vermögenswerts gegen einen nichtfinanziellen Vermögenswert ein. Eine an Öl gebundene Anleihe beispielsweise kann dem Inhaber das Recht auf Erhalt von regelmäßigen Zinszahlungen in festen zeitlichen Abständen und auf Erhalt eines festen Betrags an Zahlungsmitteln bei Fälligkeit mit der Option einräumen, den Kapitalbetrag gegen eine feste Menge an Öl einzutauschen. Ob die Ausübung einer solchen Option vorteilhaft ist, hängt davon ab, wie stark sich der beizulegende Zeitwert des Öls in Bezug auf das in der Anleihe festgesetzte Tauschverhältnis von Zahlungsmitteln gegen Öl (den Tauschpreis) verändert. Die Absichten des Anleihegläubigers, eine Option auszuüben, beeinflussen nicht die wirtschaftliche Substanz derjenigen Teile, die Vermögenswerte darstellen. Der finanzielle Vermögenswert des Inhabers und die finanzielle Verbindlichkeit des Emittenten machen die Anleihe zu einem Finanzinstrument, unabhängig von anderen Arten von Vermögenswerten und Schulden, die ebenfalls geschaffen werden.

AL24 [gestrichen]

the effect will be the opposite. The purchaser has a contractual right (a financial asset) similar to the right under a call option held and a contractual obligation (a financial liability) similar to the obligation under a put option written; the seller has a contractual right (a financial asset) similar to the right under a put option held and a contractual obligation (a financial liability) similar to the obligation under a call option written. As with options, these contractual rights and obligations constitute financial assets and financial liabilities separate and distinct from the underlying financial instruments (the bonds and cash to be exchanged). Both parties to a forward contract have an obligation to perform at the agreed time, whereas performance under an option contract occurs only if and when the holder of the option chooses to exercise it.

Many other types of derivative instruments embody a right or obligation to make a future exchange, including interest rate and currency swaps, interest rate caps, collars and floors, loan commitments, note issuance facilities and letters of credit. An interest rate swap contract may be viewed as a variation of a forward contract in which the parties agree to make a series of future exchanges of cash amounts, one amount calculated with reference to a floating interest rate and the other with reference to a fixed interest rate. Futures contracts are another variation of forward contracts, differing primarily in that the contracts are standardised and traded on an exchange. **AG19**

Contracts to buy or sell non-financial items (paragraphs 8—10)

Contracts to buy or sell non-financial items do not meet the definition of a financial instrument because the contractual right of one party to receive a non-financial asset or service and the corresponding obligation of the other party do not establish a present right or obligation of either party to receive, deliver or exchange a financial asset. For example, contracts that provide for settlement only by the receipt or delivery of a non-financial item (e.g. an option, futures or forward contract on silver) are not financial instruments. Many commodity contracts are of this type. Some are standardised in form and traded on organised markets in much the same fashion as some derivative financial instruments. For example, a commodity futures contract may be bought and sold readily for cash because it is listed for trading on an exchange and may change hands many times. However, the parties buying and selling the contract are, in effect, trading the underlying commodity. The ability to buy or sell a commodity contract for cash, the ease with which it may be bought or sold and the possibility of negotiating a cash settlement of the obligation to receive or deliver the commodity do not alter the fundamental character of the contract in a way that creates a financial instrument. Nevertheless, some contracts to buy or sell non-financial items that can be settled net or by exchanging financial instruments, or in which the non-financial item is readily convertible to cash, are within the scope of the standard as if they were financial instruments (see paragraph 8). **AG20**

Except as required by IFRS 15 *Revenue from Contracts with Customers*, a contract that involves the receipt or delivery of physical assets does not give rise to a financial asset of one party and a financial liability of the other party unless any corresponding payment is deferred past the date on which the physical assets are transferred. Such is the case with the purchase or sale of goods on trade credit. **AG21**

Some contracts are commodity-linked, but do not involve settlement through the physical receipt or delivery of a commodity. They specify settlement through cash payments that are determined according to a formula in the contract, rather than through payment of fixed amounts. For example, the principal amount of a bond may be calculated by applying the market price of oil prevailing at the maturity of the bond to a fixed quantity of oil. The principal is indexed by reference to a commodity price, but is settled only in cash. Such a contract constitutes a financial instrument. **AG22**

The definition of a financial instrument also encompasses a contract that gives rise to a non-financial asset or non-financial liability in addition to a financial asset or financial liability. Such financial instruments often give one party an option to exchange a financial asset for a non-financial asset. For example, an oil-linked bond may give the holder the right to receive a stream of fixed periodic interest payments and a fixed amount of cash on maturity, with the option to exchange the principal amount for a fixed quantity of oil. The desirability of exercising this option will vary from time to time depending on the fair value of oil relative to the exchange ratio of cash for oil (the exchange price) inherent in the bond. The intentions of the bondholder concerning the exercise of the option do not affect the substance of the component assets. The financial asset of the holder and the financial liability of the issuer make the bond a financial instrument, regardless of the other types of assets and liabilities also created. **AG23**

[deleted] **AG24**

Schulden und Eigenkapital (Paragraphen 15–27)

Keine vertragliche Verpflichtung zur Lieferung von Zahlungsmitteln oder anderen finanziellen Vermögenswerten (Paragraphen 17–20)

AL25 Vorzugsanteile können bei der Emission mit verschiedenen Rechten ausgestattet werden. Bei der Einstufung eines Vorzugsanteils als finanzielle Verbindlichkeit oder als Eigenkapitalinstrument beurteilt ein Emittent die einzelnen Rechte, die mit dem Anteil verbunden sind, um zu bestimmen, ob er die wesentlichen Merkmale einer finanziellen Verbindlichkeit aufweist. So beinhaltet ein Vorzugsanteil, der eine Rücknahme zu einem bestimmten Zeitpunkt oder auf Wunsch des Inhabers vorsieht, eine finanzielle Verbindlichkeit, da der Emittent zur Abgabe finanzieller Vermögenswerte an den Anteilsinhaber verpflichtet ist. Auch wenn ein Emittent der vertraglich vereinbarten Rücknahmeverpflichtung von Vorzugsanteilen aus Mangel an Finanzmitteln, aufgrund einer gesetzlich vorgeschriebenen Verfügungsbeschränkung oder ungenügender Gewinne oder Rücklagen u. U. nicht nachkommen kann, wird die Verpflichtung dadurch nicht hinfällig. Eine Option des Emittenten auf Rückkauf der Anteile gegen Zahlungsmittel erfüllt nicht die Definition einer finanziellen Verbindlichkeit, da der Emittent in diesem Fall keine gegenwärtige Verpflichtung zur Übertragung finanzieller Vermögenswerte auf die Anteilseigner hat, sondern die Rücknahme der Anteile ausschließlich in seinem Ermessen liegt. Eine Verpflichtung kann allerdings entstehen, wenn der Emittent seine Option ausübt; normalerweise geschieht dies, indem er die Anteilseigner formell von der Rückkaufabsicht unterrichtet.

AL26 Wenn Vorzugsanteile nicht rücknahmefähig sind, hängt die angemessene Einstufung von den anderen mit ihnen verbundenen Rechten ab. Die Einstufung erfolgt nach Maßgabe der wirtschaftlichen Substanz der vertraglichen Vereinbarungen und der Begriffsbestimmungen für finanzielle Verbindlichkeiten und Eigenkapitalinstrumente. Wenn Ausschüttungen an Inhaber kumulativer oder nichtkumulativer Vorzugsanteile im Ermessensspielraum des Emittenten liegen, gelten die Anteile als Eigenkapitalinstrumente. Nicht beeinflusst wird die Einstufung eines Vorzugsanteils als Eigenkapitalinstrument oder als finanzielle Verbindlichkeit beispielsweise durch

(a) Ausschüttungen in der Vergangenheit,
(b) die Absicht, künftig Ausschüttungen vorzunehmen,
(c) eine mögliche nachteilige Auswirkung auf den Kurs der Stammanteile des Emittenten, falls keine Ausschüttungen vorgenommen werden (aufgrund von Beschränkungen hinsichtlich der Zahlung von Dividenden auf Stammanteile, wenn keine Dividenden auf Vorzugsanteile gezahlt werden),
(d) die Höhe der Rücklagen des Emittenten,
(e) eine Gewinn- oder Verlusterwartung des Emittenten für eine Berichtsperiode oder
(f) die Fähigkeit oder Unfähigkeit des Emittenten, die Höhe seines Periodengewinns oder -verlusts zu beeinflussen.

Erfüllung in eigenen Eigenkapitalinstrumenten des Unternehmens (Paragraphen 21–24)

AL27 Die folgenden Beispiele veranschaulichen, wie die verschiedenen Arten von Verträgen über die eigenen Eigenkapitalinstrumente eines Unternehmens einzustufen sind:

(a) Ein Vertrag, zu dessen Erfüllung das Unternehmen ohne künftige Gegenleistung eine feste Anzahl eigener Eigenkapitalinstrumente erhält oder liefert oder eine feste Anzahl eigener Anteile gegen einen festen Betrag an Zahlungsmitteln oder anderen finanziellen Vermögenswerten tauscht, ist (abgesehen von den in Paragraph 22A genannten Fällen) als Eigenkapitalinstrument einzustufen. Dementsprechend werden im Rahmen eines solchen Vertrags empfangene oder gezahlte Gegenleistungen direkt dem Eigenkapital zugeschrieben bzw. davon abgezogen. Ein Beispiel hierfür ist eine ausgegebene Anteilsoption, die die andere Vertragspartei gegen Zahlung eines festen Betrags an Zahlungsmitteln zum Kauf einer festen Anzahl von Anteilen des Unternehmens berechtigt. Ist das Unternehmen jedoch vertraglich verpflichtet, seine eigenen Anteile zu einem fest vereinbarten oder bestimmbaren Zeitpunkt oder auf Verlangen gegen Zahlungsmittel oder andere finanzielle Vermögenswerte zu kaufen (zurückzukaufen), hat es (abgesehen von Instrumenten, die alle in den Paragraphen 16A und 16B oder 16C und 16D beschriebenen Merkmale aufweisen und die dort genannten Bedingungen erfüllen) gleichzeitig eine finanzielle Verbindlichkeit in Höhe des Barwerts des Rückzahlungsbetrags anzusetzen. Ein Beispiel hierfür ist die Verpflichtung eines Unternehmens bei einem Termingeschäft, eine feste Anzahl eigener Anteile gegen einen festen Betrag an Zahlungsmitteln zurückzukaufen.
(b) Die Verpflichtung eines Unternehmens zum Kauf eigener Anteile gegen Zahlungsmittel begründet (mit Ausnahme der in den Paragraphen 16A und 16B oder 16C und 16D genannten Fälle) auch dann eine finanzielle Verbindlichkeit in Höhe des Barwerts des Rückzahlungsbetrags, wenn die Anzahl der Anteile, zu deren Rückkauf das Unternehmen verpflichtet ist, nicht festgelegt ist oder die Verpflichtung nur bei Ausübung des Rückgaberechts durch die andere Vertragspartei zu erfüllen ist. Ein Beispiel für eine solche bedingte Verpflichtung ist eine ausgegebene Option, die das Unternehmen zum Rückkauf eigener Anteile verpflichtet, wenn die Vertragspartei die Option ausübt.
(c) Ein in bar oder durch andere finanzielle Vermögenswerte erfüllter Vertrag stellt (mit Ausnahme der in den Paragraphen 16A und 16B oder 16C und 16D genannten Fälle) auch dann einen finanziellen Vermögenswert bzw. eine finanzielle Verbindlichkeit dar, wenn der zu erhaltende bzw. abzugebende Betrag an Zahlungsmitteln oder anderen finanziellen Vermögenswerten auf Änderungen des Marktpreises der eigenen Eigenkapitalinstrumente des Unternehmens beruht. Ein Beispiel hierfür ist eine Anteilsoption mit Nettobarausgleich.

Presentation

Liabilities and equity (paragraphs 15—27)

No contractual obligation to deliver cash or another financial asset (paragraphs 17—20)

Preference shares may be issued with various rights. In determining whether a preference share is a financial liability or an equity instrument, an issuer assesses the particular rights attaching to the share to determine whether it exhibits the fundamental characteristic of a financial liability. For example, a preference share that provides for redemption on a specific date or at the option of the holder contains a financial liability because the issuer has an obligation to transfer financial assets to the holder of the share. The potential inability of an issuer to satisfy an obligation to redeem a preference share when contractually required to do so, whether because of a lack of funds, a statutory restriction or insufficient profits or reserves, does not negate the obligation. An option of the issuer to redeem the shares for cash does not satisfy the definition of a financial liability because the issuer does not have a present obligation to transfer financial assets to the shareholders. In this case, redemption of the shares is solely at the discretion of the issuer. An obligation may arise, however, when the issuer of the shares exercises its option, usually by formally notifying the shareholders of an intention to redeem the shares. **AG25**

When preference shares are non-redeemable, the appropriate classification is determined by the other rights that attach to them. Classification is based on an assessment of the substance of the contractual arrangements and the definitions of a financial liability and an equity instrument. When distributions to holders of the preference shares, whether cumulative or non-cumulative, are at the discretion of the issuer, the shares are equity instruments. The classification of a preference share as an equity instrument or a financial liability is not affected by, for example: **AG26**

(a) a history of making distributions;
(b) an intention to make distributions in the future;
(c) a possible negative impact on the price of ordinary shares of the issuer if distributions are not made (because of restrictions on paying dividends on the ordinary shares if dividends are not paid on the preference shares);
(d) the amount of the issuer's reserves;
(e) an issuer's expectation of a profit or loss for a period; or
(f) an ability or inability of the issuer to influence the amount of its profit or loss for the period.

Settlement in the entity's own equity instruments (paragraphs 21—24)

The following examples illustrate how to classify different types of contracts on an entity's own equity instruments: **AG27**

(a) A contract that will be settled by the entity receiving or delivering a fixed number of its own shares for no future consideration, or exchanging a fixed number of its own shares for a fixed amount of cash or another financial asset, is an equity instrument (except as stated in paragraph 22A). Accordingly, any consideration received or paid for such a contract is added directly to or deducted directly from equity. One example is an issued share option that gives the counterparty a right to buy a fixed number of the entity's shares for a fixed amount of cash. However, if the contract requires the entity to purchase (redeem) its own shares for cash or another financial asset at a fixed or determinable date or on demand, the entity also recognises a financial liability for the present value of the redemption amount (with the exception of instruments that have all the features and meet the conditions in paragraphs 16A and 16B or paragraphs 16C and 16D). One example is an entity's obligation under a forward contract to repurchase a fixed number of its own shares for a fixed amount of cash.
(b) An entity's obligation to purchase its own shares for cash gives rise to a financial liability for the present value of the redemption amount even if the number of shares that the entity is obliged to repurchase is not fixed or if the obligation is conditional on the counterparty exercising a right to redeem (except as stated in paragraphs 16A and 16B or paragraphs 16C and 16D). One example of a conditional obligation is an issued option that requires the entity to repurchase its own shares for cash if the counterparty exercises the option.
(c) A contract that will be settled in cash or another financial asset is a financial asset or financial liability even if the amount of cash or another financial asset that will be received or delivered is based on changes in the market price of the entity's own equity (except as stated in paragraphs 16A and 16B or paragraphs 16C and 16D). One example is a net cash-settled share option.

(d) Ein Vertrag, der durch eine variable Anzahl eigener Anteile des Unternehmens erfüllt wird, dessen Wert einem festen Betrag oder einem von Änderungen einer zugrunde liegenden Variablen (beispielsweise eines Warenpreises) abhängigen Betrag entspricht, stellt einen finanziellen Vermögenswert bzw. eine finanzielle Verbindlichkeit dar. Ein Beispiel hierfür ist eine geschriebene Option auf den Kauf von Gold, die bei Ausübung netto in eigenen Eigenkapitalinstrumenten des Unternehmens erfüllt wird, wobei sich die Anzahl der abzugebenden Instrumente nach dem Wert des Optionskontrakts bemisst. Ein derartiger Vertrag stellt auch dann einen finanziellen Vermögenswert bzw. eine finanzielle Verbindlichkeit dar, wenn die zugrunde liegende Variable der Kurs der eigenen Anteile des Unternehmens und nicht das Gold ist. Auch ein Vertrag, der einen Ausgleich durch eine feste Anzahl eigener Anteile des Unternehmens vorsieht, die jedoch mit unterschiedlichen Rechten ausgestattet werden, sodass der Erfüllungsbetrag einem festen Betrag oder einem auf Änderungen einer zugrunde liegenden Variablen basierenden Betrag entspricht, ist als finanzieller Vermögenswert bzw. als finanzielle Verbindlichkeit einzustufen.

Bedingte Erfüllungsvereinbarungen (Paragraph 25)

AL28 Besteht ein Teil einer bedingten Erfüllungsvereinbarung, der einen Ausgleich in bar oder anderen finanziellen Vermögenswerten (oder eine andere als finanzielle Verbindlichkeit einzustufende Art der Erfüllung) erforderlich machen könnte, nicht wirklich, so hat die Erfüllungsvereinbarung gemäß Paragraph 25 keinen Einfluss auf die Einstufung eines Finanzinstruments. Somit ist ein Vertrag, der nur dann in bar oder durch eine variable Anzahl eigener Anteile zu erfüllen ist, wenn ein extrem seltenes, äußert ungewöhnliches und sehr unwahrscheinliches Ereignis eintritt, als Eigenkapitalinstrument einzustufen. Auch die Erfüllung durch eine feste Anzahl eigener Anteile des Unternehmens kann unter bestimmten Umständen, die sich der Kontrolle des Unternehmens entziehen, vertraglich ausgeschlossen sein; ist das Eintreten dieser Umstände jedoch höchst unwahrscheinlich, ist eine Einstufung als Eigenkapitalinstrument angemessen.

Behandlung im Konzernabschluss

AL29 Im Konzernabschluss weist ein Unternehmen die nicht beherrschenden Anteile – also die Anteile Dritter am Eigenkapital und Periodenergebnis seiner Tochterunternehmen – gemäß IAS 1 und IFRS 10 aus. Bei der Einstufung eines Finanzinstruments (oder eines seiner Bestandteile) im Konzernabschluss bestimmt ein Unternehmen anhand aller zwischen den Konzernmitgliedern und den Inhabern des Instruments vereinbarten Vertragsbedingungen, ob das Instrument den Konzern als Ganzes zur Lieferung von Zahlungsmitteln oder anderer finanzieller Vermögenswerte oder zu einer anderen Art der Erfüllung verpflichtet, die eine Einstufung als Verbindlichkeit nach sich zieht. Wenn ein Tochterunternehmen in einem Konzern ein Finanzinstrument emittiert und ein Mutterunternehmen oder ein anderes Konzernunternehmen mit den Inhabern des Instruments direkt zusätzliche Vertragsbedingungen (beispielsweise eine Garantie) vereinbart, liegen die Ausschüttungen oder die Rücknahme möglicherweise nicht mehr im Ermessen des Konzerns. Auch wenn es im Einzelabschluss des Tochterunternehmens angemessen sein kann, diese zusätzlichen Bedingungen bei der Einstufung des Instruments auszuklammern, sind die Auswirkungen anderer Vereinbarungen zwischen den Konzernmitgliedern und den Inhabern des Instruments zu berücksichtigen, um zu gewährleisten, dass der Konzernabschluss die vom Konzern als Ganzem eingegangenen Verträge und Transaktionen widerspiegelt. Soweit eine derartige Verpflichtung oder Erfüllungsvereinbarung besteht, ist das Instrument (oder dessen Bestandteil, auf den sich die Verpflichtung bezieht) im Konzernabschluss als finanzielle Verbindlichkeit einzustufen.

AL29A Nach den Paragraphen 16A und 16B oder 16C und 16D werden bestimmte Arten von Instrumenten, die für das Unternehmen mit einer vertraglichen Verpflichtung verbunden sind, als Eigenkapitalinstrumente eingestuft. Dies stellt eine Ausnahme von den allgemeinen Einstufungsgrundsätzen dieses Standards dar. Nicht anzuwenden ist diese Ausnahme bei der Einstufung nicht beherrschender Anteile im Konzernabschluss. Aus diesem Grund werden Instrumente, die nach den Paragraphen 16A und 16B oder den Paragraphen 16C und 16D im Einzelabschluss als Eigenkapital eingestuft sind und bei denen es sich um nicht beherrschende Anteile handelt, im Konzernabschluss als Verbindlichkeiten eingestuft.

Zusammengesetzte Finanzinstrumente (Paragraphen 28–32)

AL30 Paragraph 28 gilt nur für die Emittenten nicht derivativer zusammengesetzter Finanzinstrumente. Zusammengesetzte Finanzinstrumente werden in Paragraph 28 nicht aus Sicht der Inhaber behandelt. In IFRS 9 werden die Einstufung und die Bewertung von finanziellen Vermögenswerten, bei denen es sich um zusammengesetzte Finanzinstrumente handelt, aus Sicht der Inhaber behandelt.

AL31 Ein typisches Beispiel für ein zusammengesetztes Finanzinstrument ist ein Schuldinstrument, das eine eingebettete Tauschoption wie in Stammanteile des Emittenten wandelbare Anleihen enthält und keine anderen Merkmale eines eingebetteten Derivats aufweist. Paragraph 28 verlangt vom Emittenten eines solchen Finanzinstruments, die Schuld- und die Eigenkapitalkomponente in der Bilanz wie folgt getrennt auszuweisen:

(a) Die Verpflichtung des Emittenten zu regelmäßigen Zins- und Kapitalzahlungen stellt eine finanzielle Verbindlichkeit dar, die solange besteht, wie das Instrument nicht gewandelt wird. Beim erstmaligen Ansatz entspricht der beizulegende Zeitwert der Schuldkomponente dem Barwert der vertraglich festgelegten künftigen Zahlungsströme, die zum Marktzinssatz abgezinst werden, der zu diesem Zeitpunkt für Finanzinstrumente gültig ist, die einen vergleichbaren Kreditstatus haben und die bei gleichen Bedingungen zu im Wesentlichen den gleichen Zahlungsströmen führen, bei denen aber keine Tauschoption vorliegt.

(d) A contract that will be settled in a variable number of the entity's own shares whose value equals a fixed amount or an amount based on changes in an underlying variable (e.g. a commodity price) is a financial asset or a financial liability. An example is a written option to buy gold that, if exercised, is settled net in the entity's own instruments by the entity delivering as many of those instruments as are equal to the value of the option contract. Such a contract is a financial asset or financial liability even if the underlying variable is the entity's own share price rather than gold. Similarly, a contract that will be settled in a fixed number of the entity's own shares, but the rights attaching to those shares will be varied so that the settlement value equals a fixed amount or an amount based on changes in an underlying variable, is a financial asset or a financial liability.

Contingent settlement provisions (paragraph 25)

Paragraph 25 requires that if a part of a contingent settlement provision that could require settlement in cash or another financial asset (or in another way that would result in the instrument being a financial liability) is not genuine, the settlement provision does not affect the classification of a financial instrument. Thus, a contract that requires settlement in cash or a variable number of the entity's own shares only on the occurrence of an event that is extremely rare, highly abnormal and very unlikely to occur is an equity instrument. Similarly, settlement in a fixed number of an entity's own shares may be contractually precluded in circumstances that are outside the control of the entity, but if these circumstances have no genuine possibility of occurring, classification as an equity instrument is appropriate. **AG28**

Treatment in consolidated financial statements

In consolidated financial statements, an entity presents non-controlling interests—i.e. the interests of other parties in the equity and income of its subsidiaries—in accordance with IAS 1 and IFRS 10. When classifying a financial instrument (or a component of it) in consolidated financial statements, an entity considers all terms and conditions agreed between members of the group and the holders of the instrument in determining whether the group as a whole has an obligation to deliver cash or another financial asset in respect of the instrument or to settle it in a manner that results in liability classification. When a subsidiary in a group issues a financial instrument and a parent or other group entity agrees additional terms directly with the holders of the instrument (e.g. a guarantee), the group may not have discretion over distributions or redemption. Although the subsidiary may appropriately classify the instrument without regard to these additional terms in its individual financial statements, the effect of other agreements between members of the group and the holders of the instrument is considered in order to ensure that consolidated financial statements reflect the contracts and transactions entered into by the group as a whole. To the extent that there is such an obligation or settlement provision, the instrument (or the component of it that is subject to the obligation) is classified as a financial liability in consolidated financial statements. **AG29**

Some types of instruments that impose a contractual obligation on the entity are classified as equity instruments in accordance with paragraphs 16A and 16B or paragraphs 16C and 16D. Classification in accordance with those paragraphs is an exception to the principles otherwise applied in this Standard to the classification of an instrument. This exception is not extended to the classification of non-controlling interests in the consolidated financial statements. Therefore, instruments classified as equity instruments in accordance with either paragraphs 16A and 16B or paragraphs 16C and 16D in the separate or individual financial statements that are non-controlling interests are classified as liabilities in the consolidated financial statements of the group. **AG29A**

Compound financial instruments (paragraphs 28—32)

Paragraph 28 applies only to issuers of non-derivative compound financial instruments. Paragraph 28 does not deal with compound financial instruments from the perspective of holders. IFRS 9 deals with the classification and measurement of financial assets that are compound financial instruments from the holder's perspective. **AG30**

A common form of compound financial instrument is a debt instrument with an embedded conversion option, such as a bond convertible into ordinary shares of the issuer, and without any other embedded derivative features. Paragraph 28 requires the issuer of such a financial instrument to present the liability component and the equity component separately in the statement of financial position, as follows: **AG31**

(a) The issuer's obligation to make scheduled payments of interest and principal is a financial liability that exists as long as the instrument is not converted. On initial recognition, the fair value of the liability component is the present value of the contractually determined stream of future cash flows discounted at the rate of interest applied at that time by the market to instruments of comparable credit status and providing substantially the same cash flows, on the same terms, but without the conversion option.

(b) Das Eigenkapitalinstrument besteht in einer eingebetteten Option auf Wandlung der Verbindlichkeit in Eigenkapital des Emittenten. Diese Option hat beim erstmaligen Ansatz auch dann einen Wert, wenn sie aus dem Geld ist.

AL32 Bei Wandlung eines wandelbaren Instruments zum Fälligkeitstermin wird die Schuldkomponente ausgebucht und im Eigenkapital erfasst. Die ursprüngliche Eigenkapitalkomponente wird weiterhin als Eigenkapital geführt (kann jedoch von einem Eigenkapitalposten in einen anderen umgebucht werden). Bei der Umwandlung zum Fälligkeitstermin entsteht kein Gewinn oder Verlust.

AL33 Wird ein wandelbares Instrument durch frühzeitige Rücknahme oder frühzeitigen Rückkauf, bei dem die ursprünglichen Wandlungsrechte unverändert bestehen bleiben, vor seiner Fälligkeit getilgt, werden das entrichtete Entgelt und alle Transaktionskosten für den Rückkauf oder die Rücknahme zum Zeitpunkt der Transaktion den Schuld- und Eigenkapitalkomponenten des Instruments zugeordnet. Die Aufteilung der entrichteten Entgelte und Transaktionskosten auf die beiden Komponenten muss gemäß den Paragraphen 28–32 nach derselben Methode erfolgen wie die ursprüngliche Aufteilung der vom Unternehmen bei der Emission des wandelbaren Instruments vereinnahmten Erlöse.

AL34 Nach der Aufteilung des Entgelts sind alle daraus resultierenden Gewinne oder Verluste nach den für die jeweilige Komponente maßgeblichen Rechnungslegungsgrundsätzen zu behandeln:

(a) der Gewinn oder Verlust, der sich auf die Schuldkomponente bezieht, wird erfolgswirksam erfasst, und
(b) der Betrag des Entgelts, der sich auf die Eigenkapitalkomponente bezieht, wird im Eigenkapital erfasst.

AL35 Ein Unternehmen kann die Bedingungen eines wandelbaren Instruments ändern, um eine frühzeitige Wandlung herbeizuführen, beispielsweise durch das Angebot eines günstigeren Umtauschverhältnisses oder die Zahlung eines zusätzlichen Entgelts bei Wandlung vor einem festgesetzten Termin. Die Differenz, die zum Zeitpunkt der Änderung der Bedingungen zwischen dem beizulegenden Zeitwert des Entgelts, das der Inhaber bei Wandlung des Instruments gemäß den geänderten Bedingungen erhält, und dem beizulegenden Zeitwert des Entgelts, das der Inhaber gemäß den ursprünglichen Bedingungen erhalten hätte, besteht, wird erfolgswirksam als Aufwand erfasst.

Eigene Anteile (Paragraphen 33 und 34)

AL36 Die eigenen Eigenkapitalinstrumente eines Unternehmens werden unabhängig vom Grund ihres Rückkaufs nicht als finanzieller Vermögenswert angesetzt. Paragraph 33 schreibt vor, dass zurückgekaufte eigene Eigenkapitalinstrumente vom Eigenkapital abzuziehen sind (aber siehe auch Paragraph 33A). Hält ein Unternehmen dagegen eigene Eigenkapitalinstrumente im Namen Dritter, wie dies etwa bei einem Finanzinstitut der Fall ist, das eigene Eigenkapitalinstrumente im Namen eines Kunden hält, liegt ein Vermittlungsgeschäft vor, sodass diese Bestände nicht in die Bilanz des Unternehmens einfließen.

Zinsen, Dividenden, Verluste und Gewinne (Paragraphen 35–41)

AL37 Das folgende Beispiel veranschaulicht die Anwendung des Paragraphen 35 auf ein zusammengesetztes Finanzinstrument. Es wird von der Annahme ausgegangen, dass ein nicht kumulativer Vorzugsanteil in fünf Jahren gegen Zahlungsmittel rückgabepflichtig ist, die Zahlung von Dividenden vor dem Rücknahmetermin jedoch im Ermessen des Unternehmens liegt. Ein solches Instrument ist ein zusammengesetztes Finanzinstrument, dessen Schuldkomponente dem Barwert des Rückzahlungsbetrags entspricht. Die Aufzinsung dieser Komponente wird erfolgswirksam erfasst und als Zinsaufwendungen eingestuft. Alle gezahlten Dividenden beziehen sich auf die Eigenkapitalkomponente und werden dementsprechend als Ausschüttung des Gewinns oder Verlusts erfasst. Eine ähnliche Bilanzierungsweise fände auch dann Anwendung, wenn die Rücknahme nicht obligatorisch ist, sondern auf Wunsch des Inhabers erfolgte oder die Verpflichtung bestünde, den Anteil in eine variable Anzahl von Stammanteilen umzuwandeln, deren Höhe einem festen Betrag oder einem von Änderungen einer zugrunde liegenden Variablen (beispielsweise einer Ware) abhängigen Betrag entspricht. Werden dem Rückzahlungsbetrag jedoch noch nicht gezahlte Dividenden hinzugefügt, stellt das gesamte Instrument eine Verbindlichkeit dar. In diesem Fall sind alle Dividenden als Zinsaufwendungen einzustufen.

Saldierung eines finanziellen Vermögenswerts und einer finanziellen Verbindlichkeit (Paragraphen 42–50)

AL38 [gestrichen]

Kriterium, demzufolge ein Unternehmen „zum gegenwärtigen Zeitpunkt ein einklagbares Recht hat, die erfassten Beträge miteinander zu verrechnen“ (Paragraph 42 (a))

AL38A Ein Anspruch auf Saldierung kann zum gegenwärtigen Zeitpunkt bereits bestehen oder durch ein künftiges Ereignis ausgelöst werden (so kann der Anspruch beispielsweise durch das Eintreten eines künftigen Ereignisses wie eines Ausfalls, einer Insolvenz oder eines Konkurses einer der Vertragsparteien entstehen oder durchsetzbar werden). Selbst wenn der Anspruch auf Saldierung nicht von einem künftigen Ereignis abhängt, ist er möglicherweise nur im Rahmen der gewöhnlichen Geschäftstätigkeit oder nur im Falle eines Ausfalls, einer Insolvenz oder eines Konkurses einer oder sämtlicher Vertragsparteien durchsetzbar.

AL38B Um das Kriterium in Paragraph 42 (a) zu erfüllen, muss ein Unternehmen zum gegenwärtigen Zeitpunkt einen einklagbaren Anspruch auf Saldierung haben. Dies bedeutet, dass der Anspruch auf Saldierung

(b) The equity instrument is an embedded option to convert the liability into equity of the issuer. This option has value on initial recognition even when it is out of the money.

On conversion of a convertible instrument at maturity, the entity derecognises the liability component and recognises it as equity. The original equity component remains as equity (although it may be transferred from one line item within equity to another). There is no gain or loss on conversion at maturity. AG32

When an entity extinguishes a convertible instrument before maturity through an early redemption or repurchase in which the original conversion privileges are unchanged, the entity allocates the consideration paid and any transaction costs for the repurchase or redemption to the liability and equity components of the instrument at the date of the transaction. The method used in allocating the consideration paid and transaction costs to the separate components is consistent with that used in the original allocation to the separate components of the proceeds received by the entity when the convertible instrument was issued, in accordance with paragraphs 28—32. AG33

Once the allocation of the consideration is made, any resulting gain or loss is treated in accordance with accounting principles applicable to the related component, as follows: AG34
(a) the amount of gain or loss relating to the liability component is recognised in profit or loss; and
(b) the amount of consideration relating to the equity component is recognised in equity.

An entity may amend the terms of a convertible instrument to induce early conversion, for example by offering a more favourable conversion ratio or paying other additional consideration in the event of conversion before a specified date. The difference, at the date the terms are amended, between the fair value of the consideration the holder receives on conversion of the instrument under the revised terms and the fair value of the consideration the holder would have received under the original terms is recognised as a loss in profit or loss. AG35

Treasury shares (paragraphs 33 and 34)

An entity's own equity instruments are not recognised as a financial asset regardless of the reason for which they are reacquired. Paragraph 33 requires an entity that reacquires its own equity instruments to deduct those equity instruments from equity. However, when an entity holds its own equity on behalf of others, e.g. a financial institution holding its own equity on behalf of a client, there is an agency relationship and as a result those holdings are not included in the entity's statement of financial position. AG36

Interest, dividends, losses and gains (paragraphs 35—41)

The following example illustrates the application of paragraph 35 to a compound financial instrument. Assume that a non-cumulative preference share is mandatorily redeemable for cash in five years, but that dividends are payable at the discretion of the entity before the redemption date. Such an instrument is a compound financial instrument, with the liability component being the present value of the redemption amount. The unwinding of the discount on this component is recognised in profit or loss and classified as interest expense. Any dividends paid relate to the equity component and, accordingly, are recognised as a distribution of profit or loss. A similar treatment would apply if the redemption was not mandatory but at the option of the holder, or if the share was mandatorily convertible into a variable number of ordinary shares calculated to equal a fixed amount or an amount based on changes in an underlying variable (e.g. commodity). However, if any unpaid dividends are added to the redemption amount, the entire instrument is a liability. In such a case, any dividends are classified as interest expense. AG37

Offsetting a financial asset and a financial liability (paragraphs 42—50)

[deleted] AG38

Criterion that an entity 'currently has a legally enforceable right to set off the recognised amounts' (paragraph 42 (a))

A right of set-off may be currently available or it may be contingent on a future event (for example, the right may be triggered or exercisable only on the occurrence of some future event, such as the default, insolvency or bankruptcy of one of the counterparties). Even if the right of set-off is not contingent on a future event, it may only be legally enforceable in the normal course of business, or in the event of default, or in the event of insolvency or bankruptcy, of one or all of the counterparties. AG38A

To meet the criterion in paragraph 42 (a), an entity must currently have a legally enforceable right of set-off. This means that the right of set-off: AG38B

(a) nicht von einem künftigen Ereignis abhängen darf, und
(b) in allen nachfolgend genannten Situationen einklagbar sein muss:
   (i) im Rahmen der gewöhnlichen Geschäftstätigkeit,
   (ii) im Falle eines Ausfalls und
   (iii) im Falle einer Insolvenz oder eines Konkurses
   des Unternehmens und aller anderen Vertragsparteien.

AL38C Art und Umfang des Anspruchs auf Saldierung, einschließlich der an die Ausübung des Anspruchs geknüpften Bedingungen und des Umstands, ob der Anspruch im Falle eines Ausfalls, einer Insolvenz oder eines Konkurses weiter fortbestehen würde, können von einer Rechtsordnung zur anderen variieren. Folglich kann nicht davon ausgegangen werden, dass der Anspruch auf Saldierung außerhalb der gewöhnlichen Geschäftstätigkeit automatisch zur Verfügung steht. So kann z. B. das Konkurs- oder Insolvenzrecht eines Landes den Anspruch auf Saldierung bei einem Konkurs oder einer Insolvenz in bestimmten Fällen untersagen oder einschränken.

AL38D Bei der Feststellung, ob der Anspruch auf Saldierung im Rahmen der gewöhnlichen Geschäftstätigkeit, bei Ausfall, Insolvenz oder Konkurs des Unternehmens und aller anderen Vertragsparteien einklagbar ist (wie in Paragraph AL38B (b) festgelegt), sind die auf die Beziehungen zwischen den Parteien anwendbaren Rechtsvorschriften (wie z. B. Vertragsbestimmungen, das auf einen Vertrag anwendbare Recht oder die auf die Parteien anwendbaren Ausfall-, Insolvenz- oder Konkursvorschriften) zu berücksichtigen.

Kriterium, dass ein Unternehmen „beabsichtigt, entweder den Ausgleich auf Nettobasis herbeizuführen, oder gleichzeitig mit der Verwertung des betreffenden Vermögenswerts die dazugehörige Verbindlichkeit abzulösen" (Paragraph 42 (b))

AL38E Um das Kriterium in Paragraph 42 (b) zu erfüllen, muss ein Unternehmen beabsichtigen, entweder den Ausgleich auf Nettobasis herbeizuführen oder gleichzeitig mit der Verwertung des betreffenden Vermögenswerts die dazugehörige Verbindlichkeit abzulösen. Das Unternehmen kann zwar einen Anspruch auf Herbeiführung eines Ausgleichs auf Nettobasis haben, aber dennoch den Vermögenswert verwerten und die Verbindlichkeit gesondert begleichen.

AL38F Kann ein Unternehmen Beträge so begleichen, dass das Ergebnis tatsächlich dem Ausgleich auf Nettobasis entspricht, erfüllt das Unternehmen das Kriterium für diesen Ausgleich in Paragraph 42 (b). Dieser Fall ist nur dann gegeben, wenn der Bruttoausgleichsmechanismus Merkmale aufweist, die ein Ausfall- und Liquiditätsrisiko beseitigen oder zu einem unwesentlichen Ausfall- und Liquiditätsrisiko führen und die Forderungen und Verbindlichkeiten in einem einzigen Erfüllungsprozess oder -zyklus ausgleicht. So würde beispielsweise ein Bruttoausgleichsverfahren, das sämtliche der nachfolgend genannten Merkmale aufweist, das Nettoausgleichskriterium in Paragraph 42 (b) erfüllen:
(a) finanzielle Vermögenswerte und finanzielle Verbindlichkeiten, die für eine Saldierung infrage kommen, werden zum selben Zeitpunkt zur Ausführung gegeben,
(b) sobald die finanziellen Vermögenswerte und finanziellen Verbindlichkeiten zur Ausführung gegeben wurden, besteht für die Parteien eine Verpflichtung zum Ausgleich,
(c) Zahlungsströme aus Vermögenswerten und Verbindlichkeiten können sich nicht ändern, sobald letztere zur Ausführung gegeben wurden (es sei denn, die Ausführung kommt nicht zustande–siehe nachfolgend (d)),
(d) Vermögenswerte und Verbindlichkeiten, die durch Wertpapiere besichert sind, werden mittels eines Wertpapierübertragungs- oder durch ein ähnliches System ausgeglichen (z. B. Lieferung gegen Zahlung), sodass der Ausgleich für die entsprechende Forderung oder Verbindlichkeit, die durch die Wertpapiere unterlegt ist, nicht zustande kommt, wenn die Wertpapierübertragung nicht zustande kommt (und umgekehrt),
(e) jede im Sinne von (d) nicht zustande gekommene Transaktion wird erneut zur Ausführung gegeben, bis sie ausgeglichen ist,
(f) der Ausgleich wird von derselben Institution vorgenommen (z. B. einer Abwicklungsbank, einer Zentralbank oder einem Zentralverwahrer), und
(g) es besteht eine untertägige Kreditlinie, die ausreichende Überziehungsbeträge zur Verfügung stellt, um die Ausführung der Zahlungen am Erfüllungstag für jede Partei zu ermöglichen, und es ist so gut wie sicher, dass diese untertägige Kreditlinie nach Inanspruchnahme wieder ausgeglichen wird.

AL39 Der Standard sieht keine spezielle Behandlung für sogenannte „synthetische Finanzinstrumente" vor, worunter Gruppen einzelner Finanzinstrumente zu verstehen sind, die erworben und gehalten werden, um die Eigenschaften eines anderen Finanzinstruments nachzuahmen. Eine variabel verzinsliche langfristige Anleihe, die mit einem Zinsswap kombiniert wird, der den Erhalt variabler Zahlungen und die Leistung fester Zahlungen enthält, synthetisiert beispielsweise eine festverzinsliche langfristige Anleihe. Jedes der einzelnen Finanzinstrumente eines „synthetischen Finanzinstruments" stellt ein vertragliches Recht bzw. eine vertragliche Verpflichtung mit eigenen Laufzeiten und Vertragsbedingungen dar, sodass jedes Instrument für sich übertragen oder verrechnet werden kann. Jedes Finanzinstrument ist Risiken ausgesetzt, die von denen anderer Finanzinstrumente abweichen können. Wenn das eine Finanzinstrument eines „synthetischen Finanzinstruments" ein Vermögenswert und das andere eine Schuld ist, werden diese dementsprechend nur dann auf Nettobasis in der Unternehmensbilanz saldiert und ausgewiesen, wenn sie die Saldierungskriterien in Paragraph 42 erfüllen.

AL40 [gestrichen]

(a) must not be contingent on a future event; and
(b) must be legally enforceable in all of the following circumstances:
    (i) the normal course of business;
    (ii) the event of default; and
    (iii) the event of insolvency or bankruptcy of the entity and all of the counterparties.

The nature and extent of the right of set-off, including any conditions attached to its exercise and whether it would remain in the event of default or insolvency or bankruptcy, may vary from one legal jurisdiction to another. Consequently, it cannot be assumed that the right of set-off is automatically available outside of the normal course of business. For example, the bankruptcy or insolvency laws of a jurisdiction may prohibit, or restrict, the right of set-off in the event of bankruptcy or insolvency in some circumstances. AG38C

The laws applicable to the relationships between the parties (for example, contractual provisions, the laws governing the contract, or the default, insolvency or bankruptcy laws applicable to the parties) need to be considered to ascertain whether the right of set-off is enforceable in the normal course of business, in an event of default, and in the event of insolvency or bankruptcy, of the entity and all of the counterparties (as specified in paragraph AG38B (b)). AG38D

Criterion that an entity 'intends either to settle on a net basis, or to realise the asset and settle the liability simultaneously' (paragraph 42 (b))

To meet the criterion in paragraph 42 (b) an entity must intend either to settle on a net basis or to realise the asset and settle the liability simultaneously. Although the entity may have a right to settle net, it may still realise the asset and settle the liability separately. AG38E

If an entity can settle amounts in a manner such that the outcome is, in effect, equivalent to net settlement, the entity will meet the net settlement criterion in paragraph 42 (b). This will occur if, and only if, the gross settlement mechanism has features that eliminate or result in insignificant credit and liquidity risk, and that will process receivables and payables in a single settlement process or cycle. For example, a gross settlement system that has all of the following characteristics would meet the net settlement criterion in paragraph 42 (b): AG38F
(a) financial assets and financial liabilities eligible for set-off are submitted at the same point in time for processing;
(b) once the financial assets and financial liabilities are submitted for processing, the parties are committed to fulfil the settlement obligation;
(c) there is no potential for the cash flows arising from the assets and liabilities to change once they have been submitted for processing (unless the processing fails—see (d) below);
(d) assets and liabilities that are collateralised with securities will be settled on a securities transfer or similar system (for example, delivery versus payment), so that if the transfer of securities fails, the processing of the related receivable or payable for which the securities are collateral will also fail (and vice versa);
(e) any transactions that fail, as outlined in (d), will be re-entered for processing until they are settled;
(f) settlement is carried out through the same settlement institution (for example, a settlement bank, a central bank or a central securities depository); and
(g) an intraday credit facility is in place that will provide sufficient overdraft amounts to enable the processing of payments at the settlement date for each of the parties, and it is virtually certain that the intraday credit facility will be honoured if called upon.

The standard does not provide special treatment for so-called 'synthetic instruments', which are groups of separate financial instruments acquired and held to emulate the characteristics of another instrument. For example, a floating rate long-term debt combined with an interest rate swap that involves receiving floating payments and making fixed payments synthesises a fixed rate long-term debt. Each of the individual financial instruments that together constitute a 'synthetic instrument' represents a contractual right or obligation with its own terms and conditions and each may be transferred or settled separately. Each financial instrument is exposed to risks that may differ from the risks to which other financial instruments are exposed. Accordingly, when one financial instrument in a 'synthetic instrument' is an asset and another is a liability, they are not offset and presented in an entity's statement of financial position on a net basis unless they meet the criteria for offsetting in paragraph 42. AG39

[deleted] AG40

INTERNATIONAL ACCOUNTING STANDARD 33
Ergebnis je Aktie

INHALT

ZIELSETZUNG

1 Ziel dieses Standards ist die Festlegung von Leitlinien für die Ermittlung und Darstellung des Ergebnisses je Aktie, um die Ertragskraft unterschiedlicher Unternehmen in einer Berichtsperiode und ein- und desselben Unternehmens in unterschiedlichen Berichtsperioden besser miteinander vergleichen zu können. Auch wenn die Aussagefähigkeit der Daten zum Ergebnis je Aktie aufgrund unterschiedlicher Rechnungslegungsmethoden bei der Ermittlung des „Ergebnisses" eingeschränkt ist, verbessert ein auf einheitliche Weise festgelegter Nenner die Finanzberichterstattung. Das Hauptaugenmerk dieses Standards liegt auf der Bestimmung des Nenners bei der Berechnung des Ergebnisses je Aktie.

ANWENDUNGSBEREICH

2 **Dieser Standard ist anwendbar auf:**

(a) den Einzelabschluss eines Unternehmens,

(i) dessen Stammaktien oder potenzielle Stammaktien öffentlich (d. h. an einer in- oder ausländischen Börse oder außerbörslich, einschließlich an lokalen und regionalen Märkten) gehandelt werden, oder

(ii) das seinen Abschluss zwecks Emission von Stammaktien auf einem öffentlichen Markt bei einer Wertpapieraufsichts- oder anderen Regulierungsbehörde einreicht, und

(b) den Konzernabschluss eines Konzerns mit einem Mutterunternehmen,

(i) dessen Stammaktien oder potenzielle Stammaktien öffentlich (d. h. an einer in- oder ausländischen Börse oder außerbörslich, einschließlich an lokalen und regionalen Märkten) gehandelt werden, oder

(ii) das seinen Abschluss zwecks Emission von Stammaktien auf einem öffentlichen Markt bei einer Wertpapieraufsichts- oder anderen Regulierungsbehörde einreicht.

3 **Ein Unternehmen, das das Ergebnis je Aktie angibt, hat dieses gemäß diesem Standard zu ermitteln und anzugeben.**

4 **Legt ein Unternehmen sowohl Konzernabschlüsse als auch Einzelabschlüsse nach IFRS 10 *Konzernabschlüsse* bzw. IAS 27 *Einzelabschlüsse* vor, so müssen sich die im vorliegenden Standard geforderten Angaben lediglich auf die konsolidierten Informationen stützen. Ein Unternehmen, das sich zur Angabe des Ergebnisses je Aktie auf der Grundlage seines Einzelabschlusses entscheidet, hat diese Ergebnisse ausschließlich in der Gesamtergebnisrechnung des Einzelabschlusses, nicht aber im Konzernabschluss anzugeben.**

INTERNATIONAL ACCOUNTING STANDARD 33
Earnings per share

SUMMARY

OBJECTIVE

The objective of this standard is to prescribe principles for the determination and presentation of earnings per share, so as to improve performance comparisons between different entities in the same reporting period and between different reporting periods for the same entity. Even though earnings per share data have limitations because of the different accounting policies that may be used for determining 'earnings', a consistently determined denominator enhances financial reporting. The focus of this standard is on the denominator of the earnings per share calculation. 1

SCOPE

This standard shall apply to: 2

(a) the separate or individual financial statements of an entity:

(i) whose ordinary shares or potential ordinary shares are traded in a public market (a domestic or foreign stock exchange or an over-the-counter market, including local and regional markets); or

(ii) that files, or is in the process of filing, its financial statements with a securities commission or other regulatory organisation for the purpose of issuing ordinary shares in a public market; and

(b) the consolidated financial statements of a group with a parent:

(i) whose ordinary shares or potential ordinary shares are traded in a public market (a domestic or foreign stock exchange or an over-the-counter market, including local and regional markets); or

(ii) that files, or is in the process of filing, its financial statements with a securities commission or other regulatory organisation for the purpose of issuing ordinary shares in a public market.

An entity that discloses earnings per share shall calculate and disclose earnings per share in accordance with this standard. 3

When an entity presents both consolidated financial statements and separate financial statements prepared in accordance with IFRS 10 *Consolidated Financial Statements* and IAS 27 *Separate Financial Statements*, respectively, the disclosures required by this Standard need be presented only on the basis of the consolidated information. An entity that chooses to disclose earnings per share based on its separate financial statements shall present such earnings per share information only in its statement of comprehensive income. An entity shall not present such earnings per share information in the consolidated financial statements. 4

4A **Stellt ein Unternehmen die Ergebnisbestandteile gemäß Paragraph 10A von IAS 1 *Darstellung des Abschlusses* (in der 2011 geänderten Fassung) in einer gesonderten Gewinn- und Verlustrechnung dar, so hat es das Ergebnis je Aktie nur dort auszuweisen.**

DEFINITIONEN

5 **Die folgenden Begriffe werden in diesem Standard mit der angegebenen Bedeutung verwendet:**

Unter *Verwässerungsschutz* versteht man eine Erhöhung des Ergebnisses je Aktie bzw. eine Reduzierung des Verlusts je Aktie aufgrund der Annahme, dass wandelbare Instrumente umgewandelt, Optionen oder Optionsscheine ausgeübt oder Stammaktien unter bestimmten Voraussetzungen ausgegeben werden.

Eine *Vereinbarung zur bedingten Aktienausgabe* ist eine Vereinbarung zur Ausgabe von Aktien, die an die Erfüllung bestimmter Bedingungen geknüpft ist.

***Bedingt emissionsfähige Aktien* sind Stammaktien, die gegen eine geringe oder gar keine Zahlung oder andere Art von Gegenleistung ausgegeben werden, sofern bestimmte Voraussetzungen einer Vereinbarung zur bedingten Aktienausgabe erfüllt sind.**

Unter *Verwässerung* versteht man eine Reduzierung des Gewinns je Aktie bzw. eine Erhöhung des Verlusts je Aktie aufgrund der Annahme, dass wandelbare Instrumente umgewandelt, Optionen oder Optionsscheine ausgeübt oder Stammaktien unter bestimmten Voraussetzungen ausgegeben werden.

***Optionen, Optionsscheine und ihre Äquivalente* sind Finanzinstrumente, die ihren Inhaber zum Kauf von Stammaktien berechtigen.**

Eine *Stammaktie* ist ein Eigenkapitalinstrument, das allen anderen Arten von Eigenkapitalinstrumenten nachgeordnet ist.

Eine *potenzielle Stammaktie* ist ein Finanzinstrument oder sonstiger Vertrag, das bzw. der dem Inhaber ein Anrecht auf Stammaktien verbriefen kann.

***Verkaufsoptionen* auf Stammaktien sind Verträge, die es dem Inhaber ermöglichen, über einen bestimmten Zeitraum Stammaktien zu einem bestimmten Kurs zu verkaufen.**

6 Stammaktien erhalten erst einen Anteil am Ergebnis, nachdem andere Aktienarten, wie etwa Vorzugsaktien, bedient wurden. Ein Unternehmen kann unterschiedliche Arten von Stammaktien emittieren. Stammaktien derselben Art verleihen dasselbe Anrecht auf den Bezug von Dividenden.

7 Beispiele für potenzielle Stammaktien sind
(a) finanzielle Verbindlichkeiten oder Eigenkapitalinstrumente, einschließlich Vorzugsaktien, die in Stammaktien umgewandelt werden können,
(b) Optionen und Optionsscheine,
(c) Aktien, die bei Erfüllung vertraglicher Bedingungen, wie dem Erwerb eines Unternehmens oder anderer Vermögenswerte, ausgegeben werden.

8 In IAS 32 *Finanzinstrumente: Darstellung* definierte Begriffe werden im vorliegenden Standard mit der in Paragraph 11 von IAS 32 angegebenen Bedeutung verwendet, sofern nichts anderes angegeben ist. IAS 32 definiert die Begriffe Finanzinstrument, finanzieller Vermögenswert, finanzielle Verbindlichkeit und Eigenkapitalinstrument und liefert Hinweise zur Anwendung dieser Definitionen. IFRS 13 *Bewertung zum beizulegenden Zeitwert* definiert den Begriff beizulegender Zeitwert und legt die Vorschriften zur Anwendung dieser Definition fest.

BEWERTUNG

Unverwässertes Ergebnis je Aktie

9 **Ein Unternehmen hat für den den Stammaktionären des Mutterunternehmens zurechenbaren Gewinn oder Verlust das unverwässerte Ergebnis je Aktie zu ermitteln; sofern ein entsprechender Ausweis erfolgt, ist auch für den diesen Stammaktionären zurechenbaren Gewinn oder Verlust aus fortzuführenden Geschäftsbereichen ein unverwässertes Ergebnis je Aktie darzustellen.**

10 **Das unverwässerte Ergebnis je Aktie ist zu ermitteln, indem der den Stammaktionären des Mutterunternehmens zustehende Gewinn oder Verlust (Zähler) durch die gewichtete durchschnittliche Anzahl der innerhalb der Berichtsperiode im Umlauf gewesenen Stammaktien (Nenner) dividiert wird.**

11 Die Angabe des unverwässerten Ergebnisses je Aktie dient dem Zweck, einen Maßstab für die Beteiligung jeder Stammaktie eines Mutterunternehmens an der Ertragskraft des Unternehmens während des Berichtszeitraums bereitzustellen.

Ergebnis

12 **Zur Ermittlung des unverwässerten Ergebnisses je Aktie sind die Beträge, die den Stammaktionären des Mutterunternehmens zugerechnet werden können im Hinblick auf**
(a) den Gewinn oder Verlust aus fortzuführenden Geschäftsbereichen, der auf das Mutterunternehmen entfällt, und
(b) den dem Mutterunternehmen zuzurechnenden Gewinn oder Verlust

If an entity presents items of profit or loss in a separate statement as described in paragraph 10A of IAS 1 *Presentation of Financial Statements* (as amended in 2011), it presents earnings per share only in that separate statement. 4A

DEFINITIONS

The following terms are used in this standard with the meanings specified: 5

***Antidilution* is an increase in earnings per share or a reduction in loss per share resulting from the assumption that convertible instruments are converted, that options or warrants are exercised, or that ordinary shares are issued upon the satisfaction of specified conditions.**

A *contingent share agreement* is an agreement to issue shares that is dependent on the satisfaction of specified conditions.

***Contingently issuable ordinary shares* are ordinary shares issuable for little or no cash or other consideration upon the satisfaction of specified conditions in a contingent share agreement.**

***Dilution* is a reduction in earnings per share or an increase in loss per share resulting from the assumption that convertible instruments are converted, that options or warrants are exercised, or that ordinary shares are issued upon the satisfaction of specified conditions.**

***Options, warrants and their equivalents* are financial instruments that give the holder the right to purchase ordinary shares.**

An *ordinary share* is an equity instrument that is subordinate to all other classes of equity instruments.

A *potential ordinary share* is a financial instrument or other contract that may entitle its holder to ordinary shares.

***Put options* on ordinary shares are contracts that give the holder the right to sell ordinary shares at a specified price for a given period.**

Ordinary shares participate in profit for the period only after other types of shares such as preference shares have participated. An entity may have more than one class of ordinary shares. Ordinary shares of the same class have the same rights to receive dividends. 6

Examples of potential ordinary shares are: 7

(a) financial liabilities or equity instruments, including preference shares, that are convertible into ordinary shares;
(b) options and warrants;
(c) shares that would be issued upon the satisfaction of conditions resulting from contractual arrangements, such as the purchase of a business or other assets.

Terms defined in IAS 32 *Financial Instruments: Presentation* are used in this Standard with the meanings specified in paragraph 11 of IAS 32, unless otherwise noted. IAS 32 defines financial instrument, financial asset, financial liability and equity instrument, and provides guidance on applying those definitions. IFRS 13 *Fair Value Measurement* defines fair value and sets out requirements for applying that definition. 8

MEASUREMENT

Basic earnings per share

An entity shall calculate basic earnings per share amounts for profit or loss attributable to ordinary equity holders of the parent entity and, if presented, profit or loss from continuing operations attributable to those equity holders. 9

Basic earnings per share shall be calculated by dividing profit or loss attributable to ordinary equity holders of the parent entity (the numerator) by the weighted average number of ordinary shares outstanding (the denominator) during the period. 10

The objective of basic earnings per share information is to provide a measure of the interests of each ordinary share of a parent entity in the performance of the entity over the reporting period. 11

Earnings

For the purpose of calculating basic earnings per share, the amounts attributable to ordinary equity holders of the parent entity in respect of: 12

(a) profit or loss from continuing operations attributable to the parent entity; and
(b) profit or loss attributable to the parent entity;

die Beträge in (a) und (b), bereinigt um die Nachsteuerbeträge von Vorzugsdividenden, Differenzen bei Erfüllung von Vorzugsaktien sowie ähnlichen Auswirkungen aus der Einstufung von Vorzugsaktien als Eigenkapital.

13 Alle Ertrags- und Aufwandsposten, die Stammaktionären des Mutterunternehmens zuzurechnen sind und in einer Periode erfasst werden, darunter auch Steueraufwendungen und als Verbindlichkeiten eingestufte Dividenden auf Vorzugsaktien, sind in die Ermittlung des Gewinns oder Verlusts, der den Stammaktionären des Mutterunternehmens zuzurechnen ist, einzubeziehen (siehe IAS 1).

14 Vom Gewinn oder Verlust abgezogen werden
(a) der Nachsteuerbetrag jedweder für diese Periode beschlossener Vorzugsdividenden auf nicht kumulative Vorzugsaktien und
(b) der Nachsteuerbetrag der in dieser Periode für kumulative Vorzugsaktien benötigten Vorzugsdividenden, unabhängig davon, ob die Dividenden beschlossen wurden oder nicht. Nicht im Betrag der für diese Periode beschlossenen Vorzugsdividenden enthalten sind die während dieser Periode für frühere Perioden gezahlten oder beschlossenen Vorzugsdividenden auf kumulative Vorzugsaktien.

15 Vorzugsaktien, die mit einer niedrigen Ausgangsdividende ausgestattet sind, um einem Unternehmen einen Ausgleich dafür zu schaffen, dass es die Vorzugsaktien mit einem Abschlag verkauft hat, oder in späteren Perioden zu einer höheren Dividende berechtigen, um den Investoren einen Ausgleich dafür zu bieten, dass sie die Vorzugsaktien mit einem Aufschlag erwerben, werden auch als Vorzugsaktien mit steigender Gewinnberechtigung bezeichnet. Jeder Ausgabeabschlag bzw. -aufschlag bei Erstemission von Vorzugsaktien mit steigender Gewinnberechtigung wird unter Anwendung der Effektivzinsmethode den Gewinnrücklagen zugeführt und zur Ermittlung des Ergebnisses je Aktie als Vorzugsdividende behandelt.

16 Vorzugsaktien können durch ein Angebot des Unternehmens an die Inhaber zurückgekauft werden. Übersteigt der beizulegende Zeitwert der Vorzugsaktien dabei ihren Buchwert, so stellt diese Differenz für die Vorzugsaktionäre eine Rendite und für das Unternehmen eine Belastung seiner Gewinnrücklagen dar. Dieser Betrag wird bei der Berechnung des den Stammaktionären des Mutterunternehmens zurechenbaren Gewinns oder Verlusts in Abzug gebracht.

17 Ein Unternehmen kann eine vorgezogene Umwandlung wandelbarer Vorzugsaktien herbeiführen, indem es die ursprünglichen Umwandlungsbedingungen vorteilhaft ändert oder ein zusätzliches Entgelt zahlt. Der Betrag, um den der beizulegende Zeitwert der Stammaktien bzw. des sonstigen gezahlten Entgelts den beizulegenden Zeitwert der unter den ursprünglichen Umwandlungsbedingungen auszugebenden Stammaktien übersteigt, stellt für die Vorzugsaktionäre eine Rendite dar und wird bei der Ermittlung des den Stammaktionären des Mutterunternehmens zuzurechnenden Gewinns oder Verlusts in Abzug gebracht.

18 Sobald der Buchwert der Vorzugsaktien den beizulegenden Zeitwert des für sie gezahlten Entgelts übersteigt, wird der Differenzbetrag bei der Ermittlung des den Stammaktionären des Mutterunternehmens zuzurechnenden Gewinns oder Verlusts hinzugezählt.

Aktien

19 **Zur Berechnung des unverwässerten Ergebnisses je Aktie ist die Anzahl der Stammaktien die gewichtete durchschnittliche Anzahl der während der Periode im Umlauf gewesenen Stammaktien.**

20 Die Verwendung der gewichteten durchschnittlichen Anzahl der Stammaktien trägt dem Umstand Rechnung, dass während der Periode möglicherweise nicht immer die gleiche Anzahl an Stammaktien in Umlauf war und das gezeichnete Kapital deshalb Schwankungen unterlegen haben kann. Die gewichtete durchschnittliche Anzahl der Stammaktien, die während der Periode in Umlauf sind, ist die Anzahl an Stammaktien, die am Anfang der Periode in Umlauf waren, bereinigt um die Anzahl an Stammaktien, die während der Periode zurückgekauft oder ausgegeben wurden, multipliziert mit einem Zeitgewichtungsfaktor. Der Zeitgewichtungsfaktor ist das Verhältnis zwischen der Anzahl von Tagen, an denen sich die betreffenden Aktien in Umlauf befanden, und der Gesamtzahl von Tagen der Periode. Ein angemessener Näherungswert für den gewichteten Durchschnitt ist in vielen Fällen ausreichend.

21 Normalerweise werden Aktien mit der Fälligkeit des Entgelts (im Allgemeinen dem Tag ihrer Emission) in den gewichteten Durchschnitt einbezogen. So werden
(a) Stammaktien, die gegen Barzahlung ausgegeben wurden, dann einbezogen, wenn die Geldzahlung eingefordert werden kann,
(b) Stammaktien, die gegen die freiwillige Wiederanlage von Dividenden auf Stamm- oder Vorzugsaktien ausgegeben wurden, einbezogen, sobald die Dividenden wiederangelegt sind,
(c) Stammaktien, die infolge einer Umwandlung eines Schuldinstruments in Stammaktien ausgegeben wurden, ab dem Tag einbezogen, an dem keine Zinsen mehr anfallen,
(d) Stammaktien, die anstelle von Zinsen oder Kapital auf andere Finanzinstrumente ausgegeben wurden, ab dem Tag einbezogen, an dem keine Zinsen mehr anfallen,
(e) Stammaktien, die im Austausch für die Erfüllung einer Schuld des Unternehmens ausgegeben wurden, ab dem Erfüllungstag einbezogen,

shall be the amounts in (a) and (b) adjusted for the after-tax amounts of preference dividends, differences arising on the settlement of preference shares, and other similar effects of preference shares classified as equity.

All items of income and expense attributable to ordinary equity holders of the parent entity that are recognised in a period, including tax expense and dividends on preference shares classified as liabilities are included in the determination of profit or loss for the period attributable to ordinary equity holders of the parent entity (see IAS 1). 13

The after-tax amount of preference dividends that is deducted from profit or loss is: 14
(a) the after-tax amount of any preference dividends on non-cumulative preference shares declared in respect of the period; and
(b) the after-tax amount of the preference dividends for cumulative preference shares required for the period, whether or not the dividends have been declared. The amount of preference dividends for the period does not include the amount of any preference dividends for cumulative preference shares paid or declared during the current period in respect of previous periods.

Preference shares that provide for a low initial dividend to compensate an entity for selling the preference shares at a discount, or an above-market dividend in later periods to compensate investors for purchasing preference shares at a premium, are sometimes referred to as increasing rate preference shares. Any original issue discount or premium on increasing rate preference shares is amortised to retained earnings using the effective interest method and treated as a preference dividend for the purposes of calculating earnings per share. 15

Preference shares may be repurchased under an entity's tender offer to the holders. The excess of the fair value of the consideration paid to the preference shareholders over the carrying amount of the preference shares represents a return to the holders of the preference shares and a charge to retained earnings for the entity. This amount is deducted in calculating profit or loss attributable to ordinary equity holders of the parent entity. 16

Early conversion of convertible preference shares may be induced by an entity through favourable changes to the original conversion terms or the payment of additional consideration. The excess of the fair value of the ordinary shares or other consideration paid over the fair value of the ordinary shares issuable under the original conversion terms is a return to the preference shareholders, and is deducted in calculating profit or loss attributable to ordinary equity holders of the parent entity. 17

Any excess of the carrying amount of preference shares over the fair value of the consideration paid to settle them is added in calculating profit or loss attributable to ordinary equity holders of the parent entity. 18

Shares

For the purpose of calculating basic earnings per share, the number of ordinary shares shall be the weighted average number of ordinary shares outstanding during the period. 19

Using the weighted average number of ordinary shares outstanding during the period reflects the possibility that the amount of shareholders' capital varied during the period as a result of a larger or smaller number of shares being outstanding at any time. The weighted average number of ordinary shares outstanding during the period is the number of ordinary shares outstanding at the beginning of the period, adjusted by the number of ordinary shares bought back or issued during the period multiplied by a time-weighting factor. The time-weighting factor is the number of days that the shares are outstanding as a proportion of the total number of days in the period; a reasonable approximation of the weighted average is adequate in many circumstances. 20

Shares are usually included in the weighted average number of shares from the date consideration is receivable (which is generally the date of their issue), for example: 21
(a) ordinary shares issued in exchange for cash are included when cash is receivable;
(b) ordinary shares issued on the voluntary reinvestment of dividends on ordinary or preference shares are included when dividends are reinvested;
(c) ordinary shares issued as a result of the conversion of a debt instrument to ordinary shares are included from the date that interest ceases to accrue;
(d) ordinary shares issued in place of interest or principal on other financial instruments are included from the date that interest ceases to accrue;
(e) ordinary shares issued in exchange for the settlement of a liability of the entity are included from the settlement date;

(f) Stammaktien, die anstelle von liquiden Mitteln als Gegenleistung für den Erwerb eines Vermögenswerts ausgegeben wurden, ab dem Datum der Erfassung des entsprechenden Erwerbs einbezogen, und
(g) Stammaktien, die für die Erbringung von Dienstleistungen an das Unternehmen ausgegeben wurden, mit Erbringung der Dienstleistungen einbezogen.

Der Zeitpunkt der Einbeziehung von Stammaktien ergibt sich aus den Bedingungen ihrer Emission. Der wirtschaftliche Gehalt eines jeden im Zusammenhang mit der Emission stehenden Vertrags ist angemessen zu prüfen.

22 Stammaktien, die als Teil der übertragenen Gegenleistung bei einem Unternehmenszusammenschluss ausgegeben wurden, sind in die durchschnittliche gewichtete Anzahl der Aktien ab dem Erwerbszeitpunkt einzubeziehen. Dies ist darauf zurückzuführen, dass der Erwerber die Gewinne und Verluste des erworbenen Unternehmens von diesem Zeitpunkt an in seine Gesamtergebnisrechnung mit einbezieht.

23 Stammaktien, die bei Umwandlung eines wandlungspflichtigen Instruments ausgegeben werden, sind ab dem Zeitpunkt des Vertragsabschlusses in die Ermittlung des unverwässerten Ergebnisses je Aktie einzubeziehen.

24 Bedingt emissionsfähige Aktien werden als in Umlauf befindlich behandelt und erst ab dem Zeitpunkt in die Ermittlung des unverwässerten Ergebnisses je Aktie einbezogen, zu dem alle erforderlichen Voraussetzungen erfüllt (d. h. die Ereignisse eingetreten sind). Aktien, die ausschließlich nach Ablauf einer bestimmten Zeitspanne emissionsfähig sind, gelten nicht als bedingt emissionsfähige Aktien, da der Ablauf der Spanne gewiss ist. In Umlauf befindliche, bedingt rückgabefähige (d. h. unter dem Vorbehalt des Rückrufs stehende) Stammaktien gelten nicht als in Umlauf befindlich und werden solange bei der Ermittlung des unverwässerten Ergebnisses je Aktie unberücksichtigt gelassen, bis der Vorbehalt des Rückrufs nicht mehr gilt.

25 [gestrichen]

26 **Die gewichtete durchschnittliche Anzahl der in der Periode und allen übrigen dargestellten Perioden in Umlauf befindlichen Stammaktien ist zu berichtigen, wenn ein Ereignis eintritt, das die Anzahl der in Umlauf befindlichen Stammaktien verändert, ohne dass damit eine entsprechende Änderung der Ressourcen einhergeht; die Umwandlung potenzieller Stammaktien gilt nicht als ein solches Ereignis.**

27 Nachstehend eine Reihe von Beispielen dafür, in welchen Fällen Stammaktien emittiert werden können oder die Anzahl der in Umlauf befindlichen Aktien verringert werden kann, ohne dass es zu einer entsprechenden Änderung der Ressourcen kommt:

(a) eine Kapitalerhöhung aus Gesellschaftsmitteln oder Ausgabe von Gratisaktien (auch als Dividende in Form von Aktien bezeichnet),
(b) ein Gratiselement bei jeder anderen Emission, beispielsweise einer Ausgabe von Bezugsrechten an die bestehenden Aktionäre,
(c) ein Aktiensplit und
(d) ein umgekehrter Aktiensplit (Aktienzusammenlegung).

28 Bei einer Kapitalerhöhung aus Gesellschaftsmitteln, einer Ausgabe von Gratisaktien oder einem Aktiensplitt werden Stammaktien ohne zusätzliche Gegenleistung an die bestehenden Aktionäre ausgegeben. Damit erhöht sich die Anzahl der in Umlauf befindlichen Stammaktien, ohne dass es zu einer Erhöhung der Ressourcen kommt. Die Anzahl der vor Eintreten des Ereignisses in Umlauf befindlichen Stammaktien wird so um die anteilige Veränderung der Anzahl umlaufender Stammaktien berichtigt, als wäre das Ereignis zu Beginn der ersten dargestellten Periode eingetreten. Beispielsweise wird bei einer zwei-zu-eins-Ausgabe von Gratisaktien die Anzahl der vor der Emission in Umlauf befindlichen Stammaktien mit dem Faktor 3 multipliziert, um die neue Gesamtzahl an Stammaktien zu ermitteln, bzw. mit dem Faktor 2, um die Anzahl der zusätzlichen Stammaktien zu erhalten.

29 In der Regel verringert sich bei einer Zusammenlegung von Stammaktien die Anzahl der in Umlauf befindlichen Stammaktien, ohne dass es zu einer entsprechenden Verringerung der Ressourcen kommt. Findet insgesamt jedoch ein Aktienrückkauf zum beizulegenden Zeitwert statt, so ist die zahlenmäßige Verringerung der in Umlauf befindlichen Stammaktien das Ergebnis einer entsprechenden Abnahme an Ressourcen. Ein Beispiel hierfür wäre eine mit einer Sonderdividende verbundene Aktienzusammenlegung. Die gewichtete durchschnittliche Anzahl der Stammaktien, die sich in der Periode, in der die Zusammenlegung erfolgt, in Umlauf befinden, wird zu dem Zeitpunkt, zu dem die Sonderdividende erfasst wird, an die verringerte Anzahl von Stammaktien angepasst.

Verwässertes Ergebnis je Aktie

30 **Ein Unternehmen hat das verwässerte Ergebnis je Aktie für den den Stammaktionären des Mutterunternehmens zurechenbaren Gewinn oder Verlust zu ermitteln; sofern ein entsprechender Ausweis erfolgt, ist auch für den diesen Stammaktionären zurechenbaren Gewinn oder Verlust aus fortzuführenden Geschäftsbereichen ein verwässertes Ergebnis je Aktie darzustellen.**

(f) ordinary shares issued as consideration for the acquisition of an asset other than cash are included as of the date on which the acquisition is recognised; and
(g) ordinary shares issued for the rendering of services to the entity are included as the services are rendered.

The timing of the inclusion of ordinary shares is determined by the terms and conditions attaching to their issue. Due consideration is given to the substance of any contract associated with the issue.

Ordinary shares issued as part of the consideration transferred in a business combination are included in the weighted average number of shares from the acquisition date. This is because the acquirer incorporates into its statement of comprehensive income the acquiree's profits and losses from that date. 22

Ordinary shares that will be issued upon the conversion of a mandatorily convertible instrument are included in the calculation of basic earnings per share from the date the contract is entered into. 23

Contingently issuable shares are treated as outstanding and are included in the calculation of basic earnings per share only from the date when all necessary conditions are satisfied (i.e. the events have occurred). Shares that are issuable solely after the passage of time are not contingently issuable shares, because the passage of time is a certainty. Outstanding ordinary shares that are contingently returnable (i.e. subject to recall) are not treated as outstanding and are excluded from the calculation of basic earnings per share until the date the shares are no longer subject to recall. 24

[deleted] 25

The weighted average number of ordinary shares outstanding during the period and for all periods presented shall be adjusted for events, other than the conversion of potential ordinary shares, that have changed the number of ordinary shares outstanding without a corresponding change in resources. 26

Ordinary shares may be issued, or the number of ordinary shares outstanding may be reduced, without a corresponding change in resources. Examples include: 27

(a) a capitalisation or bonus issue (sometimes referred to as a stock dividend);
(b) a bonus element in any other issue, for example a bonus element in a rights issue to existing shareholders;
(c) a share split; and
(d) a reverse share split (consolidation of shares).

In a capitalisation or bonus issue or a share split, ordinary shares are issued to existing shareholders for no additional consideration. Therefore, the number of ordinary shares outstanding is increased without an increase in resources. The number of ordinary shares outstanding before the event is adjusted for the proportionate change in the number of ordinary shares outstanding as if the event had occurred at the beginning of the earliest period presented. For example, on a two-for-one bonus issue, the number of ordinary shares outstanding before the issue is multiplied by three to obtain the new total number of ordinary shares, or by two to obtain the number of additional ordinary shares. 28

A consolidation of ordinary shares generally reduces the number of ordinary shares outstanding without a corresponding reduction in resources. However, when the overall effect is a share repurchase at fair value, the reduction in the number of ordinary shares outstanding is the result of a corresponding reduction in resources. An example is a share consolidation combined with a special dividend. The weighted average number of ordinary shares outstanding for the period in which the combined transaction takes place is adjusted for the reduction in the number of ordinary shares from the date the special dividend is recognised. 29

Diluted earnings per share

An entity shall calculate diluted earnings per share amounts for profit or loss attributable to ordinary equity holders of the parent entity and, if presented, profit or loss from continuing operations attributable to those equity holders. 30

31 **Zur Berechnung des verwässerten Ergebnisses je Aktie hat ein Unternehmen den den Stammaktionären des Mutterunternehmens zurechenbaren Gewinn oder Verlust und die gewichtete durchschnittliche Anzahl der in Umlauf befindlichen Aktien um alle Verwässerungseffekte potenzieller Stammaktien zu bereinigen.**

32 Mit der Ermittlung des verwässerten Ergebnisses je Aktie wird dasselbe Ziel verfolgt wie mit der Ermittlung des unverwässerten Ergebnisses – nämlich, einen Maßstab für die Beteiligung jeder Stammaktie an der Ertragskraft eines Unternehmens zu schaffen – und gleichzeitig alle während der Periode in Umlauf befindlichen potenziellen Stammaktien mit Verwässerungseffekten zu berücksichtigen. Infolgedessen wird

(a) der den Stammaktionären des Mutterunternehmens zurechenbare Gewinn oder Verlust um die Nachsteuerbeträge der Dividenden und Zinsen, die in der Periode für potenzielle Stammaktien mit Verwässerungseffekten erfasst werden, erhöht und um alle sonstigen Änderungen bei Ertrag oder Aufwand, die sich aus der Umwandlung der verwässernden potenziellen Stammaktien ergäben, bereinigt und

(b) die gewichtete durchschnittliche Anzahl der in Umlauf befindlichen Stammaktien um die gewichtete durchschnittliche Anzahl der zusätzlichen Stammaktien erhöht, die sich unter der Annahme einer Umwandlung aller verwässernden potenziellen Stammaktien in Umlauf befunden hätten.

Ergebnis

33 **Zur Berechnung des verwässerten Ergebnisses je Aktie hat ein Unternehmen den den Stammaktionären des Mutterunternehmens zurechenbaren gemäß Paragraph 12 ermittelten Gewinn oder Verlust um die Nachsteuerwirkungen folgender Posten zu bereinigen:**

(a) alle Dividenden oder sonstigen Posten im Zusammenhang mit verwässernden potenziellen Stammaktien, die bei Berechnung des den Stammaktionären des Mutterunternehmens zurechenbaren Gewinns oder Verlusts, der gemäß Paragraph 12 ermittelt wurde, abgezogen werden,

(b) alle Zinsen, die in der Periode im Zusammenhang mit verwässernden potenziellen Stammaktien erfasst wurden, und

(c) alle sonstigen Änderungen im Ertrag oder Aufwand, die sich aus der Umwandlung der verwässernden potenziellen Stammaktien ergäben.

34 Nach der Umwandlung potenzieller Stammaktien in Stammaktien fallen die in Paragraph 33 (a)–(c) genannten Posten nicht mehr an. Stattdessen sind die neuen Stammaktien zur Teilnahme am Gewinn oder Verlust berechtigt, der den Stammaktionären des Mutterunternehmens zusteht. Somit wird der nach Paragraph 12 ermittelte Gewinn oder Verlust, der den Stammaktionären des Mutterunternehmens zusteht, um die in Paragraph 33 (a)–(c) genannten Sachverhalte sowie die zugehörigen Steuern bereinigt. Die mit potenziellen Stammaktien verbundenen Aufwendungen umfassen die nach der Effektivzinsmethode bilanzierten Transaktionskosten und Disagios (siehe IFRS 9).

35 Aus der Umwandlung potenzieller Stammaktien können sich Änderungen bei den Erträgen oder Aufwendungen ergeben. So kann eine Verringerung der Zinsaufwendungen für potenzielle Stammaktien und die daraus folgende Erhöhung des Gewinns bzw. Reduzierung des Verlusts eine Erhöhung des Aufwands für einen ermessensunabhängigen Gewinnbeteiligungsplan für Arbeitnehmer zur Folge haben. Zur Berechnung des verwässerten Ergebnisses je Aktie wird der den Stammaktionären des Mutterunternehmens zurechenbare Gewinn oder Verlust um alle derartigen Änderungen bei den Erträgen oder Aufwendungen bereinigt.

Aktien

36 **Bei der Berechnung des verwässerten Ergebnisses je Aktie entspricht die Anzahl der Stammaktien der gemäß den Paragraphen 19 und 26 berechneten gewichteten durchschnittlichen Anzahl der Stammaktien plus der gewichteten durchschnittlichen Anzahl der Stammaktien, die bei Umwandlung aller verwässernden potenziellen Stammaktien in Stammaktien ausgegeben würden. Die Umwandlung verwässernder potenzieller Stammaktien in Stammaktien gilt mit dem Beginn der Periode als erfolgt oder, falls dieses Datum auf einen späteren Tag fällt, mit dem Tag, an dem die potenziellen Stammaktien emittiert wurden.**

37 Verwässernde potenzielle Stammaktien sind gesondert für jede dargestellte Periode zu ermitteln. Bei den in den Zeitraum vom Geschäftsjahresbeginn bis zum Zwischenberichtstermin einbezogenen verwässernden potenziellen Stammaktien handelt es sich nicht um einen gewichteten Durchschnitt der einzelnen Zwischenberechnungen.

38 Potenzielle Stammaktien werden für die Periode gewichtet, in der sie im Umlauf sind. Potenzielle Stammaktien, die während der Periode eingezogen wurden oder verfallen sind, werden bei der Berechnung des verwässerten Ergebnisses je Aktie nur für den Teil der Periode berücksichtigt, in dem sie im Umlauf waren. Potenzielle Stammaktien, die während der Periode in Stammaktien umgewandelt werden, werden vom Periodenbeginn bis zum Datum der Umwandlung in die Berechnung des verwässerten Ergebnisses je Aktie einbezogen. Vom Zeitpunkt der Umwandlung an werden die daraus resultierenden Stammaktien sowohl in das unverwässerte als auch das verwässerte Ergebnis je Aktie einbezogen.

39 Die Bestimmung der Anzahl der bei der Umwandlung verwässernder potenzieller Stammaktien auszugebenden Stammaktien erfolgt zu den für die potenziellen Stammaktien geltenden Bedingungen. Sofern für die Umwandlung mehr als eine Grundlage besteht, wird bei der Berechnung das aus Sicht des Inhabers der potenziellen Stammaktien vorteilhafteste Umwandlungsverhältnis oder der günstigste Ausübungskurs zugrunde gelegt.

For the purpose of calculating diluted earnings per share, an entity shall adjust profit or loss attributable to ordinary equity holders of the parent entity, and the weighted average number of shares outstanding, for the effects of all dilutive potential ordinary shares. 31

The objective of diluted earnings per share is consistent with that of basic earnings per share—to provide a measure of the interest of each ordinary share in the performance of an entity—while giving effect to all dilutive potential ordinary shares outstanding during the period. As a result: 32

(a) profit or loss attributable to ordinary equity holders of the parent entity is increased by the after-tax amount of dividends and interest recognised in the period in respect of the dilutive potential ordinary shares and is adjusted for any other changes in income or expense that would result from the conversion of the dilutive potential ordinary shares; and

(b) the weighted average number of ordinary shares outstanding is increased by the weighted average number of additional ordinary shares that would have been outstanding assuming the conversion of all dilutive potential ordinary shares.

Earnings

For the purpose of calculating diluted earnings per share, an entity shall adjust profit or loss attributable to ordinary equity holders of the parent entity, as calculated in accordance with paragraph 12, by the after-tax effect of: 33

(a) any dividends or other items related to dilutive potential ordinary shares deducted in arriving at profit or loss attributable to ordinary equity holders of the parent entity as calculated in accordance with paragraph 12;

(b) any interest recognised in the period related to dilutive potential ordinary shares; and

(c) any other changes in income or expense that would result from the conversion of the dilutive potential ordinary shares.

After the potential ordinary shares are converted into ordinary shares, the items identified in paragraph 33 (a)—(c) no longer arise. Instead, the new ordinary shares are entitled to participate in profit or loss attributable to ordinary equity holders of the parent entity. Therefore, profit or loss attributable to ordinary equity holders of the parent entity calculated in accordance with paragraph 12 is adjusted for the items identified in paragraph 33 (a)—(c) and any related taxes. The expenses associated with potential ordinary shares include transaction costs and discounts accounted for in accordance with the effective interest method (see IFRS 9). 34

The conversion of potential ordinary shares may lead to consequential changes in income or expenses. For example, the reduction of interest expense related to potential ordinary shares and the resulting increase in profit or reduction in loss may lead to an increase in the expense related to a non-discretionary employee profit-sharing plan. For the purpose of calculating diluted earnings per share, profit or loss attributable to ordinary equity holders of the parent entity is adjusted for any such consequential changes in income or expense. 35

Shares

For the purpose of calculating diluted earnings per share, the number of ordinary shares shall be the weighted average number of ordinary shares calculated in accordance with paragraphs 19 and 26, plus the weighted average number of ordinary shares that would be issued on the conversion of all the dilutive potential ordinary shares into ordinary shares. Dilutive potential ordinary shares shall be deemed to have been converted into ordinary shares at the beginning of the period or, if later, the date of the issue of the potential ordinary shares. 36

Dilutive potential ordinary shares shall be determined independently for each period presented. The number of dilutive potential ordinary shares included in the year-to-date period is not a weighted average of the dilutive potential ordinary shares included in each interim computation. 37

Potential ordinary shares are weighted for the period they are outstanding. Potential ordinary shares that are cancelled or allowed to lapse during the period are included in the calculation of diluted earnings per share only for the portion of the period during which they are outstanding. Potential ordinary shares that are converted into ordinary shares during the period are included in the calculation of diluted earnings per share from the beginning of the period to the date of conversion; from the date of conversion, the resulting ordinary shares are included in both basic and diluted earnings per share. 38

The number of ordinary shares that would be issued on conversion of dilutive potential ordinary shares is determined from the terms of the potential ordinary shares. When more than one basis of conversion exists, the calculation assumes the most advantageous conversion rate or exercise price from the standpoint of the holder of the potential ordinary shares. 39

40 Ein Tochterunternehmen, Gemeinschaftsunternehmen oder assoziiertes Unternehmen kann an Parteien, mit Ausnahme des Mutterunternehmens oder der Investoren, die an der gemeinschaftlichen Führung beteiligt sind oder maßgeblichem Einfluss auf das Beteiligungsunternehmen haben, potenzielle Stammaktien ausgeben, die entweder in Stammaktien des Tochterunternehmens, Gemeinschaftsunternehmens oder assoziierten Unternehmens oder in Stammaktien des Mutterunternehmens oder von Investoren, die an der gemeinschaftlichen Führung des Beteiligungsunternehmens beteiligt sind oder maßgeblichen Einfluss auf das Beteiligungsunternehmen haben (des berichtenden Unternehmens) wandelbar sind. Haben diese potenziellen Stammaktien des Tochterunternehmens, Gemeinschaftsunternehmens oder assoziierten Unternehmens einen Verwässerungseffekt auf das unverwässerte Ergebnis je Aktie des berichtenden Unternehmens, sind sie in die Ermittlung des verwässerten Ergebnisses je Aktie einzubeziehen.

Potenzielle Stammaktien mit Verwässerungseffekt

41 **Potenzielle Stammaktien sind nur dann als verwässernd zu betrachten, wenn ihre Umwandlung in Stammaktien das Ergebnis je Aktie aus fortzuführenden Geschäftsbereichen kürzen bzw. den Periodenverlust je Aktie aus fortzuführenden Geschäftsbereichen erhöhen würde.**

42 Ein Unternehmen verwendet den auf das Mutterunternehmen entfallenden Gewinn oder Verlust aus fortzuführenden Geschäftsbereichen als Kontrollgröße um festzustellen, ob bei potenziellen Stammaktien eine Verwässerung oder ein Verwässerungsschutz vorliegt. Der dem Mutterunternehmen zurechenbare Gewinn oder Verlust aus fortzuführenden Geschäftsbereichen wird gemäß Paragraph 12 bereinigt und schließt dabei Posten aus aufgegebenen Geschäftsbereichen aus.

43 Bei potenziellen Stammaktien liegt ein Verwässerungsschutz vor, wenn ihre Umwandlung in Stammaktien das Ergebnis je Aktie aus fortzuführenden Geschäftsbereichen erhöhen bzw. den Verlust je Aktie aus fortzuführenden Geschäftsbereichen reduzieren würde. Die Berechnung des verwässerten Ergebnisses je Aktie erfolgt nicht unter der Annahme einer Umwandlung, Ausübung oder weiteren Emission von potenziellen Stammaktien, bei denen ein Verwässerungsschutz in Bezug auf das Ergebnis je Aktie vorliegen würde.

44 Bei der Beurteilung der Frage, ob bei potenziellen Stammaktien eine Verwässerung oder ein Verwässerungsschutz vorliegt, sind alle Emissionen oder Emissionsfolgen potenzieller Stammaktien getrennt statt in Summe zu betrachten. Die Reihenfolge, in der potenzielle Stammaktien beurteilt werden, kann einen Einfluss auf die Einschätzung haben, ob sie zu einer Verwässerung beitragen. Um die Verwässerung des unverwässerten Ergebnisses je Aktie zu maximieren, wird daher jede Emission oder Emissionsfolge potenzieller Stammaktien in der Reihenfolge vom höchsten bis zum geringsten Verwässerungseffekt betrachtet, d. h. potenzielle Stammaktien, bei denen ein Verwässerungseffekt vorliegt, mit dem geringsten „Ergebnis je zusätzlicher Aktie" werden vor denjenigen mit einem höheren Ergebnis je zusätzlicher Aktie in die Berechnung des verwässerten Ergebnisses je Aktie einbezogen. Optionen und Optionsscheine werden in der Regel zuerst berücksichtigt, weil sie den Zähler der Berechnung nicht beeinflussen.

Optionen, Optionsscheine und ihre Äquivalente

45 **Bei der Berechnung des verwässerten Ergebnisses je Aktie hat ein Unternehmen von der Ausübung verwässernder Optionen und Optionsscheine des Unternehmens auszugehen. Die angenommenen Erlöse aus diesen Instrumenten werden so behandelt, als wären sie im Zuge der Emission von Stammaktien zum durchschnittlichen Marktpreis der Stammaktien während der Periode angefallen. Die Differenz zwischen der Anzahl der ausgegebenen Stammaktien und der Anzahl der Stammaktien, die zum durchschnittlichen Marktpreis der Stammaktien während der Periode ausgegeben worden wären, ist als Ausgabe von Stammaktien ohne Gegenleistung zu behandeln.**

46 Optionen und Optionsscheine sind als verwässernd zu betrachten, wenn sie zur Ausgabe von Stammaktien zu einem geringeren Preis als dem durchschnittlichen Marktpreis der Stammaktien während der Periode führen würden. Der Betrag der Verwässerung ist der durchschnittliche Marktpreis von Stammaktien während der Periode abzüglich des Ausgabepreises. Zur Ermittlung des verwässerten Ergebnisses je Aktie wird daher unterstellt, dass potenzielle Stammaktie die beiden folgenden Elemente umfassen:

(a) einen Vertrag zur Ausgabe einer bestimmten Anzahl von Stammaktien zu ihrem durchschnittlichen Marktpreis während der Periode. Bei diesen Stammaktien wird davon ausgegangen, dass sie einen marktgerechten Kurs aufweisen und weder ein Verwässerungseffekt noch ein Verwässerungsschutz vorliegt. Sie bleiben bei der Berechnung des verwässerten Ergebnisses je Aktie unberücksichtigt;

(b) einen Vertrag zur entgeltlosen Ausgabe der verbleibenden Stammaktien. Diese Stammaktien erzielen keine Erlöse und wirken sich nicht auf den den in Umlauf befindlichen Stammaktien zuzurechnenden Gewinn oder Verlust aus. Daher liegt bei diesen Aktien ein Verwässerungseffekt vor, und sie sind bei der Berechnung des verwässerten Ergebnisses je Aktie zu den in Umlauf befindlichen Stammaktien hinzuzuzählen.

47 Bei Optionen und Optionsscheinen tritt ein Verwässerungseffekt nur dann ein, wenn der durchschnittliche Marktpreis der Stammaktien während der Periode den Ausübungspreis der Optionen oder Optionsscheine übersteigt (d. h. wenn sie „im Geld" sind). In Vorjahren angegebene Ergebnisse je Aktie werden nicht rückwirkend um Kursveränderungen bei den Stammaktien berichtigt.

A subsidiary, joint venture or associate may issue to parties other than the parent or investors with joint control of, or significant influence over, the investee potential ordinary shares that are convertible into either ordinary shares of the subsidiary, joint venture or associate, or ordinary shares of the parent or investors with joint control of, or significant influence (the reporting entity) over, the investee. If these potential ordinary shares of the subsidiary, joint venture or associate have a dilutive effect on the basic earnings per share of the reporting entity, they are included in the calculation of diluted earnings per share. 40

Dilutive potential ordinary shares

Potential ordinary shares shall be treated as dilutive when, and only when, their conversion to ordinary shares would decrease earnings per share or increase loss per share from continuing operations. 41

An entity uses profit or loss from continuing operations attributable to the parent entity as the control number to establish whether potential ordinary shares are dilutive or antidilutive. Profit or loss from continuing operations attributable to the parent entity is adjusted in accordance with paragraph 12 and excludes items relating to discontinued operations. 42

Potential ordinary shares are antidilutive when their conversion to ordinary shares would increase earnings per share or decrease loss per share from continuing operations. The calculation of diluted earnings per share does not assume conversion, exercise, or other issue of potential ordinary shares that would have an antidilutive effect on earnings per share. 43

In determining whether potential ordinary shares are dilutive or antidilutive, each issue or series of potential ordinary shares is considered separately rather than in aggregate. The sequence in which potential ordinary shares are considered may affect whether they are dilutive. Therefore, to maximise the dilution of basic earnings per share, each issue or series of potential ordinary shares is considered in sequence from the most dilutive to the least dilutive, i.e. dilutive potential ordinary shares with the lowest 'earnings per incremental share' are included in the diluted earnings per share calculation before those with a higher earnings per incremental share. Options and warrants are generally included first because they do not affect the numerator of the calculation. 44

Options, warrants and their equivalents

For the purpose of calculating diluted earnings per share, an entity shall assume the exercise of dilutive options and warrants of the entity. The assumed proceeds from these instruments shall be regarded as having been received from the issue of ordinary shares at the average market price of ordinary shares during the period. The difference between the number of ordinary shares issued and the number of ordinary shares that would have been issued at the average market price of ordinary shares during the period shall be treated as an issue of ordinary shares for no consideration. 45

Options and warrants are dilutive when they would result in the issue of ordinary shares for less than the average market price of ordinary shares during the period. The amount of the dilution is the average market price of ordinary shares during the period minus the issue price. Therefore, to calculate diluted earnings per share, potential ordinary shares are treated as consisting of both the following: 46

(a) a contract to issue a certain number of the ordinary shares at their average market price during the period. Such ordinary shares are assumed to be fairly priced and to be neither dilutive nor antidilutive. They are ignored in the calculation of diluted earnings per share;

(b) a contract to issue the remaining ordinary shares for no consideration. Such ordinary shares generate no proceeds and have no effect on profit or loss attributable to ordinary shares outstanding. Therefore, such shares are dilutive and are added to the number of ordinary shares outstanding in the calculation of diluted earnings per share.

Options and warrants have a dilutive effect only when the average market price of ordinary shares during the period exceeds the exercise price of the options or warrants (i.e. they are 'in the money'). Previously reported earnings per share are not retroactively adjusted to reflect changes in prices of ordinary shares. 47

47A Bei Aktienoptionen und anderen anteilsbasierten Vergütungsvereinbarungen, für die IFRS 2 *Anteilsbasierte Vergütung* gilt, müssen der in Paragraph 46 genannte Ausgabepreis und der in Paragraph 47 genannte Ausübungspreis den (gemäß IFRS 2 bewerteten) beizulegenden Zeitwert aller Güter oder Dienstleistungen enthalten, die dem Unternehmen künftig im Rahmen der Aktienoption oder einer anderen anteilsbasierten Vergütungsvereinbarung zu liefern bzw. zu erbringen sind.

48 Mitarbeiteraktienoptionen mit festen oder bestimmbaren Laufzeiten und verfallbare Stammaktien werden bei der Ermittlung des verwässerten Ergebnisses je Aktie als Optionen behandelt, obgleich sie eventuell von einer Anwartschaft abhängig sind. Sie werden zum Tag der Gewährung als im Umlauf befindlich behandelt. Leistungsabhängige Mitarbeiteraktienoptionen werden als bedingt emissionsfähige Aktien behandelt, weil ihre Ausgabe neben dem Ablauf einer Zeitspanne auch von der Erfüllung bestimmter Bedingungen abhängig ist.

Wandelbare Instrumente

49 Der Verwässerungseffekt wandelbarer Instrumente ist gemäß den Paragraphen 33 und 36 im verwässerten Ergebnis je Aktie darzustellen.

50 Bei wandelbaren Vorzugsaktien liegt ein Verwässerungsschutz immer dann vor, wenn die Dividende, die in der laufenden Periode für diese Aktien beschlossen wurde bzw. aufgelaufen ist, bei einer Umwandlung je erhaltener Stammaktie das unverwässerte Ergebnis je Aktie übersteigt. Bei wandelbaren Schuldtiteln liegt ein Verwässerungsschutz vor, wenn die zu erhaltende Verzinsung (nach Steuern und sonstigen Änderungen bei den Erträgen oder Aufwendungen) je Stammaktie bei einer Umwandlung das unverwässerte Ergebnis je Aktie übersteigt.

51 Die Rückzahlung oder vorgenommene Umwandlung wandelbarer Vorzugsaktien betrifft unter Umständen nur einen Teil der zuvor in Umlauf befindlichen wandelbaren Vorzugsaktien. Um zu ermitteln, ob bei den übrigen in Umlauf befindlichen Vorzugsaktien ein Verwässerungseffekt vorliegt, wird in diesen Fällen ein in Paragraph 17 genanntes zusätzliches Entgelt den Aktien zugerechnet, die zurückgezahlt oder umgewandelt werden. Zurückgezahlte oder umgewandelte und nicht zurückgezahlte oder umgewandelte Aktien werden getrennt voneinander betrachtet.

Bedingt emissionsfähige Aktien

52 Wie bei der Ermittlung des unverwässerten Ergebnisses je Aktie werden auch bedingt emissionsfähige Aktien als in Umlauf befindlich behandelt und in die Berechnung des verwässerten Ergebnisses je Aktie einbezogen, sofern die Bedingungen erfüllt (d. h. die Ereignisse eingetreten sind). Bedingt emissionsfähige Aktien werden mit Beginn der Periode (oder ab dem Tag der Vereinbarung zur bedingten Aktienausgabe, falls dieser Termin später liegt) einbezogen. Falls die Bedingungen nicht erfüllt sind, basiert die Anzahl der bedingt emissionsfähigen Aktien, die in die Berechnung des verwässerten Ergebnisses je Aktie einbezogen werden, auf der Anzahl an Aktien, die auszugeben wären, falls das Ende der Periode mit dem Ende des Zeitraums, innerhalb dessen diese Bedingung eintreten kann, zusammenfiele. Sind die Bedingungen bei Ablauf der Periode, innerhalb der sie eintreten können, nicht erfüllt, sind rückwirkende Anpassungen nicht erlaubt.

53 Besteht die Bedingung einer bedingten Emission in der Erzielung oder Aufrechterhaltung eines bestimmten Ergebnisses für eine Periode und wurde dieser Betrag zum Ende des Berichtszeitraums zwar erzielt, muss darüber hinaus aber für eine weitere Periode gehalten werden, so gelten die zusätzlichen Stammaktien als in Umlauf befindlich, falls bei der Ermittlung des verwässerten Ergebnisses je Aktie ein Verwässerungseffekt eintritt. In diesem Fall basiert die Ermittlung des verwässerten Ergebnisses je Aktie auf der Zahl von Stammaktien, die ausgegeben würden, wenn das Ergebnis am Ende der Berichtsperiode mit dem Ergebnis am Ende der Periode, innerhalb der diese Bedingung eintreten kann, identisch wäre. Da sich das Ergebnis in einer künftigen Periode verändern kann, werden bedingt emissionsfähige Aktien nicht vor Ende der Periode, innerhalb der diese Bedingung eintreten kann, in die Ermittlung des unverwässerten Ergebnisses einbezogen, da nicht alle erforderlichen Voraussetzungen erfüllt sind.

54 Die Zahl der bedingt emissionsfähigen Aktien kann vom künftigen Marktpreis der Stammaktien abhängen. Sollte dies zu einer Verwässerung führen, so basiert die Ermittlung des verwässerten Ergebnisses je Aktie auf der Zahl von Stammaktien, die ausgegeben würden, wenn der Marktpreis am Ende der Berichtsperiode mit dem Marktpreis am Ende der Periode, innerhalb der diese Bedingung eintreten kann, identisch wäre. Basiert die Bedingung auf einem Durchschnitt der Marktpreise über einen über die Berichtsperiode hinausgehenden Zeitraum, so wird der Durchschnitt für den abgelaufenen Zeitraum zugrunde gelegt. Da sich der Marktpreis in einer künftigen Periode verändern kann, werden bedingt emissionsfähige Aktien nicht vor Ende der Periode, innerhalb der diese Bedingung eintreten kann, in die Ermittlung des unverwässerten Ergebnisses je Aktie einbezogen, da nicht alle erforderlichen Voraussetzungen erfüllt sind.

55 Die Zahl der bedingt emissionsfähigen Aktien kann vom künftigen Ergebnis und den künftigen Kursen der Stammaktien abhängen. In solchen Fällen basiert die Zahl der Stammaktien, die in die Berechnung des verwässerten Ergebnisses je Aktie einbezogen werden, auf beiden Bedingungen (also dem bis dahin erzielten Ergebnis und dem aktuellen Marktpreis am Ende des Berichtszeitraums). Bedingt emissionsfähige Aktien werden erst in die Ermittlung des verwässerten Ergebnisses je Aktie einbezogen, wenn beide Bedingungen erfüllt sind.

56 In anderen Fällen hängt die Zahl der bedingt emissionsfähigen Aktien von einer anderen Bedingung als dem Ergebnis oder Marktpreis (beispielsweise der Eröffnung einer bestimmten Zahl an Einzelhandelsgeschäften) ab. In diesen Fällen werden die bedingt emissionsfähigen Aktien unter der Annahme, dass die Bedingung bis zum Ende der Periode, inner-

For share options and other share-based payment arrangements to which IFRS 2 *Share-based Payment* applies, the issue price referred to in paragraph 46 and the exercise price referred to in paragraph 47 shall include the fair value (measured in accordance with IFRS 2) of any goods or services to be supplied to the entity in the future under the share option or other share-based payment arrangement. 47A

Employee share options with fixed or determinable terms and non-vested ordinary shares are treated as options in the calculation of diluted earnings per share, even though they may be contingent on vesting. They are treated as outstanding on the grant date. Performance-based employee share options are treated as contingently issuable shares because their issue is contingent upon satisfying specified conditions in addition to the passage of time. 48

Convertible instruments

The dilutive effect of convertible instruments shall be reflected in diluted earnings per share in accordance with paragraphs 33 and 36. 49

Convertible preference shares are antidilutive whenever the amount of the dividend on such shares declared in or accumulated for the current period per ordinary share obtainable on conversion exceeds basic earnings per share. Similarly, convertible debt is antidilutive whenever its interest (net of tax and other changes in income or expense) per ordinary share obtainable on conversion exceeds basic earnings per share. 50

The redemption or induced conversion of convertible preference shares may affect only a portion of the previously outstanding convertible preference shares. In such cases, any excess consideration referred to in paragraph 17 is attributed to those shares that are redeemed or converted for the purpose of determining whether the remaining outstanding preference shares are dilutive. The shares redeemed or converted are considered separately from those shares that are not redeemed or converted. 51

Contingently issuable shares

As in the calculation of basic earnings per share, contingently issuable ordinary shares are treated as outstanding and included in the calculation of diluted earnings per share if the conditions are satisfied (i.e. the events have occurred). Contingently issuable shares are included from the beginning of the period (or from the date of the contingent share agreement, if later). If the conditions are not satisfied, the number of contingently issuable shares included in the diluted earnings per share calculation is based on the number of shares that would be issuable if the end of the period were the end of the contingency period. Restatement is not permitted if the conditions are not met when the contingency period expires. 52

If attainment or maintenance of a specified amount of earnings for a period is the condition for contingent issue and if that amount has been attained at the end of the reporting period but must be maintained beyond the end of the reporting period for an additional period, then the additional ordinary shares are treated as outstanding, if the effect is dilutive, when calculating diluted earnings per share. In that case, the calculation of diluted earnings per share is based on the number of ordinary shares that would be issued if the amount of earnings at the end of the reporting period were the amount of earnings at the end of the contingency period. Because earnings may change in a future period, the calculation of basic earnings per share does not include such contingently issuable ordinary shares until the end of the contingency period because not all necessary conditions have been satisfied. 53

The number of ordinary shares contingently issuable may depend on the future market price of the ordinary shares. In that case, if the effect is dilutive, the calculation of diluted earnings per share is based on the number of ordinary shares that would be issued if the market price at the end of the reporting period were the market price at the end of the contingency period. If the condition is based on an average of market prices over a period of time that extends beyond the end of the reporting period, the average for the period of time that has lapsed is used. Because the market price may change in a future period, the calculation of basic earnings per share does not include such contingently issuable ordinary shares until the end of the contingency period because not all necessary conditions have been satisfied. 54

The number of ordinary shares contingently issuable may depend on future earnings and future prices of the ordinary shares. In such cases, the number of ordinary shares included in the diluted earnings per share calculation is based on both conditions (i.e. earnings to date and the current market price at the end of the reporting period). Contingently issuable ordinary shares are not included in the diluted earnings per share calculation unless both conditions are met. 55

In other cases, the number of ordinary shares contingently issuable depends on a condition other than earnings or market price (for example, the opening of a specific number of retail stores). In such cases, assuming that the present status of the 56

halb der sie eintreten kann, unverändert bleibt, dem Stand am Ende des Berichtszeitraums entsprechend in die Berechnung des verwässerten Ergebnisses je Aktie einbezogen.

57 Bedingt emissionsfähige potenzielle Stammaktien (mit Ausnahme solcher, die einer Vereinbarung zur bedingten Aktienausgabe unterliegen, wie bedingt emissionsfähige wandelbare Instrumente) werden folgendermaßen in die Berechnung des verwässerten Ergebnisses je Aktie einbezogen:

(a) Ein Unternehmen stellt fest, ob man bei den potenziellen Stammaktien davon ausgehen kann, dass sie aufgrund der für sie festgelegten Emissionsbedingungen nach Maßgabe der Bestimmungen über bedingt emissionsfähige Stammaktien in den Paragraphen 52–56 emissionsfähig sind, und

(b) sollten sich diese potenziellen Stammaktien im verwässerten Ergebnis je Aktie niederschlagen, stellt ein Unternehmen die entsprechenden Auswirkungen auf die Berechnung des verwässerten Ergebnisses je Aktie nach Maßgabe der Bestimmungen über Optionen und Optionsscheine (Paragraphen 45–48), der Bestimmungen über wandelbare Instrumente (Paragraphen 49–51), der Bestimmungen über Verträge, die in Stammaktien oder liquiden Mitteln erfüllt werden (Paragraphen 58–61) bzw. sonstiger Bestimmungen fest.

Bei der Ermittlung des verwässerten Ergebnisses je Aktie wird jedoch nur von einer Ausübung bzw. Umwandlung ausgegangen, wenn bei ähnlichen im Umlauf befindlichen potenziellen und unbedingten Stammaktien die gleiche Annahme zugrunde gelegt wird.

Verträge, die in Stammaktien oder liquiden Mitteln erfüllt werden können

58 **Hat ein Unternehmen einen Vertrag geschlossen, bei dem das** Unternehmen **zwischen einer Erfüllung in Stammaktien oder in liquiden Mitteln wählen kann, so hat das Unternehmen davon auszugehen, dass der Vertrag in Stammaktien erfüllt wird, wobei die daraus resultierenden potenziellen Stammaktien in das verwässerte Ergebnis je Aktie einzubeziehen sind, sofern ein Verwässerungseffekt vorliegt.**

59 Wird ein solcher Vertrag zu Bilanzierungszwecken als Vermögenswert oder Schuld dargestellt oder enthält er eine Eigenkapital- und eine Schuldkomponente, so hat das Unternehmen den Zähler um etwaige Änderungen beim Gewinn oder Verlust zu bereinigen, die sich während der Periode ergeben hätten, wäre der Vertrag in vollem Umfang als Eigenkapitalinstrument eingestuft worden. Bei dieser Bereinigung wird ähnlich verfahren wie bei den nach Paragraph 33 erforderlichen Anpassungen.

60 **Bei Verträgen, die nach Wahl des Inhabers in Stammaktien oder liquiden Mitteln erfüllt werden können, ist bei der Berechnung des verwässerten Ergebnisses je Aktie die Option mit dem stärkeren Verwässerungseffekt zugrunde zu legen.**

61 Ein Beispiel für einen Vertrag, bei dem die Erfüllung in Stammaktien oder liquiden Mitteln erfolgen kann, ist ein Schuldinstrument, das dem Unternehmen bei Fälligkeit das uneingeschränkte Recht einräumt, den Kapitalbetrag in liquiden Mitteln oder in eigenen Stammaktien zu leisten. Ein weiteres Beispiel ist eine geschriebene Verkaufsoption, deren Inhaber die Wahl zwischen Erfüllung in Stammaktien oder in liquiden Mitteln hat.

Gekaufte Optionen

62 Verträge wie gekaufte Verkaufsoptionen und gekaufte Kaufoptionen (also Optionen, die das Unternehmen auf die eigenen Stammaktien hält) werden nicht in die Berechnung des verwässerten Ergebnisses je Aktie einbezogen, weil dies einem Verwässerungsschutz gleichkäme. Die Verkaufsoption würde nur ausgeübt, wenn der Ausübungspreis den Marktpreis überstiege, und die Kaufoption würde nur ausgeübt, wenn der Ausübungspreis unter dem Marktpreis läge.

Geschriebene Verkaufsoptionen

63 **Verträge, die das Unternehmen zum Rückkauf seiner eigenen Aktien verpflichten (wie geschriebene Verkaufsoptionen und Terminkäufe), kommen bei der Berechnung des verwässerten Ergebnisses je Aktie zum Tragen, wenn ein Verwässerungseffekt vorliegt. Wenn diese Verträge innerhalb der Periode „im Geld" sind** (d. h. **der Ausübungs- oder Erfüllungspreis den durchschnittlichen Marktpreis in der Periode übersteigt), so ist der potenzielle Verwässerungseffekt auf das Ergebnis je Aktie folgendermaßen zu ermitteln:**

(a) **es ist anzunehmen, dass am Anfang der Periode eine ausreichende Menge an Stammaktien (zum durchschnittlichen Marktpreis während der Periode) emittiert wird, um die Mittel zur Vertragserfüllung zu beschaffen,**

(b) **es ist anzunehmen, dass die Erlöse aus der Emission zur Vertragserfüllung (also zum Rückkauf der Stammaktien) verwendet werden, und**

(c) **die zusätzlichen Stammaktien (die Differenz zwischen den als emittiert angenommenen Stammaktien und den aus der Vertragserfüllung vereinnahmten Stammaktien) sind in die Berechnung des verwässerten Ergebnisses je Aktie einzubeziehen.**

RÜCKWIRKENDE ANPASSUNGEN

64 **Nimmt die Zahl der in Umlauf befindlichen Stammaktien oder potenziellen Stammaktien durch eine Kapitalerhöhung aus Gesellschaftsmitteln, eine Emission von Gratisaktien oder einen Aktiensplitt zu bzw. durch einen umgekehrten Aktiensplitt ab, so ist die Berechnung des unverwässerten und verwässerten Ergebnisses je Aktie für alle dargestellten Perioden rückwirkend anzupassen. Treten diese Änderungen nach dem Abschlussstichtag, aber vor der**

condition remains unchanged until the end of the contingency period, the contingently issuable ordinary shares are included in the calculation of diluted earnings per share according to the status at the end of the reporting period.

Contingently issuable potential ordinary shares (other than those covered by a contingent share agreement, such as contingently issuable convertible instruments) are included in the diluted earnings per share calculation as follows: 57

(a) an entity determines whether the potential ordinary shares may be assumed to be issuable on the basis of the conditions specified for their issue in accordance with the contingent ordinary share provisions in paragraphs 52—56; and

(b) if those potential ordinary shares should be reflected in diluted earnings per share, an entity determines their impact on the calculation of diluted earnings per share by following the provisions for options and warrants in paragraphs 45—48, the provisions for convertible instruments in paragraphs 49—51, the provisions for contracts that may be settled in ordinary shares or cash in paragraphs 58—61, or other provisions, as appropriate.

However, exercise or conversion is not assumed for the purpose of calculating diluted earnings per share unless exercise or conversion of similar outstanding potential ordinary shares that are not contingently issuable is assumed.

Contracts that may be settled in ordinary shares or cash

When an entity has issued a contract that may be settled in ordinary shares or cash at the entity's option, the entity shall presume that the contract will be settled in ordinary shares, and the resulting potential ordinary shares shall be included in diluted earnings per share if the effect is dilutive. 58

When such a contract is presented for accounting purposes as an asset or a liability, or has an equity component and a liability component, the entity shall adjust the numerator for any changes in profit or loss that would have resulted during the period if the contract had been classified wholly as an equity instrument. That adjustment is similar to the adjustments required in paragraph 33. 59

For contracts that may be settled in ordinary shares or cash at the holder's option, the more dilutive of cash settlement and share settlement shall be used in calculating diluted earnings per share. 60

An example of a contract that may be settled in ordinary shares or cash is a debt instrument that, on maturity, gives the entity the unrestricted right to settle the principal amount in cash or in its own ordinary shares. Another example is a written put option that gives the holder a choice of settling in ordinary shares or cash. 61

Purchased options

Contracts such as purchased put options and purchased call options (i.e. options held by the entity on its own ordinary shares) are not included in the calculation of diluted earnings per share because including them would be antidilutive. The put option would be exercised only if the exercise price were higher than the market price and the call option would be exercised only if the exercise price were lower than the market price. 62

Written put options

Contracts that require the entity to repurchase its own shares, such as written put options and forward purchase contracts, are reflected in the calculation of diluted earnings per share if the effect is dilutive. If these contracts are 'in the money' during the period (i.e. the exercise or settlement price is above the average market price for that period), the potential dilutive effect on earnings per share shall be calculated as follows: 63

(a) it shall be assumed that at the beginning of the period sufficient ordinary shares will be issued (at the average market price during the period) to raise proceeds to satisfy the contract;

(b) it shall be assumed that the proceeds from the issue are used to satisfy the contract (i.e. to buy back ordinary shares); and

(c) the incremental ordinary shares (the difference between the number of ordinary shares assumed issued and the number of ordinary shares received from satisfying the contract) shall be included in the calculation of diluted earnings per share.

RETROSPECTIVE ADJUSTMENTS

If the number of ordinary or potential ordinary shares outstanding increases as a result of a capitalisation, bonus issue or share split, or decreases as a result of a reverse share split, the calculation of basic and diluted earnings per share for all periods presented shall be adjusted retrospectively. If these changes occur after the reporting period but before the financial statements are authorised for issue, the per share calculations for those and any prior period 64

Genehmigung zur Veröffentlichung des Abschlusses ein, sind die Berechnungen je Aktie für den Abschluss, der für diese Periode vorgelegt wird, sowie für die Abschlüsse aller früheren Perioden auf der Grundlage der neuen Zahl an Aktien vorzunehmen. Dabei ist anzugeben, dass die Berechnungen pro Aktie derartigen Änderungen in der Zahl der Aktien Rechnung tragen. Darüber hinaus sind für alle dargestellten Perioden das unverwässerte und das verwässerte Ergebnis je Aktie auch im Hinblick auf die Auswirkungen von rückwirkend berücksichtigten Fehlern und Anpassungen, die durch Änderungen der Rechnungslegungsmethoden bedingt sind, anzupassen.

65 Ein Unternehmen darf das verwässerte Ergebnis je Aktie, die in früheren Perioden ausgewiesen wurde, nicht aufgrund von Änderungen der Berechnungsannahmen zur Ergebnisermittlung je Aktie oder zwecks Umwandlung potenzieller Stammaktien in Stammaktien rückwirkend anpassen.

DARSTELLUNG

66 **Ein Unternehmen hat in seiner Gesamtergebnisrechnung für jede Gattung von Stammaktien mit unterschiedlichem Anrecht auf Teilnahme am Gewinn oder Verlust das unverwässerte und das verwässerte Ergebnis je Aktie aus dem den Stammaktionären des Mutterunternehmens zurechenbaren Gewinn oder Verlust aus fortzuführenden Geschäftsbereichen sowie aus dem den Stammaktionären des Mutterunternehmens zurechenbaren Gewinn oder Verlust auszuweisen. Ein Unternehmen hat das unverwässerte und das verwässerte Ergebnis je Aktie in allen dargestellten Perioden gleichrangig auszuweisen.**

67 Das Ergebnis je Aktie ist für jede Periode auszuweisen, für die eine Gesamtergebnisrechnung vorgelegt wird. Wird das verwässerte Ergebnis je Aktie für mindestens eine Periode ausgewiesen, so ist es, selbst wenn es dem unverwässerten Ergebnis je Aktie entspricht, für sämtliche dargestellten Perioden auszuweisen. Stimmen unverwässertes und verwässertes Ergebnis je Aktie überein, so kann der doppelte Ausweis in einer Zeile in der Gesamtergebnisrechnung erfolgen.

67A Stellt ein Unternehmen die Ergebnisbestandteile gemäß Paragraph 10A von IAS 1 (in der 2011 geänderten Fassung) in einer gesonderten Gewinn- und Verlustrechnung dar, so hat es das unverwässerte und verwässerte Ergebnis je Aktie gemäß den Vorschriften der Paragraph 66 und 67 in dieser gesonderten Gewinn- und Verlustrechnung auszuweisen.

68 **Ein Unternehmen, das die Aufgabe eines Geschäftsbereichs berichtet, hat die unverwässerten und verwässerten Beträge je Aktie für den aufgegebenen Geschäftsbereich entweder in der Gesamtergebnisrechnung oder im Anhang auszuweisen.**

68A Stellt ein Unternehmen die Ergebnisbestandteile gemäß Paragraph 10A von IAS 1 (in der 2011 geänderten Fassung) in einer gesonderten Gewinn- und Verlustrechnung dar, so hat es das unverwässerte und verwässerte Ergebnis je Aktie für den aufgegebenen Geschäftsbereich gemäß den Vorschriften in Paragraph 68 in dieser gesonderten Gewinn- und Verlustrechnung oder im Anhang auszuweisen.

69 **Ein Unternehmen hat das unverwässerte und das verwässerte Ergebnis je Aktie auch dann auszuweisen, wenn die Beträge negativ (also als Verlust je Aktie) ausfallen.**

ANGABEN

70 **Ein Unternehmen hat Folgendes anzugeben:**

(a) **die Beträge, die es bei der Berechnung des unverwässerten und verwässerten Ergebnisses je Aktie als Zähler verwendet, sowie eine Überleitung der entsprechenden Beträge zu dem dem Mutterunternehmen zurechenbaren Gewinn oder Verlust. Der Überleitungsrechnung muss zu entnehmen sein, wie sich die einzelnen Gattungen von Instrumenten auf das Ergebnis je Aktie auswirken.**

(b) **die gewichtete durchschnittliche Anzahl der Stammaktien, der bei der Berechnung des unverwässerten und des verwässerten Ergebnisses je Aktie als Nenner verwendet wurde, sowie eine Überleitungsrechnung dieser Nenner zueinander. Der Überleitungsrechnung muss zu entnehmen sein, wie sich die einzelnen Gattungen von Instrumenten auf das Ergebnis je Aktie auswirken.**

(c) **die Instrumente (einschließlich bedingt emissionsfähiger Aktien), die das unverwässerte Ergebnis je Aktie in Zukunft potenziell verwässern könnten, aber nicht in die Berechnung des verwässerten Ergebnisses je Aktie eingeflossen sind, weil sie für die dargestellte Periode/die dargestellten Perioden einer Verwässerung entgegenwirken.**

(d) **eine Beschreibung der Transaktionen mit Stammaktien oder potenziellen Stammaktien – mit Ausnahme derjenigen, die gemäß Paragraph 64 berücksichtigt werden–, die nach dem Abschlussstichtag zustande kommen und die, wenn sie vor Ende der Berichtsperiode stattgefunden hätten, die Zahl der am Ende der Periode in Umlauf befindlichen Stammaktien oder potenziellen Stammaktien erheblich verändert hätten.**

71 Beispiele für die in Paragraph 70 (d) genannten Transaktionen sind

(a) die Ausgabe von Aktien gegen liquide Mittel,

(b) die Ausgabe von Aktien, wenn die Erlöse dazu verwendet werden, zum Abschlussstichtag bestehende Schulden oder in Umlauf befindliche Vorzugsaktien zu tilgen,

(c) die Rücknahme von in Umlauf befindlichen Stammaktien,

financial statements presented shall be based on the new number of shares. The fact that per share calculations reflect such changes in the number of shares shall be disclosed. In addition, basic and diluted earnings per share of all periods presented shall be adjusted for the effects of errors and adjustments resulting from changes in accounting policies accounted for retrospectively.

An entity does not restate diluted earnings per share of any prior period presented for changes in the assumptions used in earnings per share calculations or for the conversion of potential ordinary shares into ordinary shares. 65

PRESENTATION

An entity shall present in the statement of comprehensive income basic and diluted earnings per share for profit or loss from continuing operations attributable to the ordinary equity holders of the parent entity and for profit or loss attributable to the ordinary equity holders of the parent entity for the period for each class of ordinary shares that has a different right to share in profit for the period. An entity shall present basic and diluted earnings per share with equal prominence for all periods presented. 66

Earnings per share is presented for every period for which an statement of comprehensive income is presented. If diluted earnings per share is reported for at least one period, it shall be reported for all periods presented, even if it equals basic earnings per share. If basic and diluted earnings per share are equal, dual presentation can be accomplished in one line in the statement of comprehensive income. 67

If an entity presents items of profit or loss in a separate statement as described in paragraph 10A of IAS 1 (as amended in 2011), it presents basic and diluted earnings per share, as required in paragraphs 66 and 67, in that separate statement. 67A

An entity that reports a discontinued operation shall disclose the basic and diluted amounts per share for the discontinued operation either in the statement of comprehensive income or in the notes. 68

If an entity presents items of profit or loss in a separate statement as described in paragraph 10A of IAS 1 (as amended in 2011), it presents basic and diluted earnings per share for the discontinued operation, as required in paragraph 68, in that separate statement or in the notes. 68A

An entity shall present basic and diluted earnings per share, even if the amounts are negative (i.e. a loss per share). 69

DISCLOSURE

An entity shall disclose the following: 70

(a) the amounts used as the numerators in calculating basic and diluted earnings per share, and a reconciliation of those amounts to profit or loss attributable to the parent entity for the period. The reconciliation shall include the individual effect of each class of instruments that affects earnings per share;

(b) the weighted average number of ordinary shares used as the denominator in calculating basic and diluted earnings per share, and a reconciliation of these denominators to each other. The reconciliation shall include the individual effect of each class of instruments that affects earnings per share;

(c) instruments (including contingently issuable shares) that could potentially dilute basic earnings per share in the future, but were not included in the calculation of diluted earnings per share because they are antidilutive for the period(s) presented;

(d) a description of ordinary share transactions or potential ordinary share transactions, other than those accounted for in accordance with paragraph 64, that occur after the reporting period and that would have changed significantly the number of ordinary shares or potential ordinary shares outstanding at the end of the period if those transactions had occurred before the end of the reporting period.

Examples of transactions in paragraph 70 (d) include: 71

(a) an issue of shares for cash;

(b) an issue of shares when the proceeds are used to repay debt or preference shares outstanding at the end of the reporting period;

(c) the redemption of ordinary shares outstanding;

(d) die Umwandlung oder Ausübung des Bezugsrechtes potenzieller, sich zum Abschlussstichtag im Umlauf befindlicher Stammaktien in Stammaktien,
(e) die Ausgabe von Optionen, Optionsscheinen oder wandelbaren Instrumenten und
(f) die Erfüllung von Bedingungen, die die Ausgabe bedingt emissionsfähiger Aktien zur Folge hätten.

Die Ergebnisse je Aktie werden nicht um Transaktionen bereinigt, die nach dem Abschlussstichtag eintreten, da diese den zur Generierung des Gewinns oder Verlusts verwendeten Kapitalbetrag nicht beeinflussen.

72 Finanzinstrumente und sonstige Verträge, die zu potenziellen Stammaktien führen, können Bedingungen enthalten, die die Bestimmung des unverwässerten und verwässerten Ergebnisses je Aktie beeinflussen. Diese Bedingungen können entscheidend dafür sein, ob bei potenziellen Stammaktien ein Verwässerungseffekt vorliegt und, falls dem so ist, wie sich dies auf die gewichtete durchschnittliche Anzahl der in Umlauf befindlichen Aktien sowie alle daraus resultierenden Bereinigungen des den Stammaktionären zuzurechnenden Gewinns oder Verlusts auswirkt. Die Angabe der Vertragsbedingungen dieser Finanzinstrumente und anderer Verträge wird empfohlen, sofern dies nicht ohnehin vorgeschrieben ist (s. IFRS 7 *Finanzinstrumente: Angaben*).

73 **Falls ein Unternehmen zusätzlich zum unverwässerten und verwässerten Ergebnis je Aktie Beträge je Aktie angibt, die mittels eines in der Gesamtergebnisrechnung enthaltenen Bestandteils ermittelt werden, der von diesem Standard nicht vorgeschrieben ist, so sind derartige Beträge unter Verwendung der gemäß diesem Standard ermittelten gewichteten durchschnittlichen Anzahl von Stammaktien zu bestimmen. Unverwässerte und verwässerte Beträge je Aktie, die sich auf einen derartigen Bestandteil beziehen, sind gleichrangig anzugeben und im Anhang auszuweisen. Ein Unternehmen hat auf die Grundlage zur Ermittlung des Nenners/der Nenner hinzuweisen, einschließlich der Angabe, ob es sich bei den entsprechenden Beträgen je Aktie um Vor- oder Nachsteuerbeträge handelt. Bei Verwendung eines Bestandteils der Gesamtergebnisrechnung, der nicht als eigenständiger Posten in der Gesamtergebnisrechnung ausgewiesen wird, ist eine Überleitung zwischen diesem verwendeten Bestandteil zu einem in der Gesamtergebnisrechnung ausgewiesenen Posten herzustellen.**

73A **Paragraph 73 ist auch auf ein Unternehmen anzuwenden, das zusätzlich zum unverwässerten und verwässerten Ergebnis je Aktie Beträge je Aktie angibt, die mittels eines Ergebnisbestandteils, der nicht von diesem Standard vorgeschrieben wird, ermittelt werden.**

ZEITPUNKT DES INKRAFTTRETENS

74 Dieser Standard ist auf Geschäftsjahre anzuwenden, die am oder nach dem 1. Januar 2005 beginnen. Eine frühere Anwendung wird empfohlen. Wendet ein Unternehmen diesen Standard für Berichtsperioden an, die vor dem 1. Januar 2005 beginnen, hat es dies anzugeben.

74A Durch IAS 1 (in der 2007 überarbeiteten Fassung) wurde die in den IAS/IFRS verwendete Terminologie geändert. Außerdem wurden die Paragraphen 4A, 67A, 68A und 73A eingefügt. Diese Änderungen sind auf Geschäftsjahre anzuwenden, die am oder nach dem 1. Januar 2009 beginnen. Wendet ein Unternehmen IAS 1 (überarbeitet 2007) auf eine frühere Periode an, so hat es auf diese Periode auch diese Änderungen anzuwenden.

74B Durch IFRS 10 und IFRS 11 *Gemeinschaftliche Vereinbarungen*, veröffentlicht im Mai 2011, wurden die Paragraphen 4, 40 und A11 geändert. Wendet ein Unternehmen IFRS 10 und IFRS 11 an, hat es diese Änderungen ebenfalls anzuwenden.

74C Durch IFRS 13, veröffentlicht im Mai 2011, wurden die Paragraphen 8, 47A und A2 geändert. Wendet ein Unternehmen IFRS 13 an, sind diese Änderungen ebenfalls anzuwenden.

74D Durch *Darstellung von Posten des sonstigen Ergebnisses* (Änderungen an IAS 1), veröffentlicht im Juni 2011, wurden die Paragraphen 4A, 67A, 68A und 73A geändert. Wendet ein Unternehmen IAS 1 (in der im Juni 2011 geänderten Fassung) an, sind diese Änderungen ebenfalls anzuwenden.

74E Durch IFRS 9 *Finanzinstrumente* (in der im Juli 2014 veröffentlichten Fassung) wurde Paragraph 34 geändert. Wendet ein Unternehmen IFRS 9 an, ist diese Änderung ebenfalls anzuwenden.

RÜCKNAHME ANDERER VERLAUTBARUNGEN

75 Dieser Standard ersetzt IAS 33 *Ergebnis je Aktie* (veröffentlicht 1997).

76 Dieser Standard ersetzt SIC-24 *Ergebnis je Aktie – Finanzinstrumente und sonstige Verträge, die in Aktien erfüllt werden können.*

(d) the conversion or exercise of potential ordinary shares outstanding at the end of the reporting period into ordinary shares;
(e) an issue of options, warrants, or convertible instruments; and
(f) the achievement of conditions that would result in the issue of contingently issuable shares.

Earnings per share amounts are not adjusted for such transactions occurring after the reporting period because such transactions do not affect the amount of capital used to produce profit or loss for the period.

Financial instruments and other contracts generating potential ordinary shares may incorporate terms and conditions that affect the measurement of basic and diluted earnings per share. These terms and conditions may determine whether any potential ordinary shares are dilutive and, if so, the effect on the weighted average number of shares outstanding and any consequent adjustments to profit or loss attributable to ordinary equity holders. The disclosure of the terms and conditions of such financial instruments and other contracts is encouraged, if not otherwise required (see IFRS 7 *Financial instruments: disclosures*). 72

If an entity discloses, in addition to basic and diluted earnings per share, amounts per share using a reported component of the statement of comprehensive income other than one required by this standard, such amounts shall be calculated using the weighted average number of ordinary shares determined in accordance with this standard. Basic and diluted amounts per share relating to such a component shall be disclosed with equal prominence and presented in the notes. An entity shall indicate the basis on which the numerator(s) is (are) determined, including whether amounts per share are before tax or after tax. If a component of the statement of comprehensive income is used that is not reported as a line item in the statement of comprehensive income, a reconciliation shall be provided between the component used and a line item that is reported in the statement of comprehensive income. 73

Paragraph 73 applies also to an entity that discloses, in addition to basic and diluted earnings per share, amounts per share using a reported item of profit or loss, other than one required by this Standard. 73A

EFFECTIVE DATE

An entity shall apply this standard for annual periods beginning on or after 1 January 2005. Earlier application is encouraged. If an entity applies the standard for a period beginning before 1 January 2005, it shall disclose that fact. 74

IAS 1 (as revised in 2007) amended the terminology used throughout IFRSs. In addition it added paragraphs 4A, 67A, 68A and 73A. An entity shall apply those amendments for annual periods beginning on or after 1 January 2009. If an entity applies IAS 1 (revised 2007) for an earlier period, those amendments shall be applied for that earlier period. 74A

IFRS 10 and IFRS 11 *Joint Arrangements*, issued in May 2011, amended paragraphs 4, 40 and A11. An entity shall apply those amendments when it applies IFRS 10 and IFRS 11. 74B

IFRS 13, issued in May 2011, amended paragraphs 8, 47A and A2. An entity shall apply those amendments when it applies IFRS 13. 74C

Presentation of Items of Other Comprehensive Income (Amendments to IAS 1), issued in June 2011, amended paragraphs 4A, 67A, 68A and 73A. An entity shall apply those amendments when it applies IAS 1 as amended in June 2011. 74D

IFRS 9 *Financial Instruments*, as issued in July 2014, amended paragraph 34. An entity shall apply that amendment when it applies IFRS 9. 74E

WITHDRAWAL OF OTHER PRONOUNCEMENTS

This standard supersedes IAS 33 *Earnings per share* (issued in 1997). 75

This standard supersedes SIC-24 *Earnings per share —financial instruments and other contracts that may be settled in shares.* 76

ANHANG A

ANWENDUNGSLEITLINIEN

Dieser Anhang ist integraler Bestandteil des Standards.

Der dem Mutterunternehmen zuzurechnende Gewinn oder Verlust

A1 Zur Berechnung des Ergebnisses je Aktie auf der Grundlage des Konzernabschlusses bezieht sich der dem Mutterunternehmen zuzurechnende Gewinn oder Verlust auf den Gewinn oder Verlust des konsolidierten Unternehmens nach Berücksichtigung von nicht beherrschenden Anteilen.

Bezugsrechtsausgabe

A2 Durch die Ausgabe von Stammaktien zum Zeitpunkt der Ausübung oder Umwandlung potenzieller Stammaktien entsteht im Regelfall kein Bonuselement, weil die potenziellen Stammaktien normalerweise zum beizulegenden Zeitwert ausgegeben werden, was zu einer proportionalen Änderung der dem Unternehmen zur Verfügung stehenden Ressourcen führt. Bei einer Ausgabe von Bezugsrechten liegt der Ausübungskurs jedoch häufig unter dem beizulegenden Zeitwert der Aktien, sodass hier ein Bonuselement vorliegt (siehe Paragraph 27 (b)). Wird allen gegenwärtigen Aktionären eine Bezugsrechtsausgabe angeboten, ist die Zahl der Stammaktien, die zu verwenden ist, um für alle Perioden vor der Bezugsrechtsausgabe das unverwässerte und das verwässerte Ergebnis je Aktie zu berechnen, gleich der Zahl der sich vor der Ausgabe in Umlauf befindlichen Stammaktien, multipliziert mit folgendem Faktor:

$$\frac{\text{Beizulegender Zeitwert je Aktie unmittelbar vor der Bezugsrechtsausübung}}{\text{Theoretischer Zeitwert je Aktie nach dem Bezugsrecht}}$$

Der theoretische Zeitwert je Aktie nach dem Bezugsrecht wird berechnet, indem die Summe der beizulegenden Zeitwerte der Aktien unmittelbar vor Ausübung der Bezugsrechte zu den Erlösen aus der Ausübung der Bezugsrechte hinzugezählt und durch die Anzahl der sich nach Ausübung der Bezugsrechte in Umlauf befindlichen Aktien geteilt wird. In Fällen, in denen die Bezugsrechte vor dem Ausübungsdatum getrennt von den Aktien öffentlich gehandelt werden sollen, wird der beizulegende Zeitwert am Schluss des letzten Handelstages, an dem die Aktien gemeinsam mit den Bezugsrechten gehandelt werden, ermittelt.

Kontrollgröße

A3 Um die Anwendung des in den Paragraphen 42 und 43 beschriebenen Begriffs der Kontrollgröße zu veranschaulichen, soll angenommen werden, dass ein Unternehmen aus fortzuführenden Geschäftsbereichen einen dem Mutterunternehmen zurechenbaren Gewinn von 4800 WE[1], aus aufgegebenen Geschäftsbereichen einen dem Mutterunternehmen zurechenbaren Verlust von (7200 WE), einen dem Mutterunternehmen zurechenbaren Verlust von (2400 WE) und 2000 Stammaktien sowie 400 in Umlauf befindliche potenzielle Stammaktien hat. Das unverwässerte Ergebnis des Unternehmens je Aktie beträgt in diesem Fall 2,40 WE für fortzuführende Geschäftsbereiche, (3,60 WE) für aufgegebene Geschäftsbereiche und (1,20 WE) für den Verlust. Die 400 potenziellen Stammaktien werden in die Berechnung des verwässerten Ergebnisses je Aktie einbezogen, weil das resultierende Ergebnis von 2,00 WE je Aktie für fortzuführende Geschäftsbereiche verwässernd wirkt, wenn keine Auswirkung dieser 400 potenziellen Stammaktien auf den Gewinn oder Verlust angenommen wird. Weil der dem Mutterunternehmen zurechenbare Gewinn aus fortzuführenden Geschäftsbereichen die Kontrollgröße ist, bezieht das Unternehmen auch diese 400 potenziellen Stammaktien in die Berechnung der übrigen Ergebnisse je Aktie ein, obwohl die resultierenden Ergebnisse je Aktie für die ihnen vergleichbaren unverwässerten Ergebnisse je Aktie einen Verwässerungsschutz darstellen; d. h., der Verlust je Aktie geringer ist [(3,00 WE) je Aktie für den Verlust aus aufgegebenen Geschäftsbereichen und (1,00 WE) je Aktie für den Verlust].

Durchschnittlicher Marktpreis der Stammaktien

A4 Zur Berechnung des verwässerten Ergebnisses je Aktie wird der durchschnittliche Marktpreis der Stammaktien, von deren Ausgabe ausgegangen wird, auf der Basis des durchschnittlichen Marktpreises während der Periode errechnet. Theoretisch könnte jede Markttransaktion mit den Stammaktien eines Unternehmens in die Bestimmung des durchschnittlichen Marktpreises einbezogen werden. In der Praxis reicht jedoch für gewöhnlich ein einfacher Durchschnitt aus den wöchentlichen oder monatlichen Kursen aus.

A5 Im Allgemeinen sind die Schlusskurse für die Berechnung des durchschnittlichen Marktpreises ausreichend. Schwanken die Kurse allerdings mit großer Bandbreite, ergibt ein Durchschnitt aus den Höchst- und Tiefstkursen normalerweise

1 In diesen Leitlinien werden Geldbeträge in „Währungseinheiten" (WE) angegeben.

APPENDIX A

APPLICATION GUIDANCE

This appendix is an integral part of the standard.

Profit or loss attributable to the parent entity

For the purpose of calculating earnings per share based on the consolidated financial statements, profit or loss attributable to the parent entity refers to profit or loss of the consolidated entity after adjusting for non-controlling interests. A1

Rights issues

The issue of ordinary shares at the time of exercise or conversion of potential ordinary shares does not usually give rise to a bonus element. This is because the potential ordinary shares are usually issued for fair value, resulting in a proportionate change in the resources available to the entity. In a rights issue, however, the exercise price is often less than the fair value of the shares. Therefore, as noted in paragraph 27 (b), such a rights issue includes a bonus element. If a rights issue is offered to all existing shareholders, the number of ordinary shares to be used in calculating basic and diluted earnings per share for all periods before the rights issue is the number of ordinary shares outstanding before the issue, multiplied by the following factor: A2

$$\frac{\text{Fair value per share immediately before the exercise of rights}}{\text{Theoretical ex} - \text{rights fair value per share}}$$

The theoretical ex-rights fair value per share is calculated by adding the aggregate fair value of the shares immediately before the exercise of the rights to the proceeds from the exercise of the rights, and dividing by the number of shares outstanding after the exercise of the rights. Where the rights are to be publicly traded separately from the shares before the exercise date, fair value is measured at the close of the last day on which the shares are traded together with the rights.

Control number

To illustrate the application of the control number notion described in paragraphs 42 and 43, assume that an entity has profit from continuing operations attributable to the parent entity of CU4800[1], a loss from discontinued operations attributable to the parent entity of (CU7200), a loss attributable to the parent entity of (CU2400), and 2000 ordinary shares and 400 potential ordinary shares outstanding. The entity's basic earnings per share is CU2,40 for continuing operations, (CU3,60) for discontinued operations and (CU1,20) for the loss. The 400 potential ordinary shares are included in the diluted earnings per share calculation because the resulting CU2,00 earnings per share for continuing operations is dilutive, assuming no profit or loss impact of those 400 potential ordinary shares. Because profit from continuing operations attributable to the parent entity is the control number, the entity also includes those 400 potential ordinary shares in the calculation of the other earnings per share amounts, even though the resulting earnings per share amounts are antidilutive to their comparable basic earnings per share amounts, i.e. the loss per share is less [(CU3,00) per share for the loss from discontinued operations and (CU1,00) per share for the loss]. A3

Average market price of ordinary shares

For the purpose of calculating diluted earnings per share, the average market price of ordinary shares assumed to be issued is calculated on the basis of the average market price of the ordinary shares during the period. Theoretically, every market transaction for an entity's ordinary shares could be included in the determination of the average market price. As a practical matter, however, a simple average of weekly or monthly prices is usually adequate. A4

Generally, closing market prices are adequate for calculating the average market price. When prices fluctuate widely, however, an average of the high and low prices usually produces a more representative price. The method used to calculate A5

1 In this guidance, monetary amounts are denominated in 'currency units' (CU).

einen repräsentativeren Kurs. Der durchschnittliche Marktpreis ist stets nach derselben Methode zu ermitteln, es sei denn, diese ist wegen geänderter Bedingungen nicht mehr repräsentativ. So könnte z. B. ein Unternehmen, das zur Errechnung des durchschnittlichen Marktpreises über mehrere Jahre relativ stabiler Kurse hinweg die Schlusskurse benutzt, zur Durchschnittsbildung aus Höchst- und Tiefstkursen übergehen, wenn starke Kursschwankungen einsetzen und die Schlusskurse keinen repräsentativen Durchschnittskurs mehr ergeben.

Optionen, Optionsscheine und ihre Äquivalente

A6 Es wird davon ausgegangen, dass Optionen oder Optionsscheine für den Kauf wandelbarer Instrumente immer dann für diesen Zweck ausgeübt werden, wenn die Durchschnittskurse sowohl der wandelbaren Instrumente als auch der nach der Umwandlung zu beziehenden Stammaktien über dem Ausübungskurs der Optionen oder Optionsscheine liegen. Von einer Ausübung wird jedoch nur dann ausgegangen, wenn auch bei etwaigen ähnlichen in Umlauf befindlichen wandelbaren Instrumenten von einer Umwandlung ausgegangen wird.

A7 Optionen oder Optionsscheine können die Andienung schuldrechtlicher oder anderer Wertpapiere des Unternehmens (oder seines Mutterunternehmens oder eines Tochterunternehmens) zur Zahlung des gesamten Ausübungspreises oder eines Teiles davon ermöglichen oder erfordern. Bei der Berechnung des verwässerten Ergebnisses je Aktie wirken diese Optionen oder Optionsscheine verwässernd, wenn (a) der durchschnittliche Marktpreis der zugehörigen Stammaktien für die Periode den Ausübungskurs überschreitet oder (b) der Verkaufskurs des anzudienenden Instrumentes unter dem liegt, zu dem das Instrument der Options- oder Optionsscheinsvereinbarung entsprechend angedient werden kann und der sich ergebende Abschlag zu einem effektiven Ausübungskurs unter dem Marktpreis für die Stammaktien führt, die nach der Ausübung bezogen werden können. Bei der Berechnung des verwässerten Ergebnisses je Aktie wird davon ausgegangen, dass diese Optionen oder Optionsscheine ausgeübt und die schuldrechtlichen oder anderen Wertpapiere angedient werden sollen. Ist die Andienung liquider Mittel für den Options- oder Optionsscheininhaber vorteilhafter und lässt der Vertrag dies zu, wird von der Andienung liquider Mittel ausgegangen. Zinsen (abzüglich Steuern) auf schuldrechtliche Wertpapiere, von deren Andienung ausgegangen wird, werden dem Zähler als Berichtigung wieder hinzugerechnet.

A8 Ähnlich behandelt werden Vorzugsaktien mit ähnlichen Bestimmungen oder andere Wertpapiere, deren Umwandlungsoptionen dem Investor eine Barzahlung zu einem günstigeren Umwandlungssatz erlauben.

A9 Bei bestimmten Optionen oder Optionsscheinen sehen die Vertragsbedingungen eventuell vor, dass die durch Ausübung dieser Instrumente erzielten Erlöse für den Rückkauf schuldrechtlicher oder anderer Wertpapiere des Unternehmens (oder seines Mutter- oder eines Tochterunternehmens) verwendet werden. Bei der Berechnung des verwässerten Ergebnisses je Aktie wird davon ausgegangen, dass diese Optionen oder Optionsscheine ausgeübt werden und der Erlös für den Kauf der schuldrechtlichen Wertpapiere zum durchschnittlichen Marktpreis und nicht für den Kauf von Stammaktien verwendet wird. Sollte der durch die angenommene Ausübung erzielte Erlös jedoch über den für den angenommenen Kauf schuldrechtlicher Wertpapiere aufgewandten Betrag hinausgehen, so wird diese Differenz bei der Berechnung des verwässerten Ergebnisses je Aktie berücksichtigt (d. h., es wird davon ausgegangen, dass sie für den Rückkauf von Stammaktien eingesetzt wurde). Zinsen (abzüglich Steuern) auf schuldrechtliche Wertpapiere, von deren Kauf ausgegangen wird, werden dem Zähler als Berichtigung wieder hinzugerechnet.

Geschriebene Verkaufsoptionen

A10 Zur Erläuterung der Anwendung von Paragraph 63 soll angenommen werden, dass sich von einem Unternehmen 120 geschriebene Verkaufsoptionen auf seine Stammaktien mit einem Ausübungskurs von 35 WE in Umlauf befinden. Der durchschnittliche Marktpreis für die Stammaktien des Unternehmens in der Periode beträgt 28 WE. Bei der Berechnung des verwässerten Ergebnisses je Aktie geht das Unternehmen davon aus, dass es zur Erfüllung seiner Verkaufsverpflichtung von 4200 WE zu Periodenbeginn 150 Aktien zu je 28 WE ausgegeben hat. Die Differenz zwischen den 150 ausgegebenen Stammaktien und den 120 Stammaktien aus der Erfüllung der Verkaufsoption (30 zusätzliche Stammaktien) wird bei der Berechnung des verwässerten Ergebnisses je Aktie auf den Nenner aufaddiert.

Instrumente von Tochterunternehmen, Gemeinschaftsunternehmen oder assoziierten Unternehmen

A11 Potenzielle Stammaktien eines Tochterunternehmens, Gemeinschaftsunternehmens oder assoziierten Unternehmens, die entweder in Stammaktien des Tochterunternehmens, Gemeinschaftsunternehmens oder assoziierten Unternehmens oder in Stammaktien des Mutterunternehmens oder von Investoren, die an der gemeinschaftlichen Führung des Beteiligungsunternehmens beteiligt sind oder einen maßgeblichem Einfluss auf das Beteiligungsunternehmen haben, (des berichtenden Unternehmens) umgewandelt werden können, werden wie folgt in die Berechnung des verwässerten Ergebnisses je Aktie einbezogen:

(a) Durch ein Tochterunternehmen, Gemeinschaftsunternehmen oder assoziiertes Unternehmen ausgegebene Instrumente, die ihren Inhabern den Bezug von Stammaktien des Tochterunternehmens, Gemeinschaftsunternehmens oder assoziierten Unternehmens ermöglichen, werden in die Berechnung des verwässerten Ergebnisses je Aktie des

the average market price is used consistently unless it is no longer representative because of changed conditions. For example, an entity that uses closing market prices to calculate the average market price for several years of relatively stable prices might change to an average of high and low prices if prices start fluctuating greatly and the closing market prices no longer produce a representative average price.

Options, warrants and their equivalents

Options or warrants to purchase convertible instruments are assumed to be exercised to purchase the convertible instrument whenever the average prices of both the convertible instrument and the ordinary shares obtainable upon conversion are above the exercise price of the options or warrants. However, exercise is not assumed unless conversion of similar outstanding convertible instruments, if any, is also assumed. A6

Options or warrants may permit or require the tendering of debt or other instruments of the entity (or its parent or a subsidiary) in payment of all or a portion of the exercise price. In the calculation of diluted earnings per share, those options or warrants have a dilutive effect if (a) the average market price of the related ordinary shares for the period exceeds the exercise price or (b) the selling price of the instrument to be tendered is below that at which the instrument may be tendered under the option or warrant agreement and the resulting discount establishes an effective exercise price below the market price of the ordinary shares obtainable upon exercise. In the calculation of diluted earnings per share, those options or warrants are assumed to be exercised and the debt or other instruments are assumed to be tendered. If tendering cash is more advantageous to the option or warrant holder and the contract permits tendering cash, tendering of cash is assumed. Interest (net of tax) on any debt assumed to be tendered is added back as an adjustment to the numerator. A7

Similar treatment is given to preference shares that have similar provisions or to other instruments that have conversion options that permit the investor to pay cash for a more favourable conversion rate. A8

The underlying terms of certain options or warrants may require the proceeds received from the exercise of those instruments to be applied to redeem debt or other instruments of the entity (or its parent or a subsidiary). In the calculation of diluted earnings per share, those options or warrants are assumed to be exercised and the proceeds applied to purchase the debt at its average market price rather than to purchase ordinary shares. However, the excess proceeds received from the assumed exercise over the amount used for the assumed purchase of debt are considered (i.e. assumed to be used to buy back ordinary shares) in the diluted earnings per share calculation. Interest (net of tax) on any debt assumed to be purchased is added back as an adjustment to the numerator. A9

Written put options

To illustrate the application of paragraph 63, assume that an entity has outstanding 120 written put options on its ordinary shares with an exercise price of CU35. The average market price of its ordinary shares for the period is CU28. In calculating diluted earnings per share, the entity assumes that it issued 150 shares at CU28 per share at the beginning of the period to satisfy its put obligation of CU4200. The difference between the 150 ordinary shares issued and the 120 ordinary shares received from satisfying the put option (30 incremental ordinary shares) is added to the denominator in calculating diluted earnings per share. A10

Instruments of subsidiaries, joint ventures or associates

Potential ordinary shares of a subsidiary, joint venture or associate convertible into either ordinary shares of the subsidiary, joint venture or associate, or ordinary shares of the parent, or investors with joint control of, or significant influence (the reporting entity) over, the investee are included in the calculation of diluted earnings per share as follows: A11

(a) instruments issued by a subsidiary, joint venture or associate that enable their holders to obtain ordinary shares of the subsidiary, joint venture or associate are included in calculating the diluted earnings per share data of the subsidiary, joint venture or associate. Those earnings per share are then included in the reporting entity's earnings per

Tochterunternehmens, Gemeinschaftsunternehmens oder assoziierten Unternehmens einbezogen. Dieses Ergebnis je Aktie wird dann vom berichtenden Unternehmen in dessen Berechnungen des Ergebnisses je Aktie einbezogen, und zwar auf der Grundlage, dass das berichtende Unternehmen die Instrumente des Tochterunternehmens, Gemeinschaftsunternehmens oder assoziierten Unternehmens hält.

(b) Instrumente eines Tochterunternehmens, Gemeinschaftsunternehmens oder assoziierten Unternehmens, die in Stammaktien des berichtenden Unternehmens umgewandelt werden können, werden für die Berechnung des verwässerten Ergebnisses je Aktie als zu den potenziellen Stammaktien des berichtenden Unternehmens gehörend betrachtet. Ebenso werden auch von einem Tochterunternehmen, Gemeinschaftsunternehmen oder assoziierten Unternehmen für den Kauf von Stammaktien des berichtenden Unternehmens ausgegebene Optionen oder Optionsscheine bei der Berechnung des konsolidierten verwässerten Ergebnisses je Aktie als zu den potenziellen Stammaktien des berichtenden Unternehmens gehörend betrachtet.

A12 Um zu bestimmen, wie sich Instrumente, die von einem berichtenden Unternehmen ausgegeben wurden und in Stammaktien eines Tochterunternehmens, Gemeinschaftsunternehmens oder assoziierten Unternehmens umgewandelt werden können, auf das Ergebnis je Aktie auswirken, wird von der Umwandlung der Instrumente ausgegangen und der Zähler (der den Stammaktionären des Mutterunternehmens zurechenbare Gewinn oder Verlust) gemäß Paragraph 33 dementsprechend angepasst. Zusätzlich dazu wird der Zähler in Bezug auf jede Änderung angepasst, die im Gewinn oder Verlust des berichtenden Unternehmens auftritt (z. B. Erträge nach der Dividenden- oder nach der Equity-Methode) und der erhöhten Stammaktienzahl des Tochterunternehmens, Gemeinschaftsunternehmens oder assoziierten Unternehmens zuzurechnen ist, die sich als Folge der angenommenen Umwandlung in Umlauf befindet. Der Nenner ist bei der Berechnung des verwässerten Ergebnisses je Aktie nicht betroffen, weil die Zahl der in Umlauf befindlichen Stammaktien des berichtenden Unternehmens sich bei Annahme der Umwandlung nicht ändern würde.

Partizipierende Eigenkapitalinstrumente und aus zwei Gattungen bestehende Stammaktien

A13 Zum Eigenkapital einiger Unternehmen gehören

(a) Instrumente, die nach einer festgelegten Formel (z. B. zwei zu eins) an Stammaktien-Dividenden beteiligt werden, wobei in einigen Fällen für die Gewinnbeteiligung eine Obergrenze (z. B. bis zu einem bestimmten Höchstbetrag je Aktie) besteht,

(b) eine Stammaktien-Gattung, deren Dividendensatz von dem der anderen Stammaktien-Gattung abweicht, ohne jedoch vorrangige oder vorgehende Rechte zu haben.

A14 Zur Berechnung des verwässerten Ergebnisses je Aktie wird bei den in Paragraph A13 bezeichneten Instrumenten, die in Stammaktien umgewandelt werden können, von einer Umwandlung ausgegangen, wenn sie eine verwässernde Wirkung hat. Für die nicht in eine Stammaktien-Gattung umwandelbaren Instrumente wird der Gewinn oder Verlust entsprechend ihren Dividendenrechten oder anderen Rechten auf Beteiligung an nicht ausgeschütteten Gewinnen den unterschiedlichen Aktiengattungen und partizipierenden Eigenkapitalinstrumenten zugewiesen. Zur Berechnung des unverwässerten und verwässerten Ergebnisses je Aktie,

(a) wird der den Stammaktieninhabern des Mutterunternehmens zurechenbare Gewinn oder Verlust (durch Gewinnreduzierung und Verlusterhöhung) um den Betrag der Dividenden angepasst, der in der Periode für jede Aktiengattung beschlossen wurde, sowie um den vertraglichen Betrag der Dividenden (oder Zinsen auf Gewinnschuldverschreibungen), der für die Periode zu zahlen ist (z. B. ausgeschüttete, aber noch nicht ausgezahlte kumulative Dividenden).

(b) wird der verbleibende Gewinn oder Verlust den Stammaktien und partizipierenden Eigenkapitalinstrumenten in dem Umfang zugeteilt, in dem jedes Instrument am Ergebnis beteiligt ist, so, als sei der gesamte Gewinn oder Verlust ausgeschüttet worden. Der gesamte jeder Gattung von Eigenkapitalinstrumenten zugewiesene Gewinn oder Verlust wird durch Addition des aus Dividenden und aus Gewinnbeteiligung zugeteilten Betrags bestimmt.

(c) wird der Gesamtbetrag des jeder Gattung von Eigenkapitalinstrumenten zugewiesenen Gewinns oder Verlusts durch die Zahl der in Umlauf befindlichen Instrumente geteilt, denen das Ergebnis zugewiesen wird, um das Ergebnis je Aktie für das Instrument zu bestimmen.

Zur Berechnung des verwässerten Ergebnisses je Aktie werden alle potenziellen Stammaktien, die als ausgegeben gelten, in die in Umlauf befindlichen Stammaktien einbezogen.

Teilweise bezahlte Aktien

A15 Werden Stammaktien ausgegeben, jedoch nicht voll bezahlt, werden sie bei der Berechnung des unverwässerten Ergebnisses je Aktie in dem Umfang als Bruchteil einer Stammaktie angesehen, in dem sie während der Periode in Relation zu einer voll bezahlten Stammaktie dividendenberechtigt sind.

A16 Soweit teilweise bezahlte Aktien während der Periode nicht dividendenberechtigt sind, werden sie bei der Berechnung des verwässerten Ergebnisses je Aktie analog zu Optionen oder Optionsscheinen behandelt. Der unbezahlte Restbetrag gilt als für den Kauf von Stammaktien verwendeter Erlös. Die Zahl der in das verwässerte Ergebnis je Aktie einbezogenen Aktien ist die Differenz zwischen der Zahl der gezeichneten Aktien und der Zahl der Aktien, die als gekauft gelten.

share calculations based on the reporting entity's holding of the instruments of the subsidiary, joint venture or associate;

(b) instruments of a subsidiary, joint venture or associate that are convertible into the reporting entity's ordinary shares are considered among the potential ordinary shares of the reporting entity for the purpose of calculating diluted earnings per share. Likewise, options or warrants issued by a subsidiary, joint venture or associate to purchase ordinary shares of the reporting entity are considered among the potential ordinary shares of the reporting entity in the calculation of consolidated diluted earnings per share.

For the purpose of determining the earnings per share effect of instruments issued by a reporting entity that are convertible into ordinary shares of a subsidiary, joint venture or associate, the instruments are assumed to be converted and the numerator (profit or loss attributable to ordinary equity holders of the parent entity) adjusted as necessary in accordance with paragraph 33. In addition to those adjustments, the numerator is adjusted for any change in the profit or loss recorded by the reporting entity (such as dividend income or equity method income) that is attributable to the increase in the number of ordinary shares of the subsidiary, joint venture or associate outstanding as a result of the assumed conversion. The denominator of the diluted earnings per share calculation is not affected because the number of ordinary shares of the reporting entity outstanding would not change upon assumed conversion. **A12**

Participating equity instruments and two-class ordinary shares

The equity of some entities includes: **A13**

(a) instruments that participate in dividends with ordinary shares according to a predetermined formula (for example, two for one) with, at times, an upper limit on the extent of participation (for example, up to, but not beyond, a specified amount per share);

(b) a class of ordinary shares with a different dividend rate from that of another class of ordinary shares but without prior or senior rights.

For the purpose of calculating diluted earnings per share, conversion is assumed for those instruments described in paragraph A13 that are convertible into ordinary shares if the effect is dilutive. For those instruments that are not convertible into a class of ordinary shares, profit or loss for the period is allocated to the different classes of shares and participating equity instruments in accordance with their dividend rights or other rights to participate in undistributed earnings. To calculate basic and diluted earnings per share: **A14**

(a) profit or loss attributable to ordinary equity holders of the parent entity is adjusted (a profit reduced and a loss increased) by the amount of dividends declared in the period for each class of shares and by the contractual amount of dividends (or interest on participating bonds) that must be paid for the period (for example, unpaid cumulative dividends);

(b) the remaining profit or loss is allocated to ordinary shares and participating equity instruments to the extent that each instrument shares in earnings as if all of the profit or loss for the period had been distributed. The total profit or loss allocated to each class of equity instrument is determined by adding together the amount allocated for dividends and the amount allocated for a participation feature;

(c) the total amount of profit or loss allocated to each class of equity instrument is divided by the number of outstanding instruments to which the earnings are allocated to determine the earnings per share for the instrument.

For the calculation of diluted earnings per share, all potential ordinary shares assumed to have been issued are included in outstanding ordinary shares.

Partly paid shares

Where ordinary shares are issued but not fully paid, they are treated in the calculation of basic earnings per share as a fraction of an ordinary share to the extent that they were entitled to participate in dividends during the period relative to a fully paid ordinary share. **A15**

To the extent that partly paid shares are not entitled to participate in dividends during the period they are treated as the equivalent of warrants or options in the calculation of diluted earnings per share. The unpaid balance is assumed to represent proceeds used to purchase ordinary shares. The number of shares included in diluted earnings per share is the difference between the number of shares subscribed and the number of shares assumed to be purchased. **A16**

INTERNATIONAL ACCOUNTING STANDARD 34

Zwischenberichterstattung

INHALT

ZIELSETZUNG

Die Zielsetzung dieses Standards ist, den Mindestinhalt eines Zwischenberichts sowie die Grundsätze für die Erfassung und Bewertung in einem vollständigen oder verkürzten Abschluss für eine Zwischenberichtsperiode vorzuschreiben. Eine rechtzeitige und verlässliche Zwischenberichterstattung erlaubt Investoren, Gläubigern und anderen Adressaten, die Fähigkeit eines Unternehmens, Periodenüberschüsse und Mittelzuflüsse zu erzeugen, sowie seine Vermögenslage und Liquidität besser zu beurteilen.

ANWENDUNGSBEREICH

1 Dieser Standard schreibt weder vor, welche Unternehmen Zwischenberichte zu veröffentlichen haben, noch wie häufig oder innerhalb welchen Zeitraums nach dem Ablauf einer Zwischenberichtsperiode dies zu erfolgen hat. Jedoch verlangen Regierungen, Aufsichtsbehörden, Börsen und sich mit der Rechnungslegung befassende Berufsverbände oft von Unternehmen, deren Schuld- oder Eigenkapitaltitel öffentlich gehandelt werden, die Veröffentlichung von Zwischenberichten. Dieser Standard ist anzuwenden, wenn ein Unternehmen pflichtgemäß oder freiwillig einen Zwischenbericht gemäß den International Financial Reporting Standards (IFRS) veröffentlicht. Das International Accounting Standards Committee[1] empfiehlt Unternehmen, deren Wertpapiere öffentlich gehandelt werden, Zwischenberichte bereitzustellen, die hinsichtlich Erfassung, Bewertung und Angaben den Grundsätzen dieses Standards entsprechen. Unternehmen, deren Wertpapiere öffentlich gehandelt werden, wird insbesondere empfohlen,

(a) Zwischenberichte wenigstens zum Ende der ersten Hälfte des Geschäftsjahrs bereitzustellen und
(b) ihre Zwischenberichte innerhalb von 60 Tagen nach Abschluss der Zwischenberichtsperiode verfügbar zu machen.

2 Jeder Finanzbericht, ob Abschluss eines Geschäftsjahrs oder Zwischenbericht, ist hinsichtlich seiner Konformität mit den IFRS gesondert zu beurteilen. Die Tatsache, dass ein Unternehmen während eines bestimmten Geschäftsjahrs keine Zwischenberichterstattung vorgenommen hat oder Zwischenberichte erstellt hat, die nicht diesem Standard entsprechen, darf das Unternehmen nicht davon abhalten, den IFRS entsprechende Abschlüsse eines Geschäftsjahrs zu erstellen, wenn ansonsten auch so verfahren wird.

1 Der International Accounting Standards Board, der seine Tätigkeit im Jahr 2001 aufnahm, hat die Funktionen des International Accounting Standards Committee übernommen.

INTERNATIONAL ACCOUNTING STANDARD 34
Interim financial reporting

SUMMARY

OBJECTIVE

The objective of this standard is to prescribe the minimum content of an interim financial report and to prescribe the principles for recognition and measurement in complete or condensed financial statements for an interim period. Timely and reliable interim financial reporting improves the ability of investors, creditors, and others to understand an entity's capacity to generate earnings and cash flows and its financial condition and liquidity.

SCOPE

This standard does not mandate which entities should be required to publish interim financial reports, how frequently, or how soon after the end of an interim period. However, governments, securities regulators, stock exchanges, and accountancy bodies often require entities whose debt or equity securities are publicly traded to publish interim financial reports. This standard applies if an entity is required or elects to publish an interim financial report in accordance with international financial reporting standards. The International Accounting Standards Committee[1] encourages publicly traded entities to provide interim financial reports that conform to the recognition, measurement, and disclosure principles set out in this standard. Specifically, publicly traded entities are encouraged: 1

(a) to provide interim financial reports at least as of the end of the first half of their financial year; and

(b) to make their interim financial reports available not later than 60 days after the end of the interim period.

Each financial report, annual or interim, is evaluated on its own for conformity to international financial reporting standards. The fact that an entity may not have provided interim financial reports during a particular financial year or may have provided interim financial reports that do not comply with this standard does not prevent the entity's annual financial statements from conforming to international financial reporting standards if they otherwise do so. 2

1 The International Accounting Standards Committee was succeeded by the International Accounting Standards Board, which began operations in 2001.

3 Wenn der Zwischenbericht eines Unternehmens als mit den IFRS übereinstimmend bezeichnet wird, hat er allen Vorschriften dieses Standards zu entsprechen. Paragraph 19 schreibt dafür bestimmte Angaben vor.

DEFINITIONEN

4 **Die folgenden Begriffe werden in diesem Standard mit der angegebenen Bedeutung verwendet:**

Eine *Zwischenberichtsperiode* ist eine Finanzberichtsperiode, die kürzer als ein gesamtes Geschäftsjahr ist.

Ein *Zwischenbericht* ist ein Finanzbericht, der einen vollständigen Abschluss (wie in IAS 1 *Darstellung des Abschlusses* (in der 2007 überarbeiteten Fassung) beschrieben) oder einen verkürzten Abschluss (wie in diesem Standard beschrieben) für eine Zwischenberichtsperiode enthält.

INHALT EINES ZWISCHENBERICHTS

5 IAS 1 definiert für einen vollständigen Abschluss folgende Bestandteile:

(a) eine Bilanz zum Abschlussstichtag,
(b) eine Darstellung von Gewinn oder Verlust und sonstigem Ergebnis („Gesamtergebnisrechnung") für die Periode,
(c) eine Eigenkapitalveränderungsrechnung für die Periode,
(d) eine Kapitalflussrechnung für die Periode,
(e) den Anhang einschließlich wesentlicher Angaben zu Rechnungslegungsmethoden und sonstiger Erläuterungen,
(ea) Vergleichsinformationen für die vorangegangene Periode gemäß den Paragraphen 38 und 38A von IAS 1 und
(f) eine Bilanz zu Beginn der vorangegangenen Periode, wenn ein Unternehmen eine Rechnungslegungsmethode rückwirkend anwendet oder Posten im Abschluss rückwirkend anpasst oder gemäß den Paragraphen 40A–40D von IAS 1 umgliedert.

Ein Unternehmen kann für diese Bestandteile andere Bezeichnungen als die in diesem Standard vorgesehenen Begriffe verwenden. So kann ein Unternehmen beispielsweise die Bezeichnung „Gesamtergebnisrechnung" anstelle von „Darstellung von Gewinn oder Verlust und sonstigem Ergebnis" verwenden.

6 Im Interesse rechtzeitiger Informationen, aus Kostengesichtspunkten und um eine Wiederholung bereits berichteter Informationen zu vermeiden, kann ein Unternehmen dazu verpflichtet sein oder sich freiwillig dafür entscheiden, an Zwischenberichtsterminen weniger Informationen bereitzustellen als in seinen Abschlüssen eines Geschäftsjahrs. Gemäß diesem Standard muss ein Zwischenbericht mindestens einen verkürzten Abschluss und ausgewählte erläuternde Anhangangaben enthalten. Der Zwischenbericht soll eine Aktualisierung des letzten Abschlusses eines Geschäftsjahrs darstellen. Dementsprechend konzentriert er sich auf neue Tätigkeiten, Ereignisse und Umstände und wiederholt nicht bereits berichtete Informationen.

7 Die Vorschriften in diesem Standard sollen den Unternehmen nicht verbieten bzw. sie nicht davon abhalten, anstelle eines verkürzten Abschlusses und ausgewählter erläuternder Anhangangaben einen vollständigen Abschluss (wie in IAS 1 beschrieben) als Zwischenbericht zu veröffentlichen. Dieser Standard verbietet nicht und hält Unternehmen auch nicht davon ab, mehr als das Minimum der von diesem Standard vorgeschriebenen Posten oder ausgewählten erläuternden Anhangangaben in verkürzte Zwischenberichte aufzunehmen. Die in diesem Standard enthaltenen Anwendungsleitlinien für Erfassung und Bewertung gelten auch für vollständige Abschlüsse einer Zwischenberichtsperiode; solche Abschlüsse würden sowohl alle von diesem Standard verlangten Angaben (insbesondere die ausgewählten Anhangangaben in Paragraph 16A) als auch die von anderen IFRS geforderten Angaben umfassen.

Mindestbestandteile eines Zwischenberichts

8 **Ein Zwischenbericht hat mindestens die folgenden Bestandteile zu enthalten:**

(a) eine verkürzte Bilanz,
(b) eine verkürzte Darstellung oder verkürzte Darstellungen von Gewinn oder Verlust und sonstigem Ergebnis,
(c) eine verkürzte Eigenkapitalveränderungsrechnung,
(d) eine verkürzte Kapitalflussrechnung und
(e) ausgewählte erläuternde Anhangangaben.

8A **Stellt ein Unternehmen die Ergebnisbestandteile gemäß Paragraph 10A von IAS 1 (in der 2011 geänderten Fassung) in einer gesonderten Gewinn- und Verlustrechnung dar, so hat es die verkürzten Zwischenberichtsdaten dort auszuweisen.**

Form und Inhalt von Zwischenabschlüssen

9 **Wenn ein Unternehmen einen vollständigen Abschluss in seinem Zwischenbericht veröffentlicht, haben Form und Inhalt der Bestandteile des Abschlusses die Vorschriften von IAS 1 an vollständige Abschlüsse zu erfüllen.**

If an entity's interim financial report is described as complying with international financial reporting standards, it must comply with all of the requirements of this standard. Paragraph 19 requires certain disclosures in that regard. 3

DEFINITIONS

The following terms are used in this standard with the meanings specified: 4

Interim period **is a financial reporting period shorter than a full financial year.**

Interim financial report **means a financial report containing either a complete set of financial statements (as described in IAS 1** ***Presentation of Financial Statements*** **(as revised in 2007)) or a set of condensed financial statements (as described in this Standard) for an interim period.**

CONTENT OF AN INTERIM FINANCIAL REPORT

IAS 1 defines a complete set of financial statements as including the following components: 5

(a) a statement of financial position as at the end of the period;
(b) a statement of profit or loss and other comprehensive income for the period;
(c) a statement of changes in equity for the period;
(d) a statement of cash flows for the period;
(e) notes, comprising material accounting policy information and other explanatory information;
(ea) comparative information in respect of the preceding period as specified in paragraphs 38 and 38A of IAS 1; and
(f) a statement of financial position as at the beginning of the preceding period when an entity applies an accounting policy retrospectively or makes a retrospective restatement of items in its financial statements, or when it reclassifies items in its financial statements in accordance with paragraphs 40A—40D of IAS 1.

An entity may use titles for the statements other than those used in this Standard. For example, an entity may use the title 'statement of comprehensive income' instead of 'statement of profit or loss and other comprehensive income'.

In the interest of timeliness and cost considerations and to avoid repetition of information previously reported, an entity may be required to or may elect to provide less information at interim dates as compared with its annual financial statements. This standard defines the minimum content of an interim financial report as including condensed financial statements and selected explanatory notes. The interim financial report is intended to provide an update on the latest complete set of annual financial statements. Accordingly, it focuses on new activities, events, and circumstances and does not duplicate information previously reported. 6

Nothing in this standard is intended to prohibit or discourage an entity from publishing a complete set of financial statements (as described in IAS 1) in its interim financial report, rather than condensed financial statements and selected explanatory notes. Nor does this standard prohibit or discourage an entity from including in condensed interim financial statements more than the minimum line items or selected explanatory notes as set out in this standard. The recognition and measurement guidance in this standard applies also to complete financial statements for an interim period, and such statements would include all of the disclosures required by this standard (particularly the selected note disclosures in paragraph 16) as well as those required by other standards. 7

Minimum components of an interim financial report

An interim financial report shall include, at a minimum, the following components: 8

(a) a condensed statement of financial position;
(b) a condensed statement or condensed statements of profit or loss and other comprehensive income;
(c) a condensed statement of changes in equity;
(d) a condensed statement of cash flows; and
(e) selected explanatory notes.

If an entity presents items of profit or loss in a separate statement as described in paragraph 10A of IAS 1 (as amended in 2011), it presents interim condensed information from that statement. 8A

Form and content of interim financial statements

If an entity publishes a complete set of financial statements in its interim financial report, the form and content of those statements shall conform to the requirements of IAS 1 for a complete set of financial statements. 9

10 **Wenn ein Unternehmen einen verkürzten Abschluss in seinem Zwischenbericht veröffentlicht, hat dieser verkürzte Abschluss mindestens jede der Überschriften und Zwischensummen zu enthalten, die in seinem letzten Abschluss eines Geschäftsjahrs enthalten waren, sowie die von diesem** Standard **vorgeschriebenen ausgewählten erläuternden Anhangangaben. Zusätzliche Posten oder Anhangangaben sind einzubeziehen, wenn ihr Weglassen den Zwischenbericht irreführend erscheinen lassen würde.**

11 **Ein Unternehmen hat in dem Abschlussbestandteil, der die einzelnen Gewinn- oder Verlustposten für eine Zwischenberichtsperiode darstellt, das unverwässerte und das verwässerte Ergebnis je Aktie für diese Periode darzustellen, wenn das Unternehmen IAS 33 *Ergebnis je Aktie* unterliegt.**[2]

11A **Stellt ein Unternehmen die Ergebnisbestandteile gemäß Paragraph 10A von IAS 1 (in der 2011 geänderten Fassung) in einer gesonderten Gewinn- und Verlustrechnung dar, so hat es das unverwässerte und das verwässerte Ergebnis je Aktie dort auszuweisen.**

12 IAS 1 (in der 2007 überarbeiteten Fassung) enthält Anwendungsleitlinien zur Struktur des Abschlusses. Die Anwendungsleitlinien für IAS 1 geben Beispiele dafür, auf welche Weise die Darstellung der Bilanz, der Gesamtergebnisrechnung und der Eigenkapitalveränderungsrechnung erfolgen kann.

13 [gestrichen]

14 Ein Zwischenbericht wird auf konsolidierter Basis aufgestellt, wenn der letzte Abschluss eines Geschäftsjahrs des Unternehmens ein Konzernabschluss war. Der Einzelabschluss des Mutterunternehmens stimmt mit dem Konzernabschluss in dem letzten Geschäftsbericht nicht überein oder ist damit nicht vergleichbar. Wenn der Geschäftsbericht eines Unternehmens zusätzlich zum Konzernabschluss den Einzelabschluss des Mutterunternehmens enthält, verlangt oder verbietet dieser Standard nicht die Einbeziehung des Einzelabschlusses des Mutterunternehmens in den Zwischenbericht des Unternehmens.

Erhebliche Ereignisse und Geschäftsvorfälle

15 Ein Unternehmen hat in seinen Zwischenbericht Informationen über Ereignisse und Geschäftsvorfälle aufzunehmen, die für das Verständnis der Veränderungen, die seit Ende des letzten Geschäftsjahrs bei der Vermögens-, Finanz- und Ertragslage des Unternehmens eingetreten sind, erheblich sind. Mit den Informationen über diese Ereignisse und Geschäftsvorfälle hat ein Unternehmen die im letzten Geschäftsbericht enthaltenen einschlägigen Informationen zu aktualisieren.

15A Ein Adressat des Zwischenberichts eines Unternehmens wird auch Zugang zum letzten Geschäftsbericht dieses Unternehmens haben. Der Anhang eines Zwischenberichts muss deshalb keine Informationen enthalten, bei denen es sich nur um relativ unerhebliche Aktualisierungen der im Anhang des letzten Geschäftsberichtes enthaltenen Informationen handelt.

15B Nachstehend eine Aufstellung von Ereignissen und Geschäftsvorfällen, die bei Erheblichkeit angegeben werden müssten. Diese Aufzählung ist nicht abschließend:

(a) Abwertung von Vorräten auf den Nettoveräußerungswert und Wertaufholung solcher Abschreibungen,
(b) Erfassung eines Aufwands aus der Wertminderung von finanziellen Vermögenswerten, Sachanlagen, immateriellen Vermögenswerten, Vermögenswerten aus Verträgen mit Kunden oder anderen Vermögenswerten sowie Aufholung solcher Wertminderungsaufwendungen,
(c) Auflösung etwaiger Rückstellungen für Restrukturierungsmaßnahmen,
(d) Anschaffungen und Veräußerungen von Sachanlagen,
(e) Verpflichtungen zum Kauf von Sachanlagen,
(f) Beendigung von Rechtsstreitigkeiten,
(g) Korrekturen von Fehlern aus früheren Perioden,
(h) Veränderungen des Geschäftsumfelds oder der wirtschaftlichen Rahmenbedingungen, die sich auf den beizulegenden Zeitwert der finanziellen Vermögenswerte und finanziellen Verbindlichkeiten des Unternehmens auswirken, unabhängig davon, ob diese Vermögenswerte oder Verbindlichkeiten zum beizulegenden Zeitwert oder zu fortgeführten Anschaffungskosten angesetzt werden,
(i) jeder Kreditausfall oder Bruch einer Kreditvereinbarung, der nicht am bzw. bis zum Abschlussstichtag beseitigt wurde,
(j) Geschäftsvorfälle mit nahestehenden Unternehmen und Personen,
(k) Umgliederungen zwischen den verschiedenen Stufen der Fair-Value-Hierarchie, die zur Bestimmung des beizulegenden Zeitwerts von Finanzinstrumenten zugrunde gelegt wird,
(l) Änderungen bei der Einstufung finanzieller Vermögenswerte, die auf eine geänderte Zweckbestimmung oder Nutzung dieser Vermögenswerte zurückzuführen sind, und
(m) Änderungen bei Eventualverbindlichkeiten oder Eventualforderungen.

2 Dieser Paragraph wurde durch die *Verbesserungen der IFRS* (veröffentlicht im Mai 2008) geändert, um den Anwendungsbereich von IAS 34 zu klären.

If an entity publishes a set of condensed financial statements in its interim financial report, those condensed statements shall include, at a minimum, each of the headings and subtotals that were included in its most recent annual financial statements and the selected explanatory notes as required by this standard. Additional line items or notes shall be included if their omission would make the condensed interim financial statements misleading. 10

In the statement that presents the components of profit or loss for an interim period, an entity shall present basic and diluted earnings per share for that period when the entity is within the scope of IAS 33 *Earnings per Share*[2]. 11

If an entity presents items of profit or loss in a separate statement as described in paragraph 10A of IAS 1 (as amended in 2011), it presents basic and diluted earnings per share in that statement. 11A

IAS 1 (as revised in 2007) provides guidance on the structure of financial statements. The Implementation Guidance for IAS 1 illustrates ways in which the statement of financial position, statement of comprehensive income and statement of changes in equity may be presented. 12

[deleted] 13

An interim financial report is prepared on a consolidated basis if the entity's most recent annual financial statements were consolidated statements. The parent's separate financial statements are not consistent or comparable with the consolidated statements in the most recent annual financial report. If an entity's annual financial report included the parent's separate financial statements in addition to consolidated financial statements, this standard neither requires nor prohibits the inclusion of the parent's separate statements in the entity's interim financial report. 14

Significant events and transactions

An entity shall include in its interim financial report an explanation of events and transactions that are significant to an understanding of the changes in financial position and performance of the entity since the end of the last annual reporting period. Information disclosed in relation to those events and transactions shall update the relevant information presented in the most recent annual financial report. 15

A user of an entity's interim financial report will have access to the most recent annual financial report of that entity. Therefore, it is unnecessary for the notes to an interim financial report to provide relatively insignificant updates to the information that was reported in the notes in the most recent annual financial report. 15A

The following is a list of events and transactions for which disclosures would be required if they are significant: the list is not exhaustive. 15B

(a) the write-down of inventories to net realisable value and the reversal of such a write-down;
(b) recognition of a loss from the impairment of financial assets, property, plant and equipment, intangible assets, assets arising from contracts with customers, or other assets, and the reversal of such an impairment loss;
(c) the reversal of any provisions for the costs of restructuring;
(d) acquisitions and disposals of items of property, plant and equipment;
(e) commitments for the purchase of property, plant and equipment;
(f) litigation settlements;
(g) corrections of prior period errors;
(h) changes in the business or economic circumstances that affect the fair value of the entity's financial assets and financial liabilities, whether those assets or liabilities are recognised at fair value or amortised cost;
(i) any loan default or breach of a loan agreement that has not been remedied on or before the end of the reporting period;
(j) related party transactions;
(k) transfers between levels of the fair value hierarchy used in measuring the fair value of financial instruments;
(l) changes in the classification of financial assets as a result of a change in the purpose or use of those assets; and
(m) changes in contingent liabilities or contingent assets.

2 This paragraph was amended by *Improvements to IFRSs* issued in May 2008 to clarify the scope of IAS 34.

15C Für viele der in Paragraph 15B genannten Posten enthalten die einzelnen IFRS Anwendungsleitlinien zu den entsprechenden Angabepflichten. Ist ein Ereignis oder Geschäftsvorfall für das Verständnis der Veränderungen, die seit dem letzten Geschäftsjahr bei der Vermögens-, Finanz- oder Ertragslage eines Unternehmens eingetreten sind, erheblich, sollten die im Abschluss des letzten Geschäftsjahrs dazu enthaltenen Angaben im Zwischenbericht des Unternehmens erläutert und aktualisiert werden.

16 [gestrichen]

Weitere Angaben

16A Zusätzlich zur Angabe erheblicher Ereignisse und Geschäftsvorfälle gemäß den Paragraphen 15–15C hat ein Unternehmen die nachstehenden Informationen in die Anhangangaben seines Zwischenabschlusses aufzunehmen oder an anderer Stelle des Zwischenberichts offenzulegen. Die folgenden Angaben sind entweder im Zwischenabschluss selbst zu machen oder, mittels Querverweisen im Zwischenabschluss, in anderen Erklärungen, wie beispielsweise einem Lagebericht oder einem Bericht über die Risiken, die für die Abschlussadressaten zu denselben Bedingungen und zu demselben Zeitpunkt wie der Zwischenabschluss verfügbar sind. Sind die durch Querverweise aufgenommenen Angaben für die Abschlussadressaten nicht zu denselben Bedingungen und zu demselben Zeitpunkt verfügbar, gilt der Zwischenabschluss als unvollständig. Diese Angaben sind normalerweise auf einen Zeitraum zu beziehen, der vom Geschäftsjahresbeginn bis zum Zwischenberichtstermin währt:

(a) eine Erklärung, dass im Zwischenabschluss dieselben Rechnungslegungsmethoden und Berechnungsmethoden angewandt werden wie im letzten Abschluss eines Geschäftsjahrs oder, wenn diese Methoden geändert worden sind, eine Beschreibung der Art und Auswirkung der Änderung.

(b) erläuternde Bemerkungen über die Saisoneinflüsse oder die Konjunktureinflüsse auf die Geschäftstätigkeit innerhalb der Zwischenberichtsperiode.

(c) Art und Umfang von Sachverhalten, die Vermögenswerte, Schulden, Eigenkapital, Periodenergebnis oder Zahlungsströme beeinflussen und die aufgrund ihrer Art, ihres Ausmaßes oder ihrer Häufigkeit ungewöhnlich sind.

(d) Art und Umfang von Änderungen bei Schätzungen von Beträgen, die in früheren Zwischenberichtsperioden des aktuellen Geschäftsjahrs dargestellt wurden, oder Änderungen bei Schätzungen von Beträgen, die in früheren Geschäftsjahren dargestellt wurden.

(e) Emissionen, Rückkäufe und Rückzahlungen von Schuldverschreibungen oder Eigenkapitaltiteln.

(f) gezahlte Dividenden (zusammengefasst oder je Anteil), gesondert für Stammanteile und sonstige Anteile.

(g) die folgenden Segmentinformationen (die Angabe von Segmentinformationen in einem Zwischenbericht eines Unternehmens wird nur verlangt, wenn IFRS 8 *Geschäftssegmente* das Unternehmen zur Angabe der Segmentinformationen in seinem Abschluss eines Geschäftsjahrs verpflichtet):

- **(i) Umsatzerlöse von externen Kunden, wenn sie in den Messwert des Segmentgewinns oder -verlusts mit einbezogen sind, der vom Hauptentscheidungsträger überprüft wird oder diesem ansonsten regelmäßig übermittelt wird.**
- **(ii) Umsatzerlöse, die zwischen den Segmenten erwirtschaftet werden, wenn sie in den Messwert des Segmentgewinns oder-verlusts mit einbezogen sind, der vom Hauptentscheidungsträger überprüft wird oder diesem ansonsten regelmäßig übermittelt wird.**
- **(iii) den Messwert des Segmentgewinns oder -verlusts.**
- **(iv) einen Messwert der gesamten Vermögenswerte und der gesamten Schulden für ein bestimmtes berichtspflichtiges Segment, wenn diese Beträge dem Hauptentscheidungsträger regelmäßig übermittelt werden und deren Höhe sich im Vergleich zu den Angaben im letzten Abschluss eines Geschäftsjahrs für dieses berichtspflichtige Segment wesentlich verändert hat.**
- **(v) eine Beschreibung der Unterschiede im Vergleich zum letzten Abschluss eines Geschäftsjahrs, die sich in der Segmentierungsgrundlage oder in der Bemessungsgrundlage des Segmentgewinns oder -verlusts ergeben haben.**
- **(vi) eine Überleitungsrechnung für den Gesamtbetrag der Messwerte des Gewinns oder Verlusts der berichtspflichtigen Segmente zum Gewinn oder Verlust des Unternehmens vor Steueraufwand (Steuerertrag) und Aufgabe von Geschäftsbereichen. Weist ein Unternehmen indes berichtspflichtigen Segmenten Posten wie Steueraufwand (Steuerertrag) zu, kann das Unternehmen seine Überleitungsrechnung für den Gesamtbetrag der Messwerte des Gewinns oder Verlusts der Segmente zum Gewinn oder Verlust des Unternehmens unter Einbeziehung dieser Posten erstellen. Wesentliche Überleitungsposten sind in dieser Überleitungsrechnung gesondert zu identifizieren und zu beschreiben.**

(h) nach der Zwischenberichtsperiode eingetretene Ereignisse, die im Abschluss der Zwischenberichtsperiode nicht berücksichtigt wurden.

(i) die Auswirkung von Änderungen in der Zusammensetzung eines Unternehmens während der Zwischenberichtsperiode, einschließlich Unternehmenszusammenschlüsse, der Erlangung oder des Verlusts der Beherrschung über Tochterunternehmen und langfristige Finanzinvestitionen, Restrukturierungsmaßnahmen sowie der Aufgabe von Geschäftsbereichen. Im Fall von Unternehmenszusammenschlüssen hat das Unternehmen die in IFRS 3 *Unternehmenszusammenschlüsse* verlangten Angaben zu machen.

Individual IFRSs provide guidance regarding disclosure requirements for many of the items listed in paragraph 15B. When an event or transaction is significant to an understanding of the changes in an entity's financial position or performance since the last annual reporting period, its interim financial report should provide an explanation of and an update to the relevant information included in the financial statements of the last annual reporting period. 15C

[deleted] 16

Other disclosures

In addition to disclosing significant events and transactions in accordance with paragraphs 15—15C, an entity shall include the following information, in the notes to its interim financial statements, if not disclosed elsewhere in the interim financial report. The information shall normally be reported on a financial year-to-date basis. 16A

(a) a statement that the same accounting policies and methods of computation are followed in the interim financial statements as compared with the most recent annual financial statements or, if those policies or methods have been changed, a description of the nature and effect of the change.

(b) explanatory comments about the seasonality or cyclicality of interim operations.

(c) the nature and amount of items affecting assets, liabilities, equity, net income or cash flows that are unusual because of their nature, size or incidence.

(d) the nature and amount of changes in estimates of amounts reported in prior interim periods of the current financial year or changes in estimates of amounts reported in prior financial years.

(e) issues, repurchases and repayments of debt and equity securities.

(f) dividends paid (aggregate or per share) separately for ordinary shares and other shares.

(g) the following segment information (disclosure of segment information is required in an entity's interim financial report only if IFRS 8 *Operating Segments* requires that entity to disclose segment information in its annual financial statements):

(i) revenues from external customers, if included in the measure of segment profit or loss reviewed by the chief operating decision maker or otherwise regularly provided to the chief operating decision maker.

(ii) intersegment revenues, if included in the measure of segment profit or loss reviewed by the chief operating decision maker or otherwise regularly provided to the chief operating decision maker.

(iii) a measure of segment profit or loss.

(iv) a measure of total assets and liabilities for a particular reportable segment if such amounts are regularly provided to the chief operating decision maker and if there has been a material change from the amount disclosed in the last annual financial statements for that reportable segment.

(v) a description of differences from the last annual financial statements in the basis of segmentation or in the basis of measurement of segment profit or loss.

(vi) a reconciliation of the total of the reportable segments' measures of profit or loss to the entity's profit or loss before tax expense (tax income) and discontinued operations. However, if an entity allocates to reportable segments items such as tax expense (tax income), the entity may reconcile the total of the segments' measures of profit or loss to profit or loss after those items. Material reconciling items shall be separately identified and described in that reconciliation.

(h) Events after the interim period that have not been reflected in the financial statements for the interim period.

(i) the effect of changes in the composition of the entity during the interim period, including business combinations, obtaining or losing control of subsidiaries and long-term investments, restructurings, and discontinued operations. In the case of business combinations, the entity shall disclose the information required by IFRS 3 *Business Combinations*.

(j) **bei Finanzinstrumenten die in den Paragraphen 91–93 (h), 94–96, 98 und 99 von IFRS 13 *Bewertung zum beizulegenden Zeitwert* und in den Paragraphen 25, 26 und 28–30 von IFRS 7 *Finanzinstrumente: Angaben* vorgeschriebenen Angaben zum beizulegenden Zeitwert.**

(k) **für Unternehmen, die Investmentgesellschaften im Sinne von IFRS 10 *Konzernabschlüsse* werden oder es nicht mehr sind, die in Paragraph 9B von IFRS 12 *Angaben zu Anteilen an anderen Unternehmen* verlangten Angaben.**

(l) **die gemäß den Anforderungen der Paragraphen 114–115 von IFRS 15 *Erlöse aus Verträgen mit Kunden* aufgeschlüsselten Erlöse aus Verträgen mit Kunden.**

17–18 [gestrichen]

Angabe der Übereinstimmung mit den IFRS

19 **Wenn der Zwischenbericht eines Unternehmens den Vorschriften dieses Standards entspricht, ist dies anzugeben. Ein Zwischenbericht darf nur dann als mit den IFRS übereinstimmend bezeichnet werden, wenn er allen Vorschriften der IFRS entspricht.**

Perioden, für die Zwischenabschlüsse aufzustellen sind

20 **Zwischenberichte haben (verkürzte oder vollständige) Zwischenabschlüsse für Perioden wie folgt zu enthalten:**

(a) **eine Bilanz zum Ende der aktuellen Zwischenberichtsperiode und eine vergleichende Bilanz zum Ende des unmittelbar vorangegangenen Geschäftsjahrs.**

(b) **Darstellungen von Gewinn oder Verlust und sonstigem Ergebnis für die aktuelle Zwischenberichtsperiode sowie vom Beginn des aktuellen Geschäftsjahrs bis zum Zwischenberichtstermin kumuliert, mit vergleichenden Darstellungen von Gewinn oder Verlust und sonstigem Ergebnis für die vergleichbaren Zwischenberichtsperioden (zur aktuellen und zu der vom Beginn des Geschäftsjahrs bis zum kumulierten Zwischenberichtstermin fortgeführten Zwischenberichtsperiode) des unmittelbar vorangegangenen Geschäftsjahrs. Gemäß IAS 1 (in der 2011 geänderten Fassung) kann ein Zwischenbericht für jede Berichtsperiode eine Darstellung/Darstellungen von Gewinn oder Verlust und sonstigem Ergebnis enthalten.**

(c) **eine Eigenkapitalveränderungsrechnung vom Beginn des aktuellen Geschäftsjahrs bis zum Zwischenberichtstermin kumuliert, mit einer vergleichenden Aufstellung für die vergleichbare Berichtsperiode vom Beginn des Geschäftsjahrs an bis zum Zwischenberichtstermin des unmittelbar vorangegangenen Geschäftsjahrs.**

(d) **eine vom Beginn des aktuellen Geschäftsjahrs bis zum Zwischenberichtstermin erstellte Kapitalflussrechnung, mit einer vergleichenden Aufstellung für die vergleichbare Berichtsperiode vom Beginn des Geschäftsjahrs an bis zum Zwischenberichtstermin des unmittelbar vorangegangenen Geschäftsjahrs.**

21 Für ein Unternehmen, dessen Geschäfte stark saisonabhängig sind, können Finanzinformationen über die zwölf Monate vor dem Zwischenberichtsstichtag sowie Vergleichsinformationen für die vorangegangene zwölfmonatige Berichtsperiode nützlich sein. Dementsprechend wird Unternehmen, deren Geschäfte stark saisonabhängig sind, empfohlen, solche Informationen zusätzlich zu den in dem vorangegangenen Paragraphen verlangten Informationen zu geben.

22 Teil A der zu diesem Standard gehörenden erläuternden Beispiele veranschaulicht die darzustellenden Berichtsperioden von einem Unternehmen, das halbjährlich berichtet, sowie von einem Unternehmen, das vierteljährlich berichtet.

Wesentlichkeit

23 **Bei der Entscheidung darüber, wie ein Posten zum Zweck der Zwischenberichterstattung zu erfassen, zu bewerten, einzustufen oder anzugeben ist, ist die Wesentlichkeit im Verhältnis zu den Finanzdaten der Zwischenberichtsperiode einzuschätzen. Bei der Einschätzung der Wesentlichkeit ist zu beachten, dass Bewertungen in der Zwischenberichtsperiode unter Umständen in einem größeren Umfang auf Schätzungen aufbauen als die Bewertungen von jährlichen Finanzdaten.**

24 IAS 1 *Darstellung des Abschlusses* enthält eine Definition für wesentliche Informationen und verlangt die getrennte Angabe wesentlicher Posten, darunter (beispielsweise) aufgegebene Geschäftsbereiche, und IAS 8 *Rechnungslegungsmethoden, Änderungen von rechnungslegungsbezogenen Schätzungen und Fehler* verlangt die Angabe von Änderungen von rechnungslegungsbezogenen Schätzungen, von Fehlern und Änderungen der Rechnungslegungsmethoden. Beide Standards enthalten keine quantifizierten Leitlinien hinsichtlich der Wesentlichkeit.

25 Während die Einschätzung der Wesentlichkeit immer Ermessensentscheidungen erfordert, stützt dieser Standard aus Gründen der Verständlichkeit der Zwischenberichtszahlen die Entscheidung über Erfassung und Angabe von Daten auf die Daten für die Zwischenberichtsperiode selbst. So werden beispielsweise ungewöhnliche Posten, Änderungen der Rechnungslegungsmethoden oder der rechnungslegungsbezogenen Schätzungen sowie Fehler auf der Grundlage der Wesentlichkeit im Verhältnis zu den Daten der Zwischenberichtsperiode erfasst und angegeben, um irreführende Schlussfolgerungen zu vermeiden, die aus der Nichtangabe resultieren könnten. Das übergeordnete Ziel ist sicherzustellen, dass ein Zwischenbericht alle Informationen enthält, die für ein Verständnis der Vermögens-, Finanz- und Ertragslage eines Unternehmens während der Zwischenberichtsperiode wesentlich sind.

(j) **for financial instruments, the disclosures about fair value required by paragraphs 91—93 (h), 94—96, 98 and 99 of IFRS 13 *Fair Value Measurement* and paragraphs 25, 26 and 28—30 of IFRS 7 *Financial Instruments: Disclosures*.**
(k) **for entities becoming, or ceasing to be, investment entities, as defined in IFRS 10 *Consolidated Financial Statements*, the disclosures in IFRS 12 *Disclosure of Interests in Other Entities* paragraph 9B.**
(l) **the disaggregation of revenue from contracts with customers required by paragraphs 114—115 of IFRS 15 *Revenue from Contracts with Customers*.**

[deleted] 17—18

Disclosure of compliance with IFRSs

If an entity's interim financial report is in compliance with this standard, that fact shall be disclosed. An interim financial report shall not be described as complying with standards unless it complies with all of the requirements of international financial reporting standards. 19

Periods for which interim financial statements are required to be presented

Interim reports shall include interim financial statements (condensed or complete) for periods as follows: 20

(a) **statement of financial position as of the end of the current interim period and a comparative statement of financial position as of the end of the immediately preceding financial year.**
(b) **statements of profit or loss and other comprehensive income for the current interim period and cumulatively for the current financial year to date, with comparative statements of profit or loss and other comprehensive income for the comparable interim periods (current and year-to-date) of the immediately preceding financial year. As permitted by IAS 1 (as amended in 2011), an interim report may present for each period a statement or statements of profit or loss and other comprehensive income.**
(c) **statement of changes in equity for the current financial year to date, with a comparative statement for the comparable year-to-date period of the immediately preceding financial year.**
(d) **statement of cash flows cumulatively for the current financial year to date, with a comparative statement for the comparable year-to-date period of the immediately preceding financial year.**

For an entity whose business is highly seasonal, financial information for the 12 months up to the end of the interim period and comparative information for the prior 12-month period may be useful. Accordingly, entities whose business is highly seasonal are encouraged to consider reporting such information in addition to the information called for in the preceding paragraph. 21

Appendix A illustrates the periods required to be presented by an entity that reports half-yearly and an entity that reports quarterly. 22

Materiality

In deciding how to recognise, measure, classify, or disclose an item for interim financial reporting purposes, materiality shall be assessed in relation to the interim period financial data. In making assessments of materiality, it shall be recognised that interim measurements may rely on estimates to a greater extent than measurements of annual financial data. 23

IAS 1 defines material information and requires separate disclosure of material items, including (for example) discontinued operations, and IAS 8 *Accounting Policies, Changes in Accounting Estimates and Errors* requires disclosure of changes in accounting estimates, errors, and changes in accounting policies. The two Standards do not contain quantified guidance as to materiality. 24

While judgement is always required in assessing materiality, this standard bases the recognition and disclosure decision on data for the interim period by itself for reasons of understandability of the interim figures. Thus, for example, unusual items, changes in accounting policies or estimates, and errors are recognised and disclosed on the basis of materiality in relation to interim period data to avoid misleading inferences that might result from nondisclosure. The overriding goal is to ensure that an interim financial report includes all information that is relevant to understanding an entity's financial position and performance during the interim period. 25

ANGABEN IN JÄHRLICHEN ABSCHLÜSSEN

26 **Wenn eine Schätzung eines in einer Zwischenberichtsperiode berichteten Betrags während der abschließenden Zwischenberichtsperiode eines Geschäftsjahrs erheblich geändert wird, aber kein gesonderter Finanzbericht für diese abschließende Zwischenberichtsperiode veröffentlicht wird, sind die Art und der Betrag dieser Änderung der Schätzung im Anhang des jährlichen Abschlusses eines Geschäftsjahrs für dieses Geschäftsjahr anzugeben.**

27 IAS 8 verlangt die Angabe der Art und (falls durchführbar) des Betrags einer Änderung der Schätzung, die entweder eine wesentliche Auswirkung auf die Berichtsperiode hat oder von der angenommen wird, dass sie eine wesentliche Auswirkung auf folgende Berichtsperioden haben wird. Paragraph 16A (d) dieses Standards verlangt entsprechende Angaben in einem Zwischenbericht. Beispiele umfassen Änderungen der Schätzung in der abschließenden Zwischenberichtsperiode, die sich auf Abwertungen von Vorräten, Restrukturierungsmaßnahmen oder Wertminderungsaufwand beziehen, die in einer früheren Zwischenberichtsperiode des Geschäftsjahrs berichtet wurden. Die vom vorangegangenen Paragraphen verlangten Angaben stimmen mit den Vorschriften von IAS 8 überein und sollen eng im Anwendungsbereich sein – sie beziehen sich nur auf die Änderung einer Schätzung. Ein Unternehmen ist nicht dazu verpflichtet, zusätzliche Finanzinformationen der Zwischenberichtsperiode in seinen Abschluss eines Geschäftsjahrs einzubeziehen.

ERFASSUNG UND BEWERTUNG

Dieselben Rechnungslegungsmethoden wie im jährlichen Abschluss

28 **Ein Unternehmen hat in seinen Zwischenabschlüssen dieselben Rechnungslegungsmethoden anzuwenden, die es in seinen jährlichen Abschlüssen eines Geschäftsjahrs anwendet, mit Ausnahme von Änderungen der Rechnungslegungsmethoden, die nach dem Stichtag des letzten Abschlusses eines Geschäftsjahrs vorgenommen wurden und die in dem nächsten Abschluss eines Geschäftsjahrs wiederzugeben sind. Die Häufigkeit der Berichterstattung eines Unternehmens (jährlich, halb- oder vierteljährlich) darf die Höhe des Jahresergebnisses jedoch nicht beeinflussen. Um diese Zielsetzung zu erreichen, sind Bewertungen in Zwischenberichten unterjährig auf einer vom Geschäftsjahresbeginn bis zum Zwischenberichtstermin kumulierten Grundlage vorzunehmen.**

29 Durch die Vorschrift, dass ein Unternehmen dieselben Rechnungslegungsmethoden in seinen Zwischenabschlüssen wie in seinen Abschlüssen eines Geschäftsjahrs anzuwenden hat, könnte der Eindruck entstehen, dass Bewertungen in der Zwischenberichtsperiode so vorgenommen werden, als ob jede Zwischenberichtsperiode als unabhängige Berichterstattungsperiode alleine zu betrachten wäre. Bei der Vorschrift, dass die Häufigkeit der Berichterstattung eines Unternehmens nicht die Bewertung seiner Jahresergebnisse beeinflussen darf, erkennt Paragraph 28 jedoch an, dass eine Zwischenberichtsperiode Teil eines umfassenderen Geschäftsjahrs ist. Unterjährige Bewertungen vom Beginn des Geschäftsjahrs bis zum Zwischenberichtstermin können die Änderungen von Schätzungen von Beträgen einschließen, die in früheren Zwischenberichtsperioden des aktuellen Geschäftsjahrs berichtet wurden. Dennoch sind die Grundsätze zur Erfassung von Vermögenswerten, Schulden, Erträgen und Aufwendungen für die Zwischenberichtsperioden dieselben wie in den Jahresabschlüssen.

30 Zur Veranschaulichung:

(a) Die Grundsätze zur Erfassung und Bewertung von Aufwendungen aus Abwertungen von Vorräten, Restrukturierungsmaßnahmen oder Wertminderungen in einer Zwischenberichtsperiode sind dieselben wie die, die ein Unternehmen befolgen würde, wenn es nur einen Abschluss eines Geschäftsjahrs aufstellen würde. Wenn jedoch solche Sachverhalte in einer Zwischenberichtsperiode erfasst und bewertet werden und in einer der folgenden Zwischenberichtsperioden des Geschäftsjahrs Schätzungen geändert werden, wird die ursprüngliche Schätzung in der folgenden Zwischenberichtsperiode entweder durch eine Abgrenzung von zusätzlichen Aufwendungen oder durch die Wertaufholung des bereits erfassten Betrags geändert.

(b) Ausgaben, die am Ende einer Zwischenberichtsperiode nicht die Definition eines Vermögenswerts erfüllen, werden in der Bilanz nicht abgegrenzt, um entweder zukünftige Informationen darüber abzuwarten, ob die Definition eines Vermögenswerts erfüllt wurde, oder um die Erträge über die Zwischenberichtsperioden innerhalb eines Geschäftsjahrs zu glätten.

(c) Ertragsteueraufwand wird in jeder Zwischenberichtsperiode auf der Grundlage der bestmöglichen Schätzung des gewichteten durchschnittlichen jährlichen Ertragsteuersatzes erfasst, der für das gesamte Geschäftsjahr erwartet wird. Beträge, die für den Ertragsteueraufwand in einer Zwischenberichtsperiode abgegrenzt wurden, werden gegebenenfalls in einer nachfolgenden Zwischenberichtsperiode des Geschäftsjahrs angepasst, wenn sich die Schätzung des jährlichen Ertragsteuersatzes ändert.

31 Gemäß dem *Rahmenkonzept für die Finanzberichterstattung (Rahmenkonzept)* ist unter „Erfassung" der Einbezug eines Sachverhalts in der Bilanz oder in der Gewinn- und Verlustrechnung, der die Definition eines Abschlusspostens und die Kriterien für die Erfassung erfüllt, zu verstehen. Die Definitionen von Vermögenswerten, Schulden, Erträgen und Aufwendungen sind für die Erfassung sowohl am Abschlussstichtag als auch am Zwischenberichtsstichtag von grundlegender Bedeutung.

DISCLOSURE IN ANNUAL FINANCIAL STATEMENTS

If an estimate of an amount reported in an interim period is changed significantly during the final interim period of the financial year but a separate financial report is not published for that final interim period, the nature and amount of that change in estimate shall be disclosed in a note to the annual financial statements for that financial year. 26

IAS 8 requires disclosure of the nature and (if practicable) the amount of a change in estimate that either has a material effect in the current period or is expected to have a material effect in subsequent periods. Paragraph 16 (d) of this standard requires similar disclosure in an interim financial report. Examples include changes in estimate in the final interim period relating to inventory write-downs, restructurings, or impairment losses that were reported in an earlier interim period of the financial year. The disclosure required by the preceding paragraph is consistent with the IAS 8 requirement and is intended to be narrow in scope — relating only to the change in estimate. An entity is not required to include additional interim period financial information in its annual financial statements. 27

RECOGNITION AND MEASUREMENT

Same accounting policies as annual

An entity shall apply the same accounting policies in its interim financial statements as are applied in its annual financial statements, except for accounting policy changes made after the date of the most recent annual financial statements that are to be reflected in the next annual financial statements. However, the frequency of an entity's reporting (annual, half-yearly, or quarterly) shall not affect the measurement of its annual results. To achieve that objective, measurements for interim reporting purposes shall be made on a year-to-date basis. 28

Requiring that an entity apply the same accounting policies in its interim financial statements as in its annual statements may seem to suggest that interim period measurements are made as if each interim period stands alone as an independent reporting period. However, by providing that the frequency of an entity's reporting shall not affect the measurement of its annual results, paragraph 28 acknowledges that an interim period is a part of a larger financial year. Year-to-date measurements may involve changes in estimates of amounts reported in prior interim periods of the current financial year. But the principles for recognising assets, liabilities, income, and expenses for interim periods are the same as in annual financial statements. 29

To illustrate: 30

(a) the principles for recognising and measuring losses from inventory write-downs, restructurings, or impairments in an interim period are the same as those that an entity would follow if it prepared only annual financial statements. However, if such items are recognised and measured in one interim period and the estimate changes in a subsequent interim period of that financial year, the original estimate is changed in the subsequent interim period either by accrual of an additional amount of loss or by reversal of the previously recognised amount;

(b) a cost that does not meet the definition of an asset at the end of an interim period is not deferred in the statement of financial position either to await future information as to whether it has met the definition of an asset or to smooth earnings over interim periods within a financial year; and

(c) income tax expense is recognised in each interim period based on the best estimate of the weighted average annual income tax rate expected for the full financial year. Amounts accrued for income tax expense in one interim period may have to be adjusted in a subsequent interim period of that financial year if the estimate of the annual income tax rate changes.

Under the *Conceptual Framework for Financial Reporting* (*Conceptual Framework*), recognition is the process of capturing, for inclusion in the statement of financial position or the statement(s) of financial performance, an item that meets the definition of one of the elements of the financial statements. The definitions of assets, liabilities, income, and expenses are fundamental to recognition, at the end of both annual and interim financial reporting periods. 31

32 Für Vermögenswerte werden dieselben Kriterien hinsichtlich der Beurteilung des künftigen wirtschaftlichen Nutzens an Zwischenberichtsterminen und am Ende des Geschäftsjahrs eines Unternehmens angewandt. Ausgaben, die aufgrund ihrer Art am Ende des Geschäftsjahrs nicht die Bedingungen für einen Vermögenswert erfüllen würden, würden diese Bedingungen auch an Zwischenberichtsterminen nicht erfüllen. Gleichfalls hat eine Schuld an einem Zwischenberichtsstichtag ebenso wie am Abschlussstichtag eine zu diesem Zeitpunkt bestehende Verpflichtung darzustellen.

33 Ein essenzielles Merkmal von Erträgen und Aufwendungen ist, dass die entsprechenden Zugänge und Abgänge von Vermögenswerten und Schulden schon stattgefunden haben. Wenn diese Zugänge oder Abgänge stattgefunden haben, werden die zugehörigen Erträge und Aufwendungen erfasst; in allen anderen Fällen werden sie nicht erfasst. Das *Rahmenkonzept* gestattet jedoch nicht die Erfassung von Sachverhalten in der Bilanz, die nicht die Definition von Vermögenswerten oder Schulden erfüllen.

34 Bei der Bewertung der in seinen Abschlüssen dargestellten Vermögenswerten, Schulden, Erträgen, Aufwendungen und Zahlungsströmen ist es einem Unternehmen, das nur jährlich berichtet, möglich, Informationen zu berücksichtigen, die im Laufe des gesamten Geschäftsjahrs verfügbar werden. Tatsächlich beruhen seine Bewertungen auf einer vom Geschäftsjahresbeginn an bis zum Berichtstermin kumulierten Grundlage.

35 Ein Unternehmen, das halbjährlich berichtet, verwendet Informationen, die in der Jahresmitte oder kurz danach verfügbar sind, um die Bewertungen in seinem Abschluss für die erste sechsmonatige Berichtsperiode durchzuführen, und Informationen, die am Jahresende oder kurz danach verfügbar sind, für die zwölfmonatige Berichtsperiode. Die Bewertungen für die zwölf Monate werden mögliche Änderungen von Schätzungen von Beträgen widerspiegeln, die für die erste sechsmonatige Berichtsperiode angegeben wurden. Die im Zwischenbericht für die erste sechsmonatige Berichtsperiode berichteten Beträge werden nicht rückwirkend angepasst. Die Paragraphen 16A (d) und 26 schreiben jedoch vor, dass Art und Betrag jeder erheblichen Änderung von Schätzungen angegeben wird.

36 Ein Unternehmen, das häufiger als halbjährlich berichtet, bewertet Erträge und Aufwendungen auf einer von Geschäftsjahresbeginn an bis zum Zwischenberichtstermin kumulierten Grundlage für jede Zwischenberichtsperiode, indem es Informationen verwendet, die verfügbar sind, wenn der jeweilige Abschluss aufgestellt wird. Erträge und Aufwendungen, die in der aktuellen Zwischenberichtsperiode dargestellt werden, spiegeln alle Änderungen von Schätzungen von Beträgen wider, die in früheren Zwischenberichtsperioden des Geschäftsjahrs dargestellt wurden. Die in früheren Zwischenberichtsperioden berichteten Beträge werden nicht rückwirkend angepasst. Die Paragraphen 16A (d) und 26 schreiben jedoch vor, dass Art und Betrag jeder erheblichen Änderung von Schätzungen angegeben wird.

Saisonal, konjunkturell oder gelegentlich erzielte Erträge

37 **Erträge, die innerhalb eines Geschäftsjahrs saisonal bedingt, konjunkturell bedingt oder gelegentlich erzielt werden, dürfen am Zwischenberichtsstichtag nicht vorgezogen oder abgegrenzt werden, wenn das Vorziehen oder die Abgrenzung am Ende des Geschäftsjahrs des Unternehmens nicht angemessen wäre.**

38 Beispiele umfassen Dividendenerträge, Nutzungsentgelte und Zuwendungen der öffentlichen Hand. Darüber hinaus erwirtschaften einige Unternehmen durchweg mehr Erträge in bestimmten Zwischenberichtsperioden eines Geschäftsjahrs als in anderen Zwischenberichtsperioden, beispielsweise saisonale Erträge von Einzelhändlern. Solche Erträge werden bei ihrer Entstehung erfasst.

Aufwendungen, die während des Geschäftsjahrs unregelmäßig anfallen

39 **Aufwendungen, die während des Geschäftsjahrs eines Unternehmens unregelmäßig anfallen, sind für Zwecke der Zwischenberichterstattung nur dann vorzuziehen oder abzugrenzen, wenn es auch am Ende des Geschäftsjahrs angemessen wäre, diese Art der Aufwendungen vorzuziehen oder abzugrenzen.**

Anwendung der Erfassungs- und Bewertungsgrundsätze

40 Teil B der zu diesem Standard gehörenden erläuternden Beispiele enthält Beispiele zur Anwendung der allgemeinen, in den Paragraphen 28–39 dargestellten Erfassungs- und Bewertungsgrundsätze.

Verwendung von Schätzungen

41 **Bei der Bewertung in einem Zwischenbericht ist sicherzustellen, dass die resultierenden Informationen verlässlich sind und dass alle wesentlichen Finanzinformationen, die für ein Verständnis der Vermögens-, Finanz- und Ertragslage des Unternehmens relevant sind, angemessen angegeben werden. Auch wenn die Bewertungen in Geschäftsberichten und in Zwischenberichten oft auf angemessenen Schätzungen beruhen, wird die Aufstellung von Zwischenberichten in der Regel eine umfangreichere Verwendung von Schätzungsmethoden erfordern als die der jährlichen Rechnungslegung.**

42 Teil C der zu diesem Standard gehörenden erläuternden Beispiele enthält Beispiele für die Verwendung von Schätzungen in Zwischenberichtsperioden.

For assets, the same tests of future economic benefits apply at interim dates and at the end of an entity's financial year. Costs that, by their nature, would not qualify as assets at financial year-end would not qualify at interim dates either. Similarly, a liability at the end of an interim reporting period must represent an existing obligation at that date, just as it must at the end of an annual reporting period. 32

An essential characteristic of income (revenue) and expenses is that the related inflows and outflows of assets and liabilities have already taken place. If those inflows or outflows have taken place, the related revenue and expense are recognized; otherwise they are not recognized. The *Conceptual Framework* does not allow the recognition of items in the statement of financial position which do not meet the definition of assets or liabilities. 33

In measuring the assets, liabilities, income, expenses, and cash flows reported in its financial statements, an entity that reports only annually is able to take into account information that becomes available throughout the financial year. Its measurements are, in effect, on a year-to-date basis. 34

An entity that reports half-yearly uses information available by mid-year or shortly thereafter in making the measurements in its financial statements for the first six-month period and information available by year-end or shortly thereafter for the 12-month period. The 12-month measurements will reflect possible changes in estimates of amounts reported for the first six-month period. The amounts reported in the interim financial report for the first six-month period are not retrospectively adjusted. Paragraphs 16 (d) and 26 require, however, that the nature and amount of any significant changes in estimates be disclosed. 35

An entity that reports more frequently than half-yearly measures income and expenses on a year-to-date basis for each interim period using information available when each set of financial statements is being prepared. Amounts of income and expenses reported in the current interim period will reflect any changes in estimates of amounts reported in prior interim periods of the financial year. The amounts reported in prior interim periods are not retrospectively adjusted. Paragraphs 16 (d) and 26 require, however, that the nature and amount of any significant changes in estimates be disclosed. 36

Revenues received seasonally, cyclically, or occasionally

Revenues that are received seasonally, cyclically, or occasionally within a financial year shall not be anticipated or deferred as of an interim date if anticipation or deferral would not be appropriate at the end of the entity's financial year. 37

Examples include dividend revenue, royalties, and government grants. Additionally, some entities consistently earn more revenues in certain interim periods of a financial year than in other interim periods, for example, seasonal revenues of retailers. Such revenues are recognised when they occur. 38

Costs incurred unevenly during the financial year

Costs that are incurred unevenly during an entity's financial year shall be anticipated or deferred for interim reporting purposes if, and only if, it is also appropriate to anticipate or defer that type of cost at the end of the financial year. 39

Applying the recognition and measurement principles

Appendix B provides examples of applying the general recognition and measurement principles set out in paragraphs 28—39. 40

Use of estimates

The measurement procedures to be followed in an interim financial report shall be designed to ensure that the resulting information is reliable and that all material financial information that is relevant to an understanding of the financial position or performance of the entity is appropriately disclosed. While measurements in both annual and interim financial reports are often based on reasonable estimates, the preparation of interim financial reports generally will require a greater use of estimation methods than annual financial reports. 41

Appendix C provides examples of the use of estimates in interim periods. 42

ANPASSUNG BEREITS DARGESTELLTER ZWISCHENBERICHTSPERIODEN

43 **Eine Änderung der Rechnungslegungsmethode ist mit Ausnahme solcher, für die ein neuer IFRS Übergangsvorschriften festlegt, darzustellen,**

(a) **indem eine Anpassung der Abschlüsse früherer Zwischenberichtsperioden des aktuellen Geschäftsjahrs und vergleichbarer Zwischenberichtsperioden früherer Geschäftsjahre, die im jährlichen Abschluss nach IAS 8 anzupassen sind, vorgenommen wird, oder**

(b) **wenn die Ermittlung der kumulierten Auswirkung der Anwendung einer neuen Rechnungslegungsmethode auf alle früheren Perioden am Anfang des Geschäftsjahrs undurchführbar ist, indem eine Anpassung der Abschlüsse früherer Zwischenberichtsperioden des laufenden Geschäftsjahrs sowie vergleichbarer Zwischenberichtsperioden früherer Geschäftsjahre dahin gehend vorgenommen wird, dass die neue Rechnungslegungsmethode prospektiv ab dem frühestmöglichen Zeitpunkt angewandt wird.**

44 Eine Zielsetzung des vorangegangenen Grundsatzes ist sicherzustellen, dass eine einzige Rechnungslegungsmethode auf eine bestimmte Gruppe von Geschäftsvorfällen über das gesamte Geschäftsjahr angewendet wird. Gemäß IAS 8 wird eine Änderung der Rechnungslegungsmethode durch die rückwirkende Anwendung widergespiegelt, wobei Finanzinformationen aus früheren Berichtsperioden so weit wie vergangenheitsbezogen möglich angepasst werden. Wenn jedoch die Ermittlung des kumulierten Anpassungsbetrags, der sich auf die früheren Geschäftsjahre bezieht, undurchführbar ist, ist gemäß IAS 8 die neue Methode prospektiv ab dem frühestmöglichen Zeitpunkt anzuwenden. Der Grundsatz in Paragraph 43 führt dazu, dass vorgeschrieben wird, dass alle Änderungen der Rechnungslegungsmethode innerhalb des aktuellen Geschäftsjahrs entweder rückwirkend oder, wenn dies undurchführbar ist, prospektiv spätestens ab Anfang des laufenden Geschäftsjahrs zur Anwendung kommen.

45 Mit der Zulassung der Darstellung von Änderungen der Rechnungslegungsmethoden an einem Zwischenberichtstermin innerhalb des Geschäftsjahrs würde die Anwendung zweier verschiedener Rechnungslegungsmethoden auf eine bestimmte Gruppe von Geschäftsvorfällen innerhalb eines einzelnen Geschäftsjahrs zugelassen. Das Resultat wären Verteilungsschwierigkeiten bei der Zwischenberichterstattung, unklare Betriebsergebnisse und eine erschwerte Analyse und Verständlichkeit der Informationen im Zwischenbericht.

ZEITPUNKT DES INKRAFTTRETENS

46 Dieser Standard ist verbindlich auf Abschlüsse für Berichtsperioden anzuwenden, die am oder nach dem 1. Januar 1999 beginnen. Eine frühere Anwendung wird empfohlen.

47 Durch IAS 1 (in der 2007 überarbeiteten Fassung) wurde die in den IAS/IFRS verwendete Terminologie geändert. Außerdem wurden die Paragraphen 4, 5, 8, 11, 12 und 20 geändert, Paragraph 13 wurde gestrichen, und die Paragraphen 8A und 11A wurden eingefügt. Diese Änderungen sind auf Geschäftsjahre anzuwenden, die am oder nach dem 1. Januar 2009 beginnen. Wendet ein Unternehmen IAS 1 (überarbeitet 2007) auf eine frühere Periode an, so hat es auf diese frühere Periode auch diese Änderungen anzuwenden.

48 Durch IFRS 3 (in der 2008 überarbeiteten Fassung) wurde Paragraph 16 (i) geändert. Diese Änderung ist auf Geschäftsjahre anzuwenden, die am oder nach dem 1. Juli 2009 beginnen. Wendet ein Unternehmen IFRS 3 (überarbeitet 2008) auf eine frühere Periode an, so hat es auf diese frühere Periode auch diese Änderung anzuwenden.

49 Durch die *Verbesserungen an den IFRS*, veröffentlicht im Mai 2010, wurden die Paragraphen 15, 27, 35 und 36 geändert, die Paragraphen 15A–15C und 16A eingefügt und die Paragraphen 16–18 gestrichen. Diese Änderungen sind auf Geschäftsjahre anzuwenden, die am oder nach dem 1. Januar 2011 beginnen. Eine frühere Anwendung ist zulässig. Wendet ein Unternehmen die Änderungen auf eine frühere Periode an, hat es dies anzugeben.

50 Durch IFRS 13, veröffentlicht im Mai 2011, wurde Paragraph 16A (j) eingefügt. Wendet ein Unternehmen IFRS 13 an, ist diese Änderung ebenfalls anzuwenden.

51 Durch *Darstellung von Posten des sonstigen Ergebnisses* (Änderungen an IAS 1), veröffentlicht im Juni 2011, wurden die Paragraphen 8, 8A, 11A und 20 geändert. Wendet ein Unternehmen IAS 1 (in der im Juni 2011 geänderten Fassung) an, sind diese Änderungen ebenfalls anzuwenden.

52 Durch die *Jährlichen Verbesserungen, Zyklus 2009–2011*, veröffentlicht im Mai 2012, wurde Paragraph 5 infolge der Änderung an IAS 1 *Darstellung des Abschlusses* geändert. Diese Änderung ist rückwirkend gemäß IAS 8 *Rechnungslegungsmethoden, Änderungen von rechnungslegungsbezogenen Schätzungen und Fehler* auf Geschäftsjahre anzuwenden, die am oder nach dem 1. Januar 2013 beginnen. Eine frühere Anwendung ist zulässig. Wendet ein Unternehmen diese Änderung auf eine frühere Periode an, hat es dies anzugeben.

RESTATEMENT OF PREVIOUSLY REPORTED INTERIM PERIODS

A change in accounting policy, other than one for which the transition is specified by a new IFRS, shall be reflected by: 43

(a) **restating the financial statements of prior interim periods of the current financial year and the comparable interim periods of any prior financial years that will be restated in the annual financial statements in accordance with IAS 8; or**

(b) **when it is impracticable to determine the cumulative effect at the beginning of the financial year of applying a new accounting policy to all prior periods, adjusting the financial statements of prior interim periods of the current financial year, and comparable interim periods of prior financial years to apply the new accounting policy prospectively from the earliest date practicable.**

One objective of the preceding principle is to ensure that a single accounting policy is applied to a particular class of transactions throughout an entire financial year. Under IAS 8, a change in accounting policy is reflected by retrospective application, with restatement of prior period financial data as far back as is practicable. However, if the cumulative amount of the adjustment relating to prior financial years is impracticable to determine, then under IAS 8 the new policy is applied prospectively from the earliest date practicable. The effect of the principle in paragraph 43 is to require that within the current financial year any change in accounting policy is applied either retrospectively or, if that is not practicable, prospectively, from no later than the beginning of the financial year. 44

To allow accounting changes to be reflected as of an interim date within the financial year would allow two differing accounting policies to be applied to a particular class of transactions within a single financial year. The result would be interim allocation difficulties, obscured operating results, and complicated analysis and understandability of interim period information. 45

EFFECTIVE DATE

This standard becomes operative for financial statements covering periods beginning on or after 1 January 1999. Earlier application is encouraged. 46

IAS 1 (as revised in 2007) amended the terminology used throughout IFRSs. In addition it amended paragraphs 4, 5, 8, 11, 12 and 20, deleted paragraph 13 and added paragraphs 8A and 11A. An entity shall apply those amendments for annual periods beginning on or after 1 January 2009. If an entity applies IAS 1 (revised 2007) for an earlier period, the amendments shall be applied for that earlier period. 47

IFRS 3 (as revised by the International Accounting Standards Board in 2008) amended paragraph 16 (i). An entity shall apply that amendment for annual periods beginning on or after 1 July 2009. If an entity applies IFRS 3 (revised 2008) for an earlier period, the amendment shall also be applied for that earlier period. 48

Paragraph 15 was amended, paragraphs 15A—15C and 16A were added and paragraphs 16—18 were deleted by Improvements to IFRSs issued in May 2010. An entity shall apply those amendments for annual periods beginning on or after 1 January 2011. Earlier application is permitted. If an entity applies the amendments for an earlier period it shall disclose that fact. 49

IFRS 13, issued in May 2011, added paragraph 16A(j). An entity shall apply that amendment when it applies IFRS 13. 50

Presentation of Items of Other Comprehensive Income (Amendments to IAS 1), issued in June 2011, amended paragraphs 8, 8A, 11A and 20. An entity shall apply those amendments when it applies IAS 1 as amended in June 2011. 51

Annual Improvements 2009—2011 Cycle, issued in May 2012, amended paragraph 5 as a consequential amendment derived from the amendment to IAS 1 *Presentation of Financial Statements*. An entity shall apply that amendment retrospectively in accordance with IAS 8 *Accounting Policies, Changes in Accounting Estimates and Errors* for annual periods beginning on or after 1 January 2013. Earlier application is permitted. If an entity applies that amendment for an earlier period it shall disclose that fact. 52

53 Durch die *Jährlichen Verbesserungen, Zyklus 2009–2011*, veröffentlicht im Mai 2012, wurde Paragraph 16A geändert. Diese Änderung ist rückwirkend gemäß IAS 8 *Rechnungslegungsmethoden, Änderungen von rechnungslegungsbezogenen Schätzungen und Fehler* auf Geschäftsjahre anzuwenden, die am oder nach dem 1. Januar 2013 beginnen. Eine frühere Anwendung ist zulässig. Wendet ein Unternehmen diese Änderung auf eine frühere Periode an, hat es dies anzugeben.

54 Durch die im Oktober 2012 veröffentlichte Verlautbarung *Investmentgesellschaften* (Investment Entities) (Änderungen an IFRS 10, IFRS 12 und IAS 27) wurde Paragraph 16A eingefügt. Diese Änderung ist auf Geschäftsjahre anzuwenden, die am oder nach dem 1. Januar 2014 beginnen. Eine frühere Anwendung der Verlautbarung *Investmentgesellschaften* (Investment Entities) ist zulässig. Wendet ein Unternehmen diese Änderung früher an, hat es alle in der Verlautbarung enthaltenen Änderungen gleichzeitig anzuwenden.

55 Durch IFRS 15 *Erlöse aus Verträgen mit Kunden*, veröffentlicht im Mai 2014, wurden die Paragraphen 15B und 16A geändert. Wendet ein Unternehmen IFRS 15 an, sind diese Änderungen ebenfalls anzuwenden.

56 Durch die *Jährlichen Verbesserungen an den IFRS-Standards Zyklus 2012–2014*, veröffentlicht im September 2014, wurde Paragraph 16A geändert. Diese Änderung ist rückwirkend gemäß IAS 8 *Rechnungslegungsmethoden, Änderungen von rechnungslegungsbezogenen Schätzungen und Fehler* auf Geschäftsjahre anzuwenden, die am oder nach dem 1. Januar 2016 beginnen. Eine frühere Anwendung ist zulässig. Wendet ein Unternehmen diese Änderung früher an, hat es dies anzugeben.

57 Durch die im Dezember 2014 veröffentlichte Verlautbarung *Angabeninitiative* (Änderungen an IAS 1) wurde Paragraph 5 geändert. Diese Änderung ist auf Geschäftsjahre anzuwenden, die am oder nach dem 1. Januar 2016 beginnen. Eine frühere Anwendung ist zulässig.

58 Durch die 2018 veröffentlichte Verlautbarung *Änderungen der Verweise auf das Rahmenkonzept in IFRS-Standards* wurden die Paragraphen 31 und 33 geändert. Diese Änderungen sind auf Geschäftsjahre anzuwenden, die am oder nach dem 1. Januar 2020 beginnen. Eine frühere Anwendung ist zulässig, wenn das Unternehmen gleichzeitig alle anderen mit der Verlautbarung *Änderungen der Verweise auf das Rahmenkonzept in IFRS-Standards* einhergehenden Änderungen anwendet. Die Änderungen an IAS 34 sind gemäß IAS 8 *Rechnungslegungsmethoden, Änderungen von rechnungslegungsbezogenen Schätzungen und Fehler* rückwirkend anzuwenden. Sollte das Unternehmen jedoch feststellen, dass eine rückwirkende Anwendung nicht durchführbar oder mit unangemessenem Kosten- oder Zeitaufwand verbunden wäre, hat es die Änderungen an IAS 34 mit Verweis auf die Paragraphen 43–45 dieses Standards und die Paragraphen 23–28, 50–53 und 54F von IAS 8 anzuwenden.

59 Durch die im Oktober 2018 veröffentlichte Verlautbarung *Definition von „wesentlich“* (Änderungen an IAS 1 und IAS 8) wurde Paragraph 24 geändert. Diese Änderung ist prospektiv auf Geschäftsjahre anzuwenden, die am oder nach dem 1. Januar 2020 beginnen. Eine frühere Anwendung ist zulässig. Wendet ein Unternehmen diese Änderung früher an, hat es dies anzugeben. Ein Unternehmen hat diese Änderung anzuwenden, wenn es die geänderte Definition von „wesentlich“ in Paragraph 7 von IAS 1 und den Paragraphen 5 und 6 von IAS 8 anwendet.

60 Mit der im Februar 2021 veröffentlichten Verlautbarung *Angabe von Bilanzierungs- und Bewertungsmethoden*, mit der IAS 1 und das IFRS-Leitliniendokument 2 *Fällen von Wesentlichkeitsentscheidungen* geändert werden, wurde Paragraph 5 geändert. Diese Änderung ist auf Geschäftsjahre anzuwenden, die am oder nach dem 1. Januar 2023 beginnen. Eine frühere Anwendung ist zulässig. Wendet ein Unternehmen diese Änderung auf eine frühere Berichtsperiode an, hat es dies anzugeben.

Annual Improvements 2009—2011 Cycle, issued in May 2012, amended paragraph 16A. An entity shall apply that amendment retrospectively in accordance with IAS 8 *Accounting Policies, Changes in Accounting Estimates and Errors* for annual periods beginning on or after 1 January 2013. Earlier application is permitted. If an entity applies that amendment for an earlier period it shall disclose that fact. 53

Investment Entities (Amendments to IFRS 10, IFRS 12 and IAS 27), issued in October 2012, added paragraph 16A. An entity shall apply that amendment for annual periods beginning 1 January 2014. Earlier application of *Investment Entities* is permitted. If an entity applies that amendment earlier it shall also apply all amendments included in *Investment Entities* at the same time. 54

IFRS 15 *Revenue from Contracts with Customers*, issued in May 2014, amended paragraphs 15B and 16A. An entity shall apply those amendments when it applies IFRS 15. 55

Annual Improvements to IFRSs 2012—2014 Cycle, issued in September 2014, amended paragraph 16A. An entity shall apply that amendment retrospectively in accordance with IAS 8 *Accounting Policies, Changes in Accounting Estimates and Errors* for annual periods beginning on or after 1 January 2016. Earlier application is permitted. If an entity applies the amendment for an earlier period it shall disclose that fact. 56

Disclosure Initiative (Amendments to IAS 1), issued in December 2014, amended paragraph 5. An entity shall apply that amendment for annual periods beginning on or after 1 January 2016. Earlier application of that amendment is permitted. 57

Amendments to References to the Conceptual Framework in IFRS Standards, issued in 2018, amended paragraphs 31 and 33. An entity shall apply those amendments for annual periods beginning on or after 1 January 2020. Earlier application is permitted if at the same time an entity also applies all other amendments made by *Amendments to References to the Conceptual Framework in IFRS Standards*. An entity shall apply the amendments to IAS 34 retrospectively in accordance with IAS 8 *Accounting Policies, Changes in Accounting Estimates and Errors*. However, if an entity determines that retrospective application would be impracticable or would involve undue cost or effort, it shall apply the amendments to IAS 34 by reference to paragraphs 43—45 of this Standard and paragraphs 23—28, 50—53 and 54F of IAS 8. 58

Definition of Material (Amendments to IAS 1 and IAS 8), issued in October 2018, amended paragraph 24. An entity shall apply those amendments prospectively for annual periods beginning on or after 1 January 2020. Earlier application is permitted. If an entity applies those amendments for an earlier period, it shall disclose that fact. An entity shall apply those amendments when it applies the amendments to the definition of material in paragraph 7 of IAS 1 and paragraphs 5 and 6 of IAS 8. 58

Disclosure of Accounting Policies, which amends IAS 1 and IFRS Practice Statement 2 *Making Materiality Judgements*, and was issued in February 2021, amended paragraph 5. An entity shall apply that amendment for annual reporting periods beginning on or after 1 January 2023. Earlier application is permitted. If an entity applies the amendment for an earlier period, it shall disclose that fact. 60

INTERNATIONAL ACCOUNTING STANDARD 36
Wertminderung von Vermögenswerten

INHALT

ZIELSETZUNG

1 Die Zielsetzung dieses Standards ist es, die Verfahren vorzuschreiben, die ein Unternehmen anwendet, um sicherzustellen, dass seine Vermögenswerte nicht mit einem höheren Wert als ihrem erzielbaren Betrag bewertet werden. Ein Vermögenswert wird mit einem höheren Wert als seinem erzielbaren Betrag bewertet, wenn sein Buchwert den Betrag übersteigt, der durch die Nutzung oder den Verkauf des Vermögenswerts erzielt werden könnte. Wenn dies der Fall ist, wird der Vermögenswert als wertgemindert bezeichnet und der Standard verlangt, dass das Unternehmen einen Wertminderungsaufwand erfasst. Der Standard konkretisiert ebenso, wann ein Unternehmen einen Wertminderungsaufwand aufzuholen hat, und schreibt Angaben vor.

ANWENDUNGSBEREICH

2 **Dieser Standard ist bei der Bilanzierung von Wertminderungen aller Vermögenswerten anzuwenden; davon ausgenommen sind:**

(a) Vorräte (siehe IAS 2 *Vorräte*),

(b) Vertragsvermögenswerte und Vermögenswerte aus Kosten, die im Zusammenhang mit der Anbahnung oder Erfüllung eines Vertrags entstehen und gemäß IFRS 15 *Erlöse aus Verträgen mit Kunden* erfasst werden,

INTERNATIONAL ACCOUNTING STANDARD 36
Impairment of assets

SUMMARY

OBJECTIVE

The objective of this standard is to prescribe the procedures that an entity applies to ensure that its assets are carried at no more than their recoverable amount. An asset is carried at more than its recoverable amount if its carrying amount exceeds the amount to be recovered through use or sale of the asset. If this is the case, the asset is described as impaired and the standard requires the entity to recognise an impairment loss. The standard also specifies when an entity should reverse an impairment loss and prescribes disclosures. 1

SCOPE

This Standard shall be applied in accounting for the impairment of all assets, other than: 2

(a) inventories (see IAS 2 *Inventories*);

(b) contract assets and assets arising from costs to obtain or fulfil a contract that are recognised in accordance with IFRS 15 *Revenue from Contracts with Customers*;

(c) latente Steueransprüche (siehe IAS 12 *Ertragsteuern*),
(d) Vermögenswerte, die aus Leistungen an Arbeitnehmer resultieren (siehe IAS 19 *Leistungen an Arbeitnehmer*),
(e) finanzielle Vermögenswerte, die in den Anwendungsbereich von IFRS 9 *Finanzinstrumente* fallen,
(f) als Finanzinvestition gehaltene Immobilien, die zum beizulegenden Zeitwert bewertet werden (siehe IAS 40 *Als Finanzinvestition gehaltene Immobilien*),
(g) mit landwirtschaftlicher Tätigkeit im Zusammenhang stehende biologische Vermögenswerte im Anwendungsbereich von IAS 41 *Landwirtschaft*, die zum beizulegenden Zeitwert abzüglich Verkaufskosten bewertet werden,
(h) Verträge im Anwendungsbereich von IFRS 17 *Versicherungsverträge*, die Vermögenswerte sind, und alle als Vermögenswert angesetzten Abschlusskosten im Sinne der Definition in IFRS 17 und
(i) langfristige Vermögenswerte (oder Veräußerungsgruppen), die gemäß IFRS 5 *Zur Veräußerung gehaltene langfristige Vermögenswerte und aufgegebene Geschäftsbereiche* als zur Veräußerung gehalten eingestuft werden.

3 Dieser Standard gilt nicht für Wertminderungen von Vorräten, Vermögenswerten aus Fertigungsaufträgen, latenten Steueransprüchen, in Verbindung mit Leistungen an Arbeitnehmer entstehenden Vermögenswerten oder Vermögenswerten, die als zur Veräußerung gehalten eingestuft werden (oder zu einer als zur Veräußerung gehalten eingestuften Veräußerungsgruppe gehören), da die auf diese Vermögenswerte anwendbaren bestehenden IAS/IFRS Vorschriften für den Ansatz und die Bewertung dieser Vermögenswerte enthalten.

4 Dieser Standard ist auf finanzielle Vermögenswerte anzuwenden, die wie folgt eingestuft sind:
(a) Tochterunternehmen, wie in IFRS 10 *Konzernabschlüsse* definiert,
(b) assoziierte Unternehmen, wie in IAS 28 *Beteiligungen an assoziierten Unternehmen und Gemeinschaftsunternehmen* definiert, und
(c) Gemeinschaftsunternehmen, wie in IFRS 11 *Gemeinschaftliche Vereinbarungen* definiert.
Bei Wertminderungen anderer finanzieller Vermögenswerte ist IFRS 9 heranzuziehen.

5 Dieser Standard ist nicht auf finanzielle Vermögenswerte, die in den Anwendungsbereich von IFRS 9 fallen, auf als Finanzinvestition gehaltene Immobilien, die zum beizulegenden Zeitwert innerhalb des Anwendungsbereichs von IAS 40 bewertet werden, oder auf biologische Vermögenswerte, die mit landwirtschaftlicher Tätigkeit in Zusammenhang stehen und die innerhalb des Anwendungsbereichs von IAS 41 zum beizulegenden Zeitwert abzüglich Verkaufskosten bewertet werden, anzuwenden. Dieser Standard ist jedoch auf Vermögenswerte anzuwenden, die zum Neubewertungsbetrag (d. h. dem beizulegenden Zeitwert zum Zeitpunkt der Neubewertung abzüglich späterer, kumulierter planmäßiger Abschreibungen und abzüglich späteren, kumulierten Wertminderungsaufwands) nach anderen Standards, wie den Neubewertungsmodellen gemäß IAS 16 *Sachanlagen* und IAS 38 *Immaterielle Vermögenswerte* angesetzt werden. Die einzige Differenz zwischen dem beizulegenden Zeitwert eines Vermögenswerts und dessen beizulegendem Zeitwert abzüglich Veräußerungskosten besteht in den zusätzlichen Kosten, die dem Abgang des Vermögenswerts einzeln zugeordnet werden können.
(a) (i) Wenn die Veräußerungskosten unbedeutend sind, ist der erzielbare Betrag des neu bewerteten Vermögenswerts notwendigerweise fast identisch mit oder größer als dessen Neubewertungsbetrag. Nach Anwendung der Vorschriften für eine Neubewertung ist es in diesem Fall unwahrscheinlich, dass der neu bewertete Vermögenswert wertgemindert ist, und eine Schätzung des erzielbaren Betrags ist nicht notwendig.
(ii) [gestrichen]
(b) [gestrichen]
(c) Wenn die Veräußerungskosten nicht unbedeutend sind, ist der beizulegende Zeitwert abzüglich Veräußerungskosten des neu bewerteten Vermögenswerts notwendigerweise geringer als sein beizulegender Zeitwert. Deshalb wird der neu bewertete Vermögenswert wertgemindert sein, wenn sein Nutzungswert geringer ist als sein Neubewertungsbetrag. Nach Anwendung der Vorschriften für eine Neubewertung wendet ein Unternehmen in diesem Fall diesen Standard an, um zu ermitteln, ob der Vermögenswert wertgemindert sein könnte.

DEFINITIONEN

6 **Die folgenden Begriffe werden im vorliegenden Standard mit der angegebenen Bedeutung verwendet:**

Der *Buchwert* ist der Betrag, mit dem ein Vermögenswert nach Abzug aller kumulierten planmäßigen Abschreibungen und aller kumulierten Wertminderungsaufwendungen angesetzt wird.

Eine *zahlungsmittelgenerierende Einheit* ist die kleinste identifizierbare Gruppe von Vermögenswerten, die Mittelzuflüsse erzeugt, die weitgehend unabhängig von den Mittelzuflüssen anderer Vermögenswerte oder anderer Gruppen von Vermögenswerten sind.

***Gemeinschaftliche Vermögenswerte* sind Vermögenswerte, außer dem Geschäfts- oder Firmenwert, die zu den künftigen Zahlungsströmen sowohl der zu prüfenden zahlungsmittelgenerierenden Einheit als auch anderer zahlungsmittelgenerierender Einheiten beitragen.**

(c) **deferred tax assets (see IAS 12 *Income taxes*);**
(d) **assets arising from employee benefits (see IAS 19 *Employee benefits*);**
(e) **financial assets that are within the scope of IFRS 9 *Financial Instruments*;**
(f) **investment property that is measured at fair value (see IAS 40 *Investment property*);**
(g) **biological assets related to agricultural activity within the scope of IAS 41 *Agriculture* that are measured at fair value less costs of disposal;**
(h) **contracts within the scope of IFRS 17 *Insurance Contracts* that are assets and any assets for insurance acquisition cash flows as defined in IFRS 17;**
(i) **non-current assets (or disposal groups) classified as held for sale in accordance with IFRS 5 *Non-current assets held for sale and discontinued operations*.**

This standard does not apply to inventories, assets arising from construction contracts, deferred tax assets, assets arising from employee benefits, or assets classified as held for sale (or included in a disposal group that is classified as held for sale) because existing standards applicable to these assets contain requirements for recognising and measuring these assets. 3

This Standard applies to financial assets classified as: 4
(a) subsidiaries, as defined in IFRS 10 *Consolidated Financial Statements*;
(b) associates, as defined in IAS 28 *Investments in Associates and Joint Ventures*; and
(c) joint ventures, as defined in IFRS 11 *Joint Arrangements*.
For impairment of other financial assets, refer to IFRS 9.

This Standard does not apply to financial assets within the scope of IFRS 9, investment property measured at fair value within the scope of IAS 40, or biological assets related to agricultural activity measured at fair value less costs to sell within the scope of IAS 41. However, this Standard applies to assets that are carried at revalued amount (ie fair value at the date of the revaluation less any subsequent accumulated depreciation and subsequent accumulated impairment losses) in accordance with other IFRSs, such as the revaluation model in IAS 16 *Property, Plant and Equipment* and IAS 38 *Intangible Assets*. The only difference between an asset's fair value and its fair value less costs of disposal is the direct incremental costs attributable to the disposal of the asset. 5
(a) (i) If the disposal costs are negligible, the recoverable amount of the revalued asset is necessarily close to, or greater than, its revalued amount. In this case, after the revaluation requirements have been applied, it is unlikely that the revalued asset is impaired and recoverable amount need not be estimated.
(ii) [deleted]
(b) [deleted]
(c) If the disposal costs are not negligible, the fair value less costs of disposal of the revalued asset is necessarily less than its fair value. Therefore, the revalued asset will be impaired if its value in use is less than its revalued amount. In this case, after the revaluation requirements have been applied, an entity applies this Standard to determine whether the asset may be impaired.

DEFINITIONS

The following terms are used in this Standard with the meanings specified: 6

***Fair value* is the price that would be received to sell an asset or paid to transfer a liability in an orderly transaction between market participants at the measurement date. (See IFRS 13 *Fair Value Measurement*.)**

***Carrying amount* is the amount at which an asset is recognised after deducting any accumulated depreciation (amortisation) and accumulated impairment losses thereon.**

A *cash-generating unit* is the smallest identifiable group of assets that generates cash inflows that are largely independent of the cash inflows from other assets or groups of assets.

***Corporate assets* are assets other than goodwill that contribute to the future cash flows of both the cash-generating unit under review and other cash-generating units.**

Die *Veräußerungskosten* sind zusätzliche Kosten, die dem Abgang eines Vermögenswerts oder einer zahlungsmittelgenerierenden Einheit einzeln zugeordnet werden können, mit Ausnahme der Finanzierungskosten und des Ertragsteueraufwands.

Der *Abschreibungsbetrag* umfasst die Anschaffungs- oder Herstellungskosten eines Vermögenswerts oder einen Ersatzbetrag abzüglich des Restwerts des Vermögenswerts.

Die *planmäßige Abschreibung* ist die systematische Verteilung des Abschreibungsbetrags eines Vermögenswerts über dessen Nutzungsdauer.[1]

Der *beizulegende Zeitwert* ist der Preis, der in einem gewöhnlichen Geschäftsvorfall zwischen Marktteilnehmern am Bewertungsstichtag für den Verkauf eines Vermögenswerts eingenommen bzw. für die Übertragung einer Schuld gezahlt würde. (Siehe IFRS 13 *Bewertung zum beizulegenden Zeitwert*.)

Ein *Wertminderungsaufwand* ist der Betrag, um den der Buchwert eines Vermögenswerts oder einer zahlungsmittelgenerierenden Einheit seinen/ihren erzielbaren Betrag übersteigt.

Der *erzielbare Betrag* eines Vermögenswerts oder einer zahlungsmittelgenerierenden Einheit ist der höhere der beiden Beträge aus beizulegendem Zeitwert abzüglich Veräußerungskosten und Nutzungswert.

Die *Nutzungsdauer* ist

(a) **die voraussichtliche Nutzungszeit des Vermögenswerts im Unternehmen oder**

(b) **die voraussichtlich durch den Vermögenswert im Unternehmen zu erzielende Anzahl an Produktionseinheiten oder ähnlichen Maßgrößen.**

Der *Nutzungswert* ist der Barwert der künftigen Zahlungsströme, der voraussichtlich aus einem Vermögenswert oder einer zahlungsmittelgenerierenden Einheit abgeleitet werden kann.

IDENTIFIZIERUNG EINES VERMÖGENSWERTS, DER WERTGEMINDERT SEIN KÖNNTE

7 Die Paragraphen 8–17 konkretisieren, wann der erzielbare Betrag zu bestimmen ist. In diesen Vorschriften wird der Begriff „ein Vermögenswert" verwendet, sie sind aber ebenso auf einen einzelnen Vermögenswert wie auf eine zahlungsmittelgenerierende Einheit anzuwenden. Der übrige Teil dieses Standards ist folgendermaßen aufgebaut:

(a) Die Paragraphen 18–57 enthalten die Vorschriften für die Ermittlung des erzielbaren Betrags. Auch in diesen Vorschriften wird der Begriff „ein Vermögenswert" verwendet, sie sind aber ebenso auf einen einzelnen Vermögenswert wie auf eine zahlungsmittelgenerierende Einheit anzuwenden.

(b) Die Paragraphen 58–108 enthalten die Vorschriften für die Erfassung und die Bewertung von Wertminderungsaufwendungen. Die Erfassung und die Bewertung von Wertminderungsaufwendungen für einzelne Vermögenswerte, außer dem Geschäfts- oder Firmenwert, werden in den Paragraphen 58–64 behandelt. Die Paragraphen 65–108 behandeln die Erfassung und Bewertung von Wertminderungsaufwendungen für zahlungsmittelgenerierende Einheiten und den Geschäfts- oder Firmenwert.

(c) Die Paragraphen 109–116 enthalten die Vorschriften für die Aufholung eines in früheren Perioden für einen Vermögenswert oder eine zahlungsmittelgenerierende Einheit erfassten Wertminderungsaufwands. Auch in diesen Vorschriften wird der Begriff „ein Vermögenswert" verwendet, sie sind aber ebenso auf einen einzelnen Vermögenswert wie auf eine zahlungsmittelgenerierende Einheit anzuwenden. Zusätzliche Vorschriften sind für einen einzelnen Vermögenswert in den Paragraphen 117–121, für eine zahlungsmittelgenerierende Einheit in den Paragraphen 122 und 123 und für den Geschäfts- oder Firmenwert in den Paragraphen 124 und 125 festgelegt.

(d) Die Paragraphen 126–133 konkretisieren die Informationen, die über Wertminderungsaufwendungen und Wertaufholungen für Vermögenswerte und zahlungsmittelgenerierende Einheiten anzugeben sind. Die Paragraphen 134–137 konkretisieren zusätzliche Angabepflichten für zahlungsmittelgenerierende Einheiten, denen ein Geschäfts- oder Firmenwert bzw. immaterielle Vermögenswerte mit unbegrenzter Nutzungsdauer zwecks Überprüfung auf Wertminderung zugeordnet wurden.

8 Ein Vermögenswert ist wertgemindert, wenn sein Buchwert seinen erzielbaren Betrag übersteigt. Die Paragraphen 12–14 beschreiben einige Anhaltspunkte dafür, dass eine Wertminderung eingetreten sein könnte. Wenn einer dieser Anhaltspunkte vorliegt, ist ein Unternehmen verpflichtet, eine formelle Schätzung des erzielbaren Betrags vorzunehmen. Wenn kein Anhaltspunkt für eine Wertminderung vorliegt, braucht ein Unternehmen nach diesem Standard mit Ausnahme der in Paragraph 10 beschriebenen Fälle keine formale Schätzung des erzielbaren Betrags vorzunehmen.

9 **Ein Unternehmen hat an jedem Abschlussstichtag zu beurteilen, ob ein Anhaltspunkt dafür vorliegt, dass ein Vermögenswert wertgemindert sein könnte. Wenn ein solcher Anhaltspunkt vorliegt, hat das Unternehmen den erzielbaren Betrag des Vermögenswerts zu schätzen.**

10 **Unabhängig davon, ob ein Anhaltspunkt für eine Wertminderung vorliegt, hat ein Unternehmen auch**

1 Im Fall eines immateriellen Vermögenswerts wird im Englischen im Allgemeinen der Begriff „amortisation" anstelle von „depreciation" verwendet. Im Deutschen heißt es in beiden Fällen (planmäßige) Abschreibung. Die beiden englischen Ausdrücke haben dieselbe Bedeutung.

Costs of disposal **are incremental costs directly attributable to the disposal of an asset or cash-generating unit, excluding finance costs and income tax expense.**

Depreciable amount **is the cost of an asset, or other amount substituted for cost in the financial statements, less its residual value.**

Depreciation (amortisation) **is the systematic allocation of the depreciable amount of an asset over its useful life[1].**

Fair value less costs of disposal **is the amount obtainable from the sale of an asset or cash-generating unit in an arm's length transaction between knowledgeable, willing parties, less the costs of disposal.**

An *impairment loss* is the amount by which the carrying amount of an asset or a cash-generating unit exceeds its recoverable amount.

The *recoverable amount* of an asset or a cash-generating unit is the higher of its fair value less costs of disposal and its value in use.

Useful life **is either:**

(a) the period of time over which an asset is expected to be used by the entity; or

(b) the number of production or similar units expected to be obtained from the asset by the entity.

Value in use **is the present value of the future cash flows expected to be derived from an asset or cash-generating unit.**

IDENTIFYING AN ASSET THAT MAY BE IMPAIRED

Paragraphs 8—17 specify when recoverable amount shall be determined. These requirements use the term 'an asset' but apply equally to an individual asset or a cash-generating unit. The remainder of this standard is structured as follows: 7

(a) paragraphs 18—57 set out the requirements for measuring recoverable amount. These requirements also use the term 'an asset' but apply equally to an individual asset and a cash-generating unit;

(b) paragraphs 58—108 set out the requirements for recognising and measuring impairment losses. Recognition and measurement of impairment losses for individual assets other than goodwill are dealt with in paragraphs 58—64. Paragraphs 65—108 deal with the recognition and measurement of impairment losses for cash-generating units and goodwill;

(c) paragraphs 109—116 set out the requirements for reversing an impairment loss recognised in prior periods for an asset or a cash-generating unit. Again, these requirements use the term 'an asset' but apply equally to an individual asset or a cash-generating unit. Additional requirements for an individual asset are set out in paragraphs 117—121, for a cash-generating unit in paragraphs 122 and 123, and for goodwill in paragraphs 124 and 125;

(d) paragraphs 126—133 specify the information to be disclosed about impairment losses and reversals of impairment losses for assets and cash-generating units. Paragraphs 134—137 specify additional disclosure requirements for cash-generating units to which goodwill or intangible assets with indefinite useful lives have been allocated for impairment testing purposes.

An asset is impaired when its carrying amount exceeds its recoverable amount. Paragraphs 12—14 describe some indications that an impairment loss may have occurred. If any of those indications is present, an entity is required to make a formal estimate of recoverable amount. Except as described in paragraph 10, this standard does not require an entity to make a formal estimate of recoverable amount if no indication of an impairment loss is present. 8

An entity shall assess at the end of each reporting period whether there is any indication that an asset may be impaired. If any such indication exists, the entity shall estimate the recoverable amount of the asset. 9

Irrespective of whether there is any indication of impairment, an entity shall also: 10

1 In the case of an intangible asset, the term 'amortisation' is generally used instead of 'depreciation'. The two terms have the same meaning.

(a) einen immateriellen Vermögenswert mit einer unbestimmten Nutzungsdauer oder einen noch nicht nutzungsbereiten immateriellen Vermögenswert jährlich auf Wertminderung zu überprüfen, indem es seinen Buchwert mit seinem erzielbaren Betrag vergleicht. Diese Überprüfung auf Wertminderung kann zu jedem Zeitpunkt innerhalb des Geschäftsjahrs durchgeführt werden, vorausgesetzt, sie wird jedes Jahr zum gleichen Zeitpunkt durchgeführt. Verschiedene immaterielle Vermögenswerte können zu unterschiedlichen Zeiten auf Wertminderung überprüft werden. Wenn ein solcher immaterieller Vermögenswert jedoch erstmals im aktuellen Geschäftsjahr angesetzt wurde, muss dieser immaterielle Vermögenswert vor Ende des aktuellen Geschäftsjahrs auf Wertminderung überprüft werden;

(b) den bei einem Unternehmenszusammenschluss erworbenen Geschäfts- oder Firmenwert jährlich auf Wertminderung gemäß den Paragraphen 80–99 zu überprüfen.

11 Die Fähigkeit eines immateriellen Vermögenswerts, einen für die Erzielung seines Buchwerts ausreichenden künftigen wirtschaftlichen Nutzen zu erzeugen, unterliegt in der Zeit, bis der Vermögenswert zur Nutzung zur Verfügung steht, für gewöhnlich größerer Ungewissheit, als nachdem er nutzungsbereit ist. Daher verlangt dieser Standard von einem Unternehmen, den Buchwert eines noch nicht zur Nutzung verfügbaren immateriellen Vermögenswerts mindestens jährlich auf Wertminderung zu überprüfen.

12 **Bei der Beurteilung der Frage, ob ein Anhaltspunkt dafür vorliegt, dass ein Vermögenswert wertgemindert sein könnte, hat ein Unternehmen mindestens die folgenden Anhaltspunkte zu berücksichtigen:**

Externe Informationsquellen

(a) Es bestehen beobachtbare Anhaltspunkte dafür, dass der Wert des Vermögenswerts während der Periode deutlich stärker gesunken ist als dies durch den Zeitablauf oder die gewöhnliche Nutzung zu erwarten wäre.

(b) Während der Periode sind signifikante Veränderungen mit nachteiligen Folgen für das Unternehmen im technischen, marktbezogenen, wirtschaftlichen oder rechtlichen Umfeld, in welchem das Unternehmen tätig ist, oder in Bezug auf den Markt, für den der Vermögenswert bestimmt ist, eingetreten oder werden in näherer Zukunft eintreten.

(c) Die Marktzinssätze oder andere Marktrenditen haben sich während der Periode erhöht und solche Erhöhungen werden sich wahrscheinlich auf den Abzinsungssatz, der für die Berechnung des Nutzungswerts herangezogen wird, auswirken und den erzielbaren Betrag des Vermögenswerts wesentlich vermindern.

(d) Der Buchwert des Nettovermögens des Unternehmens ist größer als seine Marktkapitalisierung.

Interne Informationsquellen

(e) Es liegen Anhaltspunkte für eine Überalterung oder einen physischen Schaden eines Vermögenswerts vor.

(f) Während der Periode sind signifikante Veränderungen mit nachteiligen Folgen für das Unternehmen in dem Umfang oder der Weise, in dem bzw. der der Vermögenswert genutzt wird oder voraussichtlich genutzt werden wird, eingetreten oder werden für die nähere Zukunft erwartet. Diese Veränderungen umfassen die Stilllegung des Vermögenswerts, Planungen für die Einstellung oder Restrukturierung des Bereichs, zu dem ein Vermögenswert gehört, Planungen für den Abgang eines Vermögenswerts vor dem ursprünglich erwarteten Zeitpunkt und die Neueinschätzung der Nutzungsdauer eines Vermögenswerts als begrenzt anstatt unbegrenzt.[2]

(g) Das interne Berichtswesen liefert Anhaltspunkte dafür, dass die wirtschaftliche Ertragskraft eines Vermögenswerts schlechter ist oder sein wird als erwartet.

Dividende von einem Tochterunternehmen, Gemeinschaftsunternehmen oder assoziierten Unternehmen

(h) Für eine Beteiligung an einem Tochterunternehmen, Gemeinschaftsunternehmen oder assoziierten Unternehmen erfasst der Investor eine Dividende aus der Beteiligung, und es liegen Anhaltspunkte dafür vor, dass

- **(i) der Buchwert der Beteiligung im Einzelabschluss höher ist als die Buchwerte der Netto-Vermögenswerte des Beteiligungsunternehmens im Konzernabschluss, einschließlich des damit verbunden Geschäfts- oder Firmenwerts, oder**
- **(ii) die Dividende höher ist als das Gesamtergebnis des Tochterunternehmens, Gemeinschaftsunternehmens oder assoziierten Unternehmens in der Periode, in der die Dividende beschlossen wird.**

13 Die Liste in Paragraph 12 ist nicht abschließend. Ein Unternehmen kann weitere Anhaltspunkte, dass ein Vermögenswert wertgemindert sein könnte, identifizieren, und diese würden das Unternehmen ebenso verpflichten, den erzielbaren Betrag des Vermögenswerts zu bestimmen, oder im Falle eines Geschäfts- oder Firmenwerts eine Überprüfung auf Wertminderung gemäß den Paragraphen 80–99 vorzunehmen.

14 Anhaltspunkte aus dem internen Berichtswesen, die darauf hindeuten, dass ein Vermögenswert wertgemindert sein könnte, schließen folgende Faktoren ein:

(a) Zahlungsströme für den Erwerb des Vermögenswerts, oder nachfolgende Mittelerfordernisse für den Betrieb oder die Unterhaltung des Vermögenswerts, die signifikant höher sind als ursprünglich geplant,

(b) tatsächliche Netto-Zahlungsströme oder betriebliche Gewinne oder Verluste, die aus der Nutzung des Vermögenswerts resultieren, die signifikant schlechter sind als ursprünglich geplant,

---

2 Sobald ein Vermögenswert die Kriterien erfüllt, um als „zur Veräußerung gehalten" eingestuft zu werden (oder Teil einer Gruppe ist, die als zur Veräußerung gehalten eingestuft wird), wird er vom Anwendungsbereich dieses Standards ausgeschlossen und gemäß IFRS 5 *Zur Veräußerung gehaltene langfristige Vermögenswerte und aufgegebene Geschäftsbereiche* bilanziert.

(a) test an intangible asset with an indefinite useful life or an intangible asset not yet available for use for impairment annually by comparing its carrying amount with its recoverable amount. This impairment test may be performed at any time during an annual period, provided it is performed at the same time every year. Different intangible assets may be tested for impairment at different times. However, if such an intangible asset was initially recognised during the current annual period, that intangible asset shall be tested for impairment before the end of the current annual period;

(b) test goodwill acquired in a business combination for impairment annually in accordance with paragraphs 80—99.

The ability of an intangible asset to generate sufficient future economic benefits to recover its carrying amount is usually subject to greater uncertainty before the asset is available for use than after it is available for use. Therefore, this standard requires an entity to test for impairment, at least annually, the carrying amount of an intangible asset that is not yet available for use. 11

In assessing whether there is any indication that an asset may be impaired, an entity shall consider, as a minimum, the following indications: 12

External sources of information

(a) there are observable indications that the asset's market value has declined during the period significantly more than would be expected as a result of the passage of time or normal use.

(b) significant changes with an adverse effect on the entity have taken place during the period, or will take place in the near future, in the technological, market, economic or legal environment in which the entity operates or in the market to which an asset is dedicated;

(c) market interest rates or other market rates of return on investments have increased during the period, and those increases are likely to affect the discount rate used in calculating an asset's value in use and decrease the asset's recoverable amount materially;

(d) the carrying amount of the net assets of the entity is more than its market capitalisation.

Internal sources of information

(e) evidence is available of obsolescence or physical damage of an asset;

(f) significant changes with an adverse effect on the entity have taken place during the period, or are expected to take place in the near future, in the extent to which, or manner in which, an asset is used or is expected to be used. These changes include the asset becoming idle, plans to discontinue or restructure the operation to which an asset belongs, plans to dispose of an asset before the previously expected date, and reassessing the useful life of an asset as finite rather than indefinite[2];

(g) evidence is available from internal reporting that indicates that the economic performance of an asset is, or will be, worse than expected.

Dividend from a subsidiary, joint venture or associate

(h) for an investment in a subsidiary, joint venture or associate, the investor recognises a dividend from the investment and evidence is available that:

  (i) the carrying amount of the investment in the separate financial statements exceeds the carrying amounts in the consolidated financial statements of the investee's net assets, including associated goodwill; or

  (ii) the dividend exceeds the total comprehensive income of the subsidiary, joint venture or associate in the period the dividend is declared.

The list in paragraph 12 is not exhaustive. An entity may identify other indications that an asset may be impaired and these would also require the entity to determine the asset's recoverable amount or, in the case of goodwill, perform an impairment test in accordance with paragraphs 80—99. 13

Evidence from internal reporting that indicates that an asset may be impaired includes the existence of: 14

(a) cash flows for acquiring the asset, or subsequent cash needs for operating or maintaining it, that are significantly higher than those originally budgeted;

(b) actual net cash flows or operating profit or loss flowing from the asset that are significantly worse than those budgeted;

---

2 Once an asset meets the criteria to be classified as held for sale (or is included in a disposal group that is classified as held for sale), it is excluded from the scope of this standard and is accounted for in accordance with IFRS 5 *Non-current assets held for sale and discontinued operations.*

(c) ein wesentlicher Rückgang der geplanten Netto-Zahlungsströme oder des betrieblichen Ergebnisses oder eine signifikante Erhöhung der geplanten Verluste, die aus der Nutzung des Vermögenswerts resultieren, oder
(d) betriebliche Verluste oder Nettomittelabflüsse in Bezug auf den Vermögenswert, wenn die gegenwärtigen Beträge für die aktuelle Periode mit den veranschlagten Beträgen für die Zukunft zusammengefasst werden.

15 Wie in Paragraph 10 angegeben, verlangt dieser Standard, dass ein immaterieller Vermögenswert mit unbegrenzter Nutzungsdauer oder einer, der noch nicht zur Nutzung verfügbar ist, und ein Geschäfts- oder Firmenwert mindestens jährlich auf Wertminderung zu überprüfen sind. Außer in den Fällen, in denen die Vorschriften in Paragraph 10 anzuwenden sind, ist bei der Feststellung, ob der erzielbare Betrag eines Vermögenswerts zu schätzen ist, das Konzept der Wesentlichkeit heranzuziehen. Wenn frühere Berechnungen beispielsweise zeigen, dass der erzielbare Betrag eines Vermögenswerts erheblich über dessen Buchwert liegt, braucht das Unternehmen den erzielbaren Betrag des Vermögenswerts nicht erneut zu schätzen, soweit sich keine Ereignisse ereignet haben, die diese Differenz beseitigt haben könnten. Ebenso kann eine frühere Analyse zeigen, dass der erzielbare Betrag eines Vermögenswerts auf einen (oder mehrere) der in Paragraph 12 aufgelisteten Anhaltspunkte nicht sensibel reagiert.

16 Zur Veranschaulichung von Paragraph 15 ist ein Unternehmen, wenn die Marktzinssätze oder andere Marktrenditen während der Periode gestiegen sind, in den folgenden Fällen nicht verpflichtet, eine formale Schätzung des erzielbaren Betrags eines Vermögenswerts vorzunehmen:
(a) wenn der Abzinsungssatz, der bei der Berechnung des Nutzungswerts des Vermögenswerts verwendet wird, wahrscheinlich nicht von der Erhöhung dieser Marktsätze beeinflusst wird. Eine Erhöhung der kurzfristigen Zinssätze muss sich beispielsweise nicht wesentlich auf den Abzinsungssatz auswirken, der für einen Vermögenswert verwendet wird, der noch eine lange Restnutzungsdauer hat;
(b) wenn der Abzinsungssatz, der bei der Berechnung des Nutzungswerts des Vermögenswerts verwendet wird, wahrscheinlich von der Erhöhung dieser Marktsätze betroffen ist, aber eine frühere Sensitivitätsanalyse des erzielbaren Betrags zeigt, dass
   (i) es unwahrscheinlich ist, dass es zu einer wesentlichen Verringerung des erzielbaren Betrags kommen wird, weil die künftigen Zahlungsströme wahrscheinlich ebenso steigen werden (in einigen Fällen kann ein Unternehmen beispielsweise in der Lage sein zu zeigen, dass es seine Erlöse anpasst, um jegliche Erhöhungen der Marktzinssätze zu kompensieren), oder
   (ii) es unwahrscheinlich ist, dass die Abnahme des erzielbaren Betrags einen wesentlichen Wertminderungsaufwand zur Folge hat.

17 Wenn ein Anhaltspunkt dafür vorliegt, dass ein Vermögenswert wertgemindert sein könnte, kann dies darauf hindeuten, dass die Restnutzungsdauer, die Abschreibungsmethode oder der Restwert des Vermögenswerts überprüft und entsprechend dem auf den Vermögenswert anwendbaren Standard angepasst werden muss, auch wenn kein Wertminderungsaufwand für den Vermögenswert erfasst wird.

ERMITTLUNG DES ERZIELBAREN BETRAGS

18 Dieser Standard definiert den erzielbaren Betrag als den höheren der beiden Beträge aus beizulegendem Zeitwert abzüglich Veräußerungskosten und Nutzungswert eines Vermögenswerts oder einer zahlungsmittelgenerierenden Einheit. Die Paragraphen 19–57 enthalten die Vorschriften für die Ermittlung des erzielbaren Betrags. In diesen Vorschriften wird der Begriff „ein Vermögenswert“ verwendet, sie sind aber ebenso auf einen einzelnen Vermögenswert wie auf eine zahlungsmittelgenerierende Einheit anzuwenden.

19 Es ist nicht immer erforderlich, sowohl den beizulegenden Zeitwert abzüglich Veräußerungskosten als auch den Nutzungswert eines Vermögenswerts zu bestimmen. Wenn einer dieser Werte den Buchwert des Vermögenswerts übersteigt, ist der Vermögenswert nicht wertgemindert und es ist nicht erforderlich, den anderen Wert zu schätzen.

20 Es kann möglich sein, den beizulegenden Zeitwert abzüglich Veräußerungskosten auch dann zu ermitteln, wenn es keinen an einem aktiven Markt notierten Preis für einen identischen Vermögenswert gibt. In einigen Fällen wird es indes nicht möglich sein, den beizulegenden Zeitwert abzüglich Veräußerungskosten zu ermitteln, weil es keine Grundlage für eine verlässliche Schätzung des Preises gibt, der in einem geordneten Geschäftsvorfall zwischen Marktteilnehmern am Bewertungsstichtag für den Verkauf des Vermögenswerts unter aktuellen Marktbedingungen eingenommen würde. In diesem Fall kann das Unternehmen den Nutzungswert des Vermögenswerts als seinen erzielbaren Betrag verwenden.

21 Liegt kein Grund zu der Annahme vor, dass der Nutzungswert eines Vermögenswerts seinen beizulegenden Zeitwert abzüglich Veräußerungskosten wesentlich übersteigt, kann der beizulegende Zeitwert abzüglich der Veräußerungskosten als erzielbarer Betrag des Vermögenswerts angesehen werden. Dies ist häufig bei Vermögenswerten der Fall, die zu Veräußerungszwecken gehalten werden. Das liegt daran, dass der Nutzungswert eines Vermögenswerts, der zu Veräußerungszwecken gehalten wird, hauptsächlich aus den Nettoveräußerungserlösen besteht, da die künftigen Zahlungsströme aus der fortgesetzten Nutzung des Vermögenswerts bis zu seinem Abgang wahrscheinlich unbedeutend sein werden.

(c) a significant decline in budgeted net cash flows or operating profit, or a significant increase in budgeted loss, flowing from the asset; or
(d) operating losses or net cash outflows for the asset, when current period amounts are aggregated with budgeted amounts for the future.

As indicated in paragraph 10, this standard requires an intangible asset with an indefinite useful life or not yet available for use and goodwill to be tested for impairment, at least annually. Apart from when the requirements in paragraph 10 apply, the concept of materiality applies in identifying whether the recoverable amount of an asset needs to be estimated. For example, if previous calculations show that an asset's recoverable amount is significantly greater than its carrying amount, the entity need not re-estimate the asset's recoverable amount if no events have occurred that would eliminate that difference. Similarly, previous analysis may show that an asset's recoverable amount is not sensitive to one (or more) of the indications listed in paragraph 12. 15

As an illustration of paragraph 15, if market interest rates or other market rates of return on investments have increased during the period, an entity is not required to make a formal estimate of an asset's recoverable amount in the following cases: 16
(a) if the discount rate used in calculating the asset's value in use is unlikely to be affected by the increase in these market rates. For example, increases in short-term interest rates may not have a material effect on the discount rate used for an asset that has a long remaining useful life;
(b) if the discount rate used in calculating the asset's value in use is likely to be affected by the increase in these market rates but previous sensitivity analysis of recoverable amount shows that:
   (i) it is unlikely that there will be a material decrease in recoverable amount because future cash flows are also likely to increase (e.g. in some cases, an entity may be able to demonstrate that it adjusts its revenues to compensate for any increase in market rates); or
   (ii) the decrease in recoverable amount is unlikely to result in a material impairment loss.

If there is an indication that an asset may be impaired, this may indicate that the remaining useful life, the depreciation (amortisation) method or the residual value for the asset needs to be reviewed and adjusted in accordance with the standard applicable to the asset, even if no impairment loss is recognised for the asset. 17

MEASURING RECOVERABLE AMOUNT

This standard defines recoverable amount as the higher of an asset's or cash-generating unit's fair value less costs to sell and its value in use. Paragraphs 19—57 set out the requirements for measuring recoverable amount. These requirements use the term 'an asset' but apply equally to an individual asset or a cash-generating unit. 18

It is not always necessary to determine both an asset's fair value less costs of disposal and its value in use. If either of these amounts exceeds the asset's carrying amount, the asset is not impaired and it is not necessary to estimate the other amount. 19

It may be possible to measure fair value less costs of disposal, even if there is not a quoted price in an active market for an identical asset. However, sometimes it will not be possible to measure fair value less costs of disposal because there is no basis for making a reliable estimate of the price at which an orderly transaction to sell the asset would take place between market participants at the measurement date under current market conditions. In this case, the entity may use the asset's value in use as its recoverable amount. 20

If there is no reason to believe that an asset's value in use materially exceeds its fair value less costs of disposal, the asset's fair value less costs of disposal may be used as its recoverable amount. This will often be the case for an asset that is held for disposal. This is because the value in use of an asset held for disposal will consist mainly of the net disposal proceeds, as the future cash flows from continuing use of the asset until its disposal are likely to be negligible. 21

22 Der erzielbare Betrag ist für einen einzelnen Vermögenswert zu bestimmen, es sei denn, ein Vermögenswert erzeugt keine Mittelzuflüsse, die weitgehend unabhängig von denen anderer Vermögenswerte oder anderer Gruppen von Vermögenswerten sind. Wenn dies der Fall ist, ist der erzielbare Betrag für die zahlungsmittelgenerierende Einheit zu bestimmen, zu der der Vermögenswert gehört (siehe Paragraphen 65–103), es sei denn, dass entweder
(a) der beizulegende Zeitwert abzüglich Veräußerungskosten des Vermögenswerts höher ist als sein Buchwert oder
(b) der Nutzungswert des Vermögenswerts Schätzungen zufolge nahezu dem beizulegenden Zeitwert abzüglich Veräußerungskosten entspricht, und der beizulegende Zeitwert abzüglich Veräußerungskosten ermittelt werden kann.

23 In einigen Fällen können Schätzungen, Durchschnittswerte und rechnerisch abgekürzte Verfahren angemessene Annäherungen an die in diesem Standard dargestellten ausführlichen Berechnungen zur Bestimmung des beizulegenden Zeitwerts abzüglich Veräußerungskosten oder des Nutzungswerts liefern.

Ermittlung des erzielbaren Betrags eines immateriellen Vermögenswerts mit unbegrenzter Nutzungsdauer

24 Paragraph 10 verlangt, dass ein immaterieller Vermögenswert mit unbegrenzter Nutzungsdauer jährlich auf Wertminderung zu überprüfen ist, wobei sein Buchwert mit seinem erzielbaren Betrag verglichen wird, unabhängig davon, ob es einen Anhaltspunkt für eine Wertminderung gibt. Die jüngsten ausführlichen Berechnungen des erzielbaren Betrags eines solchen Vermögenswerts, der in einer vorhergehenden Periode ermittelt wurde, können jedoch für die Überprüfung auf Wertminderung dieses Vermögenswerts in der aktuellen Periode verwendet werden, vorausgesetzt, dass alle nachstehenden Kriterien erfüllt sind:
(a) wenn der immaterielle Vermögenswert keine Mittelzuflüsse aus der fortgesetzten Nutzung erzeugt, die von denen anderer Vermögenswerte oder Gruppen von Vermögenswerten weitgehend unabhängig sind, und daher als Teil der zahlungsmittelgenerierenden Einheit, zu der er gehört, auf Wertminderung überprüft wird, haben sich die diese Einheit bildenden Vermögenswerte und Schulden seit der letzten Berechnung des erzielbaren Betrags nicht wesentlich geändert,
(b) die letzte Berechnung des erzielbaren Betrags ergab einen Betrag, der den Buchwert des Vermögenswerts wesentlich überstieg, und
(c) auf der Grundlage einer Analyse der seit der letzten Berechnung des erzielbaren Betrags eingetretenen Ereignisse und geänderten Umstände ist die Wahrscheinlichkeit, dass bei einer aktuellen Ermittlung der erzielbare Betrag niedriger als der Buchwert des Vermögenswerts sein würde, sehr gering.

Beizulegender Zeitwert abzüglich Veräußerungskosten

25–27 [gestrichen]

28 Sofern die Veräußerungskosten nicht als Schulden angesetzt wurden, werden sie bei der Ermittlung des beizulegenden Zeitwerts abzüglich Veräußerungskosten abgezogen. Beispiele für derartige Kosten sind Gerichts- und Anwaltskosten, Börsenumsatzsteuern und ähnliche Transaktionssteuern, die Kosten für die Beseitigung des Vermögenswerts und die einzeln zuordenbaren zusätzlichen Kosten, um den Vermögenswert in den entsprechenden Zustand für seinen Verkauf zu versetzen. Leistungen aus Anlass der Beendigung des Arbeitsverhältnisses (wie in IAS 19 definiert) und Kosten, die mit der Verringerung oder Reorganisation eines Geschäftsfelds nach dem Verkauf eines Vermögenswerts verbunden sind, sind indes keine einzeln zuordenbaren zusätzlichen Kosten für die Veräußerung des Vermögenswerts.

29 Mitunter erfordert die Veräußerung eines Vermögenswerts, dass der Käufer eine Schuld übernimmt, und für den Vermögenswert und die Schuld ist nur ein einziger beizulegender Zeitwert abzüglich Veräußerungskosten vorhanden. Paragraph 78 erläutert, wie in solchen Fällen zu verfahren ist.

Nutzungswert

30 **In der Berechnung des Nutzungswerts eines Vermögenswerts müssen sich die folgenden Elemente widerspiegeln:**
(a) eine Schätzung der künftigen Zahlungsströme, die das Unternehmen durch den Vermögenswert zu erzielen erwartet,
(b) Erwartungen im Hinblick auf eventuelle wertmäßige oder zeitliche Veränderungen dieser künftigen Zahlungsströme,
(c) der Zinseffekt, der durch den aktuellen risikolosen Marktzinssatz dargestellt wird,
(d) der Preis für die mit dem Vermögenswert verbundene Unsicherheit und
(e) andere Faktoren, wie Illiquidität, die Marktteilnehmer bei der Preisfindung für die künftigen Zahlungsströme, die das Unternehmen durch den Vermögenswert zu erzielen erwartet, widerspiegeln würden.

31 Die Schätzung des Nutzungswerts eines Vermögenswerts umfasst die folgenden Schritte:
(a) die Schätzung der künftigen Zahlungsströme aus der fortgesetzten Nutzung des Vermögenswerts und aus seiner letztlichen Veräußerung und
(b) die Anwendung eines angemessenen Abzinsungssatzes für diese künftigen Zahlungsströme.

Recoverable amount is determined for an individual asset, unless the asset does not generate cash inflows that are largely independent of those from other assets or groups of assets. If this is the case, recoverable amount is determined for the cash-generating unit to which the asset belongs (see paragraphs 65—103), unless either: 22
(a) the asset's fair value less costs of disposal is higher than its carrying amount; or
(b) the asset's value in use can be estimated to be close to its fair value less costs of disposal and fair value less costs of disposal can be measured.

In some cases, estimates, averages and computational short cuts may provide reasonable approximations of the detailed computations illustrated in this standard for determining fair value less costs of disposal or value in use. 23

Measuring the recoverable amount of an intangible asset with an indefinite useful life

Paragraph 10 requires an intangible asset with an indefinite useful life to be tested for impairment annually by comparing its carrying amount with its recoverable amount, irrespective of whether there is any indication that it may be impaired. However, the most recent detailed calculation of such an asset's recoverable amount made in a preceding period may be used in the impairment test for that asset in the current period, provided all of the following criteria are met: 24
(a) if the intangible asset does not generate cash inflows from continuing use that are largely independent of those from other assets or groups of assets and is therefore tested for impairment as part of the cash-generating unit to which it belongs, the assets and liabilities making up that unit have not changed significantly since the most recent recoverable amount calculation;
(b) the most recent recoverable amount calculation resulted in an amount that exceeded the asset's carrying amount by a substantial margin; and
(c) based on an analysis of events that have occurred and circumstances that have changed since the most recent recoverable amount calculation, the likelihood that a current recoverable amount determination would be less than the asset's carrying amount is remote.

Fair value less costs of disposal

[deleted] 25–27

Costs of disposal, other than those that have been recognised as liabilities, are deducted in measuring fair value less costs of disposal. Examples of such costs are legal costs, stamp duty and similar transaction taxes, costs of removing the asset, and direct incremental costs to bring an asset into condition for its sale. However, termination benefits (as defined in IAS 19) and costs associated with reducing or reorganising a business following the disposal of an asset are not direct incremental costs to dispose of the asset. 28

Sometimes, the disposal of an asset would require the buyer to assume a liability and only a single fair value less costs to sell is available for both the asset and the liability. Paragraph 78 explains how to deal with such cases. 29

Value in use

The following elements shall be reflected in the calculation of an asset's value in use: 30
(a) an estimate of the future cash flows the entity expects to derive from the asset;
(b) expectations about possible variations in the amount or timing of those future cash flows;
(c) the time value of money, represented by the current market risk-free rate of interest;
(d) the price for bearing the uncertainty inherent in the asset; and
(e) other factors, such as illiquidity, that market participants would reflect in pricing the future cash flows the entity expects to derive from the asset.

Estimating the value in use of an asset involves the following steps: 31
(a) estimating the future cash inflows and outflows to be derived from continuing use of the asset and from its ultimate disposal; and
(b) applying the appropriate discount rate to those future cash flows.

32 Die in Paragraph 30 (b), (d) und (e) aufgeführten Elemente können entweder als Anpassungen der künftigen Zahlungsströme oder als Anpassung des Abzinsungssatzes widergespiegelt werden. Welchen Ansatz ein Unternehmen auch anwendet, um Erwartungen hinsichtlich eventueller wertmäßiger oder zeitlicher Änderungen der künftigen Zahlungsströme widerzuspiegeln, muss das Ergebnis letztlich den erwarteten Barwert der künftigen Zahlungsströme, d. h. den gewichteten Durchschnitt aller möglichen Ergebnisse widerspiegeln. Anhang A enthält zusätzliche Leitlinien für die Anwendung der Barwert-Verfahren, um den Nutzungswert eines Vermögenswerts zu bewerten.

Grundlage für die Schätzungen der künftigen Zahlungsströme

33 **Bei der Ermittlung des Nutzungswerts hat ein Unternehmen**

(a) **die Zahlungsstrom-Prognosen auf angemessene und vertretbare Annahmen zu gründen, die die bestmögliche vom Management vorgenommene Einschätzung der ökonomischen Rahmenbedingungen repräsentieren, die für die Restnutzungsdauer eines Vermögenswerts bestehen werden. Größeres Gewicht ist dabei auf externe Anhaltspunkte zu legen.**

(b) **die Zahlungsstrom-Prognosen auf die jüngsten vom Management genehmigten Finanzplänen/Vorhersagen zu gründen, die jedoch alle geschätzten künftigen Mittelzuflüsse bzw. Mittelabflüsse, die aus künftigen Restrukturierungsmaßnahmen oder aus der Verbesserung bzw. Erhöhung der Ertragskraft des Vermögenswerts erwartet werden, auszuschließen haben. Auf diesen Finanzplänen/Vorhersagen basierende Prognosen haben sich auf einen Zeitraum von maximal fünf Jahren zu erstrecken, es sei denn, dass ein längerer Zeitraum gerechtfertigt werden kann.**

(c) **die Zahlungsstrom-Prognosen jenseits des Zeitraums zu schätzen, auf den sich die jüngsten Finanzpläne/Vorhersagen beziehen, unter Anwendung einer gleichbleibenden oder rückläufigen Wachstumsrate für die Folgejahre durch eine Extrapolation der Prognosen, die auf den Finanzplänen/Vorhersagen beruhen, es sei denn, dass eine steigende Rate gerechtfertigt werden kann. Diese Wachstumsrate darf die langfristige Durchschnittswachstumsrate für die Produkte, die Branchen oder das Land bzw. die Länder, in dem/denen das Unternehmen tätig ist, oder für den Markt, in welchem der Vermögenswert genutzt wird, nicht überschreiten, es sei denn, dass eine höhere Rate gerechtfertigt werden kann.**

34 Das Management beurteilt die Angemessenheit der Annahmen, auf denen seine aktuellen Zahlungsstrom-Prognosen beruhen, indem es die Gründe für Differenzen zwischen den vorherigen Zahlungsstrom-Prognosen und den tatsächlichen Zahlungsströmen überprüft. Das Management hat sicherzustellen, dass die Annahmen, auf denen die tatsächlichen Zahlungsstrom-Prognosen beruhen, mit den tatsächlichen Ergebnissen der Vergangenheit übereinstimmen, vorausgesetzt, dass die Auswirkungen von Ereignissen und Umständen, die eingetreten sind, nachdem die tatsächlichen Zahlungsströme generiert waren, dies als angemessen erscheinen lassen.

35 Detaillierte, eindeutige und verlässliche Finanzpläne/Vorhersagen für künftige Zahlungsströme für Perioden von mehr als fünf Jahren sind in der Regel nicht verfügbar. Aus diesem Grund beruhen die Schätzungen des Managements über die künftigen Zahlungsströme auf den jüngsten Finanzplänen/Vorhersagen für einen Zeitraum von maximal fünf Jahren. Das Management kann auch auf Finanzplänen/Vorhersagen basierende Zahlungsstrom-Prognosen verwenden, die sich für einen Zeitraum von mehr als fünf Jahren erstrecken, wenn es sich sicher ist, dass diese Prognosen verlässlich sind und es basierend auf Erfahrungen der Vergangenheit seine Fähigkeit nachweisen kann, die Zahlungsströme über den entsprechenden längeren Zeitraum genau vorherzusagen.

36 Zahlungsstrom-Prognosen bis zum Ende der Nutzungsdauer eines Vermögenswerts werden durch Extrapolation der Zahlungsstrom-Prognosen auf der Basis der Finanzpläne/Vorhersagen unter Verwendung einer Wachstumsrate für die Folgejahre vorgenommen. Diese Rate ist gleichbleibend oder fallend, es sei denn, dass eine Steigerung der Rate objektiven Informationen über den Verlauf des Lebenszyklus eines Produkts oder einer Branche entspricht. Falls angemessen, ist die Wachstumsrate null oder negativ.

37 Soweit die Bedingungen günstig sind, werden Wettbewerber wahrscheinlich in den Markt eintreten und das Wachstum beschränken. Deshalb ist es für ein Unternehmen schwierig, die durchschnittliche historische Wachstumsrate für die Produkte, die Branchen, das Land oder die Länder, in dem/denen das Unternehmen tätig ist, oder für den Markt, in dem der Vermögenswert genutzt wird, über einen längeren Zeitraum (beispielsweise zwanzig Jahre) zu überschreiten.

38 Bei der Verwendung der Informationen aus den Finanzplänen/Vorhersagen berücksichtigt ein Unternehmen, ob die Informationen auf angemessenen und vertretbaren Annahmen beruhen und die bestmögliche Einschätzung des Managements hinsichtlich der ökonomischen Rahmenbedingungen, die während der Restnutzungsdauer eines Vermögenswerts bestehen werden, darstellen.

Zusammensetzung der Schätzungen der künftigen Zahlungsströme

39 **In die Schätzungen der künftigen Zahlungsströme sind die folgenden Elemente einzubeziehen:**

(a) **Prognosen der Mittelzuflüsse aus der fortgesetzten Nutzung des Vermögenswerts,**

(b) **Prognosen der Mittelabflüsse, die notwendigerweise entstehen, um Mittelzuflüsse aus der fortgesetzten Nutzung eines Vermögenswerts zu erzielen (einschließlich der Mittelabflüsse zur Vorbereitung des**

The elements identified in paragraph 30 (b), (d) and (e) can be reflected either as adjustments to the future cash flows or as adjustments to the discount rate. Whichever approach an entity adopts to reflect expectations about possible variations in the amount or timing of future cash flows, the result shall be to reflect the expected present value of the future cash flows, i.e. the weighted average of all possible outcomes. Appendix A provides additional guidance on the use of present value techniques in measuring an asset's value in use. 32

Basis for estimates of future cash flows

In measuring value in use an entity shall: 33

(a) **base cash flow projections on reasonable and supportable assumptions that represent management's best estimate of the range of economic conditions that will exist over the remaining useful life of the asset. Greater weight shall be given to external evidence;**

(b) **base cash flow projections on the most recent financial budgets/forecasts approved by management, but shall exclude any estimated future cash inflows or outflows expected to arise from future restructurings or from improving or enhancing the asset's performance. Projections based on these budgets/forecasts shall cover a maximum period of five years, unless a longer period can be justified;**

(c) **estimate cash flow projections beyond the period covered by the most recent budgets/forecasts by extrapolating the projections based on the budgets/forecasts using a steady or declining growth rate for subsequent years, unless an increasing rate can be justified. This growth rate shall not exceed the long-term average growth rate for the products, industries, or country or countries in which the entity operates, or for the market in which the asset is used, unless a higher rate can be justified.**

Management assesses the reasonableness of the assumptions on which its current cash flow projections are based by examining the causes of differences between past cash flow projections and actual cash flows. Management shall ensure that the assumptions on which its current cash flow projections are based are consistent with past actual outcomes, provided the effects of subsequent events or circumstances that did not exist when those actual cash flows were generated make this appropriate. 34

Detailed, explicit and reliable financial budgets/forecasts of future cash flows for periods longer than five years are generally not available. For this reason, management's estimates of future cash flows are based on the most recent budgets/forecasts for a maximum of five years. Management may use cash flow projections based on financial budgets/forecasts over a period longer than five years if it is confident that these projections are reliable and it can demonstrate its ability, based on past experience, to forecast cash flows accurately over that longer period. 35

Cash flow projections until the end of an asset's useful life are estimated by extrapolating the cash flow projections based on the financial budgets/forecasts using a growth rate for subsequent years. This rate is steady or declining, unless an increase in the rate matches objective information about patterns over a product or industry lifecycle. If appropriate, the growth rate is zero or negative. 36

When conditions are favourable, competitors are likely to enter the market and restrict growth. Therefore, entities will have difficulty in exceeding the average historical growth rate over the long term (say, 20 years) for the products, industries, or country or countries in which the entity operates, or for the market in which the asset is used. 37

In using information from financial budgets/forecasts, an entity considers whether the information reflects reasonable and supportable assumptions and represents management's best estimate of the set of economic conditions that will exist over the remaining useful life of the asset. 38

Composition of estimates of future cash flows

Estimates of future cash flows shall include: 39

(a) **projections of cash inflows from the continuing use of the asset;**

(b) **projections of cash outflows that are necessarily incurred to generate the cash inflows from continuing use of the asset (including cash outflows to prepare the asset for use) and can be directly attributed, or allocated on a reasonable and consistent basis, to the asset; and**

Vermögenswerts für seine Nutzung) und die dem Vermögenswert einzeln oder auf einer angemessenen und stetigen Basis zugeordnet werden können, und

(c) **Netto-Zahlungsströme, die ggf. für den Abgang des Vermögenswerts am Ende seiner Nutzungsdauer eingehen (oder gezahlt werden).**

40 Schätzungen der künftigen Zahlungsströme und des Abzinsungssatzes spiegeln stetige Annahmen über die auf die allgemeine Inflation zurückzuführenden Preissteigerungen wider. Wenn der Abzinsungssatz die Wirkung von Preissteigerungen, die auf die allgemeine Inflation zurückzuführen sind, einbezieht, werden die künftigen Zahlungsströme in nominalen Beträgen geschätzt. Wenn der Abzinsungssatz die Wirkung von Preissteigerungen, die auf die allgemeine Inflation zurückzuführen sind, nicht einbezieht, werden die künftigen Zahlungsströme in realen Beträgen geschätzt (schließen aber künftige spezifische Preissteigerungen oder -senkungen ein).

41 Die Prognosen der Mittelabflüsse schließen sowohl jene für die tägliche Wartung des Vermögenswerts als auch künftige Gemeinkosten ein, die der Nutzung des Vermögenswerts einzeln zugeordnet oder auf einer angemessenen und stetigen Basis zugeordnet werden können.

42 Wenn der Buchwert eines Vermögenswerts noch nicht alle Mittelabflüsse enthält, die anfallen werden, bevor dieser nutzungs- oder verkaufsbereit ist, enthält die Schätzung der künftigen Mittelabflüsse eine Schätzung aller weiteren künftigen Mittelabflüsse, die voraussichtlich anfallen werden, bevor der Vermögenswert nutzungs- oder verkaufsbereit ist. Dies ist beispielsweise der Fall für ein im Bau befindliches Gebäude oder bei einem noch nicht abgeschlossenen Entwicklungsprojekt.

43 Um Doppelzählungen zu vermeiden, beziehen die Schätzungen der künftigen Zahlungsströme die folgenden Faktoren nicht mit ein:

(a) Mittelzuflüsse von Vermögenswerten, die Mittelzuflüsse erzeugen, die weitgehend unabhängig von den Mittelzuflüssen des zu überprüfenden Vermögenswerts sind (beispielsweise finanzielle Vermögenswerte wie Forderungen), und

(b) Mittelabflüsse, die sich auf als Schulden angesetzte Verpflichtungen beziehen (beispielsweise Verbindlichkeiten, Pensionen oder Rückstellungen).

44 Künftige Zahlungsströme sind für einen Vermögenswert in seinem gegenwärtigen Zustand zu schätzen. Schätzungen der künftigen Zahlungsströme dürfen nicht die geschätzten künftigen Mittelzu- und -abflüsse umfassen, deren Entstehung erwartet wird aufgrund

(a) einer künftigen Restrukturierung, zu der ein Unternehmen noch nicht verpflichtet ist, oder

(b) einer Verbesserung oder Erhöhung der Ertragskraft des Vermögenswerts.

45 Da die künftigen Zahlungsströme ausgehend vom gegenwärtigen Zustand eines Vermögenswerts geschätzt werden, spiegelt der Nutzungswert nicht die folgenden Faktoren wider:

(a) künftige Mittelabflüsse oder die zugehörigen Kosteneinsparungen (beispielsweise durch die Verminderung des Personalaufwands) oder der erwartete Nutzen aus einer künftigen Restrukturierung, zu der ein Unternehmen noch nicht verpflichtet ist, oder

(b) künftige Mittelabflüsse, die die Ertragskraft des Vermögenswerts verbessern oder erhöhen werden, oder die zugehörigen Mittelzuflüsse, die aus solchen Mittelabflüssen erwartet werden.

46 Eine Restrukturierung ist ein Programm, das vom Management geplant und kontrolliert wird und entweder das von dem Unternehmen abgedeckte Geschäftsfeld oder die Art, in der dieses Geschäft durchgeführt wird, wesentlich verändert. IAS 37 *Rückstellungen, Eventualverbindlichkeiten und Eventualforderungen* konkretisiert, wann sich ein Unternehmen zu einer Restrukturierung verpflichtet hat.

47 Wenn ein Unternehmen zu einer Restrukturierung verpflichtet ist, sind wahrscheinlich einige Vermögenswerte von der Restrukturierung betroffen. Sobald das Unternehmen zur Restrukturierung verpflichtet ist,

(a) spiegeln seine zwecks Bestimmung des Nutzungswerts erfolgenden Schätzungen der künftigen Mittelzu- und -abflüsse die Kosteneinsparungen und den sonstigen Nutzen aus der Restrukturierung wider (auf Basis der jüngsten vom Management gebilligten Finanzpläne/Vorhersagen) und

(b) werden seine Schätzungen künftiger Mittelabflüsse für die Restrukturierung in einer Restrukturierungsrückstellung gemäß IAS 37 erfasst.

Das erläuternde Beispiel 5 veranschaulicht die Auswirkung einer künftigen Restrukturierung auf die Berechnung des Nutzungswerts.

48 Bis ein Unternehmen Mittelabflüsse tätigt, die die Ertragskraft des Vermögenswerts verbessern oder erhöhen, enthalten die Schätzungen der künftigen Zahlungsströme keine geschätzten künftigen Mittelzuflüsse, die infolge der Erhöhung des mit dem Mittelabfluss verbundenen wirtschaftlichen Nutzens erwartet werden (siehe erläuterndes Beispiel 6).

49 Schätzungen der künftigen Zahlungsströme umfassen auch künftige Mittelabflüsse, die erforderlich sind, um den wirtschaftlichen Nutzen des Vermögenswerts auf dem gegenwärtigen Niveau zu halten. Wenn eine zahlungsmittelgenerierende Einheit aus Vermögenswerten mit verschiedenen geschätzten Nutzungsdauern besteht, die alle für den laufenden Betrieb der Einheit notwendig sind, wird bei der Schätzung der mit der Einheit verbundenen künftigen Zahlungsströme der Ersatz von Vermögenswerten mit kürzerer Nutzungsdauer als Teil der täglichen Wartung der Einheit betrachtet.

(c) **net cash flows, if any, to be received (or paid) for the disposal of the asset at the end of its useful life.**

Estimates of future cash flows and the discount rate reflect consistent assumptions about price increases attributable to general inflation. Therefore, if the discount rate includes the effect of price increases attributable to general inflation, future cash flows are estimated in nominal terms. If the discount rate excludes the effect of price increases attributable to general inflation, future cash flows are estimated in real terms (but include future specific price increases or decreases). 40

Projections of cash outflows include those for the day-to-day servicing of the asset as well as future overheads that can be attributed directly, or allocated on a reasonable and consistent basis, to the use of the asset. 41

When the carrying amount of an asset does not yet include all the cash outflows to be incurred before it is ready for use or sale, the estimate of future cash outflows includes an estimate of any further cash outflow that is expected to be incurred before the asset is ready for use or sale. For example, this is the case for a building under construction or for a development project that is not yet completed. 42

To avoid double-counting, estimates of future cash flows do not include: 43

(a) cash inflows from assets that generate cash inflows that are largely independent of the cash inflows from the asset under review (for example, financial assets such as receivables); and
(b) cash outflows that relate to obligations that have been recognised as liabilities (for example, payables, pensions or provisions).

Future cash flows shall be estimated for the asset in its current condition. Estimates of future cash flows shall not include estimated future cash inflows or outflows that are expected to arise from: 44

(a) a future restructuring to which an entity is not yet committed; or
(b) improving or enhancing the asset's performance.

Because future cash flows are estimated for the asset in its current condition, value in use does not reflect: 45

(a) future cash outflows or related cost savings (for example reductions in staff costs) or benefits that are expected to arise from a future restructuring to which an entity is not yet committed; or
(b) future cash outflows that will improve or enhance the asset's performance or the related cash inflows that are expected to arise from such outflows.

A restructuring is a programme that is planned and controlled by management and materially changes either the scope of the business undertaken by an entity or the manner in which the business is conducted. IAS 37 *Provisions, contingent liabilities and contingent assets* contains guidance clarifying when an entity is committed to a restructuring. 46

When an entity becomes committed to a restructuring, some assets are likely to be affected by this restructuring. Once the entity is committed to the restructuring: 47

(a) its estimates of future cash inflows and cash outflows for the purpose of determining value in use reflect the cost savings and other benefits from the restructuring (based on the most recent financial budgets/forecasts approved by management); and
(b) its estimates of future cash outflows for the restructuring are included in a restructuring provision in accordance with IAS 37.

Illustrative Example 5 illustrates the effect of a future restructuring on a value in use calculation.

Until an entity incurs cash outflows that improve or enhance the asset's performance, estimates of future cash flows do not include the estimated future cash inflows that are expected to arise from the increase in economic benefits associated with the cash outflow (see Illustrative Example 6). 48

Estimates of future cash flows include future cash outflows necessary to maintain the level of economic benefits expected to arise from the asset in its current condition. When a cash-generating unit consists of assets with different estimated useful lives, all of which are essential to the ongoing operation of the unit, the replacement of assets with shorter lives is considered to be part of the day-to-day servicing of the unit when estimating the future cash flows associated with the 49

Ebenso wird, wenn ein einzelner Vermögenswert aus Bestandteilen mit unterschiedlichen Nutzungsdauern besteht, der Ersatz der Bestandteile mit kürzerer Nutzungsdauer als Teil der täglichen Wartung des Vermögenswerts betrachtet, wenn die vom Vermögenswert generierten künftigen Zahlungsströme geschätzt werden.

50 **In den Schätzungen der künftigen Zahlungsströme sind folgende Elemente nicht enthalten:**
(a) Mittelzu- oder -abflüsse aus Finanzierungstätigkeiten oder
(b) Ertragsteuereinnahmen oder -zahlungen.

51 Geschätzte künftige Zahlungsströme spiegeln Annahmen wider, die der Art und Weise der Bestimmung des Abzinsungssatzes entsprechen. Andernfalls würden die Auswirkungen einiger Annahmen doppelt berücksichtigt oder außer Acht gelassen werden. Da der Zinseffekt bei der Abzinsung der künftigen Zahlungsströme berücksichtigt wird, schließen diese Zahlungsströme Mittelzu- oder -abflüsse aus Finanzierungstätigkeit aus. Da der Abzinsungssatz auf einer Vor-Steuer-Basis bestimmt wird, werden auch die künftigen Zahlungsströme auf einer Vor-Steuer-Basis geschätzt.

52 **Die Schätzung der Netto-Zahlungsströme, die für den Abgang eines Vermögenswerts am Ende seiner Nutzungsdauer eingehen (oder gezahlt werden), muss dem Betrag entsprechen, den ein Unternehmen aus dem Verkauf des Vermögenswerts unter marktüblichen Bedingungen zwischen sachverständigen, vertragswilligen und voneinander unabhängigen Geschäftspartnern nach Abzug der geschätzten Veräußerungskosten erzielen könnte.**

53 Die Schätzung der Netto-Zahlungsströme, die für den Abgang eines Vermögenswerts am Ende seiner Nutzungsdauer eingehen (oder gezahlt werden), ist in einer ähnlichen Weise wie beim beizulegenden Zeitwert abzüglich Veräußerungskosten eines Vermögenswerts zu bestimmen, außer dass bei der Schätzung dieser Netto-Zahlungsströme
(a) ein Unternehmen die Preise verwendet, die zum Zeitpunkt der Schätzung für ähnliche Vermögenswerte gelten, die das Ende ihrer Nutzungsdauer erreicht haben und die unter Bedingungen betrieben wurden, die mit den Bedingungen vergleichbar sind, unter denen der Vermögenswert genutzt werden soll,
(b) das Unternehmen diese Preise im Hinblick auf die Auswirkungen künftiger Preiserhöhungen aufgrund der allgemeinen Inflation und spezieller künftiger Preissteigerungen/-senkungen anpasst. Wenn die Schätzungen der künftigen Zahlungsströme aus der fortgesetzten Nutzung des Vermögenswerts und des Abzinsungssatzes die Wirkung der allgemeinen Inflation indes nicht einbeziehen, dann berücksichtigt das Unternehmen diese Wirkung auch nicht bei der Schätzung der Netto-Zahlungsströme des Abgangs.

53A Der beizulegende Zeitwert weicht vom Nutzungswert ab. Der beizulegende Zeitwert spiegelt die Annahmen wider, die Marktteilnehmer bei der Preisbildung für den Vermögenswert anwenden würden. Der Nutzungswert dagegen spiegelt die Auswirkungen von Faktoren wider, die nur für das Unternehmen zutreffen können und für Unternehmen im Allgemeinen nicht unbedingt anwendbar sind. Beispielsweise werden die folgenden Faktoren, soweit sie Marktteilnehmern im Allgemeinen nicht ohne Weiteres zur Verfügung stehen würden, nicht im beizulegenden Zeitwert abgebildet:
(a) der zusätzliche Wert, der sich aus der Zusammenfassung von Vermögenswerten (beispielsweise aus der Schaffung eines Portfolios von als Finanzinvestitionen gehaltenen Immobilien an verschiedenen Standorten) ergibt,
(b) Synergien zwischen dem zu bewertenden und anderen Vermögenswerten,
(c) Rechtsansprüche oder rechtliche Einschränkungen, die ausschließlich für den gegenwärtigen Eigentümer des Vermögenswerts bestehen, und
(d) Steuervorteile oder Steuerbelastungen, die ausschließlich für den gegenwärtigen Eigentümer des Vermögenswerts bestehen.

Künftige Zahlungsströme in Fremdwährung

54 Künftige Zahlungsströme werden in der Währung geschätzt, in der sie generiert werden, und werden mit einem für diese Währung angemessenen Abzinsungssatz abgezinst. Ein Unternehmen rechnet den Barwert mithilfe des am Tag der Berechnung des Nutzungswerts geltenden Devisenkassakurses um.

Abzinsungssatz

55 **Bei dem Abzinsungssatz/den Abzinsungssätzen muss es sich um einen Zinssatz/Zinssätze vor Steuern handeln, der/die die gegenwärtigen Marktbewertungen folgender Faktoren widerspiegelt/widerspiegeln:**
(a) des Zinseffekts und
(b) der speziellen Risiken eines Vermögenswerts, für die die geschätzten künftigen Zahlungsströme nicht angepasst wurden.

56 Ein Zinssatz, der die gegenwärtigen Marktbewertungen des Zinseffekts und der speziellen Risiken eines Vermögenswerts widerspiegelt, ist die Rendite, die Investoren verlangen würden, wenn sie eine Finanzinvestition zu wählen hätten, die Zahlungsströme über Beträge, Zeiträume und Risikoprofile erzeugen würde, die vergleichbar mit denen wären, die das Unternehmen von dem Vermögenswert zu erzielen erwartet. Dieser Zinssatz ist auf Basis des Zinssatzes zu schätzen, der bei gegenwärtigen Markttransaktionen für ähnliche Vermögenswerte verwendet wird, oder auf Basis der durchschnittlich gewichteten Kapitalkosten eines börsennotierten Unternehmens, das einen einzelnen Vermögenswert (oder einen Bestand

unit. Similarly, when a single asset consists of components with different estimated useful lives, the replacement of components with shorter lives is considered to be part of the day-to-day servicing of the asset when estimating the future cash flows generated by the asset.

Estimates of future cash flows shall not include: 50
(a) **cash inflows or outflows from financing activities; or**
(b) **income tax receipts or payments.**

Estimated future cash flows reflect assumptions that are consistent with the way the discount rate is determined. 51
Otherwise, the effect of some assumptions will be counted twice or ignored. Because the time value of money is considered by discounting the estimated future cash flows, these cash flows exclude cash inflows or outflows from financing activities. Similarly, because the discount rate is determined on a pre-tax basis, future cash flows are also estimated on a pre-tax basis.

The estimate of net cash flows to be received (or paid) for the disposal of an asset at the end of its useful life shall be 52
the amount that an entity expects to obtain from the disposal of the asset in an arm's length transaction between knowledgeable, willing parties, after deducting the estimated costs of disposal.

The estimate of net cash flows to be received (or paid) for the disposal of an asset at the end of its useful life is determined 53
in a similar way to an asset's fair value less costs of disposal, except that, in estimating those net cash flows:
(a) an entity uses prices prevailing at the date of the estimate for similar assets that have reached the end of their useful life and have operated under conditions similar to those in which the asset will be used;
(b) the entity adjusts those prices for the effect of both future price increases due to general inflation and specific future price increases or decreases. However, if estimates of future cash flows from the asset's continuing use and the discount rate exclude the effect of general inflation, the entity also excludes this effect from the estimate of net cash flows on disposal.

Fair value differs from value in use. Fair value reflects the assumptions market participants would use when pricing the 53A
asset. In contrast, value in use reflects the effects of factors that may be specific to the entity and not applicable to entities in general. For example, fair value does not reflect any of the following factors to the extent that they would not be generally available to market participants:
(a) additional value derived from the grouping of assets (such as the creation of a portfolio of investment properties in different locations);
(b) synergies between the asset being measured and other assets;
(c) legal rights or legal restrictions that are specific only to the current owner of the asset; and
(d) tax benefits or tax burdens that are specific to the current owner of the asset.

Foreign currency future cash flows

Future cash flows are estimated in the currency in which they will be generated and then discounted using a discount rate 54
appropriate for that currency. An entity translates the present value using the spot exchange rate at the date of the value in use calculation.

Discount rate

The discount rate (rates) shall be a pre-tax rate (rates) that reflect(s) current market assessments of: 55
(a) **the time value of money; and**
(b) **the risks specific to the asset for which the future cash flow estimates have not been adjusted.**

A rate that reflects current market assessments of the time value of money and the risks specific to the asset is the return 56
that investors would require if they were to choose an investment that would generate cash flows of amounts, timing and risk profile equivalent to those that the entity expects to derive from the asset. This rate is estimated from the rate implicit

an Vermögenswerten) hält, der mit dem zu überprüfenden Vermögenswert im Hinblick auf das Nutzungspotenzial und die Risiken vergleichbar ist. Der Abzinsungssatz/die Abzinsungssätze, der/die zur Berechnung des Nutzungswerts eines Vermögenswerts verwendet wird/werden, darf/dürfen jedoch keine Risiken widerspiegeln, für die die geschätzten künftigen Zahlungsströme bereits angepasst wurden. Andernfalls würden die Auswirkungen einiger Annahmen doppelt berücksichtigt.

57 Wenn ein vermögenswertspezifischer Zinssatz nicht direkt über den Markt erhältlich ist, verwendet ein Unternehmen Ersatzfaktoren zur Schätzung des Abzinsungssatzes. Anhang A enthält zusätzliche Leitlinien zur Schätzung von Abzinsungssätzen unter diesen Umständen.

ERFASSUNG UND BEWERTUNG EINES WERTMINDERUNGSAUFWANDS

58 Die Paragraphen 59–64 enthalten die Vorschriften für die Erfassung und Bewertung eines Wertminderungsaufwands für einen einzelnen Vermögenswert mit Ausnahme eines Geschäfts- oder Firmenwerts. Die Erfassung und Bewertung des Wertminderungsaufwands einer zahlungsmittelgenerierenden Einheit und eines Geschäfts- oder Firmenwerts werden in den Paragraphen 65–108 behandelt.

59 **Nur dann, wenn der erzielbare Betrag eines Vermögenswerts geringer als sein Buchwert ist, ist der Buchwert des Vermögenswerts auf seinen erzielbaren Betrag zu verringern. Diese Verringerung stellt einen Wertminderungsaufwand dar.**

60 **Ein Wertminderungsaufwand ist sofort erfolgswirksam zu erfassen, es sei denn, dass der Vermögenswert zum Neubewertungsbetrag nach einem anderen Standard (beispielsweise nach dem Neubewertungsmodell in IAS 16) bilanziert wird. Jeder Wertminderungsaufwand eines neu bewerteten Vermögenswerts ist als eine Abwertung aufgrund einer Neubewertung gemäß diesem anderen Standard zu behandeln.**

61 Ein Wertminderungsaufwand eines nicht neu bewerteten Vermögenswerts wird erfolgswirksam erfasst. Ein Wertminderungsaufwand eines neu bewerteten Vermögenswerts wird dahingegen im sonstigen Ergebnis erfasst, soweit der Wertminderungsaufwand nicht den in der Neubewertungsrücklage für denselben Vermögenswert ausgewiesenen Betrag übersteigt. Ein solcher Wertminderungsaufwand eines neu bewerteten Vermögenswerts führt zu einer Minderung der entsprechenden Neubewertungsrücklage.

62 **Wenn der geschätzte Betrag des Wertminderungsaufwands größer ist als der Buchwert des zugehörigen Vermögenswerts, hat ein Unternehmen nur dann eine Schuld anzusetzen, wenn dies von einem anderen Standard verlangt wird.**

63 **Nach der Erfassung eines Wertminderungsaufwands ist die planmäßige Abschreibung eines Vermögenswerts in künftigen Perioden anzupassen, um den berichtigten Buchwert des Vermögenswerts, abzüglich eines etwaigen Restwerts systematisch über seine Restnutzungsdauer zu verteilen.**

64 Wenn ein Wertminderungsaufwand erfasst worden ist, werden alle damit in Beziehung stehenden latenten Steueransprüche oder -schulden nach IAS 12 bestimmt, indem der berichtigte Buchwert des Vermögenswerts mit seiner steuerlichen Basis verglichen wird (siehe erläuterndes Beispiel 3).

ZAHLUNGSMITTELGENERIERENDE EINHEITEN UND GESCHÄFTS- ODER FIRMENWERT

65 Die Paragraphen 66–108 und Anhang C enthalten die Vorschriften für die Identifizierung der zahlungsmittelgenerierenden Einheit, zu der ein Vermögenswert gehört, sowie für die Bestimmung des Buchwerts und die Erfassung der Wertminderungsaufwendungen für zahlungsmittelgenerierende Einheiten und Geschäfts- oder Firmenwerte.

Identifizierung der zahlungsmittelgenerierenden Einheit, zu der ein Vermögenswert gehört

66 **Wenn ein Anhaltspunkt dafür vorliegt, dass ein Vermögenswert wertgemindert sein könnte, ist der erzielbare Betrag für den einzelnen Vermögenswert zu schätzen. Falls es nicht möglich ist, den erzielbaren Betrag für den einzelnen Vermögenswert zu schätzen, hat ein Unternehmen den erzielbaren Betrag der zahlungsmittelgenerierenden Einheit zu bestimmen, zu der der Vermögenswert gehört (die zahlungsmittelgenerierende Einheit des Vermögenswerts).**

67 Der erzielbare Betrag eines einzelnen Vermögenswerts kann nicht bestimmt werden, wenn

(a) der Nutzungswert des Vermögenswerts Schätzungen zufolge nicht nahezu seinem beizulegenden Zeitwert abzüglich Veräußerungskosten entspricht (wenn beispielsweise die künftigen Zahlungsströme aus der fortgesetzten Nutzung des Vermögenswerts nicht als unbedeutend eingeschätzt werden können) und

(b) der Vermögenswert keine Mittelzuflüsse erzeugt, die weitgehend unabhängig von denen anderer Vermögenswerte sind.

In derartigen Fällen kann ein Nutzungswert und demzufolge ein erzielbarer Betrag nur für die zahlungsmittelgenerierende Einheit des Vermögenswerts bestimmt werden.

in current market transactions for similar assets or from the weighted average cost of capital of a listed entity that has a single asset (or a portfolio of assets) similar in terms of service potential and risks to the asset under review. However, the discount rate(s) used to measure an asset's value in use shall not reflect risks for which the future cash flow estimates have been adjusted. Otherwise, the effect of some assumptions will be double-counted.

When an asset-specific rate is not directly available from the market, an entity uses surrogates to estimate the discount rate. Appendix A provides additional guidance on estimating the discount rate in such circumstances. 57

RECOGNISING AND MEASURING AN IMPAIRMENT LOSS

Paragraphs 59—64 set out the requirements for recognising and measuring impairment losses for an individual asset other than goodwill. Recognising and measuring impairment losses for cash-generating units and goodwill are dealt with in paragraphs 65—108. 58

If, and only if, the recoverable amount of an asset is less than its carrying amount, the carrying amount of the asset shall be reduced to its recoverable amount. That reduction is an impairment loss. 59

An impairment loss shall be recognised immediately in profit or loss, unless the asset is carried at revalued amount in accordance with another standard (for example, in accordance with the revaluation model in IAS 16). Any impairment loss of a revalued asset shall be treated as a revaluation decrease in accordance with that other standard. 60

An impairment loss on a non-revalued asset is recognised in profit or loss. However, an impairment loss on a revalued asset is recognised in other comprehensive income to the extent that the impairment loss does not exceed the amount in the revaluation surplus for that same asset. Such an impairment loss on a revalued asset reduces the revaluation surplus for that asset. 61

When the amount estimated for an impairment loss is greater than the carrying amount of the asset to which it relates, an entity shall recognise a liability if, and only if, that is required by another standard. 62

After the recognition of an impairment loss, the depreciation (amortisation) charge for the asset shall be adjusted in future periods to allocate the asset's revised carrying amount, less its residual value (if any), on a systematic basis over its remaining useful life. 63

If an impairment loss is recognised, any related deferred tax assets or liabilities are determined in accordance with IAS 12 by comparing the revised carrying amount of the asset with its tax base (see Illustrative Example 3). 64

CASH-GENERATING UNITS AND GOODWILL

Paragraphs 66—108 and Appendix C set out the requirements for identifying the cash-generating unit to which an asset belongs and determining the carrying amount of, and recognising impairment losses for, cash-generating units and goodwill. 65

Identifying the cash-generating unit to which an asset belongs

If there is any indication that an asset may be impaired, recoverable amount shall be estimated for the individual asset. If it is not possible to estimate the recoverable amount of the individual asset, an entity shall determine the recoverable amount of the cash-generating unit to which the asset belongs (the asset's cash-generating unit). 66

The recoverable amount of an individual asset cannot be determined if: 67

(a) the asset's value in use cannot be estimated to be close to its fair value less costs of disposal (for example, when the future cash flows from continuing use of the asset cannot be estimated to be negligible); and
(b) the asset does not generate cash inflows that are largely independent of those from other assets.

In such cases, value in use and, therefore, recoverable amount, can be determined only for the asset's cash-generating unit.

Beispiel Ein Bergbauunternehmen besitzt eine private Eisenbahn zur Unterstützung seiner Bergbautätigkeit. Die private Eisenbahn könnte nur zum Schrottwert verkauft werden und sie erzeugt keine Mittelzuflüsse, die weitgehend unabhängig von den Mittelzuflüssen der anderen Vermögenswerte des Bergwerks sind.

Es ist nicht möglich, den erzielbaren Betrag der privaten Eisenbahn zu schätzen, weil ihr Nutzungswert nicht bestimmt werden kann und wahrscheinlich von dem Schrottwert abweicht. Deshalb schätzt das Unternehmen den erzielbaren Betrag der zahlungsmittelgenerierenden Einheit, zu der die private Eisenbahn gehört, d. h. des Bergwerks als Ganzes.

68 Wie in Paragraph 6 definiert, ist die zahlungsmittelgenerierende Einheit eines Vermögenswerts die kleinste Gruppe von Vermögenswerten, die den Vermögenswert enthält und Mittelzuflüsse erzeugt, die weitgehend unabhängig von den Mittelzuflüssen anderer Vermögenswerte oder anderer Gruppen von Vermögenswerten sind. Die Identifizierung der zahlungsmittelgenerierenden Einheit eines Vermögenswerts erfordert eine Ermessensentscheidung. Wenn der erzielbare Betrag nicht für einen einzelnen Vermögenswert bestimmt werden kann, identifiziert ein Unternehmen die kleinste Zusammenfassung von Vermögenswerten, die weitgehend unabhängige Mittelzuflüsse erzeugt.

Beispiel Eine Busgesellschaft bietet Beförderungsleistungen im Rahmen eines Vertrags mit einer Gemeinde an, der auf fünf verschiedenen Strecken jeweils einen Mindestservice verlangt. Die auf jeder Strecke eingesetzten Vermögenswerte und die Zahlungsströme von jeder Strecke können gesondert identifiziert werden. Auf einer der Stecken wird ein erheblicher Verlust erwirtschaftet.

Da das Unternehmen nicht die Möglichkeit hat, eine der Busrouten einzuschränken, sind die niedrigste Einheit identifizierbarer Mittelzuflüsse, die weitgehend von den Mittelzuflüssen anderer Vermögenswerte oder anderer Gruppen von Vermögenswerten unabhängig sind, die von den fünf Routen gemeinsam erzeugten Mittelzuflüsse. Die zahlungsmittelgenerierende Einheit für jede der Strecken ist die Busgesellschaft als Ganzes.

69 Mittelzuflüsse sind die Zuflüsse von Zahlungsmitteln und Zahlungsmitteläquivalenten, die von Parteien außerhalb des Unternehmens zufließen. Bei der Identifizierung, ob die Mittelzuflüsse von einem Vermögenswert (oder einer Gruppe von Vermögenswerten) weitgehend von den Mittelzuflüssen anderer Vermögenswerte (oder anderer Gruppen von Vermögenswerten) unabhängig sind, berücksichtigt ein Unternehmen verschiedene Faktoren einschließlich der Frage, wie das Management die Unternehmenstätigkeiten steuert (z. B. nach Produktlinien, Geschäftsfeldern, einzelnen Standorten, Bezirken oder regionalen Gebieten), oder wie das Management Entscheidungen über die Fortsetzung oder den Abgang der Vermögenswerte bzw. die Einstellung von Unternehmenstätigkeiten trifft. Das erläuternde Beispiel 1 enthält Beispiele für die Identifizierung einer zahlungsmittelgenerierenden Einheit.

70 **Wenn ein aktiver Markt für die von einem Vermögenswert oder einer Gruppe von Vermögenswerten produzierten Erzeugnisse oder erstellten Dienstleistungen besteht, ist dieser Vermögenswert oder diese Gruppe von Vermögenswerten als eine zahlungsmittelgenerierende Einheit zu identifizieren, auch wenn die produzierten Erzeugnisse oder erstellten Dienstleistungen ganz oder teilweise intern genutzt werden. Wenn die von einem Vermögenswert oder einer zahlungsmittelgenerierenden Einheit erzeugten Mittelzuflüsse von der Berechnung interner Verrechnungspreise betroffen sind, so hat ein Unternehmen die bestmögliche Schätzung des Managements über den künftigen Preis/die künftigen Preise, der/die bei Transaktionen zu marktüblichen Bedingungen erzielt werden könnte/könnten, zu verwenden bei der Schätzung**

(a) **der künftigen Mittelzuflüsse, die die zur Bestimmung des Nutzungswerts des Vermögenswerts oder der zahlungsmittelgenerierenden Einheit verwendet werden, und**

(b) **der künftigen Mittelabflüsse, die zur Bestimmung des Nutzungswerts aller anderen von der Berechnung interner Verrechnungspreise betroffenen Vermögenswerte oder zahlungsmittelgenerierenden Einheiten verwendet werden.**

71 Auch wenn ein Teil oder die gesamten produzierten Erzeugnisse und erstellten Dienstleistungen, die von einem Vermögenswert oder einer Gruppe von Vermögenswerten erzeugt werden, von anderen Einheiten des Unternehmens genutzt werden (beispielsweise Produkte für eine Zwischenstufe im Produktionsprozess), bildet dieser Vermögenswert oder diese Gruppe von Vermögenswerten eine gesonderte zahlungsmittelgenerierende Einheit, wenn das Unternehmen diese produzierten Erzeugnisse und erstellten Dienstleistungen auf einem aktiven Markt verkaufen könnte. Das liegt daran, dass der Vermögenswert oder die Gruppe von Vermögenswerten Mittelzuflüsse erzeugen kann, die weitgehend von den Mittelzuflüssen von anderen Vermögenswerten oder anderen Gruppen von Vermögenswerten unabhängig wären. Bei der Verwendung von Informationen, die auf Finanzplänen/Vorhersagen basieren, die sich auf eine solche zahlungsmittelgenerierende Einheit oder auf einen anderen Vermögenswert bzw. eine andere zahlungsmittelgenerierende Einheit, die von der internen Verrechnungspreisermittlung betroffen ist, beziehen, passt ein Unternehmen diese Informationen an, wenn die internen Verrechnungspreise nicht die bestmögliche Schätzung des Managements über die künftigen Preise, die bei Transaktionen zu marktüblichen Bedingungen erzielt werden könnten, widerspiegeln.

72 **Zahlungsmittelgenerierende Einheiten sind von Periode zu Periode für dieselben Vermögenswerte oder Arten von Vermögenswerten stetig zu identifizieren, es sei denn, dass eine Änderung gerechtfertigt ist.**

Example A mining entity owns a private railway to support its mining activities. The private railway could be sold only for scrap value and it does not generate cash inflows that are largely independent of the cash inflows from the other assets of the mine.

It is not possible to estimate the recoverable amount of the private railway because its value in use cannot be determined and is probably different from scrap value. Therefore, the entity estimates the recoverable amount of the cash-generating unit to which the private railway belongs, i.e. the mine as a whole.

As defined in paragraph 6, an asset's cash-generating unit is the smallest group of assets that includes the asset and generates cash inflows that are largely independent of the cash inflows from other assets or groups of assets. Identification of an asset's cash-generating unit involves judgement. If recoverable amount cannot be determined for an individual asset, an entity identifies the lowest aggregation of assets that generate largely independent cash inflows. **68**

Example A bus company provides services under contract with a municipality that requires minimum service on each of five separate routes. Assets devoted to each route and the cash flows from each route can be identified separately. One of the routes operates at a significant loss.

Because the entity does not have the option to curtail any one bus route, the lowest level of identifiable cash inflows that are largely independent of the cash inflows from other assets or groups of assets is the cash inflows generated by the five routes together. The cash-generating unit for each route is the bus company as a whole.

Cash inflows are inflows of cash and cash equivalents received from parties external to the entity. In identifying whether cash inflows from an asset (or group of assets) are largely independent of the cash inflows from other assets (or groups of assets), an entity considers various factors, including how management monitors the entity's operations (such as by product lines, businesses, individual locations, districts or regional areas) or how management makes decisions about continuing or disposing of the entity's assets and operations. Illustrative Example 1 gives examples of identification of a cash-generating unit. **69**

If an active market exists for the output produced by an asset or group of assets, that asset or group of assets shall be identified as a cash-generating unit, even if some or all of the output is used internally. If the cash inflows generated by any asset or cash-generating unit are affected by internal transfer pricing, an entity shall use management's best estimate of future price(s) that could be achieved in arm's length transactions in estimating: 70

(a) the future cash inflows used to determine the asset's or cash-generating unit's value in use; and

(b) the future cash outflows used to determine the value in use of any other assets or cash-generating units that are affected by the internal transfer pricing.

Even if part or all of the output produced by an asset or a group of assets is used by other units of the entity (for example, products at an intermediate stage of a production process), this asset or group of assets forms a separate cash-generating unit if the entity could sell the output on an active market. This is because the asset or group of assets could generate cash inflows that would be largely independent of the cash inflows from other assets or groups of assets. In using information based on financial budgets/forecasts that relates to such a cash-generating unit, or to any other asset or cash-generating unit affected by internal transfer pricing, an entity adjusts this information if internal transfer prices do not reflect management's best estimate of future prices that could be achieved in arm's length transactions. 71

Cash-generating units shall be identified consistently from period to period for the same asset or types of assets, unless a change is justified. 72

73 Wenn ein Unternehmen bestimmt, dass ein Vermögenswert zu einer anderen zahlungsmittelgenerierenden Einheit als in den vorangegangenen Perioden gehört oder dass die Arten von Vermögenswerten, die zu der zahlungsmittelgenerierenden Einheit des Vermögenswerts zusammengefasst werden, sich geändert haben, verlangt Paragraph 130 Angaben über die zahlungsmittelgenerierende Einheit, wenn ein Wertminderungsaufwand für die zahlungsmittelgenerierende Einheit erfasst oder aufgeholt wird.

Erzielbarer Betrag und Buchwert einer zahlungsmittelgenerierenden Einheit

74 Der erzielbare Betrag einer zahlungsmittelgenerierenden Einheit ist der höhere der beiden Beträge aus beizulegendem Zeitwert abzüglich Veräußerungskosten und Nutzungswert einer zahlungsmittelgenerierenden Einheit. Für den Zweck der Bestimmung des erzielbaren Betrags einer zahlungsmittelgenerierenden Einheit ist jeder Verweis in den Paragraphen 19–57 auf „einen Vermögenswert" als Verweis auf „eine zahlungsmittelgenerierende Einheit" zu verstehen.

75 **Der Buchwert einer zahlungsmittelgenerierenden Einheit ist in Übereinstimmung mit der Art, in der der erzielbare Betrag einer zahlungsmittelgenerierenden Einheit bestimmt wird, zu ermitteln.**

76 Der Buchwert einer zahlungsmittelgenerierenden Einheit

(a) enthält den Buchwert nur solcher Vermögenswerte, die der zahlungsmittelgenerierenden Einheit einzeln zugeordnet oder auf einer angemessenen und stetigen Basis zugeordnet werden können und die künftige Mittelzuflüsse erzeugen werden, die bei der Bestimmung des Nutzungswerts der zahlungsmittelgenerierenden Einheit verwendet wurden, und

(b) enthält nicht den Buchwert einer angesetzten Schuld, es sei denn, dass der erzielbare Betrag der zahlungsmittelgenerierenden Einheit nicht ohne die Berücksichtigung dieser Schuld bestimmt werden kann.

Das liegt daran, dass der beizulegende Zeitwert abzüglich Veräußerungskosten und der Nutzungswert einer zahlungsmittelgenerierenden Einheit unter Ausschluss der Zahlungsströme bestimmt werden, die sich auf die Vermögenswerte beziehen, die nicht Teil der zahlungsmittelgenerierenden Einheit sind und unter Ausschluss der bereits angesetzten Schulden (siehe Paragraphen 28 und 43).

77 Soweit Vermögenswerte für die Beurteilung der Erzielbarkeit zusammengefasst werden, ist es wichtig, in die zahlungsmittelgenerierende Einheit alle Vermögenswerte einzubeziehen, die den entsprechenden Strom von Mittelzuflüssen erzeugen oder zu dessen Erzeugung verwendet werden. Andernfalls könnte die zahlungsmittelgenerierende Einheit als voll erzielbar erscheinen, obwohl tatsächlich ein Wertminderungsaufwand eingetreten ist. In einigen Fällen können gewisse Vermögenswerte einer zahlungsmittelgenerierenden Einheit nicht auf einer angemessenen und stetigen Basis zugeordnet werden, obwohl sie zu den geschätzten künftigen Zahlungsströmen einer zahlungsmittelgenerierenden Einheit beitragen. Dies kann beim Geschäfts- oder Firmenwert oder bei gemeinschaftlichen Vermögenswerten, wie den Vermögenswerten der Hauptverwaltung der Fall sein. In den Paragraphen 80–103 wird erläutert, wie mit diesen Vermögenswerten bei der Überprüfung einer zahlungsmittelgenerierenden Einheit auf Wertminderung zu verfahren ist.

78 Es kann notwendig sein, gewisse angesetzte Schulden zu berücksichtigen, um den erzielbaren Betrag einer zahlungsmittelgenerierenden Einheit zu bestimmen. Dies könnte auftreten, wenn der Verkauf einer zahlungsmittelgenerierenden Einheit den Käufer verpflichtet, die Schuld zu übernehmen. In diesem Fall entspricht der beizulegende Zeitwert abzüglich Veräußerungskosten (oder die geschätzten Zahlungsströme aus dem endgültigen Abgang) einer zahlungsmittelgenerierenden Einheit dem Preis für den gemeinsamen Verkauf der Vermögenswerte der zahlungsmittelgenerierenden Einheit und der Schuld, abzüglich der Veräußerungskosten. Um einen aussagekräftigen Vergleich zwischen dem Buchwert einer zahlungsmittelgenerierenden Einheit und ihrem erzielbaren Betrag anzustellen, wird der Buchwert der Schuld bei der Bestimmung beider Werte, also sowohl des Nutzungswerts als auch des Buchwerts der zahlungsmittelgenerierenden Einheit, abgezogen.

Beispiel Eine Gesellschaft betreibt ein Bergwerk in einem Staat, in dem der Eigentümer gesetzlich verpflichtet ist, den Bereich der Förderung nach Beendigung der Abbautätigkeiten wiederherzustellen. Die Kosten der Wiederherstellung schließen die Wiederherstellung der Oberfläche mit ein, welche entfernt werden musste, bevor die Abbautätigkeiten beginnen konnten. Eine Rückstellung für die Kosten der Wiederherstellung der Oberfläche wurde zu dem Zeitpunkt der Entfernung der Oberfläche angesetzt. Der zurückgestellte Betrag wurde als Teil der Anschaffungskosten des Bergwerks erfasst und über die Nutzungsdauer des Bergwerks planmäßig abgeschrieben. Der Buchwert der Rückstellung für die Kosten der Wiederherstellung beträgt 500 WE[3], dies entspricht dem Barwert der Kosten der Wiederherstellung.

Das Unternehmen überprüft das Bergwerk auf Wertminderung. Die zahlungsmittelgenerierende Einheit des Bergwerks ist das Bergwerk als Ganzes. Das Unternehmen hat verschiedene Kaufangebote für das Bergwerk zu einem Preis von 800 WE erhalten. Dieser Preis berücksichtigt die Tatsache, dass der Käufer die Verpflichtung zur Wiederherstellung der Oberfläche übernehmen wird. Die Veräußerungskosten für das Bergwerk sind unbedeutend. Der Nutzungswert des Bergwerks beträgt annähernd 1200 WE, ohne die Kosten der Wiederherstellung. Der Buchwert des Bergwerks beträgt 1000 WE.

3 In diesem Standard werden Geldbeträge in „Währungseinheiten" (WE) angegeben.

If an entity determines that an asset belongs to a cash-generating unit different from that in previous periods, or that the types of assets aggregated for the asset's cash-generating unit have changed, paragraph 130 requires disclosures about the cash-generating unit, if an impairment loss is recognised or reversed for the cash-generating unit. 73

Recoverable amount and carrying amount of a cash-generating unit

The recoverable amount of a cash-generating unit is the higher of the cash-generating unit's fair value less costs to sell and its value in use. For the purpose of determining the recoverable amount of a cash-generating unit, any reference in paragraphs 19—57 to 'an asset' is read as a reference to 'a cash-generating unit'. 74

The carrying amount of a cash-generating unit shall be determined on a basis consistent with the way the recoverable amount of the cash-generating unit is determined. 75

The carrying amount of a cash-generating unit: 76

(a) includes the carrying amount of only those assets that can be attributed directly, or allocated on a reasonable and consistent basis, to the cash-generating unit and will generate the future cash inflows used in determining the cash-generating unit's value in use; and
(b) does not include the carrying amount of any recognised liability, unless the recoverable amount of the cash-generating unit cannot be determined without consideration of this liability.

This is because fair value less costs of disposal and value in use of a cash-generating unit are determined excluding cash flows that relate to assets that are not part of the cash-generating unit and liabilities that have been recognised (see paragraphs 28 and 43).

When assets are grouped for recoverability assessments, it is important to include in the cash-generating unit all assets that generate or are used to generate the relevant stream of cash inflows. Otherwise, the cash-generating unit may appear to be fully recoverable when in fact an impairment loss has occurred. In some cases, although some assets contribute to the estimated future cash flows of a cash-generating unit, they cannot be allocated to the cash-generating unit on a reasonable and consistent basis. This might be the case for goodwill or corporate assets such as head office assets. Paragraphs 80-103 explain how to deal with these assets in testing a cash-generating unit for impairment. 77

It may be necessary to consider some recognised liabilities to determine the recoverable amount of a cash-generating unit. This may occur if the disposal of a cash-generating unit would require the buyer to assume the liability. In this case, the fair value less costs of disposal (or the estimated cash flow from ultimate disposal) of the cash-generating unit is the price to sell the assets of the cash-generating unit and the liability together, less the costs of disposal. To perform a meaningful comparison between the carrying amount of the cash-generating unit and its recoverable amount, the carrying amount of the liability is deducted in determining both the cash-generating unit's value in use and its carrying amount. 78

Example A company operates a mine in a country where legislation requires that the owner must restore the site on completion of its mining operations. The cost of restoration includes the replacement of the overburden, which must be removed before mining operations commence. A provision for the costs to replace the overburden was recognised as soon as the overburden was removed. The amount provided was recognised as part of the cost of the mine and is being depreciated over the mine's useful life. The carrying amount of the provision for restoration costs is CU500([3]) which is equal to the present value of the restoration costs.

The entity is testing the mine for impairment. The cash-generating unit for the mine is the mine as a whole. The entity has received various offers to buy the mine at a price of around CU800. This price reflects the fact that the buyer will assume the obligation to restore the overburden. Disposal costs for the mine are negligible. The value in use of the mine is approximately CU1200, excluding restoration costs. The carrying amount of the mine is CU1000.

3 In this standard, monetary amounts are denominated in 'currency units' (CU).

Der beizulegende Zeitwert abzüglich Veräußerungskosten beträgt für die zahlungsmittelgenerierende Einheit 800 WE. Dieser Wert berücksichtigt die Kosten der Wiederherstellung, die bereits zurückgestellt worden sind. Infolgedessen wird der Nutzungswert der zahlungsmittelgenerierenden Einheit nach der Berücksichtigung der Kosten der Wiederherstellung bestimmt und auf 700 WE geschätzt (1200 WE minus 500 WE). Der Buchwert der zahlungsmittelgenerierenden Einheit beträgt 500 WE, dies entspricht dem Buchwert des Bergwerks (1000 WE), nach Abzug des Buchwerts der Rückstellung für die Kosten der Wiederherstellung (500 WE). Der erzielbare Betrag der zahlungsmittelgenerierenden Einheit ist also höher als ihr Buchwert.

79 Aus praktischen Gründen wird der erzielbare Betrag einer zahlungsmittelgenerierenden Einheit mitunter nach Berücksichtigung von Vermögenswerten bestimmt, die nicht Teil der zahlungsmittelgenerierenden Einheit sind (beispielsweise Forderungen oder andere finanzielle Vermögenswerte), oder bereits angesetzter Schulden (beispielsweise Verbindlichkeiten, Pensionen und andere Rückstellungen). In diesen Fällen wird der Buchwert der zahlungsmittelgenerierenden Einheit um den Buchwert solcher Vermögenswerte erhöht und um den Buchwert solcher Schulden vermindert.

Geschäfts- oder Firmenwert

Zuordnung von Geschäfts- oder Firmenwert zu zahlungsmittelgenerierenden Einheiten

80 **Zum Zweck der Überprüfung auf Wertminderung muss ein Geschäfts- oder Firmenwert, der bei einem Unternehmenszusammenschluss erworben wurde, vom Übernahmetag an jeder der zahlungsmittelgenerierenden Einheiten bzw. Gruppen von zahlungsmittelgenerierenden Einheiten des erwerbenden Unternehmens, die aus den Synergien des Zusammenschlusses voraussichtlich Nutzen ziehen werden, zugeordnet werden, unabhängig davon, ob andere Vermögenswerte oder Schulden des erworbenen Unternehmens diesen Einheiten oder Gruppen von Einheiten zugewiesen werden. Jede Einheit oder Gruppe von Einheiten, der der Geschäfts- oder Firmenwert so zugeordnet worden ist,**
(a) **hat die niedrigste Ebene innerhalb des Unternehmens darzustellen, auf der der Geschäfts- oder Firmenwert für interne Managementzwecke überwacht wird, und**
(b) **darf nicht größer sein als ein Geschäftssegment vor Zusammenfassung, wie es in Paragraph 5 von IFRS 8 *Geschäftssegmente* definiert ist.**

81 Der bei einem Unternehmenszusammenschluss angesetzte Geschäfts- oder Firmenwert ist ein Vermögenswert, der den künftigen wirtschaftlichen Nutzen anderer bei dem Unternehmenszusammenschluss erworbener Vermögenswerte darstellt, die nicht einzeln identifiziert und getrennt angesetzt werden können. Der Geschäfts- oder Firmenwert erzeugt keine Zahlungsströme, die unabhängig von anderen Vermögenswerten oder Gruppen von Vermögenswerten sind, und trägt oft zu den Zahlungsströmen mehrerer zahlungsmittelgenerierender Einheiten bei. Mitunter kann ein Geschäfts- oder Firmenwert nicht ohne Willkür einzelnen zahlungsmittelgenerierenden Einheiten, sondern nur Gruppen von zahlungsmittelgenerierenden Einheiten zugeordnet werden. Daraus folgt, dass die niedrigste Ebene innerhalb des Unternehmens, auf der der Geschäfts- oder Firmenwert für interne Managementzwecke überwacht wird, zuweilen mehrere zahlungsmittelgenerierende Einheiten, auf die sich der Geschäfts- oder Firmenwert zwar bezieht, denen er jedoch nicht zugeordnet werden kann, umfasst. Die in den Paragraphen 83–99 und Anhang C aufgeführten Verweise auf zahlungsmittelgenerierende Einheiten, denen ein Geschäfts- oder Firmenwert zugeordnet ist, sind ebenso als Verweise auf Gruppen von zahlungsmittelgenerierenden Einheiten, denen ein Geschäfts- oder Firmenwert zugeordnet ist, zu verstehen.

82 Die Anwendung der Vorschriften in Paragraph 80 führt dazu, dass der Geschäfts- oder Firmenwert auf einer Ebene auf Wertminderung überprüft wird, die die Art und Weise der Führung der Geschäftstätigkeit des Unternehmens widerspiegelt, mit der der Geschäfts- oder Firmenwert natürlich verbunden wäre. Die Entwicklung zusätzlicher Berichtssysteme ist daher in der Regel nicht erforderlich.

83 Eine zahlungsmittelgenerierende Einheit, der ein Geschäfts- oder Firmenwert zwecks Überprüfung auf Wertminderung zugeordnet ist, fällt eventuell nicht mit der Ebene zusammen, der der Geschäfts- oder Firmenwert gemäß IAS 21 *Auswirkungen von Wechselkursänderungen* für die Bewertung von Währungsgewinnen/-verlusten zugeordnet ist. Wenn ein Unternehmen nach IAS 21 beispielsweise verpflichtet ist, den Geschäfts- oder Firmenwert für die Bewertung von Fremdwährungsgewinnen und -verlusten einer relativ niedrigen Ebene zuzuordnen, wird damit nicht verlangt, dass die Überprüfung auf Wertminderung des Geschäfts- oder Firmenwerts auf derselben Ebene zu erfolgen hat, es sei denn, der Geschäfts- oder Firmenwert wird auch auf dieser Ebene für interne Managementzwecke überwacht.

84 **Wenn die erstmalige Zuordnung eines bei einem Unternehmenszusammenschluss erworbenen Geschäfts- oder Firmenwerts nicht vor Ende des Geschäftsjahrs, in dem der Unternehmenszusammenschluss stattfand, erfolgen kann, muss die erstmalige Zuordnung vor dem Ende des ersten Geschäftsjahrs, das nach dem Erwerbszeitpunkt beginnt, erfolgt sein.**

85 Wenn die erstmalige Bilanzierung für einen Unternehmenszusammenschluss am Ende der Periode, in der der Zusammenschluss stattfand, nur vorläufig erfolgen kann, hat der Erwerber gemäß IFRS 3 *Unternehmenszusammenschlüsse*
(a) mit jenen vorläufigen Werten den Zusammenschluss zu bilanzieren und
(b) etwaige Anpassungen dieser vorläufigen Werte infolge der Fertigstellung der erstmaligen Bilanzierung innerhalb des Bewertungszeitraums, der zwölf Monate nach dem Erwerbszeitpunkt nicht überschreiten darf, zu erfassen.

The cash-generating unit's fair value less costs of disposal is CU800. This amount considers restoration costs that have already been provided for. As a consequence, the value in use for the cash-generating unit is determined after consideration of the restoration costs and is estimated to be CU700 (CU1200 less CU500). The carrying amount of the cash-generating unit is CU500, which is the carrying amount of the mine (CU1000) less the carrying amount of the provision for restoration costs (CU500). Therefore, the recoverable amount of the cash-generating unit exceeds its carrying amount.

For practical reasons, the recoverable amount of a cash-generating unit is sometimes determined after consideration of assets that are not part of the cash-generating unit (for example, receivables or other financial assets) or liabilities that have been recognised (for example, payables, pensions and other provisions). In such cases, the carrying amount of the cash-generating unit is increased by the carrying amount of those assets and decreased by the carrying amount of those liabilities. 79

Goodwill

Allocating goodwill to cash-generating units

For the purpose of impairment testing, goodwill acquired in a business combination shall, from the acquisition date, be allocated to each of the acquirer's cash-generating units, or groups of cash-generating units, that is expected to benefit from the synergies of the combination, irrespective of whether other assets or liabilities of the acquiree are assigned to those units or groups of units. Each unit or group of units to which the goodwill is so allocated shall: 80

(a) represent the lowest level within the entity at which the goodwill is monitored for internal management purposes; and

(b) not be larger than an operating segment as defined by paragraph 5 of IFRS 8 *Operating Segments* before aggregation.

Goodwill recognised in a business combination is an asset representing the future economic benefits arising from other assets acquired in a business combination that are not individually identified and separately recognised. Goodwill does not generate cash flows independently of other assets or groups of assets, and often contributes to the cash flows of multiple cash-generating units. Goodwill sometimes cannot be allocated on a non-arbitrary basis to individual cash-generating units, but only to groups of cash-generating units. As a result, the lowest level within the entity at which the goodwill is monitored for internal management purposes sometimes comprises a number of cash-generating units to which the goodwill relates, but to which it cannot be allocated. References in paragraphs 83—99 and Appendix C to a cash-generating unit to which goodwill is allocated should be read as references also to a group of cash-generating units to which goodwill is allocated. 81

Applying the requirements in paragraph 80 results in goodwill being tested for impairment at a level that reflects the way an entity manages its operations and with which the goodwill would naturally be associated. Therefore, the development of additional reporting systems is typically not necessary. 82

A cash-generating unit to which goodwill is allocated for the purpose of impairment testing may not coincide with the level at which goodwill is allocated in accordance with IAS 21 *The effects of changes in foreign exchange rates* for the purpose of measuring foreign currency gains and losses. For example, if an entity is required by IAS 21 to allocate goodwill to relatively low levels for the purpose of measuring foreign currency gains and losses, it is not required to test the goodwill for impairment at that same level unless it also monitors the goodwill at that level for internal management purposes. 83

If the initial allocation of goodwill acquired in a business combination cannot be completed before the end of the annual period in which the business combination is effected, that initial allocation shall be completed before the end of the first annual period beginning after the acquisition date. 84

In accordance with IFRS 3 *Business Combinations,* if the initial accounting for a business combination can be determined only provisionally by the end of the period in which the combination is effected, the acquirer: 85

(a) accounts for the combination using those provisional values; and

(b) recognises any adjustments to those provisional values as a result of completing the initial accounting within the measurement period, which shall not exceed twelve months from the acquisition date.

Unter diesen Umständen könnte es auch nicht möglich sein, die erstmalige Zuordnung des bei dem Zusammenschluss angesetzten Geschäfts- oder Firmenwerts vor dem Ende der Berichtsperiode, in der der Zusammenschluss stattfand, fertigzustellen. Wenn dies der Fall ist, gibt das Unternehmen die in Paragraph 133 geforderten Informationen an.

86 **Wenn ein Geschäfts- oder Firmenwert einer zahlungsmittelgenerierenden Einheit zugeordnet wurde, und das Unternehmen einen Geschäftsbereich innerhalb dieser Einheit veräußert, so ist der mit diesem veräußerten Geschäftsbereich verbundene Geschäfts- oder Firmenwert**

(a) bei der Feststellung des Gewinns oder Verlusts aus der Veräußerung in den Buchwert des Geschäftsbereiches einzubeziehen und

(b) auf der Grundlage des relativen Werts des veräußerten Geschäftsbereichs und des zurückbehaltenen Teils der zahlungsmittelgenerierenden Einheit zu bewerten, es sei denn, das Unternehmen kann nachweisen, dass eine andere Methode den mit dem veräußerten Geschäftsbereich verbundenen Geschäfts- oder Firmenwert besser widerspiegelt.

Beispiel Ein Unternehmen verkauft für 100 WE einen Geschäftsbereich, der Teil einer zahlungsmittelgenerierenden Einheit war, der ein Geschäfts- oder Firmenwert zugeordnet worden ist. Der der Einheit zugeordnete Geschäfts- oder Firmenwert kann nicht identifiziert oder mit einer Gruppe von Vermögenswerten auf einer niedrigeren Ebene als dieser Einheit verbunden werden, es sei denn willkürlich. Der erzielbare Betrag des zurückbehaltenen Teils der zahlungsmittelgenerierenden Einheit beträgt 300 WE.

Da der der zahlungsmittelgenerierenden Einheit zugeordnete Geschäfts- oder Firmenwert nicht ohne Willkür identifiziert oder mit einer Gruppe von Vermögenswerten auf einer niedrigeren Ebene als dieser Einheit verbunden werden kann, wird der mit diesem veräußerten Geschäftsbereich verbundene Geschäfts- oder Firmenwert auf der Grundlage des relativen Werts des veräußerten Geschäftsbereichs und des zurückbehaltenen Teils der Einheit bewertet. 25 Prozent des der zahlungsmittelgenerierenden Einheit zugeordneten Geschäfts- oder Firmenwerts sind deshalb im Buchwert des verkauften Geschäftsbereichs enthalten.

87 **Wenn ein Unternehmen seine Berichtsstruktur in einer Weise reorganisiert, die die Zusammensetzung einer oder mehrerer zahlungsmittelgenerierender Einheiten, denen ein Geschäfts- oder Firmenwert zugeordnet ist, ändert, muss der Geschäfts- oder Firmenwert den betroffenen Einheiten neu zugeordnet werden. Diese Neuzuordnung hat unter Anwendung eines Ansatzes relativer Werte zu erfolgen, der dem ähnlich ist, der verwendet wird, wenn ein Unternehmen einen Geschäftsbereich innerhalb einer zahlungsmittelgenerierenden Einheit veräußert, es sei denn, das Unternehmen kann nachweisen, dass eine andere Methode den mit den reorganisierten Einheiten verbundenen Geschäfts- oder Firmenwert besser widerspiegelt.**

Beispiel Der Geschäfts- oder Firmenwert wurde bisher der zahlungsmittelgenerierenden Einheit A zugeordnet. Der A zugeordnete Geschäfts- oder Firmenwert kann nicht identifiziert oder mit einer Gruppe von Vermögenswerten auf einer niedrigeren Ebene als A verbunden werden, es sei denn willkürlich. A soll aufgeteilt und in drei andere zahlungsmittelgenerierende Einheiten, B, C und D, integriert werden.

Da der zu A zugeordnete Geschäfts- oder Firmenwert nicht ohne Willkür identifiziert oder mit einer Gruppe von Vermögenswerten auf einer niedrigeren Ebene als A verbunden werden kann, wird er auf der Grundlage des relativen Werts der drei Teile von A, bevor diese Teile in B, C und D integriert werden, den Einheiten B, C und D neu zugeordnet.

Überprüfung von zahlungsmittelgenerierenden Einheiten mit einem Geschäfts- oder Firmenwert auf Wertminderung

88 **Wenn sich der Geschäfts- oder Firmenwert, wie in Paragraph 81 beschrieben, auf eine zahlungsmittelgenerierende Einheit bezieht, dieser jedoch nicht zugeordnet ist, so ist die Einheit auf Wertminderung zu überprüfen, wann immer es einen Anhaltspunkt dafür gibt, dass die Einheit wertgemindert sein könnte, indem der Buchwert der Einheit ohne den Geschäfts- oder Firmenwert mit ihrem erzielbaren Betrag verglichen wird. Jeglicher Wertminderungsaufwand ist gemäß Paragraph 104 zu erfassen.**

89 Wenn eine zahlungsmittelgenerierende Einheit, wie in Paragraph 88 beschrieben, in ihrem Buchwert einen immateriellen Vermögenswert mit unbegrenzter Nutzungsdauer oder einen noch nicht nutzungsbereiten Vermögenswert enthält, und dieser Vermögenswert nur als Teil der zahlungsmittelgenerierenden Einheit auf Wertminderung überprüft werden kann, so verlangt Paragraph 10, dass diese Einheit auch jährlich auf Wertminderung geprüft wird.

90 **Eine zahlungsmittelgenerierende Einheit, der ein Geschäfts- oder Firmenwert zugeordnet worden ist, ist jährlich und, wann immer es einen Anhaltspunkt dafür gibt, dass die Einheit wertgemindert sein könnte, auf Wertminderung zu überprüfen, indem der Buchwert der Einheit, einschließlich des Geschäfts- oder Firmenwerts, mit dem erzielbaren Betrag der Einheit verglichen wird. Wenn der erzielbare Betrag der Einheit höher ist als ihr Buchwert, so sind die Einheit und der ihr zugeordnete Geschäfts- oder Firmenwert als nicht wertgemindert anzusehen. Wenn der**

In such circumstances, it might also not be possible to complete the initial allocation of the goodwill recognised in the combination before the end of the annual period in which the combination is effected. When this is the case, the entity discloses the information required by paragraph 133.

If goodwill has been allocated to a cash-generating unit and the entity disposes of an operation within that unit, the goodwill associated with the operation disposed of shall be: 86

(a) included in the carrying amount of the operation when determining the gain or loss on disposal; and

(b) measured on the basis of the relative values of the operation disposed of and the portion of the cash-generating unit retained, unless the entity can demonstrate that some other method better reflects the goodwill associated with the operation disposed of.

Example An entity sells for CU100 an operation that was part of a cash-generating unit to which goodwill has been allocated. The goodwill allocated to the unit cannot be identified or associated with an asset group at a level lower than that unit, except arbitrarily. The recoverable amount of the portion of the cash-generating unit retained is CU300.

Because the goodwill allocated to the cash-generating unit cannot be non-arbitrarily identified or associated with an asset group at a level lower than that unit, the goodwill associated with the operation disposed of is measured on the basis of the relative values of the operation disposed of and the portion of the unit retained. Therefore, 25 per cent of the goodwill allocated to the cash-generating unit is included in the carrying amount of the operation that is sold.

If an entity reorganises its reporting structure in a way that changes the composition of one or more cash-generating units to which goodwill has been allocated, the goodwill shall be reallocated to the units affected. This reallocation shall be performed using a relative value approach similar to that used when an entity disposes of an operation within a cash-generating unit, unless the entity can demonstrate that some other method better reflects the goodwill associated with the reorganised units. 87

Example

Goodwill had previously been allocated to cash-generating unit A. The goodwill allocated to A cannot be identified or associated with an asset group at a level lower than A, except arbitrarily. A is to be divided and integrated into three other cash-generating units, B, C and D.

Because the goodwill allocated to A cannot be non-arbitrarily identified or associated with an asset group at a level lower than A, it is reallocated to units B, C and D on the basis of the relative values of the three portions of A before those portions are integrated with B, C and D.

Testing cash-generating units with goodwill for impairment

When, as described in paragraph 81, goodwill relates to a cash-generating unit but has not been allocated to that unit, the unit shall be tested for impairment, whenever there is an indication that the unit may be impaired, by comparing the unit's carrying amount, excluding any goodwill, with its recoverable amount. Any impairment loss shall be recognised in accordance with paragraph 104. 88

If a cash-generating unit described in paragraph 88 includes in its carrying amount an intangible asset that has an indefinite useful life or is not yet available for use and that asset can be tested for impairment only as part of the cash-generating unit, paragraph 10 requires the unit also to be tested for impairment annually. 89

A cash-generating unit to which goodwill has been allocated shall be tested for impairment annually, and whenever there is an indication that the unit may be impaired, by comparing the carrying amount of the unit, including the goodwill, with the recoverable amount of the unit. If the recoverable amount of the unit exceeds the carrying amount of the unit, the unit and the goodwill allocated to that unit shall be regarded as not impaired. If the carrying amount 90

Buchwert der Einheit höher ist als ihr erzielbarer Betrag, so hat das Unternehmen den Wertminderungsaufwand gemäß Paragraph 104 zu erfassen.

91–95 [gestrichen]

Zeitpunkt der Überprüfungen auf Wertminderung

96 **Die jährliche Überprüfung auf Wertminderung für zahlungsmittelgenerierende Einheiten mit zugeordnetem Geschäfts- oder Firmenwert kann im Laufe des Geschäftsjahrs jederzeit durchgeführt werden, vorausgesetzt, dass die Prüfung jedes Jahr zur selben Zeit stattfindet. Verschiedene zahlungsmittelgenerierende Einheiten können zu unterschiedlichen Zeiten auf Wertminderung überprüft werden. Wenn jedoch einige oder alle Geschäfts- oder Firmenwerte, die einer zahlungsmittelgenerierenden Einheit zugeordnet sind, bei einem Unternehmenszusammenschluss im Laufe des aktuellen Geschäftsjahrs erworben wurden, so ist diese Einheit vor Ablauf des aktuellen jährlichen Geschäftsjahrs auf Wertminderung zu überprüfen.**

97 **Wenn die Vermögenswerte, aus denen die zahlungsmittelgenerierende Einheit besteht, der ein Geschäfts- oder Firmenwert zugeordnet worden ist, zur selben Zeit auf Wertminderung überprüft werden wie die Einheit, die den Geschäfts- oder Firmenwert enthält, so sind sie vor der den Geschäfts- oder Firmenwert enthaltenen Einheit auf Wertminderung zu überprüfen. Ähnlich ist es, wenn die zahlungsmittelgenerierenden Einheiten, aus denen eine Gruppe von zahlungsmittelgenerierenden Einheiten besteht, der ein Geschäfts- oder Firmenwert zugeordnet worden ist, zur selben Zeit auf Wertminderung geprüft werden wie die Gruppe von Einheiten, die den Geschäfts- oder Firmenwert enthält; in diesem Fall sind die einzelnen Einheiten vor der den Geschäfts- oder Firmenwert enthaltenen Gruppe von Einheiten auf Wertminderung zu überprüfen.**

98 Zum Zeitpunkt der Überprüfung einer zahlungsmittelgenerierenden Einheit, der ein Geschäfts- oder Firmenwert zugeordnet worden ist, auf Wertminderung könnte es einen Anhaltspunkt auf eine Wertminderung bei einem Vermögenswert innerhalb der Einheit, die den Geschäfts- oder Firmenwert enthält, geben. Unter diesen Umständen überprüft das Unternehmen zuerst den Vermögenswert auf Wertminderung und erfasst jeglichen Wertminderungsaufwand für diesen Vermögenswert, ehe es die den Geschäfts- oder Firmenwert enthaltende zahlungsmittelgenerierende Einheit auf Wertminderung überprüft. Entsprechend könnte es einen Anhaltspunkt für eine Wertminderung bei einer zahlungsmittelgenerierenden Einheit innerhalb einer Gruppe von Einheiten, die den Geschäfts- oder Firmenwert enthält, geben. Unter diesen Umständen überprüft das Unternehmen zuerst die zahlungsmittelgenerierende Einheit auf Wertminderung und erfasst jeglichen Wertminderungsaufwand für diese Einheit, ehe es die Gruppe von Einheiten, der der Geschäfts- oder Firmenwert zugeordnet ist, auf Wertminderung überprüft.

99 **Die jüngste ausführliche, in einer vorhergehenden Periode durchgeführte Berechnung des erzielbaren Betrags einer zahlungsmittelgenerierenden Einheit, der ein Geschäfts- oder Firmenwert zugeordnet worden ist, kann für die Überprüfung dieser Einheit auf Wertminderung in der aktuellen Periode verwendet werden, vorausgesetzt, dass alle folgenden Kriterien erfüllt sind:**

(a) **die Vermögenswerte und Schulden, die diese Einheit bilden, haben sich seit der jüngsten Berechnung des erzielbaren Betrags nicht wesentlich geändert,**

(b) **die jüngste Berechnung des erzielbaren Betrags ergab einen Betrag, der den Buchwert der Einheit wesentlich überstieg, und**

(c) **auf der Grundlage einer Analyse der seit der jüngsten Berechnung des erzielbaren Betrags eingetretenen Ereignisse und geänderten Umstände ist die Wahrscheinlichkeit, dass bei einer aktuellen Ermittlung der erzielbare Betrag niedriger als der aktuelle Buchwert der Einheit sein würde, sehr gering.**

Gemeinschaftliche Vermögenswerte

100 Gemeinschaftliche Vermögenswerte umfassen Vermögenswerte des Konzerns oder einzelner Unternehmensbereiche, wie das Gebäude der Hauptverwaltung oder eines Geschäftsbereichs, EDV-Ausrüstung oder ein Forschungszentrum. Die Struktur eines Unternehmens bestimmt, ob ein Vermögenswert die Definition dieses Standards für gemeinschaftliche Vermögenswerte einer bestimmten zahlungsmittelgenerierenden Einheit erfüllt. Die charakteristischen Merkmale von gemeinschaftlichen Vermögenswerten sind, dass sie keine Mittelzuflüsse erzeugen, die unabhängig von anderen Vermögenswerten oder Gruppen von Vermögenswerten sind, und dass ihr Buchwert der zu prüfenden zahlungsmittelgenerierenden Einheit nicht vollständig zugeordnet werden kann.

101 Da gemeinschaftliche Vermögenswerte keine gesonderten Mittelzuflüsse erzeugen, kann der erzielbare Betrag eines einzelnen gemeinschaftlichen Vermögenswerts nicht bestimmt werden, sofern das Management nicht den Verkauf des Vermögenswerts beschlossen hat. Wenn daher ein Anhaltspunkt dafür vorliegt, dass ein gemeinschaftlicher Vermögenswert wertgemindert sein könnte, wird der erzielbare Betrag für die zahlungsmittelgenerierende Einheit oder die Gruppe von zahlungsmittelgenerierenden Einheiten bestimmt, zu der der gemeinschaftliche Vermögenswert gehört, der dann mit dem Buchwert dieser zahlungsmittelgenerierenden Einheit oder Gruppe von zahlungsmittelgenerierenden Einheiten verglichen wird. Jeglicher Wertminderungsaufwand ist gemäß Paragraph 104 zu erfassen.

of the unit exceeds the recoverable amount of the unit, the entity shall recognise the impairment loss in accordance with paragraph 104.

[deleted] 91—95

Timing of impairment tests

The annual impairment test for a cash-generating unit to which goodwill has been allocated may be performed at any time during an annual period, provided the test is performed at the same time every year. Different cash-generating units may be tested for impairment at different times. However, if some or all of the goodwill allocated to a cash-generating unit was acquired in a business combination during the current annual period, that unit shall be tested for impairment before the end of the current annual period. 96

If the assets constituting the cash-generating unit to which goodwill has been allocated are tested for impairment at the same time as the unit containing the goodwill, they shall be tested for impairment before the unit containing the goodwill. Similarly, if the cash-generating units constituting a group of cash-generating units to which goodwill has been allocated are tested for impairment at the same time as the group of units containing the goodwill, the individual units shall be tested for impairment before the group of units containing the goodwill. 97

At the time of impairment testing a cash-generating unit to which goodwill has been allocated, there may be an indication of an impairment of an asset within the unit containing the goodwill. In such circumstances, the entity tests the asset for impairment first, and recognises any impairment loss for that asset before testing for impairment the cash-generating unit containing the goodwill. Similarly, there may be an indication of an impairment of a cash-generating unit within a group of units containing the goodwill. In such circumstances, the entity tests the cash-generating unit for impairment first, and recognises any impairment loss for that unit, before testing for impairment the group of units to which the goodwill is allocated. 98

The most recent detailed calculation made in a preceding period of the recoverable amount of a cash-generating unit to which goodwill has been allocated may be used in the impairment test of that unit in the current period provided all of the following criteria are met: 99

(a) the assets and liabilities making up the unit have not changed significantly since the most recent recoverable amount calculation;

(b) the most recent recoverable amount calculation resulted in an amount that exceeded the carrying amount of the unit by a substantial margin; and

(c) based on an analysis of events that have occurred and circumstances that have changed since the most recent recoverable amount calculation, the likelihood that a current recoverable amount determination would be less than the current carrying amount of the unit is remote.

Corporate assets

Corporate assets include group or divisional assets such as the building of a headquarters or a division of the entity, EDP equipment or a research centre. The structure of an entity determines whether an asset meets this standard's definition of corporate assets for a particular cash-generating unit. The distinctive characteristics of corporate assets are that they do not generate cash inflows independently of other assets or groups of assets and their carrying amount cannot be fully attributed to the cash-generating unit under review. 100

Because corporate assets do not generate separate cash inflows, the recoverable amount of an individual corporate asset cannot be determined unless management has decided to dispose of the asset. As a consequence, if there is an indication that a corporate asset may be impaired, recoverable amount is determined for the cash-generating unit or group of cash-generating units to which the corporate asset belongs, and is compared with the carrying amount of this cash-generating unit or group of cash-generating units. Any impairment loss is recognised in accordance with paragraph 104. 101

102 **Bei der Überprüfung einer zahlungsmittelgenerierenden Einheit auf Wertminderung hat ein Unternehmen alle gemeinschaftlichen Vermögenswerte zu bestimmen, die zu der zu überprüfenden zahlungsmittelgenerierenden Einheit in Beziehung stehen. Wenn ein Teil des Buchwerts eines gemeinschaftlichen Vermögenswerts**

(a) dieser Einheit auf einer angemessenen und stetigen Basis zugeordnet werden kann, hat das Unternehmen den Buchwert der Einheit, einschließlich des Teils des Buchwerts des gemeinschaftlichen Vermögenswerts, der der Einheit zugeordnet ist, mit deren erzielbaren Betrag zu vergleichen. Jeglicher Wertminderungsaufwand ist gemäß Paragraph 104 zu erfassen.

(b) dieser Einheit nicht auf einer angemessenen und stetigen Basis zugeordnet werden kann, hat das Unternehmen

(i) den Buchwert der Einheit ohne den gemeinschaftlichen Vermögenswert mit deren erzielbaren Betrag zu vergleichen und jeglichen Wertminderungsaufwand gemäß Paragraph 104 zu erfassen,

(ii) die kleinste Gruppe von zahlungsmittelgenerierenden Einheiten zu bestimmen, die die zu überprüfende zahlungsmittelgenerierende Einheit enthält und der ein Teil des Buchwerts des gemeinschaftlichen Vermögenswerts auf einer angemessenen und stetigen Basis zugeordnet werden kann, und

(iii) den Buchwert dieser Gruppe von zahlungsmittelgenerierenden Einheiten, einschließlich des Teils des Buchwerts des gemeinschaftlichen Vermögenswerts, der dieser Gruppe von Einheiten zugeordnet ist, mit dem erzielbaren Betrag der Gruppe von Einheiten zu vergleichen. Jeglicher Wertminderungsaufwand ist gemäß Paragraph 104 zu erfassen.

103 Das erläuternde Beispiel 8 veranschaulicht die Anwendung dieser Vorschriften auf gemeinschaftliche Vermögenswerte.

Wertminderungsaufwand für eine zahlungsmittelgenerierende Einheit

104 **Ein Wertminderungsaufwand ist nur dann für eine zahlungsmittelgenerierende Einheit (die kleinste Gruppe von zahlungsmittelgenerierenden Einheiten, der ein Geschäfts- oder Firmenwert bzw. ein gemeinschaftlicher Vermögenswert zugeordnet worden ist) zu erfassen, wenn der erzielbare Betrag der Einheit (Gruppe von Einheiten) geringer ist als der Buchwert der Einheit (Gruppe von Einheiten). Der Wertminderungsaufwand ist folgendermaßen zu verteilen, um den Buchwert der Vermögenswerte der Einheit (Gruppe von Einheiten) in der folgenden Reihenfolge zu vermindern:**

(a) zuerst den Buchwert jeglichen Geschäfts- oder Firmenwerts, der der zahlungsmittelgenerierenden Einheit (Gruppe von Einheiten) zugeordnet ist, und

(b) dann anteilig die anderen Vermögenswerte der Einheit (Gruppe von Einheiten) auf Basis des Buchwerts jedes einzelnen Vermögenswerts der Einheit (Gruppe von Einheiten).

Diese Verminderungen der Buchwerte sind als Wertminderungsaufwendungen für einzelne Vermögenswerte zu behandeln und gemäß Paragraph 60 zu erfassen.

105 **Bei der Zuordnung eines Wertminderungsaufwands gemäß Paragraph 104 darf ein Unternehmen den Buchwert eines Vermögenswerts nicht unter den höchsten der folgenden Werte vermindern:**

(a) seinen beizulegenden Zeitwert abzüglich Veräußerungskosten (sofern ermittelbar),

(b) seinen Nutzungswert (sofern bestimmbar) und

(c) null.

Der Betrag des Wertminderungsaufwands, der andernfalls dem Vermögenswert zugeordnet worden wäre, ist anteilig den anderen Vermögenswerten der Einheit (Gruppe von Einheiten) zuzuordnen.

106 Ist es nicht durchführbar, den für jeden einzelnen Vermögenswert der zahlungsmittelgenerierenden Einheit erzielbaren Betrag zu schätzen, verlangt dieser Standard eine willkürliche Zuordnung des Wertminderungsaufwands auf die Vermögenswerte der Einheit, mit Ausnahme des Geschäfts- oder Firmenwerts, da alle Vermögenswerte der zahlungsmittelgenerierenden Einheit miteinander verknüpft sind.

107 Wenn der erzielbare Betrag eines einzelnen Vermögenswerts nicht bestimmt werden kann (siehe Paragraph 67),

(a) wird ein Wertminderungsaufwand für den Vermögenswert erfasst, wenn dessen Buchwert größer ist als der höhere der beiden Beträge aus beizulegendem Zeitwert abzüglich Veräußerungskosten und dem Ergebnis der in den Paragraphen 104 und 105 beschriebenen Zuordnungsverfahren, und

(b) wird kein Wertminderungsaufwand für den Vermögenswert erfasst, wenn die damit verbundene zahlungsmittelgenerierende Einheit nicht wertgemindert ist. Dies gilt auch dann, wenn der beizulegende Zeitwert abzüglich Veräußerungskosten des Vermögenswerts unter dessen Buchwert liegt.

Beispiel Eine Maschine wurde beschädigt, funktioniert aber noch, wenn auch nicht so gut wie vor der Beschädigung. Der beizulegende Zeitwert abzüglich Veräußerungskosten der Maschine ist geringer als deren Buchwert. Die Maschine erzeugt keine unabhängigen Mittelzuflüsse. Die kleinste identifizierbare Gruppe von Vermögenswerten, die die Maschine umfasst und die Mittelzuflüsse erzeugt, die weitgehend unabhängig von den Mittelzuflüssen anderer Vermögenswerte sind, ist die Produktionslinie, zu der die Maschine gehört. Der erzielbare Betrag der Produktionslinie zeigt, dass die Produktionslinie als Ganzes nicht wertgemindert ist.

In testing a cash-generating unit for impairment, an entity shall identify all the corporate assets that relate to the cash-generating unit under review. If a portion of the carrying amount of a corporate asset: 102
(a) can be allocated on a reasonable and consistent basis to that unit, the entity shall compare the carrying amount of the unit, including the portion of the carrying amount of the corporate asset allocated to the unit, with its recoverable amount. Any impairment loss shall be recognised in accordance with paragraph 104;
(b) cannot be allocated on a reasonable and consistent basis to that unit, the entity shall:
(i) compare the carrying amount of the unit, excluding the corporate asset, with its recoverable amount and recognise any impairment loss in accordance with paragraph 104;
(ii) identify the smallest group of cash-generating units that includes the cash-generating unit under review and to which a portion of the carrying amount of the corporate asset can be allocated on a reasonable and consistent basis; and
(iii) compare the carrying amount of that group of cash-generating units, including the portion of the carrying amount of the corporate asset allocated to that group of units, with the recoverable amount of the group of units. Any impairment loss shall be recognised in accordance with paragraph 104.

Illustrative Example 8 illustrates the application of these requirements to corporate assets. 103

Impairment loss for a cash-generating unit

An impairment loss shall be recognised for a cash-generating unit (the smallest group of cash-generating units to which goodwill or a corporate asset has been allocated) if, and only if, the recoverable amount of the unit (group of units) is less than the carrying amount of the unit (group of units). The impairment loss shall be allocated to reduce the carrying amount of the assets of the unit (group of units) in the following order: 104
(a) first, to reduce the carrying amount of any goodwill allocated to the cash-generating unit (group of units); and
(b) then, to the other assets of the unit (group of units) pro rata on the basis of the carrying amount of each asset in the unit (group of units).
These reductions in carrying amounts shall be treated as impairment losses on individual assets and recognised in accordance with paragraph 60.

In allocating an impairment loss in accordance with paragraph 104, an entity shall not reduce the carrying amount of an asset below the highest of: 105
(a) its fair value less costs of disposal (if determinable);
(b) its value in use (if determinable); and
(c) zero.
The amount of the impairment loss that would otherwise have been allocated to the asset shall be allocated pro rata to the other assets of the unit (group of units).

If it is not practicable to estimate the recoverable amount of each individual asset of a cash-generating unit, this standard requires an arbitrary allocation of an impairment loss between the assets of that unit, other than goodwill, because all assets of a cash-generating unit work together. 106

If the recoverable amount of an individual asset cannot be determined (see paragraph 67): 107
(a) an impairment loss is recognised for the asset if its carrying amount is greater than the higher of its fair value less costs of disposal and the results of the allocation procedures described in paragraphs 104 and 105; and
(b) no impairment loss is recognised for the asset if the related cash-generating unit is not impaired. This applies even if the asset's fair value less costs of disposal is less than its carrying amount.

Example A machine has suffered physical damage but is still working, although not as well as before it was damaged. The machine's fair value less costs of disposal is less than its carrying amount. The machine does not generate independent cash inflows. The smallest identifiable group of assets that includes the machine and generates cash inflows that are largely independent of the cash inflows from other assets is the production line to which the machine belongs. The recoverable amount of the production line shows that the production line taken as a whole is not impaired.

Annahme 1: Die vom Management genehmigten Pläne/Vorhersagen enthalten keine Verpflichtung des Managements, die Maschine zu ersetzen.

Der erzielbare Betrag der Maschine allein kann nicht geschätzt werden, da der Nutzungswert der Maschine

(e) *von deren beizulegendem Zeitwert abzüglich Veräußerungskosten abweichen kann, und*

(f) *nur für die zahlungsmittelgenerierende Einheit, zu der die Maschine gehört (die Produktionslinie), bestimmt werden kann.*

Die Produktionslinie ist nicht wertgemindert. Deshalb wird kein Wertminderungsaufwand für die Maschine erfasst. Dennoch kann es notwendig sein, dass das Unternehmen den Abschreibungszeitraum oder die Abschreibungsmethode für die Maschine neu festsetzt. Vielleicht ist ein kürzerer Abschreibungszeitraum oder eine schnellere Abschreibungsmethode erforderlich, um die erwartete Restnutzungsdauer der Maschine oder den Verlauf, nach dem der wirtschaftliche Nutzen von dem Unternehmen voraussichtlich verbraucht wird, widerzuspiegeln.

Annahme 2: Die vom Management gebilligten Pläne/Vorhersagen enthalten eine Verpflichtung des Managements, die Maschine zu ersetzen und sie in naher Zukunft zu verkaufen. Die Zahlungsströme aus der fortgesetzten Nutzung der Maschine bis zu ihrem Verkauf werden als unbedeutend eingeschätzt.

Der Nutzungswert der Maschine entspricht Schätzungen zufolge nahezu dem beizulegenden Zeitwert abzüglich Veräußerungskosten. Der erzielbare Betrag der Maschine kann demzufolge bestimmt werden, und die zahlungsmittelgenerierende Einheit, zu der die Maschine gehört (d. h. die Produktionslinie), wird nicht berücksichtigt. Da der beizulegende Zeitwert abzüglich Veräußerungskosten der Maschine geringer ist als deren Buchwert, wird ein Wertminderungsaufwand für die Maschine erfasst.

108 **Nach Anwendung der Vorschriften der Paragraphen 104 und 105 ist eine Schuld für jeden verbleibenden Restbetrag eines Wertminderungsaufwands einer zahlungsmittelgenerierenden Einheit nur dann anzusetzen, wenn dies von einem anderen IFRS verlangt wird.**

WERTAUFHOLUNG

109 Die Paragraphen 110–116 enthalten die Vorschriften für die Aufholung eines in früheren Perioden für einen Vermögenswert oder eine zahlungsmittelgenerierende Einheit erfassten Wertminderungsaufwands. In diesen Vorschriften wird der Begriff „ein Vermögenswert“ verwendet, sie sind aber ebenso auf einen einzelnen Vermögenswert wie auf eine zahlungsmittelgenerierende Einheit anzuwenden. Zusätzliche Vorschriften sind für einen einzelnen Vermögenswert in den Paragraphen 117–121, für eine zahlungsmittelgenerierende Einheit in den Paragraphen 122 und 123 und für den Geschäfts- oder Firmenwert in den Paragraphen 124 und 125 festgelegt.

110 **Ein Unternehmen hat an jedem Abschlussstichtag zu prüfen, ob ein Anhaltspunkt dafür vorliegt, dass ein Wertminderungsaufwand, der für einen Vermögenswert mit Ausnahme eines Geschäfts- oder Firmenwerts in früheren Perioden erfasst worden ist, nicht länger besteht oder sich vermindert haben könnte. Wenn ein solcher Anhaltspunkt vorliegt, hat das Unternehmen den erzielbaren Betrag dieses Vermögenswerts zu schätzen.**

111 **Bei der Beurteilung, ob ein Anhaltspunkt dafür vorliegt, dass ein Wertminderungsaufwand, der für einen Vermögenswert mit Ausnahme eines Geschäfts- oder Firmenwerts in früheren Perioden erfasst wurde, nicht länger besteht oder sich verringert haben könnte, hat ein Unternehmen mindestens die folgenden Anhaltspunkte zu berücksichtigen:**

Externe Informationsquellen

(a) **Es bestehen beobachtbare Anhaltspunkte dafür, dass der Wert des Vermögenswerts während der Periode signifikant gestiegen ist.**

(b) **Während der Periode sind signifikante Veränderungen mit günstigen Folgen für das Unternehmen im technischen, marktbezogenen, wirtschaftlichen oder rechtlichen Umfeld, in welchem das Unternehmen tätig ist oder in Bezug auf den Markt, für den der Vermögenswert bestimmt ist, eingetreten, oder werden in näherer Zukunft eintreten.**

(c) **Die Marktzinssätze oder andere Marktrenditen sind während der Periode gesunken, und diese Rückgänge werden sich wahrscheinlich auf den Abzinsungssatz, der für die Berechnung des Nutzungswerts herangezogen wird, auswirken und den erzielbaren Betrag des Vermögenswerts wesentlich erhöhen.**

Interne Informationsquellen

(d) **Während der Periode sind signifikante Veränderungen mit günstigen Folgen für das Unternehmen in dem Umfang oder der Weise, in dem bzw. der der Vermögenswert genutzt wird oder voraussichtlich genutzt werden wird, eingetreten oder werden für die nähere Zukunft erwartet. Diese Veränderungen umfassen Kosten, die während der Periode entstanden sind, um die Ertragskraft eines Vermögenswerts zu verbessern bzw. zu erhöhen oder den Betrieb zu restrukturieren, zu dem der Vermögenswert gehört.**

Assumption 1: budgets/forecasts approved by management reflect no commitment of management to replace the machine.

The recoverable amount of the machine alone cannot be estimated because the machine's value in use:

(a) *may differ from its fair value less costs of disposal; and*

(b) *can be determined only for the cash-generating unit to which the machine belongs (the production line).*

The production line is not impaired. Therefore, no impairment loss is recognised for the machine. Nevertheless, the entity may need to reassess the depreciation period or the depreciation method for the machine. Perhaps a shorter depreciation period or a faster depreciation method is required to reflect the expected remaining useful life of the machine or the pattern in which economic benefits are expected to be consumed by the entity.

Assumption 2: budgets/forecasts approved by management reflect a commitment of management to replace the machine and sell it in the near future. Cash flows from continuing use of the machine until its disposal are estimated to be negligible.

The machine's value in use can be estimated to be close to its fair value less costs of disposal. Therefore, the recoverable amount of the machine can be determined and no consideration is given to the cash-generating unit to which the machine belongs (i.e. the production line). Because the machine's fair value less costs of disposal is less than its carrying amount, an impairment loss is recognised for the machine.

After the requirements in paragraphs 104 and 105 have been applied, a liability shall be recognised for any remaining amount of an impairment loss for a cash-generating unit if, and only if, that is required by another standard. 108

REVERSING AN IMPAIRMENT LOSS

Paragraphs 110—116 set out the requirements for reversing an impairment loss recognised for an asset or a cash-generating unit in prior periods. These requirements use the term 'an asset' but apply equally to an individual asset or a cash-generating unit. Additional requirements for an individual asset are set out in paragraphs 117—121, for a cash-generating unit in paragraphs 122 and 123 and for goodwill in paragraphs 124 and 125. 109

An entity shall assess at the end of each reporting period whether there is any indication that an impairment loss recognised in prior periods for an asset other than goodwill may no longer exist or may have decreased. If any such indication exists, the entity shall estimate the recoverable amount of that asset. 110

In assessing whether there is any indication that an impairment loss recognised in prior periods for an asset other than goodwill may no longer exist or may have decreased, an entity shall consider, as a minimum, the following indications: 111

External sources of information

(a) there are observable indications that the asset's market value has increased significantly during the period.

(b) significant changes with a favourable effect on the entity have taken place during the period, or will take place in the near future, in the technological, market, economic or legal environment in which the entity operates or in the market to which the asset is dedicated;

(c) market interest rates or other market rates of return on investments have decreased during the period, and those decreases are likely to affect the discount rate used in calculating the asset's value in use and increase the asset's recoverable amount materially.

Internal sources of information

(d) significant changes with a favourable effect on the entity have taken place during the period, or are expected to take place in the near future, in the extent to which, or manner in which, the asset is used or is expected to be used. These changes include costs incurred during the period to improve or enhance the asset's performance or restructure the operation to which the asset belongs;

(e) **Das interne Berichtswesen liefert Anhaltspunkte dafür, dass die wirtschaftliche Ertragskraft eines Vermögenswerts besser ist oder sein wird als erwartet.**

112 Die Anhaltspunkte für eine mögliche Verringerung eines Wertminderungsaufwands in Paragraph 111 spiegeln weitgehend die Anhaltspunkte für einen möglichen Wertminderungsaufwand nach Paragraph 12 wider.

113 Wenn ein Anhaltspunkt dafür vorliegt, dass ein erfasster Wertminderungsaufwand für einen Vermögenswert mit Ausnahme eines Geschäfts- oder Firmenwerts nicht mehr länger besteht oder sich verringert hat, kann dies darauf hindeuten, dass die Restnutzungsdauer, die Abschreibungsmethode oder der Restwert überprüft und gemäß dem auf den Vermögenswert anzuwendenden IFRS angepasst werden muss, auch wenn kein Wertminderungsaufwand für den Vermögenswert aufgeholt wird.

114 **Ein in früheren Perioden für einen Vermögenswert mit Ausnahme eines Geschäfts- oder Firmenwerts erfasster Wertminderungsaufwand ist nur dann aufzuholen, wenn sich seit der Erfassung des letzten Wertminderungsaufwands eine Änderung in den Schätzungen ergeben hat, die bei der Bestimmung des erzielbaren Betrags herangezogen wurden. Wenn dies der Fall ist, ist der Buchwert des Vermögenswerts auf seinen erzielbaren Betrag zu erhöhen, es sei denn, Paragraph 117 sieht etwas Anderes vor. Diese Erhöhung ist eine Wertaufholung.**

115 Eine Wertaufholung spiegelt eine Erhöhung des geschätzten Leistungspotenzials eines Vermögenswerts entweder durch Nutzung oder Verkauf seit dem Zeitpunkt wider, an dem ein Unternehmen zuletzt einen Wertminderungsaufwand für diesen Vermögenswert erfasst hat. Paragraph 130 verlangt von einem Unternehmen, die Änderung von Schätzungen zu identifizieren, die einen Anstieg des geschätzten Leistungspotenzials begründen. Beispiele für Änderungen von Schätzungen umfassen:

(a) eine Änderung der Grundlage des erzielbaren Betrags (d. h., ob der erzielbare Betrag auf dem beizulegenden Zeitwert abzüglich Veräußerungskosten oder auf dem Nutzungswert basiert),

(b) falls der erzielbare Betrag auf dem Nutzungswert basierte, eine Änderung des Betrags oder des zeitlichen Anfalls der geschätzten künftigen Zahlungsströme oder des Abzinsungssatzes, oder

(c) falls der erzielbare Betrag auf dem beizulegenden Zeitwert abzüglich Veräußerungskosten basierte, eine Änderung der Schätzung der Bestandteile des beizulegenden Zeitwerts abzüglich Veräußerungskosten.

116 Der Nutzungswert eines Vermögenswerts kann den Buchwert des Vermögenswerts aus dem einfachen Grund übersteigen, dass sich der Barwert der künftigen Mittelzuflüsse erhöht, wenn diese zeitlich näherkommen. Das Leistungspotenzial des Vermögenswerts hat sich indes nicht erhöht. Ein Wertminderungsaufwand wird daher nicht nur wegen des Zeitablaufs (manchmal als Abwicklung der Diskontierung oder Aufzinsung bezeichnet) aufgeholt, auch wenn der erzielbare Betrag des Vermögenswerts dessen Buchwert übersteigt.

Wertaufholung für einen einzelnen Vermögenswert

117 **Der infolge einer Wertaufholung erhöhte Buchwert eines Vermögenswerts mit Ausnahme eines Geschäfts- oder Firmenwerts darf nicht den Buchwert übersteigen, der (abzüglich planmäßiger Abschreibungen) bestimmt worden wäre, wenn in den früheren Jahren kein Wertminderungsaufwand erfasst worden wäre.**

118 Jede Erhöhung des Buchwerts eines Vermögenswerts, mit Ausnahme eines Geschäfts- oder Firmenwerts, über den Buchwert hinaus, der (abzüglich planmäßiger Abschreibungen) bestimmt worden wäre, wenn in den früheren Jahren kein Wertminderungsaufwand erfasst worden wäre, ist eine Neubewertung. Bei der Bilanzierung einer solchen Neubewertung wendet ein Unternehmen den auf den Vermögenswert anwendbaren IFRS an.

119 **Eine Wertaufholung eines Vermögenswerts, mit Ausnahme eines Geschäfts- oder Firmenwerts, ist sofort erfolgswirksam zu erfassen, es sei denn, dass der Vermögenswert zum Neubewertungsbetrag nach einem anderen IFRS (beispielsweise nach dem Modell der Neubewertung in IAS 16) bilanziert wird. Jede Wertaufholung eines neu bewerteten Vermögenswerts ist als Wertsteigerung aufgrund einer Neubewertung gemäß diesem anderen IFRS zu behandeln.**

120 Eine Wertaufholung eines neu bewerteten Vermögenswerts wird im sonstigen Ergebnis mit einer entsprechenden Erhöhung der Neubewertungsrücklage für diesen Vermögenswert erfasst. Bis zu dem Betrag jedoch, zu dem ein Wertminderungsaufwand für denselben neu bewerteten Vermögenswert vorher erfolgswirksam erfasst wurde, wird eine Wertaufholung ebenso erfolgswirksam erfasst.

121 **Nachdem eine Wertaufholung erfasst worden ist, ist die planmäßige Abschreibung des Vermögenswerts in künftigen Perioden anzupassen, um den berichtigten Buchwert des Vermögenswerts abzüglich eines etwaigen Restbuchwerts systematisch auf seine Restnutzungsdauer zu verteilen.**

Wertaufholung für eine zahlungsmittelgenerierende Einheit

122 **Eine Wertaufholung für eine zahlungsmittelgenerierende Einheit ist den Vermögenswerten der Einheit, bis auf den Geschäfts- oder Firmenwert, anteilig auf Basis des Buchwerts dieser Vermögenswerte zuzuordnen. Diese Erhöhungen der Buchwerte sind als Wertaufholungen für einzelne Vermögenswerte zu behandeln und gemäß Paragraph 119 zu erfassen.**

(e) **evidence is available from internal reporting that indicates that the economic performance of the asset is, or will be, better than expected.**

Indications of a potential decrease in an impairment loss in paragraph 111 mainly mirror the indications of a potential impairment loss in paragraph 12. 112

If there is an indication that an impairment loss recognised for an asset other than goodwill may no longer exist or may have decreased, this may indicate that the remaining useful life, the depreciation (amortisation) method or the residual value may need to be reviewed and adjusted in accordance with the standard applicable to the asset, even if no impairment loss is reversed for the asset. 113

An impairment loss recognised in prior periods for an asset other than goodwill shall be reversed if, and only if, there has been a change in the estimates used to determine the asset's recoverable amount since the last impairment loss was recognised. If this is the case, the carrying amount of the asset shall, except as described in paragraph 117, be increased to its recoverable amount. That increase is a reversal of an impairment loss. 114

A reversal of an impairment loss reflects an increase in the estimated service potential of an asset, either from use or from sale, since the date when an entity last recognised an impairment loss for that asset. Paragraph 130 requires an entity to identify the change in estimates that causes the increase in estimated service potential. Examples of changes in estimates include: 115

(a) a change in the basis for recoverable amount (i.e. whether recoverable amount is based on fair value less costs of disposal or value in use);
(b) if recoverable amount was based on value in use, a change in the amount or timing of estimated future cash flows or in the discount rate; or
(c) if recoverable amount was based on fair value less costs to sell, a change in estimate of the components of fair value less costs of disposal.

An asset's value in use may become greater than the asset's carrying amount simply because the present value of future cash inflows increases as they become closer. However, the service potential of the asset has not increased. Therefore, an impairment loss is not reversed just because of the passage of time (sometimes called the 'unwinding' of the discount), even if the recoverable amount of the asset becomes higher than its carrying amount. 116

Reversing an impairment loss for an individual asset

The increased carrying amount of an asset other than goodwill attributable to a reversal of an impairment loss shall not exceed the carrying amount that would have been determined (net of amortisation or depreciation) had no impairment loss been recognised for the asset in prior years. 117

Any increase in the carrying amount of an asset other than goodwill above the carrying amount that would have been determined (net of amortisation or depreciation) had no impairment loss been recognised for the asset in prior years is a revaluation. In accounting for such a revaluation, an entity applies the standard applicable to the asset. 118

A reversal of an impairment loss for an asset other than goodwill shall be recognised immediately in profit or loss, unless the asset is carried at revalued amount in accordance with another standard (for example, the revaluation model in IAS 16). Any reversal of an impairment loss of a revalued asset shall be treated as a revaluation increase in accordance with that other standard. 119

A reversal of an impairment loss on a revalued asset is recognised in other comprehensive income and increases the revaluation surplus for that asset. However, to the extent that an impairment loss on the same revalued asset was previously recognised in profit or loss, a reversal of that impairment loss is also recognised in profit or loss. 120

After a reversal of an impairment loss is recognised, the depreciation (amortisation) charge for the asset shall be adjusted in future periods to allocate the asset's revised carrying amount, less its residual value (if any), on a systematic basis over its remaining useful life. 121

Reversing an impairment loss for a cash-generating unit

A reversal of an impairment loss for a cash-generating unit shall be allocated to the assets of the unit, except for goodwill, pro rata with the carrying amounts of those assets. These increases in carrying amounts shall be treated as reversals of impairment losses for individual assets and recognised in accordance with paragraph 119. 122

123 **Bei der Zuordnung einer Wertaufholung für eine zahlungsmittelgenerierende Einheit gemäß Paragraph 122 ist der Buchwert eines Vermögenswerts nicht über den niedrigeren der folgenden Werte zu erhöhen:**

(a) seinen erzielbaren Betrag (sofern bestimmbar) und

(b) den Buchwert, der (abzüglich planmäßiger Abschreibungen) bestimmt worden wäre, wenn in früheren Perioden kein Wertminderungsaufwand für den Vermögenswert erfasst worden wäre.

Der Betrag der Wertaufholung, der andernfalls dem Vermögenswert zugeordnet worden wäre, ist anteilig den anderen Vermögenswerten der Einheit, mit Ausnahme des Geschäfts- oder Firmenwerts, zuzuordnen.

Wertaufholung für einen Geschäfts- oder Firmenwert

124 **Ein für einen Geschäfts- oder Firmenwert erfasster Wertminderungsaufwand darf nicht in einer nachfolgenden Periode aufgeholt werden.**

125 IAS 38 *Immaterielle Vermögenswerte* verbietet den Ansatz eines selbst geschaffenen Geschäfts- oder Firmenwerts. Bei jeder Erhöhung des erzielbaren Betrags des Geschäfts- oder Firmenwerts, die in Perioden nach der Erfassung des Wertminderungsaufwands für diesen Geschäfts- oder Firmenwert stattfindet, wird es sich wahrscheinlich eher um einen selbst geschaffenen Geschäfts- oder Firmenwert als um eine für den erworbenen Geschäfts- oder Firmenwert erfasste Wertaufholung handeln.

ANGABEN

126 **Ein Unternehmen hat für jede Gruppe von Vermögenswerten die folgenden Angaben zu machen:**

(a) die Höhe der während der Periode erfolgswirksam erfassten Wertminderungsaufwendungen und der/die Posten der Gesamtergebnisrechnung, in dem/denen diese Wertminderungsaufwendungen enthalten sind,

(b) die Höhe der während der Periode erfolgswirksam erfassten Wertaufholungen und der/die Posten der Gesamtergebnisrechnung, in dem/denen solche Wertaufholungen enthalten sind,

(c) die Höhe der Wertminderungsaufwendungen bei neu bewerteten Vermögenswerten, die während der Periode im sonstigen Ergebnis erfasst wurden,

(d) die Höhe der Wertaufholungen bei neu bewerteten Vermögenswerten, die während der Periode im sonstigen Ergebnis erfasst wurden.

127 Eine Gruppe von Vermögenswerten ist eine Zusammenfassung von Vermögenswerten, die hinsichtlich ihrer Art und Verwendung innerhalb der Geschäftstätigkeit eines Unternehmens ähnlich sind.

128 Die in Paragraph 126 verlangten Informationen können gemeinsam mit anderen Informationen für diese Gruppe von Vermögenswerten angegeben werden. Diese Informationen könnten beispielsweise in eine Überleitungsrechnung des Buchwerts der Sachanlagen am Anfang und am Ende der Periode, wie in IAS 16 gefordert, einbezogen werden.

129 **Ein Unternehmen, das gemäß IFRS 8 Segmentinformationen darstellt, hat für jedes berichtspflichtige Segment folgende Angaben zu machen:**

(a) die Höhe der Wertminderungsaufwendungen, die während der Periode erfolgswirksam und im sonstigen Ergebnis erfasst wurden,

(b) die Höhe der Wertaufholungen, die während der Periode erfolgswirksam und im sonstigen Ergebnis erfasst wurden.

130 **Ein Unternehmen hat für einen einzelnen Vermögenswert (einschließlich Geschäfts- oder Firmenwert) oder eine zahlungsmittelgenerierende Einheit, für den bzw. die während der Periode ein Wertminderungsaufwand erfasst oder aufgeholt wurde, Folgendes anzugeben:**

(a) die Ereignisse und Umstände, die zu der Erfassung oder Wertaufholung geführt haben,

(b) die Höhe des erfassten oder aufgeholten Wertminderungsaufwands,

(c) für einen einzelnen Vermögenswert:

(i) die Art des Vermögenswerts und

(ii) falls das Unternehmen gemäß IFRS 8 Segmentinformationen darstellt, das berichtspflichtige Segment, zu dem der Vermögenswert gehört,

(d) für eine zahlungsmittelgenerierende Einheit:

(i) eine Beschreibung der zahlungsmittelgenerierenden Einheit (beispielsweise, ob es sich dabei um eine Produktlinie, ein Werk, eine Geschäftstätigkeit, einen geografischen Bereich oder ein berichtspflichtiges Segment, wie in IFRS 8 definiert, handelt),

(ii) die Höhe des erfassten oder aufgeholten Wertminderungsaufwands für jede Gruppe von Vermögenswerten und, falls das Unternehmen gemäß IFRS 8 Segmentinformationen darstellt, für jedes berichtspflichtige Segment, und

(iii) wenn sich die Zusammenfassung von Vermögenswerten für die Identifizierung der zahlungsmittelgenerierenden Einheit seit der vorhergehenden Schätzung des etwaig erzielbaren Betrags der zahlungsmittelgenerierenden Einheit geändert hat, eine Beschreibung der gegenwärtigen und der früheren Art der

In allocating a reversal of an impairment loss for a cash-generating unit in accordance with paragraph 122, the carrying amount of an asset shall not be increased above the lower of: 123

(a) its recoverable amount (if determinable); and

(b) the carrying amount that would have been determined (net of amortisation or depreciation) had no impairment loss been recognised for the asset in prior periods.

The amount of the reversal of the impairment loss that would otherwise have been allocated to the asset shall be allocated pro rata to the other assets of the unit, except for goodwill.

Reversing an impairment loss for goodwill

An impairment loss recognised for goodwill shall not be reversed in a subsequent period. 124

IAS 38 *Intangible assets* prohibits the recognition of internally generated goodwill. Any increase in the recoverable amount of goodwill in the periods following the recognition of an impairment loss for that goodwill is likely to be an increase in internally generated goodwill, rather than a reversal of the impairment loss recognised for the acquired goodwill. 125

DISCLOSURE

An entity shall disclose the following for each class of assets: 126

(a) the amount of impairment losses recognised in profit or loss during the period and the line item(s) of the statement of comprehensive income in which those impairment losses are included;

(b) the amount of reversals of impairment losses recognised in profit or loss during the period and the line item(s) of the statement of comprehensive income in which those impairment losses are reversed;

(c) the amount of impairment losses on revalued assets recognised in other comprehensive income during the period;

(d) the amount of reversals of impairment losses on revalued assets recognised in other comprehensive income during the period.

A class of assets is a grouping of assets of similar nature and use in an entity's operations. 127

The information required in paragraph 126 may be presented with other information disclosed for the class of assets. For example, this information may be included in a reconciliation of the carrying amount of property, plant and equipment, at the beginning and end of the period, as required by IAS 16. 128

An entity that reports segment information in accordance with IFRS 8 shall disclose the following for each reportable segment: 129

(a) the amount of impairment losses recognised in profit or loss and in other comprehensive income during the period;

(b) the amount of reversals of impairment losses recognised in profit or loss and in other comprehensive income during the period.

An entity shall disclose the following for an individual asset (including goodwill) or a cash-generating unit, for which an impairment loss has been recognised or reversed during the period: 130

(a) the events and circumstances that led to the recognition or reversal of the impairment loss;

(b) the amount of the impairment loss recognised or reversed;

(c) for an individual asset:

  (i) the nature of the asset; and

  (ii) if the entity reports segment information in accordance with IFRS 8, the reportable segment to which the asset belongs;

(d) for a cash-generating unit:

  (i) a description of the cash-generating unit (such as whether it is a product line, a plant, a business operation, a geographical area, or a reportable segment as defined in IFRS 8);

  (ii) the amount of the impairment loss recognised or reversed by class of assets and, if the entity reports segment information in accordance with IFRS 8, by reportable segment; and

  (iii) if the aggregation of assets for identifying the cash-generating unit has changed since the previous estimate of the cash-generating unit's recoverable amount (if any), a description of the current and former way of aggregating assets and the reasons for changing the way the cash-generating unit is identified;

Zusammenfassung der Vermögenswerte sowie der Gründe für die Änderung der Art, wie die zahlungsmittelgenerierende Einheit identifiziert wird,

(e) den für den Vermögenswert (die zahlungsmittelgenerierende Einheit) erzielbaren Betrag und ob der für den Vermögenswert (die zahlungsmittelgenerierende Einheit) erzielbare Betrag dessen (deren) beizulegendem Zeitwert abzüglich Veräußerungskosten oder dessen (deren) Nutzungswert entspricht,

(f) wenn der erzielbare Betrag dem beizulegenden Zeitwert abzüglich Veräußerungskosten entspricht, hat das Unternehmen Folgendes anzugeben:

(i) die Stufe der Bewertungshierarchie (siehe IFRS 13), auf der die Bewertung des Vermögenswerts (der zahlungsmittelgenerierenden Einheit) zum beizulegenden Zeitwert insgesamt eingeordnet wird (wobei unberücksichtigt bleibt, ob die „Veräußerungskosten" beobachtbar sind),

(ii) bei Bewertungen zum beizulegenden Zeitwert, die auf Stufe 2 und 3 der Bewertungshierarchie eingeordnet sind, eine Beschreibung der zur Bewertung zum beizulegenden Zeitwert abzüglich Veräußerungskosten eingesetzten Bewertungstechnik/Bewertungstechniken. Wurde die Bewertungstechnik geändert, hat das Unternehmen dies ebenfalls anzugeben und die Änderung zu begründen, und

(iii) bei Bewertungen zum beizulegenden Zeitwert, die auf Stufe 2 und 3 der Bewertungshierarchie eingeordnet sind, jede wesentliche Annahme, auf die das Management die Bestimmung des beizulegenden Zeitwerts abzüglich Veräußerungskosten gestützt hat. Wesentliche Annahmen sind solche, auf die der für den Vermögenswert (die zahlungsmittelgenerierende Einheit) erzielbare Betrag am empfindlichsten reagiert. Wird der beizulegende Zeitwert abzüglich Veräußerungskosten im Rahmen einer Barwertermittlung bestimmt, hat das Unternehmen auch den/die bei der laufenden und der vorherigen Bewertung verwendeten Abzinsungssatz/Abzinsungssätze anzugeben,

(g) wenn der erzielbare Betrag der Nutzungswert ist, den Abzinsungssatz/die Abzinsungssätze, der/die bei der gegenwärtigen und der vorhergehenden Schätzung (sofern vorhanden) des Nutzungswerts benutzt wurde/wurden.

131 Ein Unternehmen hat für die Summe der Wertminderungsaufwendungen und die Summe der Wertaufholungen, die während der Periode erfasst wurden und für die keine Angaben gemäß Paragraph 130 gemacht wurden, die folgenden Informationen anzugeben:

(a) die wichtigsten Gruppen von Vermögenswerten, die von Wertminderungsaufwendungen betroffen sind, sowie die wichtigsten Gruppen von Vermögenswerten, die von Wertaufholungen betroffen sind,

(b) die wichtigsten Ereignisse und Umstände, die zur Erfassung dieser Wertminderungsaufwendungen und Wertaufholungen geführt haben.

132 Einem Unternehmen wird empfohlen, die während der Periode verwendeten Annahmen zur Bestimmung des erzielbaren Betrags der Vermögenswerte (der zahlungsmittelgenerierenden Einheiten) anzugeben. Paragraph 134 verlangt indes von einem Unternehmen, Angaben über die Schätzungen zu machen, die für die Ermittlung des erzielbaren Betrags einer zahlungsmittelgenerierenden Einheit verwendet wurden, wenn ein Geschäfts- oder Firmenwert oder ein immaterieller Vermögenswert mit unbegrenzter Nutzungsdauer in dem Buchwert der Einheit enthalten ist.

133 Wenn gemäß Paragraph 84 ein Teil eines Geschäfts- oder Firmenwerts, der während der Periode bei einem Unternehmenszusammenschluss erworben wurde, zum Abschlussstichtag keiner zahlungsmittelgenerierenden Einheit (Gruppe von Einheiten) zugeordnet worden ist, müssen der Betrag des nicht zugeordneten Geschäfts- oder Firmenwerts sowie die Gründe, warum dieser Betrag nicht zugeordnet worden ist, angegeben werden.

Schätzungen, die zur Ermittlung der erzielbaren Beträge der zahlungsmittelgenerierenden Einheiten, die einen Geschäfts- oder Firmenwert oder immaterielle Vermögenswerte mit unbegrenzter Nutzungsdauer enthalten, verwendet werden

134 Ein Unternehmen hat für jede zahlungsmittelgenerierende Einheit (Gruppe von Einheiten), für die der Buchwert des Geschäfts- oder Firmenwerts oder der immateriellen Vermögenswerte mit unbegrenzter Nutzungsdauer, die dieser Einheit (Gruppe von Einheiten) zugeordnet sind, signifikant ist im Vergleich zum Unternehmens-Gesamtbuchwert des Geschäfts- oder Firmenwerts oder der immateriellen Vermögenswerte mit unbegrenzter Nutzungsdauer, die unter (a) bis (f) verlangten Angaben zu machen:

(a) der Buchwert des der Einheit (Gruppe von Einheiten) zugeordneten Geschäfts- oder Firmenwerts,

(b) der Buchwert der der Einheit (Gruppe von Einheiten) zugeordneten immateriellen Vermögenswerte mit unbegrenzter Nutzungsdauer,

(c) die Grundlage, auf der der erzielbare Betrag der Einheit (Gruppe von Einheiten) bestimmt worden ist (d. h. der Nutzungswert oder der beizulegende Zeitwert abzüglich Veräußerungskosten),

(d) wenn der erzielbare Betrag der Einheit (Gruppe von Einheiten) auf dem Nutzungswert basiert:

(i) jede wesentliche Annahme, auf der das Management seine Zahlungsstrom-Prognosen für den durch die jüngsten Finanzpläne/Vorhersagen abgedeckten Zeitraum aufgebaut hat. Die wesentlichen Annahmen sind diejenigen, auf die der erzielbare Betrag der Einheit (Gruppe von Einheiten) am sensibelsten reagiert,

(ii) eine Beschreibung des Managementansatzes zur Bestimmung des jeder wesentlichen Annahme zugewiesenen Werts/der jeder wesentlichen Annahme zugewiesenen Werte, ob diese Werte Erfahrungen der

(e) the recoverable amount of the asset (cash-generating unit) and whether the recoverable amount of the asset (cash-generating unit) is its fair value less costs of disposal or its value in use;

(f) if the recoverable amount is fair value less costs of disposal, the entity shall disclose the following information:

(i) the level of the fair value hierarchy (see IFRS 13) within which the fair value measurement of the asset (cash-generating unit) is categorised in its entirety (without taking into account whether the 'costs of disposal' are observable);

(ii) for fair value measurements categorised within Level 2 and Level 3 of the fair value hierarchy, a description of the valuation technique(s) used to measure fair value less costs of disposal. If there has been a change in valuation technique, the entity shall disclose that change and the reason(s) for making it; and

(iii) for fair value measurements categorised within Level 2 and Level 3 of the fair value hierarchy, each key assumption on which management has based its determination of fair value less costs of disposal. Key assumptions are those to which the asset's (cash-generating unit's) recoverable amount is most sensitive. The entity shall also disclose the discount rate(s) used in the current measurement and previous measurement if fair value less costs of disposal is measured using a present value technique;

(g) if recoverable amount is value in use, the discount rate(s) used in the current estimate and previous estimate (if any) of value in use.

An entity shall disclose the following information for the aggregate impairment losses and the aggregate reversals of impairment losses recognised during the period for which no information is disclosed in accordance with paragraph 130: 131

(a) the main classes of assets affected by impairment losses and the main classes of assets affected by reversals of impairment losses;

(b) the main events and circumstances that led to the recognition of these impairment losses and reversals of impairment losses.

An entity is encouraged to disclose assumptions used to determine the recoverable amount of assets (cash-generating units) during the period. However, paragraph 134 requires an entity to disclose information about the estimates used to measure the recoverable amount of a cash-generating unit when goodwill or an intangible asset with an indefinite useful life is included in the carrying amount of that unit. 132

If, in accordance with paragraph 84, any portion of the goodwill acquired in a business combination during the period has not been allocated to a cash-generating unit (group of units) at the end of the reporting period, the amount of the unallocated goodwill shall be disclosed together with the reasons why that amount remains unallocated. 133

Estimates used to measure recoverable amounts of cash-generating units containing goodwill or intangible assets with indefinite useful lives

An entity shall disclose the information required by (a)—(f) for each cash-generating unit (group of units) for which the carrying amount of goodwill or intangible assets with indefinite useful lives allocated to that unit (group of units) is significant in comparison with the entity's total carrying amount of goodwill or intangible assets with indefinite useful lives: 134

(a) the carrying amount of goodwill allocated to the unit (group of units);

(b) the carrying amount of intangible assets with indefinite useful lives allocated to the unit (group of units);

(c) the basis on which the unit's (group of units') recoverable amount has been determined (i.e. value in use or fair value less costs of disposal);

(d) if the unit's (group of units') recoverable amount is based on value in use:

(i) each key assumption on which management has based its cash flow projections for the period covered by the most recent budgets/forecasts. Key assumptions are those to which the unit's (group of units') recoverable amount is most sensitive.

(ii) a description of management's approach to determining the value(s) assigned to each key assumption, whether those value(s) reflect past experience or, if appropriate, are consistent with external sources of information, and, if not, how and why they differ from past experience or external sources of information;

Vergangenheit widerspiegeln, oder ob sie ggf. mit externen Informationsquellen übereinstimmen, und wenn nicht, auf welche Art und aus welchem Grund sie sich von Erfahrungen der Vergangenheit oder externen Informationsquellen unterscheiden,

(iii) der Zeitraum, für den das Management die Zahlungsströme basierend auf vom Management genehmigten Finanzplänen/Vorhersagen geplant hat, und wenn für eine zahlungsmittelgenerierende Einheit (Gruppe von Einheiten) ein Zeitraum von mehr als fünf Jahren verwendet wird, eine Erklärung über den Grund, der diesen längeren Zeitraum rechtfertigt,

(iv) die Wachstumsrate, die zur Extrapolation der Zahlungsstrom-Prognosen jenseits des Zeitraums verwendet wird, auf den sich die jüngsten Finanzpläne/Vorhersagen beziehen, und die Rechtfertigung für die Anwendung einer jeglichen Wachstumsrate, die die langfristige durchschnittliche Wachstumsrate für die Produkte, Industriezweige oder das Land bzw. die Länder, in welchem/n das Unternehmen tätig ist oder für den Markt, für den die Einheit (Gruppe von Einheiten) bestimmt ist, übersteigt,

(v) der auf die Zahlungsstrom-Prognosen angewendete Abzinsungssatz/die auf die Zahlungsstrom-Prognosen angewendeten Abzinsungssätze,

(e) wenn der erzielbare Betrag der Einheit (Gruppe von Einheiten) auf dem beizulegenden Zeitwert abzüglich Veräußerungskosten basiert, das/die für die Ermittlung des beizulegenden Zeitwerts abzüglich Veräußerungskosten verwendete Bewertungsverfahren/verwendeten Bewertungsverfahren. Ein Unternehmen braucht die in IFRS 13 vorgeschriebenen Angaben nicht vorzulegen. Wenn der beizulegende Zeitwert abzüglich Veräußerungskosten nicht anhand einer Marktpreisnotierung für eine identische Einheit (Gruppe von Einheiten) ermittelt wird, hat ein Unternehmen folgende Angaben zu machen:

(i) jede wesentliche Annahme, die das Management bei der Bestimmung des beizulegenden Zeitwerts abzüglich Veräußerungskosten zugrunde legt. Die wesentlichen Annahmen sind diejenigen, auf die der erzielbare Betrag der Einheit (Gruppe von Einheiten) am sensibelsten reagiert;

(ii) eine Beschreibung des Managementansatzes zur Bestimmung der (des) jeder wesentlichen Annahme zugewiesenen Werte(s), ob diese Werte Erfahrungen der Vergangenheit widerspiegeln, oder ob sie ggf. mit externen Informationsquellen übereinstimmen, und wenn nicht, auf welche Art und aus welchem Grund sie sich von Erfahrungen der Vergangenheit oder externen Informationsquellen unterscheiden;

(iiA) die Stufe der Bewertungshierarchie (siehe IFRS 13), auf der die Bewertung zum beizulegenden Zeitwert insgesamt eingeordnet wird (wobei unberücksichtigt bleibt, ob die Veräußerungskosten beobachtbar sind);

(iiB) wurde das Bewertungsverfahren geändert, die Änderung und der Grund bzw. die Gründe für die Änderung.

Wird der beizulegende Zeitwert abzüglich Veräußerungskosten unter Zugrundelegung diskontierter Zahlungsstrom-Prognosen ermittelt, hat ein Unternehmen die folgenden Angaben zu machen:

(iii) der Zeitraum, für den das Management Zahlungsströme prognostiziert hat,

(iv) die Wachstumsrate, die zur Extrapolation der Zahlungsstrom-Prognosen verwendet wurde,

(v) der auf die Zahlungsstrom-Prognosen angewendete Abzinsungssatz/die auf die Zahlungsstrom-Prognosen angewendeten Abzinsungssätze,

(f) wenn eine angemessenerweise für möglich gehaltene Änderung einer wesentlichen Annahme, auf der das Management seine Bestimmung des erzielbaren Betrags der Einheit (Gruppe von Einheiten) aufgebaut hat, zur Folge hätte, dass der Buchwert der Einheit (Gruppe von Einheiten) deren erzielbaren Betrag übersteigen würde:

(i) der Betrag, um den der erzielbare Betrag der Einheit (Gruppe von Einheiten) deren Buchwert übersteigt,

(ii) der der wesentlichen Annahme zugewiesene Wert,

(iii) der Betrag, um den der der wesentlichen Annahme zugewiesene Wert geändert werden müsste – nach Berücksichtigung aller nachfolgenden Auswirkungen dieser Änderung auf die anderen Variablen, die in die Ermittlung des erzielbaren Betrages einfließen – damit der erzielbare Betrag der Einheit (Gruppe von Einheiten) gleich deren Buchwert ist.

135 Wenn ein Teil oder der gesamte Buchwert eines Geschäfts- oder Firmenwerts oder der immateriellen Vermögenswerte mit unbegrenzter Nutzungsdauer mehreren zahlungsmittelgenerierenden Einheiten (Gruppen von Einheiten) zugeordnet ist, und der auf diese Weise jeder einzelnen Einheit (Gruppe von Einheiten) zugeordnete Betrag im Vergleich zum Unternehmens-Gesamtbuchwert des Geschäfts- oder Firmenwerts oder der immateriellen Vermögenswerte mit unbegrenzter Nutzungsdauer nicht signifikant, ist diese Tatsache zusammen mit der Summe der Buchwerte des Geschäfts- oder Firmenwerts oder der immateriellen Vermögenswerte mit unbegrenzter Nutzungsdauer, die diesen Einheiten (Gruppen von Einheiten) zugeordnet sind, anzugeben. Wenn darüber hinaus die erzielbaren Beträge irgendeiner dieser Einheiten (Gruppen von Einheiten) auf denselben wesentlichen Annahmen beruhen und die Summe der Buchwerte des Geschäfts- oder Firmenwerts oder der immateriellen Vermögenswerte mit unbegrenzter Nutzungsdauer, die diesen Einheiten zugeordnet sind, im Vergleich zum Unternehmens- Gesamtbuchwert des Geschäfts- oder Firmenwerts oder der immateriellen Vermögenswerte mit unbegrenzter Nutzungsdauer des Unternehmens signifikant ist, so hat ein Unternehmen dies anzugeben und dabei folgende Angaben zu machen:

(a) die Summe der Buchwerte des diesen Einheiten (Gruppen von Einheiten) zugeordneten Geschäfts- oder Firmenwerts,

(iii) the period over which management has projected cash flows based on financial budgets/forecasts approved by management and, when a period greater than five years is used for a cash-generating unit (group of units), an explanation of why that longer period is justified;

(iv) the growth rate used to extrapolate cash flow projections beyond the period covered by the most recent budgets/forecasts, and the justification for using any growth rate that exceeds the long-term average growth rate for the products, industries, or country or countries in which the entity operates, or for the market to which the unit (group of units) is dedicated;

(v) the discount rate(s) applied to the cash flow projections;

(e) if the unit's (group of units') recoverable amount is based on fair value less costs of disposal, the valuation technique(s) used to measure fair value less costs of disposal. An entity is not required to provide the disclosures required by IFRS 13. If fair value less costs of disposal is not measured using a quoted price for an identical unit (group of units), an entity shall disclose the following information:

(i) each key assumption on which management has based its determination of fair value less costs of disposal. Key assumptions are those to which the unit's (group of units') recoverable amount is most sensitive.

(ii) a description of management's approach to determining the value (or values) assigned to each key assumption, whether those values reflect past experience or, if appropriate, are consistent with external sources of information, and, if not, how and why they differ from past experience or external sources of information.

(iiA) the level of the fair value hierarchy (see IFRS 13) within which the fair value measurement is categorised in its entirety (without giving regard to the observability of 'costs of disposal').

(iiB) if there has been a change in valuation technique, the change and the reason(s) for making it.

If fair value less costs of disposal is measured using discounted cash flow projections, an entity shall disclose the following information:

(iii) the period over which management has projected cash flows.

(iv) the growth rate used to extrapolate cash flow projections.

(v) the discount rate(s) applied to the cash flow projections.

(f) if a reasonably possible change in a key assumption on which management has based its determination of the unit's (group of units') recoverable amount would cause the unit's (group of units') carrying amount to exceed its recoverable amount:

(i) the amount by which the unit's (group of units') recoverable amount exceeds its carrying amount;

(ii) the value assigned to the key assumption;

(iii) the amount by which the value assigned to the key assumption must change, after incorporating any consequential effects of that change on the other variables used to measure recoverable amount, in order for the unit's (group of units') recoverable amount to be equal to its carrying amount.

If some or all of the carrying amount of goodwill or intangible assets with indefinite useful lives is allocated across multiple cash-generating units (groups of units), and the amount so allocated to each unit (group of units) is not significant in comparison with the entity's total carrying amount of goodwill or intangible assets with indefinite useful lives, that fact shall be disclosed, together with the aggregate carrying amount of goodwill or intangible assets with indefinite useful lives allocated to those units (groups of units). In addition, if the recoverable amounts of any of those units (groups of units) are based on the same key assumption(s) and the aggregate carrying amount of goodwill or intangible assets with indefinite useful lives allocated to them is significant in comparison with the entity's total carrying amount of goodwill or intangible assets with indefinite useful lives, an entity shall disclose that fact, together with: 135

(a) the aggregate carrying amount of goodwill allocated to those units (groups of units);

(b) die Summe der Buchwerte der diesen Einheiten (Gruppen von Einheiten) zugeordneten immateriellen Vermögenswerte mit unbegrenzter Nutzungsdauer,

(c) eine Beschreibung der wesentlichen Annahme/Annahmen,

(d) eine Beschreibung des Managementansatzes zur Bestimmung des/der der/den wesentlichen Annahme/Annahmen zugewiesenen Werts/Werte, ob diese Werte Erfahrungen der Vergangenheit widerspiegeln, oder ob sie ggf. mit externen Informationsquellen übereinstimmen, und wenn nicht, auf welche Art und aus welchem Grund sie sich von Erfahrungen der Vergangenheit oder externen Informationsquellen unterscheiden,

(e) wenn eine angemessenerweise für möglich gehaltene Änderung der wesentlichen Annahme/Annahmen zur Folge hätte, dass die Summe der Buchwerte der Einheiten (Gruppen von Einheiten) die Summe von deren erzielbaren Beträgen übersteigen würde:

(i) der Betrag, um den die Summe der erzielbaren Beträge der Einheiten (Gruppen von Einheiten) die Summe von deren Buchwerten übersteigt,

(ii) der/die der wesentlichen Annahme/den wesentlichen Annahmen zugewiesene Wert/zugewiesenen Werte,

(iii) der Betrag, um den der der wesentlichen Annahme zugewiesene Wert/die den wesentlichen Annahmen zugewiesenen Werte geändert werden müsste/müssten – nach Berücksichtigung aller nachfolgenden Auswirkungen dieser Änderung auf die anderen Variablen, die in die Ermittlung des erzielbaren Betrags einfließen – damit die Summe der erzielbaren Beträge der Einheiten (Gruppen von Einheiten) gleich der Summe von deren Buchwerten ist.

136 Die jüngste ausführliche Berechnung des erzielbaren Betrags einer zahlungsmittelgenerierenden Einheit (Gruppe von Einheiten), der in einer vorhergehenden Periode ermittelt wurde, kann gemäß Paragraph 24 oder 99 vorgetragen werden und für die Überprüfung dieser Einheit (Gruppe von Einheiten) auf Wertminderung in der aktuellen Periode verwendet werden, vorausgesetzt, dass bestimmte Kriterien erfüllt sind. Ist dies der Fall, beziehen sich die Informationen für diese Einheit (Gruppe von Einheiten), die in den in den Paragraphen 134 und 135 verlangten Angaben enthalten sind, auf die vorgetragene Berechnung des erzielbaren Betrags.

137 Das erläuternde Beispiel 9 veranschaulicht die in den Paragraphen 134 und 135 verlangten Angaben.

ÜBERGANGSVORSCHRIFTEN UND ZEITPUNKT DES INKRAFTTRETENS

138 [gestrichen]

139 Ein Unternehmen hat diesen Standard anzuwenden:

(a) auf einen Geschäfts- oder Firmenwert und immaterielle Vermögenswerte, die bei Unternehmenszusammenschlüssen, für die das Datum des Vertragsabschlusses am oder nach dem 31. März 2004 liegt, erworben worden sind, und

(b) prospektiv auf alle anderen Vermögenswerte ab Beginn des ersten Geschäftsjahrs, das am oder nach dem 31. März 2004 beginnt.

140 Unternehmen, auf die Paragraph 139 anwendbar ist, wird empfohlen, diesen Standard vor dem in Paragraph 139 angegebenen Zeitpunkt des Inkrafttretens anzuwenden. Wendet ein Unternehmen diesen Standard vor dem Zeitpunkt des Inkrafttretens an, hat es jedoch gleichzeitig IFRS 3 und IAS 38 (in der 2004 überarbeiteten Fassung) anzuwenden.

140A Durch IAS 1 *Darstellung des Abschlusses* (in der 2007 überarbeiteten Fassung) wurde die in den IAS/IFRS verwendete Terminologie geändert. Außerdem wurden die Paragraphen 61, 120, 126 und 129 geändert. Diese Änderungen sind auf Geschäftsjahre anzuwenden, die am oder nach dem 1. Januar 2009 beginnen. Wendet ein Unternehmen IAS 1 (überarbeitet 2007) auf eine frühere Periode an, so hat es auf diese frühere Periode auch diese Änderungen anzuwenden.

140B Durch IFRS 3 (in der 2008 überarbeiteten Fassung) wurden die Paragraphen 65, 81, 85 und 139 geändert, die Paragraphen 91–95 und 138 gestrichen und Anhang C eingefügt. Diese Änderungen sind auf Geschäftsjahre anzuwenden, die am oder nach dem 1. Juli 2009 beginnen. Wendet ein Unternehmen IFRS 3 (überarbeitet 2008) auf eine frühere Periode an, so hat es auf diese frühere Periode auch diese Änderungen anzuwenden.

140C Durch die *Verbesserungen an den IFRS*, veröffentlicht im Mai 2008, wurde Paragraph 134 (e) geändert. Diese Änderung ist auf Geschäftsjahre anzuwenden, die am oder nach dem 1. Januar 2009 beginnen. Eine frühere Anwendung ist zulässig. Wendet ein Unternehmen diese Änderung früher an, hat es dies anzugeben.

140D Durch *Anschaffungskosten von Anteilen an Tochterunternehmen, gemeinschaftlich geführten Unternehmen oder assoziierten Unternehmen* (Änderungen an IFRS 1 *Erstmalige Anwendung der International Financial Reporting Standards* und IAS 27), veröffentlicht im Mai 2008, wurde Paragraph 12 (h) eingefügt. Diese Änderung ist prospektiv auf Geschäftsjahre anzuwenden, die am oder nach dem 1. Januar 2009 beginnen. Eine frühere Anwendung ist zulässig. Wendet ein Unternehmen die damit verbundenen Änderungen in den Paragraphen 4 und 38A von IAS 27 auf eine frühere Periode an, so ist gleichzeitig die Änderung des Paragraphen 12 (h) anzuwenden.

(b) the aggregate carrying amount of intangible assets with indefinite useful lives allocated to those units (groups of units);
(c) a description of the key assumption(s);
(d) a description of management's approach to determining the value(s) assigned to the key assumption(s), whether those value(s) reflect past experience or, if appropriate, are consistent with external sources of information, and, if not, how and why they differ from past experience or external sources of information;
(e) if a reasonably possible change in the key assumption(s) would cause the aggregate of the units' (groups of units') carrying amounts to exceed the aggregate of their recoverable amounts:
  (i) the amount by which the aggregate of the units' (groups of units') recoverable amounts exceeds the aggregate of their carrying amounts;
  (ii) the value(s) assigned to the key assumption(s);
  (iii) the amount by which the value(s) assigned to the key assumption(s) must change, after incorporating any consequential effects of the change on the other variables used to measure recoverable amount, in order for the aggregate of the units' (groups of units') recoverable amounts to be equal to the aggregate of their carrying amounts.

The most recent detailed calculation made in a preceding period of the recoverable amount of a cash-generating unit (group of units) may, in accordance with paragraph 24 or 99, be carried forward and used in the impairment test for that unit (group of units) in the current period provided specified criteria are met. When this is the case, the information for that unit (group of units) that is incorporated into the disclosures required by paragraphs 134 and 135 relate to the carried forward calculation of recoverable amount. **136**

Illustrative Example 9 illustrates the disclosures required by paragraphs 134 and 135. **137**

TRANSITIONAL PROVISIONS AND EFFECTIVE DATE

[deleted] **138**

An entity shall apply this standard: **139**
(a) to goodwill and intangible assets acquired in business combinations for which the agreement date is on or after 31 March 2004; and
(b) to all other assets prospectively from the beginning of the first annual period beginning on or after 31 March 2004.

Entities to which paragraph 139 applies are encouraged to apply the requirements of this standard before the effective dates specified in paragraph 139. However, if an entity applies this standard before those effective dates, it also shall apply IFRS 3 and IAS 38 (as revised in 2004) at the same time. **140**

IAS 1 *Presentation of Financial Statements* (as revised in 2007) amended the terminology used throughout IFRSs. In addition it amended paragraphs 61, 120, 126 and 129. An entity shall apply those amendments for annual periods beginning on or after 1 January 2009. If an entity applies IAS 1 (revised 2007) for an earlier period, the amendments shall be applied for that earlier period. **140A**

IFRS 3 (as revised by the International Accounting Standards Board in 2008) amended paragraphs 65, 81, 85 and 139; deleted paragraphs 91—95 and 138 and added Appendix C. An entity shall apply those amendments for annual periods beginning on or after 1 July 2009. If an entity applies IFRS 3 (revised 2008) for an earlier period, the amendments shall also be applied for that earlier period. **140B**

Paragraph 134 (e) was amended by *Improvements to IFRSs* issued in May 2008. An entity shall apply that amendment for annual periods beginning on or after 1 January 2009. Earlier application is permitted. If an entity applies the amendment for an earlier period it shall disclose that fact. **140C**

Cost of an Investment in a Subsidiary, Jointly Controlled Entity or Associate (Amendments to IFRS 1 *First-time Adoption of International Financial Reporting Standards* and IAS 27), issued in May 2008, added paragraph 12 (h). An entity shall apply that amendment prospectively for annual periods beginning on or after 1 January 2009. Earlier application is permitted. If an entity applies the related amendments in paragraphs 4 and 38A of IAS 27 for an earlier period, it shall apply the amendment in paragraph 12 (h) at the same time. **140D**

140E Durch die *Verbesserungen an den IFRS*, veröffentlicht im April 2009, wurde Paragraph 80 (b) geändert. Diese Änderung ist prospektiv auf Geschäftsjahre anzuwenden, die am oder nach dem 1. Januar 2010 beginnen. Eine frühere Anwendung ist zulässig. Wendet ein Unternehmen diese Änderung früher an, hat es dies anzugeben.

140F–140G [gestrichen]

140H Durch IFRS 10 und IFRS 11, veröffentlicht im Mai 2011, wurden Paragraph 4, die Überschrift über Paragraph 12 (h) und Paragraph 12 (h) geändert. Wendet ein Unternehmen IFRS 10 und IFRS 11 an, hat es diese Änderungen ebenfalls anzuwenden.

140I Durch IFRS 13, veröffentlicht im Mai 2011, wurden die Paragraphen 5, 6, 12, 20, 22, 28, 78, 105, 111, 130 und 134 geändert, die Paragraphen 25–27 gestrichen und Paragraph 53A eingefügt. Wendet ein Unternehmen IFRS 13 an, sind diese Änderungen ebenfalls anzuwenden.

140J Im Mai 2013 wurden die Paragraphen 130 und 134 sowie die Überschrift des Paragraphen 138 geändert. Diese Änderungen sind rückwirkend auf Geschäftsjahre anzuwenden, die am oder nach dem 1. Januar 2014 beginnen. Eine frühere Anwendung ist zulässig. Diese Änderungen dürfen nur in Berichtsperioden (einschließlich Vergleichsperioden) angewandt werden, in denen auch IFRS 13 angewandt wird.

140K [gestrichen]

140L Durch IFRS 15 *Erlöse aus Verträgen mit Kunden*, veröffentlicht im Mai 2014, wurde Paragraph 2 geändert. Wendet ein Unternehmen IFRS 15 an, ist die betreffende Änderung ebenfalls anzuwenden.

140M Durch IFRS 9 in der im Juli 2014 veröffentlichten Fassung, wurden die Paragraphen 2, 4 und 5 geändert und die Paragraphen 140F, 140G und 140K gestrichen. Wendet ein Unternehmen IFRS 9 an, hat es diese Änderungen ebenfalls anzuwenden.

140N Durch IFRS 17, veröffentlicht im Mai 2017, wurde Paragraph 2 geändert. Mit der im Juni 2020 veröffentlichten Verlautbarung *Änderungen an IFRS 17*, wurde Paragraph 2 geändert. Wendet ein Unternehmen IFRS 17 an, sind diese Änderungen ebenfalls anzuwenden.

RÜCKNAHME VON IAS 36 (VERÖFFENTLICHT 1998)

141 Dieser Standard ersetzt IAS 36 *Wertminderung von Vermögenswerten* (veröffentlicht 1998).

ANHANG A

DIE ANWENDUNG VON BARWERT-VERFAHREN ZUR ERMITTLUNG DES NUTZUNGSWERTS

Dieser Anhang ist integraler Bestandteil des Standards. Er enthält zusätzliche Leitlinien für die Anwendung von Barwert-Verfahren zur Ermittlung des Nutzungswerts. Der in den Leitlinien verwendete Begriff „Vermögenswert" bezieht sich ebenso auf eine Gruppe von Vermögenswerten, die eine zahlungsmittelgenerierende Einheit bilden.

Die Bestandteile einer Barwert-Ermittlung

A1 Die folgenden Elemente erfassen gemeinsam die wirtschaftlichen Unterschiede zwischen Vermögenswerten

(a) eine Schätzung der künftigen Zahlungsströme bzw. in komplexeren Fällen von Serien künftiger Zahlungsströme, die das Unternehmen durch die Vermögenswerte zu erzielen erwartet,
(b) Erwartungen im Hinblick auf eventuelle wertmäßige oder zeitliche Veränderungen dieser Zahlungsströme,
(c) der Zinseffekt, der durch den aktuellen risikolosen Marktzinssatz dargestellt wird,
(d) der Preis für die mit dem Vermögenswert verbundene Unsicherheit und
(e) andere, manchmal nicht identifizierbare Faktoren (wie Illiquidität), die Marktteilnehmer bei der Preisfindung für die künftigen Zahlungsströme, die das Unternehmen durch die Vermögenswerte zu erzielen erwartet, widerspiegeln würden.

A2 Dieser Anhang stellt zwei Ansätze zur Berechnung des Barwerts gegenüber, jeder von ihnen kann den Umständen entsprechend für die Schätzung des Nutzungswerts eines Vermögenswerts verwendet werden. Beim „traditionellen" Ansatz sind die Anpassungen für die in Paragraph A1 beschriebenen Faktoren (b)–(e) im Abzinsungssatz enthalten. Beim „erwarteter Zahlungsstrom"-Ansatz führen die Faktoren (b), (d) und (e) als Anpassungen zu den risikobereinigten erwarteten Zahlungsströmen. Welchen Ansatz ein Unternehmen auch anwendet, um Erwartungen hinsichtlich eventueller wertmäßiger

Improvements to IFRSs issued in April 2009 amended paragraph 80 (b). An entity shall apply that amendment prospectively for annual periods beginning on or after 1 January 2010. Earlier application is permitted. If an entity applies the amendment for an earlier period it shall disclose that fact. 140E

[deleted] 140F–140G

IFRS 10 and IFRS 11, issued in May 2011, amended paragraph 4, the heading above paragraph 12 (h) and paragraph 12 (h). An entity shall apply those amendments when it applies IFRS 10 and IFRS 11. 140H

IFRS 13, issued in May 2011, amended paragraphs 5, 6, 12, 20, 78, 105, 111, 130 and 134, deleted paragraphs 25—27 and added paragraphs 25A and 53A. An entity shall apply those amendments when it applies IFRS 13. 140I

In May 2013 paragraphs 130 and 134 and the heading above paragraph 138 were amended. An entity shall apply those amendments retrospectively for annual periods beginning on or after 1 January 2014. Earlier application is permitted. An entity shall not apply chose amendments in periods (including comparative periods) in which it does not also apply IFRS 13. 140J

[deleted] 140K

IFRS 15 *Revenue from Contracts with Customers*, issued in May 2014, amended paragraph 2. An entity shall apply that amendment when it applies IFRS 15. 140L

IFRS 9, as issued in July 2014, amended paragraphs 2, 4 and 5 and deleted paragraphs 140F, 140G and 140K. An entity shall apply those amendments when it applies IFRS 9. 140M

IFRS 17, issued in May 2017, amended paragraph 2. *Amendments to IFRS 17*, issued in June 2020, further amended paragraph 2. An entity shall apply those amendments when it applies IFRS 17. 140N

WITHDRAWAL OF IAS 36 (ISSUED 1998)

This standard supersedes IAS 36 *Impairment of assets* (issued in 1998). 141

APPENDIX A

USING PRESENT VALUE TECHNIQUES TO MEASURE VALUE IN USE

This appendix is an integral part of the standard. It provides guidance on the use of present value techniques in measuring value in use. Although the guidance uses the term 'asset', it equally applies to a group of assets forming a cash-generating unit.

The components of a present value measurement

The following elements together capture the economic differences between assets: A1

(a) an estimate of the future cash flow, or in more complex cases, series of future cash flows the entity expects to derive from the asset;
(b) expectations about possible variations in the amount or timing of those cash flows;
(c) the time value of money, represented by the current market risk-free rate of interest;
(d) the price for bearing the uncertainty inherent in the asset; and
(e) other, sometimes unidentifiable, factors (such as illiquidity) that market participants would reflect in pricing the future cash flows the entity expects to derive from the asset.

This appendix contrasts two approaches to computing present value, either of which may be used to estimate the value in use of an asset, depending on the circumstances. Under the 'traditional' approach, adjustments for factors (b)—(e) described in paragraph A1 are embedded in the discount rate. Under the 'expected cash flow' approach, factors (b), (d) and (e) cause adjustments in arriving at risk-adjusted expected cash flows. Whichever approach an entity adopts to reflect A2

oder zeitlicher Änderungen der künftigen Zahlungsströme widerzuspiegeln, letztlich muss der erwartete Barwert der künftigen Zahlungsströme, d. h. der gewichtete Durchschnitt aller möglichen Ergebnisse widergespiegelt werden.

Allgemeine Grundsätze

A3 Die Verfahren, die zur Schätzung künftiger Zahlungsströme und Zinssätze verwendet werden, variieren von einer Situation zur anderen, je nach den Umständen, die den betreffenden Vermögenswert umgeben. Die folgenden allgemeinen Grundsätze regeln jedoch jede Anwendung von Barwert-Verfahren bei der Bewertung von Vermögenswerten:

(a) Zinssätze, die zur Abzinsung von Zahlungsströmen verwendet werden, haben die Annahmen widerzuspiegeln, die mit denen der geschätzten Zahlungsströme übereinstimmen. Andernfalls würden die Auswirkungen einiger Annahmen doppelt berücksichtigt oder außer Acht gelassen. Ein Abzinsungssatz von 12 Prozent könnte beispielsweise auf vertragliche Zahlungsströme einer Darlehensforderung angewandt werden. Dieser Satz spiegelt die Erwartungen über künftigen Zahlungsverzug bzw. -ausfall bei Darlehen mit besonderen Merkmalen wider. Derselbe Zinssatz von 12 Prozent ist nicht zur Abzinsung erwarteter Zahlungsströme zu verwenden, da solche Zahlungsströme bereits die Annahmen über künftigen Zahlungsverzug bzw. -ausfall widerspiegeln.

(b) Geschätzte Zahlungsströme und Abzinsungssätze müssen sowohl frei von verzerrenden Einflüssen als auch von Faktoren sein, die nicht mit dem betreffenden Vermögenswert in Verbindung stehen. Ein verzerrender Einfluss wird beispielsweise in die Bewertung eingebracht, wenn geschätzte Netto-Zahlungsströme absichtlich zu niedrig dargestellt werden, um die offensichtliche künftige Rentabilität eines Vermögenswerts zu verbessern.

(c) Geschätzte Zahlungsströme oder Abzinsungssätze müssen die Bandbreite möglicher Ergebnisse widerspiegeln anstelle eines einzigen Betrags, bei dem es sich um den wahrscheinlichsten Betrag oder um den Mindest- oder Höchstbetrag handelt.

Traditioneller Ansatz und „erwarteter Zahlungsstrom"-Ansatz zur Darstellung des Barwerts

Traditioneller Ansatz

A4 Bei Anwendungen der Bilanzierung eines Barwerts wird traditionell ein einziger Satz geschätzter Zahlungsströme und ein einziger Abzinsungssatz verwendet, der oft als der „dem Risiko entsprechende Zinssatz" beschrieben wird. In der Tat beruht der traditionelle Ansatz auf der Annahme, dass eine einzige Abzinsungssatz-Regel alle Erwartungen über die künftigen Zahlungsströme und den angemessenen Risikozuschlag enthalten kann. Daher legt der traditionelle Ansatz größten Wert auf die Auswahl des Abzinsungssatzes.

A5 Unter gewissen Umständen, wenn beispielsweise vergleichbare Vermögenswerte auf dem Markt beobachtet werden können, ist es relativ einfach, den traditionellen Ansatz anzuwenden. Für Vermögenswerte mit vertraglichen Zahlungsströmen stimmt dies mit der Art und Weise überein, in der die Marktteilnehmer die Vermögenswerte beschreiben, wie bei „einer 12-prozentigen Anleihe".

A6 Der traditionelle Ansatz kann jedoch bestimmte komplexe Bewertungsprobleme nicht angemessen behandeln, wie beispielsweise die Bewertung nichtfinanzieller Vermögenswerte, für die es keinen Markt oder keine Vergleichsbasis gibt. Eine angemessene Suche nach dem „dem Risiko entsprechenden Zinssatz" erfordert eine Analyse von zumindest zweierlei – einem Vermögenswert, der auf dem Markt existiert und einen beobachteten Zinssatz hat und dem zu bewertenden Vermögenswert. Der entsprechende Abzinsungssatz für die zu bewertenden Zahlungsströme muss aus dem in diesem anderen Vermögenswert erkennbaren Zinssatz hergeleitet werden. Um diese Herleitung durchführen zu können, müssen die Merkmale der Zahlungsströme des anderen Vermögenswerts ähnlich derer des zu bewertenden Vermögenswerts sein. Daher muss für die Bewertung folgendermaßen vorgegangen werden:

(a) Identifizierung des Satzes von Zahlungsströmen, die abgezinst werden,

(b) Identifizierung eines anderen Vermögenswerts auf dem Markt, der ähnliche Zahlungsstrom-Merkmale zu haben scheint,

(c) Vergleich der Zahlungsstrom-Sätze in beiden Fällen um sicherzustellen, dass sie ähnlich sind (zum Beispiel: Sind beide Sätze vertragliche Zahlungsströme, oder ist der eine ein vertraglicher und der andere ein geschätzter Zahlungsstrom?),

(d) Beurteilung, ob es in dem einen Fall ein Element gibt, das es in dem anderen nicht gibt (zum Beispiel: Ist einer weniger liquide als der andere?), und

(e) Beurteilung, ob beide Zahlungsstrom-Sätze sich bei sich ändernden wirtschaftlichen Bedingungen voraussichtlich ähnlich verhalten (d. h. variieren).

„Erwarteter Zahlungsstrom"-Ansatz

A7 In gewissen Situationen ist der „erwarteter Zahlungsstrom"-Ansatz ein effektiveres Bewertungsinstrument als der traditionelle Ansatz. Bei der Erarbeitung einer Bewertung verwendet der „erwarteter Zahlungsstrom"-Ansatz alle Erwartungen über mögliche Zahlungsströme anstelle des einzigen Zahlungsstroms, der am wahrscheinlichsten ist. Beispielsweise könnte ein Zahlungsstrom 100 WE, 200 WE oder 300 WE sein mit Wahrscheinlichkeiten von 10 Prozent bzw. 60 Prozent oder 30 Prozent. Der erwartete Zahlungsstrom beträgt 220 WE. Der „erwarteter Zahlungsstrom"-Ansatz unterscheidet

expectations about possible variations in the amount or timing of future cash flows, the result should be to reflect the expected present value of the future cash flows, i.e. the weighted average of all possible outcomes.

General Principles

The techniques used to estimate future cash flows and interest rates will vary from one situation to another depending on the circumstances surrounding the asset in question. However, the following general principles govern any application of present value techniques in measuring assets: A3

(a) interest rates used to discount cash flows should reflect assumptions that are consistent with those inherent in the estimated cash flows. Otherwise, the effect of some assumptions will be double-counted or ignored. For example, a discount rate of 12 per cent might be applied to contractual cash flows of a loan receivable. That rate reflects expectations about future defaults from loans with particular characteristics. That same 12 per cent rate should not be used to discount expected cash flows because those cash flows already reflect assumptions about future defaults;
(b) estimated cash flows and discount rates should be free from both bias and factors unrelated to the asset in question. For example, deliberately understating estimated net cash flows to enhance the apparent future profitability of an asset introduces a bias into the measurement;
(c) estimated cash flows or discount rates should reflect the range of possible outcomes rather than a single most likely, minimum or maximum possible amount.

Traditional and expected cash flow approaches to present value

Traditional approach

Accounting applications of present value have traditionally used a single set of estimated cash flows and a single discount rate, often described as 'the rate commensurate with the risk'. In effect, the traditional approach assumes that a single discount rate convention can incorporate all the expectations about the future cash flows and the appropriate risk premium. Therefore, the traditional approach places most of the emphasis on selection of the discount rate. A4

In some circumstances, such as those in which comparable assets can be observed in the marketplace, a traditional approach is relatively easy to apply. For assets with contractual cash flows, it is consistent with the manner in which marketplace participants describe assets, as in 'a 12 per cent bond'. A5

However, the traditional approach may not appropriately address some complex measurement problems, such as the measurement of non-financial assets for which no market for the item or a comparable item exists. A proper search for 'the rate commensurate with the risk' requires analysis of at least two items — an asset that exists in the marketplace and has an observed interest rate and the asset being measured. The appropriate discount rate for the cash flows being measured must be inferred from the observable rate of interest in that other asset. To draw that inference, the characteristics of the other asset's cash flows must be similar to those of the asset being measured. Therefore, the measurer must do the following: A6

(a) identify the set of cash flows that will be discounted;
(b) identify another asset in the marketplace that appears to have similar cash flow characteristics;
(c) compare the cash flow sets from the two items to ensure that they are similar (for example, are both sets contractual cash flows, or is one contractual and the other an estimated cash flow?);
(d) evaluate whether there is an element in one item that is not present in the other (for example, is one less liquid than the other?); and
(e) evaluate whether both sets of cash flows are likely to behave (i.e. vary) in a similar fashion in changing economic conditions.

Expected cash flow approach

The expected cash flow approach is, in some situations, a more effective measurement tool than the traditional approach. In developing a measurement, the expected cash flow approach uses all expectations about possible cash flows instead of the single most likely cash flow. For example, a cash flow might be CU100, CU200 or CU300 with probabilities of 10 per cent, 60 per cent and 30 per cent, respectively. The expected cash flow is CU220. The expected cash flow approach thus A7

sich somit vom traditionellen Ansatz dadurch, dass er sich auf die direkte Analyse der betreffenden Zahlungsströme und auf präzisere Darstellungen der bei der Bewertung verwendeten Annahmen konzentriert.

A8 Der „erwarteter Zahlungsstrom"-Ansatz erlaubt auch die Anwendung des Barwert-Verfahrens, wenn der zeitliche Anfall der Zahlungsströme ungewiss ist. So könnte z. B. in einem, in zwei oder in drei Jahren mit 10-, 60- bzw. 30-prozentiger Wahrscheinlichkeit ein Zahlungsstrom von 1000 WE vereinnahmt werden. Das nachstehende Beispiel zeigt die Berechnung des erwarteten Barwerts in diesem Fall.

Barwert von 1000 WE in 1 Jahr zu 5 %	952,38 WE	
Wahrscheinlichkeit	10,00 %	95,24 WE
Barwert von 1000 WE in 2 Jahren zu 5,25 %	902,73 WE	
Wahrscheinlichkeit	60,00 %	541,64 WE
Barwert von 1000 WE in 3 Jahren zu 5,50 %	851,61 WE	
Wahrscheinlichkeit	30,00 %	255,48 WE
Erwarteter Barwert		892,36 WE

A9 Der erwartete Barwert von 892,36 WE unterscheidet sich von der traditionellen Auffassung einer bestmöglichen Schätzung von 902,73 WE (die 60 Prozent Wahrscheinlichkeit). Eine auf dieses Beispiel angewendete traditionelle Barwertberechnung erfordert eine Entscheidung darüber, welche möglichen Zeitpunkte der Zahlungsströme anzusetzen sind, und würde demzufolge die Wahrscheinlichkeiten anderer Zeitpunkte nicht widerspiegeln. Das beruht darauf, dass bei einer traditionellen Berechnung des Barwerts der Abzinsungssatz keine Ungewissheiten über die Zeitpunkte widerspiegeln kann.

A10 Die Verwendung von Wahrscheinlichkeiten ist ein wesentliches Element des „erwarteter Zahlungsstrom"-Ansatzes. Mitunter wird die Frage aufgeworfen, ob die Zuweisung von Wahrscheinlichkeiten zu stark subjektiven Schätzungen eine höhere Präzision vermuten lässt, als sie tatsächlich existiert. Die richtige Anwendung des traditionellen Ansatzes (wie in Paragraph A6 beschrieben) erfordert hingegen dieselben Schätzungen und dieselbe Subjektivität ohne die rechnerische Transparenz des „erwarteten Zahlungsstrom"-Ansatzes zu liefern.

A11 Viele in der gegenwärtigen Praxis entwickelte Schätzungen beinhalten bereits informell die Elemente der erwarteten Zahlungsströme. Außerdem werden Rechnungsleger oft mit der Notwendigkeit konfrontiert, einen Vermögenswert unter Verwendung begrenzter Informationen über die Wahrscheinlichkeiten möglicher Zahlungsströme zu bewerten. Ein Rechnungsleger könnte beispielsweise mit den folgenden Situationen konfrontiert werden:

(a) Der geschätzte Betrag liegt zwischen 50 WE und 250 WE, aber kein Betrag, der in diesem Bereich liegt, kommt eher in Frage als ein anderer Betrag. Auf der Grundlage dieser begrenzten Information beläuft sich der geschätzte erwartete Zahlungsstrom auf 150 WE [(50 + 250)/2].

(b) Der geschätzte Betrag liegt zwischen 50 WE und 250 WE und der wahrscheinlichste Betrag ist 100 WE. Die mit jedem Betrag verbundenen Wahrscheinlichkeiten sind unbekannt. Auf der Grundlage dieser begrenzten Information beläuft sich der geschätzte erwartete Zahlungsstrom auf 133,33 WE [(50 + 100 +250)/3].

(c) Der geschätzte Betrag beträgt 50 WE (10 Prozent Wahrscheinlichkeit), 250 WE (30 Prozent Wahrscheinlichkeit) oder 100 WE (60 Prozent Wahrscheinlichkeit). Auf der Grundlage dieser begrenzten Information beläuft sich der geschätzte erwartete Zahlungsstrom auf 140 WE [(50 x 0,10) + (250 x 0,30) + (100 x 0,60)].

In jedem Fall liefert der geschätzte erwartete Zahlungsstrom voraussichtlich eine bessere Schätzung des Nutzungswerts als der Mindestbetrag, der wahrscheinlichste Betrag oder der Höchstbetrag für sich alleine genommen.

A12 Die Anwendung eines „erwarteter Cashflow"-Ansatzes ist von Kosten-Nutzen-Sachzwängen abhängig. In manchen Fällen kann ein Unternehmen Zugriff auf zahlreiche Daten haben und somit viele Zahlungsstrom-Szenarien entwickeln. In anderen Fällen kann es sein, dass ein Unternehmen nicht mehr als die allgemeinen Darstellungen über die Schwankung der Zahlungsströme entwickeln kann, ohne dass erhebliche Kosten anfallen. Das Unternehmen muss die Kosten für den Erhalt zusätzlicher Informationen gegen die zusätzliche Verlässlichkeit, die diese Informationen für die Bewertung bringen werden, abwägen.

A13 Zuweilen wird geltend gemacht, das „erwarteter Cashflow"-Verfahren sei ungeeignet für die Bewertung eines einzelnen Postens oder eines Postens mit einer begrenzten Anzahl möglicher Ergebnisse. Als Beispiel wird ein Vermögenswert mit zwei möglichen Ergebnissen angeführt: eine 90-prozentige Wahrscheinlichkeit, dass der Zahlungsstrom 10 WE und eine 10-prozentige Wahrscheinlichkeit, dass der Zahlungsstrom 1000 WE betragen wird. Sie stellen fest, dass der erwartete Zahlungsstrom in diesem Beispiel 109 WE beträgt und kritisieren dieses Ergebnis, weil es keinen der Beträge darstellt, die letztlich bezahlt werden könnten.

A14 Ansichten wie die gerade dargelegte spiegeln die zugrunde liegende Uneinigkeit hinsichtlich der Bewertungsziele wider. Wenn die Kumulierung der einzugehenden Kosten die Zielsetzung ist, könnten die erwarteten Zahlungsströme keine repräsentativ glaubwürdige Schätzung der erwarteten Kosten erzeugen. Dieser Standard befasst sich indes mit der Ermittlung des erzielbaren Betrags eines Vermögenswerts. Der erzielbare Betrag des Vermögenswerts aus diesem Beispiel

differs from the traditional approach by focusing on direct analysis of the cash flows in question and on more explicit statements of the assumptions used in the measurement.

A8 The expected cash flow approach also allows use of present value techniques when the timing of cash flows is uncertain. For example, a cash flow of CU1 000 may be received in one year, two years or three years with probabilities of 10 per cent, 60 per cent and 30 per cent, respectively. The example below shows the computation of expected present value in that situation.

Present value of CU1 000 in 1 year at 5 %	CU952,38	
Probability	10,00 %	CU95,24
Present value of CU1 000 in 2 years at 5,25 %	CU902,73	
Probability	60,00 %	CU541,64
Present value of CU1 000 in 3 years at 5,50 %	CU851,61	
Probability	30,00 %	CU255,48
Expected present value		CU892,36

A9 The expected present value of CU892,36 differs from the traditional notion of a best estimate of CU902,73 (the 60 per cent probability). A traditional present value computation applied to this example requires a decision about which of the possible timings of cash flows to use and, accordingly, would not reflect the probabilities of other timings. This is because the discount rate in a traditional present value computation cannot reflect uncertainties in timing.

A10 The use of probabilities is an essential element of the expected cash flow approach. Some question whether assigning probabilities to highly subjective estimates suggests greater precision than, in fact, exists. However, the proper application of the traditional approach (as described in paragraph A6) requires the same estimates and subjectivity without providing the computational transparency of the expected cash flow approach.

A11 Many estimates developed in current practice already incorporate the elements of expected cash flows informally. In addition, accountants often face the need to measure an asset using limited information about the probabilities of possible cash flows. For example, an accountant might be confronted with the following situations:

(a) the estimated amount falls somewhere between CU50 and CU250, but no amount in the range is more likely than any other amount. Based on that limited information, the estimated expected cash flow is CU150 [(50 + 250)/2];

(b) the estimated amount falls somewhere between CU50 and CU250, and the most likely amount is CU100. However, the probabilities attached to each amount are unknown. Based on that limited information, the estimated expected cash flow is CU133,33 (50 + 100 + 250)/3];

(c) the estimated amount will be CU50 (10 per cent probability), CU250 (30 per cent probability), or CU100 (60 per cent probability). Based on that limited information, the estimated expected cash flow is CU140 [(50 × 0,10) + (250 × 0,30) + (100 × 0,60)].

In each case, the estimated expected cash flow is likely to provide a better estimate of value in use than the minimum, most likely or maximum amount taken alone.

A12 The application of an expected cash flow approach is subject to a cost-benefit constraint. In some cases, an entity may have access to extensive data and may be able to develop many cash flow scenarios. In other cases, an entity may not be able to develop more than general statements about the variability of cash flows without incurring substantial cost. The entity needs to balance the cost of obtaining additional information against the additional reliability that information will bring to the measurement.

A13 Some maintain that expected cash flow techniques are inappropriate for measuring a single item or an item with a limited number of possible outcomes. They offer an example of an asset with two possible outcomes: a 90 per cent probability that the cash flow will be CU10 and a 10 per cent probability that the cash flow will be CU1000. They observe that the expected cash flow in that example is CU109 and criticise that result as not representing either of the amounts that may ultimately be paid.

A14 Assertions like the one just outlined reflect underlying disagreement with the measurement objective. If the objective is accumulation of costs to be incurred, expected cash flows may not produce a representationally faithful estimate of the expected cost. However, this standard is concerned with measuring the recoverable amount of an asset. The recoverable amount of the asset in this example is not likely to be CU10, even though that is the most likely cash flow. This is because

ist voraussichtlich nicht 10 WE, selbst wenn dies der wahrscheinlichste Zahlungsstrom ist. Der Grund hierfür ist, dass eine Bewertung von 10 WE nicht die Ungewissheit des Zahlungsstroms bei der Bewertung des Vermögenswerts beinhaltet. Stattdessen wird der ungewisse Zahlungsstrom dargestellt, als wäre er ein gewisser Zahlungsstrom. Kein rational handelndes Unternehmen würde einen Vermögenswert mit diesen Merkmalen für 10 WE verkaufen.

Abzinsungssatz

A15 Welchen Ansatz ein Unternehmen auch für die Ermittlung des Nutzungswerts eines Vermögenswerts wählt, die Zinssätze, die zur Abzinsung der Zahlungsströme verwendet werden, dürfen nicht die Risiken widerspiegeln, aufgrund derer die geschätzten Zahlungsströme angepasst worden sind. Andernfalls würden die Auswirkungen einiger Annahmen doppelt berücksichtigt.

A16 Wenn ein vermögenswertspezifischer Zinssatz nicht direkt über den Markt erhältlich ist, verwendet ein Unternehmen Ersatzfaktoren zur Schätzung des Abzinsungssatzes. Ziel ist es, so weit wie möglich die Marktbeurteilung folgender Faktoren zu schätzen:

(a) des Zinseffekts für die Perioden bis zum Ende der Nutzungsdauer des Vermögenswerts und

(b) der in Paragraph A1 beschriebenen Faktoren (b), (d) und (e), soweit diese Faktoren nicht zu Anpassungen bei den geschätzten Zahlungsströmen geführt haben.

A17 Als Ausgangspunkt kann ein Unternehmen bei der Erstellung einer solchen Schätzung die folgenden Zinssätze berücksichtigen:

(a) die durchschnittlich gewichteten Kapitalkosten des Unternehmens, die mithilfe von Verfahren wie dem Capital Asset Pricing Model bestimmt werden können,

(b) den Zinssatz für Neukredite des Unternehmens und

(c) andere marktübliche Fremdkapitalzinssätze.

A18 Diese Zinssätze müssen jedoch angepasst werden,

(a) um die Art und Weise widerzuspiegeln, auf die der Markt die spezifischen Risiken, die mit den geschätzten Zahlungsströmen verbunden sind, bewerten würde, und

(b) um Risiken auszuschließen, die für die geschätzten Zahlungsströme der Vermögenswerte nicht relevant sind, oder aufgrund derer bereits eine Anpassung der geschätzten Zahlungsströme vorgenommen wurde.

Berücksichtigt werden Risiken wie das Länderrisiko, das Währungsrisiko und das Preisrisiko.

A19 Der Abzinsungssatz ist unabhängig von der Kapitalstruktur des Unternehmens und von der Art und Weise, wie das Unternehmen den Kauf des Vermögenswerts finanziert, weil die künftig erwarteten Zahlungsströme aus dem Vermögenswert nicht von der Art und Weise abhängen, wie das Unternehmen den Kauf des Vermögenswerts finanziert hat.

A20 Paragraph 55 verlangt, dass der verwendete Abzinsungssatz ein Vor-Steuer-Zinssatz ist. Wenn daher die Grundlage für die Schätzung des Abzinsungssatzes eine Betrachtung nach Steuern ist, ist diese Grundlage anzupassen, um einen Zinssatz vor Steuern widerzuspiegeln.

A21 Ein Unternehmen verwendet normalerweise einen einzigen Abzinsungssatz zur Schätzung des Nutzungswerts eines Vermögenswerts. Ein Unternehmen verwendet indes unterschiedliche Abzinsungssätze für die verschiedenen künftigen Perioden, wenn der Nutzungswert sensibel auf die unterschiedlichen Risiken in den verschiedenen Perioden oder auf die Laufzeitstruktur der Zinssätze reagiert.

ANHANG C

ÜBERPRÜFUNG VON ZAHLUNGSMITTELGENERIERENDEN EINHEITEN MIT EINEM GESCHÄFTS- ODER FIRMENWERT UND NICHT BEHERRSCHENDEN ANTEILEN AUF WERTMINDERUNG

Dieser Anhang ist integraler Bestandteil des Standards.

C1 Gemäß IFRS 3 (in der 2008 überarbeiteten Fassung) bewertet und erfasst der Erwerber den Geschäfts- oder Firmenwert zum Erwerbszeitpunkt als den Unterschiedsbetrag zwischen (a) und (b) wie folgt:

(a) die Summe aus:

(i) der übertragenen Gegenleistung, die gemäß IFRS 3 im Allgemeinen zu dem zum Erwerbszeitpunkt geltenden beizulegenden Zeitwert bestimmt wird,

(ii) dem Betrag aller nicht beherrschenden Anteile an dem erworbenen Unternehmen, die gemäß IFRS 3 bewertet werden, und

a measurement of CU10 does not incorporate the uncertainty of the cash flow in the measurement of the asset. Instead, the uncertain cash flow is presented as if it were a certain cash flow. No rational entity would sell an asset with these characteristics for CU10.

Discount rate

Whichever approach an entity adopts for measuring the value in use of an asset, interest rates used to discount cash flows should not reflect risks for which the estimated cash flows have been adjusted. Otherwise, the effect of some assumptions will be double-counted. A15

When an asset-specific rate is not directly available from the market, an entity uses surrogates to estimate the discount rate. The purpose is to estimate, as far as possible, a market assessment of: A16

(a) the time value of money for the periods until the end of the asset's useful life; and
(b) factors (b), (d) and (e) described in paragraph A1, to the extent those factors have not caused adjustments in arriving at estimated cash flows.

As a starting point in making such an estimate, the entity might take into account the following rates: A17

(a) the entity's weighted average cost of capital determined using techniques such as the Capital Asset Pricing Model;
(b) the entity's incremental borrowing rate; and
(c) other market borrowing rates.

However, these rates must be adjusted: A18

(a) to reflect the way that the market would assess the specific risks associated with the asset's estimated cash flows; and
(b) to exclude risks that are not relevant to the asset's estimated cash flows or for which the estimated cash flows have been adjusted.

Consideration should be given to risks such as country risk, currency risk and price risk.

The discount rate is independent of the entity's capital structure and the way the entity financed the purchase of the asset, because the future cash flows expected to arise from an asset do not depend on the way in which the entity financed the purchase of the asset. A19

Paragraph 55 requires the discount rate used to be a pre-tax rate. Therefore, when the basis used to estimate the discount rate is post-tax, that basis is adjusted to reflect a pre-tax rate. A20

An entity normally uses a single discount rate for the estimate of an asset's value in use. However, an entity uses separate discount rates for different future periods where value in use is sensitive to a difference in risks for different periods or to the term structure of interest rates. A21

APPENDIX C

IMPAIRMENT TESTING CASH-GENERATING UNITS WITH GOODWILL AND NON-CONTROLLING INTERESTS

This appendix is an integral part of the Standard.

In accordance with IFRS 3 (as revised by the International Accounting Standards Board in 2008), the acquirer measures and recognises goodwill as of the acquisition date as the excess of (a) over (b) below: C1

(a) the aggregate of:
    (i) the consideration transferred measured in accordance with IFRS 3, which generally requires acquisition-date fair value;
    (ii) the amount of any non-controlling interest in the acquiree measured in accordance with IFRS 3; and

(iii) dem zum Erwerbszeitpunkt geltenden beizulegenden Zeitwert des zuvor vom Erwerber gehaltenen Eigenkapitalanteils an dem erworbenen Unternehmen, wenn es sich um einen sukzessiven Unternehmenszusammenschluss handelt.

(b) der Saldo der zum Erwerbszeitpunkt bestehenden und gemäß IFRS 3 bewerteten Beträge der erworbenen identifizierbaren Vermögenswerte und der übernommenen Schulden.

Zuordnung eines Geschäfts- oder Firmenwerts

C2 Paragraph 80 dieses Standards schreibt vor, dass ein Geschäfts- oder Firmenwert, der bei einem Unternehmenszusammenschluss erworben wurde, den zahlungsmittelgenerierenden Einheiten bzw. den Gruppen von zahlungsmittelgenerierenden Einheiten des Erwerbers, für die aus den Synergien des Zusammenschlusses ein Nutzen erwartet wird, zuzuordnen ist, unabhängig davon, ob andere Vermögenswerte oder Schulden des erworbenen Unternehmens diesen Einheiten oder Gruppen von Einheiten zugewiesen werden. Es ist möglich, dass einige der aus einem Unternehmenszusammenschluss entstandenen Synergien einer zahlungsmittelgenerierenden Einheit zugeordnet werden, an der der nicht beherrschende Anteil nicht beteiligt ist.

Überprüfung auf Wertminderung

C3 Eine Überprüfung auf Wertminderung schließt den Vergleich des erzielbaren Betrags einer zahlungsmittelgenerierenden Einheit mit dem Buchwert der zahlungsmittelgenerierenden Einheit ein.

C4 Wenn ein Unternehmen nicht beherrschende Anteile als seinen proportionalen Anteil an den identifizierbaren Netto-Vermögenswerten eines Tochterunternehmens zum Erwerbszeitpunkt und nicht mit dem beizulegenden Zeitwert bestimmt, wird der den nicht beherrschenden Anteilen zuzurechnende Geschäfts- oder Firmenwert in den erzielbaren Betrag der dazugehörigen zahlungsmittelgenerierenden Einheit einbezogen, aber nicht im Konzernabschluss des Mutterunternehmens angesetzt. Folglich wird ein hochgerechneter Bruttobetrag des Buchwerts des der Einheit zugeordneten Geschäfts- oder Firmenwerts ermittelt, um den dem nicht beherrschenden Anteil zuzurechnenden Geschäfts- oder Firmenwert einzubeziehen. Dieser hochgerechnete Buchwert wird dann mit dem erzielbaren Betrag der Einheit verglichen, um zu bestimmen, ob die zahlungsmittelgenerierende Einheit wertgemindert ist.

Zuordnung eines Wertminderungsaufwands

C5 Nach Paragraph 104 muss ein identifizierter Wertminderungsaufwand zuerst zugeordnet werden, um den Buchwert des der Einheit zugewiesenen Geschäfts- oder Firmenwerts zu vermindern, und dann den anderen Vermögenswerten der Einheit anteilig auf der Basis des Buchwerts eines jeden Vermögenswerts der Einheit zugewiesen werden.

C6 Wenn ein Tochterunternehmen oder ein Teil eines Tochterunternehmens mit einem nicht beherrschenden Anteil selbst eine zahlungsmittelgenerierende Einheit ist, wird der Wertminderungsaufwand zwischen dem Mutterunternehmen und dem nicht beherrschenden Anteil auf derselben Basis wie der Gewinn oder Verlust aufgeteilt.

C7 Wenn ein Tochterunternehmen oder ein Teil eines Tochterunternehmens mit einem nicht beherrschenden Anteil zu einer größeren zahlungsmittelgenerierenden Einheit gehört, werden die Wertminderungsaufwendungen des Geschäfts- oder Firmenwerts den Teilen der zahlungsmittelgenerierenden Einheit, die einen nicht beherrschenden Anteil haben und den Teilen, die keinen haben, zugeordnet. Die Wertminderungsaufwendungen sind den Teilen der zahlungsmittelgenerierenden Einheit auf folgender Grundlage zuzuordnen:

(a) in dem Umfang, in dem sich die Wertminderung auf den in der zahlungsmittelgenerierenden Einheit enthaltenen Geschäfts- oder Firmenwert bezieht, auf der Grundlage der relativen Buchwerte des Geschäfts- oder Firmenwerts der Teile vor der Wertminderung, und

(b) in dem Umfang, in dem sich die Wertminderung auf die in der zahlungsmittelgenerierenden Einheit enthaltenen identifizierbaren Vermögenswerte bezieht, auf der Grundlage der relativen Buchwerte der identifizierbaren Netto-Vermögenswerte der Teile vor der Wertminderung. Diese Wertminderungen werden den Vermögenswerten der Teile jeder Einheit anteilig zugeordnet, basierend auf dem Buchwert jedes Vermögenswerts des jeweiligen Teils.

In den Teilen, die einen nicht beherrschenden Anteil haben, wird der Wertminderungsaufwand zwischen dem Mutterunternehmen und dem nicht beherrschenden Anteil gleichermaßen, wie es beim Gewinn oder Verlust der Fall ist, aufgeteilt.

C8 Wenn sich ein einem nicht beherrschenden Anteil zugeordneter Wertminderungsaufwand auf den Geschäfts- oder Firmenwert bezieht, der nicht im Konzernabschluss des Mutterunternehmens angesetzt ist (siehe Paragraph C4), wird diese Wertminderung nicht als ein Wertminderungsaufwand des Geschäfts- oder Firmenwerts erfasst. In diesen Fällen wird nur der Wertminderungsaufwand, der sich auf den dem Mutterunternehmen zugeordneten Geschäfts- oder Firmenwert bezieht, als ein Wertminderungsaufwand des Geschäfts- oder Firmenwerts erfasst.

C9 Das erläuternde Beispiel 7 veranschaulicht die Überprüfung auf Wertminderung einer zahlungsmittelgenerierenden Einheit mit einem Geschäfts- oder Firmenwert, die kein hundertprozentiges Tochterunternehmen ist.

(iii) in a business combination achieved in stages, the acquisition-date fair value of the acquirer's previously held equity interest in the acquiree.

(b) the net of the acquisition-date amounts of the identifiable assets acquired and liabilities assumed measured in accordance with IFRS 3.

Allocation of goodwill

Paragraph 80 of this Standard requires goodwill acquired in a business combination to be allocated to each of the acquirer's cash-generating units, or groups of cash generating units, expected to benefit from the synergies of the combination, irrespective of whether other assets or liabilities of the acquiree are assigned to those units, or groups of units. It is possible that some of the synergies resulting from a business combination will be allocated to a cash-generating unit in which the non-controlling interest does not have an interest. C2

Testing for impairment

Testing for impairment involves comparing the recoverable amount of a cash-generating unit with the carrying amount of the cash-generating unit. C3

If an entity measures non-controlling interests as its proportionate interest in the net identifiable assets of a subsidiary at the acquisition date, rather than at fair value, goodwill attributable to non-controlling interests is included in the recoverable amount of the related cash-generating unit but is not recognised in the parent's consolidated financial statements. As a consequence, an entity shall gross up the carrying amount of goodwill allocated to the unit to include the goodwill attributable to the non-controlling interest. This adjusted carrying amount is then compared with the recoverable amount of the unit to determine whether the cash-generating unit is impaired. C4

Allocating an impairment loss

Paragraph 104 requires any identified impairment loss to be allocated first to reduce the carrying amount of goodwill allocated to the unit and then to the other assets of the unit pro rata on the basis of the carrying amount of each asset in the unit. C5

If a subsidiary, or part of a subsidiary, with a non-controlling interest is itself a cash-generating unit, the impairment loss is allocated between the parent and the non-controlling interest on the same basis as that on which profit or loss is allocated. C6

If a subsidiary, or part of a subsidiary, with a non-controlling interest is part of a larger cash-generating unit, goodwill impairment losses are allocated to the parts of the cash-generating unit that have a non-controlling interest and the parts that do not. The impairment losses should be allocated to the parts of the cashgenerating unit on the basis of: C7

(a) to the extent that the impairment relates to goodwill in the cash-generating unit, the relative carrying values of the goodwill of the parts before the impairment; and

(b) to the extent that the impairment relates to identifiable assets in the cash-generating unit, the relative carrying values of the net identifiable assets of the parts before the impairment. Any such impairment is allocated to the assets of the parts of each unit pro rata on the basis of the carrying amount of each asset in the part.

In those parts that have a non-controlling interest, the impairment loss is allocated between the parent and the non-controlling interest on the same basis as that on which profit or loss is allocated.

If an impairment loss attributable to a non-controlling interest relates to goodwill that is not recognised in the parent's consolidated financial statements (see paragraph C4), that impairment is not recognised as a goodwill impairment loss. In such cases, only the impairment loss relating to the goodwill that is allocated to the parent is recognised as a goodwill impairment loss. C8

Illustrative Example 7 illustrates the impairment testing of a non-wholly-owned cash-generating unit with goodwill. C9

INTERNATIONAL ACCOUNTING STANDARD 37

Rückstellungen, Eventualverbindlichkeiten und Eventualforderungen

INHALT

ZIELSETZUNG

Zielsetzung dieses Standards ist es sicherzustellen, dass auf Rückstellungen, Eventualverbindlichkeiten und Eventualforderungen angemessene Ansatzkriterien und Bewertungsgrundlagen angewandt werden und dass der Anhang ausreichende Angaben enthält, die den Abschlussadressaten die Beurteilung von Art, Fälligkeit und Höhe derselben ermöglichen.

ANWENDUNGSBEREICH

1 **Dieser Standard ist von allen Unternehmen auf die Bilanzierung und Bewertung von Rückstellungen, Eventualverbindlichkeiten und Eventualforderungen anzuwenden; hiervon ausgenommen sind**
(a) **diejenigen, die aus noch zu erfüllenden Verträgen resultieren, es sei denn, der Vertrag ist belastend, und**
(b) **[gestrichen]**
(c) **diejenigen, die von einem anderen Standard abgedeckt werden.**

2 Nicht anzuwenden ist dieser Standard auf Finanzinstrumente (einschließlich Garantien), die in den Anwendungsbereich von IFRS 9 *Finanzinstrumente* fallen.

3 Noch zu erfüllende Verträge sind Verträge, bei denen beide Parteien ihre Verpflichtungen in keiner Weise oder teilweise zu gleichen Teilen erfüllt haben. Dieser Standard ist nicht auf noch zu erfüllende Verträge anzuwenden, es sei denn, diese sind belastend.

4 [gestrichen]

INTERNATIONAL ACCOUNTING STANDARD 37

Provisions, contingent liabilities and contingent assets

SUMMARY

OBJECTIVE

The objective of this standard is to ensure that appropriate recognition criteria and measurement bases are applied to provisions, contingent liabilities and contingent assets and that sufficient information is disclosed in the notes to enable users to understand their nature, timing and amount.

SCOPE

This standard shall be applied by all entities in accounting for provisions, contingent liabilities and contingent assets, except: 1

(a) those resulting from executory contracts, except where the contract is onerous; and

(b) [deleted]

(c) those covered by another standard.

This Standard does not apply to financial instruments (including guarantees) that are within the scope of IFRS 9 *Financial Instruments.* 2

Executory contracts are contracts under which neither party has performed any of its obligations or both parties have partially performed their obligations to an equal extent. This standard does not apply to executory contracts unless they are onerous. 3

[deleted] 4

5 Wenn ein anderer Standard eine bestimmte Art von Rückstellung, Eventualverbindlichkeit oder Eventualforderung behandelt, hat ein Unternehmen den betreffenden Standard anstelle dieses Standards anzuwenden. So werden zum Beispiel bestimmte Rückstellungsarten in Standards zu folgenden Themen behandelt:

(a) [gestrichen]
(b) Ertragsteuern (siehe IAS 12 *Ertragsteuern*);
(c) Leasingverhältnisse (siehe IFRS 16 *Leasingverhältnisse*). Dieser Standard gilt jedoch für alle Leasingverhältnisse, die vor dem Bereitstellungsdatum gemäß der Definition in IFRS 16 belastend werden. Dieser Standard gilt außerdem für kurzfristige Leasingverhältnisse und Leasingverhältnisse, bei denen der zugrunde liegende Vermögenswert von geringem Wert ist, die gemäß Paragraph 6 von IFRS 16 bilanziert werden und die belastend geworden sind;
(d) Leistungen an Arbeitnehmer (siehe IAS 19 *Leistungen an Arbeitnehmer*);
(e) Versicherungsverträge und andere Verträge im Anwendungsbereich von IFRS 17 *Versicherungsverträge*;
(f) bedingte Gegenleistung eines Erwerbers bei einem Unternehmenszusammenschluss (siehe IFRS 3 *Unternehmenszusammenschlüsse*) und
(g) Erlöse aus Verträgen mit Kunden (siehe IFRS 15 *Erlöse aus Verträgen mit Kunden*). Da IFRS 15 aber keine Vorschriften für belastende oder belastend gewordene Verträge mit Kunden enthält, gilt für solche Verträge der vorliegende Standard.

6 [gestrichen]

7 Der vorliegende Standard definiert Rückstellungen als Schulden, die bezüglich ihrer Fälligkeit oder ihrer Höhe ungewiss sind. In einigen Ländern wird der Begriff „Rückstellungen“ auch im Zusammenhang mit Posten wie Abschreibungen, Wertminderung von Vermögenswerten und Wertberichtigungen von zweifelhaften Forderungen verwendet: dies sind Anpassungen der Buchwerte von Vermögenswerten; sie werden im vorliegenden Standard nicht behandelt.

8 Andere Standards legen fest, ob Ausgaben als Vermögenswerte oder als Aufwendungen behandelt werden. Diese Frage wird im vorliegendem Standard nicht behandelt. Entsprechend wird eine Aktivierung der bei der Bildung der Rückstellung angesetzten Aufwendungen durch diesen Standard weder verboten noch vorgeschrieben.

9 Dieser Standard ist auf Rückstellungen für Restrukturierungsmaßnahmen (einschließlich aufgegebene Geschäftsbereiche) anzuwenden. Wenn eine Restrukturierungsmaßnahme der Definition eines aufgegebenen Geschäftsbereichs entspricht, können zusätzliche Angaben nach IFRS 5 *Zur Veräußerung gehaltene langfristige Vermögenswerte und aufgegebene Geschäftsbereiche* erforderlich werden.

DEFINITIONEN

10 **Die folgenden Begriffe werden in diesem Standard mit der angegebenen Bedeutung verwendet:**

Eine *Rückstellung* ist eine Schuld, die bezüglich ihrer Fälligkeit oder ihrer Höhe ungewiss ist.

Eine *Schuld*[1] ist eine gegenwärtige Verpflichtung des Unternehmens, die aus Ereignissen der Vergangenheit entsteht und deren Erfüllung für das Unternehmen mit einem Abfluss von Ressourcen mit wirtschaftlichem Nutzen verbunden sein dürfte.

Ein *verpflichtendes Ereignis* ist ein Ereignis, das zu einer rechtlichen oder faktischen Verpflichtung führt, zu deren Erfüllung es für das Unternehmen keine realistische Alternative gibt.

Eine *rechtliche Verpflichtung* ist eine Verpflichtung, die sich ableitet aus

(a) einem Vertrag (aufgrund seiner expliziten oder impliziten Bedingungen),
(b) Rechtsvorschriften oder
(c) sonstigen unmittelbaren Auswirkungen von Rechtsvorschriften.

Eine *faktische Verpflichtung* ist eine aus den Handlungen eines Unternehmens entstehende Verpflichtung, wenn

(a) das Unternehmen durch sein bisher übliches Geschäftsgebaren, öffentlich angekündigte Maßnahmen oder eine ausreichend spezifische, aktuelle Aussage anderen Parteien gegenüber die Übernahme gewisser Verpflichtungen zum Ausdruck gebracht hat und
(b) das Unternehmen dadurch bei den anderen Parteien eine gerechtfertigte Erwartung geweckt hat, dass es diesen Verpflichtungen nachkommt.

Eine *Eventualverbindlichkeit* ist

(a) eine mögliche Verpflichtung, die aus Ereignissen der Vergangenheit entsteht und deren Existenz durch das Eintreten oder Nichteintreten eines oder mehrerer unsicherer künftiger Ereignisse, die nicht vollständig unter der Kontrolle des Unternehmens stehen, erst noch bestätigt wird, oder
(b) eine gegenwärtige Verpflichtung, die aus Ereignissen der Vergangenheit entsteht, jedoch nicht angesetzt wird, weil
  (i) ein Abfluss von Ressourcen mit wirtschaftlichem Nutzen zur Erfüllung dieser Verpflichtung nicht wahrscheinlich ist oder
  (ii) die Höhe der Verpflichtung nicht ausreichend verlässlich bestimmt werden kann.

Eine *Eventualforderung* ist ein möglicher Vermögenswert, der aus Ereignissen der Vergangenheit entsteht und dessen Existenz durch das Eintreten oder Nichteintreten eines oder mehrerer unsicherer künftiger Ereignisse, die nicht vollständig unter der Kontrolle des Unternehmens stehen, erst noch bestätigt wird.

---

1 Die in diesem Standard zugrunde gelegte Definition von Schuld ist nach der Überarbeitung der entsprechenden Definition in dem 2018 veröffentlichten *Rahmenkonzept für die Finanzberichterstattung* nicht angepasst worden.

When another Standard deals with a specific type of provision, contingent liability or contingent asset, an entity applies that Standard instead of this Standard. For example, some types of provisions are addressed in Standards on: 5
(a) [deleted]
(b) income taxes (see IAS 12 *Income taxes*);
(c) leases (see IFRS 16 *Leases*). However, this Standard applies to any lease that becomes onerous before the commencement date of the lease as defined in IFRS 16. This Standard also applies to short-term leases and leases for which the underlying asset is of low value accounted for in accordance with paragraph 6 of IFRS 16 and that have become onerous
(d) employee benefits (see IAS 19 *Employee benefits*);
(e) insurance contracts and other contracts within the scope of IFRS 17 *Insurance Contracts*;
(f) contingent consideration of an acquirer in a business combination (see IFRS 3 *Business Combinations*); and
(g) revenue from contracts with customers (see IFRS 15 *Revenue from Contracts with Customers*). However, as IFRS 15 contains no specific requirements to address contracts with customers that are, or have become, onerous, this Standard applies to such cases.

[deleted] 6

This standard defines provisions as liabilities of uncertain timing or amount. In some countries the term 'provision' is also used in the context of items such as depreciation, impairment of assets and doubtful debts: these are adjustments to the carrying amounts of assets and are not addressed in this standard. 7

Other standards specify whether expenditures are treated as assets or as expenses. These issues are not addressed in this standard. Accordingly, this standard neither prohibits nor requires capitalisation of the costs recognised when a provision is made. 8

This standard applies to provisions for restructurings (including discontinued operations). When a restructuring meets the definition of a discontinued operation, additional disclosures may be required by IFRS 5 *Non-current assets held for sale and discontinued operations*. 9

DEFINITIONS

The following terms are used in this standard with the meanings specified: 10

A *provision* is a liability of uncertain timing or amount.

A *liability* is a present obligation of the entity arising from past events, the settlement of which is expected to result in an outflow from the entity of resources embodying economic benefits[1].

An *obligating event* is an event that creates a legal or constructive obligation that results in an entity having no realistic alternative to settling that obligation.

A *legal obligation* is an obligation that derives from:
(a) a contract (through its explicit or implicit terms);
(b) legislation; or
(c) other operation of law.

A *constructive obligation* is an obligation that derives from an entity's actions where:
(a) by an established pattern of past practice, published policies or a sufficiently specific current statement, the entity has indicated to other parties that it will accept certain responsibilities; and
(b) as a result, the entity has created a valid expectation on the part of those other parties that it will discharge those responsibilities.

A *contingent liability* is:
(a) a possible obligation that arises from past events and whose existence will be confirmed only by the occurrence or non-occurrence of one or more uncertain future events not wholly within the control of the entity; or
(b) a present obligation that arises from past events but is not recognised because:
(i) it is not probable that an outflow of resources embodying economic benefits will be required to settle the obligation; or
(ii) the amount of the obligation cannot be measured with sufficient reliability.

A *contingent asset* is a possible asset that arises from past events and whose existence will be confirmed only by the occurrence or non-occurrence of one or more uncertain future events not wholly within the control of the entity.

1 The definition of a liability in this Standard was not revised following the revision of the definition of a liability in the *Conceptual Framework for Financial Reporting* issued in 2018.

Ein *belastender Vertrag* ist ein Vertrag, bei dem die unvermeidbaren Kosten zur Erfüllung der vertraglichen Verpflichtungen höher sind als der erwartete wirtschaftliche Nutzen.

Eine *Restrukturierungsmaßnahme* ist ein Programm, das vom Management geplant und kontrolliert wird und entweder

(a) das von dem Unternehmen abgedeckte Geschäftsfeld oder

(b) die Art, in der dieses Geschäft durchgeführt wird, wesentlich verändert.

Rückstellungen und sonstige Schulden

11 Rückstellungen können dadurch von sonstigen Schulden, wie z. B. Verbindlichkeiten aus Lieferungen und Leistungen sowie abgegrenzten Schulden unterschieden werden, dass bei ihnen Unsicherheiten hinsichtlich des Zeitpunkts oder der Höhe der zu ihrer Erfüllung künftig erforderlichen Ausgaben bestehen. Als Beispiel:

(a) Verbindlichkeiten aus Lieferungen und Leistungen sind Schulden zur Zahlung von erhaltenen oder gelieferten Gütern oder Dienstleistungen, die vom Lieferanten in Rechnung gestellt oder formal vereinbart wurden, und

(b) abgegrenzte Schulden sind Schulden zur Zahlung von erhaltenen oder gelieferten Gütern oder Dienstleistungen, die weder bezahlt wurden, noch vom Lieferanten in Rechnung gestellt oder formal vereinbart wurden. Hierzu gehören auch Mitarbeitern geschuldete Beträge (zum Beispiel im Zusammenhang mit der Abgrenzung von Urlaubsgeldern). Auch wenn die Höhe oder der zeitliche Anfall der abgegrenzten Schulden mitunter geschätzt werden muss, ist die Unsicherheit im Allgemeinen deutlich geringer als bei Rückstellungen.

Abgegrenzte Schulden werden häufig als Teil der Verbindlichkeiten aus Lieferungen und Leistungen und sonstige Verbindlichkeiten ausgewiesen, wohingegen der Ausweis von Rückstellungen separat erfolgt.

Beziehung zwischen Rückstellungen und Eventualverbindlichkeiten

12 Im Allgemeinen betrachtet sind alle Rückstellungen als eventual anzusehen, da sie hinsichtlich ihrer Fälligkeit oder ihrer Höhe ungewiss sind. Nach der Definition dieses Standards wird der Begriff „eventual" jedoch für Schulden und Vermögenswerte verwendet, die nicht angesetzt werden, weil sie durch das Eintreten oder Nichteintreten eines oder mehrerer unsicherer künftiger Ereignisse bedingt sind, die nicht vollständig unter der Kontrolle des Unternehmens stehen. Des Weiteren wird der Begriff „Eventualverbindlichkeit" für Schulden verwendet, die die Ansatzkriterien nicht erfüllen.

13 Dieser Standard unterscheidet zwischen

(a) Rückstellungen – die als Schulden angesetzt werden (unter der Annahme, dass eine verlässliche Schätzung möglich ist), da sie gegenwärtige Verpflichtungen sind und zur Erfüllung der Verpflichtungen ein Abfluss von Mitteln mit wirtschaftlichem Nutzen wahrscheinlich ist, und

(b) Eventualverbindlichkeiten – die nicht als Schulden angesetzt werden, da sie entweder

  (i) mögliche Verpflichtungen sind, weil die Verpflichtung des Unternehmens, die zu einem Abfluss von Ressourcen mit wirtschaftlichem Nutzen führen kann, noch bestätigt werden muss, oder

  (ii) gegenwärtige Verpflichtungen sind, die nicht den Ansatzkriterien dieses Standards genügen (entweder, weil ein Abfluss von Ressourcen mit wirtschaftlichem Nutzen zur Erfüllung dieser Verpflichtungen nicht wahrscheinlich ist oder weil die Höhe der Verpflichtung nicht ausreichend verlässlich geschätzt werden kann).

ANSATZ

Rückstellungen

14 Eine Rückstellung ist dann anzusetzen, wenn

(a) einem Unternehmen aus einem Ereignis der Vergangenheit eine gegenwärtige Verpflichtung (rechtlich oder faktisch) entstanden ist,

(b) der Abfluss von Ressourcen mit wirtschaftlichem Nutzen zur Erfüllung dieser Verpflichtung wahrscheinlich ist und

(c) eine verlässliche Schätzung der Höhe der Verpflichtung möglich ist.

Sind diese Bedingungen nicht erfüllt, ist keine Rückstellung anzusetzen.

Gegenwärtige Verpflichtung

15 Vereinzelt gibt es Fälle, in denen unklar ist, ob eine gegenwärtige Verpflichtung existiert. In diesen Fällen führt ein Ereignis der Vergangenheit zu einer gegenwärtigen Verpflichtung, wenn unter Berücksichtigung aller verfügbaren Anhaltspunkte mehr für das Bestehen einer gegenwärtigen Verpflichtung zum Abschlussstichtag als dagegen spricht.

16 In fast allen Fällen wird es eindeutig sein, ob ein Ereignis der Vergangenheit zu einer gegenwärtigen Verpflichtung geführt hat. In Ausnahmefällen, zum Beispiel in einem Rechtsstreit, kann strittig sein, ob bestimmte Ereignisse eingetreten sind oder diese zu einer gegenwärtigen Verpflichtung geführt haben. In diesem Fall bestimmt ein Unternehmen unter Berücksichtigung aller verfügbaren Anhaltspunkte, einschließlich z. B. der Meinung von Sachverständigen, ob zum Abschlussstichtag eine gegenwärtige Verpflichtung besteht. Die zugrunde liegenden Anhaltspunkte umfassen alle zusätzlichen durch Ereignisse nach dem Abschlussstichtag entstandenen Anhaltspunkte. Auf der Grundlage dieser Anhaltspunkte

An *onerous contract* is a contract in which the unavoidable costs of meeting the obligations under the contract exceed the economic benefits expected to be received under it.

A *restructuring* is a programme that is planned and controlled by management, and materially changes either:
(a) the scope of a business undertaken by an entity; or
(b) the manner in which that business is conducted.

Provisions and other liabilities

Provisions can be distinguished from other liabilities such as trade payables and accruals because there is uncertainty about the timing or amount of the future expenditure required in settlement. By contrast: 11
(a) trade payables are liabilities to pay for goods or services that have been received or supplied and have been invoiced or formally agreed with the supplier; and
(b) accruals are liabilities to pay for goods or services that have been received or supplied but have not been paid, invoiced or formally agreed with the supplier, including amounts due to employees (for example, amounts relating to accrued vacation pay). Although it is sometimes necessary to estimate the amount or timing of accruals, the uncertainty is generally much less than for provisions.

Accruals are often reported as part of trade and other payables, whereas provisions are reported separately.

Relationship between provisions and contingent liabilities

In a general sense, all provisions are contingent because they are uncertain in timing or amount. However, within this standard the term 'contingent' is used for liabilities and assets that are not recognised because their existence will be confirmed only by the occurrence or non-occurrence of one or more uncertain future events not wholly within the control of the entity. In addition, the term 'contingent liability' is used for liabilities that do not meet the recognition criteria. 12

This standard distinguishes between: 13
(a) provisions—which are recognised as liabilities (assuming that a reliable estimate can be made) because they are present obligations and it is probable that an outflow of resources embodying economic benefits will be required to settle the obligations; and
(b) contingent liabilities—which are not recognised as liabilities because they are either:
   (i) possible obligations, as it has yet to be confirmed whether the entity has a present obligation that could lead to an outflow of resources embodying economic benefits; or
   (ii) present obligations that do not meet the recognition criteria in this standard (because either it is not probable that an outflow of resources embodying economic benefits will be required to settle the obligation, or a sufficiently reliable estimate of the amount of the obligation cannot be made).

RECOGNITION

Provisions

A provision shall be recognised when: 14
(a) an entity has a present obligation (legal or constructive) as a result of a past event;
(b) it is probable that an outflow of resources embodying economic benefits will be required to settle the obligation; and
(c) a reliable estimate can be made of the amount of the obligation.

If these conditions are not met, no provision shall be recognised.

Present obligation

In rare cases it is not clear whether there is a present obligation. In these cases, a past event is deemed to give rise to a present obligation if, taking account of all available evidence, it is more likely than not that a present obligation exists at the end of the reporting period. 15

In almost all cases it will be clear whether a past event has given rise to a present obligation. In rare cases, for example in a law suit, it may be disputed either whether certain events have occurred or whether those events result in a present obligation. In such a case, an entity determines whether a present obligation exists at the end of the reporting period by taking account of all available evidence, including, for example, the opinion of experts. The evidence considered includes any additional evidence provided by events after the reporting period. On the basis of such evidence: 16

(a) setzt das Unternehmen eine Rückstellung an (sofern die Ansatzkriterien erfüllt sind), wenn zum Abschlussstichtag mehr für das Bestehen einer gegenwärtigen Verpflichtung als dagegen spricht, und
(b) gibt das Unternehmen eine Eventualverbindlichkeit an, wenn mehr Gründe für das Nichtbestehen einer gegenwärtigen Verpflichtung zum Abschlussstichtag sprechen als dagegen, es sei denn, ein Abfluss von Ressourcen mit wirtschaftlichem Nutzen ist sehr unwahrscheinlich (siehe Paragraph 86).

Ereignis der Vergangenheit

17 Ein Ereignis der Vergangenheit, das zu einer gegenwärtigen Verpflichtung führt, wird als verpflichtendes Ereignis bezeichnet. Ein Ereignis ist ein verpflichtendes Ereignis, wenn ein Unternehmen keine realistische Alternative zur Erfüllung der durch dieses Ereignis entstandenen Verpflichtung hat. Das ist nur der Fall,
(a) wenn die Erfüllung einer Verpflichtung rechtlich durchgesetzt werden kann, oder
(b) wenn, im Falle einer faktischen Verpflichtung, das Ereignis (das aus einer Handlung des Unternehmens bestehen kann) gerechtfertigte Erwartungen bei anderen Parteien hervorruft, dass das Unternehmen die Verpflichtung erfüllen wird.

18 Abschlüsse befassen sich mit der Vermögens- und Finanzlage eines Unternehmens zum Abschlussstichtag und nicht mit der möglichen künftigen Lage. Für Aufwendungen der künftigen Geschäftstätigkeit wird daher keine Rückstellung angesetzt. In der Bilanz eines Unternehmens werden ausschließlich Schulden angesetzt, die zum Abschlussstichtag bestehen.

19 Rückstellungen werden nur für diejenigen aus Ereignissen der Vergangenheit entstandenen Verpflichtungen angesetzt, die unabhängig von den künftigen Handlungen (z. B. der künftigen Geschäftstätigkeit) eines Unternehmens bestehen. Beispiele für solche Verpflichtungen sind Strafgelder oder Kosten für die Beseitigung unrechtmäßiger Umweltschäden; diese beiden Fälle würden unabhängig von den künftigen Handlungen des Unternehmens bei Erfüllung zu einem Abfluss von Ressourcen mit wirtschaftlichem Nutzen führen. Entsprechend setzt ein Unternehmen eine Rückstellung für die Kosten der Beseitigung einer Ölanlage oder eines Kernkraftwerkes insoweit an, als das Unternehmen zur Beseitigung bereits entstandener Schäden verpflichtet ist. Dagegen kann ein Unternehmen aufgrund von wirtschaftlichem Druck oder Rechtsvorschriften Ausgaben planen oder vornehmen müssen, um seine Betriebstätigkeit künftig in einer bestimmten Weise zu ermöglichen (zum Beispiel die Installation von Rauchfiltern in einer bestimmten Fabrikart). Da das Unternehmen diese Ausgaben durch seine künftigen Handlungen vermeiden kann, zum Beispiel durch Änderung der Verfahren, hat es keine gegenwärtige Verpflichtung für diese künftigen Ausgaben und bildet auch keine Rückstellung.

20 Eine Verpflichtung betrifft immer eine andere Partei, gegenüber der die Verpflichtung besteht. Die Kenntnis oder Identifikation der Partei, gegenüber der die Verpflichtung besteht, ist jedoch nicht notwendig – sie kann sogar gegenüber der Öffentlichkeit in ihrer Gesamtheit bestehen. Da eine Verpflichtung immer eine Zusage an eine andere Partei beinhaltet, entsteht durch eine Entscheidung des Managements bzw. eines Aufsichtsorgans noch keine faktische Verpflichtung zum Abschlussstichtag, wenn diese nicht den davon betroffenen Parteien vor dem Abschlussstichtag ausreichend ausführlich mitgeteilt wurde, sodass die Mitteilung eine gerechtfertigte Erwartung bei den Betroffenen hervorgerufen hat, dass das Unternehmen seinen Verpflichtungen nachkommt.

21 Ein Ereignis, das nicht unverzüglich zu einer Verpflichtung führt, kann aufgrund von Gesetzesänderungen oder Handlungen des Unternehmens (zum Beispiel eine ausreichend spezifische öffentliche Aussage) zu einem späteren Zeitpunkt zu einer Verpflichtung führen. Beispielsweise kann zum Zeitpunkt der Verursachung von Umweltschäden keine Verpflichtung zur Beseitigung der Folgen bestehen. Die Verursachung der Schäden wird jedoch zu einem verpflichtenden Ereignis, wenn ein neues Gesetz die Beseitigung bestehender Schäden vorschreibt oder das Unternehmen öffentlich die Verantwortung für die Beseitigung in einer Weise übernimmt, dass dadurch eine faktische Verpflichtung entsteht.

22 Wenn einzelne Bestimmungen eines Gesetzesentwurfs noch nicht endgültig feststehen, besteht eine Verpflichtung nur dann, wenn die Verabschiedung des Gesetzesentwurfs so gut wie sicher ist. Für die Zwecke dieses Standards wird eine solche Verpflichtung als rechtliche Verpflichtung behandelt. Aufgrund unterschiedlicher Verfahren bei der Verabschiedung von Gesetzen kann hier kein einzelnes Ereignis spezifiziert werden, bei dem die Verabschiedung eines Gesetzes so gut wie sicher ist. In vielen Fällen dürfte es nicht möglich sein, die tatsächliche Verabschiedung eines Gesetzes mit Sicherheit vorherzusagen, solange es nicht verabschiedet ist.

Wahrscheinlicher Abfluss von Ressourcen mit wirtschaftlichem Nutzen

23 Damit eine Schuld die Voraussetzungen für den Ansatz erfüllt, muss nicht nur eine gegenwärtige Verpflichtung existieren, auch der Abfluss von Ressourcen mit wirtschaftlichem Nutzen muss im Zusammenhang mit der Erfüllung der Verpflichtung wahrscheinlich sein. Für die Zwecke dieses Standards[2] wird ein Abfluss von Ressourcen oder ein anderes Ereignis als wahrscheinlich angesehen, wenn mehr dafür als dagegen spricht, d. h. die Wahrscheinlichkeit, dass das Ereignis eintritt, ist größer als die Wahrscheinlichkeit, dass es nicht eintritt. Ist die Existenz einer gegenwärtigen Verpflichtung nicht wahrscheinlich, so gibt das Unternehmen eine Eventualverbindlichkeit an, es sei denn, ein Abfluss von Ressourcen mit wirtschaftlichem Nutzen ist sehr unwahrscheinlich (siehe Paragraph 86).

---

2 Die Auslegung von „wahrscheinlich" in diesem Standard als „es spricht mehr dafür als dagegen" ist nicht zwingend auf andere Standards anwendbar.

(a) where it is more likely than not that a present obligation exists at the end of the reporting period, the entity recognises a provision (if the recognition criteria are met); and
(b) where it is more likely that no present obligation exists at the end of the reporting period, the entity discloses a contingent liability, unless the possibility of an outflow of resources embodying economic benefits is remote (see paragraph 86).

Past event

A past event that leads to a present obligation is called an obligating event. For an event to be an obligating event, it is necessary that the entity has no realistic alternative to settling the obligation created by the event. This is the case only: 17
(a) where the settlement of the obligation can be enforced by law; or
(b) in the case of a constructive obligation, where the event (which may be an action of the entity) creates valid expectations in other parties that the entity will discharge the obligation.

Financial statements deal with the financial position of an entity at the end of its reporting period and not its possible position in the future. Therefore, no provision is recognised for costs that need to be incurred to operate in the future. The only liabilities recognised in an entity's statement of financial position are those that exist at the end of the reporting period. 18

It is only those obligations arising from past events existing independently of an entity's future actions (i.e. the future conduct of its business) that are recognised as provisions. Examples of such obligations are penalties or clean-up costs for unlawful environmental damage, both of which would lead to an outflow of resources embodying economic benefits in settlement regardless of the future actions of the entity. Similarly, an entity recognises a provision for the decommissioning costs of an oil installation or a nuclear power station to the extent that the entity is obliged to rectify damage already caused. In contrast, because of commercial pressures or legal requirements, an entity may intend or need to carry out expenditure to operate in a particular way in the future (for example, by fitting smoke filters in a certain type of factory). Because the entity can avoid the future expenditure by its future actions, for example by changing its method of operation, it has no present obligation for that future expenditure and no provision is recognised. 19

An obligation always involves another party to whom the obligation is owed. It is not necessary, however, to know the identity of the party to whom the obligation is owed—indeed the obligation may be to the public at large. Because an obligation always involves a commitment to another party, it follows that a management or board decision does not give rise to a constructive obligation at the end of the reporting period unless the decision has been communicated before the end of the reporting period to those affected by it in a sufficiently specific manner to raise a valid expectation in them that the entity will discharge its responsibilities. 20

An event that does not give rise to an obligation immediately may do so at a later date, because of changes in the law or because an act (for example, a sufficiently specific public statement) by the entity gives rise to a constructive obligation. For example, when environmental damage is caused there may be no obligation to remedy the consequences. However, the causing of the damage will become an obligating event when a new law requires the existing damage to be rectified or when the entity publicly accepts responsibility for rectification in a way that creates a constructive obligation. 21

Where details of a proposed new law have yet to be finalised, an obligation arises only when the legislation is virtually certain to be enacted as drafted. For the purpose of this standard, such an obligation is treated as a legal obligation. Differences in circumstances surrounding enactment make it impossible to specify a single event that would make the enactment of a law virtually certain. In many cases it will be impossible to be virtually certain of the enactment of a law until it is enacted. 22

Probable outflow of resources embodying economic benefits

For a liability to qualify for recognition there must be not only a present obligation but also the probability of an outflow of resources embodying economic benefits to settle that obligation. For the purpose of this standard[2], an outflow of resources or other event is regarded as probable if the event is more likely than not to occur, i.e. the probability that the event will occur is greater than the probability that it will not. Where it is not probable that a present obligation exists, an entity discloses a contingent liability, unless the possibility of an outflow of resources embodying economic benefits is remote (see paragraph 86). 23

2 The interpretation of 'probable' in this standard as 'more likely than not' does not necessarily apply in other standards.

24 Bei einer Vielzahl ähnlicher Verpflichtungen (z. B. Produktgarantien oder Ähnlichem) wird die Wahrscheinlichkeit eines Mittelabflusses bestimmt, indem die Gruppe der Verpflichtungen als Ganzes betrachtet wird. Auch wenn die Wahrscheinlichkeit eines Abflusses im Einzelfall gering sein dürfte, kann ein Abfluss von Ressourcen zur Erfüllung dieser Gruppe von Verpflichtungen insgesamt durchaus wahrscheinlich sein. Ist dies der Fall, wird eine Rückstellung angesetzt (sofern die anderen Ansatzkriterien erfüllt sind).

Verlässliche Schätzung der Verpflichtung

25 Die Verwendung von Schätzungen ist ein wesentlicher Bestandteil bei der Aufstellung von Abschlüssen und beeinträchtigt nicht deren Verlässlichkeit. Dies gilt insbesondere im Falle von Rückstellungen, die naturgemäß in höherem Maße unsicher sind als die meisten anderen Bilanzposten. Von äußerst seltenen Fällen abgesehen dürfte ein Unternehmen in der Lage sein, ein Spektrum möglicher Ergebnisse zu bestimmen und daher auch eine Schätzung der Verpflichtung vornehmen zu können, die für den Ansatz einer Rückstellung ausreichend verlässlich ist.

26 In äußerst seltenen Fällen kann eine bestehende Schuld nicht angesetzt werden, und zwar dann, wenn keine verlässliche Schätzung möglich ist. Diese Schuld wird als Eventualverbindlichkeit angegeben (siehe Paragraph 86).

Eventualverbindlichkeiten

27 **Ein Unternehmen darf keine Eventualverbindlichkeit ansetzen.**

28 Eine Eventualverbindlichkeit ist nach Paragraph 86 anzugeben, es sei denn, die Möglichkeit eines Abflusses von Ressourcen mit wirtschaftlichem Nutzen ist sehr unwahrscheinlich.

29 Haftet ein Unternehmen gesamtschuldnerisch für eine Verpflichtung, wird der Teil der Verpflichtung, dessen Übernahme durch andere Parteien erwartet wird, als Eventualverbindlichkeit behandelt. Das Unternehmen setzt eine Rückstellung für den Teil der Verpflichtung an, für den ein Abfluss von Ressourcen mit wirtschaftlichem Nutzen wahrscheinlich ist; dies gilt nicht in den äußerst seltenen Fällen, in denen keine verlässliche Schätzung möglich ist.

30 Eventualverbindlichkeiten können sich anders entwickeln als ursprünglich erwartet. Daher werden sie laufend daraufhin beurteilt, ob ein Abfluss von Ressourcen mit wirtschaftlichem Nutzen wahrscheinlich geworden ist. Ist ein Abfluss von künftigem wirtschaftlichem Nutzen für einen zuvor als Eventualverbindlichkeit behandelten Posten wahrscheinlich geworden, so wird eine Rückstellung im Abschluss der Berichtsperiode angesetzt, in der die Änderung in Bezug auf die Wahrscheinlichkeit eintritt (mit Ausnahme der äußerst seltenen Fälle, in denen keine verlässliche Schätzung möglich ist).

Eventualforderungen

31 **Ein Unternehmen darf keine Eventualforderungen ansetzen.**

32 Eventualforderungen entstehen normalerweise aus ungeplanten oder unerwarteten Ereignissen, durch die dem Unternehmen die Möglichkeit eines Zuflusses von wirtschaftlichem Nutzen entsteht. Ein Beispiel ist ein Anspruch, den ein Unternehmen in einem gerichtlichen Verfahren mit unsicherem Ausgang durchzusetzen versucht.

33 Eventualforderungen werden nicht im Abschluss angesetzt, da dadurch Erträge angesetzt würden, die möglicherweise nie realisiert werden. Ist die Realisation von Erträgen jedoch so gut wie sicher, ist der betreffende Vermögenswert nicht mehr als Eventualforderung anzusehen und dessen Ansatz angemessen.

34 Eventualforderungen sind nach Paragraph 89 anzugeben, wenn der Zufluss wirtschaftlichen Nutzens wahrscheinlich ist.

35 Eventualforderungen werden laufend beurteilt, um sicherzustellen, dass etwaige Entwicklungen im Abschluss angemessen widergespiegelt werden. Wenn ein Zufluss wirtschaftlichen Nutzens so gut wie sicher geworden ist, werden der Vermögenswert und der diesbezügliche Ertrag im Abschluss des Berichtszeitraums erfasst, in dem die Änderung eintritt. Ist ein Zufluss wirtschaftlichen Nutzens wahrscheinlich geworden, gibt das Unternehmen eine Eventualforderung an (siehe Paragraph 89).

BEWERTUNG

Bestmögliche Schätzung

36 **Der als Rückstellung angesetzte Betrag stellt die bestmögliche Schätzung der Ausgabe dar, die zur Erfüllung der gegenwärtigen Verpflichtung zum Abschlussstichtag erforderlich ist.**

37 Die bestmögliche Schätzung der zur Erfüllung der gegenwärtigen Verpflichtung erforderlichen Ausgabe ist der Betrag, den das Unternehmen bei vernünftiger Betrachtung zur Erfüllung der Verpflichtung zum Abschlussstichtag oder zur Übertragung der Verpflichtung auf einen Dritten zu diesem Termin zahlen müsste. Oft dürfte die Erfüllung oder Übertragung einer Verpflichtung zum Abschlussstichtag unmöglich oder über die Maßen teuer sein. Die Schätzung des vom Unternehmen bei vernünftiger Betrachtung zur Erfüllung oder zur Übertragung der Verpflichtung zu zahlenden Betrags stellt trotzdem die bestmögliche Schätzung der zur Erfüllung der gegenwärtigen Verpflichtung zum Abschlussstichtag erforderlichen Ausgaben dar.

Where there are a number of similar obligations (e.g. product warranties or similar contracts) the probability that an outflow will be required in settlement is determined by considering the class of obligations as a whole. Although the likelihood of outflow for any one item may be small, it may well be probable that some outflow of resources will be needed to settle the class of obligations as a whole. If that is the case, a provision is recognised (if the other recognition criteria are met). 24

Reliable estimate of the obligation

The use of estimates is an essential part of the preparation of financial statements and does not undermine their reliability. This is especially true in the case of provisions, which by their nature are more uncertain than most other items in the statement of financial position. Except in extremely rare cases, an entity will be able to determine a range of possible outcomes and can therefore make an estimate of the obligation that is sufficiently reliable to use in recognising a provision. 25

In the extremely rare case where no reliable estimate can be made, a liability exists that cannot be recognised. That liability is disclosed as a contingent liability (see paragraph 86). 26

Contingent liabilities

An entity shall not recognise a contingent liability. 27

A contingent liability is disclosed, as required by paragraph 86, unless the possibility of an outflow of resources embodying economic benefits is remote. 28

Where an entity is jointly and severally liable for an obligation, the part of the obligation that is expected to be met by other parties is treated as a contingent liability. The entity recognises a provision for the part of the obligation for which an outflow of resources embodying economic benefits is probable, except in the extremely rare circumstances where no reliable estimate can be made. 29

Contingent liabilities may develop in a way not initially expected. Therefore, they are assessed continually to determine whether an outflow of resources embodying economic benefits has become probable. If it becomes probable that an outflow of future economic benefits will be required for an item previously dealt with as a contingent liability, a provision is recognised in the financial statements of the period in which the change in probability occurs (except in the extremely rare circumstances where no reliable estimate can be made). 30

Contingent assets

An entity shall not recognise a contingent asset. 31

Contingent assets usually arise from unplanned or other unexpected events that give rise to the possibility of an inflow of economic benefits to the entity. An example is a claim that an entity is pursuing through legal processes, where the outcome is uncertain. 32

Contingent assets are not recognised in financial statements since this may result in the recognition of income that may never be realised. However, when the realisation of income is virtually certain, then the related asset is not a contingent asset and its recognition is appropriate. 33

A contingent asset is disclosed, as required by paragraph 89, where an inflow of economic benefits is probable. 34

Contingent assets are assessed continually to ensure that developments are appropriately reflected in the financial statements. If it has become virtually certain that an inflow of economic benefits will arise, the asset and the related income are recognised in the financial statements of the period in which the change occurs. If an inflow of economic benefits has become probable, an entity discloses the contingent asset (see paragraph 89). 35

MEASUREMENT

Best estimate

The amount recognised as a provision shall be the best estimate of the expenditure required to settle the present obligation at the end of the reporting period. 36

The best estimate of the expenditure required to settle the present obligation is the amount that an entity would rationally pay to settle the obligation at the end of the reporting period or to transfer it to a third party at that time. It will often be impossible or prohibitively expensive to settle or transfer an obligation at the end of the reporting period. However, the estimate of the amount that an entity would rationally pay to settle or transfer the obligation gives the best estimate of the expenditure required to settle the present obligation at the end of the reporting period. 37

38 Die Schätzungen von Ergebnis und finanzieller Auswirkung hängen von Beurteilungen nach Ermessen des Managements, zusammen mit Erfahrungswerten aus ähnlichen Transaktionen und, gelegentlich, unabhängigen Sachverständigengutachten ab. Die zugrunde liegenden Anhaltspunkte umfassen alle zusätzlichen, durch Ereignisse nach dem Abschlussstichtag entstandenen Anhaltspunkte.

39 Unsicherheiten in Bezug auf den als Rückstellung anzusetzenden Betrag werden in Abhängigkeit von den Umständen unterschiedlich behandelt. Wenn die zu bewertende Rückstellung eine große Anzahl von Positionen umfasst, wird die Verpflichtung durch Gewichtung aller möglichen Ergebnisse mit den damit verbundenen Wahrscheinlichkeiten geschätzt. Dieses statistische Schätzungsverfahren wird als Erwartungswertmethode bezeichnet. Daher wird je nach Eintrittswahrscheinlichkeit eines Verlustbetrags, zum Beispiel 60 Prozent oder 90 Prozent, eine unterschiedlich hohe Rückstellung gebildet. Bei einer Bandbreite möglicher Ergebnisse, innerhalb derer die Wahrscheinlichkeit der einzelnen Punkte gleich groß ist, wird der Mittelpunkt der Bandbreite verwendet.

Beispiel Ein Unternehmen verkauft Güter mit einer Gewährleistung, nach der Kunden eine Erstattung der Reparaturkosten für Produktionsfehler erhalten, die innerhalb der ersten sechs Monate nach Kauf entdeckt werden. Bei kleineren Fehlern an allen verkauften Produkten würden Reparaturkosten in Höhe von 1 Million entstehen. Bei größeren Fehlern an allen verkauften Produkten würden Reparaturkosten in Höhe von 4 Millionen entstehen. Erfahrungswert und künftige Erwartungen des Unternehmens deuten darauf hin, dass 75 Prozent der verkauften Güter keine Fehler haben werden, 20 Prozent kleinere Fehler und 5 Prozent größere Fehler aufweisen dürften. Nach Paragraph 24 bestimmt ein Unternehmen die Wahrscheinlichkeit eines Abflusses der Verpflichtungen aus Gewährleistungen insgesamt.

Der Erwartungswert für die Reparaturkosten beträgt:

$$(75\ \%\ \text{von null}) + (20\ \%\ \text{von 1 Mio.}) + (5\ \%\ \text{von 4 Mio.}) = 400\,000$$

40 Wenn eine einzelne Verpflichtung bewertet wird, dürfte das jeweils wahrscheinlichste Ergebnis die bestmögliche Schätzung der Schuld darstellen. Aber auch in einem derartigen Fall betrachtet das Unternehmen die Möglichkeit anderer Ergebnisse. Wenn andere mögliche Ergebnisse entweder größtenteils über oder größtenteils unter dem wahrscheinlichsten Ergebnis liegen, ist die bestmögliche Schätzung ein höherer bzw. niedrigerer Betrag. Ein Beispiel: Wenn ein Unternehmen einen schwerwiegenden Fehler in einer großen, für einen Kunden gebauten Anlage beheben muss und das einzeln betrachtete, wahrscheinlichste Ergebnis sein mag, dass die Reparatur beim ersten Versuch erfolgreich ist und 1 000 kostet, wird dennoch eine höhere Rückstellung gebildet, wenn ein wesentliches Risiko besteht, dass weitere Reparaturen erforderlich sein werden.

41 Die Bewertung der Rückstellung erfolgt vor Steuern, da die steuerlichen Konsequenzen von Rückstellungen und Veränderungen von Rückstellungen in IAS 12 behandelt werden.

Risiken und Unsicherheiten

42 **Bei der bestmöglichen Schätzung einer Rückstellung sind die unvermeidbar mit vielen Ereignissen und Umständen verbundenen Risiken und Unsicherheiten zu berücksichtigen.**

43 Risiko beschreibt die Unsicherheit zukünftiger Entwicklungen. Eine Risikoanpassung kann den Betrag erhöhen, mit dem eine Schuld bewertet wird. Bei einer Beurteilung nach Ermessen unter unsicheren Umständen ist Vorsicht angebracht, damit Erträge bzw. Vermögenswerte nicht überbewertet und Aufwendungen bzw. Schulden nicht unterbewertet werden. Unsicherheiten rechtfertigen jedoch nicht die Bildung übermäßiger Rückstellungen oder eine vorsätzliche Überbewertung von Schulden. Wenn zum Beispiel die prognostizierten Kosten eines besonders nachteiligen Ergebnisses vorsichtig ermittelt werden, so wird dieses Ergebnis nicht absichtlich so behandelt, als sei es wahrscheinlicher als es tatsächlich ist. Sorgfalt ist notwendig, um die doppelte Berücksichtigung von Risiken und Unsicherheiten und die daraus resultierende Überbewertung einer Rückstellung zu vermeiden.

44 Die Angabe von Unsicherheiten im Zusammenhang mit der Höhe der Ausgaben wird in Paragraph 85 (b) behandelt.

Barwert

45 **Bei einer wesentlichen Wirkung des Zinseffekts ist eine Rückstellung in Höhe des Barwerts der im Zusammenhang mit der Erfüllung der Verpflichtung erwarteten Ausgaben anzusetzen.**

46 Aufgrund des Zinseffekts sind Rückstellungen für bald nach dem Abschlussstichtag erfolgende Mittelabflüsse belastender als diejenigen für Mittelabflüsse in derselben Höhe zu einem späteren Zeitpunkt. Wenn die Wirkung wesentlich ist, werden Rückstellungen daher abgezinst.

47 **Der Abzinsungssatz ist/Die Abzinsungssätze sind ein Satz/Sätze vor Steuern, der/die die aktuellen Markterwartungen im Hinblick auf den Zinseffekt sowie die für die Schuld spezifischen Risiken widerspiegelt/widerspiegeln. Risiken, an die die Schätzungen künftiger Zahlungsströme angepasst wurden, dürfen keine Auswirkung auf den Abzinsungssatz/die Abzinsungssätze haben.**

The estimates of outcome and financial effect are determined by the judgement of the management of the entity, supplemented by experience of similar transactions and, in some cases, reports from independent experts. The evidence considered includes any additional evidence provided by events after the reporting period. 38

Uncertainties surrounding the amount to be recognised as a provision are dealt with by various means according to the circumstances. Where the provision being measured involves a large population of items, the obligation is estimated by weighting all possible outcomes by their associated probabilities. The name for this statistical method of estimation is 'expected value'. The provision will therefore be different depending on whether the probability of a loss of a given amount is, for example, 60 per cent or 90 per cent. Where there is a continuous range of possible outcomes, and each point in that range is as likely as any other, the mid-point of the range is used. 39

Example An entity sells goods with a warranty under which customers are covered for the cost of repairs of any manufacturing defects that become apparent within the first six months after purchase. If minor defects were detected in all products sold, repair costs of 1 million would result. If major defects were detected in all products sold, repair costs of 4 million would result. The entity's past experience and future expectations indicate that, for the coming year, 75 per cent of the goods sold will have no defects, 20 per cent of the goods sold will have minor defects and 5 per cent of the goods sold will have major defects. In accordance with paragraph 24, an entity assesses the probability of an outflow for the warranty obligations as a whole.

The expected value of the cost of repairs is:

(75 % of nil) + (20 % of 1m) + (5 % of 4m) = 400 000

Where a single obligation is being measured, the individual most likely outcome may be the best estimate of the liability. However, even in such a case, the entity considers other possible outcomes. Where other possible outcomes are either mostly higher or mostly lower than the most likely outcome, the best estimate will be a higher or lower amount. For example, if an entity has to rectify a serious fault in a major plant that it has constructed for a customer, the individual most likely outcome may be for the repair to succeed at the first attempt at a cost of 1000, but a provision for a larger amount is made if there is a significant chance that further attempts will be necessary. 40

The provision is measured before tax, as the tax consequences of the provision, and changes in it, are dealt with under IAS 12. 41

Risks and uncertainties

The risks and uncertainties that inevitably surround many events and circumstances shall be taken into account in reaching the best estimate of a provision. 42

Risk describes variability of outcome. A risk adjustment may increase the amount at which a liability is measured. Caution is needed in making judgements under conditions of uncertainty, so that income or assets are not overstated and expenses or liabilities are not understated. However, uncertainty does not justify the creation of excessive provisions or a deliberate overstatement of liabilities. For example, if the projected costs of a particularly adverse outcome are estimated on a prudent basis, that outcome is not then deliberately treated as more probable than is realistically the case. Care is needed to avoid duplicating adjustments for risk and uncertainty with consequent overstatement of a provision. 43

Disclosure of the uncertainties surrounding the amount of the expenditure is made under paragraph 85 (b). 44

Present value

Where the effect of the time value of money is material, the amount of a provision shall be the present value of the expenditures expected to be required to settle the obligation. 45

Because of the time value of money, provisions relating to cash outflows that arise soon after the reporting period are more onerous than those where cash outflows of the same amount arise later. Provisions are therefore discounted, where the effect is material. 46

The discount rate (or rates) shall be a pre-tax rate (or rates) that reflect(s) current market assessments of the time value of money and the risks specific to the liability. The discount rate(s) shall not reflect risks for which future cash flow estimates have been adjusted. 47

Künftige Ereignisse

48 **Künftige Ereignisse, die den zur Erfüllung einer Verpflichtung erforderlichen Betrag beeinflussen können, sind bei der Höhe einer Rückstellung zu berücksichtigen, sofern es ausreichende objektive Anhaltspunkte für deren Eintreten gibt.**

49 Erwartete künftige Ereignisse können bei der Bewertung von Rückstellungen von besonderer Bedeutung sein. Ein Unternehmen kann beispielsweise der Ansicht sein, dass die Kosten für Aufräumarbeiten bei Stilllegung eines Standorts durch künftige technologische Veränderungen reduziert werden. Der angesetzte Betrag berücksichtigt eine angemessene Einschätzung technisch geschulter, objektiver Dritter und berücksichtigt alle verfügbaren Anhaltspunkte für zum Zeitpunkt der Aufräumarbeiten verfügbare Technologien. Daher sind beispielsweise die mit der zunehmenden Erfahrung bei Anwendung gegenwärtiger Technologien erwarteten Kostenminderungen oder die erwarteten Kosten für die Anwendung gegenwärtiger Technologien auf – verglichen mit den vorher ausgeführten Arbeiten – größere und komplexere Aufräumarbeiten zu berücksichtigen. Ein Unternehmen trifft jedoch keine Annahmen hinsichtlich der Entwicklung einer vollständig neuen Technologie für Aufräumarbeiten, wenn dies nicht durch ausreichend objektive Anhaltspunkte gestützt wird.

50 Die Wirkung möglicher neuer Rechtsvorschriften wird bei der Bewertung gegenwärtiger Verpflichtungen berücksichtigt, wenn ausreichend objektive Anhaltspunkte vorliegen, dass die Verabschiedung der Rechtsvorschriften so gut wie sicher ist. Die Vielzahl von Situationen in der Praxis macht die Festlegung eines einzelnen Ereignisses, das in jedem Fall ausreichend objektive Anhaltspunkte liefern würde, unmöglich. Die Anhaltspunkte müssen sich sowohl auf die Rechtsvorschriften als auch darauf, dass eine zeitnahe Verabschiedung und Umsetzung so gut wie sicher ist, erstrecken. In vielen Fällen dürften bis zur Verabschiedung der neuen Rechtsvorschriften keine ausreichenden objektiven Anhaltspunkte vorliegen.

Erwarteter Abgang von Vermögenswerten

51 **Gewinne aus dem erwarteten Abgang von Vermögenswerten sind bei der Bildung einer Rückstellung nicht zu berücksichtigen.**

52 Gewinne aus dem erwarteten Abgang von Vermögenswerten werden bei der Bildung einer Rückstellung nicht berücksichtigt; dies gilt selbst dann, wenn der erwartete Abgang eng mit dem Ereignis verbunden ist, aufgrund dessen die Rückstellung gebildet wird. Stattdessen erfasst das Unternehmen Gewinne aus dem erwarteten Abgang von Vermögenswerten zu dem Zeitpunkt, der in dem für die betreffenden Vermögenswerte maßgeblichen Standard vorgesehen ist.

ERSTATTUNGEN

53 **Wenn erwartet wird, dass die zur Erfüllung einer zurückgestellten Verpflichtung erforderlichen Ausgaben ganz oder teilweise von einer anderen Partei erstattet werden, ist die Erstattung nur dann zu erfassen, wenn es so gut wie sicher ist, dass das Unternehmen die Erstattung bei Erfüllung der Verpflichtung erhält. Die Erstattung ist als separater Vermögenswert zu behandeln. Der für die Erstattung angesetzte Betrag darf die Höhe der Rückstellung nicht übersteigen.**

54 **In der Gesamtergebnisrechnung kann der Aufwand zur Bildung einer Rückstellung nach Abzug der Erstattung netto erfasst werden.**

55 In einigen Fällen kann ein Unternehmen von einer anderen Partei ganz oder teilweise die Zahlung der zur Erfüllung der zurückgestellten Verpflichtung erforderlichen Ausgaben erwarten (beispielsweise aufgrund von Versicherungsverträgen, Entschädigungsklauseln oder Gewährleistungen von Lieferanten). Entweder erstattet die andere Partei die vom Unternehmen gezahlten Beträge oder sie zahlt diese direkt.

56 In den meisten Fällen bleibt das Unternehmen für den gesamten entsprechenden Betrag haftbar, sodass es den gesamten Betrag begleichen muss, falls die Zahlung durch Dritte aus irgendeinem Grunde nicht erfolgt. In dieser Situation wird eine Rückstellung in voller Höhe der Schuld und ein separater Vermögenswert für die erwartete Erstattung angesetzt, wenn es so gut wie sicher ist, dass das Unternehmen die Erstattung bei Begleichung der Schuld erhalten wird.

57 In einigen Fällen ist das Unternehmen bei Nichtzahlung Dritter für die entsprechenden Kosten nicht haftbar. In diesem Fall hat das Unternehmen keine Schuld für diese Kosten und sie werden nicht in die Rückstellung einbezogen.

58 Wie in Paragraph 29 dargelegt, ist eine Verpflichtung, für die ein Unternehmen gesamtschuldnerisch haftet, in dem Maße eine Eventualverbindlichkeit, in dem eine Erfüllung der Verpflichtung durch andere Parteien erwartet wird.

ANPASSUNG DER RÜCKSTELLUNGEN

59 **Rückstellungen sind zu jedem Abschlussstichtag zu prüfen und anzupassen, damit sie die aktuell bestmögliche Schätzung widerspiegeln. Wenn es nicht mehr wahrscheinlich ist, dass mit der Erfüllung der Verpflichtung ein Abfluss von Ressourcen mit wirtschaftlichem Nutzen verbunden ist, ist die Rückstellung aufzulösen.**

Future events

Future events that may affect the amount required to settle an obligation shall be reflected in the amount of a provision where there is sufficient objective evidence that they will occur. 48

Expected future events may be particularly important in measuring provisions. For example, an entity may believe that the cost of cleaning up a site at the end of its life will be reduced by future changes in technology. The amount recognised reflects a reasonable expectation of technically qualified, objective observers, taking account of all available evidence as to the technology that will be available at the time of the clean-up. Thus it is appropriate to include, for example, expected cost reductions associated with increased experience in applying existing technology or the expected cost of applying existing technology to a larger or more complex clean-up operation than has previously been carried out. However, an entity does not anticipate the development of a completely new technology for cleaning up unless it is supported by sufficient objective evidence. 49

The effect of possible new legislation is taken into consideration in measuring an existing obligation when sufficient objective evidence exists that the legislation is virtually certain to be enacted. The variety of circumstances that arise in practice makes it impossible to specify a single event that will provide sufficient, objective evidence in every case. Evidence is required both of what legislation will demand and of whether it is virtually certain to be enacted and implemented in due course. In many cases sufficient objective evidence will not exist until the new legislation is enacted. 50

Expected disposal of assets

Gains from the expected disposal of assets shall not be taken into account in measuring a provision. 51

Gains on the expected disposal of assets are not taken into account in measuring a provision, even if the expected disposal is closely linked to the event giving rise to the provision. Instead, an entity recognises gains on expected disposals of assets at the time specified by the standard dealing with the assets concerned. 52

REIMBURSEMENTS

Where some or all of the expenditure required to settle a provision is expected to be reimbursed by another party, the reimbursement shall be recognised when, and only when, it is virtually certain that reimbursement will be received if the entity settles the obligation. The reimbursement shall be treated as a separate asset. The amount recognised for the reimbursement shall not exceed the amount of the provision. 53

In the statement of comprehensive income, the expense relating to a provision may be presented net of the amount recognised for a reimbursement. 54

Sometimes, an entity is able to look to another party to pay part or all of the expenditure required to settle a provision (for example, through insurance contracts, indemnity clauses or suppliers' warranties). The other party may either reimburse amounts paid by the entity or pay the amounts directly. 55

In most cases the entity will remain liable for the whole of the amount in question so that the entity would have to settle the full amount if the third party failed to pay for any reason. In this situation, a provision is recognised for the full amount of the liability, and a separate asset for the expected reimbursement is recognised when it is virtually certain that reimbursement will be received if the entity settles the liability. 56

In some cases, the entity will not be liable for the costs in question if the third party fails to pay. In such a case the entity has no liability for those costs and they are not included in the provision. 57

As noted in paragraph 29, an obligation for which an entity is jointly and severally liable is a contingent liability to the extent that it is expected that the obligation will be settled by the other parties. 58

CHANGES IN PROVISIONS

Provisions shall be reviewed at the end of the reporting period and adjusted to reflect the current best estimate. If it is no longer probable that an outflow of resources embodying economic benefits will be required to settle the obligation, the provision shall be reversed. 59

60 Bei Abzinsung spiegelt sich der Zeitablauf in der periodischen Erhöhung des Buchwerts einer Rückstellung wider. Diese Erhöhung wird als Fremdkapitalkosten erfasst.

VERBRAUCH VON RÜCKSTELLUNGEN

61 **Eine Rückstellung ist nur für Ausgaben zu verbrauchen, für die sie ursprünglich gebildet wurde.**

62 Gegen die ursprüngliche Rückstellung dürfen nur Ausgaben aufgerechnet werden, für die sie auch gebildet wurde. Die Aufrechnung einer Ausgabe gegen eine für einen anderen Zweck gebildete Rückstellung würde die Wirkung zweier unterschiedlicher Ereignisse verbergen.

ANWENDUNG DER BILANZIERUNGS- UND BEWERTUNGSVORSCHRIFTEN

Künftige betriebliche Verluste

63 **Im Zusammenhang mit künftigen betrieblichen Verlusten sind keine Rückstellungen anzusetzen.**

64 Künftige betriebliche Verluste entsprechen nicht der Definition einer Schuld nach Paragraph 10 und den in Paragraph 14 dargelegten allgemeinen Ansatzkriterien für Rückstellungen.

65 Die Erwartung künftiger betrieblicher Verluste ist ein Anzeichen für eine mögliche Wertminderung bestimmter Vermögenswerte des Geschäftsbereichs. Ein Unternehmen prüft diese Vermögenswerte nach IAS 36 *Wertminderung von Vermögenswerten* auf Wertminderung.

Belastende Verträge

66 **Hat ein Unternehmen einen belastenden Vertrag, ist die gegenwärtige vertragliche Verpflichtung als Rückstellung anzusetzen und zu bewerten.**

67 Zahlreiche Verträge (beispielsweise einige Standard-Kaufaufträge) können ohne Zahlung einer Entschädigung an eine andere Partei storniert werden; daher besteht in diesen Fällen keine Verpflichtung. Andere Verträge begründen sowohl Rechte als auch Verpflichtungen für jede Vertragspartei. Wenn die Umstände dazu führen, dass ein solcher Vertrag belastend wird, fällt der Vertrag unter den Anwendungsbereich dieses Standards und es besteht eine anzusetzende Schuld. Noch zu erfüllende Verträge, die nicht belastend sind, fallen nicht in den Anwendungsbereich dieses Standards.

68 Dieser Standard definiert einen belastenden Vertrag als einen Vertrag, bei dem die unvermeidbaren Kosten zur Erfüllung der vertraglichen Verpflichtungen höher sind als der daraus erwartete wirtschaftliche Nutzen. Die unvermeidbaren Kosten unter einem Vertrag spiegeln den Mindestbetrag der bei Ausstieg aus dem Vertrag anfallenden Nettokosten wider; diese stellen den niedrigeren Betrag aus den Kosten der Erfüllung und etwaigen aus der Nichterfüllung resultierenden Entschädigungszahlungen oder Strafgeldern dar.

68A Die Kosten der Erfüllung eines Vertrags umfassen die Kosten, die dem Vertrag einzeln zuordenbar sind. Die Kosten, die einem Vertrag einzeln zuordenbar sind, umfassen sowohl
(a) die durch die Erfüllung dieses Vertrags verursachten zusätzlichen Kosten – wie direkte Lohn- und Materialkosten – als auch
(b) die Zuweisung weiterer der Vertragserfüllung einzeln zuordenbarer Kosten – wie z. B. die anteilige Abschreibung einer unter anderem zur Vertragserfüllung genutzten Sachanlage.

69 Bevor eine gesonderte Rückstellung für einen belastenden Vertrag gebildet wird, erfasst ein Unternehmen jeglichen Wertminderungsaufwand für die im Rahmen der Vertragserfüllung verwendeten Vermögenswerte (siehe IAS 36).

Restrukturierungsmaßnahmen

70 Die folgenden als Beispiel angeführten Ereignisse können unter die Definition einer Restrukturierungsmaßnahme fallen:
(a) Verkauf oder Beendigung eines Geschäftszweigs,
(b) die Stilllegung von Standorten in einem Land oder einer Region oder die Verlegung von Geschäftstätigkeiten von einem Land oder einer Region in ein anderes bzw. eine andere,
(c) Änderungen in der Struktur des Managements, z. B. Auflösung einer Managementebene, und
(d) grundsätzliche Reorganisation mit wesentlichen Auswirkungen auf Art und Schwerpunkt der Geschäftstätigkeit des Unternehmens.

71 Eine Rückstellung für Restrukturierungskosten wird nur angesetzt, wenn die in Paragraph 14 aufgeführten allgemeinen Ansatzkriterien für Rückstellungen erfüllt sind. In den Paragraphen 72–83 ist dargelegt, wie die allgemeinen Ansatzkriterien auf Restrukturierungen anzuwenden sind.

Where discounting is used, the carrying amount of a provision increases in each period to reflect the passage of time. This increase is recognised as borrowing cost. 60

USE OF PROVISIONS

A provision shall be used only for expenditures for which the provision was originally recognised. 61

Only expenditures that relate to the original provision are set against it. Setting expenditures against a provision that was originally recognised for another purpose would conceal the impact of two different events. 62

APPLICATION OF THE RECOGNITION AND MEASUREMENT RULES

Future operating losses

Provisions shall not be recognised for future operating losses. 63

Future operating losses do not meet the definition of a liability in paragraph 10 and the general recognition criteria set out for provisions in paragraph 14. 64

An expectation of future operating losses is an indication that certain assets of the operation may be impaired. An entity tests these assets for impairment under IAS 36 *Impairment of assets*. 65

Onerous contracts

If an entity has a contract that is onerous, the present obligation under the contract shall be recognised and measured as a provision. 66

Many contracts (for example, some routine purchase orders) can be cancelled without paying compensation to the other party, and therefore there is no obligation. Other contracts establish both rights and obligations for each of the contracting parties. Where events make such a contract onerous, the contract falls within the scope of this standard and a liability exists which is recognised. Executory contracts that are not onerous fall outside the scope of this standard. 67

This standard defines an onerous contract as a contract in which the unavoidable costs of meeting the obligations under the contract exceed the economic benefits expected to be received under it. The unavoidable costs under a contract reflect the least net cost of exiting from the contract, which is the lower of the cost of fulfilling it and any compensation or penalties arising from failure to fulfil it. 68

The cost of fulfilling a contract comprises the costs that relate directly to the contract. Costs that relate directly to a contract consist of both: 68A

(a) the incremental costs of fulfilling that contract—for example, direct labour and materials; and
(b) an allocation of other costs that relate directly to fulfilling contracts—for example, an allocation of the depreciation charge for an item of property, plant and equipment used in fulfilling that contract among others.

Before a separate provision for an onerous contract is established, an entity recognises any impairment loss that has occurred on assets used in fulfilling the contract (see IAS 36). 69

Restructuring

The following are examples of events that may fall under the definition of restructuring: 70

(a) sale or termination of a line of business;
(b) the closure of business locations in a country or region or the relocation of business activities from one country or region to another;
(c) changes in management structure, for example, eliminating a layer of management; and
(d) fundamental reorganisations that have a material effect on the nature and focus of the entity's operations.

A provision for restructuring costs is recognised only when the general recognition criteria for provisions set out in paragraph 14 are met. Paragraphs 72—83 set out how the general recognition criteria apply to restructurings. 71

72 Eine faktische Verpflichtung zur Restrukturierung entsteht nur, wenn ein Unternehmen

(a) einen detaillierten, formalen Restrukturierungsplan hat, in dem zumindest die folgenden Angaben enthalten sind:
   (i) der betroffene Geschäftsbereich oder Teil eines Geschäftsbereichs,
   (ii) die wichtigsten betroffenen Standorte,
   (iii) Standort, Funktion und ungefähre Anzahl der Arbeitnehmer, die für die Beendigung ihres Beschäftigungsverhältnisses eine Abfindung erhalten werden,
   (iv) die entstehenden Ausgaben sowie
   (v) der Umsetzungszeitpunkt des Plans, und

(b) bei den Betroffenen durch den Beginn der Umsetzung des Plans oder die Ankündigung seiner wesentlichen Bestandteile den Betroffenen gegenüber eine gerechtfertigte Erwartung geweckt hat, dass die Restrukturierungsmaßnahmen durchgeführt werden.

73 Anhaltspunkte für den Beginn der Umsetzung eines Restrukturierungsplans in einem Unternehmen wären beispielsweise die Demontage einer Anlage oder der Verkauf von Vermögenswerten oder die öffentliche Ankündigung der Hauptpunkte des Plans. Eine öffentliche Ankündigung eines detaillierten Restrukturierungsplans stellt nur dann eine faktische Verpflichtung zur Restrukturierung dar, wenn sie in einer Weise und so detailliert (d. h. unter Angabe der Hauptpunkte im Plan) erfolgt, dass sie bei anderen Parteien, z. B. Kunden, Lieferanten und Mitarbeitern (oder deren Vertretern) gerechtfertigte Erwartungen hervorruft, dass das Unternehmen die Restrukturierung durchführen wird.

74 Voraussetzung dafür, dass ein Plan durch die Bekanntgabe an die Betroffenen zu einer faktischen Verpflichtung führt, ist, dass der Beginn der Umsetzung zum frühestmöglichen Zeitpunkt geplant ist und in einem Zeitrahmen vollzogen wird, der bedeutende Änderungen am Plan unwahrscheinlich erscheinen lässt. Wenn der Beginn der Restrukturierungsmaßnahmen erst nach einer längeren Verzögerung erwartet wird oder ein unverhältnismäßig langer Zeitraum für die Durchführung vorgesehen ist, ist es unwahrscheinlich, dass der Plan bei anderen die gerechtfertigte Erwartung einer gegenwärtigen Absicht des Unternehmens zur Restrukturierung weckt, denn der Zeitrahmen gestattet dem Unternehmen, Änderungen am Plan vorzunehmen.

75 Allein durch einen Restrukturierungsbeschluss des Managements oder eines Aufsichtsorgans vor dem Abschlussstichtag entsteht noch keine faktische Verpflichtung zum Abschlussstichtag, sofern das Unternehmen nicht vor dem Abschlussstichtag

(a) mit der Umsetzung des Restrukturierungsplans begonnen hat oder

(b) den Betroffenen gegenüber die Hauptpunkte des Restrukturierungsplans ausreichend detailliert angekündigt hat, um in diesen eine gerechtfertigte Erwartung zu wecken, dass die Restrukturierung von dem Unternehmen durchgeführt wird.

Wenn ein Unternehmen mit der Umsetzung eines Restrukturierungsplans erst nach dem Abschlussstichtag beginnt oder den Betroffenen die Hauptpunkte erst nach dem Abschlussstichtag ankündigt, ist eine Angabe gemäß IAS 10 *Ereignisse nach dem Abschlussstichtag* erforderlich, sofern die Restrukturierung wesentlich ist und unter normalen Umständen davon auszugehen ist, dass ihre Nichtangabe die von den Hauptadressaten eines Abschlusses für allgemeine Zwecke, der Finanzinformationen zum berichtenden Unternehmen enthält, getroffenen Entscheidungen beeinflusst.

76 Auch wenn allein durch die Entscheidung des Managements noch keine faktische Verpflichtung entstanden ist, kann, zusammen mit anderen früheren Ereignissen, eine Verpflichtung aus einer solchen Entscheidung entstehen. Beispielsweise können Verhandlungen über Abfindungszahlungen mit Arbeitnehmervertretern oder Verhandlungen zum Verkauf von Geschäftsbereichen mit Käufern unter dem Vorbehalt der Zustimmung des Aufsichtsorgans abgeschlossen werden. Nachdem die Zustimmung erteilt und den anderen Parteien mitgeteilt wurde, hat das Unternehmen eine faktische Verpflichtung zur Restrukturierung, wenn die Bedingungen in Paragraph 72 erfüllt sind.

77 In einigen Ländern liegt die letztliche Entscheidungsbefugnis bei einem Organ, in dem auch Vertreter anderer Interessen als die des Managements (z. B. Arbeitnehmer) vertreten sind, oder eine Bekanntgabe gegenüber diesen Vertretern kann vor der Entscheidung dieses Organs erforderlich sein. Da eine Entscheidung durch ein solches Organ die Bekanntgabe an die genannten Vertreter erfordert, kann hieraus eine faktische Verpflichtung zur Restrukturierung resultieren.

78 Aus dem Verkauf von Geschäftsbereichen entsteht erst dann eine Verpflichtung, wenn das Unternehmen den Verkauf verbindlich abgeschlossen hat, d. h. ein bindender Kaufvertrag existiert.

79 Auch wenn das Unternehmen eine Entscheidung zum Verkauf eines Geschäftsbereichs getroffen und diese Entscheidung öffentlich angekündigt hat, kann der Verkauf nicht als verpflichtend angesehen werden, solange kein Käufer identifiziert wurde und kein bindender Kaufvertrag existiert. Bevor nicht ein bindender Kaufvertrag besteht, kann das Unternehmen seine Meinung noch ändern und wird tatsächlich andere Maßnahmen ergreifen müssen, wenn kein Käufer zu akzeptablen Bedingungen gefunden werden kann. Wenn der Verkauf eines Geschäftsbereichs im Rahmen einer Restrukturierung geplant ist, werden die Vermögenswerte des Geschäftsbereichs nach IAS 36 auf Wertminderung geprüft. Wenn ein Verkauf nur Teil einer Restrukturierung darstellt, kann für die anderen Teile der Restrukturierung eine faktische Verpflichtung entstehen, bevor ein bindender Kaufvertrag existiert.

A constructive obligation to restructure arises only when an entity: 72
(a) **has a detailed formal plan for the restructuring identifying at least:**
  (i) **the business or part of a business concerned;**
  (ii) **the principal locations affected;**
  (iii) **the location, function, and approximate number of employees who will be compensated for terminating their services;**
  (iv) **the expenditures that will be undertaken; and**
  (v) **when the plan will be implemented; and**
(b) **has raised a valid expectation in those affected that it will carry out the restructuring by starting to implement that plan or announcing its main features to those affected by it.**

Evidence that an entity has started to implement a restructuring plan would be provided, for example, by dismantling plant or selling assets or by the public announcement of the main features of the plan. A public announcement of a detailed plan to restructure constitutes a constructive obligation to restructure only if it is made in such a way and in sufficient detail (i.e. setting out the main features of the plan) that it gives rise to valid expectations in other parties such as customers, suppliers and employees (or their representatives) that the entity will carry out the restructuring. 73

For a plan to be sufficient to give rise to a constructive obligation when communicated to those affected by it, its implementation needs to be planned to begin as soon as possible and to be completed in a timeframe that makes significant changes to the plan unlikely. If it is expected that there will be a long delay before the restructuring begins or that the restructuring will take an unreasonably long time, it is unlikely that the plan will raise a valid expectation on the part of others that the entity is at present committed to restructuring, because the timeframe allows opportunities for the entity to change its plans. 74

A management or board decision to restructure taken before the end of the reporting period does not give rise to a constructive obligation at the end of the reporting period unless the entity has, before the end of the reporting period: 75
(a) started to implement the restructuring plan; or
(b) announced the main features of the restructuring plan to those affected by it in a sufficiently specific manner to raise a valid expectation in them that the entity will carry out the restructuring.
  If an entity starts to implement a restructuring plan, or announces its main features to those affected, only after the reporting period, disclosure is required under IAS 10 *Events after the Reporting Period*, if the restructuring is material and non-disclosure could reasonably be expected to influence decisions that the primary users of general purpose financial statements make on the basis of those financial statements, which provide financial information about a specific reporting entity.

Although a constructive obligation is not created solely by a management decision, an obligation may result from other earlier events together with such a decision. For example, negotiations with employee representatives for termination payments, or with purchasers for the sale of an operation, may have been concluded subject only to board approval. Once that approval has been obtained and communicated to the other parties, the entity has a constructive obligation to restructure, if the conditions of paragraph 72 are met. 76

In some countries, the ultimate authority is vested in a board whose membership includes representatives of interests other than those of management (e.g. employees) or notification to such representatives may be necessary before the board decision is taken. Because a decision by such a board involves communication to these representatives, it may result in a constructive obligation to restructure. 77

No obligation arises for the sale of an operation until the entity is committed to the sale, i.e. there is a binding sale agreement. 78

Even when an entity has taken a decision to sell an operation and announced that decision publicly, it cannot be committed to the sale until a purchaser has been identified and there is a binding sale agreement. Until there is a binding sale agreement, the entity will be able to change its mind and indeed will have to take another course of action if a purchaser cannot be found on acceptable terms. When the sale of an operation is envisaged as part of a restructuring, the assets of the operation are reviewed for impairment, under IAS 36. When a sale is only part of a restructuring, a constructive obligation can arise for the other parts of the restructuring before a binding sale agreement exists. 79

80 Eine Restrukturierungsrückstellung darf nur die direkt im Zusammenhang mit der Restrukturierung entstehenden Ausgaben enthalten, die sowohl
- **(a) zwangsläufig im Zuge der Restrukturierung entstehen als auch**
- **(b) nicht mit den laufenden Tätigkeiten des Unternehmens im Zusammenhang stehen.**

81 Eine Restrukturierungsrückstellung enthält keine Aufwendungen für
- (a) Umschulung oder Versetzung weiterbeschäftigter Mitarbeiter,
- (b) Marketing oder
- (c) Investitionen in neue Systeme und Vertriebsnetze.

Diese Ausgaben entstehen für die künftige Geschäftstätigkeit und stellen zum Abschlussstichtag keine Restrukturierungsverpflichtungen dar. Solche Ausgaben werden auf derselben Grundlage erfasst, als wären sie unabhängig von einer Restrukturierung entstanden.

82 Bis zum Tag einer Restrukturierung entstehende, identifizierbare künftige betriebliche Verluste werden nicht als Rückstellung behandelt, es sei denn sie stehen mit einem belastenden Vertrag im Sinne des Paragraphen 10 im Zusammenhang.

83 Gemäß Paragraph 51 sind Gewinne aus dem erwarteten Abgang von Vermögenswerten bei der Bewertung einer Restrukturierungsrückstellung nicht zu berücksichtigen; dies gilt selbst, wenn der Verkauf der Vermögenswerte als Teil der Restrukturierung geplant ist.

ANGABEN

84 Ein Unternehmen hat für jede Gruppe von Rückstellungen die folgenden Angaben zu machen:
- **(a) den Buchwert zu Beginn und zum Ende der Berichtsperiode,**
- **(b) zusätzliche, in der Berichtsperiode gebildete Rückstellungen, einschließlich der Erhöhung von bestehenden Rückstellungen,**
- **(c) während der Berichtsperiode verwendete (d. h. entstandene und gegen die Rückstellung verrechnete) Beträge,**
- **(d) nicht verwendete Beträge, die während der Berichtsperiode aufgelöst wurden, und**
- **(e) die Erhöhung des während der Berichtsperiode aufgrund des Zeitablaufs abgezinsten Betrags und die Auswirkung von Änderungen des Abzinsungssatzes.**

Vergleichsinformationen sind nicht erforderlich.

85 Ein Unternehmen hat für jede Gruppe von Rückstellungen die folgenden Angaben zu machen:
- **(a) eine kurze Beschreibung der Art der Verpflichtung sowie der erwarteten Zeitpunkte resultierender Abflüsse von wirtschaftlichem Nutzen;**
- **(b) die Angabe von Unsicherheiten hinsichtlich des Betrags oder der Zeitpunkte dieser Abflüsse. Falls die Angabe von adäquaten Informationen erforderlich ist, hat ein Unternehmen die wesentlichen Annahmen für künftige Ereignisse nach Paragraph 48 anzugeben und**
- **(c) die Höhe aller erwarteten Erstattungen unter Angabe der Höhe der Vermögenswerte, die für die jeweilige erwartete Erstattung angesetzt wurden.**

86 Sofern die Möglichkeit eines Abflusses bei der Erfüllung nicht sehr unwahrscheinlich ist, hat ein Unternehmen für jede Gruppe von Eventualverbindlichkeiten zum Abschlussstichtag eine kurze Beschreibung der Eventualverbindlichkeit und, falls durchführbar, die folgenden Angaben zu machen:
- **(a) eine Schätzung der finanziellen Auswirkungen, bewertet nach den Paragraphen 36–52,**
- **(b) die Angabe von Unsicherheiten hinsichtlich des Betrags oder der Zeitpunkte von Abflüssen und**
- **(c) die Möglichkeit einer Erstattung.**

87 Bei der Bestimmung, welche Rückstellungen oder Eventualverbindlichkeiten zu einer Gruppe zusammengefasst werden können, muss überlegt werden, ob die Positionen ihrer Art nach ausreichend ähnlich sind, sodass eine zusammenfassende Angabe die Vorschriften der Paragraphen 85 (a) und (b) und 86 (a) und (b) erfüllen würde. Es kann daher angebracht sein, Beträge für Gewährleistungen für unterschiedliche Produkte als eine Rückstellungsgruppe zu behandeln; es wäre jedoch nicht angebracht, Beträge für normale Gewährleistungsrückstellungen und Beträge, die Gegenstand eines Rechtsstreits sind, als eine Gruppe von Rückstellungen zu behandeln.

88 Wenn aus denselben Umständen eine Rückstellung und eine Eventualverbindlichkeit entstehen, erfolgt die nach den Paragraphen 84–86 erforderliche Angabe durch das Unternehmen in einer Art und Weise, die den Zusammenhang zwischen der Rückstellung und der Eventualverbindlichkeit aufzeigt.

89 Ist ein Zufluss von wirtschaftlichem Nutzen wahrscheinlich, so hat ein Unternehmen eine kurze Beschreibung der Art der Eventualforderungen zum Abschlussstichtag und, wenn durchführbar, eine Schätzung der finanziellen Auswirkungen, bewertet auf der Grundlage der Vorschriften für Rückstellungen in den Paragraphen 36–52 anzugeben.

A restructuring provision shall include only the direct expenditures arising from the restructuring, which are those that are both: 80
(a) necessarily entailed by the restructuring; and
(b) not associated with the ongoing activities of the entity.

A restructuring provision does not include such costs as: 81
(a) retraining or relocating continuing staff;
(b) marketing; or
(c) investment in new systems and distribution networks.
These expenditures relate to the future conduct of the business and are not liabilities for restructuring at the end of the reporting period. Such expenditures are recognised on the same basis as if they arose independently of a restructuring.

Identifiable future operating losses up to the date of a restructuring are not included in a provision, unless they relate to an onerous contract as defined in paragraph 10. 82

As required by paragraph 51, gains on the expected disposal of assets are not taken into account in measuring a restructuring provision, even if the sale of assets is envisaged as part of the restructuring. 83

DISCLOSURE

For each class of provision, an entity shall disclose: 84
(a) the carrying amount at the beginning and end of the period;
(b) additional provisions made in the period, including increases to existing provisions;
(c) amounts used (i.e. incurred and charged against the provision) during the period;
(d) unused amounts reversed during the period; and
(e) the increase during the period in the discounted amount arising from the passage of time and the effect of any change in the discount rate.
Comparative information is not required.

An entity shall disclose the following for each class of provision: 85
(a) a brief description of the nature of the obligation and the expected timing of any resulting outflows of economic benefits;
(b) an indication of the uncertainties about the amount or timing of those outflows. Where necessary to provide adequate information, an entity shall disclose the major assumptions made concerning future events, as addressed in paragraph 48; and
(c) the amount of any expected reimbursement, stating the amount of any asset that has been recognised for that expected reimbursement.

Unless the possibility of any outflow in settlement is remote, an entity shall disclose for each class of contingent liability at the end of the reporting period a brief description of the nature of the contingent liability and, where practicable: 86
(a) an estimate of its financial effect, measured under paragraphs 36—52;
(b) an indication of the uncertainties relating to the amount or timing of any outflow; and
(c) the possibility of any reimbursement.

In determining which provisions or contingent liabilities may be aggregated to form a class, it is necessary to consider whether the nature of the items is sufficiently similar for a single statement about them to fulfil the requirements of paragraphs 85 (a) and (b) and 86 (a) and (b). Thus, it may be appropriate to treat as a single class of provision amounts relating to warranties of different products, but it would not be appropriate to treat as a single class amounts relating to normal warranties and amounts that are subject to legal proceedings. 87

Where a provision and a contingent liability arise from the same set of circumstances, an entity makes the disclosures required by paragraphs 84—86 in a way that shows the link between the provision and the contingent liability. 88

Where an inflow of economic benefits is probable, an entity shall disclose a brief description of the nature of the contingent assets at the end of the reporting period, and, where practicable, an estimate of their financial effect, measured using the principles set out for provisions in paragraphs 36—52. 89

90 Es ist wichtig, dass bei Angaben zu Eventualforderungen irreführende Angaben zur Wahrscheinlichkeit des Entstehens von Erträgen vermieden werden.

91 **Werden nach den Paragraphen 86 und 89 erforderliche Angaben aus Gründen der Undurchführbarkeit nicht gemacht, so ist dies anzugeben.**

92 **In äußerst seltenen Fällen kann die teilweise oder vollständige Angabe von Informationen nach den Paragraphen 84–89 die Lage des Unternehmens in einem mit anderen Parteien geführten Rechtsstreit über den Gegenstand der Rückstellungen, Eventualverbindlichkeiten oder Eventualforderungen ernsthaft beeinträchtigen. In diesen Fällen muss das Unternehmen die Angaben nicht machen, es hat jedoch den allgemeinen Charakter des Rechtsstreits darzulegen, sowie die Tatsache, dass gewisse Angaben nicht gemacht wurden und die Gründe dafür.**

ÜBERGANGSVORSCHRIFTEN

93 **Die Auswirkungen der Anwendung dieses Standards zum Zeitpunkt seines Inkrafttretens (oder früher) ist als eine Berichtigung des Eröffnungsbilanzwerts der Gewinnrücklagen in der Berichtsperiode zu erfassen, in der der Standard erstmals angewendet wird. Unternehmen wird empfohlen, jedoch nicht zwingend vorgeschrieben, die Anpassung der Eröffnungsbilanz der Gewinnrücklagen für die früheste angegebene Berichtsperiode vorzunehmen und die Vergleichsinformationen anzupassen. Falls Vergleichsinformationen nicht angepasst werden, ist die anzugeben.**

94 [gestrichen]

94A Durch die im Mai 2020 veröffentlichte Verlautbarung *Belastende Verträge – Kosten für die Erfüllung eines Vertrags* wurde Paragraph 68A eingefügt und Paragraph 69 geändert. Ein Unternehmen hat diese Änderungen auf Verträge anzuwenden, bei denen es zu Beginn des Geschäftsjahrs, in der es die Änderungen erstmals anwendet (dem Zeitpunkt der erstmaligen Anwendung), noch nicht alle seine Verpflichtungen erfüllt hat. Vergleichsinformationen sind nicht anzupassen. Stattdessen hat das Unternehmen die kumulierte Auswirkung der erstmaligen Anwendung der Änderungen als Berichtigung des Eröffnungsbilanzwerts für die Gewinnrücklagen (oder eine andere als sachgerecht angesehene Eigenkapitalkomponente) zum Zeitpunkt der erstmaligen Anwendung zu erfassen.

ZEITPUNKT DES INKRAFTTRETENS

95 Dieser Standard ist verbindlich auf Jahresabschlüsse eines am oder nach dem 1. Juli 1999 beginnenden Geschäftsjahrs anzuwenden. Eine frühere Anwendung wird empfohlen. Wenn ein Unternehmen diesen Standard auf Berichtsperioden an, die vor dem 1. Juli 1999 beginnen, hat es dies anzugeben.

96–98 [gestrichen]

99 Durch die im Dezember 2013 veröffentlichten *Jährlichen Verbesserungen an den IFRS-Standards, Zyklus 2010–2012*, wurde aufgrund der Änderung von IFRS 3 Paragraph 5 geändert. Ein Unternehmen hat diese Änderung prospektiv auf Unternehmenszusammenschlüsse anzuwenden, für die die Änderung von IFRS 3 gilt.

100 Durch IFRS 15 *Erlöse aus Verträgen mit Kunden*, veröffentlicht im Mai 2014, wurde Paragraph 5 geändert und Paragraph 6 gestrichen. Wendet ein Unternehmen IFRS 15 an, sind diese Änderungen ebenfalls anzuwenden.

101 Durch IFRS 9 (in der im Juli 2014 veröffentlichten Fassung) wurde Paragraph 2 geändert und wurden die Paragraphen 97 und 98 gestrichen. Wendet ein Unternehmen IFRS 9 an, hat es diese Änderungen ebenfalls anzuwenden.

102 Durch IFRS 16, veröffentlicht im Januar 2016, wurde Paragraph 5 geändert. Wendet ein Unternehmen IFRS 16 an, hat es diese Änderung ebenfalls anzuwenden.

103 Durch IFRS 17, veröffentlicht im Mai 2017, wurde Paragraph 5 geändert. Wendet ein Unternehmen IFRS 17 an, ist diese Änderung ebenfalls anzuwenden.

104 Durch die im Oktober 2018 veröffentlichte Verlautbarung *Definition von „wesentlich“* (Änderungen an IAS 1 und IAS 8) wurde Paragraph 75 geändert. Diese Änderungen sind prospektiv auf Geschäftsjahre anzuwenden, die am oder nach dem 1. Januar 2020 beginnen. Eine frühere Anwendung ist zulässig. Wendet ein Unternehmen diese Änderungen früher an, hat es dies anzugeben. Wendet ein Unternehmen die geänderte Definition von „wesentlich“ in Paragraph 7 von IAS 1 und in den Paragraphen 5 und 6 von IAS 8 an, hat es diese Änderungen ebenfalls anzuwenden.

105 Durch die im Mai 2020 veröffentlichte Verlautbarung *Belastende Verträge – Kosten für die Erfüllung eines Vertrags* wurden die Paragraphen 68A und 94A eingefügt und Paragraph 69 geändert. Diese Änderungen sind auf Geschäftsjahre anzuwenden, die am oder nach dem 1. Januar 2022 beginnen. Eine frühere Anwendung ist zulässig. Wendet ein Unternehmen diese Änderungen früher an, hat es dies anzugeben.

It is important that disclosures for contingent assets avoid giving misleading indications of the likelihood of income arising. 90

Where any of the information required by paragraphs 86 and 89 is not disclosed because it is not practicable to do so, that fact shall be stated. 91

In extremely rare cases, disclosure of some or all of the information required by paragraphs 84—89 can be expected to prejudice seriously the position of the entity in a dispute with other parties on the subject matter of the provision, contingent liability or contingent asset. In such cases, an entity need not disclose the information, but shall disclose the general nature of the dispute, together with the fact that, and reason why, the information has not been disclosed. 92

TRANSITIONAL PROVISIONS

The effect of adopting this standard on its effective date (or earlier) shall be reported as an adjustment to the opening balance of retained earnings for the period in which the standard is first adopted. Entities are encouraged, but not required, to adjust the opening balance of retained earnings for the earliest period presented and to restate comparative information. If comparative information is not restated, this fact shall be disclosed. 93

[deleted] 94

Onerous Contracts—Cost of Fulfilling a Contract, issued in May 2020, added paragraph 68A and amended paragraph 69. An entity shall apply those amendments to contracts for which it has not yet fulfilled all its obligations at the beginning of the annual reporting period in which it first applies the amendments (the date of initial application). The entity shall not restate comparative information. Instead, the entity shall recognise the cumulative effect of initially applying the amendments as an adjustment to the opening balance of retained earnings or other component of equity, as appropriate, at the date of initial application. 94A

EFFECTIVE DATE

This standard becomes operative for annual financial statements covering periods beginning on or after 1 July 1999. Earlier application is encouraged. If an entity applies this standard for periods beginning before 1 July 1999, it shall disclose that fact. 95

[deleted] 96–98

Annual Improvements to IFRSs 2010—2012 Cycle, issued in December 2013, amended paragraph 5 as a consequential amendment derived from the amendment to IFRS 3. An entity shall apply that amendment prospectively to business combinations to which the amendment to IFRS 3 applies. 99

IFRS 15 *Revenue from Contracts with Customers*, issued in May 2014, amended paragraph 5 and deleted paragraph 6. An entity shall apply those amendments when it applies IFRS 15. 100

IFRS 9, as issued in July 2014, amended paragraph 2 and deleted paragraphs 97 and 98. An entity shall apply those amendments when it applies IFRS 9. 101

IFRS 16, issued in January 2016, amended paragraph 5. An entity shall apply that amendment when it applies IFRS 16. 102

IFRS 17, issued in May 2017, amended paragraph 5. An entity shall apply that amendment when it applies IFRS 17. 103

Definition of Material (Amendments to IAS 1 and IAS 8), issued in October 2018, amended paragraph 75. An entity shall apply those amendments prospectively for annual periods beginning on or after 1 January 2020. Earlier application is permitted. If an entity applies those amendments for an earlier period, it shall disclose that fact. An entity shall apply those amendments when it applies the amendments to the definition of material in paragraph 7 of IAS 1 and paragraphs 5 and 6 of IAS 8. 104

Onerous Contracts—Cost of Fulfilling a Contract, issued in May 2020, added paragraphs 68A and 94A and amended paragraph 69. An entity shall apply those amendments for annual reporting periods beginning on or after 1 January 2022. Earlier application is permitted. If an entity applies those amendments for an earlier period, it shall disclose that fact. 105

INTERNATIONAL ACCOUNTING STANDARD 38

Immaterielle Vermögenswerte

INHALT

ZIELSETZUNG

1 Zielsetzung dieses Standards ist die Regelung der Bilanzierung immaterieller Vermögenswerte, die in keinem anderen Standard konkret behandelt werden. Dieser Standard verlangt von einem Unternehmen den Ansatz eines immateriellen Vermögenswerts nur dann, wenn bestimmte Kriterien erfüllt sind. Der Standard bestimmt ferner, wie der Buchwert immaterieller Vermögenswerte zu ermitteln ist, und verlangt bestimmte Angaben in Bezug auf immaterielle Vermögenswerte.

ANWENDUNGSBEREICH

2 **Dieser Standard ist auf die Bilanzierung immaterieller Vermögenswerte anzuwenden. Davon ausgenommen sind**

(a) immaterielle Vermögenswerte, die in den Anwendungsbereich eines anderen Standards fallen,

(b) finanzielle Vermögenswerte, wie sie in IAS 32 *Finanzinstrumente: Darstellung* definiert sind,

INTERNATIONAL ACCOUNTING STANDARD 38

Intangible assets

SUMMARY

OBJECTIVE

The objective of this standard is to prescribe the accounting treatment for intangible assets that are not dealt with specifically in another standard. This standard requires an entity to recognise an intangible asset if, and only if, specified criteria are met. The standard also specifies how to measure the carrying amount of intangible assets and requires specified disclosures about intangible assets. 1

SCOPE

This standard shall be applied in accounting for intangible assets, except: 2

(a) intangible assets that are within the scope of another standard;

(b) financial assets, as defined in IAS 32 *Financial instruments: presentation*;

(c) **der Ansatz und die Bewertung von Vermögenswerten für Exploration und Evaluierung (siehe IFRS 6 *Exploration und Evaluierung von Bodenschätzen*) und**
(d) **Ausgaben für die Erschließung oder die Förderung und den Abbau von Mineralien, Öl, Erdgas und ähnlichen nicht regenerativen Ressourcen.**

3 Wenn ein anderer Standard die Bilanzierung für eine bestimmte Art eines immateriellen Vermögenswerts vorschreibt, wendet ein Unternehmen diesen anderen Standard anstatt des vorliegenden Standards an. Der vorliegende Standard ist beispielsweise nicht anzuwenden auf

(a) immaterielle Vermögenswerte, die von einem Unternehmen zur Veräußerung im Rahmen der gewöhnlichen Geschäftstätigkeit gehalten werden (siehe IAS 2 *Vorräte*),
(b) latente Steueransprüche (siehe IAS 12 *Ertragsteuern*),
(c) Leasingverhältnisse, die immaterielle Vermögenswerte zum Gegenstand haben und gemäß IFRS 16 *Leasingverhältnisse* bilanziert werden,
(d) Vermögenswerte, die aus Leistungen an Arbeitnehmer resultieren (siehe IAS 19 *Leistungen an Arbeitnehmer*),
(e) finanzielle Vermögenswerte, wie sie in IAS 32 definiert sind. Der Ansatz und die Bewertung einiger finanzieller Vermögenswerte werden von IFRS 10 *Konzernabschlüsse*, IAS 27 *Einzelabschlüsse* und IAS 28 *Beteiligungen an assoziierten Unternehmen und Gemeinschaftsunternehmen* abgedeckt,
(f) einen bei einem Unternehmenszusammenschluss erworbenen Geschäfts- oder Firmenwert (siehe IFRS 3 *Unternehmenszusammenschlüsse*),
(g) Verträge im Anwendungsbereich von IFRS 17 *Versicherungsverträge* und alle als Vermögenswert angesetzten Abschlusskosten im Sinne der Definition in IFRS 17,
(h) langfristige immaterielle Vermögenswerte, die gemäß IFRS 5 *Zur Veräußerung gehaltene langfristige Vermögenswerte und aufgegebene Geschäftsbereiche* als zur Veräußerung gehalten eingestuft werden (oder in einer als zur Veräußerung gehalten eingestuften Veräußerungsgruppe enthalten sind),
(i) Vermögenswerte aus Verträgen mit Kunden, die gemäß IFRS 15 *Erlöse aus Verträgen mit Kunden* erfasst werden.

4 Einige immaterielle Vermögenswerte können in oder auf einer physischen Substanz enthalten sein, wie beispielsweise einer Compact Disk (im Fall von Computersoftware), einem Rechtsdokument (im Falle einer Lizenz oder eines Patents) oder einem Film. Bei der Feststellung, ob ein Vermögenswert, der sowohl immaterielle als auch materielle Elemente in sich vereint, gemäß IAS 16 *Sachanlagen* oder als immaterieller Vermögenswert gemäß dem vorliegenden Standard zu behandeln ist, beurteilt ein Unternehmen nach eigenem Ermessen, welches Element wesentlicher ist. Beispielsweise ist die Computersoftware für eine computergesteuerte Werkzeugmaschine, die ohne diese bestimmte Software nicht betriebsfähig ist, integraler Bestandteil der zugehörigen Hardware und wird daher als Sachanlage behandelt. Gleiches gilt für das Betriebssystem eines Computers. Wenn die Software kein integraler Bestandteil der zugehörigen Hardware ist, wird die Computersoftware als immaterieller Vermögenswert behandelt.

5 Dieser Standard bezieht sich u. a. auf Ausgaben für Werbung, Aus- und Weiterbildung, Gründung und Anlauf eines Geschäftsbetriebs sowie Forschungs- und Entwicklungstätigkeiten. Forschungs- und Entwicklungstätigkeiten zielen auf die Wissenserweiterung ab. Obwohl diese Tätigkeiten zu einem Vermögenswert mit physischer Substanz (z. B. einem Prototypen) führen können, ist das physische Element des Vermögenswerts sekundär im Vergleich zu seiner immateriellen Komponente, d. h. das durch ihn verkörperte Wissen.

6 Rechte, die ein Leasingnehmer im Rahmen von Lizenzvereinbarungen beispielsweise für Filme, Videoaufnahmen, Theaterstücke, Manuskripte, Patente und Urheberrechte hält, fallen in den Anwendungsbereich des vorliegenden Standards und sind aus dem Anwendungsbereich von IFRS 16 ausgeschlossen.

7 Der Ausschluss aus dem Anwendungsbereich eines Standards kann vorliegen, wenn Tätigkeiten oder Geschäftsvorfälle so speziell sind, dass sie zu Rechnungslegungsfragen führen, die gegebenenfalls auf eine andere Art und Weise zu behandeln sind. Derartige Fragen entstehen bei der Bilanzierung der Ausgaben für die Erschließung oder die Förderung und den Abbau von Erdöl, Erdgas und Bodenschätzen bei der rohstoffgewinnenden Industrie sowie im Fall von Versicherungsverträgen. Aus diesem Grund bezieht sich der vorliegende Standard nicht auf Ausgaben für derartige Tätigkeiten und Verträge. Dieser Standard gilt jedoch für sonstige immaterielle Vermögenswerte (z. B. Computersoftware) und sonstige Ausgaben (z. B. Kosten für die Gründung und den Anlauf eines Geschäfts betriebs), die in der rohstoffgewinnenden Industrie oder bei Versicherern genutzt werden bzw. anfallen.

DEFINITIONEN

8 **Die folgenden Begriffe werden in diesem Standard in der angegebenen Bedeutung verwendet:**
***Planmäßige Abschreibung* ist die systematische Verteilung des Abschreibungsbetrags eines immateriellen Vermögenswerts über dessen Nutzungsdauer.**
Ein *Vermögenswert*[1] ist eine Ressource,
(a) **über die ein Unternehmen aufgrund von Ereignissen der Vergangenheit die Verfügungsmacht hat und**
(b) **von der erwartet wird, dass dem Unternehmen durch sie künftiger wirtschaftlicher Nutzen zufließt.**

1 Die in diesem Standard zugrunde gelegte Definition von Vermögenswert ist nach der Überarbeitung der entsprechenden Definition in dem 2018 veröffentlichten *Rahmenkonzept für die Finanzberichterstattung* nicht angepasst worden.

(c) **the recognition and measurement of exploration and evaluation assets (see IFRS 6 *Exploration for and evaluation of mineral resources*); and**
(d) **expenditure on the development and extraction of, minerals, oil, natural gas and similar non-regenerative resources.**

If another Standard prescribes the accounting for a specific type of intangible asset, an entity applies that Standard instead of this Standard. For example, this Standard does not apply to: 3
(a) intangible assets held by an entity for sale in the ordinary course of business (see IAS 2 *Inventories*);
(b) deferred tax assets (see IAS 12 *Income taxes*);
(c) leases of intangible assets accounted for in accordance with IFRS 16 *Leases*;
(d) assets arising from employee benefits (see IAS 19 *Employee benefits*);
(e) financial assets as defined in IAS 32. The recognition and measurement of some financial assets are covered by IFRS 10 *Consolidated Financial Statements*, IAS 27 *Separate Financial Statements* and IAS 28 *Investments in Associates and Joint Ventures*.
(f) goodwill acquired in a business combination (see IFRS 3 *Business combinations*);
(g) contracts within the scope of IFRS 17 *Insurance Contracts* and any assets for insurance acquisition cash flows as defined in IFRS 17;
(h) non-current intangible assets classified as held for sale (or included in a disposal group that is classified as held for sale) in accordance with IFRS 5 *Non-current assets held for sale and discontinued operations*;
(i) assets arising from contracts with customers that are recognised in accordance with IFRS 15 *Revenue from Contracts with Customers*.

Some intangible assets may be contained in or on a physical substance such as a compact disc (in the case of computer software), legal documentation (in the case of a licence or patent) or film. In determining whether an asset that incorporates both intangible and tangible elements should be treated under IAS 16 *Property, plant and equipment* or as an intangible asset under this standard, an entity uses judgement to assess which element is more significant. For example, computer software for a computer-controlled machine tool that cannot operate without that specific software is an integral part of the related hardware and it is treated as property, plant and equipment. The same applies to the operating system of a computer. When the software is not an integral part of the related hardware, computer software is treated as an intangible asset. 4

This standard applies to, among other things, expenditure on advertising, training, start-up, research and development activities. Research and development activities are directed to the development of knowledge. Therefore, although these activities may result in an asset with physical substance (e.g. a prototype), the physical element of the asset is secondary to its intangible component, i.e. the knowledge embodied in it. 5

Rights held by a lessee under licensing agreements for items such as motion picture films, video recordings, plays, manuscripts, patents and copyrights are within the scope of this Standard and are excluded from the scope of IFRS 16. 6

Exclusions from the scope of a standard may occur if activities or transactions are so specialised that they give rise to accounting issues that may need to be dealt with in a different way. Such issues arise in the accounting for expenditure on the exploration for, or development and extraction of, oil, gas and mineral deposits in extractive industries and in the case of insurance contracts. Therefore, this standard does not apply to expenditure on such activities and contracts. However, this standard applies to other intangible assets used (such as computer software), and other expenditure incurred (such as start-up costs), in extractive industries or by insurers. 7

DEFINITIONS

The following terms are used in this Standard with the meanings specified: 8
A *Amortisation* is the systematic allocation of the depreciable amount of an intangible asset over its useful life.
An *asset*[1] is a resource:
(a) **controlled by an entity as a result of past events; and**
(b) **from which future economic benefits are expected to flow to the entity.**

1 The definition of an asset in this Standard was not revised following the revision of the definition of an asset in the *Conceptual Framework for Financial Reporting* issued in 2018.

Der *Buchwert* ist der Betrag, mit dem ein Vermögenswert in der Bilanz nach Abzug aller auf ihn entfallenden kumulierten planmäßigen Abschreibungen und kumulierten Wertminderungsaufwendungen angesetzt wird.

Die *Anschaffungs- oder Herstellungskosten* sind der zum Erwerb oder zur Herstellung eines Vermögenswerts aufgewendete Betrag an Zahlungsmitteln oder Zahlungsmitteläquivalenten bzw. der beizulegende Zeitwert einer anderen Gegenleistung zum Zeitpunkt des Erwerbs bzw. der Herstellung, oder falls zutreffend, der Betrag, der diesem Vermögenswert beim erstmaligen Ansatz gemäß den besonderen Vorschriften anderer IFRS, wie z. B. IFRS 2 *Anteilsbasierte Vergütung*, beigelegt wird.

Der *Abschreibungsbetrag* ist die Differenz zwischen den Anschaffungs- oder Herstellungskosten eines Vermögenswerts oder einem Ersatzbetrag und dem Restwert.

***Entwicklung* ist die Anwendung von Forschungsergebnissen oder von anderem Wissen auf einen Plan oder Entwurf für die Produktion von neuen oder beträchtlich verbesserten Materialien, Vorrichtungen, Produkten, Verfahren, Systemen oder Dienstleistungen; die Entwicklung findet dabei vor Beginn der kommerziellen Produktion oder Nutzung statt.**

Der *unternehmensspezifische Wert* ist der Barwert der Zahlungsströme, von denen ein Unternehmen erwartet, dass sie aus der fortgesetzten Nutzung eines Vermögenswerts und seinem Abgang am Ende seiner Nutzungsdauer oder bei Begleichung einer Schuld entstehen.

Der *beizulegende Zeitwert* ist der Preis, der in einem gewöhnlichen Geschäftsvorfall zwischen Marktteilnehmern am Bewertungsstichtag für den Verkauf eines Vermögenswerts eingenommen bzw. für die Übertragung einer Schuld gezahlt würde. (Siehe IFRS 13 *Bewertung zum beizulegenden Zeitwert*.)

Ein *Wertminderungsaufwand* ist der Betrag, um den der Buchwert eines Vermögenswerts seinen erzielbaren Betrag übersteigt.

Ein *immaterieller Vermögenswert* ist ein identifizierbarer, nichtmonetärer Vermögenswert ohne physische Substanz.

***Monetäre Vermögenswerte* sind im Bestand befindliche Geldmittel und Vermögenswerte, für die das Unternehmen einen festen oder bestimmbaren Geldbetrag erhält.**

***Forschung* ist die eigenständige und planmäßige Suche mit der Aussicht, zu neuen wissenschaftlichen oder technischen Erkenntnissen zu gelangen.**

Der *Restwert* eines immateriellen Vermögenswerts ist der geschätzte Betrag, den ein Unternehmen gegenwärtig bei Abgang des Vermögenswerts nach Abzug der geschätzten Veräußerungskosten erhalten würde, wenn der Vermögenswert alters- und zustandsgemäß schon am Ende seiner Nutzungsdauer angelangt wäre.

Die *Nutzungsdauer* ist

(a) der Zeitraum, über den ein Vermögenswert voraussichtlich von einem Unternehmen nutzbar ist, oder

(b) die voraussichtlich durch den Vermögenswert im Unternehmen zu erzielende Anzahl an Produktionseinheiten oder ähnlichen Messgrößen.

Immaterielle Vermögenswerte

9 Unternehmen verwenden häufig Ressourcen oder gehen Schulden ein im Hinblick auf die Anschaffung, Entwicklung, Erhaltung oder Wertsteigerung immaterieller Ressourcen, wie beispielsweise wissenschaftliche oder technische Erkenntnisse, Entwurf und Implementierung neuer Verfahren oder Systeme, Lizenzen, geistiges Eigentum, Marktkenntnisse und Warenzeichen (einschließlich Markennamen und Verlagsrechte). Gängige Beispiele für Rechte und Werte, die unter diese Oberbegriffe fallen, sind Computersoftware, Patente, Urheberrechte, Filmmaterial, Kundenlisten, Hypothekenbedienungsrechte, Fischereilizenzen, Importquoten, Franchiseverträge, Kunden- oder Lieferantenbeziehungen, Kundenloyalität, Marktanteile und Absatzrechte.

10 Nicht alle der in Paragraph 9 beschriebenen Sachverhalte erfüllen die Definition eines immateriellen Vermögenswerts, d. h. Identifizierbarkeit, Verfügungsmacht über eine Ressource und Bestehen eines künftigen wirtschaftlichen Nutzens. Wenn ein in den Anwendungsbereich dieses Standards fallender Sachverhalt die Definition eines immateriellen Vermögenswerts nicht erfüllt, werden die Ausgaben für seinen Erwerb oder seine interne Herstellung in der Periode als Aufwand erfasst, in der sie anfallen. Wird der Posten jedoch bei einem Unternehmenszusammenschluss erworben, ist er Teil des zum Erwerbszeitpunkt angesetzten Geschäfts- oder Firmenwerts (siehe Paragraph 68).

Identifizierbarkeit

11 Die Definition eines immateriellen Vermögenswerts verlangt, dass ein immaterieller Vermögenswert identifizierbar ist, um ihn vom Geschäfts- oder Firmenwert unterscheiden zu können. Der bei einem Unternehmenszusammenschluss angesetzte Geschäfts- oder Firmenwert ist ein Vermögenswert, der den künftigen wirtschaftlichen Nutzen anderer bei dem Unternehmenszusammenschluss erworbener Vermögenswerte darstellt, die nicht einzeln identifiziert und getrennt angesetzt werden können. Der künftige wirtschaftliche Nutzen kann das Ergebnis von Synergien zwischen den erworbenen identifizierbaren Vermögenswerten sein oder aber aus Vermögenswerten resultieren, die einzeln nicht im Abschluss angesetzt werden können.

Carrying amount is the amount at which an asset is recognised in the statement of financial position after deducting any accumulated amortisation and accumulated impairment losses thereon.

Cost is the amount of cash or cash equivalents paid or the fair value of other consideration given to acquire an asset at the time of its acquisition or construction, or, when applicable, the amount attributed to that asset when initially recognised in accordance with the specific requirements of other IFRSs, e.g. IFRS 2 _Share-based payment_.

Depreciable amount is the cost of an asset, or other amount substituted for cost, less its residual value.

Development is the application of research findings or other knowledge to a plan or design for the production of new or substantially improved materials, devices, products, processes, systems or services before the start of commercial production or use.

Entity-specific value is the present value of the cash flows an entity expects to arise from the continuing use of an asset and from its disposal at the end of its useful life or expects to incur when settling a liability.

Fair value is the price that would be received to sell an asset or paid to transfer a liability in an orderly transaction between market participants at the measurement date. (See IFRS 13 _Fair Value Measurement_.)

An _impairment loss_ is the amount by which the carrying amount of an asset exceeds its recoverable amount.

An _intangible asset_ is an identifiable non-monetary asset without physical substance.

Monetary assets are money held and assets to be received in fixed or determinable amounts of money.

Research is original and planned investigation undertaken with the prospect of gaining new scientific or technical knowledge and understanding.

The _residual value_ of an intangible asset is the estimated amount that an entity would currently obtain from disposal of the asset, after deducting the estimated costs of disposal, if the asset were already of the age and in the condition expected at the end of its useful life.

Useful life is:

(a) the period over which an asset is expected to be available for use by an entity; or

(b) the number of production or similar units expected to be obtained from the asset by an entity.

Intangible assets

Entities frequently expend resources, or incur liabilities, on the acquisition, development, maintenance or enhancement of intangible resources such as scientific or technical knowledge, design and implementation of new processes or systems, licences, intellectual property, market knowledge and trademarks (including brand names and publishing titles). Common examples of items encompassed by these broad headings are computer software, patents, copyrights, motion picture films, customer lists, mortgage servicing rights, fishing licences, import quotas, franchises, customer or supplier relationships, customer loyalty, market share and marketing rights. 9

Not all the items described in paragraph 9 meet the definition of an intangible asset, i.e. identifiability, control over a resource and existence of future economic benefits. If an item within the scope of this standard does not meet the definition of an intangible asset, expenditure to acquire it or generate it internally is recognised as an expense when it is incurred. However, if the item is acquired in a business combination, it forms part of the goodwill recognised at the acquisition date (see paragraph 68). 10

Identifiability

The definition of an intangible asset requires an intangible asset to be identifiable to distinguish it from goodwill. Goodwill recognised in a business combination is an asset representing the future economic benefits arising from other assets acquired in a business combination that are not individually identified and separately recognised. The future economic benefits may result from synergy between the identifiable assets acquired or from assets that, individually, do not qualify for recognition in the financial statements. 11

12 **Ein Vermögenswert ist identifizierbar, wenn er entweder**

(a) **separierbar ist, d. h. er kann vom Unternehmen getrennt und verkauft, übertragen, lizenziert, vermietet oder getauscht werden; dies kann einzeln oder in Verbindung mit einem Vertrag, einem identifizierbaren Vermögenswert oder einer identifizierbaren Schuld unabhängig davon erfolgen, ob das Unternehmen dies zu tun beabsichtigt, oder**

(b) **er aus vertraglichen oder anderen Rechten entsteht, unabhängig davon, ob diese Rechte übertragbar oder vom Unternehmen oder von anderen Rechten und Verpflichtungen separierbar sind.**

Verfügungsmacht

13 Ein Unternehmen hat Verfügungsmacht über einen Vermögenswert, wenn es in der Lage ist, sich den künftigen wirtschaftlichen Nutzen, der aus der zugrunde liegenden Ressource zufließt, zu verschaffen, und es den Zugriff Dritter auf diesen Nutzen beschränken kann. Die Verfügungsmacht eines Unternehmens über den künftigen wirtschaftlichen Nutzen aus einem immateriellen Vermögenswert basiert normalerweise auf einklagbaren Rechten. Sind derartige Rechte nicht vorhanden, gestaltet sich der Nachweis der Verfügungsmacht schwieriger. Allerdings ist die Einklagbarkeit eines Rechts keine notwendige Voraussetzung für Verfügungsmacht, da ein Unternehmen in der Lage sein kann, auf andere Weise Verfügungsmacht über den künftigen wirtschaftlichen Nutzen auszuüben.

14 Marktkenntnisse und technische Erkenntnisse können zu künftigem wirtschaftlichen Nutzen führen. Ein Unternehmen hat Verfügungsmacht über diesen Nutzen, wenn das Wissen geschützt wird, beispielsweise durch Rechte wie Urheberrechte, eine Beschränkung eines Handelsvertrags (wo zulässig) oder durch eine den Arbeitnehmern rechtlich auferlegte Vertraulichkeitspflicht.

15 Ein Unternehmen kann über ein Team von Fachkräften verfügen und in der Lage sein, zusätzliche Mitarbeiterfähigkeiten zu identifizieren, die aufgrund von Schulungsmaßnahmen zu einem künftigen wirtschaftlichen Nutzen führen. Das Unternehmen kann auch erwarten, dass die Arbeitnehmer ihre Fähigkeiten dem Unternehmen weiterhin zur Verfügung stellen werden. In der Regel hat ein Unternehmen jedoch keine hinreichende Verfügungsmacht über den erwarteten künftigen wirtschaftlichen Nutzen, der ihm durch ein Team von Fachkräften und Schulungsmaßnahmen erwächst, damit diese Werte die Definition eines immateriellen Vermögenswerts erfüllen. Aus einem ähnlichen Grund ist es unwahrscheinlich, dass eine bestimmte Management- oder fachliche Begabung die Definition eines immateriellen Vermögenswerts erfüllt, es sei denn, dass deren Nutzung und der Erhalt des von ihr zu erwartenden künftigen wirtschaftlichen Nutzens durch Rechte geschützt sind und sie zudem die übrigen Definitionskriterien erfüllt.

16 Ein Unternehmen kann über einen Kundenstamm oder Marktanteil verfügen und erwarten, dass die Kunden dem Unternehmen aufgrund seiner Bemühungen, Kundenbeziehungen und Kundenloyalität aufzubauen, treu bleiben werden. Fehlen jedoch die Rechte zum Schutz oder sonstige Mittel und Wege zur Kontrolle der Kundenbeziehungen oder der Loyalität der Kunden gegenüber dem Unternehmen, so hat das Unternehmen in der Regel eine unzureichende Verfügungsmacht über den erwarteten wirtschaftlichen Nutzen aus Kundenbeziehungen und Kundenloyalität, als dass solche Werte (z. B. Kundenstamm, Marktanteile, Kundenbeziehungen, Kundenloyalität) die Definition eines immateriellen Vermögenswerts erfüllen könnten. Sind derartige Rechte zum Schutz der Kundenbeziehungen nicht vorhanden, bilden Tauschgeschäfte für dieselben oder ähnliche nicht vertragliche Kundenbeziehungen (wenn es sich nicht um einen Teil eines Unternehmenszusammenschlusses handelt) den Anhaltspunkt, dass ein Unternehmen dennoch in der Lage ist, Verfügungsmacht über den erwarteten künftigen wirtschaftlichen Nutzen aus den Kundenbeziehungen auszuüben. Da solche Tauschgeschäfte auch den Anhaltspunkt bilden, dass Kundenbeziehungen separierbar sind, erfüllen diese Kundenbeziehungen die Definition eines immateriellen Vermögenswerts.

Künftiger wirtschaftlicher Nutzen

17 Der künftige wirtschaftliche Nutzen aus einem immateriellen Vermögenswert kann Erlöse aus dem Verkauf von Produkten oder der Erbringung von Dienstleistungen, Kosteneinsparungen oder andere Vorteile, die sich für das Unternehmen aus der Nutzung des Vermögenswerts ergeben, enthalten. So ist es beispielsweise wahrscheinlich, dass die Nutzung geistigen Eigentums in einem Herstellungsverfahren eher die künftigen Herstellungskosten reduziert, als dass es zu künftigen Erlössteigerungen führt.

ANSATZ UND BEWERTUNG

18 Der Ansatz eines Postens als immateriellen Vermögenswert verlangt von einem Unternehmen den Nachweis, dass dieser Posten

(a) die Definition eines immateriellen Vermögenswerts (siehe Paragraphen 8–17) und

(b) die Ansatzkriterien erfüllt (siehe Paragraphen 21–23).

Diese Vorschrift gilt für Anschaffungs- oder Herstellungskosten, die erstmalig beim Erwerb oder der Erzeugung von selbst geschaffenen immateriellen Vermögenswerten entstehen, und für Kosten, die nachträglich anfallen, um dem Vermögenswert etwas hinzuzufügen, ihn teilweise zu ersetzen oder zu warten.

19 Die Paragraphen 25–32 befassen sich mit der Anwendung der Ansatzkriterien auf einzeln erworbene immaterielle Vermögenswerte, und die Paragraphen 33–43 befassen sich mit deren Anwendung auf immaterielle Vermögenswerte, die

An asset is identifiable if it either: 12

(a) is separable, ie is capable of being separated or divided from the entity and sold, transferred, licensed, rented or exchanged, either individually or together with a related contract, identifiable asset or liability, regardless of whether the entity intends to do so; or

(b) arises from contractual or other legal rights, regardless of whether those rights are transferable or separable from the entity or from other rights and obligations.

Control

An entity controls an asset if the entity has the power to obtain the future economic benefits flowing from the underlying resource and to restrict the access of others to those benefits. The capacity of an entity to control the future economic benefits from an intangible asset would normally stem from legal rights that are enforceable in a court of law. In the absence of legal rights, it is more difficult to demonstrate control. However, legal enforceability of a right is not a necessary condition for control because an entity may be able to control the future economic benefits in some other way. 13

Market and technical knowledge may give rise to future economic benefits. An entity controls those benefits if, for example, the knowledge is protected by legal rights such as copyrights, a restraint of trade agreement (where permitted) or by a legal duty on employees to maintain confidentiality. 14

An entity may have a team of skilled staff and may be able to identify incremental staff skills leading to future economic benefits from training. The entity may also expect that the staff will continue to make their skills available to the entity. However, an entity usually has insufficient control over the expected future economic benefits arising from a team of skilled staff and from training for these items to meet the definition of an intangible asset. For a similar reason, specific management or technical talent is unlikely to meet the definition of an intangible asset, unless it is protected by legal rights to use it and to obtain the future economic benefits expected from it, and it also meets the other parts of the definition. 15

An entity may have a portfolio of customers or a market share and expect that, because of its efforts in building customer relationships and loyalty, the customers will continue to trade with the entity. However, in the absence of legal rights to protect, or other ways to control, the relationships with customers or the loyalty of the customers to the entity, the entity usually has insufficient control over the expected economic benefits from customer relationships and loyalty for such items (e.g. portfolio of customers, market shares, customer relationships and customer loyalty) to meet the definition of intangible assets. In the absence of legal rights to protect customer relationships, exchange transactions for the same or similar non-contractual customer relationships (other than as part of a business combination) provide evidence that the entity is nonetheless able to control the expected future economic benefits flowing from the customer relationships. Because such exchange transactions also provide evidence that the customer relationships are separable, those customer relationships meet the definition of an intangible asset. 16

Future economic benefits

The future economic benefits flowing from an intangible asset may include revenue from the sale of products or services, cost savings, or other benefits resulting from the use of the asset by the entity. For example, the use of intellectual property in a production process may reduce future production costs rather than increase future revenues. 17

RECOGNITION AND MEASUREMENT

The recognition of an item as an intangible asset requires an entity to demonstrate that the item meets: 18

(a) the definition of an intangible asset (see paragraphs 8—17); and

(b) the recognition criteria (see paragraphs 21—23).

This requirement applies to costs incurred initially to acquire or internally generate an intangible asset and those incurred subsequently to add to, replace part of, or service it.

Paragraphs 25—32 deal with the application of the recognition criteria to separately acquired intangible assets, and paragraphs 33—43 deal with their application to intangible assets acquired in a business combination. Paragraph 44 deals with 19

bei einem Unternehmenszusammenschluss erworben wurden. Paragraph 44 behandelt die Bewertung beim erstmaligen Ansatz von immateriellen Vermögenswerten, die durch eine Zuwendung der öffentlichen Hand erworben wurden, die Paragraphen 45–47 den Tausch von immateriellen Vermögenswerten und die Paragraphen 48–50 die Behandlung von selbst geschaffenem Geschäfts- oder Firmenwert. Die Paragraphen 51–67 befassen sich mit dem erstmaligen Ansatz und der Bewertung beim erstmaligen Ansatz von selbst geschaffenen immateriellen Vermögenswerten.

20 Immaterielle Vermögenswerte sind von Natur aus so beschaffen, dass es in vielen Fällen keine Erweiterungen eines solchen Vermögenswerts bzw. keinen Ersatz von Teilen eines solchen gibt. Demzufolge werden die meisten nachträglichen Ausgaben wahrscheinlich eher den erwarteten künftigen wirtschaftlichen Nutzen eines bestehenden immateriellen Vermögenswerts erhalten, als die Definition eines immateriellen Vermögenswerts und die Ansatzkriterien dieses Standards erfüllen. Zudem ist es oftmals schwierig, nachträgliche Ausgaben einem bestimmten immateriellen Vermögenswert einzeln zuzuordnen und nicht dem Unternehmen als Ganzes. Aus diesem Grund werden nachträgliche Ausgaben – Ausgaben, die nach erstmaligem Ansatz eines erworbenen immateriellen Vermögenswerts oder nach der Fertigstellung eines selbst geschaffenen immateriellen Vermögenswerts anfallen – nur selten im Buchwert eines Vermögenswerts erfasst. In Übereinstimmung mit Paragraph 63 werden nachträgliche Ausgaben für Markennamen, Drucktitel, Verlagsrechte, Kundenlisten und ihrem Wesen nach ähnliche Sachverhalte (ob extern erworben oder selbst geschaffen) immer sofort erfolgswirksam erfasst. Dies beruht darauf, dass solche Ausgaben nicht von den Ausgaben für die Entwicklung des Unternehmens als Ganzes unterschieden werden können.

21 **Ein immaterieller Vermögenswert ist nur dann anzusetzen, wenn**
(a) **es wahrscheinlich ist, dass dem Unternehmen der erwartete künftige wirtschaftliche Nutzen aus dem Vermögenswert zufließen wird, und**
(b) **die Anschaffungs- oder Herstellungskosten des Vermögenswerts verlässlich ermittelt werden können.**

22 **Ein Unternehmen hat die Wahrscheinlichkeit eines erwarteten künftigen wirtschaftlichen Nutzens anhand von angemessenen und vertretbaren Annahmen zu beurteilen; diese Annahmen beruhen auf der bestmöglichen Einschätzung seitens des Managements in Bezug auf die wirtschaftlichen Rahmenbedingungen, die während der Nutzungsdauer des Vermögenswerts bestehen werden.**

23 Ein Unternehmen schätzt nach eigenem Ermessen aufgrund der zum Zeitpunkt des erstmaligen Ansatzes zur Verfügung stehenden Anhaltspunkte den Grad der Sicherheit ein, der dem Zufluss an künftigem wirtschaftlichen Nutzen aus der Nutzung des Vermögenswerts zuzuschreiben ist, wobei externen Anhaltspunkten größeres Gewicht beizumessen ist.

24 **Ein immaterieller Vermögenswert ist beim erstmaligen Ansatz mit seinen Anschaffungs- oder Herstellungskosten zu bewerten.**

Gesonderter Erwerb

25 Der Preis, den ein Unternehmen für den gesonderten Erwerb eines immateriellen Vermögenswerts zahlt, wird normalerweise die Erwartungen in Bezug auf die Wahrscheinlichkeit widerspiegeln, dass der erwartete künftige wirtschaftliche Nutzen aus dem Vermögenswert dem Unternehmen zufließen wird. Mit anderen Worten: Das Unternehmen erwartet, dass ein Zufluss von wirtschaftlichem Nutzen entsteht, selbst wenn der Zeitpunkt oder die Höhe des Zuflusses unsicher sind. Das Ansatzkriterium der Wahrscheinlichkeit in Paragraph 21 (a) wird daher für gesondert erworbene immaterielle Vermögenswerte stets als erfüllt angesehen.

26 Zudem können die Anschaffungskosten des gesondert erworbenen immateriellen Vermögenswerts für gewöhnlich verlässlich ermittelt werden. Dies gilt insbesondere dann, wenn die Gegenleistung für den Erwerb in Zahlungsmitteln oder sonstigen monetären Vermögenswerten besteht.

27 Die Anschaffungskosten eines gesondert erworbenen immateriellen Vermögenswerts umfassen
(a) den Erwerbspreis einschließlich Einfuhrzölle und nicht erstattungsfähiger Umsatzsteuern nach Abzug von Rabatten, Boni und Skonti und
(b) Kosten, die der Vorbereitung des Vermögenswerts auf die beabsichtigte Nutzung einzeln zugeordnet werden können.

28 Beispiele für Kosten, die einzeln zugeordnet werden können, sind
(a) Aufwendungen für Leistungen an Arbeitnehmer (wie in IAS 19 definiert), die direkt anfallen, wenn der Vermögenswert in seinen betriebsbereiten Zustand versetzt wird,
(b) Honorare, die direkt anfallen, wenn der Vermögenswert in seinen betriebsbereiten Zustand versetzt wird, und
(c) Kosten für Testläufe, mit denen überprüft wird, ob der Vermögenswert ordnungsgemäß funktioniert.

29 Beispiele für Ausgaben, die nicht Teil der Anschaffungs- oder Herstellungskosten eines immateriellen Vermögenswerts sind
(a) Kosten für die Einführung eines neuen Produkts oder einer neuen Dienstleistung (einschließlich Kosten für Werbung und verkaufsfördernde Maßnahmen),
(b) Kosten für Geschäftstätigkeiten an einem neuen Standort oder mit einer neuen Kundengruppe (einschließlich Personalschulungskosten) und
(c) Verwaltungs- und andere Gemeinkosten.

the initial measurement of intangible assets acquired by way of a government grant, paragraphs 45—47 with exchanges of intangible assets, and paragraphs 48—50 with the treatment of internally generated goodwill. Paragraphs 51—67 deal with the initial recognition and measurement of internally generated intangible assets.

The nature of intangible assets is such that, in many cases, there are no additions to such an asset or replacements of part of it. Accordingly, most subsequent expenditures are likely to maintain the expected future economic benefits embodied in an existing intangible asset rather than meet the definition of an intangible asset and the recognition criteria in this standard. In addition, it is often difficult to attribute subsequent expenditure directly to a particular intangible asset rather than to the business as a whole. Therefore, only rarely will subsequent expenditure — expenditure incurred after the initial recognition of an acquired intangible asset or after completion of an internally generated intangible asset — be recognised in the carrying amount of an asset. Consistently with paragraph 63, subsequent expenditure on brands, mastheads, publishing titles, customer lists and items similar in substance (whether externally acquired or internally generated) is always recognised in profit or loss as incurred. This is because such expenditure cannot be distinguished from expenditure to develop the business as a whole. 20

An intangible asset shall be recognised if, and only if: 21
(a) it is probable that the expected future economic benefits that are attributable to the asset will flow to the entity; and
(b) the cost of the asset can be measured reliably.

An entity shall assess the probability of expected future economic benefits using reasonable and supportable assumptions that represent management's best estimate of the set of economic conditions that will exist over the useful life of the asset. 22

An entity uses judgement to assess the degree of certainty attached to the flow of future economic benefits that are attributable to the use of the asset on the basis of the evidence available at the time of initial recognition, giving greater weight to external evidence. 23

An intangible asset shall be measured initially at cost. 24

Separate acquisition

Normally, the price an entity pays to acquire separately an intangible asset will reflect expectations about the probability that the expected future economic benefits embodied in the asset will flow to the entity. In other words, the entity expects there to be an inflow of economic benefits, even if there is uncertainty about the timing or the amount of the inflow. Therefore, the probability recognition criterion in paragraph 21 (a) is always considered to be satisfied for separately acquired intangible assets. 25

In addition, the cost of a separately acquired intangible asset can usually be measured reliably. This is particularly so when the purchase consideration is in the form of cash or other monetary assets. 26

The cost of a separately acquired intangible asset comprises: 27
(a) its purchase price, including import duties and non-refundable purchase taxes, after deducting trade discounts and rebates; and
(b) any directly attributable cost of preparing the asset for its intended use.

Examples of directly attributable costs are: 28
(a) costs of employee benefits (as defined in IAS 19) arising directly from bringing the asset to its working condition;
(b) professional fees arising directly from bringing the asset to its working condition; and
(c) costs of testing whether the asset is functioning properly.

Examples of expenditures that are not part of the cost of an intangible asset are: 29
(a) costs of introducing a new product or service (including costs of advertising and promotional activities);
(b) costs of conducting business in a new location or with a new class of customer (including costs of staff training); and
(c) administration and other general overhead costs.

30 Der Ansatz als Anschaffungs- oder Herstellungskosten im Buchwert eines immateriellen Vermögenswerts endet, wenn der Vermögenswert sich in dem Zustand befindet, der erforderlich ist, damit er in der vom Management beabsichtigten Weise genutzt werden kann. Kosten, die bei der Nutzung oder Verlagerung eines immateriellen Vermögenswerts anfallen, sind somit nicht im Buchwert dieses Vermögenswerts eingeschlossen. Die nachstehenden Kosten sind beispielsweise nicht im Buchwert eines immateriellen Vermögenswerts erfasst:

(a) Kosten, die anfallen, wenn ein Vermögenswert, dessen Zustand die vom Management beabsichtigte Nutzung ermöglicht, noch in Betrieb gesetzt werden muss, und
(b) anfängliche Betriebsverluste, wie diejenigen, die anfallen, bis sich die Nachfrage nach den Produkten des Vermögenswerts aufgebaut hat.

31 Einige Tätigkeiten werden bei der Entwicklung eines immateriellen Vermögenswerts durchgeführt, sind jedoch nicht notwendig, um den Vermögenswert in den Zustand zu bringen, der erforderlich ist, damit er in der vom Management beabsichtigten Weise genutzt werden kann. Diese Nebentätigkeiten können vor den oder während der Entwicklungstätigkeiten auftreten. Da Nebentätigkeiten nicht notwendig sind, um einen Vermögenswert in den Zustand zu bringen, der erforderlich ist, damit er in der vom Management beabsichtigten Weise genutzt werden kann, werden die Erträge und dazugehörigen Aufwendungen der Nebentätigkeiten unmittelbar erfolgswirksam erfasst und in ihren entsprechenden Ertrags- und Aufwandsposten ausgewiesen.

32 Wird die Zahlung für einen immateriellen Vermögenswert über das normale Zahlungsziel hinaus aufgeschoben, entsprechen seine Anschaffungskosten dem Gegenwert des Barpreises. Die Differenz zwischen diesem Betrag und der zu leistenden Gesamtzahlung wird über den Zeitraum des Zahlungsziels als Zinsaufwand erfasst, es sei denn, dass sie gemäß IAS 23 *Fremdkapitalkosten* aktiviert wird.

Erwerb im Rahmen eines Unternehmenszusammenschlusses

33 Wenn ein immaterieller Vermögenswert gemäß IFRS 3 *Unternehmenszusammenschlüsse* bei einem Unternehmenszusammenschluss erworben wird, entsprechen die Anschaffungskosten dieses immateriellen Vermögenswerts seinem beizulegenden Zeitwert zum Erwerbszeitpunkt. Der beizulegende Zeitwert eines immateriellen Vermögenswerts wird widerspiegeln, wie Marktteilnehmer zum Erwerbszeitpunkt die Wahrscheinlichkeit einschätzen, dass der erwartete künftige wirtschaftliche Nutzen aus dem Vermögenswert dem Unternehmen zufließen wird. Mit anderen Worten: Das Unternehmen erwartet, dass ein Zufluss von wirtschaftlichem Nutzen entsteht, selbst wenn der Zeitpunkt oder die Höhe des Zuflusses unsicher sind. Das Ansatzkriterium der Wahrscheinlichkeit in Paragraph 21 (a) wird daher für immaterielle Vermögenswerte, die bei einem Unternehmenszusammenschluss erworben wurden, stets als erfüllt angesehen. Wenn ein bei einem Unternehmenszusammenschluss erworbener Vermögenswert separierbar ist oder sich aus vertraglichen oder sonstigen Rechten ergibt, liegen genügend Informationen vor, um den beizulegenden Zeitwert des Vermögenswerts verlässlich zu ermitteln. Somit wird das Kriterium der verlässlichen Bestimmung in Paragraph 21 (b) für immaterielle Vermögenswerte, die bei einem Unternehmenszusammenschluss erworben wurden, stets als erfüllt angesehen.

34 Gemäß diesem Standard und IFRS 3 (in der 2008 überarbeiteten Fassung) setzt ein Erwerber einen immateriellen Vermögenswert des erworbenen Unternehmens zum Erwerbszeitpunkt separat vom Geschäfts- oder Firmenwert an, unabhängig davon, ob der Vermögenswert vor dem Unternehmenszusammenschluss vom erworbenen Unternehmen angesetzt wurde. Das bedeutet, dass der Erwerber ein laufendes Forschungs- und Entwicklungsprojekt des erworbenen Unternehmens als einen vom Geschäfts- oder Firmenwert getrennten Vermögenswert ansetzt, wenn das Projekt die Definition eines immateriellen Vermögenswerts erfüllt. Ein laufendes Forschungs- und Entwicklungsprojekt eines erworbenen Unternehmens erfüllt die Definition eines immateriellen Vermögenswerts, wenn es

(a) die Definition eines Vermögenswerts erfüllt und
(b) identifizierbar ist, d. h. wenn es separierbar ist oder sich aus vertraglichen oder sonstigen Rechten ergibt.

Bei einem Unternehmenszusammenschluss erworbener immaterieller Vermögenswert

35 Wenn ein bei einem Unternehmenszusammenschluss erworbener immaterieller Vermögenswert separierbar ist oder sich aus vertraglichen oder sonstigen Rechten ergibt, liegen genügend Informationen vor, um den beizulegenden Zeitwert des Vermögenswerts verlässlich zu ermitteln. Wenn es für die Schätzungen, die zur Bestimmung des beizulegenden Zeitwerts eines immateriellen Vermögenswerts benutzt werden, eine Reihe möglicher Ergebnisse mit verschiedenen Wahrscheinlichkeiten gibt, geht diese Unsicherheit in die Bestimmung des beizulegenden Zeitwerts des Vermögenswerts ein.

36 Ein bei einem Unternehmenszusammenschluss erworbener immaterieller Vermögenswert könnte separierbar sein, jedoch nur in Verbindung mit einem Vertrag oder einem identifizierbaren Vermögenswert bzw. einer identifizierbaren Schuld. In diesen Fällen setzt der Erwerber den immateriellen Vermögenswert separat vom Geschäfts- oder Firmenwert, aber zusammen mit dem zugehörigen Posten an.

37 Der Erwerber kann eine Gruppe von einander ergänzenden immateriellen Vermögenswerten als einen einzigen Vermögenswert ansetzen, sofern die einzelnen Vermögenswerte eine ähnliche Nutzungsdauer haben. Zum Beispiel werden die Begriffe „Marke" und „Markenname" häufig als Synonyme für Warenzeichen und andere Zeichen benutzt. Es handelt sich hierbei jedoch um allgemeine Marketing-Begriffe, die üblicherweise eine Gruppe einander ergänzender

Recognition of costs in the carrying amount of an intangible asset ceases when the asset is in the condition necessary for it to be capable of operating in the manner intended by management. Therefore, costs incurred in using or redeploying an intangible asset are not included in the carrying amount of that asset. For example, the following costs are not included in the carrying amount of an intangible asset: 30

(a) costs incurred while an asset capable of operating in the manner intended by management has yet to be brought into use; and
(b) initial operating losses, such as those incurred while demand for the asset's output builds up.

Some operations occur in connection with the development of an intangible asset, but are not necessary to bring the asset to the condition necessary for it to be capable of operating in the manner intended by management. These incidental operations may occur before or during the development activities. Because incidental operations are not necessary to bring an asset to the condition necessary for it to be capable of operating in the manner intended by management, the income and related expenses of incidental operations are recognised immediately in profit or loss, and included in their respective classifications of income and expense. 31

If payment for an intangible asset is deferred beyond normal credit terms, its cost is the cash price equivalent. The difference between this amount and the total payments is recognised as interest expense over the period of credit unless it is capitalised in accordance with IAS 23 *Borrowing Costs*. 32

Acquisition as part of a business combination

In accordance with IFRS 3 *Business Combinations*, if an intangible asset is acquired in a business combination, the cost of that intangible asset is its fair value at the acquisition date. The fair value of an intangible asset will reflect market participants' expectations at the acquisition date about the probability that the expected future economic benefits embodied in the asset will flow to the entity. In other words, the entity expects there to be an inflow of economic benefits, even if there is uncertainty about the timing or the amount of the inflow. Therefore, the probability recognition criterion in paragraph 21 (a) is always considered to be satisfied for intangible assets acquired in business combinations. If an asset acquired in a business combination is separable or arises from contractual or other legal rights, sufficient information exists to measure reliably the fair value of the asset. Thus, the reliable measurement criterion in paragraph 21 (b) is always considered to be satisfied for intangible assets acquired in business combinations. 33

In accordance with this Standard and IFRS 3 (as revised by the International Accounting Standards Board in 2008), an acquirer recognises at the acquisition date, separately from goodwill, an intangible asset of the acquiree, irrespective of whether the asset had been recognised by the acquiree before the business combination. This means that the acquirer recognises as an asset separately from goodwill an in-process research and development project of the acquiree if the project meets the definition of an intangible asset. An acquiree's in-process research and development project meets the definition of an intangible asset when it: 34

(a) meets the definition of an asset; and
(b) is identifiable, ie is separable or arises from contractual or other legal rights.

Intangible asset acquired in a business combination

If an intangible asset acquired in a business combination is separable or arises from contractual or other legal rights, sufficient information exists to measure reliably the fair value of the asset. When, for the estimates used to measure an intangible asset's fair value, there is a range of possible outcomes with different probabilities, that uncertainty enters into the measurement of the asset's fair value. 35

An intangible asset acquired in a business combination might be separable, but only together with a related contract, identifiable asset or liability. In such cases, the acquirer recognises the intangible asset separately from goodwill, but together with the related item. 36

The acquirer may recognise a group of complementary intangible assets as a single asset provided the individual assets in the group have similar useful lives. For example, the terms 'brand' and 'brand name' are often used as synonyms for trademarks and other marks. However, the former are general marketing terms that are typically used to refer to a group of 37

Vermögenswerte bezeichnen, wie ein Warenzeichen (oder eine Dienstleistungsmarke) samt zugehörigem Handelsnamen, zugehöriger Rezepturen und zugehörigem technologischen Wissen.

38–41 [gestrichen]

Nachträgliche Ausgaben für ein erworbenes laufendes Forschungs- und Entwicklungsprojekt

42 **Forschungs- oder Entwicklungsausgaben, die**

(a) sich auf ein laufendes Forschungs- oder Entwicklungsprojekt beziehen, das gesondert oder bei einem Unternehmenszusammenschluss erworben und als ein immaterieller Vermögenswert angesetzt wurde, und

(b) nach dem Erwerb dieses Projekts anfallen,

sind gemäß den Paragraphen 54–62 zu bilanzieren.

43 Die Anwendung der Vorschriften in den Paragraphen 54–62 bedeutet, dass nachträgliche Ausgaben für ein laufendes Forschungs- oder Entwicklungsprojekt, das gesondert oder bei einem Unternehmenszusammenschluss erworben und als ein immaterieller Vermögenswert angesetzt wurde,

(a) bei ihrem Anfall als Aufwand erfasst werden, wenn es sich um Forschungsausgaben handelt,

(b) bei ihrem Anfall als Aufwand erfasst werden, wenn es sich um Entwicklungsausgaben handelt, die nicht die Ansatzkriterien eines immateriellen Vermögenswerts gemäß Paragraph 57 erfüllen, und

(c) zum Buchwert des erworbenen laufenden Forschungs- oder Entwicklungsprojekts hinzugefügt werden, wenn es sich um Entwicklungsausgaben handelt, die die Ansatzkriterien gemäß Paragraph 57 erfüllen.

Erwerb durch eine Zuwendung der öffentlichen Hand

44 In manchen Fällen kann ein immaterieller Vermögenswert durch eine Zuwendung der öffentlichen Hand kostenlos oder für eine nominelle Gegenleistung erworben werden. Dies kann geschehen, wenn die öffentliche Hand einem Unternehmen immaterielle Vermögenswerte überträgt oder zuteilt, wie beispielsweise Flughafenlanderechte, Lizenzen zum Betreiben von Rundfunk- oder Fernsehanstalten, Importlizenzen oder -quoten oder Zugangsrechte für sonstige begrenzt zugängliche Ressourcen. Gemäß IAS 20 *Bilanzierung und Darstellung von Zuwendungen der öffentlichen Hand* kann sich ein Unternehmen beim erstmaligen Ansatz dafür entscheiden, sowohl den immateriellen Vermögenswert als auch die Zuwendung mit dem beizulegenden Zeitwert anzusetzen. Entscheidet sich ein Unternehmen dafür, den Vermögenswert beim erstmaligen Ansatz nicht mit dem beizulegenden Zeitwert anzusetzen, setzt das Unternehmen den Vermögenswert beim erstmaligen Ansatz zu einem nominellen Wert an (die andere durch IAS 20 gestattete Methode), zuzüglich aller Ausgaben, die der Vorbereitung des Vermögenswerts auf den beabsichtigten Gebrauch einzeln zugeordnet werden können.

Tausch von Vermögenswerten

45 Ein oder mehrere immaterielle Vermögenswerte können im Tausch gegen nichtmonetäre Vermögenswerte oder eine Kombination von monetären und nichtmonetären Vermögenswerten erworben werden. Die folgenden Ausführungen beziehen sich nur auf einen Tausch von einem nicht-monetären Vermögenswert gegen einen anderen, finden aber auch auf alle anderen im vorstehenden Satz genannten Tauschvorgänge Anwendung. Die Anschaffungskosten eines solchen immateriellen Vermögenswerts werden mit dem beizulegenden Zeitwert bewertet, es sei denn, (a) dem Tauschgeschäft fehlt es an wirtschaftlicher Substanz oder (b) weder der beizulegende Zeitwert des erhaltenen Vermögenswerts noch der des hingegebenen Vermögenswerts ist verlässlich ermittelbar. Der erworbene Vermögenswert wird in dieser Art bewertet, auch wenn ein Unternehmen den hingegebenen Vermögenswert nicht sofort ausbuchen kann. Wenn der erworbene Vermögenswert nicht zum beizulegenden Zeitwert bewertet wird, werden die Anschaffungskosten zum Buchwert des hingegebenen Vermögenswerts bewertet.

46 Ein Unternehmen beurteilt, ob ein Tauschgeschäft wirtschaftliche Substanz hat, indem es prüft, in welchem Umfang sich die künftigen Zahlungsströme infolge der Transaktion voraussichtlich ändern. Ein Tauschgeschäft hat wirtschaftliche Substanz, wenn

(a) die Zusammensetzung (d. h. Risiko, Zeitpunkt und Betrag) der Zahlungsströme des erhaltenen Vermögenswerts sich von der Zusammensetzung des übertragenen Vermögenswerts unterscheidet oder

(b) der unternehmensspezifische Wert des Teils der Geschäftstätigkeiten des Unternehmens, der von der Transaktion betroffen ist, sich aufgrund des Tauschgeschäfts ändert und

(c) die Differenz in (a) oder (b) im Verhältnis zum beizulegenden Zeitwert der getauschten Vermögenswerte signifikant ist.

Für den Zweck der Beurteilung, ob ein Tauschgeschäft wirtschaftliche Substanz hat, spiegelt der unternehmensspezifische Wert des Teils der Geschäftstätigkeiten des Unternehmens, der von der Transaktion betroffen ist, Zahlungsströme nach Steuern wider. Das Ergebnis dieser Analysen kann eindeutig sein, ohne dass ein Unternehmen detaillierte Kalkulationen erbringen muss.

47 Nach Paragraph 21 (b) ist die verlässliche Ermittlung der Anschaffungs- oder Herstellungskosten eines Vermögenswerts eine Voraussetzung für den Ansatz eines immateriellen Vermögenswerts. Der beizulegende Zeitwert eines immateriellen Vermögenswerts gilt als verlässlich ermittelbar, wenn (a) die Schwankungsbandbreite angemessener Ermittlungen des beizulegenden Zeitwerts für diesen Vermögenswert nicht signifikant ist oder (b) die Eintrittswahrscheinlichkeiten der verschiedenen Schätzungen innerhalb dieser Bandbreite angemessen beurteilt und bei der Ermittlung des beizulegenden Zeitwerts verwendet werden können. Wenn ein Unternehmen den beizulegenden Zeitwert entweder des erhaltenen

complementary assets such as a trademark (or service mark) and its related trade name, formulas, recipes and technological expertise.

[deleted] 38—41

Subsequent expenditure on an acquired in-process research and development project

Research or development expenditure that: 42

(a) relates to an in-process research or development project acquired separately or in a business combination and recognised as an intangible asset; and

(b) is incurred after the acquisition of that project;

shall be accounted for in accordance with paragraphs 54—62.

Applying the requirements in paragraphs 54—62 means that subsequent expenditure on an in-process research or development project acquired separately or in a business combination and recognised as an intangible asset is: 43

(a) recognised as an expense when incurred if it is research expenditure;

(b) recognised as an expense when incurred if it is development expenditure that does not satisfy the criteria for recognition as an intangible asset in paragraph 57; and

(c) added to the carrying amount of the acquired in-process research or development project if it is development expenditure that satisfies the recognition criteria in paragraph 57.

Acquisition by way of a government grant

In some cases, an intangible asset may be acquired free of charge, or for nominal consideration, by way of a government grant. This may happen when a government transfers or allocates to an entity intangible assets such as airport landing rights, licences to operate radio or television stations, import licences or quotas or rights to access other restricted resources. In accordance with IAS 20 *Accounting for government grants and disclosure of government assistance*, an entity may choose to recognise both the intangible asset and the grant initially at fair value. If an entity chooses not to recognise the asset initially at fair value, the entity recognises the asset initially at a nominal amount (the other treatment permitted by IAS 20) plus any expenditure that is directly attributable to preparing the asset for its intended use. 44

Exchanges of assets

One or more intangible assets may be acquired in exchange for a non-monetary asset or assets, or a combination of monetary and non-monetary assets. The following discussion refers simply to an exchange of one non-monetary asset for another, but it also applies to all exchanges described in the preceding sentence. The cost of such an intangible asset is measured at fair value unless (a) the exchange transaction lacks commercial substance or (b) the fair value of neither the asset received nor the asset given up is reliably measurable. The acquired asset is measured in this way even if an entity cannot immediately derecognise the asset given up. If the acquired asset is not measured at fair value, its cost is measured at the carrying amount of the asset given up. 45

An entity determines whether an exchange transaction has commercial substance by considering the extent to which its future cash flows are expected to change as a result of the transaction. An exchange transaction has commercial substance if: 46

(a) the configuration (i.e. risk, timing and amount) of the cash flows of the asset received differs from the configuration of the cash flows of the asset transferred; or

(b) the entity-specific value of the portion of the entity's operations affected by the transaction changes as a result of the exchange; and

(c) the difference in (a) or (b) is significant relative to the fair value of the assets exchanged.

For the purpose of determining whether an exchange transaction has commercial substance, the entity-specific value of the portion of the entity's operations affected by the transaction shall reflect post-tax cash flows. The result of these analyses may be clear without an entity having to perform detailed calculations.

Paragraph 21 (b) specifies that a condition for the recognition of an intangible asset is that the cost of the asset can be measured reliably. The fair value of an intangible asset is reliably measurable if (a) the variability in the range of reasonable fair value measurements is not significant for that asset or (b) the probabilities of the various estimates within the range can be reasonably assessed and used when measuring fair value. If an entity is able to measure reliably the fair value of 47

Vermögenswerts oder des hingegebenen Vermögenswerts verlässlich ermitteln kann, dann wird der beizulegende Zeitwert des hingegebenen Vermögenswerts benutzt, um die Anschaffungskosten zu ermitteln, es sei denn, der beizulegende Zeitwert des erhaltenen Vermögenswerts ist der offensichtlichere.

Selbst geschaffener Geschäfts- oder Firmenwert

48 **Ein selbst geschaffener Geschäfts- oder Firmenwert darf nicht aktiviert werden.**

49 In manchen Fällen fallen Ausgaben für die Erzeugung eines künftigen wirtschaftlichen Nutzens an, ohne dass ein immaterieller Vermögenswert geschaffen wird, der die Ansatzkriterien dieses Standards erfüllt. Derartige Ausgaben werden oft als Beitrag zum selbst geschaffenen Geschäfts- oder Firmenwert beschrieben. Ein selbst geschaffener Geschäfts- oder Firmenwert wird nicht als Vermögenswert angesetzt, da dieser keine in der Verfügungsmacht des Unternehmens stehende identifizierbare Ressource (d. h. er ist weder separierbar noch aus vertraglichen oder sonstigen Rechten entstanden) ist, die verlässlich zu Herstellungskosten bewertet werden kann.

50 In den zu irgendeinem Zeitpunkt auftretenden Unterschieden zwischen dem beizulegenden Zeitwert eines Unternehmens und dem Buchwert seiner identifizierbaren Nettovermögenswerte kann eine Reihe von Faktoren erfasst sein, die den beizulegenden Zeitwert des Unternehmens beeinflussen. Derartige Unterschiede gehören jedoch nicht zu den Anschaffungs- oder Herstellungskosten eines in der Verfügungsmacht des Unternehmens stehenden immateriellen Vermögenswerts.

Selbst geschaffene immaterielle Vermögenswerte

51 Manchmal ist es schwierig zu beurteilen, ob ein selbst geschaffener immaterieller Vermögenswert ansetzbar ist, da Probleme bestehen bei
(a) der Feststellung, ob und wann es einen identifizierbaren Vermögenswert gibt, der einen erwarteten künftigen wirtschaftlichen Nutzen erzeugen wird, und
(b) der verlässlichen Ermittlung der Herstellungskosten des Vermögenswerts. In manchen Fällen können die Kosten für die interne Herstellung eines immateriellen Vermögenswerts nicht von den Kosten unterschieden werden, die mit der Erhaltung oder Erhöhung des selbst geschaffenen Geschäfts- oder Firmenwerts des Unternehmens oder mit dem Tagesgeschäft in Verbindung stehen.

Neben den allgemeinen Vorschriften für den Ansatz und die Bewertung beim erstmaligen Ansatz eines immateriellen Vermögenswerts wendet ein Unternehmen daher die Vorschriften und Anwendungsleitlinien der Paragraphen 52–67 auf alle selbst geschaffenen immateriellen Vermögenswerte an.

52 Um zu beurteilen, ob ein selbst geschaffener immaterieller Vermögenswert die Ansatzkriterien erfüllt, unterteilt ein Unternehmen den Herstellungsprozess des Vermögenswerts in
(a) eine Forschungsphase und
(b) eine Entwicklungsphase.

Ungeachtet der Definition der Begriffe „Forschung“ und „Entwicklung“ haben die Begriffe „Forschungsphase“ und „Entwicklungsphase“ im Sinne dieses Standards eine umfassendere Bedeutung.

53 Kann ein Unternehmen die Forschungsphase nicht von der Entwicklungsphase eines internen Projekts zur Schaffung eines immateriellen Vermögenswerts unterscheiden, behandelt das Unternehmen die mit diesem Projekt verbundenen Ausgaben so, als wären sie nur in der Forschungsphase angefallen.

Forschungsphase

54 **Ein aus der Forschung (oder der Forschungsphase eines internen Projekts) entstehender immaterieller Vermögenswert darf nicht angesetzt werden. Ausgaben für Forschung (oder in der Forschungsphase eines internen Projekts) sind in der Periode als Aufwand zu erfassen, in der sie anfallen.**

55 In der Forschungsphase eines internen Projekts kann ein Unternehmen nicht nachweisen, dass ein immaterieller Vermögenswert existiert, der einen voraussichtlichen künftigen wirtschaftlichen Nutzen erzeugen wird. Daher werden diese Ausgaben in der Periode als Aufwand erfasst, in der sie anfallen.

56 Beispiele für Forschungsaktivitäten sind:
(a) Aktivitäten, die auf die Erlangung neuer Erkenntnisse ausgerichtet sind,
(b) die Suche nach sowie die Beurteilung und endgültige Auswahl von Anwendungen für Forschungsergebnisse und für anderes Wissen
(c) die Suche nach Alternativen für Materialien, Vorrichtungen, Produkte, Verfahren, Systeme oder Dienstleistungen und
(d) die Formulierung, der Entwurf sowie die Beurteilung und endgültige Auswahl von möglichen Alternativen für neue oder verbesserte Materialien, Vorrichtungen, Produkte, Verfahren, Systeme oder Dienstleistungen.

Entwicklungsphase

57 **Ein aus der Entwicklung (oder der Entwicklungsphase eines internen Projekts) entstehender immaterieller Vermögenswert ist nur dann anzusetzen, wenn ein Unternehmen alle folgenden Punkte nachweisen kann:**

either the asset received or the asset given up, then the fair value of the asset given up is used to measure cost unless the fair value of the asset received is more clearly evident.

Internally generated goodwill

Internally generated goodwill shall not be recognised as an asset. 48

In some cases, expenditure is incurred to generate future economic benefits, but it does not result in the creation of an intangible asset that meets the recognition criteria in this standard. Such expenditure is often described as contributing to internally generated goodwill. Internally generated goodwill is not recognised as an asset because it is not an identifiable resource (i.e. it is not separable nor does it arise from contractual or other legal rights) controlled by the entity that can be measured reliably at cost. 49

Differences between the fair value of an entity and the carrying amount of its identifiable net assets at any time may capture a range of factors that affect the fair value of the entity. However, such differences do not represent the cost of intangible assets controlled by the entity. 50

Internally generated intangible assets

It is sometimes difficult to assess whether an internally generated intangible asset qualifies for recognition because of problems in: 51

(a) identifying whether and when there is an identifiable asset that will generate expected future economic benefits; and
(b) determining the cost of the asset reliably. In some cases, the cost of generating an intangible asset internally cannot be distinguished from the cost of maintaining or enhancing the entity's internally generated goodwill or of running day-to-day operations.

Therefore, in addition to complying with the general requirements for the recognition and initial measurement of an intangible asset, an entity applies the requirements and guidance in paragraphs 52—67 to all internally generated intangible assets.

To assess whether an internally generated intangible asset meets the criteria for recognition, an entity classifies the generation of the asset into: 52

(a) a research phase; and
(b) a development phase.

Although the terms 'research' and 'development' are defined, the terms 'research phase' and 'development phase' have a broader meaning for the purpose of this standard.

If an entity cannot distinguish the research phase from the development phase of an internal project to create an intangible asset, the entity treats the expenditure on that project as if it were incurred in the research phase only. 53

Research phase

No intangible asset arising from research (or from the research phase of an internal project) shall be recognised. Expenditure on research (or on the research phase of an internal project) shall be recognised as an expense when it is incurred. 54

In the research phase of an internal project, an entity cannot demonstrate that an intangible asset exists that will generate probable future economic benefits. Therefore, this expenditure is recognised as an expense when it is incurred. 55

Examples of research activities are: 56

(a) activities aimed at obtaining new knowledge;
(b) the search for, evaluation and final selection of, applications of research findings or other knowledge;
(c) the search for alternatives for materials, devices, products, processes, systems or services; and
(d) the formulation, design, evaluation and final selection of possible alternatives for new or improved materials, devices, products, processes, systems or services.

Development phase

An intangible asset arising from development (or from the development phase of an internal project) shall be recognised if, and only if, an entity can demonstrate all of the following: 57

(a) **Die Fertigstellung des immateriellen Vermögenswerts kann technisch soweit realisiert werden, dass er genutzt oder verkauft werden kann.**
(b) **Das Unternehmen beabsichtigt, den immateriellen Vermögenswert fertigzustellen und ihn zu nutzen oder zu verkaufen.**
(c) **Das Unternehmen ist in der Lage, den immateriellen Vermögenswert zu nutzen oder zu verkaufen.**
(d) **Die Art und Weise, wie der immaterielle Vermögenswert voraussichtlich einen künftigen wirtschaftlichen Nutzen erzeugen wird. Das Unternehmen kann u. a. die Existenz eines Markts für die Produkte des immateriellen Vermögenswerts oder für den immateriellen Vermögenswert an sich oder, falls er intern genutzt werden soll, den Nutzen des immateriellen Vermögenswerts nachweisen.**
(e) **Adäquate technische, finanzielle und sonstige Ressourcen sind verfügbar, sodass die Entwicklung abgeschlossen und der immaterielle Vermögenswert genutzt oder verkauft werden kann.**
(f) **Das Unternehmen ist in der Lage, die Ausgaben, die dem immateriellen Vermögenswert während seiner Entwicklung zugeordnet werden können, verlässlich zu ermitteln.**

58 In der Entwicklungsphase eines internen Projekts kann ein Unternehmen in manchen Fällen einen immateriellen Vermögenswert identifizieren und nachweisen, dass der Vermögenswert einen voraussichtlichen künftigen wirtschaftlichen Nutzen erzeugen wird. Dies ist darauf zurückzuführen, dass ein Projekt in der Entwicklungsphase weiter vorangeschritten ist als in der Forschungsphase.

59 Beispiele für Entwicklungsaktivitäten sind
(a) der Entwurf, die Konstruktion und das Testen von Prototypen und Modellen vor Beginn der eigentlichen Produktion oder Nutzung,
(b) der Entwurf von Werkzeugen, Spannvorrichtungen, Prägestempeln und Gussformen unter Verwendung neuer Technologien,
(c) der Entwurf, die Konstruktion und der Betrieb einer Pilotanlage, die von ihrer Größe her für eine kommerzielle Produktion wirtschaftlich ungeeignet ist, und
(d) der Entwurf, die Konstruktion und das Testen einer ausgewählten Alternative für neue oder verbesserte Materialien, Vorrichtungen, Produkte, Verfahren, Systeme oder Dienstleistungen.

60 Um nachzuweisen, wie ein immaterieller Vermögenswert einen voraussichtlichen künftigen wirtschaftlichen Nutzen erzeugen wird, beurteilt ein Unternehmen den aus dem Vermögenswert zu erzielenden künftigen wirtschaftlichen Nutzen, indem es die Grundsätze in IAS 36 *Wertminderung von Vermögenswerten* anwendet. Wird der Vermögenswert nur in Verbindung mit anderen Vermögenswerten einen wirtschaftlichen Nutzen erzeugen, wendet das Unternehmen das in IAS 36 behandelte Konzept der zahlungsmittelgenerierenden Einheiten an.

61 Ob Ressourcen vorhanden sind, sodass ein immaterieller Vermögenswert fertiggestellt und genutzt und der Nutzen aus ihm erlangt werden kann, lässt sich beispielsweise anhand eines Unternehmensplans nachweisen, der die benötigten technischen, finanziellen und sonstigen Ressourcen sowie die Fähigkeit des Unternehmens zur Sicherung dieser Ressourcen zeigt. In einigen Fällen weist ein Unternehmen die Verfügbarkeit von Fremdkapital mittels einer vom Kreditgeber erhaltenen Absichtserklärung, den Plan zu finanzieren, nach.

62 Die Kostenrechnungssysteme eines Unternehmens können oftmals die Herstellungskosten eines selbst geschaffenen immateriellen Vermögenswerts verlässlich ermitteln, wie beispielsweise Gehälter und sonstige Ausgaben, die bei der Sicherung von Urheberrechten oder Lizenzen oder bei der Entwicklung von Computersoftware anfallen.

63 **Selbst geschaffene Markennamen, Drucktitel, Verlagsrechte, Kundenlisten sowie ihrem Wesen nach ähnliche Sachverhalte dürfen nicht als immaterielle Vermögenswerte angesetzt werden.**

64 Ausgaben für selbst geschaffene Markennamen, Drucktitel, Verlagsrechte, Kundenlisten sowie dem Wesen nach ähnliche Sachverhalte können nicht von den Ausgaben für die Entwicklung des Unternehmens als Ganzes unterschieden werden. Aus diesem Grund werden solche Sachverhalte nicht als immaterielle Vermögenswerte angesetzt.

Herstellungskosten eines selbst geschaffenen immateriellen Vermögenswerts

65 Die Herstellungskosten eines selbst geschaffenen immateriellen Vermögenswerts im Sinne des Paragraphen 24 entsprechen der Summe der Ausgaben, die ab dem Zeitpunkt anfallen, ab dem der immaterielle Vermögenswert die in den Paragraphen 21, 22 und 57 beschriebenen Ansatzkriterien erstmals erfüllt. Paragraph 71 untersagt die Nachaktivierung von Ausgaben, die zuvor bereits als Aufwand erfasst wurden.

66 Die Herstellungskosten eines selbst geschaffenen immateriellen Vermögenswerts umfassen alle Kosten, die dem Entwurf, der Herstellung und der Vorbereitung des Vermögenswerts mit dem Ziel, ihn in einen Zustand zu versetzen, der die vom Management beabsichtigte Nutzung ermöglicht, einzeln zugeordnet werden können. Beispiele für Kosten, die einzeln zugeordnet werden können, sind
(a) Kosten für Materialien und Dienstleistungen, die bei der Erzeugung des immateriellen Vermögenswerts genutzt oder verbraucht werden,

(a) **the technical feasibility of completing the intangible asset so that it will be available for use or sale;**
(b) **its intention to complete the intangible asset and use or sell it;**
(c) **its ability to use or sell the intangible asset;**
(d) **how the intangible asset will generate probable future economic benefits. Among other things, the entity can demonstrate the existence of a market for the output of the intangible asset or the intangible asset itself or, if it is to be used internally, the usefulness of the intangible asset;**
(e) **the availability of adequate technical, financial and other resources to complete the development and to use or sell the intangible asset;**
(f) **its ability to measure reliably the expenditure attributable to the intangible asset during its development.**

In the development phase of an internal project, an entity can, in some instances, identify an intangible asset and demonstrate that the asset will generate probable future economic benefits. This is because the development phase of a project is further advanced than the research phase. **58**

Examples of development activities are: **59**
(a) the design, construction and testing of pre-production or pre-use prototypes and models;
(b) the design of tools, jigs, moulds and dies involving new technology;
(c) the design, construction and operation of a pilot plant that is not of a scale economically feasible for commercial production; and
(d) the design, construction and testing of a chosen alternative for new or improved materials, devices, products, processes, systems or services.

To demonstrate how an intangible asset will generate probable future economic benefits, an entity assesses the future economic benefits to be received from the asset using the principles in IAS 36 *Impairment of assets*. If the asset will generate economic benefits only in combination with other assets, the entity applies the concept of cash-generating units in IAS 36. **60**

Availability of resources to complete, use and obtain the benefits from an intangible asset can be demonstrated by, for example, a business plan showing the technical, financial and other resources needed and the entity's ability to secure those resources. In some cases, an entity demonstrates the availability of external finance by obtaining a lender's indication of its willingness to fund the plan. **61**

An entity's costing systems can often measure reliably the cost of generating an intangible asset internally, such as salary and other expenditure incurred in securing copyrights or licences or developing computer software. **62**

Internally generated brands, mastheads, publishing titles, customer lists and items similar in substance shall not be recognised as intangible assets. **63**

Expenditure on internally generated brands, mastheads, publishing titles, customer lists and items similar in substance cannot be distinguished from the cost of developing the business as a whole. Therefore, such items are not recognised as intangible assets. **64**

Cost of an internally generated intangible asset

The cost of an internally generated intangible asset for the purpose of paragraph 24 is the sum of expenditure incurred from the date when the intangible asset first meets the recognition criteria in paragraphs 21, 22 and 57. Paragraph 71 prohibits reinstatement of expenditure previously recognised as an expense. **65**

The cost of an internally generated intangible asset comprises all directly attributable costs necessary to create, produce, and prepare the asset to be capable of operating in the manner intended by management. Examples of directly attributable costs are: **66**
(a) costs of materials and services used or consumed in generating the intangible asset;

(b) Aufwendungen für Leistungen an Arbeitnehmer (wie in IAS 19 definiert), die bei der Erzeugung des immateriellen Vermögenswerts anfallen,
(c) Registrierungsgebühren eines Rechtsanspruchs und
(d) planmäßige Abschreibungen der Patente und Lizenzen, die zur Erzeugung des immateriellen Vermögenswerts genutzt werden.

IAS 23 bestimmt, nach welchen Kriterien Zinsen als Teil der Herstellungskosten eines selbst geschaffenen immateriellen Vermögenswerts angesetzt werden.

67 Keine Bestandteile der Herstellungskosten eines selbst geschaffenen immateriellen Vermögenswerts sind
(a) Vertriebs- und Verwaltungsgemeinkosten sowie sonstige Gemeinkosten, es sei denn, diese Kosten können der Vorbereitung des Vermögenswerts auf die Nutzung einzeln zugeordnet werden,
(b) identifizierte Ineffizienzen und anfängliche Betriebsverluste, die auftreten, bevor der Vermögenswert seine geplante Ertragskraft erreicht hat, und
(c) Ausgaben für die Schulung von Mitarbeitern im Umgang mit dem Vermögenswert.

Beispiel zur Veranschaulichung von Paragraph 65 Ein Unternehmen entwickelt ein neues Produktionsverfahren. Die in 20X5 angefallenen Ausgaben beliefen sich auf 1000 WE[2], wovon 900 WE vor dem 1. Dezember 20X5 und 100 WE zwischen dem 1. Dezember 20X5 und dem 31. Dezember 20X5 anfielen. Das Unternehmen kann nachweisen, dass das Produktionsverfahren zum 1. Dezember 20X5 die Kriterien für einen Ansatz als immaterieller Vermögenswert erfüllte. Der erzielbare Betrag des in diesem Verfahren verankerten Know-hows (einschließlich künftiger Zahlungsmittelabflüsse, um das Verfahren vor seiner eigentlichen Nutzung fertigzustellen) wird auf 500 WE geschätzt.

Ende 20X5 wird das Produktionsverfahren als immaterieller Vermögenswert mit Herstellungskosten in Höhe von 100 WE angesetzt (Ausgaben, die seit dem Zeitpunkt der Erfüllung der Ansatzkriterien, d. h. dem 1. Dezember 20X5, angefallen sind). Die Ausgaben in Höhe von 900 WE, die vor dem 1. Dezember 20X5 angefallen waren, werden als Aufwand erfasst, da die Ansatzkriterien erst ab dem 1. Dezember 20X5 erfüllt wurden. Diese Ausgaben sind nicht Teil der in der Bilanz angesetzten Herstellungskosten des Produktionsverfahrens.

Im Jahr 20X6 betragen die angefallenen Ausgaben 2000 WE. Ende 20X6 wird der erzielbare Betrag des in diesem Verfahren verankerten Know-hows (einschließlich künftiger Zahlungsmittelabflüsse, um das Verfahren vor seiner eigentlichen Nutzung fertigzustellen) auf 1900 WE geschätzt.

Ende 20X6 belaufen sich die Herstellungskosten des Produktionsverfahrens auf 2100 WE (Ausgaben von 100 WE werden Ende 20X5 angesetzt plus Ausgaben von 2000 WE im Jahr 20X6). Das Unternehmen erfasst einen Wertminderungsaufwand in Höhe von 200 WE, um den Buchwert des Verfahrens vor dem Wertminderungsaufwand (2100 WE) an seinen erzielbaren Betrag (1900 WE) anzupassen. Dieser Wertminderungsaufwand wird in einer Folgeperiode aufgeholt, wenn die in IAS 36 dargelegten Vorschriften für eine Wertaufholung erfüllt sind.

ERFASSUNG EINES AUFWANDS

68 **Ausgaben für einen immateriellen Posten sind in der Periode als Aufwand zu erfassen, in der sie anfallen, es sei denn, dass**
(a) sie Teil der Anschaffungs- oder Herstellungskosten eines immateriellen Vermögenswerts sind, der die Ansatzkriterien erfüllt (siehe Paragraphen 18–67), oder
(b) der Posten bei einem Unternehmenszusammenschluss erworben wird und nicht als immaterieller Vermögenswert angesetzt werden kann. Ist dies der Fall, sind sie Teil des Betrags, der zum Erwerbszeitpunkt als Geschäfts- oder Firmenwert angesetzt wird (siehe IFRS 3).

69 Manchmal entstehen Ausgaben, mit denen für ein Unternehmen ein künftiger wirtschaftlicher Nutzen erzielt werden soll, ohne dass ein immaterieller Vermögenswert oder sonstiger Vermögenswert erworben oder geschaffen wird, der angesetzt werden kann. Im Falle der Lieferung von Gütern setzt ein Unternehmen solche Ausgaben dann als Aufwand an, wenn es ein Recht auf Zugang zu diesen Gütern erhält. Im Falle der Erbringung von Dienstleistungen setzt ein Unternehmen solche Ausgaben dann als Aufwand an, wenn es die Dienstleistungen erhält. Beispielsweise werden Ausgaben für Forschung, außer wenn sie bei einem Unternehmenszusammenschluss anfallen, in der Periode als Aufwand erfasst, in der sie anfallen (siehe Paragraph 54). Weitere Beispiele für Ausgaben, die in der Periode als Aufwand erfasst werden, in der sie anfallen, sind
(a) Ausgaben für die Gründung und den Anlauf eines Geschäftsbetriebs (d. h. Gründungs- und Anlaufkosten), es sei denn, diese Ausgaben sind in den Anschaffungs- oder Herstellungskosten einer Sachanlage gemäß IAS 16 enthalten. Zu den Gründungs- und Anlaufkosten zählen Gründungskosten wie Rechts- und sonstige Kosten, die bei der Gründung einer juristischen Einheit anfallen, Ausgaben für die Eröffnung einer neuen Betriebsstätte oder eines neuen Geschäfts (d. h. Eröffnungskosten) oder Ausgaben für die Aufnahme neuer Tätigkeitsbereiche oder die Einführung neuer Produkte oder Verfahren (d. h. Anlaufkosten);
(b) Ausgaben für Aus- und Weiterbildungsaktivitäten;
(c) Ausgaben für Werbekampagnen und Maßnahmen der Verkaufsförderung (einschließlich Versandhauskataloge);
(d) Ausgaben für die Verlegung oder Reorganisation von Unternehmensteilen oder des gesamten Unternehmens.

2 In diesem Standard werden Geldbeträge in „Währungseinheiten" (WE) angegeben.

(b) costs of employee benefits (as defined in IAS 19) arising from the generation of the intangible asset;
(c) fees to register a legal right; and
(d) amortisation of patents and licences that are used to generate the intangible asset.

IAS 23 specifies criteria for the recognition of interest as an element of the cost of an internally generated intangible asset.

The following are not components of the cost of an internally generated intangible asset: 67

(a) selling, administrative and other general overhead expenditure unless this expenditure can be directly attributed to preparing the asset for use;
(b) identified inefficiencies and initial operating losses incurred before the asset achieves planned performance; and
(c) expenditure on training staff to operate the asset.

Example illustrating paragraph 65 An entity is developing a new production process. During 20X5, expenditure incurred was CU1000[2], of which CU900 was incurred before 1 December 20X5 and CU100 was incurred between 1 December 20X5 and 31 December 20X5. The entity is able to demonstrate that, at 1 December 20X5, the production process met the criteria for recognition as an intangible asset. The recoverable amount of the know-how embodied in the process (including future cash outflows to complete the process before it is available for use) is estimated to be CU500.

At the end of 20X5, the production process is recognised as an intangible asset at a cost of CU100 (expenditure incurred since the date when the recognition criteria were met, i.e. 1 December 20X5). The CU900 expenditure incurred before 1 December 20X5 is recognised as an expense because the recognition criteria were not met until 1 December 20X5. This expenditure does not form part of the cost of the production process recognised in the statement of financial position.

During 20X6, expenditure incurred is CU2000. At the end of 20X6, the recoverable amount of the know-how embodied in the process (including future cash outflows to complete the process before it is available for use) is estimated to be CU1900.

At the end of 20X6, the cost of the production process is CU2100 (CU100 expenditure recognised at the end of 20X5 plus CU2000 expenditure recognised in 20X6). The entity recognises an impairment loss of CU200 to adjust the carrying amount of the process before impairment loss (CU2100) to its recoverable amount (CU1900). This impairment loss will be reversed in a subsequent period if the requirements for the reversal of an impairment loss in IAS 36 are met.

RECOGNITION OF AN EXPENSE

Expenditure on an intangible item shall be recognised as an expense when it is incurred unless: 68

(a) it forms part of the cost of an intangible asset that meets the recognition criteria (see paragraphs 18—67); or
(b) the item is acquired in a business combination and cannot be recognised as an intangible asset. If this is the case, it forms part of the amount recognised as goodwill at the acquisition date (see IFRS 3).

In some cases, expenditure is incurred to provide future economic benefits to an entity, but no intangible asset or other 69
asset is acquired or created that can be recognised. In the case of the supply of goods, the entity recognises such expenditure as an expense when it has a right to access those goods. In the case of the supply of services, the entity recognises the expenditure as an expense when it receives the services. For example, expenditure on research is recognised as an expense when it is incurred (see paragraph 54), except when it is acquired as part of a business combination. Other examples of expenditure that is recognised as an expense when it is incurred include:

(a) expenditure on start-up activities (i.e. start-up costs), unless this expenditure is included in the cost of an item of property, plant and equipment in accordance with IAS 16. Start-up costs may consist of establishment costs such as legal and secretarial costs incurred in establishing a legal entity, expenditure to open a new facility or business (i.e. pre-opening costs) or expenditures for starting new operations or launching new products or processes (i.e. pre-operating costs);
(b) expenditure on training activities;
(c) expenditure on advertising and promotional activities (including mail order catalogues);
(d) expenditure on relocating or reorganising part or all of an entity.

2 In this standard, monetary amounts are denominated in 'currency units'.

69A Ein Unternehmen hat ein Recht auf Zugang zu Gütern, wenn diese in seinem Eigentum stehen. Ebenso hat ein Unternehmen ein Recht auf Zugang zu Gütern, wenn sie gemäß einem Liefervertrag von einem Lieferanten hergestellt wurden und das Unternehmen ihre Lieferung gegen Bezahlung verlangen kann. Dienstleistungen gelten dann als erhalten, wenn sie von einem Dienstleister gemäß einem Dienstleistungsvertrag mit dem Unternehmen erbracht werden und nicht, wenn das Unternehmen sie zur Erbringung einer anderen Dienstleistung nutzt (wie z. B. für Kundenwerbung).

70 Paragraph 68 schließt den Ansatz einer Vorauszahlung als Vermögenswert nicht aus, wenn die Zahlung für die Lieferung von Gütern vor dem Erhalt des Rechts seitens des Unternehmens auf Zugang zu diesen Gütern erfolgte. Ebenso schließt Paragraph 68 den Ansatz einer Vorauszahlung als Vermögenswert nicht aus, wenn die Zahlung für die Erbringung von Dienstleistungen vor dem Erhalt der Dienstleistungen erfolgte.

Keine Erfassung früherer Aufwendungen als Vermögenswert

71 **Ausgaben für einen immateriellen Posten, die ursprünglich als Aufwand erfasst wurden, sind zu einem späteren Zeitpunkt nicht als Teil der Anschaffungs- oder Herstellungskosten eines immateriellen Vermögenswerts anzusetzen.**

FOLGEBEWERTUNG

72 **Ein Unternehmen hat als seine Rechnungslegungsmethode entweder das Anschaffungskostenmodell gemäß Paragraph 74 oder das Neubewertungsmodell gemäß Paragraph 75 zu wählen. Wird ein immaterieller Vermögenswert nach dem Neubewertungsmodell bilanziert, sind alle anderen Vermögenswerte seiner Gruppe ebenfalls nach demselben Modell zu bilanzieren, es sei denn, dass kein aktiver Markt für diese Vermögenswerte existiert.**

73 Eine Gruppe immaterieller Vermögenswerte ist eine Zusammenfassung von Vermögenswerten, die hinsichtlich ihrer Art und Verwendung innerhalb der Geschäftstätigkeit eines Unternehmens ähnlich sind. Die Posten innerhalb einer Gruppe immaterieller Vermögenswerte sind gleichzeitig neu zu bewerten, um zu vermeiden, dass Vermögenswerte selektiv neubewertet werden und dass Beträge in den Abschlüssen dargestellt werden, die eine Mischung aus Anschaffungs- oder Herstellungskosten und neu bewerteten Beträgen zu unterschiedlichen Zeitpunkten darstellen.

Anschaffungskostenmodell

74 **Nach dem erstmaligen Ansatz ist ein immaterieller Vermögenswert mit seinen Anschaffungs- oder Herstellungskosten zu bilanzieren, abzüglich aller kumulierten planmäßigen Abschreibungen und aller kumulierten Wertminderungsaufwendungen.**

Neubewertungsmodell

75 **Nach dem erstmaligen Ansatz ist ein immaterieller Vermögenswert mit einem Neubewertungsbetrag fortzuführen, der seinem beizulegenden Zeitwert zum Zeitpunkt der Neubewertung, abzüglich nachfolgender kumulierter planmäßiger Abschreibungen und nachfolgender kumulierter Wertminderungsaufwendungen, entspricht. Im Rahmen der unter diesen Standard fallenden Neubewertungen ist der beizulegende Zeitwert unter Bezugnahme auf einen aktiven Markt zu bestimmen. Neubewertungen sind mit einer solchen Regelmäßigkeit vorzunehmen, dass der Buchwert des Vermögenswerts nicht wesentlich von seinem beizulegenden Zeitwert am Abschlussstichtag abweicht.**

76 Das Neubewertungsmodell untersagt

(a) die Neubewertung immaterieller Vermögenswerte, die zuvor nicht als Vermögenswerte angesetzt wurden, oder
(b) den erstmaligen Ansatz immaterieller Vermögenswerte mit von ihren Anschaffungs- oder Herstellungskosten abweichenden Beträgen.

77 Das Neubewertungsmodell wird angewandt, nachdem ein Vermögenswert erstmalig mit seinen Anschaffungs- oder Herstellungskosten angesetzt wurde. Wird allerdings nur ein Teil der Anschaffungs- oder Herstellungskosten eines immateriellen Vermögenswerts als Vermögenswert angesetzt, da der Vermögenswert die Ansatzkriterien erst zu einem späteren Zeitpunkt erfüllt hat (siehe Paragraph 65), kann das Neubewertungsmodell auf den gesamten Vermögenswert angewandt werden. Zudem kann das Neubewertungsmodell auf einen immateriellen Vermögenswert angewandt werden, der durch eine Zuwendung der öffentlichen Hand zuging und zu einem nominellen Wert angesetzt wurde (siehe Paragraph 44).

78 Auch wenn ein aktiver Markt für einen immateriellen Vermögenswert normalerweise nicht existiert, kann dies dennoch vorkommen. Zum Beispiel kann in manchen Ländern ein aktiver Markt für frei übertragbare Taxilizenzen, Fischereilizenzen oder Produktionsquoten bestehen. Allerdings gibt es keinen aktiven Markt für Markennamen, Drucktitel bei Zeitungen, Musik- und Filmverlagsrechte, Patente oder Warenzeichen, da jeder dieser Vermögenswerte einzigartig ist. Und obwohl immaterielle Vermögenswerte gekauft und verkauft werden, werden Verträge zwischen einzelnen Käufern und Verkäufern ausgehandelt, und Transaktionen finden relativ selten statt. Aus diesen Gründen bildet der für einen Vermögenswert gezahlte Preis möglicherweise keinen ausreichenden Anhaltspunkt für den beizulegenden Zeitwert eines anderen. Darüber hinaus stehen der Öffentlichkeit die Preise oft nicht zur Verfügung.

An entity has a right to access goods when it owns them. Similarly, it has a right to access goods when they have been constructed by a supplier in accordance with the terms of a supply contract and the entity could demand delivery of them in return for payment. Services are received when they are performed by a supplier in accordance with a contract to deliver them to the entity and not when the entity uses them to deliver another service, for example, to deliver an advertisement to customers. 69A

Paragraph 68 does not preclude an entity from recognising a prepayment as an asset when payment for goods has been made in advance of the entity obtaining a right to access those goods. Similarly, paragraph 68 does not preclude an entity from recognising a prepayment as an asset when payment for services has been made in advance of the entity receiving those services. 70

Past expenses not to be recognised as an asset

Expenditure on an intangible item that was initially recognised as an expense shall not be recognised as part of the cost of an intangible asset at a later date. 71

MEASUREMENT AFTER RECOGNITION

An entity shall choose either the cost model in paragraph 74 or the revaluation model in paragraph 75 as its accounting policy. If an intangible asset is accounted for using the revaluation model, all the other assets in its class shall also be accounted for using the same model, unless there is no active market for those assets. 72

A class of intangible assets is a grouping of assets of a similar nature and use in an entity's operations. The items within a class of intangible assets are revalued simultaneously to avoid selective revaluation of assets and the reporting of amounts in the financial statements representing a mixture of costs and values as at different dates. 73

Cost model

After initial recognition, an intangible asset shall be carried at its cost less any accumulated amortisation and any accumulated impairment losses. 74

Revaluation model

After initial recognition, an intangible asset shall be carried at a revalued amount, being its fair value at the date of the revaluation less any subsequent accumulated amortisation and any subsequent accumulated impairment losses. For the purpose of revaluations under this Standard, fair value shall be measured by reference to an active market. Revaluations shall be made with such regularity that at the end of the reporting period the carrying amount of the asset does not differ materially from its fair value. 75

The revaluation model does not allow: 76

(a) the revaluation of intangible assets that have not previously been recognised as assets; or
(b) the initial recognition of intangible assets at amounts other than cost.

The revaluation model is applied after an asset has been initially recognised at cost. However, if only part of the cost of an intangible asset is recognised as an asset because the asset did not meet the criteria for recognition until part of the way through the process (see paragraph 65), the revaluation model may be applied to the whole of that asset. Also, the revaluation model may be applied to an intangible asset that was received by way of a government grant and recognised at a nominal amount (see paragraph 44). 77

It is uncommon for an active market to exist for an intangible asset, although this may happen. For example, in some jurisdictions, an active market may exist for freely transferable taxi licences, fishing licences or production quotas. However, an active market cannot exist for brands, newspaper mastheads, music and film publishing rights, patents or trademarks, because each such asset is unique. Also, although intangible assets are bought and sold, contracts are negotiated between individual buyers and sellers, and transactions are relatively infrequent. For these reasons, the price paid for one asset may not provide sufficient evidence of the fair value of another. Moreover, prices are often not available to the public. 78

79 Die Häufigkeit von Neubewertungen ist abhängig vom Ausmaß der Schwankung (Volatilität) des beizulegenden Zeitwerts der einer Neubewertung unterliegenden immateriellen Vermögenswerte. Weicht der beizulegende Zeitwert eines neu bewerteten Vermögenswerts wesentlich von seinem Buchwert ab, ist eine weitere Neubewertung notwendig. Manche immateriellen Vermögenswerte können erhebliche und starke Schwankungen ihres beizulegenden Zeitwerts erfahren, wodurch eine jährliche Neubewertung erforderlich wird. Derartig häufige Neubewertungen sind bei immateriellen Vermögenswerten mit nur unerheblichen Bewegungen des beizulegenden Zeitwerts nicht notwendig.

80 Bei Neubewertung eines immateriellen Vermögenswerts wird dessen Buchwert an den Neubewertungsbetrag angepasst. Zum Zeitpunkt der Neubewertung wird der Vermögenswert wie folgt behandelt:

(a) Der Bruttobuchwert wird in einer Weise angepasst, die mit der Neubewertung des Buchwerts in Einklang steht. So kann der Bruttobuchwert beispielsweise unter Bezugnahme auf beobachtbare Marktdaten oder proportional zur Veränderung des Buchwerts angepasst werden. Die kumulierte planmäßige Abschreibung zum Zeitpunkt der Neubewertung wird so berichtigt, dass sie nach Berücksichtigung kumulierter Wertminderungsaufwendungen der Differenz zwischen dem Bruttobuchwert und dem Buchwert des Vermögenswerts entspricht; oder

(b) die kumulierte planmäßige Abschreibung wird gegen den Bruttobuchwert des Vermögenswerts ausgebucht.

Der Betrag, um den die kumulierte planmäßige Abschreibung angepasst wird, ist Bestandteil der Erhöhung oder Verringerung des Buchwerts, der gemäß den Paragraphen 85 und 86 bilanziert wird.

81 **Kann ein immaterieller Vermögenswert einer Gruppe von neu bewerteten immateriellen Vermögenswerten aufgrund der fehlenden Existenz eines aktiven Markts für diesen Vermögenswert nicht neu bewertet werden, ist der Vermögenswert mit seinen Anschaffungs- oder Herstellungskosten, abzüglich aller kumulierten planmäßigen Abschreibungen und Wertminderungsaufwendungen, anzusetzen.**

82 **Kann der beizulegende Zeitwert eines neu bewerteten immateriellen Vermögenswerts nicht länger unter Bezugnahme auf einen aktiven Markt ermittelt werden, entspricht der Buchwert des Vermögenswerts seinem Neubewertungsbetrag, der zum Zeitpunkt der letzten Neubewertung unter Bezugnahme auf den aktiven Markt ermittelt wurde, abzüglich aller nachfolgenden kumulierten planmäßigen Abschreibungen und aller nachfolgenden kumulierten Wertminderungsaufwendungen.**

83 Die Tatsache, dass ein aktiver Markt nicht länger für einen neu bewerteten immateriellen Vermögenswert besteht, kann darauf hindeuten, dass der Vermögenswert möglicherweise in seinem Wert gemindert ist und gemäß IAS 36 geprüft werden muss.

84 Kann der beizulegende Zeitwert des Vermögenswerts zu einem nachfolgenden Bewertungsstichtag unter Bezugnahme auf einen aktiven Markt bestimmt werden, wird ab diesem Zeitpunkt das Neubewertungsmodell angewandt.

85 **Führt eine Neubewertung zu einer Erhöhung des Buchwerts eines immateriellen Vermögenswerts, ist die Wertsteigerung im sonstigen Ergebnis zu erfassen und im Eigenkapital im Posten Neubewertungsrücklage zu kumulieren. Allerdings wird die Wertsteigerung in dem Umfang erfolgswirksam erfasst, in dem sie eine in der Vergangenheit erfolgswirksam erfasste Abwertung desselben Vermögenswerts aufgrund einer Neubewertung aufholt.**

86 **Führt eine Neubewertung zu einer Verringerung des Buchwerts eines immateriellen Vermögenswerts, ist die Wertminderung erfolgswirksam zu erfassen. Die Wertminderung ist jedoch im sonstigen Ergebnis zu erfassen, soweit sie ein Guthaben der Neubewertungsrücklage in Bezug auf diesen Vermögenswert nicht übersteigt. Durch die im sonstigen Ergebnis erfasste Wertminderung reduziert sich der Betrag, der im Eigenkapital im Posten Neubewertungsrücklage kumuliert wird.**

87 Die im Eigenkapital eingestellte kumulative Neubewertungsrücklage kann bei Realisierung direkt in die Gewinnrücklagen umgebucht werden. Die gesamte Rücklage kann bei Stilllegung oder Veräußerung des Vermögenswerts realisiert werden. Ein Teil der Rücklage kann jedoch realisiert werden, während der Vermögenswert vom Unternehmen genutzt wird; in solch einem Fall entspricht der realisierte Rücklagenbetrag der Differenz zwischen der planmäßigen Abschreibung auf Basis des neu bewerteten Buchwerts des Vermögenswerts und der planmäßigen Abschreibung, die auf Basis der historischen Anschaffungs- oder Herstellungskosten des Vermögenswerts erfasst worden wäre. Die Umbuchung von der Neubewertungsrücklage in die Gewinnrücklagen erfolgt nicht erfolgswirksam.

NUTZUNGSDAUER

88 **Ein Unternehmen hat zu beurteilen, ob die Nutzungsdauer eines immateriellen Vermögenswerts begrenzt oder unbegrenzt ist, und, wenn die Nutzungsdauer begrenzt ist, die Laufzeit dieser Nutzungsdauer bzw. die Anzahl der Produktions- oder ähnlichen Einheiten, die diese Nutzungsdauer bilden, zu bestimmen. Ein immaterieller Vermögenswert ist von einem Unternehmen so anzusehen, als habe er eine unbegrenzte Nutzungsdauer, wenn es aufgrund einer Analyse aller relevanten Faktoren keine vorhersehbare Begrenzung der Periode gibt, in der der Vermögenswert voraussichtlich Nettomittelzuflüsse für das Unternehmen erzeugen wird.**

The frequency of revaluations depends on the volatility of the fair values of the intangible assets being revalued. If the fair value of a revalued asset differs materially from its carrying amount, a further revaluation is necessary. Some intangible assets may experience significant and volatile movements in fair value, thus necessitating annual revaluation. Such frequent revaluations are unnecessary for intangible assets with only insignificant movements in fair value. 79

When an intangible asset is revalued, the carrying amount of that asset is adjusted to the revalued amount. At the date of the revaluation, the asset is treated in one of the following ways: 80

(a) the gross carrying amount is adjusted in a manner that is consistent with the revaluation of the carrying amount of the asset. For example, the gross carrying amount may be restated by reference to observable market data or it may be restated proportionately to the change in the carrying amount. The accumulated amortisation at the date of the revaluation is adjusted to equal the difference between the gross carrying amount and the carrying amount of the asset after taking into account accumulated impairment losses; or
(b) the accumulated amortisation is eliminated against the gross carrying amount of the asset.

The amount of the adjustment of accumulated amortisation forms part of the increase or decrease in the carrying amount that is accounted for in accordance with paragraphs 85 and 86.

If an intangible asset in a class of revalued intangible assets cannot be revalued because there is no active market for this asset, the asset shall be carried at its cost less any accumulated amortisation and impairment losses. 81

If the fair value of a revalued intangible asset can no longer be measured by reference to an active market, the carrying amount of the asset shall be its revalued amount at the date of the last revaluation by reference to the active market less any subsequent accumulated amortisation and any subsequent accumulated impairment losses. 82

The fact that an active market no longer exists for a revalued intangible asset may indicate that the asset may be impaired and that it needs to be tested in accordance with IAS 36. 83

If the fair value of the asset can be measured by reference to an active market at a subsequent measurement date, the revaluation model is applied from that date. 84

If an intangible asset's carrying amount is increased as a result of a revaluation, the increase shall be recognised in other comprehensive income and accumulated in equity under the heading of revaluation surplus. However, the increase shall be recognised in profit or loss to the extent that it reverses a revaluation decrease of the same asset previously recognised in profit or loss. 85

If an intangible asset's carrying amount is decreased as a result of a revaluation, the decrease shall be recognised in profit or loss. However, the decrease shall be recognised in other comprehensive income to the extent of any credit balance in the revaluation surplus in respect of that asset. The decrease recognised in other comprehensive income reduces the amount accumulated in equity under the heading of revaluation surplus. 86

The cumulative revaluation surplus included in equity may be transferred directly to retained earnings when the surplus is realised. The whole surplus may be realised on the retirement or disposal of the asset. However, some of the surplus may be realised as the asset is used by the entity; in such a case, the amount of the surplus realised is the difference between amortisation based on the revalued carrying amount of the asset and amortisation that would have been recognised based on the asset's historical cost. The transfer from revaluation surplus to retained earnings is not made through profit or loss. 87

USEFUL LIFE

An entity shall assess whether the useful life of an intangible asset is finite or indefinite and, if finite, the length of, or number of production or similar units constituting, that useful life. An intangible asset shall be regarded by the entity as having an indefinite useful life when, based on an analysis of all of the relevant factors, there is no foreseeable limit to the period over which the asset is expected to generate net cash inflows for the entity. 88

89 Die Bilanzierung eines immateriellen Vermögenswerts basiert auf seiner Nutzungsdauer. Ein immaterieller Vermögenswert mit begrenzter Nutzungsdauer wird planmäßig abgeschrieben (siehe Paragraphen 97–106), ein immaterieller Vermögenswert mit einer unbegrenzten Nutzungsdauer hingegen nicht (siehe Paragraphen 107–110). Die erläuternden Beispiele zu diesem Standard veranschaulichen die Ermittlung der Nutzungsdauer für verschiedene immaterielle Vermögenswerte und die daraus folgende Bilanzierung dieser Vermögenswerte, je nach ihrer ermittelten Nutzungsdauer.

90 Bei der Ermittlung der Nutzungsdauer eines immateriellen Vermögenswerts werden viele Faktoren in Betracht gezogen, so auch

(a) die voraussichtliche Nutzung des Vermögenswerts durch das Unternehmen und die Frage, ob der Vermögenswert unter einem anderen Management effizient eingesetzt werden könnte,
(b) für den Vermögenswert typische Produktlebenszyklen und öffentliche Informationen über die geschätzte Nutzungsdauer von ähnlichen Vermögenswerten, die auf ähnliche Weise genutzt werden,
(c) technische, technologische, kommerzielle oder andere Arten der Veralterung,
(d) die Stabilität der Branche, in der der Vermögenswert zum Einsatz kommt, und Änderungen in der Gesamtnachfrage nach den Produkten oder Dienstleistungen, die mit dem Vermögenswert erzeugt werden,
(e) voraussichtliche Handlungen seitens der Wettbewerber oder potenzieller Konkurrenten,
(f) die Höhe der Erhaltungsausgaben, die zur Erzielung des erwarteten künftigen wirtschaftlichen Nutzens aus dem Vermögenswert erforderlich sind, sowie die Fähigkeit und Absicht des Unternehmens, dieses Niveau zu erreichen,
(g) der Zeitraum der Verfügungsmacht über den Vermögenswert und rechtliche oder ähnliche Beschränkungen hinsichtlich der Nutzung des Vermögenswerts, wie beispielsweise das Auslaufen zugehöriger Leasingverhältnisse, und
(h) die Frage, ob die Nutzungsdauer des Vermögenswerts von der Nutzungsdauer anderer Vermögenswerte des Unternehmens abhängt.

91 Der Begriff „unbegrenzt" hat nicht dieselbe Bedeutung wie „endlos". Die Nutzungsdauer eines immateriellen Vermögenswerts spiegelt nur die Höhe der künftigen Erhaltungsausgaben wider, die zur Erhaltung des Vermögenswerts auf dem Niveau der Ertragskraft, die zum Zeitpunkt der Schätzung der Nutzungsdauer des Vermögenswerts festgestellt wurde, erforderlich sind, sowie die Fähigkeit und Absicht des Unternehmens, dieses Niveau zu erreichen. Eine Schlussfolgerung, dass die Nutzungsdauer eines immateriellen Vermögenswerts unbegrenzt ist, sollte nicht davon abhängen, dass die geplanten künftigen Ausgaben höher sind als diejenigen, die zur Erhaltung des Vermögenswerts auf diesem Niveau der Ertragskraft erforderlich sind.

92 Angesichts der raschen technologischen Entwicklung sind Computersoftware und viele andere immaterielle Vermögenswerte technologischer Veralterung ausgesetzt. Daher wird ihre Nutzungsdauer oftmals kurz sein. Wird für die Zukunft mit einem Rückgang des Verkaufspreises eines mithilfe eines immateriellen Vermögenswerts erzeugten Produkts gerechnet, könnte dies ein Indikator dafür sein, dass sich der künftige wirtschaftliche Nutzen des Vermögenswerts aufgrund der für ihn erwarteten technischen oder gewerblichen Veralterung vermindert.

93 Die Nutzungsdauer eines immateriellen Vermögenswerts kann sehr lang sein bzw. sogar unbegrenzt. Bei Ungewissheit ist es gerechtfertigt, die Nutzungsdauer eines immateriellen Vermögenswerts vorsichtig zu schätzen, allerdings rechtfertigt sie nicht die Wahl einer unrealistisch kurzen Nutzungsdauer.

94 **Die Nutzungsdauer eines immateriellen Vermögenswerts, der sich aus vertraglichen oder sonstigen Rechten ergibt, darf den Zeitraum der vertraglichen oder sonstigen Rechte nicht überschreiten, kann jedoch kürzer sein, je nachdem über welchen Zeitraum das Unternehmen diesen Vermögenswert voraussichtlich nutzt. Wenn die vertraglichen oder sonstigen Rechte für eine begrenzte Dauer mit der Möglichkeit der Verlängerung übertragen werden, darf die Nutzungsdauer des immateriellen Vermögenswerts den Verlängerungszeitraum/die Verlängerungszeiträume nur mit einschließen, wenn es Anhaltspunkte dafür gibt, dass eine Verlängerung durch das Unternehmen ohne erhebliche Kosten möglich ist. Die Nutzungsdauer eines zurückerworbenen Rechts, das bei einem Unternehmenszusammenschluss als immaterieller Vermögenswert angesetzt wird, ist der verbleibende in dem Vertrag, durch den dieses Recht zugestanden wurde, vereinbarte Zeitraum und darf keine Verlängerungszeiträume einschließen.**

95 Es kann sowohl wirtschaftliche als auch rechtliche Faktoren geben, die die Nutzungsdauer eines immateriellen Vermögenswerts beeinflussen. Wirtschaftliche Faktoren bestimmen den Zeitraum, über den ein künftiger wirtschaftlicher Nutzen dem Unternehmen erwächst. Rechtliche Faktoren können den Zeitraum begrenzen, in dem ein Unternehmen Verfügungsmacht über den Zugriff auf diesen Nutzen besitzt. Die Nutzungsdauer entspricht dem kürzeren der durch diese Faktoren bestimmten Zeiträume.

96 Unter anderem die folgenden Faktoren deuten darauf hin, dass ein Unternehmen die vertraglichen oder sonstigen Rechte ohne erhebliche Kosten verlängern könnte:

(a) es gibt Anhaltspunkte dafür, die möglicherweise auf Erfahrungen basieren, dass die vertraglichen oder sonstigen Rechte verlängert werden. Wenn die Verlängerung von der Zustimmung eines Dritten abhängt, gehört der Anhaltspunkt dafür, dass der Dritte seine Zustimmung geben wird, dazu;
(b) es gibt Anhaltspunkte dafür, dass etwaige Voraussetzungen für eine Verlängerung erfüllt sind, sowie
(c) wirtschaftlichen Nutzen, der dem Unternehmen durch diese Verlängerung zufließen wird.

The accounting for an intangible asset is based on its useful life. An intangible asset with a finite useful life is amortised (see paragraphs 97—106), and an intangible asset with an indefinite useful life is not (see paragraphs 107—110). The illustrative examples accompanying this standard illustrate the determination of useful life for different intangible assets, and the subsequent accounting for those assets based on the useful life determinations. 89

Many factors are considered in determining the useful life of an intangible asset, including: 90

(a) the expected usage of the asset by the entity and whether the asset could be managed efficiently by another management team;
(b) typical product life cycles for the asset and public information on estimates of useful lives of similar assets that are used in a similar way;
(c) technical, technological, commercial or other types of obsolescence;
(d) the stability of the industry in which the asset operates and changes in the market demand for the products or services output from the asset;
(e) expected actions by competitors or potential competitors;
(f) the level of maintenance expenditure required to obtain the expected future economic benefits from the asset and the entity's ability and intention to reach such a level;
(g) the period of control over the asset and legal or similar limits on the use of the asset, such as the expiry dates of related leases; and
(h) whether the useful life of the asset is dependent on the useful life of other assets of the entity.

The term 'indefinite' does not mean 'infinite'. The useful life of an intangible asset reflects only that level of future maintenance expenditure required to maintain the asset at its standard of performance assessed at the time of estimating the asset's useful life, and the entity's ability and intention to reach such a level. A conclusion that the useful life of an intangible asset is indefinite should not depend on planned future expenditure in excess of that required to maintain the asset at that standard of performance. 91

Given the history of rapid changes in technology, computer software and many other intangible assets are susceptible to technological obsolescence. Therefore, it will often be the case that their useful life is short. Expected future reductions in the selling price of an item that was produced using an intangible asset could indicate the expectation of technological or commercial obsolescence of the asset, which, in turn, might reflect a reduction of the future economic benefits embodied in the asset. 92

The useful life of an intangible asset may be very long or even indefinite. Uncertainty justifies estimating the useful life of an intangible asset on a prudent basis, but it does not justify choosing a life that is unrealistically short. 93

The useful life of an intangible asset that arises from contractual or other legal rights shall not exceed the period of the contractual or other legal rights, but may be shorter depending on the period over which the entity expects to use the asset. If the contractual or other legal rights are conveyed for a limited term that can be renewed, the useful life of the intangible asset shall include the renewal period(s) only if there is evidence to support renewal by the entity without significant cost. The useful life of a reacquired right recognised as an intangible asset in a business combination is the remaining contractual period of the contract in which the right was granted and shall not include renewal periods. 94

There may be both economic and legal factors influencing the useful life of an intangible asset. Economic factors determine the period over which future economic benefits will be received by the entity. Legal factors may restrict the period over which the entity controls access to these benefits. The useful life is the shorter of the periods determined by these factors. 95

Existence of the following factors, among others, indicates that an entity would be able to renew the contractual or other legal rights without significant cost: 96

(a) there is evidence, possibly based on experience, that the contractual or other legal rights will be renewed. If renewal is contingent upon the consent of a third party, this includes evidence that the third party will give its consent;
(b) there is evidence that any conditions necessary to obtain renewal will be satisfied; and
(c) the cost to the entity of renewal is not significant when compared with the future economic benefits expected to flow to the entity from renewal.

Falls die Verlängerungskosten im Vergleich zu dem künftigen wirtschaftlichen Nutzen, der dem Unternehmen voraussichtlich durch diese Verlängerung zufließen wird, erheblich sind, stellen die Verlängerungskosten dem Wesen nach die Kosten für die Anschaffung eines neuen immateriellen Vermögenswerts zum Verlängerungszeitpunkt dar.

IMMATERIELLE VERMÖGENSWERTE MIT BEGRENZTER NUTZUNGSDAUER

Abschreibungszeitraum und Abschreibungsmethode

97 **Der Abschreibungsbetrag eines immateriellen Vermögenswerts mit begrenzter Nutzungsdauer ist planmäßig über seine Nutzungsdauer zu verteilen. Die planmäßige Abschreibung beginnt, sobald der Vermögenswert nutzungsbereit ist, d. h. wenn er sich an seinem Standort und in dem Zustand befindet, der erforderlich ist, damit er in der vom Management beabsichtigten Weise genutzt werden kann. Die planmäßige Abschreibung ist zu dem früheren der folgenden Zeitpunkte zu beenden: der Zeitpunkt, zu dem der Vermögenswert gemäß IFRS 5 als zur Veräußerung gehalten eingestuft (oder in eine als zur Veräußerung gehalten eingestufte Veräußerungsgruppe aufgenommen) wird, und der Zeitpunkt, zu dem er ausgebucht wird. Die verwendete Abschreibungsmethode hat dem erwarteten Verlauf des Verbrauchs des zukünftigen wirtschaftlichen Nutzens des Vermögenswerts durch das Unternehmen zu entsprechen. Kann dieser Verlauf nicht verlässlich ermittelt werden, ist die lineare Abschreibungsmethode anzuwenden. Die für jede Periode anfallenden planmäßigen Abschreibungen sind erfolgswirksam zu erfassen, es sei denn, dieser oder ein anderer Standard erlaubt oder verlangt, dass sie in den Buchwert eines anderen Vermögenswerts einzubeziehen sind.**

98 Für die systematische Verteilung des Abschreibungsbetrags eines Vermögenswerts über dessen Nutzungsdauer können verschiedene Abschreibungsmethoden herangezogen werden. Zu diesen Methoden zählen die lineare und die degressive sowie die leistungsabhängige planmäßige Abschreibung. Die anzuwendende Methode wird auf der Grundlage des erwarteten Verlaufs des Verbrauchs des künftigen wirtschaftlichen Nutzens dieses Vermögenswerts ausgewählt und von Periode zu Periode stetig angewandt, es sei denn, der erwartete Verlauf des Verbrauchs des künftigen wirtschaftlichen Nutzens ändert sich.

98A Es besteht die widerlegbare Vermutung, dass eine Abschreibungsmethode, die sich auf die Umsatzerlöse aus einer Tätigkeit stützt, die die Verwendung eines immateriellen Vermögenswerts einschließt, als nicht sachgerecht zu betrachten ist. Umsatzerlöse aus einer Tätigkeit, die die Verwendung eines immateriellen Vermögenswerts einschließt, spiegeln in der Regel Faktoren wider, die nicht unmittelbar mit dem Verbrauch des wirtschaftlichen Nutzens dieses immateriellen Vermögenswerts in Verbindung stehen. So werden die Umsatzerlöse beispielsweise durch andere Inputfaktoren und Prozesse, durch die Absatzmenge und durch Veränderungen bei Absatzvolumen und -preisen beeinflusst. Die Preiskomponente der Umsatzerlöse kann durch Inflation beeinflusst werden, was sich nicht auf den Verbrauch eines Vermögenswerts auswirkt. Diese Vermutung kann nur widerlegt werden, wenn

(a) der immaterielle Vermögenswert gemäß Paragraph 98C nach seinen Erlösen bemessen wird oder
(b) nachgewiesen werden kann, dass eine starke Korrelation zwischen den Erlösen und dem Verbrauch des wirtschaftlichen Nutzens des immateriellen Vermögenswerts besteht.

98B Bei der Wahl einer sachgerechten Abschreibungsmethode nach Paragraph 98 könnte das Unternehmen den für den immateriellen Vermögenswert maßgeblichen begrenzenden Faktor bestimmen. So könnte beispielsweise im einem Vertrag, der die Rechte des Unternehmens auf Nutzung eines immateriellen Vermögenswerts regelt, diese Nutzung auf eine im Voraus festgelegte Anzahl von Jahren (d. h. einen Zeitraum), auf eine bestimmte Stückzahl oder auf einen Gesamtbetrag der zu erzielenden Umsatzerlöse begrenzt sein. Für die Feststellung der sachgerechten Abschreibungsbasis könnte die Ermittlung eines solchen maßgeblichen begrenzenden Faktors als Ausgangspunkt dienen, doch kann auch eine andere Basis herangezogen werden, wenn diese den erwarteten Verlauf des Verbrauchs des wirtschaftlichen Nutzens genauer abbildet.

98C In Fällen, in denen der für einen immateriellen Vermögenswert maßgebliche begrenzende Faktor die Erreichung einer Umsatzschwelle ist, können die zu erzielenden Umsatzerlöse eine angemessene Abschreibungsgrundlage darstellen. So könnte ein Unternehmen beispielsweise eine Konzession zur Exploration und Förderung von Gold aus einer Goldmine erwerben. Der Vertrag könnte vorsehen, dass er endet, wenn mit der Förderung Gesamtumsatzerlöse in bestimmter Höhe erzielt wurden (so könnte der Vertrag die Goldförderung aus der Mine so lange zugestehen, bis mit dem Verkauf des Goldes Gesamtumsatzerlöse von 2 Mrd. WE erzielt wurden), und weder eine zeitliche noch eine mengenmäßige Vorgabe enthalten. In einem anderen Beispiel könnte das Recht auf Betrieb einer mautpflichtigen Straße so lange bestehen, bis mit den Gebühreneinnahmen Gesamtumsatzerlöse in bestimmter Höhe erzielt wurden (so könnte der Vertrag den Betrieb der mautpflichtigen Strecke so lange zugestehen, bis die Gesamtgebühreneinnahmen 100 Mio. WE erreichen). In Fällen, in denen im Vertrag über die Nutzung des immateriellen Vermögenswerts die Umsatzerlöse als maßgeblicher begrenzender Faktor festgelegt sind, könnten die zu erzielenden Erlöse eine angemessene Grundlage für die planmäßige Abschreibung des immateriellen Vermögenswerts darstellen, sofern für die zu erzielenden Umsatzerlöse im Vertrag ein fester Gesamtbetrag vorgesehen ist, auf dessen Grundlage die Abschreibung zu bestimmen ist.

99 Planmäßige Abschreibungen werden in der Regel erfolgswirksam erfasst. Manchmal fließt jedoch der künftige wirtschaftliche Nutzen eines Vermögenswerts in die Herstellung anderer Vermögenswerte ein. In diesem Fall stellt die planmäßige Abschreibung einen Teil der Herstellungskosten des anderen Vermögenswerts dar und wird in dessen

If the cost of renewal is significant when compared with the future economic benefits expected to flow to the entity from renewal, the 'renewal' cost represents, in substance, the cost to acquire a new intangible asset at the renewal date.

INTANGIBLE ASSETS WITH FINITE USEFUL LIVES

Amortisation period and amortisation method

The depreciable amount of an intangible asset with a finite useful life shall be allocated on a systematic basis over its useful life. Amortisation shall begin when the asset is available for use, i.e. when it is in the location and condition necessary for it to be capable of operating in the manner intended by management. Amortisation shall cease at the earlier of the date that the asset is classified as held for sale (or included in a disposal group that is classified as held for sale) in accordance with IFRS 5 and the date that the asset is derecognised. The amortisation method used shall reflect the pattern in which the asset's future economic benefits are expected to be consumed by the entity. If that pattern cannot be determined reliably, the straight-line method shall be used. The amortisation charge for each period shall be recognised in profit or loss unless this or another standard permits or requires it to be included in the carrying amount of another asset. 97

A variety of amortisation methods can be used to allocate the depreciable amount of an asset on a systematic basis over its useful life. These methods include the straight-line method, the diminishing balance method and the units of production method. The method used is selected on the basis of the expected pattern of consumption of the expected future economic benefits embodied in the asset and is applied consistently from period to period, unless there is a change in the expected pattern of consumption of those future economic benefits. 98

There is a rebuttable presumption that an amortisation method that is based on the revenue generated by an activity that includes the use of an intangible asset is inappropriate. The revenue generated by an activity that includes the use of an intangible asset typically reflects factors that are not directly linked to the consumption of the economic benefits embodied in the intangible asset. For example, revenue is affected by other inputs and processes, selling activities and changes in sales volumes and prices. The price component of revenue may be affected by inflation, which has no bearing upon the way in which an asset is consumed. This presumption can be overcome only in the limited circumstances: 98A

(a) in which the intangible asset is expressed as a measure of revenue, as described in paragraph 98C; or
(b) when it can be demonstrated that revenue and the consumption of the economic benefits of the intangible asset are highly correlated.

In choosing an appropriate amortisation method in accordance with paragraph 98, an entity could determine the predominant limiting factor that is inherent in the intangible asset. For example, the contract that sets out the entity's rights over its use of an intangible asset might specify the entity's use of the intangible asset as a predetermined number of years (ie time), as a number of units produced or as a fixed total amount of revenue to be generated. Identification of such a predominant limiting factor could serve as the starting point for the identification of the appropriate basis of amortisation, but another basis may be applied if it more closely reflects the expected pattern of consumption of economic benefits. 98B

In the circumstance in which the predominant limiting factor that is inherent in an intangible asset is the achievement of a revenue threshold, the revenue to be generated can be an appropriate basis for amortisation. For example, an entity could acquire a concession to explore and extract gold from a gold mine. The expiry of the contract might be based on a fixed amount of total revenue to be generated from the extraction (for example, a contract may allow the extraction of gold from the mine until total cumulative revenue from the sale of gold reaches CU2 billion) and not be based on time or on the amount of gold extracted. In another example, the right to operate a toll road could be based on a fixed total amount of revenue to be generated from cumulative tolls charged (for example, a contract could allow operation of the toll road until the cumulative amount of tolls generated from operating the road reaches CU100 million). In the case in which revenue has been established as the predominant limiting factor in the contract for the use of the intangible asset, the revenue that is to be generated might be an appropriate basis for amortising the intangible asset, provided that the contract specifies a fixed total amount of revenue to be generated on which amortisation is to be determined. 98C

Amortisation is usually recognised in profit or loss. However, sometimes the future economic benefits embodied in an asset are absorbed in producing other assets. In this case, the amortisation charge constitutes part of the cost of the other 99

Buchwert einbezogen. Beispielsweise wird die planmäßige Abschreibung auf immaterielle Vermögenswerte, die in einem Produktionsverfahren verwendet werden, in den Buchwert der Vorräte einbezogen (siehe IAS 2 *Vorräte*).

Restwert

100 Der Restwert eines immateriellen Vermögenswerts mit begrenzter Nutzugsdauer ist mit null anzusetzen, es sei denn, dass

(a) eine Verpflichtung seitens einer dritten Partei besteht, den Vermögenswert am Ende seiner Nutzungsdauer zu erwerben, oder

(b) ein aktiver Markt (gemäß Definition in IFRS 13) für den Vermögenswert besteht und

(i) der Restwert unter Bezugnahme auf diesen Markt ermittelt werden kann und

(ii) es wahrscheinlich ist, dass ein solcher Markt am Ende der Nutzungsdauer des Vermögenswerts bestehen wird.

101 Der Abschreibungsbetrag eines Vermögenswerts mit begrenzter Nutzungsdauer wird nach Abzug seines Restwerts ermittelt. Ein anderer Restwert als null impliziert, dass ein Unternehmen von einer Veräußerung des immateriellen Vermögenswerts vor dem Ende seiner wirtschaftlichen Nutzungsdauer ausgeht.

102 Eine Schätzung des Restwerts eines Vermögenswerts beruht auf dem bei Abgang erzielbaren Betrag unter Verwendung von Preisen, die zum Zeitpunkt der Schätzung für den Verkauf eines ähnlichen Vermögenswerts gelten, der das Ende seiner Nutzungsdauer erreicht hat und unter ähnlichen Bedingungen zum Einsatz kam wie der künftig einzusetzende Vermögenswert. Der Restwert wird mindestens am Ende jedes Geschäftsjahrs überprüft. Eine Änderung des Restwerts eines Vermögenswerts wird als Änderung einer Schätzung gemäß IAS 8 *Rechnungslegungsmethoden, Änderungen von rechnungslegungsbezogenen Schätzungen und Fehler* bilanziert.

103 Der Restwert eines Vermögenswerts kann bis zu einem Betrag ansteigen, der entweder dem Buchwert des Vermögenswerts entspricht oder ihn übersteigt. Wenn dies der Fall ist, ist die planmäßige Abschreibung des Vermögenswerts null, solange der Restwert anschließend nicht unter den Buchwert des Vermögenswerts gefallen ist.

Überprüfung des Abschreibungszeitraums und der Abschreibungsmethode

104 Der Abschreibungszeitraum und die Abschreibungsmethode sind für einen immateriellen Vermögenswert mit begrenzter Nutzungsdauer mindestens zum Ende jedes Geschäftsjahrs zu überprüfen. Unterscheidet sich die erwartete Nutzungsdauer des Vermögenswerts von vorangegangenen Schätzungen, ist der Abschreibungszeitraum entsprechend zu ändern. Hat sich der erwartete Verlauf des Verbrauchs des künftigen wirtschaftlichen Nutzens des Vermögenswerts geändert, ist die Abschreibungsmethode anzupassen, um dem veränderten Verlauf Rechnung zu tragen. Derartige Änderungen sind als Änderungen einer rechnungslegungsbezogenen Schätzung gemäß IAS 8 zu bilanzieren.

105 Während der Lebensdauer eines immateriellen Vermögenswerts kann es sich zeigen, dass die Schätzung hinsichtlich seiner Nutzungsdauer nicht sachgerecht ist. Beispielsweise kann die Erfassung eines Wertminderungsaufwands darauf hindeuten, dass der Abschreibungszeitraum geändert werden muss.

106 Der Verlauf des künftigen wirtschaftlichen Nutzens, der einem Unternehmen aus einem immateriellen Vermögenswert voraussichtlich zufließen wird, kann sich mit der Zeit ändern. Beispielsweise kann es sich zeigen, dass eine degressive Abschreibungsmethode geeigneter ist als eine lineare. Ein weiteres Beispiel besteht darin, dass sich die Nutzung der mit einer Lizenz verbundenen Rechte verzögert, bis in Bezug auf andere Bestandteile des Unternehmensplans Maßnahmen ergriffen worden sind. In diesem Fall kann der wirtschaftliche Nutzen aus dem Vermögenswert möglicherweise erst in späteren Perioden erzielt werden.

IMMATERIELLE VERMÖGENSWERTE MIT UNBEGRENZTER NUTZUNGSDAUER

107 Ein immaterieller Vermögenswert mit unbegrenzter Nutzungsdauer darf nicht planmäßig abgeschrieben werden.

108 Nach IAS 36 ist ein Unternehmen verpflichtet, einen immateriellen Vermögenswert mit unbegrenzter Nutzungsdauer auf Wertminderung zu überprüfen, indem es seinen erzielbaren Betrag

(a) jährlich und

(b) wann immer es einen Anhaltspunkt dafür gibt, dass der immaterielle Vermögenswert wertgemindert sein könnte,
mit seinem Buchwert vergleicht.

Überprüfung der Einschätzung der Nutzungsdauer

109 Die Nutzungsdauer eines immateriellen Vermögenswerts, der nicht planmäßig abgeschrieben wird, ist in jeder Periode zu überprüfen, um zu ermitteln, ob für diesen Vermögenswert die Ereignisse und Umstände weiterhin die Einschätzung einer unbegrenzten Nutzungsdauer rechtfertigen. Ist dies nicht der Fall, ist die Änderung der

asset and is included in its carrying amount. For example, the amortisation of intangible assets used in a production process is included in the carrying amount of inventories (see IAS 2 *Inventories*).

Residual value

The residual value of an intangible asset with a finite useful life shall be assumed to be zero unless: **100**
(a) there is a commitment by a third party to purchase the asset at the end of its useful life; or
(b) there is an active market (as defined in IFRS 13) for the asset and:
(i) residual value can be determined by reference to that market; and
(ii) it is probable that such a market will exist at the end of the asset's useful life.

The depreciable amount of an asset with a finite useful life is determined after deducting its residual value. A residual value other than zero implies that an entity expects to dispose of the intangible asset before the end of its economic life. **101**

An estimate of an asset's residual value is based on the amount recoverable from disposal using prices prevailing at the date of the estimate for the sale of a similar asset that has reached the end of its useful life and has operated under conditions similar to those in which the asset will be used. The residual value is reviewed at least at each financial year-end. A change in the asset's residual value is accounted for as a change in an accounting estimate in accordance with IAS 8 *Accounting policies, changes in accounting estimates and errors*. **102**

The residual value of an intangible asset may increase to an amount equal to or greater than the asset's carrying amount. If it does, the asset's amortisation charge is zero unless and until its residual value subsequently decreases to an amount below the asset's carrying amount. **103**

Review of amortisation period and amortisation method

The amortisation period and the amortisation method for an intangible asset with a finite useful life shall be reviewed at least at each financial year-end. If the expected useful life of the asset is different from previous estimates, the amortisation period shall be changed accordingly. If there has been a change in the expected pattern of consumption of the future economic benefits embodied in the asset, the amortisation method shall be changed to reflect the changed pattern. Such changes shall be accounted for as changes in accounting estimates in accordance with IAS 8. **104**

During the life of an intangible asset, it may become apparent that the estimate of its useful life is inappropriate. For example, the recognition of an impairment loss may indicate that the amortisation period needs to be changed. **105**

Over time, the pattern of future economic benefits expected to flow to an entity from an intangible asset may change. For example, it may become apparent that a diminishing balance method of amortisation is appropriate rather than a straight-line method. Another example is if use of the rights represented by a licence is deferred pending action on other components of the business plan. In this case, economic benefits that flow from the asset may not be received until later periods. **106**

INTANGIBLE ASSETS WITH INDEFINITE USEFUL LIVES

An intangible asset with an indefinite useful life shall not be amortised. **107**

In accordance with IAS 36, an entity is required to test an intangible asset with an indefinite useful life for impairment by comparing its recoverable amount with its carrying amount: **108**
(a) annually; and
(b) whenever there is an indication that the intangible asset may be impaired.

Review of useful life assessment

The useful life of an intangible asset that is not being amortised shall be reviewed each period to determine whether events and circumstances continue to support an indefinite useful life assessment for that asset. If they do not, the **109**

Einschätzung der Nutzungsdauer von unbegrenzt auf begrenzt als Änderung einer rechnungslegungsbezogenen Schätzung gemäß IAS 8 zu bilanzieren.

110 Gemäß IAS 36 ist die Neueinschätzung der Nutzungsdauer eines immateriellen Vermögenswerts als begrenzt und nicht mehr als unbegrenzt ein Hinweis darauf, dass dieser Vermögenswert wertgemindert sein könnte. Demzufolge prüft das Unternehmen den Vermögenswert auf Wertminderung, indem es seinen erzielbaren Betrag, ermittelt gemäß IAS 36, mit seinem Buchwert vergleicht und jeden Überschuss des Buchwerts über den erzielbaren Betrag als Wertminderungsaufwand erfasst.

ERZIELBARKEIT DES BUCHWERTS – WERTMINDERUNGSAUFWAND

111 Um zu beurteilen, ob ein immaterieller Vermögenswert in seinem Wert gemindert ist, wendet ein Unternehmen IAS 36 an. Dieser Standard erklärt, wann und wie ein Unternehmen den Buchwert seiner Vermögenswerte überprüft, wie es den erzielbaren Betrag eines Vermögenswerts ermittelt und wann es einen Wertminderungsaufwand erfasst oder aufholt.

STILLLEGUNGEN UND ABGÄNGE

112 **Ein immaterieller Vermögenswert ist auszubuchen**
(a) bei Abgang oder
(b) wenn kein künftiger wirtschaftlicher Nutzen aus seiner Nutzung oder seinem Abgang zu erwarten ist.

113 **Der aus der Ausbuchung eines immateriellen Vermögenswerts resultierende Gewinn oder Verlust entspricht der Differenz zwischen dem eventuellen Nettoveräußerungserlös und dem Buchwert des Vermögenswerts. Diese Differenz ist bei Ausbuchung des Vermögenswerts erfolgswirksam zu erfassen (sofern IFRS 16 bei Sale-and-Leaseback-Transaktionen nichts anderes vorschreibt). Gewinne sind nicht als Umsatzerlöse auszuweisen.**

114 Der Abgang eines immateriellen Vermögenswerts kann auf verschiedene Arten erfolgen (z. B. Verkauf, Eintritt in ein Finanzierungsleasingverhältnis oder Schenkung). Als Abgangsdatum eines immateriellen Vermögenswerts gilt das Datum, an dem der Empfänger – gemäß den Vorschriften über die Erfüllung der Leistungsverpflichtung in IFRS 15 – die Verfügungsmacht über den Vermögenswert erlangt. IFRS 16 ist auf Abgänge durch Sale-and-Leaseback-Transaktionen anzuwenden.

115 Wenn ein Unternehmen nach dem Ansatzgrundsatz in Paragraph 21 im Buchwert eines Vermögenswerts die Anschaffungs- oder Herstellungskosten für den Ersatz eines Teils des immateriellen Vermögenswerts erfasst, dann bucht es den Buchwert des ersetzten Teils aus. Wenn es dem Unternehmen nicht möglich ist, den Buchwert des ersetzten Teils zu ermitteln, kann es die Anschaffungs- oder Herstellungskosten für den Ersatz als Hinweis für die Anschaffungs- oder Herstellungskosten des ersetzten Teils zum Zeitpunkt seines Erwerbs oder seiner Herstellung nehmen.

115A Wird ein bei einem Unternehmenszusammenschluss zurückerworbenes Recht zu einem späteren Zeitpunkt an einen Dritten weitergegeben (verkauft), ist der dazugehörige Buchwert, sofern vorhanden, zu verwenden, um den Gewinn bzw. Verlust aus der Weitergabe zu bestimmen.

116 Die Höhe der im Falle der Ausbuchung eines immateriellen Vermögenswerts erfolgswirksam zu erfassenden Gegenleistung ergibt sich aus den Vorschriften über die Bestimmung des Transaktionspreises in IFRS 15 Paragraphen 47 bis 72. Spätere Änderungen des erfolgswirksam erfassten geschätzten Gegenleistungsbetrags werden gemäß den Vorschriften über Änderungen des Transaktionspreises in IFRS 15 erfasst.

117 Die planmäßige Abschreibung eines immateriellen Vermögenswerts mit begrenzter Nutzungsdauer endet nicht, wenn der immaterielle Vermögenswert nicht mehr genutzt wird, sofern der Vermögenswert nicht voll abgeschrieben ist oder gemäß IFRS 5 als zur Veräußerung gehalten eingestuft wird (oder zu einer als zur Veräußerung gehalten eingestuften Veräußerungsgruppe gehört).

ANGABEN

Allgemeines

118 **Ein Unternehmen hat für jede Gruppe immaterieller Vermögenswerte folgende Angaben zu machen, wobei zwischen selbst geschaffenen immateriellen Vermögenswerten und sonstigen immateriellen Vermögenswerten zu unterscheiden ist:**
(a) ob die Nutzungsdauern unbegrenzt oder begrenzt sind, und wenn die Nutzungsdauer begrenzt ist, die zugrunde gelegten Nutzungsdauern oder die angewandten Abschreibungssätze,
(b) die für immaterielle Vermögenswerte mit begrenzter Nutzungsdauer verwendeten Abschreibungsmethoden,
(c) der Bruttobuchwert und die kumulierten planmäßigen Abschreibungen (zusammengefasst mit den kumulierten Wertminderungsaufwendungen) zu Beginn und zum Ende der Periode,

change in the useful life assessment from indefinite to finite shall be accounted for as a change in an accounting estimate in accordance with IAS 8.

In accordance with IAS 36, reassessing the useful life of an intangible asset as finite rather than indefinite is an indicator that the asset may be impaired. As a result, the entity tests the asset for impairment by comparing its recoverable amount, determined in accordance with IAS 36, with its carrying amount, and recognising any excess of the carrying amount over the recoverable amount as an impairment loss. 110

RECOVERABILITY OF THE CARRYING AMOUNT — IMPAIRMENT LOSSES

To determine whether an intangible asset is impaired, an entity applies IAS 36. That standard explains when and how an entity reviews the carrying amount of its assets, how it determines the recoverable amount of an asset and when it recognises or reverses an impairment loss. 111

RETIREMENTS AND DISPOSALS

An intangible asset shall be derecognised: 112
(a) on disposal; or
(b) when no future economic benefits are expected from its use or disposal.

The gain or loss arising from the derecognition of an intangible asset shall be determined as the difference between the net disposal proceeds, if any, and the carrying amount of the asset. It shall be recognised in profit or loss when the asset is derecognised (unless IFRS 16 requires otherwise on a sale and leaseback.) Gains shall not be classified as revenue. 113

The disposal of an intangible asset may occur in a variety of ways (eg by sale, by entering into a finance lease, or by donation). The date of disposal of an intangible asset is the date that the recipient obtains control of that asset in accordance with the requirements for determining when a performance obligation is satisfied in IFRS 15 *Revenue from Contracts with Customers*. IFRS 16 applies to disposal by a sale and leaseback. 114

If in accordance with the recognition principle in paragraph 21 an entity recognises in the carrying amount of an asset the cost of a replacement for part of an intangible asset, then it derecognises the carrying amount of the replaced part. If it is not practicable for an entity to determine the carrying amount of the replaced part, it may use the cost of the replacement as an indication of what the cost of the replaced part was at the time it was acquired or internally generated. 115

In the case of a reacquired right in a business combination, if the right is subsequently reissued (sold) to a third party, the related carrying amount, if any, shall be used in determining the gain or loss on reissue. 115A

The amount of consideration to be included in the gain or loss arising from the derecognition of an intangible asset is determined in accordance with the requirements for determining the transaction price in paragraphs 47—72 of IFRS 15. Subsequent changes to the estimated amount of the consideration included in the gain or loss shall be accounted for in accordance with the requirements for changes in the transaction price in IFRS 15. 116

Amortisation of an intangible asset with a finite useful life does not cease when the intangible asset is no longer used, unless the asset has been fully depreciated or is classified as held for sale (or included in a disposal group that is classified as held for sale) in accordance with IFRS 5. 117

DISCLOSURE

General

An entity shall disclose the following for each class of intangible assets, distinguishing between internally generated intangible assets and other intangible assets: 118
(a) whether the useful lives are indefinite or finite and, if finite, the useful lives or the amortisation rates used;
(b) the amortisation methods used for intangible assets with finite useful lives;
(c) the gross carrying amount and any accumulated amortisation (aggregated with accumulated impairment losses) at the beginning and end of the period;

(d) der/die Posten der Gesamtergebnisrechnung, in dem/denen die planmäßigen Abschreibungen immaterieller Vermögenswerte enthalten sind,

(e) eine Überleitung des Buchwerts zu Beginn und zum Ende der Periode unter gesonderter Angabe der

(i) Zugänge, wobei solche aus unternehmensinterner Entwicklung, solche aus gesondertem Erwerb und solche aus Unternehmenszusammenschlüssen separat zu bezeichnen sind,

(ii) Vermögenswerte, die gemäß IFRS 5 als zur Veräußerung gehalten eingestuft werden oder zu einer als zur Veräußerung gehalten eingestuften Veräußerungsgruppe gehören, und anderer Abgänge,

(iii) Wertsteigerungen oder Wertminderungen während der Periode aufgrund von Neubewertungen gemäß den Paragraphen 75, 85 und 86 und von im sonstigen Ergebnis erfassten oder aufgeholten Wertminderungsaufwendungen gemäß IAS 36 (falls vorhanden),

(iv) Wertminderungsaufwendungen, die während der Periode erfolgswirksam gemäß IAS 36 erfasst wurden (falls vorhanden),

(v) Wertminderungsaufwendungen, die während der Periode erfolgswirksam gemäß IAS 36 aufgeholt wurden (falls vorhanden),

(vi) planmäßigen Abschreibungen, die während der Periode erfasst wurden,

(vii) Nettoumrechnungsdifferenzen aufgrund der Umrechnung des Abschlusses in die Darstellungswährung und der Umrechnung einer ausländischen Betriebsstätte in die Darstellungswährung des Unternehmens und

(viii) sonstigen Buchwertänderungen während der Periode.

119 Eine Gruppe immaterieller Vermögenswerte ist eine Zusammenfassung von Vermögenswerten, die hinsichtlich ihrer Art und Verwendung innerhalb der Geschäftstätigkeit eines Unternehmens ähnlich sind. Beispiele für separate Gruppen können sein:

(a) Markennamen,

(b) Drucktitel und Verlagsrechte,

(c) Computersoftware,

(d) Lizenzen und Franchiseverträge,

(e) Urheberrechte, Patente und sonstige gewerbliche Schutzrechte, Nutzungs- und Betriebskonzessionen,

(f) Rezepturen, Modelle, Entwürfe und Prototypen und

(g) immaterielle Vermögenswerte in Entwicklung.

Die oben bezeichneten Gruppen werden in kleinere (größere) Gruppen aufgegliedert (zusammengefasst), wenn den Abschlussadressaten dadurch relevantere Informationen zur Verfügung gestellt werden.

120 Zusätzlich zu den in Paragraph 118 (e) (iii)–(v) verlangten Informationen macht ein Unternehmen nach IAS 36 Angaben über im Wert geminderte immaterielle Vermögenswerte.

121 IAS 8 verlangt von einem Unternehmen die Angabe der Art und des Betrags einer Änderung in einer rechnungslegungsbezogenen Schätzung, die entweder eine wesentliche Auswirkung auf die aktuelle Berichtsperiode hat oder von der angenommen wird, dass sie eine wesentliche Auswirkung auf spätere Perioden haben wird. Derartige Angaben resultieren möglicherweise aus Änderungen in Bezug auf

(a) die Einschätzung der Nutzungsdauer eines immateriellen Vermögenswerts,

(b) die Abschreibungsmethode oder

(c) Restwerte.

122 Darüber hinaus hat ein Unternehmen Folgendes anzugeben:

(a) für einen immateriellen Vermögenswert, dessen Nutzungsdauer als unbegrenzt eingeschätzt wurde, den Buchwert dieses Vermögenswerts und die Gründe für die Einschätzung seiner Nutzungsdauer als unbegrenzt. Im Rahmen der Begründung hat das Unternehmen den Faktor/die Faktoren zu beschreiben, der/die bei der Feststellung der unbegrenzten Nutzungsdauer des Vermögenswerts eine wesentliche Rolle spielte/spielten;

(b) eine Beschreibung, den Buchwert und den verbleibenden Abschreibungszeitraum eines jeden einzelnen immateriellen Vermögenswerts, der für den Abschluss des Unternehmens von wesentlicher Bedeutung ist;

(c) für immaterielle Vermögenswerte, die durch eine Zuwendung der öffentlichen Hand erworben und zunächst mit dem beizulegenden Zeitwert angesetzt wurden (siehe Paragraph 44):

(i) den beizulegenden Zeitwert, der für diese Vermögenswerte zunächst angesetzt wurde,

(ii) ihren Buchwert und

(iii) ob sie in der Folgebewertung nach dem Anschaffungskostenmodell oder nach dem Neubewertungsmodell bewertet werden;

(d) das Vorhandensein Bestehen und die Buchwerte immaterieller Vermögenswerte, mit denen ein beschränktes Eigentumsrecht verbunden ist, und die Buchwerte immaterieller Vermögenswerte, die als Sicherheit für Schulden verpfändet sind

(e) den Betrag für vertragliche Verpflichtungen für den Erwerb immaterieller Vermögenswerte.

(d) the line item(s) of the statement of comprehensive income in which any amortisation of intangible assets is included;
(e) a reconciliation of the carrying amount at the beginning and end of the period showing:
(i) additions, indicating separately those from internal development, those acquired separately, and those acquired through business combinations;
(ii) assets classified as held for sale or included in a disposal group classified as held for sale in accordance with IFRS 5 and other disposals;
(iii) increases or decreases during the period resulting from revaluations under paragraphs 75, 85 and 86 and from impairment losses recognised or reversed in other comprehensive income in accordance with IAS 36 (if any);
(iv) impairment losses recognised in profit or loss during the period in accordance with IAS 36 (if any);
(v) impairment losses reversed in profit or loss during the period in accordance with IAS 36 (if any);
(vi) any amortisation recognised during the period;
(vii) net exchange differences arising on the translation of the financial statements into the presentation currency, and on the translation of a foreign operation into the presentation currency of the entity; and
(viii) other changes in the carrying amount during the period.

A class of intangible assets is a grouping of assets of a similar nature and use in an entity's operations. Examples of separate classes may include: 119
(a) brand names;
(b) mastheads and publishing titles;
(c) computer software;
(d) licences and franchises;
(e) copyrights, patents and other industrial property rights, service and operating rights;
(f) recipes, formulae, models, designs and prototypes; and
(g) intangible assets under development.
The classes mentioned above are disaggregated (aggregated) into smaller (larger) classes if this results in more relevant information for the users of the financial statements.

An entity discloses information on impaired intangible assets in accordance with IAS 36 in addition to the information required by paragraph 118 (e) (iii)—(v). 120

IAS 8 requires an entity to disclose the nature and amount of a change in an accounting estimate that has a material effect in the current period or is expected to have a material effect in subsequent periods. Such disclosure may arise from changes in: 121
(a) the assessment of an intangible asset's useful life;
(b) the amortisation method; or
(c) residual values.

An entity shall also disclose: 122
(a) for an intangible asset assessed as having an indefinite useful life, the carrying amount of that asset and the reasons supporting the assessment of an indefinite useful life. In giving these reasons, the entity shall describe the factor(s) that played a significant role in determining that the asset has an indefinite useful life;
(b) a description, the carrying amount and remaining amortisation period of any individual intangible asset that is material to the entity's financial statements;
(c) for intangible assets acquired by way of a government grant and initially recognised at fair value (see paragraph 44):
(i) the fair value initially recognised for these assets;
(ii) their carrying amount; and
(iii) whether they are measured after recognition under the cost model or the revaluation model;
(d) the existence and carrying amounts of intangible assets whose title is restricted and the carrying amounts of intangible assets pledged as security for liabilities;
(e) the amount of contractual commitments for the acquisition of intangible assets.

123 Wenn ein Unternehmen den Faktor/die Faktoren beschreibt, der/die bei der Feststellung, dass die Nutzungsdauer eines immateriellen Vermögenswerts unbegrenzt ist, eine wesentliche Rolle spielte/spielten, berücksichtigt das Unternehmen die in Paragraph 90 aufgeführten Faktoren.

Folgebewertung von immateriellen Vermögenswerten nach dem Neubewertungsmodell

124 **Werden immaterielle Vermögenswerte zu ihrem Neubewertungsbetrag bilanziert, hat das Unternehmen folgende Angaben zu machen:**

(a) **für jede Gruppe immaterieller Vermögenswerte:**

(i) **den Stichtag der Neubewertung,**

(ii) **den Buchwert der neu bewerteten immateriellen Vermögenswerte und**

(iii) **den Buchwert, der angesetzt worden wäre, wenn die neu bewertete Gruppe von immateriellen Vermögenswerten in der Folgebewertung nach dem Anschaffungskostenmodell in Paragraph 74 bewertet worden wäre, und**

(b) **den Betrag der sich auf immaterielle Vermögenswerte beziehenden Neubewertungsrücklage zu Beginn und zum Ende der Periode unter Angabe der Änderungen während der Periode und jeglicher Ausschüttungsbeschränkungen an die Anteilseigner.**

(c) [gestrichen]

125 Für Angabezwecke kann es erforderlich sein, die Gruppen neu bewerteter Vermögenswerte in größere Gruppen zusammenzufassen. Gruppen werden jedoch nicht zusammengefasst, wenn dies zu einer Kombination einer Gruppe von immateriellen Vermögenswerten führen würde, die sowohl nach dem Anschaffungskostenmodell als auch nach dem Neubewertungsmodell bewertete Beträge enthält.

Forschungs- und Entwicklungsausgaben

126 **Ein Unternehmen hat die Summe der Ausgaben für Forschung und Entwicklung anzugeben, die während der Periode als Aufwand erfasst wurden.**

127 Forschungs- und Entwicklungsausgaben umfassen sämtliche Ausgaben, die Forschungs- oder Entwicklungsaktivitäten einzeln zugeordnet werden können (siehe die Paragraphen 66 und 67 als Orientierungshilfe für die Arten von Ausgaben, die im Rahmen der Angabevorschrift in Paragraph 126 einzubeziehen sind).

Sonstige Informationen

128 Einem Unternehmen wird empfohlen, aber nicht vorgeschrieben, die folgenden Informationen anzugeben:

(a) eine Beschreibung jedes voll abgeschriebenen, aber noch genutzten immateriellen Vermögenswerts und

(b) eine kurze Beschreibung wesentlicher immaterieller Vermögenswerte, die in der Verfügungsmacht des Unternehmens stehen, jedoch nicht als Vermögenswerte angesetzt sind, da sie die Ansatzkriterien in diesem Standard nicht erfüllten oder weil sie vor Inkrafttreten der im Jahr 1998 veröffentlichten Fassung von IAS 38 *Immaterielle Vermögenswerte* erworben oder geschaffen wurden.

ÜBERGANGSVORSCHRIFTEN UND ZEITPUNKT DES INKRAFTTRETENS

129 [gestrichen]

130 Ein Unternehmen hat diesen Standard anzuwenden

(a) bei der Bilanzierung immaterieller Vermögenswerte, die bei einem Unternehmenszusammenschluss erworben wurden, bei dem das Datum des Vertragsabschlusses der 31. März 2004 oder ein späteres Datum ist, und

(b) prospektiv bei der Bilanzierung aller anderen immateriellen Vermögenswerte in Jahresabschlüssen eines am oder nach dem 31. März 2004 beginnenden Geschäftsjahrs. Das Unternehmen hat somit den zu dem Zeitpunkt angesetzten Buchwert der immateriellen Vermögenswerte nicht anzupassen. Zu diesem Zeitpunkt hat das Unternehmen jedoch diesen Standard zur Neueinschätzung der Nutzungsdauer solcher immateriellen Vermögenswerte anzuwenden. Falls infolge dieser Neueinschätzung das Unternehmen seine Einschätzung der Nutzungsdauer eines Vermögenswerts ändert, ist diese Änderung gemäß IAS 8 als eine Änderung einer Schätzung zu bilanzieren.

130A Die Änderungen in Paragraph 2 sind auf Geschäftsjahre anzuwenden, die am oder nach dem 1. Januar 2006 beginnen. Wendet ein Unternehmen IFRS 6 auf eine frühere Periode an, so hat es auf diese Periode auch diese Änderungen anzuwenden.

130B Infolge von IAS 1 *Darstellung des Abschlusses* (in der 2007 überarbeiteten Fassung) wurde die in den IAS/IFRS verwendete Terminologie geändert. Außerdem wurden die Paragraphen 85, 86 und 118 (e) (iii) geändert. Diese Änderungen sind auf Geschäftsjahre anzuwenden, die am oder nach dem 1. Januar 2009 beginnen. Wendet ein Unternehmen IAS 1 (überarbeitet 2007) auf eine frühere Periode an, sind auf diese Periode auch diese Änderungen anzuwenden.

When an entity describes the factor(s) that played a significant role in determining that the useful life of an intangible asset is indefinite, the entity considers the list of factors in paragraph 90. 123

Intangible assets measured after recognition using the revaluation model

If intangible assets are accounted for at revalued amounts, an entity shall disclose the following: 124

(a) by class of intangible assets:
   (i) the effective date of the revaluation;
   (ii) the carrying amount of revalued intangible assets; and
   (iii) the carrying amount that would have been recognised had the revalued class of intangible assets been measured after recognition using the cost model in paragraph 74; and

(b) the amount of the revaluation surplus that relates to intangible assets at the beginning and end of the period, indicating the changes during the period and any restrictions on the distribution of the balance to shareholders.

(c) **[deleted]**

It may be necessary to aggregate the classes of revalued assets into larger classes for disclosure purposes. However, classes are not aggregated if this would result in the combination of a class of intangible assets that includes amounts measured under both the cost and revaluation models. 125

Research and development expenditure

An entity shall disclose the aggregate amount of research and development expenditure recognised as an expense during the period. 126

Research and development expenditure comprises all expenditure that is directly attributable to research or development activities (see paragraphs 66 and 67 for guidance on the type of expenditure to be included for the purpose of the disclosure requirement in paragraph 126). 127

Other information

An entity is encouraged, but not required, to disclose the following information: 128

(a) a description of any fully amortised intangible asset that is still in use; and

(b) a brief description of significant intangible assets controlled by the entity but not recognised as assets because they did not meet the recognition criteria in this standard or because they were acquired or generated before the version of IAS 38 *Intangible assets* issued in 1998 was effective.

TRANSITIONAL PROVISIONS AND EFFECTIVE DATE

[deleted] 129

An entity shall apply this standard: 130

(a) to the accounting for intangible assets acquired in business combinations for which the agreement date is on or after 31 March 2004; and

(b) to the accounting for all other intangible assets prospectively from the beginning of the first annual period beginning on or after 31 March 2004. Thus, the entity shall not adjust the carrying amount of intangible assets recognised at that date. However, the entity shall, at that date, apply this standard to reassess the useful lives of such intangible assets. If, as a result of that reassessment, the entity changes its assessment of the useful life of an asset, that change shall be accounted for as a change in an accounting estimate in accordance with IAS 8.

An entity shall apply the amendments in paragraph 2 for annual periods beginning on or after 1 January 2006. If an entity applies IFRS 6 an earlier period, those amendments shall be applied for that earlier period. 130A

IAS 1 *Presentation of Financial Statements* (as revised in 2007) amended the terminology used throughout IFRSs. In addition it amended paragraphs 85, 86 and 118 (e) (iii). An entity shall apply those amendments for annual periods beginning on or after 1 January 2009. If an entity applies IAS 1 (revised 2007) for an earlier period, the amendments shall be applied for that earlier period. 130B

130C Durch IFRS 3 (in der 2008 überarbeiteten Fassung) wurden die Paragraphen 12, 33–35, 68, 69, 94 und 130 geändert, die Paragraphen 38 und 129 gestrichen sowie Paragraph 115A eingefügt. Durch die *Verbesserungen der IFRS*, veröffentlicht im April 2009, wurden die Paragraphen 36 und 37 geändert. Diese Änderungen sind prospektiv auf Geschäftsjahre anzuwenden, die am oder nach dem 1. Juli 2009 beginnen. Für immaterielle Vermögenswerte und den Geschäfts- oder Firmenwert bei früheren Unternehmenszusammenschlüssen angesetzte Beträge sind daher nicht anzupassen. Wendet ein Unternehmen IFRS 3 (überarbeitet 2008) auf eine frühere Periode an, so hat es dies anzugeben und auf diese Periode auch diese Änderungen anzuwenden.

130D Durch die *Verbesserungen der IFRS*, veröffentlicht im Mai 2008 wurden die Paragraphen 69, 70 und 98 geändert und Paragraph 69A eingefügt. Diese Änderungen sind auf Geschäftsjahre anzuwenden, die am oder nach dem 1. Januar 2009 beginnen. Eine frühere Anwendung ist zulässig. Wendet ein Unternehmen diese Änderungen auf eine frühere Periode an, hat es dies anzugeben.

130E [gestrichen]

130F Durch IFRS 10 und IFRS 11 *Gemeinschaftliche Vereinbarungen*, veröffentlicht im Mai 2011, wurde Paragraph 3 (e) geändert. Wendet ein Unternehmen IFRS 10 und IFRS 11 an, ist diese Änderung ebenfalls anzuwenden.

130G Durch IFRS 13, veröffentlicht im Mai 2011, wurden die Paragraphen 8, 33, 47, 50, 75, 78, 82, 84, 100 und 124 geändert und die Paragraphen 39–41 sowie 130E gestrichen. Wendet ein Unternehmen IFRS 13 an, sind diese Änderungen ebenfalls anzuwenden.

130H Durch die *Jährlichen Verbesserungen an den IFRS-Standards, Zyklus 2010–2012*, veröffentlicht im Dezember 2013, wurde Paragraph 80 geändert. Ein Unternehmen hat diese Änderung auf Geschäftsjahre anzuwenden, die am oder nach dem 1. Juli 2014 beginnen. Eine frühere Anwendung ist zulässig. Wendet ein Unternehmen diese Änderung auf eine frühere Periode an, hat es dies anzugeben.

130I Ein Unternehmen hat die durch die *Jährlichen Verbesserungen an den IFRS-Standards, Zyklus 2010–2012*, vorgenommene Änderung auf alle Neubewertungen anzuwenden, die in Geschäftsjahren erfasst werden, die zu oder nach dem Zeitpunkt der erstmaligen Anwendung dieser Änderung beginnen, sowie im unmittelbar vorangehenden Geschäftsjahr erfasst werden. Ein Unternehmen kann auch für jegliche früher dargestellte Geschäftsjahre angepasste Vergleichsangaben vorlegen, ist hierzu aber nicht verpflichtet. Stellt ein Unternehmen für frühere Perioden keine angepassten Vergleichsinformationen dar, hat es die nicht angepassten Informationen klar zu kennzeichnen; außerdem hat es darauf hinzuweisen, dass diese Informationen auf einer anderen Grundlage beruhen, und diese Grundlage zu erläutern.

130J Mit der im Mai 2014 veröffentlichten *Klarstellung akzeptabler Abschreibungsmethoden* (Änderungen an IAS 16 und IAS 38) wurden die Paragraphen 92 und 98 geändert und die Paragraphen 98A–98C eingefügt. Diese Änderungen sind prospektiv auf Geschäftsjahre anzuwenden, die am oder nach dem 1. Januar 2016 beginnen. Eine frühere Anwendung ist zulässig. Wendet ein Unternehmen diese Änderungen auf eine frühere Periode an, hat es dies anzugeben.

130K Mit dem im Mai 2014 veröffentlichten IFRS 15 *Erlöse aus Verträgen mit Kunden* wurden die Paragraphen 3, 114 und 116 geändert. Wendet ein Unternehmen IFRS 15 an, sind diese Änderungen ebenfalls anzuwenden.

130L Durch IFRS 16, veröffentlicht im Januar 2016, wurden die Paragraphen 3, 6, 113 und 114 geändert. Wendet ein Unternehmen IFRS 16 an, sind diese Änderungen ebenfalls anzuwenden.

130M Durch IFRS 17, veröffentlicht im Mai 2017, wurde Paragraph 3 geändert. Mit der im Juni 2020 veröffentlichten Verlautbarung *Änderungen an IFRS 17*, wurde Paragraph 3 geändert. Wendet ein Unternehmen IFRS 17 an, sind diese Änderungen ebenfalls anzuwenden.

Tausch von ähnlichen Vermögenswerten

131 Die Vorschrift in den Paragraphen 129 und 130 (b), diesen Standard prospektiv anzuwenden, bedeutet, dass bei der Bewertung eines Tauschs von Vermögenswerten vor Inkrafttreten dieses Standards auf der Grundlage des Buchwerts des hingegebenen Vermögenswerts das Unternehmen den Buchwert des erworbenen Vermögenswerts nicht anpasst, um den beizulegenden Zeitwert zum Erwerbszeitpunkt widerzuspiegeln.

Frühzeitige Anwendung

132 Unternehmen, auf die der Paragraph 130 anwendbar ist, wird empfohlen, diesen Standard vor dem in Paragraph 130 spezifizierten Zeitpunkt des Inkrafttretens anzuwenden. Wendet ein Unternehmen diesen Standard vor dem Zeitpunkt des Inkrafttretens an, hat es gleichzeitig IFRS 3 und IAS 36 (in der 2004 überarbeiteten Fassung) anzuwenden.

RÜCKNAHME VON IAS 38 (VERÖFFENTLICHT 1998)

133 Der vorliegende Standard ersetzt IAS 38 *Immaterielle Vermögenswerte* (veröffentlicht 1998).

IFRS 3 (as revised in 2008) amended paragraphs 12, 33—35, 68, 69, 94 and 130, deleted paragraphs 38 and 129 and added paragraph 115A. *Improvements to IFRSs* issued in April 2009 amended paragraphs 36 and 37. An entity shall apply those amendments prospectively for annual periods beginning on or after 1 July 2009. Therefore, amounts recognised for intangible assets and goodwill in prior business combinations shall not be adjusted. If an entity applies IFRS 3 (revised 2008) for an earlier period, it shall apply the amendments for that earlier period and disclose that fact. **130C**

Paragraphs 69, 70 and 98 were amended and paragraph 69A was added by *Improvements to IFRSs* issued in May 2008. An entity shall apply those amendments for annual periods beginning on or after 1 January 2009. Earlier application is permitted. If an entity applies the amendments for an earlier period it shall disclose that fact. **130D**

[deleted] **130E**

IFRS 10 and IFRS 11 *Joint Arrangements*, issued in May 2011, amended paragraph 3 (e). An entity shall apply that amendment when it applies IFRS 10 and IFRS 11. **130F**

IFRS 13, issued in May 2011, amended paragraphs 8, 33, 47, 50, 75, 78, 82, 84, 100 and 124 and deleted paragraphs 39—41 and 130E. An entity shall apply those amendments when it applies IFRS 13. **130G**

Annual Improvements to IFRSs 2010—2012 Cycle, issued in December 2013, amended paragraph 80. An entity shall apply that amendment for annual periods beginning on or after 1 July 2014. Earlier application is permitted. If an entity applies that amendment for an earlier period it shall disclose that fact. **130H**

An entity shall apply the amendment made by *Annual Improvements to IFRSs 2010—2012 Cycle* to all revaluations recognised in annual periods beginning on or after the date of initial application of that amendment and in the immediately preceding annual period. An entity may also present adjusted comparative information for any earlier periods presented, but it is not required to do so. If an entity presents unadjusted comparative information for any earlier periods, it shall clearly identify the information that has not been adjusted, state that it has been presented on a different basis and explain that basis. **130I**

Clarification of Acceptable Methods of Depreciation and Amortisation (Amendments to IAS 16 and IAS 38), issued in May 2014, amended paragraphs 92 and 98 and added paragraphs 98A—98C. An entity shall apply those amendments prospectively for annual periods beginning on or after 1 January 2016. Earlier application is permitted. If an entity applies those amendments for an earlier period it shall disclose that fact. **130J**

IFRS 15 *Revenue from Contracts with Customers*, issued in May 2014, amended paragraphs 3, 114 and 116. An entity shall apply those amendments when it applies IFRS 15. **130K**

IFRS 16, issued in January 2016, amended paragraphs 3, 6, 113 and 114. An entity shall apply those amendments when it applies IFRS 16. **130L**

IFRS 17, issued in May 2017, amended paragraph 3. *Amendments to IFRS 17*, issued in June 2020, further amended paragraph 3. An entity shall apply those amendments when it applies IFRS 17. **130M**

Exchanges of similar assets

The requirement in paragraphs 129 and 130 (b) to apply this standard prospectively means that if an exchange of assets was measured before the effective date of this standard on the basis of the carrying amount of the asset given up, the entity does not restate the carrying amount of the asset acquired to reflect its fair value at the acquisition date. **131**

Early application

Entities to which paragraph 130 applies are encouraged to apply the requirements of this standard before the effective dates specified in paragraph 130. However, if an entity applies this standard before those effective dates, it also shall apply IFRS 3 and IAS 36 (as revised in 2004) at the same time. **132**

WITHDRAWAL OF IAS 38 (ISSUED 1998)

This standard supersedes IAS 38 *Intangible assets* (issued in 1998). **133**

INTERNATIONAL ACCOUNTING STANDARD 39
Finanzinstrumente: Ansatz und Bewertung

INHALT

ANWENDUNGSBEREICH

2 **Dieser Standard ist von allen Unternehmen auf sämtliche Finanzinstrumente anzuwenden, die in den Anwendungsbereich von IFRS 9 *Finanzinstrumente* fallen, sofern und soweit**

(a) **IFRS 9 die Anwendung der in diesem Standard enthaltenen Vorschriften zur Bilanzierung von Sicherungsbeziehungen zulässt und**

(b) **das Finanzinstrument Teil einer Sicherungsbeziehung ist, die für die Bilanzierung von Sicherungsbeziehungen gemäß dem vorliegenden Standard infrage kommt.**

2A–7 [gestrichen]

DEFINITIONEN

8 Die in IFRS 13, IFRS 9 und IAS 32 definierten Begriffe werden im vorliegenden Standard mit der in Anhang A von IFRS 13, Anhang A von IFRS 9 und Paragraph 11 von IAS 32 angegebenen Bedeutung verwendet. IFRS 13, IFRS 9 und IAS 32 definieren die folgenden Begriffe:

- Fortgeführte Anschaffungskosten eines finanziellen Vermögenswerts oder einer finanziellen Verbindlichkeit,
- Ausbuchung,
- Derivat,
- Effektivzinsmethode,
- Effektivzinssatz,
- Eigenkapitalinstrument,

INTERNATIONAL ACCOUNTING STANDARD 39

Financial instruments: recognition and measurement

SUMMARY

SCOPE

This Standard shall be applied by all entities to all financial instruments within the scope of IFRS 9 *Financial Instruments* if, and to the extent that: 2

(a) IFRS 9 permits the hedge accounting requirements of this Standard to be applied; and

(b) the financial instrument is part of a hedging relationship that qualifies for hedge accounting in accordance with this Standard.

[deleted] 2A–7

DEFINITIONS

The terms defined in IFRS 13, IFRS 9 and IAS 32 are used in this Standard with the meanings specified in Appendix A of IFRS 13, Appendix A of IFRS 9 and paragraph 11 of IAS 32. IFRS 13, IFRS 9 and IAS 32 define the following terms: 8

— amortised cost of a financial asset or financial liability
— derecognition
— derivative
— effective interest method
— effective interest rate
— equity instrument

- Beizulegender Zeitwert,
- Finanzieller Vermögenswert,
- Finanzinstrument,
- Finanzielle Verbindlichkeit

und geben Leitlinien zur Anwendung dieser Definitionen.

9 **Die folgenden Begriffe werden in diesem Standard mit der angegebenen Bedeutung verwendet:**
Definitionen zur Bilanzierung von Sicherungsbeziehungen

Eine *feste Verpflichtung* ist eine rechtlich bindende Vereinbarung zum Austausch einer bestimmten Menge an Ressourcen zu einem festgesetzten Preis und einem festgesetzten Zeitpunkt oder Zeitpunkten.

Eine *erwartete Transaktion* ist eine noch nicht fest zugesagte, aber voraussichtlich eintretende künftige Transaktion.

Ein *Sicherungsinstrument* ist ein designierter derivativer oder (im Falle einer Absicherung von Währungsrisiken) nicht derivativer finanzieller Vermögenswert bzw. eine nicht derivative finanzielle Verbindlichkeit, von deren beizulegendem Zeitwert oder Zahlungsströmen erwartet wird, dass sie Veränderungen des beizulegenden Zeitwerts oder der Zahlungsströme eines designierten Grundgeschäfts kompensieren (in den Paragraphen 72–77 und Anhang A Paragraphen AL94–AL97 wird die Definition des Begriffs „Sicherungsinstrument" weiter ausgeführt).

Ein *Grundgeschäft* ist ein Vermögenswert, eine Schuld, eine feste Verpflichtung, eine mit hoher Wahrscheinlichkeit eintretende erwartete Transaktion oder eine Nettoinvestition in einen ausländischen Geschäftsbetrieb, der/die (a) das Unternehmen dem Risiko einer Veränderung des beizulegenden Zeitwerts oder der künftigen Zahlungsströme aussetzt und (b) als abgesichert designiert wird (in den Paragraphen 78–84 und Anhang A Paragraphen AL98–AL101 wird die Definition des Begriffs „Grundgeschäft" weiter ausgeführt).

Unter *Wirksamkeit der Absicherung* versteht man das Ausmaß, in dem Veränderungen beim beizulegenden Zeitwert oder den Zahlungsströmen des Grundgeschäfts, die einem abgesicherten Risiko zugerechnet werden können, durch Veränderungen beim beizulegenden Zeitwert oder den Zahlungsströmen des Sicherungsinstruments ausgeglichen werden (siehe Anhang A Paragraphen AL105–AL113A).

10–70 [gestrichen]

SICHERUNGSBEZIEHUNGEN

71 **Wenn ein Unternehmen IFRS 9 anwendet und seine Rechnungslegungsmethoden nicht so gewählt hat, dass weiterhin die Vorschriften zur Bilanzierung von Sicherungsbeziehungen des vorliegenden Standards angewandt werden (siehe Paragraph 7.2.21 von IFRS 9), hat es die Vorschriften zur Bilanzierung von Sicherungsbeziehungen in Kapitel 6 von IFRS 9 anzuwenden. Bei der Absicherung des beizulegenden Zeitwerts eines prozentualen Anteils eines Portfolios von finanziellen Vermögenswerten oder Verbindlichkeiten gegen das Zinsänderungsrisiko kann ein Unternehmen allerdings gemäß Paragraph 6.1.3 von IFRS 9 anstatt der Vorschriften in IFRS 9 die Vorschriften zur Bilanzierung von Sicherungsbeziehungen gemäß dem vorliegenden Standard anwenden. In diesem Fall muss das Unternehmen auch die besonderen Vorschriften zur Bilanzierung der Absicherung des beizulegenden Zeitwerts bei der Absicherung eines Portfolios gegen das Zinsänderungsrisiko anwenden (siehe Paragraphen 81A, 89A und A114–A132).**

Sicherungsinstrumente

Qualifizierende Instrumente

72 Sofern die in Paragraph 88 genannten Bedingungen erfüllt sind, werden in diesem Standard die Umstände, unter denen ein Derivat als Sicherungsinstrument designiert werden kann, nicht beschränkt; davon ausgenommen sind nur bestimmte geschriebene Optionen (siehe Anhang A Paragraph A94). Nichtderivative finanzielle Vermögenswerte oder Verbindlichkeiten können jedoch nur als Sicherungsinstrumente designiert werden, wenn sie der Absicherung eines Währungsrisikos dienen sollen.

73 Für die Bilanzierung von Sicherungsbeziehungen können als Sicherungsinstrumente nur Finanzinstrumente designiert werden, an denen eine nicht zum berichtenden Unternehmen gehörende externe Partei (d. h. außerhalb des Konzerns oder des einzelnen Unternehmens, über den/das berichtet wird) beteiligt ist. Zwar können einzelne Unternehmen innerhalb eines Konzerns oder einzelne Abteilungen innerhalb eines Unternehmens mit anderen Unternehmen desselben Konzerns oder anderen Abteilungen desselben Unternehmens Sicherungsbeziehungen eingehen, doch werden solche konzerninternen Transaktionen bei der Konsolidierung eliminiert und kommen somit für eine Bilanzierung von Sicherungsbeziehungen im Konzernabschluss nicht infrage. Sie können jedoch die Bedingungen für eine Bilanzierung von Sicherungsbeziehungen in den Einzelabschlüssen einzelner Unternehmen des Konzerns erfüllen, sofern sie nicht zu dem Einzelunternehmen gehören, über das berichtet wird.

— fair value
— financial asset
— financial instrument
— financial liability
and provide guidance on applying those definitions.

The following terms are used in this standard with the meanings specified: 9
Definitions relating to hedge accounting

A *firm commitment* is a binding agreement for the exchange of a specified quantity of resources at a specified price on a specified future date or dates.

A *forecast transaction* is an uncommitted but anticipated future transaction.

A *hedging instrument* is a designated derivative or (for a hedge of the risk of changes in foreign currency exchange rates only) a designated non-derivative financial asset or non-derivative financial liability whose fair value or cash flows are expected to offset changes in the fair value or cash flows of a designated hedged item (paragraphs 72—77 and Appendix A paragraphs AG94—AG97 elaborate on the definition of a hedging instrument).

A *hedged item* is an asset, liability, firm commitment, highly probable forecast transaction or net investment in a foreign operation that (a) exposes the entity to risk of changes in fair value or future cash flows and (b) is designated as being hedged (paragraphs 78—84 and Appendix A paragraphs AG98—AG101 elaborate on the definition of hedged items).

***Hedge effectiveness* is the degree to which changes in the fair value or cash flows of the hedged item that are attributable to a hedged risk are offset by changes in the fair value or cash flows of the hedging instrument (see Appendix A paragraphs AG105—AG113).**

[deleted] 10—70

HEDGING

If an entity applies IFRS 9 and has not chosen as its accounting policy to continue to apply the hedge accounting requirements of this Standard (see paragraph 7.2.19 of IFRS 9), it shall apply the hedge accounting requirements in Chapter 6 of IFRS 9. However, for a fair value hedge of the interest rate exposure of a portion of a portfolio of financial assets or financial liabilities, an entity may, in accordance with paragraph 6.1.3 of IFRS 9, apply the hedge accounting requirements in this Standard instead of those in IFRS 9. In that case the entity must also apply the specific requirements for fair value hedge accounting for a portfolio hedge of interest rate risk (see paragraphs 81A, 89A and AG114—AG132). 71

Hedging instruments

Qualifying instruments

This standard does not restrict the circumstances in which a derivative may be designated as a hedging instrument provided the conditions in paragraph 88 are met, except for some written options (see Appendix A paragraph AG94). However, a non-derivative financial asset or non-derivative financial liability may be designated as a hedging instrument only for a hedge of a foreign currency risk. 72

For hedge accounting purposes, only instruments that involve a party external to the reporting entity (i.e. external to the group or individual entity that is being reported on) can be designated as hedging instruments. Although individual entities within a consolidated group or divisions within an entity may enter into hedging transactions with other entities within the group or divisions within the entity, any such intragroup transactions are eliminated on consolidation. Therefore, such hedging transactions do not qualify for hedge accounting in the consolidated financial statements of the group. However, they may qualify for hedge accounting in the individual or separate financial statements of individual entities within the group provided that they are external to the individual entity that is being reported on. 73

Designation von Sicherungsinstrumenten

74 In der Regel existiert für ein Sicherungsinstrument in seiner Gesamtheit nur ein einziger beizulegender Zeitwert, und die Faktoren, die bei diesem zu Veränderungen führen, bedingen sich gegenseitig. Daher wird eine Sicherungsbeziehung von einem Unternehmen stets für ein Sicherungsinstrument in seiner Gesamtheit designiert. Die einzigen zulässigen Ausnahmen sind

(a) die Trennung eines Optionskontrakts in inneren Wert und Zeitwert, wobei nur die Veränderung des inneren Werts einer Option als Sicherungsinstrument designiert und die Veränderung des Zeitwerts ausgeklammert wird, sowie
(b) die Trennung von Zinskomponente und Kassakurs eines Terminkontrakts.

Diese Ausnahmen werden zugelassen, da der innere Wert der Option und die Prämie eines Terminkontrakts in der Regel getrennt bewertet werden können. Eine dynamische Sicherungsstrategie, bei der sowohl der innere Wert als auch der Zeitwert eines Optionskontrakts bewertet werden, kann die Bedingungen für die Bilanzierung von Sicherungsbeziehungen erfüllen.

75 In einer Sicherungsbeziehung kann ein Teil des gesamten Sicherungsinstruments, beispielsweise 50 Prozent des Nominalvolumens, als Sicherungsinstrument designiert werden. Jedoch kann eine Sicherungsbeziehung nicht nur für einen Teil der Zeit, über die das Sicherungsinstrument noch läuft, designiert werden.

76 Ein einzelnes Sicherungsinstrument kann zur Absicherung verschiedener Risiken eingesetzt werden, wenn (a) die abzusichernden Risiken eindeutig ermittelt werden können, (b) die Wirksamkeit der Absicherung nachgewiesen werden kann und (c) es möglich ist, eine exakte Zuordnung des Sicherungsinstruments zu den verschiedenen Risikopositionen zu gewährleisten.

77 Zwei oder mehr Derivate oder Anteile davon (oder im Falle der Absicherung eines Währungsrisikos zwei oder mehr nichtderivative Instrumente oder Anteile davon bzw. eine Kombination aus derivativen und nicht derivativen Instrumenten oder Anteilen davon) können auch dann in Verbindung berücksichtigt und zusammen als Sicherungsinstrument designiert werden, wenn das aus einigen Derivaten resultierende Risiko/die aus einigen Derivaten resultierenden Risiken das aus anderen resultierende Risiko/die aus anderen resultierenden Risiken ausgleicht/ausgleichen. Ein Collar oder ein anderes derivatives Finanzinstrument, bei dem eine geschriebene Option mit einer erworbenen Option kombiniert wird, erfüllt jedoch nicht die Anforderungen an ein Sicherungsinstrument, wenn es sich netto um eine geschriebene Option handelt (für die eine Nettoprämie vereinnahmt wird). Ebenso können zwei oder mehr Finanzinstrumente (oder Anteile davon) als Sicherungsinstrumente designiert werden, jedoch nur, wenn keines von ihnen eine geschriebene Option bzw. netto eine geschriebene Option ist.

Grundgeschäfte

Qualifizierende Grundgeschäfte

78 Ein Grundgeschäft kann ein bilanzierter Vermögenswert oder eine bilanzierte Schuld, eine bilanzunwirksame feste Verpflichtung, eine mit hoher Wahrscheinlichkeit eintretende erwartete Transaktion oder eine Nettoinvestition in einen ausländischen Geschäftsbetrieb sein. Dabei kann es sich (a) um einen einzelnen Vermögenswert, eine einzelne Schuld, eine einzelne feste Verpflichtung, eine mit hoher Wahrscheinlichkeit eintretende erwartete Einzeltransaktion oder eine einzelne Nettoinvestition in einen ausländischen Geschäftsbetrieb oder (b) um eine Gruppe von Vermögenswerten, Schulden, festen Verpflichtungen, erwarteten und mit hoher Wahrscheinlichkeit eintretenden künftigen Transaktionen oder Nettoinvestitionen in ausländische Geschäftsbetriebe mit vergleichbarem Risikoprofil oder (c) bei der Absicherung eines Portfolios gegen Zinsänderungsrisiken um einen Teil eines Portfolios an finanziellen Vermögenswerten oder Verbindlichkeiten, die demselben Risiko unterliegen, handeln.

79 [gestrichen]

80 Für die Bilanzierung von Sicherungsbeziehungen können als Grundgeschäfte nur Vermögenswerte, Schulden, feste Verpflichtungen oder mit hoher Wahrscheinlichkeit eintretende erwartete Transaktionen designiert werden, an denen eine nicht zum Unternehmen gehörende externe Partei beteiligt ist. Daraus folgt, dass Transaktionen zwischen Unternehmen desselben Konzerns nur in den Einzelabschlüssen dieser Unternehmen, nicht aber im Konzernabschluss als Sicherungsbeziehungen bilanziert werden können; davon ausgenommen ist der Konzernabschluss einer Investmentgesellschaft im Sinne von IFRS 10, in dem Transaktionen zwischen einer Investmentgesellschaft und ihren erfolgswirksam zum beizulegenden Zeitwert bewerteten Tochterunternehmen im Konzernabschluss nicht eliminiert werden. Eine Ausnahme stellt das Währungsrisiko aus einem konzerninternen monetären Posten (z. B. einer Verbindlichkeit/Forderung zwischen zwei Tochtergesellschaften) dar, das die Voraussetzung für ein Grundgeschäft im Konzernabschluss erfüllt, wenn es zu Gewinnen oder Verlusten aus einer Wechselkursrisikoposition führt, die gemäß IAS 21 *Auswirkungen von Wechselkursänderungen* bei der Konsolidierung nicht vollständig eliminiert werden. Gemäß IAS 21 werden Wechselkursgewinne und -verluste von konzerninternen monetären Posten bei der Konsolidierung nicht vollständig eliminiert, wenn der konzerninterne monetäre Posten zwischen zwei Unternehmen des Konzerns mit unterschiedlichen funktionalen Währungen abgewickelt wird. Des Weiteren können Währungsrisiken einer mit hoher Wahrscheinlichkeit eintretenden künftigen konzerninternen Transaktion die Kriterien eines Grundgeschäfts für den Konzernabschluss erfüllen, sofern die Transaktion in einer anderen Währung als

Designation of hedging instruments

There is normally a single fair value measure for a hedging instrument in its entirety, and the factors that cause changes in fair value are co-dependent. Thus, a hedging relationship is designated by an entity for a hedging instrument in its entirety. The only exceptions permitted are: 74

(a) separating the intrinsic value and time value of an option contract and designating as the hedging instrument only the change in intrinsic value of an option and excluding change in its time value; and

(b) separating the interest element and the spot price of a forward contract.

These exceptions are permitted because the intrinsic value of the option and the premium on the forward can generally be measured separately. A dynamic hedging strategy that assesses both the intrinsic value and time value of an option contract can qualify for hedge accounting.

A proportion of the entire hedging instrument, such as 50 per cent of the notional amount, may be designated as the hedging instrument in a hedging relationship. However, a hedging relationship may not be designated for only a portion of the time period during which a hedging instrument remains outstanding. 75

A single hedging instrument may be designated as a hedge of more than one type of risk provided that (a) the risks hedged can be identified clearly; (b) the effectiveness of the hedge can be demonstrated; and (c) it is possible to ensure that there is specific designation of the hedging instrument and different risk positions. 76

Two or more derivatives, or proportions of them (or, in the case of a hedge of currency risk, two or more non-derivatives or proportions of them, or a combination of derivatives and non-derivatives or proportions of them), may be viewed in combination and jointly designated as the hedging instrument, including when the risk(s) arising from some derivatives offset(s) those arising from others. However, an interest rate collar or other derivative instrument that combines a written option and a purchased option does not qualify as a hedging instrument if it is, in effect, a net written option (for which a net premium is received). Similarly, two or more instruments (or proportions of them) may be designated as the hedging instrument only if none of them is a written option or a net written option. 77

Hedged items

Qualifying items

A hedged item can be a recognised asset or liability, an unrecognised firm commitment, a highly probable forecast transaction or a net investment in a foreign operation. The hedged item can be (a) a single asset, liability, firm commitment, highly probable forecast transaction or net investment in a foreign operation, (b) a group of assets, liabilities, firm commitments, highly probable forecast transactions or net investments in foreign operations with similar risk characteristics or (c) in a portfolio hedge of interest rate risk only, a portion of the portfolio of financial assets or financial liabilities that share the risk being hedged. 78

[deleted] 79

For hedge accounting purposes, only assets, liabilities, firm commitments or highly probable forecast transactions that involve a party external to the entity can be designated as hedged items. It follows that hedge accounting can be applied to transactions between entities in the same group only in the individual or separate financial statements of those entities and not in the consolidated financial statements of the group, except for the consolidated financial statements of an investment entity, as defined in IFRS 10, where transactions between an investment entity and its subsidiaries measured at fair value through profit or loss will not be eliminated in the consolidated financial statements. As an exception, the foreign currency risk of an intragroup monetary item (e.g. a payable/receivable between two subsidiaries) may qualify as a hedged item in the consolidated financial statements if it results in an exposure to foreign exchange rate gains or losses that are not fully eliminated on consolidation in accordance with IAS 21 *The effects of changes in foreign exchange rates*. In accordance with IAS 21, foreign exchange rate gains and losses on intragroup monetary items are not fully eliminated on consolidation when the intragroup monetary item is transacted between two group entities that have different functional currencies. In addition, the foreign currency risk of a highly probable forecast intragroup transaction may qualify as a hedged item in consolidated financial statements provided that the transaction is denominated in a currency other than 80

der funktionalen Währung des Unternehmens, das diese Transaktion abschließt, abgewickelt wird und sich das Währungsrisiko im Konzerngewinn oder -verlust niederschlägt.

Designation finanzieller Posten als Grundgeschäfte

81 Ist das Grundgeschäft ein finanzieller Vermögenswert oder eine finanzielle Verbindlichkeit, so kann sich die Absicherung – sofern deren Wirksamkeit ermittelt werden kann – auf Risiken beschränken, denen lediglich ein Teil seiner Zahlungsströme oder seines beizulegenden Zeitwerts ausgesetzt ist (wie ein oder mehrere ausgewählte vertragliche Zahlungsströme oder Teile derer oder ein Anteil am beizulegenden Zeitwert). So kann beispielsweise ein identifizierbarer und gesondert bewertbarer Teil des Zinsrisikos eines zinstragenden Vermögenswerts oder einer zinstragenden Verbindlichkeit als ein abgesichertes Risiko designiert werden (wie z. B. ein risikoloser Zinssatz oder ein Referenzzinsteil des gesamten Zinsrisikos eines abgesicherten Finanzinstruments).

81A Bei der Absicherung des beizulegenden Zeitwerts gegen das Zinsänderungsrisiko eines Portfolios finanzieller Vermögenswerte oder Verbindlichkeiten (und nur im Falle einer solchen Absicherung) kann der abgesicherte Teil anstatt als einzelner Vermögenswert (oder einzelne Verbindlichkeit) in Form eines Währungsbetrags (z. B. eines Dollar-, Euro-, Pfund- oder Rand-Betrags) designiert werden. Auch wenn das Portfolio für Zwecke des Risikomanagements Vermögenswerte und Verbindlichkeiten beinhalten kann, ist der designierte Betrag ein Betrag von Vermögenswerten oder ein Betrag von Verbindlichkeiten. Die Festlegung eines Nettobetrags aus Vermögenswerten und Verbindlichkeiten ist nicht zulässig. Das Unternehmen kann einen Teil des mit diesem designierten Betrag verbundenen Zinsänderungsrisikos absichern. So kann es beispielsweise bei der Absicherung eines Portfolios aus vorzeitig rückzahlbaren Vermögenswerten etwaige Veränderungen des beizulegenden Zeitwerts, die auf Änderungen beim abgesicherten Zinssatz zurückzuführen sind, auf Grundlage der erwarteten statt der vertraglichen Zinsanpassungstermine absichern. [...].

Designation nichtfinanzieller Posten als Grundgeschäfte

82 **Handelt es sich bei dem Grundgeschäft nicht um einen finanziellen Vermögenswert oder eine finanzielle Verbindlichkeit, so ist es entweder als ein gegen Währungsrisiken oder als ein insgesamt gegen alle Risiken abgesichertes Geschäft zu designieren, denn zu ermitteln, in welchem Verhältnis die Veränderungen bei Zahlungsströmen und beizulegendem Zeitwert den einzelnen Risiken zuzuordnen sind, wäre mit Ausnahme des Währungsrisikos äußerst schwierig.**

Designation von Gruppen von Posten als Grundgeschäfte

83 Ähnliche Vermögenswerte oder Verbindlichkeiten sind nur dann zusammenzufassen und als Gruppe gegen Risiken abzusichern, wenn die einzelnen Vermögenswerte oder Verbindlichkeiten in der Gruppe demselben, als abgesichert designierten Risikofaktor unterliegen. Des Weiteren muss zu erwarten sein, dass die dem abgesicherten Risiko der einzelnen Posten der Gruppe zuzuordnende Veränderung des beizulegenden Zeitwerts zu der dem abgesicherten Risiko der gesamten Gruppe zuzuordnenden Veränderung des beizulegenden Zeitwerts in etwa in einem proportionalen Verhältnis steht.

84 Da ein Unternehmen die Wirksamkeit einer Absicherung beurteilt, indem es die Veränderung des beizulegenden Zeitwerts oder der Zahlungsströme eines Sicherungsinstruments (oder einer Gruppe ähnlicher Sicherungsinstrumente) mit den entsprechenden Änderungen beim Grundgeschäft (oder einer Gruppe ähnlicher Grundgeschäfte) vergleicht, kommt ein Vergleich, bei dem ein Sicherungsinstrument nicht einem bestimmten Grundgeschäft, sondern einer gesamten Nettoposition (z. B. dem Saldo aller festverzinslichen Vermögenswerte und festverzinslichen Verbindlichkeiten mit ähnlichen Laufzeiten) gegenübergestellt wird, nicht für eine Bilanzierung von Sicherungsbeziehungen infrage.

Bilanzierung von Sicherungsbeziehungen

85 Bei der Bilanzierung von Sicherungsbeziehungen wird berücksichtigt, dass Veränderungen des beizulegenden Zeitwerts des Sicherungsinstruments und des Grundgeschäfts gegenläufige Auswirkungen auf den Gewinn und Verlust haben.

86 **Es gibt drei Arten von Sicherungsbeziehungen:**

(a) ***Absicherung des beizulegenden Zeitwerts:* Eine Absicherung des Risikos, dass sich der beizulegende Zeitwert eines bilanzierten Vermögenswerts oder einer bilanzierten Schuld oder einer bilanzunwirksamen festen Verpflichtung oder eines genau bezeichneten Teils eines solchen Vermögenswerts, einer solchen Schuld oder festen Verpflichtung verändert, sofern diese mögliche Veränderung auf ein bestimmtes Risiko zurückzuführen ist und sich auf den Gewinn oder Verlust auswirken könnte.**

(b) ***Absicherung von Zahlungsströmen:* Eine Absicherung gegen das Risiko schwankender Zahlungsströme, das (i) auf ein bestimmtes mit dem bilanzierten Vermögenswert oder der bilanzierten Schuld (wie beispielsweise ein Teil oder alle künftigen Zinszahlungen einer variabel verzinslichen Verbindlichkeit) oder dem mit einer mit hoher Wahrscheinlichkeit eintretenden erwarteten Transaktion verbundenen Risiko zurückzuführen ist und (ii) sich auf den Gewinn oder Verlust auswirken könnte.**

(c) ***Absicherung einer Nettoinvestition in einen ausländischen Geschäftsbetrieb* im Sinne von IAS 21.**

the functional currency of the entity entering into that transaction and the foreign currency risk will affect consolidated profit or loss.

Designation of financial items as hedged items

If the hedged item is a financial asset or financial liability, it may be a hedged item with respect to the risks associated with only a portion of its cash flows or fair value (such as one or more selected contractual cash flows or portions of them or a percentage of the fair value) provided that effectiveness can be measured. For example, an identifiable and separately measurable portion of the interest rate exposure of an interest-bearing asset or interest-bearing liability may be designated as the hedged risk (such as a risk-free interest rate or benchmark interest rate component of the total interest rate exposure of a hedged financial instrument). 81

In a fair value hedge of the interest rate exposure of a portfolio of financial assets or financial liabilities (and only in such a hedge), the portion hedged may be designated in terms of an amount of a currency (e.g. an amount of dollars, euro, pounds or rand) rather than as individual assets (or liabilities). Although the portfolio may, for risk management purposes, include assets and liabilities, the amount designated is an amount of assets or an amount of liabilities. Designation of a net amount including assets and liabilities is not permitted. The entity may hedge a portion of the interest rate risk associated with this designated amount. For example, in the case of a hedge of a portfolio containing prepayable assets, the entity may hedge the change in fair value that is attributable to a change in the hedged interest rate on the basis of expected, rather than contractual, repricing dates. [...]. 81A

Designation of non-financial items as hedged items

If the hedged item is a non-financial asset or non-financial liability, it shall be designated as a hedged item (a) for foreign currency risks, or (b) in its entirety for all risks, because of the difficulty of isolating and measuring the appropriate portion of the cash flows or fair value changes attributable to specific risks other than foreign currency risks. 82

Designation of groups of items as hedged items

Similar assets or similar liabilities shall be aggregated and hedged as a group only if the individual assets or individual liabilities in the group share the risk exposure that is designated as being hedged. Furthermore, the change in fair value attributable to the hedged risk for each individual item in the group shall be expected to be approximately proportional to the overall change in fair value attributable to the hedged risk of the group of items. 83

Because an entity assesses hedge effectiveness by comparing the change in the fair value or cash flow of a hedging instrument (or group of similar hedging instruments) and a hedged item (or group of similar hedged items), comparing a hedging instrument with an overall net position (e.g. the net of all fixed rate assets and fixed rate liabilities with similar maturities), rather than with a specific hedged item, does not qualify for hedge accounting. 84

Hedge accounting

Hedge accounting recognises the offsetting effects on profit or loss of changes in the fair values of the hedging instrument and the hedged item. 85

Hedging relationships are of three types: 86

(a) ***fair value hedge:*** **a hedge of the exposure to changes in fair value of a recognised asset or liability or an unrecognised firm commitment, or an identified portion of such an asset, liability or firm commitment, that is attributable to a particular risk and could affect profit or loss;**

(b) ***cash flow hedge:*** **a hedge of the exposure to variability in cash flows that (i) is attributable to a particular risk associated with a recognised asset or liability (such as all or some future interest payments on variable rate debt) or a highly probable forecast transaction and (ii) could affect profit or loss;**

(c) ***hedge of a net investment in a foreign operation*** **as defined in IAS 21.**

87 Eine Absicherung des Währungsrisikos einer festen Verpflichtung kann als eine Absicherung des beizulegenden Zeitwerts oder als eine Absicherung von Zahlungsströmen bilanziert werden.

88 **Eine Sicherungsbeziehung erfüllt nur dann die Voraussetzungen für die Bilanzierung von Sicherungsbeziehungen gemäß den Paragraphen 89–102, wenn alle folgenden Bedingungen erfüllt sind:**

(a) **Zu Beginn der Absicherung sind sowohl die Sicherungsbeziehung als auch die Risikomanagementzielsetzungen und -strategien, die das Unternehmen im Hinblick auf die Absicherung verfolgt, formal zu designieren und zu dokumentieren. Diese Dokumentation hat die Festlegung des Sicherungsinstruments, des Grundgeschäfts oder der abgesicherten Transaktion und die Art des abzusichernden Risikos zu beinhalten sowie eine Beschreibung, wie das Unternehmen die Wirksamkeit des Sicherungsinstruments bei der Kompensation der Risiken aus Veränderungen des beizulegenden Zeitwerts oder der Zahlungsströme des Grundgeschäfts bestimmen wird.**

(b) **Es wird davon ausgegangen, dass das Ziel, Veränderungen bei beizulegendem Zeitwert oder Zahlungsströmen, die dem abgesicherten Risiko zuzuordnen sind, der für diese spezielle Sicherungsbeziehung ursprünglich dokumentierten Risikomanagementstrategie entsprechend zu kompensieren, mit der betreffenden Absicherung mit hoher Wahrscheinlichkeit erreicht wird (siehe Anhang A Paragraphen AL105–AL113A).**

(c) **Bei Absicherungen von Zahlungsströmen muss eine der Absicherung zugrunde liegende erwartete Transaktion eine hohe Eintrittswahrscheinlichkeit haben und Risiken im Hinblick auf Schwankungen der Zahlungsströme ausgesetzt sein, die sich letztlich im Gewinn oder Verlust niederschlagen könnten.**

(d) **Die Wirksamkeit der Absicherung ist verlässlich bestimmbar, d. h. der beizulegende Zeitwert oder die Zahlungsströme des Grundgeschäfts, die auf das abgesicherte Risiko zurückzuführen sind, und der beizulegende Zeitwert des Sicherungsinstruments können verlässlich ermittelt werden.**

(e) **Die Sicherungsbeziehung wird fortlaufend bewertet und für sämtliche Rechnungslegungsperioden, für die sie designiert wurde, als faktisch hoch wirksam beurteilt.**

Absicherung des beizulegenden Zeitwerts

89 **Erfüllt eine Absicherung des beizulegenden Zeitwerts im Verlauf der Periode die in Paragraph 88 genannten Voraussetzungen, so ist sie wie folgt zu bilanzieren:**

(a) **der Gewinn oder Verlust aus der Neubewertung des Sicherungsinstruments zum beizulegenden Zeitwert (für ein derivatives Sicherungsinstrument) oder die Währungskomponente seines gemäß IAS 21 bewerteten Buchwerts (für ein nichtderivatives Sicherungsinstrument) ist erfolgswirksam zu erfassen, und**

(b) **der dem abgesicherten Risiko zuzuordnende Gewinn oder Verlust aus dem Grundgeschäft führt zu einer Anpassung des Buchwerts des Grundgeschäfts und ist erfolgswirksam zu erfassen. Dies gilt für den Fall, dass das Grundgeschäft ansonsten zu den Anschaffungskosten bewertet wird. Der dem abgesicherten Risiko zuzuordnende Gewinn oder Verlust ist erfolgswirksam zu erfassen, wenn es sich bei dem Grundgeschäft um einen finanziellen Vermögenswert handelt, der gemäß Paragraph 4.1.2A von IFRS 9 zum beizulegenden Zeitwert erfolgsneutral im sonstigen Ergebnis bewertet wird.**

89A Bei einer Absicherung des beizulegenden Zeitwerts gegen das Zinsänderungsrisiko eines Teils eines Portfolios finanzieller Vermögenswerte oder finanzieller Verbindlichkeiten (und nur im Falle einer solchen Absicherung) kann die Vorschrift von Paragraph 89 (b) erfüllt werden, indem der dem Grundgeschäft zuzuordnende Gewinn oder Verlust entweder durch

(a) einen einzelnen gesonderten Posten innerhalb der Vermögenswerte für jene Zinsanpassungsperioden, in denen das Grundgeschäft ein Vermögenswert ist, oder

(b) einen einzelnen gesonderten Posten innerhalb der Verbindlichkeiten für jene Zinsanpassungsperioden, in denen das Grundgeschäft eine Verbindlichkeit ist, ausgewiesen wird.

Die unter (a) und (b) genannten gesonderten Posten sind in unmittelbarer Nähe der finanziellen Vermögenswerte bzw. Verbindlichkeiten darzustellen. Die in diesen gesonderten Posten ausgewiesenen Beträge sind bei der Ausbuchung der dazugehörigen Vermögenswerte oder Verbindlichkeiten aus der Bilanz zu entfernen.

90 Werden nur bestimmte mit dem Grundgeschäft verbundene Risiken abgesichert, sind erfasste Veränderungen des beizulegenden Zeitwerts eines Grundgeschäfts, die nicht dem abgesicherten Risiko zuzuordnen sind, gemäß Paragraph 5.7.1 von IFRS 9 zu erfassen.

91 **Ein Unternehmen hat die in Paragraph 89 dargelegte Bilanzierung von Sicherungsbeziehungen künftig einzustellen, wenn**

(a) **das Sicherungsinstrument ausläuft oder veräußert, beendet oder ausgeübt wird. In diesem Sinne gilt die Ersetzung oder Fortsetzung eines Sicherungsinstruments durch ein anderes nicht als Auslaufen oder Beendigung, wenn eine derartige Ersetzung oder Fortsetzung Teil der dokumentierten Sicherungsstrategie des Unternehmens ist. In diesem Sinne liegt ebenfalls kein Auslaufen oder keine Beendigung eines Sicherungsinstruments vor, wenn**

(i) **die Parteien des Sicherungsinstruments infolge bestehender oder neu erlassener Rechts- oder Regulierungsvorschriften vereinbaren, dass eine oder mehrere Clearing-Partei oder -Parteien ihre ursprüngliche Gegenpartei ersetzt oder ersetzen und zur neuen Gegenpartei aller Parteien wird oder werden. Eine Clearing-Gegenpartei in diesem Sinne ist eine zentrale Gegenpartei (mitunter „Clearingstelle" oder „Clearinghaus" genannt) oder ein bzw. mehrere Unternehmen, wie ein Mitglied einer Clearingstelle oder**

A hedge of the foreign currency risk of a firm commitment may be accounted for as a fair value hedge or as a cash flow hedge. 87

A hedging relationship qualifies for hedge accounting under paragraphs 89—102 if, and only if, all of the following conditions are met. 88

(a) At the inception of the hedge there is formal designation and documentation of the hedging relationship and the entity's risk management objective and strategy for undertaking the hedge. That documentation shall include identification of the hedging instrument, the hedged item or transaction, the nature of the risk being hedged and how the entity will assess the hedging instrument's effectiveness in offsetting the exposure to changes in the hedged item's fair value or cash flows attributable to the hedged risk.

(b) The hedge is expected to be highly effective (see Appendix A paragraphs AG105—AG113) in achieving offsetting changes in fair value or cash flows attributable to the hedged risk, consistently with the originally documented risk management strategy for that particular hedging relationship.

(c) For cash flow hedges, a forecast transaction that is the subject of the hedge must be highly probable and must present an exposure to variations in cash flows that could ultimately affect profit or loss.

(d) The effectiveness of the hedge can be reliably measured, ie the fair value or cash flows of the hedged item that are attributable to the hedged risk and the fair value of the hedging instrument can be reliably measured.

(e) The hedge is assessed on an ongoing basis and determined actually to have been highly effective throughout the financial reporting periods for which the hedge was designated.

Fair value hedges

If a fair value hedge meets the conditions in paragraph 88 during the period, it shall be accounted for as follows: 89

(a) the gain or loss from remeasuring the hedging instrument at fair value (for a derivative hedging instrument) or the foreign currency component of its carrying amount measured in accordance with IAS 21 (for a non-derivative hedging instrument) shall be recognised in profit or loss; and

(b) the gain or loss on the hedged item attributable to the hedged risk shall adjust the carrying amount of the hedged item and be recognised in profit or loss. This applies if the hedged item is otherwise measured at cost. Recognition of the gain or loss attributable to the hedged risk in profit or loss applies if the hedged item is a financial asset measured at fair value through other comprehensive income in accordance with paragraph 4.1.2A of IFRS 9.

For a fair value hedge of the interest rate exposure of a portion of a portfolio of financial assets or financial liabilities (and only in such a hedge), the requirement in paragraph 89 (b) may be met by presenting the gain or loss attributable to the hedged item either: 89A

(a) in a single separate line item within assets, for those repricing time periods for which the hedged item is an asset; or

(b) in a single separate line item within liabilities, for those repricing time periods for which the hedged item is a liability.

The separate line items referred to in (a) and (b) above shall be presented next to financial assets or financial liabilities. Amounts included in these line items shall be removed from the statement of financial position when the assets or liabilities to which they relate are derecognised.

If only particular risks attributable to a hedged item are hedged, recognised changes in the fair value of the hedged item unrelated to the hedged risk are recognised as set out in paragraph 5.7.1 of IFRS 9. 90

An entity shall discontinue prospectively the hedge accounting specified in paragraph 89 if: 91

(a) the hedging instrument expires or is sold, terminated or exercised. For this purpose, the replacement or rollover of a hedging instrument into another hedging instrument is not an expiration or termination if such replacement or rollover is part of the entity's documented hedging strategy. Additionally, for this purpose there is not an expiration or termination of the hedging instrument if:

(i) as a consequence of laws or regulations or the introduction of laws or regulations, the parties to the hedging instrument agree that one or more clearing counterparties replace their original counterparty to become the new counterparty to each of the parties. For this purpose, a clearing counterparty is a central counterparty (sometimes called a 'clearing organisation' or 'clearing agency') or an entity or entities, for example, a clearing member of a clearing organisation or a client of a clearing member of a clearing organ-

ein Kunde eines Mitglieds einer Clearingstelle, die als Gegenpartei auftreten, damit das Clearing durch eine zentrale Gegenpartei erfolgt. Ersetzen die Parteien des Sicherungsinstruments ihre ursprünglichen Gegenparteien allerdings durch unterschiedliche Gegenparteien, so gilt dieser Paragraph nur dann, wenn jede dieser Parteien ihr Clearing bei derselben zentralen Gegenpartei durchführt;

(ii) etwaige andere Änderungen beim Sicherungsinstrument nicht über den für eine solche Ersetzung der Gegenpartei notwendigen Umfang hinausgehen. Auch müssen derartige Änderungen auf solche beschränkt sein, die den Bedingungen entsprechen, die zu erwarten wären, wenn das Sicherungsinstrument von Anfang an bei der Clearing-Gegenpartei gecleart worden wäre. Hierzu zählen auch Änderungen bei den Anforderungen an Sicherheiten, den Rechten auf Aufrechnung von Forderungen und Verbindlichkeiten und den erhobenen Entgelten;

(b) die Sicherungsbeziehung nicht mehr die in Paragraph 88 genannten Kriterien für die Bilanzierung von Sicherungsbeziehungen erfüllt, oder

(c) das Unternehmen die Designation zurückzieht.

92 **Jede auf Paragraph 89 (b) beruhende Anpassung des Buchwerts eines abgesicherten Finanzinstruments, das zu fortgeführten Anschaffungskosten bewertet wird (oder im Falle einer Absicherung eines Portfolios gegen Zinsänderungsrisiken des gesonderten Bilanzpostens, wie in Paragraph 89A beschrieben) ist erfolgswirksam abzuschreiben. Sobald es eine Anpassung gibt, kann die Abschreibung beginnen, sie muss aber spätestens zu dem Zeitpunkt beginnen, an dem das Grundgeschäft nicht mehr um Veränderungen des beizulegenden Zeitwerts, die auf das abzusichernde Risiko zurückzuführen sind, angepasst wird. Die Anpassung basiert auf einem zum Zeitpunkt des Abschreibungsbeginns neu berechneten Effektivzinssatz. Wenn jedoch im Falle einer Absicherung des beizulegenden Zeitwerts gegen Zinsänderungsrisiken eines Portfolios finanzieller Vermögenswerte oder finanzieller Verbindlichkeiten (und nur bei einer solchen Absicherung) eine Abschreibung unter Einsatz eines neu berechneten Effektivzinssatzes nicht durchführbar ist, so ist der Anpassungsbetrag linear abzuschreiben. Der Anpassungsbetrag ist bis zur Fälligkeit des Finanzinstruments oder im Falle der Absicherung eines Portfolios gegen Zinsänderungsrisiken bei Ablauf des entsprechenden Zinsanpassungstermins vollständig abzuschreiben.**

93 Wird eine bilanzunwirksame feste Verpflichtung als Grundgeschäft designiert, so wird die nachfolgende kumulierte Veränderung des beizulegenden Zeitwerts der festen Verpflichtung, die dem abgesicherten Risiko zuzuordnen ist, als Vermögenswert oder Verbindlichkeit mit einem entsprechenden Gewinn oder Verlust erfolgswirksam erfasst (siehe Paragraph 89 (b)). Die Veränderungen des beizulegenden Zeitwerts des Sicherungsinstruments sind ebenfalls erfolgswirksam zu erfassen.

94 Geht ein Unternehmen eine feste Verpflichtung ein, einen Vermögenswert zu erwerben oder eine Schuld zu übernehmen, der/die im Rahmen einer Absicherung eines beizulegenden Zeitwerts ein Grundgeschäft darstellt, wird der Buchwert des Vermögenswerts oder der Schuld, der aus der Erfüllung der festen Verpflichtung des Unternehmens hervorgeht, im Zugangszeitpunkt um die kumulierte Veränderung des beizulegenden Zeitwerts der festen Verpflichtung, der auf das in der Bilanz erfasste abgesicherte Risiko zurückzuführen ist, angepasst.

Absicherung von Zahlungsströmen

95 **Erfüllt die Absicherung von Zahlungsströmen im Verlauf der Periode die in Paragraph 88 genannten Voraussetzungen, so hat die Bilanzierung folgendermaßen zu erfolgen:**

(a) der Teil des Gewinns oder Verlusts aus einem Sicherungsinstrument, der als wirksame Absicherung ermittelt wird (siehe Paragraph 88), ist im sonstigen Ergebnis zu erfassen, und

(b) der unwirksame Teil des Gewinns oder Verlusts aus dem Sicherungsinstruments ist erfolgswirksam zu erfassen.

96 Ausführlicher dargestellt wird eine Absicherung von Zahlungsströmen folgendermaßen bilanziert:

(a) die eigenständige, mit dem Grundgeschäft verbundene Eigenkapitalkomponente wird um den niedrigeren der folgenden Beträge (in absoluten Zahlen) angepasst:

(i) den kumulierten Gewinn oder Verlust aus dem Sicherungsinstrument seit Beginn der Sicherungsbeziehung, und

(ii) die kumulierte Veränderung des beizulegenden Zeitwerts (Barwerts) der erwarteten künftigen Zahlungsströme aus dem Grundgeschäft seit Beginn der Sicherungsbeziehung,

(b) ein verbleibender Gewinn oder Verlust aus einem Sicherungsinstrument oder einer designierten Komponente davon (das keine wirksame Absicherung darstellt) wird erfolgswirksam erfasst, und

(b) sofern die dokumentierte Risikomanagementstrategie eines Unternehmens für eine bestimmte Sicherungsbeziehung einen bestimmten Teil des Gewinns oder Verlusts oder damit verbundener Zahlungsströme aus einem Sicherungsinstrument von der Beurteilung der Wirksamkeit der Absicherung ausschließt (siehe Paragraphen 74, 75 und 88 (a)), so ist dieser ausgeschlossene Gewinn- oder Verlustteil gemäß Paragraph 5.7.1 von IFRS 9 zu erfassen.

97 **Resultiert eine Absicherung einer erwarteten Transaktion später im Ansatz eines finanziellen Vermögenswerts oder einer finanziellen Verbindlichkeit, sind die damit verbundenen Gewinne oder Verluste, die gemäß Paragraph 95 im sonstigen Ergebnis erfasst wurden, in derselben Periode oder denselben Perioden, in der/denen die abgesicherten erwarteten Zahlungsströme erfolgswirksam werden (z. B. in den Perioden, in denen Zinserträge oder Zinsaufwendungen erfasst werden),**

isation, that are acting as counterparty in order to effect clearing by a central counterparty. However, when the parties to the hedging instrument replace their original counterparties with different counterparties this paragraph shall apply only if each of those parties effects clearing with the same central counterparty.

(ii) other changes, if any, to the hedging instrument are limited to those that are necessary to effect such a replacement of the counterparty. Such changes are limited to those that are consistent with the terms that would be expected if the hedging instrument were originally cleared with the clearing counterparty. These changes include changes in the collateral requirements, rights to offset receivables and payables balances, and charges levied.

(b) the hedge no longer meets the criteria for hedge accounting in paragraph 88; or

(c) the entity revokes the designation.

Any adjustment arising from paragraph 89 (b) to the carrying amount of a hedged financial instrument for which the effective interest method is used (or, in the case of a portfolio hedge of interest rate risk, to the separate line item in the statement of financial position described in paragraph 89A) shall be amortised to profit or loss. Amortisation may begin as soon as an adjustment exists and shall begin no later than when the hedged item ceases to be adjusted for changes in its fair value attributable to the risk being hedged. The adjustment is based on a recalculated effective interest rate at the date amortisation begins. However, if, in the case of a fair value hedge of the interest rate exposure of a portfolio of financial assets or financial liabilities (and only in such a hedge), amortising using a recalculated effective interest rate is not practicable, the adjustment shall be amortised using a straight-line method. The adjustment shall be amortised fully by maturity of the financial instrument or, in the case of a portfolio hedge of interest rate risk, by expiry of the relevant repricing time period. 92

When an unrecognised firm commitment is designated as a hedged item, the subsequent cumulative change in the fair value of the firm commitment attributable to the hedged risk is recognised as an asset or liability with a corresponding gain or loss recognised in profit or loss (see paragraph 89 (b)). The changes in the fair value of the hedging instrument are also recognised in profit or loss. 93

When an entity enters into a firm commitment to acquire an asset or assume a liability that is a hedged item in a fair value hedge, the initial carrying amount of the asset or liability that results from the entity meeting the firm commitment is adjusted to include the cumulative change in the fair value of the firm commitment attributable to the hedged risk that was recognised in the statement of financial position. 94

Cash flow hedges

If a cash flow hedge meets the conditions in paragraph 88 during the period, it shall be accounted for as follows: 95

(a) the portion of the gain or loss on the hedging instrument that is determined to be an effective hedge (see paragraph 88) shall be recognised in other comprehensive income; and

(b) the ineffective portion of the gain or loss on the hedging instrument shall be recognised in profit or loss.

More specifically, a cash flow hedge is accounted for as follows: 96

(a) the separate component of equity associated with the hedged item is adjusted to the lesser of the following (in absolute amounts):
   (i) the cumulative gain or loss on the hedging instrument from inception of the hedge; and
   (ii) the cumulative change in fair value (present value) of the expected future cash flows on the hedged item from inception of the hedge;

(b) any remaining gain or loss on the hedging instrument or designated component of it (that is not an effective hedge) is recognised in profit or loss; and

(c) if an entity's documented risk management strategy for a particular hedging relationship excludes from the assessment of hedge effectiveness a specific component of the gain or loss or related cash flows on the hedging instrument (see paragraphs 74, 75 and 88 (a)), that excluded component of gain or loss is recognised in accordance with paragraph 5.7.1 of IFRS 9.

If a hedge of a forecast transaction subsequently results in the recognition of a financial asset or a financial liability, the associated gains or losses that were recognised in other comprehensive income in accordance with paragraph 95 shall be reclassified from equity to profit or loss as a reclassification adjustment (see IAS 1 (as revised in 2007)) in the same period or periods during which the hedged forecast cash flows affect profit or loss (such as in the periods that 97

erfolgswirksam umzugliedern und als Umgliederungsbetrag auszuweisen (siehe IAS 1 (in der 2007 überarbeiteten Fassung)). Erwartet ein Unternehmen jedoch, dass der gesamte oder ein Teil des im sonstigen Ergebnis erfassten Verlusts in einer oder mehreren der folgenden Perioden nicht wieder hereingeholt wird, hat es den voraussichtlich nicht wieder hereingeholten Betrag als Umgliederungsbetrag erfolgswirksam umzubuchen.

98 Resultiert eine Absicherung einer erwarteten Transaktion später im Ansatz eines nichtfinanziellen Vermögenswerts oder einer nichtfinanziellen Verbindlichkeit oder wird eine erwartete Transaktion für einen nichtfinanziellen Vermögenswert oder eine nichtfinanzielle Verbindlichkeit zu einer festen Verpflichtung, für die die Bilanzierung für die Absicherung des beizulegenden Zeitwerts angewendet wird, hat das Unternehmen den nachfolgenden Punkt (a) oder (b) anzuwenden:

(a) Die entsprechenden Gewinne und Verluste, die gemäß Paragraph 95 im sonstigen Ergebnis erfasst wurden, sind in derselben Periode oder denselben Perioden, in der/denen der erworbene Vermögenswert oder die übernommene Schuld erfolgswirksam wird (wie z. B. in den Perioden, in denen Abschreibungsaufwendungen oder Umsatzkosten erfasst werden), erfolgswirksam umzugliedern und als Umgliederungsbetrag auszuweisen (siehe IAS 1 (überarbeitet 2007)). Erwartet ein Unternehmen jedoch, dass der gesamte oder ein Teil des im sonstigen Ergebnis erfassten Verlusts in einer oder mehreren der folgenden Perioden nicht wieder hereingeholt wird, hat es den voraussichtlich nicht wieder hereingeholten Betrag erfolgswirksam umzugliedern und als Umgliederungsbetrag auszuweisen.

(b) Die entsprechenden Gewinne und Verluste, die gemäß Paragraph 95 im sonstigen Ergebnis erfasst wurden, werden entfernt und Teil der Anschaffungskosten im Zugangszeitpunkt oder eines anderweitigen Buchwerts des Vermögenswerts oder der Schuld.

99 Ein Unternehmen hat sich bei seiner Rechnungslegungsmethode entweder für Punkt (a) oder für (b) des Paragraphen 98 zu entscheiden und diese Methode konsequent auf alle Sicherungsbeziehungen anzuwenden, auf die sich Paragraph 98 bezieht.

100 Bei anderen als den in Paragraph 97 und 98 angeführten Absicherungen von Zahlungsströmen sind die Beträge, die im sonstigen Ergebnis erfasst wurden, in derselben Periode oder denselben Perioden, in der/denen die abgesicherten erwarteten Zahlungsströme erfolgswirksam werden (z. B. wenn ein erwarteter Verkauf stattfindet), erfolgswirksam umzugliedern und als Umgliederungsbetrag auszuweisen (siehe IAS 1 (überarbeitet 2007)).

101 In allen nachstehend genannten Fällen hat ein Unternehmen die in den Paragraphen 95–100 beschriebene Bilanzierung von Sicherungsbeziehungen einzustellen:

(a) Das Sicherungsinstrument läuft aus oder wird veräußert, beendet oder ausgeübt. In diesem Fall verbleibt der kumulierte Gewinn oder Verlust aus dem Sicherungsinstrument, der seit der Periode, als die Absicherung als wirksam eingestuft wurde, im sonstigen Ergebnis erfasst wurde (siehe Paragraph 95 (a)), als gesonderter Posten im Eigenkapital, bis die erwartete Transaktion eingetreten ist. Tritt die Transaktion ein, kommen die Paragraphen 97, 98 und 100 zur Anwendung. Für die Zwecke dieses Unterabsatzes gilt die Ersetzung oder Fortsetzung eines Sicherungsinstruments durch ein anderes Sicherungsinstrument nicht als Auslaufen oder Beendigung, wenn eine solche Ersetzung oder Fortsetzung Teil der dokumentierten Sicherungsstrategie des Unternehmens ist. Für die Zwecke dieses Unterabsatzes liegt ebenfalls kein Auslaufen oder keine Beendigung des Sicherungsinstruments vor, wenn

(i) die Parteien des Sicherungsinstruments infolge bestehender oder neu erlassener Rechts- oder Regulierungsvorschriften vereinbaren, dass eine oder mehrere Clearing-Parteien ihre ursprüngliche Gegenpartei ersetzen und diese die neue Gegenpartei aller Parteien wird. Eine Clearing-Gegenpartei in diesem Sinne ist eine zentrale Gegenpartei (mitunter „Clearingstelle" oder „Clearinghaus" genannt) oder ein bzw. mehrere Unternehmen, wie ein Mitglied einer Clearingstelle oder ein Kunde eines Mitglieds einer Clearingstelle, die als Gegenpartei auftreten, damit das Clearing durch eine zentrale Gegenpartei erfolgt. Ersetzen die Parteien des Sicherungsinstruments ihre ursprünglichen Gegenparteien allerdings durch unterschiedliche Gegenparteien, so gilt dieser Paragraph nur dann, wenn jede dieser Parteien ihr Clearing bei derselben zentralen Gegenpartei durchführt.

(ii) etwaige andere Änderungen beim Sicherungsinstrument nicht über den für eine solche Ersetzung der Gegenpartei notwendigen Umfang hinausgehen. Auch müssen derartige Änderungen auf solche beschränkt sein, die den Bedingungen entsprechen, die zu erwarten wären, wenn das Sicherungsinstrument von Anfang an bei der Clearing-Gegenpartei gecleart worden wäre. Hierzu zählen auch Änderungen bei den Anforderungen an Sicherheiten, den Rechten auf Aufrechnung von Forderungen und Verbindlichkeiten und den erhobenen Entgelten.

(b) Die Sicherungsbeziehung erfüllt nicht mehr die in Paragraph 88 genannten Kriterien für die Bilanzierung von Sicherungsbeziehungen. In diesem Fall verbleibt der kumulierte Gewinn oder Verlust aus dem Sicherungsinstrument, der seit der Periode, als die Absicherung als wirksam eingestuft wurde, im sonstigen Ergebnis erfasst wird (siehe Paragraph 95 (a)), als gesonderter Posten im Eigenkapital, bis die erwartete Transaktion eingetreten ist. Tritt die Transaktion ein, kommen die Paragraphen 97, 98 und 100 zur Anwendung.

(c) Mit dem Eintreten der erwarteten Transaktion wird nicht mehr gerechnet, sodass in diesem Fall alle entsprechenden kumulierten Gewinne oder Verluste aus dem Sicherungsinstrument, die seit der Periode, als die Absicherung als

interest income or interest expense is recognised). However, if an entity expects that all or a portion of a loss recognised in other comprehensive income will not be recovered in one or more future periods, it shall reclassify into profit or loss as a reclassification adjustment the amount that is not expected to be recovered.

If a hedge of a forecast transaction subsequently results in the recognition of a non-financial asset or a non-financial liability, or a forecast transaction for a non-financial asset or non-financial liability becomes a firm commitment for which fair value hedge accounting is applied, then the entity shall adopt (a) or (b) below: 98

(a) It reclassifies the associated gains and losses that were recognised in other comprehensive income in accordance with paragraph 95 to profit or loss as a reclassification adjustment (see IAS 1 (revised 2007)) in the same period or periods during which the asset acquired or liability assumed affects profit or loss (such as in the periods that depreciation expense or cost of sales is recognised). However, if an entity expects that all or a portion of a loss recognised in other comprehensive income will not be recovered in one or more future periods, it shall reclassify from equity to profit or loss as a reclassification adjustment the amount that is not expected to be recovered.

(b) It removes the associated gains and losses that were recognised in other comprehensive income in accordance with paragraph 95, and includes them in the initial cost or other carrying amount of the asset or liability.

An entity shall adopt either (a) or (b) in paragraph 98 as its accounting policy and shall apply it consistently to all hedges to which paragraph 98 relates. 99

For cash flow hedges other than those covered by paragraphs 97 and 98, amounts that had been recognised in other comprehensive income shall be reclassified from equity to profit or loss as a reclassification adjustment (see IAS 1 (revised 2007)) in the same period or periods during which the hedged forecast cash flows affect profit or loss (for example, when a forecast sale occurs). 100

In any of the following circumstances an entity shall discontinue prospectively the hedge accounting specified in paragraphs 95—100: 101

(a) The hedging instrument expires or is sold, terminated or exercised. In this case, the cumulative gain or loss on the hedging instrument that has been recognised in other comprehensive income from the period when the hedge was effective (see paragraph 95 (a)) shall remain separately in equity until the forecast transaction occurs. When the transaction occurs, paragraph 97, 98 or 100 applies. For the purpose of this subparagraph, the replacement or rollover of a hedging instrument into another hedging instrument is not an expiration or termination if such replacement or rollover is part of the entity's documented hedging strategy. Additionally, for the purpose of this subparagraph there is not an expiration or termination of the hedging instrument if:

  (i) as a consequence of laws or regulations or the introduction of laws or regulations, the parties to the hedging instrument agree that one or more clearing counterparties replace their original counterparty to become the new counterparty to each of the parties. For this purpose, a clearing counterparty is a central counterparty (sometimes called a 'clearing organisation' or 'clearing agency') or an entity or entities, for example, a clearing member of a clearing organisation or a client of a clearing member of a clearing organisation, that are acting as counterparty in order to effect clearing by a central counterparty. However, when the parties to the hedging instrument replace their original counterparties with different counterparties this paragraph shall apply only if each of those parties effects clearing with the same central counterparty.

  (ii) other changes, if any, to the hedging instrument are limited to those that are necessary to effect such a replacement of the counterparty. Such changes are limited to those that are consistent with the terms that would be expected if the hedging instrument were originally cleared with the clearing counterparty. These changes include changes in the collateral requirements, rights to offset receivables and payables balances, and charges levied.

(b) The hedge no longer meets the criteria for hedge accounting in paragraph 88. In this case, the cumulative gain or loss on the hedging instrument that has been recognised in other comprehensive income from the period when the hedge was effective (see paragraph 95 (a)) shall remain separately in equity until the forecast transaction occurs. When the transaction occurs, paragraph 97, 98 or 100 applies.

(c) The forecast transaction is no longer expected to occur, in which case any related cumulative gain or loss on the hedging instrument that has been recognised in other comprehensive income from the period when the hedge was effective (see paragraph 95 (a)) shall be reclassified from equity to profit or loss as a reclassification adjustment. A forecast transaction that is no longer highly probable (see paragraph 88 (c)) may still be expected to occur.

wirksam eingestuft wurde, im sonstigen Ergebnis erfasst wurden (siehe Paragraph 95 (a)), erfolgswirksam umzugliedern und als Umgliederungsbetrag auszuweisen sind. Auch wenn das Eintreten einer erwarteten Transaktion nicht mehr hoch wahrscheinlich ist (siehe Paragraph 88 (c)), kann damit jedoch immer noch gerechnet werden.

(d) Das Unternehmen zieht die Designation zurück. Für Absicherungen einer erwarteten Transaktion wird der kumulierte Gewinn oder Verlust aus dem Sicherungsinstrument, der seit der Periode, als die Sicherungsbeziehung als wirksam eingestuft wurde, im sonstigen Ergebnis erfasst wird (siehe Paragraph 95 (a)), weiterhin gesondert im Eigenkapital ausgewiesen, bis die erwartete Transaktion eingetreten ist oder deren Eintreten nicht mehr erwartet wird. Tritt die Transaktion ein, kommen die Paragraphen 97, 98 und 100 zur Anwendung. Wenn das Eintreten der Transaktion nicht mehr erwartet wird, ist der im sonstigen Ergebnis erfasste kumulierte Gewinn oder Verlust erfolgswirksam umzugliedern und als Umgliederungsbetrag auszuweisen.

Absicherungen einer Nettoinvestition

102 **Absicherungen einer Nettoinvestition in einen ausländischen Geschäftsbetrieb, einschließlich einer Absicherung eines monetären Postens, der als Teil der Nettoinvestition behandelt wird (siehe IAS 21), sind in gleicher Weise zu bilanzieren wie die Absicherung von Zahlungsströmen:**

(a) der Teil des Gewinns oder Verlusts aus einem Sicherungsinstrument, der als wirksame Absicherung ermittelt wird (siehe Paragraph 88) ist im sonstigen Ergebnis zu erfassen, und

(b) der nicht wirksame Teil ist erfolgswirksam zu erfassen.

Der Gewinn oder Verlust aus einem Sicherungsinstrument, der dem wirksamen Teil der Sicherungsbeziehung zuzurechnen ist und im sonstigen Ergebnis erfasst wurde, ist bei der Veräußerung oder teilweisen Veräußerung des ausländischen Geschäftsbetriebs gemäß IAS 21 Paragraph 48–49 erfolgswirksam umzugliedern und als Umgliederungsbetrag (siehe IAS 1 (überarbeitet 2007)) auszuweisen.

Befristete Ausnahmen von der Anwendung spezieller Vorschriften für die Bilanzierung von Sicherungsbeziehungen

102A Ein Unternehmen hat die Paragraphen 102D–102N und 108G auf alle Sicherungsbeziehungen anzuwenden, die von der Reform der Referenzzinssätze unmittelbar betroffen sind. Diese Paragraphen gelten ausschließlich für Sicherungsbeziehungen der genannten Art. Eine Sicherungsbeziehung ist nur dann unmittelbar von der Reform der Referenzzinssätze betroffen, wenn die Reform Unsicherheiten in Bezug auf Folgendes aufwirft:

(a) den als abgesichertes Risiko designierten (vertraglich oder nicht vertraglich spezifizierten) Referenzzinssatz und/oder

(b) den Zeitpunkt oder die Höhe referenzzinssatzbasierter Zahlungsströme des Grundgeschäfts oder des Sicherungsinstruments.

102B Für die Zwecke der Anwendung der Paragraphen 102D–102N bezeichnet der Begriff „Reform der Referenzzinssätze" die marktweite Reform von Referenzzinssätzen, einschließlich ihrer Ablösung durch einen alternativen Referenzsatz, wie sie sich aus den Empfehlungen im Bericht des Finanzstabilitätsrates „Reforming Major Interest Rate Benchmarks"[1] vom Juli 2014 ergibt.

102C Die in den Paragraphen 102D–102N vorgesehenen Ausnahmen gelten nur für die dort genannten Vorschriften. Ein Unternehmen hat alle anderen Vorschriften für die Bilanzierung von Sicherungsbeziehungen auch weiterhin auf die von der Reform der Referenzzinssätze unmittelbar betroffenen Sicherungsbeziehungen anzuwenden.

Anforderung einer „hohen Wahrscheinlichkeit" bei der Absicherung von Zahlungsströmen

102D Für die Zwecke der Anwendung der Anforderung nach Paragraph 88 (c), wonach eine erwartete Transaktion eine hohe Eintrittswahrscheinlichkeit haben muss, hat ein Unternehmen anzunehmen, dass sich der (vertraglich oder nichtvertraglich spezifizierte) Referenzzinssatz, auf dem die abgesicherten Zahlungsströme beruhen, durch die Reform der Referenzzinssätze nicht verändert.

Umgliederung des im sonstigen Ergebnis erfassten kumulierten Gewinns oder Verlusts

102E Für die Zwecke der Anwendung der Anforderung nach Paragraph 101 (c) hat ein Unternehmen bei der Beurteilung der Frage, ob mit dem Eintreten der erwarteten Transaktion nicht mehr zu rechnen ist, anzunehmen, dass sich der (vertraglich oder nichtvertraglich spezifizierte) Referenzzinssatz, auf dem die abgesicherten Zahlungsströme beruhen, durch die Reform der Referenzzinssätze nicht verändert.

Beurteilung der Wirksamkeit

102F Für die Zwecke der Anwendung der Anforderung der Paragraphen 88 (b) und AL105 (a) hat ein Unternehmen anzunehmen, dass sich der (vertraglich oder nichtvertraglich spezifizierte) Referenzzinssatz, auf dem die abgesicherten Zahlungsströme und/oder das abgesicherte Risiko beruhen, oder der Referenzzinssatz, auf dem die Zahlungsströme des Sicherungsinstruments beruhen, durch die Reform der Referenzzinssätze nicht verändert.

1 Dieser Bericht ist abrufbar unter: http://www.fsb.org/wp-content/uploads/r_140722.pdf.

(d) **The entity revokes the designation. For hedges of a forecast transaction, the cumulative gain or loss on the hedging instrument that has been recognised in other comprehensive income from the period when the hedge was effective (see paragraph 95 (a)) shall remain separately in equity until the forecast transaction occurs or is no longer expected to occur. When the transaction occurs, paragraph 97, 98 or 100 applies. If the transaction is no longer expected to occur, the cumulative gain or loss that had been recognised in other comprehensive income shall be reclassified from equity to profit or loss as a reclassification adjustment.**

Hedges of a net investment

Hedges of a net investment in a foreign operation, including a hedge of a monetary item that is accounted for as part of the net investment (see IAS 21), shall be accounted for similarly to cash flow hedges: 102

(a) **the portion of the gain or loss on the hedging instrument that is determined to be an effective hedge (see paragraph 88) shall be recognised in other comprehensive income; and**

(b) **the ineffective portion shall be recognised in profit or loss.**

The gain or loss on the hedging instrument relating to the effective portion of the hedge that has been recognised in other comprehensive income shall be reclassified from equity to profit or loss as a reclassification adjustment (see IAS 1 (revised 2007)) in accordance with paragraphs 48—49 of IAS 21 on the disposal or partial disposal of the foreign operation.

Temporary exceptions from applying specific hedge accounting requirements

An entity shall apply paragraphs 102D—102N and 108G to all hedging relationships directly affected by interest rate benchmark reform. These paragraphs apply only to such hedging relationships. A hedging relationship is directly affected by interest rate benchmark reform only if the reform gives rise to uncertainties about: 102A

(a) the interest rate benchmark (contractually or non-contractually specified) designated as a hedged risk; and/or

(b) the timing or the amount of interest rate benchmark-based cash flows of the hedged item or of the hedging instrument.

For the purpose of applying paragraphs 102D—102N, the term 'interest rate benchmark reform' refers to the market-wide reform of an interest rate benchmark, including the replacement of an interest rate benchmark with an alternative benchmark rate such as that resulting from the recommendations set out in the Financial Stability Board's July 2014 report 'Reforming Major Interest Rate Benchmarks'.[1] 102B

Paragraphs 102D—102N provide exceptions only to the requirements specified in these paragraphs. An entity shall continue to apply all other hedge accounting requirements to hedging relationships directly affected by interest rate benchmark reform. 102C

Highly probable requirement for cash flow hedges

For the purpose of applying the requirement in paragraph 88 (c) that a forecast transaction must be highly probable, an entity shall assume that the interest rate benchmark on which the hedged cash flows (contractually or non-contractually specified) are based is not altered as a result of interest rate benchmark reform. 102D

Reclassifying the cumulative gain or loss recognised in other comprehensive income

For the purpose of applying the requirement in paragraph 101 (c) in order to determine whether the forecast transaction is no longer expected to occur, an entity shall assume that the interest rate benchmark on which the hedged cash flows (contractually or non-contractually specified) are based is not altered as a result of interest rate benchmark reform. 102E

Effectiveness assessment

For the purpose of applying the requirements in paragraphs 88 (b) and AG105 (a), an entity shall assume that the interest rate benchmark on which the hedged cash flows and/or the hedged risk (contractually or non- contractually specified) are based, or the interest rate benchmark on which the cash flows of the hedging instrument are based, is not altered as a result of interest rate benchmark reform. 102F

1 The report, 'Reforming Major Interest Rate Benchmarks', is available at http://www.fsb.org/wp-content/uploads/r_140722.pdf.

102G Für die Zwecke der Anwendung der Anforderung des Paragraphen 88 (e) muss ein Unternehmen eine Sicherungsbeziehung nicht beenden, wenn die tatsächlichen Ergebnisse der Absicherung nicht den Anforderungen des Paragraphen AL105 (b) entsprechen. Um sämtliche Zweifel auszuschließen, hat ein Unternehmen für die Beurteilung der Frage, ob die Sicherungsbeziehung beendet werden muss, die anderen Bedingungen des Paragraphen 88 anzuwenden, einschließlich der in Paragraph 88 (b) vorgesehenen prospektiven Beurteilung.

Designation finanzieller Posten als Grundgeschäfte

102H Sofern nicht Paragraph 102I anwendbar ist, muss ein Unternehmen bei der Absicherung eines nichtvertraglich spezifizierten Referenzteils des Zinsänderungsrisikos die Anforderungen der Paragraphen 81 und AL99F (wonach der designierte Teil gesondert identifizierbar sein muss) nur zu Beginn der Sicherungsbeziehung erfüllen.

102I Wenn ein Unternehmen entsprechend seiner Sicherungsdokumentation eine Sicherungsbeziehung häufig erneuert (d. h. beendet und neu beginnt), da sich sowohl das Sicherungsinstrument als auch das Grundgeschäft häufig ändern (d. h. das Unternehmen einen dynamischen Prozess anwendet, bei dem sowohl die Grundgeschäfte als auch die zur Steuerung dieses Risikos eingesetzten Sicherungsinstrumente nicht lange dieselben bleiben), muss es die Anforderungen der Paragraphen 81 und AL99F (wonach der designierte Teil gesondert identifizierbar sein muss) nur bei der erstmaligen Designation eines Grundgeschäfts in dieser Sicherungsbeziehung erfüllen. Wurde ein Grundgeschäft bei seiner erstmaligen Designation in einer Sicherungsbeziehung einer Beurteilung unterzogen, so muss es unabhängig davon, ob diese Beurteilung zu Beginn der Sicherungsbeziehung oder danach erfolgte, bei einer neuerlichen Designation innerhalb derselben Sicherungsbeziehung nicht erneut beurteilt werden.

Ende der Anwendung

102J Ein Unternehmen hat die Anwendung des Paragraphen 102D auf ein Grundgeschäft prospektiv zum früheren der nachstehend genannten Zeitpunkte einzustellen:
(a) wenn die durch die Reform der Referenzzinssätze bedingte Unsicherheit, was den Zeitpunkt und die Höhe der referenzzinssatzbasierten Zahlungsströme aus dem Grundgeschäft angeht, nicht mehr besteht und
(b) wenn die Sicherungsbeziehung, zu der das Grundgeschäft gehört, beendet wird.

102K Ein Unternehmen hat die Anwendung des Paragraphen 102E prospektiv zum früheren der nachstehend genannten Zeitpunkte einzustellen:
(a) wenn die durch die Reform der Referenzzinssätze bedingte Unsicherheit, was den Zeitpunkt und die Höhe der referenzzinssatzbasierten künftigen Zahlungsströme aus dem Grundgeschäft angeht, nicht mehr besteht und
(b) wenn der im sonstigen Ergebnis erfasste kumulierte Gewinn oder Verlust aus dieser beendeten Sicherungsbeziehung in voller Höhe erfolgswirksam umgegliedert wurde.

102L Ein Unternehmen hat die Anwendung des Paragraphen 102F in folgenden Fällen prospektiv einzustellen:
(a) bei einem Grundgeschäft, wenn die durch die Reform der Referenzzinssätze bedingte Unsicherheit, was das abgesicherte Risiko oder den Zeitpunkt und die Höhe der referenzzinssatzbasierten Zahlungsströme aus dem Grundgeschäft angeht, nicht mehr besteht und
(b) bei einem Sicherungsinstrument, wenn die durch die Reform der Referenzzinssätze bedingte Unsicherheit, was den Zeitpunkt und die Höhe der referenzzinssatzbasierten Zahlungsströme aus dem Sicherungsinstrument angeht, nicht mehr besteht.

Wenn die Sicherungsbeziehung, zu der das Grundgeschäft und das Sicherungsinstrument gehören, vor dem in Paragraph 102L (a) oder dem in Paragraph 102L (b) genannten Datum beendet wird, hat das Unternehmen die Anwendung des Paragraphen 102F auf diese Sicherungsbeziehung zum Zeitpunkt der Beendigung prospektiv einzustellen.

102M Ein Unternehmen hat die Anwendung des Paragraphen 102G auf eine Sicherungsbeziehung prospektiv zum früheren der nachstehend genannten Zeitpunkte einzustellen:
(a) wenn die durch die Reform der Referenzzinssätze bedingte Unsicherheit, was das abgesicherte Risiko sowie den Zeitpunkt und die Höhe der referenzzinssatzbasierten Zahlungsströme aus dem Grundgeschäft und dem Sicherungsinstrument angeht, nicht mehr besteht und
(b) wenn die Sicherungsbeziehung, auf die die Ausnahme angewandt wird, beendet wird.

102N Wenn ein Unternehmen eine Gruppe von Geschäften als Grundgeschäft oder eine Kombination von Finanzinstrumenten als Sicherungsinstrument designiert, hat es die Anwendung der Paragraphen 102D–102G auf ein einzelnes Grundgeschäft oder Finanzinstrument gemäß den Paragraphen 102J, 102K, 102L oder 102M – je nachdem, welcher im Einzelfall einschlägig ist – einzustellen, wenn die durch die Reform der Referenzzinssätze bedingte Unsicherheit, was das abgesicherte Risiko und/oder den Zeitpunkt und die Höhe der referenzzinssatzbasierten Zahlungsströme aus diesem Grundgeschäft oder Finanzinstrument angeht, nicht mehr besteht.

For the purpose of applying the requirement in paragraph 88 (e), an entity is not required to discontinue a hedging relationship because the actual results of the hedge do not meet the requirements in paragraph AG105 (b). For the avoidance of doubt, an entity shall apply the other conditions in paragraph 88, including the prospective assessment in paragraph 88 (b), to assess whether the hedging relationship must be discontinued. 102G

Designating financial items as hedged items

Unless paragraph 102I applies, for a hedge of a non-contractually specified benchmark portion of interest rate risk, an entity shall apply the requirement in paragraphs 81 and AG99F—that the designated portion shall be separately identifiable—only at the inception of the hedging relationship. 102H

When an entity, consistent with its hedge documentation, frequently resets (ie discontinues and restarts) a hedging relationship because both the hedging instrument and the hedged item frequently change (ie the entity uses a dynamic process in which both the hedged items and the hedging instruments used to manage that exposure do not remain the same for long), the entity shall apply the requirement in paragraphs 81 and AG99F—that the designated portion is separately identifiable—only when it initially designates a hedged item in that hedging relationship. A hedged item that has been assessed at the time of its initial designation in the hedging relationship, whether it was at the time of the hedge inception or subsequently, is not reassessed at any subsequent redesignation in the same hedging relationship. 102I

End of application

An entity shall prospectively cease applying paragraph 102D to a hedged item at the earlier of: 102J

(a) when the uncertainty arising from interest rate benchmark reform is no longer present with respect to the timing and the amount of the interest rate benchmark-based cash flows of the hedged item; and
(b) when the hedging relationship that the hedged item is part of is discontinued.

An entity shall prospectively cease applying paragraph 102E at the earlier of: 102K

(a) when the uncertainty arising from interest rate benchmark reform is no longer present with respect to the timing and the amount of the interest rate benchmark-based future cash flows of the hedged item; and
(b) when the entire cumulative gain or loss recognised in other comprehensive income with respect to that discontinued hedging relationship has been reclassified to profit or loss.

An entity shall prospectively cease applying paragraph 102F: 102L

(a) to a hedged item, when the uncertainty arising from interest rate benchmark reform is no longer present with respect to the hedged risk or the timing and the amount of the interest rate benchmark-based cash flows of the hedged item; and
(b) to a hedging instrument, when the uncertainty arising from interest rate benchmark reform is no longer present with respect to the timing and the amount of the interest rate benchmark-based cash flows of the hedging instrument.

If the hedging relationship that the hedged item and the hedging instrument are part of is discontinued earlier than the date specified in paragraph 102L (a) or the date specified in paragraph 102L (b), the entity shall prospectively cease applying paragraph 102F to that hedging relationship at the date of discontinuation.

An entity shall prospectively cease applying paragraph 102G to a hedging relationship at the earlier of: 102M

(a) when the uncertainty arising from interest rate benchmark reform is no longer present with respect to the hedged risk and the timing and the amount of the interest rate benchmark-based cash flows of the hedged item and of the hedging instrument; and
(b) when the hedging relationship to which the exception is applied is discontinued.

When designating a group of items as the hedged item, or a combination of financial instruments as the hedging instrument, an entity shall prospectively cease applying paragraphs 102D—102G to an individual item or financial instrument in accordance with paragraphs 102J, 102K, 102L, or 102M, as relevant, when the uncertainty arising from interest rate benchmark reform is no longer present with respect to the hedged risk and/or the timing and the amount of the interest rate benchmark-based cash flows of that item or financial instrument. 102N

102O Ein Unternehmen hat die Anwendung der Paragraphen 102H und 102I prospektiv zum früheren der nachstehend genannten Zeitpunkte einzustellen:
(a) wenn an dem nicht vertraglich spezifizierten Risikoanteil unter Anwendung des Paragraphen 102P Änderungen vorgenommen werden, die aufgrund der Reform der Referenzzinssätze erforderlich sind, oder
(b) wenn die Sicherungsbeziehung, in der der nicht vertraglich spezifizierte Risikoanteil designiert ist, beendet wird.

Weitere durch die Reform der Referenzzinssätze bedingte vorübergehende Ausnahmen

Bilanzierung von Sicherungsbeziehungen

102P Sobald die Bestimmungen der Paragraphen 102D–102I auf eine Sicherungsbeziehung nicht mehr anwendbar sind (siehe die Paragraphen 102J–102O), hat ein Unternehmen die formale Designation der jeweiligen Sicherungsbeziehung in der zuvor dokumentierten Weise anzupassen, um den aufgrund der Reform der Referenzzinssätze erforderlichen Änderungen Rechnung zu tragen, d. h. die Änderungen stehen im Einklang mit den Bestimmungen der Paragraphen 5.4.6–5.4.8 von IFRS 9. In diesem Zusammenhang ist die Designation der Sicherungsbeziehung nur anzupassen, wenn eine oder mehrere der folgenden Änderungen vorgenommen werden:
(a) eine Designation eines alternativen (vertraglich oder nichtvertraglich spezifizierten) Referenzzinssatzes als abgesichertes Risiko,
(b) eine Anpassung der Beschreibung des Grundgeschäfts, einschließlich der Beschreibung des designierten Teils der abgesicherten Zahlungsströme oder des abgesicherten beizulegenden Zeitwerts,
(c) eine Anpassung der Beschreibung des Sicherungsinstruments oder
(d) eine Anpassung der Beschreibung der Art und Weise, wie das Unternehmen die Wirksamkeit der Absicherung beurteilen wird.

102Q Die Bestimmungen des Paragraphen 102P(c) sind auch anzuwenden, wenn die folgenden drei Bedingungen erfüllt sind:
(a) das Unternehmen nimmt eine aufgrund der Reform der Referenzzinssätze erforderliche Änderung auf andere Weise vor als durch eine Änderung der Basis für die Ermittlung der vertraglichen Zahlungsströme des Sicherungsinstruments (wie in Paragraph 5.4.6 von IFRS 9 beschrieben),
(b) das ursprüngliche Sicherungsinstrument wird nicht ausgebucht, und
(c) die gewählte Vorgehensweise ist wirtschaftlich gleichwertig mit einer Änderung der Basis für die Ermittlung der vertraglichen Zahlungsströme des ursprünglichen Sicherungsinstruments (wie in den Paragraphen 5.4.7 und 5.4.8 von IFRS 9 beschrieben).

102R Die Bestimmungen der Paragraphen 102D–102I können zu unterschiedlichen Zeitpunkten ihre Anwendbarkeit verlieren. Daher kann ein Unternehmen in Anwendung des Paragraphen 102P dazu verpflichtet sein, die formale Designation seiner Sicherungsbeziehungen zu unterschiedlichen Zeitpunkten anzupassen oder die formale Designation einer Sicherungsbeziehung mehr als einmal anzupassen. Nur dann, wenn eine solche Änderung an der Designation der Sicherungsbeziehung vorgenommen wird, hat ein Unternehmen je nach Fall die Paragraphen 102V–102Z2 anzuwenden. Ein Unternehmen hat zudem Paragraph 89 (bei einer Absicherung des beizulegenden Zeitwerts) oder Paragraph 96 (bei einer Absicherung von Zahlungsströmen) anzuwenden, um etwaige Veränderungen des beizulegenden Zeitwerts des Grundgeschäfts oder des Sicherungsinstruments zu bilanzieren.

102S Eine Sicherungsbeziehung ist gemäß Paragraph 102P spätestens bis zum Ende jener Berichtsperiode anzupassen, in der eine aufgrund der Reform der Referenzzinssätze erforderliche Änderung des abgesicherten Risikos, des Grundgeschäfts oder des Sicherungsinstruments vorgenommen wird. Der Klarheit halber sei darauf hingewiesen, dass eine solche Anpassung der formalen Designation einer Sicherungsbeziehung weder die Beendigung der Sicherungsbeziehung noch die Designation einer neuen Sicherungsbeziehung darstellt.

102T Werden zusätzlich zu den aufgrund der Reform der Referenzzinssätze erforderlichen Änderungen weitere Änderungen an dem/der in einer Sicherungsbeziehung designierten finanziellen Vermögenswert oder finanziellen Verbindlichkeit (wie in den Paragraphen 5.4.6–5.4.8 von IFRS 9 beschrieben) oder an der Designation der Sicherungsbeziehung (gemäß Paragraph 102P) vorgenommen, so hat ein Unternehmen zunächst die geltenden Anforderungen dieses Standards anzuwenden, um zu ermitteln, ob diese zusätzlichen Änderungen die Beendigung der Bilanzierung von Sicherungsbeziehungen bewirken. Führen die zusätzlichen Änderungen nicht zur Beendigung der Bilanzierung von Sicherungsbeziehungen, hat ein Unternehmen die formale Designation der Sicherungsbeziehung gemäß Paragraph 102P anzupassen.

102U Die in den Paragraphen 102V–102Z3 vorgesehenen Ausnahmen gelten nur für die dort genannten Anforderungen. Auf Sicherungsbeziehungen, die von der Reform der Referenzzinssätze unmittelbar betroffen sind, sind alle anderen in diesem Standard enthaltenen Vorschriften zur Bilanzierung von Sicherungsbeziehungen anzuwenden, einschließlich der in Paragraph 88 genannten Kriterien.

An entity shall prospectively cease applying paragraphs 102H and 102I at the earlier of: 102O

(a) when changes required by interest rate benchmark reform are made to the non-contractually specified risk portion applying paragraph 102P; or
(b) when the hedging relationship in which the non-contractually specified risk portion is designated is discontinued.

Additional temporary exceptions arising from interest rate benchmark reform

Hedge accounting

As and when the requirements in paragraphs 102D—102I cease to apply to a hedging relationship (see paragraphs 102J—102O), an entity shall amend the formal designation of that hedging relationship as previously documented to reflect the changes required by interest rate benchmark reform, ie the changes are consistent with the requirements in paragraphs 5.4.6—5.4.8 of IFRS 9. In this context, the hedge designation shall be amended only to make one or more of these changes: 102P

(a) designating an alternative benchmark rate (contractually or non-contractually specified) as a hedged risk;
(b) amending the description of the hedged item, including the description of the designated portion of the cash flows or fair value being hedged;
(c) amending the description of the hedging instrument; or
(d) amending the description of how the entity will assess hedge effectiveness.

An entity also shall apply the requirement in paragraph 102P (c) if these three conditions are met: 102Q

(a) the entity makes a change required by interest rate benchmark reform using an approach other than changing the basis for determining the contractual cash flows of the hedging instrument (as described in paragraph 5.4.6 of IFRS 9);
(b) the original hedging instrument is not derecognised; and
(c) the chosen approach is economically equivalent to changing the basis for determining the contractual cash flows of the original hedging instrument (as described in paragraphs 5.4.7 and 5.4.8 of IFRS 9).

The requirements in paragraphs 102D—102I may cease to apply at different times. Therefore, applying paragraph 102P, an entity may be required to amend the formal designation of its hedging relationships at different times, or may be required to amend the formal designation of a hedging relationship more than once. When, and only when, such a change is made to the hedge designation, an entity shall apply paragraphs 102V—102Z2 as applicable. An entity also shall apply paragraph 89 (for a fair value hedge) or paragraph 96 (for a cash flow hedge) to account for any changes in the fair value of the hedged item or the hedging instrument. 102R

An entity shall amend a hedging relationship as required in paragraph 102P by the end of the reporting period during which a change required by interest rate benchmark reform is made to the hedged risk, hedged item or hedging instrument. For the avoidance of doubt, such an amendment to the formal designation of a hedging relationship constitutes neither the discontinuation of the hedging relationship nor the designation of a new hedging relationship. 102S

If changes are made in addition to those changes required by interest rate benchmark reform to the financial asset or financial liability designated in a hedging relationship (as described in paragraphs 5.4.6—5.4.8 of IFRS 9) or to the designation of the hedging relationship (as required by paragraph 102P), an entity shall first apply the applicable requirements in this Standard to determine if those additional changes result in the discontinuation of hedge accounting. If the additional changes do not result in the discontinuation of hedge accounting, an entity shall amend the formal designation of the hedging relationship as specified in paragraph 102P. 102T

Paragraphs 102V–102Z3 provide exceptions to the requirements specified in those paragraphs only. An entity shall apply all other hedge accounting requirements in this Standard, including the qualifying criteria in paragraph 88, to hedging relationships that were directly affected by interest rate benchmark reform. 102U

Bilanzierung qualifizierender Sicherungsbeziehungen

Rückwirkende Beurteilung der Wirksamkeit

102V Für die Zwecke der Beurteilung der rückwirkenden Wirksamkeit einer Sicherungsbeziehung auf kumulativer Basis in Anwendung des Paragraphen 88 (e) – und nur zu für diese Zwecke – darf sich ein Unternehmen dafür entscheiden, die kumulierten Veränderungen des beizulegenden Zeitwerts des Grundgeschäfts und des Sicherungsinstruments zu dem Zeitpunkt auf null zurückzusetzen, ab dem es Paragraph 102G gemäß der Anforderung des Paragraphen 102M nicht mehr anwendet. Diese Entscheidung kann für jede Sicherungsbeziehung gesondert getroffen werden (d. h. auf Grundlage jeder einzelnen Sicherungsbeziehung).

Absicherung von Zahlungsströmen

102W Für die Zwecke der Anwendung des Paragraphen 97 wird zu dem Zeitpunkt, zu dem ein Unternehmen die Beschreibung eines Grundgeschäfts gemäß Paragraph 102P(b) anpasst, unterstellt, dass der im sonstigen Ergebnis erfasste kumulierte Ertrag oder Aufwand auf dem alternativen Referenzzinssatz basiert, anhand dessen die abgesicherten künftigen Zahlungsströme ermittelt werden.

102X Wird bei einer beendeten Sicherungsbeziehung der Referenzzinssatz, auf dem die abgesicherten künftigen Zahlungsströme basierten, entsprechend den Anforderungen der Reform der Referenzzinssätze geändert, so wird für die Zwecke der Anwendung des Paragraphen 101 (c) hinsichtlich der Feststellung, ob mit dem Eintreten der abgesicherten künftigen Zahlungsströme zu rechnen ist, unterstellt, dass der im sonstigen Ergebnis für die jeweilige Sicherungsbeziehung erfasste kumulierte Betrag auf dem alternativen Referenzzinssatz basiert, auf dem die abgesicherten künftigen Zahlungsströme beruhen werden.

Gruppen von Grundgeschäften

102Y Wenn ein Unternehmen Paragraph 102P auf Gruppen von Geschäften anwendet, die bei einer Absicherung des beizulegenden Zeitwerts oder bei einer Absicherung von Zahlungsströmen als Grundgeschäfte designiert werden, hat es die Grundgeschäfte auf Basis des abgesicherten Referenzzinssatzes Untergruppen zuzuordnen und für jede Untergruppe den Referenzzinssatz als abgesichertes Risiko zu designieren. Bei einer Sicherungsbeziehung, bei der eine Gruppe von Grundgeschäften gegen Änderungen eines von der Reform der Referenzzinssätze betroffenen Referenzzinssatzes abgesichert wird, könnten zum Beispiel die abgesicherten Zahlungsströme oder der abgesicherte beizulegende Zeitwert einiger Grundgeschäfte der Gruppe auf einen alternativen Referenzzinssatz umgestellt werden, bevor dies bei anderen Grundgeschäften der Gruppe der Fall ist. In diesem Beispiel würde das Unternehmen in Anwendung des Paragraphen 102P den alternativen Referenzzinssatz als abgesichertes Risiko für diese relevante Untergruppe von Grundgeschäften designieren. Für die andere Untergruppe von Grundgeschäften würde das Unternehmen weiterhin den geltenden Referenzzinssatz als abgesichertes Risiko designieren, bis die abgesicherten Zahlungsströme oder der abgesicherte beizulegende Zeitwert dieser Grundgeschäfte auf den alternativen Referenzzinssatz umgestellt werden, oder die Grundgeschäfte auslaufen und durch Grundgeschäfte ersetzt werden, denen der alternative Referenzzinssatz zugrunde liegt.

102Z Ein Unternehmen hat für jede Untergruppe separat zu beurteilen, ob sie die in den Paragraphen 78 und 83 genannten Anforderungen an ein geeignetes Grundgeschäft erfüllt. Erfüllt eine Untergruppe die Anforderungen der Paragraphen 78 und 83 nicht, hat das Unternehmen die Bilanzierung von Sicherungsbeziehungen prospektiv für die Sicherungsbeziehung in ihrer Gesamtheit einzustellen. Ein Unternehmen hat auch die Vorschriften der Paragraphen 89 oder 96 anzuwenden, um eine Unwirksamkeit hinsichtlich der Sicherungsbeziehung in ihrer Gesamtheit zu bilanzieren.

Designation finanzieller Posten als Grundgeschäfte

102Z1 Ein alternativer Referenzzinssatz, der als nichtvertraglich spezifizierter Risikoanteil designiert und zum Zeitpunkt der Designation nicht separat identifizierbar ist (siehe die Paragraphen 81 und AL99F), wird nur dann als separat identifizierbar zu diesem Zeitpunkt unterstellt, wenn das Unternehmen vernünftigerweise davon ausgehen kann, dass der alternative Referenzzinssatz innerhalb eines Zeitraums von 24 Monaten ab dem Zeitpunkt der Designation als Risikokomponente separat identifizierbar sein wird. Der Zeitraum von 24 Monaten gilt gesondert für jeden alternativen Referenzzinssatz und beginnt ab dem Zeitpunkt, an dem das Unternehmen den jeweiligen alternativen Referenzzinssatz erstmals als nichtvertraglich spezifizierten Risikoanteil designiert hat (d. h. der Zeitraum von 24 Monaten gilt eigenständig für jeden Zinssatz).

102Z2 Wenn ein Unternehmen zu einem späteren Zeitpunkt vernünftigerweise davon ausgehen muss, dass der alternative Referenzzinssatz innerhalb von 24 Monaten ab dem Zeitpunkt, zu dem das Unternehmen ihn erstmals als nichtvertraglich spezifizierten Risikoanteil designiert hat, nicht separat identifizierbar sein wird, hat es die Anwendung der in Paragraph 102Z1 genannten Anforderung auf diesen alternativen Referenzzinssatz zu beenden und die Bilanzierung von Sicherungsbeziehungen ab dem Zeitpunkt dieser Neubeurteilung prospektiv für alle Sicherungsbeziehungen, bei denen der alternative Referenzzinssatz als nicht vertraglich spezifizierter Risikoanteil designiert wurde, einzustellen.

Accounting for qualifying hedging relationships

Retrospective effectiveness assessment

For the purpose of assessing the retrospective effectiveness of a hedging relationship on a cumulative basis applying paragraph 88 (e) and only for this purpose, an entity may elect to reset to zero the cumulative fair value changes of the hedged item and hedging instrument when ceasing to apply paragraph 102G as required by paragraph 102M. This election is made separately for each hedging relationship (i.e. on an individual hedging relationship basis). **102V**

Cash flow hedges

For the purpose of applying paragraph 97, at the point when an entity amends the description of a hedged item as required in paragraph 102P (b), the cumulative gain or loss in other comprehensive income shall be deemed to be based on the alternative benchmark rate on which the hedged future cash flows are determined. **102W**

For a discontinued hedging relationship, when the interest rate benchmark on which the hedged future cash flows had been based is changed as required by interest rate benchmark reform, for the purpose of applying paragraph 101 (c) in order to determine whether the hedged future cash flows are expected to occur, the amount accumulated in other comprehensive income for that hedging relationship shall be deemed to be based on the alternative benchmark rate on which the hedged future cash flows will be based. **102X**

Groups of items

When an entity applies paragraph 102P to groups of items designated as hedged items in a fair value or cash flow hedge, the entity shall allocate the hedged items to subgroups based on the benchmark rate being hedged and designate the benchmark rate as the hedged risk for each subgroup. For example, in a hedging relationship in which a group of items is hedged for changes in an interest rate benchmark subject to interest rate benchmark reform, the hedged cash flows or fair value of some items in the group could be changed to reference an alternative benchmark rate before other items in the group are changed. In this example, in applying paragraph 102P, the entity would designate the alternative benchmark rate as the hedged risk for that relevant subgroup of hedged items. The entity would continue to designate the existing interest rate benchmark as the hedged risk for the other subgroup of hedged items until the hedged cash flows or fair value of those items are changed to reference the alternative benchmark rate or the items expire and are replaced with hedged items that reference the alternative benchmark rate. **102Y**

An entity shall assess separately whether each subgroup meets the requirements in paragraphs 78 and 83 to be an eligible hedged item. If any subgroup fails to meet the requirements in paragraphs 78 and 83, the entity shall discontinue hedge accounting prospectively for the hedging relationship in its entirety. An entity also shall apply the requirements in paragraphs 89 or 96 to account for ineffectiveness related to the hedging relationship in its entirety. **102Z**

Designating financial items as hedged items

An alternative benchmark rate designated as a non-contractually specified risk portion that is not separately identifiable (see paragraphs 81 and AG99F) at the date it is designated shall be deemed to have met that requirement at that date, if, and only if, the entity reasonably expects the alternative benchmark rate will be separately identifiable within 24 months. The 24-month period applies to each alternative benchmark rate separately and starts from the date the entity designates the alternative benchmark rate as a non-contractually specified risk portion for the first time (i.e. the 24-month period applies on a rate-by-rate basis). **102Z1**

If subsequently an entity reasonably expects that the alternative benchmark rate will not be separately identifiable within 24 months from the date the entity designated it as a non-contractually specified risk portion for the first time, the entity shall cease applying the requirement in paragraph 102Z1 to that alternative benchmark rate and discontinue hedge accounting prospectively from the date of that reassessment for all hedging relationships in which the alternative benchmark rate was designated as a non-contractually specified risk portion. **102Z2**

102Z3 Zusätzlich zu den in Paragraph 102P genannten Sicherungsbeziehungen hat ein Unternehmen die Bestimmungen der Paragraphen 102Z1 und 102Z2 auf neue Sicherungsbeziehungen anzuwenden, bei denen ein alternativer Referenzzinssatz als nicht vertraglich spezifizierter Risikoanteil designiert wird (siehe die Paragraphen 81 und AL99F), wenn der jeweilige Risikoanteil aufgrund der Reform der Referenzzinssätze zum Zeitpunkt seiner Designation nicht separat identifizierbar ist.

ZEITPUNKT DES INKRAFTTRETENS UND ÜBERGANGSVORSCHRIFTEN

103 Dieser Standard (einschließlich der im März 2004 veröffentlichten Änderungen) ist auf Geschäftsjahre anzuwenden, die am oder nach dem 1. Januar 2005 beginnen. Eine frühere Anwendung ist zulässig. Dieser Standard (einschließlich der im März 2004 veröffentlichten Änderungen) darf nicht auf vor dem 1. Januar 2005 beginnende Geschäftsjahre angewandt werden, es sei denn, das Unternehmen wendet IAS 32 (veröffentlicht im Dezember 2003) ebenfalls an. Wendet ein Unternehmen diesen Standard auf Berichtsperioden an, die vor dem 1. Januar 2005 beginnen, hat es dies anzugeben.

103A–103B [gestrichen]

103C Durch IAS 1 (überarbeitet 2007) wurde die in den IAS/IFRS verwendete Terminologie geändert. Außerdem wurden die Paragraphen 95 (a), 97, 98, 100, 102, 108 und AL99B geändert. Diese Änderungen sind auf Geschäftsjahre anzuwenden, die am oder nach dem 1. Januar 2009 beginnen. Wendet ein Unternehmen IAS 1 (überarbeitet 2007) auf eine frühere Periode an, so hat es auf diese Periode auch diese Änderungen anzuwenden.

103D [gestrichen]

103E Durch IFRS 27 (in der 2008 geänderten Fassung) wurde Paragraph 102 geändert. Diese Änderung ist auf Geschäftsjahre anzuwenden, die am oder nach dem 1. Juli 2009 beginnen. Wendet ein Unternehmen IAS 27 (geändert 2008) auf eine frühere Periode an, so hat es auf diese Periode auch die genannte Änderung anzuwenden.

103F [gestrichen]

103G Die Paragraphen AL99BA, AL99E, AL99F, AL110A und AL110B sind gemäß IAS 8 *Rechnungslegungsmethoden, Änderungen von rechnungslegungsbezogenen Schätzungen und Fehler* rückwirkend auf Geschäftsjahre anzuwenden, die am oder nach dem 1. Juli 2009 beginnen. Eine frühere Anwendung ist zulässig. Wendet ein Unternehmen *Geeignete Grundgeschäfte* (Änderung an IAS 39) auf Berichtsperioden an, die vor dem 1. Juli 2009 beginnen, hat es dies anzugeben.

103H–103J [gestrichen]

103K Durch die *Verbesserungen an den IFRS*, veröffentlicht im April 2009, wurden die Paragraphen 2 (g), 97 und 100 geändert. Die Änderungen dieser Paragraphen sind für Geschäftsjahre, die am oder nach dem 1. Januar 2010 beginnen, prospektiv auf alle noch nicht abgelaufenen Verträge anzuwenden. Eine frühere Anwendung ist zulässig. Wendet ein Unternehmen die Änderungen auf eine frühere Berichtsperiode an, hat es dies anzugeben.

103L–103P [gestrichen]

103Q Durch IFRS 13, veröffentlicht im Mai 2011, wurde(n) die Paragraphen 9, 13, 28, 47, 88, AL46, AL52, AL64, AL76, AL76A, AL80, AL81 und AL96 geändert, der Paragraph 43A eingefügt und die Paragraphen 48–49, AL69–AL75, AL77–AL79 und AL82 gestrichen. Wendet ein Unternehmen IFRS 13 an, sind diese Änderungen ebenfalls anzuwenden.

103R Durch die im Oktober 2012 veröffentlichte Verlautbarung *Investmentgesellschaften* (Investment Entities) (Änderungen an IFRS 10, IFRS 12 und IAS 27) wurden die Paragraphen 2 und 80 geändert. Diese Änderungen sind auf Geschäftsjahre anzuwenden, die am oder nach dem 1. Januar 2014 beginnen. Eine frühere Anwendung ist zulässig. Wendet ein Unternehmen diese Änderungen früher an, hat es alle in der Verlautbarung enthaltenen Änderungen gleichzeitig anzuwenden.

103S [gestrichen]

103T Durch IFRS 15 *Erlöse aus Verträgen mit Kunden*, veröffentlicht im Mai 2014, wurden die Paragraphen 2, 9, 43, 47, 55, AL2, AL4 und AL48 geändert und die Paragraphen 2A, 44A, 55A sowie AL8A–AL8C eingefügt. Wendet ein Unternehmen IFRS 15 an, sind diese Änderungen ebenfalls anzuwenden.

103U Durch IFRS 9 (in der im Juli 2014 veröffentlichten Fassung) wurden die Paragraphen 2, 8, 9, 71, 88–90, 96, AL95, AL114, AL118 und die Überschriften vor A133 geändert und die Paragraphen 1, 4–7, 10–70, 103B, 103D, 103F, 103H–103J,

In addition to those hedging relationships specified in paragraph 102P, an entity shall apply the requirements in paragraphs 102Z1 and 102Z2 to new hedging relationships in which an alternative benchmark rate is designated as a non-contractually specified risk portion (see paragraphs 81 and AG99F) when, because of interest rate benchmark reform, that risk portion is not separately identifiable at the date it is designated. 102Z3

EFFECTIVE DATE AND TRANSITION

An entity shall apply this standard (including the amendments issued in March 2004) for annual periods beginning on or after 1 January 2005. Earlier application is permitted. An entity shall not apply this standard (including the amendments issued in March 2004) for annual periods beginning before 1 January 2005 unless it also applies IAS 32 (issued December 2003). If an entity applies this standard for a period beginning before 1 January 2005, it shall disclose that fact. 103

[deleted] 103A–103B

IAS 1 (as revised in 2007) amended the terminology used throughout IFRSs. In addition it amended paragraphs 95 (a), 97, 98, 100, 102, 108 and AG99B. An entity shall apply those amendments for annual periods beginning on or after 1 January 2009. If an entity applies IAS 1 (revised 2007) for an earlier period, the amendments shall be applied for that earlier period. 103C

[deleted] 103D

IAS 27 (as amended by the International Accounting Standards Board in 2008) amended paragraph 102. An entity shall apply that amendment for annual periods beginning on or after 1 July 2009. If an entity applies IAS 27 (amended 2008) for an earlier period, the amendment shall be applied for that earlier period. 103E

[deleted] 103F

An entity shall apply paragraphs AG99BA, AG99E, AG99F, AG110A and AG110B retrospectively for annual periods beginning on or after 1 July 2009, in accordance with IAS 8 *Accounting Policies, Changes in Accounting Estimates and Errors*. Earlier application is permitted. If an entity applies *Eligible Hedged Items* (Amendment to IAS 39) for periods beginning before 1 July 2009, it shall disclose that fact. 103G

[deleted] 103H—103J

Improvements to IFRSs, issued in April 2009, amended paragraphs 2 (g), 97 and 100. An entity shall apply the amendments to those paragraphs prospectively to all unexpired contracts for annual periods beginning on or after 1 January 2010. Earlier application is permitted. If an entity applies the amendments for an earlier period it shall disclose that fact. 103K

[deleted] 103L—103P

IFRS 13, issued in May 2011, amended paragraphs 9, 13, 28, 47, 88, AG46, AG52, AG64, AG76, AG76A, AG80, AG81 and AG96, added paragraph 43A and deleted paragraphs 48—49, AG69—AG75, AG77—AG79 and AG82. An entity shall apply those amendments when it applies IFRS 13. 103Q

Investment Entities (Amendments to IFRS 10, IFRS 12 and IAS 27), issued in October 2012, amended paragraphs 2 and 80. An entity shall apply those amendments for annual periods beginning on or after 1 January 2014. Earlier application of *Investment Entities* is permitted. If an entity applies those amendments earlier it shall also apply all amendments included in *Investment Entities* at the same time. 103R

[deleted] 103S

IFRS 15 *Revenue from Contracts with Customers*, issued in May 2014, amended paragraphs 2, 9, 43, 47, 55, AG2, AG4 and AG48 and added paragraphs 2A, 44A, 55A and AG8A—AG8C. An entity shall apply those amendments when it applies IFRS 15. 103T

IFRS 9, as issued in July 2014, amended paragraphs 2, 8, 9, 71, 88—90, 96, AG95, AG114, AG118 and the headings above AG133 and deleted paragraphs 1, 4—7, 10—70, 103B, 103D, 103F, 103H—103J, 103L—103P, 103S, 105—107A, 108E—108F, AG1—AG93 and AG96. An entity shall apply those amendments when it applies IFRS 9. 103U

103L–103P, 103S, 105–107A, 108E–108F, AL1–AL93 und AL96 gestrichen. Wendet ein Unternehmen IFRS 9 an, hat es diese Änderungen ebenfalls anzuwenden.

103V [Dieser Paragraph wurde für Unternehmen eingefügt, die IFRS 9 nicht angewendet hatten.].

104 Soweit in Paragraph 108 nicht anders festgelegt, ist dieser Standard rückwirkend anzuwenden. Der Eröffnungsbilanzwert der Gewinnrücklagen für die früheste vorangegangene dargestellte Periode sowie alle anderen Vergleichsbeträge sind so anzupassen, als wäre dieser Standard immer angewandt worden, es sei denn, eine solche Anpassung wäre undurchführbar. Ist dies der Fall, hat das Unternehmen dies anzugeben und aufzuführen, inwieweit die Informationen angepasst wurden.

105–107A [gestrichen]

108 Ein Unternehmen darf den Buchwert nichtfinanzieller Vermögenswerte und nichtfinanzieller Verbindlichkeiten nicht anpassen, um Gewinne und Verluste aus Absicherungen von Zahlungsströmen, die vor dem Beginn des Geschäftsjahrs, in dem der vorliegende Standard zuerst angewendet wurde, in den Buchwert eingeschlossen waren, auszuschließen. Zu Beginn der Berichtsperiode, in der der vorliegende Standard erstmalig angewendet wird, ist jeder nicht erfolgswirksam (im sonstigen Ergebnis oder direkt im Eigenkapital) erfasste Betrag für eine Absicherung einer festen Verpflichtung, die gemäß diesem Standard als eine Absicherung eines beizulegenden Zeitwerts behandelt wird, in einen Vermögenswert oder eine Verbindlichkeit umzugliedern, mit Ausnahme einer Absicherung des Währungsrisikos, die weiterhin als Absicherung von Zahlungsströmen behandelt wird.

108A Der letzte Satz des Paragraphen 80 sowie die Paragraphen AL99A und AL99B sind auf Geschäftsjahre anzuwenden, die am oder nach dem 1. Januar 2006 beginnen. Eine frühere Anwendung wird empfohlen. Wenn ein Unternehmen eine erwartete externe Transaktion, die

(a) auf die funktionale Währung des Unternehmens lautet, das die Transaktion abschließt,
(b) zu einem Risiko führt, das sich auf den Konzerngewinn oder -verlust auswirkt (d. h. auf eine andere Währung als die Darstellungswährung des Konzerns lautet), und
(c) die Kriterien für die Bilanzierung von Sicherungsbeziehungen erfüllen würde, wenn sie nicht auf die funktionale Währung des abschließenden Unternehmens lautete,

als Grundgeschäft designiert hat, kann es auf die Periode/die Perioden vor dem Zeitpunkt der Anwendung des letzten Satzes des Paragraphen 80 und der Paragraphen AL99A und AL99B im Konzernabschluss die Bilanzierung für Sicherungsbeziehungen anwenden.

108B Ein Unternehmen muss den Paragraphen AL99B nicht auf Vergleichsinformationen anwenden, die sich auf Perioden vor dem Zeitpunkt der Anwendung des letzten Satzes des Paragraphen 80 und des Paragraphen AL99A beziehen.

108C Durch die *Verbesserungen der IFRS*, veröffentlicht im Mai 2008, wurden die Paragraphen 73 und AL8 geändert. Durch die *Verbesserungen der IFRS*, veröffentlicht im April 2009, wurde Paragraph 80 geändert. Diese Änderungen sind auf Geschäftsjahre anzuwenden, die am oder nach dem 1. Januar 2009 beginnen. Eine frühere Anwendung ist zulässig. Wendet ein Unternehmen diese Änderungen für eine frühere Berichtsperiode an, hat es dies anzugeben.

108D Durch die im Juni 2013 unter dem Titel *Novation von Derivaten und Fortsetzung der Bilanzierung von Sicherungsgeschäften* veröffentlichten Änderungen an IAS 39 wurden die Paragraphen 91 und 101 geändert und der Paragraph AL113A eingefügt. Diese Paragraphen sind auf Geschäftsjahre anzuwenden, die am oder nach dem 1. Januar 2014 beginnen. Diese Änderungen sind gemäß IAS 8 *Rechnungslegungsmethoden, Änderungen von rechnungslegungsbezogenen Schätzungen und Fehler* rückwirkend anzuwenden. Eine frühere Anwendung ist zulässig. Wendet ein Unternehmen diese Änderungen auf eine frühere Periode an, hat es dies anzugeben.

108E–108F [gestrichen]

108G Durch die im September 2019 veröffentlichte Verlautbarung *Reform der Referenzzinssätze*, mit der IFRS 9, IAS 39 und IFRS 7 geändert wurden, wurden die Paragraphen 102A–102N eingefügt. Diese Änderungen sind auf Geschäftsjahre anzuwenden, die am oder nach dem 1. Januar 2020 beginnen. Eine frühere Anwendung ist zulässig. Wendet ein Unternehmen diese Änderungen auf eine frühere Periode an, hat es dies anzugeben. Diese Änderungen sind rückwirkend nur auf Sicherungsbeziehungen anzuwenden, die zu Beginn des Berichtszeitraums, in dem das Unternehmen diese Änderungen erstmals anwendet, bereits bestanden oder danach designiert wurden, und auf den im sonstigen Ergebnis erfassten Gewinn oder Verlust, der zu Beginn der Berichtsperiode, in der das Unternehmen diese Änderungen erstmals anwendet, bereits angefallen war.

108H Durch die im August 2020 veröffentlichte Verlautbarung *Reform der Referenzzinssätze – Phase 2*, mit der IFRS 9, IAS 39, IFRS 7, IFRS 4 und IFRS 16 geändert wurden, wurde(n) die Paragraphen 102O–102Z3 und 108I–108K eingefügt und Paragraph 102M geändert. Diese Änderungen sind auf Geschäftsjahre anzuwenden, die am oder nach dem 1. Januar 2021

This Standard shall be applied retrospectively except as specified in paragraph 108. The opening balance of retained earnings for the earliest prior period presented and all other comparative amounts shall be adjusted as if this Standard had always been in use unless restating the information would be impracticable. If restatement is impracticable, the entity shall disclose that fact and indicate the extent to which the information was restated. **104**

[deleted] **105—107A**

An entity shall not adjust the carrying amount of non-financial assets and non-financial liabilities to exclude gains and losses related to cash flow hedges that were included in the carrying amount before the beginning of the financial year in which this Standard is first applied. At the beginning of the financial period in which this Standard is first applied, any amount recognised outside profit or loss (in other comprehensive income or directly in equity) for a hedge of a firm commitment that under this Standard is accounted for as a fair value hedge shall be reclassified as an asset or liability, except for a hedge of foreign currency risk that continues to be treated as a cash flow hedge. **108**

An entity shall apply the last sentence of paragraph 80, and paragraphs AG99A and AG99B, for annual periods beginning on or after 1 January 2006. Earlier application is encouraged. If an entity has designated as the hedged item an external forecast transaction that: **108A**

(a) is denominated in the functional currency of the entity entering into the transaction;
(b) gives rise to an exposure that will have an effect on consolidated profit or loss (i.e. is denominated in a currency other than the group's presentation currency); and
(c) would have qualified for hedge accounting had it not been denominated in the functional currency of the entity entering into it;

it may apply hedge accounting in the consolidated financial statements in the period(s) before the date of application of the last sentence of paragraph 80, and paragraphs AG99A and AG99B.

An entity need not apply paragraph AG99B to comparative information relating to periods before the date of application of the last sentence of paragraph 80 and paragraph AG99A. **108B**

Paragraphs 73 and AG8 were amended by *Improvements to IFRSs*, issued in May 2008. Paragraph 80 was amended by *Improvements to IFRSs*, issued in April 2009. An entity shall apply those amendments for annual periods beginning on or after 1 January 2009. Earlier application of all the amendments is permitted. If an entity applies the amendments for an earlier period it shall disclose that fact. **108C**

Novation of Derivatives and Continuation of Hedge Accounting (Amendments to IAS 39), issued in June 2013, amended paragraphs 91 and 101 and added paragraph AG113A. An entity shall apply those paragraphs for annual periods beginning on or after 1 January 2014. An entity shall apply those amendments retrospectively in accordance with IAS 8 *Accounting Policies, Changes in Accounting Estimates and Errors*. Earlier application is permitted. If an entity applies those amendments for an earlier period it shall disclose that fact. **108D**

[deleted] **108E—108F**

Interest Rate Benchmark Reform, which amended IFRS 9, IAS 39 and IFRS 7, issued in September 2019, added paragraphs 102A—102N. An entity shall apply these amendments for annual periods beginning on or after 1 January 2020. Earlier application is permitted. If an entity applies these amendments for an earlier period, it shall disclose that fact. An entity shall apply these amendments retrospectively to those hedging relationships that existed at the beginning of the reporting period in which an entity first applies these amendments or were designated thereafter, and to the gain or loss recognised in other comprehensive income that existed at the beginning of the reporting period in which an entity first applies these amendments. **108G**

Interest Rate Benchmark Reform—Phase 2, which amended IFRS 9, IAS 39, IFRS 7, IFRS 4 and IFRS 16, issued in August 2020, added paragraphs 102O—102Z3 and 108I—108K, and amended paragraph 102M. An entity shall apply these amendments for annual periods beginning on or after 1 January 2021. Earlier application is permitted. If an entity applies **108H**

beginnen. Eine frühere Anwendung ist zulässig. Wendet ein Unternehmen diese Änderungen auf eine frühere Periode an, hat es dies anzugeben. Soweit in den Paragraphen 108I–108K nicht anders festgelegt, sind diese Änderungen gemäß IAS 8 rückwirkend anzuwenden.

108I Ein Unternehmen darf eine neue Sicherungsbeziehung (z. B. wie in Paragraph 102Z3 beschrieben) nur prospektiv designieren (d. h. in Vorperioden darf ein Unternehmen keine neue Sicherungsbeziehung designieren). Ein Unternehmen hat eine beendete Sicherungsbeziehung nur dann wieder herzustellen, wenn die folgenden Bedingungen erfüllt sind:

(a) Das Unternehmen hatte die jeweilige Sicherungsbeziehung nur aufgrund von Veränderungen beendet, die die Reform der Referenzzinssätze notwendig gemacht hatte, und das Unternehmen hätte die Sicherungsbeziehung nicht beenden müssen, wenn diese Änderungen zu diesem Zeitpunkt bereits angewandt worden wären, und

(b) zu Beginn der Berichtsperiode, in der ein Unternehmen diese Änderungen erstmals anwendet (Datum der erstmaligen Anwendung der Änderungen), erfüllt die beendete Sicherungsbeziehung die Voraussetzungen für die Bilanzierung von Sicherungsbeziehungen (nach Berücksichtigung der Änderungen).

108J Falls ein Unternehmen eine beendete Sicherungsbeziehung in Anwendung des Paragraphen 108I wieder herstellt, hat es die in den Paragraphen 102Z1 und 102Z2 enthaltenen Bezugnahmen auf den Zeitpunkt der erstmaligen Designation des alternativen Referenzzinssatzes als nichtvertraglich spezifizierten Risikoanteil als Bezugnahmen auf den Zeitpunkt der erstmaligen Anwendung der Änderungen auszulegen (d. h. der Zeitraum von 24 Monaten für den jeweiligen alternativen Referenzzinssatz, der als nichtvertraglich spezifizierter Risikoanteil designiert ist, beginnt mit dem Zeitpunkt der erstmaligen Anwendung dieser Änderungen).

108K Ein Unternehmen ist nicht verpflichtet, Vorperioden anzupassen, um der Anwendung dieser Änderungen Rechnung zu tragen. Ein Unternehmen darf Vorperioden nur dann anpassen, wenn dabei keine nachträglichen Erkenntnisse verwendet werden. Passt ein Unternehmen Vorperioden nicht an, hat es etwaige Differenzen zwischen dem bisherigen Buchwert und dem Buchwert zu Beginn des Geschäftsjahrs, in das der Zeitpunkt der erstmaligen Anwendung der Änderungen fällt, im Eröffnungsbilanzwert der Gewinnrücklagen (oder einer anderen als sachgerecht angesehenen Eigenkapitalkomponente) des Geschäftsjahrs zu erfassen, in das der Zeitpunkt der erstmaligen Anwendung der Änderungen fällt.

RÜCKNAHME ANDERER VERLAUTBARUNGEN

109 Dieser Standard ersetzt IAS 39 *Finanzinstrumente: Ansatz und Bewertung* in der im Oktober 2000 überarbeiteten Fassung.

110 Dieser Standard und die dazugehörigen Anwendungsleitlinien ersetzen die vom IAS 39 Implementation Guidance Committee herausgegebenen Anwendungsleitlinien, die vom früheren IASC festgelegt wurden.

these amendments for an earlier period, it shall disclose that fact. An entity shall apply these amendments retrospectively in accordance with IAS 8, except as specified in paragraphs 108I—108K.

An entity shall designate a new hedging relationship (for example, as described in paragraph 102Z3) only prospectively (i.e. an entity is prohibited from designating a new hedge accounting relationship in prior periods). However, an entity shall reinstate a discontinued hedging relationship if, and only if, these conditions are met: **108I**

(a) the entity had discontinued that hedging relationship solely due to changes required by interest rate benchmark reform and the entity would not have been required to discontinue that hedging relationship if these amendments had been applied at that time; and

(b) at the beginning of the reporting period in which an entity first applies these amendments (date of initial application of these amendments), that discontinued hedging relationship meets the qualifying criteria for hedge accounting (after taking into account these amendments).

If, in applying paragraph 108I, an entity reinstates a discontinued hedging relationship, the entity shall read references in paragraphs 102Z1 and 102Z2 to the date the alternative benchmark rate is designated as a non- contractually specified risk portion for the first time as referring to the date of initial application of these amendments (i.e. the 24-month period for that alternative benchmark rate designated as a non-contractually specified risk portion begins from the date of initial application of these amendments). **108J**

An entity is not required to restate prior periods to reflect the application of these amendments. The entity may restate prior periods if, and only if, it is possible without the use of hindsight. If an entity does not restate prior periods, the entity shall recognise any difference between the previous carrying amount and the carrying amount at the beginning of the annual reporting period that includes the date of initial application of these amendments in the opening retained earnings (or other component of equity, as appropriate) of the annual reporting period that includes the date of initial application of these amendments. **108K**

WITHDRAWAL OF OTHER PRONOUNCEMENTS

This standard supersedes IAS 39 *Financial instruments: recognition and measurement* revised in October 2000. **109**

This standard and the accompanying Implementation Guidance supersede the Implementation Guidance issued by the IAS 39 Implementation Guidance Committee, established by the former IASC. **110**

ANHANG A
Anwendungsleitlinien

Dieser Anhang ist integraler Bestandteil des Standards.

AL1– AL93 [gestrichen]

Sicherungsbeziehungen (Paragraphen 71–102)

Sicherungsinstrumente (Paragraphen 72–77)

Qualifizierende Instrumente (Paragraphen 72 und 73)

AL94 Der mögliche Verlust aus einer von einem Unternehmen geschriebenen Option kann erheblich höher ausfallen als der mögliche Wertzuwachs des dazugehörigen Grundgeschäfts. Mit anderen Worten: Eine geschriebene Option ist kein wirksames Mittel zur Reduzierung des Gewinn- oder Verlustrisikos eines Grundgeschäfts. Eine geschriebene Option erfüllt daher nicht die Kriterien eines Sicherungsinstruments, es sei denn, sie wird zur Glattstellung einer erworbenen Option eingesetzt; hierzu gehören auch Optionen, die in ein anderes Finanzinstrument eingebettet sind (beispielsweise eine geschriebene Kaufoption, mit der das Risiko aus einer kündbaren Verbindlichkeit abgesichert werden soll). Eine erworbene Option hingegen führt zu potenziellen Gewinnen, die entweder den Verlusten entsprechen oder diese übersteigen; sie beinhaltet daher die Möglichkeit, das Gewinn- oder Verlustrisiko aus Veränderungen des beizulegenden Zeitwerts oder der Zahlungsströme zu reduzieren. Sie kann folglich die Kriterien eines Sicherungsinstruments erfüllen.

AL95 Ein zu fortgeführten Anschaffungskosten bewerteter finanzieller Vermögenswert kann zur Absicherung eines Währungsrisikos als Sicherungsinstrument designiert werden.

AL96 [gestrichen]

AL97 Die eigenen Eigenkapitalinstrumente eines Unternehmens sind keine finanziellen Vermögenswerte oder Verbindlichkeiten des Unternehmens und können daher nicht als Sicherungsinstrumente designiert werden.

Grundgeschäfte (Paragraphen 78–84)

Qualifizierende Grundgeschäfte (Paragraphen 78–80)

AL98 Eine feste Verpflichtung zum Erwerb eines Unternehmens im Rahmen eines Unternehmenszusammenschlusses kann – mit Ausnahme der damit verbundenen Währungsrisiken – nicht als Grundgeschäft gelten, da die anderen abzusichernden Risiken nicht gesondert ermittelt und bewertet werden können. Bei diesen anderen Risiken handelt es sich um allgemeine Geschäftsrisiken.

AL99 Eine nach der Equity-Methode bilanzierte Finanzinvestition kann kein Grundgeschäft zur Absicherung des beizulegenden Zeitwerts sein, da bei der Equity-Methode der Anteil des Investors am Gewinn oder Verlust des assoziierten Unternehmens und nicht die Veränderung des beizulegenden Zeitwerts der Finanzinvestition erfolgswirksam erfasst wird. Aus einem ähnlichen Grund kann eine Finanzinvestition in ein konsolidiertes Tochterunternehmen kein Grundgeschäft zur Absicherung des beizulegenden Zeitwerts sein, da bei einer Konsolidierung der Gewinn oder Verlust einer Tochtergesellschaft und nicht etwaige Veränderungen des beizulegenden Zeitwerts der Finanzinvestition erfolgswirksam erfasst werden. Anders verhält es sich bei der Absicherung einer Nettoinvestition in einen ausländischen Geschäftsbetrieb, da es sich hierbei um die Absicherung eines Währungsrisikos handelt und nicht um die Absicherung des beizulegenden Zeitwerts hinsichtlich etwaiger Änderungen des Investitionswerts.

AL99A In Paragraph 80 heißt es, dass das Währungsrisiko einer mit hoher Wahrscheinlichkeit eintretenden künftigen konzerninternen Transaktion die Kriterien eines Grundgeschäfts bei einer Absicherung von Zahlungsströmen für den Konzernabschluss erfüllen kann, sofern die Transaktion in einer anderen Währung als der funktionalen Währung des Unternehmens, das diese Transaktion abschließt, abgewickelt wird und sich das Währungsrisiko im Konzerngewinn oder -verlust niederschlägt. Diesbezüglich kann es sich bei einem Unternehmen um ein Mutterunternehmen, Tochterunternehmen, assoziiertes Unternehmen, ein Gemeinschaftsunternehmen oder eine Niederlassung handeln. Wenn das Währungsrisiko einer erwarteten künftigen konzerninternen Transaktion sich nicht im Konzerngewinn oder -verlust niederschlägt, kann die konzerninterne Transaktion nicht die Definition eines Grundgeschäfts erfüllen. Dies ist in der Regel der Fall bei Zahlungen von Nutzungsentgelten, Zinsen oder Verwaltungsgebühren zwischen Mitgliedern desselben Konzerns, sofern es sich nicht um eine entsprechende externe Transaktion handelt. Wenn das Währungsrisiko einer erwarteten künftigen konzerninternen Transaktion sich jedoch im Konzerngewinn oder -verlust niederschlägt, kann die konzerninterne Transaktion die Definition eines Grundgeschäfts erfüllen. Ein Beispiel hierfür sind erwartete Verkäufe oder Käufe von Vorräten zwischen Mitgliedern desselben Konzerns, wenn die Vorräte an eine Partei außerhalb des Konzerns weiterverkauft werden. Ebenso kann ein erwarteter künftiger Verkauf von Sachanlagen des Konzernunternehmens, welches diese gefertigt hat, an ein anderes Konzernunternehmen, welches diese Sachanlagen in seinem Betrieb benutzen

APPENDIX A

Application guidance

This appendix is an integral part of the standard.

[deleted] AG1—AG93

Hedging (paragraphs 71—102)

Hedging instruments (paragraphs 72—77)

Qualifying instruments (paragraphs 72 and 73)

The potential loss on an option that an entity writes could be significantly greater than the potential gain in value of a related hedged item. In other words, a written option is not effective in reducing the profit or loss exposure of a hedged item. Therefore, a written option does not qualify as a hedging instrument unless it is designated as an offset to a purchased option, including one that is embedded in another financial instrument (for example, a written call option used to hedge a callable liability). In contrast, a purchased option has potential gains equal to or greater than losses and therefore has the potential to reduce profit or loss exposure from changes in fair values or cash flows. Accordingly, it can qualify as a hedging instrument. AG94

A financial asset measured at amortised cost may be designated as a hedging instrument in a hedge of foreign currency risk. AG95

[deleted] AG96

An entity's own equity instruments are not financial assets or financial liabilities of the entity and therefore cannot be designated as hedging instruments. AG97

Hedged items (paragraphs 78—84)

Qualifying items (paragraphs 78—80)

A firm commitment to acquire a business in a business combination cannot be a hedged item, except for foreign exchange risk, because the other risks being hedged cannot be specifically identified and measured. These other risks are general business risks. AG98

An equity method investment cannot be a hedged item in a fair value hedge because the equity method recognises in profit or loss the investor's share of the associate's profit or loss, rather than changes in the investment's fair value. For a similar reason, an investment in a consolidated subsidiary cannot be a hedged item in a fair value hedge because consolidation recognises in profit or loss the subsidiary's profit or loss, rather than changes in the investment's fair value. A hedge of a net investment in a foreign operation is different because it is a hedge of the foreign currency exposure, not a fair value hedge of the change in the value of the investment. AG99

Paragraph 80 states that in consolidated financial statements the foreign currency risk of a highly probable forecast intragroup transaction may qualify as a hedged item in a cash flow hedge, provided the transaction is denominated in a currency other than the functional currency of the entity entering into that transaction and the foreign currency risk will affect consolidated profit or loss. For this purpose an entity can be a parent, subsidiary, associate, joint venture or branch. If the foreign currency risk of a forecast intragroup transaction does not affect consolidated profit or loss, the intragroup transaction cannot qualify as a hedged item. This is usually the case for royalty payments, interest payments or management charges between members of the same group unless there is a related external transaction. However, when the foreign currency risk of a forecast intragroup transaction will affect consolidated profit or loss, the intragroup transaction can qualify as a hedged item. An example is forecast sales or purchases of inventories between members of the same group if there is an onward sale of the inventory to a party external to the group. Similarly, a forecast intragroup sale of plant and equipment from the group entity that manufactured it to a group entity that will use the plant and equipment in its operations may affect consolidated profit or loss. This could occur, for example, because the plant and equipment will be AG99A

wird, den Konzerngewinn oder -verlust beeinflussen. Dies könnte beispielsweise der Fall sein, weil die Sachanlage von dem erwerbenden Unternehmen abgeschrieben wird, und der erstmalig für diese Sachanlage angesetzte Betrag sich ändern könnte, wenn die erwartete künftige konzerninterne Transaktion in einer anderen Währung als der funktionalen Währung des erwerbenden Unternehmens abgewickelt wird.

AL99B Wenn eine Absicherung einer erwarteten konzerninternen Transaktion die Kriterien für eine Bilanzierung als Sicherungsbeziehung erfüllt, sind alle gemäß Paragraph 95 (a) im sonstigen Ergebnis erfassten Gewinne oder Verluste in derselben Periode oder denselben Perioden, in der/denen das Währungsrisiko der abgesicherten Transaktion das Konzernergebnis beeinflusst, erfolgswirksam umzugliedern und als Umgliederungsbeträge auszuweisen.

AL99BA Ein Unternehmen kann in einer Sicherungsbeziehung alle Veränderungen der Zahlungsströme oder des beizulegenden Zeitwerts eines Grundgeschäfts designieren. Es können auch nur die oberhalb oder unterhalb eines festgelegten Preises oder einer anderen Variablen liegenden Veränderungen der Zahlungsströme oder des beizulegenden Zeitwerts eines Grundgeschäfts designiert werden (einseitiges Risiko). Bei einem Grundgeschäft spiegelt der innere Wert einer Option, die (in der Annahme, dass ihre wesentlichen Bedingungen denen des designierten Risikos entsprechen) als Sicherungsinstrument erworben wurde, ein einseitiges Risiko wider, ihr Zeitwert dagegen nicht. Ein Unternehmen kann beispielsweise die Schwankung künftiger Zahlungsstrom-Ergebnisse designieren, die aus einer Preiserhöhung bei einem erwarteten Warenkauf resultieren. In einem solchen Fall werden nur Zahlungsstrom-Verluste designiert, die aus der Erhöhung des Preises oberhalb des festgelegten Grenzwerts resultieren. Das abgesicherte Risiko umfasst nicht den Zeitwert einer erworbenen Option, da der Zeitwert kein Bestandteil der erwarteten Transaktion ist, der den Gewinn oder Verlust beeinflusst (Paragraph 86 (b)).

Designation finanzieller Posten als Grundgeschäfte (Paragraphen 81 und 81A)

AL99C Ein Unternehmen kann [...] alle Zahlungsströme des gesamten finanziellen Vermögenswerts oder der gesamten finanziellen Verbindlichkeit als Grundgeschäft designieren und sie gegen nur ein bestimmtes Risiko absichern (z. B. gegen Änderungen, die den Veränderungen des LIBOR zuzuordnen sind). Beispielsweise kann ein Unternehmen im Falle einer finanziellen Verbindlichkeit, deren Effektivzinssatz 100 Basispunkte unter dem LIBOR liegt, die gesamte Verbindlichkeit (d. h den Kapitalbetrag zuzüglich der Zinsen zum LIBOR abzüglich 100 Basispunkte) als Grundgeschäft designieren und die gesamte Verbindlichkeit gegen auf Veränderungen des LIBORs zurückzuführende Veränderungen des beizulegenden Zeitwerts oder der Zahlungsströme absichern. Das Unternehmen kann auch eine andere Sicherungsquote als eins zu eins wählen, um die Wirksamkeit der Absicherung, wie in Paragraph AL100 beschrieben, zu verbessern.

AL99D Wenn ein festverzinsliches Finanzinstrument einige Zeit nach seiner Emission abgesichert wird und sich die Zinssätze zwischenzeitlich geändert haben, kann das Unternehmen einen Teil designieren, der einem Referenzzinssatz entspricht [...]. Als Beispiel wird angenommen, dass ein Unternehmen einen festverzinslichen finanziellen Vermögenswert über 100 WE mit einem Effektivzinssatz von 6 Prozent zu einem Zeitpunkt emittiert, zu dem der LIBOR 4 Prozent beträgt. Die Absicherung dieses Vermögenswerts beginnt zu einem späteren Zeitpunkt, zu dem der LIBOR auf 8 Prozent gestiegen ist und der beizulegende Zeitwert des Vermögenswerts auf 90 WE gefallen ist. Das Unternehmen berechnet, dass der Effektivzinssatz 9,5 Prozent betragen würde, wenn es den Vermögenswert zu dem Zeitpunkt erworben hätte, als es ihn erstmalig als Grundgeschäft zu seinem zu diesem Zeitpunkt geltenden beizulegenden Zeitwert von 90 WE designiert hätte. [...]. Das Unternehmen kann einen Anteil des LIBOR von 8 Prozent bestimmen, der zum einen Teil aus den vertraglichen Zinszahlungen und zum anderen Teil aus der Differenz zwischen dem aktuellen beizulegenden Zeitwert (d. h 90 WE) und dem bei Fälligkeit zu zahlenden Betrag (d. h. 100 WE) besteht.

AL99E Nach Paragraph 81 kann ein Unternehmen auch einen Teil der Veränderung des beizulegenden Zeitwerts oder der Zahlungsstrom-Schwankungen eines Finanzinstruments designieren. So können beispielsweise

(a) alle Zahlungsströme eines Finanzinstruments für Veränderungen der Zahlungsströme oder des beizulegenden Zeitwerts, die einigen (aber nicht allen) Risiken zuzuordnen sind, designiert werden, oder

(b) einige (aber nicht alle) Zahlungsströme eines Finanzinstruments für Veränderungen der Zahlungsströme oder des beizulegenden Zeitwerts, die allen bzw. nur einigen Risiken zuzuordnen sind, designiert werden (d. h. ein „Teil" der Zahlungsströme des Finanzinstruments kann für Änderungen, die allen bzw. nur einigen Risiken zuzuordnen sind, designiert werden).

AL99F Die designierten Risiken und Teilrisiken sind dann für eine Bilanzierung als Sicherungsbeziehung geeignet, wenn sie einzeln identifizierbare Bestandteile des Finanzinstruments sind, und Veränderungen der Zahlungsströme oder des beizulegenden Zeitwerts des gesamten Finanzinstruments, die auf Veränderungen der designierten Risiken und Teilrisiken beruhen, verlässlich ermittelt werden können. Es folgen einige Beispiele:

(a) Bei festverzinslichen Finanzinstrumenten, die für den Fall, dass sich ihr beizulegender Zeitwert durch Änderung eines risikolosen Zinssatzes oder Referenzzinssatzes ändert, abgesichert sind, wird der risikolose Zinssatz oder Referenzzinssatz in der Regel sowohl als einzeln identifizierbarer Bestandteil des Finanzinstruments als auch als verlässlich ermittelbar betrachtet.

(b) Die Inflation ist weder einzeln identifizierbar noch verlässlich ermittelbar und kann nicht als Risiko oder Teil eines Finanzinstruments designiert werden, es sei denn, die unter (c) genannten Anforderungen sind erfüllt.

depreciated by the purchasing entity and the amount initially recognised for the plant and equipment may change if the forecast intragroup transaction is denominated in a currency other than the functional currency of the purchasing entity.

If a hedge of a forecast intragroup transaction qualifies for hedge accounting, any gain or loss that is recognised in other comprehensive income in accordance with paragraph 95 (a) shall be reclassified from equity to profit or loss as a reclassification adjustment in the same period or periods during which the foreign currency risk of the hedged transaction affects consolidated profit or loss. **AG99B**

An entity can designate all changes in the cash flows or fair value of a hedged item in a hedging relationship. An entity can also designate only changes in the cash flows or fair value of a hedged item above or below a specified price or other variable (a one-sided risk). The intrinsic value of a purchased option hedging instrument (assuming that it has the same principal terms as the designated risk), but not its time value, reflects a one-sided risk in a hedged item. For example, an entity can designate the variability of future cash flow outcomes resulting from a price increase of a forecast commodity purchase. In such a situation, only cash flow losses that result from an increase in the price above the specified level are designated. The hedged risk does not include the time value of a purchased option because the time value is not a component of the forecast transaction that affects profit or loss (paragraph 86 (b)). **AG99BA**

Designation of financial items as hedged items (paragraphs 81 and 81A)

[...] The entity may designate all of the cash flows of the entire financial asset or financial liability as the hedged item and hedge them for only one particular risk (e.g. only for changes that are attributable to changes in LIBOR). For example, in the case of a financial liability whose effective interest rate is 100 basis points below LIBOR, an entity can designate as the hedged item the entire liability (i.e. principal plus interest at LIBOR minus 100 basis points) and hedge the change in the fair value or cash flows of that entire liability that is attributable to changes in LIBOR. The entity may also choose a hedge ratio of other than one to one in order to improve the effectiveness of the hedge as described in paragraph AG100. **AG99C**

In addition, if a fixed rate financial instrument is hedged some time after its origination and interest rates have changed in the meantime, the entity can designate a portion equal to a benchmark rate [...].. For example, assume an entity originates a fixed rate financial asset of CU100 that has an effective interest rate of 6 per cent at a time when LIBOR is 4 per cent. It begins to hedge that asset some time later when LIBOR has increased to 8 per cent and the fair value of the asset has decreased to CU90. The entity calculates that if it had purchased the asset on the date it first designates it as the hedged item for its then fair value of CU90, the effective yield would have been 9,5 per cent. [...].The entity can designate a LIBOR portion of 8 per cent that consists partly of the contractual interest cash flows and partly of the difference between the current fair value (i.e. CU90) and the amount repayable on maturity (i.e. CU100). **AG99D**

Paragraph 81 permits an entity to designate something other than the entire fair value change or cash flow variability of a financial instrument. For example: **AG99E**

(a) all of the cash flows of a financial instrument may be designated for cash flow or fair value changes attributable to some (but not all) risks; or
(b) some (but not all) of the cash flows of a financial instrument may be designated for cash flow or fair value changes attributable to all or only some risks (ie a 'portion' of the cash flows of the financial instrument may be designated for changes attributable to all or only some risks).

To be eligible for hedge accounting, the designated risks and portions must be separately identifiable components of the financial instrument, and changes in the cash flows or fair value of the entire financial instrument arising from changes in the designated risks and portions must be reliably measurable. For example: **AG99F**

(a) for a fixed rate financial instrument hedged for changes in fair value attributable to changes in a risk-free or benchmark interest rate, the risk-free or benchmark rate is normally regarded as both a separately identifiable component of the financial instrument and reliably measurable;
(b) inflation is not separately identifiable and reliably measurable and cannot be designated as a risk or a portion of a financial instrument unless the requirements in (c) are met;

(c) Ein vertraglich genau designierter Inflationsanteil der Zahlungsströme einer anerkannten inflationsgebundenen Anleihe ist (unter der Voraussetzung, dass keine separate Bilanzierung als eingebettetes Derivat erforderlich ist) so lange einzeln identifizierbar und verlässlich ermittelbar, wie andere Zahlungsströme des Instruments von dem Inflationsanteil nicht betroffen sind.

Designation nichtfinanzieller Posten als Grundgeschäfte (Paragraph 82)

AL100 Preisänderungen eines Bestandteils oder einer Komponente eines nichtfinanziellen Vermögenswerts oder einer nichtfinanziellen Verbindlichkeit haben in der Regel keine vorhersehbaren, getrennt bestimmbaren Auswirkungen auf den Preis des Postens, die mit den Auswirkungen z. B. einer Änderung des Marktzinses auf den Kurs einer Anleihe vergleichbar wären. Daher kann ein nichtfinanzieller Vermögenswert oder eine nichtfinanzielle Verbindlichkeit nur insgesamt oder für Währungsrisiken als Grundgeschäft bestimmt werden. Gibt es einen Unterschied zwischen den Bedingungen des Sicherungsinstruments und des Grundgeschäfts (wie für die Absicherung eines geplanten Kaufs von brasilianischem Kaffee durch ein Forwardgeschäft auf den Kauf von kolumbianischem Kaffee zu ansonsten vergleichbaren Bedingungen), kann die Sicherungsbeziehung dennoch als solche gelten, sofern alle Voraussetzungen aus Paragraph 88, einschließlich derjenigen, dass die Absicherung als faktisch hoch wirksam beurteilt wird, erfüllt sind. Für diesen Zweck kann der Wert des Sicherungsinstruments größer oder kleiner als der des Grundgeschäfts sein, wenn dadurch die Wirksamkeit der Sicherungsbeziehung verbessert wird. Eine Regressionsanalyse könnte beispielsweise durchgeführt werden, um einen statistischen Zusammenhang zwischen dem Grundgeschäft (z. B. einer Transaktion mit brasilianischem Kaffee) und dem Sicherungsinstrument (z. B. einer Transaktion mit kolumbianischem Kaffee) aufzustellen. Gibt es einen validen statistischen Zusammenhang zwischen den beiden Variablen (d. h zwischen dem Preis je Einheit von brasilianischem Kaffee und kolumbianischem Kaffee), kann die Steigung der Regressionskurve zur Feststellung der Sicherungsquote, die die erwartete Wirksamkeit maximiert, verwendet werden. Liegt beispielsweise die Steigung der Regressionskurve bei 1,02, maximiert eine Sicherungsquote, die auf 0,98 Mengeneinheiten der Grundgeschäfte zu 1,00 Mengeneinheiten des Sicherungsinstruments basiert, die erwartete Wirksamkeit. Die Sicherungsbeziehung kann jedoch zu einer Unwirksamkeit führen, die im Zeitraum der Sicherungsbeziehung erfolgswirksam erfasst wird.

Designation von Gruppen von Posten als Grundgeschäfte (Paragraphen 83 und 84)

AL101 Eine Absicherung einer gesamten Nettoposition (z. B. des Saldos aller festverzinslichen Vermögenswerte und festverzinslichen Verbindlichkeiten mit ähnlichen Laufzeiten) im Gegensatz zu einer Absicherung eines einzelnen Postens erfüllt nicht die Kriterien für eine Bilanzierung als Sicherungsgeschäft. Allerdings können bei einem solchen Sicherungszusammenhang annähernd die gleichen Auswirkungen auf den Gewinn oder Verlust erzielt werden wie bei einer Bilanzierung von Sicherungsbeziehungen, wenn nur ein Teil der zugrunde liegenden Posten als Grundgeschäft bestimmt wird. Wenn beispielsweise eine Bank über Vermögenswerte von 100 WE und Verbindlichkeiten in Höhe von 90 WE verfügt, deren Risiken und Laufzeiten ähnlich sind, und die Bank das verbleibende Nettorisiko von 10 WE absichert, so kann sie 10 WE dieser Vermögenswerte als Grundgeschäft bestimmen. Eine solche Bestimmung kann erfolgen, wenn es sich bei den besagten Vermögenswerten und Verbindlichkeiten um festverzinsliche Instrumente handelt, was in diesem Fall einer Absicherung des beizulegenden Zeitwerts entspricht, oder wenn es sich um variabel verzinsliche Instrumente handelt, wobei es sich dann um eine Absicherung von Zahlungsströmen handelt. Ähnlich wäre dies im Falle eines Unternehmens, das eine feste Verpflichtung zum Kauf in einer Fremdwährung in Höhe von 100 WE sowie eine feste Verpflichtung zum Verkauf in dieser Währung in Höhe von 90 WE eingegangen ist; in diesem Fall kann es den Nettobetrag von 10 WE durch den Kauf eines Derivats absichern, das als Sicherungsinstrument zum Erwerb von 10 WE als Teil der festen Verpflichtung zum Kauf von 100 WE bestimmt wird.

Bilanzierung von Sicherungsbeziehungen (Paragraphen 85–102)

AL102 Ein Beispiel für die Absicherung des beizulegenden Zeitwerts ist die Absicherung des Risikos aus einer Veränderung des beizulegenden Zeitwerts eines festverzinslichen Schuldinstruments aufgrund einer Zinsänderung. Eine solche Sicherungsbeziehung kann vonseiten des Emittenten oder des Inhabers des Schuldinstruments eingegangen werden.

AL103 Ein Beispiel für eine Absicherung von Zahlungsströmen ist der Einsatz eines Swap-Kontrakts, mit dem variabel verzinsliche Verbindlichkeiten gegen festverzinsliche Verbindlichkeiten getauscht werden (d. h eine Absicherung gegen Risiken aus einer künftigen Transaktion, wobei die abgesicherten künftigen Zahlungsströme hierbei die künftigen Zinszahlungen darstellen).

AL104 Die Absicherung einer festen Verpflichtung (z. B. eine Absicherung gegen Risiken einer Änderung des Kraftstoffpreises im Rahmen einer nicht bilanzierten vertraglichen Verpflichtung eines Energieversorgers zum Kauf von Kraftstoff zu einem festgesetzten Preis) ist eine Absicherung des Risikos einer Veränderung des beizulegenden Zeitwerts. Demzufolge stellt solch eine Sicherungsbeziehung eine Absicherung des beizulegenden Zeitwerts dar. Nach Paragraph 87 könnte jedoch eine Absicherung des Währungsrisikos einer festen Verpflichtung alternativ als eine Absicherung von Zahlungsströmen bilanziert werden.

(c) a contractually specified inflation portion of the cash flows of a recognised inflation-linked bond (assuming there is no requirement to account for an embedded derivative separately) is separately identifiable and reliably measurable as long as other cash flows of the instrument are not affected by the inflation portion.

Designation of non-financial items as hedged items (paragraph 82)

Changes in the price of an ingredient or component of a non-financial asset or non-financial liability generally do not have a predictable, separately measurable effect on the price of the item that is comparable to the effect of, say, a change in market interest rates on the price of a bond. Thus, a non-financial asset or non-financial liability is a hedged item only in its entirety or for foreign exchange risk. If there is a difference between the terms of the hedging instrument and the hedged item (such as for a hedge of the forecast purchase of Brazilian coffee using a forward contract to purchase Colombian coffee on otherwise similar terms), the hedging relationship nonetheless can qualify as a hedge relationship provided all the conditions in paragraph 88 are met, including that the hedge is expected to be highly effective. For this purpose, the amount of the hedging instrument may be greater or less than that of the hedged item if this improves the effectiveness of the hedging relationship. For example, a regression analysis could be performed to establish a statistical relationship between the hedged item (e.g. a transaction in Brazilian coffee) and the hedging instrument (e.g. a transaction in Colombian coffee). If there is a valid statistical relationship between the two variables (i.e. between the unit prices of Brazilian coffee and Colombian coffee), the slope of the regression line can be used to establish the hedge ratio that will maximise expected effectiveness. For example, if the slope of the regression line is 1,02, a hedge ratio based on 0,98 quantities of hedged items to 1,00 quantities of the hedging instrument maximises expected effectiveness. However, the hedging relationship may result in ineffectiveness that is recognised in profit or loss during the term of the hedging relationship. **AG100**

Designation of groups of items as hedged items (paragraphs 83 and 84)

A hedge of an overall net position (e.g. the net of all fixed rate assets and fixed rate liabilities with similar maturities), rather than of a specific hedged item, does not qualify for hedge accounting. However, almost the same effect on profit or loss of hedge accounting for this type of hedging relationship can be achieved by designating as the hedged item part of the underlying items. For example, if a bank has CU100 of assets and CU90 of liabilities with risks and terms of a similar nature and hedges the net CU10 exposure, it can designate as the hedged item CU10 of those assets. This designation can be used if such assets and liabilities are fixed rate instruments, in which case it is a fair value hedge, or if they are variable rate instruments, in which case it is a cash flow hedge. Similarly, if an entity has a firm commitment to make a purchase in a foreign currency of CU100 and a firm commitment to make a sale in the foreign currency of CU90, it can hedge the net amount of CU10 by acquiring a derivative and designating it as a hedging instrument associated with CU10 of the firm purchase commitment of CU100. **AG101**

Hedge accounting (paragraphs 85—102)

An example of a fair value hedge is a hedge of exposure to changes in the fair value of a fixed rate debt instrument as a result of changes in interest rates. Such a hedge could be entered into by the issuer or by the holder. **AG102**

An example of a cash flow hedge is the use of a swap to change floating rate debt to fixed rate debt (i.e. a hedge of a future transaction where the future cash flows being hedged are the future interest payments). **AG103**

A hedge of a firm commitment (e.g. a hedge of the change in fuel price relating to an unrecognised contractual commitment by an electric utility to purchase fuel at a fixed price) is a hedge of an exposure to a change in fair value. Accordingly, such a hedge is a fair value hedge. However, under paragraph 87 a hedge of the foreign currency risk of a firm commitment could alternatively be accounted for as a cash flow hedge. **AG104**

Beurteilung der Wirksamkeit der Absicherung

AL105 Eine Sicherungsbeziehung wird nur dann als hoch wirksam angesehen, wenn die beiden folgenden Voraussetzungen erfüllt sind:

(a) Zu Beginn der Sicherungsbeziehung und in den Folgeperioden wird erwartet, dass die Absicherung in Bezug auf die Erreichung eines Ausgleichs der auf das abgesicherte Risiko zurückzuführenden Veränderungen des beizulegenden Zeitwerts oder der Zahlungsströme innerhalb der für die Absicherung relevanten Periode hochwirksam ist. Eine solche Einschätzung kann auf verschiedene Weise nachgewiesen werden, u. a. durch einen Vergleich bisheriger Veränderungen des beizulegenden Zeitwerts oder der Zahlungsströme des Grundgeschäfts, die auf das abgesicherte Risiko zurückzuführen sind, mit bisherigen Veränderungen des beizulegenden Zeitwerts oder der Zahlungsströme des Sicherungsinstruments oder durch den Nachweis einer hohen statistischen Korrelation zwischen dem beizulegenden Zeitwert oder den Zahlungsströmen des Grundgeschäfts und denen des Sicherungsinstruments. Das Unternehmen kann eine andere Sicherungsquote als eins zu eins wählen, um die Wirksamkeit der Absicherung, wie in Paragraph AL100 beschrieben, zu verbessern.

(b) Die aktuellen Ergebnisse der Sicherungsbeziehung liegen innerhalb einer Bandbreite von 80–125 Prozent. Sehen die aktuellen Ergebnisse so aus, dass beispielsweise der Verlust aus einem Sicherungsinstrument 120 WE und der Gewinn aus dem monetären Instrument 100 WE beträgt, so kann die Kompensation anhand der Berechnung 120/100 bewertet werden, was einem Ergebnis von 120 Prozent entspricht, oder anhand der Berechnung 100/120, was einem Ergebnis von 83 Prozent entspricht. Angenommen, dass in diesem Beispiel die Sicherungsbeziehung die Voraussetzungen unter (a) erfüllt, würde das Unternehmen daraus schließen, dass die Sicherungsbeziehung in hohem Maße wirksam gewesen ist.

AL106 Eine Beurteilung der Wirksamkeit von Sicherungsbeziehungen hat mindestens zum Zeitpunkt der Aufstellung des Jahresabschlusses oder des Zwischenabschlusses zu erfolgen.

AL107 Dieser Standard schreibt keine bestimmte Methode zur Beurteilung der Wirksamkeit der Absicherung vor. Die von einem Unternehmen gewählte Methode zur Beurteilung der Wirksamkeit der Absicherung richtet sich nach seiner Risikomanagementstrategie. Wenn beispielsweise die Risikomanagementstrategie eines Unternehmens vorsieht, die Höhe des Sicherungsinstruments periodisch anzupassen, um Änderungen der abgesicherten Position widerzuspiegeln, braucht das Unternehmen nur für die Periode bis zur nächsten Anpassung des Sicherungsinstruments den Nachweis zu erbringen, dass die Sicherungsbeziehung als in hohem Maße wirksam eingeschätzt wird. In manchen Fällen werden für verschiedene Arten von Sicherungsbeziehungen unterschiedliche Methoden verwendet. In der Dokumentation seiner Sicherungsstrategie macht ein Unternehmen Angaben über die zur Beurteilung der Wirksamkeit eingesetzten Methoden und Verfahren. Diese sollten auch angeben, ob bei der Beurteilung sämtliche Gewinne oder Verluste aus einem Sicherungsinstrument berücksichtigt werden oder ob der Zeitwert des Instruments unberücksichtigt bleibt.

AL107A [...]

AL108 Sind die wesentlichen Bedingungen des Sicherungsinstruments und des abgesicherten Vermögenswerts, der abgesicherten Schuld, der festen Verpflichtung oder der mit hoher Wahrscheinlichkeit eintretenden erwarteten Transaktion gleich, so ist wahrscheinlich, dass sich die Veränderungen des beizulegenden Zeitwerts und der Zahlungsströme, die auf das abgesicherte Risiko zurückzuführen sind, gegenseitig vollständig ausgleichen, und zwar sowohl zu Beginn der Sicherungsbeziehung als auch danach. So ist beispielsweise ein Zinsswap voraussichtlich eine wirksame Absicherung, wenn Nominal- und Kapitalbetrag, Laufzeiten, Zinsanpassungstermine, die Zeitpunkte der Zins- und Tilgungsein- und -auszahlungen sowie die Bemessungsgrundlage zur Festsetzung der Zinsen für das Sicherungsinstrument und das Grundgeschäft gleich sind. Außerdem ist die Absicherung eines erwarteten Warenkaufs, dessen Eintreten hoch wahrscheinlich ist, durch ein Forwardgeschäft voraussichtlich hoch wirksam, sofern

(a) das Forwardgeschäft den Erwerb einer Ware derselben Art und Menge, zu demselben Zeitpunkt und Ort wie das erwartete Grundgeschäft zum Gegenstand hat,

(b) der beizulegende Zeitwert des Forwardgeschäfts zu Beginn null ist und

(c) entweder die Änderung des Disagios oder des Agios des Forwardgeschäfts aus der Beurteilung der Wirksamkeit herausgenommen und direkt erfolgswirksam erfasst wird oder die Veränderung der erwarteten Zahlungsströme aus der mit hoher Wahrscheinlichkeit eintretenden erwarteten Transaktion auf dem Forwardkurs der zugrunde liegenden Ware basiert.

AL109 Manchmal kompensiert das Sicherungsinstrument nur einen Teil des abgesicherten Risikos. So dürfte eine Sicherungsbeziehung nur zum Teil wirksam sein, wenn das Sicherungsinstrument und das Grundgeschäft auf verschiedene Währungen lauten und beide sich nicht parallel entwickeln. Desgleichen dürfte die Absicherung eines Zinsrisikos mithilfe eines derivativen Finanzinstruments nur bedingt wirksam sein, wenn ein Teil der Veränderung des beizulegenden Zeitwerts des derivativen Finanzinstruments auf das Ausfallrisiko der Gegenseite zurückzuführen ist.

AL110 Um die Kriterien für eine Bilanzierung als Sicherungsbeziehung zu erfüllen, muss sich die Sicherungsbeziehung nicht nur auf allgemeine Geschäftsrisiken des Unternehmens, sondern auf ein bestimmtes, identifizier- und bestimmbares Risiko beziehen und sich letztlich auf den Gewinn oder Verlust des Unternehmens auswirken. Die Absicherung gegen Veralterung

Assessing hedge effectiveness

A hedge is regarded as highly effective only if both of the following conditions are met: AG105

(a) At the inception of the hedge and in subsequent periods, the hedge is expected to be highly effective in achieving offsetting changes in fair value or cash flows attributable to the hedged risk during the period for which the hedge is designated. Such an expectation can be demonstrated in various ways, including a comparison of past changes in the fair value or cash flows of the hedged item that are attributable to the hedged risk with past changes in the fair value or cash flows of the hedging instrument, or by demonstrating a high statistical correlation between the fair value or cash flows of the hedged item and those of the hedging instrument. The entity may choose a hedge ratio of other than one to one in order to improve the effectiveness of the hedge as described in paragraph AG100.

(b) The actual results of the hedge are within a range of 80—125 per cent. For example, if actual results are such that the loss on the hedging instrument is CU120 and the gain on the cash instrument is CU100, offset can be measured by 120/100, which is 120 per cent, or by 100/120, which is 83 per cent. In this example, assuming the hedge meets the condition in (a), the entity would conclude that the hedge has been highly effective.

Effectiveness is assessed, at a minimum, at the time an entity prepares its annual or interim financial statements. AG106

This standard does not specify a single method for assessing hedge effectiveness. The method an entity adopts for assessing hedge effectiveness depends on its risk management strategy. For example, if the entity's risk management strategy is to adjust the amount of the hedging instrument periodically to reflect changes in the hedged position, the entity needs to demonstrate that the hedge is expected to be highly effective only for the period until the amount of the hedging instrument is next adjusted. In some cases, an entity adopts different methods for different types of hedges. An entity's documentation of its hedging strategy includes its procedures for assessing effectiveness. Those procedures state whether the assessment includes all of the gain or loss on a hedging instrument or whether the instrument's time value is excluded. AG107

[...]. AG107A

If the principal terms of the hedging instrument and of the hedged asset, liability, firm commitment or highly probable forecast transaction are the same, the changes in fair value and cash flows attributable to the risk being hedged may be likely to offset each other fully, both when the hedge is entered into and afterwards. For example, an interest rate swap is likely to be an effective hedge if the notional and principal amounts, term, repricing dates, dates of interest and principal receipts and payments, and basis for measuring interest rates are the same for the hedging instrument and the hedged item. In addition, a hedge of a highly probable forecast purchase of a commodity with a forward contract is likely to be highly effective if: AG108

(a) the forward contract is for the purchase of the same quantity of the same commodity at the same time and location as the hedged forecast purchase;

(b) the fair value of the forward contract at inception is zero; and

(c) either the change in the discount or premium on the forward contract is excluded from the assessment of effectiveness and recognised in profit or loss or the change in expected cash flows on the highly probable forecast transaction is based on the forward price for the commodity.

Sometimes the hedging instrument offsets only part of the hedged risk. For example, a hedge would not be fully effective if the hedging instrument and hedged item are denominated in different currencies that do not move in tandem. Also, a hedge of interest rate risk using a derivative would not be fully effective if part of the change in the fair value of the derivative is attributable to the counterparty's credit risk. AG109

To qualify for hedge accounting, the hedge must relate to a specific identified and designated risk, and not merely to the entity's general business risks, and must ultimately affect the entity's profit or loss. A hedge of the risk of obsolescence of a AG110

von materiellen Vermögenswerten oder gegen das Risiko einer staatlichen Enteignung von Gegenständen kann nicht als Sicherungsbeziehung bilanziert werden, denn die Wirksamkeit lässt sich nicht bewerten, da die hiermit verbundenen Risiken nicht verlässlich ermittelt werden können.

AL 110A Nach Paragraph 74 (a) kann ein Unternehmen inneren Wert und Zeitwert eines Optionskontrakts voneinander trennen und nur die Änderung des inneren Werts des Optionskontrakts als Sicherungsinstrument designieren. Eine solche Designation kann zu einer Sicherungsbeziehung führen, mit der sich Veränderungen der Zahlungsströme, die durch ein abgesichertes einseitiges Risiko einer erwarteten Transaktion bedingt sind, äußerst wirksam kompensieren lassen, wenn die wesentlichen Bedingungen der erwarteten Transaktion und des Sicherungsinstruments gleich sind.

AL 110B Designiert ein Unternehmen eine erworbene Option zur Gänze als Sicherungsinstrument eines einseitigen Risikos einer erwarteten Transaktion, wird die Sicherungsbeziehung nicht gänzlich wirksam sein, da die gezahlte Optionsprämie den Zeitwert einschließt, ein designiertes einseitiges Risiko Paragraph AL99BA zufolge den Zeitwert einer Option aber nicht einschließt. In diesem Fall wird es folglich keinen vollständigen Ausgleich zwischen den Zahlungsströmen aus dem Zeitwert der gezahlten Optionsprämie und dem designierten abgesicherten Risiko geben.

AL111 Im Falle eines Zinsänderungsrisikos kann die Wirksamkeit der Absicherung durch die Erstellung eines Fälligkeitsplans für finanzielle Vermögenswerte und Verbindlichkeiten beurteilt werden, aus dem das Nettozinsänderungsrisiko für jede Periode hervorgeht, vorausgesetzt, das Nettorisiko ist mit einem besonderen Vermögenswert oder einer besonderen Verbindlichkeit verbunden (oder einer besonderen Gruppe von Vermögenswerten oder Verbindlichkeiten bzw. einem bestimmten Teil davon), auf den/die das Nettorisiko zurückzuführen ist, und die Wirksamkeit der Absicherung wird in Bezug auf diesen Vermögenswert oder diese Verbindlichkeit beurteilt.

AL112 Bei der Beurteilung der Wirksamkeit einer Absicherung berücksichtigt ein Unternehmen in der Regel den Zeitwert des Geldes. Der feste Zinssatz eines Grundgeschäfts muss dabei nicht exakt mit dem festen Zinssatz eines zur Absicherung des beizulegenden Zeitwerts designierten Swaps übereinstimmen. Auch muss der variable Zinssatz eines zinstragenden Vermögenswerts oder einer zinstragenden Verbindlichkeit nicht mit dem variablen Zinssatz eines zur Absicherung von Zahlungsströmen designierten Swaps übereinstimmen. Der beizulegende Zeitwert eines Swaps ergibt sich aus seinem Nettoausgleich. So können die festen und variablen Zinssätze eines Swaps ausgetauscht werden, ohne dass dies Auswirkungen auf den Nettoausgleich hat, wenn beide in gleicher Höhe getauscht werden.

AL113 Wenn die Kriterien für die Wirksamkeit der Absicherung nicht erfüllt werden, stellt das Unternehmen die Bilanzierung der jeweiligen Sicherungsbeziehung ab dem Zeitpunkt ein, an dem die Wirksamkeit der Sicherungsbeziehung letztmals nachgewiesen wurde. Wenn jedoch ein Unternehmen das Ereignis oder die Änderung des Umstands, wodurch die Sicherungsbeziehung die Wirksamkeitskriterien nicht mehr erfüllte, identifiziert und nachweist, dass die Sicherungsbeziehung vor Eintreten des Ereignisses oder des geänderten Umstands wirksam war, stellt das Unternehmen die Bilanzierung der Sicherungsbeziehung ab dem Zeitpunkt des Ereignisses oder der Änderung des Umstands ein.

AL113A Der Klarheit halber sind die Auswirkungen der Ersetzung der ursprünglichen Gegenpartei durch eine Clearing-Gegenpartei und der in Paragraph 91 (a) (ii) und Paragraph 101 (a) (ii) dargelegten dazugehörigen Änderungen bei der Bewertung des Sicherungsinstruments und damit auch bei der Beurteilung und Bewertung der Wirksamkeit der Absicherung zu berücksichtigen.

Bilanzierung der Absicherung des beizulegenden Zeitwerts zur Absicherung eines Portfolios gegen Zinsänderungsrisiken

AL114 Für die Absicherung eines beizulegenden Zeitwerts gegen das mit einem Portfolio von finanziellen Vermögenswerten oder finanziellen Verbindlichkeiten verbundene Zinsänderungsrisiko wären die Anforderungen dieses Standards erfüllt, wenn das Unternehmen die unter den nachstehenden Punkten (a)–(i) und den Paragraphen AL115–AL132 dargelegten Verfahren einhält.

(a) Das Unternehmen identifiziert als Teil seines Risikomanagementprozesses ein Portfolio von Posten, deren Zinsänderungsrisiken abgesichert werden sollen. Das Portfolio kann nur Vermögenswerte, nur Verbindlichkeiten oder auch beides, Vermögenswerte und Verbindlichkeiten umfassen. Das Unternehmen kann zwei oder mehr Portfolios bestimmen, wobei es die nachstehenden Anleitungen für jedes Portfolio gesondert anwendet.

(b) Das Unternehmen teilt das Portfolio nach Zinsanpassungsperioden auf, die nicht auf vertraglich fixierten, sondern vielmehr auf erwarteten Zinsanpassungsterminen basieren. Diese Aufteilung in Zinsanpassungsperioden kann auf verschiedene Weise durchgeführt werden, einschließlich in Form einer Aufstellung von Zahlungsströmen in den Perioden, in denen sie den Erwartungen zufolge anfallen, oder einer Aufstellung von nominalen Kapitalbeträgen in allen Perioden, bis zum erwarteten Zeitpunkt der Zinsanpassung.

(c) Auf Grundlage dieser Aufteilung legt das Unternehmen den Betrag fest, den es absichern möchte. Als Grundgeschäft designiert das Unternehmen aus dem identifizierten Portfolio einen Betrag von Vermögenswerten oder Verbindlichkeiten (jedoch keinen Nettobetrag), der dem abzusichernden Betrag entspricht. […]

(d) Das Unternehmen designiert das abzusichernde Zinsänderungsrisiko. Dieses Risiko könnte einen Teil des Zinsänderungsrisikos jedes Postens innerhalb der abgesicherten Position darstellen, wie beispielsweise ein Referenzzinssatz (z. B. LIBOR).

physical asset or the risk of expropriation of property by a government is not eligible for hedge accounting; effectiveness cannot be measured because those risks are not measurable reliably.

Paragraph 74 (a) permits an entity to separate the intrinsic value and time value of an option contract and designate as the hedging instrument only the change in the intrinsic value of the option contract. Such a designation may result in a hedging relationship that is perfectly effective in achieving offsetting changes in cash flows attributable to a hedged one-sided risk of a forecast transaction, if the principal terms of the forecast transaction and hedging instrument are the same. **AG110A**

If an entity designates a purchased option in its entirety as the hedging instrument of a one-sided risk arising from a forecast transaction, the hedging relationship will not be perfectly effective. This is because the premium paid for the option includes time value and, as stated in paragraph AG99BA, a designated one-sided risk does not include the time value of an option. Therefore, in this situation, there will be no offset between the cash flows relating to the time value of the option premium paid and the designated hedged risk. **AG110B**

In the case of interest rate risk, hedge effectiveness may be assessed by preparing a maturity schedule for financial assets and financial liabilities that shows the net interest rate exposure for each time period, provided that the net exposure is associated with a specific asset or liability (or a specific group of assets or liabilities or a specific portion of them) giving rise to the net exposure, and hedge effectiveness is assessed against that asset or liability. **AG111**

In assessing the effectiveness of a hedge, an entity generally considers the time value of money. The fixed interest rate on a hedged item need not exactly match the fixed interest rate on a swap designated as a fair value hedge. Nor does the variable interest rate on an interest-bearing asset or liability need to be the same as the variable interest rate on a swap designated as a cash flow hedge. A swap's fair value derives from its net settlements. The fixed and variable rates on a swap can be changed without affecting the net settlement if both are changed by the same amount. **AG112**

If an entity does not meet hedge effectiveness criteria, the entity discontinues hedge accounting from the last date on which compliance with hedge effectiveness was demonstrated. However, if the entity identifies the event or change in circumstances that caused the hedging relationship to fail the effectiveness criteria, and demonstrates that the hedge was effective before the event or change in circumstances occurred, the entity discontinues hedge accounting from the date of the event or change in circumstances. **AG113**

For the avoidance of doubt, the effects of replacing the original counterparty with a clearing counterparty and making the associated changes as described in paragraphs 91 (a) (ii) and 101 (a) (ii) shall be reflected in the measurement of the hedging instrument and therefore in the assessment of hedge effectiveness and the measurement of hedge effectiveness. **AG113A**

Fair value hedge accounting for a portfolio hedge of interest rate risk

For a fair value hedge of interest rate risk associated with a portfolio of financial assets or financial liabilities, an entity would meet the requirements of this Standard if it complies with the procedures set out in (a)—(i) and paragraphs AG115—AG132 below. **AG114**

(a) As part of its risk management process the entity identifies a portfolio of items whose interest rate risk it wishes to hedge. The portfolio may comprise only assets, only liabilities or both assets and liabilities. The entity may identify two or more portfolios, in which case it applies the guidance below to each portfolio separately.
(b) The entity analyses the portfolio into repricing time periods based on expected, rather than contractual, repricing dates. The analysis into repricing time periods may be performed in various ways, including scheduling cash flows into the periods in which they are expected to occur, or scheduling notional principal amounts into all periods until repricing is expected to occur.
(c) On the basis of this analysis, the entity decides the amount it wishes to hedge. The entity designates as the hedged item an amount of assets or liabilities (but not a net amount) from the identified portfolio equal to the amount it wishes to designate as being hedged. [...].
(d) The entity designates the interest rate risk it is hedging. This risk could be a portion of the interest rate risk in each of the items in the hedged position, such as a benchmark interest rate (e.g. LIBOR).

(e) Das Unternehmen designiert ein oder mehrere Sicherungsinstrumente für jede Zinsanpassungsperiode.

(f) Gemäß den zuvor erwähnten Designationen aus (c)–(e) beurteilt das Unternehmen zu Beginn und in den Folgeperioden, ob es die Sicherungsbeziehung innerhalb der für die Absicherung relevanten Periode als in hohem Maße wirksam einschätzt.

(g) Das Unternehmen bewertet regelmäßig die Veränderung des beizulegenden Zeitwerts des Grundgeschäfts (wie unter (c) designiert), die auf das abgesicherte Risiko zurückzuführen ist (wie unter (d) designiert) [...]. Sofern bestimmt wird, dass die Sicherungsbeziehung zum Zeitpunkt ihrer Beurteilung gemäß der vom Unternehmen dokumentierten Methode zur Beurteilung der Wirksamkeit tatsächlich in hohem Maße wirksam war, erfasst das Unternehmen die Veränderung des beizulegenden Zeitwerts des Grundgeschäfts erfolgswirksam im Gewinn oder Verlust und in einem der beiden Posten der Bilanz, wie in Paragraph 89A beschrieben. Die Veränderung des beizulegenden Zeitwerts braucht nicht einzelnen Vermögenswerten oder Verbindlichkeiten zugeordnet zu werden.

(h) Das Unternehmen bestimmt die Veränderung des beizulegenden Zeitwerts des Sicherungsinstruments/der Sicherungsinstrumente (wie unter (e) designiert) und erfasst sie erfolgswirksam als Gewinn oder Verlust. Der beizulegende Zeitwert des Sicherungsinstruments/der Sicherungsinstrumente wird in der Bilanz als Vermögenswert oder Verbindlichkeit angesetzt.

(i) Jede Unwirksamkeit[2] wird als Differenz zwischen der unter (g) genannten Veränderung des beizulegenden Zeitwerts und der unter (h) genannten Änderung des beizulegenden Zeitwerts erfolgswirksam erfasst.

AL115 Nachstehend wird dieser Ansatz detaillierter beschrieben. Der Ansatz ist nur auf eine Absicherung des beizulegenden Zeitwerts gegen ein Zinsänderungsrisiko in Bezug auf ein Portfolio von finanziellen Vermögenswerten oder finanziellen Verbindlichkeiten anzuwenden.

AL116 Das in Paragraph AL114 (a) identifizierte Portfolio könnte Vermögenswerte und Verbindlichkeiten beinhalten. Alternativ könnte es sich auch um ein Portfolio handeln, das nur Vermögenswerte oder nur Verbindlichkeiten umfasst. Das Portfolio wird verwendet, um die Höhe der abzusichernden Vermögenswerte oder Verbindlichkeiten zu bestimmen. Das Portfolio als solches wird jedoch nicht als Grundgeschäft designiert.

AL117 Bei der Anwendung von Paragraph AL114 (b) legt das Unternehmen den erwarteten Zinsanpassungstermin eines Postens auf den früheren der folgenden Zeitpunkte fest: den Zeitpunkt, zu dem dieser Posten den Erwartungen zufolge fällig wird oder den Zeitpunkt, zu dem er an die Marktzinsen angepasst wird. Die erwarteten Zinsanpassungstermine werden zu Beginn der Sicherungsbeziehung und während ihrer Laufzeit geschätzt, sie basieren auf historischen Erfahrungen und anderen verfügbaren Informationen, einschließlich Informationen und Erwartungen über Vorfälligkeitsquoten, Zinssätzen und der Wechselwirkung zwischen diesen. Ohne unternehmensspezifische Erfahrungswerte oder bei unzureichenden Erfahrungswerten verwenden Unternehmen die Erfahrungen vergleichbarer Unternehmen für vergleichbare Finanzinstrumente. Diese Schätzwerte werden regelmäßig überprüft und im Hinblick auf Erfahrungswerte angepasst. Im Falle eines festverzinslichen, vorzeitig rückzahlbaren Postens ist der erwartete Zinsanpassungstermin der Zeitpunkt, zu dem die Rückzahlung erwartet wird, es sei denn, es findet zu einem früheren Zeitpunkt eine Zinsanpassung an Marktzinsen statt. Bei einer Gruppe von vergleichbaren Posten kann die Aufteilung in Perioden aufgrund von erwarteten Zinsanpassungsterminen in der Form durchgeführt werden, dass ein Prozentsatz der Gruppe und nicht einzelne Posten jeder Periode zugewiesen werden. Für solche Zuordnungszwecke können auch andere Methoden verwendet werden. Für die Zuordnung von Tilgungsdarlehen auf Perioden, die auf erwarteten Zinsanpassungsterminen basieren, kann beispielsweise ein Multiplikator für Vorfälligkeitsquoten verwendet werden. Die Methode für eine solche Zuordnung hat jedoch in Übereinstimmung mit den Risikomanagementverfahren und -zielsetzungen des Unternehmens zu erfolgen.

AL118 Ein Beispiel für die in Paragraph AL114 (c) beschriebene Designation: Wenn ein Unternehmen in einer bestimmten Zinsanpassungsperiode schätzt, dass es festverzinsliche Vermögenswerte von 100 WE und festverzinsliche Verbindlichkeiten von 80 WE hat, und beschließt, die gesamte Nettoposition von 20 WE abzusichern, so designiert es Vermögenswerte in Höhe von 20 WE (einen Teil der Vermögenswerte) als Grundgeschäft. Die Designation wird als „Betrag einer Währung" (z. B. ein Betrag in Dollar, Euro, Pfund oder Rand) und nicht als einzelne Vermögenswerte ausgedrückt. Daraus folgt, dass alle Vermögenswerte (oder Verbindlichkeiten), aus denen der abgesicherte Betrag resultiert, d. h. im vorstehenden Beispiel alle Vermögenswerte von 100 WE, Posten sein müssen, deren beizulegender Zeitwert sich bei Änderung des abgesicherten Zinssatzes ändern [...].

AL119 Das Unternehmen hat auch die anderen in Paragraph 88 (a) aufgeführten Anforderungen zur Bestimmung und Dokumentation zu erfüllen. Die Unternehmenspolitik bezüglich aller Faktoren, die zur Identifizierung des abzusichernden Betrags und zur Beurteilung der Wirksamkeit verwendet werden, wird bei einer Absicherung eines Portfolios gegen Zinsänderungsrisiken durch die Designation und Dokumentation festgelegt; dies beinhaltet Folgendes:

(a) welche Vermögenswerte und Verbindlichkeiten in eine Absicherung des Portfolios einzubeziehen sind und auf welcher Basis sie aus dem Portfolio entfernt werden können;

(b) wie Zinsanpassungstermine geschätzt werden, welche Annahmen von Zinssätzen den Schätzungen von Vorfälligkeitsquoten unterliegen und welches die Basis für die Änderung dieser Schätzungen ist. Für die erstmaligen

2 In diesem Zusammenhang gelten dieselben Wesentlichkeitsüberlegungen wie für alle IAS/IFRS.

(e) The entity designates one or more hedging instruments for each repricing time period.
(f) Using the designations made in (c)—(e) above, the entity assesses at inception and in subsequent periods, whether the hedge is expected to be highly effective during the period for which the hedge is designated.
(g) Periodically, the entity measures the change in the fair value of the hedged item (as designated in (c)) that is attributable to the hedged risk (as designated in (d)), [...]. Provided that the hedge is determined actually to have been highly effective when assessed using the entity's documented method of assessing effectiveness, the entity recognises the change in fair value of the hedged item as a gain or loss in profit or loss and in one of two line items in the statement of financial position as described in paragraph 89A. The change in fair value need not be allocated to individual assets or liabilities.
(h) The entity measures the change in fair value of the hedging instrument(s) (as designated in (e)) and recognises it as a gain or loss in profit or loss. The fair value of the hedging instrument(s) is recognised as an asset or liability in the statement of financial position.
(i) Any ineffectiveness[2] will be recognised in profit or loss as the difference between the change in fair value referred to in (g) and that referred to in (h).

This approach is described in more detail below. The approach shall be applied only to a fair value hedge of the interest rate risk associated with a portfolio of financial assets or financial liabilities. **AG115**

The portfolio identified in paragraph AG114 (a) could contain assets and liabilities. Alternatively, it could be a portfolio containing only assets, or only liabilities. The portfolio is used to determine the amount of the assets or liabilities the entity wishes to hedge. However, the portfolio is not itself designated as the hedged item. **AG116**

In applying paragraph AG114 (b), the entity determines the expected repricing date of an item as the earlier of the dates when that item is expected to mature or to reprice to market rates. The expected repricing dates are estimated at the inception of the hedge and throughout the term of the hedge, based on historical experience and other available information, including information and expectations regarding prepayment rates, interest rates and the interaction between them. Entities that have no entity-specific experience or insufficient experience use peer group experience for comparable financial instruments. These estimates are reviewed periodically and updated in the light of experience. In the case of a fixed rate item that is prepayable, the expected repricing date is the date on which the item is expected to prepay unless it reprices to market rates on an earlier date. For a group of similar items, the analysis into time periods based on expected repricing dates may take the form of allocating a percentage of the group, rather than individual items, to each time period. An entity may apply other methodologies for such allocation purposes. For example, it may use a prepayment rate multiplier for allocating amortising loans to time periods based on expected repricing dates. However, the methodology for such an allocation shall be in accordance with the entity's risk management procedures and objectives. **AG117**

As an example of the designation set out in paragraph AG114 (c), if in a particular repricing time period an entity estimates that it has fixed rate assets of CU100 and fixed rate liabilities of CU80 and decides to hedge all of the net position of CU20, it designates as the hedged item assets in the amount of CU20 (a portion of the assets). The designation is expressed as an 'amount of a currency' (eg an amount of dollars, euro, pounds or rand) rather than as individual assets. It follows that all of the assets (or liabilities) from which the hedged amount is drawn—ie all of the CU100 of assets in the above example—must be items whose fair value changes in response to changes in the interest rate being hedged [...]. **AG118**

The entity also complies with the other designation and documentation requirements set out in paragraph 88 (a). For a portfolio hedge of interest rate risk, this designation and documentation specifies the entity's policy for all of the variables that are used to identify the amount that is hedged and how effectiveness is measured, including the following: **AG119**
(a) which assets and liabilities are to be included in the portfolio hedge and the basis to be used for removing them from the portfolio;
(b) how the entity estimates repricing dates, including what interest rate assumptions underlie estimates of prepayment rates and the basis for changing those estimates. The same method is used for both the initial estimates made at the time an asset or liability is included in the hedged portfolio and for any later revisions to those estimates;

2 The same materiality considerations apply in this context as apply throughout IFRSs.

Schätzungen, die zu dem Zeitpunkt erfolgen, zu dem ein Vermögenswert oder eine Verbindlichkeit in das abgesicherte Portfolio eingebracht wird, und für alle späteren Korrekturen dieser Schätzwerte wird dieselbe Methode verwendet;
(c) Anzahl und Dauer der Zinsanpassungsperioden;
(d) wie häufig das Unternehmen die Wirksamkeit überprüfen wird […];
(e) die verwendete Methode, um den Betrag der Vermögenswerte oder Verbindlichkeiten, die als Grundgeschäft designiert werden, zu bestimmen […];
(f) […]. ob das Unternehmen die Wirksamkeit für jede Zinsanpassungsperiode einzeln oder für alle Perioden gemeinsam prüfen wird oder eine Kombination von beidem durchführen wird.

Die für die Bestimmung und Dokumentation der Sicherungsbeziehung festgelegten Methoden haben den Risikomanagementverfahren und -zielsetzungen des Unternehmens zu entsprechen. Die Methoden dürfen nicht willkürlich geändert werden. Sie müssen auf Grundlage der Änderungen der Bedingungen am Markt und anderer Faktoren gerechtfertigt sein und auf den Risikomanagementverfahren und -zielsetzungen des Unternehmens beruhen und mit diesen in Einklang stehen.

AL120 Das Sicherungsinstrument, auf das in Paragraph AL114 (e) verwiesen wird, kann ein einzelnes Derivat oder ein Portfolio von Derivaten sein, die alle dem nach Paragraph AL114 (d) designierten abgesicherten Zinsänderungsrisiko ausgesetzt sind (z. B. ein Portfolio von Zinsswaps die alle an den LIBOR gebunden sind). Ein solches Portfolio von Derivaten kann gegenläufige Risikopositionen enthalten. Es darf jedoch keine geschriebenen Optionen oder geschriebenen Nettooptionen enthalten, weil der Standard[3] nicht zulässt, dass solche Optionen als Sicherungsinstrumente designiert werden (außer wenn eine geschriebene Option zum Ausgleich einer Kaufoption eingesetzt wird). Wenn das Sicherungsinstrument den nach Paragraph AL114 (c) designierten Betrag für mehr als eine Zinsanpassungsperiode absichert, wird er allen abzusichernden Perioden zugeordnet. Das gesamte Sicherungsinstrument muss jedoch diesen Zinsanpassungsperioden zugeordnet werden, da der Standard[4] untersagt, eine Sicherungsbeziehung nur für einen Teil der Zeit, über die das Sicherungsinstrument noch läuft, zu designieren.

AL121 Bewertet ein Unternehmen die Veränderung des beizulegenden Zeitwerts eines vorzeitig rückzahlbaren Postens gemäß Paragraph AL114 (g), wird der beizulegende Zeitwert des vorzeitig rückzahlbaren Postens auf zwei Arten durch die Änderung des Zinssatzes beeinflusst: Die Änderung des Zinssatzes beeinflusst den beizulegenden Zeitwert der vertraglichen Zahlungsströme und den beizulegenden Zeitwert der Vorfälligkeitsoption, die in dem vorzeitig rückzahlbaren Posten enthalten ist. Paragraph 81 des Standards gestattet einem Unternehmen, einen Teil eines finanziellen Vermögenswerts oder einer finanziellen Verbindlichkeit, der einem gemeinsamen Risiko ausgesetzt ist, als Grundgeschäft zu designieren, sofern die Wirksamkeit bewertet werden kann. […].

AL122 Der Standard gibt nicht die Methoden vor, die zur Bestimmung des in Paragraph AL114 (g) genannten Betrags, das heißt der Veränderung des beizulegenden Zeitwerts des Grundgeschäfts, die auf das abgesicherte Risiko zurückzuführen ist, zu verwenden sind. […]. Es ist unangebracht zu vermuten, dass Veränderungen des beizulegenden Zeitwerts des Grundgeschäfts den Änderungen des Sicherungsinstruments wertmäßig gleichen.

AL123 Wenn das Grundgeschäft für eine bestimmte Zinsanpassungsperiode ein Vermögenswert ist, verlangt Paragraph 89A, dass die Veränderung seines Werts in einem gesonderten Posten innerhalb der Vermögenswerte dargestellt wird. Wenn dagegen das Grundgeschäft für eine bestimmte Zinsanpassungsperiode eine Verbindlichkeit ist, wird die Veränderung ihres Werts in einem gesonderten Posten innerhalb der Verbindlichkeiten dargestellt. Hierbei handelt es sich um die gesonderten Posten, auf die sich Paragraph AL114 (g) bezieht. Eine detaillierte Zuordnung zu einzelnen Vermögenswerten (oder Verbindlichkeiten) wird nicht verlangt.

AL124 Aus Paragraph AL114 (i) geht hervor, dass Unwirksamkeit in dem Umfang auftritt, in dem die Veränderung des beizulegenden Zeitwerts des dem abgesicherten Risiko zuzuordnenden Grundgeschäfts sich von der Änderung des beizulegenden Zeitwerts des Sicherungsderivats unterscheidet. Eine solche Differenz kann aus verschiedenen Gründen auftreten, u. a.:
(a) […]
(b) Posten aus dem abgesicherten Portfolio wurden wertgemindert oder ausgebucht,
(c) die Zahlungstermine des Sicherungsinstruments und des Grundgeschäfts sind verschieden und
(d) andere Gründe […].

Eine solche Unwirksamkeit[5] ist zu identifizieren und erfolgswirksam zu erfassen.

AL125 Die Wirksamkeit der Absicherung wird im Allgemeinen verbessert,
(a) wenn das Unternehmen Posten mit verschiedenen Rückzahlungsmöglichkeiten auf eine Art aufteilt, die den unterschiedlichen Verhaltensweisen bei der vorzeitigen Rückzahlung Rechnung trägt.

3 Siehe Paragraphen 77 und AL94.
4 Siehe Paragraph 75.
5 In diesem Zusammenhang gelten dieselben Wesentlichkeitsüberlegungen wie für alle IAS/IFRS.

(c) the number and duration of repricing time periods;
(d) how often the entity will test effectiveness [...];
(e) the methodology used by the entity to determine the amount of assets or liabilities that are designated as the hedged item [...];
(f) [...]. whether the entity will test effectiveness for each repricing time period individually, for all time periods in aggregate, or by using some combination of the two.

The policies specified in designating and documenting the hedging relationship shall be in accordance with the entity's risk management procedures and objectives. Changes in policies shall not be made arbitrarily. They shall be justified on the basis of changes in market conditions and other factors and be founded on and consistent with the entity's risk management procedures and objectives.

The hedging instrument referred to in paragraph AG114 (e) may be a single derivative or a portfolio of derivatives all of which contain exposure to the hedged interest rate risk designated in paragraph AG114 (d) (e.g. a portfolio of interest rate swaps all of which contain exposure to LIBOR). Such a portfolio of derivatives may contain offsetting risk positions. However, it may not include written options or net written options, because the standard[3] does not permit such options to be designated as hedging instruments (except when a written option is designated as an offset to a purchased option). If the hedging instrument hedges the amount designated in paragraph AG114 (c) for more than one repricing time period, it is allocated to all of the time periods that it hedges. However, the whole of the hedging instrument must be allocated to those repricing time periods because the standard[4] does not permit a hedging relationship to be designated for only a portion of the time period during which a hedging instrument remains outstanding. **AG120**

When the entity measures the change in the fair value of a prepayable item in accordance with paragraph AG114 (g), a change in interest rates affects the fair value of the prepayable item in two ways: it affects the fair value of the contractual cash flows and the fair value of the prepayment option that is contained in a prepayable item. Paragraph 81 of the standard permits an entity to designate a portion of a financial asset or financial liability, sharing a common risk exposure, as the hedged item, provided effectiveness can be measured. [...]. **AG121**

The standard does not specify the techniques used to determine the amount referred to in paragraph AG114 (g), namely the change in the fair value of the hedged item that is attributable to the hedged risk. [...]. It is not appropriate to assume that changes in the fair value of the hedged item equal changes in the value of the hedging instrument. **AG122**

Paragraph 89A requires that if the hedged item for a particular repricing time period is an asset, the change in its value is presented in a separate line item within assets. Conversely, if the hedged item for a particular repricing time period is a liability, the change in its value is presented in a separate line item within liabilities. These are the separate line items referred to in paragraph AG114 (g). Specific allocation to individual assets (or liabilities) is not required. **AG123**

Paragraph AG114 (i) notes that ineffectiveness arises to the extent that the change in the fair value of the hedged item that is attributable to the hedged risk differs from the change in the fair value of the hedging derivative. Such a difference may arise for a number of reasons, including: **AG124**
(a) [...];
(b) items in the hedged portfolio becoming impaired or being derecognised;
(c) the payment dates of the hedging instrument and the hedged item being different; and
(d) other causes [...].

Such ineffectiveness[5] shall be identified and recognised in profit or loss.

Generally, the effectiveness of the hedge will be improved: **AG125**
(a) if the entity schedules items with different prepayment characteristics in a way that takes account of the differences in prepayment behaviour;

3 See paragraphs 77 and AG94.
4 See paragraph 75.
5 The same materiality considerations apply in this context as apply throughout IFRSs.

(b) wenn die Anzahl der Posten im Portfolio größer ist. Wenn nur wenige Posten zu dem Portfolio gehören, ist eine relativ hohe Unwirksamkeit wahrscheinlich, wenn bei einem der Posten eine vorzeitige Rückzahlung früher oder später als erwartet erfolgt. Umfasst das Portfolio dagegen viele Posten, kann das Verhalten in Bezug auf vorzeitige Rückzahlungen genauer vorausgesagt werden.

(c) wenn die verwendeten Zinsanpassungsperioden kürzer sind (z. B. Zinsanpassungsperioden von 1 Monat anstelle von 3 Monaten). Kürzere Zinsanpassungsperioden verringern den Effekt von Inkongruenz zwischen dem Zinsanpassungs- und dem Zahlungstermin (innerhalb der Zinsanpassungsperioden) des Grundgeschäfts und des Sicherungsinstruments.

(d) je größer die Häufigkeit ist, mit der der Betrag des Sicherungsinstruments angepasst wird, um Änderungen des Grundgeschäfts widerzuspiegeln (z. B. aufgrund veränderter Erwartungen in Bezug auf vorzeitige Rückzahlungen).

AL126 Ein Unternehmen überprüft regelmäßig die Wirksamkeit. [...]

AL127 Bei der Bewertung der Wirksamkeit unterscheidet das Unternehmen zwischen Überarbeitungen der geschätzten Zinsanpassungstermine der bestehenden Vermögenswerte (oder Verbindlichkeiten) und der Emission neuer Vermögenswerte (oder Verbindlichkeiten), wobei nur erstere Unwirksamkeit auslösen. [...]. Sobald eine Unwirksamkeit, wie zuvor erwähnt, erfasst wurde, erstellt das Unternehmen für jede Zinsanpassungsperiode eine neue Schätzung der gesamten Vermögenswerte (oder Verbindlichkeiten), wobei neue Vermögenswerte (oder Verbindlichkeiten), die seit der letzten Überprüfung der Wirksamkeit emittiert wurden, einbezogen werden, und bestimmt einen neuen Betrag für das Grundgeschäft und einen neuen Prozentsatz für die Absicherung. [...]

AL128 Posten, die ursprünglich in eine Zinsanpassungsperiode aufgeteilt wurden, können ausgebucht sein, da vorzeitige Rückzahlungen oder Abschreibungen aufgrund von Wertminderung oder Verkauf früher als erwartet stattfanden. In diesem Falle ist der Änderungsbetrag des beizulegenden Zeitwerts des gesonderten Postens (siehe Paragraph AL114 (g)), der sich auf den ausgebuchten Posten bezieht, aus der Bilanz zu entfernen und in den Gewinn oder Verlust, der bei der Ausbuchung des Postens entsteht, einzubeziehen. Zu diesem Zweck ist es notwendig, die Zinsanpassungsperiode/die Zinsanpassungsperioden zu kennen, der/denen der ausgebuchte Posten zugeteilt war, um ihn aus dieser/diesen zu entfernen und um folglich den Betrag aus dem gesonderten Posten (siehe Paragraph AL114 (g)) zu entfernen. Wenn bei der Ausbuchung eines Postens die Zinsanpassungsperiode bestimmt werden kann, zu der er gehörte, wird er aus dieser Periode entfernt. Ist dies nicht möglich, wird er aus der frühesten Periode entfernt, wenn die Ausbuchung aufgrund höher als erwarteter vorzeitiger Rückzahlungen stattfand, oder in einer systematischen und vernünftigen Weise allen Perioden zugeordnet, die den ausgebuchten Posten enthalten, sofern der Posten verkauft oder wertgemindert wurde.

AL129 Jeder sich auf eine bestimmte Periode beziehende Betrag, der bei Ablauf der Periode nicht ausgebucht wurde, wird zu diesem Zeitpunkt erfolgswirksam erfasst (siehe Paragraph 89A). [...]

AL130 [...].

AL131 Wenn der abgesicherte Betrag für die Zinsanpassungsperiode verringert wird, ohne dass die zugehörigen Vermögenswerte (oder Verbindlichkeiten) ausgebucht werden, ist der zu der Wertminderung gehörende Betrag, der in dem gesonderten Posten, wie in Paragraph AL114 (g) beschrieben, enthalten ist, gemäß Paragraph 92 abzuschreiben.

AL132 Möglicherweise möchte ein Unternehmen den in den Paragraphen AL114–AL131 dargelegten Ansatz auf die Absicherung eines Portfolios, das zuvor als Absicherung von Zahlungsströmen gemäß IAS 39 bilanziert wurde, anwenden. Ein solches Unternehmen würde den vorherigen Einsatz der Absicherung von Zahlungsströmen gemäß Paragraph 101 (d) rückgängig machen und die Anforderungen des genannten Paragraphen anwenden. Es würde gleichzeitig das Sicherungsgeschäft als Absicherung des beizulegenden Zeitwerts neu designieren und den in den Paragraphen AL114–AL131 beschriebenen Ansatz prospektiv auf die nachfolgenden Bilanzierungsperioden anwenden.

Übergangsvorschriften (Paragraphen 103–108C)

AL133 Ein Unternehmen kann eine künftige konzerninterne Transaktion als ein Grundgeschäft zu Beginn eines Geschäftsjahrs, das am oder nach dem 1. Januar 2005 beginnt (oder im Sinne einer Anpassung der Vergleichsinformationen zu Beginn einer früheren Vergleichsperiode), im Rahmen einer Sicherungsbeziehung designiert haben, die die Voraussetzungen für eine Bilanzierung als Sicherungsbeziehung gemäß diesem Standard erfüllt (in der durch den letzten Satz von Paragraph 80 geänderten Fassung). Ein solches Unternehmen kann diese Designation dazu nutzen, die Bilanzierung von Sicherungsbeziehungen auf den Konzernabschluss ab Beginn des Geschäftsjahrs anzuwenden, das am oder nach dem 1. Januar 2005 beginnt (oder zu Beginn einer früheren Vergleichsperiode). Ein solches Unternehmen hat ebenso die Paragraphen AL99A und AL99B ab Beginn des Geschäftsjahrs anzuwenden, das am oder nach dem 1. Januar 2005 beginnt. Gemäß Paragraph 108B muss es jedoch Paragraph AL99B nicht auf Vergleichsinformationen für frühere Perioden anwenden.

(b) when the number of items in the portfolio is larger. When only a few items are contained in the portfolio, relatively high ineffectiveness is likely if one of the items prepays earlier or later than expected. Conversely, when the portfolio contains many items, the prepayment behaviour can be predicted more accurately;
(c) when the repricing time periods used are narrower (e.g. 1-month as opposed to 3-month repricing time periods). Narrower repricing time periods reduce the effect of any mismatch between the repricing and payment dates (within the repricing time period) of the hedged item and those of the hedging instrument;
(d) the greater the frequency with which the amount of the hedging instrument is adjusted to reflect changes in the hedged item (e.g. because of changes in prepayment expectations).

An entity tests effectiveness periodically. [...] **AG126**

When measuring effectiveness, the entity distinguishes revisions to the estimated repricing dates of existing assets (or liabilities) from the origination of new assets (or liabilities), with only the former giving rise to ineffectiveness. [...]. Once ineffectiveness has been recognised as set out above, the entity establishes a new estimate of the total assets (or liabilities) in each repricing time period, including new assets (or liabilities) that have been originated since it last tested effectiveness, and designates a new amount as the hedged item and a new percentage as the hedged percentage. [...] **AG127**

Items that were originally scheduled into a repricing time period may be derecognised because of earlier than expected prepayment or write-offs caused by impairment or sale. When this occurs, the amount of change in fair value included in the separate line item referred to in paragraph AG114 (g) that relates to the derecognised item shall be removed from the statement of financial position, and included in the gain or loss that arises on derecognition of the item. For this purpose, it is necessary to know the repricing time period(s) into which the derecognised item was scheduled, because this determines the repricing time period(s) from which to remove it and hence the amount to remove from the separate line item referred to in paragraph AG114 (g). When an item is derecognised, if it can be determined in which time period it was included, it is removed from that time period. If not, it is removed from the earliest time period if the derecognition resulted from higher than expected prepayments, or allocated to all time periods containing the derecognised item on a systematic and rational basis if the item was sold or became impaired. **AG128**

In addition, any amount relating to a particular time period that has not been derecognised when the time period expires is recognised in profit or loss at that time (see paragraph 89A). [...] **AG129**

[...]. **AG130**

If the hedged amount for a repricing time period is reduced without the related assets (or liabilities) being derecognised, the amount included in the separate line item referred to in paragraph AG114 (g) that relates to the reduction shall be amortised in accordance with paragraph 92. **AG131**

An entity may wish to apply the approach set out in paragraphs AG114—AG131 to a portfolio hedge that had previously been accounted for as a cash flow hedge in accordance with IAS 39. Such an entity would revoke the previous designation of a cash flow hedge in accordance with paragraph 101 (d), and apply the requirements set out in that paragraph. It would also redesignate the hedge as a fair value hedge and apply the approach set out in paragraphs AG114—AG131 prospectively to subsequent accounting periods. **AG132**

Transition (paragraphs 103—108C)

An entity may have designated a forecast intragroup transaction as a hedged item at the start of an annual period beginning on or after 1 January 2005 (or, for the purpose of restating comparative information, the start of an earlier comparative period) in a hedge that would qualify for hedge accounting in accordance with this standard (as amended by the last sentence of paragraph 80). Such an entity may use that designation to apply hedge accounting in consolidated financial statements from the start of the annual period beginning on or after 1 January 2005 (or the start of the earlier comparative period). Such an entity shall also apply paragraphs AG99A and AG99B from the start of the annual period beginning on or after 1 January 2005. However, in accordance with paragraph 108B, it need not apply paragraph AG99B to comparative information for earlier periods. **AG133**

INTERNATIONAL ACCOUNTING STANDARD 40
Als Finanzinvestition gehaltene Immobilien

INHALT

ZIELSETZUNG

1 Zielsetzung dieses Standards ist die Regelung der Bilanzierung von als Finanzinvestition gehaltenen Immobilien und der damit verbundenen Angabeerfordernisse.

ANWENDUNGSBEREICH

2 **Dieser Standard ist auf Ansatz, Bewertung und Angabe von als Finanzinvestition gehaltenen Immobilien anzuwenden.**

3 [gestrichen]

4 Dieser Standard ist nicht anwendbar auf
(a) biologische Vermögenswerte, die mit landwirtschaftlicher Tätigkeit im Zusammenhang stehen (siehe IAS 41 *Landwirtschaft* und IAS 16 *Sachanlagen*), und
(b) Abbau- und Schürfrechte sowie Bodenschätze wie Öl, Erdgas und ähnliche nicht-regenerative Ressourcen.

DEFINITIONEN

5 **Die folgenden Begriffe werden in diesem Standard mit der angegebenen Bedeutung verwendet:**

Der *Buchwert* ist der Betrag, mit dem ein Vermögenswert in der Bilanz angesetzt wird.

***Anschaffungs- oder Herstellungskosten* sind der zum Erwerb oder zur Herstellung eines Vermögenswerts aufgewendete Betrag an Zahlungsmitteln oder Zahlungsmitteläquivalenten oder der beizulegende Zeitwert einer anderen Gegenleistung zum Zeitpunkt des Erwerbs oder der Herstellung oder, falls zutreffend, der Betrag, der**

INTERNATIONAL ACCOUNTING STANDARD 40

Investment Property

OBJECTIVE

The objective of this Standard is to prescribe the accounting treatment for investment property and related disclosure requirements. 1

SCOPE

This Standard shall be applied in the recognition, measurement and disclosure of investment property. 2

[deleted] 3

This Standard does not apply to: 4
(a) biological assets related to agricultural activity (see IAS 41 *Agriculture* and IAS 16 *Property, Plant and Equipment*); and
(b) mineral rights and mineral reserves such as oil, natural gas and similar non-regenerative resources.

DEFINITIONS

The following terms are used in this Standard with the meanings specified: 5

Carrying amount **is the amount at which an asset is recognised in the statement of financial position.**

Cost **is the amount of cash or cash equivalents paid or the fair value of other consideration given to acquire an asset at the time of its acquisition or construction or, where applicable, the amount attributed to that asset when initially recognised in accordance with the specific requirements of other IFRSs, eg IFRS 2** ***Share-based Payment*****.**

diesem Vermögenswert beim erstmaligen Ansatz gemäß den besonderen Bestimmungen anderer IFRS, wie IFRS 2 *Anteilsbasierte Vergütung*, beigelegt wird.

Der *beizulegende Zeitwert* ist der Preis, der in einem gewöhnlichen Geschäftsvorfall zwischen Marktteilnehmern am Bewertungsstichtag für den Verkauf eines Vermögenswerts eingenommen bzw. für die Übertragung einer Schuld gezahlt würde. (Siehe IFRS 13 *Bewertung zum beizulegenden Zeitwert*.)

Als *Finanzinvestition gehaltene Immobilien* sind Immobilien (Grundstücke oder Gebäude – oder Teile von Gebäuden – oder beides), die (vom Eigentümer oder vom Leasingnehmer als Nutzungsrecht) zur Erzielung von Mieteinnahmen und/oder zum Zweck der Wertsteigerung gehalten werden und nicht

(a) zur Herstellung oder Lieferung von Gütern bzw. zur Erbringung von Dienstleistungen oder für Verwaltungszwecke eingesetzt werden oder

(b) im Rahmen der gewöhnlichen Geschäftstätigkeit des Unternehmens verkauft werden.

Vom *Eigentümer selbst genutzte Immobilien* sind Immobilien, die (vom Eigentümer oder vom Leasingnehmer als Nutzungsrecht) zum Zweck der Herstellung oder der Lieferung von Gütern bzw. der Erbringung von Dienstleistungen oder für Verwaltungszwecke gehalten werden.

EINSTUFUNG EINER IMMOBILIE ALS EINE ALS FINANZINVESTITION GEHALTENE ODER VOM EIGENTÜMER SELBST GENUTZTE IMMOBILIE

6 [gestrichen]

7 Als Finanzinvestition gehaltene Immobilien werden zur Erzielung von Mieteinnahmen und/oder zum Zweck der Wertsteigerung gehalten. Daher erzeugen als Finanzinvestition gehaltene Immobilien Zahlungsströme, die weitgehend unabhängig von den anderen vom Unternehmen gehaltenen Vermögenswerten anfallen. Darin unterscheiden sich als Finanzinvestition gehaltene Immobilien von vom Eigentümer selbst genutzten Immobilien. Die Herstellung oder die Lieferung von Gütern bzw. die Erbringung von Dienstleistungen (oder die Nutzung der Immobilien für Verwaltungszwecke) führt zu Zahlungsströmen, die nicht nur den als Finanzinvestition gehaltenen Immobilien, sondern auch anderen Vermögenswerten, die im Herstellungs- oder Lieferprozess genutzt werden, zuzuordnen sind. IAS 16 ist auf eigene, vom Eigentümer selbst genutzte Immobilien anzuwenden und IFRS 16 *Leasingverhältnisse* auf von einem Leasingnehmer in Form von Nutzungsrechten gehaltene, vom Eigentümer selbst genutzte Immobilien.

8 Beispiele für als Finanzinvestition gehaltene Immobilien sind

(a) Grundstücke, die langfristig zum Zweck der Wertsteigerung und nicht kurzfristig zum Verkauf im Rahmen der gewöhnlichen Geschäftstätigkeit gehalten werden,

(b) Grundstücke, die für eine noch unbestimmte künftige Nutzung gehalten werden. (Legt ein Unternehmen nicht fest, ob das Grundstück zur Selbstnutzung oder kurzfristig zum Verkauf im Rahmen der gewöhnlichen Geschäftstätigkeit gehalten wird, gilt das Grundstück als zum Zweck der Wertsteigerung gehalten),

(c) ein Gebäude, welches sich im Eigentum des Unternehmens befindet (oder ein vom Unternehmen gehaltenes Nutzungsrecht für ein Gebäude) und im Rahmen eines oder mehrerer Operating-Leasingverhältnisse vermietet wird,

(d) ein leer stehendes Gebäude, welches zur Vermietung im Rahmen eines oder mehrerer Operating-Leasingverhältnisse gehalten wird,

(e) Immobilien, die für die zukünftige Nutzung als Finanzinvestition erstellt oder entwickelt werden.

9 Beispiele, die keine als Finanzinvestition gehaltenen Immobilien darstellen und daher nicht in den Anwendungsbereich dieses Standards fallen, sind

(a) Immobilien, die zum Verkauf im Rahmen der gewöhnlichen Geschäftstätigkeit vorgesehen sind oder die sich im Erstellungs- oder Entwicklungsprozess für einen solchen Verkauf befinden (siehe IAS 2 *Vorräte*), beispielsweise Immobilien, die ausschließlich zum Zweck der Weiterveräußerung in naher Zukunft oder zum Zweck der Entwicklung und des Weiterverkaufs erworben wurden,

(b) [gestrichen]

(c) vom Eigentümer selbst genutzte Immobilien (siehe IAS 16 und IFRS 16), darunter (unter anderem) Immobilien, die künftig vom Eigentümer selbst genutzt werden sollen, Immobilien, die für die zukünftige Entwicklung und anschließende Selbstnutzung gehalten werden, von Arbeitnehmern genutzte Immobilien (unabhängig davon, ob die Arbeitnehmer einen marktgerechten Mietzins zahlen oder nicht) und vom Eigentümer selbst genutzte Immobilien, die zur Weiterveräußerung bestimmt sind,

(d) [gestrichen]

(e) Immobilien, die im Rahmen eines Finanzierungsleasingverhältnisses an ein anderes Unternehmen vermietet wurden.

10 Einige Immobilien werden teilweise zur Erzielung von Mieteinnahmen oder zum Zweck der Wertsteigerung und teilweise zum Zweck der Herstellung oder Lieferung von Gütern bzw. der Erbringung von Dienstleistungen oder für Verwaltungszwecke gehalten. Wenn diese Teile gesondert verkauft (oder im Rahmen eines Finanzierungsleasingverhältnisses gesondert vermietet) werden können, bilanziert das Unternehmen diese Teile getrennt. Können die Teile nicht gesondert

Fair value is the price that would be received to sell an asset or paid to transfer a liability in an orderly transaction between market participants at the measurement date. (See IFRS 13 _Fair Value Measurement_).

Investment property is property (land or a building—or part of a building—or both) held (by the owner or by the lessee as a right-of-use asset) to earn rentals or for capital appreciation or both, rather than for:

(a) use in the production or supply of goods or services or for administrative purposes; or

(b) sale in the ordinary course of business.

Owner-occupied property is property held (by the owner or by the lessee as a right-of-use asset) for use in the production or supply of goods or services or for administrative purposes.

CLASSIFICATION OF PROPERTY AS INVESTMENT PROPERTY OR OWNER-OCCUPIED PROPERTY

[deleted] 6

Investment property is held to earn rentals or for capital appreciation or both. Therefore, an investment property generates cash flows largely independently of the other assets held by an entity. This distinguishes investment property from owner-occupied property. The production or supply of goods or services (or the use of property for administrative purposes) generates cash flows that are attributable not only to property, but also to other assets used in the production or supply process. IAS 16 applies to owned owner-occupied property and IFRS 16 applies to owner-occupied property held by a lessee as a right-of-use asset. 7

The following are examples of investment property: 8

(a) land held for long-term capital appreciation rather than for short-term sale in the ordinary course of business.

(b) land held for a currently undetermined future use. (If an entity has not determined that it will use the land as owner-occupied property or for short-term sale in the ordinary course of business, the land is regarded as held for capital appreciation.)

(c) a building owned by the entity (or a right-of-use asset relating to a building held by the entity) and leased out under one or more operating leases.

(d) a building that is vacant but is held to be leased out under one or more operating leases.

(e) property that is being constructed or developed for future use as investment property.

The following are examples of items that are not investment property and are therefore outside the scope of this Standard: 9

(a) property intended for sale in the ordinary course of business or in the process of construction or development for such sale (see IAS 2 _Inventories_), for example, property acquired exclusively with a view to subsequent disposal in the near future or for development and resale.

(b) [deleted]

(c) owner-occupied property (see IAS 16 and IFRS 16), including (among other things) property held for future use as owner-occupied property, property held for future development and subsequent use as owner-occupied property, property occupied by employees (whether or not the employees pay rent at market rates) and owner-occupied property awaiting disposal.

(d) [deleted]

(e) property that is leased to another entity under a finance lease.

Some properties comprise a portion that is held to earn rentals or for capital appreciation and another portion that is held for use in the production or supply of goods or services or for administrative purposes. If these portions could be sold separately (or leased out separately under a finance lease), an entity accounts for the portions separately. If the portions 10

verkauft werden, stellen die gehaltenen Immobilien nur dann eine Finanzinvestition dar, wenn der Anteil, der für Zwecke der Herstellung oder Lieferung von Gütern bzw. Erbringung von Dienstleistungen oder für Verwaltungszwecke gehalten wird, unbedeutend ist.

11 In einigen Fällen bietet ein Unternehmen den Mietern von ihm gehaltener Immobilien Nebenleistungen an. Ein Unternehmen behandelt solche Immobilien dann als Finanzinvestition, wenn die Leistungen für die Vereinbarung insgesamt unbedeutend sind. Ein Beispiel hierfür sind Sicherheits- und Instandhaltungsleistungen seitens des Eigentümers eines Verwaltungsgebäudes für die das Gebäude nutzenden Mieter.

12 In anderen Fällen sind die erbrachten Leistungen wesentlich. Besitzt und führt ein Unternehmen beispielsweise ein Hotel, ist der den Gästen angebotene Service von wesentlicher Bedeutung für die Vereinbarung insgesamt. Daher ist ein vom Eigentümer geführtes Hotel eine vom Eigentümer selbst genutzte und keine als Finanzinvestition gehaltene Immobilie.

13 Ob die Nebenleistungen so bedeutend sind, dass Immobilien nicht die Kriterien einer Finanzinvestition erfüllen, kann schwierig zu bestimmen sein. Beispielsweise überträgt der Hoteleigentümer manchmal einige Verantwortlichkeiten im Rahmen eines Geschäftsführungsvertrags auf Dritte. Die Regelungen solcher Verträge variieren beträchtlich. Auf der einen Seite kann die Position des Eigentümers de facto der eines passiven Investors entsprechen. Auf der anderen Seite kann der Eigentümer einfach alltägliche Funktionen ausgelagert haben, während er weiterhin die wesentlichen Risiken aus Schwankungen der Zahlungsströme, die aus dem Betrieb des Hotels herrühren, trägt.

14 Die Feststellung, ob eine Immobilie die Kriterien einer Finanzinvestition erfüllt, erfordert eine Ermessensausübung. Damit ein Unternehmen diese Ermessensausübung einheitlich in Übereinstimmung mit der Definition für als Finanzinvestition gehaltene Immobilien und den damit verbundenen Anwendungsleitlinien in den Paragraphen 7–13 vornehmen kann, legt es hierfür Kriterien fest. Gemäß Paragraph 75 (c) ist ein Unternehmen zur Angabe dieser Kriterien verpflichtet, falls die Zuordnung Schwierigkeiten bereitet.

14A Eine Ermessensausübung ist auch erforderlich, um zu bestimmen, ob es sich beim Erwerb einer als Finanzinvestition gehaltenen Immobilie um den Erwerb eines Vermögenswerts oder einer Gruppe von Vermögenswerten oder um einen Unternehmenszusammenschluss im Anwendungsbereich von IFRS 3 *Unternehmenszusammenschlüsse* handelt. Bei der Bestimmung, ob es sich um einen Unternehmenszusammenschluss handelt, sollte IFRS 3 zugrunde gelegt werden. Die Erörterung in den Paragraphen 7–14 des vorliegenden Standards bezieht sich auf die Frage, ob eine Immobilie vom Eigentümer selbst genutzt wird oder als Finanzinvestition gehalten wird, und nicht darauf, ob der Erwerb der Immobilie einen Unternehmenszusammenschluss im Sinne von IFRS 3 darstellt oder nicht. Um zu bestimmen, ob ein bestimmtes Geschäft der Definition eines Unternehmenszusammenschlusses in IFRS 3 entspricht und eine als Finanzinvestition gehaltene Immobilie im Sinne des vorliegenden Standards umfasst, müssen beide Standards unabhängig voneinander angewandt werden.

15 In einigen Fällen besitzt ein Unternehmen Immobilien, die an sein Mutterunternehmen oder ein anderes Tochterunternehmen vermietet und von diesen genutzt werden. Die Immobilien stellen im Konzernabschluss keine als Finanzinvestition gehaltenen Immobilien dar, da sie aus der Sicht des Konzerns selbstgenutzt sind. Aus der Sicht des Unternehmens, welches Eigentümer der Immobilie ist, handelt es sich jedoch um eine als Finanzinvestition gehaltene Immobilie, sofern die Definition nach Paragraph 5 erfüllt ist. Daher behandelt der Leasinggeber die Immobilie in seinem Einzelabschluss als Finanzinvestition.

ANSATZ

16 **Eigene als Finanzinvestition gehaltene Immobilien sind nur dann als Vermögenswert anzusetzen, wenn**
- (a) **es wahrscheinlich ist, dass dem Unternehmen der künftige wirtschaftliche Nutzen, der mit den als Finanzinvestition gehaltenen Immobilien verbunden ist, zufließen wird und**
- (b) **die Anschaffungs- oder Herstellungskosten der als Finanzinvestition gehaltenen Immobilien verlässlich ermittelt werden können.**

17 Nach diesem Ansatz bewertet ein Unternehmen alle Anschaffungs- oder Herstellungskosten der als Finanzinvestition gehaltenen Immobilien zu dem Zeitpunkt, zu dem sie anfallen. Hierzu zählen die anfänglich anfallenden Kosten für den Erwerb von als Finanzinvestition gehaltenen Immobilien sowie die späteren Kosten für ihren Ausbau, ihre teilweise Ersetzung oder ihre Instandhaltung.

18 Gemäß dem Ansatz in Paragraph 16 beinhaltet der Buchwert von als Finanzinvestition gehaltenen Immobilien nicht die Kosten der täglichen Instandhaltung dieser Immobilien. Diese Kosten werden sofort erfolgswirksam erfasst. Bei den Kosten der täglichen Instandhaltung handelt es sich in erster Linie um Personalkosten und Kosten für Verbrauchsgüter, die auch Kosten für kleinere Teile umfassen können. Als Zweck dieser Aufwendungen wird häufig „Reparaturen und Instandhaltung" der Immobilie angegeben.

could not be sold separately, the property is investment property only if an insignificant portion is held for use in the production or supply of goods or services or for administrative purposes.

In some cases, an entity provides ancillary services to the occupants of a property it holds. An entity treats such a property as investment property if the services are insignificant to the arrangement as a whole. An example is when the owner of an office building provides security and maintenance services to the lessees who occupy the building. 11

In other cases, the services provided are significant. For example, if an entity owns and manages a hotel, services provided to guests are significant to the arrangement as a whole. Therefore, an owner-managed hotel is owner-occupied property, rather than investment property. 12

It may be difficult to determine whether ancillary services are so significant that a property does not qualify as investment property. For example, the owner of a hotel sometimes transfers some responsibilities to third parties under a management contract. The terms of such contracts vary widely. At one end of the spectrum, the owner's position may, in substance, be that of a passive investor. At the other end of the spectrum, the owner may simply have outsourced day-to-day functions while retaining significant exposure to variation in the cash flows generated by the operations of the hotel. 13

Judgement is needed to determine whether a property qualifies as investment property. An entity develops criteria so that it can exercise that judgement consistently in accordance with the definition of investment property and with the related guidance in paragraphs 7—13. Paragraph 75 (c) requires an entity to disclose these criteria when classification is difficult. 14

Judgement is also needed to determine whether the acquisition of investment property is the acquisition of an asset or a group of assets or a business combination within the scope of IFRS 3 *Business Combinations*. Reference should be made to IFRS 3 to determine whether it is a business combination. The discussion in paragraphs 7—14 of this Standard relates to whether or not property is owner-occupied property or investment property and not to determining whether or not the acquisition of property is a business combination as defined in IFRS 3. Determining whether a specific transaction meets the definition of a business combination as defined in IFRS 3 and includes an investment property as defined in this Standard requires the separate application of both Standards. 14A

In some cases, an entity owns property that is leased to, and occupied by, its parent or another subsidiary. The property does not qualify as investment property in the consolidated financial statements, because the property is owner-occupied from the perspective of the group. However, from the perspective of the entity that owns it, the property is investment property if it meets the definition in paragraph 5. Therefore, the lessor treats the property as investment property in its individual financial statements. 15

RECOGNITION

An owned investment property shall be recognised as an asset when, and only when: 16

(a) it is probable that the future economic benefits that are associated with the investment property will flow to the entity; and

(b) the cost of the investment property can be measured reliably.

An entity evaluates under this recognition principle all its investment property costs at the time they are incurred. These costs include costs incurred initially to acquire an investment property and costs incurred subsequently to add to, replace part of, or service a property. 17

Under the recognition principle in paragraph 16, an entity does not recognise in the carrying amount of an investment property the costs of the day-to-day servicing of such a property. Rather, these costs are recognised in profit or loss as incurred. Costs of day-to-day servicing are primarily the cost of labour and consumables, and may include the cost of minor parts. The purpose of these expenditures is often described as for the 'repairs and maintenance' of the property. 18

19 Ein Teil der als Finanzinvestition gehaltenen Immobilien kann durch Ersetzung erworben worden sein. Beispielsweise können die ursprünglichen Innenwände durch neue Wände ersetzt worden sein. Gemäß dem Ansatz berücksichtigt ein Unternehmen, sofern die Ansatzkriterien erfüllt sind, im Buchwert von als Finanzinvestition gehaltenen Immobilien die Kosten für die Ersetzung eines Teils bestehender als Finanzinvestition gehaltener Immobilien zu dem Zeitpunkt, zu dem sie anfallen. Der Buchwert der ersetzten Teile wird gemäß den in diesem Standard enthaltenen Ausbuchungsvorschriften ausgebucht.

19A Eine von einem Leasingnehmer als Finanzinvestition in Form eines Nutzungsrechts gehaltene Immobilie ist nach IFRS 16 zu bilanzieren.

BEWERTUNG BEI ERSTMALIGEM ANSATZ

20 **Eigene als Finanzinvestition gehaltene Immobilien sind bei Zugang mit ihren Anschaffungs- oder Herstellungskosten zu bewerten. Die Transaktionskosten sind in die erstmalige Bewertung mit einzubeziehen.**

21 Die Anschaffungs- oder Herstellungskosten der erworbenen als Finanzinvestition gehaltenen Immobilien umfassen den Kaufpreis und alle etwaigen Ausgaben, die einzeln zugeordnet werden können. Zu den Ausgaben, die einzeln zugeordnet werden können, zählen beispielsweise Honorare und Gebühren für Rechtsberatung, auf die Übertragung der Immobilien anfallende Steuern und andere Transaktionskosten.

22 [gestrichen]

23 Die Anschaffungs- oder Herstellungskosten der als Finanzinvestition gehaltenen Immobilien erhöhen sich nicht durch

(a) Anlaufkosten (es sei denn, diese sind notwendig, um die als Finanzinvestition gehaltenen Immobilien in den Zustand zu versetzen, der erforderlich ist, damit sie in der vom Management beabsichtigten Weise genutzt werden können),

(b) anfängliche Betriebsverluste, die anfallen, bevor die als Finanzinvestition gehaltenen Immobilien die geplante Belegungsquote erreichen, oder

(c) außergewöhnlich hohe Materialabfälle, Personalkosten oder andere Ressourcen, die bei der Erstellung oder Entwicklung der als Finanzinvestition gehaltenen Immobilien anfallen.

24 Erfolgt die Bezahlung einer als Finanzinvestition gehaltenen Immobilie auf Ziel, entsprechen die Anschaffungs- oder Herstellungskosten dem Gegenwert des Barpreises. Die Differenz zwischen diesem Betrag und der zu leistenden Gesamtzahlung wird über den Zeitraum des Zahlungsziels als Zinsaufwand erfasst.

25–26 [gestrichen]

27 Eine oder mehrere als Finanzinvestition gehaltene Immobilien können im Tausch gegen einen oder mehrere nichtmonetäre Vermögenswerte oder eine Kombination aus monetären und nichtmonetären Vermögenswerten erworben werden. Die folgenden Ausführungen beziehen sich auf einen Tausch von einem nichtmonetären Vermögenswert gegen einen anderen, finden aber auch auf alle anderen im vorstehenden Satz genannten Tauschvorgänge Anwendung. Die Anschaffungs- oder Herstellungskosten solcher als Finanzinvestition gehaltenen Immobilien werden mit dem beizulegenden Zeitwert bewertet, es sei denn, (a) dem Tauschgeschäft fehlt es an wirtschaftlicher Substanz oder (b) weder der beizulegende Zeitwert des erhaltenen noch der des hingegebenen Vermögenswerts ist verlässlich ermittelbar. Der erworbene Vermögenswert wird in dieser Art bewertet, auch wenn ein Unternehmen den hingegebenen Vermögenswert nicht sofort ausbuchen kann. Wenn der erworbene Vermögenswert nicht zum beizulegenden Zeitwert bewertet wird, werden die Anschaffungs- oder Herstellungskosten zum Buchwert des hingegebenen Vermögenswerts bewertet.

28 Ein Unternehmen beurteilt, ob ein Tauschgeschäft wirtschaftliche Substanz hat, indem es prüft, in welchem Umfang sich die künftigen Zahlungsströme infolge der Transaktion voraussichtlich ändern. Ein Tauschgeschäft hat wirtschaftliche Substanz, wenn

(a) die Zusammensetzung (Risiko, Zeitpunkt und Betrag) der Zahlungsströme des erhaltenen Vermögenswerts sich von der Zusammensetzung der Zahlungsströme des übertragenen Vermögenswerts unterscheidet oder

(b) der unternehmensspezifische Wert jenes Teils der Geschäftstätigkeit des Unternehmens, der von der Transaktion betroffen ist, sich durch das Tauschgeschäft ändert und

(c) die Differenz in (a) oder (b) im Verhältnis zum beizulegenden Zeitwert der getauschten Vermögenswerte signifikant ist.

Für den Zweck der Beurteilung, ob ein Tauschgeschäft wirtschaftliche Substanz hat, spiegelt der unternehmensspezifische Wert des Teils der Geschäftstätigkeit des Unternehmens, der von der Transaktion betroffen ist, Zahlungsströme nach Steuern wider. Das Ergebnis dieser Analysen kann eindeutig sein, ohne dass ein Unternehmen detaillierte Kalkulationen erbringen muss.

29 Der beizulegende Zeitwert eines Vermögenswerts gilt als verlässlich ermittelbar, wenn (a) die Schwankungsbandbreite angemessener Ermittlungen des beizulegenden Zeitwerts für diesen Vermögenswert nicht signifikant ist oder (b) die Eintrittswahrscheinlichkeiten der verschiedenen Schätzungen innerhalb dieser Bandbreite angemessen beurteilt und bei der Ermittlung des beizulegenden Zeitwerts verwendet werden können. Wenn ein Unternehmen den beizulegenden

Parts of investment properties may have been acquired through replacement. For example, the interior walls may be replacements of original walls. Under the recognition principle, an entity recognises in the carrying amount of an investment property the cost of replacing part of an existing investment property at the time that cost is incurred if the recognition criteria are met. The carrying amount of those parts that are replaced is derecognised in accordance with the derecognition provisions of this Standard. 19

An investment property held by a lessee as a right-of-use asset shall be recognised in accordance with IFRS 16. 19A

MEASUREMENT AT RECOGNITION

An owned investment property shall be measured initially at its cost. Transaction costs shall be included in the initial measurement. 20

The cost of a purchased investment property comprises its purchase price and any directly attributable expenditure. Directly attributable expenditure includes, for example, professional fees for legal services, property transfer taxes and other transaction costs. 21

[deleted] 22

The cost of an investment property is not increased by: 23
(a) start-up costs (unless they are necessary to bring the property to the condition necessary for it to be capable of operating in the manner intended by management),
(b) operating losses incurred before the investment property achieves the planned level of occupancy, or
(c) abnormal amounts of wasted material, labour or other resources incurred in constructing or developing the property.

If payment for an investment property is deferred, its cost is the cash price equivalent. The difference between this amount and the total payments is recognised as interest expense over the period of credit. 24

[deleted] 25—26

One or more investment properties may be acquired in exchange for a non-monetary asset or assets, or a combination of monetary and non-monetary assets. The following discussion refers to an exchange of one non-monetary asset for another, but it also applies to all exchanges described in the preceding sentence. The cost of such an investment property is measured at fair value unless (a) the exchange transaction lacks commercial substance or (b) the fair value of neither the asset received nor the asset given up is reliably measurable. The acquired asset is measured in this way even if an entity cannot immediately derecognise the asset given up. If the acquired asset is not measured at fair value, its cost is measured at the carrying amount of the asset given up. 27

An entity determines whether an exchange transaction has commercial substance by considering the extent to which its future cash flows are expected to change as a result of the transaction. An exchange transaction has commercial substance if: 28
(a) the configuration (risk, timing and amount) of the cash flows of the asset received differs from the configuration of the cash flows of the asset transferred, or
(b) the entity-specific value of the portion of the entity's operations affected by the transaction changes as a result of the exchange, and
(c) the difference in (a) or (b) is significant relative to the fair value of the assets exchanged.

For the purpose of determining whether an exchange transaction has commercial substance, the entity-specific value of the portion of the entity's operations affected by the transaction shall reflect post-tax cash flows. The result of these analyses may be clear without an entity having to perform detailed calculations.

The fair value of an asset is reliably measurable if (a) the variability in the range of reasonable fair value measurements is not significant for that asset or (b) the probabilities of the various estimates within the range can be reasonably assessed and used when measuring fair value. If the entity is able to measure reliably the fair value of either the asset received or the 29

Zeitwert entweder des erhaltenen Vermögenswerts oder des hingegebenen Vermögenswerts verlässlich ermitteln kann, wird der beizulegende Zeitwert des hingegebenen Vermögenswerts benutzt, um die Anschaffungs- oder Herstellungskosten zu ermitteln, es sei denn, der beizulegende Zeitwert des erhaltenen Vermögenswerts ist der offensichtlichere.

29A Eine von einem Leasingnehmer als Finanzinvestition in Form eines Nutzungsrechts gehaltene Immobilie wird bei Zugang gemäß IFRS 16 mit ihren Anschaffungs- oder Herstellungskosten bewertet.

FOLGEBEWERTUNG

Rechnungslegungsmethode

30 **Mit der in Paragraph 32A dargelegten Ausnahme hat ein Unternehmen als seine Rechnungslegungsmethode entweder das Modell des beizulegenden Zeitwerts gemäß den Paragraphen 33–55 oder das Anschaffungskostenmodell gemäß Paragraph 56 zu wählen und diese Methode auf alle als Finanzinvestition gehaltenen Immobilien anzuwenden.**

31 IAS 8 *Rechnungslegungsmethoden, Änderungen von rechnungslegungsbezogenen Schätzungen und Fehler* schreibt vor, dass eine freiwillige Änderung einer Rechnungslegungsmethode nur dann vorgenommen werden darf, wenn die Änderung zu einem Abschluss führt, der verlässliche und relevantere Informationen über die Auswirkungen der Geschäftsvorfälle, sonstiger Ereignisse oder Bedingungen auf die Vermögens-, Finanz- und Ertragslage oder die Zahlungsströme des Unternehmens gibt. Es ist höchst unwahrscheinlich, dass ein Wechsel vom Modell des beizulegenden Zeitwerts zum Anschaffungskostenmodell eine relevantere Darstellung zur Folge haben wird.

32 Der vorliegende Standard verlangt von allen Unternehmen die Ermittlung des beizulegenden Zeitwerts der als Finanzinvestition gehaltenen Immobilien, sei es zum Zweck der Bewertung (wenn das Unternehmen das Modell des beizulegenden Zeitwerts verwendet) oder der Angabe (wenn es sich für das Anschaffungskostenmodell entschieden hat). Obwohl ein Unternehmen nicht dazu verpflichtet ist, wird ihm empfohlen, den beizulegenden Zeitwert der als Finanzinvestition gehaltenen Immobilien auf der Grundlage einer Bewertung durch einen unabhängigen Gutachter, der eine anerkannte, sachgerechte berufliche Qualifikation und aktuelle Erfahrungen mit der Lage und der Art der zu bewertenden Immobilien hat, zu bestimmen.

32A **Ein Unternehmen kann**

(a) **für alle als Finanzinvestition gehaltenen Immobilien, die Schulden bedecken, deren Erträge direkt von dem beizulegenden Zeitwert von spezifizierten Vermögenswerten einschließlich von diesen als Finanzinvestition gehaltenen Immobilien bzw. den Erträgen aus diesen als Finanzinvestition gehaltenen Immobilien bestimmt werden, entweder das Modell des beizulegenden Zeitwerts oder das Anschaffungskostenmodell wählen und**

(b) **ungeachtet der in (a) getroffenen Wahl für alle anderen als Finanzinvestition gehaltenen Immobilien entweder das Modell des beizulegenden Zeitwerts oder das Anschaffungskostenmodell wählen.**

32B Einige Unternehmen betreiben intern oder extern einen Investmentfonds, der für die Anleger Leistungen erbringt, die sich nach der Anzahl der Fondsanteile richten. Ebenso zeichnen einige Unternehmen Versicherungsverträge mit direkter Überschussbeteiligung, unter deren zugrunde liegenden Referenzwerten sich auch als Finanzinvestition gehaltene Immobilien befinden. Nur für die Zwecke der Paragraphen 32A–32B umfassen Versicherungsverträge auch Kapitalanlageverträge mit ermessensabhängiger Überschussbeteiligung. Paragraph 32A untersagt einem Unternehmen, die im Fonds gehaltenen Immobilien (bzw. Immobilien, bei denen es sich um zugrunde liegende Referenzwerte handelt) teilweise zu Anschaffungskosten und teilweise zum beizulegenden Zeitwert zu bewerten. (Siehe IFRS 17 *Versicherungsverträge* in Bezug auf die in diesem Paragraphen verwendeten Begriffe, die in IFRS 17 definiert sind.)

32C Wenn ein Unternehmen für die beiden in Paragraph 32A beschriebenen Kategorien verschiedene Modelle wählt, sind Verkäufe von als Finanzinvestition gehaltenen Immobilien zwischen Beständen von Vermögenswerten, die nach verschiedenen Modellen bewertet werden, zum beizulegenden Zeitwert anzusetzen und die kumulierten Veränderungen des beizulegenden Zeitwerts sind erfolgswirksam zu erfassen. Wenn eine als Finanzinvestition gehaltene Immobilie von einem Bestand, für den das Modell des beizulegenden Zeitwerts verwendet wird, an einen Bestand, für den das Anschaffungskostenmodell verwendet wird, verkauft wird, wird demzufolge der beizulegende Zeitwert der Immobilie zum Zeitpunkt des Verkaufs als deren Anschaffungskosten angesehen.

Modell des beizulegenden Zeitwerts

33 **Nach dem erstmaligen Ansatz hat ein Unternehmen, welches das Modell des beizulegenden Zeitwerts gewählt hat, alle als Finanzinvestition gehaltenen Immobilien mit Ausnahme der in Paragraph 53 beschriebenen Fälle mit dem beizulegenden Zeitwert zu bewerten.**

34 [gestrichen]

asset given up, then the fair value of the asset given up is used to measure cost unless the fair value of the asset received is more clearly evident.

An investment property held by a lessee as a right-of-use asset shall be measured initially at its cost in accordance with IFRS 16. 29A

MEASUREMENT AFTER RECOGNITION

Accounting policy

With the exceptions noted in paragraphs 32A, an entity shall choose as its accounting policy either the fair value model in paragraphs 33—55 or the cost model in paragraph 56 and shall apply that policy to all of its investment property. 30

IAS 8 *Accounting Policies, Changes in Accounting Estimates and Errors* states that a voluntary change in accounting policy shall be made only if the change results in the financial statements providing reliable and more relevant information about the effects of transactions, other events or conditions on the entity's financial position, financial performance or cash flows. It is highly unlikely that a change from the fair value model to the cost model will result in a more relevant presentation. 31

This Standard requires all entities to measure the fair value of investment property, for the purpose of either measurement (if the entity uses the fair value model) or disclosure (if it uses the cost model). An entity is encouraged, but not required, to measure the fair value of investment property on the basis of a valuation by an independent valuer who holds a recognised and relevant professional qualification and has recent experience in the location and category of the investment property being valued. 32

An entity may: 32A

(a) choose either the fair value model or the cost model for all investment property backing liabilities that pay a return linked directly to the fair value of, or returns from, specified assets including that investment property; and

(b) choose either the fair value model or the cost model for all other investment property, regardless of the choice made in (a).

Some entities operate, either internally or externally, an investment fund that provides investors with benefits determined by units in the fund. Similarly, some entities issue insurance contracts with direct participation features, for which the underlying items include investment property. For the purposes of paragraphs 32A—32B only, insurance contracts include investment contracts with discretionary participation features. Paragraph 32A does not permit an entity to measure property held by the fund (or property that is an underlying item) partly at cost and partly at fair value. (See IFRS 17 *Insurance Contracts* for terms used in this paragraph that are defined in that Standard.) 32B

If an entity chooses different models for the two categories described in paragraph 32A, sales of investment property between pools of assets measured using different models shall be recognised at fair value and the cumulative change in fair value shall be recognised in profit or loss. Accordingly, if an investment property is sold from a pool in which the fair value model is used into a pool in which the cost model is used, the property's fair value at the date of the sale becomes its deemed cost. 32C

Fair value model

After initial recognition, an entity that chooses the fair value model shall measure all of its investment property at fair value, except in the cases described in paragraph 53. 33

[deleted] 34

35 **Ein Gewinn oder Verlust, der durch die Veränderung des beizulegenden Zeitwerts der als Finanzinvestition gehaltenen Immobilien entsteht, ist in der Periode, in der er entstanden ist, erfolgswirksam zu erfassen.**

36–39 [gestrichen]

40 Bei der Ermittlung des beizulegenden Zeitwerts der als Finanzinvestition gehaltenen Immobilien gemäß IFRS 13 hat ein Unternehmen zu gewährleisten, dass sich im beizulegenden Zeitwert neben anderen Dingen die Mieterträge aus den gegenwärtigen Mietverhältnissen sowie andere Annahmen widerspiegeln, auf die sich Marktteilnehmer bei der Preisbildung für die als Finanzinvestition gehaltene Immobilie unter den aktuellen Marktbedingungen stützen würden.

40A Verwendet ein Leasingnehmer für die Bewertung einer als Finanzinvestition gehaltenen Immobilie, für die er ein Nutzungsrecht hat, das Modell des beizulegenden Zeitwerts, so bewertet er das Nutzungsrecht – und nicht den zugrunde liegenden Vermögenswert – zum beizulegenden Zeitwert.

41 IFRS 16 nennt die Grundlage für den erstmaligen Ansatz der Anschaffungskosten für eine von einem Leasingnehmer als Finanzinvestition in Form eines Nutzungsrechts gehaltene Immobilie. Gemäß Paragraph 33 ist für eine von einem Leasingnehmer als Finanzinvestition in Form eines Nutzungsrechts gehaltene Immobilie gegebenenfalls eine Neubewertung mit dem beizulegenden Zeitwert erforderlich, wenn das Unternehmen das Modell des beizulegenden Zeitwerts wählt. Erfolgen die Leasingzahlungen zu Marktpreisen, sollte der beizulegende Zeitwert einer von einem Leasingnehmer als Finanzinvestition in Form eines Nutzungsrechts gehaltenen Immobilie zum Erwerbszeitpunkt abzüglich aller erwarteten Leasingzahlungen (einschließlich der Leasingzahlungen im Zusammenhang mit den erfassten Leasingverbindlichkeiten) null sein. Die Neubewertung eines Nutzungsrechts von den Anschaffungskosten gemäß IFRS 16 zum beizulegenden Zeitwert gemäß Paragraph 33 (unter Berücksichtigung der Vorschriften in Paragraph 50) darf daher zu keinem anfänglichen Gewinn oder Verlust führen, sofern der beizulegende Zeitwert nicht zu verschiedenen Zeitpunkten ermittelt wird. Dies könnte dann der Fall sein, wenn nach dem ersten Ansatz das Modell des beizulegenden Zeitwerts gewählt wird.

42–47 [gestrichen]

48 Wenn ein Unternehmen eine als Finanzinvestition gehaltene Immobilie erstmals erwirbt (oder wenn eine bereits vorhandene Immobilie nach einer Nutzungsänderung erstmals als Finanzinvestition gehalten wird), können in Ausnahmefällen eindeutige Anhaltspunkte dafür vorliegen, dass die Bandbreite angemessener Ermittlungen für den beizulegenden Zeitwert so groß und die Eintrittswahrscheinlichkeiten der verschiedenen Ergebnisse so schwierig zu ermitteln sind, dass die Verwendung eines einzelnen Messwerts für den beizulegenden Zeitwert nicht zweckmäßig ist. Dies kann darauf hindeuten, dass der beizulegende Zeitwert der als Finanzinvestition gehaltenen Immobilie nicht fortlaufend verlässlich ermittelbar ist (siehe Paragraph 53).

49 [gestrichen]

50 Bei der Bestimmung des Buchwerts von als Finanzinvestition gehaltenen Immobilien nach dem Modell des beizulegenden Zeitwerts hat das Unternehmen Vermögenswerte und Schulden, die bereits als solche einzeln erfasst wurden, nicht erneut anzusetzen. Es folgen einige Beispiele:

(a) Ausstattungsgegenstände wie Aufzug oder Klimaanlage sind häufig ein integraler Bestandteil des Gebäudes und im Allgemeinen in den beizulegenden Zeitwert der als Finanzinvestition gehaltenen Immobilie mit einzubeziehen und nicht gesondert als Sachanlage zu erfassen.

(b) Der beizulegende Zeitwert eines im möblierten Zustand vermieteten Bürogebäudes schließt im Allgemeinen den beizulegenden Zeitwert der Möbel mit ein, da die Mieteinnahmen sich auf das möblierte Bürogebäude beziehen. Sind Möbel im beizulegenden Zeitwert der als Finanzinvestition gehaltenen Immobilie enthalten, erfasst das Unternehmen die Möbel nicht als gesonderten Vermögenswert.

(c) Der beizulegende Zeitwert der als Finanzinvestition gehaltenen Immobilie beinhaltet nicht im Voraus bezahlte oder abgegrenzte Mieten aus Operating-Leasingverhältnissen, da das Unternehmen diese als gesonderte Schuld oder gesonderten Vermögenswert erfasst.

(d) Der beizulegende Zeitwert einer von einem Leasingnehmer als Finanzinvestition in Form eines Nutzungsrechts gehaltenen Immobilie spiegelt die zu erwartenden Zahlungsströme (einschließlich der zu erwartenden variablen Leasingzahlungen) wider. Wurden bei der Bewertung einer Immobilie die erwarteten Zahlungen nicht berücksichtigt, müssen daher zur Bestimmung des Buchwerts von als Finanzinvestition gehaltenen Immobilien nach dem Modell des beizulegenden Zeitwerts alle erfassten Schulden aus dem Leasingverhältnis wieder hinzugefügt werden.

51 [gestrichen]

52 In einigen Fällen erwartet ein Unternehmen, dass der Barwert der mit einer als Finanzinvestition gehaltenen Immobilie verbundenen Auszahlungen (ausgenommen Auszahlungen, die sich auf erfasste Schulden beziehen) den Barwert der damit zusammenhängenden Einzahlungen übersteigt. Zur Beurteilung, ob eine Schuld anzusetzen und, wenn ja, wie diese zu bewerten ist, zieht ein Unternehmen IAS 37 *Rückstellungen, Eventualverbindlichkeiten und Eventualforderungen* heran.

A gain or loss arising from a change in the fair value of investment property shall be recognised in profit or loss for the period in which it arises. **35**

[deleted] **36–39**

When measuring the fair value of investment property in accordance with IFRS 13, an entity shall ensure that the fair value reflects, among other things, rental income from current leases and other assumptions that market participants would use when pricing investment property under current market conditions. **40**

When a lessee uses the fair value model to measure an investment property that is held as a right-of-use asset, it shall measure the right-of-use asset, and not the underlying property, at fair value. **40A**

IFRS 16 specifies the basis for initial recognition of the cost of an investment property held by a lessee as a right-of-use asset. Paragraph 33 requires investment property held by a lessee as a right-of-use asset to be remeasured, if necessary, to fair value if the entity chooses the fair value model. When lease payments are at market rates, the fair value of an investment property held by a lessee as a right-of-use asset at acquisition, net of all expected lease payments (including those relating to recognised lease liabilities), should be zero. Thus, remeasuring a right-of-use asset from cost in accordance with IFRS 16 to fair value in accordance with paragraph 33 (taking into account the requirements in paragraph 50) should not give rise to any initial gain or loss, unless fair value is measured at different times. This could occur when an election to apply the fair value model is made after initial recognition. **41**

[deleted] **42–47**

In exceptional cases, there is clear evidence when an entity first acquires an investment property (or when an existing property first becomes investment property after a change in use) that the variability in the range of reasonable fair value measurements will be so great, and the probabilities of the various outcomes so difficult to assess, that the usefulness of a single measure of fair value is negated. This may indicate that the fair value of the property will not be reliably measurable on a continuing basis (see paragraph 53). **48**

[deleted] **49**

In determining the carrying amount of investment property under the fair value model, an entity does not double-count assets or liabilities that are recognised as separate assets or liabilities. For example: **50**

(a) equipment such as lifts or air-conditioning is often an integral part of a building and is generally included in the fair value of the investment property, rather than recognised separately as property, plant and equipment.

(b) if an office is leased on a furnished basis, the fair value of the office generally includes the fair value of the furniture, because the rental income relates to the furnished office. When furniture is included in the fair value of investment property, an entity does not recognise that furniture as a separate asset.

(c) the fair value of investment property excludes prepaid or accrued operating lease income, because the entity recognises it as a separate liability or asset.

(d) the fair value of investment property held by a lessee as a right-of-use asset reflects expected cash flows (including variable lease payments that are expected to become payable). Accordingly, if a valuation obtained for a property is net of all payments expected to be made, it will be necessary to add back any recognised lease liability, to arrive at the carrying amount of the investment property using the fair value model.

[deleted] **51**

In some cases, an entity expects that the present value of its payments relating to an investment property (other than payments relating to recognised liabilities) will exceed the present value of the related cash receipts. An entity applies IAS 37 *Provisions, Contingent Liabilities and Contingent Assets* to determine whether to recognise a liability and, if so, how to measure it. **52**

Fehlende Möglichkeit, den beizulegenden Zeitwert verlässlich zu ermitteln

53 **Es besteht die widerlegbare Vermutung, dass ein Unternehmen in der Lage ist, den beizulegenden Zeitwert einer als Finanzinvestition gehaltenen Immobilie fortlaufend verlässlich zu ermitteln. In Ausnahmefällen liegen jedoch in Situationen, in denen ein Unternehmen eine als Finanzinvestition gehaltene Immobilie erstmals erwirbt (oder wenn eine bereits vorhandene Immobilie nach einer Nutzungsänderung erstmals als Finanzinvestition gehalten wird), eindeutige Anhaltspunkte dafür vor, dass eine fortlaufende verlässliche Ermittlung des beizulegenden Zeitwerts der als Finanzinvestition gehaltenen Immobilie nicht möglich ist. Dies wird nur dann der Fall sein, wenn der Markt für vergleichbare Immobilien inaktiv ist (wenn es z. B. kaum aktuelle Geschäftsvorfälle gibt, Preisnotierungen nicht aktuell sind oder beobachtete Transaktionspreise darauf hindeuten, dass der Verkäufer zum Verkauf gezwungen war) und anderweitige verlässliche Ermittlungen für den beizulegenden Zeitwert (beispielsweise basierend auf diskontierten Zahlungsstrom-Prognosen) nicht verfügbar sind. Kommt ein Unternehmen zu dem Schluss, dass der beizulegende Zeitwert einer als Finanzinvestition gehaltenen, in der Erstellung befindlichen Immobilie nicht verlässlich zu ermitteln ist, geht aber davon aus, dass der beizulegende Zeitwert der Immobilie nach Fertigstellung verlässlich ermittelbar sein wird, so bewertet es die als Finanzinvestition gehaltene, in der Erstellung befindliche Immobilie solange zu den Herstellungskosten, bis entweder der beizulegende Zeitwert verlässlich ermittelt werden kann oder die Erstellung abgeschlossen ist (je nachdem, welcher Zeitpunkt früher liegt). Lässt sich der beizulegende Zeitwert einer als Finanzinvestition gehaltenen Immobilie (bei der es sich nicht um eine in der Erstellung befindliche Immobilie handelt) nach Auffassung des Unternehmens nicht fortlaufend verlässlich ermittelt, so hat das Unternehmen die als Finanzinvestition gehaltene Immobilie im Falle eigener als Finanzinvestition gehaltener Immobilien gemäß IAS 16 und im Falle von von einem Leasingnehmer als Finanzinvestition gehaltenen Immobilien in Form von Nutzungsrechten gemäß IFRS 16 nach dem Anschaffungskostenmodell zu bewerten. Der Restwert der als Finanzinvestition gehaltenen Immobilie ist mit null anzunehmen. Das Unternehmen hat bis zum Abgang der als Finanzinvestition gehaltenen Immobilie weiterhin IAS 16 bzw. IFRS 16 anzuwenden**

53A Sobald ein Unternehmen in der Lage ist, den beizulegenden Zeitwert der als Finanzinvestition gehaltenen, in der Erstellung befindlichen Immobilie, die zuvor zu den Herstellungskosten bewertet wurde, verlässlich zu ermitteln, hat es diese Immobilie zum beizulegenden Zeitwert anzusetzen. Nach Abschluss der Erstellung dieser Immobilie wird davon ausgegangen, dass der beizulegende Zeitwert verlässlich ermittelbar ist. Sollte dies nicht der Fall sein, ist die Immobilie gemäß Paragraph 53 im Falle eigener als Finanzinvestition gehaltener Immobilien gemäß IAS 16 und im Falle von von einem Leasingnehmer als Finanzinvestition gehaltenen Immobilien in Form von Nutzungsrechten gemäß IFRS 16 nach dem Anschaffungskostenmodell zu bewerten.

53B Die Vermutung, dass der beizulegende Zeitwert einer in der Erstellung befindlichen, als Finanzinvestition gehaltenen Immobilie verlässlich ermittelbar ist, kann lediglich beim erstmaligen Ansatz widerlegt werden. Ein Unternehmen, das eine in der Erstellung befindliche, als Finanzinvestition gehaltene Immobilie zum beizulegenden Zeitwert bewertet hat, kann nicht den Schluss ziehen, dass der beizulegende Zeitwert einer als Finanzinvestition gehaltenen Immobilie, deren Erstellung abgeschlossen ist, nicht verlässlich ermittelbar ist.

54 In den Ausnahmefällen, in denen ein Unternehmen aus den in Paragraph 53 genannten Gründen gezwungen ist, eine als Finanzinvestition gehaltene Immobilie nach dem Anschaffungskostenmodell gemäß IAS 16 oder IFRS 16 zu bewerten, bewertet es seine gesamten sonstigen als Finanzinvestition gehaltenen Immobilien, einschließlich der in der Erstellung befindlichen, zum beizulegenden Zeitwert. In diesen Fällen kann ein Unternehmen zwar für eine einzelne als Finanzinvestition gehaltene Immobilie das Anschaffungskostenmodell anwenden, hat jedoch alle anderen Immobilien nach dem Modell des beizulegenden Zeitwerts zu bilanzieren.

55 **Hat ein Unternehmen eine als Finanzinvestition gehaltene Immobilie bisher zum beizulegenden Zeitwert bewertet, hat es die Immobilie bis zu deren Abgang (oder bis zu dem Zeitpunkt, ab dem die Immobilie selbst genutzt oder für einen späteren Verkauf im Rahmen der gewöhnlichen Geschäftstätigkeit entwickelt wird) weiterhin zum beizulegenden Zeitwert zu bewerten, auch wenn vergleichbare Markttransaktionen seltener auftreten oder Marktpreise seltener verfügbar sind.**

Anschaffungskostenmodell

56 **Sofern sich ein Unternehmen nach dem erstmaligen Ansatz für das Anschaffungskostenmodell entscheidet, hat es seine als Finanzinvestition gehaltenen Immobilien wie folgt zu bewerten:**

(a) gemäß IFRS 5 *Zur Veräußerung gehaltene langfristige Vermögenswerte und aufgegebene Geschäftsbereiche*, sofern sie als zur Veräußerung gehalten eingestuft werden können (oder zu einer als zur Veräußerung gehalten eingestuften Veräußerungsgruppe gehören),

(b) gemäß IFRS 16, sofern sie von einem Leasingnehmer in Form eines Nutzungsrechts und nicht gemäß IFRS 5 zur Veräußerung gehalten werden, und

(c) in allen anderen Fällen nach den Vorschriften für das Anschaffungskostenmodell gemäß IAS 16.

Inability to measure fair value reliably

There is a rebuttable presumption that an entity can reliably measure the fair value of an investment property on a continuing basis. However, in exceptional cases, there is clear evidence when an entity first acquires an investment property (or when an existing property first becomes investment property after a change in use) that the fair value of the investment property is not reliably measurable on a continuing basis. This arises when, and only when, the market for comparable properties is inactive (eg there are few recent transactions, price quotations are not current or observed transaction prices indicate that the seller was forced to sell) and alternative reliable measurements of fair value (for example, based on discounted cash flow projections) are not available. If an entity determines that the fair value of an investment property under construction is not reliably measurable but expects the fair value of the property to be reliably measurable when construction is complete, it shall measure that investment property under construction at cost until either its fair value becomes reliably measurable or construction is completed (whichever is earlier). If an entity determines that the fair value of an investment property (other than an investment property under construction) is not reliably measurable on a continuing basis, the entity shall measure that investment property using the cost model in IAS 16 for owned investment property or in accordance with IFRS 16 for investment property held by a lessee as a right-of-use asset. The residual value of the investment property shall be assumed to be zero. The entity shall continue to apply IAS 16 or IFRS 16 until disposal of the investment property. 53

Once an entity becomes able to measure reliably the fair value of an investment property under construction that has previously been measured at cost, it shall measure that property at its fair value. Once construction of that property is complete, it is presumed that fair value can be measured reliably. If this is not the case, in accordance with paragraph 53, the property shall be accounted for using the cost model in accordance with IAS 16 for owned assets or IFRS 16 for investment property held by a lessee as a right-of-use asset. 53A

The presumption that the fair value of investment property under construction can be measured reliably can be rebutted only on initial recognition. An entity that has measured an item of investment property under construction at fair value may not conclude that the fair value of the completed investment property cannot be measured reliably. 53B

In the exceptional cases when an entity is compelled, for the reason given in paragraph 53, to measure an investment property using the cost model in accordance with IAS 16 or IFRS 16, it measures at fair value all its other investment property, including investment property under construction. In these cases, although an entity may use the cost model for one investment property, the entity shall continue to account for each of the remaining properties using the fair value model. 54

If an entity has previously measured an investment property at fair value, it shall continue to measure the property at fair value until disposal (or until the property becomes owner-occupied property or the entity begins to develop the property for subsequent sale in the ordinary course of business) even if comparable market transactions become less frequent or market prices become less readily available. 55

Cost model

After initial recognition, an entity that chooses the cost model shall measure investment property: 56

(a) **in accordance with IFRS 5 *Non-current Assets Held for Sale and Discontinued Operations* if it meets the criteria to be classified as held for sale (or is included in a disposal group that is classified as held for sale);**

(b) **in accordance with IFRS 16 if it is held by a lessee as a right-of-use asset and is not held for sale in accordance with IFRS 5; and**

(c) **in accordance with the requirements in IAS 16 for the cost model in all other cases.**

ÜBERTRAGUNGEN

57 **Ein Unternehmen hat eine Immobilie nur dann in den oder aus dem Bestand der als Finanzinvestition gehaltenen Immobilien zu übertragen, wenn eine Nutzungsänderung vorliegt. Eine Nutzungsänderung liegt vor, wenn eine Immobilie die Definition für eine als Finanzinvestition gehaltene Immobilie neu erfüllt oder nicht mehr erfüllt und Anhaltspunkte für eine Nutzungsänderung vorliegen. Die alleinige Absicht des Managements, eine Immobilie einer anderen Nutzung zuzuführen, stellt keinen solchen Anhaltspunkt dar. Zu den Beispielen für Anhaltspunkte für Nutzungsänderungen gehören die folgenden:**

(a) **Beginn der Selbstnutzung oder der Entwicklung mit der Absicht der Selbstnutzung für eine Übertragung aus dem Bestand der als Finanzinvestition gehaltenen Immobilien in den Bestand der selbst genutzten Immobilien,**

(b) **Beginn der Entwicklung mit der Absicht des Verkaufs, d. h. Übertragung aus dem Bestand der als Finanzinvestition gehaltenen Immobilien in das Vorratsvermögen,**

(c) **Ende der Selbstnutzung, d. h. Übertragung aus dem Bestand der vom Eigentümer selbst genutzten Immobilien in den Bestand der als Finanzinvestition gehaltenen Immobilien, und**

(d) **Beginn eines Operating-Leasingverhältnisses mit einem Dritten für eine Übertragung aus dem Vorratsvermögen in den Bestand der als Finanzinvestition gehaltenen Immobilien.**

(e) [gestrichen]

58 Trifft ein Unternehmen die Entscheidung, eine als Finanzinvestition gehaltene Immobilie ohne Entwicklung zu veräußern, behandelt es die Immobilie solange weiter als Finanzinvestition und stuft sie nicht als Vorratsvermögen ein, bis sie ausgebucht (und damit aus der Bilanz entfernt) wird. Ebenso wird eine als Finanzinvestition gehaltene bestehende Immobilie, die ein Unternehmen zu entwickeln beginnt, um sie weiter als Finanzinvestition zu halten, während der Entwicklung nicht in den Bestand der vom Eigentümer selbst genutzten Immobilien übertragen, sondern weiter als Finanzinvestition eingestuft.

59 Die Paragraphen 60–65 behandeln Fragen des Ansatzes und der Bewertung, die das Unternehmen bei der Anwendung des Modells des beizulegenden Zeitwerts für als Finanzinvestition gehaltene Immobilien zu berücksichtigen hat. Wenn ein Unternehmen das Anschaffungskostenmodell anwendet, führen Übertragungen zwischen dem Bestand der als Finanzinvestition gehaltenen, dem Bestand der vom Eigentümer selbst genutzten Immobilien und dem Vorratsvermögen für Bewertungs- oder Angabezwecke weder zu einer Buchwertänderung der übertragenen Immobilien noch zu einer Veränderung ihrer Anschaffungs- oder Herstellungskosten.

60 **Bei einer Übertragung aus dem Bestand der als Finanzinvestition gehaltenen und zum beizulegenden Zeitwert bewerteten Immobilien in den Bestand der vom Eigentümer selbst genutzten Immobilien oder in das Vorratsvermögen entsprechen die Anschaffungs- oder Herstellungskosten der Immobilien für die Folgebewertung gemäß IAS 16, IFRS 16 oder IAS 2 deren beizulegendem Zeitwert zum Zeitpunkt der Nutzungsänderung.**

61 **Wird eine vom Eigentümer selbst genutzte zu einer als Finanzinvestition gehaltenen Immobilie, die zum beizulegenden Zeitwert bewertet wird, hat ein Unternehmen bis zum Zeitpunkt der Nutzungsänderung für Immobilien in seinem Eigentum IAS 16 und für Immobilien, die von einem Leasingnehmer als Finanzinvestition in Form eines Nutzungsrechts gehalten werden, IFRS 16 anzuwenden. Das Unternehmen hat eine zu diesem Zeitpunkt bestehende Differenz zwischen dem nach IAS 16 bzw. IFRS 16 ermittelten Buchwert der Immobilien und dem beizulegenden Zeitwert in derselben Weise zu behandeln wie eine Neubewertung gemäß IAS 16.**

62 Bis zu dem Zeitpunkt, an dem eine vom Eigentümer selbstgenutzte Immobilie zu einer als Finanzinvestition gehaltenen und zum beizulegenden Zeitwert bewerteten Immobilie wird, hat ein Unternehmen die Immobilie (bzw. das Nutzungsrecht) planmäßig abzuschreiben und jegliche eingetretene Wertminderungsaufwendung zu erfassen. Das Unternehmen behandelt eine zu diesem Zeitpunkt bestehende Differenz zwischen dem nach IAS 16 bzw. IFRS 16 ermittelten Buchwert der Immobilien und dem beizulegenden Zeitwert in derselben Weise wie eine Neubewertung gemäß IAS 16. Mit anderen Worten:

(a) Jede auftretende Minderung des Buchwerts der Immobilie ist erfolgswirksam zu erfassen. In dem Umfang, in dem jedoch ein der Immobilie zuzurechnender Betrag in der Neubewertungsrücklage eingestellt ist, ist die Minderung im sonstigen Ergebnis zu erfassen und die Neubewertungsrücklage innerhalb des Eigenkapitals entsprechend zu kürzen.

(b) Eine sich ergebende Erhöhung des Buchwerts ist folgendermaßen zu behandeln:

   (i) Soweit die Erhöhung einem früheren Wertminderungsaufwand für diese Immobilie entspricht, ist die Erhöhung erfolgswirksam zu erfassen. Der erfolgswirksam erfasste Betrag darf nicht höher sein als der Betrag, der zur Aufstockung auf den Buchwert benötigt wird, der sich ohne die Erfassung des Wertminderungsaufwands (abzüglich mittlerweile vorgenommener planmäßiger Abschreibungen) ergeben hätte.

   (ii) Ein noch verbleibender Teil der Erhöhung wird im sonstigen Ergebnis erfasst und führt zu einer Erhöhung der Neubewertungsrücklage innerhalb des Eigenkapitals. Bei einem anschließenden Abgang der als Finanzinvestition gehaltenen Immobilie kann die Neubewertungsrücklage unmittelbar in die Gewinnrücklagen umgebucht werden. Die Übertragung aus der Neubewertungsrücklage in die Gewinnrücklagen erfolgt nicht erfolgswirksam.

TRANSFERS

An entity shall transfer a property to, or from, investment property when, and only when, there is a change in use. A change in use occurs when the property meets, or ceases to meet, the definition of investment property and there is evidence of the change in use. In isolation, a change in management's intentions for the use of a property does not provide evidence of a change in use. Examples of evidence of a change in use include: 57

(a) commencement of owner-occupation, or of development with a view to owner-occupation, for a transfer from investment property to owner-occupied property;

(b) commencement of development with a view to sale, for a transfer from investment property to inventories;

(c) end of owner-occupation, for a transfer from owner-occupied property to investment property; and

(d) inception of an operating lease to another party, for a transfer from inventories to investment property.

(e) [deleted]

When an entity decides to dispose of an investment property without development, it continues to treat the property as an investment property until it is derecognised (eliminated from the statement of financial position) and does not reclassify it as inventory. Similarly, if an entity begins to redevelop an existing investment property for continued future use as investment property, the property remains an investment property and is not reclassified as owner-occupied property during the redevelopment. 58

Paragraphs 60—65 apply to recognition and measurement issues that arise when an entity uses the fair value model for investment property. When an entity uses the cost model, transfers between investment property, owner-occupied property and inventories do not change the carrying amount of the property transferred and they do not change the cost of that property for measurement or disclosure purposes. 59

For a transfer from investment property carried at fair value to owner-occupied property or inventories, the property's deemed cost for subsequent accounting in accordance with IAS 16, IFRS 16 or IAS 2 shall be its fair value at the date of change in use. 60

If an owner-occupied property becomes an investment property that will be carried at fair value, an entity shall apply IAS 16 for owned property and IFRS 16 for property held by a lessee as a right-of-use-asset up to the date of change in use. The entity shall treat any difference at that date between the carrying amount of the property in accordance with IAS 16 or IFRS 16 and its fair value in the same way as a revaluation in accordance with IAS 16. 61

Up to the date when an owner-occupied property becomes an investment property carried at fair value, an entity depreciates the property (or the right-of-use asset) and recognises any impairment losses that have occurred. The entity treats any difference at that date between the carrying amount of the property in accordance with IAS 16 or IFRS 16 and its fair value in the same way as a revaluation in accordance with IAS 16. In other words: 62

(a) any resulting decrease in the carrying amount of the property is recognised in profit or loss. However, to the extent that an amount is included in revaluation surplus for that property, the decrease is recognised in other comprehensive income and reduces the revaluation surplus within equity.

(b) any resulting increase in the carrying amount is treated as follows:

  (i) to the extent that the increase reverses a previous impairment loss for that property, the increase is recognised in profit or loss. The amount recognised in profit or loss does not exceed the amount needed to restore the carrying amount to the carrying amount that would have been determined (net of depreciation) had no impairment loss been recognised.

  (ii) any remaining part of the increase is recognised in other comprehensive income and increases the revaluation surplus within equity. On subsequent disposal of the investment property, the revaluation surplus included in equity may be transferred to retained earnings. The transfer from revaluation surplus to retained earnings is not made through profit or loss.

63 **Bei einer Übertragung aus dem Vorratsvermögen in die als Finanzinvestition gehaltenen Immobilien, die dann zum beizulegenden Zeitwert bewertet werden, ist eine zu diesem Zeitpunkt bestehende Differenz zwischen dem beizulegenden Zeitwert der Immobilie und dem vorherigen Buchwert erfolgswirksam zu erfassen.**

64 Die bilanzielle Behandlung von Übertragungen aus dem Vorratsvermögen in die als Finanzinvestition gehaltenen Immobilien, die dann zum beizulegenden Zeitwert bewertet werden, entspricht der Behandlung einer Veräußerung von Vorräten.

65 **Wenn ein Unternehmen die Erstellung oder Entwicklung einer selbst erstellten und als Finanzinvestition gehaltenen Immobilie abschließt, die dann zum beizulegenden Zeitwert bewertet wird, ist eine zu diesem Zeitpunkt bestehende Differenz zwischen dem beizulegenden Zeitwert der Immobilie und dem vorherigen Buchwert erfolgswirksam zu erfassen.**

ABGÄNGE

66 **Eine als Finanzinvestition gehaltene Immobilie ist bei ihrem Abgang oder dann, wenn sie dauerhaft nicht mehr genutzt werden soll und ein zukünftiger wirtschaftlicher Nutzen aus ihrem Abgang nicht mehr erwartet wird, auszubuchen (und damit aus der Bilanz zu entfernen).**

67 Der Abgang einer als Finanzinvestition gehaltenen Immobilie kann durch den Verkauf oder den Abschluss eines Finanzierungsleasingverhältnisses erfolgen. Als Abgangsdatum einer veräußerten als Finanzinvestition gehaltenen Immobilie gilt das Datum, an dem der Empfänger – gemäß den Vorschriften über die Erfüllung der Leistungsverpflichtung in IFRS 15 – die Verfügungsmacht darüber erlangt. IFRS 16 ist beim Abgang infolge des Abschlusses eines Finanzierungsleasings oder einer Sale-and-Leaseback-Transaktion anzuwenden.

68 Wenn ein Unternehmen gemäß dem Ansatzgrundsatz in Paragraph 16 die Kosten für die Ersetzung eines Teils einer als Finanzinvestition gehaltenen Immobilie im Buchwert berücksichtigt, hat es den Buchwert des ersetzten Teils auszubuchen. Bei als Finanzinvestition gehaltenen Immobilien, die nach dem Anschaffungskostenmodell bilanziert werden, kann es vorkommen, dass ein ersetztes Teil nicht gesondert planmäßig abgeschrieben wurde. Sollte die Ermittlung des Buchwerts des ersetzten Teils für ein Unternehmen praktisch nicht durchführbar sein, kann es die Kosten für die Ersetzung als Anhaltspunkt für die Anschaffungs- oder Herstellungskosten des ersetzten Teils zum Zeitpunkt seines Kaufs oder seiner Erstellung verwenden. Beim Modell des beizulegenden Zeitwerts spiegelt der beizulegende Zeitwert der als Finanzinvestition gehaltenen Immobilien unter Umständen bereits die Wertminderung des zu ersetzenden Teils wider. In anderen Fällen kann es schwierig sein zu erkennen, um wie viel der beizulegende Zeitwert für das ersetzte Teil gemindert werden sollte. Sollte eine Minderung des beizulegenden Zeitwerts für das ersetzte Teil praktisch nicht durchführbar sein, können alternativ die Kosten für die Ersetzung in den Buchwert des Vermögenswerts einbezogen werden. Anschließend erfolgt eine Neubewertung des beizulegenden Zeitwerts, wie sie bei Zugängen ohne eine Ersetzung erforderlich wäre.

69 **Gewinne oder Verluste, die bei Stilllegung oder Abgang von als Finanzinvestition gehaltenen Immobilien entstehen, sind als Differenz zwischen dem Nettoveräußerungserlös und dem Buchwert des Vermögenswerts zu bestimmen und in der Periode der Stilllegung bzw. des Abgangs erfolgswirksam zu erfassen (sofern IFRS 16 bei Sale-and-Leaseback-Transaktionen nichts anderes verlangt).**

70 Die Höhe der Gegenleistung, die bei der Ausbuchung einer als Finanzinvestition gehaltenen Immobilie im Gewinn oder Verlust auszuweisen ist, wird gemäß den Vorschriften zur Bestimmung des Transaktionspreises in den Paragraphen 47–72 von IFRS 15 bestimmt. Spätere Änderungen an der geschätzten Höhe der im Gewinn oder Verlust auszuweisenden Gegenleistung werden gemäß den in IFRS 15 festgelegten Vorschriften für Änderungen des Transaktionspreises bilanziert.

71 Ein Unternehmen wendet IAS 37 oder – soweit sachgerecht – andere Standards auf etwaige Schulden an, die nach dem Abgang einer als Finanzinvestition gehaltenen Immobilie verbleiben.

72 **Entschädigungen von Dritten für die Wertminderung, den Verlust oder die Aufgabe von als Finanzinvestition gehaltenen Immobilien sind bei Erhalt der Entschädigung erfolgswirksam zu erfassen.**

73 Wertminderungen oder der Verlust von als Finanzinvestition gehaltenen Immobilien, damit verbundene Ansprüche auf oder Zahlungen von Entschädigung von Dritten und jeglicher nachfolgende Kauf bzw. jegliche nachfolgende Erstellung von Ersatzvermögenswerten stellen einzelne wirtschaftliche Ereignisse dar und sind gesondert wie folgt zu bilanzieren:

(a) Wertminderungen von als Finanzinvestition gehaltenen Immobilien werden gemäß IAS 36 erfasst,

(b) Stilllegungen oder Abgänge von als Finanzinvestition gehaltenen Immobilien werden gemäß den Paragraphen 66–71 des vorliegenden Standards erfasst,

(c) Entschädigungen von Dritten für die Wertminderung, den Verlust oder die Aufgabe von als Finanzinvestition gehaltenen Immobilien werden bei Erhalt der Entschädigung erfolgswirksam erfasst und

(d) die Anschaffungs- oder Herstellungskosten von Vermögenswerten, die instand gesetzt oder als Ersatz gekauft oder erstellt wurden, werden gemäß den Paragraphen 20–29 des vorliegenden Standards ermittelt.

For a transfer from inventories to investment property that will be carried at fair value, any difference between the fair value of the property at that date and its previous carrying amount shall be recognised in profit or loss. 63

The treatment of transfers from inventories to investment property that will be carried at fair value is consistent with the treatment of sales of inventories. 64

When an entity completes the construction or development of a self-constructed investment property that will be carried at fair value, any difference between the fair value of the property at that date and its previous carrying amount shall be recognised in profit or loss. 65

DISPOSALS

An investment property shall be derecognised (eliminated from the statement of financial position) on disposal or when the investment property is permanently withdrawn from use and no future economic benefits are expected from its disposal. 66

The disposal of an investment property may be achieved by sale or by entering into a finance lease. The date of disposal for investment property that is sold is the date the recipient obtains control of the investment property in accordance with the requirements for determining when a performance obligation is satisfied in IFRS 15. IFRS 16 applies to a disposal effected by entering into a finance lease and to a sale and leaseback. 67

If, in accordance with the recognition principle in paragraph 16, an entity recognises in the carrying amount of an asset the cost of a replacement for part of an investment property, it derecognises the carrying amount of the replaced part. For investment property accounted for using the cost model, a replaced part may not be a part that was depreciated separately. If it is not practicable for an entity to determine the carrying amount of the replaced part, it may use the cost of the replacement as an indication of what the cost of the replaced part was at the time it was acquired or constructed. Under the fair value model, the fair value of the investment property may already reflect that the part to be replaced has lost its value. In other cases it may be difficult to discern how much fair value should be reduced for the part being replaced. An alternative to reducing fair value for the replaced part, when it is not practical to do so, is to include the cost of the replacement in the carrying amount of the asset and then to reassess the fair value, as would be required for additions not involving replacement. 68

Gains or losses arising from the retirement or disposal of investment property shall be determined as the difference between the net disposal proceeds and the carrying amount of the asset and shall be recognised in profit or loss (unless IFRS 16 requires otherwise on a sale and leaseback) in the period of the retirement or disposal. 69

The amount of consideration to be included in the gain or loss arising from the derecognition of an investment property is determined in accordance with the requirements for determining the transaction price in paragraphs 47—72 of IFRS 15. Subsequent changes to the estimated amount of the consideration included in the gain or loss shall be accounted for in accordance with the requirements for changes in the transaction price in IFRS 15. 70

An entity applies IAS 37 or other Standards, as appropriate, to any liabilities that it retains after disposal of an investment property. 71

Compensation from third parties for investment property that was impaired, lost or given up shall be recognised in profit or loss when the compensation becomes receivable. 72

Impairments or losses of investment property, related claims for or payments of compensation from third parties and any subsequent purchase or construction of replacement assets are separate economic events and are accounted for separately as follows: 73

(a) impairments of investment property are recognised in accordance with IAS 36;
(b) retirements or disposals of investment property are recognised in accordance with paragraphs 66—71 of this Standard;
(c) compensation from third parties for investment property that was impaired, lost or given up is recognised in profit or loss when it becomes receivable; and
(d) the cost of assets restored, purchased or constructed as replacements is determined in accordance with paragraphs 20—29 of this Standard.

ANGABEN

Modell des beizulegenden Zeitwerts und Anschaffungskostenmodell

74 Die unten aufgeführten Angaben sind zusätzlich zu denen nach IFRS 16 zu machen. Gemäß IFRS 16 gelten für den Eigentümer einer als Finanzinvestition gehaltenen Immobilie die Angabepflichten für einen Leasinggeber zu den von ihm abgeschlossenen Leasingverhältnissen. Ein Leasingnehmer, welcher eine als Finanzinvestition in Form eines Nutzungsrechts gehaltene Immobilie hält, macht die von einem Leasingnehmer gemäß IFRS 16 zu machenden Angaben sowie für alle Operating-Leasingverhältnisse, die er abgeschlossen hat, die von einem Leasinggeber gemäß IFRS 16 zu machenden Angaben.

75 **Ein Unternehmen hat Folgendes anzugeben:**

(a) **ob es das Modell des beizulegenden Zeitwerts oder das Anschaffungskostenmodell anwendet.**

(b) [gestrichen]

(c) **sofern eine Zuordnung Schwierigkeiten bereitet (siehe Paragraph 14), die vom Unternehmen verwendeten Kriterien, nach denen zwischen als Finanzinvestition gehaltenen, vom Eigentümer selbst genutzten und Immobilien, die zum Verkauf im Rahmen der gewöhnlichen Geschäftstätigkeit gehalten werden, unterschieden wird.**

(d) [gestrichen]

(e) **das Ausmaß, in dem der beizulegende Zeitwert der als Finanzinvestition gehaltenen Immobilien (wie in den Abschlüssen bewertet oder angegeben) auf der Grundlage einer Bewertung durch einen unabhängigen Gutachter basiert, der eine anerkannte, sachgerechte berufliche Qualifikation und aktuelle Erfahrungen mit der Lage und der Art der zu bewertenden, als Finanzinvestition gehaltenen Immobilien hat. Hat eine solche Bewertung nicht stattgefunden, ist dies anzugeben.**

(f) **die erfolgswirksam erfassten Beträge für**

(i) **Mieteinnahmen aus als Finanzinvestition gehaltenen Immobilien**

(ii) **direkte betriebliche Aufwendungen (einschließlich Reparaturen und Instandhaltung), die denjenigen als Finanzinvestition gehaltenen Immobilien einzeln zurechenbar sind, mit denen während der Periode Mieteinnahmen erzielt wurden,**

(iii) **direkte betriebliche Aufwendungen (einschließlich Reparaturen und Instandhaltung), die denjenigen als Finanzinvestition gehaltenen Immobilien einzeln zurechenbar sind, mit denen während der Periode keine Mieteinnahmen erzielt wurden, und**

(iv) **die kumulierte Veränderung des beizulegenden Zeitwerts, die beim Verkauf einer als Finanzinvestition gehaltenen Immobilie von einem Bestand von Vermögenswerten, in dem das Anschaffungskostenmodell verwendet wird, an einen Bestand, in dem das Modell des beizulegenden Zeitwerts verwendet wird, erfolgswirksam erfasst wird (siehe Paragraph 32C).**

(g) **die Existenz und die Höhe von Beschränkungen hinsichtlich der Veräußerbarkeit von als Finanzinvestition gehaltenen Immobilien oder der Überweisung von Erträgen und Veräußerungserlösen.**

(h) **vertragliche Verpflichtungen, als Finanzinvestitionen gehaltene Immobilien zu kaufen, zu erstellen oder zu entwickeln, oder solche für Reparaturen, Instandhaltung oder Verbesserungen.**

Modell des beizulegenden Zeitwerts

76 **Zusätzlich zu den nach Paragraph 75 vorgeschriebenen Angaben hat ein Unternehmen, welches das Modell des beizulegenden Zeitwerts gemäß den Paragraphen 33–55 anwendet, eine Überleitungsrechnung zu erstellen, die die Entwicklung des Buchwerts der als Finanzinvestition gehaltenen Immobilien zu Beginn und zum Ende der Periode zeigt und dabei Folgendes darstellt:**

(a) **Zugänge, wobei diejenigen Zugänge gesondert anzugeben sind, die auf einen Erwerb entfallen, und diejenigen, die auf im Buchwert eines Vermögenswerts erfasste nachträgliche Ausgaben entfallen,**

(b) **Zugänge, die aus einem Erwerb im Rahmen von Unternehmenszusammenschlüssen resultieren,**

(c) **Vermögenswerte, die gemäß IFRS 5 als zur Veräußerung gehalten eingestuft werden oder zu einer als zur Veräußerung gehalten eingestuften Veräußerungsgruppe gehören, und andere Abgänge,**

(d) **Nettogewinne oder -verluste aus der Berichtigung des beizulegenden Zeitwerts,**

(e) **Nettoumrechnungsdifferenzen aus der Umrechnung von Abschlüssen in eine andere Darstellungswährung und aus der Umrechnung eines ausländischen Geschäftsbetriebs in die Darstellungswährung des berichtenden Unternehmens,**

(f) **Übertragungen in das bzw. aus dem Vorratsvermögen und in bzw. aus der Kategorie der vom Eigentümer selbst genutzten Immobilien und**

(g) **sonstige Änderungen.**

77 **Wird die Bewertung einer als Finanzinvestition gehaltenen Immobilie für Abschlusszwecke erheblich angepasst, beispielsweise um wie in Paragraph 50 beschrieben einen erneuten Ansatz von Vermögenswerten oder Schulden zu vermeiden, die bereits als gesonderte Vermögenswerte und Schulden erfasst wurden, hat das Unternehmen eine Überleitungsrechnung zwischen der ursprünglichen Bewertung und der in den Abschlüssen enthaltenen angepassten**

DISCLOSURE

Fair value model and cost model

The disclosures below apply in addition to those in IFRS 16. In accordance with IFRS 16, the owner of an investment property provides lessors' disclosures about leases into which it has entered. A lessee that holds an investment property as a right-of-use asset provides lessees' disclosures as required by IFRS 16 and lessors' disclosures as required by IFRS 16 for any operating leases into which it has entered. 74

An entity shall disclose: 75

(a) **whether it applies the fair value model or the cost model.**

(b) **[deleted]**

(c) **when classification is difficult (see paragraph 14), the criteria it uses to distinguish investment property from owner-occupied property and from property held for sale in the ordinary course of business.**

(d) [deleted]

(e) **the extent to which the fair value of investment property (as measured or disclosed in the financial statements) is based on a valuation by an independent valuer who holds a recognised and relevant professional qualification and has recent experience in the location and category of the investment property being valued. If there has been no such valuation, that fact shall be disclosed.**

(f) **the amounts recognised in profit or loss for:**
   (i) **rental income from investment property;**
   (ii) **direct operating expenses (including repairs and maintenance) arising from investment property that generated rental income during the period;**
   (iii) **direct operating expenses (including repairs and maintenance) arising from investment property that did not generate rental income during the period; and**
   (iv) **the cumulative change in fair value recognised in profit or loss on a sale of investment property from a pool of assets in which the cost model is used into a pool in which the fair value model is used (see paragraph 32C).**

(g) **the existence and amounts of restrictions on the realisability of investment property or the remittance of income and proceeds of disposal.**

(h) **contractual obligations to purchase, construct or develop investment property or for repairs, maintenance or enhancements.**

Fair value model

In addition to the disclosures required by paragraph 75, an entity that applies the fair value model in paragraphs 33—55 shall disclose a reconciliation between the carrying amounts of investment property at the beginning and end of the period, showing the following: 76

(a) **additions, disclosing separately those additions resulting from acquisitions and those resulting from subsequent expenditure recognised in the carrying amount of an asset;**

(b) **additions resulting from acquisitions through business combinations;**

(c) **assets classified as held for sale or included in a disposal group classified as held for sale in accordance with IFRS 5 and other disposals;**

(d) **net gains or losses from fair value adjustments;**

(e) **the net exchange differences arising on the translation of the financial statements into a different presentation currency, and on translation of a foreign operation into the presentation currency of the reporting entity;**

(f) **transfers to and from inventories and owner-occupied property; and**

(g) **other changes.**

When a valuation obtained for investment property is adjusted significantly for the purpose of the financial statements, for example to avoid double-counting of assets or liabilities that are recognised as separate assets and liabilities as described in paragraph 50, the entity shall disclose a reconciliation between the valuation obtained and the 77

Bewertung zu erstellen, in der der Gesamtbetrag aller erfassten wieder hinzugefügten Leasingverbindlichkeiten und alle anderen wesentlichen Anpassungen gesondert dargestellt sind.

78 **In den in Paragraph 53 beschriebenen Ausnahmefällen, in denen ein Unternehmen als Finanzinvestition gehaltene Immobilien nach dem Anschaffungskostenmodell gemäß IAS 16 oder gemäß IFRS 16 bewertet, hat die in Paragraph 76 vorgeschriebene Überleitungsrechnung die Beträge dieser als Finanzinvestition gehaltenen Immobilien getrennt von den Beträgen der anderen als Finanzinvestition gehaltenen Immobilien auszuweisen. Zusätzlich hat ein Unternehmen Folgendes anzugeben:**

(a) eine Beschreibung der als Finanzinvestition gehaltenen Immobilien,

(b) eine Erklärung, warum der beizulegende Zeitwert nicht verlässlich ermittelt werden kann,

(c) wenn möglich, die Schätzungsbandbreite, in der der beizulegende Zeitwert höchstwahrscheinlich liegt, und

(d) bei Abgang von als Finanzinvestition gehaltenen Immobilien, die nicht zum beizulegenden Zeitwert bewertet wurden,

(i) den Umstand, dass das Unternehmen als Finanzinvestition gehaltene Immobilien veräußert hat, die nicht zum beizulegenden Zeitwert bewertet wurden,

(ii) den Buchwert dieser als Finanzinvestition gehaltenen Immobilien zum Zeitpunkt des Verkaufs und

(iii) den als Gewinn oder Verlust erfassten Betrag.

Anschaffungskostenmodell

79 **Zusätzlich zu den nach Paragraph 75 vorgeschriebenen Angaben hat ein Unternehmen, das das Anschaffungskostenmodell gemäß Paragraph 56 anwendet, Folgendes anzugeben:**

(a) die verwendeten Abschreibungsmethoden,

(b) die zugrunde gelegten Nutzungsdauern oder Abschreibungssätze,

(c) den Bruttobuchwert und die kumulierten panmäßigen Abschreibungen (zusammengefasst mit den kumulierten Wertminderungsaufwendungen) zu Beginn und zum Ende der Periode,

(d) eine Überleitungsrechnung, welche die Entwicklung des Buchwerts der als Finanzinvestition gehaltenen Immobilien zu Beginn und zum Ende der gesamten Periode zeigt und dabei Folgendes darstellt:

(i) Zugänge, wobei diejenigen Zugänge gesondert anzugeben sind, die auf einen Erwerb entfallen, und diejenigen, die auf als Vermögenswert erfasste nachträgliche Ausgaben entfallen,

(ii) Zugänge, die aus einem Erwerb im Rahmen von Unternehmenszusammenschlüssen resultieren,

(iii) Vermögenswerte, die gemäß IFRS 5 als zur Veräußerung gehalten eingestuft werden oder zu einer als zur Veräußerung gehalten eingestuften Veräußerungsgruppe gehören, und andere Abgänge,

(iv) planmäßige Abschreibungen,

(v) den Betrag der Wertminderungsaufwendungen, der während der Periode gemäß IAS 36 erfasst wurde, und den Betrag an wieder aufgeholten Wertminderungsaufwendungen,

(vi) Nettoumrechnungsdifferenzen aus der Umrechnung von Abschlüssen in eine andere Darstellungswährung und aus der Umrechnung eines ausländischen Geschäftsbetriebs in die Darstellungswährung des berichtenden Unternehmens,

(vii) Übertragungen in das bzw. aus dem Vorratsvermögen in die bzw. aus der Kategorie der vom Eigentümer selbst genutzten Immobilien und

(viii) sonstige Änderungen,

(e) den beizulegenden Zeitwert der als Finanzinvestition gehaltenen Immobilien. In den in Paragraph 53 beschriebenen Ausnahmefällen, in denen ein Unternehmen den beizulegenden Zeitwert der als Finanzinvestition gehaltenen Immobilien nicht verlässlich ermitteln kann, hat es Folgendes anzugeben:

(i) eine Beschreibung der als Finanzinvestition gehaltenen Immobilien,

(ii) eine Erklärung, warum der beizulegende Zeitwert nicht verlässlich ermittelt werden kann, und

(iii) wenn möglich, die Schätzungsbandbreite, innerhalb der der beizulegende Zeitwert höchstwahrscheinlich liegt.

ÜBERGANGSVORSCHRIFTEN

Modell des beizulegenden Zeitwerts

80 **Ein Unternehmen, das bisher IAS 40 (2000) angewandt hat und sich erstmals dafür entscheidet, einige oder alle im Rahmen von Operating-Leasingverhältnissen geleasten Immobilien als Finanzinvestition einzustufen und zu bilanzieren, hat die Auswirkung dieser Entscheidung als eine Anpassung des Eröffnungsbilanzwerts der Gewinnrücklagen in der Periode zu erfassen, in der die Entscheidung erstmals getroffen wurde. Ferner gilt Folgendes:**

(a) Hat das Unternehmen früher (im Abschluss oder anderweitig) den beizulegenden Zeitwert dieser Immobilien in vorhergehenden Perioden angegeben und wurde der beizulegende Zeitwert auf einer Grundlage ermittelt, die der Definition des beizulegenden Zeitwerts in IFRS 13 genügt, wird dem Unternehmen empfohlen, aber nicht vorgeschrieben,

adjusted valuation included in the financial statements, showing separately the aggregate amount of any recognised lease liabilities that have been added back, and any other significant adjustments.

In the exceptional cases referred to in paragraph 53, when an entity measures investment property using the cost model in IAS 16 or in accordance with IFRS 16, the reconciliation required by paragraph 76 shall disclose amounts relating to that investment property separately from amounts relating to other investment property. In addition, an entity shall disclose: 78

(a) a description of the investment property;
(b) an explanation of why fair value cannot be measured reliably;
(c) if possible, the range of estimates within which fair value is highly likely to lie; and
(d) on disposal of investment property not carried at fair value:
  (i) the fact that the entity has disposed of investment property not carried at fair value;
  (ii) the carrying amount of that investment property at the time of sale; and
  (iii) the amount of gain or loss recognised.

Cost model

In addition to the disclosures required by paragraph 75, an entity that applies the cost model in paragraph 56 shall disclose: 79

(a) the depreciation methods used;
(b) the useful lives or the depreciation rates used;
(c) the gross carrying amount and the accumulated depreciation (aggregated with accumulated impairment losses) at the beginning and end of the period;
(d) a reconciliation of the carrying amount of investment property at the beginning and end of the period, showing the following:
  (i) additions, disclosing separately those additions resulting from acquisitions and those resulting from subsequent expenditure recognised as an asset;
  (ii) additions resulting from acquisitions through business combinations;
  (iii) assets classified as held for sale or included in a disposal group classified as held for sale in accordance with IFRS 5 and other disposals;
  (iv) depreciation;
  (v) the amount of impairment losses recognised, and the amount of impairment losses reversed, during the period in accordance with IAS 36;
  (vi) the net exchange differences arising on the translation of the financial statements into a different presentation currency, and on translation of a foreign operation into the presentation currency of the reporting entity;
  (vii) transfers to and from inventories and owner-occupied property; and
  (viii) other changes.
(e) the fair value of investment property. In the exceptional cases described in paragraph 53, when an entity cannot measure the fair value of the investment property reliably, it shall disclose:
  (i) a description of the investment property;
  (ii) an explanation of why fair value cannot be measured reliably; and
  (iii) if possible, the range of estimates within which fair value is highly likely to lie.

TRANSITIONAL PROVISIONS

Fair value model

An entity that has previously applied IAS 40 (2000) and elects for the first time to classify and account for some or all eligible property interests held under operating leases as investment property shall recognise the effect of that election as an adjustment to the opening balance of retained earnings for the period in which the election is first made. In addition: 80

(a) if the entity has previously disclosed publicly (in financial statements or otherwise) the fair value of those property interests in earlier periods (measured on a basis that satisfies the definition of fair value in IFRS 13), the entity is encouraged, but not required:

(i) **den Eröffnungsbilanzwert der Gewinnrücklagen für die früheste ausgewiesene Periode, für die der beizulegende Zeitwert veröffentlicht wurde, anzupassen und**
(ii) **die Vergleichsinformationen für diese Perioden anzupassen.**

(b) **Hat das Unternehmen früher keine der unter a) beschriebenen Informationen veröffentlicht, sind die Vergleichsinformationen nicht anzupassen und ist diese Tatsache anzugeben.**

81 Dieser Standard schreibt eine andere Behandlung vor als IAS 8. Nach IAS 8 sind Vergleichsinformationen anzupassen, es sei denn, dies ist in der Praxis nicht durchführbar.

82 Wenn ein Unternehmen zum ersten Mal diesen Standard anwendet, umfasst die Anpassung des Eröffnungsbilanzwerts der Gewinnrücklagen die Umgliederung aller Beträge, die für als Finanzinvestition gehaltene Immobilien in der Neubewertungsrücklage erfasst wurden.

Anschaffungskostenmodell

83 IAS 8 ist auf alle Änderungen der Rechnungslegungsmethoden anzuwenden, die vorgenommen werden, wenn ein Unternehmen diesen Standard zum ersten Mal anwendet und sich für das Anschaffungskostenmodell entscheidet. Zu den Auswirkungen einer Änderung der Rechnungslegungsmethoden gehört auch die Umgliederung aller Beträge, die für als Finanzinvestition gehaltene Immobilien in der Neubewertungsrücklage erfasst wurden.

84 **Die Vorschriften der Paragraphen 27–29 bezüglich der erstmaligen Bewertung von als Finanzinvestition gehaltenen Immobilien, die durch einen Tausch von Vermögenswerten erworben werden, sind nur prospektiv auf künftige Transaktionen anzuwenden.**

Unternehmenszusammenschlüsse

84A **Durch die *Jährlichen Verbesserungen, Zyklus 2011–2013*, veröffentlicht im Dezember 2013, wurden Paragraph 14A und eine Überschrift vor Paragraph 6 eingefügt. Ein Unternehmen hat diese Änderung ab Beginn der ersten Berichtsperiode, in der diese Änderung angewandt wird, prospektiv auf jeden Erwerb einer als Finanzinvestition gehaltenen Immobilie anzuwenden. Die Bilanzierung für in früheren Perioden erworbene, als Finanzinvestition gehaltene Immobilien ist somit nicht anzupassen. Ein Unternehmen kann allerdings beschließen, die Änderung auf einzelne Erwerbungen von als Finanzinvestition gehaltenen Immobilien anzuwenden, die vor Beginn des ersten Geschäftsjahrs, das am oder nach dem Datum des Inkrafttretens der Änderung beginnt, getätigt wurden, wenn das Unternehmen über die zur Anwendung der Änderung auf frühere Erwerbungen erforderlichen Informationen verfügt.**

IFRS 16

84B **Bei der erstmaligen Anwendung von IFRS 16 und der damit in Verbindung stehenden Änderungen dieses Standards hat das Unternehmen für seine in Form von Nutzungsrechten als Finanzinvestition gehaltenen Immobilien die in Anhang C von IFRS 16 festgelegten Übergangsvorschriften anzuwenden.**

Übertragungen in den und aus dem Bestand der als Finanzinvestition gehaltenen Immobilien

84C Mit der im Dezember 2016 veröffentlichten Verlautbarung *Übertragungen in den und aus dem Bestand der als Finanzinvestition gehaltenen Immobilien* (Änderungen an IAS 40) wurden die Paragraphen 57–58 geändert. Diese Änderungen sind auf Nutzungsänderungen anzuwenden, die zu oder nach Beginn des Geschäftsjahrs eintreten, in dem die Änderungen zum ersten Mal angewendet werden (Zeitpunkt der erstmaligen Anwendung). Zum Zeitpunkt der erstmaligen Anwendung hat ein Unternehmen die Einstufung seiner zu diesem Zeitpunkt gehaltenen Immobilien zu überprüfen und diese gegebenenfalls gemäß den Paragraphen 7–14 neu einzustufen, um sicherzustellen, dass ihre Einstufung den Gegebenheiten zu diesem Zeitpunkt entspricht.

84D Unbeschadet der Vorschriften in Paragraph 84C darf ein Unternehmen die Änderungen der Paragraphen 57–58 gemäß IAS 8 nur dann rückwirkend anwenden, wenn dabei keine nachträglichen Erkenntnisse verwendet werden.

84E Stuft ein Unternehmen Immobilien in Anwendung des Paragraphen 84C zum Zeitpunkt der erstmaligen Anwendung neu ein, so hat es

(a) die Umgliederung unter Beachtung der Vorschriften der Paragraphen 59–64 zu bilanzieren. Bei der Anwendung der Paragraphen 59–64 hat ein Unternehmen
  (i) den Zeitpunkt der Nutzungsänderung als Zeitpunkt der ersten Anwendung zugrunde zu legen und
  (ii) sämtliche Beträge, die gemäß den Paragraphen 59–64 erfolgswirksam erfasst worden wären, als Anpassung der Eröffnungsbilanz der Gewinnrücklagen zum Zeitpunkt der ersten Anwendung zu erfassen.

(b) sämtliche gemäß Paragraph 84C in den oder aus dem Bestand der als Finanzinvestition gehaltenen Immobilien umgegliederten Beträge anzugeben. Das Unternehmen hat die umgegliederten Beträge in einer Überleitungsrechnung gemäß den Paragraphen 76 und 79 auszuweisen, welche die Entwicklung des Buchwerts der als Finanzinvestition gehaltenen Immobilien zu Beginn und zum Ende der Periode zeigt.

(i) **to adjust the opening balance of retained earnings for the earliest period presented for which such fair value was disclosed publicly; and**
(ii) **to restate comparative information for those periods; and**

(b) **if the entity has not previously disclosed publicly the information described in (a), it shall not restate comparative information and shall disclose that fact.**

This Standard requires a treatment different from that required by IAS 8. IAS 8 requires comparative information to be restated unless such restatement is impracticable. 81

When an entity first applies this Standard, the adjustment to the opening balance of retained earnings includes the reclassification of any amount held in revaluation surplus for investment property. 82

Cost model

IAS 8 applies to any change in accounting policies that is made when an entity first applies this Standard and chooses to use the cost model. The effect of the change in accounting policies includes the reclassification of any amount held in revaluation surplus for investment property. 83

The requirements of paragraphs 27—29 regarding the initial measurement of an investment property acquired in an exchange of assets transaction shall be applied prospectively only to future transactions. 84

Business Combinations

Annual Improvements Cycle 2011—2013 **issued in December 2013 added paragraph 14A and a heading before paragraph 6. An entity shall apply that amendment prospectively for acquisitions of investment property from the beginning of the first period for which it adopts that amendment. Consequently, accounting for acquisitions of investment property in prior periods shall not be adjusted. However, an entity may choose to apply the amendment to individual acquisitions of investment property that occurred prior to the beginning of the first annual period occurring on or after the effective date if, and only if, information needed to apply the amendment to those earlier transactions is available to the entity.** 84A

IFRS 16

An entity applying IFRS 16, and its related amendments to this Standard, for the first time shall apply the transition requirements in Appendix C of IFRS 16 to its investment property held as a right-of-use asset. 84B

Transfers of investment property

Transfers of Investment Property (Amendments to IAS 40), issued in December 2016, amended paragraphs 57—58. An entity shall apply those amendments to changes in use that occur on or after the beginning of the annual reporting period in which the entity first applies the amendments (the date of initial application). At the date of initial application, an entity shall reassess the classification of property held at that date and, if applicable, reclassify property applying paragraphs 7—14 to reflect the conditions that exist at that date. 84C

Notwithstanding the requirements in paragraph 84C, an entity is permitted to apply the amendments to paragraphs 57—58 retrospectively in accordance with IAS 8 if, and only if, that is possible without the use of hindsight. 84D

If, in accordance with paragraph 84C, an entity reclassifies property at the date of initial application, the entity shall: 84E

(a) account for the reclassification applying the requirements in paragraphs 59—64. In applying paragraphs 59—64, an entity shall:
   (i) read any reference to the date of change in use as the date of initial application; and
   (ii) recognise any amount that, in accordance with paragraphs 59—64, would have been recognised in profit or loss as an adjustment to the opening balance of retained earnings at the date of initial application.

(b) disclose the amounts reclassified to, or from, investment property in accordance with paragraph 84C. The entity shall disclose those amounts reclassified as part of the reconciliation of the carrying amount of investment property at the beginning and end of the period as required by paragraphs 76 and 79.

ZEITPUNKT DES INKRAFTTRETENS

85 Dieser Standard ist auf Geschäftsjahre anzuwenden, die am oder nach dem 1. Januar 2005 beginnen. Eine frühere Anwendung wird empfohlen. Wendet ein Unternehmen diesen Standard auf Geschäftsjahre an, die vor dem 1. Januar 2005 beginnen, hat es dies anzugeben.

85A Infolge von IAS 1 *Darstellung des Abschlusses* (in der 2007 überarbeiteten Fassung) wurde die in den IAS/IFRS verwendete Terminologie geändert. Außerdem wurde Paragraph 62 geändert. Diese Änderungen sind auf Geschäftsjahre anzuwenden, die am oder nach dem 1. Januar 2009 beginnen. Wendet ein Unternehmen IAS 1 (überarbeitet 2007) auf eine frühere Periode an, so hat es auf diese Periode auch diese Änderungen anzuwenden.

85B Durch die *Verbesserungen der IFRS*, veröffentlicht im Mai 2008, wurden die Paragraphen 8, 9, 48, 53, 54 und 57 geändert, Paragraph 22 wurde gestrichen und die Paragraphen 53A und 53B wurden eingefügt. Diese Änderungen sind prospektiv auf Geschäftsjahre anzuwenden, die am oder nach dem 1. Januar 2009 beginnen. Ein Unternehmen kann die Änderungen auf in der Erstellung befindliche, als Finanzinvestition gehaltene Immobilien ab jedem beliebigen Stichtag vor dem 1. Januar 2009 anwenden, sofern die jeweils beizulegenden Zeitwerte der sich noch in der Erstellung befindlichen, als Finanzinvestition gehaltenen Immobilien zu den jeweiligen Stichtagen ermittelt wurden. Eine frühere Anwendung ist zulässig. Wendet ein Unternehmen diese Änderungen auf eine frühere Periode an, hat es dies anzugeben und gleichzeitig die Änderungen an Paragraph 5 und Paragraph 81E von IAS 16 *Sachanlagen* anzuwenden.

85C Durch IFRS 13, veröffentlicht im Mai 2011, wurde die Definition des beizulegenden Zeitwerts in Paragraph 5 geändert. Außerdem wurden die Paragraphen 26, 29, 32, 40, 48, 53, 53B, 78–80 und 85B geändert sowie die Paragraphen 36–39, 42–47, 49, 51 und 75 (d) gestrichen. Wendet ein Unternehmen IFRS 13 an, sind diese Änderungen ebenfalls anzuwenden.

85D Durch die *Jährlichen Verbesserungen, Zyklus 2011–2013*, veröffentlicht im Dezember 2013, wurden vor Paragraph 6 und nach Paragraph 84 Überschriften eingefügt und die Paragraphen 14A und 84A eingefügt. Diese Änderungen sind auf Geschäftsjahre anzuwenden, die am oder nach dem 1. Juli 2014 beginnen. Eine frühere Anwendung ist zulässig. Wendet ein Unternehmen diese Änderungen auf eine frühere Periode an, hat es dies anzugeben.

85E Durch IFRS 15 *Erlöse aus Verträgen mit Kunden*, veröffentlicht im Mai 2014, wurden die Paragraphen 3 (b), 9, 67 und 70 geändert. Wendet ein Unternehmen IFRS 15 an, sind diese Änderungen ebenfalls anzuwenden.

85F Durch IFRS 16, veröffentlicht im Januar 2016, wurde der Anwendungsbereich von IAS 40 dahin gehend geändert, dass eine als Finanzinvestition gehaltene Immobilie einerseits eine eigene als Finanzinvestition gehaltene Immobilie und andererseits eine Immobilie, für die der Leasingnehmer ein Nutzungsrecht hat, sein kann. Durch IFRS 16 wurden die Paragraphen 5, 7, 8, 9, 16, 20, 30, 41, 50, 53, 53A, 54, 56, 60, 61, 62, 67, 69, 74, 75, 77 und 78 geändert. Außerdem wurden die Paragraphen 19A, 29A, 40A und 84B samt zugehöriger Überschriften eingefügt sowie die Paragraphen 3, 6, 25, 26 und 34 gestrichen. Wendet ein Unternehmen IFRS 16 an, sind diese Änderungen ebenfalls anzuwenden.

85G Mit der im Dezember 2016 veröffentlichten Verlautbarung *Übertragungen in den und aus dem Bestand der als Finanzinvestition gehaltenen Immobilien* (Änderungen an IAS 40) wurden die Paragraphen 57–58 geändert und die Paragraphen 84C–84E eingefügt. Diese Änderungen sind auf Geschäftsjahre anzuwenden, die am oder nach dem 1. Januar 2018 beginnen. Eine frühere Anwendung ist zulässig. Wendet ein Unternehmen diese Änderungen früher an, hat es dies anzugeben.

85H Durch IFRS 17, veröffentlicht im Mai 2017, wurde Paragraph 32B geändert. Wendet ein Unternehmen IFRS 17 an, ist diese Änderung ebenfalls anzuwenden.

RÜCKNAHME VON IAS 40 (2000)

86 Der vorliegende Standard ersetzt IAS 40 *Als Finanzinvestition gehaltene Immobilien* (veröffentlicht 2000).

EFFECTIVE DATE

An entity shall apply this Standard for annual periods beginning on or after 1 January 2005. Earlier application is encouraged. If an entity applies this Standard for a period beginning before 1 January 2005, it shall disclose that fact. **85**

IAS 1 *Presentation of Financial Statements* (as revised in 2007) amended the terminology used throughout IFRSs. In addition it amended paragraph 62. An entity shall apply those amendments for annual periods beginning on or after 1 January 2009. If an entity applies IAS 1 (revised 2007) for an earlier period, the amendments shall be applied for that earlier period. **85A**

Paragraphs 8, 9, 48, 53, 54 and 57 were amended, paragraph 22 was deleted and paragraphs 53A and 53B were added by *Improvements to IFRSs* issued in May 2008. An entity shall apply those amendments prospectively for annual periods beginning on or after 1 January 2009. An entity is permitted to apply the amendments to investment property under construction from any date before 1 January 2009 provided that the fair values of investment properties under construction were measured at those dates. Earlier application is permitted. If an entity applies the amendments for an earlier period it shall disclose that fact and at the same time apply the amendments to paragraphs 5 and 81E of IAS 16 *Property, Plant and Equipment.* **85B**

IFRS 13, issued in May 2011, amended the definition of fair value in paragraph 5, amended paragraphs 26, 29, 32, 40, 48, 53, 53B, 78—80 and 85B and deleted paragraphs 36—39, 42—47, 49, 51 and 75 (d). An entity shall apply those amendments when it applies IFRS 13. **85C**

Annual Improvements Cycle 2011–2013 issued in December 2013 added headings before paragraph 6 and after paragraph 84 and added paragraphs 14A and 84A. An entity shall apply those amendments for annual periods beginning on or after 1 July 2014. Earlier application is permitted. If an entity applies those amendments for an earlier period it shall disclose that fact. **85D**

IFRS 15 *Revenue from Contracts with Customers*, issued in May 2014, amended paragraphs 3 (b), 9, 67 and 70. An entity shall apply those amendments when it applies IFRS 15. **85E**

IFRS 16, issued in January 2016, amended the scope of IAS 40 by defining investment property to include both owned investment property and property held by a lessee as a right-of-use asset. IFRS 16 amended paragraphs 5, 7, 8, 9, 16, 20, 30, 41, 50, 53, 53A, 54, 56, 60, 61, 62, 67, 69, 74, 75, 77 and 78, added paragraphs 19A, 29A, 40A and 84B and its related heading and deleted paragraphs 3, 6, 25, 26 and 34. An entity shall apply those amendments when it applies IFRS 16. **85F**

Transfers of Investment Property (Amendments to IAS 40), issued in December 2016, amended paragraphs 57—58 and added paragraphs 84C—84E. An entity shall apply those amendments for annual periods beginning on or after 1 January 2018. Earlier application is permitted. If an entity applies those amendments for an earlier period, it shall disclose that fact. **85G**

IFRS 17, issued in May 2017, amended paragraph 32B. An entity shall apply that amendment when it applies IFRS 17. **85H**

WITHDRAWAL OF IAS 40 (2000)

This Standard supersedes IAS 40 *Investment Property* (issued in 2000). **86**

INTERNATIONAL ACCOUNTING STANDARD 41

Landwirtschaft

INHALT

ZIELSETZUNG

Zielsetzung dieses Standards ist die Regelung der Bilanzierung, der Darstellung im Abschluss und der Angabepflichten für landwirtschaftliche Tätigkeit.

ANWENDUNGSBEREICH

1 **Dieser Standard ist für die Rechnungslegung über folgende Punkte anzuwenden, wenn sie mit einer landwirtschaftlichen Tätigkeit im Zusammenhang stehen:**
(a) biologische Vermögenswerte, mit Ausnahme von fruchttragenden Pflanzen,
(b) landwirtschaftliche Erzeugnisse zum Zeitpunkt der Ernte und
(c) Zuwendungen der öffentlichen Hand, die in den Paragraphen 34 und 35 behandelt werden.

2 Dieser Standard ist nicht anzuwenden auf
(a) Grundstücke, die mit landwirtschaftlicher Tätigkeit im Zusammenhang stehen (siehe IAS 16, *Sachanlagen* und IAS 40, *Als Finanzinvestition gehaltene Immobilien*);
(b) fruchttragende Pflanzen, die mit landwirtschaftlicher Tätigkeit im Zusammenhang stehen (siehe IAS 16). Auf die Erzeugnisse dieser fruchttragenden Pflanzen ist der Standard jedoch anzuwenden;
(c) Zuwendungen der öffentlichen Hand, die mit fruchttragenden Pflanzen im Zusammenhang stehen (siehe IAS 20, *Bilanzierung und Darstellung von Zuwendungen der öffentlichen Hand*);
(d) immaterielle Vermögenswerte, die mit landwirtschaftlicher Tätigkeit im Zusammenhang stehen (siehe IAS 38, *Immaterielle Vermögenswerte*);
(e) Nutzungsrechte aus einem Grundstücksleasing, das mit einer landwirtschaftlichen Tätigkeit in Verbindung steht, (siehe IFRS 16 *Leasingverhältnisse*).

3 Dieser Standard ist auf landwirtschaftliche Erzeugnisse, welche die geernteten Erzeugnisse der biologischen Vermögenswerte des Unternehmens darstellen, zum Zeitpunkt der Ernte anzuwenden. Danach ist IAS 2 *Vorräte* oder ein anderer anwendbarer Standard anzuwenden. Dementsprechend behandelt dieser Standard nicht die Verarbeitung landwirtschaftlicher Erzeugnisse nach der Ernte, beispielsweise die Verarbeitung von Trauben zu Wein durch einen Winzer, der die Trauben selbst angebaut hat. Obwohl diese Verarbeitung eine logische und natürliche Ausdehnung landwirtschaftlicher Tätigkeit sein kann, und die stattfindenden Vorgänge eine gewisse Ähnlichkeit zur biologischen Transformation aufweisen können, fällt eine solche Verarbeitung nicht in die in diesem Standard zugrunde gelegte Definition der landwirtschaftlichen Tätigkeit.

4 Die folgende Tabelle enthält Beispiele für biologischen Vermögenswerte, landwirtschaftliche Erzeugnissen und Produkte, die das Ergebnis der Verarbeitung nach der Ernte darstellen:

INTERNATIONAL ACCOUNTING STANDARD 41

Agriculture

OBJECTIVE

The objective of this standard is to prescribe the accounting treatment and disclosures related to agricultural activity.

SCOPE

This standard shall be applied to account for the following when they relate to agricultural activity: 1
(a) biological assets except for bearer plants;
(b) agricultural produce at the point of harvest; and
(c) government grants covered by paragraphs 34 and 35.

This standard does not apply to: 2
(a) land related to agricultural activity (see IAS 16 *Property, Plant and Equipment* and IAS 40 *Investment Property*).
(b) bearer plants related to agricultural activity (see IAS 16). However, this Standard applies to the produce on those bearer plants.
(c) government grants related to bearer plants (see IAS 20 *Accounting for Government Grants and Disclosure of Government Assistance*).
(d) intangible assets related to agricultural activity (see IAS 38 *Intangible Assets*);
(e) right-of-use assets arising from a lease of land related to agricultural activity (see IFRS 16 *Leases*).

This Standard is applied to agricultural produce, which is the harvested produce of the entity's biological assets, at the point of harvest. Thereafter, IAS 2 *Inventories* or another applicable Standard is applied. Accordingly, this Standard does not deal with the processing of agricultural produce after harvest; for example, the processing of grapes into wine by a vintner who has grown the grapes. While such processing may be a logical and natural extension of agricultural activity, and the events taking place may bear some similarity to biological transformation, such processing is not included within the definition of agricultural activity in this Standard. 3

The table below provides examples of biological assets, agricultural produce, and products that are the result of processing after harvest: 4

Biologische Vermögenswerte	Landwirtschaftliche Erzeugnisse	Produkte aus Weiterverarbeitung nach der Ernte
Schafe	Wolle	Garne, Teppiche
Bäume einer Waldflur	Gefällte Bäume	Bauholz, Nutzholz
Milchvieh	Milch	Käse
Schweine	Schlachtkörper	Würste, geräucherte Schinken
Baumwollpflanzen	Geerntete Baumwolle	Fäden, Kleidung
Zuckerrohr	Geerntetes Zuckerrohr	Zucker
Tabakpflanzen	Gepflückte Blätter	Getrockneter Tabak
Teesträucher	Gepflückte Blätter	Tee
Weinstöcke	Gepflückte Trauben	Wein
Obstbäume	Gepflücktes Obst	Verarbeitetes Obst
Ölpalmen	Gepflückte Früchte	Palmöl
Kautschukbäume	Geernteter Latex	Gummiwaren

Einige Pflanzen, zum Beispiel Teesträucher, Weinstöcke, Ölpalmen und Kautschukbäume, erfüllen in der Regel die Definition einer fruchttragenden Pflanze und fallen in den Anwendungsbereich von IAS 16. Die Erzeugnisse, die auf fruchttragenden Pflanzen wachsen, zum Beispiel Teeblätter, Weintrauben, Palmölfrüchte und Latex, fallen jedoch in den Anwendungsbereich von IAS 41.

DEFINITIONEN

Definitionen, die mit der Landwirtschaft im Zusammenhang stehen

5 **Die folgenden Begriffe werden in diesem Standard mit der angegebenen Bedeutung verwendet:**

Landwirtschaftliche Tätigkeit **liegt vor, wenn ein Unternehmen die biologische Transformation oder Ernte biologischer Vermögenswerte betreibt, um diese abzusetzen oder in landwirtschaftliche Erzeugnisse oder in zusätzliche biologische Vermögenswerte umzuwandeln.**

Ein ***landwirtschaftliches Erzeugnis*** **ist das geerntete Erzeugnis der biologischen Vermögenswerte des Unternehmens.**

Eine ***fruchttragende Pflanze*** **ist eine lebende Pflanze, die**

(a) **zur Herstellung oder Gewinnung landwirtschaftlicher Erzeugnisse verwendet wird,**
(b) **den Erwartungen zufolge mehr als eine Periode Frucht tragen wird und**
(c) **mit Ausnahme des Verkaufs nach Ende der Nutzbarkeit nur mit sehr geringer Wahrscheinlichkeit als landwirtschaftliches Erzeugnis verkauft wird.**

Ein ***biologischer Vermögenswert*** **ist ein lebendes Tier oder eine lebende Pflanze.**

Die ***biologische Transformation*** **umfasst den Prozess des Wachstums, des Rückgangs, der Fruchtbringung und der Vermehrung, welcher qualitative oder quantitative Änderungen eines biologischen Vermögenswerts verursacht.**

Verkaufskosten **sind die zusätzlichen Kosten, die dem Verkauf eines Vermögenswerts einzeln zugeordnet werden können, mit Ausnahme der Finanzierungskosten und der Ertragsteuern.**

Eine ***Gruppe biologischer Vermögenswerte*** **ist die Zusammenfassung ähnlicher lebender Tiere oder Pflanzen.**

Ernte **ist die Abtrennung des Erzeugnisses von dem biologischen Vermögenswert oder das Ende der Lebensprozesse eines biologischen Vermögenswerts.**

5A Keine fruchttragenden Pflanzen sind

(a) Pflanzen, die kultiviert werden, um als landwirtschaftliches Erzeugnis geerntet zu werden (zum Beispiel Bäume, die als Nutzholz angebaut werden),
(b) Pflanzen, die kultiviert werden, um landwirtschaftliche Erzeugnisse zu gewinnen, wenn mehr als nur eine sehr geringe Wahrscheinlichkeit besteht, dass das Unternehmen auch die Pflanze selbst als landwirtschaftliches Erzeugnis ernten und verkaufen wird (zum Beispiel Bäume, die sowohl um der Früchte als auch um des Nutzholzes willen kultiviert werden); Verkäufe nach Ende der Nutzbarkeit sind hiervon ausgenommen und
(c) einjährige Kulturen (zum Beispiel Mais und Weizen).

5B Wenn fruchttragende Pflanzen nicht mehr zur Gewinnung landwirtschaftlicher Erzeugnisse genutzt werden, können sie gefällt/abgeschnitten und verkauft werden, zum Beispiel als Brennholz. Solche Verkäufe nach Ende der Nutzbarkeit sind mit der Definition einer fruchttragenden Pflanze vereinbar.

5C Die Erzeugnisse, die auf fruchttragenden Pflanzen wachsen, sind biologische Vermögenswerte.

6 Die landwirtschaftliche Tätigkeit deckt eine breite Spanne von Tätigkeiten ab, zum Beispiel Viehzucht, Forstwirtschaft, jährliche oder kontinuierliche Ernte, Kultivierung von Obstgärten und Plantagen, Blumenzucht und Aquakultur (einschließlich Fischzucht). Innerhalb dieser Vielfalt bestehen bestimmte gemeinsame Merkmale:

(a) *Fähigkeit zur Änderung.* Lebende Tiere und Pflanzen sind zur biologischen Transformation fähig;
(b) *Management der Änderung.* Das Management fördert die biologische Transformation durch Verbesserung oder zumindest Stabilisierung der Bedingungen, die für den Ablauf des Prozesses notwendig sind (beispielsweise

Biological assets	Agricultural produce	Products that are the result of processing after harvest
Sheep	Wool	Yarn, carpet
Trees in a timber plantation	Felled trees	Logs, lumber
Dairy cattle	Milk	Cheese
Pigs	Carcass	Sausages, cured hams
Cotton plants	Harvested cotton	Thread, clothing
Sugarcane	Harvested cane	Sugar
Tobacco plants	Picked leaves	Cured tobacco
Tea bushes	Picked leaves	Tea
Grape vines	Picked grapes	Wine
Fruit trees	Picked fruit	Processed fruit
Oil palms	Picked fruit	Palm oil
Rubber trees	Harvested latex	Rubber products

Some plants, for example, tea bushes, grape vines, oil palms and rubber trees, usually meet the definition of a bearer plant and are within the scope of IAS 16. However, the produce growing on bearer plants, for example, tea leaves, grapes, oil palm fruit and latex, is within the scope of IAS 41.

DEFINITIONS

Agriculture-related definitions

The following terms are used in this Standard with the meanings specified: 5

***Agricultural activity* is the management by an entity of the biological transformation and harvest of biological assets for sale or for conversion into agricultural produce or into additional biological assets.**

***Agricultural produce* is the harvested produce of the entity's biological assets.**

A *bearer plant* is a living plant that:

(a) is used in the production or supply of agricultural produce;

(b) is expected to bear produce for more than one period; and

(c) has a remote likelihood of being sold as agricultural produce, except for incidental scrap sales.

A *biological asset* is a living animal or plant.

***Biological transformation* comprises the processes of growth, degeneration, production, and procreation that cause qualitative or quantitative changes in a biological asset.**

***Costs to sell* are the incremental costs directly attributable to the disposal of an asset, excluding finance costs and income taxes.**

A *group of biological assets* is an aggregation of similar living animals or plants.

***Harvest* is the detachment of produce from a biological asset or the cessation of a biological asset's life processes.**

The following are not bearer plants: 5A

(a) plants cultivated to be harvested as agricultural produce (for example, trees grown for use as lumber);

(b) plants cultivated to produce agricultural produce when there is more than a remote likelihood that the entity will also harvest and sell the plant as agricultural produce, other than as incidental scrap sales (for example, trees that are cultivated both for their fruit and their lumber); and

(c) annual crops (for example, maize and wheat).

When bearer plants are no longer used to bear produce they might be cut down and sold as scrap, for example, for use as firewood. Such incidental scrap sales would not prevent the plant from satisfying the definition of a bearer plant. 5B

Produce growing on bearer plants is a biological asset. 5C

Agricultural activity covers a diverse range of activities; for example, raising livestock, forestry, annual or perennial cropping, cultivating orchards and plantations, floriculture and aquaculture (including fish farming). Certain common features exist within this diversity: 6

(a) *Capability to change.* Living animals and plants are capable of biological transformation;

(b) *Management of change.* Management facilitates biological transformation by enhancing, or at least stabilising, conditions necessary for the process to take place (for example, nutrient levels, moisture, temperature, fertility, and light).

Nahrungssituation, Feuchtigkeit, Temperatur, Fruchtbarkeit und Helligkeit). Ein solches Management unterscheidet die landwirtschaftliche Tätigkeit von anderen Tätigkeiten. Beispielsweise ist die Nutzung unbewirtschafteter Ressourcen (wie Hochseefischerei und Entwaldung) keine landwirtschaftliche Tätigkeit; und

(c) *Beurteilung von Änderungen.* Die durch biologische Transformation oder Ernte herbeigeführte Änderung der Qualität (beispielsweise genetische Eigenschaften, Dichte, Reife, Fettabdeckung, Proteingehalt und Faserstärke) oder Quantität (beispielsweise Nachkommenschaft, Gewicht, Kubikmeter, Faserlänge oder –dicke und die Anzahl der Knospen) wird als routinemäßige Managementfunktion d beurteilt und überwacht.

7 Biologische Transformation führt zu folgenden Arten von Ergebnissen:

(a) Änderungen des Vermögenswerts durch (i) Wachstum (eine Zunahme der Quantität oder Verbesserung der Qualität eines Tieres oder einer Pflanze), (ii) Rückgang (eine Abnahme der Quantität oder Verschlechterung der Qualität eines Tieres oder einer Pflanze), oder (iii) Vermehrung (Erzeugung zusätzlicher lebender Tiere oder Pflanzen) oder

(b) Produktion landwirtschaftlicher Erzeugnisse wie Latex, Teeblätter, Wolle und Milch.

Allgemeine Definitionen

8 **Die folgenden Begriffe werden in diesem Standard mit der angegebenen Bedeutung verwendet:**

Der *Buchwert* ist der Betrag, mit dem ein Vermögenswert in der Bilanz angesetzt wird.

Der *beizulegende Zeitwert* ist der Preis, der in einem gewöhnlichen Geschäftsvorfall zwischen Marktteilnehmern am Bewertungsstichtag für den Verkauf eines Vermögenswerts eingenommen bzw. für die Übertragung einer Schuld gezahlt würde. (Siehe IFRS 13 *Bewertung zum beizulegenden Zeitwert.*)

***Zuwendungen der öffentlichen Hand* sind in IAS 20 definiert.**

9 [gestrichen]

ANSATZ UND BEWERTUNG

10 **Ein Unternehmen hat biologische Vermögenswerte und landwirtschaftliche Erzeugnisse nur dann anzusetzen, wenn**

(a) das Unternehmen aufgrund von Ereignissen der Vergangenheit Verfügungsmacht über den Vermögenswert hat,

(b) es wahrscheinlich ist, dass dem Unternehmen ein mit dem Vermögenswert verbundener künftiger wirtschaftlicher Nutzen zufließen wird, und

(c) der beizulegende Zeitwert oder die Anschaffungs- oder Herstellungskosten des Vermögenswerts verlässlich ermittelt werden können.

11 Bei landwirtschaftlichen Tätigkeiten kann die Verfügungsmacht beispielsweise durch das rechtliche Eigentum an einem Rind und durch das Brandzeichen oder eine andere Markierung, die bei Erwerb, Geburt oder Entwöhnung des Kalbes von der Mutterkuh angebracht wurde, nachgewiesen werden. Der künftige Nutzen wird gewöhnlich durch die Bewertung der wesentlichen körperlichen Eigenschaften ermittelt.

12 **Ein biologischer Vermögenswert ist beim erstmaligen Ansatz und an jedem Abschlussstichtag zu seinem beizulegenden Zeitwert abzüglich der Verkaufskosten zu bewerten; davon ausgenommen ist der in Paragraph 30 beschriebene Fall, in dem der beizulegende Zeitwert nicht verlässlich bewertet werden kann.**

13 **Landwirtschaftliche Erzeugnisse, die von den biologischen Vermögenswerten des Unternehmens geerntet werden, sind zum Zeitpunkt der Ernte mit dem beizulegenden Zeitwert abzüglich der Verkaufskosten zu bewerten. Für die Anwendung von IAS 2 *Vorräte* oder eines anderen anwendbaren Standards stellt eine solche Bewertung die Anschaffungs- oder Herstellungskosten zu diesem Zeitpunkt dar.**

14 [gestrichen]

15 Die Bewertung eines biologischen Vermögenswerts oder eines landwirtschaftlichen Erzeugnisses zum beizulegenden Zeitwert kann vereinfacht werden durch die Gruppierung biologischer Vermögenswerte oder landwirtschaftlicher Erzeugnisse nach wesentlichen Eigenschaften, beispielsweise nach Alter oder Qualität. Als Grundlage für die Preisbildung wählt ein Unternehmen die Eigenschaften aus, die den auf dem Markt herangezogenen entsprechen.

16 Unternehmen schließen oft Verträge ab, um ihre biologischen Vermögenswerte oder landwirtschaftlichen Erzeugnisse zu einem späteren Zeitpunkt zu verkaufen. Die Vertragspreise sind nicht notwendigerweise für die Ermittlung des beizulegenden Zeitwerts relevant, da der beizulegende Zeitwert die aktuellen Marktbedingungen widerspiegelt, unter denen am Markt teilnehmende Käufer und Verkäufer eine Geschäftsbeziehung eingehen würden. Demnach ist der beizulegende Zeitwert eines biologischen Vermögenswerts oder eines landwirtschaftlichen Erzeugnisses aufgrund der Existenz eines Vertrags nicht anzupassen. In einigen Fällen kann der Vertrag über den Verkauf eines biologischen Vermögenswerts oder landwirtschaftlichen Erzeugnisses ein belastender Vertrag sein, wie in IAS 37 *Rückstellungen, Eventualverbindlichkeiten und Eventualforderungen* definiert. Auf belastende Verträge ist IAS 37 anzuwenden.

17–21 [gestrichen]

Such management distinguishes agricultural activity from other activities. For example, harvesting from unmanaged sources (such as ocean fishing and deforestation) is not agricultural activity; and

(c) *Measurement of change*. The change in quality (for example, genetic merit, density, ripeness, fat cover, protein content, and fibre strength) or quantity (for example, progeny, weight, cubic metres, fibre length or diameter, and number of buds) brought about by biological transformation or harvest is measured and monitored as a routine management function.

Biological transformation results in the following types of outcomes: 7

(a) asset changes through (i) growth (an increase in quantity or improvement in quality of an animal or plant), (ii) degeneration (a decrease in the quantity or deterioration in quality of an animal or plant), or (iii) procreation (creation of additional living animals or plants); or
(b) production of agricultural produce such as latex, tea leaf, wool, and milk.

General definitions

The following terms are used in this Standard with the meanings specified: 8

***Carrying amount* is the amount at which an asset is recognised in the statement of financial position.**

***Fair value* is the price that would be received to sell an asset or paid to transfer a liability in an orderly transaction between market participants at the measurement date. (See IFRS 13 *Fair Value Measurement*.)**

***Government grants* are as defined in IAS 20.**

[deleted] 9

RECOGNITION AND MEASUREMENT

An entity shall recognise a biological asset or agricultural produce when, and only when: 10

(a) the entity controls the asset as a result of past events;
(b) it is probable that future economic benefits associated with the asset will flow to the entity; and
(c) the fair value or cost of the asset can be measured reliably.

In agricultural activity, control may be evidenced by, for example, legal ownership of cattle and the branding or otherwise 11 marking of the cattle on acquisition, birth, or weaning. The future benefits are normally assessed by measuring the significant physical attributes.

A biological asset shall be measured on initial recognition and at the end of the reporting period at its fair value less 12 costs to sell, except for the case described in paragraph 30 where the fair value cannot be measured reliably.

Agricultural produce harvested from an entity's biological assets shall be measured at its fair value less costs to sell 13 at the point of harvest. Such measurement is the cost at that date when applying IAS 2 *Inventories* or another applicable standard.

[deleted] 14

The fair value measurement of a biological asset or agricultural produce may be facilitated by grouping biological assets 15 or agricultural produce according to significant attributes; for example, by age or quality. An entity selects the attributes corresponding to the attributes used in the market as a basis for pricing.

Entities often enter into contracts to sell their biological assets or agricultural produce at a future date. Contract prices are 16 not necessarily relevant in measuring fair value, because fair value reflects the current market conditions in which market participant buyers and sellers would enter into a transaction. As a result, the fair value of a biological asset or agricultural produce is not adjusted because of the existence of a contract. In some cases, a contract for the sale of a biological asset or agricultural produce may be an onerous contract, as defined in IAS 37 *Provisions, contingent liabilities and contingent assets*. IAS 37 applies to onerous contracts.

[deleted] 17—21

22 Ein Unternehmen berücksichtigt nicht die Zahlungsströme für die Finanzierung der Vermögenswerte oder für die Wiederherstellung biologischer Vermögenswerte nach der Ernte (beispielsweise die Kosten für die Wiederanpflanzung von Bäumen einer Waldflur nach der Abholzung).

23 [gestrichen]

24 Die Anschaffungs- oder Herstellungskosten können mitunter dem beizulegenden Zeitwert näherungsweise entsprechen, insbesondere wenn
(a) seit der erstmaligen Kostenverursachung kaum biologische Transformation stattgefunden hat (beispielsweise unmittelbar vor dem Abschlussstichtag gepflanzte Sämlinge oder neu erworbener Viehbestand) oder
(b) der Einfluss der biologischen Transformation auf den Preis voraussichtlich nicht wesentlich ist (beispielsweise das Anfangswachstum in einem 30-jährigen Produktionszyklus eines Kiefernbestandes).

25 Biologische Vermögenswerte sind oft körperlich mit dem Grundstück verbunden (beispielsweise Bäume in einer Waldflur). Möglicherweise besteht kein eigenständiger Markt für biologische Vermögenswerte, die mit dem Grundstück verbunden sind, jedoch ein aktiver Markt für die kombinierten Vermögenswerte, d. h. biologische Vermögenswerte, unbestellte Grundstücke und Bodenverbesserungen als ein Bündel. Ein Unternehmen kann die Informationen über die kombinierten Vermögenswerte zur Ermittlung des beizulegenden Zeitwerts der biologischen Vermögenswerte nutzen. Beispielsweise kann zur Bestimmung des beizulegenden Zeitwerts der biologischen Vermögenswerte der beizulegende Zeitwert des unbestellten Grundstücks und der Bodenverbesserungen von dem beizulegenden Zeitwert der kombinierten Vermögenswerte abgezogen werden.

Gewinne und Verluste

26 **Ein Gewinn oder Verlust, der beim erstmaligen Ansatz eines biologischen Vermögenswerts zum bei zulegenden Zeitwert abzüglich Verkaufskosten und durch eine Änderung des beizulegenden Zeitwerts abzüglich der Verkaufskosten eines biologischen Vermögenswerts entsteht, ist in der Periode, in der er angefallen ist, erfolgswirksam zu erfassen.**

27 Ein Verlust kann beim erstmaligen Ansatz eines biologischen Vermögenswerts entstehen, weil bei der Ermittlung des beizulegenden Zeitwerts abzüglich der Verkaufskosten eines biologischen Vermögenswerts die Verkaufskosten abgezogen werden. Ein Gewinn kann beim erstmaligen Ansatz eines biologischen Vermögenswerts entstehen, wenn beispielsweise ein Kalb geboren wird.

28 **Ein Gewinn oder Verlust, der beim erstmaligen Ansatz von landwirtschaftlichen Erzeugnissen zum beizulegenden Zeitwert abzüglich der Verkaufskosten entsteht, ist in der Periode, in der er angefallen ist, erfolgswirksam zu erfassen.**

29 Ein Gewinn oder Verlust kann beim erstmaligen Ansatz von landwirtschaftlichen Erzeugnissen als Folge der Ernte entstehen.

Fehlende Möglichkeit, den beizulegenden Zeitwert verlässlich zu ermitteln

30 **Es wird angenommen, dass der beizulegende Zeitwert für einen biologischen Vermögenswert verlässlich ermittelt werden kann. Diese Annahme kann jedoch lediglich beim erstmaligen Ansatz eines biologischen Vermögenswerts widerlegt werden, für den keine Marktpreisnotierungen verfügbar sind und für den alternative Ermittlungen des beizulegenden Zeitwerts als eindeutig nicht verlässlich gelten. In einem solchen Fall ist dieser biologische Vermögenswert mit seinen Anschaffungs- oder Herstellungskosten abzüglich aller kumulierten planmäßigen Abschreibungen und aller kumulierten Wertminderungsaufwendungen zu bewerten. Sobald der beizulegende Zeitwert eines solchen biologischen Vermögenswerts verlässlich ermittelbar wird, hat ein Unternehmen ihn zum beizulegenden Zeitwert abzüglich der Verkaufskosten zu bewerten. Der beizulegende Zeitwert gilt als verlässlich ermittelbar, sobald ein langfristiger biologischer Vermögenswert gemäß IFRS 5 *Zur Veräußerung gehaltene langfristige Vermögenswerte und aufgegebene Geschäftsbereiche* die Kriterien für eine Einstufung als zur Veräußerung gehalten erfüllt (oder in eine als zur Veräußerung gehalten eingestufte Veräußerungsgruppe aufgenommen wird).**

31 Die Annahme in Paragraph 30 kann lediglich beim erstmaligen Ansatz widerlegt werden. Ein Unternehmen, das bislang einen biologischen Vermögenswert zum beizulegenden Zeitwert abzüglich der Verkaufskosten bewertet hat, fährt mit der Bewertung des biologischen Vermögenswerts zum beizulegenden Zeitwert abzüglich der Verkaufskosten bis zum Abgang fort.

32 In jedem Fall bewertet ein Unternehmen landwirtschaftliche Erzeugnisse zum Zeitpunkt der Ernte zum beizulegenden Zeitwert abzüglich der Verkaufskosten. Dieser Standard folgt der Auffassung, dass der beizulegende Zeitwert der landwirtschaftlichen Erzeugnisse zum Zeitpunkt der Ernte immer verlässlich ermittelt werden kann.

33 Bei der Ermittlung der Anschaffungs- oder Herstellungskosten, der kumulierten planmäßigen Abschreibungen und der kumulierten Wertminderungsaufwendungen berücksichtigt ein Unternehmen IAS 2, IAS 16 und IAS 36 *Wertminderung von Vermögenswerten.*

An entity does not include any cash flows for financing the asset or re-establishing biological assets after harvest (for example, the cost of replanting trees in a plantation forest after harvest). 22

[deleted] 23

Cost may sometimes approximate fair value, particularly when: 24

(a) little biological transformation has taken place since initial cost incurrence (for example, for seedlings planted immediately prior to the end of a reporting period or newly acquired livestock); or
(b) the impact of the biological transformation on price is not expected to be material (for example, for the initial growth in a 30-year pine plantation production cycle).

Biological assets are often physically attached to land (for example, trees in a plantation forest). There may be no separate market for biological assets that are attached to the land but an active market may exist for the combined assets, that is, for the biological assets, raw land, and land improvements, as a package. An entity may use information regarding the combined assets to measure the fair value of the biological assets. For example, the fair value of raw land and land improvements may be deducted from the fair value of the combined assets to arrive at the fair value of biological assets. 25

Gains and losses

A gain or loss arising on initial recognition of a biological asset at fair value less costs to sell and from a change in fair value less costs to sell of a biological asset shall be included in profit or loss for the period in which it arises. 26

A loss may arise on initial recognition of a biological asset, because costs to sell are deducted in determining fair value less costs to sell of a biological asset. A gain may arise on initial recognition of a biological asset, such as when a calf is born. 27

A gain or loss arising on initial recognition of agricultural produce at fair value less costs to sell shall be included in profit or loss for the period in which it arises. 28

A gain or loss may arise on initial recognition of agricultural produce as a result of harvesting. 29

Inability to measure fair value reliably

There is a presumption that fair value can be measured reliably for a biological asset. However, that presumption can be rebutted only on initial recognition for a biological asset for which quoted market-prices are not available and for which alternative fair value measurements are determined to be clearly unreliable. In such a case, that biological asset shall be measured at its cost less any accumulated depreciation and any accumulated impairment losses. Once the fair value of such a biological asset becomes reliably measurable, an entity shall measure it at its fair value less costs to sell. Once a non-current biological asset meets the criteria to be classified as held for sale (or is included in a disposal group that is classified as held for sale) in accordance with IFRS 5 *Non-current assets held for sale and discontinued operations*, it is presumed that fair value can be measured reliably. 30

The presumption in paragraph 30 can be rebutted only on initial recognition. An entity that has previously measured a biological asset at its fair value less costs to sell continues to measure the biological asset at its fair value less costs to sell until disposal. 31

In all cases, an entity measures agricultural produce at the point of harvest at its fair value less costs to sell. This standard reflects the view that the fair value of agricultural produce at the point of harvest can always be measured reliably. 32

In determining cost, accumulated depreciation and accumulated impairment losses, an entity considers IAS 2 *Inventories*, IAS 16 *Property, plant and equipment* and IAS 36 *Impairment of assets*. 33

ZUWENDUNGEN DER ÖFFENTLICHEN HAND

34 **Eine unbedingte Zuwendung der öffentlichen Hand, die mit einem biologischen Vermögenswert im Zusammenhang steht, der zum beizulegenden Zeitwert abzüglich der Verkaufskosten bewertet wird, ist nur dann erfolgswirksam zu erfassen, wenn die Zuwendung der öffentlichen Hand einforderbar wird.**

35 **Wenn eine Zuwendung der öffentlichen Hand (einschließlich einer Zuwendung der öffentlichen Hand für die Nichtausübung einer bestimmten landwirtschaftlichen Tätigkeit), die mit einem biologischen Vermögenswert im Zusammenhang steht, der zum beizulegenden Zeitwert abzüglich der Verkaufskosten bewertet wird, bedingt ist, hat ein Unternehmen die Zuwendung der öffentlichen Hand nur dann erfolgswirksam zu erfassen, wenn die mit der Zuwendung der öffentlichen Hand verbundenen Bedingungen eingetreten sind.**

36 Die Bedingungen für Zuwendungen der öffentlichen Hand sind vielfältig. Beispielsweise kann eine Zuwendung der öffentlichen Hand an die Bedingung geknüpft sein, dass ein Unternehmen eine bestimmte Fläche fünf Jahre bewirtschaftet und die Rückzahlung aller Zuwendungen der öffentlichen Hand vorsehen, wenn das Unternehmen die Fläche weniger als fünf Jahre bewirtschaftet. In diesem Fall wird die Zuwendung der öffentlichen Hand erst nach Ablauf der fünf Jahre erfolgswirksam erfasst. Wenn die Bedingungen der Zuwendung der öffentlichen Hand es jedoch erlauben, einen Teil der Zuwendung aufgrund des Zeitablaufs zu behalten, erfasst das Unternehmen diesen Teil der Zuwendung der öffentlichen Hand zeitproportional im Gewinn oder Verlust.

37 Wenn eine Zuwendung der öffentlichen Hand mit einem biologischen Vermögenswert im Zusammenhang steht, der zu seinen Anschaffungs- oder Herstellungskosten abzüglich aller kumulierten planmäßigen Abschreibungen und aller kumulierten Wertminderungsaufwendungen bewertet wird (siehe Paragraph 30), ist IAS 20 anzuwenden.

38 Dieser Standard schreibt eine andere Behandlung als IAS 20 vor, wenn eine Zuwendung der öffentlichen Hand mit einem biologischen Vermögenswert im Zusammenhang steht, der zum beizulegenden Zeitwert abzüglich der Verkaufskosten bewertet wird, oder wenn eine Zuwendung der öffentlichen Hand die Nichtausübung einer bestimmten landwirtschaftlichen Tätigkeit verlangt. IAS 20 wird lediglich auf eine Zuwendung der öffentlichen Hand angewendet, die mit einem biologischen Vermögenswert im Zusammenhang steht, der zu seinen Anschaffungs- oder Herstellungskosten abzüglich aller kumulierten planmäßigen Abschreibungen und aller kumulierten Wertminderungsaufwendungen bewertet wird.

ANGABEN

39 [gestrichen]

Allgemeines

40 **Ein Unternehmen hat den Gesamtbetrag des Gewinns oder Verlusts anzugeben, der während der laufenden Periode beim erstmaligen Ansatz biologischer Vermögenswerte und landwirtschaftlicher Erzeugnisse und durch die Änderung des beizulegenden Zeitwerts abzüglich der Verkaufskosten der biologischen Vermögenswerte entsteht.**

41 **Ein Unternehmen hat jede Gruppe von biologischen Vermögenswerten zu beschreiben.**

42 Die nach Paragraph 41 geforderten Angaben können in Form verbaler oder wertmäßiger Beschreibungen erfolgen.

43 Einem Unternehmen wird empfohlen, eine wertmäßige Beschreibung jeder Gruppe von biologischen Vermögenswerten zur Verfügung zu stellen, erforderlichenfalls unterschieden nach verbrauchbaren und produzierenden biologischen Vermögenswerten oder nach reifen und unreifen biologischen Vermögenswerten. Beispielsweise kann ein Unternehmen den Buchwert von verbrauchbaren biologischen Vermögenswerten und von produzierenden biologischen Vermögenswerten nach Gruppen angeben. Ein Unternehmen kann diese Buchwerte weiter nach reifen und unreifen Vermögenswerten unterteilen. Diese Unterscheidungen stellen Informationen zur Verfügung, die hilfreich sein können, um den zeitlichen Anfall künftiger Zahlungsströme abschätzen zu können. Ein Unternehmen gibt die Grundlage für solche Unterscheidungen an.

44 Verbrauchbare biologische Vermögenswerte sind solche, die als landwirtschaftliche Erzeugnisse geerntet oder als biologische Vermögenswerte verkauft werden sollen. Beispiele für verbrauchbare biologische Vermögenswerte sind der Viehbestand für die Fleischproduktion, der Viehbestand für den Verkauf, Fische in Farmen, Getreide wie Mais und Weizen, die Erzeugnisse, die auf fruchttragenden Pflanzen wachsen, sowie Bäume, die als Nutzholz wachsen. Produzierende biologische Vermögenswerte unterscheiden sich von verbrauchbaren biologischen Vermögenswerten; zum Beispiel Viehbestand, der für die Milchproduktion gehalten wird, oder Obstbäume, deren Früchte geerntet werden. Produzierende biologische Vermögenswerte sind keine landwirtschaftlichen Erzeugnisse, sondern dienen der Gewinnung landwirtschaftlicher Erzeugnisse.

45 Biologische Vermögenswerte können entweder als reife oder als unreife biologische Vermögenswerte eingestuft werden. Reife biologische Vermögenswerte sind solche, die den Erntegrad erlangt haben (für verbrauchbare biologische Vermögenswerte) oder gewöhnliche Ernten tragen können (für produzierende biologische Vermögenswerte).

GOVERNMENT GRANTS

An unconditional government grant related to a biological asset measured at its fair value less costs to sell shall be recognised in profit or loss when, and only when, the government grant becomes receivable. 34

If a government grant related to a biological asset measured at its fair value less costs to sell is conditional, including when a government grant requires an entity not to engage in specified agricultural activity, an entity shall recognise the government grant in profit or loss when, and only when, the conditions attaching to the government grant are met. 35

Terms and conditions of government grants vary. For example, a grant may require an entity to farm in a particular location for five years and require the entity to return all of the grant if it farms for a period shorter than five years. In this case, the grant is not recognised in profit or loss until the five years have passed. However, if the terms of the grant allow part of it to be retained according to the time that has elapsed, the entity recognises that part in profit or loss as time passes. 36

If a government grant relates to a biological asset measured at its cost less any accumulated depreciation and any accumulated impairment losses (see paragraph 30), IAS 20 *Accounting for government grants and disclosure of government assistance* is applied. 37

This standard requires a different treatment from IAS 20, if a government grant relates to a biological asset measured at its fair value less costs to sell or a government grant requires an entity not to engage in specified agricultural activity. IAS 20 is applied only to a government grant related to a biological asset measured at its cost less any accumulated depreciation and any accumulated impairment losses. 38

DISCLOSURE

[deleted] 39

General

An entity shall disclose the aggregate gain or loss arising during the current period on initial recognition of biological assets and agricultural produce and from the change in fair value less costs to sell of biological assets. 40

An entity shall provide a description of each group of biological assets. 41

The disclosure required by paragraph 41 may take the form of a narrative or quantified description. 42

An entity is encouraged to provide a quantified description of each group of biological assets, distinguishing between consumable and bearer biological assets or between mature and immature biological assets, as appropriate. For example, an entity may disclose the carrying amounts of consumable biological assets and bearer biological assets by group. An entity may further divide those carrying amounts between mature and immature assets. These distinctions provide information that may be helpful in assessing the timing of future cash flows. An entity discloses the basis for making any such distinctions. 43

Consumable biological assets are those that are to be harvested as agricultural produce or sold as biological assets. Examples of consumable biological assets are livestock intended for the production of meat, livestock held for sale, fish in farms, crops such as maize and wheat, produce on a bearer plant and trees being grown for lumber. Bearer biological assets are those other than consumable biological assets; for example, livestock from which milk is produced and fruit trees from which fruit is harvested. Bearer biological assets are not agricultural produce but, rather, are held to bear produce. 44

Biological assets may be classified either as mature biological assets or immature biological assets. Mature biological assets are those that have attained harvestable specifications (for consumable biological assets) or are able to sustain regular harvests (for bearer biological assets). 45

46 Wenn nicht an anderer Stelle innerhalb von Informationen, die mit dem Abschluss veröffentlicht werden, angegeben, hat ein Unternehmen Folgendes zu beschreiben:
(a) die Art seiner Tätigkeiten, die mit jeder Gruppe von biologischen Vermögenswerten verbunden sind und
(b) nichtfinanzielle Messgrößen oder Schätzungen für die körperlichen Mengen
(i) jeder Gruppe von biologischen Vermögenswerten des Unternehmens zum Periodenende und
(ii) der Produktion landwirtschaftlicher Erzeugnisse während der Periode.

47–48 [gestrichen]

49 Ein Unternehmen hat Folgendes anzugeben:
(a) die Existenz und die Buchwerte biologischer Vermögenswerte, mit denen ein beschränktes Eigentumsrecht verbunden ist, und die Buchwerte biologischer Vermögenswerte, die als Sicherheit für Verbindlichkeiten begeben sind,
(b) den Betrag von Verpflichtungen für die Entwicklung oder den Erwerb von biologischen Vermögenswerten und
(c) Finanzrisikomanagementstrategien, die mit der landwirtschaftlichen Tätigkeit im Zusammenhang stehen.

50 Ein Unternehmen hat eine Überleitungsrechnung der Änderungen des Buchwerts der biologischen Vermögenswerte zwischen dem Beginn und dem Ende der Berichtsperiode anzugeben. Die Überleitungsrechnung hat Folgendes zu enthalten:
(a) den Gewinn oder Verlust aufgrund von Änderungen der beizulegenden Zeitwerte abzüglich der Verkaufskosten,
(b) Erhöhungen infolge von Käufen,
(c) Verringerungen, die Verkäufen und biologischen Vermögenswerten, die gemäß IFRS 5 als zur Veräußerung gehalten eingestuft werden (oder zu einer als zur Veräußerung gehalten eingestuften Veräußerungsgruppe gehören), zuzurechnen sind,
(d) Verringerungen infolge der Ernte,
(e) Erhöhungen, die aus Unternehmenszusammenschlüssen resultieren,
(f) Nettoumrechnungsdifferenzen aus der Umrechnung von Abschlüssen in eine andere Darstellungswährung und aus der Umrechnung eines ausländischen Geschäftsbetriebs in die Darstellungswährung des berichtenden Unternehmens und
(g) sonstige Änderungen.

51 Der beizulegende Zeitwert abzüglich der Verkaufskosten eines biologischen Vermögenswerts kann sich infolge von körperlichen Änderungen und infolge von Preisänderungen auf dem Markt ändern. Eine gesonderte Angabe von körperlichen Änderungen und von Preisänderungen ist nützlich, um die Ertragskraft der Berichtsperiode und die Zukunftsaussichten zu beurteilen, insbesondere wenn ein Produktionszyklus länger als ein Jahr dauert. In solchen Fällen wird einem Unternehmen empfohlen, den erfolgswirksam berücksichtigten Betrag der Änderung des beizulegenden Zeitwerts abzüglich der Verkaufskosten aufgrund von körperlichen Änderungen und aufgrund von Preisänderungen je Gruppe oder auf andere Weise anzugeben. Diese Informationen sind grundsätzlich weniger nützlich, wenn der Produktionszyklus weniger als ein Jahr dauert (beispielsweise bei der Hühnerzucht oder dem Getreideanbau).

52 Biologische Transformation führt zu vielen Arten der körperlichen Änderung – Wachstum, Rückgang, Fruchtbringung und Vermehrung –, welche sämtlich beobachtbar und bewertbar sind. Jede dieser körperlichen Änderungen hat einen unmittelbaren Bezug zu künftigen wirtschaftlichen Nutzen. Eine Änderung des beizulegenden Zeitwerts eines biologischen Vermögenswerts aufgrund der Ernte ist ebenfalls eine körperliche Änderung.

53 Landwirtschaftliche Tätigkeit ist häufig klimatischen, krankheitsbedingten und anderen natürlichen Risiken ausgesetzt. Tritt ein Ereignis ein, durch das ein wesentlicher Ertrags- bzw. Aufwandsposten entsteht, sind die Art und der Betrag dieses Postens gemäß IAS 1 *Darstellung des Abschlusses* anzugeben. Beispiele für solche Ereignisse sind das Ausbrechen einer Viruserkrankung, eine Überschwemmung, starke Dürre oder Frost sowie eine Insektenplage.

Zusätzliche Angaben für biologische Vermögenswerte, wenn der beizulegende Zeitwert nicht verlässlich ermittelt werden kann

54 Wenn ein Unternehmen biologische Vermögenswerte am Periodenende zu ihren Anschaffungs- oder Herstellungskosten abzüglich aller kumulierten planmäßigen Abschreibungen und aller kumulierten Wertminderungsaufwendungen (siehe Paragraph 30) bewertet, hat ein Unternehmen für solche biologischen Vermögenswerte Folgendes anzugeben:
(a) eine Beschreibung der biologischen Vermögenswerte,
(b) eine Erklärung, warum der beizulegende Zeitwert nicht verlässlich ermittelt werden kann,
(c) sofern möglich eine Schätzungsbandbreite, innerhalb welcher der beizulegende Zeitwert höchstwahrscheinlich liegt,
(d) die verwendete Abschreibungsmethode,
(e) die verwendeten Nutzungsdauern oder Abschreibungssätze und
(f) den Bruttobuchwert und die kumulierten planmäßigen Abschreibungen (zusammengefasst mit den kumulierten Wertminderungsaufwendungen) zu Beginn und zum Ende der Periode.

If not disclosed elsewhere in information published with the financial statements, an entity shall describe: 46
(a) the nature of its activities involving each group of biological assets; and
(b) non-financial measures or estimates of the physical quantities of:
(i) each group of the entity's biological assets at the end of the period; and
(ii) output of agricultural produce during the period.

[deleted] 47—48

An entity shall disclose: 49
(a) the existence and carrying amounts of biological assets whose title is restricted, and the carrying amounts of biological assets pledged as security for liabilities;
(b) the amount of commitments for the development or acquisition of biological assets; and
(c) financial risk management strategies related to agricultural activity.

An entity shall present a reconciliation of changes in the carrying amount of biological assets between the beginning and the end of the current period. The reconciliation shall include: 50
(a) the gain or loss arising from changes in fair value less costs to sell;
(b) increases due to purchases;
(c) decreases attributable to sales and biological assets classified as held for sale (or included in a disposal group that is classified as held for sale) in accordance with IFRS 5;
(d) decreases due to harvest;
(e) increases resulting from business combinations;
(f) net exchange differences arising on the translation of financial statements into a different presentation currency, and on the translation of a foreign operation into the presentation currency of the reporting entity; and
(g) other changes.

The fair value less costs to sell of a biological asset can change due to both physical changes and price changes in the market. Separate disclosure of physical and price changes is useful in appraising current period performance and future prospects, particularly when there is a production cycle of more than one year. In such cases, an entity is encouraged to disclose, by group or otherwise, the amount of change in fair value less costs to sell included in profit or loss due to physical changes and due to price changes. This information is generally less useful when the production cycle is less than one year (for example, when raising chickens or growing cereal crops). 51

Biological transformation results in a number of types of physical change — growth, degeneration, production, and procreation, each of which is observable and measurable. Each of those physical changes has a direct relationship to future economic benefits. A change in fair value of a biological asset due to harvesting is also a physical change. 52

Agricultural activity is often exposed to climatic, disease and other natural risks. If an event occurs that gives rise to a material item of income or expense, the nature and amount of that item are disclosed in accordance with IAS 1 *Presentation of financial statements*. Examples of such an event include an outbreak of a virulent disease, a flood, a severe drought or frost, and a plague of insects. 53

Additional disclosures for biological assets where fair value cannot be measured reliably

If an entity measures biological assets at their cost less any accumulated depreciation and any accumulated impairment losses (see paragraph 30) at the end of the period, the entity shall disclose for such biological assets: 54
(a) a description of the biological assets;
(b) an explanation of why fair value cannot be measured reliably;
(c) if possible, the range of estimates within which fair value is highly likely to lie;
(d) the depreciation method used;
(e) the useful lives or the depreciation rates used; and
(f) the gross carrying amount and the accumulated depreciation (aggregated with accumulated impairment losses) at the beginning and end of the period.

55 **Wenn ein Unternehmen während der Berichtsperiode biologische Vermögenswerte zu ihren Anschaffungs- oder Herstellungskosten abzüglich aller kumulierten planmäßigen Abschreibungen und aller kumulierten Wertminderungsaufwendungen (siehe Paragraph 30) bewertet, hat ein Unternehmen jeden bei Abgang solcher biologischen Vermögenswerte erfassten Gewinn oder Verlust anzugeben; in der in Paragraph 50 verlangten Überleitungsrechnung sind die Beträge, die mit solchen biologischen Vermögenswerten im Zusammenhang stehen, gesondert anzugeben. Die Überleitungsrechnung muss zusätzlich die folgenden erfolgswirksam erfassten Beträge, die mit diesen biologischen Vermögenswerten im Zusammenhang stehen, enthalten:**

(a) **Wertminderungsaufwendungen,**

(b) **Wertaufholungen aufgrund früherer Wertminderungsaufwendungen und**

(c) **planmäßige Abschreibungen.**

56 **Wenn der beizulegende Zeitwert der biologischen Vermögenswerte, die bislang zu den Anschaffungs- oder Herstellungskosten abzüglich aller kumulierten planmäßigen Abschreibungen und aller kumulierten Wertminderungsaufwendungen bewertet wurden, während der Berichtsperiode verlässlich ermittelbar wird, hat ein Unternehmen für diese biologischen Vermögenswerte Folgendes anzugeben:**

(a) **eine Beschreibung der biologischen Vermögenswerte,**

(b) **eine Begründung, warum der beizulegende Zeitwert verlässlich ermittelbar wurde, und**

(c) **die Auswirkung der Änderung.**

Zuwendungen der öffentlichen Hand

57 **Ein Unternehmen hat folgende mit der in diesem Standard abgedeckten landwirtschaftlichen Tätigkeit in Verbindung stehenden Punkte anzugeben:**

(a) **die Art und das Ausmaß der im Abschluss erfassten öffentlichen Zuwendungen der öffentlichen Hand,**

(b) **unerfüllte Bedingungen und andere Erfolgsunsicherheiten im Zusammenhang mit Zuwendungen der öffentlichen Hand und**

(c) **wesentliche zu erwartende Verringerungen des Umfangs der Zuwendungen der öffentlichen Hand.**

ZEITPUNKT DES INKRAFTTRETENS UND ÜBERGANGSVORSCHRIFTEN

58 Dieser Standard ist verbindlich auf Jahresabschlüsse für Berichtsperioden anzuwenden, die am oder nach dem 1. Januar 2003 beginnen. Eine frühere Anwendung wird empfohlen. Wendet ein Unternehmen diesen Standard auf Berichtsperioden an, die vor dem 1. Januar 2003 beginnen, hat es dies anzugeben.

59 Dieser Standard enthält keine besonderen Übergangsvorschriften. Die erstmalige Anwendung dieses Standards wird gemäß IAS 8 *Rechnungslegungsmethoden, Änderungen von rechnungslegungsbezogenen Schätzungen und Fehler* behandelt.

60 Durch die *Verbesserungen der IFRS*, veröffentlicht im Mai 2008, wurden die Paragraphen 5, 6, 17, 20 und 21 geändert und Paragraph 14 gestrichen. Ein Unternehmen hat diese Änderung prospektiv auf Geschäftsjahre anzuwenden, die am oder nach dem 1. Januar 2009 beginnen. Eine frühere Anwendung ist zulässig. Wendet ein Unternehmen diese Änderungen auf eine frühere Periode an, hat es dies anzugeben.

61 Durch IFRS 13, veröffentlicht im Mai 2011, wurden die Paragraphen 8, 15, 16, 25 und 30 geändert sowie die Paragraphen 9, 17–21, 23, 47 und 48 gestrichen. Wendet ein Unternehmen IFRS 13 an, sind diese Änderungen ebenfalls anzuwenden.

62 Mit der im Juni 2014 veröffentlichten Verlautbarung *Landwirtschaft: Fruchttragende Pflanzen* (Änderungen an IAS 16 und IAS 41) wurden die Paragraphen 1–5, 8, 24 und 44 geändert sowie die Paragraphen 5A–5C und 63 eingefügt. Diese Änderungen sind auf Geschäftsjahre anzuwenden, die am oder nach dem 1. Januar 2016 beginnen. Eine frühere Anwendung ist zulässig. Wendet ein Unternehmen diese Änderungen auf eine frühere Periode an, hat es dies anzugeben. Diese Änderungen sind rückwirkend gemäß IAS 8 anzuwenden.

63 In der Berichtsperiode, in der die Verlautbarung *Landwirtschaft: Fruchttragende Pflanzen* (Änderungen an IAS 16 und IAS 41) erstmals angewendet wird, braucht das Unternehmen die gemäß IAS 8 Paragraph 28 (f) für die laufende Periode vorgeschriebenen quantitativen Angaben nicht zu machen. Es hat jedoch die gemäß IAS 8 Paragraph 28 (f) vorgeschriebenen quantitativen Angaben für jede frühere dargestellte Periode zu machen.

64 Durch IFRS 16, veröffentlicht im Januar 2016, wurde Paragraph 2 geändert. Wendet ein Unternehmen IFRS 16 hat, hat es diese Änderung ebenfalls anzuwenden.

65 Durch die *Jährlichen Verbesserungen an den IFRS-Standards 2018–2020*, veröffentlicht im Mai 2020, wurde Paragraph 22 geändert. Diese Änderung ist auf Bewertungen zum beizulegenden Zeitwert anzuwenden, die zu oder nach Beginn des ersten Geschäftsjahrs vorgenommen werden, das am oder nach dem 1. Januar 2022 beginnt. Eine frühere Anwendung ist zulässig. Wendet ein Unternehmen die Änderung auf eine frühere Periode an, hat es dies anzugeben.

If, during the current period, an entity measures biological assets at their cost less any accumulated depreciation and any accumulated impairment losses (see paragraph 30), an entity shall disclose any gain or loss recognised on disposal of such biological assets and the reconciliation required by paragraph 50 shall disclose amounts related to such biological assets separately. In addition, the reconciliation shall include the following amounts included in profit or loss related to those biological assets: 55

(a) impairment losses;

(b) reversals of impairment losses; and

(c) depreciation.

If the fair value of biological assets previously measured at their cost less any accumulated depreciation and any accumulated impairment losses becomes reliably measurable during the current period, an entity shall disclose for those biological assets: 56

(a) a description of the biological assets;

(b) an explanation of why fair value has become reliably measurable; and

(c) the effect of the change.

Government grants

An entity shall disclose the following related to agricultural activity covered by this standard: 57

(a) the nature and extent of government grants recognised in the financial statements;

(b) unfulfilled conditions and other contingencies attaching to government grants; and

(c) significant decreases expected in the level of government grants.

EFFECTIVE DATE AND TRANSITION

This standard becomes operative for annual financial statements covering periods beginning on or after 1 January 2003. Earlier application is encouraged. If an entity applies this standard for periods beginning before 1 January 2003, it shall disclose that fact. 58

This standard does not establish any specific transitional provisions. The adoption of this standard is accounted for in accordance with IAS 8 *Accounting policies, changes in accounting estimates and errors.* 59

Paragraphs 5, 6, 17, 20 and 21 were amended and paragraph 14 deleted by *Improvements to IFRSs* issued in May 2008. An entity shall apply those amendments prospectively for annual periods beginning on or after 1 January 2009. Earlier application is permitted. If an entity applies the amendments for an earlier period it shall disclose that fact. 60

IFRS 13, issued in May 2011, amended paragraphs 8, 15, 16, 25 and 30 and deleted paragraphs 9, 17–21, 23, 47 and 48. An entity shall apply those amendments when it applies IFRS 13. 61

Agriculture: Bearer Plants (Amendments to IAS 16 and IAS 41), issued in June 2014, amended paragraphs 1–5, 8, 24 and 44 and added paragraphs 5A–5C and 63. An entity shall apply those amendments for annual periods beginning on or after 1 January 2016. Earlier application is permitted. If an entity applies those amendments for an earlier period, it shall disclose that fact. An entity shall apply those amendments retrospectively in accordance with IAS 8. 62

In the reporting period when Agriculture: Bearer Plants (Amendments to IAS 16 and IAS 41) is first applied an entity need not disclose the quantitative information required by paragraph 28 (f) of IAS 8 for the current period. However, an entity shall present the quantitative information required by paragraph 28 (f) of IAS 8 for each prior period presented. 63

IFRS 16, issued in January 2016, amended paragraph 2. An entity shall apply that amendment when it applies IFRS 16. 64

Annual Improvements to IFRS Standards 2018–2020, issued in May 2020, amended paragraph 22. An entity shall apply that amendment to fair value measurements on or after the beginning of the first annual reporting period beginning on or after 1 January 2022. Earlier application is permitted. If an entity applies the amendment for an earlier period, it shall disclose that fact. 65

INTERNATIONAL FINANCIAL REPORTING STANDARD 1
Erstmalige Anwendung der International Financial Reporting Standards

INHALT

ZIELSETZUNG

1 Zielsetzung dieses IFRS ist es sicherzustellen, dass der *erste IFRS-Abschluss* eines Unternehmens und dessen Zwischenberichte, die einen Teil der in diesem ersten Abschluss erfassten Periode abdecken, hochwertige Informationen enthalten, die

(a) für Abschlussadressaten transparent und über alle dargestellten Perioden hinweg vergleichbar sind,

(b) einen geeigneten Ausgangspunkt für die Rechnungslegung gemäß den *International Financial Reporting Standards (IFRS)* darstellen und

(c) zu Kosten erstellt werden können, die den Nutzen nicht übersteigen.

ANWENDUNGSBEREICH

2 Ein Unternehmen hat diesen IFRS auf

(a) seinen ersten IFRS-Abschluss und

(b) ggf. jeden Zwischenbericht, den es gemäß IAS 34 *Zwischenberichterstattung* erstellt und der einen Teil der in seinem ersten IFRS-Abschluss erfassten Periode abdeckt, anzuwenden.

3 Der erste IFRS-Abschluss eines Unternehmens ist der erste Abschluss des Geschäftsjahrs, in dem das Unternehmen die IFRS durch eine in diesem Abschluss enthaltene ausdrückliche und uneingeschränkte Erklärung der Übereinstimmung mit den IFRS anwendet. Ein Abschluss gemäß IFRS ist der erste IFRS-Abschluss eines Unternehmens, falls das Unternehmen beispielsweise

(a) seinen letzten vorherigen Abschluss

INTERNATIONAL FINANCIAL REPORTING STANDARD 1
First-time adoption of international financial reporting standards

SUMMARY

OBJECTIVE

The objective of this IFRS is to ensure that an entity's *first IFRS financial statements,* and its interim financial reports for part of the period covered by those financial statements, contain high quality information that: 1

(a) is transparent for users and comparable over all periods presented;

(b) provides a suitable starting point for accounting in accordance with *International Financial Reporting Standards (IFRSs)*; and

(c) can be generated at a cost that does not exceed the benefits.

SCOPE

An entity shall apply this IFRS in: 2

(a) its first IFRS financial statements; and

(b) each interim financial report, if any, that it presents in accordance with IAS 34 *Interim Financial Reporting* for part of the period covered by its first IFRS financial statements.

An entity's first IFRS financial statements are the first annual financial statements in which the entity adopts IFRSs, by an explicit and unreserved statement in those financial statements of compliance with IFRSs. Financial statements in accordance with IFRSs are an entity's first IFRS financial statements if, for example, the entity: 3

(a) presented its most recent previous financial statements:

(i) gemäß nationalen Vorschriften, die nicht in jeder Hinsicht mit IFRS übereinstimmen,
(ii) in jeder Hinsicht entsprechend den IFRS, jedoch ohne eine in dem Abschluss enthaltene ausdrückliche und uneingeschränkte Erklärung der Übereinstimmung mit den IFRS,
(iii) mit einer ausdrücklichen Erklärung der Übereinstimmung mit einigen, jedoch nicht allen IFRS,
(iv) gemäß nationalen, von IFRS abweichenden Vorschriften unter Verwendung einzelner IFRS zur Berücksichtigung von Posten, für die keine nationalen Vorgaben bestanden, oder
(v) gemäß nationalen Vorschriften mit einer Überleitung einiger Beträge auf gemäß IFRS ermittelte Beträge erstellt hat,

(b) nur zur internen Nutzung einen Abschluss gemäß IFRS erstellt hat, ohne diesen den Eigentümern des Unternehmens oder sonstigen externen Abschlussadressaten zur Verfügung zu stellen,
(c) für Konsolidierungszwecke ein Konzernberichtspaket gemäß IFRS erstellt hat, ohne einen kompletten Abschluss gemäß Definition in IAS 1 *Darstellung des Abschlusses* (in der 2007 überarbeiteten Fassung) zu erstellen, oder
(d) für frühere Perioden keine Abschlüsse vorgelegt hat.

4 Dieser IFRS ist anzuwenden, falls ein Unternehmen zum ersten Mal IFRS anwendet. Er ist nicht anzuwenden, falls ein Unternehmen beispielsweise
(a) keine weiteren Abschlüsse gemäß nationalen Vorschriften mehr vorlegt und in der Vergangenheit solche Abschlüsse sowie zusätzliche Abschlüsse mit einer ausdrücklichen und uneingeschränkten Bestätigung der Übereinstimmung mit den IFRS vorgelegt hat,
(b) im vorigen Jahr Abschlüsse gemäß nationalen Vorschriften vorgelegt hat, die eine ausdrückliche und uneingeschränkte Erklärung der Übereinstimmung mit den IFRS enthalten, oder
(c) im vorigen Jahr Abschlüsse vorgelegt hat, die eine ausdrückliche und uneingeschränkte Erklärung der Übereinstimmung mit den IFRS enthalten, selbst wenn die Abschlussprüfer für diese Abschlüsse einen eingeschränkten Bestätigungsvermerk erteilt haben.

4A Unbeschadet der Vorschriften in den Paragraphen 2 und 3 muss ein Unternehmen, das die IFRS in einer früheren Berichtsperiode angewendet hat, dessen letzter Jahresabschluss aber keine ausdrückliche und uneingeschränkte Erklärung der Übereinstimmung mit den IFRS enthielt, entweder diesen IFRS oder die IFRS rückwirkend gemäß IAS 8 *Rechnungslegungsmethoden, Änderungen von rechnungslegungsbezogenen Schätzungen und Fehler* so anwenden, als hätte das Unternehmen die IFRS kontinuierlich angewendet.

4B Entscheidet sich ein Unternehmen gegen die Anwendung dieses IFRS gemäß Paragraph 4A, hat es dennoch zusätzlich zu den Angabepflichten von IAS 8 die Angabepflichten in den Paragraphen 23A–23B von IFRS 1 zu erfüllen.

5 Dieser IFRS gilt nicht für Änderungen der Rechnungslegungsmethoden eines Unternehmens, das die IFRS bereits anwendet. Solche Änderungen werden in
(a) den Vorschriften hinsichtlich der Änderungen von Rechnungslegungsmethoden in IAS 8 *Rechnungslegungsmethoden, Änderungen von rechnungslegungsbezogenen Schätzungen und Fehler* und
(b) spezifischen Übergangsvorschriften anderer IFRS behandelt.

ANSATZ UND BEWERTUNG

IFRS-Eröffnungsbilanz

6 Zum *Zeitpunkt des Übergangs auf IFRS* hat ein Unternehmen eine *IFRS-Eröffnungsbilanz* zu erstellen und vorzulegen. Diese stellt den Ausgangspunkt seiner Rechnungslegung gemäß IFRS dar.

Rechnungslegungsmethoden

7 **Ein Unternehmen hat in seiner IFRS-Eröffnungsbilanz und für alle in seinem ersten IFRS-Abschluss dargestellten Perioden dieselben Rechnungslegungsmethoden anzuwenden. Diese Rechnungslegungsmethoden müssen allen IFRS entsprechen, die am Ende seiner *ersten IFRS-Berichtsperiode* gelten (mit Ausnahme der in den Paragraphen 13–19 sowie den Anhängen B–E genannten Fälle).**

8 Ein Unternehmen darf keine unterschiedlichen, früher geltenden IFRS-Versionen anwenden. Ein neuer, noch nicht verbindlicher IFRS darf von einem Unternehmen angewendet werden, falls für diesen IFRS eine frühere Anwendung zulässig ist.

Beispiel: Einheitliche Anwendung der jüngsten IFRS-Versionen

Hintergrund

(i) in accordance with national requirements that are not consistent with IFRSs in all respects;
(ii) in conformity with IFRSs in all respects, except that the financial statements did not contain an explicit and unreserved statement that they complied with IFRSs;
(iii) containing an explicit statement of compliance with some, but not all, IFRSs;
(iv) in accordance with national requirements inconsistent with IFRSs, using some individual IFRSs to account for items for which national requirements did not exist; or
(v) in accordance with national requirements, with a reconciliation of some amounts to the amounts determined in accordance with IFRSs;

(b) prepared financial statements in accordance with IFRSs for internal use only, without making them available to the entity's owners or any other external users;
(c) prepared a reporting package in accordance with IFRSs for consolidation purposes without preparing a complete set of financial statements as defined in IAS 1 *Presentation of Financial Statements* (as revised in 2007); or
(d) did not present financial statements for previous periods.

This IFRS applies when an entity first adopts IFRSs. It does not apply when, for example, an entity: **4**
(a) stops presenting financial statements in accordance with national requirements, having previously presented them as well as another set of financial statements that contained an explicit and unreserved statement of compliance with IFRSs;
(b) presented financial statements in the previous year in accordance with national requirements and those financial statements contained an explicit and unreserved statement of compliance with IFRSs; or
(c) presented financial statements in the previous year that contained an explicit and unreserved statement of compliance with IFRSs, even if the auditors qualified their audit report on those financial statements.

Notwithstanding the requirements in paragraphs 2 and 3, an entity that has applied IFRSs in a previous reporting period, **4A** but whose most recent previous annual financial statements did not contain an explicit and unreserved statement of compliance with IFRSs, must either apply this IFRS or else apply IFRSs retrospectively in accordance with IAS 8 *Accounting Policies, Changes in Estimates and Errors* as if the entity had never stopped applying IFRSs.

When an entity does not elect to apply this IFRS in accordance with paragraph 4A, the entity shall nevertheless apply the **4B** disclosure requirements in paragraphs 23A—23B of IFRS 1, in addition to the disclosure requirements in IAS 8.

This IFRS does not apply to changes in accounting policies made by an entity that already applies IFRSs. Such changes are **5** the subject of:
(a) requirements on changes in accounting policies in IAS 8 *Accounting Policies, Changes in Accounting Estimates and Errors;* and
(b) specific transitional requirements in other IFRSs.

RECOGNITION AND MEASUREMENT

Opening IFRS statement of financial position

An entity shall prepare and present an *opening IFRS statement of financial position* at the *date of transition to IFRSs*. This **6** is the starting point for its accounting in accordance with IFRSs.

Accounting policies

An entity shall use the same accounting policies in its opening IFRS statement of financial position and throughout all periods presented in its first IFRS financial statements. Those accounting policies shall comply with each IFRS effective at the end of its first IFRS reporting period, except as specified in paragraphs 13—19 and Appendices B—E. **7**

An entity shall not apply different versions of IFRSs that were effective at earlier dates. An entity may apply a new IFRS **8** that is not yet mandatory if that IFRS permits early application.

Example: Consistent application of latest version of IFRSs

Background

Das Ende der ersten IFRS-Berichtsperiode von Unternehmen A ist der 31. Dezember 20X5. Unternehmen A entschließt sich, in diesem Abschluss lediglich Vergleichsinformationen für ein Jahr darzustellen (siehe Paragraph 21). Der Zeitpunkt des Übergangs auf IFRS ist daher der Beginn des Geschäftsjahrs am 1. Januar 20X4 (oder entsprechend das Ende des Geschäftsjahrs am 31. Dezember 20X3). Unternehmen A hat seinen Abschluss jedes Jahr zum 31. Dezember (bis einschließlich zum 31. Dezember 20X4) nach *vorherigen Rechnungslegungsgrundsätzen* vorgelegt.

Anwendung der Vorschriften

Unternehmen A hat die IFRS anzuwenden, die für Perioden gelten, die am 31. Dezember 20X5 enden, und zwar
(a) bei der Erstellung und Darstellung seiner IFRS-Eröffnungsbilanz zum 1. Januar 20X4 und

(b) bei der Erstellung und Darstellung seiner Bilanz zum 31. Dezember 20X5 (einschließlich der Vergleichszahlen für 20X4), seiner Gesamtergebnisrechnung, seiner Eigenkapitalveränderungsrechnung und seiner Kapitalflussrechnung für das Jahr bis zum 31. Dezember 20X5 (einschließlich der Vergleichszahlen für 20X4) sowie der Angaben (einschließlich Vergleichsinformationen für 20X4).

Falls ein neuer IFRS noch nicht verbindlich ist, aber eine frühere Anwendung zulässt, darf Unternehmen A diesen IFRS in seinem ersten IFRS-Abschluss anwenden, ist dazu jedoch nicht verpflichtet.

9 Die Übergangsvorschriften anderer IFRS gelten für Änderungen der Rechnungslegungsmethoden eines Unternehmens, das IFRS bereits anwendet; sie gelten nicht für den Übergang eines *erstmaligen Anwenders* auf IFRS, mit Ausnahme der in den Anhängen B–E beschriebenen Regelungen.

10 Mit Ausnahme der in den Paragraphen 13–19 und den Anhängen B–E beschriebenen Fälle ist ein Unternehmen dazu verpflichtet, in seiner IFRS-Eröffnungsbilanz
(a) alle Vermögenswerte und Schulden anzusetzen, deren Ansatz nach den IFRS vorgeschrieben ist,
(b) keine Posten als Vermögenswerte oder Schulden anzusetzen, falls die IFRS deren Ansatz nicht erlauben,
(c) alle Posten umzugliedern, die nach vorherigen Rechnungslegungsgrundsätzen als eine bestimmte Kategorie Vermögenswert, Schuld oder Bestandteil des Eigenkapitals angesetzt wurden, gemäß den IFRS jedoch eine andere Kategorie Vermögenswert, Schuld oder Bestandteil des Eigenkapitals darstellen, und
(d) die IFRS bei der Bewertung aller angesetzten Vermögenswerte und Schulden anzuwenden.

11 Die Rechnungslegungsmethoden, die ein Unternehmen in seiner IFRS-Eröffnungsbilanz verwendet, können sich von den Methoden der zum selben Zeitpunkt verwendeten vorherigen Rechnungslegungsgrundsätze unterscheiden. Die sich ergebenden Anpassungen resultieren aus Ereignissen und Geschäftsvorfällen vor dem Zeitpunkt des Übergangs auf IFRS. Ein Unternehmen hat solche Anpassungen daher zum Zeitpunkt des Übergangs auf IFRS direkt in den Gewinnrücklagen (oder, falls angemessen, in einer anderen Eigenkapitalkategorie) zu erfassen.

12 Dieser IFRS legt zwei Arten von Ausnahmen von dem Grundsatz fest, dass die IFRS-Eröffnungsbilanz eines Unternehmens mit den Vorschriften aller IFRS übereinzustimmen hat:
(a) Die Paragraphen 14–17 und Anhang B verbieten die rückwirkende Anwendung einiger Aspekte anderer IFRS.
(b) Die Anhänge C–E befreien von einigen Vorschriften anderer IFRS.

Ausnahmen zur rückwirkenden Anwendung anderer IFRS

13 Dieser IFRS verbietet die rückwirkende Anwendung bestimmter Aspekte anderer IFRS. Diese Ausnahmen sind in den Paragraphen 14–17 und in Anhang B dargelegt.

Schätzungen

14 **Zum Zeitpunkt des Übergangs auf IFRS müssen gemäß IFRS vorgenommene Schätzungen eines Unternehmens mit Schätzungen nach vorherigen Rechnungslegungsgrundsätzen zu demselben Zeitpunkt (nach Anpassungen zur Berücksichtigung unterschiedlicher Rechnungslegungsmethoden) übereinstimmen, es sei denn, es liegen objektive Anhaltspunkte vor, dass diese Schätzungen fehlerhaft waren.**

15 Ein Unternehmen kann nach dem Zeitpunkt des Übergangs auf IFRS Informationen zu Schätzungen erhalten, die es nach vorherigen Rechnungslegungsgrundsätzen vorgenommen hatte. Gemäß Paragraph 14 muss ein Unternehmen diese Informationen wie nicht zu berücksichtigende Ereignisse nach dem Abschlussstichtag im Sinne von IAS 10 *Ereignisse nach dem Abschlussstichtag* behandeln. Der Zeitpunkt des Übergangs eines Unternehmens auf IFRS sei beispielsweise der 1. Januar 20X4. Am 15. Juli 20X4 werden neue Informationen bekannt, die eine Korrektur der am 31. Dezember 20X3 nach vorherigen Rechnungslegungsgrundsätzen vorgenommenen Schätzungen notwendig machen. Das Unternehmen darf diese neuen Informationen in seiner IFRS-Eröffnungsbilanz nicht berücksichtigen (es sei denn, die Schätzungen müssen

The end of entity A's first IFRS reporting period is 31 December 20X5. Entity A decides to present comparative information in those financial statements for one year only (see paragraph 21). Therefore, its date of transition to IFRSs is the beginning of business on 1 January 20X4 (or, equivalently, close of business on 31 December 20X3). Entity A presented financial statements in accordance with its previous GAAP annually to 31 December each year up to, and including, 31 December 20X4.

Application of requirements

Entity A is required to apply the IFRSs effective for periods ending on 31 December 20X5 in:
(a) preparing and presenting its opening IFRS statement of financial position at 1 January 20X4; and
(b) preparing and presenting its statement of financial position for 31 December 20X5 (including comparative amounts for 20X4), statement of comprehensive income, statement of changes in equity and statement of cash flows for the year to 31 December 20X5 (including comparative amounts for 20X4) and disclosures (including comparative information for 20X4).

If a new IFRS is not yet mandatory but permits early application, entity A is permitted, but not required, to apply that IFRS in its first IFRS financial statements.

The transitional provisions in other IFRSs apply to changes in accounting policies made by an entity that already uses IFRSs; they do not apply to a *first-time adopter's* transition to IFRSs, except as specified in Appendices B—E. **9**

Except as described in paragraphs 13—19 and Appendices B—E, an entity shall, in its opening IFRS statement of financial position: **10**
(a) recognise all assets and liabilities whose recognition is required by IFRSs;
(b) not recognise items as assets or liabilities if IFRSs do not permit such recognition;
(c) reclassify items that it recognised in accordance with previous GAAP as one type of asset, liability or component of equity, but are a different type of asset, liability or component of equity in accordance with IFRSs; and
(d) apply IFRSs in measuring all recognised assets and liabilities.

The accounting policies that an entity uses in its opening IFRS statement of financial position may differ from those that it used for the same date using its previous GAAP. The resulting adjustments arise from events and transactions before the date of transition to IFRSs. Therefore, an entity shall recognise those adjustments directly in retained earnings (or, if appropriate, another category of equity) at the date of transition to IFRSs. **11**

This IFRS establishes two categories of exceptions to the principle that an entity's opening IFRS statement of financial position shall comply with each IFRS: **12**
(a) Appendix B prohibits retrospective application of some aspects of other IFRSs.
(b) Appendices C—E grant exemptions from some requirements of other IFRSs.

Exceptions to the retrospective application of other IFRSs

This IFRS prohibits retrospective application of some aspects of other IFRSs. These exceptions are set out in paragraphs 14—17 and Appendix B. **13**

Estimates

An entity's estimates in accordance with IFRSs at the date of transition to IFRSs shall be consistent with estimates made for the same date in accordance with previous GAAP (after adjustments to reflect any difference in accounting policies), unless there is objective evidence that those estimates were in error. **14**

An entity may receive information after the date of transition to IFRSs about estimates that it had made under previous GAAP. In accordance with paragraph 14, an entity shall treat the receipt of that information in the same way as non-adjusting events after the reporting period in accordance with IAS 10 *Events after the Reporting Period*. For example, assume that an entity's date of transition to IFRSs is 1 January 20X4 and new information on 15 July 20X4 requires the revision of an estimate made in accordance with previous GAAP at 31 December 20X3. The entity shall not reflect that **15**

wegen unterschiedlicher Rechnungslegungsmethoden angepasst werden oder es liegen objektive Anhaltspunkte vor, dass sie fehlerhaft waren). Stattdessen hat das Unternehmen die neuen Informationen in der Gewinn- und Verlustrechnung (oder ggf. im sonstigen Ergebnis) des Geschäftsjahrs zum 31. Dezember 20X4 zu berücksichtigen.

16 Ein Unternehmen hat unter Umständen zum Zeitpunkt des Übergangs auf IFRS Schätzungen gemäß IFRS vorzunehmen, die für diesen Zeitpunkt nach vorherigen Rechnungslegungsgrundsätzen nicht vorgeschrieben waren. Um mit IAS 10 übereinzustimmen, müssen diese Schätzungen gemäß IFRS die Gegebenheiten zum Zeitpunkt des Übergangs auf IFRS wiedergeben. Insbesondere Schätzungen von Marktpreisen, Zinssätzen oder Wechselkursen zum Zeitpunkt des Übergangs auf IFRS müssen den Marktbedingungen dieses Zeitpunkts entsprechen.

17 Die Paragraphen 14–16 gelten für die IFRS-Eröffnungsbilanz. Sie gelten auch für eine Vergleichsperiode, die in dem ersten IFRS-Abschluss eines Unternehmens dargestellt wird; in diesem Fall werden die Verweise auf den Zeitpunkt des Übergangs auf IFRS durch Verweise auf das Ende der Vergleichsperiode ersetzt.

Befreiungen von anderen IFRS

18 Ein Unternehmen kann eine oder mehrere der in den Anhängen C–E aufgeführten Befreiungen in Anspruch nehmen. Ein Unternehmen darf diese Befreiungen nicht analog auf andere Sachverhalte anwenden.

19 [gestrichen]

DARSTELLUNG UND ANGABEN

20 Dieser IFRS enthält keine Befreiungen von den Darstellungs- und Angabepflichten anderer IFRS.

Vergleichsinformationen

21 Der erste IFRS-Abschluss eines Unternehmens hat mindestens drei Bilanzen, zwei Gesamtergebnisrechnungen, zwei gesonderte Gewinn- und Verlustrechnungen (falls erstellt), zwei Kapitalflussrechnungen und zwei Eigenkapitalveränderungsrechnungen sowie die zugehörigen Anhangangaben, einschließlich Vergleichsinformationen für alle vorgelegten Abschlussbestandteile, zu enthalten.

Nicht mit IFRS übereinstimmende Vergleichsinformationen und Zusammenfassungen historischer Daten

22 Einige Unternehmen veröffentlichen Zusammenfassungen ausgewählter historischer Daten für Perioden vor der ersten Periode, für die sie vollständige Vergleichsinformationen gemäß IFRS bekannt geben. Nach diesem IFRS müssen solche Zusammenfassungen nicht die Ansatz- und Bewertungsvorschriften der IFRS erfüllen. Des Weiteren stellen einige Unternehmen Vergleichsinformationen nach vorherigen Rechnungslegungsgrundsätzen und nach IAS 1 vorgeschriebene Vergleichsinformationen dar. In Abschlüssen mit Zusammenfassungen historischer Daten oder Vergleichsinformationen nach vorherigen Rechnungslegungsgrundsätzen hat ein Unternehmen

(a) die vorherigen Rechnungslegungsgrundsätzen entsprechenden Informationen deutlich als nicht gemäß IFRS erstellt zu kennzeichnen und
(b) die wichtigsten Anpassungsarten anzugeben, die für eine Übereinstimmung mit IFRS notwendig wären. Eine Quantifizierung dieser Anpassungen muss das Unternehmen nicht vornehmen.

Erläuterung des Übergangs auf IFRS

23 **Ein Unternehmen hat zu erläutern, wie sich der Übergang von vorherigen Rechnungslegungsgrundsätzen auf IFRS auf seine dargestellte Vermögens-, Finanz- und Ertragslage sowie seine Zahlungsströme ausgewirkt hat.**

23A Ein Unternehmen, das die IFRS in einer früheren Periode wie in Paragraph 4A beschrieben angewendet hat, hat Folgendes anzugeben:

(a) den Grund, aus dem es die IFRS nicht mehr angewendet hat, und
(b) den Grund, aus dem es die IFRS erneut anwendet.

23B Entscheidet sich ein Unternehmen gemäß Paragraph 4A gegen die Anwendung von IFRS 1, hat es die Gründe zu erläutern, aus denen es sich dafür entscheidet, die IFRS so anzuwenden, als hätte es die IFRS kontinuierlich angewendet.

new information in its opening IFRS statement of position (unless the estimates need adjustment for any differences in accounting policies or there is objective evidence that the estimates were in error). Instead, the entity shall reflect that new information in profit or loss (or, if appropriate, other comprehensive income) for the year ended 31 December 20X4.

An entity may need to make estimates in accordance with IFRSs at the date of transition to IFRSs that were not required at that date under previous GAAP. To achieve consistency with IAS 10, those estimates in accordance with IFRSs shall reflect conditions that existed at the date of transition to IFRSs. In particular, estimates at the date of transition to IFRSs of market prices, interest rates or foreign exchange rates shall reflect market conditions at that date. 16

Paragraphs 14—16 apply to the opening IFRS statement of financial position. They also apply to a comparative period presented in an entity's first IFRS financial statements, in which case the references to the date of transition to IFRSs are replaced by references to the end of that comparative period. 17

Exemptions from other IFRSs

An entity may elect to use one or more of the exemptions contained in Appendices C—E. An entity shall not apply these exemptions by analogy to other items. 18

[deleted] 19

PRESENTATION AND DISCLOSURE

This IFRS does not provide exemptions from the presentation and disclosure requirements in other IFRSs. 20

Comparative information

An entity's first IFRS financial statements shall include at least three statements of financial position, two statements of profit or loss and other comprehensive income, two separate statements of profit or loss (if presented), two statements of cash flows and two statements of changes in equity and related notes, including comparative information for all statements presented. 21

Non-IFRS comparative information and historical summaries

Some entities present historical summaries of selected data for periods before the first period for which they present full comparative information in accordance with IFRSs. This IFRS does not require such summaries to comply with the recognition and measurement requirements of IFRSs. Furthermore, some entities present comparative information in accordance with previous GAAP as well as the comparative information required by IAS 1. In any financial statements containing historical summaries or comparative information in accordance with previous GAAP, an entity shall: 22

(a) label the previous GAAP information prominently as not being prepared in accordance with IFRSs; and
(b) disclose the nature of the main adjustments that would make it comply with IFRSs. An entity need not quantify those adjustments.

Explanation of transition to IFRSs

An entity shall explain how the transition from previous GAAP to IFRSs affected its reported financial position, financial performance and cash flows. 23

An entity that has applied IFRSs in a previous period, as described in paragraph 4A, shall disclose: 23A

(a) the reason it stopped applying IFRSs; and
(b) the reason it is resuming the application of IFRSs.

When an entity, in accordance with paragraph 4A, does not elect to apply IFRS 1, the entity shall explain the reasons for electing to apply IFRSs as if it had never stopped applying IFRSs. 23B

Überleitungsrechnungen

24 Um Paragraph 23 zu entsprechen, hat der erste IFRS-Abschluss eines Unternehmens folgende Bestandteile zu enthalten:
(a) Überleitungen des nach vorherigen Rechnungslegungsgrundsätzen ausgewiesenen Eigenkapitals auf das Eigenkapital gemäß IFRS für die beiden folgenden Zeitpunkte:
  (i) den Zeitpunkt des Übergangs auf IFRS und
  (ii) das Ende der letzten Periode, die in dem letzten, nach vorherigen Rechnungslegungsgrundsätzen aufgestellten Jahresabschluss des Unternehmens dargestellt wurde.
(b) eine Überleitung des Gesamtergebnisses, das im letzten Abschluss nach vorherigen Rechnungslegungsgrundsätzen ausgewiesen wurde, auf das Gesamtergebnis derselben Periode nach IFRS. Den Ausgangspunkt für diese Überleitung bildet das Gesamtergebnis nach vorherigen Rechnungslegungsgrundsätzen für die betreffende Periode bzw., wenn ein Unternehmen kein Gesamtergebnis ausgewiesen hat, das Ergebnis nach vorherigen Rechnungslegungsgrundsätzen.
(c) falls das Unternehmen bei der Erstellung seiner IFRS-Eröffnungsbilanz zum ersten Mal Wertminderungsaufwendungen erfasst oder aufgeholt hat, die Angaben nach IAS 36 *Wertminderung von Vermögenswerten*, die notwendig gewesen wären, falls das Unternehmen diese Wertminderungsaufwendungen oder Wertaufholungen in der Periode erfasst hätte, die zum Zeitpunkt des Übergangs auf IFRS beginnt.

25 Die nach Paragraph 24 (a) und (b) vorgeschriebenen Überleitungsrechnungen müssen ausreichend detailliert sein, damit die Adressaten die wesentlichen Anpassungen der Bilanz und der Gesamtergebnisrechnung nachvollziehen können. Falls ein Unternehmen im Rahmen seiner vorherigen Rechnungslegungsgrundsätze eine Kapitalflussrechnung vorgelegt hat, hat es auch die wesentlichen Anpassungen der Kapitalflussrechnung zu erläutern.

26 Falls ein Unternehmen auf Fehler aufmerksam wird, die im Rahmen der vorherigen Rechnungslegungsgrundsätze entstanden sind, ist in den nach Paragraph 24 (a) und (b) vorgeschriebenen Überleitungsrechnungen die Korrektur solcher Fehler von Änderungen der Rechnungslegungsmethoden abzugrenzen.

27 IAS 8 gilt nicht für Änderungen der Rechnungslegungsmethoden, die ein Unternehmen bei erstmaliger Anwendung der IFRS oder vor der Vorlage seines ersten IFRS-Abschlusses vornimmt. Die Vorschriften von IAS 8 zu Änderungen der Rechnungslegungsmethoden gelten für den ersten IFRS-Abschluss eines Unternehmens daher nicht.

27A Ändert ein Unternehmen in der von seinem ersten IFRS-Abschluss erfassten Periode seine Rechnungslegungsmethoden oder die Inanspruchnahme der in diesem IFRS vorgesehenen Befreiungen, so hat es die zwischen seinem ersten IFRS-Zwischenbericht und seinem ersten IFRS-Abschluss vorgenommenen Änderungen gemäß Paragraph 23 zu erläutern und die in Paragraph 24 (a) und (b) vorgeschriebenen Überleitungsrechnungen zu aktualisieren.

28 Falls ein Unternehmen für frühere Perioden keine Abschlüsse vorgelegt hat, hat es in seinem ersten IFRS-Abschluss darauf hinzuweisen.

Designation finanzieller Vermögenswerte und finanzieller Verbindlichkeiten

29 Gemäß Paragraph D19A kann ein Unternehmen einen bislang angesetzten finanziellen Vermögenswert als einen erfolgswirksam zum beizulegenden Zeitwert bewerteten finanziellen Vermögenswert designieren. In diesem Fall hat das Unternehmen den beizulegenden Zeitwert der so designierten finanziellen Vermögenswerte zum Zeitpunkt der Designation sowie deren Einstufung und den Buchwert aus den vorhergehenden Abschlüssen anzugeben.

29A Gemäß Paragraph D19 kann ein Unternehmen eine bislang angesetzte finanzielle Verbindlichkeit als eine erfolgswirksam zum beizulegenden Zeitwert bewertete finanzielle Verbindlichkeit designieren. In diesem Fall hat das Unternehmen den beizulegenden Zeitwert der so designierten finanziellen Verbindlichkeiten zum Zeitpunkt der Designation sowie deren Einstufung und den Buchwert aus dem vorhergehenden Abschluss anzugeben.

Verwendung des beizulegenden Zeitwerts als Ersatz für Anschaffungs- oder Herstellungskosten

30 Falls ein Unternehmen in seiner IFRS-Eröffnungsbilanz für eine Sachanlage, eine als Finanzinvestition gehaltene Immobilie, einen immateriellen Vermögenswert oder ein Nutzungsrecht (siehe Paragraphen D5 und D7) den beizulegenden Zeitwert als *Ersatz für den für Anschaffungs- oder Herstellungskosten angesetzten Wert* verwendet, sind in dem ersten IFRS-Abschluss des Unternehmens für jeden einzelnen Bilanzposten der IFRS-Eröffnungsbilanz Folgendes anzugeben:
(a) die Summe dieser beizulegenden Zeitwerte und
(b) die Gesamtanpassung der nach vorherigen Rechnungslegungsgrundsätzen ausgewiesenen Buchwerte.

Verwendung des als Ersatz für Anschaffungskosten angesetzten Werts für Beteiligungen an Tochterunternehmen, Gemeinschaftsunternehmen und assoziierten Unternehmen

31 Entsprechend hat ein Unternehmen, das in seiner IFRS-Eröffnungsbilanz einen als Ersatz für Anschaffungskosten angesetzten Wert für eine Beteiligung an einem Tochterunternehmen, Gemeinschaftsunternehmen oder assoziierten

Reconciliations

To comply with paragraph 23, an entity's first IFRS financial statements shall include: 24
(a) reconciliations of its equity reported in accordance with previous GAAP to its equity in accordance with IFRSs for both of the following dates:
  (i) the date of transition to IFRSs; and
  (ii) the end of the latest period presented in the entity's most recent annual financial statements in accordance with previous GAAP.
(b) a reconciliation to its total comprehensive income in accordance with IFRSs for the latest period in the entity's most recent annual financial statements. The starting point for that reconciliation shall be total comprehensive income in accordance with previous GAAP for the same period or, if an entity did not report such a total, profit or loss under previous GAAP.
(c) if the entity recognised or reversed any impairment losses for the first-time in preparing its opening IFRS statement of financial position, the disclosures that IAS 36 *Impairment of Assets* would have required if the entity had recognised those impairment losses or reversals in the period beginning with the date of transition to IFRSs.

The reconciliations required by paragraph 24 (a) and (b) shall give sufficient detail to enable users to understand the material adjustments to the statement of financial position and statement of comprehensive income. If an entity presented a statement of cash flows under its previous GAAP, it shall also explain the material adjustments to the statement of cash flows. 25

If an entity becomes aware of errors made under previous GAAP, the reconciliations required by paragraph 24 (a) and (b) shall distinguish the correction of those errors from changes in accounting policies. 26

IAS 8 does not apply to the changes in accounting policies an entity makes when it adopts IFRSs or to changes in those policies until after it presents its first IFRS financial statements. Therefore, IAS 8's requirements about changes in accounting policies do not apply in an entity's first IFRS financial statements. 27

If during the period covered by its first IFRS financial statements an entity changes its accounting policies or its use of the exemptions contained in this IFRS, it shall explain the changes between its first IFRS interim financial report and its first IFRS financial statements, in accordance with paragraph 23, and it shall update the reconciliations required by paragraph 24 (a) and (b). 27A

If an entity did not present financial statements for previous periods, its first IFRS financial statements shall disclose that fact. 28

Designation of financial assets or financial liabilities

An entity is permitted to designate a previously recognised financial asset as a financial asset measured at fair value through profit or loss in accordance with paragraph D19A. The entity shall disclose the fair value of financial assets so designated at the date of designation and their classification and carrying amount in the previous financial statements. 29

An entity is permitted to designate a previously recognised financial liability as a financial liability at fair value through profit or loss in accordance with paragraph D19. The entity shall disclose the fair value of financial liabilities so designated at the date of designation and their classification and carrying amount in the previous financial statements. 29A

Use of fair value as deemed cost

If an entity uses fair value in its opening IFRS statement of financial position as *deemed cost* for an item of property, plant and equipment, an investment property, an intangible asset or a right-of-use asset (see paragraphs D5 and D7), the entity's first IFRS financial statements shall disclose, for each line item in the opening IFRS statement of financial position: 30
(a) the aggregate of those fair values; and
(b) the aggregate adjustment to the carrying amounts reported under previous GAAP.

Use of deemed cost for investments in subsidiaries, joint ventures and associates

Similarly, if an entity uses a deemed cost in its opening IFRS statement of financial position for an investment in a subsidiary, joint ventures or associate in its separate financial statements (see paragraph D15), the entity's first IFRS separate financial statements shall disclose: 31

Unternehmen in seinem Einzelabschluss (siehe Paragraph D15) verwendet, im ersten IFRS-Einzelabschluss des Unternehmens Folgendes anzugeben:

(a) die Summe der als Ersatz für Anschaffungskosten angesetzten Werte für diejenigen Beteiligungen, deren als Ersatz für Anschaffungskosten angesetzter Wert ihrem gemäß den vorherigen Rechnungslegungsgrundsätzen ermittelten Buchwert entspricht,

(b) die Summe der als Ersatz für Anschaffungskosten angesetzten Werte für diejenigen Beteiligungen, deren als Ersatz für Anschaffungskosten angesetzter Wert dem beizulegenden Zeitwert entspricht, und

(c) die Gesamtanpassung der nach vorherigen Rechnungslegungsgrundsätzen ausgewiesenen Buchwerte.

Verwendung des als Ersatz für Anschaffungs- oder Herstellungskosten angesetzten Werts für Vermögenswerte aus Öl und Gas

31A Nimmt ein Unternehmen die in Paragraph D8A (b) genannte Befreiung für Vermögenswerte aus Öl und Gas in Anspruch, so hat es dies sowie die Grundlage anzugeben, auf der die nach vorherigen Rechnungslegungsgrundsätzen ermittelten Buchwerte zugeordnet wurden.

Verwendung des als Ersatz für Anschaffungs- oder Herstellungskosten angesetzten Werts bei preisregulierten Geschäftsvorfällen

31B Nimmt ein Unternehmen die in Paragraph D8B vorgesehene Befreiung für preisregulierte Geschäftsvorfälle in Anspruch, hat es dies anzugeben und zu erläutern, auf welcher Grundlage die Buchwerte nach vorherigen Rechnungslegungsgrundsätzen bestimmt wurden.

Verwendung des als Ersatz für Anschaffungs- oder Herstellungskosten angesetzten Werts nach einer ausgeprägten Hochinflation

31C Entscheidet sich ein Unternehmen aufgrund ausgeprägter Hochinflation (siehe die Paragraphen D26–D30) dafür, Vermögenswerte und Schulden zum beizulegenden Zeitwert zu bewerten und diesen beizulegenden Zeitwert in seiner IFRS-Eröffnungsbilanz als Ersatz für Anschaffungs- oder Herstellungskosten zu verwenden, muss der erste IFRS-Abschluss des Unternehmens eine Erläuterung enthalten, wie und warum das Unternehmen eine funktionale Währung verwendet und dann wieder aufgegeben hat, die einer ausgeprägten Hochinflation unterliegt.

Zwischenberichte

32 Um Paragraph 23 zu entsprechen, hat ein Unternehmen, falls es einen Zwischenbericht nach IAS 34 vorlegt, der einen Teil der in seinem ersten IFRS-Abschluss erfassten Periode abdeckt, zusätzlich zu den Vorschriften aus IAS 34 die folgenden Vorschriften zu erfüllen:

(a) Falls das Unternehmen für die vergleichbare Zwischenberichtsperiode des unmittelbar vorangegangenen Geschäftsjahrs ebenfalls einen Zwischenbericht vorgelegt hat, hat jeder dieser Zwischenberichte Folgendes zu enthalten:

   (i) eine Überleitung des nach vorherigen Rechnungslegungsgrundsätzen ermittelten Eigenkapitals zum Ende der vergleichbaren Zwischenberichtsperiode auf das Eigenkapital gemäß IFRS zum selben Zeitpunkt und

   (ii) eine Überleitung auf das nach IFRS ermittelte Gesamtergebnis für die vergleichbare Zwischenberichtsperiode (die aktuelle und die von Beginn des Geschäftsjahrs bis zum Zwischenberichtstermin fortgeführte). Als Ausgangspunkt für diese Überleitung ist das Gesamtergebnis zu verwenden, das nach vorherigen Rechnungslegungsgrundsätzen für diese Periode ermittelt wurde, bzw., wenn ein Unternehmen kein Gesamtergebnis ausgewiesen hat, der nach vorherigen Rechnungslegungsgrundsätzen ermittelte Gewinn oder Verlust.

(b) Zusätzlich zu den unter (a) vorgeschriebenen Überleitungsrechnungen hat der erste Zwischenbericht eines Unternehmens nach IAS 34, der einen Teil der in seinem ersten IFRS-Abschluss erfassten Periode abdeckt, die in Paragraph 24 (a) und (b) beschriebenen Überleitungsrechnungen (ergänzt um die in den Paragraphen 25 und 26 vorgeschriebenen Einzelheiten) oder einen Querverweis auf ein anderes veröffentlichtes Dokument zu enthalten, das diese Überleitungsrechnungen enthält.

(c) Ändert ein Unternehmen seine Rechnungslegungsmethoden oder die Inanspruchnahme der in diesem IFRS vorgesehenen Befreiungen, so hat es die Änderungen in jedem dieser Zwischenberichte gemäß Paragraph 23 zu erläutern und die unter (a) und (b) vorgeschriebenen Überleitungsrechnungen zu aktualisieren.

33 IAS 34 schreibt Mindestangaben vor, die auf der Annahme basieren, dass die Adressaten der Zwischenberichte auch Zugriff auf die jüngsten Jahresabschlüsse haben. IAS 34 schreibt jedoch auch vor, dass ein Unternehmen alle Ereignisse oder Geschäftsvorfälle anzugeben hat, die für das Verständnis der aktuellen Zwischenberichtsperiode wesentlich sind. Falls ein erstmaliger Anwender in seinem letzten Jahresabschluss nach vorherigen Rechnungslegungsgrundsätzen daher keine Informationen veröffentlicht hat, die zum Verständnis der aktuellen Zwischenberichtsperioden wesentlich sind, hat sein Zwischenbericht diese Informationen anzugeben oder einen Querverweis auf ein anderes veröffentlichtes Dokument zu beinhalten, das diese enthält.

(a) the aggregate deemed cost of those investments for which deemed cost is their previous GAAP carrying amount;
(b) the aggregate deemed cost of those investments for which deemed cost is fair value; and
(c) the aggregate adjustment to the carrying amounts reported under previous GAAP.

Use of deemed cost for oil and gas assets

If an entity uses the exemption in paragraph D8A (b) for oil and gas assets, it shall disclose that fact and the basis on which carrying amounts determined under previous GAAP were allocated. 31A

Use of deemed cost for operations subject to rate regulation

If an entity uses the exemption in paragraph D8B for operations subject to rate regulation, it shall disclose that fact and the basis on which carrying amounts were determined under previous GAAP. 31B

Use of deemed cost after severe hyperinflation

If an entity elects to measure assets and liabilities at fair value and to use that fair value as the deemed cost in its opening IFRS statement of financial position because of severe hyperinflation (see paragraphs D26—D30), the entity's first IFRS financial statements shall disclose an explanation of how, and why, the entity had, and then ceased to have, a functional currency that is subject to severe hyperinflation. 31C

Interim financial reports

To comply with paragraph 23, if an entity presents an interim financial report in accordance with IAS 34 for part of the period covered by its first IFRS financial statements, the entity shall satisfy the following requirements in addition to the requirements of IAS 34: 32

(a) Each such interim financial report shall, if the entity presented an interim financial report for the comparable interim period of the immediately preceding financial year, include:
    (i) a reconciliation of its equity in accordance with previous GAAP at the end of that comparable interim period to its equity under IFRSs at that date; and
    (ii) a reconciliation to its total comprehensive income in accordance with IFRSs for that comparable interim period (current and year to date). The starting point for that reconciliation shall be total comprehensive income in accordance with previous GAAP for that period or, if an entity did not report such a total, profit or loss in accordance with previous GAAP.
(b) In addition to the reconciliations required by (a), an entity's first interim financial report in accordance with IAS 34 for part of the period covered by its first IFRS financial statements shall include the reconciliations described in paragraph 24 (a) and (b) (supplemented by the details required by paragraphs 25 and 26) or a cross-reference to another published document that includes these reconciliations.
(c) If an entity changes its accounting policies or its use of the exemptions contained in this IFRS, it shall explain the changes in each such interim financial report in accordance with paragraph 23 and update the reconciliations required by (a) and (b).

IAS 34 requires minimum disclosures, which are based on the assumption that users of the interim financial report also have access to the most recent annual financial statements. However, IAS 34 also requires an entity to disclose 'any events or transactions that are material to an understanding of the current interim period'. Therefore, if a first-time adopter did not, in its most recent annual financial statements in accordance with previous GAAP, disclose information material to an understanding of the current interim period, its interim financial report shall disclose that information or include a cross-reference to another published document that includes it. 33

ZEITPUNKT DES INKRAFTTRETENS

34 Ein Unternehmen hat diesen IFRS anzuwenden, falls der Zeitraum seines ersten IFRS-Abschlusses am 1. Juli 2009 oder danach beginnt. Eine frühere Anwendung ist zulässig.

35 Die Änderungen in den Paragraphen D1 (n) und D23 sind auf Geschäftsjahre anzuwenden, die am oder nach dem 1. Juli 2009 beginnen. Wendet ein Unternehmen IAS 23 *Fremdkapitalkosten* (in der 2007 überarbeiteten Fassung) auf eine frühere Periode an, so hat es auf diese Periode auch diese Änderungen anzuwenden.

36 Durch IFRS 3 *Unternehmenszusammenschlüsse* (in der 2008 überarbeiteten Fassung) wurden die Paragraphen 19, C1 und C4 (f) und (g) geändert. Wendet ein Unternehmen IFRS 3 (überarbeitet 2008) auf eine frühere Periode an, so hat es auf diese Periode auch diese Änderungen anzuwenden.

37 Durch IAS 27 *Konzern- und Einzelabschlüsse* (in der 2008 geänderten Fassung) wurden die Paragraphen B1 und B7 geändert. Wendet ein Unternehmen IAS 27 (geändert 2008) auf eine frühere Periode an, so hat es auf diese Periode auch diese Änderungen anzuwenden.

38 Durch *Anschaffungskosten von Beteiligungen an Tochterunternehmen, gemeinschaftlich geführten Unternehmen oder assoziierten Unternehmen* (Änderungen an IFRS 1 und IAS 27), veröffentlicht im Mai 2008, wurden die Paragraphen 31, D1 (g), D14 und D15 eingefügt. Diese Paragraphen sind auf Geschäftsjahre anzuwenden, die am oder nach dem 1. Juli 2009 beginnen. Eine frühere Anwendung ist zulässig. Wendet ein Unternehmen diese Paragraphen auf eine frühere Periode an, hat es dies anzugeben.

39 Durch die *Verbesserungen der IFRS*, veröffentlicht im Mai 2008, wurde Paragraph B7 geändert. Diese Änderung ist auf Geschäftsjahre anzuwenden, die am oder nach dem 1. Juli 2009 beginnen. Wendet ein Unternehmen IAS 27 (geändert 2008) auf eine frühere Periode an, so hat es auf diese Periode auch diese Änderung anzuwenden.

39A Durch *Zusätzliche Befreiungen für erstmalige Anwender* (Änderungen an IFRS 1), veröffentlicht im Juli 2009, wurden die Paragraphen 31A, D8A, D9A und D21A eingefügt und Paragraph D1 (c), (d) und (l) geändert. Diese Änderungen sind auf Geschäftsjahre anzuwenden, die am oder nach dem 1. Januar 2010 beginnen. Eine frühere Anwendung ist zulässig. Wendet ein Unternehmen diese Änderungen auf eine frühere Periode an, hat es dies anzugeben.

39B [gestrichen]

39C Durch IFRIC 19 *Tilgung finanzieller Verbindlichkeiten durch Eigenkapitalinstrumente* wurde Paragraph D25 eingefügt. Wendet ein Unternehmen IFRIC 19 an, ist diese Änderung ebenfalls anzuwenden.

39D [gestrichen]

39E Durch die *Verbesserungen an den IFRS*, veröffentlicht im Mai 2010, wurden die Paragraphen 27A, 31B und D8B eingefügt und die Paragraphen 27, 32, D1 (c) und D8 geändert. Diese Änderungen sind auf Geschäftsjahre anzuwenden, die am oder nach dem 1. Januar 2011 beginnen. Eine frühere Anwendung ist zulässig. Wendet ein Unternehmen diese Änderungen auf eine frühere Periode an, hat es dies anzugeben. Unternehmen, die in Perioden vor Inkrafttreten von IFRS 1 auf IFRS umgestellt oder IFRS 1 in einer früheren Periode angewendet haben, dürfen die Änderung an Paragraph D8 im ersten Geschäftsjahr nach Inkrafttreten der Änderung rückwirkend anwenden. Wendet ein Unternehmen Paragraph D8 rückwirkend an, so hat es dies anzugeben.

39F–39G [gestrichen]

39H Durch *Ausgeprägte Hochinflation und Beseitigung der festen Zeitpunkte für erstmalige Anwender* (Änderungen an IFRS 1), veröffentlicht im Dezember 2010, wurden die Paragraphen B2, D1 und D20 geändert und die Paragraphen 31C und D26–D30 eingefügt. Diese Änderungen sind auf Geschäftsjahre anzuwenden, die am oder nach dem 1. Juli 2011 beginnen. Eine frühere Anwendung ist zulässig.

39I Durch IFRS 10 *Konzernabschlüsse* und IFRS 11 *Gemeinschaftliche Vereinbarungen*, veröffentlicht im Mai 2011, wurden die Paragraphen 31, B7, C1, D1, D14 und D15 geändert und wurde Paragraph D31 eingefügt. Wendet ein Unternehmen IFRS 10 und IFRS 11 an, hat es diese Änderungen ebenfalls anzuwenden.

39J Durch IFRS 13 *Bewertung zum beizulegenden Zeitwert*, veröffentlicht im Mai 2011, wurde Paragraph 19 gestrichen und die Definition des beizulegenden Zeitwerts in Anhang A sowie die Paragraphen D15 und D20 wurden geändert. Wendet ein Unternehmen IFRS 13 an, sind diese Änderungen ebenfalls anzuwenden.

EFFECTIVE DATE

An entity shall apply this IFRS if its first IFRS financial statements are for a period beginning on or after 1 July 2009. Earlier application is permitted. 34

An entity shall apply the amendments in paragraphs D1 (n) and D23 for annual periods beginning on or after 1 July 2009. If an entity applies IAS 23 *Borrowing Costs* (as revised in 2007) for an earlier period, those amendments shall be applied for that earlier period. 35

IFRS 3 *Business Combinations* (as revised in 2008) amended paragraphs 19, C1 and C4 (f) and (g). If an entity applies IFRS 3 (revised 2008) for an earlier period, the amendments shall also be applied for that earlier period. 36

IAS 27 *Consolidated and Separate Financial Statements* (as amended in 2008) amended paragraphs 13 and B7. If an entity applies IAS 27 (amended 2008) for an earlier period, the amendments shall be applied for that earlier period. 37

Cost of an Investment in a Subsidiary, Jointly Controlled Entity or Associate (Amendments to IFRS 1 and IAS 27), issued in May 2008, added paragraphs 31, D1 (g), D14 and D15. An entity shall apply those paragraphs for annual periods beginning on or after 1 July 2009. Earlier application is permitted. If an entity applies the paragraphs for an earlier period, it shall disclose that fact. 38

Paragraph B7 was amended by *Improvements to IFRSs* issued in May 2008. An entity shall apply those amendments for annual periods beginning on or after 1 July 2009. If an entity applies IAS 27 (amended 2008) for an earlier period, the amendments shall be applied for that earlier period. 39

Additional Exemptions for First-time Adopters (Amendments to IFRS 1), issued in July 2009, added paragraphs 31A, D8A, D9A and D21A and amended paragraph D1 (c), (d) and (l). An entity shall apply those amendments for annual periods beginning on or after 1 January 2010. Earlier application is permitted. If an entity applies the amendments for an earlier period it shall disclose that fact. 39A

[deleted] 39B

Limited Exemption from Comparative IFRS 7 Disclosures for First-time Adopters, (Amendment to IFRS 1) issued in January 2010, added paragraph E3. An entity shall apply that amendment for annual periods beginning on or after 1 July 2010. Earlier application is permitted. If an entity applies the amendment for an earlier period, it shall disclose that fact. 39C

[deleted] 39D

Improvements to IFRSs issued in May 2010 added paragraphs 27A, 31B and D8B and amended paragraphs 27, 32, D1 (c) and D8. An entity shall apply those amendments for annual periods beginning on or after 1 January 2011. Earlier application is permitted. If an entity applies the amendments for an earlier period it shall disclose that fact. Entities that adopted IFRSs in periods before the effective date of IFRS 1 or applied IFRS 1 in a previous period are permitted to apply the amendment to paragraph D8 retrospectively in the first annual period after the amendment is effective. An entity applying paragraph D8 retrospectively shall disclose that fact. 39E

[deleted] 39F—39G

Severe Hyperinflation and Removal of Fixed Dates for First-time Adopters (Amendments to IFRS 1), issued in December 2010, amended paragraphs B2, D1 and D20 and added paragraphs 31C and D26—D30. An entity shall apply those amendments for annual periods beginning on or after 1 July 2011. Earlier application is permitted. 39H

IFRS 10 *Consolidated Financial Statements* and IFRS 11 *Joint Arrangements*, issued in May 2011, amended paragraphs 31, B7, C1, D1, D14 and D15 and added paragraph D31. An entity shall apply those amendments when it applies IFRS 10 and IFRS 11. 39I

IFRS 13 *Fair Value Measurement*, issued in May 2011, deleted paragraph 19, amended the definition of fair value in Appendix A and amended paragraphs D15 and D20. An entity shall apply those amendments when it applies IFRS 13. 39J

39K Durch *Darstellung von Posten des sonstigen Ergebnisses* (Änderungen an IAS 1), veröffentlicht im Juni 2011, wurde Paragraph 21 geändert. Ein Unternehmen hat diese Änderung anzuwenden, wenn es IAS 1 (in der im Juni 2011 geänderten Fassung) anwendet.

39L Durch IAS 19 *Leistungen an Arbeitnehmer* (in der im Juni 2011 geänderten Fassung) wurde Paragraph D1 geändert und wurden die Paragraphen D10 und D11 gestrichen. Wendet ein Unternehmen IAS 19 (in der im Juni 2011 geänderten Fassung) an, sind diese Änderungen ebenfalls anzuwenden.

39M Durch IFRIC 20 *Abraumkosten in der Produktionsphase eines Tagebaubergwerks* wurde Paragraph D32 eingefügt und Paragraph D1 geändert. Wendet ein Unternehmen IFRIC 20 an, ist diese Änderung ebenfalls anzuwenden.

39N Durch *Darlehen der öffentlichen Hand* (Änderungen an IFRS 1), veröffentlicht im März 2012, wurden die Paragraphen B1 (f) und B10–B12 eingefügt. Diese Paragraphen sind auf Geschäftsjahre anzuwenden, die am oder nach dem 1. Januar 2013 beginnen. Eine frühere Anwendung ist zulässig.

39O Die Paragraphen B10 und B11 beziehen sich auf IFRS 9. Wendet ein Unternehmen zwar den vorliegenden Standard, aber noch nicht IFRS 9 an, so sind die Verweise auf IFRS 9 in den Paragraphen B10 und B11 als Verweise auf IAS 39 *Finanzinstrumente : Ansatz und Bewertung* zu verstehen.

39P Durch *Jährliche Verbesserungen, Zyklus 2009–2011*, veröffentlicht im Mai 2012, wurden die Paragraphen 4A–4B und 23A–23B eingefügt. Diese Änderung ist rückwirkend gemäß IAS 8 *Rechnungslegungsmethoden, Änderungen von rechnungslegungsbezogenen Schätzungen und Fehler* auf Geschäftsjahre anzuwenden, die am oder nach dem 1. Januar 2013 beginnen. Eine frühere Anwendung ist zulässig. Wendet ein Unternehmen diese Änderung auf eine frühere Periode an, hat es dies anzugeben.

39Q Durch *Jährliche Verbesserungen, Zyklus 2009–2011*, veröffentlicht im Mai 2012, wurde Paragraph D23 geändert. Diese Änderung ist rückwirkend gemäß IAS 8 *Rechnungslegungsmethoden, Änderungen von rechnungslegungsbezogenen Schätzungen und Fehler* auf Geschäftsjahre anzuwenden, die am oder nach dem 1. Januar 2013 beginnen. Eine frühere Anwendung ist zulässig. Wendet ein Unternehmen diese Änderung auf eine frühere Periode an, hat es dies anzugeben.

39R Durch *Jährliche Verbesserungen, Zyklus 2009–2011*, veröffentlicht im Mai 2012, wurde Paragraph 21 geändert. Diese Änderung ist rückwirkend gemäß IAS 8 *Rechnungslegungsmethoden, Änderungen von rechnungslegungsbezogenen Schätzungen und Fehler* auf Geschäftsjahre anzuwenden, die am oder nach dem 1. Januar 2013 beginnen. Eine frühere Anwendung ist zulässig. Wendet ein Unternehmen diese Änderung auf eine frühere Periode an, hat es dies anzugeben.

39S Durch *Konzernabschlüsse, Gemeinschaftliche Vereinbarungen und Angaben zu Anteilen an anderen Unternehmen: Übergangsleitlinien* (Änderungen an IFRS 10, IFRS 11 und IFRS 12), veröffentlicht im Juni 2012, wurde Paragraph D31 geändert. Wendet ein Unternehmen IAS 11 (in der im Juni 2012 geänderten Fassung) an, ist diese Änderung ebenfalls anzuwenden.

39T Mit der im Oktober 2012 veröffentlichten Verlautbarung *Investmentgesellschaften* (Investment Entities) (Änderungen an IFRS 10, IFRS 12 und IAS 27) wurden die Paragraphen D16 und D17 sowie Anhang C geändert. Diese Änderungen sind auf Geschäftsjahre anzuwenden, die am oder nach dem 1. Januar 2014 beginnen. Eine frühere Anwendung ist zulässig. Wendet ein Unternehmen diese Änderungen früher an, hat es alle in der Verlautbarung enthaltenen Änderungen gleichzeitig anzuwenden.

39U [gestrichen]

39V Durch IFRS 14 *Regulatorische Abgrenzungsposten*, veröffentlicht im Januar 2014, wurde Paragraph D8B geändert. Diese Änderung ist auf Geschäftsjahre anzuwenden, die am oder nach dem 1. Januar 2016 beginnen. Eine frühere Anwendung ist zulässig. Wendet ein Unternehmen IFRS 14 auf eine frühere Periode an, so hat es auf diese Periode auch diese Änderung anzuwenden.

39W Durch die im Mai 2014 veröffentlichte Verlautbarung *Bilanzierung von Erwerben von Anteilen an gemeinschaftlichen Tätigkeiten* (Änderungen an IFRS 11) wurde Paragraph C5 geändert. Diese Änderung ist auf Geschäftsjahre anzuwenden, die am oder nach dem 1. Januar 2016 beginnen. Wendet ein Unternehmen Änderungen an IFRS 11 *Bilanzierung von Erwerben von Anteilen an gemeinschaftlichen Tätigkeiten* (Änderungen an IFRS 11) auf eine frühere Periode an, so ist auch die Änderung an Paragraph C5 auf die frühere Periode anzuwenden.

39X Mit IFRS 15 *Erlöse aus Verträgen mit Kunden*, veröffentlicht im Mai 2014, wurde(n) Paragraph D1 geändert, Paragraph D24 samt entsprechender Überschrift gestrichen und die Paragraphen D34–D35 samt entsprechender Überschriften eingefügt. Wendet ein Unternehmen IFRS 15 an, sind diese Änderungen ebenfalls anzuwenden.

39Y Durch IFRS 9 *Finanzinstrumente* (in der im Juli 2014 veröffentlichten Fassung) wurden die Paragraphen 29, B1–B6, D1, D14, D15, D19 und D20 geändert, die Paragraphen 39B, 39G und 39U gestrichen und die Paragraphen 29A, B8–B8G, B9, D19A–D19C, D33, E1 und E2 eingefügt. Wendet ein Unternehmen IFRS 9 an, hat es diese Änderungen ebenfalls anzuwenden.

Presentation of Items of Other Comprehensive Income (Amendments to IAS 1), issued in June 2011, amended paragraph 21. An entity shall apply that amendment when it applies IAS 1 as amended in June 2011. **39K**

IAS 19 *Employee Benefits* (as amended in June 2011) amended paragraph D1 and deleted paragraphs D10 and D11. An entity shall apply those amendments when it applies IAS 19 (as amended in June 2011). **39L**

IFRIC 20 *Stripping Costs in the Production Phase of a Surface Mine* added paragraph D32 and amended paragraph D1. An entity shall apply that amendment when it applies IFRIC 20. **39M**

Government Loans (Amendments to IFRS 1), issued in March 2012, added paragraphs B1 (f) and B10—B12. An entity shall apply those paragraphs for annual periods beginning on or after 1 January 2013. Earlier application is permitted. **39N**

Paragraphs B10 and B11 refer to IFRS 9. If an entity applies this IFRS but does not yet apply IFRS 9, the references in paragraphs B10 and B11 to IFRS 9 shall be read as references to IAS 39 *Financial Instruments: Recognition and Measurement.* **39O**

Annual Improvements 2009—2011 Cycle, issued in May 2012, added paragraphs 4A—4B and 23A—23B. An entity shall apply that amendment retrospectively in accordance with IAS 8 Accounting Policies, Changes in Accounting Estimates and Errors for annual periods beginning on or after 1 January 2013. Earlier application is permitted. If an entity applies that amendment for an earlier period it shall disclose that fact. **39P**

Annual Improvements 2009—2011 Cycle, issued in May 2012, amended paragraph D23. An entity shall apply that amendment retrospectively in accordance with IAS 8 *Accounting Policies, Changes in Accounting Estimates and Errors* for annual periods beginning on or after 1 January 2013. Earlier application is permitted. If an entity applies that amendment for an earlier period it shall disclose that fact. **39Q**

Annual Improvements 2009—2011 Cycle, issued in May 2012, amended paragraph 21. An entity shall apply that amendment retrospectively in accordance with IAS 8 *Accounting Policies, Changes in Accounting Estimates and Errors* for annual periods beginning on or after 1 January 2013. Earlier application is permitted. If an entity applies that amendment for an earlier period it shall disclose that fact. **39R**

Consolidated Financial Statements, Joint Arrangements and Disclosure of Interests in Other Entities: Transition Guidance (Amendments to IFRS 10, IFRS 11 and IFRS 12), issued in June 2012, amended paragraph D31. An entity shall apply that amendment when it applies IFRS 11 (as amended in June 2012). **39S**

Investment Entities (Amendments to IFRS 10, IFRS 12 and IAS 27), issued in October 2012, amended paragraphs D16, D17 and Appendix C. An entity shall apply those amendments for annual periods beginning on or after 1 January 2014. Earlier application of *Investment Entities* is permitted. If an entity applies those amendments earlier it shall also apply all amendments included in *Investment Entities* at the same time. **39T**

[deleted] **39U**

IFRS 14 *Regulatory Deferral Accounts*, issued in January 2014, amended paragraph D8B. An entity shall apply that amendment for annual periods beginning on or after 1 January 2016. Earlier application is permitted. If an entity applies IFRS 14 for an earlier period, the amendment shall be applied for that earlier period. **39V**

Accounting for Acquisitions of Interests in Joint Operations (Amendments to IFRS 11), issued in May 2014, amended paragraph C5. An entity shall apply that amendment in annual periods beginning on or after 1 January 2016. If an entity applies related amendments to IFRS 11 from *Accounting for Acquisitions of Interests in Joint Operations* (Amendments to IFRS 11) in an earlier period, the amendment to paragraph C5 shall be applied in that earlier period. **39W**

IFRS 15 *Revenue from Contracts with Customers*, issued in May 2014, deleted paragraph D24 and its related heading and added paragraphs D34—D35 and their related heading. An entity shall apply those amendments when it applies IFRS 15. **39X**

IFRS 9 *Financial Instruments*, as issued in July 2014, amended paragraph 29, B1—B6, D1, D14, D15, D19 and D20, deleted paragraphs 39B, 39G and 39U and added paragraphs 29A, B8—B8G, B9, D19A—D19C, D33, E1 and E2. An entity shall apply those amendments when it applies IFRS 9. **39Y**

39Z Mit der im August 2014 veröffentlichten Verlautbarung *Equity-Methode in Einzelabschlüssen* (Equity Method in Separate Financial Statements) (Änderungen an IAS 27) wurde Paragraph D14 geändert und Paragraph D15A eingefügt. Diese Änderungen sind auf Geschäftsjahre anzuwenden, die am oder nach dem 1. Januar 2016 beginnen. Eine frühere Anwendung ist zulässig. Wendet ein Unternehmen diese Änderungen auf eine frühere Periode an, hat es dies anzugeben.

39AA [gestrichen]

39AB Durch IFRS 16 *Leasingverhältnisse,* veröffentlicht im Januar 2016, wurden die Paragraphen 30, C4, D1, D7, D8B und D9 geändert, Paragraph D9A gestrichen und die Paragraphen D9B–D9E eingefügt. Wendet ein Unternehmen IFRS 16 an, sind diese Änderungen ebenfalls anzuwenden.

39AC Durch IFRIC 22 *Fremdwährungstransaktionen und im Voraus erbrachte oder erhaltene Gegenleistungen* wurde der Paragraph D36 eingefügt und der Paragraph D1 geändert. Wendet ein Unternehmen IFRIC 22 an, sind diese Änderungen ebenfalls anzuwenden.

39AD Durch die *Jährlichen Verbesserungen an den IFRS-Standards, Zyklus 2014–2016,* veröffentlicht im Dezember 2016, wurden die Paragraphen 39L und 39T geändert und die Paragraphen 39D, 39F, 39AA und E3–E7 gestrichen. Diese Änderungen sind auf Geschäftsjahre anzuwenden, die am oder nach dem 1. Januar 2018 beginnen.

39AE Durch IFRS 17 *Versicherungsverträge,* veröffentlicht im Mai 2017, wurden die Paragraphen B1 und D1 geändert, die Überschrift vor Paragraph D4 und Paragraph D4 gestrichen und nach Paragraph B12 eine Überschrift und Paragraph B13 eingefügt. Wendet ein Unternehmen IFRS 17 an, sind diese Änderungen ebenfalls anzuwenden.

39AF Mit IFRIC 23 *Unsicherheit bezüglich der ertragsteuerlichen Behandlung* wurde Paragraph E8 eingefügt. Wendet ein Unternehmen IFRIC 23 an, ist diese Änderung ebenfalls anzuwenden.

39AG Durch die *Jährlichen Verbesserungen an den IFRS-Standards 2018–2020,* veröffentlicht im Mai 2020, wurde Paragraph D1 (f) geändert und Paragraph D13A eingefügt. Diese Änderungen sind auf Geschäftsjahre anzuwenden, die am oder nach dem 1. Januar 2022 beginnen. Eine frühere Anwendung ist zulässig. Wendet ein Unternehmen die Änderung auf eine frühere Berichtsperiode an, hat es dies anzugeben.

39AH Mit der im Mai 2021 veröffentlichten Verlautbarung *Latente Steuern, die sich auf Vermögenswerte und Schulden beziehen, die aus einem einzigen Geschäftsvorfall entstehen* wurde Paragraph B1 geändert und Paragraph B14 hinzugefügt. Diese Änderungen sind auf Geschäftsjahre anzuwenden, die am oder nach dem 1. Januar 2023 beginnen. Eine frühere Anwendung ist zulässig. Wendet ein Unternehmen die Änderungen auf eine frühere Periode an, hat es dies anzugeben.

39AI Durch die im August 2023 veröffentlichte Verlautbarung *Mangelnde Umtauschbarkeit* (Änderungen an IAS 21) wurden die Paragraphen 31C und D27 geändert. Wendet ein Unternehmen IAS 21 (in der im August 2023 geänderten Fassung) an, sind diese Änderungen ebenfalls anzuwenden.

39AK Durch die *Jährlichen Verbesserungen an den IFRS-Rechnungslegungsstandards – Band 11,* veröffentlicht im Juli 2024, wurden die Paragraphen B5-B6 geändert. Diese Änderungen sind auf Geschäftsjahre anzuwenden, die am oder nach dem 1. Januar 2026 beginnen. Eine frühere Anwendung ist zulässig. Wendet ein Unternehmen diese Änderungen auf eine frühere Periode an, hat es dies anzugeben.

RÜCKNAHME VON IFRS 1 (VERÖFFENTLICHT 2003)

40 Dieser IFRS ersetzt IFRS 1 (veröffentlicht 2003 und geändert im Mai 2008).

Equity Method in Separate Financial Statements (Amendments to IAS 27), issued in August 2014, amended paragraph D14 and added paragraph D15A. An entity shall apply those amendments for annual periods beginning on or after 1 January 2016. Earlier application is permitted. If an entity applies those amendments for an earlier period, it shall disclose that fact. **39Z**

[deleted] **39AA**

IFRS 16 *Leases*, issued in January 2016, amended paragraphs 30, C4, D1, D7, D8B and D9, deleted paragraph D9A and added paragraphs D9B—D9E. An entity shall apply those amendments when it applies IFRS 16. **39AB**

IFRIC 22 *Foreign Currency Transactions and Advance Consideration* added paragraph D36 and amended paragraph D1. An entity shall apply that amendment when it applies IFRIC 22. **39AC**

Annual Improvements to IFRS Standards 2014—2016 Cycle, issued in December 2016, amended paragraphs 39L and 39T and deleted paragraphs 39D, 39F, 39AA and E3—E7. An entity shall apply those amendments for annual periods beginning on or after 1 January 2018. **39AD**

IFRS 17 *Insurance Contracts*, issued in May 2017, amended paragraphs B1 and D1, deleted the heading before paragraph D4 and paragraph D4, and after paragraph B12 added a heading and paragraph B13. An entity shall apply those amendments when it applies IFRS 17. **39AE**

IFRIC 23 *Uncertainty over Income Tax Treatments* added paragraph E8. An entity shall apply that amendment when it applies IFRIC 23. **39AF**

Annual Improvements to IFRS Standards 2018—2020, issued in May 2020, amended paragraph D1 (f) and added paragraph D13A. An entity shall apply that amendment for annual reporting periods beginning on or after 1 January 2022. Earlier application is permitted. If an entity applies the amendment for an earlier period, it shall disclose that fact. **39AG**

Deferred Tax related to Assets and Liabilities arising from a Single Transaction, issued in May 2021, amended paragraph B1 and added paragraph B14. An entity shall apply these amendments for annual reporting periods beginning on or after 1 January 2023. Earlier application is permitted. If an entity applies the amendments for an earlier period, it shall disclose that fact. **39AH**

Lack of Exchangeability (Amendments to IAS 21), issued in August 2023, amended paragraphs 31C and D27. An entity shall apply those amendments when it applies IAS 21 (as amended in August 2023). **39AI**

Annual Improvements to IFRS Accounting Standards – Volume 11, issued in July 2024, amended paragraphs B5–B6. An entity shall apply those amendments for annual reporting periods beginning on or after 1 January 2026. Earlier application is permitted. If an entity applies those amendments for an earlier period, it shall disclose that fact. **39AK**

WITHDRAWAL OF IFRS 1 (ISSUED 2003)

This IFRS supersedes IFRS 1 (issued in 2003 and amended at May 2008). **40**

ANHANG A

Definitionen

Dieser Anhang ist integraler Bestandteil des IFRS.

Zeitpunkt des Übergangs auf IFRS	Der Beginn der frühesten Periode, für die ein Unternehmen in seinem **ersten IFRS-Abschluss** vollständige Vergleichsinformationen nach IFRS veröffentlicht.
Als Ersatz für Anschaffungs- oder Herstellungskosten angesetzter Wert	Ein Wert, der zu einem bestimmten Zeitpunkt als Ersatz für Anschaffungs- oder Herstellungskosten oder fortgeführte Anschaffungs- oder Herstellungskosten verwendet wird. Bei anschließenden planmäßigen Abschreibungen wird davon ausgegangen, dass das Unternehmen den Ansatz des Vermögenswerts oder der Schuld ursprünglich zu diesem bestimmten Zeitpunkt vorgenommen hatte und dass seine Anschaffungs- oder Herstellungskosten dem als Ersatz für Anschaffungs- oder Herstellungskosten angesetzten Wert entsprachen.
Beizulegender Zeitwert	Der Preis, der in einem gewöhnlichen Geschäftsvorfall zwischen Marktteilnehmern am Bewertungsstichtag für den Verkauf eines Vermögenswerts eingenommen bzw. für die Übertragung einer Schuld gezahlt würde. (Siehe IFRS 13.)
Erster IFRS-Abschluss	Der erste Abschluss eines Geschäftsjahrs, in dem ein Unternehmen die **International Financial Reporting Standards (IFRS)** durch eine ausdrückliche und uneingeschränkte Bestätigung der Übereinstimmung mit den IFRS anwendet.
Erste IFRS-Berichtsperiode	Die letzte Berichtsperiode, auf die sich der **erste IFRS-Abschluss eines Unternehmens** bezieht.
Erstmaliger Anwender	Ein Unternehmen, das seinen **ersten IFRS-Abschluss** darstellt.
International Financial Reporting Standards (IFRS)	Vom International Accounting Standards Board (IASB) veröffentlichte Standards und Interpretationen. Sie umfassen: (a) International Financial Reporting Standards (b) International Accounting Standards (c) IFRIC-Interpretationen und (d) SIC-Interpretationen[1].
IFRS-Eröffnungsbilanz	Die Bilanz eines Unternehmens zum **Zeitpunkt des Übergangs auf IFRS**.
Vorherige Rechnungslegungsgrundsätze	Die Rechnungslegungsbasis eines **erstmaligen Anwenders** unmittelbar vor der Anwendung der IFRS.

ANHANG B

Ausnahmen zur rückwirkenden Anwendung anderer IFRS

Dieser Anhang ist integraler Bestandteil des IFRS.

B1 Ein Unternehmen hat folgende Ausnahmen anzuwenden:

(a) Ausbuchung finanzieller Vermögenswerte und finanzieller Verbindlichkeiten (Paragraphen B2 und B3),
(b) Bilanzierung von Sicherungsbeziehungen (Paragraphen B4–B6),
(c) nicht beherrschende Anteile (Paragraph B7),
(d) Einstufung und Bewertung von finanziellen Vermögenswerten (Paragraphen B8–B8C),
(e) Wertminderung finanzieller Vermögenswerte (Paragraphen B8D–B8G),
(f) eingebettete Derivate (Paragraph B9),
(g) Darlehen der öffentlichen Hand (Paragraphen B10–B12),
(h) Versicherungsverträge (Paragraph B13) und
(i) latente Steuern im Zusammenhang mit Leasingverhältnissen und Entsorgungs-, Wiederherstellungs- und ähnlichen Verpflichtungen (Paragraph B14).

Ausbuchung finanzieller Vermögenswerte und finanzieller Verbindlichkeiten

B2 Ein erstmaliger Anwender hat die Ausbuchungsvorschriften in IFRS 9 prospektiv auf Transaktionen, die am oder nach dem Zeitpunkt des Übergangs auf IFRS auftreten, anzuwenden, es sei denn Paragraph B3 lässt etwas anderes zu. Zum Beispiel: Wenn ein erstmaliger Anwender nichtderivative finanzielle Vermögenswerte oder nichtderivative finanzielle Verbindlichkeiten nach seinen vorherigen Rechnungslegungsgrundsätzen infolge einer vor dem Zeitpunkt des Übergangs auf IFRS stattgefundenen Transaktion ausgebucht hat, ist ein Ansatz dieser Vermögenswerte und Verbindlichkeiten gemäß IFRS nicht gestattet (es sei denn, ein Ansatz ist aufgrund einer späteren Transaktion oder eines späteren Ereignisses möglich).

1 Die IFRS-Definition wurde geändert, um den 2010 in der geänderten Satzung der IFRS-Stiftung vorgenommenen Namensänderungen Rechnung zu tragen.

APPENDIX A

Defined terms

This appendix is an integral part of the IFRS.

date of transition to IFRSs	The beginning of the earliest period for which an entity presents full comparative information under IFRSs in its **first IFRS financial statements.**
deemed cost	An amount used as a surrogate for cost or depreciated cost at a given date. Subsequent depreciation or amortisation assumes that the entity had initially recognised the asset or liability at the given date and that its cost was equal to the deemed cost.
fair value	*Fair value* is the price that would be received to sell an asset or paid to transfer a liability in an orderly transaction between market participants at the measurement date. (See IFRS 13.)
first IFRS financial statements	The first annual financial statements in which an entity adopts **International Financial Reporting Standards (IFRSs)**, by an explicit and unreserved statement of compliance with IFRSs.
first IFRS reporting period	The latest reporting period covered by an entity's **first IFRS financial statements.**
first-time adopter	An entity that presents its **first IFRS financial statements.**
International Financial Reporting Standards (IFRSs)	Standards and Interpretations issued by the International Accounting Standards Board (IASB). They comprise: (a) International Financial Reporting Standards; (b) International Accounting Standards; and (c) IFRIC Interpretations; and (d) SIC Interpretations[1].
opening IFRS statement of financial position	An entity's statement of financial position at the **date of transition to IFRSs.**
previous GAAP	The basis of accounting that a **first-time adopter** used immediately before adopting IFRSs.

APPENDIX B

Exceptions to the retrospective application of other IFRSs

This appendix is an integral part of the IFRS.

An entity shall apply the following exceptions: B1
(a) derecognition of financial assets and financial liabilities (paragraphs B2 and B3);
(b) hedge accounting (paragraphs B4—B6);
(c) non-controlling interests (paragraph B7);
(d) classification and measurement of financial assets (paragraphs B8—B8C);
(e) impairment of financial assets (paragraphs B8D—B8G);
(f) embedded derivatives (paragraph B9);
(g) government loans (paragraphs B10—B12);
(h) insurance contracts (paragraph B13); and
(i) deferred tax related to leases and decommissioning, restoration and similar liabilities (paragraph B14).

Derecognition of financial assets and financial liabilities

Except as permitted by paragraph B3, a first-time adopter shall apply the derecognition requirements in IFRS 9 prospectively for transactions occurring on or after the date of transition to IFRSs. For example, if a first-time adopter derecognised non-derivative financial assets or non-derivative financial liabilities in accordance with its previous GAAP as a result of a transaction that occurred before the date of transition to IFRSs, it shall not recognise those assets and liabilities in accordance with IFRSs (unless they qualify for recognition as a result of a later transaction or event). B2

1 Definition of IFRSs amended after the name changes introduced by the revised Constitution of the IFRS Foundation in 2010.

B3 Unbeschadet des Paragraphen B2 kann ein Unternehmen die Ausbuchungsvorschriften in IFRS 9 rückwirkend ab einem vom Unternehmen beliebig zu wählenden Zeitpunkt anwenden, sofern die benötigten Informationen, um IFRS 9 auf infolge vergangener Transaktionen ausgebuchte finanzielle Vermögenswerte und finanzielle Verbindlichkeiten anzuwenden, zum Zeitpunkt der erstmaligen Bilanzierung dieser Transaktionen vorlagen.

Bilanzierung von Sicherungsbeziehungen

B4 Wie in IFRS 9 vorgeschrieben, hat ein Unternehmen zum Zeitpunkt des Übergangs auf IFRS

(a) alle Derivate zu ihrem beizulegenden Zeitwert zu bewerten und

(b) alle aus Derivaten entstandenen abgegrenzten Verluste und Gewinne, die nach vorherigen Rechnungslegungsgrundsätzen wie Vermögenswerte oder Schulden ausgewiesen wurden, auszubuchen.

B5 Die IFRS-Eröffnungsbilanz eines Unternehmens darf keine Sicherungsbeziehung enthalten, welche die Kriterien für eine Bilanzierung von Sicherungsbeziehungen gemäß IFRS 9 nicht erfüllt (zum Beispiel viele Sicherungsbeziehungen, bei denen das Sicherungsinstrument eine alleinstehende geschriebene Option oder netto eine geschriebene Option ist oder bei denen das Grundgeschäft eine Nettoposition in einer Absicherung von Zahlungsströmen für ein anderes Risiko als ein Währungsrisiko ist) (siehe Paragraph 6.4.1 (a) von IFRS 9). Falls ein Unternehmen jedoch nach vorherigen Rechnungslegungsgrundsätzen eine Nettoposition als Grundgeschäft designiert hatte, darf es innerhalb dieser Nettoposition einen Einzelposten als Grundgeschäft gemäß IFRS oder eine Nettoposition, sofern diese die Vorschriften in Paragraph 6.6.1 von IFRS 9 erfüllt, designieren, falls es diesen Schritt spätestens zum Zeitpunkt des Übergangs auf IFRS vornimmt.

B6 Wenn ein Unternehmen vor dem Zeitpunkt des Übergangs auf IFRS eine Transaktion als Sicherungsbeziehung designiert hat, diese Sicherungsbeziehung jedoch nicht die in Paragraph 6.4.1 (b)-(c) von IFRS 9 genannten Kriterien für die Bilanzierung von Sicherungsbeziehungen erfüllt, hat das Unternehmen die Paragraphen 6.5.6 und 6.5.7 von IFRS 9 anzuwenden, um die Bilanzierung der Sicherungsbeziehung zu beenden. Vor dem Zeitpunkt des Übergangs auf IFRS eingegangene Transaktionen dürfen nicht rückwirkend als Sicherungsbeziehungen designiert werden.

Nicht beherrschende Anteile

B7 Ein erstmaliger Anwender hat die folgenden Vorschriften von IFRS 10 prospektiv ab dem Zeitpunkt des Übergangs auf IFRS anzuwenden:

(a) die Vorschrift in Paragraph B94, wonach das Gesamtergebnis auf die Eigentümer des Mutterunternehmens und die nicht beherrschenden Anteile selbst dann aufgeteilt wird, wenn dies dazu führt, dass die nicht beherrschenden Anteile einen Negativsaldo aufweisen,

(b) die Vorschriften der Paragraphen 23 und B96 hinsichtlich der Bilanzierung von Änderungen der Eigentumsanteile des Mutterunternehmens an einem Tochterunternehmen, die nicht zu einem Verlust der Beherrschung führen, und

(c) die Vorschriften der Paragraphen B97–B99 hinsichtlich der Bilanzierung des Verlusts der Beherrschung über ein Tochterunternehmen und die entsprechenden Vorschriften des Paragraphen 8A von IFRS 5 *Zur Veräußerung gehaltene langfristige Vermögenswerte und aufgegebene Geschäftsbereiche.*

Wenn sich jedoch ein erstmaliger Anwender dafür entscheidet, IFRS 3 rückwirkend auf vergangene Unternehmenszusammenschlüsse anzuwenden, hat er auch IFRS 10 im Einklang mit Paragraph C1 dieses IFRS anzuwenden.

Einstufung und Bewertung finanzieller Vermögenswerte

B8 Ein Unternehmen hat auf der Grundlage der zum Zeitpunkt des Übergangs auf IFRS bestehenden Fakten und Umstände zu beurteilen, ob ein finanzieller Vermögenswert die Bedingungen in Paragraph 4.1.2 von IFRS 9 oder die Bedingungen in Paragraph 4.1.2A von IFRS 9 erfüllt.

B8A Wenn es undurchführbar ist, ein geändertes Element für den Zeitwert des Geldes gemäß den Paragraphen B4.1.9B–B4.1.9D von IFRS 9 auf der Grundlage der zum Zeitpunkt des Übergangs auf IFRS bestehenden Fakten und Umstände zu beurteilen, hat ein Unternehmen die Eigenschaften der vertraglichen Zahlungsströme dieses finanziellen Vermögenswerts auf der Grundlage der zum Zeitpunkt des Übergangs auf IFRS bestehenden Fakten und Umstände zu beurteilen, ohne die Vorschriften in den Paragraphen B4.1.9B–B4.1.9D von IFRS 9 in Bezug auf die Änderung des Elements für den Zeitwert des Geldes zu berücksichtigen. (In diesem Fall hat das Unternehmen auch Paragraph 42R von IFRS 7 anzuwenden; allerdings sind Verweise auf „Paragraph 7.2.4 von IFRS 9" als Verweise auf diesen Paragraphen und Verweise auf den „erstmaligen Ansatz des finanziellen Vermögenswerts" als „zum Zeitpunkt des Übergangs auf IFRS" zu verstehen.)

B8B Wenn es undurchführbar ist zu beurteilen, ob der beizulegende Zeitwert des Elements vorzeitiger Rückzahlung gemäß Paragraph B4.1.12 (c) von IFRS 9 auf der Grundlage der zum Zeitpunkt des Übergangs auf IFRS bestehenden Fakten und Umstände nicht signifikant ist, hat ein Unternehmen die Eigenschaften der vertraglichen Zahlungsströme dieses finanziellen Vermögenswerts auf der Grundlage der zum Zeitpunkt des Übergangs auf IFRS bestehenden Fakten und Umstände zu beurteilen, ohne die Ausnahme in Paragraph B4.1.12 von IFRS 9 in Bezug auf Elemente vorzeitiger Rückzahlung zu berücksichtigen. (In diesem Fall hat das Unternehmen auch Paragraph 42S von IFRS 7 anzuwenden; allerdings sind Verweise auf „Paragraph 7.2.5 von IFRS 9" als Verweise auf diesen Paragraphen und Verweise auf den „erstmaligen Ansatz des finanziellen Vermögenswerts" als „zum Zeitpunkt des Übergangs auf IFRS" zu verstehen.)

Despite paragraph B2, an entity may apply the derecognition requirements in IFRS 9 retrospectively from a date of the entity's choosing, provided that the information needed to apply IFRS 9 to financial assets and financial liabilities derecognised as a result of past transactions was obtained at the time of initially accounting for those transactions. B3

Hedge accounting

As required by IFRS 9, at the date of transition to IFRSs an entity shall: B4

(a) measure all derivatives at fair value; and
(b) eliminate all deferred losses and gains arising on derivatives that were reported in accordance with previous GAAP as if they were assets or liabilities.

An entity shall not reflect in its opening IFRS statement of financial position a hedging relationship of a type that does not qualify for hedge accounting in accordance with IFRS 9 (for example, many hedging relationships where the hedging instrument is a stand-alone written option or a net written option; or where the hedged item is a net position in a cash flow hedge for another risk than foreign currency risk) (see paragraph 6.4.1 (a) of IFRS 9). However, if an entity designated a net position as a hedged item in accordance with previous GAAP, it may designate as a hedged item in accordance with IFRSs an individual item within that net position, or a net position if that meets the requirements in paragraph 6.6.1 of IFRS 9, provided that it does so no later than the date of transition to IFRSs. B5

If, before the date of transition to IFRSs, an entity had designated a transaction as a hedge but the hedge does not meet the qualifying criteria for hedge accounting in paragraph 6.4.1 (b) -(c) of IFRS 9, the entity shall apply paragraphs 6.5.6 and 6.5.7 of IFRS 9 to discontinue hedge accounting. Transactions entered into before the date of transition to IFRSs shall not be retrospectively designated as hedges. B6

Non-controlling interests

A first-time adopter shall apply the following requirements of IFRS 10 prospectively from the date of transition to IFRSs: B7

(a) the requirement in paragraph B94 that total comprehensive income is attributed to the owners of the parent and to the non-controlling interests even if this results in the non-controlling interests having a deficit balance;
(b) the requirements in paragraphs 23 and B93 for accounting for changes in the parent's ownership interest in a subsidiary that do not result in a loss of control; and
(c) the requirements in paragraphs B97—B99 for accounting for a loss of control over a subsidiary, and the related requirements of paragraph 8A of IFRS 5 *Non-current Assets Held for Sale and Discontinued Operations.*

However, if a first-time adopter elects to apply IFRS 3 retrospectively to past business combinations, it shall also IFRS 10 in accordance with paragraph C1 of this IFRS.

Classification and measurement of financial instruments

An entity shall assess whether a financial asset meets the conditions in paragraph 4.1.2 or the conditions in paragraph 4.1.2A of IFRS 9 on the basis of the facts and circumstances that exist at the date of transition to IFRSs. B8

If it is impracticable to assess a modified time value of money element in accordance with paragraphs B4.1.9B—B4.1.9D of IFRS 9 on the basis of the facts and circumstances that exist at the date of transition to IFRSs, an entity shall assess the contractual cash flow characteristics of that financial asset on the basis of the facts and circumstances that existed at the date of transition to IFRSs without taking into account the requirements related to the modification of the time value of money element in paragraphs B4.1.9B—B4.1.9D of IFRS 9. (In this case, the entity shall also apply paragraph 42R of IFRS 7 but references to 'paragraph 7.2.4 of IFRS 9' shall be read to mean this paragraph and references to 'initial recognition of the financial asset' shall be read to mean 'at the date of transition to IFRSs'.) B8A

If it is impracticable to assess whether the fair value of a prepayment feature is insignificant in accordance with paragraph B4.1.12 (c) of IFRS 9 on the basis of the facts and circumstances that exist at the date of transition to IFRSs, an entity shall assess the contractual cash flow characteristics of that financial asset on the basis of the facts and circumstances that existed at the date of transition to IFRSs without taking into account the exception for prepayment features in paragraph B4.1.12 of IFRS 9. (In this case, the entity shall also apply paragraph 42S of IFRS 7 but references to 'paragraph 7.2.5 of IFRS 9' shall be read to mean this paragraph and references to 'initial recognition of the financial asset' shall be read to mean 'at the date of transition to IFRSs'.) B8B

B8C Wenn es für ein Unternehmen undurchführbar (im Sinne von IAS 8) ist, die Effektivzinsmethode gemäß IFRS 9 rückwirkend anzuwenden, entspricht der beizulegende Zeitwert des finanziellen Vermögenswerts oder der finanziellen Verbindlichkeit zum Zeitpunkt des Übergangs auf IFRS dem neuen Bruttobuchwert dieses finanziellen Vermögenswerts oder den neuen fortgeführten Anschaffungskosten dieser finanziellen Verbindlichkeit zum Zeitpunkt des Übergangs auf IFRS.

Wertminderung finanzieller Vermögenswerte

B8D Ein Unternehmen hat die Wertminderungsvorschriften in Abschnitt 5.5 von IFRS 9 vorbehaltlich der Paragraphen B8E–B8G und E1–E2 rückwirkend anzuwenden.

B8E Zum Zeitpunkt des Übergangs auf IFRS hat ein Unternehmen anhand von angemessenen und belastbaren Informationen, die ohne unangemessenen Kosten- oder Zeitaufwand verfügbar sind, das Ausfallrisiko zum Zeitpunkt des erstmaligen Ansatzes dieses Finanzinstruments (oder bei Kreditzusagen und finanziellen Garantien gemäß Paragraph 5.5.6 von IFRS 9 den Zeitpunkt, zu dem das Unternehmen Partei der unwiderruflichen Zusage wurde) zu bestimmen und mit dem Ausfallrisiko zum Zeitpunkt des Übergangs auf IFRS zu vergleichen (siehe auch Paragraphen B7.2.2–B7.2.3 von IFRS 9).

B8F Bei der Bestimmung, ob sich das Ausfallrisiko seit dem erstmaligen Ansatz signifikant erhöht hat, kann ein Unternehmen Folgendes anwenden:

(a) die Vorschriften in den Paragraphen 5.5.10 und B5.5.22–B5.5.24 von IFRS 9 und

(b) die widerlegbare Vermutung in Paragraph 5.5.11 von IFRS 9 in Bezug auf vertragliche Zahlungen, die mehr als 30 Tage überfällig sind, wenn ein Unternehmen die Wertminderungsvorschriften anwendet, nach denen eine signifikante Erhöhung des Ausfallrisikos bei diesen Finanzinstrumenten anhand von Informationen zur Überfälligkeit ermittelt wird.

B8G Wenn es einen unangemessenen Kosten- und Zeitaufwand erfordern würde, zum Zeitpunkt des Übergangs auf IFRS zu bestimmen, ob sich das Ausfallrisiko seit dem erstmaligen Ansatz eines Finanzinstruments signifikant erhöht hat, hat ein Unternehmen zu jedem Abschlussstichtag eine Wertberichtigung in Höhe der über die Laufzeit erwarteten Kreditverluste zu erfassen, bis dieses Finanzinstrument ausgebucht wird (es sei denn, dieses Finanzinstrument weist zu einem Abschlussstichtag ein niedriges Ausfallrisiko auf, in welchem Fall Paragraph B8F (a) zur Anwendung kommt).

Eingebettete Derivate

B9 Ein erstmaliger Anwender hat auf der Grundlage der Bedingungen, die an dem späteren der beiden nachfolgend genannten Zeitpunkte galten – dem Zeitpunkt, zu dem das Unternehmen Vertragspartei wurde, und dem Zeitpunkt, zu dem eine Neubeurteilung gemäß Paragraph B4.3.11 von IFRS 9 erforderlich wird – zu beurteilen, ob ein eingebettetes Derivat vom Basisvertrag getrennt werden muss und als Derivat zu bilanzieren ist.

Darlehen der öffentlichen Hand

B10 Ein erstmaliger Anwender hat sämtliche erhaltene Darlehen der öffentlichen Hand gemäß IAS 32 *Finanzinstrumente: Darstellung* als finanzielle Verbindlichkeit oder als Eigenkapitalinstrument einzustufen. Ein erstmaliger Anwender hat die Vorschriften in IFRS 9 *Finanzinstrumente* und IAS 20 *Bilanzierung und Darstellung von Zuwendungen der öffentlichen Hand* prospektiv auf Darlehen der öffentlichen Hand anzuwenden, die zum Zeitpunkt der Umstellung auf IFRS bestehen, und darf den entsprechenden Vorteil des unter Marktzinsniveau vergebenen Darlehens der öffentlichen Hand nicht als Zuwendung der öffentlichen Hand ansetzen, es sei denn, Paragraph 11 gestattet etwas anderes. Folglich hat ein erstmaliger Anwender, der ein unter Marktzinsniveau erhaltenes Darlehen der öffentlichen Hand nach vorherigen Rechnungslegungsgrundsätzen nicht auf einer Grundlage im Einklang mit den IFRS-Vorschriften angesetzt und bewertet hat, als Buchwert in der IFRS-Eröffnungsbilanz den nach vorherigen Rechnungslegungsgrundsätzen ermittelten Buchwert dieses Darlehens zum Zeitpunkt des Übergangs auf IFRS anzusetzen. Nach dem Zeitpunkt des Übergangs auf IFRS sind solche Darlehen nach IFRS 9 zu bewerten.

B11 Unbeschadet des Paragraphen B10 kann ein Unternehmen die Vorschriften in IFRS 9 und IAS 20 rückwirkend auf jedes Darlehen der öffentlichen Hand anwenden, das vor dem Zeitpunkt des Übergangs auf IFRS vergeben wurde, sofern die dafür erforderlichen Informationen zum Zeitpunkt der erstmaligen Bilanzierung des Darlehens erlangt wurden.

B12 Die Vorschriften und Anwendungsleitlinien in den Paragraphen B10 und B11 hindern ein Unternehmen nicht daran, die in den Paragraphen D19–D19C beschriebenen Befreiungen in Bezug auf die Designation von früher angesetzten Finanzinstrumenten in Anspruch zu nehmen, die erfolgswirksam zum beizulegenden Zeitwert bewertet werden.

Versicherungsverträge

B13 Ein Unternehmen hat die Übergangsvorschriften in den Paragraphen C1 bis C24 und C28 in Anhang C von IFRS 17 auf Verträge anzuwenden, die in den Anwendungsbereich von IFRS 17 fallen In diesen Paragraphen von IFRS 17 ist mit dem Begriff „Übergangszeitpunkt" der Zeitpunkt des Übergangs auf IFRS gemeint.

If it is impracticable (as defined in IAS 8) for an entity to apply retrospectively the effective interest method in IFRS 9, the fair value of the financial asset or the financial liability at the date of transition to IFRSs shall be the new gross carrying amount of that financial asset or the new amortised cost of that financial liability at the date of transition to IFRSs. **B8C**

Impairment of financial assets

An entity shall apply the impairment requirements in Section 5.5 of IFRS 9 retrospectively subject to paragraphs 7.2.15 and 7.2.18—7.2.20 of that IFRS. **B8D**

At the date of transition to IFRSs, an entity shall use reasonable and supportable information that is available without undue cost or effort to determine the credit risk at the date that financial instruments were initially recognised (or for loan commitments and financial guarantee contracts the date that the entity became a party to the irrevocable commitment in accordance with paragraph 5.5.6 of IFRS 9) and compare that to the credit risk at the date of transition to IFRSs (also see paragraphs B7.2.2—B7.2.3 of IFRS 9). **B8E**

When determining whether there has been a significant increase in credit risk since initial recognition, an entity may apply: **B8F**

(a) the requirements in paragraph 5.5.10 and B5.5.27—B5.5.29 of IFRS 9; and
(b) the rebuttable presumption in paragraph 5.5.11 of IFRS 9 for contractual payments that are more than 30 days past due if an entity will apply the impairment requirements by identifying significant increases in credit risk since initial recognition for those financial instruments on the basis of past due information.

If, at the date of transition to IFRSs, determining whether there has been a significant increase in credit risk since the initial recognition of a financial instrument would require undue cost or effort, an entity shall recognise a loss allowance at an amount equal to lifetime expected credit losses at each reporting date until that financial instrument is derecognised (unless that financial instrument is low credit risk at a reporting date, in which case paragraph B8E (a) applies). **B8G**

Embedded derivatives

A first-time adopter shall assess whether an embedded derivative is required to be separated from the host contract and accounted for as a derivative on the basis of the conditions that existed at the later of the date it first became a party to the contract and the date a reassessment is required by paragraph B4.3.11 of IFRS 9. **B9**

Government loans

A first-time adopter shall classify all government loans received as a financial liability or an equity instrument in accordance with IAS 32 *Financial Instruments: Presentation*. Except as permitted by paragraph B11, a first-time adopter shall apply the requirements in IFRS 9 *Financial Instruments* and IAS 20 *Accounting for Government Grants and Disclosure of Government Assistance* prospectively to government loans existing at the date of transition to IFRSs and shall not recognise the corresponding benefit of the government loan at a below-market rate of interest as a government grant. Consequently, if a first-time adopter did not, under its previous GAAP, recognise and measure a government loan at a below-market rate of interest on a basis consistent with IFRS requirements, it shall use its previous GAAP carrying amount of the loan at the date of transition to IFRSs as the carrying amount of the loan in the opening IFRS statement of financial position. An entity shall apply IFRS 9 to the measurement of such loans after the date of transition to IFRSs. **B10**

Despite paragraph B10, an entity may apply the requirements in IFRS 9 and IAS 20 retrospectively to any government loan originated before the date of transition to IFRSs, provided that the information needed to do so had been obtained at the time of initially accounting for that loan. **B11**

The requirements and guidance in paragraphs B10 and B11 do not preclude an entity from being able to use the exemptions described in paragraphs D19—D19D relating to the designation of previously recognised financial instruments at fair value through profit or loss. **B12**

Insurance contracts

An entity shall apply the transition provisions in paragraphs C1—C24 and C28 in Appendix C of IFRS 17 to contracts within the scope of IFRS 17. The references in those paragraphs in IFRS 17 to the transition date shall be read as the date of transition to IFRSs. **B13**

Latente Steuern im Zusammenhang mit Leasingverhältnissen und Entsorgungs-, Wiederherstellungs- und ähnlichen Verpflichtungen

B14 Die Paragraphen 15 und 24 von IAS 12 *Ertragsteuern* befreien ein Unternehmen unter bestimmten Umständen vom Ansatz latenter Steueransprüche oder latenter Steuerschulden. Trotz dieser Befreiung hat ein erstmaliger Anwender zum Zeitpunkt des Übergangs auf IFRS einen latenten Steueranspruch in dem Umfang anzusetzen, in dem es wahrscheinlich ist, dass ein zu versteuernder Gewinn bestehen wird, gegen den die abzugsfähige temporäre Differenz verwendet werden kann, und er hat eine latente Steuerschuld anzusetzen für alle abzugsfähigen und zu versteuernden temporären Differenzen im Zusammenhang mit

(a) Nutzungsrechten und Leasingverbindlichkeiten sowie

(b) Entsorgungs-, Wiederherstellungs- und ähnlichen Verpflichtungen und den entsprechenden Beträgen, die als Teil der Anschaffungskosten des zugehörigen Vermögenswerts erfasst werden.

ANHANG C

Befreiungen für Unternehmenszusammenschlüsse

Dieser Anhang ist integraler Bestandteil des IFRS. Für Unternehmenszusammenschlüsse, die ein Unternehmen vor dem Zeitpunkt des Übergangs auf IFRS erfasst hat, sind die folgenden Vorschriften anzuwenden. Dieser Anhang ist nur auf Unternehmenszusammenschlüsse anzuwenden, die in den Anwendungsbereich von IFRS 3 Unternehmenszusammenschlüsse *fallen.*

C1 Ein erstmaliger Anwender kann beschließen, IFRS 3 nicht rückwirkend auf vergangene Unternehmenszusammenschlüsse (Unternehmenszusammenschlüsse, die vor dem Zeitpunkt des Übergangs auf IFRS stattfanden) anzuwenden. Falls ein erstmaliger Anwender einen Unternehmenszusammenschluss jedoch anpasst, um eine Übereinstimmung mit IFRS 3 herzustellen, hat er alle späteren Unternehmenszusammenschlüsse anzupassen und ebenfalls IFRS 10 von demselben Zeitpunkt an anzuwenden. Wenn ein erstmaliger Anwender sich beispielsweise entschließt, einen Unternehmenszusammenschluss anzupassen, der am 30. Juni 20X6 stattfand, hat er alle Unternehmenszusammenschlüsse anzupassen, die zwischen dem 30. Juni 20X6 und dem Zeitpunkt des Übergangs auf IFRS stattfanden, und ebenso IFRS 10 ab dem 30. Juni 20X6 anzuwenden.

C2 Ein Unternehmen braucht IAS 21 *Auswirkungen von Wechselkursänderungen* nicht rückwirkend auf Anpassungen an den beizulegenden Zeitwert und den Geschäfts- und Firmenwert anzuwenden, die sich aus Unternehmenszusammenschlüssen ergeben, die vor dem Zeitpunkt des Übergangs auf IFRS stattgefunden haben. Wendet ein Unternehmen IAS 21 nicht rückwirkend auf derartige Anpassungen an den beizulegenden Zeitwert und den Geschäfts- und Firmenwert an, sind diese als Vermögenswerte und Schulden des Unternehmens und nicht als Vermögenswerte und Schulden des erworbenen Unternehmens zu behandeln. Die Anpassungen an den Geschäfts- oder Firmenwert und an den beizulegenden Zeitwert sind daher bereits entweder in der funktionalen Währung des berichtenden Unternehmens angegeben, oder es handelt sich um nichtmonetäre Fremdwährungsposten, die mit dem nach vorherigen Rechnungslegungsgrundsätzen anzuwendenden Wechselkurs umgerechnet werden.

C3 Ein Unternehmen kann IAS 21 rückwirkend auf Anpassungen an den beizulegenden Zeitwert und den Geschäfts- oder Firmenwert anwenden im Zusammenhang mit

(a) allen Unternehmenszusammenschlüssen, die vor dem Zeitpunkt des Übergangs auf IFRS stattgefunden haben, oder

(b) allen Unternehmenszusammenschlüssen, die das Unternehmen zur Erfüllung von IFRS 3 gemäß Paragraph C1 oben anpassen möchte.

C4 Falls ein erstmaliger Anwender IFRS 3 nicht rückwirkend auf einen vergangenen Unternehmenszusammenschluss anwendet, hat dies für den Unternehmenszusammenschluss folgende Auswirkungen:

(a) Der erstmalige Anwender hat dieselbe Einstufung (als Erwerb durch den rechtlichen Erwerber, als umgekehrten Unternehmenserwerb durch das im rechtlichen Sinne erworbene Unternehmen oder als Interessenzusammenführung) wie in seinem Abschluss nach vorherigen Rechnungslegungsgrundsätzen vorzunehmen.

(b) Der erstmalige Anwender hat zum Zeitpunkt des Übergangs auf IFRS alle seine im Rahmen eines vergangenen Unternehmenszusammenschlusses erworbenen Vermögenswerte oder übernommenen Schulden anzusetzen, bis auf

   (i) einige finanzielle Vermögenswerte und finanzielle Verbindlichkeiten, die nach vorherigen Rechnungslegungsgrundsätzen ausgebucht wurden (siehe Paragraph B2), und

   (ii) Vermögenswerte, einschließlich Geschäfts- oder Firmenwert, und Schulden, die in der nach vorherigen Rechnungslegungsgrundsätzen erstellten Konzernbilanz des erwerbenden Unternehmens nicht zum Ansatz kamen und auch gemäß IFRS in der Einzelbilanz des erworbenen Unternehmens die Ansatzkriterien nicht erfüllen würden (siehe (f)–(i) unten).

   Sich ergebende Änderungen hat der erstmalige Anwender durch Anpassung der Gewinnrücklagen (oder, falls angemessen, einer anderen Eigenkapitalkategorie) zu erfassen, es sei denn, die Änderung beruht auf dem Ansatz eines immateriellen Vermögenswerts, der bisher Bestandteil des Postens Geschäfts- oder Firmenwert war (siehe (g) (i) unten).

Deferred tax related to leases and decommissioning, restoration and similar liabilities

Paragraphs 15 and 24 of IAS 12 *Income Taxes* exempt an entity from recognising a deferred tax asset or liability in particular circumstances. Despite this exemption, at the date of transition to IFRSs, a first-time adopter shall recognise a deferred tax asset—to the extent that it is probable that taxable profit will be available against which the deductible temporary difference can be utilised—and a deferred tax liability for all deductible and taxable temporary differences associated with: B14

(a) right-of-use assets and lease liabilities; and
(b) decommissioning, restoration and similar liabilities and the corresponding amounts recognised as part of the cost of the related asset.

APPENDIX C

Exemptions for business combinations

This appendix is an integral part of the IFRS. An entity shall apply the following requirements to business combinations that the entity recognised before the date of transition to IFRSs. This Appendix should only be applied to business combinations within the scope of IFRS 3 Business Combinations.

A first-time adopter may elect not to apply IFRS 3 retrospectively to past business combinations (business combinations that occurred before the date of transition to IFRSs). However, if a first-time adopter restates any business combination to comply with IFRS 3, it shall restate all later business combinations and shall also apply IFRS 10 from that same date. For example, if a first-time adopter elects to restate a business combination that occurred on 30 June 20X6, it shall restate all business combinations that occurred on 30 June 20X6 and the date of transition to IFRSs, and it shall also apply IFRS 10 from 30 June 20X6. C1

An entity need not apply IAS 21 *The Effects of Changes in Foreign Exchange Rates* retrospectively to fair value adjustments and goodwill arising in business combinations that occurred before the date of transition to IFRSs. If the entity does not apply IAS 21 retrospectively to those fair value adjustments and goodwill, it shall treat them as assets and liabilities of the entity rather than as assets and liabilities of the acquiree. Therefore, those goodwill and fair value adjustments either are already expressed in the entity's functional currency or are non-monetary foreign currency items, which are reported using the exchange rate applied in accordance with previous GAAP. C2

An entity may apply IAS 21 retrospectively to fair value adjustments and goodwill arising in either: C3

(a) all business combinations that occurred before the date of transition to IFRSs; or
(b) all business combinations that the entity elects to restate to comply with IFRS 3, as permitted by paragraph C1 above.

If a first-time adopter does not apply IFRS 3 retrospectively to a past business combination, this has the following consequences for that business combination: C4

(a) The first-time adopter shall keep the same classification (as an acquisition by the legal acquirer, a reverse acquisition by the legal acquiree, or a uniting of interests) as in its previous GAAP financial statements.
(b) The first-time adopter shall recognise all its assets and liabilities at the date of transition to IFRSs that were acquired or assumed in a past business combination, other than:
    (i) some financial assets and financial liabilities derecognised in accordance with previous GAAP (see paragraph B2); and
    (ii) assets, including goodwill, and liabilities that were not recognised in the acquirer's consolidated statement of financial position in accordance with previous GAAP and also would not qualify for recognition in accordance with IFRSs in the separate statement of financial position of the acquiree (see (f) — (i) below).

    The first-time adopter shall recognise any resulting change by adjusting retained earnings (or, if appropriate, another category of equity), unless the change results from the recognition of an intangible asset that was previously subsumed within goodwill (see (g) (i) below).

(c) Der erstmalige Anwender hat in seiner IFRS-Eröffnungsbilanz alle nach vorherigen Rechnungslegungsgrundsätzen erfassten Posten, welche die Ansatzkriterien eines Vermögenswerts oder einer Schuld gemäß IFRS nicht erfüllen, auszubuchen. Die sich ergebenden Änderungen sind durch den erstmaligen Anwender wie folgt zu erfassen:
   (i) Es kann sein, dass der erstmalige Anwender einen in der Vergangenheit stattgefundenen Unternehmenszusammenschluss als Erwerb eingestuft und einen Posten als immateriellen Vermögenswert erfasst hat, der die Ansatzkriterien eines Vermögenswerts gemäß IAS 38 *Immaterielle Vermögenswerte* nicht erfüllt. Dieser Posten (und, falls vorhanden, die damit zusammenhängenden latenten Steuern und nicht beherrschenden Anteile) ist auf den Geschäfts- oder Firmenwert umzugliedern (es sei denn, der Geschäfts- oder Firmenwert wurde nach vorherigen Rechnungslegungsgrundsätzen direkt mit dem Eigenkapital verrechnet (siehe (g) (i) und (i) unten).
   (ii) Alle sonstigen sich ergebenden Änderungen sind durch den erstmaligen Anwender in den Gewinnrücklagen zu erfassen[2].

(d) Die IFRS verlangen eine Folgebewertung einiger Vermögenswerte und Schulden, die nicht auf historischen Anschaffungs- oder Herstellungskosten, sondern zum Beispiel auf dem beizulegenden Zeitwert basiert. Der erstmalige Anwender hat diese Vermögenswerte und Schulden in seiner IFRS-Eröffnungsbilanz selbst dann auf dieser Basis zu bewerten, falls sie im Rahmen eines vergangenen Unternehmenszusammenschlusses erworben oder übernommen wurden. Jegliche dadurch entstehende Veränderungen des Buchwerts sind durch Anpassung der Gewinnrücklagen (oder, falls angemessen, einer anderen Eigenkapitalkategorie) anstatt durch Anpassung des Geschäfts- oder Firmenwerts zu erfassen.

(e) Der unmittelbar nach dem Unternehmenszusammenschluss nach vorherigen Rechnungslegungsgrundsätzen ermittelte Buchwert von im Rahmen dieses Unternehmenszusammenschlusses erworbenen Vermögenswerten und übernommenen Schulden ist gemäß IFRS als Ersatz für Anschaffungs- oder Herstellungskosten zu diesem Zeitpunkt festzulegen. Falls die IFRS zu einem späteren Zeitpunkt eine auf Anschaffungs- oder Herstellungskosten basierende Bewertung dieser Vermögenswerte und Schulden verlangen, stellt dieser als Ersatz für Anschaffungs- oder Herstellungskosten angesetzte Wert ab dem Zeitpunkt des Unternehmenszusammenschlusses die Basis der auf Anschaffungs- oder Herstellungskosten basierenden planmäßigen Abschreibungen dar.

(f) Falls ein im Rahmen eines vergangenen Unternehmenszusammenschlusses erworbener Vermögenswert oder eine übernommene Schuld nach vorherigen Rechnungslegungsgrundsätzen nicht erfasst wurde, beträgt der als Ersatz für Anschaffungs- oder Herstellungskosten in der IFRS-Eröffnungsbilanz angesetzte Wert nicht zwangsläufig null. Stattdessen hat der Erwerber den Vermögenswert oder die Schuld in seiner Konzernbilanz anzusetzen und so zu bewerten, wie es nach den IFRS in der Bilanz des erworbenen Unternehmens vorgeschrieben wäre. Zur Veranschaulichung: Falls der Erwerber in vergangenen Unternehmenszusammenschlüssen, in denen das erworbene Unternehmen ein Leasingnehmer war, erworbene Leasingverhältnisse nach vorherigen Rechnungslegungsgrundsätzen nicht aktiviert hatte, hat er diese Leasingverhältnisse in seinem Konzernabschluss so zu aktivieren, wie es IFRS 16 *Leasingverhältnisse* für die IFRS-Bilanz des erworbenen Unternehmens vorschreiben würde. Falls der Erwerber eine Eventualverbindlichkeit, die zum Zeitpunkt des Übergangs auf IFRS noch besteht, nach vorherigen Rechnungslegungsgrundsätzen nicht angesetzt hatte, hat er diese Eventualverbindlichkeit zu diesem Zeitpunkt ebenfalls anzusetzen, es sei denn, IAS 37 *Rückstellungen, Eventualverbindlichkeiten und Eventualforderungen* würde ihren Ansatz im Abschluss des erworbenen Unternehmens verbieten. Falls im Gegensatz dazu Vermögenswerte oder Schulden nach vorherigen Rechnungslegungsgrundsätzen Bestandteil des Geschäfts- oder Firmenwerts waren, gemäß IFRS 3 jedoch gesondert erfasst worden wären, verbleiben diese Vermögenswerte oder Schulden im Geschäfts- oder Firmenwert, es sei denn, die IFRS würden ihren Ansatz im Einzelabschluss des erworbenen Unternehmens verlangen.

(g) Der Buchwert des Geschäfts- oder Firmenwerts in der IFRS-Eröffnungsbilanz entspricht nach Durchführung der folgenden beiden Anpassungen dem Buchwert nach vorherigen Rechnungslegungsgrundsätzen zum Zeitpunkt des Übergangs auf IFRS.
   (i) Wenn es der obige Paragraph (c) (i) verlangt, hat der erstmalige Anwender den Buchwert des Geschäfts- oder Firmenwerts zu erhöhen, falls er einen Posten umgliedert, der nach vorherigen Rechnungslegungsgrundsätzen als immaterieller Vermögenswert angesetzt wurde. Falls der erstmalige Anwender nach obigem Paragraph (f) analog einen immateriellen Vermögenswert zu erfassen hat, der nach vorherigen Rechnungslegungsgrundsätzen Bestandteil des aktivierten Geschäfts- oder Firmenwerts war, hat der erstmalige Anwender den Buchwert des Geschäfts- oder Firmenwerts entsprechend zu vermindern (und, falls anwendbar, latente Steuern und nicht beherrschende Anteile anzupassen).
   (ii) Unabhängig davon, ob Anzeichen für eine Wertminderung des Geschäfts- oder Firmenwerts vorliegen, hat der erstmalige Anwender IAS 36 anzuwenden, um zum Zeitpunkt des Übergangs auf IFRS den Geschäfts- oder Firmenwert auf eine Wertminderung zu überprüfen und daraus resultierende Wertminderungen in den Gewinnrücklagen (oder, falls nach IAS 36 vorgeschrieben, in der Neubewertungsrücklage) zu erfassen. Die Überprüfung auf Wertminderungen hat auf den Gegebenheiten zum Zeitpunkt des Übergangs auf IFRS zu basieren.

(h) Weitere Anpassungen des Buchwerts des Geschäfts- oder Firmenwerts sind zum Zeitpunkt des Übergangs auf IFRS nicht gestattet. Der erstmalige Anwender darf beispielsweise den Buchwert des Geschäfts- oder Firmenwerts nicht anpassen, um

---

2 Solche Änderungen enthalten Umgliederungen von oder auf immaterielle Vermögenswerte, falls der Geschäfts- oder Firmenwert nach vorherigen Rechnungslegungsgrundsätzen nicht als Vermögenswert erfasst wurde. Dies ist der Fall, wenn das Unternehmen nach vorherigen Rechnungslegungsgrundsätzen (a) den Geschäfts- oder Firmenwert direkt mit dem Eigenkapital verrechnet oder (b) den Unternehmenszusammenschluss nicht als Erwerb behandelt hat.

(c) The first-time adopter shall exclude from its opening IFRS statement of financial position any item recognised in accordance with previous GAAP that does not qualify for recognition as an asset or liability under IFRSs. The first-time adopter shall account for the resulting change as follows:
   (i) the first-time adopter may have classified a past business combination as an acquisition and recognised as an intangible asset an item that does not qualify for recognition as an asset in accordance with IAS 38 *Intangible Assets*. It shall reclassify that item (and, if any, the related deferred tax and non-controlling interests) as part of goodwill (unless it deducted goodwill directly from equity in accordance with previous GAAP, see (g) (i) and (i) below).
   (ii) the first-time adopter shall recognise all other resulting changes in retained earnings.[2]
(d) IFRSs require subsequent measurement of some assets and liabilities on a basis that is not based on original cost, such as fair value. The first-time adopter shall measure these assets and liabilities on that basis in its opening IFRS statement of financial position, even if they were acquired or assumed in a past business combination. It shall recognise any resulting change in the carrying amount by adjusting retained earnings (or, if appropriate, another category of equity), rather than goodwill.
(e) Immediately after the business combination, the carrying amount in accordance with previous GAAP of assets acquired and liabilities assumed in that business combination shall be their deemed cost in accordance with IFRSs at that date. If IFRSs require a cost-based measurement of those assets and liabilities at a later date, that deemed cost shall be the basis for cost-based depreciation or amortisation from the date of the business combination.
(f) If an asset acquired, or liability assumed, in a past business combination was not recognised in accordance with previous GAAP, it does not have a deemed cost of zero in the opening IFRS statement of financial position. Instead, the acquirer shall recognise and measure it in its consolidated statement of financial position on the basis that IFRSs would require in the statement of financial position of the acquiree. To illustrate: if the acquirer had not, in accordance with its previous GAAP, capitalised leases acquired in a past business combination in which the acquiree was a lessee, it shall capitalise those leases in its consolidated financial statements, as IFRS 16 *Leases* would require the acquiree to do in its IFRS statement of financial position. Similarly, if the acquirer had not, in accordance with its previous GAAP, recognised a contingent liability that still exists at the date of transition to IFRSs, the acquirer shall recognise that contingent liability at that date unless IAS 37 *Provisions, Contingent Liabilities and Contingent Assets* would prohibit its recognition in the financial statements of the acquiree. Conversely, if an asset or liability was subsumed in goodwill in accordance with previous GAAP but would have been recognised separately under IFRS 3, that asset or liability remains in goodwill unless IFRSs would require its recognition in the financial statements of the acquiree.
(g) The carrying amount of goodwill in the opening IFRS statement of financial position shall be its carrying amount in accordance with previous GAAP at the date of transition to IFRSs, after the following two adjustments:
   (i) If required by (c) (i) above, the first-time adopter shall increase the carrying amount of goodwill when it reclassifies an item that it recognised as an intangible asset in accordance with previous GAAP. Similarly, if (f) above requires the first-time adopter to recognise an intangible asset that was subsumed in recognised goodwill in accordance with previous GAAP, the first-time adopter shall decrease the carrying amount of goodwill accordingly (and, if applicable, adjust deferred tax and non-controlling interests).
   (ii) Regardless of whether there is any indication that the goodwill may be impaired, the first-time adopter shall apply IAS 36 in testing the goodwill for impairment at the date of transition to IFRSs and in recognising any resulting impairment loss in retained earnings (or, if so required by IAS 36, in revaluation surplus). The impairment test shall be based on conditions at the date of transition to IFRSs.
(h) No other adjustments shall be made to the carrying amount of goodwill at the date of transition to IFRSs. For example, the first-time adopter shall not restate the carrying amount of goodwill:

2 Such changes include reclassifications from or to intangible assets if goodwill was not recognised in accordance with previous GAAP as an asset. This arises if, in accordance with previous GAAP, the entity (a) deducted goodwill directly from equity or (b) did not treat the business combination as an acquisition.

(i) laufende, im Rahmen des Unternehmenszusammenschlusses erworbene Forschungs- und Entwicklungskosten herauszurechnen (es sei denn, der damit zusammenhängende immaterielle Vermögensgegenstand würde die Ansatzkriterien gemäß IAS 38 in der Bilanz des erworbenen Unternehmens erfüllen),
(ii) frühere planmäßige Abschreibungen des Geschäfts- oder Firmenwerts anzupassen,
(iii) Anpassungen des Geschäfts- oder Firmenwerts zu stornieren, die gemäß IFRS 3 nicht gestattet wären, jedoch nach vorherigen Rechnungslegungsgrundsätzen aufgrund von Anpassungen von Vermögenswerten und Schulden zwischen dem Zeitpunkt des Unternehmenszusammenschlusses und dem Zeitpunkt des Übergangs auf IFRS vorgenommen wurden.

(i) Falls der erstmalige Anwender den Geschäfts- oder Firmenwert im Rahmen der vorherigen Rechnungslegungsgrundsätze mit dem Eigenkapital verrechnet hat,
(i) darf er diesen Geschäfts- oder Firmenwert in seiner IFRS-Eröffnungsbilanz nicht ansetzen. Des Weiteren darf er diesen Geschäfts- oder Firmenwert nicht erfolgswirksam umgliedern, falls er das Tochterunternehmen veräußert oder falls eine Wertminderung der Beteiligung an dem Tochterunternehmen auftritt.
(ii) sind Anpassungen aus dem Eintreten einer Bedingung, von der der Erwerbspreis abhängt, in den Gewinnrücklagen zu erfassen.

(j) Es kann sein, dass der erstmalige Anwender nach seinen vorherigen Rechnungslegungsgrundsätzen keine Konsolidierung eines im Rahmen eines Unternehmenszusammenschlusses erworbenen Tochterunternehmens vorgenommen hat (zum Beispiel, weil es durch das Mutterunternehmen nach vorherigen Rechnungslegungsgrundsätzen nicht als Tochterunternehmen eingestuft war oder das Mutterunternehmen keinen Konzernabschluss erstellt hatte). Der erstmalige Anwender hat die Buchwerte der Vermögenswerte und Schulden des Tochterunternehmens so anzupassen, wie es die IFRS für die Bilanz des Tochterunternehmens vorschreiben würden. Der als Ersatz für Anschaffungs- oder Herstellungskosten zum Zeitpunkt des Übergangs auf IFRS angesetzte Wert entspricht beim Geschäfts- oder Firmenwert der Differenz zwischen
(i) dem Anteil des Mutterunternehmens an diesen angepassten Buchwerten und
(ii) den im Einzelabschluss des Mutterunternehmens erfassten Anschaffungskosten der Beteiligung an dem Tochterunternehmen.

(k) Die Bewertung von nicht beherrschenden Anteilen und latenten Steuern folgt aus der Bewertung der anderen Vermögenswerte und Schulden. Die oben erwähnten Anpassungen erfasster Vermögenswerte und Schulden wirken sich daher auf nicht beherrschende Anteile und latente Steuern aus.

C5 Die Befreiung für vergangene Unternehmenszusammenschlüsse gilt auch für in der Vergangenheit erworbene Beteiligungen an assoziierten Unternehmen, Anteile an Gemeinschaftsunternehmen und Anteile an gemeinschaftlichen Tätigkeiten, die einen Geschäftsbetrieb im Sinne von IFRS 3 darstellen. Des Weiteren gilt der nach Paragraph C1 gewählte Zeitpunkt für alle derartigen Akquisitionen gleichermaßen.

ANHANG D

Befreiungen von anderen IFRS

Dieser Anhang ist integraler Bestandteil des IFRS.

D1 Ein Unternehmen kann eine oder mehrere der folgenden Befreiungen in Anspruch nehmen:
(a) anteilsbasierte Vergütungen (Paragraphen D2 und D3),
(b) [gestrichen],
(c) als Ersatz für Anschaffungs- oder Herstellungskosten angesetzter Wert (Paragraphen D5–D8B),
(d) Leasingverhältnisse (Paragraphen D9 und D9B–D9E),
(f) kumulierte Umrechnungsdifferenzen (Paragraphen D12–D13A),
(g) Beteiligungen an Tochterunternehmen, Gemeinschaftsunternehmen und assoziierten Unternehmen (Paragraphen D14 und D15A),
(h) Vermögenswerte und Schulden von Tochterunternehmen, assoziierten Unternehmen und Gemeinschaftsunternehmen (Paragraphen D16 und D17),
(i) zusammengesetzte Finanzinstrumente (Paragraph D18),
(j) Designation von früher angesetzten Finanzinstrumenten (Paragraphen D19–D19C),
(k) Bewertung von finanziellen Vermögenswerten und finanziellen Verbindlichkeiten beim erstmaligen Ansatz zum beizulegenden Zeitwert (Paragraph D20),
(l) in den Anschaffungs- und Herstellungskosten der Sachanlagen enthaltene Entsorgungsverpflichtungen (Paragraphen D21 und D21A),
(m) finanzielle Vermögenswerte oder immaterielle Vermögenswerte, die gemäß IFRIC 12 *Dienstleistungskonzessionsvereinbarungen* bilanziert werden (Paragraph D22),
(n) Fremdkapitalkosten (Paragraph D23),
(o) [gestrichen]
(p) Tilgung finanzieller Verbindlichkeiten durch Eigenkapitalinstrumente (Paragraph D25),
(q) ausgeprägte Hochinflation (Paragraphen D26–D30),

(i) to exclude in process research and development acquired in that business combination (unless the related intangible asset would qualify for recognition in accordance with IAS 38 in the statement of financial position of the acquiree);
(ii) to adjust previous amortisation of goodwill;
(iii) to reverse adjustments to goodwill that IFRS 3 would not permit, but were made in accordance with previous GAAP because of adjustments to assets and liabilities between the date of the business combination and the date of transition to IFRSs.

(i) If the first-time adopter recognised goodwill in accordance with previous GAAP as a deduction from equity:
(i) it shall not recognise that goodwill in its opening IFRS statement of financial position. Furthermore, it shall not reclassify that goodwill to profit or loss if it disposes of the subsidiary or if the investment in the subsidiary becomes impaired.
(ii) adjustments resulting from the subsequent resolution of a contingency affecting the purchase consideration shall be recognised in retained earnings.

(j) In accordance with its previous GAAP, the first-time adopter may not have consolidated a subsidiary acquired in a past business combination (for example, because the parent did not regard it as a subsidiary in accordance with previous GAAP or did not prepare consolidated financial statements). The first-time adopter shall adjust the carrying amounts of the subsidiary's assets and liabilities to the amounts that IFRSs would require in the subsidiary's statement of financial position. The deemed cost of goodwill equals the difference at the date of transition to IFRSs between:
(i) the parent's interest in those adjusted carrying amounts; and
(ii) the cost in the parent's separate financial statements of its investment in the subsidiary.

(k) The measurement of non-controlling interests and deferred tax follows from the measurement of other assets and liabilities. Therefore, the above adjustments to recognised assets and liabilities affect non-controlling interests and deferred tax.

The exemption for past business combinations also applies to past acquisitions of investments in associates, interests in joint ventures and interests in joint operations in which the activity of the joint operation constitutes a business, as defined in IFRS 3. Furthermore, the date selected for paragraph C1 applies equally for all such acquisitions. C5

APPENDIX D

Exemptions from other IFRSs

This appendix is an integral part of the IFRS.

An entity may elect to use one or more of the following exemptions: D1
(a) share-based payment transactions (paragraphs D2 and D3);
(b) [deleted];
(c) deemed cost (paragraphs D5—D8B);
(d) leases (paragraphs D9 and D9B—D9E);
(e) [deleted];
(f) cumulative translation differences (paragraphs D12—D13A);
(g) investments in subsidiaries, joint ventures and associates (paragraphs D14 and D15);
(h) assets and liabilities of subsidiaries, associates and joint ventures (paragraphs D16 and D17);
(i) compound financial instruments (paragraph D18);
(j) designation of previously recognised financial instruments (paragraphs D19—D19C);
(k) fair value measurement of financial assets or financial liabilities at initial recognition (paragraph D20);
(l) decommissioning liabilities included in the cost of property, plant and equipment (paragraphs D21 and D21A);
(m) financial assets or intangible assets accounted for in accordance with IFRIC 12 *Service Concession Arrangements* (paragraph D22);
(n) borrowing costs (paragraph D23);
(o) transfers of assets from customers (paragraph D24);
(p) extinguishing financial liabilities with equity instruments (paragraph D25);
(q) severe hyperinflation (paragraphs D26—D30);

(r) gemeinschaftliche Vereinbarungen (Paragraph D31),
(s) Abraumkosten in der Produktionsphase eines Tagebaubergwerks (Paragraph D32),
(t) Designation von Verträgen über den Kauf oder Verkauf eines nichtfinanziellen Postens (Paragraph D33),
(u) Erlöse (Paragraphen D34 und D35) und
(v) Fremdwährungstransaktionen und im Voraus erbrachte oder erhaltene Gegenleistungen (Paragraph D36).

Ein Unternehmen darf diese Befreiungen nicht analog auf andere Sachverhalte anwenden.

Anteilsbasierte Vergütungen

D2 Einem erstmaligen Anwender wird empfohlen, ohne dass er dazu verpflichtet wäre, IFRS 2 *Anteilsbasierte Vergütungen* auf Eigenkapitalinstrumente anzuwenden, die am oder vor dem 7. November 2002 gewährt wurden. Einem erstmaligen Anwender wird auch empfohlen, ohne dass er dazu verpflichtet wäre, IFRS 2 auch auf Eigenkapitalinstrumente anzuwenden, die nach dem 7. November 2002 gewährt wurden und vor (a) dem Zeitpunkt des Übergangs auf IFRS oder (b) dem 1. Januar 2005 – je nachdem, welcher Zeitpunkt später lag – erdient wurden. Eine freiwillige Anwendung von IFRS 2 auf solche Eigenkapitalinstrumente ist jedoch nur dann zulässig, wenn das Unternehmen den beizulegenden Zeitwert dieser Eigenkapitalinstrumente, der zum Bewertungsstichtag laut Definition in IFRS 2 ermittelt wurde, veröffentlicht hat. Alle gewährten Eigenkapitalinstrumente, auf die IFRS 2 nicht angewendet worden ist (z. B. die bis einschließlich 7. November 2002 gewährten Eigenkapitalinstrumente), unterliegen trotzdem den Angabepflichten gemäß den Paragraphen 44 und 45 von IFRS 2. Ändert ein erstmaliger Anwender die Vertragsbedingungen für gewährte Eigenkapitalinstrumente, auf die IFRS 2 nicht angewendet worden ist, ist das Unternehmen nicht zur Anwendung der Paragraphen 26–29 von IFRS 2 verpflichtet, wenn diese Änderung vor dem Zeitpunkt des Übergangs auf IFRS erfolgte.

D3 Einem erstmaligen Anwender wird empfohlen, ohne dass er dazu verpflichtet wäre, IFRS 2 auf Schulden aus anteilsbasierte Vergütungen anzuwenden, die vor dem Zeitpunkt des Übergangs auf IFRS beglichen wurden. Außerdem wird einem erstmaligen Anwender, obwohl er nicht dazu verpflichtet ist, empfohlen, IFRS 2 auf Schulden anzuwenden, die vor dem 1. Januar 2005 beglichen wurden. Bei Schulden, auf die IFRS 2 angewendet wird, ist ein erstmaliger Anwender nicht zu einer Anpassung der Vergleichsinformationen verpflichtet, soweit sich diese Informationen auf eine Berichtsperiode oder einen Zeitpunkt vor dem 7. November 2002 beziehen.

D4 [gestrichen]

Als Ersatz für Anschaffungs- oder Herstellungskosten angesetzter Wert

D5 Ein Unternehmen darf eine Sachanlage zum Zeitpunkt des Übergangs auf IFRS zu ihrem beizulegenden Zeitwert bewerten und diesen beizulegenden Zeitwert als Ersatz für Anschaffungs- oder Herstellungskosten zu diesem Zeitpunkt verwenden.

D6 Ein erstmaliger Anwender darf eine am oder vor dem Zeitpunkt des Übergangs auf IFRS nach vorherigen Rechnungslegungsgrundsätzen vorgenommene Neubewertung einer Sachanlage als Ersatz für Anschaffungs- oder Herstellungskosten zum Zeitpunkt der Neubewertung ansetzen, falls die Neubewertung zum Zeitpunkt ihrer Ermittlung weitgehend vergleichbar war mit

(a) dem beizulegenden Zeitwert oder
(b) den Anschaffungs- oder Herstellungskosten bzw. den fortgeführten Anschaffungs- oder Herstellungskosten gemäß IFRS, angepasst beispielsweise zur Berücksichtigung von Veränderungen eines allgemeinen oder spezifischen Preisindex.

D7 Die Wahlrechte der Paragraphen D5 und D6 gelten auch für

(a) als Finanzinvestition gehaltene Immobilien, falls sich ein Unternehmen zur Verwendung des Anschaffungskostenmodells in IAS 40 *Als Finanzinvestition gehaltene Immobilien* entschließt,
(aa) Nutzungsrechte (IFRS 16 *Leasingverhältnisse*) und
(b) immaterielle Vermögenswerte, die folgende Kriterien erfüllen:
    (i) die Ansatzkriterien in IAS 38 (einschließlich einer verlässlichen Bewertung der historischen Anschaffungs- und Herstellungskosten) und
    (ii) die Kriterien in IAS 38 zur Neubewertung (einschließlich der Existenz eines aktiven Markts).

Ein Unternehmen darf diese Wahlrechte nicht für andere Vermögenswerte oder Schulden verwenden.

D8 Ein erstmaliger Anwender kann gemäß vorherigen Rechnungslegungsgrundsätzen für alle oder einen Teil seiner Vermögenswerte und Schulden einen als Ersatz für Anschaffungs- oder Herstellungskosten angesetzten Wert ermittelt haben, indem er sie wegen eines Ereignisses wie einer Privatisierung oder eines Börsengangs zu ihrem beizulegenden Zeitwert zu diesem bestimmten Zeitpunkt bewertet hat.

(a) Wurde die Bewertung *zum Zeitpunkt des Übergangs auf IFRS oder davor* vorgenommen, darf das Unternehmen solche ereignisgesteuerten Bewertungen zum beizulegenden Zeitwert im Rahmen der IFRS als Ersatz für Anschaffungs- oder Herstellungskosten zum Zeitpunkt dieser Bewertung verwenden.

(r) joint arrangements (paragraph D31);
(s) stripping costs in the production phase of a surface mine (paragraph D32);
(t) designation of contracts to buy or sell a non-financial item (paragraph D33);
(u) revenue (paragraphs D34 and D35); and
(v) foreign currency transactions and advance consideration (paragraph D36).

An entity shall not apply these exemptions by analogy to other items.

Share-based payment transactions

A first-time adopter is encouraged, but not required, to apply IFRS 2 *Share-based Payment* to equity instruments that were granted on or before 7 November 2002. A first-time adopter is also encouraged, but not required, to apply IFRS 2 to equity instruments that were granted after 7 November 2002 and vested before the later of (a) the date of transition to IFRSs and (b) 1 January 2005. However, if a first-time adopter elects to apply IFRS 2 to such equity instruments, it may do so only if the entity has disclosed publicly the fair value of those equity instruments, determined at the measurement date, as defined in IFRS 2. For all grants of equity instruments to which IFRS 2 has not been applied (eg equity instruments granted on or before 7 November 2002), a first-time adopter shall nevertheless disclose the information required by paragraphs 44 and 45 of IFRS 2. If a first-time adopter modifies the terms or conditions of a grant of equity instruments to which IFRS 2 has not been applied, the entity is not required to apply paragraphs 26—29 of IFRS 2 if the modification occurred before the date of transition to IFRSs. **D2**

A first-time adopter is encouraged, but not required, to apply IFRS 2 to liabilities arising from share-based payment transactions that were settled before the date of transition to IFRSs. A first-time adopter is also encouraged, but not required, to apply IFRS 2 to liabilities that were settled before 1 January 2005. For liabilities to which IFRS 2 is applied, a first-time adopter is not required to restate comparative information to the extent that the information relates to a period or date that is earlier than 7 November 2002. **D3**

[Deleted] **D4**

Fair value or revaluation as deemed cost

An entity may elect to measure an item of property, plant and equipment at the date of transition to IFRSs at its fair value and use that fair value as its deemed cost at that date. **D5**

A first-time adopter may elect to use a previous GAAP revaluation of an item of property, plant and equipment at, or before, the date of transition to IFRSs as deemed cost at the date of the revaluation, if the revaluation was, at the date of the revaluation, broadly comparable to: **D6**

(a) fair value; or
(b) cost or depreciated cost in accordance with IFRSs, adjusted to reflect, for example, changes in a general or specific price index.

The elections in paragraphs D5 and D6 are also available for: **D7**

(a) investment property, if an entity elects to use the cost model in IAS 40 *Investment Property*;
(aa) right-of-use assets (IFRS 16 *Leases*); and
(b) intangible assets that meet:
    (i) the recognition criteria in IAS 38 (including reliable measurement of original cost); and
    (ii) the criteria in IAS 38 for revaluation (including the existence of an active market).

An entity shall not use these elections for other assets or for liabilities.

A first-time adopter may have established a deemed cost in accordance with previous GAAP for some or all of its assets and liabilities by measuring them at their fair value at one particular date because of an event such as a privatisation or initial public offering. **D8**

(a) If the measurement date is *at or before* the date of transition to IFRSs, the entity may use such event-driven fair value measurements as deemed cost for IFRSs at the date of that measurement.

(b) Wurde die Bewertung *nach dem Zeitpunkt des Übergangs auf IFRS*, aber während der vom ersten IFRS-Abschluss erfassten Periode vorgenommen, dürfen die ereignisgesteuerten Bewertungen zum beizulegenden Zeitwert als Ersatz für Anschaffungs- oder Herstellungskosten verwendet werden, wenn das Ereignis eintritt. Ein Unternehmen hat die daraus resultierenden Anpassungen zum Bewertungsstichtag direkt in den Gewinnrücklagen (oder, falls angemessen, in einer anderen Eigenkapitalkategorie) zu erfassen. Zum Zeitpunkt des Übergangs auf IFRS hat das Unternehmen entweder den als Ersatz für Anschaffungs- oder Herstellungskosten angesetzten Wert nach den Kriterien in den Paragraphen D5–D7 zu ermitteln oder die Vermögenswerte und Schulden nach den anderen Vorschriften dieses IFRS zu bewerten.

D8A Einigen nationalen Rechnungslegungsvorschriften zufolge werden Explorations- und Entwicklungskosten für Öl- und Gasvorkommen in der Entwicklungs- oder Produktionsphase in Kostenstellen bilanziert, die sämtliche Erschließungsstandorte einer großen geografischen Zone umfassen. Ein erstmaliger Anwender, der nach solchen vorherigen Rechnungslegungsgrundsätzen bilanziert, kann sich dafür entscheiden, die Vermögenswerte aus Öl und Gas zum Zeitpunkt des Übergangs auf IFRS auf folgender Grundlage zu bewerten:

(a) die Vermögenswerte für Exploration und Evaluierung zu dem Betrag, der nach vorherigen Rechnungslegungsgrundsätzen des Unternehmens ermittelt wurde, und

(b) die Vermögenswerte in der Entwicklungs- oder Produktionsphase zu dem Betrag, der nach vorherigen Rechnungslegungsgrundsätzen des Unternehmens für die Kostenstelle ermittelt wurde. Das Unternehmen hat diesen Betrag den der Kostenstelle zugrunde liegenden Vermögenswerten anteilig auf der Basis der zu diesem Zeitpunkt vorhandenen Mengen oder Werten an Öl- und Gasreserven zuzuordnen.

Das Unternehmen hat die Vermögenswerte für Exploration und Evaluierung sowie die Vermögenswerte in der Entwicklungs- und Produktionsphase zum Zeitpunkt des Übergangs auf IFRS gemäß IFRS 6 *Exploration und Evaluierung von Bodenschätzen* bzw. gemäß IAS 36 auf Wertminderung zu prüfen und gegebenenfalls den gemäß dem vorstehenden Buchstaben (a) oder (b) ermittelten Betrag zu verringern. Für die Zwecke dieses Paragraphen umfassen die Vermögenswerte aus Öl und Gas lediglich jene Vermögenswerte, die in Form der Exploration, Evaluierung, Entwicklung oder Produktion von Öl und Gas genutzt werden.

D8B Einige Unternehmen halten Sachanlagen, Nutzungsrechte oder immaterielle Vermögenswerte, die im Rahmen preisregulierter Geschäftsvorfälle verwendet werden oder früher verwendet wurden. Im Buchwert solcher Posten könnten Beträge enthalten sein, die nach vorherigen Rechnungslegungsgrundsätzen bestimmt wurden, nach den IFRS aber nicht aktivierbar sind. In diesem Fall kann ein erstmaliger Anwender den nach vorherigen Rechnungslegungsgrundsätzen bestimmten Buchwert eines solchen Postens zum Zeitpunkt des Übergangs auf IFRS als Ersatz für Anschaffungs- oder Herstellungskosten verwenden. Nimmt ein Unternehmen diese Befreiung für einen Posten in Anspruch, muss es sie nicht zwangsläufig auch auf alle anderen Posten anwenden. Zum Zeitpunkt des Übergangs auf IFRS hat ein Unternehmen jeden Posten, für den diese Befreiung in Anspruch genommen wird, gemäß IAS 36 auf Wertminderung zu prüfen. Für die Zwecke dieses Paragraphen gelten Geschäftsvorfälle als preisreguliert, wenn für die Preise, die Kunden für Güter oder Dienstleistungen in Rechnung gestellt werden können, ein Preisfestsetzungsrahmen gilt, der der Aufsicht und/oder Genehmigung eines Preisregulierers (gemäß der Definition in IFRS 14 *Regulatorische Abgrenzungsposten*) unterliegt.

Leasingverhältnisse

D9 Ein erstmaliger Anwender kann bewerten, ob ein zum Zeitpunkt des Übergangs auf IFRS bestehender Vertrag ein Leasingverhältnis enthält, indem er auf der Grundlage der zu diesem Zeitpunkt bestehenden Fakten und Umstände die Paragraphen 9–11 von IFRS 16 auf diese Verträge anwendet.

D9A [gestrichen]

D9B Zur Erfassung von Leasingverbindlichkeiten und Nutzungsrechten kann ein erstmaliger Anwender, der ein Leasingnehmer ist, für alle seine Leasingverhältnisse (unter Berücksichtigung der in Paragraph D9D beschriebenen praktischen Behelfe) den folgenden Ansatz verwenden:

(a) Bewertung einer Leasingverbindlichkeit zum Zeitpunkt des Übergangs auf IFRS. Folgt der Leasingnehmer diesem Ansatz, so bewertet er die Leasingverbindlichkeit zum Barwert der verbleibenden Leasingzahlungen (siehe Paragraph D9E), abgezinst unter Anwendung seines Grenzfremdkapitalzinssatzes (siehe Paragraph D9E) zum Zeitpunkt des Übergangs auf IFRS.

(b) Bewertung eines Nutzungsrechts zum Zeitpunkt des Übergangs auf IFRS. Der Leasingnehmer entscheidet für jedes Leasingverhältnis, ob er zur Bewertung des Nutzungsrechts entweder

  (i) den Buchwert ansetzt, als ob IFRS 16 bereits seit dem Bereitstellungsdatum angewendet worden wäre (siehe Paragraph D9E), jedoch abgezinst unter Anwendung seines Grenzfremdkapitalzinssatzes zum Zeitpunkt des Übergangs auf IFRS, oder

  (ii) einen Betrag ansetzt, der der Leasingverbindlichkeit entspricht, die um den Betrag der für dieses Leasingverhältnis im Voraus geleisteten oder abgegrenzten Leasingzahlungen gemindert wird, der in der dem Übergang auf IFRS unmittelbar vorausgehenden Bilanz ausgewiesen war.

(c) Anwendung von IAS 36 auf Nutzungsrechte zum Zeitpunkt des Übergangs auf IFRS.

(b) If the measurement date is after the date of transition to IFRSs, but during the period covered by the first IFRS financial statements, the event-driven fair value measurements may be used as deemed cost when the event occurs. An entity shall recognise the resulting adjustments directly in retained earnings (or if appropriate, another category of equity) at the measurement date. At the date of transition to IFRSs, the entity shall either establish the deemed cost by applying the criteria in paragraphs D5—D7 or measure assets and liabilities in accordance with the other requirements in this IFRS.

Under some national accounting requirements exploration and development costs for oil and gas properties in the development or production phases are accounted for in cost centres that include all properties in a large geographical area. A first-time adopter using such accounting under previous GAAP may elect to measure oil and gas assets at the date of transition to IFRSs on the following basis: **D8A**

(a) exploration and evaluation assets at the amount determined under the entity's previous GAAP; and
(b) assets in the development or production phases at the amount determined for the cost centre under the entity's previous GAAP. The entity shall allocate this amount to the cost centre's underlying assets pro rata using reserve volumes or reserve values as of that date.

The entity shall test exploration and evaluation assets and assets in the development and production phases for impairment at the date of transition to IFRSs in accordance with IFRS 6 *Exploration for and Evaluation of Mineral Resources* or IAS 36 respectively and, if necessary, reduce the amount determined in accordance with (a) or (b) above. For the purposes of this paragraph, oil and gas assets comprise only those assets used in the exploration, evaluation, development or production of oil and gas.

Some entities hold items of property, plant and equipment, right-of-use assets or intangible assets that are used, or were previously used, in operations subject to rate regulation. The carrying amount of such items might include amounts that were determined under previous GAAP but do not qualify for capitalisation in accordance with IFRSs. If this is the case, a first-time adopter may elect to use the previous GAAP carrying amount of such an item at the date of transition to IFRSs as deemed cost. If an entity applies this exemption to an item, it need not apply it to all items. At the date of transition to IFRSs, an entity shall test for impairment in accordance with IAS 36 each item for which this exemption is used. For the purposes of this paragraph, operations are subject to rate regulation if they are governed by a framework for establishing the prices that can be charged to customers for goods or services and that framework is subject to oversight and/or approval by a rate regulator (as defined in IFRS 14 *Regulatory Deferral Accounts*). **D8B**

Leases

A first-time adopter may assess whether a contract existing at the date of transition to IFRSs contains a lease by applying paragraphs 9—11 of IFRS 16 to those contracts on the basis of facts and circumstances existing at that date. **D9**

[Deleted] **D9A**

When a first-time adopter that is a lessee recognises lease liabilities and right-of-use assets, it may apply the following approach to all of its leases (subject to the practical expedients described in paragraph D9D): **D9B**

(a) measure a lease liability at the date of transition to IFRSs. A lessee following this approach shall measure that lease liability at the present value of the remaining lease payments (see paragraph D9E), discounted using the lessee's incremental borrowing rate (see paragraph D9E) at the date of transition to IFRSs.
(b) measure a right-of-use asset at the date of transition to IFRSs. The lessee shall choose, on a lease-by-lease basis, to measure that right-of-use asset at either:
    (i) its carrying amount as if IFRS 16 had been applied since the commencement date of the lease (see paragraph D9E), but discounted using the lessee's incremental borrowing rate at the date of transition to IFRSs; or
    (ii) an amount equal to the lease liability, adjusted by the amount of any prepaid or accrued lease payments relating to that lease recognised in the statement of financial position immediately before the date of transition to IFRSs.
(c) apply IAS 36 to right-of-use assets at the date of transition to IFRSs.

D9C Unbeschadet der Vorschriften in Paragraph D9B bewertet ein erstmaliger Anwender, der ein Leasingnehmer ist, das Nutzungsrecht für Leasingverhältnisse, die der Definition für als Finanzinvestition gehaltene Immobilien nach IAS 40 entsprechen und ab dem Zeitpunkt des Übergangs auf IFRS nach dem Zeitwertmodell in IAS 40 bewertet werden, zum Zeitpunkt des Übergangs auf IFRS zum beizulegenden Zeitwert.

D9D Ein erstmaliger Anwender, der ein Leasingnehmer ist, kann zum Zeitpunkt des Übergangs auf IFRS für jedes Leasingverhältnis eine oder mehrere der folgenden Möglichkeiten wählen:

(a) Anwendung eines einzigen Abzinsungssatzes auf ein Portfolio ähnlich ausgestalteter Leasingverträge (beispielsweise Leasingverhältnisse mit ähnlichen zugrunde liegenden Vermögenswerten mit ähnlicher Restlaufzeit und in einem ähnlichen Wirtschaftsumfeld).

(b) Verzicht auf die Anwendung der Vorschriften in Paragraph D9B auf Leasingverhältnisse, deren Laufzeit (siehe Paragraph D9E) innerhalb von 12 Monaten nach dem Übergang auf IFRS endet. Stattdessen bilanziert das Unternehmen diese Leasingverhältnisse so, als handele es sich um kurzfristige Leasingverhältnisse gemäß Paragraph 6 von IFRS 16 (einschließlich der entsprechenden Angaben).

(c) Verzicht auf die Anwendung der Vorschriften in Paragraph D9B auf Leasingverhältnisse, bei denen der zugrunde liegende Vermögenswert (im Sinne der Beschreibung in den Paragraphen B3–B8 von IFRS 16) von geringem Wert ist. Stattdessen bilanziert das Unternehmen diese Leasingverträge gemäß Paragraph 6 von IFRS 16 (einschließlich der entsprechenden Angaben).

(d) Nichtberücksichtigung der anfänglichen direkten Kosten (siehe Paragraph D9E) bei der Bewertung des Nutzungsrechts zum Zeitpunkt des Übergangs auf IFRS.

(e) Berücksichtigung nachträglicher Erkenntnisse, beispielsweise bei der Bestimmung der Laufzeit des Leasingverhältnisses, wenn der Vertrag Optionen für die Verlängerung oder Kündigung des Leasingverhältnisses vorsieht.

D9E Die Begriffe „Leasingzahlung", „Leasingnehmer", „Grenzfremdkapitalzinssatz des Leasingnehmers", „Bereitstellungsdatum", „anfängliche direkte Kosten" und „Laufzeit des Leasingverhältnisses" sind in IFRS 16 definiert und werden im vorliegenden Standard mit derselben Bedeutung verwendet.

D10–D11 [gestrichen]

Kumulierte Umrechnungsdifferenzen

D12 IAS 21 verlangt, dass ein Unternehmen

(a) bestimmte Umrechnungsdifferenzen im sonstigen Ergebnis erfasst und diese in einem gesonderten Bestandteil des Eigenkapitals kumuliert und

(b) bei der Veräußerung eines ausländischen Geschäftsbetriebs die kumulierten Umrechnungsdifferenzen für diesen ausländischen Geschäftsbetrieb (einschließlich, falls anwendbar, Gewinnen und Verlusten aus damit zusammenhängenden Sicherungsbeziehungen) als Teil des Gewinns oder Verlusts aus der Veräußerung aus dem Eigenkapital erfolgswirksam umgliedert.

D13 Ein erstmaliger Anwender muss diese Vorschriften jedoch nicht für kumulierte Umrechnungsdifferenzen erfüllen, die zum Zeitpunkt des Übergangs auf IFRS bestanden. Falls ein erstmaliger Anwender diese Befreiung in Anspruch nimmt,

(a) wird angenommen, dass die kumulierten Umrechnungsdifferenzen für alle ausländischen Geschäftsbetriebe zum Zeitpunkt des Übergangs auf IFRS null betragen und

(b) darf der Gewinn oder Verlust aus einer Weiterveräußerung eines ausländischen Geschäftsbetriebs keine vor dem Zeitpunkt des Übergangs auf IFRS entstandenen Umrechnungsdifferenzen enthalten und hat die nach diesem Zeitpunkt entstandenen Umrechnungsdifferenzen zu berücksichtigen.

D13A Anstatt Paragraph D12 oder Paragraph D13 anzuwenden, kann sich ein Tochterunternehmen, das die Befreiung in Paragraph D16 (a) in Anspruch nimmt, dafür entscheiden, in seinem Abschluss kumulierte Umrechnungsdifferenzen bei allen ausländischen Geschäftsbetrieben zu den Buchwerten zu bewerten, die ausgehend von dem Zeitpunkt des Übergangs des Mutterunternehmens auf IFRS im Konzernabschluss des Mutterunternehmens angesetzt worden wären, falls keine Konsolidierungsanpassungen und keine Anpassungen wegen der Auswirkungen des Unternehmenszusammenschlusses, in dessen Rahmen das Mutterunternehmen das Tochterunternehmen erworben hat, vorgenommen worden wären. Ein ähnliches Wahlrecht besteht für assoziierte Unternehmen oder Gemeinschaftsunternehmen, die die Befreiung in Paragraph D16 (a) in Anspruch nehmen.

Beteiligungen an Tochterunternehmen, Gemeinschaftsunternehmen und assoziierten Unternehmen

D14 Wenn ein Unternehmen Einzelabschlüsse aufstellt, hat es gemäß IAS 27 seine Beteiligungen an Tochterunternehmen, Gemeinschaftsunternehmen und assoziierten Unternehmen entweder

(a) zu den Anschaffungskosten,

(b) gemäß IFRS 9 oder

(c) anhand der in IAS 28 beschriebenen Equity-Methode zu bilanzieren.

Notwithstanding the requirements in paragraph D9B, a first-time adopter that is a lessee shall measure the right-of-use asset at fair value at the date of transition to IFRSs for leases that meet the definition of investment property in IAS 40 and are measured using the fair value model in IAS 40 from the date of transition to IFRSs. D9C

A first-time adopter that is a lessee may do one or more of the following at the date of transition to IFRSs, applied on a lease-by-lease basis: D9D

(a) apply a single discount rate to a portfolio of leases with reasonably similar characteristics (for example, a similar remaining lease term for a similar class of underlying asset in a similar economic environment).
(b) elect not to apply the requirements in paragraph D9B to leases for which the lease term (see paragraph D9E) ends within 12 months of the date of transition to IFRSs. Instead, the entity shall account for (including disclosure of information about) these leases as if they were short-term leases accounted for in accordance with paragraph 6 of IFRS 16.
(c) elect not to apply the requirements in paragraph D9B to leases for which the underlying asset is of low value (as described in paragraphs B3—B8 of IFRS 16). Instead, the entity shall account for (including disclosure of information about) these leases in accordance with paragraph 6 of IFRS 16.
(d) exclude initial direct costs (see paragraph D9E) from the measurement of the right-of-use asset at the date of transition to IFRSs.
(e) use hindsight, such as in determining the lease term if the contract contains options to extend or terminate the lease.

Lease payments, lessee, lessee's incremental borrowing rate, commencement date of the lease, initial direct costs and lease term are defined terms in IFRS 16 and are used in this Standard with the same meaning. D9E

[Deleted] D10—D11

Cumulative translation differences

IAS 21 requires an entity: D12

(a) to recognise some translation differences in other comprehensive income and accumulate these in a separate component of equity; and
(b) on disposal of a foreign operation, to reclassify the cumulative translation difference for that foreign operation (including, if applicable, gains and losses on related hedges) from equity to profit or loss as part of the gain or loss on disposal.

However, a first-time adopter need not comply with these requirements for cumulative translation differences that existed at the date of transition to IFRSs. If a first-time adopter uses this exemption: D13

(a) the cumulative translation differences for all foreign operations are deemed to be zero at the date of transition to IFRSs; and
(b) the gain or loss on a subsequent disposal of any foreign operation shall exclude translation differences that arose before the date of transition to IFRSs and shall include later translation differences.

Instead of applying paragraph D12 or paragraph D13, a subsidiary that uses the exemption in paragraph D16 (a) may elect, in its financial statements, to measure cumulative translation differences for all foreign operations at the carrying amount that would be included in the parent's consolidated financial statements, based on the parent's date of transition to IFRSs, if no adjustments were made for consolidation procedures and for the effects of the business combination in which the parent acquired the subsidiary. A similar election is available to an associate or joint venture that uses the exemption in paragraph D16 (a). D13A

Investments in subsidiaries, joint ventures and associates

When an entity prepares separate financial statements, IAS 27 requires it to account for its investments in subsidiaries, joint ventures and associates either: D14

(a) at cost;
(b) in accordance with IFRS 9; or
(c) using the equity method as described in IAS 28.

D15 Wenn ein erstmaliger Anwender solche Beteiligungen gemäß IAS 27 zu den Anschaffungskosten bewertet, müssen diese Beteiligungen in seiner IFRS-Eröffnungsbilanz für den Einzelabschluss zu einem der folgenden Beträge bewertet werden:

(a) gemäß IAS 27 ermittelte Anschaffungskosten oder

(b) als Ersatz für Anschaffungskosten angesetzter Wert. Der für solche Beteiligungen verwendete Ersatz für Anschaffungskosten ist:

   (i) der beizulegende Zeitwert in seinem Einzelabschluss zum Zeitpunkt des Übergangs auf IFRS oder

   (ii) der zu diesem Zeitpunkt nach vorherigen Rechnungslegungsgrundsätzen ermittelte Buchwert.

Ein erstmaliger Anwender kann für die Bewertung seiner Beteiligung an dem jeweiligen Tochterunternehmen, Gemeinschaftsunternehmen oder assoziierten Unternehmen zwischen (i) und (ii) oben wählen, sofern er sich für einen als Ersatz für Anschaffungskosten angesetzten Wert entscheidet.

D15A Wenn ein erstmaliger Anwender eine solche Beteiligung anhand der in IAS 28 beschriebenen Verfahren der Equity-Methode bilanziert,

(a) wendet der erstmalige Anwender die Befreiung für vergangene Unternehmenszusammenschlüsse (Anhang C) auf den Erwerb der Beteiligung an.

(b) und wenn das Unternehmen zuerst für seine Einzelabschlüsse und erst danach für seine Konzernabschlüsse ein erstmaliger Anwender wird und

   (i) sein Mutterunternehmen schon zuvor erstmaliger Anwender war, hat das Unternehmen in seinen Einzelabschlüssen Paragraph D16 anzuwenden.

   (ii) sein Tochterunternehmen schon zuvor erstmaliger Anwender war, hat das Unternehmen in seinen Einzelabschlüssen Paragraph D17 anzuwenden.

Vermögenswerte und Schulden von Tochterunternehmen, assoziierten Unternehmen und Gemeinschaftsunternehmen

D16 Falls ein Tochterunternehmen nach seinem Mutterunternehmen ein erstmaliger Anwender wird, hat das Tochterunternehmen in seinem Abschluss seine Vermögenswerte und Schulden entweder

(a) zu den Buchwerten zu bewerten, die ausgehend von dem Zeitpunkt des Übergangs des Mutterunternehmen auf IFRS in dem Konzernabschluss des Mutterunternehmens angesetzt worden wären, falls keine Konsolidierungsanpassungen und keine Anpassungen wegen der Auswirkungen des Unternehmenszusammenschlusses, in dessen Rahmen das Mutterunternehmen das Tochterunternehmen erwarb, vorgenommen worden wären (einem Tochterunternehmen einer Investmentgesellschaft im Sinne von IFRS 10, das erfolgswirksam zum beizulegenden Zeitwert zu bewerten ist, steht ein derartiges Wahlrecht nicht zu), oder

(b) zu den Buchwerten zu bewerten, die aufgrund der weiteren Vorschriften dieses IFRS, basierend auf dem Zeitpunkt des Übergangs des Tochterunternehmens auf IFRS vorgeschrieben wären. Diese Buchwerte können sich von den in (a) beschriebenen unterscheiden,

   (i) falls die Befreiungen in diesem IFRS zu Bewertungen führen, die vom Zeitpunkt des Übergangs auf IFRS abhängig sind,

   (ii) bzw. falls die im Abschluss des Tochterunternehmens verwendeten Rechnungslegungsmethoden sich von denen des Konzernabschlusses unterscheiden. Beispielsweise kann das Tochterunternehmen das Anschaffungskostenmodell gemäß IAS 16 *Sachanlagen* als Rechnungslegungsmethode anwenden, während der Konzern möglicherweise das Modell der Neubewertung anwendet.

Ein ähnliches Wahlrecht steht einem assoziierten Unternehmen oder Gemeinschaftsunternehmen zu, das nach einem Unternehmen, das maßgeblichen Einfluss über es besitzt oder an seiner gemeinschaftlichen Führung beteiligt ist, zu einem erstmaligen Anwender wird.

D17 Falls ein Unternehmen jedoch nach seinem Tochterunternehmen (oder assoziierten Unternehmen oder Gemeinschaftsunternehmen) ein erstmaliger Anwender wird, hat das Unternehmen in seinem Konzernabschluss die Vermögenswerte und Schulden des Tochterunternehmens (oder des assoziierten Unternehmens oder des Gemeinschaftsunternehmens) nach Durchführung von Anpassungen im Rahmen der Konsolidierung, der Equity-Methode und der Auswirkungen des Unternehmenszusammenschlusses, im Rahmen dessen das Unternehmen das Tochterunternehmen erwarb, zu denselben Buchwerten wie in dem Abschluss des Tochterunternehmens (oder assoziierten Unternehmens oder Gemeinschaftsunternehmens) zu bewerten. Unbeschadet dieser Vorschrift darf ein Mutterunternehmen, das keine Investmentgesellschaft ist, die von Investment-Tochterunternehmen in Anspruch genommene Ausnahme von der Konsolidierung nicht anwenden. Falls ein Mutterunternehmen entsprechend für seinen Einzelabschluss früher oder später als für seinen Konzernabschluss ein erstmaliger Anwender wird, hat es seine Vermögenswerte und Schulden, abgesehen von Konsolidierungsanpassungen, in beiden Abschlüssen identisch zu bewerten.

Zusammengesetzte Finanzinstrumente

D18 IAS 32 *Finanzinstrumente: Darstellung* verlangt, dass zusammengesetzte Finanzinstrumente beim erstmaligen Ansatz in gesonderte Schuld- und Eigenkapitalkomponenten aufgeteilt werden. Falls die Schuldkomponente nicht mehr ausstehend ist, umfasst die rückwirkende Anwendung von IAS 32 eine Aufteilung in zwei Eigenkapitalkomponenten. Der erste

If a first-time adopter measures such an investment at cost in accordance with IAS 27, it shall measure that investment at one of the following amounts in its separate opening IFRS statement of financial position: D15

(a) cost determined in accordance with IAS 27; or
(b) deemed cost. The deemed cost of such an investment shall be its:
    (i) fair value at the entity's date of transition to IFRSs in its separate financial statements; or
    (ii) previous GAAP carrying amount at that date.

A first-time adopter may choose either (i) or (ii) above to measure its investment in each subsidiary, joint venture or associate that it elects to measure using a deemed cost.

If a first-time adopter accounts for such an investment using the equity method procedures as described in IAS 28: D15A

(a) the first-time adopter applies the exemption for past business combinations (Appendix C) to the acquisition of the investment.
(b) if the entity becomes a first-time adopter for its separate financial statements earlier than for its consolidated financial statements, and
    (i) later than its parent, the entity shall apply paragraph D16 in its separate financial statements.
    (ii) later than its subsidiary, the entity shall apply paragraph D17 in its separate financial statements.

Assets and liabilities of subsidiaries, associates and joint ventures

If a subsidiary becomes a first-time adopter later than its parent, the subsidiary shall, in its financial statements, measure its assets and liabilities at either: D16

(a) the carrying amounts that would be included in the parent's consolidated financial statements, based on the parent's date of transition to IFRSs, if no adjustments were made for consolidation procedures and for the effects of the business combination in which the parent acquired the subsidiary (this election is not available to a subsidiary of an investment entity, as defined in IFRS 10, that is required to be measured at fair value through profit or loss); or
(b) the carrying amounts required by the rest of this IFRS, based on the subsidiary's date of transition to IFRSs. These carrying amounts could differ from those described in (a):
    (i) when the exemptions in this IFRS result in measurements that depend on the date of transition to IFRSs.
    (ii) when the accounting policies used in the subsidiary's financial statements differ from those in the consolidated financial statements. For example, the subsidiary may use as its accounting policy the cost model in IAS 16 *Property, Plant and Equipment*, whereas the group may use the revaluation model.

A similar election is available to an associate or joint venture that becomes a first-time adopter later than an entity that has significant influence or joint control over it.

However, if an entity becomes a first-time adopter later than its subsidiary (or associate or joint venture) the entity shall, in its consolidated financial statements, measure the assets and liabilities of the subsidiary (or associate or joint venture) at the same carrying amounts as in the financial statements of the subsidiary (or associate or joint venture), after adjusting for consolidation and equity accounting adjustments and for the effects of the business combination in which the entity acquired the subsidiary. Notwithstanding this requirement, a non-investment entity parent shall not apply the exception to consolidation that is used by any investment entity subsidiaries. Similarly, if a parent becomes a first-time adopter for its separate financial statements earlier or later than for its consolidated financial statements, it shall measure its assets and liabilities at the same amounts in both financial statements, except for consolidation adjustments. D17

Compound financial instruments

IAS 32 *Financial Instruments: Presentation* requires an entity to split a compound financial instrument at inception into separate liability and equity components. If the liability component is no longer outstanding, retrospective application of IAS 32 involves separating two portions of equity. The first portion is in retained earnings and represents the cumulative D18

Bestandteil wird in den Gewinnrücklagen erfasst und stellt die kumulierten Zinsen dar, die für die Schuldkomponente anfielen. Der andere Bestandteil stellt die ursprüngliche Eigenkapitalkomponente dar. Falls die Schuldkomponente zum Zeitpunkt des Übergangs auf IFRS jedoch nicht mehr aussteht, muss ein erstmaliger Anwender gemäß diesem IFRS keine Aufteilung in zwei Bestandteile vornehmen.

Designation von früher angesetzten Finanzinstrumenten

D19 Gemäß IFRS 9 kann eine finanzielle Verbindlichkeit (sofern sie bestimmte Kriterien erfüllt) als erfolgswirksam zum beizulegenden Zeitwert bewertete finanzielle Verbindlichkeit designiert werden. Unbeschadet dieser Vorschrift darf ein Unternehmen zum Zeitpunkt des Übergangs auf IFRS jede finanzielle Verbindlichkeit als erfolgswirksam zum beizulegenden Zeitwert bewertet designieren, sofern die Verbindlichkeit zu diesem Zeitpunkt die Kriterien in Paragraph 4.2.2 von IFRS 9 erfüllt.

D19A Ein Unternehmen kann einen finanziellen Vermögenswert auf Grundlage der zum Zeitpunkt des Übergangs auf IFRS bestehenden Fakten und Umstände gemäß Paragraph 4.1.5 von IFRS 9 als erfolgswirksam zum beizulegenden Zeitwert bewertet designieren.

D19B Ein Unternehmen kann eine Finanzinvestition in ein Eigenkapitalinstrument auf Grundlage der zum Zeitpunkt des Übergangs auf IFRS bestehenden Fakten und Umstände gemäß Paragraph 5.7.5 von IFRS 9 als zum beizulegenden Zeitwert erfolgsneutral im sonstigen Ergebnis bewertet designieren.

D19C Bei einer finanziellen Verbindlichkeit, die als erfolgswirksam zum beizulegenden Zeitwert bewertet designiert ist, hat ein Unternehmen auf der Grundlage der zum Zeitpunkt des Übergangs auf IFRS bestehenden Fakten und Umstände zu bestimmen, ob durch die Bilanzierung gemäß Paragraph 5.7.7 von IFRS 9 eine Rechnungslegungsanomalie im Gewinn oder Verlust entstehen würde.

Bewertung von finanziellen Vermögenswerten und finanziellen Verbindlichkeiten beim erstmaligen Ansatz zum beizulegenden Zeitwert

D20 Unbeschadet der Vorschriften der Paragraphen 7 und 9 kann ein Unternehmen die Vorschriften in Paragraph B5.1.2A (b) von IFRS 9 prospektiv auf zum oder nach dem Zeitpunkt des Übergangs auf IFRS geschlossene Transaktionen anwenden.

In den Anschaffungs- oder Herstellungskosten der Sachanlagen enthaltene Entsorgungsverpflichtungen

D21 IFRIC 1 *Änderungen bestehender Rückstellungen für Entsorgungs-, Wiederherstellungs- und ähnliche Verpflichtungen* schreibt vor, dass spezifizierte Änderungen einer Rückstellung für Entsorgungs-, Wiederherstellungs- oder ähnliche Verpflichtungen zu den Anschaffungs- oder Herstellungskosten des dazugehörigen Vermögenswerts hinzugefügt oder davon abgezogen werden; der angepasste Abschreibungsbetrag des Vermögenswerts wird dann prospektiv über seine verbleibende Nutzungsdauer planmäßig abgeschrieben. Ein erstmaliger Anwender braucht diese Vorschriften für Änderungen solcher Rückstellungen, die vor dem Zeitpunkt des Übergangs auf IFRS auftraten, nicht anzuwenden. Wenn ein erstmaliger Anwender diese Ausnahme nutzt, hat er

(a) zum Zeitpunkt des Übergangs auf IFRS die Rückstellung gemäß IAS 37 zu bewerten,

(b) sofern die Rückstellung im Anwendungsbereich von IFRIC 1 liegt, den Betrag, der in den Anschaffungs- oder Herstellungskosten des zugehörigen Vermögenswerts beim ersten Auftreten der Verpflichtung enthalten gewesen wäre, zu schätzen, indem die Rückstellung zu dem Zeitpunkt unter Verwendung seiner bestmöglichen Schätzung des historischen risikobereinigten Abzinsungssatzes/der historischen risikobereinigten Abzinsungssätze diskontiert wird, der/die für diese Rückstellung für die dazwischen liegenden Perioden angewendet worden wäre/wären, und

(c) zum Zeitpunkt des Übergangs auf IFRS von diesem Betrag die kumulierte planmäßige Abschreibung auf Grundlage der aktuellen Schätzung der Nutzungsdauer des Vermögenswerts unter Anwendung der vom Unternehmen gemäß IFRS eingesetzten Abschreibungsmethode zu berechnen.

D21A Ein Unternehmen, das die Befreiung in Paragraph D8A (b) (für Vermögenswerte aus Öl und Gas in der Entwicklungs- oder Produktionsphase, die gemäß vorherigen Rechnungslegungsgrundsätzen in Kostenstellen bilanziert werden, die sämtliche Erschließungsstandorte einer großen geografischen Zone umfassen) anwendet, hat anstelle der Anwendung von Paragraph D21 oder IFRIC 1

(a) Entsorgungs-, Wiederherstellungs- und ähnliche Verpflichtungen zum Zeitpunkt des Übergangs auf IFRS gemäß IAS 37 zu bewerten und

(b) die Differenz zwischen diesem Betrag und dem nach vorherigen Rechnungslegungsgrundsätzen ermittelten Buchwert dieser Verpflichtungen zum Zeitpunkt des Übergangs auf IFRS unmittelbar in den Gewinnrücklagen zu erfassen.

interest accreted on the liability component. The other portion represents the original equity component. However, in accordance with this IFRS, a first-time adopter need not separate these two portions if the liability component is no longer outstanding at the date of transition to IFRSs.

Designation of previously recognised financial instruments

IFRS 9 permits a financial liability (provided it meets certain criteria) to be designated as a financial liability at fair value through profit or loss. Despite this requirement an entity is permitted to designate, at the date of transition to IFRSs, any financial liability as at fair value through profit or loss provided the liability meets the criteria in paragraph 4.2.2 of IFRS 9 at that date. **D19**

An entity may designate a financial asset as measured at fair value through profit or loss in accordance with paragraph 4.1.5 of IFRS 9 on the basis of the facts and circumstances that exist at the date of transition to IFRSs. **D19A**

An entity may designate an investment in an equity instrument as at fair value through other comprehensive income in accordance with paragraph 5.7.5 of IFRS 9 on the basis of the facts and circumstances that exist at the date of transition to IFRSs. **D19B**

For a financial liability that is designated as a financial liability at fair value through profit or loss, an entity shall determine whether the treatment in paragraph 5.7.7 of IFRS 9 would create an accounting mismatch in profit or loss on the basis of the facts and circumstances that exist at the date of transition to IFRSs. **D19C**

Fair value measurement of financial assets or financial liabilities at initial recognition

Despite the requirements of paragraphs 7 and 9, an entity may apply the requirements in paragraph B5.1.2A (b) of IFRS 9 prospectively to transactions entered into on or after the date of transition to IFRSs. **D20**

Decommissioning liabilities included in the cost of property, plant and equipment

IFRIC 1 *Changes in Existing Decommissioning, Restoration and Similar Liabilities* requires specified changes in a decommissioning, restoration or similar liability to be added to or deducted from the cost of the asset to which it relates; the adjusted depreciable amount of the asset is then depreciated prospectively over its remaining useful life. A first-time adopter need not comply with these requirements for changes in such liabilities that occurred before the date of transition to IFRSs. If a first-time adopter uses this exemption, it shall: **D21**

(a) measure the liability as at the date of transition to IFRSs in accordance with IAS 37;
(b) to the extent that the liability is within the scope of IFRIC 1, estimate the amount that would have been included in the cost of the related asset when the liability first arose, by discounting the liability to that date using its best estimate of the historical risk-adjusted discount rate(s) that would have applied for that liability over the intervening period; and
(c) calculate the accumulated depreciation on that amount, as at the date of transition to IFRSs, on the basis of the current estimate of the useful life of the asset, using the depreciation policy adopted by the entity in accordance with IFRSs.

An entity that uses the exemption in paragraph D8A (b) (for oil and gas assets in the development or production phases accounted for in cost centres that include all properties in a large geographical area under previous GAAP) shall, instead of applying paragraph D21 or IFRIC 1: **D21A**

(a) measure decommissioning, restoration and similar liabilities as at the date of transition to IFRSs in accordance with IAS 37; and
(b) recognise directly in retained earnings any difference between that amount and the carrying amount of those liabilities at the date of transition to IFRSs determined under the entity's previous GAAP.

Finanzielle Vermögenswerte oder immaterielle Vermögenswerte, die gemäß IFRIC 12 bilanziert werden

D22 Ein erstmaliger Anwender kann die Übergangsvorschriften von IFRIC 12 anwenden.

Fremdkapitalkosten

D23 Ein erstmaliger Anwender kann wählen, ob er die Vorschriften von IAS 23 ab dem Zeitpunkt des Übergangs auf IFRS oder ab einem früheren Zeitpunkt wie in Paragraph 28 von IAS 23 gestattet anwendet. Ab dem Zeitpunkt, ab dem ein Unternehmen, das diese Ausnahme in Anspruch nimmt, IAS 23 anwendet,

(a) darf das Unternehmen Fremdkapitalkosten, die es nach vorherigen Rechnungslegungsgrundsätzen aktiviert hatte und die im Buchwert der Vermögenswerte zu jenem Zeitpunkt enthalten waren, nicht anpassen und

(b) hat das Unternehmen die ab jenem Zeitpunkt anfallenden Fremdkapitalkosten, auch für zu diesem Zeitpunkt in Bau befindliche qualifizierte Vermögenswerte, gemäß IAS 23 zu bilanzieren.

D24 [gestrichen]

Tilgung finanzieller Verbindlichkeiten durch Eigenkapitalinstrumente

D25 Ein erstmaliger Anwender kann die Übergangsvorschriften von IFRIC 19 *Tilgung finanzieller Verbindlichkeiten durch Eigenkapitalinstrumente* anwenden.

Ausgeprägte Hochinflation

D26 Hat ein Unternehmen eine funktionale Währung, die die Währung eines Hochinflationslandes war oder ist, hat es zu ermitteln, ob diese Währung vor dem Zeitpunkt des Übergangs auf IFRS einer ausgeprägten Hochinflation ausgesetzt war. Dies gilt sowohl für Unternehmen, die erstmals IFRS anwenden, als auch für Unternehmen, die IFRS bereits angewendet haben.

D27 Die Währung eines Hochinflationslandes unterliegt einer ausgeprägten Hochinflation, wenn sie die beiden folgenden Merkmale aufweist:

(a) Nicht alle Unternehmen mit Transaktionen und Salden in der Währung können auf einen zuverlässigen allgemeinen Preisindex zurückgreifen.

(b) Die Währung ist nicht in eine relativ stabile Fremdwährung umtauschbar. Die Umtauschbarkeit wird gemäß IAS 21 beurteilt.

D28 Die funktionale Währung eines Unternehmens unterliegt vom Zeitpunkt der Normalisierung der funktionalen Währung an nicht länger einer ausgeprägten Hochinflation. Dies ist der Zeitpunkt, an dem die funktionale Währung nicht länger eines der in Paragraph D27 genannten Merkmale aufweist oder wenn das Unternehmen zu einer funktionalen Währung übergeht, die keiner ausgeprägten Hochinflation unterliegt.

D29 Fällt der Zeitpunkt des Übergangs eines Unternehmens auf IFRS auf den Zeitpunkt der Normalisierung der funktionalen Währung oder danach, darf das Unternehmen alle vor dem Zeitpunkt der Normalisierung gehaltenen Vermögenswerte und Schulden mit dem beizulegenden Zeitwert zum Zeitpunkt des Übergangs auf IFRS bewerten. Das Unternehmen darf diesen beizulegenden Zeitwert in seiner IFRS-Eröffnungsbilanz als Ersatz für die Anschaffungs- oder Herstellungskosten der betreffenden Vermögenswerte oder Schulden verwenden.

D30 Fällt der Zeitpunkt der Normalisierung der funktionalen Währung in eine zwölfmonatige Vergleichsperiode, kann die Vergleichsperiode unter der Voraussetzung kürzer als zwölf Monate sein, dass für diese kürzere Periode ein vollständiger Abschluss (wie in Paragraph 10 von IAS 1 vorgeschrieben) vorgelegt wird.

Gemeinschaftliche Vereinbarungen

D31 Ein erstmaliger Anwender kann die Übergangsvorschriften in IFRS 11 mit folgenden Ausnahmen anwenden:

(a) Bei der Anwendung der Übergangsvorschriften in IFRS 11 hat ein erstmaliger Anwender diese Vorschriften zum Zeitpunkt des Übergangs auf IFRS anzuwenden.

(b) Beim Übergang von der Quotenkonsolidierung auf die Equity-Methode hat ein erstmaliger Anwender die Beteiligung gemäß IAS 36 zum Zeitpunkt des Übergangs auf IFRS auf Wertminderung zu prüfen, und zwar unabhängig davon, ob es einen Anhaltspunkt dafür gibt, dass die Beteiligung wertgemindert sein könnte. Jede etwaige Wertminderung ist als Anpassung der Gewinnrücklagen zum Zeitpunkt des Übergangs auf IFRS auszuweisen.

Abraumkosten in der Produktionsphase eines Tagebaubergwerks

D32 Ein erstmaliger Anwender kann die Übergangsvorschriften der Paragraphen A1 bis A4 von IFRIC 20 *Abraumkosten in der Produktionsphase eines Tagebaubergwerks* anwenden. Der Zeitpunkt des Inkrafttretens, auf den dort verwiesen wird, ist der 1. Januar 2013 oder der Beginn der ersten IFRS-Berichtsperiode, sofern er später liegt.

Financial assets or intangible assets accounted for in accordance with IFRIC 12

A first-time adopter may apply the transitional provisions in IFRIC 12. D22

Borrowing costs

A first-time adopter can elect to apply the requirements of IAS 23 from the date of transition or from an earlier date as permitted by paragraph 28 of IAS 23. From the date on which an entity that applies this exemption begins to apply IAS 23, the entity: D23

(a) shall not restate the borrowing cost component that was capitalised under previous GAAP and that was included in the carrying amount of assets at that date; and
(b) shall account for borrowing costs incurred on or after that date in accordance with IAS 23, including those borrowing costs incurred on or after that date on qualifying assets already under construction.

[deleted] D24

Extinguishing financial liabilities with equity instruments

A first-time adopter may apply the transitional provisions in IFRIC 19 *Extinguishing Financial Liabilities with Equity Instruments*. D25

Severe hyperinflation

If an entity has a functional currency that was, or is, the currency of a hyperinflationary economy, it shall determine whether it was subject to severe hyperinflation before the date of transition to IFRSs. This applies to entities that are adopting IFRSs for the first time, as well as entities that have previously applied IFRSs. D26

The currency of a hyperinflationary economy is subject to severe hyperinflation if it has both of the following characteristics: D27

(a) a reliable general price index is not available to all entities with transactions and balances in the currency;
(b) the currency is not exchangeable into a relatively stable foreign currency. Exchangeability is assessed in accordance with IAS 21.

The functional currency of an entity ceases to be subject to severe hyperinflation on the functional currency normalisation date. That is the date when the functional currency no longer has either, or both, of the characteristics in paragraph D27, or when there is a change in the entity's functional currency to a currency that is not subject to severe hyperinflation. D28

When an entity's date of transition to IFRSs is on, or after, the functional currency normalisation date, the entity may elect to measure all assets and liabilities held before the functional currency normalisation date at fair value on the date of transition to IFRSs. The entity may use that fair value as the deemed cost of those assets and liabilities in the opening IFRS statement of financial position. D29

When the functional currency normalisation date falls within a 12-month comparative period, the comparative period may be less than 12 months, provided that a complete set of financial statements (as required by paragraph 10 of IAS 1) is provided for that shorter period. D30

Joint arrangements

A first-time adopter may apply the transition provisions in IFRS 11 with the following exceptions: D31

(a) When applying the transition provisions in IFRS 11, a first-time adopter shall apply these provisions at the date of transition to IFRS.
(b) When changing from proportionate consolidation to the equity method, a first-time adopter shall test for impairment the investment in accordance with IAS 36 as at the date of transition to IFRS, regardless of whether there is any indication that the investment may be impaired. Any resulting impairment shall be recognised as an adjustment to retained earnings at the date of transition to IFRS.

Stripping costs in the production phase of a surface mine

A first-time adopter may apply the transitional provisions set out in paragraphs A1 to A4 of IFRIC 20 *Stripping Costs in the Production Phase of a Surface Mine*. In that paragraph, reference to the effective date shall be interpreted as 1 January 2013 or the beginning of the first IFRS reporting period, whichever is later. D32

Designation von Verträgen über den Kauf oder Verkauf eines nichtfinanziellen Postens

D33 Nach IFRS 9 können Verträge über den Kauf oder Verkauf eines nichtfinanziellen Postens zu Vertragsbeginn als erfolgswirksam zum beizulegenden Zeitwert bewertet designiert werden (siehe Paragraph 2.5 von IFRS 9). Unbeschadet dieser Vorschrift kann ein Unternehmen zum Zeitpunkt des Übergangs auf IFRS bereits zu diesem Zeitpunkt bestehende Verträge als erfolgswirksam zum beizulegenden Zeitwert bewertet designieren, jedoch nur, wenn diese die Vorschriften in Paragraph 2.5 von IFRS 9 zu diesem Zeitpunkt erfüllen und das Unternehmen alle ähnlichen Verträge entsprechend designiert.

Umsatzerlöse

D34 Ein erstmaliger Anwender kann die Übergangsvorschriften in Paragraph C5 von IFRS 15 anwenden. In diesem Fall ist unter dem Zeitpunkt der erstmaligen Anwendung der Beginn der Berichtsperiode zu verstehen, in der das Unternehmen erstmals IFRS anwendet. Beschließt ein erstmaliger Anwender, diese Übergangsvorschriften anzuwenden, hat er auch Paragraph C6 von IFRS 15 anzuwenden.

D35 Ein erstmaliger Anwender ist nicht verpflichtet, Verträge, die vor der frühesten dargestellten Periode erfüllt worden sind, neu zu bewerten. Ein erfüllter Vertrag ist ein Vertrag, in Bezug auf den das Unternehmen alle Güter und Dienstleistungen übertragen hat, die in Übereinstimmung mit den vorherigen Rechnungslegungsgrundsätzen identifiziert worden sind.

Fremdwährungstransaktionen und im Voraus erbrachte oder erhaltene Gegenleistungen

D36 Ein erstmaliger Anwender braucht IFRIC 22 *Fremdwährungstransaktionen und im Voraus erbrachte oder erhaltene Gegenleistungen* nicht auf in den Anwendungsbereich dieser Interpretation fallende Vermögenswerte, Aufwendungen und Erträge anzuwenden, die vor dem Zeitpunkt des Übergangs auf IFRS erstmals erfasst wurden.

ANHANG E

Kurzzeitige Befreiungen von IFRS

Dieser Anhang ist integraler Bestandteil des IFRS.

Befreiung von der Vorschrift, Vergleichsinformationen für IFRS 9 anzupassen

E1 Wenn die erste IFRS-Berichtsperiode eines Unternehmens vor dem 1. Januar 2019 beginnt und das Unternehmen die vervollständigte Fassung von IFRS 9 (veröffentlicht 2014) anwendet, brauchen die Vergleichsinformationen im ersten IFRS-Abschluss des Unternehmens nicht die Vorschriften von IFRS 7 *Finanzinstrumente: Angaben* oder der vervollständigten Fassung von IFRS 9 (veröffentlicht 2014) zu erfüllen, soweit sich die Angabepflichten in IFRS 7 auf Sachverhalte innerhalb des Anwendungsbereichs von IFRS 9 beziehen. Bei solchen Unternehmen sind, ausschließlich im Fall von IFRS 7 und IFRS 9 (2014) Verweise auf den „Zeitpunkt des Übergangs auf IFRS" gleichbedeutend mit dem Beginn der ersten IFRS-Berichtsperiode.

E2 Ein Unternehmen, das sich dafür entscheidet, in seinem ersten Jahr des Übergangs Vergleichsinformationen darzustellen, die nicht die Vorschriften von IFRS 7 und der vervollständigten Fassung von IFRS 9 (veröffentlicht 2014) erfüllen, hat

(a) für Vergleichsinformationen über Posten, die in den Anwendungsbereich von IFRS 9 fallen, anstelle der Vorschriften von IFRS 9 die Vorschriften seiner vorherigen Rechnungslegungsgrundsätze anzuwenden.

(b) diese Tatsache sowie die für die Erstellung dieser Informationen verwendete Grundlage anzugeben.

(c) etwaige Anpassungen zwischen der Bilanz zum Abschlussstichtag der Vergleichsperiode (d. h. der Bilanz, die Vergleichsinformationen nach vorherigen Rechnungslegungsgrundsätzen enthält) und der Bilanz zu Beginn der ersten IFRS-Berichtsperiode (d. h. der ersten Periode, die Informationen in Übereinstimmung mit IFRS 7 und der vervollständigten Fassung von IFRS 9 (veröffentlicht 2014) enthält) als Anpassungen infolge einer Änderung der Rechnungslegungsmethode zu behandeln und die in Paragraph 28 (a)–(e) und (f) (i) von IAS 8 verlangten Angaben zu machen. Paragraph 28 (f) (i) gilt nur für in der Bilanz zum Abschlussstichtag der Vergleichsperiode dargestellte Beträge.

(d) nach Paragraph 17 (c) von IAS 1 zusätzliche Angaben bereitzustellen, wenn die Erfüllung der spezifischen Vorschriften in den IFRS nicht ausreicht, um es den Adressaten zu ermöglichen, die Auswirkungen einzelner Geschäftsvorfälle, sonstiger Ereignisse und Bedingungen auf die Vermögens-, Finanz- und Ertragslage des Unternehmens zu verstehen.

E3–E7 [gestrichen]

Unsicherheit bezüglich der ertragsteuerlichen Behandlung

E8 Ein erstmaliger Anwender, der vor dem 1. Juli 2017 auf IFRS übergeht, hat die Möglichkeit, die Anwendung von IFRIC 23 *Unsicherheit bezüglich der ertragsteuerlichen Behandlung* in den Vergleichsinformationen seines ersten IFRS-Abschlusses nicht darzustellen. Wählt ein Unternehmen diese Möglichkeit, so hat es die kumulierten Auswirkungen der Anwendung der IFRIC 23 zu Beginn seiner ersten IFRS-Berichtsperiode als Anpassung des Eröffnungsbilanzwerts der Gewinnrücklagen (oder – soweit sachgerecht – einer anderen Eigenkapitalkomponente) zu erfassen.

Designation of contracts to buy or sell a non-financial item

IFRS 9 permits some contracts to buy or sell a non-financial item to be designated at inception as measured at fair value through profit or loss (see paragraph 2.5 of IFRS 9). Despite this requirement an entity is permitted to designate, at the date of transition to IFRSs, contracts that already exist on that date as measured at fair value through profit or loss but only if they meet the requirements of paragraph 2.5 of IFRS 9 at that date and the entity designates all similar contracts. **D33**

Revenue

A first-time adopter may apply the transition provisions in paragraph C5 of IFRS 15. In those paragraphs references to the 'date of initial application' shall be interpreted as the beginning of the first IFRS reporting period. If a first-time adopter decides to apply those transition provisions, it shall also apply paragraph C6 of IFRS 15. **D34**

A first-time adopter is not required to restate contracts that were completed before the earliest period presented. A completed contract is a contract for which the entity has transferred all of the goods or services identified in accordance with previous GAAP. **D35**

Foreign Currency Transactions and Advance Consideration

A first-time adopter need not apply IFRIC 22 *Foreign Currency Transactions and Advance Consideration* to assets, expenses and income in the scope of that Interpretation initially recognised before the date of transition to IFRS Standards. **D36**

APPENDIX E

Short-term exemptions from IFRSs

This appendix is an integral part of the IFRS.

Exemption from the requirement to restate comparative information for IFRS 9

If an entity's first IFRS reporting period begins before 1 January 2019 and the entity applies the completed version of IFRS 9 (issued in 2014), the comparative information in the entity's first IFRS financial statements need not comply with IFRS 7 *Financial Instruments*: Disclosure or the completed version of IFRS 9 (issued in 2014), to the extent that the disclosures required by IFRS 7 relate to items within the scope of IFRS 9. For such entities, references to the 'date of transition to IFRSs' shall mean, in the case of IFRS 7 and IFRS 9 (2014) only, the beginning of the first IFRS reporting period. **E1**

An entity that chooses to present comparative information that does not comply with IFRS 7 and the completed version of IFRS 9 (issued in 2014) in its first year of transition shall: **E2**

(a) apply the requirements of its previous GAAP in place of the requirements of IFRS 9 to comparative information about items within the scope of IFRS 9.

(b) disclose this fact together with the basis used to prepare this information.

(c) treat any adjustment between the statement of financial position at the comparative period's reporting date (ie the statement of financial position that includes comparative information under previous GAAP) and the statement of financial position at the start of the first IFRS reporting period (ie the first period that includes information that complies with IFRS 7 and the completed version of IFRS 9 (issued in 2014)) as arising from a change in accounting policy and give the disclosures required by paragraph 28 (a)—(e) and (f) (i) of IAS 8. Paragraph 28 (f) (i) applies only to amounts presented in the statement of financial position at the comparative period's reporting date.

(d) apply paragraph 17 (c) of IAS 1 to provide additional disclosures when compliance with the specific requirements in IFRSs is insufficient to enable users to understand the impact of particular transactions, other events and conditions on the entity's financial position and financial performance.

[deleted] **E3—E7**

Uncertainty over income tax treatments

A first-time adopter whose date of transition to IFRSs is before 1 July 2017 may elect not to reflect the application of IFRIC 23 *Uncertainty over Income Tax Treatments* in comparative information in its first IFRS financial statements. An entity that makes that election shall recognise the cumulative effect of applying IFRIC 23 as an adjustment to the opening balance of retained earnings (or other component of equity, as appropriate) at the beginning of its first IFRS reporting period. **E8**

INTERNATIONAL FINANCIAL REPORTING STANDARD 2

Anteilsbasierte Vergütung

INHALT

ZIELSETZUNG

1 Zielsetzung dieses IFRS ist die Regelung der Bilanzierung von *anteilsbasierten Vergütungen*. Insbesondere schreibt er einem Unternehmen vor, die Auswirkungen anteilsbasierter Vergütungen in seinem Gewinn oder Verlust und seiner Vermögens- und Finanzlage zu berücksichtigen; dies schließt die Aufwendungen aus der Gewährung von *Anteilsoptionen* an Mitarbeiter ein.

ANWENDUNGSBEREICH

2 Dieser IFRS ist bei der Bilanzierung aller anteilsbasierten Vergütungen anzuwenden, unabhängig davon, ob das Unternehmen alle oder einige der erhaltenen Güter oder Dienstleistungen speziell identifizieren kann. Hierzu zählen

(a) anteilsbasierte Vergütungen mit Ausgleich durch Eigenkapitalinstrumente,

(b) *anteilsbasierte Vergütungen mit Barausgleich* und

(c) Transaktionen, bei denen das Unternehmen Güter oder Dienstleistungen erhält oder erwirbt und das Unternehmen oder der Lieferant dieser Güter oder Dienstleistungen vertraglich die Wahl hat, ob der Ausgleich in bar (oder in anderen Vermögenswerten) oder durch die Ausgabe von Eigenkapitalinstrumenten erfolgen soll (mit Ausnahme der in den Paragraphen 3A–6 genannten Fälle).

Sollten keine speziell identifizierbaren Güter oder Dienstleistungen vorliegen, können andere Umstände darauf hinweisen, dass das Unternehmen Güter oder Dienstleistungen erhalten hat (oder noch erhalten wird) und damit dieser IFRS anzuwenden ist.

3 [gestrichen]

INTERNATIONAL FINANCIAL REPORTING STANDARD 2
Share-based payment

SUMMARY

OBJECTIVE

The objective of this IFRS is to specify the financial reporting by an entity when it undertakes a *share-based payment transaction*. In particular, it requires an entity to reflect in its profit or loss and financial position the effects of share-based payment transactions, including expenses associated with transactions in which *share options* are granted to employees. 1

SCOPE

An entity shall apply this IFRS in accounting for all share-based payment transactions, whether or not the entity can identify specifically some or all of the goods or services received, including: 2

(a) *equity-settled share-based payment transactions,*

(b) *cash-settled share-based payment transactions*, and

(c) transactions in which the entity receives or acquires goods or services and the terms of the arrangement provide either the entity or the supplier of those goods or services with a choice of whether the entity settles the transaction in cash (or other assets) or by issuing equity instruments,

except as noted in paragraphs 3A-6. In the absence of specifically identifiable goods or services, other circumstances may indicate that goods or services have been (or will be) received, in which case this IFRS applies.

[deleted] 3

3A Eine anteilsbasierte Vergütung kann von einem anderen Konzernunternehmen (oder einem Anteilseigner eines beliebigen Konzernunternehmens) im Namen des Unternehmens, das die Güter oder Dienstleistungen erhält oder erwirbt, ausgeglichen werden. Paragraph 2 gilt also auch, wenn ein Unternehmen

(a) Güter oder Dienstleistungen erhält, ein anderes Unternehmen desselben Konzerns (oder ein Anteilseigner eines beliebigen Konzernunternehmens) aber zum Ausgleich der anteilsbasierten Vergütung verpflichtet ist, oder

(b) zum Ausgleich einer anteilsbasierten Vergütung verpflichtet ist, ein anderes Unternehmen desselben Konzerns aber die Güter oder Dienstleistungen erhält,

es sei denn, die Transaktion dient eindeutig einem anderen Zweck als der Vergütung der Güter oder Dienstleistungen, die das Unternehmen erhält.

4 Im Sinne dieses IFRS stellt eine Transaktion mit einem Mitarbeiter (oder einer anderen Partei) in seiner bzw. ihrer Eigenschaft als Inhaber von Eigenkapitalinstrumenten des Unternehmens keine anteilsbasierte Vergütung dar. Gewährt ein Unternehmen beispielsweise allen Inhabern einer bestimmten Klasse seiner Eigenkapitalinstrumente das Recht, weitere Eigenkapitalinstrumente des Unternehmens zu einem Preis zu erwerben, der unter dem beizulegenden Zeitwert dieser Eigenkapitalinstrumente liegt, und wird einem Mitarbeiter nur deshalb ein solches Recht eingeräumt, weil er Inhaber von Eigenkapitalinstrumenten der betreffenden Klasse ist, unterliegt die Gewährung oder Ausübung dieses Rechts nicht den Vorschriften dieses IFRS.

5 Wie in Paragraph 2 ausgeführt, ist dieser IFRS auf anteilsbasierte Vergütungen anzuwenden, bei denen ein Unternehmen Güter oder Dienstleistungen erwirbt oder erhält. Güter schließen Vorräte, Verbrauchsgüter, Sachanlagen, immaterielle Vermögenswerte und andere nichtfinanzielle Vermögenswerte ein. Dieser IFRS gilt jedoch nicht für Transaktionen, bei denen ein Unternehmen Güter als Teil des bei einem Unternehmenszusammenschluss, wie in IFRS 3 *Unternehmenszusammenschlüsse* (in der 2008 überarbeiteten Fassung) definiert, als Teil bei einem Zusammenschluss von Unternehmen oder Geschäftsbetrieben unter gemeinsamer Beherrschung, wie in den Paragraphen B1–B4 von IFRS 3 beschrieben, erworbenen Nettovermögens erhält oder einen Geschäftsbetrieb bei der Gründung eines Gemeinschaftsunternehmens, wie in IFRS 11 *Gemeinschaftliche Vereinbarungen* definiert, einbringt. Daher fallen Eigenkapitalinstrumente, die bei einem Unternehmenszusammenschluss im Austausch für die Beherrschung über das erworbene Unternehmen ausgegeben werden, nicht in den Anwendungsbereich dieses IFRS. Dagegen sind Eigenkapitalinstrumente, die Mitarbeitern des erworbenen Unternehmens in ihrer Eigenschaft als Mitarbeiter (beispielsweise als Gegenleistung für ihren Verbleib im Unternehmen) gewährt werden, in den Anwendungsbereich dieses IFRS eingeschlossen. Ähnliches gilt für die Aufhebung, Ersetzung oder sonstige Änderung *anteilsbasierter Vergütungsvereinbarungen* infolge eines Unternehmenszusammenschlusses oder einer anderen Eigenkapitalrestrukturierung, die ebenfalls gemäß diesem IFRS zu bilanzieren sind. IFRS 3 dient als Leitlinie zur Ermittlung, ob bei einem Unternehmenszusammenschluss ausgegebene Eigenkapitalinstrumente Teil der im Austausch für die Beherrschung über das erworbene Unternehmen übertragenen Gegenleistung sind (und somit in den Anwendungsbereich von IFRS 3 fallen), oder ob sie im Austausch für ihren Verbleib im Unternehmen in der auf den Zusammenschluss folgenden Berichtsperiode angesetzt werden (und somit in den Anwendungsbereich dieses IFRS fallen).

6 Dieser IFRS ist nicht auf anteilsbasierte Vergütungen anzuwenden, bei denen das Unternehmen Güter oder Dienstleistungen im Rahmen eines Vertrags erhält oder erwirbt, der in den Anwendungsbereich der Paragraphen 8–10 von IAS 32 *Finanzinstrumente: Darstellung* (in der 2003 überarbeiteten Fassung)[1] oder der Paragraphen 2.4–2.7 von IFRS 9 *Finanzinstrumente* fällt.

6A Im vorliegenden IFRS wird der Begriff „beizulegender Zeitwert" in einer Weise verwendet, die sich in einigen Aspekten von der Definition des beizulegenden Zeitwerts in IFRS 13 *Bewertung zum beizulegenden Zeitwert* unterscheidet. Wendet ein Unternehmen IFRS 2 an, ermittelt es den beizulegenden Zeitwert daher gemäß vorliegendem IFRS und nicht gemäß IFRS 13.

ANSATZ

7 **Ein Unternehmen hat die gegen eine anteilsbasierte Vergütung erhaltenen oder erworbenen Güter oder Dienstleistungen zu dem Zeitpunkt anzusetzen, zu dem das Unternehmen die Güter erhält oder die Vertragspartei ihre Leistung erbringt. Das Unternehmen hat eine entsprechende Eigenkapitalerhöhung darzustellen, wenn der Erhalt der Güter oder Dienstleistungen gegen eine anteilsbasierte Vergütung mit Ausgleich durch Eigenkapitalinstrumente erfolgte, oder eine Schuld anzusetzen, wenn die Güter oder Dienstleistungen gegen eine anteilsbasierte Vergütung mit Barausgleich erworben wurden.**

8 **Kommen die gegen eine anteilsbasierte Vergütung erhaltenen oder erworbenen Güter oder Dienstleistungen nicht für einen Ansatz als Vermögenswert in Betracht, sind sie als Aufwand zu erfassen.**

9 In der Regel entsteht ein Aufwand aus dem Verbrauch von Gütern oder Dienstleistungen. Beispielsweise werden Dienstleistungen normalerweise sofort verbraucht; in diesem Fall wird zum Zeitpunkt der Leistungserbringung durch die

1 Der Titel von IAS 32 wurde 2005 geändert.

A share-based payment transaction may be settled by another group entity (or a shareholder of any group entity) on behalf of the entity receiving or acquiring the goods or services. Paragraph 2 also applies to an entity that 3A

(a) receives goods or services when another entity in the same group (or a shareholder of any group entity) has the obligation to settle the share-based payment transaction, or
(b) has an obligation to settle a share-based payment transaction when another entity in the same group receives the goods or services

unless the transaction is clearly for a purpose other than payment for goods or services supplied to the entity receiving them.

For the purposes of this IFRS, a transaction with an employee (or other party) in his/her capacity as a holder of equity instruments of the entity is not a share-based payment transaction. For example, if an entity grants all holders of a particular class of its equity instruments the right to acquire additional equity instruments of the entity at a price that is less than the fair value of those equity instruments, and an employee receives such a right because he/she is a holder of equity instruments of that particular class, the granting or exercise of that right is not subject to the requirements of this IFRS. 4

As noted in paragraph 2, this IFRS applies to share-based payment transactions in which an entity acquires or receives goods or services. Goods includes inventories, consumables, property, plant and equipment, intangible assets and other non-financial assets. However, an entity shall not apply this IFRS to transactions in which the entity acquires goods as part of the net assets acquired in a business combination as defined by IFRS 3 *Business Combinations* (as revised in 2008), in a combination of entities or businesses under common control as described in paragraphs B1—B4 of IFRS 3, or the contribution of a business on the formation of a joint venture as defined by IFRS 11 *Joint Arrangements*. Hence, equity instruments issued in a business combination in exchange for control of the acquiree are not within the scope of this IFRS. However, equity instruments granted to employees of the acquiree in their capacity as employees (e.g. in return for continued service) are within the scope of this IFRS. Similarly, the cancellation, replacement or other modification of *share-based payment arrangements* because of a business combination or other equity restructuring shall be accounted for in accordance with this IFRS. IFRS 3 provides guidance on determining whether equity instruments issued in a business combination are part of the consideration transferred in exchange for control of the acquiree (and therefore within the scope of IFRS 3) or are in return for continued service to be recognised in the post-combination period (and therefore within the scope of this IFRS). 5

This IFRS does not apply to share-based payment transactions in which the entity receives or acquires goods or services under a contract within the scope of paragraphs 8—10 of IAS 32 *Financial Instruments: Presentation* (as revised in 2003)[1] or paragraphs 2.4—2.7 of IFRS 9 *Financial Instruments*. 6

This IFRS uses the term 'fair value' in a way that differs in some respects from the definition of fair value in IFRS 13 *Fair Value Measurement*. Therefore, when applying IFRS 2 an entity measures fair value in accordance with this IFRS, not IFRS 13. 6A

RECOGNITION

An entity shall recognise the goods or services received or acquired in a share-based payment transaction when it obtains the goods or as the services are received. The entity shall recognise a corresponding increase in equity if the goods or services were received in an equity-settled share-based payment transaction, or a liability if the goods or services were acquired in a cash-settled share-based payment transaction. 7

When the goods or services received or acquired in a share-based payment transaction do not qualify for recognition as assets, they shall be recognised as expenses. 8

Typically, an expense arises from the consumption of goods or services. For example, services are typically consumed immediately, in which case an expense is recognised as the counterparty renders service. Goods might be consumed over 9

1 The title of IAS 32 was amended in 2005.

Vertragspartei ein Aufwand erfasst. Güter können über einen Zeitraum verbraucht oder, wie bei Vorräten, zu einem späteren Zeitpunkt verkauft werden; in diesem Fall wird ein Aufwand zu dem Zeitpunkt erfasst, zu dem die Güter verbraucht oder verkauft werden. Manchmal ist es jedoch erforderlich, bereits vor dem Verbrauch oder Verkauf der Güter oder Dienstleistungen einen Aufwand zu erfassen, da sie nicht für den Ansatz als Vermögenswert in Betracht kommen. Beispielsweise könnte ein Unternehmen in der Forschungsphase eines Projekts Güter zur Entwicklung eines neuen Produkts erwerben. Diese Güter sind zwar nicht verbraucht worden, erfüllen jedoch unter Umständen nicht die Kriterien für einen Ansatz als Vermögenswert nach dem einschlägigen IFRS.

ANTEILSBASIERTE VERGÜTUNGEN MIT AUSGLEICH DURCH EIGENKAPITALINSTRUMENTE

Überblick

10 **Bei anteilsbasierten Vergütungen, die durch Eigenkapitalinstrumente ausgeglichen werden, sind die erhaltenen Güter oder Dienstleistungen und die entsprechende Erhöhung des Eigenkapitals direkt mit dem beizulegenden Zeitwert der erhaltenen Güter oder Dienstleistungen anzusetzen, es sei denn, dass dieser nicht verlässlich geschätzt werden kann. Kann der beizulegende Zeitwert der erhaltenen Güter oder Dienstleistungen nicht verlässlich geschätzt werden, sind deren Wert und die entsprechende Eigenkapitalerhöhung indirekt unter Bezugnahme auf den beizulegenden Zeitwert[2] der gewährten Eigenkapitalinstrumente zu ermitteln.**

11 Zur Erfüllung der Vorschriften von Paragraph 10 bei Transaktionen mit *Mitarbeitern und anderen, die ähnliche Leistungen erbringen*[3] ist der beizulegende Zeitwert der erhaltenen Leistungen unter Bezugnahme auf den beizulegenden Zeitwert der gewährten Eigenkapitalinstrumente zu ermitteln, da es in der Regel nicht möglich ist, den beizulegenden Zeitwert der erhaltenen Leistungen verlässlich zu schätzen, wie in Paragraph 12 näher erläutert wird. Für die Bewertung der Eigenkapitalinstrumente ist der beizulegende Zeitwert am *Tag der Gewährung* heranzuziehen.

12 Anteile, Anteilsoptionen oder andere Eigenkapitalinstrumente werden Mitarbeitern normalerweise als Teil ihres Vergütungspakets zusätzlich zu einem Bargehalt und anderen Leistungen gewährt. Im Regelfall ist es nicht möglich, die für bestimmte Bestandteile des Vergütungspakets eines Mitarbeiters erhaltenen Leistungen direkt zu bewerten. Unter Umständen kann auch der beizulegende Zeitwert des gesamten Vergütungspakets nicht unabhängig bestimmt werden, ohne direkt den beizulegenden Zeitwert der gewährten Eigenkapitalinstrumente zu ermitteln. Darüber hinaus werden Anteile oder Anteilsoptionen mitunter im Rahmen einer Erfolgsbeteiligung und nicht als Teil der Grundvergütung gewährt, beispielsweise um die Mitarbeiter zum Verbleib im Unternehmen zu motivieren oder ihren Einsatz bei der Verbesserung des Unternehmensergebnisses zu honorieren. Mit der Gewährung von Anteilen oder Anteilsoptionen zusätzlich zu anderen Vergütungsformen bezahlt das Unternehmen ein zusätzliches Entgelt für den Erhalt zusätzlicher Leistungen. Der beizulegende Zeitwert dieser zusätzlichen Leistungen ist wahrscheinlich schwer zu schätzen. Aufgrund der Schwierigkeit, den beizulegenden Zeitwert der erhaltenen Leistungen direkt zu ermitteln, ist der beizulegende Zeitwert der erhaltenen Arbeitsleistungen unter Bezugnahme auf den beizulegenden Zeitwert der gewährten Eigenkapitalinstrumente zu bestimmen.

13 Zur Anwendung der Vorschriften von Paragraph 10 auf Transaktionen mit Parteien, bei denen es sich nicht um Mitarbeiter handelt, gilt die widerlegbare Vermutung, dass der beizulegende Zeitwert der erhaltenen Güter oder Dienstleistungen verlässlich geschätzt werden kann. Der beizulegende Zeitwert ist zu dem Zeitpunkt zu ermitteln, zu dem das Unternehmen die Güter erhält oder die Vertragspartei ihre Leistung erbringt. Sollte das Unternehmen diese Vermutung in seltenen Fällen widerlegen, weil es den beizulegenden Zeitwert der erhaltenen Güter oder Dienstleistungen nicht verlässlich schätzen kann, sind die erhaltenen Güter oder Dienstleistungen und die entsprechende Erhöhung des Eigenkapitals indirekt unter Bezugnahme auf den beizulegenden Zeitwert der gewährten Eigenkapitalinstrumente zu dem Zeitpunkt zu bewerten, zu dem das Unternehmen die Güter erhält oder die Vertragspartei ihre Leistung erbringt.

13A Sollte insbesondere die vom Unternehmen erhaltene identifizierbare Gegenleistung (falls vorhanden) geringer sein als der beizulegende Zeitwert der gewährten Eigenkapitalinstrumente oder der entstandenen Schuld, so ist dies in der Regel ein Hinweis darauf, dass das Unternehmen eine weitere Gegenleistung (d. h. nicht identifizierbare Güter oder Dienstleistungen) erhalten hat (oder noch erhalten wird). Die identifizierbaren Güter oder Dienstleistungen, die das Unternehmen erhalten hat, sind gemäß diesem IFRS zu bewerten. Die nicht identifizierbaren Güter oder Dienstleistungen, die das Unternehmen erhalten hat (oder noch erhalten wird), sind mit der Differenz zwischen dem beizulegenden Zeitwert der anteilsbasierten Vergütung und dem beizulegenden Zeitwert aller erhaltenen (oder noch zu erhaltenden) identifizierbaren Güter oder Dienstleistungen anzusetzen. Die nicht identifizierbaren Güter oder Dienstleistungen, die das Unternehmen erhalten hat, sind zu dem Wert am Tag der Gewährung anzusetzen. Bei Transaktionen mit Barausgleich ist die Schuld jedoch zu jedem Abschlussstichtag neu zu bewerten, bis sie gemäß den Paragraphen 30–33 beglichen ist.

---

2 In diesem IFRS wird die Formulierung „unter Bezugnahme auf den beizulegenden Zeitwert" und nicht „zum beizulegenden Zeitwert" verwendet, weil die Bewertung der Transaktion letztlich durch Multiplikation des beizulegenden Zeitwerts der gewährten Eigenkapitalinstrumente an dem in Paragraph 11 bzw. 13 angegebenen Tag (je nach Sachlage) mit der Anzahl der erdienten Eigenkapitalinstrumente, wie in Paragraph 19 erläutert, erfolgt.

3 Im verbleibenden Teil dieses IFRS schließen alle Bezugnahmen auf Mitarbeiter auch andere Personen, die ähnliche Leistungen erbringen, ein.

a period of time or, in the case of inventories, sold at a later date, in which case an expense is recognised when the goods are consumed or sold. However, sometimes it is necessary to recognise an expense before the goods or services are consumed or sold, because they do not qualify for recognition as assets. For example, an entity might acquire goods as part of the research phase of a project to develop a new product. Although those goods have not been consumed, they might not qualify for recognition as assets under the applicable IFRS.

EQUITY-SETTLED SHARE-BASED PAYMENT TRANSACTIONS

Overview

For equity-settled share-based payment transactions, the entity shall measure the goods or services received, and the corresponding increase in equity, directly, at the fair value of the goods or services received, unless that fair value cannot be estimated reliably. If the entity cannot estimate reliably the fair value of the goods or services received, the entity shall measure their value, and the corresponding increase in equity, indirectly, by reference to[2] the fair value of the equity instruments granted. 10

To apply the requirements of paragraph 10 to transactions with *employees and others providing similar services*[3], the entity shall measure the fair value of the services received by reference to the fair value of the equity instruments granted, because typically it is not possible to estimate reliably the fair value of the services received, as explained in paragraph 12. The fair value of those equity instruments shall be measured at *grant date*. 11

Typically, shares, share options or other equity instruments are granted to employees as part of their remuneration package, in addition to a cash salary and other employment benefits. Usually, it is not possible to measure directly the services received for particular components of the employee's remuneration package. It might also not be possible to measure the fair value of the total remuneration package independently, without measuring directly the fair value of the equity instruments granted. Furthermore, shares or share options are sometimes granted as part of a bonus arrangement, rather than as a part of basic remuneration, e.g. as an incentive to the employees to remain in the entity's employ or to reward them for their efforts in improving the entity's performance. By granting shares or share options, in addition to other remuneration, the entity is paying additional remuneration to obtain additional benefits. Estimating the fair value of those additional benefits is likely to be difficult. Because of the difficulty of measuring directly the fair value of the services received, the entity shall measure the fair value of the employee services received by reference to the fair value of the equity instruments granted. 12

To apply the requirements of paragraph 10 to transactions with parties other than employees, there shall be a rebuttable presumption that the fair value of the goods or services received can be estimated reliably. That fair value shall be measured at the date the entity obtains the goods or the counterparty renders service. In rare cases, if the entity rebuts this presumption because it cannot estimate reliably the fair value of the goods or services received, the entity shall measure the goods or services received, and the corresponding increase in equity, indirectly, by reference to the fair value of the equity instruments granted, measured at the date the entity obtains the goods or the counterparty renders service. 13

In particular, if the identifiable consideration received (if any) by the entity appears to be less than the fair value of the equity instruments granted or liability incurred, typically this situation indicates that other consideration (i.e. unidentifiable goods or services) has been (or will be) received by the entity. The entity shall measure the identifiable goods or services received in accordance with this IFRS. The entity shall measure the unidentifiable goods or services received (or to be received) as the difference between the fair value of the share-based payment and the fair value of any identifiable goods or services received (or to be received). The entity shall measure the unidentifiable goods or services received at the grant date. However, for cash-settled transactions, the liability shall be remeasured at the end of each reporting period until it is settled in accordance with paragraphs 30—33. 13A

2 This IFRS uses the phrase 'by reference to' rather than 'at', because the transaction is ultimately measured by multiplying the fair value of the equity instruments granted, measured at the date specified in paragraph 11 or 13 (whichever is applicable), by the number of equity instruments that vest, as explained in paragraph 19.

3 In the remainder of this IFRS, all references to employees also includes others providing similar services.

Transaktionen, die den Erhalt von Dienstleistungen beinhalten

14 Sind die gewährten Eigenkapitalinstrumente sofort *erdient*, ist der Erwerb eines uneingeschränkten Anspruchs an diesen Eigenkapitalinstrumenten seitens der Vertragspartei nicht von der Ableistung einer bestimmten Dienstzeit durch die Vertragspartei abhängig. Sofern keine gegenteiligen Anhaltspunkte vorliegen, hat das Unternehmen von der Annahme auszugehen, dass die von der Vertragspartei als Gegenleistung für die Eigenkapitalinstrumente zu erbringenden Leistungen bereits erbracht wurden. In diesem Fall hat das Unternehmen die erhaltenen Leistungen am Tag der Gewährung in voller Höhe mit einer entsprechenden Erhöhung des Eigenkapitals zu erfassen.

15 Ist die Erdienung der gewährten Eigenkapitalinstrumente von der Ableistung einer bestimmten Dienstzeit durch die Vertragspartei abhängig, hat das Unternehmen davon auszugehen, dass die von der Vertragspartei als Gegenleistung für diese Eigenkapitalinstrumente zu erbringenden Leistungen künftig im Laufe des *Erdienungszeitraums* erhalten werden. Das Unternehmen hat diese Leistungen jeweils zum Zeitpunkt ihrer Erbringung während des Erdienungszeitraums mit einer einhergehenden Eigenkapitalerhöhung zu erfassen. Es folgen zwei Beispiele:

(a) Wenn einem Mitarbeiter Anteilsoptionen unter der Bedingung eines dreijährigen Verbleibs im Unternehmen gewährt werden, hat das Unternehmen zu unterstellen, dass die vom Mitarbeiter als Gegenleistung für die Anteilsoptionen zu erbringenden Leistungen künftig im Laufe dieses dreijährigen Erdienungszeitraums erhalten werden.

(b) Wenn einem Mitarbeiter Anteilsoptionen unter der Bedingung gewährt werden, dass er eine bestimmte *Leistungsbedingung* erfüllt und so lange im Unternehmen bleibt, bis diese Leistungsbedingung eingetreten ist, und die Länge des Erdienungszeitraums je nach dem Zeitpunkt der Erfüllung der Leistungsbedingung variiert, hat das Unternehmen davon auszugehen, dass es die vom Mitarbeiter als Gegenleistung für die Anteilsoptionen zu erbringenden Leistungen künftig, im Laufe des erwarteten Erdienungszeitraums, erhalten wird. Die Dauer des erwarteten Erdienungszeitraums ist am Tag der Gewährung nach dem wahrscheinlichsten Eintreten der Leistungsbedingung zu schätzen. Handelt es sich bei der Leistungsbedingung um eine *Marktbedingung*, hat die geschätzte Dauer des erwarteten Erdienungszeitraums mit den bei der Schätzung des beizulegenden Zeitwerts der gewährten Optionen verwendeten Annahmen übereinzustimmen und darf später nicht mehr geändert werden. Ist die Leistungsbedingung keine Marktbedingung, hat das Unternehmen die geschätzte Dauer des Erdienungszeitraums bei Bedarf zu korrigieren, wenn spätere Informationen darauf hindeuten, dass die Länge des Erdienungszeitraums von den bisherigen Schätzungen abweicht.

Transaktionen, die unter Bezugnahme auf den beizulegenden Zeitwert der gewährten Eigenkapitalinstrumente bewertet werden

Ermittlung des beizulegenden Zeitwerts der gewährten Eigenkapitalinstrumente

16 Bei Transaktionen, die unter Bezugnahme auf den beizulegenden Zeitwert der gewährten Eigenkapitalinstrumente bewertet werden, ist der beizulegende Zeitwert der gewährten Eigenkapitalinstrumente am *Bewertungsstichtag* anhand der Marktpreise (sofern verfügbar) unter Berücksichtigung der besonderen Konditionen, zu denen die Eigenkapitalinstrumente gewährt wurden, (vorbehaltlich der Vorschriften der Paragraphen 19–22) zu ermitteln.

17 Stehen keine Marktpreise zur Verfügung, ist der beizulegende Zeitwert der gewährten Eigenkapitalinstrumente anhand eines Bewertungsverfahrens zu bestimmen, bei dem geschätzt wird, welchen Preis die betreffenden Eigenkapitalinstrumente am Bewertungsstichtag bei einer Transaktion zwischen sachverständigen, vertragswilligen und voneinander unabhängigen Parteien unter marktüblichen Bedingungen erzielt hätten. Das Bewertungsverfahren muss den allgemein anerkannten Bewertungsmethoden zur Ermittlung der Preise von Finanzinstrumenten entsprechen und alle Faktoren und Annahmen berücksichtigen, die sachverständige, vertragswillige Marktteilnehmer bei der Preisfestlegung berücksichtigen würden (vorbehaltlich der Vorschriften der Paragraphen 19–22).

18 Anhang B enthält weitere Leitlinien für die Ermittlung des beizulegenden Zeitwerts von Anteilen und Anteilsoptionen, wobei vor allem auf die üblichen Vertragsbedingungen bei der Gewährung von Anteilen oder Anteilsoptionen an Mitarbeiter eingegangen wird.

Behandlung der Erdienungsbedingungen

19 Die Gewährung von Eigenkapitalinstrumenten kann an die Erfüllung bestimmter Erdienungsbedingungen gekoppelt sein. Beispielsweise ist die Zusage von Anteilen oder Anteilsoptionen an einen Mitarbeiter in der Regel davon abhängig, dass er eine bestimmte Zeit im Unternehmen verbleibt. Unter Umständen sind auch Leistungsbedingungen zu erfüllen, wie z. B. die Erzielung eines bestimmten Gewinnwachstums oder eine bestimmte Steigerung des Anteilspreises des Unternehmens. Erdienungsbedingungen, bei denen es sich nicht um Marktbedingungen handelt, fließen nicht in die Schätzung des beizulegenden Zeitwerts der Anteile oder Anteilsoptionen am Bewertungsstichtag ein. Stattdessen sind Erdienungsbedingungen, bei denen es sich nicht um Marktbedingungen handelt, durch Anpassung der Anzahl der in die Bestimmung des Transaktionsbetrags einbezogenen Eigenkapitalinstrumente zu berücksichtigen, sodass der angesetzte Betrag für die Güter oder Dienstleistungen, die als Gegenleistung für die gewährten Eigenkapitalinstrumente erhalten

Transactions in which services are received

If the equity instruments granted *vest* immediately, the counterparty is not required to complete a specified period of service before becoming unconditionally entitled to those equity instruments. In the absence of evidence to the contrary, the entity shall presume that services rendered by the counterparty as consideration for the equity instruments have been received. In this case, on grant date the entity shall recognise the services received in full, with a corresponding increase in equity. 14

If the equity instruments granted do not vest until the counterparty completes a specified period of service, the entity shall presume that the services to be rendered by the counterparty as consideration for those equity instruments will be received in the future, during the *vesting period*. The entity shall account for those services as they are rendered by the counterparty during the vesting period, with a corresponding increase in equity. For example: 15

(a) if an employee is granted share options conditional upon completing three years' service, then the entity shall presume that the services to be rendered by the employee as consideration for the share options will be received in the future, over that three-year vesting period;
(b) if an employee is granted share options conditional upon the achievement of a *performance condition* and remaining in the entity's employ until that performance condition is satisfied, and the length of the vesting period varies depending on when that performance condition is satisfied, the entity shall presume that the services to be rendered by the employee as consideration for the share options will be received in the future, over the expected vesting period. The entity shall estimate the length of the expected vesting period at grant date, based on the most likely outcome of the performance condition. If the performance condition is a *market condition,* the estimate of the length of the expected vesting period shall be consistent with the assumptions used in estimating the fair value of the options granted, and shall not be subsequently revised. If the performance condition is not a market condition, the entity shall revise its estimate of the length of the vesting period, if necessary, if subsequent information indicates that the length of the vesting period differs from previous estimates.

Transactions measured by reference to the fair value of the equity instruments granted

Determining the fair value of equity instruments granted

For transactions measured by reference to the fair value of the equity instruments granted, an entity shall measure the fair value of equity instruments granted at the *measurement date,* based on market prices if available, taking into account the terms and conditions upon which those equity instruments were granted (subject to the requirements of paragraphs 19—22). 16

If market prices are not available, the entity shall estimate the fair value of the equity instruments granted using a valuation technique to estimate what the price of those equity instruments would have been on the measurement date in an arm's length transaction between knowledgeable, willing parties. The valuation technique shall be consistent with generally accepted valuation methodologies for pricing financial instruments, and shall incorporate all factors and assumptions that knowledgeable, willing market participants would consider in setting the price (subject to the requirements of paragraphs 19—22). 17

Appendix B contains further guidance on the measurement of the fair value of shares and share options, focusing on the specific terms and conditions that are common features of a grant of shares or share options to employees. 18

Treatment of vesting conditions

A grant of equity instruments might be conditional upon satisfying specified vesting conditions. For example, a grant of shares or share options to an employee is typically conditional on the employee remaining in the entity's employ for a specified period of time. There might be performance conditions that must be satisfied, such as the entity achieving a specified growth in profit or a specified increase in the entity's share price. Vesting conditions, other than market conditions, shall not be taken into account when estimating the fair value of the shares or share options at the measurement date. Instead, vesting conditions, other than market conditions, shall be taken into account by adjusting the number of equity instruments included in the measurement of the transaction amount so that, ultimately, the amount recognised for goods or services received as consideration for the equity instruments granted shall be based on the number of equity instruments that eventually vest. Hence, on a cumulative basis, no amount is recognised for goods or services received if 19

werden, schließlich auf der Anzahl der letztlich erdienten Eigenkapitalinstrumente beruht. Dementsprechend wird auf kumulierter Basis kein Betrag für erhaltene Güter oder Dienstleistungen erfasst, wenn die gewährten Eigenkapitalinstrumente wegen der Nichterfüllung einer *Erdienungsbedingung*, bei der es sich nicht um eine Marktbedingung handelt, beispielsweise beim Ausscheiden eines Mitarbeiters vor der festgelegten Dienstzeit oder der Nichterfüllung einer Leistungsbedingung, vorbehaltlich der Vorschriften in Paragraph 21 nicht erdient werden.

20 Zur Anwendung der Vorschriften von Paragraph 19 ist für die während des Erdienungszeitraums erhaltenen Güter oder Dienstleistungen ein Betrag anzusetzen, der auf der bestmöglichen Schätzung der Anzahl der voraussichtlich erdienten Eigenkapitalinstrumente basiert, wobei diese Schätzung bei Bedarf zu korrigieren ist, wenn spätere Informationen darauf hindeuten, dass die Anzahl der voraussichtlich erdienten Eigenkapitalinstrumente von den bisherigen Schätzungen abweicht. Am Tag der Erdienung ist die Schätzung vorbehaltlich der Vorschriften von Paragraph 21 an die Anzahl der letztlich erdienten Eigenkapitalinstrumente anzugleichen.

21 Bei der Schätzung des beizulegenden Zeitwerts gewährter Eigenkapitalinstrumente sind die Marktbedingungen zu berücksichtigen, wie beispielsweise ein Zielanteilspreis, an den die Erdienung (oder Ausübbarkeit) geknüpft ist. Daher hat das Unternehmen bei der Gewährung von Eigenkapitalinstrumenten, die Marktbedingungen unterliegen, die von einer Vertragspartei erhaltenen Güter oder Dienstleistungen unabhängig vom Eintreten dieser Marktbedingungen zu erfassen, sofern die Vertragspartei alle anderen Erdienungsbedingungen erfüllt (etwa die Leistungen eines Mitarbeiters, der die vertraglich festgelegte Zeit im Unternehmen verblieben ist).

Behandlung der Bedingungen, bei denen es sich nicht um Erdienungsbedingungen handelt

21A In gleicher Weise hat ein Unternehmen bei der Schätzung des beizulegenden Zeitwerts gewährter Eigenkapitalinstrumente alle Bedingungen, bei denen es sich nicht um Erdienungsbedingungen handelt, zu berücksichtigen. Daher hat das Unternehmen bei der Gewährung von Eigenkapitalinstrumenten, die Bedingungen unterliegen, bei denen es sich nicht um Erdienungsbedingungen handelt, die von einer Vertragspartei erhaltenen Güter oder Dienstleistungen unabhängig vom Eintreten dieser Bedingungen zu erfassen, sofern die Vertragspartei alle Erdienungsbedingungen, bei denen es sich nicht um Marktbedingungen handelt, erfüllt (etwa die Leistungen eines Mitarbeiters, der die vertraglich festgelegte Zeit im Unternehmen verblieben ist).

Behandlung von Reload-Eigenschaften

22 Bei Optionen mit *Reload-Eigenschaften* ist die Reload-Eigenschaft bei der Ermittlung des beizulegenden Zeitwerts der am Bewertungsstichtag gewährten Optionen nicht zu berücksichtigen. Stattdessen ist eine *Reload-Option* zu dem Zeitpunkt als neu gewährte Option zu buchen, zu dem sie später gewährt wird.

Nach dem Tag der Erdienung

23 Nachdem die erhaltenen Güter oder Dienstleistungen gemäß den Paragraphen 10–22 mit einer entsprechenden Eigenkapitalerhöhung erfasst wurden, dürfen nach dem Tag der Erdienung keine weiteren Änderungen am Gesamtwert des Eigenkapitals mehr vorgenommen werden. Beispielsweise darf die Erfassung eines Betrags für von einem Mitarbeiter erbrachte Leistungen nicht rückgängig gemacht werden, wenn die erdienten Eigenkapitalinstrumente später verwirkt oder, im Falle von Anteilsoptionen, die Optionen nicht ausgeübt werden. Diese Vorschrift schließt jedoch nicht die Möglichkeit einer Umbuchung innerhalb des Eigenkapitals, also eine Umbuchung von einem Eigenkapitalposten in einen anderen, aus.

Wenn der beizulegende Zeitwert der Eigenkapitalinstrumente nicht verlässlich geschätzt werden kann

24 Die Vorschriften in den Paragraphen 16–23 sind anzuwenden, wenn eine anteilsbasierte Vergütung unter Bezugnahme auf den beizulegenden Zeitwert der gewährten Eigenkapitalinstrumente zu bewerten ist. In seltenen Fällen kann ein Unternehmen nicht in der Lage sein, den beizulegenden Zeitwert der gewährten Eigenkapitalinstrumente gemäß den Vorschriften der Paragraphen 16–22 am Bewertungsstichtag verlässlich zu schätzen. Ausschließlich in diesen seltenen Fällen hat das Unternehmen stattdessen

(a) die Eigenkapitalinstrumente mit ihrem *inneren Wert* anzusetzen, und zwar erstmals zu dem Zeitpunkt, zu dem das Unternehmen die Güter erhält oder die Vertragspartei die Dienstleistung erbringt, und anschließend an jedem Abschlussstichtag sowie am Tag der endgültigen Erfüllung, wobei etwaige Änderungen des inneren Werts erfolgswirksam zu erfassen sind. Bei der Gewährung von Anteilsoptionen gilt die anteilsbasierte Vergütungsvereinbarung als endgültig erfüllt, wenn die Optionen ausgeübt bzw. verwirkt werden (z.B. durch Beendigung des Beschäftigungsverhältnisses) oder verfallen (z. B. nach Ablauf der Ausübungsfrist).

(b) die erhaltenen Güter oder Dienstleistungen auf Basis der Anzahl der letztlich erdienten oder (falls zutreffend) letztlich ausgeübten Eigenkapitalinstrumente anzusetzen. Bei Anwendung dieser Vorschrift auf Anteilsoptionen sind beispielsweise die während des Erdienungszeitraums erhaltenen Güter oder Dienstleistungen gemäß den Paragraphen 14 und 15, mit Ausnahme der Vorschriften in Paragraph 15 (b) in Bezug auf das Vorliegen einer Marktbedingung, zu erfassen. Der Betrag, der für die während des Erdienungszeitraums erhaltenen Güter oder Dienstleistungen angesetzt wird,

the equity instruments granted do not vest because of failure to satisfy a vesting condition, other than a market condition, for example, the counterparty fails to complete a specified service period, or a performance condition is not satisfied, subject to the requirements of paragraph 21.

To apply the requirements of paragraph 19, the entity shall recognise an amount for the goods or services received during the vesting period based on the best available estimate of the number of equity instruments expected to vest and shall revise that estimate, if necessary, if subsequent information indicates that the number of equity instruments expected to vest differs from previous estimates. On vesting date, the entity shall revise the estimate to equal the number of equity instruments that ultimately vested, subject to the requirements of paragraph 21. 20

Market conditions, such as a target share price upon which vesting (or exercisability) is conditioned, shall be taken into account when estimating the fair value of the equity instruments granted. Therefore, for grants of equity instruments with market conditions, the entity shall recognise the goods or services received from a counterparty who satisfies all other vesting conditions (e.g. services received from an employee who remains in service for the specified period of service), irrespective of whether that market condition is satisfied. 21

Treatment of non-vesting conditions

Similarly, an entity shall take into account all non-vesting conditions when estimating the fair value of the equity instruments granted. Therefore, for grants of equity instruments with non-vesting conditions, the entity shall recognise the goods or services received from a counterparty that satisfies all vesting conditions that are not market conditions (e.g. services received from an employee who remains in service for the specified period of service), irrespective of whether those non-vesting conditions are satisfied. 21A

Treatment of a reload feature

For options with a *reload feature,* the reload feature shall not be taken into account when estimating the fair value of options granted at the measurement date. Instead, a *reload option* shall be accounted for as a new option grant, if and when a reload option is subsequently granted. 22

After vesting date

Having recognised the goods or services received in accordance with paragraphs 10—22, and a corresponding increase in equity, the entity shall make no subsequent adjustment to total equity after vesting date. For example, the entity shall not subsequently reverse the amount recognised for services received from an employee if the vested equity instruments are later forfeited or, in the case of share options, the options are not exercised. However, this requirement does not preclude the entity from recognising a transfer within equity, i.e. a transfer from one component of equity to another. 23

If the fair value of the equity instruments cannot be estimated reliably

The requirements in paragraphs 16—23 apply when the entity is required to measure a share-based payment transaction by reference to the fair value of the equity instruments granted. In rare cases, the entity may be unable to estimate reliably the fair value of the equity instruments granted at the measurement date, in accordance with the requirements in paragraphs 16—22. In these rare cases only, the entity shall instead: 24

(a) measure the equity instruments at their *intrinsic value,* initially at the date the entity obtains the goods or the counterparty renders service and subsequently at the end of each reporting period and at the date of final settlement, with any change in intrinsic value recognised in profit or loss. For a grant of share options, the share-based payment arrangement is finally settled when the options are exercised, are forfeited (e.g. upon cessation of employment) or lapse (e.g. at the end of the option's life);

(b) recognise the goods or services received based on the number of equity instruments that ultimately vest or (where applicable) are ultimately exercised. To apply this requirement to share options, for example, the entity shall recognise the goods or services received during the vesting period, if any, in accordance with paragraphs 14 and 15, except that the requirements in paragraph 15 (b) concerning a market condition do not apply. The amount recognised for goods or services received during the vesting period shall be based on the number of share options expected to vest.

richtet sich nach der voraussichtlichen Anzahl der erdienten Anteilsoptionen. Diese Schätzung ist bei Bedarf zu korrigieren, wenn spätere Informationen darauf hindeuten, dass die voraussichtliche Anzahl der erdienten Anteilsoptionen von den bisherigen Schätzungen abweicht. Am Tag der Erdienung ist die Schätzung an die Anzahl der letztlich erdienten Eigenkapitalinstrumente anzugleichen. Nach dem Tag der Erdienung ist der für erhaltene Güter oder Dienstleistungen erfasste Betrag zurückzubuchen, wenn die Anteilsoptionen später verwirkt werden oder nach Ablauf der Ausübungsfrist verfallen.

25 Für Unternehmen, die nach Paragraph 24 bilanzieren, sind die Vorschriften in den Paragraphen 26–29 nicht anzuwenden, da etwaige Änderungen der Vertragsbedingungen, zu denen die Eigenkapitalinstrumente gewährt wurden, bei der in Paragraph 24 beschriebenen Methode des inneren Werts bereits berücksichtigt werden. Für die Erfüllung gewährter Eigenkapitalinstrumente, die nach Paragraph 24 bewertet wurden, gilt jedoch:

(a) Tritt die Erfüllung während des Erdienungszeitraums ein, hat das Unternehmen die Erfüllung als vorgezogene Erdienung zu bilanzieren und daher den Betrag, der ansonsten für die im verbleibenden Erdienungszeitraum erhaltenen Leistungen erfasst worden wäre, sofort zu erfassen.

(b) Alle zum Zeitpunkt der Erfüllung geleisteten Zahlungen sind als Rückkauf von Eigenkapitalinstrumenten, also als Abzug vom Eigenkapital, zu bilanzieren; davon ausgenommen ist der Anteil des gezahlten Betrags, der den am Tag des Rückkaufs ermittelten inneren Wert der rückgekauften Eigenkapitalinstrumente übersteigt und als Aufwand zu erfassen ist.

Änderungen der Vertragsbedingungen, zu denen die Eigenkapitalinstrumente gewährt wurden, einschließlich Annullierungen und Erfüllungen

26 Es ist denkbar, dass ein Unternehmen die Vertragsbedingungen für die Gewährung der Eigenkapitalinstrumente ändert. Beispielsweise könnte es den Ausübungspreis für gewährte Mitarbeiteroptionen senken (also den Optionspreis neu festsetzen), wodurch sich der beizulegende Zeitwert dieser Optionen erhöht. Die Vorschriften in den Paragraphen 27–29 für die Bilanzierung der Auswirkungen solcher Änderungen sind im Kontext anteilsbasierter Vergütungen für Mitarbeiter formuliert. Sie gelten jedoch auch für anteilsbasierte Vergütungen für Parteien, bei denen es sich nicht um Mitarbeiter handelt, die unter Bezugnahme auf den beizulegenden Zeitwert der gewährten Eigenkapitalinstrumente erfasst werden. Im letzten Fall beziehen sich alle in den Paragraphen 27–29 enthaltenen Verweise auf den Tag der Gewährung stattdessen auf den Tag, an dem das Unternehmen die Güter erhält oder die Vertragspartei die Dienstleistung erbringt.

27 Die erhaltenen Leistungen sind mindestens mit dem am Tag der Gewährung ermittelten beizulegenden Zeitwert der gewährten Eigenkapitalinstrumente zu erfassen, es sei denn, diese Eigenkapitalinstrumente sind nicht erdient, weil eine am Tag der Gewährung vereinbarte Erdienungsbedingung (bei der es sich nicht um eine Marktbedingung handelt) nicht erfüllt war. Dies gilt unabhängig von etwaigen Änderungen der Vertragsbedingungen, zu denen die Eigenkapitalinstrumente gewährt wurden, oder einer Annullierung oder Erfüllung der gewährten Eigenkapitalinstrumente. Außerdem hat ein Unternehmen die Auswirkungen von Änderungen zu erfassen, die den gesamten beizulegenden Zeitwert der anteilsbasierten Vergütungsvereinbarung erhöhen oder mit einem anderen Nutzen für den Mitarbeiter verbunden sind. Leitlinien für die Anwendung dieser Vorschrift sind in Anhang B zu finden.

28 Bei einer Annullierung (ausgenommen einer Annullierung durch Verwirkung, weil die Erdienungsbedingungen nicht erfüllt wurden) oder Erfüllung gewährter Eigenkapitalinstrumente während des Erdienungszeitraums gilt Folgendes:

(a) Das Unternehmen hat die Annullierung oder Erfüllung als vorgezogene Erdienung zu behandeln und daher den Betrag, der ansonsten für die im verbleibenden Erdienungszeitraum erhaltenen Leistungen erfasst worden wäre, sofort zu erfassen.

(b) Alle Zahlungen, die zum Zeitpunkt der Annullierung oder Erfüllung an den Mitarbeiter geleistet werden, sind als Rückkauf eines Eigenkapitalanteils, also als Abzug vom Eigenkapital, zu bilanzieren; davon ausgenommen ist der Anteil des gezahlten Betrags, der den am Tag des Rückkaufs ermittelten beizulegenden Zeitwert der rückgekauften Eigenkapitalinstrumente übersteigt und als Aufwand zu erfassen ist. Enthält eine anteilsbasierte Vergütungsvereinbarung jedoch Schuldkomponenten, so ist der beizulegende Zeitwert der Schuld am Tag der Annullierung oder Erfüllung neu zu bewerten. Alle Zahlungen, die zur Erfüllung der Schuldkomponente geleistet werden, sind als eine Tilgung der Schuld zu bilanzieren.

(c) Wenn einem Mitarbeiter neue Eigenkapitalinstrumente gewährt werden und das Unternehmen am Tag der Gewährung dieser neuen Eigenkapitalinstrumente angibt, dass die neuen Eigenkapitalinstrumente als Ersatz für die annullierten Eigenkapitalinstrumente gewährt wurden, sind die als Ersatz gewährten Eigenkapitalinstrumente auf gleiche Weise wie eine Änderung der ursprünglich gewährten Eigenkapitalinstrumente gemäß Paragraph 27 und den Anwendungsleitlinien in Anhang B zu bilanzieren. Der gewährte zusätzliche beizulegende Zeitwert entspricht der Differenz zwischen dem beizulegenden Zeitwert der als Ersatz bestimmten Eigenkapitalinstrumente und dem beizulegenden Nettozeitwert der annullierten Eigenkapitalinstrumente am Tag, an dem die Ersatzinstrumente gewährt wurden. Der beizulegende Nettozeitwert der annullierten Eigenkapitalinstrumente ergibt sich aus ihrem beizulegenden Zeitwert unmittelbar vor der Annullierung, abzüglich des Betrags einer etwaigen Zahlung, die zum Zeitpunkt der Annullierung der Eigenkapitalinstrumente an den Mitarbeiter geleistet wurde und die gemäß (b) oben als Abzug vom Eigenkapital zu bilanzieren ist. Neue Eigenkapitalinstrumente, die nach Angabe des Unternehmens nicht als Ersatz für die annullierten Eigenkapitalinstrumente gewährt wurden, sind als neue gewährte Eigenkapitalinstrumente zu bilanzieren.

The entity shall revise that estimate, if necessary, if subsequent information indicates that the number of share options expected to vest differs from previous estimates. On vesting date, the entity shall revise the estimate to equal the number of equity instruments that ultimately vested. After vesting date, the entity shall reverse the amount recognised for goods or services received if the share options are later forfeited, or lapse at the end of the share option's life.

If an entity applies paragraph 24, it is not necessary to apply paragraphs 26—29, because any modifications to the terms and conditions on which the equity instruments were granted will be taken into account when applying the intrinsic value method set out in paragraph 24. However, if an entity settles a grant of equity instruments to which paragraph 24 has been applied: 25

(a) if the settlement occurs during the vesting period, the entity shall account for the settlement as an acceleration of vesting, and shall therefore recognise immediately the amount that would otherwise have been recognised for services received over the remainder of the vesting period;
(b) any payment made on settlement shall be accounted for as the repurchase of equity instruments, i.e. as a deduction from equity, except to the extent that the payment exceeds the intrinsic value of the equity instruments, measured at the repurchase date. Any such excess shall be recognised as an expense.

Modifications to the terms and conditions on which equity instruments were granted, including cancellations and settlements

An entity might modify the terms and conditions on which the equity instruments were granted. For example, it might reduce the exercise price of options granted to employees (i.e. reprice the options), which increases the fair value of those options. The requirements in paragraphs 27—29 to account for the effects of modifications are expressed in the context of share-based payment transactions with employees. However, the requirements shall also be applied to share-based payment transactions with parties other than employees that are measured by reference to the fair value of the equity instruments granted. In the latter case, any references in paragraphs 27—29 to grant date shall instead refer to the date the entity obtains the goods or the counterparty renders service. 26

The entity shall recognise, as a minimum, the services received measured at the grant date fair value of the equity instruments granted, unless those equity instruments do not vest because of failure to satisfy a vesting condition (other than a market condition) that was specified at grant date. This applies irrespective of any modifications to the terms and conditions on which the equity instruments were granted, or a cancellation or settlement of that grant of equity instruments. In addition, the entity shall recognise the effects of modifications that increase the total fair value of the share-based payment arrangement or are otherwise beneficial to the employee. Guidance on applying this requirement is given in Appendix B. 27

If a grant of equity instruments is cancelled or settled during the vesting period (other than a grant cancelled by forfeiture when the vesting conditions are not satisfied): 28

(a) the entity shall account for the cancellation or settlement as an acceleration of vesting, and shall therefore recognise immediately the amount that otherwise would have been recognised for services received over the remainder of the vesting period;
(b) any payment made to the employee on the cancellation or settlement of the grant shall be accounted for as the repurchase of an equity interest, i.e. as a deduction from equity, except to the extent that the payment exceeds the fair value of the equity instruments granted, measured at the repurchase date. Any such excess shall be recognised as an expense. However, if the share-based payment arrangement included liability components, the entity shall remeasure the fair value of the liability at the date of cancellation or settlement. Any payment made to settle the liability component shall be accounted for as an extinguishment of the liability;
(c) if new equity instruments are granted to the employee and, on the date when those new equity instruments are granted, the entity identifies the new equity instruments granted as replacement equity instruments for the cancelled equity instruments, the entity shall account for the granting of replacement equity instruments in the same way as a modification of the original grant of equity instruments, in accordance with paragraph 27 and the guidance in Appendix B. The incremental fair value granted is the difference between the fair value of the replacement equity instruments and the net fair value of the cancelled equity instruments, at the date the replacement equity instruments are granted. The net fair value of the cancelled equity instruments is their fair value, immediately before the cancellation, less the amount of any payment made to the employee on cancellation of the equity instruments that is accounted for as a deduction from equity in accordance with (b) above. If the entity does not identify new equity instruments granted as replacement equity instruments for the cancelled equity instruments, the entity shall account for those new equity instruments as a new grant of equity instruments.

28A Wenn ein Unternehmen oder eine Vertragspartei wählen kann, ob es bzw. sie eine Bedingung, bei der es sich nicht um eine Erdienungsbedingung handelt, erfüllen will, und das Unternehmen oder die Vertragspartei es unterlässt, die Bedingung, bei der es sich nicht um eine Erdienungsbedingung handelt, während des Erdienungszeitraums zu erfüllen, so ist dies als eine Annullierung zu behandeln.

29 Beim Rückkauf von erdienten Eigenkapitalinstrumenten sind die an den Mitarbeiter geleisteten Zahlungen als Abzug vom Eigenkapital zu bilanzieren; davon ausgenommen ist der Anteil des gezahlten Betrags, der den am Tag des Rückkaufs ermittelten beizulegenden Zeitwert der rückgekauften Eigenkapitalinstrumente übersteigt und als Aufwand zu erfassen ist.

ANTEILSBASIERTE VERGÜTUNGEN MIT BARAUSGLEICH

30 Bei anteilsbasierten Vergütungen mit Barausgleich sind die erworbenen Güter oder Dienstleistungen und die entstandene Schuld vorbehaltlich der Vorschriften der Paragraphen 31–33D mit dem beizulegenden Zeitwert der Schuld zu erfassen. Bis zur Begleichung der Schuld ist der beizulegende Zeitwert der Schuld zu jedem Abschlussstichtag und am Erfüllungstag neu zu bestimmen und sind alle Änderungen des beizulegenden Zeitwerts erfolgswirksam in der Periode zu erfassen.

31 Ein Unternehmen könnte seinen Mitarbeitern z. B. als Teil ihres Vergütungspakets Wertsteigerungsrechte gewähren, mit denen sie einen Anspruch auf eine künftige Barvergütung (anstelle eines Eigenkapitalinstruments) erwerben, die an den Preisanstieg der Anteile dieses Unternehmens gegenüber einem bestimmten Basispreis über einen bestimmten Zeitraum gekoppelt ist. Eine andere Möglichkeit der Gewährung eines Anspruchs auf den Erhalt einer künftigen Barvergütung besteht darin, den Mitarbeitern ein Bezugsrecht auf Anteile (einschließlich zum Zeitpunkt der Ausübung der Anteilsoptionen auszugebender Anteile) einzuräumen, die rückkaufbar sind, entweder verbindlich (beispielsweise bei Beendigung des Beschäftigungsverhältnisses) oder nach Wahl des Mitarbeiters. Diese Vereinbarungen sind Beispiele für anteilsbasierte Vergütungen mit Barausgleich. Wertsteigerungsrechte werden erwähnt, um einige Vorschriften der Paragraphen 32–33D zu veranschaulichen; die Vorschriften dieser Paragraphen gelten aber für alle anteilsbasierten Vergütungen mit Barausgleich.

32 Das Unternehmen hat zu dem Zeitpunkt, zu dem die Mitarbeiter ihre Leistung erbringen, die erhaltenen Leistungen und gleichzeitig eine Schuld zur Abgeltung dieser Leistungen zu erfassen. Einige Wertsteigerungsrechte sind beispielsweise sofort erdient, sodass der Mitarbeiter nicht an die Ableistung einer bestimmten Dienstzeit gebunden ist, bevor er einen Anspruch auf die Barvergütung erwirbt. Sofern keine gegenteiligen Anhaltspunkte vorliegen, ist der Erhalt der von den Mitarbeitern im Austausch für die Wertsteigerungsrechte zu erbringenden Leistungen zu unterstellen. Dementsprechend hat das Unternehmen die erhaltenen Leistungen und die daraus entstehende Schuld sofort zu erfassen. Ist die Erdienung der Wertsteigerungsrechte von der Ableistung einer bestimmten Dienstzeit abhängig, sind die erhaltenen Leistungen und die daraus entstehende Schuld zu dem Zeitpunkt zu erfassen, zu dem die Leistungen von den Mitarbeitern während dieses Zeitraums erbracht wurden.

33 Vorbehaltlich der Vorschriften der Paragraphen 33A–33D ist die Schuld bei der erstmaligen Erfassung und zu jedem Abschlussstichtag bis zu ihrer Begleichung mit dem beizulegenden Zeitwert der Wertsteigerungsrechte anzusetzen, hierzu ist ein Optionspreismodell anzuwenden, das die Vertragsbedingungen, zu denen die Wertsteigerungsrechte gewährt wurden, und den Umfang der bisher von den Mitarbeitern abgeleisteten Dienstzeit berücksichtigt. Ein Unternehmen kann die Vertragsbedingungen, zu denen eine anteilsbasierte Vergütung mit Barausgleich gewährt wird, ändern. Die Paragraphen B44A–B44C in Anhang B enthalten Leitlinien für die Bilanzierung von Änderungen, die bewirken, dass eine anteilsbasierte Vergütung mit Barausgleich fortan als anteilsbasierte Vergütung mit Ausgleich durch Eigenkapitalinstrumente einzustufen ist.

Behandlung von Erdienungsbedingungen und von Bedingungen, bei denen es sich nicht um Erdienungsbedingungen handelt

33A Eine anteilsbasierte Vergütung mit Barausgleich kann an die Erfüllung bestimmter Erdienungsbedingungen gekoppelt sein. Unter Umständen sind auch Leistungsbedingungen zu erfüllen, wie z. B. die Erreichung eines bestimmten Gewinnwachstums oder eine bestimmte Steigerung des Anteilspreises des Unternehmens. Erdienungsbedingungen, bei denen es sich nicht um Marktbedingungen handelt, fließen nicht in die Schätzung des beizulegenden Zeitwerts der anteilsbasierten Vergütung mit Barausgleich am Bewertungsstichtag ein. Stattdessen sind Erdienungsbedingungen, bei denen es sich nicht um Marktbedingungen handelt, durch Anpassung der Anzahl der Prämien zu berücksichtigen, die bei der Bewertung der mit der Vergütung einhergehenden Schuld berücksichtigt werden.

33B Zur Anwendung der Vorschriften in Paragraph 33A hat das Unternehmen für die während des Erdienungszeitraums erhaltenen Güter oder Dienstleistungen einen Betrag anzusetzen, der auf der bestmöglichen Schätzung der Anzahl der

If an entity or counterparty can choose whether to meet a non-vesting condition, the entity shall treat the entity's or counterparty's failure to meet that non-vesting condition during the vesting period as a cancellation. 28A

If an entity repurchases vested equity instruments, the payment made to the employee shall be accounted for as a deduction from equity, except to the extent that the payment exceeds the fair value of the equity instruments repurchased, measured at the repurchase date. Any such excess shall be recognised as an expense. 29

CASH-SETTLED SHARE-BASED PAYMENT TRANSACTIONS

For cash-settled share-based payment transactions, the entity shall measure the goods or services acquired and the liability incurred at the fair value of the liability, subject to the requirements of paragraphs 31—33D. Until the liability is settled, the entity shall re-measure the fair value of the liability at the end of each reporting period and at the date of settlement, with any changes in fair value recognised in profit or loss for the period. 30

For example, an entity might grant share appreciation rights to employees as part of their remuneration package, whereby the employees will become entitled to a future cash payment (rather than an equity instrument), based on the increase in the entity's share price from a specified level over a specified period of time. Alternatively, an entity might grant to its employees a right to receive a future cash payment by granting to them a right to shares (including shares to be issued upon the exercise of share options) that are redeemable, either mandatorily (for example, upon cessation of employment) or at the employee's option. These arrangements are examples of cash-settled share-based payment transactions. Share appreciation rights are used to illustrate some of the requirements in paragraphs 32—33D; however, the requirements in those paragraphs apply to all cash-settled share-based payment transactions. 31

The entity shall recognise the services received, and a liability to pay for those services, as the employees render service. For example, some share appreciation rights vest immediately, and the employees are therefore not required to complete a specified period of service to become entitled to the cash payment. In the absence of evidence to the contrary, the entity shall presume that the services rendered by the employees in exchange for the share appreciation rights have been received. Thus, the entity shall recognise immediately the services received and a liability to pay for them. If the share appreciation rights do not vest until the employees have completed a specified period of service, the entity shall recognise the services received, and a liability to pay for them, as the employees render service during that period. 32

The liability shall be measured, initially and at the end of each reporting period until settled, at the fair value of the share appreciation rights, by applying an option pricing model, taking into account the terms and conditions on which the share appreciation rights were granted, and the extent to which the employees have rendered service to date—subject to the requirements of paragraphs 33A—33D. An entity might modify the terms and conditions on which a cash-settled share-based payment is granted. Guidance for a modification of a share-based payment transaction that changes its classification from cash-settled to equity-settled is given in paragraphs B44A—B44C in Appendix B. 33

Treatment of Vesting and non-Vesting Conditions

A cash-settled share-based payment transaction might be conditional upon satisfying specified vesting conditions. There might be performance conditions that must be satisfied, such as the entity achieving a specified growth in profit or a specified increase in the entity's share price. Vesting conditions, other than market conditions, shall not be taken into account when estimating the fair value of the cash-settled share-based payment at the measurement date. Instead, vesting conditions, other than market conditions, shall be taken into account by adjusting the number of awards included in the measurement of the liability arising from the transaction. 33A

To apply the requirements in paragraph 33A, the entity shall recognise an amount for the goods or services received during the vesting period. That amount shall be based on the best available estimate of the number of awards that are expected 33B

voraussichtlich erdienten Prämien basiert, wobei diese Schätzung bei Bedarf zu korrigieren ist, wenn spätere Informationen darauf hindeuten, dass die Anzahl der voraussichtlich erdienten Prämien von den bisherigen Schätzungen abweicht. Am Tag der Erdienung ist die Schätzung an die Anzahl der letztlich erdienten Prämien anzupassen.

33C Bei der Schätzung des beizulegenden Zeitwerts der gewährten anteilsbasierten Vergütung mit Barausgleich sowie bei der Neubewertung des beizulegenden Zeitwerts zu jedem Abschlussstichtag und am Erfüllungstag sind die Marktbedingungen, wie beispielsweise ein Zielanteilspreis, an den die Erdienung (oder Ausübbarkeit) geknüpft ist, sowie Bedingungen, bei denen es sich nicht um Erdienungsbedingungen handelt, zu berücksichtigen.

33D Die Anwendung der Paragraphen 30–33C führt dazu, dass der kumulierte Betrag, der letztlich für die als Gegenleistung für die anteilsbasierte Vergütung mit Barausgleich erhaltenen Güter oder Dienstleistungen angesetzt wird, dem gezahlten Geldbetrag entspricht.

ANTEILSBASIERTE VERGÜTUNGEN MIT EINEM NETTOAUSGLEICH FÜR DIE EINBEHALTUNG VON STEUERN

33E Ein Unternehmen kann nach den anwendbaren Steuergesetzen bzw. -vorschriften verpflichtet sein, bei einer anteilsbasierten Vergütung einen Betrag einzubehalten, der den vom Mitarbeiter in diesem Zusammenhang geschuldeten Steuern entspricht und den das Unternehmen im Namen des Mitarbeiters – in der Regel in Form eines Geldbetrags – an die Steuerbehörde abführt. Zur Erfüllung dieser Verpflichtung kann die anteilsbasierte Vergütungsvereinbarung für das Unternehmen die Möglichkeit oder Pflicht vorsehen, eine dem Geldwert der Steuerschuld des Mitarbeiters entsprechende Anzahl von Eigenkapitalinstrumenten von der Gesamtzahl der Eigenkapitalinstrumente, die an den Mitarbeiter bei Ausübung (oder Erdienung) der anteilsbasierten Vergütung ausgegeben worden wäre, einzubehalten (d. h. die anteilsbasierte Vergütungsvereinbarung sieht einen Nettoausgleich vor).

33F Wäre die in Paragraph 33E beschriebene Transaktion ohne den Nettoausgleich als anteilsbasierte Vergütung mit Ausgleich durch Eigenkapitalinstrumente eingestuft worden, ist sie als Ausnahme von den Vorschriften in Paragraph 34 in ihrer Gesamtheit als anteilsbasierte Vergütung mit Ausgleich durch Eigenkapitalinstrumente einzustufen.

33G Das Unternehmen hat die Anteile, die zur Finanzierung der Zahlung einbehalten werden, die im Namen des Mitarbeiters für dessen Steuerschuld aus der anteilsbasierten Vergütung an die Steuerverwaltung geleistet wird, gemäß Paragraph 29 des vorliegenden Standards zu bilanzieren. Daher ist die geleistete Zahlung, soweit sie den beizulegenden Zeitwert der einbehaltenen Eigenkapitalinstrumente am Erfüllungstag (Zeitpunkt des Nettoausgleichs) nicht übersteigt, für die einbehaltenen Anteile als Abzug vom Eigenkapital zu bilanzieren.

33H Die in Paragraph 33F beschriebene Ausnahme gilt nicht für

(a) anteilsbasierte Vergütungsvereinbarungen mit Nettoausgleich, bei denen für das Unternehmen nach den Steuergesetzen oder -vorschriften keine Verpflichtung besteht, bei einer anteilsbasierten Vergütung einen Betrag für die vom Mitarbeiter in diesem Zusammenhang geschuldeten Steuern einzubehalten, oder

(b) Eigenkapitalinstrumente, die das Unternehmen einbehält und die über die Steuerschuld des Mitarbeiters im Zusammenhang mit der anteilsbasierten Vergütung hinausgehen (d. h. das Unternehmen behält eine Anzahl von Anteilen ein, deren Geldwert höher ist als die Steuerschuld des Mitarbeiters). Diese zu viel einbehaltenen Anteile sind als anteilsbasierte Vergütung mit Barausgleich zu bilanzieren, wenn der Betrag in bar (oder in anderen Vermögenswerten) an den Mitarbeiter ausgezahlt wird.

ANTEILSBASIERTE VERGÜTUNGEN MIT WAHLWEISEM BARAUSGLEICH ODER AUSGLEICH DURCH EIGENKAPITALINSTRUMENTE

34 **Bei anteilsbasierten Vergütungen, bei denen das Unternehmen oder die Gegenpartei vertraglich die Wahl haben, ob die Transaktion in bar (oder in anderen Vermögenswerten) oder durch die Ausgabe von Eigenkapitalinstrumenten abgegolten wird, ist die Transaktion bzw. sind deren Bestandteile als anteilsbasierte Vergütung mit Barausgleich zu bilanzieren, sofern und soweit für das Unternehmen eine Verpflichtung zum Ausgleich in bar oder in anderen Vermögenswerten besteht, bzw. als anteilsbasierte Vergütung mit Ausgleich durch Eigenkapitalinstrumente, sofern und soweit keine solche Verpflichtung besteht.**

Anteilsbasierte Vergütungen mit Erfüllungswahlrecht bei der Gegenpartei

35 Lässt ein Unternehmen der Gegenpartei die Wahl, ob eine anteilsbasierte Vergütung in bar[4] oder durch die Ausgabe von Eigenkapitalinstrumenten beglichen werden soll, liegt die Gewährung eines zusammengesetzten Finanzinstruments vor, das

4 In den Paragraphen 35–43 schließen alle Verweise auf Barmittel auch andere Vermögenswerte des Unternehmens ein.

to vest. The entity shall revise that estimate, if necessary, if subsequent information indicates that the number of awards that are expected to vest differs from previous estimates. On the vesting date, the entity shall revise the estimate to equal the number of awards that ultimately vested.

Market conditions, such as a target share price upon which vesting (or exercisability) is conditioned, as well as non-vesting conditions, shall be taken into account when estimating the fair value of the cash-settled share-based payment granted and when re-measuring the fair value at the end of each reporting period and at the date of settlement. 33C

As a result of applying paragraphs 30—33C, the cumulative amount ultimately recognised for goods or services received as consideration for the cash-settled share-based payment is equal to the cash that is paid. 33D

SHARE-BASED PAYMENT TRANSACTIONS WITH A NET SETTLEMENT FEATURE FOR WITHHOLDING TAX OBLIGATIONS

Tax laws or regulations may oblige an entity to withhold an amount for an employee's tax obligation associated with a share-based payment and transfer that amount, normally in cash, to the tax authority on the employee's behalf. To fulfil this obligation, the terms of the share-based payment arrangement may permit or require the entity to withhold the number of equity instruments equal to the monetary value of the employee's tax obligation from the total number of equity instruments that otherwise would have been issued to the employee upon exercise (or vesting) of the share-based payment (ie the share-based payment arrangement has a 'net settlement feature'). 33E

As an exception to the requirements in paragraph 34, the transaction described in paragraph 33E shall be classified in its entirety as an equity-settled share-based payment transaction if it would have been so classified in the absence of the net settlement feature. 33F

The entity applies paragraph 29 of this Standard to account for the withholding of shares to fund the payment to the tax authority in respect of the employee's tax obligation associated with the share-based payment. Therefore, the payment made shall be accounted for as a deduction from equity for the shares withheld, except to the extent that the payment exceeds the fair value at the net settlement date of the equity instruments withheld. 33G

The exception in paragraph 33F does not apply to: 33H

(a) a share-based payment arrangement with a net settlement feature for which there is no obligation on the entity under tax laws or regulations to withhold an amount for an employee's tax obligation associated with that share-based payment; or
(b) any equity instruments that the entity withholds in excess of the employee's tax obligation associated with the share-based payment (i.e. the entity withheld an amount of shares that exceeds the monetary value of the employee's tax obligation). Such excess shares withheld shall be accounted for as a cash-settled share-based payment when this amount is paid in cash (or other assets) to the employee.

SHARE-BASED PAYMENT TRANSACTIONS WITH CASH ALTERNATIVES

For share-based payment transactions in which the terms of the arrangement provide either the entity or the counterparty with the choice of whether the entity settles the transaction in cash (or other assets) or by issuing equity instruments, the entity shall account for that transaction, or the components of that transaction, as a cash-settled share-based payment transaction if, and to the extent that, the entity has incurred a liability to settle in cash or other assets, or as an equity-settled share-based payment transaction if, and to the extent that, no such liability has been incurred. 34

Share-based payment transactions in which the terms of the arrangement provide the counterparty with a choice of settlement

If an entity has granted the counterparty the right to choose whether a share-based payment transaction is settled in cash or by issuing equity instruments, the entity has granted a compound financial instrument, which includes a debt[4] compo- 35

4 In paragraphs 35—43, all references to cash also include other assets of the entity.

aus einer Schuldkomponente (dem Recht der Gegenpartei auf Barvergütung) und einer Eigenkapitalkomponente (dem Recht der Gegenpartei auf einen Ausgleich durch Eigenkapitalinstrumente anstelle durch Barvergütung) besteht. Bei Transaktionen mit Parteien, bei denen es sich nicht um Mitarbeiter handelt, bei denen der beizulegende Zeitwert der erhaltenen Güter und Dienstleistungen direkt ermittelt wird, ist die Eigenkapitalkomponente des zusammengesetzten Finanzinstruments als Differenz zwischen dem beizulegenden Zeitwert der erhaltenen Güter oder Dienstleistungen und dem beizulegenden Zeitwert der Schuldkomponente zum Zeitpunkt des Erhalts der Güter oder Dienstleistungen anzusetzen.

36 Bei anderen Transaktionen, einschließlich Transaktionen mit Mitarbeitern, hat das Unternehmen den beizulegenden Zeitwert des zusammengesetzten Finanzinstruments zum Bewertungsstichtag unter Berücksichtigung der Vertragsbedingungen zu bestimmen, zu denen die Rechte auf Barausgleich oder Ausgleich durch Eigenkapitalinstrumente gewährt wurden.

37 Zur Anwendung von Paragraph 36 ist zunächst der beizulegende Zeitwert der Schuldkomponente und im Anschluss daran der beizulegende Zeitwert der Eigenkapitalkomponente zu ermitteln – wobei zu berücksichtigen ist, dass die Gegenpartei beim Erhalt des Eigenkapitalinstruments ihr Recht auf Barvergütung verwirkt. Der beizulegende Zeitwert des zusammengesetzten Finanzinstruments entspricht der Summe der beizulegenden Zeitwerte der beiden Komponenten. Anteilsbasierte Vergütungen, bei denen die Gegenpartei die Form der Erfüllung frei wählen kann, sind jedoch häufig so strukturiert, dass beide Erfüllungsalternativen den gleichen beizulegenden Zeitwert haben. Die Gegenpartei könnte beispielsweise die Wahl zwischen dem Erhalt von Anteilsoptionen oder in bar abgegoltenen Wertsteigerungsrechten haben. In solchen Fällen ist der beizulegende Zeitwert der Eigenkapitalkomponente gleich null, d. h. der beizulegende Zeitwert des zusammengesetzten Finanzinstruments entspricht dem der Schuldkomponente. Umgekehrt ist der beizulegende Zeitwert der Eigenkapitalkomponente in der Regel größer als null, wenn sich die beizulegenden Zeitwerte der Erfüllungsalternativen unterscheiden; in diesem Fall ist der beizulegende Zeitwert des zusammengesetzten Finanzinstruments größer als der beizulegende Zeitwert der Schuldkomponente.

38 Die erhaltenen oder erworbenen Güter oder Dienstleistungen sind entsprechend ihrer Einstufung als Schuld- oder Eigenkapitalkomponente des zusammengesetzten Finanzinstruments getrennt auszuweisen. Für die Schuldkomponente sind zu dem Zeitpunkt, zu dem die Gegenpartei die Güter liefert oder Leistungen erbringt, die erhaltenen Güter oder Dienstleistungen und gleichzeitig eine Schuld zur Begleichung dieser Güter oder Dienstleistungen gemäß den für anteilsbasierte Vergütungen mit Barausgleich geltenden Vorschriften (Paragraphen 30–33) zu erfassen. Für die Eigenkapitalkomponente (falls vorhanden) sind zu dem Zeitpunkt, zu dem die Gegenpartei die Güter liefert oder Leistungen erbringt, die erhaltenen Güter oder Dienstleistungen und gleichzeitig eine Erhöhung des Eigenkapitals gemäß den für anteilsbasierte Vergütungen mit Ausgleich durch Eigenkapitalinstrumente geltenden Vorschriften (Paragraphen 10–29) zu erfassen.

39 Am Erfüllungstag hat das Unternehmen die Schuld mit dem beizulegenden Zeitwert neu zu bewerten. Erfolgt der Ausgleich nicht in bar, sondern durch die Ausgabe von Eigenkapitalinstrumenten, ist die Schuld als Gegenleistung für die ausgegebenen Eigenkapitalinstrumente direkt ins Eigenkapital umzubuchen.

40 Erfolgt der Ausgleich in bar anstatt durch die Ausgabe von Eigenkapitalinstrumenten, gilt die Schuld mit dieser Zahlung als vollständig beglichen. Alle vorher erfassten Eigenkapitalkomponenten verbleiben im Eigenkapital. Durch ihre Entscheidung für einen Barausgleich verwirkt die Gegenpartei das Recht auf den Erhalt von Eigenkapitalinstrumenten. Diese Vorschrift schließt jedoch nicht die Möglichkeit einer Umbuchung innerhalb des Eigenkapitals, also eine Umbuchung von einem Eigenkapitalposten in einen anderen, aus.

Anteilsbasierte Vergütungen mit Erfüllungswahlrecht beim Unternehmen

41 Bei anteilsbasierten Vergütungen, die dem Unternehmen das vertragliche Wahlrecht einräumen, ob der Ausgleich in bar oder durch die Ausgabe von Eigenkapitalinstrumenten erfolgen soll, hat das Unternehmen zu bestimmen, ob eine gegenwärtige Verpflichtung zum Barausgleich besteht, und die anteilsbasierte Vergütung entsprechend zu erfassen. Eine gegenwärtige Verpflichtung zum Barausgleich besteht dann, wenn die Möglichkeit eines Ausgleichs durch Eigenkapitalinstrumente keinen wirtschaftlichen Gehalt hat (z. B. weil dem Unternehmen die Ausgabe von Anteilen rechtlich verboten ist) oder der Barausgleich eine bisherige betriebliche Praxis oder erklärte Richtlinie des Unternehmens ist oder das Unternehmen im Allgemeinen einen Barausgleich vornimmt, wenn die Gegenpartei diese Form des Ausgleichs wünscht.

42 Hat das Unternehmen eine gegenwärtige Verpflichtung zum Barausgleich, ist die Transaktion gemäß den Vorschriften für anteilsbasierte Vergütungen mit Barausgleich (Paragraphen 30–33) zu bilanzieren.

43 Besteht eine solche Verpflichtung nicht, ist die Transaktion gemäß den Vorschriften für anteilsbasierte Vergütungen mit Ausgleich durch Eigenkapitalinstrumente (Paragraphen 10–29) zu bilanzieren. Bei der Erfüllung gilt Folgendes:

(a) Entscheidet sich das Unternehmen für einen Barausgleich, ist die Barvergütung mit der unter (c) dargelegten Ausnahme als Rückkauf von Eigenkapitalanteilen, also als Abzug vom Eigenkapital, zu behandeln.

(b) Entscheidet sich das Unternehmen für einen Ausgleich durch die Ausgabe von Eigenkapitalinstrumenten, ist mit der unter (c) dargelegten Ausnahme keine weitere Buchung erforderlich (außer ggf. eine Umbuchung von einem Eigenkapitalposten in einen anderen).

nent (i.e. the counterparty's right to demand payment in cash) and an equity component (i.e. the counterparty's right to demand settlement in equity instruments rather than in cash). For transactions with parties other than employees, in which the fair value of the goods or services received is measured directly, the entity shall measure the equity component of the compound financial instrument as the difference between the fair value of the goods or services received and the fair value of the debt component, at the date when the goods or services are received.

For other transactions, including transactions with employees, the entity shall measure the fair value of the compound financial instrument at the measurement date, taking into account the terms and conditions on which the rights to cash or equity instruments were granted. 36

To apply paragraph 36, the entity shall first measure the fair value of the debt component, and then measure the fair value of the equity component—taking into account that the counterparty must forfeit the right to receive cash in order to receive the equity instrument. The fair value of the compound financial instrument is the sum of the fair values of the two components. However, share-based payment transactions in which the counterparty has the choice of settlement are often structured so that the fair value of one settlement alternative is the same as the other. For example, the counterparty might have the choice of receiving share options or cash-settled share appreciation rights. In such cases, the fair value of the equity component is zero, and hence the fair value of the compound financial instrument is the same as the fair value of the debt component. Conversely, if the fair values of the settlement alternatives differ, the fair value of the equity component usually will be greater than zero, in which case the fair value of the compound financial instrument will be greater than the fair value of the debt component. 37

The entity shall account separately for the goods or services received or acquired in respect of each component of the compound financial instrument. For the debt component, the entity shall recognise the goods or services acquired, and a liability to pay for those goods or services, as the counterparty supplies goods or renders service, in accordance with the requirements applying to cash-settled share-based payment transactions (paragraphs 30—33). For the equity component (if any), the entity shall recognise the goods or services received, and an increase in equity, as the counterparty supplies goods or renders service, in accordance with the requirements applying to equity-settled share-based payment transactions (paragraphs 10—29). 38

At the date of settlement, the entity shall remeasure the liability to its fair value. If the entity issues equity instruments on settlement rather than paying cash, the liability shall be transferred direct to equity, as the consideration for the equity instruments issued. 39

If the entity pays in cash on settlement rather than issuing equity instruments, that payment shall be applied to settle the liability in full. Any equity component previously recognised shall remain within equity. By electing to receive cash on settlement, the counterparty forfeited the right to receive equity instruments. However, this requirement does not preclude the entity from recognising a transfer within equity, i.e. a transfer from one component of equity to another. 40

Share-based payment transactions in which the terms of the arrangement provide the entity with a choice of settlement

For a share-based payment transaction in which the terms of the arrangement provide an entity with the choice of whether to settle in cash or by issuing equity instruments, the entity shall determine whether it has a present obligation to settle in cash and account for the share-based payment transaction accordingly. The entity has a present obligation to settle in cash if the choice of settlement in equity instruments has no commercial substance (e.g. because the entity is legally prohibited from issuing shares), or the entity has a past practice or a stated policy of settling in cash, or generally settles in cash whenever the counterparty asks for cash settlement. 41

If the entity has a present obligation to settle in cash, it shall account for the transaction in accordance with the requirements applying to cash-settled share-based payment transactions, in paragraphs 30—33. 42

If no such obligation exists, the entity shall account for the transaction in accordance with the requirements applying to equity-settled share-based payment transactions, in paragraphs 10—29. Upon settlement: 43

(a) if the entity elects to settle in cash, the cash payment shall be accounted for as the repurchase of an equity interest, i.e. as a deduction from equity, except as noted in (c) below;
(b) if the entity elects to settle by issuing equity instruments, no further accounting is required (other than a transfer from one component of equity to another, if necessary), except as noted in (c) below;

(c) Wählt das Unternehmen die Form des Ausgleichs mit dem am Erfüllungstag höheren beizulegenden Zeitwert, ist ein zusätzlicher Aufwand für den Überschussbetrag zu erfassen, d. h. für die Differenz zwischen der Höhe der Barvergütung und dem beizulegenden Zeitwert der Eigenkapitalinstrumente, die sonst ausgegeben worden wären, bzw., je nach Sachlage, der Differenz zwischen dem beizulegenden Zeitwert der ausgegebenen Eigenkapitalinstrumente und dem Barbetrag, der sonst gezahlt worden wäre.

ANTEILSBASIERTE VERGÜTUNGEN ZWISCHEN KONZERNUNTERNEHMEN (ÄNDERUNGEN 2009)

43A Bei anteilsbasierten Vergütungen zwischen Konzernunternehmen hat das Unternehmen, das die Güter oder Dienstleistungen erhält, diese Güter oder Dienstleistungen in seinem Einzelabschluss entweder als anteilsbasierte Vergütung mit Ausgleich durch Eigenkapitalinstrumente oder als anteilsbasierte Vergütung mit Barausgleich zu bewerten und Folgendes zu beurteilen:

(a) die Art der gewährten Prämien und

(b) seine eigenen Rechte und Pflichten.

Der von dem Unternehmen, das die Güter oder Dienstleistungen erhält, erfasste Betrag kann von dem Betrag abweichen, der von dem Konzern oder einem anderen Konzernunternehmen erfasst wird, der bzw. das bei der anteilsbasierten Vergütung den Ausgleich vornimmt.

43B Das Unternehmen, das die Güter oder Dienstleistungen erhält, hat diese als anteilsbasierte Vergütung mit Ausgleich durch Eigenkapitalinstrumente zu bewerten, wenn

(a) es sich bei den gewährten Prämien um seine eigenen Eigenkapitalinstrumente handelt oder

(b) das Unternehmen nicht dazu verpflichtet ist, die anteilsbasierte Vergütung auszugleichen.

Gemäß den Paragraphen 19–21 hat ein Unternehmen eine solche anteilsbasierte Vergütung mit Ausgleich durch Eigenkapitalinstrumente in der Folge nur dann neu zu bewerten, wenn sich die nicht marktbedingten Erdienungsbedingungen geändert haben. In allen anderen Fällen hat das Unternehmen, das die Güter oder Dienstleistungen erhält, diese als anteilsbasierte Vergütung mit Barausgleich zu bewerten.

43C Das Unternehmen, das bei einer anteilsbasierten Vergütung den Ausgleich vornimmt, während ein anderes Unternehmen des Konzerns die Güter oder Dienstleistungen erhält, hat diese Transaktion nur dann als anteilsbasierte Vergütung mit Ausgleich durch Eigenkapitalinstrumente zu erfassen, wenn der Ausgleich mit seinen eigenen Eigenkapitalinstrumenten erfolgt. In allen anderen Fällen ist die Transaktion als anteilsbasierte Vergütung mit Barausgleich zu erfassen.

43D Bestimmte konzerninterne Transaktionen sind mit Rückzahlungsvereinbarungen verbunden, die ein Konzernunternehmen dazu verpflichten, ein anderes Konzernunternehmen für die Bereitstellung anteilsbasierter Vergütungen für die Lieferanten der Güter oder Dienstleistungen zu bezahlen. In solchen Fällen hat das Unternehmen, das die Güter oder Dienstleistungen erhält, die anteilsbasierte Vergütung ungeachtet etwaiger konzerninterner Rückzahlungsvereinbarungen gemäß Paragraph 43B zu bilanzieren.

ANGABEN

44 **Ein Unternehmen hat Informationen anzugeben, die den Abschlussadressaten Art und Ausmaß der in der Berichtsperiode bestehenden anteilsbasierten Vergütungsvereinbarungen verständlich machen.**

45 Um den Grundsatz in Paragraph 44 zu erfüllen, hat das Unternehmen mindestens folgende Angaben zu machen:

(a) eine Beschreibung der einzelnen Arten von anteilsbasierten Vergütungsvereinbarungen, die während der Berichtsperiode in Kraft waren, einschließlich der allgemeinen Bedingungen jeder Vereinbarung, wie Erdienungsbedingungen, maximale Anzahl gewährter Optionen und Form des Ausgleichs (ob in bar oder durch Eigenkapitalinstrumente). Ein Unternehmen mit substanziell ähnlichen Arten von anteilsbasierten Vergütungsvereinbarungen kann diese Angaben zusammenfassen, soweit zur Erfüllung des Grundsatzes in Paragraph 44 keine gesonderte Darstellung der einzelnen Vereinbarungen notwendig ist.

(b) Anzahl und gewichteter Durchschnitt der Ausübungspreise der Anteilsoptionen für jede der folgenden Gruppen von Optionen:

  (i) zu Beginn der Berichtsperiode ausstehende Optionen,
  (ii) in der Berichtsperiode gewährte Optionen,
  (iii) in der Berichtsperiode verwirkte Optionen,
  (iv) in der Berichtsperiode ausgeübte Optionen,
  (v) in der Berichtsperiode verfallene Optionen,
  (vi) am Ende der Berichtsperiode ausstehende Optionen und
  (vii) am Ende der Berichtsperiode ausübbare Optionen

(c) bei in der Berichtsperiode ausgeübten Optionen der gewichtete durchschnittliche Anteilspreis zum Ausübungszeitpunkt. Wurden die Optionen während der Berichtsperiode regelmäßig ausgeübt, kann stattdessen der gewichtete durchschnittliche Anteilspreis der Berichtsperiode herangezogen werden.

(c) if the entity elects the settlement alternative with the higher fair value, as at the date of settlement, the entity shall recognise an additional expense for the excess value given, i.e. the difference between the cash paid and the fair value of the equity instruments that would otherwise have been issued, or the difference between the fair value of the equity instruments issued and the amount of cash that would otherwise have been paid, whichever is applicable.

SHARE-BASED PAYMENT TRANSACTIONS AMONG GROUP ENTITIES (2009 AMENDMENTS)

For share-based payment transactions among group entities, in its separate or individual financial statements, the entity receiving the goods or services shall measure the goods or services received as either an equity-settled or a cash-settled share-based payment transaction by assessing: **43A**

(a) the nature of the awards granted, and
(b) its own rights and obligations.

The amount recognised by the entity receiving the goods or services may differ from the amount recognised by the consolidated group or by another group entity settling the share-based payment transaction.

The entity receiving the goods or services shall measure the goods or services received as an equity-settled share-based payment transaction when: **43B**

(a) the awards granted are its own equity instruments, or
(b) the entity has no obligation to settle the share-based payment transaction.

The entity shall subsequently remeasure such an equity-settled share-based payment transaction only for changes in non-market vesting conditions in accordance with paragraphs 19—21. In all other circumstances, the entity receiving the goods or services shall measure the goods or services received as a cash-settled share-based payment transaction.

The entity settling a share-based payment transaction when another entity in the group receives the goods or services shall recognise the transaction as an equity-settled share-based payment transaction only if it is settled in the entity's own equity instruments. Otherwise, the transaction shall be recognised as a cash-settled share-based payment transaction. **43C**

Some group transactions involve repayment arrangements that require one group entity to pay another group entity for the provision of the share-based payments to the suppliers of goods or services. In such cases, the entity that receives the goods or services shall account for the share-based payment transaction in accordance with paragraph 43B regardless of intragroup repayment arrangements. **43D**

DISCLOSURES

An entity shall disclose information that enables users of the financial statements to understand the nature and extent of share-based payment arrangements that existed during the period. **44**

To give effect to the principle in paragraph 44, the entity shall disclose at least the following: **45**

(a) a description of each type of share-based payment arrangement that existed at any time during the period, including the general terms and conditions of each arrangement, such as vesting requirements, the maximum term of options granted, and the method of settlement (e.g. whether in cash or equity). An entity with substantially similar types of share-based payment arrangements may aggregate this information, unless separate disclosure of each arrangement is necessary to satisfy the principle in paragraph 44;
(b) the number and weighted average exercise prices of share options for each of the following groups of options:
 (i) outstanding at the beginning of the period;
 (ii) granted during the period;
 (iii) forfeited during the period;
 (iv) exercised during the period;
 (v) expired during the period;
 (vi) outstanding at the end of the period; and
 (vii) exercisable at the end of the period;
(c) for share options exercised during the period, the weighted average share price at the date of exercise. If options were exercised on a regular basis throughout the period, the entity may instead disclose the weighted average share price during the period;

(d) für die am Ende der Berichtsperiode ausstehenden Optionen die Bandbreite an Ausübungspreisen und der gewichtete Durchschnitt der verbleibenden Vertragslaufzeit. Ist die Bandbreite der Ausübungspreise sehr groß, sind die ausstehenden Optionen in Bereiche zu unterteilen, die zur Beurteilung der Anzahl und des Zeitpunkts der möglichen Ausgabe zusätzlicher Anteile und des bei Ausübung dieser Optionen realisierbaren Barbetrags geeignet sind.

46 Ein Unternehmen hat Informationen anzugeben, die den Abschlussadressaten verständlich machen, wie der beizulegende Zeitwert der erhaltenen Güter oder Dienstleistungen oder der beizulegende Zeitwert der gewährten Eigenkapitalinstrumente in der Berichtsperiode bestimmt wurde.

47 Wurde der beizulegende Zeitwert der als Gegenleistung für Eigenkapitalinstrumente des Unternehmens erhaltenen Güter oder Dienstleistungen indirekt unter Bezugnahme auf den beizulegenden Zeitwert der gewährten Eigenkapitalinstrumente bewertet, hat das Unternehmen zur Erfüllung des Grundsatzes in Paragraph 46 mindestens Folgendes anzugeben:

(a) für in der Berichtsperiode gewährte Anteilsoptionen den gewichteten Durchschnitt der beizulegenden Zeitwerte dieser Optionen am Bewertungsstichtag sowie Angaben darüber, wie dieser beizulegende Zeitwert ermittelt wurde, einschließlich der Angabe
- (i) des verwendeten Optionspreismodells und der in dieses Modell einfließenden Daten; dies beinhaltet den gewichteten durchschnittlichen Anteilspreis, den Ausübungspreis, die erwartete Volatilität, die Laufzeit der Option, die erwarteten Dividenden, den risikolosen Zinssatz und andere in das Modell einfließende Parameter, einschließlich der verwendeten Methode und der zugrunde gelegten Annahmen zur Berücksichtigung der Auswirkungen einer erwarteten frühzeitigen Ausübung,
- (ii) wie die erwartete Volatilität bestimmt wurde; dies beinhaltet erläuternde Angaben, inwieweit die erwartete Volatilität auf der historischen Volatilität beruht, und
- (iii) ob und auf welche Weise andere Ausstattungsmerkmale der Optionsgewährung, wie z. B. eine Marktbedingung, bei der Ermittlung des beizulegenden Zeitwerts berücksichtigt wurden,

(b) für andere in der Berichtsperiode gewährte Eigenkapitalinstrumente (d. h. keine Anteilsoptionen) die Anzahl und den gewichteten Durchschnitt der beizulegenden Zeitwerte dieser Eigenkapitalinstrumente am Bewertungsstichtag sowie Angaben darüber, wie dieser beizulegende Zeitwert ermittelt wurde, einschließlich der Angabe:
- (i) wenn der beizulegende Zeitwert nicht anhand eines beobachtbaren Marktpreises ermittelt wurde, auf welche Weise er bestimmt wurde,
- (ii) ob und auf welche Weise erwartete Dividenden bei der Ermittlung des beizulegenden Zeitwerts berücksichtigt wurden, und
- (iii) ob und auf welche Weise andere Ausstattungsmerkmale der gewährten Eigenkapitalinstrumente bei der Bestimmung des beizulegenden Zeitwerts berücksichtigt wurden,

(c) für anteilsbasierte Vergütungen, die in der Berichtsperiode geändert wurden,
- (i) eine Erklärung dieser Änderungen,
- (ii) der zusätzliche beizulegende Zeitwert, der (infolge dieser Änderungen) gewährt wurde, und
- (iii) ggf. Angaben darüber, wie der gewährte zusätzliche beizulegende Zeitwert im Einklang mit den Vorschriften unter (a) und (b) bestimmt wurde.

48 Wurden die in der Berichtsperiode erhaltenen Güter oder Dienstleistungen direkt zum beizulegenden Zeitwert angesetzt, hat das Unternehmen anzugeben, wie der beizulegende Zeitwert bestimmt wurde, d. h. ob er anhand eines Marktpreises für die betreffenden Güter oder Dienstleistungen ermittelt wurde.

49 Hat das Unternehmen die Vermutung in Paragraph 13 widerlegt, hat es dies anzugeben und zu begründen, warum es zu einer Widerlegung dieser Vermutung kam.

50 Ein Unternehmen hat Informationen anzugeben, die den Abschlussadressaten die Auswirkungen anteilsbasierter Vergütungen auf den Periodengewinn oder -verlust und die Vermögens- und Finanzlage des Unternehmens verständlich machen.

51 Um den Grundsatz in Paragraph 50 zu erfüllen, hat das Unternehmen mindestens Folgendes anzugeben:

(a) den in der Berichtsperiode erfassten Gesamtaufwand für anteilsbasierte Vergütungen, bei denen die erhaltenen Güter oder Dienstleistungen nicht für einen Ansatz als Vermögenswert in Betracht kamen und daher sofort aufwandswirksam gebucht wurden; dabei ist der Anteil am Gesamtaufwand, der auf anteilsbasierte Vergütungen mit Ausgleich durch Eigenkapitalinstrumente entfällt, gesondert auszuweisen,

(b) für Schulden aus anteilsbasierten Vergütungen
- (i) den Gesamtbuchwert am Ende der Berichtsperiode und
- (ii) den gesamten inneren Wert der Schulden am Ende der Berichtsperiode, bei denen das Recht der Gegenpartei auf Erhalt von Zahlungsmitteln oder anderen Vermögenswerten zum Ende der Berichtsperiode erdient war (z. B. erdiente Wertsteigerungsrechte).

52 Sind die Angabepflichten dieses Standards zur Erfüllung der Grundsätze in den Paragraphen 44, 46 und 50 nicht ausreichend, hat das Unternehmen zusätzliche Angaben zu machen, die zu einer Erfüllung dieser Grundsätze führen. Hat ein Unternehmen beispielsweise eine anteilsbasierte Vergütung gemäß Paragraph 33F als anteilsbasierte Vergütung mit Ausgleich

(d) for share options outstanding at the end of the period, the range of exercise prices and weighted average remaining contractual life. If the range of exercise prices is wide, the outstanding options shall be divided into ranges that are meaningful for assessing the number and timing of additional shares that may be issued and the cash that may be received upon exercise of those options.

An entity shall disclose information that enables users of the financial statements to understand how the fair value of the goods or services received, or the fair value of the equity instruments granted, during the period was determined. 46

If the entity has measured the fair value of goods or services received as consideration for equity instruments of the entity indirectly, by reference to the fair value of the equity instruments granted, to give effect to the principle in paragraph 46, the entity shall disclose at least the following: 47

(a) for share options granted during the period, the weighted average fair value of those options at the measurement date and information on how that fair value was measured, including:
    (i) the option pricing model used and the inputs to that model, including the weighted average share price, exercise price, expected volatility, option life, expected dividends, the risk-free interest rate and any other inputs to the model, including the method used and the assumptions made to incorporate the effects of expected early exercise;
    (ii) how expected volatility was determined, including an explanation of the extent to which expected volatility was based on historical volatility; and
    (iii) whether and how any other features of the option grant were incorporated into the measurement of fair value, such as a market condition;
(b) for other equity instruments granted during the period (i.e. other than share options), the number and weighted average fair value of those equity instruments at the measurement date, and information on how that fair value was measured, including:
    (i) if fair value was not measured on the basis of an observable market price, how it was determined;
    (ii) whether and how expected dividends were incorporated into the measurement of fair value; and
    (iii) whether and how any other features of the equity instruments granted were incorporated into the measurement of fair value;
(c) for share-based payment arrangements that were modified during the period:
    (i) an explanation of those modifications;
    (ii) the incremental fair value granted (as a result of those modifications); and
    (iii) information on how the incremental fair value granted was measured, consistently with the requirements set out in (a) and (b) above, where applicable.

If the entity has measured directly the fair value of goods or services received during the period, the entity shall disclose how that fair value was determined, e.g. whether fair value was measured at a market price for those goods or services. 48

If the entity has rebutted the presumption in paragraph 13, it shall disclose that fact, and give an explanation of why the presumption was rebutted. 49

An entity shall disclose information that enables users of the financial statements to understand the effect of share-based payment transactions on the entity's profit or loss for the period and on its financial position. 50

To give effect to the principle in paragraph 50, the entity shall disclose at least the following: 51

(a) the total expense recognised for the period arising from share-based payment transactions in which the goods or services received did not qualify for recognition as assets and hence were recognised immediately as an expense, including separate disclosure of that portion of the total expense that arises from transactions accounted for as equity-settled share-based payment transactions;
(b) for liabilities arising from share-based payment transactions:
    (i) the total carrying amount at the end of the period; and
    (ii) the total intrinsic value at the end of the period of liabilities for which the counterparty's right to cash or other assets had vested by the end of the period (e.g. vested share appreciation rights).

If the information required to be disclosed by this Standard does not satisfy the principles in paragraphs 44, 46 and 50, the entity shall disclose such additional information as is necessary to satisfy them. For example, if an entity has classified any share-based payment transactions as equity-settled in accordance with paragraph 33F, the entity shall disclose an estimate 52

durch Eigenkapitalinstrumente eingestuft, so hat es, wenn es notwendig ist, die Abschlussadressaten über die künftigen Zahlungsströme im Zusammenhang mit der anteilsbasierten Vergütungsvereinbarung zu informieren, den Betrag anzugeben, den es voraussichtlich an die Steuerbehörde abführen wird, um die Steuerschuld des Mitarbeiters zu begleichen.

ÜBERGANGSVORSCHRIFTEN

53 Bei anteilsbasierten Vergütungen mit Ausgleich durch Eigenkapitalinstrumente ist dieser IFRS auf Anteile, Anteilsoptionen und andere Eigenkapitalinstrumente anzuwenden, die nach dem 7. November 2002 gewährt wurden und zum Zeitpunkt des Inkrafttretens dieses IFRS noch nicht erdient waren.

54 Es wird empfohlen, aber nicht vorgeschrieben, diesen IFRS auf andere gewährte Eigenkapitalinstrumente anzuwenden, sofern das Unternehmen den am Bewertungsstichtag bestimmten beizulegenden Zeitwert dieser Eigenkapitalinstrumente veröffentlicht hat.

55 Bei allen gewährten Eigenkapitalinstrumenten, auf die dieser IFRS angewendet wird, ist eine Anpassung der Vergleichsinformationen und ggf. des Eröffnungsbilanzwerts der Gewinnrücklagen für die früheste dargestellte Berichtsperiode vorzunehmen.

56 Alle gewährten Eigenkapitalinstrumente, auf die dieser IFRS keine Anwendung findet (also alle bis einschließlich 7. November 2002 gewährten Eigenkapitalinstrumente), unterliegen dennoch den Angabepflichten gemäß den Paragraphen 44 und 45.

57 Ändert ein Unternehmen nach Inkrafttreten dieses IFRS die Vertragsbedingungen für gewährte Eigenkapitalinstrumente, auf die dieser IFRS nicht angewendet worden ist, sind dennoch für die Bilanzierung derartiger Änderungen die Paragraphen 26–29 maßgeblich.

58 Der IFRS ist rückwirkend auf Schulden aus anteilsbasierten Vergütungen anzuwenden, die zum Zeitpunkt des Inkrafttretens dieses IFRS bestanden. Für diese Schulden ist eine Anpassung der Vergleichsinformationen vorzunehmen; hierzu gehört auch eine Anpassung des Eröffnungsbilanzwerts der Gewinnrücklagen in der frühesten dargestellten Berichtsperiode, für die die Vergleichsinformationen angepasst worden sind; eine Pflicht zur Anpassung der Vergleichsinformationen besteht allerdings nicht für Informationen, die sich auf eine Berichtsperiode oder einen Zeitpunkt vor dem 7. November 2002 beziehen.

59 Es wird empfohlen, aber nicht vorgeschrieben, den IFRS rückwirkend auf andere Schulden aus anteilsbasierten Vergütungen anzuwenden, wie beispielsweise auf Schulden, die in einer Berichtsperiode beglichen wurden, für die Vergleichsinformationen aufgeführt sind.

59A Ein Unternehmen hat die Änderungen in den Paragraphen 30–31, 33–33H und B44A–B44C wie nachfolgend angegeben anzuwenden. Frühere Perioden sind nicht anzupassen.

(a) Die Änderungen in den Paragraphen B44A–B44C gelten nur für Änderungen der Vertragsbedingungen einer anteilsbasierten Vergütung, die am oder nach dem Zeitpunkt der erstmaligen Anwendung der Änderungen dieses Standards eintreten.

(b) Die Änderungen in den Paragraphen 30–31 und 33–33D gelten für anteilsbasierte Vergütungen, die am Tag der erstmaligen Anwendung der Änderungen nicht erdient sind, und für anteilsbasierte Vergütungen, die zum oder nach dem Tag der erstmaligen Anwendung der Änderungen gewährt werden. Bei nicht erdienten, vor dem Tag der erstmaligen Anwendung der Änderungen gewährten anteilsbasierten Vergütungen hat ein Unternehmen die Schuld zu diesem Zeitpunkt neu zu bewerten und die Auswirkung der Neubewertung in der Berichtsperiode, in der die Änderungen erstmals angewandt werden, im Anfangssaldo der Gewinnrücklagen (bzw. anderer Bestandteile des Eigenkapitals) auszuweisen.

(c) Die Änderungen in den Paragraphen 33E–33H und die Änderung des Paragraphen 52 gelten für anteilsbasierte Vergütungen, die am Tag der erstmaligen Anwendung der Änderungen nicht erdient sind (oder erdient sind, aber nicht ausgeübt wurden), und für anteilsbasierte Vergütungen, die am oder nach dem Tag der erstmaligen Anwendung der Änderungen gewährt werden. Bei nicht erdienten (oder erdienten, aber nicht ausgeübten) anteilsbasierten Vergütungen (oder deren Bestandteilen), die als anteilsbasierte Vergütungen mit Barausgleich eingestuft waren, infolge der Änderungen nun aber als anteilsbasierte Vergütungen mit Ausgleich durch Eigenkapitalinstrumente einzustufen sind, ist der Buchwert der aus der anteilsbasierten Vergütung resultierenden Schuld am Tag der erstmaligen Anwendung der Änderungen in das Eigenkapital umzugliedern.

59B Unbeschadet der Vorschriften in Paragraph 59A kann ein Unternehmen die Änderungen in Paragraph 63D vorbehaltlich der Übergangsvorschriften der Paragraphen 53–59 dieses Standards nur dann rückwirkend gemäß IAS 8 *Rechnungslegungsmethoden, Änderungen von rechnungslegungsbezogenen Schätzungen und Fehler* anwenden, wenn dabei keine nachträglichen Erkenntnisse verwendet werden. Wenn sich ein Unternehmen für eine rückwirkende Anwendung entscheidet, muss es sämtliche in der Verlautbarung *Einstufung und Bewertung anteilsbasierter Vergütungen* (Änderungen an IFRS 2) enthaltenen Änderungen rückwirkend anwenden.

of the amount that it expects to transfer to the tax authority to settle the employee's tax obligation when it is necessary to inform users about the future cash flow effects associated with the share-based payment arrangement.

TRANSITIONAL PROVISIONS

For equity-settled share-based payment transactions, the entity shall apply this IFRS to grants of shares, share options or other equity instruments that were granted after 7 November 2002 and had not yet vested at the effective date of this IFRS. 53

The entity is encouraged, but not required, to apply this IFRS to other grants of equity instruments if the entity has disclosed publicly the fair value of those equity instruments, determined at the measurement date. 54

For all grants of equity instruments to which this IFRS is applied, the entity shall restate comparative information and, where applicable, adjust the opening balance of retained earnings for the earliest period presented. 55

For all grants of equity instruments to which this IFRS has not been applied (e.g. equity instruments granted on or before 7 November 2002), the entity shall nevertheless disclose the information required by paragraphs 44 and 45. 56

If, after the IFRS becomes effective, an entity modifies the terms or conditions of a grant of equity instruments to which this IFRS has not been applied, the entity shall nevertheless apply paragraphs 26—29 to account for any such modifications. 57

For liabilities arising from share-based payment transactions existing at the effective date of this IFRS, the entity shall apply the IFRS retrospectively. For these liabilities, the entity shall restate comparative information, including adjusting the opening balance of retained earnings in the earliest period presented for which comparative information has been restated, except that the entity is not required to restate comparative information to the extent that the information relates to a period or date that is earlier than 7 November 2002. 58

The entity is encouraged, but not required, to apply retrospectively the IFRS to other liabilities arising from share-based payment transactions, for example, to liabilities that were settled during a period for which comparative information is presented. 59

An entity shall apply the amendments in paragraphs 30—31, 33—33H and B44A—B44C as set out below. Prior periods shall not be restated. 59A

(a) The amendments in paragraphs B44A—B44C apply only to modifications that occur on or after the date that an entity first applies the amendments.
(b) The amendments in paragraphs 30—31 and 33—33D apply to share-based payment transactions that are unvested at the date that an entity first applies the amendments and to share-based payment transactions with a grant date on or after the date that an entity first applies the amendments. For unvested share-based payment transactions granted prior to the date that an entity first applies the amendments, an entity shall remeasure the liability at that date and recognise the effect of the remeasurement in opening retained earnings (or other component of equity, as appropriate) of the reporting period in which the amendments are first applied.
(c) The amendments in paragraphs 33E—33H and the amendment to paragraph 52 apply to share-based payment transactions that are unvested (or vested but unexercised), at the date that an entity first applies the amendments and to share-based payment transactions with a grant date on or after the date that an entity first applies the amendments. For unvested (or vested but unexercised) share-based payment transactions (or components thereof) that were previously classified as cash-settled share-based payments but now are classified as equity-settled in accordance with the amendments, an entity shall reclassify the carrying value of the share-based payment liability to equity at the date that it first applies the amendments.

Notwithstanding the requirements in paragraph 59A, an entity may apply the amendments in paragraph 63D retrospectively, subject to the transitional provisions in paragraphs 53—59 of this Standard, in accordance with IAS 8 *Accounting Policies, Changes in Accounting Estimates and Errors* if and only if it is possible without hindsight. If an entity elects retrospective application, it must do so for all of the amendments made by *Classification and Measurement of Share-based Payment Transactions* (Amendments to IFRS 2). 59B

ZEITPUNKT DES INKRAFTTRETENS

60 Dieser IFRS ist auf Geschäftsjahre anzuwenden, die am oder nach dem 1. Januar 2005 beginnen. Eine frühere Anwendung wird empfohlen. Wendet ein Unternehmen den IFRS auf Berichtsperioden an, die vor dem 1. Januar 2005 beginnen, hat es dies anzugeben.

61 Durch IFRS 3 (in der 2008 überarbeiteten Fassung) und die *Verbesserungen der IFRS*, veröffentlicht im April 2009, wurde Paragraph 5 geändert. Diese Änderung ist auf Geschäftsjahre anzuwenden, die am oder nach dem 1. Juli 2009 beginnen. Eine frühere Anwendung ist zulässig. Wendet ein Unternehmen IFRS 3 (überarbeitet 2008) auf eine frühere Periode an, so hat es auf diese frühere Periode auch diese Änderungen anzuwenden.

62 Die folgenden Änderungen sind rückwirkend auf Geschäftsjahre anzuwenden, die am oder nach dem 1. Januar 2009 beginnen:

(a) die Vorschriften in Paragraph 21A hinsichtlich der Behandlung von Bedingungen, bei denen es sich nicht um Erdienungsbedingungen handelt,

(b) die in Anhang A überarbeiteten Definitionen der Begriffe „erdienen“ (vorher: ausübbar werden) und „Erdienungsbedingungen“ (vorher: Ausübungsbedingungen),

(c) die Änderungen in den Paragraphen 28 und 28A hinsichtlich Annullierungen.

Eine frühere Anwendung ist zulässig. Wendet ein Unternehmen diese Änderungen auf eine Periode an, die vor dem 1. Januar 2009 beginnt, hat es dies anzugeben.

63 Die nachstehend aufgeführten Änderungen, die mit der Verlautbarung *Konzerninterne anteilsbasierte Vergütungen mit Barausgleich*, veröffentlicht im Juni 2009, vorgenommen wurden, sind vorbehaltlich der Übergangsvorschriften in den Paragraphen 53–59 gemäß IAS 8 rückwirkend auf Geschäftsjahre anzuwenden, die am oder nach dem 1. Januar 2010 beginnen:

(a) In Bezug auf die Bilanzierung von Transaktionen zwischen Konzernunternehmen die Änderung des Paragraphen 2, die Streichung des Paragraphen 3 und die Einfügung der Paragraphen 3A und 43A–43D sowie der Paragraphen B45, B47, B50, B54, B56–B58 und B60 in Anhang B.

(b) Die überarbeiteten Definitionen der folgenden Begriffe in Anhang A:
- anteilsbasierte Vergütung mit Barausgleich,
- anteilsbasierte Vergütung mit Ausgleich durch Eigenkapitalinstrumente,
- anteilsbasierte Vergütungsvereinbarung und
- anteilsbasierte Vergütung.

Sind die für eine rückwirkende Anwendung notwendigen Informationen nicht verfügbar, hat das Unternehmen in seinem Einzelabschluss die zuvor im Konzernabschluss erfassten Beträge auszuweisen. Eine frühere Anwendung ist zulässig. Wendet ein Unternehmen diese Änderungen auf eine vor dem 1. Januar 2010 beginnende Berichtsperiode an, so hat es dies anzugeben.

63A Durch IFRS 10 *Konzernabschlüsse* und IFRS 11, veröffentlicht im Mai 2011, wurden Paragraph 5 und Anhang A geändert. Wendet ein Unternehmen IFRS 10 und IFRS 11 an, hat es diese Änderungen ebenfalls anzuwenden.

63B Durch die *Jährlichen Verbesserungen an den IFRS, Zyklus 2010–2012*, veröffentlicht im Dezember 2013, wurden die Paragraphen 15 und 19 geändert. In Anhang A wurden die Definitionen der Begriffe „Erdienungsbedingungen“ (vorher: Ausübungsbedienungen) und „Marktbedingung“ geändert und die Definitionen der Begriffe „Leistungsbedingung“ und „*Dienstbedingung*“ eingefügt. Ein Unternehmen hat diese Änderungen prospektiv auf am oder nach dem 1. Juli 2014 gewährte anteilsbasierte Vergütungen anzuwenden. Eine frühere Anwendung ist zulässig. Wendet ein Unternehmen diese Änderung auf eine frühere Periode an, hat es dies anzugeben.

63C Durch IFRS 9 (in der im Juli 2014 veröffentlichten Fassung) wurde Paragraph 6 geändert. Wendet ein Unternehmen IFRS 9 an, ist diese Änderung ebenfalls anzuwenden.

63D Mit der im Juni 2016 veröffentlichten Verlautbarung *Einstufung und Bewertung anteilsbasierter Vergütungen* (Änderungen an IFRS 2) wurden die Paragraphen 19, 30–31, 33, 52 und 63 geändert und die Paragraphen 33A–33H, 59A–59B, 63D und B44A–B44C mit deren Überschriften eingefügt. Diese Änderungen sind auf Geschäftsjahre anzuwenden, die am oder nach dem 1. Januar 2018 beginnen. Eine frühere Anwendung ist zulässig. Wendet ein Unternehmen die Änderungen auf eine frühere Periode an, hat es dies anzugeben.

63E Durch die 2018 veröffentlichte Verlautbarung *Änderung der Verweise auf das Rahmenkonzept in IFRS-Standards* wurde in Anhang A die Fußnote am Ende der Definition des Begriffs „Eigenkapitalinstrument“ geändert. Diese Änderung ist auf Geschäftsjahre anzuwenden, die am oder nach dem 1. Januar 2020 beginnen. Eine frühere Anwendung ist zulässig, wenn das Unternehmen gleichzeitig alle anderen mit der Verlautbarung *Änderungen der Verweise auf das Rahmenkonzept in IFRS-Standards* einhergehenden Änderungen anwendet. Die Änderung an IFRS 2 ist vorbehaltlich der Übergangsvorschriften in den Paragraphen 53–59 dieses Standards gemäß IAS 8 *Rechnungslegungsmethoden, Änderungen*

EFFECTIVE DATE

An entity shall apply this IFRS for annual periods beginning on or after 1 January 2005. Earlier application is encouraged. If an entity applies the IFRS for a period beginning before 1 January 2005, it shall disclose that fact. **60**

IFRS 3 (as revised in 2008) and *Improvements to IFRSs* issued in April 2009 amended paragraph 5. An entity shall apply those amendments for annual periods beginning on or after 1 July 2009. Earlier application is permitted. If an entity applies IFRS 3 (revised 2008) for an earlier period, the amendments shall also be applied for that earlier period. **61**

An entity shall apply the following amendments retrospectively in annual periods beginning on or after 1 January 2009: **62**

(a) the requirements in paragraph 21A in respect of the treatment of non-vesting conditions;
(b) the revised definitions of "vest" and "vesting conditions" in Appendix A;
(c) the amendments in paragraphs 28 and 28A in respect of cancellations.

Earlier application is permitted. If an entity applies these amendments for a period beginning before 1 January 2009, it shall disclose that fact.

An entity shall apply the following amendments made by *Group Cash-settled Share-based Payment Transactions* issued in June 2009 retrospectively, subject to the transitional provisions in paragraphs 53—59, in accordance with IAS 8 for annual periods beginning on or after 1 January 2010: **63**

(a) the amendment of paragraph 2, the deletion of paragraph 3 and the addition of paragraphs 3A and 43A—43D and of paragraphs B45, B47, B50, B54, B56—B58 and B60 in Appendix B in respect of the accounting for transactions among group entities.
(b) the revised definitions in Appendix A of the following terms:
  - cash-settled share-based payment transaction,
  - equity-settled share-based payment transaction,
  - share-based payment arrangement, and
  - share-based payment transaction.

If the information necessary for retrospective application is not available, an entity shall reflect in its separate or individual financial statements the amounts previously recognised in the group's consolidated financial statements. Earlier application is permitted. If an entity applies the amendments for a period beginning before 1 January 2010, it shall disclose that fact.

IFRS 10 *Consolidated Financial Statements* and IFRS 11, issued in May 2011, amended paragraph 5 and Appendix A. An entity shall apply those amendments when it applies IFRS 10 and IFRS 11. **63A**

Annual Improvements to IFRSs 2010—2012 Cycle, issued in December 2013, amended paragraphs 15 and 19. In Appendix A, the definitions of "vesting conditions" and "market condition" were amended and the definitions of "performance condition" and "service condition" were added. An entity shall prospectively apply that amendment to share-based payment transactions for which the grant date is on or after 1 July 2014. Earlier application is permitted. If an entity applies that amendment for an earlier period it shall disclose that fact. **63B**

IFRS 9, as issued in July 2014, amended paragraph 6. An entity shall apply that amendment when it applies IFRS 9. **63C**

Classification and Measurement of Share-based Payment Transactions (Amendments to IFRS 2), issued in June 2016, amended paragraphs 19, 30—31, 33, 52 and 63 and added paragraphs 33A—33H, 59A—59B, 63D and B44A—B44C and their related headings. An entity shall apply those amendments for annual periods beginning on or after 1 January 2018. Earlier application is permitted. If an entity applies the amendments for an earlier period, it shall disclose that fact. **63D**

Amendments to References to the Conceptual Framework in IFRS Standards, issued in 2018, amended the footnote to the definition of an equity instrument in Appendix A. An entity shall apply that amendment for annual periods beginning on or after 1 January 2020. Earlier application is permitted if at the same time an entity also applies all other amendments made by *Amendments to References to the Conceptual Framework in IFRS Standards*. An entity shall apply the amendment to IFRS 2 retrospectively, subject to the transitional provisions in paragraphs 53—59 of this Standard, in accordance with IAS 8 *Accounting Policies, Changes in Accounting Estimates and Errors*. However, if an entity determines that retrospective **63E**

von rechnungslegungsbezogenen Schätzungen und Fehler rückwirkend anzuwenden. Sollte das Unternehmen jedoch feststellen, dass eine rückwirkende Anwendung nicht durchführbar oder mit unangemessenem Kosten- oder Zeitaufwand verbunden wäre, hat es die Änderung an IFRS 2 mit Verweis auf die Paragraphen 23–28, 50–53 und 54F von IAS 8 anzuwenden.

RÜCKNAHME VON INTERPRETATIONEN

64 *Konzerninterne anteilsbasierte Vergütungen mit Barausgleich*, veröffentlicht im Juni 2009, ersetzt IFRIC 8 *Anwendungsbereich von IFRS 2* und IFRIC 11 *IFRS 2 – Geschäfte mit eigenen Anteilen und Anteilen von Konzernunternehmen*. Mit den darin enthaltenen Änderungen wurden die nachstehend genannten früheren Vorschriften aus IFRIC 8 und IFRIC 11 übernommen:

(a) In Bezug auf die Bilanzierung von Transaktionen, bei denen das Unternehmen nicht alle oder keine/s der erhaltenen Güter oder Dienstleistungen speziell identifizieren kann, die Änderung des Paragraphen 2 und die Einfügung des Paragraphen 13A. Diese Vorschriften waren auf am oder nach dem 1. Mai 2006 beginnende Geschäftsjahre anzuwenden.

(b) In Bezug auf die Bilanzierung von Transaktionen zwischen Konzernunternehmen die Einfügung der Paragraphen B46, B48, B49, B51–B53, B55, B59 und B61 in Anhang B. Diese Vorschriften waren auf am oder nach dem 1. März 2007 beginnende Geschäftsjahre anzuwenden.

Diese Vorschriften wurden vorbehaltlich der Übergangsvorschriften von IFRS 2 gemäß IAS 8 rückwirkend angewandt.

ANHANG A

Definitionen

Dieser Anhang ist integraler Bestandteil des IFRS.

Anteilsbasierte Vergütung mit Barausgleich	Eine **anteilsbasierte Vergütung**, bei der das Unternehmen Güter oder Dienstleistungen erhält und im Gegenzug die Verpflichtung eingeht, dem Lieferanten dieser Güter oder Dienstleistungen Zahlungsmittel oder andere Vermögenswerte zu übertragen, deren Höhe vom Preis (oder Wert) der **Eigenkapitalinstrumente** (u. a. Anteile oder **Anteilsoptionen**) des Unternehmens oder eines anderen Unternehmens des Konzerns abhängt.
Mitarbeiter und andere, die ähnliche Leistungen erbringen	Personen, die persönliche Leistungen für das Unternehmen erbringen und die (a) rechtlich oder steuerlich als Mitarbeiter gelten, (b) für das Unternehmen auf dessen Anweisung tätig sind wie Personen, die rechtlich oder steuerlich als Mitarbeiter gelten, oder (c) ähnliche Leistungen wie Mitarbeiter erbringen. Der Begriff umfasst beispielsweise das gesamte Management, d. h. alle Personen, die für die Planung, Leitung und Überwachung der Tätigkeiten des Unternehmens zuständig und verantwortlich sind, einschließlich Non-Executive Directors.
Eigenkapitalinstrument	Ein Vertrag, der einen Residualanspruch an den Vermögenswerten nach Abzug aller dazugehörigen Schulden begründet[5].
Gewährtes Eigenkapitalinstrument	Das vom Unternehmen im Rahmen einer **anteilsbasierten Vergütung** übertragene (bedingte oder uneingeschränkte) Recht an einem **Eigenkapitalinstrument** des Unternehmens.
Anteilsbasierte Vergütung mit Ausgleich durch Eigenkapitalinstrumente	Eine **anteilsbasierte Vergütung**, bei der das Unternehmen (a) Güter oder Dienstleistungen erhält und als Gegenleistung eigene **Eigenkapitalinstrumente** (u. a. Anteile oder **Anteilsoptionen**) hingibt, oder (b) Güter oder Dienstleistungen erhält, aber nicht dazu verpflichtet ist, beim Lieferanten den Ausgleich vorzunehmen.
Beizulegender Zeitwert	Der Betrag, zu dem zwischen sachverständigen, vertragswilligen und voneinander unabhängigen Geschäftspartnern unter marktüblichen Bedingungen ein Vermögenswert getauscht, eine Schuld beglichen oder ein **gewährtes Eigenkapitalinstrument** getauscht werden könnte.

5 In dem 2018 veröffentlichten *Rahmenkonzept für die Finanzberichterstattung* ist eine Schuld definiert als eine gegenwärtige Verpflichtung des Unternehmens, eine wirtschaftliche Ressource als Ergebnis früherer Ereignisse zu übertragen.

application would be impracticable or would involve undue cost or effort, it shall apply the amendment to IFRS 2 by reference to paragraphs 23—28, 50—53 and 54F of IAS 8.

WITHDRAWAL OF INTERPRETATIONS

Group Cash-settled Share-based Payment Transactions issued in June 2009 supersedes IFRIC 8 *Scope of IFRS 2* and IFRIC 11 *IFRS 2—Group and Treasury Share Transactions*. The amendments made by that document incorporated the previous requirements set out in IFRIC 8 and IFRIC 11 as follows: 64

(a) amended paragraph 2 and added paragraph 13A in respect of the accounting for transactions in which the entity cannot identify specifically some or all of the goods or services received. Those requirements were effective for annual periods beginning on or after 1 May 2006.

(b) added paragraphs B46, B48, B49, B51—B53, B55, B59 and B61 in Appendix B in respect of the accounting for transactions among group entities. Those requirements were effective for annual periods beginning on or after 1 March 2007.

Those requirements were applied retrospectively in accordance with the requirements of IAS 8, subject to the transitional provisions of IFRS 2.

APPENDIX A

Defined terms

This appendix is an integral part of the IFRS.

Cash-settled share-based payment transaction
A **share-based payment transaction** in which the entity acquires goods or services by incurring a liability to transfer cash or other assets to the supplier of those goods or services for amounts that are based on the price (or value) of **equity instruments** (including shares or **share options**) of the entity or another group entity.

Employees and others providing similar services
Individuals who render personal services to the entity and either (a) the individuals are regarded as employees for legal or tax purposes, (b) the individuals work for the entity under its direction in the same way as individuals who are regarded as employees for legal or tax purposes, or (c) the services rendered are similar to those rendered by employees. For example, the term encompasses all management personnel, i.e. those persons having authority and responsibility for planning, directing and controlling the activities of the entity, including non-executive directors.

Equity instrument
A contract that evidences a residual interest in the assets of an entity after deducting all of its liabilities[5].

Equity instrument granted
The right (conditional or unconditional) to an equity instrument of the entity conferred by the entity on another party, under a share-based payment arrangement.

Equity-settled share-based payment transaction
A **share-based payment transaction** in which the entity

(a) receives goods or services as consideration for its own **equity instruments** (including shares or **share options**), or

(b) receives goods or services but has no obligation to settle the transaction with the supplier.

Fair value
The amount for which an asset could be exchanged, a liability settled, or an equity instrument granted could be exchanged, between knowledgeable, willing parties in an arm's length transaction.

5 The *Conceptual Framework for Financial Reporting* issued in 2018 defines a liability as a present obligation of the entity to transfer an economic resource as a result of past events.

Tag der Gewährung

Der Tag, an dem das Unternehmen und eine andere Partei (ein schließlich eines Mitarbeiters) eine **anteilsbasierte Vergütungsvereinbarung** treffen, worunter der Zeitpunkt zu verstehen ist, zu dem das Unternehmen und die Gegenpartei ein gemeinsames Verständnis über die Vertragsbedingungen der Vereinbarung erlangt haben. Am Tag der Gewährung verleiht das Unternehmen der Gegenpartei das Recht auf den Erhalt von Zahlungsmitteln, anderen Vermögenswerten oder **Eigenkapitalinstrumenten** des Unternehmens, das ggf. an die Erfüllung bestimmter **Erdienungsbedingungen** geknüpft ist. Unterliegt diese Vereinbarung einem Genehmigungsverfahren (z. B. durch die Anteilseigner), entspricht der Tag der Gewährung dem Tag, an dem die Genehmigung erteilt wurde.

Innerer Wert

Die Differenz zwischen dem **beizulegenden Zeitwert** der Anteile, zu deren Zeichnung oder Erhalt die Gegenpartei (bedingt oder uneingeschränkt) berechtigt ist, und (gegebenenfalls) dem von der Gegenpartei für diese Anteile zu entrichtenden Betrag. Beispielsweise hat eine **Anteilsoption** mit einem Ausübungspreis von 15 WE[6] bei einem Anteil mit einem beizulegenden Zeitwert von 20 WE einen inneren Wert von 5 WE.

Marktbedingung

Eine **Leistungsbedingung** für den Ausübungspreis, die Erdienung oder die Ausübungsmöglichkeit eines **Eigenkapitalinstruments**, die mit dem Marktpreis (oder -wert) der **Eigenkapitalinstrumente** des Unternehmens (oder der Eigenkapitalinstrumente eines anderen Unternehmens desselben Konzerns) in Zusammenhang steht, wie beispielsweise

(a) die Erreichung eines bestimmten Anteilspreises oder eines bestimmten **inneren Werts** einer **Anteilsoption** oder

(b) die Erreichung eines bestimmten Ziels, das auf dem Marktpreis (oder -wert) der **Eigenkapitalinstrumente** des Unternehmens (oder der Eigenkapitalinstrumente eines anderen Unternehmens desselben Konzerns) im Verhältnis zu einem Index von Marktpreisen von **Eigenkapitalinstrumenten** anderer Unternehmen basiert.

Eine Marktbedingung verpflichtet die Gegenpartei zur Ableistung einer bestimmten Dienstzeit (d. h. eine **Dienstbedingung**); die Bedingung der Ableistung einer bestimmten Dienstzeit kann explizit oder implizit sein.

Bewertungsstichtag

Der Tag, an dem der **beizulegende Zeitwert** der gewährten Eigenkapitalinstrumente für die Zwecke dieses Standards bestimmt wird. Bei Transaktionen mit **Mitarbeitern und anderen, die ähnliche Leistungen erbringen**, ist der Bewertungsstichtag der **Tag der Gewährung**. Bei Transaktionen mit anderen Parteien als Mitarbeitern (und Personen, die ähnliche Leistungen erbringen) ist der Bewertungsstichtag der Tag, an dem das Unternehmen die Güter erhält oder die Gegenpartei die Leistungen erbringt.

Leistungsbedingung

Eine **Erdienungsbedingung,** wonach

(a) die Gegenpartei zur Ableistung einer bestimmten Dienstzeit verpflichtet ist (d. h. eine **Dienstbedingung**); die Bedingung der Ableistung einer bestimmten Dienstzeit kann explizit oder implizit sein; und

(b) bei Erbringung des unter (a) verlangten Dienstes ein bestimmtes Leistungsziel/bestimmte Leistungsziele zu erreichen sind.

Der Zeitraum, in dem das Leistungsziel/die Leistungsziele zu erreichen ist/sind,

(a) darf nicht über das Ende der Dienstzeit hinausgehen und

(b) darf vor der Dienstzeit beginnen, sofern der zur Erfüllung des Leistungsziels zur Verfügung stehende Zeitraum nicht wesentlich vor dem Beginn der Dienstzeit beginnt.

Bei der Bestimmung des Leistungsziels wird Bezug genommen auf

(a) die Geschäfte (oder Tätigkeiten) des Unternehmens selbst oder die Geschäfte oder Tätigkeiten eines anderen Unternehmens desselben Konzerns (d. h. eine nicht marktbedingte Bedingung) oder

6 In diesem Anhang werden Geldbeträge in „Währungseinheiten“ (WE) angegeben.

Grant date
The date at which the entity and another party (including an employee) agree to a share-based payment arrangement, being when the entity and the counterparty have a shared understanding of the terms and conditions of the arrangement. At grant date the entity confers on the counterparty the right to cash, other assets, or equity instruments of the entity, provided the specified vesting conditions, if any, are met. If that agreement is subject to an approval process (for example, by shareholders), grant date is the date when that approval is obtained.

Intrinsic value
The difference between the fair value of the shares to which the counterparty has the (conditional or unconditional) right to subscribe or which it has the right to receive, and the price (if any) the counterparty is (or will be) required to pay for those shares. For example, a share option with an exercise price of CU15[5], on a share with a fair value of CU20, has an intrinsic value of CU5.

Market condition
A **performance condition** upon which the exercise price, vesting or exercisability of an **equity instrument** depends that is related to the market price (or value) of the entity's **equity instruments** (or the equity instruments of another entity in the same group), such as:
(a) attaining a specified share price or a specified amount of **intrinsic value** of a share option or
(b) achieving a specified target that is based on the market price (or value) of the entity's **equity instruments** (or the equity instruments of another entity in the same group) relative to an index of market prices of **equity instruments** of other entities.

A market condition requires the counterparty to complete a specified period of service (ie a **service condition**); the service requirement can be explicit or implicit.

Measurement date
The date at which the fair value of the equity instruments granted is measured for the purposes of this IFRS. For transactions with employees and others providing similar services, the measurement date is grant date. For transactions with parties other than employees (and those providing similar services), the measurement date is the date the entity obtains the goods or the counterparty renders service.

Performance condition
A **vesting condition** that requires:
(a) the counterparty to complete a specified period of service (ie a **service condition**); the service requirement can be explicit or implicit; and
(b) specified performance target(s) to be met while the counterparty is rendering the service required in (a).

The period of achieving the performance target(s):
(a) shall not extend beyond the end of the service period; and
(b) may start before the service period on the condition that the commencement date of the performance target is not substantially before the commencement of the service period.

A performance target is defined by reference to:
(a) the entity's own operations (or activities) or the operations or activities of another entity in the same group (ie a non-market condition); or

6 In this appendix, monetary amounts are denominated in 'currency units' (CU).

(b) den Preis (oder Wert) der **Eigenkapitalinstrumente** des Unternehmens oder der Eigenkapitalinstrumente eines anderen Unternehmens desselben Konzerns (u. a. Anteile und **Anteilsoptionen**) (d. h. eine **Marktbedingung**).

Ein Leistungsziel kann sich entweder auf die Leistung des Unternehmens insgesamt oder eines Teils des Unternehmens (oder eines Teils des Konzerns) beziehen, wie eine Abteilung oder einen einzelnen Mitarbeiter.

Reload-Eigenschaft Ausstattungsmerkmal, das eine automatische Gewährung zusätzlicher **Anteilsoptionen** vorsieht, wenn der Optionsinhaber bei der Ausübung vorher gewährter Optionen den Ausübungspreis mit den Anteilen des Unternehmens und nicht in bar begleicht.

Reload-Option Eine neue **Anteilsoption**, die gewährt wird, wenn der Ausübungspreis einer früheren Anteilsoption mit einem Anteil beglichen wird.

Dienstbedingung Eine **Erdienungsbedingung**, die von der Gegenpartei die Ableistung einer bestimmten Dienstzeit verlangt, in der Leistungen für das Unternehmen erbracht werden. Wenn die Gegenpartei ihre Leistungen im **Erdienungszeitraum** einstellt, hat sie diese Bedingung unabhängig von den Gründen für die Einstellung nicht erfüllt. Eine Dienstbedingung setzt keine Erreichung eines Erfolgsziels voraus.

Anteilsbasierte Vergütungsvereinbarung Eine Vereinbarung zwischen dem Unternehmen (oder einem anderen Unternehmen des Konzerns[7] oder einem Anteilseigner eines Unternehmens des Konzerns) und einer anderen Partei (einschließlich eines Mitarbeiters), die die andere Partei – ggf. unter dem Vorbehalt der Erfüllung bestimmter **Erdienungsbedingungen** – dazu berechtigt,

(a) Zahlungsmittel oder andere Vermögenswerte des Unternehmens zu erhalten, deren Höhe vom Preis (oder Wert) der **Eigenkapitalinstrumente** (u. a. Anteile oder **Anteilsoptionen**) des Unternehmens oder eines anderen Unternehmens des Konzerns abhängt, oder

(b) **Eigenkapitalinstrumente** (u. a. Anteile oder **Anteilsoptionen**) des Unternehmens oder eines anderen Unternehmens des Konzerns zu erhalten.

Anteilsbasierte Vergütung Eine Transaktion, bei der das Unternehmen

(a) im Rahmen einer **anteilsbasierten Vergütungsvereinbarung** von einem Lieferanten (einschließlich eines Mitarbeiters) Güter oder Dienstleistungen erhält, oder

(b) die Verpflichtung eingeht, im Rahmen einer **anteilsbasierten Vergütungsvereinbarung** beim Lieferanten den Ausgleich für die Transaktion vorzunehmen, ein anderes Unternehmen des Konzerns aber die betreffenden Güter oder Dienstleistungen erhält.

Anteilsoption Ein Vertrag, der den Inhaber berechtigt, aber nicht verpflichtet, Anteile des Unternehmens während eines bestimmten Zeitraums zu einem festen oder bestimmbaren Preis zu zeichnen.

Erdienen Einen festen Rechtsanspruch erwerben. Im Rahmen einer **anteilsbasierten Vergütungsvereinbarung** ist das Recht einer Gegenpartei auf den Erhalt von Zahlungsmitteln, Vermögenswerten oder **Eigenkapitalinstrumenten** des Unternehmens erdient, wenn der Rechtsanspruch der Gegenpartei nicht mehr von der Erfüllung von **Erdienungsbedingungen** abhängt.

Erdienungsbedingungen Eine Bedingung, die bestimmt, ob das Unternehmen die Leistungen erhält, durch welche die Gegenpartei den Rechtsanspruch erwirbt, im Rahmen einer **anteilsbasierten Vergütungsvereinbarung** Zahlungsmittel, andere Vermögenswerte oder **Eigenkapitalinstrumente** des Unternehmens zu erhalten. Eine Erdienungsbedingung ist entweder eine **Dienstbedingung** oder eine **Leistungsbedingung.**

Erdienungszeitraum Zeitraum, in dem alle festgelegten **Erdienungsbedingungen** einer **anteilsbasierten Vergütungsvereinbarung** erfüllt werden müssen.

7 Der Begriff „Konzern" ist in Anhang A von IFRS 10 *Konzernabschlüsse* aus Sicht des obersten Mutterunternehmens des berichtenden Unternehmens definiert als „Mutterunternehmen mit seinen Tochterunternehmen".

(b) the price (or value) of the entity's **equity instruments** or the equity instruments of another entity in the same group (including shares and **share options**) (ie a **market condition**).

A performance target might relate either to the performance of the entity as a whole or to some part of the entity (or part of the group), such as a division or an individual employee.

Reload feature A feature that provides for an automatic grant of additional share options whenever the option holder exercises previously granted options using the entity's shares, rather than cash, to satisfy the exercise price.

Reload option A new share option granted when a share is used to satisfy the exercise price of a previous share option.

Service condition A **vesting condition** that requires the counterparty to complete a specified period of service during which services are provided to the entity. If the counterparty, regardless of the reason, ceases to provide service during the **vesting period**, it has failed to satisfy the condition. A service condition does not require a performance target to be met.

Share-based payment arrangement An agreement between the entity (or another group[7] entity or any shareholder of any group entity) and another party (including an employee) that entitles the other party to receive

(a) cash or other assets of the entity for amounts that are based on the price (or value) of **equity instruments** (including shares or **share options**)of the entity or another group entity, or

(b) **equity instruments** (including shares or **share options**) of the entity or another group entity,

provided the specified **vesting conditions**, if any, are met.

Share-based payment transaction A transaction in which the entity

(a) receives goods or services from the supplier of those goods or services (including an employee) in a **share-based payment arrangement**, or

(b) incurs an obligation to settle the transaction with the supplier in a **share-based payment arrangement** when another group entity receives those goods or services.

Share option A contract that gives the holder the right, but not the obligation, to subscribe to the entity's shares at a fixed or determinable price for a specified period of time.

Vest To become an entitlement. Under a **share-based payment arrangement**, a counterparty's right to receive cash, other assets or **equity instruments** of the entity vests when the counterparty's entitlement is no longer conditional on the satisfaction of any **vesting conditions**.

Vesting conditions A condition that determines whether the entity receives the services that entitle the counterparty to receive cash, other assets or **equity instruments** of the entity, under a **share-based payment arrangement**. A vesting condition is either a **service condition** or a **performance condition**.

Vesting period The period during which all the specified vesting conditions of a share-based payment arrangement are to be satisfied.

7 A 'group' is defined in Appendix A of IFRS 10 *Consolidated Financial Statements* as 'a parent and its subsidiaries' from the perspective of the reporting entity's ultimate parent.

ANHANG B

Anwendungsleitlinien

Dieser Anhang ist integraler Bestandteil des IFRS.

Schätzung des beizulegenden Zeitwerts der gewährten Eigenkapitalinstrumente

B1 Die Paragraphen B2–B41 dieses Anhangs behandeln die Ermittlung des beizulegenden Zeitwerts von gewährten Anteilen und Anteilsoptionen, wobei vor allem auf die üblichen Vertragsbedingungen bei der Gewährung von Anteilen oder Anteilsoptionen an Mitarbeiter eingegangen wird. Sie sind daher nicht abschließend. Da sich die nachstehenden Erläuterungen von Bewertungsfragen in erster Linie auf an Mitarbeiter gewährte Anteile und Anteilsoptionen beziehen, wird außerdem unterstellt, dass der beizulegende Zeitwert der Anteile oder Anteilsoptionen am Tag der Gewährung bestimmt wird. Viele der nachfolgend angeschnittenen Punkte (wie etwa die Bestimmung der erwarteten Volatilität) gelten jedoch auch im Kontext einer Schätzung des beizulegenden Zeitwerts von Anteilen oder Anteilsoptionen, die Parteien, bei denen es sich nicht um Mitarbeiter handelt, zum Zeitpunkt des Erhalts der Güter durch das Unternehmen oder der Leistungserbringung durch die Gegenpartei gewährt werden.

Anteile

B2 Bei der Gewährung von Anteilen an Mitarbeiter ist der beizulegende Zeitwert der Anteile anhand des Marktpreises der Anteile des Unternehmens (bzw. eines geschätzten Marktpreises, wenn die Anteile des Unternehmens nicht öffentlich gehandelt werden) unter Berücksichtigung der Vertragsbedingungen, zu denen die Anteile gewährt wurden (ausgenommen Erdienungsbedingungen, die gemäß den Paragraphen 19–21 nicht in die Bestimmung des beizulegenden Zeitwerts einfließen), zu ermitteln.

B3 Hat der Mitarbeiter beispielsweise während des Erdienungszeitraums keinen Anspruch auf den Bezug von Dividenden, ist dieser Faktor bei der Schätzung des beizulegenden Zeitwerts der gewährten Anteile zu berücksichtigen. Gleiches gilt, wenn die Anteile nach dem Tag der Erdienung Übertragungsbeschränkungen unterliegen, allerdings nur insoweit die Beschränkungen nach Ablauf des Erdienungszeitraums einen Einfluss auf den Preis haben, den ein sachverständiger, vertragswilliger Marktteilnehmer für diesen Anteil zahlen würde. Werden die Anteile zum Beispiel aktiv in einem hinreichend entwickelten, liquiden Markt gehandelt, haben Übertragungsbeschränkungen nach Ablauf des Erdienungszeitraums nur eine geringe oder überhaupt keine Auswirkung auf den Preis, den ein sachverständiger, vertragswilliger Marktteilnehmer für diese Anteile zahlen würde. Übertragungsbeschränkungen oder andere Beschränkungen während des Erdienungszeitraums sind bei der Schätzung des beizulegenden Zeitwerts der gewährten Anteile am Tag der Gewährung nicht zu berücksichtigen, weil diese Beschränkungen im Vorhandensein von Erdienungsbedingungen begründet sind, die gemäß den Paragraphen 19–21 bilanziert werden.

Anteilsoptionen

B4 Bei der Gewährung von Anteilsoptionen an Mitarbeiter stehen in vielen Fällen keine Marktpreise zur Verfügung, weil die gewährten Optionen Vertragsbedingungen unterliegen, die nicht für gehandelte Optionen gelten. Gibt es keine gehandelten Optionen mit ähnlichen Vertragsbedingungen, ist der beizulegende Zeitwert der gewährten Optionen mithilfe eines Optionspreismodells zu schätzen.

B5 Das Unternehmen hat Faktoren zu berücksichtigen, die sachverständige, vertragswillige Marktteilnehmer bei der Auswahl des anzuwendenden Optionspreismodells in Betracht ziehen würden. Viele Mitarbeiteroptionen haben beispielsweise eine lange Laufzeit, sind normalerweise vom Tag der Erdienung bis zum Ende der Optionslaufzeit ausübbar und werden oft frühzeitig ausgeübt. Alle diese Faktoren müssen bei der Schätzung des beizulegenden Zeitwerts der Optionen am Tag der Gewährung berücksichtigt werden. Bei vielen Unternehmen schließt dies die Verwendung der Black-Scholes-Merton-Formel aus, die nicht die Möglichkeit einer Ausübung vor Ende der Optionslaufzeit zulässt und die Auswirkungen einer erwarteten frühzeitigen Ausübung nicht adäquat wiedergibt. Außerdem ist darin nicht vorgesehen, dass sich die erwartete Volatilität und andere in das Modell einfließende Parameter während der Laufzeit einer Option ändern können. Unter Umständen treffen die vorstehend genannten Faktoren jedoch nicht auf Anteilsoptionen zu, die eine relativ kurze Vertragslaufzeit haben oder innerhalb einer kurzen Frist nach dem Tag der Erdienung ausgeübt werden müssen. In solchen Fällen kann die Black-Scholes-Merton-Formel ein Ergebnis liefern, das sich im Wesentlichen mit dem eines flexibleren Optionspreismodells deckt.

B6 Alle Optionspreismodelle berücksichtigen mindestens die folgenden Faktoren:

(a) den Ausübungspreis der Option,

(b) die Laufzeit der Option,

(c) den aktuellen Preis der zugrunde liegenden Anteile,

APPENDIX B

Application Guidance

This appendix is an integral part of the IFRS.

Estimating the fair value of equity instruments granted

Paragraphs B2—B41 of this appendix discuss measurement of the fair value of shares and share options granted, focusing on the specific terms and conditions that are common features of a grant of shares or share options to employees. Therefore, it is not exhaustive. Furthermore, because the valuation issues discussed below focus on shares and share options granted to employees, it is assumed that the fair value of the shares or share options is measured at grant date. However, many of the valuation issues discussed below (e.g. determining expected volatility) also apply in the context of estimating the fair value of shares or share options granted to parties other than employees at the date the entity obtains the goods or the counterparty renders service. **B1**

Shares

For shares granted to employees, the fair value of the shares shall be measured at the market price of the entity's shares (or an estimated market price, if the entity's shares are not publicly traded), adjusted to take into account the terms and conditions upon which the shares were granted (except for vesting conditions that are excluded from the measurement of fair value in accordance with paragraphs 19—21). **B2**

For example, if the employee is not entitled to receive dividends during the vesting period, this factor shall be taken into account when estimating the fair value of the shares granted. Similarly, if the shares are subject to restrictions on transfer after vesting date, that factor shall be taken into account, but only to the extent that the post-vesting restrictions affect the price that a knowledgeable, willing market participant would pay for that share. For example, if the shares are actively traded in a deep and liquid market, post-vesting transfer restrictions may have little, if any, effect on the price that a knowledgeable, willing market participant would pay for those shares. Restrictions on transfer or other restrictions that exist during the vesting period shall not be taken into account when estimating the grant date fair value of the shares granted, because those restrictions stem from the existence of vesting conditions, which are accounted for in accordance with paragraphs 19—21. **B3**

Share options

For share options granted to employees, in many cases market prices are not available, because the options granted are subject to terms and conditions that do not apply to traded options. If traded options with similar terms and conditions do not exist, the fair value of the options granted shall be estimated by applying an option pricing model. **B4**

The entity shall consider factors that knowledgeable, willing market participants would consider in selecting the option pricing model to apply. For example, many employee options have long lives, are usually exercisable during the period between vesting date and the end of the options' life, and are often exercised early. These factors should be considered when estimating the grant date fair value of the options. For many entities, this might preclude the use of the Black-Scholes-Merton formula, which does not allow for the possibility of exercise before the end of the option's life and may not adequately reflect the effects of expected early exercise. It also does not allow for the possibility that expected volatility and other model inputs might vary over the option's life. However, for share options with relatively short contractual lives, or that must be exercised within a short period of time after vesting date, the factors identified above may not apply. In these instances, the Black-Scholes-Merton formula may produce a value that is substantially the same as a more flexible option pricing model. **B5**

All option pricing models take into account, as a minimum, the following factors: **B6**

(a) the exercise price of the option;
(b) the life of the option;
(c) the current price of the underlying shares;

(d) die erwartete Volatilität des Anteilspreises,
(e) die erwarteten Dividenden auf die Anteile (falls zutreffend) und
(f) den risikolosen Zins für die Laufzeit der Option.

B7 Darüber hinaus sind andere Faktoren zu berücksichtigen, die sachverständige, vertragswillige Marktteilnehmer bei der Preisfestlegung in Betracht ziehen würden (ausgenommen Erdienungsbedingungen und Reload-Eigenschaften, die gemäß den Paragraphen 19–22 nicht in die Ermittlung des beizulegenden Zeitwerts einfließen).

B8 Beispielsweise können Mitarbeitern gewährte Anteilsoptionen normalerweise in bestimmten Zeiträumen nicht ausgeübt werden (z. B. während des Erdienungszeitraums oder während von den Aufsichtsbehörden festgelegter Fristen). Dieser Faktor ist zu berücksichtigen, wenn das verwendete Optionspreismodell ansonsten von der Annahme ausginge, dass die Option während ihrer Laufzeit jederzeit ausübbar wäre. Verwendet ein Unternehmen dagegen ein Optionspreismodell, das Optionen bewertet, die erst am Ende der Optionslaufzeit ausgeübt werden können, ist für den Umstand, dass während des Erdienungszeitraums (oder in anderen Zeiträumen während der Optionslaufzeit) keine Ausübung möglich ist, keine Anpassung vorzunehmen, weil das Modell bereits davon ausgeht, dass die Optionen in diesen Zeiträumen nicht ausgeübt werden können.

B9 Ein ähnlicher, bei Mitarbeiteranteilsoptionen häufig anzutreffender Faktor ist die Möglichkeit einer frühzeitigen Optionsausübung, beispielsweise weil die Option nicht frei übertragbar ist oder der Mitarbeiter bei seinem Ausscheiden alle erdienten Optionen ausüben muss. Die Auswirkungen einer erwarteten frühzeitigen Ausübung sind gemäß den Ausführungen in den Paragraphen B16–B21 zu berücksichtigen.

B10 Faktoren, die ein sachverständiger, vertragswilliger Marktteilnehmer bei der Festlegung des Preises einer Anteilsoption (oder eines anderen Eigenkapitalinstruments) nicht berücksichtigen würde, sind bei der Schätzung des beizulegenden Zeitwerts gewährter Anteilsoptionen (oder anderer Eigenkapitalinstrumente) nicht zu berücksichtigen. Beispielsweise sind bei der Gewährung von Anteilsoptionen an Mitarbeiter Faktoren, die aus Sicht des einzelnen Mitarbeiters den Wert der Option beeinflussen, für die Schätzung des Preises, den ein sachverständiger, vertragswilliger Marktteilnehmer festlegen würde, unerheblich.

In Optionspreismodelle einfließende Daten

B11 Bei der Schätzung der erwarteten Volatilität und Dividenden der zugrunde liegenden Anteile lautet das Ziel, einen Näherungswert für die Erwartungen zu ermitteln, die sich in einem aktuellen Marktpreis oder verhandelten Tauschpreis für die Option widerspiegeln würden. Gleiches gilt für die Schätzung der Auswirkungen einer frühzeitigen Ausübung von Mitarbeiteranteilsoptionen, bei denen das Ziel lautet, einen Näherungswert für die Erwartungen zu ermitteln, die eine außenstehende Partei mit Zugang zu detaillierten Informationen über das Ausübungsverhalten der Mitarbeiter anhand der am Tag der Gewährung verfügbaren Informationen hätte.

B12 Häufig dürfte es eine Bandbreite angemessener Einschätzungen in Bezug auf künftige Volatilität, Dividenden und Ausübungsverhalten geben. In diesem Fall ist durch Gewichtung der einzelnen Beträge innerhalb der Bandbreite nach der Wahrscheinlichkeit ihres Eintretens ein Erwartungswert zu berechnen.

B13 Zukunftserwartungen beruhen im Allgemeinen auf Erfahrungen der Vergangenheit und werden angepasst, wenn angemessenerweise erwartet wird, dass sich die Zukunft anders als die Vergangenheit entwickeln wird. In einigen Fällen können bestimmbare Faktoren darauf hindeuten, dass unbereinigte historische Erfahrungswerte ein relativ schlechter Anhaltspunkt für künftige Entwicklungen sind. Wenn zum Beispiel ein Unternehmen mit zwei völlig unterschiedlichen Geschäftsbereichen denjenigen Bereich veräußert, der mit deutlich geringeren Risiken behaftet war, ist die vergangene Volatilität für eine angemessene Einschätzung der Zukunft unter Umständen nicht aussagekräftig.

B14 In anderen Fällen stehen keine historischen Daten zur Verfügung. So wird ein erst kürzlich an der Börse eingeführtes Unternehmen nur wenige oder überhaupt keine Daten über die Volatilität seines Anteilspreises haben. Nicht notierte und neu notierte Unternehmen werden weiter unten behandelt.

B15 Zusammenfassend ist festzuhalten, dass ein Unternehmen seine Schätzungen in Bezug auf Volatilität, Ausübungsverhalten und Dividenden nicht einfach auf historische Daten gründen darf, ohne zu berücksichtigen, inwieweit angemessenerweise erwartet werden kann, dass die Erfahrungen der Vergangenheit für künftige Prognosen verwendbar sind.

Erwartete frühzeitige Ausübung

B16 Mitarbeiter üben Anteilsoptionen aus einer Vielzahl von Gründen oft frühzeitig aus. Beispielsweise sind Mitarbeiteranteilsoptionen in der Regel nicht übertragbar. Dies veranlasst die Mitarbeiter häufig zu einer frühzeitigen Ausübung ihrer Anteilsoptionen, weil dies für sie die einzige Möglichkeit ist, ihre Position zu realisieren. Außerdem sind ausscheidende Mitarbeiter oftmals verpflichtet, ihre erdienten Optionen innerhalb eines kurzen Zeitraums auszuüben, da sie sonst verfallen. Dieser Faktor führt ebenfalls zu einer frühzeitigen Ausübung von Mitarbeiteranteilsoptionen. Als weitere Faktoren für eine frühzeitige Ausübung sind Risikoscheu und mangelnde Vermögensdiversifizierung zu nennen.

(d) the expected volatility of the share price;
(e) the dividends expected on the shares (if appropriate); and
(f) the risk-free interest rate for the life of the option.

Other factors that knowledgeable, willing market participants would consider in setting the price shall also be taken into account (except for vesting conditions and reload features that are excluded from the measurement of fair value in accordance with paragraphs 19—22). B7

For example, a share option granted to an employee typically cannot be exercised during specified periods (e.g. during the vesting period or during periods specified by securities regulators). This factor shall be taken into account if the option pricing model applied would otherwise assume that the option could be exercised at any time during its life. However, if an entity uses an option pricing model that values options that can be exercised only at the end of the options' life, no adjustment is required for the inability to exercise them during the vesting period (or other periods during the options' life), because the model assumes that the options cannot be exercised during those periods. B8

Similarly, another factor common to employee share options is the possibility of early exercise of the option, for example, because the option is not freely transferable, or because the employee must exercise all vested options upon cessation of employment. The effects of expected early exercise shall be taken into account, as discussed in paragraphs B16—B21. B9

Factors that a knowledgeable, willing market participant would not consider in setting the price of a share option (or other equity instrument) shall not be taken into account when estimating the fair value of share options (or other equity instruments) granted. For example, for share options granted to employees, factors that affect the value of the option from the individual employee's perspective only are not relevant to estimating the price that would be set by a knowledgeable, willing market participant. B10

Inputs to option pricing models

In estimating the expected volatility of and dividends on the underlying shares, the objective is to approximate the expectations that would be reflected in a current market or negotiated exchange price for the option. Similarly, when estimating the effects of early exercise of employee share options, the objective is to approximate the expectations that an outside party with access to detailed information about employees' exercise behaviour would develop based on information available at the grant date. B11

Often, there is likely to be a range of reasonable expectations about future volatility, dividends and exercise behaviour. If so, an expected value should be calculated, by weighting each amount within the range by its associated probability of occurrence. B12

Expectations about the future are generally based on experience, modified if the future is reasonably expected to differ from the past. In some circumstances, identifiable factors may indicate that unadjusted historical experience is a relatively poor predictor of future experience. For example, if an entity with two distinctly different lines of business disposes of the one that was significantly less risky than the other, historical volatility may not be the best information on which to base reasonable expectations for the future. B13

In other circumstances, historical information may not be available. For example, a newly listed entity will have little, if any, historical data on the volatility of its share price. Unlisted and newly listed entities are discussed further below. B14

In summary, an entity should not simply base estimates of volatility, exercise behaviour and dividends on historical information without considering the extent to which the past experience is expected to be reasonably predictive of future experience. B15

Expected early exercise

Employees often exercise share options early, for a variety of reasons. For example, employee share options are typically non-transferable. This often causes employees to exercise their share options early, because that is the only way for the employees to liquidate their position. Also, employees who cease employment are usually required to exercise any vested options within a short period of time, otherwise the share options are forfeited. This factor also causes the early exercise of employee share options. Other factors causing early exercise are risk aversion and lack of wealth diversification. B16

B17 Die Methode zur Berücksichtigung der Auswirkungen einer erwarteten frühzeitigen Ausübung ist von der Art des angewendeten Optionspreismodells abhängig. Beispielsweise könnte hierzu ein Schätzwert der voraussichtlichen Optionslaufzeit verwendet werden (die bei einer Mitarbeiteranteilsoption dem Zeitraum vom Tag der Gewährung bis zum Tag der voraussichtlichen Optionsausübung entspricht), der als Parameter in ein Optionspreismodell (z. B. die Black-Scholes-Merton-Formel) einfließt. Alternativ dazu könnte eine erwartete frühzeitige Ausübung in einem Binomial- oder ähnlichen Optionspreismodell abgebildet werden, das die Vertragslaufzeit als Parameter verwendet.

B18 Bei der Ermittlung des Schätzwerts für eine frühzeitige Ausübung sind folgende Faktoren zu berücksichtigen:

(a) die Länge des Erdienungszeitraums, da die Anteilsoption im Regelfall erst nach Ablauf des Erdienungszeitraums ausgeübt werden kann. Die Bestimmung der Auswirkungen einer erwarteten frühzeitigen Ausübung auf die Bewertung basiert daher auf der Annahme, dass die Optionen erdient werden. Die Auswirkungen der Erdienungsbedingungen werden in den Paragraphen 19–21 behandelt;

(b) der durchschnittliche Zeitraum, den ähnliche Optionen in der Vergangenheit ausstehend waren;

(c) der Preis der zugrunde liegenden Anteile. Erfahrungen der Vergangenheit können darauf hindeuten, dass Mitarbeiter ihre Optionen meist dann ausüben, wenn der Anteilspreis ein bestimmtes Niveau über dem Ausübungspreis erreicht hat;

(d) der Rang des Mitarbeiters innerhalb der Organisation. Beispielsweise könnten Mitarbeiter in höheren Positionen erfahrungsgemäß dazu tendieren, ihre Optionen später auszuüben als Mitarbeiter in niedrigeren Positionen (in Paragraph B21 wird darauf näher eingegangen);

(e) voraussichtliche Volatilität der zugrunde liegenden Anteile. Im Durchschnitt könnten Mitarbeiter dazu tendieren, Anteilsoptionen auf Anteile mit großer Schwankungsbreite früher auszuüben als auf Anteile mit geringer Volatilität.

B19 Wie in Paragraph B17 ausgeführt, könnte zur Berücksichtigung der Auswirkungen einer frühzeitigen Ausübung ein Schätzwert der erwarteten Optionslaufzeit verwendet werden, der als Parameter in ein Optionspreismodell einfließt. Bei der Schätzung der erwarteten Laufzeit von Anteilsoptionen, die einer Gruppe von Mitarbeitern gewährt wurden, könnte diese Schätzung auf einem angemessenen Näherungswert für den gewichteten Durchschnitt der erwarteten Laufzeit für die gesamte Mitarbeitergruppe oder auf einem angemessenen Näherungswert für den gewichteten Durchschnitt der Laufzeiten für Untergruppen von Mitarbeitern innerhalb dieser Gruppe basieren, die anhand detaillierterer Daten über das Ausübungsverhalten der Mitarbeiter ermittelt werden (weitere Ausführungen siehe unten).

B20 Die Aufteilung gewährter Optionen in Mitarbeitergruppen mit einem relativ homogenen Ausübungsverhalten dürfte von großer Bedeutung sein. Der Wert einer Option stellt keine lineare Funktion der Optionslaufzeit dar; er nimmt mit fortschreitender Dauer der Laufzeit immer weniger zu. Ein Beispiel hierfür ist eine Option mit zweijähriger Laufzeit, die – wenn alle anderen Annahmen identisch sind – zwar mehr, jedoch nicht doppelt so viel wert ist wie eine Option mit einjähriger Laufzeit. Dies bedeutet, dass der gesamte beizulegende Zeitwert der gewährten Anteilsoptionen bei einer Berechnung des geschätzten Optionswerts anhand einer einzigen gewichteten Durchschnittslaufzeit, die ganz unterschiedliche Einzellaufzeiten umfasst, zu hoch angesetzt würde. Eine solche Überbewertung kann durch die Aufteilung der gewährten Optionen in mehrere Gruppen, deren gewichtete Durchschnittslaufzeit eine relativ geringe Bandbreite an Laufzeiten umfasst, reduziert werden.

B21 Ähnliche Überlegungen sind bei der Verwendung eines Binomial- oder ähnlichen Modells anzustellen. Beispielsweise könnten die vergangenen Erfahrungen eines Unternehmens, das Mitarbeiteroptionen in allen Hierarchieebenen gewährt, darauf hindeuten, dass Führungskräfte in hohen Positionen ihre Optionen länger behalten als Mitarbeiter im mittleren Management und dass Mitarbeiter in unteren Positionen ihre Optionen meist früher als jede andere Gruppe ausüben. Außerdem könnten Mitarbeiter, denen empfohlen oder vorgeschrieben wird, eine Mindestanzahl an Eigenkapitalinstrumenten, einschließlich Optionen, ihres Arbeitgebers zu halten, ihre Optionen im Durchschnitt später ausüben als Mitarbeiter, die keiner derartigen Bestimmung unterliegen. In diesen Fällen führt die Aufteilung der Optionen in Empfängergruppen mit einem relativ homogenen Ausübungsverhalten zu einer genaueren Schätzung des gesamten beizulegenden Zeitwerts der gewährten Anteilsoptionen.

Erwartete Volatilität

B22 Die erwartete Volatilität ist eine Kennzahl für das Schwankungsmaß von Kursen innerhalb eines bestimmten Zeitraums. In Optionspreismodellen wird als Volatilitätskennzahl die auf Jahresbasis umgerechnete Standardabweichung der stetigen Rendite des Anteils über einen bestimmten Zeitraum verwendet. Die Volatilität wird normalerweise auf ein Jahr bezogen angegeben, was einen Vergleich unabhängig von der in der Berechnung verwendeten Zeitspanne (z. B. tägliche, wöchentliche oder monatliche Kursbeobachtungen) ermöglicht.

B23 Die (positive oder negative) Rendite eines Anteils in einem bestimmten Zeitraum gibt an, in welchem Umfang der Anteilseigner von Dividenden und einer Steigerung (oder einem Rückgang) des Anteilspreises profitiert hat.

B24 Die erwartete auf Jahresbasis umgerechnete Volatilität eines Anteils entspricht der Bandbreite, in der die stetige jährliche Rendite in rund zwei Dritteln der Fälle voraussichtlich liegen wird. Wenn beispielsweise ein Anteil mit einer voraussichtlichen stetigen Rendite von 12 % eine Volatilität von 30 % aufweist, bedeutet dies, dass die Wahrscheinlichkeit, dass die

B17 The means by which the effects of expected early exercise are taken into account depends upon the type of option pricing model applied. For example, expected early exercise could be taken into account by using an estimate of the option's expected life (which, for an employee share option, is the period of time from grant date to the date on which the option is expected to be exercised) as an input into an option pricing model (e.g. the Black-Scholes-Merton formula). Alternatively, expected early exercise could be modelled in a binomial or similar option pricing model that uses contractual life as an input.

B18 Factors to consider in estimating early exercise include:

(a) the length of the vesting period, because the share option typically cannot be exercised until the end of the vesting period. Hence, determining the valuation implications of expected early exercise is based on the assumption that the options will vest. The implications of vesting conditions are discussed in paragraphs 19—21;
(b) the average length of time similar options have remained outstanding in the past;
(c) the price of the underlying shares. Experience may indicate that the employees 10 d to exercise options when the share price reaches a specified level above the exercise price;
(d) the employee's level within the organisation. For example, experience might indicate that higher-level employees 10 d to exercise options later than lower-level employees (discussed further in paragraph B21);
(e) expected volatility of the underlying shares. On average, employees might 10 d to exercise options on highly volatile shares earlier than on shares with low volatility.

B19 As noted in paragraph B17, the effects of early exercise could be taken into account by using an estimate of the option's expected life as an input into an option pricing model. When estimating the expected life of share options granted to a group of employees, the entity could base that estimate on an appropriately weighted average expected life for the entire employee group or on appropriately weighted average lives for subgroups of employees within the group, based on more detailed data about employees' exercise behaviour (discussed further below).

B20 Separating an option grant into groups for employees with relatively homogeneous exercise behaviour is likely to be important. Option value is not a linear function of option term; value increases at a decreasing rate as the term lengthens. For example, if all other assumptions are equal, although a two-year option is worth more than a one-year option, it is not worth twice as much. That means that calculating estimated option value on the basis of a single weighted average life that includes widely differing individual lives would overstate the total fair value of the share options granted. Separating options granted into several groups, each of which has a relatively narrow range of lives included in its weighted average life, reduces that overstatement.

B21 Similar considerations apply when using a binomial or similar model. For example, the experience of an entity that grants options broadly to all levels of employees might indicate that top-level executives 10 d to hold their options longer than middle-management employees hold theirs and that lower-level employees 10 d to exercise their options earlier than any other group. In addition, employees who are encouraged or required to hold a minimum amount of their employer's equity instruments, including options, might on average exercise options later than employees not subject to that provision. In those situations, separating options by groups of recipients with relatively homogeneous exercise behaviour will result in a more accurate estimate of the total fair value of the share options granted.

Expected volatility

B22 Expected volatility is a measure of the amount by which a price is expected to fluctuate during a period. The measure of volatility used in option pricing models is the annualised standard deviation of the continuously compounded rates of return on the share over a period of time. Volatility is typically expressed in annualised terms that are comparable regardless of the time period used in the calculation, for example, daily, weekly or monthly price observations.

B23 The rate of return (which may be positive or negative) on a share for a period measures how much a shareholder has benefited from dividends and appreciation (or depreciation) of the share price.

B24 The expected annualised volatility of a share is the range within which the continuously compounded annual rate of return is expected to fall approximately two-thirds of the time. For example, to say that a share with an expected continuously compounded rate of return of 12 per cent has a volatility of 30 per cent means that the probability that the rate of return on the

Rendite des Anteils für ein Jahr zwischen – 18 % (12 % – 30 %) und 42 % (12 % + 30 %) liegt, rund zwei Drittel beträgt. Beträgt der Anteilspreis am Jahresbeginn 100 WE und werden keine Dividenden ausgeschüttet, liegt der Anteilspreis in rund zwei Dritteln der Fälle am Jahresende voraussichtlich zwischen 83,53 WE (100 WE × $e^{-0,18}$) und 152,20 WE (100 WE × $e^{0,42}$).

B25 Bei der Schätzung der erwarteten Volatilität sind folgende Faktoren zu berücksichtigen:

(a) die implizite Volatilität, die sich gegebenenfalls aus gehandelten Anteilsoptionen auf die Anteile oder andere gehandelte Instrumente des Unternehmens mit Optionseigenschaften (wie etwa wandelbare Schuldinstrumente) ergibt;

(b) die historische Volatilität des Anteilspreises im jüngsten Zeitraum, der im Allgemeinen der erwarteten Optionslaufzeit (unter Berücksichtigung der verbleibenden Vertragslaufzeit der Option und der Auswirkungen einer erwarteten frühzeitigen Ausübung) entspricht;

(c) der Zeitpunkt, seit dem die Anteile des Unternehmens öffentlich gehandelt werden. Ein neu notiertes Unternehmen hat im Vergleich zu ähnlichen Unternehmen, die bereits länger notiert sind, oftmals eine höhere historische Volatilität. Weitere Anwendungsleitlinien für neu notierte Unternehmen werden weiter unten gegeben;

(d) die Tendenz der Volatilität, wieder zu ihrem Mittelwert, also ihrem langjährigen Durchschnitt, zurückzukehren, und andere Faktoren, die darauf hinweisen, dass sich die erwartete künftige Volatilität von der vergangenen Volatilität unterscheiden könnte. War der Anteilspreis eines Unternehmens in einem bestimmbaren Zeitraum aufgrund eines gescheiterten Übernahmeangebots oder einer umfangreichen Restrukturierung extremen Schwankungen unterworfen, könnte dieser Zeitraum bei der Berechnung der historischen jährlichen Durchschnittsvolatilität außer Acht gelassen werden;

(e) angemessene, regelmäßige Intervalle bei den Kursbeobachtungen. Die Kursbeobachtungen müssen von Periode zu Periode stetig durchgeführt werden. Beispielsweise könnte ein Unternehmen die Wochenschlusskurse oder die Wochenhöchststände verwenden; nicht zulässig ist es dagegen, für einige Wochen den Schlusskurs und für andere Wochen den Höchstkurs zu verwenden. Außerdem müssen die Kursbeobachtungen in derselben Währung wie der Ausübungspreis angegeben werden.

Neu notierte Unternehmen

B26 Wie in Paragraph B25 ausgeführt, hat ein Unternehmen die historische Volatilität des Anteilspreises im jüngsten Zeitraum zu berücksichtigen, der im Allgemeinen der erwarteten Optionslaufzeit entspricht. Besitzt ein neu notiertes Unternehmen nicht genügend Informationen über die historische Volatilität, sollte es die historische Volatilität dennoch bezogen auf den längsten Zeitraum berechnen, für den Handelsdaten verfügbar sind. Denkbar wäre auch, die historische Volatilität ähnlicher Unternehmen nach einer vergleichbaren Zeit der Notierung heranzuziehen. Beispielsweise könnte ein Unternehmen, das erst seit einem Jahr an der Börse notiert ist und Optionen mit einer voraussichtlichen Laufzeit von fünf Jahren gewährt, das Muster und das Ausmaß der historischen Volatilität von Unternehmen derselben Branche in den ersten sechs Jahren, in denen die Anteile dieser Unternehmen öffentlich gehandelt wurden, zugrunde legen.

Nicht notierte Unternehmen

B27 Ein nicht notiertes Unternehmen kann bei der Schätzung der erwarteten Volatilität nicht auf historische Daten zurückgreifen. Stattdessen gibt es andere Faktoren zu berücksichtigen, auf die nachfolgend näher eingegangen wird.

B28 In einigen Fällen könnte ein nicht notiertes Unternehmen, das regelmäßig Optionen oder Anteile an Mitarbeiter (oder andere Parteien) ausgibt, einen internen Markt für seine Anteile eingerichtet haben. Bei der Schätzung der erwarteten Volatilität könnte dann die Volatilität dieser Anteilspreise berücksichtigt werden.

B29 Alternativ könnte die erwartete Volatilität anhand der historischen oder impliziten Volatilität vergleichbarer notierter Unternehmen, für die Informationen über Anteilspreise oder Optionspreise zur Verfügung stehen, geschätzt werden. Dies wäre angemessen, wenn das Unternehmen den Wert seiner Anteile auf Grundlage der Anteilspreise vergleichbarer notierter Unternehmen bestimmt hat.

B30 Hat das Unternehmen zur Schätzung des Werts seiner Anteile nicht die Anteilspreise vergleichbarer notierter Unternehmen herangezogen, sondern stattdessen eine andere Bewertungsmethode verwendet, könnte das Unternehmen die Schätzung der erwarteten Volatilität auf diese Bewertungsmethode gründen. Beispielsweise könnte die Bewertung der Anteile auf Basis des Nettovermögens oder Periodenüberschusses erfolgen. In diesem Fall könnte die erwartete Volatilität der Nettovermögenswerte oder Periodenüberschüsse herangezogen werden.

Erwartete Dividenden

B31 Ob erwartete Dividenden bei der Ermittlung des beizulegenden Zeitwerts gewährter Anteile oder Optionen zu berücksichtigen sind, hängt davon ab, ob die Gegenpartei Anspruch auf Dividenden oder ausschüttungsgleiche Beträge hat.

B32 Wenn Mitarbeitern beispielsweise Optionen gewährt wurden und sie zwischen dem Tag der Gewährung und dem Tag der Ausübung Anspruch auf Dividenden auf die zugrunde liegenden Anteile oder ausschüttungsgleiche Beträge haben (die bar ausgezahlt oder mit dem Ausübungspreis verrechnet werden), sind die gewährten Optionen so zu bewerten, als würden auf die zugrunde liegenden Anteile keine Dividenden ausgeschüttet, d. h. die Höhe der erwarteten Dividenden muss null sein.

share for one year will be between -18 per cent (12 % - 30 %) and 42 per cent (12 % + 30 %) is approximately two-thirds. If the share price is CU100 at the beginning of the year and no dividends are paid, the year-end share price would be expected to be between CU83,53 (CU100 × $e^{-0,18}$) and CU152,20 (CU100 × $e^{0,42}$) approximately two-thirds of the time.

Factors to consider in estimating expected volatility include: B25

(a) implied volatility from traded share options on the entity's shares, or other traded instruments of the entity that include option features (such as convertible debt), if any;
(b) the historical volatility of the share price over the most recent period that is generally commensurate with the expected term of the option (taking into account the remaining contractual life of the option and the effects of expected early exercise);
(c) the length of time an entity's shares have been publicly traded. A newly listed entity might have a high historical volatility, compared with similar entities that have been listed longer. Further guidance for newly listed entities is given below;
(d) the tendency of volatility to revert to its mean, i.e. its long-term average level, and other factors indicating that expected future volatility might differ from past volatility. For example, if an entity's share price was extraordinarily volatile for some identifiable period of time because of a failed takeover bid or a major restructuring, that period could be disregarded in computing historical average annual volatility;
(e) appropriate and regular intervals for price observations. The price observations should be consistent from period to period. For example, an entity might use the closing price for each week or the highest price for the week, but it should not use the closing price for some weeks and the highest price for other weeks. Also, the price observations should be expressed in the same currency as the exercise price.

Newly listed entities

As noted in paragraph B25, an entity should consider historical volatility of the share price over the most recent period that is generally commensurate with the expected option term. If a newly listed entity does not have sufficient information on historical volatility, it should nevertheless compute historical volatility for the longest period for which trading activity is available. It could also consider the historical volatility of similar entities following a comparable period in their lives. For example, an entity that has been listed for only one year and grants options with an average expected life of five years might consider the pattern and level of historical volatility of entities in the same industry for the first six years in which the shares of those entities were publicly traded. B26

Unlisted entities

An unlisted entity will not have historical information to consider when estimating expected volatility. Some factors to consider instead are set out below. B27

In some cases, an unlisted entity that regularly issues options or shares to employees (or other parties) might have set up an internal market for its shares. The volatility of those share prices could be considered when estimating expected volatility. B28

Alternatively, the entity could consider the historical or implied volatility of similar listed entities, for which share price or option price information is available, to use when estimating expected volatility. This would be appropriate if the entity has based the value of its shares on the share prices of similar listed entities. B29

If the entity has not based its estimate of the value of its shares on the share prices of similar listed entities, and has instead used another valuation methodology to value its shares, the entity could derive an estimate of expected volatility consistent with that valuation methodology. For example, the entity might value its shares on a net asset or earnings basis. It could consider the expected volatility of those net asset values or earnings. B30

Expected dividends

Whether expected dividends should be taken into account when measuring the fair value of shares or options granted depends on whether the counterparty is entitled to dividends or dividend equivalents. B31

For example, if employees were granted options and are entitled to dividends on the underlying shares or dividend equivalents (which might be paid in cash or applied to reduce the exercise price) between grant date and exercise date, the options granted should be valued as if no dividends will be paid on the underlying shares, i.e. the input for expected dividends should be zero. B32

B33 Auf gleiche Weise ist bei der Schätzung des beizulegenden Zeitwerts gewährter Mitarbeiteroptionen am Tag der Gewährung keine Anpassung für erwartete Dividenden notwendig, wenn die Mitarbeiter während des Erdienungszeitraums einen Anspruch auf Dividendenzahlungen haben.

B34 Haben die Mitarbeiter dagegen während des Erdienungszeitraums (bzw. im Falle einer Option vor der Ausübung) keinen Anspruch auf Dividenden oder ausschüttungsgleiche Beträge, sind bei der Bewertung der Anrechte auf den Bezug von Anteilen oder Optionen am Tag der Gewährung die erwarteten Dividenden zu berücksichtigen. Dies bedeutet, dass bei der Verwendung eines Optionspreismodells die erwarteten Dividenden in die Schätzung des beizulegenden Zeitwerts einer gewährten Option einzubeziehen sind. Bei der Schätzung des beizulegenden Zeitwerts eines gewährten Anteils ist dieser um den Barwert der während des Erdienungszeitraums voraussichtlich zahlbaren Dividenden zu verringern.

B35 Optionspreismodelle verlangen im Allgemeinen die Angabe der erwarteten Dividendenrendite. Die Modelle lassen sich jedoch so ändern, dass statt einer Rendite ein erwarteter Dividendenbetrag verwendet wird. Ein Unternehmen kann die erwartete Rendite oder den erwarteten Dividendenbetrag verwenden. Im letzteren Fall sind die Dividendenerhöhungen der Vergangenheit zu berücksichtigen. Hat ein Unternehmen seine Dividenden beispielsweise bisher im Allgemeinen um rund 3 % pro Jahr erhöht, darf bei der Schätzung des Optionswerts kein fester Dividendenbetrag über die gesamte Laufzeit der Option angenommen werden, sofern keine Anhaltspunkte zur Stützung dieser Annahme vorliegen.

B36 Im Allgemeinen sollte die Annahme über erwartete Dividenden auf öffentlich zugänglichen Informationen beruhen. Ein Unternehmen, das keine Dividenden ausschüttet und keine künftigen Ausschüttungen beabsichtigt, hat von einer erwarteten Dividendenrendite von null auszugehen. Jedoch könnte ein junges aufstrebendes Unternehmen, das in der Vergangenheit keine Dividenden gezahlt hat, davon ausgehen, dass es während der erwarteten Laufzeit der Mitarbeiteranteilsoptionen beginnt, Dividenden auszuschütten. Ein solches Unternehmen könnte einen Durchschnitt aus seiner bisherigen Dividendenrendite (null) und dem Mittelwert der Dividendenrendite einer geeigneten Vergleichsgruppe verwenden.

Risikoloser Zins

B37 Normalerweise ist der risikolose Zins die derzeit verfügbare implizite Rendite auf Nullkupon-Staatsanleihen des Landes, in dessen Währung der Ausübungspreis ausgedrückt wird, mit einer Restlaufzeit, die der erwarteten Laufzeit der zu bewertenden Option (auf Grundlage der verbleibenden Vertragslaufzeit der Option und unter Berücksichtigung der Auswirkungen einer erwarteten frühzeitigen Ausübung) entspricht. Falls solche Staatsanleihen nicht vorhanden sind oder Umstände darauf hindeuten, dass die implizite Rendite auf Nullkupon-Staatsanleihen nicht den risikolosen Zins wiedergibt (zum Beispiel in Hochinflationsländern), muss unter Umständen ein geeigneter Ersatz verwendet werden. Bei der Ermittlung des beizulegenden Zeitwerts einer Option mit einer Laufzeit, die der erwarteten Laufzeit der zu bewertenden Option entspricht, ist ebenfalls ein geeigneter Ersatz zu verwenden, wenn die Marktteilnehmer den risikolosen Zins üblicherweise anhand dieses Ersatzes und nicht anhand der impliziten Rendite von Nullkupon-Staatsanleihen bestimmen.

Auswirkungen auf die Kapitalverhältnisse

B38 Normalerweise werden gehandelte Anteilsoptionen von Dritten und nicht vom Unternehmen verkauft. Bei Ausübung dieser Anteilsoptionen liefert der Verkäufer die Anteile an den Optionsinhaber, die dann von bestehenden Anteilseignern gekauft werden. Die Ausübung gehandelter Anteilsoptionen hat daher keinen Verwässerungseffekt.

B39 Werden die Anteilsoptionen dagegen vom Unternehmen verkauft, werden bei der Ausübung dieser Optionen neue Anteile ausgegeben (entweder tatsächlich oder ihrem wirtschaftlichen Gehalt nach, falls vorher zurückgekaufte und gehaltene eigene Anteile verwendet werden). Da die Anteile zum Ausübungspreis und nicht zum aktuellen Marktpreis am Tag der Ausübung ausgegeben werden, könnte diese tatsächliche oder potenzielle Verwässerung einen Rückgang des Anteilspreises bewirken, sodass der Optionsinhaber bei der Ausübung keinen so großen Gewinn wie bei der Ausübung einer ansonsten gleichartigen gehandelten Option ohne Verwässerung des Anteilspreises erzielt.

B40 Ob dies eine wesentliche Auswirkung auf den Wert der gewährten Anteilsoptionen hat, ist von verschiedenen Faktoren abhängig, wie etwa der Anzahl der bei Ausübung der Optionen neu ausgegebenen Anteile im Verhältnis zur Anzahl der bereits im Umlauf befindlichen Anteile. Außerdem könnte der Markt, wenn er die Gewährung von Optionen bereits erwartet, die potenzielle Verwässerung bereits in den Anteilspreis am Tag der Gewährung eingepreist haben.

B41 Das Unternehmen hat jedoch zu prüfen, ob der mögliche Verwässerungseffekt einer künftigen Ausübung der gewährten Anteilsoptionen unter Umständen einen Einfluss auf den geschätzten beizulegenden Zeitwert zum Tag der Gewährung hat. Die Optionspreismodelle können zur Berücksichtigung dieses potenziellen Verwässerungseffekts entsprechend angepasst werden.

Änderungen von anteilsbasierten Vergütungsvereinbarungen mit Ausgleich durch Eigenkapitalinstrumente

B42 Paragraph 27 schreibt vor, dass ungeachtet etwaiger Änderungen der Vertragsbedingungen, zu denen die Eigenkapitalinstrumente gewährt wurden, oder einer Annullierung oder Erfüllung der gewährten Eigenkapitalinstrumente

Similarly, when the grant date fair value of shares granted to employees is estimated, no adjustment is required for expected dividends if the employee is entitled to receive dividends paid during the vesting period. B33

Conversely, if the employees are not entitled to dividends or dividend equivalents during the vesting period (or before exercise, in the case of an option), the grant date valuation of the rights to shares or options should take expected dividends into account. That is to say, when the fair value of an option grant is estimated, expected dividends should be included in the application of an option pricing model. When the fair value of a share grant is estimated, that valuation should be reduced by the present value of dividends expected to be paid during the vesting period. B34

Option pricing models generally call for expected dividend yield. However, the models may be modified to use an expected dividend amount rather than a yield. An entity may use either its expected yield or its expected payments. If the entity uses the latter, it should consider its historical pattern of increases in dividends. For example, if an entity's policy has generally been to increase dividends by approximately 3 per cent per year, its estimated option value should not assume a fixed dividend amount throughout the option's life unless there is evidence that supports that assumption. B35

Generally, the assumption about expected dividends should be based on publicly available information. An entity that does not pay dividends and has no plans to do so should assume an expected dividend yield of zero. However, an emerging entity with no history of paying dividends might expect to begin paying dividends during the expected lives of its employee share options. Those entities could use an average of their past dividend yield (zero) and the mean dividend yield of an appropriately comparable peer group. B36

Risk-free interest rate

Typically, the risk-free interest rate is the implied yield currently available on zero-coupon government issues of the country in whose currency the exercise price is expressed, with a remaining term equal to the expected term of the option being valued (based on the option's remaining contractual life and taking into account the effects of expected early exercise). It may be necessary to use an appropriate substitute, if no such government issues exist or circumstances indicate that the implied yield on zero-coupon government issues is not representative of the risk-free interest rate (for example, in high inflation economies). Also, an appropriate substitute should be used if market participants would typically determine the risk-free interest rate by using that substitute, rather than the implied yield of zero-coupon government issues, when estimating the fair value of an option with a life equal to the expected term of the option being valued. B37

Capital structure effects

Typically, third parties, not the entity, write traded share options. When these share options are exercised, the writer delivers shares to the option holder. Those shares are acquired from existing shareholders. Hence the exercise of traded share options has no dilutive effect. B38

In contrast, if share options are written by the entity, new shares are issued when those share options are exercised (either actually issued or issued in substance, if shares previously repurchased and held in treasury are used). Given that the shares will be issued at the exercise price rather than the current market price at the date of exercise, this actual or potential dilution might reduce the share price, so that the option holder does not make as large a gain on exercise as on exercising an otherwise similar traded option that does not dilute the share price. B39

Whether this has a significant effect on the value of the share options granted depends on various factors, such as the number of new shares that will be issued on exercise of the options compared with the number of shares already issued. Also, if the market already expects that the option grant will take place, the market may have already factored the potential dilution into the share price at the date of grant. B40

However, the entity should consider whether the possible dilutive effect of the future exercise of the share options granted might have an impact on their estimated fair value at grant date. Option pricing models can be adapted to take into account this potential dilutive effect. B41

Modifications to equity-settled share-based payment arrangements

Paragraph 27 requires that, irrespective of any modifications to the terms and conditions on which the equity instruments were granted, or a cancellation or settlement of that grant of equity instruments, the entity should recognise, as a mini- B42

als Mindestanforderung die erhaltenen Leistungen, die zum beizulegenden Zeitwert der gewährten Eigenkapitalinstrumente am Tag der Gewährung bewertet wurden, zu erfassen sind, es sei denn, diese Eigenkapitalinstrumente sind aufgrund der Nichterfüllung einer am Tag der Gewährung vereinbarten Erdienungsbedingung (bei der es sich nicht um eine Marktbedingung handelt) nicht erdient. Außerdem hat ein Unternehmen die Auswirkungen von Änderungen zu erfassen, die den gesamten beizulegenden Zeitwert der anteilsbasierten Vergütungsvereinbarung erhöhen oder mit einem anderen Nutzen für den Mitarbeiter verbunden sind.

B43 Zur Anwendung der Vorschriften von Paragraph 27 gilt:

(a) Wenn durch eine Änderung der unmittelbar vor und nach dieser Änderung ermittelte beizulegende Zeitwert der gewährten Eigenkapitalinstrumente zunimmt (z. B. durch Verringerung des Ausübungspreises), ist der gewährte zusätzliche beizulegende Zeitwert in die Berechnung des Betrags einzubeziehen, der für die als Gegenleistung für die gewährten Eigenkapitalinstrumente erhaltenen Leistungen erfasst wird. Der gewährte zusätzliche beizulegende Zeitwert ergibt sich aus der Differenz zwischen dem beizulegenden Zeitwert des geänderten Eigenkapitalinstruments und dem des ursprünglichen Eigenkapitalinstruments, die beide am Tag der Änderung geschätzt werden. Erfolgt die Änderung während des Erdienungszeitraums, ist zusätzlich zu dem Betrag, der auf dem beizulegenden Zeitwert der ursprünglichen Eigenkapitalinstrumente am Tag der Gewährung basiert und der über den verbleibenden ursprünglichen Erdienungszeitraum zu erfassen ist, der gewährte zusätzliche beizulegende Zeitwert in den Betrag einzubeziehen, der für ab dem Tag der Änderung bis zum Tag der Erdienung der geänderten Eigenkapitalinstrumente erhaltene Leistungen erfasst wird. Erfolgt die Änderung nach dem Tag der Erdienung, ist der gewährte zusätzliche beizulegende Zeitwert sofort zu erfassen bzw. über den Erdienungszeitraum, wenn der Mitarbeiter eine zusätzliche Dienstzeit ableisten muss, bevor er einen uneingeschränkten Anspruch auf die geänderten Eigenkapitalinstrumente erwirbt.

(b) Auf gleiche Weise ist bei einer Änderung, bei der die Anzahl der gewährten Eigenkapitalinstrumente erhöht wird, der zum Zeitpunkt der Änderung beizulegende Zeitwert der zusätzlich gewährten Eigenkapitalinstrumente bei der Ermittlung des Betrags gemäß den Vorschriften unter (a) oben zu berücksichtigen, der für als Gegenleistung für die gewährten Eigenkapitalinstrumente erhaltene Leistungen erfasst wird. Erfolgt die Änderung beispielsweise während des Erdienungszeitraums, ist zusätzlich zu dem Betrag, der auf dem beizulegenden Zeitwert der ursprünglich gewährten Eigenkapitalinstrumente am Tag der Gewährung basiert und der über den verbleibenden ursprünglichen Erdienungszeitraum zu erfassen ist, der beizulegende Zeitwert der zusätzlich gewährten Eigenkapitalinstrumente in den Betrag einzubeziehen, der für ab dem Tag der Änderung bis zum Tag der Erdienung der geänderten Eigenkapitalinstrumente erhaltene Leistungen erfasst wird.

(c) Werden die Erdienungsbedingungen zugunsten des Mitarbeiters geändert, beispielsweise durch Verkürzung des Erdienungszeitraums oder durch Änderung oder Streichung einer Leistungsbedingung (bei der es sich nicht um eine Marktbedingung handelt, wobei Änderungen von Marktbedingungen gemäß (a) oben zu bilanzieren sind), sind bei Anwendung der Vorschriften der Paragraphen 19–21 die geänderten Erdienungsbedingungen zu berücksichtigen.

B44 Werden die Vertragsbedingungen der gewährten Eigenkapitalinstrumente auf eine Weise geändert, die eine Minderung des gesamten beizulegenden Zeitwerts der anteilsbasierten Vergütungsvereinbarung zur Folge hat oder mit keinem anderen Nutzen für den Mitarbeiter verbunden ist, sind die als Gegenleistung für die gewährten Eigenkapitalinstrumente erhaltenen Leistungen trotzdem weiterhin so zu bilanzieren, als hätte diese Änderung nicht stattgefunden (es sei denn, es handelt sich um eine Annullierung einiger oder aller gewährten Eigenkapitalinstrumente, die gemäß Paragraph 28 zu behandeln ist). Es folgen einige Beispiele:

(a) Wenn infolge einer Änderung der unmittelbar vor und nach der Änderung ermittelte beizulegende Zeitwert der gewährten Eigenkapitalinstrumente abnimmt, hat das Unternehmen diese Minderung nicht zu berücksichtigen, sondern weiterhin den Betrag anzusetzen, der für die als Gegenleistung für die Eigenkapitalinstrumente erhaltenen Leistungen, bemessen nach dem beizulegenden Zeitwert der gewährten Eigenkapitalinstrumente am Tag der Gewährung, erfasst wurde.

(b) Führt die Änderung dazu, dass einem Mitarbeiter eine geringere Anzahl von Eigenkapitalinstrumenten gewährt wird, ist diese Herabsetzung gemäß den Vorschriften von Paragraph 28 als Annullierung des betreffenden Anteils der gewährten Eigenkapitalinstrumente zu bilanzieren.

(c) Werden die Erdienungsbedingungen zuungunsten des Mitarbeiters geändert, beispielsweise durch Verlängerung des Erdienungszeitraums oder durch Änderung oder Aufnahme einer zusätzlichen Leistungsbedingung (bei der es sich nicht um eine Marktbedingung handelt, deren Änderungen gemäß (a) oben zu bilanzieren sind), sind bei Anwendung der Vorschriften der Paragraphen 19–21 die geänderten Ausübungsbedingungen nicht zu berücksichtigen.

Bilanzierung einer Änderung, die bewirkt, dass eine anteilsbasierte Vergütung mit Barausgleich fortan als anteilsbasierte Vergütung mit Ausgleich durch Eigenkapitalinstrumente einzustufen ist

B44A Werden die Vertragsbedingungen einer anteilsbasierten Vergütung mit Barausgleich so geändert, dass daraus eine anteilsbasierte Vergütung mit Ausgleich durch Eigenkapitalinstrumente wird, so wird die Vergütung ab dem Zeitpunkt der Änderung als solche bilanziert. Dies bedeutet konkret:

(a) Die anteilsbasierte Vergütung mit Ausgleich durch Eigenkapitalinstrumente wird unter Bezugnahme auf den beizulegenden Zeitwert der am Tag der Änderung gewährten Eigenkapitalinstrumente bewertet. Die anteilsbasierte

mum, the services received measured at the grant date fair value of the equity instruments granted, unless those equity instruments do not vest because of failure to satisfy a vesting condition (other than a market condition) that was specified at grant date. In addition, the entity should recognise the effects of modifications that increase the total fair value of the share-based payment arrangement or are otherwise beneficial to the employee.

To apply the requirements of paragraph 27: B43

(a) if the modification increases the fair value of the equity instruments granted (e.g. by reducing the exercise price), measured immediately before and after the modification, the entity shall include the incremental fair value granted in the measurement of the amount recognised for services received as consideration for the equity instruments granted. The incremental fair value granted is the difference between the fair value of the modified equity instrument and that of the original equity instrument, both estimated as at the date of the modification. If the modification occurs during the vesting period, the incremental fair value granted is included in the measurement of the amount recognised for services received over the period from the modification date until the date when the modified equity instruments vest, in addition to the amount based on the grant date fair value of the original equity instruments, which is recognised over the remainder of the original vesting period. If the modification occurs after vesting date, the incremental fair value granted is recognised immediately, or over the vesting period if the employee is required to complete an additional period of service before becoming unconditionally entitled to those modified equity instruments;
(b) similarly, if the modification increases the number of equity instruments granted, the entity shall include the fair value of the additional equity instruments granted, measured at the date of the modification, in the measurement of the amount recognised for services received as consideration for the equity instruments granted, consistently with the requirements in (a) above. For example, if the modification occurs during the vesting period, the fair value of the additional equity instruments granted is included in the measurement of the amount recognised for services received over the period from the modification date until the date when the additional equity instruments vest, in addition to the amount based on the grant date fair value of the equity instruments originally granted, which is recognised over the remainder of the original vesting period;
(c) if the entity modifies the vesting conditions in a manner that is beneficial to the employee, for example, by reducing the vesting period or by modifying or eliminating a performance condition (other than a market condition, changes to which are accounted for in accordance with (a) above), the entity shall take the modified vesting conditions into account when applying the requirements of paragraphs 19—21.

Furthermore, if the entity modifies the terms or conditions of the equity instruments granted in a manner that reduces the total fair value of the share-based payment arrangement, or is not otherwise beneficial to the employee, the entity shall nevertheless continue to account for the services received as consideration for the equity instruments granted as if that modification had not occurred (other than a cancellation of some or all the equity instruments granted, which shall be accounted for in accordance with paragraph 28). For example: B44

(a) if the modification reduces the fair value of the equity instruments granted, measured immediately before and after the modification, the entity shall not take into account that decrease in fair value and shall continue to measure the amount recognised for services received as consideration for the equity instruments based on the grant date fair value of the equity instruments granted;
(b) if the modification reduces the number of equity instruments granted to an employee, that reduction shall be accounted for as a cancellation of that portion of the grant, in accordance with the requirements of paragraph 28;
(c) if the entity modifies the vesting conditions in a manner that is not beneficial to the employee, for example, by increasing the vesting period or by modifying or adding a performance condition (other than a market condition, changes to which are accounted for in accordance with (a) above), the entity shall not take the modified vesting conditions into account when applying the requirements of paragraphs 19—21.

Accounting for a modification of a share-based payment transaction that changes its classification from cash-settled to equity-settled

If the terms and conditions of a cash-settled share-based payment transaction are modified with the result that it becomes an equity-settled share-based payment transaction, the transaction is accounted for as such from the date of the modification. Specifically: B44A

(a) The equity-settled share-based payment transaction is measured by reference to the fair value of the equity instruments granted at the modification date. The equity-settled share-based payment transaction is recognised in equity on the modification date to the extent to which goods or services have been received.

Vergütung mit Ausgleich durch Eigenkapitalinstrumente wird am Tag der Änderung nach Maßgabe der erhaltenen Güter oder Dienstleistungen im Eigenkapital erfasst.

(b) Die aus der anteilsbasierten Vergütung mit Barausgleich resultierende Schuld wird am Tag der Änderung ausgebucht.

(c) Jede etwaige Differenz zwischen dem Buchwert der ausgebuchten Schuld und dem am Tag der Änderung im Eigenkapital erfassten Betrag wird umgehend erfolgswirksam erfasst.

B44B Ergibt sich infolge der Änderung ein längerer oder kürzerer Erdienungszeitraum, so wird bei der Anwendung der Vorschriften in Paragraph B44A der geänderte Erdienungszeitraum berücksichtigt. Die Vorschriften in Paragraph B44A finden auch dann Anwendung, wenn die Änderung nach Ablauf des Erdienungszeitraums eintritt.

B44C Eine anteilsbasierte Vergütung mit Barausgleich kann annulliert oder erfüllt werden (ausgenommen eine Annullierung durch Verwirkung, weil die Erdienungsbedingungen nicht erfüllt wurden). Werden Eigenkapitalinstrumente gewährt und identifiziert das Unternehmen diese am Tag der Gewährung als Ersatz für die annullierte anteilsbasierte Vergütung mit Barausgleich, so hat das Unternehmen die Paragraphen B44A und B44B anzuwenden.

Anteilsbasierte Vergütungen zwischen Konzernunternehmen (Änderungen 2009)

B45 In den Paragraphen 43A–43C wird dargelegt, wie anteilsbasierte Vergütungen zwischen Konzernunternehmen in den Einzelabschlüssen der einzelnen Unternehmen zu bilanzieren sind. In den Paragraphen B46–B61 wird erläutert, wie die Vorschriften der Paragraphen 43A–43C anzuwenden sind. In Paragraph 43D wurde bereits darauf hingewiesen, dass es für anteilsbasierte Vergütungen zwischen Konzernunternehmen je nach Sachlage und Umständen eine Reihe von Gründen geben kann. Die hier dargelegten Ausführungen sind deshalb nicht abschließend und gehen von der Annahme aus, dass es sich in Fällen, in denen das Unternehmen, das die Güter oder Dienstleistungen erhält, nicht zum Ausgleich der Transaktion verpflichtet ist, wenn es sich dabei ungeachtet etwaiger konzerninterner Rückzahlungsvereinbarungen um eine Kapitaleinlage des Mutterunternehmens beim Tochterunternehmen handelt.

B46 Auch wenn es in den folgenden Ausführungen hauptsächlich um Transaktionen mit Mitarbeitern geht, sind die Ausführungen auch auf ähnliche anteilsbasierte Vergütungen an Lieferanten oder Dienstleister anzuwenden, bei denen es sich nicht um Mitarbeiter handelt. So kann eine Vereinbarung zwischen einem Mutter- und einem Tochterunternehmen das Tochterunternehmen dazu verpflichten, das Mutterunternehmen für die Bereitstellung von Eigenkapitalinstrumenten an die Mitarbeiter zu bezahlen. Wie eine solche konzerninterne Zahlungsvereinbarung zu bilanzieren ist, wird in den folgenden Ausführungen nicht behandelt.

B47 Bei anteilsbasierten Vergütungen zwischen Konzernunternehmen stellen sich in der Regel vier Fragen. Der Einfachheit halber werden diese nachfolgend am Beispiel eines Mutter- und dessen Tochterunternehmens erörtert.

Anteilsbasierte Vergütungsvereinbarungen mit Ausgleich durch eigene Eigenkapitalinstrumente eines Unternehmens

B48 Die erste Frage lautet, ob die nachstehend beschriebenen Transaktionen mit eigenen Eigenkapitalinstrumenten eines Unternehmens gemäß den Vorschriften dieses IFRS als Ausgleich durch Eigenkapitalinstrumente oder als Barausgleich bilanziert werden sollen:

(a) ein Unternehmen gewährt seinen Mitarbeitern Rechte auf Eigenkapitalinstrumente des Unternehmens (z. B. Anteilsoptionen) und entscheidet sich dafür oder ist dazu gezwungen, zur Erfüllung dieser Verpflichtung gegenüber seinen Mitarbeitern von einer anderen Partei Eigenkapitalinstrumente (z. B. eigene Anteile) zu erwerben, und

(b) den Mitarbeitern eines Unternehmens werden entweder durch das Unternehmen selbst oder durch dessen Anteilseigner Rechte auf Eigenkapitalinstrumente des Unternehmens (z. B. Anteilsoptionen) gewährt, wobei die benötigten Eigenkapitalinstrumente von den Anteilseignern des Unternehmens zur Verfügung gestellt werden.

B49 Anteilsbasierte Vergütungen, bei denen das Unternehmen als Gegenleistung für seine eigenen Eigenkapitalinstrumente Dienstleistungen erhält, sind als anteilsbasierte Vergütung mit Ausgleich durch Eigenkapitalinstrumente zu bilanzieren. Dies gilt unabhängig davon, ob das Unternehmen sich dafür entscheidet oder dazu gezwungen ist, diese Eigenkapitalinstrumente von einer anderen Partei zu erwerben, damit es seine aus der anteilsbasierten Vergütungsvereinbarung erwachsenden Verpflichtungen gegenüber seinen Mitarbeitern erfüllen kann. Dies gilt auch unabhängig davon, ob

(a) die Rechte der Mitarbeiter auf Eigenkapitalinstrumente des Unternehmens vom Unternehmen selbst oder von dessen Anteilseigner/Anteilseignern gewährt wurden, oder

(b) die anteilsbasierte Vergütungsvereinbarung vom Unternehmen selbst oder von dessen Anteilseigner/Anteilseignern erfüllt wurde.

B50 Ist der Anteilseigner verpflichtet, die Mitarbeiter seines Unternehmens anteilsbasiert zu vergüten, wird er eher Eigenkapitalinstrumente dieses Unternehmens als eigene Instrumente zur Verfügung stellen. Gehört das Unternehmen zu demselben Konzern wie der Anteilseigner, so hat dieser daher gemäß Paragraph 43C seine Verpflichtung anhand der Vorschriften zu bewerten, die für anteilsbasierte Vergütungen mit Barausgleich in seinem Einzelabschluss und für anteilsbasierte Vergütungen mit Ausgleich durch Eigenkapitalinstrumente in seinem Konzernabschluss gelten.

(b) The liability for the cash-settled share-based payment transaction as at the modification date is derecognised on that date.
(c) Any difference between the carrying amount of the liability derecognised and the amount of equity recognised on the modification date is recognised immediately in profit or loss.

If, as a result of the modification, the vesting period is extended or shortened, the application of the requirements in paragraph B44A reflect the modified vesting period. The requirements in paragraph B44A apply even if the modification occurs after the vesting period. **B44B**

A cash-settled share-based payment transaction may be cancelled or settled (other than a transaction cancelled by forfeiture when the vesting conditions are not satisfied). If equity instruments are granted and, on that grant date, the entity identifies them as a replacement for the cancelled cash-settled share-based payment, the entity shall apply paragraphs B44A and B44B. **B44C**

Share-based payment transactions among group entities (2009 amendments)

Paragraphs 43A—43C address the accounting for share-based payment transactions among group entities in each entity's separate or individual financial statements. Paragraphs B46—B61 discuss how to apply the requirements in paragraphs 43A—43C. As noted in paragraph 43D, share-based payment transactions among group entities may take place for a variety of reasons depending on facts and circumstances. Therefore, this discussion is not exhaustive and assumes that when the entity receiving the goods or services has no obligation to settle the transaction, the transaction is a parent's equity contribution to the subsidiary, regardless of any intragroup repayment arrangements. **B45**

Although the discussion below focuses on transactions with employees, it also applies to similar share-based payment transactions with suppliers of goods or services other than employees. An arrangement between a parent and its subsidiary may require the subsidiary to pay the parent for the provision of the equity instruments to the employees. The discussion below does not address how to account for such an intragroup payment arrangement. **B46**

Four issues are commonly encountered in share-based payment transactions among group entities. For convenience, the examples below discuss the issues in terms of a parent and its subsidiary. **B47**

Share-based payment arrangements involving an entity's own equity instruments

The first issue is whether the following transactions involving an entity's own equity instruments should be accounted for as equity-settled or as cash-settled in accordance with the requirements of this IFRS: **B48**
(a) an entity grants to its employees rights to equity instruments of the entity (e.g. share options), and either chooses or is required to buy equity instruments (i.e. treasury shares) from another party, to satisfy its obligations to its employees; and
(b) an entity's employees are granted rights to equity instruments of the entity (e.g. share options), either by the entity itself or by its shareholders, and the shareholders of the entity provide the equity instruments needed.

The entity shall account for share-based payment transactions in which it receives services as consideration for its own equity instruments as equity-settled. This applies regardless of whether the entity chooses or is required to buy those equity instruments from another party to satisfy its obligations to its employees under the share-based payment arrangement. It also applies regardless of whether: **B49**
(a) the employee's rights to the entity's equity instruments were granted by the entity itself or by its shareholder(s); or
(b) the share-based payment arrangement was settled by the entity itself or by its shareholder(s).

If the shareholder has an obligation to settle the transaction with its investee's employees, it provides equity instruments of its investee rather than its own. Therefore, if its investee is in the same group as the shareholder, in accordance with paragraph 43C, the shareholder shall measure its obligation in accordance with the requirements applicable to cash-settled share-based payment transactions in the shareholder's separate financial statements and those applicable to equity-settled share-based payment transactions in the shareholder's consolidated financial statements. **B50**

Anteilsbasierte Vergütungsvereinbarungen mit Ausgleich durch Eigenkapitalinstrumente des Mutterunternehmens

B51 Die zweite Frage betrifft anteilsbasierte Vergütungen zwischen zwei oder mehr Unternehmen desselben Konzerns, für die ein Eigenkapitalinstrument eines anderen Unternehmens des Konzerns herangezogen wird. Dies ist beispielsweise der Fall, wenn den Mitarbeitern eines Tochterunternehmens als Gegenleistung für Leistungen, die sie für dieses Tochterunternehmen erbracht haben, Rechte auf Eigenkapitalinstrumente des Mutterunternehmens eingeräumt werden.

B52 Deshalb betrifft die zweite Frage die folgenden anteilsbasierten Vergütungsvereinbarungen:

(a) ein Mutterunternehmen gewährt den Mitarbeitern seines Tochterunternehmens unmittelbar Rechte auf seine Eigenkapitalinstrumente: in diesem Fall ist das Mutterunternehmen (nicht das Tochterunternehmen) zur Lieferung der Eigenkapitalinstrumente an die Mitarbeiter des Tochterunternehmens verpflichtet, und

(b) ein Tochterunternehmen gewährt seinen Mitarbeitern Rechte auf Eigenkapitalinstrumente seines Mutterunternehmens: in diesem Fall ist das Tochterunternehmen zur Lieferung der Eigenkapitalinstrumente an seine Mitarbeiter verpflichtet.

Ein Mutterunternehmen gewährt den Mitarbeitern seines Tochterunternehmens Rechte auf seine Eigenkapitalinstrumente (Paragraph B52 (a))

B53 Das Tochterunternehmen ist nicht verpflichtet, seinen Mitarbeitern Eigenkapitalinstrumente seines Mutterunternehmens zu liefern. Daher hat das Tochterunternehmen gemäß Paragraph 43B die Dienstleistungen, die es von seinen Mitarbeitern erhält, gemäß den Vorschriften für anteilsbasierte Vergütungen mit Ausgleich durch Eigenkapitalinstrumente zu bewerten und die entsprechende Erhöhung des Eigenkapitals als Einlage des Mutterunternehmens zu erfassen.

B54 Das Mutterunternehmen ist verpflichtet, den Ausgleich vorzunehmen und den Mitarbeitern des Tochterunternehmens eigene Eigenkapitalinstrumente zu liefern. Daher hat das Mutterunternehmen gemäß Paragraph 43C diese Verpflichtung gemäß den für anteilsbasierte Vergütungen mit Ausgleich durch Eigenkapitalinstrumente geltenden Vorschriften zu bewerten.

Ein Tochterunternehmen gewährt seinen Mitarbeitern Rechte auf Eigenkapitalinstrumente seines Mutterunternehmens (Paragraph B52 (b))

B55 Da das Tochterunternehmen keine der in Paragraph 43B genannten Bedingungen erfüllt, hat es die Transaktion mit seinen Mitarbeitern als Vergütung mit Barausgleich zu bilanzieren. Diese Vorschrift gilt unabhängig davon, auf welche Weise das Tochterunternehmen die Eigenkapitalinstrumente zur Erfüllung seiner Verpflichtungen gegenüber seinen Mitarbeitern erhält.

Anteilsbasierte Vergütungsvereinbarungen mit Barausgleich für die Mitarbeiter

B56 Die dritte Frage lautet, wie ein Unternehmen, das von Lieferanten (einschließlich Mitarbeitern) Güter oder Dienstleistungen erhält, anteilsbasierte Vereinbarungen mit Barausgleich bilanzieren sollte, wenn es selbst nicht zur Leistung der erforderlichen Zahlungen an die Lieferanten oder Dienstleister verpflichtet ist. Hierzu folgende Beispiele für Vereinbarungen, bei denen das Mutterunternehmen (und nicht das Unternehmen selbst) die erforderlichen Barzahlungen an die Mitarbeiter des Unternehmens leisten muss:

(a) die Barzahlungen an die Mitarbeiter des Unternehmens sind an den Preis der Eigenkapitalinstrumente dieses Unternehmens gekoppelt;

(b) die Barzahlungen an die Mitarbeiter des Unternehmens sind an den Preis der Eigenkapitalinstrumente von dessen Mutterunternehmen gekoppelt.

B57 Das Tochterunternehmen ist nicht verpflichtet, den Ausgleich mit seinen Mitarbeitern vorzunehmen. Daher hat das Tochterunternehmen die Transaktion mit seinen Mitarbeitern als Vergütung mit Ausgleich durch Eigenkapitalinstrumente zu bilanzieren und die entsprechende Erhöhung des Eigenkapitals als Einlage seines Mutterunternehmens zu erfassen. In der Folge hat das Tochterunternehmen die Kosten der Transaktion immer dann neu zu bewerten, wenn aufgrund der Nichterfüllung nicht marktbedingter Erdienungsbedingungen gemäß den Paragraphen 19–21 eine Änderung eingetreten ist. Hier liegt der Unterschied zur Bewertung der Transaktion als Barausgleich im Konzernabschluss.

B58 Da das Mutterunternehmen verpflichtet ist, den Ausgleich mit den Mitarbeitern vorzunehmen und die Vergütung der Mitarbeiter in bar erfolgt, hat das Mutterunternehmen (und der Konzern) seine Verpflichtung gemäß den Vorschriften für anteilsbasierte Vergütungen mit Barausgleich in Paragraph 43C zu bewerten.

Wechsel von Mitarbeitern zwischen Unternehmen des Konzerns

B59 Die vierte Frage betrifft konzerninterne anteilsbasierte Vergütungsvereinbarungen, die die Mitarbeiter von mehr als einem Konzernunternehmen betreffen. So könnte ein Mutterunternehmen den Mitarbeitern seiner Tochterunternehmen beispielsweise Rechte auf seine Eigenkapitalinstrumente gewähren, dies aber davon abhängig machen, dass die betreffenden Mitarbeiter dem Konzern ihre Dienste über einen bestimmten Zeitraum zur Verfügung stellen. Ein Mitarbeiter

Share-based payment arrangements involving equity instruments of the parent

The second issue concerns share-based payment transactions between two or more entities within the same group involving an equity instrument of another group entity. For example, employees of a subsidiary are granted rights to equity instruments of its parent as consideration for the services provided to the subsidiary. B51

Therefore, the second issue concerns the following share-based payment arrangements: B52

(a) a parent grants rights to its equity instruments directly to the employees of its subsidiary: the parent (not the subsidiary) has the obligation to provide the employees of the subsidiary with the equity instruments; and
(b) a subsidiary grants rights to equity instruments of its parent to its employees: the subsidiary has the obligation to provide its employees with the equity instruments.

A parent grants rights to its equity instruments to the employees of its subsidiary (paragraph B52 (a))

The subsidiary does not have an obligation to provide its parent's equity instruments to the subsidiary's employees. Therefore, in accordance with paragraph 43B, the subsidiary shall measure the services received from its employees in accordance with the requirements applicable to equity-settled share-based payment transactions, and recognise a corresponding increase in equity as a contribution from the parent. B53

The parent has an obligation to settle the transaction with the subsidiary's employees by providing the parent's own equity instruments. Therefore, in accordance with paragraph 43C, the parent shall measure its obligation in accordance with the requirements applicable to equity-settled share-based payment transactions. B54

A subsidiary grants rights to equity instruments of its parent to its employees (paragraph B52 (b))

Because the subsidiary does not meet either of the conditions in paragraph 43B, it shall account for the transaction with its employees as cash-settled. This requirement applies irrespective of how the subsidiary obtains the equity instruments to satisfy its obligations to its employees. B55

Share-based payment arrangements involving cash-settled payments to employees

The third issue is how an entity that receives goods or services from its suppliers (including employees) should account for share-based arrangements that are cash-settled when the entity itself does not have any obligation to make the required payments to its suppliers. For example, consider the following arrangements in which the parent (not the entity itself) has an obligation to make the required cash payments to the employees of the entity: B56

(a) the employees of the entity will receive cash payments that are linked to the price of its equity instruments.
(b) the employees of the entity will receive cash payments that are linked to the price of its parent's equity instruments.

The subsidiary does not have an obligation to settle the transaction with its employees. Therefore, the subsidiary shall account for the transaction with its employees as equity-settled, and recognise a corresponding increase in equity as a contribution from its parent. The subsidiary shall remeasure the cost of the transaction subsequently for any changes resulting from non-market vesting conditions not being met in accordance with paragraphs 19—21. This differs from the measurement of the transaction as cash-settled in the consolidated financial statements of the group. B57

Because the parent has an obligation to settle the transaction with the employees, and the consideration is cash, the parent (and the consolidated group) shall measure its obligation in accordance with the requirements applicable to cash-settled share-based payment transactions in paragraph 43C. B58

Transfer of employees between group entities

The fourth issue relates to group share-based payment arrangements that involve employees of more than one group entity. For example, a parent might grant rights to its equity instruments to the employees of its subsidiaries, conditional upon the completion of continuing service with the group for a specified period. An employee of one subsidiary might transfer employment to another subsidiary during the specified vesting period without the employee's rights to equity B59

eines Tochterunternehmens könnte im Laufe des festgelegten Erdienungszeitraums zu einem anderen Tochterunternehmen wechseln, ohne dass dies seine im Rahmen der ursprünglichen anteilsbasierten Vergütungsvereinbarung gewährten Rechte auf Eigenkapitalinstrumente des Mutterunternehmens beeinträchtigt. Sind die Tochterunternehmen nicht verpflichtet, die anteilsbasierte Vergütung der Mitarbeiter zu leisten, bilanzieren sie diese als Transaktion mit Ausgleich durch Eigenkapitalinstrumente. Jedes Tochterunternehmen hat die von einem Mitarbeiter erhaltenen Leistungen zu bewerten unter Bezugnahme auf den beizulegenden Zeitwert des Eigenkapitalinstruments zu dem Zeitpunkt, zu dem das Mutterunternehmen die Rechte auf diese Eigenkapitalinstrumente gemäß Anhang A ursprünglich gewährt hat, und auf den Teil des Erdienungszeitraums, den der Mitarbeiter bei dem betreffenden Tochterunternehmen gearbeitet hat.

B60 Ist das Tochterunternehmen verpflichtet, den Ausgleich vorzunehmen und seinen Mitarbeitern Eigenkapitalinstrumente seines Mutterunternehmens zu liefern, so bilanziert es die Transaktion als Barausgleich. Jedes Tochterunternehmen bewertet die erhaltenen Leistungen für den Teil des Erdienungszeitraums, den der Mitarbeiter bei dem jeweiligen Tochterunternehmen tätig war, und legt zu diesem Zweck den beizulegenden Zeitwert des Eigenkapitalinstruments am Tag der Gewährung zugrunde. Zusätzlich dazu erfasst jedes Tochterunternehmen jede Veränderung des beizulegenden Zeitwerts des Eigenkapitalinstruments, die während der Dienstzeit des Mitarbeiters in dem betreffenden Tochterunternehmen eingetreten ist.

B61 Es ist möglich, dass ein solcher Mitarbeiter nach dem Wechsel zwischen Konzernunternehmen eine Erdienungsbedingung, bei der es sich nicht um eine Marktbedingung im Sinne des Anhangs A handelt, nicht erfüllt, etwa wenn er den Konzern vor Vollendung der Dienstzeit verlässt. In diesem Fall hat jedes Tochterunternehmen aufgrund der Tatsache, dass die Erdienungsbedingung Leistungserbringung für den Konzern ist, den Betrag, der zuvor für die vom Mitarbeiter gemäß den Grundsätzen des Paragraphen 19 erhaltene Leistungen erfasst wurde, anzupassen. Wenn die vom Mutterunternehmen gewährten Rechte auf Eigenkapitalinstrumente nicht erdient werden, weil ein Mitarbeiter eine Erdienungsbedingung, bei der es sich nicht um eine Marktbedingung handelt, nicht erfüllt, wird für die von diesem Mitarbeiter erhaltenen Leistungen deshalb in keinem Abschluss eines Konzernunternehmens ein Betrag auf kumulativer Basis angesetzt.

instruments of the parent under the original share-based payment arrangement being affected. If the subsidiaries have no obligation to settle the share-based payment transaction with their employees, they account for it as an equity-settled transaction. Each subsidiary shall measure the services received from the employee by reference to the fair value of the equity instruments at the date the rights to those equity instruments were originally granted by the parent as defined in Appendix A, and the proportion of the vesting period the employee served with each subsidiary.

If the subsidiary has an obligation to settle the transaction with its employees in its parent's equity instruments, it accounts for the transaction as cash-settled. Each subsidiary shall measure the services received on the basis of grant date fair value of the equity instruments for the proportion of the vesting period the employee served with each subsidiary. In addition, each subsidiary shall recognise any change in the fair value of the equity instruments during the employee's service period with each subsidiary. **B60**

Such an employee, after transferring between group entities, may fail to satisfy a vesting condition other than a market condition as defined in Appendix A, e.g. the employee leaves the group before completing the service period. In this case, because the vesting condition is service to the group, each subsidiary shall adjust the amount previously recognised in respect of the services received from the employee in accordance with the principles in paragraph 19. Hence, if the rights to the equity instruments granted by the parent do not vest because of an employee's failure to meet a vesting condition other than a market condition, no amount is recognised on a cumulative basis for the services received from that employee in the financial statements of any group entity. **B61**

INTERNATIONAL FINANCIAL REPORTING STANDARD 3
Unternehmenszusammenschlüsse

INHALT

INTERNATIONAL FINANCIAL REPORTING STANDARD 3

Business combinations

SUMMARY

ZIELSETZUNG

1 Die Zielsetzung dieses IFRS ist es, die Relevanz, Verlässlichkeit und Vergleichbarkeit der Informationen zu verbessern, die ein berichtendes Unternehmen über einen *Unternehmenszusammenschluss* und dessen Auswirkungen in seinem Abschluss liefert. Hierzu legt dieser IFRS Grundsätze und Vorschriften dazu fest, wie der *Erwerber*

(a) die erworbenen *identifizierbaren* Vermögenswerte, die übernommenen Schulden und alle *nicht beherrschenden Anteile* an dem erworbenen Unternehmen in seinem Abschluss ansetzt und bewertet,

(b) den beim Unternehmenszusammenschluss erworbenen *Geschäfts- oder Firmenwert* oder einen Gewinn aus einem Erwerb unter Marktwert ansetzt und bewertet und

(c) bestimmt, welche Angaben zu machen sind, damit die Abschlussadressaten die Art und die finanziellen Auswirkungen des Unternehmenszusammenschlusses beurteilen können.

ANWENDUNGSBEREICH

2 Dieser IFRS ist auf Transaktionen oder andere Ereignisse anzuwenden, die die Definition eines Unternehmenszusammenschlusses erfüllen. Nicht anwendbar ist dieser IFRS auf

(a) die Bilanzierung der Schaffung einer gemeinschaftlichen Vereinbarung im Abschluss des gemeinschaftlich geführten Unternehmens selbst.

(b) den Erwerb eines Vermögenswerts oder einer Gruppe von Vermögenswerten, die keinen *Geschäftsbetrieb* bilden. In solchen Fällen hat der Erwerber die einzelnen erworbenen identifizierbaren Vermögenswerte (einschließlich solcher, die die Definition und die Ansatzkriterien für *immaterielle Vermögenswerte* gemäß IAS 38 *Immaterielle Vermögenswerte* erfüllen) und die übernommenen Schulden zu identifizieren und anzusetzen. Die Anschaffungskosten der Gruppe sind den einzelnen identifizierbaren Vermögenswerten und Schulden zum Erwerbszeitpunkt auf Grundlage ihrer *beizulegenden Zeitwerte* zuzuordnen. Eine solche Transaktion oder ein solches Ereignis führt nicht zu einem Geschäfts- oder Firmenwert.

(c) einen Zusammenschluss von Unternehmen oder Geschäftsbetrieben unter gemeinsamer Beherrschung (die entsprechenden Anwendungsleitlinien sind in den Paragraphen B1–B4 enthalten).

2A Die Vorschriften dieses Standards gelten nicht für den Erwerb einer Beteiligung an einem Tochterunternehmen durch eine Investmentgesellschaft im Sinne von IFRS 10 Konzernabschlüsse, sofern dieses Tochterunternehmen erfolgswirksam zum beizulegenden Zeitwert bewertet werden muss.

IDENTIFIZIERUNG EINES UNTERNEHMENSZUSAMMENSCHLUSSES

3 **Zur Klärung der Frage, ob eine Transaktion oder ein anderes Ereignis einen Unternehmenszusammenschluss darstellt, muss ein Unternehmen die Definition aus diesem IFRS anwenden, die verlangt, dass die erworbenen Vermögenswerte und übernommenen Schulden einen Geschäftsbetrieb darstellen. Stellen die erworbenen Vermögenswerte keinen Geschäftsbetrieb dar, hat das berichtende Unternehmen die Transaktion oder das andere Ereignis als Erwerb von Vermögenswerten zu bilanzieren. Die Paragraphen B5–B12D enthalten Leitlinien zur Identifizierung eines Unternehmenszusammenschlusses und zur Definition eines Geschäftsbetriebs.**

DIE ERWERBSMETHODE

4 **Jeder Unternehmenszusammenschluss ist nach der Erwerbsmethode zu bilanzieren.**

5 Die Anwendung der Erwerbsmethode erfordert

(a) die Identifizierung des Erwerbers,

(b) die Bestimmung des *Erwerbszeitpunkts*,

(c) den Ansatz und die Bewertung der erworbenen identifizierbaren Vermögenswerte, der übernommenen Schulden und aller nicht beherrschenden Anteile an dem erworbenen Unternehmen sowie

(d) den Ansatz und die Bewertung des Geschäfts- oder Firmenwerts oder eines Gewinns aus einem Erwerb zu einem Preis unter Marktwert.

Identifizierung des Erwerbers

6 **Bei jedem Unternehmenszusammenschluss ist eines der beteiligten Unternehmen als der Erwerber zu identifizieren.**

7 Für die Identifizierung des Erwerbers – d. h. des Unternehmens, das die Beherrschung über das erworbene Unternehmen erlangt – sind die Leitlinien in IFRS 10 anzuwenden. Bei Unternehmenszusammenschlüssen, bei denen sich anhand der Leitlinien in IFRS 10 nicht eindeutig bestimmen lässt, welches der zusammengeschlossenen Unternehmen der Erwerber ist, sind die in den Paragraphen B14–B18 genannten Faktoren heranzuziehen.

OBJECTIVE

The objective of this IFRS is to improve the relevance, reliability and comparability of the information that a reporting entity provides in its financial statements about a *business combination* and its effects. To accomplish that, this IFRS establishes principles and requirements for how the *acquirer*: 1

(a) recognises and measures in its financial statements the *identifiable* assets acquired, the liabilities assumed and any *non-controlling interest* in the *acquiree*;
(b) recognises and measures the *goodwill* acquired in the business combination or a gain from a bargain purchase; and
(c) determines what information to disclose to enable users of the financial statements to evaluate the nature and financial effects of the business combination.

SCOPE

This IFRS applies to a transaction or other event that meets the definition of a business combination. This IFRS does not apply to: 2

(a) the accounting for the formation of a joint arrangement in the financial statements of the joint arrangement itself
(b) the acquisition of an asset or a group of assets that does not constitute a *business*. In such cases the acquirer shall identify and recognise the individual identifiable assets acquired (including those assets that meet the definition of, and recognition criteria for, *intangible assets* in IAS 38 *Intangible Assets*) and liabilities assumed. The cost of the group shall be allocated to the individual identifiable assets and liabilities on the basis of their relative *fair values* at the date of purchase. Such a transaction or event does not give rise to goodwill.
(c) a combination of entities or businesses under common control (paragraphs B1—B4 provide related application guidance).

The requirements of this Standard do not apply to the acquisition by an investment entity, as defined in IFRS 10 *Consolidated Financial Statements*, of an investment in a subsidiary that is required to be measured at fair value through profit or loss. 2A

IDENTIFYING A BUSINESS COMBINATION

An entity shall determine whether a transaction or other event is a business combination by applying the definition in this IFRS, which requires that the assets acquired and liabilities assumed constitute a business. If the assets acquired are not a business, the reporting entity shall account for the transaction or other event as an asset acquisition. Paragraphs B5—B12D provide guidance on identifying a business combination and the definition of a business. 3

THE ACQUISITION METHOD

An entity shall account for each business combination by applying the acquisition method. 4

Applying the acquisition method requires: 5

(a) identifying the acquirer;
(b) determining the *acquisition date;*
(c) recognising and measuring the identifiable assets acquired, the liabilities assumed and any non-controlling interest in the acquiree; and
(d) recognising and measuring goodwill or a gain from a bargain purchase.

Identifying the acquirer

For each business combination, one of the combining entities shall be identified as the acquirer. 6

The guidance in IFRS 10 shall be used to identify the acquirer—the entity that obtains *control* of another entity, ie the acquiree. If a business combination has occurred but applying the guidance in IFRS 10 does not clearly indicate which of the combining entities is the acquirer, the factors in paragraphs B14—B18 shall be considered in making that determination. 7

Bestimmung des Erwerbszeitpunkts

8 **Der Erwerber hat den Erwerbszeitpunkt zu bestimmen, d. h. den Zeitpunkt, zu dem er die Beherrschung über das erworbene Unternehmen erlangt.**

9 Der Zeitpunkt, zu dem der Erwerber die Beherrschung über das erworbene Unternehmen erlangt, ist im Allgemeinen der Tag, an dem er die Gegenleistung rechtsgültig transferiert, die Vermögenswerte erhält und die Schulden des erworbenen Unternehmens übernimmt - der Tag des Abschlusses. Der Erwerber kann indes die Beherrschung zu einem Zeitpunkt erlangen, der entweder vor oder nach dem Tag des Abschlusses liegt. Der Erwerbszeitpunkt liegt beispielsweise vor dem Tag des Abschlusses, wenn in einer schriftlichen Vereinbarung vorgesehen ist, dass der Erwerber die Beherrschung über das erworbene Unternehmen zu einem Zeitpunkt vor dem Tag des Abschlusses erlangt. Ein Erwerber hat bei der Ermittlung des Erwerbszeitpunkts alle einschlägigen Tatsachen und Umstände zu berücksichtigen.

Ansatz und Bewertung der erworbenen identifizierbaren Vermögenswerte, der übernommenen Schulden und aller nicht beherrschenden Anteile an dem erworbenen Unternehmen

Ansatzgrundsatz

10 **Zum Erwerbszeitpunkt hat der Erwerber die erworbenen identifizierbaren Vermögenswerte, die übernommenen Schulden und alle nicht beherrschenden Anteile an dem erworbenen Unternehmen getrennt vom Geschäfts- oder Firmenwert anzusetzen. Der Ansatz der erworbenen identifizierbaren Vermögenswerte und der übernommenen Schulden unterliegt den in den Paragraphen 11 und 12 genannten Bedingungen.**

Ansatzbedingungen

11 Um im Rahmen der Anwendung der Erwerbsmethode die Ansatzkriterien zu erfüllen, müssen die erworbenen identifizierbaren Vermögenswerte und die übernommenen Schulden den im *Rahmenkonzept für die Finanzberichterstattung* enthaltenen Definitionen von Vermögenswerten und Schulden zum Erwerbszeitpunkt entsprechen So stellen beispielsweise Kosten, die der Erwerber für die Zukunft erwartet, keine zum Erwerbszeitpunkt bestehenden Schulden dar, wenn der Erwerber nicht dazu verpflichtet ist, diese Kosten auf sich zu nehmen, um seinem Plan entsprechend eine Tätigkeit des erworbenen Unternehmens aufzugeben oder Mitarbeiter des erworbenen Unternehmens zu entlassen oder zu versetzen. Daher erfasst der Erwerber diese Kosten bei der Anwendung der Erwerbsmethode nicht. Stattdessen erfasst er diese Kosten gemäß anderen IFRS in seinen auf den Unternehmenszusammenschluss folgenden Abschlüssen.

12 Der Ansatz im Rahmen der Erwerbsmethode setzt ferner voraus, dass die erworbenen identifizierbaren Vermögenswerte und übernommenen Schulden Teil dessen sind, was Erwerber und erworbenes Unternehmen (oder dessen frühere *Eigentümer*) in der Transaktion des Unternehmenszusammenschlusses getauscht haben, und dass diese nicht aus gesonderten Transaktionen stammen. Der Erwerber hat die Leitlinien der Paragraphen 51–53 anzuwenden, um zu bestimmen, welche erworbenen Vermögenswerte und welche übernommenen Schulden Teil des Austauschs für das erworbene Unternehmen sind und welche gegebenenfalls aus einer separaten Transaktion stammen, die entsprechend ihrer Art und gemäß den für sie anwendbaren IFRS zu bilanzieren ist.

13 Wenn der Erwerber den Ansatzgrundsatz und die Ansatzbedingungen anwendet, werden möglicherweise einige Vermögenswerte und Schulden angesetzt, die das erworbene Unternehmen zuvor nicht als Vermögenswerte und Schulden in seinem Abschluss angesetzt hatte. Der Erwerber setzt beispielsweise die erworbenen identifizierbaren immateriellen Vermögenswerte, wie einen Markennamen, ein Patent oder eine Kundenbeziehung an, die das erworbene Unternehmen nicht als Vermögenswerte in seinem Abschluss angesetzt hatte, da es diese intern entwickelt und die zugehörigen Kosten als Aufwendungen erfasst hatte.

14 Die Paragraphen B31–B40 enthalten Leitlinien zum Ansatz von immateriellen Vermögenswerten. In den Paragraphen 21A–28B werden die Arten von identifizierbaren Vermögenswerten und Schulden beschrieben, die Posten enthalten, für die dieser IFRS begrenzte Ausnahmen vom Ansatzgrundsatz und von den Ansatzbedingungen vorsieht.

Klassifizierung oder Designation der bei einem Unternehmenszusammenschluss erworbenen identifizierbaren Vermögenswerte und übernommenen Schulden

15 **Zum Erwerbszeitpunkt hat der Erwerber die erworbenen identifizierbaren Vermögenswerte und übernommenen Schulden einzustufen oder zu designieren, sofern dies erforderlich ist, um anschließend andere IFRS anwenden zu können. Diese Einstufungen oder Designationen basieren auf den Vertragsbedingungen, den wirtschaftlichen Bedingungen, der Geschäftspolitik oder den Rechnungslegungsmethoden und anderen zum Erwerbszeitpunkt gültigen einschlägigen Bedingungen.**

16 In bestimmten Situationen sehen die IFRS unterschiedliche Formen der Rechnungslegung vor, je nachdem wie ein Unternehmen den jeweiligen Vermögenswert oder die jeweilige Schuld einstuft oder designiert. Beispiele für Einstufungen oder Designationen, welche der Erwerber auf der Grundlage der zum Erwerbszeitpunkt bestehenden einschlägigen Bedingungen vorzunehmen hat, sind u. a.:

Determining the acquisition date

The acquirer shall identify the acquisition date, which is the date on which it obtains control of the acquiree. 8

The date on which the acquirer obtains control of the acquiree is generally the date on which the acquirer legally transfers the consideration, acquires the assets and assumes the liabilities of the acquiree—the closing date. However, the acquirer might obtain control on a date that is either earlier or later than the closing date. For example, the acquisition date precedes the closing date if a written agreement provides that the acquirer obtains control of the acquiree on a date before the closing date. An acquirer shall consider all pertinent facts and circumstances in identifying the acquisition date. 9

Recognising and measuring the identifiable assets acquired, the liabilities assumed and any non-controlling interest in the acquiree

Recognition principle

As of the acquisition date, the acquirer shall recognise, separately from goodwill, the identifiable assets acquired, the liabilities assumed and any non-controlling interest in the acquiree. Recognition of identifiable assets acquired and liabilities assumed is subject to the conditions specified in paragraphs 11 and 12. 10

Recognition conditions

To qualify for recognition as part of applying the acquisition method, the identifiable assets acquired and liabilities assumed must meet the definitions of assets and liabilities in the *Conceptual Framework for Financial Reporting* at the acquisition date. For example, costs the acquirer expects but is not obliged to incur in the future to effect its plan to exit an activity of an acquiree or to terminate the employment of or relocate an acquiree's employees are not liabilities at the acquisition date. Therefore, the acquirer does not recognise those costs as part of applying the acquisition method. Instead, the acquirer recognises those costs in its post-combination financial statements in accordance with other IFRSs. 11

In addition, to qualify for recognition as part of applying the acquisition method, the identifiable assets acquired and liabilities assumed must be part of what the acquirer and the acquiree (or its former *owners)* exchanged in the business combination transaction rather than the result of separate transactions. The acquirer shall apply the guidance in paragraphs 51—53 to determine which assets acquired or liabilities assumed are part of the exchange for the acquiree and which, if any, are the result of separate transactions to be accounted for in accordance with their nature and the applicable IFRSs. 12

The acquirer's application of the recognition principle and conditions may result in recognising some assets and liabilities that the acquiree had not previously recognised as assets and liabilities in its financial statements. For example, the acquirer recognises the acquired identifiable intangible assets, such as a brand name, a patent or a customer relationship, that the acquiree did not recognise as assets in its financial statements because it developed them internally and charged the related costs to expense. 13

Paragraphs B31—B40 provide guidance on recognising intangible assets. Paragraphs 21A—28B specify the types of identifiable assets and liabilities that include items for which this IFRS provides limited exceptions to the recognition principle and conditions. 14

Classifying or designating identifiable assets acquired and liabilities assumed in a business combination

At the acquisition date, the acquirer shall classify or designate the identifiable assets acquired and liabilities assumed as necessary to apply other IFRSs subsequently. The acquirer shall make those classifications or designations on the basis of the contractual terms, economic conditions, its operating or accounting policies and other pertinent conditions as they exist at the acquisition date. 15

In some situations, IFRSs provide for different accounting depending on how an entity classifies or designates a particular asset or liability. Examples of classifications or designations that the acquirer shall make on the basis of the pertinent conditions as they exist at the acquisition date include but are not limited to: 16

(a) die Einstufung bestimmter finanzieller Vermögenswerte und Verbindlichkeiten gemäß IFRS 9 *Finanzinstrumente* als erfolgswirksam zum beizulegenden Zeitwert bewertet oder als zu fortgeführten Anschaffungskosten bewertet oder als erfolgsneutral zum beizulegenden Zeitwert im sonstigen Ergebnis bewertet,
(b) die Designation eines derivativen Finanzinstruments als Sicherungsinstrument gemäß IFRS 9 und
(c) die Beurteilung, ob ein eingebettetes Derivat gemäß IFRS 9 vom Basisvertrag zu trennen ist (hierbei handelt es sich um eine „Einstufung" im Sinne der Verwendung dieses Begriffs in diesem IFRS).

17 Dieser IFRS sieht eine Ausnahme von dem Grundsatz in Paragraph 15 vor:
(a) die Einstufung eines Leasingvertrags, in dem das erworbene Unternehmen der Leasinggeber ist, gemäß IFRS 16 *Leasingverhältnisse* entweder als Operating-Leasingverhältnis oder als Finanzierungsleasingverhältnis.
(b) [gestrichen]

Der Erwerber hat diese Verträge basierend auf den Vertragsbedingungen und anderen Faktoren bei Abschluss des Vertrags einzustufen (oder falls die Vertragsbedingungen auf eine Weise geändert wurden, die deren Einstufung ändern würde, zum Zeitpunkt dieser Änderung, welche der Erwerbszeitpunkt sein könnte).

Bewertungsgrundsatz

18 **Die erworbenen identifizierbaren Vermögenswerte und übernommenen Schulden sind vom Erwerber zu ihrem zum Erwerbszeitpunkt geltenden beizulegenden Zeitwert zu bewerten.**

19 Bei jedem Unternehmenszusammenschluss hat der Erwerber zum Erwerbszeitpunkt die Bestandteile der nicht beherrschenden Anteile an dem erworbenen Unternehmen, die gegenwärtig Eigentumsanteile sind und ihre Inhaber im Fall der Liquidation zu einem entsprechenden Anteil am Nettovermögen des Unternehmens berechtigen, nach einer der folgenden Methoden zu bewerten:
(a) zum beizulegenden Zeitwert oder
(b) zum entsprechenden Anteil der gegenwärtigen Eigentumsinstrumente an den für das identifizierbare Nettovermögen des erworbenen Unternehmens angesetzten Beträgen.

Alle anderen Bestandteile der nicht beherrschenden Anteile sind zu ihrem beizulegenden Zeitwert zum Erwerbszeitpunkt zu bewerten, es sei denn, die IFRS schreiben eine andere Bewertungsgrundlage vor.

20 In den Paragraphen 24–31A werden die Arten von identifizierbaren Vermögenswerten und Schulden beschrieben, die Posten enthalten, für die dieser IFRS begrenzte Ausnahmen von dem Bewertungsgrundsatz vorsieht.

Ausnahmen von den Ansatz- oder Bewertungsgrundsätzen

21 Dieser IFRS sieht begrenzte Ausnahmen von seinen Ansatz- und Bewertungsgrundsätzen vor. Die Paragraphen 21A–31A beschreiben sowohl die besonderen Posten, für die Ausnahmen vorgesehen sind, als auch die Art dieser Ausnahmen. Bei der Bilanzierung dieser Posten gelten die Anforderungen der Paragraphen 21A–31A, was dazu führt, dass einige Posten
(a) entweder gemäß Ansatzbedingungen angesetzt werden, die zusätzlich zu den in den Paragraphen 11 und 12 beschriebenen Ansatzbedingungen gelten, oder gemäß den Anforderungen anderer IFRS angesetzt werden, wobei sich die Ergebnisse im Vergleich zur Anwendung der Ansatzgrundsätze und -bedingungen unterscheiden,
(b) zu einem anderen Betrag als zu ihren zum Erwerbszeitpunkt geltenden beizulegenden Zeitwerten bewertet werden.

Ausnahmen vom Ansatzgrundsatz

Verbindlichkeiten und Eventualverbindlichkeiten im Anwendungsbereich von IAS 37 oder IFRIC 21

21A Paragraph 21B gilt für Verbindlichkeiten und Eventualverbindlichkeiten, die in den Anwendungsbereich von IAS 37 *Rückstellungen, Eventualverbindlichkeiten und Eventualforderungen* oder von IFRIC 21 *Abgaben* fielen, wenn sie gesondert eingegangen und nicht bei einem Unternehmenszusammenschluss übernommen würden.

21B Im *Rahmenkonzept für die Finanzberichterstattung* ist eine Schuld definiert als eine gegenwärtige Verpflichtung des Unternehmens, eine wirtschaftliche Ressource als Folge vergangener Ereignisse zu übertragen. Fiele eine Rückstellung oder Eventualverbindlichkeit in den Anwendungsbereich von IAS 37, hat der Erwerber zur Feststellung, ob zum Erwerbszeitpunkt eine aus vergangenen Ereignissen resultierende gegenwärtige Verpflichtung vorliegt, die Paragraphen 15–22 des IAS 37 anzuwenden. Fiele eine Abgabe in den Anwendungsbereich von IFRIC 21, hat der Erwerber zur Feststellung, ob das zur Entrichtung der Abgabe verpflichtende Ereignis bis zum Erwerbszeitpunkt eingetreten ist, IFRIC 21 anzuwenden.

21C Eine gemäß Paragraph 21B festgestellte gegenwärtige Verpflichtung könnte der Definition einer Eventualverbindlichkeit in Paragraph 22 (b) entsprechen. Ist dies der Fall, gilt für diese Eventualverbindlichkeit Paragraph 23.

Eventualverbindlichkeiten und Eventualforderungen

22 Eine Eventualverbindlichkeit wird in IAS 37 definiert als:
(a) eine mögliche Verpflichtung, die aus Ereignissen der Vergangenheit entsteht und deren Existenz durch das Eintreten oder Nichteintreten eines oder mehrerer unsicherer künftiger Ereignisse, die nicht vollständig unter der Kontrolle des Unternehmens stehen, erst noch bestätigt wird, oder

(a) classification of particular financial assets and liabilities as measured at fair value through profit or loss or at amortised cost, or as a financial asset measured at fair value through other comprehensive income in accordance with IFRS 9 *Financial Instruments*;
(b) designation of a derivative instrument as a hedging instrument in accordance with IFRS 9; and
(c) assessment of whether an embedded derivative should be separated from a host contract in accordance with IFRS 9 (which is a matter of 'classification' as this IFRS uses that term).

This IFRS provides an exception to the principle in paragraph 15: 17
(a) classification of a lease contract in which the acquiree is the lessor as either an operating lease or a finance lease in accordance with IFRS 16 *Leases*;
(b) [deleted]

The acquirer shall classify those contracts on the basis of the contractual terms and other factors at the inception of the contract (or, if the terms of the contract have been modified in a manner that would change its classification, at the date of that modification, which might be the acquisition date).

Measurement principle

The acquirer shall measure the identifiable assets acquired and the liabilities assumed at their acquisition-date fair values. 18

For each business combination, the acquirer shall measure at the acquisition date components of non-controlling interests in the acquiree that are present ownership interests and entitle their holders to a proportionate share of the entity's net assets in the event of liquidation at either: 19
(a) fair value; or
(b) the present ownership instruments' proportionate share in the recognised amounts of the acquiree's identifiable net assets.

All other components of non-controlling interests shall be measured at their acquisition-date fair values, unless another measurement basis is required by IFRSs.

Paragraphs 24—31A specify the types of identifiable assets and liabilities that include items for which this IFRS provides limited exceptions to the measurement principle. 20

Exceptions to the recognition or measurement principles

This IFRS provides limited exceptions to its recognition and measurement principles. Paragraphs 21A—31A specify both the particular items for which exceptions are provided and the nature of those exceptions. The acquirer shall account for those items by applying the requirements in paragraphs 21A—31A, which will result in some items being: 21
(a) recognised either by applying recognition conditions in addition to those in paragraphs 11 and 12 or by applying the requirements of other IFRSs, with results that differ from applying the recognition principle and conditions.
(b) measured at an amount other than their acquisition-date fair values.

Exception to the recognition principle

Liabilities and contingent liabilities within the scope of IAS 37 or IFRIC 21

Paragraph 21B applies to liabilities and contingent liabilities that would be within the scope of IAS 37 *Provisions, Contingent Liabilities and Contingent Assets* or IFRIC 21 *Levies* if they were incurred separately rather than assumed in a business combination. 21A

The *Conceptual Framework for Financial Reporting* defines a liability as 'a present obligation of the entity to transfer an economic resource as a result of past events'. For a provision or contingent liability that would be within the scope of IAS 37, the acquirer shall apply paragraphs 15—22 of IAS 37 to determine whether at the acquisition date a present obligation exists as a result of past events. For a levy that would be within the scope of IFRIC 21, the acquirer shall apply IFRIC 21 to determine whether the obligating event that gives rise to a liability to pay the levy has occurred by the acquisition date. 21B

A present obligation identified in accordance with paragraph 21B might meet the definition of a contingent liability set out in paragraph 22 (b). If so, paragraph 23 applies to that contingent liability. 21C

Contingent liabilities and contingent assets

IAS 37 defines a contingent liability as: 22
(a) a possible obligation that arises from past events and whose existence will be confirmed only by the occurrence or non-occurrence of one or more uncertain future events not wholly within the control of the entity; or

(b) eine gegenwärtige Verpflichtung, die auf Ereignissen der Vergangenheit beruht, jedoch nicht angesetzt wird, weil
   (i) ein Abfluss von Ressourcen mit wirtschaftlichem Nutzen zur Erfüllung dieser Verpflichtung nicht wahrscheinlich ist oder
   (ii) die Höhe der Verpflichtung nicht hinreichend verlässlich geschätzt werden kann.

23 Ein Erwerber hat eine bei einem Unternehmenszusammenschluss übernommene Eventualverbindlichkeit zum Erwerbszeitpunkt anzusetzen, wenn es sich um eine gegenwärtige Verpflichtung handelt, die aus früheren Ereignissen resultiert und für die der beizulegende Zeitwert verlässlich bestimmt werden kann. Entgegen den Paragraphen 14 (b), 23, 27, 29 und 30 von IAS 37 setzt ein Erwerber eine in einem Unternehmenszusammenschluss übernommene Eventualverbindlichkeit zum Erwerbszeitpunkt deshalb selbst dann an, wenn es nicht wahrscheinlich ist, dass ein Abfluss von Ressourcen mit wirtschaftlichem Nutzen zur Erfüllung dieser Verpflichtung erforderlich sein wird. Paragraph 56 dieses IFRS enthält Leitlinien für die Folgebilanzierung von Eventualverbindlichkeiten.

23A Eine Eventualforderung wird in IAS 37 definiert als „ein möglicher Vermögenswert, der aus vergangenen Ereignissen resultiert und dessen Existenz durch das Eintreten oder Nichteintreten eines oder mehrerer unsicherer künftiger Ereignisse erst noch bestätigt wird, die nicht vollständig unter der Kontrolle des Unternehmens stehen". Eine Eventualforderung ist vom Erwerber zum Erwerbszeitpunkt nicht anzusetzen.

Ausnahmen von den Ansatz- und Bewertungsgrundsätzen

Ertragsteuern

24 Der Erwerber hat einen latenten Steueranspruch oder eine latente Steuerschuld aus bei einem Unternehmenszusammenschluss erworbenen Vermögenswerten und übernommenen Schulden gemäß IAS 12 *Ertragsteuern* anzusetzen und zu bewerten.

25 Der Erwerber hat die möglichen steuerlichen Auswirkungen der temporären Differenzen und Verlustvorträge eines erworbenen Unternehmens, die zum Erwerbszeitpunkt bereits bestehen oder infolge des Erwerbs entstehen, gemäß IAS 12 zu bilanzieren.

Leistungen an Arbeitnehmer

26 Der Erwerber hat eine Schuld (oder gegebenenfalls einen Vermögenswert) in Verbindung mit Vereinbarungen für Leistungen an Arbeitnehmer des erworbenen Unternehmens gemäß IAS 19 *Leistungen an Arbeitnehmer* anzusetzen und zu bewerten.

Vermögenswerte aus Entschädigungsleistungen

27 Der Veräußerer kann bei einem Unternehmenszusammenschluss den Erwerber vertraglich für die Auswirkungen einer Unsicherheit oder Unwägbarkeit hinsichtlich aller oder eines Teils der spezifischen Vermögenswerte oder Schulden entschädigen. Der Veräußerer kann beispielsweise den Erwerber für Verluste, die über einen bestimmten Betrag einer Schuld aus einem besonderen Eventualfall hinausgehen, entschädigen; mit anderen Worten, der Veräußerer möchte garantieren, dass die Schuld des Erwerbers einen bestimmten Betrag nicht überschreitet. Damit erhält der Erwerber einen Vermögenswert für Entschädigungsleistungen. Der Erwerber hat den Vermögenswert für Entschädigungsleistungen zur gleichen Zeit anzusetzen und auf der gleichen Grundlage zu bewerten, wie er den entschädigten Posten ansetzt und bewertet, vorbehaltlich der Notwendigkeit einer Wertberichtigung für uneinbringliche Beträge. Wenn die Entschädigungsleistung einen Vermögenswert oder eine Schuld betrifft, der/die zum Erwerbszeitpunkt angesetzt wird und zu dessen/deren zum Erwerbszeitpunkt geltenden beizulegenden Zeitwert bewertet wird, dann hat der Erwerber den Vermögenswert für die Entschädigungsleistung ebenso zum Erwerbszeitpunkt anzusetzen und mit dessen zum Erwerbszeitpunkt geltenden beizulegenden Zeitwert zu bewerten. Für einen zum beizulegenden Zeitwert bewerteten Vermögenswert für Entschädigungsleistungen sind die Auswirkungen der Ungewissheit bezüglich künftiger Zahlungsströme aufgrund der Einbringlichkeit der Gegenleistungen in der Bestimmung des beizulegenden Zeitwerts mit inbegriffen und eine gesonderte Wertberichtigung ist nicht notwendig (die entsprechenden Anwendungsleitlinien sind in Paragraph B41 enthalten).

28 Unter bestimmten Umständen kann sich die Entschädigungsleistung auf einen Vermögenswert oder eine Schuld beziehen, der/die eine Ausnahme von den Ansatz- oder Bewertungsgrundsätzen darstellt. Eine Entschädigungsleistung kann sich beispielsweise auf eine Eventualverbindlichkeit beziehen, die zum Erwerbszeitpunkt nicht angesetzt wird, da ihr beizulegender Zeitwert zu dem Stichtag nicht verlässlich bewertet werden kann. Alternativ kann sich eine Entschädigungsleistung auf einen Vermögenswert oder ein Schuld beziehen, der/die beispielsweise aus Leistungen an Arbeitnehmer stammt, welche auf einer anderen Grundlage als dem zum Erwerbszeitpunkt geltenden beizulegenden Zeitwert bestimmt werden. Unter diesen Umständen ist der Vermögenswert für Entschädigungsleistungen vorbehaltlich der Einschätzung der Geschäftsleitung bezüglich seiner Einbringlichkeit sowie der vertraglichen Begrenzung des Entschädigungsbetrags unter Zugrundelegung der gleichen Annahmen anzusetzen wie der entschädigte Posten selbst. Paragraph 57 enthält Leitlinien für die Folgebilanzierung eines Vermögenswerts für Entschädigungsleistungen.

(b) a present obligation that arises from past events but is not recognised because:
  (i) it is not probable that an outflow of resources embodying economic benefits will be required to settle the obligation; or
  (ii) the amount of the obligation cannot be measured with sufficient reliability.

The acquirer shall recognise as of the acquisition date a contingent liability assumed in a business combination if it is a present obligation that arises from past events and its fair value can be measured reliably. Therefore, contrary to paragraphs 14 (b), 23, 27, 29 and 30 of IAS 37, the acquirer recognises a contingent liability assumed in a business combination at the acquisition date even if it is not probable that an outflow of resources embodying economic benefits will be required to settle the obligation. Paragraph 56 of this IFRS provides guidance on the subsequent accounting for contingent liabilities. 23

IAS 37 defines a contingent asset as 'a possible asset that arises from past events and whose existence will be confirmed only by the occurrence or non-occurrence of one or more uncertain future events not wholly within the control of the entity'. The acquirer shall not recognise a contingent asset at the acquisition date. 23A

Exceptions to both the recognition and measurement principles

Income taxes

The acquirer shall recognise and measure a deferred tax asset or liability arising from the assets acquired and liabilities assumed in a business combination in accordance with IAS 12 *Income Taxes*. 24

The acquirer shall account for the potential tax effects of temporary differences and carryforwards of an acquiree that exist at the acquisition date or arise as a result of the acquisition in accordance with IAS 12. 25

Employee benefits

The acquirer shall recognise and measure a liability (or asset, if any) related to the acquiree's employee benefit arrangements in accordance with IAS 19 *Employee Benefits*. 26

Indemnification assets

The seller in a business combination may contractually indemnify the acquirer for the outcome of a contingency or uncertainty related to all or part of a specific asset or liability. For example, the seller may indemnify the acquirer against losses above a specified amount on a liability arising from a particular contingency; in other words, the seller will guarantee that the acquirer's liability will not exceed a specified amount. As a result, the acquirer obtains an indemnification asset. The acquirer shall recognise an indemnification asset at the same time that it recognises the indemnified item measured on the same basis as the indemnified item, subject to the need for a valuation allowance for uncollectible amounts. Therefore, if the indemnification relates to an asset or a liability that is recognised at the acquisition date and measured at its acquisition-date fair value, the acquirer shall recognise the indemnification asset at the acquisition date measured at its acquisition-date fair value. For an indemnification asset measured at fair value, the effects of uncertainty about future cash flows because of collectibility considerations are included in the fair value measure and a separate valuation allowance is not necessary (paragraph B41 provides related application guidance). 27

In some circumstances, the indemnification may relate to an asset or a liability that is an exception to the recognition or measurement principles. For example, an indemnification may relate to a contingent liability that is not recognised at the acquisition date because its fair value is not reliably measurable at that date. Alternatively, an indemnification may relate to an asset or a liability, for example, one that results from an employee benefit, that is measured on a basis other than acquisition-date fair value. In those circumstances, the indemnification asset shall be recognised and measured using assumptions consistent with those used to measure the indemnified item, subject to management's assessment of the collectibility of the indemnification asset and any contractual limitations on the indemnified amount. Paragraph 57 provides guidance on the subsequent accounting for an indemnification asset. 28

Leasingverhältnisse, bei denen das erworbene Unternehmen der Leasingnehmer ist

28A Für Leasingverhältnisse nach IFRS 16, bei denen das erworbene Unternehmen der Leasingnehmer ist, hat der Erwerber Nutzungsrechte und Leasingverbindlichkeiten anzusetzen. Für folgende Leasingverhältnisse muss der Erwerber keine Nutzungsrechte und Leasingverbindlichkeiten ansetzen:

(a) Leasingverhältnisse, deren Laufzeit (im Sinne von IFRS 16) innerhalb von 12 Monaten nach dem Erwerbszeitpunkt endet, und

(b) Leasingverhältnisse, bei denen der zugrunde liegende Vermögenswert (im Sinne der Beschreibung in den Paragraphen B3–B8 von IFRS 16) von geringem Wert ist.

28B Der Erwerber bewertet die Leasingverbindlichkeit zum Barwert der verbleibenden Leasingzahlungen (im Sinne von IFRS 16) so, als handele es sich bei der erworbenen Leasingvereinbarung um eine zum Erwerbszeitpunkt neu geschlossene Vereinbarung. Der Erwerber bewertet das Nutzungsrecht mit demselben Betrag wie die Leasingverbindlichkeit und passt diesen Betrag gegebenenfalls an, je nachdem, ob die Bedingungen der Leasingvereinbarung verglichen mit den Marktbedingungen günstig oder ungünstig sind.

Ausnahmen vom Bewertungsgrundsatz

Zurückerworbene Rechte

29 Der Erwerber hat den Wert eines zurückerworbenen Rechts, das als ein immaterieller Vermögenswert auf der Grundlage der Restlaufzeit des zugehörigen Vertrags ausgewiesen war, unabhängig davon zu bewerten, ob Marktteilnehmer mögliche Vertragserneuerungen bei der Bewertung von dessen beizulegendem Zeitwert berücksichtigen würden. Die entsprechenden Anwendungsleitlinien sind in den Paragraphen B35 und B36 enthalten.

Anteilsbasierte Vergütungen

30 Der Erwerber hat eine Schuld oder ein Eigenkapitalinstrument, welche(s) sich auf anteilsbasierte Vergütungen des erworbenen Unternehmens oder den Ersatz anteilsbasierter Vergütungen des erworbenen Unternehmens durch anteilsbasierte Vergütungen des Erwerbers bezieht, zum Erwerbszeitpunkt nach der Methode in IFRS 2 *Anteilsbasierte Vergütung* zu bewerten. (Das Ergebnis dieser Methode wird in diesem IFRS als der „marktbasierte Wert" der anteilsbasierten Vergütung bezeichnet.)

Zur Veräußerung gehaltene Vermögenswerte

31 Der Erwerber hat einen erworbenen langfristigen Vermögenswert (oder eine Veräußerungsgruppe), der (die) zum Erwerbszeitpunkt gemäß IFRS 5 *Zur Veräußerung gehaltene langfristige Vermögenswerte und aufgegebene Geschäftsbereiche* als zur Veräußerung gehalten eingestuft ist, zum beizulegenden Zeitwert abzüglich Veräußerungskosten gemäß den Paragraphen 15–18 von IFRS 5 zu bewerten.

Versicherungsverträge

31A Der Erwerber hat eine Gruppe von im Rahmen eines Unternehmenszusammenschlusses übernommenen Verträgen im Anwendungsbereich von IFRS 17 *Versicherungsverträge* und alle als Vermögenswert angesetzten Abschlusskosten im Sinne der Definition in IFRS 17 zum Erwerbszeitpunkt als Verbindlichkeit oder Vermögenswert gemäß Paragraph 39 und den Paragraphen B93 bis B95F von IFRS 17 zu bewerten.

Ansatz und Bewertung des Geschäfts- oder Firmenwerts oder eines Gewinns aus einem Erwerb zu einem Preis unter Marktwert

32 Der Erwerber hat den Geschäfts- oder Firmenwert zum Erwerbszeitpunkt anzusetzen, der sich aus dem Betrag ergibt, um den (a) (b) übersteigt:

(a) die Summe aus

(i) der übertragenen Gegenleistung, die gemäß diesem IFRS im Allgemeinen zu dem zum Erwerbszeitpunkt geltenden beizulegenden Zeitwert bestimmt wird, (siehe Paragraph 37)

(ii) dem Betrag aller nicht beherrschenden Anteile an dem erworbenen Unternehmen, die gemäß diesem IFRS bewertet werden, und

(iii) dem zum Erwerbszeitpunkt geltenden beizulegenden Zeitwert des zuvor vom Erwerber gehaltenen *Eigenkapitalanteils* an dem erworbenen Unternehmen, wenn es sich um einen sukzessiven Unternehmenszusammenschluss handelt (siehe Paragraphen 41 und 42).

(b) der Saldo der zum Erwerbszeitpunkt bestehenden und gemäß diesem IFRS bewerteten Beträge der erworbenen identifizierbaren Vermögenswerte und der übernommenen Schulden.

33 Bei einem Unternehmenszusammenschluss, bei dem der Erwerber und das erworbene Unternehmen (oder dessen frühere Eigentümer) nur Eigenkapitalanteile tauschen, kann der zum Erwerbszeitpunkt geltende beizulegende Zeitwert der Eigenkapitalanteile des erworbenen Unternehmens eventuell verlässlicher bestimmt werden als der zum Erwerbszeitpunkt geltende beizulegende Zeitwert der Eigenkapitalanteile des Erwerbers. In einem solchen Fall hat der Erwerber den Geschäfts- oder Firmenwert zu ermitteln, indem er anstatt des zum Erwerbszeitpunkt geltenden beizulegenden Zeitwerts

Leases in which the acquiree is the lessee

The acquirer shall recognise right-of-use assets and lease liabilities for leases identified in accordance with IFRS 16 in which the acquiree is the lessee. The acquirer is not required to recognise right-of-use assets and lease liabilities for: 28A

(a) leases for which the lease term (as defined in IFRS 16) ends within 12 months of the acquisition date; or
(b) leases for which the underlying asset is of low value (as described in paragraphs B3—B8 of IFRS 16).

The acquirer shall measure the lease liability at the present value of the remaining lease payments (as defined in IFRS 16) as if the acquired lease were a new lease at the acquisition date. The acquirer shall measure the right-of-use asset at the same amount as the lease liability, adjusted to reflect favourable or unfavourable terms of the lease when compared with market terms. 28B

Exceptions to the measurement principle

Reacquired rights

The acquirer shall measure the value of a reacquired right recognised as an intangible asset on the basis of the remaining contractual term of the related contract regardless of whether market participants would consider potential contractual renewals when measuring its fair value. Paragraphs B35 and B36 provide related application guidance. 29

Share-based payment transactions

The acquirer shall measure a liability or an equity instrument related to share-based payment transactions of the acquiree or the replacement of an acquiree's share-based payment transactions with share-based payment transactions of the acquirer in accordance with the method in IFRS 2 *Share-based Payment* at the acquisition date. (This IFRS refers to the result of that method as the 'market-based measure' of the share-based payment transaction.) 30

Assets held for sale

The acquirer shall measure an acquired non-current asset (or disposal group) that is classified as held for sale at the acquisition date in accordance with IFRS 5 *Non-current Assets Held for Sale and Discontinued Operations* at fair value less costs to sell in accordance with paragraphs 15—18 of that IFRS. 31

Insurance contracts

The acquirer shall measure a group of contracts within the scope of IFRS 17 *Insurance Contracts* acquired in a business combination, and any assets for insurance acquisition cash flows as defined in IFRS 17, as a liability or asset in accordance with paragraphs 39 and B93—B95F of IFRS 17, at the acquisition date. 31A

Recognising and measuring goodwill or a gain from a bargain purchase

The acquirer shall recognise goodwill as of the acquisition date measured as the excess of (a) over (b) below: 32

(a) the aggregate of:
  - **(i) the consideration transferred measured in accordance with this IFRS, which generally requires acquisition-date fair value (see paragraph 37);**
  - **(ii) the amount of any non-controlling interest in the acquiree measured in accordance with this IFRS; and**
  - **(iii) in a business combination achieved in stages (see paragraphs 41 and 42), the acquisition-date fair value of the acquirer's previously held *equity interest* in the acquiree.**

(b) the net of the acquisition-date amounts of the identifiable assets acquired and the liabilities assumed measured in accordance with this IFRS.

In a business combination in which the acquirer and the acquiree (or its former owners) exchange only equity interests, the acquisition-date fair value of the acquiree's equity interests may be more reliably measurable than the acquisition-date fair value of the acquirer's equity interests. If so, the acquirer shall determine the amount of goodwill by using the acquisition-date fair value of the acquiree's equity interests instead of the acquisition-date fair value of the equity interests transferred. To determine the amount of goodwill in a business combination in which no consideration is transferred, the 33

der übertragenen Eigenkapitalanteile den zum Erwerbszeitpunkt geltenden beizulegenden Zeitwert der Eigenkapitalanteile des erworbenen Unternehmens verwendet. Um bei einem Unternehmenszusammenschluss, bei dem keine Gegenleistung übertragen wird, den Geschäfts- oder Firmenwert zu bestimmen, hat der Erwerber anstelle des zum Erwerbszeitpunkt geltenden beizulegenden Zeitwerts der übertragenen Gegenleistung den zum Erwerbszeitpunkt geltenden beizulegenden Zeitwert der Anteile des Erwerbers an dem erworbenen Unternehmen zu verwenden (Paragraph 32 (a) (i)). Die entsprechenden Anwendungsleitlinien sind in den Paragraphen B46–B49 enthalten.

Erwerb zu einem Preis unter Marktwert

34 Gelegentlich macht ein Erwerber einen Erwerb zu einem Preis unter Marktwert, wobei es sich um einen Unternehmenszusammenschluss handelt, bei dem der Betrag in Paragraph 32 (b) die Summe der in Paragraph 32 (a) beschriebenen Beträge übersteigt. Bleibt dieser Überschuss nach Anwendung der Vorschriften in Paragraph 36 bestehen, hat der Erwerber den resultierenden Gewinn zum Erwerbszeitpunkt erfolgswirksam zu erfassen. Der Gewinn ist dem Erwerber zuzurechnen.

35 Einen Erwerb zu einem Preis unter Marktwert kann es beispielsweise bei einem Unternehmenszusammenschluss geben, bei dem es sich um einen Zwangsverkauf handelt und der Verkäufer unter Zwang handelt. Die in den Paragraphen 22–31A beschriebenen Ausnahmen besonderer Posten von den Ansatz- oder Bewertungsgrundsätzen können jedoch auch dazu führen, dass ein Gewinn aus einem Erwerb unter Marktwert angesetzt wird (oder dass sich der Betrag eines angesetzten Gewinns ändert).

36 Vor dem Ansatz eines Gewinns aus einem Erwerb unter Marktwert hat der Erwerber nochmals zu beurteilen, ob er alle erworbenen Vermögenswerte und alle übernommenen Schulden richtig identifiziert hat, und alle bei dieser Prüfung zusätzlich identifizierten Vermögenswerte oder Schulden anzusetzen. Danach hat der Erwerber die Verfahren zu überprüfen, mit denen die Beträge ermittelt worden sind, die nach diesem IFRS zum Erwerbszeitpunkt für Folgendes ausgewiesen werden müssen:

(a) identifizierbare erworbene Vermögenswerte und übernommene Schulden,
(b) gegebenenfalls nicht beherrschende Anteile an dem übernommenen Unternehmen,
(c) bei einem sukzessiven Unternehmenszusammenschluss die zuvor vom Erwerber gehaltenen Eigenkapitalanteile an dem erworbenen Unternehmen und
(d) die übertragene Gegenleistung.

Der Zweck dieser Überprüfung besteht darin sicherzustellen, dass bei den Bewertungen alle zum Erwerbszeitpunkt verfügbaren Informationen angemessen berücksichtigt worden sind.

Übertragene Gegenleistung

37 Die bei einem Unternehmenszusammenschluss übertragene Gegenleistung ist mit dem beizulegenden Zeitwert zu bewerten. Dieser berechnet sich, indem die vom Erwerber übertragenen Vermögenswerte, die Schulden, die der Erwerber von den früheren Eigentümern des erworbenen Unternehmens übernommenen hat, und die vom Erwerber ausgegebenen Eigenkapitalanteile zum Erwerbszeitpunkt mit ihren beizulegenden Zeitwerten bewertet und diese beizulegenden Zeitwerte addiert werden. (Der Teil der anteilsbasierten Vergütungsprämien des Erwerbers, die gegen Prämien, die von den Mitarbeitern des erworbenen Unternehmens gehalten werden und die in der bei einem Unternehmenszusammenschluss übertragenen Gegenleistung enthalten sind, getauscht werden, ist jedoch nach Paragraph 30 und nicht zum beizulegenden Zeitwert zu bestimmen.) Beispiele für mögliche Formen der Gegenleistung sind u. a. Zahlungsmittel, sonstige Vermögenswerte, ein Geschäftsbetrieb oder ein Tochterunternehmen des Erwerbers, *bedingte Gegenleistungen*, Stamm- oder Vorzugsanteile, Optionen, Optionsscheine und Anteile der Mitglieder von *Gegenseitigkeitsunternehmen*.

38 Zu den übertragenen Gegenleistungen können Vermögenswerte oder Schulden des Erwerbers gehören, deren Buchwert von dem zum Erwerbszeitpunkt geltenden beizulegenden Zeitwert abweicht (z.B. nicht-monetäre Vermögenswerte oder ein Geschäftsbetrieb des Erwerbers). Wenn dies der Fall ist, hat der Erwerber die übertragenen Vermögenswerte oder Schulden zu ihren zum Erwerbszeitpunkt geltenden beizulegenden Zeitwerten neu zu bewerten und die daraus gegebenenfalls resultierende Gewinne bzw. Verluste erfolgswirksam zu erfassen. Manchmal verbleiben die übertragenen Vermögenswerte oder Schulden nach dem Unternehmenszusammenschluss jedoch im zusammengeschlossenen Unternehmen (da z. B. die Vermögenswerte oder Schulden auf das übernommene Unternehmen und nicht auf die früheren Eigentümer übertragen wurden), sodass der Erwerber die Beherrschung darüber behält. In diesem Fall hat der Erwerber diese Vermögenswerte und Schulden mit ihrem Buchwert unmittelbar vor dem Erwerbszeitpunkt zu bewerten und darf einen Gewinn bzw. Verlust aus Vermögenswerten oder Schulden, die er vor und nach dem Unternehmenszusammenschluss beherrscht, nicht erfolgswirksam erfassen.

Bedingte Gegenleistung

39 Die Gegenleistung, die der Erwerber im Tausch gegen das erworbene Unternehmen überträgt, schließt alle Vermögenswerte oder Schulden aus einer Vereinbarung über eine bedingte Gegenleistung ein (siehe Paragraph 37). Der Erwerber hat den zum Erwerbszeitpunkt geltenden beizulegenden Zeitwert der bedingten Gegenleistung als Teil der für das erworbene Unternehmen übertragenen Gegenleistung zu bilanzieren.

acquirer shall use the acquisition-date fair value of the acquirer's interest in the acquiree in place of the acquisition-date fair value of the consideration transferred (paragraph 32 (a) (i)). Paragraphs B46—B49 provide related application guidance.

Bargain purchases

Occasionally, an acquirer will make a bargain purchase, which is a business combination in which the amount in paragraph 32 (b) exceeds the aggregate of the amounts specified in paragraph 32 (a). If that excess remains after applying the requirements in paragraph 36, the acquirer shall recognise the resulting gain in profit or loss on the acquisition date. The gain shall be attributed to the acquirer. 34

A bargain purchase might happen, for example, in a business combination that is a forced sale in which the seller is acting under compulsion. However, the recognition or measurement exceptions for particular items discussed in paragraphs 22—31A may also result in recognising a gain (or change the amount of a recognised gain) on a bargain purchase. 35

Before recognising a gain on a bargain purchase, the acquirer shall reassess whether it has correctly identified all of the assets acquired and all of the liabilities assumed and shall recognise any additional assets or liabilities that are identified in that review. The acquirer shall then review the procedures used to measure the amounts this IFRS requires to be recognised at the acquisition date for all of the following: 36

(a) the identifiable assets acquired and liabilities assumed;
(b) the non-controlling interest in the acquiree, if any;
(c) for a business combination achieved in stages, the acquirer's previously held equity interest in the acquiree; and
(d) the consideration transferred.

The objective of the review is to ensure that the measurements appropriately reflect consideration of all available information as of the acquisition date.

Consideration transferred

The consideration transferred in a business combination shall be measured at fair value, which shall be calculated as the sum of the acquisition-date fair values of the assets transferred by the acquirer, the liabilities incurred by the acquirer to former owners of the acquiree and the equity interests issued by the acquirer. (However, any portion of the acquirer's share-based payment awards exchanged for awards held by the acquiree's employees that is included in consideration transferred in the business combination shall be measured in accordance with paragraph 30 rather than at fair value.) Examples of potential forms of consideration include cash, other assets, a business or a subsidiary of the acquirer, *contingent consideration*, ordinary or preference equity instruments, options, warrants and member interests of *mutual entities*. 37

The consideration transferred may include assets or liabilities of the acquirer that have carrying amounts that differ from their fair values at the acquisition date (for example, non-monetary assets or a business of the acquirer). If so, the acquirer shall remeasure the transferred assets or liabilities to their fair values as of the acquisition date and recognise the resulting gains or losses, if any, in profit or loss. However, sometimes the transferred assets or liabilities remain within the combined entity after the business combination (for example, because the assets or liabilities were transferred to the acquiree rather than to its former owners), and the acquirer therefore retains control of them. In that situation, the acquirer shall measure those assets and liabilities at their carrying amounts immediately before the acquisition date and shall not recognise a gain or loss in profit or loss on assets or liabilities it controls both before and after the business combination. 38

Contingent consideration

The consideration the acquirer transfers in exchange for the acquiree includes any asset or liability resulting from a contingent consideration arrangement (see paragraph 37). The acquirer shall recognise the acquisition-date fair value of contingent consideration as part of the consideration transferred in exchange for the acquiree. 39

40 Eine Verpflichtung zur Zahlung einer bedingten Gegenleistung, die der Definition eines Finanzinstruments entspricht, ist vom Erwerber ausgehend von den Definitionen für ein Eigenkapitalinstrument und eine finanzielle Verbindlichkeit in Paragraph 11 von IAS 32 *Finanzinstrumente: Darstellung* als finanzielle Verbindlichkeit oder als Eigenkapital einzustufen. Der Erwerber hat ein Recht auf Rückgabe der zuvor übertragenen Gegenleistung als Vermögenswert einzustufen, falls bestimmte Bedingungen erfüllt sind. Leitlinien für die Folgebilanzierung bedingter Gegenleistungen sind in Paragraph 58 enthalten.

Zusätzliche Leitlinien für die Anwendung der Erwerbsmethode auf besondere Arten von Unternehmenszusammenschlüssen

Sukzessiver Unternehmenszusammenschluss

41 Manchmal erlangt ein Erwerber die Beherrschung über ein erworbenes Unternehmen, an dem er unmittelbar vor dem Erwerbszeitpunkt einen Eigenkapitalanteil gehalten hat. Zum Beispiel: Am 31. Dezember 20X1 hält Unternehmen A einen nicht beherrschenden Kapitalanteil von 35 Prozent an Unternehmen B. Zu diesem Zeitpunkt erwirbt Unternehmen A einen zusätzlichen Anteil von 40 Prozent an Unternehmen B, wodurch es die Beherrschung über Unternehmen B erlangt. Dieser IFRS bezeichnet eine solche Transaktion, die manchmal auch als ein schrittweiser Erwerb bezeichnet wird, als einen sukzessiven Unternehmenszusammenschluss.

42 Bei einem sukzessiven Unternehmenszusammenschluss hat der Erwerber seinen zuvor an dem erworbenen Unternehmen gehaltenen Eigenkapitalanteil zu dem zum Erwerbszeitpunkt geltenden beizulegenden Zeitwert neu zu bewerten und den daraus gegebenenfalls resultierenden Gewinn bzw. Verlust entsprechend erfolgswirksam oder im sonstigen Ergebnis zu erfassen. In früheren Perioden hat der Erwerber eventuell Wertänderungen seines Eigenkapitalanteils an dem erworbenen Unternehmen im sonstigen Ergebnis ausgewiesen. Ist dies der Fall, ist der Betrag, der im sonstigen Ergebnis ausgewiesen war, auf derselben Grundlage anzusetzen, wie dies erforderlich wäre, wenn der Erwerber den zuvor gehaltenen Eigenkapitalanteil unmittelbar veräußert hätte.

42A Erlangt ein Unternehmen, das an einer gemeinschaftlichen Vereinbarung (im Sinne von IFRS 11 *Gemeinschaftliche Vereinbarungen*) beteiligt ist, die Beherrschung über einen Geschäftsbetrieb, bei dem es sich um eine gemeinschaftliche Tätigkeit (im Sinne von IFRS 11) handelt, und hatte es unmittelbar vor dem Erwerb Rechte an den der Tätigkeit zuzurechnenden Vermögenswerten und Verpflichtungen für deren Schulden, so liegt ein sukzessiver Unternehmenszusammenschluss vor. Der Erwerber hat deshalb die Vorgaben für einen sukzessiven Unternehmenszusammenschluss einzuhalten und u. a. seinen zuvor an der gemeinschaftlichen Tätigkeit gehaltenen Anteil in der in Paragraph 42 beschriebenen Weise neu zu bewerten. Dabei hat er seinen zuvor an der gemeinschaftlichen Tätigkeit gehaltenen Anteil zur Gänze neu zu bewerten.

Unternehmenszusammenschluss ohne Übertragung einer Gegenleistung

43 Manchmal erlangt ein Erwerber die Beherrschung über ein erworbenes Unternehmen, ohne eine Gegenleistung zu übertragen. Auf diese Art von Zusammenschlüssen ist die Erwerbsmethode für die Bilanzierung von Unternehmenszusammenschlüssen anzuwenden. Dazu gehören die folgenden Fälle:

(a) Das erworbene Unternehmen kauft eine ausreichende Anzahl seiner eigenen Anteile zurück, sodass ein bisheriger Anteilseigner (der Erwerber) die Beherrschung erlangt.

(b) Vetorechte von Minderheiten, die den Erwerber zuvor daran hinderten, die Beherrschung über ein erworbenes Unternehmen, an dem er die Mehrheit der Stimmrechte hielt, zu erlangen, erlöschen.

(c) Der Erwerber und das erworbene Unternehmen vereinbaren, ihre Geschäftsbetriebe ausschließlich durch einen Vertrag zusammenzuschließen. Der Erwerber überträgt im Austausch für die Beherrschung über das erworbene Unternehmen keine Gegenleistung und hält keine Eigenkapitalanteile an dem erworbenen Unternehmen, weder zum Erwerbszeitpunkt noch zuvor. Als Beispiele für Unternehmenszusammenschlüsse, die ausschließlich durch einen Vertrag erfolgen, gelten das Zusammenbringen von zwei Geschäftsbetrieben unter einem Vertrag über die Verbindung der ausgegebenen Anteile oder die Gründung eines Unternehmens mit zweifach notierten Aktien.

44 Bei einem ausschließlich auf einem Vertrag beruhenden Unternehmenszusammenschluss hat der Erwerber den Eigentümern des erworbenen Unternehmens den Betrag des gemäß diesem IFRS angesetzten Nettovermögens des erworbenen Unternehmens zuzuordnen. Mit anderen Worten: Die Eigenkapitalanteile, die an dem erworbenen Unternehmen von anderen Vertragsparteien als dem Erwerber gehalten werden, sind in dem nach dem Zusammenschluss erstellten Abschluss des Erwerbers selbst dann nicht beherrschende Anteile, wenn dies bedeutet, dass alle Eigenkapitalanteile an dem erworbenen Unternehmen den nicht beherrschenden Anteilen zugeordnet werden.

Bewertungszeitraum

45 **Wenn die erstmalige Bilanzierung eines Unternehmenszusammenschlusses am Ende der Berichtsperiode, in der der Zusammenschluss stattfindet, noch nicht abgeschlossen ist, hat der Erwerber für die betreffenden Posten vorläufige Beträge in seinem Abschluss anzugeben. Während des Bewertungszeitraums hat der Erwerber die vorläufigen, zum Erwerbszeitpunkt angesetzten Beträge rückwirkend anzupassen, um die neuen Informationen über Fakten und Umstände widerzuspiegeln, die zum Erwerbszeitpunkt bestanden und die die Bewertung der zu diesem Stichtag angesetzten Beträge beeinflusst hätten, wenn sie bekannt gewesen wären. Während des Bewertungszeitraums hat der**

The acquirer shall classify an obligation to pay contingent consideration that meets the definition of a financial instrument as a financial liability or as equity on the basis of the definitions of an equity instrument and a financial liability in paragraph 11 of IAS 32 *Financial Instruments: Presentation*. The acquirer shall classify as an asset a right to the return of previously transferred consideration if specified conditions are met. Paragraph 58 provides guidance on the subsequent accounting for contingent consideration. 40

Additional guidance for applying the acquisition method to particular types of business combinations

A business combination achieved in stages

An acquirer sometimes obtains control of an acquiree in which it held an equity interest immediately before the acquisition date. For example, on 31 December 20X1, Entity A holds a 35 per cent non-controlling equity interest in Entity B. On that date, Entity A purchases an additional 40 per cent interest in Entity B, which gives it control of Entity B. This IFRS refers to such a transaction as a business combination achieved in stages, sometimes also referred to as a step acquisition. 41

In a business combination achieved in stages, the acquirer shall remeasure its previously held equity interest in the acquiree at its acquisition-date fair value and recognise the resulting gain or loss, if any, in profit or loss or other comprehensive income, as appropriate. In prior reporting periods, the acquirer may have recognised changes in the value of its equity interest in the acquiree in other comprehensive income. If so, the amount that was recognised in other comprehensive income shall be recognised on the same basis as would be required if the acquirer had disposed directly of the previously held equity interest. 42

When a party to a joint arrangement (as defined in IFRS 11 *Joint Arrangements*) obtains control of a business that is a joint operation (as defined in IFRS 11), and had rights to the assets and obligations for the liabilities relating to that joint operation immediately before the acquisition date, the transaction is a business combination achieved in stages. The acquirer shall therefore apply the requirements for a business combination achieved in stages, including remeasuring its previously held interest in the joint operation in the manner described in paragraph 42. In doing so, the acquirer shall remeasure its entire previously held interest in the joint operation. 42A

A business combination achieved without the transfer of consideration

An acquirer sometimes obtains control of an acquiree without transferring consideration. The acquisition method of accounting for a business combination applies to those combinations. Such circumstances include: 43

(a) The acquiree repurchases a sufficient number of its own shares for an existing investor (the acquirer) to obtain control.
(b) Minority veto rights lapse that previously kept the acquirer from controlling an acquiree in which the acquirer held the majority voting rights.
(c) The acquirer and acquiree agree to combine their businesses by contract alone. The acquirer transfers no consideration in exchange for control of an acquiree and holds no equity interests in the acquiree, either on the acquisition date or previously. Examples of business combinations achieved by contract alone include bringing two businesses together in a stapling arrangement or forming a dual listed corporation.

In a business combination achieved by contract alone, the acquirer shall attribute to the owners of the acquiree the amount of the acquiree's net assets recognised in accordance with this IFRS. In other words, the equity interests in the acquiree held by parties other than the acquirer are a non-controlling interest in the acquirer's post-combination financial statements even if the result is that all of the equity interests in the acquiree are attributed to the non-controlling interest. 44

Measurement period

If the initial accounting for a business combination is incomplete by the end of the reporting period in which the combination occurs, the acquirer shall report in its financial statements provisional amounts for the items for which the accounting is incomplete. During the measurement period, the acquirer shall retrospectively adjust the provisional amounts recognised at the acquisition date to reflect new information obtained about facts and circumstances that existed as of the acquisition date and, if known, would have affected the measurement of the amounts recognised as of that date. During the measurement period, the acquirer shall also recognise additional assets or liabilities if new 45

Erwerber auch zusätzliche Vermögenswerte und Schulden anzusetzen, wenn er neue Informationen über Fakten und Umstände erhalten hat, die zum Erwerbszeitpunkt bestanden und die zum Ansatz dieser Vermögenswerte und Schulden zu diesem Stichtag geführt hätten, wenn sie bekannt gewesen wären. Der Bewertungszeitraum endet, sobald der Erwerber die Informationen erhält, die er über Fakten und Umstände zum Erwerbszeitpunkt gesucht hat, oder erfährt, dass keine weiteren Informationen verfügbar sind. Der Bewertungszeitraum darf jedoch ein Jahr vom Erwerbszeitpunkt an nicht überschreiten.

46 Der Bewertungszeitraum ist der Zeitraum nach dem Erwerbszeitpunkt, in dem der Erwerber die bei einem Unternehmenszusammenschluss angesetzten vorläufigen Beträge anpassen kann. Der Bewertungszeitraum gibt dem Erwerber eine angemessene Zeit, sodass dieser die Informationen erhalten kann, die benötigt werden, um Folgendes zum Erwerbszeitpunkt gemäß diesem IFRS zu identifizieren und zu bewerten:
(a) die erworbenen identifizierbaren Vermögenswerte, die übernommenen Schulden und alle nicht beherrschenden Anteile an dem erworbenen Unternehmen,
(b) die für das erworbene Unternehmen übertragene Gegenleistung (oder der andere bei der Bestimmung des Geschäfts- oder Firmenwerts verwendete Betrag),
(c) die bei einem sukzessiven Unternehmenszusammenschluss zuvor vom Erwerber an dem erworbenen Unternehmen gehaltenen Eigenkapitalanteile und
(d) der resultierende Geschäfts- oder Firmenwert oder Gewinn aus einem Erwerb zu einem Preis unter Marktwert.

47 Bei der Ermittlung, ob nach dem Erwerbszeitpunkt erhaltene Informationen zu einer Anpassung der bilanzierten vorläufigen Beträge führen sollten oder ob diese Informationen Ereignisse betreffen, die nach dem Erwerbszeitpunkt stattfanden, hat der Erwerber alle relevanten Faktoren zu berücksichtigen. Zu den relevanten Faktoren gehören der Tag, an dem zusätzliche Informationen empfangen werden, und die Tatsache, ob der Erwerber einen Grund für eine Änderung der vorläufigen Beträge identifizieren kann. Informationen, die kurz nach dem Erwerbszeitpunkt empfangen werden, spiegeln wahrscheinlich eher die Umstände zum Erwerbszeitpunkt wider als Informationen, die mehrere Monate später empfangen werden. Zum Beispiel: die Veräußerung eines Vermögenswerts an einen Dritten kurz nach dem Erwerbszeitpunkt zu einem Betrag, der wesentlich von dessen zu jenem Stichtag ermittelten vorläufigen beizulegenden Zeitwert abweicht, weist wahrscheinlich auf einen Fehler beim vorläufigen Betrag hin, wenn kein dazwischen liegendes Ereignis, das dessen beizulegenden Zeitwert geändert hat, identifiziert werden kann.

48 Der Erwerber erfasst eine Erhöhung (Herabsetzung) des vorläufigen Betrags, der für einen identifizierbaren Vermögenswert (eine identifizierbare Schuld) angesetzt war, indem er den Geschäfts- oder Firmenwert verringert (erhöht). Aufgrund von neuen im Bewertungszeitraum erhaltenen Informationen werden manchmal die vorläufigen Beträge von mehr als einem Vermögenswert oder einer Schuld angepasst. So könnte der Erwerber beispielsweise eine Schuld übernommen haben, die in Schadenersatzleistungen aufgrund eines Unfalls in einem der Betriebe des erworbenen Unternehmens besteht, die insgesamt oder teilweise von der Haftpflichtversicherung des erworbenen Unternehmens gedeckt sind. Erhält der Erwerber während des Bewertungszeitraums neue Informationen über den beizulegenden Zeitwert dieser Schuld zum Erwerbszeitpunkt, würden sich die Anpassung des Geschäfts- oder Firmenwerts aufgrund einer Änderung des für die Schuld angesetzten vorläufigen Betrags und eine entsprechende Anpassung des Geschäfts- oder Firmenwerts aufgrund einer Änderung des vorläufigen Betrags, der für den gegen den Versicherer bestehenden Anspruch angesetzt wurde, (im Ganzen oder teilweise) gegenseitig aufheben.

49 Während des Bewertungszeitraums hat der Erwerber Anpassungen der vorläufigen Beträge so zu erfassen, als wäre die Bilanzierung des Unternehmenszusammenschlusses zum Erwerbszeitpunkt abgeschlossen worden. Somit hat der Erwerber Vergleichsinformationen für frühere Perioden, die im Abschluss bei Bedarf dargestellt werden, zu überarbeiten und Änderungen bei erfassten planmäßigen Abschreibungen oder sonstigen Auswirkungen auf den Ertrag vorzunehmen, indem er die erstmalige Bilanzierung vervollständigt.

50 Nach dem Bewertungszeitraum darf der Erwerber die Bilanzierung eines Unternehmenszusammenschlusses nur überarbeiten, um einen Fehler gemäß IAS 8 *Rechnungslegungsmethoden, Änderungen von rechnungslegungsbezogenen Schätzungen und Fehler* zu berichtigen.

Bestimmung des Umfangs eines Unternehmenszusammenschlusses

51 **Der Erwerber und das erworbene Unternehmen können schon vor Beginn der Verhandlungen über den Unternehmenszusammenschluss eine Beziehung oder andere Vereinbarung unterhalten haben oder sie können während der Verhandlungen eine von dem Unternehmenszusammenschluss unabhängige Vereinbarung eingehen. In beiden Fällen hat der Erwerber alle Beträge zu identifizieren, die nicht zu dem gehören, was der Erwerber und das erworbene Unternehmen (oder dessen frühere Eigentümer) bei dem Unternehmenszusammenschluss ausgetauscht haben, d. h. Beträge, die nicht Teil des Austauschs für das erworbene Unternehmen sind. Der Erwerber hat bei Anwendung der Erwerbsmethode nur die für das erworbene Unternehmen übertragene Gegenleistung und die im Austausch für das erworbene Unternehmen erworbenen Vermögenswerte und übernommenen Schulden anzusetzen. Separate Transaktionen sind gemäß den entsprechenden IFRS zu bilanzieren.**

information is obtained about facts and circumstances that existed as of the acquisition date and, if known, would have resulted in the recognition of those assets and liabilities as of that date. The measurement period ends as soon as the acquirer receives the information it was seeking about facts and circumstances that existed as of the acquisition date or learns that more information is not obtainable. However, the measurement period shall not exceed one year from the acquisition date.

The measurement period is the period after the acquisition date during which the acquirer may adjust the provisional amounts recognised for a business combination. The measurement period provides the acquirer with a reasonable time to obtain the information necessary to identify and measure the following as of the acquisition date in accordance with the requirements of this IFRS: 46

(a) the identifiable assets acquired, liabilities assumed and any non-controlling interest in the acquiree;
(b) the consideration transferred for the acquiree (or the other amount used in measuring goodwill);
(c) in a business combination achieved in stages, the equity interest in the acquiree previously held by the acquirer; and
(d) the resulting goodwill or gain on a bargain purchase.

The acquirer shall consider all pertinent factors in determining whether information obtained after the acquisition date should result in an adjustment to the provisional amounts recognised or whether that information results from events that occurred after the acquisition date. Pertinent factors include the date when additional information is obtained and whether the acquirer can identify a reason for a change to provisional amounts. Information that is obtained shortly after the acquisition date is more likely to reflect circumstances that existed at the acquisition date than is information obtained several months later. For example, unless an intervening event that changed its fair value can be identified, the sale of an asset to a third party shortly after the acquisition date for an amount that differs significantly from its provisional fair value measured at that date is likely to indicate an error in the provisional amount. 47

The acquirer recognises an increase (decrease) in the provisional amount recognised for an identifiable asset (liability) by means of a decrease (increase) in goodwill. However, new information obtained during the measurement period may sometimes result in an adjustment to the provisional amount of more than one asset or liability. For example, the acquirer might have assumed a liability to pay damages related to an accident in one of the acquiree's facilities, part or all of which are covered by the acquiree's liability insurance policy. If the acquirer obtains new information during the measurement period about the acquisition-date fair value of that liability, the adjustment to goodwill resulting from a change to the provisional amount recognised for the liability would be offset (in whole or in part) by a corresponding adjustment to goodwill resulting from a change to the provisional amount recognised for the claim receivable from the insurer. 48

During the measurement period, the acquirer shall recognise adjustments to the provisional amounts as if the accounting for the business combination had been completed at the acquisition date. Thus, the acquirer shall revise comparative information for prior periods presented in financial statements as needed, including making any change in depreciation, amortisation or other income effects recognised in completing the initial accounting. 49

After the measurement period ends, the acquirer shall revise the accounting for a business combination only to correct an error in accordance with IAS 8 *Accounting Policies, Changes in Accounting Estimates and Errors.* 50

Determining what is part of the business combination transaction

The acquirer and the acquiree may have a pre-existing relationship or other arrangement before negotiations for the business combination began, or they may enter into an arrangement during the negotiations that is separate from the business combination. In either situation, the acquirer shall identify any amounts that are not part of what the acquirer and the acquiree (or its former owners) exchanged in the business combination, ie amounts that are not part of the exchange for the acquiree. The acquirer shall recognise as part of applying the acquisition method only the consideration transferred for the acquiree and the assets acquired and liabilities assumed in the exchange for the acquiree. Separate transactions shall be accounted for in accordance with the relevant IFRSs. 51

52 Eine Transaktion, die vom Erwerber oder im Auftrag des Erwerbers oder in erster Linie zum Nutzen des Erwerbers oder des zusammengeschlossenen Unternehmens und nicht in erster Linie zum Nutzen des erworbenen Unternehmens (oder seiner früheren Eigentümer) vor dem Zusammenschluss eingegangen wurde, ist wahrscheinlich eine separate Transaktion. Folgende Beispiele für separate Transaktionen fallen nicht unter die Anwendung der Erwerbsmethode:
(a) eine Transaktion, durch die vorher bestehende Beziehungen zwischen dem Erwerber und dem erworbenen Unternehmen tatsächlich abgewickelt werden,
(b) eine Transaktion, durch die Mitarbeiter oder ehemalige Eigentümer des erworbenen Unternehmens für künftige Leistungen vergütet werden, und
(c) eine Transaktion, durch die dem erworbenen Unternehmen oder dessen ehemaligen Eigentümern die mit dem Unternehmenszusammenschluss verbundenen Kosten des Erwerbers erstattet werden.
Die entsprechenden Anwendungsleitlinien sind in den Paragraphen B50–B62 enthalten.

Mit dem Unternehmenszusammenschluss verbundene Kosten

53 Mit dem Unternehmenszusammenschluss verbundene Kosten sind Kosten, die dem Erwerber für die Durchführung eines Unternehmenszusammenschlusses entstehen. Diese Kosten umfassen Vermittlerprovisionen, Beratungs-, Anwalts-, Wirtschaftsprüfungs-, Bewertungs- und sonstige Fachberatungsgebühren, allgemeine Verwaltungskosten, einschließlich der Kosten für die Unterhaltung einer internen Akquisitionsabteilung, sowie Kosten für die Registrierung und Emission von Schuld- und Eigenkapitaltiteln. Der Erwerber hat die mit dem Unternehmenszusammenschluss verbundenen Kosten als Aufwand in den Perioden zu bilanzieren, in denen die Kosten anfallen und die Leistungen empfangen werden, mit einer Ausnahme: Die Kosten für die Emission von Schuld- oder Eigenkapitaltiteln sind gemäß IAS 32 und IFRS 9 zu erfassen.

FOLGEBEWERTUNG UND FOLGEBILANZIERUNG

54 Im Allgemeinen hat ein Erwerber die erworbenen Vermögenswerte, die übernommenen oder eingegangenen Schulden sowie die bei einem Unternehmenszusammenschluss ausgegebenen Eigenkapitalinstrumente zu einem späteren Zeitpunkt gemäß ihrer Art im Einklang mit anderen anwendbaren IFRS zu bewerten und zu bilanzieren. Dieser IFRS sieht jedoch Leitlinien für die Folgebewertung und Folgebilanzierung der folgenden erworbenen Vermögenswerte, übernommenen oder eingegangenen Schulden und der bei einem Unternehmenszusammenschluss ausgegebenen Eigenkapitalinstrumente vor:
(a) zurückerworbene Rechte,
(b) zum Erwerbszeitpunkt angesetzte Eventualverbindlichkeiten,
(c) Vermögenswerte für Entschädigungsleistungen und
(d) bedingte Gegenleistung.
Die entsprechenden Anwendungsleitlinien sind in Paragraph B63 enthalten.

Zurückerworbene Rechte

55 Ein zurückerworbenes Recht, das als ein immaterieller Vermögenswert angesetzt war, ist über die restliche vertragliche Dauer der Vereinbarung, durch die dieses Recht zugestanden wurde, abzuschreiben. Ein Erwerber, der nachfolgend ein zurückerworbenes Recht an einen Dritten veräußert, hat den Buchwert des immateriellen Vermögenswerts einzubeziehen, wenn er den Gewinn bzw. Verlust aus der Veräußerung ermittelt.

Eventualverbindlichkeiten

56 Nach dem erstmaligen Ansatz und bis die Verbindlichkeit beglichen, aufgehoben oder erloschen ist, hat der Erwerber eine bei einem Unternehmenszusammenschluss angesetzte Eventualverbindlichkeit zu dem höheren der nachstehenden Werte zu bestimmen:
(a) dem Betrag, der nach IAS 37 angesetzt werden würde, und
(b) dem erstmalig angesetzten Betrag gegebenenfalls abzüglich der gemäß den Grundsätzen von IFRS 15 *Erlöse aus Verträgen mit Kunden* erfassten kumulierten Erträge.
Diese Vorschrift ist nicht auf Verträge anzuwenden, die nach IFRS 9 bilanziert werden.

Vermögenswerte für Entschädigungsleistungen

57 Am Ende jeder nachfolgenden Berichtsperiode hat der Erwerber einen Vermögenswert für Entschädigungsleistungen, der zum Erwerbszeitpunkt auf derselben Grundlage wie die ausgeglichene Schuld oder der entschädigte Vermögenswert angesetzt war, vorbehaltlich vertraglicher Einschränkungen hinsichtlich des Betrags zu bestimmen und im Falle eines Vermögenswerts für Entschädigungsleistungen, der nachfolgend nicht mit seinem beizulegenden Zeitwert bewertet wird, erfolgt eine Beurteilung des Managements bezüglich der Einbringlichkeit des Vermögenswerts für Entschädigungsleistungen. Der Erwerber darf den Vermögenswert für Entschädigungsleistungen nur dann ausbuchen, wenn er den Vermögenswert vereinnahmt, veräußert oder anderweitig den Anspruch darauf verliert.

A transaction entered into by or on behalf of the acquirer or primarily for the benefit of the acquirer or the combined entity, rather than primarily for the benefit of the acquiree (or its former owners) before the combination, is likely to be a separate transaction. The following are examples of separate transactions that are not to be included in applying the acquisition method: 52

(a) a transaction that in effect settles pre-existing relationships between the acquirer and acquiree;
(b) a transaction that remunerates employees or former owners of the acquiree for future services; and
(c) a transaction that reimburses the acquiree or its former owners for paying the acquirer's acquisition-related costs.

Paragraphs B50—B62 provide related application guidance.

Acquisition-related costs

Acquisition-related costs are costs the acquirer incurs to effect a business combination. Those costs include finder's fees; advisory, legal, accounting, valuation and other professional or consulting fees; general administrative costs, including the costs of maintaining an internal acquisitions department; and costs of registering and issuing debt and equity securities. The acquirer shall account for acquisition-related costs as expenses in the periods in which the costs are incurred and the services are received, with one exception. The costs to issue debt or equity securities shall be recognised in accordance with IAS 32 and IFRS 9. 53

SUBSEQUENT MEASUREMENT AND ACCOUNTING

In general, an acquirer shall subsequently measure and account for assets acquired, liabilities assumed or incurred and equity instruments issued in a business combination in accordance with other applicable IFRSs for those items, depending on their nature. However, this IFRS provides guidance on subsequently measuring and accounting for the following assets acquired, liabilities assumed or incurred and equity instruments issued in a business combination: 54

(a) reacquired rights;
(b) contingent liabilities recognised as of the acquisition date;
(c) indemnification assets; and
(d) contingent consideration.

Paragraph B63 provides related application guidance.

Reacquired rights

A reacquired right recognised as an intangible asset shall be amortised over the remaining contractual period of the contract in which the right was granted. An acquirer that subsequently sells a reacquired right to a third party shall include the carrying amount of the intangible asset in determining the gain or loss on the sale. 55

Contingent liabilities

After initial recognition and until the liability is settled, cancelled or expires, the acquirer shall measure a contingent liability recognised in a business combination at the higher of: 56

(a) the amount that would be recognised in accordance with IAS 37; and
(b) the amount initially recognised less, if appropriate, the cumulative amount of income recognised in accordance with the principles of IFRS 15 *Revenue from Contracts with Customers*.

This requirement does not apply to contracts accounted for in accordance with IFRS 9.

Indemnification assets

At the end of each subsequent reporting period, the acquirer shall measure an indemnification asset that was recognised at the acquisition date on the same basis as the indemnified liability or asset, subject to any contractual limitations on its amount and, for an indemnification asset that is not subsequently measured at its fair value, management's assessment of the collectibility of the indemnification asset. The acquirer shall derecognise the indemnification asset only when it collects the asset, sells it or otherwise loses the right to it. 57

Bedingte Gegenleistung

58 Einige Änderungen des beizulegenden Zeitwerts einer bedingten Gegenleistung, die der Erwerber nach dem Erwerbszeitpunkt erfasst, können auf zusätzliche Informationen zurückzuführen sein, die der Erwerber nach diesem Stichtag über Fakten und Umstände, die zum Erwerbszeitpunkt bereits existierten, erhalten hat. Solche Änderungen gehören gemäß den Paragraphen 45–49 zu den Anpassungen innerhalb des Bewertungszeitraums. Änderungen, die sich aus Ereignissen nach dem Erwerbszeitpunkt ergeben, wie die Erreichung eines angestrebten Ertragsziels, eines bestimmten Aktienkurses oder eines Meilensteins bei einem Forschungs- und Entwicklungsprojekt sind allerdings nicht als Anpassungen innerhalb des Bewertungszeitraums anzusehen. Änderungen des beizulegenden Zeitwerts einer bedingten Gegenleistung, die keine Anpassungen innerhalb des Bewertungszeitraums sind, hat der Erwerber wie folgt zu bilanzieren:

(a) Eine bedingte Gegenleistung, die als Eigenkapital eingestuft ist, wird nicht neu bewertet und ihre spätere Abgeltung wird im Eigenkapital bilanziert.

(b) Eine sonstige bedingte Gegenleistung, die

  (i) in den Anwendungsbereich von IFRS 9 fällt, ist zu jedem Abschlussstichtag zum beizulegenden Zeitwert zu bewerten, und Änderungen des beizulegenden Zeitwerts sind gemäß IFRS 9 erfolgswirksam zu erfassen.

  (ii) nicht in den Anwendungsbereich von IFRS 9 fällt, ist zu jedem Abschlussstichtag zum beizulegenden Zeitwert zu bewerten, und Änderungen des beizulegenden Zeitwerts sind erfolgswirksam zu erfassen.

ANGABEN

59 **Der Erwerber hat Angaben zu machen, die es den Abschlussadressaten ermöglichen, die Art und die finanziellen Auswirkungen von Unternehmenszusammenschlüssen zu beurteilen, die entweder**

(a) während der aktuellen Berichtsperiode oder

(b) nach dem Abschlussstichtag, jedoch vor der Freigabe des Abschlusses zur Veröffentlichung stattgefunden haben.

60 Zur Erreichung der Zielsetzung des Paragraphen 59 hat der Erwerber die in den Paragraphen B64–B66 dargelegten Angaben zu machen.

61 **Der Erwerber hat Angaben zu machen, die es den Abschlussadressaten ermöglichen, die finanziellen Auswirkungen der in der aktuellen Berichtsperiode erfassten Anpassungen in Bezug auf Unternehmenszusammenschlüsse, die in dieser oder einer früheren Berichtsperiode stattgefunden haben, zu beurteilen.**

62 Zur Erreichung der Zielsetzung des Paragraphen 61 hat der Erwerber die in Paragraph B67 dargelegten Angaben zu machen.

63 Werden die in den Paragraphen 59 und 61 dargelegten Zielsetzungen durch die in diesem und anderen IFRS verlangten spezifischen Angaben nicht erfüllt, hat der Erwerber alle zur Erreichung dieser Zielsetzungen erforderlichen zusätzlichen Angaben zu machen.

ZEITPUNKT DES INKRAFTTRETENS UND ÜBERGANGSVORSCHRIFTEN

Zeitpunkt des Inkrafttretens

64 Dieser IFRS ist prospektiv auf Unternehmenszusammenschlüsse anzuwenden, bei denen der Erwerbszeitpunkt mit dem Beginn des ersten am oder nach dem 1. Juli 2009 beginnenden Geschäftsjahrs zusammenfällt oder danach liegt. Eine frühere Anwendung ist zulässig. Allerdings darf die erstmalige Anwendung frühestens zu Beginn eines am oder nach dem 30. Juni 2007 beginnenden Geschäftsjahrs erfolgen. Wendet ein Unternehmen diesen IFRS vor dem 1. Juli 2009 an, hat es dies anzugeben und gleichzeitig IAS 27 (in der 2008 geänderten Fassung) anzuwenden.

64A [gestrichen]

64B Durch die im Mai 2010 veröffentlichten *Verbesserungen an den IFRS* wurden die Paragraphen 19, 30 und B56 geändert und die Paragraphen B62A und B62B eingefügt. Diese Änderungen sind auf Geschäftsjahre anzuwenden, die am oder nach dem 1. Juli 2010 beginnen. Eine frühere Anwendung ist zulässig. Wendet ein Unternehmen die Änderungen auf ein früheres Geschäftsjahr an, hat es dies anzugeben. Diese Änderungen sollten ab der erstmaligen Anwendung dieses IFRS prospektiv angewandt werden.

64C Durch die im Mai 2010 veröffentlichten *Verbesserungen an den IFRS* wurden die Paragraphen 65A–65E eingefügt. Diese Änderungen sind auf Geschäftsjahre anzuwenden, die am oder nach dem 1. Juli 2010 beginnen. Eine frühere Anwendung ist zulässig. Wendet ein Unternehmen die Änderungen auf ein früheres Geschäftsjahr an, hat es dies anzugeben. Die Änderungen gelten für die Salden bedingter Gegenleistungen, die sich aus Unternehmenszusammenschlüssen ergeben, deren Erwerbszeitpunkt vor der Anwendung dieses IFRS (Fassung 2008) liegt.

Contingent consideration

Some changes in the fair value of contingent consideration that the acquirer recognises after the acquisition date may be the result of additional information that the acquirer obtained after that date about facts and circumstances that existed at the acquisition date. Such changes are measurement period adjustments in accordance with paragraphs 45—49. However, changes resulting from events after the acquisition date, such as meeting an earnings target, reaching a specified share price or reaching a milestone on a research and development project, are not measurement period adjustments. The acquirer shall account for changes in the fair value of contingent consideration that are not measurement period adjustments as follows: 58

(a) Contingent consideration classified as equity shall not be remeasured and its subsequent settlement shall be accounted for within equity.

(b) Other contingent consideration that:

  (i) is within the scope of IFRS 9 shall be measured at fair value at each reporting date and changes in fair value shall be recognised in profit or loss in accordance with IFRS 9.

  (ii) is not within the scope of IFRS 9 shall be measured at fair value at each reporting date and changes in fair value shall be recognised in profit or loss.

DISCLOSURES

The acquirer shall disclose information that enables users of its financial statements to evaluate the nature and financial effect of a business combination that occurs either: 59

(a) during the current reporting period; or

(b) after the end of the reporting period but before the financial statements are authorised for issue.

To meet the objective in paragraph 59, the acquirer shall disclose the information specified in paragraphs B64—B66. 60

The acquirer shall disclose information that enables users of its financial statements to evaluate the financial effects of adjustments recognised in the current reporting period that relate to business combinations that occurred in the period or previous reporting periods. 61

To meet the objective in paragraph 61, the acquirer shall disclose the information specified in paragraph B67. 62

If the specific disclosures required by this and other IFRSs do not meet the objectives set out in paragraphs 59 and 61, the acquirer shall disclose whatever additional information is necessary to meet those objectives. 63

EFFECTIVE DATE AND TRANSITION

Effective date

This IFRS shall be applied prospectively to business combinations for which the acquisition date is on or after the beginning of the first annual reporting period beginning on or after 1 July 2009. Earlier application is permitted. However, this IFRS shall be applied only at the beginning of an annual reporting period that begins on or after 30 June 2007. If an entity applies this IFRS before 1 July 2009, it shall disclose that fact and apply IAS 27 (as amended by the International Accounting Standards Board in 2008) at the same time. 64

[deleted] 64A

Improvements to IFRSs issued in May 2010 amended paragraphs 19, 30 and B56 and added paragraphs B62A and B62B. An entity shall apply those amendments for annual periods beginning on or after 1 July 2010. Earlier application is permitted. If an entity applies the amendments for an earlier period it shall disclose that fact. Application should be prospective from the date when the entity first applied this IFRS. 64B

Paragraphs 65A—65E were added by *Improvements to IFRSs* issued in May 2010. An entity shall apply those amendments for annual periods beginning on or after 1 July 2010. Earlier application is permitted. If an entity applies the amendments for an earlier period it shall disclose that fact. The amendments shall be applied to contingent consideration balances arising from business combinations with an acquisition date prior to the application of this IFRS, as issued in 2008. 64C

64D [gestrichen]

64E Durch IFRS 10, veröffentlicht im Mai 2011, wurden die Paragraphen 7, B13 und B63 (e) sowie Anhang A geändert. Wendet ein Unternehmen IFRS 10 an, sind diese Änderungen ebenfalls anzuwenden.

64F Durch IFRS 13 *Bewertung zum beizulegenden Zeitwert*, veröffentlicht im Mai 2011, wurden die Paragraphen 20, 29, 33 und 47, die Definition des Begriffs „beizulegender Zeitwert" in Anhang A und die Paragraphen B22, B40, B43–B46, B49 und B64 geändert. Wendet ein Unternehmen IFRS 13 an, sind diese Änderungen ebenfalls anzuwenden.

64G Mit der Verlautbarung *Investmentgesellschaften* (Investment Entities) (Änderungen an IFRS 10, IFRS 12 und IAS 27), veröffentlicht im Oktober 2012, wurde Paragraph 7 geändert und Paragraph 2A eingefügt. Diese Änderungen sind auf Geschäftsjahre anzuwenden, die am oder nach dem 1. Januar 2014 beginnen. Eine frühere Anwendung der Verlautbarung *Investmentgesellschaften* (Investment Entities) ist zulässig. Wendet ein Unternehmen diese Änderungen früher an, hat es alle in der Verlautbarung enthaltenen Änderungen gleichzeitig anzuwenden.

64H [gestrichen]

64I Durch die *Jährlichen Verbesserungen an den IFRS, Zyklus 2010–2012*, veröffentlicht im Dezember 2013, wurden die Paragraphen 40 und 58 geändert und Paragraph 67A samt zugehöriger Überschrift eingefügt. Diese Änderung ist prospektiv auf Unternehmenszusammenschlüsse anzuwenden, bei denen der Erwerb am oder nach dem 1. Juli 2014 stattgefunden hat. Eine frühere Anwendung ist zulässig. Ein Unternehmen kann die Änderung früher anwenden, wenn auch IFRS 9 und IAS 37 (jeweils in der durch die *Jährlichen Verbesserungen an den IFRS, Zyklus 2010–2012*, geänderten Fassung) angewendet werden. Wendet ein Unternehmen diese Änderung früher an, hat es dies anzugeben.

64J Mit den im Dezember 2013 veröffentlichten *Jährlichen Verbesserungen, Zyklus 2011–2013*, wurde Paragraph 2 (a) geändert. Diese Änderung ist prospektiv auf Geschäftsjahre anzuwenden, die am oder nach dem 1. Juli 2014 beginnen. Eine frühere Anwendung ist zulässig. Wendet ein Unternehmen diese Änderung auf eine frühere Periode an, hat es dies anzugeben.

64K Durch IFRS 15 *Erlöse aus Verträgen mit Kunden*, veröffentlicht im Mai 2014, wurde Paragraph 56 geändert. Wendet ein Unternehmen IFRS 15 an, ist diese Änderung ebenfalls anzuwenden.

64L Durch IFRS 9, veröffentlicht im Juli 2014, wurden die Paragraphen 16, 42, 53, 56, 58 und B41 geändert und die Paragraphen 64A, 64D und 64H gestrichen. Wendet ein Unternehmen IFRS 9 an, hat es diese Änderungen ebenfalls anzuwenden.

64M Durch IFRS 16, veröffentlicht im Januar 2016, wurden die Paragraphen 14, 17, B32 und B42 geändert, die Paragraphen B28–B30 und deren Überschrift gestrichen und die Paragraphen 28A–28B und deren Überschrift eingefügt. Wendet ein Unternehmen IFRS 16 an, sind diese Änderungen ebenfalls anzuwenden.

64N Durch IFRS 17, veröffentlicht im Mai 2017, wurden die Paragraphen 17, 20, 21, 35 und B63 geändert und wurden nach Paragraph 31 eine Überschrift und Paragraph 31A hinzugefügt. Durch *Änderungen an IFRS 17*, veröffentlicht im Juni 2020, wurde Paragraph 31A geändert. Die Änderungen am Paragraphen 17 sind auf Unternehmenszusammenschlüsse anzuwenden, bei denen der Erwerb nach erstmaliger Anwendung von IFRS 17 stattfindet. Wendet ein Unternehmen IFRS 17 an, sind die anderen Änderungen ebenfalls anzuwenden.

64O Durch die im Dezember 2017 veröffentlichten *Jährlichen Verbesserungen an den IFRS, Zyklus 2015–2017* wurde Paragraph 42A eingefügt. Diese Änderungen sind auf Unternehmenszusammenschlüsse anzuwenden, bei denen der Erwerbszeitpunkt mit dem Beginn des ersten am oder nach dem 1. Januar 2019 beginnenden Geschäftsjahrs zusammenfällt oder danach liegt. Eine frühere Anwendung ist zulässig. Wendet ein Unternehmen diese Änderungen früher an, hat es dies anzugeben.

64P Mit der im Oktober 2018 veröffentlichten Verlautbarung *Definition eines Geschäftsbetriebs* wurden die Paragraphen B7A–B7C, B8A und B12A–B12D eingefügt, die Definition des Begriffs „Geschäftsbetrieb" in Anhang A geändert, die Paragraphen 3, B7–B9, B11 und B12 geändert und Paragraph B10 gestrichen. Diese Änderungen sind auf Unternehmenszusammenschlüsse anzuwenden, bei denen der Erwerbszeitpunkt mit dem Beginn des ersten am oder nach dem 1. Januar 2020 beginnenden Geschäftsjahrs zusammenfällt oder danach liegt, und auf Erwerbe von Vermögenswerten, die zu oder nach Beginn dieser Periode getätigt werden. Eine frühere Anwendung ist zulässig. Wendet ein Unternehmen diese Änderungen früher an, hat es dies anzugeben.

64Q Durch die Verlautbarung *Verweise auf das Rahmenkonzept*, veröffentlicht im Mai 2020, wurden die Paragraphen 11, 14, 21, 22 und 23 geändert und die Paragraphen 21A, 21B, 21C und 23A eingefügt. Diese Änderungen sind auf Unternehmenszusammenschlüsse anzuwenden, bei denen der Erwerbszeitpunkt mit dem Beginn des ersten am oder nach dem 1. Januar 2022 beginnenden Geschäftsjahrs zusammenfällt oder danach liegt. Eine frühere Anwendung ist zulässig, wenn das Unternehmen gleichzeitig alle mit der im März 2018 veröffentlichten Verlautbarung *Änderungen der Verweise auf das Rahmenkonzept in IFRS-Standards* vorgenommenen Änderungen anwendet oder diese bereits vorher angewendet hat.

[deleted] 64D

IFRS 10, issued in May 2011, amended paragraphs 7, B13, B63 (e) and Appendix A. An entity shall apply those amendments when it applies IFRS 10. 64E

IFRS 13 *Fair Value Measurement*, issued in May 2011, amended paragraphs 20, 29, 33, 47, amended the definition of fair value in Appendix A and amended paragraphs B22, B40, B43—B46, B49 and B64. An entity shall apply those amendments when it applies IFRS 13. 64F

Investment Entities (Amendments to IFRS 10, IFRS 12 and IAS 27), issued in October 2012, amended paragraph 7 and added paragraph 2A. An entity shall apply those amendments for annual periods beginning on or after 1 January 2014. Earlier application of *Investment Entities* is permitted. If an entity applies these amendments earlier it shall also apply all amendments included in *Investment Entities* at the same time. 64G

[deleted] 64H

Annual Improvements to IFRSs 2010—2012 Cycle, issued in December 2013, amended paragraphs 40 and 58 and added paragraph 67A and its related heading. An entity shall apply that amendment prospectively to business combinations for which the acquisition date is on or after 1 July 2014. Earlier application is permitted. An entity may apply the amendment earlier provided that IFRS 9 and IAS 37 (both as amended by *Annual Improvements to IFRSs 2010—2012 Cycle*) have also been applied. If an entity applies that amendment earlier it shall disclose that fact. 64I

Annual Improvements Cycle 2011–2013 issued in December 2013 amended paragraph 2 (a). An entity shall apply that amendment prospectively for annual periods beginning on or after 1 July 2014. Earlier application is permitted. If an entity applies that amendment for an earlier period it shall disclose that fact. 64J

IFRS 15 *Revenue from Contracts with Customers*, issued in May 2014, amended paragraph 56. An entity shall apply that amendment when it applies IFRS 15. 64K

IFRS 9, as issued in July 2014, amended paragraphs 16, 42, 53, 56, 58 and B41 and deleted paragraphs 64A, 64D and 64H. An entity shall apply those amendments when it applies IFRS 9. 64L

IFRS 16, issued in January 2016, amended paragraphs 14, 17, B32 and B42, deleted paragraphs B28—B30 and their related heading and added paragraphs 28A—28B and their related heading. An entity shall apply those amendments when it applies IFRS 16. 64M

IFRS 17, issued in May 2017, amended paragraphs 17, 20, 21, 35 and B63, and after paragraph 31 added a heading and paragraph 31A. *Amendments to IFRS 17*, issued in June 2020, amended paragraph 31A. An entity shall apply the amendments to paragraph 17 to business combinations with an acquisition date after the date of initial application of IFRS 17. An entity shall apply the other amendments when it applies IFRS 17. 64N

Annual Improvements to IFRS Standards 2015—2017 Cycle, issued in December 2017, added paragraph 42A. An entity shall apply those amendments to business combinations for which the acquisition date is on or after the beginning of the first annual reporting period beginning on or after 1 January 2019. Earlier application is permitted. If an entity applies those amendments earlier, it shall disclose that fact. 64O

Definition of a Business, issued in October 2018, added paragraphs B7A—B7C, B8A and B12A—B12D, amended the definition of the term 'business' in Appendix A, amended paragraphs 3, B7—B9, B11 and B12 and deleted paragraph B10. An entity shall apply these amendments to business combinations for which the acquisition date is on or after the beginning of the first annual reporting period beginning on or after 1 January 2020 and to asset acquisitions that occur on or after the beginning of that period. Earlier application of these amendments is permitted. If an entity applies these amendments for an earlier period, it shall disclose that fact. 64P

Reference to the Conceptual Framework, issued in May 2020, amended paragraphs 11, 14, 21, 22 and 23 and added paragraphs 21A, 21B, 21C and 23A. An entity shall apply those amendments to business combinations for which the acquisition date is on or after the beginning of the first annual reporting period beginning on or after 1 January 2022. Earlier application is permitted if at the same time or earlier an entity also applies all the amendments made by *Amendments to References to the Conceptual Framework in IFRS Standards*, issued in March 2018. 64Q

Übergangsvorschriften

65 Vermögenswerte und Schulden aus Unternehmenszusammenschlüssen, bei denen der Erwerbszeitpunkt vor der Anwendung dieses IFRS liegt, müssen bei Anwendung dieses IFRS nicht angepasst werden.

65A Salden bedingter Gegenleistungen, die aus Unternehmenszusammenschlüssen resultieren, bei denen der Erwerbszeitpunkt vor dem Datum der erstmaligen Anwendung dieses IFRS (Fassung 2008) liegt, müssen bei erstmaliger Anwendung dieses IFRS nicht angepasst werden. Bei der Folgebilanzierung dieser Salden sind die Paragraphen 65B–65E anzuwenden. Die Paragraphen 65B–65E gelten nicht für die Bilanzierung von Salden bedingter Gegenleistungen aus Unternehmenszusammenschlüssen, bei denen der Erwerbszeitpunkt mit dem Zeitpunkt der erstmaligen Anwendung dieses IFRS (Fassung 2008) zusammenfällt oder danach liegt. In den Paragraphen 65B–65E bezeichnet der Begriff Unternehmenszusammenschluss ausschließlich Zusammenschlüsse, bei denen der Erwerbszeitpunkt vor der Anwendung dieses IFRS (Fassung 2008) liegt.

65B Sieht eine Vereinbarung über einen Unternehmenszusammenschluss eine von künftigen Ereignissen abhängige Anpassung der Kosten des Zusammenschlusses vor, hat der Erwerber für den Fall, dass eine solche Anpassung wahrscheinlich ist und verlässlich ermittelt werden kann, den Betrag dieser Anpassung in den Kosten des Zusammenschlusses zum Erwerbszeitpunkt zu berücksichtigen.

65C Eine Vereinbarung über einen Unternehmenszusammenschluss kann vorsehen, dass die Kosten des Zusammenschlusses in Abhängigkeit von einem oder mehreren künftigen Ereignissen angepasst werden dürfen. So könnte die Anpassung beispielsweise davon abhängen, ob in künftigen Perioden eine bestimmte Gewinnhöhe gehalten oder erreicht wird oder der Marktpreis der emittierten Instrumente stabil bleibt. Trotz einer gewissen Unsicherheit kann der Betrag einer solchen Anpassung normalerweise bei erstmaliger Bilanzierung des Zusammenschlusses geschätzt werden, ohne die Verlässlichkeit der Information zu beeinträchtigen. Wenn die künftigen Ereignisse nicht eintreten oder die Schätzung korrigiert werden muss, sind die Kosten des Unternehmenszusammenschlusses entsprechend anzupassen.

65D Auch wenn eine Vereinbarung über einen Unternehmenszusammenschluss eine solche Anpassung vorsieht, wird sie bei erstmaliger Bilanzierung des Zusammenschlusses nicht in den Kosten des Zusammenschlusses berücksichtigt, wenn sie nicht wahrscheinlich ist oder nicht verlässlich bewertet werden kann. Wird die Anpassung später wahrscheinlich und kann verlässlich bewertet werden, ist die zusätzliche Gegenleistung als Anpassung der Kosten des Zusammenschlusses zu behandeln.

65E Wenn die vom Erwerber im Austausch für die Beherrschung des erworbenen Unternehmens übertragenen Vermögenswerte, emittierten Eigenkapitalinstrumente oder eingegangenen bzw. übernommenen Schulden an Wert verlieren, kann der Erwerber unter bestimmten Umständen zu einer nachträglichen Zahlung an den Verkäufer verpflichtet sein. Dies ist beispielsweise der Fall, wenn der Erwerber den Marktpreis von Eigenkapital- oder Schuldinstrumenten garantiert, die als Teil der Kosten des Unternehmenszusammenschlusses emittiert wurden, und zur Erreichung der ursprünglich bestimmten Kosten zusätzliche Eigenkapital- oder Schuldinstrumente emittieren muss. In einem solchen Fall werden keine zusätzlichen Kosten für den Unternehmenszusammenschluss erfasst. Bei Eigenkapitalinstrumenten wird der beizulegende Zeitwert der zusätzlichen Zahlung durch eine Herabsetzung des den ursprünglich emittierten Instrumenten zugeschrieben Werts in gleicher Höhe ausgeglichen. Bei Schuldinstrumenten wird die zusätzliche Zahlung als Herabsetzung des Aufschlags bzw. Erhöhung des Abschlags auf die ursprüngliche Emission betrachtet.

66 Ein Unternehmen, wie beispielsweise ein Gegenseitigkeitsunternehmen, das IFRS 3 noch nicht angewandt hat, und das einen oder mehrere Unternehmenszusammenschlüsse hatte, die mittels der Erwerbsmethode bilanziert wurden, hat die Übergangvorschriften in den Paragraphen B68 und B69 anzuwenden.

Ertragsteuern

67 Bei Unternehmenszusammenschlüssen, bei denen der Erwerbszeitpunkt vor der Anwendung dieses IFRS liegt, hat der Erwerber die Vorschriften in Paragraph 68 von IAS 12 (in der durch diesen IFRS geänderten Fassung) prospektiv anzuwenden. D. h. der Erwerber darf bei der Bilanzierung früherer Unternehmenszusammenschlüsse zuvor erfasste Änderungen der angesetzten latenten Steueransprüche nicht anpassen. Ab dem Zeitpunkt der Anwendung dieses IFRS hat der Erwerber jedoch Änderungen der angesetzten latenten Steueransprüche als eine Anpassung erfolgswirksam (oder außerhalb des Gewinns oder Verlusts, falls IAS 12 dies verlangt) zu erfassen.

VERWEIS AUF IFRS 9

67A Wendet ein Unternehmen diesen Standard, aber noch nicht IFRS 9 an, ist jeder Verweis auf IFRS 9 als Verweis auf IAS 39 zu verstehen.

RÜCKNAHME VON IFRS 3 (2004)

68 Dieser IFRS ersetzt IFRS 3 *Unternehmenszusammenschlüsse* (in der 2004 veröffentlichten Fassung).

Transition

Assets and liabilities that arose from business combinations whose acquisition dates preceded the application of this IFRS shall not be adjusted upon application of this IFRS. 65

Contingent consideration balances arising from business combinations whose acquisition dates preceded the date when an entity first applied this IFRS as issued in 2008 shall not be adjusted upon first application of this IFRS. Paragraphs 65B—65E shall be applied in the subsequent accounting for those balances. Paragraphs 65B—65E shall not apply to the accounting for contingent consideration balances arising from business combinations with acquisition dates on or after the date when the entity first applied this IFRS as issued in 2008. In paragraphs 65B—65E business combination refers exclusively to business combinations whose acquisition date preceded the application of this IFRS as issued in 2008. 65A

If a business combination agreement provides for an adjustment to the cost of the combination contingent on future events, the acquirer shall include the amount of that adjustment in the cost of the combination at the acquisition date if the adjustment is probable and can be measured reliably. 65B

A business combination agreement may allow for adjustments to the cost of the combination that are contingent on one or more future events. The adjustment might, for example, be contingent on a specified level of profit being maintained or achieved in future periods, or on the market price of the instruments issued being maintained. It is usually possible to estimate the amount of any such adjustment at the time of initially accounting for the combination without impairing the reliability of the information, even though some uncertainty exists. If the future events do not occur or the estimate needs to be revised, the cost of the business combination shall be adjusted accordingly. 65C

However, when a business combination agreement provides for such an adjustment, that adjustment is not included in the cost of the combination at the time of initially accounting for the combination if it either is not probable or cannot be measured reliably. If that adjustment subsequently becomes probable and can be measured reliably, the additional consideration shall be treated as an adjustment to the cost of the combination. 65D

In some circumstances, the acquirer may be required to make a subsequent payment to the seller as compensation for a reduction in the value of the assets given, equity instruments issued or liabilities incurred or assumed by the acquirer in exchange for control of the acquiree. This is the case, for example, when the acquirer guarantees the market price of equity or debt instruments issued as part of the cost of the business combination and is required to issue additional equity or debt instruments to restore the originally determined cost. In such cases, no increase in the cost of the business combination is recognised. In the case of equity instruments, the fair value of the additional payment is offset by an equal reduction in the value attributed to the instruments initially issued. In the case of debt instruments, the additional payment is regarded as a reduction in the premium or an increase in the discount on the initial issue. 65E

An entity, such as a mutual entity, that has not yet applied IFRS 3 and had one or more business combinations that were accounted for using the purchase method shall apply the transition provisions in paragraphs B68 and B69. 66

Income taxes

For business combinations in which the acquisition date was before this IFRS is applied, the acquirer shall apply the requirements of paragraph 68 of IAS 12, as amended by this IFRS, prospectively. That is to say, the acquirer shall not adjust the accounting for prior business combinations for previously recognised changes in recognised deferred tax assets. However, from the date when this IFRS is applied, the acquirer shall recognise, as an adjustment to profit or loss (or, if IAS 12 requires, outside profit or loss), changes in recognised deferred tax assets. 67

REFERENCE TO IFRS 9

If an entity applies this Standard but does not yet apply IFRS 9, any reference to IFRS 9 should be read as a reference to IAS 39. 67A

WITHDRAWAL OF IFRS 3 (2004)

This IFRS supersedes IFRS 3 *Business Combinations* (as issued in 2004). 68

ANHANG A

Definitionen

Dieser Anhang ist integraler Bestandteil des IFRS.

Erworbenes Unternehmen	Der Geschäftsbetrieb oder die Geschäftsbetriebe, über den bzw. die der **Erwerber** bei einem **Unternehmenszusammenschluss** die Beherrschung erlangt.
Erwerber	Das Unternehmen, das die Beherrschung über das **erworbene Unternehmen** erlangt.
Erwerbszeitpunkt	Der Zeitpunkt, zu dem der **Erwerber** die Beherrschung über das **erworbene Unternehmen** erlangt.
Geschäftsbetrieb	Eine integrierte Gruppe von Tätigkeiten und Vermögenswerten, die mit dem Ziel geführt und geleitet werden kann, Güter oder Dienstleistungen für Kunden bereitzustellen, Kapitalerträge (wie Dividenden oder Zinsen) zu erwirtschaften oder sonstige Erträge aus gewöhnlichen Geschäftstätigkeiten zu erwirtschaften.
Unternehmenszusammenschluss	Eine Transaktion oder ein anderes Ereignis, durch die bzw. das ein **Erwerber** die Beherrschung über einen **Geschäftsbetrieb** oder mehrere Geschäftsbetriebe erlangt. Transaktionen, die manchmal als „wahre Fusionen" oder „Fusionen unter Gleichen" bezeichnet werden, stellen auch Unternehmenszusammenschlüsse im Sinne dieses IFRS dar.
Bedingte Gegenleistung	Im Allgemeinen handelt es sich dabei um eine Verpflichtung des **Erwerbers**, den ehemaligen Eigentümern eines **erworbenen Unternehmens** als Teil des Austauschs für die **Beherrschung** des **erworbenen Unternehmens** zusätzliche Vermögenswerte oder **Eigenkapitalanteile** zu übertragen, wenn bestimmte künftige Ereignisse eintreten oder Bedingungen erfüllt werden. Eine *bedingte Gegenleistung* kann dem **Erwerber** jedoch auch das Recht auf Rückgabe der zuvor übertragenen Gegenleistung einräumen, falls bestimmte Bedingungen erfüllt werden.
Eigenkapitalanteile	Für die Zwecke dieses IFRS wird der Begriff *Eigenkapitalanteile* allgemein benutzt und steht für Eigentumsanteile von Unternehmen im Besitz der Anleger sowie für Anteile von Eigentümern, Gesellschaftern oder Teilnehmern an **Gegenseitigkeitsunternehmen.**
Beizulegender Zeitwert	Der *beilzulegende Zeitwert* ist der Preis, der bei einem gewöhnlichen Geschäftsvorfall zwischen Marktteilnehmern am Bewertungsstichtag für den Verkauf eines Vermögenswerts eingenommen bzw. für die Übertragung einer Schuld gezahlt würde (siehe IFRS 13).
Geschäfts- oder Firmenwert	Ein Vermögenswert, der den künftigen wirtschaftlichen Nutzen aus anderen bei einem **Unternehmenszusammenschluss** erworbenen Vermögenswerten darstellt, die nicht einzeln identifiziert und separat angesetzt werden.
Identifizierbar	Ein Vermögenswert ist *identifizierbar*, wenn (a) er separierbar ist, d. h. vom Unternehmen getrennt und verkauft, übertragen, lizenziert, vermietet oder getauscht werden kann. Dies kann einzeln oder in Verbindung mit einem Vertrag, einem identifizierbaren Vermögenswert oder einer identifizierbaren Schuld unabhängig davon erfolgen, ob das Unternehmen dies zu tun beabsichtigt, oder (b) er sich aus vertraglichen oder anderen gesetzlichen Rechten ergibt, unabhängig davon, ob diese Rechte vom Unternehmen oder von anderen Rechten und Verpflichtungen übertragbar oder separierbar sind.
Immaterieller Vermögenswert	Ein **identifizierbarer** nicht-monetärer Vermögenswert ohne physische Substanz.
Gegenseitigkeitsunternehmen	Ein Unternehmen, bei dem es sich nicht um ein Unternehmen im Besitz der Anleger handelt, das seinen **Eigentümern**, Gesellschaftern oder Teilnehmern Dividenden, niedrigere Kosten oder sonstigen wirtschaftlichen Nutzen direkt zukommen lässt. Beispiele für Gegenseitigkeitsunternehmen sind Versicherungsvereine auf Gegenseitigkeit, Genossenschaftsbanken und genossenschaftliche Unternehmen.
Nicht beherrschende Anteile	Die Eigenkapitalanteile an einem Tochterunternehmen, die einem Mutterunternehmen weder direkt noch indirekt zugeordnet werden können.
Eigentümer	In diesem IFRS wird der Begriff *Eigentümer* allgemein benutzt und steht für Inhaber von **Eigenkapitalanteilen** an Unternehmen im Besitz der Anleger sowie für Eigentümer oder Gesellschafter von oder Teilnehmer an **Gegenseitigkeitsunternehmen.**

APPENDIX A

Defined terms

This appendix is an integral part of the IFRS.

acquiree — The business or businesses that the **acquirer** obtains control of in a **business combination.**

acquirer — The entity that obtains control of the **acquiree.**

acquisition date — The date on which the **acquirer** obtains control of the **acquiree.**

business — An integrated set of activities and assets that is capable of being conducted and managed for the purpose of providing goods or services to customers, generating investment income (such as dividends or interest) or generating other income from ordinary activities.

business combination — A transaction or other event in which an **acquirer** obtains control of one or more **businesses.** Transactions sometimes referred to as 'true mergers' or 'mergers of equals' are also **business combinations** as that term is used in this IFRS.

contingent consideration — Usually, an obligation of the **acquirer** to transfer additional assets or **equity interests** to the former owners of an **acquiree** as part of the exchange for **control** of the **acquiree** if specified future events occur or conditions are met. However, contingent consideration also may give the **acquirer** the right to the return of previously transferred consideration if specified conditions are met.

equity interests — For the purposes of this IFRS, *equity interests* is used broadly to mean ownership interests of investor-owned entities and owner, member or participant interests of **mutual entities.**

fair value — *Fair value* is the price that would be received to sell an asset or paid to transfer a liability in an orderly transaction between market participants at the measurement date. (See IFRS 13.)

goodwill — An asset representing the future economic benefits arising from other assets acquired in a **business combination** that are not individually identified and separately recognised.

identifiable — An asset is *identifiable* if it either:

(a) is separable, ie capable of being separated or divided from the entity and sold, transferred, licensed, rented or exchanged, either individually or together with a related contract, identifiable asset or liability, regardless of whether the entity intends to do so; or

(b) arises from contractual or other legal rights, regardless of whether those rights are transferable or separable from the entity or from other rights and obligations.

intangible asset — An identifiable non-monetary asset without physical substance.

mutual entity — An entity, other than an investor-owned entity, that provides dividends, lower costs or other economic benefits directly to its **owners,** members or participants. For example, a mutual insurance company, a credit union and a cooperative entity are all mutual entities.

non-controlling interest — The equity in a subsidiary not attributable, directly or indirectly, to a parent.

owners — For the purposes of this IFRS, *owners* is used broadly to include holders of **equity interests** of investor-owned entities and owners or members of, or participants in, **mutual entities.**

ANHANG B

Anwendungsleitlinien

Dieser Anhang ist integraler Bestandteil des IFRS.

Unternehmenszusammenschlüsse von Unternehmen unter gemeinsamer Beherrschung (Anwendung des Paragraphen 2 (c))

B1 Dieser IFRS ist nicht auf Unternehmenszusammenschlüsse von Unternehmen oder Geschäftsbetrieben unter gemeinsamer Beherrschung anwendbar. Ein Unternehmenszusammenschluss von Unternehmen oder Geschäftsbetrieben unter gemeinsamer Beherrschung ist ein Zusammenschluss, in dem letztlich alle sich zusammenschließenden Unternehmen oder Geschäftsbetriebe von derselben Partei oder denselben Parteien sowohl vor als auch nach dem Unternehmenszusammenschluss beherrscht werden, und diese Beherrschung nicht vorübergehender Natur ist.

B2 Von einer Gruppe von Personen wird angenommen, dass sie ein Unternehmen beherrscht, wenn sie aufgrund vertraglicher Vereinbarungen gemeinsam die Möglichkeit hat, dessen Finanz- und Geschäftspolitik zu bestimmen, um aus dessen Geschäftstätigkeiten Nutzen zu ziehen. Daher ist ein Unternehmenszusammenschluss vom Anwendungsbereich des vorliegenden IFRS ausgenommen, wenn dieselbe Gruppe von Personen aufgrund vertraglicher Vereinbarungen die gemeinsame Möglichkeit hat, letztlich die Finanz- und Geschäftspolitik von jedem der sich zusammenschließenden Unternehmen zu bestimmen, um aus deren Geschäftstätigkeiten Nutzen zu ziehen, und wenn diese endgültige gemeinsame Befugnis nicht nur vorübergehender Natur ist.

B3 Ein Unternehmen kann von einer Person oder einer Gruppe von Personen, die gemäß einer vertraglichen Vereinbarung gemeinsam handeln, beherrscht werden, und es ist möglich, dass diese Person bzw. Gruppe von Personen nicht den Rechnungslegungsvorschriften der IFRS unterliegt. Es ist daher für sich zusammenschließende Unternehmen nicht erforderlich, als eine Einheit von Unternehmen unter gemeinsamer Beherrschung betrachtet zu werden, um bei einem Unternehmenszusammenschluss in denselben Konzernabschluss einbezogen zu werden.

B4 Die Höhe der nicht beherrschenden Anteile an jedem der sich zusammenschließenden Unternehmen vor und nach dem Unternehmenszusammenschluss ist für die Bestimmung, ob der Zusammenschluss Unternehmen unter gemeinsamer Beherrschung umfasst, nicht relevant. Analog ist die Tatsache, dass eines der sich zusammenschließenden Unternehmen ein nicht in den Konzernabschluss einbezogenes Tochterunternehmen ist, für die Bestimmung, ob ein Zusammenschluss Unternehmen unter gemeinsamer Beherrschung einschließt, auch nicht relevant.

Identifizierung eines Unternehmenszusammenschlusses (Anwendung des Paragraphen 3)

B5 Dieser IFRS definiert einen Unternehmenszusammenschluss als eine Transaktion oder ein anderes Ereignis, durch die bzw. das ein Erwerber die Beherrschung über einen oder mehrere Geschäftsbetriebe erlangt. Ein Erwerber kann auf verschiedene Arten die Beherrschung über ein erworbenes Unternehmen erlangen, zum Beispiel:

(a) durch Übertragung von Zahlungsmitteln, Zahlungsmitteläquivalenten oder sonstigen Vermögenswerten (einschließlich Nettovermögenswerten, die einen Geschäftsbetrieb darstellen),
(b) durch Eingehen von Schulden,
(c) durch Ausgabe von Eigenkapitalanteilen,
(d) durch Bereitstellung von mehr als einer Art von Gegenleistung oder
(e) ohne Übertragung einer Gegenleistung, auch einzig und allein durch einen Vertrag (siehe Paragraph 43).

B6 Ein Unternehmenszusammenschluss kann auf unterschiedliche Arten aufgrund rechtlicher, steuerlicher oder anderer Motive vorgenommen werden. Darunter fällt u. a.:

(a) ein oder mehrere Geschäftsbetriebe werden zu Tochterunternehmen des Erwerbers oder das Nettovermögen eines oder mehrerer Geschäftsbetriebe wird rechtmäßig mit dem Erwerber zusammengelegt,
(b) ein sich zusammenschließendes Unternehmen überträgt sein Nettovermögen bzw. dessen Eigentümer übertragen ihre Eigenkapitalanteile an ein anderes sich zusammenschließendes Unternehmen bzw. dessen Eigentümer,
(c) alle sich zusammenschließenden Unternehmen übertragen ihre Nettovermögen bzw. die Eigentümer dieser Unternehmen übertragen ihre Eigenkapitalanteile auf ein neu gegründetes Unternehmen (manchmal als „Zusammenlegungs-Transaktion" bezeichnet) oder
(d) eine Gruppe ehemaliger Eigentümer eines der sich zusammenschließenden Unternehmen erlangt die Beherrschung über das zusammengeschlossene Unternehmen.

APPENDIX B

Application guidance

This appendix is an integral part of the IFRS.

Business combinations of entities under common control (application of Paragraph 2 (c))

This IFRS does not apply to a business combination of entities or businesses under common control. A business combination involving entities or businesses under common control is a business combination in which all of the combining entities or businesses are ultimately controlled by the same party or parties both before and after the business combination, and that control is not transitory. **B1**

A group of individuals shall be regarded as controlling an entity when, as a result of contractual arrangements, they collectively have the power to govern its financial and operating policies so as to obtain benefits from its activities. Therefore, a business combination is outside the scope of this IFRS when the same group of individuals has, as a result of contractual arrangements, ultimate collective power to govern the financial and operating policies of each of the combining entities so as to obtain benefits from their activities, and that ultimate collective power is not transitory. **B2**

An entity may be controlled by an individual or by a group of individuals acting together under a contractual arrangement, and that individual or group of individuals may not be subject to the financial reporting requirements of IFRSs. Therefore, it is not necessary for combining entities to be included as part of the same consolidated financial statements for a business combination to be regarded as one involving entities under common control. **B3**

The extent of non-controlling interests in each of the combining entities before and after the business combination is not relevant to determining whether the combination involves entities under common control. Similarly, the fact that one of the combining entities is a subsidiary that has been excluded from the consolidated financial statements is not relevant to determining whether a combination involves entities under common control. **B4**

Identifying a business combination (application of paragraph 3)

This IFRS defines a business combination as a transaction or other event in which an acquirer obtains control of one or more businesses. An acquirer might obtain control of an acquiree in a variety of ways, for example: **B5**

(a) by transferring cash, cash equivalents or other assets (including net assets that constitute a business);
(b) by incurring liabilities;
(c) by issuing equity interests;
(d) by providing more than one type of consideration; or
(e) without transferring consideration, including by contract alone (see paragraph 43).

A business combination may be structured in a variety of ways for legal, taxation or other reasons, which include but are not limited to: **B6**

(a) one or more businesses become subsidiaries of an acquirer or the net assets of one or more businesses are legally merged into the acquirer;
(b) one combining entity transfers its net assets, or its owners transfer their equity interests, to another combining entity or its owners;
(c) all of the combining entities transfer their net assets, or the owners of those entities transfer their equity interests, to a newly formed entity (sometimes referred to as a roll-up or put-together transaction); or
(d) a group of former owners of one of the combining entities obtains control of the combined entity.

Definition von „Geschäftsbetrieb" (Anwendung des Paragraphen 3)

B7 Ein Geschäftsbetrieb besteht aus Inputfaktoren und darauf anzuwendenden Prozessen, die zur Erbringung von Leistungen und zur Erzeugung von Produkten beitragen können. Die drei Elemente eines Geschäftsbetriebs lassen sich wie folgt definieren (Leitlinien zu den Elementen eines Geschäftsbetriebs sind in den Paragraphen B8–B12D enthalten):

(a) **Inputfaktoren:** Jede wirtschaftliche Ressource, mit der Leistungen erbracht oder erbracht werden können oder Produkte erzeugt oder erzeugt werden können, wenn ein oder mehrere Prozesse darauf angewandt werden. Beispiele hierfür sind langfristige Vermögenswerte (wie immaterielle Vermögenswerte oder Rechte auf Nutzung langfristiger Vermögenswerte), geistiges Eigentum, die Fähigkeit, Zugriff auf erforderliche Materialien oder Rechte und Mitarbeiter zu erhalten.

(b) **Verfahren:** Alle Systeme, Standards, Protokolle, Konventionen oder Regeln, die bei Anwendung auf einen oder mehrere Inputfaktoren Leistungen oder Produkte (Output) generieren oder generieren können. Beispiele hierfür sind strategische Managementprozesse, betriebliche Prozesse und Ressourcenmanagementprozesse. Diese Prozesse sind in der Regel dokumentiert, doch kann eine organisierte Belegschaft mit den notwendigen Kompetenzen und Erfahrungen, die den Regeln und Konventionen folgt, dank ihrer intellektuellen Fähigkeiten die erforderlichen Prozesse bereitstellen, die zur Generierung von Leistungen oder Produkten auf Inputfaktoren angewandt werden können (Buchhaltung, Rechnungsstellung, Lohn- und Gehaltsabrechnung und andere Verwaltungssysteme zählen typischerweise nicht zu den Prozessen, die zur Erbringung von Leistungen oder Erzeugung von Produkten eingesetzt werden).

(c) **Leistungen oder Produkte:** Das Ergebnis von Inputfaktoren und darauf angewandten Prozessen, mit deren Hilfe für Kunden Güter erzeugt und Leistungen erbracht werden, generiert Kapitalerträge (wie Dividenden oder Zinsen) oder sonstige Erträge aus gewöhnlicher Geschäftstätigkeit.

Optionaler Test zur Ermittlung der Konzentration des beizulegenden Zeitwerts

B7A Der in Paragraph B7B beschriebene optionale Test (Konzentrationstest) ermöglicht eine vereinfachte Feststellung, ob eine erworbene Gruppe von Tätigkeiten und Vermögenswerten keinen Geschäftsbetrieb darstellt. Unternehmen steht es frei, den Konzentrationstest anzuwenden oder nicht. Diese Entscheidung kann für jede Transaktion oder jedes Ereignis getrennt getroffen werden. Der Konzentrationstest bewirkt Folgendes:

(a) Fällt der Konzentrationstest positiv aus, wird die Gruppe von Tätigkeiten und Vermögenswerten nicht als Geschäftsbetrieb eingestuft und es ist keine weitere Beurteilung erforderlich.

(b) Fällt der Konzentrationstest negativ aus oder entscheidet sich das Unternehmen, keinen Test durchzuführen, ist eine Beurteilung gemäß den Paragraphen B8–B12D durchzuführen.

B7B Das Ergebnis des Konzentrationstests ist positiv, wenn der beizulegende Zeitwert der erworbenen Bruttovermögenswerte ganz überwiegend auf einen einzigen identifizierbaren Vermögenswert oder eine Gruppe ähnlicher identifizierbarer Vermögenswerte konzentriert ist. Für den Konzentrationstest gilt:

(a) Die erworbenen Bruttovermögenswerte umfassen keine Zahlungsmittel und Zahlungsmitteläquivalente, latente Steueransprüche sowie Geschäfts- oder Firmenwerte, die sich aus latenten Steuerschulden ergeben.

(b) Der beizulegende Zeitwert der erworbenen Bruttovermögenswerte umfasst alle übertragenen Gegenleistungen (zuzüglich des beizulegenden Zeitwerts etwaiger nicht beherrschender Anteile und des beizulegenden Zeitwerts etwaiger zuvor gehaltener Anteile), die den beizulegenden Zeitwert der erworbenen identifizierbaren Nettovermögenswerte übersteigen. Bestimmt werden kann der beizulegende Zeitwert der erworbenen Bruttovermögenswerte in der Regel, indem der beizulegende Zeitwert der übertragenen Gegenleistung (zuzüglich des beizulegenden Zeitwerts etwaiger nicht beherrschender Anteile und des beizulegenden Zeitwerts etwaiger zuvor gehaltener Anteile) und der beizulegende Zeitwert der übernommenen Schulden (mit Ausnahme latenter Steuerschulden) addiert und dann die in Buchstabe a genannten Posten herausgerechnet werden. Liegt der beizulegende Zeitwert der erworbenen Bruttovermögenswerte allerdings über dieser Summe, ist gegebenenfalls eine präzisere Berechnung erforderlich.

(c) Ein einzelner identifizierbarer Vermögenswert schließt alle Vermögenswerte oder Gruppen von Vermögenswerten ein, die bei einem Unternehmenszusammenschluss als ein einzelner identifizierbarer Vermögenswert angesetzt und bewertet würden.

(d) Ist ein materieller Vermögenswert mit einem anderen materiellen Vermögenswert (oder einem Vermögenswert, der gemäß IFRS 16 *Leasingverhältnisse* einem Leasingverhältnis zugrunde liegt) verbunden und kann von diesem nicht getrennt und alleine verwendet werden, ohne dass erhebliche Kosten entstehen oder der Nutzen oder der beizulegende Zeitwert eines dieser Vermögenswerte (z. B. Grundstück oder Gebäude) erheblich vermindert wird, sind diese Vermögenswerte als ein einziger identifizierbarer Vermögenswert zu betrachten.

(e) Wenn ein Unternehmen beurteilt, ob Vermögenswerte ähnlich sind, hat es die Art jedes einzelnen identifizierbaren Vermögenswerts sowie die Risiken, die mit seiner Verwaltung und der Generierung von Leistungen und Produkten mit diesem Vermögenswert einhergehen (d. h. seine Risikomerkmale), zu berücksichtigen.

(f) Nicht als ähnliche Vermögenswerte anzusehen sind:

(i) ein materieller und ein immaterieller Vermögenswert,

(ii) materielle Vermögenswerte unterschiedlicher Kategorien (z. B. Lagerbestand, Produktionsanlagen und Kraftfahrzeuge), es sei denn, sie gelten nach dem unter Buchstabe d genannten Kriterium als ein einziger identifizierbarer Vermögenswert,

Definition of a business (application of paragraph 3)

A business consists of inputs and processes applied to those inputs that have the ability to contribute to the creation of outputs. The three elements of a business are defined as follows (see paragraphs B8—B12D for guidance on the elements of a business): B7

(a) **Input:** Any economic resource that creates outputs, or has the ability to contribute to the creation of outputs, when one or more processes are applied to it. Examples include non-current assets (including intangible assets or rights to use non-current assets), intellectual property, the ability to obtain access to necessary materials or rights and employees.

(b) **Process:** Any system, standard, protocol, convention or rule that, when applied to an input or inputs, creates outputs or has the ability to contribute to the creation of outputs. Examples include strategic management processes, operational processes and resource management processes. These processes typically are documented, but the intellectual capacity of an organised workforce having the necessary skills and experience following rules and conventions may provide the necessary processes that are capable of being applied to inputs to create outputs. (Accounting, billing, payroll and other administrative systems typically are not processes used to create outputs.)

(c) **Output:** The result of inputs and processes applied to those inputs that provide goods or services to customers, generate investment income (such as dividends or interest) or generate other income from ordinary activities.

Optional test to identify concentration of fair value

Paragraph B7B sets out an optional test (the concentration test) to permit a simplified assessment of whether an acquired set of activities and assets is not a business. An entity may elect to apply, or not apply, the test. An entity may make such an election separately for each transaction or other event. The concentration test has the following consequences: B7A

(a) if the concentration test is met, the set of activities and assets is determined not to be a business and no further assessment is needed.

(b) if the concentration test is not met, or if the entity elects not to apply the test, the entity shall then perform the assessment set out in paragraphs B8—B12D.

The concentration test is met if substantially all of the fair value of the gross assets acquired is concentrated in a single identifiable asset or group of similar identifiable assets. For the concentration test: B7B

(a) gross assets acquired shall exclude cash and cash equivalents, deferred tax assets, and goodwill resulting from the effects of deferred tax liabilities.

(b) the fair value of the gross assets acquired shall include any consideration transferred (plus the fair value of any non-controlling interest and the fair value of any previously held interest) in excess of the fair value of net identifiable assets acquired. The fair value of the gross assets acquired may normally be determined as the total obtained by adding the fair value of the consideration transferred (plus the fair value of any non-controlling interest and the fair value of any previously held interest) to the fair value of the liabilities assumed (other than deferred tax liabilities), and then excluding the items identified in subparagraph (a). However, if the fair value of the gross assets acquired is more than that total, a more precise calculation may sometimes be needed.

(c) a single identifiable asset shall include any asset or group of assets that would be recognised and measured as a single identifiable asset in a business combination.

(d) if a tangible asset is attached to, and cannot be physically removed and used separately from, another tangible asset (or from an underlying asset subject to a lease, as defined in IFRS 16 *Leases*), without incurring significant cost, or significant diminution in utility or fair value to either asset (for example, land and buildings), those assets shall be considered a single identifiable asset.

(e) when assessing whether assets are similar, an entity shall consider the nature of each single identifiable asset and the risks associated with managing and creating outputs from the assets (that is, the risk characteristics).

(f) the following shall not be considered similar assets:

  (i) a tangible asset and an intangible asset;

  (ii) tangible assets in different classes (for example, inventory, manufacturing equipment and automobiles) unless they are considered a single identifiable asset in accordance with the criterion in subparagraph (d);

(iii) identifizierbare immaterielle Vermögenswerte unterschiedlicher Kategorien (z. B. Markennamen, Lizenzen und immaterielle Vermögenswerte, die sich in Entwicklung befinden),
(iv) ein finanzieller und ein nichtfinanzieller Vermögenswert,
(v) finanzielle Vermögenswerte unterschiedlicher Kategorien (z. B. Forderungen und Investitionen in Eigenkapitalinstrumente) sowie
(vi) identifizierbare Vermögenswerte, die zwar derselben Vermögenswertgruppe angehören, sich in ihren Risikomerkmalen aber signifikant unterscheiden.

B7C Die Vorschriften in Paragraph B7B ändern weder die Leitlinien zu ähnlichen Vermögenswerten in IAS 38 *Immaterielle Vermögenswerte* noch die Bedeutung des Begriffs „Kategorie" (bzw. „Gruppe") in IAS 16 Sachanlagen, IAS 38 und IFRS 7 *Finanzinstrumente: Angaben*.

Die Elemente eines Geschäftsbetriebs

B8 Auch wenn Geschäftsbetriebe normalerweise Leistungen erbringen oder Produkte erzeugen, sind derartige Outputs nicht erforderlich, um eine integrierte Gruppe von Tätigkeiten und Vermögenswerten als Geschäftsbetrieb ansehen zu können. Damit eine integrierte Gruppe von Tätigkeiten und Vermögenswerten im Sinne des in der Definition von Geschäftsbetrieb festgelegten Ziels geführt und geleitet werden kann, muss sie zwei wesentliche Elemente aufweisen – Inputfaktoren und darauf anzuwendende Prozesse. Ein Geschäftsbetrieb muss nicht alle Inputfaktoren oder Prozesse umfassen, die der Verkäufer für den Geschäftsbetrieb verwendete. Um als Geschäftsbetrieb angesehen werden zu können, muss eine integrierte Gruppe von Tätigkeiten und Vermögenswerten jedoch mindestens einen Inputfaktor und einen substanziellen Prozess aufweisen, die zusammengenommen erheblich zur Fähigkeit zur Generierung von Waren und Dienstleistungen beitragen. Wie zu beurteilen ist, ob ein Prozess als substanziell angesehen werden kann, ist in den Paragraphen B12–B12D festgelegt.

B8A Generiert eine erworbene Gruppe von Tätigkeiten und Vermögenswerten Leistungen oder Produkte, lassen fortgesetzte Erlöse für sich genommen noch nicht den Schluss zu, dass sowohl ein Inputfaktor als auch ein substanzieller Prozess erworben wurden.

B9 Die Art der Elemente eines Geschäftsbetriebs unterscheidet sich von Branche zu Branche sowie aufgrund der Struktur der Geschäftsbereiche (Tätigkeiten) eines Unternehmens, einschließlich der Phase der Unternehmensentwicklung. Etablierte Geschäftsbetriebe weisen oft viele verschiedene Arten von Inputfaktoren, Prozessen und Leistungen oder Produkten auf, wobei neue Geschäftsbetriebe häufig wenige Inputfaktoren und Prozesse aufweisen und manchmal nur einen einzigen Output (Produkt) haben. Fast alle Geschäftsbetriebe haben auch Schulden, aber dies muss nicht so sein. Des Weiteren kann auch eine erworbene Gruppe von Tätigkeiten und Vermögenswerten, die keinen Geschäftsbetrieb darstellt, Schulden haben.

B10 [gestrichen]

B11 Die Ermittlung, ob eine einzelne Gruppe von Tätigkeiten und Vermögenswerten einen Geschäftsbetrieb darstellt, sollte darauf basieren, ob die integrierte Gruppe von einem Marktteilnehmer wie ein Geschäftsbetrieb geführt und geleitet werden kann. Somit ist bei der Beurteilung, ob eine bestimmte Gruppe einen Geschäftsbetrieb darstellt, nicht relevant, ob der Verkäufer die Gruppe als einen Geschäftsbetrieb geführt hat oder der Erwerber beabsichtigt, dies zu tun.

Beurteilung, ob ein erworbener Prozess substanziell ist

B12 In den Paragraphen B12A–B12D wird erläutert, wie zu beurteilen ist, ob ein erworbener Prozess als substanziell betrachtet werden kann, wenn mit der erworbenen Gruppe von Tätigkeiten und Vermögenswerten keine Leistungen oder Produkte generiert werden (Paragraph B12B) bzw. wenn damit Leistungen oder Produkte generiert werden (Paragraph B12C).

B12A Ein Beispiel für eine erworbene Gruppe von Tätigkeiten und Vermögenswerten, mit der zum Erwerbszeitpunkt keine Leistungen oder Produkte generiert werden, ist ein Unternehmen in der Anfangsphase, das noch keine Erlöse erwirtschaftet. Wenn eine erworbene Gruppe von Tätigkeiten und Vermögenswerten zum Erwerbszeitpunkt Erlöse erwirtschaftet hat, wird davon ausgegangen, dass sie zu diesem Zeitpunkt Leistungen oder Produkte generierte, selbst wenn sie später keine Erlöse von externen Kunden mehr erwirtschaftet, z. B. weil sie vom Erwerber integriert wird.

B12B Wenn eine Gruppe von Tätigkeiten und Vermögenswerten zum Erwerbszeitpunkt keine Leistungen oder Produkte generiert, gilt der erworbene Prozess (oder die erworbene Gruppe von Prozessen) nur dann als substanziell, wenn
(a) er/sie für die Fähigkeit, einen oder mehrere erworbene Inputfaktoren weiterzuentwickeln oder in Leistungen oder Produkte umzuwandeln, von entscheidender Bedeutung ist, und
(b) die erworbenen Inputfaktoren sowohl eine organisierte Belegschaft, die über die notwendigen Kompetenzen, das notwendige Wissen oder die notwendige Erfahrung für die Durchführung dieses Prozesses (oder einer Gruppe von Prozessen) verfügt, als auch andere Faktoren umfasst, die von der organisierten Belegschaft weiterentwickelt oder in Leistungen oder Produkte umgewandelt werden könnten. Diese anderen Inputs können Folgendes umfassen:
(i) geistiges Eigentum, das für die Entwicklung von Gütern oder Dienstleistungen genutzt werden könnte,

(iii) identifiable intangible assets in different classes (for example, brand names, licences and intangible assets under development);
(iv) a financial asset and a non-financial asset;
(v) financial assets in different classes (for example, accounts receivable and investments in equity instruments); and
(vi) identifiable assets that are within the same class of asset but have significantly different risk characteristics.

The requirements in paragraph B7B do not modify the guidance on similar assets in IAS 38 *Intangible Assets*; nor do they modify the meaning of the term 'class' in IAS 16 *Property, Plant and Equipment*, IAS 38 and IFRS 7 *Financial Instruments: Disclosures*. **B7C**

Elements of a business

Although businesses usually have outputs, outputs are not required for an integrated set of activities and assets to qualify as a business. To be capable of being conducted and managed for purpose identified in the definition of a business, an integrated set of activities and assets requires two essential elements—inputs and processes applied to those inputs. A business need not include all of the inputs or processes that the seller used in operating that business. However, to be considered a business, an integrated set of activities and assets must include, at a minimum, an input and a substantive process that together significantly contribute to the ability to create output. Paragraphs B12—B12D specify how to assess whether a process is substantive. **B8**

If an acquired set of activities and assets has outputs, continuation of revenue does not on its own indicate that both an input and a substantive process have been acquired. **B8A**

The nature of the elements of a business varies by industry and by the structure of an entity's operations (activities), including the entity's stage of development. Established businesses often have many different types of inputs, processes and outputs, whereas new businesses often have few inputs and processes and sometimes only a single output (product). Nearly all businesses also have liabilities, but a business need not have liabilities. Furthermore, an acquired set of activities and assets that is not a business might have liabilities. **B9**

[deleted] **B10**

Determining whether a particular set of activities and assets is a business shall be based on whether the integrated set is capable of being conducted and managed as a business by a market participant. Thus, in evaluating whether a particular set is a business, it is not relevant whether a seller operated the set as a business or whether the acquirer intends to operate the set as a business. **B11**

Assessing whether an acquired process is substantive

Paragraphs B12A—B12D explain how to assess whether an acquired process is substantive if the acquired set of activities and assets does not have outputs (paragraph B12B) and if it does have outputs (paragraph B12C). **B12**

An example of an acquired set of activities and assets that does not have outputs at the acquisition date is an early-stage entity that has not started generating revenue. Moreover, if an acquired set of activities and assets was generating revenue at the acquisition date, it is considered to have outputs at that date, even if subsequently it will no longer generate revenue from external customers, for example because it will be integrated by the acquirer. **B12A**

If a set of activities and assets does not have outputs at the acquisition date, an acquired process (or group of processes) shall be considered substantive only if: **B12B**
(a) it is critical to the ability to develop or convert an acquired input or inputs into outputs; and
(b) the inputs acquired include both an organised workforce that has the necessary skills, knowledge, or experience to perform that process (or group of processes) and other inputs that the organised workforce could develop or convert into outputs. Those other inputs could include:
   (i) intellectual property that could be used to develop a good or service;

(ii) sonstige wirtschaftliche Ressourcen, die weiterentwickelt werden könnten, um Leistungen oder Produkte zu generieren, oder
(iii) Zugriffsrechte auf Materialien oder Rechte, die für die Generierung künftiger Leistungen oder Produkte erforderlich sind.

Beispiele für die unter Buchstabe b Ziffern i–iii genannten Inputfaktoren sind Technologien, prozessintegrierte Forschungs- und Entwicklungsprojekte, Immobilien und Schürfrechte.

B12C Wenn eine Gruppe von Tätigkeiten und Vermögenswerten zum Erwerbszeitpunkt Produkte oder Leistungen generiert, ist ein erworbener Prozess (oder eine erworbene Gruppe von Prozessen) als substanziell zu betrachten, wenn er bei Anwendung auf einen oder mehrere erworbene Inputfaktoren
(a) für die Fähigkeit, weiterhin Leistungen oder Produkte zu generieren, von entscheidender Bedeutung ist, und wenn die erworbenen Inputfaktoren eine organisierte Belegschaft umfassen, die über die notwendigen Kompetenzen, das notwendige Wissen oder die notwendige Erfahrung für die Durchführung dieses Prozesses (oder der Gruppe von Prozessen) verfügt, oder
(b) in erheblichem Maße dazu beiträgt, auch weiterhin Leistungen oder Produkte generieren zu können, und:
(i) als einzigartig oder rar angesehen wird oder
(ii) nicht ohne erhebliche Kosten, erheblichen Aufwand oder erhebliche Verzögerungen bei der Fähigkeit zur fortgesetzten Generierung von Leistungen oder Produkten ausgetauscht werden kann.

B12D Die folgenden zusätzlichen Erörterungen untermauern sowohl den Paragraphen B12B als auch den Paragraphen B12C:
(a) Ein erworbener Vertrag ist ein Inputfaktor und kein substanzieller Prozess. Ein erworbener Vertrag, beispielsweise ein Vertrag zur Auslagerung von Immobilien- oder Vermögensverwaltungsdienstleistungen, kann allerdings den Zugriff auf eine organisierte Belegschaft beinhalten. Ein Unternehmen hat zu beurteilen, ob eine organisierte Belegschaft, auf die über einen solchen Vertrag zugegriffen wird, einen substanziellen Prozess anwendet, der von dem Unternehmen kontrolliert wird und somit erworben wurde. Bei dieser Beurteilung sind unter anderem Faktoren wie die Laufzeit des Vertrags und die Bedingungen für die Vertragsverlängerung zu berücksichtigen.
(b) Ist die erworbene organisierte Belegschaft schwer zu ersetzen, kann dies ein Anzeichen dafür sein, dass die erworbene organisierte Belegschaft einen Prozess durchführt, der für die Fähigkeit zur Generierung von Leistungen oder Produkten von entscheidender Bedeutung ist.
(c) Ein Prozess (oder eine Gruppe von Prozessen) ist nicht von entscheidender Bedeutung, wenn er bzw. sie beispielsweise in Bezug auf alle für die Generierung von Leistungen oder Produkten erforderlichen Prozesse eine geringe oder untergeordnete Rolle spielt/spielen.

Identifizierung des Erwerbers (Anwendung der Paragraphen 6 und 7)

B13 Zur Identifizierung des Erwerbers, d. h. des Unternehmens, das die Beherrschung über das erworbene Unternehmen erlangt, sind die Leitlinien in IFRS 10 *Konzernabschlüsse* anzuwenden. Wenn ein Unternehmenszusammenschluss stattgefunden hat, mithilfe der Leitlinien in IFRS 10 jedoch nicht eindeutig bestimmt werden kann, welches der sich zusammenschließenden Unternehmen der Erwerber ist, sind für diese Feststellung die in den Paragraphen B14–B18 genannten Faktoren zu berücksichtigen.

B14 Bei einem Unternehmenszusammenschluss, der primär durch Übertragung von Zahlungsmitteln oder sonstigen Vermögenswerten oder durch Eingehen von Schulden getätigt wurde, ist der Erwerber in der Regel das Unternehmen, das die Zahlungsmittel oder sonstigen Vermögenswerte überträgt oder die Schulden eingeht.

B15 Bei einem Unternehmenszusammenschluss, der primär durch Austausch von Eigenkapitalanteilen getätigt wurde, ist der Erwerber in der Regel das Unternehmen, das seine Eigenkapitalanteile ausgibt. Bei einigen Unternehmenszusammenschlüssen, die allgemein „umgekehrter Unternehmenserwerb" genannt werden, ist das emittierende Unternehmen allerdings das erworbene Unternehmen. Leitlinien für die Bilanzierung eines umgekehrten Unternehmenserwerbs sind in den Paragraphen B19–B27 enthalten. Bei der Identifizierung des Erwerbers bei einem Unternehmenszusammenschluss, der durch Austausch von Eigenkapitalanteilen getätigt wurde, sind weitere einschlägige Fakten und Umstände zu berücksichtigen. Dazu gehören:
(a) *die relativen Stimmrechte an dem zusammengeschlossenen Unternehmen nach dem Unternehmenszusammenschluss* – Der Erwerber ist im Allgemeinen dasjenige der sich zusammenschließenden Unternehmen, dessen Eigentümer als eine Gruppe den größten Anteil der Stimmrechte an dem zusammengeschlossenen Unternehmen behalten oder erhalten. Bei der Ermittlung, welche Gruppe von Eigentümern den größten Anteil an Stimmrechten behält oder erhält, hat ein Unternehmen das Bestehen von ungewöhnlichen oder besonderen Stimmrechtsvereinbarungen und Optionen, Optionsscheinen oder wandelbaren Wertpapieren zu berücksichtigen.
(b) *das Bestehen eines großen Stimmrechtsanteils von Minderheiten an dem zusammengeschlossenen Unternehmen, wenn kein anderer Eigentümer oder keine organisierte Gruppe von Eigentümern einen wesentlichen Stimmrechtsanteil hat* – Der Erwerber ist im Allgemeinen dasjenige der sich zusammenschließenden Unternehmen, dessen alleiniger Eigentümer oder organisierte Gruppe von Eigentümern den größten Stimmrechtsanteil der Minderheiten an dem zusammengeschlossenen Unternehmen hält.

(ii) other economic resources that could be developed to create outputs; or
(iii) rights to obtain access to necessary materials or rights that enable the creation of future outputs.

Examples of the inputs mentioned in subparagraphs (b) (i)—(iii) include technology, in-process research and development projects, real estate and mineral interests.

If a set of activities and assets has outputs at the acquisition date, an acquired process (or group of processes) shall be considered substantive if, when applied to an acquired input or inputs, it: **B12C**

(a) is critical to the ability to continue producing outputs, and the inputs acquired include an organised workforce with the necessary skills, knowledge, or experience to perform that process (or group of processes); or
(b) significantly contributes to the ability to continue producing outputs and:
 (i) is considered unique or scarce; or
 (ii) cannot be replaced without significant cost, effort, or delay in the ability to continue producing outputs.

The following additional discussion supports both paragraphs B12B and B12C: **B12D**

(a) an acquired contract is an input and not a substantive process. Nevertheless, an acquired contract, for example, a contract for outsourced property management or outsourced asset management, may give access to an organised workforce. An entity shall assess whether an organised workforce accessed through such a contract performs a substantive process that the entity controls, and thus has acquired. Factors to be considered in making that assessment include the duration of the contract and its renewal terms.
(b) difficulties in replacing an acquired organised workforce may indicate that the acquired organised workforce performs a process that is critical to the ability to create outputs.
(c) a process (or group of processes) is not critical if, for example, it is ancillary or minor within the context of all the processes required to create outputs.

Identifying the acquirer (application of paragraphs 6 and 7)

The guidance in IFRS 10 *Consolidated Financial Statements* shall be used to identify the acquirer—the entity that obtains control of the acquiree. If a business combination has occurred but applying the guidance in IFRS 10 does not clearly indicate which of the combining entities is the acquirer, the factors in paragraphs B14—B18 shall be considered in making that determination. **B13**

In a business combination effected primarily by transferring cash or other assets or by incurring liabilities, the acquirer is usually the entity that transfers the cash or other assets or incurs the liabilities. **B14**

In a business combination effected primarily by exchanging equity interests, the acquirer is usually the entity that issues its equity interests. However, in some business combinations, commonly called 'reverse acquisitions' the issuing entity is the acquiree. Paragraphs B19—B27 provide guidance on accounting for reverse acquisitions. Other pertinent facts and circumstances shall also be considered in identifying the acquirer in a business combination effected by exchanging equity interests, including: **B15**

(a) *the relative voting rights in the combined entity after the business combination*—The acquirer is usually the combining entity whose owners as a group retain or receive the largest portion of the voting rights in the combined entity. In determining which group of owners retains or receives the largest portion of the voting rights, an entity shall consider the existence of any unusual or special voting arrangements and options, warrants or convertible securities.
(b) *the existence of a large minority voting interest in the combined entity if no other owner or organised group of owners has a significant voting interest*—The acquirer is usually the combining entity whose single owner or organised group of owners holds the largest minority voting interest in the combined entity.

(c) *die Zusammensetzung des Leitungsgremiums des zusammengeschlossenen Unternehmens* – Der Erwerber ist im Allgemeinen dasjenige der sich zusammenschließenden Unternehmen, dessen Eigentümer eine Mehrheit der Mitglieder des Leitungsgremiums des zusammengeschlossenen Unternehmens wählen, ernennen oder abberufen können.

(d) *die Zusammensetzung der Geschäftsleitung des zusammengeschlossenen Unternehmens* – Der Erwerber ist im Allgemeinen dasjenige der sich zusammenschließenden Unternehmen, dessen (bisherige) Geschäftsleitung die Geschäftsleitung des zusammengeschlossenen Unternehmens dominiert.

(e) *die Bedingungen des Austausches von Eigenkapitalanteilen* – Der Erwerber ist im Allgemeinen dasjenige der sich zusammenschließenden Unternehmen, das einen Aufschlag auf den vor dem Zusammenschluss geltenden beizulegenden Zeitwert der Eigenkapitalanteile des/der anderen sich zusammenschließenden Unternehmen zahlt.

B16 Der Erwerber ist in der Regel dasjenige der sich zusammenschließenden Unternehmen, dessen relative Größe (zum Beispiel gemessen in Vermögenswerten, Erlösen oder Gewinnen) die des/der anderen sich zusammenschließenden Unternehmen(s) erheblich übersteigt.

B17 Bei einem Unternehmenszusammenschluss, an dem mehr als zwei Unternehmen beteiligt sind, ist bei der Bestimmung des Erwerbers u. a. zu berücksichtigen, welches der sich zusammenschließenden Unternehmen den Zusammenschluss veranlasst hat und welche relative Größe die sich zusammenschließenden Unternehmen haben.

B18 Ein zur Durchführung eines Unternehmenszusammenschlusses neu gegründetes Unternehmen ist nicht unbedingt der Erwerber. Wird zur Durchführung eines Unternehmenszusammenschlusses ein neues Unternehmen gegründet, um Eigenkapitalanteile auszugeben, ist eines der sich zusammenschließenden Unternehmen, das vor dem Zusammenschluss bestand, unter Anwendung der Leitlinien in den Paragraphen B13–B17 als der Erwerber zu identifizieren. Ein neues Unternehmen, das als Gegenleistung Zahlungsmittel oder sonstige Vermögenswerte überträgt oder Schulden eingeht, kann hingegen der Erwerber sein.

Umgekehrter Unternehmenserwerb

B19 Bei einem umgekehrten Unternehmenserwerb wird das Unternehmen, das Wertpapiere ausgibt (der formal-rechtliche Erwerber) zu Bilanzierungszwecken anhand der Leitlinien in den Paragraphen B13–B18 als das erworbene Unternehmen identifiziert. Das Unternehmen, dessen Eigenkapitalanteile erworben wurden (das formal-rechtlich erworbene Unternehmen) muss zu Bilanzierungszwecken der Erwerber sein, damit diese Transaktion als ein umgekehrter Unternehmenserwerb betrachtet wird. Manchmal wird beispielsweise ein umgekehrter Unternehmenserwerb durchgeführt, wenn ein nicht börsennotiertes Unternehmen ein börsennotiertes Unternehmen werden möchte, aber seine Kapitalanteile nicht registrieren lassen möchte. Hierzu veranlasst das nicht börsennotierte Unternehmen, dass ein börsennotiertes Unternehmen seine Eigenkapitalanteile im Austausch gegen die Eigenkapitalanteile des börsennotierten Unternehmens erwirbt. In diesem Beispiel ist das börsennotierte Unternehmen der **formal-rechtliche Erwerber**, da es seine Kapitalanteile emittiert hat, und das nicht börsennotierte Unternehmen ist das **formal-rechtlich erworbene Unternehmen**, da seine Kapitalanteile erworben wurden. Die Anwendung der Leitlinien in den Paragraphen B13–B18 führen indes zur Identifizierung

(a) des börsennotierten Unternehmens als **erworbenes Unternehmen** für Bilanzierungszwecke (das bilanziell erworbene Unternehmen) und

(b) des nicht börsennotierten Unternehmens als der **Erwerber** für Bilanzierungszwecke (der bilanzielle Erwerber).

Das bilanziell erworbene Unternehmen muss die Definition eines Geschäftsbetriebs erfüllen, damit die Transaktion als umgekehrter Unternehmenserwerb bilanziert werden kann, und alle in diesem IFRS dargelegten Ansatz- und Bewertungsgrundsätze einschließlich der Anforderung, den Geschäfts- oder Firmenwert zu erfassen, sind anzuwenden.

Bestimmung der übertragenen Gegenleistung

B20 Bei einem umgekehrten Unternehmenserwerb gibt der bilanzielle Erwerber in der Regel keine Gegenleistung für das erworbene Unternehmen aus. Stattdessen gibt das bilanziell erworbene Unternehmen in der Regel seine Eigenkapitalanteile an die Eigentümer des bilanziellen Erwerbers aus. Der zum Erwerbszeitpunkt geltende beizulegende Zeitwert der vom bilanziellen Erwerber übertragenen Gegenleistung für seine Anteile am bilanziell erworbenen Unternehmen basiert demzufolge auf der Anzahl der Eigenkapitalanteile, welche das formal-rechtliche Tochterunternehmen hätte ausgeben müssen, um an die Eigentümer des formal-rechtlichen Mutterunternehmens den gleichen Prozentsatz an Eigenkapitalanteilen an dem aus dem umgekehrten Unternehmenserwerb stammenden zusammengeschlossenen Unternehmen auszugeben. Der beizulegende Zeitwert der Anzahl der Eigenkapitalanteile, der auf diese Weise ermittelt wurde, kann als der beizulegende Zeitwert der im Austausch für das erworbene Unternehmen übertragenen Gegenleistung verwendet werden.

Aufstellung und Darstellung von Konzernabschlüssen

B21 Nach einem umgekehrten Unternehmenserwerb aufgestellte Konzernabschlüsse werden unter dem Namen des formalrechtlichen Mutterunternehmens (des bilanziell erworbenen Unternehmens) veröffentlicht, jedoch mit einem Vermerk im Anhang, dass es sich hierbei um eine Fortführung des Abschlusses des formal-rechtlichen Tochterunternehmens (des

(c) *the composition of the governing body of the combined entity*—The acquirer is usually the combining entity whose owners have the ability to elect or appoint or to remove a majority of the members of the governing body of the combined entity.
(d) *the composition of the senior management of the combined entity*—The acquirer is usually the combining entity whose (former) management dominates the management of the combined entity.
(e) *the terms of the exchange of equity interests*—The acquirer is usually the combining entity that pays a premium over the pre-combination fair value of the equity interests of the other combining entity or entities.

The acquirer is usually the combining entity whose relative size (measured in, for example, assets, revenues or profit) is significantly greater than that of the other combining entity or entities. **B16**

In a business combination involving more than two entities, determining the acquirer shall include a consideration of, among other things, which of the combining entities initiated the combination, as well as the relative size of the combining entities. **B17**

A new entity formed to effect a business combination is not necessarily the acquirer. If a new entity is formed to issue equity interests to effect a business combination, one of the combining entities that existed before the business combination shall be identified as the acquirer by applying the guidance in paragraphs B13—B17. In contrast, a new entity that transfers cash or other assets or incurs liabilities as consideration may be the acquirer. **B18**

Reverse acquisitions

A reverse acquisition occurs when the entity that issues securities (the legal acquirer) is identified as the acquiree for accounting purposes on the basis of the guidance in paragraphs B13—B18. The entity whose equity interests are acquired (the legal acquiree) must be the acquirer for accounting purposes for the transaction to be considered a reverse acquisition. For example, reverse acquisitions sometimes occur when a private operating entity wants to become a public entity but does not want to register its equity shares. To accomplish that, the private entity will arrange for a public entity to acquire its equity interests in exchange for the equity interests of the public entity. In this example, the public entity is the **legal acquirer** because it issued its equity interests, and the private entity is the **legal acquiree** because its equity interests were acquired. However, application of the guidance in paragraphs B13—B18 results in identifying: **B19**
(a) the public entity as the **acquiree** for accounting purposes (the accounting acquiree); and
(b) the private entity as the **acquirer** for accounting purposes (the accounting acquirer).
The accounting acquiree must meet the definition of a business for the transaction to be accounted for as a reverse acquisition, and all of the recognition and measurement principles in this IFRS, including the requirement to recognise goodwill, apply.

Measuring the consideration transferred

In a reverse acquisition, the accounting acquirer usually issues no consideration for the acquiree. Instead, the accounting acquiree usually issues its equity shares to the owners of the accounting acquirer. Accordingly, the acquisition-date fair value of the consideration transferred by the accounting acquirer for its interest in the accounting acquiree is based on the number of equity interests the legal subsidiary would have had to issue to give the owners of the legal parent the same percentage equity interest in the combined entity that results from the reverse acquisition. The fair value of the number of equity interests calculated in that way can be used as the fair value of consideration transferred in exchange for the acquiree. **B20**

Preparation and presentation of consolidated financial statements

Consolidated financial statements prepared following a reverse acquisition are issued under the name of the legal parent (accounting acquiree) but described in the notes as a continuation of the financial statements of the legal subsidiary (accounting acquirer), with one adjustment, which is to adjust retroactively the accounting acquirer's legal capital to **B21**

bilanziellen Erwerbers) handelt, und mit einer Anpassung, durch die rückwirkend das formal-rechtliche Eigenkapital des bilanziellen Erwerbers bereinigt wird, um das formal-rechtliche Eigenkapital des bilanziell erworbenen Unternehmens abzubilden. Diese Anpassung ist erforderlich, um das Eigenkapital des formal-rechtlichen Mutterunternehmens (des bilanziell erworbenen Unternehmens) abzubilden. In diesem Konzernabschluss dargestellte Vergleichsinformationen werden ebenfalls rückwirkend angepasst, um das formal-rechtliche Eigenkapital des formal-rechtlichen Mutterunternehmens (des bilanziell erworbenen Unternehmens) widerzuspiegeln.

B22 Da diese Konzernabschlüsse eine Fortführung der Abschlüsse des formal-rechtlichen Tochterunternehmens mit Ausnahme der Kapitalstruktur darstellen, zeigen sie

(a) die Vermögenswerte und Schulden des formal-rechtlichen Tochterunternehmens (des bilanziellen Erwerbers), die zu ihren vor dem Zusammenschluss gültigen Buchwerten angesetzt und bewertet wurden.

(b) die Vermögenswerte und Schulden des formal-rechtlichen Mutterunternehmens (des bilanziell erworbenen Unternehmens), die gemäß diesem IFRS angesetzt und bewertet wurden.

(c) die Gewinnrücklagen und sonstigen Eigenkapitalsalden des formal-rechtlichen Tochterunternehmens (des bilanziellen Erwerbers) **vor** dem Unternehmenszusammenschluss.

(d) den in den Konzernabschlüssen für ausgegebene Eigenkapitalanteile angesetzten Betrag, der bestimmt wird, indem die ausgegebenen Eigenkapitalanteile des formal-rechtlichen Tochterunternehmens (des bilanziellen Erwerbers), die unmittelbar vor dem Unternehmenszusammenschluss in Umlauf waren, dem beizulegenden Zeitwert des rechtlichen Mutterunternehmens (des bilanziell erworbenen Unternehmens) hinzugerechnet werden. Die Eigenkapitalstruktur (d. h. die Anzahl und Art der ausgegebenen Eigenkapitalanteile) spiegelt jedoch die Eigenkapitalstruktur des formal-rechtlichen Mutterunternehmens (des bilanziell erworbenen Unternehmens) wider und umfasst die Eigenkapitalanteile des formal-rechtlichen Mutterunternehmens, die zur Durchführung des Zusammenschlusses ausgegeben wurden. Dementsprechend wird die Eigenkapitalstruktur des formal-rechtlichen Tochterunternehmens (des bilanziellen Erwerbers) mittels des im Erwerbsvertrag festgelegten Tauschverhältnisses neu ermittelt, um die Anzahl der anlässlich des umgekehrten Unternehmenserwerbs ausgegebenen Anteile des formal-rechtlichen Mutterunternehmens (des bilanziell erworbenen Unternehmens) widerzuspiegeln.

(e) den entsprechenden Anteil der nicht beherrschenden Anteile an den vor dem Zusammenschluss gültigen Buchwerten der Gewinnrücklagen und sonstigen Eigenkapitalanteilen des rechtlichen Tochterunternehmens (des bilanziellen Erwerbers), wie in den Paragraphen B23 und B24 beschrieben.

Nicht beherrschende Anteile

B23 Bei einem umgekehrten Unternehmenserwerb kann es vorkommen, dass Eigentümer des formal-rechtlich erworbenen Unternehmens (des bilanziellen Erwerbers) ihre Eigenkapitalanteile nicht gegen Eigenkapitalanteile des formal-rechtlichen Mutterunternehmens (des bilanziell erworbenen Unternehmens) umtauschen. Diese Eigentümer werden nach dem umgekehrten Unternehmenserwerb als nicht beherrschende Anteile im Konzernabschluss behandelt. Dies ist darauf zurückzuführen, dass die Eigentümer des formal-rechtlich erworbenen Unternehmens, die ihre Eigenkapitalanteile nicht gegen Eigenkapitalanteile des formal-rechtlichen Erwerbers umtauschen, nur an den Ergebnissen und dem Nettovermögen des formal-rechtlich erworbenen Unternehmens beteiligt sind und nicht an den Ergebnissen und dem Nettovermögen des zusammengeschlossenen Unternehmens. Auch wenn der formal-rechtliche Erwerber zu Bilanzierungszwecken das erworbene Unternehmen ist, sind umgekehrt die Eigentümer des formal-rechtlichen Erwerbers an den Ergebnissen und dem Nettovermögen des zusammengeschlossenen Unternehmens beteiligt.

B24 Die Vermögenswerte und Schulden des formal-rechtlich erworbenen Unternehmens werden im Konzernabschluss mit ihren vor dem Zusammenschluss gültigen Buchwerten bewertet und angesetzt (siehe Paragraph B22 (a)). In einem umgekehrten Unternehmenserwerb spiegeln daher die nicht beherrschenden Anteile den entsprechenden Anteil an den vor dem Zusammenschluss gültigen Buchwerten des Nettovermögens des formal-rechtlich erworbenen Unternehmens der nicht beherrschenden Anteilseigner selbst dann wider, wenn die nicht beherrschenden Anteile an anderen Erwerben mit dem beizulegenden Zeitwert zum Erwerbszeitpunkt bestimmt werden.

Ergebnis je Aktie

B25 Wie in Paragraph B22 (d) beschrieben, hat die Eigenkapitalstruktur, die in den nach einem umgekehrten Unternehmenserwerb aufgestellten Konzernabschlüssen erscheint, die Eigenkapitalstruktur des formal-rechtlichen Erwerbers (des bilanziell erworbenen Unternehmens) widerzuspiegeln, einschließlich der Eigenkapitalanteile, die vom formal-rechtlichen Erwerber zur Durchführung des Unternehmenszusammenschlusses ausgegeben wurden.

B26 Für die Ermittlung der durchschnittlich gewichteten Anzahl der während der Periode, in der der umgekehrte Unternehmenserwerb erfolgt, ausstehenden Stammaktien (der Nenner bei der Berechnung des Ergebnisses je Aktie)

(a) ist die Anzahl der ausstehenden Stammaktien vom Beginn dieser Periode bis zum Erwerbszeitpunkt auf der Grundlage der durchschnittlich gewichteten Anzahl der in dieser Periode ausstehenden Stammaktien des formal-rechtlich erworbenen Unternehmens (des bilanziellen Erwerbers), die mit dem im Fusionsvertrag angegebenen Tauschverhältnis multipliziert werden, zu berechnen und

reflect the legal capital of the accounting acquiree. That adjustment is required to reflect the capital of the legal parent (the accounting acquiree). Comparative information presented in those consolidated financial statements also is retroactively adjusted to reflect the legal capital of the legal parent (accounting acquiree).

Because the consolidated financial statements represent the continuation of the financial statements of the legal subsidiary except for its capital structure, the consolidated financial statements reflect: **B22**

(a) the assets and liabilities of the legal subsidiary (the accounting acquirer) recognised and measured at their precombination carrying amounts.
(b) the assets and liabilities of the legal parent (the accounting acquiree) recognised and measured in accordance with this IFRS.
(c) the retained earnings and other equity balances of the legal subsidiary (accounting acquirer) **before** the business combination.
(d) the amount recognised as issued equity interests in the consolidated financial statements determined by adding the issued equity interest of the legal subsidiary (the accounting acquirer) outstanding immediately before the business combination to the fair value of the legal parent (accounting acquiree). However, the equity structure (ie the number and type of equity interests issued) reflects the equity structure of the legal parent (the accounting acquiree), including the equity interests the legal parent issued to effect the combination. Accordingly, the equity structure of the legal subsidiary (the accounting acquirer) is restated using the exchange ratio established in the acquisition agreement to reflect the number of shares of the legal parent (the accounting acquiree) issued in the reverse acquisition.
(e) the non-controlling interest's proportionate share of the legal subsidiary's (accounting acquirer's) pre-combination carrying amounts of retained earnings and other equity interests as discussed in paragraphs B23 and B24.

Non-controlling interest

In a reverse acquisition, some of the owners of the legal acquiree (the accounting acquirer) might not exchange their equity interests for equity interests of the legal parent (the accounting acquiree). Those owners are treated as a non-controlling interest in the consolidated financial statements after the reverse acquisition. That is because the owners of the legal acquiree that do not exchange their equity interests for equity interests of the legal acquirer have an interest in only the results and net assets of the legal acquiree—not in the results and net assets of the combined entity. Conversely, even though the legal acquirer is the acquiree for accounting purposes, the owners of the legal acquirer have an interest in the results and net assets of the combined entity. **B23**

The assets and liabilities of the legal acquiree are measured and recognised in the consolidated financial statements at their pre-combination carrying amounts (see paragraph B22 (a)). Therefore, in a reverse acquisition the non-controlling interest reflects the non-controlling shareholders' proportionate interest in the pre-combination carrying amounts of the legal acquiree's net assets even if the non-controlling interests in other acquisitions are measured at their fair value at the acquisition date. **B24**

Earnings per share

As noted in paragraph B22 (d), the equity structure in the consolidated financial statements following a reverse acquisition reflects the equity structure of the legal acquirer (the accounting acquiree), including the equity interests issued by the legal acquirer to effect the business combination. **B25**

In calculating the weighted average number of ordinary shares outstanding (the denominator of the earnings per share calculation) during the period in which the reverse acquisition occurs: **B26**

(a) the number of ordinary shares outstanding from the beginning of that period to the acquisition date shall be computed on the basis of the weighted average number of ordinary shares of the legal acquiree (accounting acquirer) outstanding during the period multiplied by the exchange ratio established in the merger agreement; and

(b) ist die Anzahl der ausstehenden Stammaktien vom Erwerbszeitpunkt bis zum Ende dieser Periode gleich der tatsächlichen Anzahl der ausstehenden Stammaktien des formal-rechtlichen Erwerbers (des bilanziell erworbenen Unternehmens) während dieser Periode.

B27 Das unverwässerte Ergebnis je Aktie ist für jede Vergleichsperiode vor dem Erwerbszeitpunkt, die im Konzernabschluss nach einem umgekehrten Unternehmenserwerb dargestellt wird, zu berechnen, indem

(a) der den Stammaktionären in der jeweiligen Periode zurechenbare Gewinn oder Verlust des formal-rechtlich erworbenen Unternehmens durch

(b) die historisch durchschnittlich gewichtete Anzahl der ausstehenden Stammaktien des formal-rechtlich erworbenen Unternehmens, die mit dem im Erwerbsvertrag angegebenen Tauschverhältnis multipliziert wird, geteilt wird.

Ansatz besonderer erworbener Vermögenswerte und übernommener Schulden (Anwendung der Paragraphen 10–13)

B28–B30 [gestrichen]

Immaterielle Vermögenswerte

B31 Der Erwerber hat die in einem Unternehmenszusammenschluss erworbenen immateriellen Vermögenswerte getrennt vom Geschäfts- oder Firmenwert anzusetzen. Ein immaterieller Vermögenswert ist identifizierbar, wenn er entweder das Separierbarkeitskriterium oder das vertragliche/gesetzliche Kriterium erfüllt.

B32 Ein immaterieller Vermögenswert, der das vertragliche/gesetzliche Kriterium erfüllt, ist selbst dann identifizier bar, wenn der Vermögenswert weder übertragbar noch separierbar von dem erworbenen Unternehmen oder von anderen Rechten und Verpflichtungen ist. Zum Beispiel:

(a) [gestrichen]

(b) Ein erworbenes Unternehmen besitzt und betreibt ein Kernkraftwerk. Die Lizenz zum Betrieb dieses Kernkraftwerks stellt einen immateriellen Vermögenswert dar, der das vertragliche/gesetzliche Kriterium für einen vom Geschäfts- oder Firmenwert getrennten Ansatz selbst dann erfüllt, wenn der Erwerber ihn nicht getrennt von dem erworbenen Kernkraftwerk verkaufen oder übertragen kann. Ein Erwerber kann den beizulegenden Zeitwert der Betriebslizenz und den beizulegenden Zeitwert des Kernkraftwerks als einen einzigen Vermögenswert für die Zwecke der Rechnungslegung ausweisen, wenn die Nutzungsdauern dieser Vermögenswerte ähnlich sind.

(c) Ein erworbenes Unternehmen besitzt ein Technologiepatent. Es hat dieses Patent zur exklusiven Verwendung anderen außerhalb des heimischen Marktes in Lizenz gegeben und erhält dafür einen bestimmten Prozentsatz der künftigen ausländischen Erlöse. Sowohl das Technologiepatent als auch die damit verbundene Lizenzvereinbarung erfüllen die vertraglichen/gesetzlichen Kriterien für den vom Geschäfts- oder Firmenwert getrennten Ansatz, selbst wenn das Patent und die damit verbundene Lizenzvereinbarung nicht getrennt voneinander verkauft oder getauscht werden könnten.

B33 Das Separierbarkeitskriterium bedeutet, dass ein erworbener immaterieller Vermögenswert separierbar ist oder vom erworbenen Unternehmen getrennt und somit verkauft, übertragen, lizenziert, vermietet oder getauscht werden kann. Dies kann einzeln oder in Verbindung mit einem Vertrag, einem identifizierbaren Vermögenswert oder einer identifizierbaren Schuld erfolgen. Ein immaterieller Vermögenswert, den der Erwerber verkaufen, lizenzieren oder auf andere Weise gegen einen Wertgegenstand tauschen könnte, erfüllt das Separierbarkeitskriterium selbst dann, wenn der Erwerber nicht beabsichtigt, ihn zu verkaufen, zu lizenzieren oder auf andere Weise zu tauschen. Ein erworbener immaterieller Vermögenswert erfüllt das Separierbarkeitskriterium, wenn es Anhaltspunkte für eine Tauschtransaktion für diese Art von Vermögenswert oder einen ähnlichen Vermögenswert gibt, selbst wenn diese Transaktionen selten stattfinden und unabhängig davon, ob der Erwerber daran beteiligt ist. Kunden- und Abonnentenlisten werden zum Beispiel häufig lizenziert und erfüllen somit das Separierbarkeitskriterium. Selbst wenn ein erworbenes Unternehmen glaubt, dass seine Kundenlisten von anderen Kundenlisten abweichende Merkmale haben, so bedeutet in der Regel die Tatsache, dass Kundenlisten häufig lizenziert werden, dass die erworbene Kundenliste das Separierbarkeitskriterium erfüllt. Eine bei einem Unternehmenszusammenschluss erworbene Kundenliste würde jedoch dieses Separierbarkeitskriterium nicht erfüllen, wenn durch die Bestimmungen einer Geheimhaltungs- oder anderen Vereinbarung einem Unternehmen untersagt ist, Informationen über Kunden zu verkaufen, zu vermieten oder anderweitig auszutauschen.

B34 Ein immaterieller Vermögenswert, der alleine vom erworbenen oder zusammengeschlossenen Unternehmen nicht separierbar ist, erfüllt das Separierbarkeitskriterium, wenn er in Verbindung mit einem Vertrag, einem identifizierbaren Vermögenswert oder einer identifizierbaren Schuld separierbar ist. Zum Beispiel:

(a) Marktteilnehmer tauschen Verbindlichkeiten aus Einlagen und damit verbundene Einlegerbeziehungen als immaterielle Vermögenswerte in beobachtbaren Tauschgeschäften. Daher hat der Erwerber die Einlegerbeziehungen als immaterielle Vermögenswerte getrennt vom Geschäfts- oder Firmenwert anzusetzen.

(b) Ein erworbenes Unternehmen besitzt ein eingetragenes Warenzeichen und das dokumentierte, jedoch nicht patentierte technische Fachwissen zur Herstellung des Markenproduktes. Zur Übertragung des Eigentumsrecht an einem Warenzeichen muss der Eigentümer auch alles andere übertragen, was erforderlich ist, damit der neue Eigentümer ein Produkt herstellen oder einen Service liefern kann, das/der nicht vom Ursprünglichen zu unterscheiden ist. Da das

(b) the number of ordinary shares outstanding from the acquisition date to the end of that period shall be the actual number of ordinary shares of the legal acquirer (the accounting acquiree) outstanding during that period.

The basic earnings per share for each comparative period before the acquisition date presented in the consolidated financial statements following a reverse acquisition shall be calculated by dividing: **B27**
(a) the profit or loss of the legal acquiree attributable to ordinary shareholders in each of those periods by
(b) the legal acquiree's historical weighted average number of ordinary shares outstanding multiplied by the exchange ratio established in the acquisition agreement.

Recognising particular assets acquired and liabilities assumed (application of paragraphs 10—13)

[Deleted] **B28–B30**

Intangible assets

The acquirer shall recognise, separately from goodwill, the identifiable intangible assets acquired in a business combination. An intangible asset is identifiable if it meets either the separability criterion or the contractual-legal criterion. **B31**

An intangible asset that meets the contractual-legal criterion is identifiable even if the asset is not transferable or separable from the acquiree or from other rights and obligations. For example: **B32**
(a) [Deleted]
(b) an acquiree owns and operates a nuclear power plant. The licence to operate that power plant is an intangible asset that meets the contractual-legal criterion for recognition separately from goodwill, even if the acquirer cannot sell or transfer it separately from the acquired power plant. An acquirer may recognise the fair value of the operating licence and the fair value of the power plant as a single asset for financial reporting purposes if the useful lives of those assets are similar.
(c) an acquiree owns a technology patent. It has licensed that patent to others for their exclusive use outside the domestic market, receiving a specified percentage of future foreign revenue in exchange. Both the technology patent and the related licence agreement meet the contractual-legal criterion for recognition separately from goodwill even if selling or exchanging the patent and the related licence agreement separately from one another would not be practical.

The separability criterion means that an acquired intangible asset is capable of being separated or divided from the acquiree and sold, transferred, licensed, rented or exchanged, either individually or together with a related contract, identifiable asset or liability. An intangible asset that the acquirer would be able to sell, license or otherwise exchange for something else of value meets the separability criterion even if the acquirer does not intend to sell, license or otherwise exchange it. An acquired intangible asset meets the separability criterion if there is evidence of exchange transactions for that type of asset or an asset of a similar type, even if those transactions are infrequent and regardless of whether the acquirer is involved in them. For example, customer and subscriber lists are frequently licensed and thus meet the separability criterion. Even if an acquiree believes its customer lists have characteristics different from other customer lists, the fact that customer lists are frequently licensed generally means that the acquired customer list meets the separability criterion. However, a customer list acquired in a business combination would not meet the separability criterion if the terms of confidentiality or other agreements prohibit an entity from selling, leasing or otherwise exchanging information about its customers. **B33**

An intangible asset that is not individually separable from the acquiree or combined entity meets the separability criterion if it is separable in combination with a related contract, identifiable asset or liability. For example: **B34**
(a) market participants exchange deposit liabilities and related depositor relationship intangible assets in observable exchange transactions. Therefore, the acquirer should recognise the depositor relationship intangible asset separately from goodwill.
(b) an acquiree owns a registered trademark and documented but unpatented technical expertise used to manufacture the trademarked product. To transfer ownership of a trademark, the owner is also required to transfer everything else necessary for the new owner to produce a product or service indistinguishable from that produced by the former

nicht patentierte technische Fachwissen vom erworbenen oder zusammengeschlossenen Unternehmen separiert und verkauft werden muss, wenn das damit verbundene Warenzeichen verkauft wird, erfüllt es das Separierbarkeitskriterium.

Zurückerworbene Rechte

B35 Im Rahmen eines Unternehmenszusammenschlusses kann ein Erwerber ein Recht, einen oder mehrere bilanzierte oder nicht bilanzierte Vermögenswerte des Erwerbers zu nutzen, zurückerwerben, wenn er dieses zuvor dem erworbenen Unternehmen gewährt hatte. Zu den Beispielen für solche Rechte gehört das Recht, den Handelsnamen des Erwerbers gemäß einem Franchisevertrag zu verwenden, oder das Recht, die Technologie des Erwerbers gemäß einer Technologie-Lizenzvereinbarung zu nutzen. Ein zurückerworbenes Recht ist ein identifizierbarer immaterieller Vermögenswert, den der Erwerber getrennt vom Geschäfts- oder Firmenwert ansetzt. Paragraph 29 enthält Leitlinien für die Bewertung eines zurückerworbenen Rechts und Paragraph 55 enthält Leitlinien für die Folgebilanzierung eines zurückerworbenen Rechts.

B36 Wenn die Bedingungen des Vertrags, der Anlass für ein zurückerworbenes Recht ist, verglichen mit laufenden Markttransaktionen für dieselben oder ähnliche Sachverhalte vorteilhaft oder nachteilig sind, hat der Erwerber den Gewinn oder Verlust aus der Erfüllung zu erfassen. Paragraph B52 enthält Leitlinien für die Bewertung der Gewinne und Verluste aus dieser Erfüllung.

Belegschaft und sonstige Sachverhalte, die nicht identifizierbar sind

B37 Der Erwerber ordnet den Wert eines erworbenen immateriellen Vermögenswerts, der zum Erwerbszeitpunkt nicht identifizierbar ist, dem Geschäfts- oder Firmenwert zu. Ein Erwerber kann beispielsweise dem Bestehen einer Belegschaft – d. h. einer bestehenden Gesamtheit von Mitarbeitern, durch die der Erwerber einen erworbenen Geschäftsbetrieb vom Erwerbszeitpunkt an weiterführen kann – Wert zuweisen. Eine Belegschaft stellt nicht das intellektuelle Kapital des ausgebildeten Personals dar, also das (oft spezialisierte) Wissen und die Erfahrung, welche die Mitarbeiter eines erworbenen Unternehmens mitbringen. Da die Belegschaft kein identifizierbarer Vermögenswert ist, der getrennt vom Geschäfts- oder Firmenwert angesetzt werden kann, ist jeder ihr zuzuschreibende Wert Bestandteil des Geschäfts- oder Firmenwerts.

B38 Der Erwerber bezieht auch jeden Wert, der Posten zuzuordnen ist, die zum Erwerbszeitpunkt nicht als Vermögenswerte eingestuft werden, in den Geschäfts- oder Firmenwert mit ein. Der Erwerber kann zum Beispiel potenziellen Verträgen, über die das erworbene Unternehmen zum Erwerbszeitpunkt mit prospektiven neuen Kunden verhandelt, Wert zuweisen. Da diese potenziellen Verträge zum Erwerbszeitpunkt selbst keine Vermögenswerte sind, setzt der Erwerber sie nicht getrennt vom Geschäfts- oder Firmenwert an. Den Wert dieser Verträge am Geschäfts- oder Firmenwert sollte der Erwerber nicht später aufgrund von Ereignissen nach dem Erwerbszeitpunkt neu beurteilen. Er sollte allerdings die Tatsachen und Umstände in Zusammenhang mit kurz nach dem Erwerb eingetretenen Ereignissen beurteilen, um zu ermitteln, ob ein getrennt ansetzbarer immaterieller Vermögenswert zum Erwerbszeitpunkt existierte.

B39 Nach dem erstmaligen Ansatz bilanziert ein Erwerber immaterielle Vermögenswerte, die bei einem Unternehmenszusammenschluss erworben wurden gemäß den Bestimmungen des IAS 38 *Immaterielle Vermögenswerte.* Wie in Paragraph 3 von IAS 38 beschrieben, werden einige erworbene immaterielle Vermögenswerte nach dem erstmaligen Ansatz gemäß den Vorschriften anderer IFRS bilanziert.

B40 Die Kriterien zur Identifizierbarkeit bestimmen, ob ein immaterieller Vermögenswert getrennt vom Geschäfts- oder Firmenwert angesetzt wird. Die Kriterien dienen jedoch weder als Leitlinie für die Ermittlung des beizulegenden Zeitwerts eines immateriellen Vermögenswerts noch beschränken sie die Annahmen, die bei der Ermittlung des beizulegenden Zeitwerts eines immateriellen Vermögenswerts verwendet werden. So würde der Erwerber bei der Ermittlung des beizulegenden Zeitwerts beispielsweise die Annahmen berücksichtigen, von denen die Marktteilnehmer bei der Preisfestlegung für den immateriellen Vermögenswert ausgehen würden, wie Erwartungen hinsichtlich künftiger Vertragsverlängerungen. Für Vertragsverlängerungen selbst ist es nicht erforderlich die Kriterien der Identifizierbarkeit zu erfüllen. (Siehe jedoch Paragraph 29, wo für zurückerworbene Rechte, die bei einem Unternehmenszusammenschluss angesetzt werden, eine Ausnahme vom Grundsatz der Bewertung zum beizulegenden Zeitwert festgelegt wird.) Die Paragraphen 36 und 37 von IAS 38 enthalten Leitlinien zur Ermittlung, ob immaterielle Vermögenswerte zu einer einzelnen Bilanzierungseinheit mit anderen immateriellen oder materiellen Vermögenswerten zusammengefasst werden sollten.

Bewertung des beizulegenden Zeitwerts von besonderen identifizierbaren Vermögenswerten und einem nicht beherrschenden Anteil an einem erworbenen Unternehmen (Anwendung der Paragraphen 18 und 19)

Vermögenswerte mit unsicheren Zahlungsströmen (Wertberichtigungen)

B41 Der Erwerber hat zum Erwerbszeitpunkt keine gesonderte Wertberichtigung für Vermögenswerte zu erfassen, die bei einem Unternehmenszusammenschluss erworben und mit ihrem zum Erwerbszeitpunkt geltenden beizulegenden Zeitwert bewertet wurden, da die Auswirkungen der Unsicherheit über künftige Zahlungsströme in der Bewertung zum beizulegenden Zeitwert enthalten sind. Da dieser IFRS beispielsweise vom Erwerber verlangt, erworbene Forderungen, einschließlich Kredite, zu ihrem zum Erwerbszeitpunkt geltenden beizulegenden Zeit wert zu bewerten, erfasst er weder

owner. Because the unpatented technical expertise must be separated from the acquiree or combined entity and sold if the related trademark is sold, it meets the separability criterion.

Reacquired rights

As part of a business combination, an acquirer may reacquire a right that it had previously granted to the acquiree to use one or more of the acquirer's recognised or unrecognised assets. Examples of such rights include a right to use the acquirer's trade name under a franchise agreement or a right to use the acquirer's technology under a technology licensing agreement. A reacquired right is an identifiable intangible asset that the acquirer recognises separately from goodwill. Paragraph 29 provides guidance on measuring a reacquired right and paragraph 55 provides guidance on the subsequent accounting for a reacquired right. **B35**

If the terms of the contract giving rise to a reacquired right are favourable or unfavourable relative to the terms of current market transactions for the same or similar items, the acquirer shall recognise a settlement gain or loss. Paragraph B52 provides guidance for measuring that settlement gain or loss. **B36**

Assembled workforce and other items that are not identifiable

The acquirer subsumes into goodwill the value of an acquired intangible asset that is not identifiable as of the acquisition date. For example, an acquirer may attribute value to the existence of an assembled workforce, which is an existing collection of employees that permits the acquirer to continue to operate an acquired business from the acquisition date. An assembled workforce does not represent the intellectual capital of the skilled workforce—the (often specialised) knowledge and experience that employees of an acquiree bring to their jobs. Because the assembled workforce is not an identifiable asset to be recognised separately from goodwill, any value attributed to it is subsumed into goodwill. **B37**

The acquirer also subsumes into goodwill any value attributed to items that do not qualify as assets at the acquisition date. For example, the acquirer might attribute value to potential contracts the acquiree is negotiating with prospective new customers at the acquisition date. Because those potential contracts are not themselves assets at the acquisition date, the acquirer does not recognise them separately from goodwill. The acquirer should not subsequently reclassify the value of those contracts from goodwill for events that occur after the acquisition date. However, the acquirer should assess the facts and circumstances surrounding events occurring shortly after the acquisition to determine whether a separately recognisable intangible asset existed at the acquisition date. **B38**

After initial recognition, an acquirer accounts for intangible assets acquired in a business combination in accordance with the provisions of IAS 38 *Intangible Assets*. However, as described in paragraph 3 of IAS 38, the accounting for some acquired intangible assets after initial recognition is prescribed by other IFRSs. **B39**

The identifiability criteria determine whether an intangible asset is recognised separately from goodwill. However, the criteria neither provide guidance for measuring the fair value of an intangible asset nor restrict the assumptions used in measuring the fair value of an intangible asset. For example, the acquirer would take into account the assumptions that market participants would use when pricing the intangible asset, such as expectations of future contract renewals, in measuring fair value. It is not necessary for the renewals themselves to meet the identifiability criteria. (However, see paragraph 29, which establishes an exception to the fair value measurement principle for reacquired rights recognised in a business combination.) Paragraphs 36 and 37 of IAS 38 provide guidance for determining whether intangible assets should be combined into a single unit of account with other intangible or tangible assets. **B40**

Measuring the fair value of particular identifiable assets and a non-controlling interest in an acquire (application of paragraphs 18 and 19)

Assets with uncertain cash flows (valuation allowances)

The acquirer shall not recognise a separate valuation allowance as of the acquisition date for assets acquired in a business combination that are measured at their acquisition-date fair values because the effects of uncertainty about future cash flows are included in the fair value measure. For example, because this IFRS requires the acquirer to measure acquired receivables, including loans, at their acquisition-date fair values in accounting for a business combination, the acquirer **B41**

gesonderte Wertberichtigungen für vertragliche Zahlungsströme, die zu dem Zeitpunkt als uneinbringlich gelten, noch eine Wertberichtigung für erwartete Kreditverluste.

Vermögenswerte, die zu Operating-Leasingverhältnissen gehören, bei denen das erworbene Unternehmen der Leasinggeber ist

B42 Bei der Bewertung des zum Erwerbszeitpunkt geltenden beizulegenden Zeitwerts eines Vermögenswerts, wie eines Gebäudes oder eines Patents, das zu einem Operating-Leasingverhältnis gehört, bei dem das erworbene Unternehmen der Leasinggeber ist, hat der Erwerber die Bedingungen des Leasingverhältnisses zu berücksichtigen. Der Erwerber setzt keinen separaten Vermögenswert bzw. keine separate Schuld an, wenn die Bedingungen eines Operating-Leasingverhältnisses verglichen mit den Marktbedingungen entweder vorteilhaft oder nachteilig sind.

Vermögenswerte, die der Erwerber nicht zu nutzen beabsichtigt bzw. auf eine andere Weise zu nutzen beabsichtigt als Marktteilnehmer sie normalerweise nutzen würden

B43 Zum Schutz seiner Wettbewerbsposition oder aus anderen Gründen kann der Erwerber beabsichtigen, einen erworbenen nichtfinanziellen Vermögenswert nicht aktiv zu nutzen oder ihn nicht seiner höchst- und bestmöglichen Nutzung entsprechend zu nutzen. Dies könnte beispielsweise bei einem erworbenen immateriellen Vermögenswert aus Forschung und Entwicklung der Fall sein, für den der Erwerber eine defensive Nutzung plant, um andere an seiner Nutzung zu hindern. Der Erwerber hat den beizulegenden Zeitwert des nichtfinanziellen Vermögenswerts jedoch unter der Annahme seiner höchst- und bestmöglichen Nutzung durch Marktteilnehmer der angemessenen Bewertungsprämisse entsprechend sowohl beim erstmaligen Ansatz als auch bei der Ermittlung des beizulegenden Zeitwerts abzüglich Kosten des Abgangs für Prüfungen auf Wertminderung im Rahmen der Folgebewertung zu ermitteln.

Nicht beherrschende Anteile an einem erworbenen Unternehmen

B44 Durch diesen IFRS kann ein nicht beherrschender Anteil an einem erworbenen Unternehmen mit seinem beizulegenden Zeitwert zum Erwerbszeitpunkt bewertet werden. Manchmal kann ein Erwerber den zum Erwerbszeitpunkt geltenden beizulegenden Zeitwert eines nicht beherrschenden Anteils auf der Grundlage eines an einem aktiven Markt notierten Preises der (d. h. der nicht vom Erwerber gehaltenen) Kapitalanteile bestimmen. In anderen Fällen steht ein an einem aktiven Markt notierter Preis für die Kapitalanteile jedoch nicht zur Verfügung. In einem solchen Fall würde der Erwerber den beizulegenden Zeitwert der nicht beherrschenden Anteile anhand anderer Bewertungsverfahren ermitteln.

B45 Die beizulegenden Zeitwerte der Anteile des Erwerbers an dem erworbenen Unternehmen und der nicht beherrschenden Anteile können auf einer Basis je Anteil voneinander abweichen. Der Hauptunterschied liegt wahrscheinlich darin, dass für die Beherrschung ein Aufschlag auf den beizulegenden Zeitwert je Anteil des Anteils des Erwerbers an dem erworbenen Unternehmen berücksichtigt wird oder umgekehrt für das Fehlen der Beherrschung ein Abschlag (auch als ein Minderheitsabschlag bezeichnet) auf den beizulegenden Zeitwert je Anteil des nicht beherrschenden Anteils berücksichtigt wird, falls Marktteilnehmer einen solchen Auf- oder Abschlag bei der Preisfestlegung für den nicht beherrschenden Anteil berücksichtigen würden.

Bewertung des Geschäfts- oder Firmenwerts oder eines Gewinns aus einem Erwerb zu einem Preis unter Marktwert

Bewertung des zum Erwerbszeitpunkt geltenden beizulegenden Zeitwerts der Anteile des Erwerbers an dem erworbenen Unternehmen unter Einsatz von Bewertungsverfahren (Anwendung des Paragraphen 33)

B46 Bei einem Unternehmenszusammenschluss, der ohne Übertragung einer Gegenleistung vollzogen wurde, muss der Erwerber zur Bewertung des Geschäfts- oder Firmenwerts oder eines Gewinns aus einem Erwerb zu einem Preis unter Marktwert anstelle des zum Erwerbszeitpunkt geltenden beizulegenden Zeitwerts der übertragenen Gegenleistung den zum Erwerbszeitpunkt geltenden beizulegenden Zeitwert seines Anteils an dem erworbenen Unternehmen nutzen (siehe Paragraphen 32–34).

Besondere Berücksichtigung bei der Anwendung der Erwerbsmethode auf den Zusammenschluss von Gegenseitigkeitsunternehmen (Anwendung des Paragraphen 33)

B47 Wenn sich zwei Gegenseitigkeitsunternehmen zusammenschließen, kann der beizulegende Zeitwert des Eigenkapital- oder Geschäftsanteils an dem erworbenen Unternehmen (oder der beizulegende Zeitwert des erworbenen Unternehmens) verlässlicher bestimmbar sein als der beizulegende Zeitwert der vom Erwerber übertragenen Geschäftsanteile. In einem solchen Fall hat der Erwerber nach Paragraph 33 den Geschäfts- oder Firmenwert zu ermitteln, indem er anstatt des zum Erwerbszeitpunkt geltenden beizulegenden Zeitwerts der als Gegenleistung übertragenen Eigenkapitalanteile des Erwerbers den zum Erwerbszeitpunkt geltenden beizulegenden Zeitwert der Eigenkapitalanteile des erworbenen Unternehmens verwendet. Darüber hinaus hat ein Erwerber bei einem Zusammenschluss von Gegenseitigkeitsunternehmen das Nettovermögen des erworbenen Unternehmens als eine unmittelbare Hinzufügung zum Kapital oder Eigenkapital in seiner Kapitalflussrechnung auszuweisen und nicht als eine Hinzufügung zu Gewinnrücklagen, was der Art entspräche, wie andere Arten von Unternehmen die Erwerbsmethode anwenden.

does not recognise a separate valuation allowance for the contractual cash flows that are deemed to be uncollectible at that date or a loss allowance for expected credit losses.

Assets subject to operating leases in which the acquiree is the lessor

In measuring the acquisition-date fair value of an asset such as a building or a patent that is subject to an operating lease in which the acquiree is the lessor, the acquirer shall take into account the terms of the lease. The acquirer does not recognise a separate asset or liability if the terms of an operating lease are either favourable or unfavourable when compared with market terms. B42

Assets that the acquirer intends not to use or to use in a way that is different from the way other market participants would use them

To protect its competitive position, or for other reasons, the acquirer may intend not to use an acquired non-financial asset, or it may not intend to use the asset according to its highest and best use. For example, that might be the case for an acquired research and development intangible asset that the acquirer plans to use defensively by preventing others from using it. Nevertheless, the acquirer shall measure the fair value of the non-financial asset assuming its highest and best use by market participants in accordance with the appropriate valuation premise, both initially and when measuring fair value less costs of disposal for subsequent impairment testing. B43

Non-controlling interest in an acquiree

This IFRS allows the acquirer to measure a non-controlling interest in the acquiree at its fair value at the acquisition date. Sometimes an acquirer will be able to measure the acquisition-date fair value of a non-controlling interest on the basis of a quoted price in an active market for the equity shares (ie those not held by the acquirer). In other situations, however, a quoted price in an active market for the equity shares will not be available. In those situations, the acquirer would measure the fair value of the non-controlling interest using another valuation techniques. B44

The fair values of the acquirer's interest in the acquiree and the non-controlling interest on a per-share basis might differ. The main difference is likely to be the inclusion of a control premium in the per-share fair value of the acquirer's interest in the acquiree or, conversely, the inclusion of a discount for lack of control (also referred to as a non-controlling interest discount) in the per-share fair value of the non-controlling interest if market participants would take into account such a premium or discount when pricing the non-controlling interest. B45

Measuring goodwill or a gain from a bargain purchase

Measuring the acquisition-date fair value of the acquirer's interest in the acquiree using valuation techniques (application of paragraph 33)

In a business combination achieved without the transfer of consideration, the acquirer must substitute the acquisition-date fair value of its interest in the acquiree for the acquisition-date fair value of the consideration transferred to measure goodwill or a gain on a bargain purchase (see paragraphs 32—34). B46

Special considerations in applying the acquisition method to combinations of mutual entities (application of paragraph 33)

When two mutual entities combine, the fair value of the equity or member interests in the acquiree (or the fair value of the acquiree) may be more reliably measurable than the fair value of the member interests transferred by the acquirer. In that situation, paragraph 33 requires the acquirer to determine the amount of goodwill by using the acquisition-date fair value of the acquiree's equity interests instead of the acquisition-date fair value of the acquirer's equity interests transferred as consideration. In addition, the acquirer in a combination of mutual entities shall recognise the acquiree's net assets as a direct addition to capital or equity in its statement of financial position, not as an addition to retained earnings, which is consistent with the way in which other types of entities apply the acquisition method. B47

B48 Obgleich in vielerlei Hinsicht anderen Geschäftsbetrieben ähnlich, haben Gegenseitigkeitsunternehmen besondere Eigenschaften, die vor allem darauf beruhen, dass ihre Mitglieder sowohl Kunden als auch Eigentümer sind. Mitglieder von Gegenseitigkeitsunternehmen erwarten im Allgemeinen, dass sie Nutzen aus ihrer Mitgliedschaft ziehen, häufig in Form von ermäßigten Gebühren auf Güter oder Dienstleistungen oder Gewinnausschüttungen an Mitglieder. Der Anteil der Gewinnausschüttungen an Mitglieder, der jedem einzelnen Mitglied zugeteilt ist, basiert oft auf dem Anteil der Geschäfte, die ein Mitglied im Laufe des Jahres mit dem Gegenseitigkeitsunternehmen getätigt hat.

B49 Die Ermittlung des beizulegenden Zeitwerts eines Gegenseitigkeitsunternehmens sollte die Annahmen umfassen, welche die Marktteilnehmer über den künftigen Nutzen für die Mitglieder machen würden, sowie alle anderen relevanten Annahmen, welche die Marktteilnehmer über das Gegenseitigkeitsunternehmen machen würden. So kann zur Ermittlung des beizulegenden Zeitwerts eines Gegenseitigkeitsunternehmens beispielsweise ein Barwert-Verfahren verwendet werden. Die als in das Modell einfließenden Parameter verwendeten Zahlungsströme sollten auf den erwarteten Zahlungsströmen des Gegenseitigkeitsunternehmens beruhen, welche wahrscheinlich auch die Reduzierungen aufgrund von Leistungen an Mitglieder, wie ermäßigte Gebühren auf Güter und Dienstleistungen widerspiegeln.

Bestimmung des Umfangs eines Unternehmenszusammenschlusses (Anwendung der Paragraphen 51 und 52)

B50 Bei der Ermittlung, ob eine Transaktion Teil eines Tausches für ein erworbenes Unternehmen ist oder ob die Transaktion getrennt vom Unternehmenszusammenschluss zu betrachten ist, hat der Erwerber die folgenden Faktoren, die weder in Verbindung miteinander exklusiv noch einzeln entscheidend sind, zu berücksichtigen:

(a) **Die Gründe für die Transaktion**– Wenn man versteht, warum die sich zusammenschließenden Parteien (der Erwerber und das erworbene Unternehmen und dessen Eigentümer, Direktoren und Manager sowie deren Vertreter) eine bestimmte Transaktion eingegangen sind oder eine Vereinbarung geschlossen haben, kann dies einen Einblick dahingehend geben, ob diese Teil der übertragenen Gegenleistung und der erworbenen Vermögenswerte oder übernommenen Schulden ist. Wenn eine Transaktion beispielsweise in erster Linie zum Nutzen des Erwerbers oder des zusammengeschlossenen Unternehmens und nicht in erster Linie zum Nutzen des erworbenen Unternehmens oder dessen früheren Eigentümern vor dem Zusammenschluss erfolgt, ist es unwahrscheinlich, dass dieser Teil des gezahlten Transaktionspreises (und alle damit verbundenen Vermögenswerte oder Schulden) zum Tauschgeschäft für das erworbene Unternehmen gehört. Dementsprechend würde der Erwerber diesen Teil getrennt vom Unternehmenszusammenschluss bilanzieren.

(b) **Wer hat die Transaktion eingeleitet**– Wenn man versteht, wer die Transaktion eingeleitet hat, kann dies auch einen Einblick geben, ob sie Teil des Tauschgeschäfts für das erworbene Unternehmen ist. Eine Transaktion oder ein anderes Ereignis, das beispielsweise vom Erwerber eingeleitet wurde, ist eventuell mit dem Ziel eingegangen worden, dem Erwerber oder dem zusammengeschlossenen Unternehmen künftigen wirtschaftlichen Nutzen zu bringen, wobei das erworbene Unternehmen oder dessen Eigentümer vor dem Zusammenschluss wenig oder keinen Nutzen daraus erhalten haben. Andererseits wird eine vom erworbenen Unternehmen oder dessen früheren Eigentümern eingeleitete Transaktion oder Vereinbarung wahrscheinlich weniger zugunsten des Erwerbers oder des zusammengeschlossenen Unternehmens sein sondern eher Teil der Transaktion des Unternehmenszusammenschlusses sein.

(c) **Der Zeitpunkt der Transaktion**– Der Zeitpunkt der Transaktion kann auch einen Einblick geben, ob sie Teil des Tausches für das erworbene Unternehmen ist. Eine Transaktion zwischen dem Erwerber und dem erworbenen Unternehmen, die zum Beispiel während der Verhandlungen bezüglich der Bedingungen des Unternehmenszusammenschlusses stattfindet, kann mit der Absicht des Unternehmenszusammenschlusses eingegangen worden sein, um dem Erwerber und dem zusammengeschlossenen Unternehmen zukünftigen wirtschaftlichen Nutzen zu bringen. In diesem Falle ziehen das erworbene Unternehmen oder dessen Eigentümer vor dem Unternehmenszusammenschluss wenig oder keinen Nutzen aus der Transaktion mit Ausnahme der Leistungen, die sie im Rahmen des zusammengeschlossenen Unternehmens erhalten.

Tatsächliche Erfüllung einer zuvor bestehenden Beziehung zwischen dem Erwerber und dem erworbenen Unternehmen bei einem Unternehmenszusammenschluss (Anwendung des Paragraphen 52 (a))

B51 Der Erwerber und das erworbene Unternehmen können eine Beziehung haben, die bereits bestand, bevor sie einen Unternehmenszusammenschluss beabsichtigten, hier als „zuvor bestehende Beziehung" bezeichnet. Eine zuvor bestehende Beziehung zwischen dem Erwerber und dem erworbenen Unternehmen kann vertraglicher Natur (zum Beispiel: Verkäufer und Kunde oder Lizenzgeber und Lizenznehmer) oder nicht vertraglicher Natur (zum Beispiel: Kläger und Beklagter) sein.

B52 Wenn der Unternehmenszusammenschluss tatsächlich eine zuvor bestehende Beziehung erfüllt, erfasst der Erwerber einen Gewinn bzw. Verlust, der wie folgt bestimmt wird:

(a) für eine zuvor bestehende nicht vertragliche Beziehung (wie einen Rechtsstreit): mit dem beizulegenden Zeitwert,

(b) für eine zuvor bestehende vertragliche Beziehung: mit dem niedrigeren der Beträge unter (i) und (ii):

   (i) der Betrag, zu dem der Vertrag aus Sicht des Erwerbers vorteilhaft oder nachteilig im Vergleich mit den Bedingungen für aktuelle Markttransaktionen derselben oder ähnlichen Sachverhalte ist. (Ein nachteiliger

Although they are similar in many ways to other businesses, mutual entities have distinct characteristics that arise primarily because their members are both customers and owners. Members of mutual entities generally expect to receive benefits for their membership, often in the form of reduced fees charged for goods and services or patronage dividends. The portion of patronage dividends allocated to each member is often based on the amount of business the member did with the mutual entity during the year. B48

A fair value measurement of a mutual entity should include the assumptions that market participants would make about future member benefits as well as any other relevant assumptions market participants would make about the mutual entity. For example, a present value technique may be used to measure the fair value of a mutual entity. The cash flows used as inputs to the model should be based on the expected cash flows of the mutual entity, which are likely to reflect reductions for member benefits, such as reduced fees charged for goods and services. B49

Determining what is part of the business combination transaction (application of paragraphs 51 and 52)

The acquirer should consider the following factors, which are neither mutually exclusive nor individually conclusive, to determine whether a transaction is part of the exchange for the acquiree or whether the transaction is separate from the business combination: B50

(a) **the reasons for the transaction**—Understanding the reasons why the parties to the combination (the acquirer and the acquiree and their owners, directors and managers—and their agents) entered into a particular transaction or arrangement may provide insight into whether it is part of the consideration transferred and the assets acquired or liabilities assumed. For example, if a transaction is arranged primarily for the benefit of the acquirer or the combined entity rather than primarily for the benefit of the acquiree or its former owners before the combination, that portion of the transaction price paid (and any related assets or liabilities) is less likely to be part of the exchange for the acquiree. Accordingly, the acquirer would account for that portion separately from the business combination.

(b) **who initiated the transaction**—Understanding who initiated the transaction may also provide insight into whether it is part of the exchange for the acquiree. For example, a transaction or other event that is initiated by the acquirer may be entered into for the purpose of providing future economic benefits to the acquirer or combined entity with little or no benefit received by the acquiree or its former owners before the combination. On the other hand, a transaction or arrangement initiated by the acquiree or its former owners is less likely to be for the benefit of the acquirer or the combined entity and more likely to be part of the business combination transaction.

(c) **the timing of the transaction**—The timing of the transaction may also provide insight into whether it is part of the exchange for the acquiree. For example, a transaction between the acquirer and the acquiree that takes place during the negotiations of the terms of a business combination may have been entered into in contemplation of the business combination to provide future economic benefits to the acquirer or the combined entity. If so, the acquiree or its former owners before the business combination are likely to receive little or no benefit from the transaction except for benefits they receive as part of the combined entity.

Effective settlement of a pre-existing relationship between the acquirer and acquiree in a business combination (application of paragraph 52 (a))

The acquirer and acquiree may have a relationship that existed before they contemplated the business combination, referred to here as a 'pre-existing relationship'. A pre-existing relationship between the acquirer and acquiree may be contractual (for example, vendor and customer or licensor and licensee) or non-contractual (for example, plaintiff and defendant). B51

If the business combination in effect settles a pre-existing relationship, the acquirer recognises a gain or loss, measured as follows: B52

(a) for a pre-existing non-contractual relationship (such as a lawsuit), fair value.

(b) for a pre-existing contractual relationship, the lesser of (i) and (ii):

  (i) the amount by which the contract is favourable or unfavourable from the perspective of the acquirer when compared with terms for current market transactions for the same or similar items. (An unfavourable contract

Vertrag ist ein Vertrag, der gemessen an den aktuellen Marktbedingungen nachteilig ist. Es handelt sich hierbei nicht unbedingt um einen belastenden Vertrag, bei dem die unvermeidbaren Kosten zur Erfüllung der vertraglichen Verpflichtungen höher sind als der erwartete wirtschaftliche Nutzen).

(ii) der in den Erfüllungsbedingungen des Vertrags genannte Betrag, der für die andere Vertragspartei, als die, für die der Vertrag nachteilig ist, durchsetzbar ist.

Wenn (ii) geringer als (i) ist, ist der Unterschied Bestandteil der Bilanzierung des Unternehmenszusammenschlusses. Der Betrag des erfassten Gewinns bzw. Verlusts kann teilweise davon abhängen, ob der Erwerber zuvor einen damit verbundenen Vermögenswert oder eine Schuld angesetzt hatte, und der ausgewiesene Gewinn oder Verlust kann daher von dem unter Anwendung der obigen Vorschriften berechneten Betrag abweichen.

B53 Bei einer zuvor bestehenden Beziehung kann es sich um einen Vertrag handeln, den der Erwerber als ein zurückerworbenes Recht ausweist. Wenn der Vertrag Bedingungen enthält, die im Vergleich zu den Preisen derselben oder ähnlicher Sachverhalte bei aktuellen Markttransaktionen vorteilhaft oder nachteilig sind, erfasst der Erwerber getrennt vom Unternehmenszusammenschluss einen Gewinn bzw. Verlust für die tatsächliche Erfüllung des Vertrags, der gemäß Paragraph B52 bewertet wird.

Vereinbarungen über bedingte Zahlungen an Mitarbeiter oder verkaufende Anteilseigner (Anwendung des Paragraphen 52 (b))

B54 Ob Vereinbarungen über bedingte Zahlungen an Mitarbeiter oder verkaufende Anteilseigner als bedingte Gegenleistung bei einem Unternehmenszusammenschluss gelten oder als separate Transaktionen angesehen werden, hängt von der Art der Vereinbarungen ab. Zur Beurteilung der Art der Vereinbarung kann es hilfreich sein, die Gründe zu verstehen, warum der Erwerbsvertrag eine Bestimmung für bedingte Zahlungen enthält, wer den Vertrag eingeleitet hat und wann die Vertragsparteien den Vertrag geschlossen haben.

B55 Wenn nicht klar ist, ob eine Vereinbarung über Zahlungen an Mitarbeiter oder verkaufende Anteilseigner zum Tausch gegen das erworbene Unternehmen gehört oder eine vom Unternehmenszusammenschluss separate Transaktion ist, hat der Erwerber die folgenden Hinweise zu beachten:

(a) *Fortgesetzte Beschäftigung*– Die Bedingungen der fortgesetzten Beschäftigung der verkaufenden Anteilseigner, die Mitarbeiter in Schlüsselpositionen werden, können ein Indikator für den wirtschaftlichen Gehalt einer bedingten Entgeltvereinbarung sein. Die entsprechenden Bedingungen einer fortgesetzten Beschäftigung können in einem Anstellungsvertrag, Erwerbsvertrag oder sonstigem Dokument enthalten sein. Eine bedingte Entgeltvereinbarung, in der die Zahlungen bei einer Beendigung des Beschäftigungsverhältnisses automatisch verfallen, ist als eine Vergütung für Arbeitsleistungen nach dem Zusammenschluss anzusehen. Vereinbarungen, in denen die bedingten Zahlungen nicht von einer Beendigung des Beschäftigungsverhältnisses beeinflusst sind, können darauf hinweisen, dass es sich bei den bedingten Zahlungen um eine zusätzliche Gegenleistung und nicht um eine Vergütung handelt.

(b) *Dauer der fortgesetzten Beschäftigung*– Wenn die Dauer der erforderlichen Beschäftigung mit der Dauer der bedingten Zahlung übereinstimmt oder länger als diese ist, dann weist diese Tatsache darauf hin, dass die bedingten Zahlungen in der Substanz eine Vergütung darstellen.

(c) *Vergütungshöhe*– Situationen, in denen die Vergütung von Mitarbeitern mit Ausnahme der bedingten Zahlungen ein angemessenes Niveau im Verhältnis zu den anderen Mitarbeitern in Schlüsselpositionen im zusammengeschlossenen Unternehmen einnimmt, können darauf hinweisen, dass die bedingten Zahlungen als zusätzliche Gegenleistung und nicht als Vergütung betrachtet werden.

(d) *Zusätzliche Zahlungen an Mitarbeiter*– Wenn verkaufende Anteilseigner, die nicht zu Mitarbeitern werden, niedrigere bedingte Zahlungen auf einer Basis je Anteil erhalten als verkaufende Anteilseigner, die Mitarbeiter des zusammengeschlossenen Unternehmens werden, kann dies darauf hinweisen, dass der zusätzliche Betrag der bedingten Zahlungen an die verkaufenden Anteilseigner, die Mitarbeiter werden, als Vergütung zu betrachten ist.

(e) *Anzahl der im Besitz befindlichen Anteile*– Die relative Anzahl der sich im Besitz der verkaufenden Anteilseigner, die Mitarbeiter in Schlüsselpositionen bleiben, befindlichen Anteile weisen eventuell auf den wirtschaftlichen Gehalt einer bedingten Entgeltvereinbarung hin. Wenn beispielsweise die verkaufenden Anteilseigner, die weitgehend alle Anteile an dem erworbenen Unternehmen hielten, weiterhin Mitarbeiter in Schlüsselpositionen sind, kann dies darauf hinweisen, dass die Vereinbarung ihrem wirtschaftlichem Gehalt nach eine Vereinbarung mit Gewinnbeteiligung ist, die beabsichtigt, Vergütungen für Dienstleistungen nach dem Zusammenschluss zu geben. Wenn verkaufende Anteilseigner, die weiterhin Mitarbeiter in Schlüsselpositionen bleiben, im Gegensatz nur eine kleine Anzahl von Anteilen des erworbenen Unternehmens besaßen, und alle verkaufenden Anteilseigner denselben Betrag der bedingten Gegenleistung auf einer Basis je Anteil erhalten, kann dies darauf hinweisen, dass die bedingten Zahlungen eine zusätzliche Gegenleistung darstellen. Parteien, die vor dem Erwerb Eigentumsanteile hielten und mit verkaufenden Anteilseignern, die weiterhin Mitarbeiter in Schlüsselpositionen sind, in Verbindung stehen, z. B. Familienmitglieder, sind ebenfalls zu berücksichtigen.

(f) *Verbindung zur Bewertung*– Wenn die ursprüngliche Gegenleistung, die zum Erwerbszeitpunkt übertragen wird, auf dem niedrigen Wert innerhalb einer Bandbreite, die bei der Bewertung des erworbenen Unternehmens erstellt wurde, basiert und die bedingte Formel sich auf diesen Bewertungsansatz bezieht, kann dies darauf hindeuten, dass die bedingten Zahlungen eine zusätzliche Gegenleistung darstellen. Wenn die Formel für die bedingte Zahlung

is a contract that is unfavourable in terms of current market terms. It is not necessarily an onerous contract in which the unavoidable costs of meeting the obligations under the contract exceed the economic benefits expected to be received under it.)

(ii) the amount of any stated settlement provisions in the contract available to the counterparty to whom the contract is unfavourable.

If (ii) is less than (i), the difference is included as part of the business combination accounting.

The amount of gain or loss recognised may depend in part on whether the acquirer had previously recognised a related asset or liability, and the reported gain or loss therefore may differ from the amount calculated by applying the above requirements.

A pre-existing relationship may be a contract that the acquirer recognises as a reacquired right. If the contract includes terms that are favourable or unfavourable when compared with pricing for current market transactions for the same or similar items, the acquirer recognises, separately from the business combination, a gain or loss for the effective settlement of the contract, measured in accordance with paragraph B52. **B53**

Arrangements for contingent payments to employees or selling shareholders (application of paragraph 52 (b))

Whether arrangements for contingent payments to employees or selling shareholders are contingent consideration in the business combination or are separate transactions depends on the nature of the arrangements. Understanding the reasons why the acquisition agreement includes a provision for contingent payments, who initiated the arrangement and when the parties entered into the arrangement may be helpful in assessing the nature of the arrangement. **B54**

If it is not clear whether an arrangement for payments to employees or selling shareholders is part of the exchange for the acquiree or is a transaction separate from the business combination, the acquirer should consider the following indicators: **B55**

(a) *Continuing employment*—The terms of continuing employment by the selling shareholders who become key employees may be an indicator of the substance of a contingent consideration arrangement. The relevant terms of continuing employment may be included in an employment agreement, acquisition agreement or some other document. A contingent consideration arrangement in which the payments are automatically forfeited if employment terminates is remuneration for post-combination services. Arrangements in which the contingent payments are not affected by employment termination may indicate that the contingent payments are additional consideration rather than remuneration.

(b) *Duration of continuing employment*—If the period of required employment coincides with or is longer than the contingent payment period, that fact may indicate that the contingent payments are, in substance, remuneration.

(c) *Level of remuneration*—Situations in which employee remuneration other than the contingent payments is at a reasonable level in comparison with that of other key employees in the combined entity may indicate that the contingent payments are additional consideration rather than remuneration.

(d) *Incremental payments to employees*—If selling shareholders who do not become employees receive lower contingent payments on a per-share basis than the selling shareholders who become employees of the combined entity, that fact may indicate that the incremental amount of contingent payments to the selling shareholders who become employees is remuneration.

(e) *Number of shares owned*—The relative number of shares owned by the selling shareholders who remain as key employees may be an indicator of the substance of the contingent consideration arrangement. For example, if the selling shareholders who owned substantially all of the shares in the acquiree continue as key employees, that fact may indicate that the arrangement is, in substance, a profit-sharing arrangement intended to provide remuneration for post-combination services. Alternatively, if selling shareholders who continue as key employees owned only a small number of shares of the acquiree and all selling shareholders receive the same amount of contingent consideration on a per-share basis, that fact may indicate that the contingent payments are additional consideration. The pre-acquisition ownership interests held by parties related to selling shareholders who continue as key employees, such as family members, should also be considered.

(f) *Linkage to the valuation*—If the initial consideration transferred at the acquisition date is based on the low end of a range established in the valuation of the acquiree and the contingent formula relates to that valuation approach, that fact may suggest that the contingent payments are additional consideration. Alternatively, if the contingent payment

hingegen mit vorherigen Vereinbarungen mit Gewinnbeteiligung im Einklang ist, kann dies drauf hindeuten, dass der wirtschaftliche Gehalt der Vereinbarung darin besteht, Vergütungen zu zahlen.

(g) *Formel zur Ermittlung der Gegenleistung*– Die zur Ermittlung der bedingten Zahlung verwendete Formel kann hilfreich bei der Beurteilung des wirtschaftlichen Gehalts der Vereinbarung sein. Wenn beispielsweise eine bedingte Zahlung auf der Grundlage verschiedener Ergebnisse ermittelt wird, kann dies darauf hindeuten, dass die Verpflichtung beim Unternehmenszusammenschluss eine bedingte Gegenleistung ist, und dass mit der Formel beabsichtigt wird, den beizulegenden Zeitwert des erworbenen Unternehmens festzulegen oder zu überprüfen. Eine bedingte Zahlung, die ein bestimmter Prozentsatz des Ergebnisses ist, kann hingegen darauf hindeuten, dass die Verpflichtung gegenüber Mitarbeitern eine Vereinbarung mit Gewinnbeteiligung ist, um Mitarbeiter für ihre erbrachten Arbeitsleistungen zu entlohnen.

(h) *Sonstige Vereinbarungen und Themen*– Die Bedingungen anderer Vereinbarungen mit verkaufenden Anteilseignern (wie wettbewerbsbeschränkende Vereinbarungen, noch zu erfüllende Verträge, Beratungsverträge und Immobilien-Leasingverträge) sowie die Behandlung von Einkommensteuern auf bedingte Zahlungen können darauf hinweisen, dass bedingte Zahlungen etwas anderem zuzuordnen sind als der Gegenleistung für das erworbene Unternehmen. In Verbindung mit dem Erwerb kann der Erwerber beispielsweise einen Immobilien-Leasingvertrag mit einem bedeutsamen verkaufenden Anteilseigner schließen. Wenn die im Leasingvertrag angegebenen Leasingzahlungen wesentlich unter dem Marktpreis liegen, können einige oder alle bedingten Zahlungen an den Leasinggeber (den verkaufenden Anteilseigner), die aufgrund einer separaten Vereinbarung für bedingte Zahlungen vorgeschrieben sind, dem wirtschaftlichen Gehalt nach Zahlungen für die Nutzung der geleasten Immobilie sein, die der Erwerber in seinem Abschluss nach dem Zusammenschluss getrennt ansetzt. Wenn hingegen im Leasingvertrag Leasingzahlungen gemäß den Marktbedingungen für diese geleaste Immobilie spezifiziert sind, kann die Vereinbarung für bedingte Zahlungen an den verkaufenden Anteilseigner als eine bedingte Gegenleistung bei dem Unternehmenszusammenschluss betrachtet werden.

Die anteilsbasierten Vergütungsprämien des Erwerbers werden gegen die von den Mitarbeitern des erworbenen Unternehmens gehaltenen Prämien ausgetauscht (Anwendung des Paragraphen 52 (b))

B56 Ein Erwerber kann seine anteilsbasierten Vergütungsprämien[1] (Ersatzprämien) gegen Prämien, die von Mitarbeitern des erworbenen Unternehmens gehalten werden, tauschen. Der Tausch von Anteilsoptionen oder anderen anteilsbasierten Vergütungsprämien in Verbindung mit einem Unternehmenszusammenschluss wird als Änderung der anteilsbasierten Vergütungsprämien gemäß IFRS 2 *Anteilsbasierte Vergütung* bilanziert. Wenn der Erwerber die Prämien des erworbenen Unternehmens ersetzt, ist entweder der gesamte marktbasierte Wert der Ersatzprämien des Erwerbers oder ein Teil davon in die Bewertung der bei dem Unternehmenszusammenschluss übertragenen Gegenleistung miteinzubeziehen. Leitlinien für die Zuordnung des marktbasierten Werts sind in den Paragraphen B57–B62 enthalten. In Fällen, in denen Prämien des erworbenen Unternehmens infolge eines Unternehmenszusammenschlusses verfallen würden und der Erwerber diese Prämien – auch wenn er nicht dazu verpflichtet ist – ersetzt, ist der gesamte marktbasierte Wert der Ersatzprämien im Abschluss nach dem Zusammenschluss allerdings als Vergütungsaufwand gemäß IFRS 2 auszuweisen. Das bedeutet, dass keiner der marktbasierten Werte dieser Prämien in die Bewertung der beim Unternehmenszusammenschluss übertragenen Gegenleistung einzubeziehen ist. Der Erwerber ist verpflichtet, die Prämien des erworbenen Unternehmens zu ersetzen, wenn das erworbene Unternehmen oder dessen Mitarbeiter die Möglichkeit haben, den Ersatz geltend zu machen. Zwecks Anwendung dieser Leitlinien ist der Erwerber beispielsweise verpflichtet, die Prämien des erworbenen Unternehmens zu ersetzen, wenn dies verlangt wird in

(a) den Bedingungen der Erwerbsvereinbarung,
(b) den Bedingungen der Prämien des erworbenen Unternehmens oder
(c) den anwendbaren Gesetzen oder Verordnungen.

B57 Um den Anteil einer Ersatzprämie, der Teil der für das erworbene Unternehmen übertragenen Gegenleistung ist, und den Anteil, der als Vergütung für Arbeitsleistungen nach dem Zusammenschluss verwendet wird, zu bestimmen, hat der Erwerber sowohl seine gewährten Ersatzprämien als auch die Prämien des erworbenen Unternehmens zum Erwerbszeitpunkt gemäß IFRS 2 zu bestimmen. Der Anteil des marktbasierten Werts der Ersatzprämien, der Teil der übertragenen Gegenleistung im Tausch gegen das erworbene Unternehmen ist, entspricht dem Anteil der Prämien des erworbenen Unternehmens, der den Arbeitsleistungen vor dem Zusammenschluss zuzuordnen ist.

B58 Der Anteil der Ersatzprämie, der den Arbeitsleistungen vor dem Zusammenschluss zuzuordnen ist, ist der marktbasierte Wert der Prämie des erworbenen Unternehmens, multipliziert mit dem Verhältnis des Anteils des abgeleisteten Erdienungszeitraums zum höheren der beiden folgenden Werte: dem gesamten Erdienungszeitraum oder dem ursprünglichen Erdienungszeitraum der vom erworbenen Unternehmen gewährten Prämie. Der Erdienungszeitraum ist der Zeitraum, in dem alle festgelegten Ausübungsbedingungen erfüllt werden müssen. Ausübungsbedingungen sind in IFRS 2 definiert.

1 In den Paragraphen B56–B62 bezieht sich der Begriff „anteilsbasierte Vergütungsprämien“ auf ausübbare bzw. verfallbare anteilsbasierte Vergütungen.

formula is consistent with prior profit-sharing arrangements, that fact may suggest that the substance of the arrangement is to provide remuneration.

(g) *Formula for determining consideration*—The formula used to determine the contingent payment may be helpful in assessing the substance of the arrangement. For example, if a contingent payment is determined on the basis of a multiple of earnings, that might suggest that the obligation is contingent consideration in the business combination and that the formula is intended to establish or verify the fair value of the acquiree. In contrast, a contingent payment that is a specified percentage of earnings might suggest that the obligation to employees is a profit-sharing arrangement to remunerate employees for services rendered.

(h) *Other agreements and issues*—The terms of other arrangements with selling shareholders (such as agreements not to compete, executory contracts, consulting contracts and property lease agreements) and the income tax treatment of contingent payments may indicate that contingent payments are attributable to something other than consideration for the acquiree. For example, in connection with the acquisition, the acquirer might enter into a property lease arrangement with a significant selling shareholder. If the lease payments specified in the lease contract are significantly below market, some or all of the contingent payments to the lessor (the selling shareholder) required by a separate arrangement for contingent payments might be, in substance, payments for the use of the leased property that the acquirer should recognise separately in its post-combination financial statements. In contrast, if the lease contract specifies lease payments that are consistent with market terms for the leased property, the arrangement for contingent payments to the selling shareholder may be contingent consideration in the business combination.

Acquirer share-based payment awards exchanged for awards held by the acquiree's employees (application of paragraph 52 (b))

An acquirer may exchange its share-based payment awards[1] (replacement awards) for awards held by employees of the acquiree. Exchanges of share options or other share-based payment awards in conjunction with a business combination are accounted for as modifications of share-based payment awards in accordance with IFRS 2 *Share-based Payment*. If the acquirer replaces the acquiree awards, either all or a portion of the market-based measure of the acquirer's replacement awards shall be included in measuring the consideration transferred in the business combination. Paragraphs B57—B62 provide guidance on how to allocate the market-based measure. **B56**

However, in situations, in which acquiree awards would expire as a consequence of a business combination and if the acquirer replaces those awards when it is not obliged to do so, all of the market-based measure of the replacement awards shall be recognised as remuneration cost in the post-combination financial statements in accordance with IFRS 2. That is to say, none of the market-based measure of those awards shall be included in measuring the consideration transferred in the business combination. The acquirer is obliged to replace the acquiree awards if the acquiree or its employees have the ability to enforce replacement. For example, for the purposes of applying this guidance, the acquirer is obliged to replace the acquiree's awards if replacement is required by:

(a) the terms of the acquisition agreement;
(b) the terms of the acquiree's awards; or
(c) applicable laws or regulations.

To determine the portion of a replacement award that is part of the consideration transferred for the acquiree and the portion that is remuneration for post-combination service, the acquirer shall measure both the replacement awards granted by the acquirer and the acquiree awards as of the acquisition date in accordance with IFRS 2. The portion of the market-based measure of the replacement award that is part of the consideration transferred in exchange for the acquiree equals the portion of the acquiree award that is attributable to pre-combination service. **B57**

The portion of the replacement award attributable to pre-combination service is the market-based measure of the acquiree award multiplied by the ratio of the portion of the vesting period completed to the greater of the total vesting period or the original vesting period of the acquiree award. The vesting period is the period during which all the specified vesting conditions are to be satisfied. Vesting conditions are defined in IFRS 2. **B58**

1 In paragraphs B56—B62 the term 'share-based payment awards' refers to vested or unvested share-based payment transactions.

B59 Der Anteil der nicht erdienten Ersatzprämien, der den Arbeitsleistungen nach dem Zusammenschluss zuzuordnen ist und daher im Abschluss nach dem Zusammenschluss als Vergütungsaufwand erfasst wird, entspricht dem gesamten marktbasierten Wert der Ersatzprämien abzüglich des Betrags, der den Arbeitsleistungen vor dem Zusammenschluss zuzuordnen ist. Daher ordnet der Erwerber jeden Überschuss des marktbasierten Werts der Ersatzprämie über den marktbasierten Wert der Prämie des erworbenen Unternehmens den Arbeitsleistungen nach dem Zusammenschluss zu und erfasst diesen Überschuss im Abschluss nach dem Zusammenschluss als Vergütungsaufwand. Der Erwerber hat einen Teil der Ersatzprämie den Arbeitsleistungen nach dem Zusammenschluss zuzuordnen, wenn er Arbeitsleistungen nach dem Zusammenschluss verlangt, unabhängig davon, ob die Mitarbeiter bereits alle Arbeitsleistungen erbracht hatten, die notwendig waren, damit ihre vom erworbenen Unternehmen gewährten Prämien bereits vor dem Erwerbszeitpunkt als erdient betrachtet werden konnten.

B60 Der Anteil der nicht ausübbaren Ersatzprämien, die Arbeitsleistungen vor dem Zusammenschluss zuzuordnen sind, sowie der Anteil für Arbeitsleistungen nach dem Zusammenschluss hat die bestmögliche Schätzung der Anzahl der Ersatzprämien widerzuspiegeln, die voraussichtlich ausübbar werden. Wenn beispielsweise der marktbasierte Wert einer Ersatzprämie, die Arbeitsleistungen vor dem Zusammenschluss zugeordnet wird, 100 WE beträgt und der Erwerber erwartet, dass nur 95 Prozent der Prämie als erdient betrachtet werden können, werden 95 WE in die für den Unternehmenszusammenschluss übertragene Gegenleistung einbezogen. Änderungen bei der geschätzten Anzahl der zu erwartenden ausübbaren Ersatzprämien sind im Vergütungsaufwand in den Perioden auszuweisen, in denen die Änderungen auftreten oder die Ansprüche verwirken, und nicht als Anpassungen der beim Unternehmenszusammenschluss übertragenen Gegenleistung. Ähnlich ist es bei Auswirkungen anderer Ereignisse, wie Änderungen oder dem letzten Ergebnis von Prämien mit Leistungsbedingungen, die nach dem Erwerbszeitpunkt auftreten. Diese werden gemäß IFRS 2 bilanziert, indem der Vergütungsaufwand für die Periode ermittelt wird, in der das Ereignis eintritt.

B61 Dieselben Vorschriften gelten für die Ermittlung der Anteile einer Ersatzprämie, die Arbeitsleistungen vor und nach dem Zusammenschluss zuzuordnen sind, unabhängig davon, ob eine Ersatzprämie als eine Schuld oder als ein Eigenkapitalinstrument gemäß den Bestimmungen von IFRS 2 eingestuft ist. Alle Änderungen des marktbasierten Werts der nach dem Erwerbszeitpunkt als Schulden eingestuften Prämien und der dazugehörigen Ertragsteuerauswirkungen werden in der/den Periode(n) im Abschluss des Erwerbers nach dem Zusammenschluss erfasst, in der/denen die Änderungen auftreten.

B62 Die Ertragsteuerauswirkungen der Ersatzprämien der anteilsbasierten Vergütungen sind nach IAS 12 *Ertragsteuern* zu bilanzieren.

Anteilsbasierte Vergütungen des erworbenen Unternehmens mit Ausgleich durch Eigenkapitalinstrumente

B62A Möglicherweise hat das erworbene Unternehmen anteilsbasierte Vergütungen ausstehen, die der Erwerber nicht gegen seine anteilsbasierten Vergütungen austauscht. Sind diese anteilsbasierten Vergütungen des erworbenen Unternehmens erdient, sind sie Teil des nicht beherrschenden Anteils am erworbenen Unternehmen und werden zu ihrem marktbasierten Wert bewertet. Sind sie verfallbar, werden sie nach den Paragraphen 19 und 30 zu ihrem marktbasierten Wert bewertet, so als fiele der Erwerbszeitpunkt mit dem Zeitpunkt der Gewährung zusammen.

B62B Der marktbasierte Wert verfallbarer anteilsbasierter Vergütungen wird dem nicht beherrschenden Anteil im Verhältnis des abgeleisteten Erdienungszeitraums zum gesamten Erdienungszeitraum bzw. (falls länger) zum ursprünglichen Erdienungszeitraum der anteilsbasierten Vergütung zugeordnet. Der Saldo wird den Leistungen nach dem Zusammenschluss zugeordnet.

Andere IFRS, die Leitlinien für die Folgebewertung und die Folgebilanzierung enthalten (Anwendung des Paragraphen 54)

B63 Beispiele für andere IFRS, die Leitlinien für die Folgebewertung und Folgebilanzierung der bei einem Unternehmenszusammenschluss erworbenen Vermögenswerte und übernommenen oder eingegangenen Schulden enthalten, sind Folgende:

(a) IAS 38, der Vorschriften für die Bilanzierung identifizierbarer, bei einem Unternehmenszusammenschluss erworbener immaterieller Vermögenswerte enthält. Der Erwerber bestimmt den Geschäfts- oder Firmenwert zum Erwerbszeitpunkt abzüglich aller kumulierten Wertminderungsaufwendungen. IAS 36 *Wertminderung von Vermögenswerten* enthält Vorschriften für die Bilanzierung von Wertminderungsaufwendungen.

(b) [gestrichen]

(c) IAS 12, der Vorschriften für die Folgebilanzierung latenter Steueransprüche (einschließlich nicht angesetzter latenter Steueransprüche) und latenter Steuerschulden enthält, die bei einem Unternehmenszusammenschluss erworben wurden.

(d) IFRS 2, der Leitlinien für die Folgebewertung und die Folgebilanzierung des Anteils des von einem Erwerber ausgegebenen Ersatzes von anteilsbasierten Vergütungsprämien enthält, die den künftigen Arbeitsleistungen der Mitarbeiter zuzuordnen sind.

The portion of a non-vested replacement award attributable to post-combination service, and therefore recognised as remuneration cost in the post-combination financial statements, equals the total market-based measure of the replacement award less the amount attributed to pre-combination service. Therefore, the acquirer attributes any excess of the market-based measure of the replacement award over the market-based measure of the acquiree award to post-combination service and recognises that excess as remuneration cost in the post-combination financial statements. The acquirer shall attribute a portion of a replacement award to post-combination service if it requires post-combination service, regardless of whether employees had rendered all of the service required for their acquiree awards to vest before the acquisition date. **B59**

The portion of a non-vested replacement award attributable to pre-combination service, as well as the portion attributable to post-combination service, shall reflect the best available estimate of the number of replacement awards expected to vest. For example, if the market-based measure of the portion of a replacement award attributed to pre-combination service is CU100 and the acquirer expects that only 95 per cent of the award will vest, the amount included in consideration transferred in the business combination is CU95. Changes in the estimated number of replacement awards expected to vest are reflected in remuneration cost for the periods in which the changes or forfeitures occur—not as adjustments to the consideration transferred in the business combination. Similarly, the effects of other events, such as modifications or the ultimate outcome of awards with performance conditions, that occur after the acquisition date are accounted for in accordance with IFRS 2 in determining remuneration cost for the period in which an event occurs. **B60**

The same requirements for determining the portions of a replacement award attributable to pre-combination and post-combination service apply regardless of whether a replacement award is classified as a liability or as an equity instrument in accordance with the provisions of IFRS 2. All changes in the market-based measure of awards classified as liabilities after the acquisition date and the related income tax effects are recognised in the acquirer's post-combination financial statements in the period(s) in which the changes occur. **B61**

The income tax effects of replacement awards of share-based payments shall be recognised in accordance with the provisions of IAS 12 *Income Taxes*. **B62**

Equity-settled share-based payment transactions of the acquiree

The acquiree may have outstanding share-based payment transactions that the acquirer does not exchange for its share-based payment transactions. If vested, those acquiree share-based payment transactions are part of the non-controlling interest in the acquiree and are measured at their market-based measure. If unvested, they are measured at their market-based measure as if the acquisition date were the grant date in accordance with paragraphs 19 and 30. **B62A**

The market-based measure of unvested share-based payment transactions is allocated to the non-controlling interest on the basis of the ratio of the portion of the vesting period completed to the greater of the total vesting period or the original vesting period of the share-based payment transaction. The balance is allocated to post-combination service. **B62B**

Other IFRSs that provide guidance on subsequent measurement and accounting (application of paragraph 54)

Examples of other IFRSs that provide guidance on subsequently measuring and accounting for assets acquired and liabilities assumed or incurred in a business combination include: **B63**

(a) IAS 38 prescribes the accounting for identifiable intangible assets acquired in a business combination. The acquirer measures goodwill at the amount recognised at the acquisition date less any accumulated impairment losses. IAS 36 *Impairment of Assets* prescribes the accounting for impairment losses.

(b) [deleted]

(c) IAS 12 prescribes the subsequent accounting for deferred tax assets (including unrecognised deferred tax assets) and liabilities acquired in a business combination.

(d) IFRS 2 provides guidance on subsequent measurement and accounting for the portion of replacement share-based payment awards issued by an acquirer that is attributable to employees' future services.

(e) IFRS 10, der Leitlinien für die Bilanzierung der Änderungen der Beteiligungsquote eines Mutterunternehmens an einem Tochterunternehmen nach Übernahme der Beherrschung enthält.

Angaben (Anwendung der Paragraphen 59 und 61)

B64 Zur Erreichung des in Paragraph 59 genannten Ziels hat der Erwerber für jeden Unternehmenszusammenschluss, der während der Berichtsperiode stattfindet, die folgenden Angaben zu machen:

(a) Name und Beschreibung des erworbenen Unternehmens.

(b) Erwerbszeitpunkt.

(c) Prozentsatz der erworbenen Eigenkapitalanteile mit Stimmrecht.

(d) Hauptgründe für den Unternehmenszusammenschluss und Beschreibung der Art und Weise, wie der Erwerber die Beherrschung über das erworbene Unternehmen erlangt hat.

(e) Eine qualitative Beschreibung der Faktoren, die zur Erfassung des Geschäfts- oder Firmenwerts führen, wie beispielsweise die erwarteten Synergien aus gemeinschaftlichen Tätigkeiten des erworbenen Unternehmens und dem Erwerber, immateriellen Vermögenswerten, die nicht für einen gesonderten Ansatz eingestuft sind, oder sonstige Faktoren.

(f) Der zum Erwerbszeitpunkt geltende beizulegende Zeitwert der gesamten übertragenen Gegenleistung und der zum Erwerbszeitpunkt geltende beizulegende Zeitwert jeder Hauptkategorie von Gegenleistungen wie:

(i) Zahlungsmittel,

(ii) sonstige materielle oder immaterielle Vermögenswerte, einschließlich eines Geschäftsbetriebs oder Tochterunternehmens des Erwerbers,

(iii) eingegangene Schulden, zum Beispiel eine Schuld für eine bedingte Gegenleistung, und

(iv) Eigenkapitalanteile des Erwerbers, einschließlich der Anzahl der ausgegebenen oder noch auszugebenden Instrumente oder Anteile sowie der Methode zur Ermittlung des beizulegenden Zeitwerts dieser Instrumente und Anteile.

(g) Bei Vereinbarungen über eine bedingte Gegenleistung und Vermögenswerte für Entschädigungsleistungen:

(i) der zum Erwerbszeitpunkt erfasste Betrag,

(ii) eine Beschreibung der Vereinbarung und die Grundlage für die Ermittlung des Zahlungsbetrags und

(iii) eine Schätzung der Bandbreite der Ergebnisse (nicht abgezinst) oder, falls eine solche Bandbreite nicht geschätzt werden kann, die Tatsache und die Gründe, warum keine Bandbreite geschätzt werden kann. Wenn der Höchstbetrag der Zahlung unbegrenzt ist, hat der Erwerber diese Tatsache anzugeben.

(h) Bei erworbenen Forderungen:

(i) der beizulegende Zeitwert der Forderungen,

(ii) die Bruttobeträge der vertraglichen Forderungen und

(iii) die zum Erwerbszeitpunkt bestmögliche Schätzung der vertraglichen Zahlungsströme, die voraussichtlich uneinbringlich sein werden.

Die Angaben sind nach Hauptgruppen von Forderungen, wie Kredite, direkte Finanzierungs-Leasingverhältnisse und allen sonstigen Gruppen von Forderungen, zu machen.

(i) Die zum Erwerbszeitpunkt für jede Hauptgruppe von erworbenen Vermögenswerten und übernommenen Schulden erfassten Beträge.

(j) Für jede gemäß Paragraph 23 angesetzte Eventualverbindlichkeit die in Paragraph 85 von IAS 37 *Rückstellungen, Eventualverbindlichkeiten und Eventualforderungen* verlangten Angaben. Falls eine Eventualverbindlichkeit nicht angesetzt wurde, da ihr beizulegender Zeitwert nicht verlässlich bestimmt werden kann, hat der Erwerber folgende Angaben zu machen:

(i) die in Paragraph 86 von IAS 37 verlangten Angaben und

(ii) die Gründe, warum die Verbindlichkeit nicht verlässlich bewertet werden kann.

(k) Die Gesamtsumme des Geschäfts- oder Firmenwerts, der erwartungsgemäß für Steuerzwecke abzugsfähig ist.

(l) Bei Transaktionen, die gemäß Paragraph 51 getrennt vom Erwerb der Vermögenswerte oder der Übernahme der Schulden bei einem Unternehmenszusammenschluss ausgewiesen werden:

(i) eine Beschreibung jeder Transaktion,

(ii) wie der Erwerber jede Transaktion bilanziert,

(iii) die für jede Transaktion ausgewiesenen Beträge und die Posten im Abschluss, in denen jeder Betrag erfasst ist, und

(iv) falls die Transaktion die tatsächliche Erfüllung einer zuvor bestehenden Beziehung ist, die für die Ermittlung des Erfüllungsbetrags verwendete Methode.

(m) Die unter Buchstabe l geforderten Angaben zu den getrennt ausgewiesenen Transaktionen haben auch den Betrag der zugehörigen Abschlusskosten und separat dazu diejenigen Kosten, die als Aufwand erfasst wurden, sowie den oder die Posten der Gesamtergebnisrechnung, in dem oder in denen diese Aufwendungen erfasst wurden, einzubeziehen. Der Betrag der Ausgabekosten, der nicht als Aufwand erfasst wurde, sowie die Art von dessen Erfassung sind ebenso anzugeben.

(n) Bei einem Erwerb zu einem Preis unter Marktwert (siehe Paragraphen 34–36):

(i) der Betrag eines gemäß Paragraph 34 erfassten Gewinns sowie der Posten der Gesamtergebnisrechnung, in dem dieser Gewinn erfasst wurde, und

(e) IFRS 10 provides guidance on accounting for changes in a parent's ownership interest in a subsidiary after control is obtained.

Disclosures (application of paragraph 59 and 61)

To meet the objective in paragraph 59, the acquirer shall disclose the following information for each business combination that occurs during the reporting period: **B64**

(a) the name and a description of the acquiree.
(b) the acquisition date.
(c) the percentage of voting equity interests acquired.
(d) the primary reasons for the business combination and a description of how the acquirer obtained control of the acquiree.
(e) a qualitative description of the factors that make up the goodwill recognised, such as expected synergies from combining operations of the acquiree and the acquirer, intangible assets that do not qualify for separate recognition or other factors.
(f) the acquisition-date fair value of the total consideration transferred and the acquisition-date fair value of each major class of consideration, such as:
    (i) cash;
    (ii) other tangible or intangible assets, including a business or subsidiary of the acquirer;
    (iii) liabilities incurred, for example, a liability for contingent consideration; and
    (iv) equity interests of the acquirer, including the number of instruments or interests issued or issuable and the method of measuring the fair value of those instruments or interests.
(g) for contingent consideration arrangements and indemnification assets:
    (i) the amount recognised as of the acquisition date;
    (ii) a description of the arrangement and the basis for determining the amount of the payment; and
    (iii) an estimate of the range of outcomes (undiscounted) or, if a range cannot be estimated, that fact and the reasons why a range cannot be estimated. If the maximum amount of the payment is unlimited, the acquirer shall disclose that fact.
(h) for acquired receivables:
    (i) the fair value of the receivables;
    (ii) the gross contractual amounts receivable; and
    (iii) the best estimate at the acquisition date of the contractual cash flows not expected to be collected.

    The disclosures shall be provided by major class of receivable, such as loans, direct finance leases and any other class of receivables.
(i) the amounts recognised as of the acquisition date for each major class of assets acquired and liabilities assumed.
(j) for each contingent liability recognised in accordance with paragraph 23, the information required in paragraph 85 of IAS 37 *Provisions, Contingent Liabilities and Contingent Assets*. If a contingent liability is not recognised because its fair value cannot be measured reliably, the acquirer shall disclose:
    (i) the information required by paragraph 86 of IAS 37; and
    (ii) the reasons why the liability cannot be measured reliably.
(k) the total amount of goodwill that is expected to be deductible for tax purposes.
(l) for transactions that are recognised separately from the acquisition of assets and assumption of liabilities in the business combination in accordance with paragraph 51:
    (i) a description of each transaction;
    (ii) how the acquirer accounted for each transaction;
    (iii) the amounts recognised for each transaction and the line item in the financial statements in which each amount is recognised; and
    (iv) if the transaction is the effective settlement of a pre-existing relationship, the method used to determine the settlement amount.
(m) the disclosure of separately recognised transactions required by (l) shall include the amount of acquisition related costs and, separately, the amount of those costs recognised as an expense and the line item or items in the statement of comprehensive income in which those expenses are recognised. The amount of any issue costs not recognised as an expense and how they were recognised shall also be disclosed.
(n) in a bargain purchase (see paragraphs 34–36):
    (i) the amount of any gain recognised in accordance with paragraph 34 and the line item in the statement of comprehensive income in which the gain is recognised; and

(ii) eine Beschreibung der Gründe, weshalb die Transaktion zu einem Gewinn führte.

(o) Für jeden Unternehmenszusammenschluss, bei dem der Erwerber zum Erwerbszeitpunkt weniger als 100 Prozent der Eigenkapitalanteile an dem erworbenen Unternehmen hält:

(i) der zum Erwerbszeitpunkt angesetzte Betrag des nicht beherrschenden Anteils an dem erworbenen Unternehmen und die Bewertungsgrundlage für diesen Betrag und

(ii) für jeden nicht beherrschenden Anteil an dem erworbenen Unternehmen, der zum beizulegenden Zeitwert bewertet wurde, das/die Bewertungverfahren und die wesentlichen Inputfaktoren, die zur Ermittlung dieses Werts verwendet wurden.

(p) Bei einem sukzessiven Unternehmenszusammenschluss:

(i) der zum Erwerbszeitpunkt geltende beizulegende Zeitwert des Eigenkapitalanteils an dem erworbenen Unternehmen, der unmittelbar vor dem Erwerbszeitpunkt vom Erwerber gehalten wurde, und

(ii) jeglicher Gewinn oder Verlust, der aufgrund einer Neubewertung des Eigenkapitalanteils an dem erworbenen Unternehmen, das vor dem Unternehmenszusammenschluss vom Erwerber gehalten wurde (siehe Paragraph 42), zum beizulegenden Zeitwert erfasst wurde, und der Posten der Gesamtergebnisrechnung, in dem dieser Gewinn bzw. Verlust ausgewiesen wurde.

(q) Die folgenden Angaben:

(i) die Erlöse sowie die Gewinne oder Verluste des erworbenen Unternehmens seit dem Erwerbszeitpunkt, welche in der Konzerngesamtergebnisrechnung für die betreffende Periode enthalten sind, und

(ii) die Erlöse sowie die Gewinne oder Verluste des zusammengeschlossenen Unternehmens für die aktuelle Periode, als ob der Erwerbszeitpunkt für alle Unternehmenszusammenschlüsse, die während des Geschäftsjahrs stattgefunden haben, am Anfang der Periode des laufenden Geschäftsjahrs gewesen wäre.

Ist die Bereitstellung der in diesem Unterparagraphen verlangten Angaben undurchführbar, hat der Erwerber dies anzugeben und zu erklären, warum die Bereitstellung undurchführbar ist. Der Begriff „undurchführbar" wird in diesem IFRS mit derselben Bedeutung verwendet wie in IAS 8 *Rechnungslegungsmethoden, Änderungen von rechnungslegungsbezogenen Schätzungen und Fehler*.

B65 Für die Unternehmenszusammenschlüsse der Periode, die einzeln betrachtet unwesentlich, zusammen betrachtet jedoch wesentlich sind, hat der Erwerber die in den Paragraphen B64 (e)–(q) vorgeschriebenen Angaben zusammengefasst zu machen.

B66 Liegt der Erwerbszeitpunkt bei einem Unternehmenszusammenschluss nach dem Abschlussstichtag, aber vor der Freigabe des Abschlusses zur Veröffentlichung, hat der Erwerber die in Paragraph B64 verlangten Angaben zu machen, es sei denn die erstmalige Bilanzierung des Unternehmenszusammenschlusses ist zum Zeitpunkt der Freigabe des Abschlusses zur Veröffentlichung noch nicht abgeschlossen. In diesem Fall hat der Erwerber zu beschreiben, welche Angaben nicht gemacht werden konnten, und die Gründe hierfür zu nennen.

B67 Zur Erreichung des in Paragraph 61 genannten Ziels hat der Erwerber für jeden wesentlichen Unternehmenszusammenschluss oder zusammengefasst für einzeln betrachtet unwesentliche Unternehmenszusammenschlüsse, die gemeinsam wesentlich sind, folgende Angaben zu machen:

(a) Wenn die erstmalige Bilanzierung eines Unternehmenszusammenschlusses im Hinblick auf gewisse Vermögenswerte, Schulden, nicht beherrschende Anteile oder zu berücksichtigende Posten noch nicht abgeschlossen ist (siehe Paragraph 45) und die im Abschluss für den Unternehmenszusammenschluss ausgewiesenen Beträge nur vorläufig ermittelt wurden:

(i) die Gründe, weshalb die erstmalige Bilanzierung des Unternehmenszusammenschlusses noch nicht abgeschlossen ist,

(ii) die Vermögenswerte, Schulden, Eigenkapitalanteile oder Gegenleistungen, für die die erstmalige Bilanzierung noch nicht abgeschlossen ist, und

(iii) die Art und die Höhe aller Anpassungen im Bewertungszeitraum, die gemäß Paragraph 49 in der Periode erfasst wurden.

(b) Für jede Periode nach dem Erwerbszeitpunkt bis das Unternehmen einen Vermögenswert einer bedingten Gegenleistung vereinnahmt, veräußert oder anderweitig den Anspruch darauf verliert oder bis das Unternehmen eine Schuld als bedingte Gegenleistung erfüllt oder bis diese Schuld aufgehoben oder erloschen ist:

(i) jede Änderung bei den angesetzten Beträgen, einschließlich der Differenzen, die sich aus der Erfüllung ergeben,

(ii) jede Änderung der Bandbreite der Ergebnisse (nicht abgezinst) sowie die Gründe für diese Änderung und

(iii) die Bewertungsverfahren und die in das Hauptmodell einfließenden Parameter zur Bewertung der bedingten Gegenleistung.

(c) Für bei einem Unternehmenszusammenschluss angesetzte Eventualverbindlichkeiten hat der Erwerber für jede Kategorie von Rückstellungen die in den Paragraphen 84 und 85 von IAS 37 verlangten Angaben zu machen.

(d) Eine Überleitung des Buchwerts des Geschäfts- oder Firmenwerts zu Beginn und zum Ende der Berichtsperiode unter gesonderter Angabe

(i) des Bruttobetrags und der kumulierten Wertminderungsaufwendungen zu Beginn der Periode,

(ii) des zusätzlichen Geschäfts- oder Firmenwerts, der während der Periode angesetzt wird, mit Ausnahme des Geschäfts- oder Firmenwerts, der in einer Veräußerungsgruppe enthalten ist, die beim Erwerb die Kriterien

(ii) a description of the reasons why the transaction resulted in a gain.

(o) for each business combination in which the acquirer holds less than 100 per cent of the equity interests in the acquiree at the acquisition date:

(i) the amount of the non-controlling interest in the acquiree recognised at the acquisition date and the measurement basis for that amount; and

(ii) for each non-controlling interest in an acquiree measured at fair value, the valuation technique(s) and significant inputs used to measure that value.

(p) in a business combination achieved in stages:

(i) the acquisition-date fair value of the equity interest in the acquiree held by the acquirer immediately before the acquisition date; and

(ii) the amount of any gain or loss recognised as a result of remeasuring to fair value the equity interest in the acquiree held by the acquirer before the business combination (see paragraph 42) and the line item in the statement of comprehensive income in which that gain or loss is recognised.

(q) the following information:

(i) the amounts of revenue and profit or loss of the acquiree since the acquisition date included in the consolidated statement of comprehensive income for the reporting period; and

(ii) the revenue and profit or loss of the combined entity for the current reporting period as though the acquisition date for all business combinations that occurred during the year had been as of the beginning of the annual reporting period.

If disclosure of any of the information required by this subparagraph is impracticable, the acquirer shall disclose that fact and explain why the disclosure is impracticable. This IFRS uses the term 'impracticable' with the same meaning as in IAS 8 *Accounting Policies, Changes in Accounting Estimates and Errors.*

For individually immaterial business combinations occurring during the reporting period that are material collectively, the acquirer shall disclose in aggregate the information required by paragraph B64 (e)—(q). **B65**

If the acquisition date of a business combination is after the end of the reporting period but before the financial statements are authorised for issue, the acquirer shall disclose the information required by paragraph B64 unless the initial accounting for the business combination is incomplete at the time the financial statements are authorised for issue. In that situation, the acquirer shall describe which disclosures could not be made and the reasons why they cannot be made. **B66**

To meet the objective in paragraph 61, the acquirer shall disclose the following information for each material business combination or in the aggregate for individually immaterial business combinations that are material collectively: **B67**

(a) if the initial accounting for a business combination is incomplete (see paragraph 45) for particular assets, liabilities, non-controlling interests or items of consideration and the amounts recognised in the financial statements for the business combination thus have been determined only provisionally:

(i) the reasons why the initial accounting for the business combination is incomplete;

(ii) the assets, liabilities, equity interests or items of consideration for which the initial accounting is incomplete; and

(iii) the nature and amount of any measurement period adjustments recognised during the reporting period in accordance with paragraph 49.

(b) for each reporting period after the acquisition date until the entity collects, sells or otherwise loses the right to a contingent consideration asset, or until the entity settles a contingent consideration liability or the liability is cancelled or expires:

(i) any changes in the recognised amounts, including any differences arising upon settlement;

(ii) any changes in the range of outcomes (undiscounted) and the reasons for those changes; and

(iii) the valuation techniques and key model inputs used to measure contingent consideration.

(c) for contingent liabilities recognised in a business combination, the acquirer shall disclose the information required by paragraphs 84 and 85 of IAS 37 for each class of provision.

(d) a reconciliation of the carrying amount of goodwill at the beginning and end of the reporting period showing separately:

(i) the gross amount and accumulated impairment losses at the beginning of the reporting period.

(ii) additional goodwill recognised during the reporting period, except goodwill included in a disposal group that, on acquisition, meets the criteria to be classified as held for sale in accordance with IFRS 5 *Non-current Assets Held for Sale and Discontinued Operations.*

zur Einstufung „als zur Veräußerung gehalten“ gemäß IFRS 5 *Zur Veräußerung gehaltene langfristige Vermögenswerte und aufgegebene Geschäftsbereiche* erfüllt,

(iii) der Anpassungen aufgrund nachträglich gemäß Paragraph 67 erfasster latenter Steueransprüche während der Periode,

(iv) des Geschäfts- oder Firmenwerts, der in einer gemäß IFRS 5 als „zur Veräußerung gehalten“ eingestuften Veräußerungsgruppe enthalten ist, und des Geschäfts- oder Firmenwerts, der während der Periode ausgebucht wurde, ohne vorher zu einer als „zur Veräußerung gehalten“ eingestuften Veräußerungsgruppe gehört zu haben,

(v) Wertminderungsaufwendungen, die während der Periode gemäß IAS 36 erfasst wurden (IAS 36 verlangt zusätzlich dazu Angaben über den erzielbaren Betrag und die Wertminderung des Geschäfts- oder Firmenwerts),

(vi) der Nettoumrechnungsdifferenzen, die während der Periode gemäß IAS 21 *Auswirkungen von Wechselkursänderungen* entstanden sind,

(vii) aller anderen Veränderungen des Buchwerts während der Periode,

(viii) des Bruttobetrags und der kumulierten Wertminderungsaufwendungen zum Ende der Berichtsperiode,

(e) Jeden in der laufenden Periode erfassten Gewinn oder Verlust (samt Erläuterung), der

(i) sich auf die in einem Unternehmenszusammenschluss, der in der laufenden oder einer früheren Periode stattgefunden hat, erworbenen identifizierbaren Vermögenswerte oder übernommenen Schulden bezieht, und

(ii) von einem solchem Umfang, einer solchen Art oder einer solchen Häufigkeit ist, dass diese Angabe für das Verständnis des Abschlusses des zusammengeschlossenen Unternehmens relevant ist.

Übergangsvorschriften für Unternehmenszusammenschlüsse, an denen nur Gegenseitigkeitsunternehmen beteiligt sind oder die auf rein vertraglicher Basis erfolgen (Anwendung des Paragraphen 66)

B68 Nach Paragraph 64 ist dieser IFRS prospektiv auf Unternehmenszusammenschlüsse anzuwenden, bei denen der Erwerbszeitpunkt mit dem Beginn des ersten am oder nach dem 1. Juli 2009 beginnenden Geschäftsjahrs zusammenfällt oder danach liegt. Eine frühere Anwendung ist zulässig. Ein Unternehmen darf diesen IFRS jedoch frühestens zu Beginn eines am oder nach dem 30. Juni 2007 beginnenden Geschäftsjahrs anwenden. Wendet ein Unternehmen diesen IFRS vor seinem Geltungsbeginn an, so ist dies anzugeben und gleichzeitig IAS 27 (in der 2008 geänderten Fassung) anzuwenden.

B69 Die Vorschrift, diesen IFRS prospektiv anzuwenden, wirkt sich folgendermaßen auf einen Unternehmenszusammenschluss aus, bei dem nur Gegenseitigkeitsunternehmen beteiligt sind oder der auf rein vertraglicher Basis erfolgt, wenn der Erwerbszeitpunkt hinsichtlich dieses Unternehmenszusammenschlusses vor der Anwendung dieses IFRS liegt:

(a) *Einstufung*– Ein Unternehmen hat den früheren Unternehmenszusammenschluss weiterhin gemäß den früheren auf solche Zusammenschlüsse anwendbaren Rechnungslegungsmethoden einzustufen.

(b) *Früher angesetzter Geschäfts- oder Firmenwert*– Zu Beginn der ersten Berichtsperiode des Geschäftsjahrs, in dem dieser IFRS angewendet wird, ist der Buchwert des Geschäfts- oder Firmenwerts, der aus einem früheren Unternehmenszusammenschluss stammte, dessen Buchwert zu diesem Zeitpunkt gemäß den vorherigen Rechnungslegungsmethoden des Unternehmens. Bei der Ermittlung dieses Betrags hat das Unternehmen den Buchwert jeder kumulierten Abschreibung dieses Geschäfts- oder Firmenwerts mit einer entsprechenden Minderung des Geschäfts- oder Firmenwerts aufzurechnen. Es sind keine anderen Anpassungen des Buchwerts des Geschäfts- oder Firmenwerts durchzuführen.

(c) *Geschäfts- oder Firmenwert, der zuvor als ein Abzug vom Eigenkapital ausgewiesen wurde*– Die vorherigen Rechnungslegungsmethoden des Unternehmens können zu einem Geschäfts- oder Firmenwert geführt haben, der als ein Abzug vom Eigenkapital ausgewiesen wurde. In diesem Fall hat das Unternehmen den Geschäfts- oder Firmenwert nicht als einen Vermögenswert zu Beginn der ersten Berichtsperiode des ersten Geschäftsjahrs auszuweisen, in dem dieser IFRS angewandt wird. Des Weiteren ist kein Teil dieses Geschäfts- oder Firmenwerts erfolgswirksam zu erfassen, wenn das Unternehmen den gesamten Geschäftsbetrieb oder einen Teil davon, zu dem dieser Geschäfts- oder Firmenwert gehört, veräußert oder wenn eine zahlungsmittelgenerierende Einheit, zu der dieser Geschäfts- oder Firmenwert gehört, wertgemindert wird.

(d) *Folgebilanzierung des Geschäfts- oder Firmenwerts*– Vom Beginn der ersten Berichtsperiode des ersten Geschäftsjahrs, in der dieser IFRS angewandt wird, hat das Unternehmen die planmäßige Abschreibung des Geschäfts- oder Firmenwerts aus dem früheren Unternehmenszusammenschluss einzustellen und den Geschäfts- oder Firmenwert gemäß IAS 36 auf Wertminderung zu prüfen.

(e) *Zuvor angesetzter negativer Geschäfts- oder Firmenwert*– Ein Unternehmen, das den vorherigen Unternehmenszusammenschluss unter Anwendung der Erwerbsmethode bilanzierte, kann einen passivischen Abgrenzungsposten für einen Überschuss seines Anteils an dem beizulegenden Nettozeitwert der identifizierbaren Vermögenswerte und Schulden des erworbenen Unternehmens über die Anschaffungskosten dieses Anteils (manchmal negativer Geschäfts- oder Firmenwert genannt) erfasst haben. In diesem Fall hat das Unternehmen den Buchwert dieses passivischen Abgrenzungspostens zu Beginn des ersten Geschäftsjahrs, in dem dieser IFRS angewendet wird, auszubuchen und eine entsprechende Anpassung in der Eröffnungsbilanz der Gewinnrücklagen zu dem Zeitpunkt vorzunehmen.

(iii) adjustments resulting from the subsequent recognition of deferred tax assets during the reporting period in accordance with paragraph 67.
(iv) goodwill included in a disposal group classified as held for sale in accordance with IFRS 5 and goodwill derecognised during the reporting period without having previously been included in a disposal group classified as held for sale.
(v) impairment losses recognised during the reporting period in accordance with IAS 36. (IAS 36 requires disclosure of information about the recoverable amount and impairment of goodwill in addition to this requirement.)
(vi) net exchange rate differences arising during the reporting period in accordance with IAS 21 The Effects of Changes in Foreign Exchange Rates.
(vii) any other changes in the carrying amount during the reporting period.
(viii) the gross amount and accumulated impairment losses at the end of the reporting period.

(e) the amount and an explanation of any gain or loss recognised in the current reporting period that both:
(i) relates to the identifiable assets acquired or liabilities assumed in a business combination that was effected in the current or previous reporting period; and
(ii) is of such a size, nature or incidence that disclosure is relevant to understanding the combined entity's financial statements.

Transitional provisions for business combinations involving only mutual entities or by contract alone (application of paragraph 66)

Paragraph 64 provides that this IFRS applies prospectively to business combinations for which the acquisition date is on or after the beginning of the first annual reporting period beginning on or after 1 July 2009. Earlier application is permitted. However, an entity shall apply this IFRS only at the beginning of an annual reporting period that begins on or after 30 June 2007. If an entity applies this IFRS before its effective date, the entity shall disclose that fact and shall apply IAS 27 (as amended by the International Accounting Standards Board in 2008) at the same time. **B68**

The requirement to apply this IFRS prospectively has the following effect for a business combination involving only mutual entities or by contract alone if the acquisition date for that business combination is before the application of this IFRS: **B69**

(a) *Classification*—An entity shall continue to classify the prior business combination in accordance with the entity's previous accounting policies for such combinations.
(b) *Previously recognised goodwill*—At the beginning of the first annual period in which this IFRS is applied, the carrying amount of goodwill arising from the prior business combination shall be its carrying amount at that date in accordance with the entity's previous accounting policies. In determining that amount, the entity shall eliminate the carrying amount of any accumulated amortisation of that goodwill and the corresponding decrease in goodwill. No other adjustments shall be made to the carrying amount of goodwill.
(c) *Goodwill previously recognised as a deduction from equity*—The entity's previous accounting policies may have resulted in goodwill arising from the prior business combination being recognised as a deduction from equity. In that situation the entity shall not recognise that goodwill as an asset at the beginning of the first annual period in which this IFRS is applied. Furthermore, the entity shall not recognise in profit or loss any part of that goodwill when it disposes of all or part of the business to which that goodwill relates or when a cash generating unit to which the goodwill relates becomes impaired.
(d) *Subsequent accounting for goodwill*—From the beginning of the first annual period in which this IFRS is applied, an entity shall discontinue amortising goodwill arising from the prior business combination and shall test goodwill for impairment in accordance with IAS 36.
(e) *Previously recognised negative goodwill*—An entity that accounted for the prior business combination by applying the purchase method may have recognised a deferred credit for an excess of its interest in the net fair value of the acquiree's identifiable assets and liabilities over the cost of that interest (sometimes called negative goodwill). If so, the entity shall derecognise the carrying amount of that deferred credit at the beginning of the first annual period in which this IFRS is applied with a corresponding adjustment to the opening balance of retained earnings at that date.

INTERNATIONAL FINANCIAL REPORTING STANDARD 5

Zur Veräußerung gehaltene langfristige Vermögenswerte und aufgegebene Geschäftsbereiche

INHALT

ZIELSETZUNG

1 Die Zielsetzung dieses IFRS ist es, die Bilanzierung von zur Veräußerung gehaltenen Vermögenswerten sowie die Darstellung von und die Angaben zu aufgegebenen Geschäftsbereichen festzulegen. Dieser IFRS schreibt insbesondere Folgendes vor:

(a) Vermögenswerte, die die Kriterien für eine Einstufung als „zur Veräußerung gehalten" erfüllen, sind mit dem niedrigeren Wert aus Buchwert und beizulegendem Zeitwert abzüglich Veräußerungskosten zu bewerten, und die planmäßige Abschreibung dieser Vermögenswerte ist auszusetzen und

(b) Vermögenswerte, die die Kriterien für eine Einstufung als „zur Veräußerung gehalten" erfüllen, sind als gesonderte Posten in der Bilanz und die Ergebnisse aufgegebener Geschäftsbereiche sind als gesonderte Posten in der Gesamtergebnisrechnung auszuweisen.

ANWENDUNGSBEREICH

2 Die Einstufungs- und Darstellungspflichten dieses IFRS gelten für alle angesetzten *langfristigen Vermögenswerte*[1] und alle *Veräußerungsgruppen* eines Unternehmens. Die Bewertungsvorschriften dieses IFRS gelten für alle angesetzten langfristigen Vermögenswerte und Veräußerungsgruppen (wie in Paragraph 4 beschrieben), mit Ausnahme der in Paragraph 5 aufgeführten Vermögenswerte, die weiterhin nach dem jeweils angegebenen Standard zu bewerten sind.

3 Vermögenswerte, die gemäß IAS 1 *Darstellung des Abschlusses* als langfristige Vermögenswerte eingestuft wurden, dürfen nur dann als kurzfristige Vermögenswerte umgegliedert werden, wenn sie die Kriterien dieses IFRS für eine Einstufung als „zur Veräußerung gehalten" erfüllen. Vermögenswerte einer Gruppe, die ein Unternehmen normalerweise als langfristige Vermögenswerte betrachten würde und die ausschließlich mit der Absicht einer Weiterveräußerung erworben wurden, dürfen nur dann als kurzfristige Vermögenswerte eingestuft werden, wenn sie die Kriterien dieses IFRS für eine Einstufung als „zur Veräußerung gehalten" erfüllen.

4 Manchmal veräußert ein Unternehmen eine Gruppe von Vermögenswerten und möglicherweise auch einige direkt mit diesen in Verbindung stehende Schulden gemeinsam in einer einzigen Transaktion. Bei einer solchen Veräußerungsgruppe kann es sich um eine Gruppe von *zahlungsmittelgenerierenden Einheiten*, eine einzelne zahlungsmittelgenerierende Einheit

1 Bei einer Gliederung der Vermögenswerte gemäß einer Liquiditätsdarstellung sind als langfristige Vermögenswerte alle Vermögenswerte einzustufen, die Beträge enthalten, deren Realisierung nach mehr als zwölf Monaten nach dem Abschlussstichtag erwartet wird. Auf die Einstufung solcher Vermögenswerte ist Paragraph 3 anzuwenden.

INTERNATIONAL FINANCIAL REPORTING STANDARD 5

Non-current assets held for sale and discontinued operations

SUMMARY

OBJECTIVE

The objective of this IFRS is to specify the accounting for assets held for sale, and the presentation and disclosure of *discontinued operations*. In particular, the IFRS requires: 1

(a) assets that meet the criteria to be classified as held for sale to be measured at the lower of carrying amount and *fair value less costs to sell*, and depreciation on such assets to cease; and

(b) assets that meet the criteria to be classified as held for sale to be presented separately in the statement of financial position and the results of discontinued operations to be presented separately in the statement of comprehensive income.

SCOPE

The classification and presentation requirements of this IFRS apply to all recognised *non-current assets*[1] and to all *disposal groups* of an entity. The measurement requirements of this IFRS apply to all recognised non-current assets and disposal groups (as set out in paragraph 4), except for those assets listed in paragraph 5 which shall continue to be measured in accordance with the standard noted. 2

Assets classified as non-current in accordance with IAS 1 *Presentation of financial statements* shall not be reclassified as *current assets* until they meet the criteria to be classified as held for sale in accordance with this IFRS. Assets of a class that an entity would normally regard as non-current that are acquired exclusively with a view to resale shall not be classified as current unless they meet the criteria to be classified as held for sale in accordance with this IFRS. 3

Sometimes an entity disposes of a group of assets, possibly with some directly associated liabilities, together in a single transaction. Such a disposal group may be a group of *cash-generating units*, a single cash-generating unit, or part of a 4

1 For assets classified according to a liquidity presentation, non-current assets are assets that include amounts expected to be recovered more than 12 months after the reporting period. Paragraph 3 applies to the classification of such assets.

oder einen Teil einer zahlungsmittelgenerierenden Einheit handeln[2]. Die Gruppe kann alle Arten von Vermögenswerten und Schulden des Unternehmens umfassen, einschließlich kurzfristiger Vermögenswerte, kurzfristiger Schulden und Vermögenswerte, die gemäß Paragraph 5 von den Bewertungsvorschriften dieses IFRS ausgenommen sind. Enthält die Veräußerungsgruppe einen langfristigen Vermögenswert, der unter die Bewertungsvorschriften dieses IFRS fällt, sind diese Bewertungsvorschriften auf die Gruppe als Ganzes anzuwenden, d. h. die Gruppe ist zum niedrigeren Wert aus Buchwert oder beizulegendem Zeitwert abzüglich Veräußerungskosten anzusetzen. Die Vorschriften für die Bewertung der einzelnen Vermögenswerte und Schulden innerhalb einer Veräußerungsgruppe sind in den Paragraphen 18, 19 und 23 enthalten.

5 Die Bewertungsvorschriften dieses IFRS[3] gelten nicht für die folgenden Vermögenswerte, die als einzelne Vermögenswerte oder als Teil einer Veräußerungsgruppe durch die nachfolgend angegebenen IFRS abgedeckt werden:

(a) latente Steueransprüche (IAS 12 *Ertragsteuern*),
(b) Vermögenswerte, die aus Leistungen an Arbeitnehmer resultieren (IAS 19 *Leistungen an Arbeitnehmer*),
(c) finanzielle Vermögenswerte im Anwendungsbereich von IFRS 9 *Finanzinstrumente*,
(d) langfristige Vermögenswerte, die nach dem Modell des beizulegenden Zeitwerts in IAS 40 *Als Finanzinvestition gehaltene Immobilien* bilanziert werden,
(e) langfristige Vermögenswerte, die zum beizulegenden Zeitwert abzüglich der Veräußerungskosten gemäß IAS 41 *Landwirtschaft* angesetzt werden,
(f) vertragliche Rechte im Rahmen von Versicherungsverträgen im Sinne von IFRS 4 *Versicherungsverträge*.

5A Die in diesem IFRS enthaltenen Einstufungs-, Darstellungs- und Bewertungsvorschriften für langfristige Vermögenswerte (oder Veräußerungsgruppen), die als zur Veräußerung gehalten eingestuft sind, gelten ebenfalls für langfristige Vermögenswerte (oder Veräußerungsgruppen), die als zur Ausschüttung an Eigentümer (in ihrer Eigenschaft als Eigentümer) gehalten eingestuft sind (zur Ausschüttung an Eigentümer gehalten).

5B Dieser IFRS legt fest, welche Angaben für langfristige Vermögenswerte (oder Veräußerungsgruppen), die als zur Veräußerung gehalten eingestuft sind, oder für aufgegebene Geschäftsbereiche gemacht werden müssen. In anderen IFRS verlangte Angaben müssen für diese Vermögenswerte (oder Veräußerungsgruppen) nicht gemacht werden, es sei denn, jene IFRS schreiben Folgendes vor:

(a) spezifische Angaben zu langfristigen Vermögenswerten (oder Veräußerungsgruppen), die als zur Veräußerung gehalten eingestuft sind, oder zu aufgegebenen Geschäftsbereichen oder
(b) Angaben zur Bewertung der Vermögenswerte und Schulden innerhalb einer Veräußerungsgruppe, die nicht unter die Bewertungsvorschriften von IFRS 5 fallen, und sofern diese Angaben nicht bereits in anderen Anhangangaben des Abschlusses enthalten sind.

Zusätzliche Angaben zu langfristigen Vermögenswerten (oder Veräußerungsgruppen), die als zur Veräußerung gehalten eingestuft sind, oder zu aufgegebenen Geschäftsbereichen können erforderlich sein, um die allgemeinen Vorschriften von IAS 1, insbesondere die Paragraphen 15 und 125, zu erfüllen.

EINSTUFUNG VON LANGFRISTIGEN VERMÖGENSWERTEN (ODER VERÄUßERUNGSGRUPPEN) ALS ZUR VERÄUßERUNG GEHALTEN ODER ALS ZUR AUSSCHÜTTUNG AN EIGENTÜMER GEHALTEN

6 **Ein langfristiger Vermögenswert (oder eine Veräußerungsgruppe) ist als zur Veräußerung gehalten einzustufen, wenn der zugehörige Buchwert überwiegend durch ein Veräußerungsgeschäft und nicht durch fortgesetzte Nutzung realisiert wird.**

7 Damit dies der Fall ist, muss der Vermögenswert (oder die Veräußerungsgruppe) im gegenwärtigen Zustand zu Bedingungen, die für den Verkauf derartiger Vermögenswerte (oder Veräußerungsgruppen) gängig und üblich sind, sofort zur Veräußerung verfügbar sein, und eine solche Veräußerung muss hochwahrscheinlich sein.

8 Eine Veräußerung ist dann hochwahrscheinlich, wenn die zuständige Managementebene einen Plan für den Verkauf des Vermögenswerts (oder der Veräußerungsgruppe) beschlossen hat und aktiv mit der Suche nach einem Käufer und der Durchführung des Plans begonnen wurde. Des Weiteren muss der Vermögenswert (oder die Veräußerungsgruppe) tatsächlich zum Erwerb zu einem Preis angeboten werden, der zum gegenwärtigen beizulegenden Zeitwert in einem angemessenen Verhältnis steht. Außerdem muss die Veräußerung erwartungsgemäß innerhalb eines Jahres ab dem Zeitpunkt der Einstufung für eine Erfassung als abgeschlossener Verkauf in Betracht kommen, soweit gemäß Paragraph 9 nicht etwas anderes gestattet ist, und die zur Umsetzung des Plans erforderlichen Maßnahmen müssen den Schluss

---

2 Sobald jedoch erwartet wird, dass die in Verbindung mit einem Vermögenswert oder einer Gruppe von Vermögenswerten anfallenden Zahlungsströme hauptsächlich durch Veräußerung und nicht durch fortgesetzte Nutzung erzeugt werden, werden sie weniger abhängig von den Zahlungsströmen aus anderen Vermögenswerten, sodass eine Veräußerungsgruppe, die Bestandteil einer zahlungsmittelgenerierenden Einheit war, zu einer eigenen zahlungsmittelgenerierenden Einheit wird.

3 Außer den Paragraphen 18 und 19, die eine Bewertung der betreffenden Vermögenswerte gemäß anderen maßgeblichen IFRS vorschreiben.

cash-generating unit[2]. The group may include any assets and any liabilities of the entity, including current assets, current liabilities and assets excluded by paragraph 5 from the measurement requirements of this IFRS. If a non-current asset within the scope of the measurement requirements of this IFRS is part of a disposal group, the measurement requirements of this IFRS apply to the group as a whole, so that the group is measured at the lower of its carrying amount and fair value less costs to sell. The requirements for measuring the individual assets and liabilities within the disposal group are set out in paragraphs 18, 19 and 23.

The measurement provisions of this IFRS[3] do not apply to the following assets, which are covered by the IFRSs listed, either as individual assets or as part of a disposal group: 5

(a) deferred tax assets (IAS 12 *Income taxes*);
(b) assets arising from employee benefits (IAS 19 *Employee benefits*);
(c) financial assets within the scope of IFRS 9 *Financial Instruments*;
(d) non-current assets that are accounted for in accordance with the fair value model in IAS 40 *Investment property*;
(e) non-current assets that are measured at fair value less costs to sell in accordance with IAS 41 *Agriculture*;
(f) groups of contracts within the scope of IFRS 17 *Insurance contracts*.

The classification, presentation and measurement requirements in this IFRS applicable to a non-current asset (or disposal group) that is classified as held for sale apply also to a non-current asset (or disposal group) that is classified as held for distribution to owners acting in their capacity as owners (held for distribution to owners). 5A

This IFRS specifies the disclosures required in respect of non-current assets (or disposal groups) classified as held for sale or discontinued operations. Disclosures in other IFRSs do not apply to such assets (or disposal groups) unless those IFRSs require: 5B

(a) specific disclosures in respect of non-current assets (or disposal groups) classified as held for sale or discontinued operations; or
(b) disclosures about measurement of assets and liabilities within a disposal group that are not within the scope of the measurement requirement of IFRS 5 and such disclosures are not already provided in the other notes to the financial statements.

Additional disclosures about non-current assets (or disposal groups) classified as held for sale or discontinued operations may be necessary to comply with the general requirements of IAS 1, in particular paragraphs 15 and 125 of that Standard.

CLASSIFICATION OF NON-CURRENT ASSETS (OR DISPOSAL GROUPS) AS HELD FOR SALE OR AS HELD FOR DISTRIBUTION TO OWNERS

An entity shall classify a non-current asset (or disposal group) as held for sale if its carrying amount will be recovered principally through a sale transaction rather than through continuing use. 6

For this to be the case, the asset (or disposal group) must be available for immediate sale in its present condition subject only to terms that are usual and customary for sales of such assets (or disposal groups) and its sale must be *highly probable*. 7

For the sale to be highly probable, the appropriate level of management must be committed to a plan to sell the asset (or disposal group), and an active programme to locate a buyer and complete the plan must have been initiated. Further, the asset (or disposal group) must be actively marketed for sale at a price that is reasonable in relation to its current fair value. In addition, the sale should be expected to qualify for recognition as a completed sale within one year from the date of classification, except as permitted by paragraph 9, and actions required to complete the plan should indicate that it is unlikely that significant changes to the plan will be made or that the plan will be withdrawn. The probability of shareholders' 8

2 However, once the cash flows from an asset or group of assets are expected to arise principally from sale rather than continuing use, they become less dependent on cash flows arising from other assets, and a disposal group that was part of a cash-generating unit becomes a separate cash-generating unit.

3 Other than paragraphs 18 and 19, which require the assets in question to be measured in accordance with other applicable IFRSs.

zulassen, dass wesentliche Änderungen am Plan oder eine Aufhebung des Plans unwahrscheinlich erscheinen. Die Wahrscheinlichkeit der Genehmigung der Anteilseigner (sofern gesetzlich vorgeschrieben) ist im Rahmen der Beurteilung, ob der Verkauf eine hochwahrscheinlich ist, zu berücksichtigen.

8A Ein Unternehmen, das an einen Verkaufsplan gebunden ist, der den Verlust der Beherrschung eines Tochterunternehmens zur Folge hat, hat alle Vermögenswerte und Schulden dieses Tochterunternehmens als zur Veräußerung gehalten einzustufen, sofern die Kriterien in den Paragraphen 6–8 erfüllt sind, und zwar unabhängig davon, ob das Unternehmen nach dem Verkauf einen nicht beherrschenden Anteil am ehemaligen Tochterunternehmen behalten wird.

9 Ereignisse oder Umstände können dazu führen, dass der Verkauf erst nach einem Jahr stattfindet. Eine Verlängerung des für den Verkaufsabschluss benötigten Zeitraums schließt nicht die Einstufung eines Vermögenswerts (oder einer Veräußerungsgruppe) als zur Veräußerung gehalten aus, wenn die Verzögerung auf Ereignisse oder Umstände zurückzuführen ist, die sich der Kontrolle des Unternehmens entziehen, und ausreichende Anhaltspunkte vorliegen, dass das Unternehmen weiterhin an seinem Plan zum Verkauf des Vermögenswerts (oder der Veräußerungsgruppe) festhält. Dies ist der Fall, wenn die in Anhang B genannten Kriterien erfüllt sind.

10 Veräußerungsgeschäfte umfassen auch den Tausch von langfristigen Vermögenswerten gegen andere langfristige Vermögenswerte, wenn der Tauschvorgang gemäß IAS 16 *Sachanlagen* wirtschaftliche Substanz hat.

11 Wird ein langfristiger Vermögenswert (oder eine Veräußerungsgruppe) ausschließlich mit der Absicht einer späteren Veräußerung erworben, darf der langfristige Vermögenswert (oder die Veräußerungsgruppe) nur dann zum Erwerbszeitpunkt als zur Veräußerung gehalten eingestuft werden, wenn das Ein-Jahres-Kriterium in Paragraph 8 erfüllt ist (mit Ausnahme der in Paragraph 9 gestatteten Fälle) und es hochwahrscheinlich ist, dass andere in den Paragraphen 7 und 8 genannte Kriterien, die zum Erwerbszeitpunkt nicht erfüllt waren, innerhalb kurzer Zeit nach dem Erwerb (in der Regel innerhalb von drei Monaten) erfüllt werden.

12 Werden die in den Paragraphen 7 und 8 genannten Kriterien nach dem Abschlussstichtag erfüllt, darf der langfristige Vermögenswert (oder die Veräußerungsgruppe) im betreffenden veröffentlichten Abschluss nicht als zur Veräußerung gehalten eingestuft werden. Werden diese Kriterien dagegen nach dem Abschlussstichtag, aber vor der Freigabe des Abschlusses zur Veröffentlichung erfüllt, sind die in Paragraph 41 (a), (b) und (d) genannten Angaben im Anhang zu machen.

12A Langfristige Vermögenswerte (oder Veräußerungsgruppen) werden als zur Ausschüttung an Eigentümer gehalten eingestuft, wenn das Unternehmen verpflichtet ist, die Vermögenswerte (oder die Veräußerungsgruppe) an die Eigentümer auszuschütten. Dies ist dann der Fall, wenn die Vermögenswerte in ihrem gegenwärtigen Zustand zur sofortigen Ausschüttung verfügbar sind und die Ausschüttung hochwahrscheinlich ist. Eine Ausschüttung ist dann hochwahrscheinlich, wenn Maßnahmen zu ihrer Durchführung eingeleitet wurden und davon ausgegangen werden kann, dass die Ausschüttung innerhalb eines Jahres nach dem Zeitpunkt der Einstufung vollendet ist. Aus den für die Durchführung der Ausschüttung erforderlichen Maßnahmen sollte hervorgehen, dass es unwahrscheinlich ist, dass wesentliche Änderungen an der Ausschüttung vorgenommen werden oder dass die Ausschüttung rückgängig gemacht wird. Die Wahrscheinlichkeit der Genehmigung der Anteilseigner (sofern gesetzlich vorgeschrieben) ist im Rahmen der Beurteilung, ob die Ausschüttung hochwahrscheinlich ist, zu berücksichtigen.

Zur Stilllegung bestimmte langfristige Vermögenswerte

13 Zur Stilllegung bestimmte langfristige Vermögenswerte (oder Veräußerungsgruppen) dürfen nicht als zur Veräußerung gehalten eingestuft werden. Dies ist darauf zurückzuführen, dass der zugehörige Buchwert überwiegend durch fortgesetzte Nutzung realisiert wird. Erfüllt die stillzulegende Veräußerungsgruppe jedoch die in Paragraph 32 (a)–(c) genannten Kriterien, sind die Ergebnisse und Zahlungsströme der Veräußerungsgruppe zu dem Zeitpunkt, zu dem sie nicht mehr genutzt wird, als aufgegebener Geschäftsbereich gemäß den Paragraphen 33 und 34 darzustellen. Stillzulegende langfristige Vermögenswerte (oder Veräußerungsgruppen) beinhalten auch langfristige Vermögenswerte (oder Veräußerungsgruppen), die bis zum Ende ihrer wirtschaftlichen Nutzungsdauer genutzt werden sollen, und langfristige Vermögenswerte (oder Veräußerungsgruppen), die zur Stilllegung und nicht zur Veräußerung vorgesehen sind.

14 Ein langfristiger Vermögenswert, der vorübergehend außer Betrieb genommen wurde, darf nicht wie ein stillgelegter langfristiger Vermögenswert behandelt werden.

BEWERTUNG VON LANGFRISTIGEN VERMÖGENSWERTEN (ODER VERÄUẞERUNGSGRUPPEN), DIE ALS ZUR VERÄUẞERUNG GEHALTEN EINGESTUFT WERDEN

Bewertung eines langfristigen Vermögenswerts (oder einer Veräußerungsgruppe)

15 **Langfristige Vermögenswerte (oder Veräußerungsgruppen), die als zur Veräußerung gehalten eingestuft werden, sind zum niedrigeren Wert aus Buchwert und beizulegendem Zeitwert abzüglich Veräußerungskosten anzusetzen.**

approval (if required in the jurisdiction) should be considered as part of the assessment of whether the sale is highly probable.

An entity that is committed to a sale plan involving loss of control of a subsidiary shall classify all the assets and liabilities of that subsidiary as held for sale when the criteria set out in paragraphs 6—8 are met, regardless of whether the entity will retain a non-controlling interest in its former subsidiary after the sale. **8A**

Events or circumstances may extend the period to complete the sale beyond one year. An extension of the period required to complete a sale does not preclude an asset (or disposal group) from being classified as held for sale if the delay is caused by events or circumstances beyond the entity's control and there is sufficient evidence that the entity remains committed to its plan to sell the asset (or disposal group). This will be the case when the criteria in Appendix B are met. **9**

Sale transactions include exchanges of non-current assets for other non-current assets when the exchange has commercial substance in accordance with IAS 16 *Property, plant and equipment.* **10**

When an entity acquires a non-current asset (or disposal group) exclusively with a view to its subsequent disposal, it shall classify the non-current asset (or disposal group) as held for sale at the acquisition date only if the one-year requirement in paragraph 8 is met (except as permitted by paragraph 9) and it is highly probable that any other criteria in paragraphs 7 and 8 that are not met at that date will be met within a short period following the acquisition (usually within three months). **11**

If the criteria in paragraphs 7 and 8 are met after the reporting period, an entity shall not classify a non-current asset (or disposal group) as held for sale in those financial statements when issued. However, when those criteria are met after the reporting period but before the authorisation of the financial statements for issue, the entity shall disclose the information specified in paragraph 41 (a), (b) and (d) in the notes. **12**

A non-current asset (or disposal group) is classified as held for distribution to owners when the entity is committed to distribute the asset (or disposal group) to the owners. For this to be the case, the assets must be available for immediate distribution in their present condition and the distribution must be highly probable. For the distribution to be highly probable, actions to complete the distribution must have been initiated and should be expected to be completed within one year from the date of classification. Actions required to complete the distribution should indicate that it is unlikely that significant changes to the distribution will be made or that the distribution will be withdrawn. The probability of shareholders' approval (if required in the jurisdiction) should be considered as part of the assessment of whether the distribution is highly probable. **12A**

Non-current assets that are to be abandoned

An entity shall not classify as held for sale a non-current asset (or disposal group) that is to be abandoned. This is because its carrying amount will be recovered principally through continuing use. However, if the disposal group to be abandoned meets the criteria in paragraph 32 (a)—(c), the entity shall present the results and cash flows of the disposal group as discontinued operations in accordance with paragraphs 33 and 34 at the date on which it ceases to be used. Non-current assets (or disposal groups) to be abandoned include non-current assets (or disposal groups) that are to be used to the end of their economic life and non-current assets (or disposal groups) that are to be closed rather than sold. **13**

An entity shall not account for a non-current asset that has been temporarily taken out of use as if it had been abandoned. **14**

MEASUREMENT OF NON-CURRENT ASSETS (OR DISPOSAL GROUPS) CLASSIFIED AS HELD FOR SALE

Measurement of a non-current asset (or disposal group)

An entity shall measure a non-current asset (or disposal group) classified as held for sale at the lower of its carrying amount and fair value less costs to sell. **15**

15A **Langfristige Vermögenswerte (oder Veräußerungsgruppen), die als zur Ausschüttung an Eigentümer gehalten eingestuft werden, sind zum niedrigeren Wert aus Buchwert und beizulegendem Zeitwert abzüglich Ausschüttungskosten[4] anzusetzen.**

16 Wenn neu erworbene Vermögenswerte (oder Veräußerungsgruppen) die Kriterien für eine Einstufung als zur Veräußerung gehalten erfüllen (siehe Paragraph 11), führt die Anwendung von Paragraph 15 dazu, dass diese Vermögenswerte (oder Veräußerungsgruppen) beim erstmaligen Ansatz mit dem niedrigeren Wert aus dem Buchwert, wenn eine solche Einstufung nicht erfolgt wäre (beispielsweise den Anschaffungs- oder Herstellungskosten), und dem beizulegenden Zeitwert abzüglich Veräußerungskosten bewertet werden. Dementsprechend sind Vermögenswerte (oder Veräußerungsgruppen), die im Rahmen eines Unternehmenszusammenschlusses erworben werden, mit dem beizulegenden Zeitwert abzüglich Veräußerungskosten anzusetzen.

17 Wird der Verkauf erst nach einem Jahr erwartet, sind die Veräußerungskosten mit ihrem Barwert zu bewerten. Ein Anstieg des Barwerts der Veräußerungskosten aufgrund des Zeitablaufs ist erfolgswirksam unter Finanzierungskosten auszuweisen.

18 Unmittelbar vor der erstmaligen Einstufung eines Vermögenswerts (oder einer Veräußerungsgruppe) als zur Veräußerung gehalten sind die Buchwerte des Vermögenswerts (bzw. aller Vermögenswerte und Schulden der Gruppe) nach den einschlägigen IFRS zu bewerten.

19 Bei einer späteren Neubewertung einer Veräußerungsgruppe sind die Buchwerte der Vermögenswerte und Schulden, die nicht unter die Bewertungsvorschriften dieses IFRS fallen, jedoch zu einer Veräußerungsgruppe gehören, die als zur Veräußerung gehalten eingestuft ist, zuerst gemäß den einschlägigen IFRS neu zu bewerten und anschließend mit dem beizulegenden Zeitwert abzüglich der Veräußerungskosten für die Veräußerungsgruppe anzusetzen.

Erfassung von Wertminderungsaufwendungen und Wertaufholungen

20 Ein Unternehmen hat bei einer erstmaligen oder späteren außerplanmäßigen Abschreibung des Vermögenswerts (oder der Veräußerungsgruppe) auf den beizulegenden Zeitwert abzüglich Veräußerungskosten einen Wertminderungsaufwand zu erfassen, soweit dieser nicht gemäß Paragraph 19 berücksichtigt wurde.

21 Ein späterer Anstieg des beizulegenden Zeitwerts abzüglich Veräußerungskosten für einen Vermögenswert ist als Ertrag zu erfassen, jedoch nur bis zur Höhe des kumulierten Wertminderungsaufwands, der gemäß diesem IFRS oder davor gemäß IAS 36 *Wertminderung von Vermögenswerten* erfasst wurde.

22 Ein späterer Anstieg des beizulegenden Zeitwerts abzüglich Veräußerungskosten für eine Veräußerungsgruppe ist als Ertrag zu erfassen,

(a) soweit dieser Anstieg nicht gemäß Paragraph 19 erfasst wurde; jedoch

(b) nur bis zur Höhe des kumulativen Wertminderungsaufwands, der für die unter die Bewertungsvorschriften dieses IFRS fallenden langfristigen Vermögenswerte gemäß diesem IFRS oder davor gemäß IAS 36 erfasst wurde.

23 Der für eine Veräußerungsgruppe erfasste Wertminderungsaufwand (oder spätere Ertrag) verringert (bzw. erhöht) den Buchwert der unter die Bewertungsvorschriften dieses IFRS fallenden langfristigen Vermögenswerte in der Gruppe in der in den Paragraphen 104 (a) und (b) und 122 von IAS 36 (in der 2004 überarbeiteten Fassung) angegebenen Verteilungsreihenfolge.

24 Ein Gewinn oder Verlust, der bis zum Zeitpunkt der Veräußerung eines langfristigen Vermögenswerts (oder einer Veräußerungsgruppe) bisher nicht erfasst wurde, ist zum Zeitpunkt der Ausbuchung zu erfassen. Die Vorschriften zur Ausbuchung sind dargelegt in

(a) den Paragraphen 67–72 von IAS 16 (in der 2003 überarbeiteten Fassung) für Sachanlagen und

(b) den Paragraphen 112–117 von IAS 38 *Immaterielle Vermögenswerte* (in der 2004 überarbeiteten Fassung) für immaterielle Vermögenswerte.

25 Solange ein langfristiger Vermögenswert als zur Veräußerung gehalten eingestuft wird oder zu einer als zur Veräußerung gehalten eingestuften Veräußerungsgruppe gehört, darf er nicht planmäßig abgeschrieben werden. Zinsen und andere Aufwendungen, die den Schulden einer als zur Veräußerung gehalten eingestuften Veräußerungsgruppe zugeordnet werden können, sind weiterhin zu erfassen.

Änderungen eines Veräußerungsplans oder eines Ausschüttungsplans an Eigentümer

26 Vermögenswerte (oder Veräußerungsgruppen), die als zur Veräußerung gehalten oder als zur Ausschüttung an Eigentümer gehalten eingestuft wurden, die Kriterien in den Paragraphen 7–9 (für zur Veräußerung gehalten) bzw. in Paragraph 12A (für zur Ausschüttung an Eigentümer gehalten) aber nicht mehr erfüllen, dürfen nicht mehr als zur Veräußerung bzw.

---

4 Ausschüttungskosten sind die zusätzlich anfallenden Kosten, die der Ausschüttung einzeln zugeordnet werden können, mit Ausnahme der Finanzierungskosten und des Ertragsteueraufwands.

An entity shall measure a non-current asset (or disposal group) classified as held for distribution to owners at the lower of its carrying amount and fair value less costs to distribute[4]. 15A

If a newly acquired asset (or disposal group) meets the criteria to be classified as held for sale (see paragraph 11), applying paragraph 15 will result in the asset (or disposal group) being measured on initial recognition at the lower of its carrying amount had it not been so classified (for example, cost) and fair value less costs to sell. Hence, if the asset (or disposal group) is acquired as part of a business combination, it shall be measured at fair value less costs to sell. 16

When the sale is expected to occur beyond one year, the entity shall measure the costs to sell at their present value. Any increase in the present value of the costs to sell that arises from the passage of time shall be presented in profit or loss as a financing cost. 17

Immediately before the initial classification of the asset (or disposal group) as held for sale, the carrying amounts of the asset (or all the assets and liabilities in the group) shall be measured in accordance with applicable IFRSs. 18

On subsequent remeasurement of a disposal group, the carrying amounts of any assets and liabilities that are not within the scope of the measurement requirements of this IFRS, but are included in a disposal group classified as held for sale, shall be remeasured in accordance with applicable IFRSs before the fair value less costs to sell of the disposal group is remeasured. 19

Recognition of impairment losses and reversals

An entity shall recognise an impairment loss for any initial or subsequent write-down of the asset (or disposal group) to fair value less costs to sell, to the extent that it has not been recognised in accordance with paragraph 19. 20

An entity shall recognise a gain for any subsequent increase in fair value less costs to sell of an asset, but not in excess of the cumulative impairment loss that has been recognised either in accordance with this IFRS or previously in accordance with IAS 36 *Impairment of assets.* 21

An entity shall recognise a gain for any subsequent increase in fair value less costs to sell of a disposal group: 22
(a) to the extent that it has not been recognised in accordance with paragraph 19; but
(b) not in excess of the cumulative impairment loss that has been recognised, either in accordance with this IFRS or previously in accordance with IAS 36, on the non-current assets that are within the scope of the measurement requirements of this IFRS.

The impairment loss (or any subsequent gain) recognised for a disposal group shall reduce (or increase) the carrying amount of the non-current assets in the group that are within the scope of the measurement requirements of this IFRS, in the order of allocation set out in paragraphs 104 (a) and (b) and 122 of IAS 36 (as revised in 2004). 23

A gain or loss not previously recognised by the date of the sale of a non-current asset (or disposal group) shall be recognised at the date of derecognition. Requirements relating to derecognition are set out in: 24
(a) paragraphs 67—72 of IAS 16 (as revised in 2003) for property, plant and equipment; and
(b) paragraphs 112—117 of IAS 38 *Intangible assets* (as revised in 2004) for intangible assets.

An entity shall not depreciate (or amortise) a non-current asset while it is classified as held for sale or while it is part of a disposal group classified as held for sale. Interest and other expenses attributable to the liabilities of a disposal group classified as held for sale shall continue to be recognised. 25

Changes to a plan of sale or to a plan of distribution to owners

If an entity has classified an asset (or disposal group) as held for sale or as held for distribution to owners, but the criteria in paragraphs 7—9 (for held for sale) or in paragraph 12A (for held for distribution to owners) are no longer met, the entity shall 26

4 Costs to distribute are the incremental costs directly attributable to the distribution, excluding finance costs and income tax expense.

Ausschüttung an Eigentümer gehalten eingestuft werden. Für die entsprechende Änderung der Einstufung sind die Leitlinien in den Paragraphen 27–29 zu beachten, es sei denn, es gilt Paragraph 26A.

26A Werden Vermögenswerte (oder Veräußerungsgruppen), die als zur Veräußerung gehalten eingestuft waren, direkt als zur Ausschüttung an Eigentümer gehalten umgegliedert oder werden Vermögenswerte (oder Veräußerungsgruppen), die als zur Ausschüttung an Eigentümer gehalten eingestuft waren, direkt als zur Veräußerung gehalten umgegliedert, gilt die Änderung der Einstufung als Weiterführung des ursprünglichen Veräußerungsplans. Das Unternehmen

(a) folgt für diese Änderung nicht den Leitlinien in den Paragraphen 27–29. Das Unternehmen wendet die für die neue Veräußerungsart geltenden Einstufungs-, Darstellungs- und Bewertungsvorschriften dieses IFRS an,

(b) bewertet den langfristigen Vermögenswert (oder die Veräußerungsgruppe) gemäß den Vorschriften in Paragraph 15 (im Falle der Umgliederung als zur Veräußerung gehalten) bzw. Paragraph 15A (im Falle der Umgliederung als zur Ausschüttung an Eigentümer gehalten) und erfasst jegliche Änderung des beizulegenden Zeitwerts abzüglich Veräußerungs-/Ausschüttungskosten des langfristigen Vermögenswerts (oder der Veräußerungsgruppe) gemäß den Vorschriften in den Paragraphen 20–25,

(c) darf das Datum der Einstufung gemäß den Paragraphen 8 und 12A nicht ändern. Dies schließt eine Verlängerung des für den Verkaufsabschluss oder die Ausschüttung an die Eigentümer benötigten Zeitraums nicht aus, sofern die Bedingungen in Paragraph 9 erfüllt sind.

27 Ein langfristiger Vermögenswert (oder eine Veräußerungsgruppe), der (die) nicht mehr als zur Veräußerung gehalten oder als zur Ausschüttung an die Eigentümer gehalten eingestuft wird (oder nicht mehr zu einer als zur Veräußerung gehalten oder als zur Ausschüttung an die Eigentümer gehalten eingestuften Veräußerungsgruppe gehört) ist anzusetzen mit dem niedrigeren Wert aus:

(a) dem Buchwert, bevor der Vermögenswert (oder die Veräußerungsgruppe) als zur Veräußerung gehalten oder als zur Ausschüttung an die Eigentümer gehalten eingestuft wurde, bereinigt um alle planmäßigen Abschreibungen oder Neubewertungen, die ohne eine Einstufung des Vermögenswerts (oder der Veräußerungsgruppe) als zur Veräußerung gehalten oder als zur Ausschüttung an die Eigentümer gehalten erfasst worden wären, und

(b) dem *erzielbaren Betrag* zum Zeitpunkt der späteren Entscheidung, nicht zu verkaufen oder auszuschütten[5].

28 Notwendige Anpassungen des Buchwerts langfristiger Vermögenswerte, die nicht mehr als zur Veräußerung gehalten oder als zur Ausschüttung an die Eigentümer gehalten eingestuft werden, sind in der Berichtsperiode, in der die Kriterien der Paragraphen 7–9 bzw. des Paragraphen 12A nicht mehr erfüllt sind, im Gewinn oder Verlust[6] aus fortzuführenden Geschäftsbereichen zu berücksichtigen. Die Abschlüsse für die Berichtsperioden seit der Einstufung als zur Veräußerung gehalten oder als zur Ausschüttung an die Eigentümer gehalten sind entsprechend zu ändern, wenn die Veräußerungsgruppe oder der langfristige Vermögenswert, der nicht mehr als zur Veräußerung gehalten oder als zur Ausschüttung an die Eigentümer gehalten eingestuft wird, eine Tochtergesellschaft, eine gemeinschaftliche Tätigkeit, ein Gemeinschaftsunternehmen, ein assoziiertes Unternehmen oder ein Teil eines Anteils an einem Gemeinschaftsunternehmen oder assoziierten Unternehmen ist. Diese Anpassung ist in der Gesamtergebnisrechnung unter den gleichen Posten wie die gegebenenfalls gemäß Paragraph 37 erfassten Gewinne oder Verluste auszuweisen.

29 Bei der Herausnahme einzelner Vermögenswerte oder Schulden aus einer als zur Veräußerung gehalten eingestuften Veräußerungsgruppe sind die verbleibenden Vermögenswerte und Schulden der zum Verkauf stehenden Veräußerungsgruppe nur dann als Gruppe zu bewerten, wenn die Gruppe die Kriterien der Paragraphen 7–9 erfüllt. Bei der Herausnahme einzelner Vermögenswerte oder Schulden aus einer als zur Ausschüttung an die Eigentümer gehalten eingestuften Veräußerungsgruppe sind die verbleibenden Vermögenswerte und Schulden der auszuschüttenden Veräußerungsgruppe nur dann als Gruppe zu bewerten, wenn die Gruppe die Kriterien des Paragraphen 12A erfüllt. Andernfalls sind die verbleibenden langfristigen Vermögenswerte der Gruppe, die für sich genommen die Kriterien für eine Einstufung als zur Veräußerung gehalten (oder als zur Ausschüttung an die Eigentümer gehalten) erfüllen, einzeln mit dem niedrigeren Wert aus Buchwert und dem zu diesem Zeitpunkt beizulegenden Zeitwert abzüglich Veräußerungskosten (oder Ausschüttungskosten) anzusetzen. Alle langfristigen Vermögenswerte, die den Kriterien für als zur Veräußerung gehalten nicht entsprechen, dürfen nicht mehr als zur Veräußerung gehaltene langfristige Vermögenswerte gemäß Paragraph 26 eingestuft werden. Alle langfristigen Vermögenswerte, die den Kriterien für als zur Ausschüttung an die Eigentümer gehalten nicht entsprechen, dürfen nicht mehr als zur Ausschüttung an die Eigentümer gehaltene langfristige Vermögenswerte gemäß Paragraph 26 eingestuft werden.

---

5 Ist der langfristige Vermögenswert Teil einer zahlungsmittelgenerierenden Einheit, entspricht der erzielbare Betrag dem Buchwert, der nach Verteilung eines Wertminderungsaufwands bei dieser zahlungsmittelgenerierenden Einheit gemäß IAS 36 erfasst worden wäre.

6 Sofern die Vermögenswerte keine Sachanlagen oder immateriellen Vermögenswerte sind, die vor einer Einstufung als zur Veräußerung gehalten gemäß IAS 16 oder IAS 38 neu bewertet wurden, ist die Anpassung als eine Zu- oder Abnahme aufgrund einer Neubewertung zu behandeln.

cease to classify the asset (or disposal group) as held for sale or held for distribution to owners (respectively). In such cases an entity shall follow the guidance in paragraphs 27—29 to account for this change except when paragraph 26A applies.

If an entity reclassifies an asset (or disposal group) directly from being held for sale to being held for distribution to owners, or directly from being held for distribution to owners to being held for sale, then the change in classification is considered a continuation of the original plan of disposal. The entity: **26A**

(a) shall not follow the guidance in paragraphs 27—29 to account for this change. The entity shall apply the classification, presentation and measurement requirements in this IFRS that are applicable to the new method of disposal.
(b) shall measure the non-current asset (or disposal group) by following the requirements in paragraph 15 (if reclassified as held for sale) or 15A (if reclassified as held for distribution to owners) and recognise any reduction or increase in the fair value less costs to sell/costs to distribute of the non-current asset (or disposal group) by following the requirements in paragraphs 20—25.
(c) shall not change the date of classification in accordance with paragraphs 8 and 12A. This does not preclude an extension of the period required to complete a sale or a distribution to owners if the conditions in paragraph 9 are met.

The entity shall measure a non-current asset (or disposal group) that ceases to be classified as held for sale or as held for distribution to owners (or ceases to be included in a disposal group classified as held for sale or as held for distribution to owners) at the lower of: **27**

(a) its carrying amount before the asset (or disposal group) was classified as held for sale or as held for distribution to owners, adjusted for any depreciation, amortisation or revaluations that would have been recognised had the asset (or disposal group) not been classified as held for sale or as held for distribution to owners, and
(b) its *recoverable amount* at the date of the subsequent decision not to sell or distribute[5].

The entity shall include any required adjustment to the carrying amount of a non-current asset that ceases to be classified as held for sale or as held for distribution to owners in profit or loss[6] from continuing operations in the period in which the criteria in paragraphs 7—9 or 12A, respectively, are no longer met. Financial statements for the periods since classification as held for sale or as held for distribution to owners shall be amended accordingly if the disposal group or non-current asset that ceases to be classified as held for sale or as held for distribution to owners is a subsidiary, joint operation, joint venture, associate, or a portion of an interest in a joint venture or an associate. The entity shall present that adjustment in the same caption in the statement of comprehensive income used to present a gain or loss, if any, recognised in accordance with paragraph 37. **28**

If an entity removes an individual asset or liability from a disposal group classified as held for sale, the remaining assets and liabilities of the disposal group to be sold shall continue to be measured as a group only if the group meets the criteria in paragraphs 7—9. If an entity removes an individual asset or liability from a disposal group classified as held for distribution to owners, the remaining assets and liabilities of the disposal group to be distributed shall continue to be measured as a group only if the group meets the criteria in paragraph 12A. Otherwise, the remaining non-current assets of the group that individually meet the criteria to be classified as held for sale (or as held for distribution to owners) shall be measured individually at the lower of their carrying amounts and fair values less costs to sell (or costs to distribute) at that date. Any non-current assets that do not meet the criteria for held for sale shall cease to be classified as held for sale in accordance with paragraph 26. Any non-current assets that do not meet the criteria for held for distribution to owners shall cease to be classified as held for distribution to owners in accordance with paragraph 26. **29**

5 If the non-current asset is part of a cash-generating unit, its recoverable amount is the carrying amount that would have been recognised after the allocation of any impairment loss arising on that cash-generating unit in accordance with IAS 36.

6 Unless the asset is property, plant and equipment or an intangible asset that had been revalued in accordance with IAS 16 or IAS 38 before classification as held for sale, in which case the adjustment shall be treated as a revaluation increase or decrease.

DARSTELLUNG UND ANGABEN

30 Ein Unternehmen hat Informationen darzustellen und anzugeben, die es den Abschlussadressaten ermöglichen, die finanziellen Auswirkungen von aufgegebenen Geschäftsbereichen und Veräußerungen langfristiger Vermögenswerte (oder Veräußerungsgruppen) zu beurteilen.

Darstellung aufgegebener Geschäftsbereiche

31 Ein *Unternehmensbestandteil* bezeichnet einen Geschäftsbereich und die zugehörigen Zahlungsströme, die betrieblich und für die Zwecke der Rechnungslegung klar vom restlichen Unternehmen abgegrenzt werden können. Mit anderen Worten: ein Unternehmensbestandteil ist während seiner Nutzung eine zahlungsmittelgenerierende Einheit oder eine Gruppe von zahlungsmittelgenerierenden Einheiten gewesen.

32 Ein aufgegebener Geschäftsbereich ist ein Unternehmensbestandteil, der veräußert wurde oder als zur Veräußerung gehalten eingestuft wird und der

(a) einen gesonderten, wesentlichen Geschäftszweig oder geografischen Geschäftsbereich darstellt,

(b) Teil eines einzelnen, abgestimmten Plans zur Veräußerung eines gesonderten wesentlichen Geschäftszweigs oder geografischen Geschäftsbereichs ist oder

(c) ein Tochterunternehmen darstellt, das ausschließlich mit der Absicht einer Weiterveräußerung erworben wurde.

33 Anzugeben ist:

(a) ein gesonderter Betrag in der Gesamtergebnisrechnung, welcher der Summe entspricht aus:

(i) dem Ergebnis des aufgegebenen Geschäftsbereichs nach Steuern und

(ii) dem Ergebnis nach Steuern, das bei der Bewertung zum beizulegenden Zeitwert abzüglich Veräußerungskosten oder bei der Veräußerung der Vermögenswerte oder Veräußerungsgruppe(n), die den aufgegebenen Geschäftsbereich darstellen, erfasst wurde.

(b) eine Untergliederung des gesonderten Betrags unter (a) in:

(i) Erlöse, Aufwendungen und Ergebnis des aufgegebenen Geschäftsbereichs vor Steuern,

(ii) den zugehörigen Ertragsteueraufwand gemäß Paragraph 81 (h) von IAS 12, und

(iii) den Gewinn oder Verlust, der bei der Bewertung zum beizulegenden Zeitwert abzüglich Veräußerungskosten oder bei der Veräußerung der Vermögenswerte oder Veräußerungsgruppe(n), die den aufgegebenen Geschäftsbereich darstellen, erfasst wurde, und

(iv) den zugehörigen Ertragsteueraufwand gemäß Paragraph 81 (h) von IAS 12.

Diese Untergliederung kann im Anhang oder in der Gesamtergebnisrechnung dargestellt werden. Die Darstellung in der Gesamtergebnisrechnung hat in einem eigenen Abschnitt für aufgegebene Geschäftsbereiche, also getrennt von den fortzuführenden Geschäftsbereichen, zu erfolgen. Bei Veräußerungsgruppen, bei denen es sich um neu erworbene Tochterunternehmen handelt, die zum Erwerbszeitpunkt die Kriterien für eine Einstufung als zur Veräußerung gehalten erfüllen (siehe Paragraph 11), ist eine solche Untergliederung nicht erforderlich.

(c) die Netto-Zahlungsströme, die der laufenden Geschäftstätigkeit sowie der Investitions- und Finanzierungstätigkeit des aufgegebenen Geschäftsbereiches zuzuordnen sind. Diese Angaben können entweder im Anhang oder im Abschluss dargestellt werden. Nicht erforderlich sind sie bei Veräußerungsgruppen, bei denen es sich um neu erworbene Tochterunternehmen handelt, die zum Erwerbszeitpunkt die Kriterien für eine Einstufung als zur Veräußerung gehalten erfüllen (siehe Paragraph 11).

(d) die Erträge aus fortzuführenden Geschäftsbereichen und aus aufgegebenen Geschäftsbereichen, die den Eigentümern des Mutterunternehmens zuzuordnen sind. Diese Angaben können entweder im Anhang oder in der Gesamtergebnisrechnung dargestellt werden.

33A Stellt ein Unternehmen die einzelnen Gewinn- oder Verlustposten wie in Paragraph 10A von IAS 1 (in der 2011 geänderten Fassung) beschrieben in einer gesonderten Gewinn- und Verlustrechnung dar, muss diese einen eigenen Abschnitt für aufgegebene Geschäftsbereiche enthalten.

34 Die Angaben gemäß Paragraph 33 sind für frühere im Abschluss dargestellte Berichtsperioden so anzupassen, dass sich die Angaben auf alle Geschäftsbereiche beziehen, die bis zum Abschlussstichtag der zuletzt dargestellten Berichtsperiode aufgegeben wurden.

35 Alle in der Berichtsperiode vorgenommenen Änderungen an Beträgen, die früher im Abschnitt für aufgegebene Geschäftsbereiche dargestellt wurden und in direktem Zusammenhang mit der Veräußerung eines aufgegebenen Geschäftsbereichs in einer vorangegangenen Periode stehen, sind unter diesem Abschnitt in einer gesonderten Kategorie auszuweisen. Es sind die Art und Höhe solcher Berichtigungen anzugeben. Im Folgenden werden einige Beispiele für Umstände genannt, unter denen es zu derartigen Änderungen kommen kann:

(a) Klärung von Unsicherheiten, die auf die Bedingungen des Veräußerungsgeschäfts zurückzuführen sind, wie beispielsweise die Klärung von Kaufpreisanpassungen oder Klärung von Entschädigungsfragen mit dem Käufer,

(b) Klärung von Unsicherheiten, die auf die Geschäftstätigkeit des Unternehmensbestandteils vor seiner Veräußerung zurückzuführen sind und in direktem Zusammenhang damit stehen, wie beispielsweise beim Verkäufer verbliebene Verpflichtungen aus der Umwelt- und Produkthaftung,

PRESENTATION AND DISCLOSURE

An entity shall present and disclose information that enables users of the financial statements to evaluate the financial effects of discontinued operations and disposals of non-current assets (or disposal groups). 30

Presenting discontinued operations

A *component of an entity* comprises operations and cash flows that can be clearly distinguished, operationally and for financial reporting purposes, from the rest of the entity. In other words, a component of an entity will have been a cash-generating unit or a group of cash-generating units while being held for use. 31

A discontinued operation is a component of an entity that either has been disposed of, or is classified as held for sale, and: 32
(a) represents a separate major line of business or geographical area of operations;
(b) is part of a single coordinated plan to dispose of a separate major line of business or geographical area of operations; or
(c) is a subsidiary acquired exclusively with a view to resale.

An entity shall disclose: 33
(a) a single amount in the statement of comprehensive income comprising the total of:
   (i) the post-tax profit or loss of discontinued operations; and
   (ii) the post-tax gain or loss recognised on the measurement to fair value less costs to sell or on the disposal of the assets or disposal group(s) constituting the discontinued operation;
(b) an analysis of the single amount in (a) into:
   (i) the revenue, expenses and pre-tax profit or loss of discontinued operations;
   (ii) the related income tax expense as required by paragraph 81 (h) of IAS 12;
   (iii) the gain or loss recognised on the measurement to fair value less costs to sell or on the disposal of the assets or disposal group(s) constituting the discontinued operation; and
   (iv) the related income tax expense as required by paragraph 81 (h) of IAS 12.
   The analysis may be presented in the notes or in the statement of comprehensive income. If it is presented in the statement of comprehensive income it shall be presented in a section identified as relating to discontinued operations, i.e. separately from continuing operations. The analysis is not required for disposal groups that are newly acquired subsidiaries that meet the criteria to be classified as held for sale on acquisition (see paragraph 11);
(c) the net cash flows attributable to the operating, investing and financing activities of discontinued operations. These disclosures may be presented either in the notes or in the financial statements. These disclosures are not required for disposal groups that are newly acquired subsidiaries that meet the criteria to be classified as held for sale on acquisition (see paragraph 11).
(d) the amount of income from continuing operations and from discontinued operations attributable to owners of the parent. These disclosures may be presented either in the notes or in the statement of comprehensive income.

If an entity presents the items of profit or loss in a separate statement as described in paragraph 10A of IAS 1 (as amended in 2011), a section identified as relating to discontinued operations is presented in that statement. 33A

An entity shall re-present the disclosures in paragraph 33 for prior periods presented in the financial statements so that the disclosures relate to all operations that have been discontinued by the end of the reporting period for the latest period presented. 34

Adjustments in the current period to amounts previously presented in discontinued operations that are directly related to the disposal of a discontinued operation in a prior period shall be classified separately in discontinued operations. The nature and amount of such adjustments shall be disclosed. Examples of circumstances in which these adjustments may arise include the following: 35
(a) the resolution of uncertainties that arise from the terms of the disposal transaction, such as the resolution of purchase price adjustments and indemnification issues with the purchaser;
(b) the resolution of uncertainties that arise from and are directly related to the operations of the component before its disposal, such as environmental and product warranty obligations retained by the seller;

(c) Abgeltung von Verpflichtungen im Rahmen eines Versorgungsplans für Arbeitnehmer, sofern diese Abgeltung in direktem Zusammenhang mit dem Veräußerungsgeschäft steht.

36 Wird ein Unternehmensbestandteil nicht mehr als zur Veräußerung gehalten eingestuft, ist das Ergebnis dieses Unternehmensbestandteils, das zuvor gemäß den Paragraphen 33–35 im Abschnitt für aufgegebene Geschäftsbereiche ausgewiesen wurde, umzugliedern und für alle dargestellten Berichtsperioden in die Erträge aus fortzuführenden Geschäftsbereichen einzubeziehen. Die Beträge für vorangegangene Berichtsperioden sind mit dem Hinweis zu versehen, dass es sich um angepasste Angaben handelt.

36A Ein Unternehmen, das an einen Veräußerungsplan gebunden ist, der den Verlust der Beherrschung eines Tochterunternehmens zur Folge hat, muss alle in den Paragraphen 33–36 verlangten Angaben machen, wenn es sich bei dem Tochterunternehmen um eine Veräußerungsgruppe handelt, die die Definition eines aufgegebenen Geschäftsbereichs im Sinne von Paragraph 32 erfüllt.

Ergebnis aus fortzuführenden Geschäftsbereichen

37 Alle Gewinne oder Verluste aus der Neubewertung von langfristigen Vermögenswerten (oder Veräußerungsgruppen), die als zur Veräußerung gehalten eingestuft werden und nicht die Definition eines aufgegebenen Geschäftsbereichs erfüllen, sind im Gewinn oder Verlust aus fortzuführenden Geschäftsbereichen zu erfassen.

Darstellung von langfristigen Vermögenswerten oder Veräußerungsgruppen, die als zur Veräußerung gehalten eingestuft werden

38 Langfristige Vermögenswerte, die als zur Veräußerung gehalten eingestuft werden, sowie die Vermögenswerte einer als zur Veräußerung gehalten eingestuften Veräußerungsgruppe sind in der Bilanz getrennt von anderen Vermögenswerten darzustellen. Die Schulden einer als zur Veräußerung gehalten eingestuften Veräußerungsgruppe sind getrennt von anderen Schulden in der Bilanz auszuweisen. Diese Vermögenswerte und Schulden dürfen nicht miteinander saldiert und müssen als gesonderter Betrag abgebildet werden. Die Hauptgruppen der Vermögenswerte und Schulden, die als zur Veräußerung gehalten eingestuft werden, sind außer in dem gemäß Paragraph 39 gestatteten Fall entweder in der Bilanz oder im Anhang gesondert anzugeben. Alle im sonstigen Ergebnis erfassten kumulativen Erträge oder Aufwendungen, die in Verbindung mit langfristigen Vermögenswerten (oder Veräußerungsgruppen) stehen, die als zur Veräußerung gehalten eingestuft werden, sind gesondert auszuweisen.

39 Handelt es sich bei der Veräußerungsgruppe um ein neu erworbenes Tochterunternehmen, das zum Erwerbszeitpunkt die Kriterien für eine Einstufung als zur Veräußerung gehalten erfüllt (siehe Paragraph 11), ist eine Angabe der Hauptgruppen der Vermögenswerte und Schulden nicht erforderlich.

40 Die Beträge, die für langfristige Vermögenswerte oder Vermögenswerte und Schulden von Veräußerungsgruppen, die als zur Veräußerung gehalten eingestuft werden, in den Bilanzen vorangegangener Berichtsperioden ausgewiesen wurden, müssen nicht umgegliedert oder erneut dargestellt werden, um die bilanzielle Gliederung für die zuletzt dargestellte Berichtsperiode widerzuspiegeln.

Zusätzliche Angaben

41 Ein Unternehmen hat in der Berichtsperiode, in der ein langfristiger Vermögenswert (oder eine Veräußerungsgruppe) entweder als zur Veräußerung gehalten eingestuft oder veräußert wurde, im Anhang Folgendes anzugeben:

(a) eine Beschreibung des langfristigen Vermögenswerts (oder der Veräußerungsgruppe),

(b) eine Beschreibung der Sachverhalte und Umstände der Veräußerung oder der Sachverhalte und Umstände, die zu der erwarteten Veräußerung führen, sowie die voraussichtliche Art und Weise und der voraussichtliche Zeitpunkt dieser Veräußerung,

(c) den gemäß den Paragraphen 20–22 erfassten Gewinn oder Verlust und, falls dieser nicht gesondert in der Gesamtergebnisrechnung ausgewiesen wird, unter welchem Posten der Gesamtergebnisrechnung dieser Gewinn oder Verlust berücksichtigt wurde,

(d) gegebenenfalls das berichtspflichtige Segment, in dem der langfristige Vermögenswert (oder die Veräußerungsgruppe) gemäß IFRS 8 *Geschäftssegmente* ausgewiesen wird.

42 Wenn Paragraph 26 oder Paragraph 29 Anwendung findet, sind in der Berichtsperiode, in der eine Änderung des Plans zur Veräußerung des langfristigen Vermögenswerts (oder der Veräußerungsgruppe) beschlossen wurde, die Sachverhalte und Umstände zu beschreiben, die zu dieser Entscheidung geführt haben. Die Auswirkungen der Entscheidung auf das Ergebnis für die dargestellte Berichtsperiode und die dargestellten vorangegangenen Berichtsperioden sind anzugeben.

(c) the settlement of employee benefit plan obligations, provided that the settlement is directly related to the disposal transaction.

If an entity ceases to classify a component of an entity as held for sale, the results of operations of the component previously presented in discontinued operations in accordance with paragraphs 33—35 shall be reclassified and included in income from continuing operations for all periods presented. The amounts for prior periods shall be described as having been re-presented. 36

An entity that is committed to a sale plan involving loss of control of a subsidiary shall disclose the information required in paragraphs 33—36 when the subsidiary is a disposal group that meets the definition of a discontinued operation in accordance with paragraph 32. 36A

Gains or losses relating to continuing operations

Any gain or loss on the remeasurement of a non-current asset (or disposal group) classified as held for sale that does not meet the definition of a discontinued operation shall be included in profit or loss from continuing operations. 37

Presentation of a non-current asset or disposal group classified as held for sale

An entity shall present a non-current asset classified as held for sale and the assets of a disposal group classified as held for sale separately from other assets in the statement of financial position. The liabilities of a disposal group classified as held for sale shall be presented separately from other liabilities in the statement of financial position. Those assets and liabilities shall not be offset and presented as a single amount. The major classes of assets and liabilities classified as held for sale shall be separately disclosed either in the statement of financial position or in the notes, except as permitted by paragraph 39. An entity shall present separately any cumulative income or expense recognised in other comprehensive income relating to a non-current asset (or disposal group) classified as held for sale. 38

If the disposal group is a newly acquired subsidiary that meets the criteria to be classified as held for sale on acquisition (see paragraph 11), disclosure of the major classes of assets and liabilities is not required. 39

An entity shall not reclassify or re-present amounts presented for non-current assets or for the assets and liabilities of disposal groups classified as held for sale in the statement of financial positions for prior periods to reflect the classification in the statement of financial position for the latest period presented. 40

Additional disclosures

An entity shall disclose the following information in the notes in the period in which a non-current asset (or disposal group) has been either classified as held for sale or sold: 41

(a) a description of the non-current asset (or disposal group);

(b) a description of the facts and circumstances of the sale, or leading to the expected disposal, and the expected manner and timing of that disposal;

(c) the gain or loss recognised in accordance with paragraphs 20—22 and, if not separately presented in the statement of comprehensive income, the caption in the statement of comprehensive income that includes that gain or loss;

(d) if applicable, the reportable segment in which the non-current asset (or disposal group) is presented in accordance with IFRS 8 *Operating segments*.

If either paragraph 26 or paragraph 29 applies, an entity shall disclose, in the period of the decision to change the plan to sell the non-current asset (or disposal group), a description of the facts and circumstances leading to the decision and the effect of the decision on the results of operations for the period and any prior periods presented. 42

ÜBERGANGSVORSCHRIFTEN

43 Der IFRS ist prospektiv auf langfristige Vermögenswerte (oder Veräußerungsgruppen) anzuwenden, die nach dem Zeitpunkt seines Inkrafttretens die Kriterien für eine Einstufung als zur Veräußerung gehalten erfüllen, sowie auf Geschäftsbereiche, die nach dem Zeitpunkt seines Inkrafttretens die Kriterien für eine Einstufung als aufgegebene Geschäftsbereiche erfüllen. Die Vorschriften des IFRS können auf alle langfristigen Vermögenswerte (oder Veräußerungsgruppen) angewendet werden, die vor dem Zeitpunkt seines Inkrafttretens die Kriterien für eine Einstufung als zur Veräußerung gehalten erfüllen, sowie auf Geschäftsbereiche, die die Kriterien für eine Einstufung als aufgegebene Geschäftsbereiche erfüllen, sofern die Bewertungen und anderen notwendigen Informationen zur Anwendung des IFRS zu dem Zeitpunkt durchgeführt bzw. eingeholt wurden, zu dem diese Kriterien ursprünglich erfüllt wurden.

ZEITPUNKT DES INKRAFTTRETENS

44 Dieser IFRS ist auf Geschäftsjahre anzuwenden, die am oder nach dem 1. Januar 2005 beginnen. Eine frühere Anwendung wird empfohlen. Wendet ein Unternehmen den IFRS auf vor dem 1. Januar 2005 beginnende Geschäftsjahre an, hat es dies anzugeben.

44A Durch IAS 1 (in der 2007 überarbeiteten Fassung) wurde die in den IAS/IFRS verwendete Terminologie geändert. Außerdem wurden die Paragraphen 3 und 38 geändert, und Paragraph 33A wurde eingefügt. Diese Änderungen sind auf Geschäftsjahre anzuwenden, die am oder nach dem 1. Januar 2009 beginnen. Wendet ein Unternehmen IAS 1 (in der 2007 überarbeiteten Fassung) auf ein früheres Geschäftsjahr an, so hat es auf dieses Geschäftsjahr auch diese Änderungen anzuwenden.

44B Durch IAS 27 *Konzern- und Einzelabschlüsse* (in der 2008 geänderten Fassung) wurde Paragraph 33 (d) eingefügt. Diese Änderung ist auf Geschäftsjahre anzuwenden, die am oder nach dem 1. Juli 2009 beginnen. Wendet ein Unternehmen IAS 27 (in der 2008 geänderten Fassung) auf ein früheres Geschäftsjahr an, so hat es auf dieses Geschäftsjahr auch die genannte Änderung anzuwenden. Diese Änderung ist rückwirkend anzuwenden.

44C Durch *Verbesserungen an den IFRS*, veröffentlicht im Mai 2008, wurden die Paragraphen 8A und 36A eingefügt. Diese Änderungen sind auf Geschäftsjahre anzuwenden, die am oder nach dem 1. Juli 2009 beginnen. Eine frühere Anwendung ist zulässig. Allerdings darf ein Unternehmen die Änderungen nur dann auf vor dem 1. Juli 2009 beginnende Geschäftsjahre anwenden, wenn es gleichzeitig auch IAS 27 (in der im Januar 2008 geänderten Fassung) anwendet. Wendet ein Unternehmen diese Änderungen vor dem 1. Juli 2009 an, hat es dies anzugeben. Die Änderungen sind vorbehaltlich der Übergangsbestimmungen in Paragraph 45 von IAS 27 (in der im Januar 2008 geänderten Fassung) prospektiv ab dem Zeitpunkt anzuwenden, zu dem das Unternehmen erstmals IFRS 5 angewendet hat.

44D Durch IFRIC 17 *Sachdividenden an Eigentümer* wurden im November 2008 die Paragraphen 5A, 12A und 15A eingefügt, und Paragraph 8 wurde geändert. Diese Änderungen sind in Geschäftsjahren, die am oder nach dem 1. Juli 2009 beginnen, prospektiv auf langfristige Vermögenswerte (oder Veräußerungsgruppen) anzuwenden, die als zur Ausschüttung an Eigentümer gehalten eingestuft sind. Eine rückwirkende Anwendung ist nicht zulässig. Eine frühere Anwendung ist zulässig. Wendet ein Unternehmen diese Änderungen auf ein vor dem 1. Juli 2009 beginnendes Geschäftsjahr an, hat es dies anzugeben und ebenfalls IFRS 3 *Unternehmenszusammenschlüsse* (in der 2008 überarbeiteten Fassung), IAS 27 (in der im Januar 2008 geänderten Fassung) und IFRIC 17 anzuwenden.

44E Durch *Verbesserungen an den IFRS*, veröffentlicht im April 2009, wurde Paragraph 5B eingefügt. Diese Änderung ist prospektiv auf Geschäftsjahre anzuwenden, die am oder nach dem 1. Januar 2010 beginnen. Eine frühere Anwendung ist zulässig. Wendet ein Unternehmen die Änderung auf ein früheres Geschäftsjahr an, hat es dies anzugeben.

44F [gestrichen]

44G Durch IFRS 11 *Gemeinschaftliche Vereinbarungen*, veröffentlicht im Mai 2011, wurde Paragraph 28 geändert. Wendet ein Unternehmen IFRS 11 an, ist diese Änderung ebenfalls anzuwenden.

44H Durch IFRS 13 *Bewertung zum beizulegenden Zeitwert*, veröffentlicht im Mai 2011, wurde die Definition des beizulegenden Zeitwerts und die Definition des erzielbaren Betrags in Anhang A geändert. Wendet ein Unternehmen IFRS 13 an, sind diese Änderungen ebenfalls anzuwenden.

44I Durch *Darstellung von Posten des sonstigen Ergebnisses* (Änderungen an IAS 1), veröffentlicht im Juni 2011, wurde Paragraph 33A geändert. Wendet ein Unternehmen IAS 1 in der im Juni 2011 geänderten Fassung an, ist diese Änderung ebenfalls anzuwenden.

44K Durch IFRS 9, veröffentlicht im Juli 2014, wurde Paragraph 5 geändert, und die Paragraphen 44F und 44J wurden gestrichen. Wendet ein Unternehmen IFRS 9 an, hat es diese Änderungen ebenfalls anzuwenden.

TRANSITIONAL PROVISIONS

The IFRS shall be applied prospectively to non-current assets (or disposal groups) that meet the criteria to be classified as held for sale and operations that meet the criteria to be classified as discontinued after the effective date of the IFRS. An entity may apply the requirements of the IFRS to all non-current assets (or disposal groups) that meet the criteria to be classified as held for sale and operations that meet the criteria to be classified as discontinued after any date before the effective date of the IFRS, provided the valuations and other information needed to apply the IFRS were obtained at the time those criteria were originally met. 43

EFFECTIVE DATE

An entity shall apply this IFRS for annual periods beginning on or after 1 January 2005. Earlier application is encouraged. If an entity applies the IFRS for a period beginning before 1 January 2005, it shall disclose that fact. 44

IAS 1 (as revised in 2007) amended the terminology used throughout IFRSs. In addition it amended paragraphs 3 and 38, and added paragraph 33A. An entity shall apply those amendments for annual periods beginning on or after 1 January 2009. If an entity applies IAS 1 (revised 2007) for an earlier period, the amendments shall be applied for that earlier period. 44A

IAS 27 (as amended by the International Accounting Standards Board in 2008) added paragraph 33 (d). An entity shall apply that amendment for annual periods beginning on or after 1 July 2009. If an entity applies IAS 27 (amended 2008) for an earlier period, the amendment shall be applied for that earlier period. The amendment shall be applied retrospectively. 44B

Paragraphs 8A and 36A were added by *Improvements to IFRSs* issued in May 2008. An entity shall apply those amendments for annual periods beginning on or after 1 July 2009. Earlier application is permitted. However, an entity shall not apply the amendments for annual periods beginning before 1 July 2009 unless it also applies IAS 27 (as amended in May 2008). If an entity applies the amendments before 1 July 2009 it shall disclose that fact. An entity shall apply the amendments prospectively from the date at which it first applied IFRS 5, subject to the transitional provisions in paragraph 45 of IAS 27 (amended May 2008). 44C

Paragraphs 5A, 12A and 15A were added and paragraph 8 was amended by IFRIC 17 *Distributions of Non-cash Assets to Owners* in November 2008. Those amendments shall be applied prospectively to non-current assets (or disposal groups) that are classified as held for distribution to owners in annual periods beginning on or after 1 July 2009. Retrospective application is not permitted. Earlier application is permitted. If an entity applies the amendments for a period beginning before 1 July 2009 it shall disclose that fact and also apply IFRS 3 *Business Combinations* (as revised in 2008), IAS 27 (as amended in May 2008) and IFRIC 17. 44D

Paragraph 5B was added by *Improvements to IFRSs* issued in April 2009. An entity shall apply that amendment prospectively for annual periods beginning on or after 1 January 2010. Earlier application is permitted. If an entity applies the amendment for an earlier period it shall disclose that fact. 44E

[deleted] 44F

IFRS 11 *Joint Arrangements*, issued in May 2011, amended paragraph 28. An entity shall apply that amendment when it applies IFRS 11. 44G

IFRS 13 *Fair Value Measurement*, issued in May 2011, amended the definition of fair value in Appendix A. An entity shall apply that amendment when it applies IFRS 13. 44H

Presentation of Items of Other Comprehensive Income (Amendments to IAS 1), issued in June 2011, amended paragraph 33A. An entity shall apply that amendment when it applies IAS 1 as amended in June 2011. 44I

IFRS 9, as issued in July 2014, amended paragraph 5 and deleted paragraphs 44F and 44J. An entity shall apply those amendments when it applies IFRS 9. 44K

44L Durch die *Jährlichen Verbesserungen an den IFRS, Zyklus 2012–2014*, veröffentlicht im September 2014, wurden die Paragraphen 26–29 geändert und Paragraph 26A eingefügt. Diese Änderungen sind prospektiv gemäß IAS 8 *Rechnungslegungsmethoden, Änderungen von rechnungslegungsbezogenen Schätzungen und Fehler* auf Änderungen an einer Veräußerungsmethode anzuwenden, die in Geschäftsjahren vorgenommen werden, die am oder nach dem 1. Januar 2016 beginnen. Eine frühere Anwendung ist zulässig. Wendet ein Unternehmen diese Änderungen auf ein früheres Geschäftsjahr an, hat es dies anzugeben.

44M Durch IFRS 17, veröffentlicht im Mai 2017, wurde Paragraph 5 geändert. Wendet ein Unternehmen IFRS 17 an, ist diese Änderung ebenfalls anzuwenden.

RÜCKNAHME VON IAS 35

45 Dieser IFRS ersetzt IAS 35 *Aufgabe von Geschäftsbereichen.*

ANHANG A: Definitionen

Dieser Anhang ist integraler Bestandteil des IFRS.

Zahlungsmittelgenerierende Einheit — Die kleinste identifizierbare Gruppe von Vermögenswerten, die Mittelzuflüsse erzeugt, die weitgehend unabhängig von den Mittelzuflüssen anderer Vermögenswerte oder anderer Gruppen von Vermögenswerten sind.

Unternehmensbestandteil — Ein Geschäftsbereich und die zugehörigen Zahlungsströme, die betrieblich und für die Zwecke der Rechnungslegung klar vom restlichen Unternehmen abgegrenzt werden können.

Veräußerungskosten — Zusätzliche Kosten, die der Veräußerung eines Vermögenswerts (oder einer **Veräußerungsgruppe**) einzeln zugeordnet werden können, mit Ausnahme der Finanzierungskosten und des Ertragsteueraufwands.

Kurzfristiger Vermögenswert — Ein Unternehmen hat einen Vermögenswert in folgenden Fällen als kurzfristig einzustufen:

(a) die Realisierung des Vermögenswerts wird innerhalb des normalen Geschäftszyklus erwartet, oder der Vermögenswert wird zum Verkauf oder Verbrauch innerhalb dieses Zeitraums gehalten,

(b) der Vermögenswert wird primär zu Handelszwecken gehalten,

(c) die Realisierung des Vermögenswerts wird innerhalb von zwölf Monaten nach dem Abschlussstichtag erwartet oder

(d) es handelt sich um Zahlungsmittel oder Zahlungsmitteläquivalente (gemäß der Definition in IAS 7), es sei denn, der Tausch oder die Nutzung des Vermögenswerts zur Erfüllung einer Verpflichtung sind für einen Zeitraum von mindestens zwölf Monaten nach dem Abschlussstichtag eingeschränkt.

Aufgegebener Geschäftsbereich — Ein **Unternehmensbestandteil,** der veräußert wurde oder als zur Veräußerung gehalten eingestuft wird und

(a) einen gesonderten, wesentlichen Geschäftszweig oder geografischen Geschäftsbereich darstellt,

(b) Teil eines einzelnen, abgestimmten Plans zur Veräußerung eines gesonderten wesentlichen Geschäftszweigs oder geografischen Geschäftsbereichs ist oder

(c) ein Tochterunternehmen darstellt, das ausschließlich mit der Absicht einer Weiterveräußerung erworben wurde.

Veräußerungsgruppe — Eine Gruppe von Vermögenswerten, die gemeinsam in einer einzigen Transaktion durch Verkauf oder auf andere Weise veräußert werden sollen, sowie die mit diesen Vermögenswerten direkt in Verbindung stehenden Schulden, die bei der Transaktion übertragen werden. Die Gruppe beinhaltet den bei einem Unternehmenszusammenschluss erworbenen Geschäfts- oder Firmenwert, wenn sie eine **zahlungsmittelgenerierende Einheit** darstellt, welcher der Geschäfts- oder Firmenwert gemäß den Vorschriften der Paragraphen 80–87 von IAS 36 *Wertminderung von Vermögenswerten* (in der 2004 überarbeiteten Fassung) zugeordnet wurde, oder es sich um einen Geschäftsbereich innerhalb einer solchen zahlungsmittelgenerierenden Einheit handelt.

Annual Improvements to IFRSs 2012—2014 Cycle, issued in September 2014, amended paragraphs 26—29 and added paragraph 26A. An entity shall apply those amendments prospectively in accordance with IAS 8 *Accounting Policies, Changes in Accounting Estimates and Errors* to changes in a method of disposal that occur in annual periods beginning on or after 1 January 2016. Earlier application is permitted. If an entity applies those amendments for an earlier period it shall disclose that fact. **44L**

IFRS 17, issued in May 2017, amended paragraph 5. An entity shall apply that amendment when it applies IFRS 17. **44M**

WITHDRAWAL OF IAS 35

This IFRS supersedes IAS 35 *Discontinuing operations.* **45**

APPENDIX A: DEFINED TERMS

This appendix is an integral part of the IFRS.

Cash-generating unit The smallest identifiable group of assets that generates cash inflows that are largely independent of the cash inflows from other assets or groups of assets.

Component of an entity Operations and cash flows that can be clearly distinguished, operationally and for financial reporting purposes, from the rest of the entity.

Costs to sell The incremental costs directly attributable to the disposal of an asset (or **disposal group**), excluding finance costs and income tax expense.

Current asset An entity shall classify an asset as current when:

(a) it expects to realise the asset, or intends to sell or consume it, in its normal operating cycle;
(b) it holds the asset primarily for the purpose of trading;
(c) it expects to realise the asset within twelve months after the reporting period; or
(d) the asset is cash or a cash equivalent (as defined in IAS 7) unless the asset is restricted from being exchanged or used to settle a liability for at least twelve months after the reporting period.

Discontinued operation A **component of an entity** that either has been disposed of or is classified as held for sale and:

(a) represents a separate major line of business or geographical area of operations;
(b) is part of a single coordinated plan to dispose of a separate major line of business or geographical area of operations; or
(c) is a subsidiary acquired exclusively with a view to resale.

Disposal group A group of assets to be disposed of, by sale or otherwise, together as a group in a single transaction, and liabilities directly associated with those assets that will be transferred in the transaction. The group includes goodwill acquired in a business combination if the group is a **cash-generating unit** to which goodwill has been allocated in accordance with the requirements of paragraphs 80—87 of IAS 36 *Impairment of assets* (as revised in 2004) or if it is an operation within such a cash-generating unit.

Beizulegender Zeitwert	Der *beilzulegende Zeitwert* ist der Preis, der bei einem gewöhnlichen Geschäftsvorfall zwischen Marktteilnehmern am Bewertungsstichtag für den Verkauf eines Vermögenswerts eingenommen bzw. für die Übertragung einer Schuld gezahlt würde (siehe IFRS 13).
Feste Kaufverpflichtung	Ein für beide Parteien verbindlicher und in der Regel einklagbarer Vertrag mit einer nicht nahe stehenden Partei, der (a) alle wesentlichen Bestimmungen, einschließlich Preis und Zeitpunkt der Transaktion, enthält und (b) so schwerwiegende Konsequenzen für den Fall der Nichterfüllung festlegt, dass eine Erfüllung **hochwahrscheinlich** ist.
Hochwahrscheinlich	Erheblich wahrscheinlicher als **wahrscheinlich**.
Langfristiger Vermögenswert	Ein Vermögenswert, der nicht der Definition eines **kurzfristigen Vermögenswerts** entspricht.
Wahrscheinlich	Es spricht mehr dafür als dagegen.
Erzielbarer Betrag	Der höhere Betrag aus dem **beizulegenden Zeitwert** eines Vermögenswerts abzüglich **Veräußerungskosten** und seinem **Nutzungswert**.
Nutzungswert	Der Barwert der geschätzten künftigen Zahlungsströme, die aus der fortgesetzten Nutzung eines Vermögenswerts und seinem Abgang am Ende seiner Nutzungsdauer erwartet werden.

ANHANG B: Ergänzungen zu Anwendungen

Dieser Anhang ist integraler Bestandteil des IFRS.

Verlängerung des für den Verkaufsabschluss benötigten Zeitraums

B1 Wie in Paragraph 9 ausgeführt, schließt eine Verlängerung des für den Verkaufsabschluss benötigten Zeitraums nicht die Einstufung eines Vermögenswerts (oder einer Veräußerungsgruppe) als zur Veräußerung gehalten aus, wenn die Verzögerung auf Ereignisse oder Umstände zurückzuführen ist, die außerhalb der Kontrolle des Unternehmens liegen, und ausreichende Anhaltspunkte vorliegen, dass das Unternehmen weiterhin an seinem Plan zum Verkauf des Vermögenswerts (oder der Veräußerungsgruppe) festhält. Ein Abweichen von der in Paragraph 8 vorgeschriebenen Ein-Jahres-Frist ist daher in den folgenden Fällen zulässig, in denen solche Ereignisse oder Umstände eintreten:

(a) Zu dem Zeitpunkt, zu dem das Unternehmen einen Plan zur Veräußerung eines langfristigen Vermögenswerts (oder einer Veräußerungsgruppe) beschließt, erwartet es bei vernünftiger Betrachtungsweise, dass andere Parteien (mit Ausnahme des Käufers) die Übertragung des Vermögenswerts (oder der Veräußerungsgruppe) von Bedingungen abhängig machen werden, durch die sich der für den Verkaufsabschluss benötigte Zeitraum verlängern wird, und
  (i) die zur Erfüllung dieser Bedingungen erforderlichen Maßnahmen erst nach Erlangen einer *festen Kaufverpflichtung* ergriffen werden können und
  (ii) es hochwahrscheinlich ist, dass eine feste Kaufverpflichtung innerhalb eines Jahres erlangt wird.

(b) Ein Unternehmen erlangt eine feste Kaufverpflichtung, in deren Folge ein Käufer oder eine andere Parteien die Übertragung eines Vermögenswerts (oder einer Veräußerungsgruppe), die vorher als zur Veräußerung gehalten eingestuft wurden, unerwartet von Bedingungen abhängig machen, durch die sich der für den Verkaufsabschluss benötigte Zeitraum verlängern wird, und
  (i) rechtzeitig Maßnahmen zur Erfüllung der Bedingungen ergriffen wurden und
  (ii) ein günstiger Ausgang der den Verkauf verzögernden Faktoren erwartet wird.

(c) Während der ursprünglichen Ein-Jahres-Frist treten Umstände ein, die zuvor für unwahrscheinlich erachtet wurden und dazu führen, dass langfristige Vermögenswerte (oder Veräußerungsgruppen), die zuvor als zur Veräußerung gehalten eingestuft wurden, nicht bis zum Ablauf dieser Frist veräußert werden, und
  (i) das Unternehmen während der ursprünglichen Ein-Jahres-Frist die erforderlichen Maßnahmen zur Berücksichtigung der geänderten Umstände ergriffen hat,
  (ii) der langfristige Vermögenswert (oder die Veräußerungsgruppe) tatsächlich zu einem Preis vermarktet wird, der angesichts der geänderten Umstände angemessen ist, und
  (iii) die in den Paragraphen 7 und 8 genannten Kriterien erfüllt werden.

Fair value	*Fair value* is the price that would be received to sell an asset or paid to transfer a liability in an orderly transaction between market participants at the measurement date. (See IFRS 13.)
Firm purchase commitment	An agreement with an unrelated party, binding on both parties and usually legally enforceable, that (a) specifies all significant terms, including the price and timing of the transactions, and (b) includes a disincentive for non-performance that is sufficiently large to make performance **highly probable**.
Highly probable	Significantly more likely than **probable**.
Non-current asset	An asset that does not meet the definition of a **current asset**.
Probable	More likely than not.
Recover-able amount	The higher of an asset's **fair value** less **costs to sell** and its **value in use**.
Value in use	The present value of estimated future cash flows expected to arise from the continuing use of an asset and from its disposal at the end of its useful life.

APPENDIX B: Application supplement

This appendix is an integral part of the IFRS.

Extension of the period required to complete a sale

As noted in paragraph 9, an extension of the period required to complete a sale does not preclude an asset (or disposal **B1**
group) from being classified as held for sale if the delay is caused by events or circumstances beyond the entity's control and there is sufficient evidence that the entity remains committed to its plan to sell the asset (or disposal group). An exception to the one-year requirement in paragraph 8 shall therefore apply in the following situations in which such events or circumstances arise:

(a) at the date an entity commits itself to a plan to sell a non-current asset (or disposal group) it reasonably expects that others (not a buyer) will impose conditions on the transfer of the asset (or disposal group) that will extend the period required to complete the sale, and:
   (i) actions necessary to respond to those conditions cannot be initiated until after a *firm purchase commitment* is obtained; and
   (ii) a firm purchase commitment is highly probable within one year;
(b) an entity obtains a firm purchase commitment and, as a result, a buyer or others unexpectedly impose conditions on the transfer of a non-current asset (or disposal group) previously classified as held for sale that will extend the period required to complete the sale, and:
   (i) timely actions necessary to respond to the conditions have been taken; and
   (ii) a favourable resolution of the delaying factors is expected;
(c) during the initial one-year period, circumstances arise that were previously considered unlikely and, as a result, a non-current asset (or disposal group) previously classified as held for sale is not sold by the end of that period, and:
   (i) during the initial one-year period the entity took action necessary to respond to the change in circumstances;
   (ii) the non-current asset (or disposal group) is being actively marketed at a price that is reasonable, given the change in circumstances; and
   (iii) the criteria in paragraphs 7 and 8 are met.

INTERNATIONAL FINANCIAL REPORTING STANDARD 6
Exploration und Evaluierung von Bodenschätzen

INHALT

ZIELSETZUNG

1 Zielsetzung dieses IFRS ist es, die Rechnungslegung für die *Exploration und Evaluierung von Bodenschätzen* festzulegen.

2 Dieser IFRS schreibt insbesondere Folgendes vor:

(a) begrenzte Verbesserungen bei der derzeitigen Bilanzierung von *Ausgaben für Exploration und Evaluierung*,

(b) Vermögenswerte, die als *Vermögenswerte für Exploration und Evaluierung* angesetzt werden, sind gemäß diesem IFRS auf Wertminderung hin zu überprüfen, und etwaige Wertminderungen sind gemäß IAS 36 *Wertminderung von Vermögenswerten* zu bewerten,

(c) Angaben, die die im Abschluss des Unternehmens für die Exploration und Evaluierung von Bodenschätzen erfassten Beträge kennzeichnen und erläutern, und den Abschlussadressaten die Höhe, die Zeitpunkte und die Eintrittswahrscheinlichkeit künftiger Zahlungsströme verständlich machen, die aus den angesetzten Vermögenswerten für Exploration und Evaluierung resultieren.

ANWENDUNGSBEREICH

3 Dieser IFRS ist auf die Ausgaben eines Unternehmens für Exploration und Evaluierung anzuwenden.

4 Andere Aspekte der Bilanzierung von Unternehmen, die sich im Rahmen ihrer Geschäftstätigkeit mit der Exploration und Evaluierung von Bodenschätzen befassen, werden in diesem IFRS nicht behandelt.

5 Dieser IFRS gilt nicht für Ausgaben, die

(a) vor der Exploration und Evaluierung von Bodenschätzen entstehen, z. B. Ausgaben, die anfallen, bevor das Unternehmen die Rechte zur Exploration eines bestimmten Gebietes erhalten hat,

(b) nach dem Nachweis der technischen Durchführbarkeit und wirtschaftlichen Realisierbarkeit der Gewinnung von Bodenschätzen entstehen.

INTERNATIONAL FINANCIAL REPORTING STANDARD 6

Exploration for and evaluation of mineral resources

SUMMARY

OBJECTIVE

The objective of this IFRS is to specify the financial reporting for the *exploration for and evaluation of mineral resources.* 1

In particular, the IFRS requires: 2
(a) limited improvements to existing accounting practices for *exploration and evaluation expenditures*;
(b) entities that recognise *exploration and evaluation assets* to assess such assets for impairment in accordance with this IFRS and measure any impairment in accordance with IAS 36 *Impairment of assets*;
(c) disclosures that identify and explain the amounts in the entity's financial statements arising from the exploration for and evaluation of mineral resources and help users of those financial statements understand the amount, timing and certainty of future cash flows from any exploration and evaluation assets recognised.

SCOPE

An entity shall apply the IFRS to exploration and evaluation expenditures that it incurs. 3

The IFRS does not address other aspects of accounting by entities engaged in the exploration for and evaluation of mineral resources. 4

An entity shall not apply the IFRS to expenditures incurred: 5
(a) before the exploration for and evaluation of mineral resources, such as expenditures incurred before the entity has obtained the legal rights to explore a specific area;
(b) after the technical feasibility and commercial viability of extracting a mineral resource are demonstrable.

ANSATZ VON VERMÖGENSWERTEN FÜR EXPLORATION UND EVALUIERUNG

Vorübergehende Befreiung von den Paragraphen 11 und 12 von IAS 8

6 Bei der Entwicklung von Rechnungslegungsmethoden hat ein Unternehmen, das Vermögenswerte für Exploration und Evaluierung ansetzt, Paragraph 10 von IAS 8 *Rechnungslegungsmethoden, Änderungen von rechnungslegungsbezogenen Schätzungen und Fehler* anzuwenden.

7 In den Paragraphen 11 und 12 von IAS 8 werden Quellen für verbindliche Vorschriften und Leitlinien genannt, die das Management bei der Entwicklung von Rechnungslegungsmethoden für Geschäftsvorfälle berücksichtigen muss, auf die kein IFRS ausdrücklich zutrifft. Vorbehaltlich der nachstehenden Paragraphen 9 und 10 befreit dieser IFRS ein Unternehmen davon, jene Paragraphen auf seine Rechnungslegungsmethoden für den Ansatz und die Bewertung von Vermögenswerten für Exploration und Evaluierung anzuwenden.

BEWERTUNG VON VERMÖGENSWERTEN FÜR EXPLORATION UND EVALUIERUNG

Bewertung bei erstmaligem Ansatz

8 **Vermögenswerte für Exploration und Evaluierung sind zu ihren Anschaffungs- oder Herstellungskosten zu bewerten.**

Bestandteile der Anschaffungs- oder Herstellungskosten von Vermögenswerten für Exploration und Evaluierung

9 Ein Unternehmen hat eine Rechnungslegungsmethode festzulegen, nach der zu bestimmen ist, welche Ausgaben als Vermögenswerte für Exploration und Evaluierung angesetzt werden, und diese Methode einheitlich anzuwenden. Bei dieser Entscheidung ist zu berücksichtigen, inwieweit die Ausgaben mit der Suche nach bestimmten Bodenschätzen in Verbindung gebracht werden können. Es folgen einige Beispiele für Ausgaben, die in die erstmalige Bewertung von Vermögenswerten für Exploration und Evaluierung einbezogen werden könnten (die Liste ist nicht abschließend):

(a) Erwerb von Rechten zur Exploration,
(b) topografische, geologische, geochemische und geophysikalische Studien,
(c) Probebohrungen,
(d) Erdbewegungen,
(e) Probenentnahmen und
(f) Tätigkeiten in Zusammenhang mit der Beurteilung der technischen Durchführbarkeit und der wirtschaftlichen Realisierbarkeit der Gewinnung von Bodenschätzen.

10 Ausgaben in Verbindung mit der Erschließung von Bodenschätzen sind nicht als Vermögenswerte für Exploration und Evaluierung anzusetzen. Das *Rahmenkonzept für die Finanzberichterstattung* und IAS 38 *Immaterielle Vermögenswerte* enthalten Leitlinien für den Ansatz von Vermögenswerten, die aus der Erschließung resultieren.

11 Nach IAS 37 *Rückstellungen, Eventualverbindlichkeiten und Eventualforderungen* sind alle Beseitigungs- und Wiederherstellungsverpflichtungen zu erfassen, die in einer bestimmten Periode im Zuge der Exploration und Evaluierung von Bodenschätzen anfallen.

Folgebewertung

12 Nach dem erstmaligen Ansatz sind die Vermögenswerte für Exploration und Evaluierung entweder nach dem Anschaffungskostenmodell oder dem Neubewertungsmodell zu bewerten. Bei Anwendung des Neubewertungsmodells (entweder gemäß IAS 16 *Sachanlagen* oder gemäß IAS 38) muss dieses mit der Einstufung der Vermögenswerte (siehe Paragraph 15) übereinstimmen.

Änderungen von Rechnungslegungsmethoden

13 **Ein Unternehmen darf seine Rechnungslegungsmethoden für Ausgaben für Exploration und Evaluierung ändern, wenn diese Änderung den Abschluss für die wirtschaftliche Entscheidungsfindung der Adressaten relevanter macht, ohne weniger verlässlich zu sein, oder verlässlicher macht, ohne weniger relevant für jene Entscheidungsfindung zu sein.** Ein Unternehmen hat die Relevanz und Verlässlichkeit anhand der Kriterien in IAS 8 zu beurteilen.

14 Zur Rechtfertigung der Änderung seiner Rechnungslegungsmethoden für Ausgaben für Exploration und Evaluierung hat ein Unternehmen nachzuweisen, dass die Änderung seinen Abschluss näher an die Erfüllung der Kriterien in IAS 8 bringt, wobei die Änderung eine vollständige Übereinstimmung mit jenen Kriterien nicht erreichen muss.

RECOGNITION OF EXPLORATION AND EVALUATION ASSETS

Temporary exemption from IAS 8 paragraphs 11 and 12

When developing its accounting policies, an entity recognising exploration and evaluation assets shall apply paragraph 10 of IAS 8 *Accounting policies, changes in accounting estimates and errors.* 6

Paragraphs 11 and 12 of IAS 8 specify sources of authoritative requirements and guidance that management is required to consider in developing an accounting policy for an item if no IFRS applies specifically to that item. Subject to paragraphs 9 and 10 below, this IFRS exempts an entity from applying those paragraphs to its accounting policies for the recognition and measurement of exploration and evaluation assets. 7

MEASUREMENT OF EXPLORATION AND EVALUATION ASSETS

Measurement at recognition

Exploration and evaluation assets shall be measured at cost. 8

Elements of cost of exploration and evaluation assets

An entity shall determine an accounting policy specifying which expenditures are recognised as exploration and evaluation assets and apply the policy consistently. In making this determination, an entity considers the degree to which the expenditure can be associated with finding specific mineral resources. The following are examples of expenditures that might be included in the initial measurement of exploration and evaluation assets (the list is not exhaustive): 9

(a) acquisition of rights to explore;
(b) topographical, geological, geochemical and geophysical studies;
(c) exploratory drilling;
(d) trenching;
(e) sampling; and
(f) activities in relation to evaluating the technical feasibility and commercial viability of extracting a mineral resource.

Expenditures related to the development of mineral resources shall not be recognised as exploration and evaluation assets. The *Conceptual Framework for Financial Reporting* and IAS 38 *Intangible Assets* provide guidance on the recognition of assets arising from development. 10

In accordance with IAS 37 *Provisions, contingent liabilities and contingent assets* an entity recognises any obligations for removal and restoration that are incurred during a particular period as a consequence of having undertaken the exploration for and evaluation of mineral resources. 11

Measurement after recognition

After recognition, an entity shall apply either the cost model or the revaluation model to the exploration and evaluation assets. If the revaluation model is applied (either the model in IAS 16 *Property, plant and equipment* or the model in IAS 38) it shall be consistent with the classification of the assets (see paragraph 15). 12

Changes in accounting policies

An entity may change its accounting policies for exploration and evaluation expenditures if the change makes the financial statements more relevant to the economic decision-making needs of users and no less reliable, or more reliable and no less relevant to those needs. An entity shall judge relevance and reliability using the criteria in IAS 8. 13

To justify changing its accounting policies for exploration and evaluation expenditures, an entity shall demonstrate that the change brings its financial statements closer to meeting the criteria in IAS 8, but the change need not achieve full compliance with those criteria. 14

DARSTELLUNG

Einstufung von Vermögenswerten für Exploration und Evaluierung

15 Ein Unternehmen hat Vermögenswerte für Exploration und Evaluierung je nach Art als materielle oder immaterielle Vermögenswerte einzustufen und diese Einstufung stetig anzuwenden.

16 Einige Vermögenswerte für Exploration und Evaluierung werden als immaterielle Vermögenswerte behandelt (z. B. Bohrrechte), während andere materielle Vermögenswerte darstellen (z. B. Fahrzeuge und Bohrinseln). Soweit bei der Entwicklung eines immateriellen Vermögenswerts ein materieller Vermögenswert verbraucht wird, ist der Betrag in Höhe dieses Verbrauchs Bestandteil der Anschaffungs- oder Herstellungskosten des immateriellen Vermögenswerts. Doch führt die Tatsache, dass ein materieller Vermögenswert zur Entwicklung eines immateriellen Vermögenswerts eingesetzt wird, nicht zur Umgliederung dieses materiellen Vermögenswerts in einen immateriellen Vermögenswert.

Umgliederung von Vermögenswerten für Exploration und Evaluierung

17 Ein Vermögenswert für Exploration und Evaluierung ist nicht mehr als solcher einzustufen, wenn die technische Durchführbarkeit und wirtschaftliche Realisierbarkeit einer Gewinnung von Bodenschätzen nachgewiesen werden kann. Das Unternehmen hat die Vermögenswerte für Exploration und Evaluierung vor einer Umgliederung auf Wertminderung hin zu überprüfen und einen etwaigen Wertminderungsaufwand zu erfassen.

WERTMINDERUNG

Ansatz und Bewertung

18 **Vermögenswerte für Exploration und Evaluierung sind auf Wertminderung hin zu überprüfen, wenn Tatsachen und Umstände darauf hindeuten, dass der Buchwert eines Vermögenswerts für Exploration und Evaluierung seinen erzielbaren Betrag möglicherweise übersteigt. Wenn Tatsachen und Umstände Anhaltspunkte dafür geben, dass dies der Fall ist, hat ein Unternehmen, außer wie in Paragraph 21 unten beschrieben, einen etwaigen Wertminderungsaufwand gemäß IAS 36 zu bestimmen, darzustellen und zu erläutern.**

19 Bei der Identifizierung eines möglicherweise wertgeminderten Vermögenswerts für Exploration und Evaluierung findet – ausschließlich in Bezug auf derartige Vermögenswerte – anstelle der Paragraphen 8–17 von IAS 36 Paragraph 20 dieses IFRS Anwendung. Paragraph 20 verwendet den Begriff „Vermögenswerte", ist aber sowohl auf einen einzelnen Vermögenswert für Exploration und Evaluierung als auch auf eine zahlungsmittelgenerierende Einheit anzuwenden.

20 Eine oder mehrere der folgenden Tatsachen und Umstände deuten darauf hin, dass ein Unternehmen die Vermögenswerte für Exploration und Evaluierung auf Wertminderung hin zu überprüfen hat (die Liste ist nicht abschließend):

(a) Der Zeitraum, für den das Unternehmen das Recht zur Exploration eines bestimmten Gebietes erworben hat, ist während der Berichtsperiode abgelaufen oder wird in naher Zukunft ablaufen und voraussichtlich nicht verlängert werden.

(b) Erhebliche Ausgaben für die weitere Exploration und Evaluierung von Bodenschätzen in einem bestimmten Gebiet sind weder veranschlagt noch geplant.

(c) Die Exploration und Evaluierung von Bodenschätzen in einem bestimmten Gebiet haben nicht zur Entdeckung wirtschaftlich förderbarer Mengen an Bodenschätzen geführt und das Unternehmen hat beschlossen, seine Aktivitäten in diesem Gebiet einzustellen.

(d) Es liegen genügend Daten vor, aus denen hervorgeht, dass die Erschließung eines bestimmten Gebiets zwar wahrscheinlich fortgesetzt wird, der Buchwert des Vermögenswerts für Exploration und Evaluierung durch eine erfolgreiche Erschließung oder Veräußerung jedoch voraussichtlich nicht vollständig wiedererlangt werden kann.

In diesen und ähnlichen Fällen hat das Unternehmen eine Wertminderungsprüfung nach IAS 36 durchzuführen. Jeglicher Wertminderungsaufwand ist gemäß IAS 36 als Aufwand zu erfassen.

Festlegung der Ebene, auf der Vermögenswerte für Exploration und Evaluierung auf Wertminderung hin überprüft werden

21 **Ein Unternehmen hat eine Rechnungslegungsmethode festzulegen, mit der die Vermögenswerte für Exploration und Evaluierung zum Zwecke ihrer Überprüfung auf Wertminderung zahlungsmittelgenerierenden Einheiten oder Gruppen von zahlungsmittelgenerierenden Einheiten zugeordnet werden. Eine zahlungsmittelgenerierende Einheit oder Gruppe von Einheiten, der ein Vermögenswert für Exploration und Evaluierung zugeordnet wird, darf nicht größer sein als ein gemäß IFRS 8 *Geschäftssegmente* bestimmtes Geschäftssegment.**

22 Die vom Unternehmen festgelegte Ebene für die Wertminderungsüberprüfung von Vermögenswerten für Exploration und Evaluierung kann eine oder mehrere zahlungsmittelgenerierende Einheiten umfassen.

PRESENTATION

Classification of exploration and evaluation assets

An entity shall classify exploration and evaluation assets as tangible or intangible according to the nature of the assets acquired and apply the classification consistently. 15

Some exploration and evaluation assets are treated as intangible (e.g. drilling rights), whereas others are tangible (e.g. vehicles and drilling rigs). To the extent that a tangible asset is consumed in developing an intangible asset, the amount reflecting that consumption is part of the cost of the intangible asset. However, using a tangible asset to develop an intangible asset does not change a tangible asset into an intangible asset. 16

Reclassification of exploration and evaluation assets

An exploration and evaluation asset shall no longer be classified as such when the technical feasibility and commercial viability of extracting a mineral resource are demonstrable. Exploration and evaluation assets shall be assessed for impairment, and any impairment loss recognised, before reclassification. 17

IMPAIRMENT

Recognition and measurement

Exploration and evaluation assets shall be assessed for impairment when facts and circumstances suggest that the carrying amount of an exploration and evaluation asset may exceed its recoverable amount. When facts and circumstances suggest that the carrying amount exceeds the recoverable amount, an entity shall measure, present and disclose any resulting impairment loss in accordance with IAS 36, except as provided by paragraph 21 below. 18

For the purposes of exploration and evaluation assets only, paragraph 20 of this IFRS shall be applied rather than paragraphs 8—17 of IAS 36 when identifying an exploration and evaluation asset that may be impaired. Paragraph 20 uses the term 'assets' but applies equally to separate exploration and evaluation assets or a cash-generating unit. 19

One or more of the following facts and circumstances indicate that an entity should test exploration and evaluation assets for impairment (the list is not exhaustive): 20

(a) the period for which the entity has the right to explore in the specific area has expired during the period or will expire in the near future, and is not expected to be renewed;
(b) substantive expenditure on further exploration for and evaluation of mineral resources in the specific area is neither budgeted nor planned;
(c) exploration for and evaluation of mineral resources in the specific area have not led to the discovery of commercially viable quantities of mineral resources and the entity has decided to discontinue such activities in the specific area;
(d) sufficient data exist to indicate that, although a development in the specific area is likely to proceed, the carrying amount of the exploration and evaluation asset is unlikely to be recovered in full from successful development or by sale.

In any such case, or similar cases, the entity shall perform an impairment test in accordance with IAS 36. Any impairment loss is recognised as an expense in accordance with IAS 36.

Specifying the level at which exploration and evaluation assets are assessed for impairment

An entity shall determine an accounting policy for allocating exploration and evaluation assets to cash-generating units or groups of cash-generating units for the purpose of assessing such assets for impairment. Each cash-generating unit or group of units to which an exploration and evaluation asset is allocated shall not be larger than an operating segment determined in accordance with IFRS 8 Operating segments. 21

The level identified by the entity for the purposes of testing exploration and evaluation assets for impairment may comprise one or more cash-generating units. 22

ANGABEN

23 Ein Unternehmen hat Angaben zu machen, welche die in seinem Abschluss erfassten Beträge für die Exploration und Evaluierung von Bodenschätzen kennzeichnen und erläutern.

24 Zur Erfüllung der Vorschrift in Paragraph 23 sind folgende Angaben erforderlich:
(a) die Rechnungslegungsmethoden des Unternehmens für Ausgaben für Exploration und Evaluierung, einschließlich des Ansatzes von Vermögenswerten für Exploration und Evaluierung,
(b) die Höhe der Vermögenswerte, Schulden, Erträge und Aufwendungen sowie der Zahlungsströme aus betrieblicher und Investitionstätigkeit, die aus der Exploration und Evaluierung von Bodenschätzen resultieren.

25 Ein Unternehmen hat die Vermögenswerte für Exploration und Evaluierung als gesonderte Gruppe von Vermögenswerten zu behandeln und die in IAS 16 oder IAS 38 verlangten Angaben entsprechend der Einstufung der Vermögenswerte zu machen.

ZEITPUNKT DES INKRAFTTRETENS

26 Dieser IFRS ist auf Geschäftsjahre anzuwenden, die am oder nach dem 1. Januar 2006 beginnen. Eine frühere Anwendung wird empfohlen. Wendet ein Unternehmen diesen IFRS auf vor dem 1. Januar 2006 beginnende Geschäftsjahre an, hat es dies anzugeben.

26A Durch die Verlautbarung *Änderungen der Verweise auf das Rahmenkonzept in IFRS-Standards*, veröffentlicht 2018, wurde Paragraph 10 geändert. Diese Änderung ist auf Geschäftsjahre anzuwenden, die am oder nach dem 1. Januar 2020 beginnen. Eine frühere Anwendung ist zulässig, wenn das Unternehmen gleichzeitig alle anderen durch die Verlautbarung *Änderungen der Verweise auf das Rahmenkonzept in IFRS-Standards* vorgenommenen Änderungen anwendet. Die Änderung an IFRS 6 ist rückwirkend gemäß IAS 8 *Rechnungslegungsmethoden, Änderungen von rechnungslegungsbezogenen Schätzungen und Fehler* anzuwenden. Sollte das Unternehmen jedoch feststellen, dass eine rückwirkende Anwendung nicht durchführbar oder mit unangemessenem Kosten- oder Zeitaufwand verbunden wäre, hat es die Änderung an IFRS 6 mit Verweis auf die Paragraphen 23–28, 50–53 und 54F von IAS 8 anzuwenden.

ÜBERGANGSVORSCHRIFTEN

27 Wenn es undurchführbar ist, eine bestimmte Vorschrift des Paragraphen 18 auf Vergleichsinformationen anzuwenden, die sich auf vor dem 1. Januar 2006 beginnende Geschäftsjahre beziehen, ist dies anzugeben. Der Begriff „undurchführbar" wird in IAS 8 erläutert.

ANHANG A

Definitionen

Dieser Anhang ist integraler Bestandteil des IFRS.

Vermögenswerte für Exploration und Evaluierung	**Ausgaben für Exploration und Evaluierung**, die gemäß den Rechnungslegungsmethoden des Unternehmens als Vermögenswerte angesetzt werden.
Ausgaben für Exploration und Evaluierung	Ausgaben, die einem Unternehmen in Zusammenhang mit der **Exploration und Evaluierung von Bodenschätzen** entstehen, bevor die technische Durchführbarkeit und wirtschaftliche Realisierbarkeit einer Gewinnung der Bodenschätze nachgewiesen werden kann.
Exploration und Evaluierung von Bodenschätzen	Suche nach Bodenschätzen, einschließlich Mineralien, Öl, Erdgas und ähnlichen nicht regenerativen Ressourcen, nachdem das Unternehmen die Rechte zur Exploration eines bestimmten Gebietes erhalten hat, sowie die Feststellung der technischen Durchführbarkeit und der wirtschaftlichen Realisierbarkeit der Gewinnung der Bodenschätze.

DISCLOSURE

An entity shall disclose information that identifies and explains the amounts recognised in its financial statements arising from the exploration for and evaluation of mineral resources. 23

To comply with paragraph 23, an entity shall disclose: 24

(a) its accounting policies for exploration and evaluation expenditures, including the recognition of exploration and evaluation assets;
(b) the amounts of assets, liabilities, income and expense and operating and investing cash flows arising from the exploration for and evaluation of mineral resources.

An entity shall treat exploration and evaluation assets as a separate class of assets and make the disclosures required by either IAS 16 or IAS 38 consistent with how the assets are classified. 25

EFFECTIVE DATE

An entity shall apply this IFRS for annual periods beginning on or after 1 January 2006. Earlier application is encouraged. If an entity applies the IFRS for a period beginning before 1 January 2006, it shall disclose that fact. 26

Amendments to References to the Conceptual Framework in IFRS Standards, issued in 2018, amended paragraph 10. An entity shall apply that amendment for annual periods beginning on or after 1 January 2020. Earlier application is permitted if at the same time an entity also applies all other amendments made by *Amendments to References to the Conceptual Framework in IFRS Standards*. An entity shall apply the amendment to IFRS 6 retrospectively in accordance with IAS 8 *Accounting Policies, Changes in Accounting Estimates and Errors*. However, if an entity determines that retrospective application would be impracticable or would involve undue cost or effort, it shall apply the amendment to IFRS 6 by reference to paragraphs 23—28, 50—53 and 54F of IAS 8. 26A

TRANSITIONAL PROVISIONS

If it is impracticable to apply a particular requirement of paragraph 18 to comparative information that relates to annual periods beginning before 1 January 2006, an entity shall disclose that fact. IAS 8 explains the term 'impracticable'. 27

APPENDIX A

Defined terms

This appendix is an integral part of the IFRS.

Exploration and evaluation assets	**Exploration and evaluation expenditures** recognised as assets in accordance with the entity's accounting policy.
Exploration and evaluation expenditures	Expenditures incurred by an entity in connection with the **exploration for and evaluation of mineral resources** before the technical feasibility and commercial viability of extracting a mineral resource are demonstrable.
Exploration for and evaluation of mineral resources	The search for mineral resources, including minerals, oil, natural gas and similar non-regenerative resources after the entity has obtained legal rights to explore in a specific area, as well as the determination of the technical feasibility and commercial viability of extracting the mineral resource.

INTERNATIONAL FINANCIAL REPORTING STANDARD 7

Finanzinstrumente: Angaben

INHALT

INTERNATIONAL FINANCIAL REPORTING STANDARD 7

Financial instruments: disclosures

SUMMARY

ZIELSETZUNG

1 Zielsetzung dieses IFRS ist es, von Unternehmen Angaben in ihren Abschlüssen zu verlangen, durch die die Abschlussadressaten einschätzen können,

(a) welche Bedeutung Finanzinstrumente für die Vermögens-, Finanz- und Ertragslage des Unternehmens haben und

(b) welche Art und welches Ausmaß die Risiken haben, die sich aus Finanzinstrumenten ergeben und denen das Unternehmen während der Berichtsperiode und zum Abschlussstichtag ausgesetzt ist, und wie das Unternehmen diese Risiken steuert.

2 Die in diesem IFRS enthaltenen Grundsätze ergänzen die Grundsätze für den Ansatz, die Bewertung und die Darstellung finanzieller Vermögenswerte und finanzieller Verbindlichkeiten in IAS 32 *Finanzinstrumente: Darstellung* und IFRS 9 *Finanzinstrumente*.

ANWENDUNGSBEREICH

3 Dieser IFRS ist von allen Unternehmen auf alle Arten von Finanzinstrumenten anzuwenden. Davon aus genommen sind:

(a) Anteile an Tochterunternehmen, assoziierten Unternehmen und Gemeinschaftsunternehmen, die gemäß IFRS 10 *Konzernabschlüsse*, IAS 27 *Einzelabschlüsse* oder IAS 28 *Beteiligungen an assoziierten Unternehmen und Gemeinschaftsunternehmen* bilanziert werden. In einigen Fällen muss oder darf ein Unternehmen jedoch nach IFRS 10, IAS 27 oder IAS 28 einen Anteil an einem Tochterunternehmen, einem assoziierten Unternehmen oder einem Gemeinschaftsunternehmen gemäß IFRS 9 bilanzieren. In diesen Fällen gelten die Angabepflichten dieses IFRS und für die zum beizulegenden Zeitwert bewerteten Anteile die Vorschriften von IFRS 13 *Bewertung zum beizulegenden Zeitwert*. Der vorliegende IFRS ist auch auf alle Derivate anzuwenden, die an Anteile an Tochterunternehmen, assoziierten Unternehmen oder Gemeinschaftsunternehmen gebunden sind, es sei denn, das Derivat entspricht der Definition eines Eigenkapitalinstruments in IAS 32.

(b) Rechte und Verpflichtungen eines Arbeitgebers aus Altersversorgungsplänen, auf die IAS 19 *Leistungen an Arbeitnehmer* anzuwenden ist.

(d) Versicherungsverträge im Sinne von IFRS 17 *Versicherungsverträge* oder Kapitalanlageverträge mit ermessensabhängiger Überschussbeteiligung im Anwendungsbereich von IFRS 17. Anzuwenden ist dieser IFRS allerdings auf:

  (i) Derivate, die in Verträge im Anwendungsbereich von IFRS 17 eingebettet sind, falls das Unternehmen diese Verträge nach IFRS 9 getrennt bilanzieren muss.

  (ii) Kapitalanlagekomponenten, die von Verträgen im Anwendungsbereich von IFRS 17 abgetrennt sind, wenn IFRS 17 eine solche Abtrennung vorschreibt, es sei denn, bei der abgetrennten Kapitalanlagekomponente handelt es sich um einen Kapitalanlagevertrag mit ermessensabhängiger Überschussbeteiligung.

  (iii) Die Rechte und Verpflichtungen eines Versicherers aus Versicherungsverträgen, die die Definition von finanziellen Garantien erfüllen, wenn der Versicherer die Verträge nach IFRS 9 ansetzt und bewertet. Der Versicherer hat jedoch IFRS 17 anzuwenden, wenn er das Wahlrecht nach Paragraph 7 (e) von IFRS 17 ausübt, die Verträge nach IFRS 17 anzusetzen und zu bewerten.

  (iv) Die Rechte und Verpflichtungen eines Unternehmens, bei denen es sich um Finanzinstrumente handelt, die aus Kreditkartenverträgen oder ähnlichen Kredit- und Zahlungsmöglichkeiten bietenden Verträgen entstehen, die ein Unternehmen ausgibt und die die Definition eines Versicherungsvertrags erfüllen, wenn das Unternehmen gemäß Paragraph 7 (h) von IFRS 17 und Paragraph 2.1 (e) (iv) von IFRS 9 auf diese Rechte und Verpflichtungen IFRS 9 anwendet.

  (v) Die Rechte und Verpflichtungen eines Unternehmens, bei denen es sich um Finanzinstrumente handelt, die aus Versicherungsverträgen entstehen, die ein Unternehmen ausgibt, die den Schadenersatz im Versicherungsfall auf den Betrag begrenzen, der ansonsten erforderlich wäre, um die durch den Vertrag begründete Verpflichtung des Versicherungsnehmers zu erfüllen, wenn das Unternehmen das Wahlrecht ausübt, gemäß Paragraph 8A von IFRS 17 auf solche Verträge IFRS 9 statt IFRS 17 anzuwenden.

(e) Finanzinstrumente, Verträge und Verpflichtungen im Zusammenhang mit anteilsbasierten Vergütungen, auf die IFRS 2 *Anteilsbasierte Vergütung* anzuwenden ist. Davon ausgenommen sind die unter IFRS 9 fallenden Verträge, auf die dieser IFRS anzuwenden ist.

(f) Instrumente, die nach den Paragraphen 16A und 16B oder 16C und 16D von IAS 32 als Eigenkapitalinstrumente eingestuft werden müssen.

4 Dieser IFRS ist auf bilanzwirksame und bilanzunwirksame Finanzinstrumente anzuwenden. Bilanzwirksame Finanzinstrumente umfassen finanzielle Vermögenswerte und finanzielle Verbindlichkeiten, die in den Anwendungsbereich von IFRS 9 fallen. Zu den bilanzunwirksamen Finanzinstrumenten gehören einige andere Finanzinstrumente, die zwar nicht unter IFRS 9, wohl aber unter diesen IFRS fallen.

5 Anzuwenden ist dieser IFRS ferner auf Verträge zum Kauf oder Verkauf eines nichtfinanziellen Postens, die unter IFRS 9 fallen.

5A Die in den Paragraphen 35A–35N verlangten Angaben zum Ausfallrisiko gelten für jene Rechte, die nach IFRS 15 *Erlöse aus Verträgen mit Kunden* zur Erfassung von Wertminderungsaufwendungen und -erträgen gemäß IFRS 9 bilanziert

OBJECTIVE

The objective of this IFRS is to require entities to provide disclosures in their financial statements that enable users to evaluate: 1

(a) the significance of financial instruments for the entity's financial position and performance; and
(b) the nature and extent of risks arising from financial instruments to which the entity is exposed during the period and at the end of the reporting period, and how the entity manages those risks.

The principles in this IFRS complement the principles for recognising, measuring and presenting financial assets and financial liabilities in IAS 32 *Financial Instruments: Presentation* and IFRS 9 *Financial Instruments.* 2

SCOPE

This IFRS shall be applied by all entities to all types of financial instruments, except: 3

(a) those interests in subsidiaries, associates or joint ventures that are accounted for in accordance with IFRS 10 *Consolidated Financial Statements*, IAS 27 *Separate Financial Statements* or IAS 28 *Investments in Associates and Joint Ventures*. However, in some cases, IFRS 10, IAS 27 or IAS 28 require or permit an entity to account for an interest in a subsidiary, associate or joint venture using IFRS 9; in those cases, entities shall apply the requirements of this IFRS. Entities shall also apply this IFRS to all derivatives linked to interests in subsidiaries, associates or joint ventures unless the derivative meets the definition of an equity instrument in IAS 32.
(b) employers' rights and obligations arising from employee benefit plans, to which IAS 19 *Employee benefits* applies;
(d) insurance contracts as defined IFRS 17 *Insurance Contracts* or investment contracts with discretionary participation features within the scope of IFRS 17. However, this IFRS applies to:
   (i) derivatives that are embedded in contracts within the scope of IFRS 17, if IFRS 9 requires the entity to account for them separately;
   (ii) investment components that are separated from contracts within the scope of IFRS 17, if IFRS 17 requires such separation, unless the separated investment component is an investment contract with discretionary participation features;
   (iii) an issuer's rights and obligations arising under insurance contracts that meet the definition of *financial guarantee contracts*, if the issuer applies IFRS 9 in recognising and measuring the contracts. However, the issuer shall apply IFRS 17 if the issuer elects, in accordance with paragraph 7 (e) of IFRS 17, to apply IFRS 17 in recognising and measuring the contracts;
   (iv) an entity's rights and obligations that are financial instruments arising under credit card contracts, or similar contracts that provide credit or payment arrangements, that an entity issues that meet the definition of an insurance contract if the entity applies IFRS 9 to those rights and obligations in accordance with paragraph 7 (h) of IFRS 17 and paragraph 2.1 (e) (iv) of IFRS 9;
   (v) an entity's rights and obligations that are financial instruments arising under insurance contracts that an entity issues that limit the compensation for insured events to the amount otherwise required to settle the policyholder's obligation created by the contract, if the entity elects, in accordance with paragraph 8A of IFRS 17, to apply IFRS 9 instead of IFRS 17 to such contracts.
(e) financial instruments, contracts and obligations under share-based payment transactions to which IFRS 2 *Share-based Payment* applies, except that this IFRS applies to contracts within the scope of IFRS 9.
(f) instruments that are required to be classified as equity instruments in accordance with paragraphs 16A and 16B or paragraphs 16C and 16D of IAS 32.

This IFRS applies to recognised and unrecognised financial instruments. Recognised financial instruments include financial assets and financial liabilities that are within the scope of IFRS 9. Unrecognised financial instruments include some financial instruments that, although outside the scope of IFRS 9, are within the scope of this IFRS. 4

This IFRS applies to contracts to buy or sell a non-financial item that are within the scope of IFRS 9. 5

The credit risk disclosure requirements in paragraph 35A—35N apply to those rights that IFRS 15 *Revenue from Contracts with Customers* specifies are accounted for in accordance with IFRS 9 for the purposes of recognising impairment gains or 5A

werden. Jegliche Verweise auf finanzielle Vermögenswerte oder Finanzinstrumente in diesen Paragraphen schließen diese Rechte ein, sofern nichts anderes festgelegt ist.

5B Paragraph 30A gilt ausschließlich für Verträge über den Kauf von naturabhängigem Strom, die die Anforderungen des Paragraphen 2.3A von IFRS 9 erfüllen und gemäß den Paragraphen B2.7–B2.8 von IFRS 9 nicht unter den genannten Standard fallen.

5C Paragraph 30B gilt ausschließlich für Verträge, die die Anforderungen des Paragraphen 2.3A von IFRS 9 erfüllen und gemäß Paragraph 6.10.1 von IFRS 9 in einer Sicherungsbeziehung zur Absicherung von Zahlungsströmen designiert wurden.

5D Paragraph 30C gilt ausschließlich für Verträge, die die Anforderungen des Paragraphen 2.3A von IFRS 9 erfüllen und mit Blick auf die Stromkäufe eines Unternehmens geschlossen wurden. Diese Verträge umfassen:

(a) Verträge im Anwendungsbereich von IFRS 9 und

(b) Verträge, die gemäß Paragraph 2.4 von IFRS 9 nicht unter IFRS 9 fallen, einschließlich solcher, die gemäß den Paragraphen B2.7–B2.8 des genannten Standards von dessen Anwendungsbereich ausgenommen sind.

KLASSEN VON FINANZINSTRUMENTEN UND UMFANG DER ANGABEPFLICHTEN

6 Wenn in diesem IFRS Angaben nach einzelnen Klassen von Finanzinstrumenten verlangt werden, hat ein Unternehmen Finanzinstrumente so in Klassen einzuordnen, dass diese der Art der verlangten Angaben angemessen sind und den Eigenschaften dieser Finanzinstrumente Rechnung tragen. Ein Unternehmen hat genügend Informationen zu liefern, um eine Überleitungsrechnung auf die in der Bilanz dargestellten Posten zu ermöglichen.

BEDEUTUNG DER FINANZINSTRUMENTE FÜR DIE VERMÖGENS-, FINANZ- UND ERTRAGSLAGE

7 **Ein Unternehmen hat Angaben zu machen, die es den Abschlussadressaten ermöglichen, die Bedeutung der Finanzinstrumente für seine Vermögens-, Finanz- und Ertragslage zu beurteilen.**

Bilanz

Kategorien finanzieller Vermögenswerte und Verbindlichkeiten

8 Für jede der folgenden Kategorien gemäß IFRS 9 ist in der Bilanz oder im Anhang der Buchwert anzugeben:

(a) finanzielle Vermögenswerte, die erfolgswirksam zum beizulegenden Zeitwert bewertet werden, wobei folgende Vermögenswerte getrennt voneinander aufzuführen sind: i) diejenigen, die beim erstmaligen Ansatz oder nachfolgend gemäß Paragraph 6.7.1 von IFRS 9 als solche designiert wurden, ii) diejenigen, die gemäß dem Wahlrecht in Paragraph 3.3.5 von IFRS 9 als solche bewertet wurden, iii) diejenigen, die gemäß dem Wahlrecht in Paragraph 33A von IAS 32 als solche bewertet wurden, und iv) diejenigen, für die eine erfolgswirksame Bewertung zum beizulegenden Zeitwert (Fair Value) gemäß IFRS 9 verbindlich vorgeschrieben ist,

(b–d) [gestrichen]

(e) finanzielle Verbindlichkeiten, die erfolgswirksam zum beizulegenden Zeitwert bewertet werden, wobei diejenigen, die i) beim erstmaligen Ansatz oder nachfolgend gemäß Paragraph 6.7.1 von IFRS 9 als solche designiert wurden, und diejenigen, die ii) die Definition von „zu Handelszwecken gehalten" gemäß IFRS 9 erfüllen, getrennt voneinander aufzuführen sind,

(f) finanzielle Vermögenswerte, die zu fortgeführten Anschaffungskosten bewertet werden,

(g) finanzielle Verbindlichkeiten, die zu fortgeführten Anschaffungskosten bewertet werden,

(h) finanzielle Vermögenswerte, die zum beizulegenden Zeitwert erfolgsneutral im sonstigen Ergebnis bewertet werden, wobei i) finanzielle Vermögenswerte, die gemäß Paragraph 4.1.2.A von IFRS 9 zum beizulegenden Zeitwert erfolgsneutral im sonstigen Ergebnis bewertet werden, und ii) Finanzinvestitionen in Eigenkapitalinstrumente, die beim erstmaligen Ansatz gemäß Paragraph 5.7.5 von IFRS 9 als solche designiert wurden, getrennt voneinander aufzuführen sind.

Erfolgswirksam zum beizulegenden Zeitwert bewertete finanzielle Vermögenswerte oder finanzielle Verbindlichkeiten

9 Hat ein Unternehmen einen finanziellen Vermögenswert (oder eine Gruppe von finanziellen Vermögens werten), der ansonsten zum beizulegenden Zeitwert erfolgsneutral im sonstigen Ergebnis oder zu fortgeführten Anschaffungskosten bewertet würde, als erfolgswirksam zum beizulegenden Zeitwert bewertet designiert, sind folgende Angaben erforderlich:

(a) das maximale *Ausfallrisiko* (siehe Paragraph 36 (a)) des finanziellen Vermögenswerts (oder der Gruppe von finanziellen Vermögenswerten) zum Abschlussstichtag.

losses. Any reference to financial assets or financial instruments in these paragraphs shall include those rights unless otherwise specified.

Paragraph 30A applies only to contracts to buy nature-dependent electricity that satisfy the requirements in paragraph 2.3 A of IFRS 9 and are outside the scope of that Standard in accordance with paragraphs B2.7—B2.8 of IFRS 9. 5B

Paragraph 30B applies only to contracts that satisfy the requirements in paragraph 2.3 A of IFRS 9 and have been designated in a cash flow hedging relationship in accordance with paragraph 6.10.1 of IFRS 9. 5C

Paragraph 30C applies only to contracts that satisfy the requirements in paragraph 2.3 A of IFRS 9 and have been entered into with regards to an entity's electricity purchases. These contracts comprise those: 5D
(a) within the scope of IFRS 9; and
(b) outside the scope of IFRS 9 in accordance with paragraph 2.4 of that Standard, including those excluded in accordance with paragraphs B2.7—B2.8 of that Standard.

CLASSES OF FINANCIAL INSTRUMENTS AND LEVEL OF DISCLOSURE

When this IFRS requires disclosures by class of financial instrument, an entity shall group financial instruments into classes that are appropriate to the nature of the information disclosed and that take into account the characteristics of those financial instruments. An entity shall provide sufficient information to permit reconciliation to the line items presented in the statement of financial position. 6

SIGNIFICANCE OF FINANCIAL INSTRUMENTS FOR FINANCIAL POSITION AND PERFORMANCE

An entity shall disclose information that enables users of its financial statements to evaluate the significance of financial instruments for its financial position and performance. 7

Statement of financial position

Categories of financial assets and financial liabilities

The carrying amounts of each of the following categories, as specified in IFRS 9, shall be disclosed either in the statement of financial position or in the notes: 8
(a) financial assets measured at fair value through profit or loss, showing separately (i) those designated as such upon initial recognition or subsequently in accordance with paragraph 6.7.1 of IFRS 9; (ii) those measured as such in accordance with the election in paragraph 3.3.5 of IFRS 9; (iii) those measured as such in accordance with the election in paragraph 33A of IAS 32 and (iv) those mandatorily measured at fair value through profit or loss in accordance with IFRS 9;
(b–d) [deleted]
(e) financial liabilities at fair value through profit or loss, showing separately (i) those designated as such upon initial recognition or subsequently in accordance with paragraph 6.7.1 of IFRS 9 and (ii) those that meet the definition of held for trading in IFRS 9.
(f) financial assets measured at amortised cost.
(g) financial liabilities measured at amortised cost.
(h) financial assets measured at fair value through other comprehensive income, showing separately (i) financial assets that are measured at fair value through other comprehensive income in accordance with paragraph 4.1.2A of IFRS 9; and (ii) investments in equity instruments designated as such upon initial recognition in accordance with paragraph 5.7.5 of IFRS 9.

Financial assets or financial liabilities at fair value through profit or loss

If the entity has designated as measured at fair value through profit or loss a financial asset (or group of financial assets) that would otherwise be measured at fair value through other comprehensive income or amortised cost, it shall disclose: 9
(a) the maximum exposure to *credit risk* (see paragraph 36 (a)) of the financial asset (or group of financial assets) at the end of the reporting period.

(b) der Betrag, um den ein zugehöriges Kreditderivat oder ähnliches Instrument dieses maximale Ausfallrisiko mindert (siehe Paragraph 36 (b)).

(c) der Betrag, um den sich der beizulegende Zeitwert des finanziellen Vermögenswerts (oder der Gruppe von finanziellen Vermögenswerten) während der Berichtsperiode und kumuliert geändert hat, soweit dies auf Änderungen des Ausfallrisikos des finanziellen Vermögenswerts zurückzuführen ist. Dieser Betrag wird entweder

  (i) als Änderung des beizulegenden Zeitwerts bestimmt, soweit diese nicht auf solche Änderungen der Marktbedingungen zurückzuführen ist, die das *Marktrisiko* beeinflussen, oder

  (ii) mithilfe einer alternativen Methode bestimmt, mit der nach Ansicht des Unternehmens glaubwürdiger bestimmt werden kann, in welchem Umfang sich der beizulegende Zeitwert durch das geänderte Ausfallrisiko ändert.

  Zu den Änderungen der Marktbedingungen, die ein Marktrisiko bewirken, zählen Änderungen eines zu beobachtenden (Referenz-) Zinssatzes, Rohstoffpreises, Wechselkurses oder Preis- bzw. Zinsindexes.

(d) die Höhe der Änderung des beizulegenden Zeitwerts jedes zugehörigen Kreditderivats oder ähnlichen Instruments, die während der Berichtsperiode und kumuliert seit der Designation des finanziellen Vermögenswerts eingetreten ist.

10 Wenn ein Unternehmen eine finanzielle Verbindlichkeit gemäß Paragraph 4.2.2 von IFRS 9 als erfolgswirksam zum beizulegenden Zeitwert bewertet designiert hat und die Auswirkungen von Änderungen des Ausfallrisikos dieser Verbindlichkeit im sonstigen Ergebnis ausweisen muss (siehe Paragraph 5.7.7 von IFRS 9), sind folgende Angaben erforderlich:

(a) der Betrag, um den sich der beizulegende Zeitwert der finanziellen Verbindlichkeit kumuliert geändert hat, und der auf Änderungen beim Ausfallrisiko dieser Verbindlichkeit zurückzuführen ist (Leitlinien zur Bestimmung der Auswirkungen von Änderungen des Ausfallrisikos einer Verbindlichkeit sind in den Paragraphen B5.7.13–B5.7.20 von IFRS 9 enthalten),

(b) die Differenz zwischen dem Buchwert der finanziellen Verbindlichkeit und dem Betrag, den das Unternehmen vertragsgemäß bei Fälligkeit an den Gläubiger zahlen müsste,

(c) während der Berichtsperiode vorgenommene Umgliederungen der kumulierten Gewinne oder Verluste innerhalb des Eigenkapitals, einschließlich der Gründe für solche Umgliederungen,

(d) wird während der Berichtsperiode eine Verbindlichkeit ausgebucht, gegebenenfalls der im sonstigen Ergebnis ausgewiesene Betrag, der bei der Ausbuchung realisiert wurde.

10A Wenn ein Unternehmen eine finanzielle Verbindlichkeit gemäß Paragraph 4.2.2 von IFRS 9 als erfolgswirksam zum beizulegenden Zeitwert bewertet designiert hat und die Auswirkungen sämtlicher Änderungen des beizulegenden Zeitwerts dieser Verbindlichkeit (einschließlich der Auswirkungen von Änderungen des Ausfallrisikos der Verbindlichkeit) im Gewinn oder Verlust ausweisen muss (siehe Paragraphen 5.7.7 und 5.7.8 von IFRS 9), sind folgende Angaben erforderlich:

(a) der Betrag, um den sich der beizulegende Zeitwert der finanziellen Verbindlichkeit während der Berichtsperiode und kumuliert geändert hat, und der auf Änderungen beim Ausfallrisiko dieser Verbindlichkeit zurückzuführen ist (Leitlinien zur Bestimmung der Auswirkungen von Änderungen des Ausfallrisikos einer Verbindlichkeit sind in den Paragraphen B5.7.13–B5.7.20 von IFRS 9 enthalten), und

(b) die Differenz zwischen dem Buchwert der finanziellen Verbindlichkeit und dem Betrag, den das Unternehmen vertragsgemäß bei Fälligkeit an den Gläubiger zahlen müsste.

11 Anzugeben sind ferner:

(a) eine ausführliche Beschreibung der Methoden, die das Unternehmen zur Erfüllung der Vorschriften der Paragraphen 9 (c), 10 (a) und 10A (a) und des Paragraphen 5.7.7 (a) von IFRS 9 angewendet hat. Hierzu gehört auch eine Erläuterung, warum die Methode angemessen ist.

(b) warum es zu dem Schluss gelangt ist, dass die Angaben, die es zur Erfüllung der Vorschriften in den Paragraphen 9 (c), 10 (a) oder 10A (a) oder Paragraph 5.7.7 (a) von IFRS 9 in der Bilanz oder im Anhang gemacht hat, die durch das geänderte Ausfallrisiko bedingte Änderung des beizulegenden Zeitwerts des finanziellen Vermögenswerts oder der finanziellen Verbindlichkeit nicht glaubwürdig widerspiegeln, und welche Faktoren seiner Meinung nach hierfür verantwortlich sind.

(c) eine ausführliche Beschreibung der Methodik oder Methodiken, anhand deren es bestimmt hat, ob durch den Ausweis der Auswirkungen von Änderungen beim Ausfallrisiko einer Verbindlichkeit im sonstigen Ergebnis eine Rechnungslegungsanomalie im Gewinn oder Verlust entstehen oder vergrößert würde (siehe Paragraphen 5.7.7 und 5.7.8 von IFRS 9). Wenn ein Unternehmen die Auswirkungen von Änderungen beim Ausfallrisiko einer Verbindlichkeit im Gewinn oder Verlust ausweisen muss (siehe Paragraph 5.7.8 von IFRS 9), gehört hierzu auch eine ausführliche Beschreibung der wirtschaftlichen Beziehung gemäß Paragraph B5.7.6 von IFRS 9.

Finanzinvestitionen in Eigenkapitalinstrumente, die zum beizulegenden Zeitwert erfolgsneutral im sonstigen Ergebnis bewertet werden

11A Hat ein Unternehmen, wie gemäß Paragraph 5.7.5 von IFRS 9 zulässig, Finanzinvestitionen in Eigenkapitalinstrumente als zum beizulegenden Zeitwert erfolgsneutral im sonstigen Ergebnis bewertet designiert, sind für jede Anlageklasse folgende Angaben erforderlich:

(a) welche Finanzinvestitionen in Eigenkapitalinstrumente als zum beizulegenden Zeitwert erfolgsneutral im sonstigen Ergebnis bewertet designiert wurden,

(b) the amount by which any related credit derivatives or similar instruments mitigate that maximum exposure to credit risk (see paragraph 36 (b)).
(c) the amount of change, during the period and cumulatively, in the fair value of the financial asset (or group of financial assets) that is attributable to changes in the credit risk of the financial asset determined either:
   (i) as the amount of change in its fair value that is not attributable to changes in market conditions that give rise to *market risk;* or
   (ii) using an alternative method the entity believes more faithfully represents the amount of change in its fair value that is attributable to changes in the credit risk of the asset.
   Changes in market conditions that give rise to market risk include changes in an observed (benchmark) interest rate, commodity price, foreign exchange rate or index of prices or rates;
(d) the amount of the change in the fair value of any related credit derivatives or similar instruments that has occurred during the period and cumulatively since the financial asset was designated.

If the entity has designated a financial liability as at fair value through profit or loss in accordance with paragraph 4.2.2 of IFRS 9 and is required to present the effects of changes in that liability's credit risk in other comprehensive income (see paragraph 5.7.7 of IFRS 9), it shall disclose: **10**
(a) the amount of change, cumulatively, in the fair value of the financial liability that is attributable to changes in the credit risk of that liability (see paragraphs B5.7.13—B5.7.20 of IFRS 9 for guidance on determining the effects of changes in a liability's credit risk).
(b) the difference between the financial liability's carrying amount and the amount the entity would be contractually required to pay at maturity to the holder of the obligation.
(c) any transfers of the cumulative gain or loss within equity during the period including the reason for such transfers.
(d) if a liability is derecognised during the period, the amount (if any) presented in other comprehensive income that was realised at derecognition.

If an entity has designated a financial liability as at fair value through profit or loss in accordance with paragraph 4.2.2 of IFRS 9 and is required to present all changes in the fair value of that liability (including the effects of changes in the credit risk of the liability) in profit or loss (see paragraphs 5.7.7 and 5.7.8 of IFRS 9), it shall disclose: **10A**
(a) the amount of change, during the period and cumulatively, in the fair value of the financial liability that is attributable to changes in the credit risk of that liability (see paragraphs B5.7.13—B5.7.20 of IFRS 9 for guidance on determining the effects of changes in a liability's credit risk); and
(b) the difference between the financial liability's carrying amount and the amount the entity would be contractually required to pay at maturity to the holder of the obligation.

The entity shall also disclose: **11**
(a) a detailed description of the methods used to comply with the requirements in paragraphs 9 (c), 10 (a) and 10A (a) and paragraph 5.7.7 (a) of IFRS 9, including an explanation of why the method is appropriate.
(b) if the entity believes that the disclosure it has given, either in the statement of financial position or in the notes, to comply with the requirements in paragraph 9 (c), 10 (a) or 10A (a) or paragraph 5.7.7 (a) of IFRS 9 does not faithfully represent the change in the fair value of the financial asset or financial liability attributable to changes in its credit risk, the reasons for reaching this conclusion and the factors it believes are relevant.
(c) a detailed description of the methodology or methodologies used to determine whether presenting the effects of changes in a liability's credit risk in other comprehensive income would create or enlarge an accounting mismatch in profit or loss (see paragraphs 5.7.7 and 5.7.8 of IFRS 9). If an entity is required to present the effects of changes in a liability's credit risk in profit or loss (see paragraph 5.7.8 of IFRS 9), the disclosure must include a detailed description of the economic relationship described in paragraph B5.7.6 of IFRS 9.

Investments in equity instruments designated at fair value through other comprehensive income

If an entity has designated investments in equity instruments to be measured at fair value through other comprehensive income, as permitted by paragraph 5.7.5 of IFRS 9, it shall disclose for each class of investment: **11A**
(a) which investments in equity instruments have been designated to be measured at fair value through other comprehensive income.

(b) die Gründe für diese alternative Darstellung,
(c) der beizulegende Zeitwert am Abschlussstichtag,
(d) während der Berichtsperiode erfasste Dividenden, aufgeschlüsselt nach Dividenden aus Finanzinvestitionen, die während der Berichtsperiode ausgebucht wurden, und solchen, die am Abschlussstichtag gehalten wurden,
(e) während der Berichtsperiode vorgenommene Umgliederungen der kumulierten Gewinne oder Verluste innerhalb des Eigenkapitals, einschließlich der Gründe für solche Umgliederungen,
(f) der in der Berichtsperiode im sonstigen Ergebnis ausgewiesene Gewinn oder Verlust aus der Veränderung des beizulegenden Zeitwerts, wobei dieser Gewinn oder Verlust je nachdem, ob er sich auf in der Berichtsperiode ausgebuchte oder am Abschlussstichtag gehaltene Finanzinvestitionen bezieht, getrennt ausgewiesen wird.

11B Hat ein Unternehmen während der Berichtsperiode Finanzinvestitionen in Eigenkapitalinstrumente ausgebucht, die zum beizulegenden Zeitwert erfolgsneutral im sonstigen Ergebnis bewertet wurden, sind folgende Angaben erforderlich:
(a) die Gründe für die Veräußerung der Finanzinvestitionen,
(b) der beizulegende Zeitwert der Finanzinvestitionen zum Zeitpunkt der Ausbuchung,
(c) der kumulierte Gewinn oder Verlust aus der Veräußerung,
(d) in der Berichtsperiode vorgenommene Umgliederungen der kumulierten Gewinne oder Verluste innerhalb des Eigenkapitals, die sich auf in dieser Berichtsperiode ausgebuchte Finanzinvestitionen beziehen.

Umgliederung

12–12A [gestrichen]

12B Ein Unternehmen hat anzugeben, wenn es in der laufenden oder einer früheren Berichtsperiode finanzielle Vermögenswerte gemäß Paragraph 4.4.1 von IFRS 9 umgegliedert hat. Für jede Umgliederung hat ein Unternehmen Folgendes anzugeben:
(a) den Zeitpunkt der Umgliederung,
(b) eine ausführliche Erläuterung der Änderung des Geschäftsmodells und eine qualitative Beschreibung ihrer Auswirkung auf den Abschluss des Unternehmens,
(c) den aus jeder und in jede Kategorie umgegliederten Betrag.

12C Bei Vermögenswerten, die gemäß Paragraph 4.4.1 von IFRS 9 aus der Kategorie „zum beizulegenden Zeitwert erfolgswirksam bewertet" in die Kategorie „zu fortgeführten Anschaffungskosten" oder „zum beizulegenden Zeitwert erfolgsneutral im sonstigen Ergebnis bewertet" umgegliedert wurden, hat ein Unternehmen für jede Berichtsperiode ab der Umgliederung bis zur Ausbuchung Folgendes anzugeben:
(a) den zum Zeitpunkt der Umgliederung bestimmten Effektivzinssatz und
(b) die erfassten Zinserträge.

12D Hat ein Unternehmen finanzielle Vermögenswerte seit dem letzten Abschlussstichtag aus der Kategorie „zum beizulegenden Zeitwert erfolgsneutral im sonstigen Ergebnis bewertet" in die Kategorie „zu fortgeführten Anschaffungskosten bewertet" oder aus der Kategorie „zum beizulegenden Zeitwert erfolgswirksam bewertet" in die Kategorie „zu fortgeführten Anschaffungskosten bewertet" oder die Kategorie „zum beizulegenden Zeitwert erfolgsneutral im sonstigen Ergebnis bewertet" umgegliedert, hat es Folgendes anzugeben:
(a) den beizulegenden Zeitwert der finanziellen Vermögenswerte am Abschlussstichtag und
(b) den Gewinn oder Verlust aus der Veränderung des beizulegenden Zeitwerts, der ohne Umgliederung der finanziellen Vermögenswerte während der Berichtsperiode erfolgswirksam oder im sonstigen Ergebnis erfasst worden wäre.

13 [gestrichen]

Saldierung von finanziellen Vermögenswerten und finanziellen Verbindlichkeiten

13A Die in den Paragraphen 13B–13E verlangten Angaben ergänzen die anderen Angabepflichten dieses IFRS und sind für alle angesetzten Finanzinstrumente vorgeschrieben, die gemäß Paragraph 42 von IAS 32 saldiert werden. Diese Angaben gelten auch für angesetzte Finanzinstrumente, die einer einklagbaren Globalnettingvereinbarung oder ähnlichen Vereinbarung unterliegen, unabhängig davon, ob sie gemäß Paragraph 42 von IAS 32 saldiert werden.

13B Ein Unternehmen hat Angaben zu machen, die es den Abschlussadressaten ermöglichen zu beurteilen, welche Auswirkung oder potenzielle Auswirkung Nettingvereinbarungen auf die Vermögens- und Finanzlage des Unternehmens haben. Hierzu zählen die Auswirkung oder mögliche Auswirkung von Ansprüchen auf Aufrechnung im Zusammenhang mit angesetzten finanziellen Vermögenswerten und angesetzten finanziellen Verbindlichkeiten des Unternehmens, die unter Paragraph 13A fallen.

13C Zur Erreichung der in Paragraph 13B genannten Zielsetzung hat ein Unternehmen zum Abschlussstichtag für unter Paragraph 13A fallende angesetzte finanzielle Vermögenswerte und angesetzte finanzielle Verbindlichkeiten jeweils getrennt die folgenden quantitativen Angaben zu machen:
(a) die Bruttobeträge dieser angesetzten finanziellen Vermögenswerte und angesetzten finanziellen Verbindlichkeiten,
(b) die Beträge, die bei der Ermittlung der in der Bilanz ausgewiesenen Nettobeträge gemäß den Kriterien in Paragraph 42 von IAS 32 saldiert werden,
(c) die in der Bilanz ausgewiesenen Nettobeträge,

(b) the reasons for using this presentation alternative.
(c) the fair value at the end of the reporting period.
(d) dividends recognised during the period, showing separately those related to investments derecognised during the reporting period and those related to investments held at the end of the reporting period.
(e) any transfers of the cumulative gain or loss within equity during the period including the reason for such transfers.
(f) the fair value gain or loss presented in other comprehensive income during the period, showing separately the fair value gain or loss related to investments derecognised during the reporting period and the fair value gain or loss related to investments held at the end of the reporting period.

If an entity derecognised investments in equity instruments measured at fair value through other comprehensive income during the reporting period, it shall disclose: 11B
(a) the reasons for disposing of the investments.
(b) the fair value of the investments at the date of derecognition.
(c) the cumulative gain or loss on disposal.
(d) any transfers of the cumulative gain or loss within equity during the reporting period related to the investments derecognised during that reporting period.

Reclassification

[deleted] 12—12A

An entity shall disclose if, in the current or previous reporting periods, it has reclassified any financial assets in accordance with paragraph 4.4.1 of IFRS 9. For each such event, an entity shall disclose: 12B
(a) the date of reclassification.
(b) a detailed explanation of the change in business model and a qualitative description of its effect on the entity's financial statements.
(c) the amount reclassified into and out of each category.

For each reporting period following reclassification until derecognition, an entity shall disclose for assets reclassified out of the fair value through profit or loss category so that they are measured at amortised cost or fair value through other comprehensive income in accordance with paragraph 4.4.1 of IFRS 9: 12C
(a) the effective interest rate determined on the date of reclassification; and
(b) the interest revenue recognised.

If, since its last annual reporting date, an entity has reclassified financial assets out of the fair value through other comprehensive income category so that they are measured at amortised cost or out of the fair value through profit or loss category so that they are measured at amortised cost or fair value through other comprehensive income it shall disclose: 12D
(a) the fair value of the financial assets at the end of the reporting period; and
(b) the fair value gain or loss that would have been recognised in profit or loss or other comprehensive income during the reporting period if the financial assets had not been reclassified.

[deleted] 13

Offsetting financial assets and financial liabilities

The disclosures in paragraphs 13B—13E supplement the other disclosure requirements of this IFRS and are required for all recognised financial instruments that are set off in accordance with paragraph 42 of IAS 32. These disclosures also apply to recognised financial instruments that are subject to an enforceable master netting arrangement or similar agreement, irrespective of whether they are set off in accordance with paragraph 42 of IAS 32. 13A

An entity shall disclose information to enable users of its financial statements to evaluate the effect or potential effect of netting arrangements on the entity's financial position. This includes the effect or potential effect of rights of set-off associated with the entity's recognised financial assets and recognised financial liabilities that are within the scope of paragraph 13A. 13B

To meet the objective in paragraph 13B, an entity shall disclose, at the end of the reporting period, the following quantitative information separately for recognised financial assets and recognised financial liabilities that are within the scope of paragraph 13A: 13C
(a) the gross amounts of those recognised financial assets and recognised financial liabilities;
(b) the amounts that are set off in accordance with the criteria in paragraph 42 of IAS 32 when determining the net amounts presented in the statement of financial position;
(c) the net amounts presented in the statement of financial position;

(d) die Beträge, die einer einklagbaren Globalnettingvereinbarung oder ähnlichen Vereinbarung unterliegen und nicht in den Angaben nach Paragraph 13C (b) enthalten sind, einschließlich
  (i) Beträge im Zusammenhang mit angesetzten Finanzinstrumenten, die einige oder alle Saldierungskriterien in Paragraph 42 von IAS 32 nicht erfüllen, und
  (ii) Beträge im Zusammenhang mit finanziellen Sicherheiten (einschließlich Barsicherheiten) und
(e) den Nettobetrag nach Abzug der unter d genannten Beträge von den unter c genannten Beträgen.

Die in diesem Paragraphen verlangten Angaben sind tabellarisch getrennt nach finanziellen Vermögenswerten und finanziellen Verbindlichkeiten darzustellen, sofern nicht ein anderes Format angemessener ist.

13D Der gemäß Paragraph 13C (d) angegebene Gesamtbetrag für ein Instrument ist auf den in Paragraph 13C (c) für dieses Instrument genannten Betrag zu beschränken.

13E In seine Angaben aufzunehmen hat ein Unternehmen auch eine Beschreibung der Ansprüche auf Aufrechnung im Zusammenhang mit angesetzten finanziellen Vermögenswerten und angesetzten finanziellen Verbindlichkeiten des Unternehmens, die gemäß Paragraph 13C (d) anzugebenden einklagbaren Globalnettingvereinbarungen und ähnlichen Vereinbarungen unterliegen, einschließlich der Art dieser Ansprüche.

13F Sind die in den Paragraphen 13B–13E verlangten Angaben in mehr als einer Anhangangabe enthalten, hat ein Unternehmen Querverweise zwischen diesen Anhangangaben einzufügen.

Sicherheiten

14 Ein Unternehmen hat Folgendes anzugeben:
(a) den Buchwert der finanziellen Vermögenswerte, die es als Sicherheit für Schulden oder Eventualverbindlichkeiten gestellt hat, einschließlich der gemäß Paragraph 3.2.23 (a) von IFRS 9 umgegliederten Beträge, und
(b) die Vertragsbedingungen für diese Besicherung.

15 Wenn ein Unternehmen Sicherheiten (in Form finanzieller oder nichtfinanzieller Vermögenswerte) hält und diese ohne Vorliegen eines Zahlungsverzugs ihres Eigentümers verkaufen oder als Sicherheit weiterreichen darf, hat es Folgendes anzugeben:
(a) den beizulegenden Zeitwert der gehaltenen Sicherheiten,
(b) den beizulegenden Zeitwert aller verkauften oder weitergereichten Sicherheiten und ob das Unternehmen zur Rückgabe an den Eigentümer verpflichtet ist, und
(c) die Vertragsbedingungen, die mit der Nutzung dieser Sicherheiten verbunden sind.

Wertberichtigungskonto für Kreditausfälle

16 [gestrichen]

16A Der Buchwert finanzieller Vermögenswerte, die gemäß Paragraph 4.1.2A von IFRS 9 zum beizulegenden Zeitwert erfolgsneutral im sonstigen Ergebnis bewertet werden, wird nicht um eine Wertberichtigung verringert, und die Wertberichtigung ist in der Bilanz nicht gesondert als Verringerung des Buchwerts des finanziellen Vermögenswerts auszuweisen. Doch hat ein Unternehmen die Wertberichtigung im Anhang zum Abschluss anzugeben.

Zusammengesetzte Finanzinstrumente mit mehreren eingebetteten Derivaten

17 Hat ein Unternehmen ein Finanzinstrument emittiert, das sowohl eine Schuld- als auch eine Eigenkapitalkomponente enthält (siehe Paragraph 28 von IAS 32), und sind in das Instrument mehrere Derivate eingebettet, deren Werte voneinander abhängen (wie etwa ein kündbares wandelbares Schuldinstrument), so ist dieser Umstand anzugeben.

Zahlungsverzögerungen bzw. -ausfälle und Vertragsverletzungen

18 Für am Abschlussstichtag angesetzte Darlehensverbindlichkeiten ist Folgendes anzugeben:
(a) Einzelheiten zu allen in der Berichtsperiode eingetretenen Zahlungsverzögerungen bzw. -ausfällen, welche die Tilgungs- oder Zinszahlungen, den Tilgungsfonds oder die Tilgungsbedingungen der Darlehensverbindlichkeiten betreffen,
(b) den am Abschlussstichtag angesetzten Buchwert der Darlehensverbindlichkeiten, bei denen die Zahlungsverzögerungen bzw. -ausfälle aufgetreten sind, und
(c) ob die Zahlungsverzögerungen bzw. -ausfälle behoben oder die Bedingungen für die Darlehensverbindlichkeiten neu ausgehandelt wurden, bevor der Abschluss zur Veröffentlichung freigegeben wurde.

19 Ist es in der Berichtsperiode zu anderen als in Paragraph 18 beschriebenen Verletzungen von Darlehensverträgen gekommen, hat ein Unternehmen auch in Bezug auf diese die in Paragraph 18 verlangten Angaben zu machen, sofern die Vertragsverletzungen den Kreditgeber berechtigen, eine vorzeitige Rückzahlung zu fordern (sofern die Verletzungen am oder vor dem Abschlussstichtag nicht behoben oder die Darlehenskonditionen neu verhandelt wurden).

(d) the amounts subject to an enforceable master netting arrangement or similar agreement that are not otherwise included in paragraph 13C (b), including:
   (i) amounts related to recognised financial instruments that do not meet some or all of the offsetting criteria in paragraph 42 of IAS 32; and
   (ii) amounts related to financial collateral (including cash collateral); and
(e) the net amount after deducting the amounts in (d) from the amounts in (c) above.

The information required by this paragraph shall be presented in a tabular format, separately for financial assets and financial liabilities, unless another format is more appropriate.

The total amount disclosed in accordance with paragraph 13C (d) for an instrument shall be limited to the amount in paragraph 13C (c) for that instrument. 13D

An entity shall include a description in the disclosures of the rights of set-off associated with the entity's recognised financial assets and recognised financial liabilities subject to enforceable master netting arrangements and similar agreements that are disclosed in accordance with paragraph 13C (d), including the nature of those rights. 13E

If the information required by paragraphs 13B—13E is disclosed in more than one note to the financial statements, an entity shall cross-refer between those notes. 13F

Collateral

An entity shall disclose: 14
(a) the carrying amount of financial assets it has pledged as collateral for liabilities or contingent liabilities, including amounts that have been reclassified in accordance with paragraph 3.2.23 (a) of IFRS 9; and
(b) the terms and conditions relating to its pledge.

When an entity holds collateral (of financial or non-financial assets) and is permitted to sell or repledge the collateral in the absence of default by the owner of the collateral, it shall disclose: 15
(a) the fair value of the collateral held;
(b) the fair value of any such collateral sold or repledged, and whether the entity has an obligation to return it; and
(c) the terms and conditions associated with its use of the collateral.

Allowance account for credit losses

[deleted] 16

The carrying amount of financial assets measured at fair value through other comprehensive income in accordance with paragraph 4.1.2A of IFRS 9 is not reduced by a loss allowance and an entity shall not present the loss allowance separately in the statement of financial position as a reduction of the carrying amount of the financial asset. However, an entity shall disclose the loss allowance in the notes to the financial statements. 16A

Compound financial instruments with multiple embedded derivatives

If an entity has issued an instrument that contains both a liability and an equity component (see paragraph 28 of IAS 32) and the instrument has multiple embedded derivatives whose values are interdependent (such as a callable convertible debt instrument), it shall disclose the existence of those features. 17

Defaults and breaches

For *loans payable* recognised at the end of the reporting period, an entity shall disclose: 18
(a) details of any defaults during the period of principal, interest, sinking fund, or redemption terms of those loans payable;
(b) the carrying amount of the loans payable in default at the end of the reporting period; and
(c) whether the default was remedied, or the terms of the loans payable were renegotiated, before the financial statements were authorised for issue.

If, during the period, there were breaches of loan agreement terms other than those described in paragraph 18, an entity shall disclose the same information as required by paragraph 18 if those breaches permitted the lender to demand accelerated repayment (unless the breaches were remedied, or the terms of the loan were renegotiated, on or before the end of the reporting period). 19

Gesamtergebnisrechnung

Ertrags-, Aufwands-, Gewinn- oder Verlustposten

20 Ein Unternehmen hat die folgenden Ertrags-, Aufwands-, Gewinn- oder Verlustposten entweder in der Gesamtergebnisrechnung oder im Anhang anzugeben:

(a) Nettogewinne oder -verluste aus:

(i) finanziellen Vermögenswerten oder finanziellen Verbindlichkeiten, die erfolgswirksam zum beizulegenden Zeitwert bewertet werden, wobei diejenigen aus finanziellen Vermögenswerten oder finanziellen Verbindlichkeiten, die beim erstmaligen Ansatz oder nachfolgend gemäß Paragraph 6.7.1 von IFRS 9 als solche designiert wurden, getrennt auszuweisen sind von denjenigen aus finanziellen Vermögenswerten oder finanziellen Verbindlichkeiten, bei denen eine erfolgswirksame Bewertung zum beizulegenden Zeitwert gemäß IFRS 9 verpflichtend ist (z. B. finanzielle Verbindlichkeiten, die die Definition von „zu Handelszwecken gehalten" gemäß IFRS 9 erfüllen). Bei finanziellen Verbindlichkeiten, die als erfolgswirksam zum beizulegenden Zeitwert bewertet designiert wurden, hat ein Unternehmen den im sonstigen Ergebnis erfassten Betrag der Gewinne oder Verluste getrennt von dem erfolgswirksam erfassten Betrag auszuweisen.

(ii–iv) [gestrichen]

(v) finanziellen Verbindlichkeiten, die zu fortgeführten Anschaffungskosten bewertet werden.

(vi) finanziellen Vermögenswerten, die zu fortgeführten Anschaffungskosten bewertet werden.

(vii) Finanzinvestitionen in Eigenkapitalinstrumente, die gemäß Paragraph 5.7.5 von IFRS 9 als zum beizulegenden Zeitwert erfolgsneutral im sonstigen Ergebnis bewertet designiert sind.

(viii) finanziellen Vermögenswerten, die gemäß Paragraph 4.1.2A von IFRS 9 zum beizulegenden Zeitwert erfolgsneutral im sonstigen Ergebnis bewertet werden, wobei der Betrag der Gewinne oder Verluste, der im sonstigen Ergebnis in der Periode erfasst wird, getrennt von dem Betrag auszuweisen ist, der bei der Ausbuchung aus dem kumulierten sonstigen Ergebnis erfolgswirksam umgegliedert wird.

(b) den (nach der Effektivzinsmethode berechneten) Gesamtzinsertrag und Gesamtzinsaufwand für finanzielle Vermögenswerte, die zu fortgeführten Anschaffungskosten oder gemäß Paragraph 4.1.2A von IFRS 9 zum beizulegenden Zeitwert erfolgsneutral im sonstigen Ergebnis bewertet werden (wobei diese Beträge getrennt auszuweisen sind), oder finanzielle Verbindlichkeiten, die nicht erfolgswirksam zum beizulegenden Zeitwert bewertet werden.

(c) das als Ertrag oder Aufwand erfasste Entgelt (mit Ausnahme der Beträge, die in die Bestimmung der Effektivzinssätze einbezogen werden) aus

(i) finanziellen Vermögenswerten und finanziellen Verbindlichkeiten, die nicht erfolgswirksam zum beizulegenden Zeitwert bewertet werden, und

(ii) Treuhänder- und anderen fiduziarischen Geschäften, die auf eine Vermögensverwaltung für fremde Rechnung einzelner Personen, Sondervermögen, Pensionsfonds und anderer institutioneller Anleger hinauslaufen.

(d)-(e) [gestrichen]

20A Ein Unternehmen hat eine Aufgliederung der in der Gesamtergebnisrechnung erfassten Gewinne oder Verluste aus der Ausbuchung von zu fortgeführten Anschaffungskosten bewerteten finanziellen Vermögenswerten vorzulegen, wobei die Gewinne und Verluste aus der Ausbuchung dieser finanziellen Vermögenswerte getrennt ausgewiesen werden. Diese Angabe muss auch die Gründe für die Ausbuchung dieser finanziellen Vermögenswerte enthalten.

20B Ein Unternehmen hat die nach Paragraph 20C erforderlichen Angaben für jede Klasse von finanziellen Vermögenswerten, die zu fortgeführten Anschaffungskosten oder zum beizulegenden Zeitwert im sonstigen Ergebnis bewertet werden, und für jede Klasse von finanziellen Verbindlichkeiten, die zu fortgeführten Anschaffungskosten bewertet werden, zu machen. Das Unternehmen hat zu berücksichtigen, wie viele Details anzugeben sind, welcher Grad der Aufgliederung oder Zusammenfassung angemessen ist und ob die Abschlussadressaten zusätzliche Erläuterungen zur Beurteilung der angegebenen quantitativen Informationen benötigen.

20C Um den Abschlussadressaten die Auswirkungen von Vertragsklauseln verständlich zu machen, die die Höhe der vertraglichen Zahlungsströme in Abhängigkeit davon ändern könnten, ob ein bedingtes Ereignis, das nicht unmittelbar mit Änderungen der grundlegenden Kreditrisiken und Kosten (wie dem Zeitwert des Geldes oder dem Ausfallrisiko) zusammenhängt, eintritt oder nicht, hat ein Unternehmen Folgendes anzugeben:

(a) eine qualitative Beschreibung der Art des bedingten Ereignisses,

(b) quantitative Informationen über die möglichen Änderungen der vertraglichen Zahlungsströme, die sich aus diesen Vertragsklauseln ergeben könnten (z. B. die Bandbreite der möglichen Änderungen), und

(c) den Bruttobuchwert der finanziellen Vermögenswerte und die fortgeführten Anschaffungskosten der finanziellen Verbindlichkeiten, die diesen Vertragsbedingungen unterliegen.

20D Beispielsweise hat ein Unternehmen die in Paragraph 20C verlangten Angaben für eine Klasse von zu fortgeführten Anschaffungskosten bewerteten finanziellen Verbindlichkeiten zu machen, deren vertragliche Zahlungsströme sich ändern, wenn das Unternehmen seine CO_2-Emissionen senkt.

Statement of comprehensive income

Items of income, expense, gains or losses

An entity shall disclose the following items of income, expense, gains or losses either in the statement of comprehensive income or in the notes: 20

(a) net gains or net losses on:

(i) financial assets or financial liabilities measured at fair value through profit or loss, showing separately those on financial assets or financial liabilities designated as such upon initial recognition or subsequently in accordance with paragraph 6.7.1 of IFRS 9, and those on financial assets or financial liabilities that are mandatorily measured at fair value through profit or loss in accordance with IFRS 9 (eg financial liabilities that meet the definition of held for trading in IFRS 9). For financial liabilities designated as at fair value through profit or loss, an entity shall show separately the amount of gain or loss recognised in other comprehensive income and the amount recognised in profit or loss.

(ii–iv) [deleted]

(v) financial liabilities measured at amortised cost.

(vi) financial assets measured at amortised cost.

(vii) investments in equity instruments designated at fair value through other comprehensive income in accordance with paragraph 5.7.5 of IFRS 9.

(viii) financial assets measured at fair value through other comprehensive income in accordance with paragraph 4.1.2A of IFRS 9, showing separately the amount of gain or loss recognised in other comprehensive income during the period and the amount reclassified upon derecognition from accumulated other comprehensive income to profit or loss for the period.

(b) total interest revenue and total interest expense (calculated using the effective interest method) for financial assets that are measured at amortised cost or that are measured at fair value through other comprehensive income in accordance with paragraph 4.1.2A of IFRS 9 (showing these amounts separately); or financial liabilities that are not measured at fair value through profit or loss.

(c) fee income and expense (other than amounts included in determining the effective interest rate) arising from:

(i) financial assets and financial liabilities that are not at fair value through profit or loss; and

(ii) trust and other fiduciary activities that result in the holding or investing of assets on behalf of individuals, trusts, retirement benefit plans, and other institutions.

(d)-(e) [deleted]

An entity shall disclose an analysis of the gain or loss recognised in the statement of comprehensive income arising from the derecognition of financial assets measured at amortised cost, showing separately gains and losses arising from derecognition of those financial assets. This disclosure shall include the reasons for derecognising those financial assets. 20A

An entity shall disclose the information required by paragraph 20C by class of financial assets measured at amortised cost or fair value through other comprehensive income and by class of financial liabilities measured at amortised cost. The entity shall consider how much detail to disclose, the appropriate level of aggregation or disaggregation, and whether users of financial statements need additional explanations to evaluate any quantitative information disclosed. 20B

To enable users of financial statements to understand the effect of contractual terms that could change the amount of contractual cash flows based on the occurrence (or non-occurrence) of a contingent event that does not relate directly to changes in basic lending risks and costs (such as the time value of money or credit risk), an entity shall disclose: 20C

(a) a qualitative description of the nature of the contingent event;

(b) quantitative information about the possible changes to contractual cash flows that could result from those contractual terms (for example, the range of possible changes); and

(c) the gross carrying amount of financial assets and the amortised cost of financial liabilities subject to those contractual terms.

For example, an entity shall disclose the information required by paragraph 20C for a class of financial liabilities measured at amortised cost whose contractual cash flows change if the entity achieves a reduction in its carbon emissions. 20D

Weitere Angaben

Rechnungslegungsmethoden

21 Gemäß Paragraph 117 des IAS 1 *Darstellung des Abschlusses* (in der 2007 überarbeiteten Fassung) hat ein Unternehmen wesentliche Angaben zu seinen Rechnungslegungsmethoden zu machen. Es ist davon auszugehen, dass zu diesen wesentlichen Angaben Informationen über die bei der Erstellung des Abschlusses herangezogene(n) Bewertungsgrundlage(n) für Finanzinstrumente zählen.

Bilanzierung von Sicherungsbeziehungen

21A Ein Unternehmen hat die in den Paragraphen 21B–24F verlangten Angaben für diejenigen Risiken zu machen, die es absichert und bei denen es sich für die Bilanzierung von Sicherungsbeziehungen entscheidet. Die Angaben im Rahmen der Bilanzierung von Sicherungsbeziehungen müssen folgende Informationen enthalten:

(a) die Risikomanagementstrategie eines Unternehmens sowie die Art und Weise, wie diese zur Steuerung von Risiken angewandt wird,

(b) inwieweit die Sicherungsbeziehungen eines Unternehmens die Höhe, den Zeitpunkt und die Unsicherheit seiner künftigen Zahlungsströme beeinflussen können, und

(c) die Auswirkung der Bilanzierung von Sicherungsbeziehungen auf die Bilanz, die Gesamtergebnisrechnung und die Eigenkapitalveränderungsrechnung eines Unternehmens.

21B Ein Unternehmen hat die verlangten Angaben in einer einzelnen Anhangangabe oder einem separaten Abschnitt seines Abschlusses zu machen. Doch muss das Unternehmen bereits an anderer Stelle dargestellte Informationen nicht duplizieren, sofern diese Informationen durch Querverweis aus dem Abschluss auf sonstige Verlautbarungen, wie z. B. einen Lage- oder Risikobericht, die den Abschlussadressaten unter denselben Bedingungen und zur selben Zeit wie der Abschluss zugänglich sind, eingebunden werden. Ohne die durch einen Querverweis eingebrachten Informationen ist der Abschluss unvollständig.

21C Hat ein Unternehmen die Angaben gemäß den Paragraphen 22A–24F nach Risikokategorie zu trennen, legt es jede Risikokategorie basierend auf den Risiken fest, bei denen es sich für eine Absicherung entscheidet und die Bilanzierung von Sicherungsbeziehungen angewandt wird. Ein Unternehmen hat die Risikokategorien einheitlich für alle Angaben im Rahmen der Bilanzierung von Sicherungsbeziehungen festzulegen.

21D Zur Erreichung der in Paragraph 21A genannten Zielsetzung hat ein Unternehmen (sofern nachfolgend nichts anderes bestimmt ist) festzulegen, wie viele Details anzugeben sind, wieviel Gewicht es auf die verschiedenen Aspekte der verlangten Angaben legt, den erforderlichen Grad der Aufgliederung oder Zusammenfassung und ob die Abschlussadressaten zusätzliche Erläuterungen zur Beurteilung der angegebenen quantitativen Informationen benötigen. Allerdings hat das Unternehmen denselben Grad der Aufgliederung oder Zusammenfassung anzuwenden, den es bei den geforderten Angaben zusammengehöriger Informationen gemäß diesem IFRS und IFRS 13 *Bewertung zum beizulegenden Zeitwert* anwendet.

Die Risikomanagementstrategie

22 [gestrichen]

22A Ein Unternehmen hat seine Risikomanagementstrategie für jede Risikokategorie, bei der es sich für eine Absicherung entscheidet und bei der die Bilanzierung von Sicherungsbeziehungen zur Anwendung kommt, zu erläutern. Diese Erläuterung sollte es den Abschlussadressaten ermöglichen, (z. B.) Folgendes zu beurteilen:

(a) wie die einzelnen Risiken entstehen,

(b) wie das Unternehmen die einzelnen Risiken steuert; hierin eingeschlossen ist, ob das Unternehmen ein Geschäft in seiner Gesamtheit gegen sämtliche Risiken oder eine Risikokomponente (oder -komponenten) eines Geschäfts absichert und warum,

(c) das Ausmaß der Risiken, die durch das Unternehmen gesteuert werden.

22B Zur Erfüllung der Vorschriften in Paragraph 22A sollten die Informationen u. a. Folgendes enthalten:

(a) eine Beschreibung der Sicherungsinstrumente, die zur Risikoabsicherung verwendet werden (und wie sie verwendet werden),

(b) eine Beschreibung, wie das Unternehmen die wirtschaftliche Beziehung zwischen dem Grundgeschäft und dem Sicherungsinstrument zum Zwecke der Beurteilung der Wirksamkeit der Absicherung bestimmt, und

(c) eine Beschreibung, wie das Unternehmen die Sicherungsquote festlegt und was die Ursachen für eine Unwirksamkeit der Absicherung sind.

22C Wenn ein Unternehmen eine spezifische Risikokomponente als Grundgeschäft designiert (siehe Paragraph 6.3.7 von IFRS 9), hat es zusätzlich zu den in den Paragraphen 22A und 22B verlangten Angaben die folgenden qualitativen oder quantitativen Informationen bereitzustellen:

(a) wie das Unternehmen die als Grundgeschäft designierte Risikokomponente bestimmt (einschließlich einer Beschreibung der Art der Beziehung zwischen der Risikokomponente und dem Geschäft insgesamt) und

Other disclosures

Accounting policies

In accordance with paragraph 117 of IAS 1 *Presentation of Financial Statements* (as revised in 2007), an entity discloses material accounting policy information. Information about the measurement basis (or bases) for financial instruments used in preparing the financial statements is expected to be material accounting policy information. 21

Hedge accounting

An entity shall apply the disclosure requirements in paragraphs 21B—24F for those risk exposures that an entity hedges and for which it elects to apply hedge accounting. Hedge accounting disclosures shall provide information about: 21A

(a) an entity's risk management strategy and how it is applied to manage risk;
(b) how the entity's hedging activities may affect the amount, timing and uncertainty of its future cash flows; and
(c) the effect that hedge accounting has had on the entity's statement of financial position, statement of comprehensive income and statement of changes in equity.

An entity shall present the required disclosures in a single note or separate section in its financial statements. However, an entity need not duplicate information that is already presented elsewhere, provided that the information is incorporated by cross-reference from the financial statements to some other statement, such as a management commentary or risk report, that is available to users of the financial statements on the same terms as the financial statements and at the same time. Without the information incorporated by cross-reference, the financial statements are incomplete. 21B

When paragraphs 22A—24F require the entity to separate by risk category the information disclosed, the entity shall determine each risk category on the basis of the risk exposures an entity decides to hedge and for which hedge accounting is applied. An entity shall determine risk categories consistently for all hedge accounting disclosures. 21C

To meet the objectives in paragraph 21A, an entity shall (except as otherwise specified below) determine how much detail to disclose, how much emphasis to place on different aspects of the disclosure requirements, the appropriate level of aggregation or disaggregation, and whether users of financial statements need additional explanations to evaluate the quantitative information disclosed. However, an entity shall use the same level of aggregation or disaggregation it uses for disclosure requirements of related information in this IFRS and IFRS 13 Fair Value Measurement. 21D

The risk management strategy

[deleted] 22

An entity shall explain its risk management strategy for each risk category of risk exposures that it decides to hedge and for which hedge accounting is applied. This explanation should enable users of financial statements to evaluate (for example): 22A

(a) how each risk arises.
(b) how the entity manages each risk; this includes whether the entity hedges an item in its entirety for all risks or hedges a risk component (or components) of an item and why.
(c) the extent of risk exposures that the entity manages.

To meet the requirements in paragraph 22A, the information should include (but is not limited to) a description of: 22B

(a) the hedging instruments that are used (and how they are used) to hedge risk exposures;
(b) how the entity determines the economic relationship between the hedged item and the hedging instrument for the purpose of assessing hedge effectiveness; and
(c) how the entity establishes the hedge ratio and what the sources of hedge ineffectiveness are.

When an entity designates a specific risk component as a hedged item (see paragraph 6.3.7 of IFRS 9) it shall provide, in addition to the disclosures required by paragraphs 22A and 22B, qualitative or quantitative information about: 22C

(a) how the entity determined the risk component that is designated as the hedged item (including a description of the nature of the relationship between the risk component and the item as a whole); and

(b) wie die Risikokomponente mit dem Geschäft insgesamt verbunden ist (Beispiel: Die designierte Risikokomponente hat in der Vergangenheit durchschnittlich 80 Prozent der Änderungen des beizulegenden Zeitwerts des Geschäfts insgesamt abgedeckt).

Höhe, Zeitpunkt und Unsicherheit künftiger Zahlungsströme

23 [gestrichen]

23A Sofern nicht durch Paragraph 23C von dieser Pflicht befreit, hat ein Unternehmen quantitative Informationen je Risikokategorie anzugeben, damit die Abschlussadressaten die vertraglichen Rechte und Pflichten aus den Sicherungsinstrumenten beurteilen und einschätzen können, wie sich diese auf die Höhe, den Zeitpunkt und die Unsicherheit künftiger Zahlungsströme des Unternehmens auswirken.

23B Zur Erfüllung der Vorschriften in Paragraph 23A hat das Unternehmen eine Aufschlüsselung mit folgenden Angaben vorzulegen:

(a) ein zeitliches Profil für den Nominalbetrag des Sicherungsinstruments und

(b) falls zutreffend, den Durchschnittspreis- oder -kurs (z. B. Ausübungspreis, Terminkurse usw.) des Sicherungsinstruments.

23C In Fällen, in denen ein Unternehmen Sicherungsbeziehungen häufig erneuert (d. h. beendet und neu beginnt), da sowohl das Sicherungsinstrument als auch das Grundgeschäft häufig geändert werden (d. h. das Unternehmen wendet einen dynamischen Prozess an, in dem sowohl das Risiko als auch die Sicherungsinstrumente zur Steuerung dieses Risikos nicht lange gleich bleiben – wie in dem Beispiel in Paragraph B6.5.24 (b) von IFRS 9),

(a) ist das Unternehmen von der Bereitstellung der in den Paragraphen 23A und 23B verlangten Angaben befreit.

(b) sind folgende Angaben erforderlich:

(i) Informationen darüber, wie die ultimative Risikomanagementstrategie in Bezug auf diese Sicherungsbeziehungen ist,

(ii) eine Beschreibung, wie es seine Risikomanagementstrategie durch Verwendung der Bilanzierung von Sicherungsbeziehungen und Designation dieser bestimmten Sicherungsbeziehungen widerspiegelt, und

(iii) ein Hinweis, wie oft die Sicherungsbeziehungen im Rahmen des diesbezüglichen Prozesses des Unternehmens beendet und neu begonnen werden.

23D Ein Unternehmen hat für jede Risikokategorie die Ursachen einer Unwirksamkeit der Absicherung darzulegen, die sich voraussichtlich auf die Sicherungsbeziehung während deren Laufzeit auswirken.

23E Treten in einer Sicherungsbeziehung andere Ursachen einer Unwirksamkeit der Absicherung zutage, hat ein Unternehmen diese Ursachen je Risikokategorie anzugeben und die daraus resultierende Unwirksamkeit der Absicherung zu erläutern.

23F Bei der Absicherung von Zahlungsströmen hat ein Unternehmen eine Beschreibung jeder erwarteten Transaktion vorzulegen, für die in der vorherigen Periode die Bilanzierung von Sicherungsbeziehungen verwendet wurde, deren Eintreten aber nicht mehr erwartet wird.

Auswirkungen der Bilanzierung von Sicherungsbeziehungen auf die Vermögens-, Finanz- und Ertragslage

24 [gestrichen]

24A Ein Unternehmen hat getrennt nach Risikokategorie für jede Art der Absicherung (Absicherung des beizulegenden Zeitwerts, Absicherung von Zahlungsströmen oder Absicherung einer Nettoinvestition in einen ausländischen Geschäftsbetrieb) folgende Beträge in Bezug auf als Sicherungsinstrumente designierte Geschäfte in tabellarischer Form anzugeben:

(a) den Buchwert der Sicherungsinstrumente (finanzielle Vermögenswerte getrennt von finanziellen Verbindlichkeiten),

(b) den Bilanzposten, in dem das Sicherungsinstrument enthalten ist,

(c) die Änderung des beizulegenden Zeitwerts des Sicherungsinstruments, die als Grundlage für die Erfassung einer Unwirksamkeit der Absicherung für die Periode herangezogen wird, und

(d) die Nominalbeträge (einschließlich Mengenangaben wie z. B. Tonnen oder Kubikmeter) der Sicherungsinstrumente.

24B Ein Unternehmen hat getrennt nach Risikokategorie für jede Art der Absicherung folgende Beträge in Bezug auf Grundgeschäfte in tabellarischer Form anzugeben:

(a) für Absicherungen des beizulegenden Zeitwerts:

(i) den Buchwert des in der Bilanz angesetzten Grundgeschäfts (wobei Vermögenswerte getrennt von Verbindlichkeiten ausgewiesen werden),

(ii) den kumulierten Betrag sicherungsbezogener Anpassungen aus dem beizulegenden Zeitwert bei dem Grundgeschäft, der im Buchwert des bilanzierten Grundgeschäfts enthalten ist (wobei Vermögenswerte getrennt von Verbindlichkeiten ausgewiesen werden),

(iii) den Bilanzposten, in dem das Grundgeschäft enthalten ist,

(iv) die Wertänderung des Grundgeschäfts, die als Grundlage für die Erfassung einer Unwirksamkeit der Absicherung für die Periode herangezogen wird, und

(b) how the risk component relates to the item in its entirety (for example, the designated risk component historically covered on average 80 per cent of the changes in fair value of the item as a whole).

The amount, timing and uncertainty of future cash flows

23 [deleted]

23A Unless exempted by paragraph 23C, an entity shall disclose by risk category quantitative information to allow users of its financial statements to evaluate the terms and conditions of hedging instruments and how they affect the amount, timing and uncertainty of future cash flows of the entity.

23B To meet the requirement in paragraph 23A, an entity shall provide a breakdown that discloses:
(a) a profile of the timing of the nominal amount of the hedging instrument; and
(b) if applicable, the average price or rate (for example strike or forward prices etc.) of the hedging instrument.

23C In situations in which an entity frequently resets (ie discontinues and restarts) hedging relationships because both the hedging instrument and the hedged item frequently change (ie the entity uses a dynamic process in which both the exposure and the hedging instruments used to manage that exposure do not remain the same for long—such as in the example in paragraph B6.5.24 (b) of IFRS 9) the entity:
(a) is exempt from providing the disclosures required by paragraphs 23A and 23B.
(b) shall disclose:
  (i) information about what the ultimate risk management strategy is in relation to those hedging relationships;
  (ii) a description of how it reflects its risk management strategy by using hedge accounting and designating those particular hedging relationships; and
  (iii) an indication of how frequently the hedging relationships are discontinued and restarted as part of the entity's process in relation to those hedging relationships.

23D An entity shall disclose by risk category a description of the sources of hedge ineffectiveness that are expected to affect the hedging relationship during its term.

23E If other sources of hedge ineffectiveness emerge in a hedging relationship, an entity shall disclose those sources by risk category and explain the resulting hedge ineffectiveness.

23F For cash flow hedges, an entity shall disclose a description of any forecast transaction for which hedge accounting had been used in the previous period, but which is no longer expected to occur.

The effects of hedge accounting on financial position and performance

24 [deleted]

24A An entity shall disclose, in a tabular format, the following amounts related to items designated as hedging instruments separately by risk category for each type of hedge (fair value hedge, cash flow hedge or hedge of a net investment in a foreign operation):
(a) the carrying amount of the hedging instruments (financial assets separately from financial liabilities);
(b) the line item in the statement of financial position that includes the hedging instrument;
(c) the change in fair value of the hedging instrument used as the basis for recognising hedge ineffectiveness for the period; and
(d) the nominal amounts (including quantities such as tonnes or cubic metres) of the hedging instruments.

24B An entity shall disclose, in a tabular format, the following amounts related to hedged items separately by risk category for the types of hedges as follows:
(a) for fair value hedges:
  (i) the carrying amount of the hedged item recognised in the statement of financial position (presenting assets separately from liabilities);
  (ii) the accumulated amount of fair value hedge adjustments on the hedged item included in the carrying amount of the hedged item recognised in the statement of financial position (presenting assets separately from liabilities);
  (iii) the line item in the statement of financial position that includes the hedged item;
  (iv) the change in value of the hedged item used as the basis for recognising hedge ineffectiveness for the period; and

(v) den kumulierten Betrag sicherungsbezogener Anpassungen aus dem beizulegenden Zeitwert, der für Grundgeschäfte in der Bilanz verbleibt, die nicht mehr um Sicherungsgewinne und -verluste gemäß Paragraph 6.5.10 von IFRS 9 angepasst werden.

(b) für Absicherungen von Zahlungsströmen und Absicherungen einer Nettoinvestition in einen ausländischen Geschäftsbetrieb:

(i) die Wertänderung des Grundgeschäfts, die als Grundlage für die Erfassung einer Unwirksamkeit der Absicherung für die Periode herangezogen wird (d. h. bei Absicherungen von Zahlungsströmen die Wertänderung, die zur Bestimmung der erfassten Unwirksamkeit der Absicherung gemäß Paragraph 6.5.11 (c) von IFRS 9 herangezogen wird),

(ii) die Salden in der Rücklage für die Absicherung von Zahlungsströmen und der Währungsumrechnungsrücklage für laufende Absicherungen, die gemäß den Paragraphen 6.5.11 und 6.5.13 (a) von IFRS 9 bilanziert werden, und

(iii) die verbleibenden Salden in der Rücklage für die Absicherung von Zahlungsströmen und der Währungsumrechnungsrücklage aus etwaigen Sicherungsbeziehungen, bei denen die Bilanzierung von Sicherungsbeziehungen nicht mehr angewandt wird.

24C Ein Unternehmen hat getrennt nach Risikokategorie für jede Art der Absicherung folgende Beträge in tabellarischer Form anzugeben:

(a) für Absicherungen des beizulegenden Zeitwerts:

(i) eine Unwirksamkeit der Absicherung, d. h. die Differenz zwischen den Sicherungsgewinnen oder -verlusten des Sicherungsinstruments und des Grundgeschäfts, die erfolgswirksam erfasst wird (oder im sonstigen Ergebnis bei Absicherungen eines Eigenkapitalinstruments, bei dem das Unternehmen die Wahl getroffen hat, Änderungen des beizulegenden Zeitwerts gemäß Paragraph 5.7.5 von IFRS 9 im sonstigen Ergebnis zu erfassen), und

(ii) den Posten der Gesamtergebnisrechnung, in dem die erfasste Unwirksamkeit der Absicherung enthalten ist.

(b) für Absicherungen von Zahlungsströmen und Absicherungen einer Nettoinvestition in einen ausländischen Geschäftsbetrieb:

(i) die Sicherungsgewinne oder -verluste der Berichtsperiode, die im sonstigen Ergebnis erfasst wurden,

(ii) die erfolgswirksam erfasste Unwirksamkeit der Absicherung,

(iii) den Posten der Gesamtergebnisrechnung, in dem die erfasste Unwirksamkeit der Absicherung enthalten ist,

(iv) den Betrag, der aus der Rücklage für die Absicherung von Zahlungsströmen oder der Währungsumrechnungsrücklage als Umgliederungsbetrag (siehe IAS 1) erfolgswirksam umgegliedert wurde (wobei unterschieden wird zwischen Beträgen, bei denen die Bilanzierung von Sicherungsbeziehungen bislang angewandt wurde, das Eintreten der abgesicherten künftigen Zahlungsströme aber nicht mehr erwartet wird, und Beträgen, die übertragen wurden, da sich das Grundgeschäft auf den Gewinn oder Verlust ausgewirkt hat),

(v) den Posten der Gesamtergebnisrechnung, in dem der Umgliederungsbetrag (siehe IAS 1) enthalten ist, und

(vi) für Absicherungen von Nettopositionen die Sicherungsgewinne oder -verluste, die in einem gesonderten Posten der Gesamtergebnisrechnung erfasst werden (siehe Paragraph 6.6.4 von IFRS 9).

24D Wenn das Volumen der Sicherungsbeziehungen, für die die Befreiung in Paragraph 23C gilt, für die normalen Volumen während der Periode nicht repräsentativ ist (d. h. das Volumen am Abschlussstichtag spiegelt nicht die Volumen während der Periode wider), hat ein Unternehmen diese Tatsache und den Grund, warum das Volumen seiner Meinung nach nicht repräsentativ ist, anzugeben.

24E Ein Unternehmen hat für jede Komponente des Eigenkapitals eine Überleitungsrechnung sowie eine Aufgliederung des sonstigen Ergebnisses gemäß IAS 1 vorzulegen, worin insgesamt

(a) mindestens zwischen den Beträgen, die sich auf die Angaben gemäß Paragraph 24C (b) (i) und (b) (iv) beziehen, sowie den gemäß Paragraph 6.5.11 (d) (i) und (d) (iii) von IFRS 9 bilanzierten Beträgen unterschieden wird,

(b) zwischen den Beträgen im Zusammenhang mit dem Zeitwert von Optionen zur Absicherung von transaktionsbezogenen Grundgeschäften und den Beträgen im Zusammenhang mit dem Zeitwert von Optionen zur Absicherung von zeitraumbezogenen Grundgeschäften unterschieden wird, wenn ein Unternehmen den Zeitwert einer Option gemäß Paragraph 6.5.15 von IFRS 9 bilanziert, und

(c) zwischen den Beträgen im Zusammenhang mit den Terminelementen von Termingeschäften und Währungsbasis-Spreads von Finanzinstrumenten zur Absicherung von transaktionsbezogenen Grundgeschäften und den Beträgen im Zusammenhang mit den Terminelementen von Termingeschäften und Währungsbasis-Spreads von Finanzinstrumenten zur Absicherung von zeitraumbezogenen Grundgeschäften unterschieden wird, wenn ein Unternehmen diese Beträge gemäß Paragraph 6.5.16 von IFRS 9 bilanziert.

24F Ein Unternehmen hat die in Paragraph 24E verlangten Angaben getrennt nach Risikokategorie zu machen. Diese Aufschlüsselung nach Risiko kann im Anhang zum Abschluss erfolgen.

Wahlrecht zur Designation einer Ausfallrisikoposition als erfolgswirksam zum beizulegenden Zeitwert bewertet

24G Wenn ein Unternehmen ein Finanzinstrument oder einen prozentualen Anteil davon als erfolgswirksam zum beizulegenden Zeitwert bewertet designiert hat, da es zur Steuerung des Ausfallrisikos bei diesem Finanzinstrument ein Kreditderivat verwendet, sind folgende Angaben erforderlich:

(v) the accumulated amount of fair value hedge adjustments remaining in the statement of financial position for any hedged items that have ceased to be adjusted for hedging gains and losses in accordance with paragraph 6.5.10 of IFRS 9.

(b) for cash flow hedges and hedges of a net investment in a foreign operation:
(i) the change in value of the hedged item used as the basis for recognising hedge ineffectiveness for the period (ie for cash flow hedges the change in value used to determine the recognised hedge ineffectiveness in accordance with paragraph 6.5.11 (c) of IFRS 9);
(ii) the balances in the cash flow hedge reserve and the foreign currency translation reserve for continuing hedges that are accounted for in accordance with paragraphs 6.5.11 and 6.5.13 (a) of IFRS 9; and
(iii) the balances remaining in the cash flow hedge reserve and the foreign currency translation reserve from any hedging relationships for which hedge accounting is no longer applied.

An entity shall disclose, in a tabular format, the following amounts separately by risk category for the types of hedges as follows: 24C

(a) for fair value hedges:
(i) hedge ineffectiveness—ie the difference between the hedging gains or losses of the hedging instrument and the hedged item—recognised in profit or loss (or other comprehensive income for hedges of an equity instrument for which an entity has elected to present changes in fair value in other comprehensive income in accordance with paragraph 5.7.5 of IFRS 9); and
(ii) the line item in the statement of comprehensive income that includes the recognised hedge ineffectiveness.

(b) for cash flow hedges and hedges of a net investment in a foreign operation:
(i) hedging gains or losses of the reporting period that were recognised in other comprehensive income;
(ii) hedge ineffectiveness recognised in profit or loss;
(iii) the line item in the statement of comprehensive income that includes the recognised hedge ineffectiveness;
(iv) the amount reclassified from the cash flow hedge reserve or the foreign currency translation reserve into profit or loss as a reclassification adjustment (see IAS 1) (differentiating between amounts for which hedge accounting had previously been used, but for which the hedged future cash flows are no longer expected to occur, and amounts that have been transferred because the hedged item has affected profit or loss);
(v) the line item in the statement of comprehensive income that includes the reclassification adjustment (see IAS 1); and
(vi) for hedges of net positions, the hedging gains or losses recognised in a separate line item in the statement of comprehensive income (see paragraph 6.6.4 of IFRS 9).

When the volume of hedging relationships to which the exemption in paragraph 23C applies is unrepresentative of normal volumes during the period (ie the volume at the reporting date does not reflect the volumes during the period) an entity shall disclose that fact and the reason it believes the volumes are unrepresentative. 24D

An entity shall provide a reconciliation of each component of equity and an analysis of other comprehensive income in accordance with IAS 1 that, taken together: 24E

(a) differentiates, at a minimum, between the amounts that relate to the disclosures in paragraph 24C (b) (i) and (b) (iv) as well as the amounts accounted for in accordance with paragraph 6.5.11 (d) (i) and (d) (iii) of IFRS 9;
(b) differentiates between the amounts associated with the time value of options that hedge transaction related hedged items and the amounts associated with the time value of options that hedge time-period related hedged items when an entity accounts for the time value of an option in accordance with paragraph 6.5.15 of IFRS 9; and
(c) differentiates between the amounts associated with forward elements of forward contracts and the foreign currency basis spreads of financial instruments that hedge transaction related hedged items, and the amounts associated with forward elements of forward contracts and the foreign currency basis spreads of financial instruments that hedge time-period related hedged items when an entity accounts for those amounts in accordance with paragraph 6.5.16 of IFRS 9.

An entity shall disclose the information required in paragraph 24E separately by risk category. This disaggregation by risk may be provided in the notes to the financial statements. 24F

Option to designate a credit exposure as measured at fair value through profit or loss

If an entity designated a financial instrument, or a proportion of it, as measured at fair value through profit or loss because it uses a credit derivative to manage the credit risk of that financial instrument it shall disclose: 24G

(a) für Kreditderivate zur Steuerung des Ausfallrisikos bei Finanzinstrumenten, die gemäß Paragraph 6.7.1 von IFRS 9 als erfolgswirksam zum beizulegenden Zeitwert bewertet designiert wurden, eine Überleitungsrechnung für jeden Nominalbetrag und den beizulegenden Zeitwert zu Beginn und am Ende der Periode,
(b) der bei der Designation eines Finanzinstruments oder eines prozentualen Anteils davon gemäß Paragraph 6.7.1 von IFRS 9 als erfolgswirksam zum beizulegenden Zeitwert bewertete erfolgswirksam erfasste Gewinn oder Verlust und
(c) bei Beendigung der erfolgswirksamen Bewertung zum beizulegenden Zeitwert eines Finanzinstruments oder eines prozentualen Anteils davon, der beizulegende Zeitwert dieses Finanzinstruments, der gemäß Paragraph 6.7.4 (b) von IFRS 9 zum neuen Buchwert geworden ist, und der zugehörige Nominal- oder Kapitalbetrag (außer zur Bereitstellung von Vergleichsinformationen gemäß IAS 1 muss ein Unternehmen diese Angaben in späteren Perioden nicht machen).

Durch die Reform der Referenzzinssätze bedingte Unsicherheiten

24H Zu Sicherungsbeziehungen, bei denen das Unternehmen die Ausnahmen der Paragraphen 6.8.4–6.8.12 von IFRS 9 oder der Paragraphen 102D–102N von IAS 39 anwendet, ist Folgendes anzugeben:
(a) die maßgeblichen Referenzzinssätze, denen die Sicherungsbeziehungen des Unternehmens unterliegen,
(b) in welchem Umfang das vom Unternehmen gesteuerte Risiko unmittelbar von der Reform der Referenzzinssätze betroffen ist,
(c) wie das Unternehmen den Übergang zu alternativen Referenzsätzen steuert,
(d) eine Beschreibung der maßgeblichen Annahmen oder Ermessensentscheidungen, die das Unternehmen bei der Anwendung dieser Paragraphen getroffen hat (z. B. Annahmen oder Ermessensentscheidungen im Hinblick darauf, wann die durch die Reform der Referenzzinssätze bedingte Unsicherheit, was den Zeitpunkt und die Höhe der referenzzinssatzbasierten Zahlungsströme angeht, nicht mehr besteht), und
(e) den Nominalbetrag der bei diesen Sicherungsbeziehungen eingesetzten Sicherungsinstrumente.

Durch die Reform der Referenzzinsätze bedingte ergänzende Angaben

24I Um den Abschlussadressaten einen Einblick in die Auswirkungen der Reform der Referenzzinssätze auf die Finanzinstrumente und die Risikomanagementstrategie eines Unternehmens zu geben, hat ein Unternehmen Angaben zu folgenden Punkten zu machen:
(a) zu Art und Ausmaß der Risiken, die sich für das Unternehmen aus Finanzinstrumenten ergeben, die von der Reform der Referenzzinssätze betroffen sind, sowie zum Umgang des Unternehmens mit diesen Risiken und
(b) zu dem Fortschritt des Unternehmens bei der Vollendung des Übergangs zu alternativen Referenzzinssätzen und zur Handhabung des Übergangs durch das Unternehmen.

24J Zur Erreichung der in Paragraph 24I genannten Zielsetzungen hat ein Unternehmen Angaben zu folgenden Punkten zu machen:
(a) der Art und Weise, wie das Unternehmen den Übergang zu alternativen Referenzzinssätzen handhabt, zu seinem zum Abschlussstichtag erzielten Fortschritt und zu den Risiken, die sich infolge des Übergangs für das Unternehmen aus Finanzinstrumenten ergeben,
(b) quantitative Angaben zu Finanzinstrumenten, die zum Abschlussstichtag noch nicht auf einen alternativen Referenzzinssatz umgestellt wurden, aufgeschlüsselt nach bedeutenden Referenzzinssätzen, die von der Reform der Referenzzinssätze betroffen sind; dabei ist Folgendes jeweils separat auszuweisen:
   (i) nicht-derivative finanzielle Vermögenswerte,
   (ii) nicht-derivative finanzielle Verbindlichkeiten und
   (iii) Derivate und
(c) wenn die in Paragraph 24J(a) genannten Risiken zu Änderungen der Risikomanagementstrategie eines Unternehmens geführt haben (siehe Paragraph 22A), eine Beschreibung dieser Änderungen.

Beizulegender Zeitwert

25 Sofern Paragraph 29 nicht etwas anderes bestimmt, hat ein Unternehmen für jede einzelne Klasse von finanziellen Vermögenswerten und Verbindlichkeiten (siehe Paragraph 6) den beizulegenden Zeitwert so anzugeben, dass ein Vergleich mit den entsprechenden Buchwerten möglich ist.

26 Bei der Angabe der beizulegenden Zeitwerte sind die finanziellen Vermögenswerte und Verbindlichkeiten in Klassen einzuteilen, wobei eine Saldierung zwischen den einzelnen Klassen nur insoweit zulässig ist, wie die zugehörigen Buchwerte in der Bilanz saldiert sind.

27–27B [gestrichen]

28 In einigen Fällen erfasst ein Unternehmen beim erstmaligen Ansatz eines finanziellen Vermögenswerts oder einer finanziellen Verbindlichkeit keinen Gewinn oder Verlust, da der beizulegende Zeitwert weder durch einen an einem aktiven Markt notierten Preis für einen identischen Vermögenswert oder eine identische Schuld (d. h. einen Eingangsparameter der Stufe 1) nachgewiesen werden kann noch auf einem Bewertungsverfahren basiert, das nur Daten beobachtbarer Märkte verwendet (siehe Paragraph B5.1.2A von IFRS 9). In solchen Fällen hat das Unternehmen für jede Klasse von finanziellen Vermögenswerten oder finanziellen Verbindlichkeiten Folgendes anzugeben:

(a) for credit derivatives that have been used to manage the credit risk of financial instruments designated as measured at fair value through profit or loss in accordance with paragraph 6.7.1 of IFRS 9, a reconciliation of each of the nominal amount and the fair value at the beginning and at the end of the period;
(b) the gain or loss recognised in profit or loss on designation of a financial instrument, or a proportion of it, as measured at fair value through profit or loss in accordance with paragraph 6.7.1 of IFRS 9; and
(c) on discontinuation of measuring a financial instrument, or a proportion of it, at fair value through profit or loss, that financial instrument's fair value that has become the new carrying amount in accordance with paragraph 6.7.4 (b) of IFRS 9 and the related nominal or principal amount (except for providing comparative information in accordance with IAS 1, an entity does not need to continue this disclosure in subsequent periods).

Uncertainty arising from interest rate benchmark reform

For hedging relationships to which an entity applies the exceptions set out in paragraphs 6.8.4—6.8.12 of IFRS 9 or paragraphs 102D—102N of IAS 39, an entity shall disclose: **24H**
(a) the significant interest rate benchmarks to which the entity's hedging relationships are exposed;
(b) the extent of the risk exposure the entity manages that is directly affected by the interest rate benchmark reform;
(c) how the entity is managing the process to transition to alternative benchmark rates;
(d) a description of significant assumptions or judgements the entity made in applying these paragraphs (for example, assumptions or judgements about when the uncertainty arising from interest rate benchmark reform is no longer present with respect to the timing and the amount of the interest rate benchmark-based cash flows); and
(e) the nominal amount of the hedging instruments in those hedging relationships.

Additional disclosures related to interest rate benchmark reform

To enable users of financial statements to understand the effect of interest rate benchmark reform on an entity's financial instruments and risk management strategy, an entity shall disclose information about: **24I**
(a) the nature and extent of risks to which the entity is exposed arising from financial instruments subject to interest rate benchmark reform, and how the entity manages these risks; and
(b) the entity's progress in completing the transition to alternative benchmark rates, and how the entity is managing the transition.

To meet the objectives in paragraph 24I, an entity shall disclose: **24J**
(a) how the entity is managing the transition to alternative benchmark rates, its progress at the reporting date and the risks to which it is exposed arising from financial instruments because of the transition;
(b) disaggregated by significant interest rate benchmark subject to interest rate benchmark reform, quantitative information about financial instruments that have yet to transition to an alternative benchmark rate as at the end of the reporting period, showing separately:
  (i) non-derivative financial assets;
  (ii) non-derivative financial liabilities; and
  (iii) derivatives; and
(c) if the risks identified in paragraph 24J (a) have resulted in changes to an entity's risk management strategy (see paragraph 22A), a description of these changes.

Fair value

Except as set out in paragraph 29, for each class of financial assets and financial liabilities (see paragraph 6), an entity shall disclose the fair value of that class of assets and liabilities in a way that permits it to be compared with its carrying amount. **25**

In disclosing fair values, an entity shall group financial assets and financial liabilities into classes, but shall offset them only to the extent that their carrying amounts are offset in the statement of financial position. **26**

[deleted] **27—27B**

In some cases, an entity does not recognise a gain or loss on initial recognition of a financial asset or financial liability because the fair value is neither evidenced by a quoted price in an active market for an identical asset or liability (ie a Level 1 input) nor based on a valuation technique that uses only data from observable markets (see paragraph B5.1.2A of IFRS 9). In such cases, the entity shall disclose by class of financial asset or financial liability: **28**

(a) seine Rechnungslegungsmethoden zur erfolgswirksamen Erfassung der Differenz zwischen dem beizulegenden Zeitwert beim erstmaligen Ansatz und dem Transaktionspreis, um eine Veränderung der Faktoren (einschließlich des Zeitfaktors) widerzuspiegeln, die Marktteilnehmer bei Festlegung des Preises des Vermögenswerts oder der Schuld berücksichtigen würden (siehe Paragraph B5.1.2A (b) von IFRS 9).
(b) die noch erfolgswirksam zu erfassende Gesamtdifferenz zu Beginn und am Ende der Berichtsperiode und eine Überleitung der Änderungen dieser Differenz.
(c) warum das Unternehmen zu dem Schluss gelangte, dass der Transaktionspreis nicht der beste Anhaltspunkt für den beizulegenden Zeitwert war, sowie eine Beschreibung des Hinweises, der den beizulegenden Zeitwert stützt.

29 Die Angabe des beizulegenden Zeitwerts wird nicht verlangt,
(a) wenn der Buchwert einen angemessenen Näherungswert für den beizulegenden Zeitwert darstellt, beispielsweise bei Finanzinstrumenten wie kurzfristigen Forderungen und Verbindlichkeiten aus Lieferungen und Leistungen, oder
(b)–(c) [gestrichen]
(d) bei Leasingverbindlichkeiten.

30 [gestrichen]

Verträge, die sich auf naturabhängigen Strom beziehen

30A Die Angaben zu Verträgen, die die in Paragraph 5B genannten Kriterien erfüllen, hat ein Unternehmen in seinem Abschluss in einem einzigen Anhang zusammenzufassen. Die vom Unternehmen zu veröffentlichenden Angaben müssen es den Abschlussadressaten insbesondere ermöglichen, die Auswirkungen dieser Verträge auf die Höhe, den Zeitpunkt und die Unsicherheit der künftigen Zahlungsströme sowie die Finanz- und Ertragslage des Unternehmens zu verstehen. Um diese Ziele zu erreichen, müssen die Angaben des Unternehmens Folgendes umfassen:
(a) Informationen über vertragliche Merkmale, die das Unternehmen Folgendem aussetzen:
  (i) Schwankungen bei der zugrunde liegenden Strommenge (siehe Paragraph 2.3A von IFRS 9) und
  (ii) dem Risiko, dass das Unternehmen Strom während eines Lieferintervalls kaufen müsste, in dem es diesen Strom nicht nutzen kann (siehe Paragraph B2.7 von IFRS 9).
(b) Informationen über die nicht erfassten Verpflichtungen aus solchen Verträgen zum Abschlussstichtag, einschließlich:
  (i) der geschätzten künftigen Zahlungsströme aus dem Kauf von Strom im Rahmen dieser Verträge. Welche Zeitbänder für die Angabe der geschätzten künftigen Zahlungsströme angemessen sind, hat das Unternehmen nach eigenem Ermessen zu bestimmen.
  (ii) qualitativer Informationen darüber, wie das Unternehmen beurteilt, ob ein Vertrag belastend werden könnte (siehe IAS 37 *Rückstellungen, Eventualverbindlichkeiten und Eventualforderungen*), einschließlich der Annahmen, die das Unternehmen bei dieser Beurteilung zugrunde legt.
(c) qualitative und quantitative Informationen über die Auswirkungen auf die Finanz- und Ertragslage des Unternehmens in der Berichtsperiode. Die Angaben basieren auf den für die Berichtsperiode gültigen Informationen, anhand deren das Unternehmen beurteilt hat, ob es ein Nettokäufer von Strom war (siehe Paragraph B2.8 von IFRS 9). Ein Unternehmen hat für die Berichtsperiode Folgendes anzugeben:
  (i) die Kosten, die durch die Stromkäufe im Rahmen der Verträge angefallen sind, wobei getrennt anzugeben ist, welche Menge des gekauften Stroms zum Zeitpunkt der Lieferung nicht genutzt wurde,
  (ii) die Erlöse aus dem Verkauf des nicht genutzten Stroms und
  (iii) die Kosten, die sich aus Stromkäufen ergeben, die zum Ausgleich des Verkaufs von nicht genutztem Strom getätigt wurden.

30B Ein Unternehmen hat für seine Verträge, die die in Paragraph 5C genannten Kriterien erfüllen, die Angaben, die es zu den Bedingungen von Sicherungsinstrumenten macht, gemäß Paragraph 23A nach Risikokategorien aufzuschlüsseln.

30C Wenn ein Unternehmen in anderen Anhängen seines Abschlusses Angaben zu den in Paragraph 5D beschriebenen anderen Verträgen, die sich auf naturabhängigen Strom beziehen (einschließlich der in Paragraph 30B beschriebenen Verträge), macht, hat es in den in Paragraph 30A verlangten einzigen Anhang Querverweise auf diese Anhänge aufzunehmen.

ART UND AUSMAß VON RISIKEN, DIE SICH AUS FINANZINSTRUMENTEN ERGEBEN

31 **Ein Unternehmen hat seine Angaben so zu gestalten, dass die Abschlussadressaten Art und Ausmaß der mit Finanzinstrumenten verbundenen Risiken, denen das Unternehmen zum Abschlussstichtag ausgesetzt ist, beurteilen können.**

32 Die in den Paragraphen 33–42 verlangten Angaben sind auf Risiken aus Finanzinstrumenten gerichtet und darauf, wie diese gesteuert werden. Zu diesen Risiken gehören u. a. Ausfallrisiko, *Liquiditätsrisiko* und Marktrisiko.

32A Werden quantitative Angaben durch qualitative Angaben ergänzt, können die Abschlussadressaten eine Verbindung zwischen zusammenhängenden Angaben herstellen und sich so ein Gesamtbild von Art und Ausmaß der sich aus

(a) its accounting policy for recognising in profit or loss the difference between the fair value at initial recognition and the transaction price to reflect a change in factors (including time) that market participants would take into account when pricing the asset or liability (see paragraph B5.1.2A (b) of IFRS 9).
(b) the aggregate difference yet to be recognised in profit or loss at the beginning and end of the period and a reconciliation of changes in the balance of this difference.
(c) why the entity concluded that the transaction price was not the best evidence of fair value, including a description of the evidence that supports the fair value.

Disclosures of fair value are not required: 29
(a) when the carrying amount is a reasonable approximation of fair value, for example, for financial instruments such as short-term trade receivables and payables; or
(b)–(c) [deleted]
(d) for lease liabilities.

[Deleted] 30

Contracts referencing nature-dependent electricity

An entity shall disclose in a single note in its financial statements information about contracts that meet the criteria set out in paragraph 5B. In particular, the entity shall disclose information that enables users of its financial statements to understand the effects these contracts have on the amount, timing and uncertainty of its future cash flows and on its financial performance. To meet these objectives, an entity shall disclose: 30A
(a) information about contractual features that expose the entity to:
  (i) variability in the underlying amount of electricity (see paragraph 2.3 A of IFRS 9); and
  (ii) the risk that the entity would be required to buy electricity during a delivery interval in which the entity cannot use the electricity (see paragraph B2.7 of IFRS 9).
(b) information about unrecognised commitments arising from such contracts as at the reporting date, including:
  (i) the estimated future cash flows from buying electricity under these contracts. The entity shall apply its judgement when identifying the appropriate time bands within which to disclose the estimated future cash flows.
  (ii) qualitative information about how the entity assesses whether a contract might become onerous (see IAS 37 *Provisions, Contingent Liabilities and Contingent Assets*), including the assumptions the entity uses in making this assessment.
(c) qualitative and quantitative information about effects on the entity's financial performance for the reporting period. The disclosure is based on the information that is applicable to the reporting period that the entity used to assess whether it has been a net purchaser of electricity (see paragraph B2.8 of IFRS 9). An entity shall disclose information for the reporting period about:
  (i) the costs arising from purchases of electricity made under the contracts, disclosing separately how much of the purchased electricity was unused at the time of delivery;
  (ii) the proceeds arising from sales of unused electricity; and
  (iii) the costs arising from purchases of electricity made to offset sales of unused electricity.

An entity shall disaggregate, for its contracts that meet the criteria set out in paragraph 5C, the information the entity discloses, by risk category, about the terms and conditions of hedging instruments in accordance with paragraph 23A. 30B

If an entity discloses information about other contracts referencing nature-dependent electricity as described in paragraph 5D (including those contracts described in paragraph 30B) in other notes in its financial statements, the entity shall include cross-references to those notes in the single note required by paragraph 30A. 30C

NATURE AND EXTENT OF RISKS ARISING FROM FINANCIAL INSTRUMENTS

An entity shall disclose information that enables users of its financial statements to evaluate the nature and extent of risks arising from financial instruments to which the entity is exposed at the end of the reporting period. 31

The disclosures required by paragraphs 33—42 focus on the risks that arise from financial instruments and how they have been managed. These risks typically include, but are not limited to, credit risk, *liquidity risk* and market risk. 32

Providing qualitative disclosures in the context of quantitative disclosures enables users to link related disclosures and hence form an overall picture of the nature and extent of risks arising from financial instruments. The interaction between 32A

Finanzinstrumenten ergebenden Risiken machen. Das Zusammenwirken von qualitativen und quantitativen Angaben trägt dazu bei, dass die Adressaten die Risiken, denen das Unternehmen ausgesetzt ist, besser einschätzen können.

Qualitative Angaben

33 Für jede Risikoart in Verbindung mit Finanzinstrumenten hat ein Unternehmen Folgendes anzugeben:
(a) Umfang und Ursache der Risiken,
(b) seine Ziele, Richtlinien und Prozesse zur Steuerung dieser Risiken und die zur Bewertung der Risiken eingesetzten Methoden und
(c) etwaige Änderungen bei (a) oder (b) gegenüber der vorangegangenen Periode.

Quantitative Angaben

34 Für jede Risikoart in Verbindung mit Finanzinstrumenten hat ein Unternehmen Folgendes anzugeben:
(a) zusammengefasste quantitative Daten bezüglich der Risiken, denen es am Abschlussstichtag ausgesetzt ist. Diese Angaben beruhen auf den Informationen, die dem Management in Schlüsselpositionen (Definition siehe IAS 24 *Angaben über Beziehungen zu nahe stehenden Unternehmen und Personen*), wie dem Geschäftsführungs- und/oder Aufsichtsorgan des Unternehmens oder dessen Vorsitzenden, intern erteilt werden.
(b) die in den Paragraphen 35A–42 verlangten Angaben, soweit sie nicht bereits gemäß (a) gemacht werden.
(c) Risikokonzentrationen, sofern sie nicht aus den gemäß (a) und (b) gemachten Angaben ersichtlich sind.

35 Sind die zum Abschlussstichtag angegebenen quantitativen Daten für die Risiken, denen ein Unternehmen während der Periode ausgesetzt war, nicht repräsentativ, so sind zusätzliche repräsentative Angaben zu machen.

Ausfallrisiko

Anwendungsbereich und Zielsetzungen

35A Ein Unternehmen hat für Finanzinstrumente, auf welche die Wertminderungsvorschriften von IFRS 9 angewandt werden, die in den Paragraphen 35F–35N verlangten Angaben zu machen. Allerdings gelten folgende Einschränkungen:
(a) bei Forderungen aus Lieferungen und Leistungen, Vertragsvermögenswerten und Forderungen aus Leasingverhältnissen gilt Paragraph 35J für jene Forderungen aus Lieferungen und Leistungen, Vertragsvermögenswerte und Forderungen aus Leasingverhältnissen, bei denen gemäß Paragraph 5.5.15 von IFRS 9 die über die Laufzeit erwarteten Kreditverluste erfasst werden, wenn diese finanziellen Vermögenswerte bei ihrer Änderung mehr als 30 Tage überfällig sind, und
(b) Paragraph 35K (b) gilt nicht für Forderungen aus Leasingverhältnissen.

35B Die Angaben, die ein Unternehmen gemäß den Paragraphen 35F–35N zu den Ausfallrisiken macht, müssen es den Abschlussadressaten ermöglichen, die Auswirkung des Ausfallrisikos auf die Höhe, den Zeitpunkt und die Unsicherheit künftiger Zahlungsströme zu beurteilen. Um diese Zielsetzung zu erreichen, müssen die Angaben zu Ausfallrisiken Folgendes enthalten:
(a) Informationen darüber, wie das Unternehmen bei der Steuerung des Ausfallrisikos verfährt, sowie darüber, wie diese Verfahrensweise (einschließlich der zur Bewertung erwarteter Kreditverluste verwendeten Methoden, Annahmen und Informationen) mit dem Ansatz und der Bewertung erwarteter Kreditverluste zusammenhängt,
(b) quantitative und qualitative Informationen, anhand deren die Abschlussadressaten die sich aus den erwarteten Kreditverlusten im Abschluss ergebenden Beträge beurteilen können, einschließlich Änderungen beim Betrag der erwarteten Kreditverluste und der Gründe für diese Änderungen, und
(c) Informationen über das Ausfallrisiko eines Unternehmens (d. h. das Ausfallrisiko, mit dem die finanziellen Vermögenswerte eines Unternehmens und die Kreditzusagen behaftet sind), einschließlich signifikanter Ausfallrisikokonzentrationen.

35C Ein Unternehmen muss bereits an anderer Stelle dargestellte Informationen nicht duplizieren, sofern diese Informationen durch Querverweis aus dem Abschluss auf sonstige Verlautbarungen, wie z. B. einen Lage- oder Risikobericht, die den Abschlussadressaten unter denselben Bedingungen und zur selben Zeit wie der Abschluss zugänglich sind, eingebunden werden. Ohne die durch einen Querverweis eingebrachten Informationen ist der Abschluss unvollständig.

35D Zur Erreichung der in Paragraph 35B genannten Zielsetzungen hat ein Unternehmen (sofern nachfolgend nichts anderes bestimmt ist) zu erwägen, wie viele Details anzugeben sind, wieviel Gewicht es auf die verschiedenen Aspekte der verlangten Angaben legt, den erforderlichen Grad der Aufgliederung oder Zusammenfassung und ob die Abschlussadressaten zusätzliche Erläuterungen zur Beurteilung der angegebenen quantitativen Informationen benötigen.

35E Reichen die gemäß den Paragraphen 35F–35N gemachten Angaben zur Erreichung der in Paragraph 35B genannten Zielsetzungen nicht aus, hat das Unternehmen die zur Erreichung der Zielsetzungen erforderlichen zusätzlichen Angaben zu machen.

Ausfallrisikosteuerung

35F Ein Unternehmen hat darzulegen, wie es bei der Steuerung des Ausfallrisikos verfährt und wie diese Verfahrensweise mit dem Ansatz und der Bewertung erwarteter Kreditverluste zusammenhängt. Zur Erreichung dieser Zielsetzung müssen die Abschlussadressaten anhand der Angaben eines Unternehmens verstehen und beurteilen können,

qualitative and quantitative disclosures contributes to disclosure of information in a way that better enables users to evaluate an entity's exposure to risks.

Qualitative disclosures

For each type of risk arising from financial instruments, an entity shall disclose: 33
(a) the exposures to risk and how they arise;
(b) its objectives, policies and processes for managing the risk and the methods used to measure the risk; and
(c) any changes in (a) or (b) from the previous period.

Quantitative disclosures

For each type of risk arising from financial instruments, an entity shall disclose: 34
(a) summary quantitative data about its exposure to that risk at the end of the reporting period. This disclosure shall be based on the information provided internally to key management personnel of the entity (as defined in IAS 24 *Related Party Disclosures*), for example the entity's board of directors or chief executive officer.
(b) the disclosures required by paragraphs 36—42, to the extent not provided in accordance with (a).
(c) concentrations of risk if not apparent from the disclosures made in accordance with (a) and (b).

If the quantitative data disclosed as at the end of the reporting period are unrepresentative of an entity's exposure to risk during the period, an entity shall provide further information that is representative. 35

Credit risk

Scope and objectives

An entity shall apply the disclosure requirements in paragraphs 35F—35N to financial instruments to which the impairment requirements in IFRS 9 are applied. However: 35A
(a) for trade receivables, contract assets and lease receivables, paragraph 35J applies to those trade receivables, contract assets or lease receivables on which lifetime expected credit losses are recognised in accordance with paragraph 5.5.15 of IFRS 9, if those financial assets are modified while more than 30 days past due; and
(b) paragraph 35K (b) does not apply to lease receivables.

The credit risk disclosures made in accordance with paragraphs 35F—35N shall enable users of financial statements to understand the effect of credit risk on the amount, timing and uncertainty of future cash flows. To achieve this objective, credit risk disclosures shall provide: 35B
(a) information about an entity's credit risk management practices and how they relate to the recognition and measurement of expected credit losses, including the methods, assumptions and information used to measure expected credit losses;
(b) quantitative and qualitative information that allows users of financial statements to evaluate the amounts in the financial statements arising from expected credit losses, including changes in the amount of expected credit losses and the reasons for those changes; and
(c) information about an entity's credit risk exposure (ie the credit risk inherent in an entity's financial assets and commitments to extend credit) including significant credit risk concentrations.

An entity need not duplicate information that is already presented elsewhere, provided that the information is incorporated by cross-reference from the financial statements to other statements, such as a management commentary or risk report that is available to users of the financial statements on the same terms as the financial statements and at the same time. Without the information incorporated by cross-reference, the financial statements are incomplete. 35C

To meet the objectives in paragraph 35B, an entity shall (except as otherwise specified) consider how much detail to disclose, how much emphasis to place on different aspects of the disclosure requirements, the appropriate level of aggregation or disaggregation, and whether users of financial statements need additional explanations to evaluate the quantitative information disclosed. 35D

If the disclosures provided in accordance with paragraphs 35F—35N are insufficient to meet the objectives in paragraph 35B, an entity shall disclose additional information that is necessary to meet those objectives. 35E

The credit risk management practices

An entity shall explain its credit risk management practices and how they relate to the recognition and measurement of expected credit losses. To meet this objective an entity shall disclose information that enables users of financial statements to understand and evaluate: 35F

(a) wie das Unternehmen bestimmt hat, ob sich das Ausfallrisiko bei Finanzinstrumenten seit dem erstmaligen Ansatz signifikant erhöht hat; hierzu zählt auch, ob und wie
  (i) Finanzinstrumente gemäß Paragraph 5.5.10 von IFRS 9 als Instrumente mit niedrigem Ausfallrisiko angesehen werden, einschließlich der Klasse der Finanzinstrumente, auf die dies zutrifft, und
  (ii) die Vermutung nach Paragraph 5.5.11 von IFRS 9, dass sich das Ausfallrisiko seit dem erstmaligen Ansatz signifikant erhöht hat, wenn finanzielle Vermögenswerte mehr als 30 Tage überfällig sind, widerlegt wurde,
(b) wie das Unternehmen einen Ausfall definiert, einschließlich der Gründe für die Auswahl dieser Definition,
(c) wie die Instrumente für den Fall einer Bewertung der erwarteten Kreditverluste auf kollektiver Basis in Gruppen zusammengefasst wurden,
(d) wie das Unternehmen bestimmt hat, dass finanzielle Vermögenswerte finanzielle Vermögenswerte mit beeinträchtigter Bonität sind,
(e) wie das Unternehmen bei außerplanmäßigen Abschreibungen verfährt, einschließlich der Indikatoren, dass nach angemessener Einschätzung keine Realisierbarkeit gegeben ist, und Informationen über das Vorgehen bei finanziellen Vermögenswerten, die abgeschrieben sind, aber noch einer Vollstreckungsmaßnahme unterliegen, und
(f) wie die Vorschriften in Paragraph 5.5.12 von IFRS 9 zur Änderung der vertraglichen Zahlungsströme von finanziellen Vermögenswerten angewandt wurden; dies beinhaltet, wie das Unternehmen
  (i) bestimmt, ob das Ausfallrisiko bei einem geänderten finanziellen Vermögenswert, für den die Wertberichtigung in Höhe der über die Laufzeit erwarteten Kreditverluste bemessen wurde, sich soweit verringert hat, dass die Wertberichtigung wieder gemäß Paragraph 5.5.5 von IFRS 9 in Höhe des erwarteten 12-Monats-Kreditverlusts bewertet werden kann, und
  (ii) den Umfang überwacht, in dem die Wertberichtigung bei finanziellen Vermögenswerten, die die Kriterien unter (i) erfüllen, später wieder gemäß Paragraph 5.5.3 von IFRS 9 in Höhe der über die Laufzeit erwarteten Kreditverluste bemessen wird.

35G Ein Unternehmen hat die Eingangsparameter, Annahmen und Schätzverfahren, die zur Anwendung der Vorschriften in Abschnitt 5.5 von IFRS 9 herangezogen wurden, zu erläutern. Zu diesem Zweck hat das Unternehmen Folgendes anzugeben:
(a) die Grundlage der verwendeten Eingangsparameter, Annahmen und Schätzverfahren,
  (i) um den erwarteten 12-Monats-Kreditverlust und die über die Laufzeit erwarteten Kreditverluste zu bemessen,
  (ii) um zu bestimmen, ob sich das Ausfallrisiko bei Finanzinstrumenten seit dem erstmaligen Ansatz signifikant erhöht hat, und
  (iii) um zu bestimmen, ob ein finanzieller Vermögenswert ein finanzieller Vermögenswert mit beeinträchtigter Bonität ist.
(b) wie zukunftsorientierte Informationen in die Bestimmung der erwarteten Kreditverluste eingeflossen sind, einschließlich der Verwendung makroökonomischer Informationen, und
(c) während der Berichtsperiode vorgenommene Änderungen der Schätzverfahren oder signifikanter Annahmen, und die Gründe für diese Änderungen.

Quantitative und qualitative Informationen zur Höhe der erwarteten Kreditverluste

35H Um die Änderungen der Wertberichtigung und die Gründe für diese Änderungen zu erläutern, hat ein Unternehmen für jede Klasse von Finanzinstrumenten eine tabellarische Überleitungsrechnung von den Anfangs- auf die Schlusssalden der Wertberichtigung vorzulegen, in der die Änderungen in der Periode getrennt ausgewiesen werden für
(a) die Wertberichtigung, die in Höhe des erwarteten 12-Monats-Kreditverlusts bemessen wird,
(b) die Wertberichtigung, die in Höhe der über die Laufzeit erwarteten Kreditverluste bemessen wird, und zwar für:
  (i) Finanzinstrumente, bei denen sich das Ausfallrisiko seit dem erstmaligen Ansatz signifikant erhöht hat, es sich aber nicht um finanzielle Vermögenswerte mit beeinträchtigter Bonität handelt,
  (ii) finanzielle Vermögenswerte, deren Bonität zum Abschlussstichtag beeinträchtigt ist (es bei Erwerb oder Ausreichung aber noch nicht war), und
  (iii) Forderungen aus Lieferungen und Leistungen, Vertragsvermögenswerte und Forderungen aus Leasingverhältnissen, bei denen die Wertberichtigungen gemäß Paragraph 5.5.15 von IFRS 9 bemessen werden.
(c) finanzielle Vermögenswerte mit bereits bei Erwerb oder Ausreichung beeinträchtigter Bonität. Neben der Überleitungsrechnung hat ein Unternehmen den Gesamtbetrag der undiskontierten erwarteten Kreditverluste beim erstmaligen Ansatz von finanziellen Vermögenswerten, die in der Berichtsperiode erstmalig angesetzt wurden, anzugeben.

35I Damit Abschlussadressaten die gemäß Paragraph 35H angegebenen Änderungen der Wertberichtigung verstehen können, hat ein Unternehmen zu erläutern, inwieweit signifikante Änderungen des Bruttobuchwerts der Finanzinstrumente in der Periode zu Änderungen der Wertberichtigung beigetragen haben. Für Finanzinstrumente mit den in Paragraph 35H(a)–(c) genannten Wertberichtigungen sind diese Angaben getrennt auszuweisen und müssen relevante qualitative wie quantitative Informationen umfassen. Beispiele für Änderungen des Bruttobuchwerts von Finanzinstrumenten, die zu Änderungen bei der Wertberichtigung beitragen, sind u. a.:
(a) Änderungen aufgrund von Finanzinstrumenten, die in der Berichtsperiode ausgereicht oder erworben wurden,
(b) die Änderung der vertraglichen Zahlungsströme aus finanziellen Vermögenswerten, die gemäß IFRS 9 nicht zur Ausbuchung dieser finanziellen Vermögenswerte führt,

(a) how an entity determined whether the credit risk of financial instruments has increased significantly since initial recognition, including, if and how:
   (i) financial instruments are considered to have low credit risk in accordance with paragraph 5.5.10 of IFRS 9, including the classes of financial instruments to which it applies; and
   (ii) the presumption in paragraph 5.5.11 of IFRS 9, that there have been significant increases in credit risk since initial recognition when financial assets are more than 30 days past due, has been rebutted;
(b) an entity's definitions of default, including the reasons for selecting those definitions;
(c) how the instruments were grouped if expected credit losses were measured on a collective basis;
(d) how an entity determined that financial assets are credit-impaired financial assets;
(e) an entity's write-off policy, including the indicators that there is no reasonable expectation of recovery and information about the policy for financial assets that are written-off but are still subject to enforcement activity; and
(f) how the requirements in paragraph 5.5.12 of IFRS 9 for the modification of contractual cash flows of financial assets have been applied, including how an entity:
   (i) determines whether the credit risk on a financial asset that has been modified while the loss allowance was measured at an amount equal to lifetime expected credit losses, has improved to the extent that the loss allowance reverts to being measured at an amount equal to 12-month expected credit losses in accordance with paragraph 5.5.5 of IFRS 9; and
   (ii) monitors the extent to which the loss allowance on financial assets meeting the criteria in (i) is subsequently remeasured at an amount equal to lifetime expected credit losses in accordance with paragraph 5.5.3 of IFRS 9.

An entity shall explain the inputs, assumptions and estimation techniques used to apply the requirements in Section 5.5 of IFRS 9. For this purpose an entity shall disclose: 35G
(a) the basis of inputs and assumptions and the estimation techniques used to:
   (i) measure the 12-month and lifetime expected credit losses;
   (ii) determine whether the credit risk of financial instruments have increased significantly since initial recognition; and
   (iii) determine whether a financial asset is a credit-impaired financial asset.
(b) how forward-looking information has been incorporated into the determination of expected credit losses, including the use of macroeconomic information; and
(c) changes in the estimation techniques or significant assumptions made during the reporting period and the reasons for those changes.

Quantitative and qualitative information about amounts arising from expected credit losses

To explain the changes in the loss allowance and the reasons for those changes, an entity shall provide, by class of financial instrument, a reconciliation from the opening balance to the closing balance of the loss allowance, in a table, showing separately the changes during the period for: 35H
(a) the loss allowance measured at an amount equal to 12-month expected credit losses;
(b) the loss allowance measured at an amount equal to lifetime expected credit losses for:
   (i) financial instruments for which credit risk has increased significantly since initial recognition but that are not credit-impaired financial assets;
   (ii) financial assets that are credit-impaired at the reporting date (but that are not purchased or originated credit-impaired); and
   (iii) trade receivables, contract assets or lease receivables for which the loss allowances are measured in accordance with paragraph 5.5.15 of IFRS 9.
(c) financial assets that are purchased or originated credit-impaired. In addition to the reconciliation, an entity shall disclose the total amount of undiscounted expected credit losses at initial recognition on financial assets initially recognised during the reporting period.

To enable users of financial statements to understand the changes in the loss allowance disclosed in accordance with paragraph 35H, an entity shall provide an explanation of how significant changes in the gross carrying amount of financial instruments during the period contributed to changes in the loss allowance. The information shall be provided separately for financial instruments that represent the loss allowance as listed in paragraph 35H (a)—(c) and shall include relevant qualitative and quantitative information. Examples of changes in the gross carrying amount of financial instruments that contributed to the changes in the loss allowance may include: 35I
(a) changes because of financial instruments originated or acquired during the reporting period;
(b) the modification of contractual cash flows on financial assets that do not result in a derecognition of those financial assets in accordance with IFRS 9;

(c) Änderungen aufgrund von Finanzinstrumenten, die in der Berichtsperiode ausgebucht wurden (einschließlich abgeschriebener Finanzinstrumente), und
(d) Änderungen, die sich daraus ergeben, ob die Wertberichtigung in Höhe des erwarteten 12-Monats-Kreditverlusts oder in Höhe der über die Laufzeit erwarteten Kreditverluste bemessen wird.

35J Damit die Abschlussadressaten sich ein Bild davon machen können, wie Änderungen bei den vertraglichen Zahlungsströmen aus finanziellen Vermögenswerten, die nicht zu einer Ausbuchung geführt haben, geartet sind, wie sie sich auswirken und welche Folgen solche Änderungen für die Bemessung der erwarteten Kreditverluste haben, hat ein Unternehmen Folgendes anzugeben:
(a) die fortgeführten Anschaffungskosten vor der Änderung und den aus der Änderung resultierenden Netto-Gewinn oder -Verlust, der bei finanziellen Vermögenswerten ausgewiesen wurde, bei denen die vertraglichen Zahlungsströme in der Berichtsperiode geändert und deren Wertberichtigung in Höhe der über die Laufzeit erwarteten Kreditverluste bemessen wurde, und
(b) den Bruttobuchwert zum Abschlussstichtag von finanziellen Vermögenswerten, die seit ihrem erstmaligen Ansatz zu einem Zeitpunkt geändert wurden, zu dem die Wertberichtigung in Höhe der über die Laufzeit erwarteten Kreditverluste bemessen wurde, und bei denen die Wertberichtigung in der Berichtsperiode auf die Höhe des erwarteten 12-Monats-Kreditverlusts umgestellt wurde.

35K Damit die Abschlussadressaten sich ein Bild davon machen können, wie sich Sicherheiten und andere Kreditbesicherungen auf die Höhe der erwarteten Kreditverluste auswirken, hat ein Unternehmen für jede Klasse von Finanzinstrumenten Folgendes anzugeben:
(a) den Betrag, der das maximale Ausfallrisiko, dem das Unternehmen am Abschlussstichtag ausgesetzt ist, am besten darstellt, wobei gehaltene Sicherheiten oder andere Kreditbesicherungen (z. B. Aufrechnungsvereinbarungen, die die Saldierungskriterien gemäß IAS 32 nicht erfüllen) nicht berücksichtigt werden,
(b) eine Beschreibung der gehaltenen Sicherheiten und anderen Kreditbesicherungen, einschließlich:
  (i) einer Beschreibung der Art und Qualität der gehaltenen Sicherheiten,
  (ii) einer Erläuterung etwaiger signifikanter Änderungen in der Qualität dieser Sicherheiten oder sonstigen Kreditsicherheiten, die auf eine Verschlechterung oder auf Änderungen bei den Besicherungsrichtlinien des Unternehmens während der Berichtsperiode zurückzuführen sind, und
  (iii) Informationen über Finanzinstrumente, bei denen ein Unternehmen eine Wertberichtigung aufgrund der Sicherheiten nicht erfasst hat.
(c) quantitative Informationen über die gehaltenen Sicherheiten und anderen Kreditbesicherungen (z. B. Quantifizierung, inwieweit das Ausfallrisiko durch die Sicherheiten und anderen Kreditbesicherungen verringert wird) für finanzielle Vermögenswerte, deren Bonität zum Abschlussstichtag beeinträchtigt ist.

35L Bei finanziellen Vermögenswerten, die während des Berichtszeitraums abgeschrieben wurden und noch einer Vollstreckungsmaßnahme unterliegen, hat ein Unternehmen den vertraglich ausstehenden Betrag anzugeben.

Ausfallrisiko

35M Damit die Abschlussadressaten das Ausfallrisiko eines Unternehmens beurteilen und sich ein Bild von signifikanten Ausfallrisikokonzentrationen machen können, hat ein Unternehmen für jede Ausfallrisiko-Ratingklasse den Bruttobuchwert der finanziellen Vermögenswerte und das Ausfallrisiko bei Kreditzusagen und finanziellen Garantien anzugeben. Diese Angaben sind für folgende Finanzinstrumente getrennt auszuweisen:
(a) Finanzinstrumente, bei denen die Wertberichtigung in Höhe des erwarteten 12-Monats-Kreditverlusts bemessen wird,
(b) Finanzinstrumente, bei denen die Wertberichtigung in Höhe der über die Laufzeit erwarteten Kreditverluste bemessen wird und bei denen es sich handelt um
  (i) Finanzinstrumente, bei denen sich das Ausfallrisiko seit dem erstmaligen Ansatz signifikant erhöht hat, es sich aber nicht um finanzielle Vermögenswerte mit beeinträchtigter Bonität handelt,
  (ii) finanzielle Vermögenswerte, deren Bonität zum Abschlussstichtag beeinträchtigt ist (es aber bei Erwerb oder Ausreichung noch nicht war), und
  (iii) Forderungen aus Lieferungen und Leistungen, Vertragsvermögenswerte und Forderungen aus Leasingverhältnissen, bei denen die Wertberichtigungen gemäß Paragraph 5.5.15 von IFRS 9 bemessen werden,
(c) finanzielle Vermögenswerte mit bereits bei Erwerb oder Ausreichung beeinträchtigter Bonität.

35N Bei Forderungen aus Lieferungen und Leistungen, Vertragsvermögenswerten und Forderungen aus Leasingverhältnissen, bei denen das Unternehmen Paragraph 5.5.15 von IFRS 9 anwendet, können die gemäß Paragraph 35M gemachten Angaben auf einer Wertberichtigungstabelle beruhen (siehe Paragraph B5.5.35 von IFRS 9).

36 Für alle Finanzinstrumente, die unter diesen IFRS fallen, auf die die Wertminderungsvorschriften von IFRS 9 aber nicht angewandt werden, hat ein Unternehmen für jede Klasse von Finanzinstrumenten die Folgendes anzugeben:
(a) den Betrag, der das maximale Ausfallrisiko, dem das Unternehmen am Abschlussstichtag ausgesetzt ist, am besten darstellt, wobei gehaltene Sicherheiten oder andere Kreditbesicherungen (z. B. Aufrechnungsvereinbarungen, die

(c) changes because of financial instruments that were derecognised (including those that were written-off) during the reporting period; and
(d) changes arising from whether the loss allowance is measured at an amount equal to 12-month or lifetime expected credit losses.

To enable users of financial statements to understand the nature and effect of modifications of contractual cash flows on financial assets that have not resulted in derecognition and the effect of such modifications on the measurement of expected credit losses, an entity shall disclose: 35J
(a) the amortised cost before the modification and the net modification gain or loss recognised for financial assets for which the contractual cash flows have been modified during the reporting period while they had a loss allowance measured at an amount equal to lifetime expected credit losses; and
(b) the gross carrying amount at the end of the reporting period of financial assets that have been modified since initial recognition at a time when the loss allowance was measured at an amount equal to lifetime expected credit losses and for which the loss allowance has changed during the reporting period to an amount equal to 12-month expected credit losses.

To enable users of financial statements to understand the effect of collateral and other credit enhancements on the amounts arising from expected credit losses, an entity shall disclose by class of financial instrument: 35K
(a) the amount that best represents its maximum exposure to credit risk at the end of the reporting period without taking account of any collateral held or other credit enhancements (eg netting agreements that do not qualify for offset in accordance with IAS 32).
(b) a narrative description of collateral held as security and other credit enhancements, including:
  (i) a description of the nature and quality of the collateral held;
  (ii) an explanation of any significant changes in the quality of that collateral or credit enhancements as a result of deterioration or changes in the collateral policies of the entity during the reporting period; and
  (iii) information about financial instruments for which an entity has not recognised a loss allowance because of the collateral.
(c) quantitative information about the collateral held as security and other credit enhancements (for example, quantification of the extent to which collateral and other credit enhancements mitigate credit risk) for financial assets that are credit-impaired at the reporting date.

An entity shall disclose the contractual amount outstanding on financial assets that were written off during the reporting period and are still subject to enforcement activity. 35L

Credit risk exposure

To enable users of financial statements to assess an entity's credit risk exposure and understand its significant credit risk concentrations, an entity shall disclose, by credit risk rating grades, the gross carrying amount of financial assets and the exposure to credit risk on loan commitments and financial guarantee contracts. This information shall be provided separately for financial instruments: 35M
(a) for which the loss allowance is measured at an amount equal to 12-month expected credit losses;
(b) for which the loss allowance is measured at an amount equal to lifetime expected credit losses and that are:
  (i) financial instruments for which credit risk has increased significantly since initial recognition but that are not credit-impaired financial assets;
  (ii) financial assets that are credit-impaired at the reporting date (but that are not purchased or originated credit-impaired); and
  (iii) trade receivables, contract assets or lease receivables for which the loss allowances are measured in accordance with paragraph 5.5.15 of IFRS 9.
(c) that are purchased or originated credit-impaired financial assets.

For trade receivables, contract assets and lease receivables to which an entity applies paragraph 5.5.15 of IFRS 9, the information provided in accordance with paragraph 35M may be based on a provision matrix (see paragraph B5.5.35 of IFRS 9). 35N

For all financial instruments within the scope of this IFRS, but to which the impairment requirements in IFRS 9 are not applied, an entity shall disclose by class of financial instrument: 36
(a) the amount that best represents its maximum exposure to credit risk at the end of the reporting period without taking account of any collateral held or other credit enhancements (eg netting agreements that do not quality for offset

die Saldierungskriterien gemäß IAS 32 nicht erfüllen) nicht berücksichtigt werden. Für Finanzinstrumente, deren Buchwert das maximale Ausfallrisiko am besten darstellt, ist diese Angabe nicht erforderlich.

(b) eine Beschreibung der gehaltenen Sicherheiten und anderen Kreditbesicherungen sowie ihrer finanziellen Auswirkung (z. B. Quantifizierung, inwieweit das Ausfallrisiko durch die Sicherheiten und anderen Kreditbesicherungen verringert wird) in Bezug auf den Betrag, der das maximale Ausfallrisiko am besten darstellt (ob gemäß (a) angegeben oder durch den Buchwert eines Finanzinstruments dargestellt).

(c)–(d) [gestrichen]

37 [gestrichen]

Sicherheiten und andere erhaltene Kreditbesicherungen

38 Wenn ein Unternehmen in der Berichtsperiode durch Inbesitznahme von Sicherheiten, die es in Form von Sicherungsgegenständen hält, oder durch Inanspruchnahme anderer Kreditbesicherungen (wie Garantien) finanzielle und nichtfinanzielle Vermögenswerte erhält und diese den Ansatzkriterien in anderen IFRS entsprechen, so hat das Unternehmen für solche zum Abschlussstichtag gehaltene Vermögenswerte Folgendes anzugeben:

(a) Art und Buchwert der Vermögenswerte und

(b) für den Fall, dass die Vermögenswerte nicht leicht liquidierbar sind, seine Richtlinien, um derartige Vermögenswerte zu veräußern oder sie in seinem Geschäftsbetrieb einzusetzen.

Liquiditätsrisiko

39 Die Angaben des Unternehmens müssen Folgendes enthalten:

(a) eine Fälligkeitsanalyse für nicht derivative finanzielle Verbindlichkeiten (einschließlich bereits gewährter finanzieller Garantien), aus der die verbleibenden vertraglichen Restlaufzeiten hervorgehen.

(b) eine Fälligkeitsanalyse für derivative finanzielle Verbindlichkeiten. Bei derivativen finanziellen Verbindlichkeiten, bei denen die vertraglichen Restlaufzeiten für das Verständnis des für die Zahlungsströme festgelegten Zeitbands (siehe Paragraph B11B) essenziell sind, muss die Fälligkeitsanalyse die verbleibenden vertraglichen Restlaufzeiten umfassen.

(c) eine Beschreibung, wie das mit (a) und (b) verbundene Liquiditätsrisiko gesteuert wird.

Marktrisiko

Sensitivitätsanalyse

40 Sofern ein Unternehmen Paragraph 41 nicht erfüllt, hat es Folgendes anzugeben:

(a) eine Sensitivitätsanalyse für jede Art von Marktrisiko, dem ein Unternehmen zum Abschlussstichtag ausgesetzt ist und aus der hervorgeht, wie sich Änderungen der relevanten Risikoparameter, die zu diesem Zeitpunkt angemessenerweise für möglich gehalten wurden, auf Gewinn oder Verlust und Eigenkapital ausgewirkt hätten,

(b) die Methoden und Annahmen, die zur Erstellung der Sensitivitätsanalyse verwendet wurden, und

(c) Änderungen an den verwendeten Methoden und Annahmen im Vergleich zur vorangegangenen Berichtsperiode sowie die Gründe für diese Änderungen.

41 Wenn ein Unternehmen eine Sensitivitätsanalyse, wie eine Value-at-Risk-Analyse, erstellt, die die gegenseitigen Abhängigkeiten zwischen den Risikoparametern (z. B. Zinssätze und Wechselkurse) widerspiegelt, und diese zur Steuerung der finanziellen Risiken verwendet, kann es diese Sensitivitätsanalyse anstelle der in Paragraph 40 genannten Analyse verwenden. Weiterhin sind folgende Angaben zu machen:

(a) eine Erklärung der für die Erstellung dieser Sensitivitätsanalyse verwendeten Methoden und der Hauptparameter und Annahmen, die der Analyse zugrunde liegen, und

(b) eine Erläuterung der Zielsetzung, die mit der verwendeten Methode verfolgt wird, und der Einschränkungen, die dazu führen können, dass die Informationen die beizulegenden Zeitwerte der betreffenden Vermögenswerte und Verbindlichkeiten nicht vollständig widerspiegeln.

Weitere Angaben zum Marktrisiko

42 Wenn die gemäß den Paragraphen 40 oder 41 zur Verfügung gestellten Sensitivitätsanalysen für den Risikogehalt eines Finanzinstruments nicht repräsentativ sind (da beispielsweise das Risiko zum Jahresende nicht das Risiko während des Jahres widerspiegelt), hat das Unternehmen diese Tatsache sowie die Gründe anzugeben, weshalb es diese Sensitivitätsanalysen für nicht repräsentativ hält.

ÜBERTRAGUNGEN FINANZIELLER VERMÖGENSWERTE

42A Die in den Paragraphen 42B–42H festgelegten Angabepflichten bei Übertragungen finanzieller Vermögenswerte ergänzen die sonstigen Angabepflichten dieses IFRS. Ein Unternehmen hat die in den Paragraphen 42B–42H verlangten Angaben in einer einzelnen Anhangangabe in seinem Abschluss darzustellen. Die verlangten Angaben sind unabhängig vom Übertragungszeitpunkt für alle übertragenen finanziellen Vermögenswerte, die nicht ausgebucht wurden, sowie für jedes

in accordance with IAS 32); this disclosure is not required for financial instruments whose carrying amount best represents the maximum exposure to credit risk.

(b) a description of collateral held as security and other credit enhancements, and their financial effect (eg quantification of the extent to which collateral and other credit enhancements mitigate credit risk) in respect of the amount that best represents the maximum exposure to credit risk (whether disclosed in accordance with (a) or represented by the carrying amount of a financial instrument).

(c)–(d) [deleted]

[deleted] 37

Collateral and other credit enhancements obtained

When an entity obtains financial or non-financial assets during the period by taking possession of collateral it holds as security or calling on other credit enhancements (e.g. guarantees), and such assets meet the recognition criteria in other IFRSs, an entity shall disclose for such assets held at the reporting date: 38

(a) the nature and carrying amount of the assets; and

(b) when the assets are not readily convertible into cash, its policies for disposing of such assets or for using them in its operations.

Liquidity risk

An entity shall disclose: 39

(a) a maturity analysis for non-derivative financial liabilities (including issued financial guarantee contracts) that shows the remaining contractual maturities.

(b) a maturity analysis for derivative financial liabilities. The maturity analysis shall include the remaining contractual maturities for those derivative financial liabilities for which contractual maturities are essential for an understanding of the timing of the cash flows (see paragraph B11B).

(c) a description of how it manages the liquidity risk inherent in (a) and (b).

Market risk

Sensitivity analysis

Unless an entity complies with paragraph 41, it shall disclose: 40

(a) a sensitivity analysis for each type of market risk to which the entity is exposed at the end of the reporting period, showing how profit or loss and equity would have been affected by changes in the relevant risk variable that were reasonably possible at that date;

(b) the methods and assumptions used in preparing the sensitivity analysis; and

(c) changes from the previous period in the methods and assumptions used, and the reasons for such changes.

If an entity prepares a sensitivity analysis, such as value-at-risk, that reflects interdependencies between risk variables (e.g. interest rates and exchange rates) and uses it to manage financial risks, it may use that sensitivity analysis in place of the analysis specified in paragraph 40. The entity shall also disclose: 41

(a) an explanation of the method used in preparing such a sensitivity analysis, and of the main parameters and assumptions underlying the data provided; and

(b) an explanation of the objective of the method used and of limitations that may result in the information not fully reflecting the fair value of the assets and liabilities involved.

Other market risk disclosures

When the sensitivity analyses disclosed in accordance with paragraph 40 or 41 are unrepresentative of a risk inherent in a financial instrument (for example because the year-end exposure does not reflect the exposure during the year), the entity shall disclose that fact and the reason it believes the sensitivity analyses are unrepresentative. 42

TRANSFERS OF FINANCIAL ASSETS

The disclosure requirements in paragraphs 42B—42H relating to transfers of financial assets supplement the other disclosure requirements of this IFRS. An entity shall present the disclosures required by paragraphs 42B—42H in a single note in its financial statements. An entity shall provide the required disclosures for all transferred financial assets that are not derecognised and for any continuing involvement in a transferred asset, existing at the reporting date, irrespective of when 42A

zum Abschlussstichtag bestehende anhaltende Engagement an einem übertragenen Vermögenswert zu machen. Für die Zwecke der in den genannten Paragraphen festgelegten Angabepflichten ist eine vollständige oder teilweise Übertragung eines finanziellen Vermögenswerts (des übertragenen finanziellen Vermögenswerts) dann und nur dann gegeben, wenn das Unternehmen entweder

(a) sein vertragliches Anrecht auf den Bezug der Zahlungsströme aus diesem finanziellen Vermögenswert überträgt oder
(b) sein vertragliches Anrecht auf den Bezug der Zahlungsströme aus diesem finanziellen Vermögenswert zwar behält, sich im Rahmen einer Vereinbarung aber vertraglich zur Weiterreichung der Zahlungsströme an einen oder mehrere Empfänger verpflichtet.

42B Die von einem Unternehmen gemachten Angaben müssen die Abschlussadressaten in die Lage versetzen,

(a) die Beziehung zwischen übertragenen finanziellen Vermögenswerten, die nicht vollständig ausgebucht werden, und den zugehörigen Verbindlichkeiten zu verstehen und
(b) die Art des anhaltenden Engagements des Unternehmens an den ausgebuchten finanziellen Vermögenswerten und die damit verbundenen Risiken zu beurteilen.

42C Für die Zwecke der in den Paragraphen 42E–42H festgelegten Angabepflichten hat ein Unternehmen ein anhaltendes Engagement an einem übertragenen finanziellen Vermögenswert, wenn es bei der Übertragung ein oder mehrere vertragliche Rechte oder Verpflichtungen aus dem übertragenen finanziellen Vermögenswert behält oder ihm neue vertragliche Rechte oder Verpflichtungen in Bezug auf den übertragenen finanziellen Vermögenswert entstehen. Für die Zwecke der in den Paragraphen 42E–42H festgelegten Angabepflichten stellen folgende Sachverhalte kein anhaltendes Engagement dar:

(a) normale Zusicherungen und Gewährleistungen im Zusammenhang mit betrügerischer Übertragung und Konzepten von Angemessenheit, gutem Glauben und redlichem Geschäftsgebaren, die eine Übertragung infolge eines Gerichtsverfahrens unwirksam machen könnten,
(b) Termin-, Options- und andere Geschäfte zum Rückkauf des übertragenen finanziellen Vermögenswerts, bei denen der Vertragspreis (oder Ausübungspreis) der beizulegende Zeitwert des übertragenen finanziellen Vermögenswerts ist, oder
(c) eine Vereinbarung, bei der ein Unternehmen sein vertragliches Anrecht auf den Bezug der Zahlungsströme aus einem finanziellen Vermögenswert behält, sich aber vertraglich zur Weiterreichung der Zahlungsströme an ein oder mehrere Unternehmen verpflichtet, und die die in Paragraph 3.2.5 (a)–(c) von IFRS 9 genannten Bedingungen erfüllt.

Übertragene finanzielle Vermögenswerte, die nicht vollständig ausgebucht werden

42D Ein Unternehmen kann finanzielle Vermögenswerte so übertragen haben, dass keiner von ihnen oder nur ein Teil die Kriterien für eine Ausbuchung erfüllt. Zur Erreichung der in Paragraph 42B (a) genannten Zielsetzungen hat ein Unternehmen an jedem Abschlussstichtag für jede Klasse übertragener finanzieller Vermögens werte, die nicht vollständig ausgebucht werden, Folgendes anzugeben:

(a) Art der übertragenen Vermögenswerte,
(b) Art der mit dem Eigentum verbundenen Risiken und Chancen, die für das Unternehmen bestehen,
(c) eine Beschreibung der Art der Beziehung zwischen den übertragenen Vermögenswerten und den zugehörigen Verbindlichkeiten, einschließlich sich aus der Übertragung ergebender Beschränkungen hinsichtlich der Verwendung der übertragenen Vermögenswerte durch das berichtende Unternehmen,
(d) wenn die Vertragspartei(en) der zugehörigen Verbindlichkeiten nur Rückgriff auf die übertragenen Vermögenswerte nehmen kann (können), eine Aufstellung, aus der der beizulegende Zeitwert der übertragenen Vermögenswerte, der beizulegende Zeitwert der zugehörigen Verbindlichkeiten und die Nettoposition (die Differenz zwischen dem beizulegenden Zeitwert der übertragenen Vermögenswerte und der zugehörigen Verbindlichkeiten) ersichtlich sind,
(e) wenn das Unternehmen alle übertragenen Vermögenswerte weiterhin ansetzt, die Buchwerte der übertragenen Vermögenswerte und der zugehörigen Verbindlichkeiten,
(f) wenn das Unternehmen die Vermögenswerte weiterhin nach Maßgabe seines anhaltenden Engagements ansetzt (siehe Paragraphen 3.2.6 (c) (ii) und 3.2.16 von IFRS 9), den Gesamtbuchwert der ursprünglichen Vermögenswerte vor der Übertragung, den Buchwert der weiterhin angesetzten Vermögenswerte sowie den Buchwert der zugehörigen Verbindlichkeiten.

Übertragene finanzielle Vermögenswerte, die vollständig ausgebucht werden

42E Zur Erreichung der in Paragraph 42B (b) genannten Zielsetzungen hat ein Unternehmen, wenn es übertragene finanzielle Vermögenswerte vollständig ausbucht, aber ein anhaltendes Engagement daran behält (siehe Paragraph 3.2.6 (a) und (c) (i) von IFRS 9), an jedem Abschlussstichtag für jede Art von anhaltendem Engagement zumindest Folgendes anzugeben:

(a) den Buchwert der Vermögenswerte und Verbindlichkeiten, die in der Bilanz des Unternehmens angesetzt sind und sein anhaltendes Engagement an den ausgebuchten finanziellen Vermögenswerten darstellen, und die Posten, in denen der Buchwert dieser Vermögenswerte und Verbindlichkeiten erfasst ist.
(b) den beizulegenden Zeitwert der Vermögenswerte und Verbindlichkeiten, die das anhaltende Engagement des Unternehmens an den ausgebuchten finanziellen Vermögenswerten darstellen.
(c) den Betrag, der das maximale Verlustrisiko des Unternehmens aufgrund seines anhaltenden Engagements an den ausgebuchten finanziellen Vermögenswerten am besten darstellt, sowie Angaben darüber, wie das maximale Verlustrisiko bestimmt wird,

the related transfer transaction occurred. For the purposes of applying the disclosure requirements in those paragraphs, an entity transfers all or a part of a financial asset (the transferred financial asset), if, and only if, it either:

(a) transfers the contractual rights to receive the cash flows of that financial asset; or
(b) retains the contractual rights to receive the cash flows of that financial asset, but assumes a contractual obligation to pay the cash flows to one or more recipients in an arrangement.

An entity shall disclose information that enables users of its financial statements: 42B

(a) to understand the relationship between transferred financial assets that are not derecognised in their entirety and the associated liabilities; and
(b) to evaluate the nature of, and risks associated with, the entity's continuing involvement in derecognised financial assets.

For the purposes of applying the disclosure requirements in paragraphs 42E—42H, an entity has continuing involvement 42C
in a transferred financial asset if, as part of the transfer, the entity retains any of the contractual rights or obligations inherent in the transferred financial asset or obtains any new contractual rights or obligations relating to the transferred financial asset. For the purposes of applying the disclosure requirements in paragraphs 42E—42H, the following do not constitute continuing involvement:

(a) normal representations and warranties relating to fraudulent transfer and concepts of reasonableness, good faith and fair dealings that could invalidate a transfer as a result of legal action;
(b) forward, option and other contracts to reacquire the transferred financial asset for which the contract price (or exercise price) is the fair value of the transferred financial asset; or
(c) an arrangement whereby an entity retains the contractual rights to receive the cash flows of a financial asset but assumes a contractual obligation to pay the cash flows to one or more entities and the conditions in paragraph 3.2.5 (a)—(c) of IFRS 9 are met.

Transferred financial assets that are not derecognised in their entirety

An entity may have transferred financial assets in such a way that part or all of the transferred financial assets do not 42D
qualify for derecognition. To meet the objectives set out in paragraph 42B (a), the entity shall disclose at each reporting date for each class of transferred financial assets that are not derecognised in their entirety:

(a) the nature of the transferred assets;
(b) the nature of the risks and rewards of ownership to which the entity is exposed;
(c) a description of the nature of the relationship between the transferred assets and the associated liabilities, including restrictions arising from the transfer on the reporting entity's use of the transferred assets;
(d) when the counterparty (counterparties) to the associated liabilities has (have) recourse only to the transferred assets, a schedule that sets out the fair value of the transferred assets, the fair value of the associated liabilities and the net position (the difference between the fair value of the transferred assets and the associated liabilities);
(e) when the entity continues to recognise all of the transferred assets, the carrying amounts of the transferred assets and the associated liabilities;
(f) when the entity continues to recognise the assets to the extent of its continuing involvement (see paragraphs 3.2.6 (c) (ii) and 3.2.16 of IFRS 9), the total carrying amount of the original assets before the transfer, the carrying amount of the assets that the entity continues to recognise, and the carrying amount of the associated liabilities.

Transferred financial assets that are derecognised in their entirety

To meet the objectives set out in paragraph 42B (b), when an entity derecognises transferred financial assets in their 42E
entirety (see paragraph 3.2.6 (a) and (c) (i) of IFRS 9) but has continuing involvement in them, the entity shall disclose, as a minimum, for each type of continuing involvement at each reporting date:

(a) the carrying amount of the assets and liabilities that are recognised in the entity's statement of financial position and represent the entity's continuing involvement in the derecognised financial assets, and the line items in which the carrying amount of those assets and liabilities are recognised;
(b) the fair value of the assets and liabilities that represent the entity's continuing involvement in the derecognised financial assets;
(c) the amount that best represents the entity's maximum exposure to loss from its continuing involvement in the derecognised financial assets, and information showing how the maximum exposure to loss is determined;

(d) die nicht abgezinsten Mittelabflüsse, die für den Rückkauf ausgebuchter finanzieller Vermögenswerte erforderlich wären oder sein können (z. B. der Ausübungspreis bei einer Optionsvereinbarung), oder andere Beträge, die in Bezug auf die übertragenen Vermögenswerte an den Empfänger zu zahlen sind. Sind die Mittelabflüsse variabel, sollte der angegebene Betrag auf den Gegebenheiten am jeweiligen Abschlussstichtag basieren.
(e) eine Fälligkeitsanalyse für die nicht abgezinsten Mittelabflüsse, die für den Rückkauf der ausgebuchten finanziellen Vermögenswerte erforderlich wären oder sein können, oder andere Beträge, die in Bezug auf die übertragenen Vermögenswerte an den Empfänger zu zahlen sind, aus der die vertraglichen Restlaufzeiten des anhaltenden Engagements des Unternehmens hervorgehen.
(f) qualitative Informationen zur Erläuterung und Stützung der unter (a)–(e) verlangten Angaben.

42F Hat ein Unternehmen mehr als eine Art von anhaltendem Engagement an einem ausgebuchten finanziellen Vermögenswert, darf es die in Paragraph 42E verlangten Angaben für diesen Vermögenswert zusammenfassen und als eine Art von anhaltendem Engagement ausweisen.

42G Darüber hinaus ist für jede Art von anhaltendem Engagement Folgendes anzugeben:
(a) den zum Zeitpunkt der Übertragung der Vermögenswerte erfassten Gewinn oder Verlust,
(b) die Erträge und Aufwendungen (in der Berichtsperiode und kumulativ) aus dem anhaltenden Engagement des Unternehmens an den ausgebuchten finanziellen Vermögenswerten (wie Änderungen des beizulegenden Zeitwerts derivativer Finanzinstrumente),
(c) falls der Gesamtbetrag der in einer Berichtsperiode angefallenen Erlöse aus Übertragungen (die die Kriterien für eine Ausbuchung erfüllen) sich nicht gleichmäßig über die Berichtsperiode verteilt (wenn beispielsweise ein wesentlicher Teil des Gesamtbetrags der Übertragungsaktivitäten in den letzten Tagen einer Berichtsperiode anfällt),
   (i) den Zeitraum mit der höchsten Übertragungsaktivität innerhalb dieser Berichtsperiode (z. B. die letzten fünf Tage vor dem Abschlussstichtag),
   (ii) den Betrag (z. B. zugehörige Gewinne oder Verluste), der in diesem Zeitraum der Berichtsperiode aufgrund von Übertragungsaktivitäten erfasst wurde, und
   (iii) den Gesamtbetrag der Erlöse aus Übertragungsaktivitäten in diesem Zeitraum der Berichtsperiode.

Diese Informationen sind für jede Periode zu liefern, für die eine Gesamtergebnisrechnung erstellt wird.

Zusatzinformationen

42H Ein Unternehmen hat alle Zusatzinformationen zu liefern, die es zur Erreichung der in Paragraph 42B in Bezug auf Angaben genannten Zielsetzungen für notwendig hält.

ERSTMALIGE ANWENDUNG VON IFRS 9

42I In der Berichtsperiode, in die der Zeitpunkt der erstmaligen Anwendung von IFRS 9 fällt, hat das Unternehmen für jede Gruppe von finanziellen Vermögenswerten und finanziellen Verbindlichkeiten mit Stand zum Zeitpunkt der erstmaligen Anwendung Folgendes anzugeben:
(a) die ursprüngliche Bewertungskategorie und den ursprünglichen Buchwert, die gemäß IAS 39 oder gemäß einer früheren Fassung von IFRS 9 bestimmt wurden (wenn der vom Unternehmen für die Anwendung von IFRS 9 gewählte Ansatz für verschiedene Vorschriften mehr als einen Zeitpunkt der erstmaligen Anwendung umfasst),
(b) die neue Bewertungskategorie und den neuen Buchwert, die gemäß IFRS 9 bestimmt wurden,
(c) den Betrag jeglicher in der Bilanz angesetzter finanzieller Vermögenswerte und finanzieller Verbindlichkeiten, die zuvor als erfolgswirksam zum beizulegenden Zeitwert bewertet designiert waren, es nun aber nicht mehr sind, wobei zwischen denjenigen zu unterscheiden ist, die gemäß IFRS 9 umgegliedert werden müssen, und denjenigen, bei denen sich das Unternehmen dafür entscheidet, die Umgliederung zum Zeitpunkt der erstmaligen Anwendung vorzunehmen.

Nach Paragraph 7.2.2 von IFRS 9 kann die Umstellung in Abhängigkeit davon, welchen Ansatz das Unternehmen für die Anwendung von IFRS 9 gewählt hat, mit mehr als einen Zeitpunkt der erstmaligen Anwendung verbunden sein. Daher kann dieser Paragraph dazu führen, dass zu mehr als einem Zeitpunkt der erstmaligen Anwendung Angaben gemacht werden. Diese quantitativen Angaben sind vom Unternehmen tabellarisch darzustellen, es sein denn, ein anderes Format ist angemessener.

42J In der Berichtsperiode, in die der Zeitpunkt der erstmaligen Anwendung von IFRS 9 fällt, hat das Unternehmen qualitative Angaben zu machen, die den Abschlussadressaten das Verständnis von Folgendem ermöglichen:
(a) wie das Unternehmen die Einstufungsvorschriften von IFRS 9 auf diejenigen finanziellen Vermögenswerte angewandt hat, deren Einstufung sich aufgrund der Anwendung von IFRS 9 geändert hat,
(b) die Gründe für eine Designation oder Aufhebung der Designation von finanziellen Vermögenswerten oder finanziellen Verbindlichkeiten als erfolgswirksam zum beizulegenden Zeitwert bewertet zum Zeitpunkt der erstmaligen Anwendung.

Nach Paragraph 7.2.2 von IFRS 9 kann die Umstellung in Abhängigkeit davon, welchen Ansatz das Unternehmen für die Anwendung von IFRS 9 gewählt hat, mit mehr als einen Zeitpunkt der erstmaligen Anwendung verbunden sein. Daher

(d) the undiscounted cash outflows that would or may be required to repurchase derecognised financial assets (e.g. the strike price in an option agreement) or other amounts payable to the transferee in respect of the transferred assets. If the cash outflow is variable then the amount disclosed should be based on the conditions that exist at each reporting date;
(e) a maturity analysis of the undiscounted cash outflows that would or may be required to repurchase the derecognised financial assets or other amounts payable to the transferee in respect of the transferred assets, showing the remaining contractual maturities of the entity's continuing involvement;
(f) qualitative information that explains and supports the quantitative disclosures required in (a)—(e).

An entity may aggregate the information required by paragraph 42E in respect of a particular asset if the entity has more than one type of continuing involvement in that derecognised financial asset, and report it under one type of continuing involvement. 42F

In addition, an entity shall disclose for each type of continuing involvement: 42G
(a) the gain or loss recognised at the date of transfer of the assets;
(b) income and expenses recognised, both in the reporting period and cumulatively, from the entity's continuing involvement in the derecognised financial assets (e.g. fair value changes in derivative instruments);
(c) if the total amount of proceeds from transfer activity (that qualifies for derecognition) in a reporting period is not evenly distributed throughout the reporting period (e.g. if a substantial proportion of the total amount of transfer activity takes place in the closing days of a reporting period):
   (i) when the greatest transfer activity took place within that reporting period (e.g. the last five days before the end of the reporting period);
   (ii) the amount (e.g. related gains or losses) recognised from transfer activity in that part of the reporting period; and
   (iii) the total amount of proceeds from transfer activity in that part of the reporting period.

An entity shall provide this information for each period for which a statement of comprehensive income is presented.

Supplementary information

An entity shall disclose any additional information that it considers necessary to meet the disclosure objectives in paragraph 42B. 42H

INITIAL APPLICATION OF IFRS 9

In the reporting period that includes the date of initial application of IFRS 9, the entity shall disclose the following information for each class of financial assets and financial liabilities as at the date of initial application: 42I
(a) the original measurement category and carrying amount determined in accordance with IAS 39 or in accordance with a previous version of IFRS 9 (if the entity's chosen approach to applying IFRS 9 involves more than one date of initial application for different requirements);
(b) the new measurement category and carrying amount determined in accordance with IFRS 9;
(c) the amount of any financial assets and financial liabilities in the statement of financial position that were previously designated as measured at fair value through profit or loss but are no longer so designated, distinguishing between those that IFRS 9 requires an entity to reclassify and those that an entity elects to reclassify at the date of initial application.

In accordance with paragraph 7.2.2 of IFRS 9, depending on the entity's chosen approach to applying IFRS 9, the transition can involve more than one date of initial application. Therefore this paragraph may result in disclosure on more than one date of initial application. An entity shall present these quantitative disclosures in a table unless another format is more appropriate.

In the reporting period that includes the date of initial application of IFRS 9, an entity shall disclose qualitative information to enable users to understand: 42J
(a) how it applied the classification requirements in IFRS 9 to those financial assets whose classification has changed as a result of applying IFRS 9.
(b) the reasons for any designation or de-designation of financial assets or financial liabilities as measured at fair value through profit or loss at the date of initial application.

In accordance with paragraph 7.2.2 of IFRS 9, depending on the entity's chosen approach to applying IFRS 9, the transition can involve more than one date of initial application. Therefore this paragraph may result in disclosure on more than one date of initial application.

kann dieser Paragraph dazu führen, dass zu mehr als einem Zeitpunkt der erstmaligen Anwendung Angaben gemacht werden.

42K In der Berichtsperiode, in der ein Unternehmen erstmals die Einstufungs- und Bewertungsvorschriften für finanzielle Vermögenswerte von IFRS 9 anwendet (d. h. wenn das Unternehmen bei finanziellen Vermögenswerten von IAS 39 auf IFRS 9 umstellt), hat es gemäß Paragraph 7.2.15 von IFRS 9 die in den Paragraphen 42L–42O des vorliegenden IFRS verlangten Angaben darzustellen.

42L Wenn Paragraph 42K dies verlangt, hat ein Unternehmen zum Zeitpunkt der erstmaligen Anwendung von IFRS 9 die Änderungen bei der Einstufung finanzieller Vermögenswerte und finanzieller Verbindlichkeiten anzugeben, und zwar aufgeschlüsselt nach:

(a) den Änderungen der Buchwerte, die auf die nach IAS 39 bestimmten Bewertungskategorien (d. h. nicht durch eine Änderung des Bewertungsmaßstabs bei der Umstellung auf IFRS 9) zurückzuführen sind, und
(b) den Änderungen bei den Buchwerten, die auf eine Änderung des Bewertungsmaßstabs bei der Umstellung auf IFRS 9 zurückzuführen sind.

Nach der Berichtsperiode eines Geschäftsjahrs, in dem das Unternehmen erstmals die Einstufungs- und Bewertungsvorschriften für finanzielle Vermögenswerte von IFRS 9 anwendet, müssen die in diesem Paragraphen verlangten Angaben nicht gemacht werden.

42M Wenn Paragraph 42K dies verlangt, hat ein Unternehmen für finanzielle Vermögenswerte und finanzielle Verbindlichkeiten, die umgegliedert wurden und nunmehr zu fortgeführten Anschaffungskosten bewertet werden, und für finanzielle Vermögenswerte, die infolge der Umstellung auf IFRS 9 von erfolgswirksam zum beizulegenden Zeitwert bewertet in die Kategorie zum beizulegenden Zeitwert erfolgsneutral im sonstigen Ergebnis bewertet umgegliedert wurden, Folgendes anzugeben:

(a) den beizulegenden Zeitwert der finanziellen Vermögenswerte oder finanziellen Verbindlichkeiten am Abschlussstichtag und
(b) den Gewinn oder Verlust aus der Veränderung des beizulegenden Zeitwerts, der ohne Umgliederung der finanziellen Vermögenswerte oder finanziellen Verbindlichkeiten während der Berichtsperiode erfolgswirksam oder im sonstigen Ergebnis erfasst worden wäre.

Nach der Berichtsperiode eines Geschäftsjahrs, in dem das Unternehmen erstmals die Einstufungs- und Bewertungsvorschriften für finanzielle Vermögenswerte von IFRS 9 anwendet, müssen die in diesem Paragraphen verlangten Angaben nicht gemacht werden.

42N Wenn Paragraph 42K dies verlangt, hat ein Unternehmen für finanzielle Vermögenswerte und finanzielle Verbindlichkeiten, die infolge der Umstellung auf IFRS 9 aus der Kategorie erfolgswirksam zum beizulegenden Zeitwert bewertet umgegliedert wurden, Folgendes anzugeben:

(a) den Effektivzinssatz, der zum Zeitpunkt der erstmaligen Anwendung bestimmt wurde, und
(b) die erfassten Zinserträge oder -aufwendungen.

Wenn ein Unternehmen den beizulegenden Zeitwert eines finanziellen Vermögenswerts oder einer finanziellen Verbindlichkeit zum Zeitpunkt der erstmaligen Anwendung als neuen Bruttobuchwert ansetzt (siehe Paragraph 7.2.11 von IFRS 9), müssen die im vorliegenden Paragraphen verlangten Angaben bis zur Ausbuchung für jede Berichtsperiode gemacht werden. Ansonsten müssen die in diesem Paragraphen verlangten Angaben nach der Berichtsperiode eines Geschäftsjahrs, in dem das Unternehmen erstmals die Einstufungs- und Bewertungsvorschriften für finanzielle Vermögenswerte von IFRS 9 anwendet, nicht gemacht werden.

42O Wenn ein Unternehmen die in den Paragraphen 42K–42N genannten Angaben darstellt, müssen diese sowie die Angaben gemäß Paragraph 25 des vorliegenden IFRS eine Überleitung von

(a) den gemäß IAS 39 und IFRS 9 dargestellten Bewertungskategorien auf
(b) die Klasse der Finanzinstrumente

zum Zeitpunkt der erstmaligen Anwendung ermöglichen.

42P Zum Zeitpunkt der erstmaligen Anwendung des Abschnitts 5.5 von IFRS 9 hat ein Unternehmen Angaben zu machen, die eine Überleitung vom Endbetrag der Wertberichtigungen gemäß IAS 39 und den Rückstellungen gemäß IAS 37 auf den gemäß IFRS 9 bestimmten Anfangsbetrag der Wertberichtigungen ermöglichen. Bei finanziellen Vermögenswerten sind diese Angaben anhand der zugehörigen Bewertungskategorien der finanziellen Vermögenswerte gemäß IAS 39 und IFRS 9 zu machen, wobei die Auswirkung der Änderungen der Bewertungskategorie auf die Wertberichtigung zu diesem Zeitpunkt separat auszuweisen sind.

42Q In der Berichtsperiode, in die der Zeitpunkt der erstmaligen Anwendung von IFRS 9 fällt, muss ein Unternehmen die Beträge der Abschlussposten, die gemäß den Einstufungs- und Bewertungsvorschriften (einschließlich der Vorschriften für die Bewertung von finanziellen Vermögenswerten zu fortgeführten Anschaffungskosten und die Wertminderungsvorschriften in den Abschnitten 5.4 und 5.5 von IFRS 9) der folgenden Standards hätten angegeben werden müssen, nicht angeben:

(a) IFRS 9 für frühere Berichtsperioden und
(b) IAS 39 für die aktuelle Berichtsperiode.

In the reporting period that an entity first applies the classification and measurement requirements for financial assets in IFRS 9 (ie when the entity transitions from IAS 39 to IFRS 9 for financial assets), it shall present the disclosures set out in paragraphs 42L—42O of this IFRS as required by paragraph 7.2.15 of IFRS 9. **42K**

When required by paragraph 42K, an entity shall disclose the changes in the classifications of financial assets and financial liabilities as at the date of initial application of IFRS 9, showing separately: **42L**

(a) the changes in the carrying amounts on the basis of their measurement categories in accordance with IAS 39 (ie not resulting from a change in measurement attribute on transition to IFRS 9); and
(b) the changes in the carrying amounts arising from a change in measurement attribute on transition to IFRS 9.

The disclosures in this paragraph need not be made after the annual reporting period in which the entity initially applies the classification and measurement requirements for financial assets in IFRS 9.

When required by paragraph 42K, an entity shall disclose the following for financial assets and financial liabilities that have been reclassified so that they are measured at amortised cost and, in the case of financial assets, that have been reclassified out of fair value through profit or loss so that they are measured at fair value through other comprehensive income, as a result of the transition to IFRS 9: **42M**

(a) the fair value of the financial assets or financial liabilities at the end of the reporting period; and
(b) the fair value gain or loss that would have been recognised in profit or loss or other comprehensive income during the reporting period if the financial assets or financial liabilities had not been reclassified.

The disclosures in this paragraph need not be made after the annual reporting period in which the entity initially applies the classification and measurement requirements for financial assets in IFRS 9.

When required by paragraph 42K, an entity shall disclose the following for financial assets and financial liabilities that have been reclassified out of the fair value through profit or loss category as a result of the transition to IFRS 9: **42N**

(a) the effective interest rate determined on the date of initial application; and
(b) the interest revenue or expense recognised.

If an entity treats the fair value of a financial asset or a financial liability as the new gross carrying amount at the date of initial application (see paragraph 7.2.11 of IFRS 9), the disclosures in this paragraph shall be made for each reporting period until derecognition. Otherwise, the disclosures in this paragraph need not be made after the annual reporting period in which the entity initially applies the classification and measurement requirements for financial assets in IFRS 9.

When an entity presents the disclosures set out in paragraphs 42K—42N, those disclosures, and the disclosures in paragraph 25 of this IFRS, must permit reconciliation between: **42O**

(a) the measurement categories presented in accordance with IAS 39 and IFRS 9; and
(b) the class of financial instrument

as at the date of initial application.

On the date of initial application of Section 5.5 of IFRS 9, an entity is required to disclose information that would permit the reconciliation of the ending impairment allowances in accordance with IAS 39 and the provisions in accordance with IAS 37 to the opening loss allowances determined in accordance with IFRS 9. For financial assets, this disclosure shall be provided by the related financial assets' measurement categories in accordance with IAS 39 and IFRS 9, and shall show separately the effect of the changes in the measurement category on the loss allowance at that date. **42P**

In the reporting period that includes the date of initial application of IFRS 9, an entity is not required to disclose the line item amounts that would have been reported in accordance with the classification and measurement requirements (which includes the requirements related to amortised cost measurement of financial assets and impairment in Sections 5.4 and 5.5 of IFRS 9) of: **42Q**

(a) IFRS 9 for prior periods; and
(b) IAS 39 for the current period.

42R Ist es für ein Unternehmen nach Paragraph 7.2.4 von IFRS 9 zum Zeitpunkt der erstmaligen Anwendung undurchführbar (im Sinne von IAS 8), den geänderten Zeitwert des Geldes gemäß den Paragraphen B4.1.9B–B4.1.9D von IFRS 9 auf der Grundlage der beim erstmaligen Ansatz des finanziellen Vermögenswerts bestehenden Tatsachen und Umstände zu beurteilen, hat es die Eigenschaften dieses finanziellen Vermögenswerts hinsichtlich seiner vertraglichen Zahlungsströme auf der Grundlage der bei seinem erstmaligen Ansatz bestehenden Tatsachen und Umstände zu beurteilen, ohne die Vorschriften zur Änderung des Zeitwerts des Geldes in den Paragraphen B4.1.9B–B4.1.9D von IFRS 9 zu berücksichtigen. Bei finanziellen Vermögenswerten, deren Eigenschaften hinsichtlich ihrer vertraglichen Zahlungsströme auf der Grundlage der beim erstmaligen Ansatz bestehenden Tatsachen und Umstände beurteilt wurden, ohne die Vorschriften zur Änderung des Zeitwerts des Geldes gemäß den Paragraphen B4.1.9B–B4.1.9D von IFRS 9 zu berücksichtigen, hat das Unternehmen den Buchwert am Abschlussstichtag bis zur Ausbuchung dieser finanziellen Vermögenswerte anzugeben.

42S Ist es für ein Unternehmen nach Paragraph 7.2.5 von IFRS 9 zum Zeitpunkt der erstmaligen Anwendung undurchführbar (im Sinne von IAS 8) zu beurteilen, ob der beizulegende Zeitwert einer Vorfälligkeitsregelung gemäß Paragraph B4.1.12 (d) von IFRS 9 ausgehend von den beim erstmaligen Ansatz des finanziellen Vermögenswerts bestehenden Tatsachen und Umständen nicht signifikant war, hat es die Eigenschaften dieses finanziellen Vermögenswerts hinsichtlich seiner vertraglichen Zahlungsströme ausgehend von den beim erstmaligen Ansatz bestehenden Tatsachen und Umständen zu beurteilen, ohne die Ausnahme für Vorfälligkeitsregelungen in Paragraph B4.1.12 von IFRS 9 zu berücksichtigen. Bei finanziellen Vermögenswerten, deren Eigenschaften hinsichtlich ihrer vertraglichen Zahlungsströme auf der Grundlage der beim erstmaligen Ansatz bestehenden Tatsachen und Umstände beurteilt wurden, ohne die Ausnahme für Vorfälligkeitsregelungen gemäß Paragraph B4.1.12 von IFRS 9 zu berücksichtigen, hat das Unternehmen den Buchwert am Abschlussstichtag bis zur Ausbuchung dieser finanziellen Vermögenswerte anzugeben.

ZEITPUNKT DES INKRAFTTRETENS UND ÜBERGANGSVORSCHRIFTEN

43 Dieser IFRS ist erstmals auf Geschäftsjahre anzuwenden, die am oder nach dem 1. Januar 2007 beginnen. Eine frühere Anwendung wird empfohlen. Wendet ein Unternehmen diesen IFRS auf ein früheres Geschäftsjahr an, hat es dies anzugeben.

44 Wendet ein Unternehmen diesen IFRS auf vor dem 1. Januar 2006 beginnende Geschäftsjahre an, sind Vergleichsinformationen für die in den Paragraphen 31–42 verlangten Angaben über Art und Ausmaß der mit Finanzinstrumenten verbundenen Risiken nicht erforderlich.

44A Durch IAS 1 (in der 2007 überarbeiteten Fassung) wurde die in den IAS/IFRS verwendete Terminologie geändert. Zusätzlich dazu wurden die Paragraphen 20, 21, 23 (c) und (d), 27 (c) und B5 von Anhang B geändert. Diese Änderungen sind auf Geschäftsjahre anzuwenden, die am oder nach dem 1. Januar 2009 beginnen. Wendet ein Unternehmen IAS 1 (in der 2007 überarbeiteten Fassung) auf ein früheres Geschäftsjahr an, so hat es auf dieses Geschäftsjahr auch diese Änderungen anzuwenden.

44B Durch IFRS 3 (in der 2008 geänderten Fassung) wurde Paragraph 3 (c) gestrichen. Diese Änderung ist auf Geschäftsjahre anzuwenden, die am oder nach dem 1. Juli 2009 beginnen. Wendet ein Unternehmen IFRS 3 (in der 2008 überarbeiteten Fassung) auf ein früheres Geschäftsjahr an, so hat es auf dieses Geschäftsjahr auch diese Änderung anzuwenden. Die Änderung gilt jedoch nicht für bedingte Gegenleistungen, die auf einen Unternehmenszusammenschluss zurückzuführen sind, bei dem der Erwerbszeitpunkt vor der Anwendung von IFRS 3 (in der 2008 geänderten Fassung) liegt. Eine solche Gegenleistung ist stattdessen gemäß den Paragraphen 65A–65E von IFRS 3 (in der 2010 geänderten Fassung) zu bilanzieren.

44C Die Änderung in Paragraph 3 ist erstmals auf Geschäftsjahre anzuwenden, die am oder nach dem 1. Januar 2009 beginnen. Wendet ein Unternehmen *Kündbare Finanzinstrumente und bei Liquidation entstehende Verpflichtungen* (Änderungen an IAS 32 und IAS 1), veröffentlicht im Februar 2008, auf ein früheres Geschäftsjahr an, so hat es auf dieses Geschäftsjahr auch die Änderung in Paragraph 3 anzuwenden.

44D Durch *Verbesserungen an den IFRS*, veröffentlicht im Mai 2008, wurde Paragraph 3 (a) geändert. Diese Änderung ist auf Geschäftsjahre anzuwenden, die am oder nach dem 1. Januar 2009 beginnen. Eine frühere Anwendung ist zulässig. Wendet ein Unternehmen diese Änderung auf ein früheres Geschäftsjahr an, hat es dies anzugeben und auch die Änderungen an Paragraph 1 von IAS 28, Paragraph 1 von IAS 31 und Paragraph 4 von IAS 32, veröffentlicht im Mai 2008, auf dieses Geschäftsjahr anzuwenden. Ein Unternehmen darf die Änderung prospektiv anwenden.

44E–44F [gestrichen]

44G Durch *Verbesserte Angaben zu Finanzinstrumenten* (Änderungen an IFRS 7), veröffentlicht im März 2009, wurden die Paragraphen 27, 39 und B11 geändert und die Paragraphen 27A, 27B, B10A und B11A–B11F eingefügt. Diese Änderungen sind auf Geschäftsjahre anzuwenden, die am oder nach dem 1. Januar 2009 beginnen. Die darin verlangten Angaben müssen nicht vorgelegt werden für

(a) Jahres- oder Zwischenperioden, einschließlich Bilanzen, die innerhalb einer vor dem 31. Dezember 2009 endenden jährlichen Vergleichsperiode dargestellt werden, oder

(b) Bilanzen zu Beginn der frühesten Vergleichsperiode mit Stichtag vor dem 31. Dezember 2009.

In accordance with paragraph 7.2.4 of IFRS 9, if it is impracticable (as defined in IAS 8) at the date of initial application of IFRS 9 for an entity to assess a modified time value of money element in accordance with paragraphs B4.1.9B—B4.1.9D of IFRS 9 based on the facts and circumstances that existed at the initial recognition of the financial asset, an entity shall assess the contractual cash flow characteristics of that financial asset based on the facts and circumstances that existed at the initial recognition of the financial asset without taking into account the requirements related to the modification of the time value of money element in paragraphs B4.1.9B—B4.1.9D of IFRS 9. An entity shall disclose the carrying amount at the reporting date of the financial assets whose contractual cash flow characteristics have been assessed based on the facts and circumstances that existed at the initial recognition of the financial asset without taking into account the requirements related to the modification of the time value of money element in paragraphs B4.1.9B—B4.1.9D of IFRS 9 until those financial assets are derecognised. **42R**

In accordance with paragraph 7.2.5 of IFRS 9, if it is impracticable (as defined in IAS 8) at the date of initial application for an entity to assess whether the fair value of a prepayment feature was insignificant in accordance with paragraphs B4.1.12 (d) of IFRS 9 based on the facts and circumstances that existed at the initial recognition of the financial asset, an entity shall assess the contractual cash flow characteristics of that financial asset based on the facts and circumstances that existed at the initial recognition of the financial asset without taking into account the exception for prepayment features in paragraph B4.1.12 of IFRS 9. An entity shall disclose the carrying amount at the reporting date of the financial assets whose contractual cash flow characteristics have been assessed based on the facts and circumstances that existed at the initial recognition of the financial asset without taking into account the exception for prepayment features in paragraph B4.1.12 of IFRS 9 until those financial assets are derecognised. **42S**

EFFECTIVE DATE AND TRANSITION

An entity shall apply this IFRS for annual periods beginning on or after 1 January 2007. Earlier application is encouraged. If an entity applies this IFRS for an earlier period, it shall disclose that fact. **43**

If an entity applies this IFRS for annual periods beginning before 1 January 2006, it need not present comparative information for the disclosures required by paragraphs 31—42 about the nature and extent of risks arising from financial instruments. **44**

IAS 1 (as revised in 2007) amended the terminology used throughout IFRSs. In addition it amended paragraphs 20, 21, 23 (c) and (d), 27 (c) and B5 of Appendix B. An entity shall apply those amendments for annual periods beginning on or after 1 January 2009. If an entity applies IAS 1 (revised 2007) for an earlier period, the amendments shall be applied for that earlier period. **44A**

IFRS 3 (as revised in 2008) deleted paragraph 3 (c). An entity shall apply that amendment for annual periods beginning on or after 1 July 2009. If an entity applies IFRS 3 (revised 2008) for an earlier period, the amendment shall also be applied for that earlier period. However, the amendment does not apply to contingent consideration that arose from a business combination for which the acquisition date preceded the application of IFRS 3 (revised 2008). Instead, an entity shall account for such consideration in accordance with paragraphs 65A—65E of IFRS 3 (as amended in 2010). **44B**

An entity shall apply the amendment in paragraph 3 for annual periods beginning on or after 1 January 2009. If an entity applies *Puttable Financial Instruments and Obligations Arising on Liquidation* (Amendments to IAS 32 and IAS 1), issued in February 2008, for an earlier period, the amendment in paragraph 3 shall be applied for that earlier period. **44C**

Paragraph 3(a) was amended by *Improvements to IFRSs* issued in May 2008. An entity shall apply that amendment for annual periods beginning on or after 1 January 2009. Earlier application is permitted. If an entity applies the amendment for an earlier period it shall disclose that fact and apply for that earlier period the amendments to paragraph 1 of IAS 28, paragraph 1 of IAS 31 and paragraph 4 of IAS 32 issued in May 2008. An entity is permitted to apply the amendment prospectively. **44D**

[deleted] **44E—44F**

Improving Disclosures about Financial Instruments (Amendments to IFRS 7), issued in March 2009, amended paragraphs 27, 39 and B11 and added paragraphs 27A, 27B, B10A and B11A—B11F. An entity shall apply those amendments for annual periods beginning on or after 1 January 2009. An entity need not provide the disclosures required by the amendments for: **44G**

(a) any annual or interim period, including any statement of financial position, presented within an annual comparative period ending before 31 December 2009, or
(b) any statement of financial position as at the beginning of the earliest comparative period as at a date before 31 December 2009.

Eine frühere Anwendung ist zulässig. Wendet ein Unternehmen die Änderungen auf eine frühere Periode an, hat es dies anzugeben[1].

44H–44J [gestrichen]

44K Durch *Verbesserungen an den IFRS*, veröffentlicht im Mai 2010, wurde Paragraph 44B geändert. Diese Änderung ist auf Geschäftsjahre anzuwenden, die am oder nach dem 1. Juli 2010 beginnen. Eine frühere Anwendung ist zulässig.

44L Durch *Verbesserungen an den IFRS*, veröffentlicht im Mai 2010, wurden Paragraph 32A eingefügt und die Paragraphen 34 und 36–38 geändert. Diese Änderungen sind auf Geschäftsjahre anzuwenden, die am oder nach dem 1. Januar 2011 beginnen. Eine frühere Anwendung ist zulässig. Wendet ein Unternehmen die Änderungen auf ein früheres Geschäftsjahr an, hat es dies anzugeben.

44M Durch *Angaben – Übertragung finanzieller Vermögenswerte* (Änderungen an IFRS 7), veröffentlicht im Oktober 2010, wurden Paragraph 13 gestrichen und die Paragraphen 42A–42H und B29–B39 eingefügt. Diese Änderungen sind auf Geschäftsjahre anzuwenden, die am oder nach dem 1. Juli 2011 beginnen. Eine frühere Anwendung ist zulässig. Wendet ein Unternehmen die Änderungen ab einem früheren Zeitpunkt an, hat es dies anzugeben. Für Berichtsperioden, die vor dem Zeitpunkt der erstmaligen Anwendung dieser Änderungen liegen, müssen die darin verlangten Angaben nicht vorgelegt werden.

44N [gestrichen]

44O Durch IFRS 10 und IFRS 11 *Gemeinschaftliche Vereinbarungen*, veröffentlicht im Mai 2011, wurde Paragraph 3 geändert. Wendet ein Unternehmen IFRS 10 und IFRS 11 an, ist diese Änderung ebenfalls anzuwenden.

44P Durch IFRS 13, veröffentlicht im Mai 2011, wurden die Paragraphen 3, 28 und 29 sowie Anhang A geändert und die die Paragraphen 27–27B gestrichen. Wendet ein Unternehmen IFRS 13 an, sind diese Änderungen ebenfalls anzuwenden.

44Q Durch *Darstellung von Posten des sonstigen Ergebnisses* (Änderungen an IAS 1), veröffentlicht im Juni 2011, wurde Paragraph 27B geändert. Wendet ein Unternehmen IAS 1 in der im Juni 2011 geänderten Fassung an, ist diese Änderung ebenfalls anzuwenden.

44R Durch *Angaben – Saldierung von finanziellen Vermögenswerten und finanziellen Verbindlichkeiten* (Änderungen an IFRS 7), veröffentlicht im Dezember 2011, wurden die Paragraphen 13A–13F sowie B40–B53 eingefügt. Diese Änderungen sind auf Geschäftsjahre anzuwenden, die am oder nach dem 1. Januar 2013 beginnen. Die darin verlangten Angaben sind rückwirkend zu machen.

44S–44W [gestrichen]

44X Durch *Investmentgesellschaften* (Änderungen an IFRS 10, IFRS 12 und IAS 27), veröffentlicht im Oktober 2012, wurde Paragraph 3 geändert. Diese Änderung ist auf Geschäftsjahre anzuwenden, die am oder nach dem 1. Januar 2014 beginnen. Eine frühere Anwendung von *Investmentgesellschaften* (Investment Entities) ist zulässig. Wendet ein Unternehmen diese Änderung früher an, hat es alle in der Verlautbarung enthaltenen Änderungen gleichzeitig anzuwenden.

44Y [gestrichen]

44Z Durch IFRS 9, veröffentlicht im Juli 2014, wurden die Paragraphen 2–5, 8–11, 14, 20, 28–30, 36, 42C–42E, Anhang A und die Paragraphen B1, B5, B9, B10, B22 und B27 geändert, die Paragraphen 12, 12A, 16, 22–24, 37, 44E, 44F, 44H–44J, 44N, 44S–44W, 44Y, B4 und Anhang D gestrichen und die Paragraphen 5A, 10A, 11A, 11B, 12B–12D, 16A, 20A, 21A–21D, 22A–22C, 23A–23F, 24A–24G, 35A–35N, 42I–42S, 44ZA und B8A–B8J eingefügt. Wendet ein Unternehmen IFRS 9 an, hat es diese Änderungen ebenfalls anzuwenden. Auf Vergleichsinformationen für Perioden vor dem Zeitpunkt der erstmaligen Anwendung von IFRS 9 müssen diese Änderungen nicht angewendet werden.

44ZA Nach Paragraph 7.1.2 von IFRS 9 kann sich ein Unternehmen für Geschäftsjahre vor dem 1. Januar 2018 dafür entscheiden, nur die Vorschriften für die Darstellung der Gewinne und Verluste aus finanziellen Verbindlichkeiten, die als erfolgswirksam zum beizulegenden Zeitwert bewertet designiert sind, gemäß den Paragraphen 5.7.1 (c), 5.7.7–5.7.9, 7.2.14 und B5.7.5–B5.7.20 früher anzuwenden, die anderen Vorschriften von IFRS 9 aber nicht anzuwenden. Wenn sich ein Unternehmen dafür entscheidet, nur diese Paragraphen von IFRS 9 anzuwenden, hat es dies anzugeben und die in den Paragraphen 10–11 dieses IFRS (in der durch IFRS 9 (2010)geänderten Fassung) genannten zugehörigen Angaben fortlaufend zu machen.

---

1 Paragraph 44G wurde aufgrund der Verlautbarung *Begrenzte Befreiung erstmaliger Anwender von Vergleichsangaben nach IFRS 7* (Änderung an IFRS 1), veröffentlicht im Januar 2010, geändert. Diese Änderung wurde vom Board zur Klarstellung seiner Schlussfolgerungen und der beabsichtigten Übergangsvorschriften für *Verbesserte Angaben zu Finanzinstrumenten* (Änderungen an IFRS 7) vorgenommen.

Earlier application is permitted. If an entity applies the amendments for an earlier period, it shall disclose that fact[1].

[deleted] 44H–44J

Paragraph 44B was amended by *Improvements to IFRSs* issued in May 2010. An entity shall apply that amendment for annual periods beginning on or after 1 July 2010. Earlier application is permitted. 44K

Improvements to IFRSs issued in May 2010 added paragraph 32A and amended paragraphs 34 and 36—38. An entity shall apply those amendments for annual periods beginning on or after 1 January 2011. Earlier application is permitted. If an entity applies the amendments for an earlier period it shall disclose that fact. 44L

Disclosures—Transfers of Financial Assets (Amendments to IFRS 7), issued in October 2010, deleted paragraph 13 and added paragraphs 42A—42H and B29—B39. An entity shall apply those amendments for annual periods beginning on or after 1 July 2011. Earlier application is permitted. If an entity applies the amendments from an earlier date, it shall disclose that fact. An entity need not provide the disclosures required by those amendments for any period presented that begins before the date of initial application of the amendments. 44M

[deleted] 44N

IFRS 10 and IFRS 11 *Joint Arrangements*, issued in May 2011, amended paragraph 3. An entity shall apply that amendment when it applies IFRS 10 and IFRS 11. 44O

IFRS 13, issued in May 2011, amended paragraphs 3, 28, 29, B4 and B26 and Appendix A and deleted paragraphs 27—27B. An entity shall apply those amendments when it applies IFRS 13. 44P

Presentation of Items of Other Comprehensive Income (Amendments to IAS 1), issued in June 2011, amended paragraph 27B. An entity shall apply that amendment when it applies IAS 1 as amended in June 2011. 44Q

Disclosures—Offsetting Financial Assets and Financial Liabilities (Amendments to IFRS 7), issued in December 2011, added paragraphs 13A—13F and B40—B53. An entity shall apply those amendments for annual periods beginning on or after 1 January 2013. An entity shall provide the disclosures required by those amendments retrospectively. 44R

[deleted] 44S–44W

Investment Entities (Amendments to IFRS 10, IFRS 12 and IAS 27), issued in October 2012, amended paragraph 3. An entity shall apply that amendment for annual periods beginning on or after 1 January 2014. Earlier application of *Investment Entities* is permitted. If an entity applies that amendment earlier it shall also apply all amendments included in *Investment Entities* at the same time. 44X

[deleted] 44Y

IFRS 9, as issued in July 2014, amended paragraphs 2—5, 8—11, 14, 20, 28—30, 36, 42C—42E, Appendix A and paragraphs B1, B5, B9, B10, B22 and B27, deleted paragraphs 12, 12A, 16, 22—24, 37, 44E, 44F, 44H—44J, 44N, 44S—44W, 44Y, B4 and Appendix D and added paragraphs 5A, 10A, 11A, 11B, 12B—12D, 16A, 20A, 21A—21D, 22A—22C, 23A—23F, 24A—24G, 35A—35N, 42I—42S, 44ZA and B8A—B8J. An entity shall apply those amendments when it applies IFRS 9. Those amendments need not be applied to comparative information provided for periods before the date of initial application of IFRS 9. 44Z

In accordance with paragraph 7.1.2 of IFRS 9, for annual reporting periods prior to 1 January 2018, an entity may elect to early apply only the requirements for the presentation of gains and losses on financial liabilities designated as at fair value through profit or loss in paragraphs 5.7.1 (c), 5.7.7—5.7.9, 7.2.14 and B5.7.5—B5.7.20 of IFRS 9 without applying the other requirements in IFRS 9. If an entity elects to apply only those paragraphs of IFRS 9, it shall disclose that fact and provide on an ongoing basis the related disclosures set out in paragraphs 10—11 of this IFRS (as amended by IFRS 9 (2010)). 44ZA

1 Paragraph 44G was amended as a consequence of *Limited Exemption from Comparative IFRS 7 Disclosures for First-time Adopters* (Amendment to IFRS 1) issued in January 2010. The Board amended paragraph 44G to clarify its conclusions and intended transition for Improving Disclosures about Financial Instruments (Amendments to IFRS 7).

44AA Durch die *Jährlichen Verbesserungen an den IFRS, Zyklus 2012–2014*, veröffentlicht im September 2014, wurden die Paragraphen 44R und B30 geändert und Paragraph B30A eingefügt. Diese Änderungen sind rückwirkend gemäß IAS 8 *Rechnungslegungsmethoden, Änderungen von rechnungslegungsbezogenen Schätzungen und Fehler* auf Geschäftsjahre anzuwenden, die am oder nach dem 1. Januar 2016 beginnen; die Änderungen an den Paragraphen B30 und B30A müssen jedoch nicht auf Berichtsperioden angewandt werden, die vor dem Geschäftsjahr der erstmaligen Anwendung der Änderungen beginnen. Eine frühere Anwendung der Änderungen an den Paragraphen 44R, B30 und B30A ist zulässig. Wendet ein Unternehmen diese Änderungen früher an, hat es dies anzugeben.

44BB Durch *Angabeninitiative* (Änderungen an IAS 1), veröffentlicht im Dezember 2014, wurden die Paragraphen 21 und B5 geändert. Diese Änderungen sind auf Geschäftsjahre anzuwenden, die am oder nach dem 1. Januar 2016 beginnen. Eine frühere Anwendung ist zulässig.

44CC Durch IFRS 16 *Leasingverhältnisse*, veröffentlicht im Januar 2016, wurden die Paragraphen 29 und B11D geändert. Wendet ein Unternehmen IFRS 16 an, sind diese Änderungen ebenfalls anzuwenden.

44DD Durch IFRS 17, veröffentlicht im Mai 2017, wurden die Paragraphen 3, 8 und 29 geändert und Paragraph 30 gestrichen. Durch *Änderungen an IFRS 17*, veröffentlicht im Juni 2020, wurde Paragraph 3 weiter geändert. Wendet ein Unternehmen IFRS 17 an, sind diese Änderungen ebenfalls anzuwenden.

44EE Durch *Reform der Referenzzinssätze* (Änderungen an IFRS 9, IAS 39 und IFRS 7), veröffentlicht im September 2019, wurden die Paragraphen 24H und 44FF eingefügt. Wendet ein Unternehmen die Änderungen an IFRS 9 oder IAS 39 an, sind diese Änderungen ebenfalls anzuwenden.

44FF In dem Berichtszeitraum, in dem ein Unternehmen erstmals *Reform der Referenzzinssätze*, veröffentlicht im September 2019, anwendet, muss das Unternehmen die in Paragraph 28 (f) von IAS 8 *Rechnungslegungsmethoden, Änderungen von rechnungslegungsbezogenen Schätzungen und Fehler* verlangten quantitativen Angaben nicht darstellen.

44GG Durch *Reform der Referenzzinssätze – Phase 2* (Änderungen an IFRS 9, IAS 39, IFRS 7, IFRS 4 und IFRS 16), veröffentlicht im August 2020, wurden die Paragraphen 24I–24J und 44HH eingefügt. Wenn ein Unternehmen die Änderungen an IFRS 9, IAS 39, IFRS 4 oder IFRS 16 anwendet, sind auch diese Änderungen anzuwenden.

44HH In der Berichtsperiode, in der ein Unternehmen erstmals *Reform der Referenzzinssätze – Phase 2* anwendet, muss es die in Paragraph 28 (f) von IAS 8 verlangten Angaben nicht machen.

44II Mit der Verlautbarung *Angabe von Bilanzierungs- und Bewertungsmethoden*, veröffentlicht im Februar 2021, mit der IAS 1 und das IFRS-Leitliniendokument 2 *Fällen von Wesentlichkeitsentscheidungen* geändert werden, wurden die Paragraphen 21 und B5 geändert. Diese Änderung ist auf Geschäftsjahre anzuwenden, die am oder nach dem 1. Januar 2023 beginnen. Eine frühere Anwendung ist zulässig. Wendet ein Unternehmen die Änderung auf ein früheres Geschäftsjahr an, hat es dies anzugeben.

44JJ Mit der im Mai 2023 veröffentlichten Verlautbarung *Lieferantenfinanzierungsvereinbarungen*, mit der auch IAS 7 geändert wurde, wird Paragraph B11F geändert. Wendet ein Unternehmen die Änderungen an IAS 7 an, ist diese Änderung ebenfalls anzuwenden.

44LL Mit den im Mai 2024 veröffentlichten *Änderungen an der Einstufung und Bewertung von Finanzinstrumenten* wurden die Paragraphen 20B, 20C und 20D hinzugefügt und die Paragraphen 11A und 11B geändert. Wenn ein Unternehmen die Änderungen an IFRS 9 anwendet, sind nach IFRS 9 Paragraph 7.1.12-7.1.13 auch diese Änderungen anzuwenden. Beschließt ein Unternehmen, gemäß IFRS 9 Paragraph 7.1.13 (b) nur die Änderungen der Anwendungsleitlinien zu Abschnitt 4.1 von IFRS 9 (Einstufung finanzieller Vermögenswerte) auf ein früheres Geschäftsjahr anzuwenden, hat es gleichzeitig auch die Paragraphen 20B, 20C und 20D dieses Standards anzuwenden. In jedem Fall müssen die aufgrund der Änderungen erforderlichen Angaben nicht für Geschäftsjahre gemacht werden, die vor dem Zeitpunkt der erstmaligen Anwendung dieser Änderungen liegen.

44MM In dem Geschäftsjahr, in dem ein Unternehmen erstmals die *Änderungen an der Einstufung und Bewertung von Finanzinstrumenten* anwendet, muss es die nach IAS 8 Paragraph 28 (f) erforderlichen Angaben nicht machen.

44NN Durch die *Jährlichen Verbesserungen an den IFRS-Rechnungslegungsstandards – Band 11*, veröffentlicht im Juli 2024, wurde Paragraph B38 geändert. Diese Änderungen sind auf Geschäftsjahre anzuwenden, die am oder nach dem 1. Januar 2026 beginnen. Eine frühere Anwendung ist zulässig. Wendet ein Unternehmen diese Änderungen auf eine frühere Periode an, hat es dies anzugeben.

44OO Durch die Verlautbarung *Verträge, die sich auf naturabhängigen Strom beziehen*, veröffentlicht im Dezember 2024, mit der auch IFRS 9 geändert wurde, wurden die Paragraphen 5B–5D, 30A–30C und 44PP eingefügt. Ein Unternehmen hat diese Paragraphen anzuwenden, wenn es die Änderungen an IFRS 9 anwendet. Wenn ein Unternehmen bei der erstmaligen Anwendung der Änderungen an IFRS 9 gemäß Paragraph 7.2.51 des genannten Standards Vergleichsinformationen nicht anpasst, hat es für die in den Paragraphen 30A–30C verlangten Angaben auch keine Vergleichsinformationen vorzulegen. Auch ein Unternehmen, das IFRS 19 *Tochterunternehmen ohne öffentliche Rechenschaftspflicht: Angaben* anwendet, hat für die in den Paragraphen 64A–64C verlangten Angaben keine Vergleichsinformationen vorzulegen.

Annual Improvements to IFRSs 2012—2014 Cycle, issued in September 2014, amended paragraphs 44R and B30 and added paragraph B30A. An entity shall apply those amendments retrospectively in accordance with IAS 8 *Accounting Policies, Changes in Accounting Estimates and Errors* for annual periods beginning on or after 1 January 2016, except that an entity need not apply the amendments to paragraphs B30 and B30A for any period presented that begins before the annual period for which the entity first applies those amendments. Earlier application of the amendments to paragraphs 44R, B30 and B30A is permitted. If an entity applies those amendments for an earlier period it shall disclose that fact. **44AA**

Disclosure Initiative (Amendments to IAS 1), issued in December 2014, amended paragraphs 21 and B5. An entity shall apply those amendments for annual periods beginning on or after 1 January 2016. Earlier application of those amendments is permitted. **44BB**

IFRS 16 *Leases*, issued in January 2016, amended paragraphs 29 and B11D. An entity shall apply those amendments when it applies IFRS 16. **44CC**

IFRS 17, issued in May 2017, amended paragraphs 3, 8 and 29 and deleted paragraph 30. *Amendments to IFRS 17*, issued in June 2020, further amended paragraph 3. An entity shall apply those amendments when it applies IFRS 17. **44DD**

Interest Rate Benchmark Reform, which amended IFRS 9, IAS 39 and IFRS 7, issued in September 2019, added paragraphs 24H and 44FF. An entity shall apply these amendments when it applies the amendments to IFRS 9 or IAS 39. **44EE**

In the reporting period in which an entity first applies *Interest Rate Benchmark Reform*, issued in September 2019, an entity is not required to present the quantitative information required by paragraph 28 (f) of IAS 8 *Accounting Policies, Changes in Accounting Estimates and Errors*. **44FF**

Interest Rate Benchmark Reform—Phase 2, which amended IFRS 9, IAS 39, IFRS 7, IFRS 4 and IFRS 16, issued in August 2020, added paragraphs 24I—24J and 44HH. An entity shall apply these amendments when it applies the amendments to IFRS 9, IAS 39, IFRS 4 or IFRS 16. **44GG**

In the reporting period in which an entity first applies *Interest Rate Benchmark Reform—Phase 2*, an entity is not required to disclose the information that would otherwise be required by paragraph 28 (f) of IAS 8. **44HH**

Disclosure of Accounting Policies, which amends IAS 1 and IFRS Practice Statement 2 *Making Materiality Judgements*, and was issued in February 2021, amended paragraphs 21 and B5. An entity shall apply that amendment for annual reporting periods beginning on or after 1 January 2023. Earlier application is permitted. If an entity applies the amendment for an earlier period, it shall disclose that fact. **44II**

Supplier Finance Arrangements, issued in May 2023, which also amended IAS 7, amended paragraph B11F. An entity shall apply that amendment when it applies the amendments to IAS 7. **44JJ**

Amendments to the Classification and Measurement of Financial Instruments, issued in May 2024, added paragraphs 20B, 20C and 20D and amended paragraphs 11A and 11B. An entity shall apply these amendments when it applies the amendments to IFRS 9 in accordance with paragraphs 7.1.12—7.1.13 of IFRS 9. If an entity elects to apply only the amendments to the Application Guidance to Section 4.1 of IFRS 9 (Classification of financial assets) for an earlier period in accordance with paragraph 7.1.13 (b) of IFRS 9, the entity shall also apply paragraphs 20B, 20C and 20D of this Standard at the same time. In either case, the entity need not provide the disclosures required by the amendments for any period presented before the date of its initial application of the amendments. **44LL**

In the reporting period in which an entity first applies *Amendments to the Classification and Measurement of Financial Instruments*, the entity is not required to disclose the information that would otherwise be required by paragraph 28 (f) of IAS 8. **44MM**

Annual Improvements to IFRS Accounting Standards – Volume 11, issued in July 2024, amended paragraph B38. An entity shall apply those amendments for annual reporting periods beginning on or after 1 January 2026. Earlier application is permitted. If an entity applies those amendments for an earlier period, it shall disclose that fact. **44NN**

Contracts Referencing Nature-dependent Electricity, issued in December 2024, which also amended IFRS 9, added paragraphs 5B—5D, 30A—30C and 44PP. An entity shall apply these paragraphs when it applies the amendments to IFRS 9. If an entity does not restate comparative information when it first applies the amendments to IFRS 9 in accordance with paragraph 7.2.51 of that Standard, the entity shall not provide comparative information for the disclosures required by paragraphs 30A—30C. Similarly, an entity that applies IFRS 19 Subsidiaries without Public Accountability: Disclosures shall not provide comparative information for the disclosures required by paragraphs 64A—64C. **44OO**

44PP In der Berichtsperiode, in der ein Unternehmen erstmals *Verträge, die sich auf naturabhängigen Strom beziehen*, anwendet, muss es die quantitativen Angaben, die andernfalls gemäß Paragraph 28 (f) von IAS 8 erforderlich wären, nicht machen. Auch ein Unternehmen, das IFRS 19 anwendet, muss die quantitativen Angaben, die andernfalls nach Paragraph 178 (f) von IFRS 19 erforderlich wären, nicht machen.

RÜCKNAHME VON IAS 30

45 Dieser IFRS ersetzt IAS 30 *Angaben im Abschluss von Banken und ähnlichen Finanzinstitutionen.*

ANHANG A: Definitionen

Dieser Anhang ist integraler Bestandteil des IFRS.

Ausfallrisiko	Die Gefahr, dass ein Vertragspartner bei einem Geschäft über ein Finanzinstrument bei dem anderen Partner finanzielle Verluste verursacht, indem er seinen Verpflichtungen nicht nachkommt.
Ausfallrisiko-Ratingklassen	Rating des Ausfallrisikos basierend auf dem Risiko eines Ausfalls bei dem Finanzinstrument.
Währungsrisiko	Das Risiko, dass sich der beizulegende Zeitwert oder die künftigen Zahlungsströme aus einem Finanzinstrument aufgrund von Wechselkursänderungen verändern.
Zinsänderungsrisiko	Das Risiko, dass sich der beizulegende Zeitwert oder die künftigen Zahlungsströme aus einem Finanzinstrument aufgrund von Marktzinsschwankungen verändern.
Liquiditätsrisiko	Das Risiko, dass ein Unternehmen möglicherweise nicht in der Lage ist, die im Zusammenhang mit den finanziellen Verbindlichkeiten eingegangenen Verpflichtungen durch Lieferung von Zahlungsmitteln oder anderen finanziellen Vermögenswerten zu erfüllen.
Darlehensverbindlichkeiten	Darlehensverbindlichkeiten sind finanzielle Verbindlichkeiten mit Ausnahme kurzfristiger Verbindlichkeiten aus Lieferungen und Leistungen, die den üblichen Zahlungsfristen unterliegen.
Marktrisiko	Das Risiko, dass sich der beizulegende Zeitwert oder die künftigen Zahlungsströme aus einem Finanzinstrument aufgrund von Marktpreisschwankungen verändern. Das Marktrisiko beinhaltet drei Arten von Risiken: **Währungsrisiko**, **Zinsänderungsrisiko** und **sonstiges Preisrisiko**.
Sonstiges Preisrisiko	Das Risiko, dass sich der beizulegende Zeitwert oder die künftigen Zahlungsströme aus einem Finanzinstrument aufgrund von Marktpreisschwankungen (mit Ausnahme solcher, die durch das **Zinsänderungs**- oder **Währungsrisiko** hervorgerufen werden) verändern, sei es, dass diese Änderungen durch spezifische Faktoren des einzelnen Finanzinstruments oder seinem Emittenten oder durch Faktoren, die sich auf alle am Markt gehandelten ähnlichen Finanzinstrumente auswirken, bedingt sind.

Die folgenden Begriffe sind in Paragraph 11 von IAS 32, Paragraph 9 von IAS 39, Anhang A von IFRS 9 oder Anhang A von IFRS 13 definiert und werden im vorliegenden IFRS in der in IAS 32, IAS 39, IFRS 9 bzw. IFRS 13 angegebenen Bedeutung verwendet:

- Fortgeführte Anschaffungskosten eines finanziellen Vermögenswerts oder einer finanziellen Verbindlichkeit,
- Vertragsvermögenswert,
- Finanzielle Vermögenswerte mit beeinträchtigter Bonität,
- Ausbuchung,
- Derivat,
- Dividenden,
- Effektivzinsmethode,
- Eigenkapitalinstrument,
- Erwartete Kreditverluste,
- Beizulegender Zeitwert,
- Finanzieller Vermögenswert,
- Finanzielle Garantie,
- Finanzinstrument,
- Finanzielle Verbindlichkeit,
- Erfolgswirksam zum beizulegenden Zeitwert bewertete finanzielle Verbindlichkeit,

In the reporting period in which an entity first applies *Contracts Referencing Nature-dependent Electricity*, the entity need not disclose the quantitative information that would otherwise be required by paragraph 28 (f) of IAS 8. Similarly, an entity that applies IFRS 19 need not disclose the quantitative information that would otherwise be required by paragraph 178 (f) of IFRS 19. **44PP**

WITHDRAWAL OF IAS 30

This IFRS supersedes IAS 30 *Disclosures in the financial statements of banks and similar financial institutions.* **45**

APPENDIX A: Defined terms

This appendix is an integral part of the IFRS.

Credit risk	The risk that one party to a financial instrument will cause a financial loss for the other party by failing to discharge an obligation.
Credit risk rating grades	Rating of credit risk based on the risk of a default occurring on the financial instrument.
Currency risk	The risk that the fair value or future cash flows of a financial instrument will fluctuate because of changes in foreign exchange rates.
Interest rate risk	The risk that the fair value or future cash flows of a financial instrument will fluctuate because of changes in market interest rates.
Liquidity risk	The risk that an entity will encounter difficulty in meeting obligations associated with financial liabilities that are settled by delivering cash or another financial asset.
Loans payable	Loans payable are financial liabilities, other than short-term trade payables on normal credit terms.
Market risk	The risk that the fair value or future cash flows of a financial instrument will fluctuate because of changes in market prices. Market risk comprises three types of risk: **currency risk, interest rate risk** and **other price risk**.
Other price risk	The risk that the fair value or future cash flows of a financial instrument will fluctuate because of changes in market prices (other than those arising from **interest rate risk** or **currency risk**), whether those changes are caused by factors specific to the individual financial instrument or its issuer, or by factors affecting all similar financial instruments traded in the market.

The following terms are defined in paragraph 11 of IAS 32, paragraph 9 of IAS 39, Appendix A of IFRS 9 or Appendix A of IFRS 13 and are used in this IFRS with the meaning specified in IAS 32, IAS 39, IFRS 9 and IFRS 13.

— amortised cost of a financial asset or financial liability
— contract asset
— credit-impaired financial assets
— derecognition
— derivative
— dividends
— effective interest method
— equity instrument
— expected credit losses
— fair value
— financial asset
— financial guarantee contract
— financial instrument
— financial liability
— financial liability at fair value through profit or loss

- Erwartete Transaktion,
- Bruttobuchwert eines finanziellen Vermögenswerts,
- Sicherungsinstrument,
- Zu Handelszwecken gehalten,
- Wertminderungsaufwand oder -ertrag,
- Wertberichtigung,
- Überfällig,
- Finanzielle Vermögenswerte mit bereits bei Erwerb oder Ausreichung beeinträchtigter Bonität,
- Zeitpunkt der Neueinstufung,
- Marktüblicher Kauf oder Verkauf.

ANHANG B: Anwendungsleitlinien

Dieser Anhang ist integraler Bestandteil des IFRS.

Klassen von Finanzinstrumenten und Umfang der Angabepflichten (Paragraph 6)

B1 Nach Paragraph 6 muss ein Unternehmen Finanzinstrumente in Klassen einordnen, die der Art der veröffentlichten Angaben angemessen sind und den Eigenschaften dieser Finanzinstrumente Rechnung tragen. Die in Paragraph 6 beschriebenen Klassen werden vom Unternehmen bestimmt und unterscheiden sich somit von den in IFRS 9 genannten Kategorien von Finanzinstrumenten (in denen festgelegt ist, wie Finanzinstrumente bewertet werden und wie die Änderungen des beizulegenden Zeitwerts erfasst werden).

B2 Bei der Bestimmung von Klassen von Finanzinstrumenten hat ein Unternehmen zumindest

(a) zwischen Finanzinstrumenten, die zu fortgeführten Anschaffungskosten, und Finanzinstrumenten, die zum beizulegenden Zeitwert bewertet werden, zu unterscheiden,

(b) die nicht unter diesen IFRS fallenden Finanzinstrumente als gesonderte Klasse(n) zu behandeln.

B3 Ein Unternehmen entscheidet angesichts der individuellen Umstände, wie viele Details es angibt, um die Vorschriften dieses IFRS zu erfüllen, wie viel Gewicht es auf die verschiedenen Aspekte dieser Vorschriften legt und wie es Informationen zusammenfasst, um das Gesamtbild darzustellen, ohne dabei Informationen mit unterschiedlichen Eigenschaften zu kombinieren. Es ist notwendig abzuwägen zwischen einer Überfrachtung des Abschlusses mit übermäßigen Details, die dem Abschlussadressaten möglicherweise wenig nutzen, und der Überdeckung wichtiger Informationen durch zu große Verdichtung. So darf ein Unternehmen beispielsweise wichtige Informationen nicht dadurch überdecken, dass es sie unter zahlreichen unbedeutenden Details aufführt. Auch darf ein Unternehmen Informationen nicht so zusammenfassen, dass wichtige Unterschiede zwischen einzelnen Geschäftsvorfällen oder damit verbundenen Risiken überdeckt werden.

B4 [gestrichen]

Weitere Angaben – Rechnungslegungsmethoden (Paragraph 21)

B5 In Paragraph 21 werden wesentliche Angaben zu den Rechnungslegungsmethoden verlangt, wozu Informationen über die bei der Erstellung des Abschlusses herangezogene(n) Bewertungsgrundlage(n) für Finanzinstrumente zählen dürften. Für Finanzinstrumente können diese Angaben folgende Informationen umfassen:

(a) bei finanziellen Verbindlichkeiten, die als erfolgswirksam zum beizulegenden Zeitwert bewertet designiert sind,

(i) die Art der finanziellen Verbindlichkeiten, die das Unternehmen als erfolgswirksam zum beizulegenden Zeitwert bewertet designiert hat,

(ii) die Kriterien für eine solche Designation dieser finanziellen Verbindlichkeiten beim erstmaligen Ansatz und

(iii) wie das Unternehmen die in Paragraph 4.2.2 von IFRS 9 genannten Bedingungen für eine solche Designation erfüllt hat.

(aa) bei finanziellen Vermögenswerten, die als erfolgswirksam zum beizulegenden Zeitwert bewertet designiert sind,

(i) die Art der finanziellen Vermögenswerte, die das Unternehmen als erfolgswirksam zum beizulegenden Zeitwert bewertet designiert hat, und

(ii) wie das Unternehmen die in Paragraph 4.1.5 von IFRS 9 genannten Kriterien für eine solche Designation erfüllt hat.

(b) [gestrichen]

(c) ob ein marktüblicher Kauf oder Verkauf von finanziellen Vermögenswerten zum Handelstag oder zum Erfüllungstag bilanziert wird (siehe Paragraph 3.1.2 von IFRS 9).

(d) [gestrichen]

(e) wie Nettogewinne oder -verluste aus jeder Kategorie von Finanzinstrumenten bestimmt werden (siehe Paragraph 20 (a)), ob beispielsweise die Nettogewinne oder -verluste aus Posten, die erfolgswirksam zum beizulegenden Zeitwert bewertet werden, Zins- oder Dividendenerträge enthalten.

(f)–(g) [gestrichen]

— forecast transaction
— gross carrying amount
— hedging instrument
— held for trading
— impairment gains or losses
— loss allowance
— past due
— purchased or originated credit-impaired financial assets
— reclassification date
— regular way purchase or sale.

APPENDIX B: Application Guidance

This appendix is an integral part of the IFRS.

Classes of financial instruments and level of disclosure (paragraph 6)

Paragraph 6 requires an entity to group financial instruments into classes that are appropriate to the nature of the information disclosed and that take into account the characteristics of those financial instruments. The classes described in paragraph 6 are determined by the entity and are, thus, distinct from the categories of financial instruments specified in IFRS 9 (which determine how financial instruments are measured and where changes in fair value are recognised). **B1**

In determining classes of financial instrument, an entity shall, at a minimum: **B2**
(a) distinguish instruments measured at amortised cost from those measured at fair value;
(b) treat as a separate class or classes those financial instruments outside the scope of this IFRS.

An entity decides, in the light of its circumstances, how much detail it provides to satisfy the requirements of this IFRS, how much emphasis it places on different aspects of the requirements and how it aggregates information to display the overall picture without combining information with different characteristics. It is necessary to strike a balance between overburdening financial statements with excessive detail that may not assist users of financial statements and obscuring important information as a result of too much aggregation. For example, an entity shall not obscure important information by including it among a large amount of insignificant detail. Similarly, an entity shall not disclose information that is so aggregated that it obscures important differences between individual transactions or associated risks. **B3**

[deleted] **B4**

Other disclosure — accounting policies (paragraph 21)

Paragraph 21 requires disclosure of material accounting policy information, which is expected to include information about the measurement basis (or bases) for financial instruments used in preparing the financial statements. For financial instruments, such disclosure may include: **B5**
(a) for financial liabilities designated as at fair value through profit or loss:
  (i) the nature of the financial liabilities the entity has designated as at fair value through profit or loss;
  (ii) the criteria for so designating such financial liabilities on initial recognition; and
  (iii) how the entity has satisfied the conditions in paragraph 4.2.2 of IFRS 9 for such designation.
(aa) for financial assets designated as measured at fair value through profit or loss:
  (i) the nature of the financial assets the entity has designated as measured at fair value through profit or loss; and
  (ii) how the entity has satisfied the criteria in paragraph 4.1.5 of IFRS 9 for such designation.
(b) [deleted]
(c) whether regular way purchases and sales of financial assets are accounted for at trade date or at settlement date (see paragraph 3.1.2 of IFRS 9).
(d) [deleted]
(e) how net gains or net losses on each category of financial instrument are determined (see paragraph 20 (a)), for example, whether the net gains or net losses on items at fair value through profit or loss include interest or dividend income;
(f)–(g) [deleted]

Paragraph 122 von IAS 1 (in der 2007 überarbeiteten Fassung) verlangt ferner, dass Unternehmen zusammen mit den wesentlichen Angaben zu Rechnungslegungsmethoden oder sonstigen Erläuterungen auch über Ermessensentscheidungen Auskunft geben (mit Ausnahme solcher, bei denen Schätzungen eingeflossen sind), die das Management bei der Anwendung der Rechnungslegungsmethoden getroffen hat und die die Beträge im Abschluss am Wesentlichsten beeinflussen.

Art und Ausmaß von Risiken, die sich aus Finanzinstrumenten ergeben (Paragraphen 31–42)

B6 Die in den Paragraphen 31–42 verlangten Angaben sind entweder im Abschluss oder mittels eines Querverweises vom Abschluss zu einer anderen Verlautbarung zu machen, wie beispielsweise einem Lage- oder Risikobericht, der den Abschlussadressaten zu denselben Bedingungen und zur selben Zeit wie der Abschluss zur Verfügung steht. Ohne die durch einen Querverweis eingebrachten Informationen ist der Abschluss unvollständig.

Quantitative Angaben (Paragraph 34)

B7 Paragraph 34 (a) verlangt zusammengefasste quantitative Daten über die Risiken, denen ein Unternehmen ausgesetzt ist, die auf den Informationen beruhen, die dem Management in Schlüsselpositionen des Unternehmens intern erteilt werden. Setzt ein Unternehmen verschiedene Methoden zur Risikosteuerung ein, hat es die Angaben zu machen, die es durch die Methode(n), die die relevantesten und verlässlichsten Informationen liefern, erhalten hat. In IAS 8 *Rechnungslegungsmethoden, Änderungen von rechnungslegungsbezogenen Schätzungen und Fehler* werden Relevanz und Zuverlässigkeit erörtert.

B8 In Paragraph 34 (c) werden Angaben über Risikokonzentrationen verlangt. Risikokonzentrationen entstehen bei Finanzinstrumenten mit ähnlichen Merkmalen, die ähnlich auf wirtschaftliche und sonstige Änderungen reagieren. Die Identifizierung von Risikokonzentrationen verlangt eine Ermessensausübung, bei der die individuellen Umstände des Unternehmens berücksichtigt werden. Die Angaben über Risikokonzentrationen umfassen

(a) eine Beschreibung der Art und Weise, wie das Management die Konzentrationen ermittelt,

(b) eine Beschreibung des gemeinsamen Merkmals, das für jede Risikokonzentration charakteristisch ist (z. B. Vertragspartner, geografisches Gebiet, Währung oder Markt), und

(c) den Gesamtbetrag der Risikoposition aller Finanzinstrumente, die dieses gemeinsame Merkmal aufweisen.

Ausfallrisikosteuerung (Paragraphen 35F–35G)

B8A Paragraph 35F (b) verlangt Angaben darüber, wie ein Unternehmen den Ausfall bei verschiedenen Finanzinstrumenten definiert hat und aus welchen Gründen diese Definitionen gewählt wurden. Nach Paragraph 5.5.9 von IFRS 9 basiert die Bestimmung, ob über die Laufzeit erwartete Kreditverluste anzusetzen sind, darauf, ob sich das Risiko eines Ausfalls seit dem erstmaligen Ansatz erhöht hat. Die Informationen über die Ausfalldefinitionen eines Unternehmens, die den Abschlussadressaten dabei helfen, sich ein Bild davon zu machen, wie ein Unternehmen die Vorschriften von IFRS 9 zu erwarteten Kreditverlusten angewandt hat, können Folgendes umfassen:

(a) die qualitativen und quantitativen Faktoren, die bei der Ausfalldefinition berücksichtigt wurden,

(b) ob auf verschiedene Arten von Finanzinstrumenten unterschiedliche Definitionen angewandt wurden, und

(c) Annahmen hinsichtlich der Gesundungsrate (d. h. der Anzahl der finanziellen Vermögenswerte, die erneut bedient werden), nachdem bei dem finanziellen Vermögenswert ein Ausfall eingetreten ist.

B8B Um den Abschlussadressaten bei der Beurteilung der Umschuldungs- und Änderungsrichtlinien eines Unternehmens zu helfen, werden in Paragraph 35F (f) (i) Informationen darüber verlangt, wie ein Unternehmen den Umfang überwacht, in dem die bislang gemäß Paragraph 35F (f) (i) angegebene Wertberichtigung bei finanziellen Vermögenswerten später in Höhe der über die Laufzeit erwarteten Kreditverluste gemäß Paragraph 5.5.3 von IFRS 9 bemessen wird. Quantitative Informationen, die den Abschlussadressaten zu verstehen helfen, warum sich das Ausfallrisiko bei geänderten finanziellen Vermögenswerten anschließend erhöht, können Informationen über geänderte finanzielle Vermögenswerte umfassen, die die Kriterien in Paragraph 35F (f) (i) erfüllen und bei denen die Wertberichtigung erneut in Höhe der über die Laufzeit erwarteten Kreditverluste bemessen wird (Verschlechterungsrate).

B8C Paragraph 35G (a) verlangt Angaben zur Grundlage der Eingangsparameter, Annahmen und Schätzverfahren, die zur Anwendung der Wertminderungsvorschriften von IFRS 9 herangezogen wurden. Die Annahmen und Eingangsparameter, die ein Unternehmen zur Bemessung der erwarteten Kreditverluste oder zur Bestimmung des Ausmaßes von Erhöhungen des Ausfallrisikos seit dem erstmaligen Ansatz herangezogen hat, können Informationen, die aus internen historischen Informationen oder Ratingberichten stammen, sowie Annahmen bezüglich der erwarteten Laufzeit von Finanzinstrumenten und des Zeitpunkts des Verkaufs von Sicherheiten beinhalten.

Änderungen der Wertberichtigung (Paragraph 35H)

B8D Nach Paragraph 35H muss ein Unternehmen die Gründe für Änderungen an der Wertberichtigung in der Periode erläutern. Zusätzlich zur Überleitungsrechnung von den Anfangs- auf die Schlusssalden der Wertberichtigung müssen die Änderungen möglicherweise weitergehend erläutert werden. Diese Erläuterung kann eine Analyse der Gründe für Änderungen der Wertberichtigung während der Periode beinhalten, einschließlich

(a) der Zusammensetzung des Portfolios,

Paragraph 122 of IAS 1 (as revised in 2007) also requires entities to disclose, along with material accounting policy information or other notes, the judgements, apart from those involving estimations, that management has made in the process of applying the entity's accounting policies and that have the most significant effect on the amounts recognised in the financial statements.

Nature And Extent Of Risks Arising From Financial Instruments (Paragraphs 31—42)

The disclosures required by paragraphs 31—42 shall be either given in the financial statements or incorporated by cross-reference from the financial statements to some other statement, such as a management commentary or risk report, that is available to users of the financial statements on the same terms as the financial statements and at the same time. Without the information incorporated by cross-reference, the financial statements are incomplete. **B6**

Quantitative disclosures (paragraph 34)

Paragraph 34 (a) requires disclosures of summary quantitative data about an entity's exposure to risks based on the information provided internally to key management personnel of the entity. When an entity uses several methods to manage a risk exposure, the entity shall disclose information using the method or methods that provide the most relevant and reliable information. IAS 8 *Accounting policies, changes in accounting estimates and errors* discusses relevance and reliability. **B7**

Paragraph 34 (c) requires disclosures about concentrations of risk. Concentrations of risk arise from financial instruments that have similar characteristics and are affected similarly by changes in economic or other conditions. The identification of concentrations of risk requires judgement taking into account the circumstances of the entity. Disclosure of concentrations of risk shall include: **B8**
(a) a description of how management determines concentrations;
(b) a description of the shared characteristic that identifies each concentration (e.g. counterparty, geographical area, currency or market); and
(c) the amount of the risk exposure associated with all financial instruments sharing that characteristic.

Credit risk management practices (paragraphs 35F—35G)

Paragraph 35F (b) requires the disclosure of information about how an entity has defined default for different financial instruments and the reasons for selecting those definitions. In accordance with paragraph 5.5.9 of IFRS 9, the determination of whether lifetime expected credit losses should be recognised is based on the increase in the risk of a default occurring since initial recognition. Information about an entity's definitions of default that will assist users of financial statements in understanding how an entity has applied the expected credit loss requirements in IFRS 9 may include: **B8A**
(a) the qualitative and quantitative factors considered in defining default;
(b) whether different definitions have been applied to different types of financial instruments; and
(c) assumptions about the cure rate (ie the number of financial assets that return to a performing status) after a default occurred on the financial asset.

To assist users of financial statements in evaluating an entity's restructuring and modification policies, paragraph 35F (f) (i) requires the disclosure of information about how an entity monitors the extent to which the loss allowance on financial assets previously disclosed in accordance with paragraph 35F (f) (i) are subsequently measured at an amount equal to lifetime expected credit losses in accordance with paragraph 5.5.3 of IFRS 9. Quantitative information that will assist users in understanding the subsequent increase in credit risk of modified financial assets may include information about modified financial assets meeting the criteria in paragraph 35F (f) (i) for which the loss allowance has reverted to being measured at an amount equal to lifetime expected credit losses (ie a deterioration rate). **B8B**

Paragraph 35G (a) requires the disclosure of information about the basis of inputs and assumptions and the estimation techniques used to apply the impairment requirements in IFRS 9. An entity's assumptions and inputs used to measure expected credit losses or determine the extent of increases in credit risk since initial recognition may include information obtained from internal historical information or rating reports and assumptions about the expected life of financial instruments and the timing of the sale of collateral. **B8C**

Changes in the loss allowance (paragraph 35H)

In accordance with paragraph 35H, an entity is required to explain the reasons for the changes in the loss allowance during the period. In addition to the reconciliation from the opening balance to the closing balance of the loss allowance, it may be necessary to provide a narrative explanation of the changes. This narrative explanation may include an analysis of the reasons for changes in the loss allowance during the period, including: **B8D**
(a) the portfolio composition;

(b) des Volumens der erworbenen oder ausgereichten Finanzinstrumente und
(c) der Schwere der erwarteten Kreditverluste.

B8E Bei Kreditzusagen und finanziellen Garantien wird die Wertberichtigung als Rückstellung angesetzt. Ein Unternehmen sollte Informationen über Änderungen der Wertberichtigung für finanzielle Vermögenswerte getrennt von denjenigen für Kreditzusagen und finanzielle Garantien angeben. Wenn ein Finanzinstrument jedoch sowohl eine Kreditkomponente (d. h. einen finanziellen Vermögenswert) als auch eine nicht in Anspruch genommene Zusagekomponente (d. h. eine Kreditzusage) umfasst und das Unternehmen die erwarteten Kreditverluste bei der aus der Kreditzusage bestehenden Komponente nicht getrennt von denjenigen bei der aus dem finanziellen Vermögenswert bestehenden Komponente bestimmen kann, sollten die erwarteten Kreditverluste aus der Kreditzusage zusammen mit der Wertberichtigung für den finanziellen Vermögenswert erfasst werden. Sofern diese beiden zusammengenommen den Bruttobuchwert des finanziellen Vermögenswerts überschreiten, sollten die erwarteten Kreditverluste als Rückstellung erfasst werden.

Sicherheiten (Paragraph 35K)

B8F Die in Paragraph 35K verlangten Angaben sollen die Abschlussadressaten in die Lage versetzen, die Auswirkungen von Sicherheiten und anderen Kreditbesicherungen auf die Höhe der erwarteten Kreditverluste zu verstehen. Ein Unternehmen muss weder Angaben zum beizulegenden Zeitwert von Sicherheiten und anderen Kreditbesicherungen machen noch den exakten Wert der Sicherheiten, der in die Berechnung der erwarteten Kreditverluste eingeflossen ist (d. h. die Verlustquote bei Ausfall), beziffern.

B8G Eine Beschreibung der Sicherheiten und ihrer Auswirkung auf die Höhe der erwarteten Kreditverluste könnte folgende Informationen beinhalten:
(a) die wichtigsten Arten der gehaltenen Sicherheiten und anderen Kreditbesicherungen (Beispiele für Letztere sind Garantien, Kreditderivate und Aufrechnungsvereinbarungen, die die Saldierungskriterien gemäß IAS 32 nicht erfüllen),
(b) das Volumen der gehaltenen Sicherheiten und anderen Kreditbesicherungen und deren Signifikanz im Hinblick auf die Wertberichtigung,
(c) die Richtlinien und Prozesse für die Bewertung und Steuerung von Sicherheiten und anderen Kreditbesicherungen,
(d) die wichtigsten Arten von Vertragsparteien bei Sicherheiten und anderen Kreditbesicherungen und deren Bonität und
(e) Informationen über die Risikokonzentrationen innerhalb der Sicherheiten und anderen Kreditbesicherungen.

Ausfallrisiko (Paragraphen 35M–35N)

B8H In Paragraph 35M werden Angaben zur Ausfallrisikoposition eines Unternehmens sowie zu signifikanten Ausfallrisikokonzentrationen zum Abschlussstichtag verlangt. Eine Ausfallrisikokonzentration liegt vor, wenn mehrere Vertragsparteien in einem geografischen Gebiet angesiedelt oder in ähnlichen Tätigkeitsfeldern engagiert sind und ähnliche wirtschaftliche Merkmale aufweisen, sodass ihre Fähigkeit, ihren vertraglichen Pflichten nachzukommen, im Falle von Änderungen der wirtschaftlichen oder sonstigen Bedingungen in ähnlicher Weise betroffen wären. Die von einem Unternehmen bereitgestellten Informationen sollten den Abschlussadressaten zu verstehen helfen, ob es Gruppen oder Portfolios von Finanzinstrumenten mit besonderen Merkmalen gibt, die sich auf einen Großteil dieser Gruppe von Finanzinstrumenten auswirken könnten, wie beispielsweise Konzentrationen spezieller Risiken. Dies könnten beispielsweise Gruppierungen nach Beleihungsausläufen oder geografischen, branchenspezifischen oder auf die Art der Emittenten bezogenen Konzentrationen sein.

B8I Die Anzahl der für die Angaben nach Paragraph 35M verwendeten Ausfallrisiko-Ratingklassen muss mit der Anzahl übereinstimmen, die das Unternehmen seinem Management in Schlüsselpositionen für Zwecke der Ausfallrisikosteuerung mitteilt. Wenn Informationen zur Überfälligkeit die einzigen verfügbaren kreditnehmerspezifischen Informationen sind und ein Unternehmen anhand von Informationen zur Überfälligkeit beurteilt, ob sich gemäß Paragraph 5.5.11 von IFRS 9 das Ausfallrisiko seit dem erstmaligen Ansatz signifikant erhöht hat, hat es für diese finanziellen Vermögenswerte eine Aufgliederung anhand der Informationen zur Überfälligkeit vorzulegen.

B8J Wenn ein Unternehmen erwartete Kreditverluste auf kollektiver Basis bemisst, kann es den Bruttobuchwert einzelner finanzieller Vermögenswerte oder das Ausfallrisiko bei Kreditzusagen und finanziellen Garantien möglicherweise nicht den Ausfallrisiko-Ratingklassen zuordnen, für die über die Laufzeit erwartete Kreditverluste erfasst werden. In einem solchen Fall sollte das Unternehmen die Vorschrift in Paragraph 35M auf jene Finanzinstrumente anwenden, die direkt einer Ausfallrisiko-Ratingklasse zugeordnet werden können, und den Bruttobuchwert von Finanzinstrumenten, bei denen die erwarteten Kreditverluste auf kollektiver Basis bemessen werden, getrennt angeben.

Maximale Ausfallrisikoposition (Paragraph 36 (a))

B9 Die Paragraphen 35K(a) und 36 (a) verlangen die Angabe des Betrags, der das maximale Ausfallrisiko des Unternehmens am besten darstellt. Bei finanziellen Vermögenswerten ist dies in der Regel der Bruttobuchwert abzüglich
(a) aller gemäß IAS 32 saldierten Beträge und
(b) jeder gemäß IFRS 9 erfassten Wertberichtigung.

(b) the volume of financial instruments purchased or originated; and
(c) the severity of the expected credit losses

For loan commitments and financial guarantee contracts the loss allowance is recognised as a provision. An entity should disclose information about the changes in the loss allowance for financial assets separately from those for loan commitments and financial guarantee contracts. However, if a financial instrument includes both a loan (ie financial asset) and an undrawn commitment (ie loan commitment) component and the entity cannot separately identify the expected credit losses on the loan commitment component from those on the financial asset component, the expected credit losses on the loan commitment should be recognised together with the loss allowance for the financial asset. To the extent that the combined expected credit losses exceed the gross carrying amount of the financial asset, the expected credit losses should be recognised as a provision. **B8E**

Collateral (paragraph 35K)

Paragraph 35K requires the disclosure of information that will enable users of financial statements to understand the effect of collateral and other credit enhancements on the amount of expected credit losses. An entity is neither required to disclose information about the fair value of collateral and other credit enhancements nor is it required to quantify the exact value of the collateral that was included in the calculation of expected credit losses (ie the loss given default). **B8F**

A narrative description of collateral and its effect on amounts of expected credit losses might include information about: **B8G**
(a) the main types of collateral held as security and other credit enhancements (examples of the latter being guarantees, credit derivatives and netting agreements that do not qualify for offset in accordance with IAS 32);
(b) the volume of collateral held and other credit enhancements and its significance in terms of the loss allowance;
(c) the policies and processes for valuing and managing collateral and other credit enhancements;
(d) the main types of counterparties to collateral and other credit enhancements and their credit worthiness; and
(e) information about risk concentrations within the collateral and other credit enhancements.

Credit risk exposure (paragraphs 35M–35N)

Paragraph 35M requires the disclosure of information about an entity's credit risk exposure and significant concentrations of credit risk at the reporting date. A concentration of credit risk exists when a number of counterparties are located in a geographical region or are engaged in similar activities and have similar economic characteristics that would cause their ability to meet contractual obligations to be similarly affected by changes in economic or other conditions. An entity should provide information that enables users of financial statements to understand whether there are groups or portfolios of financial instruments with particular features that could affect a large portion of that group of financial instruments such as concentration to particular risks. This could include, for example, loan-to-value groupings, geographical, industry or issuer-type concentrations. **B8H**

The number of credit risk rating grades used to disclose the information in accordance with paragraph 35M shall be consistent with the number that the entity reports to key management personnel for credit risk management purposes. If past due information is the only borrower-specific information available and an entity uses past due information to assess whether credit risk has increased significantly since initial recognition in accordance with paragraph 5.5.10 of IFRS 9, an entity shall provide an analysis by past due status for those financial assets. **B8I**

When an entity has measured expected credit losses on a collective basis, the entity may not be able to allocate the gross carrying amount of individual financial assets or the exposure to credit risk on loan commitments and financial guarantee contracts to the credit risk rating grades for which lifetime expected credit losses are recognised. In that case, an entity should apply the requirement in paragraph 35M to those financial instruments that can be directly allocated to a credit risk rating grade and disclose separately the gross carrying amount of financial instruments for which lifetime expected credit losses have been measured on a collective basis. **B8J**

Maximum credit risk exposure (paragraph 36 (a))

Paragraphs 35K (a) and 36 (a) require disclosure of the amount that best represents the entity's maximum exposure to credit risk. For a financial asset, this is typically the gross carrying amount, net of: **B9**
(a) any amounts offset in accordance with IAS 32; and
(b) any loss allowance recognised in accordance with IFRS 9.

B10 Tätigkeiten, die zu Ausfallrisiken und dem damit verbundenen maximalen Ausfallrisiko führen, umfassen u. a.:

(a) die Gewährung von Krediten an Kunden und Geldanlagen bei anderen Unternehmen. In diesen Fällen ist das maximale Ausfallrisiko der Buchwert der betreffenden finanziellen Vermögenswerte.

(b) den Abschluss von derivativen Verträgen, wie Devisenkontrakten, Zinsswaps und Kreditderivaten. Wenn der daraus resultierende Vermögenswert zum beizulegenden Zeitwert bewertet wird, wird das maximale Ausfallrisiko am Abschlussstichtag dem Buchwert entsprechen.

(c) die Gewährung finanzieller Garantien. In diesem Fall entspricht das maximale Ausfallrisiko dem maximalen Betrag, den ein Unternehmen zu zahlen haben könnte, wenn die Garantie in Anspruch genommen wird. Dieser Betrag kann erheblich größer sein als der als Verbindlichkeit angesetzte Betrag.

(d) Eine Kreditzusage, die über ihre gesamte Dauer unwiderruflich ist oder nur bei einer wesentlichen nachteiligen Veränderung widerrufen werden kann. Wenn der Emittent die Kreditzusage nicht auf Nettobasis in Zahlungsmitteln oder einem anderen Finanzinstrument erfüllen kann, ist das maximale Ausfallrisiko der gesamte zugesagte Betrag. Grund hierfür ist die Unsicherheit, ob in Zukunft auf einen ungenutzten Teil zurückgegriffen werden kann. Dieser Betrag kann erheblich über dem als Verbindlichkeit angesetzten Betrag liegen.

Quantitative Angaben zum Liquiditätsrisiko (Paragraphen 34 (a), 39 (a) und 39 (b))

B10A Nach Paragraph 34 (a) muss ein Unternehmen zusammengefasste quantitative Daten über den Umfang seines Liquiditätsrisikos vorlegen und sich dabei auf die intern an das Management in Schlüsselpositionen erteilten Informationen stützen. Das Unternehmen hat ebenfalls darzulegen, wie diese Daten ermittelt werden. Könnten die darin enthaltenen Abflüsse von Zahlungsmitteln (oder anderen finanziellen Vermögenswerten) entweder

(a) erheblich früher eintreten als angegeben oder

(b) in ihrer Höhe erheblich abweichen (z.B. bei einem Derivat, für das von einem Nettoausgleich ausgegangen wird, die Gegenpartei aber einen Bruttoausgleich verlangen kann), so hat das Unternehmen dies anzugeben und quantitative Angaben vorzulegen, die es den Abschlussadressaten ermöglichen, den Umfang des damit verbundenen Risikos einzuschätzen.

Diese Angabepflicht entfällt, wenn die Informationen bereits in den in Paragraph 39 (a) oder (b) verlangten Fälligkeitsanalysen enthalten sind.

B11 Bei Erstellung der in Paragraph 39 (a) und (b) verlangten Fälligkeitsanalysen bestimmt das Unternehmen nach eigenem Ermessen eine angemessene Zahl von Zeitbändern. So könnte es beispielsweise die folgenden Zeitbänder als für seine Belange angemessen festlegen:

(a) bis zu einem Monat,

(b) länger als ein Monat und bis zu drei Monaten,

(c) länger als drei Monate und bis zu einem Jahr und

(d) länger als ein Jahr und bis zu fünf Jahren.

B11A Bei der Erfüllung der in Paragraph 39 (a) und (b) genannten Anforderungen darf ein Unternehmen Derivate, die in hybride (zusammengesetzte) Finanzinstrumente eingebettet sind, nicht von diesen trennen. Auf solche Instrumente hat das Unternehmen Paragraph 39 (a) anzuwenden.

B11B Nach Paragraph 39 (b) muss ein Unternehmen bei derivativen finanziellen Verbindlichkeiten, bei denen die vertraglichen Restlaufzeiten für das Verständnis des für die Zahlungsströme festgelegten Zeitbands essenziell sind, eine quantitative Fälligkeitsanalyse vorlegen, aus der die vertraglichen Restlaufzeiten hervorgehen. Dies wäre beispielsweise der Fall bei

(a) einem Zinsswap mit fünfjähriger Restlaufzeit, der zur Absicherung der Zahlungsströme aus einem finanziellen Vermögenswert oder einer finanziellen Verbindlichkeit mit variablem Zinssatz dient,

(b) Kreditzusagen jeder Art.

B11C Nach Paragraph 39 (a) und b muss ein Unternehmen bei bestimmten finanziellen Verbindlichkeiten Fälligkeitsanalysen vorlegen, aus denen die vertraglichen Restlaufzeiten hervorgehen. Hierfür gilt Folgendes:

(a) Kann eine Gegenpartei wählen, zu welchem Zeitpunkt ein Betrag gezahlt wird, ist die Verbindlichkeit dem frühesten Zeitband zuzuordnen, in dem das Unternehmen zur Zahlung aufgefordert werden kann. Dem frühesten Zeitband zuzuordnen sind beispielsweise finanzielle Verbindlichkeiten, die ein Unternehmen auf Verlangen zurückzahlen muss (z. B. Sichteinlagen).

(b) Ist ein Unternehmen zur Leistung von Teilzahlungen verpflichtet, ist jede Teilzahlung dem frühesten Zeitband zuzuordnen, in dem das Unternehmen zur Zahlung aufgefordert werden kann. So ist eine nicht in Anspruch genommene Kreditzusage beispielsweise dem Zeitband zuzuordnen, in dem der frühestmögliche Zeitpunkt der Inanspruchnahme liegt.

(c) Bei übernommenen finanziellen Garantien ist der Garantiehöchstbetrag dem frühesten Zeitband zuzuordnen, in dem die Garantie in Anspruch genommen werden kann.

B11D Bei den in den Fälligkeitsanalysen gemäß Paragraph 39 (a) und (b) anzugebenden vertraglich festgelegten Beträgen handelt es sich um die nicht abgezinsten vertraglichen Zahlungsströme, z. B. um

(a) Leasingverbindlichkeiten auf Bruttobasis (vor Abzug der Finanzierungskosten),

Activities that give rise to credit risk and the associated maximum exposure to credit risk include, but are not limited to: B10

(a) granting loans to customers and placing deposits with other entities. In these cases, the maximum exposure to credit risk is the carrying amount of the related financial assets;
(b) entering into derivative contracts, e.g. foreign exchange contracts, interest rate swaps and credit derivatives. When the resulting asset is measured at fair value, the maximum exposure to credit risk at the end of the reporting period will equal the carrying amount;
(c) granting financial guarantees. In this case, the maximum exposure to credit risk is the maximum amount the entity could have to pay if the guarantee is called on, which may be significantly greater than the amount recognised as a liability;
(d) making a loan commitment that is irrevocable over the life of the facility or is revocable only in response to a material adverse change. If the issuer cannot settle the loan commitment net in cash or another financial instrument, the maximum credit exposure is the full amount of the commitment. This is because it is uncertain whether the amount of any undrawn portion may be drawn upon in the future. This may be significantly greater than the amount recognised as a liability.

Quantitative liquidity risk disclosures (paragraphs 34 (a) and 39 (a) and (b))

In accordance with paragraph 34 (a) an entity discloses summary quantitative data about its exposure to liquidity risk on the basis of the information provided internally to key management personnel. An entity shall explain how those data are determined. If the outflows of cash (or another financial asset) included in those data could either: B10A

(a) occur significantly earlier than indicated in the data, or
(b) be for significantly different amounts from those indicated in the data (eg for a derivative that is included in the data on a net settlement basis but for which the counterparty has the option to require gross settlement),

the entity shall state that fact and provide quantitative information that enables users of its financial statements to evaluate the extent of this risk unless that information is included in the contractual maturity analyses required by paragraph 39 (a) or (b).

In preparing the maturity analyses required by paragraph 39 (a) and (b) an entity uses its judgement to determine an appropriate number of time bands. For example, an entity might determine that the following time bands are appropriate: B11

(a) not later than one month;
(b) later than one month and not later than three months;
(c) later than three months and not later than one year; and
(d) later than one year and not later than five years.

In complying with paragraph 39 (a) and (b), an entity shall not separate an embedded derivative from a hybrid (combined) financial instrument. For such an instrument, an entity shall apply paragraph 39 (a). B11A

Paragraph 39 (b) requires an entity to disclose a quantitative maturity analysis for derivative financial liabilities that shows remaining contractual maturities if the contractual maturities are essential for an understanding of the timing of the cash flows. For example, this would be the case for: B11B

(a) an interest rate swap with a remaining maturity of five years in a cash flow hedge of a variable rate financial asset or liability.
(b) all loan commitments.

Paragraph 39 (a) and (b) requires an entity to disclose maturity analyses for financial liabilities that show the remaining contractual maturities for some financial liabilities. In this disclosure: B11C

(a) when a counterparty has a choice of when an amount is paid, the liability is allocated to the earliest period in which the entity can be required to pay. For example, financial liabilities that an entity can be required to repay on demand (eg demand deposits) are included in the earliest time band.
(b) when an entity is committed to make amounts available in instalments, each instalment is allocated to the earliest period in which the entity can be required to pay. For example, an undrawn loan commitment is included in the time band containing the earliest date it can be drawn down.
(c) for issued financial guarantee contracts the maximum amount of the guarantee is allocated to the earliest period in which the guarantee could be called.

The contractual amounts disclosed in the maturity analyses as required by paragraph 39 (a) and (b) are the contractual undiscounted cash flows, for example: B11D

(a) gross lease liabilities (before deducting finance charges);

(b) in Terminvereinbarungen genannte Preise zum Kauf finanzieller Vermögenswerte gegen Zahlungsmittel,
(c) Nettobetrag für einen Festzinsempfänger-Swap, für den Nettozahlungsströme getauscht werden,
(d) vertraglich festgelegte, im Rahmen eines derivativen Finanzinstruments zu tauschende Beträge (z. B. ein Währungsswap), für die Zahlungsströme auf Bruttobasis getauscht werden, und
(e) Kreditzusagen auf Bruttobasis.

Solche nicht abgezinsten Zahlungsströme weichen von dem in der Bilanz ausgewiesenen Betrag ab, da dieser auf abgezinsten Zahlungsströmen beruht. Ist der zu zahlende Betrag nicht festgelegt, wird der anzugebende Betrag nach Maßgabe der am Abschlussstichtag vorherrschenden Bedingungen bestimmt. Variiert der zu zahlende Betrag beispielsweise aufgrund von Indexänderungen, kann der angegebene Betrag auf dem Indexstand am Abschlussstichtag basieren.

B11E Nach Paragraph 39 (c) muss ein Unternehmen darlegen, wie es das mit den quantitativen Angaben nach Paragraph 39 (a) und (b) verbundene Liquiditätsrisiko der Instrumente steuert. Für finanzielle Vermögenswerte, die zur Steuerung des Liquiditätsrisikos gehalten werden (wie finanzielle Vermögenswerte, die sofort veräußerbar sind oder die voraussichtlich Mittelzuflüsse generieren werden, die zur Deckung der Mittelabflüsse aus finanziellen Verbindlichkeiten ausreichen), muss das Unternehmen eine Fälligkeitsanalyse vorlegen, wenn die darin enthaltenen Informationen notwendig sind, um den Abschlussadressaten die Beurteilung von Art und Umfang des Liquiditätsrisikos zu ermöglichen.

B11F Bei den in Paragraph 39 (c) vorgeschriebenen Angaben könnte ein Unternehmen u. a. auch berücksichtigen, ob es
(a) zur Deckung seines Liquiditätsbedarfs auf zugesagte Kreditfazilitäten (wie Commercial-Paper-Programme) oder andere Kreditlinien (wie Standby-Fazilitäten) zugreifen kann,
(b) zur Deckung seines Liquiditätsbedarfs über Einlagen bei Zentralbanken verfügt,
(c) über sehr vielfältige Finanzierungsquellen verfügt,
(d) erhebliche Liquiditätsrisikokonzentrationen bei seinen Vermögenswerten oder Finanzierungsquellen aufweist,
(e) über interne Kontrollprozesse und Notfallpläne zur Steuerung des Liquiditätsrisikos verfügt,
(f) Finanzinstrumente hält, die (z. B. bei einer Herabstufung seiner Bonität) vorzeitig zurückgezahlt werden müssen,
(g) Finanzinstrumente hält, die die Hinterlegung einer Sicherheit erfordern könnten (z. B. Nachschussaufforderungen bei Derivaten),
(h) Finanzinstrumente hält, bei denen das Unternehmen wählen kann, ob es seine finanziellen Verbindlichkeiten durch die Lieferung von Zahlungsmitteln (oder anderen finanziellen Vermögenswerten) oder durch die Lieferung eigener Anteile erfüllt,
(i) Finanzinstrumente hält, die einem Globalverrechnungsvertrag unterliegen oder
(j) auf Fazilitäten im Rahmen von Lieferantenfinanzierungsvereinbarungen (wie in Paragraph 44G von IAS 7 beschrieben) zurückgegriffen hat oder zurückgreift, die dem Unternehmen verlängerte Zahlungsfristen oder den Lieferanten des Unternehmens vorzeitige Zahlungszeitpunkte ermöglichen.

Marktrisiko – Sensitivitätsanalyse (Paragraphen 40 und 41)

B17 Paragraph 40 (a) verlangt eine Sensitivitätsanalyse für jede Art von Marktrisiko, dem das Unternehmen ausgesetzt ist. Gemäß Paragraph B3 entscheidet ein Unternehmen, wie es Informationen zusammenfasst, um ein Gesamtbild zu vermitteln, ohne Informationen mit verschiedenen Merkmalen über Risiken aus sehr unterschiedlichen wirtschaftlichen Umfeldern zu kombinieren. Zum Beispiel:
(a) ein Unternehmen, das mit Finanzinstrumenten handelt, kann diese Angaben getrennt für zu Handelszwecken und nicht zu Handelszwecken gehaltene Finanzinstrumente machen,
(b) ein Unternehmen würde nicht die Marktrisiken aus Hochinflationsgebieten mit denen aus Gebieten mit einer sehr niedrigen Inflationsrate zusammenfassen.

Ist ein Unternehmen nur einer Art von Marktrisiko ausschließlich unter einheitlichen wirtschaftlichen Rahmenbedingungen ausgesetzt, muss es die Angaben nicht aufschlüsseln.

B18 Nach Paragraph 40 (a) ist eine Sensitivitätsanalyse durchzuführen, um die Auswirkungen von angemessenerweise für möglich gehaltenen Änderungen der Risikoparameter (z. B. maßgebliche Marktzinsen, Devisenkurse, Aktienkurse oder Rohstoffpreise) auf Gewinn oder Verlust und Eigenkapital aufzuzeigen. Zu diesem Zweck
(a) müssen Unternehmen nicht ermitteln, wie der Gewinn oder Verlust ausgefallen wäre, wenn die relevanten Risikoparameter anders gewesen wären. Stattdessen geben Unternehmen die Auswirkungen auf Gewinn oder Verlust und Eigenkapital am Abschlussstichtag an, wobei angenommen wird, dass am Abschlussstichtag eine angemessenerweise für möglich gehaltene Änderung der relevanten Risikoparameter eingetreten ist und auf die zu diesem Zeitpunkt bestehenden Risikopositionen angewendet wurde. Hat ein Unternehmen beispielsweise am Jahresende eine Verbindlichkeit mit variabler Verzinsung, würde es die Auswirkungen auf den Gewinn oder Verlust (z. B. Zinsaufwendungen) für das laufende Jahr angeben, wenn sich die Zinsen in einem angemessenerweise für möglich gehaltenen Umfang verändert hätten.
(b) müssen Unternehmen nicht für jede Änderung innerhalb einer Spanne von angemessenerweise für möglich gehaltenen Änderungen der relevanten Risikoparameter die Auswirkungen auf Gewinn oder Verlust und Eigenkapital angeben. Angaben zu den Auswirkungen der Änderungen für die untere und obere Intervallgrenze einer angemessenerweise für möglich gehaltenen Spanne wären ausreichend.

(b) prices specified in forward agreements to purchase financial assets for cash;
(c) net amounts for pay-floating/receive-fixed interest rate swaps for which net cash flows are exchanged;
(d) contractual amounts to be exchanged in a derivative financial instrument (eg a currency swap) for which gross cash flows are exchanged; and
(e) gross loan commitments.

Such undiscounted cash flows differ from the amount included in the statement of financial position because the amount in that statement is based on discounted cash flows. When the amount payable is not fixed, the amount disclosed is determined by reference to the conditions existing at the end of the reporting period. For example, when the amount payable varies with changes in an index, the amount disclosed may be based on the level of the index at the end of the period.

Paragraph 39 (c) requires an entity to describe how it manages the liquidity risk inherent in the items disclosed in the quantitative disclosures required in paragraph 39 (a) and (b). An entity shall disclose a maturity analysis of financial assets it holds for managing liquidity risk (eg financial assets that are readily saleable or expected to generate cash inflows to meet cash outflows on financial liabilities), if that information is necessary to enable users of its financial statements to evaluate the nature and extent of liquidity risk. **B11E**

Other factors that an entity might consider in providing the disclosure required in paragraph 39 (c) include, but are not limited to, whether the entity: **B11F**

(a) has committed borrowing facilities (eg commercial paper facilities) or other lines of credit (eg stand-by credit facilities) that it can access to meet liquidity needs;
(b) holds deposits at central banks to meet liquidity needs;
(c) has very diverse funding sources;
(d) has significant concentrations of liquidity risk in either its assets or its funding sources;
(e) has internal control processes and contingency plans for managing liquidity risk;
(f) has instruments that include accelerated repayment terms (eg on the downgrade of the entity's credit rating);
(g) has instruments that could require the posting of collateral (eg margin calls for derivatives);
(h) has instruments that allow the entity to choose whether it settles its financial liabilities by delivering cash (or another financial asset) or by delivering its own shares;
(i) has instruments that are subject to master netting agreements; or
(j) has accessed, or has access to, facilities under supplier finance arrangements (as described in paragraph 44G of IAS 7) that provide the entity with extended payment terms or the entity's suppliers with early payment terms.

Market risk — sensitivity analysis (paragraphs 40 and 41)

Paragraph 40 (a) requires a sensitivity analysis for each type of market risk to which the entity is exposed. In accordance with paragraph B3, an entity decides how it aggregates information to display the overall picture without combining information with different characteristics about exposures to risks from significantly different economic environments. For example: **B17**

(a) an entity that trades financial instruments might disclose this information separately for financial instruments held for trading and those not held for trading;
(b) an entity would not aggregate its exposure to market risks from areas of hyperinflation with its exposure to the same market risks from areas of very low inflation.

If an entity has exposure to only one type of market risk in only one economic environment, it would not show disaggregated information.

Paragraph 40 (a) requires the sensitivity analysis to show the effect on profit or loss and equity of reasonably possible changes in the relevant risk variable (e.g. prevailing market interest rates, currency rates, equity prices or commodity prices). For this purpose: **B18**

(a) entities are not required to determine what the profit or loss for the period would have been if relevant risk variables had been different. Instead, entities disclose the effect on profit or loss and equity at the end of the reporting period assuming that a reasonably possible change in the relevant risk variable had occurred at the end of the reporting period and had been applied to the risk exposures in existence at that date. For example, if an entity has a floating rate liability at the end of the year, the entity would disclose the effect on profit or loss (i.e. interest expense) for the current year if interest rates had varied by reasonably possible amounts;
(b) entities are not required to disclose the effect on profit or loss and equity for each change within a range of reasonably possible changes of the relevant risk variable. Disclosure of the effects of the changes at the limits of the reasonably possible range would be sufficient.

B19 Bei der Bestimmung einer angemessenerweise für möglich gehaltenen Änderung der relevanten Risikovariablen sollte ein Unternehmen folgende Punkte berücksichtigen:

(a) das wirtschaftliche Umfeld, in dem es tätig ist. Eine angemessenerweise für möglich gehaltene Änderung darf weder unwahrscheinliche oder „Worst-case"-Szenarien noch „Stresstests" enthalten. Wenn zudem das Ausmaß der Änderungen der zugrunde liegenden Risikoparameter stabil ist, braucht das Unternehmen die gewählte angemessenerweise für möglich gehaltene Änderung der Risikovariablen nicht abzuändern. Angenommen, die Zinsen betragen 5 Prozent und ein Unternehmen ermittelt, dass eine Zinsschwankung von ± 50 Basispunkten angemessenerweise möglich ist. In diesem Fall würde das Unternehmen die Auswirkungen von Zinsänderungen auf 4,5 Prozent oder 5,5 Prozent auf Gewinn oder Verlust und Eigenkapital angeben. In der folgenden Berichtsperiode wurden die Zinsen auf 5,5 Prozent angehoben. Das Unternehmen ist weiterhin der Auffassung, dass Zinsen um ± 50 Basispunkte schwanken können (d. h. das Ausmaß der Zinsänderung bleibt stabil). In diesem Fall würde das Unternehmen die Auswirkungen von Zinsänderungen auf 5 Prozent oder 6 Prozent auf Gewinn oder Verlust und Eigenkapital angeben. Das Unternehmen wäre nicht verpflichtet, seine Einschätzung, dass Zinsen angemessenerweise um ± 50 Basispunkte schwanken können, zu revidieren, es sei denn, es gibt Anhaltspunkte dafür, dass die Zinsen erheblich volatiler geworden sind.

(b) die Zeitspanne, für die es seine Einschätzung durchführt. Die Sensitivitätsanalyse hat die Auswirkungen der Änderungen aufzuzeigen, die für die Periode angemessenerweise für möglich gehalten werden, bis das Unternehmen diese Angaben erneut macht, was normalerweise in der folgenden Berichtsperiode der Fall ist.

B20 Nach Paragraph 41 darf ein Unternehmen eine Sensitivitätsanalyse verwenden, die die gegenseitigen Abhängigkeiten zwischen den Risikoparametern widerspiegelt, wie beispielsweise die Value-at-Risk-Methode, wenn es diese Analyse zur Steuerung seiner finanziellen Risiken verwendet. Dies gilt auch dann, wenn eine solche Methode nur das Verlustpotenzial, nicht aber das Gewinnpotenzial bewertet. Ein solches Unternehmen könnte Paragraph 41 (a) erfüllen, indem es die verwendete Art des Value-at-Risk-Modells offenlegt (z. B. ob dieses Modell auf der Monte-Carlo-Simulation beruht), eine Erklärung darüber abgibt, wie das Modell funktioniert, und die wesentlichen Annahmen (z. B. Haltedauer und Konfidenzniveau) erläutert. Unternehmen können auch die historische Betrachtungsperiode und die auf diese Beobachtungen angewendeten Gewichtungen innerhalb der entsprechenden Periode angeben, sowie eine Erläuterung dazu, wie Optionen bei diesen Berechnungen behandelt werden und welche Volatilitäten und Korrelationen (oder alternativ dazu Monte-Carlo-Simulationen der Wahrscheinlichkeitsverteilung) verwendet werden.

B21 Ein Unternehmen hat für alle Geschäftsfelder Sensitivitätsanalysen vorzulegen, kann aber für verschiedene Klassen von Finanzinstrumenten unterschiedliche Arten von Sensitivitätsanalysen vorsehen.

Zinsänderungsrisiko

B22 Ein *Zinsänderungsrisiko* entsteht bei zinstragenden, in der Bilanz angesetzten Finanzinstrumenten (wie erworbenen oder emittierten Schuldinstrumenten) und bei einigen Finanzinstrumenten, die nicht in der Bilanz angesetzt sind (wie gewissen Kreditzusagen).

Währungsrisiko

B23 Das *Währungsrisiko* (Devisenkursrisiko) entsteht bei Finanzinstrumenten, die auf eine Fremdwährung lauten, d. h. auf eine andere Währung als auf die funktionale Währung, in der sie bewertet werden. Für die Zwecke dieses IFRS sind Finanzinstrumente, die keine monetären Posten sind oder auf die funktionale Währung lauten, nicht mit Währungsrisiken verbunden.

B24 Eine Sensitivitätsanalyse wird für jede Währung vorgelegt, die für das Unternehmen ein signifikantes Risiko mit sich bringt.

Sonstiges Preisrisiko

B25 Ein *sonstiges Preisrisiko* entsteht bei Finanzinstrumenten beispielsweise durch Warenpreis- oder Aktienkursänderungen. Zur Erfüllung von Paragraph 40 könnte ein Unternehmen die Auswirkungen eines Rückgangs eines spezifischen Aktienmarktindex, von Warenpreisen oder anderen Risikovariablen angeben. Gewährt ein Unternehmen beispielsweise Restwertgarantien, die Finanzinstrumente sind, gibt es eine Wertsteigerung oder einen Wertrückgang der Vermögenswerte an, auf die sich die Garantien beziehen.

B26 Zwei Beispiele für Finanzinstrumente mit Aktienkursrisiko sind (a) ein Bestand an Aktien eines anderen Unternehmens und (b) eine Anlage in einen Fonds, der wiederum Investitionen in Eigenkapitalinstrumente hält. Weitere Beispiele sind Terminkontrakte und Optionen zum Kauf oder Verkauf bestimmter Mengen von Eigenkapitalinstrumenten sowie Swaps, die an Aktienkurse gebunden sind. Änderungen der Marktpreise der zugrunde liegenden Eigenkapitalinstrumente wirken sich auf die beizulegenden Zeitwerte dieser Finanzinstrumente aus.

B27 Nach Paragraph 40 (a) wird die Sensitivität des Gewinns und Verlusts (beispielsweise aufgrund von Instrumenten, die erfolgswirksam zum beizulegenden Zeitwert bewertet werden) getrennt von der Sensitivität des sonstigen Ergebnisses (beispielsweise aufgrund von Finanzinvestitionen in Eigenkapitalinstrumente, bei denen Änderungen des beizulegenden Zeitwerts erfolgsneutral im sonstigen Ergebnis erfasst werden) angegeben.

In determining what a reasonably possible change in the relevant risk variable is, an entity should consider: B19

(a) the economic environments in which it operates. A reasonably possible change should not include remote or 'worst case' scenarios or 'stress tests'. Moreover, if the rate of change in the underlying risk variable is stable, the entity need not alter the chosen reasonably possible change in the risk variable. For example, assume that interest rates are 5 per cent and an entity determines that a fluctuation in interest rates of ± 50 basis points is reasonably possible. It would disclose the effect on profit or loss and equity if interest rates were to change to 4,5 per cent or 5,5 per cent. In the next period, interest rates have increased to 5,5 per cent. The entity continues to believe that interest rates may fluctuate by ± 50 basis points (i.e. that the rate of change in interest rates is stable). The entity would disclose the effect on profit or loss and equity if interest rates were to change to 5 per cent or 6 per cent. The entity would not be required to revise its assessment that interest rates might reasonably fluctuate by ± 50 basis points, unless there is evidence that interest rates have become significantly more volatile;

(b) the time frame over which it is making the assessment. The sensitivity analysis shall show the effects of changes that are considered to be reasonably possible over the period until the entity will next present these disclosures, which is usually its next annual reporting period.

Paragraph 41 permits an entity to use a sensitivity analysis that reflects interdependencies between risk variables, such as a value-at-risk methodology, if it uses this analysis to manage its exposure to financial risks. This applies even if such a methodology measures only the potential for loss and does not measure the potential for gain. Such an entity might comply with paragraph 41 (a) by disclosing the type of value-at-risk model used (e.g. whether the model relies on Monte Carlo simulations), an explanation about how the model works and the main assumptions (e.g. the holding period and confidence level). Entities might also disclose the historical observation period and weightings applied to observations within that period, an explanation of how options are dealt with in the calculations, and which volatilities and correlations (or, alternatively, Monte Carlo probability distribution simulations) are used. B20

An entity shall provide sensitivity analyses for the whole of its business, but may provide different types of sensitivity analysis for different classes of financial instruments. B21

Interest rate risk

Interest rate risk arises on interest-bearing financial instruments recognised in the statement of financial position (eg debt instruments acquired or issued) and on some financial instruments not recognised in the statement of financial position (eg some loan commitments). B22

Currency risk

Currency risk (or foreign exchange risk) arises on financial instruments that are denominated in a foreign currency, i.e. in a currency other than the functional currency in which they are measured. For the purpose of this IFRS, currency risk does not arise from financial instruments that are non-monetary items or from financial instruments denominated in the functional currency. B23

A sensitivity analysis is disclosed for each currency to which an entity has significant exposure. B24

Other price risk

Other price risk arises on financial instruments because of changes in, for example, commodity prices or equity prices. To comply with paragraph 40, an entity might disclose the effect of a decrease in a specified stock market index, commodity price, or other risk variable. For example, if an entity gives residual value guarantees that are financial instruments, the entity discloses an increase or decrease in the value of the assets to which the guarantee applies. B25

Two examples of financial instruments that give rise to equity price risk are (a) a holding of equities in another entity, and (b) an investment in a trust that in turn holds investments in equity instruments. Other examples include forward contracts and options to buy or sell specified quantities of an equity instrument and swaps that are indexed to equity prices. The fair values of such financial instruments are affected by changes in the market price of the underlying equity instruments. B26

In accordance with paragraph 40 (a), the sensitivity of profit or loss (that arises, for example, from instruments measured at fair value through profit or loss) is disclosed separately from the sensitivity of other comprehensive income (that arises, for example, from investments in equity instruments whose changes in fair value are presented in other comprehensive income). B27

B28 Finanzinstrumente, die ein Unternehmen als Eigenkapitalinstrumente eingestuft hat, werden nicht neu bewertet. Das Aktienkursrisiko dieser Instrumente wirkt sich weder auf Gewinn oder Verlust noch auf das Eigenkapital aus. Dementsprechend ist keine Sensitivitätsanalyse erforderlich.

Ausbuchung (Paragraphen 42C–42H)

Anhaltendes Engagement (Paragraph 42C)

B29 Für die Zwecke der Angabepflichten der Paragraphen 42E–42H wird ein anhaltendes Engagement an einem übertragenen finanziellen Vermögenswert auf Ebene des berichtenden Unternehmens beurteilt. Überträgt ein Tochterunternehmen beispielsweise einer unabhängigen dritten Partei einen finanziellen Vermögenswert, an dem ein anhaltendes Engagement des Mutterunternehmens besteht, berücksichtigt das Tochterunternehmen bei der Beurteilung, ob es ein anhaltendes Engagement an dem übertragenen Vermögenswert hat, in seinem Einzelabschluss (d. h. wenn das Tochterunternehmen das berichtende Unternehmen ist) nicht das Engagement des Mutterunternehmens. Ein Mutterunternehmen würde hingegen sein anhaltendes Engagement (oder das eines anderen Konzernunternehmens) an einem finanziellen Vermögenswert, der von seinem Tochterunternehmen übertragen wurde, in seinen Konzernabschluss (d. h. wenn das berichtende Unternehmen der Konzern ist) einbeziehen.

B30 Ein Unternehmen hat kein anhaltendes Engagement an einem übertragenen finanziellen Vermögenswert, wenn es bei der Übertragung weder vertragliche Rechte oder Verpflichtungen aus dem übertragenen finanziellen Vermögenswert behält noch neue vertragliche Rechte oder Verpflichtungen in Bezug auf den übertragenen finanziellen Vermögenswert erhält bzw. übernimmt. Ein Unternehmen hat kein anhaltendes Engagement an einem übertragenen finanziellen Vermögenswert, wenn es weder an der künftigen Wertentwicklung des übertragenen finanziellen Vermögenswerts beteiligt ist noch unter keinen Umständen verpflichtet ist, künftig Zahlungen in Bezug auf den übertragenen finanziellen Vermögenswert zu leisten. „Zahlungen“ bezeichnet in diesem Zusammenhang keine Zahlungsströme aus dem übertragenen finanziellen Vermögenswert, die das Unternehmen entgegennimmt und an den Empfänger weiterreichen muss.

B30A Überträgt ein Unternehmen einen finanziellen Vermögenswert, kann es dennoch das Recht behalten, diesen finanziellen Vermögenswert gegen eine Gebühr zu verwalten, die beispielsweise in einem Verwaltungs-/Abwicklungsvertrag festgelegt ist. Das Unternehmen beurteilt diesen Vertrag gemäß den Leitlinien der Paragraphen 42C und B30, um für die Zwecke der Angabepflichten festzustellen, ob ihm daraus ein anhaltendes Engagement erwächst. So hat beispielsweise ein Verwalter für die Zwecke der Angabepflichten ein anhaltendes Engagement an einem übertragenen finanziellen Vermögenswert, wenn die Verwaltungs-/Abwicklungsgebühr von der Höhe oder dem Zeitpunkt der Zahlungsströme aus dem übertragenen finanziellen Vermögenswert abhängt. Analog dazu hat ein Verwalter ein anhaltendes Engagement für die Zwecke der Angabepflichten, wenn wegen Ertragsschwäche des übertragenen finanziellen Vermögenswerts ein festes Entgelt nicht in voller Höhe gezahlt würde. In diesen Beispielen hat der Verwalter ein Interesse an der künftigen Ertragsstärke des übertragenen finanziellen Vermögenswerts. Bei der Bewertung spielt keine Rolle, ob die Gebühr voraussichtlich eine angemessene Vergütung für die Verwaltung bzw. Abwicklung durch das Unternehmen darstellt.

B31 Das anhaltende Engagement an einem übertragenen finanziellen Vermögenswert kann aus vertraglichen Bestimmungen im Übertragungsvertrag oder in einem gesonderten Vertrag resultieren, der im Rahmen der Übertragung mit dem Empfänger oder einem Dritten geschlossen wurde.

Übertragene finanzielle Vermögenswerte, die nicht vollständig ausgebucht werden (Paragraph 42D)

B32 Paragraph 42D schreibt Angaben vor, wenn keiner oder nur ein Teil der übertragenen finanziellen Vermögenswerte die Kriterien für eine Ausbuchung erfüllt. Diese Angaben sind zu jedem Abschlussstichtag vorzulegen, an dem das Unternehmen die übertragenen finanziellen Vermögenswerte weiter ansetzt, unabhängig davon, wann die Übertragungen stattgefunden haben.

Arten von anhaltendem Engagement (Paragraphen 42E–42H)

B33 In den Paragraphen 42E–42H werden für jede Art von anhaltendem Engagement an ausgebuchten finanziellen Vermögenswerten qualitative und quantitative Angaben verlangt. Ein Unternehmen hat seine anhaltenden Engagements nach Arten zu gruppieren, die für die Risiken, denen es ausgesetzt ist, repräsentativ sind. So kann ein Unternehmen seine anhaltenden Engagements beispielsweise nach Arten von Finanzinstrumenten (wie Garantien oder Kaufoptionen) oder nach Art der Übertragung (wie Forderungsankauf, Verbriefung oder Wertpapierleihe) gruppieren.

Fälligkeitsanalyse für nicht abgezinste Mittelabflüsse zum Rückkauf übertragener Vermögenswerte (Paragraph 42E (e))

B34 Nach Paragraph 42E (e) muss ein Unternehmen für nicht abgezinste Mittelabflüsse für den Rückkauf ausgebuchter finanzieller Vermögenswerte oder andere Beträge, die in Bezug auf die ausgebuchten Vermögenswerte an den Empfänger zu zahlen sind, eine Fälligkeitsanalyse vorlegen, aus der die vertraglichen Restlaufzeiten des anhaltenden Engagements des Unternehmens hervorgehen. Bei dieser Analyse ist zwischen Zahlungsströmen, die gezahlt werden müssen (z. B.

Financial instruments that an entity classifies as equity instruments are not remeasured. Neither profit or loss nor equity will be affected by the equity price risk of those instruments. Accordingly, no sensitivity analysis is required. B28

Derecognition (paragraphs 42C—42H)

Continuing involvement (paragraph 42C)

The assessment of continuing involvement in a transferred financial asset for the purposes of the disclosure requirements in paragraphs 42E—42H is made at the level of the reporting entity. For example, if a subsidiary transfers to an unrelated third party a financial asset in which the parent of the subsidiary has continuing involvement, the subsidiary does not include the parent's involvement in the assessment of whether it has continuing involvement in the transferred asset in its stand-alone financial statements (i.e. when the subsidiary is the reporting entity). However, a parent would include its continuing involvement (or that of another member of the group) in a financial asset transferred by its subsidiary in determining whether it has continuing involvement in the transferred asset in its consolidated financial statements (i.e. when the reporting entity is the group). B29

An entity does not have a continuing involvement in a transferred financial asset if, as part of the transfer, it neither retains any of the contractual rights or obligations inherent in the transferred financial asset nor acquires any new contractual rights or obligations relating to the transferred financial asset. An entity does not have continuing involvement in a transferred financial asset if it has neither an interest in the future performance of the transferred financial asset nor a responsibility under any circumstances to make payments in respect of the transferred financial asset in the future. The term 'payment' in this context does not include cash flows of the transferred financial asset that an entity collects and is required to remit to the transferee. B30

When an entity transfers a financial asset, the entity may retain the right to service that financial asset for a fee that is included in, for example, a servicing contract. The entity assesses the servicing contract in accordance with the guidance in paragraphs 42C and B30 to decide whether the entity has continuing involvement as a result of the servicing contract for the purposes of the disclosure requirements. For example, a servicer will have continuing involvement in the transferred financial asset for the purposes of the disclosure requirements if the servicing fee is dependent on the amount or timing of the cash flows collected from the transferred financial asset. Similarly, a servicer has continuing involvement for the purposes of the disclosure requirements if a fixed fee would not be paid in full because of non-performance of the transferred financial asset. In these examples, the servicer has an interest in the future performance of the transferred financial asset. This assessment is independent of whether the fee to be received is expected to compensate the entity adequately for performing the servicing. B30A

Continuing involvement in a transferred financial asset may result from contractual provisions in the transfer agreement or in a separate agreement with the transferee or a third party entered into in connection with the transfer. B31

Transferred financial assets that are not derecognised in their entirety

Paragraph 42D requires disclosures when part or all of the transferred financial assets do not qualify for derecognition. Those disclosures are required at each reporting date at which the entity continues to recognise the transferred financial assets, regardless of when the transfers occurred. B32

Types of continuing involvement (paragraphs 42E—42H)

Paragraphs 42E—42H require qualitative and quantitative disclosures for each type of continuing involvement in derecognised financial assets. An entity shall aggregate its continuing involvement into types that are representative of the entity's exposure to risks. For example, an entity may aggregate its continuing involvement by type of financial instrument (e.g. guarantees or call options) or by type of transfer (e.g. factoring of receivables, securitisations and securities lending). B33

Maturity analysis for undiscounted cash outflows to repurchase transferred assets (paragraph 42E (e))

Paragraph 42E (e) requires an entity to disclose a maturity analysis of the undiscounted cash outflows to repurchase derecognised financial assets or other amounts payable to the transferee in respect of the derecognised financial assets, showing the remaining contractual maturities of the entity's continuing involvement. This analysis distinguishes cash B34

Termingeschäften), Zahlungsströmen, die das Unternehmen eventuell zahlen muss (z. B. geschriebenen Verkaufsoptionen), und Zahlungsströmen, die das Unternehmen wahlweise zahlen könnte (z. B. erworbenen Kaufoptionen), zu unterscheiden.

B35 Bei Erstellung der in Paragraph 42E (e) verlangten Fälligkeitsanalyse hat das Unternehmen nach eigenem Ermessen eine angemessene Zahl von Zeitbändern zu bestimmen. So könnte es beispielsweise die folgenden Restlaufzeitbänder als für seine Belange angemessen festlegen:

(a) bis zu einem Monat,
(b) länger als ein Monat und bis zu drei Monaten,
(c) länger als drei Monate und bis zu sechs Monaten,
(d) länger als sechs Monate und bis zu einem Jahr,
(e) länger als ein Jahr und bis zu drei Jahren,
(f) länger als drei Jahre und bis zu fünf Jahren und
(g) länger als fünf Jahre.

B36 Gibt es eine Spanne möglicher vertraglicher Restlaufzeiten, werden die Zahlungsströme nach dem frühestmöglichen Zeitpunkt, an dem das Unternehmen zur Zahlung verpflichtet werden kann oder berechtigt ist, zugeordnet.

Qualitative Angaben (Paragraph 42E (f))

B37 Zu den in Paragraph 42E (f) verlangten qualitativen Angaben gehört eine Beschreibung der ausgebuchten finanziellen Vermögenswerte sowie eine Beschreibung von Art und Zweck des anhaltenden Engagements, das nach Übertragung dieser Vermögenswerte weiter besteht. Auch gehört dazu eine Beschreibung der Risiken für das Unternehmen. Dazu zählen u. a.:

(a) eine Beschreibung, wie das Unternehmen das mit seinem anhaltenden Engagement an den ausgebuchten finanziellen Vermögenswerten verbundene Risiko steuert,
(b) ob das Unternehmen verpflichtet ist, Verluste vor anderen Parteien zu tragen, sowie die Rangfolge und die Verlustbeträge, die von Parteien zu tragen sind, deren Anteile dem Anteil des Unternehmens am Vermögenswert (d. h. dessen anhaltendem Engagement an dem Vermögenswert) im Rang nachstehen,
(c) eine Beschreibung etwaiger Auslöser für Verpflichtungen, finanzielle Unterstützung zu leisten oder einen übertragenen finanziellen Vermögenswert zurückzukaufen.

Gewinn oder Verlust bei Ausbuchung (Paragraph 42G (a))

B38 Nach Paragraph 42G (a) muss ein Unternehmen für finanzielle Vermögenswerte, bei denen ein anhaltendes Engagement vorliegt, den bei der Ausbuchung entstandenen Gewinn oder Verlust angeben. Dabei ist anzugeben, ob dieser Gewinn oder Verlust darauf zurückzuführen ist, dass den Bestandteilen des zuvor angesetzten Vermögenswerts (d. h. dem Anteil am ausgebuchten Vermögenswert und dem vom Unternehmen behaltenen Anteil) ein anderer Zeitwert beigemessen wurde als dem zuvor angesetzten gesamten Vermögenswert. In einem solchen Fall hat das Unternehmen ebenfalls anzugeben, ob die Bewertungen zum beizulegenden Zeitwert nicht beobachtbare Eingangsparameter wie in den Paragraphen 72-73 von IFRS 13 beschrieben enthielten.

Zusatzinformationen (Paragraph 42H)

B39 Die in den Paragraphen 42D–42G verlangten Angaben reichen möglicherweise nicht aus, um die in Paragraph 42B genannten Zielsetzungen zu erreichen. In diesem Fall hat das Unternehmen so viel zusätzliche Angaben zu liefern, wie zur Erreichung dieser Ziele erforderlich. Das Unternehmen hat mit Blick auf seine Lage zu entscheiden, wie viele Zusatzinformationen es vorlegen muss, um den Informationsbedarf der Abschlussadressaten gerecht zu werden, und wie viel Gewicht es auf einzelne Aspekte dieser Zusatzinformationen legt. Dabei dürfen die Abschlüsse weder mit zu vielen Details überfrachtet werden, die den Abschlussadressaten möglicherweise nur wenig nutzen, noch dürfen Informationen durch zu starke Verdichtung überdeckt werden.

Saldierung von finanziellen Vermögenswerten und finanziellen Verbindlichkeiten (Paragraphen 13A–13F)

Anwendungsbereich (Paragraph 13A)

B40 Die Angaben in den Paragraphen 13B–13E sind für alle angesetzten Finanzinstrumente vorgeschrieben, die gemäß Paragraph 42 von IAS 32 saldiert werden. Unter die Angabepflichten der Paragraphen 13B–13E fallen Finanzinstrumente auch, wenn sie einer einklagbaren Globalnettingvereinbarung oder ähnlichen Vereinbarung über ähnliche Finanzinstrumente und Transaktionen unterliegen, unabhängig davon, ob die Finanzinstrumente gemäß Paragraph 42 von IAS 32 saldiert werden.

B41 Zu den in den Paragraphen 13A und B40 genannten ähnlichen Vereinbarungen zählen Clearingvereinbarungen für Derivate, Rahmenverträge für Pensionsgeschäfte, Rahmenverträge für Wertpapierleihgeschäfte sowie damit verbundene Rechte an finanziellen Sicherheiten. Die in Paragraph B40 genannten ähnlichen Finanzinstrumente und Transaktionen umfassen Derivate, Pensionsgeschäfte, umgekehrte Pensionsgeschäfte sowie Wertpapierverleih- und Wertpapierleihge-

flows that are required to be paid (e.g. forward contracts), cash flows that the entity may be required to pay (e.g. written put options) and cash flows that the entity might choose to pay (e.g. purchased call options).

An entity shall use its judgement to determine an appropriate number of time bands in preparing the maturity analysis required by paragraph 42E (e). For example, an entity might determine that the following maturity time bands are appropriate: B35

(a) not later than one month;
(b) later than one month and not later than three months;
(c) later than three months and not later than six months;
(d) later than six months and not later than one year;
(e) later than one year and not later than three years;
(f) later than three years and not later than five years; and
(g) more than five years.

If there is a range of possible maturities, the cash flows are included on the basis of the earliest date on which the entity can be required or is permitted to pay. B36

Qualitative information (paragraph 42E (f))

The qualitative information required by paragraph 42E (f) includes a description of the derecognised financial assets and the nature and purpose of the continuing involvement retained after transferring those assets. It also includes a description of the risks to which an entity is exposed, including: B37

(a) a description of how the entity manages the risk inherent in its continuing involvement in the derecognised financial assets;
(b) whether the entity is required to bear losses before other parties, and the ranking and amounts of losses borne by parties whose interests rank lower than the entity's interest in the asset (ie its continuing involvement in the asset);
(c) a description of any triggers associated with obligations to provide financial support or to repurchase a transferred financial asset.

Gain or loss on derecognition (paragraph 42G (a))

Paragraph 42G (a) requires an entity to disclose the gain or loss on derecognition relating to financial assets in which the entity has continuing involvement. The entity shall disclose if a gain or loss on derecognition arose because the fair values of the components of the previously recognised asset (ie the interest in the asset derecognised and the interest retained by the entity) were different from the fair value of the previously recognised asset as a whole. In that situation, the entity shall also disclose whether the fair value measurements included significant unobservable inputs, as described in paragraphs 72—73 of IFRS 13. B38

Supplementary information (paragraph 42H)

The disclosures required in paragraphs 42D—42G may not be sufficient to meet the disclosure objectives in paragraph 42B. If this is the case, the entity shall disclose whatever additional information is necessary to meet the disclosure objectives. The entity shall decide, in the light of its circumstances, how much additional information it needs to provide to satisfy the information needs of users and how much emphasis it places on different aspects of the additional information. It is necessary to strike a balance between burdening financial statements with excessive detail that may not assist users of financial statements and obscuring information as a result of too much aggregation. B39

Offsetting financial assets and financial liabilities (paragraphs 13A—13F)

Scope (paragraph 13A)

The disclosures in paragraphs 13B—13E are required for all recognised financial instruments that are set off in accordance with paragraph 42 of IAS 32. In addition, financial instruments are within the scope of the disclosure requirements in paragraphs 13B—13E if they are subject to an enforceable master netting arrangement or similar agreement that covers similar financial instruments and transactions, irrespective of whether the financial instruments are set off in accordance with paragraph 42 of IAS 32. B40

The similar agreements referred to in paragraphs 13A and B40 include derivative clearing agreements, global master repurchase agreements, global master securities lending agreements, and any related rights to financial collateral. The similar financial instruments and transactions referred to in paragraph B40 include derivatives, sale and repurchase agreements, reverse sale and repurchase agreements, securities borrowing, and securities lending agreements. Examples of B41

schäfte. Beispiele für Finanzinstrumente, die nicht unter Paragraph 13A fallen, sind Kredite und Kundeneinlagen bei demselben Institut (sofern sie in der Bilanz nicht saldiert werden) und Finanzinstrumente, die nur Gegenstand einer Sicherheitenvereinbarung sind.

Quantitative Angaben zu angesetzten finanziellen Vermögenswerten und angesetzten finanziellen Verbindlichkeiten, die unter Paragraph 13A (Paragraph 13C) fallen

B42 Die nach Paragraph 13C angegebenen Finanzinstrumente können unterschiedlichen Bewertungsvorschriften unterliegen (so kann beispielsweise eine Verbindlichkeit aus einem Pensionsgeschäft zu fortgeführten Anschaffungskosten bewertet werden, während ein Derivat zum beizulegenden Zeitwert bewertet wird). Ein Unternehmen hat die Instrumente mit ihren angesetzten Beträgen aufzuführen und sich ergebende Bewertungsunterschiede in den entsprechenden Angaben zu erläutern.

Angabe der Bruttobeträge von angesetzten finanziellen Vermögenswerten und angesetzten finanziellen Verbindlichkeiten, die unter Paragraph 13A (Paragraph 13C (a)) fallen

B43 Die Angabepflichten in Paragraph 13C (a) beziehen sich auf angesetzte Finanzinstrumente, die gemäß Paragraph 42 von IAS 32 saldiert werden. Die Angabepflichten in Paragraph 13C (a) beziehen sich auch auf angesetzte Finanzinstrumente, die einer einklagbaren Globalnettingvereinbarung oder ähnlichen Vereinbarung unterliegen, unabhängig davon, ob sie die Saldierungskriterien erfüllen. Die Angabepflichten in Paragraph 13C (a) gelten allerdings nicht für Beträge, die aufgrund von Sicherheitenvereinbarungen angesetzt werden, die die Saldierungskriterien in Paragraph 42 von IAS 32 nicht erfüllen. Solche Beträge sind stattdessen gemäß Paragraph 13C (d) anzugeben.

Angabe der Beträge, die nach den Kriterien in Paragraph 42 von IAS 32 saldiert werden (Paragraph 13C (b))

B44 Nach Paragraph 13C (b) muss ein Unternehmen die Beträge angeben, die bei der Ermittlung der in der Bilanz ausgewiesenen Nettobeträge gemäß Paragraph 42 von IAS 32 saldiert werden. Die Beträge der angesetzten finanziellen Vermögenswerte und angesetzten finanziellen Verbindlichkeiten, die im Rahmen derselben Vereinbarung miteinander verrechnet werden, sind sowohl in den Angaben zu finanziellen Vermögenswerten als auch in den Angaben zu finanziellen Verbindlichkeiten aufzuführen. Anzugeben sind allerdings nur die Beträge (z. B. in einer Tabelle), die der Saldierung unterliegen. So kann ein Unternehmen beispielsweise einen derivativen Vermögenswert und eine derivative Verbindlichkeit angesetzt haben, die die Saldierungskriterien in Paragraph 42 von IAS 32 erfüllen. Ist der Bruttobetrag des derivativen Vermögenswerts höher als der Bruttobetrag der derivativen Verbindlichkeit, werden in der Tabelle mit den Angaben zu finanziellen Vermögenswerten der gesamte Betrag des derivativen Vermögenswerts (gemäß Paragraph 13C (a)) und der gesamte Betrag der derivativen Verbindlichkeit (gemäß Paragraph 13C (b)) angegeben. In der Tabelle mit den Angaben zu finanziellen Verbindlichkeiten wird ebenfalls der gesamte Betrag der derivativen Verbindlichkeit (gemäß Paragraph 13C (a)) angegeben, der derivative Vermögenswert (gemäß Paragraph 13C (b)) jedoch nur in Höhe des Betrags der derivativen Verbindlichkeit.

Angabe der in der Bilanz ausgewiesenen Nettobeträge (Paragraph 13C (c))

B45 Hat ein Unternehmen Finanzinstrumente, die unter die (in Paragraph 13A genannten) Angabepflichten fallen, aber nicht die Saldierungskriterien in Paragraph 42 von IAS 32 erfüllen, sind die gemäß Paragraph 13C (c) anzugebenden Beträge mit den gemäß Paragraph 13C (a) anzugebenden Beträgen identisch.

B46 Die gemäß Paragraph 13C (c) anzugebenden Beträge sind auf die Beträge der einzelnen Posten der Bilanz überzuleiten. Stellt ein Unternehmen beispielsweise fest, dass die Zusammenfassung oder Aufgliederung der Beträge einzelner Abschlussposten relevantere Informationen ergibt, muss es die gemäß Paragraph 13C (c) angegebenen zusammengefassten oder aufgegliederten Beträge auf die Beträge der einzelnen Posten in der Bilanz überleiten.

Angabe der Beträge, die einklagbaren Globalnettingvereinbarungen oder ähnlichen Vereinbarungen unterliegen und nicht in den Angaben nach Paragraph 13C (b) (bzw. Paragraph 13C (d)) enthalten sind

B47 Nach Paragraph 13C (d) müssen Unternehmen die Beträge angeben, die einklagbaren Globalnettingvereinbarungen oder vergleichbaren Vereinbarungen unterliegen und nicht in den Angaben nach Paragraph 13C (b) enthalten sind. Paragraph 13C (d) (i) bezieht sich auf Beträge im Zusammenhang mit angesetzten Finanzinstrumenten, die nicht einige oder alle Saldierungskriterien des Paragraphen 42 von IAS 32 erfüllen (z. B. gegenwärtige Ansprüche auf Aufrechnung, die nicht das Kriterium des Paragraphen 42 (b) von IAS 32 erfüllen, oder bedingte Ansprüche auf Aufrechnung, die nur bei Zahlungsverzug oder nur bei Insolvenz oder Konkurs einer Vertragspartei einklagbar und ausübbar sind).

B48 Paragraph 13C (d) (ii) bezieht sich auf Beträge im Zusammenhang mit empfangenen und gestellten finanziellen Sicherheiten, einschließlich Barsicherheiten. Das Unternehmen hat den beizulegenden Zeitwert jener Finanzinstrumente anzugeben, die verpfändet oder als Sicherheit empfangen wurden. Die gemäß Paragraph 13C (d) (ii) angegebenen Beträge sollten den tatsächlich empfangenden oder gestellten Sicherheiten entsprechen und nicht den Verbindlichkeiten oder Forderungen, die für die Rückgabe oder den Rückerhalt solcher Sicherheiten erfasst werden.

Obergrenzen für die nach Paragraph 13C (d) (Paragraph 13D) angegebenen Beträge

B49 Bei der Angabe der in Paragraph 13C (d) verlangten Beträge muss das Unternehmen die Auswirkungen einer Übersicherung durch das Finanzinstrument berücksichtigen. Hierzu muss das Unternehmen zunächst die gemäß Paragraph

financial instruments that are not within the scope of paragraph 13A are loans and customer deposits at the same institution (unless they are set off in the statement of financial position), and financial instruments that are subject only to a collateral agreement.

Disclosure of quantitative information for recognised financial assets and recognised financial liabilities within the scope of paragraph 13A (paragraph 13C)

Financial instruments disclosed in accordance with paragraph 13C may be subject to different measurement requirements (for example, a payable related to a repurchase agreement may be measured at amortised cost, while a derivative will be measured at fair value). An entity shall include instruments at their recognised amounts and describe any resulting measurement differences in the related disclosures. **B42**

Disclosure of the gross amounts of recognised financial assets and recognised financial liabilities within the scope of paragraph 13A (paragraph 13C (a))

The amounts required by paragraph 13C (a) relate to recognised financial instruments that are set off in accordance with paragraph 42 of IAS 32. The amounts required by paragraph 13C (a) also relate to recognised financial instruments that are subject to an enforceable master netting arrangement or similar agreement irrespective of whether they meet the offsetting criteria. However, the disclosures required by paragraph 13C (a) do not relate to any amounts recognised as a result of collateral agreements that do not meet the offsetting criteria in paragraph 42 of IAS 32. Instead, such amounts are required to be disclosed in accordance with paragraph 13C (d). **B43**

Disclosure of the amounts that are set off in accordance with the criteria in paragraph 42 of IAS 32 (paragraph 13C (b))

Paragraph 13C (b) requires that entities disclose the amounts set off in accordance with paragraph 42 of IAS 32 when determining the net amounts presented in the statement of financial position. The amounts of both the recognised financial assets and the recognised financial liabilities that are subject to set-off under the same arrangement will be disclosed in both the financial asset and financial liability disclosures. However, the amounts disclosed (in, for example, a table) are limited to the amounts that are subject to set-off. For example, an entity may have a recognised derivative asset and a recognised derivative liability that meet the offsetting criteria in paragraph 42 of IAS 32. If the gross amount of the derivative asset is larger than the gross amount of the derivative liability, the financial asset disclosure table will include the entire amount of the derivative asset (in accordance with paragraph 13C (a)) and the entire amount of the derivative liability (in accordance with paragraph 13C (b)). However, while the financial liability disclosure table will include the entire amount of the derivative liability (in accordance with paragraph 13C (a)), it will only include the amount of the derivative asset (in accordance with paragraph 13C (b)) that is equal to the amount of the derivative liability. **B44**

Disclosure of the net amounts presented in the statement of financial position (paragraph 13C (c))

If an entity has instruments that meet the scope of these disclosures (as specified in paragraph 13A), but that do not meet the offsetting criteria in paragraph 42 of IAS 32, the amounts required to be disclosed by paragraph 13C (c) would equal the amounts required to be disclosed by paragraph 13C (a). **B45**

The amounts required to be disclosed by paragraph 13C (c) must be reconciled to the individual line item amounts presented in the statement of financial position. For example, if an entity determines that the aggregation or disaggregation of individual financial statement line item amounts provides more relevant information, it must reconcile the aggregated or disaggregated amounts disclosed in paragraph 13C (c) back to the individual line item amounts presented in the statement of financial position. **B46**

Disclosure of the amounts subject to an enforceable master netting arrangement or similar agreement that are not otherwise included in paragraph 13C (b) (paragraph 13C (d))

Paragraph 13C (d) requires that entities disclose amounts that are subject to an enforceable master netting arrangement or similar agreement that are not otherwise included in paragraph 13C (b). Paragraph 13C (d) (i) refers to amounts related to recognised financial instruments that do not meet some or all of the offsetting criteria in paragraph 42 of IAS 32 (for example, current rights of set-off that do not meet the criterion in paragraph 42 (b) of IAS 32, or conditional rights of set-off that are enforceable and exercisable only in the event of default, or only in the event of insolvency or bankruptcy of any of the counterparties). **B47**

Paragraph 13C (d) (ii) refers to amounts related to financial collateral, including cash collateral, both received and pledged. An entity shall disclose the fair value of those financial instruments that have been pledged or received as collateral. The amounts disclosed in accordance with paragraph 13C (d) (ii) should relate to the actual collateral received or pledged and not to any resulting payables or receivables recognised to return or receive back such collateral. **B48**

Limits on the amounts disclosed in paragraph 13C (d) (paragraph 13D)

When disclosing amounts in accordance with paragraph 13C (d), an entity must take into account the effects of over-collateralisation by financial instrument. To do so, the entity must first deduct the amounts disclosed in accordance with **B49**

13C (d) (i) angegebenen Beträge von dem gemäß Paragraph 13C (c) angegebenen Betrag abziehen. Anschließend hat es die gemäß Paragraph 13C (d) (ii) angegebenen Beträge auf den Restbetrag gemäß Paragraph 13C (c) für das jeweilige Finanzinstrument zu beschränken. Sind die Rechte an den Sicherheiten jedoch bei verschiedenen Finanzinstrumenten durchsetzbar, können diese Rechte in die Angaben gemäß Paragraph 13D einbezogen werden.

Beschreibung der Ansprüche auf Aufrechnung, die einklagbaren Globalnettingvereinbarungen und ähnlichen Vereinbarungen unterliegen (Paragraph 13E)

B50 Ein Unternehmen hat die verschiedenen Ansprüche auf Aufrechnung und ähnliche gemäß Paragraph 13C (d) angegebene Vereinbarungen zu erläutern, einschließlich der Art dieser Ansprüche. Hierzu gehört beispielsweise eine Beschreibung seiner bedingten Ansprüche. Bei Finanzinstrumenten, bei denen der Anspruch auf Aufrechnung nicht von einem künftigen Ereignis abhängig ist, die aber die übrigen Kriterien in Paragraph 42 von IAS 32 nicht erfüllen, hat ein Unternehmen zu begründen, warum die Kriterien nicht erfüllt werden. Bei empfangenen oder gestellten finanziellen Sicherheiten muss das Unternehmen die Bedingungen der Sicherheitenvereinbarung erläutern (z. B. wenn die Sicherheit einer Beschränkung unterliegt).

Angabe nach Art des Finanzinstruments oder nach Vertragspartei

B51 Die in Paragraph 13C (a)–(e) verlangten quantitativen Angaben können nach Art des Finanzinstruments oder nach Art der Transaktion gegliedert werden (z. B. Derivate, Pensionsgeschäfte und umgekehrte Pensionsgeschäfte oder Wertpapierverleih- und Wertpapierleihgeschäfte).

B52 Alternativ kann ein Unternehmen die in Paragraph 13C (a)–(c) verlangten quantitativen Angaben nach Art des Finanzinstruments und die in Paragraph 13C (c)–(e) verlangten quantitativen Angaben nach Vertragspartei gliedern. Gliedert ein Unternehmen die verlangten Angaben nach Vertragspartei, muss es die Vertragsparteien nicht namentlich nennen. Um Vergleichbarkeit zu gewährleisten, muss die Bezeichnung der Vertragsparteien (Vertragspartei A, Vertragspartei B, Vertragspartei C usw.) aber in jedem Jahr der dargestellten Jahre gleich sein. Es sind qualitative Angaben in Betracht zu ziehen, die weiteren Aufschluss über die Arten der Vertragsparteien geben. Werden die in Paragraph 13C (c)–(e) verlangten Beträge nach Vertragspartei gegliedert angegeben, sind Einzelbeträge, die im Verhältnis zur Summe je Vertragspartei bedeutsam sind, getrennt anzugeben und die übrigen unbedeutenden Einzelbeträge in einem Posten zusammenzufassen.

Sonstige

B53 Die in den Paragraphen 13C–13E verlangten Angaben sind Mindestangaben. Um die in Paragraph 13B genannte Zielsetzung zu erreichen, muss ein Unternehmen die Angaben abhängig von den Bedingungen der einklagbaren Globalnettingvereinbarungen und ähnlichen Vereinbarungen eventuell durch zusätzliche (qualitative) Angaben ergänzen, wie der Art der Ansprüche auf Aufrechnung und deren Auswirkung oder potenzielle Auswirkung auf die Vermögens- und Finanzlage des Unternehmens.

paragraph 13C (d) (i) from the amount disclosed in accordance with paragraph 13C (c). The entity shall then limit the amounts disclosed in accordance with paragraph 13C (d) (ii) to the remaining amount in paragraph 13C (c) for the related financial instrument. However, if rights to collateral can be enforced across financial instruments, such rights can be included in the disclosure provided in accordance with paragraph 13D.

Description of the rights of set-off subject to enforceable master netting arrangements and similar agreements (paragraph 13E)

An entity shall describe the types of rights of set-off and similar arrangements disclosed in accordance with paragraph 13C (d), including the nature of those rights. For example, an entity shall describe its conditional rights. For instruments subject to rights of set-off that are not contingent on a future event but that do not meet the remaining criteria in paragraph 42 of IAS 32, the entity shall describe the reason(s) why the criteria are not met. For any financial collateral received or pledged, the entity shall describe the terms of the collateral agreement (for example, when the collateral is restricted). **B50**

Disclosure by type of financial instrument or by counterparty

The quantitative disclosures required by paragraph 13C (a)—(e) may be grouped by type of financial instrument or transaction (for example, derivatives, repurchase and reverse repurchase agreements or securities borrowing and securities lending agreements). **B51**

Alternatively, an entity may group the quantitative disclosures required by paragraph 13C (a)—(c) by type of financial instrument, and the quantitative disclosures required by paragraph 13C (c)—(e) by counterparty. If an entity provides the required information by counterparty, the entity is not required to identify the counterparties by name. However, designation of counterparties (Counterparty A, Counterparty B, Counterparty C, etc) shall remain consistent from year to year for the years presented to maintain comparability. Qualitative disclosures shall be considered so that further information can be given about the types of counterparties. When disclosure of the amounts in paragraph 13C (c)—(e) is provided by counterparty, amounts that are individually significant in terms of total counterparty amounts shall be separately disclosed and the remaining individually insignificant counterparty amounts shall be aggregated into one line item. **B52**

Other

The specific disclosures required by paragraphs 13C—13E are minimum requirements. To meet the objective in paragraph 13B an entity may need to supplement them with additional (qualitative) disclosures, depending on the terms of the enforceable master netting arrangements and related agreements, including the nature of the rights of set-off, and their effect or potential effect on the entity's financial position. **B53**

INTERNATIONAL FINANCIAL REPORTING STANDARD 8
Geschäftssegmente

INHALT

GRUNDPRINZIP

1 **Ein Unternehmen hat Angaben zu machen, die es den Abschlussadressaten ermöglichen, die Art und die finanziellen Auswirkungen der von dem Unternehmen ausgeübten Geschäftstätigkeiten sowie das wirtschaftliche Umfeld, in dem es tätig ist, zu beurteilen.**

ANWENDUNGSBEREICH

2 Dieser IFRS ist anzuwenden auf
- (a) den Einzelabschluss eines Unternehmens,
  - (i) dessen Schuld- oder Eigenkapitalinstrumente an einem öffentlichen Markt gehandelt werden (d. h. einer inländischen oder ausländischen Börse oder einem OTC-Markt, einschließlich lokaler und regionaler Märkte), oder
  - (ii) das seinen Abschluss zwecks Emission beliebiger Kategorien von Instrumenten an einem öffentlichen Markt einer Wertpapieraufsichtsbehörde oder einer anderen Regulierungsbehörde vorlegt, und
- (b) den Konzernabschluss eines Mutterunternehmens,
  - (i) dessen Schuld- oder Eigenkapitalinstrumente an einem öffentlichen Markt gehandelt werden (d. h. einer inländischen oder ausländischen Börse oder einem OTC-Markt, einschließlich lokaler und regionaler Märkte), oder
  - (ii) das den Konzernabschluss zwecks Emission beliebiger Kategorien von Instrumenten an einem öffentlichen Markt einer Wertpapieraufsichtsbehörde oder einer anderen Regulierungsbehörde vorlegt.

3 Entscheidet sich ein Unternehmen, das nicht zur Anwendung dieses IFRS verpflichtet ist, Angaben zu Segmenten zu machen, die nicht die Vorgaben dieses IFRS erfüllen, darf es diese Angaben nicht als Angaben zu Segmenten bezeichnen.

4 Enthält ein Geschäftsbericht sowohl den Konzernabschluss eines Mutternunternehmens, das in den Anwendungsbereich dieses IFRS fällt, als auch dessen Einzelabschluss, sind die Segmentangaben lediglich im Konzernabschluss zu machen.

GESCHÄFTSSEGMENTE

5 Ein Geschäftssegment ist ein Unternehmensbestandteil,
- (a) der Geschäftstätigkeiten betreibt, mit denen Umsatzerlöse erwirtschaftet werden und bei denen Aufwendungen anfallen können (einschließlich Umsatzerlösen und Aufwendungen im Zusammenhang mit Geschäftsvorfällen mit anderen Bestandteilen desselben Unternehmens),

INTERNATIONAL FINANCIAL REPORTING STANDARD 8
Operating segments

CORE PRINCIPLE

An entity shall disclose information to enable users of its financial statements to evaluate the nature and financial effects of the business activities in which it engages and the economic environments in which it operates. 1

SCOPE

This IFRS shall apply to: 2

(a) the separate or individual financial statements of an entity:
   (i) whose debt or equity instruments are traded in a public market (a domestic or foreign stock exchange or an over-the-counter market, including local and regional markets); or
   (ii) that files, or is in the process of filing, its financial statements with a securities commission or other regulatory organisation for the purpose of issuing any class of instruments in a public market; and

(b) the consolidated financial statements of a group with a parent:
   (i) whose debt or equity instruments are traded in a public market (a domestic or foreign stock exchange or an over-the-counter market, including local and regional markets); or
   (ii) that files, or is in the process of filing, the consolidated financial statements with a securities commission or other regulatory organisation for the purpose of issuing any class of instruments in a public market.

If an entity that is not required to apply this IFRS chooses to disclose information about segments that does not comply with this IFRS, it shall not describe the information as segment information. 3

If a financial report contains both the consolidated financial statements of a parent that is within the scope of this IFRS as well as the parent's separate financial statements, segment information is required only in the consolidated financial statements. 4

OPERATING SEGMENTS

An operating segment is a component of an entity: 5

(a) that engages in business activities from which it may earn revenues and incur expenses (including revenues and expenses relating to transactions with other components of the same entity);

(b) dessen Betriebsergebnisse regelmäßig vom Hauptentscheidungsträger im Hinblick auf Entscheidungen über die Allokation von Ressourcen zu diesem Segment und die Beurteilung seiner Ertragskraft überprüft werden und
(c) für den separate Finanzinformationen vorliegen.

Ein Geschäftssegment kann Geschäftstätigkeiten ausüben, für das es noch Umsatzerlöse erwirtschaften muss. So können z. B. Gründungstätigkeiten Geschäftssegmente vor der Erwirtschaftung von Umsatzerlösen sein.

6 Nicht jeder Teil eines Unternehmens ist notwendigerweise ein Geschäftssegment oder Teil eines Geschäftssegments. So kann/können z. B. der Hauptsitz eines Unternehmens oder einige wichtige Abteilungen überhaupt keine Umsatzerlöse erwirtschaften oder aber Umsatzerlöse, die nur Nebentätigkeiten des Unternehmens betreffen. In diesem Fall wären sie keine Geschäftssegmente. Für die Zwecke dieses IFRS sind Pläne für Leistungen nach Beendigung des Arbeitsverhältnisses keine Geschäftssegmente.

7 Der Begriff „Hauptentscheidungsträger" bezeichnet eine Funktion, nicht unbedingt eine Führungskraft mit einer bestimmten Bezeichnung. Diese Funktion besteht in der Allokation von Ressourcen für die Geschäftssegmente eines Unternehmens sowie der Beurteilung von deren Ertragskraft. Oftmals handelt es sich beim Hauptentscheidungsträger um den Vorsitzenden des Leitungsorgans oder um dessen „Chief Operating Officer". Allerdings kann es sich dabei auch um eine Gruppe geschäftsführender Direktoren o. ä. handeln.

8 Viele Unternehmen grenzen ihre Geschäftssegmente anhand der drei in Paragraph 5 genannten Merkmale ab. Allerdings kann ein Unternehmen auch Berichte erstellen, in denen die Geschäftstätigkeiten auf vielfältigste Art und Weise dargestellt werden. Verwendet der Hauptentscheidungsträger mehr als eine Reihe von Segmentinformationen, können andere Faktoren zur Identifizierung einer Reihe von Bereichen als die Geschäftssegmente des Unternehmens herangezogen werden. Dazu zählen die Art der Geschäftstätigkeiten jedes Bereichs, das Vorhandensein hierfür verantwortlicher Führungskräfte und die dem Leitungs- und/oder Aufsichtsorgan vorgelegten Informationen.

9 In der Regel hat ein Geschäftssegment ein Segmentmanagement, das direkt dem Hauptentscheidungsträger unterstellt ist und regelmäßig Kontakt zu diesem hält, um die Tätigkeiten, die Finanzergebnisse, Prognosen oder Pläne für das betreffende Segment zu erörtern. Der Begriff „Segmentmanagement" bezeichnet eine Funktion, bei der es sich nicht unbedingt um die eines Managers mit einer bestimmten Bezeichnung handeln muss. Der Hauptentscheidungsträger kann zugleich das Segmentmanagement für einige Geschäftssegmente sein. Ein einzelner Manager kann das Segmentmanagement für mehr als ein Geschäftssegment sein. Wenn die in Paragraph 5 genannten Merkmale auf mehr als eine Reihe von Bereichen einer Organisation zutreffen, es aber nur eine Reihe gibt, für die das Segmentmanagement verantwortlich ist, so stellt diese Reihe von Bereichen die Geschäftssegmente dar.

10 Die in Paragraph 5 genannten Merkmale können auf zwei oder mehrere sich überschneidende Reihen von Bereichen zutreffen, für die die Manager verantwortlich sind. Diese Struktur wird manchmal als Matrixorganisation bezeichnet. In einigen Unternehmen sind manche Manager beispielsweise für die unterschiedlichen Produkt- und Dienstleistungslinien weltweit verantwortlich, wohingegen andere Manager für bestimmte geografische Gebiete zuständig sind. Der Hauptentscheidungsträger überprüft regelmäßig die Betriebsergebnisse beider Reihen von Bereichen, für die beiderseits Finanzinformationen vorliegen. In einem solchen Fall bestimmt das Unternehmen unter Bezugnahme auf das Grundprinzip, welche Reihe von Bereichen die Geschäftssegmente darstellt.

BERICHTSPFLICHTIGE SEGMENTE

11 Ein Unternehmen berichtet gesondert über jedes Geschäftssegment, das
(a) gemäß den Paragraphen 5–10 abgegrenzt wurde oder das Ergebnis der Zusammenfassung von zwei oder mehreren dieser Segmente gemäß Paragraph 12 ist, und
(b) die quantitativen Schwellenwerte von Paragraph 13 überschreitet.

In den Paragraphen 14–19 werden andere Fälle genannt, in denen gesonderte Informationen über ein Geschäftssegment vorgelegt werden müssen.

Kriterien für die Zusammenfassung

12 Geschäftssegmente mit vergleichbaren wirtschaftlichen Merkmalen weisen oftmals eine ähnliche langfristige Ertragsentwicklung auf. Z. B. geht man von ähnlichen langfristigen Durchschnittsbruttogewinnmargen bei zwei Geschäftssegmenten aus, wenn ihre wirtschaftlichen Merkmale vergleichbar sind. Zwei oder mehrere Geschäftssegmente können zu einem einzigen zusammengefasst werden, sofern die Zusammenfassung mit dem Grundprinzip dieses IFRS vereinbar ist, die Segmente vergleichbare wirtschaftliche Merkmale aufweisen und auch in Bezug auf jeden der nachfolgend genannten Aspekte vergleichbar sind:
(a) Art der Produkte und Dienstleistungen,
(b) Art der Produktionsprozesse,
(c) Art oder Gruppe der Kunden für die Produkte und Dienstleistungen,

(b) whose operating results are regularly reviewed by the entity's chief operating decision maker to make decisions about resources to be allocated to the segment and assess its performance; and
(c) for which discrete financial information is available.

An operating segment may engage in business activities for which it has yet to earn revenues, for example, start-up operations may be operating segments before earning revenues.

Not every part of an entity is necessarily an operating segment or part of an operating segment. For example, a corporate headquarters or some functional departments may not earn revenues or may earn revenues that are only incidental to the activities of the entity and would not be operating segments. For the purposes of this IFRS, an entity's post-employment benefit plans are not operating segments. 6

The term 'chief operating decision maker' identifies a function, not necessarily a manager with a specific title. That function is to allocate resources to and assess the performance of the operating segments of an entity. Often the chief operating decision maker of an entity is its chief executive officer or chief operating officer but, for example, it may be a group of executive directors or others. 7

For many entities, the three characteristics of operating segments described in paragraph 5 clearly identify its operating segments. However, an entity may produce reports in which its business activities are presented in a variety of ways. If the chief operating decision maker uses more than one set of segment information, other factors may identify a single set of components as constituting an entity's operating segments, including the nature of the business activities of each component, the existence of managers responsible for them, and information presented to the board of directors. 8

Generally, an operating segment has a segment manager who is directly accountable to and maintains regular contact with the chief operating decision maker to discuss operating activities, financial results, forecasts, or plans for the segment. The term 'segment manager' identifies a function, not necessarily a manager with a specific title. The chief operating decision maker also may be the segment manager for some operating segments. A single manager may be the segment manager for more than one operating segment. If the characteristics in paragraph 5 apply to more than one set of components of an organisation but there is only one set for which segment managers are held responsible, that set of components constitutes the operating segments. 9

The characteristics in paragraph 5 may apply to two or more overlapping sets of components for which managers are held responsible. That structure is sometimes referred to as a matrix form of organisation. For example, in some entities, some managers are responsible for different product and service lines worldwide, whereas other managers are responsible for specific geographical areas. The chief operating decision maker regularly reviews the operating results of both sets of components, and financial information is available for both. In that situation, the entity shall determine which set of components constitutes the operating segments by reference to the core principle. 10

REPORTABLE SEGMENTS

An entity shall report separately information about each operating segment that: 11
(a) has been identified in accordance with paragraphs 5—10 or results from aggregating two or more of those segments in accordance with paragraph 12; and
(b) exceeds the quantitative thresholds in paragraph 13.

Paragraphs 14—19 specify other situations in which separate information about an operating segment shall be reported.

Aggregation criteria

Operating segments often exhibit similar long-term financial performance if they have similar economic characteristics. For example, similar long-term average gross margins for two operating segments would be expected if their economic characteristics were similar. Two or more operating segments may be aggregated into a single operating segment if aggregation is consistent with the core principle of this IFRS, the segments have similar economic characteristics, and the segments are similar in each of the following respects: 12
(a) the nature of the products and services;
(b) the nature of the production processes;
(c) the type or class of customer for their products and services;

(d) Methoden des Vertriebs ihrer Produkte oder der Erbringung von Dienstleistungen und
(e) gegebenenfalls Art der regulatorischen Rahmenbedingungen, z. B. im Bank- oder Versicherungswesen oder bei öffentlichen Versorgungsbetrieben.

Quantitative Schwellenwerte

13 Ein Unternehmen legt gesonderte Informationen über ein Geschäftssegment vor, das einen der nachfolgend genannten quantitativen Schwellenwerte erfüllt:
(a) Sein ausgewiesener Umsatzerlös, einschließlich der Verkäufe an externe Kunden und Verkäufe oder Transfers zwischen den Segmenten, beträgt mindestens 10 Prozent der zusammengefassten internen und externen Umsatzerlöse aller Geschäftssegmente.
(b) Der absolute Betrag seines ausgewiesenen Gewinns oder Verlusts entspricht mindestens 10 Prozent des höheren der beiden nachfolgend genannten absoluten Werte: (i) des zusammengefassten ausgewiesenen Gewinns aller Geschäftssegmente, die keinen Verlust gemeldet haben, (ii) des zusammengefassten ausgewiesenen Verlusts aller Geschäftssegmente, die einen Verlust gemeldet haben.
(c) Seine Vermögenswerte haben einen Anteil von mindestens 10 Prozent an den kumulierten Aktiva aller Geschäftssegmente.

Geschäftssegmente, die keinen dieser quantitativen Schwellenwerte erfüllen, können als berichtspflichtig angesehen und gesondert angegeben werden, wenn die Geschäftsführung der Auffassung ist, dass Informationen über das Segment für die Abschlussadressaten nützlich wären.

14 Ein Unternehmen kann Informationen über Geschäftssegmente, die die quantitativen Schwellenwerte nicht erfüllen, mit Informationen über andere Geschäftssegmente, die diese Schwellenwerte ebenfalls nicht erfüllen, nur dann zum Zwecke der Schaffung eines berichtspflichtigen Segments zusammenfassen, wenn die Geschäftssegmente ähnliche wirtschaftliche Merkmale aufweisen und die meisten in Paragraph 12 genannten Kriterien für eine Zusammenfassung gemeinsam haben.

15 Machen die gesamten externen Umsatzerlöse, die von den Geschäftssegmenten ausgewiesen werden, weniger als 75 Prozent der Umsatzerlöse des Unternehmens aus, sind weitere Geschäftssegmente als berichtspflichtige Segmente heranzuziehen (auch wenn sie die Kriterien in Paragraph 13 nicht erfüllen), bis mindestens 75 Prozent der Umsatzerlöse des Unternehmens auf berichtspflichtige Segmente entfallen.

16 Informationen über andere Geschäftstätigkeiten und Geschäftssegmente, die nicht berichtspflichtig sind, werden in einer Kategorie „Alle sonstigen Segmente" zusammengefasst und dargestellt, die von sonstigen Abstimmungsposten in den in Paragraph 28 verlangten Überleitungsrechnungen zu unterscheiden ist. Die Herkunft der Umsatzerlöse, die in der Kategorie „Alle sonstigen Segmente" erfasst werden, ist zu beschreiben.

17 Vertritt das Management die Auffassung, dass ein in der unmittelbar vorangegangenen Berichtsperiode als berichtspflichtig identifiziertes Segment auch weiterhin von Bedeutung ist, so werden Informationen über dieses Segment auch in der laufenden Periode gesondert vorgelegt, selbst wenn die in Paragraph 13 genannten Kriterien für die Berichtspflicht nicht mehr erfüllt sind.

18 Wird ein Geschäftssegment in der laufenden Berichtsperiode den quantitativen Schwellenwerten entsprechend als berichtspflichtiges Segment identifiziert, so sind die Segmentdaten für eine frühere Periode, die zu Vergleichszwecken erstellt wurden, anzupassen, um das neuerdings berichtspflichtige Segment als gesondertes Segment darzustellen, auch wenn dieses in der früheren Periode nicht die Kriterien für die Berichtspflicht in Paragraph 13 erfüllt hat, es sei denn, die erforderlichen Informationen sind nicht verfügbar und die Kosten für ihre Erstellung wären übermäßig hoch.

19 Es kann eine praktikable Obergrenze für die Anzahl berichtspflichtiger Segmente geben, die ein Unternehmen gesondert darstellt, über die hinaus die Segmentinformationen zu detailliert würden. Auch wenn die Anzahl der nach den Paragraphen 13–18 berichtspflichtigen Segmente nicht begrenzt ist, sollte ein Unternehmen prüfen, ob bei mehr als zehn Segmenten eine praktikable Obergrenze erreicht ist.

ANGABEN

20 Ein Unternehmen hat Angaben zu machen, die es den Abschlussadressaten ermöglichen, die Art und die finanziellen Auswirkungen der von dem Unternehmen ausgeübten Geschäftstätigkeiten sowie das wirtschaftliche Umfeld, in dem es tätig ist, zu beurteilen.

21 Zwecks Anwendung des in Paragraph 20 genannten Grundsatzes hat ein Unternehmen für jede Periode, für die eine Gesamtergebnisrechnung erstellt wurde, folgende Angaben zu liefern:
(a) allgemeine Informationen (wie in Paragraph 22 beschrieben),
(b) Informationen über den ausgewiesenen Gewinn oder Verlust eines Segments, einschließlich genau beschriebener Umsatzerlöse und Aufwendungen, die in den ausgewiesenen Gewinn oder Verlust eines Segments einbezogen sind,

(d) the methods used to distribute their products or provide their services; and
(e) if applicable, the nature of the regulatory environment, for example, banking, insurance or public utilities.

Quantitative thresholds

An entity shall report separately information about an operating segment that meets any of the following quantitative thresholds: 13

(a) Its reported revenue, including both sales to external customers and intersegment sales or transfers, is 10 per cent or more of the combined revenue, internal and external, of all operating segments.
(b) The absolute amount of its reported profit or loss is 10 per cent or more of the greater, in absolute amount, of (i) the combined reported profit of all operating segments that did not report a loss and (ii) the combined reported loss of all operating segments that reported a loss.
(c) Its assets are 10 per cent or more of the combined assets of all operating segments.

Operating segments that do not meet any of the quantitative thresholds may be considered reportable, and separately disclosed, if management believes that information about the segment would be useful to users of the financial statements.

An entity may combine information about operating segments that do not meet the quantitative thresholds with information about other operating segments that do not meet the quantitative thresholds to produce a reportable segment only if the operating segments have similar economic characteristics and share a majority of the aggregation criteria listed in paragraph 12. 14

If the total external revenue reported by operating segments constitutes less than 75 per cent of the entity's revenue, additional operating segments shall be identified as reportable segments (even if they do not meet the criteria in paragraph 13) until at least 75 per cent of the entity's revenue is included in reportable segments. 15

Information about other business activities and operating segments that are not reportable shall be combined and disclosed in an 'all other segments' category separately from other reconciling items in the reconciliations required by paragraph 28. The sources of the revenue included in the 'all other segments' category shall be described. 16

If management judges that an operating segment identified as a reportable segment in the immediately preceding period is of continuing significance, information about that segment shall continue to be reported separately in the current period even if it no longer meets the criteria for reportability in paragraph 13. 17

If an operating segment is identified as a reportable segment in the current period in accordance with the quantitative thresholds, segment data for a prior period presented for comparative purposes shall be restated to reflect the newly reportable segment as a separate segment, even if that segment did not satisfy the criteria for reportability in paragraph 13 in the prior period, unless the necessary information is not available and the cost to develop it would be excessive. 18

There may be a practical limit to the number of reportable segments that an entity separately discloses beyond which segment information may become too detailed. Although no precise limit has been determined, as the number of segments that are reportable in accordance with paragraphs 13—18 increases above 10, the entity should consider whether a practical limit has been reached. 19

DISCLOSURE

An entity shall disclose information to enable users of its financial statements to evaluate the nature and financial effects of the business activities in which it engages and the economic environments in which it operates. 20

To give effect to the principle in paragraph 20, an entity shall disclose the following for each period for which an statement of comprehensive income is presented: 21

(a) general information as described in paragraph 22;
(b) information about reported segment profit or loss, including specified revenues and expenses included in reported segment profit or loss, segment assets, segment liabilities and the basis of measurement, as described in paragraphs 23—27; and

über die Segmentvermögenswerte und die Segmentschulden und über die Bewertungsgrundlagen (wie in den Paragraphen 23–27 beschrieben), und

(c) Überleitungsrechnungen von den Summen der Segmentumsatzerlöse, des ausgewiesenen Gewinns oder Verlusts eines Segments, der Segmentvermögenswerte und Segmentschulden und sonstiger wichtiger Segmentposten auf die entsprechenden Beträge des Unternehmens (wie in Paragraph 28 beschrieben).

Überleitungsrechnungen von den Beträgen in der Bilanz der berichtspflichtigen Segmente zu den Beträgen in der Bilanz des Unternehmens sind für jeden Stichtag erforderlich, zu dem eine Bilanz vorgelegt wird. Informationen zu früheren Perioden sind gemäß den Paragraphen 29 und 30 anzupassen.

Allgemeine Informationen

22 Hier hat ein Unternehmen Folgendes anzugeben:

(a) die Faktoren, die zur Identifizierung der berichtspflichtigen Segmente des Unternehmens verwendet werden. Dazu zählen die Organisationsgrundlage (z. B. ob sich die Geschäftsführung dafür entschieden hat, das Unternehmen nach unterschiedlichen Produkten und Dienstleistungen, nach geografischen Gebieten, nach Regulierungsumfeld oder einer Kombination von Faktoren zu organisieren, und ob Geschäftssegmente zusammengefasst wurden),

(aa) die Ermessensentscheidungen, die von der Geschäftsführung bei Anwendung der in Paragraph 12 genannten Kriterien für die Zusammenfassung getroffen wurden. Dazu zählt eine kurze Beschreibung der auf diese Weise zusammengefassten Geschäftssegmente und der wirtschaftlichen Indikatoren, die bewertet wurden, um zu bestimmen, dass die zusammengefassten Geschäftssegmente die gleichen wirtschaftlichen Charakteristika aufweisen, und

(b) die Arten von Produkten und Dienstleistungen, die die Grundlage der Umsatzerlöse jedes berichtspflichtigen Segments darstellen.

Informationen über den Gewinn oder Verlust und über die Vermögenswerte und Schulden

23 Ein Unternehmen hat für jedes berichtspflichtige Segment einen Messwert für den Gewinn oder Verlust anzugeben. Wird ein solcher Betrag dem Hauptentscheidungsträger regelmäßig übermittelt, hat das Unternehmen für jedes berichtspflichtige Segment einen Messwert für die gesamten Vermögenswerte und die gesamten Schulden anzugeben. Wenn die entsprechenden Beträge in den Messwert für den Gewinn oder Verlust des Segments einfließen, der vom Hauptentscheidungsträger überprüft wird, oder diesem regelmäßig anderweitig übermittelt werden, auch wenn sie nicht in den Messwert für den Gewinn oder Verlust des Segments einfließen, hat das Unternehmen zudem zu jedem berichtspflichtigen Segment die folgenden Angaben zu machen:

(a) Umsatzerlöse von externen Kunden,

(b) Umsatzerlöse aus Geschäftsvorfällen mit anderen Geschäftssegmenten desselben Unternehmens,

(c) Zinserträge,

(d) Zinsaufwendungen,

(e) planmäßige Abschreibungen,

(f) wesentliche Ertrags- und Aufwandsposten, die gemäß Paragraph 97 von IAS 1 *Darstellung des Abschlusses* (in der 2007 überarbeiteten Fassung) angegeben werden,

(g) Anteil des Unternehmens am Gewinn oder Verlust von assoziierten Unternehmen und Gemeinschaftsunternehmen, die nach der Equity-Methode bilanziert werden,

(h) Ertragsteueraufwand oder -ertrag und

(i) wesentliche zahlungsunwirksame Posten, bei denen es sich nicht um planmäßige Abschreibungen handelt.

Ein Unternehmen hat die Zinserträge gesondert vom Zinsaufwand für jedes berichtspflichtige Segment auszuweisen, es sei denn, die meisten Umsatzerlöse des Segments wurden aufgrund von Zinsen erwirtschaftet und der Hauptentscheidungsträger stützt sich in erster Linie auf die Nettozinserträge, um die Ertragskraft des Segments zu beurteilen und Entscheidungen über die Allokation der Ressourcen für das Segment zu treffen. In einem solchen Fall kann ein Unternehmen die segmentbezogenen Zinserträge abzüglich des segmentbezogenen Zinsaufwands angeben und über diese Vorgehensweise informieren.

24 Wenn die entsprechenden Beträge in den Messwert für die Segmentvermögenswerte einfließen, der vom Hauptentscheidungsträger überprüft wird, oder diesem regelmäßig anderweitig übermittelt werden, auch wenn sie nicht in den Messwert für die Segmentvermögenswerte einfließen, hat das Unternehmen zudem zu jedem berichtspflichtigen Segment die folgenden Angaben zu machen:

(a) Betrag der Beteiligungen an assoziierten Unternehmen und Gemeinschaftsunternehmen, die nach der Equity-Methode bilanziert werden, und

(b) Betrag der Zugänge zu den langfristigen Vermögenswerten[1], ausgenommen Finanzinstrumente, latente Steueransprüche, Nettovermögenswerte aus einem leistungsorientierten Plan (siehe IAS 19 *Leistungen an Arbeitnehmer*) und Ansprüche aus Versicherungsverträgen.

---

1 Bei einer Gliederung der Vermögenswerte gemäß einer Liquiditätsdarstellung sind als langfristige Vermögenswerte alle Vermögenswerte einzustufen, die Beträge beinhalten, deren Realisierung nach mehr als zwölf Monaten nach dem Abschlussstichtag erwartet wird.

(c) reconciliations of the totals of segment revenues, reported segment profit or loss, segment assets, segment liabilities and other material segment items to corresponding entity amounts as described in paragraph 28.

Reconciliations of the amounts in the statement of financial position for reportable segments to the amounts in the entity's statement of financial position are required for each date at which a statement of financial position is presented. Information for prior periods shall be restated as described in paragraphs 29 and 30.

General information

An entity shall disclose the following general information: 22

(a) factors used to identify the entity's reportable segments, including the basis of organisation (for example, whether management has chosen to organise the entity around differences in products and services, geographical areas, regulatory environments, or a combination of factors and whether operating segments have been aggregated);

(aa) the judgements made by management in applying the aggregation criteria in paragraph 12. This includes a brief description of the operating segments that have been aggregated in this way and the economic indicators that have been assessed in determining that the aggregated operating segments share similar economic characteristics; and

(b) types of products and services from which each reportable segment derives its revenues.

Information about profit or loss, assets and liabilities

An entity shall report a measure of profit or loss for each reportable segment. An entity shall report a measure of total assets and liabilities for each reportable segment if such amounts are regularly provided to the chief operating decision maker. An entity shall also disclose the following about each reportable segment if the specified amounts are included in the measure of segment profit or loss reviewed by the chief operating decision maker, or are otherwise regularly provided to the chief operating decision maker even if not included in that measure of segment profit or loss: 23

(a) revenues from external customers;

(b) revenues from transactions with other operating segments of the same entity;

(c) interest revenue;

(d) interest expense;

(e) depreciation and amortisation;

(f) material items of income and expense disclosed in accordance with paragraph 97 of IAS 1 *Presentation of Financial Statements* (as revised in 2007);

(g) the entity's interest in the profit or loss of associates and joint ventures accounted for by the equity method;

(h) income tax expense or income; and

(i) material non-cash items other than depreciation and amortisation.

An entity shall report interest revenue separately from interest expense for each reportable segment unless a majority of the segment's revenues are from interest and the chief operating decision maker relies primarily on net interest revenue to assess the performance of the segment and make decisions about resources to be allocated to the segment. In that situation, an entity may report that segment's interest revenue net of its interest expense and disclose that it has done so.

An entity shall disclose the following about each reportable segment if the specified amounts are included in the measure of segment assets reviewed by the chief operating decision maker or are otherwise regularly provided to the chief operating decision maker, even if not included in the measure of segment assets: 24

(a) the amount of investment in associates and joint ventures accounted for by the equity method; and

(b) the amounts of additions to non-current assets[1] other than financial instruments, deferred tax assets, net defined benefit assets (see IAS 19 *Employee Benefits*) and rights arising under insurance contracts.

1 For assets classified according to a liquidity presentation, non-current assets are assets that include amounts expected to be recovered more than twelve months after the reporting period.

BEWERTUNG

25 Der Betrag jedes dargestellten Segmentpostens soll dem Messwert entsprechen, welcher dem Hauptentscheidungsträger übermittelt wird, damit dieser die Ertragskraft des Segments beurteilen und Entscheidungen über die Allokation der Ressourcen für das Segment treffen kann. Anpassungen und Eliminierungen, die während der Erstellung eines Unternehmensabschlusses und bei der Allokation von Umsatzerlösen, Aufwendungen sowie Gewinnen oder Verlusten vorgenommen werden, sind bei der Ermittlung des ausgewiesenen Gewinns oder Verlusts des Segments nur dann zu berücksichtigen, wenn sie in den Messwert für den Gewinn oder Verlust des Segments eingeflossen sind, den der Hauptentscheidungsträger zugrunde legt. Ebenso sind für dieses Segment nur jene Vermögenswerte und Schulden auszuweisen, die in die vom Hauptentscheidungsträger genutzten Messwerte für die Vermögenswerte und Schulden des Segments eingeflossen sind. Werden Beträge dem Gewinn oder Verlust sowie den Vermögenswerten oder Schulden eines berichtspflichtigen Segments zugewiesen, so hat die Allokation dieser Beträge auf angemessener Basis zu erfolgen.

26 Verwendet der Hauptentscheidungsträger zur Beurteilung der Ertragskraft des Segments und zur Entscheidung über die Art der Allokation der Ressourcen lediglich einen Messwert für den Gewinn oder Verlust und die Vermögenswerte sowie Schulden eines Geschäftssegments, so sind der Gewinn oder Verlust und die Vermögenswerte sowie Schulden gemäß diesem Messwert anzugeben. Verwendet der Hauptentscheidungsträger mehr als einen Messwert für den Gewinn oder Verlust und die Vermögenswerte sowie Schulden eines Geschäftssegments, so sind jene Messwerte zu verwenden, die die Geschäftsführung gemäß den Bewertungsgrundsätzen als am ehesten mit denjenigen konsistent ansieht, die für die Ermittlung der entsprechenden Beträge im Abschluss des Unternehmens zugrunde gelegt werden.

27 Ein Unternehmen hat die Bewertungsgrundlagen für den Gewinn oder Verlust eines Segments sowie für die Vermögenswerte und Schulden jedes berichtspflichtigen Segments zu erläutern. Mindestens anzugeben sind

(a) die Rechnungslegungsgrundlage für sämtliche Geschäftsvorfälle zwischen berichtspflichtigen Segmenten.

(b) die Art etwaiger Unterschiede zwischen den Bewertungsgrundlagen für den Gewinn oder Verlust eines berichtspflichtigen Segments und den Gewinn oder Verlust des Unternehmens vor Steueraufwand oder –ertrag und Aufgabe von Geschäftsbereichen (falls nicht aus den in Paragraph 28 beschriebenen Überleitungsrechnungen ersichtlich). Diese Unterschiede könnten Rechnungslegungsmethoden und Richtlinien für die Allokation von zentral angefallenen Kosten umfassen, die für das Verständnis der dargestellten Segmentinformationen erforderlich sind.

(c) die Art etwaiger Unterschiede zwischen den Bewertungsgrundlagen für die Vermögenswerte eines berichtspflichtigen Segments und die Vermögenswerte des Unternehmens (falls nicht aus den in Paragraph 28 beschriebenen Überleitungsrechnungen ersichtlich). Diese Unterschiede könnten Rechnungslegungsmethoden und Richtlinien für die Allokation von gemeinsam genutzten Vermögenswerten umfassen, die für das Verständnis der dargestellten Segmentinformationen erforderlich sind.

(d) die Art etwaiger Unterschiede zwischen den Bewertungsgrundlagen für die Schulden eines berichtspflichtigen Segments und die Schulden des Unternehmens (falls nicht aus den in Paragraph 28 beschriebenen Überleitungsrechnungen ersichtlich). Diese Unterschiede könnten Rechnungslegungsmethoden und Richtlinien für die Allokation von gemeinsam genutzten Schulden umfassen, die für das Verständnis der dargestellten Segmentinformationen erforderlich sind.

(e) die Art etwaiger Änderungen der Bewertungsmethoden im Vergleich zu früheren Perioden, die zur Bestimmung des Gewinns oder Verlusts des Segments verwendet werden, und gegebenenfalls die Auswirkungen dieser Änderungen auf die Bewertung des Gewinns oder Verlusts des Segments.

(f) Art und Auswirkungen etwaiger asymmetrischer Allokationen auf berichtspflichtige Segmente. Beispielsweise könnte ein Unternehmen einen Abschreibungsaufwand einem Segment zuordnen, ohne diesem Segment die entsprechenden abschreibungsfähigen Vermögenswerte zuzuordnen.

Überleitungsrechnungen

28 Ein Unternehmen hat Überleitungsrechnungen für alle nachfolgend genannten Beträge vorzulegen:

(a) Gesamtbetrag der Umsatzerlöse der berichtspflichtigen Segmente zu den Umsatzerlösen des Unternehmens.

(b) Gesamtbetrag der Messwerte für den Gewinn oder Verlust der berichtspflichtigen Segmente zum Gewinn oder Verlust des Unternehmens vor Steueraufwand (Steuerertrag) und Aufgabe von Geschäftsbereichen. Weist ein Unternehmen indes berichtspflichtigen Segmenten Posten wie Steueraufwand (Steuerertrag) zu, kann es die Überleitungsrechnung vom Gesamtbetrag der Messwerte für den Gewinn oder Verlust der Segmente zum Gewinn oder Verlust des Unternehmens unter Einbeziehung dieser Posten erstellen.

(c) Gesamtbetrag der Vermögenswerte der berichtspflichtigen Segmente zu den Vermögenswerten des Unternehmens, wenn die Segmentvermögenswerte gemäß Paragraph 23 angegeben werden.

(d) Gesamtbetrag der Schulden der berichtspflichtigen Segmente zu den Schulden des Unternehmens, wenn die Segmentschulden gemäß Paragraph 23 angegeben werden.

(e) Gesamtbetrag jeder anderen wesentlichen Angabe für die berichtspflichtigen Segmente zum entsprechenden Betrag für das Unternehmen.

Alle wesentlichen Abstimmungsposten in den Überleitungsrechnungen sind gesondert zu identifizieren und zu beschreiben. So ist z. B. der Betrag jeder wesentlichen Anpassung, die für die Abstimmung des Gewinns oder Verlusts des Segments mit dem Gewinn oder Verlust des Unternehmens erforderlich ist und ihren Ursprung in unterschiedlichen Rechnungslegungsmethoden hat, gesondert zu identifizieren und zu beschreiben.

MEASUREMENT

The amount of each segment item reported shall be the measure reported to the chief operating decision maker for the purposes of making decisions about allocating resources to the segment and assessing its performance. Adjustments and eliminations made in preparing an entity's financial statements and allocations of revenues, expenses, and gains or losses shall be included in determining reported segment profit or loss only if they are included in the measure of the segment's profit or loss that is used by the chief operating decision maker. Similarly, only those assets and liabilities that are included in the measures of the segment's assets and segment's liabilities that are used by the chief operating decision maker shall be reported for that segment. If amounts are allocated to reported segment profit or loss, assets or liabilities, those amounts shall be allocated on a reasonable basis. 25

If the chief operating decision maker uses only one measure of an operating segment's profit or loss, the segment's assets or the segment's liabilities in assessing segment performance and deciding how to allocate resources, segment profit or loss, assets and liabilities shall be reported at those measures. If the chief operating decision maker uses more than one measure of an operating segment's profit or loss, the segment's assets or the segment's liabilities, the reported measures shall be those that management believes are determined in accordance with the measurement principles most consistent with those used in measuring the corresponding amounts in the entity's financial statements. 26

An entity shall provide an explanation of the measurements of segment profit or loss, segment assets and segment liabilities for each reportable segment. At a minimum, an entity shall disclose the following: 27

(a) the basis of accounting for any transactions between reportable segments;
(b) the nature of any differences between the measurements of the reportable segments' profits or losses and the entity's profit or loss before income tax expense or income and discontinued operations (if not apparent from the reconciliations described in paragraph 28). Those differences could include accounting policies and policies for allocation of centrally incurred costs that are necessary for an understanding of the reported segment information;
(c) the nature of any differences between the measurements of the reportable segments' assets and the entity's assets (if not apparent from the reconciliations described in paragraph 28). Those differences could include accounting policies and policies for allocation of jointly used assets that are necessary for an understanding of the reported segment information;
(d) the nature of any differences between the measurements of the reportable segments' liabilities and the entity's liabilities (if not apparent from the reconciliations described in paragraph 28). Those differences could include accounting policies and policies for allocation of jointly utilised liabilities that are necessary for an understanding of the reported segment information;
(e) the nature of any changes from prior periods in the measurement methods used to determine reported segment profit or loss and the effect, if any, of those changes on the measure of segment profit or loss;
(f) the nature and effect of any asymmetrical allocations to reportable segments. For example, an entity might allocate depreciation expense to a segment without allocating the related depreciable assets to that segment.

Reconciliations

An entity shall provide reconciliations of all of the following: 28

(a) the total of the reportable segments' revenues to the entity's revenue;
(b) the total of the reportable segments' measures of profit or loss to the entity's profit or loss before tax expense (tax income) and discontinued operations. However, if an entity allocates to reportable segments items such as tax expense (tax income), the entity may reconcile the total of the segments' measures of profit or loss to the entity's profit or loss after those items;
(c) the total of the reportable segments' assets to the entity's assets if the segment assets are reported in accordance with paragraph 23
(d) the total of the reportable segments' liabilities to the entity's liabilities if segment liabilities are reported in accordance with paragraph 23;
(e) the total of the reportable segments' amounts for every other material item of information disclosed to the corresponding amount for the entity.

All material reconciling items shall be separately identified and described. For example, the amount of each material adjustment needed to reconcile reportable segment profit or loss to the entity's profit or loss arising from different accounting policies shall be separately identified and described.

Anpassung zuvor veröffentlichter Informationen

29 Ändert ein Unternehmen die Struktur seiner internen Organisation auf eine Art und Weise, die die Zusammensetzung seiner berichtspflichtigen Segmente verändert, müssen die entsprechenden Informationen für frühere Perioden, einschließlich Zwischenperioden, angepasst werden, es sei denn, die erforderlichen Informationen sind nicht verfügbar und die Kosten für ihre Erstellung wären übermäßig hoch. Die Feststellung, ob Informationen nicht verfügbar sind und die Kosten für ihre Erstellung übermäßig hoch liegen, hat für jeden angegebenen Einzelposten gesondert zu erfolgen. Nach einer Änderung der Zusammensetzung seiner berichtspflichtigen Segmente hat ein Unternehmen Angaben dazu zu machen, ob es die entsprechenden Posten der Segmentinformationen für frühere Perioden angepasst hat.

30 Ändert ein Unternehmen die Struktur seiner internen Organisation auf eine Art und Weise, die die Zusammensetzung seiner berichtspflichtigen Segmente verändert, und werden die entsprechenden Informationen für frühere Perioden, einschließlich Zwischenperioden, nicht angepasst, um der Änderung Rechnung zu tragen, hat ein Unternehmen in dem Jahr, in dem die Änderung eintritt, Segmentangaben für die derzeitige Berichtsperiode sowohl auf der Grundlage der alten als auch der neuen Segmentstruktur zu machen, es sei denn, die erforderlichen Informationen sind nicht verfügbar und die Kosten für ihre Erstellung wären übermäßig hoch.

ANGABEN AUF UNTERNEHMENSEBENE

31 Die Paragraphen 32–34 sind auf alle unter diesen IFRS fallende Unternehmen anzuwenden. Dazu zählen auch Unternehmen, die nur ein einziges berichtspflichtiges Segment haben. Bei einigen Unternehmen sind die Geschäftsbereiche nicht nach unterschiedlichen Produkten und Dienstleistungen oder unterschiedlichen geografischen Tätigkeitsbereichen organisiert. Die berichtspflichtigen Segmente eines solchen Unternehmens können Umsatzerlöse ausweisen, die in einem breiten Spektrum sehr unterschiedlicher Produkte und Dienstleistungen erwirtschaftet wurden, oder aber mehrere berichtspflichtige Segmente können sehr ähnliche Produkte und Dienstleistungen anbieten. Ebenso können die berichtspflichtigen Segmente eines Unternehmens Vermögenswerte in verschiedenen geografischen Gebieten halten und Umsatzerlöse von Kunden in diesen verschiedenen geografischen Bereichen ausweisen, oder aber mehrere dieser berichtspflichtigen Segmente sind in demselben geografischen Gebiet tätig. Die in den Paragraphen 32–34 verlangten Angaben sind nur dann erforderlich, wenn sie nicht bereits als Teil der Informationen des berichtspflichtigen Segments gemäß diesem IFRS vorgelegt wurden.

Informationen über Produkte und Dienstleistungen

32 Ein Unternehmen hat die Umsatzerlöse von externen Kunden für jedes Produkt und jede Dienstleistung bzw. für jede Gruppe vergleichbarer Produkte und Dienstleistungen auszuweisen, es sei denn, die erforderlichen Informationen sind nicht verfügbar und die Kosten für ihre Erstellung wären übermäßig hoch. In diesem Fall ist dieser Umstand anzugeben. Die ausgewiesenen Umsatzerlösbeträge müssen auf den Finanzinformationen basieren, die für die Erstellung des Unternehmensabschlusses verwendet werden.

Informationen über geografische Gebiete

33 Ein Unternehmen hat folgende geografische Angaben zu machen, es sei denn, die erforderlichen Informationen sind nicht verfügbar und die Kosten für ihre Erstellung wären übermäßig hoch:

(a) Umsatzerlöse, die von externen Kunden erwirtschaftet wurden, die (i) dem Sitzland des Unternehmens und (ii) allen Drittländern insgesamt zugewiesen werden, in denen das Unternehmen Umsatzerlöse erwirtschaftet. Wenn die Umsatzerlöse von externen Kunden, die einem einzelnen Drittland zugewiesen werden, wesentlich sind, sind diese Umsatzerlöse gesondert anzugeben. Ein Unternehmen hat anzugeben, auf welcher Grundlage die Umsatzerlöse von externen Kunden den einzelnen Ländern zugewiesen werden.

(b) langfristige Vermögenswerte[2], ausgenommen Finanzinstrumente, latente Steueransprüche, Leistungen nach Beendigung des Arbeitsverhältnisses und Ansprüche aus Versicherungsverträgen, die (i) im Sitzland des Unternehmens und (ii) in allen Drittländern insgesamt gelegen sind, in dem das Unternehmen Vermögenswerte hält. Wenn die Vermögenswerte in einem einzelnen Drittland wesentlich sind, sind diese Vermögenswerte gesondert anzugeben.

Die angegebenen Beträge müssen auf den Finanzinformationen basieren, die für die Erstellung des Unternehmensabschlusses verwendet werden. Wenn die erforderlichen Informationen nicht verfügbar sind und die Kosten für ihre Erstellung übermäßig hoch wären, hat das Unternehmen dies anzugeben. Über die in diesem Paragraphen verlangten Informationen hinaus kann ein Unternehmen Zwischensummen für die geografischen Informationen nach Ländergruppen vorlegen.

---

2 Bei einer Gliederung der Vermögenswerte gemäß einer Liquiditätsdarstellung sind als langfristige Vermögenswerte alle Vermögenswerte einzustufen, die Beträge enthalten, deren Realisierung nach mehr als zwölf Monaten nach dem Abschlussstichtag erwartet wird.

Restatement of previously reported information

If an entity changes the structure of its internal organisation in a manner that causes the composition of its reportable segments to change, the corresponding information for earlier periods, including interim periods, shall be restated unless the information is not available and the cost to develop it would be excessive. The determination of whether the information is not available and the cost to develop it would be excessive shall be made for each individual item of disclosure. Following a change in the composition of its reportable segments, an entity shall disclose whether it has restated the corresponding items of segment information for earlier periods. 29

If an entity has changed the structure of its internal organisation in a manner that causes the composition of its reportable segments to change and if segment information for earlier periods, including interim periods, is not restated to reflect the change, the entity shall disclose in the year in which the change occurs segment information for the current period on both the old basis and the new basis of segmentation, unless the necessary information is not available and the cost to develop it would be excessive. 30

ENTITY-WIDE DISCLOSURES

Paragraphs 32—34 apply to all entities subject to this IFRS, including those entities that have a single reportable segment. 31
Some entities' business activities are not organised on the basis of differences in related products and services or differences in geographical areas of operations. Such an entity's reportable segments may report revenues from a broad range of essentially different products and services, or more than one of its reportable segments may provide essentially the same products and services. Similarly, an entity's reportable segments may hold assets in different geographical areas and report revenues from customers in different geographical areas, or more than one of its reportable segments may operate in the same geographical area. Information required by paragraphs 32—34 shall be provided only if it is not provided as part of the reportable segment information required by this IFRS.

Information about products and services

An entity shall report the revenues from external customers for each product and service, or each group of similar products and services, unless the necessary information is not available and the cost to develop it would be excessive, in which case that fact shall be disclosed. The amounts of revenues reported shall be based on the financial information used to produce the entity's financial statements. 32

Information about geographical areas

An entity shall report the following geographical information, unless the necessary information is not available and the cost to develop it would be excessive: 33

(a) revenues from external customers (i) attributed to the entity's country of domicile and (ii) attributed to all foreign countries in total from which the entity derives revenues. If revenues from external customers attributed to an individual foreign country are material, those revenues shall be disclosed separately. An entity shall disclose the basis for attributing revenues from external customers to individual countries;
(b) non-current assets[2] other than financial instruments, deferred tax assets, post-employment benefit assets, and rights arising under insurance contracts (i) located in the entity's country of domicile and (ii) located in all foreign countries in total in which the entity holds assets. If assets in an individual foreign country are material, those assets shall be disclosed separately.

The amounts reported shall be based on the financial information that is used to produce the entity's financial statements. If the necessary information is not available and the cost to develop it would be excessive, that fact shall be disclosed. An entity may provide, in addition to the information required by this paragraph, subtotals of geographical information about groups of countries.

2 For assets classified according to a liquidity presentation, non-current assets are assets that include amounts expected to be recovered more than 12 months after the reporting period.

Informationen über wichtige Kunden

34 Ein Unternehmen hat Informationen über den Grad seiner Abhängigkeit von seinen wichtigen Kunden vorzulegen. Wenn sich die Umsatzerlöse aus Geschäftsvorfällen mit einem einzelnen externen Kunden auf mindestens 10 Prozent der Umsatzerlöse des Unternehmens belaufen, hat das Unternehmen diesen Umstand anzugeben sowie den Gesamtbetrag der Umsatzerlöse von jedem derartigen Kunden und die Identität des Segments bzw. der Segmente, in denen die Umsatzerlöse ausgewiesen werden. Das Unternehmen muss den Namen eines wichtigen Kunden oder die Höhe der Umsatzerlöse, die jedes Segment in Bezug auf diesen Kunden ausweist, nicht angeben. Für die Zwecke dieses IFRS ist eine Gruppe von Unternehmen, von denen das berichtende Unternehmen weiß, dass sie unter gemeinsamer Beherrschung stehen, als ein einziger Kunde anzusehen,. Ob eine öffentliche Körperschaft (einschließlich Institutionen mit hoheitlichen Aufgaben und ähnliche Körperschaften, unabhängig davon, ob sie auf lokaler, nationaler oder internationaler Ebene angesiedelt sind) sowie Unternehmen, von denen das berichtende Unternehmen weiß, dass sie der Beherrschung durch diese staatliche Stelle unterliegen, als ein einziger Kunde anzusehen ist/sind, muss allerdings durch Ermessensausübung beurteilt werden. Bei dieser Beurteilung hat das berichtende Unternehmen den Umfang der wirtschaftlichen Integration zwischen diesen Unternehmen zu berücksichtigen.

ÜBERGANGSVORSCHRIFTEN UND ZEITPUNKT DES INKRAFTTRETENS

35 Dieser IFRS ist auf Geschäftsjahre anzuwenden, die am oder nach dem 1. Januar 2009 beginnen. Eine frühere Anwendung ist zulässig. Wendet ein Unternehmen diesen IFRS auf ein vor dem 1. Januar 2009 beginnendes Geschäftsjahr an, hat es dies anzugeben.

35A Durch *Verbesserungen an den IFRS*, veröffentlicht im April 2009, wurde Paragraph 23 geändert. Diese Änderung ist auf Geschäftsjahre anzuwenden, die am oder nach dem 1. Januar 2010 beginnen. Eine frühere Anwendung ist zulässig. Wendet ein Unternehmen die Änderung auf ein früheres Geschäftsjahr an, hat es dies anzugeben.

36 Segmentinformationen für frühere Geschäftsjahre, die als Vergleichsinformationen für das erste Jahr der Anwendung vorgelegt werden (einschließlich der Änderung an Paragraph 23 vom April 2009), müssen angepasst werden, um die Anforderungen dieses IFRS zu erfüllen, es sei denn, die erforderlichen Informationen sind nicht verfügbar und die Kosten für ihre Erstellung wären übermäßig hoch.

36A Durch IAS 1 (in der 2007 überarbeiteten Fassung) wurde die in den IAS/IFRS verwendete Terminologie geändert. Außerdem wurde Paragraph 23 (f) geändert. Diese Änderungen sind auf Geschäftsjahre anzuwenden, die am oder nach dem 1. Januar 2009 beginnen. Wendet ein Unternehmen IAS 1 (in der 2007 überarbeiteten Fassung) auf ein früheres Geschäftsjahr an, so hat es auf dieses Geschäftsjahr auch diese Änderungen anzuwenden.

36B Durch IAS 24 *Angaben über Beziehungen zu nahestehenden Unternehmen und Personen* (in der 2009 überarbeiteten Fassung) wurde Paragraph 34 für am oder nach dem 1. Januar 2011 beginnende Geschäftsjahre geändert. Wendet ein Unternehmen IAS 24 (in der 2009 überarbeiteten Fassung) auf ein früheres Geschäftsjahr an, so hat es auch die Änderungen an Paragraph 34 auf dieses frühere Geschäftsjahr anzuwenden.

36C Durch die *Jährlichen Verbesserungen an den IFRS, Zyklus 2010–2012*, veröffentlicht im Dezember 2013, wurden die Paragraphen 22 und 28 geändert. Diese Änderungen sind auf Geschäftsjahre anzuwenden, die am oder nach dem 1. Juli 2014 beginnen. Eine frühere Anwendung ist zulässig. Wendet ein Unternehmen diese Änderungen auf ein früheres Geschäftsjahr an, hat es dies anzugeben.

RÜCKNAHME VON IAS 14

37 Dieser IFRS ersetzt IAS 14 *Segmentberichterstattung*.

ANHANG A: DEFINITIONEN

Dieser Anhang ist integraler Bestandteil des IFRS.

Geschäftssegment Ein Geschäftssegment ist ein Unternehmensbestandteil,

(a) der Geschäftstätigkeiten betreibt, mit denen Umsatzerlöse erwirtschaftet werden und bei denen Aufwendungen anfallen können (einschließlich Umsatzerlöse und Aufwendungen im Zusammenhang mit Geschäftsvorfällen mit anderen Bestandteilen desselben Unternehmens),

(b) dessen Betriebsergebnisse regelmäßig vom Hauptentscheidungsträger im Hinblick auf Entscheidungen über die Allokation von Ressourcen zu diesem Segment und die Bewertung seiner Ertragskraft überprüft werden und

(c) für den separate Finanzinformationen vorliegen.

Information about major customers

An entity shall provide information about the extent of its reliance on its major customers. If revenues from transactions with a single external customer amount to 10 per cent or more of an entity's revenues, the entity shall disclose that fact, the total amount of revenues from each such customer, and the identity of the segment or segments reporting the revenues. The entity need not disclose the identity of a major customer or the amount of revenues that each segment reports from that customer. For the purposes of this IFRS, a group of entities known to a reporting entity to be under common control shall be considered a single customer. However, judgement is required to assess whether a government (including government agencies and similar bodies whether local, national or international) and entities known to the reporting entity to be under the control of that government are considered a single customer. In assessing this, the reporting entity shall consider the extent of economic integration between those entities. **34**

TRANSITION AND EFFECTIVE DATE

An entity shall apply this IFRS in its annual financial statements for periods beginning on or after 1 January 2009. Earlier application is permitted. If an entity applies this IFRS in its financial statements for a period before 1 January 2009, it shall disclose that fact. **35**

Paragraph 23 was amended by *Improvements to IFRSs* issued in April 2009. An entity shall apply that amendment for annual periods beginning on or after 1 January 2010. Earlier application is permitted. If an entity applies the amendment for an earlier period it shall disclose that fact. **35A**

Segment information for prior years that is reported as comparative information for the initial year of application (including application of the amendment to paragraph 23 made in April 2009) shall be restated to conform to the requirements of this IFRS, unless the necessary information is not available and the cost to develop it would be excessive. **36**

IAS 1 (as revised in 2007) amended the terminology used throughout IFRSs. In addition it amended paragraph 23 (f). An entity shall apply those amendments for annual periods beginning on or after 1 January 2009. If an entity applies IAS 1 (revised 2007) for an earlier period, the amendments shall be applied for that earlier period. **36A**

IAS 24 *Related Party Disclosures* (as revised in 2009) amended paragraph 34 for annual periods beginning on or after 1 January 2011. If an entity applies IAS 24 (revised 2009) for an earlier period, it shall apply the amendment to paragraph 34 for that earlier period. **36B**

Annual Improvements to IFRSs 2010–2012 Cycle, issued in December 2013, amended paragraphs 22 and 28. An entity shall apply those amendments for annual periods beginning on or after 1 July 2014. Earlier application is permitted. If an entity applies those amendments for an earlier period it shall disclose that fact. **36C**

WITHDRAWAL OF IAS 14

This IFRS supersedes IAS 14 *Segment reporting.* **37**

APPENDIX A: DEFINITIONS

This appendix is an integral part of the IFRS.

Operating segment An operating segment is a component of an entity:

(a) that engages in business activities from which it may earn revenues and incur expenses (including revenues and expenses relating to transactions with other components of the same entity);

(b) whose operating results are regularly reviewed by the entity's chief operating decision maker to make decisions about resources to be allocated to the segment and assess its performance; and

(c) for which discrete financial information is available.

INTERNATIONAL FINANCIAL REPORTING STANDARD 9

Finanzinstrumente

INHALT

KAPITEL 1 ZIELSETZUNG

1.1 Zielsetzung dieses Standards ist die Festlegung von Rechnungslegungsgrundsätzen für *finanzielle Vermögenswerte* und *finanzielle Verbindlichkeiten*, die den Abschlussadressaten relevante und nützliche Informationen für ihre Einschätzung bezüglich der Höhe, des Zeitpunkts und der Unsicherheit der künftigen Zahlungsströme eines Unternehmens liefern.

KAPITEL 2 ANWENDUNGSBEREICH

2.1 Dieser Standard ist von allen Unternehmen auf alle Arten von Finanzinstrumenten anzuwenden. Davon ausgenommen sind:

(a) Anteile an Tochterunternehmen, assoziierten Unternehmen und Gemeinschaftsunternehmen, die nach IFRS 10 *Konzernabschlüsse,* IAS 27 *Einzelabschlüsse* oder IAS 28 *Beteiligungen an assoziierten Unternehmen und Gemeinschaftsunternehmen* bilanziert werden. In einigen Fällen muss oder darf ein Unternehmen jedoch nach IFRS 10, IAS 27 oder IAS 28 einen Anteil an einem Tochterunternehmen, einem assoziierten Unternehmen oder einem Gemeinschaftsunternehmen nach allen oder einem Teil der Vorschriften des vorliegenden Standards bilanzieren. Ebenfalls anzuwenden ist er auf Derivate auf einen Anteil an einem Tochterunternehmen, einem assoziierten Unternehmen oder einem Gemeinschaftsunternehmen, sofern das Derivat nicht der Definition eines Eigenkapitalinstruments des Unternehmens in IAS 32 *Finanzinstrumente: Darstellung* entspricht.

INTERNATIONAL FINANCIAL REPORTING STANDARD 9
Financial Instruments

SUMMARY

CHAPTER 1 OBJECTIVE

The objective of this Standard is to establish principles for the financial reporting of *financial assets* and *financial liabilities* that will present relevant and useful information to users of financial statements for their assessment of the amounts, timing and uncertainty of an entity's future cash flows. 1.1

CHAPTER 2 SCOPE

This Standard shall be applied by all entities to all types of financial instruments except: 2.1

(a) those interests in subsidiaries, associates and joint ventures that are accounted for in accordance with IFRS 10 *Consolidated Financial Statements*, IAS 27 *Separate Financial Statements* or IAS 28 *Investments in Associates and Joint Ventures*. However, in some cases, IFRS 10, IAS 27 or IAS 28 require or permit an entity to account for an interest in a subsidiary, associate or joint venture in accordance with some or all of the requirements of this Standard. Entities shall also apply this Standard to derivatives on an interest in a subsidiary, associate or joint venture unless the derivative meets the definition of an equity instrument of the entity in IAS 32 *Financial Instruments: Presentation*.

(b) Rechte und Verpflichtungen aus Leasingverhältnissen, für die IFRS 16 *Leasingverhältnisse* gilt. Allerdings unterliegen
   (i) Forderungen aus Finanzierungsleasingverhältnissen (d. h. Nettoinvestitionen in ein Finanzierungsleasingverhältnis) und Forderungen aus Operating-Leasingverhältnissen, die vom Leasinggeber angesetzt wurden, den im vorliegenden Standard enthaltenen Ausbuchungs- und Wertminderungsvorschriften,
   (ii) Leasingverbindlichkeiten, die vom Leasingnehmer angesetzt wurden, den in den Paragraphen 3.3.1 und 3.3.3 des vorliegenden Standards enthaltenen Ausbuchungsvorschriften, und
   (iii) in Leasingverhältnisse eingebettete Derivate den im vorliegenden Standard enthaltenen Vorschriften für eingebettete Derivate.

(c) Rechte und Verpflichtungen eines Arbeitgebers aus Altersversorgungsplänen, für die IAS 19 *Leistungen an Arbeitnehmer* gilt.

(d) Finanzinstrumente, die von dem Unternehmen emittiert wurden und der Definition eines Eigenkapitalinstruments in IAS 32 entsprechen (einschließlich Optionen und Optionsscheinen) oder die gemäß den Paragraphen 16A und 16B oder 16C und 16D von IAS 32 als Eigenkapitalinstrumente einzustufen sind. Der Inhaber solcher Eigenkapitalinstrumente hat den vorliegenden Standard jedoch auf diese Instrumente anzuwenden, es sei denn, es liegt der unter (a) genannte Ausnahmefall vor.

(e) Rechte und Verpflichtungen aus einem Versicherungsvertrag im Sinne von IFRS 17 *Versicherungsverträge* oder aus einem unter IFRS 17 fallenden Kapitalanlagevertrag mit ermessensabhängiger Überschussbeteiligung. Allerdings gilt dieser Standard für
   (i) Derivate, die in einen unter IFRS 17 fallenden Vertrag eingebettet sind, wenn diese Derivate nicht selbst unter IFRS 17 fallende Verträge sind.
   (ii) Kapitalanlagekomponenten, die von unter IFRS 17 fallenden Verträgen abgetrennt sind, wenn IFRS 17 eine solche Abtrennung vorschreibt, es sei denn, bei der abgetrennten Kapitalanlagekomponente handelt es sich um einen unter IFRS 17 fallenden Kapitalanlagevertrag mit ermessensabhängiger Überschussbeteiligung.
   (iii) die Rechte und Verpflichtungen eines Versicherers aus Versicherungsverträgen, die die Definition einer finanziellen Garantie erfüllen. Hat ein Finanzgarantiegeber jedoch zuvor ausdrücklich erklärt, dass er solche Verträge als Versicherungsverträge betrachtet, und hat er sie nach den für Versicherungsverträge geltenden Vorschriften bilanziert, so kann er auf diese finanziellen Garantien entweder diesen Standard oder IFRS 17 anwenden (siehe Paragraphen B2.5–B2.6). Der Garantiegeber kann die Wahl für jeden Vertrag einzeln treffen, aber die für den jeweiligen Vertrag getroffene Wahl ist unwiderruflich.
   (iv) die Rechte und Verpflichtungen eines Unternehmens, bei denen es sich um Finanzinstrumente handelt, die aus Kreditkartenverträgen oder ähnlichen Verträgen entstehen, die Kredit- oder Zahlungsmöglichkeiten bieten, die ein Unternehmen ausgibt und die die Definition eines Versicherungsvertrags erfüllen, die aber nach Paragraph 7 (h) von IFRS 17 vom Anwendungsbereich des IFRS 17 ausgeschlossen sind. Wenn der Versicherungsschutz jedoch eine vertragliche Bedingung eines solchen Finanzinstruments ist, dann hat das Unternehmen diese Komponente abzutrennen und sie nach IFRS 17 zu bilanzieren (siehe Paragraph 7 (h) von IFRS 17).
   (v) Die Rechte und Verpflichtungen eines Unternehmens, bei denen es sich um Finanzinstrumente handelt, die aus Versicherungsverträgen entstehen, die ein Unternehmen ausgibt, die den Schadenersatz im Versicherungsfall auf den Betrag begrenzen, der ansonsten erforderlich wäre, um die durch den Vertrag begründete Verpflichtung des Versicherungsnehmers zu erfüllen, wenn das Unternehmen das Wahlrecht ausübt, gemäß Paragraph 8A von IFRS 17 auf solche Verträge IFRS 9 statt IFRS 17 anzuwenden.

(f) alle Termingeschäfte, die zwischen einem Erwerber und einem verkaufenden Anteilseigner im Hinblick darauf geschlossen werden, ein zu erwerbendes Unternehmen zu erwerben oder zu veräußern, die zu einem künftigen Erwerbszeitpunkt zu einem unter IFRS 3 *Unternehmenszusammenschlüsse* fallenden Unternehmenszusammenschluss führen werden. Die Laufzeit des Termingeschäfts sollte einen angemessenen Zeitraum, der in der Regel für die erforderlichen Genehmigungen und die Durchführung der Transaktion notwendig ist, nicht überschreiten.

(g) Kreditzusagen, bei denen es sich nicht um die in Paragraph 2.3 beschriebenen Zusagen handelt. Auf Kreditzusagen, die nicht anderweitig unter diesen Standard fallen, hat der Emittent jedoch die im vorliegenden Standard enthaltenen Wertminderungsvorschriften anzuwenden. Ferner unterliegen alle Kreditzusagen den im vorliegenden Standard enthaltenen Ausbuchungsvorschriften.

(h) Finanzinstrumente, Verträge und Verpflichtungen im Zusammenhang mit anteilsbasierten Vergütungen, für die IFRS 2 *Anteilsbasierte Vergütung* gilt. Davon ausgenommen sind die unter die Paragraphen 2.4–2.7 dieses Standards fallenden Verträge, für die dieser Standard somit gilt.

(i) Ansprüche auf Zahlungen zur Erstattung von Ausgaben, zu denen das Unternehmen verpflichtet ist, um eine Verbindlichkeit zu begleichen, die es gemäß IAS 37 *Rückstellungen, Eventualverbindlichkeiten und Eventualforderungen* als Rückstellung ansetzt oder für die es in einer früheren Periode gemäß IAS 37 eine Rückstellung angesetzt hat.

(j) unter IFRS 15 *Erlöse aus Verträgen mit Kunden* fallende Rechte und Verpflichtungen, bei denen es sich um Finanzinstrumente handelt. Davon ausgenommen sind jene, die nach IFRS 15 gemäß dem vorliegenden Standard bilanziert werden.

2.2 Die im vorliegenden Standard enthaltenen Wertminderungsvorschriften sind auf jene Rechte anzuwenden, die nach IFRS 15 zwecks Erfassung von Wertminderungsaufwendungen und -erträgen gemäß dem vorliegenden Standard bilanziert werden.

(b) rights and obligations under leases to which IFRS 16 *Leases* applies. However:
   (i) finance lease receivables (ie net investments in finance leases) and operating lease receivables recognised by a lessor are subject to the derecognition and impairment requirements of this Standard;
   (ii) lease liabilities recognised by a lessee are subject to the derecognition requirements in paragraphs 3.3.1 and 3.3.3 of this Standard; and
   (iii) derivatives that are embedded in leases are subject to the embedded derivatives requirements of this Standard.
(c) employers' rights and obligations under employee benefit plans, to which IAS 19 *Employee Benefits applies.*
(d) financial instruments issued by the entity that meet the definition of an equity instrument in IAS 32 (including options and warrants) or that are required to be classified as an equity instrument in accordance with paragraphs 16A and 16B or paragraphs 16C and 16D of IAS 32. However, the holder of such equity instruments shall apply this Standard to those instruments, unless they meet the exception in (a).
(e) rights and obligations arising under an insurance contract as defined in IFRS 17 *Insurance Contracts*, or an investment contract with discretionary participation features within the scope of IFRS 17. However, this Standard applies to:
   (i) derivatives that are embedded in contracts within the scope of IFRS 17, if the derivatives are not themselves contracts within the scope of IFRS 17;
   (ii) investment components that are separated from contracts within the scope of IFRS 17, if IFRS 17 requires such separation, unless the separated investment component is an investment contract with discretionary participation features within the scope of IFRS 17;
   (iii) an issuer's rights and obligations under insurance contracts that meet the definition of a financial guarantee contract. However, if an issuer of financial guarantee contracts has previously asserted explicitly that it regards such contracts as insurance contracts and has used accounting that is applicable to insurance contracts, the issuer may elect to apply either this Standard or IFRS 17 to such financial guarantee contracts (see paragraphs B2.5—B2.6). The issuer may make that election contract by contract, but the election for each contract is irrevocable;
   (iv) an entity's rights and obligations that are financial instruments arising under credit card contracts, or similar contracts that provide credit or payment arrangements, that an entity issues that meet the definition of an insurance contract but which paragraph 7 (h) of IFRS 17 excludes from the scope of IFRS 17. However, if, and only if, the insurance coverage is a contractual term of such a financial instrument, the entity shall separate that component and apply IFRS 17 to it (see paragraph 7 (h) of IFRS 17);
   (v) an entity's rights and obligations that are financial instruments arising under insurance contracts that an entity issues that limit the compensation for insured events to the amount otherwise required to settle the policyholder's obligation created by the contract, if the entity elects, in accordance with paragraph 8A of IFRS 17, to apply IFRS 9 instead of IFRS 17 to such contracts.
(f) any forward contract between an acquirer and a selling shareholder to buy or sell an acquiree that will result in a business combination within the scope of IFRS 3 *Business Combinations* at a future acquisition date. The term of the forward contract should not exceed a reasonable period normally necessary to obtain any required approvals and to complete the transaction.
(g) loan commitments other than those loan commitments described in paragraph 2.3. However, an issuer of loan commitments shall apply the impairment requirements of this Standard to loan commitments that are not otherwise within the scope of this Standard. Also, all loan commitments are subject to the derecognition requirements of this Standard.
(h) financial instruments, contracts and obligations under share-based payment transactions to which IFRS 2 *Share-based Payment* applies, except for contracts within the scope of paragraphs 2.4—2.7 of this Standard to which this Standard applies.
(i) rights to payments to reimburse the entity for expenditure that it is required to make to settle a liability that it recognises as a provision in accordance with IAS 37 *Provisions, Contingent Liabilities and Contingent Assets*, or for which, in an earlier period, it recognised a provision in accordance with IAS 37.
(j) rights and obligations within the scope of IFRS 15 *Revenue from Contracts with Customers* that are financial instruments, except for those that IFRS 15 specifies are accounted for in accordance with this Standard.

The impairment requirements of this Standard shall be applied to those rights that IFRS 15 specifies are accounted for in accordance with this Standard for the purposes of recognising impairment gains or losses. 2.2

2.3 **In den Anwendungsbereich dieses Standards fallen folgende Kreditzusagen:**

(a) **Kreditzusagen, die das Unternehmen als finanzielle Verbindlichkeiten designiert, die erfolgswirksam zum beizulegenden Zeitwert bewertet werden (siehe Paragraph 4.2.2). Ein Unternehmen, das die aus seinen Kreditzusagen resultierenden Vermögenswerte in der Vergangenheit für gewöhnlich kurz nach der Ausreichung verkauft hat, hat diesen Standard auf all seine Kreditzusagen derselben Gruppe anzuwenden.**

(b) **Kreditzusagen, die durch einen Nettoausgleich in bar oder durch Lieferung oder Emission eines anderen Finanzinstruments erfüllt werden können. Bei diesen Kreditzusagen handelt es sich um Derivate. Eine Kreditzusage gilt nicht allein aufgrund der Tatsache, dass das Darlehen in Tranchen ausgezahlt wird (beispielsweise ein Hypothekenkredit, der gemäß dem Baufortschritt in Tranchen ausgezahlt wird), als im Wege eines Nettoausgleichs erfüllt.**

(c) **Zusagen, einen Kredit unter dem Marktzinssatz zur Verfügung zu stellen (siehe Paragraph 4.2.1 (d)).**

2.3A **Die Paragraphen 6.10.1–6.10.2 und B2.7–B2.8 gelten ausschließlich für Verträge, die sich auf naturabhängigen Strom beziehen. Verträge, die sich auf naturabhängigen Strom beziehen, setzen ein Unternehmen Schwankungen bei der zugrunde liegenden Strommenge aus, da die Quelle der Stromerzeugung von unkontrollierbaren natürlichen Bedingungen (wie dem Wetter) abhängt. Verträge, die sich auf naturabhängigen Strom beziehen, umfassen sowohl Verträge über den Kauf oder Verkauf von naturabhängigem Strom als auch Finanzinstrumente, die sich auf solchen Strom beziehen.**

2.3B Ein Unternehmen darf die Paragraphen 6.10.1–6.10.2 und B2.7–B2.8 nicht analog auf andere Verträge, Posten oder Transaktionen anwenden.

Verträge über den Kauf oder Verkauf eines nichtfinanziellen Postens

2.4 **Dieser Standard ist auf Verträge über den Kauf oder Verkauf eines nichtfinanziellen Postens anzuwenden, die durch einen Nettoausgleich in bar oder anderen Finanzinstrumenten oder durch den Tausch von Finanzinstrumenten, so als handle es sich bei den Verträgen um Finanzinstrumente, erfüllt werden können. Davon ausgenommen sind Verträge, die zwecks Empfang oder Lieferung nichtfinanzieller Posten gemäß dem erwarteten Einkaufs-, Verkaufs- oder Nutzungsbedarf des Unternehmens geschlossen wurden und in diesem Sinne weiter gehalten werden. Anzuwenden ist dieser Standard allerdings auf Verträge, die ein Unternehmen gemäß Paragraph 2.5 als erfolgswirksam zum beizulegenden Zeitwert designiert.**

2.5 **Verträge über den Kauf oder Verkauf eines nichtfinanziellen Postens, die durch einen Nettoausgleich in bar oder anderen Finanzinstrumenten oder durch den Tausch von Finanzinstrumenten, so als handle es sich bei den Verträgen um Finanzinstrumente, erfüllt werden können, können unwiderruflich als erfolgswirksam zum beizulegenden Zeitwert bewertet designiert werden, selbst wenn sie zwecks Empfang oder Lieferung nichtfinanzieller Posten gemäß dem erwarteten Einkaufs-, Verkaufs- oder Nutzungsbedarf des Unternehmens geschlossen wurden. Diese Designation ist nur bei Vertragsbeginn und nur dann möglich, wenn Inkongruenzen beim Ansatz (zuweilen als „Rechnungslegungsanomalie" bezeichnet) beseitigt oder signifikant verringert werden, die ansonsten ohne Ansatz dieses Vertrags entstehen würden, da dieser vom Anwendungsbereich des vorliegenden Standards ausgenommen ist (siehe Paragraph 2.4).**

2.6 Die Erfüllung eines Vertrags über den Kauf oder Verkauf eines nichtfinanziellen Postens durch Nettoausgleich in bar oder in anderen Finanzinstrumenten oder den Tausch von Finanzinstrumenten kann unter unterschiedlichen Rahmenbedingungen erfolgen. Dazu zählen:

(a) die Vertragsbedingungen gestatten es jedem Kontrahenten, den Vertrag durch Nettoausgleich in bar oder einem anderen Finanzinstrument bzw. durch Tausch von Finanzinstrumenten abzuwickeln,

(b) die Möglichkeit zu einem Nettoausgleich in bar oder einem anderen Finanzinstrument bzw. durch Tausch von Finanzinstrumenten ist zwar nicht explizit in den Vertragsbedingungen vorgesehen, doch erfüllt das Unternehmen ähnliche Verträge für gewöhnlich durch Nettoausgleich in bar oder einem anderen Finanzinstrument bzw. durch Tausch von Finanzinstrumenten (sei es durch Abschluss gegenläufiger Verträge mit der Vertragspartei oder durch Verkauf des Vertrags vor dessen Ausübung oder Verfall),

(c) bei ähnlichen Verträgen nimmt das Unternehmen den Vertragsgegenstand für gewöhnlich an und veräußert ihn kurz nach der Anlieferung wieder, um Gewinne aus kurzfristigen Preisschwankungen oder Händlermargen zu erzielen, und

(d) der nichtfinanzielle Posten, der Gegenstand des Vertrags ist, kann jederzeit in Zahlungsmittel umgewandelt werden.

Ein Vertrag, auf den (b) oder (c) zutrifft, wird nicht zwecks Empfang oder Lieferung nichtfinanzieller Posten gemäß dem erwarteten Einkaufs-, Verkaufs- oder Nutzungsbedarf des Unternehmens geschlossen und fällt somit in den Anwendungsbereich dieses Standards. Andere Verträge (darunter auch die in Paragraph 2.3A beschriebenen), auf die Paragraph 2.4 zutrifft, werden im Hinblick darauf geprüft, ob sie zwecks Empfang oder Lieferung nichtfinanzieller Posten gemäß dem erwarteten Einkaufs-, Verkaufs- oder Nutzungsbedarf des Unternehmens geschlossen wurden sowie weiterhin zu diesem Zweck gehalten werden und somit in den Anwendungsbereich dieses Standards fallen.

2.7 Eine geschriebene Option auf den Kauf oder Verkauf eines nichtfinanziellen Postens, der durch Nettoausgleich in bar oder anderen Finanzinstrumenten bzw. durch Tausch von Finanzinstrumenten gemäß Paragraph 2.6 (a) oder 2.6 (d) erfüllt werden kann, fällt in den Anwendungsbereich dieses Standards. Solch ein Vertrag kann nicht zwecks Empfang oder Verkauf eines nichtfinanziellen Postens gemäß dem erwarteten Einkaufs-, Verkaufs- oder Nutzungsbedarf des Unternehmens geschlossen werden.

The following loan commitments are within the scope of this Standard: 2.3

(a) loan commitments that the entity designates as financial liabilities at fair value through profit or loss (see paragraph 4.2.2). An entity that has a past practice of selling the assets resulting from its loan commitments shortly after origination shall apply this Standard to all its loan commitments in the same class.

(b) loan commitments that can be settled net in cash or by delivering or issuing another financial instrument. These loan commitments are derivatives. A loan commitment is not regarded as settled net merely because the loan is paid out in instalments (for example, a mortgage construction loan that is paid out in instalments in line with the progress of construction).

(c) commitments to provide a loan at a below-market interest rate (see paragraph 4.2.1 (d)).

Paragraphs 6.10.1—6.10.2 and B2.7—B2.8 apply only to contracts referencing nature-dependent electricity. Contracts referencing nature-dependent electricity are contracts that expose an entity to variability in the underlying amount of electricity because the source of electricity generation depends on uncontrollable natural conditions (for example, the weather). Contracts referencing nature-dependent electricity include both contracts to buy or sell nature-dependent electricity and financial instruments that reference such electricity. 2.3A

An entity shall not apply paragraphs 6.10.1—6.10.2 and B2.7—B2.8 by analogy to other contracts, items or transactions. 2.3B

Contracts to buy or sell non-financial items

This Standard shall be applied to those contracts to buy or sell a non-financial item that can be settled net in cash or another financial instrument, or by exchanging financial instruments, as if the contracts were financial instruments, with the exception of contracts that were entered into and continue to be held for the purpose of the receipt or delivery of a non-financial item in accordance with the entity's expected purchase, sale or usage requirements. However, this Standard shall be applied to those contracts that an entity designates as measured at fair value through profit or loss in accordance with paragraph 2.5. 2.4

A contract to buy or sell a non-financial item that can be settled net in cash or another financial instrument, or by exchanging financial instruments, as if the contract was a financial instrument, may be irrevocably designated as measured at fair value through profit or loss even if it was entered into for the purpose of the receipt or delivery of a non-financial item in accordance with the entity's expected purchase, sale or usage requirements. This designation is available only at inception of the contract and only if it eliminates or significantly reduces a recognition inconsistency (sometimes referred to as an 'accounting mismatch') that would otherwise arise from not recognising that contract because it is excluded from the scope of this Standard (see paragraph 2.4). 2.5

There are various ways in which a contract to buy or sell a non-financial item can be settled net in cash or another financial instrument or by exchanging financial instruments. These include: 2.6

(a) when the terms of the contract permit either party to settle it net in cash or another financial instrument or by exchanging financial instruments;

(b) when the ability to settle net in cash or another financial instrument, or by exchanging financial instruments, is not explicit in the terms of the contract, but the entity has a practice of settling similar contracts net in cash or another financial instrument or by exchanging financial instruments (whether with the counterparty, by entering into offsetting contracts or by selling the contract before its exercise or lapse);

(c) when, for similar contracts, the entity has a practice of taking delivery of the underlying and selling it within a short period after delivery for the purpose of generating a profit from short-term fluctuations in price or dealer's margin; and

(d) when the non-financial item that is the subject of the contract is readily convertible to cash.

A contract to which (b) or (c) applies is not entered into for the purpose of the receipt or delivery of the non-financial item in accordance with the entity's expected purchase, sale or usage requirements and, accordingly, is within the scope of this Standard. Other contracts (which include contracts as described in paragraph 2.3A) to which paragraph 2.4 applies are evaluated to determine whether they were entered into and continue to be held for the purpose of the receipt or delivery of the non-financial item in accordance with the entity's expected purchase, sale or usage requirements and, accordingly, whether they are within the scope of this Standard.

A written option to buy or sell a non-financial item that can be settled net in cash or another financial instrument, or by exchanging financial instruments, in accordance with paragraph 2.6 (a) or 2.6 (d) is within the scope of this Standard. Such a contract cannot be entered into for the purpose of the receipt or delivery of the non-financial item in accordance with the entity's expected purchase, sale or usage requirements. 2.7

2.8 Ein Unternehmen hat ebenfalls die Paragraphen B2.7–B2.8 anzuwenden, um zu beurteilen, ob Verträge, die sich auf naturabhängigen Strom beziehen (Beschreibung siehe Paragraph 2.3A), zwecks Empfang von Strom gemäß dem erwarteten Nutzungsbedarf des Unternehmens geschlossen und weiterhin zu diesem Zweck gehalten werden.

KAPITEL 3 ANSATZ UND AUSBUCHUNG

3.1 Erstmaliger Ansatz

3.1.1 **Ein Unternehmen hat einen finanziellen Vermögenswert oder eine finanzielle Verbindlichkeit dann und nur dann in seiner Bilanz anzusetzen, wenn es Vertragspartei des Finanzinstruments wird (siehe Paragraphen B3.1.1 und B3.1.2). Beim erstmaligen Ansatz stuft ein Unternehmen einen finanziellen Vermögenswert nach den Vorschriften der Paragraphen 4.1.1–4.1.5 ein und bewertet ihn gemäß den Paragraphen 5.1.1–5.1.3. Beim erstmaligen Ansatz stuft ein Unternehmen eine finanzielle Verbindlichkeit nach den Vorschriften der Paragraphen 4.2.1 und 4.2.2 ein und bewertet sie gemäß Paragraph 5.1.1.**

Marktüblicher Kauf oder Verkauf finanzieller Vermögenswerte

3.1.2 **Ein *marktüblicher Kauf oder Verkauf* finanzieller Vermögenswerte ist entweder zum Handels- oder zum Erfüllungstag anzusetzen bzw. auszubuchen (siehe Paragraphen B3.1.3–B3.1.6).**

3.2 Ausbuchung Finanzieller Vermögenswerte

3.2.1 Bei Konzernabschlüssen werden die Paragraphen 3.2.2–3.2.9, B3.1.1, B3.1.2 und B3.2.1–B3.2.17 auf Konzernebene angewandt. Ein Unternehmen konsolidiert folglich zuerst alle Tochterunternehmen gemäß IFRS 10 und wendet auf den daraus resultierenden Konzern dann diese Paragraphen an.

3.2.2 **Vor Beurteilung der Frage, ob und in welcher Höhe gemäß den Paragraphen 3.2.3–3.2.9 eine Ausbuchung zulässig ist, bestimmt ein Unternehmen, ob diese Paragraphen auf einen Teil des finanziellen Vermögenswerts (oder einen Teil einer Gruppe ähnlicher finanzieller Vermögenswerte) oder auf einen finanziellen Vermögenswert (oder eine Gruppe ähnlicher finanzieller Vermögenswerte) in seiner Gesamtheit anzuwenden ist, und verfährt dabei wie folgt:**

(a) Die Paragraphen 3.2.3–3.2.9 sind nur dann auf einen Teil eines finanziellen Vermögenswerts (oder einen Teil einer Gruppe ähnlicher finanzieller Vermögenswerte) anzuwenden, wenn der Teil, der für eine Ausbuchung in Erwägung gezogen wird, eine der drei folgenden Voraussetzungen erfüllt:

(i) Der Teil enthält nur speziell abgegrenzte Zahlungsströme aus einem finanziellen Vermögenswert (oder einer Gruppe ähnlicher finanzieller Vermögenswerte). Geht ein Unternehmen beispielsweise einen Zinsstrip ein, bei dem die Vertragspartei ein Anrecht auf die Zinszahlungen, nicht aber auf die Tilgungen aus dem Schuldinstrument erhält, sind auf die Zinszahlungen die Paragraphen 3.2.3–3.2.9 anzuwenden.

(ii) Der Teil umfasst lediglich einen exakt proportionalen (pro rata) Anteil an den Zahlungsströmen aus einem finanziellen Vermögenswert (oder einer Gruppe ähnlicher finanzieller Vermögenswerte). Geht ein Unternehmen beispielsweise eine Vereinbarung ein, bei der die Vertragspartei ein Anrecht auf 90 Prozent aller Zahlungsströme aus einem Schuldinstrument erhält, sind auf 90 Prozent dieser Zahlungsströme die Paragraphen 3.2.3–3.2.9 anzuwenden. Bei mehr als einer Vertragspartei wird von den einzelnen Parteien nicht verlangt, dass sie einen proportionalen Anteil an den Zahlungsströmen haben, sofern das übertragende Unternehmen einen exakt proportionalen Anteil hat.

(iii) Der Teil umfasst lediglich einen exakt proportionalen (pro rata) Anteil an speziell abgegrenzten Zahlungsströmen aus einem finanziellen Vermögenswert (oder einer Gruppe ähnlicher finanzieller Vermögenswerte). Geht ein Unternehmen beispielsweise eine Vereinbarung ein, bei der die Vertragspartei ein Anrecht auf 90 Prozent der Zinszahlungen eines finanziellen Vermögenswerts erhält, sind auf 90 Prozent dieser Zinszahlungen die Paragraphen 3.2.3–3.2.9 anzuwenden. Bei mehr als einer Vertragspartei wird von den einzelnen Parteien nicht verlangt, dass sie einen proportionalen Anteil an den speziell abgegrenzten Zahlungsströmen haben, sofern das übertragende Unternehmen einen exakt proportionalen Anteil hat.

(b) In allen anderen Fällen sind die Paragraphen 3.2.3–3.2.9 auf den finanziellen Vermögenswert (oder auf die Gruppe ähnlicher finanzieller Vermögenswerte) insgesamt anzuwenden. Wenn ein Unternehmen beispielsweise (i) sein Anrecht auf die ersten oder letzten 90 Prozent der Zahlungseingänge aus einem finanziellen Vermögenswert (oder einer Gruppe finanzieller Vermögenswerte), oder (ii) sein Anrecht auf 90 Prozent der Zahlungsströme aus einer Gruppe von Forderungen überträgt, gleichzeitig aber eine Garantie abgibt, dem Käufer sämtliche Zahlungsausfälle bis in Höhe von 8 Prozent des Kapitalbetrags der Forderungen zu erstatten, sind die Paragraphen 3.2.3–3.2.9 auf den finanziellen Vermögenswert (oder die Gruppe ähnlicher finanzieller Vermögenswerte) insgesamt anzuwenden.

In den Paragraphen 3.2.3–3.2.12 bezieht sich der Begriff „finanzieller Vermögenswert" entweder auf einen Teil eines finanziellen Vermögenswerts (oder einen Teil einer Gruppe ähnlicher finanzieller Vermögenswerte) wie unter (a) beschrieben oder einen finanziellen Vermögenswert (oder eine Gruppe ähnlicher finanzieller Vermögenswerte) in seiner Gesamtheit.

3.2.3 **Ein Unternehmen darf einen finanziellen Vermögenswert nur dann ausbuchen, wenn**

(a) sein vertragliches Anrecht auf Zahlungsströme aus einem finanziellen Vermögenswert ausläuft oder

An entity shall also apply paragraphs B2.7—B2.8 to assess whether contracts referencing nature-dependent electricity (as described in paragraph 2.3A) are entered into and continue to be held for the purpose of the receipt of electricity in accordance with the entity's expected usage requirements. 2.8

CHAPTER 3 RECOGNITION AND DERECOGNITION

3.1 Initial Recognition

An entity shall recognise a financial asset or a financial liability in its statement of financial position when, and only when, the entity becomes party to the contractual provisions of the instrument (see paragraphs B3.1.1 and B3.1.2). When an entity first recognises a financial asset, it shall classify it in accordance with paragraphs 4.1.1—4.1.5 and measure it in accordance with paragraphs 5.1.1—5.1.3. When an entity first recognises a financial liability, it shall classify it in accordance with paragraphs 4.2.1 and 4.2.2 and measure it in accordance with paragraph 5.1.1. 3.1.1

Regular way purchase or sale of financial assets

A *regular way purchase or sale* of financial assets shall be recognised and derecognised, as applicable, using trade date accounting or settlement date accounting (see paragraphs B3.1.3—B3.1.6). 3.1.2

3.2 Derecognition of Financial Assets

In consolidated financial statements, paragraphs 3.2.2—3.2.9, B3.1.1, B3.1.2 and B3.2.1—B3.2.17 are applied at a consolidated level. Hence, an entity first consolidates all subsidiaries in accordance with IFRS 10 and then applies those paragraphs to the resulting group. 3.2.1

Before evaluating whether, and to what extent, *derecognition* is appropriate under paragraphs 3.2.3—3.2.9, an entity determines whether those paragraphs should be applied to a part of a financial asset (or a part of a group of similar financial assets) or a financial asset (or a group of similar financial assets) in its entirety, as follows. 3.2.2

(a) Paragraphs 3.2.3—3.2.9 are applied to a part of a financial asset (or a part of a group of similar financial assets) if, and only if, the part being considered for derecognition meets one of the following three conditions.

(i) The part comprises only specifically identified cash flows from a financial asset (or a group of similar financial assets). For example, when an entity enters into an interest rate strip whereby the counterparty obtains the right to the interest cash flows, but not the principal cash flows from a debt instrument, paragraphs 3.2.3—3.2.9 are applied to the interest cash flows.

(ii) The part comprises only a fully proportionate (pro rata) share of the cash flows from a financial asset (or a group of similar financial assets). For example, when an entity enters into an arrangement whereby the counterparty obtains the rights to a 90 per cent share of all cash flows of a debt instrument, paragraphs 3.2.3—3.2.9 are applied to 90 per cent of those cash flows. If there is more than one counterparty, each counterparty is not required to have a proportionate share of the cash flows provided that the transferring entity has a fully proportionate share.

(iii) The part comprises only a fully proportionate (pro rata) share of specifically identified cash flows from a financial asset (or a group of similar financial assets). For example, when an entity enters into an arrangement whereby the counterparty obtains the rights to a 90 per cent share of interest cash flows from a financial asset, paragraphs 3.2.3—3.2.9 are applied to 90 per cent of those interest cash flows. If there is more than one counterparty, each counterparty is not required to have a proportionate share of the specifically identified cash flows provided that the transferring entity has a fully proportionate share.

(b) In all other cases, paragraphs 3.2.3—3.2.9 are applied to the financial asset in its entirety (or to the group of similar financial assets in their entirety). For example, when an entity transfers the rights to the first or the last 90 per cent of cash collections from a financial asset (or a group of financial assets), or (ii) the rights to 90 per cent of the cash flows from a group of receivables, but provides a guarantee to compensate the buyer for any credit losses up to 8 per cent of the principal amount of the receivables, paragraphs 3.2.3—3.2.9 are applied to the financial asset (or a group of similar financial assets) in its entirety.

In paragraphs 3.2.3—3.2.12, the term 'financial asset' refers to either a part of a financial asset (or a part of a group of similar financial assets) as identified in (a) above or, otherwise, a financial asset (or a group of similar financial assets) in its entirety.

An entity shall derecognise a financial asset when, and only when: 3.2.3

(a) the contractual rights to the cash flows from the financial asset expire, or

(b) es den finanziellen Vermögenswert den Paragraphen 3.2.4 und 3.2.5 entsprechend überträgt und die Übertragung gemäß Paragraph 3.2.6 die Bedingungen für eine Ausbuchung erfüllt.
(Zum marktüblichen Verkauf finanzieller Vermögenswerte siehe Paragraph 3.1.2.)

3.2.4 Ein Unternehmen überträgt einen finanziellen Vermögenswert nur dann, wenn es entweder
(a) sein vertragliches Anrecht auf den Bezug von Zahlungsströmen aus dem finanziellen Vermögenswert überträgt oder
(b) sein vertragliches Anrecht auf den Bezug von Zahlungsströmen aus finanziellen Vermögenswerten zwar behält, sich im Rahmen einer Vereinbarung, die die Bedingungen in Paragraph 3.2.5 erfüllt, aber vertraglich zur Zahlung der entsprechenden Beträge an einen oder mehrere Empfänger verpflichtet.

3.2.5 Behält ein Unternehmen sein vertragliches Anrecht auf den Bezug von Zahlungsströmen aus einem finanziellen Vermögenswert (dem „ursprünglichen Vermögenswert"), verpflichtet sich aber vertraglich zur Zahlung der entsprechenden Beträge an ein oder mehrere Unternehmen (die „Endempfänger"), so behandelt es die Transaktion nur dann als eine Übertragung eines finanziellen Vermögenswerts, wenn die folgenden drei Bedingungen allesamt erfüllt sind:
(a) Das Unternehmen ist nur dann zu Zahlungen an die Endempfänger verpflichtet, wenn es die entsprechenden Beträge aus dem ursprünglichen Vermögenswert vereinnahmt. Kurzfristige Vorauszahlungen, die das Unternehmen zum vollständigen Einzug des geliehenen Betrags zuzüglich aufgelaufener Zinsen zum Marktzinssatz berechtigen, verstoßen gegen diese Bedingung nicht.
(b) Das Unternehmen darf den ursprünglichen Vermögenswert laut Übertragungsvertrag weder verkaufen noch verpfänden, es sei denn, dies dient der Absicherung seiner Verpflichtung, den Endempfängern die entsprechenden Beträge zu zahlen.
(c) Das Unternehmen ist verpflichtet, die für die Endempfänger eingenommenen Zahlungsströme ohne wesentliche Verzögerung weiterzuleiten. Auch ist es nicht befugt, solche Zahlungsströme während der kurzen Erfüllungsperiode vom Inkassotag bis zum geforderten Überweisungstermin an die Endempfänger zu reinvestieren, außer in Zahlungsmittel oder Zahlungsmitteläquivalente (im Sinne von IAS 7 *Kapitalflussrechnungen*), wobei die Zinsen aus solchen Finanzinvestitionen an die Endempfänger weiterzugeben sind.

3.2.6 Überträgt ein Unternehmen einen finanziellen Vermögenswert (siehe Paragraph 3.2.4), so hat es zu beurteilen, in welchem Umfang die mit dem Eigentum dieses Vermögenswerts verbundenen Risiken und Chancen bei ihm verbleiben. In diesem Fall gilt:
(a) Wenn das Unternehmen im Wesentlichen alle mit dem Eigentum des finanziellen Vermögenswerts verbundenen Risiken und Chancen überträgt, hat es den finanziellen Vermögenswert auszubuchen und alle bei dieser Übertragung entstandenen oder behaltenen Rechte und Verpflichtungen gesondert als Vermögenswerte oder Verbindlichkeiten anzusetzen.
(b) Wenn das Unternehmen im Wesentlichen alle mit dem Eigentum des finanziellen Vermögenswerts verbundenen Risiken und Chancen zurückbehält, hat es den finanziellen Vermögenswert weiter zu erfassen.
(c) Wenn das Unternehmen im Wesentlichen alle mit dem Eigentum des finanziellen Vermögenswerts verbundenen Risiken und Chancen weder überträgt noch zurückbehält, hat es zu bestimmen, ob es die Verfügungsmacht über den finanziellen Vermögenswert behalten hat. In diesem Fall gilt:
(i) Wenn das Unternehmen die Verfügungsmacht nicht behalten hat, ist der finanzielle Vermögenswert auszubuchen und sind alle bei dieser Übertragung entstandenen oder behaltenen Rechte und Verpflichtungen gesondert als Vermögenswerte oder Verbindlichkeiten anzusetzen.
(ii) Wenn das Unternehmen die Verfügungsmacht behalten hat, ist der finanzielle Vermögenswert nach Maßgabe seines anhaltenden Engagements weiter zu erfassen (siehe Paragraph 3.2.16).

3.2.7 In welchem Umfang Risiken und Chancen übertragen werden (siehe Paragraph 3.2.6), wird beurteilt, indem die Risikopositionen des Unternehmens vor und nach der Übertragung mit Veränderungen bei Höhe und Eintrittszeitpunkt der Netto-Zahlungsströme aus dem übertragenen Vermögenswert verglichen werden. Ein Unternehmen hat im Wesentlichen alle mit dem Eigentum eines finanziellen Vermögenswerts verbundenen Risiken und Chancen behalten, wenn sich seine Anfälligkeit für Schwankungen des Barwerts der künftigen Netto-Zahlungsströme durch die Übertragung nicht wesentlich verändert hat (z. B. weil das Unternehmen einen finanziellen Vermögenswert gemäß einer Vereinbarung über dessen Rückkauf zu einem festen Preis oder zum Verkaufspreis zuzüglich einer Verzinsung veräußert hat). Ein Unternehmen hat im Wesentlichen alle mit dem Eigentum eines finanziellen Vermögenswerts verbundenen Risiken und Chancen übertragen, wenn seine Anfälligkeit für solche Schwankungen im Vergleich zur gesamten Schwankungsbreite des Barwerts der mit dem finanziellen Vermögenswert verbundenen künftigen Netto-Zahlungsströme nicht mehr signifikant ist (z. B. weil das Unternehmen einen finanziellen Vermögenswert lediglich mit der Option verkauft hat, ihn zu dem zum Zeitpunkt des Rückkaufs *beizulegenden Zeitwert* zurückzukaufen, oder weil es im Rahmen einer Vereinbarung, wie einer Kredit-Unterbeteiligung, die die in Paragraph 3.2.5 genannten Bedingungen erfüllt, einen exakt proportionalen Anteil der Zahlungsströme aus einem größeren finanziellen Vermögenswert übertragen hat).

3.2.8 Oft ist es offensichtlich, ob ein Unternehmen im Wesentlichen alle Risiken und Chancen übertragen oder behalten hat, sodass es keiner weiteren Berechnungen bedarf. In anderen Fällen wird es notwendig sein, die Anfälligkeit des Unternehmens für Schwankungen des Barwerts der künftigen Netto-Zahlungsströme vor und nach der Übertragung zu berechnen und zu vergleichen. Zur Berechnung und zum Vergleich wird ein angemessener aktueller Marktzins als

(b) it transfers the financial asset as set out in paragraphs 3.2.4 and 3.2.5 and the transfer qualifies for derecognition in accordance with paragraph 3.2.6.

(See paragraph 3.1.2 for regular way sales of financial assets.)

An entity transfers a financial asset if, and only if, it either: 3.2.4

(a) transfers the contractual rights to receive the cash flows of the financial asset, or

(b) retains the contractual rights to receive the cash flows of the financial asset, but assumes a contractual obligation to pay the cash flows to one or more recipients in an arrangement that meets the conditions in paragraph 3.2.5.

When an entity retains the contractual rights to receive the cash flows of a financial asset (the 'original asset'), but assumes a contractual obligation to pay those cash flows to one or more entities (the 'eventual recipients'), the entity treats the transaction as a transfer of a financial asset if, and only if, all of the following three conditions are met. 3.2.5

(a) The entity has no obligation to pay amounts to the eventual recipients unless it collects equivalent amounts from the original asset. Short-term advances by the entity with the right of full recovery of the amount lent plus accrued interest at market rates do not violate this condition.

(b) The entity is prohibited by the terms of the transfer contract from selling or pledging the original asset other than as security to the eventual recipients for the obligation to pay them cash flows.

(c) The entity has an obligation to remit any cash flows it collects on behalf of the eventual recipients without material delay. In addition, the entity is not entitled to reinvest such cash flows, except for investments in cash or cash equivalents (as defined in IAS 7 *Statement of Cash Flows*) during the short settlement period from the collection date to the date of required remittance to the eventual recipients, and interest earned on such investments is passed to the eventual recipients.

When an entity transfers a financial asset (see paragraph 3.2.4), it shall evaluate the extent to which it retains the risks and rewards of ownership of the financial asset. In this case: 3.2.6

(a) if the entity transfers substantially all the risks and rewards of ownership of the financial asset, the entity shall derecognise the financial asset and recognise separately as assets or liabilities any rights and obligations created or retained in the transfer.

(b) if the entity retains substantially all the risks and rewards of ownership of the financial asset, the entity shall continue to recognise the financial asset.

(c) if the entity neither transfers nor retains substantially all the risks and rewards of ownership of the financial asset, the entity shall determine whether it has retained control of the financial asset. In this case:

(i) if the entity has not retained control, it shall derecognise the financial asset and recognise separately as assets or liabilities any rights and obligations created or retained in the transfer.

(ii) if the entity has retained control, it shall continue to recognise the financial asset to the extent of its continuing involvement in the financial asset (see paragraph 3.2.16).

The transfer of risks and rewards (see paragraph 3.2.6) is evaluated by comparing the entity's exposure, before and after the transfer, with the variability in the amounts and timing of the net cash flows of the transferred asset. An entity has retained substantially all the risks and rewards of ownership of a financial asset if its exposure to the variability in the present value of the future net cash flows from the financial asset does not change significantly as a result of the transfer (e.g. because the entity has sold a financial asset subject to an agreement to buy it back at a fixed price or the sale price plus a lender's return). An entity has transferred substantially all the risks and rewards of ownership of a financial asset if its exposure to such variability is no longer significant in relation to the total variability in the present value of the future net cash flows associated with the financial asset (e.g. because the entity has sold a financial asset subject only to an option to buy it back at its *fair value* at the time of repurchase or has transferred a fully proportionate share of the cash flows from a larger financial asset in an arrangement, such as a loan sub-participation, that meets the conditions in paragraph 3.2.5). 3.2.7

Often it will be obvious whether the entity has transferred or retained substantially all risks and rewards of ownership and there will be no need to perform any computations. In other cases, it will be necessary to compute and compare the entity's exposure to the variability in the present value of the future net cash flows before and after the transfer. The computation 3.2.8

Abzinsungssatz benutzt. Jede angemessenerweise für möglich gehaltene Schwankung der Netto-Zahlungsströme wird berücksichtigt, wobei den Ergebnissen mit einer größeren Eintrittswahrscheinlichkeit größeres Gewicht beigemessen wird.

3.2.9 Ob das Unternehmen die Verfügungsmacht über den übertragenen Vermögenswert behalten hat (siehe Paragraph 3.2.6 (c)), hängt von der Fähigkeit des Empfängers ab, den Vermögenswert zu verkaufen. Wenn der Empfänger den Vermögenswert faktisch in seiner Gesamtheit an einen außenstehenden Dritten verkaufen und diese Möglichkeit einseitig wahrnehmen kann, ohne für die Übertragung weitere Einschränkungen zu verhängen, hat das Unternehmen die Verfügungsmacht nicht behalten. In allen anderen Fällen hat das Unter nehmen die Verfügungsmacht behalten.

Übertragungen, die die Bedingungen für eine Ausbuchung erfüllen

3.2.10 **Überträgt ein Unternehmen einen finanziellen Vermögenswert unter den für eine vollständige Ausbuchung erforderlichen Bedingungen und behält dabei das Recht, diesen Vermögenswert gegen eine Gebühr zu verwalten, hat es für diesen Verwaltungs-/Abwicklungsvertrag entweder einen Vermögenswert oder eine Verbindlichkeit aus dem Bedienungsrecht anzusetzen. Wenn diese Gebühr voraussichtlich keine angemessene Vergütung für die Verwaltung bzw. Abwicklung durch das Unternehmen darstellt, ist eine Verbindlichkeit für die Verwaltungs- bzw. Abwicklungsverpflichtung zum beizulegenden Zeitwert anzusetzen. Wenn die Gebühr für die Verwaltung bzw. Abwicklung ein angemessenes Entgelt voraussichtlich übersteigt, ist ein Vermögenswert aus dem Verwaltungs- bzw. Abwicklungsrecht zu einem Betrag zu erfassen, der auf Grundlage einer Verteilung des Buchwerts des größeren finanziellen Vermögenswerts gemäß Paragraph 3.2.13 bestimmt wird.**

3.2.11 **Wenn ein finanzieller Vermögenswert infolge einer Übertragung vollständig ausgebucht wird, die Übertragung jedoch dazu führt, dass das Unternehmen einen neuen finanziellen Vermögenswert erhält bzw. eine neue finanzielle Verbindlichkeit oder eine Verbindlichkeit aus der Verwaltungs- bzw. Abwicklungsverpflichtung übernimmt, hat das Unternehmen den neuen finanziellen Vermögenswert, die neue finanzielle Verbindlichkeit oder die Verbindlichkeit aus der Verwaltungs- bzw. Abwicklungsverpflichtung zum beizulegenden Zeitwert zu erfassen.**

3.2.12 **Bei der vollständigen Ausbuchung eines finanziellen Vermögenswerts ist die Differenz zwischen**
(a) dem (zum Zeitpunkt der Ausbuchung bestimmten) Buchwert und
(b) dem vereinnahmten Entgelt (einschließlich jedes neu erhaltenen Vermögenswerts abzüglich jeder neu übernommenen Verbindlichkeit)
erfolgswirksam zu erfassen.

3.2.13 **Wenn der übertragene Vermögenswert Teil eines größeren finanziellen Vermögenswerts ist (z. B. wenn ein Unternehmen Zinszahlungen, die Teil eines Schuldinstruments sind, überträgt, siehe Paragraph 3.2.2 (a)) und der übertragene Teil die Bedingungen für eine vollständige Ausbuchung erfüllt, ist der frühere Buchwert des größeren finanziellen Vermögenswerts zwischen dem Teil, der weiter erfasst wird, und dem Teil, der ausgebucht wird, auf Grundlage der relativen beizulegenden Zeitwerte dieser Teile zum Zeitpunkt der Übertragung aufzuteilen. Zu diesem Zweck ist ein einbehaltener Vermögenswert aus dem Verwaltungs- bzw. Abwicklungsrecht als ein Teil, der weiter erfasst wird, zu behandeln. Die Differenz zwischen**
(a) dem (zum Zeitpunkt der Ausbuchung bestimmten) Buchwert, der dem ausgebuchten Teil zugeordnet wurde, und
(b) dem für den ausgebuchten Teil vereinnahmten Entgelt (einschließlich jedes neu erhaltenen Vermögenswerts abzüglich jeder neu übernommenen Verbindlichkeit)
ist erfolgswirksam zu erfassen.

3.2.14 Teilt ein Unternehmen den früheren Buchwert eines größeren finanziellen Vermögenswerts zwischen dem weiter erfassten und dem ausgebuchten Teil auf, muss der beizulegende Zeitwert des weiter erfassten Teils ermittelt werden. Hat das Unternehmen in der Vergangenheit ähnliche Teile wie den weiter erfassten verkauft, oder gibt es andere Markttransaktionen für solche Teile, so liefern die Preise der letzten Transaktionen die bestmögliche Schätzung für seinen beizulegenden Zeitwert. Gibt es für den Teil, der weiter erfasst wird, keine Preisnotierungen oder aktuelle Markttransaktionen zur Belegung des beizulegenden Zeitwerts, so besteht die bestmögliche Schätzung in der Differenz zwischen dem beizulegenden Zeitwert des größeren finanziellen Vermögenswerts als Ganzem und dem vom Empfänger für den ausgebuchten Teil vereinnahmten Entgelt.

Übertragungen, die die Bedingungen für eine Ausbuchung nicht erfüllen

3.2.15 **Führt eine Übertragung nicht zu einer Ausbuchung, da das Unternehmen im Wesentlichen alle mit dem Eigentum des übertragenen Vermögenswerts verbundenen Risiken und Chancen behalten hat, so hat das Unternehmen den übertragenen Vermögenswert in seiner Gesamtheit weiter zu erfassen und für das vereinnahmte Entgelt eine finanzielle Verbindlichkeit anzusetzen. In den folgenden Perioden hat das Unternehmen alle Erträge aus dem übertragenen Vermögenswert und alle Aufwendungen für die finanzielle Verbindlichkeit zu erfassen.**

Anhaltendes Engagement bei übertragenen Vermögenswerten

3.2.16 **Wenn ein Unternehmen im Wesentlichen alle mit dem Eigentum eines übertragenen Vermögenswerts verbundenen Risiken und Chancen weder überträgt noch behält und die Verfügungsmacht über den übertragenen Vermögenswert behält, hat es den übertragenen Vermögenswert nach Maßgabe seines anhaltenden Engagements weiter zu erfassen.**

and comparison are made using as the discount rate an appropriate current market interest rate. All reasonably possible variability in net cash flows is considered, with greater weight being given to those outcomes that are more likely to occur.

Whether the entity has retained control (see paragraph 3.2.6 (c)) of the transferred asset depends on the transferee's ability to sell the asset. If the transferee has the practical ability to sell the asset in its entirety to an unrelated third party and is able to exercise that ability unilaterally and without needing to impose additional restrictions on the transfer, the entity has not retained control. In all other cases, the entity has retained control. 3.2.9

Transfers that qualify for derecognition

If an entity transfers a financial asset in a transfer that qualifies for derecognition in its entirety and retains the right to service the financial asset for a fee, it shall recognise either a servicing asset or a servicing liability for that servicing contract. If the fee to be received is not expected to compensate the entity adequately for performing the servicing, a servicing liability for the servicing obligation shall be recognised at its fair value. If the fee to be received is expected to be more than adequate compensation for the servicing, a servicing asset shall be recognised for the servicing right at an amount determined on the basis of an allocation of the carrying amount of the larger financial asset in accordance with paragraph 3.2.13. 3.2.10

If, as a result of a transfer, a financial asset is derecognised in its entirety but the transfer results in the entity obtaining a new financial asset or assuming a new financial liability, or a servicing liability, the entity shall recognise the new financial asset, financial liability or servicing liability at fair value. 3.2.11

On derecognition of a financial asset in its entirety, the difference between: 3.2.12

(a) the carrying amount (measured at the date of derecognition) and

(b) the consideration received (including any new asset obtained less any new liability assumed)

shall be recognised in profit or loss.

If the transferred asset is part of a larger financial asset (e.g. when an entity transfers interest cash flows that are part of a debt instrument, see paragraph 3.2.2 (a)) and the part transferred qualifies for derecognition in its entirety, the previous carrying amount of the larger financial asset shall be allocated between the part that continues to be recognised and the part that is derecognised, on the basis of the relative fair values of those parts on the date of the transfer. For this purpose, a retained servicing asset shall be treated as a part that continues to be recognised. The difference between: 3.2.13

(a) the carrying amount (measured at the date of derecognition) allocated to the part derecognised and

(b) the consideration received for the part derecognised (including any new asset obtained less any new liability assumed)

shall be recognised in profit or loss.

When an entity allocates the previous carrying amount of a larger financial asset between the part that continues to be recognised and the part that is derecognised, the fair value of the part that continues to be recognised needs to be measured. When the entity has a history of selling parts similar to the part that continues to be recognised or other market transactions exist for such parts, recent prices of actual transactions provide the best estimate of its fair value. When there are no price quotes or recent market transactions to support the fair value of the part that continues to be recognised, the best estimate of the fair value is the difference between the fair value of the larger financial asset as a whole and the consideration received from the transferee for the part that is derecognised. 3.2.14

Transfers that do not qualify for derecognition

If a transfer does not result in derecognition because the entity has retained substantially all the risks and rewards of ownership of the transferred asset, the entity shall continue to recognise the transferred asset in its entirety and shall recognise a financial liability for the consideration received. In subsequent periods, the entity shall recognise any income on the transferred asset and any expense incurred on the financial liability. 3.2.15

Continuing involvement in transferred assets

If an entity neither transfers nor retains substantially all the risks and rewards of ownership of a transferred asset, and retains control of the transferred asset, the entity continues to recognise the transferred asset to the extent of its 3.2.16

Ein anhaltendes Engagement des Unternehmens an dem übertragenen Vermögenswert ist in dem Maße gegeben, in dem es Wertänderungen bei dem übertragenen Vermögenswert ausgesetzt ist. Zum Beispiel:

(a) Wenn das anhaltende Engagement eines Unternehmens der Form nach den übertragenen Vermögenswert garantiert, ist der Umfang dieses anhaltenden Engagements entweder der Betrag des Vermögenswerts oder der Höchstbetrag des vereinnahmten Entgelts, den das Unternehmen eventuell zurückzahlen müsste („der garantierte Betrag"), je nachdem, welcher von beiden der Niedrigere ist.

(b) Wenn das anhaltende Engagement des Unternehmens der Form nach eine geschriebene oder eine erworbene Option (oder beides) auf den übertragenen Vermögenswert ist, so ist der Umfang des anhaltenden Engagements des Unternehmens der Betrag des übertragenen Vermögenswerts, den das Unternehmen zurückkaufen kann. Im Fall einer geschriebenen Verkaufsoption auf einen Vermögenswert, der zum beizulegenden Zeitwert bewertet wird, ist der Umfang des anhaltenden Engagements des Unternehmens allerdings auf den beizulegenden Zeitwert des übertragenen Vermögenswerts oder den Ausübungspreis der Option – je nachdem, welcher von beiden der Niedrigere ist – begrenzt (siehe Paragraph B3.2.13).

(c) Wenn das anhaltende Engagement des Unternehmens der Form nach eine Option auf den übertragenen Vermögenswert ist, die durch Barausgleich oder vergleichbare Art erfüllt wird, wird der Umfang des anhaltenden Engagements des Unternehmens in der gleichen Weise ermittelt wie bei Optionen, die nicht durch Barausgleich erfüllt werden (siehe Buchstabe (b)).

3.2.17 **Wenn ein Unternehmen einen Vermögenswert weiterhin nach Maßgabe seines anhaltenden Engagements erfasst, hat es auch eine zugehörige Verbindlichkeit zu erfassen. Ungeachtet der anderen Bewertungsvorschriften in diesem Standard werden der übertragene Vermögenswert und die zugehörige Verbindlichkeit so bewertet, dass den Rechten und Verpflichtungen, die das Unternehmen behalten hat, Rechnung getragen wird. Die zugehörige Verbindlichkeit wird so bewertet, dass der Nettobuchwert aus übertragenem Vermögenswert und zugehöriger Verbindlichkeit**

(a) den fortgeführten Anschaffungskosten der von dem Unternehmen zurückbehaltenen Rechte und Verpflichtungen entspricht, falls der übertragene Vermögenswert zu fortgeführten Anschaffungskosten bewertet wird, oder

(b) gleich dem beizulegenden Zeitwert der von dem Unternehmen zurückbehaltenen Rechte und Verpflichtungen ist, wenn diese eigenständig bewertet würden, falls der übertragene Vermögenswert zum beizulegenden Zeitwert bewertet wird.

3.2.18 **Das Unternehmen hat alle Erträge aus dem übertragenen Vermögenswert weiterhin nach Maßgabe seines anhaltenden Engagements zu erfassen sowie alle Aufwendungen für zugehörige Verbindlichkeiten.**

3.2.19 **Bei der Folgebewertung werden Veränderungen beim beizulegenden Zeitwert des übertragenen Vermögenswerts und der zugehörigen Verbindlichkeit gemäß Paragraph 5.7.1 übereinstimmend erfasst und nicht miteinander saldiert.**

3.2.20 **Erstreckt sich das anhaltende Engagement des Unternehmens nur auf einen Teil eines finanziellen Vermögenswerts (z. B. wenn ein Unternehmen die Option behält, einen Teil des übertragenen Vermögenswerts zurückzukaufen, oder nach wie vor einen Residualanspruch hat, der nicht dazu führt, dass es im Wesentlichen alle mit dem Eigentum verbundenen Risiken und Chancen behält, und das Unternehmen auch weiterhin die Verfügungsmacht besitzt), hat das Unternehmen den früheren Buchwert des finanziellen Vermögenswerts zwischen dem Teil, der von ihm gemäß dem anhaltenden Engagement weiter erfasst wird, und dem Teil, den es nicht länger erfasst, auf Grundlage der relativen beizulegenden Zeitwerte dieser Teile zum Zeitpunkt der Übertragung aufzuteilen. Zu diesem Zweck gelten die Vorschriften des Paragraphen 3.2.14. Die Differenz zwischen**

(a) dem (zum Zeitpunkt der Ausbuchung bestimmten) Buchwert, der dem nicht länger erfassten Teil zugeordnet wurde, und

(b) dem für den nicht länger erfassten Teil vereinnahmten Entgelt

ist erfolgswirksam zu erfassen.

3.2.21 Wird der übertragene Vermögenswert zu fortgeführten Anschaffungskosten bewertet, kann die nach diesem Standard bestehende Option, eine finanzielle Verbindlichkeit als erfolgswirksam zum beizulegenden Zeitwert bewertet zu designieren, für die zugehörige Verbindlichkeit nicht in Anspruch genommen werden.

Alle Übertragungen

3.2.22 **Wird ein übertragener Vermögenswert weiterhin erfasst, darf er nicht mit der zugehörigen Verbindlichkeit saldiert werden. Ebensowenig darf ein Unternehmen Erträge aus dem übertragenen Vermögenswert mit Aufwendungen saldieren, die für die zugehörige Verbindlichkeit angefallen sind (siehe Paragraph 42 von IAS 32).**

3.2.23 **Bietet der Übertragende dem Empfänger nicht zahlungswirksame Sicherheiten (wie Schuld- oder Eigenkapitalinstrumente), hängt die Bilanzierung der Sicherheit durch den Übertragenden und den Empfänger davon ab, ob Letzterer das Recht hat, die Sicherheit zu verkaufen oder weiter zu verpfänden, und davon, ob der Übertragende in Zahlungsverzug geraten ist. Zu bilanzieren ist die Sicherheit wie folgt:**

(a) Hat der Empfänger das vertrags- oder gewohnheitsmäßige Recht, die Sicherheit zu verkaufen oder weiter zu verpfänden, dann hat der Übertragende sie in seiner Bilanz getrennt von anderen Vermögenswerten (z. B. als verliehenen Vermögenswert, verpfändetes Eigenkapitalinstrument oder Rückkaufforderung) umzugliedern.

continuing involvement. The extent of the entity's continuing involvement in the transferred asset is the extent to which it is exposed to changes in the value of the transferred asset. For example:

(a) When the entity's continuing involvement takes the form of guaranteeing the transferred asset, the extent of the entity's continuing involvement is the lower of (i) the amount of the asset and (ii) the maximum amount of the consideration received that the entity could be required to repay ('the guarantee amount').

(b) When the entity's continuing involvement takes the form of a written or purchased option (or both) on the transferred asset, the extent of the entity's continuing involvement is the amount of the transferred asset that the entity may repurchase. However, in the case of a written put option on an asset that is measured at fair value, the extent of the entity's continuing involvement is limited to the lower of the fair value of the transferred asset and the option exercise price (see paragraph B3.2.13).

(c) When the entity's continuing involvement takes the form of a cash-settled option or similar provision on the transferred asset, the extent of the entity's continuing involvement is measured in the same way as that which results from non-cash settled options as set out in (b) above.

When an entity continues to recognise an asset to the extent of its continuing involvement, the entity also recognises an associated liability. Despite the other measurement requirements in this Standard, the transferred asset and the associated liability are measured on a basis that reflects the rights and obligations that the entity has retained. The associated liability is measured in such a way that the net carrying amount of the transferred asset and the associated liability is: 3.2.17

(a) the amortised cost of the rights and obligations retained by the entity, if the transferred asset is measured at amortised cost, or

(b) equal to the fair value of the rights and obligations retained by the entity when measured on a stand-alone basis, if the transferred asset is measured at fair value.

The entity shall continue to recognise any income arising on the transferred asset to the extent of its continuing involvement and shall recognise any expense incurred on the associated liability. 3.2.18

For the purpose of subsequent measurement, recognised changes in the fair value of the transferred asset and the associated liability are accounted for consistently with each other in accordance with paragraph 5.7.1, and shall not be offset. 3.2.19

If an entity's continuing involvement is in only a part of a financial asset (e.g. when an entity retains an option to repurchase part of a transferred asset, or retains a residual interest that does not result in the retention of substantially all the risks and rewards of ownership and the entity retains control), the entity allocates the previous carrying amount of the financial asset between the part it continues to recognise under continuing involvement, and the part it no longer recognises on the basis of the relative fair values of those parts on the date of the transfer. For this purpose, the requirements of paragraph 3.2.14 apply. The difference between: 3.2.20

(a) the carrying amount (measured at the date of derecognition) allocated to the part that is no longer recognised and

(b) the consideration received for the part no longer recognised

shall be recognised in profit or loss.

If the transferred asset is measured at amortised cost, the option in this Standard to designate a financial liability as at fair value through profit or loss is not applicable to the associated liability. 3.2.21

All transfers

If a transferred asset continues to be recognised, the asset and the associated liability shall not be offset. Similarly, the entity shall not offset any income arising from the transferred asset with any expense incurred on the associated liability (see paragraph 42 of IAS 32). 3.2.22

If a transferor provides non-cash collateral (such as debt or equity instruments) to the transferee, the accounting for the collateral by the transferor and the transferee depends on whether the transferee has the right to sell or repledge the collateral and on whether the transferor has defaulted. The transferor and transferee shall account for the collateral as follows: 3.2.23

(a) If the transferee has the right by contract or custom to sell or repledge the collateral, then the transferor shall reclassify that asset in its statement of financial position (e.g. as a loaned asset, pledged equity instruments or repurchase receivable) separately from other assets.

(b) Verkauft der Empfänger die an ihn verpfändete Sicherheit, hat er für seine Verpflichtung, die Sicherheit zurückzugeben, den Veräußerungserlös und eine zum beizulegenden Zeitwert zu bewertende Verbindlichkeit zu erfassen.

(c) Ist der Übertragende dem Vertrag zufolge in Zahlungsverzug geraten und nicht länger zur Rückforderung der Sicherheit berechtigt, so hat er die Sicherheit auszubuchen und der Empfänger sie als seinen Vermögenswert anzusetzen und zum beizulegenden Zeitwert zu bewerten, bzw. – wenn er die Sicherheit bereits verkauft hat – seine Verpflichtung zur Rückgabe der Sicherheit auszubuchen.

(d) Mit Ausnahme der Bestimmungen unter (c) hat der Übertragende die Sicherheit weiterhin als seinen Vermögenswert anzusetzen und darf der Empfänger die Sicherheit nicht als einen Vermögenswert ansetzen.

3.3 Ausbuchung Finanzieller Verbindlichkeiten

3.3.1 **Ein Unternehmen darf eine finanzielle Verbindlichkeit (oder einen Teil derselben) nur dann aus seiner Bilanz entfernen, wenn diese getilgt ist – d. h. die im Vertrag genannten Verpflichtungen erfüllt oder aufgehoben sind oder auslaufen.**

3.3.2 **Ein Austausch von Schuldinstrumenten mit grundverschiedenen Vertragsbedingungen zwischen einem bestehenden Kreditnehmer und Kreditgeber ist wie eine Tilgung der ursprünglichen finanziellen Verbindlichkeit und ein Ansatz einer neuen finanziellen Verbindlichkeit zu bilanzieren. Gleiches gilt, wenn die Vertragsbedingungen einer bestehenden finanziellen Verbindlichkeit oder eines Teils davon wesentlich geändert werden (wobei keine Rolle spielt, ob dies auf die finanziellen Schwierigkeiten des Schuldners zurückzuführen ist oder nicht).**

3.3.3 **Die Differenz zwischen dem Buchwert einer getilgten oder auf eine andere Partei übertragenen finanziellen Verbindlichkeit (oder eines Teils derselben) und dem gezahlten Entgelt, einschließlich übertragener unbarer Vermögenswerte oder übernommener Verbindlichkeiten, ist erfolgswirksam zu erfassen.**

3.3.4 Kauft ein Unternehmen einen Teil einer finanziellen Verbindlichkeit zurück, so hat es den früheren Buchwert der finanziellen Verbindlichkeit zwischen dem weiter erfassten und dem ausgebuchten Teil auf Grundlage der relativen beizulegenden Zeitwerte dieser Teile am Rückkauftag aufzuteilen. Die Differenz zwischen (a) dem Buchwert, der dem ausgebuchten Teil zugeordnet wurde, und (b) dem für den ausgebuchten Teil gezahlten Entgelt, einschließlich übertragener unbarer Vermögenswerte oder übernommener Verbindlichkeiten, ist erfolgswirksam zu erfassen.

3.3.5 Einige Unternehmen betreiben intern oder extern einen Anlagefonds, der für die Anleger Leistungen erbringt, die sich nach der Anzahl der Fondsanteile richten. Für die an diese Anleger auszuzahlenden Beträge setzen diese Unternehmen finanzielle Verbindlichkeiten an. Ebenso zeichnen einige Unternehmen Gruppen von Versicherungsverträgen mit direkter Überschussbeteiligung, und diese Unternehmen halten die zugrunde liegenden Referenzwerte. Einige solcher Fonds oder zugrunde liegender Referenzwerte beinhalten die finanzielle Verbindlichkeit des Unternehmens (beispielsweise eine ausgegebene Unternehmensanleihe). Ungeachtet der anderen in diesem Standard enthaltenen Vorgaben zur Ausbuchung finanzieller Verbindlichkeiten kann ein Unternehmen die Wahl treffen, seine finanzielle Verbindlichkeit, die Teil eines solchen Fonds oder ein zugrunde liegender Referenzwert ist, nicht auszubuchen, allerdings nur dann, wenn das Unternehmen seine finanzielle Verbindlichkeit zu diesen Zwecken zurückerwirbt. Das Unternehmen kann stattdessen die Wahl treffen, dieses Instrument weiterhin als finanzielle Verbindlichkeit zu bilanzieren und das zurückerworbene Instrument so zu bilanzieren, als sei es ein finanzieller Vermögenswert, und dieses Instrument in Übereinstimmung mit diesem Standard erfolgswirksam zum beizulegenden Zeitwert zu bewerten. Die Wahl ist unwiderruflich und wird für jedes Instrument einzeln getroffen. Für die Zwecke dieser Wahl beinhalten Versicherungsverträge auch Kapitalanlageverträge mit ermessensabhängiger Überschussbeteiligung. (In Bezug auf die in diesem Paragraphen verwendeten Begriffe siehe die entsprechenden Definitionen in IFRS 17.)

KAPITEL 4 EINSTUFUNG

4.1 Einstufung finanzieller Vermögenswerte

4.1.1 **Soweit nicht Paragraph 4.1.5 anwendbar ist, hat ein Unternehmen finanzielle Vermögenswerte für die Folgebewertung als zu fortgeführten Anschaffungskosten, als zum beizulegenden Zeitwert erfolgsneutral im sonstigen Ergebnis oder als erfolgswirksam zum beizulegenden Zeitwert bewertet einzustufen. Diese Einstufung erfolgt auf Grundlage**

(a) des Geschäftsmodells des Unternehmens zur Steuerung finanzieller Vermögenswerte und

(b) der Eigenschaften der vertraglichen Zahlungsströme aus dem finanziellen Vermögenswert.

4.1.2 **Ein finanzieller Vermögenswert ist zu fortgeführten Anschaffungskosten zu bewerten, wenn beide folgenden Bedingungen erfüllt sind:**

(a) der finanzielle Vermögenswert wird im Rahmen eines Geschäftsmodells gehalten, dessen Zielsetzung darin besteht, finanzielle Vermögenswerte zur Vereinnahmung der vertraglichen Zahlungsströme zu halten, und

(b) die Vertragsbedingungen des finanziellen Vermögenswerts führen zu festgelegten Zeitpunkten zu Zahlungsströmen, die ausschließlich Tilgungs- und Zinszahlungen auf den ausstehenden Kapitalbetrag darstellen.

Leitlinien für die Anwendung dieser Bedingungen sind in den Paragraphen B4.1.1–B4.1.26 enthalten.

(b) **If the transferee sells collateral pledged to it, it shall recognise the proceeds from the sale and a liability measured at fair value for its obligation to return the collateral.**
(c) **If the transferor defaults under the terms of the contract and is no longer entitled to redeem the collateral, it shall derecognise the collateral, and the transferee shall recognise the collateral as its asset initially measured at fair value or, if it has already sold the collateral, derecognise its obligation to return the collateral.**
(d) **Except as provided in (c), the transferor shall continue to carry the collateral as its asset, and the transferee shall not recognise the collateral as an asset.**

3.3 Derecognition of Financial Liabilities

An entity shall remove a financial liability (or a part of a financial liability) from its statement of financial position when, and only when, it is extinguished—i.e. when the obligation specified in the contract is discharged or cancelled or expires. 3.3.1

An exchange between an existing borrower and lender of debt instruments with substantially different terms shall be accounted for as an extinguishment of the original financial liability and the recognition of a new financial liability. Similarly, a substantial modification of the terms of an existing financial liability or a part of it (whether or not attributable to the financial difficulty of the debtor) shall be accounted for as an extinguishment of the original financial liability and the recognition of a new financial liability. 3.3.2

The difference between the carrying amount of a financial liability (or part of a financial liability) extinguished or transferred to another party and the consideration paid, including any non-cash assets transferred or liabilities assumed, shall be recognised in profit or loss. 3.3.3

If an entity repurchases a part of a financial liability, the entity shall allocate the previous carrying amount of the financial liability between the part that continues to be recognised and the part that is derecognised based on the relative fair values of those parts on the date of the repurchase. The difference between (a) the carrying amount allocated to the part derecognised and (b) the consideration paid, including any non-cash assets transferred or liabilities assumed, for the part derecognised shall be recognised in profit or loss. 3.3.4

Some entities operate, either internally or externally, an investment fund that provides investors with benefits determined by units in the fund and recognise financial liabilities for the amounts to be paid to those investors. Similarly, some entities issue groups of insurance contracts with direct participation features and those entities hold the underlying items. Some such funds or underlying items include the entity's financial liability (for example, a corporate bond issued). Despite the other requirements in this Standard for the derecognition of financial liabilities, an entity may elect not to derecognise its financial liability that is included in such a fund or is an underlying item when, and only when, the entity repurchases its financial liability for such purposes. Instead, the entity may elect to continue to account for that instrument as a financial liability and to account for the repurchased instrument as if the instrument were a financial asset, and measure it at fair value through profit or loss in accordance with this Standard. That election is irrevocable and made on an instrument-by-instrument basis. For the purposes of this election, insurance contracts include investment contracts with discretionary participation features. (See IFRS 17 for terms used in this paragraph that are defined in that Standard.) 3.3.5

CHAPTER 4 CLASSIFICATION

4.1 Classification of Financial Assets

Unless paragraph 4.1.5 applies, an entity shall classify financial assets as subsequently measured at amortised cost, fair value through other comprehensive income or fair value through profit or loss on the basis of both: 4.1.1
(a) **the entity's business model for managing the financial assets and**
(b) **the contractual cash flow characteristics of the financial asset.**

A financial asset shall be measured at amortised cost if both of the following conditions are met: 4.1.2
(a) **the financial asset is held within a business model whose objective is to hold financial assets in order to collect contractual cash flows and**
(b) **the contractual terms of the financial asset give rise on specified dates to cash flows that are solely payments of principal and interest on the principal amount outstanding.**

Paragraphs B4.1.1—B4.1.26 provide guidance on how to apply these conditions.

4.1.2A Ein finanzieller Vermögenswert ist zum beizulegenden Zeitwert erfolgsneutral im sonstigen Ergebnis zu bewerten, wenn beide folgenden Bedingungen erfüllt sind:

(a) der finanzielle Vermögenswert wird im Rahmen eines Geschäftsmodells gehalten, dessen Zielsetzung sowohl in der Vereinnahmung der vertraglichen Zahlungsströme als auch im Verkauf finanzieller Vermögenswerte besteht, und

(b) die Vertragsbedingungen des finanziellen Vermögenswerts führen zu festgelegten Zeitpunkten zu Zahlungsströmen, die ausschließlich Tilgungs- und Zinszahlungen auf den ausstehenden Kapitalbetrag darstellen.

Leitlinien für die Anwendung dieser Bedingungen sind in den Paragraphen B4.1.1–B4.1.26 enthalten.

4.1.3 Für die Anwendung der Paragraphen 4.1.2 (b) und 4.1.2A (b) gilt:

(a) Kapitalbetrag ist der beizulegende Zeitwert des finanziellen Vermögenswerts beim erstmaligen Ansatz. Zusätzliche Leitlinien zur Bedeutung von Kapitalbetrag sind in Paragraph B4.1.7B enthalten.

(b) Zinsen setzen sich aus dem Entgelt für den Zeitwert des Geldes, für das Ausfallrisiko, das mit dem über einen bestimmten Zeitraum ausstehenden Kapitalbetrag verbunden ist, und für andere grundlegende Risiken und Kosten des Kreditgeschäfts sowie einer Gewinnmarge zusammen. Zusätzliche Leitlinien zur Bedeutung von Zinsen einschließlich der Bedeutung von Zeitwert des Geldes sind in den Paragraphen B4.1.7A und B4.1.9A–B4.1.9E enthalten.

4.1.4 Ein finanzieller Vermögenswert, der nicht gemäß Paragraph 4.1.2 zu fortgeführten Anschaffungskosten oder gemäß Paragraph 4.1.2A zum beizulegenden Zeitwert erfolgsneutral im sonstigen Ergebnis bewertet wird, ist erfolgswirksam zum beizulegenden Zeitwert zu bewerten. Allerdings kann ein Unternehmen beim erstmaligen Ansatz bestimmter Finanzinvestitionen in *Eigenkapitalinstrumente,* die ansonsten erfolgswirksam zum beizulegenden Zeitwert bewertet worden wären, unwiderruflich die Wahl treffen, im Rahmen der Folgebewertung die Veränderungen beim beizulegenden Zeitwert im sonstigen Ergebnis auszuweisen (siehe Paragraphen 5.7.5–5.7.6).

Wahlrecht, einen finanziellen Vermögenswert als erfolgswirksam zum beizulegenden Zeitwert bewertet zu designieren

4.1.5 Ungeachtet der Paragraphen 4.1.1–4.1.4 kann ein Unternehmen einen finanziellen Vermögenswert beim erstmaligen Ansatz unwiderruflich als erfolgswirksam zum beizulegenden Zeitwert bewertet designieren, wenn dadurch Inkongruenzen bei der Bewertung oder beim Ansatz (zuweilen als „Rechnungslegungsanomalie" bezeichnet), die entstehen, wenn die Bewertung von Vermögenswerten oder Verbindlichkeiten oder die Erfassung von daraus resultierenden Gewinnen und Verlusten auf unterschiedlicher Grundlage erfolgt, beseitigt oder signifikant verringert werden (siehe Paragraphen B4.1.29–B4.1.32).

4.2 Einstufung Finanzieller Verbindlichkeiten

4.2.1 Ein Unternehmen hat alle finanziellen Verbindlichkeiten für die Folgebewertung als zu fortgeführten Anschaffungskosten bewertet einzustufen. Davon ausgenommen sind

(a) *finanzielle Verbindlichkeiten, die erfolgswirksam zum beizulegenden Zeitwert bewertet werden.* Solche Verbindlichkeiten, einschließlich *Derivate* mit negativem Marktwert, sind in den Folgeperioden zum beizulegenden Zeitwert zu bewerten.

(b) finanzielle Verbindlichkeiten, die entstehen, wenn die Übertragung eines finanziellen Vermögenswerts nicht die Bedingungen für eine Ausbuchung erfüllt oder die Bilanzierung unter Zugrundelegung eines anhaltenden Engagements erfolgt. Bei der Bewertung derartiger finanzieller Verbindlichkeiten ist nach den Paragraphen 3.2.15 und 3.2.17 zu verfahren.

(c) *finanzielle Garantien.* Nach dem erstmaligen Ansatz hat der Emittent eines solchen Vertrags (außer für den Fall, dass Paragraph 4.2.1 (a) oder (b) Anwendung findet) bei dessen Folgebewertung den höheren der beiden folgenden Beträge zugrunde zu legen:

(i) den gemäß Abschnitt 5.5 bestimmten Betrag der *Wertberichtigung* und

(ii) den ursprünglich erfassten Betrag (siehe Paragraph 5.1.1), gegebenenfalls abzüglich der nach den Grundsätzen von IFRS 15 erfassten kumulierten Erträge.

(d) Zusagen, einen Kredit unter dem Marktzinssatz zur Verfügung zu stellen. Ein Unternehmen, das eine solche Zusage erteilt (außer für den Fall, dass Paragraph 4.2.1 (a) Anwendung findet), hat bei deren Folgebewertung den höheren der beiden folgenden Beträge zugrunde zu legen:

(i) den gemäß Abschnitt 5.5 bestimmten Betrag der Wertberichtigung und

(ii) den ursprünglich erfassten Betrag (siehe Paragraph 5.1.1), gegebenenfalls abzüglich der nach den Grundsätzen von IFRS 15 erfassten kumulierten Erträge.

(e) eine bedingte Gegenleistung, die von einem Erwerber im Rahmen eines unter IFRS 3 fallenden Unternehmenszusammenschlusses angesetzt wird. Eine solche bedingte Gegenleistung ist in den Folgeperioden zum beizulegenden Zeitwert zu bewerten, wobei Veränderungen erfolgswirksam erfasst werden.

A financial asset shall be measured at fair value through other comprehensive income if both of the following conditions are met: 4.1.2A
(a) the financial asset is held within a business model whose objective is achieved by both collecting contractual cash flows and selling financial assets and
(b) the contractual terms of the financial asset give rise on specified dates to cash flows that are solely payments of principal and interest on the principal amount outstanding.
Paragraphs B4.1.1—B4.1.26 provide guidance on how to apply these conditions.

For the purpose of applying paragraphs 4.1.2 (b) and 4.1.2A (b): 4.1.3
(a) principal is the fair value of the financial asset at initial recognition. Paragraph B4.1.7B provides additional guidance on the meaning of principal.
(b) interest consists of consideration for the time value of money, for the credit risk associated with the principal amount outstanding during a particular period of time and for other basic lending risks and costs, as well as a profit margin. Paragraphs B4.1.7A and B4.1.9 A—B4.1.9E provide additional guidance on the meaning of interest, including the meaning of the time value of money.

A financial asset shall be measured at fair value through profit or loss unless it is measured at amortised cost in accordance with paragraph 4.1.2 or at fair value through other comprehensive income in accordance with paragraph 4.1.2A. However an entity may make an irrevocable election at initial recognition for particular investments in *equity instruments* that would otherwise be measured at fair value through profit or loss to present subsequent changes in fair value in other comprehensive income (see paragraphs 5.7.5—5.7.6). 4.1.4

Option to designate a financial asset at fair value through profit or loss

Despite paragraphs 4.1.1—4.1.4, an entity may, at initial recognition, irrevocably designate a financial asset as measured at fair value through profit or loss if doing so eliminates or significantly reduces a measurement or recognition inconsistency (sometimes referred to as an 'accounting mismatch') that would otherwise arise from measuring assets or liabilities or recognising the gains and losses on them on different bases (see paragraphs B4.1.29—B4.1.32). 4.1.5

4.2 Classification of Financial Liabilities

An entity shall classify all financial liabilities as subsequently measured at amortised cost, except for: 4.2.1
(a) *financial liabilities at fair value through profit or loss.* Such liabilities, including *derivatives* that are liabilities, shall be subsequently measured at fair value.
(b) financial liabilities that arise when a transfer of a financial asset does not qualify for derecognition or when the continuing involvement approach applies. Paragraphs 3.2.15 and 3.2.17 apply to the measurement of such financial liabilities.
(c) *financial guarantee contracts.* After initial recognition, an issuer of such a contract shall (unless paragraph 4.2.1 (a) or (b) applies) subsequently measure it at the higher of:
  (i) the amount of the loss allowance determined in accordance with Section 5.5 and
  (ii) the amount initially recognised (see paragraph 5.1.1) less, when appropriate, the cumulative amount of income recognised in accordance with the principles of IFRS 15.
(d) commitments to provide a loan at a below-market interest rate. An issuer of such a commitment shall (unless paragraph 4.2.1 (a) applies) subsequently measure it at the higher of:
  (i) the amount of the loss allowance determined in accordance with Section 5.5 and
  (ii) the amount initially recognised (see paragraph 5.1.1) less, when appropriate, the cumulative amount of income recognised in accordance with the principles of IFRS 15.
(e) contingent consideration recognised by an acquirer in a business combination to which IFRS 3 applies. Such contingent consideration shall subsequently be measured at fair value with changes recognised in profit or loss.

Wahlrecht, eine finanzielle Verbindlichkeit als erfolgswirksam zum beizulegenden Zeitwert bewertet zu designieren

4.2.2 **Ein Unternehmen kann eine finanzielle Verbindlichkeit beim erstmaligen Ansatz unwiderruflich als erfolgswirksam zum beizulegenden Zeitwert bewertet designieren, wenn dies nach Paragraph 4.3.5 zulässig ist oder dadurch relevantere Informationen vermittelt werden, weil entweder**

(a) **Inkongruenzen bei der Bewertung oder beim Ansatz (zuweilen als „Rechnungslegungsanomalie" bezeichnet), die entstehen, wenn die Bewertung von Vermögenswerten oder Verbindlichkeiten oder die Erfassung von Gewinnen und Verlusten auf unterschiedlicher Grundlage erfolgt, beseitigt oder signifikant verringert werden (siehe Paragraphen B4.1.29–B4.1.32), oder**

(b) **eine Gruppe von finanziellen Verbindlichkeiten oder finanziellen Vermögenswerten und finanziellen Verbindlichkeiten gemäß einer dokumentierten Risikomanagement- oder Anlagestrategie gesteuert und ihre Wertentwicklung anhand des beizulegenden Zeitwerts beurteilt wird und die auf dieser Grundlage ermittelten Informationen zu dieser Gruppe intern an das Management in Schlüsselpositionen des Unternehmens (im Sinne von IAS 24 *Angaben über Beziehungen zu nahestehenden Unternehmen und Personen*), wie beispielsweise das Geschäftsführungs- und/oder Aufsichtsorgan und den Vorstandsvorsitzenden, weitergereicht werden (siehe Paragraphen B4.1.33–B4.1.36).**

4.3 Eingebettete Derivate

4.3.1 Ein eingebettetes Derivat ist Bestandteil eines hybriden Vertrags, der auch einen nicht derivativen Basisvertrag enthält, mit dem Ergebnis, dass ein Teil der Zahlungsströme aus dem zusammengesetzten Finanzinstrument ähnlichen Schwankungen unterliegt wie ein freistehendes Derivat. Ein eingebettetes Derivat ändert einen Teil oder alle Zahlungsströme aus einem Vertrag in Abhängigkeit von einem bestimmten Zinssatz, Preis eines Finanzinstruments, Rohstoffpreis, Wechselkurs, Preis- oder Kursindex, Bonitätsrating oder -index oder einer anderen Variablen, sofern bei einer nichtfinanziellen Variablen diese nicht spezifisch für eine der Vertragsparteien ist. Ein Derivat, das mit einem *Finanzinstrument* verbunden, aber unabhängig von diesem vertraglich übertragbar ist oder mit einer anderen Vertragspartei geschlossen wurde, ist kein eingebettetes Derivat, sondern ein eigenständiges Finanzinstrument.

Hybride Verträge mit finanziellen Vermögenswerten als Basisvertrag

4.3.2 **Enthält ein hybrider Vertrag einen Basisvertrag, bei dem es sich um einen unter den vorliegenden Standard fallenden Vermögenswert handelt, hat ein Unternehmen die Vorschriften der Paragraphen 4.1.1–4.1.5 auf den gesamten hybriden Vertrag anzuwenden.**

Andere hybride Verträge

4.3.3 **Enthält ein hybrider Vertrag einen Basisvertrag, bei dem es sich nicht um einen unter den vorliegenden Standard fallenden Vermögenswert handelt, ist ein eingebettetes Derivat vom Basisvertrag zu trennen und nur dann nach Maßgabe dieses Standards als Derivat zu bilanzieren, wenn**

(a) **die wirtschaftlichen Merkmale und Risiken des eingebetteten Derivats nicht eng mit den wirtschaftlichen Merkmalen und Risiken des Basisvertrags verbunden sind (siehe Paragraphen B4.3.5 und B4.3.8),**

(b) **ein eigenständiges Instrument mit den gleichen Bedingungen wie das eingebettete Derivat die Definition eines Derivats erfüllen würde, und**

(c) **der hybride Vertrag nicht erfolgswirksam zum beizulegenden Zeitwert bewertet wird (d. h. ein Derivat, das in eine erfolgswirksam zum beizulegenden Zeitwert bewertete finanzielle Verbindlichkeit eingebettet ist, wird nicht getrennt).**

4.3.4 **Wird ein eingebettetes Derivat getrennt, ist der Basisvertrag nach den einschlägigen Standards zu bilanzieren. Nicht geregelt wird in diesem Standard, ob ein eingebettetes Derivat in der Bilanz gesondert auszuweisen ist.**

4.3.5 **Wenn ein Vertrag ein oder mehrere eingebettete Derivate enthält und der Basisvertrag kein unter den vorliegenden Standard fallender Vermögenswert ist, kann ein Unternehmen ungeachtet der Paragraphen 4.3.3 und 4.3.4 den gesamten hybriden Vertrag als erfolgswirksam zum beizulegenden Zeitwert bewertet designieren. Davon ausgenommen sind Fälle, in denen**

(a) **das/die eingebettete(n) Derivat(e) die vertraglich vorgeschriebenen Zahlungsströme nur insignifikant verändert/verändern oder**

(b) **bei erstmaliger Beurteilung eines vergleichbaren hybriden Instruments ohne oder mit nur geringem Analyseaufwand ersichtlich ist, dass eine Abtrennung des eingebetteten Derivats bzw. der eingebetteten Derivate unzulässig ist, wie beispielsweise bei einer in einen Kredit eingebetteten Vorfälligkeitsoption, die den Kreditnehmer zu einer vorzeitigen Rückzahlung des Kredits etwa in Höhe der fortgeführten Anschaffungskosten berechtigt.**

4.3.6 **Wenn ein Unternehmen nach diesem Standard verpflichtet ist, ein eingebettetes Derivat getrennt von seinem Basisvertrag zu erfassen, eine gesonderte Bewertung des eingebetteten Derivats aber weder bei Erwerb noch an den folgenden Abschlussstichtagen möglich ist, hat es den gesamten hybriden Vertrag als erfolgswirksam zum beizulegenden Zeitwert bewertet zu designieren.**

Option to designate a financial liability at fair value through profit or loss

An entity may, at initial recognition, irrevocably designate a financial liability as measured at fair value through profit or loss when permitted by paragraph 4.3.5, or when doing so results in more relevant information, because either: 4.2.2

(a) it eliminates or significantly reduces a measurement or recognition inconsistency (sometimes referred to as 'an accounting mismatch') that would otherwise arise from measuring assets or liabilities or recognising the gains and losses on them on different bases (see paragraphs B4.1.29—B4.1.32); or

(b) a group of financial liabilities or financial assets and financial liabilities is managed and its performance is evaluated on a fair value basis, in accordance with a documented risk management or investment strategy, and information about the group is provided internally on that basis to the entity's key management personnel (as defined in IAS 24 *Related Party Disclosures*), for example, the entity's board of directors and chief executive officer (see paragraphs B4.1.33—B4.1.36).

4.3 Embedded Derivatives

An embedded derivative is a component of a hybrid contract that also includes a non-derivative host— with the effect that some of the cash flows of the combined instrument vary in a way similar to a stand-alone derivative. An embedded derivative causes some or all of the cash flows that otherwise would be required by the contract to be modified according to a specified interest rate, financial instrument price, commodity price, foreign exchange rate, index of prices or rates, credit rating or credit index, or other variable, provided in the case of a non-financial variable that the variable is not specific to a party to the contract. A derivative that is attached to a *financial instrument* but is contractually transferable independently of that instrument, or has a different counterparty, is not an embedded derivative, but a separate financial instrument. 4.3.1

Hybrid contracts with financial asset hosts

If a hybrid contract contains a host that is an asset within the scope of this Standard, an entity shall apply the requirements in paragraphs 4.1.1—4.1.5 to the entire hybrid contract. 4.3.2

Other hybrid contracts

If a hybrid contract contains a host that is not an asset within the scope of this Standard, an embedded derivative shall be separated from the host and accounted for as a derivative under this Standard if, and only if: 4.3.3

(a) the economic characteristics and risks of the embedded derivative are not closely related to the economic characteristics and risks of the host (see paragraphs B4.3.5 and B4.3.8);

(b) a separate instrument with the same terms as the embedded derivative would meet the definition of a derivative; and

(c) the hybrid contract is not measured at fair value with changes in fair value recognised in profit or loss (i.e. a derivative that is embedded in a financial liability at fair value through profit or loss is not separated).

If an embedded derivative is separated, the host contract shall be accounted for in accordance with the appropriate Standards. This Standard does not address whether an embedded derivative shall be presented separately in the statement of financial position. 4.3.4

Despite paragraphs 4.3.3 and 4.3.4, if a contract contains one or more embedded derivatives and the host is not an asset within the scope of this Standard, an entity may designate the entire hybrid contract as at fair value through profit or loss unless: 4.3.5

(a) the embedded derivative(s) do(es) not significantly modify the cash flows that otherwise would be required by the contract; or

(b) it is clear with little or no analysis when a similar hybrid instrument is first considered that separation of the embedded derivative(s) is prohibited, such as a prepayment option embedded in a loan that permits the holder to prepay the loan for approximately its amortised cost.

If an entity is required by this Standard to separate an embedded derivative from its host, but is unable to measure the embedded derivative separately either at acquisition or at the end of a subsequent financial reporting period, it shall designate the entire hybrid contract as at fair value through profit or loss. 4.3.6

4.3.7 Wenn es einem Unternehmen nicht möglich ist, anhand der Bedingungen eines eingebetteten Derivats verlässlich dessen beizulegenden Zeitwert zu ermitteln, dann entspricht dieser der Differenz zwischen dem beizulegenden Zeitwert des hybriden Vertrags und dem beizulegenden Zeitwert des Basisvertrags. Wenn das Unternehmen den beizulegenden Zeitwert des eingebetteten Derivats nach dieser Methode nicht ermitteln kann, findet Paragraph 4.3.6 Anwendung, und der hybride Vertrag wird als erfolgswirksam zum beizulegenden Zeitwert bewertet designiert.

4.4 Neueinstufung

4.4.1 **Nur wenn ein Unternehmen sein Geschäftsmodell zur Steuerung finanzieller Vermögenswerte ändert, hat es eine Neueinstufung aller betroffenen finanziellen Vermögenswerte gemäß den Paragraphen 4.1.1–4.1.4 vorzunehmen. Zusätzliche Leitlinien zur Neueinstufung finanzieller Vermögenswerte sind in den Paragraphen 5.6.1–5.6.7, B4.4.1–B4.4.3 und B5.6.1–B5.6.2 enthalten.**

4.4.2 **Ein Unternehmen darf eine finanzielle Verbindlichkeit nicht neu einstufen.**

4.4.3 Bei den folgenden veränderten Umständen handelt es sich nicht um Neueinstufungen für die Zwecke der Paragraphen 4.4.1 und 4.4.2:
(a) ein Geschäft, das zuvor ein designiertes und wirksames Sicherungsinstrument bei einer Absicherung von Zahlungsströmen oder einem Nettoinvestitionssicherungsgeschäft war, kommt hierfür nicht mehr infrage,
(b) ein Geschäft wird ein designiertes und wirksames Sicherungsinstrument bei einer Absicherung von Zahlungsströmen oder einem Nettoinvestitionssicherungsgeschäft und
(c) Bewertungsänderungen gemäß Abschnitt 6.7.

KAPITEL 5 BEWERTUNG

5.1 Bewertung beim erstmaligen Ansatz

5.1.1 **Mit Ausnahme der unter Paragraph 5.1.3 fallenden Forderungen aus Lieferungen und Leistungen hat ein Unternehmen einen finanziellen Vermögenswert oder eine finanzielle Verbindlichkeit beim erstmaligen Ansatz zum beizulegenden Zeitwert zu bewerten sowie bei finanziellen Vermögenswerten oder finanziellen Verbindlichkeiten, die nicht erfolgswirksam zum beizulegenden Zeitwert bewertet werden, zuzüglich oder abzüglich von *Transaktionskosten,* die dem Erwerb oder der Ausgabe des finanziellen Vermögenswerts bzw. der finanziellen Verbindlichkeit einzeln zugeordnet werden können.**

5.1.1A **Weicht der beizulegende Zeitwert des finanziellen Vermögenswerts oder der finanziellen Verbindlichkeit jedoch beim erstmaligen Ansatz vom Transaktionspreis ab, hat ein Unternehmen Paragraph B5.1.2A anzuwenden.**

5.1.2 Bilanziert ein Unternehmen einen Vermögenswert, der in den folgenden Perioden zu fortgeführten Anschaffungskosten bewertet wird, zum Erfüllungstag, wird dieser am Handelstag erstmalig zu seinem beizulegenden Zeitwert erfasst (siehe Paragraphen B3.1.3–B3.1.6).

5.1.3 Ungeachtet der Vorschrift in Paragraph 5.1.1 hat ein Unternehmen Forderungen aus Lieferungen und Leistungen beim erstmaligen Ansatz zu dem durch Anwendung von IFRS 15 bestimmten Betrag zu bewerten, wenn diese keine signifikante Finanzierungskomponente gemäß IFRS 15 enthalten (oder das Unternehmen den praktischen Behelf in Paragraph 63 von IRFS 15 nutzt).

5.2 Folgebewertung finanzieller Vermögenswerte

5.2.1 **Nach dem erstmaligen Ansatz hat ein Unternehmen einen finanziellen Vermögenswert gemäß den Paragraphen 4.1.1–4.1.5 wie folgt zu bewerten:**
(a) zu fortgeführten Anschaffungskosten
(b) zum beizulegenden Zeitwert erfolgsneutral im sonstigen Ergebnis oder
(c) erfolgswirksam zum beizulegenden Zeitwert.

5.2.2 **Auf einen finanziellen Vermögenswert, der gemäß Paragraph 4.1.2 zu fortgeführten Anschaffungskosten bzw. gemäß Paragraph 4.1.2A zum beizulegenden Zeitwert erfolgsneutral im sonstigen Ergebnis bewertet wird, hat ein Unternehmen die Wertminderungsvorschriften von Abschnitt 5.5 anzuwenden.**

5.2.3 **Auf einen finanziellen Vermögenswert, der als Grundgeschäft designiert ist, hat ein Unternehmen die Vorschriften zur Bilanzierung von Sicherungsbeziehungen in den Paragraphen 6.5.8–6.5.14 anzuwenden (sowie gegebenenfalls die Paragraphen 89–94 von IAS 39 *Finanzinstrumente: Ansatz und Bewertung*, wenn es bei der Absicherung eines Portfolios gegen das Zinsänderungsrisiko die Absicherung des beizulegenden Zeitwerts bilanziert).**[1]

1 Nach Paragraph 7.2.21 kann ein Unternehmen es als seine Rechnungslegungsmethode wählen, anstelle der Vorschriften des Kapitels 6 dieses Standards weiterhin die Vorschriften von IAS 39 zur Bilanzierung von Sicherungsbeziehungen anzuwenden. Hat ein Unternehmen diese Wahl getroffen, sind die in diesem Standard enthaltenen Verweise auf die besonderen Vorschriften zur Bilanzierung von Sicherungsbeziehungen in Kapitel 6 nicht relevant. Das Unternehmen wendet stattdessen die einschlägigen Vorschriften zur Bilanzierung von Sicherungsbeziehungen von IAS 39 an.

If an entity is unable to measure reliably the fair value of an embedded derivative on the basis of its terms and conditions, the fair value of the embedded derivative is the difference between the fair value of the hybrid contract and the fair value of the host. If the entity is unable to measure the fair value of the embedded derivative using this method, paragraph 4.3.6 applies and the hybrid contract is designated as at fair value through profit or loss. 4.3.7

4.4 Reclassification

When, and only when, an entity changes its business model for managing financial assets it shall reclassify all affected financial assets in accordance with paragraphs 4.1.1—4.1.4. See paragraphs 5.6.1—5.6.7, B4.4.1—B4.4.3 and B5.6.1—B5.6.2 for additional guidance on reclassifying financial assets. 4.4.1

An entity shall not reclassify any financial liability. 4.4.2

The following changes in circumstances are not reclassifications for the purposes of paragraphs 4.4.1—4.4.2: 4.4.3

(a) an item that was previously a designated and effective hedging instrument in a cash flow hedge or net investment hedge no longer qualifies as such;
(b) an item becomes a designated and effective hedging instrument in a cash flow hedge or net investment hedge; and
(c) changes in measurement in accordance with Section 6.7.

CHAPTER 5 MEASUREMENT

5.1 Initial Measurement

Except for trade receivables within the scope of paragraph 5.1.3, at initial recognition, an entity shall measure a financial asset or financial liability at its fair value plus or minus, in the case of a financial asset or financial liability not at fair value through profit or loss, transaction costs that are directly attributable to the acquisition or issue of the financial asset or financial liability. 5.1.1

However, if the fair value of the financial asset or financial liability at initial recognition differs from the transaction price, an entity shall apply paragraph B5.1.2A. 5.1.1A

When an entity uses settlement date accounting for an asset that is subsequently measured at amortised cost, the asset is recognised initially at its fair value on the trade date (see paragraphs B3.1.3—B3.1.6). 5.1.2

Despite the requirement in paragraph 5.1.1, at initial recognition, an entity shall measure trade receivables at the amount determined by applying IFRS 15 if the trade receivables do not contain a significant financing component in accordance with IFRS 15 (or when the entity applies the practical expedient in accordance with paragraph 63 of IFRS 15). 5.1.3

5.2 Subsequent Measurement of Financial Assets

After initial recognition, an entity shall measure a financial asset in accordance with paragraphs 4.1.1—4.1.5 at: 5.2.1

(a) amortised cost;
(b) fair value through other comprehensive income; or
(c) fair value through profit or loss.

An entity shall apply the impairment requirements in Section 5.5 to financial assets that are measured at amortised cost in accordance with paragraph 4.1.2 and to financial assets that are measured at fair value through other comprehensive income in accordance with paragraph 4.1.2A. 5.2.2

An entity shall apply the hedge accounting requirements in paragraphs 6.5.8—6.5.14 (and, if applicable, paragraphs 89—94 of IAS 39 for the fair value hedge accounting for a portfolio hedge of interest rate risk) to a financial asset that is designated as a hedged item[1]. 5.2.3

1 In accordance with paragraph 7.2.21, an entity may choose as its accounting policy to continue to apply the hedge accounting requirements in IAS 39 instead of the requirements in Chapter 6 of this Standard. If an entity has made this election, the references in this Standard to particular hedge accounting requirements in Chapter 6 are not relevant. Instead the entity applies the relevant hedge accounting requirements in IAS 39.

5.3 Folgebewertung finanzieller Verbindlichkeiten

5.3.1 **Nach dem erstmaligen Ansatz hat ein Unternehmen eine finanzielle Verbindlichkeit gemäß den Paragraphen 4.2.1 und 4.2.2 zu bewerten.**

5.3.2 **Auf eine finanzielle Verbindlichkeit, die als Grundgeschäft designiert ist, hat ein Unternehmen die Vorschriften zur Bilanzierung von Sicherungsbeziehungen in den Paragraphen 6.5.8–6.5.14 anzuwenden (sowie gegebenenfalls die Paragraphen 89–94 von IAS 39, wenn es bei der Absicherung eines Portfolios gegen das Zinsänderungsrisiko die Absicherung des beizulegenden Zeitwerts bilanziert).**

5.4 Bewertung zu fortgeführten Anschaffungskosten

Finanzielle Vermögenswerte

Effektivzinsmethode

5.4.1 **Zinserträge sind nach der *Effektivzinsmethode* zu berechnen (siehe Anhang A und die Paragraphen B5.4.1–B5.4.7). Bei der Berechnung wird der *Effektivzinssatz* auf den *Bruttobuchwert eines finanziellen Vermögenswerts* angewandt. Davon ausgenommen sind:**

(a) ***finanzielle Vermögenswerte mit bereits bei Erwerb oder Ausreichung beeinträchtigter Bonität*. Bei diesen finanziellen Vermögenswerten hat das Unternehmen ab dem erstmaligen Ansatz den *bonitätsangepassten Effektivzinssatz* auf die *fortgeführten Anschaffungskosten des finanziellen Vermögenswerts* anzuwenden.**

(b) **finanzielle Vermögenswerte, deren Bonität bei Erwerb oder Ausreichung noch nicht beeinträchtigt war, es aber mittlerweile ist. Bei diesen finanziellen Vermögenswerten hat das Unternehmen in den Folgeperioden den Effektivzinssatz auf die fortgeführten Anschaffungskosten des finanziellen Vermögenswerts anzuwenden.**

5.4.2 Ein Unternehmen, das in einer Berichtsperiode Zinserträge durch Anwendung der Effektivzinsmethode auf die fortgeführten Anschaffungskosten eines finanziellen Vermögenswerts gemäß Paragraph 5.4.1 (b) berechnet, hat in den Folgeperioden die Zinserträge durch Anwendung der Effektivzinsmethode auf den Bruttobuchwert zu berechnen, falls das Ausfallrisiko bei dem Finanzinstrument abnimmt, sodass die Bonität des finanziellen Vermögenswerts nicht mehr beeinträchtigt ist, und diese Abnahme (wie z. B. eine Verbesserung der Bonität des Kreditnehmers) objektiv auf ein Ereignis nach Anwendung der Vorschriften in Paragraph 5.4.1 (b) zurückzuführen ist.

Änderung vertraglicher Zahlungsströme

5.4.3 Wenn die vertraglichen Zahlungsströme aus einem finanziellen Vermögenswert neu verhandelt oder anderweitig geändert werden und die Neuverhandlung oder Änderung nicht zur Ausbuchung dieses finanziellen Vermögenswerts gemäß dem vorliegenden Standard führt, hat das Unternehmen den Bruttobuchwert des finanziellen Vermögenswerts neu zu berechnen und einen solchen *änderungsbedingten Gewinn oder Verlust* erfolgswirksam zu erfassen. Der Bruttobuchwert des finanziellen Vermögenswerts ist als Barwert der neu verhandelten oder geänderten Zahlungsströme, abgezinst zum ursprünglichen Effektivzinssatz des finanziellen Vermögenswerts (oder zum bonitätsangepassten Effektivzinssatz bei finanziellen Vermögenswerten mit bereits bei Erwerb oder Ausreichung beeinträchtigter Bonität) oder gegebenenfalls zum geänderten Effektivzinssatz, der gemäß Paragraph 6.5.10 ermittelt wird, neu zu berechnen. Angefallene Kosten oder Gebühren führen zu einer Anpassung des Buchwerts des geänderten finanziellen Vermögenswerts und werden über die Restlaufzeit des geänderten finanziellen Vermögenswerts amortisiert.

Abschreibung

5.4.4 **Ein Unternehmen hat den Bruttobuchwert eines finanziellen Vermögenswerts direkt zu verringern, wenn nach angemessener Einschätzung nicht davon auszugehen ist, dass der Vermögenswert ganz oder teilweise realisierbar ist. Eine Abschreibung stellt einen Ausbuchungsvorgang dar (siehe Paragraph B3.2.16 (r)).**

Durch die Reform der Referenzzinssätze bedingte Änderungen bei der Basis für die Ermittlung der vertraglichen Zahlungsströme

5.4.5 Ein Unternehmen hat die Paragraphen 5.4.6–5.4.9 nur dann auf einen finanziellen Vermögenswert oder eine finanzielle Verbindlichkeit anzuwenden, wenn sich die Basis für die Ermittlung der vertraglichen Zahlungsströme aus diesem finanziellen Vermögenswert oder dieser finanziellen Verbindlichkeit infolge der Reform der Referenzzinssätze ändert. In diesem Zusammenhang bezeichnet „Reform der Referenzzinssätze" die marktweite Reform von Referenzzinssätzen wie in Paragraph 6.8.2 beschrieben.

5.4.6 Eine Änderung der Basis für die Ermittlung der vertraglichen Zahlungsströme aus einem finanziellen Vermögenswert oder einer finanziellen Verbindlichkeit kann sich ergeben

5.3 Subsequent Measurement of Financial Liabilities

After initial recognition, an entity shall measure a financial liability in accordance with paragraphs 4.2.1—4.2.2. 5.3.1

An entity shall apply the hedge accounting requirements in paragraphs 6.5.8—6.5.14 (and, if applicable, paragraphs 89—94 of IAS 39 for the fair value hedge accounting for a portfolio hedge of interest rate risk) to a financial liability that is designated as a hedged item. 5.3.2

5.4 Amortised Cost Measurement

Financial assets

Effective interest method

Interest revenue shall be calculated by using the *effective interest method* (see Appendix A and paragraphs B5.4.1—B5.4.7). This shall be calculated by applying the *effective interest rate* to the *gross carrying amount of a financial asset* except for: 5.4.1

(a) *purchased or originated credit-impaired financial assets. For those financial assets,* the entity shall apply the *credit-adjusted effective interest rate* to the *amortised cost of the financial asset* from initial recognition.

(b) financial assets that are not purchased or originated credit-impaired financial assets but subsequently have become *credit-impaired financial assets.* For those financial assets, the entity shall apply the effective interest rate to the amortised cost of the financial asset in subsequent reporting periods.

An entity that, in a reporting period, calculates interest revenue by applying the effective interest method to the amortised cost of a financial asset in accordance with paragraph 5.4.1 (b), shall, in subsequent reporting periods, calculate the interest revenue by applying the effective interest rate to the gross carrying amount if the credit risk on the financial instrument improves so that the financial asset is no longer credit-impaired and the improvement can be related objectively to an event occurring after the requirements in paragraph 5.4.1 (b) were applied (such as an improvement in the borrower's credit rating). 5.4.2

Modification of contractual cash flows

When the contractual cash flows of a financial asset are renegotiated or otherwise modified and the renegotiation or modification does not result in the derecognition of that financial asset in accordance with this Standard, an entity shall recalculate the gross carrying amount of the financial asset and shall recognise a *modification gain or loss* in profit or loss. The gross carrying amount of the financial asset shall be recalculated as the present value of the renegotiated or modified contractual cash flows that are discounted at the financial asset's original effective interest rate (or credit-adjusted effective interest rate for purchased or originated credit-impaired financial assets) or, when applicable, the revised effective interest rate calculated in accordance with paragraph 6.5.10. Any costs or fees incurred adjust the carrying amount of the modified financial asset and are amortised over the remaining term of the modified financial asset. 5.4.3

Write-off

An entity shall directly reduce the gross carrying amount of a financial asset when the entity has no reasonable expectations of recovering a financial asset in its entirety or a portion thereof. A write-off constitutes a derecognition event (see paragraph B3.2.16 (r)). 5.4.4

Changes in the basis for determining the contractual cash flows as a result of interest rate benchmark reform

An entity shall apply paragraphs 5.4.6—5.4.9 to a financial asset or financial liability if, and only if, the basis for determining the contractual cash flows of that financial asset or financial liability changes as a result of interest rate benchmark reform. For this purpose, the term 'interest rate benchmark reform' refers to the market-wide reform of an interest rate benchmark as described in paragraph 6.8.2. 5.4.5

The basis for determining the contractual cash flows of a financial asset or financial liability can change: 5.4.6

(a) aus einer Anpassung der Vertragsbedingungen, die beim erstmaligen Ansatz des Finanzinstruments festgelegt wurden (z. B. wenn die Vertragsbedingungen angepasst werden, um den darin festgelegten Referenzzinssatz durch einen alternativen Referenzzinssatz zu ersetzen),
(b) aus einem Umstand, der beim erstmaligen Ansatz des Finanzinstruments in den Vertragsbedingungen nicht berücksichtigt oder in Betracht gezogen wurde, aber keine Änderung der Vertragsbedingungen nach sich zieht (z. B. wenn die Methode zur Berechnung des Referenzzinssatzes geändert wird, ohne dass die Vertragsbedingungen angepasst werden), und/oder
(c) aus der Aktivierung einer bestehenden Vertragsbedingung (z. B. wenn eine bestehende Fallback-Klausel ausgelöst wird).

5.4.7 Behelfsweise hat ein Unternehmen Paragraph B5.4.5 anzuwenden, um eine infolge der Reform der Referenzzinssätze erforderliche Änderung der Basis für die Ermittlung der vertraglichen Zahlungsströme aus einem finanziellen Vermögenswert oder einer finanziellen Verbindlichkeit zu bilanzieren. Dieser praktische Behelf gilt nur für infolge der Reform der Referenzzinssätze erforderliche Änderungen und nur in dem Umfang, in dem die jeweilige Änderung aufgrund der Reform der Referenzzinssätze erforderlich ist (siehe auch Paragraph 5.4.9). In diesem Zusammenhang wird eine Änderung der Basis für die Ermittlung der vertraglichen Zahlungsströme nur dann als infolge der Reform der Referenzzinssätze erforderlich betrachtet, wenn die beiden folgenden Bedingungen erfüllt sind:
(a) die Notwendigkeit der Änderung ergibt sich unmittelbar aus der Reform der Referenzzinssätze und
(b) die neue Basis für die Ermittlung der vertraglichen Zahlungsströme ist mit der vorherigen (d. h. der Änderung unmittelbar vorausgehenden) Basis wirtschaftlich gleichwertig.

5.4.8 Beispiele für Änderungen, die zu einer neuen Basis für die Ermittlung der vertraglichen Zahlungsströme führen, die mit der vorherigen (d. h. der Änderung unmittelbar vorausgehenden) Basis wirtschaftlich gleichwertig ist, sind:
(a) der Austausch eines bestehenden Referenzzinssatzes, der zur Ermittlung der vertraglichen Zahlungsströme aus einem finanziellen Vermögenswert oder einer finanziellen Verbindlichkeit verwendet wird, durch einen alternativen Referenzzinssatz – oder die Umsetzung einer solchen Referenzzinssatzreform durch Änderung der Methode zur Berechnung des Referenzzinssatzes – unter Hinzurechnung eines festen Spreads, der erforderlich ist, um die Basisdifferenz zwischen dem bestehenden Referenzzinssatz und dem alternativen Referenzzinssatz auszugleichen,
(b) Änderungen der Anpassungsfrist, der Anpassungstermine oder der Anzahl der Tage zwischen den Kupon-Zahlungsterminen, um die Reform der Referenzzinssätze umzusetzen, und
(c) die Aufnahme einer Fallback-Bestimmung in die Vertragsbedingungen eines finanziellen Vermögenswerts oder einer finanziellen Verbindlichkeit, um die Umsetzung der unter (a) und (b) beschriebenen Änderungen zu ermöglichen.

5.4.9 Werden an einem finanziellen Vermögenswert oder einer finanziellen Verbindlichkeit neben den infolge der Reform der Referenzzinssätze erforderlichen Änderungen der Basis für die Ermittlung der vertraglichen Zahlungsströme zusätzliche Änderungen vorgenommen, so hat ein Unternehmen zunächst den praktischen Behelf in Paragraph 5.4.7 auf die durch die Reform der Referenzzinssätze erforderlichen Änderungen anzuwenden. Anschließend hat das Unternehmen die anwendbaren Vorschriften dieses Standards auf alle weiteren Änderungen anzuwenden, für die der praktische Behelf nicht gilt. Führt eine weitere Änderung nicht zur Ausbuchung des finanziellen Vermögenswerts oder der finanziellen Verbindlichkeit, so hat das Unternehmen Paragraph 5.4.3 bzw. Paragraph B5.4.6 anzuwenden, um die zusätzliche Änderung zu bilanzieren. Führt die zusätzliche Änderung zur Ausbuchung des finanziellen Vermögenswerts oder der finanziellen Verbindlichkeit, hat das Unternehmen die Ausbuchungsvorschriften anzuwenden.

5.5 Wertminderung

Erfassung erwarteter Kreditverluste

Allgemeine Vorgehensweise

5.5.1 **Ein Unternehmen hat bei einem finanziellen Vermögenswert, der gemäß Paragraph 4.1.2 oder Paragraph 4.1.2A bewertet wird, einer Forderung aus Leasingverhältnissen, einem *Vertragsvermögenswert* oder einer Kreditzusage sowie einer finanziellen Garantie, für die die Wertminderungsvorschriften gemäß Paragraph 2.1 (g), Paragraph 4.2.1 (c) oder Paragraph 4.2.1 (d) gelten, eine Wertberichtigung für *erwartete Kreditverluste* zu erfassen.**

5.5.2 Ein Unternehmen hat die Wertminderungsvorschriften zur Erfassung und Bewertung einer Wertberichtigung für finanzielle Vermögenswerte, die gemäß Paragraph 4.1.2A zum beizulegenden Zeitwert erfolgsneutral im sonstigen Ergebnis bewertet werden, anzuwenden. Allerdings ist die Wertberichtigung im sonstigen Ergebnis zu erfassen und darf nicht zur Verringerung des Buchwerts des finanziellen Vermögenswerts in der Bilanz führen.

5.5.3 **Vorbehaltlich der Paragraphen 5.5.13–5.5.16 hat ein Unternehmen zu jedem Abschussstichtag die Wertberichtigung für ein Finanzinstrument in Höhe der *über die Laufzeit erwarteten Kreditverluste* zu bemessen, wenn sich das Ausfallrisiko bei diesem Finanzinstrument seit dem erstmaligen Ansatz signifikant erhöht hat.**

5.5.4 Der Zweck der Wertminderungsvorschriften besteht in der Erfassung der über die Laufzeit erwarteten Kreditverluste aus allen Finanzinstrumenten, bei denen sich das Ausfallrisiko – ob individuell oder kollektiv beurteilt – unter Berücksichtigung aller angemessenen und belastbaren Informationen, einschließlich zukunftsorientierter Informationen, signifikant erhöht hat.

(a) by amending the contractual terms specified at the initial recognition of the financial instrument (for example, the contractual terms are amended to replace the referenced interest rate benchmark with an alternative benchmark rate);
(b) in a way that was not considered by—or contemplated in—the contractual terms at the initial recognition of the financial instrument, without amending the contractual terms (for example, the method for calculating the interest rate benchmark is altered without amending the contractual terms); and/or
(c) because of the activation of an existing contractual term (for example, an existing fallback clause is triggered).

As a practical expedient, an entity shall apply paragraph B5.4.5 to account for a change in the basis for determining the contractual cash flows of a financial asset or financial liability that is required by interest rate benchmark reform. This practical expedient applies only to such changes and only to the extent the change is required by interest rate benchmark reform (see also paragraph 5.4.9). For this purpose, a change in the basis for determining the contractual cash flows is required by interest rate benchmark reform if, and only if, both these conditions are met: 5.4.7
(a) the change is necessary as a direct consequence of interest rate benchmark reform; and
(b) the new basis for determining the contractual cash flows is economically equivalent to the previous basis (i.e. the basis immediately preceding the change).

Examples of changes that give rise to a new basis for determining the contractual cash flows that is economically equivalent to the previous basis (i.e. the basis immediately preceding the change) are: 5.4.8
(a) the replacement of an existing interest rate benchmark used to determine the contractual cash flows of a financial asset or financial liability with an alternative benchmark rate—or the implementation of such a reform of an interest rate benchmark by altering the method used to calculate the interest rate benchmark—with the addition of a fixed spread necessary to compensate for the basis difference between the existing interest rate benchmark and the alternative benchmark rate;
(b) changes to the reset period, reset dates or the number of days between coupon payment dates in order to implement the reform of an interest rate benchmark; and
(c) the addition of a fallback provision to the contractual terms of a financial asset or financial liability to enable any change described in (a) and (b) above to be implemented.

If changes are made to a financial asset or financial liability in addition to changes to the basis for determining the contractual cash flows required by interest rate benchmark reform, an entity shall first apply the practical expedient in paragraph 5.4.7 to the changes required by interest rate benchmark reform. The entity shall then apply the applicable requirements in this Standard to any additional changes to which the practical expedient does not apply. If the additional change does not result in the derecognition of the financial asset or financial liability, the entity shall apply paragraph 5.4.3 or paragraph B5.4.6, as applicable, to account for that additional change. If the additional change results in the derecognition of the financial asset or financial liability, the entity shall apply the derecognition requirements. 5.4.9

5.5 Impairment

Recognition of expected credit losses

General approach

An entity shall recognise a *loss allowance for expected credit losses* on a financial asset that is measured in accordance with paragraphs 4.1.2 or 4.1.2A, a lease receivable, a contract asset or a loan commitment and a financial guarantee contract to which the impairment requirements apply in accordance with paragraphs 2.1 (g), 4.2.1 (c) or 4.2.1 (d). 5.5.1

An entity shall apply the impairment requirements for the recognition and measurement of a loss allowance for financial assets that are measured at fair value through other comprehensive income in accordance with paragraph 4.1.2A. However, the loss allowance shall be recognised in other comprehensive income and shall not reduce the carrying amount of the financial asset in the statement of financial position. 5.5.2

Subject to paragraphs 5.5.13—5.5.16, at each reporting date, an entity shall measure the loss allowance for a financial instrument at an amount equal to the *lifetime expected credit losses* if the credit risk on that financial instrument has increased significantly since initial recognition. 5.5.3

The objective of the impairment requirements is to recognise lifetime expected credit losses for all financial instruments for which there have been significant increases in credit risk since initial recognition — whether assessed on an individual or collective basis — considering all reasonable and supportable information, including that which is forward-looking. 5.5.4

5.5.5 Wenn sich vorbehaltlich der Paragraphen 5.5.13–5.5.16 bei einem Finanzinstrument das Ausfallrisiko zum Abschlussstichtag seit dem erstmaligen Ansatz nicht signifikant erhöht hat, hat ein Unternehmen die Wertberichtigung für dieses Finanzinstrument in Höhe des erwarteten *12-Monats-Kreditverlusts* zu bemessen.

5.5.6 Zwecks Anwendung der Wertminderungsvorschriften gilt bei Kreditzusagen und finanziellen Garantien der Zeitpunkt, zu dem das Unternehmen Partei der unwiderruflichen Zusage wird, als Zeitpunkt des erstmaligen Ansatzes.

5.5.7 Wenn ein Unternehmen die Wertberichtigung für ein Finanzinstrument in der vorangegangenen Berichtsperiode mit den über die Laufzeit erwarteten Kreditverlusten bemessen hat, jedoch zum aktuellen Abschlussstichtag feststellt, dass Paragraph 5.5.3 nicht mehr zutrifft, so hat es die Wertberichtigung zu diesem Abschlussstichtag in Höhe des erwarteten 12-Monats-Kreditverlusts zu bemessen.

5.5.8 Ein Unternehmen hat die erwarteten Kreditverluste (oder die erwartete Wertaufholung), die zur Anpassung der Wertberichtigung zum Abschlussstichtag an den gemäß diesem Standard zu erfassenden Betrag erforderlich sind (ist), als *Wertminderungsaufwand oder -ertrag* erfolgswirksam zu erfassen.

Bestimmung, ob eine signifikante Erhöhung des Ausfallrisikos vorliegt

5.5.9 Ein Unternehmen hat zu jedem Abschlussstichtag zu beurteilen, ob sich das Ausfallrisiko bei einem Finanzinstrument seit dem erstmaligen Ansatz signifikant erhöht hat. Dabei hat das Unternehmen anstelle der Veränderung der Höhe der erwarteten Kreditverluste die Veränderung des Risikos, dass über die erwartete Laufzeit des Finanzinstruments ein Kreditausfall eintritt, zugrunde zu legen. Im Zuge dieser Beurteilung hat ein Unternehmen das Risiko eines Kreditausfalls bei dem Finanzinstrument zum Abschlussstichtag mit dem Risiko eines Kreditausfalls bei dem Finanzinstrument zum Zeitpunkt des erstmaligen Ansatzes zu vergleichen und angemessene und belastbare Informationen, die ohne unangemessenen Kosten- oder Zeitaufwand verfügbar sind und auf eine signifikante Erhöhung des Ausfallrisikos hindeuten, zu berücksichtigen.

5.5.10 Ein Unternehmen kann davon ausgehen, dass sich das Ausfallrisiko bei einem Finanzinstrument seit dem erstmaligen Ansatz nicht signifikant erhöht hat, wenn ermittelt wird, dass bei dem betreffenden Finanzinstrument zum Abschlussstichtag ein niedriges Ausfallrisiko besteht (siehe Paragraphen B5.5.22–B5.5.24).

5.5.11 Wenn angemessene und belastbare zukunftsorientierte Informationen ohne unangemessenen Kosten- oder Zeitaufwand verfügbar sind, darf sich ein Unternehmen bei der Bestimmung, ob sich das Ausfallrisiko seit dem erstmaligen Ansatz signifikant erhöht hat, nicht ausschließlich auf Informationen zur *Überfälligkeit* stützen. Wenn Informationen, die stärker zukunftsorientiert sind als die Informationen zur Überfälligkeit (entweder auf individueller oder kollektiver Basis) nur mit unangemessenem Kosten- oder Zeitaufwand verfügbar sind, kann ein Unternehmen anhand der Informationen zur Überfälligkeit bestimmen, ob sich das Ausfallrisiko seit dem erstmaligen Ansatz signifikant erhöht hat. Unabhängig davon, in welcher Art und Weise ein Unternehmen die Signifikanz von Erhöhungen des Ausfallrisikos beurteilt, besteht die widerlegbare Vermutung, dass sich das Ausfallrisiko bei einem finanziellen Vermögenswert seit dem erstmaligen Ansatz signifikant erhöht hat, wenn die vertraglichen Zahlungen mehr als 30 Tage überfällig sind. Ein Unternehmen kann diese Vermutung widerlegen, wenn ihm angemessene und belastbare, ohne unangemessenen Kosten- oder Zeitaufwand verfügbare Informationen vorliegen, die belegen, dass sich das Ausfallrisiko seit dem erstmaligen Ansatz nicht signifikant erhöht hat, auch wenn die vertraglichen Zahlungen mehr als 30 Tage überfällig sind. Stellt ein Unternehmen – bevor die vertraglichen Zahlungen mehr als 30 Tage überfällig sind – fest, dass sich das Ausfallrisiko signifikant erhöht hat, gilt die widerlegbare Vermutung nicht.

Geänderte finanzielle Vermögenswerte

5.5.12 Wenn die vertraglichen Zahlungsströme aus einem finanziellen Vermögenswert neu verhandelt oder anderweitig geändert wurden und dieser finanzielle Vermögenswert nicht ausgebucht wurde, hat ein Unternehmen nach Paragraph 5.5.3 zu beurteilen, ob sich das Ausfallrisiko bei dem Finanzinstrument signifikant erhöht hat, indem es folgende Risiken miteinander vergleicht:

(a) das Risiko eines Kreditausfalls zum Abschlussstichtag (basierend auf den geänderten Vertragsbedingungen) und

(b) das Risiko eines Kreditausfalls beim erstmaligen Ansatz (basierend auf den ursprünglichen, unveränderten Vertragsbedingungen).

Finanzielle Vermögenswerte mit bereits bei Erwerb oder Ausreichung beeinträchtigter Bonität

5.5.13 Ungeachtet der Paragraphen 5.5.3 und 5.5.5 hat ein Unternehmen für finanzielle Vermögenswerte mit bereits bei Erwerb oder Ausreichung beeinträchtigter Bonität zum Abschlussstichtag nur die kumulierten Änderungen bei den seit erstmaligem Ansatz über die Laufzeit erwarteten Kreditverlusten als Wertberichtigung zu erfassen.

5.5.14 Ein Unternehmen hat zu jedem Abschlussstichtag die Höhe der Änderung der über die Laufzeit erwarteten Kreditverluste als Wertminderungsaufwand oder -ertrag erfolgswirksam zu erfassen. Günstige Änderungen bei den über die Laufzeit erwarteten Kreditverlusten sind selbst dann als Wertminderungsertrag zu erfassen, wenn die über die Laufzeit erwarteten Kreditverluste geringer sind als die, die beim erstmaligen Ansatz in den geschätzten Zahlungsströmen enthalten waren.

Subject to paragraphs 5.5.13—5.5.16, if, at the reporting date, the credit risk on a financial instrument has not increased significantly since initial recognition, an entity shall measure the loss allowance for that financial instrument at an amount equal to *12-month expected credit losses.* 5.5.5

For loan commitments and financial guarantee contracts, the date that the entity becomes a party to the irrevocable commitment shall be considered to be the date of initial recognition for the purposes of applying the impairment requirements. 5.5.6

If an entity has measured the loss allowance for a financial instrument at an amount equal to lifetime expected credit losses in the previous reporting period, but determines at the current reporting date that paragraph 5.5.3 is no longer met, the entity shall measure the loss allowance at an amount equal to 12-month expected credit losses at the current reporting date. 5.5.7

An entity shall recognise in profit or loss, as an impairment gain or loss, the amount of expected credit losses (or reversal) that is required to adjust the loss allowance at the reporting date to the amount that is required to be recognised in accordance with this Standard. 5.5.8

Determining significant increases in credit risk

At each reporting date, an entity shall assess whether the credit risk on a financial instrument has increased significantly since initial recognition. When making the assessment, an entity shall use the change in the risk of a default occurring over the expected life of the financial instrument instead of the change in the amount of expected credit losses. To make that assessment, an entity shall compare the risk of a default occurring on the financial instrument as at the reporting date with the risk of a default occurring on the financial instrument as at the date of initial recognition and consider reasonable and supportable information, that is available without undue cost or effort, that is indicative of significant increases in credit risk since initial recognition. 5.5.9

An entity may assume that the credit risk on a financial instrument has not increased significantly since initial recognition if the financial instrument is determined to have low credit risk at the reporting date (see paragraphs B5.5.22—B5.5.24). 5.5.10

If reasonable and supportable forward-looking information is available without undue cost or effort, an entity cannot rely solely on past due information when determining whether credit risk has increased significantly since initial recognition. However, when information that is more forward-looking than past due status (either on an individual or a collective basis) is not available without undue cost or effort, an entity may use past due information to determine whether there have been significant increases in credit risk since initial recognition. Regardless of the way in which an entity assesses significant increases in credit risk, there is a rebuttable presumption that the credit risk on a financial asset has increased significantly since initial recognition when contractual payments are more than 30 days past due. An entity can rebut this presumption if the entity has reasonable and supportable information that is available without undue cost or effort, that demonstrates that the credit risk has not increased significantly since initial recognition even though the contractual payments are more than 30 days past due. When an entity determines that there have been significant increases in credit risk before contractual payments are more than 30 days past due, the rebuttable presumption does not apply. 5.5.11

Modified financial assets

If the contractual cash flows on a financial asset have been renegotiated or modified and the financial asset was not derecognised, an entity shall assess whether there has been a significant increase in the credit risk of the financial instrument in accordance with paragraph 5.5.3 by comparing: 5.5.12

(a) the risk of a default occurring at the reporting date (based on the modified contractual terms); and
(b) the risk of a default occurring at initial recognition (based on the original, unmodified contractual terms).

Purchased or originated credit-impaired financial assets

Despite paragraphs 5.5.3 and 5.5.5, at the reporting date, an entity shall only recognise the cumulative changes in lifetime expected credit losses since initial recognition as a loss allowance for purchased or originated credit-impaired financial assets. 5.5.13

At each reporting date, an entity shall recognise in profit or loss the amount of the change in lifetime expected credit losses as an impairment gain or loss. An entity shall recognise favourable changes in lifetime expected credit losses as an impairment gain, even if the lifetime expected credit losses are less than the amount of expected credit losses that were included in the estimated cash flows on initial recognition. 5.5.14

Vereinfachte Vorgehensweise bei Forderungen aus Lieferungen und Leistungen, Vertragsvermögenswerten und Forderungen aus Leasingverhältnissen

5.5.15 **Ungeachtet der Paragraphen 5.5.3 und 5.5.5 hat ein Unternehmen bei den nachstehend genannten Posten die Wertberichtigung stets in Höhe der über die Laufzeit erwarteten Kreditverluste zu bemessen:**

(a) **Forderungen aus Lieferungen und Leistungen oder Vertragsvermögenswerte aus Transaktionen, die unter IFRS 15 fallen und die**

  (i) **keine signifikante Finanzierungskomponente gemäß IFRS 15 enthalten (bzw. gemäß Paragraph 63 von IFRS 15, wenn das Unternehmen die vereinfachte Methode bei Verträgen mit einer Laufzeit von maximal einem Jahr anwendet), oder**

  (ii) **eine signifikante Finanzierungskomponente gemäß IFRS 15 enthalten, wenn das Unternehmen als seine Rechnungslegungsmethode das Verfahren gewählt hat, die Wertberichtigung mit den über die Laufzeit erwarteten Kreditverlusten zu bemessen. Diese Rechnungslegungsmethode ist auf alle derartigen Forderungen aus Lieferungen und Leistungen und auf Vertragsvermögenswerte anzuwenden, kann aber auf Forderungen aus Lieferungen und Leistungen und auf Vertragsvermögenswerte getrennt angewandt werden.**

(b) **Forderungen aus Leasingverhältnissen, die aus unter IFRS 16 fallenden Transaktionen resultieren, wenn das Unternehmen als seine Rechnungslegungsmethode das Verfahren gewählt hat, die Wertberichtigung mit den über die Laufzeit erwarteten Kreditverlusten zu bemessen. Diese Rechnungslegungsmethode ist auf alle Forderungen aus Leasingverhältnissen anzuwenden, kann aber auf Forderungen aus Finanzierungsleasing und aus Operating-Leasingverhältnissen getrennt angewandt werden.**

5.5.16 Ein Unternehmen kann seine Rechnungslegungsmethode für Forderungen aus Lieferungen und Leistungen, Forderungen aus Leasingverhältnissen und Vertragsvermögenswerte jeweils unabhängig voneinander wählen.

Bewertung erwarteter Kreditverluste

5.5.17 **Ein Unternehmen hat die erwarteten Kreditverluste aus einem Finanzinstrument so zu bewerten, dass Folgendem Rechnung getragen wird:**

(a) **einem unverzerrten und wahrscheinlichkeitsgewichteten Betrag, der durch Auswertung einer Reihe verschiedener möglicher Ergebnisse ermittelt wird,**

(b) **dem Zeitwert des Geldes und**

(c) **angemessenen und belastbaren Informationen, die zum Abschlussstichtag ohne unangemessenen Kosten- oder Zeitaufwand über vergangene Ereignisse, gegenwärtige Bedingungen und Prognosen künftiger wirtschaftlicher Bedingungen verfügbar sind.**

5.5.18 Bei der Bewertung der erwarteten Kreditverluste muss ein Unternehmen nicht unbedingt alle möglichen Szenarien ermitteln. Doch hat es das Risiko oder die Wahrscheinlichkeit eines Kreditverlusts in Betracht zu ziehen, indem es sowohl die Möglichkeit des Eintretens als auch die Möglichkeit des Nichteintretens berücksichtigt, selbst wenn die Möglichkeit eines Kreditverlusts äußerst gering ist.

5.5.19 Der bei der Bewertung der erwarteten Kreditverluste maximal zu berücksichtigende Zeitraum entspricht der maximalen Vertragslaufzeit (einschließlich Verlängerungsoptionen), während der das Unternehmen dem Ausfallrisiko ausgesetzt ist, jedoch keinesfalls einem längeren Zeitraum, auch wenn ein solcher mit den Geschäftspraktiken in Einklang steht.

5.5.20 Allerdings beinhalten manche Finanzinstrumente sowohl einen Kredit als auch eine nicht in Anspruch genommene Kreditzusagekomponente, wobei die vertraglich vorgesehene Möglichkeit für das Unternehmen, eine Rückzahlung zu fordern und die nicht in Anspruch genommene Kreditzusage zu widerrufen, die Exposition des Unternehmens gegenüber Kreditverlusten nicht auf die vertragliche Kündigungsfrist begrenzt. Für solche und nur solche Finanzinstrumente hat das Unternehmen die erwarteten Kreditverluste über den Zeitraum zu bewerten, in dem es dem Ausfallrisiko ausgesetzt ist und die erwarteten Kreditverluste selbst dann nicht durch kreditbezogene Risikomanagementmaßnahmen gemindert würden, wenn dieser Zeitraum die maximale Vertragslaufzeit überschreitet.

5.6 Neueinstufung Finanzieller Vermögenswerte

5.6.1 **Bei einer Neueinstufung finanzieller Vermögenswerte gemäß Paragraph 4.4.1 hat ein Unternehmen die Neueinstufung prospektiv ab dem *Zeitpunkt der Neueinstufung* vorzunehmen. Vorher erfasste Gewinne, Verluste (einschließlich Wertminderungsaufwendungen oder -erträgen) oder Zinsen dürfen nicht angepasst werden. Die Vorschriften für Neueinstufungen sind in den Paragraphen 5.6.2–5.6.7 festgelegt.**

5.6.2 **Wenn ein Unternehmen einen finanziellen Vermögenswert neu einstuft und ihn zu diesem Zweck aus der Kategorie der Bewertung zu fortgeführten Anschaffungskosten in die Kategorie der erfolgswirksamen Bewertung zum beizulegenden Zeitwert umgliedert, wird dessen beizulegender Zeitwert zum Zeitpunkt der Neueinstufung ermittelt. Etwaige Gewinne oder Verluste, die sich aus der Differenz zwischen den früheren fortgeführten Anschaffungskosten des finanziellen Vermögenswerts und dem beizulegenden Zeitwert ergeben, werden erfolgswirksam erfasst.**

5.6.3 **Wenn ein Unternehmen einen finanziellen Vermögenswert neu einstuft und ihn zu diesem Zweck aus der Kategorie der erfolgswirksamen Bewertung zum beizulegenden Zeitwert in die Kategorie der Bewertung zu fortgeführten**

Simplified approach for trade receivables, contract assets and lease receivables

Despite paragraphs 5.5.3 and 5.5.5, an entity shall always measure the loss allowance at an amount equal to lifetime expected credit losses for: 5.5.15

(a) trade receivables or contract assets that result from transactions that are within the scope of IFRS 15, and that:

(i) do not contain a significant financing component (or when the entity applies the practical expedient for contracts that are one year or less) in accordance with IFRS 15; or

(ii) contain a significant financing component in accordance with IFRS 15, if the entity chooses as its accounting policy to measure the loss allowance at an amount equal to lifetime expected credit losses. That accounting policy shall be applied to all such trade receivables or contract assets but may be applied separately to trade receivables and contract assets.

(b) lease receivables that result from transactions that are within the scope of IFRS 16, if the entity chooses as its accounting policy to measure the loss allowance at an amount equal to lifetime expected credit losses. That accounting policy shall be applied to all lease receivables but may be applied separately to finance and operating lease receivables.

An entity may select its accounting policy for trade receivables, lease receivables and contract assets independently of each other. 5.5.16

Measurement of expected credit losses

An entity shall measure expected credit losses of a financial instrument in a way that reflects: 5.5.17

(a) an unbiased and probability-weighted amount that is determined by evaluating a range of possible outcomes;

(b) the time value of money; and

(c) reasonable and supportable information that is available without undue cost or effort at the reporting date about past events, current conditions and forecasts of future economic conditions.

When measuring expected credit losses, an entity need not necessarily identify every possible scenario. However, it shall consider the risk or probability that a credit loss occurs by reflecting the possibility that a credit loss occurs and the possibility that no credit loss occurs, even if the possibility of a credit loss occurring is very low. 5.5.18

The maximum period to consider when measuring expected credit losses is the maximum contractual period (including extension options) over which the entity is exposed to credit risk and not a longer period, even if that longer period is consistent with business practice. 5.5.19

However, some financial instruments include both a loan and an undrawn commitment component and the entity's contractual ability to demand repayment and cancel the undrawn commitment does not limit the entity's exposure to credit losses to the contractual notice period. For such financial instruments, and only those financial instruments, the entity shall measure expected credit losses over the period that the entity is exposed to credit risk and expected credit losses would not be mitigated by credit risk management actions, even if that period extends beyond the maximum contractual period. 5.5.20

5.6 Reclassification of Financial Assets

If an entity reclassifies financial assets in accordance with paragraph 4.4.1, it shall apply the reclassification prospectively from the *reclassification date*. The entity shall not restate any previously recognised gains, losses (including impairment gains or losses) or interest. Paragraphs 5.6.2—5.6.7 set out the requirements for reclassifications. 5.6.1

If an entity reclassifies a financial asset out of the amortised cost measurement category and into the fair value through profit or loss measurement category, its fair value is measured at the reclassification date. Any gain or loss arising from a difference between the previous amortised cost of the financial asset and fair value is recognised in profit or loss. 5.6.2

If an entity reclassifies a financial asset out of the fair value through profit or loss measurement category and into the amortised cost measurement category, its fair value at the reclassification date becomes its new gross carrying 5.6.3

Anschaffungskosten umgliedert, wird dessen beizulegender Zeitwert zum Zeitpunkt der Neueinstufung zum neuen Bruttobuchwert. (Leitlinien zur Bestimmung eines Effektivzinssatzes und einer Wertberichtigung zum Zeitpunkt der Neueinstufung sind in Paragraph B5.6.2 enthalten.)

5.6.4 **Wenn ein Unternehmen einen finanziellen Vermögenswert neu einstuft und ihn zu diesem Zweck aus der Kategorie der Bewertung zu fortgeführten Anschaffungskosten in die Kategorie der erfolgsneutralen Bewertung zum beizulegenden Zeitwert im sonstigen Ergebnis umgliedert, wird dessen beizulegender Zeitwert zum Zeitpunkt der Neueinstufung ermittelt. Etwaige Gewinne oder Verluste, die sich aus der Differenz zwischen den früheren fortgeführten Anschaffungskosten des finanziellen Vermögenswerts und dem beizulegenden Zeitwert ergeben, werden im sonstigen Ergebnis erfasst. Der Effektivzinssatz und die Bewertung der erwarteten Kreditverluste werden infolge der Neueinstufung nicht angepasst. (Siehe Paragraph B5.6.1.)**

5.6.5 **Wenn ein Unternehmen einen finanziellen Vermögenswert neu einstuft und ihn zu diesem Zweck aus der Kategorie der erfolgsneutralen Bewertung zum beizulegenden Zeitwert im sonstigen Ergebnis in die Kategorie der Bewertung zu fortgeführten Anschaffungskosten umgliedert, erfolgt diese Neueinstufung zum beizulegenden Zeitwert dieses Vermögenswerts zum Zeitpunkt der Neueinstufung. Allerdings wird der zuvor im sonstigen Ergebnis erfasste kumulierte Gewinn oder Verlust aus dem Eigenkapital ausgebucht und gegen den beizulegenden Zeitwert des finanziellen Vermögenswerts zum Zeitpunkt der Neueinstufung angepasst. Infolgedessen wird der finanzielle Vermögenswert zum Zeitpunkt der Neueinstufung bewertet, als wäre er stets zu fortgeführten Anschaffungskosten bewertet worden. Diese Anpassung wirkt sich auf das sonstige Ergebnis, nicht aber auf den Gewinn oder Verlust aus und stellt daher keinen Umgliederungsbetrag dar (siehe IAS 1 *Darstellung des Abschlusses*). Der Effektivzinssatz und die Bewertung der erwarteten Kreditverluste werden infolge der Neueinstufung nicht angepasst. (Siehe Paragraph B5.6.1.)**

5.6.6 **Wenn ein Unternehmen einen finanziellen Vermögenswert neu einstuft und ihn zu diesem Zweck aus der Kategorie der erfolgswirksamen Bewertung zum beizulegenden Zeitwert in die Kategorie der erfolgsneutralen Bewertung zum beizulegenden Zeitwert im sonstigen Ergebnis umgliedert, wird der finanzielle Vermögenswert weiterhin zum beizulegenden Zeitwert bewertet. (Leitlinien zur Bestimmung eines Effektivzinssatzes und einer Wertberichtigung zum Zeitpunkt der Neueinstufung sind in Paragraph B5.6.2 enthalten.)**

5.6.7 **Wenn ein Unternehmen einen finanziellen Vermögenswert neu einstuft und ihn zu diesem Zweck aus der Kategorie der erfolgsneutralen Bewertung zum beizulegenden Zeitwert im sonstigen Ergebnis in die Kategorie der erfolgswirksamen Bewertung zum beizulegenden Zeitwert umgliedert, wird der finanzielle Vermögenswert weiterhin zum beizulegenden Zeitwert bewertet. Der zuvor im sonstigen Ergebnis erfasste kumulierte Gewinn oder Verlust wird zum Zeitpunkt der Neueinstufung als Umgliederungsbetrag (siehe IAS 1) erfolgswirksam umgegliedert.**

5.7 Gewinne und Verluste

5.7.1 **Gewinne oder Verluste aus einem finanziellen Vermögenswert oder einer finanziellen Verbindlichkeit, der/die zum beizulegenden Zeitwert bewertet wird, sind erfolgswirksam zu erfassen, es sei denn,**

- **(a) der finanzielle Vermögenswert oder die finanzielle Verbindlichkeit ist Teil einer Sicherungsbeziehung (siehe Paragraphen 6.5.8–6.5.14 und, falls zutreffend, Paragraphen 89–94 von IAS 39 in Bezug auf die Bilanzierung der Absicherung des beizulegenden Zeitwerts im Falle der Absicherung eines Portfolios gegen das Zinsänderungsrisiko),**
- **(b) es handelt sich um eine Finanzinvestition in ein Eigenkapitalinstrument und das Unternehmen hat die Wahl getroffen, Gewinne und Verluste aus dieser Investition gemäß Paragraph 5.7.5 im sonstigen Ergebnis auszuweisen,**
- **(c) es handelt sich um eine finanzielle Verbindlichkeit, die als erfolgswirksam zum beizulegenden Zeitwert bewertet designiert ist, und das Unternehmen hat die Auswirkungen von Veränderungen beim Ausfallrisiko der Verbindlichkeit gemäß Paragraph 5.7.7 im sonstigen Ergebnis auszuweisen oder**
- **(d) es handelt sich um einen finanziellen Vermögenswert, der gemäß Paragraph 4.1.2A zum beizulegenden Zeitwert erfolgsneutral im sonstigen Ergebnis bewertet wird, und das Unternehmen hat bestimmte Veränderungen beim beizulegenden Zeitwert gemäß Paragraph 5.7.10 im sonstigen Ergebnis zu erfassen.**

5.7.1A *Dividenden* werden nur dann erfolgswirksam erfasst, wenn

- (a) ein Rechtsanspruch des Unternehmens auf Zahlung der Dividende besteht,
- (b) dem Unternehmen der mit der Dividende verbundene wirtschaftliche Nutzen wahrscheinlich zufließen wird, und
- (c) die Höhe der Dividende verlässlich bewertet werden kann.

5.7.2 **Gewinne oder Verluste aus einem finanziellen Vermögenswert, der zu fortgeführten Anschaffungskosten bewertet wird und nicht Teil einer Sicherungsbeziehung ist (siehe Paragraphen 6.5.8–6.5.14 und, falls zutreffend, Paragraphen 89–94 von IAS 39 in Bezug auf die Bilanzierung der Absicherung des beizulegenden Zeitwerts im Falle der Absicherung eines Portfolios gegen das Zinsänderungsrisiko), sind bei Ausbuchung, Wertminderung oder Neueinstufung des finanziellen Vermögenswerts gemäß Paragraph 5.6.2 sowie im Rahmen der Amortisation erfolgswirksam zu erfassen. Ein Unternehmen hat die Paragraphen 5.6.2 und 5.6.4 anzuwenden, wenn es finanzielle Vermögenswerte neu einstuft und zu diesem Zweck aus der Kategorie der Bewertung zu fortgeführten Anschaffungskosten in eine andere Kategorie umgliedert. Gewinne oder Verluste aus einer finanziellen Verbindlichkeit, die zu fortgeführten Anschaffungskosten bewertet wird und nicht Teil einer Sicherungsbeziehung ist (siehe Paragraphen 6.5.8–6.5.14 und, falls zutreffend, Paragraphen 89–94 von IAS 39 in Bezug auf die Bilanzierung der Absicherung des**

amount. (See paragraph B5.6.2 for guidance on determining an effective interest rate and a loss allowance at the reclassification date.)

If an entity reclassifies a financial asset out of the amortised cost measurement category and into the fair value through other comprehensive income measurement category, its fair value is measured at the reclassification date. Any gain or loss arising from a difference between the previous amortised cost of the financial asset and fair value is recognised in other comprehensive income. The effective interest rate and the measurement of expected credit losses are not adjusted as a result of the reclassification. (See paragraph B5.6.1.) 5.6.4

If an entity reclassifies a financial asset out of the fair value through other comprehensive income measurement category and into the amortised cost measurement category, the financial asset is reclassified at its fair value at the reclassification date. However, the cumulative gain or loss previously recognised in other comprehensive income is removed from equity and adjusted against the fair value of the financial asset at the reclassification date. As a result, the financial asset is measured at the reclassification date as if it had always been measured at amortised cost. This adjustment affects other comprehensive income but does not affect profit or loss and therefore is not a reclassification adjustment (see IAS 1 *Presentation of Financial Statements*). The effective interest rate and the measurement of expected credit losses are not adjusted as a result of the reclassification. (See paragraph B5.6.1.) 5.6.5

If an entity reclassifies a financial asset out of the fair value through profit or loss measurement category and into the fair value through other comprehensive income measurement category, the financial asset continues to be measured at fair value. (See paragraph B5.6.2 for guidance on determining an effective interest rate and a loss allowance at the reclassification date.) 5.6.6

If an entity reclassifies a financial asset out of the fair value through other comprehensive income measurement category and into the fair value through profit or loss measurement category, the financial asset continues to be measured at fair value. The cumulative gain or loss previously recognised in other comprehensive income is reclassified from equity to profit or loss as a reclassification adjustment (see IAS 1) at the reclassification date. 5.6.7

5.7 Gains and Losses

A gain or loss on a financial asset or financial liability that is measured at fair value shall be recognised in profit or loss unless: 5.7.1

(a) it is part of a hedging relationship (see paragraphs 6.5.8—6.5.14 and, if applicable, paragraphs 89—94 of IAS 39 for the fair value hedge accounting for a portfolio hedge of interest rate risk);

(b) it is an investment in an equity instrument and the entity has elected to present gains and losses on that investment in other comprehensive income in accordance with paragraph 5.7.5;

(c) it is a financial liability designated as at fair value through profit or loss and the entity is required to present the effects of changes in the liability's *credit risk* in other comprehensive income in accordance with paragraph 5.7.7; or

(d) it is a financial asset measured at fair value through other comprehensive income in accordance with paragraph 4.1.2A and the entity is required to recognise some changes in fair value in other comprehensive income in accordance with paragraph 5.7.10.

Dividends are recognised in profit or loss only when: 5.7.1A

(a) the entity's right to receive payment of the dividend is established;

(b) it is probable that the economic benefits associated with the dividend will flow to the entity; and

(c) the amount of the dividend can be measured reliably.

A gain or loss on a financial asset that is measured at amortised cost and is not part of a hedging relationship (see paragraphs 6.5.8—6.5.14 and, if applicable, paragraphs 89—94 of IAS 39 for the fair value hedge accounting for a portfolio hedge of interest rate risk) shall be recognised in profit or loss when the financial asset is derecognised, reclassified in accordance with paragraph 5.6.2, through the amortisation process or in order to recognise impairment gains or losses. An entity shall apply paragraphs 5.6.2 and 5.6.4 if it reclassifies financial assets out of the amortised cost measurement category. A gain or loss on a financial liability that is measured at amortised cost and is not part of a hedging relationship (see paragraphs 6.5.8—6.5.14 and, if applicable, paragraphs 89— 94 of IAS 39 for the fair value hedge accounting for a portfolio hedge of interest rate risk) shall be recognised in profit or loss when 5.7.2

beizulegenden Zeitwerts im Falle der Absicherung eines Portfolios gegen das Zinsänderungsrisiko), sind bei Ausbuchung der finanziellen Verbindlichkeit sowie im Rahmen der Amortisation erfolgswirksam zu erfassen. (Leitlinien zu Gewinnen und Verlusten aus der Währungsumrechnung sind in Paragraph B5.7.2 enthalten.)

5.7.3 **Gewinne oder Verluste aus finanziellen Vermögenswerten oder Verbindlichkeiten, bei denen es sich um Grundgeschäfte in einer Sicherungsbeziehung handelt, sind gemäß den Paragraphen 6.5.8–6.5.14 und, falls zutreffend, den Paragraphen 89–94 von IAS 39 in Bezug auf die Bilanzierung der Absicherung des beizulegenden Zeitwerts im Falle der Absicherung eines Portfolios gegen das Zinsänderungsrisiko zu erfassen.**

5.7.4 **Bilanziert ein Unternehmen finanzielle Vermögenswerte zum Erfüllungstag (siehe Paragraph 3.1.2 und Paragraphen B3.1.3 und B3.1.6), werden etwaige Veränderungen beim beizulegenden Zeitwert des entgegenzunehmenden Vermögenswerts, die in der Zeit zwischen dem Handelstag und dem Erfüllungstag eintreten, nicht erfasst, wenn der Vermögenswert zu fortgeführten Anschaffungskosten bewertet wird. Bei Vermögenswerten, die zum beizulegenden Zeitwert bewertet werden, wird die Veränderung des beizulegenden Zeitwerts jedoch gemäß Paragraph 5.7.1 entweder erfolgswirksam oder im sonstigen Ergebnis erfasst. Zwecks Anwendung der Wertminderungsvorschriften gilt der Handelstag als Zeitpunkt des erstmaligen Ansatzes.**

Finanzinvestitionen in Eigenkapitalinstrumente

5.7.5 **Ein Unternehmen kann beim erstmaligen Ansatz einer unter den vorliegenden Standard fallenden Finanzinvestition in ein Eigenkapitalinstrument, das weder *zu Handelszwecken gehalten* wird noch eine bedingte Gegenleistung darstellt, die von einem Erwerber im Rahmen eines Unternehmenszusammenschlusses gemäß IFRS 3 angesetzt wird, unwiderruflich die Wahl treffen, bei der Folgebewertung Veränderungen beim beizulegenden Zeitwert im sonstigen Ergebnis auszuweisen. (Leitlinien zu Gewinnen und Verlusten aus der Währungsumrechnung sind in Paragraph B5.7.3 enthalten.)**

5.7.6 Trifft ein Unternehmen die in Paragraph 5.7.5 genannte Wahl, hat es Dividenden aus dieser Finanzinvestition gemäß Paragraph 5.7.1A erfolgswirksam zu erfassen.

Verbindlichkeiten, die als erfolgswirksam zum beizulegenden Zeitwert bewertet designiert wurden

5.7.7 **Gewinne oder Verluste aus einer finanziellen Verbindlichkeit, die gemäß Paragraph 4.2.2 oder Paragraph 4.3.5 als erfolgswirksam zum beizulegenden Zeitwert bewertet designiert wurde, sind vom Unternehmen wie folgt auszuweisen:**

(a) der Betrag der Veränderung des beizulegenden Zeitwerts der finanziellen Verbindlichkeit, der auf Veränderungen beim Ausfallrisiko dieser Verbindlichkeit zurückzuführen ist, ist im sonstigen Ergebnis auszuweisen (siehe Paragraphen B5.7.13–B5.7.20), und

(b) der restliche Betrag der Änderung des beizulegenden Zeitwerts der Verbindlichkeit ist im Gewinn oder Verlust auszuweisen,

es sei denn, durch die unter (a) beschriebene Bilanzierung der Auswirkungen von Veränderungen beim Ausfallrisiko der Verbindlichkeit würde eine Rechnungslegungsanomalie im Gewinn oder Verlust entstehen oder vergrößert (in diesem Fall gilt Paragraph 5.7.8). Leitlinien zur Bestimmung, ob eine Rechnungslegungsanomalie verursacht oder vergrößert würde, sind in den Paragraphen B5.7.5–B5.7.7 und B5.7.10–B5.7.12 enthalten.

5.7.8 **Würde aufgrund der Vorschriften des Paragraphen 5.7.7 eine Rechnungslegungsanomalie im Gewinn oder Verlust entstehen oder vergrößert, hat das Unternehmen alle Gewinne oder Verluste aus der Verbindlichkeit (einschließlich der Auswirkungen von Veränderungen beim Ausfallrisiko dieser Verbindlichkeit) im Gewinn oder Verlust auszuweisen.**

5.7.9 Ungeachtet der Vorschriften der Paragraphen 5.7.7 und 5.7.8 hat ein Unternehmen alle Gewinne und Verluste aus Kreditzusagen und finanziellen Garantien, die als erfolgswirksam zum beizulegenden Zeitwert bewertet designiert sind, im Gewinn oder Verlust auszuweisen.

Vermögenswerte, die zum beizulegenden Zeitwert erfolgsneutral im sonstigen Ergebnis bewertet werden

5.7.10 **Gewinne oder Verluste aus einem finanziellen Vermögenswert, der gemäß Paragraph 4.1.2A zum beizulegenden Zeitwert erfolgsneutral im sonstigen Ergebnis bewertet wird, sind im sonstigen Ergebnis auszuweisen. Hiervon ausgenommen sind Wertminderungsaufwendungen und -erträge (siehe Abschnitt 5.5) und Gewinne und Verluste aus der Währungsumrechnung (siehe Paragraphen B5.7.2–B5.7.2A) bis zur Ausbuchung oder Neueinstufung des finanziellen Vermögenswerts. Bei Ausbuchung des finanziellen Vermögenswerts wird der kumulierte Gewinn oder Verlust, der zuvor im sonstigen Ergebnis ausgewiesen wurde, als Umgliederungsbetrag (siehe IAS 1) erfolgswirksam umgegliedert. Wird der finanzielle Vermögenswert neu eingestuft und zu diesem Zweck aus der Kategorie der erfolgsneutralen Bewertung zum beizulegenden Zeitwert im sonstigen Ergebnis in eine andere Kategorie umgegliedert, hat das Unternehmen den zuvor im sonstigen Ergebnis ausgewiesenen kumulierten Gewinn oder Verlust gemäß den Paragraphen 5.6.5 und 5.6.7 zu bilanzieren. Zinsen, die nach der Effektivzinsmethode berechnet werden, werden erfolgswirksam erfasst.**

the financial liability is derecognised and through the amortisation process. (See paragraph B5.7.2 for guidance on foreign exchange gains or losses.)

A gain or loss on financial assets or financial liabilities that are hedged items in a hedging relationship shall be recognised in accordance with paragraphs 6.5.8—6.5.14 and, if applicable, paragraphs 89—94 of IAS 39 for the fair value hedge accounting for a portfolio hedge of interest rate risk. 5.7.3

If an entity recognises financial assets using settlement date accounting (see paragraphs 3.1.2, B3.1.3 and B3.1.6), any change in the fair value of the asset to be received during the period between the trade date and the settlement date is not recognised for assets measured at amortised cost. For assets measured at fair value, however, the change in fair value shall be recognised in profit or loss or in other comprehensive income, as appropriate in accordance with paragraph 5.7.1. The trade date shall be considered the date of initial recognition for the purposes of applying the impairment requirements. 5.7.4

Investments in equity instruments

At initial recognition, an entity may make an irrevocable election to present in other comprehensive income subsequent changes in the fair value of an investment in an equity instrument within the scope of this Standard that is neither *held for trading* nor contingent consideration recognised by an acquirer in a business combination to which IFRS 3 applies. (See paragraph B5.7.3 for guidance on foreign exchange gains or losses.) 5.7.5

If an entity makes the election in paragraph 5.7.5, it shall recognise in profit or loss dividends from that investment in accordance with paragraph 5.7.1A. 5.7.6

Liabilities designated as at fair value through profit or loss

An entity shall present a gain or loss on a financial liability that is designated as at fair value through profit or loss in accordance with paragraph 4.2.2 or paragraph 4.3.5 as follows: 5.7.7

(a) The amount of change in the fair value of the financial liability that is attributable to changes in the credit risk of that liability shall be presented in other comprehensive income (see paragraphs B5.7.13—B5.7.20), and

(b) the remaining amount of change in the fair value of the liability shall be presented in profit or loss

unless the treatment of the effects of changes in the liability's credit risk described in (a) would create or enlarge an accounting mismatch in profit or loss (in which case paragraph 5.7.8 applies). Paragraphs B5.7.5—B5.7.7 and B5.7.10—B5.7.12 provide guidance on determining whether an accounting mismatch would be created or enlarged.

If the requirements in paragraph 5.7.7 would create or enlarge an accounting mismatch in profit or loss, an entity shall present all gains or losses on that liability (including the effects of changes in the credit risk of that liability) in profit or loss. 5.7.8

Despite the requirements in paragraphs 5.7.7 and 5.7.8, an entity shall present in profit or loss all gains and losses on loan commitments and financial guarantee contracts that are designated as at fair value through profit or loss. 5.7.9

Assets measured at fair value through other comprehensive income

A gain or loss on a financial asset measured at fair value through other comprehensive income in accordance with paragraph 4.1.2A shall be recognised in other comprehensive income, except for impairment gains or losses (see Section 5.5) and foreign exchange gains and losses (see paragraphs B5.7.2—B5.7.2A), until the financial asset is derecognised or reclassified. When the financial asset is derecognised the cumulative gain or loss previously recognised in other comprehensive income is reclassified from equity to profit or loss as a reclassification adjustment (see IAS 1). If the financial asset is reclassified out of the fair value through other comprehensive income measurement category, the entity shall account for the cumulative gain or loss that was previously recognised in other comprehensive income in accordance with paragraphs 5.6.5 and 5.6.7. Interest calculated using the effective interest method is recognised in profit or loss. 5.7.10

5.7.11 Wie in Paragraph 5.7.10 beschrieben, stimmen bei finanziellen Vermögenswerten, die gemäß Paragraph 4.1.2A erfolgsneutral zum beizulegenden Zeitwert im sonstigen Ergebnis bewertet werden, die erfolgswirksam erfassten Beträge mit den Beträgen überein, die erfolgswirksam erfasst worden wären, wenn der finanzielle Vermögenswert zu fortgeführten Anschaffungskosten bewertet worden wäre.

KAPITEL 6 BILANZIERUNG VON SICHERUNGSBEZIEHUNGEN

6.1 Zielsetzung und Anwendungsbereich der Bilanzierung von Sicherungsbeziehungen

6.1.1 Zielsetzung der Bilanzierung von Sicherungsbeziehungen ist es, die Auswirkung der Risikomanagementmaßnahmen eines Unternehmens im Abschluss wiederzugeben, wenn es Finanzinstrumente zur Steuerung bestimmter Risiken einsetzt, die sich auf Gewinn oder Verlust (oder – im Falle von Finanzinvestitionen in Eigenkapitalinstrumente, bei denen das Unternehmen die Wahl getroffen hat, Veränderungen beim beizulegenden Zeitwert gemäß Paragraph 5.7.5 im sonstigen Ergebnis auszuweisen – auf das sonstige Ergebnis) auswirken könnten. Mit dieser Vorgehensweise soll der Kontext von Sicherungsinstrumenten vermittelt werden, bei denen die Bilanzierung von Sicherungsbeziehungen angewandt wird, um einen Einblick in ihren Zweck und ihre Wirkung zu ermöglichen.

6.1.2 Ein Unternehmen kann die Wahl treffen, eine Sicherungsbeziehung zwischen einem Sicherungsinstrument und einem Grundgeschäft gemäß den Paragraphen 6.2.1–6.3.7 und B6.2.1–B6.3.25 zu designieren. Bei Sicherungsbeziehungen, die die maßgeblichen Kriterien erfüllen, hat ein Unternehmen den Gewinn oder Verlust aus dem Sicherungsinstrument und dem Grundgeschäft gemäß den Paragraphen 6.5.1–6.5.14 und B6.5.1–B6.5.28 zu bilanzieren. Wenn es sich bei dem Grundgeschäft um eine Gruppe von Grundgeschäften handelt, hat ein Unternehmen die zusätzlichen Vorschriften der Paragraphen 6.6.1–6.6.6 und B6.6.1–B6.6.16 zu erfüllen.

6.1.3 Bei einer Absicherung des beizulegenden Zeitwerts eines Portfolios von finanziellen Vermögenswerten oder finanziellen Verbindlichkeiten gegen das Zinsänderungsrisiko (und nur bei einer solchen Absicherung) kann ein Unternehmen anstatt der Vorschriften des vorliegenden Standards die Vorschriften zur Bilanzierung von Sicherungsbeziehungen in IAS 39 anwenden. In diesem Fall muss das Unternehmen die spezifischen Vorschriften zur Bilanzierung der Absicherung des beizulegenden Zeitwerts im Falle der Absicherung eines Portfolios gegen das Zinsänderungsrisiko anwenden und einen prozentualen Anteil, der einem Währungsbetrag entspricht, als Grundgeschäft designieren (siehe Paragraphen 81A, 89A und AL114–AL132 von IAS 39).

6.2 Sicherungsinstrumente

Zulässige Instrumente

6.2.1 Ein Derivat, das erfolgswirksam zum beizulegenden Zeitwert bewertet wird, kann als Sicherungsinstrument designiert werden. Hiervon ausgenommen sind einige geschriebene Optionen (siehe Paragraph B6.2.4).

6.2.2 Ein nicht derivativer finanzieller Vermögenswert oder eine nicht derivative finanzielle Verbindlichkeit, der bzw. die erfolgswirksam zum beizulegenden Zeitwert bewertet wird, kann als Sicherungsinstrument designiert werden, es sei denn, es handelt sich um eine Verbindlichkeit, die als erfolgswirksam zum beizulegenden Zeitwert bewertet designiert wurde und bei der der Betrag der Änderung ihres beizulegenden Zeitwerts, die durch Veränderungen beim Ausfallrisiko dieser Verbindlichkeit bedingt ist, gemäß Paragraph 5.7.7 im sonstigen Ergebnis ausgewiesen wird. Für die Absicherung eines Währungsrisikos kann die Währungsrisikokomponente eines nicht derivativen finanziellen Vermögenswerts oder einer nicht derivativen finanziellen Verbindlichkeit als Sicherungsinstrument designiert werden, sofern es sich nicht um eine Finanzinvestition in ein Eigenkapitalinstrument handelt, bei dem das Unternehmen die Wahl getroffen hat, Veränderungen beim beizulegenden Zeitwert gemäß Paragraph 5.7.5 im sonstigen Ergebnis auszuweisen.

6.2.3 Für die Bilanzierung von Sicherungsbeziehungen können als Sicherungsinstrumente nur Verträge mit einer unternehmensexternen Partei (d. h. außerhalb der Unternehmensgruppe oder des einzelnen Unternehmens, über die/das berichtet wird) designiert werden.

Designation von Sicherungsinstrumenten

6.2.4 Ein zulässiges Instrument muss in seiner Gesamtheit als Sicherungsinstrument designiert werden. Die einzigen gestatteten Ausnahmen sind

(a) die Trennung eines Optionskontrakts in inneren Wert und Zeitwert, wobei nur die Änderung des inneren Werts einer Option als Sicherungsinstrument und nicht die Änderung des Zeitwerts designiert wird (siehe Paragraphen 6.5.15 und B6.5.29–B6.5.33),

(b) die Trennung eines Termingeschäfts in Terminelement und Kassaelement, wobei nur die Wertänderung des Kassaelements eines Termingeschäfts und nicht die des Terminelements als Sicherungsinstrument designiert wird; ebenso kann der Währungsbasis-Spread abgetrennt und von der Designation eines Finanzinstruments als Sicherungsinstrument ausgenommen werden (siehe Paragraphen 6.5.16 und B6.5.34–B6.5.39), und

As described in paragraph 5.7.10, if a financial asset is measured at fair value through other comprehensive income in accordance with paragraph 4.1.2A, the amounts that are recognised in profit or loss are the same as the amounts that would have been recognised in profit or loss if the financial asset had been measured at amortised cost. 5.7.11

CHAPTER 6 HEDGE ACCOUNTING

6.1 Objective and Scope of Hedge Accounting

The objective of hedge accounting is to represent, in the financial statements, the effect of an entity's risk management activities that use financial instruments to manage exposures arising from particular risks that could affect profit or loss (or other comprehensive income, in the case of investments in equity instruments for which an entity has elected to present changes in fair value in other comprehensive income in accordance with paragraph 5.7.5). This approach aims to convey the context of hedging instruments for which hedge accounting is applied in order to allow insight into their purpose and effect. **6.1.1**

An entity may choose to designate a hedging relationship between a hedging instrument and a hedged item in accordance with paragraphs 6.2.1—6.3.7 and B6.2.1—B6.3.25. For hedging relationships that meet the qualifying criteria, an entity shall account for the gain or loss on the hedging instrument and the hedged item in accordance with paragraphs 6.5.1—6.5.14 and B6.5.1—B6.5.28. When the hedged item is a group of items, an entity shall comply with the additional requirements in paragraphs 6.6.1—6.6.6 and B6.6.1—B6.6.16. **6.1.2**

For a fair value hedge of the interest rate exposure of a portfolio of financial assets or financial liabilities (and only for such a hedge), an entity may apply the hedge accounting requirements in IAS 39 instead of those in this Standard. In that case, the entity must also apply the specific requirements for the fair value hedge accounting for a portfolio hedge of interest rate risk and designate as the hedged item a portion that is a currency amount (see paragraphs 81A, 89A and AG114—AG132 of IAS 39). **6.1.3**

6.2 Hedging Instruments

Qualifying instruments

A derivative measured at fair value through profit or loss may be designated as a hedging instrument, except for some written options (see paragraph B6.2.4). **6.2.1**

A non-derivative financial asset or a non-derivative financial liability measured at fair value through profit or loss may be designated as a hedging instrument unless it is a financial liability designated as at fair value through profit or loss for which the amount of its change in fair value that is attributable to changes in the credit risk of that liability is presented in other comprehensive income in accordance with paragraph 5.7.7. For a hedge of foreign currency risk, the foreign currency risk component of a non-derivative financial asset or a non-derivative financial liability may be designated as a hedging instrument provided that it is not an investment in an equity instrument for which an entity has elected to present changes in fair value in other comprehensive income in accordance with paragraph 5.7.5. **6.2.2**

For hedge accounting purposes, only contracts with a party external to the reporting entity (i.e. external to the group or individual entity that is being reported on) can be designated as hedging instruments. **6.2.3**

Designation of hedging instruments

A qualifying instrument must be designated in its entirety as a hedging instrument. The only exceptions permitted are: **6.2.4**

(a) separating the intrinsic value and time value of an option contract and designating as the hedging instrument only the change in intrinsic value of an option and not the change in its time value (see paragraphs 6.5.15 and B6.5.29—B6.5.33);

(b) separating the forward element and the spot element of a forward contract and designating as the hedging instrument only the change in the value of the spot element of a forward contract and not the forward element; similarly, the foreign currency basis spread may be separated and excluded from the designation of a financial instrument as the hedging instrument (see paragraphs 6.5.16 and B6.5.34—B6.5.39); and

(c) ein prozentualer Anteil des gesamten Sicherungsinstruments, beispielsweise 50 Prozent des Nominalbetrags, kann als Sicherungsinstrument in einer Sicherungsbeziehung designiert werden. Allerdings kann ein Sicherungsinstrument nicht für einen Teil der Änderung seines beizulegenden Zeitwerts designiert werden, die sich nur aus einem Teil der Restlaufzeit des Sicherungsinstruments ergibt.

6.2.5 Ein Unternehmen kann jede Kombination der folgenden Instrumente in Verbindung miteinander berücksichtigen und gemeinsam als Sicherungsinstrument designieren (was auch für Fälle gilt, in denen das oder die Risiken bei einigen Sicherungsinstrumenten diejenigen bei anderen Sicherungsinstrumenten ausgleichen):
(a) Derivate oder ein prozentualer Anteil derselben und
(b) Nicht derivative Instrumente oder ein prozentualer Anteil derselben.

6.2.6 Doch erfüllt ein derivatives Finanzinstrument, bei dem eine geschriebene Option mit einer erworbenen Option kombiniert wird (z. B. ein Zinscollar), nicht die Anforderungen an ein Sicherungsinstrument, wenn es sich zum Zeitpunkt der Designation netto um eine geschriebene Option handelt (außer wenn sie die Anforderungen gemäß Paragraph B6.2.4 erfüllt). Ebenso können zwei oder mehrere Instrumente (oder prozentuale Anteile davon) nur dann gemeinsam als Sicherungsinstrument designiert werden, wenn sie zum Zeitpunkt der Designation in Kombination netto keine geschriebene Option sind (es sei denn, dieses erfüllt die Anforderungen des Paragraphen B6.2.4).

6.3 Grundgeschäfte

Zulässige Grundgeschäfte

6.3.1 Ein Grundgeschäft kann ein bilanzierter Vermögenswert oder eine bilanzierte Verbindlichkeit, eine bilanzunwirksame *feste Verpflichtung*, eine *erwartete Transaktion* oder eine Nettoinvestition in einen ausländischen Geschäftsbetrieb sein. Das Grundgeschäft kann
(a) ein einzelnes Geschäft oder
(b) eine Gruppe von Geschäften sein (vorbehaltlich der Paragraphen 6.6.1–6.6.6 und B6.6.1–B6.6.16).
Ein Grundgeschäft kann auch Komponente eines solchen Geschäfts oder einer solchen Gruppe von Geschäften sein (siehe Paragraphen 6.3.7 und B6.3.7–B6.3.25).

6.3.2 Das Grundgeschäft muss verlässlich zu bewerten sein.

6.3.3 Handelt es sich bei einem Grundgeschäft um eine erwartete Transaktion (oder eine Komponente derselben), muss diese Transaktion hochwahrscheinlich sein.

6.3.4 Eine aggregierte Risikoposition, bei der es sich um eine Kombination aus einem Risiko, das die Anforderungen an ein Grundgeschäft gemäß Paragraph 6.3.1 erfüllen könnte, und einem Derivat handelt, kann als Grundgeschäft designiert werden (siehe Paragraphen B6.3.3–B6.3.4). Dies schließt eine erwartete Transaktion im Rahmen einer aggregierten Risikoposition (d. h. noch nicht fest zugesagten, aber voraussichtlich eintretenden künftigen Transaktionen, die zu einer Risikoposition und einem Derivat führen würden) ein, wenn diese aggregierte Risikoposition hochwahrscheinlich ist und, sobald sie eingetreten ist und daher nicht mehr erwartet wird, die Anforderungen an ein Grundgeschäft erfüllt.

6.3.5 Für die Zwecke der Bilanzierung von Sicherungsbeziehungen können als Grundgeschäfte nur Vermögenswerte, Verbindlichkeiten, feste Verpflichtungen oder hochwahrscheinliche erwartete Transaktionen, an denen eine unternehmensexterne Partei beteiligt ist, designiert werden. Transaktionen zwischen Unternehmen derselben Unternehmensgruppe können nur in den Einzelabschlüssen dieser Unternehmen, nicht aber im Konzernabschluss der Unternehmensgruppe als Sicherungsgeschäfte bilanziert werden. Davon ausgenommen sind die Konzernabschlüsse einer Investmentgesellschaft im Sinne von IFRS 10. In diesem Fall werden Transaktionen zwischen einer Investmentgesellschaft und ihren Tochterunternehmen, die erfolgswirksam zum beizulegenden Zeitwert bewertet werden, im Konzernabschluss nicht eliminiert.

6.3.6 Allerdings kann das Währungsrisiko eines konzerninternen monetären Postens (z. B. Verbindlichkeiten/Forderungen zwischen zwei Tochterunternehmen) als Ausnahme von Paragraph 6.3.5 die Anforderungen an ein Grundgeschäft im Konzernabschluss erfüllen, wenn dies zu einem Risiko von Gewinnen und Verlusten aus der Währungsumrechnung führt, die bei der Konsolidierung gemäß IAS 21 *Auswirkungen von Wechselkursänderungen* nicht vollkommen eliminiert werden. Gemäß IAS 21 werden Gewinne und Verluste aus der Währungsumrechnung bei konzerninternen monetären Posten bei der Konsolidierung nicht vollkommen eliminiert, wenn der konzerninterne monetäre Posten zwischen zwei Unternehmen des Konzerns mit unterschiedlichen funktionalen Währungen abgewickelt wird. Des Weiteren kann das Währungsrisiko einer hochwahrscheinlichen konzerninternen Transaktion die Anforderungen an ein Grundgeschäft im Konzernabschluss erfüllen, wenn die Transaktion auf eine andere Währung lautet als die funktionale Währung des Unternehmens, das diese Transaktion abschließt, und das Währungsrisiko sich auf den Konzerngewinn oder -verlust auswirkt.

Designation von Grundgeschäften

6.3.7 Ein Unternehmen kann ein Geschäft insgesamt oder eine Geschäftskomponente als Grundgeschäft in einer Sicherungsbeziehung designieren. Ein Geschäft umfasst in seiner Gesamtheit alle Änderungen in den Zahlungsströmen

(c) a proportion of the entire hedging instrument, such as 50 per cent of the nominal amount, may be designated as the hedging instrument in a hedging relationship. However, a hedging instrument may not be designated for a part of its change in fair value that results from only a portion of the time period during which the hedging instrument remains outstanding.

An entity may view in combination, and jointly designate as the hedging instrument, any combination of the following (including those circumstances in which the risk or risks arising from some hedging instruments offset those arising from others): 6.2.5

(a) derivatives or a proportion of them; and
(b) non-derivatives or a proportion of them.

However, a derivative instrument that combines a written option and a purchased option (for example, an interest rate collar) does not qualify as a hedging instrument if it is, in effect, a net written option at the date of designation (unless it qualifies in accordance with paragraph B6.2.4). Similarly, two or more instruments (or proportions of them) may be jointly designated as the hedging instrument only if, in combination, they are not, in effect, a net written option at the date of designation (unless it qualifies in accordance with paragraph B6.2.4). 6.2.6

6.3 Hedged items

Qualifying items

A hedged item can be a recognised asset or liability, an unrecognised *firm commitment*, a *forecast transaction* or a net investment in a foreign operation. The hedged item can be: 6.3.1

(a) a single item; or
(b) a group of items (subject to paragraphs 6.6.1—6.6.6 and B6.6.1—B6.6.16).

A hedged item can also be a component of such an item or group of items (see paragraphs 6.3.7 and B6.3.7—B6.3.25).

The hedged item must be reliably measurable. 6.3.2

If a hedged item is a forecast transaction (or a component thereof), that transaction must be highly probable. 6.3.3

An aggregated exposure that is a combination of an exposure that could qualify as a hedged item in accordance with paragraph 6.3.1 and a derivative may be designated as a hedged item (see paragraphs B6.3.3—B6.3.4). This includes a forecast transaction of an aggregated exposure (i.e. uncommitted but anticipated future transactions that would give rise to an exposure and a derivative) if that aggregated exposure is highly probable and, once it has occurred and is therefore no longer forecast, is eligible as a hedged item. 6.3.4

For hedge accounting purposes, only assets, liabilities, firm commitments or highly probable forecast transactions with a party external to the reporting entity can be designated as hedged items. Hedge accounting can be applied to transactions between entities in the same group only in the individual or separate financial statements of those entities and not in the consolidated financial statements of the group, except for the consolidated financial statements of an investment entity, as defined in IFRS 10, where transactions between an investment entity and its subsidiaries measured at fair value through profit or loss will not be eliminated in the consolidated financial statements. 6.3.5

However, as an exception to paragraph 6.3.5, the foreign currency risk of an intragroup monetary item (for example, a payable/receivable between two subsidiaries) may qualify as a hedged item in the consolidated financial statements if it results in an exposure to foreign exchange rate gains or losses that are not fully eliminated on consolidation in accordance with IAS 21 *The Effects of Changes in Foreign Exchange Rates*. In accordance with IAS 21, foreign exchange rate gains and losses on intragroup monetary items are not fully eliminated on consolidation when the intragroup monetary item is transacted between two group entities that have different functional currencies. In addition, the foreign currency risk of a highly probable forecast intragroup transaction may qualify as a hedged item in consolidated financial statements provided that the transaction is denominated in a currency other than the functional currency of the entity entering into that transaction and the foreign currency risk will affect consolidated profit or loss. 6.3.6

Designation of hedged items

An entity may designate an item in its entirety or a component of an item as the hedged item in a hedging relationship. An entire item comprises all changes in the cash flows or fair value of an item. A component comprises less than the entire 6.3.7

oder im beizulegenden Zeitwert eines Geschäfts. Eine Komponente umfasst nicht die gesamte Veränderung im beizulegenden Zeitwert oder die gesamten Schwankungen bei den Zahlungsströmen eines Geschäfts. In diesem Fall kann ein Unternehmen nur die folgenden Arten von Komponenten (einschließlich Kombinationen) als Grundgeschäfte designieren:

(a) nur Änderungen der Zahlungsströme oder des beizulegenden Zeitwerts eines Geschäfts, die einem oder mehreren spezifischen Risiken zuzuschreiben sind (Risikokomponente), sofern basierend auf einer Beurteilung im Rahmen der jeweiligen Marktstruktur die Risikokomponente einzeln identifizierbar und verlässlich bewertbar ist (siehe Paragraphen B6.3.8–B6.3.15). Bei den Risikokomponenten können auch nur die oberhalb oder unterhalb eines festgelegten Preises oder einer anderen Variablen liegenden Änderungen der Zahlungsströme oder des beizulegenden Zeitwerts eines Geschäfts designiert werden (einseitiges Risiko).

(b) ein oder mehrere ausgewählte vertragliche Zahlungsströme.

(c) Komponenten eines Nominalbetrags, d. h. ein festgelegter Teil des Betrags eines Geschäfts (siehe Paragraphen B6.3.16–B6.3.20).

6.4 Kriterien für die Bilanzierung von Sicherungsbeziehungen

6.4.1 Eine Sicherungsbeziehung erfüllt nur dann die Anforderungen für die Bilanzierung von Sicherungsbeziehungen, wenn alle folgenden Kriterien erfüllt sind:

(a) Die Sicherungsbeziehung beinhaltet nur zulässige Sicherungsinstrumente und zulässige Grundgeschäfte.

(b) Zu Beginn der Sicherungsbeziehung erfolgt sowohl für die Sicherungsbeziehung als auch für die Risikomanagementzielsetzungen und -strategien, die das Unternehmen im Hinblick auf die Absicherung verfolgt, eine formale Designation und Dokumentation. Diese Dokumentation umfasst die Identifizierung des Sicherungsinstruments, das Grundgeschäft, die Art des abgesicherten Risikos und die Art und Weise, in der das Unternehmen beurteilen wird, ob die Sicherungsbeziehung die Anforderungen an die Wirksamkeit der Absicherung erfüllt (einschließlich seiner Analyse der Ursachen einer Unwirksamkeit der Absicherung und der Art und Weise der Bestimmung der *Sicherungsquote*).

(c) Die Sicherungsbeziehung erfüllt alle folgenden Anforderungen an die Wirksamkeit der Absicherung:

(i) Zwischen dem Grundgeschäft und dem Sicherungsinstrument besteht eine wirtschaftliche Beziehung (siehe Paragraphen B6.4.4–B6.4.6),

(ii) die Auswirkung des Ausfallrisikos hat keinen dominanten Einfluss auf die Wertänderungen, die sich aus dieser wirtschaftlichen Beziehung ergeben (siehe Paragraphen B6.4.7–B6.4.8), und

(iii) die Sicherungsquote der Sicherungsbeziehung entspricht der Sicherungsquote, die aus dem Volumen des von dem Unternehmen tatsächlich abgesicherten Grundgeschäfts und dem Volumen des Sicherungsinstruments resultiert, das von dem Unternehmen zur Absicherung dieses Volumens des Grundgeschäfts tatsächlich eingesetzt wird. Doch darf diese Designation kein Ungleichgewicht zwischen den Gewichtungen des Grundgeschäfts und des Sicherungsinstruments widerspiegeln, das zu einer Unwirksamkeit der Absicherung (ob erfasst oder nicht) führen würde, was Rechnungslegungsresultate ergäbe, die nicht mit dem Zweck der Bilanzierung von Sicherungsbeziehungen in Einklang stünden (siehe Paragraphen B6.4.9–B6.4.11).

6.5 Bilanzierung zulässiger Sicherungsbeziehungen

6.5.1 Ein Unternehmen wendet die Bilanzierung von Sicherungsbeziehungen bei Sicherungsbeziehungen an, die die in Paragraph 6.4.1 genannten Kriterien erfüllen (einschließlich der Entscheidung des Unternehmens zur Designation der Sicherungsbeziehung).

6.5.2 Es gibt drei Arten von Sicherungsbeziehungen:

(a) Absicherung des beizulegenden Zeitwerts: eine Absicherung gegen das Risiko von Änderungen des beizulegenden Zeitwerts eines bilanzierten Vermögenswerts, einer bilanzierten Verbindlichkeit, einer bilanzunwirksamen festen Verpflichtung oder einer Komponente davon, das einer bestimmten Risikokategorie zugeordnet werden kann und sich auf den Gewinn oder Verlust auswirken könnte.

(b) Absicherung von Zahlungsströmen: eine Absicherung gegen das Risiko einer Schwankung der Zahlungsströme aus einem bilanzierten Vermögenswert, einer bilanzierten Verbindlichkeit (wie beispielsweise einem Teil oder aller künftigen Zinszahlungen einer variabel verzinslichen Schuld) oder einer hochwahrscheinlichen erwarteten Transaktion oder einer Komponente davon verbunden ist, einer bestimmten Risikokategorie zugeordnet werden kann und sich auf den Gewinn oder Verlust auswirken könnte.

(c) Absicherung einer Nettoinvestition in einen ausländischen Geschäftsbetrieb im Sinne von IAS 21.

6.5.3 Handelt es sich bei dem Grundgeschäft um ein Eigenkapitalinstrument, bei dem das Unternehmen die Wahl getroffen hat, Änderungen des beizulegenden Zeitwerts gemäß Paragraph 5.7.5 im sonstigen Ergebnis auszuweisen, muss die in Paragraph 6.5.2 (a) genannte abgesicherte Risikoposition sich auf das sonstige Ergebnis auswirken können. Nur in einem solchen Fall wird die erfasste Unwirksamkeit der Absicherung im sonstigen Ergebnis ausgewiesen.

6.5.4 Eine Absicherung des Währungsrisikos einer festen Verpflichtung kann als Absicherung des beizulegenden Zeitwerts oder als Absicherung von Zahlungsströmen bilanziert werden.

fair value change or cash flow variability of an item. In that case, an entity may designate only the following types of components (including combinations) as hedged items:

(a) only changes in the cash flows or fair value of an item attributable to a specific risk or risks (risk component), provided that, based on an assessment within the context of the particular market structure, the risk component is separately identifiable and reliably measurable (see paragraphs B6.3.8—B6.3.15). Risk components include a designation of only changes in the cash flows or the fair value of a hedged item above or below a specified price or other variable (a one-sided risk).
(b) one or more selected contractual cash flows.
(c) components of a nominal amount, i.e. a specified part of the amount of an item (see paragraphs B6.3.16—B6.3.20).

6.4 Qualifying Criteria for Hedge Accounting

A hedging relationship qualifies for hedge accounting only if all of the following criteria are met: 6.4.1

(a) the hedging relationship consists only of eligible hedging instruments and eligible hedged items.
(b) at the inception of the hedging relationship there is formal designation and documentation of the hedging relationship and the entity's risk management objective and strategy for undertaking the hedge. That documentation shall include identification of the hedging instrument, the hedged item, the nature of the risk being hedged and how the entity will assess whether the hedging relationship meets the hedge effectiveness requirements (including its analysis of the sources of hedge ineffectiveness and how it determines the *hedge ratio*).
(c) the hedging relationship meets all of the following hedge effectiveness requirements:
  (i) there is an economic relationship between the hedged item and the hedging instrument (see paragraphs B6.4.4—B6.4.6);
  (ii) the effect of credit risk does not dominate the value changes that result from that economic relationship (see paragraphs B6.4.7—B6.4.8); and
  (iii) the hedge ratio of the hedging relationship is the same as that resulting from the quantity of the hedged item that the entity actually hedges and the quantity of the hedging instrument that the entity actually uses to hedge that quantity of hedged item. However, that designation shall not reflect an imbalance between the weightings of the hedged item and the hedging instrument that would create hedge ineffectiveness (irrespective of whether recognised or not) that could result in an accounting outcome that would be inconsistent with the purpose of hedge accounting (see paragraphs B6.4.9—B6.4.11).

6.5 Accounting for Qualifying Hedging Relationships

An entity applies hedge accounting to hedging relationships that meet the qualifying criteria in paragraph 6.4.1 (which include the entity's decision to designate the hedging relationship). 6.5.1

There are three types of hedging relationships: 6.5.2

(a) fair value hedge: a hedge of the exposure to changes in fair value of a recognised asset or liability or an unrecognised firm commitment, or a component of any such item, that is attributable to a particular risk and could affect profit or loss.
(b) cash flow hedge: a hedge of the exposure to variability in cash flows that is attributable to a particular risk associated with all, or a component of, a recognised asset or liability (such as all or some future interest payments on variable-rate debt) or a highly probable forecast transaction, and could affect profit or loss.
(c) hedge of a net investment in a foreign operation as defined in IAS 21.

If the hedged item is an equity instrument for which an entity has elected to present changes in fair value in other comprehensive income in accordance with paragraph 5.7.5, the hedged exposure referred to in paragraph 6.5.2 (a) must be one that could affect other comprehensive income. In that case, and only in that case, the recognised hedge ineffectiveness is presented in other comprehensive income. 6.5.3

A hedge of the foreign currency risk of a firm commitment may be accounted for as a fair value hedge or a cash flow hedge. 6.5.4

6.5.5 Wenn eine Sicherungsbeziehung die Anforderung an die Wirksamkeit der Absicherung in Bezug auf die Sicherungsquote (siehe Paragraph 6.4.1 (c) (iii)) nicht mehr erfüllt, die Zielsetzung des Risikomanagements für diese designierte Sicherungsbeziehung aber gleich bleibt, hat ein Unternehmen die Sicherungsquote der Sicherungsbeziehung so anzupassen, dass diese die Kriterien erneut erfüllt (dies wird im vorliegenden Standard als „Rekalibrierung" bezeichnet – siehe Paragraphen B6.5.7–B6.5.21).

6.5.6 Ein Unternehmen hat die Bilanzierung von Sicherungsbeziehungen nur dann prospektiv zu beenden, wenn die Sicherungsbeziehung (oder ein Teil derselben) nicht mehr die Kriterien erfüllt (ggf. nach Berücksichtigung einer etwaigen Rekalibrierung der Sicherungsbeziehung). Dies schließt Fälle ein, in denen das Sicherungsinstrument ausläuft, veräußert, beendet oder ausgeübt wird. In diesem Sinne gilt die Ersetzung oder Fortsetzung eines Sicherungsinstruments durch ein anderes nicht als Auslaufen oder Beendigung, wenn eine derartige Ersetzung oder Fortsetzung Teil der dokumentierten Risikomanagementzielsetzung des Unternehmens ist und mit ihr in Einklang steht. In diesem Sinne ebenfalls nicht als Auslaufen oder Beendigung eines Sicherungsinstruments zu betrachten ist es, wenn

(a) die Parteien des Sicherungsinstruments infolge bestehender oder neu erlassener Rechts- oder Regulierungsvorschriften vereinbaren, dass eine oder mehrere Clearing-Partei oder -Parteien ihre ursprüngliche Gegenpartei ersetzt oder ersetzen und zur neuen Gegenpartei aller Parteien wird oder werden. Eine Clearing-Gegenpartei in diesem Sinne ist eine zentrale Gegenpartei (mitunter „Clearingstelle" oder „Clearinghaus" genannt) oder ein bzw. mehrere Unternehmen, beispielsweise ein Mitglied einer Clearingstelle oder ein Kunde eines Mitglieds einer Clearingstelle, die als Gegenpartei auftreten, damit das Clearing durch eine zentrale Gegenpartei erfolgt. Ersetzen die Parteien des Sicherungsinstruments ihre ursprünglichen Gegenparteien durch unterschiedliche Gegenparteien, ist die Anforderung dieses Unterparagraphen allerdings nur dann erfüllt, wenn jede dieser Parteien ihr Clearing bei derselben zentralen Gegenpartei durchführt.

(b) etwaige andere Änderungen beim Sicherungsinstrument nicht über den für eine solche Ersetzung der Gegenpartei notwendigen Umfang hinausgehen. Auch müssen derartige Änderungen auf solche beschränkt sein, die den Bedingungen entsprechen, die zu erwarten wären, wenn das Clearing des Sicherungsinstruments von Anfang an bei der Clearing-Gegenpartei erfolgt wäre. Hierzu zählen auch Änderungen bei den Anforderungen an Sicherheiten, den Rechten auf Aufrechnung von Forderungen und Verbindlichkeiten und den erhobenen Entgelten.

Die Beendigung der Bilanzierung von Sicherungsbeziehungen kann entweder eine Sicherungsbeziehung insgesamt oder nur einen Teil derselben betreffen (in diesem Fall wird die Bilanzierung von Sicherungsbeziehungen für den übrigen Teil der Sicherungsbeziehung fortgesetzt).

6.5.7 Ein Unternehmen hat

(a) Paragraph 6.5.10 anzuwenden, wenn es die Bilanzierung von Sicherungsbeziehungen bei einer Absicherung des beizulegenden Zeitwerts beendet, sofern es sich bei dem Grundgeschäft um ein zu fortgeführten Anschaffungskosten bewertetes Finanzinstrument (oder eine Komponente desselben) handelt, und

(b) Paragraph 6.5.12 anzuwenden, wenn es die Bilanzierung von Sicherungsbeziehungen bei der Absicherung von Zahlungsströmen beendet.

Absicherung des beizulegenden Zeitwerts

6.5.8 Solange eine Absicherung des beizulegenden Zeitwerts die in Paragraph 6.4.1 genannten Kriterien erfüllt, ist die Sicherungsbeziehung wie folgt zu bilanzieren:

(a) Der Gewinn oder Verlust aus dem Sicherungsinstrument ist erfolgswirksam zu erfassen (oder im sonstigen Ergebnis, wenn das Sicherungsinstrument ein Eigenkapitalinstrument absichert, bei dem das Unternehmen die Wahl getroffen hat, Änderungen des beizulegenden Zeitwerts gemäß Paragraph 5.7.5 im sonstigen Ergebnis auszuweisen).

(b) Der Sicherungsgewinn oder -verlust aus dem Grundgeschäft führt zu einer entsprechenden Anpassung des Buchwerts des Grundgeschäfts (falls zutreffend) und wird erfolgswirksam erfasst. Handelt es sich bei dem Grundgeschäft um einen finanziellen Vermögenswert (oder eine Komponente desselben), der gemäß Paragraph 4.1.2A zum beizulegenden Zeitwert erfolgsneutral im sonstigen Ergebnis bewertet wird, ist der Sicherungsgewinn oder -verlust aus dem Grundgeschäft erfolgswirksam zu erfassen. Handelt es sich bei dem Grundgeschäft jedoch um ein Eigenkapitalinstrument, bei dem das Unternehmen die Wahl getroffen hat, Änderungen des beizulegenden Zeitwerts gemäß Paragraph 5.7.5 im sonstigen Ergebnis auszuweisen, verbleiben diese Beträge im sonstigen Ergebnis. Wenn es sich bei einem Grundgeschäft um eine bilanzunwirksame feste Verpflichtung (oder eine Komponente derselben) handelt, wird die kumulierte Änderung des beizulegenden Zeitwerts des Grundgeschäfts nach dessen Designation als Vermögenswert oder Verbindlichkeit angesetzt, wobei ein entsprechender Gewinn oder Verlust erfolgswirksam erfasst wird.

6.5.9 Handelt es sich bei einem Grundgeschäft im Rahmen einer Absicherung des beizulegenden Zeitwerts um eine feste Verpflichtung (oder eine Komponente derselben) zum Erwerb eines Vermögenswerts oder zur Übernahme einer Verbindlichkeit, wird der anfängliche Buchwert des Vermögenswerts oder der Verbindlichkeit, der/die aus der Erfüllung der festen Verpflichtung des Unternehmens hervorgeht, um die kumulierte Änderung des beizulegenden Zeitwerts des Grundgeschäfts, das in der Bilanz angesetzt wurde, angepasst.

6.5.10 Jede Anpassung gemäß Paragraph 6.5.8 (b) ist erfolgswirksam zu amortisieren, wenn es sich bei dem Grundgeschäft um ein zu fortgeführten Anschaffungskosten bewertetes Finanzinstrument (oder eine Komponente desselben) handelt.

If a hedging relationship ceases to meet the hedge effectiveness requirement relating to the hedge ratio (see paragraph 6.4.1 (c) (iii)) but the risk management objective for that designated hedging relationship remains the same, an entity shall adjust the hedge ratio of the hedging relationship so that it meets the qualifying criteria again (this is referred to in this Standard as 'rebalancing'—see paragraphs B6.5.7—B6.5.21). 6.5.5

An entity shall discontinue hedge accounting prospectively only when the hedging relationship (or a part of a hedging relationship) ceases to meet the qualifying criteria (after taking into account any rebalancing of the hedging relationship, if applicable). This includes instances when the hedging instrument expires or is sold, terminated or exercised. For this purpose, the replacement or rollover of a hedging instrument into another hedging instrument is not an expiration or termination if such a replacement or rollover is part of, and consistent with, the entity's documented risk management objective. Additionally, for this purpose there is not an expiration or termination of the hedging instrument if: 6.5.6

(a) as a consequence of laws or regulations or the introduction of laws or regulations, the parties to the hedging instrument agree that one or more clearing counterparties replace their original counterparty to become the new counterparty to each of the parties. For this purpose, a clearing counterparty is a central counterparty (sometimes called a 'clearing organisation' or 'clearing agency') or an entity or entities, for example, a clearing member of a clearing organisation or a client of a clearing member of a clearing organisation, that are acting as a counterparty in order to effect clearing by a central counterparty. However, when the parties to the hedging instrument replace their original counterparties with different counterparties the requirement in this subparagraph is met only if each of those parties effects clearing with the same central counterparty.

(b) other changes, if any, to the hedging instrument are limited to those that are necessary to effect such a replacement of the counterparty. Such changes are limited to those that are consistent with the terms that would be expected if the hedging instrument were originally cleared with the clearing counterparty. These changes include changes in the collateral requirements, rights to offset receivables and payables balances, and charges levied.

Discontinuing hedge accounting can either affect a hedging relationship in its entirety or only a part of it (in which case hedge accounting continues for the remainder of the hedging relationship).

An entity shall apply: 6.5.7

(a) paragraph 6.5.10 when it discontinues hedge accounting for a fair value hedge for which the hedged item is (or is a component of) a financial instrument measured at amortised cost; and

(b) paragraph 6.5.12 when it discontinues hedge accounting for cash flow hedges.

Fair value hedges

As long as a fair value hedge meets the qualifying criteria in paragraph 6.4.1, the hedging relationship shall be accounted for as follows: 6.5.8

(a) the gain or loss on the hedging instrument shall be recognised in profit or loss (or other comprehensive income, if the hedging instrument hedges an equity instrument for which an entity has elected to present changes in fair value in other comprehensive income in accordance with paragraph 5.7.5).

(b) the hedging gain or loss on the hedged item shall adjust the carrying amount of the hedged item (if applicable) and be recognised in profit or loss. If the hedged item is a financial asset (or a component thereof) that is measured at fair value through other comprehensive income in accordance with paragraph 4.1.2A, the hedging gain or loss on the hedged item shall be recognised in profit or loss. However, if the hedged item is an equity instrument for which an entity has elected to present changes in fair value in other comprehensive income in accordance with paragraph 5.7.5, those amounts shall remain in other comprehensive income. When a hedged item is an unrecognised firm commitment (or a component thereof), the cumulative change in the fair value of the hedged item subsequent to its designation is recognised as an asset or a liability with a corresponding gain or loss recognised in profit or loss.

When a hedged item in a fair value hedge is a firm commitment (or a component thereof) to acquire an asset or assume a liability, the initial carrying amount of the asset or the liability that results from the entity meeting the firm commitment is adjusted to include the cumulative change in the fair value of the hedged item that was recognised in the statement of financial position. 6.5.9

Any adjustment arising from paragraph 6.5.8 (b) shall be amortised to profit or loss if the hedged item is a financial instrument (or a component thereof) measured at amortised cost. Amortisation may begin as soon as an adjustment exists and 6.5.10

Sobald eine Anpassung erfolgt, kann die Amortisation beginnen. Erfolgen muss sie spätestens zu dem Zeitpunkt, zu dem das Grundgeschäft nicht mehr um Sicherungsgewinne oder -verluste angepasst wird. Die Amortisation basiert auf einem zum Zeitpunkt des Amortisationsbeginns neu berechneten Effektivzinssatz. Bei einem finanziellen Vermögenswert (oder einer Komponente desselben), bei dem es sich um ein Grundgeschäft handelt und der gemäß Paragraph 4.1.2A zum beizulegenden Zeitwert erfolgsneutral im sonstigen Ergebnis bewertet wird, erfolgt die Amortisation in gleicher Weise, jedoch anstelle der Anpassung des Buchwerts in Höhe des zuvor gemäß Paragraph 6.5.8 (b) ausgewiesenen kumulierten Gewinns oder Verlusts.

Absicherung von Zahlungsströmen

6.5.11 **Solange eine Absicherung von Zahlungsströmen die in Paragraph 6.4.1 genannten Kriterien erfüllt, ist die Sicherungsbeziehung wie folgt zu bilanzieren:**

(a) **Die mit dem Grundgeschäft verbundene gesonderte Eigenkapitalkomponente (Rücklage für die Absicherung von Zahlungsströmen) wird auf den niedrigeren der folgenden Beträge (in absoluten Zahlen) angepasst:**
   (i) **den kumulierten Gewinn oder Verlust aus dem Sicherungsinstrument seit Beginn der Sicherungsbeziehung und**
   (ii) **die kumulierte Änderung des beizulegenden Zeitwerts (Barwerts) des Grundgeschäfts (d. h. dem Barwert der kumulierten Änderung der erwarteten abgesicherten Zahlungsströme) seit Absicherungsbeginn.**

(b) **Der Teil des Gewinns oder Verlusts aus dem Sicherungsinstrument, der als wirksame Absicherung bestimmt wird (d. h. der prozentuale Anteil, der durch die Änderung der gemäß Buchstabe (a) berechneten Rücklage für die Absicherung von Zahlungsströmen ausgeglichen wird), ist im sonstigen Ergebnis zu erfassen.**

(c) **Ein etwaig verbleibender Gewinn oder Verlust aus dem Sicherungsinstrument (oder ein etwaiger Gewinn oder Verlust als Saldogröße für die Änderung der gemäß Buchstabe (a) berechneten Rücklage für die Absicherung von Zahlungsströmen) stellt eine Unwirksamkeit der Absicherung dar, die erfolgswirksam zu erfassen ist.**

(d) **Der gemäß Buchstabe (a) in der Rücklage für die Absicherung von Zahlungsströmen kumulierte Betrag, ist wie folgt zu bilanzieren:**
   (i) **Wenn eine abgesicherte erwartete Transaktion später zum Ansatz eines nichtfinanziellen Vermögenswerts oder einer nichtfinanziellen Verbindlichkeit führt oder wenn eine abgesicherte erwartete Transaktion für einen nichtfinanziellen Vermögenswert oder eine nichtfinanzielle Verbindlichkeit zu einer festen Verpflichtung wird und darauf die Bilanzierung der Absicherung des beizulegenden Zeitwerts angewandt wird, hat das Unternehmen diesen Betrag aus der Rücklage für die Absicherung von Zahlungsströmen auszubuchen und direkt in die erstmaligen Anschaffungskosten oder in den sonstigen Buchwert des Vermögenswerts oder der Verbindlichkeit einzubeziehen. Dies stellt keinen Umgliederungsbetrag (siehe IAS 1) dar und wirkt sich somit nicht auf das sonstige Ergebnis aus.**
   (ii) **Bei anderen als den unter Ziffer (i) angeführten Absicherungen von Zahlungsströmen ist der Betrag aus der Rücklage für die Absicherung von Zahlungsströmen in der- oder denselben Perioden, in denen die abgesicherten erwarteten Zahlungsströme erfolgswirksam werden (z. B. wenn Zinserträge oder Zinsaufwendungen erfasst werden oder ein erwarteter Verkauf stattfindet), als Umgliederungsbetrag (siehe IAS 1) erfolgswirksam umzugliedern.**
   (iii) **Stellt dieser Betrag jedoch einen Verlust dar und geht ein Unternehmen davon aus, dass dieser Verlust in einer oder mehreren künftigen Perioden weder ganz noch teilweise ausgeglichen werden kann, hat es den voraussichtlich nicht ausgleichbaren Betrag unverzüglich als Umgliederungsbetrag (siehe IAS 1) erfolgswirksam umzugliedern.**

6.5.12 Wenn ein Unternehmen die Bilanzierung von Sicherungsbeziehungen bei der Absicherung von Zahlungsströmen beendet (siehe Paragraphen 6.5.6 und 6.5.7 (b)), hat es den gemäß Paragraph 6.5.11 (a) in der Rücklage für die Absicherung von Zahlungsströmen kumulierten Betrag wie folgt zu bilanzieren:

(a) Wenn nach wie vor erwartet wird, dass die abgesicherten künftigen Zahlungsströme eintreten, verbleibt dieser Betrag so lange in der Rücklage für die Absicherung von Zahlungsströmen, bis die künftigen Zahlungsströme eintreten oder Paragraph 6.5.11 (d) (iii) zutrifft. Bei Eintreten der künftigen Zahlungsströme findet Paragraph 6.5.11 (d) Anwendung.

(b) Wenn nicht länger erwartet wird, dass die abgesicherten künftigen Zahlungsströme eintreten, ist dieser Betrag unverzüglich aus der Rücklage für die Absicherung von Zahlungsströmen als Umgliederungsbetrag (siehe IAS 1) erfolgswirksam umzugliedern. Von einer abgesicherten künftigen Zahlung, deren Eintreten nicht mehr hochwahrscheinlich ist, kann dennoch erwartet werden, dass sie eintritt.

Absicherung einer Nettoinvestition in einen ausländischen Geschäftsbetrieb

6.5.13 **Die Absicherung einer Nettoinvestition in einen ausländischen Geschäftsbetrieb, einschließlich einer Absicherung eines monetären Postens, der als Teil der Nettoinvestition bilanziert wird (siehe IAS 21), ist in gleicher Weise zu bilanzieren wie die Absicherung von Zahlungsströmen:**

(a) **Der Teil des Gewinns oder Verlusts aus dem Sicherungsinstrument, der als wirksame Absicherung ermittelt wird, ist im sonstigen Ergebnis zu erfassen (siehe Paragraph 6.5.11), und**

(b) **der unwirksame Teil ist erfolgswirksam zu erfassen.**

shall begin no later than when the hedged item ceases to be adjusted for hedging gains and losses. The amortisation is based on a recalculated effective interest rate at the date that amortisation begins. In the case of a financial asset (or a component thereof) that is a hedged item and that is measured at fair value through other comprehensive income in accordance with paragraph 4.1.2A, amortisation applies in the same manner but to the amount that represents the cumulative gain or loss previously recognised in accordance with paragraph 6.5.8 (b) instead of by adjusting the carrying amount.

Cash flow hedges

As long as a cash flow hedge meets the qualifying criteria in paragraph 6.4.1, the hedging relationship shall be accounted for as follows: 6.5.11

(a) the separate component of equity associated with the hedged item (cash flow hedge reserve) is adjusted to the lower of the following (in absolute amounts):
  (i) the cumulative gain or loss on the hedging instrument from inception of the hedge; and
  (ii) the cumulative change in fair value (present value) of the hedged item (i.e. the present value of the cumulative change in the hedged expected future cash flows) from inception of the hedge.

(b) the portion of the gain or loss on the hedging instrument that is determined to be an effective hedge (i.e. the portion that is offset by the change in the cash flow hedge reserve calculated in accordance with (a)) shall be recognised in other comprehensive income.

(c) any remaining gain or loss on the hedging instrument (or any gain or loss required to balance the change in the cash flow hedge reserve calculated in accordance with (a)) is hedge ineffectiveness that shall be recognised in profit or loss.

(d) the amount that has been accumulated in the cash flow hedge reserve in accordance with (a) shall be accounted for as follows:
  (i) if a hedged forecast transaction subsequently results in the recognition of a non-financial asset or non-financial liability, or a hedged forecast transaction for a non-financial asset or a non-financial liability becomes a firm commitment for which fair value hedge accounting is applied, the entity shall remove that amount from the cash flow hedge reserve and include it directly in the initial cost or other carrying amount of the asset or the liability. This is not a reclassification adjustment (see IAS 1) and hence it does not affect other comprehensive income.
  (ii) for cash flow hedges other than those covered by (i), that amount shall be reclassified from the cash flow hedge reserve to profit or loss as a reclassification adjustment (see IAS 1) in the same period or periods during which the hedged expected future cash flows affect profit or loss (for example, in the periods that interest income or interest expense is recognised or when a forecast sale occurs).
  (iii) however, if that amount is a loss and an entity expects that all or a portion of that loss will not be recovered in one or more future periods, it shall immediately reclassify the amount that is not expected to be recovered into profit or loss as a reclassification adjustment (see IAS 1).

When an entity discontinues hedge accounting for a cash flow hedge (see paragraphs 6.5.6 and 6.5.7 (b)) it shall account for the amount that has been accumulated in the cash flow hedge reserve in accordance with paragraph 6.5.11 (a) as follows: 6.5.12

(a) if the hedged future cash flows are still expected to occur, that amount shall remain in the cash flow hedge reserve until the future cash flows occur or until paragraph 6.5.11 (d) (iii) applies. When the future cash flows occur, paragraph 6.5.11 (d) applies.

(b) if the hedged future cash flows are no longer expected to occur, that amount shall be immediately reclassified from the cash flow hedge reserve to profit or loss as a reclassification adjustment (see IAS 1). A hedged future cash flow that is no longer highly probable to occur may still be expected to occur.

Hedges of a net investment in a foreign operation

Hedges of a net investment in a foreign operation, including a hedge of a monetary item that is accounted for as part of the net investment (see IAS 21), shall be accounted for similarly to cash flow hedges: 6.5.13

(a) the portion of the gain or loss on the hedging instrument that is determined to be an effective hedge shall be recognised in other comprehensive income (see paragraph 6.5.11); and

(b) the ineffective portion shall be recognised in profit or loss.

6.5.14 Der kumulierte Gewinn oder Verlust aus dem Sicherungsinstrument, der dem wirksamen Teil der Absicherung zuzurechnen ist und in der Währungsumrechnungsrücklage erfasst wurde, ist bei der Veräußerung oder teilweisen Veräußerung des ausländischen Geschäftsbetriebs gemäß IAS 21 Paragraphen 48 und 49 als Umgliederungsbetrag (siehe IAS 1) erfolgswirksam umzugliedern.

Bilanzierung des Zeitwerts von Optionen

6.5.15 Trennt ein Unternehmen den inneren Wert und den Zeitwert eines Optionskontrakts und designiert nur die Änderung des inneren Werts der Option als Sicherungsinstrument (siehe Paragraph 6.2.4 (a)), ist der Zeitwert der Option wie folgt zu bilanzieren (siehe Paragraphen B6.5.29–B6.5.33):

(a) Das Unternehmen unterscheidet beim Zeitwert von Optionen je nach Art des Grundgeschäfts, das durch die Option abgesichert wird, zwischen (siehe Paragraph B6.5.29)
  (i) einem transaktionsbezogenen Grundgeschäft oder
  (ii) einem zeitraumbezogenen Grundgeschäft.

(b) Die Änderung des beizulegenden Zeitwerts einer Option zur Absicherung eines transaktionsbezogenen Grundgeschäfts ist im sonstigen Ergebnis zu erfassen, sofern sie sich auf das Grundgeschäft bezieht, und in einer gesonderten Eigenkapitalkomponente zu kumulieren. Die kumulierte Änderung des beizulegenden Zeitwerts, die sich aus dem Zeitwert der Option ergibt und die in einer gesonderten Eigenkapitalkomponente kumuliert wurde (der „Betrag"), ist wie folgt zu bilanzieren:
  (i) Wenn das Grundgeschäft später zum Ansatz eines nichtfinanziellen Vermögenswerts oder einer nichtfinanziellen Verbindlichkeit oder zu einer festen Verpflichtung für einen nichtfinanziellen Vermögenswert oder eine nichtfinanzielle Verbindlichkeit führt und darauf die Bilanzierung der Absicherung des beizulegenden Zeitwerts angewandt wird, hat das Unternehmen den Betrag aus der gesonderten Eigenkapitalkomponente auszubuchen und direkt in die erstmaligen Anschaffungskosten oder in den sonstigen Buchwert des Vermögenswerts oder der Verbindlichkeit einzubeziehen. Dies stellt keinen Umgliederungsbetrag (siehe IAS 1) dar und wirkt sich somit nicht auf das sonstige Ergebnis aus.
  (ii) Bei anderen als den unter Ziffer i fallenden Sicherungsbeziehungen ist der Betrag in der oder den Perioden, in der oder denen die abgesicherten erwarteten Zahlungsströme erfolgswirksam werden (z. B. wenn ein erwarteter Verkauf stattfindet), als Umgliederungsbetrag (siehe IAS 1) aus der gesonderten Eigenkapitalkomponente erfolgswirksam umzugliedern.
  (iii) Kann dieser Betrag jedoch in einer oder mehreren künftigen Perioden voraussichtlich weder ganz noch teilweise ausgeglichen werden, ist der voraussichtlich nicht ausgleichbare Betrag unverzüglich als Umgliederungsbetrag (siehe IAS 1) erfolgswirksam umzugliedern.

(c) Die Änderung des beizulegenden Zeitwerts einer Option zur Absicherung eines zeitraumbezogenen Grundgeschäfts ist im sonstigen Ergebnis zu erfassen, sofern sie sich auf das Grundgeschäft bezieht, und in einer gesonderten Eigenkapitalkomponente zu kumulieren. Der Zeitwert zum Zeitpunkt der Designation der Option als Sicherungsinstrument, sofern sie sich auf das Grundgeschäft bezieht, ist auf systematischer und sachgerechter Grundlage über die Periode, in der sich die sicherungsbezogene Anpassung aus dem inneren Wert der Option erfolgswirksam (oder im sonstigen Ergebnis, wenn es sich bei dem Grundgeschäft um ein Eigenkapitalinstrument handelt, bei dem das Unternehmen die Wahl getroffen hat, Änderungen des beizulegenden Zeitwerts gemäß Paragraph 5.7.5 im sonstigen Ergebnis auszuweisen), auswirken könnte, zu amortisieren. Somit ist der Amortisationsbetrag in jeder Rechnungslegungsperiode als Umgliederungsbetrag (siehe IAS 1) aus der gesonderten Eigenkapitalkomponente erfolgswirksam umzugliedern. Wird die Bilanzierung von Sicherungsbeziehungen für die Sicherungsbeziehung, die die Änderung des inneren Werts der Option als Sicherungsinstrument beinhaltet, jedoch beendet, ist der Nettobetrag (der die kumulierte Amortisation einschließt), der in der gesonderten Eigenkapitalkomponente kumuliert wurde, unverzüglich als Umgliederungsbetrag (siehe IAS 1) erfolgswirksam umzugliedern.

Bilanzierung des Terminelements von Termingeschäften und Währungsbasis-Spreads von Finanzinstrumenten

6.5.16 Wenn ein Unternehmen das Termin- und Kassaelement eines Termingeschäfts trennt und nur die Änderung des Werts des Kassaelements eines Termingeschäfts als Sicherungsinstrument designiert, oder wenn ein Unternehmen den Währungsbasis-Spread von einem Finanzinstrument trennt und ihn von der Designation dieses Finanzinstruments als Sicherungsinstrument ausnimmt (siehe Paragraph 6.2.4 (b)), kann das Unternehmen Paragraph 6.5.15 auf das Terminelement des Termingeschäfts oder auf den Währungsbasis-Spread in der gleichen Weise anwenden wie auf den Zeitwert einer Option. In diesem Fall gelten die Anwendungsleitlinien der Paragraphen B6.5.34–B6.5.39.

6.6 Absicherung einer Gruppe von Geschäften

Gruppe von Geschäften, die als Grundgeschäft infrage kommen

6.6.1 Eine Gruppe von Geschäften (einschließlich einer Gruppe von Geschäften, die eine Nettoposition bilden (siehe Paragraphen B6.6.1–B6.6.8)) kommt nur dann als Grundgeschäft infrage, wenn

(a) sie aus Geschäften (einschließlich Komponenten von Geschäften) besteht, die einzeln als Grundgeschäfte infrage kommen,

(b) die Geschäfte der Gruppe zu Risikomanagementzwecken gemeinsam auf Gruppenbasis gesteuert werden und

The cumulative gain or loss on the hedging instrument relating to the effective portion of the hedge that has been accumulated in the foreign currency translation reserve shall be reclassified from equity to profit or loss as a reclassification adjustment (see IAS 1) in accordance with paragraphs 48—49 of IAS 21 on the disposal or partial disposal of the foreign operation. **6.5.14**

Accounting for the time value of options

When an entity separates the intrinsic value and time value of an option contract and designates as the hedging instrument only the change in intrinsic value of the option (see paragraph 6.2.4 (a)), it shall account for the time value of the option as follows (see paragraphs B6.5.29—B6.5.33): **6.5.15**

(a) an entity shall distinguish the time value of options by the type of hedged item that the option hedges (see paragraph B6.5.29):
   (i) a transaction related hedged item; or
   (ii) a time-period related hedged item.

(b) the change in fair value of the time value of an option that hedges a transaction related hedged item shall be recognised in other comprehensive income to the extent that it relates to the hedged item and shall be accumulated in a separate component of equity. The cumulative change in fair value arising from the time value of the option that has been accumulated in a separate component of equity (the 'amount') shall be accounted for as follows:
   (i) if the hedged item subsequently results in the recognition of a non-financial asset or a non-financial liability, or a firm commitment for a non-financial asset or a non-financial liability for which fair value hedge accounting is applied, the entity shall remove the amount from the separate component of equity and include it directly in the initial cost or other carrying amount of the asset or the liability. This is not a reclassification adjustment (see IAS 1) and hence does not affect other comprehensive income.
   (ii) for hedging relationships other than those covered by (i), the amount shall be reclassified from the separate component of equity to profit or loss as a reclassification adjustment (see IAS 1) in the same period or periods during which the hedged expected future cash flows affect profit or loss (for example, when a forecast sale occurs).
   (iii) however, if all or a portion of that amount is not expected to be recovered in one or more future periods, the amount that is not expected to be recovered shall be immediately reclassified into profit or loss as a reclassification adjustment (see IAS 1).

(c) the change in fair value of the time value of an option that hedges a time-period related hedged item shall be recognised in other comprehensive income to the extent that it relates to the hedged item and shall be accumulated in a separate component of equity. The time value at the date of designation of the option as a hedging instrument, to the extent that it relates to the hedged item, shall be amortised on a systematic and rational basis over the period during which the hedge adjustment for the option's intrinsic value could affect profit or loss (or other comprehensive income, if the hedged item is an equity instrument for which an entity has elected to present changes in fair value in other comprehensive income in accordance with paragraph 5.7.5). Hence, in each reporting period, the amortisation amount shall be reclassified from the separate component of equity to profit or loss as a reclassification adjustment (see IAS 1). However, if hedge accounting is discontinued for the hedging relationship that includes the change in intrinsic value of the option as the hedging instrument, the net amount (i.e. including cumulative amortisation) that has been accumulated in the separate component of equity shall be immediately reclassified into profit or loss as a reclassification adjustment (see IAS 1).

Accounting for the forward element of forward contracts and foreign currency basis spreads of financial instruments

When an entity separates the forward element and the spot element of a forward contract and designates as the hedging instrument only the change in the value of the spot element of the forward contract, or when an entity separates the foreign currency basis spread from a financial instrument and excludes it from the designation of that financial instrument as the hedging instrument (see paragraph 6.2.4 (b)), the entity may apply paragraph 6.5.15 to the forward element of the forward contract or to the foreign currency basis spread in the same manner as it is applied to the time value of an option. In that case, the entity shall apply the application guidance in paragraphs B6.5.34—B6.5.39. **6.5.16**

6.6 Hedges of a Group of Items

Eligibility of a group of items as the hedged item

A group of items (including a group of items that constitute a net position; see paragraphs B6.6.1—B6.6.8) is an eligible hedged item only if: **6.6.1**

(a) it consists of items (including components of items) that are, individually, eligible hedged items;

(b) the items in the group are managed together on a group basis for risk management purposes; and

(c) es sich im Falle einer Absicherung von Zahlungsströmen bei einer Gruppe von Geschäften, bei denen die Zahlungsstromschwankungen voraussichtlich nicht ungefähr proportional zur Gesamtvariabilität der Zahlungsströme der Gruppe sind, sodass gegenläufige Risikopositionen auftreten,
(i) um eine Absicherung des Währungsrisikos handelt und
(ii) bei der Designation dieser Nettoposition die Rechnungslegungsperiode, in der sich die erwarteten Transaktionen voraussichtlich erfolgswirksam auswirken, sowie deren Art und Volumen angegeben werden (siehe Paragraphen B6.6.7–B6.6.8).

Designation einer Komponente eines Nominalbetrags

6.6.2 Eine Komponente, die ein prozentualer Anteil einer infrage kommenden Gruppe von Geschäften ist, kommt als Grundgeschäft infrage, sofern diese Designation mit der Risikomanagementzielsetzung des Unternehmens in Einklang steht.

6.6.3 Eine Layerkomponente einer Gesamtgruppe von Geschäften (beispielsweise ein Bottom Layer) kommt für die Bilanzierung von Sicherungsbeziehungen nur dann infrage, wenn
(a) sie einzeln identifizierbar und verlässlich bewertbar ist,
(b) die Zielsetzung des Risikomanagements in der Absicherung einer Layerkomponente besteht,
(c) die Geschäfte der Gesamtgruppe, aus der der Layer bestimmt wird, dem gleichen abgesicherten Risiko ausgesetzt sind (sodass die Bewertung des abgesicherten Layer nicht signifikant davon abhängt, welche konkreten Geschäfte der Gesamtgruppe dem abgesicherten Layer angehören),
(d) ein Unternehmen bei einer Absicherung von bestehenden Geschäften (beispielsweise eine bilanzunwirksame feste Verpflichtung oder ein bilanzierter Vermögenswert) die Gesamtgruppe der Geschäfte bestimmen und verfolgen kann, aus der der abgesicherte Layer definiert ist (sodass das Unternehmen die Anforderungen an die Bilanzierung zulässiger Sicherungsbeziehungen erfüllen kann), und
(e) sämtliche Geschäfte der Gruppe, die Optionen zur vorzeitigen Rückzahlung enthalten, die Anforderungen an Komponenten eines Nominalbetrags erfüllen (siehe Paragraph B6.3.20).

Darstellung

6.6.4 Bei der Absicherung einer Gruppe von Geschäften mit gegenläufigen Risikopositionen (d. h. der Absicherung einer Nettoposition), bei der das abgesicherte Risiko verschiedene Posten in der Gewinn- und Verlustrechnung bzw. der Gesamtergebnisrechnung betrifft, sind Sicherungsgewinne oder -verluste darin getrennt von den durch die Grundgeschäfte betroffenen Posten in einem gesonderten Posten auszuweisen. Somit bleibt dabei der Betrag in dem Posten, der sich auf das Grundgeschäft selbst bezieht (beispielsweise Umsatzerlöse oder -kosten), hiervon unberührt.

6.6.5 Bei Vermögenswerten und Verbindlichkeiten, die in einer Absicherung des beizulegenden Zeitwerts als Gruppe abgesichert werden, ist der Gewinn oder Verlust über die einzelnen Vermögenswerte und Verbindlichkeiten in der Bilanz als Anpassung des Buchwerts der betreffenden Einzelposten, aus denen sich die Gruppe zusammensetzt, gemäß Paragraph 6.5.8 (b) zu erfassen.

Null-Nettopositionen

6.6.6 Handelt es sich bei dem Grundgeschäft um eine Gruppe, die eine Null-Nettoposition darstellt (d. h. das auf Gruppenbasis gesteuerte Risiko wird durch die Geschäfte selbst vollständig kompensiert), kann ein Unternehmen diese in einer Sicherungsbeziehung ohne Sicherungsinstrument designieren, vorausgesetzt
(a) die Absicherung ist Teil einer Strategie zur revolvierenden Absicherung des Nettorisikos, wobei das Unternehmen neue Positionen gleicher Art im Zeitverlauf routinemäßig absichert (beispielsweise wenn Transaktionen den vom Unternehmen abgesicherten Zeithorizont erreichen),
(b) der Umfang der abgesicherten Nettoposition ändert sich während der Laufzeit der Strategie zur revolvierenden Absicherung des Nettorisikos und das Unternehmen sichert das Nettorisiko unter Anwendung infrage kommender Sicherungsinstrumente ab (d. h. wenn die Nettoposition ungleich null ist),
(c) die Bilanzierung von Sicherungsbeziehungen wird normalerweise auf solche Nettopositionen angewandt, wenn die Nettoposition ungleich null ist und mit infrage kommenden Sicherungsinstrumenten abgesichert ist, und
(d) die Nichtanwendung der Bilanzierung von Sicherungsbeziehungen auf die Null-Nettoposition würde zu inkonsistenten Rechnungslegungsresultaten führen, da bei der Bilanzierung die gegenläufigen Risikopositionen nicht erfasst würden, was ansonsten bei einer Absicherung einer Nettoposition der Fall wäre.

6.7 Wahlrecht, eine Ausfallrisikoposition als erfolgswirksam zum beizulegenden Zeitwert bewertet zu designieren

Ausfallrisikopositionen, die für eine Designation als erfolgswirksam zum beizulegenden Zeitwert bewertet infrage kommen

6.7.1 **Wenn ein Unternehmen ein erfolgswirksam zum beizulegenden Zeitwert bewertetes Kreditderivat zur Steuerung des Ausfallrisikos eines gesamten Finanzinstruments oder eines Teils davon (Ausfallrisikoposition) einsetzt, kann es dieses Finanzinstrument, soweit es derart (d. h. insgesamt oder anteilig) gesteuert wird, als erfolgswirksam zum beizulegenden Zeitwert bewertet designieren, wenn**

(c) in the case of a cash flow hedge of a group of items whose variabilities in cash flows are not expected to be approximately proportional to the overall variability in cash flows of the group so that offsetting risk positions arise:

(i) it is a hedge of foreign currency risk; and

(ii) the designation of that net position specifies the reporting period in which the forecast transactions are expected to affect profit or loss, as well as their nature and volume (see paragraphs B6.6.7—B6.6.8).

Designation of a component of a nominal amount

A component that is a proportion of an eligible group of items is an eligible hedged item provided that designation is consistent with the entity's risk management objective. 6.6.2

A layer component of an overall group of items (for example, a bottom layer) is eligible for hedge accounting only if: 6.6.3

(a) it is separately identifiable and reliably measurable;

(b) the risk management objective is to hedge a layer component;

(c) the items in the overall group from which the layer is identified are exposed to the same hedged risk (so that the measurement of the hedged layer is not significantly affected by which particular items from the overall group form part of the hedged layer);

(d) for a hedge of existing items (for example, an unrecognised firm commitment or a recognised asset) an entity can identify and track the overall group of items from which the hedged layer is defined (so that the entity is able to comply with the requirements for the accounting for qualifying hedging relationships); and

(e) any items in the group that contain prepayment options meet the requirements for components of a nominal amount (see paragraph B6.3.20).

Presentation

For a hedge of a group of items with offsetting risk positions (i.e. in a hedge of a net position) whose hedged risk affects different line items in the statement of profit or loss and other comprehensive income, any hedging gains or losses in that statement shall be presented in a separate line from those affected by the hedged items. Hence, in that statement the amount in the line item that relates to the hedged item itself (for example, revenue or cost of sales) remains unaffected. 6.6.4

For assets and liabilities that are hedged together as a group in a fair value hedge, the gain or loss in the statement of financial position on the individual assets and liabilities shall be recognised as an adjustment of the carrying amount of the respective individual items comprising the group in accordance with paragraph 6.5.8 (b). 6.6.5

Nil net positions

When the hedged item is a group that is a nil net position (i.e. the hedged items among themselves fully offset the risk that is managed on a group basis), an entity is permitted to designate it in a hedging relationship that does not include a hedging instrument, provided that: 6.6.6

(a) the hedge is part of a rolling net risk hedging strategy, whereby the entity routinely hedges new positions of the same type as time moves on (for example, when transactions move into the time horizon for which the entity hedges);

(b) the hedged net position changes in size over the life of the rolling net risk hedging strategy and the entity uses eligible hedging instruments to hedge the net risk (i.e. when the net position is not nil);

(c) hedge accounting is normally applied to such net positions when the net position is not nil and it is hedged with eligible hedging instruments; and

(d) not applying hedge accounting to the nil net position would give rise to inconsistent accounting outcomes, because the accounting would not recognise the offsetting risk positions that would otherwise be recognised in a hedge of a net position.

6.7 Option to Designate a Credit Exposure as Measured at Fair Value Through Profit or Loss

Eligibility of credit exposures for designation at fair value through profit or loss

If an entity uses a credit derivative that is measured at fair value through profit or loss to manage the credit risk of all, or a part of, a financial instrument (credit exposure) it may designate that financial instrument to the extent that it is so managed (i.e. all or a proportion of it) as measured at fair value through profit or loss if: 6.7.1

(a) der Name bei der Ausfallrisikoposition (beispielsweise der Kreditnehmer oder der Begünstigte einer Kreditzusage) mit dem des Referenzunternehmens des Kreditderivats übereinstimmt („name matching"), und

(b) der Rang des Finanzinstruments mit dem der Instrumente, die gemäß dem Kreditderivat geliefert werden können, übereinstimmt.

Ein Unternehmen kann diese Designation unabhängig davon vornehmen, ob das ausfallrisikogesteuerte Finanzinstrument in den Anwendungsbereich des vorliegenden Standards fällt (so kann ein Unternehmen beispielsweise nicht unter diesen Standard fallende Kreditzusagen designieren). Das Unternehmen kann dieses Finanzinstrument beim oder nach dem erstmaligen Ansatz oder während es bilanzunwirksam ist designieren. Das Unternehmen hat die Designation zeitgleich zu dokumentieren.

Bilanzierung von Ausfallrisikopositionen, die als erfolgswirksam zum beizulegenden Zeitwert bewertet designiert sind

6.7.2 Wenn ein Finanzinstrument gemäß Paragraph 6.7.1 nach dem erstmaligen Ansatz als erfolgswirksam zum beizulegenden Zeitwert bewertet designiert wird oder zuvor bilanzunwirksam war, ist die Differenz zum Zeitpunkt der Designation zwischen einem etwaigen Buchwert und dem beizulegenden Zeitwert unverzüglich erfolgswirksam zu erfassen. Bei finanziellen Vermögenswerten, die gemäß Paragraph 4.1.2A zum beizulegenden Zeitwert erfolgsneutral im sonstigen Ergebnis bewertet werden, ist der kumulierte Gewinn oder Verlust, der zuvor im sonstigen Ergebnis erfasst wurde, unverzüglich als Umgliederungsbetrag (siehe IAS 1) erfolgswirksam umzugliedern.

6.7.3 Ein Unternehmen hat die erfolgswirksame Bewertung zum beizulegenden Zeitwert des Finanzinstruments, das das Ausfallrisiko verursacht hat, oder einen prozentualen Anteil eines solchen Finanzinstruments zu beenden, wenn

(a) die Kriterien in Paragraph 6.7.1 nicht länger erfüllt sind, beispielsweise

  (i) das Kreditderivat oder das zugehörige Finanzinstrument, das das Ausfallrisiko verursacht, ausläuft oder veräußert, beendet oder erfüllt wird, oder

  (ii) das Ausfallrisiko des Finanzinstruments nicht länger über Kreditderivate gesteuert wird. Dies könnte beispielsweise aufgrund von Verbesserungen der Bonität des Kreditnehmers oder des Begünstigten einer Kreditzusage oder Änderungen der einem Unternehmen auferlegten Kapitalanforderungen eintreten, und

(b) das Finanzinstrument, das das Ausfallrisiko verursacht, nicht anderweitig erfolgswirksam zum beizulegenden Zeitwert zu bewerten ist (d. h. beim Geschäftsmodell des Unternehmens ist zwischenzeitlich keine Änderung eingetreten, die eine Umgliederung gemäß Paragraph 4.4.1 erfordert hätte).

6.7.4 Wenn ein Unternehmen die erfolgswirksame Bewertung zum beizulegenden Zeitwert des Finanzinstruments, das das Ausfallrisiko verursacht, oder eines prozentualen Anteils eines solchen Finanzinstruments beendet, wird der beizulegende Zeitwert des Finanzinstruments zum Zeitpunkt der Beendigung zu seinem neuen Buchwert. Anschließend ist die gleiche Bewertung anzuwenden, die vor der Designation des Finanzinstruments zur erfolgswirksamen Bewertung zum beizulegenden Zeitwert verwendet wurde (einschließlich der aus dem neuen Buchwert resultierenden Amortisation). Beispielsweise würde ein finanzieller Vermögenswert, der ursprünglich als zu fortgeführten Anschaffungskosten bewertet eingestuft war, wieder auf diese Weise bewertet und sein Effektivzinssatz basierend auf seinem neuen Bruttobuchwert zum Zeitpunkt der Beendigung der erfolgswirksamen Bewertung zum beizulegenden Zeitwert neu berechnet werden.

6.8 Vorübergehende Ausnahmen von der Anwendung spezieller Vorschriften für die Bilanzierung von Sicherungsbeziehungen

6.8.1 Die Paragraphen 6.8.4–6.8.12 und die Paragraphen 7.1.8 und 7.2.26 (d) sind auf alle Sicherungsbeziehungen anzuwenden, die von der Reform der Referenzzinssätze unmittelbar betroffen sind. Diese Paragraphen gelten ausschließlich für Sicherungsbeziehungen der genannten Art. Eine Sicherungsbeziehung ist nur dann unmittelbar von der Reform der Referenzzinssätze betroffen, wenn die Reform Unsicherheiten in Bezug auf Folgendes aufwirft:

(a) den als abgesichertes Risiko designierten (vertraglich oder nicht vertraglich spezifizierten) Referenzzinssatz und/oder

(b) den Zeitpunkt oder die Höhe referenzzinssatzbasierter Zahlungsströme aus dem Grundgeschäft oder dem Sicherungsinstrument.

6.8.2 Für die Anwendung der Paragraphen 6.8.4–6.8.12 bezeichnet „Reform der Referenzzinssätze" die marktweite Reform eines Referenzzinssatzes, einschließlich seiner Ablösung durch einen alternativen Referenzsatz, wie sie sich aus den Empfehlungen im Bericht des Finanzstabilitätsrates „Reforming Major Interest Rate Benchmarks" vom Juli 2014[2] ergibt.

6.8.3 Die in den Paragraphen 6.8.4–6.8.12 vorgesehenen Ausnahmen gelten nur für die dort genannten Vorschriften. Alle anderen Vorschriften für die Bilanzierung von Sicherungsbeziehungen sind vom Unternehmen auch weiterhin auf die von der Reform der Referenzzinssätze unmittelbar betroffenen Sicherungsbeziehungen anzuwenden.

Anforderung einer „hohen Wahrscheinlichkeit" bei der Absicherung von Zahlungsströmen

6.8.4 Zwecks Beurteilung, ob eine erwartete Transaktion (oder eine Komponente derselben) gemäß der Anforderung des Paragraphen 6.3.3 hochwahrscheinlich ist, hat ein Unternehmen anzunehmen, dass sich der (vertraglich oder nicht vertraglich spezifizierte) Referenzzinssatz, auf dem die abgesicherten Zahlungsströme beruhen, durch die Reform der Referenzzinssätze nicht verändert.

---

2 Dieser Bericht ist abrufbar unter: http://www.fsb.org/wp-content/uploads/r_140722.pdf.

(a) the name of the credit exposure (for example, the borrower, or the holder of a loan commitment) matches the reference entity of the credit derivative ('name matching'); and
(b) the seniority of the financial instrument matches that of the instruments that can be delivered in accordance with the credit derivative.

An entity may make this designation irrespective of whether the financial instrument that is managed for credit risk is within the scope of this Standard (for example, an entity may designate loan commitments that are outside the scope of this Standard). The entity may designate that financial instrument at, or subsequent to, initial recognition, or while it is unrecognised. The entity shall document the designation concurrently.

Accounting for credit exposures designated at fair value through profit or loss

If a financial instrument is designated in accordance with paragraph 6.7.1 as measured at fair value through profit or loss after its initial recognition, or was previously not recognised, the difference at the time of designation between the carrying amount, if any, and the fair value shall immediately be recognised in profit or loss. For financial assets measured at fair value through other comprehensive income in accordance with paragraph 4.1.2A, the cumulative gain or loss previously recognised in other comprehensive income shall immediately be reclassified from equity to profit or loss as a reclassification adjustment (see IAS 1). **6.7.2**

An entity shall discontinue measuring the financial instrument that gave rise to the credit risk, or a proportion of that financial instrument, at fair value through profit or loss if: **6.7.3**

(a) the qualifying criteria in paragraph 6.7.1 are no longer met, for example:
  (i) the credit derivative or the related financial instrument that gives rise to the credit risk expires or is sold, terminated or settled; or
  (ii) the credit risk of the financial instrument is no longer managed using credit derivatives. For example, this could occur because of improvements in the credit quality of the borrower or the loan commitment holder or changes to capital requirements imposed on an entity; and
(b) the financial instrument that gives rise to the credit risk is not otherwise required to be measured at fair value through profit or loss (i.e. the entity's business model has not changed in the meantime so that a reclassification in accordance with paragraph 4.4.1 was required).

When an entity discontinues measuring the financial instrument that gives rise to the credit risk, or a proportion of that financial instrument, at fair value through profit or loss, that financial instrument's fair value at the date of discontinuation becomes its new carrying amount. Subsequently, the same measurement that was used before designating the financial instrument at fair value through profit or loss shall be applied (including amortisation that results from the new carrying amount). For example, a financial asset that had originally been classified as measured at amortised cost would revert to that measurement and its effective interest rate would be recalculated based on its new gross carrying amount on the date of discontinuing measurement at fair value through profit or loss. **6.7.4**

6.8 Temporary Exceptions from Applying Specific Hedge Accounting Requirements

An entity shall apply paragraphs 6.8.4—6.8.12 and paragraphs 7.1.8 and 7.2.26 (d) to all hedging relationships directly affected by interest rate benchmark reform. These paragraphs apply only to such hedging relationships. A hedging relationship is directly affected by interest rate benchmark reform only if the reform gives rise to uncertainties about: **6.8.1**

(a) the interest rate benchmark (contractually or non-contractually specified) designated as a hedged risk; and/or
(b) the timing or the amount of interest rate benchmark-based cash flows of the hedged item or of the hedging instrument.

For the purpose of applying paragraphs 6.8.4—6.8.12, the term 'interest rate benchmark reform' refers to the market-wide reform of an interest rate benchmark, including the replacement of an interest rate benchmark with an alternative benchmark rate such as that resulting from the recommendations set out in the Financial Stability Board's July 2014 report 'Reforming Major Interest Rate Benchmarks'.[2] **6.8.2**

Paragraphs 6.8.4—6.8.12 provide exceptions only to the requirements specified in these paragraphs. An entity shall continue to apply all other hedge accounting requirements to hedging relationships directly affected by interest rate benchmark reform. **6.8.3**

Highly probable requirement for cash flow hedges

For the purpose of determining whether a forecast transaction (or a component thereof) is highly probable as required by paragraph 6.3.3, an entity shall assume that the interest rate benchmark on which the hedged cash flows (contractually or non-contractually specified) are based is not altered as a result of interest rate benchmark reform. **6.8.4**

2 The report, 'Reforming Major Interest Rate Benchmarks', is available at http://www.fsb.org/wp-content/uploads/r_140722.pdf.

Umgliederung des in der Rücklage für die Absicherung von Zahlungsströmen kumulierten Betrags

6.8.5 Für die Anwendung der Vorschriften des Paragraphen 6.5.12 hat ein Unternehmen bei der Beurteilung, ob zu erwarten ist, dass die abgesicherten künftigen Zahlungsströme eintreten, anzunehmen, dass sich der (vertraglich oder nicht vertraglich spezifizierte) Referenzzinssatz, auf dem die abgesicherten Zahlungsströme beruhen, durch die Reform der Referenzzinssätze nicht verändert.

Beurteilung der wirtschaftlichen Beziehung zwischen dem Grundgeschäft und dem Sicherungsinstrument

6.8.6 Für die Anwendung der Vorschriften der Paragraphen 6.4.1 (c) (i) und B6.4.4–B6.4.6 hat ein Unternehmen anzunehmen, dass sich der (vertraglich oder nicht vertraglich spezifizierte) Referenzzinssatz, auf dem die abgesicherten Zahlungsströme und/oder das abgesicherte Risiko beruhen, oder der Referenzzinssatz, auf dem die Zahlungsströme des Sicherungsinstruments beruhen, durch die Reform der Referenzzinssätze nicht verändert.

Designation einer Geschäftskomponente als Grundgeschäft

6.8.7 Sofern nicht Paragraph 6.8.8 gilt, hat ein Unternehmen bei der Absicherung einer Komponente des Zinsänderungsrisikos bei einem nicht vertraglich spezifizierten Referenzzinssatz die Vorgabe der Paragraphen 6.3.7 (a) und B6.3.8 (wonach die Risikokomponente einzeln identifizierbar sein muss) nur zu Beginn der Sicherungsbeziehung anzuwenden.

6.8.8 Wenn ein Unternehmen entsprechend seiner Sicherungsdokumentation eine Sicherungsbeziehung häufig erneuert (d. h. beendet und neu beginnt), da sich sowohl das Sicherungsinstrument als auch das Grundgeschäft häufig ändern (d. h. das Unternehmen einen dynamischen Prozess anwendet, bei dem sowohl die Grundgeschäfte als auch die zur Steuerung dieses Risikos eingesetzten Sicherungsinstrumente nicht lange gleich bleiben), muss es die Vorschrift der Paragraphen 6.3.7 (a) und B6.3.8 (wonach die Risikokomponente einzeln identifizierbar sein muss) nur bei der erstmaligen Designation eines Grundgeschäfts in dieser Sicherungsbeziehung erfüllen. Wurde ein Grundgeschäft bei seiner erstmaligen Designation in einer Sicherungsbeziehung einer Beurteilung unterzogen, so muss es unabhängig davon, ob diese Beurteilung zu Beginn der Sicherungsbeziehung oder danach erfolgte, bei einer neuerlichen Designation innerhalb derselben Sicherungsbeziehung nicht erneut beurteilt werden.

Ende der Anwendung

6.8.9 Ein Unternehmen hat die Anwendung des Paragraphen 6.8.4 auf ein Grundgeschäft prospektiv zum früheren der nachstehend genannten Termine einzustellen:

(a) wenn die durch die Reform der Referenzzinssätze bedingte Unsicherheit, was den Zeitpunkt und die Höhe der referenzzinssatzbasierten Zahlungsströme aus dem Grundgeschäft angeht, nicht mehr besteht und

(b) wenn die Sicherungsbeziehung, zu der das Grundgeschäft gehört, beendet wird.

6.8.10 Ein Unternehmen hat die Anwendung des Paragraphen 6.8.5 prospektiv zum früheren der nachstehend genannten Termine einzustellen:

(a) wenn die durch die Reform der Referenzzinssätze bedingte Unsicherheit, was den Zeitpunkt und die Höhe der referenzzinssatzbasierten künftigen Zahlungsströme aus dem Grundgeschäft angeht, nicht mehr besteht und

(b) wenn der für diese beendete Sicherungsbeziehung in der Rücklage für die Absicherung von Zahlungsströmen kumulierte Betrag in voller Höhe erfolgswirksam umgegliedert wurde.

6.8.11 Ein Unternehmen hat die Anwendung des Paragraphen 6.8.6 in folgenden Fällen prospektiv einzustellen:

(a) bei einem Grundgeschäft, wenn die durch die Reform der Referenzzinssätze bedingte Unsicherheit, was das abgesicherte Risiko oder den Zeitpunkt und die Höhe der referenzzinssatzbasierten Zahlungsströme aus dem Grundgeschäft angeht, nicht mehr besteht und

(b) bei einem Sicherungsinstrument, wenn die durch die Reform der Referenzzinssätze bedingte Unsicherheit, was den Zeitpunkt und die Höhe der referenzzinssatzbasierten Zahlungsströme aus dem Sicherungsinstrument angeht, nicht mehr besteht.

Wenn die Sicherungsbeziehung, zu der das Grundgeschäft und das Sicherungsinstrument gehören, vor dem in Paragraph 6.8.11 (a) oder dem in Paragraph 6.8.11 (b) genannten Datum beendet wird, hat das Unternehmen die Anwendung des Paragraphen 6.8.6 auf diese Sicherungsbeziehung zum Zeitpunkt der Beendigung prospektiv einzustellen.

6.8.12 Wenn ein Unternehmen eine Gruppe von Geschäften als Grundgeschäft oder eine Kombination von Finanzinstrumenten als Sicherungsinstrument designiert, hat es die Anwendung der Paragraphen 6.8.4–6.8.6 auf ein einzelnes Geschäft oder Finanzinstrument gemäß den Paragraphen 6.8.9, 6.8.10 oder 6.8.11 – je nachdem, welcher im Einzelfall relevant ist – einzustellen, wenn die durch die Reform der Referenzzinssätze bedingte Unsicherheit, was das abgesicherte Risiko und/oder den Zeitpunkt und die Höhe der referenzzinssatzbasierten Zahlungsströme aus diesem Geschäft oder Finanzinstrument angeht, nicht mehr besteht.

6.8.13 Ein Unternehmen hat die Anwendung der Paragraphen 6.8.7 und 6.8.8 prospektiv zum früheren der nachstehend genannten Termine einzustellen:

(a) wenn in Anwendung von Paragraph 6.9.1 infolge der Reform der Referenzzinssätze erforderliche Änderungen an der nicht vertraglich spezifizierten Risikokomponente vorgenommen werden oder

Reclassifying the amount accumulated in the cash flow hedge reserve

For the purpose of applying the requirement in paragraph 6.5.12 in order to determine whether the hedged future cash flows are expected to occur, an entity shall assume that the interest rate benchmark on which the hedged cash flows (contractually or non-contractually specified) are based is not altered as a result of interest rate benchmark reform. **6.8.5**

Assessing the economic relationship between the hedged item and the hedging instrument

For the purpose of applying the requirements in paragraphs 6.4.1 (c) (i) and B6.4.4—B6.4.6, an entity shall assume that the interest rate benchmark on which the hedged cash flows and/or the hedged risk (contractually or non-contractually specified) are based, or the interest rate benchmark on which the cash flows of the hedging instrument are based, is not altered as a result of interest rate benchmark reform. **6.8.6**

Designating a component of an item as a hedged item

Unless paragraph 6.8.8 applies, for a hedge of a non-contractually specified benchmark component of interest rate risk, an entity shall apply the requirement in paragraphs 6.3.7 (a) and B6.3.8—that the risk component shall be separately identifiable—only at the inception of the hedging relationship. **6.8.7**

When an entity, consistent with its hedge documentation, frequently resets (ie discontinues and restarts) a hedging relationship because both the hedging instrument and the hedged item frequently change (i.e. the entity uses a dynamic process in which both the hedged items and the hedging instruments used to manage that exposure do not remain the same for long), the entity shall apply the requirement in paragraphs 6.3.7 (a) and B6.3.8—that the risk component is separately identifiable—only when it initially designates a hedged item in that hedging relationship. A hedged item that has been assessed at the time of its initial designation in the hedging relationship, whether it was at the time of the hedge inception or subsequently, is not reassessed at any subsequent redesignation in the same hedging relationship. **6.8.8**

End of application

An entity shall prospectively cease applying paragraph 6.8.4 to a hedged item at the earlier of: **6.8.9**
(a) when the uncertainty arising from interest rate benchmark reform is no longer present with respect to the timing and the amount of the interest rate benchmark-based cash flows of the hedged item; and
(b) when the hedging relationship that the hedged item is part of is discontinued.

An entity shall prospectively cease applying paragraph 6.8.5 at the earlier of: **6.8.10**
(a) when the uncertainty arising from interest rate benchmark reform is no longer present with respect to the timing and the amount of the interest rate benchmark-based future cash flows of the hedged item; and
(b) when the entire amount accumulated in the cash flow hedge reserve with respect to that discontinued hedging relationship has been reclassified to profit or loss.

An entity shall prospectively cease applying paragraph 6.8.6: **6.8.11**
(a) to a hedged item, when the uncertainty arising from interest rate benchmark reform is no longer present with respect to the hedged risk or the timing and the amount of the interest rate benchmark-based cash flows of the hedged item; and
(b) to a hedging instrument, when the uncertainty arising from interest rate benchmark reform is no longer present with respect to the timing and the amount of the interest rate benchmark-based cash flows of the hedging instrument.

If the hedging relationship that the hedged item and the hedging instrument are part of is discontinued earlier than the date specified in paragraph 6.8.11 (a) or the date specified in paragraph 6.8.11 (b), the entity shall prospectively cease applying paragraph 6.8.6 to that hedging relationship at the date of discontinuation.

When designating a group of items as the hedged item, or a combination of financial instruments as the hedging instrument, an entity shall prospectively cease applying paragraphs 6.8.4—6.8.6 to an individual item or financial instrument in accordance with paragraphs 6.8.9, 6.8.10, or 6.8.11, as relevant, when the uncertainty arising from interest rate benchmark reform is no longer present with respect to the hedged risk and/or the timing and the amount of the interest rate benchmark-based cash flows of that item or financial instrument. **6.8.12**

An entity shall prospectively cease applying paragraphs 6.8.7 and 6.8.8 at the earlier of: **6.8.13**
(a) when changes required by interest rate benchmark reform are made to the non-contractually specified risk component applying paragraph 6.9.1; or

(b) wenn die Sicherungsbeziehung, in der die nicht vertraglich spezifizierte Risikokomponente designiert ist, beendet wird.

6.9 Weitere durch die Reform der Referenzzinssätze bedingte vorübergehende Ausnahmen

6.9.1 Sobald die in den Paragraphen 6.8.4–6.8.8 aufgestellten Voraussetzungen auf eine Sicherungsbeziehung nicht mehr anwendbar sind (siehe die Paragraphen 6.8.9–6.8.13), hat ein Unternehmen die formale Designation der jeweiligen Sicherungsbeziehung in der zuvor dokumentierten Weise anzupassen, um den aufgrund der Reform der Referenzzinssätze erforderlichen Änderungen Rechnung zu tragen, d. h. die Änderungen stehen mit den Bestimmungen der Paragraphen 5.4.6–5.4.8 in Einklang. In diesem Zusammenhang ist die Designation der Sicherungsbeziehung nur anzupassen, wenn eine oder mehrere der folgenden Änderungen vorgenommen werden:

(a) eine Designation eines alternativen (vertraglich oder nicht vertraglich spezifizierten) Referenzzinssatzes als abgesichertes Risiko,

(b) eine Anpassung der Beschreibung des Grundgeschäfts, einschließlich der Beschreibung des designierten Teils der abgesicherten Zahlungsströme oder des abgesicherten beizulegenden Zeitwerts, oder

(c) eine Anpassung der Beschreibung des Sicherungsinstruments.

6.9.2 Ein Unternehmen hat die Bestimmungen des Paragraphen 6.9.1 (c) auch anzuwenden, wenn die folgenden drei Bedingungen erfüllt sind:

(a) das Unternehmen nimmt eine aufgrund der Reform der Referenzzinssätze erforderliche Änderung auf andere Weise vor als durch eine Änderung der Basis für die Ermittlung der vertraglichen Zahlungsströme aus dem Sicherungsinstrument (wie in Paragraph 5.4.6 beschrieben),

(b) das ursprüngliche Sicherungsinstrument wird nicht ausgebucht und

(c) die gewählte Vorgehensweise ist wirtschaftlich gleichwertig mit einer Änderung der Basis für die Ermittlung der vertraglichen Zahlungsströme aus dem ursprünglichen Sicherungsinstrument (wie in den Paragraphen 5.4.7 und 5.4.8 beschrieben).

6.9.3 Die in den Paragraphen 6.8.4–6.8.8 aufgestellten Voraussetzungen können zu unterschiedlichen Zeitpunkten nicht mehr anwendbar sein. Daher kann ein Unternehmen nach Paragraph 6.9.1 verpflichtet sein, die formale Designation seiner Sicherungsbeziehungen zu unterschiedlichen Zeitpunkten anzupassen oder die formale Designation einer Sicherungsbeziehung mehr als einmal anzupassen. Nur dann, wenn eine solche Änderung an der Designation der Sicherungsbeziehung vorgenommen wird, hat ein Unternehmen je nach Fall die Paragraphen 6.9.7–6.9.12 anzuwenden. Ein Unternehmen hat zudem Paragraph 6.5.8 (bei einer Absicherung des beizulegenden Zeitwerts) oder Paragraph 6.5.11 (bei einer Absicherung von Zahlungsströmen) anzuwenden, um etwaige Änderungen des beizulegenden Zeitwerts des Grundgeschäfts oder des Sicherungsinstruments zu bilanzieren.

6.9.4 Ein Unternehmen hat eine Sicherungsbeziehung gemäß Paragraph 6.9.1 bis zum Ende jener Berichtsperiode anzupassen, in der eine aufgrund der Reform der Referenzzinssätze erforderliche Änderung des abgesicherten Risikos, des Grundgeschäfts oder des Sicherungsinstruments vorgenommen wird. Eine solche Anpassung der formalen Designation einer Sicherungsbeziehung stellt weder eine Beendigung der Sicherungsbeziehung noch eine Designation einer neuen Sicherungsbeziehung dar.

6.9.5 Werden zusätzlich zu den aufgrund der Reform der Referenzzinssätze erforderlichen Änderungen weitere Änderungen an dem/der in einer Sicherungsbeziehung designierten finanziellen Vermögenswert oder finanziellen Verbindlichkeit (wie in den Paragraphen 5.4.6–5.4.8 beschrieben) oder an der Designation der Sicherungsbeziehung (gemäß Paragraph 6.9.1) vorgenommen, so hat ein Unternehmen zunächst die geltenden Anforderungen dieses Standards anzuwenden, um zu ermitteln, ob diese zusätzlichen Änderungen die Beendigung der Bilanzierung von Sicherungsbeziehungen bewirken. Führen die zusätzlichen Änderungen nicht zur Beendigung der Bilanzierung von Sicherungsbeziehungen, hat ein Unternehmen die formale Designation der Sicherungsbeziehung gemäß Paragraph 6.9.1 anzupassen.

6.9.6 Die in den Paragraphen 6.9.7–6.9.13 vorgesehenen Ausnahmen gelten nur für die dort genannten Anforderungen. Ein Unternehmen hat auf Sicherungsbeziehungen, die von der Reform der Referenzzinssätze unmittelbar betroffen sind, alle anderen in diesem Standard enthaltenen Vorschriften zur Bilanzierung von Sicherungsbeziehungen anzuwenden, einschließlich der in Paragraph 6.4.1 genannten Kriterien.

Bilanzierung qualifizierender Sicherungsbeziehungen

Absicherung von Zahlungsströmen

6.9.7 Für die Anwendung des Paragraphen 6.5.11 wird zu dem Zeitpunkt, zu dem ein Unternehmen die Beschreibung eines Grundgeschäfts gemäß Paragraph 6.9.1 (b) anpasst, unterstellt, dass der in der Rücklage für die Absicherung von Zahlungsströmen erfasste kumulierte Betrag auf dem alternativen Referenzzinssatz basiert, anhand dessen die abgesicherten künftigen Zahlungsströme ermittelt werden.

(b) when the hedging relationship in which the non-contractually specified risk component is designated is discontinued.

6.9 Additional Temporary Exceptions Arising from Interest Rate Benchmark Reform

As and when the requirements in paragraphs 6.8.4—6.8.8 cease to apply to a hedging relationship (see paragraphs 6.8.9—6.8.13), an entity shall amend the formal designation of that hedging relationship as previously documented to reflect the changes required by interest rate benchmark reform, ie the changes are consistent with the requirements in paragraphs 5.4.6—5.4.8. In this context, the hedge designation shall be amended only to make one or more of these changes: **6.9.1**

(a) designating an alternative benchmark rate (contractually or non-contractually specified) as a hedged risk;
(b) amending the description of the hedged item, including the description of the designated portion of the cash flows or fair value being hedged; or
(c) amending the description of the hedging instrument.

An entity also shall apply the requirement in paragraph 6.9.1 (c) if these three conditions are met: **6.9.2**

(a) the entity makes a change required by interest rate benchmark reform using an approach other than changing the basis for determining the contractual cash flows of the hedging instrument (as described in paragraph 5.4.6);
(b) the original hedging instrument is not derecognised; and
(c) the chosen approach is economically equivalent to changing the basis for determining the contractual cash flows of the original hedging instrument (as described in paragraphs 5.4.7 and 5.4.8).

The requirements in paragraphs 6.8.4—6.8.8 may cease to apply at different times. Therefore, in applying paragraph 6.9.1, an entity may be required to amend the formal designation of its hedging relationships at different times, or may be required to amend the formal designation of a hedging relationship more than once. When, and only when, such a change is made to the hedge designation, an entity shall apply paragraphs 6.9.7—6.9.12 as applicable. An entity also shall apply paragraph 6.5.8 (for a fair value hedge) or paragraph 6.5.11 (for a cash flow hedge) to account for any changes in the fair value of the hedged item or the hedging instrument. **6.9.3**

An entity shall amend a hedging relationship as required in paragraph 6.9.1 by the end of the reporting period during which a change required by interest rate benchmark reform is made to the hedged risk, hedged item or hedging instrument. For the avoidance of doubt, such an amendment to the formal designation of a hedging relationship constitutes neither the discontinuation of the hedging relationship nor the designation of a new hedging relationship. **6.9.4**

If changes are made in addition to those changes required by interest rate benchmark reform to the financial asset or financial liability designated in a hedging relationship (as described in paragraphs 5.4.6—5.4.8) or to the designation of the hedging relationship (as required by paragraph 6.9.1), an entity shall first apply the applicable requirements in this Standard to determine if those additional changes result in the discontinuation of hedge accounting. If the additional changes do not result in the discontinuation of hedge accounting, an entity shall amend the formal designation of the hedging relationship as specified in paragraph 6.9.1. **6.9.5**

Paragraphs 6.9.7—6.9.13 provide exceptions to the requirements specified in those paragraphs only. An entity shall apply all other hedge accounting requirements in this Standard, including the qualifying criteria in paragraph 6.4.1, to hedging relationships that were directly affected by interest rate benchmark reform. **6.9.6**

Accounting for qualifying hedging relationships

Cash flow hedges

For the purpose of applying paragraph 6.5.11, at the point when an entity amends the description of a hedged item as required in paragraph 6.9.1 (b), the amount accumulated in the cash flow hedge reserve shall be deemed to be based on the alternative benchmark rate on which the hedged future cash flows are determined. **6.9.7**

6.9.8 Wird bei einer beendeten Sicherungsbeziehung der Referenzzinssatz, auf dem die abgesicherten künftigen Zahlungsströme basierten, entsprechend den Anforderungen der Reform der Referenzzinssätze geändert, so wird für die Anwendung des Paragraphen 6.5.12 hinsichtlich der Feststellung, ob mit dem Eintreten der abgesicherten künftigen Zahlungsströme zu rechnen ist, unterstellt, dass der in der Rücklage für die Absicherung von Zahlungsströmen für die jeweilige Sicherungsbeziehung erfasste kumulierte Betrag auf dem alternativen Referenzzinssatz basiert, auf dem die abgesicherten künftigen Zahlungsströme beruhen werden.

Gruppen von Geschäften

6.9.9 Wendet ein Unternehmen Paragraph 6.9.1 auf Gruppen von Geschäften an, die bei einer Absicherung des beizulegenden Zeitwerts oder bei einer Absicherung von Zahlungsströmen als Grundgeschäfte designiert werden, hat es die Geschäfte auf Basis des abgesicherten Referenzzinssatzes Untergruppen zuzuordnen und für jede Untergruppe den Referenzzinssatz als abgesichertes Risiko zu designieren. Bei einer Sicherungsbeziehung, bei der eine Gruppe von Geschäften gegen Änderungen eines von der Reform der Referenzzinssätze betroffenen Referenzzinssatzes abgesichert wird, könnten zum Beispiel die abgesicherten Zahlungsströme oder der abgesicherte beizulegende Zeitwert einiger Geschäfte der Gruppe auf einen alternativen Referenzzinssatz umgestellt werden, bevor dies bei anderen Geschäften der Gruppe der Fall ist. In diesem Beispiel würde das Unternehmen in Anwendung des Paragraphen 6.9.1 den alternativen Referenzzinssatz als abgesichertes Risiko für diese relevante Grundgeschäftsuntergruppe designieren. Für die andere Grundgeschäftsuntergruppe würde das Unternehmen weiterhin den geltenden Referenzzinssatz als abgesichertes Risiko designieren, bis die abgesicherten Zahlungsströme oder der abgesicherte beizulegende Zeitwert dieser Geschäfte auf den alternativen Referenzzinssatz umgestellt werden oder die Geschäfte auslaufen und durch Geschäfte ersetzt werden, denen der alternative Referenzzinssatz zugrunde liegt.

6.9.10 Ein Unternehmen hat für jede Untergruppe separat zu beurteilen, ob sie die in Paragraph 6.6.1 genannten Anforderungen an ein Grundgeschäft erfüllt. Erfüllt eine Untergruppe die Anforderungen des Paragraphen 6.6.1 nicht, hat das Unternehmen die Bilanzierung von Sicherungsbeziehungen prospektiv für die Sicherungsbeziehung in ihrer Gesamtheit einzustellen. Ein Unternehmen hat auch die Vorschriften der Paragraphen 6.5.8 und 6.5.11 anzuwenden, um eine Unwirksamkeit hinsichtlich der Sicherungsbeziehung in ihrer Gesamtheit zu bilanzieren.

Designation von Risikokomponenten

6.9.11 Ein alternativer Referenzzinssatz, der als nicht vertraglich spezifizierte Risikokomponente designiert und zum Zeitpunkt der Designation nicht einzeln identifizierbar ist (siehe die Paragraphen 6.3.7 (a) und B6.3.8), wird nur dann als zu diesem Zeitpunkt separat identifizierbar unterstellt, wenn das Unternehmen angemessenerweise davon ausgehen kann, dass der alternative Referenzzinssatz innerhalb eines Zeitraums von 24 Monaten ab dem Zeitpunkt der Designation als Risikokomponente einzeln identifizierbar sein wird. Der Zeitraum von 24 Monaten gilt gesondert für jeden alternativen Referenzzinssatz und beginnt ab dem Zeitpunkt, an dem das Unternehmen den jeweiligen alternativen Referenzzinssatz erstmals als nicht vertraglich spezifizierte Risikokomponente designiert hat (d. h. der 24-Monats-Zeitraum gilt eigenständig für jeden Zinssatz).

6.9.12 Wenn ein Unternehmen zu einem späteren Zeitpunkt angemessenerweise davon ausgehen muss, dass der alternative Referenzzinssatz innerhalb von 24 Monaten ab dem Zeitpunkt, zu dem das Unternehmen ihn erstmals als nicht vertraglich spezifizierte Risikokomponente designiert hat, nicht einzeln identifizierbar sein wird, hat es die Anwendung der in Paragraph 6.9.11 genannten Anforderung auf diesen alternativen Referenzzinssatz zu beenden und die Bilanzierung von Sicherungsbeziehungen ab dem Zeitpunkt dieser erneuten Einschätzung für alle Sicherungsbeziehungen, bei denen der alternative Referenzzinssatz als nicht vertraglich spezifizierte Risikokomponente designiert wurde, prospektiv einzustellen.

6.9.13 Zusätzlich zu den in Paragraph 6.9.1 genannten Sicherungsbeziehungen hat ein Unternehmen die Vorschriften der Paragraphen 6.9.11 und 6.9.12 auf neue Sicherungsbeziehungen anzuwenden, bei denen ein alternativer Referenzzinssatz als nicht vertraglich spezifizierte Risikokomponente designiert wird (siehe die Paragraphen 6.3.7 (a) und B6.3.8), wenn die jeweilige Risikokomponente aufgrund der Reform der Referenzzinssätze zum Zeitpunkt ihrer Designation nicht einzeln identifizierbar ist.

6.10 Verträge, die sich auf naturabhängigen Strom beziehen

6.10.1 Einige Verträge, die sich auf naturabhängigen Strom beziehen, werden bei Absicherungen erwarteter Stromtransaktionen als Sicherungsinstrumente designiert. Zusätzlich zu den Anforderungen in Paragraph 6.3.7 darf ein Unternehmen für eine solche Sicherungsbeziehung als Grundgeschäft eine variable nominale Menge an erwarteten Stromtransaktionen designieren, die mit der variablen Menge an naturabhängigem Strom übereinstimmt, die von der Produktionsanlage, auf die sich das Sicherungsinstrument bezieht, voraussichtlich geliefert wird. Die übrigen Vorschriften dieses Kapitels über die Bilanzierung von Sicherungsbeziehungen gelten für eine solche Sicherungsbeziehung weiterhin.

6.10.2 Hängen die Zahlungsströme des als Sicherungsinstrument designierten Vertrags, der sich auf naturabhängigen Strom bezieht, vom Eintreten einer erwarteten Transaktion ab, die gemäß Paragraph 6.10.1 als das Grundgeschäft designiert ist, wird angenommen, dass diese erwartete Transaktion hochwahrscheinlich ist, wie in Paragraph 6.3.3 verlangt.

For a discontinued hedging relationship, when the interest rate benchmark on which the hedged future cash flows had been based is changed as required by interest rate benchmark reform, for the purpose of applying paragraph 6.5.12 in order to determine whether the hedged future cash flows are expected to occur, the amount accumulated in the cash flow hedge reserve for that hedging relationship shall be deemed to be based on the alternative benchmark rate on which the hedged future cash flows will be based. 6.9.8

Groups of items

When an entity applies paragraph 6.9.1 to groups of items designated as hedged items in a fair value or cash flow hedge, the entity shall allocate the hedged items to subgroups based on the benchmark rate being hedged and designate the benchmark rate as the hedged risk for each subgroup. For example, in a hedging relationship in which a group of items is hedged for changes in an interest rate benchmark subject to interest rate benchmark reform, the hedged cash flows or fair value of some items in the group could be changed to reference an alternative benchmark rate before other items in the group are changed. In this example, in applying paragraph 6.9.1, the entity would designate the alternative benchmark rate as the hedged risk for that relevant subgroup of hedged items. The entity would continue to designate the existing interest rate benchmark as the hedged risk for the other subgroup of hedged items until the hedged cash flows or fair value of those items are changed to reference the alternative benchmark rate or the items expire and are replaced with hedged items that reference the alternative benchmark rate. 6.9.9

An entity shall assess separately whether each subgroup meets the requirements in paragraph 6.6.1 to be an eligible hedged item. If any subgroup fails to meet the requirements in paragraph 6.6.1, the entity shall discontinue hedge accounting prospectively for the hedging relationship in its entirety. An entity also shall apply the requirements in paragraphs 6.5.8 and 6.5.11 to account for ineffectiveness related to the hedging relationship in its entirety. 6.9.10

Designation of risk components

An alternative benchmark rate designated as a non-contractually specified risk component that is not separately identifiable (see paragraphs 6.3.7 (a) and B6.3.8) at the date it is designated shall be deemed to have met that requirement at that date, if, and only if, the entity reasonably expects the alternative benchmark rate will be separately identifiable within 24 months. The 24-month period applies to each alternative benchmark rate separately and starts from the date the entity designates the alternative benchmark rate as a non-contractually specified risk component for the first time (i.e. the 24-month period applies on a rate-by-rate basis). 6.9.11

If subsequently an entity reasonably expects that the alternative benchmark rate will not be separately identifiable within 24 months from the date the entity designated it as a non-contractually specified risk component for the first time, the entity shall cease applying the requirement in paragraph 6.9.11 to that alternative benchmark rate and discontinue hedge accounting prospectively from the date of that reassessment for all hedging relationships in which the alternative benchmark rate was designated as a non-contractually specified risk component. 6.9.12

In addition to those hedging relationships specified in paragraph 6.9.1, an entity shall apply the requirements in paragraphs 6.9.11 and 6.9.12 to new hedging relationships in which an alternative benchmark rate is designated as a non-contractually specified risk component (see paragraphs 6.3.7 (a) and B6.3.8) when, because of interest rate benchmark reform, that risk component is not separately identifiable at the date it is designated. 6.9.13

6.10 CONTRACTS REFERENCING NATURE-DEPENDENT ELECTRICITY

Some contracts referencing nature-dependent electricity are designated as hedging instruments in hedges of forecast electricity transactions. In addition to the requirements in paragraph 6.3.7, for such a hedging relationship an entity is permitted to designate as the hedged item a variable nominal amount of forecast electricity transactions that is aligned with the variable amount of nature-dependent electricity expected to be delivered by the generation facility as referenced in the hedging instrument. The other hedge accounting requirements of this chapter continue to apply to such a hedging relationship. 6.10.1

If the cash flows of the contract referencing nature-dependent electricity designated as the hedging instrument are conditional on the occurrence of a forecast transaction that is designated as the hedged item in accordance with paragraph 6.10.1, this forecast transaction is presumed to be highly probable as required by paragraph 6.3.3. 6.10.2

KAPITEL 7 ZEITPUNKT DES INKRAFTTRETENS UND ÜBERGANGSVORSCHRIFTEN

7.1 Zeitpunkt des Inkrafttretens

7.1.1 Dieser Standard ist auf Geschäftsjahre anzuwenden, die am oder nach dem 1. Januar 2018 beginnen. Eine frühere Anwendung ist zulässig. Wendet ein Unternehmen diesen Standard früher an, hat es dies anzugeben und alle Vorschriften des Standards gleichzeitig anzuwenden (siehe jedoch auch Paragraphen 7.1.2, 7.2.21 und 7.3.2). Ferner hat es gleichzeitig die in Anhang C aufgeführten Änderungen anzuwenden.

7.1.2 Ungeachtet der Vorschriften in Paragraph 7.1.1 kann ein Unternehmen für vor dem 1. Januar 2018 beginnende Geschäftsjahre nur die Vorschriften zur Darstellung der Gewinne und Verluste aus finanziellen Verbindlichkeiten, die als erfolgswirksam zum beizulegenden Zeitwert bewertet designiert sind, in den Paragraphen 5.7.1 (c), 5.7.7–5.7.9, 7.2.14 und B5.7.5–B5.7.20 früher anwenden, ohne die anderen Vorschriften dieses Standards anzuwenden. Wendet ein Unternehmen nur diese Paragraphen an, hat es dies anzugeben und die zugehörigen Angaben gemäß den Paragraphen 10 und 11 von IFRS 7 *Finanzinstrumente: Angaben* (in der durch IFRS 9 (2010) geänderten Fassung) fortlaufend zu machen. (Siehe auch Paragraphen 7.2.2 und 7.2.15.)

7.1.3 Durch die *Jährlichen Verbesserungen an den IFRS, Zyklus 2010–2012*, veröffentlicht im Dezember 2013, wurden die Paragraphen 4.2.1 und 5.7.5 als Folge der Änderung von IFRS 3 geändert. Ein Unternehmen hat diese Änderung prospektiv auf Unternehmenszusammenschlüsse anzuwenden, für die die Änderung von IFRS 3 gilt.

7.1.4 Durch IFRS 15, veröffentlicht im Mai 2014, wurden die Paragraphen 3.1.1, 4.2.1, 5.1.1, 5.2.1, 5.7.6, B3.2.13, B5.7.1, C5 und C42 geändert und Paragraph C16 sowie die zugehörige Überschrift gestrichen. Es wurden die Paragraphen 5.1.3 und 5.7.1A sowie eine Definition in Anhang A eingefügt. Wendet ein Unternehmen IFRS 15 an, sind diese Änderungen ebenfalls anzuwenden.

7.1.5 Durch IFRS 16, veröffentlicht im Januar 2016, wurden die Paragraphen 2.1, 5.5.15, B4.3.8, B5.5.34 und B5.5.46 geändert. Wendet ein Unternehmen IFRS 16 an, sind diese Änderungen ebenfalls anzuwenden.

7.1.6 Durch IFRS 17, veröffentlicht im Mai 2017, wurden die Paragraphen 2.1, B2.1, B2.4, B2.5 und B4.1.30 geändert und Paragraph 3.3.5 eingefügt. Durch *Änderungen an IFRS 17*, veröffentlicht im Juni 2020, wurde Paragraph 2.1 weiter geändert und wurden die Paragraphen 7.2.36–7.2.42 eingefügt. Wendet ein Unternehmen IFRS 17 an, sind diese Änderungen ebenfalls anzuwenden.

7.1.7 Durch *Vorfälligkeitsregelungen mit negativer Ausgleichsleistung* (Änderungen an IFRS 9), veröffentlicht im Oktober 2017, wurden die Paragraphen 7.2.29–7.2.34 und B4.1.12A eingefügt und die Paragraphen B4.1.11 (b) und B4.1.12 (b) geändert. Diese Änderungen sind auf Geschäftsjahre anzuwenden, die am oder nach dem 1. Januar 2019 beginnen. Eine frühere Anwendung ist zulässig. Wendet ein Unternehmen diese Änderungen auf ein früheres Geschäftsjahr an, hat es dies anzugeben.

7.1.8 Durch *Reform der Referenzzinssätze* (Änderungen an IFRS 9, IAS 39 und IFRS 7), veröffentlicht im September 2019, wurde Abschnitt 6.8 eingefügt und Paragraph 7.2.26 geändert. Diese Änderungen sind auf Geschäftsjahre anzuwenden, die am oder nach dem 1. Januar 2020 beginnen. Eine frühere Anwendung ist zulässig. Wendet ein Unternehmen diese Änderungen auf ein früheres Geschäftsjahr an, hat es dies anzugeben.

7.1.9 Durch *Jährliche Verbesserungen an den IFRS, Zyklus 2018–2020*, veröffentlicht im Mai 2020, wurden die Paragraphen 7.2.35 und B3.3.6A eingefügt und Paragraph B3.3.6 geändert. Diese Änderung ist auf Geschäftsjahre anzuwenden, die am oder nach dem 1. Januar 2022 beginnen. Eine frühere Anwendung ist zulässig. Wendet ein Unternehmen die Änderung auf ein früheres Geschäftsjahr an, hat es dies anzugeben.

7.1.10 Durch die im August 2020 herausgegebene Verlautbarung *Reform der Referenzzinsätze – Phase 2*, mit der IFRS 9, IAS 39, IFRS 7, IFRS 4 und IFRS 16 geändert wurden, wurden die Paragraphen 5.4.5–5.4.9, 6.8.13, Abschnitt 6.9 und die Paragraphen 7.2.43–7.2.46 eingefügt. Diese Änderungen sind auf Geschäftsjahre anzuwenden, die am oder nach dem 1. Januar 2021 beginnen. Eine frühere Anwendung ist zulässig. Wendet ein Unternehmen diese Änderungen auf ein früheres Geschäftsjahr an, hat es dies anzugeben.

7.1.12 Mit den im Mai 2024 veröffentlichten *Änderungen an der Einstufung und Bewertung von Finanzinstrumenten* zur Änderung von IFRS 9 und IFRS 7 wurden die Paragraphen 7.2.47–7.2.49, B3.1.2A, B3.3.8-B3.3.10, B4.1.8A, B4.1.10A, B4.1.16A und B4.1.20A eingefügt. Des Weiteren wurden die Paragraphen B4.1.10, B4.1.13, B4.1.14, B4.1.16, B4.1.17, B4.1.20, B4.1.21 und B4.1.23 geändert. Diese Änderungen sind auf Geschäftsjahre anzuwenden, die am oder nach dem 1. Januar 2026 beginnen. Eine frühere Anwendung ist zulässig.

7.1.13 Beschließt ein Unternehmen, diese Änderungen auf eine frühere Periode anzuwenden, hat es entweder

(a) alle Änderungen gleichzeitig anzuwenden und dies anzugeben, oder

(b) nur die Änderungen an der Anwendungsleitlinien zu Abschnitt 4.1 dieses Standards (Einstufung finanzieller Vermögenswerte) auf diese frühere Periode anzuwenden und dies anzugeben.

CHAPTER 7 EFFECTIVE DATE AND TRANSITION

7.1 Effective Date

An entity shall apply this Standard for annual periods beginning on or after 1 January 2018. Earlier application is permitted. If an entity elects to apply this Standard early, it must disclose that fact and apply all of the requirements in this Standard at the same time (but see also paragraphs 7.1.2, 7.2.21 and 7.3.2). It shall also, at the same time, apply the amendments in Appendix C. 7.1.1

Despite the requirements in paragraph 7.1.1, for annual periods beginning before 1 January 2018, an entity may elect to early apply only the requirements for the presentation of gains and losses on financial liabilities designated as at fair value through profit or loss in paragraphs 5.7.1 (c), 5.7.7—5.7.9, 7.2.14 and B5.7.5—B5.7.20 without applying the other requirements in this Standard. If an entity elects to apply only those paragraphs, it shall disclose that fact and provide on an ongoing basis the related disclosures set out in paragraphs 10—11 of IFRS 7 (as amended by IFRS 9 (2010)). (See also paragraphs 7.2.2 and 7.2.15.) 7.1.2

Annual Improvements to IFRSs 2010—2012 Cycle, issued in December 2013, amended paragraphs 4.2.1 and 5.7.5 as a consequential amendment derived from the amendment to IFRS 3. An entity shall apply that amendment prospectively to business combinations to which the amendment to IFRS 3 applies. 7.1.3

IFRS 15, issued in May 2014, amended paragraphs 3.1.1, 4.2.1, 5.1.1, 5.2.1, 5.7.6, B3.2.13, B5.7.1, C5 and C42 and deleted paragraph C16 and its related heading. Paragraphs 5.1.3 and 5.7.1A, and a definition to Appendix A, were added. An entity shall apply those amendments when it applies IFRS 15. 7.1.4

IFRS 16, issued in January 2016, amended paragraphs 2.1, 5.5.15, B4.3.8, B5.5.34 and B5.5.46. An entity shall apply those amendments when it applies IFRS 16. 7.1.5

IFRS 17, issued in May 2017, amended paragraphs 2.1, B2.1, B2.4, B2.5 and B4.1.30, and added paragraph 3.3.5. *Amendments to IFRS 17*, issued in June 2020, further amended paragraph 2.1 and added paragraphs 7.2.36—7.2.42. An entity shall apply those amendments when it applies IFRS 17. 7.1.6

Prepayment Features with Negative Compensation (Amendments to IFRS 9), issued in October 2017, added paragraphs 7.2.29—7.2.34 and B4.1.12A and amended paragraphs B4.1.11 (b) and B4.1.12 (b). An entity shall apply these amendments for annual periods beginning on or after 1 January 2019. Earlier application is permitted. If an entity applies these amendments for an earlier period, it shall disclose that fact. 7.1.7

Interest Rate Benchmark Reform, which amended IFRS 9, IAS 39 and IFRS 7, issued in September 2019, added Section 6.8 and amended paragraph 7.2.26. An entity shall apply these amendments for annual periods beginning on or after 1 January 2020. Earlier application is permitted. If an entity applies these amendments for an earlier period, it shall disclose that fact. 7.1.8

Annual Improvements to IFRS Standards 2018—2020, issued in May 2020, added paragraphs 7.2.35 and B3.3.6A and amended paragraph B3.3.6. An entity shall apply that amendment for annual reporting periods beginning on or after 1 January 2022. Earlier application is permitted. If an entity applies the amendment for an earlier period, it shall disclose that fact. 7.1.9

Interest Rate Benchmark Reform—Phase 2, which amended IFRS 9, IAS 39, IFRS 7, IFRS 4 and IFRS 16, issued in August 2020, added paragraphs 5.4.5—5.4.9, 6.8.13, Section 6.9 and paragraphs 7.2.43—7.2.46. An entity shall apply these amendments for annual periods beginning on or after 1 January 2021. Earlier application is permitted. If an entity applies these amendments for an earlier period, it shall disclose that fact. 7.1.10

Amendments to the Classification and Measurement of Financial Instruments, which amended IFRS 9 and IFRS 7, issued in May 2024, added paragraphs 7.2.47—7.2.49, B3.1.2A, B3.3.8—B3.3.10, B4.1.8A, B4.1.10A, B4.1.16A and B4.1.20A. It also amended paragraphs B4.1.10, B4.1.13, B4.1.14, B4.1.16, B4.1.17, B4.1.20, B4.1.21 and B4.1.23. An entity shall apply these amendments for annual reporting periods beginning on or after 1 January 2026. Earlier application is permitted. 7.1.12

If an entity elects to apply these amendments for an earlier period, it shall either: 7.1.13

(a) apply all the amendments at the same time and disclose that fact; or
(b) apply only the amendments to the Application Guidance to Section 4.1 of this Standard (Classification of financial assets) for that earlier period and disclose that fact.

7.1.14 Durch die *Jährlichen Verbesserungen an den IFRS-Rechnungslegungsstandards – Band 11*, veröffentlicht im Juli 2024, wurden Paragraph 2.1 (b) (ii), Paragraph 5.1.3 und Anhang A geändert. Diese Änderungen sind auf Geschäftsjahre anzuwenden, die am oder nach dem 1. Januar 2026 beginnen. Eine frühere Anwendung ist zulässig. Wendet ein Unternehmen diese Änderungen auf eine frühere Periode an, hat es dies anzugeben.

7.1.15 Durch *Verträge, die sich auf naturabhängigen Strom beziehen*, veröffentlicht im Dezember 2024, wurden die Paragraphen 2.3A–2.3B, 2.8, 6.10.1–6.10.2, 7.2.51–7.2.53 und B2.7–B2.8 eingefügt und Paragraph 2.6 geändert. Diese Änderungen sind auf Geschäftsjahre anzuwenden, die am oder nach dem 1. Januar 2026 beginnen. Eine frühere Anwendung ist zulässig. Wendet ein Unternehmen die Änderungen auf ein früheres Geschäftsjahr an, hat es dies anzugeben.

7.2 Übergangsvorschriften

7.2.1 Dieser Standard ist rückwirkend gemäß IAS 8 *Rechnungslegungsmethoden, Änderungen von rechnungslegungsbezogenen Schätzungen und Fehler* anzuwenden. Hiervon ausgenommen sind die in den Paragraphen 7.2.4–7.2.26 und 7.2.28 genannten Fälle. Er gilt nicht für Posten, die bereits zum Zeitpunkt der erstmaligen Anwendung ausgebucht wurden.

7.2.2 Für die Zwecke der Übergangsvorschriften in den Paragraphen 7.2.1, 7.2.3–7.2.28 und 7.3.2 ist der Zeitpunkt der erstmaligen Anwendung der Tag, an dem ein Unternehmen zum ersten Mal die Vorschriften dieses Standards anwendet. Hierbei muss es sich um den Beginn einer Berichtsperiode nach der Herausgabe dieses Standards handeln. In Abhängigkeit von dem Ansatz, den das Unternehmen für die Anwendung von IFRS 9 gewählt hat, kann der Übergang mit einem oder mehreren Zeitpunkten der erstmaligen Anwendung für verschiedene Vorschriften verbunden sein.

Übergangsvorschriften für die Einstufung und Bewertung (Kapitel 4 und 5)

7.2.3 Ein Unternehmen hat zum Zeitpunkt der erstmaligen Anwendung auf Grundlage der zu diesem Zeitpunkt bestehenden Fakten und Umstände zu beurteilen, ob ein finanzieller Vermögenswert die in den Paragraphen 4.1.2 (a) oder 4.1.2A (a) genannten Bedingungen erfüllt. Die sich daraus ergebende Einstufung ist unabhängig vom Geschäftsmodell des Unternehmens in früheren Berichtsperioden rückwirkend anzuwenden.

7.2.4 Ist es für ein Unternehmen zum Zeitpunkt der erstmaligen Anwendung undurchführbar (im Sinne von IAS 8), den geänderten Zeitwert des Geldes gemäß den Paragraphen B4.1.9B–B4.1.9D auf Grundlage der beim erstmaligen Ansatz des finanziellen Vermögenswerts bestehenden Tatsachen und Umstände zu beurteilen, hat es die Eigenschaften der vertraglichen Zahlungsströme aus diesem finanziellen Vermögenswert auf Grundlage der beim erstmaligen Ansatz dieses finanziellen Vermögenswerts bestehenden Tatsachen und Umstände zu beurteilen, ohne die Vorschriften in Bezug auf die Änderung des Zeitwerts des Geldes gemäß den Paragraphen B4.1.9B–B4.1.9D zu berücksichtigen. (Siehe auch Paragraph 42R von IFRS 7.)

7.2.5 Ist es für ein Unternehmen zum Zeitpunkt der erstmaligen Anwendung undurchführbar (im Sinne von IAS 8) zu beurteilen, ob der beizulegende Zeitwert einer Vorfälligkeitsregelung gemäß Paragraph B4.1.12 (c) auf Grundlage der beim erstmaligen Ansatz des finanziellen Vermögenswerts bestehenden Tatsachen und Umstände nicht signifikant war, hat es die Eigenschaften der vertraglichen Zahlungsströme aus diesem finanziellen Vermögenswert auf Grundlage der beim erstmaligen Ansatz des finanziellen Vermögenswerts bestehenden Tatsachen und Umstände zu beurteilen, ohne die Ausnahme in Bezug auf Vorfälligkeitsregelungen in Paragraph B4.1.12 zu berücksichtigen. (Siehe auch Paragraph 42S von IFRS 7.)

7.2.6 Wenn ein Unternehmen einen hybriden Vertrag gemäß den Paragraphen 4.1.2A, 4.1.4 oder 4.1.5 zum beizulegenden Zeitwert bewertet, der beizulegende Zeitwert des hybriden Vertrags in Vergleichsperioden jedoch nicht ermittelt wurde, entspricht der beizulegende Zeitwert des hybriden Vertrags in den Vergleichsperioden der Summe der beizulegenden Zeitwerte seiner Komponenten (d. h. des nicht derivativen Basisvertrags und des eingebetteten Derivats) am Ende der jeweiligen Vergleichsperiode, sofern das Unternehmen vorherige Perioden anpasst (siehe Paragraph 7.2.15).

7.2.7 Hat ein Unternehmen Paragraph 7.2.6 angewandt, hat es zum Zeitpunkt der erstmaligen Anwendung eine etwaige Differenz zwischen dem beizulegenden Zeitwert des gesamten hybriden Vertrags zum Zeitpunkt der erstmaligen Anwendung und der Summe der beizulegenden Zeitwerte seiner Komponenten zum Zeitpunkt der erstmaligen Anwendung im Eröffnungsbilanzwert der Gewinnrücklagen (oder eines anderen geeigneten Eigenkapitalpostens) der Berichtsperiode zu erfassen, in die der Zeitpunkt der erstmaligen Anwendung fällt.

7.2.8 Zum Zeitpunkt der erstmaligen Anwendung kann ein Unternehmen

(a) einen finanziellen Vermögenswert gemäß Paragraph 4.1.5 als erfolgswirksam zum beizulegenden Zeitwert bewertet oder

(b) eine Finanzinvestition in ein Eigenkapitalinstrument gemäß Paragraph 5.7.5 als zum beizulegenden Zeitwert erfolgsneutral im sonstigen Ergebnis bewertet designieren.

Eine solche Designation ist auf Grundlage der zum Zeitpunkt der erstmaligen Anwendung bestehenden Tatsachen und Umstände vorzunehmen. Sie ist rückwirkend anzuwenden.

7.2.9 Zum Zeitpunkt der erstmaligen Anwendung

Annual Improvements to IFRS Accounting Standards — Volume 11, issued in July 2024, amended paragraph 2.1 (b) (ii), paragraph 5.1.3 and Appendix A. An entity shall apply those amendments for annual reporting periods beginning on or after 1 January 2026. Earlier application is permitted. If an entity applies those amendments for an earlier period, it shall disclose that fact. **7.1.14**

Contracts Referencing Nature-dependent Electricity, issued in December 2024, added paragraphs 2.3A—2.3B, 2.8, 6.10.1—6.10.2, 7.2.51—7.2.53, and B2.7—B2.8 and amended paragraph 2.6. An entity shall apply these amendments for annual reporting periods beginning on or after 1 January 2026. Early application is permitted. If an entity applies the amendments for an earlier period, it shall disclose that fact. **7.1.15**

7.2 Transition

An entity shall apply this Standard retrospectively, in accordance with IAS 8 *Accounting Policies, Changes in Accounting Estimates and Errors*, except as specified in paragraphs 7.2.4—7.2.26 and 7.2.28. This Standard shall not be applied to items that have already been derecognised at the date of initial application. **7.2.1**

For the purposes of the transition provisions in paragraphs 7.2.1, 7.2.3—7.2.28 and 7.3.2, the date of initial application is the date when an entity first applies those requirements of this Standard and must be the beginning of a reporting period after the issue of this Standard. Depending on the entity's chosen approach to applying IFRS 9, the transition can involve one or more than one date of initial application for different requirements. **7.2.2**

Transition for classification and measurement (Chapters 4 and 5)

At the date of initial application, an entity shall assess whether a financial asset meets the condition in paragraphs 4.1.2 (a) or 4.1.2A (a) on the basis of the facts and circumstances that exist at that date. The resulting classification shall be applied retrospectively irrespective of the entity's business model in prior reporting periods. **7.2.3**

If, at the date of initial application, it is impracticable (as defined in IAS 8) for an entity to assess a modified time value of money element in accordance with paragraphs B4.1.9B—B4.1.9D on the basis of the facts and circumstances that existed at the initial recognition of the financial asset, an entity shall assess the contractual cash flow characteristics of that financial asset on the basis of the facts and circumstances that existed at the initial recognition of the financial asset without taking into account the requirements related to the modification of the time value of money element in paragraphs B4.1.9B—B4.1.9D. (See also paragraph 42R of IFRS 7.) **7.2.4**

If, at the date of initial application, it is impracticable (as defined in IAS 8) for an entity to assess whether the fair value of a prepayment feature was insignificant in accordance with paragraph B4.1.12 (c) on the basis of the facts and circumstances that existed at the initial recognition of the financial asset, an entity shall assess the contractual cash flow characteristics of that financial asset on the basis of the facts and circumstances that existed at the initial recognition of the financial asset without taking into account the exception for prepayment features in paragraph B4.1.12. (See also paragraph 42S of IFRS 7.) **7.2.5**

If an entity measures a hybrid contract at fair value in accordance with paragraphs 4.1.2A, 4.1.4 or 4.1.5 but the fair value of the hybrid contract had not been measured in comparative reporting periods, the fair value of the hybrid contract in the comparative reporting periods shall be the sum of the fair values of the components (i.e. the non-derivative host and the embedded derivative) at the end of each comparative reporting period if the entity restates prior periods (see paragraph 7.2.15). **7.2.6**

If an entity has applied paragraph 7.2.6 then at the date of initial application the entity shall recognise any difference between the fair value of the entire hybrid contract at the date of initial application and the sum of the fair values of the components of the hybrid contract at the date of initial application in the opening retained earnings (or other component of equity, as appropriate) of the reporting period that includes the date of initial application. **7.2.7**

At the date of initial application an entity may designate: **7.2.8**
(a) a financial asset as measured at fair value through profit or loss in accordance with paragraph 4.1.5; or
(b) an investment in an equity instrument as at fair value through other comprehensive income in accordance with paragraph 5.7.5.

Such a designation shall be made on the basis of the facts and circumstances that exist at the date of initial application. That classification shall be applied retrospectively.

At the date of initial application an entity: **7.2.9**

(a) muss ein Unternehmen eine frühere Designation eines finanziellen Vermögenswerts als erfolgswirksam zum beizulegenden Zeitwert bewertet aufheben, sofern dieser finanzielle Vermögenswert die Bedingung in Paragraph 4.1.5 nicht erfüllt.

(b) kann ein Unternehmen eine frühere Designation eines finanziellen Vermögenswerts als erfolgswirksam zum beizulegenden Zeitwert bewertet aufheben, sofern dieser finanzielle Vermögenswert die Bedingung in Paragraph 4.1.5 erfüllt.

Eine solche Aufhebung ist auf Grundlage der zum Zeitpunkt der erstmaligen Anwendung bestehenden Tatsachen und Umstände vorzunehmen. Sie ist rückwirkend anzuwenden.

7.2.10 Zum Zeitpunkt der erstmaligen Anwendung

(a) kann ein Unternehmen eine finanzielle Verbindlichkeit gemäß Paragraph 4.2.2 (a) als erfolgswirksam zum beizulegenden Zeitwert bewertet designieren.

(b) muss ein Unternehmen eine frühere Designation einer finanziellen Verbindlichkeit als erfolgswirksam zum beizulegenden Zeitwert bewertet aufheben, wenn diese Designation beim erstmaligen Ansatz gemäß der jetzt in Paragraph 4.2.2 (a) enthaltenen Bedingung vorgenommen wurde und sie zum Zeitpunkt der erstmaligen Anwendung diese Bedingung nicht mehr erfüllt.

(c) kann ein Unternehmen eine frühere Designation einer finanziellen Verbindlichkeit als erfolgswirksam zum beizulegenden Zeitwert bewertet aufheben, wenn diese Designation beim erstmaligen Ansatz gemäß der jetzt in Paragraph 4.2.2 (a) enthaltenen Bedingung vorgenommen wurde und sie zum Zeitpunkt der erstmaligen Anwendung diese Bedingung erfüllt.

Eine solche Designation bzw. die Aufhebung einer Designation hat auf Grundlage der zum Zeitpunkt der erstmaligen Anwendung bestehenden Fakten und Umstände zu erfolgen. Sie ist rückwirkend anzuwenden.

7.2.11 Wenn es für ein Unternehmen undurchführbar (im Sinne von IAS 8) ist, die Effektivzinsmethode rückwirkend anzuwenden, hat es

(a) den beizulegenden Zeitwert des finanziellen Vermögenswerts oder der finanziellen Verbindlichkeit am Ende der jeweiligen Vergleichsperiode als Bruttobuchwert dieses finanziellen Vermögenswerts oder als fortgeführte Anschaffungskosten dieser finanziellen Verbindlichkeit anzusetzen, wenn es frühere Perioden anpasst, und

(b) den beizulegenden Zeitwert des finanziellen Vermögenswerts oder der finanziellen Verbindlichkeit zum Zeitpunkt der erstmaligen Anwendung als neuen Bruttobuchwert dieses finanziellen Vermögenswerts oder als neue fortgeführte Anschaffungskosten dieser finanziellen Verbindlichkeit zum Zeitpunkt der erstmaligen Anwendung des vorliegenden Standards anzusetzen.

7.2.12 Hat ein Unternehmen eine Finanzinvestition in ein Eigenkapitalinstrument, das keinen an einem aktiven Markt notierten Preis für ein identisches Instrument (d. h. einen Eingangsparameter der Stufe 1) hat (oder einen derivativen Vermögenswert, der mit einem solchen Eigenkapitalinstrument verbunden ist und durch Lieferung eines solchen erfüllt werden muss), bisher gemäß IAS 39 zu fortgeführten Anschaffungskosten bilanziert, hat es dieses Instrument zum Zeitpunkt der erstmaligen Anwendung zum beizulegenden Zeitwert zu bewerten. Eine etwaige Differenz zwischen dem früheren Buchwert und dem beizulegenden Zeitwert ist im Eröffnungsbilanzwert der Gewinnrücklagen (oder eines anderen geeigneten Eigenkapitalpostens) der Berichtsperiode zu erfassen, in die der Zeitpunkt der erstmaligen Anwendung fällt.

7.2.13 Hat ein Unternehmen eine derivative Verbindlichkeit, die mit einem Eigenkapitalinstrument verbunden ist, das keinen an einem aktiven Markt notierten Preis für ein identisches Instrument (d. h. einen Eingangsparameter der Stufe 1) hat, und die durch Lieferung eines solchen erfüllt werden muss, bisher gemäß IAS 39 zu fortgeführten Anschaffungskosten bilanziert, hat es diese derivative Verbindlichkeit zum Zeitpunkt der erstmaligen Anwendung zum beizulegenden Zeitwert zu bewerten. Eine etwaige Differenz zwischen dem früheren Buchwert und dem beizulegenden Zeitwert ist im Eröffnungsbilanzwert der Gewinnrücklagen der Berichtsperiode zu erfassen, in die der Zeitpunkt der erstmaligen Anwendung fällt.

7.2.14 Ein Unternehmen hat zum Zeitpunkt der erstmaligen Anwendung auf Grundlage der zu diesem Zeitpunkt bestehenden Tatsachen und Umstände zu beurteilen, ob durch die Bilanzierung gemäß Paragraph 5.7.7 eine Rechnungslegungsanomalie im Gewinn oder Verlust entstehen oder vergrößert würde. Dieser Standard ist entsprechend dieser Beurteilung rückwirkend anzuwenden.

7.12.14A Ein Unternehmen darf zum Zeitpunkt der erstmaligen Anwendung Verträge, die zu diesem Zeitpunkt bestehen, gemäß Paragraph 2.5 designieren, wenn es zugleich auch alle ähnlichen Verträge designiert. Die durch eine solche Designation bedingte Änderung bei den Nettovermögenswerten ist zum Zeitpunkt der erstmaligen Anwendung in den Gewinnrücklagen zu erfassen.

7.2.15 Ungeachtet der Vorschrift in Paragraph 7.2.1 muss ein Unternehmen, das die Einstufungs- und Bewertungsvorschriften dieses Standards (einschließlich der Vorschriften zur Bewertung finanzieller Vermögenswerte zu fortgeführten Anschaffungskosten und zur Wertminderung in den Abschnitten 5.4 und 5.5) anwendet, die in den Paragraphen 42L–42O von IFRS 7 genannten Angaben machen, braucht aber frühere Perioden nicht anzupassen. Das Unternehmen darf frühere Perioden nur anpassen, wenn dabei keine nachträglichen Erkenntnisse verwendet werden müssen. Im Fall einer Nichtanpassung früherer Perioden, hat das Unternehmen eine etwaige Differenz zwischen dem früheren Buchwert und dem Buchwert zu Beginn des Geschäftsjahrs, in dem der Zeitpunkt der erstmaligen Anwendung liegt, im Eröffnungsbilanzwert der Gewinnrücklagen (oder eines anderen geeigneten Eigenkapitalpostens) des Geschäftsjahrs zu erfassen, in das der

(a) shall revoke its previous designation of a financial asset as measured at fair value through profit or loss if that financial asset does not meet the condition in paragraph 4.1.5.
(b) may revoke its previous designation of a financial asset as measured at fair value through profit or loss if that financial asset meets the condition in paragraph 4.1.5.

Such a revocation shall be made on the basis of the facts and circumstances that exist at the date of initial application. That classification shall be applied retrospectively.

At the date of initial application, an entity: 7.2.10
(a) may designate a financial liability as measured at fair value through profit or loss in accordance with paragraph 4.2.2 (a).
(b) shall revoke its previous designation of a financial liability as measured at fair value through profit or loss if such designation was made at initial recognition in accordance with the condition now in paragraph 4.2.2 (a) and such designation does not satisfy that condition at the date of initial application.
(c) may revoke its previous designation of a financial liability as measured at fair value through profit or loss if such designation was made at initial recognition in accordance with the condition now in paragraph 4.2.2 (a) and such designation satisfies that condition at the date of initial application.

Such a designation and revocation shall be made on the basis of the facts and circumstances that exist at the date of initial application. That classification shall be applied retrospectively.

If it is impracticable (as defined in IAS 8) for an entity to apply retrospectively the effective interest method, the entity 7.2.11
shall treat:
(a) the fair value of the financial asset or the financial liability at the end of each comparative period presented as the gross carrying amount of that financial asset or the amortised cost of that financial liability if the entity restates prior periods; and
(b) the fair value of the financial asset or the financial liability at the date of initial application as the new gross carrying amount of that financial asset or the new amortised cost of that financial liability at the date of initial application of this Standard.

If an entity previously accounted at cost (in accordance with IAS 39), for an investment in an equity instrument that does 7.2.12
not have a quoted price in an active market for an identical instrument (i.e. a Level 1 input) (or for a derivative asset that is linked to and must be settled by delivery of such an equity instrument) it shall measure that instrument at fair value at the date of initial application. Any difference between the previous carrying amount and the fair value shall be recognised in the opening retained earnings (or other component of equity, as appropriate) of the reporting period that includes the date of initial application.

If an entity previously accounted for a derivative liability that is linked to, and must be settled by, delivery of an equity 7.2.13
instrument that does not have a quoted price in an active market for an identical instrument (i.e. a Level 1 input) at cost in accordance with IAS 39, it shall measure that derivative liability at fair value at the date of initial application. Any difference between the previous carrying amount and the fair value shall be recognised in the opening retained earnings of the reporting period that includes the date of initial application.

At the date of initial application, an entity shall determine whether the treatment in paragraph 5.7.7 would create or 7.2.14
enlarge an accounting mismatch in profit or loss on the basis of the facts and circumstances that exist at the date of initial application. This Standard shall be applied retrospectively on the basis of that determination.

At the date of initial application, an entity is permitted to make the designation in paragraph 2.5 for contracts that already 7.2.14A
exist on the date but only if it designates all similar contracts. The change in the net assets resulting from such designations shall be recognised in retained earnings at the date of initial application.

Despite the requirement in paragraph 7.2.1, an entity that adopts the classification and measurement requirements of this 7.2.15
Standard (which include the requirements related to amortised cost measurement for financial assets and impairment in Sections 5.4 and 5.5) shall provide the disclosures set out in paragraphs 42L—42O of IFRS 7 but need not restate prior periods. The entity may restate prior periods if, and only if, it is possible without the use of hindsight. If an entity does not restate prior periods, the entity shall recognise any difference between the previous carrying amount and the carrying amount at the beginning of the annual reporting period that includes the date of initial application in the opening retained earnings (or other component of equity, as appropriate) of the annual reporting period that includes the date of initial application. However, if an entity restates prior periods, the restated financial statements must reflect all of the require-

Zeitpunkt der erstmaligen Anwendung fällt. Passt ein Unternehmen frühere Perioden jedoch an, muss der angepasste Abschluss alle Vorschriften dieses Standards widerspiegeln. Wird durch die Vorgehensweise, die ein Unternehmen für die Anwendung von IFRS 9 wählt, bewirkt, dass es für die verschiedenen Vorschriften dieses Standards mehr als einen Zeitpunkt der erstmaligen Anwendung gibt, ist dieser Paragraph zu jedem Zeitpunkt der erstmaligen Anwendung anzuwenden (siehe Paragraph 7.2.2). Dies wäre z. B. der Fall, wenn sich ein Unternehmen gemäß Paragraph 7.1.2 dafür entscheidet, nur die Vorschriften zur Darstellung von Gewinnen und Verlusten aus finanziellen Verbindlichkeiten, die als erfolgswirksam zum beizulegenden Zeitwert bewertet designiert sind, vorzeitig und damit früher als die anderen Vorschriften dieses Standards anzuwenden.

7.2.16 Erstellt ein Unternehmen einen Zwischenbericht gemäß IAS 34 *Zwischenberichterstattung*, muss es die Vorschriften dieses Standards nicht auf Zwischenberichtsperioden vor dem Zeitpunkt der erstmaligen Anwendung anwenden, wenn dies undurchführbar (im Sinne von IAS 8) ist.

Wertminderung (Abschnitt 5.5)

7.2.17 Die Wertminderungsvorschriften in Abschnitt 5.5 sind gemäß IAS 8 vorbehaltlich der Paragraphen 7.2.15 und 7.2.18–7.2.20 rückwirkend anzuwenden.

7.2.18 Zum Zeitpunkt der erstmaligen Anwendung hat ein Unternehmen anhand von angemessenen und belastbaren Informationen, die ohne angemessenen Kosten- oder Zeitaufwand verfügbar sind, das Ausfallrisiko zum Zeitpunkt des erstmaligen Ansatzes eines Finanzinstruments (bzw. bei Kreditzusagen und finanziellen Garantien zum Zeitpunkt, zu dem das Unternehmen Partei der unwiderruflichen Zusage gemäß Paragraph 5.5.6 wurde) zu bestimmen und mit dem Ausfallrisiko zum Zeitpunkt der erstmaligen Anwendung dieses Standards zu vergleichen.

7.2.19 Bei der Bestimmung, ob sich das Ausfallrisiko seit dem erstmaligen Ansatz signifikant erhöht hat, kann ein Unternehmen Folgendes anwenden:

(a) die Vorschriften der Paragraphen 5.5.10 und B5.5.22–B5.5.24 und

(b) bei vertraglichen Zahlungen, die mehr als 30 Tage überfällig sind, die widerlegbare Vermutung gemäß Paragraph 5.5.11, sofern das Unternehmen die Wertminderungsvorschriften durch Feststellung signifikanter Erhöhungen des Ausfallrisikos seit dem erstmaligen Ansatz für solche Finanzinstrumente anhand von Informationen zur Überfälligkeit anwendet.

7.2.20 Wenn die zum Zeitpunkt der erstmaligen Anwendung vorzunehmende Bestimmung, ob sich das Ausfallrisiko seit dem erstmaligen Ansatz signifikant erhöht hat, einen unangemessenen Kosten- oder Zeitaufwand erfordern würde, hat ein Unternehmen bis zur Ausbuchung dieses Finanzinstruments zu jedem Abschlussstichtag eine Wertberichtigung in Höhe der über die Laufzeit erwarteten Kreditverluste zu erfassen (es sei denn, bei diesem Finanzinstrument besteht zu einem Abschlussstichtag ein niedriges Ausfallrisiko, in welchem Fall Paragraph 7.2.19 (a) gilt).

Übergangsvorschriften für die Bilanzierung von Sicherungsbeziehungen (Kapitel 6)

7.2.21 Bei der erstmaligen Anwendung des vorliegenden Standards kann ein Unternehmen es als seine Rechnungslegungsmethode wählen, anstelle der Vorschriften des Kapitels 6 weiterhin die Vorschriften von IAS 39 zur Bilanzierung von Sicherungsbeziehungen anzuwenden. Diese Rechnungslegungsmethode hat das Unternehmen auf all seine Sicherungsbeziehungen anzuwenden. Wenn ein Unternehmen diese Rechnungslegungsmethode wählt, hat es auch IFRIC 16 *Absicherung einer Nettoinvestition in einen ausländischen Geschäftsbetrieb* ohne die Änderungen anzuwenden, durch die diese Interpretation an die Vorschriften in Kapitel 6 des vorliegenden Standards angepasst wird.

7.2.22 Mit Ausnahme der in Paragraph 7.2.26 genannten Fälle hat ein Unternehmen die im vorliegenden Standard enthaltenen Vorschriften zur Bilanzierung von Sicherungsbeziehungen prospektiv anzuwenden.

7.2.23 Zur Anwendung der Bilanzierung von Sicherungsbeziehungen ab dem Zeitpunkt, zu dem die in diesem Standard enthaltenen Vorschriften zur Bilanzierung von Sicherungsbeziehungen erstmals angewandt werden, müssen zu diesem Zeitpunkt alle maßgeblichen Kriterien erfüllt sein.

7.2.24 Sicherungsbeziehungen, die für die Bilanzierung von Sicherungsbeziehungen gemäß IAS 39 infrage kamen, aber auch die Kriterien für die Bilanzierung von Sicherungsbeziehungen nach dem vorliegenden Standard erfüllen (siehe Paragraph 6.4.1), sind – unter Berücksichtigung einer Rekalibrierung der Sicherungsbeziehung beim Übergang (siehe Paragraph 7.2.25 (b) – als fortlaufende Sicherungsbeziehungen zu betrachten.

7.2.25 Bei der erstmaligen Anwendung der im vorliegenden Standard enthaltenen Vorschriften zur Bilanzierung von Sicherungsbeziehungen

(a) kann ein Unternehmen mit der Anwendung dieser Vorschriften zu dem Zeitpunkt beginnen, ab dem die Vorschriften zur Bilanzierung von Sicherungsbeziehungen gemäß IAS 39 nicht mehr angewandt werden, und

(b) hat ein Unternehmen die Sicherungsquote gemäß IAS 39 als Ausgangspunkt für eine ggf. erfolgende Rekalibrierung der Sicherungsquote einer fortlaufenden Sicherungsbeziehung zu berücksichtigen. Gewinne oder Verluste aus einer solchen Rekalibrierung sind erfolgswirksam zu erfassen.

ments in this Standard. If an entity's chosen approach to applying IFRS 9 results in more than one date of initial application for different requirements, this paragraph applies at each date of initial application (see paragraph 7.2.2). This would be the case, for example, if an entity elects to early apply only the requirements for the presentation of gains and losses on financial liabilities designated as at fair value through profit or loss in accordance with paragraph 7.1.2 before applying the other requirements in this Standard.

If an entity prepares interim financial reports in accordance with IAS 34 *Interim Financial Reporting* the entity need not apply the requirements in this Standard to interim periods prior to the date of initial application if it is impracticable (as defined in IAS 8). **7.2.16**

Impairment (Section 5.5)

An entity shall apply the impairment requirements in Section 5.5 retrospectively in accordance with IAS 8 subject to paragraphs 7.2.15 and 7.2.18—7.2.20. **7.2.17**

At the date of initial application, an entity shall use reasonable and supportable information that is available without undue cost or effort to determine the credit risk at the date that a financial instrument was initially recognised (or for loan commitments and financial guarantee contracts at the date that the entity became a party to the irrevocable commitment in accordance with paragraph 5.5.6) and compare that to the credit risk at the date of initial application of this Standard. **7.2.18**

When determining whether there has been a significant increase in credit risk since initial recognition, an entity may apply: **7.2.19**

(a) the requirements in paragraphs 5.5.10 and B5.5.22–B5.5.24; and

(b) the rebuttable presumption in paragraph 5.5.11 for contractual payments that are more than 30 days past due if an entity will apply the impairment requirements by identifying significant increases in credit risk since initial recognition for those financial instruments on the basis of past due information.

If, at the date of initial application, determining whether there has been a significant increase in credit risk since initial recognition would require undue cost or effort, an entity shall recognise a loss allowance at an amount equal to lifetime expected credit losses at each reporting date until that financial instrument is derecognised (unless that financial instrument is low credit risk at a reporting date, in which case paragraph 7.2.19 (a) applies). **7.2.20**

Transition for hedge accounting (Chapter 6)

When an entity first applies this Standard, it may choose as its accounting policy to continue to apply the hedge accounting requirements of IAS 39 instead of the requirements in Chapter 6 of this Standard. An entity shall apply that policy to all of its hedging relationships. An entity that chooses that policy shall also apply IFRIC 16 *Hedges of a Net Investment in a Foreign Operation* without the amendments that conform that Interpretation to the requirements in Chapter 6 of this Standard. **7.2.21**

Except as provided in paragraph 7.2.26, an entity shall apply the hedge accounting requirements of this Standard prospectively. **7.2.22**

To apply hedge accounting from the date of initial application of the hedge accounting requirements of this Standard, all qualifying criteria must be met as at that date. **7.2.23**

Hedging relationships that qualified for hedge accounting in accordance with IAS 39 that also qualify for hedge accounting in accordance with the criteria of this Standard (see paragraph 6.4.1), after taking into account any rebalancing of the hedging relationship on transition (see paragraph 7.2.25 (b), shall be regarded as continuing hedging relationships. **7.2.24**

On initial application of the hedge accounting requirements of this Standard, an entity: **7.2.25**

(a) may start to apply those requirements from the same point in time as it ceases to apply the hedge accounting requirements of IAS 39; and

(b) shall consider the hedge ratio in accordance with IAS 39 as the starting point for rebalancing the hedge ratio of a continuing hedging relationship, if applicable. Any gain or loss from such a rebalancing shall be recognised in profit or loss.

7.2.26 Als Ausnahme von der prospektiven Anwendung der im vorliegenden Standard enthaltenen Vorschriften zur Bilanzierung von Sicherungsbeziehungen

(a) hat ein Unternehmen die Bilanzierung des Zeitwerts von Optionen gemäß Paragraph 6.5.15 rückwirkend anzuwenden, wenn gemäß IAS 39 nur die Änderung des inneren Werts einer Option als Sicherungsinstrument in einer Sicherungsbeziehung designiert wurde. Diese rückwirkende Anwendung gilt nur für solche Sicherungsbeziehungen, die zu Beginn der frühesten Vergleichsperiode bestanden oder danach designiert wurden.

(b) kann ein Unternehmen die Bilanzierung des Terminelements eines Termingeschäfts gemäß Paragraph 6.5.16 rückwirkend anwenden, wenn gemäß IAS 39 nur die Änderung des Kassaelements eines Termingeschäfts als Sicherungsinstrument in einer Sicherungsbeziehung designiert wurde. Diese rückwirkende Anwendung gilt nur für solche Sicherungsbeziehungen, die zu Beginn der frühesten Vergleichsperiode bestanden oder danach designiert wurden. Wenn sich ein Unternehmen darüber hinaus für die rückwirkende Anwendung dieser Bilanzierung entscheidet, ist diese auf alle für diese Wahl zulässigen Sicherungsbeziehungen anzuwenden (d. h. beim Übergang kann dies nicht für jede Sicherungsbeziehung einzeln entschieden werden). Die Bilanzierung von Währungsbasis-Spreads (siehe Paragraph 6.5.16) kann bei Sicherungsbeziehungen, die zu Beginn der frühesten Vergleichsperiode bestanden oder danach designiert wurden, rückwirkend angewandt werden.

(c) hat ein Unternehmen die Vorgabe des Paragraphen 6.5.6, dass das Sicherungsinstrument nicht ausläuft oder beendet wird, rückwirkend anzuwenden, sofern

  (i) die Parteien des Sicherungsinstruments infolge bestehender oder neu erlassener Gesetzes- oder Regulierungsvorschriften vereinbaren, dass eine oder mehrere Clearing-Parteien ihre ursprüngliche Gegenpartei ersetzen und damit zur neuen Gegenpartei aller Parteien werden, und

  (ii) etwaige andere Änderungen beim Sicherungsinstrument nicht über den für eine solche Ersetzung der Gegenpartei notwendigen Umfang hinausgehen.

(d) hat ein Unternehmen die Vorgaben des Abschnitts 6.8 rückwirkend anzuwenden. Diese rückwirkende Anwendung gilt nur für diejenigen Sicherungsbeziehungen, die zu Beginn des Berichtszeitraums, in dem das Unternehmen diese Vorgaben erstmals erfüllt, bereits bestanden oder danach designiert wurden, und den in der Rücklage für die Absicherung von Zahlungsströmen kumulierten Betrag, der zu Beginn des Berichtszeitraums, in dem das Unternehmen diese Vorgaben erstmals erfüllt, bereits vorhanden war.

Unternehmen, die IFRS 9 (2009), IFRS 9 (2010) oder IFRS 9 (2013) früher angewandt haben

7.2.27 Ein Unternehmen hat die Übergangsvorschriften der Paragraphen 7.2.1–7.2.26 zum relevanten Zeitpunkt der erstmaligen Anwendung anzuwenden. Ein Unternehmen hat jede der Übergangsvorschriften der Paragraphen 7.2.3–7.2.14A und 7.2.17–7.2.26 nur einmal anzuwenden (d. h. wenn ein Unternehmen einen Ansatz zur Anwendung von IFRS 9 wählt, der mehr als einen Zeitpunkt der erstmaligen Anwendung beinhaltet, kann es keine dieser Vorschriften erneut anwenden, wenn diese bereits zu einem früheren Zeitpunkt angewandt wurden). (Siehe Paragraphen 7.2.2 und 7.3.2.)

7.2.28 Ein Unternehmen, das IFRS 9 (2009), IFRS 9 (2010) oder IFRS 9 (2013) angewandt hat und nachfolgend den vorliegenden Standard anwendet,

(a) hat seine frühere Designation eines finanziellen Vermögenswerts als erfolgswirksam zum beizulegenden Zeitwert bewertet aufzuheben, wenn eine solche Designation gemäß der in Paragraph 4.1.5 genannten Bedingung erfolgt war, diese Bedingung aber infolge der Anwendung des vorliegenden Standards nicht mehr erfüllt ist,

(b) kann einen finanziellen Vermögenswert als erfolgswirksam zum beizulegenden Zeitwert bewertet designieren, wenn diese Designation bislang die in Paragraph 4.1.5 genannte Bedingung nicht erfüllt hätte, diese Bedingung aber nun infolge der Anwendung des vorliegenden Standards erfüllt wird,

(c) hat seine frühere Designation einer finanziellen Verbindlichkeit als erfolgswirksam zum beizulegenden Zeitwert bewertet aufzuheben, wenn eine solche Designation gemäß der in Paragraph 4.2.2 (a) genannten Bedingung erfolgt war, diese Bedingung aber infolge der Anwendung des vorliegenden Standards nicht mehr erfüllt ist, und

(d) kann eine finanzielle Verbindlichkeit als erfolgswirksam zum beizulegenden Zeitwert bewertet designieren, wenn diese Designation bislang die in Paragraph 4.2.2 (a) genannte Bedingung nicht erfüllt hätte, diese Bedingung aber nun infolge der Anwendung des vorliegenden Standards erfüllt wird.

Eine solche Designation bzw. die Aufhebung einer Designation hat auf Grundlage der bei der erstmaligen Anwendung des vorliegenden Standards bestehenden Fakten und Umstände zu erfolgen. Sie ist rückwirkend anzuwenden.

Übergangsvorschriften für Vorfälligkeitsregelungen mit negativer Ausgleichsleistung

7.2.29 Mit Ausnahme der in den Paragraphen 7.2.30–7.2.34 genannten Fällen ist die Verlautbarung *Vorfälligkeitsregelungen mit negativer Ausgleichsleistung* (Änderungen an IFRS 9) gemäß IAS 8 rückwirkend anzuwenden.

7.2.30 Wendet ein Unternehmen bei erstmaliger Anwendung dieser Änderungen gleichzeitig auch diesen Standard erstmals an, hat es anstelle der Paragraphen 7.2.31 und 7.2.34 die Paragraphen 7.2.1–7.2.28 anzuwenden.

7.2.31 Wendet ein Unternehmen diese Änderungen erstmals nach der erstmaligen Anwendung dieses Standards an, so hat es nach den Paragraphen 7.2.32–7.2.34 zu verfahren. Darüber hinaus hat das Unternehmen auch die anderen für die Anwendung der Änderungen erforderlichen Übergangsvorschriften dieses Standards anzuwenden. Zu diesem Zweck sind Verweise auf den Zeitpunkt der erstmaligen Anwendung als Verweise auf den Beginn der Berichtsperiode zu verstehen, in der das Unternehmen diese Änderungen erstmals anwendet (Zeitpunkt der erstmaligen Anwendung dieser Änderungen).

As an exception to prospective application of the hedge accounting requirements of this Standard, an entity: 7.2.26

(a) shall apply the accounting for the time value of options in accordance with paragraph 6.5.15 retrospectively if, in accordance with IAS 39, only the change in an option's intrinsic value was designated as a hedging instrument in a hedging relationship. This retrospective application applies only to those hedging relationships that existed at the beginning of the earliest comparative period or were designated thereafter.
(b) may apply the accounting for the forward element of forward contracts in accordance with paragraph 6.5.16 retrospectively if, in accordance with IAS 39, only the change in the spot element of a forward contract was designated as a hedging instrument in a hedging relationship. This retrospective application applies only to those hedging relationships that existed at the beginning of the earliest comparative period or were designated thereafter. In addition, if an entity elects retrospective application of this accounting, it shall be applied to all hedging relationships that qualify for this election (i.e. on transition this election is not available on a hedging-relationship-by-hedging-relationship basis). The accounting for foreign currency basis spreads (see paragraph 6.5.16) may be applied retrospectively for those hedging relationships that existed at the beginning of the earliest comparative period or were designated thereafter.
(c) shall apply retrospectively the requirement of paragraph 6.5.6 that there is not an expiration or termination of the hedging instrument if:
    (i) as a consequence of laws or regulations, or the introduction of laws or regulations, the parties to the hedging instrument agree that one or more clearing counterparties replace their original counterparty to become the new counterparty to each of the parties; and
    (ii) other changes, if any, to the hedging instrument are limited to those that are necessary to effect such a replacement of the counterparty.
(d) shall apply the requirements in Section 6.8 retrospectively. This retrospective application applies only to those hedging relationships that existed at the beginning of the reporting period in which an entity first applies those requirements or were designated thereafter, and to the amount accumulated in the cash flow hedge reserve that existed at the beginning of the reporting period in which an entity first applies those requirements.

Entities that have applied IFRS 9 (2009), IFRS 9 (2010) or IFRS 9 (2013) early

An entity shall apply the transition requirements in paragraphs 7.2.1—7.2.26 at the relevant date of initial application. An entity shall apply each of the transition provisions in paragraphs 7.2.3—7.2.14 and 7.2.17—7.2.26 only once (i.e. if an entity chooses an approach of applying IFRS 9 that involves more than one date of initial application, it cannot apply any of those provisions again if they were already applied at an earlier date). (See paragraphs 7.2.2 and 7.3.2.) 7.2.27

An entity that applied IFRS 9 (2009), IFRS 9 (2010) or IFRS 9 (2013) and subsequently applies this Standard: 7.2.28

(a) shall revoke its previous designation of a financial asset as measured at fair value through profit or loss if that designation was previously made in accordance with the condition in paragraph 4.1.5 but that condition is no longer satisfied as a result of the application of this Standard;
(b) may designate a financial asset as measured at fair value through profit or loss if that designation would not have previously satisfied the condition in paragraph 4.1.5 but that condition is now satisfied as a result of the application of this Standard;
(c) shall revoke its previous designation of a financial liability as measured at fair value through profit or loss if that designation was previously made in accordance with the condition in paragraph 4.2.2 (a) but that condition is no longer satisfied as a result of the application of this Standard; and
(d) may designate a financial liability as measured at fair value through profit or loss if that designation would not have previously satisfied the condition in paragraph 4.2.2 (a) but that condition is now satisfied as a result of the application of this Standard.

Such a designation and revocation shall be made on the basis of the facts and circumstances that exist at the date of initial application of this Standard. That classification shall be applied retrospectively.

Transition for Prepayment Features with Negative Compensation

An entity shall apply *Prepayment Features with Negative Compensation* (Amendments to IFRS 9) retrospectively in accordance with IAS 8, except as specified in paragraphs 7.2.30—7.2.34. 7.2.29

An entity that first applies these amendments at the same time it first applies this Standard shall apply paragraphs 7.2.1—7.2.28 instead of paragraphs 7.2.31—7.2.34. 7.2.30

An entity that first applies these amendments after it first applies this Standard shall apply paragraphs 7.2.32—7.2.34. The entity shall also apply the other transition requirements in this Standard necessary for applying these amendments. For that purpose, references to the date of initial application shall be read as referring to the beginning of the reporting period in which an entity first applies these amendments (date of initial application of these amendments). 7.2.31

7.2.32 Was die Designation eines finanziellen Vermögenswerts oder einer finanziellen Verbindlichkeit als erfolgswirksam zum beizulegenden Zeitwert bewertet angeht, so

(a) hat ein Unternehmen seine frühere Designation eines finanziellen Vermögenswerts als erfolgswirksam zum beizulegenden Zeitwert bewertet aufzuheben, wenn eine solche Designation gemäß der in Paragraph 4.1.5 genannten Bedingung erfolgt war, diese Bedingung aber infolge der Anwendung der vorliegenden Änderungen nicht mehr erfüllt ist,
(b) kann ein Unternehmen einen finanziellen Vermögenswert als erfolgswirksam zum beizulegenden Zeitwert bewertet designieren, wenn diese Designation bislang die in Paragraph 4.1.5 genannte Bedingung nicht erfüllt hätte, diese Bedingung aber nun infolge der Anwendung der vorliegenden Änderungen erfüllt wird,
(c) hat ein Unternehmen seine frühere Designation einer finanziellen Verbindlichkeit als erfolgswirksam zum beizulegenden Zeitwert bewertet aufzuheben, wenn eine solche Designation gemäß der in Paragraph 4.2.2 (a) genannten Bedingung erfolgt war, diese Bedingung aber infolge der Anwendung der vorliegenden Änderungen nicht mehr erfüllt ist, und
(d) kann ein Unternehmen eine finanzielle Verbindlichkeit als erfolgswirksam zum beizulegenden Zeitwert bewertet designieren, wenn diese Designation bislang die in Paragraph 4.2.2 (a) genannte Bedingung nicht erfüllt hätte, diese Bedingung aber nun infolge der Anwendung der vorliegenden Änderungen erfüllt wird.

Eine solche Designation bzw. die Aufhebung einer Designation, hat auf Grundlage der zum Zeitpunkt der erstmaligen Anwendung dieser Änderungen bestehenden Fakten und Umstände zu erfolgen. Sie ist rückwirkend anzuwenden.

7.2.33 Ein Unternehmen ist nicht verpflichtet, frühere Perioden anzupassen, um der Anwendung dieser Änderungen Rechnung zu tragen. Das Unternehmen darf frühere Perioden nur anpassen, wenn dabei keine nachträglichen Erkenntnisse verwendet werden müssen und der angepasste Abschluss allen Vorschriften dieses Standards Rechnung trägt. Passt ein Unternehmen frühere Perioden nicht an, hat es etwaige Differenzen zwischen dem bisherigen Buchwert und dem Buchwert zu Beginn des Geschäftsjahrs, in das der Zeitpunkt der erstmaligen Anwendung dieser Änderungen fällt, im Eröffnungsbilanzwert der Gewinnrücklagen (oder eines anderen geeigneten Eigenkapitalpostens) des Geschäftsjahrs zu erfassen, in das der Zeitpunkt der erstmaligen Anwendung dieser Änderungen fällt.

7.2.34 In der Berichtsperiode, in die der Zeitpunkt der erstmaligen Anwendung dieser Änderungen fällt, hat das Unternehmen für jede Klasse von finanziellen Vermögenswerten und finanziellen Verbindlichkeiten, die von diesen Änderungen betroffen waren, die folgenden Angaben zum Zeitpunkt der erstmaligen Anwendung zu machen:

(a) die vorherige Bewertungskategorie und den unmittelbar vor Anwendung dieser Änderungen bestimmten Buchwert,
(b) die neue Bewertungskategorie und den unmittelbar nach Anwendung dieser Änderungen bestimmten Buchwert,
(c) den Buchwert aller finanziellen Vermögenswerte und Verbindlichkeiten in der Bilanz, die zuvor als erfolgswirksam zum beizulegenden Zeitwert bewertet designiert waren, es aber jetzt nicht mehr sind, und
(d) die Gründe für jede Designation oder Aufgabe der Designation von finanziellen Vermögenswerten oder Verbindlichkeiten als erfolgswirksam zum beizulegenden Zeitwert bewertet.

Übergangsvorschriften für die „Jährlichen Verbesserungen an den IFRS-Standards"

7.2.35 Ein Unternehmen hat die *Jährlichen Verbesserungen an den IFRS-Standards, Zyklus 2018–2020* auf finanzielle Verbindlichkeiten anzuwenden, die zu oder nach Beginn des Geschäftsjahrs, in dem das Unternehmen die Änderung erstmals anwendet, geändert oder ausgetauscht werden.

Übergangsvorschriften für IFRS 17 in der im Juni 2020 geänderten Fassung

7.2.36 Ein Unternehmen hat die aufgrund der im Juni 2020 geänderten Fassung der IFRS 17 erfolgten Änderungen an IFRS 9 gemäß IAS 8 rückwirkend anzuwenden, mit den in den Paragraphen 7.2.37–7.2.42 aufgeführten Ausnahmen.

7.2.37 Ein Unternehmen, das IFRS 17 in der im Juni 2020 geänderten Fassung erstmals anwendet und gleichzeitig auch den vorliegenden Standard erstmals anwendet, hat anstelle der Paragraphen 7.2.38–7.2.42 nun die Paragraphen 7.2.1–7.2.28 anzuwenden.

7.2.38 Wendet ein Unternehmen IFRS 17 in der im Juni 2020 geänderten Fassung erstmals an, nachdem es zuvor schon den vorliegenden Standard erstmals angewandt hat, hat es die Paragraphen 7.2.39–7.2.42 anzuwenden. Darüber hinaus hat das Unternehmen auch die anderen für die Anwendung der Änderungen erforderlichen Übergangsvorschriften dieses Standards anzuwenden. Zu diesem Zweck sind Verweise auf den Zeitpunkt der erstmaligen Anwendung als Verweise auf den Beginn der Berichtsperiode zu verstehen, in der das Unternehmen diese Änderungen erstmals anwendet (Zeitpunkt der erstmaligen Anwendung dieser Änderungen).

7.2.39 Hinsichtlich der Designation einer finanziellen Verbindlichkeit als erfolgswirksam zum beizulegenden Zeitwert bewertet

(a) hat ein Unternehmen seine frühere Designation einer finanziellen Verbindlichkeit als erfolgswirksam zum beizulegenden Zeitwert bewertet aufzuheben, wenn eine solche Designation gemäß der in Paragraph 4.2.2 (a) genannten Bedingung erfolgt war, diese Bedingung aber infolge der Anwendung dieser Änderungen nicht mehr erfüllt ist, und
(b) kann ein Unternehmen eine finanzielle Verbindlichkeit als erfolgswirksam zum beizulegenden Zeitwert bewertet designieren, wenn diese Designation bislang die in Paragraph 4.2.2 (a) genannte Bedingung nicht erfüllt hätte, diese Bedingung aber nun infolge der Anwendung der vorliegenden Änderungen erfüllt wird.

Eine solche Designation bzw. die Aufhebung einer Designation hat auf Grundlage der zum Zeitpunkt der erstmaligen Anwendung dieser Änderungen bestehenden Fakten und Umstände zu erfolgen. Diese Einstufung ist rückwirkend anzuwenden.

With regard to designating a financial asset or financial liability as measured at fair value through profit or loss, an entity: 7.2.32
(a) shall revoke its previous designation of a financial asset as measured at fair value through profit or loss if that designation was previously made in accordance with the condition in paragraph 4.1.5 but that condition is no longer satisfied as a result of the application of these amendments
(b) may designate a financial asset as measured at fair value through profit or loss if that designation would not have previously satisfied the condition in paragraph 4.1.5 but that condition is now satisfied as a result of the application of these amendments;
(c) shall revoke its previous designation of a financial liability as measured at fair value through profit or loss if that designation was previously made in accordance with the condition in paragraph 4.2.2 (a) but that condition is no longer satisfied as a result of the application of these amendments; and
(d) may designate a financial liability as measured at fair value through profit or loss if that designation would not have previously satisfied the condition in paragraph 4.2.2 (a) but that condition is now satisfied as a result of the application of these amendments.

Such a designation and revocation shall be made on the basis of the facts and circumstances that exist at the date of initial application of these amendments. That classification shall be applied retrospectively.

An entity is not required to restate prior periods to reflect the application of these amendments. The entity may restate prior periods if, and only if, it is possible without the use of hindsight and the restated financial statements reflect all the requirements in this Standard. If an entity does not restate prior periods, the entity shall recognise any difference between the previous carrying amount and the carrying amount at the beginning of the annual reporting period that includes the date of initial application of these amendments in the opening retained earnings (or other component of equity, as appropriate) of the annual reporting period that includes the date of initial application of these amendments. 7.2.33

In the reporting period that includes the date of initial application of these amendments, the entity shall disclose the following information as at that date of initial application for each class of financial assets and financial liabilities that were affected by these amendments: 7.2.34
(a) the previous measurement category and carrying amount determined immediately before applying these amendments;
(b) the new measurement category and carrying amount determined after applying these amendments;
(c) the carrying amount of any financial assets and financial liabilities in the statement of financial position that were previously designated as measured at fair value through profit or loss but are no longer so designated; and
(d) the reasons for any designation or de-designation of financial assets or financial liabilities as measured at fair value through profit or loss.

Transition for Annual Improvements to IFRS Standards

An entity shall apply *Annual Improvements to IFRS Standards 2018—2020* to financial liabilities that are modified or exchanged on or after the beginning of the annual reporting period in which the entity first applies the amendment. 7.2.35

Transition for IFRS 17 as amended in June 2020

An entity shall apply the amendments to IFRS 9 made by IFRS 17 as amended in June 2020 retrospectively in accordance with IAS 8, except as specified in paragraphs 7.2.37—7.2.42. 7.2.36

An entity that first applies IFRS 17 as amended in June 2020 at the same time it first applies this Standard shall apply paragraphs 7.2.1—7.2.28 instead of paragraphs 7.2.38—7.2.42. 7.2.37

An entity that first applies IFRS 17 as amended in June 2020 after it first applies this Standard shall apply paragraphs 7.2.39—7.2.42. The entity shall also apply the other transition requirements in this Standard necessary for applying these amendments. For that purpose, references to the date of initial application shall be read as referring to the beginning of the reporting period in which an entity first applies these amendments (date of initial application of these amendments). 7.2.38

With regard to designating a financial liability as measured at fair value through profit or loss, an entity: 7.2.39
(a) shall revoke its previous designation of a financial liability as measured at fair value through profit or loss if that designation was previously made in accordance with the condition in paragraph 4.2.2 (a) but that condition is no longer satisfied as a result of the application of these amendments; and
(b) may designate a financial liability as measured at fair value through profit or loss if that designation would not have previously satisfied the condition in paragraph 4.2.2 (a) but that condition is now satisfied as a result of the application of these amendments.

Such a designation and revocation shall be made on the basis of the facts and circumstances that exist at the date of initial application of these amendments. That classification shall be applied retrospectively.

7.2.40 Ein Unternehmen ist nicht verpflichtet, frühere Perioden anzupassen, um der Anwendung dieser Änderungen Rechnung zu tragen. Das Unternehmen darf frühere Perioden nur anpassen, wenn dabei keine nachträglichen Erkenntnisse verwendet werden müssen. Passt ein Unternehmen frühere Perioden an, müssen die angepassten Abschlüsse alle Anforderungen des vorliegenden Standards an die betreffenden finanziellen Vermögenswerte erfüllen. Passt ein Unternehmen frühere Perioden nicht an, hat es etwaige Differenzen zwischen dem früheren Buchwert und dem Buchwert zu Beginn des Geschäftsjahrs, in das der Zeitpunkt der erstmaligen Anwendung dieser Änderungen fällt, im Eröffnungsbilanzwert der Gewinnrücklagen (oder eines anderen geeigneten Eigenkapitalpostens) des Geschäftsjahrs zu erfassen, in das der Zeitpunkt der erstmaligen Anwendung dieser Änderungen fällt.

7.2.41 In der Berichtsperiode, in die der Zeitpunkt der erstmaligen Anwendung dieser Änderungen fällt, ist ein Unternehmen nicht verpflichtet, die nach Paragraph 28 (f) von IAS 8 erforderlichen quantitativen Angaben zu machen.

7.2.42 In der Berichtsperiode, in die der Zeitpunkt der erstmaligen Anwendung dieser Änderungen fällt, hat das Unternehmen für jede Klasse von finanziellen Vermögenswerten und finanziellen Verbindlichkeiten, die von diesen Änderungen betroffen waren, die folgenden Angaben zum Zeitpunkt der erstmaligen Anwendung zu machen:

(a) die vorherige Einstufung, einschließlich der vorherigen Bewertungskategorie, falls zutreffend, und den unmittelbar vor Anwendung dieser Änderungen bestimmten Buchwert,
(b) die neue Bewertungskategorie und den unmittelbar nach Anwendung dieser Änderungen bestimmten Buchwert,
(c) den Buchwert aller finanziellen Verbindlichkeiten in der Bilanz, die zuvor als erfolgswirksam zum bei zulegenden Zeitwert bewertet designiert waren, es jetzt aber nicht mehr sind, und
(d) die Gründe für jede Designation oder Aufgabe der Designation von finanziellen Verbindlichkeiten als erfolgswirksam zum beizulegenden Zeitwert bewertet.

Übergangsvorschriften für Reform der Referenzzinsätze – Phase 2

7.2.43 Soweit in den Paragraphen 7.2.44–7.2.46 nicht anders festgelegt, ist die Verlautbarung *Reform der Referenzzinssätze – Phase 2* gemäß IAS 8 rückwirkend anzuwenden.

7.2.44 Eine neue Sicherungsbeziehung (z. B. wie in Paragraph 6.9.13 beschrieben) darf nur prospektiv designiert werden (d. h. in Vorperioden darf ein Unternehmen keine neue Sicherungsbeziehung designieren). Ein Unternehmen hat eine beendete Sicherungsbeziehung wieder herzustellen, allerdings nur dann, wenn die folgenden Bedingungen erfüllt sind:

(a) das Unternehmen hatte die jeweilige Sicherungsbeziehung nur aufgrund von Veränderungen beendet, die die Reform der Referenzzinssätze notwendig gemacht hatte, und das Unternehmen hätte die Sicherungsbeziehung nicht beenden müssen, wenn diese Änderungen zu diesem Zeitpunkt bereits angewandt worden wären, und
(b) zu Beginn der Berichtsperiode, in der ein Unternehmen die Änderungen erstmals anwendet (Datum der erstmaligen Anwendung der Änderungen), erfüllt die beendete Sicherungsbeziehung die Voraussetzungen für die Bilanzierung von Sicherungsbeziehungen (nach Berücksichtigung der Änderungen).

7.2.45 Falls ein Unternehmen eine beendete Sicherungsbeziehung in Anwendung des Paragraphen 7.2.44 wieder herstellt, hat es die in den Paragraphen 6.9.11 und 6.9.12 enthaltenen Bezugnahmen auf den Zeitpunkt der erstmaligen Designation des alternativen Referenzzinssatzes als nicht vertraglich spezifizierte Risikokomponente als Bezugnahmen auf den Zeitpunkt der erstmaligen Anwendung der Änderungen auszulegen (d. h. der Zeitraum von 24 Monaten für den jeweiligen alternativen Referenzzinssatz, der als nicht vertraglich spezifizierte Risikokomponente designiert ist, beginnt mit dem Zeitpunkt der erstmaligen Anwendung der Änderungen).

7.2.46 Ein Unternehmen ist nicht verpflichtet, frühere Perioden anzupassen, um der Anwendung dieser Änderungen Rechnung zu tragen. Ein Unternehmen darf frühere Perioden nur anpassen, wenn dabei keine nachträglichen Erkenntnisse verwendet werden müssen. Passt ein Unternehmen frühere Perioden nicht an, hat es etwaige Differenzen zwischen dem früheren Buchwert und dem Buchwert zu Beginn des Geschäftsjahrs, in das der Zeitpunkt der erstmaligen Anwendung dieser Änderungen fällt, im Eröffnungsbilanzwert der Gewinnrücklagen (oder eines anderen geeigneten Eigenkapitalpostens) des Geschäftsjahrs zu erfassen, in das der Zeitpunkt der erstmaligen Anwendung dieser Änderungen fällt.

Übergangsvorschriften für die Änderungen an der Einstufung und Bewertung von Finanzinstrumenten

7.2.47 Soweit in den Paragraphen 7.2.48–7.2.49 nicht anders festgelegt, sind die *Änderungen an der Einstufung und Bewertung von Finanzinstrumenten* gemäß IAS 8 rückwirkend anzuwenden. Für die Zwecke der Vorschriften dieser Paragraphen ist der Zeitpunkt der erstmaligen Anwendung der Beginn des Geschäftsjahres, in dem das Unternehmen diese Änderungen erstmals anwendet.

7.2.48 Ein Unternehmen ist nicht verpflichtet, frühere Perioden anzupassen, um der Anwendung dieser Änderungen Rechnung zu tragen. Ein Unternehmen darf frühere Perioden nur anpassen, wenn dabei keine nachträglichen Erkenntnisse verwendet werden müssen. Passt ein Unternehmen frühere Perioden nicht an, hat es die Auswirkung der erstmaligen Anwendung dieser Änderungen als Anpassung des Eröffnungsbilanzwerts der finanziellen Vermögenswerte und finanziellen Verbindlichkeiten und gegebenenfalls die kumulierte Auswirkung als Anpassung des Eröffnungsbilanzwerts der Gewinnrücklagen (oder gegebenenfalls anderer Eigenkapitalkomponenten) zum Zeitpunkt der erstmaligen Anwendung zu erfassen.

An entity is not required to restate prior periods to reflect the application of these amendments. The entity may restate prior periods only if it is possible to do so without the use of hindsight. If an entity restates prior periods, the restated financial statements must reflect all the requirements in this Standard for the affected financial instruments. If an entity does not restate prior periods, the entity shall recognise any difference between the previous carrying amount and the carrying amount at the beginning of the annual reporting period that includes the date of initial application of these amendments in the opening retained earnings (or other component of equity, as appropriate) of the annual reporting period that includes the date of initial application of these amendments. 7.2.40

In the reporting period that includes the date of initial application of these amendments, an entity is not required to present the quantitative information required by paragraph 28 (f) of IAS 8. 7.2.41

In the reporting period that includes the date of initial application of these amendments, the entity shall disclose the following information as at that date of initial application for each class of financial assets and financial liabilities that was affected by these amendments: 7.2.42

(a) the previous classification, including the previous measurement category when applicable, and carrying amount determined immediately before applying these amendments;
(b) the new measurement category and carrying amount determined after applying these amendments;
(c) the carrying amount of any financial liabilities in the statement of financial position that were previously designated as measured at fair value through profit or loss but are no longer so designated; and
(d) the reasons for any designation or de-designation of financial liabilities as measured at fair value through profit or loss.

Transition for Interest Rate Benchmark Reform—Phase 2

An entity shall apply *Interest Rate Benchmark Reform—Phase 2* retrospectively in accordance with IAS 8, except as specified in paragraphs 7.2.44—7.2.46. 7.2.43

An entity shall designate a new hedging relationship (for example, as described in paragraph 6.9.13) only prospectively (i.e. an entity is prohibited from designating a new hedge accounting relationship in prior periods). However, an entity shall reinstate a discontinued hedging relationship if, and only if, these conditions are met: 7.2.44

(a) the entity had discontinued that hedging relationship solely due to changes required by interest rate benchmark reform and the entity would not have been required to discontinue that hedging relationship if these amendments had been applied at that time; and
(b) at the beginning of the reporting period in which an entity first applies these amendments (date of initial application of these amendments), that discontinued hedging relationship meets the qualifying criteria for hedge accounting (after taking into account these amendments).

If, in applying paragraph 7.2.44, an entity reinstates a discontinued hedging relationship, the entity shall read references in paragraphs 6.9.11 and 6.9.12 to the date the alternative benchmark rate is designated as a non-contractually specified risk component for the first time as referring to the date of initial application of these amendments (i.e. the 24-month period for that alternative benchmark rate designated as a non-contractually specified risk component begins from the date of initial application of these amendments). 7.2.45

An entity is not required to restate prior periods to reflect the application of these amendments. The entity may restate prior periods if, and only if, it is possible without the use of hindsight. If an entity does not restate prior periods, the entity shall recognise any difference between the previous carrying amount and the carrying amount at the beginning of the annual reporting period that includes the date of initial application of these amendments in the opening retained earnings (or other component of equity, as appropriate) of the annual reporting period that includes the date of initial application of these amendments. 7.2.46

Transition for Amendments to the Classification and Measurement of Financial Instruments

An entity shall apply *Amendments to the Classification and Measurement of Financial Instruments* retrospectively, in accordance with IAS 8, except as specified in paragraphs 7.2.48—7.2.49. For the purposes of the requirements in these paragraphs, the date of initial application is the beginning of the annual reporting period in which the entity first applies the amendments. 7.2.47

An entity is not required to restate prior periods to reflect the application of these amendments. An entity may restate prior periods if, and only if, it is possible to do so without the use of hindsight. If an entity does not restate prior periods, it shall recognise the effect of initially applying these amendments as an adjustment to the opening balance of financial assets and financial liabilities and the cumulative effect, if any, as an adjustment to the opening balance of retained earnings (or other component of equity, as appropriate) at the date of initial application. 7.2.48

7.2.49 Zum Zeitpunkt der erstmaligen Anwendung der Änderungen der Anwendungsleitlinien zu Abschnitt 4.1 dieses Standards (Einstufung finanzieller Vermögenswerte) hat ein Unternehmen für jede Klasse von finanziellen Vermögenswerten, deren Bewertungskategorie sich durch Anwendung der Änderungen ändert, Folgendes anzugeben:
(a) die Bewertungskategorie und den unmittelbar vor Anwendung der Änderungen bestimmten Buchwert und
(b) die Bewertungskategorie und den unmittelbar nach Anwendung dieser Änderungen bestimmten Buchwert.

Übergangsvorschriften für die Jährlichen Verbesserungen an den IFRS-Rechnungslegungsstandards – Band 11

7.2.50 Ein Unternehmen hat die Änderung an Paragraph 2.1 (b) (ii), die durch die *Jährlichen Verbesserungen an den IFRS-Rechnungslegungsstandards – Band 11* vorgenommen wurde, auf Leasingverbindlichkeiten anzuwenden, die zu oder nach Beginn des Geschäftsjahrs, in dem das Unternehmen diese Änderung erstmals anwendet, getilgt sind.

Übergangsvorschriften für Verträge, die sich auf naturabhängigen Strom beziehen

7.2.51 Ein Unternehmen hat die Paragraphen 2.3A–2.3B, 2.8 und B2.7–B2.8 rückwirkend gemäß IAS 8 auf Basis der Fakten und Umstände zum Zeitpunkt der erstmaligen Anwendung (dem Zeitpunkt, zu dem das Unternehmen die Änderungen erstmals anwendet) anzuwenden. Der Zeitpunkt der erstmaligen Anwendung ist der Beginn einer Berichtsperiode, bei der es sich um eine andere Berichtsperiode als ein Geschäftsjahr handeln kann. Ein Unternehmen muss frühere Perioden nicht anpassen, um der Anwendung dieser Änderungen Rechnung zu tragen. Das Unternehmen darf frühere Perioden nur anpassen, wenn dabei keine nachträglichen Erkenntnisse verwendet werden müssen. Passt das Unternehmen frühere Perioden nicht an, hat es eine etwaige Differenz zwischen dem vorherigen Buchwert und dem Buchwert zum Zeitpunkt der erstmaligen Anwendung dieser Änderungen im Eröffnungsbilanzwert der Gewinnrücklagen (oder eines anderen geeigneten Eigenkapitalpostens) zu Beginn dieser Berichtsperiode zu erfassen.

7.2.52 Würde ein Vertrag, der sich auf naturabhängigen Strom bezieht (Beschreibung siehe Paragraph 2.3A), aufgrund der Anwendung der Paragraphen B2.7–B2.8 nicht unter IFRS 9 fallen, darf ein Unternehmen diesen Vertrag gemäß Paragraph 2.5 zum Zeitpunkt der erstmaligen Anwendung unwiderruflich als erfolgswirksam zum beizulegenden Zeitwert bewertet designieren.

7.2.53 Auf neue Sicherungsbeziehungen, die zum oder nach dem Zeitpunkt der erstmaligen Anwendung designiert werden, hat ein Unternehmen die Paragraphen 6.10.1–6.10.2 prospektiv anzuwenden. Ein Unternehmen darf eine Sicherungsbeziehung, bei der ein Vertrag, der sich auf naturabhängigen Strom bezieht (Beschreibung siehe Paragraph 2.3A), als Sicherungsinstrument designiert wurde, zum Zeitpunkt der erstmaligen Anwendung beenden, wenn dasselbe Sicherungsinstrument gemäß den Paragraphen 6.10.1–6.10.2 in einer neuen Sicherungs-beziehung designiert wird.

7.3 Rücknahme von IFRIC 9, IFRS 9 (2009), IFRS 9 (2010) und IFRS 9 (2013)

7.3.1 Dieser Standard ersetzt IFRIC 9 *Neubeurteilung eingebetteter Derivate*. In den Vorschriften, mit denen IFRS 9 im Oktober 2010 ergänzt wurde, sind die bisherigen Vorschriften der Paragraphen 5 und 7 von IFRIC 9 enthalten. Als Folgeänderung wurden die Vorschriften des bisherigen Paragraphen 8 von IFRIC 9 in IFRS 1 *Erstmalige Anwendung der International Financial Reporting Standards* übernommen.

7.3.2 Dieser Standard ersetzt IFRS 9 (2009), IFRS 9 (2010) und IFRS 9 (2013). Auf Geschäftsjahre, die vor dem 1. Januar 2018 beginnen, kann ein Unternehmen jedoch wahlweise anstelle des vorliegenden Standards die früheren Fassungen von IFRS 9 anwenden. Dies gilt allerdings nur, wenn der relevante Zeitpunkt der erstmaligen Anwendung durch das Unternehmen vor dem 1. Februar 2015 liegt.

ANHANG A

Definitionen

Dieser Anhang ist integraler Bestandteil des Standards.

Erwarteter 12-Monats-Kreditverlust	Der Teil der **über die Laufzeit erwarteten Kreditverluste**, der den **erwarteten Kreditverlusten** aus Ausfallereignissen entspricht, die bei einem Finanzinstrument innerhalb von 12 Monaten nach dem Abschlussstichtag möglich sind.
Fortgeführte Anschaffungskosten eines finanziellen Vermögenswerts oder einer finanziellen Verbindlichkeit	Der Betrag, mit dem der finanzielle Vermögenswert oder die finanzielle Verbindlichkeit beim erstmaligen Ansatz bewertet wird, abzüglich der Tilgungen, zuzüglich oder abzüglich der kumulierten Amortisation einer etwaigen Differenz zwischen dem ursprünglichen Betrag und dem bei Fälligkeit rückzahlbaren Betrag unter Anwendung der **Effektivzinsmethode** sowie bei finanziellen Vermögenswerten nach Berücksichtigung einer etwaigen **Wertberichtigung.**

At the date of initial application of the amendments to the Application Guidance to Section 4.1 of this Standard (Classification of financial assets), an entity shall disclose for each class of financial assets that changed measurement category as a result of applying the amendments: 7.2.49

(a) the measurement category and carrying amount determined immediately before the amendments were applied; and
(b) the measurement category and carrying amount determined immediately after the amendments were applied.

Transition for Annual Improvements to IFRS Accounting Standards – Volume 11

An entity shall apply the amendment to paragraph 2.1 (b) (ii) made by *Annual Improvements to IFRS Accounting Standards – Volume 11* to lease liabilities that are extinguished on or after the beginning of the annual reporting period in which the entity first applies that amendment. 7.2.50

Transition for Contracts Referencing Nature-dependent Electricity

An entity shall apply paragraphs 2.3 A—2.3B, 2.8 and B2.7—B2.8 retrospectively in accordance with IAS 8 using the facts and circumstances at the date of initial application (the date when an entity first applies the amendments). The date of initial application shall be the beginning of a reporting period, which might be a reporting period other than an annual reporting period. An entity need not restate prior periods to reflect the application of these amendments. The entity is permitted to restate prior periods only if it is possible to do so without the use of hindsight. If the entity does not restate prior periods, it shall recognise any difference between the previous carrying amount and the carrying amount at the date of initial application of these amendments in the opening retained earnings (or other component of equity, as appropriate) at the beginning of that reporting period. 7.2.51

If a contract referencing nature-dependent electricity (as described in paragraph 2.3 A) would be outside the scope of IFRS 9 as a result of applying the requirements in paragraphs B2.7—B2.8, an entity is permitted, at the date of initial application, to irrevocably designate this contract as measured at fair value through profit or loss in accordance with paragraph 2.5. 7.2.52

An entity shall apply paragraphs 6.10.1—6.10.2 prospectively to new hedging relationships designated on or after the date of initial application. An entity is permitted, at the date of initial application, to discontinue a hedging relationship in which a contract referencing nature-dependent electricity (as described in paragraph 2.3 A) has been designated as the hedging instrument, if the same hedging instrument is designated in a new hedging relationship in accordance with paragraphs 6.10.1—6.10.2. 7.2.53

7.3 Withdrawal of IFRIC 9, IFRS 9 (2009), IFRS 9 (2010) and IFRS 9 (2013)

This Standard supersedes IFRIC 9 *Reassessment of Embedded Derivatives*. The requirements added to IFRS 9 in October 2010 incorporated the requirements previously set out in paragraphs 5 and 7 of IFRIC 9. As a consequential amendment, IFRS 1 *First-time Adoption of International Financial Reporting Standards* incorporated the requirements previously set out in paragraph 8 of IFRIC 9. 7.3.1

This Standard supersedes IFRS 9 (2009), IFRS 9 (2010) and IFRS 9 (2013). However, for annual periods beginning before 1 January 2018, an entity may elect to apply those earlier versions of IFRS 9 instead of applying this Standard if, and only if, the entity's relevant date of initial application is before 1 February 2015. 7.3.2

APPENDIX A

Defined terms

This appendix is an integral part of the Standard.

12-month expected credit losses	The portion of **lifetime expected credit losses** that represent the **expected credit** losses that result from default events on a financial instrument that are possible within the 12 months after the reporting date.
amortised cost of a financial asset or financial liability	The amount at which the financial asset or financial liability is measured at initial recognition minus the principal repayments, plus or minus the cumulative amortisation using the **effective interest method** of any difference between that initial amount and the maturity amount and, for financial assets, adjusted for any loss allowance.

Vertragsvermögenswerte
Jene Rechte, die nach IFRS 15 *Erlöse aus Verträgen mit Kunden* zur Erfassung und Bewertung von Wertminderungsaufwendungen und -erträgen gemäß dem vorliegenden Standard bilanziert werden.

Finanzieller Vermögenswert mit beeinträchtigter Bonität
Die Bonität eines finanziellen Vermögenswerts ist beeinträchtigt, wenn ein oder mehrere Ereignisse mit nachteiligen Auswirkungen auf die erwarteten künftigen Zahlungsströme aus diesem finanziellen Vermögenswert eingetreten sind. Anhaltspunkte für eine beeinträchtigte Bonität eines finanziellen Vermögenswerts sind u. a. beobachtbare Daten zu den folgenden Ereignissen:

(a) signifikante finanzielle Schwierigkeiten des Emittenten oder des Kreditnehmers,
(b) ein Vertragsbruch wie beispielsweise Ausfall oder Überfälligkeit,
(c) Zugeständnisse, die der/die Kreditgeber dem Kreditnehmer aus wirtschaftlichen oder rechtlichen Gründen im Zusammenhang mit den finanziellen Schwierigkeiten des Kreditnehmers macht/machen, anderenfalls aber nicht in Betracht ziehen würde/n,
(d) es wird wahrscheinlich, dass der Kreditnehmer in Insolvenz oder ein sonstiges Sanierungsverfahren geht,
(e) das durch finanzielle Schwierigkeiten bedingte Verschwinden eines aktiven Markts für diesen finanziellen Vermögenswert, oder
(f) der Kauf oder die Ausreichung eines finanziellen Vermögenswerts mit einem hohen Disagio, das die eingetretenen **Kreditverluste** widerspiegelt.

Eventuell kann kein einzelnes Ereignis festgestellt werden, sondern kann die kombinierte Wirkung mehrerer Ereignisse die Bonität finanzieller Vermögenswerte beeinträchtigt haben.

Kreditverlust
Die Differenz zwischen allen vertraglichen Zahlungen, die einem Unternehmen vertragsgemäß geschuldet werden, und sämtlichen Zahlungen, die das Unternehmen voraussichtlich einnimmt (d. h. alle Zahlungsausfälle), abgezinst zum ursprünglichen **Effektivzinssatz** (oder zum **bonitätsangepassten Effektivzinssatz** für **finanzielle Vermögenswerte mit bereits bei Erwerb oder Ausreichung beeinträchtigter Bonität**). Ein Unternehmen hat die Zahlungen unter Berücksichtigung aller vertraglichen Bedingungen des Finanzinstruments (wie vorzeitige Rückzahlung, Verlängerung, Kauf- und vergleichbare Optionen) über die erwartete Laufzeit dieses Finanzinstruments zu schätzen. Die berücksichtigten Zahlungen umfassen Zahlungen aus dem Verkauf gehaltener Sicherheiten oder sonstiger Kreditsicherheiten, die integraler Bestandteil der vertraglichen Bedingungen sind. Es wird vermutet, dass die erwartete Laufzeit eines Finanzinstruments verlässlich geschätzt werden kann. In den seltenen Fällen, in denen die erwartete Laufzeit eines Finanzinstruments nicht verlässlich geschätzt werden kann, hat das Unternehmen allerdings die verbleibende vertragliche Laufzeit des Finanzinstruments zugrunde zu legen.

Bonitätsangepasster Effektivzinssatz
Der Zinssatz, mit dem die geschätzten künftigen Ein-/Auszahlungen über die erwartete Laufzeit des finanziellen Vermögenswerts exakt auf die **fortgeführten Anschaffungskosten eines finanziellen Vermögenswerts** mit **bereits bei Erwerb oder Ausreichung beeinträchtigter Bonität** abgezinst werden. Bei der Ermittlung des bonitätsangepassten Effektivzinssatzes hat ein Unternehmen zur Schätzung der erwarteten Zahlungsströme alle vertraglichen Bedingungen des finanziellen Vermögenswerts (wie vorzeitige Rückzahlung, Verlängerung, Kauf- und vergleichbare Optionen) und **erwartete Kreditverluste** zu berücksichtigen. In diese Berechnung fließen alle zwischen den Vertragspartnern gezahlten Gebühren und sonstige Entgelte, die integraler Bestandteil des Effektivzinssatzes (siehe Paragraphen B5.4.1–B5.4.3) sind, sowie der **Transaktionskosten** und aller anderen Agios und Disagios ein. Es wird vermutet, dass die Zahlungsströme und die erwartete Laufzeit einer Gruppe ähnlicher Finanzinstrumente verlässlich geschätzt werden können. In den seltenen Fällen, in denen die Zahlungsströme oder die Restlaufzeit eines Finanzinstruments (oder einer Gruppe von Finanzinstrumenten) nicht verlässlich geschätzt werden können, hat das Unternehmen allerdings die vertraglichen Zahlungsströme über die gesamte vertragliche Laufzeit des Finanzinstruments (oder der Gruppe von Finanzinstrumenten) zugrunde zu legen.

Ausbuchung
Entfernung eines finanziellen Vermögenswerts oder einer finanziellen Verbindlichkeit aus der Bilanz eines Unternehmens.

Derivat
Ein Finanzinstrument oder anderer Vertrag im Anwendungsbereich des vorliegenden Standards, der alle drei folgenden Merkmale aufweist:

contract assets Those rights that IFRS 15 *Revenue from Contracts with Customers* specifies are accounted for in accordance with this Standard for the purposes of recognising and measuring impairment gains or losses.

credit-impaired financial asset A financial asset is credit-impaired when one or more events that have a detrimental impact on the estimated future cash flows of that financial asset have occurred. Evidence that a financial asset is credit-impaired include observable data about the following events:

(a) significant financial difficulty of the issuer or the borrower;
(b) a breach of contract, such as a default or past due event;
(c) the lender(s) of the borrower, for economic or contractual reasons relating to the borrower's financial difficulty, having granted to the borrower a concession(s) that the lender(s) would not otherwise consider;
(d) it is becoming probable that the borrower will enter bankruptcy or other financial reorganisation;
(e) the disappearance of an active market for that financial asset because of financial difficulties; or
(f) the purchase or origination of a financial asset at a deep discount that reflects the incurred credit losses.

It may not be possible to identify a single discrete event—instead, the combined effect of several events may have caused financial assets to become credit-impaired.

credit loss The difference between all contractual cash flows that are due to an entity in accordance with the contract and all the cash flows that the entity expects to receive (i.e. all cash shortfalls), discounted at the original **effective interest rate** (or **credit-adjusted effective interest rate** for **purchased or originated credit-impaired financial assets**). An entity shall estimate cash flows by considering all contractual terms of the financial instrument (for example, prepayment, extension, call and similar options) through the expected life of that financial instrument. The cash flows that are considered shall include cash flows from the sale of collateral held or other credit enhancements that are integral to the contractual terms. There is a presumption that the expected life of a financial instrument can be estimated reliably. However, in those rare cases when it is not possible to reliably estimate the expected life of a financial instrument, the entity shall use the remaining contractual term of the financial instrument.

credit-adjusted effective interest rate The rate that exactly discounts the estimated future cash payments or receipts through the expected life of the financial asset to the **amortised cost of a financial asset** that is a **purchased or originated credit-impaired financial asset**. When calculating the credit-adjusted effective interest rate, an entity shall estimate the expected cash flows by considering all contractual terms of the financial asset (for example, prepayment, extension, call and similar options) and **expected credit losses**. The calculation includes all fees and points paid or received between parties to the contract that are an integral part of the effective interest rate (see paragraphs B5.4.1—B5.4.3), **transaction costs**, and all other premiums or discounts. There is a presumption that the cash flows and the expected life of a group of similar financial instruments can be estimated reliably. However, in those rare cases when it is not possible to reliably estimate the cash flows or the remaining life of a financial instrument (or group of financial instruments), the entity shall use the contractual cash flows over the full contractual term of the financial instrument (or group of financial instruments).

derecognition The removal of a previously recognised financial asset or financial liability from an entity's statement of financial position.

derivative A financial instrument or other contract within the scope of this Standard with all three of the following characteristics.

(a) seine Wertentwicklung ist an einen bestimmten Zinssatz, den Preis eines Finanzinstruments, einen Rohstoffpreis, Wechselkurs, Preis- oder Kursindex, Bonitätsrating oder -index oder eine andere Variable gekoppelt, sofern bei einer nichtfinanziellen Variablen diese nicht spezifisch für eine der Vertragsparteien ist (auch „Basis" genannt),

(b) es ist keine Anfangsauszahlung erforderlich oder eine, die im Vergleich zu anderen Vertragsformen, von denen zu erwarten ist, dass sie in ähnlicher Weise auf Änderungen der Marktbedingungen reagieren, geringer ist,

(c) die Erfüllung erfolgt zu einem späteren Zeitpunkt.

Dividenden
Gewinnausschüttungen an die Inhaber von Eigenkapitalinstrumenten im Verhältnis zu den von ihnen gehaltenen Anteilen einer bestimmten Kapitalgattung.

Effektivzinsmethode
Die Methode, die bei der Berechnung der **fortgeführten Anschaffungskosten eines finanziellen Vermögenswerts oder einer finanziellen Verbindlichkeit** sowie bei der Verteilung und erfolgswirksamen Erfassung von Zinserträgen oder -aufwendungen über die betreffenden Perioden verwendet wird.

Effektivzinssatz
Der Zinssatz, mit dem die geschätzten künftigen Ein-/Auszahlungen über die erwartete Laufzeit des finanziellen Vermögenswerts oder der finanziellen Verbindlichkeit exakt auf den **Bruttobuchwert eines finanziellen Vermögenswerts** oder auf die **fortgeführten Anschaffungskosten einer finanziellen Verbindlichkeit** abgezinst werden. Bei der Ermittlung des Effektivzinssatzes hat ein Unternehmen zur Schätzung der erwarteten Zahlungsströme alle vertraglichen Bedingungen des Finanzinstruments (wie vorzeitige Rückzahlung, Verlängerung, Kauf- und vergleichbare Optionen) zu berücksichtigen, **erwartete Kreditverluste** aber unberücksichtigt zu lassen. In diese Berechnung fließen alle zwischen den Vertragspartnern gezahlten Gebühren und sonstige Entgelte, die integraler Bestandteil des Effektivzinssatzes (siehe Paragraphen B5.4.1–B5.4.3) sind, sowie der **Transaktionskosten** und aller anderen Agios und Disagios ein. Es wird vermutet, dass die Zahlungsströme und die erwartete Laufzeit einer Gruppe ähnlicher Finanzinstrumente verlässlich geschätzt werden können. In den seltenen Fällen, in denen die Zahlungsströme oder die erwartete Laufzeit eines Finanzinstruments (oder einer Gruppe von Finanzinstrumenten) nicht verlässlich geschätzt werden können, hat das Unternehmen allerdings die vertraglichen Zahlungsströme über die gesamte vertragliche Laufzeit des Finanzinstruments (oder der Gruppe von Finanzinstrumenten) zugrunde zu legen.

Erwartete Kreditverluste
Der gewichtete Durchschnitt der **Kreditverluste,** wobei die jeweiligen Ausfallwahrscheinlichkeiten als Gewichtungen angesetzt werden.

Finanzielle Garantie
Ein Vertrag, bei dem der Garantiegeber zur Leistung bestimmter Zahlungen verpflichtet ist, die den Garantienehmer für einen Verlust entschädigen, der entsteht, weil ein bestimmter Schuldner seinen Zahlungsverpflichtungen nicht fristgerecht und den ursprünglichen oder veränderten Bedingungen eines Schuldinstruments entsprechend nachkommt.

Erfolgswirksam zum beizulegenden Zeitwert bewertete finanzielle Verbindlichkeit
Eine finanzielle Verbindlichkeit, die eine der folgenden Bedingungen erfüllt:

(a) Sie erfüllt die Definition von **zu Handelszwecken gehalten**,

(b) Beim erstmaligen Ansatz wird sie vom Unternehmen gemäß Paragraph 4.2.2 oder 4.3.5 als erfolgswirksam zum beizulegenden Zeitwert bewertet designiert,

(c) Sie wird entweder beim erstmaligen Ansatz oder nachfolgend gemäß Paragraph 6.7.1 als erfolgswirksam zum beizulegenden Zeitwert bewertet designiert.

Feste Verpflichtung
Eine rechtlich bindende Vereinbarung über den Austausch einer bestimmten Menge an Ressourcen zu einem festgesetzten Preis und zu einem festgesetzten Zeitpunkt oder festgesetzten Zeitpunkten.

Erwartete Transaktion
Eine noch nicht fest zugesagte, aber voraussichtlich eintretende künftige Transaktion.

Bruttobuchwert eines finanziellen Vermögenswerts
Die **fortgeführten Anschaffungskosten eines finanziellen Vermögenswerts** vor Berücksichtigung einer etwaigen **Wertberichtigung.**

Sicherungsquote
Das Verhältnis zwischen dem Volumen des Sicherungsinstruments und dem Volumen des Grundgeschäfts gemessen an ihrer relativen Gewichtung.

Zu Handelszwecken gehalten
Ein finanzieller Vermögenswert oder eine finanzielle Verbindlichkeit, der/die

(a) hauptsächlich mit der Absicht erworben oder eingegangen wurde, kurzfristig verkauft oder zurückgekauft zu werden,

(b) beim erstmaligen Ansatz Teil eines Portfolios eindeutig identifizierter und gemeinsam verwalteter Finanzinstrumente ist, bei dem es in jüngerer Vergangenheit nachweislich kurzfristige Gewinnmitnahmen gab, oder

(c) ein **Derivat** ist (mit Ausnahme solcher, bei denen es sich um eine finanzielle Garantie oder ein designiertes und wirksames Sicherungsinstrument handelt).

(a) its value changes in response to the change in a specified interest rate, financial instrument price, commodity price, foreign exchange rate, index of prices or rates, credit rating or credit index, or other variable, provided in the case of a non-financial variable that the variable is not specific to a party to the contract (sometimes called the 'underlying').

(b) it requires no initial net investment or an initial net investment that is smaller than would be required for other types of contracts that would be expected to have a similar response to changes in market factors.

(c) it is settled at a future date.

dividends — Distributions of profits to holders of equity instruments in proportion to their holdings of a particular class of capital.

effective interest method — The method that is used in the calculation of the **amortised cost of a financial asset or a financial liability** and in the allocation and recognition of the interest revenue or interest expense in profit or loss over the relevant period.

effective interest rate — The rate that exactly discounts estimated future cash payments or receipts through the expected life of the financial asset or financial liability to the **gross carrying amount of a financial asset** or to the **amortised cost of a financial liability**. When calculating the effective interest rate, an entity shall estimate the expected cash flows by considering all the contractual terms of the financial instrument (for example, prepayment, extension, call and similar options) but shall not consider the **expected credit losses**. The calculation includes all fees and points paid or received between parties to the contract that are an integral part of the effective interest rate (see paragraphs B5.4.1—B5.4.3), **transaction costs**, and all other premiums or discounts. There is a presumption that the cash flows and the expected life of a group of similar financial instruments can be estimated reliably. However, in those rare cases when it is not possible to reliably estimate the cash flows or the expected life of a financial instrument (or group of financial instruments), the entity shall use the contractual cash flows over the full contractual term of the financial instrument (or group of financial instruments).

expected credit losses — The weighted average of **credit losses** with the respective risks of a default occurring as the weights.

financial guarantee contract — A contract that requires the issuer to make specified payments to reimburse the holder for a loss it incurs because a specified debtor fails to make payment when due in accordance with the original or modified terms of a debt instrument.

financial liability at fair value through profit or loss — A financial liability that meets one of the following conditions.

(a) it meets the definition of **held for trading**.

(b) upon initial recognition it is designated by the entity as at fair value through profit or loss in accordance with paragraph 4.2.2 or 4.3.5.

(c) it is designated either upon initial recognition or subsequently as at fair value through profit or loss in accordance with paragraph 6.7.1.

firm commitment — A binding agreement for the exchange of a specified quantity of resources at a specified price on a specified future date or dates.

forecast transaction — An uncommitted but anticipated future transaction.

gross carrying amount of a financial asset — The **amortised cost of a financial asset**, before adjusting for any **loss allowance**.

hedge ratio — The relationship between the quantity of the hedging instrument and the quantity of the hedged item in terms of their relative weighting.

held for trading — A financial asset or financial liability that:

(a) is acquired or incurred principally for the purpose of selling or repurchasing it in the near term;

(b) on initial recognition is part of a portfolio of identified financial instruments that are managed together and for which there is evidence of a recent actual pattern of short-term profit-taking; or

(c) is a **derivative** (except for a derivative that is a financial guarantee contract or a designated and effective hedging instrument).

Wertminderungsaufwand oder -ertrag	Die Aufwendungen oder Erträge, die gemäß Paragraph 5.5.8 erfolgswirksam erfasst werden und aus der Anwendung der in Abschnitt 5.5 enthaltenen Wertminderungsvorschriften resultieren.
Über die Laufzeit erwartete Kreditverluste	Die **erwarteten Kreditverluste**, die aus allen möglichen Ausfallereignissen über die erwartete Laufzeit eines Finanzinstruments resultieren.
Wertberichtigung	Die Wertberichtigung für **erwartete Kreditverluste** aus finanziellen Vermögenswerten, die gemäß Paragraph 4.1.2 bewertet werden, Forderungen aus Leasingverhältnissen und **Vertragsvermögenswerte,** die Höhe der kumulierten Wertberichtigung bei finanziellen Vermögenswerten, die gemäß Paragraph 4.1.2A bewertet werden, und die Rückstellung für erwartete Kreditverluste aus Kreditzusagen und **finanziellen Garantien.**
Änderungsbedingte Gewinne oder Verluste	Der Betrag, der sich aus der Anpassung des **Bruttobuchwerts eines finanziellen Vermögenswerts** an die neu verhandelten oder geänderten vertraglichen Zahlungsströme ergibt. Das Unternehmen berechnet den Bruttobuchwert eines finanziellen Vermögenswerts erneut als Barwert der geschätzten Ein-/Auszahlungen über die erwartete Laufzeit des neu verhandelten oder geänderten finanziellen Vermögenswerts, die zum ursprünglichen **Effektivzinssatz** (oder zum ursprünglichen **bonitätsangepassten Effektivzinssatz** für **finanzielle Vermögenswerte mit bereits bei Erwerb oder Ausreichung beeinträchtigter Bonität**) des finanziellen Vermögenswerts oder gegebenenfalls zum geänderten **Effektivzinssatz,** der gemäß Paragraph 6.5.10 ermittelt wird, abgezinst werden. Bei der Schätzung der erwarteten Zahlungsströme aus einem finanziellen Vermögenswert hat ein Unternehmen alle vertraglichen Bedingungen des finanziellen Vermögenswerts (wie vorzeitige Rückzahlung, Kauf- und vergleichbare Optionen) zu berücksichtigen, jedoch **erwartete Kreditverluste** auszunehmen, es ein denn, es handelt sich bei dem finanziellen Vermögenswert um einen **finanziellen Vermögenswert mit bereits bei Erwerb oder Ausreichung beeinträchtigter Bonität**, wobei das Unternehmen auch die ursprünglich erwarteten Kreditverluste, die bei der Ermittlung des ursprünglichen **bonitätsangepassten Effektivzinssatzes** herangezogen wurden, zu berücksichtigen hat.
Überfällig	Ein finanzieller Vermögenswert ist überfällig, wenn eine Gegenpartei eine Zahlung zum vertraglich vorgesehenen Fälligkeitszeitpunkt nicht geleistet hat.
Finanzieller Vermögenswert mit bereits bei Erwerb oder Ausreichung beeinträchtigter Bonität	Ein erworbener oder ausgereichter finanzieller Vermögenswert, dessen **Bonität** beim erstmaligen Ansatz **beeinträchtigt ist**.
Zeitpunkt der Neueinstufung	Der erste Tag der ersten Berichtsperiode nach der Änderung des Geschäftsmodells, die zu einer Neueinstufung der finanziellen Vermögenswerte durch das Unternehmen führt.
Marktüblicher Kauf oder Verkauf	Ein Kauf oder Verkauf eines finanziellen Vermögenswerts im Rahmen eines Vertrags, der die Lieferung des Vermögenswerts innerhalb eines Zeitraums vorsieht, der üblicherweise durch Vorschriften oder Konventionen des jeweiligen Marktes festgelegt wird.
Transaktionskosten	Zusätzliche Kosten, die dem Erwerb, der Emission oder der Veräußerung eines finanziellen Vermögenswerts oder einer finanziellen Verbindlichkeit einzeln zuordenbar sind (siehe Paragraph B5.4.8). Zusätzliche Kosten sind solche, die nicht entstanden wären, wenn das Unternehmen das Finanzinstrument nicht erworben, emittiert oder veräußert hätte.

Die nachfolgenden Begriffe sind in Paragraph 11 von IAS 32, Anhang A von IFRS 7 oder Anhang A von IFRS 13 definiert und werden im vorliegenden Standard mit den in IAS 32, IFRS 7 oder IFRS 13 angegebenen Bedeutungen verwendet:

(a) Ausfallrisiko[3],
(b) Eigenkapitalinstrument,
(c) Beizulegender Zeitwert,
(d) Finanzieller Vermögenswert,
(e) Finanzinstrument und
(f) Finanzielle Verbindlichkeit.

3 Dieser Begriff (wie in IFRS 7 definiert) wird in den Vorschriften zur Darstellung der Auswirkungen von Änderungen des Ausfallrisikos bei Verbindlichkeiten, die als erfolgswirksam zum beizulegenden Zeitwert bewertet designiert sind (siehe Paragraph 5.7.7), verwendet.

impairment gain or loss Gains or losses that are recognised in profit or loss in accordance with paragraph 5.5.8 and that arise from applying the impairment requirements in Section 5.5.

lifetime expected credit losses The **expected credit losses** that result from all possible default events over the expected life of a financial instrument.

loss allowance The allowance for **expected credit** losses on financial assets measured in accordance with paragraph 4.1.2, lease receivables and **contract assets**, the accumulated impairment amount for financial assets measured in accordance with paragraph 4.1.2A and the provision for expected credit losses on loan commitments and **financial guarantee contracts.**

modification gain or loss The amount arising from adjusting the **gross carrying amount of a financial asset** to reflect the renegotiated or modified contractual cash flows. The entity recalculates the gross carrying amount of a financial asset as the present value of the estimated future cash payments or receipts through the expected life of the renegotiated or modified financial asset that are discounted at the financial asset's original **effective interest rate** (or the original **credit-adjusted effective interest rate** for **purchased or originated credit-impaired financial assets**) or, when applicable, the revised **effective interest rate** calculated in accordance with paragraph 6.5.10. When estimating the expected cash flows of a financial asset, an entity shall consider all contractual terms of the financial asset (for example, prepayment, call and similar options) but shall not consider the **expected credit losses**, unless the financial asset is a **purchased or originated credit-impaired financial asset**, in which case an entity shall also consider the initial expected credit losses that were considered when calculating the original **credit-adjusted effective interest rate.**

past due A financial asset is past due when a counterparty has failed to make a payment when that payment was contractually due.

purchased or originated credit-impaired financial asset Purchased or originated financial asset(s) that are **credit-impaired** on initial recognition.

reclassification date The first day of the first reporting period following the change in business model that results in an entity reclassifying financial assets.

regular way purchase or sale A purchase or sale of a financial asset under a contract whose terms require delivery of the asset within the time frame established generally by regulation or convention in the marketplace concerned.

transaction costs Incremental costs that are directly attributable to the acquisition, issue or disposal of a financial asset or financial liability (see paragraph B5.4.8). An incremental cost is one that would not have been incurred if the entity had not acquired, issued or disposed of the financial instrument.

The following terms are defined in paragraph 11 of IAS 32, Appendix A of IFRS 7 or Appendix A of IFRS 13 and are used in this Standard with the meanings specified in IAS 32, IFRS 7 or IFRS 13:

(a) credit risk[3];
(b) equity instrument;
(c) fair value;
(d) financial asset;
(e) financial instrument; and
(f) financial liability.

3 This term (as defined in IFRS 7) is used in the requirements for presenting the effects of changes in credit risk on liabilities designated as at fair value through profit or loss (see paragraph 5.7.7).

ANHANG B

Leitlinien für die Anwendung

Dieser Anhang ist integraler Bestandteil des Standards.

Anwendungsbereich (Kapitel 2)

B2.1 Einige Verträge sehen eine Zahlung auf Basis klimatischer, geologischer oder sonstiger physikalischer Variablen vor. (Verträge, die auf klimatischen Variablen basieren, werden manchmal auch als „Wetterderivate" bezeichnet.) Wenn diese Verträge nicht im Anwendungsbereich von IFRS 17 *Versicherungsverträge* liegen, fallen sie in den Anwendungsbereich dieses Standards.

B2.2 Die Vorschriften für Versorgungspläne für Arbeitnehmer, die in den Anwendungsbereich von IAS 26 *Bilanzierung und Berichterstattung von Altersversorgungsplänen* fallen, und für Verträge über Nutzungsentgelte, die an das Umsatzvolumen oder die Höhe der Erträge aus Dienstleistungen gekoppelt sind und nach IFRS 15 *Erlöse aus Verträgen mit Kunden* bilanziert werden, werden durch den vorliegenden Standard nicht geändert.

B2.3 Gelegentlich tätigt ein Unternehmen aus seiner Sicht „strategische Investitionen" in von anderen Unternehmen emittierte Eigenkapitalinstrumente mit der Absicht, eine langfristige Geschäftsbeziehung zu diesem Unternehmen aufzubauen oder zu vertiefen. Der Investor oder das Partnerunternehmen müssen anhand von IAS 28 feststellen, ob auf die Bilanzierung einer solchen Finanzinvestition die Equity-Methode anzuwenden ist.

B2.4 Dieser Standard gilt für finanzielle Vermögenswerte und finanzielle Verbindlichkeiten von Versicherern, mit Ausnahme der Rechte und Verpflichtungen, die Paragraph 2.1 (e) ausschließt, da sie sich aus Verträgen im Anwendungsbereich von IFRS 17 Versicherungsverträge ergeben.

B2.5 Finanzielle Garantien können verschiedene rechtliche Formen haben (Garantie, einige Arten von Akkreditiven, Kreditderivat, Versicherungsvertrag o. ä.), die für ihre Behandlung in der Rechnungslegung aber unerheblich sind. Wie sie behandelt werden sollten, zeigen folgende Beispiele (siehe Paragraph 2.1 (e)):

(a) Obwohl eine finanzielle Garantie die Definition eines Versicherungsvertrags nach IFRS 17 erfüllt (siehe Paragraph 7 (e) von IFRS 17), wendet der Garantiegeber den vorliegenden Standard an, wenn das übertragene Risiko signifikant ist. Hat der Garantiegeber jedoch zuvor ausdrücklich erklärt, dass er solche Verträge als Versicherungsverträge betrachtet und auf Versicherungsverträge anwendbare Rechnungslegungsmethoden verwendet hat, dann kann er wählen, ob er auf solche finanziellen Garantien diesen Standard oder IFRS 17 anwendet. Wenn der Garantiegeber den vorliegenden Standard anwendet, hat er gemäß Paragraph 5.1.1 eine finanzielle Garantie erstmalig zum beizulegenden Zeitwert anzusetzen. Wenn diese finanzielle Garantie in einem eigenständigen Geschäft zwischen voneinander unabhängigen Geschäftspartnern einer nicht nahestehenden Partei gewährt wurde, entspricht ihr beizulegender Zeitwert bei Vertragsbeginn der erhaltenen Prämie, solange das Gegenteil nicht belegt ist. Wenn die finanzielle Garantie bei Vertragsbeginn nicht als erfolgswirksam zum beizulegenden Zeitwert bewertet designiert wurde, oder sofern die Paragraphen 3.2.15–3.2.23 und B3.2.12–B3.2.17 Anwendung finden (wenn die Übertragung eines finanziellen Vermögenswerts nicht die Bedingungen für eine Ausbuchung erfüllt oder ein anhaltendes Engagement zugrunde gelegt wird), bewertet der Garantiegeber sie anschließend zum höheren Wert von
   (i) dem gemäß Abschnitt 5.5 bestimmten Betrag und
   (ii) dem erstmalig angesetzten Betrag abzüglich gegebenenfalls der gemäß den Grundsätzen von IRFS 15 (siehe Paragraph 4.2.1 (c)) erfassten kumulierten Erträge.

(b) Bei einigen kreditbezogenen Garantien muss der Garantienehmer, um eine Zahlung zu erhalten, weder dem Risiko ausgesetzt sein, dass der Schuldner fällige Zahlungen aus dem durch eine Garantie unterlegten Vermögenswert nicht leistet, noch aufgrund dessen einen Verlust erlitten haben. Ein Beispiel hierfür ist eine Garantie, die Zahlungen für den Fall vorsieht, dass bei einem bestimmten Bonitätsrating oder -index Änderungen eintreten. Bei solchen Garantien handelt es sich laut Definition in diesem Standard nicht um finanzielle Garantien und laut Definition in IFRS 17 auch nicht um Versicherungsverträge. Solche Garantien sind Derivate und der Garantiegeber wendet den vorliegenden Standard auf sie an.

(c) Wenn eine finanzielle Garantie in Verbindung mit einem Warenverkauf gewährt wurde, wendet der Garantiegeber IFRS 15 an und bestimmt, wann er den Ertrag aus der Garantie und aus dem Warenverkauf erfasst.

B2.6 Erklärungen, wonach ein Garantiegeber Verträge als Versicherungsverträge betrachtet, finden sich in der Regel im Schriftwechsel des Garantiegebers mit Kunden und Regulierungsbehörden, in Verträgen, Geschäftsunterlagen und im Abschluss. Versicherungsverträge unterliegen außerdem oft Bilanzierungsvorschriften, die sich von den Vorschriften für andere Arten von Transaktionen, wie Verträge von Banken oder Handelsgesellschaften, unterscheiden. In solchen Fällen wird der Abschluss des Garantiegebers in der Regel eine Erklärung enthalten, dass er jene Bilanzierungsvorschriften angewendet hat.

APPENDIX B

Application guidance

This appendix is an integral part of the Standard.

Scope (Chapter 2)

Some contracts require a payment based on climatic, geological or other physical variables. (Those based on climatic variables are sometimes referred to as 'weather derivatives'.) If those contracts are not within the scope of IFRS 17 *Insurance Contracts*, they are within the scope of this Standard. B2.1

This Standard does not change the requirements relating to employee benefit plans that comply with IAS 26 *Accounting and Reporting by Retirement Benefit Plans* and royalty agreements based on the volume of sales or service revenues that are accounted for under IFRS 15 *Revenue from Contracts with Customers*. B2.2

Sometimes, an entity makes what it views as a 'strategic investment' in equity instruments issued by another entity, with the intention of establishing or maintaining a long-term operating relationship with the entity in which the investment is made. The investor or joint venturer entity uses IAS 28 to determine whether the equity method of accounting shall be applied to such an investment. B2.3

This Standard applies to the financial assets and financial liabilities of insurers, other than rights and obligations that paragraph 2.1 (e) excludes because they arise under contracts within the scope of IFRS 17. B2.4

Financial guarantee contracts may have various legal forms, such as a guarantee, some types of letter of credit, a credit default contract or an insurance contract. Their accounting treatment does not depend on their legal form. The following are examples of the appropriate treatment (see paragraph 2.1 (e)): B2.5

(a) Although a financial guarantee contract meets the definition of an insurance contract in IFRS 17 (see paragraph 7 (e) of IFRS 17) if the risk transferred is significant, the issuer applies this Standard. Nevertheless, if the issuer has previously asserted explicitly that it regards such contracts as insurance contracts and has used accounting that is applicable to insurance contracts, the issuer may elect to apply either this Standard or IFRS 17 to such financial guarantee contracts; if this Standard applies, paragraph 5.1.1 requires the issuer to recognise a financial guarantee contract initially at fair value. If the financial guarantee contract was issued to an unrelated party in a stand-alone arm's length transaction, its fair value at inception is likely to equal the premium received, unless there is evidence to the contrary. Subsequently, unless the financial guarantee contract was designated at inception as at fair value through profit or loss or unless paragraphs 3.2.15—3.2.23 and B3.2.12—B3.2.17 apply (when a transfer of a financial asset does not qualify for derecognition or the continuing involvement approach applies), the issuer measures it at the higher of:
    (i) the amount determined in accordance with Section 5.5; and
    (ii) the amount initially recognised less, when appropriate, the cumulative amount of income recognised in accordance with the principles of IFRS 15 (see paragraph 4.2.1 (c)).
(b) Some credit-related guarantees do not, as a precondition for payment, require that the holder is exposed to, and has incurred a loss on, the failure of the debtor to make payments on the guaranteed asset when due. An example of such a guarantee is one that requires payments in response to changes in a specified credit rating or credit index. Such guarantees are not financial guarantee contracts as defined in this Standard, and are not insurance contracts as defined in IFRS 17. Such guarantees are derivatives and the issuer applies this Standard to them.
(c) If a financial guarantee contract was issued in connection with the sale of goods, the issuer applies IFRS 15 in determining when it recognises the revenue from the guarantee and from the sale of goods.

Assertions that an issuer regards contracts as insurance contracts are typically found throughout the issuer's communications with customers and regulators, contracts, business documentation and financial statements. Furthermore, insurance contracts are often subject to accounting requirements that are distinct from the requirements for other types of transaction, such as contracts issued by banks or commercial companies. In such cases, an issuer's financial statements typically include a statement that the issuer has used those accounting requirements. B2.6

Verträge über den Kauf von naturabhängigem Strom

B2.7 Einige Verträge, die sich auf naturabhängigen Strom beziehen (Beschreibung siehe Paragraph 2.3A), verpflichten das Unternehmen, den Strom zu kaufen und abzunehmen, wenn er erzeugt wird. Diese vertraglichen Merkmale setzen das Unternehmen dem Risiko aus, dass es während eines Lieferintervalls Strom kaufen müsste, den es in dieser Zeit nicht nutzen kann. Auch könnte es dem Unternehmen in der Praxis nicht möglich sein, den Verkauf von ungenutztem Strom zu vermeiden, da es aufgrund der Ausgestaltung und der Funktionsweise des Strommarkts, auf dem der Strom im Rahmen des Vertrags gehandelt wird, gezwungen ist, nicht genutzte Strommengen innerhalb eines bestimmten Zeitraums zu verkaufen. Wendet ein Unternehmen die Vorschriften des Paragraphen 2.4 an, sind solche Verkäufe nicht zwangsläufig unvereinbar damit, dass der Vertrag gemäß dem erwarteten Nutzungsbedarf des Unternehmens gehalten wird. Ein solcher Vertrag gilt als von dem Unternehmen gemäß seinem erwarteten Stromnutzungsbedarf geschlossen und gehalten, wenn das Unternehmen während der Vertragslaufzeit Nettokäufer von Strom war und erwartungsgemäß auch weiter sein wird. Ein Unternehmen ist Nettokäufer von Strom, wenn es genügend Strom kauft, um den Verkauf von nicht genutztem Strom auf dem Markt, auf dem es diesen verkauft hat, auszugleichen.

B2.8 Bei der Bestimmung, ob es ein Nettokäufer von Strom ist, hat das Unternehmen angemessene und belastbare Informationen (die ohne unangemessenen Kosten- oder Zeitaufwand verfügbar sind) über seine vergangenen, aktuellen und erwarteten künftigen Stromtransaktionen über einen angemessenen Zeitraum zugrunde zu legen. Diesen „angemessenen Zeitraum" ermittelt das Unternehmen anhand der Schwankungen der Strommenge, deren Erzeugung angesichts des naturgegebenen saisonalen Zyklus und der betriebsbedingten Schwankungen des Strombedarfs des Unternehmens erwartet wird. Bei der Bestimmung, ob das Unternehmen ein Nettokäufer war, darf der „angemessene Zeitraum" zwölf Monate nicht überschreiten.

ANSATZ UND AUSBUCHUNG (KAPITEL 3)

Erstmaliger Ansatz (Paragraph 3.1)

B3.1.1 Nach dem in Paragraph 3.1.1 dargelegten Grundsatz hat ein Unternehmen sämtliche vertraglichen Rechte und Verpflichtungen im Zusammenhang mit Derivaten in seiner Bilanz als Vermögenswerte bzw. Verbindlichkeiten anzusetzen. Davon ausgenommen sind Derivate, die verhindern, dass eine Übertragung finanzieller Vermögenswerte als Verkauf bilanziert wird (siehe Paragraph B3.2.14). Erfüllt die Übertragung eines finanziellen Vermögenswerts nicht die Bedingungen für eine Ausbuchung, wird der übertragene Vermögenswert vom Empfänger nicht als Vermögenswert angesetzt (siehe Paragraph B3.2.15).

B3.1.2 Nachfolgend einige Beispiele für die Anwendung des in Paragraph 3.1.1 aufgestellten Grundsatzes:

(a) Unbedingte Forderungen und Verbindlichkeiten sind als Vermögenswert oder Verbindlichkeit anzusetzen, wenn das Unternehmen Vertragspartei wird und infolgedessen das Recht auf Empfang oder die rechtliche Verpflichtung zur Lieferung von Zahlungsmitteln hat.

(b) Vermögenswerte und Verbindlichkeiten, die infolge einer festen Verpflichtung zum Kauf oder Verkauf von Gütern oder Dienstleistungen zu erwerben bzw. einzugehen sind, sind im Allgemeinen erst dann anzusetzen, wenn mindestens eine Vertragspartei den Vertrag erfüllt hat. So wird beispielsweise ein Unternehmen, das eine feste Bestellung entgegennimmt, zum Zeitpunkt der Auftragszusage im Allgemeinen keinen Vermögenswert ansetzen (und das den Auftrag erteilende Unternehmen wird keine Verbindlichkeit bilanzieren), sondern den Ansatz erst dann vornehmen, wenn die bestellten Waren versandt oder geliefert oder die Dienstleistungen erbracht wurden. Fällt eine feste Verpflichtung zum Kauf oder Verkauf nichtfinanzieller Posten gemäß den Paragraphen 2.4–2.7 in den Anwendungsbereich dieses Standards, wird ihr beizulegender Nettozeitwert am Tag, an dem die Verpflichtung eingegangen wurde, als Vermögenswert oder Verbindlichkeit angesetzt (siehe Paragraph B4.1.30 (c)). Wird eine bisher nicht bilanzwirksame feste Verpflichtung bei einer Absicherung des beizulegenden Zeitwerts als Grundgeschäft designiert, so sind alle Änderungen des beizulegenden Nettozeitwerts, die auf das abgesicherte Risiko zurückzuführen sind, nach Beginn der Absicherung als Vermögenswert oder Verbindlichkeit zu erfassen (siehe Paragraphen 6.5.8 (b) und 6.5.9).

(c) Ein Termingeschäft, das in den Anwendungsbereich dieses Standards fällt (siehe Paragraph 2.1), ist mit dem Tag, an dem die vertragliche Verpflichtung eingegangen wurde, und nicht erst am Erfüllungstag als Vermögenswert oder Verbindlichkeit anzusetzen. Wenn ein Unternehmen Vertragspartei bei einem Termingeschäft wird, haben das Recht und die Verpflichtung häufig den gleichen beizulegenden Zeitwert, sodass der beizulegende Nettozeitwert des Termingeschäfts null ist. Ist der beizulegende Nettozeitwert des Rechts und der Verpflichtung nicht null, ist der Vertrag als Vermögenswert oder Verbindlichkeit anzusetzen.

(d) Optionsverträge, die in den Anwendungsbereich dieses Standards fallen (siehe Paragraph 2.1), werden als Vermögenswerte oder Verbindlichkeiten angesetzt, wenn der Inhaber oder Stillhalter Vertragspartei wird.

(e) Geplante künftige Geschäftsvorfälle sind, unabhängig von ihrer Eintrittswahrscheinlichkeit, keine Vermögenswerte oder Verbindlichkeiten, da das Unternehmen nicht Vertragspartei geworden ist.

Contracts to buy nature-dependent electricity

Some contracts referencing nature-dependent electricity (as described in paragraph 2.3A) require an entity to buy and take delivery of the electricity when it is generated. These contractual features expose the entity to the risk that it would be required to buy electricity during a delivery interval in which the entity cannot use the electricity. The entity might also have no practical ability to avoid making sales of unused electricity because the design and operation of the electricity market in which the electricity is transacted under the contract require any amounts of unused electricity to be sold within a specified time. When an entity applies the requirements in paragraph 2.4, such sales are not necessarily inconsistent with the contract being held in accordance with the entity's expected usage requirements. An entity entered into and continues to hold such a contract in accordance with its expected electricity usage requirements if the entity has been, and expects to be, a net purchaser of electricity for the contract period. An entity is a net purchaser of electricity if it buys sufficient electricity to offset the sales of any unused electricity in the same market in which it sold the electricity. **B2.7**

In determining whether an entity is a net purchaser of electricity, the entity shall consider reasonable and supportable information (that is available without undue cost or effort) about its past, current and expected future electricity transactions over a reasonable amount of time. The entity identifies 'a reasonable amount of time' by considering the variability in the amount of electricity expected to be generated due to the seasonal cycle of the natural conditions and the variability in the entity's demand for electricity due to its operating cycle. In determining whether the entity has been a net purchaser, 'a reasonable amount of time' shall not exceed 12 months. **B2.8**

RECOGNITION AND DERECOGNITION (CHAPTER 3)

Initial recognition (Section 3.1)

As a consequence of the principle in paragraph 3.1.1, an entity recognises all of its contractual rights and obligations under derivatives in its statement of financial position as assets and liabilities, respectively, except for derivatives that prevent a transfer of financial assets from being accounted for as a sale (see paragraph B3.2.14). If a transfer of a financial asset does not qualify for derecognition, the transferee does not recognise the transferred asset as its asset (see paragraph B3.2.15). **B3.1.1**

The following are examples of applying the principle in paragraph 3.1.1: **B3.1.2**

(a) Unconditional receivables and payables are recognised as assets or liabilities when the entity becomes a party to the contract and, as a consequence, has a legal right to receive or a legal obligation to pay cash.

(b) Assets to be acquired and liabilities to be incurred as a result of a firm commitment to purchase or sell goods or services are generally not recognised until at least one of the parties has performed under the agreement. For example, an entity that receives a firm order does not generally recognise an asset (and the entity that places the order does not recognise a liability) at the time of the commitment but, instead, delays recognition until the ordered goods or services have been shipped, delivered or rendered. If a firm commitment to buy or sell non-financial items is within the scope of this Standard in accordance with paragraphs 2.4—2.7, its net fair value is recognised as an asset or a liability on the commitment date (see paragraph B4.1.30 (c)). In addition, if a previously unrecognised firm commitment is designated as a hedged item in a fair value hedge, any change in the net fair value attributable to the hedged risk is recognised as an asset or a liability after the inception of the hedge (see paragraphs 6.5.8 (b) and 6.5.9).

(c) A forward contract that is within the scope of this Standard (see paragraph 2.1) is recognised as an asset or a liability on the commitment date, instead of on the date on which settlement takes place. When an entity becomes a party to a forward contract, the fair values of the right and obligation are often equal, so that the net fair value of the forward is zero. If the net fair value of the right and obligation is not zero, the contract is recognised as an asset or liability.

(d) Option contracts that are within the scope of this Standard (see paragraph 2.1) are recognised as assets or liabilities when the holder or writer becomes a party to the contract.

(e) Planned future transactions, no matter how likely, are not assets and liabilities because the entity has not become a party to a contract.

Zeitpunkt des erstmaligen Ansatzes oder der Ausbuchung

B3.1.2A Sofern Paragraph 3.1.2 keine Anwendung findet, hat ein Unternehmen einen finanziellen Vermögenswert oder eine finanzielle Verbindlichkeit zu dem Zeitpunkt anzusetzen, zu dem es Vertragspartei des Finanzinstruments wird (siehe Paragraph 3.1.1). Ein finanzieller Vermögenswert wird zu dem Zeitpunkt ausgebucht, zu dem das vertragliche Anrecht auf Zahlungsströme ausläuft oder der Vermögenswert übertragen wird (siehe Paragraph 3.2.3). Sofern ein Unternehmen nicht beschließt, Paragraph B3.3.8 anzuwenden, wird eine finanzielle Verbindlichkeit am Erfüllungstag ausgebucht, d. h. an dem Tag, an dem die Verbindlichkeit getilgt ist, weil die im Vertrag genannten Verpflichtungen erfüllt oder aufgehoben sind oder auslaufen (siehe Paragraph 3.3.1), oder die Verbindlichkeit anderweitig die Voraussetzungen für eine Ausbuchung erfüllt (siehe Paragraph 3.3.2).

Marktüblicher Kauf oder Verkauf finanzieller Vermögenswerte

B3.1.3 Ein marktüblicher Kauf oder Verkauf eines finanziellen Vermögenswerts ist entweder zum Handelstag oder zum Erfüllungstag, wie in den Paragraphen B3.1.5 und B3.1.6 beschrieben, zu bilanzieren. Ein Unternehmen hat die gewählte Methode konsequent auf alle Käufe und Verkäufe finanzieller Vermögenswerte anzuwenden, die in gleicher Weise gemäß diesem Standard eingestuft sind. Für diese Zwecke bilden Vermögenswerte, bei denen eine erfolgswirksame Bewertung zum beizulegenden Zeitwert verpflichtend ist, eine eigenständige Einstufung, die von den Vermögenswerten zu unterscheiden ist, die als erfolgswirksam zum beizulegenden Zeitwert bewertet designiert werden. Finanzinvestitionen in Eigenkapitalinstrumente, die unter Inanspruchnahme des Wahlrechts in Paragraph 5.7.5 bilanziert werden, bilden ebenfalls eine eigenständige Einstufung.

B3.1.4 Ein Vertrag, der einen Nettoausgleich für eine Änderung des Vertragswerts vorschreibt oder gestattet, stellt keinen marktüblichen Vertrag dar. Ein solcher Vertrag ist hingegen im Zeitraum zwischen Handels- und Erfüllungstag wie ein Derivat zu bilanzieren.

B3.1.5 Der Handelstag ist der Tag, an dem das Unternehmen die Verpflichtung zum Kauf oder Verkauf eines Vermögenswerts eingegangen ist. Die Bilanzierung zum Handelstag bedeutet (a) den Ansatz eines zu erhaltenden Vermögenswerts und der dafür zu zahlenden Verbindlichkeit am Handelstag und (b) die Ausbuchung eines verkauften Vermögenswerts, die Erfassung etwaiger Gewinne oder Verluste aus dem Abgang und die Einbuchung einer Forderung gegenüber dem Käufer auf Zahlung am Handelstag. In der Regel beginnen Zinsen für den Vermögenswert und die korrespondierende Verbindlichkeit nicht vor dem Erfüllungstag bzw. dem Eigentumsübergang aufzulaufen.

B3.1.6 Der Erfüllungstag ist der Tag, an dem ein Vermögenswert an oder durch das Unternehmen geliefert wird. Die Bilanzierung zum Erfüllungstag bedeutet (a) den Ansatz eines Vermögenswerts am Tag seines Eingangs beim Unternehmen und (b) die Ausbuchung eines Vermögenswerts und die Erfassung eines etwaigen Gewinns oder Verlusts aus dem Abgang am Tag seiner Übergabe durch das Unternehmen. Wird die Bilanzierung zum Erfüllungstag angewandt, so hat das Unternehmen jede Änderung des beizulegenden Zeitwerts eines zu erhaltenden Vermögenswerts in der Zeit zwischen Handels- und Erfüllungstag in der gleichen Weise zu erfassen, wie es den erworbenen Vermögenswert bewertet. Mit anderen Worten wird eine Änderung des Werts bei Vermögenswerten, die zu fortgeführten Anschaffungskosten bewertet werden, nicht erfasst; bei Vermögenswerten, die als finanzielle Vermögenswerte erfolgswirksam zum beizulegenden Zeitwert bewertet eingestuft sind, wird sie erfolgswirksam erfasst; und bei finanziellen Vermögenswerten, die gemäß Paragraph 4.1.2A erfolgsneutral zum beizulegenden Zeitwert im sonstigen Ergebnis bewertet werden, sowie bei Finanzinvestitionen in Eigenkapitalinstrumente, die gemäß Paragraph 5.7.5 bilanziert werden, wird sie im sonstigen Ergebnis erfasst.

Ausbuchung finanzieller Vermögenswerte (Abschnitt 3.2)

B3.2.1 Das folgende Prüfschema in Form eines Flussdiagramms veranschaulicht, ob und in welchem Umfang ein finanzieller Vermögenswert ausgebucht wird.

Date of initial recognition or derecognition

Unless paragraph 3.1.2 applies, an entity shall recognise a financial asset or financial liability on the date on which the entity becomes party to the contractual provisions of the instrument (see paragraph 3.1.1). A financial asset is derecognised on the date on which the contractual rights to the cash flows expire or the asset is transferred (see paragraph 3.2.3). Unless an entity elects to apply paragraph B3.3.8, a financial liability is derecognised on the settlement date, which is the date on which the liability is extinguished because the obligation specified in the contract is discharged or cancelled or expires (see paragraph 3.3.1) or the liability otherwise qualifies for derecognition (see paragraph 3.3.2). **B3.1.2A**

Regular way purchase or sale of financial assets

A regular way purchase or sale of financial assets is recognised using either trade date accounting or settlement date accounting as described in paragraphs B3.1.5 and B3.1.6. An entity shall apply the same method consistently for all purchases and sales of financial assets that are classified in the same way in accordance with this Standard. For this purpose assets that are mandatorily measured at fair value through profit or loss form a separate classification from assets designated as measured at fair value through profit or loss. In addition, investments in equity instruments accounted for using the option provided in paragraph 5.7.5 form a separate classification. **B3.1.3**

A contract that requires or permits net settlement of the change in the value of the contract is not a regular way contract. Instead, such a contract is accounted for as a derivative in the period between the trade date and the settlement date. **B3.1.4**

The trade date is the date that an entity commits itself to purchase or sell an asset. Trade date accounting refers to (a) the recognition of an asset to be received and the liability to pay for it on the trade date, and (b) derecognition of an asset that is sold, recognition of any gain or loss on disposal and the recognition of a receivable from the buyer for payment on the trade date. Generally, interest does not start to accrue on the asset and corresponding liability until the settlement date when title passes. **B3.1.5**

The settlement date is the date that an asset is delivered to or by an entity. Settlement date accounting refers to (a) the recognition of an asset on the day it is received by the entity, and (b) the derecognition of an asset and recognition of any gain or loss on disposal on the day that it is delivered by the entity. When settlement date accounting is applied an entity accounts for any change in the fair value of the asset to be received during the period between the trade date and the settlement date in the same way as it accounts for the acquired asset. In other words, the change in value is not recognised for assets measured at amortised cost; it is recognised in profit or loss for assets classified as financial assets measured at fair value through profit or loss; and it is recognised in other comprehensive income for financial assets measured at fair value through other comprehensive income in accordance with paragraph 4.1.2A and for investments in equity instruments accounted for in accordance with paragraph 5.7.5. **B3.1.6**

Derecognition of financial assets (Section 3.2)

The following flow chart illustrates the evaluation of whether and to what extent a financial asset is derecognised. **B3.2.1**

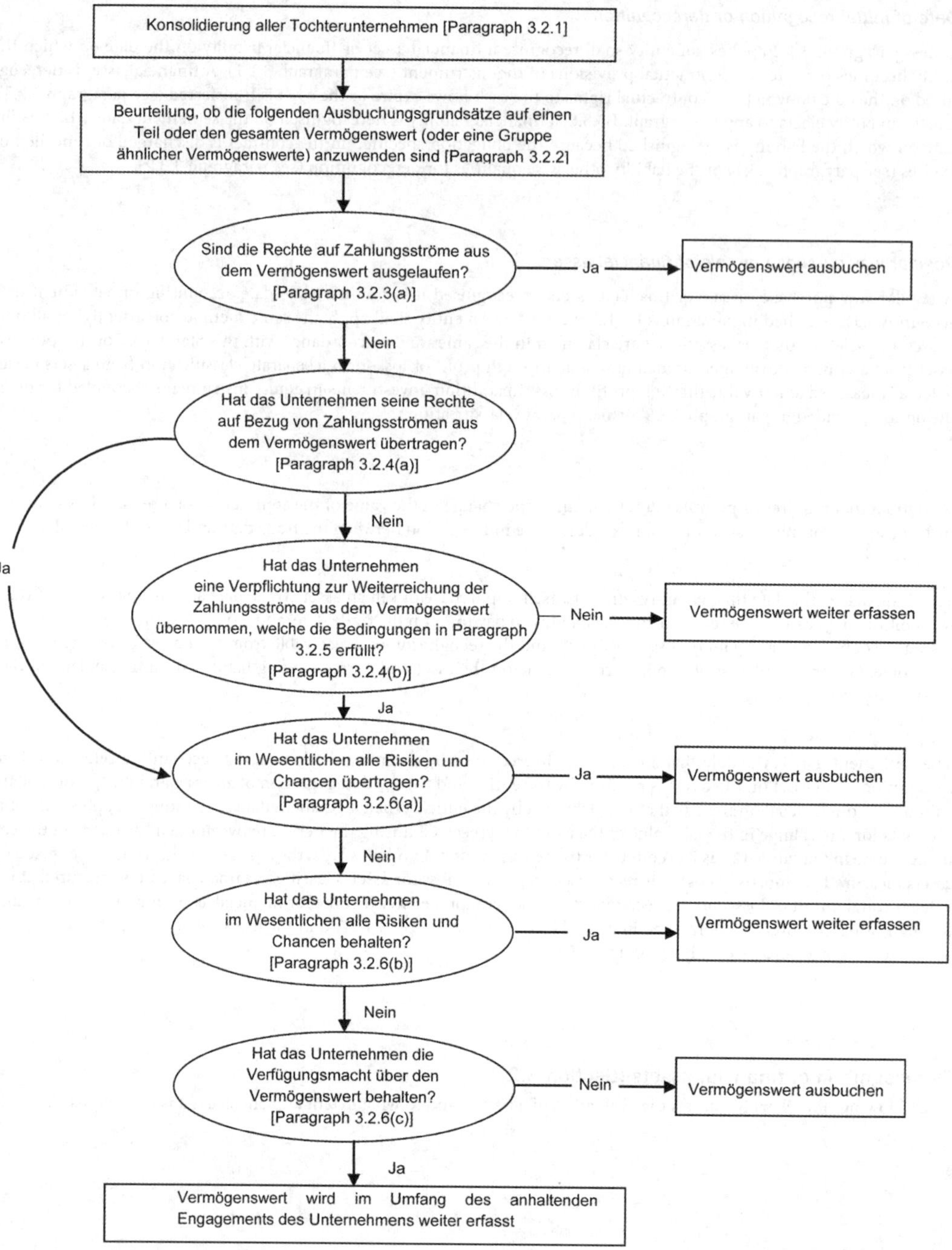

Vereinbarungen, bei denen ein Unternehmen die vertraglichen Rechte auf den Bezug von Zahlungsströmen aus finanziellen Vermögenswerten zurückbehält, jedoch eine vertragliche Verpflichtung zur Weiterreichung der Zahlungsströme an einen oder mehrere Empfänger übernimmt (Paragraph 3.2.4 (b))

B3.2.2 Die in Paragraph 3.2.4 (b) beschriebene Situation (in der ein Unternehmen die vertraglichen Rechte auf den Bezug von Zahlungsströmen aus finanziellen Vermögenswerten zurückbehält, jedoch eine vertragliche Verpflichtung zur Zahlung der entsprechenden Beträge an einen oder mehrere Empfänger übernimmt) trifft beispielsweise dann zu, wenn das Unternehmen ein Treuhandfonds ist, der an Investoren eine nutzbringende Beteiligung an den zugrunde liegenden finanziellen Vermögenswerten, deren Eigentümer er ist, ausgibt und die Verwaltung bzw. Abwicklung dieser finanziellen Vermögenswerte übernimmt. In diesem Fall erfüllen die finanziellen Vermögenswerte die Bedingungen für eine Ausbuchung, sofern die in den Paragraphen 3.2.5 und 3.2.6 genannten Voraussetzungen erfüllt sind.

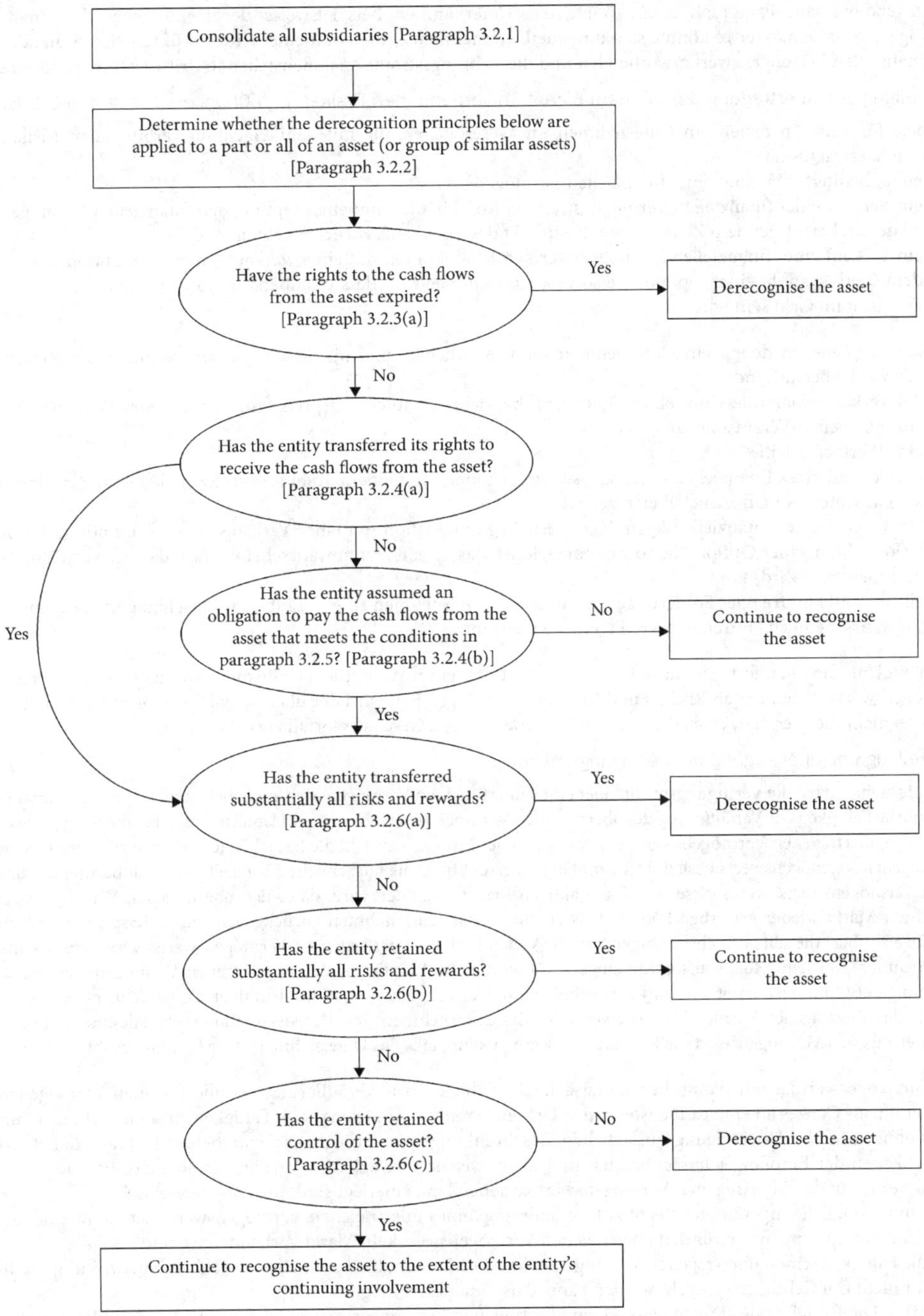

Arrangements under which an entity retains the contractual rights to receive the cash flows of a financial asset, but assumes a contractual obligation to pay the cash flows to one or more recipients (paragraph 3.2.4 (b))

The situation described in paragraph 3.2.4 (b) (when an entity retains the contractual rights to receive the cash flows of the financial asset, but assumes a contractual obligation to pay the cash flows to one or more recipients) occurs, for example, if the entity is a trust, and issues to investors beneficial interests in the underlying financial assets that it owns and provides servicing of those financial assets. In that case, the financial assets qualify for derecognition if the conditions in paragraphs 3.2.5 and 3.2.6 are met. B3.2.2

B3.2.3 In Anwendung von Paragraph 3.2.5 könnte das Unternehmen beispielsweise der Herausgeber des finanziellen Vermögenswerts sein, oder es könnte sich um eine Unternehmensgruppe mit einem Tochterunternehmen handeln, das den finanziellen Vermögenswert erworben hat und die Zahlungsströme an außenstehende Drittinvestoren weiterreicht.

Beurteilung der Übertragung der mit dem Eigentum verbundenen Risiken und Chancen (Paragraph 3.2.6)

B3.2.4 Beispiele für Fälle, in denen ein Unternehmen im Wesentlichen alle mit dem Eigentum verbundenen Risiken und Chancen überträgt, sind:

(a) ein unbedingter Verkauf eines finanziellen Vermögenswerts,

(b) ein Verkauf eines finanziellen Vermögenswerts in Kombination mit einer Option, den finanziellen Vermögenswert zu dessen beizulegendem Zeitwert zum Zeitpunkt des Rückkaufs zurückzukaufen, und

(c) ein Verkauf eines finanziellen Vermögenswerts in Kombination mit einer Verkaufs- oder Kaufoption, die weit aus dem Geld ist (d. h. einer Option, die so weit aus dem Geld ist, dass es äußerst unwahrscheinlich ist, dass sie vor Fälligkeit im Geld sein wird).

B3.2.5 Beispiele für Fälle, in denen ein Unternehmen im Wesentlichen alle mit dem Eigentum verbundenen Risiken und Chancen zurückbehält, sind:

(a) ein Verkauf, kombiniert mit einem Rückkauf, bei dem der Rückkaufspreis festgelegt ist oder dem Verkaufspreis zuzüglich einer Verzinsung entspricht,

(b) eine Wertpapierleihe,

(c) ein Verkauf eines finanziellen Vermögenswerts, gekoppelt mit einem Total Return-Swap, bei dem das Marktrisiko auf das Unternehmen zurückübertragen wird,

(d) ein Verkauf eines finanziellen Vermögenswerts in Kombination mit einer Verkaufs- oder Kaufoption, die weit im Geld ist (d. h. einer Option, die so weit im Geld ist, dass es äußerst unwahrscheinlich ist, dass sie vor Fälligkeit aus dem Geld sein wird), und

(e) ein Verkauf kurzfristiger Forderungen, bei dem das Unternehmen eine Garantie auf Entschädigung des Empfängers für wahrscheinlich eintretende Kreditverluste übernimmt.

B3.2.6 Wenn ein Unternehmen feststellt, dass es mit der Übertragung im Wesentlichen alle mit dem Eigentum des finanziellen Vermögenswerts verbundenen Risiken und Chancen übertragen hat, wird der übertragene Vermögenswert in künftigen Perioden nicht mehr erfasst, es sei denn, er wird in einem neuen Geschäftsvorfall zurückerworben.

Beurteilung der Übertragung der Verfügungsmacht

B3.2.7 Ein Unternehmen hat die Verfügungsmacht über einen übertragenen Vermögenswert nicht behalten, wenn der Empfänger die tatsächliche Fähigkeit zur Veräußerung des übertragenen Vermögenswerts besitzt. Ein Unternehmen hat die Verfügungsmacht über einen übertragenen Vermögenswert behalten, wenn der Empfänger nicht die tatsächliche Fähigkeit zur Veräußerung des übertragenen Vermögenswerts besitzt. Der Empfänger verfügt über die tatsächliche Fähigkeit zur Veräußerung des übertragenen Vermögenswerts, wenn dieser an einem aktiven Markt gehandelt wird, da er den übertragenen Vermögenswert bei Bedarf am Markt wieder erwerben könnte, falls er ihn an das Unternehmen zurückgeben muss. Beispielsweise kann ein Empfänger über die tatsächliche Fähigkeit zum Verkauf eines übertragenen Vermögenswerts verfügen, wenn dem Unternehmen zwar eine Rückkaufsoption eingeräumt wurde, der Empfänger den übertragenen Vermögenswert jedoch bei Ausübung der Option jederzeit am Markt erwerben kann. Der Empfänger verfügt nicht über die tatsächliche Fähigkeit zum Verkauf des übertragenen Vermögenswerts, wenn sich das Unternehmen eine derartige Option vorbehält und der Empfänger den übertragenen Vermögenswert nicht jederzeit erwerben kann, falls das Unternehmen seine Option ausübt.

B3.2.8 Der Empfänger verfügt nur dann über die tatsächliche Fähigkeit zur Veräußerung des übertragenen Vermögenswerts, wenn er ihn als Ganzes an einen außenstehenden Dritten veräußern und von dieser Fähigkeit einseitig Gebrauch machen kann, ohne dass die Übertragung zusätzlichen Beschränkungen unterliegt. Die entscheidende Frage lautet, welche Möglichkeiten der Empfänger tatsächlich hat und nicht, welche vertraglichen Verfügungsmöglichkeiten oder -verbote ihm in Bezug auf den übertragenen Vermögenswert zustehen bzw. auferlegt sind. Insbesondere gilt:

(a) Ein vertraglich eingeräumtes Recht auf Veräußerung eines übertragenen Vermögenswerts hat kaum eine tatsächliche Auswirkung, wenn für den übertragenen Vermögenswert kein Markt vorhanden ist, und

(b) die Fähigkeit, einen übertragenen Vermögenswert zu veräußern, hat kaum eine tatsächliche Auswirkung, wenn von ihr nicht frei Gebrauch gemacht werden kann. Aus diesem Grund gilt:

    (i) Die Fähigkeit des Empfängers, einen übertragenen Vermögenswert zu veräußern, muss von den Handlungen Dritter unabhängig sein (d. h. es muss sich um eine einseitige Fähigkeit handeln), und

    (ii) der Empfänger muss in der Lage sein, den übertragenen Vermögenswert ohne einschränkende Bedingungen oder Auflagen für die Übertragung zu veräußern (z. B. Bedingungen bezüglich der Bedienung eines Kredits oder eine Option, die den Empfänger zum Rückkauf des Vermögenswerts berechtigt).

B3.2.9 Allein die Tatsache, dass der Empfänger den übertragenen Vermögenswert wahrscheinlich nicht veräußern kann, bedeutet noch nicht, dass der Übertragende die Verfügungsmacht über den übertragenen Vermögenswert behalten hat. Die Verfügungsmacht wird vom Übertragenden jedoch weiterhin ausgeübt, wenn eine Verkaufsoption oder Garantie den Empfänger davon abhält, den übertragenen Vermögenswert zu veräußern. Ist beispielsweise der Wert einer Verkaufsoption oder Garantie ausreichend hoch, wird der Empfänger vom Verkauf des übertragenen Vermögenswerts abgehalten, da

In applying paragraph 3.2.5, the entity could be, for example, the originator of the financial asset, or it could be a group that includes a subsidiary that has acquired the financial asset and passes on cash flows to unrelated third party investors. B3.2.3

Evaluation of the transfer of risks and rewards of ownership (paragraph 3.2.6)

Examples of when an entity has transferred substantially all the risks and rewards of ownership are: B3.2.4

(a) an unconditional sale of a financial asset;
(b) a sale of a financial asset together with an option to repurchase the financial asset at its fair value at the time of repurchase; and
(c) a sale of a financial asset together with a put or call option that is deeply out of the money (i.e. an option that is so far out of the money it is highly unlikely to go into the money before expiry).

Examples of when an entity has retained substantially all the risks and rewards of ownership are: B3.2.5

(a) a sale and repurchase transaction where the repurchase price is a fixed price or the sale price plus a lender's return;
(b) a securities lending agreement;
(c) a sale of a financial asset together with a total return swap that transfers the market risk exposure back to the entity;
(d) a sale of a financial asset together with a deep in-the-money put or call option (i.e. an option that is so far in the money that it is highly unlikely to go out of the money before expiry); and
(e) a sale of short-term receivables in which the entity guarantees to compensate the transferee for credit losses that are likely to occur.

If an entity determines that as a result of the transfer, it has transferred substantially all the risks and rewards of ownership of the transferred asset, it does not recognise the transferred asset again in a future period, unless it reacquires the transferred asset in a new transaction. B3.2.6

Evaluation of the transfer of control

An entity has not retained control of a transferred asset if the transferee has the practical ability to sell the transferred asset. An entity has retained control of a transferred asset if the transferee does not have the practical ability to sell the transferred asset. A transferee has the practical ability to sell the transferred asset if it is traded in an active market because the transferee could repurchase the transferred asset in the market if it needs to return the asset to the entity. For example, a transferee may have the practical ability to sell a transferred asset if the transferred asset is subject to an option that allows the entity to repurchase it, but the transferee can readily obtain the transferred asset in the market if the option is exercised. A transferee does not have the practical ability to sell the transferred asset if the entity retains such an option and the transferee cannot readily obtain the transferred asset in the market if the entity exercises its option. B3.2.7

The transferee has the practical ability to sell the transferred asset only if the transferee can sell the transferred asset in its entirety to an unrelated third party and is able to exercise that ability unilaterally and without imposing additional restrictions on the transfer. The critical question is what the transferee is able to do in practice, not what contractual rights the transferee has concerning what it can do with the transferred asset or what contractual prohibitions exist. In particular: B3.2.8

(a) a contractual right to dispose of the transferred asset has little practical effect if there is no market for the transferred asset, and
(b) an ability to dispose of the transferred asset has little practical effect if it cannot be exercised freely. For that reason:
    (i) the transferee's ability to dispose of the transferred asset must be independent of the actions of others (i.e. it must be a unilateral ability), and
    (ii) the transferee must be able to dispose of the transferred asset without needing to attach restrictive conditions or 'strings' to the transfer (e.g. conditions about how a loan asset is serviced or an option giving the transferee the right to repurchase the asset).

That the transferee is unlikely to sell the transferred asset does not, of itself, mean that the transferor has retained control of the transferred asset. However, if a put option or guarantee constrains the transferee from selling the transferred asset, then the transferor has retained control of the transferred asset. For example, if a put option or guarantee is sufficiently valuable it constrains the transferee from selling the transferred asset because the transferee would, in practice, not sell the B3.2.9

er ihn tatsächlich nicht ohne eine ähnliche Option oder andere einschränkende Bedingungen an einen Dritten verkaufen würde. Stattdessen würde der Empfänger den übertragenen Vermögenswert aufgrund der mit der Garantie oder Verkaufsoption verbundenen Berechtigung zum Empfang von Zahlungen weiter halten. In diesem Fall hat der Übertragende die Verfügungsmacht an dem übertragenen Vermögenswert behalten.

Übertragungen, die die Bedingungen für eine Ausbuchung erfüllen

B3.2.10 Ein Unternehmen kann als Gegenleistung für die Verwaltung bzw. Abwicklung der übertragenen Vermögenswerte das Recht auf den Empfang eines Teils der Zinszahlungen auf diese Vermögenswerte zurückbehalten. Der Anteil der Zinszahlungen, auf die das Unternehmen bei Beendigung oder Übertragung des Verwaltungs-/Abwicklungsvertrags verzichten würde, ist dem Vermögenswert oder der Verbindlichkeit aus dem Verwaltungs-/Abwicklungsrecht zuzuordnen. Der Anteil der Zinszahlungen, der dem Unternehmen weiterhin zustehen würde, stellt eine Forderung aus Zinsstrip dar. Würde das Unternehmen beispielsweise nach Beendigung oder Übertragung des Verwaltungs-/Abwicklungsvertrags auf keine Zinszahlungen verzichten, ist die gesamte Zinsspanne als Forderung aus Zinsstrip zu behandeln. Bei Anwendung von Paragraph 3.2.13 werden zur Aufteilung des Buchwerts der Forderung zwischen dem Teil des Vermögenswerts, der ausgebucht wird, und dem Teil, der weiterhin erfasst bleibt, die beizulegenden Zeitwerte des Vermögenswerts aus dem Verwaltungs-/Abwicklungsrecht und der Forderung aus dem Zinsstrip zugrunde gelegt. Falls keine Verwaltungs-/Abwicklungsgebühr festgelegt wurde oder die zu erhaltende Gebühr voraussichtlich keine angemessene Vergütung für die Verwaltung bzw. Abwicklung durch das Unternehmen darstellt, ist eine Verbindlichkeit für die Verwaltungs- bzw. Abwicklungsverpflichtung zum beizulegenden Zeitwert zu erfassen.

B3.2.11 Bei der in Paragraph 3.2.13 vorgeschriebenen Ermittlung der beizulegenden Zeitwerte jenes Teils, der weiterhin erfasst bleibt und jenes Teils, der ausgebucht wird, sind zusätzlich zu Paragraph 3.2.14 die Vorschriften von IFRS 13 zur Bewertung zum beizulegenden Zeitwert anzuwenden.

Übertragungen, die die Bedingungen für eine Ausbuchung nicht erfüllen

B3.2.12 Das folgende Beispiel ist eine Anwendung des in Paragraph 3.2.15 aufgestellten Grundsatzes. Wenn ein übertragener Vermögenswert aufgrund einer von einem Unternehmen gewährten Garantie für Ausfallverluste aus dem übertragenen Vermögenswert nicht ausgebucht werden kann, weil das Unternehmen im Wesentlichen alle mit dem Eigentum des übertragenen Vermögenswerts verbundenen Risiken und Chancen zurückbehalten hat, wird der übertragene Vermögenswert weiter in seiner Gesamtheit und das vereinnahmte Entgelt als Verbindlichkeit erfasst.

Anhaltendes Engagement bei übertragenen Vermögenswerten

B3.2.13 Nachfolgend einige Beispiele für die Bewertung eines übertragenen Vermögenswerts und der zugehörigen Verbindlichkeit gemäß Paragraph 3.2.16.

Alle Vermögenswerte

(a) Wenn ein übertragener Vermögenswert aufgrund einer von einem Unternehmen gewährten Garantie zur Zahlung von Ausfallverlusten aus dem übertragenen Vermögenswert nicht nach Maßgabe des anhaltenden Engagements ausgebucht werden kann, ist der übertragene Vermögenswert zum Zeitpunkt der Übertragung mit dem niedrigeren Wert aus (i) dem Buchwert des Vermögenswerts und (ii) dem Höchstbetrag des vereinnahmten Entgelts, den das Unternehmen eventuell zurückzahlen müsste (dem „garantierten Betrag") zu bewerten. Die zugehörige Verbindlichkeit wird bei Zugang mit dem Garantiebetrag zuzüglich des beizulegenden Zeitwerts der Garantie (der normalerweise dem für die Garantie vereinnahmten Entgelt entspricht) bewertet. Anschließend ist der anfängliche beizulegende Zeitwert der Garantie zeitproportional erfolgswirksam zu erfassen, (gemäß den Grundsätzen von IFRS 15) und der Buchwert des Vermögenswerts um etwaige Wertminderungsaufwendungen zu kürzen.

Zu fortgeführten Anschaffungskosten bewertete Vermögenswerte

(b) Wenn die Verpflichtung eines Unternehmens aufgrund einer geschriebenen Verkaufsoption oder das Recht eines Unternehmens aufgrund einer gehaltenen Kaufoption dazu führt, dass ein übertragener Vermögenswert nicht ausgebucht werden kann, und der übertragene Vermögenswert zu fortgeführten Anschaffungskosten bewertet wird, ist die zugehörige Verbindlichkeit mit ihren Anschaffungskosten (also dem vereinnahmten Entgelt), bereinigt um die Amortisation der Differenz zwischen den Anschaffungskosten und dem Bruttobuchwert des übertragenen Vermögenswerts am Fälligkeitstermin der Option, zu bewerten. Als Beispiel soll angenommen werden, dass der Bruttobuchwert des Vermögenswerts zum Zeitpunkt der Übertragung WE 98 und das vereinnahmte Entgelt WE 95 beträgt. Am Ausübungstag der Option wird der Bruttobuchwert des Vermögenswerts bei WE 100 liegen. Der anfängliche Buchwert der entsprechenden Verbindlichkeit beträgt WE 95; die Differenz zwischen WE 95 und WE 100 ist unter Anwendung der Effektivzinsmethode erfolgswirksam zu erfassen. Bei Ausübung der Option wird die Differenz zwischen dem Buchwert der zugehörigen Verbindlichkeit und dem Ausübungspreis erfolgswirksam erfasst.

Zum beizulegenden Zeitwert bewertete Vermögenswerte

(c) Wenn ein übertragener Vermögenswert aufgrund einer vom Unternehmen zurückbehaltenen Kaufoption nicht ausgebucht werden kann und der übertragene Vermögenswert zum beizulegenden Zeitwert bewertet wird, erfolgt die Bewertung des Vermögenswerts weiterhin zum beizulegenden Zeitwert. Die zugehörige Verbindlichkeit wird (i) zum Ausübungspreis der Option, abzüglich des Zeitwerts der Option, wenn diese im oder am Geld ist, oder (ii) zum beizulegenden Zeitwert des übertragenen Vermögenswerts, abzüglich des Zeitwerts der Option, wenn diese aus dem Geld ist, bewertet. Durch Anpassung der Bewertung der zugehörigen Verbindlichkeit wird gewährleistet, dass der

transferred asset to a third party without attaching a similar option or other restrictive conditions. Instead, the transferee would hold the transferred asset so as to obtain payments under the guarantee or put option. Under these circumstances the transferor has retained control of the transferred asset.

Transfers that qualify for derecognition

An entity may retain the right to a part of the interest payments on transferred assets as compensation for servicing those assets. The part of the interest payments that the entity would give up upon termination or transfer of the servicing contract is allocated to the servicing asset or servicing liability. The part of the interest payments that the entity would not give up is an interest-only strip receivable. For example, if the entity would not give up any interest upon termination or transfer of the servicing contract, the entire interest spread is an interest-only strip receivable. For the purposes of applying paragraph 3.2.13, the fair values of the servicing asset and interest-only strip receivable are used to allocate the carrying amount of the receivable between the part of the asset that is derecognised and the part that continues to be recognised. If there is no servicing fee specified or the fee to be received is not expected to compensate the entity adequately for performing the servicing, a liability for the servicing obligation is recognised at fair value. **B3.2.10**

When measuring the fair values of the part that continues to be recognised and the part that is derecognised for the purposes of applying paragraph 3.2.13, an entity applies the fair value measurement requirements in IFRS 13 in addition to paragraph 3.2.14. **B3.2.11**

Transfers that do not qualify for derecognition

The following is an application of the principle outlined in paragraph 3.2.15. If a guarantee provided by the entity for default losses on the transferred asset prevents a transferred asset from being derecognised because the entity has retained substantially all the risks and rewards of ownership of the transferred asset, the transferred asset continues to be recognised in its entirety and the consideration received is recognised as a liability. **B3.2.12**

Continuing involvement in transferred assets

The following are examples of how an entity measures a transferred asset and the associated liability under paragraph 3.2.16. **B3.2.13**

All assets

(a) If a guarantee provided by an entity to pay for default losses on a transferred asset prevents the transferred asset from being derecognised to the extent of the continuing involvement, the transferred asset at the date of the transfer is measured at the lower of (i) the carrying amount of the asset and (ii) the maximum amount of the consideration received in the transfer that the entity could be required to repay ('the guarantee amount'). The associated liability is initially measured at the guarantee amount plus the fair value of the guarantee (which is normally the consideration received for the guarantee). Subsequently, the initial fair value of the guarantee is recognised in profit or loss when (or as) the obligation is satisfied (in accordance with the principles of IFRS 15) and the carrying value of the asset is reduced by any loss allowance.

Assets measured at amortised cost

(b) If a put option obligation written by an entity or call option right held by an entity prevents a transferred asset from being derecognised and the entity measures the transferred asset at amortised cost, the associated liability is measured at its cost (i.e. the consideration received) adjusted for the amortisation of any difference between that cost and the gross carrying amount of the transferred asset at the expiration date of the option. For example, assume that the gross carrying amount of the asset on the date of the transfer is CU98 and that the consideration received is CU95. The gross carrying amount of the asset on the option exercise date will be CU100. The initial carrying amount of the associated liability is CU95 and the difference between CU95 and CU100 is recognised in profit or loss using the effective interest method. If the option is exercised, any difference between the carrying amount of the associated liability and the exercise price is recognised in profit or loss.

Assets measured at fair value

(c) If a call option right retained by an entity prevents a transferred asset from being derecognised and the entity measures the transferred asset at fair value, the asset continues to be measured at its fair value. The associated liability is measured at (i) the option exercise price less the time value of the option if the option is in or at the money, or (ii) the fair value of the transferred asset less the time value of the option if the option is out of the money. The adjustment to the measurement of the associated liability ensures that the net carrying amount of the asset and the associated liability is the fair value of the call option right. For example, if the fair value of the underlying asset is CU80, the

Nettobuchwert des Vermögenswerts und der zugehörigen Verbindlichkeit dem beizulegenden Zeitwert des Rechts aus der Kaufoption entspricht. Beträgt beispielsweise der beizulegende Zeitwert des zugrunde liegenden Vermögenswerts WE 80, der Ausübungspreis der Option WE 95 und der Zeitwert der Option WE 5, so entspricht der Buchwert der entsprechenden Verbindlichkeit WE 75 (WE 80 – WE 5) und der Buchwert des übertragenen Vermögenswerts WE 80 (also seinem beizulegenden Zeitwert).

(d) Wenn ein übertragener Vermögenswert aufgrund einer geschriebenen Verkaufsoption eines Unternehmens nicht ausgebucht werden kann und der übertragene Vermögenswert zum beizulegenden Zeitwert bewertet wird, erfolgt die Bewertung der zugehörigen Verbindlichkeit zum Ausübungspreis der Option plus deren Zeitwert. Die Bewertung des Vermögenswerts zum beizulegenden Zeitwert ist auf den niedrigeren Wert aus beizulegendem Zeitwert und Ausübungspreis der Option beschränkt, da das Unternehmen keinen Anspruch auf Steigerungen des beizulegenden Zeitwerts des übertragenen Vermögenswerts hat, die über den Ausübungspreis der Option hinausgehen. Dadurch wird gewährleistet, dass der Nettobuchwert des Vermögenswerts und der zugehörigen Verbindlichkeit dem beizulegenden Zeitwert der Verpflichtung aus der Verkaufsoption entspricht. Beträgt beispielsweise der beizulegende Zeitwert des zugrunde liegenden Vermögenswerts WE 120, der Ausübungspreis der Option WE 100 und der Zeitwert der Option WE 5, so entspricht der Buchwert der zugehörigen Verbindlichkeit WE 105 (WE 100 + WE 5) und der Buchwert des Vermögenswerts WE 100 (in diesem Fall dem Ausübungspreis der Option).

(e) Wenn ein übertragener Vermögenswert aufgrund eines Collar in Form einer erworbenen Kaufoption und geschriebenen Verkaufsoption nicht ausgebucht werden kann und der Vermögenswert zum beizulegenden Zeitwert bewertet wird, erfolgt seine Bewertung weiterhin zum beizulegenden Zeitwert. Die zugehörige Verbindlichkeit wird (i) mit der Summe aus dem Ausübungspreis der Kaufoption und dem beizulegenden Zeitwert der Verkaufsoption, abzüglich des Zeitwerts der Kaufoption, wenn diese im oder am Geld ist, oder (ii) mit der Summe aus dem beizulegenden Zeitwert des Vermögenswerts und dem beizulegenden Zeitwert der Verkaufsoption, abzüglich des Zeitwerts der Kaufoption, wenn diese aus dem Geld ist, bewertet. Durch Anpassung der zugehörigen Verbindlichkeit wird gewährleistet, dass der Nettobuchwert des Vermögenswerts und der zugehörigen Verbindlichkeit dem beizulegenden Zeitwert der vom Unternehmen gehaltenen und geschriebenen Optionen entspricht. Als Beispiel soll angenommen werden, dass ein Unternehmen einen finanziellen Vermögenswert überträgt, der zum beizulegenden Zeitwert bewertet wird. Gleichzeitig erwirbt es eine Kaufoption mit einem Ausübungspreis von WE 120 und schreibt eine Verkaufsoption mit einem Ausübungspreis von WE 80. Der beizulegende Zeitwert des Vermögenswerts zum Zeitpunkt der Übertragung beträgt WE 100. Der Zeitwert der Verkaufs- und Kaufoption liegt bei WE 1 bzw. WE 5. In diesem Fall setzt das Unternehmen einen Vermögenswert in Höhe von WE 100 (dem beizulegenden Zeitwert des Vermögenswerts) und eine Verbindlichkeit in Höhe von WE 96 [(WE 100 + WE 1) – WE 5] an. Daraus ergibt sich ein Nettobuchwert von WE 4, der dem beizulegenden Zeitwert der vom Unternehmen gehaltenen und geschriebenen Optionen entspricht.

Alle Übertragungen

B3.2.14 Soweit die Übertragung eines finanziellen Vermögenswerts nicht die Bedingungen für eine Ausbuchung erfüllt, werden die im Zusammenhang mit der Übertragung vertraglich eingeräumten Rechte oder Verpflichtungen des Übertragenden nicht gesondert als Derivate bilanziert, wenn ein Ansatz des Derivats einerseits und des übertragenen Vermögenswerts oder der aus der Übertragung stammenden Verbindlichkeit andererseits dazu führen würde, dass die gleichen Rechte bzw. Verpflichtungen doppelt erfasst werden. Beispielsweise kann eine vom Übertragenden zurückbehaltene Kaufoption dazu führen, dass eine Übertragung finanzieller Vermögenswerte nicht als Veräußerung bilanziert werden kann. In diesem Fall wird die Kaufoption nicht gesondert als derivativer Vermögenswert angesetzt.

B3.2.15 Soweit die Übertragung eines finanziellen Vermögenswerts nicht die Bedingungen für eine Ausbuchung erfüllt, wird der übertragene Vermögenswert vom Empfänger nicht als Vermögenswert angesetzt. Der Empfänger bucht die Zahlung oder andere entrichtete Entgelte aus und setzt eine Forderung gegenüber dem Übertragenden an. Hat der Übertragende sowohl das Recht als auch die Verpflichtung, die Verfügungsmacht über den gesamten übertragenen Vermögenswert gegen einen festen Betrag zurückzuerwerben (wie dies beispielsweise bei einer Rückkaufsvereinbarung der Fall ist), kann der Empfänger seine Forderung zu fortgeführten Anschaffungskosten bewerten, sofern diese die Kriterien in Paragraph 4.1.2 erfüllt.

Beispiele

B3.2.16 Die folgenden Beispiele veranschaulichen die Anwendung der Ausbuchungsgrundsätze dieses Standards.

(a) *Rückkaufsvereinbarungen und Wertpapierleihe.* Wenn ein finanzieller Vermögenswert verkauft und gleichzeitig eine Vereinbarung über dessen Rückkauf zu einem festen Preis oder zum Verkaufspreis zuzüglich einer Verzinsung geschlossen wird oder ein finanzieller Vermögenswert mit der vertraglichen Verpflichtung zur Rückgabe an den Übertragenden verliehen wird, erfolgt keine Ausbuchung, weil der Übertragende im Wesentlichen alle mit dem Eigentum verbundenen Risiken und Chancen zurückbehält. Erwirbt der Empfänger das Recht, den Vermögenswert zu verkaufen oder zu verpfänden, hat der Übertragende diesen Vermögenswert in der Bilanz umzugliedern, z. B. als ausgeliehenen Vermögenswert oder ausstehenden Rückkauf.

(b) *Rückkaufsvereinbarungen und Wertpapierleihe – im Wesentlichen gleiche Vermögenswerte.* Wenn ein finanzieller Vermögenswert verkauft und gleichzeitig eine Vereinbarung über den Rückkauf des gleichen oder im Wesentlichen gleichen Vermögenswerts zu einem festen Preis oder zum Verkaufspreis zuzüglich einer Verzinsung geschlossen wird oder ein finanzieller Vermögenswert mit der vertraglichen Verpflichtung zur Rückgabe des gleichen oder im Wesentlichen

option exercise price is CU95 and the time value of the option is CU5, the carrying amount of the associated liability is CU75 (CU80 — CU5) and the carrying amount of the transferred asset is CU80 (i.e. its fair value).

(d) If a put option written by an entity prevents a transferred asset from being derecognised and the entity measures the transferred asset at fair value, the associated liability is measured at the option exercise price plus the time value of the option. The measurement of the asset at fair value is limited to the lower of the fair value and the option exercise price because the entity has no right to increases in the fair value of the transferred asset above the exercise price of the option. This ensures that the net carrying amount of the asset and the associated liability is the fair value of the put option obligation. For example, if the fair value of the underlying asset is CU120, the option exercise price is CU100 and the time value of the option is CU5, the carrying amount of the associated liability is CU105 (CU100 + CU5) and the carrying amount of the asset is CU100 (in this case the option exercise price).

(e) If a collar, in the form of a purchased call and written put, prevents a transferred asset from being derecognised and the entity measures the asset at fair value, it continues to measure the asset at fair value. The associated liability is measured at (i) the sum of the call exercise price and fair value of the put option less the time value of the call option, if the call option is in or at the money, or (ii) the sum of the fair value of the asset and the fair value of the put option less the time value of the call option if the call option is out of the money. The adjustment to the associated liability ensures that the net carrying amount of the asset and the associated liability is the fair value of the options held and written by the entity. For example, assume an entity transfers a financial asset that is measured at fair value while simultaneously purchasing a call with an exercise price of CU120 and writing a put with an exercise price of CU80. Assume also that the fair value of the asset is CU100 at the date of the transfer. The time value of the put and call are CU1 and CU5 respectively. In this case, the entity recognises an asset of CU100 (the fair value of the asset) and a liability of CU96 [(CU100 + CU1) — CU5]. This gives a net asset value of CU4, which is the fair value of the options held and written by the entity.

All transfers

To the extent that a transfer of a financial asset does not qualify for derecognition, the transferor's contractual rights or obligations related to the transfer are not accounted for separately as derivatives if recognising both the derivative and either the transferred asset or the liability arising from the transfer would result in recognising the same rights or obligations twice. For example, a call option retained by the transferor may prevent a transfer of financial assets from being accounted for as a sale. In that case, the call option is not separately recognised as a derivative asset. **B3.2.14**

To the extent that a transfer of a financial asset does not qualify for derecognition, the transferee does not recognise the transferred asset as its asset. The transferee derecognises the cash or other consideration paid and recognises a receivable from the transferor. If the transferor has both a right and an obligation to reacquire control of the entire transferred asset for a fixed amount (such as under a repurchase agreement), the transferee may measure its receivable at amortised cost if it meets the criteria in paragraph 4.1.2. **B3.2.15**

Examples

The following examples illustrate the application of the derecognition principles of this Standard. **B3.2.16**

(a) *Repurchase agreements and securities lending.* If a financial asset is sold under an agreement to repurchase it at a fixed price or at the sale price plus a lender's return or if it is loaned under an agreement to return it to the transferor, it is not derecognised because the transferor retains substantially all the risks and rewards of ownership. If the transferee obtains the right to sell or pledge the asset, the transferor reclassifies the asset in its statement of financial position, for example, as a loaned asset or repurchase receivable.

(b) *Repurchase agreements and securities lending—assets that are substantially the same.* If a financial asset is sold under an agreement to repurchase the same or substantially the same asset at a fixed price or at the sale price plus a lender's return or if a financial asset is borrowed or loaned under an agreement to return the same or substantially the same asset to the transferor, it is not derecognised because the transferor retains substantially all the risks and rewards of ownership.

gleichen Vermögenswerts an den Übertragenden ausgeliehen oder verliehen wird, erfolgt keine Ausbuchung, weil der Übertragende im Wesentlichen alle mit dem Eigentum verbundenen Risiken und Chancen zurückbehält.

(c) *Rückkaufsvereinbarungen und Wertpapierleihe – Substitutionsrecht.* Wenn eine Rückkaufsvereinbarung mit einem festen Rückkaufpreis oder einem Preis, der dem Verkaufspreis zuzüglich einer Verzinsung entspricht, oder ein ähnliches Wertpapierleihgeschäft dem Empfänger das Recht einräumt, den übertragenen Vermögenswert am Rückkauftermin durch ähnliche Vermögenswerte mit dem gleichen beizulegenden Zeitwert zu ersetzen, wird der im Rahmen einer Rückkaufsvereinbarung oder Wertpapierleihe verkaufte oder verliehene Vermögenswert nicht ausgebucht, weil der Übertragende im Wesentlichen alle mit dem Eigentum verbundenen Risiken und Chancen zurückbehält.

(d) *Vorrecht auf Rückkauf zum beizulegenden Zeitwert.* Wenn ein Unternehmen einen finanziellen Vermögenswert verkauft und nur im Falle einer anschließenden Veräußerung durch den Empfänger ein Vorrecht auf Rückkauf zum beizulegenden Zeitwert zurückbehält, ist dieser Vermögenswert auszubuchen, weil das Unternehmen im Wesentlichen alle mit dem Eigentum verbundenen Risiken und Chancen übertragen hat.

(e) *Wash Sale.* Der Rückerwerb eines finanziellen Vermögenswerts kurz nach dessen Verkauf wird manchmal als „Wash Sale“ bezeichnet. Ein solcher Rückkauf schließt eine Ausbuchung nicht aus, sofern die ursprüngliche Transaktion die Bedingungen für eine Ausbuchung erfüllte. Nicht zulässig ist eine Ausbuchung des Vermögenswerts jedoch, wenn gleichzeitig mit einer Vereinbarung über den Verkauf eines finanziellen Vermögenswerts eine Vereinbarung über dessen Rückerwerb zu einem festen Preis oder dem Verkaufspreis zuzüglich einer Verzinsung geschlossen wird.

(f) *Verkaufsoptionen und Kaufoptionen, die weit im Geld sind.* Wenn ein übertragener finanzieller Vermögenswert vom Übertragenden zurückerworben werden kann und die Kaufoption weit im Geld ist, erfüllt die Übertragung nicht die Bedingungen für eine Ausbuchung, weil der Übertragende im Wesentlichen alle mit dem Eigentum verbundenen Risiken und Chancen zurückbehalten hat. Gleiches gilt, wenn der übertragene finanzielle Vermögenswert vom Empfänger zurückveräußert werden kann und die Verkaufsoption weit im Geld ist. Auch in diesem Fall erfüllt die Übertragung nicht die Bedingungen für eine Ausbuchung, weil der Übertragende im Wesentlichen alle mit dem Eigentum verbundenen Risiken und Chancen zurückbehalten hat.

(g) *Verkaufsoptionen und Kaufoptionen, die weit aus dem Geld sind.* Ein finanzieller Vermögenswert, der nur in Verbindung mit einer weit aus dem Geld liegenden vom Empfänger gehaltenen Verkaufsoption oder einer weit aus dem Geld liegenden vom Übertragenden gehaltenen Kaufoption übertragen wird, ist auszubuchen, weil der Übertragende im Wesentlichen alle mit dem Eigentum verbundenen Risiken und Chancen übertragen hat.

(h) *Jederzeit verfügbare Vermögenswerte mit einer Kaufoption, die weder weit im Geld noch weit aus dem Geld ist.* Hält ein Unternehmen eine Kaufoption auf einen am Markt jederzeit verfügbaren Vermögenswert und ist die Option weder weit im noch weit aus dem Geld, so ist der Vermögenswert auszubuchen. Dies ist damit zu begründen, dass das Unternehmen (i) im Wesentlichen alle mit dem Eigentum verbundenen Risiken und Chancen weder zurückbehalten noch übertragen und (ii) nicht die Verfügungsmacht behalten hat. Ist der Vermögenswert jedoch nicht jederzeit am Markt verfügbar, ist eine Ausbuchung in der Höhe des Teils des Vermögenswerts, der der Kaufoption unterliegt, ausgeschlossen, weil das Unternehmen die Verfügungsmacht über den Vermögenswert behalten hat.

(i) *Ein nicht jederzeit verfügbarer Vermögenswert, der einer von einem Unternehmen geschriebenen Verkaufsoption unterliegt, die weder weit im Geld noch weit aus dem Geld ist.* Wenn ein Unternehmen einen nicht jederzeit am Markt verfügbaren Vermögenswert überträgt und eine Verkaufsoption schreibt, die nicht weit aus dem Geld ist, werden aufgrund der geschriebenen Verkaufsoption im Wesentlichen alle mit dem Eigentum verbundenen Risiken und Chancen weder zurückbehalten noch übertragen. Das Unternehmen übt weiterhin die Verfügungsmacht über den Vermögenswert aus, wenn der Wert der Verkaufsoption so hoch ist, dass der Empfänger vom Verkauf des Vermögenswerts abgehalten wird. In diesem Fall ist der Vermögenswert nach Maßgabe des anhaltenden Engagements des Übertragenden weiterhin anzusetzen (siehe Paragraph B3.2.9). Das Unternehmen überträgt die Verfügungsmacht über den Vermögenswert, wenn der Wert der Verkaufsoption nicht hoch genug ist, um den Empfänger von einem Verkauf des Vermögenswerts abzuhalten. In diesem Fall ist der Vermögenswert auszubuchen.

(j) *Vermögenswerte, die einer Verkaufs- oder Kaufoption oder einer Terminrückkaufsvereinbarung zum beizulegenden Zeitwert unterliegen.* Ein finanzieller Vermögenswert, dessen Übertragung nur mit einer Verkaufs- oder Kaufoption oder einer Terminrückkaufsvereinbarung verbunden ist, deren Ausübungs- oder Rückkaufspreis dem beizulegenden Zeitwert des finanziellen Vermögenswerts zum Zeitpunkt des Rückerwerbs entspricht, ist auszubuchen, weil im Wesentlichen alle mit dem Eigentum verbundenen Risiken und Chancen übertragen werden.

(k) *Kauf- oder Verkaufsoptionen mit Barausgleich.* Die Übertragung eines finanziellen Vermögenswerts, der einer Verkaufs- oder Kaufoption oder einer Terminrückkaufsvereinbarung mit Nettoausgleich in bar unterliegt, ist im Hinblick darauf zu beurteilen, ob im Wesentlichen alle mit dem Eigentum verbundenen Risiken und Chancen zurückbehalten oder übertragen wurden. Hat das Unternehmen nicht im Wesentlichen alle mit dem Eigentum des übertragenen Vermögenswerts verbundenen Risiken und Chancen zurückbehalten, ist zu bestimmen, ob es weiterhin die Verfügungsmacht über den übertragenen Vermögenswert ausübt. Die Tatsache, dass die Verkaufs- oder Kaufoption oder die Terminrückkaufsvereinbarung durch einen Nettoausgleich in bar erfüllt wird, bedeutet nicht automatisch, dass das Unternehmen die Verfügungsmacht übertragen hat (siehe Paragraph B3.2.9 und (g), (h) und (i) oben).

(l) *Rückübertragungsanspruch.* Ein Rückübertragungsanspruch ist eine bedingungslose Rückkaufoption (Kaufoption), die dem Unternehmen das Recht gibt, übertragene Vermögenswerte unter dem Vorbehalt bestimmter Beschränkungen zurückzuverlangen. Sofern eine derartige Option dazu führt, dass das Unternehmen im Wesentlichen alle mit dem Eigentum verbundenen Risiken und Chancen weder zurückbehält noch überträgt, ist eine Ausbuchung nur in Höhe des Betrags

(c) *Repurchase agreements and securities lending—right of substitution.* If a repurchase agreement at a fixed repurchase price or a price equal to the sale price plus a lender's return, or a similar securities lending transaction, provides the transferee with a right to substitute assets that are similar and of equal fair value to the transferred asset at the repurchase date, the asset sold or lent under a repurchase or securities lending transaction is not derecognised because the transferor retains substantially all the risks and rewards of ownership.

(d) *Repurchase right of first refusal at fair value.* If an entity sells a financial asset and retains only a right of first refusal to repurchase the transferred asset at fair value if the transferee subsequently sells it, the entity derecognises the asset because it has transferred substantially all the risks and rewards of ownership.

(e) *Wash sale transaction.* The repurchase of a financial asset shortly after it has been sold is sometimes referred to as a wash sale. Such a repurchase does not preclude derecognition provided that the original transaction met the derecognition requirements. However, if an agreement to sell a financial asset is entered into concurrently with an agreement to repurchase the same asset at a fixed price or the sale price plus a lender's return, then the asset is not derecognised.

(f) *Put options and call options that are deeply in the money.* If a transferred financial asset can be called back by the transferor and the call option is deeply in the money, the transfer does not qualify for derecognition because the transferor has retained substantially all the risks and rewards of ownership. Similarly, if the financial asset can be put back by the transferee and the put option is deeply in the money, the transfer does not qualify for derecognition because the transferor has retained substantially all the risks and rewards of ownership.

(g) *Put options and call options that are deeply out of the money.* A financial asset that is transferred subject only to a deep out-of-the-money put option held by the transferee or a deep out-of-the-money call option held by the transferor is derecognised. This is because the transferor has transferred substantially all the risks and rewards of ownership.

(h) *Readily obtainable assets subject to a call option that is neither deeply in the money nor deeply out of the money.* If an entity holds a call option on an asset that is readily obtainable in the market and the option is neither deeply in the money nor deeply out of the money, the asset is derecognised. This is because the entity (i) has neither retained nor transferred substantially all the risks and rewards of ownership, and (ii) has not retained control. However, if the asset is not readily obtainable in the market, derecognition is precluded to the extent of the amount of the asset that is subject to the call option because the entity has retained control of the asset.

(i) *A not readily obtainable asset subject to a put option written by an entity that is neither deeply in the money nor deeply out of the money.* If an entity transfers a financial asset that is not readily obtainable in the market, and writes a put option that is not deeply out of the money, the entity neither retains nor transfers substantially all the risks and rewards of ownership because of the written put option. The entity retains control of the asset if the put option is sufficiently valuable to prevent the transferee from selling the asset, in which case the asset continues to be recognised to the extent of the transferor's continuing involvement (see paragraph B3.2.9). The entity transfers control of the asset if the put option is not sufficiently valuable to prevent the transferee from selling the asset, in which case the asset is derecognised.

(j) *Assets subject to a fair value put or call option or a forward repurchase agreement.* A transfer of a financial asset that is subject only to a put or call option or a forward repurchase agreement that has an exercise or repurchase price equal to the fair value of the financial asset at the time of repurchase results in derecognition because of the transfer of substantially all the risks and rewards of ownership.

(k) *Cash-settled call or put options.* An entity evaluates the transfer of a financial asset that is subject to a put or call option or a forward repurchase agreement that will be settled net in cash to determine whether it has retained or transferred substantially all the risks and rewards of ownership. If the entity has not retained substantially all the risks and rewards of ownership of the transferred asset, it determines whether it has retained control of the transferred asset. That the put or the call or the forward repurchase agreement is settled net in cash does not automatically mean that the entity has transferred control (see paragraphs B3.2.9 and (g), (h) and (i) above).

(l) *Removal of accounts provision.* A removal of accounts provision is an unconditional repurchase (call) option that gives an entity the right to reclaim assets transferred subject to some restrictions. Provided that such an option results in the entity neither retaining nor transferring substantially all the risks and rewards of ownership, it precludes derecognition only to the extent of the amount subject to repurchase (assuming that the transferee cannot sell

ausgeschlossen, der unter dem Vorbehalt des Rückkaufs steht (unter der Annahme, dass der Empfänger die Vermögenswerte nicht veräußern kann). Wenn beispielsweise der Buchwert und der Erlös aus der Übertragung von Krediten WE 100,000 beträgt und jeder einzelne Kredit zurückerworben werden kann, die Summe aller zurückerworbenen Kredite jedoch WE 10,000 nicht übersteigen darf, erfüllen WE 90,000 der Kredite die Bedingungen für eine Ausbuchung.

(m) *Clean-up-Calls.* Ein Unternehmen, bei dem es sich um einen Übertragenden handeln kann, das übertragene Vermögenswerte verwaltet bzw. abwickelt, kann einen Clean-up-Call für den Kauf der verbleibenden übertragenen Vermögenswerte halten, wenn die Höhe der ausstehenden Vermögenswerte unter einen bestimmten Grenzwert fällt, bei dem die Kosten für die Verwaltung bzw. Abwicklung dieser Vermögenswerte den damit verbundenen Nutzen übersteigen. Sofern ein solcher Clean-up-Call dazu führt, dass das Unternehmen im Wesentlichen alle mit dem Eigentum verbundenen Risiken und Chancen weder zurückbehält noch überträgt, und der Empfänger die Vermögenswerte nicht veräußern kann, ist eine Ausbuchung nur in dem Umfang der Vermögenswerte ausgeschlossen, der Gegenstand der Kaufoption ist.

(n) *Nachrangige zurückbehaltene Anteile und Kreditgarantien.* Ein Unternehmen kann dem Empfänger eine Kreditsicherheit gewähren, indem es einige oder alle am übertragenen Vermögenswert zurückbehaltenen Anteile nachordnet. Alternativ kann ein Unternehmen dem Empfänger eine Kreditsicherheit in Form einer unbeschränkten oder auf einen bestimmten Betrag beschränkten Kreditgarantie gewähren. Behält das Unternehmen im Wesentlichen alle mit dem Eigentum des übertragenen Vermögenswerts verbundenen Risiken und Chancen, ist dieser Vermögenswert weiterhin in seiner Gesamtheit zu erfassen. Wenn das Unternehmen einige, aber nicht im Wesentlichen alle mit dem Eigentum verbundenen Risiken und Chancen zurückbehält und weiterhin die Verfügungsmacht ausübt, ist eine Ausbuchung in der Höhe des Betrags an Zahlungsmitteln oder anderen Vermögenswerten ausgeschlossen, den das Unternehmen eventuell zahlen müsste.

(o) *Total Return-Swaps.* Ein Unternehmen kann einen finanziellen Vermögenswert an einen Empfänger verkaufen und mit diesem einen Total Return-Swap vereinbaren, bei dem sämtliche Zinszahlungsströme aus dem zugrunde liegenden Vermögenswert im Austausch gegen eine feste Zahlung oder eine variable Ratenzahlung an das Unternehmen zurückfließen und alle Erhöhungen oder Kürzungen des beizulegen den Zeitwerts des zugrunde liegenden Vermögenswerts vom Unternehmen übernommen werden. In diesem Fall darf kein Teil des Vermögenswerts ausgebucht werden.

(p) *Zinsswaps.* Ein Unternehmen kann einen festverzinslichen finanziellen Vermögenswert auf einen Empfänger übertragen und mit diesem einen Zinsswap vereinbaren, bei dem der Empfänger einen festen Zinssatz erhält und einen variablen Zinssatz auf Grundlage eines Nennbetrags, der dem Kapitalbetrag des übertragenen finanziellen Vermögenswerts entspricht, zahlt. Der Zinsswap schließt die Ausbuchung des übertragenen Vermögenswerts nicht aus, sofern die Zahlungen auf den Swap nicht von Zahlungen auf den übertragenen Vermögenswert abhängen.

(q) *Amortisierende Zinsswaps.* Ein Unternehmen kann einen festverzinslichen finanziellen Vermögenswert, der im Laufe der Zeit zurückgezahlt wird, auf einen Empfänger übertragen und mit diesem einen amortisierenden Zinsswap vereinbaren, bei dem der Empfänger einen festen Zinssatz erhält und einen variablen Zinssatz auf Grundlage eines Nennbetrags zahlt. Amortisiert sich der Nennbetrag des Swaps so, dass er zu jedem beliebigen Zeitpunkt dem jeweils ausstehenden Kapitalbetrag des übertragenen finanziellen Vermögenswerts entspricht, würde der Swap im Allgemeinen dazu führen, dass ein wesentliches Vorauszahlungsrisiko beim Unternehmen verbleibt. In diesem Fall hat es den übertragenen Vermögenswert entweder zur Gänze oder nach Maßgabe seines anhaltenden Engagements weiter zu erfassen. Ist die Amortisation des Nennbetrags des Swaps nicht an den ausstehenden Kapitalbetrag des übertragenen Vermögenswerts gekoppelt, so würde dieser Swap nicht dazu führen, dass das Vorauszahlungsrisiko in Bezug auf den Vermögenswert beim Unternehmen verbleibt. Folglich wäre eine Ausbuchung des übertragenen Vermögenswerts nicht ausgeschlossen, sofern die Zahlungen im Rahmen des Swaps nicht von Zinszahlungen auf den übertragenen Vermögenswert abhängen und der Swap nicht dazu führt, dass das Unternehmen andere wesentliche Risiken und Chancen zurückbehält.

(r) *Abschreibung.* Ein Unternehmen geht nach angemessener Einschätzung nicht davon aus, die vertraglichen Zahlungsströme aus einem finanziellen Vermögenswert ganz oder teilweise zu realisieren.

B3.2.17 Dieser Paragraph veranschaulicht die Anwendung des Konzepts des anhaltenden Engagements, wenn das anhaltende Engagement sich auf einen Teil eines finanziellen Vermögenswerts bezieht.

Es wird angenommen, dass ein Unternehmen ein Portfolio vorzeitig rückzahlbarer Kredite mit einem Kupon- und Effektivzinssatz von 10 Prozent und einem Kapitalbetrag und fortgeführten Anschaffungskosten in Höhe von WE 10,000 besitzt. Das Unternehmen schließt eine Transaktion ab, mit der der Empfänger gegen eine Zahlung von WE 9,115 ein Recht auf die Tilgungsbeträge in Höhe von WE 9,000 zuzüglich eines Zinssatzes von 9,5 Prozent auf diese Beträge erwirbt. Das Unternehmen behält die Rechte an WE 1,000 der Tilgungsbeträge zuzüglich eines Zinssatzes von 10 Prozent auf diesen Betrag zuzüglich der Überschussspanne von 0,5 Prozent auf den verbleibenden Kapitalbetrag in Höhe von WE 9,000. Die Zahlungseingänge aus vorzeitigen Rückzahlungen werden zwischen dem Unternehmen und dem Empfänger im Verhältnis von 1:9 aufgeteilt; alle Ausfälle werden jedoch vom Anteil des Unternehmens in Höhe von WE 1,000 abgezogen, bis dieser Anteil erschöpft ist. Der beizulegende Zeitwert der Kredite zum Zeitpunkt der Transaktion beträgt WE 10,100 und der beizulegende Zeitwert der Überschussspanne von 0,5 Prozent beträgt WE 40.

Das Unternehmen stellt fest, dass es einige mit dem Eigentum verbundene wesentliche Risiken und Chancen (beispielsweise ein wesentliches Vorauszahlungsrisiko) übertragen, jedoch auch einige mit dem Eigentum verbundene

the assets). For example, if the carrying amount and proceeds from the transfer of loan assets are CU100 000 and any individual loan could be called back but the aggregate amount of loans that could be repurchased could not exceed CU10 000, CU90 000 of the loans would qualify for derecognition.

(m) *Clean-up calls.* An entity, which may be a transferor, that services transferred assets may hold a clean-up call to purchase remaining transferred assets when the amount of outstanding assets falls to a specified level at which the cost of servicing those assets becomes burdensome in relation to the benefits of servicing. Provided that such a clean-up call results in the entity neither retaining nor transferring substantially all the risks and rewards of ownership and the transferee cannot sell the assets, it precludes derecognition only to the extent of the amount of the assets that is subject to the call option.

(n) *Subordinated retained interests and credit guarantees.* An entity may provide the transferee with credit enhancement by subordinating some or all of its interest retained in the transferred asset. Alternatively, an entity may provide the transferee with credit enhancement in the form of a credit guarantee that could be unlimited or limited to a specified amount. If the entity retains substantially all the risks and rewards of ownership of the transferred asset, the asset continues to be recognised in its entirety. If the entity retains some, but not substantially all, of the risks and rewards of ownership and has retained control, derecognition is precluded to the extent of the amount of cash or other assets that the entity could be required to pay.

(o) *Total return swaps.* An entity may sell a financial asset to a transferee and enter into a total return swap with the transferee, whereby all of the interest payment cash flows from the underlying asset are remitted to the entity in exchange for a fixed payment or variable rate payment and any increases or declines in the fair value of the underlying asset are absorbed by the entity. In such a case, derecognition of all of the asset is prohibited.

(p) *Interest rate swaps.* An entity may transfer to a transferee a fixed rate financial asset and enter into an interest rate swap with the transferee to receive a fixed interest rate and pay a variable interest rate based on a notional amount that is equal to the principal amount of the transferred financial asset. The interest rate swap does not preclude derecognition of the transferred asset provided the payments on the swap are not conditional on payments being made on the transferred asset.

(q) *Amortising interest rate swaps.* An entity may transfer to a transferee a fixed rate financial asset that is paid off over time, and enter into an amortising interest rate swap with the transferee to receive a fixed interest rate and pay a variable interest rate based on a notional amount. If the notional amount of the swap amortises so that it equals the principal amount of the transferred financial asset outstanding at any point in time, the swap would generally result in the entity retaining substantial prepayment risk, in which case the entity either continues to recognise all of the transferred asset or continues to recognise the transferred asset to the extent of its continuing involvement. Conversely, if the amortisation of the notional amount of the swap is not linked to the principal amount outstanding of the transferred asset, such a swap would not result in the entity retaining prepayment risk on the asset. Hence, it would not preclude derecognition of the transferred asset provided the payments on the swap are not conditional on interest payments being made on the transferred asset and the swap does not result in the entity retaining any other significant risks and rewards of ownership on the transferred asset.

(r) *Write-off.* An entity has no reasonable expectations of recovering the contractual cash flows on a financial asset in its entirety or a portion thereof.

This paragraph illustrates the application of the continuing involvement approach when the entity's continuing involvement is in a part of a financial asset. **B3.2.17**

Assume an entity has a portfolio of prepayable loans whose coupon and effective interest rate is 10 per cent and whose principal amount and amortised cost is CU10 000. It enters into a transaction in which, in return for a payment of CU9 115, the transferee obtains the right to CU9000 of any collections of principal plus interest thereon at 9,5 per cent. The entity retains rights to CU1000 of any collections of principal plus interest thereon at 10 per cent, plus the excess spread of 0,5 per cent on the remaining CU9000 of principal. Collections from prepayments are allocated between the entity and the transferee proportionately in the ratio of 1:9, but any defaults are deducted from the entity's interest of CU1000 until that interest is exhausted. The fair value of the loans at the date of the transaction is CU10 100 and the fair value of the excess spread of 0,5 per cent is CU40.

The entity determines that it has transferred some significant risks and rewards of ownership (for example, significant prepayment risk) but has also retained some significant risks and rewards of ownership (because of its subordinated retained interest) and has retained control. It therefore applies the continuing involvement approach.

wesentliche Risiken und Chancen (aufgrund seines nachrangigen zurückbehaltenen Anteils) zurückbehalten hat und außerdem weiterhin die Verfügungsmacht ausübt. Es wendet daher das Konzept des anhaltenden Engagements an.

Bei der Anwendung dieses Standards analysiert das Unternehmen die Transaktion als (a) Beibehaltung eines zurückbehaltenen exakt proportionalen Anteils von WE 1,000 sowie (b) Nachordnung dieses zurückbehaltenen Anteils, um dem Empfänger eine Kreditsicherheit für Kreditverluste zu gewähren.

Das Unternehmen berechnet, dass WE 9,090 (90 % × WE 10,100) des vereinnahmten Entgelts in Höhe von WE 9,115 der Gegenleistung für einen exakt proportionalen Anteil von 90 Prozent entsprechen. Der Rest des vereinnahmten Entgelts (WE 25) entspricht der Gegenleistung, die das Unternehmen für die Nachordnung seines zurückbehaltenen Anteils erhalten hat, um dem Empfänger eine Kreditsicherheit für Kreditverluste zu gewähren. Die Überschussspanne von 0,5 Prozent stellt ebenfalls eine für die Kreditsicherheit empfangene Gegenleistung dar. Dementsprechend beträgt die für die Kreditsicherheit empfangene Gegenleistung insgesamt WE 65 (WE 25 + WE 40).

Das Unternehmen berechnet den Gewinn oder Verlust aus der Veräußerung auf Grundlage des 90-prozentigen Anteils an den Zahlungsströmen. Unter der Annahme, dass zum Zeitpunkt der Übertragung keine gesonderten beizulegenden Zeitwerte für den übertragenen Anteil von 90 Prozent und den zurückbehaltenen Anteil von 10 Prozent verfügbar sind, teilt das Unternehmen den Buchwert des Vermögenswerts gemäß Paragraph 3.2.14 von IFRS 9 wie folgt auf:

	Beizulegender Zeitwert	Prozentsatz	Zugewiesener Buchwert
Übertragener Anteil	9,090	90 %	9,000
Zurückbehaltener Anteil	1,010	10 %	1,000
Summe	**10,100**		**10,000**

Zur Berechnung des Gewinns oder Verlusts aus dem Verkauf des 90-prozentigen Anteils an den Zahlungsströmen zieht das Unternehmen den zugewiesenen Buchwert des übertragenen Anteils von der empfangenen Gegenleistung ab. Daraus ergibt sich ein Wert von WE 90 (WE 9,090 – WE 9,000). Der Buchwert des vom Unternehmen zurückbehaltenen Anteils beträgt WE 1,000.

Außerdem erfasst das Unternehmen das anhaltende Engagement, das durch Nachordnung seines zurückbehaltenen Anteils für Kreditverluste entsteht. Folglich setzt es einen Vermögenswert in Höhe von WE 1,000 (den Höchstbetrag an Zahlungsströmen, den es aufgrund der Nachordnung nicht erhalten würde) und eine zugehörige Verbindlichkeit in Höhe von WE 1,065 an (den Höchstbetrag an Zahlungsströmen, den es aufgrund der Nachordnung nicht erhalten würde, d. h. WE 1,000 zuzüglich des beizulegenden Zeitwerts der Nachordnung in Höhe von WE 65).

Unter Einbeziehung aller vorstehenden Informationen wird die Transaktion wie folgt gebucht:

	Soll	Haben
Ursprünglicher Vermögenswert	–	9,000
Angesetzter Vermögenswert bezüglich Nachordnung des Residualanspruchs	1,000	–
Vermögenswert für das in Form einer Überschussspanne empfangene Entgelt	40	–
Gewinn oder Verlust (Gewinn bei der Übertragung)	–	90
Verbindlichkeit	–	1,065
Erhaltene Zahlung	9,115	–
Summe	**10,155**	**10,155**

Unmittelbar nach der Transaktion beträgt der Buchwert des Vermögenswerts WE 2,040, bestehend aus WE 1,000 (den Kosten, die dem zurückbehaltenen Anteil zugewiesen sind) und WE 1,040 (dem zusätzlichen anhaltenden Engagement des Unternehmens aufgrund der Nachordnung seines zurückbehaltenen Anteils für Kreditverluste, wobei in diesem Betrag auch die Überschussspanne von WE 40 enthalten ist).

In den Folgeperioden erfasst das Unternehmen zeitproportional das für die Kreditsicherheit vereinnahmte Entgelt (WE 65), grenzt die Zinsen auf den erfassten Vermögenswert unter Anwendung der Effektivzinsmethode ab und erfasst etwaige Kreditwertminderungen auf die angesetzten Vermögenswerte. Als Beispiel für Letzteres soll angenommen werden, dass im darauf folgenden Jahr ein Kreditwertminderungsaufwand für die zugrunde liegenden Kredite in Höhe von WE 300 anfällt. Das Unternehmen schreibt den angesetzten Vermögenswert um WE 600 ab (WE 300 für seinen zurückbehaltenen Anteil und WE 300 für das zusätzliche anhaltende Engagement, das durch die Nachordnung des zurückbehaltenen Anteils für Kreditverluste entsteht) und verringert die erfasste Verbindlichkeit um WE 300. Netto wird der Gewinn oder Verlust also mit einer Kreditwertminderung von WE 300 belastet.

To apply this Standard, the entity analyses the transaction as (a) a retention of a fully proportionate retained interest of CU1000, plus (b) the subordination of that retained interest to provide credit enhancement to the transferee for credit losses.

The entity calculates that CU9090 (90 % × CU10 100) of the consideration received of CU9115 represents the consideration for a fully proportionate 90 per cent share. The remainder of the consideration received (CU25) represents consideration received for subordinating its retained interest to provide credit enhancement to the transferee for credit losses. In addition, the excess spread of 0,5 per cent represents consideration received for the credit enhancement. Accordingly, the total consideration received for the credit enhancement is CU65 (CU25 + CU40).

The entity calculates the gain or loss on the sale of the 90 per cent share of cash flows. Assuming that separate fair values of the 90 per cent part transferred and the 10 per cent part retained are not available at the date of the transfer, the entity allocates the carrying amount of the asset in accordance with paragraph 3.2.14 of IFRS 9 as follows:

	Fair value	Percentage	Allocated carrying amount
Portion transferred	9 090	90 %	9 000
Portion retained	1 010	10 %	1 000
Total	**10 100**		**10 000**

The entity computes its gain or loss on the sale of the 90 per cent share of the cash flows by deducting the allocated carrying amount of the portion transferred from the consideration received, i.e. CU90 (CU9 090 — CU9 000). The carrying amount of the portion retained by the entity is CU1 000.

In addition, the entity recognises the continuing involvement that results from the subordination of its retained interest for credit losses. Accordingly, it recognises an asset of CU1 000 (the maximum amount of the cash flows it would not receive under the subordination), and an associated liability of CU1 065 (which is the maximum amount of the cash flows it would not receive under the subordination, i.e. CU1 000 plus the fair value of the subordination of CU65).

The entity uses all of the above information to account for the transaction as follows:

	Debit	*Credit*
Original asset	—	9 000
Asset recognised for subordination or the residual interest	1 000	—
Asset for the consideration received in the form of excess spread	40	—
Profit or loss (gain on transfer)	—	90
Liability	—	1 065
Cash received	9 115	—
Total	**10 155**	**10 155**

Immediately following the transaction, the carrying amount of the asset is CU2040 comprising CU1000, representing the allocated cost of the portion retained, and CU1040, representing the entity's additional continuing involvement from the subordination of its retained interest for credit losses (which includes the excess spread of CU40).

In subsequent periods, the entity recognises the consideration received for the credit enhancement (CU65) on a time proportion basis, accrues interest on the recognised asset using the effective interest method and recognises any impairment losses on the recognised assets. As an example of the latter, assume that in the following year there is an impairment loss on the underlying loans of CU300. The entity reduces its recognised asset by CU600 (CU300 relating to its retained interest and CU300 relating to the additional continuing involvement that arises from the subordination of its retained interest for impairment losses), and reduces its recognised liability by CU300. The net result is a charge to profit or loss for impairment losses of CU300.

Ausbuchung finanzieller Verbindlichkeiten (Abschnitt 3.3)

B3.3.1 Eine finanzielle Verbindlichkeit (oder ein Teil davon) ist getilgt, wenn der Schuldner entweder

(a) die Verbindlichkeit (oder einen Teil davon) durch Zahlung an den Gläubiger beglichen hat, was in der Regel durch Zahlungsmittel, andere finanzielle Vermögenswerte, Waren oder Dienstleistungen erfolgt, oder

(b) per Gesetz oder durch den Gläubiger rechtlich von seiner ursprünglichen Verpflichtung aus der Verbindlichkeit (oder einem Teil davon) entbunden wird. (Wenn der Schuldner eine Garantie gegeben hat, kann diese Bedingung noch erfüllt sein.)

B3.3.2 Wird ein Schuldinstrument von seinem Emittenten zurückgekauft, ist die Verbindlichkeit auch dann getilgt, wenn der Emittent ein Market Maker für dieses Instrument ist oder beabsichtigt, es kurzfristig wieder zu veräußern.

B3.3.3 Die Zahlung an eine dritte Partei, einschließlich eines Treuhandfonds (gelegentlich auch als wirtschaftlich betrachtetes Erlöschen der Verpflichtung, „In-Substance-Defeasance", bezeichnet), bedeutet für sich genommen nicht, dass der Schuldner von seiner ursprünglichen Verpflichtung dem Gläubiger gegenüber entbunden ist, sofern er nicht rechtlich hieraus entbunden wurde.

B3.3.4 Wenn ein Schuldner einer dritten Partei eine Zahlung für die Übernahme einer Verpflichtung leistet und seinen Gläubiger davon unterrichtet, dass die dritte Partei seine Schuldverpflichtung übernommen hat, bucht der Schuldner die Schuldverpflichtung nicht aus, es sei denn, die in Paragraph B3.3.1 (b) genannte Bedingung ist erfüllt. Wenn ein Schuldner einer dritten Partei eine Zahlung für die Übernahme einer Verpflichtung leistet und von seinem Gläubiger hieraus rechtlich entbunden wird, hat der Schuldner die Schuld getilgt. Vereinbart der Schuldner jedoch, Zahlungen auf die Schuld direkt an die dritte Partei oder den ursprünglichen Gläubiger zu leisten, erfasst der Schuldner eine neue Schuldverpflichtung gegenüber der dritten Partei.

B3.3.5 Obwohl eine rechtliche Entbindung, sei es per Gerichtsentscheid oder durch den Gläubiger, zur Ausbuchung einer Verbindlichkeit führt, kann das Unternehmen unter Umständen eine neue Verbindlichkeit ansetzen, falls die für eine Ausbuchung erforderlichen Bedingungen der Paragraphen 3.2.1–3.2.23 für die übertragenen finanziellen Vermögenswerte nicht erfüllt sind. Sind diese Bedingungen nicht erfüllt, werden die übertragenen Vermögenswerte nicht ausgebucht, und das Unternehmen setzt für sie eine neue Verbindlichkeit an.

B3.3.6 Vertragsbedingungen gelten als grundverschieden im Sinne von Paragraph 3.3.2, wenn der abgezinste Barwert der Zahlungsströme unter den neuen Vertragsbedingungen, einschließlich etwaiger Gebühren, die netto unter Anrechnung erhaltener und unter Anwendung des ursprünglichen Effektivzinssatzes abgezinster Gebühren gezahlt wurden, mindestens 10 Prozent von dem abgezinsten Barwert der restlichen Zahlungsströme aus der ursprünglichen finanziellen Verbindlichkeit abweicht. Bei Bestimmung der Gebühren, die netto unter Anrechnung erhaltener Gebühren gezahlt wurden, berücksichtigt der Schuldner dabei nur die zwischen ihm und dem Gläubiger geflossenen Gebühren einschließlich solcher, die in ihrem Namen gezahlt oder entgegengenommen wurden.

B3.3.6A Wird ein Austausch von Schuldinstrumenten oder die Änderung der Vertragsbedingungen wie eine Tilgung bilanziert, so sind alle angefallenen Kosten oder Gebühren als Teil des Gewinns oder Verlusts aus der Tilgung zu buchen. Wird der Austausch oder die Änderung nicht wie eine Tilgung bilanziert, so führen gegebenenfalls angefallene Kosten oder Gebühren zu einer Anpassung des Buchwerts der Verbindlichkeit und werden über die Restlaufzeit der geänderten Verbindlichkeit amortisiert.

B3.3.7 In einigen Fällen wird der Schuldner vom Gläubiger aus seiner gegenwärtigen Zahlungsverpflichtung entlassen, leistet jedoch eine Zahlungsgarantie für den Fall, dass die Partei, die die ursprüngliche Verpflichtung übernommen hat, dieser nicht nachkommt. In diesen Fällen hat der Schuldner

(a) eine neue finanzielle Verbindlichkeit basierend auf dem beizulegenden Zeitwert der Garantieverpflichtung anzusetzen und

(b) einen Gewinn oder Verlust zu erfassen, der der Differenz zwischen (i) etwaigen gezahlten Erlösen und (ii) dem Buchwert der ursprünglichen finanziellen Verbindlichkeit abzüglich des beizulegenden Zeitwerts der neuen finanziellen Verbindlichkeit entspricht.

B3.3.8 Ungeachtet der Vorschrift des Paragraphen B3.1.2A, der zufolge eine finanzielle Verbindlichkeit am Erfüllungstag auszubuchen ist, darf ein Unternehmen, wenn es eine finanzielle Verbindlichkeit (oder einen Teil einer finanziellen Verbindlichkeit) unter Verwendung eines elektronischen Zahlungssystems bar begleicht, die finanzielle Verbindlichkeit (oder einen Teil davon) vor dem Erfüllungstag nur dann als erfüllt betrachten, wenn es einen Zahlungsauftrag erteilt hat, in dessen Folge

(a) das Unternehmen faktisch nicht mehr in der Lage ist, den Zahlungsauftrag zu widerrufen, zu stoppen oder zu stornieren,

(b) das Unternehmen faktisch nicht mehr in der Lage ist, auf die für die Erfüllung des Zahlungsauftrags verwendeten Zahlungsmittel zuzugreifen, und

(c) das mit dem elektronischen Zahlungssystem verbundene Erfüllungsrisiko unwesentlich ist.

B3.3.9 Für die Zwecke der Anwendung von Paragraph B3.3.8 (c) ist das mit einem elektronischen Zahlungssystem verbundene Erfüllungsrisiko unwesentlich, wenn es so beschaffen ist, dass die Ausführung des Zahlungsauftrags einem Standardprozess folgt und die Zeitspanne zwischen der Erfüllung der Kriterien nach Paragraph B3.3.8 (a) und (b) und der Auszahlung an

Derecognition of financial liabilities (Section 3.3)

A financial liability (or part of it) is extinguished when the debtor either: B3.3.1

(a) discharges the liability (or part of it) by paying the creditor, normally with cash, other financial assets, goods or services; or

(b) is legally released from primary responsibility for the liability (or part of it) either by process of law or by the creditor. (If the debtor has given a guarantee this condition may still be met.)

If an issuer of a debt instrument repurchases that instrument, the debt is extinguished even if the issuer is a market maker in that instrument or intends to resell it in the near term. B3.3.2

Payment to a third party, including a trust (sometimes called 'in-substance defeasance'), does not, by itself, relieve the debtor of its primary obligation to the creditor, in the absence of legal release. B3.3.3

If a debtor pays a third party to assume an obligation and notifies its creditor that the third party has assumed its debt obligation, the debtor does not derecognise the debt obligation unless the condition in paragraph B3.3.1 (b) is met. If the debtor pays a third party to assume an obligation and obtains a legal release from its creditor, the debtor has extinguished the debt. However, if the debtor agrees to make payments on the debt to the third party or direct to its original creditor, the debtor recognises a new debt obligation to the third party. B3.3.4

Although legal release, whether judicially or by the creditor, results in derecognition of a liability, the entity may recognise a new liability if the derecognition criteria in paragraphs 3.2.1—3.2.23 are not met for the financial assets transferred. If those criteria are not met, the transferred assets are not derecognised, and the entity recognises a new liability relating to the transferred assets. B3.3.5

For the purpose of paragraph 3.3.2, the terms are substantially different if the discounted present value of the cash flows under the new terms, including any fees paid net of any fees received and discounted using the original effective interest rate, is at least 10 per cent different from the discounted present value of the remaining cash flows of the original financial liability. In determining those fees paid net of fees received, a borrower includes only fees paid or received between the borrower and the lender, including fees paid or received by either the borrower or lender on the other's behalf. B3.3.6

If an exchange of debt instruments or modification of terms is accounted for as an extinguishment, any costs or fees incurred are recognised as part of the gain or loss on the extinguishment. If the exchange or modification is not accounted for as an extinguishment, any costs or fees incurred adjust the carrying amount of the liability and are amortised over the remaining term of the modified liability. B3.3.6A

In some cases, a creditor releases a debtor from its present obligation to make payments, but the debtor assumes a guarantee obligation to pay if the party assuming primary responsibility defaults. In these circumstances the debtor: B3.3.7

(a) recognises a new financial liability based on the fair value of its obligation for the guarantee, and

(b) recognises a gain or loss based on the difference between (i) any proceeds paid and (ii) the carrying amount of the original financial liability less the fair value of the new financial liability.

Despite the requirement in paragraph B3.1.2A to derecognise a financial liability on the settlement date, when settling a financial liability (or part of a financial liability) in cash using an electronic payment system, an entity is permitted to deem the financial liability (or part of it) to be discharged before the settlement date if, and only if, the entity has initiated a payment instruction that resulted in: B3.3.8

(a) the entity having no practical ability to withdraw, stop or cancel the payment instruction;

(b) the entity having no practical ability to access the cash to be used for settlement as a result of the payment instruction; and

(c) the settlement risk associated with the electronic payment system being insignificant.

For the purpose of applying paragraph B3.3.8 (c), settlement risk associated with an electronic payment system is insignificant if its characteristics are such that completion of the payment instruction follows a standard administrative process and the time between the criteria in paragraphs B3.3.8 (a) and (b) being met and the cash being delivered to the counter- B3.3.9

die Gegenpartei kurz ist. Das Erfüllungsrisiko wäre jedoch nicht unwesentlich, wenn die Ausführung des Zahlungsauftrags davon abhinge, ob das Unternehmen am Erfüllungstag die Zahlung leisten kann.

B3.3.10 Beschließt ein Unternehmen, Paragraph B3.3.8 auf eine finanzielle Verbindlichkeit (oder einen Teil einer finanziellen Verbindlichkeit) anzuwenden, die bzw. der über ein elektronisches Zahlungssystem erfüllt wird, hat es diesen Paragraphen auf alle über dasselbe elektronische Zahlungssystem vorgenommenen Zahlungen anzuwenden.

EINSTUFUNG (KAPITEL 4)

Einstufung finanzieller Vermögenswerte (Abschnitt 4.1)

Geschäftsmodell des Unternehmens zur Steuerung finanzieller Vermögenswerte

B4.1.1 Soweit nicht Paragraph 4.1.5 gilt, ist ein Unternehmen gemäß Paragraph 4.1.1 (a) verpflichtet, finanzielle Vermögenswerte auf Grundlage seines Geschäftsmodells zur Steuerung finanzieller Vermögenswerte einzustufen. Das Unternehmen beurteilt, ob seine finanziellen Vermögenswerte ausgehend von seinem Geschäftsmodell, das durch das Management in Schlüsselpositionen (im Sinne von IAS 24 *Angaben über Beziehungen zu nahestehende Unternehmen und Personen*) festgelegt wird, die in Paragraph 4.1.2 (a) oder die in Paragraph 4.1.2A (a) genannte Bedingung erfüllen.

B4.1.2 Das Geschäftsmodell eines Unternehmens wird auf einer Ebene festgelegt, die widerspiegelt, wie Gruppen von finanziellen Vermögenswerten zur Erreichung eines bestimmten Geschäftsziels gemeinsam gesteuert werden. Das Geschäftsmodell des Unternehmens ist nicht von den Absichten des Managements bei einem einzelnen Finanzinstrument abhängig. Die Einstufung ist daher nicht auf Ebene des einzelnen Finanzinstruments, sondern auf einer höheren Aggregationsebene vorzunehmen. Ein einzelnes Unternehmen kann jedoch mehr als ein Geschäftsmodell zur Steuerung seiner Finanzinstrumente haben. Daher braucht die Einstufung nicht auf Ebene des berichtenden Unternehmens zu erfolgen. Ein Unternehmen kann beispielsweise ein Portfolio von Finanzinvestitionen halten, das zu dem Zweck gesteuert wird, vertragliche Zahlungsströme zu vereinnahmen, und ein anderes, bei dem eine Handelsabsicht zur Realisierung von Änderungen des beizulegenden Zeitwerts besteht. Ebenso kann es in einigen Fällen angemessen sein, ein Portfolio von finanziellen Vermögenswerten in Unterportfolios zu trennen, um die Ebene widerzuspiegeln, auf der ein Unternehmen diese finanziellen Vermögenswerte steuert. Dies kann beispielsweise der Fall sein, wenn ein Unternehmen ein Portfolio von Hypothekendarlehen ausreicht oder erwirbt und einige der Darlehen zur Vereinnahmung vertraglicher Zahlungsströme und die anderen Darlehen mit der einer Veräußerungsabsicht steuert.

B4.1.2A Das Geschäftsmodell eines Unternehmens bezieht sich darauf, wie ein Unternehmen seine finanziellen Vermögenswerte zur Generierung von Zahlungsströmen steuert, d. h. dadurch wird bestimmt, ob Zahlungsströme aus der Vereinnahmung vertraglicher Zahlungsströme, aus dem Verkauf finanzieller Vermögenswerte oder aus beidem resultieren. Infolgedessen wird diese Beurteilung nicht auf Basis von Szenarien durchgeführt, deren Eintreten das Unternehmen nach angemessener Einschätzung nicht erwartet, wie sogenannte „Worst Case"- oder „Stress Case"-Szenarien. Wenn ein Unternehmen beispielsweise erwartet, ein bestimmtes Portfolio finanzieller Vermögenswerte nur in einem „Stress Case"-Szenario zu verkaufen, würde sich dieses Szenario nicht auf die Beurteilung des Geschäftsmodells für diese Vermögenswerte auswirken, wenn das Unternehmen nach angemessener Einschätzung nicht erwartet, dass ein solches Szenario eintritt. Werden Zahlungsströme in einer Weise realisiert, die von den Erwartungen des Unternehmens zum Zeitpunkt der Beurteilung des Geschäftsmodells abweichen (wenn das Unternehmen z. B. mehr oder weniger finanzielle Vermögenswerte verkauft als bei der Einstufung der Vermögenswerte angenommen), führt dies weder zu einem Fehler aus einer früheren Periode im Abschluss des Unternehmens (siehe IAS 8 *Rechnungslegungsmethoden, Änderungen von rechnungslegungsbezogenen Schätzungen und Fehler*) noch ändert sich dadurch die Einstufung der verbleibenden finanziellen Vermögenswerte, die nach diesem Geschäftsmodell gehalten werden (d. h. jener Vermögenswerte, die von dem Unternehmen in früheren Perioden erfasst wurden und noch gehalten werden), solange das Unternehmen alle relevanten Informationen, die zum Beurteilungszeitpunkt des Geschäftsmodells verfügbar waren, berücksichtigt hat. Wenn ein Unternehmen jedoch das Geschäftsmodell für neu ausgereichte oder neu erworbene finanzielle Vermögenswerte beurteilt, hat es neben allen anderen relevanten Informationen auch Informationen darüber zu berücksichtigen, wie die Zahlungsströme in der Vergangenheit realisiert wurden.

B4.1.2B Das Geschäftsmodell eines Unternehmens zur Steuerung finanzieller Vermögenswerte ist anhand von Fakten, und nicht bloß anhand von Zusicherungen feststellbar. Normalerweise ist dies durch die Aktivitäten beobachtbar, die das Unternehmen zur Erfüllung der Zielsetzung seines Geschäftsmodells unternimmt. Ein Unternehmen muss sein Geschäftsmodell zur Steuerung finanzieller Vermögenswerte nach Ermessen beurteilen, wobei diese Beurteilung nicht durch einen einzelnen Faktor oder eine einzelne Aktivität bestimmt wird. Stattdessen muss das Unternehmen zum Zeitpunkt der Beurteilung alle verfügbaren relevanten Anhaltspunkte in Betracht ziehen. Solche relevanten Anhaltspunkte schließen u. a. Folgendes ein:

(a) wie die Ergebnisse des Geschäftsmodells und der nach diesem Geschäftsmodell gehaltenen finanziellen Vermögenswerte ausgewertet und dem Management in Schlüsselpositionen des Unternehmens berichtet wird,

(b) die Risiken, die sich auf die Ergebnisse des Geschäftsmodells (und der nach diesem Geschäftsmodell gehaltenen finanziellen Vermögenswerte) auswirken und insbesondere die Art und Weise, wie diese Risiken gesteuert werden, und

(c) wie die Manager vergütet werden (z. B. ob die Vergütung auf dem beizulegenden Zeitwert der gesteuerten Vermögenswerte oder auf den vereinnahmten vertraglichen Zahlungsströmen basiert).

party is short. However, settlement risk would not be insignificant if completion of the payment instruction were subject to the entity's ability to deliver cash on the settlement date.

An entity that elects to apply paragraph B3.3.8 to the settlement of a financial liability (or part of a financial liability) using an electronic payment system shall apply that paragraph to all settlements made through the same electronic payment system. **B3.3.10**

CLASSIFICATION (CHAPTER 4)

Classification of financial assets (Section 4.1)

The entity's business model for managing financial assets

Paragraph 4.1.1 (a) requires an entity to classify financial assets on the basis of the entity's business model for managing the financial assets, unless paragraph 4.1.5 applies. An entity assesses whether its financial assets meet the condition in paragraph 4.1.2 (a) or the condition in paragraph 4.1.2A (a) on the basis of the business model as determined by the entity's key management personnel (as defined in IAS 24 *Related Party Disclosures*). **B4.1.1**

An entity's business model is determined at a level that reflects how groups of financial assets are managed together to achieve a particular business objective. The entity's business model does not depend on management's intentions for an individual instrument. Accordingly, this condition is not an instrument-by-instrument approach to classification and should be determined on a higher level of aggregation. However, a single entity may have more than one business model for managing its financial instruments. Consequently, classification need not be determined at the reporting entity level. For example, an entity may hold a portfolio of investments that it manages in order to collect contractual cash flows and another portfolio of investments that it manages in order to trade to realise fair value changes. Similarly, in some circumstances, it may be appropriate to separate a portfolio of financial assets into subportfolios in order to reflect the level at which an entity manages those financial assets. For example, that may be the case if an entity originates or purchases a portfolio of mortgage loans and manages some of the loans with an objective of collecting contractual cash flows and manages the other loans with an objective of selling them. **B4.1.2**

An entity's business model refers to how an entity manages its financial assets in order to generate cash flows. That is, the entity's business model determines whether cash flows will result from collecting contractual cash flows, selling financial assets or both. Consequently, this assessment is not performed on the basis of scenarios that the entity does not reasonably expect to occur, such as so-called 'worst case' or 'stress case' scenarios. For example, if an entity expects that it will sell a particular portfolio of financial assets only in a stress case scenario, that scenario would not affect the entity's assessment of the business model for those assets if the entity reasonably expects that such a scenario will not occur. If cash flows are realised in a way that is different from the entity's expectations at the date that the entity assessed the business model (for example, if the entity sells more or fewer financial assets than it expected when it classified the assets), that does not give rise to a prior period error in the entity's financial statements (see IAS 8) nor does it change the classification of the remaining financial assets held in that business model (i.e. those assets that the entity recognised in prior periods and still holds) as long as the entity considered all relevant information that was available at the time that it made the business model assessment. However, when an entity assesses the business model for newly originated or newly purchased financial assets, it must consider information about how cash flows were realised in the past, along with all other relevant information. **B4.1.2A**

An entity's business model for managing financial assets is a matter of fact and not merely an assertion. It is typically observable through the activities that the entity undertakes to achieve the objective of the business model. An entity will need to use judgement when it assesses its business model for managing financial assets and that assessment is not determined by a single factor or activity. Instead, the entity must consider all relevant evidence that is available at the date of the assessment. Such relevant evidence includes, but is not limited to: **B4.1.2B**

(a) how the performance of the business model and the financial assets held within that business model are evaluated and reported to the entity's key management personnel;
(b) the risks that affect the performance of the business model (and the financial assets held within that business model) and, in particular, the way in which those risks are managed; and
(c) how managers of the business are compensated (for example, whether the compensation is based on the fair value of the assets managed or on the contractual cash flows collected).

Geschäftsmodell, dessen Zielsetzung darin besteht, Vermögenswerte zur Vereinnahmung vertraglicher Zahlungsströme zu halten

B4.1.2C Finanzielle Vermögenswerte, die im Rahmen eines Geschäftsmodells gehalten werden, dessen Zielsetzung darin besteht, Vermögenswerte zur Vereinnahmung der vertraglichen Zahlungsströme zu halten, werden zur Realisierung der Zahlungsströme durch Vereinnahmung der vertraglichen Zahlungen über die Laufzeit des Instruments gesteuert, d. h. das Unternehmen steuert die innerhalb des Portfolios gehaltenen Vermögenswerte, um diese bestimmten vertraglichen Zahlungsströme zu vereinnahmen (anstelle der Steuerung des Gesamtertrags aus dem Portfolio durch Halten und Verkauf von Vermögenswerten). Bei der Bestimmung, ob Zahlungsströme durch die Vereinnahmung vertraglicher Zahlungsströme aus finanziellen Vermögenswerten realisiert werden, müssen die Häufigkeit, der Wert und der Zeitpunkt von Verkäufen in vorherigen Perioden, die Gründe für diese Verkäufe und die Erwartungen in Bezug auf zukünftige Verkaufsaktivitäten in Betracht gezogen werden. Jedoch wird das Geschäftsmodell nicht durch die Verkäufe selbst bestimmt und können diese daher nicht isoliert betrachtet werden. Stattdessen liefern Informationen über Verkäufe in der Vergangenheit und Erwartungen über zukünftige Verkäufe Anhaltspunkte dafür, wie die erklärte Zielsetzung des Unternehmens für die Steuerung der finanziellen Vermögenswerte erreicht wird, und insbesondere, wie die Zahlungsströme realisiert werden. Ein Unternehmen muss Informationen über Verkäufe in der Vergangenheit vor dem Hintergrund der Gründe für diese Verkäufe und die Bedingungen zu diesem Zeitpunkt im Vergleich zu den gegenwärtigen Bedingungen berücksichtigen.

B4.1.3 Auch wenn die Zielsetzung des Geschäftsmodells eines Unternehmens lautet, finanzielle Vermögenswerte zur Vereinnahmung vertraglicher Zahlungsströme zu halten, muss das Unternehmen nicht all diese Instrumente bis zur Endfälligkeit halten. Das Geschäftsmodell eines Unternehmens kann also auch dann im Halten finanzieller Vermögenswerte zur Vereinnahmung vertraglicher Zahlungsströme bestehen, wenn Verkäufe finanzieller Vermögenswerte stattfinden oder für die Zukunft erwartet werden.

B4.1.3A Das Geschäftsmodell kann selbst dann das Halten von Vermögenswerten zur Vereinnahmung vertraglicher Zahlungsströme sein, wenn das Unternehmen finanzielle Vermögenswerte verkauft, falls deren Ausfallrisiko steigt. Bei der Bestimmung, ob sich das Ausfallrisiko bei den Vermögenswerten erhöht hat, berücksichtigt das Unternehmen angemessene und belastbare Informationen, einschließlich zukunftsorientierter Informationen. Ungeachtet ihrer Häufigkeit und ihres Werts stehen Verkäufe aufgrund einer Erhöhung des Ausfallrisikos von Vermögenswerten nicht mit einem Geschäftsmodell im Widerspruch, dessen Zielsetzung im Halten finanzieller Vermögenswerte zur Vereinnahmung vertraglicher Zahlungsströme besteht, da die Bonität finanzieller Vermögenswerte für die Fähigkeit des Unternehmens, vertragliche Zahlungsströme zu vereinnahmen, relevant ist. Integraler Bestandteil eines solchen Geschäftsmodells ist ein Ausfallrisikomanagement, das auf die Minimierung potenzieller Kreditverluste aufgrund einer Bonitätsverschlechterung ausgerichtet ist. Ein Beispiel für einen aufgrund einer Erhöhung des Ausfallrisikos getätigten Verkauf ist der Verkauf eines finanziellen Vermögenswerts, weil er die in der dokumentierten Anlagepolitik des Unternehmens festgelegten Bonitätskriterien nicht länger erfüllt. Existiert jedoch keine solche Richtlinie, kann das Unternehmen auf andere Weise zeigen, dass der Verkauf aufgrund einer Erhöhung des Ausfallrisikos stattgefunden hat.

B4.1.3B Verkäufe aus anderen Gründen, z. B. zur Steuerung der Ausfallrisikokonzentration (ohne eine Erhöhung des Ausfallrisikos bei den Vermögenswerten), können ebenfalls mit einem Geschäftsmodell in Einklang stehen, dessen Zielsetzung im Halten finanzieller Vermögenswerte zur Vereinnahmung vertraglicher Zahlungsströme besteht. Insbesondere können solche Verkäufe mit einem Geschäftsmodell in Einklang stehen, dessen Zielsetzung im Halten finanzieller Vermögenswerte zur Vereinnahmung vertraglicher Zahlungsströme besteht, wenn diese Verkäufe selten (auch wenn von signifikantem Wert) sind oder wenn sie sowohl einzeln als auch insgesamt betrachtet von nicht signifikantem Wert (auch wenn häufig) sind. Wenn aus einem Portfolio mehr als eine geringe Anzahl von Verkäufen getätigt wird und der Wert dieser Verkäufe (entweder einzeln oder insgesamt) mehr als nicht signifikant ist, muss das Unternehmen beurteilen, ob und wie solche Verkäufe mit der Zielsetzung der Vereinnahmung vertraglicher Zahlungsströme in Einklang stehen. Im Rahmen dieser Beurteilung ist es nicht relevant, ob ein Dritter den Verkauf der finanziellen Vermögenswerte verlangt oder ob dies nach eigenem Ermessen des Unternehmens erfolgt. Eine Erhöhung der Häufigkeit oder des Werts von Verkäufen in einer bestimmten Periode widerspricht nicht unbedingt einer Zielsetzung des Haltens finanzieller Vermögenswerte zur Vereinnahmung vertraglicher Zahlungsströme, wenn ein Unternehmen die Gründe für diese Verkäufe erklären und nachweisen kann, warum diese Verkäufe keine Änderung im Geschäftsmodell des Unternehmens widerspiegeln. Darüber hinaus können Verkäufe mit der Zielsetzung des Haltens finanzieller Vermögenswerte zur Vereinnahmung vertraglicher Zahlungsströme in Einklang stehen, wenn die Verkäufe nahe am Fälligkeitstermin der finanziellen Vermögenswerte stattfinden und die Erlöse aus den Verkäufen der Vereinnahmung der verbleibenden vertraglichen Zahlungsströme nahekommen.

B4.1.4 Nachfolgend einige Beispiele, wann die Zielsetzung des Geschäftsmodells eines Unternehmens im Halten finanzieller Vermögenswerte zur Vereinnahmung vertraglicher Zahlungsströme bestehen kann. Diese Liste von Beispielen ist nicht abschließend. Ferner wird mit den Beispielen weder beabsichtigt, auf alle Faktoren, die für die Beurteilung des Geschäftsmodells des Unternehmens relevant sein können, einzugehen noch die relative Wichtigkeit der Faktoren festzulegen.

A business model whose objective is to hold assets in order to collect contractual cash flows

Financial assets that are held within a business model whose objective is to hold assets in order to collect contractual cash flows are managed to realise cash flows by collecting contractual payments over the life of the instrument. That is, the entity manages the assets held within the portfolio to collect those particular contractual cash flows (instead of managing the overall return on the portfolio by both holding and selling assets). In determining whether cash flows are going to be realised by collecting the financial assets' contractual cash flows, it is necessary to consider the frequency, value and timing of sales in prior periods, the reasons for those sales and expectations about future sales activity. However sales in themselves do not determine the business model and therefore cannot be considered in isolation. Instead, information about past sales and expectations about future sales provide evidence related to how the entity's stated objective for managing the financial assets is achieved and, specifically, how cash flows are realised. An entity must consider information about past sales within the context of the reasons for those sales and the conditions that existed at that time as compared to current conditions. B4.1.2C

Although the objective of an entity's business model may be to hold financial assets in order to collect contractual cash flows, the entity need not hold all of those instruments until maturity. Thus an entity's business model can be to hold financial assets to collect contractual cash flows even when sales of financial assets occur or are expected to occur in the future. B4.1.3

The business model may be to hold assets to collect contractual cash flows even if the entity sells financial assets when there is an increase in the assets' credit risk. To determine whether there has been an increase in the assets' credit risk, the entity considers reasonable and supportable information, including forward looking information. Irrespective of their frequency and value, sales due to an increase in the assets' credit risk are not inconsistent with a business model whose objective is to hold financial assets to collect contractual cash flows because the credit quality of financial assets is relevant to the entity's ability to collect contractual cash flows. Credit risk management activities that are aimed at minimising potential credit losses due to credit deterioration are integral to such a business model. Selling a financial asset because it no longer meets the credit criteria specified in the entity's documented investment policy is an example of a sale that has occurred due to an increase in credit risk. However, in the absence of such a policy, the entity may demonstrate in other ways that the sale occurred due to an increase in credit risk. B4.1.3A

Sales that occur for other reasons, such as sales made to manage credit concentration risk (without an increase in the assets' credit risk), may also be consistent with a business model whose objective is to hold financial assets in order to collect contractual cash flows. In particular, such sales may be consistent with a business model whose objective is to hold financial assets in order to collect contractual cash flows if those sales are infrequent (even if significant in value) or insignificant in value both individually and in aggregate (even if frequent). If more than an infrequent number of such sales are made out of a portfolio and those sales are more than insignificant in value (either individually or in aggregate), the entity needs to assess whether and how such sales are consistent with an objective of collecting contractual cash flows. Whether a third party imposes the requirement to sell the financial assets, or that activity is at the entity's discretion, is not relevant to this assessment. An increase in the frequency or value of sales in a particular period is not necessarily inconsistent with an objective to hold financial assets in order to collect contractual cash flows, if an entity can explain the reasons for those sales and demonstrate why those sales do not reflect a change in the entity's business model. In addition, sales may be consistent with the objective of holding financial assets in order to collect contractual cash flows if the sales are made close to the maturity of the financial assets and the proceeds from the sales approximate the collection of the remaining contractual cash flows. B4.1.3B

The following are examples of when the objective of an entity's business model may be to hold financial assets to collect the contractual cash flows. This list of examples is not exhaustive. Furthermore, the examples are not intended to discuss all factors that may be relevant to the assessment of the entity's business model nor specify the relative importance of the factors. B4.1.4

Beispiel	Schlussfolgerungen
Beispiel 1 Ein Unternehmen hält Finanzinvestitionen zur Vereinnahmung der damit verbundenen vertraglichen Zahlungsströme. Der Finanzierungsbedarf des Unternehmens ist vorhersehbar und die Fälligkeit seiner finanziellen Vermögenswerte stimmt mit seinem geschätzten Finanzierungsbedarf überein. Das Unternehmen führt Ausfallrisikosteuerungsaktivitäten durch, mit dem Ziel, Kreditverluste zu minimieren. In der Vergangenheit wurden Verkäufe normalerweise getätigt, wenn sich das Ausfallrisiko der finanziellen Vermögenswerte so stark erhöht hat, dass die Vermögenswerte die in der dokumentierten Anlagepolitik des Unternehmens festgelegten Bonitätskriterien nicht länger erfüllten. Ferner fanden seltene Verkäufe infolge eines unvorhergesehenen Finanzierungsbedarfs statt. Die Berichte an das Management in Schlüsselpositionen konzentrieren sich auf die Bonität der finanziellen Vermögenswerte und die vertraglichen Rendite. Darüber hinaus überwacht das Unternehmen neben anderen Informationen die beizulegenden Zeitwerte der finanziellen Vermögenswerte.	Obwohl das Unternehmen die beizulegenden Zeitwerte der finanziellen Vermögenswerte neben anderen Informationen unter dem Gesichtspunkt der Liquidität berücksichtigt (d. h. dem Barbetrag, der realisiert würde, wenn das Unternehmen Vermögenswerte verkaufen müsste), besteht die Zielsetzung des Unternehmens im Halten finanzieller Vermögenswerte zur Vereinnahmung der vertraglichen Zahlungsströme. Verkäufe stünden mit dieser Zielsetzung nicht im Widerspruch, wenn sie als Reaktion auf eine Erhöhung des Ausfallrisikos der Vermögenswerte erfolgen würden, beispielsweise wenn die Vermögenswerte die in der dokumentierten Anlagepolitik des Unternehmens festgelegten Bonitätskriterien nicht länger erfüllen. Seltene Verkäufe aufgrund eines nicht vorhergesehenen Finanzierungsbedarfs (z. B. in einem Stress Case-Szenario) stünden mit dieser Zielsetzung ebenfalls nicht im Widerspruch, auch wenn solche Verkäufe einen signifikanten Wert hätten.
Beispiel 2 Das Geschäftsmodell eines Unternehmens sieht den Kauf von Portfolios von finanziellen Vermögenswerten wie Kreditforderungen vor. Diese Portfolios können finanzielle Vermögenswerte mit beeinträchtigter Bonität enthalten oder nicht. Wird die Kreditzahlung nicht pünktlich geleistet, versucht das Unternehmen, die vertraglichen Zahlungsströme mit verschiedenen Mitteln zu erlangen, beispielsweise durch Kontaktaufnahme mit dem Schuldner per Post, Telefon oder auf andere Weise. Zielsetzung des Unternehmens ist die Vereinnahmung vertraglicher Zahlungsströme und das Unternehmen steuert keine der Kreditforderungen in diesem Portfolio, um Zahlungsströme durch deren Verkauf zu erlangen. In einigen Fällen schließt das Unternehmen Zinsswaps ab, um den variablen Zinssatz bestimmter finanzieller Vermögenswerte in einem Portfolio in einen festen Zinssatz umzuwandeln.	Die Zielsetzung des Geschäftsmodells des Unternehmens besteht darin, die finanziellen Vermögenswerte zu halten und die vertraglichen Zahlungsströme zu vereinnahmen. Die gleiche Schlussfolgerung träfe selbst dann zu, wenn das Unternehmen nicht erwartet, sämtliche vertraglichen Zahlungsströme zu vereinnahmen (wenn beispielsweise die Bonität einiger finanzieller Vermögenswerte beim erstmaligen Ansatz beeinträchtigt ist). Außerdem ändert sich das Geschäftsmodell des Unternehmens nicht allein dadurch, dass das Unternehmen Derivate zur Änderung der Zahlungsströme des Portfolios abschließt.
Beispiel 3 Das Geschäftsmodell eines Unternehmens hat die Zielsetzung, Kredite an Kunden zu vergeben und diese Kredite anschließend an eine Verbriefungsgesellschaft zu verkaufen. Die Verbriefungsgesellschaft emittiert Finanzinstrumente an Anleger. Das kreditvergebende Unternehmen beherrscht die Verbriefungsgesellschaft und bezieht diese daher in seinen Konsolidierungskreis ein. Die Verbriefungsgesellschaft vereinnahmt die vertraglichen Zahlungsströme aus den Krediten und gibt sie an die Anleger weiter. In diesem Beispiel wird angenommen, dass die Kredite weiter in der Konzernbilanz erfasst werden, weil sie von der Verbriefungsgesellschaft nicht ausgebucht werden.	Der Konzern vergab die Kredite mit der Zielsetzung, sie zu halten und die vertraglichen Zahlungsströme zu vereinnahmen. Beim kreditvergebenden Unternehmen lautet ein Ziel jedoch, durch Verkauf der Kredite an die Verbriefungsgesellschaft Zahlungsströme aus dem Kreditportfolio zu erzielen. In Bezug auf seinen Einzelabschluss würde es daher nicht zutreffen, dass dieses Portfolio zur Vereinnahmung der vertraglichen Zahlungsströme gesteuert wird.

Example	Analysis
Example 1 An entity holds investments to collect their contractual cash flows. The funding needs of the entity are predictable and the maturity of its financial assets is matched to the entity's estimated funding needs. The entity performs credit risk management activities with the objective of minimising credit losses. In the past, sales have typically occurred when the financial assets' credit risk has increased such that the assets no longer meet the credit criteria specified in the entity's documented investment policy. In addition, infrequent sales have occurred as a result of unanticipated funding needs. Reports to key management personnel focus on the credit quality of the financial assets and the contractual return. The entity also monitors fair values of the financial assets, among other information.	Although the entity considers, among other information, the financial assets' fair values from a liquidity perspective (i.e. the cash amount that would be realised if the entity needs to sell assets), the entity's objective is to hold the financial assets in order to collect the contractual cash flows. Sales would not contradict that objective if they were in response to an increase in the assets' credit risk, for example if the assets no longer meet the credit criteria specified in the entity's documented investment policy. Infrequent sales resulting from unanticipated funding needs (e.g. in a stress case scenario) also would not contradict that objective, even if such sales are significant in value.
Example 2 An entity's business model is to purchase portfolios of financial assets, such as loans. Those portfolios may or may not include financial assets that are credit impaired. If payment on the loans is not made on a timely basis, the entity attempts to realise the contractual cash flows through various means—for example, by contacting the debtor by mail, telephone or other methods. The entity's objective is to collect the contractual cash flows and the entity does not manage any of the loans in this portfolio with an objective of realising cash flows by selling them. In some cases, the entity enters into interest rate swaps to change the interest rate on particular financial assets in a portfolio from a floating interest rate to a fixed interest rate.	The objective of the entity's business model is to hold the financial assets in order to collect the contractual cash flows. The same analysis would apply even if the entity does not expect to receive all of the contractual cash flows (e.g. some of the financial assets are credit impaired at initial recognition). Moreover, the fact that the entity enters into derivatives to modify the cash flows of the portfolio does not in itself change the entity's business model.
Example 3 An entity has a business model with the objective of originating loans to customers and subsequently selling those loans to a securitisation vehicle. The securitisation vehicle issues instruments to investors. The originating entity controls the securitisation vehicle and thus consolidates it. The securitisation vehicle collects the contractual cash flows from the loans and passes them on to its investors. It is assumed for the purposes of this example that the loans continue to be recognised in the consolidated statement of financial position because they are not derecognised by the securitisation vehicle.	The consolidated group originated the loans with the objective of holding them to collect the contractual cash flows. However, the originating entity has an objective of realising cash flows on the loan portfolio by selling the loans to the securitisation vehicle, so for the purposes of its separate financial statements it would not be considered to be managing this portfolio in order to collect the contractual cash flows.

Beispiel	Schlussfolgerungen
Beispiel 4 Ein Finanzinstitut hält finanzielle Vermögenswerte, um bei einem „Stress Case"-Szenario (wie einem Ansturm auf die Einlagen der Bank) den Liquiditätsbedarf decken zu können. Das Unternehmen rechnet nicht mit dem Verkauf dieser Vermögenswerte, außer in solchen Szenarien. Das Unternehmen überwacht die Bonität der finanziellen Vermögenswerte und seine Zielsetzung bei deren Steuerung ist die Vereinnahmung der vertraglichen Zahlungsströme. Das Unternehmen bewertet die Wertentwicklung der Vermögenswerte auf Grundlage der vereinnahmten Zinserträge und erlittenen Kreditverluste. Das Unternehmen überwacht den beizulegenden Zeitwert der finanziellen Vermögenswerte jedoch auch unter dem Gesichtspunkt der Liquidität, um sicherzustellen, dass der Barbetrag, der erzielt würde, wenn das Unternehmen die Vermögenswerte in einem „Stress Case"-Szenario verkaufen müsste, ausreichen würde, um den Liquiditätsbedarf des Unternehmens zu decken. Das Unternehmen tätigt in regelmäßigen Abständen Verkäufe von nicht signifikantem Wert, um Liquidität nachzuweisen.	Die Zielsetzung des Geschäftsmodells des Unternehmens besteht darin, die finanziellen Vermögens werte zu halten und die vertraglichen Zahlungsströme zu vereinnahmen. Die Schlussfolgerung würde sich nicht ändern, selbst wenn das Unternehmen während eines vorherigen „Stress Case"-Szenarios Verkäufe von signifikantem Wert getätigt hätte, um seinen Liquiditätsbedarf zu decken. Ebenso stehen wiederkehrende Verkäufe von nicht signifikantem Wert nicht im Widerspruch zum Halten finanzieller Vermögenswerte mit dem Ziel, vertragliche Zahlungsströme zu vereinnahmen. Wenn ein Unternehmen hingegen finanzielle Vermögenswerte hält, um seinen täglichen Liquiditätsbedarf zu decken, und die Erfüllung dieser Zielsetzung häufige Verkäufe von signifikantem Wert erfordert, besteht die Zielsetzung des Geschäftsmodells des Unternehmens nicht darin, finanzielle Vermögenswerte zu halten, um vertragliche Zahlungsströme zu vereinnahmen. Ebenfalls nicht auf dieses Ziel ausgerichtet ist das Geschäftsmodell des Unternehmens, wenn das Unternehmen von seiner zuständigen Regulierungsbehörde verpflichtet wird, finanzielle Vermögenswerte zum Nachweis von deren Liquidität regelmäßig zu verkaufen, und der Wert der verkauften Vermögenswerte signifikant ist. Für die Schlussfolgerung ist es nicht relevant, ob eine Dritter den Verkauf der finanziellen Vermögenswerte vorschreibt oder ob dies nach eigenem Ermessen des Unternehmens geschieht.

Geschäftsmodell, dessen Zielsetzung sowohl durch Vereinnahmung vertraglicher Zahlungsströme als auch durch Verkauf finanzieller Vermögenswerte erreicht wird

B4.1.4A Ein Unternehmen kann finanzielle Vermögenswerte im Rahmen eines Geschäftsmodells halten, dessen Zielsetzung sowohl durch die Vereinnahmung vertraglicher Zahlungsströme als auch durch den Verkauf finanzieller Vermögenswerte erreicht wird. Bei dieser Art von Geschäftsmodell hat das Management in Schlüsselpositionen des Unternehmens die Entscheidung getroffen, dass sowohl die Vereinnahmung der vertraglichen Zahlungsströme als auch der Verkauf von finanziellen Vermögenswerten maßgeblich für die Erfüllung der Zielsetzung des Geschäftsmodells ist. Mit einem Geschäftsmodell dieser Art können verschiedene Zielsetzungen in Einklang stehen. Beispielsweise kann die Zielsetzung des Geschäftsmodells darin bestehen, den täglichen Liquiditätsbedarf zu steuern, ein bestimmtes Zinsrenditeprofil zu gewährleisten oder die Laufzeit der finanziellen Vermögenswerte an die Laufzeit der Verbindlichkeiten, die mit solchen Vermögenswerten finanziert werden, anzupassen. Zur Erfüllung einer solchen Zielsetzung wird das Unternehmen sowohl vertragliche Zahlungsströme vereinnahmen als auch finanzielle Vermögenswerte verkaufen.

B4.1.4B Im Vergleich zu einem Geschäftsmodell, dessen Zielsetzung darin besteht, finanzielle Vermögenswerte zur Vereinnahmung vertraglicher Zahlungsströme zu halten, ist dieses Geschäftsmodell normalerweise mit häufigeren und höherwertigen Verkäufen verbunden. Dies liegt daran, dass der Verkauf finanzieller Vermögenswerte für die Erfüllung der Zielsetzung des Geschäftsmodells maßgeblich und nicht nebensächlich ist. Doch existiert kein Schwellenwert für die Häufigkeit oder den Wert der Verkäufe, die im Rahmen dieses Geschäftsmodells getätigt werden müssen, da sowohl die Vereinnahmung der vertraglichen Zahlungsströme als auch der Verkauf der finanziellen Vermögenswerte für die Erfüllung der Zielsetzung maßgeblich sind.

B4.1.4C Nachfolgend einige Beispiele, wann die Zielsetzung des Geschäftsmodells eines Unternehmens sowohl durch die Vereinnahmung vertraglicher Zahlungsströme als auch durch den Verkauf finanzieller Vermögenswerte erfüllt werden kann. Diese Liste von Beispielen ist nicht abschließend. Ferner wird mit den Beispielen weder beabsichtigt, auf alle Faktoren, die für die Beurteilung des Geschäftsmodells des Unternehmens relevant sein können, einzugehen noch die relative Wichtigkeit der Faktoren festzulegen.

Example	Analysis
Example 4 A financial institution holds financial assets to meet liquidity needs in a 'stress case' scenario (eg, a run on the bank's deposits). The entity does not anticipate selling these assets except in such scenarios. The entity monitors the credit quality of the financial assets and its objective in managing the financial assets is to collect the contractual cash flows. The entity evaluates the performance of the assets on the basis of interest revenue earned and credit losses realised. However, the entity also monitors the fair value of the financial assets from a liquidity perspective to ensure that the cash amount that would be realised if the entity needed to sell the assets in a stress case scenario would be sufficient to meet the entity's liquidity needs. Periodically, the entity makes sales that are insignificant in value to demonstrate liquidity.	The objective of the entity's business model is to hold the financial assets to collect contractual cash flows. The analysis would not change even if during a previous stress case scenario the entity had sales that were significant in value in order to meet its liquidity needs. Similarly, recurring sales activity that is insignificant in value is not inconsistent with holding financial assets to collect contractual cash flows. In contrast, if an entity holds financial assets to meet its everyday liquidity needs and meeting that objective involves frequent sales that are significant in value, the objective of the entity's business model is not to hold the financial assets to collect contractual cash flows. Similarly, if the entity is required by its regulator to routinely sell financial assets to demonstrate that the assets are liquid, and the value of the assets sold is significant, the entity's business model is not to hold financial assets to collect contractual cash flows. Whether a third party imposes the requirement to sell the financial assets, or that activity is at the entity's discretion, is not relevant to the analysis.

A business model whose objective is achieved by both collecting contractual cash flows and selling financial assets

An entity may hold financial assets in a business model whose objective is achieved by both collecting contractual cash flows and selling financial assets. In this type of business model, the entity's key management personnel have made a decision that both collecting contractual cash flows and selling financial assets are integral to achieving the objective of the business model. There are various objectives that may be consistent with this type of business model. For example, the objective of the business model may be to manage everyday liquidity needs, to maintain a particular interest yield profile or to match the duration of the financial assets to the duration of the liabilities that those assets are funding. To achieve such an objective, the entity will both collect contractual cash flows and sell financial assets. **B4.1.4A**

Compared to a business model whose objective is to hold financial assets to collect contractual cash flows, this business model will typically involve greater frequency and value of sales. This is because selling financial assets is integral to achieving the business model's objective instead of being only incidental to it. However, there is no threshold for the frequency or value of sales that must occur in this business model because both collecting contractual cash flows and selling financial assets are integral to achieving its objective. **B4.1.4B**

The following are examples of when the objective of the entity's business model may be achieved by both collecting contractual cash flows and selling financial assets. This list of examples is not exhaustive. Furthermore, the examples are not intended to describe all the factors that may be relevant to the assessment of the entity's business model nor specify the relative importance of the factors. **B4.1.4C**

Beispiel	Schlussfolgerungen
Beispiel 5 Ein Unternehmen erwartet Investitionsausgaben in ein paar Jahren. Das Unternehmen investiert seine überschüssigen Zahlungsmittel in kurz- und langfristige finanzielle Vermögenswerte, sodass es die Ausgaben im Bedarfsfall finanzieren kann. Viele der finanziellen Vermögenswerte haben eine vertragliche Laufzeit, die den voraussichtlichen Investitionszeitraum des Unternehmens überschreitet. Das Unternehmen wird finanzielle Vermögenswerte zur Vereinnahmung der vertraglichen Zahlungsströme halten und wird bei passender Gelegenheit finanzielle Vermögenswerte verkaufen, um den Erlös in finanzielle Vermögenswerte mit höherer Rendite zu reinvestieren. Die für das Portfolio zuständigen Manager werden auf Basis der Portfolio-Gesamtrendite vergütet.	Die Zielsetzung des Geschäftsmodells wird sowohl durch die Vereinnahmung vertraglicher Zahlungsströme als auch den Verkauf finanzieller Vermögenswerte er füllt. Das Unternehmen wird fortlaufend Entscheidungen im Hinblick darauf treffen, ob die Rendite des Portfolios durch die Vereinnahmung vertraglicher Zahlungsströme oder durch den Verkauf finanzieller Vermögenswerte maximiert wird, und zwar so lange, bis die investierten Zahlungsmittel benötigt werden. Demgegenüber ist ein Unternehmen zu betrachten, das einen Zahlungsmittelabfluss in fünf Jahren zur Finanzierung einer Investition erwartet und überschüssige Zahlungsmittel in kurzfristigen finanziellen Vermögenswerten anlegt. Werden die Anlagen fällig, legt das Unternehmen die Mittel wieder in neuen kurzfristigen finanziellen Vermögenswerten an. Diese Strategie behält das Unternehmen bei, bis die Finanzmittel benötigt werden und das Unternehmen die Erlöse aus den fällig werdenden finanziellen Vermögenswerten zur Finanzierung der Investition verwendet. Vor der Fälligkeit werden nur Verkäufe von nicht signifikantem Wert getätigt (außer wenn sich das Ausfallrisiko erhöht hat). Die Zielsetzung dieses kontrastierenden Geschäftsmodells besteht im Halten von finanziellen Vermögenswerten zur Vereinnahmung vertraglicher Zahlungsströme.
Beispiel 6 Ein Finanzinstitut hält finanzielle Vermögenswerte zur Deckung des täglichen Liquiditätsbedarfs. Das Unternehmen ist bestrebt, die Kosten für die Steuerung dieses Liquiditätsbedarfs zu minimieren und steuert die Rendite des Portfolios daher aktiv. Diese Rendite besteht in der Vereinnahmung vertraglicher Zahlungen sowie in Gewinnen und Verlusten aus dem Verkauf finanzieller Vermögenswerte. Demzufolge hält das Unternehmen finanzielle Vermögenswerte zur Vereinnahmung vertraglicher Zahlungsströme und verkauft finanzielle Vermögenswerte zur Reinvestition in finanzielle Vermögenswerte mit höherer Rendite oder zur besseren Anpassung an die Laufzeit seiner Verbindlichkeiten. In der Vergangenheit hat diese Strategie zu häufigen Verkäufen geführt und waren diese Verkäufe von signifikantem Wert. Es wird davon ausgegangen, dass diese Aktivitäten in Zukunft fortgeführt werden.	Die Zielsetzung des Geschäftsmodells ist die Maximierung der Rendite des Portfolios, um den täglichen Liquiditätsbedarf zu decken, wobei das Unternehmen diese Zielsetzung sowohl durch die Vereinnahmung vertraglicher Zahlungsströme als auch durch den Verkauf von finanziellen Vermögenswerten erfüllt. Mit anderen Worten sind sowohl die Vereinnahmung vertraglicher Zahlungsströme als auch der Verkauf von finanziellen Vermögenswerten maßgeblich für die Erfüllung der Zielsetzung des Geschäftsmodells.
Beispiel 7 Ein Versicherer hält finanzielle Vermögenswerte zur Finanzierung von Verbindlichkeiten aus Versicherungsverträgen. Der Versicherer verwendet die Erträge aus den vertraglichen Zahlungsströmen der finanziellen Vermögenswerte, um die Verbindlichkeiten aus den Versicherungsverträgen bei Fälligkeit zu begleichen. Um sicherzustellen, dass die vertraglichen Zahlungsströme aus den finanziellen Vermögenswerten zur Tilgung dieser Verbindlichkeiten ausreichen, tätigt der Versicherer regelmäßig Käufe und Verkäufe in signifikantem Umfang, um sein Portfolio aus Vermögenswerten neu zu kalibrieren und den entstehenden Bedarf an Zahlungsströmen zu decken.	Die Zielsetzung dieses Geschäftsmodells ist die Finanzierung der Verbindlichkeiten aus den Versicherungsverträgen. Zur Erfüllung dieser Zielsetzung vereinnahmt das Unternehmen die fällig werdenden vertraglichen Zahlungsströme und verkauft finanzielle Vermögenswerte, um das gewünschte Profil bei dem Anlagenportfolio zu erhalten. Für die Erfüllung der Zielsetzung des Geschäftsmodells sind sowohl die Vereinnahmung vertraglicher Zahlungsströme als auch der Verkauf finanzieller Vermögenswerte maßgeblich.

Example	Analysis
Example 5 An entity anticipates capital expenditure in a few years. The entity invests its excess cash in short and long-term financial assets so that it can fund the expenditure when the need arises. Many of the financial assets have contractual lives that exceed the entity's anticipated investment period. The entity will hold financial assets to collect the contractual cash flows and, when an opportunity arises, it will sell financial assets to re-invest the cash in financial assets with a higher return. The managers responsible for the portfolio are remunerated based on the overall return generated by the portfolio.	The objective of the business model is achieved by both collecting contractual cash flows and selling financial assets. The entity will make decisions on an ongoing basis about whether collecting contractual cash flows or selling financial assets will maximise the return on the portfolio **until** the need arises for the invested cash. In contrast, consider an entity that anticipates a cash outflow in five years to fund capital expenditure and invests excess cash in short-term financial assets. When the investments mature, the entity reinvests the cash in new short-term financial assets. The entity maintains this strategy until the funds are needed, at which time the entity uses the proceeds from the maturing financial assets to fund the capital expenditure. Only sales that are insignificant in value occur before maturity (unless there is an increase in credit risk). The objective of this contrasting business model is to hold financial assets to collect contractual cash flows.
Example 6 A financial institution holds financial assets to meet its everyday liquidity needs. The entity seeks to minimise the costs of managing those liquidity needs and therefore actively manages the return on the portfolio. That return consists of collecting contractual payments as well as gains and losses from the sale of financial **assets**. As a result, the entity holds financial assets to collect contractual cash flows and sells financial assets to reinvest in higher yielding financial assets or to better match the duration of its liabilities. In the past, this strategy has resulted in frequent sales activity and such sales have been significant in value. This activity is expected to continue in the future.	The objective of the business model is to maximise the return on the portfolio to meet everyday liquidity needs and the entity achieves that objective by both collecting contractual cash flows and selling financial assets. In other words, both collecting contractual cash flows and selling financial assets are integral to achieving the business model's objective.
Example 7 An insurer holds financial assets in order to fund insurance contract liabilities. The insurer uses the proceeds from the contractual cash flows on the financial assets to settle insurance contract liabilities as they come due. To ensure that the contractual cash flows from the financial assets are sufficient to settle those liabilities, the insurer undertakes significant buying and selling activity on a regular basis to rebalance its portfolio of assets and to meet cash flow needs as they arise.	The objective of the business model is to fund the insurance contract liabilities. To achieve this objective, the entity collects contractual cash flows as they come due and sells financial assets to maintain the desired profile of the asset portfolio. Thus both collecting contractual cash flows and selling financial assets are integral to achieving the business model's objective.

Andere Geschäftsmodelle

B4.1.5 Finanzielle Vermögenswerte werden erfolgswirksam zum beizulegenden Zeitwert bewertet, wenn sie nicht im Rahmen eines Geschäftsmodells gehalten werden, dessen Zielsetzung im Halten von Vermögenswerten zur Vereinnahmung vertraglicher Zahlungsströme besteht, oder nicht im Rahmen eines Geschäftsmodells, dessen Zielsetzung sowohl die Vereinnahmung vertraglicher Zahlungsströme als auch der Verkauf finanzieller Vermögenswerte ist (siehe aber auch Paragraph 5.7.5). Bei einem Geschäftsmodell, das zur erfolgswirksamen Bewertung zum beizulegenden Zeitwert führt, steuert ein Unternehmen die finanziellen Vermögenswerte mit dem Ziel, durch den Verkauf der Vermögenswerte Zahlungsströme zu erzielen. Auf Grundlage der beizulegenden Zeitwerte der Vermögenswerte trifft das Unternehmen Entscheidungen und steuert die Vermögenswerte, um Gewinne durch Zeitwertänderungen zu erzielen. In diesem Fall führt die Zielsetzung des Unternehmens normalerweise zu aktivem Kauf und Verkauf. Auch wenn das Unternehmen vertragliche Zahlungsströme vereinnahmt, während es die finanziellen Vermögenswerte hält, wird die Zielsetzung eines solchen Geschäftsmodells nicht durch Vereinnahmung vertraglicher Zahlungsströme und Verkauf finanzieller Vermögenswerte erfüllt. Dies liegt daran, dass die Vereinnahmung vertraglicher Zahlungsströme für die Erfüllung der Zielsetzung des Geschäftsmodells nicht maßgeblich, sondern nebensächlich ist.

B4.1.6 Ein Portfolio von finanziellen Vermögenswerten, das anhand des beizulegenden Zeitwerts gesteuert und dessen Wertentwicklung anhand des beizulegenden Zeitwerts beurteilt wird (wie in Paragraph 4.2.2 (b) beschrieben), wird weder zur Vereinnahmung vertraglicher Zahlungsströme noch zur Vereinnahmung vertraglicher Zahlungsströme und zum Verkauf finanzieller Vermögenswerte gehalten. Das Unternehmen konzentriert sich hauptsächlich auf die Informationen über den beizulegenden Zeitwert und nutzt diese Informationen, um die Wertentwicklung der Vermögenswerte zu beurteilen und Entscheidungen zu treffen. Darüber hinaus wird ein Portfolio von finanziellen Vermögenswerten, das die Definition von „zu Handelszwecken gehalten" erfüllt, nicht zur Vereinnahmung vertraglicher Zahlungsströme bzw. nicht zur Vereinnahmung vertraglicher Zahlungsströme und zum Verkauf finanzieller Vermögenswerte gehalten. Bei solchen Portfolios ist die Vereinnahmung der vertraglichen Zahlungsströme für die Erfüllung der Zielsetzung des Geschäftsmodells nur nebensächlich. Infolgedessen müssen solche Portfolios finanzieller Vermögenswerte erfolgswirksam zum beizulegenden Zeitwert bewertet werden.

Vertragliche Zahlungsströme, die ausschließlich Tilgungs- und Zinszahlungen auf den ausstehenden Kapitalbetrag darstellen

B4.1.7 Nach Paragraph 4.1.1 (b) hat ein Unternehmen (sofern nicht Paragraph 4.1.5 anwendbar ist) einen finanziellen Vermögenswert auf Grundlage der Eigenschaften der vertraglichen Zahlungsströme einzustufen, wenn der finanzielle Vermögenswert im Rahmen eines Geschäftsmodells gehalten wird, dessen Zielsetzung im Halten von Vermögenswerten zur Vereinnahmung vertraglicher Zahlungsströme besteht oder wenn er im Rahmen eines Geschäftsmodells gehalten wird, dessen Zielsetzung durch die Vereinnahmung vertraglicher Zahlungsströme und durch den Verkauf von finanziellen Vermögenswerten erfüllt wird. Hierzu hat ein Unternehmen gemäß den Bedingungen in den Paragraphen 4.1.2 (b) und 4.1.2A (b) zu bestimmen, ob die vertraglichen Zahlungsströme ausschließlich Tilgungs- und Zinszahlungen auf den ausstehenden Kapitalbetrag darstellen.

B4.1.7A Vertragliche Zahlungsströme, die ausschließlich Tilgungs- und Zinszahlungen auf den ausstehenden Kapitalbetrag darstellen, sind mit einer elementaren Kreditvereinbarung vereinbar. Bei einer elementaren Kreditvereinbarung stellen Entgelte für den Zeitwert des Geldes (siehe Paragraphen B4.1.9A-B4.1.9E) und für das Ausfallrisiko normalerweise die signifikantesten Zinskomponenten dar. Allerdings können die Zinsen bei einer solchen Vereinbarung auch Entgelte für andere grundlegende Kreditrisiken (beispielsweise Liquiditätsrisiko) sowie Kosten (beispielsweise Verwaltungskosten) in Verbindung mit dem Halten des finanziellen Vermögenswerts über einen bestimmten Zeitraum beinhalten. Ferner können die Zinsen eine Gewinnmarge beinhalten, die mit einer elementaren Kreditvereinbarung vereinbar ist. Unter extremen Konjunkturbedingungen können Zinsen negativ sein, wenn beispielsweise der Inhaber eines finanziellen Vermögenswerts entweder ausdrücklich oder stillschweigend für die Anlage seines Geldes über einen bestimmten Zeitraum bezahlt (und diese Gebühr die Vergütung übersteigt, die der Inhaber für den Zeitwert des Geldes, das Ausfallrisiko und die anderen grundlegenden Kreditrisiken und Kosten erhält). Jedoch führen Vertragsbedingungen, durch die Parteien Risiken oder Volatilität bei den vertraglichen Zahlungsströmen ausgesetzt werden, die nicht mit einer elementaren Kreditvereinbarung zusammenhängen, z. B. Preisänderungsrisiken bei Eigenkapitaltiteln oder Rohstoffen, nicht zu vertraglichen Zahlungsströmen, die ausschließlich Tilgungs- und Zinszahlungen auf den ausstehenden Kapitalbetrag darstellen. Bei einem ausgereichten oder erworbenen finanziellen Vermögenswert kann es sich um eine elementare Kreditvereinbarung handeln, unabhängig davon, ob er in rechtlicher Form ein Kredit ist.

B4.1.7B Nach Paragraph 4.1.3 (a) entspricht der Kapitalbetrag dem beizulegenden Zeitwert des finanziellen Vermögenswerts beim erstmaligen Ansatz. Doch kann sich der Kapitalbetrag während der Laufzeit des finanziellen Vermögenswerts ändern (z. B. im Falle von Tilgungen).

B4.1.8 Ein Unternehmen hat zu beurteilen, ob es sich bei den vertraglichen Zahlungsströme ausschließlich um Tilgungs- und Zinszahlungen auf den ausstehenden Kapitalbetrag für die Währung handelt, auf die der finanzielle Vermögenswert lautet.

B4.1.8A Bei der Beurteilung, ob die vertraglichen Zahlungsströme eines finanziellen Vermögenswerts mit einer elementaren Kreditvereinbarung vereinbar sind, muss ein Unternehmen möglicherweise die verschiedenen Zinskomponenten getrennt voneinander betrachten. Bei der Zinsbewertung geht es eher um die Frage, *wofür* ein Unternehmen das Entgelt

Other business models

Financial assets are measured at fair value through profit or loss if they are not held within a business model whose objective is to hold assets to collect contractual cash flows or within a business model whose objective is achieved by both collecting contractual cash flows and selling financial assets (but see also paragraph 5.7.5). One business model that results in measurement at fair value through profit or loss is one in which an entity manages the financial assets with the objective of realising cash flows through the sale of the assets. The entity makes decisions based on the assets' fair values and manages the assets to realise those fair values. In this case, the entity's objective will typically result in active buying and selling. Even though the entity will collect contractual cash flows while it holds the financial assets, the objective of such a business model is not achieved by both collecting contractual cash flows and selling financial assets. This is because the collection of contractual cash flows is not integral to achieving the business model's objective; instead, it is incidental to it. **B4.1.5**

A portfolio of financial assets that is managed and whose performance is evaluated on a fair value basis (as described in paragraph 4.2.2 (b)) is neither held to collect contractual cash flows nor held both to collect contractual cash flows and to sell financial assets. The entity is primarily focused on fair value information and uses that information to assess the assets' performance and to make decisions. In addition, a portfolio of financial assets that meets the definition of held for trading is not held to collect contractual cash flows or held both to collect contractual cash flows and to sell financial assets. For such portfolios, the collection of contractual cash flows is only incidental to achieving the business model's objective. Consequently, such portfolios of financial assets must be measured at fair value through profit or loss. **B4.1.6**

Contractual cash flows that are solely payments of principal and interest on the principal amount outstanding

Paragraph 4.1.1 (b) requires an entity to classify a financial on the basis of its contractual cash flow characteristics if the financial asset is held within a business model whose objective is to hold assets to collect contractual cash flows or within a business model whose objective is achieved by both collecting contractual cash flows and selling financial assets, unless paragraph 4.1.5 applies. To do so, the condition in paragraphs 4.1.2 (b) and 4.1.2A (b) requires an entity to determine whether the asset's contractual cash flows are solely payments of principal and interest on the principal amount outstanding. **B4.1.7**

Contractual cash flows that are solely payments of principal and interest on the principal amount outstanding are consistent with a basic lending arrangement. In a basic lending arrangement, consideration for the time value of money (see paragraphs B4.1.9A—B4.1.9E) and credit risk are typically the most significant elements of interest. However, in such an arrangement, interest can also include consideration for other basic lending risks (for example, liquidity risk) and costs (for example, administrative costs) associated with holding the financial asset for a particular period of time. In addition, interest can include a profit margin that is consistent with a basic lending arrangement. In extreme economic circumstances, interest can be negative if, for example, the holder of a financial asset either explicitly or implicitly pays for the deposit of its money for a particular period of time (and that fee exceeds the consideration that the holder receives for the time value of money, credit risk and other basic lending risks and costs). However, contractual terms that introduce exposure to risks or volatility in the contractual cash flows that is unrelated to a basic lending arrangement, such as exposure to changes in equity prices or commodity prices, do not give rise to contractual cash flows that are solely payments of principal and interest on the principal amount outstanding. An originated or a purchased financial asset can be a basic lending arrangement irrespective of whether it is a loan in its legal form. **B4.1.7A**

In accordance with paragraph 4.1.3 (a), principal is the fair value of the financial asset at initial recognition. However that principal amount may change over the life of the financial asset (for example, if there are repayments of principal). **B4.1.7B**

An entity shall assess whether contractual cash flows are solely payments of principal and interest on the principal amount outstanding for the currency in which the financial asset is denominated. **B4.1.8**

In assessing whether the contractual cash flows of a financial asset are consistent with a basic lending arrangement, an entity may have to consider the different elements of interest separately. The assessment of interest focuses on *what* an entity is being compensated for, rather than *how much* compensation an entity receives. Nonetheless, the amount of **B4.1.8A**

erhält, als darum, *wie hoch* das Entgelt ist, das es erhält. Die Höhe des Entgelts, das ein Unternehmen erhält, kann jedoch ein Hinweis darauf sein, dass das Unternehmen für etwas anderes als die grundlegenden Kreditrisiken und Kosten vergütet wird. Nicht mit einer elementaren Kreditvereinbarung vereinbar sind vertragliche Zahlungsströme, die an eine nicht zu den grundlegenden Kreditrisiken oder Kosten zählende Variable – beispielsweise den Wert eines Eigenkapitalinstruments oder einen Warenpreis – gekoppelt sind oder einen Anteil an den Erlösen oder Gewinnen des Schuldners darstellen, selbst wenn solche Vertragsbedingungen am Markt, an dem das Unternehmen tätig ist, üblich sind.

B4.1.9 Einige finanzielle Vermögenswerte weisen als Eigenschaft der vertraglichen Zahlungsströme eine Hebelwirkung auf, die die Variabilität der vertraglichen Zahlungsströme verstärkt. Diese Zahlungsströme weisen dadurch nicht die wirtschaftlichen Merkmale von Zinszahlungen auf. Eigenständige Optionen, Terminkontrakte und Swaps sind Beispiele für finanzielle Vermögenswerte, die eine solche Hebelwirkung beinhalten. Solche Kontrakte erfüllen deshalb nicht die Bedingung der Paragraphen 4.1.2 (b) und 4.1.2A (b) und können bei der Folgebewertung nicht zu fortgeführten Anschaffungskosten oder zum beizulegenden Zeitwert erfolgsneutral im sonstigen Ergebnis bewertet werden.

Entgelt für den Zeitwert des Geldes

B4.1.9A Als Zeitwert des Geldes bezeichnet wird das Zinselement, das ein Entgelt nur für den bloßen Zeitablauf darstellt. Dies bedeutet, dass der Zeitwert des Geldes kein Entgelt für sonstige Risiken oder Kosten im Zusammenhang mit dem Halten des finanziellen Vermögenswerts darstellt. Bei der Beurteilung, ob das Element nur Entgelt für den bloßen Zeitablauf ist, übt ein Unternehmen Ermessen aus und berücksichtigt relevante Faktoren wie beispielsweise die Währung, auf die der finanzielle Vermögenswert lautet, und den Zeitraum, für den der Zinssatz festgelegt wird.

B4.1.9B In einigen Fällen kann das Element für den Zeitwert des Geldes jedoch verändert (d. h. inkongruent) sein. Dies wäre beispielsweise der Fall, wenn der Zinssatz eines finanziellen Vermögenswerts in regelmäßigen Abständen angepasst wird, die Häufigkeit dieser Anpassung jedoch nicht der Laufzeit des Zinssatzes entspricht (wenn beispielsweise ein Einjahreszinssatz monatlich angepasst wird) oder wenn der Zinssatz eines finanziellen Vermögenswerts in regelmäßigen Abständen an einen Durchschnitt aus bestimmten kurz- und langfristigen Zinssätzen angepasst wird. Zur Bestimmung, ob die vertraglichen Zahlungsströme ausschließlich Tilgungs- und Zinszahlungen auf den ausstehenden Kapitalbetrag darstellen, muss ein Unternehmen in solchen Fällen diese Veränderung beurteilen. Unter bestimmten Umständen kann das Unternehmen dies anhand einer qualitativen Beurteilung des Elements für den Zeitwert des Geldes bestimmen, während unter anderen Umständen eventuell eine quantitative Beurteilung erforderlich ist.

B4.1.9C Bei der Beurteilung eines veränderten Elements für den Zeitwert des Geldes gilt es zu bestimmen, inwieweit sich die vertraglichen (nicht abgezinsten) Zahlungsströme von den (nicht abgezinsten) Zahlungsströmen unterscheiden, die entstehen würden, wenn das Element für den Zeitwert des Geldes unverändert wäre (Vergleichszahlungsströme). Wenn der zu beurteilende finanzielle Vermögenswert beispielsweise einen variablen Zinssatz beinhaltet, der monatlich an einen Einjahreszinssatz angepasst wird, würde das Unternehmen diesen finanziellen Vermögenswert mit einem Finanzinstrument mit identischen Vertragsbedingungen und identischem Ausfallrisiko vergleichen, ohne dass der variable Zinssatz monatlich an einen Einmonatszinssatz angepasst wird. Wenn das veränderte Element für den Zeitwert des Geldes zu vertraglichen (nicht abgezinsten) Zahlungsströmen führen könnte, die sich signifikant von den (nicht abgezinsten) Vergleichs-Zahlungsströmen unterscheiden, erfüllt der finanzielle Vermögenswert nicht die Bedingung der Paragraphen 4.1.2 (b) und 4.1.2A (b). Für diese Feststellung muss das Unternehmen die Auswirkung des veränderten Elements für den Zeitwert des Geldes in jeder Berichtsperiode und kumuliert über die Laufzeit des Finanzinstruments berücksichtigen. Der Grund für die Festlegung des Zinssatzes auf diese Weise ist für die Analyse ohne Belang. Wenn ohne oder mit nur geringem Analyseaufwand zu klären ist, ob die beurteilten vertraglichen (nicht abgezinsten) Zahlungsströme aus dem finanziellen Vermögenswert sich signifikant von den (nicht abgezinsten) Vergleichs-Zahlungsströmen unterscheiden, muss ein Unternehmen keine ausführliche Beurteilung durch-führen.

B4.1.9D Bei der Beurteilung eines veränderten Elements für den Zeitwert des Geldes muss ein Unternehmen Faktoren berücksichtigen, die sich auf zukünftige vertragliche Zahlungsströme auswirken könnten. Wenn ein Unternehmen beispielsweise eine Anleihe mit einer fünfjährigen Laufzeit beurteilt und der variable Zinssatz alle sechs Monate an einen Fünfjahreszinssatz angepasst wird, kann das Unternehmen nicht schlussfolgern, dass es sich bei den vertraglichen Zahlungsströmen ausschließlich um Tilgungs- und Zinszahlungen auf den ausstehenden Kapitalbetrag handelt, nur weil die Zinsstrukturkurve zum Zeitpunkt der Beurteilung so ist, dass die Differenz zwischen einem Fünfjahreszinssatz und einem Sechsmonatszinssatz nicht signifikant ist. Stattdessen muss das Unternehmen auch berücksichtigen, ob sich die Beziehung zwischen dem Fünfjahreszinssatz und dem Sechsmonatszinssatz über die Laufzeit des Instruments ändern könnte, sodass die vertraglichen (nicht abgezinsten) Zahlungsströme über die Laufzeit des Instruments signifikant von den (nicht abgezinsten) Vergleichs-Zahlungsströmen abweichen könnten. Doch muss ein Unternehmen nicht jedes mögliche Szenario, sondern nur angemessenerweise für möglich gehaltene Szenarien berücksichtigen. Gelangt ein Unternehmen zu dem Schluss, dass die vertraglichen (nicht abgezinsten) Zahlungsströme erheblich von den (nicht abgezinsten) Vergleichs-Zahlungsströmen abweichen könnten, erfüllt der finanzielle Vermögenswert nicht die Bedingung der Paragraphen 4.1.2 (b) und 4.1.2A (b) und kann daher nicht zu fortgeführten Anschaffungskosten oder zum beizulegenden Zeitwert erfolgsneutral im sonstigen Ergebnis bewertet werden.

B4.1.9E In einigen Ländern werden die Zinssätze von der Regierung oder einer Regulierungsbehörde festgelegt. So kann eine Zinsfestlegung von Regierungsseite beispielsweise Teil einer breiteren gesamtwirtschaftlichen Strategie sein oder eingeführt werden, um Unternehmen einen Anreiz für Investitionen in einen bestimmten Wirtschaftssektor zu geben. In einigen dieser

compensation an entity receives may indicate that the entity is being compensated for something other than basic lending risks and costs. Contractual cash flows are inconsistent with a basic lending arrangement if they are indexed to a variable that is not a basic lending risk or cost (for example, the value of equity instruments or the price of a commodity) or if they represent a share of the debtor's revenue or profit, even if such contractual terms are common in the market in which the entity operates.

Leverage is a contractual cash flow characteristic of some financial assets. Leverage increases the variability of the contractual cash flows with the result that they do not have the economic characteristics of interest. Stand-alone option, forward and swap contracts are examples of financial assets that include such leverage. Thus, such contracts do not meet the condition in paragraphs 4.1.2 (b) and 4.1.2A (b) and cannot be subsequently measured at amortised cost or fair value through other comprehensive income. **B4.1.9**

Consideration for the time value of money

Time value of money is the element of interest that provides consideration for only the passage of time. That is, the time value of money element does not provide consideration for other risks or costs associated with holding the financial asset. In order to assess whether the element provides consideration for only the passage of time, an entity applies judgement and considers relevant factors such as the currency in which the financial asset is denominated and the period for which the interest rate is set. **B4.1.9A**

However, in some cases, the time value of money element may be modified (i.e. imperfect). That would be the case, for example, if a financial asset's interest rate is periodically reset but the frequency of that reset does not match the tenor of the interest rate (for example, the interest rate resets every month to a one-year rate) or if a financial asset's interest rate is periodically reset to an average of particular short- and long-term interest rates. In such cases, an entity must assess the modification to determine whether the contractual cash flows represent solely payments of principal and interest on the principal amount outstanding. In some circumstances, the entity may be able to make that determination by performing a qualitative assessment of the time value of money element whereas, in other circumstances, it may be necessary to perform a quantitative assessment. **B4.1.9B**

When assessing a modified time value of money element, the objective is to determine how different the contractual (undiscounted) cash flows could be from the (undiscounted) cash flows that would arise if the time value of money element was not modified (the benchmark cash flows). For example, if the financial asset under assessment contains a variable interest rate that is reset every month to a one-year interest rate, the entity would compare that financial asset to a financial instrument with identical contractual terms and the identical credit risk except the variable interest rate is reset monthly to a one-month interest rate. If the modified time value of money element could result in contractual (undiscounted) cash flows that are significantly different from the (undiscounted) benchmark cash flows, the financial asset does not meet the condition in paragraphs 4.1.2 (b) and 4.1.2A (b). To make this determination, the entity must consider the effect of the modified time value of money element in each reporting period and cumulatively over the life of the financial instrument. The reason for the interest rate being set in this way is not relevant to the analysis. If it is clear, with little or no analysis, whether the contractual (undiscounted) cash flows on the financial asset under the assessment could (or could not) be significantly different from the (undiscounted) benchmark cash flows, an entity need not perform a detailed assessment. **B4.1.9C**

When assessing a modified time value of money element, an entity must consider factors that could affect future contractual cash flows. For example, if an entity is assessing a bond with a five-year term and the variable interest rate is reset every six months to a five-year rate, the entity cannot conclude that the contractual cash flows are solely payments of principal and interest on the principal amount outstanding simply because the interest rate curve at the time of the assessment is such that the difference between a five-year interest rate and a six-month interest rate is not significant. Instead, the entity must also consider whether the relationship between the five-year interest rate and the six-month interest rate could change over the life of the instrument such that the contractual (undiscounted) cash flows over the life of the instrument could be significantly different from the (undiscounted) benchmark cash flows. However, an entity must consider only reasonably possible scenarios instead of every possible scenario. If an entity concludes that the contractual (undiscounted) cash flows could be significantly different from the (undiscounted) benchmark cash flows, the financial asset does not meet the condition in paragraphs 4.1.2 (b) and 4.1.2A (b) and therefore cannot be measured at amortised cost or fair value through other comprehensive income. **B4.1.9D**

In some jurisdictions, the government or a regulatory authority sets interest rates. For example, such government regulation of interest rates may be part of a broad macroeconomic policy or it may be introduced to encourage entities to invest in a particular sector of the economy. In some of these cases, the objective of the time value of money element is not to **B4.1.9E**

Fälle soll das Element für den Zeitwert des Geldes kein Entgelt allein für den bloßen Zeitablauf sein. Ungeachtet der Paragraphen B4.1.9A–B4.1.9D sollte allerdings zur Anwendung der Bedingung in den Paragraphen 4.1.2 (b) und 4.1.2A (b) ein regulierter Zinssatz als Näherungswert des Elements für den Zeitwert des Geldes herangezogen werden, wenn dieser regulierte Zinssatz ein Entgelt darstellt, das weitgehend dem Zeitablauf entspricht und er keine Risiken oder Volatilität in den vertraglichen Zahlungsströmen impliziert, die nicht mit einer elementaren Kreditvereinbarung in Einklang stehen.

Vertragsbedingungen, die den Zeitpunkt oder die Höhe der vertraglichen Zahlungsströme ändern

B4.1.10 Beinhaltet ein finanzieller Vermögenswert eine Vertragsbedingung, die den Zeitpunkt oder die Höhe vertraglicher Zahlungsströme ändern könnte (z. B. wenn der Vermögenswert vor Fälligkeit zurückgezahlt oder die Laufzeit verlängert werden kann), muss das Unternehmen bestimmen, ob die vertraglichen Zahlungsströme, die aufgrund dieser Vertragsbedingungen über die Laufzeit des Instruments entstehen könnten, ausschließlich Tilgungs- und Zinszahlungen auf den ausstehenden Kapitalbetrag darstellen. Für diese Feststellung muss das Unternehmen die vertraglichen Zahlungsströme beurteilen, die vor und nach der Änderung der vertraglichen Zahlungsströme auftreten könnten, unabhängig davon, wie wahrscheinlich eine solche Änderung der vertraglichen Zahlungsströme ist. Das Unternehmen muss unter Umständen auch die Art eines bedingten Ereignisses (d. h. den Auslöser) beurteilen, durch das sich der Zeitpunkt oder die Höhe der vertraglichen Zahlungsströme ändern würde. Während die Art des bedingten Ereignisses selbst kein maßgeblicher Faktor bei der Beurteilung ist, ob die vertraglichen Zahlungsströme ausschließlich Tilgungs- und Zinszahlungen auf den ausstehenden Kapitalbetrag darstellen, kann dies ein Indikator sein. Man vergleiche beispielsweise ein Finanzinstrument mit einem Zinssatz, der an einen höheren Zinssatz angepasst wird, wenn der Schuldner eine bestimmte Anzahl von Zahlungen versäumt, mit einem Finanzinstrument mit einem Zinssatz, der an einen höheren Zinssatz angepasst wird, wenn ein bestimmter Index für Eigenkapitaltitel ein bestimmtes Niveau erreicht. Im ersteren Fall ist es aufgrund der Beziehung zwischen versäumten Zahlungen und einer Erhöhung des Ausfallrisikos eher wahrscheinlich, dass die vertraglichen Zahlungsströme ausschließlich Tilgungs- und Zinszahlungen auf den ausstehenden Kapitalbetrag darstellen. Im ersteren Fall hängt die Art des bedingten Ereignisses unmittelbar mit den Änderungen der grundlegenden Kreditrisiken und Kosten zusammen, wobei sich die vertraglichen Zahlungsströme ebenfalls entsprechend ändern. (Siehe auch Paragraph B4.1.18.)

B4.1.10A In einigen Fällen führt ein bedingtes Merkmal zu vertraglichen Zahlungsströmen, die sowohl vor als auch nach ihrer Änderung mit einer elementaren Kreditvereinbarung vereinbar sind, obwohl die Art des bedingten Ereignisses selbst nicht unmittelbar mit Änderungen der grundlegenden Kreditrisiken und Kosten zusammenhängt. Beispielsweise kann der Zinssatz eines Kredits um eine festgelegte Anzahl Basispunkte angepasst werden, wenn der Schuldner eine vertraglich vereinbarte Verringerung seiner CO_2-Emissionen erreicht. In einem solchen Fall weist der finanzielle Vermögenswert in Anwendung von Paragraph B4.1.10 nur dann vertragliche Zahlungsströme auf, bei denen es sich ausschließlich um Tilgungs- und Zinszahlungen auf den ausstehenden Kapitalbetrag handelt, wenn sich die vertraglichen Zahlungsströme bei allen vertraglich möglichen Szenarien nicht wesentlich von denen eines Finanzinstruments mit identischen Vertragsbedingungen, aber ohne ein solches bedingtes Merkmal unterscheiden würden. Unter bestimmten Umständen kann das Unternehmen dies möglicherweise anhand einer qualitativen Beurteilung bestimmen, doch ist unter anderen Umständen eventuell eine quantitative Beurteilung erforderlich. Wenn ohne oder mit nur geringem Analyseaufwand klar ist, dass sich die vertraglichen Zahlungsströme nicht wesentlich voneinander unterscheiden, braucht das Unternehmen keine detaillierte Beurteilung vorzunehmen.

B4.1.11 Nachfolgend einige Beispiele, wann Vertragsbedingungen zu vertraglichen Zahlungsströmen führen, die ausschließlich Tilgungs- und Zinszahlungen auf den ausstehenden Kapitalbetrag darstellen:

(a) ein variabler Zinssatz, der aus dem Entgelt für den Zeitwert des Geldes, für das Ausfallrisiko im Zusammenhang mit dem ausstehenden Kapitalbetrag während eines bestimmten Zeitraums (das Entgelt für das Ausfallrisiko kann nur beim erstmaligen Ansatz bestimmt werden und kann daher festgelegt sein) und für andere grundlegende Kreditrisiken und Kosten sowie einer Gewinnmarge besteht,

(b) eine Vertragsbedingung, die es dem Emittenten (d. h. dem Schuldner) erlaubt, ein Schuldinstrument vorzeitig zurückzuzahlen, oder es dem Inhaber (d. h. dem Gläubiger) gestattet, ein Schuldinstrument vor der Fälligkeit an den Emittenten zurückzugeben, wobei der Betrag der vorzeitigen Rückzahlung im Wesentlichen nicht geleistete Tilgungs- und Zinszahlungen auf den ausstehenden Kapitalbetrag darstellt und eine angemessene Entschädigung für die vorzeitige Beendigung des Vertrags umfassen kann, und

(c) eine Vertragsbedingung, die es dem Emittenten oder dem Inhaber gestattet, die Vertragslaufzeit eines Schuldinstruments zu verlängern (d. h. eine Verlängerungsoption), wobei die Bedingungen der Verlängerungsoption zu vertraglichen Zahlungsströmen während des Verlängerungszeitraums führen, die ausschließlich Tilgungs- und Zinszahlungen auf den ausstehenden Kapitalbetrag darstellen und die eine angemessene zusätzliche Entschädigung für die Verlängerung des Vertrags umfassen können.

B4.1.12 Ungeachtet des Paragraphen B4.1.10 kommt ein finanzieller Vermögenswert, der ansonsten die Bedingung der Paragraphen 4.1.2 (b) und 4.1.2A (b) erfüllen würde, sie aber infolge einer Vertragsbedingung nicht erfüllt, die es dem Emittenten erlaubt (oder vorschreibt), ein Schuldinstrument vorzeitig zurückzuzahlen, oder es dem Inhaber gestattet (oder vorschreibt), ein Schuldeninstrument vor Endfälligkeit an den Emittenten zurückzugeben, für eine Bewertung zu fortgeführten Anschaffungskosten oder zum beizulegenden Zeitwert erfolgsneutral im sonstigen Ergebnis infrage (sofern dabei die Bedingung in Paragraph 4.1.2 (a) oder in Paragraph 4.1.2A (a) erfüllt ist), wenn

(a) das Unternehmen den finanziellen Vermögenswert gegen einen Auf- oder Abschlag gegenüber dem vertraglichen Nennbetrag erwirbt oder ausreicht,

provide consideration for only the passage of time. However, despite paragraphs B4.1.9A—B4.1.9D, a regulated interest rate shall be considered a proxy for the time value of money element for the purpose of applying the condition in paragraphs 4.1.2 (b) and 4.1.2A (b) if that regulated interest rate provides consideration that is broadly consistent with the passage of time and does not provide exposure to risks or volatility in the contractual cash flows that are inconsistent with a basic lending arrangement.

Contractual terms that change the timing or amount of contractual cash flows

If a financial asset contains a contractual term that could change the timing or amount of contractual cash flows (for example, if the asset can be prepaid before maturity or its term can be extended), the entity must determine whether the contractual cash flows that could arise over the life of the instrument due to that contractual term are solely payments of principal and interest on the principal amount outstanding. To make this determination, the entity must assess the contractual cash flows that could arise both before, and after, the change in contractual cash flows, irrespective of the probability of the change in contractual cash flows occurring. The entity may also need to assess the nature of any contingent event (i.e. the trigger) that would change the timing or amount of the contractual cash flows. While the nature of the contingent event in itself is not a determinative factor in assessing whether the contractual cash flows are solely payments of principal and interest, it may be an indicator. For example, compare a financial instrument with an interest rate that is reset to a higher rate if the debtor misses a particular number of payments to a financial instrument with an interest rate that is reset to a higher rate if a specified equity index reaches a particular level. It is more likely in the former case that the contractual cash flows over the life of the instrument will be solely payments of principal and interest on the principal amount outstanding because of the relationship between missed payments and an increase in credit risk. In the former case, the nature of the contingent event relates directly to, and the contractual cash flows change in the same direction as, changes in basic lending risks and costs. (See also paragraph B4.1.18.). **B4.1.10**

In some cases, a contingent feature gives rise to contractual cash flows that are consistent with a basic lending arrangement both before and after the change in contractual cash flows, but the nature of the contingent event itself does not relate directly to changes in basic lending risks and costs. For example, the interest rate on a loan is adjusted by a specified amount if the debtor achieves a contractually specified reduction in carbon emissions. In such a case, when applying paragraph B4.1.10, the financial asset has contractual cash flows that are solely payments of principal and interest on the principal amount outstanding if, and only if, in all contractually possible scenarios, the contractual cash flows would not be significantly different from the contractual cash flows on a financial instrument with identical contractual terms, but without such a contingent feature. In some circumstances, the entity may be able to make that determination by performing a qualitative assessment; but, in other circumstances, it may be necessary to perform a quantitative assessment. If it is clear, with little or no analysis, that the contractual cash flows are not significantly different, an entity need not perform a detailed assessment. **B4.1.10A**

The following are examples of contractual terms that result in contractual cash flows that are solely payments of principal and interest on the principal amount outstanding: **B4.1.11**

(a) a variable interest rate that consists of consideration for the time value of money, the credit risk associated with the principal amount outstanding during a particular period of time (the consideration for credit risk may be determined at initial recognition only, and so may be fixed) and other basic lending risks and costs, as well as a profit margin;
(b) a contractual term that permits the issuer (i.e. the debtor) to prepay a debt instrument or permits the holder (i.e. the creditor) to put a debt instrument back to the issuer before maturity and the prepayment amount substantially represents unpaid amounts of principal and interest on the principal amount outstanding, which may include reasonable compensation for the early termination of the contract; and
(c) a contractual term that permits the issuer or the holder to extend the contractual term of a debt instrument (i.e. an extension option) and the terms of the extension option result in contractual cash flows during the extension period that are solely payments of principal and interest on the principal amount outstanding, which may include reasonable additional compensation for the extension of the contract.

Despite paragraph B4.1.10, a financial asset that would otherwise meet the condition in paragraphs 4.1.2 (b) and 4.1.2A (b) but does not do so only as a result of a contractual term that permits (or requires) the issuer to prepay a debt instrument or permits (or requires) the holder to put a debt instrument back to the issuer before maturity is eligible to be measured at amortised cost or fair value through other comprehensive income (subject to meeting the condition in paragraph 4.1.2 (a) or the condition in paragraph 4.1.2A (a)) if: **B4.1.12**

(a) the entity acquires or originates the financial asset at a premium or discount to the contractual par amount;

(b) der Betrag der vorzeitigen Rückzahlung im Wesentlichen den vertraglichen Nennbetrag und die aufgelaufenen (jedoch nicht gezahlten) Vertragszinsen darstellt, was eine angemessene Entschädigung für die vorzeitige Beendigung des Vertrags einschließen kann, und

(c) beim erstmaligen Ansatz des finanziellen Vermögenswerts der beizulegende Zeitwert der Vorfälligkeitsregelung nicht signifikant ist.

B4.1.12A Für die Zwecke der Paragraphen B4.1.11 (b) und B4.1.12 (b) kann eine Partei unabhängig davon, welches Ereignis oder welcher Umstand die vorzeitige Beendigung des Vertrags bewirkt, eine angemessene Entschädigung für diese vorzeitige Beendigung zahlen oder erhalten. So kann eine Partei beispielsweise eine angemessene Entschädigung zahlen oder erhalten, wenn sie sich für eine vorzeitige Beendigung des Vertrags entscheidet (oder auf sonstige Weise die vorzeitige Beendigung bewirkt).

B4.1.13 Es folgen einige Beispiele für vertragliche Zahlungsströme, die ausschließlich Tilgungs- und Zinszahlungen auf den ausstehenden Kapitalbetrag darstellen. Diese Liste von Beispielen ist nicht abschließend.

Instrument	Schlussfolgerungen
Instrument A	
Instrument A ist eine Anleihe mit fester Laufzeit. Die Tilgungs- und Zinszahlungen auf den ausstehenden Kapitalbetrag sind an einen Inflationsindex der Währung gekoppelt, in der das Instrument ausgeben wurde. Die Inflationskoppelung weist keine Hebelwirkung auf und das Kapitalbetrag ist geschützt.	Die vertraglichen Zahlungsströme stellen ausschließlich Tilgungs- und Zinszahlungen auf den ausstehenden Kapitalbetrag dar. Durch die Kopplung von Tilgungs- und Zinszahlungen auf den ausstehenden Kapitalbetrag an einen Inflationsindex ohne Hebelwirkung wird der Zeitwert des Geldes an das aktuelle Niveau angepasst. Mit anderen Worten spiegelt der Zinssatz bei dem Instrument den „realen" Zins wider. Somit sind die Zinsbeträge das Entgelt für den Zeitwert des Geldes auf den ausstehenden Kapitalbetrag. Wären die Zinszahlungen jedoch an eine andere Variable, z. B. die wirtschaftliche Leistungsfähigkeit des Kreditnehmers (z. B. Nettoertrag des Kreditnehmers) oder einen Index für Eigenkapitaltitel gekoppelt, wären die vertraglichen Zahlungsströme keine Tilgungs- und Zinszahlungen auf den ausstehenden Kapitalbetrag (außer wenn die Koppelung an die wirtschaftliche Leistungsfähigkeit des Kreditnehmers zu einer Anpassung führt, durch die der Inhaber nur einen Ausgleich für Änderungen des Ausfallrisikos des Instruments erhält, sodass die vertraglichen Zahlungsströme ausschließlich Tilgungs- und Zinszahlungen auf den ausstehenden Kapitalbetrag darstellen). Dies liegt daran, dass die vertraglichen Zahlungsströme einer Rendite entsprechen, die nicht mit einer elementaren Kreditvereinbarung in Einklang stehen (siehe Paragraph B4.1.7A).
Instrument B	
Instrument B ist ein variabel verzinsliches Instrument mit fester Laufzeit, bei dem der Schuldner den Marktzinssatz fortlaufend wählen kann. Zu jedem Zinsanpassungstermin kann sich der Schuldner beispielsweise dafür entscheiden, den Dreimonats-LIBOR für eine dreimonatige Laufzeit oder den Einmonats-LIBOR für eine einmonatige Laufzeit zu zahlen.	Die vertraglichen Zahlungsströme stellen ausschließlich Tilgungs- und Zinszahlungen auf den ausstehenden Kapitalbetrag dar, solange die über die Laufzeit des Instruments gezahlten Zinsen das Entgelt für den Zeitwert des Geldes, für das mit dem Instrument verbundene Ausfallrisiko und andere grundlegende Kreditrisiken und Kosten sowie eine Gewinnmarge widerspiegeln (siehe Paragraph B4.1.7A). Die Tatsache, dass der LIBOR-Zinssatz während der Laufzeit des Instruments angepasst wird, schließt für sich genommen nicht aus, dass dieses Kriterium erfüllt wird. Wenn der Kreditnehmer allerdings die Zahlung eines Einmonatszinssatzes, der alle drei Monate angepasst wird, wählen kann, wird der Zinssatz mit einer Häufigkeit neu festgesetzt, die nicht der Laufzeit des Zinssatzes entspricht. Infolgedessen ist das Element für den Zeitwert des Geldes verändert. Beinhaltet ein Instrument jedoch einen vertraglichen Zinssatz basierend auf einer Laufzeit, die die Restlaufzeit des Instruments überschreiten kann (wenn beispielsweise ein Instrument mit einer Laufzeit von fünf Jahren variabel verzinst wird, wobei der Zinssatz regelmäßig an gepasst wird, aber stets eine Laufzeit von fünf Jahren widerspiegelt), ist das Element für den Zeitwert des Geldes verändert. Dies liegt daran, dass die in jedem Zeitraum zu zahlenden Zinsen von der Zinsperiode abgekoppelt sind.

(b) the prepayment amount substantially represents the contractual par amount and accrued (but unpaid) contractual interest, which may include reasonable compensation for the early termination of the contract; and
(c) when the entity initially recognises the financial asset, the fair value of the prepayment feature is insignificant.

For the purpose of applying paragraphs B4.1.11 (b) and B4.1.12 (b), irrespective of the event or circumstance that causes the early termination of the contract, a party may pay or receive reasonable compensation for that early termination. For example, a party may pay or receive reasonable compensation when it chooses to terminate the contract early (or otherwise causes the early termination to occur). **B4.1.12A**

The following examples illustrate contractual cash flows that are solely payments of principal and interest on the principal amount outstanding. This list of examples is not exhaustive. **B4.1.13**

Instrument	Analysis
Instrument A Instrument A is a bond with a stated maturity date. Payments of principal and interest on the principal amount outstanding are linked to an inflation index of the currency in which the instrument is issued. The inflation link is not leveraged and the principal is protected.	The contractual cash flows are solely payments of principal and interest on the principal amount outö standing. Linking payments of principal and interest on the principal amount outstanding to an unleveraged inflation index resets the time value of money to a current level. In other words, the interest rate on the instrument reflects 'real' interest. Thus, the interest amounts are consideration for the time value of money on the principal amount outstanding. However, if the interest payments were indexed to another variable such as the debtor's performance (e.g. the debtor's net income) or an equity index, the contractual cash flows are not payments of principal and interest on the principal amount outstanding (unless the indexing to the debtor's performance results in an adjustment that only compensates the holder for changes in the credit risk of the instrument, such that contractual cash flows are solely payments of principal and interest). That is because the contractual cash flows reflect a return that is inconsistent with a basic lending arrangement (see paragraph B4.1.7A).
Instrument B Instrument B is a variable interest rate instrument with a stated maturity date that permits the borrower to choose the market interest rate on an ongoing basis. For example, at each interest rate reset date, the borrower can choose to pay three-month LIBOR for a three-month term or one-month LIBOR for a one-month term.	The contractual cash flows are solely payments of principal and interest on the principal amount outstanding as long as the interest paid over the life of the instrument reflects consideration for the time value of money, for the credit risk associated with the instrument and for other basic lending risks and costs, as well as a profit margin (see paragraph B4.1.7A). The fact that the LIBOR interest rate is reset during the life of the instrument does not in itself disqualify the instrument. However, if the borrower is able to choose to pay a one-month interest rate that is reset every three months, the interest rate is reset with a frequency that does not match the tenor of the interest rate. Consequently, the time value of money element is modified. Similarly, if an instrument has a contractual interest rate that is based on a term that can exceed the instrument's remaining life (for example, if an instrument with a five-year maturity pays a variable rate that is reset periodically but always reflects a five-year maturity), the time value of money element is modified. That is because the interest payable in each period is disconnected from the interest period.

Instrument	Schlussfolgerungen
	In solchen Fällen muss das Unternehmen für die Bestimmung, ob die Zahlungsströme ausschließlich Tilgungs- und Zinszahlungen auf den ausstehenden Kapitalbetrag darstellen, die vertraglichen Zahlungsströme qualitativ oder quantitativ mit denjenigen bei einem Instrument vergleichen, das in allen Aspekten identisch ist, außer dass die Laufzeit des Zinssatzes der Zinsperiode entspricht. (Leitlinien zu regulierten Zinssätzen enthält auch Paragraph B4.1.9E.) Bei der Beurteilung einer Anleihe mit einer Laufzeit von fünf Jahren mit variabler Verzinsung, die alle sechs Monate angepasst wird, aber stets eine Laufzeit von fünf Jahren widerspiegelt, berücksichtigt ein Unternehmen beispielsweise die vertraglichen Zahlungsströme aus einem Instrument, das alle sechs Monate an einen Sechsmonatszinssatz angepasst wird, ansonsten aber identisch ist. Die gleiche Schlussfolgerung würde gelten, wenn der Schuldner zwischen den verschiedenen veröffentlichten Zinssätzen des Gläubigers wählen könnte (wenn beispielsweise der Schuldner zwischen dem veröffentlichten variablen Einmonatszinssatz und dem veröffentlichten variablen Dreimonatszinssatz des Gläubigers wählen kann).
Instrument C Instrument C ist eine Anleihe mit fester Laufzeit und variabler Marktverzinsung. Der variable Zinssatz ist gedeckelt.	Die vertraglichen Zahlungsströme (a) eines festverzinslichen Instruments und (b) eines variabel verzinslichen Instruments stellen so lange Tilgungs- und Zinszahlungen auf den ausstehenden Kapitalbetrag dar, wie die Zinsen das Entgelt für den Zeitwert des Geldes, für das mit dem Instrument verbundene Ausfallrisiko während der Laufzeit des Instruments und für andere grundlegende Kreditrisiken und Kosten sowie eine Gewinnmarge widerspiegeln. (Siehe Paragraph B4.1.7A.) Daher kann ein Instrument, das eine Kombination aus (a) und (b) ist (z. B. eine Anleihe mit einer Zinsobergrenze), Zahlungsströme aufweisen, die ausschließlich Tilgungs- und Zinszahlungen auf den ausstehenden Kapitalbetrag darstellen. Durch eine solche Vertragsbedingung können Schwankungen der Zahlungsströme durch Begrenzung eines variablen Zinssatzes (z. B. Zinsober- oder -untergrenze) verringert oder aber erhöht werden, wenn ein fester Zinssatz variabel wird.
Instrument D Instrument D ist ein Darlehen mit vollem Rückgriffsrecht und durch Sicherheiten unterlegt.	Die Tatsache, dass ein Darlehen mit vollem Rückgriffsrecht besichert ist, hat an sich keine Auswirkung auf die Schlussfolgerung, ob die vertraglichen Zahlungsströme ausschließlich Tilgungs- und Zinszahlungen auf den ausstehenden Kapitalbetrag darstellen.
Instrument E Instrument E wird durch eine der Aufsicht unterliegende Bank ausgegeben und weist eine feste Laufzeit auf. Das Instrument ist festverzinslich und sämtliche vertraglichen Zahlungsströme sind ermessensfrei. Doch unterliegt der Emittent Rechtsvorschriften, die es einer nationalen Abwicklungsbehörde erlauben oder vorschreiben, Inhabern bestimmter Instrumente, einschließlich des Instruments E, unter besonderen Umständen Verluste aufzuerlegen. So ist die nationale Abwicklungsbehörde beispielsweise befugt, den Nennbetrag des Instruments E herabzusetzen oder es in eine	Der Inhaber würde anhand der **Vertragsbedingungen** des Finanzinstruments bestimmen, ob sie zu Zahlungsströmen führen, die ausschließlich Tilgungs- und Zinszahlungen auf den ausstehenden Kapitalbetrag darstellen und somit mit einer elementaren Kreditvereinbarung in Einklang stehen. Bei dieser Betrachtung würden keine Zahlungen berücksichtigt, die ausschließlich dadurch entstehen, dass die nationale Abwicklungsbehörde befugt ist, dem Inhaber von Instrument E Verluste aufzuerlegen. Grund hierfür ist, dass diese Befugnis und die daraus resultierenden Zahlungen nicht zu den Vertragsbedingungen des Finanzinstruments gehören. Im Gegensatz dazu würden die vertraglichen Zahlungsströme nicht ausschließlich aus Tilgungs- und Zinszahlungen auf den ausstehenden Kapitalbetrag bestehen, wenn es die **Vertragsbedingungen** des Finanzinstruments dem Emittenten oder einem anderen Unternehmen erlauben oder vorschreiben, dem Inhaber Verluste aufzuerlegen (z. B. durch Herabsetzung des Nennbetrags oder Umwandlung des Instruments in eine festgelegte Anzahl von

Instrument	Analysis
	In such cases, the entity must qualitatively or quantitatively assess the contractual cash flows against those on an instrument that is identical in all respects except the tenor of the interest rate matches the interest period to determine if the cash flows are solely payments of principal and interest on the principal amount outstanding. (But see paragraph B4.1.9E for guidance on regulated interest rates.) For example, in assessing a bond with a five-year term that pays a variable rate that is reset every six months but always reflects a five-year maturity, an entity considers the contractual cash flows on an instrument that resets every six months to a six-month interest rate but is otherwise identical. The same analysis would apply if the borrower is able to choose between the lender's various published interest rates (e.g. the borrower can choose between the lender's published one-month variable interest rate and the lender's published three-month variable interest rate).
Instrument C Instrument C is a bond with a stated maturity date and pays a variable market interest rate. That variable interest rate is capped.	The contractual cash flows of both: (a) an instrument that has a fixed interest rate and (b) an instrument that has a variable interest rate are payments of principal and interest on the principal amount outstanding as long as the interest reflects consideration for the time value of money, for the credit risk associated with the instrument during the term of the instrument and for other basic lending risks and costs, as well as a profit margin. (See paragraph B4.1.7A) Consequently, an instrument that is a combination of (a) and (b) (e.g. a bond with an interest rate cap) can have cash flows that are solely payments of principal and interest on the principal amount outstanding. Such a contractual term may reduce cash flow variability by setting a limit on a variable interest rate (e.g. an interest rate cap or floor) or increase the cash flow variability because a fixed rate becomes variable.
Instrument D Instrument D is a full recourse loan and is secured by collateral.	The fact that a full recourse loan is collateralised does not in itself affect the analysis of whether the contractual cash flows are solely payments of principal and interest on the principal amount outstanding.
Instrument E Instrument E is issued by a regulated bank and has a stated maturity date. The instrument pays a fixed interest rate and all contractual cash flows are non-discretionary. However, the issuer is subject to legislation that permits or requires a national resolving authority to impose losses on holders of particular instruments, including Instrument E, in particular circumstances. For example, the national resolving authority has the power to write down the	The holder would analyse the **contractual terms** of the financial instrument to determine whether they give rise to cash flows that are solely payments of principal and interest on the principal amount outstanding and thus are consistent with a basic lending arrangement. That analysis would not consider the payments that arise only as a result of the national resolving authority's power to impose losses on the holders of Instrument E. That is because that power, and the resulting payments, are not **contractual terms** of the financial instrument. In contrast, the contractual cash flows would not be solely payments of principal and interest on the principal amount outstanding if the contractual terms of the financial instrument permit or require the

Instrument	Schlussfolgerungen
festgelegte Anzahl von Stammanteilen des Emittenten umzuwandeln, wenn sie feststellt, dass sich der Emittent in ernsten finanziellen Schwierigkeiten befindet, zusätzliche aufsichtsrechtliche Eigenmittel benötigt oder seinen Zahlungsverpflichtungen nicht nachkommt.	Stammanteilen des Emittenten), solange es sich um echte Vertragsbedingungen handelt, selbst wenn die Wahrscheinlichkeit gering ist, dass ein solcher Verlust auferlegt wird.
Instrument EA	
Instrument EA ist ein Kredit, dessen Zinssatz in jeder Berichtsperiode um eine festgelegte Anzahl Basispunkte angepasst wird, wenn der Schuldner in der vorangegangenen Berichtsperiode eine vertraglich vereinbarte Verringerung seiner CO_2-Emissionen erreicht. Die maximal möglichen kumulierten Anpassungen würden den Zinssatz des Kredits nicht wesentlich verändern.	Die vertraglichen Zahlungsströme stellen ausschließlich Tilgungs- und Zinszahlungen auf den ausstehenden Kapitalbetrag dar. Das Unternehmen prüft, ob die vertraglichen Zahlungsströme, die sowohl vor als auch nach jeder Änderung der vertraglichen Zahlungsströme entstehen könnten, ausschließlich Tilgungs- und Zinszahlungen sind (siehe Paragraph B4.1.10). Tritt das bedingte Ereignis – die Erreichung des CO_2-Emissionsziels – ein, wird der Zinssatz um eine festgelegte Anzahl Basispunkte angepasst; die vertraglichen Zahlungsströme sind infolgedessen mit einer elementaren Kreditvereinbarung vereinbar. Nur weil die Art des bedingten Ereignisses selbst nicht unmittelbar mit Änderungen der grundlegenden Kreditrisiken und Kosten zusammenhängt, kann das Unternehmen nicht ohne weitere Beurteilung schließen, ob es sich bei den Zahlungsströmen des finanziellen Vermögenswerts ausschließlich um Tilgungs- und Zinszahlungen handelt. Es beurteilt folglich, ob sich die vertraglichen Zahlungsströme bei allen vertraglich möglichen Szenarien nicht wesentlich von denen eines Finanzinstruments mit identischen Vertragsbedingungen unterscheiden würden, das kein an die CO_2-Emissionen gebundenes bedingtes Merkmal aufweist (siehe Paragraph B4.1.10A). Da etwaige Änderungen über die Laufzeit des Instruments nicht zu einer wesentlichen Veränderung der vertraglichen Zahlungsströme führen würden, zieht das Unternehmen den Schluss, dass die mit dem Kredit verbundenen vertraglichen Zahlungsströme ausschließlich Tilgungs- und Zinszahlungen auf den ausstehenden Kapitalbetrag darstellen.

B4.1.14 Es folgen einige Beispiele für vertragliche Zahlungsströme, die keine ausschließlichen Tilgungs- und Zinszahlungen auf den ausstehenden Kapitalbetrag darstellen. Diese Liste von Beispielen ist nicht abschließend.

Instrument	Schlussfolgerungen
Instrument F	
Instrument F ist eine Anleihe, die in eine festgelegte Anzahl von Eigenkapitalinstrumenten des Emittenten umgewandelt werden kann.	Der Inhaber würde die Wandelanleihe in ihrer Gesamtheit analysieren. Die vertraglichen Zahlungsströme stellen keine Tilgungs- und Zinszahlungen auf den ausstehenden Kapitalbetrag dar, da sie eine Rendite widerspiegeln, die mit einer elementaren Kreditvereinbarung nicht in Einklang steht (siehe Paragraph B4.1.7A), d. h. die Rendite ist an den Wert des Eigenkapitaltitels des Emittenten gekoppelt.
Instrument G	
Instrument G ist ein Darlehen mit einem invers variablen Zinssatz (d. h. der Zinssatz verhält sich gegenläufig zu den Marktzinssätzen).	Die vertraglichen Zahlungsströme stellen nicht ausschließlich Tilgungs- und Zinszahlungen auf den ausstehenden Kapitalbetrag dar. Die Zinsbeträge sind kein Entgelt für den Zeitwert des Geldes auf den ausstehenden Kapitalbetrag.

Instrument	Analysis
par amount of Instrument E or to convert it into a fixed number of the issuer's ordinary shares if the national resolving authority determines that the issuer is having severe financial difficulties, needs additional regulatory capital or is 'failing'.	issuer or another entity to impose losses on the holder (e.g. by writing down the par amount or by converting the instrument into a fixed number of the issuer's ordinary shares) as long as those contractual terms are genuine, even if the probability is remote that such a loss will be imposed.
Instrument EA	
Instrument EA is a loan with an interest rate that is adjusted every reporting period by a fixed number of basis points if the debtor achieves a contractually specified reduction in carbon emissions during the preceding reporting period. The maximum possible cumulative adjustments would not significantly change the interest rate on the loan.	The contractual cash flows are solely payments of principal and interest on the principal amount outstanding. The entity considers whether the contractual cash flows that could arise both before and after each change in contractual cash flows are solely payments of principal and interest (see paragraph B4.1.10). If the contingent event of achieving the carbon emissions target occurs, the interest rate is adjusted by a fixed number of basis points, resulting in contractual cash flows that are consistent with a basic lending arrangement. It is only because the nature of the contingent event itself does not relate directly to changes in basic lending risks and costs that the entity cannot conclude – without further assessment – whether the cash flows on the financial asset are solely payments of principal and interest. The entity therefore assesses whether, in all contractually possible scenarios, the contractual cash flows would not be significantly different from the contractual cash flows on a financial instrument with identical contractual terms, but without the contingent feature linked to carbon emissions (see paragraph B4.1.10A). Because any adjustments over the life of the instrument would not result in contractual cash flows that are significantly different, the entity concludes that the loan has contractual cash flows that are solely payments of principal and interest on the principal amount outstanding.

The following examples illustrate contractual cash flows that are not solely payments of principal and interest on the principal amount outstanding. This list of examples is not exhaustive. **B4.1.14**

Instrument	Analysis
Instrument F	
Instrument F is a bond that is convertible into a fixed number of equity instruments of the issuer.	The holder would analyse the convertible bond in its entirety. The contractual cash flows are not payments of principal and interest on the principal amount outstanding because they reflect a return that is inconsistent with a basic lending arrangement (see paragraph B4.1.7A); i.e. the return is linked to the value of the equity of the issuer.
Instrument G	
Instrument G is a loan that pays an inverse floating interest rate (i.e. the interest rate has an inverse relationship to market interest rates).	The contractual cash flows are not solely payments of principal and interest on the principal amount outstanding. The interest amounts are not consideration for the time value of money on the principal amount outstanding.

Instrument	Schlussfolgerungen
Instrument H	
Instrument H ist ein unbefristetes Instrument, wobei der Emittent das Instrument jedoch jederzeit kündigen und dem Inhaber den Nennbetrag zuzüglich der angefallenen fälligen Zinsen auszahlen kann. Instrument H wird mit dem Marktzinssatz verzinst. Die Zinszahlung erfolgt jedoch nur dann, wenn der Emittent unmittelbar danach zahlungsfähig bleibt. Für aufgeschobene Zinszahlungen werden keine zusätzlichen Zinsen gezahlt.	Die vertraglichen Zahlungsströme stellen keine Tilgungs- und Zinszahlungen auf den ausstehenden Kapitalbetrag dar, weil der Emittent die Zinszahlungen eventuell aufschieben muss und diese aufgeschobenen Zinsbeträge nicht zusätzlich verzinst werden. Folglich sind die Zinsbeträge kein Entgelt für den Zeitwert des Geldes auf den ausstehenden Kapitalbetrag. Würden die aufgeschobenen Beträge verzinst, könnten die vertraglichen Zahlungsströme Tilgungs- und Zinszahlungen auf den ausstehenden Kapitalbetrag darstellen. Die Tatsache, dass das Instrument H unbefristet ist, bedeutet an sich nicht, dass die vertraglichen Zahlungsströme keine Tilgungs- und Zinszahlungen auf den ausstehenden Kapitalbetrag darstellen. Ein unbefristetes Instrument ist praktisch ein Instrument mit fortlaufenden (mehreren) Verlängerungsoptionen. Solche Optionen können zu vertraglichen Zahlungsströmen führen, die Tilgungs- und Zinszahlungen auf den ausstehenden Kapitalbetrag darstellen, sofern die Zinszahlungen verpflichtend sind und auf unbestimmte Dauer geleistet werden müssen. Ebenso schließt die Tatsache, dass das Instrument H kündbar ist, für sich genommen nicht aus, dass die vertraglichen Zahlungsströmen Tilgungs- und Zinszahlungen auf den ausstehenden Kapitalbetrag darstellen, es sei denn, das Instrument ist zu einem Betrag kündbar, der nicht im Wesentlichen den ausstehenden Tilgungs- und Zinszahlungen auf diesen Kapitalbetrag entspricht. Selbst wenn der bei Kündigung zu zahlende Betrag einen Betrag enthält, der den Inhaber angemessen für die vorzeitige Kündigung des Instruments entschädigt, könnten die vertraglichen Zahlungsströme Tilgungs- und Zinszahlungen auf den ausstehenden Kapitalbetrag darstellen. (Siehe auch Paragraph B4.1.12.)
Instrument I	
Instrument I ist ein Kredit, dessen Zinssatz in jeder Berichtsperiode so angepasst wird, dass die Bewegungen eines marktbasierten CO_2-Preisindex in der vorangegangenen Berichtsperiode abgebildet werden.	Die vertraglichen Zahlungsströme stellen nicht ausschließlich Tilgungs- und Zinszahlungen auf den ausstehenden Kapitalbetrag dar. Die vertraglichen Zahlungsströme sind an eine Variable (den CO_2-Preisindex) gekoppelt, die nicht zu den grundlegenden Kreditrisiken oder Kosten zählt. Folglich sind die vertraglichen Zahlungsströme nicht mit einer elementaren Kreditvereinbarung vereinbar (siehe Paragraph B4.1.8A).

B4.1.15 In einigen Fällen können bei einem finanziellen Vermögenswert vertragliche Zahlungsströme anfallen, die als Tilgung und Zinsen bezeichnet werden, jedoch nicht den Tilgungs- und Zinszahlungen auf den ausstehenden Kapitalbetrag, wie sie in den Paragraphen 4.1.2 (b), 4.1.2A (b) und 4.1.3 des vorliegenden Standards beschrieben sind, entsprechen.

B4.1.16 Dies wäre möglich, wenn der finanzielle Vermögenswert eine Finanzinvestition in bestimmte Vermögenswerte oder Zahlungsströme darstellt und die vertraglichen Zahlungsströme somit nicht ausschließlich Tilgungs- und Zinszahlungen auf den ausstehenden Kapitalbetrag darstellen. Wenn die Vertragsbedingungen beispielsweise vorsehen, dass sich die Zahlungsströme aus dem finanziellen Vermögenswert erhöhen, wenn mehr Fahrzeuge eine bestimmte Mautstraße nutzen, stehen diese vertraglichen Zahlungsströme nicht mit einer elementaren Kreditvereinbarung in Einklang. Infolgedessen würde das Instrument nicht die Bedingung der Paragraphen 4.1.2 (b) und 4.1.2A (b) erfüllen.

B4.1.16A Der in Paragraph B4.1.15 beschriebene Fall kann auch dann eintreten, wenn ein finanzieller Vermögenswert Merkmale fehlender Rückgriffsrechte aufweist. Ein finanzieller Vermögenswert weist solche Merkmale auf, wenn das letztliche Recht eines Unternehmens auf Erhalt von Zahlungsströmen vertraglich auf Zahlungsströme beschränkt ist, die von bestimmten Vermögenswerten generiert werden. Anders ausgedrückt wäre das Unternehmen in erster Linie dem Wertentwicklungsrisiko dieser Vermögenswerte und nicht dem Kreditausfallrisiko ausgesetzt. Beispielsweise kann das letztliche Recht eines Gläubigers auf Erhalt von Zahlungsströmen vertraglich auf die Zahlungsströme beschränkt sein, die von bestimmten Vermögenswerten eines strukturierten Unternehmens generiert werden.

B4.1.17 Die Tatsache, dass ein finanzieller Vermögenswert Merkmale fehlender Rückgriffsrechte aufweist, schließt jedoch für sich genommen nicht aus, dass der finanzielle Vermögenswert die Bedingung der Paragraphen 4.1.2 (b) und 4.1.2A (b) erfüllt. In solchen Fällen muss der Schuldner die Verknüpfung zwischen den jeweils zugrunde liegenden Vermögenswerten oder Zahlungsströmen und den vertraglichen Zahlungsströmen des einzustufenden finanziellen Vermögenswerts beurteilen (Look-Through-Ansatz), um zu bestimmen, ob diese vertraglichen Zahlungsströme Tilgungs- und Zinszahlungen auf

Instrument	Analysis
Instrument H	
Instrument H is a perpetual instrument but the issuer may call the instrument at any point and pay the holder the par amount plus accrued interest due. Instrument H pays a market interest rate but payment of interest cannot be made unless the issuer is able to remain solvent immediately afterwards. Deferred interest does not accrue additional interest.	The contractual cash flows are not payments of principal and interest on the principal amount outö standing. That is because the issuer may be required to defer interest payments and additional interest does not accrue on those deferred interest amounts. As a result, interest amounts are not consideration for the time value of money on the principal amount outstanding. If interest accrued on the deferred amounts, the contractual cash flows could be payments of principal and interest on the principal amount outstanding. The fact that Instrument H is perpetual does not in itself mean that the contractual cash flows are not payments of principal and interest on the principal amount outstanding. In effect, a perpetual instrument has continuous (multiple) extension options. Such options may result in contractual cash flows that are payments of principal and interest on the principal amount outstanding if interest payments are mandatory and must be paid in perpetuity. Also, the fact that Instrument H is callable does not mean that the contractual cash flows are not payments of principal and interest on the principal amount outstanding unless it is callable at an amount that does not substantially reflect payment of outstanding principal and interest on that principal amount outstanding. Even if the callable amount includes an amount that reasonably compensates the holder for the early termination of the instrument, the contractual cash flows could be payments of principal and interest on the principal amount outstanding. (See also paragraph B4.1.12.)
Instrument I	
Instrument I is a loan with an interest rate that is adjusted every reporting period to track the movements in a market-determined carbon price index during the preceding reporting period.	The contractual cash flows are not solely payments of principal and interest on the principal amount outstanding. The contractual cash flows are indexed to a variable (the carbon price index), which is not a basic lending risk or cost. The contractual cash flows are therefore inconsistent with a basic lending arrangement (see paragraph B4.1.8A).

In some cases a financial asset may have contractual cash flows that are described as principal and interest but those cash flows do not represent the payment of principal and interest on the principal amount outstanding as described in paragraphs 4.1.2 (b), 4.1.2A (b) and 4.1.3 of this Standard. **B4.1.15**

This may be the case if the financial asset represents an investment in particular assets or cash flows and hence the contractual cash flows are not solely payments of principal and interest on the principal amount outstanding. For example, if the contractual terms stipulate that the financial asset's cash flows increase as more automobiles use a particular toll road, those contractual cash flows are inconsistent with a basic lending arrangement. As a result, the instrument would not satisfy the condition in paragraphs 4.1.2 (b) and 4.1.2A (b). **B4.1.16**

The situation described in paragraph B4.1.15 may also arise if a financial asset has 'non-recourse' features. A financial asset has non-recourse features if an entity's ultimate right to receive cash flows is contractually limited to the cash flows generated by specified assets. In other words, the entity is primarily exposed to the specified assets' performance risk rather than the debtor's credit risk. For example, a creditor's ultimate right to receive cash flows may be contractually limited to the cash flows generated by specified assets of a structured entity. **B4.1.16A**

However, the fact that a financial asset has non-recourse features does not in itself necessarily preclude the financial asset from meeting the condition in paragraphs 4.1.2 (b) and 4.1.2A (b). In such situations, the creditor is required to assess ('look through to') the link between the particular underlying assets or cash flows and the contractual cash flows of the financial asset being classified to determine whether those contractual cash flows are payments of principal and interest on the principal amount outstanding. An entity shall also consider how this link is affected by other contractual **B4.1.17**

den ausstehenden Kapitalbetrag darstellen. Ein Unternehmen hat auch zu berücksichtigen, wie sich andere vertragliche Vereinbarungen – etwa nachrangige Schuldtitel oder vom Schuldner begebene Eigenkapitalinstrumente – auf diese Verknüpfung auswirken. Wenn die Bedingungen des finanziellen Vermögenswerts zu weiteren Zahlungsströmen führen oder die Zahlungsströme auf eine Weise beschränken, die mit dem Charakter von Tilgungs- und Zinszahlungen nicht vereinbar sind, erfüllt der finanzielle Vermögenswert nicht die Bedingung der Paragraphen 4.1.2 (b) und 4.1.2A (b). Ob es sich bei den zugrunde liegenden Vermögenswerten um finanzielle oder nichtfinanzielle Vermögenswerte handelt, ist für sich genommen für diese Beurteilung irrelevant.

B4.1.18 Eine Eigenschaft vertraglicher Zahlungsströme wirkt sich nicht auf die Einstufung des finanziellen Vermögenswerts aus, wenn diese nur einen De-minimis-Effekt auf die vertraglichen Zahlungsströme des finanziellen Vermögenswerts haben könnte. Um dies zu bestimmen, muss ein Unternehmen die mögliche Auswirkung dieser Eigenschaft vertraglicher Zahlungsströme in jeder Berichtsperiode und kumuliert über die Laufzeit des Finanzinstruments berücksichtigen. Könnte eine Eigenschaft vertraglicher Zahlungsströme einen stärkeren als einen De-minimis-Effekt auf die vertraglichen Zahlungsströme haben (entweder in einer einzelnen Berichtsperiode oder kumuliert), es sich aber nicht um eine „echte" Eigenschaft vertraglicher Zahlungsströme handelt, hat dies keine Auswirkung auf die Einstufung eines finanziellen Vermögenswerts. Eine Zahlungsstrom-Eigenschaft ist nicht echt, wenn sie die vertraglichen Zahlungsströme des Finanzinstruments nur bei Eintreten eines extrem seltenen, äußerst ungewöhnlichen und sehr unwahrscheinlichen Ereignisses beeinflusst.

B4.1.19 Bei fast allen Kreditgeschäften wird der Rang des Instruments eines Gläubigers im Verhältnis zu den Instrumenten der anderen Gläubiger des Schuldners festgelegt. Ein gegenüber anderen Instrumenten nachrangiges Instrument kann vertragliche Zahlungsströme haben, die Tilgungs- und Zinszahlungen auf den ausstehenden Kapitalbetrag darstellen, sofern die Nichtzahlung des Schuldners eine Vertragsverletzung begründet und der Inhaber auch bei einer Insolvenz des Schuldners einen vertraglichen Anspruch auf nicht gezahlte Tilgungs- und Zinsbeträge auf den ausstehenden Kapitalbetrag hat. Beispielsweise würde eine Forderung aus Lieferungen und Leistungen, bei der der Gläubiger im Rang eines allgemeinen Gläubigers steht, das Kriterium „Tilgungs- und Zinszahlungen auf den ausstehenden Kapitalbetrag" erfüllen. Dies ist selbst dann der Fall, wenn der Schuldner besicherte Darlehen ausgegeben hat, die dem Inhaber gegenüber dem allgemeinen Gläubiger im Insolvenzfall vorrangige Ansprüche an den Sicherheiten einräumen, den vertraglichen Anspruch des allgemeinen Gläubigers auf die ausstehenden Tilgungszahlungen und sonstigen fälligen Beträge jedoch nicht beeinträchtigen.

Vertraglich verknüpfte Finanzinstrumente

B4.1.20 Bei einigen Transaktionsarten, die Merkmale fehlender Rückgriffsrechte aufweisen, kann ein Emittent mithilfe mehrerer vertraglich verknüpfter Finanzinstrumente (Tranchen) eine Rangfolge für die Zahlungen an die Inhaber der finanziellen Vermögenswerte festlegen. Für jede Tranche wird festgelegt, in welcher Rangfolge etwaige vom Emittenten mit dem zugrunde liegenden Bestand an Finanzinstrumenten generierte Zahlungsströme darauf verteilt werden. Die Reihenfolge der Zahlungen an die Inhaber dieser Tranchen wird durch eine Wasserfallzahlungsstruktur festgelegt, die Kreditrisikokonzentrationen schafft und zu einer unverhältnismäßigen Verteilung von Zahlungsausfällen bei den zugrunde liegenden Finanzinstrumenten zwischen den Tranchen führt. In solchen Fällen haben die Inhaber einer Tranche nur dann einen Anspruch auf Tilgungs- und Zinszahlungen auf den ausstehenden Kapitalbetrag, wenn der Emittent ausreichende Zahlungsströme zur Bedienung der ranghöheren Tranchen generiert. Bei Transaktionen dieser Art wenden die Inhaber der Tranchen anstelle von Paragraph B4.1.17 die Paragraphen B4.1.21-B4.1.26 an.

B4.1.20A Bei einigen Transaktionen, die mehrere Schuldinstrumente umfassen können und die in Paragraph B4.1.20 beschriebenen Merkmale aufzuweisen scheinen, handelt es sich tatsächlich um Kreditvereinbarungen, die so strukturiert sind, dass sie einem Gläubiger (oder einer Gruppe von Gläubigern) eine verbesserte Kreditbesicherung bieten. So kann beispielsweise ein strukturiertes Unternehmen gegründet werden, das die zugrunde liegenden Vermögenswerte, die die Zahlungsströme zur Rückzahlung an den Gläubiger generieren, hält. Das strukturierte Unternehmen gibt vorrangige und nachrangige Schuldinstrumente aus. Der Gläubiger hält das vorrangige Schuldinstrument, und das Unternehmen, das das strukturierte Unternehmen – den Inhaber des nachrangigen Schuldinstrument – sponsert, ist faktisch nicht dazu in der Lage, das nachrangige Instrument zu verkaufen, ohne dass das vorrangige fällig gestellt wird. Die Inhaber solcher Schuldinstrumente wenden anstelle der Paragraphen B4.1.21-B4.1.26 die Paragraphen B4.1.7-B4.1.19 an.

B4.1.21 Bei Transaktionen, die vertraglich verknüpfte Finanzinstrumente umfassen, wie in Paragraph B4.1.20 beschrieben, weist eine Tranche nur dann Zahlungsstromeigenschaften auf, die Tilgungs- und Zinszahlungen auf den ausstehenden Kapitalbetrag entsprechen, wenn

(a) die Vertragsbedingungen der zu Einstufungszwecken untersuchten Tranche (ohne auf den zugrunde liegenden Bestand an Finanzinstrumenten „hindurchzusehen") zu Zahlungsströmen führen, die ausschließlich Tilgungs- und Zinszahlungen auf den ausstehenden Kapitalbetrag darstellen (z. B. wenn der Zinssatz der Tranche nicht an einen Rohstoffindex gekoppelt ist),

(b) der zugrunde liegende Bestand an Finanzinstrumenten die in den Paragraphen B4.1.23 und B4.1.24 dargelegten Zahlungsstromeigenschaften aufweist, und

(c) das Ausfallrisiko der Tranche in Bezug auf den zugrunde liegenden Bestand an Finanzinstrumenten gleich groß oder geringer ist als das Ausfallrisiko des zugrunde liegenden Bestands an Finanzinstrumenten (beispielsweise wenn das Bonitätsrating der zu Einstufungszwecken untersuchten Tranche gleich groß oder höher als das Bonitätsrating für eine einzelne Tranche, mit der der zugrunde liegende Bestand an Finanzinstrumenten finanziert wurde).

arrangements, such as subordinated debt or equity instruments issued by the debtor. If the terms of the financial asset give rise to any other cash flows or limit the cash flows in a manner inconsistent with payments representing principal and interest, the financial asset does not meet the condition in paragraphs 4.1.2 (b) and 4.1.2A (b). Whether the underlying assets are financial assets or nonfinancial assets does not in itself affect this assessment.

A contractual cash flow characteristic does not affect the classification of the financial asset if it could have only a de minimis effect on the contractual cash flows of the financial asset. To make this determination, an entity must consider the possible effect of the contractual cash flow characteristic in each reporting period and cumulatively over the life of the financial instrument. In addition, if a contractual cash flow characteristic could have an effect on the contractual cash flows that is more than de minimis (either in a single reporting period or cumulatively) but that cash flow characteristic is not genuine, it does not affect the classification of a financial asset. A cash flow characteristic is not genuine if it affects the instrument's contractual cash flows only on the occurrence of an event that is extremely rare, highly abnormal and very unlikely to occur. **B4.1.18**

In almost every lending transaction the creditor's instrument is ranked relative to the instruments of the debtor's other creditors. An instrument that is subordinated to other instruments may have contractual cash flows that are payments of principal and interest on the principal amount outstanding if the debtor's non-payment is a breach of contract and the holder has a contractual right to unpaid amounts of principal and interest on the principal amount outstanding even in the event of the debtor's bankruptcy. For example, a trade receivable that ranks its creditor as a general creditor would qualify as having payments of principal and interest on the principal amount outstanding. This is the case even if the debtor issued loans that are collateralised, which in the event of bankruptcy would give that loan holder priority over the claims of the general creditor in respect of the collateral but does not affect the contractual right of the general creditor to unpaid principal and other amounts due. **B4.1.19**

Contractually linked instruments

In some types of transactions with non-recourse features, an issuer may prioritise payments to the holders of financial assets using multiple contractually linked instruments (tranches). Each tranche has a subordination ranking that specifies the order in which any cash flows generated by the issuer from the underlying pool of financial instruments are allocated to the tranche. The prioritisation of payments to the holders of these tranches is established through a waterfall payment structure that creates concentrations of credit risk and results in a disproportionate allocation of cash shortfalls from the underlying pool between the tranches. In such situations, the holders of a tranche have the right to payments of principal and interest on the principal amount outstanding only if the issuer generates sufficient cash flows to satisfy higher-ranking tranches. In these types of transactions, the holders of a tranche apply paragraphs B4.1.21—B4.1.26 instead of paragraph B4.1.17. **B4.1.20**

Some transactions that may contain multiple debt instruments and appear to have the characteristics described in paragraph B4.1.20 are, in fact, lending arrangements that are structured to provide enhanced credit protection to a creditor (or group of creditors). For example, a structured entity may be set up to hold the underlying assets that will generate the cash flows to repay the creditor. The structured entity issues senior and junior debt instruments. The creditor holds the senior debt instrument and the entity sponsoring the structured entity that holds the junior debt instrument has no practical ability to sell the junior instrument without the senior debt instrument becoming payable. The holders of such debt instruments apply paragraphs B4.1.7—B4.1.19 instead of paragraphs B4.1.21—B4.1.26 **B4.1.20A**

In transactions that contain contractually linked instruments, as described in paragraph B4.1.20, a tranche has cash flow characteristics that are payments of principal and interest on the principal amount outstanding only if: **B4.1.21**

(a) the contractual terms of the tranche being assessed for classification (without looking through to the underlying pool of financial instruments) give rise to cash flows that are solely payments of principal and interest on the principal amount outstanding (e.g. the interest rate on the tranche is not linked to a commodity index);
(b) the underlying pool of financial instruments has the cash flow characteristics set out in paragraphs B4.1.23 and B4.1.24; and
(c) the exposure to credit risk in the underlying pool of financial instruments inherent in the tranche is equal to or lower than the exposure to credit risk of the underlying pool of financial instruments (for example, the credit rating of the tranche being assessed for classification is equal to or higher than the credit rating that would apply to a single tranche that funded the underlying pool of financial instruments).

B4.1.22 Ein Unternehmen muss die vertraglichen Verknüpfungen so weit analysieren, bis es den zugrunde liegenden Bestand an Finanzinstrumenten identifizieren kann, welche die Zahlungsströme generieren (und nicht nur weiterleiten). Dies ist der zugrunde liegende Bestand an Finanzinstrumenten.

B4.1.23 Der zugrunde liegende Bestand muss ein oder mehrere Finanzinstrumente enthalten, deren vertragliche Zahlungsströme ausschließlich Tilgungs- und Zinszahlungen auf den ausstehenden Kapitalbetrag darstellen. Für die Zwecke dieser Beurteilung kann der zugrunde liegende Bestand Finanzinstrumente umfassen, die nicht unter die Einstufungsvorschriften (siehe Abschnitt 4.1) fallen, deren vertragliche Zahlungsströme jedoch ausschließlich Tilgungs- und Zinszahlungen auf den ausstehenden Kapitalbetrag – z. B. Forderungen aus Leasingverhältnissen – entsprechen. Unterliegen allerdings Forderungen aus Leasingverhältnissen einem Restwertrisiko oder enthalten sie variable Leasingzahlungen, die an eine nicht zu den grundlegenden Kreditrisiken oder Kosten zählende Variable (z. B. einen marktüblichen Mietpreis) gekoppelt sind, entsprechen die damit verbundenen vertraglichen Zahlungsströme nicht ausschließlich Tilgungs- und Zinszahlungen auf den ausstehenden Kapitalbetrag.

B4.1.24 Der zugrunde liegende Bestand an Finanzinstrumenten kann auch Instrumente umfassen, die

(a) die Variabilität der Zahlungsströme aus den Finanzinstrumenten in Paragraph B4.1.23 verringern und in Kombination mit den Finanzinstrumenten in Paragraph B4.1.23 zu Zahlungsströmen führen, die ausschließlich Tilgungs- und Zinszahlungen auf den ausstehenden Kapitalbetrag darstellen (z. B. eine Zinsober- oder -untergrenze oder ein Kontrakt, der das Ausfallrisiko einiger oder aller Instrumente in Paragraph B4.1.23 verringert), oder
(b) die Zahlungsströme der Tranchen mit den Zahlungsströmen des zugrunde liegenden Bestands an Finanzinstrumenten in Paragraph B4.1.23 in Einklang bringen. Dies geschieht ausschließlich zur Eliminierung von Unterschieden in Bezug auf:
   (i) eine feste oder variable Verzinsung,
   (ii) die Währung, auf die die Zahlungsströme lauten, einschließlich der Inflation in dieser Währung, oder
   (iii) den zeitlichen Anfall der Zahlungsströme.

B4.1.25 Wenn ein Finanzinstrument des Bestands die Bedingungen von Paragraph B4.1.23 oder Paragraph B4.1.24 nicht erfüllt, ist die Bedingung von Paragraph B4.1.21 (b) nicht erfüllt. Bei dieser Beurteilung ist unter Umständen keine ausführliche Analyse der einzelnen Finanzinstrumente des Bestands erforderlich. Doch muss das Unternehmen eine umfassende Analyse vornehmen und nach Ermessen bestimmen, ob die Finanzinstrumente des Bestands die in den Paragraphen B4.1.23 und B4.1.24 genannten Bedingungen erfüllen. (Für Leitlinien zu Eigenschaften vertraglicher Zahlungsströme mit De-minimis-Effekt siehe auch Paragraph B4.1.18.)

B4.1.26 Kann der Inhaber die in Paragraph B4.1.21 genannten Bedingungen beim erstmaligen Ansatz nicht beurteilen, muss die Tranche erfolgswirksam zum beizulegenden Zeitwert bewertet werden. Wenn sich der zugrunde liegende Bestand an Finanzinstrumenten nach dem erstmaligen Ansatz so verändern kann, dass er die in den Paragraphen B4.1.23 und B4.1.24 genannten Bedingungen eventuell nicht mehr erfüllt, erfüllt die Tranche nicht die Bedingungen des Paragraphen B4.1.21 und ist erfolgswirksam zum beizulegenden Zeitwert zu bewerten. Enthält der zugrunde liegende Bestand allerdings Finanzinstrumente, die durch Vermögenswerte besichert sind, die die in den Paragraphen B4.1.23 und B4.1.24 genannten Bedingungen nicht erfüllen, bleibt die Möglichkeit der Inbesitznahme solcher Vermögenswerte bei der Anwendung dieses Paragraphen unberücksichtigt, es sei denn, das Unternehmen hat die Tranche mit der Absicht auf Verfügungsmacht über die Sicherheiten erworben.

Wahlrecht, einen finanziellen Vermögenswert oder eine finanzielle Verbindlichkeit als erfolgswirksam zum beizulegenden Zeitwert bewertet zu designieren (Abschnitte 4.1 und 4.2)

B4.1.27 Gemäß diesem Standard darf ein Unternehmen vorbehaltlich der in den Paragraphen 4.1.5 und 4.2.2 genannten Bedingungen einen finanziellen Vermögenswert, eine finanzielle Verbindlichkeit oder eine Gruppe von Finanzinstrumenten (finanziellen Vermögenswerten, finanziellen Verbindlichkeiten oder einer Kombination aus beidem) als erfolgswirksam zum beizulegenden Zeitwert bewertet designieren, wenn dadurch relevantere Informationen vermittelt werden.

B4.1.28 Die Entscheidung eines Unternehmens zur Designation eines finanziellen Vermögenswerts bzw. einer finanziellen Verbindlichkeit als erfolgswirksam zum beizulegenden Zeitwert bewertet ist mit der Entscheidung für eine Rechnungslegungsmethode vergleichbar (auch wenn anders als bei einer gewählten Rechnungslegungsmethode keine konsequente Anwendung auf alle ähnlichen Geschäftsvorfälle verlangt wird). Wenn ein Unternehmen ein derartiges Wahlrecht hat, muss die gewählte Methode gemäß Paragraph 14 (b) von IAS 8 dazu führen, dass der Abschluss zuverlässige und relevantere Informationen über die Auswirkungen von Geschäftsvorfällen, sonstigen Ereignissen und Bedingungen auf die Vermögens-, Finanz- oder Ertragslage des Unternehmens vermittelt. Für die Designation einer finanziellen Verbindlichkeit als erfolgswirksam zum beizulegenden Zeitwert bewertet werden in Paragraph 4.2.2 beispielsweise die beiden Umstände genannt, unter denen die Bedingung relevanterer Informationen erfüllt wird. Dementsprechend muss ein Unternehmen, das sich für eine Designation gemäß Paragraph 4.2.2 entscheidet, nachweisen, dass einer dieser beiden Umstände (oder alle beide) zutrifft (zutreffen).

Durch die Designation wird eine Rechnungslegungsanomalie beseitigt oder signifikant verringert

B4.1.29 Die Bewertung eines finanziellen Vermögenswerts oder einer finanziellen Verbindlichkeit und die Erfassung der Bewertungsänderungen richten sich danach, wie der Posten eingestuft wurde und ob er Teil einer designierten

An entity must look through until it can identify the underlying pool of instruments that are creating (instead of passing through) the cash flows. This is the underlying pool of financial instruments. B4.1.22

The underlying pool must contain one or more instruments that have contractual cash flows that are solely payments of principal and interest on the principal amount outstanding. For the purposes of this assessment, the underlying pool can include financial instruments that are not within the scope of the classification requirements (see Section 4.1) but that have contractual cash flows that are equivalent to solely payments of principal and interest on the principal amount outstanding — for example, some lease receivables. However, lease receivables that are subject to residual value risk, or that comprise variable lease payments that are indexed to a variable that is not a basic lending risk or cost (for example, a market rental rate), do not have contractual cash flows that are equivalent to solely payments of principal and interest on the principal amount outstanding. B4.1.23

The underlying pool of instruments may also include instruments that: B4.1.24

(a) reduce the cash flow variability of the instruments in paragraph B4.1.23 and, when combined with the instruments in paragraph B4.1.23, result in cash flows that are solely payments of principal and interest on the principal amount outstanding (e.g. an interest rate cap or floor or a contract that reduces the credit risk on some or all of the instruments in paragraph B4.1.23); or
(b) align the cash flows of the tranches with the cash flows of the pool of underlying instruments in paragraph B4.1.23 to address differences in and only in:
    (i) whether the interest rate is fixed or floating;
    (ii) the currency in which the cash flows are denominated, including inflation in that currency; or
    (iii) the timing of the cash flows.

If any instrument in the pool does not meet the conditions in either paragraph B4.1.23 or paragraph B4.1.24, the condition in paragraph B4.1.21 (b) is not met. In performing this assessment, a detailed instrument-by-instrument analysis of the pool may not be necessary. However, an entity must use judgement and perform sufficient analysis to determine whether the instruments in the pool meet the conditions in paragraphs B4.1.23—B4.1.24. (See also paragraph B4.1.18 for guidance on contractual cash flow characteristics that have only a de minimis effect.) B4.1.25

If the holder cannot assess the conditions in paragraph B4.1.21 at initial recognition, the tranche must be measured at fair value through profit or loss. If the underlying pool of instruments can change after initial recognition in such a way that the pool may not meet the conditions in paragraphs B4.1.23—B4.1.24, the tranche does not meet the conditions in paragraph B4.1.21 and must be measured at fair value through profit or loss. However, if the underlying pool includes instruments that are collateralised by assets that do not meet the conditions in paragraphs B4.1.23—B4.1.24, the ability to take possession of such assets shall be disregarded for the purposes of applying this paragraph unless the entity acquired the tranche with the intention of controlling the collateral. B4.1.26

Option to designate a financial asset or financial liability as at fair value through profit or loss (Sections 4.1 and 4.2)

Subject to the conditions in paragraphs 4.1.5 and 4.2.2, this Standard allows an entity to designate a financial asset, a financial liability, or a group of financial instruments (financial assets, financial liabilities or both) as at fair value through profit or loss provided that doing so results in more relevant information. B4.1.27

The decision of an entity to designate a financial asset or financial liability as at fair value through profit or loss is similar to an accounting policy choice (although, unlike an accounting policy choice, it is not required to be applied consistently to all similar transactions). When an entity has such a choice, paragraph 14 (b) of IAS 8 requires the chosen policy to result in the financial statements providing reliable and more relevant information about the effects of transactions, other events and conditions on the entity's financial position, financial performance or cash flows. For example, in the case of designation of a financial liability as at fair value through profit or loss, paragraph 4.2.2 sets out the two circumstances when the requirement for more relevant information will be met. Accordingly, to choose such designation in accordance with paragraph 4.2.2, the entity needs to demonstrate that it falls within one (or both) of these two circumstances. B4.1.28

Designation eliminates or significantly reduces an accounting mismatch

Measurement of a financial asset or financial liability and classification of recognised changes in its value are determined by the item's classification and whether the item is part of a designated hedging relationship. Those requirements can cre- B4.1.29

Sicherungsbeziehung ist. Diese Vorschriften können zu Inkongruenzen bei der Bewertung oder beim Ansatz führen (auch als „Rechnungslegungsanomalie" bezeichnet). Dies ist z. B. dann der Fall, wenn ein finanzieller Vermögenswert ohne die Möglichkeit einer Einstufung als erfolgswirksam zum beizulegenden Zeitwert bewertet in den Folgeperioden als erfolgswirksam zum beizulegenden Zeitwert bewertet einzustufen wäre und eine nach Auffassung des Unternehmens zugehörige Verbindlichkeit in den Folgeperioden zu fortgeführten Anschaffungskosten (d. h. ohne Erfassung von Änderungen des beizulegenden Zeitwerts) bewertet würde. Unter solchen Umständen mag ein Unternehmen zu dem Schluss kommen, dass sein Abschluss relevantere Informationen vermitteln würde, wenn sowohl der Vermögenswert als auch die Verbindlichkeit als erfolgswirksam zum beizulegenden Zeitwert bewertet würden.

B4.1.30 Die folgenden Beispiele veranschaulichen, wann diese Bedingung erfüllt sein könnte. In allen Fällen darf ein Unternehmen diese Bedingung nur dann für die Designation finanzieller Vermögenswerte bzw. Verbindlichkeiten als erfolgswirksam zum beizulegenden Zeitwert bewertet heranziehen, wenn es den Grundsatz in Paragraph 4.1.5 oder 4.2.2 (a) erfüllt.

(a) Ein Unternehmen hat Verträge im Anwendungsbereich von IFRS 17, in deren Bewertung aktuelle Informationen einfließen, und nach seiner Ansicht zugehörige finanzielle Vermögenswerte, die ansonsten entweder zum beizulegenden Zeitwert erfolgsneutral im sonstigen Ergebnis oder zu fortgeführten Anschaffungskosten bewertet würden.

(b) Ein Unternehmen hat finanzielle Vermögenswerte und/oder finanzielle Verbindlichkeiten, die dem gleichen Risiko unterliegen, wie z. B. dem Zinsänderungsrisiko, das zu gegenläufigen Veränderungen der beizulegenden Zeitwerte führt, die sich weitgehend aufheben. Jedoch würden nur einige Instrumente erfolgswirksam zum beizulegenden Zeitwert bewertet (z. B. solche, die Derivate oder als zu Handelszwecken gehalten eingestuft sind). Es ist auch möglich, dass die Voraussetzungen für die Bilanzierung von Sicherungsbeziehungen nicht erfüllt sind, weil z. B. die in Paragraph 6.4.1 genannten Kriterien für die Wirksamkeit der Absicherung nicht erfüllt sind.

(c) Ein Unternehmen hat finanzielle Vermögenswerte und/oder finanzielle Verbindlichkeiten, die dem gleichen Risiko unterliegen, wie z. B. dem Zinsänderungsrisiko, das zu gegenläufigen Veränderungen der beizulegenden Zeitwerte führt, die sich weitgehend aufheben. Keiner der finanziellen Vermögenswerte bzw. keine der finanziellen Verbindlichkeiten erfüllt die Kriterien für eine Designation als Sicherungsinstrument, da sie nicht erfolgswirksam zum beizulegenden Zeitwert bewertet werden. Ohne eine Bilanzierung als Sicherungsbeziehung kommt es darüber hinaus bei der Erfassung von Gewinnen und Verlusten zu erheblichen Inkongruenzen. Das Unternehmen hat beispielsweise eine bestimmte Gruppe von Krediten durch die Emission gehandelter Anleihen refinanziert, wobei sich die Änderungen der beizulegenden Zeitwerte weitgehend aufheben. Wenn das Unternehmen darüber hinaus die Anleihen regelmäßig kauft und verkauft, die Kredite dagegen nur selten, wenn überhaupt, kauft und verkauft, wird durch den einheitlichen Ausweis der Kredite und Anleihen als erfolgswirksam zum beizulegenden Zeitwert bewertet die Inkongruenz bezüglich des Zeitpunkts der Erfolgserfassung beseitigt, die sonst aus ihrer Bewertung zu fortgeführten Anschaffungskosten und der Erfassung eines Gewinns bzw. Verlusts bei jedem Anleihe-Rückkauf resultieren würde.

B4.1.31 In Fällen wie den im vorstehenden Paragraphen beschriebenen lassen sich dadurch, dass finanzielle Vermögenswerte und Verbindlichkeiten, auf die sonst andere Bewertungsmaßstäbe Anwendung fänden, beim erstmaligen Ansatz als erfolgswirksam zum beizulegenden Zeitwert bewertet designiert werden, Inkongruenzen bei der Bewertung oder beim Ansatz beseitigen oder signifikant verringern und relevantere Informationen vermitteln. Aus Praktikabilitätsgründen braucht das Unternehmen nicht alle Vermögenswerte und Verbindlichkeiten, die bei der Bewertung oder beim Ansatz zu Inkongruenzen führen, genau zeitgleich einzugehen. Eine angemessene Verzögerung wird zugestanden, sofern jede Transaktion bei ihrem erstmaligen Ansatz als erfolgswirksam zum beizulegenden Zeitwert bewertet designiert wird und etwaige verbleibende Transaktionen zu diesem Zeitpunkt voraussichtlich eintreten werden.

B4.1.32 Es wäre nicht zulässig, nur einige finanzielle Vermögenswerte und Verbindlichkeiten, die Ursache der Inkongruenzen sind, als erfolgswirksam zum beizulegenden Zeitwert bewertet zu designieren, wenn die Inkongruenzen dadurch nicht beseitigt oder signifikant verringert und folglich keine relevanteren Informationen vermittelt würden. Zulässig wäre es dagegen, aus einer Vielzahl ähnlicher finanzieller Vermögenswerte oder Verbindlichkeiten nur einige wenige zu designieren, wenn die Inkongruenzen dadurch signifikant (und möglicherweise stärker als mit anderen zulässigen Designationen) verringert würden. Beispiel: Angenommen, ein Unternehmen hat eine Reihe ähnlicher finanzieller Verbindlichkeiten über insgesamt WE 100 und eine Reihe ähnlicher finanzieller Vermögenswerte über insgesamt WE 50, die jedoch nach unterschiedlichen Methoden bewertet werden. Das Unternehmen kann die Bewertungsinkongruenzen signifikant verringern, indem es beim erstmaligen Ansatz alle Vermögenswerte, jedoch nur einige Verbindlichkeiten (z. B. einzelne Verbindlichkeiten im Gesamtwert von WE 45) als erfolgswirksam zum beizulegenden Zeitwert bewertet designiert. Da ein Finanzinstrument jedoch immer nur als Ganzes als erfolgswirksam zum beizulegenden Zeitwert bewertet designiert werden kann, muss das Unternehmen in diesem Beispiel eine oder mehrere Verbindlichkeiten in ihrer Gesamtheit designieren. Das Unternehmen darf die Designation weder auf eine Komponente einer Verbindlichkeit (z. B. Wertänderungen, die nur einem Risiko zuzurechnen sind, wie etwa Änderungen eines Referenzzinssatzes) noch auf einen Anteil einer Verbindlichkeit (d. h. einen Prozentsatz) beschränken.

Eine Gruppe von finanziellen Verbindlichkeiten oder finanziellen Vermögenswerten und Verbindlichkeiten wird gesteuert und ihre Wertentwicklung anhand des beizulegenden Zeitwerts beurteilt

B4.1.33 Ein Unternehmen kann eine Gruppe von finanziellen Verbindlichkeiten oder finanziellen Vermögenswerten und Verbindlichkeiten so steuern und ihre Wertentwicklung so beurteilen, dass die erfolgswirksame Bewertung dieser Gruppe zum beizulegenden Zeitwert zu relevanteren Informationen führt. In diesem Fall liegt das Hauptaugenmerk nicht auf der Art der Finanzinstrumente, sondern auf der Art und Weise, wie das Unternehmen diese steuert und ihre Wertentwicklung beurteilt.

ate a measurement or recognition inconsistency (sometimes referred to as an 'accounting mismatch') when, for example, in the absence of designation as at fair value through profit or loss, a financial asset would be classified as subsequently measured at fair value through profit or loss and a liability the entity considers related would be subsequently measured at amortised cost (with changes in fair value not recognised). In such circumstances, an entity may conclude that its financial statements would provide more relevant information if both the asset and the liability were measured as at fair value through profit or loss.

The following examples show when this condition could be met. In all cases, an entity may use this condition to designate financial assets or financial liabilities as at fair value through profit or loss only if it meets the principle in paragraph 4.1.5 or 4.2.2 (a): **B4.1.30**

(a) an entity has contracts within the scope of IFRS 17 (the measurement of which incorporates current information and financial assets that it considers to be related and that would otherwise be measured at either fair value through other comprehensive income or amortised cost;
(b) an entity has financial assets, financial liabilities or both that share a risk, such as interest rate risk, and that gives rise to opposite changes in fair value that tend to offset each other. However, only some of the instruments would be measured at fair value through profit or loss (for example, those that are derivatives, or are classified as held for trading). It may also be the case that the requirements for hedge accounting are not met because, for example, the requirements for hedge effectiveness in paragraph 6.4.1 are not met.
(c) an entity has financial assets, financial liabilities or both that share a risk, such as interest rate risk, that gives rise to opposite changes in fair value that tend to offset each other and none of the financial assets or financial liabilities qualifies for designation as a hedging instrument because they are not measured at fair value through profit or loss. Furthermore, in the absence of hedge accounting there is a significant inconsistency in the recognition of gains and losses. For example, the entity has financed a specified group of loans by issuing traded bonds whose changes in fair value tend to offset each other. If, in addition, the entity regularly buys and sells the bonds but rarely, if ever, buys and sells the loans, reporting both the loans and the bonds at fair value through profit or loss eliminates the inconsistency in the timing of the recognition of the gains and losses that would otherwise result from measuring them both at amortised cost and recognising a gain or loss each time a bond is repurchased.

In cases such as those described in the preceding paragraph, to designate, at initial recognition, the financial assets and financial liabilities not otherwise so measured as at fair value through profit or loss may eliminate or significantly reduce the measurement or recognition inconsistency and produce more relevant information. For practical purposes, the entity need not enter into all of the assets and liabilities giving rise to the measurement or recognition inconsistency at exactly the same time. A reasonable delay is permitted provided that each transaction is designated as at fair value through profit or loss at its initial recognition and, at that time, any remaining transactions are expected to occur. **B4.1.31**

It would not be acceptable to designate only some of the financial assets and financial liabilities giving rise to the inconsistency as at fair value through profit or loss if to do so would not eliminate or significantly reduce the inconsistency and would therefore not result in more relevant information. However, it would be acceptable to designate only some of a number of similar financial assets or similar financial liabilities if doing so achieves a significant reduction (and possibly a greater reduction than other allowable designations) in the inconsistency. For example, assume an entity has a number of similar financial liabilities that sum to CU100 and a number of similar financial assets that sum to CU50 but are measured on a different basis. The entity may significantly reduce the measurement inconsistency by designating at initial recognition all of the assets but only some of the liabilities (for example, individual liabilities with a combined total of CU45) as at fair value through profit or loss. However, because designation as at fair value through profit or loss can be applied only to the whole of a financial instrument, the entity in this example must designate one or more liabilities in their entirety. It could not designate either a component of a liability (e.g. changes in value attributable to only one risk, such as changes in a benchmark interest rate) or a proportion (i.e. percentage) of a liability. **B4.1.32**

A group of financial liabilities or financial assets and financial liabilities is managed and its performance is evaluated on a fair value basis

An entity may manage and evaluate the performance of a group of financial liabilities or financial assets and financial liabilities in such a way that measuring that group at fair value through profit or loss results in more relevant information. The focus in this instance is on the way the entity manages and evaluates performance, instead of on the nature of its financial instruments. **B4.1.33**

B4.1.34 Ein Unternehmen kann diese Bedingung beispielsweise dann für die Designation finanzieller Verbindlichkeiten als erfolgswirksam zum beizulegenden Zeitwert bewertet heranziehen, wenn es den Grundsatz in Paragraph 4.2.2 (b) erfüllt und finanzielle Vermögenswerte und Verbindlichkeiten hat, die ein oder mehrere Risiken teilen, welche gemäß einer dokumentierten Richtlinie zum Asset-Liability-Management auf Basis des beizulegenden Zeitwerts gesteuert und auf dieser Grundlage beurteilt werden. Ein Beispiel wäre ein Unternehmen, das „strukturierte Produkte" mit mehreren eingebetteten Derivaten emittiert hat und die daraus resultierenden Risiken mit einer Mischung aus derivativen und nicht derivativen Finanzinstrumenten auf Basis des beizulegenden Zeitwerts steuert.

B4.1.35 Wie bereits erwähnt, bezieht sich diese Bedingung auf die Art und Weise, wie das Unternehmen die betreffende Gruppe von Finanzinstrumenten steuert und ihre Wertentwicklung beurteilt. Dementsprechend hat ein Unternehmen, das finanzielle Verbindlichkeiten auf Grundlage dieser Bedingung als erfolgswirksam zum beizulegenden Zeitwert bewertet designiert, (vorbehaltlich der vorgeschriebenen Designation beim erstmaligen Ansatz) alle infrage kommenden finanziellen Verbindlichkeit, die gemeinsam gesteuert und bewertet werden, ebenfalls so zu designieren.

B4.1.36 Die Dokumentation über die Strategie des Unternehmens muss nicht umfangreich sein, aber den Nachweis der Übereinstimmung mit Paragraph 4.2.2 (b) erbringen. Eine solche Dokumentation ist nicht für jeden einzelnen Posten erforderlich, sondern kann auch auf Basis eines Portfolios erfolgen. Wenn beispielsweise aus dem System zur Steuerung der Wertentwicklung für eine Abteilung – das vom Management in Schlüsselpositionen des Unternehmens genehmigt wurde – eindeutig hervorgeht, dass die Wertentwicklung auf dieser Basis beurteilt wird, ist für den Nachweis der Übereinstimmung mit Paragraph 4.2.2 (b) keine weitere Dokumentation notwendig.

Eingebettete Derivate (Abschnitt 4.3)

B4.3.1 Wenn ein Unternehmen Vertragspartei eines hybriden Vertrags mit einem Basisvertrag wird, bei dem es sich nicht um einen Vermögenswert im Anwendungsbereich dieses Standards handelt, ist es gemäß Paragraph 4.3.3 verpflichtet, jedes eingebettete Derivat zu identifizieren, zu beurteilen, ob es vom Basisvertrag getrennt werden muss, und die zu trennenden Derivate beim erstmaligen Ansatz und bei der Folgebewertung erfolgswirksam zum beizulegenden Zeitwert zu bewerten.

B4.3.2 Wenn der Basisvertrag keine angegebene oder vorbestimmte Laufzeit hat und einen Residualanspruch am Reinvermögen eines Unternehmens begründet, sind seine wirtschaftlichen Merkmale und Risiken die eines Eigenkapitalinstruments, und ein eingebettetes Derivat müsste Eigenkapitalmerkmale in Bezug auf das gleiche Unternehmen aufweisen, um als eng mit dem Basisvertrag verbunden zu gelten. Wenn der Basisvertrag kein Eigenkapitalinstrument darstellt und die Definition eines Finanzinstruments erfüllt, sind seine wirtschaftlichen Merkmale und Risiken die eines Schuldinstruments.

B4.3.3 Eingebettete Derivate ohne Optionscharakter (wie etwa ein eingebetteter Forward oder Swap) sind auf Grundlage ihrer angegebenen oder implizit enthaltenen materiellen Bedingungen vom zugehörigen Basisvertrag zu trennen, sodass sie beim erstmaligen Ansatz einen beizulegenden Zeitwert von null aufweisen. Eingebettete Derivate mit Optionscharakter (wie eingebettete Verkaufsoptionen, Kaufoptionen, Caps, Floors oder Swaptions) sind auf Grundlage der angegebenen Bedingungen des Optionsmerkmals vom Basisvertrag zu trennen. Der anfängliche Buchwert des Basisinstruments entspricht dem Restbetrag nach Trennung vom eingebetteten Derivat.

B4.3.4 Mehrere in einen hybriden Vertrag eingebettete Derivate werden normalerweise als ein einziges zusammengesetztes eingebettetes Derivat behandelt. Davon ausgenommen sind jedoch als Eigenkapital eingestufte eingebettete Derivate (siehe IAS 32 *Finanzinstrumente: Darstellung*), die gesondert von den als Vermögenswerte oder Verbindlichkeiten eingestuften zu bilanzieren sind. Eine gesonderte Bilanzierung erfolgt auch dann, wenn die in einen hybriden Vertrag eingebetteten Derivate unterschiedlichen Risiken ausgesetzt sind und jederzeit getrennt werden können und unabhängig voneinander sind.

B4.3.5 In den folgenden Beispielen sind die wirtschaftlichen Merkmale und Risiken eines eingebetteten Derivats nicht eng mit dem Basisvertrag verbunden (Paragraph 4.3.3 (a)). In diesen Beispielen und unter der Annahme, dass die in Paragraph 4.3.3 (b) und (c) genannten Bedingungen erfüllt sind, bilanziert ein Unternehmen das eingebettete Derivat getrennt von seinem Basisvertrag.

(a) Eine in ein Instrument eingebettete Verkaufsoption, die es dem Inhaber ermöglicht, vom Emittenten den Rückkauf des Instruments für einen an einen Eigenkapital- oder Rohstoffpreis oder -index gekoppelten Betrag an Zahlungsmitteln oder anderen Vermögenswerten zu verlangen, ist nicht eng mit dem Basisvertrag verbunden.

(b) Eine Option oder automatische Regelung zur Verlängerung der Restlaufzeit eines Schuldinstruments ist nicht eng mit dem originären Schuldinstrument verbunden, es sei denn, zum Zeitpunkt der Verlängerung findet gleichzeitig eine Anpassung an den ungefähren herrschenden Marktzins statt. Wenn ein Unternehmen ein Schuldinstrument emittiert und der Inhaber dieses Schuldinstruments einem Dritten eine Kaufoption auf das Schuldinstrument einräumt, stellt die Kaufoption für den Fall, dass der Emittent bei ihrer Ausübung dazu verpflichtet werden kann, sich an der Vermarktung des Schuldinstruments zu beteiligen oder diese zu erleichtern, für diesen eine Verlängerung der Laufzeit des Schuldinstruments dar.

(c) In ein Schuldinstrument oder einen Versicherungsvertrag eingebettete eigenkapitalindizierte Zins- oder Kapitalzahlungen – bei denen die Höhe der Zinsen oder des Kapitalbetrags an den Wert von Eigenkapitalinstrumenten gekoppelt ist – sind nicht eng mit dem Basisinstrument verbunden, da das Basisinstrument und das eingebettete Derivat unterschiedlichen Risiken ausgesetzt sind.

For example, an entity may use this condition to designate financial liabilities as at fair value through profit or loss if it meets the principle in paragraph 4.2.2 (b) and the entity has financial assets and financial liabilities that share one or more risks and those risks are managed and evaluated on a fair value basis in accordance with a documented policy of asset and liability management. An example could be an entity that has issued 'structured products' containing multiple embedded derivatives and manages the resulting risks on a fair value basis using a mix of derivative and non-derivative financial instruments. **B4.1.34**

As noted above, this condition relies on the way the entity manages and evaluates performance of the group of financial instruments under consideration. Accordingly, (subject to the requirement of designation at initial recognition) an entity that designates financial liabilities as at fair value through profit or loss on the basis of this condition shall so designate all eligible financial liabilities that are managed and evaluated together. **B4.1.35**

Documentation of the entity's strategy need not be extensive but should be sufficient to demonstrate compliance with paragraph 4.2.2 (b). Such documentation is not required for each individual item, but may be on a portfolio basis. For example, if the performance management system for a department—as approved by the entity's key management personnel—clearly demonstrates that its performance is evaluated on this basis, no further documentation is required to demonstrate compliance with paragraph 4.2.2 (b). **B4.1.36**

Embedded derivatives (Section 4.3)

When an entity becomes a party to a hybrid contract with a host that is not an asset within the scope of this Standard, paragraph 4.3.3 requires the entity to identify any embedded derivative, assess whether it is required to be separated from the host contract and, for those that are required to be separated, measure the derivatives at fair value at initial recognition and subsequently at fair value through profit or loss. **B4.3.1**

If a host contract has no stated or predetermined maturity and represents a residual interest in the net assets of an entity, then its economic characteristics and risks are those of an equity instrument, and an embedded derivative would need to possess equity characteristics related to the same entity to be regarded as closely related. If the host contract is not an equity instrument and meets the definition of a financial instrument, then its economic characteristics and risks are those of a debt instrument. **B4.3.2**

An embedded non-option derivative (such as an embedded forward or swap) is separated from its host contract on the basis of its stated or implied substantive terms, so as to result in it having a fair value of zero at initial recognition. An embedded option-based derivative (such as an embedded put, call, cap, floor or swaption) is separated from its host contract on the basis of the stated terms of the option feature. The initial carrying amount of the host instrument is the residual amount after separating the embedded derivative. **B4.3.3**

Generally, multiple embedded derivatives in a single hybrid contract are treated as a single compound embedded derivative. However, embedded derivatives that are classified as equity (see IAS 32) are accounted for separately from those classified as assets or liabilities. In addition, if a hybrid contract has more than one embedded derivative and those derivatives relate to different risk exposures and are readily separable and independent of each other, they are accounted for separately from each other. **B4.3.4**

The economic characteristics and risks of an embedded derivative are not closely related to the host contract (paragraph 4.3.3 (a)) in the following examples. In these examples, assuming the conditions in paragraph 4.3.3 (b) and (c) are met, an entity accounts for the embedded derivative separately from the host contract. **B4.3.5**

(a) A put option embedded in an instrument that enables the holder to require the issuer to reacquire the instrument for an amount of cash or other assets that varies on the basis of the change in an equity or commodity price or index is not closely related to a host debt instrument.
(b) An option or automatic provision to extend the remaining term to maturity of a debt instrument is not closely related to the host debt instrument unless there is a concurrent adjustment to the approximate current market rate of interest at the time of the extension. If an entity issues a debt instrument and the holder of that debt instrument writes a call option on the debt instrument to a third party, the issuer regards the call option as extending the term to maturity of the debt instrument provided the issuer can be required to participate in or facilitate the remarketing of the debt instrument as a result of the call option being exercised.
(c) Equity-indexed interest or principal payments embedded in a host debt instrument or insurance contract—by which the amount of interest or principal is indexed to the value of equity instruments—are not closely related to the host instrument because the risks inherent in the host and the embedded derivative are dissimilar.

(d) In ein Schuldinstrument oder einen Versicherungsvertrag eingebettete güterindizierte Zins- oder Kapitalzahlungen – bei denen die Höhe der Zinsen oder des Kapitalbetrags an den Preis eines Gutes (z. B. Gold) gebunden ist – sind nicht eng mit dem Basisinstrument verbunden, da das Basisinstrument und das eingebettete Derivat unterschiedlichen Risiken ausgesetzt sind.

(e) Eine Option auf Kauf, Verkauf oder vorzeitige Rückzahlung, die in ein Basisschuldinstrument oder einen Basisversicherungsvertrag eingebettet ist, ist nicht eng mit dem Basisvertrag verbunden, es sei denn,

    (i) der Ausübungspreis der Option ist an jedem Ausübungszeitpunkt annähernd gleich den fortgeführten Anschaffungskosten des Basisschuldinstruments oder des Buchwerts des Basisversicherungsvertrags, oder

    (ii) der Ausübungspreis der Option zur vorzeitigen Rückzahlung gleicht für den Kreditgeber einen Betrag bis zu dem näherungsweisen Barwert des Zinsverlusts für die restliche Laufzeit des Basisvertrags aus. Der Zinsverlust ist das Produkt des vorzeitig rückgezahlten Kapitalbetrags, der mit der Zinssatzdifferenz multipliziert wird. Die Zinssatzdifferenz ist der Überschuss des Effektivzinssatzes des Basisvertrags über den Effektivzinssatz, den das Unternehmen zum Zeitpunkt der vorzeitigen Rückzahlung erhalten würde, wenn es den vorzeitig zurückgezahlten Kapitalbetrag in einen ähnlichen Vertrag für die verbleibende Laufzeit des Basisvertrags reinvestieren würde.

    Die Beurteilung, ob die Kauf- oder Verkaufsoption eng mit dem Basisschuldinstrument verbunden ist, erfolgt, bevor die Eigenkapitalkomponente des wandelbaren Schuldinstruments gemäß IAS 32 abgetrennt wird.

(f) Kreditderivate, die in ein Basisschuldinstrument eingebettet sind und einer Vertragspartei (dem „Begünstigten") die Möglichkeit einräumen, das Ausfallrisiko eines bestimmten Referenzvermögenswerts, der sich unter Umständen nicht in seinem Eigentum befindet, auf eine andere Vertragspartei (den „Garantiegeber") zu übertragen, sind nicht eng mit dem Basisschuldinstrument verbunden. Solche Kreditderivate ermöglichen es dem Garantiegeber, das mit dem Referenzvermögenswert verbundene Ausfallrisiko zu übernehmen, ohne dass sich der dazugehörige Referenzvermögenswert direkt in seinem Besitz befinden muss.

B4.3.6 Ein Beispiel für einen hybriden Vertrag ist ein Finanzinstrument, das den Inhaber berechtigt, das Finanzinstrument im Tausch gegen einen an einen Eigenkapital- oder Warenindex, der zu- oder abnehmen kann, gekoppelten Betrag an Zahlungsmitteln oder anderen finanziellen Vermögenswerten an den Emittenten zurückzuverkaufen („kündbares Instrument"). Soweit der Emittent das kündbare Instrument beim erstmaligen Ansatz nicht als finanzielle Verbindlichkeit designiert, die erfolgswirksam zum beizulegenden Zeitwert bewertet wird, ist er verpflichtet, ein eingebettetes Derivat (d. h. die indexgebundene Kapitalzahlung) gemäß Paragraph 4.3.3 getrennt zu erfassen, weil der Basisvertrag ein Schuldinstrument gemäß Paragraph B4.3.2 darstellt und die indexgebundene Kapitalzahlung gemäß Paragraph B4.3.5 (a) nicht eng mit dem Basisschuldinstrument verbunden ist. Da die Kapitalzahlung zu- und abnehmen kann, handelt es sich beim eingebetteten Derivat um ein Derivat ohne Optionscharakter, dessen Wert an die zugrunde liegende Variable gekoppelt ist.

B4.3.7 Im Falle eines kündbaren Instruments, das jederzeit gegen einen Betrag an Zahlungsmitteln in Höhe des entsprechenden Anteils am Reinvermögen des Unternehmens zurückgegeben werden kann (wie Anteile an einem offenen Investmentfonds oder einige fondsgebundene Investmentprodukte), wird der hybride Vertrag durch Trennung des eingebetteten Derivats und Bilanzierung der einzelnen Bestandteile mit dem Rückzahlungsbetrag bewertet, der am Abschlussstichtag zahlbar wäre, wenn der Inhaber sein Recht auf Rückverkauf des Instruments an den Emittenten wahrnehmen würde.

B4.3.8 In den folgenden Beispielen sind die wirtschaftlichen Merkmale und Risiken eines eingebetteten Derivats eng mit den wirtschaftlichen Merkmalen und Risiken des Basisvertrags verbunden. In diesen Beispielen wird das eingebettete Derivat nicht gesondert vom Basisvertrag bilanziert.

(a) Ein eingebettetes Derivat, in dem das Basisobjekt ein Zinssatz oder ein Zinsindex ist, der den Betrag der ansonsten aufgrund des verzinslichen Basisschuldinstruments oder Basisversicherungsvertrages zahlbaren oder zu erhaltenden Zinsen ändern kann, ist eng mit dem Basisvertrag verbunden, es sei denn, der hybride Vertrag kann in einer Weise erfüllt werden, dass der Inhaber nicht im Wesentlichen alle seine Einlagen zurückerhält, oder das eingebettete Derivat kann zumindest die anfängliche Verzinsung des Basisvertrages des Inhabers verdoppeln, und damit kann sich eine Verzinsung ergeben, die mindestens das Zweifache des Marktzinses für einen Vertrag mit den gleichen Bedingungen wie der Basisvertrag beträgt.

(b) Eine eingebettete festgeschriebene Zinsober- oder -untergrenze eines Schuldinstruments oder Versicherungsvertrags ist eng mit dem Basisvertrag verbunden, wenn zum Zeitpunkt des Abschlusses des Vertrags die Zinsobergrenze gleich oder höher als der herrschende Marktzins ist oder die Zinsuntergrenze gleich oder unter dem herrschenden Marktzins liegt und die Zinsober- oder -untergrenze im Verhältnis zum Basisvertrag keine Hebelwirkung aufweist. Ebenso sind in einem Vertrag enthaltene Vorschriften zum Kauf oder Verkauf eines Vermögenswerts (z. B. eines Rohstoffs), die eine Ober- oder Untergrenze für den für den Vermögenswert zahlbaren oder zu erhaltenden Preis vorsehen, eng mit dem Basisvertrag verbunden, wenn sowohl Ober- als auch Untergrenze zu Beginn aus dem Geld wären und keine Hebelwirkung aufwiesen.

(c) Ein eingebettetes Fremdwährungsderivat, das Ströme von Kapital- oder Zinszahlungen erzeugt, die auf eine Fremdwährung lauten und in ein Basisschuldinstrument eingebettet sind (z. B. eine Doppelwährungsanleihe), ist eng mit dem Basisschuldinstrument verbunden. Ein solches Derivat wird nicht von seinem Basisinstrument getrennt, da gemäß IAS 21 *Auswirkungen von Wechselkursänderungen* Fremdwährungsgewinne und -verluste aus monetären Posten erfolgswirksam erfasst werden müssen.

(d) Ein eingebettetes Fremdwährungsderivat in einem Basisvertrag, der ein Versicherungsvertrag bzw. kein Finanzinstrument ist (wie ein Kauf- oder Verkaufsvertrag für einen nichtfinanziellen Vermögenswert, dessen Preis auf eine Fremdwährung lautet), ist eng mit dem Basisvertrag verbunden, sofern es keine Hebelwirkung aufweist, keine Optionsklausel beinhaltet und Zahlungen in einer der folgenden Währungen erfordert:

(d) Commodity-indexed interest or principal payments embedded in a host debt instrument or insurance contract—by which the amount of interest or principal is indexed to the price of a commodity (such as gold)—are not closely related to the host instrument because the risks inherent in the host and the embedded derivative are dissimilar.

(e) A call, put, or prepayment option embedded in a host debt contract or host insurance contract is not closely related to the host contract unless:

  (i) the option's exercise price is approximately equal on each exercise date to the amortised cost of the host debt instrument or the carrying amount of the host insurance contract; or

  (ii) the exercise price of a prepayment option reimburses the lender for an amount up to the approximate present value of lost interest for the remaining term of the host contract. Lost interest is the product of the principal amount prepaid multiplied by the interest rate differential. The interest rate differential is the excess of the effective interest rate of the host contract over the effective interest rate the entity would receive at the prepayment date if it reinvested the principal amount prepaid in a similar contract for the remaining term of the host contract.

  The assessment of whether the call or put option is closely related to the host debt contract is made before separating the equity element of a convertible debt instrument in accordance with IAS 32.

(f) Credit derivatives that are embedded in a host debt instrument and allow one party (the 'beneficiary') to transfer the credit risk of a particular reference asset, which it may not own, to another party (the 'guarantor') are not closely related to the host debt instrument. Such credit derivatives allow the guarantor to assume the credit risk associated with the reference asset without directly owning it.

An example of a hybrid contract is a financial instrument that gives the holder a right to put the financial instrument back to the issuer in exchange for an amount of cash or other financial assets that varies on the basis of the change in an equity or commodity index that may increase or decrease (a 'puttable instrument'). Unless the issuer on initial recognition designates the puttable instrument as a financial liability at fair value through profit or loss, it is required to separate an embedded derivative (i.e. the indexed principal payment) under paragraph 4.3.3 because the host contract is a debt instrument under paragraph B4.3.2 and the indexed principal payment is not closely related to a host debt instrument under paragraph B4.3.5 (a). Because the principal payment can increase and decrease, the embedded derivative is a non-option derivative whose value is indexed to the underlying variable. **B4.3.6**

In the case of a puttable instrument that can be put back at any time for cash equal to a proportionate share of the net asset value of an entity (such as units of an open-ended mutual fund or some unit-linked investment products), the effect of separating an embedded derivative and accounting for each component is to measure the hybrid contract at the redemption amount that is payable at the end of the reporting period if the holder exercised its right to put the instrument back to the issuer. **B4.3.7**

The economic characteristics and risks of an embedded derivative are closely related to the economic characteristics and risks of the host contract in the following examples. In these examples, an entity does not account for the embedded derivative separately from the host contract. **B4.3.8**

(a) An embedded derivative in which the underlying is an interest rate or interest rate index that can change the amount of interest that would otherwise be paid or received on an interest-bearing host debt contract or insurance contract is closely related to the host contract unless the hybrid contract can be settled in such a way that the holder would not recover substantially all of its recognised investment or the embedded derivative could at least double the holder's initial rate of return on the host contract and could result in a rate of return that is at least twice what the market return would be for a contract with the same terms as the host contract.

(b) An embedded floor or cap on the interest rate on a debt contract or insurance contract is closely related to the host contract, provided the cap is at or above the market rate of interest and the floor is at or below the market rate of interest when the contract is issued, and the cap or floor is not leveraged in relation to the host contract. Similarly, provisions included in a contract to purchase or sell an asset (e.g. a commodity) that establish a cap and a floor on the price to be paid or received for the asset are closely related to the host contract if both the cap and floor were out of the money at inception and are not leveraged.

(c) An embedded foreign currency derivative that provides a stream of principal or interest payments that are denominated in a foreign currency and is embedded in a host debt instrument (for example, a dual currency bond) is closely related to the host debt instrument. Such a derivative is not separated from the host instrument because IAS 21 *The Effects of Changes in Foreign Exchange Rates* requires foreign currency gains and losses on monetary items to be recognised in profit or loss.

(d) An embedded foreign currency derivative in a host contract that is an insurance contract or not a financial instrument (such as a contract for the purchase or sale of a non-financial item where the price is denominated in a foreign currency) is closely related to the host contract provided it is not leveraged, does not contain an option feature, and requires payments denominated in one of the following currencies:

(i) der funktionalen Währung einer substanziell an dem Vertrag beteiligten Partei,
(ii) der Währung, die im internationalen Handel mit den hiermit verbundenen erworbenen oder gelieferten Gütern oder Dienstleistungen üblich ist (z. B. US-Dollar bei Erdölgeschäften), oder
(iii) einer Währung, die in dem wirtschaftlichen Umfeld, in dem die Transaktion stattfindet, in Verträgen über den Kauf oder Verkauf nichtfinanzieller Posten üblicherweise verwendet wird (z. B. eine relativ stabile und liquide Währung, die üblicherweise bei lokalen Geschäftstransaktionen oder im Außenhandel verwendet wird).

(e) Eine in einen Zins- oder Kapitalstrip eingebettete Option zur vorzeitigen Rückzahlung ist eng mit dem Basisvertrag verbunden, wenn der Basisvertrag (i) anfänglich aus der Trennung des Rechts auf Empfang vertraglicher Zahlungsströme eines Finanzinstruments resultierte, in das ursprünglich kein Derivat eingebettet war, und (ii) keine Bedingungen beinhaltet, die nicht Teil des ursprünglichen Basisvertrags sind.

(f) Ein in einen Basisvertrag in Form eines Leasingverhältnisses eingebettetes Derivat ist eng mit dem Basisvertrag verbunden, wenn das eingebettete Derivat (i) ein an die Inflation gekoppelter Index wie z. B. im Falle einer Anbindung von Leasingzahlungen an einen Verbraucherpreisindex (vorausgesetzt, das Leasingverhältnis wurde nicht als Leveraged-Lease-Finanzierung gestaltet und der Index ist an die Inflationsentwicklung im Wirtschaftsumfeld des Unternehmens geknüpft), (ii) variable Leasingzahlungen auf Umsatzbasis oder (iii) variable Leasingzahlungen basierend auf variablen Zinsen sind.

(g) Ein fondsgebundenes Merkmal, das in einem Basisfinanzinstrument oder Basisversicherungsvertrag eingebettet ist, ist eng mit dem Basisinstrument bzw. Basisvertrag verbunden, wenn die anteilsbestimmten Zahlungen zum aktuellen Wert der Anteilseinheiten bestimmt werden, die dem beizulegenden Zeitwert der Vermögenswerte des Fonds entsprechen. Ein fondsgebundenes Merkmal ist eine vertragliche Bestimmung, die Zahlungen in Anteilseinheiten eines internen oder externen Investmentfonds vorschreibt.

(h) Ein Derivat, das in einen Versicherungsvertrag eingebettet ist, ist eng mit dem Basisversicherungsvertrag verbunden, wenn das eingebettete Derivat und der Basisversicherungsvertrag so voneinander abhängig sind, dass das Unternehmen das eingebettete Derivat nicht abgetrennt (d. h. ohne Berücksichtigung des Basisvertrags) bewerten kann.

Instrumente mit eingebetteten Derivaten

B4.3.9 Wie in Paragraph B4.3.1 angemerkt, muss ein Unternehmen, wird es Vertragspartei eines hybriden Vertrags mit einem Basisvertrag, bei dem es sich nicht um einen Vermögenswert im Anwendungsbereich dieses Standards handelt, und mit einem oder mehreren eingebetteten Derivaten gemäß Paragraph 4.3.3 jedes derartige eingebettete Derivat identifizieren, beurteilen, ob es vom Basisvertrag getrennt werden muss, und die zu trennenden Derivate beim erstmaligen Ansatz und zu den folgenden Abschlussstichtagen zum beizulegenden Zeitwert bewerten. Diese Vorschriften können komplexer sein oder zu weniger verlässlichen Wertansätzen führen, als wenn das gesamte Instrument erfolgswirksam zum beizulegenden Zeitwert bewertet würde. Aus diesem Grund gestattet dieser Standard die Designation des gesamten hybriden Vertrags als erfolgswirksam zum beizulegenden Zeitwert bewertet.

B4.3.10 Eine solche Designation ist unabhängig davon zulässig, ob eine Trennung der eingebetteten Derivate vom Basisvertrag nach Maßgabe von Paragraph 4.3.3 vorgeschrieben oder verboten ist. Paragraph 4.3.5 würde jedoch in den in Paragraph 4.3.5 (a) und (b) beschriebenen Fällen keine Designation des hybriden Vertrags als erfolgswirksam zum beizulegenden Zeitwert zu bewerten rechtfertigen, weil dadurch die Komplexität nicht verringert oder die Verlässlichkeit nicht erhöht würde.

Neubeurteilung eingebetteter Derivate

B4.3.11 Nach Paragraph 4.3.3 hat ein Unternehmen zu beurteilen, ob ein eingebettetes Derivat vom Basisvertrag zu trennen und als Derivat zu bilanzieren ist, wenn es erstmals Vertragspartei wird. Eine spätere Neubeurteilung ist untersagt, es sei denn, die Vertragsbedingungen ändern sich derart, dass es zu einer erheblichen Änderung der Zahlungsströme kommt, die sich ansonsten aus dem Vertrag ergäben, weshalb in diesem Fall eine Neubeurteilung vorgeschrieben ist. Ein Unternehmen bestimmt, ob die Änderung der Zahlungsströme signifikant ist, indem es berücksichtigt, in welchem Maße sich die erwarteten künftigen Zahlungsströme im Zusammenhang mit dem eingebetteten Derivat, dem Basisvertrag oder beidem verändert haben und ob diese Änderung gemessen an den bislang erwarteten Zahlungsströmen aus dem Vertrag signifikant ist.

B4.3.12 Paragraph B4.3.11 gilt nicht für eingebettete Derivate, die
(a) bei einem Unternehmenszusammenschluss (im Sinne von IFRS 3 *Unternehmenszusammenschlüsse*),
(b) bei einem Zusammenschluss von Unternehmen oder Geschäftsbetrieben unter gemeinsamer Beherrschung, wie in den Paragraphen B1–B4 von IFRS 3 beschrieben, oder
(c) bei der Gründung eines Gemeinschaftsunternehmens im Sinne von IFRS 11 *Gemeinschaftliche Vereinbarungen*
erworben wurden, noch für deren eventuelle Neubeurteilung zum Erwerbszeitpunkt[4].

4 IFRS 3 behandelt den Erwerb von Verträgen mit eingebetteten Derivaten bei einem Unternehmenszusammenschluss.

(i) the functional currency of any substantial party to that contract;
(ii) the currency in which the price of the related good or service that is acquired or delivered is routinely denominated in commercial transactions around the world (such as the US dollar for crude oil transactions); or
(iii) a currency that is commonly used in contracts to purchase or sell non-financial items in the economic environment in which the transaction takes place (e.g. a relatively stable and liquid currency that is commonly used in local business transactions or external trade).

(e) An embedded prepayment option in an interest-only or principal-only strip is closely related to the host contract provided the host contract (i) initially resulted from separating the right to receive contractual cash flows of a financial instrument that, in and of itself, did not contain an embedded derivative, and (ii) does not contain any terms not present in the original host debt contract.

(f) An embedded derivative in a host lease contract is closely related to the host contract if the embedded derivative is (i) an inflation-related index such as an index of lease payments to a consumer price index (provided that the lease is not leveraged and the index relates to inflation in the entity's own economic environment), (ii) variable lease payments based on related sales or (iii) variable lease payments based on variable interest rates.

(g) A unit-linking feature embedded in a host financial instrument or host insurance contract is closely related to the host instrument or host contract if the unit-denominated payments are measured at current unit values that reflect the fair values of the assets of the fund. A unit-linking feature is a contractual term that requires payments denominated in units of an internal or external investment fund.

(h) A derivative embedded in an insurance contract is closely related to the host insurance contract if the embedded derivative and host insurance contract are so interdependent that an entity cannot measure the embedded derivative separately (i.e. without considering the host contract).

Instruments containing embedded derivatives

As noted in paragraph B4.3.1, when an entity becomes a party to a hybrid contract with a host that is not an asset within the scope of this Standard and with one or more embedded derivatives, paragraph 4.3.3 requires the entity to identify any such embedded derivative, assess whether it is required to be separated from the host contract and, for those that are required to be separated, measure the derivatives at fair value at initial recognition and subsequently. These requirements can be more complex, or result in less reliable measures, than measuring the entire instrument at fair value through profit or loss. For that reason this Standard permits the entire hybrid contract to be designated as at fair value through profit or loss. **B4.3.9**

Such designation may be used whether paragraph 4.3.3 requires the embedded derivatives to be separated from the host contract or prohibits such separation. However, paragraph 4.3.5 would not justify designating the hybrid contract as at fair value through profit or loss in the cases set out in paragraph 4.3.5 (a) and (b) because doing so would not reduce complexity or increase reliability. **B4.3.10**

Reassessment of embedded derivatives

In accordance with paragraph 4.3.3, an entity shall assess whether an embedded derivative is required to be separated from the host contract and accounted for as a derivative when the entity first becomes a party to the contract. Subsequent reassessment is prohibited unless there is a change in the terms of the contract that significantly modifies the cash flows that otherwise would be required under the contract, in which case reassessment is required. An entity determines whether a modification to cash flows is significant by considering the extent to which the expected future cash flows associated with the embedded derivative, the host contract or both have changed and whether the change is significant relative to the previously expected cash flows on the contract. **B4.3.11**

Paragraph B4.3.11 does not apply to embedded derivatives in contracts acquired in: **B4.3.12**
(a) a business combination (as defined in IFRS 3 *Business Combinations*);
(b) a combination of entities or businesses under common control as described in paragraphs B1—B4 of IFRS 3; or
(c) the formation of a joint venture as defined in IFRS 11 *Joint Arrangements*
or their possible reassessment at the date of acquisition[4].

4 IFRS 3 addresses the acquisition of contracts with embedded derivatives in a business combination.

Neueinstufung finanzieller Vermögenswerte (Abschnitt 4.4)

Neueinstufung finanzieller Vermögenswerte

B4.4.1 Nach Paragraph 4.4.1 muss ein Unternehmen finanzielle Vermögenswerte neu einstufen, wenn sich die Zielsetzung seines Geschäftsmodells zur Steuerung dieser finanziellen Vermögenswerte ändert. Derartige Änderungen treten erwartungsgemäß nur sehr selten ein. Sie werden von der Geschäftsleitung des Unternehmens infolge externer oder interner Änderungen festgelegt und müssen für die Geschäftstätigkeit des Unternehmens bedeutend und externen Parteien gegenüber nachweisbar sein. Dementsprechend wird das Geschäftsmodell eines Unternehmens nur geändert, wenn es eine für seine Geschäftstätigkeit bedeutende Tätigkeit aufnimmt oder einstellt, beispielsweise wenn das Unternehmen einen Geschäftszweig erworben, veräußert oder aufgegeben hat. Beispiele für eine Änderung des Geschäftsmodells sind u. a.:

(a) Ein Unternehmen hält ein Portfolio gewerblicher Kredite, um diese kurzfristig zu veräußern. Es erwirbt ein Unternehmen, das gewerbliche Kredite verwaltet und ein Geschäftsmodell mit der Zielsetzung hat, die Kredite zur Vereinnahmung der vertraglichen Zahlungsströme zu halten. Das Portfolio gewerblicher Kredite ist nicht mehr für den Verkauf bestimmt und wird nun gemeinsam mit den erworbenen gewerblichen Krediten gesteuert und wie diese zu dem Zweck gehalten, die vertraglichen Zahlungsströme zu vereinnahmen.

(b) Ein Finanzdienstleistungsunternehmen beschließt, sein Geschäft mit Privathypotheken einzustellen. Es schließt keine neuen Geschäfte mehr ab und bietet sein Hypothekenportfolio aktiv zum Verkauf an.

B4.4.2 Eine Änderung in der Zielsetzung des Geschäftsmodells eines Unternehmens muss vor dem Zeitpunkt der Neueinstufung wirksam geworden sein. Wenn ein Finanzdienstleistungsunternehmen beispielsweise am 15. Februar beschließt, sein Geschäft mit Privathypotheken einzustellen, und daher alle betroffenen finanziellen Vermögenswerte am 1. April (dem ersten Tag seiner nächsten Berichtsperiode) neu einstufen muss, darf es nach dem 15. Februar weder neue Privathypothekengeschäfte abschließen noch andere Tätigkeiten ausüben, die seinem früheren Geschäftsmodell entsprechen.

B4.4.3 Die folgenden Sachverhalte stellen keine Änderungen des Geschäftsmodells dar:

(a) eine Änderung der Absicht in Bezug auf bestimmte finanzielle Vermögenswerte (auch bei wesentlichen Veränderungen der Marktbedingungen),

(b) das zeitweilige Verschwinden eines bestimmten Markts für finanzielle Vermögenswerte,

(c) eine Übertragung finanzieller Vermögenswerte zwischen Teilen des Unternehmens mit unterschiedlichen Geschäftsmodellen.

Bewertung (Kapitel 5)

Bewertung beim erstmaligen Ansatz (Abschnitt 5.1)

B5.1.1 Beim erstmaligen Ansatz eines Finanzinstruments ist der beizulegende Zeitwert in der Regel der Transaktionspreis (d. h. der beizulegende Zeitwert des gezahlten oder erhaltenen Entgelts, siehe auch Paragraph B5.1.2A und IFRS 13). Bezieht sich ein Teil des gezahlten oder erhaltenen Entgelts jedoch auf etwas anderes als das Finanzinstrument, hat das Unternehmen den beizulegenden Zeitwert des Finanzinstruments zu ermitteln. Der beizulegende Zeitwert eines langfristigen Kredits oder einer langfristigen Forderung ohne Verzinsung kann beispielsweise als der Barwert aller künftigen Einzahlungen ermittelt werden, die unter Verwendung des herrschenden Marktzinses für ein ähnliches Instrument (ähnlich im Hinblick auf Währung, Laufzeit, Art des Zinssatzes und sonstiger Faktoren) mit vergleichbarer Bonität abgezinst werden. Jeder zusätzlich geliehene Betrag stellt einen Aufwand bzw. eine Ertragsminderung dar, sofern er nicht die Kriterien für den Ansatz eines anderweitigen Vermögenswerts erfüllt.

B5.1.2 Wenn ein Unternehmen einen Kredit ausreicht, der zu einem marktunüblichen Zinssatz verzinst wird (z. B. zu 5 Prozent, wenn der Marktzinssatz für ähnliche Kredite 8 Prozent beträgt), und als Entschädigung ein im Voraus gezahltes Entgelt erhält, setzt das Unternehmen den Kredit zu dessen beizulegendem Zeitwert an, d. h. abzüglich des erhaltenen Entgelts.

B5.1.2A Beim erstmaligen Ansatz eines Finanzinstruments ist der bestmögliche Anhaltspunkt für den beizulegenden Zeitwert in der Regel der Transaktionspreis (d. h. der beizulegende Zeitwert des gezahlten oder erhaltenen Entgelts, siehe auch IFRS 13). Kommt ein Unternehmen zu dem Ergebnis, dass der beizulegende Zeitwert beim erstmaligen Ansatz von dem in Paragraph 5.1.1A genannten Transaktionspreis abweicht, hat es dieses Instrument zu diesem Zeitpunkt wie folgt zu bilanzieren:

(a) Gemäß der in Paragraph 5.1.1 vorgeschriebenen Bewertung, wenn dieser beizulegende Zeitwert durch einen an einem aktiven Markt notierten Preis für einen identischen Vermögenswert bzw. eine identische Schuld (d. h. einen Eingangsparameter der Stufe 1) nachgewiesen wird oder auf einem Bewertungsverfahren basiert, das nur Daten beobachtbarer Märkte verwendet. Das Unternehmen hat die Differenz zwischen dem beizulegenden Zeitwert beim erstmaligen Ansatz und dem Transaktionspreis als Gewinn oder Verlust zu erfassen.

(b) In allen anderen Fällen gemäß der in Paragraph 5.1.1 vorgeschriebenen Bewertung mit einer Anpassung, um die Differenz zwischen dem beizulegenden Zeitwert beim erstmaligen Ansatz und dem Transaktionspreis abzugrenzen. Nach dem erstmaligen Ansatz hat das Unternehmen diese abgegrenzte Differenz nur insoweit als Gewinn oder Verlust zu erfassen, wie sie durch eine Veränderung eines Faktors (einschließlich des Zeitfaktors) entstanden ist, den Marktteilnehmer bei der Festlegung des Preises für den Vermögenswert oder die Schuld berücksichtigen würden.

Reclassification of financial assets (Section 4.4)

Reclassification of financial assets

Paragraph 4.4.1 requires an entity to reclassify financial assets if the entity changes its business model for managing those financial assets. Such changes are expected to be very infrequent. Such changes are determined by the entity's senior management as a result of external or internal changes and must be significant to the entity's operations and demonstrable to external parties. Accordingly, a change in an entity's business model will occur only when an entity either begins or ceases to perform an activity that is significant to its operations; for example, when the entity has acquired, disposed of or terminated a business line. Examples of a change in business model include the following: **B4.4.1**

(a) An entity has a portfolio of commercial loans that it holds to sell in the short term. The entity acquires a company that manages commercial loans and has a business model that holds the loans in order to collect the contractual cash flows. The portfolio of commercial loans is no longer for sale, and the portfolio is now managed together with the acquired commercial loans and all are held to collect the contractual cash flows.

(b) A financial services firm decides to shut down its retail mortgage business. That business no longer accepts new business and the financial services firm is actively marketing its mortgage loan portfolio for sale.

A change in the objective of the entity's business model must be effected before the reclassification date. For example, if a financial services firm decides on 15 February to shut down its retail mortgage business and hence must reclassify all affected financial assets on 1 April (i.e. the first day of the entity's next reporting period), the entity must not accept new retail mortgage business or otherwise engage in activities consistent with its former business model after 15 February. **B4.4.2**

The following are not changes in business model: **B4.4.3**

(a) a change in intention related to particular financial assets (even in circumstances of significant changes in market conditions).

(b) the temporary disappearance of a particular market for financial assets.

(c) a transfer of financial assets between parts of the entity with different business models.

Measurement (Chapter 5)

Initial measurement (Section 5.1)

The fair value of a financial instrument at initial recognition is normally the transaction price (i.e. the fair value of the consideration given or received, see also paragraph B5.1.2A and IFRS 13). However, if part of the consideration given or received is for something other than the financial instrument, an entity shall measure the fair value of the financial instrument. For example, the fair value of a long-term loan or receivable that carries no interest can be measured as the present value of all future cash receipts discounted using the prevailing market rate(s) of interest for a similar instrument (similar as to currency, term, type of interest rate and other factors) with a similar credit rating. Any additional amount lent is an expense or a reduction of income unless it qualifies for recognition as some other type of asset. **B5.1.1**

If an entity originates a loan that bears an off-market interest rate (e.g. 5 per cent when the market rate for similar loans is 8 per cent), and receives an upfront fee as compensation, the entity recognises the loan at its fair value, i.e. net of the fee it receives. **B5.1.2**

The best evidence of the fair value of a financial instrument at initial recognition is normally the transaction price (i.e. the fair value of the consideration given or received, see also IFRS 13). If an entity determines that the fair value at initial recognition differs from the transaction price as mentioned in paragraph 5.1.1A, the entity shall account for that instrument at that date as follows: **B5.1.2A**

(a) at the measurement required by paragraph 5.1.1 if that fair value is evidenced by a quoted price in an active market for an identical asset or liability (i.e. a Level 1 input) or based on a valuation technique that uses only data from observable markets. An entity shall recognise the difference between the fair value at initial recognition and the transaction price as a gain or loss.

(b) in all other cases, at the measurement required by paragraph 5.1.1, adjusted to defer the difference between the fair value at initial recognition and the transaction price. After initial recognition, the entity shall recognise that deferred difference as a gain or loss only to the extent that it arises from a change in a factor (including time) that market participants would take into account when pricing the asset or liability.

Folgebewertung (Abschnitte 5.2 und 5.3)

B5.2.1 Wird ein Finanzinstrument, das zunächst als finanzieller Vermögenswert angesetzt wurde, erfolgswirksam zum beizulegenden Zeitwert bewertet und fällt dieser unter null, so ist dieses Finanzinstrument eine finanzielle Verbindlichkeit gemäß Paragraph 4.2.1. Hybride Verträge mit Basisverträgen, bei denen es sich um Vermögenswerte im Anwendungsbereich dieses Standards handelt, werden jedoch immer gemäß Paragraph 4.3.2 bewertet.

B5.2.2 Das folgende Beispiel veranschaulicht die Bilanzierung von Transaktionskosten bei der Erst- und Folgebewertung eines finanziellen Vermögenswerts, der gemäß Paragraph 5.7.5 oder Paragraph 4.1.2A zum beizulegenden Zeitwert erfolgsneutral im sonstigen Ergebnis bewertet wird. Ein Unternehmen erwirbt einen finanziellen Vermögenswert für WE 100 zuzüglich einer Kaufprovision von WE 2. Beim erstmaligen Ansatz wird der Vermögenswert mit WE 102 angesetzt. Der Abschlussstichtag ist ein Tag später, an dem der notierte Marktpreis für den Vermögenswert WE 100 beträgt. Beim Verkauf des Vermögenswerts wäre eine Provision von WE 3 zu entrichten. Zu diesem Zeitpunkt bewertet das Unternehmen den Vermögenswert mit WE 100 (ohne Berücksichtigung der etwaigen Provision im Verkaufsfall) und erfasst einen Verlust von WE 2 im sonstigen Ergebnis. Wird der finanzielle Vermögenswert gemäß Paragraph 4.1.2A zum beizulegenden Zeitwert erfolgsneutral im sonstigen Ergebnis bewertet, werden die Transaktionskosten unter Anwendung der Effektivzinsmethode erfolgswirksam amortisiert.

B5.2.2A Die Folgebewertung eines finanziellen Vermögenswerts oder einer finanziellen Verbindlichkeit und die nachfolgende Erfassung von Gewinnen und Verlusten gemäß Paragraph B5.1.2A müssen mit den Vorschriften dieses Standards in Einklang stehen.

Finanzinvestitionen in Eigenkapitalinstrumente und Verträge über solche Finanzinvestitionen

B5.2.3 Sämtliche Finanzinvestitionen in Eigenkapitalinstrumente und Verträge über solche Instrumente sind zum beizulegenden Zeitwert zu bewerten. In wenigen Ausnahmefällen können die Anschaffungskosten jedoch eine angemessene Schätzung des beizulegenden Zeitwerts sein. Dies kann der Fall sein, wenn nicht genügend aktuelle Informationen zur Ermittlung des beizulegenden Zeitwerts verfügbar sind oder es ein breites Spektrum an möglichen Bewertungen zum beizulegenden Zeitwert gibt und die Anschaffungskosten innerhalb dieses Spektrums die bestmögliche Schätzung des beizulegenden Zeitwerts darstellen.

B5.2.4 Folgende Indikatoren können darauf hinweisen, dass die Anschaffungskosten nicht den beizulegenden Zeitwert widerspiegeln:

(a) eine signifikante Veränderung der Ertragslage des Unternehmens, in das investiert wurde, gemessen an dessen Budgets, Plänen oder Meilensteinen,

(b) Veränderungen in der Erwartung, dass die technischen Produktmeilensteine des Unternehmens, in das investiert wurde, erreicht werden,

(c) eine signifikante Veränderung des Markts für das Eigenkapital des Unternehmens, in das investiert wurde, oder dessen Produkte oder potenzielle Produkte,

(d) eine signifikante Veränderung der globalen wirtschaftlichen Rahmenbedingungen oder des wirtschaftlichen Umfelds, in dem das Unternehmen, in das investiert wurde, tätig ist,

(e) eine signifikante Veränderung der Ertragslage vergleichbarer Unternehmen oder der durch den Gesamtmarkt implizierten Bewertungen,

(f) interne Belange des Unternehmens, in das investiert wurde, wie Betrugsfälle, kommerzielle Streitigkeiten, Rechtsstreitigkeiten, Veränderungen im Management oder der Strategie,

(g) Anhaltspunkte aus externen Transaktionen mit dem Eigenkapital des Unternehmens, in das investiert wurde, entweder durch das Unternehmen selbst (wie die Ausgabe von neuem Eigenkapital) oder durch Übertragungen von Eigenkapitalinstrumenten zwischen Dritten.

B5.2.5 Die Liste in Paragraph B5.2.4 ist nicht abschließend. Ein Unternehmen hat sämtliche Informationen über die Ertragslage und Geschäftstätigkeit des Unternehmens, in das investiert wurde, die nach dem Zeitpunkt des erstmaligen Ansatzes verfügbar werden, zu nutzen. Soweit solche relevanten Faktoren vorliegen, können diese darauf hinweisen, dass die Anschaffungskosten möglicherweise nicht den beizulegenden Zeitwert repräsentieren. In diesen Fällen muss der beizulegende Zeitwert vom Unternehmen ermittelt werden.

B5.2.6 Die Anschaffungskosten sind nie die bestmögliche Schätzung des beizulegenden Zeitwerts von Finanzinvestitionen in notierte Eigenkapitalinstrumente (oder Verträge über notierte Eigenkapitalinstrumente).

Bewertung zu fortgeführten Anschaffungskosten (Abschnitt 5.4)

Effektivzinsmethode

B5.4.1 Bei der Anwendung der Effektivzinsmethode bestimmt ein Unternehmen die Gebühren, die integraler Bestandteil des Effektivzinssatzes eines Finanzinstruments sind. Die Beschreibung der Gebühren für Finanzdienstleistungen weist unter Umständen nicht auf die Art und den wirtschaftlichen Inhalt der erbrachten Dienstleistungen hin. Gebühren, die integraler Bestandteil des Effektivzinssatzes eines Finanzinstruments sind, werden als Anpassung des Effektivzinssatzes behandelt, es sei denn, das Finanzinstrument wird zum beizulegenden Zeitwert bewertet und die Veränderung des beizulegenden Zeitwerts erfolgswirksam erfasst. In diesen Fällen werden die Gebühren beim erstmaligen Ansatz des Instruments als Erlös oder Aufwand erfasst.

Subsequent measurement (Sections 5.2 and 5.3)

If a financial instrument that was previously recognised as a financial asset is measured at fair value through profit or loss and its fair value decreases below zero, it is a financial liability measured in accordance with paragraph 4.2.1. However, hybrid contracts with hosts that are assets within the scope of this Standard are always measured in accordance with paragraph 4.3.2. **B5.2.1**

The following example illustrates the accounting for transaction costs on the initial and subsequent measurement of a financial asset measured at fair value with changes through other comprehensive income in accordance with either paragraph 5.7.5 or 4.1.2A. An entity acquires a financial asset for CU100 plus a purchase commission of CU2. Initially, the entity recognises the asset at CU102. The reporting period ends one day later, when the quoted market price of the asset is CU100. If the asset were sold, a commission of CU3 would be paid. On that date, the entity measures the asset at CU100 (without regard to the possible commission on sale) and recognises a loss of CU2 in other comprehensive income. If the financial asset is measured at fair value through other comprehensive income in accordance with paragraph 4.1.2A, the transaction costs are amortised to profit or loss using the effective interest method. **B5.2.2**

The subsequent measurement of a financial asset or financial liability and the subsequent recognition of gains and losses described in paragraph B5.1.2A shall be consistent with the requirements of this Standard. **B5.2.2A**

Investments in equity instruments and contracts on those investments

All investments in equity instruments and contracts on those instruments must be measured at fair value. However, in limited circumstances, cost may be an appropriate estimate of fair value. That may be the case if insufficient more recent information is available to measure fair value, or if there is a wide range of possible fair value measurements and cost represents the best estimate of fair value within that range. **B5.2.3**

Indicators that cost might not be representative of fair value include: **B5.2.4**

(a) a significant change in the performance of the investee compared with budgets, plans or milestones.
(b) changes in expectation that the investee's technical product milestones will be achieved.
(c) a significant change in the market for the investee's equity or its products or potential products.
(d) a significant change in the global economy or the economic environment in which the investee operates.
(e) a significant change in the performance of comparable entities, or in the valuations implied by the overall market.
(f) internal matters of the investee such as fraud, commercial disputes, litigation, changes in management or strategy.
(g) evidence from external transactions in the investee's equity, either by the investee (such as a fresh issue of equity), or by transfers of equity instruments between third parties.

The list in paragraph B5.2.4 is not exhaustive. An entity shall use all information about the performance and operations of the investee that becomes available after the date of initial recognition. To the extent that any such relevant factors exist, they may indicate that cost might not be representative of fair value. In such cases, the entity must measure fair value. **B5.2.5**

Cost is never the best estimate of fair value for investments in quoted equity instruments (or contracts on quoted equity instruments). **B5.2.6**

Amortised cost measurement (Section 5.4)

Effective interest method

In applying the effective interest method, an entity identifies fees that are an integral part of the effective interest rate of a financial instrument. The description of fees for financial services may not be indicative of the nature and substance of the services provided. Fees that are an integral part of the effective interest rate of a financial instrument are treated as an adjustment to the effective interest rate, unless the financial instrument is measured at fair value, with the change in fair value being recognised in profit or loss. In those cases, the fees are recognised as revenue or expense when the instrument is initially recognised. **B5.4.1**

B5.4.2 Zu den Gebühren, die integraler Bestandteil des Effektivzinssatzes eines Finanzinstruments sind, gehören u. a.:

(a) Originierungsgebühren, die von dem Unternehmen für die Ausreichung oder den Erwerb eines finanziellen Vermögenswerts eingenommen werden. Solche Gebühren können eine Vergütung für Tätigkeiten wie die Beurteilung der Finanzlage des Kreditnehmers, die Beurteilung und Dokumentation von Garantien, Sicherheiten und anderen Sicherheitsvereinbarungen, die Aushandlung der Bedingungen des Instruments, die Erstellung und Verarbeitung von Dokumenten und den Abschluss der Transaktion umfassen. Sie sind integraler Bestandteil der Gestaltung eines Engagements bei dem resultierenden Finanzinstrument.

(b) Bereitstellungsgebühren, die von dem Unternehmen für die Kreditgewährung vereinnahmt werden, wenn die Kreditzusage nicht gemäß Paragraph 4.2.1 (a) bewertet wird und es wahrscheinlich ist, dass das Unternehmen eine bestimmte Kreditvereinbarung abschließen wird. Diese Gebühren werden als Vergütung für ein anhaltendes Engagement beim Erwerb eines Finanzinstruments betrachtet. Wenn die Zusage abläuft, ohne dass das Unternehmen den Kredit gewährt, wird die Gebühr bei Ablauf als Erlös erfasst.

(c) Originierungsgebühren, die bei der Ausreichung finanzieller Verbindlichkeiten gezahlt werden, die zu fortgeführten Anschaffungskosten bewertet werden. Diese Gebühren sind integraler Bestandteil der Gestaltung eines Engagements bei einer finanziellen Verbindlichkeit. Ein Unternehmen unterscheidet zwischen Gebühren und Kosten, die integraler Bestandteil des Effektivzinssatzes der finanziellen Verbindlichkeit sind, und Originierungsgebühren und Transaktionskosten in Bezug auf das Recht zur Erbringung von Dienstleistungen, wie beispielsweise Kapitalanlagedienstleistungen.

B5.4.3 Zu den Gebühren, die kein integraler Bestandteil des Effektivzinssatzes eines Finanzinstruments sind und gemäß IFRS 15 bilanziert werden, gehören u. a.:

(a) Gebühren für die Verwaltung bzw. Abwicklung eines Kredits,

(b) Bereitstellungsgebühren für die Gewährung eines Kredits, wenn die Kreditzusage nicht gemäß Paragraph 4.2.1 (a) bewertet wird und es unwahrscheinlich ist, dass eine bestimmte Kreditvereinbarung abgeschlossen wird, und

(c) Kreditsyndizierungsgebühren, die von einem Unternehmen eingenommen werden, das einen Kredit arrangiert und keinen Teil des Kreditpakets für sich selbst behält (oder einen Teil zu demselben Effektivzinssatz eines vergleichbaren Risikos wie andere Beteiligte behält).

B5.4.4 Bei Anwendung der Effektivzinsmethode werden alle in die Berechnung des Effektivzinssatzes einfließenden Gebühren, gezahlten oder erhaltenen Entgelte, Transaktionskosten und anderen Agios oder Disagios normalerweise über die erwartete Laufzeit des Finanzinstruments amortisiert. Beziehen sich die Gebühren, gezahlten oder erhaltenen Entgelte, Transaktionskosten, Agios oder Disagios jedoch auf einen kürzeren Zeitraum, so ist dieser Zeitraum zugrunde zu legen. Dies ist dann der Fall, wenn die Variable, auf die sich die Gebühren, gezahlten oder erhaltenen Entgelte, Transaktionskosten, Agios oder Disagios beziehen, vor der voraussichtlichen Fälligkeit des Finanzinstruments an Marktverhältnisse angepasst wird. In einem solchen Fall ist als angemessene Amortisationsperiode der Zeitraum bis zum nächsten Anpassungstermin zu wählen. Spiegelt ein Agio oder Disagio auf ein variabel verzinstes Finanzinstrument beispielsweise die seit der letzten Zinszahlung für dieses Finanzinstrument aufgelaufenen Zinsen oder die Marktzinsänderungen seit der letzten Anpassung des variablen Zinssatzes an die Marktverhältnisse wider, so wird dieses bis zum nächsten Zinsanpassungstermin amortisiert. Der Grund dafür ist, dass das Agio oder Disagio für den Zeitraum bis zum nächsten Zinsanpassungstermin gilt, da die Variable, auf die sich das Agio oder Disagio bezieht (d. h. der Zinssatz), zu diesem Zeitpunkt an die Marktverhältnisse angepasst wird. Ist das Agio oder Disagio hingegen durch eine Änderung des Kredit-Spreads auf die im Finanzinstrument angegebene variable Verzinsung oder durch andere, nicht an den Marktzins gekoppelte Variablen entstanden, erfolgt die Amortisation über die erwartete Laufzeit des Finanzinstruments.

B5.4.5 Bei variabel verzinslichen finanziellen Vermögenswerten und Verbindlichkeiten führt die periodisch vorgenommene Neuschätzung der Zahlungsströme, die der Änderung der Marktverhältnisse Rechnung trägt, zu einer Änderung des Effektivzinssatzes. Wird ein variabel verzinslicher finanzieller Vermögenswert oder eine variabel verzinsliche Verbindlichkeit zunächst mit einem Betrag angesetzt, der dem bei Fälligkeit zu erhaltenden bzw. zu zahlenden Kapitalbetrag entspricht, hat die Neuschätzung künftiger Zinszahlungen in der Regel keine signifikante Auswirkung auf den Buchwert des Vermögenswerts bzw. der Verbindlichkeit.

B5.4.6 Revidiert ein Unternehmen seine Schätzungen bezüglich der Zahlungsein- und -ausgänge (ausgenommen Änderungen gemäß Paragraph 5.4.3 und Änderungen der Schätzungen bezüglich erwarteter Kreditverluste), passt es den Bruttobuchwert des finanziellen Vermögenswerts oder die fortgeführten Anschaffungskosten einer finanziellen Verbindlichkeit (oder einer Gruppe von Finanzinstrumenten) an die tatsächlichen und die revidierten geschätzten vertraglichen Zahlungsströme an. Das Unternehmen berechnet den Bruttobuchwert des finanziellen Vermögenswerts oder die fortgeführten Anschaffungskosten der finanziellen Verbindlichkeit als Barwert der geschätzten künftigen vertraglichen Zahlungsströme neu, die zum ursprünglichen Effektivzinssatz (oder bei finanziellen Vermögenswerten mit bereits bei Erwerb oder Ausreichung beeinträchtigter Bonität zum bonitätsangepassten Effektivzinssatz) des Finanzinstruments oder gegebenenfalls zum geänderten Effektivzinssatz, der gemäß Paragraph 6.5.10 ermittelt wird, abgezinst werden. Die Anpassung wird als Ertrag oder Aufwand erfolgswirksam erfasst.

B5.4.7 In einigen Fällen wird die Bonität eines finanziellen Vermögenswerts beim erstmaligen Ansatz als beeinträchtigt angesehen, da das Ausfallrisiko äußerst hoch ist und im Falle eines Kaufs mit einem hohen Disagio erworben wird. Ein Unternehmen muss bei finanziellen Vermögenswerten, deren Bonität beim erstmaligen Ansatz als bereits bei Erwerb oder

Fees that are an integral part of the effective interest rate of a financial instrument include: B5.4.2

(a) origination fees received by the entity relating to the creation or acquisition of a financial asset. Such fees may include compensation for activities such as evaluating the borrower's financial condition, evaluating and recording guarantees, collateral and other security arrangements, negotiating the terms of the instrument, preparing and processing documents and closing the transaction. These fees are an integral part of generating an involvement with the resulting financial instrument.
(b) commitment fees received by the entity to originate a loan when the loan commitment is not measured in accordance with paragraph 4.2.1 (a) and it is probable that the entity will enter into a specific lending arrangement. These fees are regarded as compensation for an ongoing involvement with the acquisition of a financial instrument. If the commitment expires without the entity making the loan, the fee is recognised as revenue on expiry.
(c) origination fees paid on issuing financial liabilities measured at amortised cost. These fees are an integral part of generating an involvement with a financial liability. An entity distinguishes fees and costs that are an integral part of the effective interest rate for the financial liability from origination fees and transaction costs relating to the right to provide services, such as investment management services.

Fees that are not an integral part of the effective interest rate of a financial instrument and are accounted for in accordance with IFRS 15 include: B5.4.3

(a) fees charged for servicing a loan;
(b) commitment fees to originate a loan when the loan commitment is not measured in accordance with paragraph 4.2.1 (a) and it is unlikely that a specific lending arrangement will be entered into; and
(c) loan syndication fees received by an entity that arranges a loan and retains no part of the loan package for itself (or retains a part at the same effective interest rate for comparable risk as other participants).

When applying the effective interest method, an entity generally amortises any fees, points paid or received, transaction costs and other premiums or discounts that are included in the calculation of the effective interest rate over the expected life of the financial instrument. However, a shorter period is used if this is the period to which the fees, points paid or received, transaction costs, premiums or discounts relate. This will be the case when the variable to which the fees, points paid or received, transaction costs, premiums or discounts relate is repriced to market rates before the expected maturity of the financial instrument. In such a case, the appropriate amortisation period is the period to the next such repricing date. For example, if a premium or discount on a floating-rate financial instrument reflects the interest that has accrued on that financial instrument since the interest was last paid, or changes in the market rates since the floating interest rate was reset to the market rates, it will be amortised to the next date when the floating interest is reset to market rates. This is because the premium or discount relates to the period to the next interest reset date because, at that date, the variable to which the premium or discount relates (i.e. interest rates) is reset to the market rates. If, however, the premium or discount results from a change in the credit spread over the floating rate specified in the financial instrument, or other variables that are not reset to the market rates, it is amortised over the expected life of the financial instrument. B5.4.4

For floating-rate financial assets and floating-rate financial liabilities, periodic re-estimation of cash flows to reflect the movements in the market rates of interest alters the effective interest rate. If a floating-rate financial asset or a floating-rate financial liability is recognised initially at an amount equal to the principal receivable or payable on maturity, re-estimating the future interest payments normally has no significant effect on the carrying amount of the asset or the liability. B5.4.5

If an entity revises its estimates of payments or receipts (excluding modifications in accordance with paragraph 5.4.3 and changes in estimates of expected credit losses), it shall adjust the gross carrying amount of the financial asset or amortised cost of a financial liability (or group of financial instruments) to reflect actual and revised estimated contractual cash flows. The entity recalculates the gross carrying amount of the financial asset or amortised cost of the financial liability as the present value of the estimated future contractual cash flows that are discounted at the financial instrument's original effective interest rate (or credit-adjusted effective interest rate for purchased or originated credit-impaired financial assets) or, when applicable, the revised effective interest rate calculated in accordance with paragraph 6.5.10. The adjustment is recognised in profit or loss as income or expense. B5.4.6

In some cases a financial asset is considered credit-impaired at initial recognition because the credit risk is very high, and in the case of a purchase it is acquired at a deep discount. An entity is required to include the initial expected credit losses in the estimated cash flows when calculating the credit-adjusted effective interest rate for financial assets that are considered B5.4.7

Ausreichung beeinträchtigt angesehen wird, die anfänglichen erwarteten Kreditverluste in den geschätzten Zahlungsströmen bei der Berechnung des bonitätsangepassten Effektivzinssatzes berücksichtigen. Allerdings bedeutet dies nicht, dass ein bonitätsangepasster Effektivzinssatz nur deshalb angewandt werden sollte, weil der finanzielle Vermögenswert beim erstmaligen Ansatz ein hohes Ausfallrisiko aufweist.

Transaktionskosten

B5.4.8 Zu den Transaktionskosten gehören an Vermittler (einschließlich als Verkaufsvertreter agierende Mitarbeiter), Berater, Makler und Händler gezahlte Gebühren und Provisionen, an Regulierungsbehörden und Wertpapierbörsen zu entrichtende Abgaben sowie Steuern und Gebühren. Unter Transaktionskosten fallen weder Agio oder Disagio für Schuldinstrumente, Finanzierungskosten oder interne Verwaltungs- oder Haltekosten.

Abschreibung

B5.4.9 Abschreibungen können sich auf einen finanziellen Vermögenswert in seiner Gesamtheit oder auf einen prozentualen Teil desselben beziehen. Ein Unternehmen plant beispielsweise, die Sicherheiten bei einem finanziellen Vermögenswert zu verwerten und erwartet, dass es nicht mehr als 30 Prozent des finanziellen Vermögenswerts aus den Sicherheiten realisiert. Wenn das Unternehmen nach vernünftigem Ermessen nicht davon ausgehen kann, weitere Zahlungsströme aus dem finanziellen Vermögenswert zu realisieren, sollte es die übrigen 70 Prozent des finanziellen Vermögenswerts abschreiben.

Wertminderung (Abschnitt 5.5)

Grundlage für die kollektive und individuelle Beurteilung

B5.5.1 Zur Erreichung der Zielsetzung, die wegen einer signifikanten Erhöhung des Ausfallrisikos seit dem erstmaligen Ansatz über die Laufzeit erwarteten Kreditverluste zu erfassen, könnte es sich als notwendig erweisen, die Beurteilung einer signifikanten Erhöhung des Ausfallrisikos auf kollektiver Basis vorzunehmen und zu diesem Zweck Informationen, die auf eine signifikante Erhöhung des Ausfallrisikos beispielsweise bei einer Gruppe oder Untergruppe von Finanzinstrumenten hinweisen, zu berücksichtigen. Damit soll sichergestellt werden, dass ein Unternehmen die Zielsetzung, die über die Laufzeit erwarteten Kreditverluste zu erfassen, wenn sich das Ausfallrisiko signifikant erhöht, auch dann erreicht, wenn es auf Ebene der einzelnen Instrumente noch keine Anhaltspunkte für eine solche signifikante Erhöhung des Ausfallrisikos gibt.

B5.5.2 Es wird allgemein davon ausgegangen, dass über die Laufzeit erwartete Kreditverluste erfasst werden, bevor ein Finanzinstrument überfällig wird. Typischerweise steigt das Ausfallrisiko signifikant, bevor ein Finanzinstrument überfällig wird oder andere zahlungsverzögernde kreditnehmerspezifische Faktoren (wie eine Änderung oder Umstrukturierung) beobachtet werden. Wenn daher angemessene und belastbare Informationen, die stärker zukunftsgerichtet sind als die Informationen zur Überfälligkeit, ohne unangemessenen Kosten- oder Zeitaufwand verfügbar sind, müssen diese bei der Beurteilung von Veränderungen des Ausfallrisikos herangezogen werden.

B5.5.3 Je nach Art der Finanzinstrumente und der über Ausfallrisiken verfügbaren Informationen für bestimmte Gruppen von Finanzinstrumenten ist ein Unternehmen eventuell nicht in der Lage, signifikante Veränderungen des Ausfallrisikos bei einzelnen Finanzinstrumenten zu erkennen, bevor das Finanzinstrument überfällig wird. Dies kann bei Finanzinstrumenten wie etwa Privatkundenkrediten der Fall sein, bei denen nur wenige oder keine aktuellen Ausfallrisikoinformationen bei einem einzelnen Instrument routinemäßig ermittelt und überwacht werden, bis ein Kunde gegen die Vertragsbedingungen verstößt. Wenn Veränderungen des Ausfallrisikos bei einzelnen Finanzinstrumenten nicht erfasst werden, bevor diese überfällig werden, würde eine Wertberichtigung, die nur auf Kreditinformationen auf Ebene des einzelnen Finanzinstruments beruht, die Veränderungen des Ausfallrisikos nicht getreu widerspiegeln.

B5.5.4 In einigen Fällen liegen einem Unternehmen für die Bewertung der über die Laufzeit erwarteten Kreditverluste auf Einzelbasis keine angemessenen und belastbaren, ohne unangemessenen Kosten- oder Zeitaufwand verfügbaren Informationen vor. In einem solchen Fall sind die über die Laufzeit erwarteten Kreditverluste auf kollektiver Basis unter Berücksichtigung umfassender Ausfallrisikoinformationen zu erfassen. Diese umfassenden Ausfallrisikoinformationen müssen nicht nur Informationen zur Überfälligkeit beinhalten, sondern auch alle einschlägigen Kreditinformationen, einschließlich zukunftsgerichteter makroökonomischer Informationen, damit das Ergebnis dem Ergebnis der Erfassung von über die Laufzeit erwarteten Kreditverlusten nahekommt, wenn sich auf Basis einzelner Instrumente das Ausfallrisiko seit dem erstmaligen Ansatz signifikant erhöht hat.

B5.5.5 Zur Bestimmung einer signifikanten Erhöhung des Ausfallrisikos und zur Erfassung einer Wertberichtigung auf kollektiver Basis kann ein Unternehmen Finanzinstrumente anhand von gemeinsamen Ausfallrisikoeigenschaften in Gruppen zusammenfassen und auf diese Weise eine Analyse ermöglichen, die darauf ausgerichtet ist, eine signifikante Erhöhung des Ausfallrisikos zeitnah feststellen zu können. Das Unternehmen sollte diese Informationen nicht durch Gruppierung von Finanzinstrumenten mit unterschiedlichen Risikoeigenschaften überdecken. Zu Beispielen für gemeinsame Ausfallrisikoeigenschaften gehören u. a.:

(a) Art des Instruments,
(b) Ausfallrisikoratings,
(c) Art der Besicherung,

to be purchased or originated credit-impaired at initial recognition. However, this does not mean that a credit-adjusted effective interest rate should be applied solely because the financial asset has high credit risk at initial recognition.

Transaction costs

Transaction costs include fees and commission paid to agents (including employees acting as selling agents), advisers, brokers and dealers, levies by regulatory agencies and security exchanges, and transfer taxes and duties. Transaction costs do not include debt premiums or discounts, financing costs or internal administrative or holding costs. **B5.4.8**

Write-off

Write-offs can relate to a financial asset in its entirety or to a portion of it. For example, an entity plans to enforce the collateral on a financial asset and expects to recover no more than 30 per cent of the financial asset from the collateral. If the entity has no reasonable prospects of recovering any further cash flows from the financial asset, it should write off the remaining 70 per cent of the financial asset. **B5.4.9**

Impairment (Section 5.5)

Collective and individual assessment basis

In order to meet the objective of recognising lifetime expected credit losses for significant increases in credit risk since initial recognition, it may be necessary to perform the assessment of significant increases in credit risk on a collective basis by considering information that is indicative of significant increases in credit risk on, for example, a group or sub-group of financial instruments. This is to ensure that an entity meets the objective of recognising lifetime expected credit losses when there are significant increases in credit risk, even if evidence of such significant increases in credit risk at the individual instrument level is not yet available. **B5.5.1**

Lifetime expected credit losses are generally expected to be recognised before a financial instrument becomes past due. Typically, credit risk increases significantly before a financial instrument becomes past due or other lagging borrower-specific factors (for example, a modification or restructuring) are observed. Consequently when reasonable and supportable information that is more forward-looking than past due information is available without undue cost or effort, it must be used to assess changes in credit risk. **B5.5.2**

However, depending on the nature of the financial instruments and the credit risk information available for particular groups of financial instruments, an entity may not be able to identify significant changes in credit risk for individual financial instruments before the financial instrument becomes past due. This may be the case for financial instruments such as retail loans for which there is little or no updated credit risk information that is routinely obtained and monitored on an individual instrument until a customer breaches the contractual terms. If changes in the credit risk for individual financial instruments are not captured before they become past due, a loss allowance based only on credit information at an individual financial instrument level would not faithfully represent the changes in credit risk since initial recognition. **B5.5.3**

In some circumstances an entity does not have reasonable and supportable information that is available without undue cost or effort to measure lifetime expected credit losses on an individual instrument basis. In that case, lifetime expected credit losses shall be recognised on a collective basis that considers comprehensive credit risk information. This comprehensive credit risk information must incorporate not only past due information but also all relevant credit information, including forward-looking macroeconomic information, in order to approximate the result of recognising lifetime expected credit losses when there has been a significant increase in credit risk since initial recognition on an individual instrument level. **B5.5.4**

For the purpose of determining significant increases in credit risk and recognising a loss allowance on a collective basis, an entity can group financial instruments on the basis of shared credit risk characteristics with the objective of facilitating an analysis that is designed to enable significant increases in credit risk to be identified on a timely basis. The entity should not obscure this information by grouping financial instruments with different risk characteristics. Examples of shared credit risk characteristics may include, but are not limited to, the: **B5.5.5**

(a) instrument type;
(b) credit risk ratings;
(c) collateral type;

(d) Zeitpunkt des erstmaligen Ansatzes,
(e) Restlaufzeit,
(f) Branche,
(g) geographischer Standort des Kreditnehmers und
(h) Wert der Sicherheiten in Relation zum finanziellen Vermögenswert, wenn sich dies auf die Wahrscheinlichkeit des Eintretens eines Kreditausfalls auswirkt (z. B. nicht rückgriffsberechtigte Darlehen in einigen Rechtsordnungen oder Beleihungsausläufe).

B5.5.6 Nach Paragraph 5.5.4 müssen die über die Laufzeit erwarteten Kreditverluste für alle Finanzinstrumente, bei denen sich das Ausfallrisiko seit dem erstmaligen Ansatz signifikant erhöht hat, erfasst werden. Wenn ein Unternehmen zur Erreichung dieser Zielsetzung Finanzinstrumente, bei denen das Ausfallrisiko als seit dem erstmaligen Ansatz signifikant erhöht angesehen wird, nicht anhand von gemeinsamen Ausfallrisikoeigenschaften in Gruppen zusammenfassen kann, sollte es die über die Laufzeit erwarteten Kreditverluste für den Teil der finanziellen Vermögenswerte erfassen, bei denen das Ausfallrisiko als signifikant erhöht erachtet wird. Die Aggregation von Finanzinstrumenten für die Beurteilung, ob sich das Ausfallrisiko auf kollektiver Basis erhöht, kann sich im Laufe der Zeit ändern, sobald neue Informationen über Gruppen von Finanzinstrumenten oder einzelne solcher Finanzinstrumente verfügbar werden.

Zeitpunkt der Erfassung der über die Laufzeit erwarteten Kreditverluste

B5.5.7 Ob über die Laufzeit erwartete Kreditverluste erfasst werden sollten, wird danach beurteilt, ob sich die Wahrscheinlichkeit oder das Risiko eines Kreditausfalls seit dem erstmaligen Ansatz signifikant erhöht hat (unabhängig davon, ob ein Finanzinstrument entsprechend einer Erhöhung des Ausfallrisikos preislich angepasst wurde), und nicht danach, ob zum Abschlussstichtag Anhaltspunkte für eine Bonitätsbeeinträchtigung bei einem finanziellen Vermögenswert vorliegen oder tatsächlich ein Kreditausfall eintritt. Im Allgemeinen erhöht sich das Ausfallrisiko signifikant, bevor die Bonität eines finanziellen Vermögenswerts beeinträchtigt wird oder tatsächlich ein Kreditausfall eintritt.

B5.5.8 Bei Kreditzusagen berücksichtigt ein Unternehmen Veränderungen des Risikos, dass bei dem Kredit, auf den sich die Kreditzusage bezieht, ein Ausfall eintritt. Bei finanziellen Garantien berücksichtigt ein Unternehmen Veränderungen des Risikos, dass der angegebene Schuldner den Vertrag nicht erfüllt.

B5.5.9 Die Signifikanz einer Veränderung des Ausfallrisikos seit dem erstmaligen Ansatz hängt vom Risiko des Eintretens eines Ausfalls beim erstmaligen Ansatz ab. Somit ist eine gegebene Veränderung des Risikos, dass ein Ausfall eintritt, absolut gesehen bei einem Finanzinstrument mit niedrigerem anfänglichem Risiko des Eintretens eines Ausfalls signifikanter als bei einem Finanzinstrument, bei dem das anfängliche Risiko des Eintretens eines Ausfalls höher ist.

B5.5.10 Das Risiko, dass bei Finanzinstrumenten mit vergleichbarem Ausfallrisiko ein Ausfall eintritt, nimmt mit der Dauer der erwarteten Laufzeit des Instruments zu. Beispielsweise ist das Risiko, dass bei einer Anleihe mit AAA-Rating und einer erwarteten Laufzeit von 10 Jahren ein Ausfall eintritt, höher als bei einer Anleihe mit AAA-Rating und einer erwarteten Laufzeit von fünf Jahren.

B5.5.11 Aufgrund der Beziehung zwischen der erwarteten Laufzeit und dem Risiko des Eintretens eines Ausfalls kann die Veränderung des Ausfallrisikos nicht einfach durch Vergleichen der Veränderung des absoluten Risikos des Eintretens eines Ausfalls im zeitlichen Verlauf beurteilt werden. Wenn beispielsweise das Risiko des Eintretens eines Ausfalls bei einem Finanzinstrument mit einer erwarteten Laufzeit von zehn Jahren beim erstmaligen Ansatz identisch ist mit dem Risiko bei diesem Finanzinstrument, wenn dessen erwartete Laufzeit in der Folgeperiode lediglich mit fünf Jahren veranschlagt wird, kann dies darauf hinweisen, dass sich das Ausfallrisiko erhöht hat. Dies liegt daran, dass das Risiko des Eintretens eines Ausfalls über die erwartete Laufzeit gewöhnlich mit der Zeit sinkt, wenn das Ausfallrisiko unverändert ist und sich das Finanzinstrument seiner Fälligkeit nähert. Jedoch nimmt das Risiko des Eintretens eines Ausfalls bei Finanzinstrumenten mit nur -signifikanten Zahlungsverpflichtungen zum Ende der Fälligkeit des Finanzinstruments hin möglicherweise nicht mit der Zeit ab. In einem solchen Fall sollte ein Unternehmen auch andere qualitative Faktoren berücksichtigen, die zeigen würden, ob sich das Ausfallrisiko seit dem erstmaligen Ansatz signifikant erhöht hat.

B5.5.12 Ein Unternehmen kann bei der Beurteilung, ob sich das Ausfallrisiko eines Finanzinstruments seit dem erstmaligen Ansatz signifikant erhöht hat, oder bei der Bewertung der erwarteten Kreditverluste unterschiedliche Vorgehensweisen anwenden. Auf unterschiedliche Finanzinstrumente kann das Unternehmen unterschiedliche Vorgehensweisen anwenden. Eine Vorgehensweise, die als Eingangsparameter nicht per se eine explizite Ausfallwahrscheinlichkeit beinhaltet, wie etwa eine auf der Kreditausfallrate basierende Vorgehensweise, kann mit den Vorschriften des vorliegenden Standards in Einklang stehen, sofern das Unternehmen die Änderungen des Risikos des Eintretens eines Ausfalls von Änderungen anderer Faktoren mit Einfluss auf die erwarteten Kreditausverluste, wie etwa die Besicherung, trennen kann und bei der Beurteilung Folgendes berücksichtigt:
(a) die Veränderung des Risikos des Eintretens eines Ausfalls seit dem erstmaligen Ansatz,
(b) die erwartete Laufzeit des Finanzinstruments und
(c) angemessene und belastbare Informationen, die ohne unangemessenen Kosten- oder Zeitaufwand verfügbar sind und sich auf das Ausfallrisiko auswirken können.

(d) date of initial recognition;
(e) remaining term to maturity;
(f) industry;
(g) geographical location of the borrower; and
(h) the value of collateral relative to the financial asset if it has an impact on the probability of a default occurring (for example, non-recourse loans in some jurisdictions or loan-to-value ratios).

Paragraph 5.5.4 requires that lifetime expected credit losses are recognised on all financial instruments for which there has been significant increases in credit risk since initial recognition. In order to meet this objective, if an entity is not able to group financial instruments for which the credit risk is considered to have increased significantly since initial recognition based on shared credit risk characteristics, the entity should recognise lifetime expected credit losses on a portion of the financial assets for which credit risk is deemed to have increased significantly. The aggregation of financial instruments to assess whether there are changes in credit risk on a collective basis may change over time as new information becomes available on groups of, or individual, financial instruments. B5.5.6

Timing of recognising lifetime expected credit losses

The assessment of whether lifetime expected credit losses should be recognised is based on significant increases in the likelihood or risk of a default occurring since initial recognition (irrespective of whether a financial instrument has been repriced to reflect an increase in credit risk) instead of on evidence of a financial asset being credit-impaired at the reporting date or an actual default occurring. Generally, there will be a significant increase in credit risk before a financial asset becomes credit-impaired or an actual default occurs. B5.5.7

For loan commitments, an entity considers changes in the risk of a default occurring on the loan to which a loan commitment relates. For financial guarantee contracts, an entity considers the changes in the risk that the specified debtor will default on the contract. B5.5.8

The significance of a change in the credit risk since initial recognition depends on the risk of a default occurring as at initial recognition. Thus, a given change, in absolute terms, in the risk of a default occurring will be more significant for a financial instrument with a lower initial risk of a default occurring compared to a financial instrument with a higher initial risk of a default occurring. B5.5.9

The risk of a default occurring on financial instruments that have comparable credit risk is higher the longer the expected life of the instrument; for example, the risk of a default occurring on an AAA-rated bond with an expected life of 10 years is higher than that on an AAA-rated bond with an expected life of five years. B5.5.10

Because of the relationship between the expected life and the risk of a default occurring, the change in credit risk cannot be assessed simply by comparing the change in the absolute risk of a default occurring over time. For example, if the risk of a default occurring for a financial instrument with an expected life of 10 years at initial recognition is identical to the risk of a default occurring on that financial instrument when its expected life in a subsequent period is only five years, that may indicate an increase in credit risk. This is because the risk of a default occurring over the expected life usually decreases as time passes if the credit risk is unchanged and the financial instrument is closer to maturity. However, for financial instruments that only have significant payment obligations close to the maturity of the financial instrument the risk of a default occurring may not necessarily decrease as time passes. In such a case, an entity should also consider other qualitative factors that would demonstrate whether credit risk has increased significantly since initial recognition. B5.5.11

An entity may apply various approaches when assessing whether the credit risk on a financial instrument has increased significantly since initial recognition or when measuring expected credit losses. An entity may apply different approaches for different financial instruments. An approach that does not include an explicit probability of default as an input per se, such as a credit loss rate approach, can be consistent with the requirements in this Standard, provided that an entity is able to separate the changes in the risk of a default occurring from changes in other drivers of expected credit losses, such as collateral, and considers the following when making the assessment: B5.5.12
(a) the change in the risk of a default occurring since initial recognition;
(b) the expected life of the financial instrument; and
(c) reasonable and supportable information that is available without undue cost or effort that may affect credit risk.

B5.5.13 Bei den angewandten Methoden für die Bestimmung, ob sich das Ausfallrisiko bei einem Finanzinstrument seit dem erstmaligen Ansatz signifikant erhöht hat, werden die Eigenschaften des Finanzinstruments (oder der Gruppe von Finanzinstrumenten) und die Ausfallmuster bei vergleichbaren Finanzinstrumenten in der Vergangenheit berücksichtigt. Ungeachtet der Vorschrift des Paragraphen 5.5.9 können bei Finanzinstrumenten, bei denen die Ausfallmuster nicht auf einen bestimmten Zeitpunkt während der erwarteten Laufzeit des Finanzinstruments konzentriert sind, Änderungen des Risikos des Eintretens eines Ausfalls in den kommenden 12 Monaten eine angemessene Näherung für die Änderungen des auf die Laufzeit bezogenen Risikos des Eintretens eines Ausfalls sein. In solchen Fällen kann ein Unternehmen anhand von Änderungen des Risikos des Eintretens eines Ausfalls in den kommenden 12 Monaten bestimmen, ob sich das Ausfallrisiko seit dem erstmaligen Ansatz signifikant erhöht hat, außer wenn die Umstände darauf hinweisen, dass eine Beurteilung über die Laufzeit erforderlich ist.

B5.5.14 Jedoch ist es bei einigen Finanzinstrumenten oder in besonderen Fällen möglicherweise unangebracht, anhand von Veränderungen des Risikos des Eintretens eines Ausfalls in den kommenden 12 Monaten zu bestimmen, ob die über die Laufzeit erwarteten Kreditverluste erfasst werden sollten. Beispielsweise ist die Veränderung des Risikos des Eintretens eines Ausfalls in den kommenden 12 Monaten eventuell keine geeignete Grundlage für die Bestimmung, ob sich das Ausfallrisiko bei einem Finanzinstrument mit einer Restlaufzeit von mehr als 12 Monaten erhöht hat, wenn

(a) das Finanzinstrument nur über die nächsten 12 Monate hinaus signifikante Zahlungsverpflichtungen aufweist,
(b) Veränderungen bei den relevanten makroökonomischen oder sonstigen kreditbezogenen Faktoren auftreten, die in dem Risiko des Eintretens eines Ausfalls in den kommenden 12 Monaten nicht hinreichend widergespiegelt werden, oder
(c) sich Änderungen der kreditbezogenen Faktoren nur über die nächsten 12 Monate hinaus auf das Ausfallrisiko des Finanzinstruments auswirken (oder einen stärker ausgeprägten Effekt haben).

Bestimmung, ob sich das Ausfallrisiko seit dem erstmaligen Ansatz signifikant erhöht hat

B5.5.15 Bei der Bestimmung, ob die über die Laufzeit erwarteten Kreditverluste erfasst werden müssen, berücksichtigt ein Unternehmen angemessene und belastbare Informationen gemäß Paragraph 5.5.17 (c), die ohne unangemessenen Kosten- oder Zeitaufwand verfügbar sind und sich auf das Ausfallrisiko bei einem Finanzinstrument auswirken können. Das Unternehmen muss bei der Bestimmung, ob sich das Ausfallrisiko seit dem erstmaligen Ansatz signifikant erhöht hat, keine umfassende Suche nach Informationen durchführen.

B5.5.16 Die Ausfallrisikoanalyse ist eine multifaktorielle und ganzheitliche Analyse. Die Relevanz eines bestimmten Faktors und dessen Gewichtung im Vergleich zu anderen Faktoren hängen von der Art des Produkts, den Eigenschaften des Finanzinstruments und des Kreditnehmers sowie dem geografischen Gebiet ab. Ein Unternehmen berücksichtigt angemessene und belastbare Informationen, die ohne unangemessenen Kosten- oder Zeitaufwand verfügbar und für das jeweils zu beurteilende Finanzinstrument relevant sind. Jedoch sind einige Faktoren oder Indikatoren möglicherweise nicht auf Ebene eines einzelnen Finanzinstruments identifizierbar. In solch einem Fall werden die Faktoren oder Indikatoren für geeignete Portfolios, Gruppen von Portfolios oder Teile eines Portfolios von Finanzinstrumenten beurteilt, um zu bestimmen, ob die Vorschrift des Paragraphen 5.5.3 zur Erfassung der über die Laufzeit erwarteten Kreditverluste erfüllt ist.

B5.5.17 Die nachfolgende nicht abschließende Liste von Informationen kann bei der Beurteilung von Veränderungen des Ausfallrisikos relevant sein:

(a) signifikante Veränderungen bei den internen Preisindikatoren für das Ausfallrisiko infolge einer Änderung des Ausfallrisikos seit Vertragsbeginn, u. a. des Kredit-Spreads, der sich ergäbe, wenn ein bestimmtes Finanzinstrument oder ein vergleichbares Finanzinstrument mit denselben Bedingungen und derselben Gegenpartei am Abschlussstichtag neu ausgereicht oder begeben würde;
(b) sonstige Veränderungen bei den Quoten oder Bedingungen eines bestehenden Finanzinstruments, die deutlich anders wären, wenn das Instrument aufgrund von Veränderungen seines Ausfallrisikos seit dem erstmaligen Ansatz am Abschlussstichtag neu ausgereicht oder begeben würde (wie weitergehende Kreditauflagen, höhere Sicherheiten- und Garantiebeträge oder ein höherer Zinsdeckungsgrad);
(c) signifikante Veränderungen bei den externen Marktindikatoren für das Ausfallrisiko bei einem bestimmten Finanzinstrument oder vergleichbaren Finanzinstrumenten mit der gleichen erwarteten Laufzeit. Zu den Marktindikatoren für das Ausfallrisiko gehören u. a.:
    (i) der Kredit-Spread,
    (ii) die Credit-Default-Swap-Preise für den Kreditnehmer,
    (iii) der Zeitraum, über den der beizulegende Zeitwert eines finanziellen Vermögenswerts geringer als seine fortgeführten Anschaffungskosten war, und das Ausmaß, in dem dies der Fall war, und
    (iv) sonstige Marktinformationen in Bezug auf den Kreditnehmer, wie Änderungen des Preises seiner Schuld- und Eigenkapitalinstrumente;
(d) eine tatsächliche oder voraussichtliche signifikante Änderung des externen Bonitätsratings für ein Finanzinstrument;
(e) eine tatsächliche oder erwartete Herabsetzung des internen Bonitätsratings für den Kreditnehmer oder eine Verringerung des Verhaltens-Scorings, das bei der internen Beurteilung des Ausfallrisikos herangezogen wird; interne Bonitätsratings und interne Verhaltens-Scorings sind zuverlässiger, wenn sie mit externen Ratings abgestimmt oder durch Ausfallstudien unterstützt werden;

The methods used to determine whether credit risk has increased significantly on a financial instrument since initial recognition should consider the characteristics of the financial instrument (or group of financial instruments) and the default patterns in the past for comparable financial instruments. Despite the requirement in paragraph 5.5.9, for financial instruments for which default patterns are not concentrated at a specific point during the expected life of the financial instrument, changes in the risk of a default occurring over the next 12 months may be a reasonable approximation of the changes in the lifetime risk of a default occurring. In such cases, an entity may use changes in the risk of a default occurring over the next 12 months to determine whether credit risk has increased significantly since initial recognition, unless circumstances indicate that a lifetime assessment is necessary. B5.5.13

However, for some financial instruments, or in some circumstances, it may not be appropriate to use changes in the risk of a default occurring over the next 12 months to determine whether lifetime expected credit losses should be recognised. For example, the change in the risk of a default occurring in the next 12 months may not be a suitable basis for determining whether credit risk has increased on a financial instrument with a maturity of more than 12 months when: B5.5.14

(a) the financial instrument only has significant payment obligations beyond the next 12 months;
(b) changes in relevant macroeconomic or other credit-related factors occur that are not adequately reflected in the risk of a default occurring in the next 12 months; or
(c) changes in credit-related factors only have an impact on the credit risk of the financial instrument (or have a more pronounced effect) beyond 12 months.

Determining whether credit risk has increased significantly since initial recognition

When determining whether the recognition of lifetime expected credit losses is required, an entity shall consider reasonable and supportable information that is available without undue cost or effort and that may affect the credit risk on a financial instrument in accordance with paragraph 5.5.17 (c). An entity need not undertake an exhaustive search for information when determining whether credit risk has increased significantly since initial recognition. B5.5.15

Credit risk analysis is a multifactor and holistic analysis; whether a specific factor is relevant, and its weight compared to other factors, will depend on the type of product, characteristics of the financial instruments and the borrower as well as the geographical region. An entity shall consider reasonable and supportable information that is available without undue cost or effort and that is relevant for the particular financial instrument being assessed. However, some factors or indicators may not be identifiable on an individual financial instrument level. In such a case, the factors or indicators should be assessed for appropriate portfolios, groups of portfolios or portions of a portfolio of financial instruments to determine whether the requirement in paragraph 5.5.3 for the recognition of lifetime expected credit losses has been met. B5.5.16

The following non-exhaustive list of information may be relevant in assessing changes in credit risk: B5.5.17

(a) significant changes in internal price indicators of credit risk as a result of a change in credit risk since inception, including, but not limited to, the credit spread that would result if a particular financial instrument or similar financial instrument with the same terms and the same counterparty were newly originated or issued at the reporting date.
(b) other changes in the rates or terms of an existing financial instrument that would be significantly different if the instrument was newly originated or issued at the reporting date (such as more stringent covenants, increased amounts of collateral or guarantees, or higher income coverage) because of changes in the credit risk of the financial instrument since initial recognition.
(c) significant changes in external market indicators of credit risk for a particular financial instrument or similar financial instruments with the same expected life. Changes in market indicators of credit risk include, but are not limited to:
    (i) the credit spread;
    (ii) the credit default swap prices for the borrower;
    (iii) the length of time or the extent to which the fair value of a financial asset has been less than its amortised cost; and
    (iv) other market information related to the borrower, such as changes in the price of a borrower's debt and equity instruments.
(d) an actual or expected significant change in the financial instrument's external credit rating.
(e) an actual or expected internal credit rating downgrade for the borrower or decrease in behavioural scoring used to assess credit risk internally. Internal credit ratings and internal behavioural scoring are more reliable when they are mapped to external ratings or supported by default studies.

(f) tatsächliche oder prognostizierte Verschlechterungen der geschäftlichen, finanziellen oder wirtschaftlichen Bedingungen, die sich signifikant auf die Fähigkeit des Kreditnehmers, seinen Schuldverpflichtungen nachzukommen, auswirken dürften, wie ein tatsächlicher oder erwarteter Anstieg des Zinsniveaus oder der Arbeitslosenquote;
(g) eine tatsächliche oder voraussichtliche signifikante Veränderung der Betriebsergebnisse des Kreditnehmers. Beispiele sind u. a. ein tatsächlicher oder erwarteter Rückgang der Erlöse oder Margen, zunehmende Betriebsrisiken, Betriebskapitaldefizite, sinkende Qualität der Vermögenswerte, erhöhter bilanzieller Verschuldungsgrad, Liquidität, Managementprobleme oder Änderungen des Geschäftsumfangs oder der Organisationsstruktur (z. B. Einstellung eines Geschäftssegments), die die Fähigkeit des Kreditnehmers, seinen Schuldverpflichtungen nachzukommen, signifikant verändern;
(h) signifikante Erhöhungen des Ausfallrisikos bei anderen Finanzinstrumenten desselben Kreditnehmers;
(i) eine tatsächliche oder erwartete signifikante Verschlechterung des regulatorischen, wirtschaftlichen oder technologischen Umfelds des Kreditnehmers, die dessen Fähigkeit, seinen Schuldverpflichtungen nachzukommen, signifikant verändert, z. B. ein Rückgang der Nachfrage nach den Produkten des Kreditnehmers aufgrund neuerer Technologien;
(j) signifikante Veränderungen beim Wert der Sicherheiten für die Verpflichtung oder bei der Qualität der Garantien oder Kreditsicherheiten Dritter, durch die sich voraussichtlich der wirtschaftliche Anreiz des Kreditnehmers, geplante vertragliche Zahlungen zu leisten, verringert oder die sich voraussichtlich auf die Wahrscheinlichkeit des Eintretens eines Ausfalls auswirken. Wenn der Wert von Sicherheiten beispielsweise aufgrund rückläufiger Immobilienpreise sinkt, haben die Kreditnehmer in einigen Ländern einen stärkeren Anreiz, ihre Hypotheken nicht zu bedienen;
(k) eine signifikante Veränderung der Qualität der von einem Anteilseigner (oder den Eltern einer Einzelperson) bereitgestellten Garantie, wenn der Anteilseigner (oder die Eltern) den Anreiz haben und die finanziellen Möglichkeiten besitzen, einen Kreditausfall durch Zuschießen von Kapital oder Liquidität zu verhindern;
(l) signifikante Veränderungen wie eine Verringerung der finanziellen Unterstützung vonseiten eines Mutter- oder anderen Tochterunternehmens oder eine tatsächliche oder voraussichtliche signifikante Veränderung bei der Qualität der Kreditsicherheit, durch die sich der wirtschaftliche Anreiz des Kreditnehmers, geplante vertragliche Zahlungen zu leisten, voraussichtlich verringert. Bei Kreditsicherheiten oder finanzieller Unterstützung wird die Finanzlage des Garantiegebers berücksichtigt und/oder bei in Verbriefungen ausgegebenen Anteilen, ob die erwarteten Kreditverluste (beispielsweise bei den dem Wertpapier zugrunde liegenden Darlehen) voraussichtlich durch nachrangige Anteile absorbiert werden können;
(m) voraussichtliche Veränderungen bei der Kreditdokumentation, einschließlich einer voraussichtlichen Vertragsverletzung, die zu Auflagenverzicht oder -ergänzungen, Zinszahlungspausen, Erhöhungen des Zinsniveaus, zusätzlich verlangten Sicherheiten oder Garantien, oder zu Änderungen der vertraglichen Rahmenbedingungen des Instruments führen können;
(n) signifikante Veränderungen, was die voraussichtliche Vertragstreue und das voraussichtliche Verhalten des Kreditnehmers angeht, einschließlich Veränderungen beim Zahlungsstatus von Kreditnehmern in der Gruppe (beispielsweise ein Anstieg der voraussichtlichen Anzahl oder des Ausmaßes verzögerter Vertragszahlungen oder signifikante Erhöhungen der voraussichtlichen Anzahl der Kreditkarteninhaber, die ihr Kreditlimit voraussichtlich fast erreichen oder überschreiten oder voraussichtlich nur den monatlichen Mindestbetrag zahlen);
(o) Veränderungen beim Kreditmanagementansatz eines Unternehmens in Bezug auf das Finanzinstrument, d. h., dass der Kreditmanagementansatz des Unternehmens basierend auf den sich abzeichnenden Indikatoren für Veränderungen beim Ausfallrisiko des Finanzinstruments voraussichtlich aktiver oder auf die Steuerung des Instruments ausgerichtet wird, einschließlich einer engeren Überwachung oder Kontrolle des Instruments oder des spezifischen Eingreifens vonseiten des Unternehmens bei dem Kreditnehmer;
(p) Informationen zur Überfälligkeit, einschließlich der in Paragraph 5.5.11 dargelegten widerlegbaren Vermutung.

B5.5.18 In einigen Fällen können die verfügbaren qualitativen und nicht statistischen quantitativen Informationen ausreichen, um zu bestimmen, dass ein Finanzinstrument das Kriterium für die Erfassung einer Wertberichtigung in Höhe der über die Laufzeit erwarteten Kreditverluste erfüllt hat. Dies bedeutet, dass die Informationen weder ein statistisches Modell noch einen Bonitätsratingprozess durchlaufen müssen, um zu bestimmen, ob sich das Ausfallrisiko des Finanzinstruments signifikant erhöht hat. In anderen Fällen berücksichtigt das Unternehmen möglicherweise andere Informationen, einschließlich Informationen aus seinen statistischen Modellen oder Bonitätsratingprozessen. Alternativ stützt das Unternehmen seine Beurteilung eventuell auf beide Arten von Informationen, d. h. qualitative Faktoren, die nicht durch den internen Ratingprozess erfasst werden, und eine spezifische interne Ratingkategorie am Abschlussstichtag, wobei die Ausfallrisikoeigenschaften beim erstmaligen Ansatz berücksichtigt werden, sofern beide Arten von Informationen relevant sind.

Mehr als 30 Tage überfällig – widerlegbare Vermutung

B5.5.19 Die widerlegbare Vermutung in Paragraph 5.5.11 ist kein absoluter Indikator dafür, dass die über die Laufzeit erwarteten Kreditverluste erfasst werden sollten, wird jedoch als spätester Zeitpunkt angenommen, zu dem die über die Laufzeit erwarteten Kreditverluste selbst bei Verwendung zukunftsgerichteter Informationen (einschließlich makroökonomischer Faktoren auf Portfolioebene) erfasst werden sollten.

B5.5.20 Ein Unternehmen kann diese Vermutung widerlegen. Dies ist allerdings nur möglich, wenn ihm angemessene und belastbare Informationen vorliegen, die belegen, dass selbst bei einer Überfälligkeit der Vertragszahlungen von mehr als 30 Tagen keine signifikante Erhöhung des Ausfallrisikos bei einem Finanzinstrument vorliegt. Dies gilt beispielsweise, wenn

(f) existing or forecast adverse changes in business, financial or economic conditions that are expected to cause a significant change in the borrower's ability to meet its debt obligations, such as an actual or expected increase in interest rates or an actual or expected significant increase in unemployment rates.
(g) an actual or expected significant change in the operating results of the borrower. Examples include actual or expected declining revenues or margins, increasing operating risks, working capital deficiencies, decreasing asset quality, increased balance sheet leverage, liquidity, management problems or changes in the scope of business or organisational structure (such as the discontinuance of a segment of the business) that results in a significant change in the borrower's ability to meet its debt obligations.
(h) significant increases in credit risk on other financial instruments of the same borrower.
(i) an actual or expected significant adverse change in the regulatory, economic, or technological environment of the borrower that results in a significant change in the borrower's ability to meet its debt obligations, such as a decline in the demand for the borrower's sales product because of a shift in technology.
(j) significant changes in the value of the collateral supporting the obligation or in the quality of third-party guarantees or credit enhancements, which are expected to reduce the borrower's economic incentive to make scheduled contractual payments or to otherwise have an effect on the probability of a default occurring. For example, if the value of collateral declines because house prices decline, borrowers in some jurisdictions have a greater incentive to default on their mortgages.
(k) a significant change in the quality of the guarantee provided by a shareholder (or an individual's parents) if the shareholder (or parents) have an incentive and financial ability to prevent default by capital or cash infusion.
(l) significant changes, such as reductions in financial support from a parent entity or other affiliate or an actual or expected significant change in the quality of credit enhancement, that are expected to reduce the borrower's economic incentive to make scheduled contractual payments. Credit quality enhancements or support include the consideration of the financial condition of the guarantor and/ or, for interests issued in securitisations, whether subordinated interests are expected to be capable of absorbing expected credit losses (for example, on the loans underlying the security).
(m) expected changes in the loan documentation including an expected breach of contract that may lead to covenant waivers or amendments, interest payment holidays, interest rate step-ups, requiring additional collateral or guarantees, or other changes to the contractual framework of the instrument.
(n) significant changes in the expected performance and behaviour of the borrower, including changes in the payment status of borrowers in the group (for example, an increase in the expected number or extent of delayed contractual payments or significant increases in the expected number of credit card borrowers who are expected to approach or exceed their credit limit or who are expected to be paying the minimum monthly amount).
(o) changes in the entity's credit management approach in relation to the financial instrument; i.e. based on emerging indicators of changes in the credit risk of the financial instrument, the entity's credit risk management practice is expected to become more active or to be focused on managing the instrument, including the instrument becoming more closely monitored or controlled, or the entity specifically intervening with the borrower.
(p) past due information, including the rebuttable presumption as set out in paragraph 5.5.11.

In some cases, the qualitative and non-statistical quantitative information available may be sufficient to determine that a financial instrument has met the criterion for the recognition of a loss allowance at an amount equal to lifetime expected credit losses. That is, the information does not need to flow through a statistical model or credit ratings process in order to determine whether there has been a significant increase in the credit risk of the financial instrument. In other cases, an entity may need to consider other information, including information from its statistical models or credit ratings processes. Alternatively, the entity may base the assessment on both types of information, i.e. qualitative factors that are not captured through the internal ratings process and a specific internal rating category at the reporting date, taking into consideration the credit risk characteristics at initial recognition, if both types of information are relevant. **B5.5.18**

More than 30 days past due rebuttable presumption

The rebuttable presumption in paragraph 5.5.11 is not an absolute indicator that lifetime expected credit losses should be recognised, but is presumed to be the latest point at which lifetime expected credit losses should be recognised even when using forward-looking information (including macroeconomic factors on a portfolio level). **B5.5.19**

An entity can rebut this presumption. However, it can do so only when it has reasonable and supportable information available that demonstrates that even if contractual payments become more than 30 days past due, this does not represent a significant increase in the credit risk of a financial instrument. For example when non-payment was an administrative **B5.5.20**

ein Zahlungsversäumnis administrative Gründe hat und nicht durch finanzielle Schwierigkeiten des Kreditnehmers bedingt ist oder das Unternehmen anhand historischer Daten belegen kann, dass zwischen den signifikanten Erhöhungen des Risikos des Eintretens eines Ausfalls und finanziellen Vermögenswerten, bei denen die Zahlungen mehr als 30 Tage überfällig sind, keine Korrelation besteht, aber diese Nachweise ein solche Korrelation zeigen, wenn die Zahlungen mehr als 60 Tage überfällig sind.

B5.5.21 Ein Unternehmen kann den Zeitpunkt signifikanter Erhöhungen des Ausfallrisikos und die Erfassung der über die Laufzeit erwarteten Kreditverluste nicht danach ausrichten, wann die Bonität eines finanziellen Vermögenswerts als beeinträchtigt angesehen wird, oder wie das Unternehmen intern den Begriff Ausfall definiert.

Finanzinstrumente mit niedrigem Ausfallrisiko am Abschlussstichtag

B5.5.22 Das Ausfallrisiko bei einem Finanzinstrument ist für die Zwecke des Paragraphen 5.5.10 niedrig, wenn bei dem Finanzinstrument ein niedriges Risiko eines Kreditausfalls besteht, der Kreditnehmer problemlos zur Erfüllung seiner kurzfristigen vertraglichen Zahlungsverpflichtungen in der Lage ist und langfristigere Verschlechterungen der wirtschaftlichen und geschäftlichen Rahmenbedingungen die Fähigkeit des Kreditnehmers zur Erfüllung seiner vertraglichen Zahlungsverpflichtungen verringern können, aber nicht unbedingt müssen. Das Ausfallrisiko bei Finanzinstrumenten wird nicht als niedrig eingeschätzt, nur weil das Risiko eines Verlusts aufgrund des Besicherungswerts als niedrig angesehen wird und das Ausfallrisiko bei dem Finanzinstrument ohne diese Besicherung nicht als niedrig eingeschätzt würde. Ferner wird das Ausfallrisiko bei Finanzinstrumenten nicht allein deshalb als niedrig eingeschätzt, weil das Risiko eines Kreditausfalls niedriger ist als bei anderen Finanzinstrumenten des Unternehmens oder in Relation zum Ausfallrisiko im Rechtsraum, in dem das Unternehmen tätig ist.

B5.5.23 Ein Unternehmen kann anhand seiner internen Ausfallrisikoratings oder sonstiger Methoden, die mit einer allgemein anerkannten Definition von niedrigem Ausfallrisiko in Einklang stehen und die Risiken und die Art der zu beurteilenden Finanzinstrumente berücksichtigen, bestimmen, ob bei einem Finanzinstrument ein niedriges Ausfallrisiko besteht. Ein externes Rating mit „Investment Grade" ist ein Beispiel für ein Finanzinstrument, dessen Ausfallrisiko als niedrig angesehen werden kann. Allerdings müssen Finanzinstrumente keinem externen Rating unterzogen werden, um ihr Ausfallrisiko als niedrig ansehen zu können. Sie sollten jedoch aus Sicht eines Marktteilnehmers unter Berücksichtigung aller Bedingungen des Finanzinstruments als mit niedrigem Ausfallrisiko behaftet angesehen werden.

B5.5.24 Über die Laufzeit erwartete Kreditverluste müssen bei einem Finanzinstrument nicht alleine deshalb erfasst werden, weil es in der vorherigen Berichtsperiode als mit niedrigem Ausfallrisiko angesehen wurde und zum Abschlussstichtag nicht als mit niedrigem Ausfallrisiko angesehen wird. In einem solchen Fall bestimmt ein Unternehmen, ob sich das Ausfallrisiko seit dem erstmaligen Ansatz signifikant erhöht hat und ob somit gemäß Paragraph 5.5.3 die über die Laufzeit erwarteten Kreditverluste erfasst werden müssen.

Änderungen

B5.5.25 In einigen Fällen kann die Neuverhandlung oder Änderung der vertraglichen Zahlungsströme aus einem finanziellen Vermögenswert gemäß dem vorliegenden Standard zu dessen Ausbuchung führen. Wenn die Änderung eines finanziellen Vermögenswerts zur Ausbuchung des vorhandenen finanziellen Vermögenswerts und anschließender Aktivierung des geänderten finanziellen Vermögenswerts führt, wird der geänderte finanzielle Vermögenswert gemäß dem vorliegenden Standard als „neuer" finanzieller Vermögenswert betrachtet.

B5.5.26 Dementsprechend gilt für die Anwendung der Wertminderungsvorschriften auf den geänderten finanziellen Vermögenswert der Zeitpunkt der Änderung als Zeitpunkt des erstmaligen Ansatzes dieses finanziellen Vermögenswerts. Dies bedeutet normalerweise, dass die Wertberichtigung in Höhe der für die nächsten 12 Monate erwarteten Kreditverluste bemessen wird, bis die in Paragraph 5.5.3 genannten Vorschriften für die Erfassung der über die Laufzeit erwarteten Kreditverluste erfüllt sind. In einigen Ausnahmefällen kann es nach einer Änderung, die zur Ausbuchung des ursprünglichen finanziellen Vermögenswerts führt, Anhaltspunkte dafür geben, dass die Bonität des geänderten finanziellen Vermögenswerts beim erstmaligen Ansatz bereits beeinträchtigt ist und somit als finanzieller Vermögenswert mit bereits bei Erwerb oder Ausreichung beeinträchtigter Bonität bilanziert werden sollte. Dies könnte beispielsweise dann der Fall sein, wenn bei einem notleidenden Vermögenswert eine erhebliche Änderung vorgenommen wurde, die zur Ausbuchung des ursprünglichen finanziellen Vermögenswerts geführt hat. In einem solchen Fall könnte die Änderung zu einem neuen finanziellen Vermögenswert führen, dessen Bonität bereits beim erstmaligen Ansatz beeinträchtigt ist.

B5.5.27 Wenn die vertraglichen Zahlungsströme bei einem finanziellen Vermögenswert neu verhandelt oder anderweitig geändert wurden, der finanzielle Vermögenswert aber nicht ausgebucht wurde, wird dieser finanzielle Vermögenswert nicht automatisch als mit einem niedrigeren Ausfallrisiko behaftet angesehen. Ein Unternehmen beurteilt auf Grundlage aller angemessenen und belastbaren, ohne unangemessenen Kosten- oder Zeitaufwand verfügbaren Informationen, ob sich das Ausfallrisiko seit dem erstmaligen Ansatz signifikant erhöht hat. Dies umfasst historische und zukunftsgerichtete Informationen sowie eine Beurteilung des Ausfallrisikos über die erwartete Laufzeit des finanziellen Vermögenswerts, worin Informationen über die Umstände, die zu der Änderung geführt haben, eingeschlossen sind. Zu den Nachweisen, dass die Kriterien für die Erfassung der über die Laufzeit erwarteten Kreditverluste nicht mehr erfüllt sind, kann eine Übersicht über die bisherigen fristgerechten Zahlungen entsprechend den geänderten Vertragsbedingungen gehören. Normalerweise müsste ein Kunde ein anhaltend gutes Zahlungsverhalten über einen gewissen Zeitraum unter Beweis stellen, bevor das Ausfallrisiko als

oversight, instead of resulting from financial difficulty of the borrower, or the entity has access to historical evidence that demonstrates that there is no correlation between significant increases in the risk of a default occurring and financial assets on which payments are more than 30 days past due, but that evidence does identify such a correlation when payments are more than 60 days past due.

An entity cannot align the timing of significant increases in credit risk and the recognition of lifetime expected credit losses to when a financial asset is regarded as credit-impaired or an entity's internal definition of default. **B5.5.21**

Financial instruments that have low credit risk at the reporting date

The credit risk on a financial instrument is considered low for the purposes of paragraph 5.5.10, if the financial instrument has a low risk of default, the borrower has a strong capacity to meet its contractual cash flow obligations in the near term and adverse changes in economic and business conditions in the longer term may, but will not necessarily, reduce the ability of the borrower to fulfil its contractual cash flow obligations. Financial instruments are not considered to have low credit risk when they are regarded as having a low risk of loss simply because of the value of collateral and the financial instrument without that collateral would not be considered low credit risk. Financial instruments are also not considered to have low credit risk simply because they have a lower risk of default than the entity's other financial instruments or relative to the credit risk of the jurisdiction within which an entity operates. **B5.5.22**

To determine whether a financial instrument has low credit risk, an entity may use its internal credit risk ratings or other methodologies that are consistent with a globally understood definition of low credit risk and that consider the risks and the type of financial instruments that are being assessed. An external rating of 'investment grade' is an example of a financial instrument that may be considered as having low credit risk. However, financial instruments are not required to be externally rated to be considered to have low credit risk. They should, however, be considered to have low credit risk from a market participant perspective taking into account all of the terms and conditions of the financial instrument. **B5.5.23**

Lifetime expected credit losses are not recognised on a financial instrument simply because it was considered to have low credit risk in the previous reporting period and is not considered to have low credit risk at the reporting date. In such a case, an entity shall determine whether there has been a significant increase in credit risk since initial recognition and thus whether lifetime expected credit losses are required to be recognised in accordance with paragraph 5.5.3. **B5.5.24**

Modifications

In some circumstances, the renegotiation or modification of the contractual cash flows of a financial asset can lead to the derecognition of the existing financial asset in accordance with this Standard. When the modification of a financial asset results in the derecognition of the existing financial asset and the subsequent recognition of the modified financial asset, the modified asset is considered a 'new' financial asset for the purposes of this Standard. **B5.5.25**

Accordingly the date of the modification shall be treated as the date of initial recognition of that financial asset when applying the impairment requirements to the modified financial asset. This typically means measuring the loss allowance at an amount equal to 12-month expected credit losses until the requirements for the recognition of lifetime expected credit losses in paragraph 5.5.3 are met. However, in some unusual circumstances following a modification that results in derecognition of the original financial asset, there may be evidence that the modified financial asset is credit-impaired at initial recognition, and thus, the financial asset should be recognised as an originated credit-impaired financial asset. This might occur, for example, in a situation in which there was a substantial modification of a distressed asset that resulted in the derecognition of the original financial asset. In such a case, it may be possible for the modification to result in a new financial asset which is credit-impaired at initial recognition. **B5.5.26**

If the contractual cash flows on a financial asset have been renegotiated or otherwise modified, but the financial asset is not derecognised, that financial asset is not automatically considered to have lower credit risk. An entity shall assess whether there has been a significant increase in credit risk since initial recognition on the basis of all reasonable and supportable information that is available without undue cost or effort. This includes historical and forward-looking information and an assessment of the credit risk over the expected life of the financial asset, which includes information about the circumstances that led to the modification. Evidence that the criteria for the recognition of lifetime expected credit losses are no longer met may include a history of up-to-date and timely payment performance against the modified contractual terms. Typically a customer would need to demonstrate consistently good payment behaviour over a period of time before **B5.5.27**

gesunken angesehen wird. So würde eine Historie, bei der Zahlungen nicht oder nur unvollständig geleistet wurden, nicht allein dadurch gelöscht, dass nach Änderung der Vertragsbedingungen eine einzige Zahlung rechtzeitig geleistet wurde.

Bemessung erwarteter Kreditverluste

Erwartete Kreditverluste

B5.5.28 Erwartete Kreditverluste sind eine wahrscheinlichkeitsgewichtete Schätzung der Kreditverluste (d. h. des Barwerts aller Zahlungsausfälle) über die erwartete Laufzeit des Finanzinstruments. Ein Zahlungsausfall ist die Differenz zwischen den Zahlungen, die einem Unternehmen vertragsgemäß geschuldet werden, und den Zahlungen, die das Unternehmen voraussichtlich einnimmt. Da bei den erwarteten Kreditverlusten der Betrag und der Zeitpunkt der Zahlungen in Betracht gezogen werden, entsteht ein Kreditverlust selbst dann, wenn das Unternehmen erwartet, dass die Zahlung zwar vollständig, aber später als vertraglich vereinbart eingeht.

B5.5.29 Bei finanziellen Vermögenswerten entspricht ein Kreditverlust dem Barwert der Differenz zwischen

(a) den vertraglichen Zahlungen, die einem Unternehmen vertragsgemäß geschuldet werden, und

(b) den Zahlungen, die das Unternehmen voraussichtlich einnimmt.

B5.5.30 Bei nicht in Anspruch genommenen Kreditzusagen entspricht ein Kreditverlust dem Barwert der Differenz zwischen

(a) den vertraglichen Zahlungen, die dem Unternehmen geschuldet werden, wenn der Inhaber der Kreditzusage den Kredit in Anspruch nimmt und

(b) den Zahlungen, die das Unternehmen voraussichtlich einnimmt, wenn der Kredit in Anspruch genommen wird.

B5.5.31 Die Schätzung eines Unternehmens bezüglich der Kreditverluste aus Kreditzusagen entspricht seinen Erwartungen bezüglich der Inanspruchnahmen bei dieser Kreditzusage, d. h. es berücksichtigt bei der Schätzung des erwarteten 12-Monats-Kreditverlusts den voraussichtlichen Anteil der Kreditzusage, der innerhalb der nächsten 12 Monate nach dem Abschlussstichtag in Anspruch genommen wird, und bei der Schätzung der über die Laufzeit erwarteten Kreditverluste den voraussichtlichen Anteil der Kreditzusage, der über die erwartete Laufzeit der Kreditzusage in Anspruch genommen wird.

B5.5.32 Bei einer finanziellen Garantie muss das Unternehmen Zahlungen nur im Falle eines Ausfalls des Schuldners gemäß den Bedingungen des durch die Garantie abgedeckten Instruments leisten. Demzufolge entsprechen die Zahlungsausfälle den erwarteten Zahlungen, die dem Inhaber für den ihm entstandenen Kreditverlust zu erstatten sind, abzüglich der Beträge, die das Unternehmen voraussichtlich von dem Inhaber, dem Schuldner oder einer sonstigen Partei erhält. Ist der Vermögenswert vollständig durch die Garantie abgedeckt, würde die Schätzung der Zahlungsausfälle aus der finanziellen Garantie mit den geschätzten Zahlungsausfällen für den der Garantie unterliegenden Vermögenswert übereinstimmen.

B5.5.33 Bei einem finanziellen Vermögenswert, dessen Bonität zum Abschlussstichtag beeinträchtigt ist, es bei Erwerb oder Ausreichung aber noch nicht war, bemisst ein Unternehmen die erwarteten Kreditverluste als Differenz zwischen dem Bruttobuchwert des Vermögenswerts und dem Barwert der geschätzten künftigen Zahlungsströme, die zum ursprünglichen Effektivzinssatz des finanziellen Vermögenswerts abgezinst werden. Jegliche Änderung wird als Wertminderungsaufwand oder -ertrag erfolgswirksam erfasst.

B5.5.34 Bei der Bemessung einer Wertberichtigung für eine Forderung aus Leasingverhältnissen entsprechen die Zahlungsströme, die zur Bemessung der erwarteten Kreditverluste verwendet werden, den Zahlungsströmen, die bei der Bewertung der Forderung aus Leasingverhältnissen gemäß IFRS 16 *Leasingverhältnisse* herangezogen wurden.

B5.5.35 Ein Unternehmen kann bei der Bemessung der erwarteten Kreditverluste vereinfachte Methoden anwenden, wenn diese mit den Grundsätzen des Paragraphen 5.5.17 übereinstimmen. Ein Beispiel für eine vereinfachte Methode ist die Berechnung der erwarteten Kreditverluste bei Forderungen aus Lieferungen und Leistungen mittels einer Wertberichtigungstabelle. Das Unternehmen würde anhand seiner bisherigen Erfahrung mit Kreditverlusten (ggf. gemäß den Paragraphen B5.5.51 und B5.5.52 angepasst) bei Forderungen aus Lieferungen und Leistungen die für die nächsten 12 Monate erwarteten Kreditverluste oder, falls erforderlich, die über die Laufzeit erwarteten Kreditverluste aus den finanziellen Vermögenswerten abschätzen. In einer Wertberichtigungstabelle könnten beispielsweise feste Wertberichtigungsquoten je nach Anzahl der Tage, die eine Forderung aus Lieferungen und Leistungen überfällig ist, angegeben werden (beispielsweise 1 Prozent, wenn nicht überfällig, 2 Prozent, wenn weniger als 30 Tage überfällig, 3 Prozent, wenn zwischen 30 und weniger als 90 Tagen überfällig, 20 Prozent, wenn zwischen 90 und 180 Tagen überfällig usw.). Je nach Diversität seines Kundenstamms würde das Unternehmen entsprechende Gruppierungen verwenden, wenn seine bisherige Erfahrung mit Kreditverlusten signifikant voneinander abweichende Ausfallmuster bei verschiedenen Kundensegmenten zeigt. Beispiele für Kriterien, die bei der Gruppierung von Vermögenswerten verwendet werden könnten, sind geografisches Gebiet, Produktart, Kundeneinstufung, Sicherheiten oder Warenkreditversicherung und Kundentyp (wie Groß- oder Einzelhandel).

Ausfalldefinition

B5.5.36 Nach Paragraph 5.5.9 hat ein Unternehmen bei der Bestimmung, ob sich das Ausfallrisiko bei einem Finanzinstrument signifikant erhöht hat, die Veränderung des Risikos des Eintretens eines Ausfalls seit dem erstmaligen Ansatz zu berücksichtigen.

the credit risk is considered to have decreased. For example, a history of missed or incomplete payments would not typically be erased by simply making one payment on time following a modification of the contractual terms.

Measurement of expected credit losses

Expected credit losses

Expected credit losses are a probability-weighted estimate of credit losses (i.e. the present value of all cash shortfalls) over the expected life of the financial instrument. A cash shortfall is the difference between the cash flows that are due to an entity in accordance with the contract and the cash flows that the entity expects to receive. Because expected credit losses consider the amount and timing of payments, a credit loss arises even if the entity expects to be paid in full but later than when contractually due. **B5.5.28**

For financial assets, a credit loss is the present value of the difference between: **B5.5.29**
(a) the contractual cash flows that are due to an entity under the contract; and
(b) the cash flows that the entity expects to receive.

For undrawn loan commitments, a credit loss is the present value of the difference between: **B5.5.30**
(a) the contractual cash flows that are due to the entity if the holder of the loan commitment draws down the loan; and
(b) the cash flows that the entity expects to receive if the loan is drawn down.

An entity's estimate of expected credit losses on loan commitments shall be consistent with its expectations of drawdowns on that loan commitment, i.e. it shall consider the expected portion of the loan commitment that will be drawn down within 12 months of the reporting date when estimating 12-month expected credit losses, and the expected portion of the loan commitment that will be drawn down over the expected life of the loan commitment when estimating lifetime expected credit losses. **B5.5.31**

For a financial guarantee contract, the entity is required to make payments only in the event of a default by the debtor in accordance with the terms of the instrument that is guaranteed. Accordingly, cash shortfalls are the expected payments to reimburse the holder for a credit loss that it incurs less any amounts that the entity expects to receive from the holder, the debtor or any other party. If the asset is fully guaranteed, the estimation of cash shortfalls for a financial guarantee contract would be consistent with the estimations of cash shortfalls for the asset subject to the guarantee. **B5.5.32**

For a financial asset that is credit-impaired at the reporting date, but that is not a purchased or originated credit-impaired financial asset, an entity shall measure the expected credit losses as the difference between the asset's gross carrying amount and the present value of estimated future cash flows discounted at the financial asset's original effective interest rate. Any adjustment is recognised in profit or loss as an impairment gain or loss. **B5.5.33**

When measuring a loss allowance for a lease receivable, the cash flows used for determining the expected credit losses should be consistent with the cash flows used in measuring the lease receivable in accordance with IFRS 16 *Leases*. **B5.5.34**

An entity may use practical expedients when measuring expected credit losses if they are consistent with the principles in paragraph 5.5.17. An example of a practical expedient is the calculation of the expected credit losses on trade receivables using a provision matrix. The entity would use its historical credit loss experience (adjusted as appropriate in accordance with paragraphs B5.5.51—B5.5.52) for trade receivables to estimate the 12-month expected credit losses or the lifetime expected credit losses on the financial assets as relevant. A provision matrix might, for example, specify fixed provision rates depending on the number of days that a trade receivable is past due (for example, 1 per cent if not past due, 2 per cent if less than 30 days past due, 3 per cent if more than 30 days but less than 90 days past due, 20 per cent if 90—180 days past due etc.). Depending on the diversity of its customer base, the entity would use appropriate groupings if its historical credit loss experience shows significantly different loss patterns for different customer segments. Examples of criteria that might be used to group assets include geographical region, product type, customer rating, collateral or trade credit insurance and type of customer (such as wholesale or retail). **B5.5.35**

Definition of default

Paragraph 5.5.9 requires that when determining whether the credit risk on a financial instrument has increased significantly, an entity shall consider the change in the risk of a default occurring since initial recognition. **B5.5.36**

B5.5.37 Bei der Ausfalldefinition zur Bestimmung des Risikos des Eintretens eines Ausfalls wendet ein Unternehmen bei dem betreffenden Finanzinstrument eine Definition an, die mit der für interne Ausfallrisikomanagementzwecke verwendeten Definition in Einklang steht, und berücksichtigt ggf. qualitative Indikatoren (z. B. Kreditauflagen). Doch besteht die widerlegbare Vermutung, dass ein Ausfall spätestens dann vorliegt, wenn ein finanzieller Vermögenswert 90 Tage überfällig ist, es sei denn, ein Unternehmen verfügt über angemessene und belastbare Informationen, dass ein längeres Rückstandskriterium besser geeignet ist. Die für diese Zwecke verwendete Ausfalldefinition wird durchgängig bei allen Finanzinstrumenten angewandt, es sei denn, neue Informationen zeigen, dass bei einem bestimmten Finanzinstrument eine andere Ausfalldefinition besser geeignet ist.

Zeitraum für die Schätzung der erwarteten Kreditverluste

B5.5.38 Gemäß Paragraph 5.5.19 entspricht der maximale Zeitraum, über den die erwarteten Kreditverluste zu bemessen sind, der maximalen Vertragslaufzeit, über die das Unternehmen dem Ausfallrisiko ausgesetzt ist. Bei Kreditzusagen und finanziellen Garantien ist dies die maximale Vertragslaufzeit, über die ein Unternehmen gegenwärtig vertraglich zur Kreditgewährung verpflichtet ist.

B5.5.39 Gemäß Paragraph 5.5.20 beinhalten manche Finanzinstrumente allerdings sowohl einen Kredit als auch eine nicht in Anspruch genommene Kreditzusagekomponente, wobei die vertraglich vorgesehene Möglichkeit für das Unternehmen, eine Rückzahlung zu fordern und die nicht in Anspruch genommene Kreditzusage zu widerrufen, die Exposition des Unternehmens gegenüber Kreditverlusten nicht auf die vertragliche Kündigungsfrist begrenzt. Beispielsweise können revolvierende Kreditformen wie Kreditkarten und Kontokorrentkredite durch den Kreditgeber mit einer Kündigungsfrist von nur einem Tag vertragsgemäß gekündigt werden. Allerdings gewähren Kreditgeber in der Praxis Kredite für einen längeren Zeitraum und können sie ggf. nur kündigen, wenn das Ausfallrisiko des Kreditnehmers steigt, was zu spät sein könnte, um die erwarteten Kreditverluste ganz oder teilweise zu verhindern. Solche Finanzinstrumente weisen infolge ihrer Art, der Art und Weise ihrer Steuerung und der Art der verfügbaren Informationen über signifikante Erhöhungen des Ausfallrisikos in der Regel die folgenden Merkmale auf:

(a) sie haben keine feste Laufzeit oder Rückzahlungsstruktur und unterliegen gewöhnlich einer kurzen vertraglichen Kündigungsfrist (z. B. einem Tag),

(b) die vertragliche Möglichkeit zur Vertragskündigung wird in der normalen tagtäglichen Steuerung des Finanzinstruments nicht durchgesetzt und der Vertrag ist ggf. nur dann kündbar, wenn das Unternehmen von einer Erhöhung des Ausfallrisikos auf Kreditebene Kenntnis erlangt, und

(c) die Finanzinstrumente werden kollektiv gesteuert.

B5.5.40 Bei der Bestimmung des Zeitraums, über den das Unternehmen voraussichtlich dem Ausfallrisiko ausgesetzt ist, bei dem die erwarteten Kreditverluste aber nicht durch die normalen Ausfallrisikomanagementmaßnahmen des Unternehmens abgemildert würden, hat das Unternehmen Faktoren wie historische Informationen und Erfahrungswerte in Bezug auf Folgendes zu berücksichtigen:

(a) Zeitraum, über den das Unternehmen dem Ausfallrisiko bei ähnlichen Finanzinstrumenten ausgesetzt war,

(b) die Zeitdauer bis zum Eintreten der entsprechenden Ausfälle bei ähnlichen Finanzinstrumenten nach einer signifikanten Erhöhung des Ausfallrisikos und

(c) die Ausfallrisikomanagementmaßnahmen, die ein Unternehmen voraussichtlich ergreift, nachdem sich das Ausfallrisiko bei dem Finanzinstrument erhöht hat, wie die Verringerung oder der Widerruf ungenutzter Limits.

Wahrscheinlichkeitsgewichtetes Ergebnis

B5.5.41 Bei der Schätzung der erwarteten Kreditverluste ist weder ein „Worst Case“-Szenario noch ein „Best Case“-Szenario zugrundezulegen. Stattdessen spiegelt eine Schätzung der erwarteten Kreditverluste stets sowohl die Möglichkeit des Eintretens als auch die Möglichkeit des Ausbleibens eines Kreditausfalls wider, auch wenn das wahrscheinlichste Ergebnis das Ausbleiben eines Kreditausfalls ist.

B5.5.42 Nach Paragraph 5.5.17 (a) muss die Schätzung der erwarteten Kreditverluste einen unverzerrten und wahrscheinlichkeitsgewichteten Betrag widerspiegeln, der durch Auswertung einer Reihe verschiedener möglicher Ergebnisse ermittelt wird. In der Praxis muss dies keine komplexe Analyse sein. In einigen Fällen kann eine relativ einfache Modellierung ausreichen, ohne dass eine größere Anzahl detaillierter Szenario-Simulationen erforderlich ist. Beispielsweise können die durchschnittlichen Kreditverluste bei einer größeren Gruppe von Finanzinstrumenten mit gemeinsamen Risikoeigenschaften eine angemessene Schätzung des wahrscheinlichkeitsgewichteten Betrags darstellen. In anderen Fällen werden wahrscheinlich Szenarien identifiziert werden müssen, in denen die Höhe und der Zeitpunkt der Zahlungsströme bei bestimmten Ergebnissen und die geschätzte Wahrscheinlichkeit dieser Ergebnisse genannt werden. In diesen Fällen spiegeln die erwarteten Kreditverluste mindestens zwei Ergebnisse gemäß Paragraph 5.5.18 wider.

B5.5.43 Bei den über die Laufzeit erwarteten Kreditverlusten schätzt ein Unternehmen das Risiko, dass bei dem Finanzinstrument über die erwartete Laufzeit ein Ausfall eintritt. Der erwartete 12-Monats-Kreditverlust ist ein prozentualer Anteil der über die Laufzeit erwarteten Kreditverluste und entspricht den über die Laufzeit eintretenden Zahlungsausfällen, die entstehen, wenn innerhalb von 12 Monaten nach dem Abschlussstichtag (oder eines kürzeren Zeitraums, wenn die erwartete Laufzeit eines Finanzinstruments weniger als 12 Monate beträgt) ein Ausfall eintritt, gewichtet mit der Wahrscheinlichkeit des Eintretens dieses Ausfalls. Somit entspricht der erwartete 12-Monats-Kreditverlust weder den über die Laufzeit erwarteten Kreditverlusten, die ein Unternehmen bei Finanzinstrumenten erwartet, bei denen seinen Prognosen zufolge in den nächsten 12 Monaten ein Ausfall eintritt, noch den Zahlungsausfällen, die für die nächsten 12 Monate prognostiziert werden.

When defining default for the purposes of determining the risk of a default occurring, an entity shall apply a default definition that is consistent with the definition used for internal credit risk management purposes for the relevant financial instrument and consider qualitative indicators (for example, financial covenants) when appropriate. However, there is a rebuttable presumption that default does not occur later than when a financial asset is 90 days past due unless an entity has reasonable and supportable information to demonstrate that a more lagging default criterion is more appropriate. The definition of default used for these purposes shall be applied consistently to all financial instruments unless information becomes available that demonstrates that another default definition is more appropriate for a particular financial instrument. B5.5.37

Period over which to estimate expected credit losses

In accordance with paragraph 5.5.19, the maximum period over which expected credit losses shall be measured is the maximum contractual period over which the entity is exposed to credit risk. For loan commitments and financial guarantee contracts, this is the maximum contractual period over which an entity has a present contractual obligation to extend credit. B5.5.38

However, in accordance with paragraph 5.5.20, some financial instruments include both a loan and an undrawn commitment component and the entity's contractual ability to demand repayment and cancel the undrawn commitment does not limit the entity's exposure to credit losses to the contractual notice period. For example, revolving credit facilities, such as credit cards and overdraft facilities, can be contractually withdrawn by the lender with as little as one day's notice. However, in practice lenders continue to extend credit for a longer period and may only withdraw the facility after the credit risk of the borrower increases, which could be too late to prevent some or all of the expected credit losses. These financial instruments generally have the following characteristics as a result of the nature of the financial instrument, the way in which the financial instruments are managed, and the nature of the available information about significant increases in credit risk: B5.5.39

(a) the financial instruments do not have a fixed term or repayment structure and usually have a short contractual cancellation period (for example, one day);
(b) the contractual ability to cancel the contract is not enforced in the normal day-to-day management of the financial instrument and the contract may only be cancelled when the entity becomes aware of an increase in credit risk at the facility level; and
(c) the financial instruments are managed on a collective basis.

When determining the period over which the entity is expected to be exposed to credit risk, but for which expected credit losses would not be mitigated by the entity's normal credit risk management actions, an entity should consider factors such as historical information and experience about: B5.5.40

(a) the period over which the entity was exposed to credit risk on similar financial instruments;
(b) the length of time for related defaults to occur on similar financial instruments following a significant increase in credit risk; and
(c) the credit risk management actions that an entity expects to take once the credit risk on the financial instrument has increased, such as the reduction or removal of undrawn limits.

Probability-weighted outcome

The purpose of estimating expected credit losses is neither to estimate a worst-case scenario nor to estimate the best-case scenario. Instead, an estimate of expected credit losses shall always reflect the possibility that a credit loss occurs and the possibility that no credit loss occurs even if the most likely outcome is no credit loss. B5.5.41

Paragraph 5.5.17 (a) requires the estimate of expected credit losses to reflect an unbiased and probability-weighted amount that is determined by evaluating a range of possible outcomes. In practice, this may not need to be a complex analysis. In some cases, relatively simple modelling may be sufficient, without the need for a large number of detailed simulations of scenarios. For example, the average credit losses of a large group of financial instruments with shared risk characteristics may be a reasonable estimate of the probability-weighted amount. In other situations, the identification of scenarios that specify the amount and timing of the cash flows for particular outcomes and the estimated probability of those outcomes will probably be needed. In those situations, the expected credit losses shall reflect at least two outcomes in accordance with paragraph 5.5.18. B5.5.42

For lifetime expected credit losses, an entity shall estimate the risk of a default occurring on the financial instrument during its expected life. 12-month expected credit losses are a portion of the lifetime expected credit losses and represent the lifetime cash shortfalls that will result if a default occurs in the 12 months after the reporting date (or a shorter period if the expected life of a financial instrument is less than 12 months), weighted by the probability of that default occurring. Thus, 12-month expected credit losses are neither the lifetime expected credit losses that an entity will incur on financial instruments that it predicts will default in the next 12 months nor the cash shortfalls that are predicted over the next 12 months. B5.5.43

Zeitwert des Geldes

B5.5.44 Die erwarteten Kreditverluste werden unter Anwendung des beim erstmaligen Ansatz festgelegten Effektivzinssatzes oder eines Näherungswerts auf den Abschlussstichtag und nicht auf den Zeitpunkt des erwarteten Ausfalls oder einen anderen Zeitpunkt abgezinst. Weist ein Finanzinstrument einen variablen Zinssatz auf, werden die erwarteten Kreditverluste unter Anwendung des aktuellen, gemäß Paragraph B5.4.5 festgelegten Effektivzinssatzes abgezinst.

B5.5.45 Für finanzielle Vermögenswerte mit bereits bei Erwerb oder Ausreichung beeinträchtigter Bonität werden die erwarteten Kreditverluste unter Anwendung des bonitätsangepassten Effektivzinssatzes, der beim erstmaligen Ansatz festgelegt wurde, abgezinst.

B5.5.46 Die erwarteten Kreditverluste für Forderungen aus Leasingverhältnissen werden zu dem Zinssatz abgezinst, der gemäß IFRS 16 auch bei der Bewertung der Forderung aus Leasingverhältnissen verwendet wird.

B5.5.47 Die erwarteten Kreditverluste aus einer Kreditzusage werden zu dem Effektivzinssatz oder einem Näherungswert abgezinst, der auch bei der Erfassung des aus der Kreditzusage resultierenden finanziellen Vermögenswerts angewandt wird. Dies liegt daran, dass ein finanzieller Vermögenswert, der nach der Inanspruchnahme einer Kreditzusage bilanziert wird, für die Anwendung der Wertminderungsvorschriften als Fortsetzung dieser Zusage und nicht als neues Finanzinstrument behandelt wird. Die erwarteten Kreditverluste aus dem finanziellen Vermögenswert werden daher unter Berücksichtigung des anfänglichen Ausfallrisikos der Kreditzusage ab dem Zeitpunkt, zu dem das Unternehmen Partei der unwiderruflichen Zusage wurde, bemessen.

B5.5.48 Bei finanziellen Garantien oder Kreditzusagen, bei denen der Effektivzinssatz nicht bestimmt werden kann, werden die erwarteten Kreditverluste zu einem Zinssatz abgezinst, der die aktuelle Marktbewertung des Zeitwerts des Geldes und die für die Zahlungsströme spezifischen Risiken widerspiegelt, allerdings nur, wenn und insoweit die Risiken durch Anpassung des Zinssatzes und nicht durch Anpassung der abzuzinsenden Zahlungsausfälle Berücksichtigung finden.

Angemessene und belastbare Informationen

B5.5.49 Für die Zwecke des vorliegenden Standards sind angemessene und belastbare Informationen solche, die zum Abschlussstichtag ohne unangemessenen Kosten- oder Zeitaufwand verfügbar sind, wozu auch Informationen über vergangene Ereignisse, gegenwärtige Bedingungen und Prognosen künftiger wirtschaftlicher Bedingungen zählen. Informationen, die zu Rechnungslegungszwecken vorliegen, werden als ohne unangemessenen Kosten- oder Zeitaufwand verfügbar angesehen.

B5.5.50 Ein Unternehmen muss Prognosen für die künftigen Bedingungen über die erwartete Gesamtlaufzeit eines Finanzinstruments nicht einfließen lassen. Der Ermessensgrad, der bei der Schätzung der erwarteten Kreditverluste notwendig ist, hängt von der Verfügbarkeit ausführlicher Informationen ab. Mit zunehmendem Prognosezeitraum nimmt die Verfügbarkeit ausführlicher Informationen ab und steigt der bei der Schätzung der erwarteten Kreditverluste erforderliche Ermessensgrad. Bei der Schätzung der erwarteten Kreditverluste ist keine ausführliche Schätzung für weit in der Zukunft liegende Zeiträume erforderlich. Bei solchen Zeiträumen kann ein Unternehmen aus verfügbaren, ausführlichen Informationen Prognosen extrapolieren.

B5.5.51 Ein Unternehmen muss keine umfassende Suche nach Informationen durchführen, sondern berücksichtigt sämtliche angemessenen und belastbaren Informationen, die ohne unangemessenen Kosten- oder Zeitaufwand verfügbar und für die Schätzung der erwarteten Kreditverluste relevant sind. Dies schließt auch die Auswirkung erwarteter vorzeitiger Rückzahlungen ein. Die verwendeten Informationen beinhalten kreditnehmerspezifische Faktoren, allgemeine wirtschaftliche Bedingungen und eine Beurteilung der gegenwärtigen und vorhergesagten Richtung der Bedingungen zum Abschlussstichtag. Ein Unternehmen kann verschiedene sowohl interne (unternehmensspezifische) als auch externe Datenquellen verwenden. Zu den möglichen Datenquellen zählen interne Erfahrungswerte mit bisherigen Kreditverlusten, interne Ratings, Erfahrungswerte anderer Unternehmen mit Kreditverlusten sowie externe Ratings, Berichte und Statistiken. Unternehmen, die über keine oder nur unzureichende Quellen für unternehmensspezifische Daten verfügen, können Erfahrungswerte von Vergleichsunternehmen derselben Branche für das vergleichbare Finanzinstrument (oder Gruppen von Finanzinstrumenten) heranziehen.

B5.5.52 Historische Informationen stellen für die Bemessung der erwarteten Kreditverluste einen wichtigen Anker oder eine wichtige Grundlage dar. Allerdings hat ein Unternehmen historische Daten, wie Erfahrungswerte mit Kreditverlusten, auf Basis gegenwärtiger beobachtbarer Daten anzupassen, um die Auswirkungen der gegenwärtigen Bedingungen und seine Prognose künftiger Bedingungen, die sich auf den Zeitraum, auf den sich die historischen Daten beziehen, nicht ausgewirkt haben, widerzuspiegeln und diese Daten um die für die künftigen vertraglichen Zahlungsströme nicht relevanten Auswirkungen der Bedingungen in dem historischen Zeitraum zu bereinigen. In einigen Fällen könnten die besten angemessenen und belastbaren Informationen – je nach Art der historischen Informationen und Zeitpunkt der Berechnung verglichen mit den Umständen zum Abschlussstichtag und den Eigenschaften des betrachteten Finanzinstruments – die nicht angepassten historischen Informationen sein. Schätzungen von Veränderungen bei den erwarteten Kreditverlusten sollten die Veränderungen der zugehörigen beobachtbaren Daten von einer Periode zur anderen widerspiegeln und hinsichtlich der Richtung der Veränderung mit diesen übereinstimmen (wie beispielsweise Veränderungen bei den Arbeitslosenquoten, den Grundstückspreisen, den Warenpreisen, dem Zahlungsstatus oder anderen Faktoren, die auf Kreditverluste bei dem Finanzinstrument oder einer Gruppe von Finanzinstrumenten und auf deren Ausmaß hinweisen). Ein Unternehmen überprüft regelmäßig die

Time value of money

Expected credit losses shall be discounted to the reporting date, not to the expected default or some other date, using the effective interest rate determined at initial recognition or an approximation thereof. If a financial instrument has a variable interest rate, expected credit losses shall be discounted using the current effective interest rate determined in accordance with paragraph B5.4.5. B5.5.44

For purchased or originated credit-impaired financial assets, expected credit losses shall be discounted using the credit-adjusted effective interest rate determined at initial recognition. B5.5.45

Expected credit losses on lease receivables shall be discounted using the same discount rate used in the measurement of the lease receivable in accordance with IFRS 16. B5.5.46

The expected credit losses on a loan commitment shall be discounted using the effective interest rate, or an approximation thereof, that will be applied when recognising the financial asset resulting from the loan commitment. This is because for the purpose of applying the impairment requirements, a financial asset that is recognised following a draw down on a loan commitment shall be treated as a continuation of that commitment instead of as a new financial instrument. The expected credit losses on the financial asset shall therefore be measured considering the initial credit risk of the loan commitment from the date that the entity became a party to the irrevocable commitment. B5.5.47

Expected credit losses on financial guarantee contracts or on loan commitments for which the effective interest rate cannot be determined shall be discounted by applying a discount rate that reflects the current market assessment of the time value of money and the risks that are specific to the cash flows but only if, and to the extent that, the risks are taken into account by adjusting the discount rate instead of adjusting the cash shortfalls being discounted. B5.5.48

Reasonable and supportable information

For the purpose of this Standard, reasonable and supportable information is that which is reasonably available at the reporting date without undue cost or effort, including information about past events, current conditions and forecasts of future economic conditions. Information that is available for financial reporting purposes is considered to be available without undue cost or effort. B5.5.49

An entity is not required to incorporate forecasts of future conditions over the entire expected life of a financial instrument. The degree of judgement that is required to estimate expected credit losses depends on the availability of detailed information. As the forecast horizon increases, the availability of detailed information decreases and the degree of judgement required to estimate expected credit losses increases. The estimate of expected credit losses does not require a detailed estimate for periods that are far in the future—for such periods, an entity may extrapolate projections from available, detailed information. B5.5.50

An entity need not undertake an exhaustive search for information but shall consider all reasonable and supportable information that is available without undue cost or effort and that is relevant to the estimate of expected credit losses, including the effect of expected prepayments. The information used shall include factors that are specific to the borrower, general economic conditions and an assessment of both the current as well as the forecast direction of conditions at the reporting date. An entity may use various sources of data, that may be both internal (entity-specific) and external. Possible data sources include internal historical credit loss experience, internal ratings, credit loss experience of other entities and external ratings, reports and statistics. Entities that have no, or insufficient, sources of entity-specific data may use peer group experience for the comparable financial instrument (or groups of financial instruments). B5.5.51

Historical information is an important anchor or base from which to measure expected credit losses. However, an entity shall adjust historical data, such as credit loss experience, on the basis of current observable data to reflect the effects of the current conditions and its forecasts of future conditions that did not affect the period on which the historical data is based, and to remove the effects of the conditions in the historical period that are not relevant to the future contractual cash flows. In some cases, the best reasonable and supportable information could be the unadjusted historical information, depending on the nature of the historical information and when it was calculated, compared to circumstances at the reporting date and the characteristics of the financial instrument being considered. Estimates of changes in expected credit losses should reflect, and be directionally consistent with, changes in related observable data from period to period (such as changes in unemployment rates, property prices, commodity prices, payment status or other factors that are indicative of credit losses on the financial instrument or in the group of financial instruments and in the magnitude of B5.5.52

Methodik und Annahmen, die zur Schätzung der erwarteten Kreditverluste verwendet werden, um etwaige Abweichungen zwischen den Schätzungen und den Erfahrungswerten aus tatsächlichen Kreditverlusten zu verringern.

B5.5.53 Bei der Verwendung von Erfahrungswerten bisheriger Kreditverluste zur Schätzung der erwarteten Kreditverluste ist es wichtig, dass die Informationen über die historischen Kreditverlustquoten auf Gruppen angewandt werden, die genauso definiert sind wie die Gruppen, bei denen diese historischen Quoten beobachtet wurden. Daher muss die verwendete Methode es ermöglichen, jeder Gruppe von Vermögenswerten Erfahrungswerte bisheriger Kreditverluste bei Gruppen von finanziellen Vermögenswerten mit ähnlichen Risikoeigenschaften und relevante beobachtbare Daten, die die aktuellen Bedingungen widerspiegeln, zuzuordnen.

B5.5.54 Die erwarteten Kreditverluste spiegeln die eigenen Erwartungen eines Unternehmens hinsichtlich der Kreditverluste wider. Doch sollte ein Unternehmen bei der Berücksichtigung aller angemessenen und belastbaren, ohne unangemessenen Kosten- oder Zeitaufwand verfügbaren Informationen im Zuge der Schätzung der erwarteten Kreditverluste auch die beobachtbaren Marktdaten über das Ausfallrisiko des speziellen Finanzinstruments oder ähnlicher Finanzinstrumente in Betracht ziehen.

Sicherheiten

B5.5.55 Im Rahmen der Bemessung der erwarteten Kreditverluste spiegelt die Schätzung der erwarteten Zahlungsausfälle die erwarteten Zahlungseingänge aus Sicherheiten und anderen Kreditbesicherungen, die Teil der Vertragsbedingungen sind und von dem Unternehmen nicht getrennt erfasst werden, wider. Die Schätzung der erwarteten Zahlungsausfälle bei einem besicherten Finanzinstrument spiegelt den Betrag und den Zeitpunkt der ab der Zwangsvollstreckung der Sicherheiten erwarteten Zahlungen abzüglich der Kosten für die Bestellung und den Verkauf der Sicherheiten wider, und zwar ungeachtet dessen, ob eine Zwangsvollstreckung wahrscheinlich ist oder nicht (d. h. bei der Schätzung der erwarteten Zahlungen wird die Wahrscheinlichkeit einer Zwangsvollstreckung und der daraus resultierenden Zahlungen in Betracht gezogen). Infolgedessen sollten Zahlungen, die aus der Realisierung der Sicherheiten über die vertragsgemäße Fälligkeit des Vertrags hinaus erwartet werden, in diese Analyse einbezogen werden. Etwaige Sicherheiten, die infolge einer Zwangsvollstreckung bestellt werden, werden nicht als Vermögenswert getrennt von dem besicherten Finanzinstrument erfasst, es sei denn, die einschlägigen Ansatzkriterien für einen Vermögenswert im vorliegenden oder in anderen Standards sind erfüllt.

Neueinstufung finanzieller Vermögenswerte (Abschnitt 5.6)

B5.6.1 Wenn ein Unternehmen finanzielle Vermögenswerte gemäß Paragraph 4.4.1 neu einstuft, muss es diese Neueinstufung gemäß Paragraph 5.6.1 ab dem Zeitpunkt der Neueinstufung prospektiv vornehmen. Sowohl bei der Kategorie der Bewertung zu fortgeführten Anschaffungskosten als auch bei der Kategorie der erfolgsneutralen Bewertung zum beizulegenden Zeitwert im sonstigen Ergebnis muss der Effektivzinssatz beim erstmaligen Ansatz bestimmt werden. Bei diesen beiden Bewertungskategorien müssen auch die Wertminderungsvorschriften auf identische Weise angewandt werden. Wenn ein Unternehmen also einen finanziellen Vermögenswert neu einstuft und zu diesem Zweck zwischen der Kategorie der Bewertung zu fortgeführten Anschaffungskosten und der Kategorie der erfolgsneutralen Bewertung zum beizulegenden Zeitwert im sonstigen Ergebnis umgliedert,

(a) wird die Erfassung des Zinsertrags nicht geändert und wendet das Unternehmen somit weiterhin den gleichen Effektivzinssatz an.

(b) wird die Bemessung der erwarteten Kreditverluste nicht geändert, da bei beiden Bewertungskategorien derselbe Wertminderungsansatz zum Einsatz kommt. Bei der Neueinstufung eines finanziellen Vermögenswerts und der dadurch bedingten Umgliederung aus der Kategorie der erfolgsneutralen Bewertung zum beizulegenden Zeitwert im sonstigen Ergebnis in die Kategorie der Bewertung zu fortgeführten Anschaffungskosten wird eine Wertberichtigung ab dem Zeitpunkt der Neueinstufung als Anpassung an den Bruttobuchwert des finanziellen Vermögenswerts erfasst. Bei der Neueinstufung eines finanziellen Vermögenswerts und der dadurch bedingten Umgliederung aus der Kategorie der Bewertung zu fortgeführten Anschaffungskosten in die Kategorie der erfolgsneutralen Bewertung zum beizulegenden Zeitwert im sonstigen Ergebnis wird die Wertberichtigung ab dem Zeitpunkt der Neueinstufung ausgebucht (und somit nicht mehr als eine Anpassung des Bruttobuchwerts erfasst) und stattdessen in Höhe der kumulierten Wertberichtigung (in gleicher Höhe) im sonstigen Ergebnis erfasst und im Anhang angegeben.

B5.6.2 Bei einem erfolgswirksam zum beizulegenden Zeitwert bewerteten finanziellen Vermögenswert muss ein Unternehmen Zinserträge oder Wertminderungsaufwendungen oder -erträge jedoch nicht getrennt erfassen. Wenn ein Unternehmen einen finanziellen Vermögenswert neu einstuft und aus der Kategorie der erfolgswirksamen Bewertung zum beizulegenden Zeitwert umgliedert, wird der Effektivzinssatz folglich basierend auf dem beizulegenden Zeitwert des Vermögenswerts zum Zeitpunkt der Neueinstufung bestimmt. Darüber hinaus wird zum Zwecke der Anwendung von Abschnitt 5.5 auf den finanziellen Vermögenswert ab dem Zeitpunkt der Neueinstufung dieser Zeitpunkt als Zeitpunkt des erstmaligen Ansatzes behandelt.

Gewinne und Verluste (Abschnitt 5.7)

B5.7.1 Nach Paragraph 5.7.5 hat ein Unternehmen bei einer Finanzinvestition in ein Eigenkapitalinstrument, das nicht zu Handelszwecken gehalten wird, das unwiderrufliche Wahlrecht, Veränderungen beim beizulegenden Zeitwert dieser Finanzinvestition im sonstigen Ergebnis zu erfassen. Diese Entscheidung wird für jedes Instrument einzeln (d. h. für jeden einzelne Aktie) getroffen. Im sonstigen Ergebnis erfasste Beträge dürfen später nicht mehr erfolgswirksam erfasst

those changes). An entity shall regularly review the methodology and assumptions used for estimating expected credit losses to reduce any differences between estimates and actual credit loss experience.

When using historical credit loss experience in estimating expected credit losses, it is important that information about historical credit loss rates is applied to groups that are defined in a manner that is consistent with the groups for which the historical credit loss rates were observed. Consequently, the method used shall enable each group of financial assets to be associated with information about past credit loss experience in groups of financial assets with similar risk characteristics and with relevant observable data that reflects current conditions. B5.5.53

Expected credit losses reflect an entity's own expectations of credit losses. However, when considering all reasonable and supportable information that is available without undue cost or effort in estimating expected credit losses, an entity should also consider observable market information about the credit risk of the particular financial instrument or similar financial instruments. B5.5.54

Collateral

For the purposes of measuring expected credit losses, the estimate of expected cash shortfalls shall reflect the cash flows expected from collateral and other credit enhancements that are part of the contractual terms and are not recognised separately by the entity. The estimate of expected cash shortfalls on a collateralised financial instrument reflects the amount and timing of cash flows that are expected from foreclosure on the collateral less the costs of obtaining and selling the collateral, irrespective of whether foreclosure is probable (i.e. the estimate of expected cash flows considers the probability of a foreclosure and the cash flows that would result from it). Consequently, any cash flows that are expected from the realisation of the collateral beyond the contractual maturity of the contract should be included in this analysis. Any collateral obtained as a result of foreclosure is not recognised as an asset that is separate from the collateralised financial instrument unless it meets the relevant recognition criteria for an asset in this or other Standards. B5.5.55

Reclassification of financial assets (Section 5.6)

If an entity reclassifies financial assets in accordance with paragraph 4.4.1, paragraph 5.6.1 requires that the reclassification is applied prospectively from the reclassification date. Both the amortised cost measurement category and the fair value through other comprehensive income measurement category require that the effective interest rate is determined at initial recognition. Both of those measurement categories also require that the impairment requirements are applied in the same way. Consequently, when an entity reclassifies a financial asset between the amortised cost measurement category and the fair value through other comprehensive income measurement category: B5.6.1

(a) the recognition of interest revenue will not change and therefore the entity continues to use the same effective interest rate.
(b) the measurement of expected credit losses will not change because both measurement categories apply the same impairment approach. However if a financial asset is reclassified out of the fair value through other comprehensive income measurement category and into the amortised cost measurement category, a loss allowance would be recognised as an adjustment to the gross carrying amount of the financial asset from the reclassification date. If a financial asset is reclassified out of the amortised cost measurement category and into the fair value through other comprehensive income measurement category, the loss allowance would be derecognised (and thus would no longer be recognised as an adjustment to the gross carrying amount) but instead would be recognised as an accumulated impairment amount (of an equal amount) in other comprehensive income and would be disclosed from the reclassification date.

However, an entity is not required to separately recognise interest revenue or impairment gains or losses for a financial asset measured at fair value through profit or loss. Consequently, when an entity reclassifies a financial asset out of the fair value through profit or loss measurement category, the effective interest rate is determined on the basis of the fair value of the asset at the reclassification date. In addition, for the purposes of applying Section 5.5 to the financial asset from the reclassification date, the date of the reclassification is treated as the date of initial recognition. B5.6.2

Gains and losses (Section 5.7)

Paragraph 5.7.5 permits an entity to make an irrevocable election to present in other comprehensive income changes in the fair value of an investment in an equity instrument that is not held for trading. This election is made on an instrument-by-instrument (i.e. share-by-share) basis. Amounts presented in other comprehensive income shall not be subsequently transferred to profit or loss. However, the entity may transfer the cumulative gain or loss within equity. Dividends on such B5.7.1

werden. Das Unternehmen kann die kumulierten Gewinne oder Verluste jedoch innerhalb des Eigenkapitals umgliedern. Dividenden aus solchen Investitionen werden gemäß Paragraph 5.7.6 erfolgswirksam erfasst, es sei denn, die Dividende stellt eindeutig eine Rückgewährung eines Teils der Anschaffungskosten der Finanzinvestition dar.

B5.7.1A Sofern nicht Paragraph 4.1.5 gilt, muss ein finanzieller Vermögenswert gemäß Paragraph 4.1.2A zum beizulegenden Zeitwert erfolgsneutral im sonstigen Ergebnis bewertet werden, wenn die Vertragsbedingungen des finanziellen Vermögenswerts zu Zahlungsströmen führen, bei denen es sich lediglich um Tilgungs- und Zinszahlungen auf den ausstehenden Kapitalbetrag handelt, und der Vermögenswert im Rahmen eines Geschäftsmodells gehalten wird, dessen Zielsetzung sowohl durch die Vereinnahmung vertraglicher Zahlungsströme als auch durch den Verkauf finanzieller Vermögenswerte erreicht wird. Bei dieser Bewertungskategorie werden Informationen im Gewinn oder Verlust erfasst, als wäre der finanzielle Vermögenswert zu fortgeführten Anschaffungskosten bewertet worden, während der finanzielle Vermögenswert in der Bilanz zum beizulegenden Zeitwert bewertet wird. Gewinne oder Verluste, die nicht gemäß Paragraph 5.7.10–5.7.11 erfolgswirksam erfasst werden, werden im sonstigen Ergebnis erfasst. Im Falle der Ausbuchung der finanziellen Vermögenswerte werden die kumulierten Gewinne oder Verluste, die zuvor im sonstigen Ergebnis erfasst wurden, erfolgswirksam umgegliedert. Dies spiegelt den Gewinn oder Verlust wider, der bei der Ausbuchung erfolgswirksam erfasst worden wäre, wenn der finanzielle Vermögenswert zu fortgeführten Anschaffungskosten bewertet worden wäre.

B5.7.2 Ein Unternehmen wendet auf finanzielle Vermögenswerte und finanzielle Verbindlichkeiten, die monetäre Posten im Sinne von IAS 21 sind und auf eine Fremdwährung lauten, IAS 21 an. Nach IAS 21 sind alle Gewinne und Verluste aus der Währungsumrechnung monetärer Vermögenswerte und monetärer Verbindlichkeiten erfolgswirksam zu erfassen. Eine Ausnahme ist ein monetärer Posten, der als Sicherungsinstrument zur Absicherung von Zahlungsströmen (siehe Paragraph 6.5.11), zur Absicherung einer Nettoinvestition (siehe Paragraph 6.5.13) oder zur Absicherung des beizulegenden Zeitwerts eines Eigenkapitalinstruments, bei dem ein Unternehmen die Wahl getroffen hat, Veränderungen beim beizulegenden Zeitwert gemäß Paragraph 5.7.5 im sonstigen Ergebnis zu erfassen (siehe Paragraph 6.5.8), designiert ist.

B5.7.2A Zur Erfassung von Gewinnen und Verlusten aus der Währungsumrechnung gemäß IAS 21 wird ein finanzieller Vermögenswert, der gemäß Paragraph 4.1.2A zum beizulegenden Zeitwert erfolgsneutral im sonstigen Ergebnis bewertet wird, als monetärer Posten behandelt. Dementsprechend wird ein solcher finanzieller Vermögenswert als zu fortgeführten Anschaffungskosten in der Fremdwährung bewerteter Vermögenswert behandelt. Umrechnungsdifferenzen bei den fortgeführten Anschaffungskosten werden erfolgswirksam und sonstige Änderungen des Buchwerts gemäß Paragraph 5.7.10 erfasst.

B5.7.3 Nach Paragraph 5.7.5 hat ein Unternehmen bei bestimmten Finanzinvestitionen in Eigenkapitalinstrumente das unwiderrufliche Wahlrecht, Veränderungen beim beizulegenden Zeitwert dieser Finanzinvestitionen im sonstigen Ergebnis zu erfassen. Eine solche Investition ist kein monetärer Posten. Dementsprechend beinhalten die gemäß Paragraph 5.7.5 im sonstigen Ergebnis ausgewiesenen Gewinne oder Verlust den dazugehörigen Fremdwährungsbestandteil.

B5.7.4 Besteht zwischen einem nicht derivativen monetären Vermögenswert und einer nicht derivativen monetären Verbindlichkeit eine Sicherungsbeziehung, werden Änderungen beim Fremdwährungsbestandteil dieser Finanzinstrumente erfolgswirksam erfasst.

Verbindlichkeiten, die als erfolgswirksam zum beizulegenden Zeitwert bewertet designiert werden

B5.7.5 Wenn ein Unternehmen eine finanzielle Verbindlichkeit als erfolgswirksam zum beizulegenden Zeitwert bewertet designiert, muss es beurteilen, ob durch den Ausweis der Auswirkungen von Änderungen beim Ausfallrisiko der Verbindlichkeit im sonstigen Ergebnis eine Rechnungslegungsanomalie im Gewinn oder Verlust entstehen oder vergrößert würde. Dies wäre dann der Fall, wenn der Ausweis der Auswirkungen von Änderungen beim Ausfallrisiko der Verbindlichkeit im sonstigen Ergebnis zu einer größeren Anomalie im Gewinn oder Verlust führen würde, als wenn diese Beträge im Gewinn oder Verlust ausgewiesen würden.

B5.7.6 Bei dieser Beurteilung muss das Unternehmen einschätzen, ob die Auswirkungen von Veränderungen beim Ausfallrisiko der Verbindlichkeit im Gewinn oder Verlust voraussichtlich durch eine Veränderung beim bei zulegenden Zeitwert eines anderen erfolgswirksam zum beizulegenden Zeitwert bewerteten Finanzinstruments ausgeglichen werden. Diese Erwartung muss auf einer wirtschaftlichen Beziehung zwischen den Merkmalen der Verbindlichkeit und denen des anderen Finanzinstruments basieren.

B5.7.7 Diese Beurteilung wird beim erstmaligen Ansatz vorgenommen und nicht wiederholt. Aus Praktikabilitätsgründen braucht das Unternehmen nicht alle Vermögenswerte und Verbindlichkeiten, die zu einer Rechnungslegungsanomalie führen, genau zeitgleich einzugehen. Eine angemessene Verzögerung wird zugestanden, sofern etwaige verbleibende Transaktionen voraussichtlich eintreten werden. Ein Unternehmen muss die Methodik, nach der es bestimmt, ob durch den Ausweis der Auswirkungen von Veränderungen beim Ausfallrisiko der Verbindlichkeit im sonstigen Ergebnis eine Rechnungslegungsanomalie im Gewinn oder Verlust entstehen oder vergrößert würde, stetig anwenden. Ein Unternehmen darf jedoch verschiedene Methoden anwenden, wenn zwischen den Merkmalen der als erfolgswirksam zum beizulegenden Zeitwert bewertet designierten Verbindlichkeiten und den Merkmalen der anderen Finanzinstrumente unterschiedliche wirtschaftliche Beziehungen bestehen. Nach IFRS 7 muss ein Unternehmen im Anhang zum Abschluss qualitative Angaben zu seiner Methode machen, mit der es zu dieser Beurteilung gelangt ist.

investments are recognised in profit or loss in accordance with paragraph 5.7.6 unless the dividend clearly represents a recovery of part of the cost of the investment.

Unless paragraph 4.1.5 applies, paragraph 4.1.2A requires that a financial asset is measured at fair value through other comprehensive income if the contractual terms of the financial asset give rise to cash flows that are solely payments of principal and interest on the principal amount outstanding and the asset is held in a business model whose objective is achieved by both collecting contractual cash flows and selling financial assets. This measurement category recognises information in profit or loss as if the financial asset is measured at amortised cost, while the financial asset is measured in the statement of financial position at fair value. Gains or losses, other than those that are recognised in profit or loss in accordance with paragraphs 5.7.10—5.7.11, are recognised in other comprehensive income. When these financial assets are derecognised, cumulative gains or losses previously recognised in other comprehensive income are reclassified to profit or loss. This reflects the gain or loss that would have been recognised in profit or loss upon derecognition if the financial asset had been measured at amortised cost. **B5.7.1A**

An entity applies IAS 21 to financial assets and financial liabilities that are monetary items in accordance with IAS 21 and denominated in a foreign currency. IAS 21 requires any foreign exchange gains and losses on monetary assets and monetary liabilities to be recognised in profit or loss. An exception is a monetary item that is designated as a hedging instrument in a cash flow hedge (see paragraph 6.5.11), a hedge of a net investment (see paragraph 6.5.13) or a fair value hedge of an equity instrument for which an entity has elected to present changes in fair value in other comprehensive income in accordance with paragraph 5.7.5 (see paragraph 6.5.8). **B5.7.2**

For the purpose of recognising foreign exchange gains and losses under IAS 21, a financial asset measured at fair value through other comprehensive income in accordance with paragraph 4.1.2A is treated as a monetary item. Accordingly, such a financial asset is treated as an asset measured at amortised cost in the foreign currency. Exchange differences on the amortised cost are recognised in profit or loss and other changes in the carrying amount are recognised in accordance with paragraph 5.7.10. **B5.7.2A**

Paragraph 5.7.5 permits an entity to make an irrevocable election to present in other comprehensive income subsequent changes in the fair value of particular investments in equity instruments. Such an investment is not a monetary item. Accordingly, the gain or loss that is presented in other comprehensive income in accordance with paragraph 5.7.5 includes any related foreign exchange component. **B5.7.3**

If there is a hedging relationship between a non-derivative monetary asset and a non-derivative monetary liability, changes in the foreign currency component of those financial instruments are presented in profit or loss. **B5.7.4**

Liabilities designated as at fair value through profit or loss

When an entity designates a financial liability as at fair value through profit or loss, it must determine whether presenting in other comprehensive income the effects of changes in the liability's credit risk would create or enlarge an accounting mismatch in profit or loss. An accounting mismatch would be created or enlarged if presenting the effects of changes in the liability's credit risk in other comprehensive income would result in a greater mismatch in profit or loss than if those amounts were presented in profit or loss. **B5.7.5**

To make that determination, an entity must assess whether it expects that the effects of changes in the liability's credit risk will be offset in profit or loss by a change in the fair value of another financial instrument measured at fair value through profit or loss. Such an expectation must be based on an economic relationship between the characteristics of the liability and the characteristics of the other financial instrument. **B5.7.6**

That determination is made at initial recognition and is not reassessed. For practical purposes the entity need not enter into all of the assets and liabilities giving rise to an accounting mismatch at exactly the same time. A reasonable delay is permitted provided that any remaining transactions are expected to occur. An entity must apply consistently its methodology for determining whether presenting in other comprehensive income the effects of changes in the liability's credit risk would create or enlarge an accounting mismatch in profit or loss. However, an entity may use different methodologies when there are different economic relationships between the characteristics of the liabilities designated as at fair value through profit or loss and the characteristics of the other financial instruments. IFRS 7 requires an entity to provide qualitative disclosures in the notes to the financial statements about its methodology for making that determination. **B5.7.7**

B5.7.8 Wenn eine solche Anomalie entstehen oder vergrößert würde, hat das Unternehmen alle Veränderungen beim beizulegenden Zeitwert (einschließlich der Auswirkungen von Veränderungen beim Ausfallrisiko der Verbindlichkeit) im Gewinn oder Verlust auszuweisen. Würde hingegen keine solche Anomalie entstehen oder vergrößert, hat das Unternehmen die Auswirkungen von Veränderungen beim Ausfallrisiko der Verbindlichkeit im sonstigen Ergebnis auszuweisen.

B5.7.9 Im sonstigen Ergebnis ausgewiesene Beträge dürfen später nicht mehr erfolgswirksam erfasst werden. Das Unternehmen kann die kumulierten Gewinne oder Verluste jedoch innerhalb des Eigenkapitals umgliedern.

B5.7.10 Im folgenden Beispiel wird eine Situation beschrieben, in der eine Rechnungslegungsanomalie im Gewinn oder Verlust entstünde, wenn die Auswirkungen von Veränderungen beim Ausfallrisiko der Verbindlichkeit im sonstigen Ergebnis ausgewiesen würden. Eine Hypothekenbank vergibt Kredite an Kunden und refinanziert diese durch den Verkauf von Anleihen mit kongruenten Merkmalen (z. B. ausstehender Betrag, Rückzahlungsprofil, Laufzeit und Währung) am Markt. Gemäß den Vertragsbedingungen des Kredits kann der Hypothekenkunde seinen Kredit vorzeitig zurückzahlen (d. h. seine Verpflichtung gegenüber der Bank erfüllen), indem er die entsprechende Anleihe zum beizulegenden Zeitwert am Markt erwirbt und an die Hypothekenbank liefert. Infolge dieses vertraglichen Rechts auf vorzeitige Rückzahlung nimmt – wenn sich die Bonität der Anleihe verschlechtert (und somit der beizulegende Zeitwert der Verbindlichkeit der Hypothekenbank sinkt), der beizulegende Zeitwert der Kreditforderung der Hypothekenbank ebenfalls ab. Die Änderung des beizulegenden Zeitwerts der Forderung spiegelt das vertragliche Recht des Hypothekenkunden wider, den Hypothekenkredit durch Erwerb der zugrunde liegenden Anleihe zum beizulegenden Zeitwert (der in diesem Beispiel abgenommen hat) und Lieferung der Anleihe an die Hypothekenbank vorzeitig zurückzuzahlen. Die Auswirkungen von Änderungen beim Ausfallrisiko der Verbindlichkeit (der Anleihe) werden daher durch eine entsprechende Änderung des beizulegenden Zeitwerts eines finanziellen Vermögenswerts (des Kredits) im Gewinn oder Verlust kompensiert. Würden die Auswirkungen von Änderungen beim Ausfallrisiko der Verbindlichkeit im sonstigen Ergebnis ausgewiesen, entstünde eine Rechnungslegungsanomalie im Gewinn oder Verlust. Die Hypothekenbank ist daher verpflichtet, jede Änderung des beizulegenden Zeitwerts der Verbindlichkeit (einschließlich der Auswirkungen von Änderungen bei ihrem Ausfallrisiko) im Gewinn oder Verlust auszuweisen.

B5.7.11 In dem in Paragraph B5.7.10 aufgeführten Beispiel besteht eine vertragliche Verknüpfung zwischen den Auswirkungen von Veränderungen beim Ausfallrisiko der Verbindlichkeit und Veränderungen beim beizulegenden Zeitwert des finanziellen Vermögenswerts (die sich aus dem vertraglichen Recht des Hypothekenkunden ergibt, den Kredit durch Kauf der Anleihe zum beizulegenden Zeitwert und deren Lieferung an die Hypothekenbank vorzeitig zurückzuzahlen). Eine Rechnungslegungsanomalie kann aber auch ohne eine vertragliche Verknüpfung auftreten.

B5.7.12 Zwecks Anwendung der Vorschriften in den Paragraphen 5.7.7 und 5.7.8 wird eine Rechnungslegungsanomalie nicht allein durch die Bewertungsmethode verursacht, mit der ein Unternehmen die Auswirkungen von Veränderungen beim Ausfallrisiko einer Verbindlichkeit bestimmt. Eine Rechnungslegungsanomalie im Gewinn oder Verlust würde nur dann entstehen, wenn die Auswirkungen von Veränderungen beim Ausfallrisiko (im Sinne von IFRS 7) der Verbindlichkeit voraussichtlich durch Veränderungen beim beizulegenden Zeitwert eines anderen Finanzinstruments kompensiert werden. Eine Anomalie, die nur durch die Bewertungsmethode entsteht (z. B. weil ein Unternehmen Veränderungen beim Ausfallrisiko einer Verbindlichkeit nicht von anderen Veränderungen bei deren beizulegendem Zeitwert isoliert), hat keinen Einfluss auf die in den Paragraphen 5.7.7 und 5.7.8 verlangte Beurteilung. Es ist beispielsweise möglich, dass ein Unternehmen Veränderungen beim Ausfallrisiko einer Verbindlichkeit nicht von Veränderungen beim Liquiditätsrisiko trennt. Wenn das Unternehmen die kombinierte Wirkung beider Faktoren im sonstigen Ergebnis ausweist, kann eine Anomalie auftreten, weil Veränderungen beim Liquiditätsrisiko eventuell in der Bewertung der finanziellen Vermögenswerte des Unternehmens zum beizulegenden Zeitwert berücksichtigt sind und die gesamte Änderung des beizulegenden Zeitwerts dieser Vermögenswerte im Gewinn oder Verlust ausgewiesen wird. Eine solche Anomalie ist jedoch auf eine Ungenauigkeit bei der Bewertung und nicht auf die in Paragraph B5.7.6 beschriebene kompensierende Beziehung zurückzuführen und hat daher keinen Einfluss auf die in den Paragraphen 5.7.7 und 5.7.8 verlangte Beurteilung.

Bedeutung des Begriffs „Ausfallrisiko" (Paragraphen 5.7.7 und 5.7.8)

B5.7.13 In IFRS 7 ist Ausfallrisiko definiert als „die Gefahr, dass ein Vertragspartner bei einem Geschäft über ein Finanzinstrument bei dem anderen Partner finanzielle Verluste verursacht, indem er seinen Verpflichtungen nicht nachkommt". Die Vorschrift des Paragraphen 5.7.7 (a) bezieht sich auf das Risiko, dass der Emittent seinen Verpflichtungen bei dieser bestimmten Verbindlichkeit nicht nachkommt, und nicht zwangsläufig auf die Bonität des Emittenten. Gibt ein Unternehmen beispielsweise eine besicherte Verbindlichkeit und eine unbesicherte Verbindlichkeit mit ansonsten identischen Merkmalen aus, ist das Ausfallrisiko dieser beiden Verbindlichkeiten unterschiedlich, obgleich es sich um denselben Emittenten handelt. Das Ausfallrisiko bei der besicherten Verbindlichkeit ist geringer als bei der unbesicherten Verbindlichkeit. Bei einer besicherten Verbindlichkeit kann das Ausfallrisiko gegen null gehen.

B5.7.14 Zwecks Anwendung der Vorschrift in Paragraph 5.7.7 (a) ist das Ausfallrisiko vom vermögenswertspezifischen Wertentwicklungsrisiko zu unterschieden. Das vermögenswertspezifische Wertentwicklungsrisiko ist nicht das Risiko, dass ein Unternehmen einer bestimmten Verpflichtung nicht nachkommt, sondern das Risiko, dass sich der Wert eines einzelnen Vermögenswerts oder einer Gruppe von Vermögenswerten ungünstig entwickelt (oder ganz verfällt).

If such a mismatch would be created or enlarged, the entity is required to present all changes in fair value (including the effects of changes in the credit risk of the liability) in profit or loss. If such a mismatch would not be created or enlarged, the entity is required to present the effects of changes in the liability's credit risk in other comprehensive income. **B5.7.8**

Amounts presented in other comprehensive income shall not be subsequently transferred to profit or loss. However, the entity may transfer the cumulative gain or loss within equity. **B5.7.9**

The following example describes a situation in which an accounting mismatch would be created in profit or loss if the effects of changes in the credit risk of the liability were presented in other comprehensive income. A mortgage bank provides loans to customers and funds those loans by selling bonds with matching characteristics (e.g. amount outstanding, repayment profile, term and currency) in the market. The contractual terms of the loan permit the mortgage customer to prepay its loan (i.e. satisfy its obligation to the bank) by buying the corresponding bond at fair value in the market and delivering that bond to the mortgage bank. As a result of that contractual prepayment right, if the credit quality of the bond worsens (and, thus, the fair value of the mortgage bank's liability decreases), the fair value of the mortgage bank's loan asset also decreases. The change in the fair value of the asset reflects the mortgage customer's contractual right to prepay the mortgage loan by buying the underlying bond at fair value (which, in this example, has decreased) and delivering the bond to the mortgage bank. Consequently, the effects of changes in the credit risk of the liability (the bond) will be offset in profit or loss by a corresponding change in the fair value of a financial asset (the loan). If the effects of changes in the liability's credit risk were presented in other comprehensive income there would be an accounting mismatch in profit or loss. Consequently, the mortgage bank is required to present all changes in fair value of the liability (including the effects of changes in the liability's credit risk) in profit or loss. **B5.7.10**

In the example in paragraph B5.7.10, there is a contractual linkage between the effects of changes in the credit risk of the liability and changes in the fair value of the financial asset (i.e. as a result of the mortgage customer's contractual right to prepay the loan by buying the bond at fair value and delivering the bond to the mortgage bank). However, an accounting mismatch may also occur in the absence of a contractual linkage. **B5.7.11**

For the purposes of applying the requirements in paragraphs 5.7.7 and 5.7.8, an accounting mismatch is not caused solely by the measurement method that an entity uses to determine the effects of changes in a liability's credit risk. An accounting mismatch in profit or loss would arise only when the effects of changes in the liability's credit risk (as defined in IFRS 7) are expected to be offset by changes in the fair value of another financial instrument. A mismatch that arises solely as a result of the measurement method (i.e. because an entity does not isolate changes in a liability's credit risk from some other changes in its fair value) does not affect the determination required by paragraphs 5.7.7 and 5.7.8. For example, an entity may not isolate changes in a liability's credit risk from changes in liquidity risk. If the entity presents the combined effect of both factors in other comprehensive income, a mismatch may occur because changes in liquidity risk may be included in the fair value measurement of the entity's financial assets and the entire fair value change of those assets is presented in profit or loss. However, such a mismatch is caused by measurement imprecision, not the offsetting relationship described in paragraph B5.7.6 and, therefore, does not affect the determination required by paragraphs 5.7.7 and 5.7.8. **B5.7.12**

The meaning of 'credit risk' (paragraphs 5.7.7 and 5.7.8)

IFRS 7 defines credit risk as 'the risk that one party to a financial instrument will cause a financial loss for the other party by failing to discharge an obligation'. The requirement in paragraph 5.7.7 (a) relates to the risk that the issuer will fail to perform on that particular liability. It does not necessarily relate to the creditöworthiness of the issuer. For example, if an entity issues a collateralised liability and a non-collateralised liability that are otherwise identical, the credit risk of those two liabilities will be different, even though they are issued by the same entity. The credit risk on the collateralised liability will be less than the credit risk of the non-collateralised liability. The credit risk for a collateralised liability may be close to zero. **B5.7.13**

For the purposes of applying the requirement in paragraph 5.7.7 (a), credit risk is different from asset-specific performance risk. Asset-specific performance risk is not related to the risk that an entity will fail to discharge a particular obligation but instead it is related to the risk that a single asset or a group of assets will perform poorly (or not at all). **B5.7.14**

B5.7.15 Nachfolgend einige Beispiele für ein vermögenswertspezifisches Wertentwicklungsrisiko:

(a) eine Verbindlichkeit mit einem fondsgebundenen vertraglichen Merkmal, bei der die Höhe der Verbindlichkeit gegenüber den Investoren anhand der Wertentwicklung bestimmter Vermögenswerte ermittelt wird. Die Auswirkung dieses fondsgebundenen Merkmals auf den beizulegenden Zeitwert der Verbindlichkeit ist ein vermögenswertspezifisches Wertentwicklungsrisiko und kein Ausfallrisiko.

(b) eine Verbindlichkeit, die von einem strukturierten Unternehmen ausgegeben wird und folgende Merkmale aufweist: Das Unternehmen ist rechtlich so gestellt, dass seine Vermögenswerte selbst bei einem Konkurs ausschließlich den Investoren zustehen („Ring-Fencing"). Das Unternehmen führt keine anderen Transaktionen durch, und seine Vermögenswerte können nicht hypothekarisch belastet werden. Den Investoren des Unternehmens müssen nur dann Beträge ausgezahlt werden, wenn die so abgesicherten Vermögenswerte Zahlungsströme generieren. Veränderungen beim beizulegenden Zeitwert der Verbindlichkeit spiegeln daher hauptsächlich Veränderungen beim beizulegenden Zeitwert der Vermögenswerte wider. Die Auswirkung der Wertentwicklung der Vermögenswerte auf den beizulegenden Zeitwert der Verbindlichkeit ist ein vermögenswertspezifisches Wertentwicklungsrisiko und kein Ausfallrisiko.

Bestimmung der Auswirkungen von Veränderungen beim Ausfallrisiko

B5.7.16 Zwecks Anwendung der Vorschrift in Paragraph 5.7.7 (a) hat ein Unternehmen den Betrag der Änderung des beizulegenden Zeitwerts der finanziellen Verbindlichkeit zu bestimmen, der auf Veränderungen beim Ausfallrisiko dieser Verbindlichkeit zurückzuführen ist. Dieser Betrag wird entweder

(a) als Änderung des beizulegenden Zeitwerts bestimmt, die nicht auf solche Änderungen der Marktbedingungen zurückzuführen ist, die das Marktrisiko beeinflussen (siehe Paragraphen B5.7.17 und B5.7.18), oder

(b) nach einer alternativen Methode bestimmt, mit der nach Ansicht des Unternehmens glaubwürdiger bestimmt werden kann, in welchem Umfang sich der beizulegende Zeitwert der Verbindlichkeit durch das geänderte Ausfallrisiko ändert.

B5.7.17 Zu den Änderungen der Marktbedingungen, die das Marktrisiko beeinflussen, gehören Änderungen eines Referenzzinssatzes, des Preises eines Finanzinstruments eines anderen Unternehmens, eines Rohstoffpreises, eines Wechselkurses oder eines Preis- oder Kursindexes.

B5.7.18 Bestehen die einzigen signifikant relevanten Änderungen der Marktbedingungen bei einer Verbindlichkeit in Veränderungen bei einem beobachtbaren (Referenz-)Zinssatz, kann der in Paragraph B5.7.16 (a) angegebene Betrag wie folgt geschätzt werden:

(a) Zunächst berechnet das Unternehmen anhand des beizulegenden Zeitwerts sowie der vertraglichen Zahlungsströme der Verbindlichkeit zu Beginn der Berichtsperiode die interne Verzinsung der Verbindlichkeit. Von dieser Verzinsung wird der beobachtbare (Referenz-)Zinssatz zu Beginn der Berichtsperiode abgezogen, um den instrumentspezifischen Bestandteil der internen Verzinsung zu ermitteln.

(b) Als nächstes berechnet das Unternehmen den Barwert der mit der Verbindlichkeit verbundenen Zahlungsströme und zieht zu diesem Zweck die vertraglichen Zahlungsströme der Verbindlichkeit am Ende der Berichtsperiode sowie einen Abzinsungssatz heran, der der Summe aus (i) dem beobachtbaren (Referenz-)Zinssatz am Ende der Berichtsperiode und (ii) dem unter (a) ermittelten instrumentspezifischen Bestandteil der internen Verzinsung entspricht.

(c) Die Differenz zwischen dem beizulegenden Zeitwert der Verbindlichkeit am Ende der Berichtsperiode und dem gemäß (b) bestimmten Betrag entspricht der Veränderung beim beizulegenden Zeitwert, die nicht auf Veränderungen beim beobachtbaren (Referenz-)Zinssatz zurückzuführen ist. Dies ist der Betrag, der gemäß Paragraph 5.7.7 (a) im sonstigen Ergebnis auszuweisen ist.

B5.7.19 Das in Paragraph B5.7.18 genannte Beispiel beruht auf der Annahme, dass Veränderungen beim beizulegenden Zeitwert, die nicht auf ein geändertes Ausfallrisiko des Finanzinstruments oder auf Veränderungen bei den beobachtbaren (Referenz-)Zinssätzen zurückzuführen sind, insignifikant sind. Nicht angemessen wäre diese Methode, wenn die durch andere Faktoren hervorgerufenen Veränderungen beim beizulegenden Zeitwert signifikant sind. In solchen Fällen muss ein Unternehmen eine alternative Methode anwenden, mit der die Auswirkungen von Änderungen beim Ausfallrisiko der Verbindlichkeit glaubwürdiger bemessen werden können (siehe Paragraph B5.7.16 (b)). Enthält das Finanzinstrument beispielsweise ein eingebettetes Derivat, bleibt die Veränderung beim beizulegenden Zeitwert dieses eingebetteten Derivats bei der Ermittlung des im sonstigen Ergebnis auszuweisenden Betrags gemäß Paragraph 5.7.7 (a) unberücksichtigt.

B5.7.20 Wie bei jeder Bewertung zum beizulegenden Zeitwert hat ein Unternehmen bei der Bestimmung, welcher Teil der Veränderung des beizulegenden Zeitwerts der Verbindlichkeit auf Veränderungen beim Ausfallrisiko entfällt, ein Bewertungsverfahren zu verwenden, das sich so weit wie möglich auf relevante beobachtbare Eingangsparameter und so wenig wie möglich auf nicht beobachtbare Eingangsparameter stützt.

The following are examples of asset-specific performance risk: B5.7.15
(a) a liability with a unit-linking feature whereby the amount due to investors is contractually determined on the basis of the performance of specified assets. The effect of that unit-linking feature on the fair value of the liability is asset-specific performance risk, not credit risk.
(b) a liability issued by a structured entity with the following characteristics. The entity is legally isolated so the assets in the entity are ring-fenced solely for the benefit of its investors, even in the event of bankruptcy. The entity enters into no other transactions and the assets in the entity cannot be hypothecated. Amounts are due to the entity's investors only if the ring-fenced assets generate cash flows. Thus, changes in the fair value of the liability primarily reflect changes in the fair value of the assets. The effect of the performance of the assets on the fair value of the liability is asset-specific performance risk, not credit risk.

Determining the effects of changes in credit risk

For the purposes of applying the requirement in paragraph 5.7.7 (a), an entity shall determine the amount of change in the fair value of the financial liability that is attributable to changes in the credit risk of that liability either: **B5.7.16**
(a) as the amount of change in its fair value that is not attributable to changes in market conditions that give rise to market risk (see paragraphs B5.7.17 and B5.7.18); or
(b) using an alternative method the entity believes more faithfully represents the amount of change in the liability's fair value that is attributable to changes in its credit risk.

Changes in market conditions that give rise to market risk include changes in a benchmark interest rate, the price of another entity's financial instrument, a commodity price, a foreign exchange rate or an index of prices or rates. **B5.7.17**

If the only significant relevant changes in market conditions for a liability are changes in an observed (benchmark) interest rate, the amount in paragraph B5.7.16 (a) can be estimated as follows: **B5.7.18**
(a) First, the entity computes the liability's internal rate of return at the start of the period using the fair value of the liability and the liability's contractual cash flows at the start of the period. It deducts from this rate of return the observed (benchmark) interest rate at the start of the period, to arrive at an instrument-specific component of the internal rate of return.
(b) Next, the entity calculates the present value of the cash flows associated with the liability using the liability's contractual cash flows at the end of the period and a discount rate equal to the sum of (i) the observed (benchmark) interest rate at the end of the period and (ii) the instrument-specific component of the internal rate of return as determined in (a).
(c) The difference between the fair value of the liability at the end of the period and the amount determined in (b) is the change in fair value that is not attributable to changes in the observed (benchmark) interest rate. This is the amount to be presented in other comprehensive income in accordance with paragraph 5.7.7 (a).

The example in paragraph B5.7.18 assumes that changes in fair value arising from factors other than changes in the instrument's credit risk or changes in observed (benchmark) interest rates are not significant. This method would not be appropriate if changes in fair value arising from other factors are significant. In those cases, an entity is required to use an alternative method that more faithfully measures the effects of changes in the liability's credit risk (see paragraph B5.7.16 (b)). For example, if the instrument in the example contains an embedded derivative, the change in fair value of the embedded derivative is excluded in determining the amount to be presented in other comprehensive income in accordance with paragraph 5.7.7 (a). **B5.7.19**

As with all fair value measurements, an entity's measurement method for determining the portion of the change in the liability's fair value that is attributable to changes in its credit risk must make maximum use of relevant observable inputs and minimum use of unobservable inputs. **B5.7.20**

BILANZIERUNG VON SICHERUNGSBEZIEHUNGEN (KAPITEL 6)

Sicherungsinstrumente (Abschnitt 6.2)

Zulässige Instrumente

B6.2.1 Derivate, die in hybride Verträge eingebettet sind, aber nicht getrennt bilanziert werden, können nicht als separate Sicherungsinstrumente designiert werden.

B6.2.2 Die eigenen Eigenkapitalinstrumente eines Unternehmens sind keine finanziellen Vermögenswerte oder finanziellen Verbindlichkeiten des Unternehmens und können daher nicht als Sicherungsinstrumente designiert werden.

B6.2.3 Für Absicherungen von Währungsrisiken wird die Währungsrisikokomponente eines nicht derivativen Finanzinstruments gemäß IAS 21 bestimmt.

Geschriebene Optionen

B6.2.4 Durch den vorliegenden Standard werden die Umstände, unter denen ein erfolgswirksam zum beizulegenden Zeitwert bewertetes Derivat als Sicherungsinstrument designiert werden kann, nicht eingeschränkt. Hiervon ausgenommen sind einige geschriebene Optionen. Eine geschriebene Option erfüllt nicht die Anforderungen an ein Sicherungsinstrument, es sei denn, sie wird zur Glattstellung einer erworbenen Option eingesetzt; hierzu gehören auch Optionen, die in ein anderes Finanzinstrument eingebettet sind (beispielsweise eine geschriebene Kaufoption, mit der das Risiko aus einer kündbaren Verbindlichkeit abgesichert werden soll).

Designation von Sicherungsinstrumenten

B6.2.5 Wenn ein Unternehmen für andere Absicherungen als Absicherungen eines Währungsrisikos einen nicht derivativen finanziellen Vermögenswert oder eine nicht derivative finanzielle Verbindlichkeit, der bzw. die erfolgswirksam zum beizulegenden Zeitwert bewertet wird, als Sicherungsinstrument designiert, kann es nur das nicht derivative Finanzinstrument insgesamt oder einen prozentualen Anteil davon designieren.

B6.2.6 Ein einzelnes Sicherungsinstrument kann als Sicherungsinstrument für mehr als eine Art von Risiko designiert werden, sofern eine spezifische Designation des Sicherungsinstruments und der verschiedenen Risikopositionen als Grundgeschäfte vorliegt. Diese Grundgeschäfte können Gegenstand verschiedener Sicherungsbeziehungen sein.

Grundgeschäfte (Abschnitt 6.3)

Zulässige Grundgeschäfte

B6.3.1 Eine feste Verpflichtung zum Erwerb eines Unternehmens bei einem Unternehmenszusammenschluss kann kein Grundgeschäft sein. Davon ausgenommen ist das Währungsrisiko, da die anderen abzusichernden Risiken nicht gesondert identifiziert und bewertet werden können. Bei diesen anderen Risiken handelt es sich um allgemeine Geschäftsrisiken.

B6.3.2 Eine nach der Equity-Methode bilanzierte Finanzinvestition kann kein Grundgeschäft für eine Absicherung des beizulegenden Zeitwerts sein, da bei der Equity-Methode nicht die Veränderungen beim beizulegenden Zeitwert der Finanzinvestition erfolgswirksam erfasst werden, sondern der Anteil des Investors am Gewinn oder Verlust des Unternehmens, in das investiert wurde. Aus ähnlichen Gründen kann eine Finanzinvestition in ein konsolidiertes Tochterunternehmen kein Grundgeschäft für eine Absicherung des beizulegenden Zeitwerts sein. Dies liegt daran, dass bei der Konsolidierung nicht die Veränderungen beim beizulegenden Zeitwert der Finanzinvestition erfolgswirksam erfasst werden, sondern der Gewinn oder Verlust des Tochterunternehmens. Anders verhält es sich bei der Absicherung einer Nettoinvestition in einen ausländischen Geschäftsbetrieb, da es sich hierbei um die Absicherung eines Währungsrisikos handelt und nicht um die Absicherung des beizulegenden Zeitwerts hinsichtlich etwaiger Änderungen des Investitionswerts.

B6.3.3 Nach Paragraph 6.3.4 darf ein Unternehmen aggregierte Risikopositionen, bei denen es sich um eine Kombination aus einem Risiko und einem Derivat handelt, als Grundgeschäfte designieren. Bei der Designation eines solchen Grundgeschäfts beurteilt das Unternehmen, ob die aggregierte Risikoposition eine Kombination aus einem Risiko und einem Derivat ist, sodass eine andere aggregierte Risikoposition entsteht, die als eine Risikoposition für ein bestimmtes Risiko (oder Risiken) gesteuert wird. In diesem Fall kann das Unternehmen das Grundgeschäft basierend auf der aggregierten Risikoposition designieren. Zum Beispiel:

(a) Ein Unternehmen kann eine bestimmte Menge an hochwahrscheinlichen Kaffeeeinkäufen für einen Zeitraum von 15 Monaten durch ein Warentermingeschäft für Kaffee mit einer Laufzeit von 15 Monaten gegen das Preisrisiko (basierend auf US-Dollar) absichern. Die hochwahrscheinlichen Kaffeeeinkäufe können in Kombination mit dem Warentermingeschäft für Kaffee zu Risikomanagementzwecken als eine 15-monatige Währungsrisikoposition mit festem, auf US-Dollar lautenden Betrag angesehen werden (d. h. wie ein Mittelabfluss, der binnen 15 Monaten zu einem festen, auf US-Dollar lautenden Betrag erfolgt).

(b) Ein Unternehmen kann das Währungsrisiko eines festverzinslichen, auf eine Fremdwährung lautenden 10-Jahres-Schuldinstruments für die gesamte Laufzeit absichern. Allerdings benötigt das Unternehmen nur kurz- oder mittelfristig (z. B. zwei Jahre) eine festverzinsliche Risikoposition in seiner funktionalen Währung und für die Restlaufzeit eine variabel verzinsliche Risikoposition in seiner funktionalen Währung. Am Ende jedes 2-Jahres-Intervalls (d. h. auf revolvierender Zweijahres-Basis) legt das Unternehmen das Zinsrisiko für die nächsten

HEDGE ACCOUNTING (CHAPTER 6)

Hedging instruments (Section 6.2)

Qualifying instruments

Derivatives that are embedded in hybrid contracts, but that are not separately accounted for, cannot be designated as separate hedging instruments. **B6.2.1**

An entity's own equity instruments are not financial assets or financial liabilities of the entity and therefore cannot be designated as hedging instruments. **B6.2.2**

For hedges of foreign currency risk, the foreign currency risk component of a non-derivative financial instrument is determined in accordance with IAS 21. **B6.2.3**

Written options

This Standard does not restrict the circumstances in which a derivative that is measured at fair value through profit or loss may be designated as a hedging instrument, except for some written options. A written option does not qualify as a hedging instrument unless it is designated as an offset to a purchased option, including one that is embedded in another financial instrument (for example, a written call option used to hedge a callable liability). **B6.2.4**

Designation of hedging instruments

For hedges other than hedges of foreign currency risk, when an entity designates a non-derivative financial asset or a non-derivative financial liability measured at fair value through profit or loss as a hedging instrument, it may only designate the non-derivative financial instrument in its entirety or a proportion of it. **B6.2.5**

A single hedging instrument may be designated as a hedging instrument of more than one type of risk, provided that there is a specific designation of the hedging instrument and of the different risk positions as hedged items. Those hedged items can be in different hedging relationships. **B6.2.6**

Hedged items (Section 6.3)

Qualifying items

A firm commitment to acquire a business in a business combination cannot be a hedged item, except for foreign currency risk, because the other risks being hedged cannot be specifically identified and measured. Those other risks are general business risks. **B6.3.1**

An equity method investment cannot be a hedged item in a fair value hedge. This is because the equity method recognises in profit or loss the investor's share of the investee's profit or loss, instead of changes in the investment's fair value. For a similar reason, an investment in a consolidated subsidiary cannot be a hedged item in a fair value hedge. This is because consolidation recognises in profit or loss the subsidiary's profit or loss, instead of changes in the investment's fair value. A hedge of a net investment in a foreign operation is different because it is a hedge of the foreign currency exposure, not a fair value hedge of the change in the value of the investment. **B6.3.2**

Paragraph 6.3.4 permits an entity to designate as hedged items aggregated exposures that are a combination of an exposure and a derivative. When designating such a hedged item, an entity assesses whether the aggregated exposure combines an exposure with a derivative so that it creates a different aggregated exposure that is managed as one exposure for a particular risk (or risks). In that case, the entity may designate the hedged item on the basis of the aggregated exposure. For example: **B6.3.3**

(a) an entity may hedge a given quantity of highly probable coffee purchases in 15 months' time against price risk (based on US dollars) using a 15-month futures contract for coffee. The highly probable coffee purchases and the futures contract for coffee in combination can be viewed as a 15-month fixed-amount US dollar foreign currency risk exposure for risk management purposes (i.e. like any fixed-amount US dollar cash outflow in 15 months' time).

(b) an entity may hedge the foreign currency risk for the entire term of a 10-year fixed-rate debt denominated in a foreign currency. However, the entity requires fixed-rate exposure in its functional currency only for a short to medium term (say two years) and floating rate exposure in its functional currency for the remaining term to maturity. At the end of each of the two-year intervals (i.e. on a two-year rolling basis) the entity fixes the next two years' interest rate exposure (if the interest level is such that the entity wants to fix interest rates). In such a situation an entity may enter into a 10-year fixed-to-floating cross-currency interest rate swap that swaps the fixed-rate foreign currency debt into

beiden Jahre fest (sofern das Zinsniveau so ist, dass das Unternehmen eine Festlegung der Zinssätze wünscht). In einem solchen Fall kann das Unternehmen einen 10-Jahres-Zins-/Währungsswap mit festem gegen variablen Zinssatz abschließen, durch den das festverzinsliche Fremdwährungs-Schuldinstrument in eine variabel verzinsliche Risikoposition in funktionaler Währung umgetauscht wird. Dies wird mit einem 2-Jahres-Zinsswap überlagert, durch den die variabel verzinsliche Schuld – basierend auf der funktionalen Währung – in eine festverzinsliche Schuld umgetauscht wird. Das festverzinsliche Fremdwährungs-Schuldinstrument und der 10-Jahres-Zins-/Währungsswap mit festem gegen variablen Zinssatz werden zu Risikomanagementzwecken zusammen genommen als variabel verzinsliche Risikoposition in funktionaler Währung mit einer Laufzeit von 10 Jahren betrachtet.

B6.3.4 Bei der Designation des Grundgeschäfts basierend auf einer aggregierten Risikoposition berücksichtigt ein Unternehmen die kombinierte Auswirkung der Geschäfte, aus denen sich die aggregierte Risikoposition zusammensetzt, um die Wirksamkeit der Absicherung zu beurteilen und eine Unwirksamkeit der Absicherung zu bewerten. Jedoch werden die Geschäfte, die die aggregierte Risikoposition bilden, weiterhin getrennt bilanziert. Dies bedeutet zum Beispiel:

(a) Derivate, die Teil einer aggregierten Risikoposition sind, werden als getrennte, zum beizulegenden Zeitwert bewertete Vermögenswerte oder Verbindlichkeiten bilanziert, und

(b) im Falle der Designation einer Sicherungsbeziehung zwischen den Geschäften, die die aggregierte Risikoposition bilden, muss die Art und Weise, wie ein Derivat als Teil einer aggregierten Risikoposition einbezogen wird, mit der Designation dieses Derivats als Sicherungsinstrument auf der Ebene der aggregierten Risikoposition übereinstimmen. Wenn ein Unternehmen beispielsweise das Terminelement eines Derivats bei seiner Designation als Sicherungsinstrument für die Sicherungsbeziehung zwischen den Geschäften, die die aggregierte Risikoposition bilden, ausschließt, muss es das Terminelement bei der Einbeziehung dieses Derivats als Grundgeschäft als Teil der aggregierten Risikoposition ebenfalls ausschließen. Ansonsten muss die aggregierte Risikoposition ein Derivat entweder in seiner Gesamtheit oder als prozentualen Anteil enthalten.

B6.3.5 Nach Paragraph 6.3.6 kann das Währungsrisiko einer hochwahrscheinlichen konzerninternen Transaktion im Konzernabschluss als Grundgeschäft bei einer Absicherung von Zahlungsströmen infrage kommen, wenn die Transaktion auf eine andere Währung lautet als die funktionale Währung des Unternehmens, das diese Transaktion abschließt, und das Währungsrisiko sich auf den Konzerngewinn oder -verlust auswirkt. Zu diesem Zweck kann es sich bei einem Unternehmen um ein Mutterunternehmen, ein Tochterunternehmen, ein assoziiertes Unternehmen, eine gemeinschaftliche Vereinbarung oder eine Zweigniederlassung handeln. Wenn das Währungsrisiko einer erwarteten konzerninternen Transaktion sich nicht auf den Konzerngewinn oder -verlust auswirkt, kommt die konzerninterne Transaktion nicht als Grundgeschäft infrage. Dies ist in der Regel der Fall bei Zahlungen von Nutzungsentgelten, Zinsen oder Managementgebühren zwischen Mitgliedern desselben Konzerns, sofern es sich nicht um eine zugehörige externe Transaktion handelt. Wird sich das Währungsrisiko einer erwarteten konzerninternen Transaktion allerdings auf den Konzerngewinn oder -verlust auswirken, kommt die konzerninterne Transaktion als Grundgeschäft infrage. Ein Beispiel hierfür sind erwartete Verkäufe oder Käufe von Vorräten zwischen Mitgliedern desselben Konzerns, wenn die Vorräte an eine Partei außerhalb des Konzerns weiterverkauft werden. Ebenso kann sich ein erwarteter Verkauf von Sachanlagen des Konzernunternehmens, welches diese gefertigt hat, an ein anderes Konzernunternehmen, welches diese Sachanlagen in seinem Betrieb nutzen wird, auf den Konzerngewinn oder -verlust auswirken. Dies könnte beispielsweise der Fall sein, weil die Sachanlage von dem erwerbenden Unternehmen abgeschrieben wird und der erstmalig für diese Sachanlage angesetzte Betrag sich ändern könnte, wenn die erwartete konzerninterne Transaktion auf eine andere Währung als die funktionale Währung des erwerbenden Unternehmens lautet.

B6.3.6 Wenn eine Absicherung einer erwarteten konzerninternen Transaktion die Anforderungen für die Bilanzierung von Sicherungsbeziehungen erfüllt, wird gemäß Paragraph 6.5.11 ein Gewinn oder Verlust im sonstigen Ergebnis erfasst. Der relevante Zeitraum bzw. die relevanten Zeiträume, in dem bzw. denen sich das Währungsrisiko der abgesicherten Transaktion auf den Gewinn oder Verlust auswirkt, ist derjenige bzw. sind diejenigen, in dem bzw. denen es sich im Konzerngewinn oder -verlust auswirkt.

Designation von Grundgeschäften

B6.3.7 Eine Komponente ist ein Grundgeschäft, die nicht das gesamte Geschäft umfasst. Infolgedessen spiegelt eine Komponente lediglich einige der Risiken des Geschäfts, dessen Teil sie ist, wider oder spiegelt die Risiken nur in gewissem Umfang wider (beispielsweise bei der Designation eines prozentualen Anteils eines Geschäfts).

Risikokomponenten

B6.3.8 Um für eine Designation als Grundgeschäft infrage zu kommen, muss eine Risikokomponente eine einzeln identifizierbare Komponente eines finanziellen oder nichtfinanziellen Geschäfts sein und müssen die Veränderungen bei den Zahlungsströmen oder dem beizulegenden Zeitwert des Geschäfts, die auf Veränderungen bei dieser Risikokomponente zurückzuführen sind, verlässlich bewertbar sein.

B6.3.9 Bei der Bestimmung, welche Risikokomponenten für eine Designation als Grundgeschäft infrage kommen, beurteilt ein Unternehmen solche Risikokomponenten im Rahmen der jeweiligen Marktstruktur, auf die sich das Risiko bezieht bzw. die Risiken beziehen und in der die Absicherung erfolgt. Eine solche Festlegung erfordert eine Auswertung der relevanten Tatsachen und Umstände, die je nach Risiko und Markt unterschiedlich sind.

a variable-rate functional currency exposure. This is overlaid with a two-year interest rate swap that—on the basis of the functional currency—swaps variable-rate debt into fixed-rate debt. In effect, the fixed-rate foreign currency debt and the 10-year fixed-to-floating cross-currency interest rate swap in combination are viewed as a 10-year variable-rate debt functional currency exposure for risk management purposes.

When designating the hedged item on the basis of the aggregated exposure, an entity considers the combined effect of the items that constitute the aggregated exposure for the purpose of assessing hedge effectiveness and measuring hedge ineffectiveness. However, the items that constitute the aggregated exposure remain accounted for separately. This means that, for example: B6.3.4

(a) derivatives that are part of an aggregated exposure are recognised as separate assets or liabilities measured at fair value; and
(b) if a hedging relationship is designated between the items that constitute the aggregated exposure, the way in which a derivative is included as part of an aggregated exposure must be consistent with the designation of that derivative as the hedging instrument at the level of the aggregated exposure. For example, if an entity excludes the forward element of a derivative from its designation as the hedging instrument for the hedging relationship between the items that constitute the aggregated exposure, it must also exclude the forward element when including that derivative as a hedged item as part of the aggregated exposure. Otherwise, the aggregated exposure shall include a derivative, either in its entirety or a proportion of it.

Paragraph 6.3.6 states that in consolidated financial statements the foreign currency risk of a highly probable forecast intragroup transaction may qualify as a hedged item in a cash flow hedge, provided that the transaction is denominated in a currency other than the functional currency of the entity entering into that transaction and that the foreign currency risk will affect consolidated profit or loss. For this purpose an entity can be a parent, subsidiary, associate, joint arrangement or branch. If the foreign currency risk of a forecast intragroup transaction does not affect consolidated profit or loss, the intragroup transaction cannot qualify as a hedged item. This is usually the case for royalty payments, interest payments or management charges between members of the same group, unless there is a related external transaction. However, when the foreign currency risk of a forecast intragroup transaction will affect consolidated profit or loss, the intragroup transaction can qualify as a hedged item. An example is forecast sales or purchases of inventories between members of the same group if there is an onward sale of the inventory to a party external to the group. Similarly, a forecast intragroup sale of plant and equipment from the group entity that manufactured it to a group entity that will use the plant and equipment in its operations may affect consolidated profit or loss. This could occur, for example, because the plant and equipment will be depreciated by the purchasing entity and the amount initially recognised for the plant and equipment may change if the forecast intragroup transaction is denominated in a currency other than the functional currency of the purchasing entity. B6.3.5

If a hedge of a forecast intragroup transaction qualifies for hedge accounting, any gain or loss is recognised in, and taken out of, other comprehensive income in accordance with paragraph 6.5.11. The relevant period or periods during which the foreign currency risk of the hedged transaction affects profit or loss is when it affects consolidated profit or loss. B6.3.6

Designation of hedged items

A component is a hedged item that is less than the entire item. Consequently, a component reflects only some of the risks of the item of which it is a part or reflects the risks only to some extent (for example, when designating a proportion of an item). B6.3.7

Risk components

To be eligible for designation as a hedged item, a risk component must be a separately identifiable component of the financial or the non-financial item, and the changes in the cash flows or the fair value of the item attributable to changes in that risk component must be reliably measurable. B6.3.8

When identifying what risk components qualify for designation as a hedged item, an entity assesses such risk components within the context of the particular market structure to which the risk or risks relate and in which the hedging activity takes place. Such a determination requires an evaluation of the relevant facts and circumstances, which differ by risk and market. B6.3.9

B6.3.10 Bei der Designation von Risikokomponenten als Grundgeschäfte berücksichtigt ein Unternehmen, ob die Risikokomponenten vertraglich ausdrücklich erwähnt sind (vertraglich spezifizierte Risikokomponenten) oder ob sie im beizulegenden Zeitwert oder in den Zahlungsströmen aus einem Geschäft, dessen Teil sie sind, implizit enthalten sind (nicht vertraglich spezifizierte Risikokomponenten). Nicht vertraglich spezifizierte Risikokomponenten können sich auf Geschäfte beziehen, bei denen es sich nicht um einen Vertrag (z. B. erwartete Transaktionen) oder Verträge, in denen die Komponente nicht ausdrücklich spezifiziert wird (z. B. eine feste Zusage, die nur einen einzigen Preis und keine Preisformel mit Bezug zu verschiedenen Basiswerten hat), handelt. Zum Beispiel:

(a) Unternehmen A verfügt über einen langfristigen Liefervertrag für Erdgas mit einer vertraglich vereinbarten Preisformel, in der auf Rohstoffe und andere Faktoren (z. B. Gasöl, Treibstoff und andere Komponenten wie etwa Transportkosten) Bezug genommen wird. Unternehmen A sichert die Gasölkomponente in diesem Liefervertrag mit einem Gasöl-Termingeschäft ab. Da die Gasölkomponente durch die allgemeinen Bedingungen des Liefervertrags vereinbart wird, handelt es sich um eine vertraglich spezifizierte Risikokomponente. Aufgrund der Preisformel folgert Unternehmen A, dass das Preisrisiko in Verbindung mit dem Gasöl einzeln identifizierbar ist. Gleichzeitig existiert ein Markt für Gasöl-Termingeschäfte. Daher folgert Unternehmen A, dass das Preisrisiko in Verbindung mit dem Gasöl verlässlich bewertbar ist. Infolgedessen handelt es sich bei dem Preisrisiko in Verbindung mit dem Gasöl in dem Liefervertrag um eine Risikokomponente, die für die Designation als Grundgeschäft infrage kommt.

(b) Unternehmen B sichert seine zukünftigen Kaffeeeinkäufe basierend auf seiner Produktionsprognose ab. Die Absicherung für einen Teil des erwarteten Einkaufsvolumens beginnt bis zu 15 Monate vor der Lieferung. Unternehmen B erhöht das abgesicherte Volumen im Laufe der Zeit (mit herannahendem Liefertermin). Unternehmen B setzt zur Steuerung seines Kaffeepreisrisikos zwei unterschiedliche Arten von Verträgen ein:

    (i) börsengehandelte Kaffee-Termingeschäfte und

    (ii) Kaffeelieferverträge für Kaffee der Sorte Arabica aus Kolumbien, der an einen bestimmten Produktionsort geliefert wird. Bei diesen Verträgen wird der Preis für eine Tonne Kaffee basierend auf dem Preis des börsengehandelten Kaffee-Termingeschäfts zuzüglich eines festgelegten Preisunterschieds sowie einer variablen Gebühr für Logistikdienstleistungen anhand einer Preisformel festgelegt. Der Kaffeeliefervertrag ist ein noch zu erfüllender Vertrag, aus dem Unternehmen B die tatsächliche Kaffeelieferung erhält.

    Bei Lieferungen, die sich auf die aktuelle Ernte beziehen, kann Unternehmen B durch den Abschluss von Kaffeelieferverträgen den Preisunterschied zwischen der tatsächlichen eingekauften Kaffeequalität (Kaffee Arabica aus Kolumbien) und der Referenzqualität, die dem börsengehandelten Termingeschäft zugrunde liegt, fixieren. Bei Lieferungen, die sich auf die nächste Ernte beziehen, sind allerdings noch keine Kaffeelieferverträge verfügbar, sodass der Preisunterschied nicht fixiert werden kann. Unternehmen B setzt börsengehandelte Termingeschäfte ein, um die Referenzqualitätskomponente seines Kaffeepreisrisikos für Lieferungen, die sich sowohl auf die aktuelle Ernte als auch auf die nächste Ernte beziehen, abzusichern. Unternehmen B ermittelt, dass es drei verschiedenen Risiken ausgesetzt ist: einem Kaffeepreisrisiko im Vergleich zur Referenzqualität, einem Kaffeepreisrisiko unter Berücksichtigung der Differenz („Spread") zwischen dem Preis von Kaffee in Referenzqualität und dem speziellen Kaffee Arabica aus Kolumbien, den es tatsächlich erhält, und der Variabilität der Logistikkosten. Da Unternehmen B für Lieferungen, die sich auf die aktuelle Ernte beziehen, einen Kaffeeliefervertrag abgeschlossen hat, handelt es sich bei dem Kaffeepreisrisiko im Vergleich zur Referenzqualität um eine vertraglich spezifizierte Risikokomponente, weil die Preisformel eine Indexierung entsprechend dem Preis des börsengehandelten Kaffee-Termingeschäfts beinhaltet. Unternehmen B folgert, dass diese Risikokomponente einzeln identifizierbar und verlässlich bewertbar ist. Für Lieferungen, die sich auf die nächste Ernte beziehen, hat Unternehmen B noch keine Kaffeelieferverträge geschlossen (d. h. bei diesen Lieferungen handelt es sich um erwartete Transaktionen). Somit stellt das Kaffeepreisrisiko im Vergleich zur Referenzqualität eine nicht vertraglich spezifizierte Risikokomponente dar. Unternehmen B berücksichtigt in seiner Marktstrukturanalyse, wie eventuelle Lieferungen des speziellen Kaffees, der dem Unternehmen geliefert wird, preislich gestaltet sind. Somit folgert Unternehmen B anhand dieser Marktstrukturanalyse, dass sich bei den erwarteten Transaktionen auch das Kaffeepreisrisiko niederschlägt, bei dem die Referenzqualität als einzeln identifizierbare und verlässlich bewertbare Risikokomponente widergespiegelt wird, obwohl sie nicht vertraglich spezifiziert ist. Infolgedessen kann Unternehmen B sowohl für Kaffeelieferverträge als auch für erwartete Transaktionen Sicherungsbeziehungen auf Risikokomponentenbasis (für das Kaffeepreisrisiko im Vergleich zur Referenzqualität) designieren.

(c) Unternehmen C sichert einen Teil seiner zukünftigen Kerosineinkäufe auf der Basis seiner Verbrauchsprognose bis zu 24 Monate vor Lieferung ab und erhöht das abgesicherte Volumen im Laufe der Zeit. Unternehmen C sichert dieses Risiko mit verschiedenen Arten von Verträgen je nach Zeithorizont der Absicherung ab, der sich auf die Marktliquidität der Derivate auswirkt. Bei längeren Zeithorizonten (12–24 Monate) setzt Unternehmen C Rohölverträge ein, da nur diese eine ausreichende Marktliquidität aufweisen. Bei Zeithorizonten von 6–12 Monaten nutzt Unternehmen C Gasöl-Derivate aufgrund ihrer hinreichenden Liquidität. Bei Zeithorizonten bis zu 6 Monaten verwendet Unternehmen C Kerosinverträge. Die von Unternehmen C vorgenommene Analyse der Marktstruktur bei Öl und Ölerzeugnissen und seine Auswertung der relevanten Tatsachen und Umstände ist wie folgt:

    (i) Unternehmen C ist in einem geografischen Gebiet tätig, in dem Brent das Referenzrohöl ist. Rohöl ist ein Referenzrohstoff, der sich als wesentlicher Eingangsstoff auf den Preis der verschiedenen raffinierten Ölerzeugnisse auswirkt. Gasöl bildet eine Referenz für raffinierte Ölerzeugnisse, die als Preisreferenz für Öldestillate im Allgemeinen herangezogen wird. Dies spiegelt sich auch in den verschiedenen Arten von derivativen Finanzinstrumenten bei den Märkten für Rohöl und raffinierte Ölerzeugnisse in dem Umfeld, in dem Unternehmen C tätig ist, wider, wie z. B.:

When designating risk components as hedged items, an entity considers whether the risk components are explicitly specified in a contract (contractually specified risk components) or whether they are implicit in the fair value or the cash flows of an item of which they are a part (non-contractually specified risk components). Non-contractually specified risk components can relate to items that are not a contract (for example, forecast transactions) or contracts that do not explicitly specify the component (for example, a firm commitment that includes only one single price instead of a pricing formula that references different underlyings). For example: B6.3.10

(a) Entity A has a long-term supply contract for natural gas that is priced using a contractually specified formula that references commodities and other factors (for example, gas oil, fuel oil and other components such as transport charges). Entity A hedges the gas oil component in that supply contract using a gas oil forward contract. Because the gas oil component is specified by the terms and conditions of the supply contract it is a contractually specified risk component. Hence, because of the pricing formula, Entity A concludes that the gas oil price exposure is separately identifiable. At the same time, there is a market for gas oil forward contracts. Hence, Entity A concludes that the gas oil price exposure is reliably measurable. Consequently, the gas oil price exposure in the supply contract is a risk component that is eligible for designation as a hedged item.

(b) Entity B hedges its future coffee purchases based on its production forecast. Hedging starts up to 15 months before delivery for part of the forecast purchase volume. Entity B increases the hedged volume over time (as the delivery date approaches). Entity B uses two different types of contracts to manage its coffee price risk:
   (i) exchange-traded coffee futures contracts; and
   (ii) coffee supply contracts for Arabica coffee from Colombia delivered to a specific manufacturing site. These contracts price a tonne of coffee based on the exchange-traded coffee futures contract price plus a fixed price differential plus a variable logistics services charge using a pricing formula. The coffee supply contract is an executory contract in accordance with which Entity B takes actual delivery of coffee.

   For deliveries that relate to the current harvest, entering into the coffee supply contracts allows Entity B to fix the price differential between the actual coffee quality purchased (Arabica coffee from Colombia) and the benchmark quality that is the underlying of the exchange-traded futures contract. However, for deliveries that relate to the next harvest, the coffee supply contracts are not yet available, so the price differential cannot be fixed. Entity B uses exchange-traded coffee futures contracts to hedge the benchmark quality component of its coffee price risk for deliveries that relate to the current harvest as well as the next harvest. Entity B determines that it is exposed to three different risks: coffee price risk reflecting the benchmark quality, coffee price risk reflecting the difference (spread) between the price for the benchmark quality coffee and the particular Arabica coffee from Colombia that it actually receives, and the variable logistics costs. For deliveries related to the current harvest, after Entity B enters into a coffee supply contract, the coffee price risk reflecting the benchmark quality is a contractually specified risk component because the pricing formula includes an indexation to the exchange-traded coffee futures contract price. Entity B concludes that this risk component is separately identifiable and reliably measurable. For deliveries related to the next harvest, Entity B has not yet entered into any coffee supply contracts (i.e. those deliveries are forecast transactions). Hence, the coffee price risk reflecting the benchmark quality is a non-contractually specified risk component. Entity B's analysis of the market structure takes into account how eventual deliveries of the particular coffee that it receives are priced. Hence, on the basis of this analysis of the market structure, Entity B concludes that the forecast transactions also involve the coffee price risk that reflects the benchmark quality as a risk component that is separately identifiable and reliably measurable even though it is not contractually specified. Consequently, Entity B may designate hedging relationships on a risk components basis (for the coffee price risk that reflects the benchmark quality) for coffee supply contracts as well as forecast transactions.

(c) Entity C hedges part of its future jet fuel purchases on the basis of its consumption forecast up to 24 months before delivery and increases the volume that it hedges over time. Entity C hedges this exposure using different types of contracts depending on the time horizon of the hedge, which affects the market liquidity of the derivatives. For the longer time horizons (12—24 months) Entity C uses crude oil contracts because only these have sufficient market liquidity. For time horizons of 6—12 months Entity C uses gas oil derivatives because they are sufficiently liquid. For time horizons up to six months Entity C uses jet fuel contracts. Entity C's analysis of the market structure for oil and oil products and its evaluation of the relevant facts and circumstances is as follows:
   (i) Entity C operates in a geographical area in which Brent is the crude oil benchmark. Crude oil is a raw material benchmark that affects the price of various refined oil products as their most basic input. Gas oil is a benchmark for refined oil products, which is used as a pricing reference for oil distillates more generally. This is also reflected in the types of derivative financial instruments for the crude oil and refined oil products markets of the environment in which Entity C operates, such as:

- dem Referenzrohöl-Termingeschäft, das für das Rohöl Brent gilt,
- dem Referenzgasöl-Termingeschäft, das als Preisreferenz für Destillate verwendet wird (beispielsweise decken Kerosin-Spread-Derivate den Preisunterschied zwischen Kerosin und diesem Referenzgasöl ab), und
- dem Referenzgasöl-Crack-Spread-Derivat (d. h. ein Derivat für den Preisunterschied zwischen Rohöl und Gasöl – eine Raffinationsspanne), das an Brent Rohöl gekoppelt ist.

(ii) Der Preis von raffinierten Ölerzeugnissen hängt nicht davon ab, ob ein bestimmtes Rohöl von einer bestimmten Raffinerie verarbeitet wird, da es sich bei diesen raffinierten Ölerzeugnissen (wie Gasöl oder Kerosin) um standardisierte Erzeugnisse handelt.

Somit folgert Unternehmen C, dass das Preisrisiko seiner Kerosineinkäufe eine rohölpreisabhängige Risikokomponente basierend auf dem Rohöl Brent und eine gasölpreisabhängige Risikokomponente beinhaltet, selbst wenn Rohöl und Gasöl in keiner vertraglichen Vereinbarung spezifiziert sind. Unternehmen C kommt zu dem Schluss, dass diese beiden Risikokomponenten einzeln identifizierbar und verlässlich bewertbar sind, auch wenn sie nicht vertraglich spezifiziert sind. Infolgedessen kann Unternehmen C Sicherungsbeziehungen für erwartete Kerosineinkäufe auf Risikokomponentenbasis (für Rohöl oder Gasöl) designieren. Diese Analyse bedeutet auch, dass für den Fall, dass Unternehmen C Rohöl-Derivate basierend auf dem Rohöl West Texas Intermediate (WTI) einsetzt, Änderungen beim Preisunterschied zwischen den Rohölen Brent und WTI zu einer Unwirksamkeit der Absicherung führen würden.

(d) Unternehmen D hält ein festverzinsliches Schuldinstrument. Dieses Instrument wird in einem Marktumfeld ausgegeben, in dem eine große Anzahl von ähnlichen Schuldinstrumenten über ihre Spreads zu einem Referenzzinssatz (z. B. LIBOR) verglichen werden, wobei variabel verzinsliche Instrumente in diesem Umfeld normalerweise an diesen Referenzzinssatz gekoppelt sind. Zinsswaps werden ausgehend von diesem Referenzzinssatz häufig zur Steuerung des Zinsänderungsrisikos eingesetzt, ungeachtet des Spreads der Schuldinstrumente zu diesem Referenzzinssatz. Der Preis von festverzinslichen Schuldinstrumenten variiert direkt als Reaktion auf Änderungen des Referenzzinssatzes, sobald diese eintreten. Unternehmen D folgert, dass der Referenzzinssatz eine Risikokomponente ist, die einzeln identifizierbar und verlässlich bewertbar ist. Daher kann Unternehmen D Sicherungsbeziehungen für das festverzinsliche Schuldinstrument auf Risikokomponentenbasis bezogen auf das Referenzzinssatzrisiko designieren.

B6.3.11 Wird eine Risikokomponente als Grundgeschäft designiert, gelten die Vorschriften für die Bilanzierung von Sicherungsbeziehungen für diese Risikokomponente in der gleichen Weise wie für andere Grundgeschäfte, die keine Risikokomponenten darstellen. So gelten beispielsweise die Einstufungskriterien, wozu auch gehört, dass die Sicherungsbeziehung die Anforderungen an die Wirksamkeit der Absicherung erfüllen muss, und etwaige Unwirksamkeiten der Absicherung bewertet und erfasst werden müssen.

B6.3.12 Es können auch nur die oberhalb oder unterhalb eines festgelegten Preises oder einer anderen Variablen liegenden Änderungen der Zahlungsströme oder des beizulegenden Zeitwerts eines Geschäfts designiert werden („einseitiges Risiko"). Bei einem Geschäft spiegelt der innere Wert einer als Sicherungsinstrument erworbenen Option (in der Annahme, dass ihre wesentlichen Bedingungen denen des designierten Risikos entsprechen) ein einseitiges Risiko wider, ihr Zeitwert dagegen nicht. Ein Unternehmen kann beispielsweise die Schwankungen künftiger Zahlungen designieren, die aus einer Preiserhöhung bei einem erwarteten Warenkauf resultieren. In einem solchen Fall designiert das Unternehmen nur Zahlungsrückgänge, die aus der Erhöhung des Preises über den festgelegten Grenzwert resultieren. Das abgesicherte Risiko umfasst nicht den Zeitwert einer erworbenen Option, da der Zeitwert kein Bestandteil der erwarteten Transaktion ist, der sich auf den Gewinn oder Verlust auswirkt.

B6.3.13 Es besteht die widerlegbare Vermutung, dass ein Inflationsrisiko, außer wenn es vertraglich spezifiziert ist, nicht einzeln identifizierbar und verlässlich bewertbar ist und daher nicht als Risikokomponente eines Finanzinstruments designiert werden kann. Jedoch kann in wenigen Fällen eine Risikokomponente für ein Inflationsrisiko identifiziert werden, das aufgrund der besonderen Umstände des Inflationsumfelds und des betreffenden Markts für das Schuldinstrument einzeln identifizierbar und verlässlich bewertbar ist.

B6.3.14 Ein Unternehmen gibt beispielsweise Schuldinstrumente in einem Umfeld aus, in dem inflationsindexierte Anleihen eine Volumen- und Zinsstruktur aufweisen, die zu einem ausreichend liquiden Markt führt, wodurch eine Zinsstruktur mit Nullkupon-Realzinssätzen ermittelt werden kann. Dies bedeutet, dass die Inflation für die betreffende Währung ein relevanter Faktor ist, der durch die Märkte für Schuldinstrumente getrennt betrachtet wird. In solchen Fällen könnte die Inflationsrisikokomponente durch Abzinsung der Zahlungsströme aus dem abgesicherten Schuldinstrument über die Zinsstruktur mit Nullkupon-Realzinssätzen bestimmt werden (d. h. auf ähnliche Weise, wie eine risikolose (Nominal-) Zinssatzkomponente bestimmt werden kann). Hingegen ist eine Inflationsrisikokomponente in vielen Fällen nicht einzeln identifizierbar und verlässlich bewertbar. Beispiel: Ein Unternehmen gibt in einem Marktumfeld für inflationsgebundene Anleihen, das nicht ausreichend liquide ist, um eine Zinsstruktur mit Nullkupon-Realzinssätzen zu ermitteln, nur nominalverzinsliche Schuldinstrumente aus. In diesem Fall kann das Unternehmen aufgrund der Analyse der Marktstruktur sowie der Tatsachen und Umstände nicht folgern, dass die Inflation ein relevanter Faktor ist, der durch die Märkte für Schuldinstrumente getrennt betrachtet wird. Somit kann das Unternehmen nicht die widerlegbare Vermutung widerlegen, dass das nicht vertraglich spezifizierte Inflationsrisiko nicht einzeln identifizierbar und verlässlich bewertbar ist. Infolgedessen käme eine Inflationsrisikokomponente für die Designation als Grundgeschäft nicht infrage. Dies gilt ungeachtet jeglichen Inflationsabsicherungsgeschäfts, das von dem Unternehmen getätigt wurde. Das Unternehmen kann

- the benchmark crude oil futures contract, which is for Brent crude oil;
- the benchmark gas oil futures contract, which is used as the pricing reference for distillates—for example, jet fuel spread derivatives cover the price differential between jet fuel and that benchmark gas oil; and
- the benchmark gas oil crack spread derivative (i.e. the derivative for the price differential between crude oil and gas oil—a refining margin), which is indexed to Brent crude oil.

(ii) the pricing of refined oil products does not depend on which particular crude oil is processed by a particular refinery because those refined oil products (such as gas oil or jet fuel) are standardised products.

Hence, Entity C concludes that the price risk of its jet fuel purchases includes a crude oil price risk component based on Brent crude oil and a gas oil price risk component, even though crude oil and gas oil are not specified in any contractual arrangement. Entity C concludes that these two risk components are separately identifiable and reliably measurable even though they are not contractually specified. Consequently, Entity C may designate hedging relationships for forecast jet fuel purchases on a risk components basis (for crude oil or gas oil). This analysis also means that if, for example, Entity C used crude oil derivatives based on West Texas Intermediate (WTI) crude oil, changes in the price differential between Brent crude oil and WTI crude oil would cause hedge ineffectiveness.

(d) Entity D holds a fixed-rate debt instrument. This instrument is issued in an environment with a market in which a large variety of similar debt instruments are compared by their spreads to a benchmark rate (for example, LIBOR) and variable-rate instruments in that environment are typically indexed to that benchmark rate. Interest rate swaps are frequently used to manage interest rate risk on the basis of that benchmark rate, irrespective of the spread of debt instruments to that benchmark rate. The price of fixed-rate debt instruments varies directly in response to changes in the benchmark rate as they happen. Entity D concludes that the benchmark rate is a component that can be separately identified and reliably measured. Consequently, Entity D may designate hedging relationships for the fixed-rate debt instrument on a risk component basis for the benchmark interest rate risk.

When designating a risk component as a hedged item, the hedge accounting requirements apply to that risk component in the same way as they apply to other hedged items that are not risk components. For example, the qualifying criteria apply, including that the hedging relationship must meet the hedge effectiveness requirements, and any hedge ineffectiveness must be measured and recognised. **B6.3.11**

An entity can also designate only changes in the cash flows or fair value of a hedged item above or below a specified price or other variable (a 'one-sided risk'). The intrinsic value of a purchased option hedging instrument (assuming that it has the same principal terms as the designated risk), but not its time value, reflects a one-sided risk in a hedged item. For example, an entity can designate the variability of future cash flow outcomes resulting from a price increase of a forecast commodity purchase. In such a situation, the entity designates only cash flow losses that result from an increase in the price above the specified level. The hedged risk does not include the time value of a purchased option, because the time value is not a component of the forecast transaction that affects profit or loss. **B6.3.12**

There is a rebuttable presumption that unless inflation risk is contractually specified, it is not separately identifiable and reliably measurable and hence cannot be designated as a risk component of a financial instrument. However, in limited cases, it is possible to identify a risk component for inflation risk that is separately identifiable and reliably measurable because of the particular circumstances of the inflation environment and the relevant debt market. **B6.3.13**

For example, an entity issues debt in an environment in which inflation-linked bonds have a volume and term structure that results in a sufficiently liquid market that allows constructing a term structure of zero-coupon real interest rates. This means that for the respective currency, inflation is a relevant factor that is separately considered by the debt markets. In those circumstances the inflation risk component could be determined by discounting the cash flows of the hedged debt instrument using the term structure of zero-coupon real interest rates (i.e. in a manner similar to how a risk-free (nominal) interest rate component can be determined). Conversely, in many cases an inflation risk component is not separately identifiable and reliably measurable. For example, an entity issues only nominal interest rate debt in an environment with a market for inflation-linked bonds that is not sufficiently liquid to allow a term structure of zero-coupon real interest rates to be constructed. In this case the analysis of the market structure and of the facts and circumstances does not support the entity concluding that inflation is a relevant factor that is separately considered by the debt markets. Hence, the entity cannot overcome the rebuttable presumption that inflation risk that is not contractually specified is not separately identifiable and reliably measurable. Consequently, an inflation risk component would not be eligible for designation as the hedged item. This applies irrespective of any inflation hedging instrument that the entity has actually entered into. In **B6.3.14**

insbesondere nicht einfach die allgemeinen Bedingungen des eigentlichen Inflationsabsicherungsgeschäfts unterstellen, indem es dessen allgemeine Bedingungen auf das nominalverzinsliche Schuldinstrument projiziert.

B6.3.15 Eine vertraglich spezifizierte Inflationsrisikokomponente der Zahlungsströme aus einer bilanzierten inflationsgebundenen Anleihe ist (unter der Voraussetzung, dass keine getrennte Bilanzierung als eingebettetes Derivat erforderlich ist) so lange einzeln identifizierbar und verlässlich bewertbar, wie andere Zahlungsströme aus dem Instrument von der Inflationsrisikokomponente nicht betroffen sind.

Komponenten eines Nominalbetrags

B6.3.16 Es gibt zwei Arten von Nominalbetragskomponenten, die als Grundgeschäft in einer Sicherungsbeziehung designiert werden können: eine Komponente, die ein prozentualer Anteil eines Gesamtgeschäfts ist, oder eine Layerkomponente. Durch die Art der Komponente verändert sich das Rechnungslegungsergebnis. Ein Unternehmen designiert die Komponente zu Rechnungslegungszwecken entsprechend seiner Risikomanagementzielsetzung.

B6.3.17 Ein Beispiel für eine Komponente, die ein prozentualer Anteil ist, sind 50 Prozent der vertraglichen Zahlungsströme aus einem Kredit.

B6.3.18 Eine Layerkomponente kann ausgehend von einer festgelegten, aber offenen Grundgesamtheit oder ausgehend von einem festgelegten Nominalbetrag designiert werden. Beispiele hierfür sind:

(a) ein Teil eines monetären Transaktionsvolumens, z. B. die nächsten Zahlungsströme in Höhe von FWE 10 aus Verkäufen, die auf eine Fremdwährung lauten, nach den ersten FWE 20 im März 201X[5],

(b) ein Teil eines physischen Volumens, z. B. der Bottom Layer, im Umfang von 5 Mio. Kubikmetern des am Ort XYZ gelagerten Erdgases,

(c) ein Teil eines physischen oder sonstigen Transaktionsvolumens, z. B. die ersten 100 Barrel der Öleinkäufe im Juni 201X oder die ersten 100 MWh der Stromeinkäufe im Juni 201X, oder

(d) ein Layer aus dem Nominalbetrag des Geschäfts, z. B. die letzten 80 Mio. WE einer festen Zusage über 100 Mio. WE, der Bottom Layer von 20 Mio. WE einer festverzinslichen Anleihe von 100 Mio. WE oder der Top Layer von 30 Mio. WE eines Gesamtwerts von 100 Mio. WE eines festverzinslichen Schuldinstruments, das vorzeitig zum beizulegenden Zeitwert zurückgezahlt werden kann (der festgelegte Nominalbetrag ist 100 Mio. WE).

B6.3.19 Wenn eine Layerkomponente zur Absicherung des beizulegenden Zeitwerts designiert wird, bestimmt ein Unternehmen eine solche Komponente ausgehend von einem festgelegten Nominalbetrag. Um die Anforderungen an zulässige Absicherungen des beizulegenden Zeitwerts zu erfüllen, muss ein Unternehmen das Grundgeschäft bei einer Veränderung des beizulegenden Zeitwerts neu bewerten (d. h. das Grundgeschäft ist bei Veränderungen des beizulegenden Zeitwerts, die dem abgesicherten Risiko zuzuschreiben sind, neu zu bewerten). Die sicherungsbezogene Anpassung aus dem beizulegenden Zeitwert muss spätestens bei der Ausbuchung des Grundgeschäfts erfolgswirksam erfasst werden. Daher muss das Grundgeschäft verfolgt werden, auf das sich die sicherungsbezogene Anpassung aus dem beizulegenden Zeitwert bezieht. Bei einer Layerkomponente in einer Absicherung des beizulegenden Zeitwerts muss ein Unternehmen den Nominalbetrag, von dem ausgehend sie festgelegt wird, verfolgen. Beispielsweise muss bei Paragraph B6.3.18 (d) der gesamte festgelegte Nominalbetrag in Höhe von 100 Mio. WE verfolgt werden, um den Bottom Layer von 20 Mio. WE oder den Top Layer von 30 Mio. WE zu verfolgen.

B6.3.20 Eine Layerkomponente, die eine Option zur vorzeitigen Rückzahlung beinhaltet, kann nicht als Grundgeschäft in einer Absicherung des beizulegenden Zeitwerts designiert werden, wenn sich Änderungen des abgesicherten Risikos auf den beizulegenden Zeitwert der Option zur vorzeitigen Rückzahlung auswirken, es sei denn, der designierte Layer beinhaltet die Auswirkung der zugehörigen Option zur vorzeitigen Rückzahlung bei der Bestimmung der Änderung des beizulegenden Zeitwerts des Geschäfts.

Beziehung zwischen den Komponenten und den Gesamtzahlungsströmen eines Geschäfts

B6.3.21 Wenn eine Komponente der Zahlungsströme aus einem finanziellen oder nichtfinanziellen Geschäft als Grundgeschäft designiert wird, muss diese Komponente kleiner oder gleich den Gesamtzahlungsströmen aus dem gesamten Geschäft sein. Doch können alle Zahlungsströme aus dem gesamten Geschäft als Grundgeschäft designiert und gegen ein bestimmtes Risiko abgesichert werden (z. B. nur gegen jene Veränderungen, die auf Veränderungen beim LIBOR oder einem Rohstoffreferenzpreis zurückzuführen sind).

B6.3.22 So kann ein Unternehmen beispielsweise bei einer finanziellen Verbindlichkeit, deren Effektivzinssatz unter LIBOR liegt, Folgendes nicht designieren:

(a) eine Komponente der Verbindlichkeit, die mit LIBOR verzinst wird (zuzüglich des Kapitalbetrags im Falle einer Absicherung des beizulegenden Zeitwerts), und

(b) eine negative Restkomponente.

---

5 Im vorliegenden Standard werden Geldbeträge in „Währungseinheiten" (WE) und „Fremdwährungseinheiten" (FWE) angegeben.

particular, the entity cannot simply impute the terms and conditions of the actual inflation hedging instrument by projecting its terms and conditions onto the nominal interest rate debt.

A contractually specified inflation risk component of the cash flows of a recognised inflation-linked bond (assuming that there is no requirement to account for an embedded derivative separately) is separately identifiable and reliably measurable, as long as other cash flows of the instrument are not affected by the inflation risk component. B6.3.15

Components of a nominal amount

There are two types of components of nominal amounts that can be designated as the hedged item in a hedging relationship: a component that is a proportion of an entire item or a layer component. The type of component changes the accounting outcome. An entity shall designate the component for accounting purposes consistently with its risk management objective. B6.3.16

An example of a component that is a proportion is 50 per cent of the contractual cash flows of a loan. B6.3.17

A layer component may be specified from a defined, but open, population, or from a defined nominal amount. Examples include: B6.3.18

(a) part of a monetary transaction volume, for example, the next FC10 cash flows from sales denominated in a foreign currency after the first FC20 in March 201X[5];
(b) a part of a physical volume, for example, the bottom layer, measuring 5 million cubic metres, of the natural gas stored in location XYZ;
(c) a part of a physical or other transaction volume, for example, the first 100 barrels of the oil purchases in June 201X or the first 100 MWh of electricity sales in June 201X; or
(d) a layer from the nominal amount of the hedged item, for example, the last CU80 million of a CU100 million firm commitment, the bottom layer of CU20 million of a CU100 million fixed-rate bond or the top layer of CU30 million from a total amount of CU100 million of fixed-rate debt that can be prepaid at fair value (the defined nominal amount is CU100 million).

If a layer component is designated in a fair value hedge, an entity shall specify it from a defined nominal amount. To comply with the requirements for qualifying fair value hedges, an entity shall remeasure the hedged item for fair value changes (i.e. remeasure the item for fair value changes attributable to the hedged risk). The fair value hedge adjustment must be recognised in profit or loss no later than when the item is derecognised. Consequently, it is necessary to track the item to which the fair value hedge adjustment relates. For a layer component in a fair value hedge, this requires an entity to track the nominal amount from which it is defined. For example, in paragraph B6.3.18 (d), the total defined nominal amount of CU100 million must be tracked in order to track the bottom layer of CU20 million or the top layer of CU30 million. B6.3.19

A layer component that includes a prepayment option is not eligible to be designated as a hedged item in a fair value hedge if the prepayment option's fair value is affected by changes in the hedged risk, unless the designated layer includes the effect of the related prepayment option when determining the change in the fair value of the hedged item. B6.3.20

Relationship between components and the total cash flows of an item

If a component of the cash flows of a financial or a non-financial item is designated as the hedged item, that component must be less than or equal to the total cash flows of the entire item. However, all of the cash flows of the entire item may be designated as the hedged item and hedged for only one particular risk (for example, only for those changes that are attributable to changes in LIBOR or a benchmark commodity price). B6.3.21

For example, in the case of a financial liability whose effective interest rate is below LIBOR, an entity cannot designate: B6.3.22

(a) a component of the liability equal to interest at LIBOR (plus the principal amount in case of a fair value hedge); and
(b) a negative residual component.

5 In this Standard monetary amounts are denominated in 'currency units' (CU) and 'foreign currency units' (FC).

B6.3.23 Allerdings kann ein Unternehmen bei einer festverzinslichen finanziellen Verbindlichkeit, deren Effektivzinssatz (beispielsweise) 100 Basispunkte unter LIBOR liegt, die Wertänderung dieser gesamten Verbindlichkeit (d. h. den Kapitalbetrag zuzüglich LIBOR abzüglich 100 Basispunkten), die auf Änderungen des LIBOR zurückzuführen ist, als Grundgeschäft designieren. Wenn ein festverzinsliches Finanzinstrument zu irgendeinem Zeitpunkt nach seiner Ausreichung abgesichert wird und sich die Zinssätze zwischenzeitlich geändert haben, kann das Unternehmen eine Risikokomponente entsprechend einem Referenzzinssatz, der über dem bei dem Geschäft gezahlten vertraglichen Zinssatz liegt, designieren. Das Unternehmen kann diese Designation vornehmen, sofern der Referenzzinssatz unter dem Effektivzinssatz liegt, der unter der Annahme berechnet wurde, dass das Unternehmen das Instrument am Tag der erstmaligen Designation des Grundgeschäfts erworben hätte. Als Beispiel wird angenommen, dass ein Unternehmen einen festverzinslichen finanziellen Vermögenswert über WE 100 mit einem Effektivzinssatz von 6 Prozent zu einem Zeitpunkt begibt, an dem der LIBOR 4 Prozent beträgt. Die Absicherung dieses Vermögenswerts beginnt zu einem späteren Zeitpunkt, zu dem der LIBOR auf 8 Prozent gestiegen und der beizulegende Zeitwert des Vermögenswerts auf WE 90 gefallen ist. Das Unternehmen gelangt zu dem Ergebnis, dass die Effektivrendite des Vermögenswerts – hätte es diesen zum Zeitpunkt der erstmaligen Designation des zugehörigen LIBOR-Zinsänderungsrisikos als Grundgeschäft erworben – basierend auf dem zu diesem Zeitpunkt geltenden beizulegenden Zeitwert von WE 90 9,5 Prozent betragen hätte. Da der LIBOR unter der Effektivrendite liegt, kann das Unternehmen eine LIBOR-Komponente von 8 Prozent designieren, die zum einen Teil aus den vertraglichen Zinszahlungen und zum anderen Teil aus der Differenz zwischen dem aktuellen beizulegenden Zeitwert (d. h. WE 90) und dem bei Fälligkeit zu zahlenden Betrag (d. h. WE 100) besteht.

B6.3.24 Wenn eine variabel verzinsliche finanzielle Verbindlichkeit (beispielsweise) mit dem 3-Monats-LIBOR abzüglich 20 Basispunkten (mit einer Untergrenze von null Basispunkten) verzinst wird, kann ein Unternehmen die Veränderung der Zahlungsströme aus dieser gesamten Verbindlichkeit (d. h. 3-Monats-LIBOR abzüglich 20 Basispunkten – einschließlich Untergrenze), die den Änderungen des LIBOR zuzuschreiben ist, als Grundgeschäft designieren. Solange die 3-Monats-LIBOR-Forwardkurve für die Restlaufzeit dieser Verbindlichkeit nicht unter 20 Basispunkte sinkt, weist das Grundgeschäft die gleichen Zahlungsstrom-Schwankungen auf wie eine Verbindlichkeit, die mit dem 3-Monats-LIBOR mit keinem oder positivem Spread verzinst wird. Wenn die 3-Monats-LIBOR-Forwardkurve für die Restlaufzeit dieser Verbindlichkeit (oder einen Teil davon) jedoch unter 20 Basispunkte sinkt, weist das Grundgeschäft geringere Zahlungsstrom-Schwankungen als eine Verbindlichkeit auf, die mit dem 3-Monats-LIBOR mit keinem oder positivem Spread verzinst wird.

B6.3.25 Ein ähnliches Beispiel für ein nichtfinanzielles Grundgeschäft ist eine bestimmte Rohölsorte von einem bestimmten Ölfeld, deren Preis auf dem entsprechenden Referenzrohöl basiert. Wenn ein Unternehmen dieses Rohöl im Rahmen eines Vertrags unter Verwendung einer vertraglichen Preisformel verkauft, in der der Preis pro Barrel auf den Referenzrohölpreis abzüglich WE 10 mit einer Untergrenze von WE 15 festgesetzt wird, kann das Unternehmen die gesamten Zahlungsstrom-Schwankungen im Rahmen des Verkaufsvertrags, die der Änderung des Referenzrohölpreises zuzuschreiben sind, als Grundgeschäft designieren. Doch kann das Unternehmen keine Komponente designieren, die der gesamten Veränderung des Referenzrohölpreises entspricht. Solange der Terminpreis (für jede Lieferung) somit nicht unter WE 25 fällt, weist das Grundgeschäft die gleichen Zahlungsstrom-Schwankungen auf wie ein Rohölverkauf zum Referenzrohölpreis (oder mit positivem Spread). Wenn der Terminpreis für eine Lieferung jedoch unter WE 25 fällt, weist das Grundgeschäft geringere Zahlungsstrom-Schwankungen auf als ein Rohölverkauf zum Referenzrohölpreis (oder mit positivem Spread).

Kriterien für die Bilanzierung von Sicherungsbeziehungen (Abschnitt 6.4)

Wirksamkeit der Absicherung

B6.4.1 Die Wirksamkeit der Absicherung bezeichnet den Grad, zu dem sich die Veränderungen des beizulegenden Zeitwerts oder der Zahlungsströme aus dem Sicherungsinstrument und die Veränderungen des beizulegenden Zeitwerts oder der Zahlungsströme aus dem Grundgeschäft ausgleichen (wenn das Grundgeschäft beispielsweise eine Risikokomponente ist, ist die maßgebliche Veränderung des beizulegenden Zeitwerts oder der Zahlungsströme aus einem Geschäft diejenige, die auf das abgesicherte Risiko zurückzuführen ist). Die Unwirksamkeit der Absicherung bezeichnet den Grad, zu dem Veränderungen des beizulegenden Zeitwerts oder der Zahlungsströme größer oder kleiner als diejenigen beim Grundgeschäft sind.

B6.4.2 Ein Unternehmen analysiert bei der Designation einer Sicherungsbeziehung und auf fortlaufender Basis die Ursachen einer Unwirksamkeit der Absicherung, die sich voraussichtlich auf die Sicherungsbeziehung während ihrer Laufzeit auswirkt. Diese Analyse (einschließlich etwaiger Aktualisierungen in Bezug auf Paragraph B6.5.21, die sich aus der Rekalibrierung einer Sicherungsbeziehung ergeben) bildet die Grundlage für die Beurteilung durch das Unternehmen, inwieweit die Anforderungen an die Wirksamkeit der Absicherung erfüllt werden.

B6.4.3 Um Zweifeln vorzubeugen, sind die Auswirkungen der Ersetzung der ursprünglichen Gegenpartei durch eine Clearing-Gegenpartei und der in Paragraph 6.5.6 dargelegten zugehörigen Änderungen bei der Bewertung des Sicherungsinstruments und damit auch bei der Beurteilung und Bewertung der Wirksamkeit der Absicherung zu berücksichtigen.

Wirtschaftliche Beziehung zwischen dem Grundgeschäft und dem Sicherungsinstrument

B6.4.4 Die Vorschrift, dass eine wirtschaftliche Beziehung bestehen muss, bedeutet, dass das Sicherungsinstrument und das Grundgeschäft aufgrund desselben Risikos, nämlich des abgesicherten Risikos, wertmäßig in der Regel gegenläufig sind. Somit muss zu erwarten sein, dass sich der Wert des Sicherungsinstruments und der Wert des Grundgeschäfts infolge von

However, in the case of a fixed-rate financial liability whose effective interest rate is (for example) 100 basis points below LIBOR, an entity can designate as the hedged item the change in the value of that entire liability (i.e. principal plus interest at LIBOR minus 100 basis points) that is attributable to changes in LIBOR. If a fixed-rate financial instrument is hedged some time after its origination and interest rates have changed in the meantime, the entity can designate a risk component equal to a benchmark rate that is higher than the contractual rate paid on the item. The entity can do so provided that the benchmark rate is less than the effective interest rate calculated on the assumption that the entity had purchased the instrument on the day when it first designates the hedged item. For example, assume that an entity originates a fixed-rate financial asset of CU100 that has an effective interest rate of 6 per cent at a time when LIBOR is 4 per cent. It begins to hedge that asset some time later when LIBOR has increased to 8 per cent and the fair value of the asset has decreased to CU90. The entity calculates that if it had purchased the asset on the date it first designates the related LIBOR interest rate risk as the hedged item, the effective yield of the asset based on its then fair value of CU90 would have been 9,5 per cent. Because LIBOR is less than this effective yield, the entity can designate a LIBOR component of 8 per cent that consists partly of the contractual interest cash flows and partly of the difference between the current fair value (i.e. CU90) and the amount repayable on maturity (i.e. CU100). B6.3.23

If a variable-rate financial liability bears interest of (for example) three-month LIBOR minus 20 basis points (with a floor at zero basis points), an entity can designate as the hedged item the change in the cash flows of that entire liability (i.e. three-month LIBOR minus 20 basis points—including the floor) that is attributable to changes in LIBOR. Hence, as long as the three-month LIBOR forward curve for the remaining life of that liability does not fall below 20 basis points, the hedged item has the same cash flow variability as a liability that bears interest at three-month LIBOR with a zero or positive spread. However, if the three-month LIBOR forward curve for the remaining life of that liability (or a part of it) falls below 20 basis points, the hedged item has a lower cash flow variability than a liability that bears interest at three-month LIBOR with a zero or positive spread. B6.3.24

A similar example of a non-financial item is a specific type of crude oil from a particular oil field that is priced off the relevant benchmark crude oil. If an entity sells that crude oil under a contract using a contractual pricing formula that sets the price per barrel at the benchmark crude oil price minus CU10 with a floor of CU15, the entity can designate as the hedged item the entire cash flow variability under the sales contract that is attributable to the change in the benchmark crude oil price. However, the entity cannot designate a component that is equal to the full change in the benchmark crude oil price. Hence, as long as the forward price (for each delivery) does not fall below CU25, the hedged item has the same cash flow variability as a crude oil sale at the benchmark crude oil price (or with a positive spread). However, if the forward price for any delivery falls below CU25, the hedged item has a lower cash flow variability than a crude oil sale at the benchmark crude oil price (or with a positive spread). B6.3.25

Qualifying criteria for hedge accounting (Section 6.4)

Hedge effectiveness

Hedge effectiveness is the extent to which changes in the fair value or the cash flows of the hedging instrument offset changes in the fair value or the cash flows of the hedged item (for example, when the hedged item is a risk component, the relevant change in fair value or cash flows of an item is the one that is attributable to the hedged risk). Hedge ineffectiveness is the extent to which the changes in the fair value or the cash flows of the hedging instrument are greater or less than those on the hedged item. B6.4.1

When designating a hedging relationship and on an ongoing basis, an entity shall analyse the sources of hedge ineffectiveness that are expected to affect the hedging relationship during its term. This analysis (including any updates in accordance with paragraph B6.5.21 arising from rebalancing a hedging relationship) is the basis for the entity's assessment of meeting the hedge effectiveness requirements. B6.4.2

For the avoidance of doubt, the effects of replacing the original counterparty with a clearing counterparty and making the associated changes as described in paragraph 6.5.6 shall be reflected in the measurement of the hedging instrument and therefore in the assessment of hedge effectiveness and the measurement of hedge effectiveness. B6.4.3

Economic relationship between the hedged item and the hedging instrument

The requirement that an economic relationship exists means that the hedging instrument and the hedged item have values that generally move in the opposite direction because of the same risk, which is the hedged risk. Hence, there must be an expectation that the value of the hedging instrument and the value of the hedged item will systematically change in B6.4.4

Bewegungen bei demselben Basisobjekt oder denselben Basisobjekten, die so wirtschaftlich miteinander verknüpft sind, dass sie ähnlich auf das abgesicherte Risiko reagieren (z. B. Rohöl Brent und WTI), systematisch ändern.

B6.4.5 Wenn die Basisobjekte nicht identisch, aber wirtschaftlich miteinander verknüpft sind, könnten Situationen entstehen, in denen die Werte des Sicherungsinstruments und des Grundgeschäfts gleichläufig sind, da sich der Preisunterschied zwischen den beiden miteinander verknüpften Basisobjekten ändert, während die Basisobjekte selbst keine größeren Bewegungen zeigen. Dies steht nach wie vor mit einer wirtschaftlichen Beziehung zwischen dem Sicherungsinstrument und dem Grundgeschäft in Einklang, wenn weiterhin davon aus gegangen wird, dass die Werte des Sicherungsinstruments und des Grundgeschäfts im Falle von Bewegungen der Basisobjekte normalerweise gegenläufig sind.

B6.4.6 Die Beurteilung, ob eine wirtschaftliche Beziehung besteht, schließt eine Analyse des möglichen Verhaltens der Sicherungsbeziehung während ihrer Laufzeit ein, um nachzuprüfen, ob die Risikomanagementzielsetzung erwartungsgemäß erfüllt wird. Die bloße Existenz einer statistischen Korrelation zwischen den beiden Variablen unterstützt an sich nicht die Schlussfolgerung, dass eine wirtschaftliche Beziehung besteht.

Die Auswirkung des Ausfallrisikos

B6.4.7 Da das Modell für die Bilanzierung von Sicherungsbeziehungen auf einer grundsätzlichen Vorstellung des Ausgleichs zwischen Gewinnen und Verlusten bei dem Sicherungsinstrument und dem Grundgeschäft basiert, wird die Wirksamkeit der Absicherung nicht nur durch die wirtschaftliche Beziehung zwischen den beiden Geschäften (d. h. den Änderungen der Basisobjekte) bestimmt, sondern auch durch die Auswirkung des Ausfallrisikos auf den Wert des Sicherungsinstruments und des Grundgeschäfts. Die Auswirkung des Ausfallrisikos bedeutet, dass der Grad des Ausgleichs selbst im Falle einer wirtschaftlichen Beziehung zwischen dem Sicherungsinstrument und dem Grundgeschäft unberechenbar werden kann. Dies kann aus einer Änderung des Ausfallrisikos entweder bei dem Sicherungsinstrument oder dem Grundgeschäft resultieren, die eine solche Größenordnung aufweist, dass das Ausfallrisiko die sich aus der wirtschaftlichen Beziehung ergebenden Wertänderungen (d. h. die Auswirkung der Änderungen der Basisobjekte) dominiert. Die eine solche Dominanz verursachende Größenordnung entspricht einem Niveau, das dazu führt, dass der Verlust (oder Gewinn) aufgrund des Ausfallrisikos die Auswirkung der Änderungen in den Basisobjekten auf den Wert des Sicherungsinstruments oder des Grundgeschäfts zunichtemachen würde, selbst wenn diese Änderungen signifikant wären. Wenn hingegen während eines bestimmten Zeitraums nur geringe Veränderungen bei den Basisobjekten auftreten, wird durch die Tatsache, dass selbst geringe ausfallrisikoabhängige Wertänderungen des Sicherungsinstruments oder des Grundgeschäfts sich stärker auf den Wert auswirken als die Basisobjekte, keine Dominanz begründet.

B6.4.8 Ein Beispiel für ein eine Sicherungsbeziehung dominierendes Ausfallrisiko ist, wenn ein Unternehmen ein Rohstoffpreisrisiko mit einem unbesicherten Derivat absichert. Wenn sich die Bonität der Gegenpartei dieses Derivats deutlich verschlechtert, kann die Auswirkung der veränderten Bonität der Gegenpartei gegenüber der Auswirkung des veränderten Rohstoffpreises auf den beizulegenden Zeitwert des Sicherungsinstruments überwiegen, während Wertänderungen beim Grundgeschäft weitgehend von den Rohstoffpreisänderungen abhängig sind.

Sicherungsquote

B6.4.9 Gemäß den Anforderungen an die Wirksamkeit der Absicherung muss die Sicherungsquote der Sicherungsbeziehung derjenigen Sicherungsquote entsprechen, die sich aus dem Volumen des von dem Unternehmen tatsächlich abgesicherten Grundgeschäfts und dem Volumen des Sicherungsinstruments, das von dem Unternehmen zur Absicherung dieses Volumens des Grundgeschäfts tatsächlich eingesetzt wird, ergibt. Wenn ein Unternehmen weniger als 100 Prozent des Risikos bei einem Geschäft absichert, z. B. 85 Prozent, designiert es die Sicherungsbeziehung mit der gleichen Sicherungsquote wie der, die aus 85 Prozent des Risikos und dem Volumen des Sicherungsinstruments, das von dem Unternehmen zur Absicherung dieser 85 Prozent eingesetzt wird, resultiert. Wenn ein Unternehmen beispielsweise ein Risiko mit einem Nominalbetrag von 40 Einheiten eines Finanzinstruments absichert, designiert es die Sicherungsbeziehung mit der gleichen Sicherungsquote wie der, die aus diesem Volumen von 40 Einheiten (d. h. das Unternehmen darf keine Sicherungsquote verwenden, die auf einem größeren Volumen von Einheiten, die es eventuell insgesamt hält, oder auf einem kleineren Volumen von Einheiten basiert) und dem Volumen des Grundgeschäfts, das mit diesen 40 Einheiten tatsächlich abgesichert wird, resultiert.

B6.4.10 Doch darf die Designation der Sicherungsbeziehung mit derselben Sicherungsquote, die aus den Volumen des Grundgeschäfts und des Sicherungsinstruments, die von dem Unternehmen tatsächlich eingesetzt werden, resultiert, kein Ungleichgewicht zwischen den Gewichtungen des Grundgeschäfts und des Sicherungsinstruments widerspiegeln, das zu einer Unwirksamkeit der Absicherung (ob erfasst oder nicht) führen würde, was Rechnungslegungsresultate ergäbe, die nicht mit dem Zweck der Bilanzierung von Sicherungsbeziehungen in Einklang stünden. Für die Designation einer Sicherungsbeziehung muss ein Unternehmen die Sicherungsquote, die sich aus den Volumen des Grundgeschäfts und des Sicherungsinstruments ergibt, die von dem Unternehmen tatsächlich eingesetzt werden, anpassen, sofern dies zur Vermeidung eines solchen Ungleichgewichts erforderlich ist.

B6.4.11 Beispiele für relevante Erwägungen bei der Beurteilung, ob ein Rechnungslegungsresultat mit dem Zweck der Bilanzierung von Sicherungsbeziehungen nicht in Einklang steht, sind:

response to movements in either the same underlying or underlyings that are economically related in such a way that they respond in a similar way to the risk that is being hedged (for example, Brent and WTI crude oil).

If the underlyings are not the same but are economically related, there can be situations in which the values of the hedging instrument and the hedged item move in the same direction, for example, because the price differential between the two related underlyings changes while the underlyings themselves do not move significantly. That is still consistent with an economic relationship between the hedging instrument and the hedged item if the values of the hedging instrument and the hedged item are still expected to typically move in the opposite direction when the underlyings move. B6.4.5

The assessment of whether an economic relationship exists includes an analysis of the possible behaviour of the hedging relationship during its term to ascertain whether it can be expected to meet the risk management objective. The mere existence of a statistical correlation between two variables does not, by itself, support a valid conclusion that an economic relationship exists. B6.4.6

The effect of credit risk

Because the hedge accounting model is based on a general notion of offset between gains and losses on the hedging instrument and the hedged item, hedge effectiveness is determined not only by the economic relationship between those items (i.e. the changes in their underlyings) but also by the effect of credit risk on the value of both the hedging instrument and the hedged item. The effect of credit risk means that even if there is an economic relationship between the hedging instrument and the hedged item, the level of offset might become erratic. This can result from a change in the credit risk of either the hedging instrument or the hedged item that is of such a magnitude that the credit risk dominates the value changes that result from the economic relationship (i.e. the effect of the changes in the underlyings). A level of magnitude that gives rise to dominance is one that would result in the loss (or gain) from credit risk frustrating the effect of changes in the underlyings on the value of the hedging instrument or the hedged item, even if those changes were significant. Conversely, if during a particular period there is little change in the underlyings, the fact that even small credit risk-related changes in the value of the hedging instrument or the hedged item might affect the value more than the underlyings does not create dominance. B6.4.7

An example of credit risk dominating a hedging relationship is when an entity hedges an exposure to commodity price risk using an uncollateralised derivative. If the counterparty to that derivative experiences a severe deterioration in its credit standing, the effect of the changes in the counterparty's credit standing might outweigh the effect of changes in the commodity price on the fair value of the hedging instrument, whereas changes in the value of the hedged item depend largely on the commodity price changes. B6.4.8

Hedge ratio

In accordance with the hedge effectiveness requirements, the hedge ratio of the hedging relationship must be the same as that resulting from the quantity of the hedged item that the entity actually hedges and the quantity of the hedging instrument that the entity actually uses to hedge that quantity of hedged item. Hence, if an entity hedges less than 100 per cent of the exposure on an item, such as 85 per cent, it shall designate the hedging relationship using a hedge ratio that is the same as that resulting from 85 per cent of the exposure and the quantity of the hedging instrument that the entity actually uses to hedge those 85 per cent. Similarly, if, for example, an entity hedges an exposure using a nominal amount of 40 units of a financial instrument, it shall designate the hedging relationship using a hedge ratio that is the same as that resulting from that quantity of 40 units (i.e. the entity must not use a hedge ratio based on a higher quantity of units that it might hold in total or a lower quantity of units) and the quantity of the hedged item that it actually hedges with those 40 units. B6.4.9

However, the designation of the hedging relationship using the same hedge ratio as that resulting from the quantities of the hedged item and the hedging instrument that the entity actually uses shall not reflect an imbalance between the weightings of the hedged item and the hedging instrument that would in turn create hedge ineffectiveness (irrespective of whether recognised or not) that could result in an accounting outcome that would be inconsistent with the purpose of hedge accounting. Hence, for the purpose of designating a hedging relationship, an entity must adjust the hedge ratio that results from the quantities of the hedged item and the hedging instrument that the entity actually uses if that is needed to avoid such an imbalance. B6.4.10

Examples of relevant considerations in assessing whether an accounting outcome is inconsistent with the purpose of hedge accounting are: B6.4.11

(a) ob die angestrebte Sicherungsquote festgelegt wurde, um die Erfassung einer Unwirksamkeit der Absicherung bei Absicherungen von Zahlungsströmen zu vermeiden oder um sicherungsbezogene Anpassungen aus dem beizulegenden Zeitwert für mehr Grundgeschäfte zu erreichen, um die Bilanzierung zum beizulegenden Zeitwert vermehrt einzusetzen, ohne jedoch Änderungen des beizulegenden Zeitwerts bei dem Sicherungsinstrument auszugleichen, und

(b) ob ein kommerzieller Grund für die speziellen Gewichtungen des Grundgeschäfts und des Sicherungsinstruments vorliegt, selbst wenn hierdurch eine Unwirksamkeit der Absicherung entsteht. Ein Unternehmen tätigt beispielsweise ein Sicherungsgeschäft und designiert ein Volumen des betreffenden Sicherungsinstruments, das nicht dem Volumen entspricht, das als beste Absicherung des Grundgeschäfts ermittelt wird, da das Standardvolumen der Sicherungsinstrumente es nicht zulässt, das exakte Volumen abzuschließen („Emission in Losgrößen"). Ein Beispiel ist ein Unternehmen, das 100 Tonnen Kaffeeeinkäufe mit standardmäßigen Kaffee-Termingeschäften mit einem Vertragsvolumen von 37 500 Pfund absichert. Das Unternehmen könnte entweder fünf oder sechs Verträge (entsprechend 85,0 bzw. 102,1 Tonnen) zur Absicherung des Kaufvolumens von 100 Tonnen einsetzen. In diesem Fall designiert das Unternehmen die Sicherungsbeziehung mit der Sicherungsquote, die aus der Anzahl der tatsächlich verwendeten Kaffee-Termingeschäfte resultiert, da die Unwirksamkeit der Absicherung aus der Inkongruenz bei den Gewichtungen des Grundgeschäfts und des Sicherungsinstruments nicht zu einem nicht mit dem Zweck der Bilanzierung von Sicherungsbeziehungen zu vereinbarenden Rechnungslegungsresultat führen würde.

Häufigkeit der Beurteilung, ob die Anforderungen an die Wirksamkeit der Absicherung erfüllt sind

B6.4.12 Ein Unternehmen beurteilt zu Beginn der Sicherungsbeziehung und auf fortlaufender Basis, ob eine Sicherungsbeziehung die Anforderungen an die Wirksamkeit der Absicherung erfüllt. Die fortlaufende Beurteilung erfolgt mindestens zu jedem Abschlussstichtag oder bei einer signifikanten Veränderung der Umstände mit Auswirkungen auf die Anforderungen an die Wirksamkeit der Absicherung, je nachdem, was zuerst eintritt. Die Beurteilung bezieht sich auf Erwartungen bezüglich der Wirksamkeit der Absicherung und ist daher nur auf die Zukunft gerichtet.

Methoden zur Beurteilung, ob die Anforderungen an die Wirksamkeit der Absicherung erfüllt sind

B6.4.13 Der vorliegende Standard legt keine Methode zur Beurteilung, ob die Anforderungen an die Wirksamkeit der Absicherung erfüllt sind, fest. Ein Unternehmen hat indes eine Methode zu verwenden, durch die die relevanten Merkmale der Sicherungsbeziehung, einschließlich der Ursachen einer Unwirksamkeit der Absicherung, erfasst werden. Abhängig von diesen Faktoren kann es sich bei der Methode um eine qualitative oder quantitative Beurteilung handeln.

B6.4.14 Wenn beispielsweise die entscheidenden Bedingungen (wie etwa Nominalbetrag, Fälligkeit und Basisobjekt) des Sicherungsinstruments und des Grundgeschäfts übereinstimmen oder eng aneinander angepasst sind, könnte ein Unternehmen auf Grundlage einer qualitativen Beurteilung dieser entscheidenden Bedingungen folgern, dass das Sicherungsinstrument und das Grundgeschäft aufgrund desselben Risikos wertmäßig in der Regel gegenläufig sind und dass daher eine wirtschaftliche Beziehung zwischen dem Grundgeschäft und dem Sicherungsinstrument besteht (siehe Paragraphen B6.4.4–B6.4.6).

B6.4.15 Die Tatsache, dass ein als Sicherungsinstrument designiertes Derivat im Geld oder aus dem Geld ist, bedeutet an sich noch nicht, dass eine qualitative Beurteilung ungeeignet ist. Es hängt von den Umständen ab, ob die sich aus dieser Tatsache ergebende Unwirksamkeit der Absicherung eine Größenordnung annehmen könnte, die im Rahmen einer qualitativen Beurteilung nicht angemessen erfasst würde.

B6.4.16 Wenn die entscheidenden Bedingungen des Sicherungsinstruments und des Grundgeschäfts nicht eng aufeinander abgestimmt sind, nimmt die Unsicherheit bezüglich des Grads des Ausgleichs zu. Daher ist die Wirksamkeit der Absicherung während der Laufzeit der Sicherungsbeziehung schwieriger vorherzusagen. In einer solchen Situation kann ein Unternehmen möglicherweise nur auf Grundlage einer quantitativen Beurteilung folgern, dass eine wirtschaftliche Beziehung zwischen dem Grundgeschäft und dem Sicherungsinstrument besteht (siehe Paragraphen B6.4.4–B6.4.6). In einigen Fällen muss unter Umständen auch quantitativ beurteilt werden, ob die bei der Designation der Sicherungsbeziehung verwendete Sicherungsquote die Anforderungen an die Wirksamkeit der Absicherung erfüllt (siehe Paragraphen B6.4.9–B6.4.11). Ein Unternehmen kann für diese beiden Zwecke die gleiche oder verschiedene Methode(n) verwenden.

B6.4.17 Bei veränderten Umständen, die sich auf die Wirksamkeit der Absicherung auswirken, muss ein Unternehmen für die Beurteilung, ob eine Sicherungsbeziehung die Anforderungen an die Wirksamkeit der Absicherung erfüllt, eventuell eine andere Methode wählen, um sicherzustellen, dass die relevanten Eigenschaften der Sicherungsbeziehung, einschließlich der Ursachen einer Unwirksamkeit der Absicherung, weiterhin berücksichtigt werden.

B6.4.18 Bei der Beurteilung, ob eine Sicherungsbeziehung die Anforderungen an die Wirksamkeit der Absicherung erfüllt, stellt das Risikomanagement eines Unternehmens die wichtigste Informationsquelle dar. Dies bedeutet, dass die Managementinformationen (oder -analysen), die zu Entscheidungsfindungszwecken herangezogen werden, als Grundlage für die Beurteilung dienen können, ob die Anforderungen an die Wirksamkeit der Absicherung von einer Sicherungsbeziehung erfüllt werden.

B6.4.19 Die Dokumentation eines Unternehmens bezüglich der Sicherungsbeziehung umfasst, wie es die Einhaltung der Anforderungen an die Wirksamkeit der Absicherung beurteilen wird, wozu auch die verwendete(n) Methode(n) gehört/

(a) whether the intended hedge ratio is established to avoid recognising hedge ineffectiveness for cash flow hedges, or to achieve fair value hedge adjustments for more hedged items with the aim of increasing the use of fair value accounting, but without offsetting fair value changes of the hedging instrument; and

(b) whether there is a commercial reason for the particular weightings of the hedged item and the hedging instrument, even though that creates hedge ineffectiveness. For example, an entity enters into and designates a quantity of the hedging instrument that is not the quantity that it determined as the best hedge of the hedged item because the standard volume of the hedging instruments does not allow it to enter into that exact quantity of hedging instrument (a 'lot size issue'). An example is an entity that hedges 100 tonnes of coffee purchases with standard coffee futures contracts that have a contract size of 37 500 lbs (pounds). The entity could only use either five or six contracts (equivalent to 85,0 and 102,1 tonnes respectively) to hedge the purchase volume of 100 tonnes. In that case, the entity designates the hedging relationship using the hedge ratio that results from the number of coffee futures contracts that it actually uses, because the hedge ineffectiveness resulting from the mismatch in the weightings of the hedged item and the hedging instrument would not result in an accounting outcome that is inconsistent with the purpose of hedge accounting.

Frequency of assessing whether the hedge effectiveness requirements are met

An entity shall assess at the inception of the hedging relationship, and on an ongoing basis, whether a hedging relationship meets the hedge effectiveness requirements. At a minimum, an entity shall perform the ongoing assessment at each reporting date or upon a significant change in the circumstances affecting the hedge effectiveness requirements, whichever comes first. The assessment relates to expectations about hedge effectiveness and is therefore only forward-looking. **B6.4.12**

Methods for assessing whether the hedge effectiveness requirements are met

This Standard does not specify a method for assessing whether a hedging relationship meets the hedge effectiveness requirements. However, an entity shall use a method that captures the relevant characteristics of the hedging relationship including the sources of hedge ineffectiveness. Depending on those factors, the method can be a qualitative or a quantitative assessment. **B6.4.13**

For example, when the critical terms (such as the nominal amount, maturity and underlying) of the hedging instrument and the hedged item match or are closely aligned, it might be possible for an entity to conclude on the basis of a qualitative assessment of those critical terms that the hedging instrument and the hedged item have values that will generally move in the opposite direction because of the same risk and hence that an economic relationship exists between the hedged item and the hedging instrument (see paragraphs B6.4.4—B6.4.6). **B6.4.14**

The fact that a derivative is in or out of the money when it is designated as a hedging instrument does not in itself mean that a qualitative assessment is inappropriate. It depends on the circumstances whether hedge ineffectiveness arising from that fact could have a magnitude that a qualitative assessment would not adequately capture. **B6.4.15**

Conversely, if the critical terms of the hedging instrument and the hedged item are not closely aligned, there is an increased level of uncertainty about the extent of offset. Consequently, the hedge effectiveness during the term of the hedging relationship is more difficult to predict. In such a situation it might only be possible for an entity to conclude on the basis of a quantitative assessment that an economic relationship exists between the hedged item and the hedging instrument (see paragraphs B6.4.4—B6.4.6). In some situations a quantitative assessment might also be needed to assess whether the hedge ratio used for designating the hedging relationship meets the hedge effectiveness requirements (see paragraphs B6.4.9— B6.4.11). An entity can use the same or different methods for those two different purposes. **B6.4.16**

If there are changes in circumstances that affect hedge effectiveness, an entity may have to change the method for assessing whether a hedging relationship meets the hedge effectiveness requirements in order to ensure that the relevant characteristics of the hedging relationship, including the sources of hedge ineffectiveness, are still captured. **B6.4.17**

An entity's risk management is the main source of information to perform the assessment of whether a hedging relationship meets the hedge effectiveness requirements. This means that the management information (or analysis) used for decision-making purposes can be used as a basis for assessing whether a hedging relationship meets the hedge effectiveness requirements. **B6.4.18**

An entity's documentation of the hedging relationship includes how it will assess the hedge effectiveness requirements, including the method or methods used. The documentation of the hedging relationship shall be updated for any changes to the methods (see paragraph B6.4.17). **B6.4.19**

gehören. Die Dokumentation der Sicherungsbeziehung wird bei jeder Änderung der Methode aktualisiert (siehe Paragraph B6.4.17).

Bilanzierung zulässiger Sicherungsbeziehungen (Abschnitt 6.5)

B6.5.1 Ein Beispiel für die Absicherung des beizulegenden Zeitwerts ist die Absicherung gegen das Risiko, dass sich der beizulegende Zeitwert eines festverzinslichen Schuldinstruments aufgrund einer Zinsänderung ändert. Eine solche Sicherungsbeziehung kann vonseiten des Emittenten oder des Inhabers des Schuldinstruments eingegangen werden.

B6.5.2 Zweck einer Absicherung von Zahlungsströmen ist, den Gewinn oder Verlust bei dem Sicherungsinstrument auf eine Periode bzw. auf Perioden zu verschieben, in der/denen sich die abgesicherten erwarteten Zahlungsströme auf den Gewinn oder Verlust auswirken. Ein Beispiel für eine Absicherung von Zahlungsströmen ist der Einsatz eines Swaps, mit dem variabel verzinsliche Verbindlichkeiten (ob zu fortgeführten Anschaffungskosten oder zum beizulegenden Zeitwert bewertet) gegen festverzinsliche Verbindlichkeiten getauscht werden (d. h. eine Absicherung einer künftigen Transaktion, wobei die abgesicherten künftigen Zahlungsströme die künftigen Zinszahlungen darstellen). Hingegen ist ein erwarteter Erwerb eines Eigenkapitalinstruments, das nach dem Erwerb erfolgswirksam zum beizulegenden Zeitwert bilanziert wird, ein Beispiel für ein Geschäft, das nicht als Grundgeschäft in einer Absicherung von Zahlungsströmen fungieren kann, da jeglicher Gewinn oder Verlust bei dem Sicherungsinstrument, der später erfasst würde, nicht während eines Zeitraums, in dem ein Ausgleich erreicht würde, entsprechend erfolgswirksam umgegliedert werden könnte. Aus dem gleichen Grund kann ein erwarteter Erwerb eines Eigenkapitalinstruments, das nach dem Erwerb zum beizulegenden Zeitwert bilanziert wird, wobei Veränderungen des beizulegenden Zeitwerts im sonstigen Ergebnis ausgewiesen werden, ebenfalls nicht das Grundgeschäft in einer Absicherung von Zahlungsströmen sein.

B6.5.3 Die Absicherung einer festen Verpflichtung (z. B. eine Absicherung gegen das Risiko einer Änderung des Kraftstoffpreises im Rahmen einer bilanzunwirksamen vertraglichen Verpflichtung eines Energieversorgers zum Kauf von Kraftstoff zu einem festgesetzten Preis) ist eine Absicherung des Risikos einer Veränderung des beizulegenden Zeitwerts. Demzufolge stellt eine solche Absicherung eine Absicherung des beizulegenden Zeitwerts dar. Nach Paragraph 6.5.4 könnte jedoch eine Absicherung des Währungsrisikos einer festen Verpflichtung alternativ als eine Absicherung von Zahlungsströmen bilanziert werden.

Bewertung der Unwirksamkeit der Absicherung

B6.5.4 Wenn ein Unternehmen die Unwirksamkeit einer Absicherung bewertet, hat es dabei den Zeitwert des Geldes zu berücksichtigen. Infolgedessen bestimmt das Unternehmen den Wert des Grundgeschäfts anhand des Barwerts, sodass die Wertänderung des Grundgeschäfts auch die Auswirkung des Zeitwerts des Geldes beinhaltet.

B6.5.5 Um zur Bewertung einer Unwirksamkeit der Absicherung die Wertänderung des Grundgeschäfts zu berechnen, kann das Unternehmen ein Derivat heranziehen, dessen Bedingungen den entscheidenden Bedingungen des Grundgeschäfts gleichkommen (gemeinhin als „hypothetisches Derivat“ bezeichnet) und das, beispielsweise bei einer Absicherung einer erwarteten Transaktion, unter Verwendung des Niveaus des abgesicherten Kurses (oder Satzes) kalibriert würde. Würde die Absicherung beispielsweise für ein zweiseitiges Risiko auf aktuellem Marktniveau gelten, würde das hypothetische Derivat ein hypothetisches Termingeschäft darstellen, das zum Zeitpunkt der Designation der Sicherungsbeziehung auf einen Nullwert kalibriert wird. Würde die Absicherung beispielsweise für ein einseitiges Risiko gelten, würde das hypothetische Derivat den inneren Wert einer hypothetischen Option darstellen, die zum Zeitpunkt der Designation der Sicherungsbeziehung im Geld ist, wenn das abgesicherte Preisniveau dem aktuellen Marktniveau entspricht, oder aus dem Geld ist, wenn das abgesicherte Preisniveau über (oder bei einer Absicherung einer Long-Position unter) dem aktuellen Marktniveau liegt. Die Verwendung eines hypothetischen Derivats ist eine Möglichkeit für die Berechnung der Wertänderung beim Grundgeschäft. Das hypothetische Derivat bildet das Grundgeschäft nach und führt somit zum gleichen Ergebnis, wie wenn die Wertänderung durch eine andere Vorgehensweise bestimmt worden wäre. Der Rückgriff auf ein „hypothetisches Derivat“ ist daher keine Methode an sich, sondern ein mathematisches Mittel, das nur zur Berechnung des Werts des Grundgeschäfts verwendet werden kann. Infolgedessen kann ein „hypothetisches Derivat“ nicht verwendet werden, um Merkmale in den Wert des Grundgeschäfts einfließen zu lassen, die nur bei dem Sicherungsinstrument (nicht aber beim Grundgeschäft) vorhanden sind. Ein Beispiel ist ein auf eine Fremdwährung lautendes Schuldinstrument (unabhängig davon, ob es sich um ein festverzinsliches oder variabel verzinsliches Instrument handelt). Wird zur Berechnung der Wertänderung eines solchen Schuldinstruments oder des Barwerts der kumulierten Veränderung bei dessen Zahlungsströmen ein hypothetisches Derivat verwendet, kann dieses nicht einfach eine Gebühr für den Umtausch von Währungen unterstellen, obwohl die tatsächlichen Derivate, unter denen die Währungen getauscht werden, eine solche Gebühr beinhalten könnten (beispielsweise Zins-/Währungsswaps).

B6.5.6 Die mithilfe eines hypothetischen Derivats bestimmte Wertänderung des Grundgeschäfts kann ferner zur Beurteilung herangezogen werden, ob eine Sicherungsbeziehung die Anforderungen an die Wirksamkeit der Absicherung erfüllt.

Rekalibrierung der Sicherungsbeziehung und Änderungen der Sicherungsquote

B6.5.7 Die Kalibrierung bezieht sich auf die Anpassungen, die am designierten Volumen des Grundgeschäfts oder des Sicherungsinstruments einer bereits bestehenden Sicherungsbeziehung vorgenommen werden, um eine den Anforderungen an die Wirksamkeit der Absicherung entsprechende Sicherungsquote zu gewährleisten. Änderungen an

Accounting for qualifying hedging relationships (Section 6.5)

An example of a fair value hedge is a hedge of exposure to changes in the fair value of a fixed-rate debt instrument arising from changes in interest rates. Such a hedge could be entered into by the issuer or by the holder. **B6.5.1**

The purpose of a cash flow hedge is to defer the gain or loss on the hedging instrument to a period or periods in which the hedged expected future cash flows affect profit or loss. An example of a cash flow hedge is the use of a swap to change floating rate debt (whether measured at amortised cost or fair value) to fixed-rate debt (i.e. a hedge of a future transaction in which the future cash flows being hedged are the future interest payments). Conversely, a forecast purchase of an equity instrument that, once acquired, will be accounted for at fair value through profit or loss, is an example of an item that cannot be the hedged item in a cash flow hedge, because any gain or loss on the hedging instrument that would be deferred could not be appropriately reclassified to profit or loss during a period in which it would achieve offset. For the same reason, a forecast purchase of an equity instrument that, once acquired, will be accounted for at fair value with changes in fair value presented in other comprehensive income also cannot be the hedged item in a cash flow hedge. **B6.5.2**

A hedge of a firm commitment (for example, a hedge of the change in fuel price relating to an unrecognised contractual commitment by an electric utility to purchase fuel at a fixed price) is a hedge of an exposure to a change in fair value. Accordingly, such a hedge is a fair value hedge. However, in accordance with paragraph 6.5.4, a hedge of the foreign currency risk of a firm commitment could alternatively be accounted for as a cash flow hedge. **B6.5.3**

Measurement of hedge ineffectiveness

When measuring hedge ineffectiveness, an entity shall consider the time value of money. Consequently, the entity determines the value of the hedged item on a present value basis and therefore the change in the value of the hedged item also includes the effect of the time value of money. **B6.5.4**

To calculate the change in the value of the hedged item for the purpose of measuring hedge ineffectiveness, an entity may use a derivative that would have terms that match the critical terms of the hedged item (this is commonly referred to as a 'hypothetical derivative'), and, for example for a hedge of a forecast transaction, would be calibrated using the hedged price (or rate) level. For example, if the hedge was for a two-sided risk at the current market level, the hypothetical derivative would represent a hypothetical forward contract that is calibrated to a value of nil at the time of designation of the hedging relationship. If the hedge was for example for a one-sided risk, the hypothetical derivative would represent the intrinsic value of a hypothetical option that at the time of designation of the hedging relationship is at the money if the hedged price level is the current market level, or out of the money if the hedged price level is above (or, for a hedge of a long position, below) the current market level. Using a hypothetical derivative is one possible way of calculating the change in the value of the hedged item. The hypothetical derivative replicates the hedged item and hence results in the same outcome as if that change in value was determined by a different approach. Hence, using a 'hypothetical derivative' is not a method in its own right but a mathematical expedient that can only be used to calculate the value of the hedged item. Consequently, a 'hypothetical derivative' cannot be used to include features in the value of the hedged item that only exist in the hedging instrument (but not in the hedged item). An example is debt denominated in a foreign currency (irrespective of whether it is fixed-rate or variable-rate debt). When using a hypothetical derivative to calculate the change in the value of such debt or the present value of the cumulative change in its cash flows, the hypothetical derivative cannot simply impute a charge for exchanging different currencies even though actual derivatives under which different currencies are exchanged might include such a charge (for example, cross-currency interest rate swaps). **B6.5.5**

The change in the value of the hedged item determined using a hypothetical derivative may also be used for the purpose of assessing whether a hedging relationship meets the hedge effectiveness requirements. **B6.5.6**

Rebalancing the hedging relationship and changes to the hedge ratio

Rebalancing refers to the adjustments made to the designated quantities of the hedged item or the hedging instrument of an already existing hedging relationship for the purpose of maintaining a hedge ratio that complies with the hedge effec- **B6.5.7**

den designierten Volumen eines Grundgeschäfts oder eines Sicherungsinstruments für andere Zwecke stellen keine Rekalibrierung im Sinne des vorliegenden Standards dar.

B6.5.8 Die Rekalibrierung wird als Fortsetzung der Sicherungsbeziehung gemäß den Paragraphen B6.5.9–B6.5.21 bilanziert. Bei der Rekalibrierung wird die Unwirksamkeit der Absicherung der Sicherungsbeziehung bestimmt und unmittelbar vor Anpassung der Sicherungsbeziehung erfasst.

B6.5.9 Die Anpassung der Sicherungsquote ermöglicht einem Unternehmen, auf Veränderungen bei der Beziehung zwischen dem Sicherungsinstrument und dem Grundgeschäft, die sich aufgrund ihrer Basisobjekte oder Risikovariablen ergeben, zu reagieren. Ein Beispiel ist eine Sicherungsbeziehung, in der das Sicherungsinstrument und das Grundgeschäft unterschiedliche, aber miteinander verbundene Änderungen der Basisobjekte aufweisen, die sich aus einer Änderung der Beziehung zwischen diesen beiden Basisobjekten ergeben (z. B. unterschiedliche, aber miteinander verbundene Indizes, Kurse oder Preise). Somit gestattet die Rekalibrierung die Fortsetzung einer Sicherungsbeziehung in Fällen, in denen sich die Beziehung zwischen dem Sicherungsinstrument und dem Grundgeschäft so ändert, dass dies durch Anpassung der Sicherungsquote ausgeglichen werden kann.

B6.5.10 Ein Unternehmen sichert beispielsweise ein Risiko aus der Fremdwährung A mit einem Währungsderivat unter Bezugnahme auf Fremdwährung B ab, wobei die Fremdwährungen A und B aneinander gekoppelt sind (d. h. ihr Wechselkurs wird in einer Bandbreite oder auf einem Wechselkurs, der durch eine Zentralbank oder eine andere Behörde festgelegt wird, gehalten). Würde der Wechselkurs zwischen Fremdwährung A und Fremdwährung B geändert (d. h. eine neue Bandbreite oder ein neuer Kurs festgelegt), würde durch die Rekalibrierung der Sicherungsbeziehung entsprechend dem neuen Wechselkurs sichergestellt, dass die Sicherungsbeziehung auch unter den neuen Umständen weiterhin die Anforderungen an die Wirksamkeit der Absicherung für die Sicherungsquote erfüllt. Andererseits könnte im Falle eines Ausfalls bei dem Währungsderivat durch eine Änderung der Sicherungsquote nicht gewährleistet werden, dass die Sicherungsbeziehung weiterhin diese Anforderung an die Wirksamkeit der Absicherung erfüllt. Die Rekalibrierung ermöglicht somit keine Fortsetzung einer Sicherungsbeziehung in Fällen, in denen sich die Beziehung zwischen dem Sicherungsinstrument und dem Grundgeschäft so ändert, dass dies durch eine Anpassung der Sicherungsquote nicht ausgeglichen werden kann.

B6.5.11 Nicht jede Veränderung beim Grad des Ausgleichs zwischen den Veränderungen beim beizulegenden Zeitwert des Sicherungsinstruments und dem beizulegenden Zeitwert oder den Zahlungsströmen des Grundgeschäfts stellt eine Änderung der Beziehung zwischen dem Sicherungsinstrument und dem Grundgeschäft dar. Ein Unternehmen analysiert die Ursachen einer Unwirksamkeit der Absicherung, die sich voraussichtlich auf die Sicherungsbeziehung während ihrer Laufzeit auswirkt, und bewertet, ob Veränderungen beim Grad des Ausgleichs

(a) Schwankungen um die Sicherungsquote darstellen, die weiterhin gerechtfertigt bleibt (d. h. die Beziehung zwischen dem Sicherungsinstrument und dem Grundgeschäft weiterhin angemessen widerspiegelt), oder
(b) darauf hinweisen, dass die Sicherungsquote die Beziehung zwischen dem Sicherungsinstrument und dem Grundgeschäft nicht mehr angemessen widerspiegelt.

Ein Unternehmen führt diese Bewertung anhand der Anforderungen an die Wirksamkeit der Absicherung für die Sicherungsquote durch, um sicherzustellen, dass die Sicherungsbeziehung kein Ungleichgewicht zwischen den Gewichtungen des Grundgeschäfts und des Sicherungsinstruments widerspiegelt, das zu einer Unwirksamkeit der Absicherung (ob erfasst oder nicht) führen würde, was wiederum Rechnungslegungsresultate ergäbe, die nicht mit dem Zweck der Bilanzierung von Sicherungsbeziehungen in Einklang stünden. Somit ist bei dieser Bewertung eine Ermessensausübung notwendig.

B6.5.12 Schwankungen um eine konstante Sicherungsquote (und somit einer damit verbundenen Unwirksamkeit der Absicherung) lassen sich nicht durch Anpassung der Sicherungsquote als Reaktion auf jedes einzelne Ergebnis verringern. Unter solchen Umständen ist die Veränderung beim Grad des Ausgleichs eine Frage der Bewertung und Erfassung einer Unwirksamkeit der Absicherung, erfordert aber keine Rekalibrierung.

B6.5.13 Wenn Veränderungen beim Grad des Ausgleichs andererseits darauf hindeuten, dass die Schwankungen um eine Sicherungsquote erfolgen, die sich von der aktuell für diese Sicherungsbeziehung verwendeten unterscheidet, oder dass eine Tendenz weg von dieser Sicherungsquote besteht, kann eine Unwirksamkeit der Absicherung durch Anpassung der Sicherungsquote verringert werden, während bei Beibehaltung der Sicherungsquote eine Unwirksamkeit der Absicherung weiter zunehmen würde. Unter solchen Umständen muss ein Unternehmen daher beurteilen, ob die Sicherungsbeziehung ein Ungleichgewicht zwischen den Gewichtungen des Grundgeschäfts und des Sicherungsinstruments widerspiegelt, das zu einer Unwirksamkeit der Absicherung (ob erfasst oder nicht) führen würde, was wiederum Rechnungslegungsresultate ergäbe, die nicht mit dem Zweck der Bilanzierung von Sicherungsbeziehungen in Einklang stünden. Im Falle der Anpassung der Sicherungsquote wirkt sich dies auch auf die Bewertung und Erfassung einer Unwirksamkeit der Absicherung aus, da eine Unwirksamkeit der Absicherung der Sicherungsbeziehung bei der Rekalibrierung bestimmt und unmittelbar vor Anpassung der Sicherungsbeziehung gemäß Paragraph B6.5.8 erfasst werden muss.

B6.5.14 Die Rekalibrierung bedeutet, dass ein Unternehmen für die Zwecke der Bilanzierung von Sicherungsbeziehungen die Volumen des Sicherungsinstruments oder des Grundgeschäfts als Reaktion auf veränderte Umstände, die sich auf die Sicherungsquote dieser Sicherungsbeziehung auswirken, nach Beginn einer Sicherungsbeziehung anpasst. Normalerweise

tiveness requirements. Changes to designated quantities of a hedged item or of a hedging instrument for a different purpose do not constitute rebalancing for the purpose of this Standard.

Rebalancing is accounted for as a continuation of the hedging relationship in accordance with paragraphs B6.5.9—B6.5.21. On rebalancing, the hedge ineffectiveness of the hedging relationship is determined and recognised immediately before adjusting the hedging relationship. **B6.5.8**

Adjusting the hedge ratio allows an entity to respond to changes in the relationship between the hedging instrument and the hedged item that arise from their underlyings or risk variables. For example, a hedging relationship in which the hedging instrument and the hedged item have different but related underlyings changes in response to a change in the relationship between those two underlyings (for example, different but related reference indices, rates or prices). Hence, rebalancing allows the continuation of a hedging relationship in situations in which the relationship between the hedging instrument and the hedged item changes in a way that can be compensated for by adjusting the hedge ratio. **B6.5.9**

For example, an entity hedges an exposure to Foreign Currency A using a currency derivative that references Foreign Currency B and Foreign Currencies A and B are pegged (i.e. their exchange rate is maintained within a band or at an exchange rate set by a central bank or other authority). If the exchange rate between Foreign Currency A and Foreign Currency B were changed (i.e. a new band or rate was set), rebalancing the hedging relationship to reflect the new exchange rate would ensure that the hedging relationship would continue to meet the hedge effectiveness requirement for the hedge ratio in the new circumstances. In contrast, if there was a default on the currency derivative, changing the hedge ratio could not ensure that the hedging relationship would continue to meet that hedge effectiveness requirement. Hence, rebalancing does not facilitate the continuation of a hedging relationship in situations in which the relationship between the hedging instrument and the hedged item changes in a way that cannot be compensated for by adjusting the hedge ratio. **B6.5.10**

Not every change in the extent of offset between the changes in the fair value of the hedging instrument and the hedged item's fair value or cash flows constitutes a change in the relationship between the hedging instrument and the hedged item. An entity analyses the sources of hedge ineffectiveness that it expected to affect the hedging relationship during its term and evaluates whether changes in the extent of offset are: **B6.5.11**

(a) fluctuations around the hedge ratio, which remains valid (i.e. continues to appropriately reflect the relationship between the hedging instrument and the hedged item); or
(b) an indication that the hedge ratio no longer appropriately reflects the relationship between the hedging instrument and the hedged item.

An entity performs this evaluation against the hedge effectiveness requirement for the hedge ratio, i.e. to ensure that the hedging relationship does not reflect an imbalance between the weightings of the hedged item and the hedging instrument that would create hedge ineffectiveness (irrespective of whether recognised or not) that could result in an accounting outcome that would be inconsistent with the purpose of hedge accounting. Hence, this evaluation requires judgement.

Fluctuation around a constant hedge ratio (and hence the related hedge ineffectiveness) cannot be reduced by adjusting the hedge ratio in response to each particular outcome. Hence, in such circumstances, the change in the extent of offset is a matter of measuring and recognising hedge ineffectiveness but does not require rebalancing. **B6.5.12**

Conversely, if changes in the extent of offset indicate that the fluctuation is around a hedge ratio that is different from the hedge ratio that is currently used for that hedging relationship, or that there is a trend leading away from that hedge ratio, hedge ineffectiveness can be reduced by adjusting the hedge ratio, whereas retaining the hedge ratio would increasingly produce hedge ineffectiveness. Hence, in such circumstances, an entity must evaluate whether the hedging relationship reflects an imbalance between the weightings of the hedged item and the hedging instrument that would create hedge ineffectiveness (irrespective of whether recognised or not) that could result in an accounting outcome that would be inconsistent with the purpose of hedge accounting. If the hedge ratio is adjusted, it also affects the measurement and recognition of hedge ineffectiveness because, on rebalancing, the hedge ineffectiveness of the hedging relationship must be determined and recognised immediately before adjusting the hedging relationship in accordance with paragraph B6.5.8. **B6.5.13**

Rebalancing means that, for hedge accounting purposes, after the start of a hedging relationship an entity adjusts the quantities of the hedging instrument or the hedged item in response to changes in circumstances that affect the hedge ratio of that hedging relationship. Typically, that adjustment should reflect adjustments in the quantities of the hedging **B6.5.14**

sollte eine solche Anpassung die Anpassungen der tatsächlich verwendeten Volumen des Sicherungsinstruments und des Grundgeschäfts widerspiegeln. Die aus den tatsächlich verwendeten Volumen des Grundgeschäfts und des Sicherungsinstruments resultierende Sicherungsquote muss allerdings angepasst werden, wenn

(a) die Sicherungsquote, die aus Änderungen an den vom Unternehmen tatsächlich verwendeten Volumen des Grundgeschäfts oder des Sicherungsinstruments resultiert, ein Ungleichgewicht widerspiegeln würde, das zu einer Unwirksamkeit der Absicherung führen würde, was Rechnungslegungsresultate ergäbe, die nicht mit dem Zweck der Bilanzierung von Sicherungsbeziehungen in Einklang stünden, oder

(b) ein Unternehmen tatsächlich verwendete Volumen des Grundgeschäfts und des Sicherungsinstruments behalten würde, was zu einer Sicherungsquote führen würde, die unter neuen Umständen ein Ungleichgewicht widerspiegeln würde, das zur Unwirksamkeit der Absicherung führen würde, was Rechnungslegungsresultate ergäbe, die nicht mit dem Zweck der Bilanzierung von Sicherungsbeziehungen in Einklang stünden (d. h. ein Unternehmen darf kein Ungleichgewicht herbeiführen, indem es die Anpassung der Sicherungsquote unterlässt).

B6.5.15 Die Rekalibrierung gilt nicht, wenn sich die Zielsetzung des Risikomanagements für eine Sicherungsbeziehung geändert hat. Stattdessen wird die Bilanzierung von Sicherungsbeziehungen für diese Sicherungsbeziehung beendet (obwohl ein Unternehmen eine neue Sicherungsbeziehung designieren könnte, die das Sicherungsinstrument oder das Grundgeschäft der vorherigen Sicherungsbeziehung wie in Paragraph B6.5.28 beschrieben einbezieht).

B6.5.16 Wenn eine Sicherungsbeziehung neu kalibriert wird, kann die Anpassung der Sicherungsquote auf verschiedene Weise durchgeführt werden:

(a) Die Gewichtung des Grundgeschäfts kann erhöht werden (wodurch sich gleichzeitig die Gewichtung des Sicherungsinstruments verringert) durch
   (i) Erhöhung des Volumens des Grundgeschäfts oder
   (ii) Verringerung des Volumens des Sicherungsinstruments.

(b) Die Gewichtung des Sicherungsinstruments kann erhöht werden (wodurch sich gleichzeitig die Gewichtung des Grundgeschäfts verringert) durch
   (i) Erhöhung des Volumens des Sicherungsinstruments oder
   (ii) Verringerung des Volumens des Grundgeschäfts.

Volumenänderungen beziehen sich auf die Volumen, die Teil der Sicherungsbeziehung sind. Somit bedeuten Verringerungen des Volumens nicht unbedingt, dass die Geschäfte oder Transaktionen nicht mehr existieren oder voraussichtlich nicht mehr eintreten, sondern dass sie kein Teil der Sicherungsbeziehung mehr sind. Beispielsweise kann die Verringerung des Volumens des Sicherungsinstruments dazu führen, dass das Unternehmen das Derivat behält, aber nur ein Teil davon als Sicherungsinstrument in der Sicherungsbeziehung verbleibt. Dies könnte geschehen, wenn die Rekalibrierung nur durch Verringerung des Volumens des Sicherungsinstruments in der Sicherungsbeziehung vorgenommen werden könnte, wobei das Unternehmen das nicht mehr benötigte Volumen allerdings behält. In diesem Fall würde der nicht designierte Teil des Derivats erfolgswirksam zum beizulegenden Zeitwert bewertet (es sei denn, er wurde in einer anderen Sicherungsbeziehung als Sicherungsinstrument designiert).

B6.5.17 Die Anpassung der Sicherungsquote durch Erhöhung des Volumens des Grundgeschäfts hat keine Auswirkung darauf, wie Änderungen beim beizulegenden Zeitwert des Sicherungsinstruments bewertet werden. Die Bewertung der Wertänderungen des Grundgeschäfts in Bezug auf das zuvor designierte Volumen bleibt ebenfalls hiervon unberührt. Jedoch beinhalten die Wertänderungen des Grundgeschäfts ab dem Zeitpunkt der Rekalibrierung auch die Wertänderung des zusätzlichen Volumens des Grundgeschäfts. Diese Änderungen werden ab dem Zeitpunkt der Rekalibrierung und unter Bezugnahme auf diesen Zeitpunkt anstatt ab dem Zeitpunkt der Designation der Sicherungsbeziehung bewertet. Wenn ein Unternehmen beispielsweise ursprünglich ein Volumen von 100 Tonnen eines Rohstoffs zum Terminpreis von WE 80 (dem Terminpreis zu Beginn der Sicherungsbeziehung) abgesichert und bei der Rekalibrierung, als der Terminpreis bei WE 90 lag, ein Volumen von 10 Tonnen hinzugefügt hat, würde das Grundgeschäft nach der Rekalibrierung zwei Layer umfassen: 100 Tonnen abgesichert zu WE 80 und 10 Tonnen abgesichert zu WE 90.

B6.5.18 Die Anpassung der Sicherungsquote durch Verringerung des Volumens des Sicherungsinstruments hat keine Auswirkung darauf, wie Wertänderungen des Grundgeschäfts bewertet werden. Die Bewertung der Veränderungen des beizulegenden Zeitwerts des Sicherungsinstruments in Bezug auf das weiterhin designierte Volumen bleibt hiervon ebenfalls unberührt. Ab dem Zeitpunkt der Rekalibrierung ist das Volumen, um das das Sicherungsinstrument verringert wurde, jedoch nicht mehr Teil der Sicherungsbeziehung. Wenn ein Unter nehmen beispielsweise ursprünglich das Preisrisiko eines Rohstoffs mit einem Derivatvolumen von 100 Tonnen als Sicherungsinstrument abgesichert hat und das Volumen bei der Rekalibrierung um 10 Tonnen reduziert, würde ein Nominalvolumen von 90 Tonnen des Volumens des Sicherungsinstruments verbleiben (siehe Paragraph B6.5.16 zu den Folgen für das Derivatvolumen (d. h. die 10 Tonnen), das nicht mehr Teil der Sicherungsbeziehung ist).

B6.5.19 Die Anpassung der Sicherungsquote durch Erhöhung des Volumens des Sicherungsinstruments hat keine Auswirkung darauf, wie Wertänderungen des Grundgeschäfts bewertet werden. Die Bewertung der Veränderungen des beizulegenden Zeitwerts des Sicherungsinstruments in Bezug auf das zuvor designierte Volumen bleibt hiervon ebenfalls unberührt. Doch beinhalten die Veränderungen des beizulegenden Zeitwerts des Sicherungsinstruments ab dem Zeitpunkt der Rekalibrierung auch die Wertänderungen des zusätzlichen Volumens des Sicherungsinstruments. Diese Änderungen

instrument and the hedged item that it actually uses. However, an entity must adjust the hedge ratio that results from the quantities of the hedged item or the hedging instrument that it actually uses if:

(a) the hedge ratio that results from changes to the quantities of the hedging instrument or the hedged item that the entity actually uses would reflect an imbalance that would create hedge ineffectiveness that could result in an accounting outcome that would be inconsistent with the purpose of hedge accounting; or
(b) an entity would retain quantities of the hedging instrument and the hedged item that it actually uses, resulting in a hedge ratio that, in new circumstances, would reflect an imbalance that would create hedge ineffectiveness that could result in an accounting outcome that would be inconsistent with the purpose of hedge accounting (i.e. an entity must not create an imbalance by omitting to adjust the hedge ratio).

Rebalancing does not apply if the risk management objective for a hedging relationship has changed. Instead, hedge accounting for that hedging relationship shall be discontinued (despite that an entity might designate a new hedging relationship that involves the hedging instrument or hedged item of the previous hedging relationship as described in paragraph B6.5.28). **B6.5.15**

If a hedging relationship is rebalanced, the adjustment to the hedge ratio can be effected in different ways: **B6.5.16**

(a) the weighting of the hedged item can be increased (which at the same time reduces the weighting of the hedging instrument) by:
   (i) increasing the volume of the hedged item; or
   (ii) decreasing the volume of the hedging instrument.
(b) the weighting of the hedging instrument can be increased (which at the same time reduces the weighting of the hedged item) by:
   (i) increasing the volume of the hedging instrument; or
   (ii) decreasing the volume of the hedged item.

Changes in volume refer to the quantities that are part of the hedging relationship. Hence, decreases in volumes do not necessarily mean that the items or transactions no longer exist, or are no longer expected to occur, but that they are not part of the hedging relationship. For example, decreasing the volume of the hedging instrument can result in the entity retaining a derivative, but only part of it might remain a hedging instrument of the hedging relationship. This could occur if the rebalancing could be effected only by reducing the volume of the hedging instrument in the hedging relationship, but with the entity retaining the volume that is no longer needed. In that case, the undesignated part of the derivative would be accounted for at fair value through profit or loss (unless it was designated as a hedging instrument in a different hedging relationship).

Adjusting the hedge ratio by increasing the volume of the hedged item does not affect how the changes in the fair value of the hedging instrument are measured. The measurement of the changes in the value of the hedged item related to the previously designated volume also remains unaffected. However, from the date of rebalancing, the changes in the value of the hedged item also include the change in the value of the additional volume of the hedged item. These changes are measured starting from, and by reference to, the date of rebalancing instead of the date on which the hedging relationship was designated. For example, if an entity originally hedged a volume of 100 tonnes of a commodity at a forward price of CU80 (the forward price at inception of the hedging relationship) and added a volume of 10 tonnes on rebalancing when the forward price was CU90, the hedged item after rebalancing would comprise two layers: 100 tonnes hedged at CU80 and 10 tonnes hedged at CU90. **B6.5.17**

Adjusting the hedge ratio by decreasing the volume of the hedging instrument does not affect how the changes in the value of the hedged item are measured. The measurement of the changes in the fair value of the hedging instrument related to the volume that continues to be designated also remains unaffected. However, from the date of rebalancing, the volume by which the hedging instrument was decreased is no longer part of the hedging relationship. For example, if an entity originally hedged the price risk of a commodity using a derivative volume of 100 tonnes as the hedging instrument and reduces that volume by 10 tonnes on rebalancing, a nominal amount of 90 tonnes of the hedging instrument volume would remain (see paragraph B6.5.16 for the consequences for the derivative volume (i.e. the 10 tonnes) that is no longer a part of the hedging relationship). **B6.5.18**

Adjusting the hedge ratio by increasing the volume of the hedging instrument does not affect how the changes in the value of the hedged item are measured. The measurement of the changes in the fair value of the hedging instrument related to the previously designated volume also remains unaffected. However, from the date of rebalancing, the changes in the fair value of the hedging instrument also include the changes in the value of the additional volume of the hedging instrument. The changes are measured starting from, and by reference to, the date of rebalancing instead of the date on which the **B6.5.19**

werden ab dem Zeitpunkt der Rekalibrierung und unter Bezugnahme auf diesen Zeitpunkt anstatt ab dem Zeitpunkt der Designation der Sicherungsbeziehung bewertet. Wenn ein Unternehmen beispielsweise ursprünglich das Preisrisiko eines Rohstoffs mit einem Derivatvolumen von 100 Tonnen als Sicherungsinstrument abgesichert und das Volumen bei der Rekalibrierung um 10 Tonnen erhöht hat, würde das Sicherungsinstrument nach der Rekalibrierung ein Derivatvolumen von insgesamt 110 Tonnen umfassen. Die Veränderung des beizulegenden Zeitwerts des Sicherungsinstruments entspricht der Gesamtveränderung des beizulegenden Zeitwerts der Derivate, die das Gesamtvolumen von 110 Tonnen ausmachen. Diese Derivate könnten (und würden vielleicht) unterschiedliche entscheidende Bedingungen, wie beispielsweise Terminkurse, aufweisen, da sie zu verschiedenen Zeitpunkten abgeschlossen wurden (einschließlich der Möglichkeit der Designation von Derivaten in Sicherungsbeziehungen nach ihrem erstmaligen Ansatz).

B6.5.20 Die Anpassung der Sicherungsquote durch Verringerung des Volumens des Grundgeschäfts hat keine Auswirkung darauf, wie Änderungen des beizulegenden Zeitwerts des Sicherungsinstruments bewertet werden. Die Bewertung der Wertänderungen des Grundgeschäfts in Bezug auf das weiterhin designierte Volumen bleibt hiervon ebenfalls unberührt. Ab dem Zeitpunkt der Rekalibrierung ist das Volumen, um das das Grundgeschäft verringert wurde, jedoch nicht mehr Teil der Sicherungsbeziehung. Wenn ein Unternehmen beispielsweise ursprünglich ein Volumen von 100 Tonnen eines Rohstoffs zum Terminpreis von WE 80 abgesichert und dieses Volumen bei der Rekalibrierung um 10 Tonnen verringert hat, würde das Grundgeschäft nach der Rekalibrierung 90 Tonnen abgesichert mit WE 80 umfassen. Die 10 Tonnen des Grundgeschäfts, die nicht mehr Teil der Sicherungsbeziehung sind, würden gemäß den Vorschriften für die Beendigung der Bilanzierung von Sicherungsbeziehungen (siehe Paragraphen 6.5.6–6.5.7 und B6.5.22–B6.5.28) bilanziert.

B6.5.21 Bei der Rekalibrierung einer Sicherungsbeziehung aktualisiert ein Unternehmen seine Analyse bezüglich der Ursachen einer Unwirksamkeit der Absicherung, die sich voraussichtlich während der (Rest-) Laufzeit auf die Sicherungsbeziehung auswirken (siehe Paragraph B6.4.2). Die Dokumentation der Sicherungsbeziehung ist dementsprechend zu aktualisieren.

Beendigung der Bilanzierung von Sicherungsbeziehungen

B6.5.22 Die Beendigung der Bilanzierung von Sicherungsbeziehungen gilt prospektiv ab dem Zeitpunkt, ab dem die Kriterien nicht länger erfüllt sind.

B6.5.23 Ein Unternehmen kann die Designation einer Sicherungsbeziehung nicht aufheben und die Sicherungsbeziehung somit beenden, wenn diese

(a) weiterhin die Risikomanagementzielsetzung verfolgt, die Grundlage für die Zulässigkeit einer Bilanzierung von Sicherungsbeziehungen war (d. h. das Unternehmen diese Risikomanagementzielsetzung weiterhin verfolgt), und

(b) weiterhin alle anderen maßgeblichen Kriterien erfüllt (ggf. nach Berücksichtigung einer Rekalibrierung der Sicherungsbeziehung).

B6.5.24 Für die Zwecke des vorliegenden Standards wird zwischen der Risikomanagementstrategie eines Unternehmens und dessen Risikomanagementzielsetzungen unterschieden. Die Risikomanagementstrategie wird auf der höchsten Ebene festgelegt, auf der ein Unternehmen entscheidet, wie sein Risiko gesteuert werden soll. In Risikomanagementstrategien werden im Allgemeinen die Risiken, denen das Unternehmen ausgesetzt ist, identifiziert und festgelegt, wie das Unternehmen auf solche Risiken reagiert. Eine Risikomanagementstrategie wird normalerweise für einen längeren Zeitraum festgelegt und kann eine gewisse Flexibilität beinhalten, um auf geänderte Umstände reagieren zu können, die während der Gültigkeit dieser Strategie eintreten (beispielsweise unterschiedliche Zinssatz- oder Rohstoffpreisniveaus, die zu einem anderen Grad der Absicherung führen). Dies wird in der Regel in einem allgemeinen Dokument niedergelegt, das durch Richtlinien mit spezifischeren Leitlinien innerhalb eines Unternehmens abwärts kommuniziert wird. Hingegen gilt eine Risikomanagementzielsetzung für eine Sicherungsbeziehung auf der Ebene einer bestimmten Sicherungsbeziehung. Dies bezieht sich darauf, wie das betreffende designierte Sicherungsinstrument zur Absicherung des konkreten Risikos, das als Grundgeschäft designiert wurde, verwendet wird. Somit kann eine Risikomanagementstrategie mehrere verschiedene Sicherungsbeziehungen betreffen, deren Risikomanagementzielsetzungen sich auf die Umsetzung dieser allgemeinen Risikomanagementstrategie beziehen. Zum Beispiel:

(a) Ein Unternehmen hat eine Strategie für die Steuerung seines Zinsänderungsrisikos bei der Fremdfinanzierung, durch die Bandbreiten für die Mischung zwischen variabel und festverzinslicher Finanzierung für das Gesamtunternehmen festgelegt werden. Die Strategie besteht darin, zwischen 20 Prozent und 40 Prozent der Fremdfinanzierung zu festen Zinssätzen zu halten. Das Unternehmen entscheidet immer wieder neu, wie diese Strategie je nach Zinsniveau umgesetzt wird (d. h. wo es sich innerhalb der Bandbreite von 20 Prozent bis 40 Prozent bezüglich des Festzinsänderungsrisikos positioniert). Wenn die Zinssätze niedrig sind, schreibt das Unternehmen die Zinsen bei einem größeren Teil der Schulden fest, als dies bei hohen Zinssätzen der Fall wäre. Das Fremdkapital des Unternehmens beläuft sich auf variabel verzinsliche Schulden in Höhe von WE 100, von denen WE 30 in eine feste Verzinsung getauscht werden. Das Unternehmen nutzt die niedrigen Zinssätze und gibt ein zusätzliches Schuldinstrument von WE 50 zur Finanzierung einer größeren Investition aus, indem es eine festverzinsliche Anleihe begibt. Angesichts der niedrigen Zinssätze beschließt das Unternehmen, sein Festzinsänderungsrisiko auf 40 % der Gesamtschulden festzuschreiben, indem es den Grad, mit dem es seine variable Zinsbindung zuvor abgesichert hat, um WE 20 verringert, was zu einem Festzinsänderungsrisiko von WE 60 führt. In diesem Fall bleibt die Risikomanagementstrategie selbst unverändert. Jedoch hat sich die Umsetzung dieser Strategie durch das Unternehmen geändert, was

hedging relationship was designated. For example, if an entity originally hedged the price risk of a commodity using a derivative volume of 100 tonnes as the hedging instrument and added a volume of 10 tonnes on rebalancing, the hedging instrument after rebalancing would comprise a total derivative volume of 110 tonnes. The change in the fair value of the hedging instrument is the total change in the fair value of the derivatives that make up the total volume of 110 tonnes. These derivatives could (and probably would) have different critical terms, such as their forward rates, because they were entered into at different points in time (including the possibility of designating derivatives into hedging relationships after their initial recognition).

Adjusting the hedge ratio by decreasing the volume of the hedged item does not affect how the changes in the fair value of the hedging instrument are measured. The measurement of the changes in the value of the hedged item related to the volume that continues to be designated also remains unaffected. However, from the date of rebalancing, the volume by which the hedged item was decreased is no longer part of the hedging relationship. For example, if an entity originally hedged a volume of 100 tonnes of a commodity at a forward price of CU80 and reduces that volume by 10 tonnes on rebalancing, the hedged item after rebalancing would be 90 tonnes hedged at CU80. The 10 tonnes of the hedged item that are no longer part of the hedging relationship would be accounted for in accordance with the requirements for the discontinuation of hedge accounting (see paragraphs 6.5.6—6.5.7 and B6.5.22—B6.5.28). **B6.5.20**

When rebalancing a hedging relationship, an entity shall update its analysis of the sources of hedge ineffectiveness that are expected to affect the hedging relationship during its (remaining) term (see paragraph B6.4.2). The documentation of the hedging relationship shall be updated accordingly. **B6.5.21**

Discontinuation of hedge accounting

Discontinuation of hedge accounting applies prospectively from the date on which the qualifying criteria are no longer met. **B6.5.22**

An entity shall not de-designate and thereby discontinue a hedging relationship that: **B6.5.23**

(a) still meets the risk management objective on the basis of which it qualified for hedge accounting (i.e. the entity still pursues that risk management objective); and
(b) continues to meet all other qualifying criteria (after taking into account any rebalancing of the hedging relationship, if applicable).

For the purposes of this Standard, an entity's risk management strategy is distinguished from its risk management objectives. The risk management strategy is established at the highest level at which an entity determines how it manages its risk. Risk management strategies typically identify the risks to which the entity is exposed and set out how the entity responds to them. A risk management strategy is typically in place for a longer period and may include some flexibility to react to changes in circumstances that occur while that strategy is in place (for example, different interest rate or commodity price levels that result in a different extent of hedging). This is normally set out in a general document that is cascaded down through an entity through policies containing more specific guidelines. In contrast, the risk management objective for a hedging relationship applies at the level of a particular hedging relationship. It relates to how the particular hedging instrument that has been designated is used to hedge the particular exposure that has been designated as the hedged item. Hence, a risk management strategy can involve many different hedging relationships whose risk management objectives relate to executing that overall risk management strategy. For example: **B6.5.24**

(a) an entity has a strategy of managing its interest rate exposure on debt funding that sets ranges for the overall entity for the mix between variable-rate and fixed-rate funding. The strategy is to maintain between 20 per cent and 40 per cent of the debt at fixed rates. The entity decides from time to time how to execute this strategy (i.e. where it positions itself within the 20 per cent to 40 per cent range for fixed-rate interest exposure) depending on the level of interest rates. If interest rates are low the entity fixes the interest for more debt than when interest rates are high. The entity's debt is CU100 of variable-rate debt of which CU30 is swapped into a fixed-rate exposure. The entity takes advantage of low interest rates to issue an additional CU50 of debt to finance a major investment, which the entity does by issuing a fixed-rate bond. In the light of the low interest rates, the entity decides to set its fixed interest-rate exposure to 40 per cent of the total debt by reducing by CU20 the extent to which it previously hedged its variable-rate exposure, resulting in CU60 of fixed-rate exposure. In this situation the risk management strategy itself remains unchanged. However, in contrast the entity's execution of that strategy has changed and this means that, for CU20 of variable-rate exposure that was previously hedged, the risk management objective has changed (i.e. at the hedging relationship level). Consequently, in this situation hedge accounting must be discontinued for CU20 of the previously hedged variable-rate exposure. This could involve reducing the swap position by a CU20 nominal amount but, depending on the circumstances, an entity might retain that swap volume and, for example, use it for hedging a different

bedeutet, dass sich bei der zuvor abgesicherten variablen Zinsbindung von WE 20 die Zielsetzung des Risikomanagements geändert hat (d. h. auf der Ebene der Sicherungsbeziehung). Daher muss in diesem Fall die Bilanzierung von Sicherungsbeziehungen bei WE 20 der zuvor abgesicherten variablen Zinsbindung beendet werden. Dies könnte die Reduzierung der Swap-Position um einen Nominalbetrag von WE 20 bedingen, doch könnte ein Unternehmen je nach den Umständen dieses Swapvolumen auch behalten und beispielsweise zur Absicherung eines anderen Risikos einsetzen oder es könnte Teil eines Handelsbestands werden. Wenn ein Unternehmen hingegen stattdessen einen Teil seiner neuen festverzinslichen Schuld in eine variable Zinsbindung getauscht hat, würde die Bilanzierung von Sicherungsbeziehungen für die zuvor abgesicherte variable Zinsbindung fortgeführt werden.

(b) Einige Risiken resultieren aus Positionen, die sich häufig ändern, wie das Zinsänderungsrisiko bei einem offenen Portfolio von Schuldinstrumenten. Durch Hinzufügen neuer Schuldinstrumente und Ausbuchung von Schuldinstrumenten ändert sich dieses Risiko ständig (d. h. es unterscheidet sich vom einfachen Abwickeln einer fällig werdenden Position). Hierbei handelt es sich um einen dynamischen Prozess, in dem sowohl das Risiko als auch die zu seiner Steuerung eingesetzten Sicherungsinstrumente nicht über einen langen Zeitraum gleich bleiben. Daher passt ein Unternehmen mit solch einem Risiko die zur Steuerung des Zinsänderungsrisikos verwendeten Sicherungsinstrumente häufig an, wenn sich das Risiko ändert. So werden beispielsweise Schuldinstrumente mit einer Restlaufzeit von 24 Monaten für 24 Monate als Grundgeschäft für ein Zinsänderungsrisiko designiert. Gleiches wird bei anderen Zeitbändern oder Fälligkeitsperioden angewandt. Nach kurzer Zeit beendet das Unternehmen alle oder einige seiner zuvor designierten Sicherungsbeziehungen für Fälligkeitsperioden und designiert neue Sicherungsbeziehungen für Fälligkeitsperioden basierend auf ihrem Ausmaß und den zu diesem Zeitpunkt vorhandenen Sicherungsinstrumenten. Die Beendigung der Bilanzierung von Sicherungsbeziehungen zeigt in diesem Fall, dass diese Sicherungsbeziehungen so festgelegt werden, dass das Unternehmen ein neues Sicherungsinstrument und ein neues Grundgeschäft anstelle des Sicherungsinstruments und Grundgeschäfts, die zuvor designiert waren, betrachtet. Die Risikomanagementstrategie bleibt gleich, jedoch gibt es keine Risikomanagementzielsetzung mehr für diese zuvor designierten Sicherungsbeziehungen, die als solche nicht mehr existieren. In einem solchen Fall wird die Bilanzierung von Sicherungsbeziehungen in dem Maße beendet, wie sich die Zielsetzung des Risikomanagements geändert hat. Dies ist von der Situation eines Unternehmens abhängig und könnte beispielsweise alle oder nur einige Sicherungsbeziehungen einer Fälligkeitsperiode oder nur einen Teil einer Sicherungsbeziehung betreffen.

(c) Ein Unternehmen hat eine Risikomanagementstrategie, mit der das Währungsrisiko bei erwarteten Verkäufen und die daraus resultierenden Forderungen gesteuert werden. Im Rahmen dieser Strategie steuert das Unternehmen das Währungsrisiko als spezielle Sicherungsbeziehung nur bis zum Zeitpunkt der Bilanzierung der Forderung. Später steuert das Unternehmen das Währungsrisiko nicht mehr basierend auf dieser speziellen Sicherungsbeziehung. Stattdessen wird das Währungsrisiko bei Forderungen, Verbindlichkeiten und Derivaten (die sich nicht auf erwartete, noch schwebende Transaktionen beziehen), die auf dieselbe Fremdwährung lauten, gemeinsam gesteuert. Zu Rechnungslegungszwecken fungiert dies als „natürliche" Absicherung, da die Gewinne und Verluste aus dem Währungsrisiko bei all diesen Geschäften unmittelbar erfolgswirksam erfasst werden. Wird die Sicherungsbeziehung zu Rechnungslegungszwecken für den Zeitraum bis zum Zahlungstermin designiert, muss sie daher mit Bilanzierung der Forderung beendet werden, da die Zielsetzung des Risikomanagements für die ursprüngliche Sicherungsbeziehung nicht mehr gilt. Das Währungsrisiko wird nun innerhalb derselben Strategie, aber auf einer anderen Grundlage gesteuert. Wenn ein Unternehmen hingegen eine andere Zielsetzung für sein Risikomanagement hatte und das Währungsrisiko als fortlaufende Sicherungsbeziehung speziell für den Betrag dieses erwarteten Verkaufs und die resultierende Forderung bis zum Erfüllungstag gesteuert hat, würde die Bilanzierung von Sicherungsbeziehungen bis zu diesem Zeitpunkt fortgesetzt.

B6.5.25 Die Beendigung der Bilanzierung von Sicherungsbeziehungen kann Folgendes betreffen:

(a) eine Sicherungsbeziehung in ihrer Gesamtheit oder

(b) einen Teil einer Sicherungsbeziehung (was bedeutet, dass die Bilanzierung von Sicherungsbeziehungen für den Rest der Sicherungsbeziehung fortgesetzt wird).

B6.5.26 Eine Sicherungsbeziehung wird in ihrer Gesamtheit beendet, wenn sie die maßgeblichen Kriterien insgesamt nicht mehr erfüllt. Zum Beispiel:

(a) die Sicherungsbeziehung erfüllt die Zielsetzung des Risikomanagements nicht mehr, auf deren Grundlage sie für die Bilanzierung von Sicherungsbeziehungen infrage kam (d. h. das Unternehmen verfolgt diese Risikomanagementzielsetzung nicht mehr),

(b) das bzw. die Sicherungsinstrument(e) wurde(n) veräußert oder beendet (in Bezug auf das gesamte Volumen, das Teil der Sicherungsbeziehung war) oder

(c) es besteht keine wirtschaftliche Beziehung mehr zwischen dem Grundgeschäft und dem Sicherungsinstrument oder die Auswirkung des Ausfallrisikos beginnt, die aus dieser wirtschaftlichen Beziehung resultierenden Wertänderungen zu dominieren.

B6.5.27 Ein Teil der Sicherungsbeziehung wird beendet (und die Bilanzierung von Sicherungsbeziehungen für den restlichen Teil fortgesetzt), wenn nur ein Teil der Sicherungsbeziehung die maßgeblichen Kriterien nicht mehr erfüllt. Zum Beispiel:

(a) bei der Rekalibrierung der Sicherungsbeziehung könnte die Sicherungsquote so angepasst werden, dass ein Teil des Volumens des Grundgeschäfts nicht mehr Teil der Sicherungsbeziehung ist (siehe Paragraph B6.5.20); somit wird die Bilanzierung von Sicherungsbeziehungen nur für das Volumen des Grundgeschäfts beendet, das nicht mehr Teil der Sicherungsbeziehung ist, oder

exposure or it might become part of a trading book. Conversely, if an entity instead swapped a part of its new fixed-rate debt into a variable-rate exposure, hedge accounting would have to be continued for its previously hedged variable-rate exposure.

(b) some exposures result from positions that frequently change, for example, the interest rate risk of an open portfolio of debt instruments. The addition of new debt instruments and the derecognition of debt instruments continuously change that exposure (i.e. it is different from simply running off a position that matures). This is a dynamic process in which both the exposure and the hedging instruments used to manage it do not remain the same for long. Consequently, an entity with such an exposure frequently adjusts the hedging instruments used to manage the interest rate risk as the exposure changes. For example, debt instruments with 24 months' remaining maturity are designated as the hedged item for interest rate risk for 24 months. The same procedure is applied to other time buckets or maturity periods. After a short period of time, the entity discontinues all, some or a part of the previously designated hedging relationships for maturity periods and designates new hedging relationships for maturity periods on the basis of their size and the hedging instruments that exist at that time. The discontinuation of hedge accounting in this situation reflects that those hedging relationships are established in such a way that the entity looks at a new hedging instrument and a new hedged item instead of the hedging instrument and the hedged item that were designated previously. The risk management strategy remains the same, but there is no risk management objective that continues for those previously designated hedging relationships, which as such no longer exist. In such a situation, the discontinuation of hedge accounting applies to the extent to which the risk management objective has changed. This depends on the situation of an entity and could, for example, affect all or only some hedging relationships of a maturity period, or only part of a hedging relationship.

(c) an entity has a risk management strategy whereby it manages the foreign currency risk of forecast sales and the resulting receivables. Within that strategy the entity manages the foreign currency risk as a particular hedging relationship only up to the point of the recognition of the receivable. Thereafter, the entity no longer manages the foreign currency risk on the basis of that particular hedging relationship. Instead, it manages together the foreign currency risk from receivables, payables and derivatives (that do not relate to forecast transactions that are still pending) denominated in the same foreign currency. For accounting purposes, this works as a 'natural' hedge because the gains and losses from the foreign currency risk on all of those items are immediately recognised in profit or loss. Consequently, for accounting purposes, if the hedging relationship is designated for the period up to the payment date, it must be discontinued when the receivable is recognised, because the risk management objective of the original hedging relationship no longer applies. The foreign currency risk is now managed within the same strategy but on a different basis. Conversely, if an entity had a different risk management objective and managed the foreign currency risk as one continuous hedging relationship specifically for that forecast sales amount and the resulting receivable until the settlement date, hedge accounting would continue until that date.

The discontinuation of hedge accounting can affect: **B6.5.25**

(a) a hedging relationship in its entirety; or

(b) a part of a hedging relationship (which means that hedge accounting continues for the remainder of the hedging relationship).

A hedging relationship is discontinued in its entirety when, as a whole, it ceases to meet the qualifying criteria. For example: **B6.5.26**

(a) the hedging relationship no longer meets the risk management objective on the basis of which it qualified for hedge accounting (i.e. the entity no longer pursues that risk management objective);

(b) the hedging instrument or instruments have been sold or terminated (in relation to the entire volume that was part of the hedging relationship); or

(c) there is no longer an economic relationship between the hedged item and the hedging instrument or the effect of credit risk starts to dominate the value changes that result from that economic relationship.

A part of a hedging relationship is discontinued (and hedge accounting continues for its remainder) when only a part of the hedging relationship ceases to meet the qualifying criteria. For example: **B6.5.27**

(a) on rebalancing of the hedging relationship, the hedge ratio might be adjusted in such a way that some of the volume of the hedged item is no longer part of the hedging relationship (see paragraph B6.5.20); hence, hedge accounting is discontinued only for the volume of the hedged item that is no longer part of the hedging relationship; or

(b) wenn ein Teil des Volumens des Grundgeschäfts, bei dem es sich um eine erwartete Transaktion (oder eine Komponente derselben) handelt, nicht mehr hochwahrscheinlich eintreten wird, wird die Bilanzierung von Sicherungsbeziehungen nur für das Volumen des Grundgeschäfts, das nicht mehr hochwahrscheinlich eintreten wird, beendet. Hat ein Unternehmen allerdings in der Vergangenheit Absicherungen für erwartete Transaktionen designiert und anschließend festgestellt, dass es zu diesen erwarteten Transaktionen voraussichtlich nicht mehr kommen wird, wird die Fähigkeit des Unternehmens, erwartete Transaktionen zutreffend vorherzusagen, bei der Vorhersage ähnlicher erwarteter Transaktionen infrage gestellt. Dies wirkt sich auf die Beurteilung aus, ob ähnliche erwartete Transaktionen hochwahrscheinlich eintreten (siehe Paragraph 6.3.3) und somit als Grundgeschäfte infrage kommen.

B6.5.28 Ein Unternehmen kann eine neue Sicherungsbeziehung unter Beteiligung des Sicherungsinstruments oder des Grundgeschäfts einer früheren Sicherungsbeziehung, für das die Bilanzierung von Sicherungsbeziehungen (teilweise oder vollständig) beendet wurde, designieren. Dies stellt keine Fortsetzung einer Sicherungsbeziehung dar, sondern einen Neubeginn. Zum Beispiel:

(a) Bei einem Sicherungsinstrument tritt eine so erhebliche Bonitätsverschlechterung ein, dass das Unternehmen es durch ein neues Sicherungsinstrument ersetzt. Dies bedeutet, dass diese ursprüngliche Sicherungsbeziehung die Zielsetzung des Risikomanagements nicht erreicht hat und somit vollständig beendet wird. Das neue Sicherungsinstrument wird als Absicherung des zuvor abgesicherten Risikos designiert und bildet eine neue Sicherungsbeziehung. Somit werden die Veränderungen des beizulegenden Zeitwerts oder der Zahlungsströme des Grundgeschäfts ab dem Zeitpunkt der Designation der neuen Sicherungsbeziehung und unter Bezugnahme auf diesen Zeitpunkt anstatt ab dem Zeitpunkt, zu dem die ursprüngliche Sicherungsbeziehung designiert wurde, bewertet.

(b) Eine Sicherungsbeziehung wird vor dem Ende ihrer Laufzeit beendet. Das Sicherungsinstrument in dieser Sicherungsbeziehung kann als Sicherungsinstrument in einer anderen Sicherungsbeziehung designiert werden (z. B. bei Anpassung der Sicherungsquote im Falle der Rekalibrierung durch Erhöhung des Volumens des Sicherungsinstruments oder bei Designation einer insgesamt neuen Sicherungsbeziehung).

Bilanzierung des Zeitwerts von Optionen

B6.5.29 Eine Option kann als auf einen Zeitraum bezogen betrachtet werden, da ihr Zeitwert eine Gebühr für die Bereitstellung von Sicherheit gegenüber dem Optionsinhaber über einen bestimmten Zeitraum darstellt. Relevant für die Beurteilung, ob durch eine Option ein transaktions- oder ein zeitraumbezogenes Grundgeschäft abgesichert wird, sind allerdings die Merkmale dieses Grundgeschäfts, einschließlich der Art und Weise und des Zeitpunkts der Auswirkung im Gewinn oder Verlust. Somit beurteilt ein Unternehmen die Art des Grundgeschäfts (siehe Paragraph 6.5.15 (a)) basierend auf seinem Charakter (unabhängig davon, ob es sich bei der Sicherungsbeziehung um eine Absicherung von Zahlungsströmen oder eine Absicherung des beizulegenden Zeitwerts handelt):

(a) Der Zeitwert einer Option bezieht sich auf ein transaktionsbezogenes Grundgeschäft, wenn der Charakter des Grundgeschäfts eine Transaktion ist, bei der der Zeitwert für diese Transaktion Kostencharakter hat. Ein Beispiel hierfür ist, wenn sich der Zeitwert einer Option auf ein Grundgeschäft bezieht, was zur Erfassung eines Grundgeschäfts führt, dessen erstmalige Bewertung Transaktionskosten beinhaltet (z. B. sichert ein Unternehmen einen Rohstoffeinkauf, unabhängig davon, ob es sich um eine erwartete Transaktion oder eine feste Verpflichtung handelt, gegen das Rohstoffpreisrisiko ab und nimmt die Transaktionskosten in die erstmalige Bewertung der Vorräte auf). Durch die Berücksichtigung des Zeitwerts der Option bei der erstmaligen Bewertung des betreffenden Grundgeschäfts wirkt sich der Zeitwert gleichzeitig mit diesem Grundgeschäft im Gewinn oder Verlust aus. Ebenso würde ein Unternehmen, das einen Rohstoffverkauf, unabhängig davon, ob es sich um eine erwartete Transaktion oder eine feste Verpflichtung handelt, absichert, den Zeitwert der Option als Teil der mit diesem Verkauf verbundenen Kosten berücksichtigen (somit würde der Zeitwert in derselben Periode wie die Erlöse aus dem abgesicherten Verkauf erfolgswirksam erfasst).

(b) Der Zeitwert einer Option bezieht sich auf ein zeitraumbezogenes Grundgeschäft, wenn der Charakter des Grundgeschäfts dergestalt ist, dass der Zeitwert den Charakter von Kosten für die Absicherung gegen ein Risiko über einen bestimmten Zeitraum annimmt (jedoch führt das Grundgeschäft nicht zu einer Transaktion, die dem Begriff von Transaktionskosten gemäß Buchstabe a entspricht). Wenn beispielsweise Rohstoffvorräte mithilfe einer Rohstoffoption mit korrespondierender Laufzeit gegen einen Rückgang des beizulegenden Zeitwerts für sechs Monate abgesichert werden, würde der Zeitwert der Option über diesen 6-Monats-Zeitraum auf den Gewinn oder Verlust verteilt (d. h. auf systematischer und sachgerechter Grundlage amortisiert). Ein weiteres Beispiel ist eine Absicherung einer Nettoinvestition in einen ausländischen Geschäftsbetrieb, die über eine Devisenoption für 18 Monate abgesichert wird, was zu einer Verteilung des Zeitwerts der Option über diesen Zeitraum von 18 Monaten führen würde.

B6.5.30 Die Merkmale des Grundgeschäfts (einschließlich der Art und Weise, wie sich das Grundgeschäft auf den Gewinn oder Verlust auswirkt, und wann dies geschieht) wirken sich auch auf den Zeitraum aus, über den der Zeitwert einer Option, mit der ein zeitraumbezogenes Grundgeschäft abgesichert wird, amortisiert wird, der mit dem Zeitraum übereinstimmt, über den sich der innere Wert der Option in Einklang mit der Bilanzierung von Sicherungsbeziehungen auf den Gewinn oder Verlust auswirken kann. Wenn eine Zinssatzoption (Cap) zum Schutz vor Erhöhungen der Zinsaufwendungen bei einer variabel verzinslichen Anleihe eingesetzt wird, wird der Zeitwert dieses Caps über den gleichen Zeitraum, über den sich jeglicher innerer Wert des Caps auf den Gewinn oder Verlust auswirken würde, erfolgswirksam amortisiert:

(b) when the occurrence of some of the volume of the hedged item that is (or is a component of) a forecast transaction is no longer highly probable, hedge accounting is discontinued only for the volume of the hedged item whose occurrence is no longer highly probable. However, if an entity has a history of having designated hedges of forecast transactions and having subsequently determined that the forecast transactions are no longer expected to occur, the entity's ability to predict forecast transactions accurately is called into question when predicting similar forecast transactions. This affects the assessment of whether similar forecast transactions are highly probable (see paragraph 6.3.3) and hence whether they are eligible as hedged items.

An entity can designate a new hedging relationship that involves the hedging instrument or hedged item of a previous hedging relationship for which hedge accounting was (in part or in its entirety) discontinued. This does not constitute a continuation of a hedging relationship but is a restart. For example: **B6.5.28**

(a) a hedging instrument experiences such a severe credit deterioration that the entity replaces it with a new hedging instrument. This means that the original hedging relationship failed to achieve the risk management objective and is hence discontinued in its entirety. The new hedging instrument is designated as the hedge of the same exposure that was hedged previously and forms a new hedging relationship. Hence, the changes in the fair value or the cash flows of the hedged item are measured starting from, and by reference to, the date of designation of the new hedging relationship instead of the date on which the original hedging relationship was designated.

(b) a hedging relationship is discontinued before the end of its term. The hedging instrument in that hedging relationship can be designated as the hedging instrument in another hedging relationship (for example, when adjusting the hedge ratio on rebalancing by increasing the volume of the hedging instrument or when designating a whole new hedging relationship).

Accounting for the time value of options

An option can be considered as being related to a time period because its time value represents a charge for providing protection for the option holder over a period of time. However, the relevant aspect for the purpose of assessing whether an option hedges a transaction or time-period related hedged item are the characteristics of that hedged item, including how and when it affects profit or loss. Hence, an entity shall assess the type of hedged item (see paragraph 6.5.15 (a)) on the basis of the nature of the hedged item (regardless of whether the hedging relationship is a cash flow hedge or a fair value hedge): **B6.5.29**

(a) the time value of an option relates to a transaction related hedged item if the nature of the hedged item is a transaction for which the time value has the character of costs of that transaction. An example is when the time value of an option relates to a hedged item that results in the recognition of an item whose initial measurement includes transaction costs (for example, an entity hedges a commodity purchase, whether it is a forecast transaction or a firm commitment, against the commodity price risk and includes the transaction costs in the initial measurement of the inventory). As a consequence of including the time value of the option in the initial measurement of the particular hedged item, the time value affects profit or loss at the same time as that hedged item. Similarly, an entity that hedges a sale of a commodity, whether it is a forecast transaction or a firm commitment, would include the time value of the option as part of the cost related to that sale (hence, the time value would be recognised in profit or loss in the same period as the revenue from the hedged sale).

(b) the time value of an option relates to a time-period related hedged item if the nature of the hedged item is such that the time value has the character of a cost for obtaining protection against a risk over a particular period of time (but the hedged item does not result in a transaction that involves the notion of a transaction cost in accordance with (a)). For example, if commodity inventory is hedged against a fair value decrease for six months using a commodity option with a corresponding life, the time value of the option would be allocated to profit or loss (i.e. amortised on a systematic and rational basis) over that six-month period. Another example is a hedge of a net investment in a foreign operation that is hedged for 18 months using a foreign-exchange option, which would result in allocating the time value of the option over that 18-month period.

The characteristics of the hedged item, including how and when the hedged item affects profit or loss, also affect the period over which the time value of an option that hedges a time-period related hedged item is amortised, which is consistent with the period over which the option's intrinsic value can affect profit or loss in accordance with hedge accounting. For example, if an interest rate option (a cap) is used to provide protection against increases in the interest expense on a floating rate bond, the time value of that cap is amortised to profit or loss over the same period over which any intrinsic value of the cap would affect profit or loss: **B6.5.30**

(a) wenn durch den Cap Zinssatzerhöhungen für die ersten drei Jahre der Gesamtlaufzeit der variabel verzinslichen Anleihe von fünf Jahren abgesichert werden, wird der Zeitwert dieses Caps über die ersten drei Jahre amortisiert, oder
(b) wenn es sich bei dem Cap um eine Option mit zukünftigem Laufzeitbeginn zur Absicherung von Zinssatzerhöhungen für das zweite und dritte Jahr der Gesamtlaufzeit der variabel verzinslichen Anleihe von fünf Jahren handelt, wird der Zeitwert dieses Caps über das zweite und dritte Jahr amortisiert.

B6.5.31 Die Bilanzierung des Zeitwerts von Optionen gemäß Paragraph 6.5.15 gilt auch für eine Kombination aus einer erworbenen und einer geschriebenen Option (einer Verkaufs- und einer Kaufoption), die zum Zeitpunkt der Designation als Sicherungsinstrument einen Netto-Zeitwert von null aufweist (allgemein als „Zero-Cost-Collar" bezeichnet). In diesem Fall erfasst ein Unternehmen sämtliche Veränderungen des Zeitwerts im sonstigen Ergebnis, obwohl die kumulierte Veränderung des Zeitwerts über den Gesamtzeitraum der Sicherungsbeziehung gleich null ist. Bezieht sich der Zeitwert der Option somit auf
(a) ein transaktionsbezogenes Grundgeschäft, wäre der Betrag des Zeitwerts am Ende der Sicherungsbeziehung, mit dem das Grundgeschäft angepasst wird oder der erfolgswirksam umgegliedert wird (siehe Paragraph 6.5.15 (b)), gleich null.
(b) ein zeitraumbezogenes Grundgeschäft, ist der Amortisationsaufwand in Bezug auf den Zeitwert gleich null.

B6.5.32 Die Bilanzierung des Zeitwerts von Optionen gemäß Paragraph 6.5.15 gilt nur, soweit sich der Zeitwert auf das Grundgeschäft bezieht (grundgeschäftsbezogener Zeitwert). Der Zeitwert einer Option bezieht sich auf das Grundgeschäft, wenn die entscheidenden Bedingungen der Option (wie Nominalbetrag, Laufzeit und Basisobjekt) auf das Grundgeschäft abgestimmt wird. Wenn die entscheidenden Bedingungen der Option und des Grundgeschäfts daher nicht vollständig aufeinander abgestimmt sind, bestimmt ein Unternehmen den grundgeschäftsbezogenen Zeitwert, d. h. welcher Betrag des in der Prämie enthaltenen Zeitwerts (tatsächlicher Zeitwert) sich auf das Grundgeschäft bezieht (und daher gemäß Paragraph 6.5.15 bilanziert werden sollte). Ein Unternehmen bestimmt den grundgeschäftsbezogenen Zeitwert anhand der Bewertung derjenigen Option, deren entscheidende Bedingungen perfekt mit dem Grundgeschäft übereinstimmen.

B6.5.33 Wenn sich der tatsächliche Zeitwert und der grundgeschäftsbezogene Zeitwert unterscheiden, hat ein Unternehmen gemäß Paragraph 6.5.15 den Betrag, der in einer gesonderten Eigenkapitalkomponente kumuliert wird, wie folgt zu bestimmen:
(a) Wenn der tatsächliche Zeitwert zu Beginn der Sicherungsbeziehung höher ist als der grundgeschäftsbezogene Zeitwert, so hat das Unternehmen
   (i) den Betrag, der in einer gesonderten Eigenkapitalkomponente kumuliert wird, ausgehend vom grundgeschäftsbezogenen Zeitwert zu bestimmen und
   (ii) die Differenzen zwischen den Veränderungen des beizulegenden Zeitwerts der beiden Zeitwerte im Gewinn oder Verlust zu erfassen.
(b) Wenn der tatsächliche Zeitwert zu Beginn der Sicherungsbeziehung geringer ist als der grundgeschäftsbezogene Zeitwert, hat das Unternehmen den Betrag zu bestimmen, der in einer gesonderten Eigenkapitalkomponente kumuliert wird, und zwar durch Bezugnahme auf die geringere der kumulierten Änderungen des beizulegenden Zeitwerts von
   (i) dem tatsächlichen Zeitwert und
   (ii) dem grundgeschäftsbezogenen Zeitwert.

Jegliche übrige Veränderung des beizulegenden Zeitwerts des tatsächlichen Zeitwerts ist erfolgswirksam zu erfassen.

Bilanzierung des Terminelements von Termingeschäften und Währungsbasis-Spreads von Finanzinstrumenten

B6.5.34 Ein Termingeschäft kann als zeitraumbezogen betrachtet werden, da sein Terminelement eine Gebühr für einen Zeitraum darstellt (entsprechend der Laufzeit, für die es ermittelt wird). Relevant für die Beurteilung, ob durch ein Sicherungsinstrument ein transaktions- oder zeitraumbezogenes Grundgeschäft abgesichert wird, sind jedoch die Merkmale dieses Grundgeschäfts, einschließlich der Art und Weise und des Zeitpunkts der Auswirkung im Gewinn oder Verlust. Somit beurteilt ein Unternehmen die Art des Grundgeschäfts (siehe Paragraphen 6.5.16 und 6.5.15 (a)) basierend auf dem Charakter des Grundgeschäfts (unabhängig davon, ob es sich bei der Sicherungsbeziehung um eine Absicherung von Zahlungsströmen oder eine Absicherung des beizulegenden Zeitwerts handelt):
(a) Das Terminelement eines Termingeschäfts bezieht sich auf ein transaktionsbezogenes Grundgeschäft, wenn der Charakter des Grundgeschäfts eine Transaktion ist, bei der das Terminelement für diese Transaktion Kostencharakter hat. Ein Beispiel hierfür ist, wenn sich das Terminelement auf ein Grundgeschäft bezieht, was zur Erfassung eines Grundgeschäfts führt, dessen erstmalige Bewertung Transaktionskosten beinhaltet (z. B. sichert ein Unternehmen einen auf eine Fremdwährung lautenden Rohstoffeinkauf, unabhängig davon, ob es sich um eine erwartete Transaktion oder eine feste Verpflichtung handelt, gegen das Währungsrisiko ab und nimmt die Transaktionskosten in die erstmalige Bewertung der Vorräte auf). Durch die Berücksichtigung des Terminelements bei der erstmaligen Bewertung des betreffenden Grundgeschäfts wirkt sich das Terminelement gleichzeitig mit diesem Grundgeschäft im Gewinn oder Verlust aus. Ebenso würde ein Unternehmen, das einen auf eine Fremdwährung lautenden Rohstoffverkauf, unabhängig davon, ob es sich um eine erwartete Transaktion oder eine feste Verpflichtung handelt,

(a) if the cap hedges increases in interest rates for the first three years out of a total life of the floating rate bond of five years, the time value of that cap is amortised over the first three years; or
(b) if the cap is a forward start option that hedges increases in interest rates for years two and three out of a total life of the floating rate bond of five years, the time value of that cap is amortised during years two and three.

The accounting for the time value of options in accordance with paragraph 6.5.15 also applies to a combination of a purchased and a written option (one being a put option and one being a call option) that at the date of designation as a hedging instrument has a net nil time value (commonly referred to as a 'zero-cost collar'). In that case, an entity shall recognise any changes in time value in other comprehensive income, even though the cumulative change in time value over the total period of the hedging relationship is nil. Hence, if the time value of the option relates to: **B6.5.31**
(a) a transaction related hedged item, the amount of time value at the end of the hedging relationship that adjusts the hedged item or that is reclassified to profit or loss (see paragraph 6.5.15 (b)) would be nil.
(b) a time-period related hedged item, the amortisation expense related to the time value is nil.

The accounting for the time value of options in accordance with paragraph 6.5.15 applies only to the extent that the time value relates to the hedged item (aligned time value). The time value of an option relates to the hedged item if the critical terms of the option (such as the nominal amount, life and underlying) are aligned with the hedged item. Hence, if the critical terms of the option and the hedged item are not fully aligned, an entity shall determine the aligned time value, i.e. how much of the time value included in the premium (actual time value) relates to the hedged item (and therefore should be treated in accordance with paragraph 6.5.15). An entity determines the aligned time value using the valuation of the option that would have critical terms that perfectly match the hedged item. **B6.5.32**

If the actual time value and the aligned time value differ, an entity shall determine the amount that is accumulated in a separate component of equity in accordance with paragraph 6.5.15 as follows: **B6.5.33**
(a) if, at inception of the hedging relationship, the actual time value is higher than the aligned time value, the entity shall:
  (i) determine the amount that is accumulated in a separate component of equity on the basis of the aligned time value; and
  (ii) account for the differences in the fair value changes between the two time values in profit or loss.
(b) if, at inception of the hedging relationship, the actual time value is lower than the aligned time value, the entity shall determine the amount that is accumulated in a separate component of equity by reference to the lower of the cumulative change in fair value of:
  (i) the actual time value; and
  (ii) the aligned time value.

Any remainder of the change in fair value of the actual time value shall be recognised in profit or loss.

Accounting for the forward element of forward contracts and foreign currency basis spreads of financial instruments

A forward contract can be considered as being related to a time period because its forward element represents charges for a period of time (which is the tenor for which it is determined). However, the relevant aspect for the purpose of assessing whether a hedging instrument hedges a transaction or time-period related hedged item are the characteristics of that hedged item, including how and when it affects profit or loss. Hence, an entity shall assess the type of hedged item (see paragraphs 6.5.16 and 6.5.15 (a)) on the basis of the nature of the hedged item (regardless of whether the hedging relationship is a cash flow hedge or a fair value hedge): **B6.5.34**
(a) the forward element of a forward contract relates to a transaction related hedged item if the nature of the hedged item is a transaction for which the forward element has the character of costs of that transaction. An example is when the forward element relates to a hedged item that results in the recognition of an item whose initial measurement includes transaction costs (for example, an entity hedges an inventory purchase denominated in a foreign currency, whether it is a forecast transaction or a firm commitment, against foreign currency risk and includes the transaction costs in the initial measurement of the inventory). As a consequence of including the forward element in the initial measurement of the particular hedged item, the forward element affects profit or loss at the same time as that hedged item. Similarly, an entity that hedges a sale of a commodity denominated in a foreign currency against foreign currency risk, whether it is a forecast transaction or a firm commitment, would include the forward element as part of the cost that is related to that sale (hence, the forward element would be recognised in profit or loss in the same period as the revenue from the hedged sale).

absichert, das Terminelement als Teil der mit diesem Verkauf verbundenen Kosten berücksichtigen (somit würde das Terminelement in derselben Periode wie die Erlöse aus dem abgesicherten Verkauf erfolgswirksam erfasst).

(b) Das Terminelement eines Termingeschäfts bezieht sich auf ein zeitraumbezogenes Grundgeschäft, wenn der Charakter des Grundgeschäfts dergestalt ist, dass das Terminelement den Charakter von Kosten für die Absicherung gegen ein Risiko über einen bestimmten Zeitraum annimmt (jedoch führt das Grundgeschäft nicht zu einer Transaktion, die dem Begriff von Transaktionskosten gemäß (a) entspricht). Wenn beispielsweise Rohstoffvorräte mithilfe eines Rohstofftermingeschäfts mit korrespondierender Laufzeit gegen Änderungen des beizulegenden Zeitwerts für sechs Monate abgesichert werden, würde das Terminelement des Termingeschäfts über diesen 6-Monats-Zeitraum erfolgswirksam verteilt (d. h. auf systematischer und sachgerechter Grundlage amortisiert) werden. Ein weiteres Beispiel ist eine Absicherung einer Nettoinvestition in einen ausländischen Geschäftsbetrieb, die über ein Devisentermingeschäft für 18 Monate abgesichert wird, was zu einer Verteilung des Terminelements über diesen Zeitraum von 18 Monaten führen würde.

B6.5.35 Die Merkmale des Grundgeschäfts (einschließlich der Art und Weise, wie sich das Grundgeschäft auf den Gewinn oder Verlust auswirkt, und wann dies geschieht) wirken sich auch auf den Zeitraum aus, über den das Terminelement eines Termingeschäfts, mit der ein zeitraumbezogenes Grundgeschäft abgesichert wird, amortisiert wird, der mit dem Zeitraum übereinstimmt, auf den sich das Terminelement bezieht. Wenn durch ein Termingeschäft beispielsweise das Risiko von Schwankungen der 3-Monats-Zinssätze für einen Zeitraum von drei Monaten, der in sechs Monaten beginnt, abgesichert wird, wird das Terminelement über den Zeitraum, der die Monate 7 bis 9 umfasst, amortisiert.

B6.5.36 Die Bilanzierung des Terminelements eines Termingeschäfts gemäß Paragraph 6.5.16 findet auch Anwendung, wenn das Terminelement am Tag der Designation des Termingeschäfts als Sicherungsinstrument null ist. In diesem Fall hat ein Unternehmen sämtliche dem Terminelement zuzuordnenden Änderungen des beizulegenden Zeitwerts im sonstigen Ergebnis zu erfassen, obwohl die kumulierte Änderung des beizulegenden Zeitwerts, die dem Terminelement zuzuordnen ist, über den Gesamtzeitraum der Sicherungsbeziehung null ist. Bezieht sich das Terminelement eines Termingeschäfts somit auf

(a) ein transaktionsbezogenes Grundgeschäft, wäre der Betrag für das Terminelement am Ende der Sicherungsbeziehung, mit dem das Grundgeschäft angepasst wird oder der erfolgswirksam umgegliedert wird (siehe Paragraphen 6.5.15 (b) und 6.5.16), null.

(b) ein zeitraumbezogenes Grundgeschäft, ist der Amortisationsbetrag in Bezug auf das Terminelement null.

B6.5.37 Die Bilanzierung des Terminelements von Termingeschäften gemäß Paragraph 6.5.16 gilt nur, sofern sich das Terminelement auf das Grundgeschäft bezieht (grundgeschäftsbezogenes Terminelement). Das Terminelement eines Termingeschäfts bezieht sich auf das Grundgeschäft, wenn die entscheidenden Bedingungen des Termingeschäfts (wie Nominalbetrag, Laufzeit und Basisobjekt) auf das Grundgeschäft abgestimmt sind. Sind die entscheidenden Bedingungen des Termingeschäfts und des Grundgeschäfts daher nicht vollständig aufeinander abgestimmt, hat ein Unternehmen das grundgeschäftsbezogene Terminelement zu bestimmen, d. h. welcher Betrag des im Termingeschäft enthaltenen Terminelements (tatsächliches Terminelement) sich auf das Grundgeschäft bezieht (und daher gemäß Paragraph 6.5.16 bilanziert werden sollte). Ein Unternehmen bestimmt das grundgeschäftsbezogene Terminelement anhand der Bewertung desjenigen Termingeschäfts, dessen entscheidende Bedingungen perfekt mit dem Grundgeschäft übereinstimmen.

B6.5.38 Wenn sich das tatsächliche Terminelement und das grundgeschäftsbezogene Terminelement unterscheiden, hat das Unternehmen gemäß Paragraph 6.5.16 den Betrag, der in einer gesonderten Eigenkapitalkomponente kumuliert wird, wie folgt zu bestimmen:

(a) Wenn der absolute Betrag des tatsächlichen Terminelements zu Beginn der Sicherungsbeziehung höher ist als der des grundgeschäftsbezogenen Terminelements, so hat das Unternehmen

  (i) den Betrag, der in einer gesonderten Eigenkapitalkomponente kumuliert wird, auf Grundlage des grundgeschäftsbezogenen Terminelements zu bestimmen und

  (ii) die Differenz zwischen den Veränderungen des beizulegenden Zeitwerts der beiden Terminelemente erfolgswirksam zu erfassen.

(b) Wenn der absolute Betrag des tatsächlichen Terminelements zu Beginn der Sicherungsbeziehung geringer ist als der des grundgeschäftsbezogenen Terminelements, hat das Unternehmen den Betrag zu bestimmen, der in einer gesonderten Eigenkapitalkomponente kumuliert wird, und zwar durch Bezugnahme auf die geringere der kumulierten Änderungen des beizulegenden Zeitwerts von

  (i) dem absoluten Betrag des tatsächlichen Terminelements und

  (ii) dem absoluten Betrag des grundgeschäftsbezogenen Terminelements.

Jegliche übrige Veränderung des beizulegenden Zeitwerts des tatsächlichen Terminelements ist erfolgswirksam zu erfassen.

B6.5.39 Wenn ein Unternehmen den Währungsbasis-Spread von einem Finanzinstrument abtrennt und es aus der Designation dieses Finanzinstruments als Sicherungsinstrument ausnimmt (siehe Paragraph 6.2.4 (b)), gelten die Anwendungsleitlinien gemäß den Paragraphen B6.5.34–B6.5.38 für den Währungsbasis-Spread in der gleichen Weise wie für das Terminelement eines Termingeschäfts.

(b) the forward element of a forward contract relates to a time-period related hedged item if the nature of the hedged item is such that the forward element has the character of a cost for obtaining protection against a risk over a particular period of time (but the hedged item does not result in a transaction that involves the notion of a transaction cost in accordance with (a)). For example, if commodity inventory is hedged against changes in fair value for six months using a commodity forward contract with a corresponding life, the forward element of the forward contract would be allocated to profit or loss (i.e. amortised on a systematic and rational basis) over that six-month period. Another example is a hedge of a net investment in a foreign operation that is hedged for 18 months using a foreign-exchange forward contract, which would result in allocating the forward element of the forward contract over that 18-month period.

The characteristics of the hedged item, including how and when the hedged item affects profit or loss, also affect the **B6.5.35** period over which the forward element of a forward contract that hedges a time-period related hedged item is amortised, which is over the period to which the forward element relates. For example, if a forward contract hedges the exposure to variability in three-month interest rates for a three-month period that starts in six months' time, the forward element is amortised during the period that spans months seven to nine.

The accounting for the forward element of a forward contract in accordance with paragraph 6.5.16 also applies if, at the **B6.5.36** date on which the forward contract is designated as a hedging instrument, the forward element is nil. In that case, an entity shall recognise any fair value changes attributable to the forward element in other comprehensive income, even though the cumulative fair value change attributable to the forward element over the total period of the hedging relationship is nil. Hence, if the forward element of a forward contract relates to:

(a) a transaction related hedged item, the amount in respect of the forward element at the end of the hedging relationship that adjusts the hedged item or that is reclassified to profit or loss (see paragraphs 6.5.15 (b) and 6.5.16) would be nil.
(b) a time-period related hedged item, the amortisation amount related to the forward element is nil.

The accounting for the forward element of forward contracts in accordance with paragraph 6.5.16 applies only to the **B6.5.37** extent that the forward element relates to the hedged item (aligned forward element). The forward element of a forward contract relates to the hedged item if the critical terms of the forward contract (such as the nominal amount, life and underlying) are aligned with the hedged item. Hence, if the critical terms of the forward contract and the hedged item are not fully aligned, an entity shall determine the aligned forward element, i.e. how much of the forward element included in the forward contract (actual forward element) relates to the hedged item (and therefore should be treated in accordance with paragraph 6.5.16). An entity determines the aligned forward element using the valuation of the forward contract that would have critical terms that perfectly match the hedged item.

If the actual forward element and the aligned forward element differ, an entity shall determine the amount that is accu- **B6.5.38** mulated in a separate component of equity in accordance with paragraph 6.5.16 as follows:

(a) if, at inception of the hedging relationship, the absolute amount of the actual forward element is higher than that of the aligned forward element the entity shall:
    (i) determine the amount that is accumulated in a separate component of equity on the basis of the aligned forward element; and
    (ii) account for the differences in the fair value changes between the two forward elements in profit or loss.
(b) if, at inception of the hedging relationship, the absolute amount of the actual forward element is lower than that of the aligned forward element, the entity shall determine the amount that is accumulated in a separate component of equity by reference to the lower of the cumulative change in fair value of:
    (i) the absolute amount of the actual forward element; and
    (ii) the absolute amount of the aligned forward element.

Any remainder of the change in fair value of the actual forward element shall be recognised in profit or loss.

When an entity separates the foreign currency basis spread from a financial instrument and excludes it from the designa- **B6.5.39** tion of that financial instrument as the hedging instrument (see paragraph 6.2.4 (b)), the application guidance in paragraphs B6.5.34—B6.5.38 applies to the foreign currency basis spread in the same manner as it is applied to the forward element of a forward contract.

Absicherung einer Gruppe von Geschäften (Abschnitt 6.6)

Absicherung einer Nettoposition

Nettopositionen, die für die Bilanzierung von Sicherungsgeschäften und die Designation infrage kommen

B6.6.1 Eine Nettoposition kommt nur dann für die Bilanzierung von Sicherungsbeziehungen infrage, wenn ein Unternehmen zu Risikomanagementzwecken Absicherungen auf Nettobasis vornimmt. Ob ein Unternehmen Absicherungen auf diese Weise vornimmt, ist anhand von Tatsachen (und nicht bloß anhand von Zusicherungen oder Unterlagen) feststellbar. Somit kann ein Unternehmen die Bilanzierung von Sicherungsbeziehungen auf Nettobasis nicht lediglich zum Erreichen eines bestimmten Rechnungslegungsresultats anwenden, wenn dies nicht seinen Risikomanagementansatz widerspiegeln würde. Die Absicherung von Nettopositionen muss Teil einer festgelegten Risikomanagementstrategie sein. Normalerweise wird ein solcher Ansatz durch das Management in Schlüsselpositionen (im Sinne von IAS 24) genehmigt.

B6.6.2 Beispielsweise hat Unternehmen A, dessen funktionale Währung seine lokale Währung ist, eine feste Verpflichtung zur Zahlung von FWE 150000 für Werbeausgaben in neun Monaten sowie eine feste Verpflichtung zum Verkauf von Fertigwaren zu FWE 150000 in 15 Monaten. Unternehmen A schließt ein Devisenderivat ab, das in neun Monaten fällig wird und in dessen Rahmen es FWE 100 erhält und WE 70 zahlt. Unternehmen A unterliegt keinen sonstigen Währungsrisiken. Unternehmen A steuert das Währungsrisiko nicht auf Nettobasis. Somit kann Unternehmen A auf eine Sicherungsbeziehung zwischen dem Devisenderivat und einer Nettoposition von FWE 100 (bestehend aus FWE 150000 der festen Kaufverpflichtung – d. h. Werbedienstleistungen – und FWE 149900 (von den FWE 150000) der festen Verkaufsverpflichtung) für einen Zeitraum von neun Monaten nicht die Bilanzierung von Sicherungsbeziehungen anwenden.

B6.6.3 Würde Unternehmen A das Währungsrisiko auf Nettobasis steuern und hätte es das Devisenderivat nicht abgeschlossen (da sich dadurch das Währungsrisiko erhöht anstatt verringert), würde sich das Unternehmen neun Monate lang in einer natürlich abgesicherten Position befinden. Normalerweise würde sich diese abgesicherte Position nicht im Abschluss widerspiegeln, da die Transaktionen in verschiedenen künftigen Berichtsperioden erfasst werden. Die Null-Nettoposition käme nur dann für die Bilanzierung von Sicherungsbeziehungen infrage, wenn die Bedingungen des Paragraphen 6.6.6 erfüllt sind.

B6.6.4 Wird eine Gruppe von Geschäften, die eine Nettoposition bilden, als Grundgeschäft designiert, hat ein Unternehmen die vollständige Gruppe von Geschäften, in der alle die Nettoposition bildenden Geschäfte enthalten sind, zu designieren. Es darf kein unspezifisches abstraktes Volumen einer Nettoposition designiert werden. Ein Unternehmen hat beispielsweise eine Gruppe von festen Verkaufsverpflichtungen in neun Monaten über FWE 100 und eine Gruppe von festen Kaufverpflichtungen in 18 Monaten über FWE 120. Das Unternehmen kann kein abstraktes Volumen einer Nettoposition bis zu FWE 20 designieren, sondern muss stattdessen einen Bruttowert von Käufen und einen Bruttowert von Verkäufen designieren, die zusammen die abgesicherte Nettoposition ergeben. Ein Unternehmen hat die Bruttopositionen, welche die Nettoposition ergeben, zu designieren, sodass es die Anforderungen an die Bilanzierung zulässiger Sicherungsbeziehungen erfüllen kann.

Anwendung der Anforderungen an die Wirksamkeit der Absicherung auf die Absicherung einer Nettoposition

B6.6.5 Ermittelt ein Unternehmen im Zuge der Absicherung einer Nettoposition, ob die in Paragraph 6.4.1 (c) festgelegten Anforderungen an die Wirksamkeit der Absicherung erfüllt sind, hat es die Wertänderungen der Grundgeschäfte in der Nettoposition mit ähnlicher Auswirkung wie das Sicherungsinstrument in Verbindung mit der Veränderung des beizulegenden Zeitwerts bei dem Sicherungsinstrument zu berücksichtigen. Ein Unternehmen verfügt beispielsweise über eine Gruppe von festen Verkaufsverpflichtungen in neun Monaten über FWE 100 und eine Gruppe von festen Kaufverpflichtungen in 18 Monaten über FWE 120. Es sichert das Währungsrisiko der Nettoposition von FWE 20 mit einem Devisentermingeschäft über FWE 20 ab. Bei der Feststellung, ob die in Paragraph 6.4.1 (c) festgelegten Anforderungen an die Wirksamkeit der Absicherung erfüllt sind, hat das Unternehmen die Beziehung zwischen

(a) der Veränderung des beizulegenden Zeitwerts bei dem Devisentermingeschäft zusammen mit den mit dem Währungsrisiko verbundenen Wertänderungen der festen Verkaufsverpflichtungen und

(b) den mit dem Währungsrisiko verbundenen Wertänderungen der festen Kaufverpflichtungen zu berücksichtigen.

B6.6.6 Wenn das Unternehmen in dem in Paragraph B6.6.5 genannten Beispiel eine Null-Nettoposition hätte, würde es die Beziehung zwischen den mit dem Währungsrisiko verbundenen Wertänderungen der festen Verkaufsverpflichtungen und den mit dem Währungsrisiko verbundenen Wertänderungen der festen Kaufverpflichtungen bei der Ermittlung berücksichtigen, ob die in Paragraph 6.4.1 (c) genannten Anforderungen an die Wirksamkeit der Absicherung erfüllt sind.

Zahlungsstromabsicherungen, die eine Nettoposition bilden

B6.6.7 Wenn ein Unternehmen eine Gruppe von Geschäften mit gegenläufigen Risikopositionen (d. h. eine Nettoposition) absichert, hängt es von der Art der Absicherung ab, ob eine Bilanzierung von Sicherungsbeziehungen in Frage kommt. Handelt es sich bei der Absicherung um eine Absicherung des beizulegenden Zeitwerts, kann die Nettoposition als Grundgeschäft infrage kommen. Handelt es sich allerdings um eine Absicherung von Zahlungsströmen, kann die Nettoposition nur dann als Grundgeschäft infrage kommen, wenn es sich um eine Absicherung eines Währungsrisikos handelt und bei der Designation dieser Nettoposition sowohl die Berichtsperiode festgelegt wurde, in der sich die erwarteten Transaktionen voraussichtlich auf den Gewinn oder Verlust auswirken, als auch deren Art und Volumen.

Hedge of a group of items (Section 6.6)

Hedge of a net position

Eligibility for hedge accounting and designation of a net position

A net position is eligible for hedge accounting only if an entity hedges on a net basis for risk management purposes. Whether an entity hedges in this way is a matter of fact (not merely of assertion or documentation). Hence, an entity cannot apply hedge accounting on a net basis solely to achieve a particular accounting outcome if that would not reflect its risk management approach. Net position hedging must form part of an established risk management strategy. Normally this would be approved by key management personnel as defined in IAS 24. **B6.6.1**

For example, Entity A, whose functional currency is its local currency, has a firm commitment to pay FC150 000 for advertising expenses in nine months' time and a firm commitment to sell finished goods for FC150 000 in 15 months' time. Entity A enters into a foreign currency derivative that settles in nine months' time under which it receives FC100 and pays CU70. Entity A has no other exposures to FC. Entity A does not manage foreign currency risk on a net basis. Hence, Entity A cannot apply hedge accounting for a hedging relationship between the foreign currency derivative and a net position of FC100 (consisting of FC150 000 of the firm purchase commitment—i.e. advertising services—and FC149 900 (of the FC150 000) of the firm sale commitment) for a nine-month period. **B6.6.2**

If Entity A did manage foreign currency risk on a net basis and did not enter into the foreign currency derivative (because it increases its foreign currency risk exposure instead of reducing it), then the entity would be in a natural hedged position for nine months. Normally, this hedged position would not be reflected in the financial statements because the transactions are recognised in different reporting periods in the future. The nil net position would be eligible for hedge accounting only if the conditions in paragraph 6.6.6 are met. **B6.6.3**

When a group of items that constitute a net position is designated as a hedged item, an entity shall designate the overall group of items that includes the items that can make up the net position. An entity is not permitted to designate a non-specific abstract amount of a net position. For example, an entity has a group of firm sale commitments in nine months' time for FC100 and a group of firm purchase commitments in 18 months' time for FC120. The entity cannot designate an abstract amount of a net position up to FC20. Instead, it must designate a gross amount of purchases and a gross amount of sales that together give rise to the hedged net position. An entity shall designate gross positions that give rise to the net position so that the entity is able to comply with the requirements for the accounting for qualifying hedging relationships. **B6.6.4**

Application of the hedge effectiveness requirements to a hedge of a net position

When an entity determines whether the hedge effectiveness requirements of paragraph 6.4.1 (c) are met when it hedges a net position, it shall consider the changes in the value of the items in the net position that have a similar effect as the hedging instrument in conjunction with the fair value change on the hedging instrument. For example, an entity has a group of firm sale commitments in nine months' time for FC100 and a group of firm purchase commitments in 18 months' time for FC120. It hedges the foreign currency risk of the net position of FC20 using a forward exchange contract for FC20. When determining whether the hedge effectiveness requirements of paragraph 6.4.1 (c) are met, the entity shall consider the relationship between: **B6.6.5**

(a) the fair value change on the forward exchange contract together with the foreign currency risk related changes in the value of the firm sale commitments; and
(b) the foreign currency risk related changes in the value of the firm purchase commitments.

Similarly, if in the example in paragraph B6.6.5 the entity had a nil net position it would consider the relationship between the foreign currency risk related changes in the value of the firm sale commitments and the foreign currency risk related changes in the value of the firm purchase commitments when determining whether the hedge effectiveness requirements of paragraph 6.4.1 (c) are met. **B6.6.6**

Cash flow hedges that constitute a net position

When an entity hedges a group of items with offsetting risk positions (i.e. a net position), the eligibility for hedge accounting depends on the type of hedge. If the hedge is a fair value hedge, then the net position may be eligible as a hedged item. If, however, the hedge is a cash flow hedge, then the net position can only be eligible as a hedged item if it is a hedge of foreign currency risk and the designation of that net position specifies the reporting period in which the forecast transactions are expected to affect profit or loss and also specifies their nature and volume. **B6.6.7**

B6.6.8 Ein Unternehmen hat beispielsweise eine Nettoposition bestehend aus einem Bottom Layer von FWE 100 an Verkäufen und einem Bottom Layer von FWE 150 an Käufen. Sowohl die Verkäufe als auch die Käufe lauten auf die gleiche Fremdwährung. Um die Designation der abgesicherten Nettoposition hinreichend zu spezifizieren, legt das Unternehmen in der ursprünglichen Dokumentation der Sicherungsbeziehung fest, dass die Verkäufe Produkt A oder Produkt B und die Käufe Maschinen des Typs A, Maschinen des Typs B und Rohstoff A betreffen können. Ferner legt das Unternehmen die Volumen der Transaktionen je nach Art fest. Das Unternehmen dokumentiert, dass sich der Bottom Layer der Verkäufe (FWE 100) aus einem erwarteten Verkaufsvolumen der ersten FWE 70 von Produkt A und der ersten FWE 30 von Produkt B zusammensetzt. Wenn sich diese Verkaufsvolumen voraussichtlich in verschiedenen Berichtsperioden auf den Gewinn oder Verlust auswirken, würde das Unternehmen dies in die Dokumentation aufnehmen, z. B. die ersten FWE 70 aus dem Verkauf von Produkt A, die sich voraussichtlich in der ersten Berichtsperiode auf den Gewinn oder Verlust auswirken werden, und die ersten FWE 30 aus dem Verkauf von Produkt B, die sich voraussichtlich in der zweiten Berichtsperiode auf den Gewinn oder Verlust auswirken werden. Außerdem dokumentiert das Unternehmen, dass der Bottom Layer der Käufe (FWE 150) sich aus Käufen der ersten FWE 60 von Maschinen des Typs A, der ersten FWE 40 von Maschinen des Typs B und der ersten FWE 50 von Rohstoff A zusammensetzt. Wenn sich diese Kaufvolumen voraussichtlich in verschiedenen Berichtsperioden auf den Gewinn oder Verlust auswirken, würde das Unternehmen in die Dokumentation eine Aufschlüsselung der Kaufvolumen nach den Berichtsperioden, in denen sie sich voraussichtlich auf den Gewinn oder Verlust auswirken, aufnehmen (ähnlich wie es die Verkaufsvolumen dokumentiert). Beispielsweise könnte die erwartete Transaktion wie folgt spezifiziert werden:

(a) die ersten FWE 60 an Käufen von Maschinen des Typs A, die sich voraussichtlich ab der dritten Berichtsperiode über die nächsten zehn Berichtsperioden auf den Gewinn oder Verlust auswirken,

(b) die ersten FWE 40 an Käufen von Maschinen des Typs B, die sich voraussichtlich ab der vierten Berichtsperiode über die nächsten 20 Berichtsperioden auf den Gewinn oder Verlust auswirken, und

(c) die ersten FWE 50 an Käufen von Rohstoff A, die voraussichtlich in der dritten Berichtsperiode geliefert werden und in dieser und in der nächsten Berichtsperiode verkauft werden, d. h sich auf den Gewinn oder Verlust auswirken.

Bei der Spezifikation der Art der erwarteten Transaktionsvolumen würden Aspekte wie die Abschreibungsmuster bei Sachanlagen in ähnlicher Weise berücksichtigt, wenn diese Anlagen so beschaffen sind, dass das Abschreibungsmuster je nach Verwendung dieser Anlagen durch das Unternehmen variieren könnte. Wenn das Unternehmen z. B. Maschinen des Typs A in zwei verschiedenen Produktionsprozessen einsetzt, was zur linearen Abschreibung über zehn Berichtsperioden und zur leistungsabhängigen Abschreibung führt, würde das erwartete Kaufvolumen für Maschinen des Typs A in seiner Dokumentation nach dem jeweiligen Abschreibungsmuster aufgeschlüsselt werden.

B6.6.9 Bei einer Absicherung von Zahlungsströmen bei einer Nettoposition umfassen die gemäß Paragraph 6.5.11 ermittelten Beträge die Wertänderungen der Grundgeschäfte in der Nettoposition mit ähnlicher Auswirkung wie das Sicherungsinstrument in Verbindung mit der Änderung des beizulegenden Zeitwerts bei dem Sicherungsinstrument. Allerdings werden die Wertänderungen der Grundgeschäfte in der Nettoposition mit ähnlicher Auswirkung wie das Sicherungsinstrument erst im Zuge der Erfassung der Transaktionen, auf die sie sich beziehen, erfasst, beispielsweise wenn ein erwarteter Verkauf als Erlös erfasst wird. Ein Unternehmen verfügt beispielsweise über eine Gruppe von hochwahrscheinlichen erwarteten Verkäufen in neun Monaten über FWE 100 und eine Gruppe von hochwahrscheinlichen erwarteten Käufen in 18 Monaten über FWE 120. Es sichert das Währungsrisiko der Nettoposition von FWE 20 mit einem Devisentermingeschäft über FWE 20 ab. Bei der Ermittlung der Beträge, die in der Rücklage für die Absicherung von Zahlungsströmen gemäß Paragraph 6.5.11 (a) und 6.5.11 (b) erfasst werden, vergleicht das Unternehmen

(a) die Veränderung des beizulegenden Zeitwerts bei dem Devisentermingeschäft samt der mit dem Währungsrisiko verbundenen Wertänderungen der hochwahrscheinlichen erwarteten Verkäufe mit

(b) den mit dem Währungsrisiko verbundenen Wertänderungen der hochwahrscheinlichen erwarteten Käufe.

Allerdings erfasst das Unternehmen auf das Devisentermingeschäft bezogene Beträge nur bis zu dem Zeitpunkt, zu dem die hochwahrscheinlichen erwarteten Verkaufstransaktionen in der Bilanz erfasst und auch die Gewinne oder Verluste bei diesen erwarteten Transaktionen erfasst werden (d. h. die Wertänderung, die der Veränderung des Wechselkurses zwischen der Designation der Sicherungsbeziehung und der Erfassung der Erlöse zuzuschreiben ist).

B6.6.10 Wenn das Unternehmen in dem Beispiel eine Null-Nettoposition hätte, würde es die mit dem Währungsrisiko verbundenen Wertänderungen der hochwahrscheinlichen erwarteten Verkäufe mit den mit dem Währungsrisiko verbundenen Wertänderungen der hochwahrscheinlichen erwarteten Käufe vergleichen. Allerdings werden diese Beträge erst erfasst, wenn die zugehörigen erwarteten Transaktionen in der Bilanz erfasst werden.

Layer aus Gruppen von Geschäften, der als Grundgeschäft designiert wird

B6.6.11 Aus denselben wie in Paragraph B6.3.19 beschriebenen Gründen muss bei der Designation der Layerkomponenten von Gruppen von bestehenden Geschäften der Nominalbetrag der Gruppe von Geschäften, aus denen die abgesicherte Layerkomponente definiert wird, genau spezifiziert werden.

B6.6.12 Eine Sicherungsbeziehung kann Layer aus verschiedenen Gruppen von Geschäften umfassen. Beispielsweise kann die Sicherungsbeziehung im Rahmen einer Absicherung einer Gruppe von Vermögenswerten und einer Gruppe von Verbindlichkeiten eine Layerkomponente der Gruppe von Vermögenswerten zusammen mit einer Layerkomponente der Gruppe von Verbindlichkeiten umfassen.

For example, an entity has a net position that consists of a bottom layer of FC100 of sales and a bottom layer of FC150 of purchases. Both sales and purchases are denominated in the same foreign currency. In order to sufficiently specify the designation of the hedged net position, the entity specifies in the original documentation of the hedging relationship that sales can be of Product A or Product B and purchases can be of Machinery Type A, Machinery Type B and Raw Material A. The entity also specifies the volumes of the transactions by each nature. The entity documents that the bottom layer of sales (FC100) is made up of a forecast sales volume of the first FC70 of Product A and the first FC30 of Product B. If those sales volumes are expected to affect profit or loss in different reporting periods, the entity would include that in the documentation, for example, the first FC70 from sales of Product A that are expected to affect profit or loss in the first reporting period and the first FC30 from sales of Product B that are expected to affect profit or loss in the second reporting period. The entity also documents that the bottom layer of the purchases (FC150) is made up of purchases of the first FC60 of Machinery Type A, the first FC40 of Machinery Type B and the first FC50 of Raw Material A. If those purchase volumes are expected to affect profit or loss in different reporting periods, the entity would include in the documentation a disaggregation of the purchase volumes by the reporting periods in which they are expected to affect profit or loss (similarly to how it documents the sales volumes). For example, the forecast transaction would be specified as: B6.6.8

(a) the first FC60 of purchases of Machinery Type A that are expected to affect profit or loss from the third reporting period over the next ten reporting periods;
(b) the first FC40 of purchases of Machinery Type B that are expected to affect profit or loss from the fourth reporting period over the next 20 reporting periods; and
(c) the first FC50 of purchases of Raw Material A that are expected to be received in the third reporting period and sold, i.e. affect profit or loss, in that and the next reporting period.

Specifying the nature of the forecast transaction volumes would include aspects such as the depreciation pattern for items of property, plant and equipment of the same kind, if the nature of those items is such that the depreciation pattern could vary depending on how the entity uses those items. For example, if the entity uses items of Machinery Type A in two different production processes that result in straight-line depreciation over ten reporting periods and the units of production method respectively, its documentation of the forecast purchase volume for Machinery Type A would disaggregate that volume by which of those depreciation patterns will apply.

For a cash flow hedge of a net position, the amounts determined in accordance with paragraph 6.5.11 shall include the changes in the value of the items in the net position that have a similar effect as the hedging instrument in conjunction with the fair value change on the hedging instrument. However, the changes in the value of the items in the net position that have a similar effect as the hedging instrument are recognised only once the transactions that they relate to are recognised, such as when a forecast sale is recognised as revenue. For example, an entity has a group of highly probable forecast sales in nine months' time for FC100 and a group of highly probable forecast purchases in 18 months' time for FC120. It hedges the foreign currency risk of the net position of FC20 using a forward exchange contract for FC20. When determining the amounts that are recognised in the cash flow hedge reserve in accordance with paragraph 6.5.11 (a)—6.5.11 (b), the entity compares: B6.6.9

(a) the fair value change on the forward exchange contract together with the foreign currency risk related changes in the value of the highly probable forecast sales; with
(b) the foreign currency risk related changes in the value of the highly probable forecast purchases.

However, the entity recognises only amounts related to the forward exchange contract until the highly probable forecast sales transactions are recognised in the financial statements, at which time the gains or losses on those forecast transactions are recognised (i.e. the change in the value attributable to the change in the foreign exchange rate between the designation of the hedging relationship and the recognition of revenue).

Similarly, if in the example the entity had a nil net position it would compare the foreign currency risk related changes in the value of the highly probable forecast sales with the foreign currency risk related changes in the value of the highly probable forecast purchases. However, those amounts are recognised only once the related forecast transactions are recognised in the financial statements. B6.6.10

Layers of groups of items designated as the hedged item

For the same reasons noted in paragraph B6.3.19, designating layer components of groups of existing items requires the specific identification of the nominal amount of the group of items from which the hedged layer component is defined. B6.6.11

A hedging relationship can include layers from several different groups of items. For example, in a hedge of a net position of a group of assets and a group of liabilities, the hedging relationship can comprise, in combination, a layer component of the group of assets and a layer component of the group of liabilities. B6.6.12

Darstellung der Gewinne oder Verluste aus dem Sicherungsinstrument

B6.6.13 Wenn Geschäfte in einer Absicherung von Zahlungsströmen gemeinsam als Gruppe abgesichert werden, könnten sie sich auf verschiedene Posten in der Gewinn- und Verlustrechnung bzw. Gesamtergebnisrechnung auswirken. Die Darstellung der Sicherungsgewinne oder -verluste in dieser Rechnung hängt von der Gruppe von Geschäften ab.

B6.6.14 Wenn für die Gruppe von Geschäften keine gegenläufigen Risikopositionen vorliegen (z. B. eine Gruppe von Fremdwährungsaufwendungen, bei denen das Währungsrisiko abgesichert ist und die sich auf verschiedene Posten in der Gewinn- und Verlustrechnung bzw. Gesamtergebnisrechnung auswirken), werden die umgegliederten Gewinne oder Verluste aus dem Sicherungsinstrument den von den Geschäften betroffenen Posten anteilig zugeordnet. Diese anteilige Zuordnung erfolgt auf systematischer und sachgerechter Grundlage und darf nicht zum Bruttoausweis der aus einem einzelnen Sicherungsinstrument resultierenden Nettogewinne oder -verluste führen.

B6.6.15 Wenn für die Gruppe von Geschäften gegenläufige Risikopositionen vorliegen (z. B. eine Gruppe von auf eine Fremdwährung lautenden Verkäufen und Aufwendungen, bei denen das Währungsrisiko gemeinsam abgesichert ist), stellt das Unternehmen die Sicherungsgewinne oder -verluste in der Gewinn- und Verlustrechnung bzw. Gesamtergebnisrechnung in einem gesonderten Posten dar. Betrachten wir beispielsweise eine Absicherung des Währungsrisikos einer Nettoposition von Fremdwährungsverkäufen über FWE 100 und Fremdwährungsaufwendungen von FWE 80 unter Einsatz eines Devisentermingeschäfts über FWE 20. Der Gewinn oder Verlust aus dem Devisentermingeschäft, der aus der Rücklage für die Absicherung von Zahlungsströmen erfolgswirksam umgegliedert wird (wenn die Nettoposition sich auf den Gewinn oder Verlust auswirkt), wird in einem von den abgesicherten Verkäufen und Aufwendungen gesonderten Posten ausgewiesen. Treten die Verkäufe darüber hinaus in einer früheren Periode als die Aufwendungen ein, werden die Verkaufserlöse dennoch zum Kassakurs gemäß IAS 21 bewertet. Die zugehörigen Sicherungsgewinne oder -verluste werden in einem gesonderten Posten ausgewiesen, sodass sich die Auswirkung der Absicherung der Nettoposition im Gewinn oder Verlust widerspiegelt, wobei die Rücklage für die Absicherung von Zahlungsströmen entsprechend angepasst wird. Wenn die abgesicherten Aufwendungen sich in einer späteren Periode auf den Gewinn oder Verlust auswirken, wird der zuvor in der Rücklage für die Absicherung von Zahlungsströmen erfasste Sicherungsgewinn oder -verlust aus den Verkäufen erfolgswirksam umgegliedert und in einem Posten gesondert von dem, in dem die abgesicherten, gemäß IAS 21 zum Kassakurs bewerteten Aufwendungen enthalten sind, ausgewiesen.

B6.6.16 Bei einigen Arten von Absicherungen des beizulegenden Zeitwerts liegt der Zweck der Absicherung nicht primär im Ausgleich der Veränderung des beizulegenden Zeitwerts des Grundgeschäfts, sondern in der Umwandlung der Zahlungsströme aus dem Grundgeschäft. Ein Unternehmen sichert beispielsweise das Zinsänderungsrisiko des beizulegenden Zeitwerts eines festverzinslichen Schuldinstruments mit einem Zinsswap ab. Die Sicherungszielsetzung des Unternehmens besteht in der Umwandlung der festverzinslichen Zahlungsströme in variabel verzinsliche Zahlungsströme. Diese Zielsetzung spiegelt sich in der Bilanzierung der Sicherungsbeziehung durch die laufende, erfolgswirksame Erfassung der Nettoverzinsung aus dem Zinsswap wider. Im Falle der Absicherung einer Nettoposition (beispielsweise einer Nettoposition aus einem fest verzinslichen Vermögenswert und einer fest verzinslichen Verbindlichkeit) muss diese Nettoverzinsung in einem gesonderten Posten in der Gewinn- und Verlustrechnung bzw. Gesamtergebnisrechnung ausgewiesen werden. Auf diese Weise soll ein Bruttoausweis der Nettogewinne oder -verluste eines einzelnen Instruments in Form gegenläufiger Bruttowerte und deren Erfassung als unterschiedliche Posten vermieden werden (dies verhindert z. B. den Bruttoausweis der Nettozinserträge aus einem einzelnen Zinsswap als Bruttozinserträge und Bruttozinsaufwendungen).

DATUM DES INKRAFTTRETENS UND ÜBERGANGSVORSCHRIFTEN (KAPITEL 7)

Übergangsvorschriften (Abschnitt 7.2)

Zu Handelszwecken gehaltene finanzielle Vermögenswerte

B7.2.1 Zum Zeitpunkt der erstmaligen Anwendung des vorliegenden Standards muss ein Unternehmen bestimmen, ob die Zielsetzung seines Geschäftsmodells zur Steuerung finanzieller Vermögenswerte die in Paragraph 4.1.2 (a) oder Paragraph 4.1.2A (a) genannte Bedingung erfüllt oder ob ein finanzieller Vermögenswert für das Wahlrecht nach Paragraph 5.7.5 in Betracht kommt. Zu diesem Zweck hat das Unternehmen zu beurteilen, ob finanzielle Vermögenswerte die Definition von „zu Handelszwecken gehalten" erfüllen würden, so als ob sie zum Zeitpunkt der erstmaligen Anwendung erworben worden wären.

Wertminderung

B7.2.2 Beim Übergang sollte ein Unternehmen versuchen, das Ausfallrisiko beim erstmaligen Ansatz unter Berücksichtigung aller angemessenen und belastbaren Informationen, die ohne unangemessenen Kosten- oder Zeitaufwand verfügbar sind, durch Näherung zu bestimmen. Ein Unternehmen muss zum Übergangszeitpunkt keine umfassende Suche nach Informationen durchführen, um zu bestimmen, ob es seit dem erstmaligen Ansatz signifikante Erhöhungen des Ausfallrisikos gegeben hat. Wenn ein Unternehmen dies nicht ohne unangemessenen Kosten- oder Zeitaufwand bestimmen kann, findet Paragraph 7.2.20 Anwendung.

Presentation of hedging instrument gains or losses

If items are hedged together as a group in a cash flow hedge, they might affect different line items in the statement of profit or loss and other comprehensive income. The presentation of hedging gains or losses in that statement depends on the group of items. **B6.6.13**

If the group of items does not have any offsetting risk positions (for example, a group of foreign currency expenses that affect different line items in the statement of profit or loss and other comprehensive income that are hedged for foreign currency risk) then the reclassified hedging instrument gains or losses shall be apportioned to the line items affected by the hedged items. This apportionment shall be done on a systematic and rational basis and shall not result in the grossing up of the net gains or losses arising from a single hedging instrument. **B6.6.14**

If the group of items does have offsetting risk positions (for example, a group of sales and expenses denominated in a foreign currency hedged together for foreign currency risk) then an entity shall present the hedging gains or losses in a separate line item in the statement of profit or loss and other comprehensive income. Consider, for example, a hedge of the foreign currency risk of a net position of foreign currency sales of FC100 and foreign currency expenses of FC80 using a forward exchange contract for FC20. The gain or loss on the forward exchange contract that is reclassified from the cash flow hedge reserve to profit or loss (when the net position affects profit or loss) shall be presented in a separate line item from the hedged sales and expenses. Moreover, if the sales occur in an earlier period than the expenses, the sales revenue is still measured at the spot exchange rate in accordance with IAS 21. The related hedging gain or loss is presented in a separate line item, so that profit or loss reflects the effect of hedging the net position, with a corresponding adjustment to the cash flow hedge reserve. When the hedged expenses affect profit or loss in a later period, the hedging gain or loss previously recognised in the cash flow hedge reserve on the sales is reclassified to profit or loss and presented as a separate line item from those that include the hedged expenses, which are measured at the spot exchange rate in accordance with IAS 21. **B6.6.15**

For some types of fair value hedges, the objective of the hedge is not primarily to offset the fair value change of the hedged item but instead to transform the cash flows of the hedged item. For example, an entity hedges the fair value interest rate risk of a fixed-rate debt instrument using an interest rate swap. The entity's hedge objective is to transform the fixed-interest cash flows into floating interest cash flows. This objective is reflected in the accounting for the hedging relationship by accruing the net interest accrual on the interest rate swap in profit or loss. In the case of a hedge of a net position (for example, a net position of a fixed-rate asset and a fixed-rate liability), this net interest accrual must be presented in a separate line item in the statement of profit or loss and other comprehensive income. This is to avoid the grossing up of a single instrument's net gains or losses into offsetting gross amounts and recognising them in different line items (for example, this avoids grossing up a net interest receipt on a single interest rate swap into gross interest revenue and gross interest expense). **B6.6.16**

EFFECTIVE DATE AND TRANSITION (CHAPTER 7)

Transition (Section 7.2)

Financial assets held for trading

At the date of initial application of this Standard, an entity must determine whether the objective of the entity's business model for managing any of its financial assets meets the condition in paragraph 4.1.2 (a) or the condition in paragraph 4.1.2A (a) or if a financial asset is eligible for the election in paragraph 5.7.5. For that purpose, an entity shall determine whether financial assets meet the definition of held for trading as if the entity had purchased the assets at the date of initial application. **B7.2.1**

Impairment

On transition, an entity should seek to approximate the credit risk on initial recognition by considering all reasonable and supportable information that is available without undue cost or effort. An entity is not required to undertake an exhaustive search for information when determining, at the date of transition, whether there have been significant increases in credit risk since initial recognition. If an entity is unable to make this determination without undue cost or effort paragraph 7.2.20 applies. **B7.2.2**

B7.2.3 Um die Wertberichtigung bei Finanzinstrumenten, die vor dem Zeitpunkt der erstmaligen Anwendung erstmalig angesetzt wurden (oder Kreditzusagen oder finanziellen Garantien, bei denen das Unternehmen vor dem Zeitpunkt der erstmaligen Anwendung Vertragspartei geworden ist) zu bestimmen, hat ein Unternehmen sowohl beim Übergang als auch bei der Ausbuchung dieser Posten Informationen zu berücksichtigen, die für die Bestimmung oder Näherung des Ausfallrisikos beim erstmaligen Ansatz relevant sind. Zur Bestimmung oder Näherung des anfänglichen Ausfallrisikos kann ein Unternehmen interne und externe Informationen, einschließlich Portfolioinformationen, gemäß den Paragraphen B5.5.1–B5.5.6 berücksichtigen.

B7.2.4 Ein Unternehmen mit wenig historischen Informationen kann Informationen aus internen Berichten und Statistiken (die eventuell bei der Entscheidung über die Einführung eines neuen Produkts erstellt wurden), Informationen über ähnliche Produkte oder Erfahrungswerte von Vergleichsunternehmen derselben Branche für vergleichbare Finanzinstrumente, falls relevant, heranziehen.

DEFINITIONEN (ANHANG A)

Derivate

BA.1 Typische Beispiele für Derivate sind Futures und Forwards sowie Swaps und Optionen. Ein Derivat hat in der Regel einen Nennbetrag in Form eines Währungsbetrags, einer Anzahl von Aktien, einer Anzahl von Einheiten gemessen in Gewicht oder Volumen oder anderer im Vertrag genannter Einheiten. Ein Derivat beinhaltet jedoch nicht die Verpflichtung aufseiten des Inhabers oder Stillhalters, den Nennbetrag bei Vertragsbeginn auch tatsächlich zu investieren oder in Empfang zu nehmen. Alternativ könnte ein Derivat zur Zahlung eines festen Betrags oder eines Betrags, der sich infolge des Eintretens eines künftigen, vom Nennbetrag unabhängigen Sachverhalts (jedoch nicht proportional zu einer Änderung des Basiswerts) ändern kann, verpflichten. So kann beispielsweise eine Vereinbarung zu einer festen Zahlung von WE 1,000 verpflichten, wenn der 6-Monats-LIBOR um 100 Basispunkte steigt. Eine derartige Vereinbarung stellt auch ohne die Angabe eines Nennbetrags ein Derivat dar.

BA.2 Unter die Definition eines Derivats fallen im vorliegenden Standard Verträge, die auf Bruttobasis durch Lieferung des Basiswerts erfüllt werden (beispielsweise ein Termingeschäft über den Kauf eines festverzinslichen Schuldinstruments). Ein Unternehmen kann einen Vertrag über den Kauf oder Verkauf eines nichtfinanziellen Postens geschlossen haben, der durch einen Nettoausgleich in bar oder anderen Finanzinstrumenten oder durch den Tausch von Finanzinstrumenten erfüllt werden kann (beispielsweise ein Vertrag über den Kauf oder Verkauf eines Rohstoffs zu einem festen Preis zu einem zukünftigen Termin). Ein derartiger Vertrag fällt in den Anwendungsbereich des vorliegenden Standards, soweit er nicht zum Zweck der Lieferung eines nichtfinanziellen Postens gemäß dem erwarteten Einkaufs-, Verkaufs- oder Nutzungsbedarf des Unternehmens geschlossen wurde und in diesem Sinne weiter gehalten wird. Anwendung findet der vorliegende Standard jedoch auf Verträge für den erwarteten Einkaufs-, Verkaufs- oder Nutzungsbedarf des Unternehmens, wenn das Unternehmen eine Designation gemäß Paragraph 2.5 (siehe Paragraphen 2.4–2.7) vornimmt.

BA.3 Eines der Kennzeichen eines Derivats besteht darin, dass es eine Anfangsauszahlung erfordert, die im Vergleich zu anderen Vertragsformen, von denen zu erwarten ist, dass sie in ähnlicher Weise auf Änderungen der Marktbedingungen reagieren, geringer ist. Ein Optionsvertrag erfüllt diese Definition, da die Prämie geringer ist als die Investition, die für den Erwerb des zugrunde liegenden Finanzinstruments, an das die Option gekoppelt ist, erforderlich wäre. Ein Währungsswap, der zu Beginn einen Tausch verschiedener Währungen mit dem gleichen beizulegenden Zeitwert erfordert, erfüllt diese Definition, da keine Anfangsauszahlung erforderlich ist.

BA.4 Durch einen marktüblichen Kauf oder Verkauf entsteht zwischen dem Handelstag und dem Erfüllungstag eine Festpreisverpflichtung, die die Definition eines Derivats erfüllt. Auf Grund der kurzen Dauer der Verpflichtung wird ein solcher Vertrag jedoch nicht als Derivat erfasst. Stattdessen schreibt der vorliegende Standard eine spezielle Bilanzierung für solche marktüblichen Verträge vor (siehe Paragraphen 3.1.2 und B3.1.3–B3.1.6).

BA.5 Die Definition eines Derivats bezieht sich auf nichtfinanzielle Variablen, die nicht spezifisch für eine Partei des Vertrages sind. Diese beinhalten einen Index zu Erdbebenschäden in einem bestimmten Gebiet und einen Index zu Temperaturen in einer bestimmten Stadt. Nichtfinanzielle Variablen, die spezifisch für eine Partei dieses Vertrages sind, beinhalten das Eintreten oder Nichteintreten eines Feuers, das einen Vermögenswert einer Vertragspartei beschädigt oder zerstört. Eine Änderung des beizulegenden Zeitwerts eines nichtfinanziellen Vermögenswerts ist spezifisch für den Eigentümer, wenn der beizulegende Zeitwert nicht nur Änderungen der Marktpreise für solche Vermögenswerte (eine finanzielle Variable) widerspiegelt, sondern auch den Zustand des bestimmten, im Eigentum befindlichen nichtfinanziellen Vermögenswerts (eine nichtfinanzielle Variable). Wenn beispielsweise eine Garantie über den Restwert eines bestimmten Fahrzeugs den Garantiegeber dem Risiko von Änderungen des physischen Zustands des Fahrzeugs aussetzt, so ist die Änderung dieses Restwerts spezifisch für den Eigentümer des Fahrzeugs.

In order to determine the loss allowance on financial instruments initially recognised (or loan commitments or financial guarantee contracts to which the entity became a party to the contract) prior to the date of initial application, both on transition and until the derecognition of those items an entity shall consider information that is relevant in determining or approximating the credit risk at initial recognition. In order to determine or approximate the initial credit risk, an entity may consider internal and external information, including portfolio information, in accordance with paragraphs B5.5.1—B5.5.6. B7.2.3

An entity with little historical information may use information from internal reports and statistics (that may have been generated when deciding whether to launch a new product), information about similar products or peer group experience for comparable financial instruments, if relevant. B7.2.4

DEFINITIONS (APPENDIX A)

Derivatives

Typical examples of derivatives are futures and forward, swap and option contracts. A derivative usually has a notional amount, which is an amount of currency, a number of shares, a number of units of weight or volume or other units specified in the contract. However, a derivative instrument does not require the holder or writer to invest or receive the notional amount at the inception of the contract. Alternatively, a derivative could require a fixed payment or payment of an amount that can change (but not proportionally with a change in the underlying) as a result of some future event that is unrelated to a notional amount. For example, a contract may require a fixed payment of CU1 000 if six-month LIBOR increases by 100 basis points. Such a contract is a derivative even though a notional amount is not specified. BA.1

The definition of a derivative in this Standard includes contracts that are settled gross by delivery of the underlying item (e.g. a forward contract to purchase a fixed rate debt instrument). An entity may have a contract to buy or sell a non-financial item that can be settled net in cash or another financial instrument or by exchanging financial instruments (e.g. a contract to buy or sell a commodity at a fixed price at a future date). Such a contract is within the scope of this Standard unless it was entered into and continues to be held for the purpose of delivery of a non-financial item in accordance with the entity's expected purchase, sale or usage requirements. However, this Standard applies to such contracts for an entity's expected purchase, sale or usage requirements if the entity makes a designation in accordance with paragraph 2.5 (see paragraphs 2.4—2.7). BA.2

One of the defining characteristics of a derivative is that it has an initial net investment that is smaller than would be required for other types of contracts that would be expected to have a similar response to changes in market factors. An option contract meets that definition because the premium is less than the investment that would be required to obtain the underlying financial instrument to which the option is linked. A currency swap that requires an initial exchange of different currencies of equal fair values meets the definition because it has a zero initial net investment. BA.3

A regular way purchase or sale gives rise to a fixed price commitment between trade date and settlement date that meets the definition of a derivative. However, because of the short duration of the commitment it is not recognised as a derivative financial instrument. Instead, this Standard provides for special accounting for such regular way contracts (see paragraphs 3.1.2 and B3.1.3—B3.1.6). BA.4

The definition of a derivative refers to non-financial variables that are not specific to a party to the contract. These include an index of earthquake losses in a particular region and an index of temperatures in a particular city. Non-financial variables specific to a party to the contract include the occurrence or non-occurrence of a fire that damages or destroys an asset of a party to the contract. A change in the fair value of a non-financial asset is specific to the owner if the fair value reflects not only changes in market prices for such assets (a financial variable) but also the condition of the specific non-financial asset held (a non-financial variable). For example, if a guarantee of the residual value of a specific car exposes the guarantor to the risk of changes in the car's physical condition, the change in that residual value is specific to the owner of the car. BA.5

Zu Handelszwecken gehaltene finanzielle Vermögenswerte und Verbindlichkeiten

BA.6 Handel ist normalerweise durch eine aktive und häufige Kauf- und Verkaufstätigkeit gekennzeichnet, und zu Handelszwecken gehaltene Finanzinstrumente dienen im Regelfall der Gewinnerzielung aus kurzfristigen Schwankungen der Preise oder Händlermargen.

BA.7 Zu den zu Handelszwecken gehaltenen finanziellen Verbindlichkeiten gehören:

(a) derivative Verbindlichkeiten, die nicht als Sicherungsinstrumente bilanziert werden,

(b) Lieferverpflichtungen eines Leerverkäufers (d. h. eines Unternehmens, das geliehene, noch nicht in seinem Besitz befindliche finanzielle Vermögenswerte verkauft),

(c) finanzielle Verbindlichkeiten, die mit der Absicht eingegangen wurden, in kurzer Frist zurückgekauft zu werden (beispielsweise ein notiertes Schuldinstrument, das vom Emittenten je nach Änderung seines beizulegenden Zeitwerts kurzfristig zurückgekauft werden kann), und

(d) finanzielle Verbindlichkeiten, die Teil eines Portfolios eindeutig identifizierter und gemeinsam verwalteter Finanzinstrumente sind, für die in der jüngeren Vergangenheit Nachweise für kurzfristige Gewinnmitnahmen bestehen.

BA.8 Allein die Tatsache, dass eine Verbindlichkeit zur Finanzierung von Handelsaktivitäten verwendet wird, genügt nicht, um sie als „zu Handelszwecken gehalten“ einzustufen.

Financial assets and liabilities held for trading

Trading generally reflects active and frequent buying and selling, and financial instruments held for trading generally are used with the objective of generating a profit from short-term fluctuations in price or dealer's margin. **BA.6**

Financial liabilities held for trading include: **BA.7**

(a) derivative liabilities that are not accounted for as hedging instruments;
(b) obligations to deliver financial assets borrowed by a short seller (i.e. an entity that sells financial assets it has borrowed and does not yet own);
(c) financial liabilities that are incurred with an intention to repurchase them in the near term (e.g. a quoted debt instrument that the issuer may buy back in the near term depending on changes in its fair value); and
(d) financial liabilities that are part of a portfolio of identified financial instruments that are managed together and for which there is evidence of a recent pattern of short-term profit-taking.

The fact that a liability is used to fund trading activities does not in itself make that liability one that is held for trading. **BA.8**

INTERNATIONAL FINANCIAL REPORTING STANDARD 10
Konzernabschlüsse

INHALT

ZIELSETZUNG

1 Zielsetzung dieses IFRS ist die Festlegung von Grundsätzen für die Darstellung und Aufstellung von Konzernabschlüssen, wenn ein Unternehmen ein oder mehrere andere Unternehmen beherrscht.

Erreichen der Zielsetzung

2 Um die in Paragraph 1 genannte Zielsetzung zu erreichen,

(a) verpflichtet dieser IFRS ein Unternehmen (das *Mutterunternehmen*), das ein oder mehrere andere Unternehmen (*Tochterunternehmen*) beherrscht, zur Vorlage eines Konzernabschlusses,

(b) definiert dieser IFRS den Grundsatz der *Beherrschung* und legt Beherrschung als Grundlage der Konsolidierung fest,

(c) regelt dieser IFRS, wie der Grundsatz der Beherrschung anzuwenden ist, um festzustellen, ob ein Investor ein Beteiligungsunternehmen beherrscht und es somit konsolidieren muss,

(d) enthält dieser IFRS die Bilanzierungsvorschriften für die Aufstellung von Konzernabschlüssen und

(e) definiert dieser IFRS den Begriff der Investmentgesellschaft und legt eine Ausnahme von der Konsolidierung bestimmter Tochterunternehmen einer Investmentgesellschaft fest.

3 Nicht behandelt werden in diesem IFRS die Bilanzierungsvorschriften für Unternehmenszusammenschlüsse und deren Auswirkungen auf die Konsolidierung, einschließlich eines aus einem Unternehmenszusammenschluss hervorgehenden Geschäfts- oder Firmenwerts (siehe IFRS 3 *Unternehmenszusammenschlüsse*).

ANWENDUNGSBEREICH

4 Ein Unternehmen, das ein Mutterunternehmen ist, muss einen Konzernabschluss aufstellen. Dieser IFRS ist mit folgenden Ausnahmen auf alle Unternehmen anzuwenden:

(a) Ein Mutterunternehmen muss keinen Konzernabschluss aufstellen, wenn es alle nachfolgend genannten Bedingungen erfüllt:

(i) es ist ein hundertprozentiges Tochterunternehmen oder ein teilweise im Besitz eines anderen Unternehmens stehendes Tochterunternehmen und seine anderen Eigentümer, einschließlich der nicht stimmberechtigten, sind darüber unterrichtet, dass das Mutterunternehmen keinen Konzernabschluss aufstellt, und erheben dagegen keine Einwände,

(ii) seine Schuld- oder Eigenkapitalinstrumente werden an keinem öffentlichen Markt (einer inländischen oder ausländischen Wertpapierbörse oder im Freiverkehr, einschließlich lokaler und regionaler Märkte) gehandelt,

(iii) es hat seine Abschlüsse weder bei einer Wertpapieraufsichtsbehörde noch einer sonstigen Regulierungsbehörde zwecks Emission beliebiger Kategorien von Instrumenten an einem öffentlichen Markt eingereicht oder ist im Begriff, dies zu tun, und

(iv) sein oberstes oder ein zwischengeschaltetes Mutterunternehmen stellt einen IFRS-konformen Abschluss auf, der veröffentlicht wird und in dem Tochtergesellschaften entweder konsolidiert oder gemäß diesem IFRS erfolgswirksam zum beizulegenden Zeitwert bewertet werden.

(b) [gestrichen].

(c) [gestrichen].

INTERNATIONAL FINANCIAL REPORTING STANDARD 10
Consolidated Financial Statements

SUMMARY

OBJECTIVE

The objective of this IFRS is to establish principles for the presentation and preparation of consolidated financial statements when an entity controls one or more other entities. **1**

Meeting the objective

To meet the objective in paragraph 1, this IFRS: **2**
(a) requires an entity (the *parent*) that controls one or more other entities *(subsidiaries)* to present consolidated financial statements;
(b) defines the principle of *control,* and establishes control as the basis for consolidation;
(c) sets out how to apply the principle of control to identify whether an investor controls an investee and therefore must consolidate the investee;
(d) sets out the accounting requirements for the preparation of consolidated financial statements; and
(e) defines an investment entity and sets out an exception to consolidating particular subsidiaries of an investment entity.

This IFRS does not deal with the accounting requirements for business combinations and their effect on consolidation, including goodwill arising on a business combination (see IFRS 3 *Business Combinations*). **3**

SCOPE

An entity that is a parent shall present consolidated financial statements. This IFRS applies to all entities, except as follows: **4**
(a) a parent need not present consolidated financial statements if it meets all the following conditions:
   (i) it is a wholly-owned subsidiary or is a partially-owned subsidiary of another entity and all its other owners, including those not otherwise entitled to vote, have been informed about, and do not object to, the parent not presenting consolidated financial statements;
   (ii) its debt or equity instruments are not traded in a public market (a domestic or foreign stock exchange or an over-the-counter market, including local and regional markets);
   (iii) it did not file, nor is it in the process of filing, its financial statements with a securities commission or other regulatory organisation for the purpose of issuing any class of instruments in a public market; and
   (iv) its ultimate or any intermediate parent produces financial statements that are available for public use and comply with IFRSs, in which subsidiaries are consolidated or are measured at fair value through profit or loss in accordance with this IFRS.
(b) [deleted]
(c) [deleted]

4A Dieser IFRS gilt nicht für Pläne für Leistungen nach Beendigung des Beschäftigungsverhältnisses oder andere langfristige Leistungen an Arbeitnehmer, auf die IAS 19 *Leistungen an Arbeitnehmer* Anwendung findet.

4B Ein Mutterunternehmen, das eine Investmentgesellschaft ist, muss keinen Konzernabschluss aufstellen, wenn es gemäß Paragraph 31 dieses IFRS dazu verpflichtet ist, all seine Tochterunternehmen erfolgswirksam zum beizulegenden Zeitwert zu bewerten.

BEHERRSCHUNG

5 **Ein Investor hat unabhängig von der Art seines Engagements bei einem Unternehmen (dem Beteiligungsunternehmen) zu bestimmen, ob er ein Mutterunternehmen ist, und zu diesem Zweck zu beurteilen, ob er das Beteiligungsunternehmen beherrscht.**

6 **Ein Investor beherrscht ein Beteiligungsunternehmen, wenn er aufgrund seines Engagements bei dem Unternehmen schwankenden Renditen ausgesetzt ist oder Anrechte darauf hat und die Fähigkeit besitzt, diese Renditen durch seine Verfügungsgewalt über das Beteiligungsunternehmen zu beeinflussen.**

7 **Ein Investor beherrscht ein Beteiligungsunternehmen folglich nur dann, wenn er kumulativ über Folgendes verfügt:**
(a) **die Verfügungsgewalt über das Beteiligungsunternehmen (siehe Paragraphen 10–14),**
(b) **das Risiko von oder Anrechte an schwankenden Renditen aus seinem Engagement bei dem Beteiligungsunternehmen (siehe Paragraphen 15 und 16) und**
(c) **die Fähigkeit, durch Ausübung seiner Verfügungsgewalt über das Beteiligungsunternehmen die Höhe seiner Renditen zu beeinflussen (siehe Paragraphen 17 und 18).**

8 Bei der Beurteilung, ob er ein Beteiligungsunternehmen beherrscht, hat der Investor sämtliche Fakten und Umstände zu berücksichtigen. Weisen Fakten und Umstände darauf hin, dass sich eines oder mehrere der in Paragraph 7 aufgeführten drei Elemente der Beherrschung verändert haben, muss der Investor erneut beurteilen, ob das Beteiligungsunternehmen von ihm beherrscht wird (siehe Paragraphen B80–B85).

9 Eine gemeinsame Beherrschung eines Beteiligungsunternehmens durch zwei oder mehr Investoren liegt vor, wenn diese bei der Lenkung der maßgeblichen Tätigkeiten zusammenwirken müssen. Da kein Investor die Tätigkeiten ohne Mitwirkung der anderen Investoren lenken kann, liegt in derartigen Fällen keine Beherrschung durch einen einzelnen Investor vor. In einem solchen Fall würde jeder Investor seinen Anteil am Beteiligungsunternehmen gemäß den maßgeblichen IFRS, wie IFRS 11 *Gemeinschaftliche Vereinbarungen*, IAS 28 *Beteiligungen an assoziierten Unternehmen und Gemeinschaftsunternehmen* oder IFRS 9 *Finanzinstrumente* bilanzieren.

Verfügungsgewalt

10 Ein Investor besitzt Verfügungsgewalt über ein Beteiligungsunternehmen, wenn er aufgrund bestehender Rechte gegenwärtig über die Fähigkeit verfügt, die *maßgeblichen Tätigkeiten*, d. h. die Tätigkeiten, die die Renditen des Beteiligungsunternehmens signifikant beeinflussen, zu lenken.

11 Verfügungsgewalt ergibt sich aus Rechten. Die Beurteilung der Verfügungsgewalt kann vergleichsweise einfach sein. Dies trifft beispielsweise zu, wenn sich die Verfügungsgewalt über ein Beteiligungsunternehmen unmittelbar und allein aus den Stimmrechten ableitet, die Eigenkapitalinstrumente wie Aktien gewähren. Hier ist eine Bewertung mittels Berücksichtigung der Stimmrechte aus den betreffenden Kapitalbeteiligungen möglich. In anderen Fällen kann die Beurteilung komplexer sein und die Berücksichtigung mehrerer Faktoren verlangen. Dies trifft beispielsweise zu, wenn sich Verfügungsgewalt aus einer oder mehreren vertraglichen Vereinbarung(en) ergibt.

12 Ein Investor, der die gegenwärtige Fähigkeit zur Lenkung der maßgeblichen Tätigkeiten hat, besitzt Verfügungsgewalt auch dann, wenn er seine Weisungsrechte noch nicht wahrgenommen hat. Nachweise dafür, dass der Investor maßgebliche Tätigkeiten gelenkt hat, können bei der Feststellung helfen, ob der Investor Verfügungsgewalt hat, sind für sich genommen aber kein schlüssiger Beleg dafür, dass der Investor Verfügungsgewalt über ein Beteiligungsunternehmen hat.

13 Verfügen zwei oder mehr Investoren jeweils über Rechte, die ihnen die einseitige Fähigkeit verleihen, unterschiedliche maßgebliche Tätigkeiten zu lenken, so hat derjenige Investor Verfügungsgewalt über das Beteiligungsunternehmen, der die gegenwärtige Fähigkeit zur Lenkung derjenigen Tätigkeiten besitzt, die die Renditen des Beteiligungsunternehmens am signifikantesten beeinflussen.

14 Ein Investor kann selbst dann die Verfügungsgewalt über ein Beteiligungsunternehmen besitzen, wenn andere Unternehmen aufgrund bestehender Rechte gegenwärtig über die Fähigkeit zur Mitbestimmung der maßgeblichen Tätigkeiten verfügen, z. B. wenn ein anderes Unternehmen *maßgeblichen Einfluss* hat. Verfügt ein Investor lediglich über Schutzrechte, kann er jedoch keine Verfügungsgewalt über ein Beteiligungsunternehmen ausüben (siehe Paragraphen B26–B28) und beherrscht dieses daher auch nicht.

This IFRS does not apply to post-employment benefit plans or other long-term employee benefit plans to which IAS 19 *Employee Benefits* applies. 4A

A parent that is an investment entity shall not present consolidated financial statements if it is required, in accordance with paragraph 31 of this IFRS, to measure all of its subsidiaries at fair value through profit or loss. 4B

CONTROL

An investor, regardless of the nature of its involvement with an entity (the investee), shall determine whether it is a parent by assessing whether it controls the investee. 5

An investor controls an investee when it is exposed, or has rights, to variable returns from its involvement with the investee and has the ability to affect those returns through its power over the investee. 6

Thus, an investor controls an investee if and only if the investor has all the following: 7

(a) power over the investee (see paragraphs 10—14);

(b) exposure, or rights, to variable returns from its involvement with the investee (see paragraphs 15 and 16); and

(c) the ability to use its power over the investee to affect the amount of the investor's returns (see paragraphs 17 and 18).

An investor shall consider all facts and circumstances when assessing whether it controls an investee. The investor shall reassess whether it controls an investee if facts and circumstances indicate that there are changes to one or more of the three elements of control listed in paragraph 7 (see paragraphs B80—B85). 8

Two or more investors collectively control an investee when they must act together to direct the relevant activities. In such cases, because no investor can direct the activities without the co-operation of the others, no investor individually controls the investee. Each investor would account for its interest in the investee in accordance with the relevant IFRSs, such as IFRS 11 *Joint Arrangements,* IAS 28 *Investments in Associates and Joint Ventures* or IFRS 9 *Financial Instruments.* 9

Power

An investor has power over an investee when the investor has existing rights that give it the current ability to direct the *relevant activities,* ie the activities that significantly affect the investee's returns. 10

Power arises from rights. Sometimes assessing power is straightforward, such as when power over an investee is obtained directly and solely from the voting rights granted by equity instruments such as shares, and can be assessed by considering the voting rights from those shareholdings. In other cases, the assessment will be more complex and require more than one factor to be considered, for example when power results from one or more contractual arrangements. 11

An investor with the current ability to direct the relevant activities has power even if its rights to direct have yet to be exercised. Evidence that the investor has been directing relevant activities can help determine whether the investor has power, but such evidence is not, in itself, conclusive in determining whether the investor has power over an investee. 12

If two or more investors each have existing rights that give them the unilateral ability to direct different relevant activities, the investor that has the current ability to direct the activities that most significantly affect the returns of the investee has power over the investee. 13

An investor can have power over an investee even if other entities have existing rights that give them the current ability to participate in the direction of the relevant activities, for example when another entity has *significant influence.* However, an investor that holds only protective rights does not have power over an investee (see paragraphs B26—B28), and consequently does not control the investee. 14

Renditen

15 Ein Investor ist schwankenden Renditen aus seinem Engagement bei dem Beteiligungsunternehmen ausgesetzt oder besitzt Anrechte darauf, wenn die mit seinem Engagement erzielten Renditen aufgrund der Ertragskraft des Beteiligungsunternehmens schwanken können. Die Renditen des Investors können ausschließlich positiv, ausschließlich negativ oder sowohl positiv als auch negativ sein.

16 Auch wenn ein Beteiligungsunternehmen von nur einem Investor beherrscht werden kann, können die Renditen des Beteiligungsunternehmens auf mehrere Parteien entfallen. So können beispielsweise die Inhaber nicht beherrschender Anteile an den Gewinnen oder Ausschüttungen eines Beteiligungsunternehmens beteiligt sein.

Verknüpfung zwischen Verfügungsgewalt und Renditen

17 Ein Investor beherrscht ein Beteiligungsunternehmen, wenn er nicht nur die Verfügungsgewalt über das Beteiligungsunternehmen hat und aus seinem Engagement bei dem Beteiligungsunternehmen schwankenden Renditen ausgesetzt ist oder Anrechte darauf besitzt, sondern wenn er darüber hinaus seine Verfügungsgewalt auch dazu nutzen kann, seine Renditen aus dem Engagement bei dem Beteiligungsunternehmen zu beeinflussen.

18 Ein Investor mit Entscheidungsbefugnissen hat folglich zu bestimmen, ob er ein Prinzipal oder Agent ist. Eine Beherrschung des Beteiligungsunternehmens liegt nicht vor, wenn ein Investor, der gemäß den Paragraphen B58–B72 als Agent gilt, die an ihn delegierten Entscheidungsbefugnisse ausübt.

RECHNUNGSLEGUNGSVORSCHRIFTEN

19 **Ein Mutterunternehmen hat bei der Aufstellung eines Konzernabschlusses auf gleichartige Transaktionen und sonstige Ereignisse unter ähnlichen Umständen einheitliche Rechnungslegungsmethoden anzuwenden.**

20 Ein Beteiligungsunternehmen wird ab dem Zeitpunkt, zu dem der Investor die Beherrschung über das Beteiligungsunternehmen erlangt, bis zu dem Zeitpunkt, zu dem die Beherrschung durch den Investor endet, in den Konzernabschluss einbezogen.

21 Leitlinien für die Aufstellung von Konzernabschlüssen sind in den Paragraphen B86–B93 enthalten.

Nicht beherrschende Anteile

22 Ein Mutterunternehmen hat nicht beherrschende Anteile in der Konzernbilanz innerhalb des Eigenkapitals, aber getrennt vom Eigenkapital der Eigentümer des Mutterunternehmens auszuweisen.

23 Änderungen bei der Beteiligungsquote eines Mutterunternehmens an einem Tochterunternehmen, die nicht zu einem Verlust der Beherrschung über das Tochterunternehmen führen, sind Eigenkapitaltransaktionen (d. h. Transaktionen mit Eigentümern, die in ihrer Eigenschaft als Eigentümer handeln).

24 Leitlinien für die Bilanzierung nicht beherrschender Anteile im Konzernabschluss sind in den Paragraphen B94–B96 enthalten.

Verlust der Beherrschung

25 Verliert ein Mutterunternehmen die Beherrschung über ein Tochterunternehmen, hat es

(a) die Vermögenswerte und Schulden des ehemaligen Tochterunternehmens aus der Konzernbilanz auszubuchen.

(b) jede zurückbehaltene Beteiligung an dem ehemaligen Tochterunternehmen zu dem zum Zeitpunkt des Verlustes der Beherrschung gültigen beizulegenden Zeitwert anzusetzen. In den Folgeperioden sind die Beteiligung sowie alle Beträge, die es dem ehemaligen Tochterunternehmen schuldet oder von diesem beansprucht, gemäß den maßgeblichen IFRS zu bilanzieren. Dieser beizulegende Zeitwert ist als der beizulegende Zeitwert beim erstmaligen Ansatz eines finanziellen Vermögenswerts gemäß IFRS 9 oder, soweit sachgerecht, als Anschaffungskosten beim erstmaligen Ansatz einer Beteiligung an einem assoziierten oder Gemeinschaftsunternehmen zu betrachten.

(c) den mit dem Verlust der Beherrschung verbundenen Gewinn oder Verlust, der dem ehemaligen beherrschenden Anteil zuzurechnen ist, zu erfassen.

26 Leitlinien für die Bilanzierung des Verlustes der Beherrschung sind in den Paragraphen B97–B99 enthalten.

FESTSTELLUNG, OB ES SICH BEI EINEM UNTERNEHMEN UM EINE INVESTMENTGESELLSCHAFT HANDELT

27 **Ein Mutterunternehmen muss feststellen, ob es eine Investmentgesellschaft ist. Eine Investmentgesellschaft ist ein Unternehmen, das**

Returns

An investor is exposed, or has rights, to variable returns from its involvement with the investee when the investor's returns from its involvement have the potential to vary as a result of the investee's performance. The investor's returns can be only positive, only negative or wholly positive and negative. 15

Although only one investor can control an investee, more than one party can share in the returns of an investee. For example, holders of non-controlling interests can share in the profits or distributions of an investee. 16

Link between power and returns

An investor controls an investee if the investor not only has power over the investee and exposure or rights to variable returns from its involvement with the investee, but also has the ability to use its power to affect the investor's returns from its involvement with the investee. 17

Thus, an investor with decision-making rights shall determine whether it is a principal or an agent. An investor that is an agent in accordance with paragraphs B58—B72 does not control an investee when it exercises decision-making rights delegated to it. 18

ACCOUNTING REQUIREMENTS

A parent shall prepare consolidated financial statements using uniform accounting policies for like transactions and other events in similar circumstances. 19

Consolidation of an investee shall begin from the date the investor obtains control of the investee and cease when the investor loses control of the investee. 20

Paragraphs B86—B93 set out guidance for the preparation of consolidated financial statements. 21

Non-controlling interests

A parent shall present non-controlling interests in the consolidated statement of financial position within equity, separately from the equity of the owners of the parent. 22

Changes in a parent's ownership interest in a subsidiary that do not result in the parent losing control of the subsidiary are equity transactions (ie transactions with owners in their capacity as owners). 23

Paragraphs B94—B96 set out guidance for the accounting for non-controlling interests in consolidated financial statements. 24

Loss of control

If a parent loses control of a subsidiary, the parent: 25

(a) derecognises the assets and liabilities of the former subsidiary from the consolidated statement of financial position.

(b) recognises any investment retained in the former subsidiary at its fair value when control is lost and subsequently accounts for it and for any amounts owed by or to the former subsidiary in accordance with relevant IFRSs. That fair value shall be regarded as the fair value on initial recognition of a financial asset in accordance with IFRS 9 or, when appropriate, the cost on initial recognition of an investment in an associate or joint venture.

(c) recognises the gain or loss associated with the loss of control attributable to the former controlling interest.

Paragraphs B97—B99 set out guidance for the accounting for the loss of control. 26

DETERMINING WHETHER AN ENTITY IS AN INVESTMENT ENTITY

A parent shall determine whether it is an investment entity. An investment entity is an entity that: 27

(a) von einem oder mehreren Investoren Mittel zu dem Zweck erhält, für diese(n) Investor(en) Kapitalanlagedienstleistungen zu erbringen,

(b) sich gegenüber seinem Investor bzw. seinen Investoren verpflichtet, dass sein Geschäftszweck in der Anlage von Mitteln zum alleinigen Zweck der Erreichung von Wertsteigerungen oder der Erwirtschaftung von Kapitalerträgen oder beidem besteht, und

(c) die Ertragskraft so gut wie aller seiner Beteiligungen auf Basis des beizulegenden Zeitwerts bewertet und beurteilt.

Entsprechende Anwendungsleitlinien sind in den Paragraphen B85A–B85M enthalten.

28 Ein Unternehmen hat bei der Beurteilung, ob es die Definition in Paragraph 27 erfüllt, zu prüfen, ob es die folgenden typischen Merkmale einer Investmentgesellschaft aufweist:

(a) es hält mehr als eine Beteiligung (siehe Paragraphen B85O–B85P),

(b) es hat mehr als einen Investor (siehe Paragraphen B85Q–B85S),

(c) seine Investoren sind keine ihm nahestehenden Unternehmen oder Personen (siehe Paragraphen B85T–B85U) und

(d) es hat Eigentumsanteile in Form von Eigenkapitalanteilen oder ähnlichen Anteilen (siehe Paragraphen B85V–B85W).

Das Fehlen eines oder mehrerer dieser typischen Merkmale steht der Einstufung eines Unternehmens als Investmentgesellschaft nicht zwangsläufig entgegen. Eine Investmentgesellschaft, die nicht alle dieser typischen Merkmale aufweist, macht die in Paragraph 9A von IFRS 12 *Angaben zu Anteilen an anderen Unternehmen* verlangten zusätzlichen Angaben.

29 Wenn Fakten und Umstände darauf hinweisen, dass bei einem oder mehreren der drei in Paragraph 27 beschriebenen Elemente der Definition einer Investmentgesellschaft oder bei den in Paragraph 28 beschriebenen typischen Merkmalen einer Investmentgesellschaft Änderungen eingetreten sind, hat das Mutterunternehmen erneut zu beurteilen, ob es eine Investmentgesellschaft ist.

30 Ein Mutterunternehmen, das keine Investmentgesellschaft mehr ist oder eine Investmentgesellschaft wird, hat die Änderung seines Status prospektiv ab dem Zeitpunkt zu bilanzieren, zu dem diese Änderung eingetreten ist (siehe Paragraphen B100–B101).

INVESTMENTGESELLSCHAFTEN: AUSNAHME VON DER KONSOLIDIERUNG

31 **Mit Ausnahme des in Paragraph 32 beschriebenen Falls darf eine Investmentgesellschaft ihre Tochterunternehmen nicht konsolidieren oder IFRS 3 anwenden, wenn sie die Beherrschung über ein anderes Unternehmen erlangt. Stattdessen hat sie eine Beteiligung an einem Tochterunternehmen gemäß IFRS 9 erfolgswirksam zum beizulegenden Zeitwert zu bewerten.**[1]

32 Hat eine Investmentgesellschaft ein Tochterunternehmen, das selbst keine Investmentgesellschaft ist und dessen Hauptgeschäftszweck und -tätigkeit darin besteht, Dienstleistungen im Zusammenhang mit den Kapitalanlagetätigkeiten der Investmentgesellschaft zu erbringen (siehe Paragraphen B85C–B85E), so hat sie dieses Tochterunternehmen ungeachtet der Bestimmung in Paragraph 31 gemäß den Paragraphen 19–26 zu konsolidieren und auf den Erwerb eines solchen Tochterunternehmens die Vorschriften von IFRS 3 anzuwenden.

33 Das Mutterunternehmen einer Investmentgesellschaft hat – sofern es nicht selbst eine Investmentgesellschaft ist – alle von ihm beherrschten Unternehmen zu konsolidieren, einschließlich solcher, die von einem Tochterunternehmen, das selbst Investmentgesellschaft ist, beherrscht werden.

ANHANG A
Definitionen

Dieser Anhang ist integraler Bestandteil des IFRS.

Konzernabschluss	Der Abschluss eines **Konzerns**, in dem Vermögenswerte, Schulden, Eigenkapital, Erträge, Aufwendungen und Zahlungsströme des **Mutterunternehmens** und seiner **Tochterunternehmen** so dargestellt werden, als handle es sich um ein einziges Unternehmen.
Beherrschung eines Beteiligungsunternehmens	Ein Investor beherrscht ein Beteiligungsunternehmen, wenn er aufgrund seines Engagements bei dem Beteiligungsunternehmen schwankenden Renditen ausgesetzt ist bzw. Anrechte auf diese besitzt und die Fähigkeit hat, diese Renditen durch seine Verfügungsgewalt über das Beteiligungsunternehmen zu beeinflussen.

1 In Paragraph C7 heißt es: „Wendet ein Unternehmen diesen IFRS, aber noch nicht IFRS 9 an, sind Bezugnahmen auf IFRS 9 als Bezugnahmen auf IAS 39 *Finanzinstrumente: Ansatz und Bewertung* zu verstehen."

(a) obtains funds from one or more investors for the purpose of providing those investor(s) with investment management services;
(b) commits to its investor(s) that its business purpose is to invest funds solely for returns from capital appreciation, investment income, or both; and
(c) measures and evaluates the performance of substantially all of its investments on a fair value basis.
Paragraphs B85A—B85M provide related application guidance.

In assessing whether it meets the definition described in paragraph 27, an entity shall consider whether it has the following typical characteristics of an investment entity: 28
(a) it has more than one investment (see paragraphs B85O—B85P);
(b) it has more than one investor (see paragraphs B85Q—B85S);
(c) it has investors that are not related parties of the entity (see paragraphs B85T—B85U); and
(d) it has ownership interests in the form of equity or similar interests (see paragraphs B85V—B85W).
The absence of any of these typical characteristics does not necessarily disqualify an entity from being classified as an investment entity. An investment entity that does not have all of these typical characteristics provides additional disclosure required by paragraph 9A of IFRS 12 *Disclosure of Interests in Other Entities.*

If facts and circumstances indicate that there are changes to one or more of the three elements that make up the definition of an investment entity, as described in paragraph 27, or the typical characteristics of an investment entity, as described in paragraph 28, a parent shall reassess whether it is an investment entity. 29

A parent that either ceases to be an investment entity or becomes an investment entity shall account for the change in its status prospectively from the date at which the change in status occurred (see paragraphs B100—B101). 30

INVESTMENT ENTITIES: EXCEPTION TO CONSOLIDATION

Except as described in paragraph 32, an investment entity shall not consolidate its subsidiaries or apply IFRS 3 when it obtains control of another entity. Instead, an investment entity shall measure an investment in a subsidiary at fair value through profit or loss in accordance with IFRS 9[1] 31

Notwithstanding the requirement in paragraph 31, if an investment entity has a subsidiary that is not itself an investment entity and whose main purpose and activities are providing services that relate to the investment entity's investment activities (see paragraphs B85C—B85E), it shall consolidate that subsidiary in accordance with paragraphs 19—26 of this IFRS and apply the requirements of IFRS 3 to the acquisition of any such subsidiary. 32

A parent of an investment entity shall consolidate all entities that it controls, including those controlled through an investment entity subsidiary, unless the parent itself is an investment entity. 33

APPENDIX A
Defined terms

This appendix is an integral part of the IFRS.

consolidated financial statements	The financial statements of a **group** in which the assets, liabilities, equity, income, expenses and cash flows of the **parent** and its **subsidiaries** are presented as those of a single economic entity.
control of an investee	An investor controls an investee when the investor is exposed, or has rights, to variable returns from its involvement with the investee and has the ability to affect those returns through its power over the investee.

1 Paragraph C7 of IFRS 10 Consolidated Financial Statements states "If an entity applies this IFRS but does not yet apply IFRS 9, any reference in this IFRS to IFRS 9 shall be read as a reference to IAS 39 Financial Instruments: Recognition and Measurement."

Konzernabschluss	Der Abschluss eines **Konzerns**, in dem Vermögenswerte, Schulden, Eigenkapital, Erträge, Aufwendungen und Zahlungsströme des **Mutterunternehmens** und seiner **Tochterunternehmen** so dargestellt werden, als handle es sich um ein einziges Unternehmen.
Entscheidungsträger	Ein Unternehmen mit Entscheidungsbefugnissen, das als Prinzipal oder Agent für andere Parteien auftritt.
Konzern	Ein **Mutterunternehmen** und seine **Tochterunternehmen.**
Investmentgesellschaft	Ein Unternehmen, das (a) von einem oder mehreren Investoren Mittel zu dem Zweck erhält, für diese(n) Investor(en) Kapitalanlagedienstleistungen zu erbringen, (b) sich gegenüber seinem Investor bzw. seinen Investoren verpflichtet, dass sein Geschäftszweck in der Anlage von Mitteln zum alleinigen Zweck der Erreichung von Wertsteigerungen oder der Erwirtschaftung von Kapitalerträgen oder beidem besteht, und (c) die Ertragskraft so gut wie aller seiner Beteiligungen auf Basis des beizulegenden Zeitwerts bewertet und beurteilt.
Nicht beherrschender Anteil	Das Eigenkapital eines **Tochterunternehmens,** das einem **Mutterunternehmen** weder unmittelbar noch mittelbar zugeordnet werden kann.
Mutterunternehmen	Ein Unternehmen, das ein oder mehrere Unternehmen **beherrscht**.
Verfügungsgewalt	Die gegenwärtige Fähigkeit, die **maßgeblichen Tätigkeiten** aufgrund bestehender Rechte zu lenken.
Schutzrechte	Rechte, mit denen die Interessen des Inhabers dieser Rechte geschützt werden sollen, ohne ihm die Verfügungsgewalt über das Unternehmen zu verleihen, auf das sich diese Rechte beziehen.
Maßgebliche Tätigkeiten	Maßgebliche Tätigkeiten im Sinne dieses IFRS sind Tätigkeiten des Beteiligungsunternehmens, die die Renditen des Beteiligungsunternehmens signifikant beeinflussen.
Abberufungsrechte	Rechte, dem Entscheidungsträger seine Entscheidungsbefugnis zu entziehen.
Tochterunternehmen	Ein Unternehmen, das von einem anderen Unternehmen beherrscht wird.

Die folgenden Begriffe sind in IFRS 11, IFRS 12 *Angaben zu Anteilen an anderen Unternehmen*, IAS 28 (in der 2011 geänderten Fassung) oder IAS 24 *Angaben über Beziehungen zu nahestehenden Unternehmen und Personen* definiert und werden in diesem IFRS in der dort angegebenen Bedeutung verwendet:

- Assoziiertes Unternehmen,
- Anteile an einem anderen Unternehmen,
- Gemeinschaftsunternehmen,
- Management in Schlüsselpositionen,
- Nahestehende Unternehmen und Personen,
- Maßgeblicher Einfluss.

ANHANG B
Anwendungsleitlinien

Dieser Anhang ist integraler Bestandteil des IFRS. Er erläutert die Anwendung der Paragraphen 1–33 und hat die gleiche bindende Kraft wie die anderen Teile des IFRS.

B1 Die Beispiele in diesem Anhang stellen hypothetische Situationen dar. Auch wenn einige Aspekte in realen Sachverhalten vorkommen können, müssen bei der Anwendung von IFRS 10 alle Fakten und Umstände des jeweiligen Sachverhalts beurteilt werden.

Beurteilung, ob Beherrschung vorliegt

B2 Will ein Investor bestimmen, ob er ein Beteiligungsunternehmen beherrscht, muss er beurteilen, ob alles Folgende auf ihn zutrifft:

(a) er hat die Verfügungsgewalt über das Beteiligungsunternehmen,

(b) er ist schwankenden Renditen aus seinem Engagement bei dem Beteiligungsunternehmen ausgesetzt oder hat Anrechte darauf und

(c) er ist in der Lage, durch Ausübung seiner Verfügungsgewalt über das Beteiligungsunternehmen die Höhe der Renditen des Beteiligungsunternehmens zu beeinflussen.

consolidated financial statements	The financial statements of a **group** in which the assets, liabilities, equity, income, expenses and cash flows of the **parent** and its **subsidiaries** are presented as those of a single economic entity.
decision maker	An entity with decision-making rights that is either a principal or an agent for other parties.
group	A **parent** and its **subsidiaries.**
investment entity	An entity that: (a) obtains funds from one or more investors for the purpose of providing those investor(s) with investment management services; (b) commits to its investor(s) that its business purpose is to invest funds solely for returns from capital appreciation, investment income, or both; and (c) measures and evaluates the performance of substantially all of its investments on a fair value basis.
non-controlling interest	Equity in a **subsidiary** not attributable, directly or indirectly, to a **parent**.
parent	An entity that **controls** one or more entities.
power	Existing rights that give the current ability to direct the **relevant activities.**
protective rights	Rights designed to protect the interest of the party holding those rights without giving that party power over the entity to which those rights relate.
relevant activities	For the purpose of this IFRS, relevant activities are activities of the investee that significantly affect the investee's returns.
removal rights	Rights to deprive the decision maker of its decision-making authority.
subsidiary	An entity that is controlled by another entity.

The following terms are defined in IFRS 11, IFRS 12 *Disclosure of Interests in Other Entities*, IAS 28 (as amended in 2011) or IAS 24 *Related Party Disclosures* and are used in this IFRS with the meanings specified in those IFRSs:

- associate
- interest in another entity
- joint venture
- key management personnel
- related party
- significant influence.

APPENDIX B
Application guidance

This appendix is an integral part of the IFRS. It describes the application of paragraphs 1—26 and has the same authority as the other parts of the IFRS.

The examples in this appendix portray hypothetical situations. Although some aspects of the examples may be present in actual fact patterns, all facts and circumstances of a particular fact pattern would need to be evaluated when applying IFRS 10. B1

Assessing control

To determine whether it controls an investee an investor shall assess whether it has all the following: B2

(a) power over the investee;
(b) exposure, or rights, to variable returns from its involvement with the investee; and
(c) the ability to use its power over the investee to affect the amount of the investor's returns.

B3 Die Berücksichtigung folgender Faktoren kann diese Feststellung erleichtern:

(a) Zweck und Ausgestaltung des Beteiligungsunternehmens (siehe Paragraphen B5–B8),
(b) welches die maßgeblichen Tätigkeiten sind und wie Entscheidungen über diese Tätigkeiten getroffen werden (siehe Paragraphen B11–B13),
(c) ob der Investor aufgrund seiner Rechte die gegenwärtige Fähigkeit besitzt, die maßgeblichen Tätigkeiten zu lenken (siehe Paragraphen B14–B54),
(d) ob der Investor aus seinem Engagement bei dem Beteiligungsunternehmen schwankenden Renditen ausgesetzt ist oder Anrechte darauf hat (siehe Paragraphen B55–B57) und
(e) ob der Investor in der Lage ist, durch Ausübung seiner Verfügungsgewalt über das Beteiligungsunternehmen die Höhe der Renditen des Beteiligungsunternehmens zu beeinflussen (siehe Paragraphen B58–B72).

B4 Bei der Beurteilung, ob er ein Beteiligungsunternehmen beherrscht, hat ein Investor die Art seiner Beziehung zu anderen Parteien zu berücksichtigen (siehe Paragraphen B73–B75).

Zweck und Ausgestaltung eines Beteiligungsunternehmens

B5 Bei der Beurteilung, ob er ein Beteiligungsunternehmen beherrscht, hat ein Investor den Zweck und die Ausgestaltung des Beteiligungsunternehmens zu berücksichtigen, um die maßgeblichen Tätigkeiten zu ermitteln und festzustellen, wie Entscheidungen über diese Tätigkeiten gefällt werden, wer die gegenwärtige Fähigkeit zur Lenkung dieser Tätigkeiten besitzt und wer die Rendite aus diesen Tätigkeiten erhält.

B6 Bei der Berücksichtigung von Zweck und Ausgestaltung eines Beteiligungsunternehmens kann klar sein, dass das Beteiligungsunternehmen über Eigenkapitalinstrumente beherrscht wird, die dem Inhaber anteilige Stimmrechte geben, wie beispielsweise Stammaktien am Beteiligungsunternehmen. Sofern keine Zusatzvereinbarungen vorliegen, die den Entscheidungsprozess verändern, konzentriert sich die Beurteilung der Beherrschung in diesem Fall auf die Frage, welche Partei gegebenenfalls genügend Stimmrechte ausüben kann, um die Geschäfts- und Finanzpolitik des Beteiligungsunternehmens zu bestimmen (siehe Paragraphen B34–B50). Im einfachsten Fall und sofern keine anderen Faktoren eine Rolle spielen, wird das Beteiligungsunternehmen von dem Investor beherrscht, der die Mehrheit dieser Stimmrechte besitzt.

B7 In komplexeren Fällen kann es zur Feststellung, ob ein Investor ein Beteiligungsunternehmen beherrscht, erforderlich sein, einige oder alle der in Paragraph B3 genannten anderen Faktoren zu berücksichtigen.

B8 Ein Beteiligungsunternehmen kann so ausgestaltet sein, dass die Stimmrechte bei der Entscheidung, wer das Unternehmen beherrscht, nicht der ausschlaggebende Faktor sind, beispielsweise wenn sich Stimmrechte nur auf administrative Aufgaben beziehen und die maßgeblichen Tätigkeiten durch vertragliche Vereinbarungen bestimmt werden. In solchen Fällen muss der Investor bei der Beurteilung des Zwecks und der Ausgestaltung des Beteiligungsunternehmens auch berücksichtigen, welchen Risiken das Beteiligungsunternehmen durch seine Ausgestaltung ausgesetzt ist, welche Risiken durch die Ausgestaltung auf die Parteien mit einem Engagement bei dem Beteiligungsunternehmen übertragen wurden und ob der Investor einigen oder allen dieser Risiken unterliegt. Hierbei sind nicht nur Abwärtsrisiken, sondern auch mögliche Aufwärtsrisiken zu berücksichtigen.

Verfügungsgewalt

B9 Für die Verfügungsgewalt über ein Beteiligungsunternehmen muss ein Investor über bestehende Rechte verfügen, die ihn gegenwärtig zur Lenkung der maßgeblichen Tätigkeiten befähigen. Bei der Beurteilung der Verfügungsgewalt sind nur substanzielle Rechte sowie Rechte, die keine Schutzrechte sind, zu berücksichtigen (siehe Paragraphen B22–B28).

B10 Die Feststellung, ob ein Investor Verfügungsgewalt besitzt, hängt davon ab, worin die maßgeblichen Tätigkeiten bestehen, wie Entscheidungen über diese Tätigkeiten getroffen werden und welche Rechte der Investor und andere Parteien in Bezug auf das Beteiligungsunternehmen haben.

Maßgebliche Tätigkeiten und Lenkung der maßgeblichen Tätigkeiten

B11 Bei vielen Beteiligungsunternehmen werden die Renditen durch eine Reihe von Geschäfts- und Finanztätigkeiten signifikant beeinflusst. Beispiele für Tätigkeiten, die abhängig von den jeweiligen Umständen maßgebliche Tätigkeiten sein können, sind unter anderem:

(a) Verkauf und Kauf von Waren oder Dienstleistungen,
(b) Verwaltung finanzieller Vermögenswerte während ihrer Laufzeit (auch im Verzugsfall),
(c) Auswahl, Erwerb oder Veräußerung von Vermögenswerten,
(d) Erforschung und Entwicklung neuer Produkte oder Verfahren und
(e) Festlegung von Finanzierungsstrukturen oder Mittelbeschaffung.

B12 Beispiele für Entscheidungen über maßgebliche Tätigkeiten sind unter anderem:

(a) Geschäfts- und Finanzentscheidungen des Beteiligungsunternehmens, einschließlich der Festlegung von Budgets und
(b) Ernennung und Vergütung des Managements in Schlüsselpositionen oder der Dienstleister eines Beteiligungsunternehmens sowie Beendigung ihrer Dienstleistungen oder Anstellung.

Consideration of the following factors may assist in making that determination: B3
(a) the purpose and design of the investee (see paragraphs B5—B8);
(b) what the relevant activities are and how decisions about those activities are made (see paragraphs B11—B13);
(c) whether the rights of the investor give it the current ability to direct the relevant activities (see paragraphs B14—B54);
(d) whether the investor is exposed, or has rights, to variable returns from its involvement with the investee (see paragraphs B55—B57); and
(e) whether the investor has the ability to use its power over the investee to affect the amount of the investor's returns (see paragraphs B58—B72).

When assessing control of an investee, an investor shall consider the nature of its relationship with other parties (see paragraphs B73—B75). B4

Purpose and design of an investee

When assessing control of an investee, an investor shall consider the purpose and design of the investee in order to identify the relevant activities, how decisions about the relevant activities are made, who has the current ability to direct those activities and who receives returns from those activities. B5

When an investee's purpose and design are considered, it may be clear that an investee is controlled by means of equity instruments that give the holder proportionate voting rights, such as ordinary shares in the investee. In this case, in the absence of any additional arrangements that alter decision-making, the assessment of control focuses on which party, if any, is able to exercise voting rights sufficient to determine the investee's operating and financing policies (see paragraphs B34—B50). In the most straightforward case, the investor that holds a majority of those voting rights, in the absence of any other factors, controls the investee. B6

To determine whether an investor controls an investee in more complex cases, it may be necessary to consider some or all of the other factors in paragraph B3. B7

An investee may be designed so that voting rights are not the dominant factor in deciding who controls the investee, such as when any voting rights relate to administrative tasks only and the relevant activities are directed by means of contractual arrangements. In such cases, an investor's consideration of the purpose and design of the investee shall also include consideration of the risks to which the investee was designed to be exposed, the risks it was designed to pass on to the parties involved with the investee and whether the investor is exposed to some or all of those risks. Consideration of the risks includes not only the downside risk, but also the potential for upside. B8

Power

To have power over an investee, an investor must have existing rights that give it the current ability to direct the relevant activities. For the purpose of assessing power, only substantive rights and rights that are not protective shall be considered (see paragraphs B22—B28). B9

The determination about whether an investor has power depends on the relevant activities, the way decisions about the relevant activities are made and the rights the investor and other parties have in relation to the investee. B10

Relevant activities and direction of relevant activities

For many investees, a range of operating and financing activities significantly affect their returns. Examples of activities that, depending on the circumstances, can be relevant activities include, but are not limited to: B11
(a) selling and purchasing of goods or services;
(b) managing financial assets during their life (including upon default);
(c) selecting, acquiring or disposing of assets;
(d) researching and developing new products or processes; and
(e) determining a funding structure or obtaining funding.

Examples of decisions about relevant activities include but are not limited to: B12
(a) establishing operating and capital decisions of the investee, including budgets; and
(b) appointing and remunerating an investee's key management personnel or service providers and terminating their services or employment.

B13 In einigen Fällen können Tätigkeiten sowohl vor als auch nach dem Eintreten besonderer Umstände oder eines bestimmten Ereignisses maßgebliche Tätigkeiten sein. Verfügen zwei oder mehr Investoren über die gegenwärtige Fähigkeit, die maßgeblichen Tätigkeiten zu lenken, und finden diese Tätigkeiten zu unterschiedlichen Zeitpunkten statt, müssen die Investoren bestimmen, wer von ihnen die Fähigkeit zur Lenkung derjenigen Tätigkeiten besitzt, die diese Renditen am signifikantesten beeinflussen. Dies muss mit der Behandlung gleichzeitiger Entscheidungsbefugnisse übereinstimmen (siehe Paragraph 13). Wenn sich relevante Fakten oder Umstände im Laufe der Zeit ändern, müssen die Investoren diese Beurteilung im Laufe der Zeit erneut überprüfen.

Beispiel 1 Zwei Investoren gründen ein Beteiligungsunternehmen für die Entwicklung und Vermarktung eines medizinischen Produkts. Der eine Investor ist für die Entwicklung und Einholung der aufsichtsbehördlichen Zulassung des medizinischen Produkts verantwortlich. Zu dieser Verantwortung gehört die einseitige Fähigkeit, alle Entscheidungen im Zusammenhang mit der Produktentwicklung und aufsichtsrechtlichen Zulassung zu treffen. Sobald das Produkt von der Aufsichtsbehörde zugelassen wird, übernimmt der andere Investor seine Herstellung und Vermarktung – dieser Investor besitzt die einseitige Fähigkeit, alle Entscheidungen über die Herstellung und Vermarktung des Projekts zu treffen. Wenn alle Tätigkeiten – d. h. sowohl die Entwicklung und die Einholung der aufsichtsbehördlichen Zulassung als auch die Herstellung und Vermarktung des medizinischen Produkts – maßgebliche Tätigkeiten sind, muss jeder Investor feststellen, ob er die Fähigkeit zur Lenkung derjenigen Tätigkeiten hat, die die Renditen des Beteiligungsunternehmens *am signifikantesten* beeinflussen. Dementsprechend muss jeder Investor beurteilen, ob die Entwicklung und die Einholung der aufsichtsbehördlichen Zulassung oder die Herstellung und Vermarktung des medizinischen Produkts die Tätigkeit mit dem *signifikantesten* Einfluss auf die Rendite des Beteiligungsunternehmens ist, und ob er in der Lage ist, diese Tätigkeit zu lenken. Bei der Bestimmung, welcher Investor Verfügungsgewalt hat, würden die Investoren Folgendes berücksichtigen:

(a) den Zweck und die Ausgestaltung des Beteiligungsunternehmens,
(b) die Faktoren, die für die Gewinnmarge, die Umsatzerlöse und den Wert des Beteiligungsunternehmens sowie den Wert des medizinischen Produkts ausschlaggebend sind,
(c) die Auswirkungen der Entscheidungsbefugnisse der einzelnen Investoren bezüglich der unter b genannten Faktoren auf die Rendite des Beteiligungsunternehmens und
(d) den Umfang, in dem die Investoren dem Risiko schwankender Renditen ausgesetzt sind.

In diesem konkreten Beispiel würden die Investoren zudem Folgendes berücksichtigen:

(e) die Unsicherheit, ob die aufsichtsbehördliche Zulassung erteilt wird, und den damit verbundenen erforderlichen Aufwand (unter Berücksichtigung der bisherigen Erfahrungen des Investors mit der erfolgreichen Entwicklung medizinischer Produkte und der Einholung der erforderlichen aufsichtsbehördlichen Zulassung) und
(f) welcher Investor nach dem erfolgreichen Abschluss der Entwicklungsphase die Verfügungsmacht über das medizinische Produkt besitzt.

Beispiel 2 Es wird eine Investmentgesellschaft (das Beteiligungsunternehmen) gegründet, die mit einem von einem Investor gehaltenen Schuldinstrument (Schuldinstrument-Investor) und den von einer Reihe anderer Investoren gehaltenen Eigenkapitalinstrumenten finanziert wird. Die Eigenkapitaltranche ist so ausgelegt, dass die ersten Verluste aufgefangen werden und eine etwaige verbleibende Rendite des Beteiligungsunternehmens ihr zufließt. Einer der Eigenkapitalinvestoren, der 30 Prozent des Eigenkapitals hält, ist zugleich der Vermögensverwalter. Das Beteiligungsunternehmen erwirbt mit seinen Mitteln ein Portfolio von finanziellen Vermögenswerten und setzt sich damit dem Ausfallrisiko aus, das mit dem möglichen Ausfall der Tilgungs- und Zinszahlungen auf die Vermögenswerte verbunden ist. Die Transaktion wird an den Schuldinstrument-Investor als eine Anlage vermarktet, die aufgrund der Art dieser Vermögenswerte und weil die Eigenkapitaltranche die ersten Verluste des Beteiligungsunternehmens auffängt, nur mit einem minimalen Ausfallrisiko für die Vermögenswerte im Portfolio behaftet ist. Die Rendite des Beteiligungsunternehmens wird durch die Verwaltung seines Vermögensportfolios signifikant beeinflusst. Hierzu gehören Entscheidungen über Auswahl, Erwerb und Veräußerung der Vermögenswerte nach den Portfolio-Richtlinien sowie die Vorgehensweise bei Ausfall von Vermögenswerten des Portfolios. All diese Tätigkeiten werden vom Vermögensverwalter ausgeübt, bis die Ausfälle einen bestimmten Anteil des Portfoliowerts erreichen (d. h. wenn der Wert des Portfolios so weit gesunken ist, dass die Eigenkapitaltranche des Beteiligungsunternehmen verbraucht ist). Ab diesem Zeitpunkt werden die Vermögenswerte von einem fremden Treuhänder nach den Weisungen des Schuldinstrument-Investors verwaltet. Die maßgebliche Tätigkeit des Beteiligungsunternehmens ist die Verwaltung seines Portfolios an Vermögenswerten. Der Vermögensverwalter kann die maßgeblichen Tätigkeiten so lange lenken, bis die ausgefallenen Vermögenswerte den festgelegten Anteil am Portfoliowert erreicht haben. Der Schuldinstrument-Investor kann die maßgeblichen Tätigkeiten ab dem Augenblick lenken, in dem der Wert der ausgefallenen Vermögenswerte diesen festgelegten Anteil am Portfoliowert übersteigt. Der Vermögensverwalter und der Schuldtitelinvestor müssen jeweils ermitteln, ob sie in der Lage sind, die Tätigkeiten mit dem *signifikantesten* Einfluss auf die Rendite des Beteiligungsunternehmens zu lenken. Hierbei sind auch der Zweck und die Ausgestaltung des Beteiligungsunternehmens sowie der Umfang, in dem jede Partei dem Risiko schwankender Renditen ausgesetzt ist, zu berücksichtigen.

In some situations, activities both before and after a particular set of circumstances arises or event occurs may be relevant activities. When two or more investors have the current ability to direct relevant activities and those activities occur at different times, the investors shall determine which investor is able to direct the activities that most significantly affect those returns consistently with the treatment of concurrent decision-making rights (see paragraph 13). The investors shall reconsider this assessment over time if relevant facts or circumstances change. B13

Example 1 Two investors form an investee to develop and market a medical product. One investor is responsible for developing and obtaining regulatory approval of the medical product—that responsibility includes having the unilateral ability to make all decisions relating to the development of the product and to obtaining regulatory approval. Once the regulator has approved the product, the other investor will manufacture and market it—this investor has the unilateral ability to make all decisions about the manufacture and marketing of the project. If all the activities—developing and obtaining regulatory approval as well as manufacturing and marketing of the medical product—are relevant activities, each investor needs to determine whether it is able to direct the activities that *most* significantly affect the investee's returns. Accordingly, each investor needs to consider whether developing and obtaining regulatory approval or the manufacturing and marketing of the medical product is the activity that *most* significantly affects the investee's returns and whether it is able to direct that activity. In determining which investor has power, the investors would consider:

(a) the purpose and design of the investee;
(b) the factors that determine the profit margin, revenue and value of the investee as well as the value of the medical product;
(c) the effect on the investee's returns resulting from each investor's decision-making authority with respect to the factors in (b); and
(d) the investors' exposure to variability of returns.
In this particular example, the investors would also consider:
(e) the uncertainty of, and effort required in, obtaining regulatory approval (considering the investor's record of successfully developing and obtaining regulatory approval of medical products); and
(f) which investor controls the medical product once the development phase is successful.

Example 2 An investment vehicle (the investee) is created and financed with a debt instrument held by an investor (the debt investor) and equity instruments held by a number of other investors. The equity tranche is designed to absorb the first losses and to receive any residual return from the investee. One of the equity investors who holds 30 per cent of the equity is also the asset manager. The investee uses its proceeds to purchase a portfolio of financial assets, exposing the investee to the credit risk associated with the possible default of principal and interest payments of the assets. The transaction is marketed to the debt investor as an investment with minimal exposure to the credit risk associated with the possible default of the assets in the portfolio because of the nature of these assets and because the equity tranche is designed to absorb the first losses of the investee. The returns of the investee are significantly affected by the management of the investee's asset portfolio, which includes decisions about the selection, acquisition and disposal of the assets within portfolio guidelines and the management upon default of any portfolio assets. All those activities are managed by the asset manager until defaults reach a specified proportion of the portfolio value (ie when the value of the portfolio is such that the equity tranche of the investee has been consumed). From that time, a third-party trustee manages the assets according to the instructions of the debt investor. Managing the investee's asset portfolio is the relevant activity of the investee. The asset manager has the ability to direct the relevant activities until defaulted assets reach the specified proportion of the portfolio value; the debt investor has the ability to direct the relevant activities when the value of defaulted assets surpasses that specified proportion of the portfolio value. The asset manager and the debt investor each need to determine whether they are able to direct the activities that *most* significantly affect the investee's returns, including considering the purpose and design of the investee as well as each party's exposure to variability of returns.

Rechte, die einem Investor die Verfügungsgewalt über ein Beteiligungsunternehmen geben

B14 Verfügungsgewalt ergibt sich aus Rechten. Um die Verfügungsgewalt über ein Beteiligungsunternehmen zu besitzen, muss ein Investor aufgrund bestehender Rechte gegenwärtig zur Lenkung der maßgeblichen Tätigkeiten in der Lage sein. Die Rechte, die einem Investor Verfügungsgewalt geben, können je nach Beteiligungsunternehmen unterschiedlich sein.

B15 Beispiele für Rechte, die einem Investor einzeln oder zusammengenommen Verfügungsgewalt geben können, sind u. a.:
(a) Rechte in Form von Stimmrechten (oder potenziellen Stimmrechten) bei einem Beteiligungsunternehmen (siehe Paragraphen B34–B50),
(b) Rechte zur Ernennung, Umbesetzung oder Abberufung von Mitgliedern des Managements in Schlüsselpositionen beim Beteiligungsunternehmen, die in der Lage sind, die maßgeblichen Tätigkeiten zu lenken,
(c) Rechte zur Ernennung oder Abberufung eines anderen Unternehmens, das die maßgeblichen Tätigkeiten lenkt,
(d) Rechte zur Anweisung des Beteiligungsunternehmens, Transaktionen zugunsten des Investors abzuschließen oder gegen Änderungen an solchen Transaktionen Einspruch zu erheben, und
(e) andere Rechte (z. B. in einem Geschäftsführungsvertrag festgelegte Entscheidungsbefugnisse), die dem Inhaber die Fähigkeit verleihen, die maßgeblichen Tätigkeiten zu lenken.

B16 Wenn ein Beteiligungsunternehmen eine Reihe von Geschäfts- und Finanztätigkeiten mit signifikantem Einfluss auf seine Rendite durchführt und permanent substanzielle Entscheidungen bezüglich dieser Tätigkeiten erforderlich sind, beruht die Verfügungsgewalt eines Investors im Allgemeinen auf Stimmrechten oder ähnlichen Rechten, entweder einzeln oder zusammen mit anderen Vereinbarungen.

B17 Wenn Stimmrechte die Renditen eines Beteiligungsunternehmens nicht signifikant beeinflussen können, was beispielsweise dann der Fall ist, wenn sich die Stimmrechte nur auf administrative Aufgaben beziehen, die Lenkung der maßgeblichen Tätigkeiten aber durch vertragliche Vereinbarungen geregelt wird, muss der Investor anhand dieser vertraglichen Vereinbarungen beurteilen, ob er über ausreichende Rechte verfügt, um die Verfügungsgewalt über das Beteiligungsunternehmen zu haben. Hierfür muss der Investor den Zweck und die Ausgestaltung des Beteiligungsunternehmens (siehe Paragraphen B5–B8) sowie die Vorschriften der Paragraphen B51–B54 in Verbindung mit den Paragraphen B18–B20 berücksichtigen.

B18 Unter bestimmten Umständen lässt sich möglicherweise nur schwer bestimmen, ob die Rechte eines Investors ausreichen, um ihm Verfügungsgewalt über ein Beteiligungsunternehmen zu geben. Um in solchen Fällen eine Beurteilung der Verfügungsgewalt zu ermöglichen, hat der Investor zu prüfen, ob er über die praktische Fähigkeit zur einseitigen Lenkung der maßgeblichen Tätigkeiten verfügt. Dabei werden unter anderem die folgenden Faktoren berücksichtigt, die bei gemeinsamer Betrachtung mit seinen Rechten und den in den Paragraphen B19 und B20 genannten Indikatoren ein Anhaltspunkt dafür sein können, dass die Rechte des Investors für Verfügungsgewalt über das Beteiligungsunternehmen ausreichen:
(a) Der Investor kann beim Beteiligungsunternehmen das Management in Schlüsselpositionen, das die Fähigkeit zur Lenkung der maßgeblichen Tätigkeiten hat, ernennen oder genehmigen, ohne dass er das vertragliche Recht dazu besitzt.
(b) Der Investor kann das Beteiligungsunternehmen anweisen, wesentliche Transaktionen zu seinen Gunsten abzuschließen oder gegen Änderungen an solchen Transaktionen Einspruch erheben, ohne dass er das vertragliche Recht dazu besitzt.
(c) Der Investor kann auf das Nominierungsverfahren für die Wahl der Mitglieder des Leitungsorgans des Beteiligungsunternehmens oder den Erhalt von Stimmrechtsvollmachten von anderen Stimmrechtsinhabern einen dominierenden Einfluss ausüben.
(d) Die Mitglieder des Managements in Schlüsselpositionen beim Beteiligungsunternehmen sind dem Investor nahe stehende Personen (z. B. wenn der Chief Executive Officer des Beteiligungsunternehmens gleichzeitig der Chief Executive Officer des Investors ist).
(e) Bei den Mitgliedern des Leitungsorgans des Beteiligungsunternehmens handelt es sich mehrheitlich um dem Investor nahe stehende Personen.

B19 Mitunter gibt es Anhaltspunkte dafür, dass der Investor in einer besonderen Beziehung zum Beteiligungsunternehmen steht, was vermuten lässt, dass er mehr als nur einen passiven Eigentumsanteil am Beteiligungsunternehmen hält. Ein einzelner Indikator oder eine bestimmte Kombination von Indikatoren bedeutet nicht zwangsläufig, dass das Kriterium der Verfügungsgewalt erfüllt ist. Hat der Investor jedoch mehr als nur einen passiven Eigentumsanteil am Beteiligungsunternehmen, kann dies ein Anhaltspunkt dafür sein, dass er in Verbindung damit weitere Rechte besitzt, die ausreichen, um ihm die Verfügungsgewalt zu geben, oder einen substanziellen Hinweis auf die vorhandene Verfügungsgewalt über ein Beteiligungsunternehmen liefern. Folgende Sachverhalte lassen beispielsweise vermuten, dass der Investor mehr als nur einen passiven Eigentumsanteil am Beteiligungsunternehmen hält und können in Kombination mit anderen Rechten auf Verfügungsgewalt hindeuten:
(a) Die Mitglieder des Managements in Schlüsselpositionen beim Beteiligungsunternehmen, die über die Fähigkeit zur Lenkung der maßgeblichen Tätigkeiten verfügen, sind gegenwärtige oder frühere Mitarbeiter des Investors.
(b) Die Geschäftstätigkeit des Beteiligungsunternehmens ist vom Investor abhängig, wie in den folgenden Fällen:
    (i) das Beteiligungsunternehmen hängt bei der Finanzierung eines wesentlichen Teils seiner Geschäftstätigkeit vom Investor ab,
    (ii) der Investor garantiert einen wesentlichen Teil der Verpflichtungen des Beteiligungsunternehmens,

Rights that give an investor power over an investee

B14 Power arises from rights. To have power over an investee, an investor must have existing rights that give the investor the current ability to direct the relevant activities. The rights that may give an investor power can differ between investees.

B15 Examples of rights that, either individually or in combination, can give an investor power include but are not limited to:
(a) rights in the form of voting rights (or potential voting rights) of an investee (see paragraphs B34—B50);
(b) rights to appoint, reassign or remove members of an investee's key management personnel who have the ability to direct the relevant activities;
(c) rights to appoint or remove another entity that directs the relevant activities;
(d) rights to direct the investee to enter into, or veto any changes to, transactions for the benefit of the investor; and
(e) other rights (such as decision-making rights specified in a management contract) that give the holder the ability to direct the relevant activities.

B16 Generally, when an investee has a range of operating and financing activities that significantly affect the investee's returns and when substantive decision-making with respect to these activities is required continuously, it will be voting or similar rights that give an investor power, either individually or in combination with other arrangements.

B17 When voting rights cannot have a significant effect on an investee's returns, such as when voting rights relate to administrative tasks only and contractual arrangements determine the direction of the relevant activities, the investor needs to assess those contractual arrangements in order to determine whether it has rights sufficient to give it power over the investee. To determine whether an investor has rights sufficient to give it power, the investor shall consider the purpose and design of the investee (see paragraphs B5—B8) and the requirements in paragraphs B51—B54 together with paragraphs B18—B20.

B18 In some circumstances it may be difficult to determine whether an investor's rights are sufficient to give it power over an investee. In such cases, to enable the assessment of power to be made, the investor shall consider evidence of whether it has the practical ability to direct the relevant activities unilaterally. Consideration is given, but is not limited, to the following, which, when considered together with its rights and the indicators in paragraphs B19 and B20, may provide evidence that the investor's rights are sufficient to give it power over the investee:
(a) The investor can, without having the contractual right to do so, appoint or approve the investee's key management personnel who have the ability to direct the relevant activities.
(b) The investor can, without having the contractual right to do so, direct the investee to enter into, or can veto any changes to, significant transactions for the benefit of the investor.
(c) The investor can dominate either the nominations process for electing members of the investee's governing body or the obtaining of proxies from other holders of voting rights.
(d) The investee's key management personnel are related parties of the investor (for example, the chief executive officer of the investee and the chief executive officer of the investor are the same person).
(e) The majority of the members of the investee's governing body are related parties of the investor.

B19 Sometimes there will be indications that the investor has a special relationship with the investee, which suggests that the investor has more than a passive interest in the investee. The existence of any individual indicator, or a particular combination of indicators, does not necessarily mean that the power criterion is met. However, having more than a passive interest in the investee may indicate that the investor has other related rights sufficient to give it power or provide evidence of existing power over an investee. For example, the following suggests that the investor has more than a passive interest in the investee and, in combination with other rights, may indicate power:
(a) The investee's key management personnel who have the ability to direct the relevant activities are current or previous employees of the investor.
(b) The investee's operations are dependent on the investor, such as in the following situations:
   (i) The investee depends on the investor to fund a significant portion of its operations.
   (ii) The investor guarantees a significant portion of the investee's obligations.

(iii) das Beteiligungsunternehmen ist bei kritischen Dienstleistungen, Technologien, Belieferungen oder Rohstoffen vom Investor abhängig,
(iv) der Investor hat die Verfügungsgewalt über Vermögenswerte wie Lizenzen oder Marken, die für die Geschäftstätigkeit des Beteiligungsunternehmens von kritischer Bedeutung sind,
(v) das Beteiligungsunternehmen ist in Bezug auf das Management in Schlüsselpositionen vom Investor abhängig, beispielsweise wenn das Personal des Investors Fachwissen über die Geschäftstätigkeit des Beteiligungsunternehmens besitzt.

(c) Ein wesentlicher Teil der Tätigkeiten des Beteiligungsunternehmens wird unter Mitwirkung oder im Namen des Investors ausgeführt.

(d) Das Risiko des Investors aus den Renditen aus seinem Engagement bei dem Beteiligungsunternehmen oder seine Anrechte darauf sind überproportional höher als seine Stimmrechte oder anderen ähnlichen Rechte. Es kann z. B. Fälle geben, in denen der Investor die Anrechte oder das Risiko in Bezug auf mehr als die Hälfte der Renditen des Beteiligungsunternehmens hält bzw. trägt, aber weniger als die Hälfte der Stimmrechte des Beteiligungsunternehmens besitzt.

B20 Je größer die Anrechte auf Renditen bzw. je höher das Risiko schwankender Renditen aus seinem Engagement bei einem Beteiligungsunternehmen, desto höher der Anreiz für den Investor, Rechte zu erwerben, die ausreichen, um ihm die Verfügungsgewalt zu geben. Ein hohes Risiko aufgrund von Renditeschwankungen ist deshalb ein Indikator dafür, dass der Investor eventuell die Verfügungsgewalt hat. Der Umfang des Risikos des Investors ist per se jedoch nicht entscheidend dafür, ob ein Investor die Verfügungsgewalt über das Beteiligungsunternehmen besitzt.

B21 Werden die Faktoren in Paragraph B18 und die Indikatoren in den Paragraphen B19 und B20 gemeinsam mit den Rechten des Investors betrachtet, ist den in Paragraph 18 beschriebenen Anhaltspunkten für das Vorliegen von Verfügungsgewalt größeres Gewicht beizumessen.

Substanzielle Rechte

B22 Bei der Beurteilung, ob er über die Verfügungsgewalt verfügt, berücksichtigt ein Investor nur substanzielle Rechte in Bezug auf das Beteiligungsunternehmen (die von ihm und anderen gehalten werden). Ein Recht ist substanziell, wenn der Inhaber dieses Recht praktisch ausüben kann.

B23 Die Feststellung, ob Rechte substanziell sind, erfordert eine Ermessensausübung, bei der sämtliche Fakten und Umstände zu berücksichtigen sind. Hierzu gehören unter anderem folgende Faktoren:

(a) ob es (wirtschaftliche oder andere) Barrieren gibt, die den (oder die) Inhaber an der Ausübung der Rechte hindern. Beispiele für solche Barrieren sind unter anderem:
(i) finanzielle Strafen und Anreize, die den Inhaber daran hindern (oder ihn davon abhalten), seine Rechte auszuüben,
(ii) ein Ausübungs- oder Umwandlungspreis, der eine finanzielle Barriere schafft, die den Inhaber daran hindert (oder ihn davon abhält), seine Rechte auszuüben,
(iii) Vertragsbedingungen, die eine Ausübung der Rechte unwahrscheinlich machen, wie Bedingungen, die den Zeitpunkt der Ausübung eng eingrenzen,
(iv) das Fehlen eines ausdrücklichen, angemessenen Mechanismus in den Gründungsunterlagen eines Beteiligungsunternehmens oder in den maßgeblichen Gesetzen oder Verordnungen, der dem Inhaber die Ausübung seiner Rechte ermöglichen würde,
(v) die fehlende Möglichkeit des Rechteinhabers, die zur Ausübung seiner Rechte notwendigen Informationen zu beschaffen,
(vi) betriebliche Barrieren oder Anreize, die den Inhaber daran hindern (oder ihn davon abhalten), seine Rechte auszuüben (z. B. wenn es keine anderen Manager gibt, die bereit oder in der Lage wären, spezielle Dienstleistungen zu erbringen oder die Dienstleistungen zu erbringen und andere Anteile des amtierenden Managers zu übernehmen),
(vii) gesetzliche oder aufsichtsrechtliche Vorschriften, die den Inhaber an der Ausübung seiner Rechte hindern (z. B. wenn ein ausländischer Investor seine Rechte nicht ausüben darf).

(b) wenn die Ausübung von Rechten die Zustimmung von mehr als einer Partei erfordert oder die Rechte von mehr als einer Partei gehalten werden, ob ein Mechanismus vorhanden ist, der diesen Parteien in der Praxis die Möglichkeit gibt, ihre Rechte gemeinsam auszuüben, wenn sie dies wünschen? Fehlt ein solcher Mechanismus, ist dies ein Indikator dafür, dass die Rechte möglicherweise nicht substanziell sind. Je mehr Parteien der Ausübung der Rechte zustimmen müssen, desto geringer die Wahrscheinlichkeit, dass diese Rechte substanziell sind. Ein Geschäftsführungs- und/oder Aufsichtsorgan, dessen Mitglieder vom Entscheidungsträger unabhängig sind, kann jedoch für zahlreiche Investoren als ein Mechanismus dienen, um ihre Rechte gemeinsam auszuüben. Von einem unabhängigen Geschäftsführungs- und/oder Aufsichtsorgan ausübbare Abberufungsrechte dürften deshalb eher substanziell sein als die gleichen Rechte, die einzeln von einer großen Anzahl von Investoren ausgeübt werden können.

(c) ob die Partei(en), die im Besitz der Rechte ist/sind, von der Ausübung dieser Rechte profitieren würde(n). So hat beispielsweise der Inhaber potenzieller Stimmrechte an einem Beteiligungsunternehmen (siehe Paragraphen B47–B50) den Ausübungs- oder Umwandlungspreis des Instruments zu berücksichtigen. Die Vertragsbedingungen potenzieller Stimmrechte sind mit höherer Wahrscheinlichkeit substanziell, wenn das Instrument im Geld ist oder der Investor aus anderen Gründen (z. B. durch die Realisierung von Synergien zwischen ihm und dem Beteiligungsunternehmen) von der Ausübung oder Umwandlung des Instruments profitieren würde.

(iii) The investee depends on the investor for critical services, technology, supplies or raw materials.
(iv) The investor controls assets such as licences or trademarks that are critical to the investee's operations.
(v) The investee depends on the investor for key management personnel, such as when the investor's personnel have specialised knowledge of the investee's operations.

(c) A significant portion of the investee's activities either involve or are conducted on behalf of the investor.

(d) The investor's exposure, or rights, to returns from its involvement with the investee is disproportionately greater than its voting or other similar rights. For example, there may be a situation in which an investor is entitled, or exposed, to more than half of the returns of the investee but holds less than half of the voting rights of the investee.

The greater an investor's exposure, or rights, to variability of returns from its involvement with an investee, the greater is the incentive for the investor to obtain rights sufficient to give it power. Therefore, having a large exposure to variability of returns is an indicator that the investor may have power. However, the extent of the investor's exposure does not, in itself, determine whether an investor has power over the investee. **B20**

When the factors set out in paragraph B18 and the indicators set out in paragraphs B19 and B20 are considered together with an investor's rights, greater weight shall be given to the evidence of power described in paragraph B18. **B21**

Substantive rights

An investor, in assessing whether it has power, considers only substantive rights relating to an investee (held by the investor and others). For a right to be substantive, the holder must have the practical ability to exercise that right. **B22**

Determining whether rights are substantive requires judgement, taking into account all facts and circumstances. Factors to consider in making that determination include but are not limited to: **B23**

(a) Whether there are any barriers (economic or otherwise) that prevent the holder (or holders) from exercising the rights. Examples of such barriers include but are not limited to:
(i) financial penalties and incentives that would prevent (or deter) the holder from exercising its rights.
(ii) an exercise or conversion price that creates a financial barrier that would prevent (or deter) the holder from exercising its rights.
(iii) terms and conditions that make it unlikely that the rights would be exercised, for example, conditions that narrowly limit the timing of their exercise.
(iv) the absence of an explicit, reasonable mechanism in the founding documents of an investee or in applicable laws or regulations that would allow the holder to exercise its rights.
(v) the inability of the holder of the rights to obtain the information necessary to exercise its rights.
(vi) operational barriers or incentives that would prevent (or deter) the holder from exercising its rights (e.g. the absence of other managers willing or able to provide specialised services or provide the services and take on other interests held by the incumbent manager).
(vii) legal or regulatory requirements that prevent the holder from exercising its rights (e.g. where a foreign investor is prohibited from exercising its rights).

(b) When the exercise of rights requires the agreement of more than one party, or when the rights are held by more than one party, whether a mechanism is in place that provides those parties with the practical ability to exercise their rights collectively if they choose to do so. The lack of such a mechanism is an indicator that the rights may not be substantive. The more parties that are required to agree to exercise the rights, the less likely it is that those rights are substantive. However, a board of directors whose members are independent of the decision maker may serve as a mechanism for numerous investors to act collectively in exercising their rights. Therefore, removal rights exercisable by an independent board of directors are more likely to be substantive than if the same rights were exercisable individually by a large number of investors.

(c) Whether the party or parties that hold the rights would benefit from the exercise of those rights. For example, the holder of potential voting rights in an investee (see paragraphs B47—B50) shall consider the exercise or conversion price of the instrument. The terms and conditions of potential voting rights are more likely to be substantive when the instrument is in the money or the investor would benefit for other reasons (e.g. by realising synergies between the investor and the investee) from the exercise or conversion of the instrument.

B24 Um substanziell zu sein, müssen Rechte auch dann ausübbar sein, wenn Entscheidungen über die Lenkung der maßgeblichen Tätigkeiten getroffen werden müssen. Normalerweise müssen die Rechte gegenwärtig ausübbar sein, um als substanziell angesehen werden zu können. Mitunter können Rechte aber auch substanziell sein, obwohl sie gegenwärtig nicht ausgeübt werden können.

Anwendungsbeispiele

Beispiel 3 Das Beteiligungsunternehmen hält Jahreshauptversammlungen ab, auf denen Entscheidungen über die Lenkung der maßgeblichen Tätigkeiten getroffen werden. Die nächste ordentliche Hauptversammlung findet in acht Monaten statt. Anteilseigner, die einzeln oder gemeinsam mindestens 5 Prozent der Stimmrechte halten, können jedoch eine außerordentliche Versammlung einberufen, um die bestehenden Richtlinien für die maßgeblichen Tätigkeiten zu ändern. Aufgrund der vorgeschriebenen Benachrichtigung der anderen Anteilseigner kann eine solche Versammlung allerdings frühestens in 30 Tagen stattfinden. Die Richtlinien für die maßgeblichen Tätigkeiten können nur auf außerordentlichen oder ordentlichen Hauptversammlungen geändert werden. Hierzu gehört auch die Genehmigung wesentlicher Vermögenswertverkäufe sowie die Tätigung oder Veräußerung erheblicher Investitionen.

Die vorstehend beschriebene Sachlage trifft auf die folgenden Beispiele 3A–3D zu. Jedes Beispiel wird isoliert betrachtet.

Beispiel 3A Ein Investor hält die Mehrheit der Stimmrechte an einem Beteiligungsunternehmen. Die Stimmrechte des Investors sind substanziell, weil er Entscheidungen über die Lenkung der maßgeblichen Tätigkeiten dann treffen kann, wenn sie erforderlich sind. Der Umstand, dass der Investor seine Stimmrechte erst in 30 Tagen ausüben kann, nimmt ihm nicht die gegenwärtige Fähigkeit zur Lenkung der maßgeblichen Tätigkeiten ab dem Augenblick, an dem er die Anteile erwirbt.

Beispiel 3B Ein Investor ist Partei eines Termingeschäfts zum Erwerb der Anteilsmehrheit am Beteiligungsunternehmen. Der Erfüllungstag des Termingeschäfts ist in 25 Tagen. Die derzeitigen Anteilseigner können die aktuellen Richtlinien für die maßgeblichen Tätigkeiten nicht ändern, da eine außerordentliche Versammlung frühestens in 30 Tagen – also nach Abwicklung des Termingeschäfts – abgehalten werden kann. Der Investor hat damit im Wesentlichen die gleichen Rechte wie der Mehrheitsanteilseigner im Beispiel 3A (d. h. der Investor, der den Terminkontrakt hält, kann Entscheidungen über die Lenkung der maßgeblichen Tätigkeiten dann treffen, wenn sie erforderlich sind). Der Terminkontrakt des Investors ist ein substanzielles Recht, das ihm bereits vor der Abwicklung des Termingeschäfts die gegenwärtige Fähigkeit zur Lenkung der maßgeblichen Tätigkeiten verleiht.

Beispiel 3C Ein Investor hält eine substanzielle Option auf den Erwerb der Anteilsmehrheit am Beteiligungsunternehmen, die in 25 Tagen ausübbar und weit im Geld ist. Hier würde man zu der gleichen Schlussfolgerung gelangen wie in Beispiel 3B.

Beispiel 3D Ein Investor ist Partei eines Termingeschäfts zum Erwerb der Anteilsmehrheit am Beteiligungsunternehmen, wobei er keine weiteren verwandten Rechte am Beteiligungsunternehmen hat. Der Erfüllungstag des Termingeschäfts ist in sechs Monaten. Im Gegensatz zu den oben beschriebenen Beispielen verfügt der Investor nicht über die gegenwärtige Fähigkeit zur Lenkung der maßgeblichen Tätigkeiten. Gegenwärtig sind es die derzeitigen Anteilseigner, die die maßgeblichen Tätigkeiten lenken können, weil sie die aktuellen Richtlinien für die maßgeblichen Tätigkeiten vor der Abwicklung des Termingeschäfts ändern können.

B25 Von anderen Parteien ausübbare substanzielle Rechte können einen Investor daran hindern, das Beteiligungsunternehmen, auf das sich diese Rechte beziehen, zu beherrschen. Solche substanziellen Rechte sind nicht an die Bedingung geknüpft, dass die Inhaber Beschlüsse einleiten können. Solange diese Rechte keine reinen Schutzrechte sind (siehe Paragraphen B26–B28), können substanzielle Rechte anderer Parteien den Investor an der Beherrschung des Beteiligungsunternehmens hindern. Dies gilt selbst dann, wenn diese Rechte ihren Inhabern nur die gegenwärtige Fähigkeit zur Genehmigung oder Blockierung von Entscheidungen über die maßgeblichen Tätigkeiten verleihen.

Schutzrechte

B26 Bei der Beurteilung, ob er aufgrund von Rechten die Verfügungsgewalt über ein Beteiligungsunternehmen hat, muss der Investor prüfen, ob es sich bei seinen Rechten und den Rechten anderer um Schutzrechte handelt. Schutzrechte beziehen sich auf grundlegende Veränderungen bei den Tätigkeiten eines Beteiligungsunternehmens oder gelten unter außergewöhnlichen Umständen. Doch stellen nicht alle Rechte, die unter außergewöhnlichen Umständen gelten oder vom Eintreten bestimmter Ereignisse abhängig sind, Schutzrechte dar (siehe Paragraphen B13 und B53).

B27 Da Schutzrechte darauf ausgelegt sind, die Interessen ihres Inhabers zu schützen, ohne diesem die Verfügungsgewalt über das Beteiligungsunternehmen zu geben, auf das sich diese Rechte beziehen, kann ein Investor, der nur Schutzrechte hält,

To be substantive, rights also need to be exercisable when decisions about the direction of the relevant activities need to be made. Usually, to be substantive, the rights need to be currently exercisable. However, sometimes rights can be substantive, even though the rights are not currently exercisable. B24

Application examples

Example 3 The investee has annual shareholder meetings at which decisions to direct the relevant activities are made. The next scheduled shareholders' meeting is in eight months. However, shareholders that individually or collectively hold at least 5 per cent of the voting rights can call a special meeting to change the existing policies over the relevant activities, but a requirement to give notice to the other shareholders means that such a meeting cannot be held for at least 30 days. Policies over the relevant activities can be changed only at special or scheduled shareholders' meetings. This includes the approval of material sales of assets as well as the making or disposing of significant investments.

The above fact pattern applies to examples 3A—3D described below. Each example is considered in isolation.

Example 3A An investor holds a majority of the voting rights in the investee. The investor's voting rights are substantive because the investor is able to make decisions about the direction of the relevant activities when they need to be made. The fact that it takes 30 days before the investor can exercise its voting rights does not stop the investor from having the current ability to direct the relevant activities from the moment the investor acquires the shareholding.

Example 3B An investor is party to a forward contract to acquire the majority of shares in the investee. The forward contract's settlement date is in 25 days. The existing shareholders are unable to change the existing policies over the relevant activities because a special meeting cannot be held for at least 30 days, at which point the forward contract will have been settled. Thus, the investor has rights that are essentially equivalent to the majority shareholder in example 3A above (ie the investor holding the forward contract can make decisions about the direction of the relevant activities when they need to be made). The investor's forward contract is a substantive right that gives the investor the current ability to direct the relevant activities even before the forward contract is settled.

Example 3C An investor holds a substantive option to acquire the majority of shares in the investee that is exercisable in 25 days and is deeply in the money. The same conclusion would be reached as in example 3B.

Example 3D An investor is party to a forward contract to acquire the majority of shares in the investee, with no other related rights over the investee. The forward contract's settlement date is in six months. In contrast to the examples above, the investor does not have the current ability to direct the relevant activities. The existing shareholders have the current ability to direct the relevant activities because they can change the existing policies over the relevant activities before the forward contract is settled.

Substantive rights exercisable by other parties can prevent an investor from controlling the investee to which those rights relate. Such substantive rights do not require the holders to have the ability to initiate decisions. As long as the rights are not merely protective (see paragraphs B26—B28), substantive rights held by other parties may prevent the investor from controlling the investee even if the rights give the holders only the current ability to approve or block decisions that relate to the relevant activities. B25

Protective rights

In evaluating whether rights give an investor power over an investee, the investor shall assess whether its rights, and rights held by others, are protective rights. Protective rights relate to fundamental changes to the activities of an investee or apply in exceptional circumstances. However, not all rights that apply in exceptional circumstances or are contingent on events are protective (see paragraphs B13 and B53). B26

Because protective rights are designed to protect the interests of their holder without giving that party power over the investee to which those rights relate, an investor that holds only protective rights cannot have power or prevent another party from having power over an investee (see paragraph 14). B27

weder die Verfügungsgewalt über ein Beteiligungsunternehmen haben noch verhindern, dass eine andere Partei die Verfügungsgewalt über das Beteiligungsunternehmen hat (siehe Paragraph 14).

B28 Beispiele für solche Schutzrechte sind unter anderem:

(a) das Recht eines Kreditgebers, einen Kreditnehmer in der Durchführung von Tätigkeiten einzuschränken, die das Ausfallrisiko des Kreditnehmers signifikant zum Nachteil des Kreditgebers verändern könnten,

(b) das Recht einer Partei mit einem nicht beherrschenden Anteil an einem Beteiligungsunternehmen auf Genehmigung von Investitionen, die über den im Rahmen der gewöhnlichen Geschäftstätigkeit erforderlichen Umfang hinausgehen, oder auf Genehmigung von Eigenkapital- oder Schuldinstrumente-Emissionen,

(c) das Recht eines Kreditgebers, die Vermögenswerte eines Kreditnehmers zu verwerten, wenn dieser die festgelegten Kreditrückzahlungsbedingungen nicht einhält.

Franchiseverträge

B29 Franchiseverträge, bei denen das Beteiligungsunternehmen Franchisenehmer ist, räumen dem Franchisegeber häufig Rechte ein, mit denen die Franchisemarke geschützt werden soll. In Franchiseverträgen erhalten die Franchisegeber normalerweise einige Entscheidungsbefugnisse hinsichtlich der Geschäftstätigkeit des Franchisenehmers.

B30 Im Allgemeinen schränken die Rechte des Franchisegebers nicht die Fähigkeit anderer Parteien ein, Entscheidungen mit signifikantem Einfluss auf die Rendite des Franchisenehmers zu treffen. Ebensowenig erhält der Franchisegeber durch seine Rechte aus Franchiseverträgen zwangsläufig die gegenwärtige Fähigkeit zur Lenkung der Tätigkeiten, die die Rendite des Franchisenehmers signifikant beeinflussen.

B31 Es muss unterschieden werden zwischen der gegenwärtigen Fähigkeit, Entscheidungen mit signifikantem Einfluss auf die Rendite des Franchisenehmers, und der Fähigkeit, Entscheidungen zum Schutz der Franchisemarke zu treffen. Der Franchisegeber hat keine Verfügungsgewalt über den Franchisenehmer, wenn andere Parteien aufgrund bestehender Rechte gegenwärtig über die Fähigkeit zur Lenkung der maßgeblichen Tätigkeiten des Franchisenehmers verfügen.

B32 Durch den Abschluss des Franchisevertrags hat der Franchisenehmer die einseitige Entscheidung getroffen, seine Geschäftstätigkeit gemäß den Bedingungen der Franchisevereinbarung, aber auf eigene Rechnung auszuüben.

B33 Die Verfügungsgewalt über so grundlegende Entscheidungen wie die Wahl der Rechtsform und der Finanzierungsstruktur des Franchisenehmers können bei anderen Parteien als dem Franchisegeber liegen und die Rendite des Franchisenehmers signifikant beeinflussen. Je geringer die finanzielle Unterstützung durch den Franchisegeber und je geringer sein Risiko aus schwankenden Renditen des Franchisenehmers ist, desto höher ist die Wahrscheinlichkeit, dass der Franchisegeber nur Schutzrechte besitzt.

Stimmrechte

B34 Häufig verfügt ein Investor aufgrund von Stimmrechten oder ähnlichen Rechten über die gegenwärtige Fähigkeit, die maßgeblichen Tätigkeiten zu lenken. Ein Investor berücksichtigt die Vorschriften in diesem Abschnitt (Paragraphen B35–B50), wenn die maßgeblichen Tätigkeiten eines Beteiligungsunternehmens durch Stimmrechte gelenkt werden.

Verfügungsgewalt mit Stimmrechtsmehrheit

B35 Ein Investor, der mehr als die Hälfte der Stimmrechte an einem Beteiligungsunternehmen hält, hat in den folgenden Fällen die Verfügungsgewalt, sofern nicht Paragraph B36 oder Paragraph B37 zutreffen:

(a) die maßgeblichen Tätigkeiten werden durch ein Votum des Inhabers der Stimmrechtsmehrheit gelenkt oder

(b) die Mehrheit der Mitglieder des Leitungsorgans, das die maßgeblichen Tätigkeiten lenkt, wird durch ein Votum des Inhabers der Stimmrechtsmehrheit ernannt.

Stimmrechtsmehrheit, aber keine Verfügungsgewalt

B36 Ein Investor, der mehr als die Hälfte der Stimmrechte an einem Beteiligungsunternehmen hält, hat nur dann die Verfügungsgewalt über das Beteiligungsunternehmen, wenn seine Stimmrechte gemäß den Paragraphen B22–B25 substanziell sind und ihm die gegenwärtige Fähigkeit verleihen, die maßgeblichen Tätigkeiten zu lenken, was häufig durch Festlegung der Geschäfts- und Finanzpolitik erfolgt. Wenn ein anderes Unternehmen aufgrund bestehender Rechte zur Lenkung der maßgeblichen Tätigkeiten berechtigt ist und es sich bei diesem Unternehmen nicht um einen Agenten des Investors handelt, hat der Investor nicht die Verfügungsgewalt über das Beteiligungsunternehmen.

B37 Ein Investor hat selbst dann, wenn er die Stimmrechtsmehrheit am Beteiligungsunternehmen besitzt, nicht die Verfügungsgewalt über das Beteiligungsunternehmen, wenn diese Stimmrechte nicht substanziell sind. Beispielsweise kann ein Investor, der mehr als die Hälfte der Stimmrechte an einem Beteiligungsunternehmen besitzt, nicht die Verfügungsgewalt haben, wenn die maßgeblichen Tätigkeiten den Weisungen einer staatlichen Stelle, eines Gerichts, eines Zwangs- oder Konkursverwalters, eines Liquidators oder einer Aufsichtsbehörde unterliegen.

Examples of protective rights include but are not limited to: B28

(a) a lender's right to restrict a borrower from undertaking activities that could significantly change the credit risk of the borrower to the detriment of the lender.
(b) the right of a party holding a non-controlling interest in an investee to approve capital expenditure greater than that required in the ordinary course of business, or to approve the issue of equity or debt instruments.
(c) the right of a lender to seize the assets of a borrower if the borrower fails to meet specified loan repayment conditions.

Franchises

A franchise agreement for which the investee is the franchisee often gives the franchisor rights that are designed to protect the franchise brand. Franchise agreements typically give franchisors some decision-making rights with respect to the operations of the franchisee. B29

Generally, franchisors' rights do not restrict the ability of parties other than the franchisor to make decisions that have a significant effect on the franchisee's returns. Nor do the rights of the franchisor in franchise agreements necessarily give the franchisor the current ability to direct the activities that significantly affect the franchisee's returns. B30

It is necessary to distinguish between having the current ability to make decisions that significantly affect the franchisee's returns and having the ability to make decisions that protect the franchise brand. The franchisor does not have power over the franchisee if other parties have existing rights that give them the current ability to direct the relevant activities of the franchisee. B31

By entering into the franchise agreement the franchisee has made a unilateral decision to operate its business in accordance with the terms of the franchise agreement, but for its own account. B32

Control over such fundamental decisions as the legal form of the franchisee and its funding structure may be determined by parties other than the franchisor and may significantly affect the returns of the franchisee. The lower the level of financial support provided by the franchisor and the lower the franchisor's exposure to variability of returns from the franchisee the more likely it is that the franchisor has only protective rights. B33

Voting rights

Often an investor has the current ability, through voting or similar rights, to direct the relevant activities. An investor considers the requirements in this section (paragraphs B35—B50) if the relevant activities of an investee are directed through voting rights. B34

Power with a majority of the voting rights

An investor that holds more than half of the voting rights of an investee has power in the following situations, unless paragraph B36 or paragraph B37 applies: B35

(a) the relevant activities are directed by a vote of the holder of the majority of the voting rights, or
(b) a majority of the members of the governing body that directs the relevant activities are appointed by a vote of the holder of the majority of the voting rights.

Majority of the voting rights but no power

For an investor that holds more than half of the voting rights of an investee, to have power over an investee, the investor's voting rights must be substantive, in accordance with paragraphs B22—B25, and must provide the investor with the current ability to direct the relevant activities, which often will be through determining operating and financing policies. If another entity has existing rights that provide that entity with the right to direct the relevant activities and that entity is not an agent of the investor, the investor does not have power over the investee. B36

An investor does not have power over an investee, even though the investor holds the majority of the voting rights in the investee, when those voting rights are not substantive. For example, an investor that has more than half of the voting rights in an investee cannot have power if the relevant activities are subject to direction by a government, court, administrator, receiver, liquidator or regulator. B37

Verfügungsgewalt ohne Stimmrechtsmehrheit

B38 Ein Investor kann die Verfügungsgewalt haben, selbst wenn er nicht die Mehrheit der Stimmrechte an einem Beteiligungsunternehmen hält. Die Verfügungsgewalt eines Investors ohne die Stimmrechtsmehrheit an einem Beteiligungsunternehmen kann beispielsweise basieren auf

(a) einer vertraglichen Vereinbarung zwischen dem Investor und anderen Stimmrechtsinhabern (siehe Paragraph B39),
(b) Rechten aus anderen vertraglichen Vereinbarungen (siehe Paragraph B40),
(c) den Stimmrechten des Investors (siehe Paragraphen B41–B45),
(d) potenziellen Stimmrechten (siehe Paragraphen B47–B50) oder
(e) einer Kombination aus (a)–(d).

Vertragliche Vereinbarung mit anderen Stimmrechtsinhabern

B39 Ein Investor kann aufgrund einer vertraglichen Vereinbarung zwischen ihm und anderen Stimmrechtsinhabern das Recht haben, genügend Stimmrechte auszuüben, um die Verfügungsgewalt zu erlangen, selbst wenn er ohne die vertragliche Vereinbarung nicht über genügend Stimmrechte für die Verfügungsgewalt verfügen würde. Eine vertragliche Vereinbarung könnte jedoch sicherstellen, dass der Investor genügend andere Stimmrechtsinhaber anweisen kann, so abzustimmen, dass er Entscheidungen über die maßgeblichen Tätigkeiten treffen kann.

Rechte aus anderen vertraglichen Vereinbarungen

B40 Ein Investor kann auch aufgrund anderer Entscheidungsbefugnisse in Verbindung mit Stimmrechten die gegenwärtige Fähigkeit haben, die maßgeblichen Tätigkeiten zu lenken. Beispielsweise können die in einer vertraglichen Vereinbarung festgelegten Rechte in Verbindung mit Stimmrechten ausreichen, um einem Investor die gegenwärtige Fähigkeit zu verleihen, die Herstellungsprozesse eines Beteiligungsunternehmens oder andere Geschäfts- oder Finanztätigkeiten eines Beteiligungsunternehmens, die die Rendite des Beteiligungsunternehmens signifikant beeinflussen, zu lenken. Ohne andere Rechte führt die wirtschaftliche Abhängigkeit eines Beteiligungsunternehmens vom Investor (wie in der Beziehung eines Lieferanten zu seinem Hauptkunden) nicht dazu, dass der Investor die Verfügungsgewalt über das Beteiligungsunternehmen hat.

Die Stimmrechte des Investors

B41 Ein Investor ohne Stimmrechtsmehrheit verfügt dann über ausreichende Rechte, die ihm die Verfügungsgewalt geben, wenn er über die praktische Fähigkeit verfügt, die maßgeblichen Tätigkeiten einseitig zu lenken.

B42 Bei der Beurteilung, ob die Stimmrechte eines Investors ausreichen, um ihm die Verfügungsgewalt zu geben, berücksichtigt der Investor alle Fakten und Umstände, so u. a.:

(a) den Umfang der in seinem Besitz befindlichen Stimmrechte im Verhältnis zu Umfang und Streuung der Stimmrechte anderer Stimmrechtsinhaber. Dabei ist Folgendes zu beachten:
  (i) je mehr Stimmrechte ein Investor besitzt, desto größer die Wahrscheinlichkeit, dass er über bestehende Rechte verfügt, die ihm die gegenwärtige Fähigkeit zur Lenkung der maßgeblichen Tätigkeiten verleihen,
  (ii) je mehr Stimmrechte ein Investor im Verhältnis zu anderen Stimmrechtsinhabern besitzt, desto größer die Wahrscheinlichkeit, dass er über bestehende Rechte verfügt, die ihm die gegenwärtige Fähigkeit zur Lenkung der maßgeblichen Tätigkeiten verleihen,
  (iii) je mehr Parteien gemeinsam handeln müssten, um den Investor zu überstimmen, desto größer die Wahrscheinlichkeit, dass der Investor über bestehende Rechte verfügt, die ihm die gegenwärtige Fähigkeit zur Lenkung der maßgeblichen Tätigkeiten verleihen.
(b) potenzielle Stimmrechte, die sich im Besitz des Investors, anderer Stimmrechtsinhaber oder sonstiger Parteien befinden (siehe Paragraphen B47–B50),
(c) Rechte aus anderen vertraglichen Vereinbarungen (siehe Paragraph B40) und
(d) weitere Fakten und Umstände, die darauf hinweisen, dass der Investor gegenwärtig in der Lage ist oder nicht in der Lage ist, die maßgeblichen Tätigkeiten zu den Zeitpunkten, zu denen Entscheidungen getroffen werden müssen, unter Berücksichtigung des Abstimmungsverhaltens bei früheren Haupt- bzw. Gesellschafterversammlungen zu lenken.

B43 Wenn die maßgeblichen Tätigkeiten per Mehrheitsbeschluss bestimmt werden und ein Investor erheblich mehr Stimmrechte als jeder andere Stimmrechtsinhaber oder jede organisierte Gruppe von Stimmrechtsinhabern hält und der übrige Anteilsbesitz breit gestreut ist, kann es nach alleiniger Berücksichtigung der in Paragraph B42 (a)–(c) genannten Faktoren eindeutig sein, dass der Investor die Verfügungsgewalt über das Beteiligungsunternehmen hat.

Anwendungsbeispiele

Beispiel 4 Ein Investor erwirbt 48 Prozent der Stimmrechte an einem Beteiligungsunternehmen. Die übrigen Stimmrechte werden von mehreren Tausend Anteilseignern gehalten, von denen keiner mehr als 1 Prozent der Stimmrechte besitzt. Keiner der Anteilseigner hat vereinbart, sich mit anderen Anteilseignern zu beraten oder gemeinsame Entscheidungen zu treffen. Bei der Beurteilung des Anteils der zu erwerbenden Stimmrechte gelangte der Investor mit Blick auf die relative Größe der anderen Anteilsbestände zu dem Schluss, dass ein Anteil von

Power without a majority of the voting rights

An investor can have power even if it holds less than a majority of the voting rights of an investee. An investor can have power with less than a majority of the voting rights of an investee, for example, through: B38

(a) a contractual arrangement between the investor and other vote holders (see paragraph B39);
(b) rights arising from other contractual arrangements (see paragraph B40);
(c) the investor's voting rights (see paragraphs B41—B45);
(d) potential voting rights (see paragraphs B47—B50); or
(e) a combination of (a)—(d).

Contractual arrangement with other vote holders

A contractual arrangement between an investor and other vote holders can give the investor the right to exercise voting rights sufficient to give the investor power, even if the investor does not have voting rights sufficient to give it power without the contractual arrangement. However, a contractual arrangement might ensure that the investor can direct enough other vote holders on how to vote to enable the investor to make decisions about the relevant activities. B39

Rights from other contractual arrangements

Other decision-making rights, in combination with voting rights, can give an investor the current ability to direct the relevant activities. For example, the rights specified in a contractual arrangement in combination with voting rights may be sufficient to give an investor the current ability to direct the manufacturing processes of an investee or to direct other operating or financing activities of an investee that significantly affect the investee's returns. However, in the absence of any other rights, economic dependence of an investee on the investor (such as relations of a supplier with its main customer) does not lead to the investor having power over the investee. B40

The investor's voting rights

An investor with less than a majority of the voting rights has rights that are sufficient to give it power when the investor has the practical ability to direct the relevant activities unilaterally. B41

When assessing whether an investor's voting rights are sufficient to give it power, an investor considers all facts and circumstances, including: B42

(a) the size of the investor's holding of voting rights relative to the size and dispersion of holdings of the other vote holders, noting that:
    (i) the more voting rights an investor holds, the more likely the investor is to have existing rights that give it the current ability to direct the relevant activities;
    (ii) the more voting rights an investor holds relative to other vote holders, the more likely the investor is to have existing rights that give it the current ability to direct the relevant activities;
    (iii) the more parties that would need to act together to outvote the investor, the more likely the investor is to have existing rights that give it the current ability to direct the relevant activities;
(b) potential voting rights held by the investor, other vote holders or other parties (see paragraphs B47—B50);
(c) rights arising from other contractual arrangements (see paragraph B40); and
(d) any additional facts and circumstances that indicate the investor has, or does not have, the current ability to direct the relevant activities at the time that decisions need to be made, including voting patterns at previous shareholders' meetings.

When the direction of relevant activities is determined by majority vote and an investor holds significantly more voting rights than any other vote holder or organised group of vote holders, and the other shareholdings are widely dispersed, it may be clear, after considering the factors listed in paragraph 42 (a)—(c) alone, that the investor has power over the investee. B43

Application examples

Example 4 An investor acquires 48 per cent of the voting rights of an investee. The remaining voting rights are held by thousands of shareholders, none individually holding more than 1 per cent of the voting rights. None of the shareholders has any arrangements to consult any of the others or make collective decisions. When assessing the proportion of voting rights to acquire, on the basis of the relative size of the other shareholdings, the investor determined that a

48 Prozent für die Verfügungsgewalt ausreichen würde. In diesem Fall wird die Schlussfolgerung, dass der Stimmrechtsanteil ausreichend dominant ist, um das Kriterium der Verfügungsgewalt zu erfüllen, auf Basis der absoluten Größe des Anteilsbesitzes des Investors und der relativen Größe der anderen Anteilsbestände gezogen, ohne dass weitere Anhaltspunkte für die Verfügungsgewalt berücksichtigt werden müssen.

Beispiel 5 Investor A hält 40 Prozent der Stimmrechte an einem Beteiligungsunternehmen und zwölf andere Investoren halten je 5 Prozent. Investor A hat aufgrund einer Anteilseignervereinbarung das Recht auf Ernennung und Abberufung des für die Lenkung der maßgeblichen Tätigkeiten verantwortlichen Managements sowie zur Festlegung von dessen Vergütung. Zur Änderung der Vereinbarung ist eine Zweidrittelmehrheit der Anteilseigner erforderlich. In diesem Fall kommt Investor A zu dem Schluss, dass sich aus der absoluten Größe seines Anteilsbesitzes und der relativen Größe der anderen Anteilsbestände allein nicht schlüssig ableiten lässt, ob er über ausreichende Rechte verfügt, um die Verfügungsgewalt zu haben. Investor A stellt jedoch fest, dass sein vertragliches Recht auf Ernennung, Abberufung und Festlegung der Vergütung des Managements ausreicht, um zu dem Schluss zu gelangen, dass er die Verfügungsgewalt über das Beteiligungsunternehmen besitzt. Die Tatsache, dass Investor A dieses Recht möglicherweise nicht ausgeübt hat, oder die Wahrscheinlichkeit, dass Investor A von seinem Recht auf Auswahl, Ernennung oder Abberufung des Managements Gebrauch macht, sind bei der Beurteilung, ob Investor A die Verfügungsgewalt besitzt, nicht zu berücksichtigen.

B44 In anderen Fällen kann nach alleiniger Berücksichtigung der in Paragraph B42 (a)–(c) aufgeführten Faktoren klar sein, dass ein Investor nicht die Verfügungsgewalt besitzt.

Anwendungsbeispiel

Beispiel 6 Investor A hält 45 Prozent der Stimmrechte an einem Beteiligungsunternehmen. Zwei weitere Investoren halten je 26 Prozent. Die restlichen Stimmrechte entfallen auf drei weitere Anteilseigner, die je 1 Prozent halten. Es bestehen keine weiteren Vereinbarungen, die sich auf den Entscheidungsprozess auswirken. In diesem Fall reicht die Größe des Stimmrechtsanteils von Investor A im Verhältnis zu den anderen Anteilsbeständen aus, um zu dem Schluss zu gelangen, dass Investor A nicht die Verfügungsgewalt hat. Nur zwei andere Investoren müssten kooperieren, um Investor A daran zu hindern, die maßgeblichen Tätigkeiten des Beteiligungsunternehmens zu lenken.

B45 Die in Paragraph B42 (a)–(c) aufgeführten Faktoren reichen für sich genommen eventuell nicht für eine Schlussfolgerung aus. Ist ein Investor sich nach Berücksichtigung dieser Faktoren unsicher, ob er die Verfügungsgewalt besitzt, muss er zusätzliche Fakten und Umstände heranziehen, z. B. ob aus dem Abstimmungsverhalten bei früheren Hauptversammlungen ersichtlich ist, dass andere Anteilseigner eher passiv sind. Dazu gehört auch die Beurteilung der Faktoren in Paragraph B18 und der Indikatoren in den Paragraphen B19 und B20. Je weniger Stimmrechte der Investor hält und je weniger Parteien kooperieren müssen, um den Investor zu überstimmen, desto mehr würde bei der Beurteilung, ob die Rechte des Investors für die Verfügungsgewalt ausreichen, das Gewicht auf die zusätzlichen Fakten und Umstände gelegt. Werden die in den Paragraphen B18–B20 genannten Fakten und Umstände zusammen mit den Rechten des Investors betrachtet, sind die Anhaltspunkte für das Vorliegen von Verfügungsgewalt in Paragraph B18 stärker zu gewichten als die Indikatoren in den Paragraphen B19 und B20.

Anwendungsbeispiele

Beispiel 7 Ein Investor hält 45 Prozent der Stimmrechte an einem Beteiligungsunternehmen. Elf weitere Anteilseigner halten je 5 Prozent. Keiner der Anteilseigner hat vertraglich vereinbart, sich mit anderen zu beraten oder gemeinsame Entscheidungen zu treffen. In diesem Fall lässt sich aus der Größe des Anteilsbesitzes des Investors und der relativen Größe der anderen Anteilsbestände allein nicht schlüssig ableiten, ob der Investor über ausreichende Rechte für Verfügungsgewalt verfügt. Es müssen weitere Fakten und Umstände berücksichtigt werden, die möglicherweise darauf hinweisen, dass der Investor die Verfügungsgewalt hat oder dass er sie nicht hat.

Beispiel 8 Ein Investor hält 35 Prozent der Stimmrechte an einem Beteiligungsunternehmen. Drei andere Anteilseigner halten je 5 Prozent. Die restlichen Stimmrechte werden von zahlreichen anderen Anteilseignern gehalten, von denen keiner mehr als 1 Prozent der Stimmrechte besitzt. Keiner der Anteilseigner hat vereinbart, sich mit anderen zu beraten oder gemeinsame Entscheidungen zu treffen. Entscheidungen über die maßgeblichen Tätigkeiten des Beteiligungsunternehmens müssen mit einer Mehrheit der in der Hauptversammlung jeweils abgegebenen Stimmen genehmigt werden. In den letzten Hauptversammlungen haben 75 Prozent der Stimmberechtigten des Beteiligungsunternehmens ihre Stimme abgegeben. In diesem Fall weist die aktive Beteiligung der anderen Anteilseigner auf den letzten Hauptversammlungen darauf hin, dass der Investor nicht über die praktische Fähigkeit zur einseitigen Lenkung der maßgeblichen Tätigkeiten verfügen würde. Dies gilt unabhängig davon, ob der Investor die maßgeblichen Tätigkeiten gelenkt hat, weil eine ausreichende Anzahl anderer Anteilseigner genauso abgestimmt hat wie er.

48 per cent interest would be sufficient to give it control. In this case, on the basis of the absolute size of its holding and the relative size of the other shareholdings, the investor concludes that it has a sufficiently dominant voting interest to meet the power criterion without the need to consider any other evidence of power.

Example 5 Investor A holds 40 per cent of the voting rights of an investee and twelve other investors each hold 5 per cent of the voting rights of the investee. A shareholder agreement grants investor A the right to appoint, remove and set the remuneration of management responsible for directing the relevant activities. To change the agreement, a two-thirds majority vote of the shareholders is required. In this case, investor A concludes that the absolute size of the investor's holding and the relative size of the other shareholdings alone are not conclusive in determining whether the investor has rights sufficient to give it power. However, investor A determines that its contractual right to appoint, remove and set the remuneration of management is sufficient to conclude that it has power over the investee. The fact that investor A might not have exercised this right or the likelihood of investor A exercising its right to select, appoint or remove management shall not be considered when assessing whether investor A has power.

In other situations, it may be clear after considering the factors listed in paragraph B42 (a)—(c) alone that an investor does not have power. **B44**

Application example

Example 6 Investor A holds 45 per cent of the voting rights of an investee. Two other investors each hold 26 per cent of the voting rights of the investee. The remaining voting rights are held by three other shareholders, each holding 1 per cent. There are no other arrangements that affect decision-making. In this case, the size of investor A's voting interest and its size relative to the other shareholdings are sufficient to conclude that investor A does not have power. Only two other investors would need to co-operate to be able to prevent investor A from directing the relevant activities of the investee.

However, the factors listed in paragraph B42 (a)—(c) alone may not be conclusive. If an investor, having considered those factors, is unclear whether it has power, it shall consider additional facts and circumstances, such as whether other shareholders are passive in nature as demonstrated by voting patterns at previous shareholders' meetings. This includes the assessment of the factors set out in paragraph B18 and the indicators in paragraphs B19 and B20. The fewer voting rights the investor holds, and the fewer parties that would need to act together to outvote the investor, the more reliance would be placed on the additional facts and circumstances to assess whether the investor's rights are sufficient to give it power. When the facts and circumstances in paragraphs B18—B20 are considered together with the investor's rights, greater weight shall be given to the evidence of power in paragraph B18 than to the indicators of power in paragraphs B19 and B20. **B45**

Application examples

Example 7 An investor holds 45 per cent of the voting rights of an investee. Eleven other shareholders each hold 5 per cent of the voting rights of the investee. None of the shareholders has contractual arrangements to consult any of the others or make collective decisions. In this case, the absolute size of the investor's holding and the relative size of the other shareholdings alone are not conclusive in determining whether the investor has rights sufficient to give it power over the investee. Additional facts and circumstances that may provide evidence that the investor has, or does not have, power shall be considered.

Example 8 An investor holds 35 per cent of the voting rights of an investee. Three other shareholders each hold 5 per cent of the voting rights of the investee. The remaining voting rights are held by numerous other shareholders, none individually holding more than 1 per cent of the voting rights. None of the shareholders has arrangements to consult any of the others or make collective decisions. Decisions about the relevant activities of the investee require the approval of a majority of votes cast at relevant shareholders' meetings—75 per cent of the voting rights of the investee have been cast at recent relevant shareholders' meetings. In this case, the active participation of the other shareholders at recent shareholders' meetings indicates that the investor would not have the practical ability to direct the relevant activities unilaterally, regardless of whether the investor has directed the relevant activities because a sufficient number of other shareholders voted in the same way as the investor.

B46 Ist nach Berücksichtigung der in Paragraph B42 (a)–(d) aufgeführten Faktoren nicht eindeutig, dass der Investor die Verfügungsgewalt hat, wird das Beteiligungsunternehmen vom Investor nicht beherrscht.

Potenzielle Stimmrechte

B47 Bei der Beurteilung der Beherrschung berücksichtigt ein Investor seine potenziellen Stimmrechte sowie die potenziellen Stimmrechte anderer Parteien, um festzustellen, ob er die Verfügungsgewalt hat. Potenzielle Stimmrechte sind Rechte auf den Erhalt von Stimmrechten an einem Beteiligungsunternehmen. Dies können Rechte sein, die aus wandelbaren Instrumenten oder Optionen einschließlich Termingeschäften entstehen. Diese potenziellen Stimmrechte werden nur berücksichtigt, wenn sie substanziell sind (siehe Paragraphen B22–B25).

B48 Bei der Berücksichtigung potenzieller Stimmrechte muss ein Investor den Zweck und die Ausgestaltung des Instruments sowie den Zweck und die Ausgestaltung eines etwaigen anderen Engagements des Investors beim Beteiligungsunternehmen betrachten. Hierzu gehört eine Beurteilung der verschiedenen Vertragsbedingungen des Instruments sowie der offensichtlichen Erwartungen, Motive und Gründe, die den Investor bewogen haben, diesen Bedingungen zuzustimmen.

B49 Verfügt der Investor außerdem über Stimmrechte oder andere Entscheidungsbefugnisse in Bezug auf die Tätigkeiten des Beteiligungsunternehmens, beurteilt er, ob ihm diese Rechte in Verbindung mit potenziellen Stimmrechten die Verfügungsgewalt geben.

B50 Ein Investor kann allein aufgrund substanzieller potenzieller Stimmrechte in Kombination mit anderen Rechten die gegenwärtige Fähigkeit zur Lenkung der maßgeblichen Tätigkeiten besitzen. Beispielsweise ist dies wahrscheinlich der Fall, wenn ein Investor 40 Prozent der Stimmrechte an einem Beteiligungsunternehmen hält und gemäß Paragraph B23 substanzielle Rechte aus Optionen für den Erwerb von weiteren 20 Prozent der Stimmrechte hat.

Anwendungsbeispiele

Beispiel 9 Investor A hält 70 Prozent der Stimmrechte an einem Beteiligungsunternehmen. Investor B hat 30 Prozent der Stimmrechte sowie eine Option für den Erwerb der Hälfte der Stimmrechte von Investor A. Die Option kann in den nächsten zwei Jahren zu einem festen Preis ausgeübt werden, der weit aus dem Geld ist (und im betreffenden Zweijahreszeitraum voraussichtlich weiter sein wird). Investor A übt seine Stimmrechte aus und lenkt aktiv die maßgeblichen Tätigkeiten des Beteiligungsunternehmens. In einem solchen Fall erfüllt Investor A wahrscheinlich das Kriterium der Verfügungsgewalt, weil er über die gegenwärtige Fähigkeit zur Lenkung der maßgeblichen Tätigkeiten zu verfügen scheint. Obgleich Investor B gegenwärtig ausübbare Optionen über den Kauf zusätzlicher Stimmrechte besitzt (bei deren Ausübung er die Mehrheit der Stimmrechte an dem Beteiligungsunternehmen erhielte), sind die mit diesen Optionen verknüpften Bedingungen so beschaffen, dass die Optionen nicht als substanziell angesehen werden.

Beispiel 10 Investor A und zwei weitere Investoren halten je ein Drittel der Stimmrechte an einem Beteiligungsunternehmen. Die Geschäftstätigkeit des Beteiligungsunternehmens ist eng mit Investor A verbunden. Zusätzlich zu den Eigenkapitalinstrumenten des Beteiligungsunternehmens hält Investor A Schuldinstrumente, die jederzeit zu einem festen Preis, der aus dem Geld (aber nicht weit aus dem Geld) ist, in Stammaktien des Beteiligungsunternehmens umgewandelt werden können. Bei einer Umwandlung der Schuldinstrumente würde Investor A 60 Prozent der Stimmrechte am Beteiligungsunternehmen halten. Investor A würde von der Realisierung von Synergien profitieren, wenn die Schuldinstrumente in Stammaktien umgewandelt würden. Investor A hat die Verfügungsgewalt über das Beteiligungsunternehmen, weil er Stimmrechte sowie substanzielle potenzielle Stimmrechte am Beteiligungsunternehmen hält, die ihm die gegenwärtige Fähigkeit zur Lenkung der maßgeblichen Tätigkeiten geben.

Verfügungsgewalt in Fällen, in denen Stimm- oder ähnliche Rechte keinen signifikanten Einfluss auf die Renditen des Beteiligungsunternehmens haben

B51 Bei der Beurteilung von Zweck und Ausgestaltung eines Beteiligungsunternehmens (siehe Paragraphen B5–B8) muss ein Investor das Engagement und die Entscheidungen berücksichtigen, die bei der Gründung des Beteiligungsunternehmens im Rahmen von dessen Ausgestaltung getroffen wurden. Außerdem muss er beurteilen, ob die Transaktionsbedingungen und Merkmale des Engagements ihn mit genügend Rechten ausstatten, um ihm die Verfügungsgewalt zu geben. Ein Engagement an der Ausgestaltung eines Beteiligungsunternehmens allein reicht für den Investor nicht aus, um das Beteiligungsunternehmen zu beherrschen. Ein Engagement bei der Ausgestaltung kann aber darauf hinweisen, dass der Investor Gelegenheit zur Erlangung von Rechten hatte, die ausreichen, um ihm die Verfügungsgewalt über das Beteiligungsunternehmen zu geben.

B52 Darüber hinaus hat ein Investor vertragliche Vereinbarungen wie bei der Gründung des Beteiligungsunternehmens festgelegte Kauf-, Verkaufs- und Liquidationsrechte zu berücksichtigen. Beziehen sich diese vertraglichen Vereinbarungen auf Tätigkeiten, die eng mit denen des Beteiligungsunternehmens verbunden sind, so sind diese Aktivitäten von ihrem wirtschaftlichen Gehalt her ein Bestandteil der Gesamttätigkeit des Beteiligungsunternehmens, auch wenn sie möglicherweise außerhalb der recht-

If it is not clear, having considered the factors listed in paragraph B42 (a)—(d), that the investor has power, the investor does not control the investee. B46

Potential voting rights

When assessing control, an investor considers its potential voting rights as well as potential voting rights held by other parties, to determine whether it has power. Potential voting rights are rights to obtain voting rights of an investee, such as those arising from convertible instruments or options, including forward contracts. Those potential voting rights are considered only if the rights are substantive (see paragraphs B22—B25). B47

When considering potential voting rights, an investor shall consider the purpose and design of the instrument, as well as the purpose and design of any other involvement the investor has with the investee. This includes an assessment of the various terms and conditions of the instrument as well as the investor's apparent expectations, motives and reasons for agreeing to those terms and conditions. B48

If the investor also has voting or other decision-making rights relating to the investee's activities, the investor assesses whether those rights, in combination with potential voting rights, give the investor power. B49

Substantive potential voting rights alone, or in combination with other rights, can give an investor the current ability to direct the relevant activities. For example, this is likely to be the case when an investor holds 40 per cent of the voting rights of an investee and, in accordance with paragraph B23, holds substantive rights arising from options to acquire a further 20 per cent of the voting rights. B50

Application examples

Example 9 Investor A holds 70 per cent of the voting rights of an investee. Investor B has 30 per cent of the voting rights of the investee as well as an option to acquire half of investor A's voting rights. The option is exercisable for the next two years at a fixed price that is deeply out of the money (and is expected to remain so for that two-year period). Investor A has been exercising its votes and is actively directing the relevant activities of the investee. In such a case, investor A is likely to meet the power criterion because it appears to have the current ability to direct the relevant activities. Although investor B has currently exercisable options to purchase additional voting rights (that, if exercised, would give it a majority of the voting rights in the investee), the terms and conditions associated with those options are such that the options are not considered substantive.

Example 10 Investor A and two other investors each hold a third of the voting rights of an investee. The investee's business activity is closely related to investor A. In addition to its equity instruments, investor A also holds debt instruments that are convertible into ordinary shares of the investee at any time for a fixed price that is out of the money (but not deeply out of the money). If the debt were converted, investor A would hold 60 per cent of the voting rights of the investee. Investor A would benefit from realising synergies if the debt instruments were converted into ordinary shares. Investor A has power over the investee because it holds voting rights of the investee together with substantive potential voting rights that give it the current ability to direct the relevant activities.

Power when voting or similar rights do not have a significant effect on the investee's returns

In assessing the purpose and design of an investee (see paragraphs B5—B8), an investor shall consider the involvement and decisions made at the investee's inception as part of its design and evaluate whether the transaction terms and features of the involvement provide the investor with rights that are sufficient to give it power. Being involved in the design of an investee alone is not sufficient to give an investor control. However, involvement in the design may indicate that the investor had the opportunity to obtain rights that are sufficient to give it power over the investee. B51

In addition, an investor shall consider contractual arrangements such as call rights, put rights and liquidation rights established at the investee's inception. When these contractual arrangements involve activities that are closely related to the investee, then these activities are, in substance, an integral part of the investee's overall activities, even though they may occur outside the legal boundaries of the investee. Therefore, explicit or implicit decision-making rights embedded in B52

lichen Sphäre des Beteiligungsunternehmens stattfinden. Daher sind explizite oder implizite Entscheidungsbefugnisse, die in eng mit dem Beteiligungsunternehmen verbundene vertragliche Vereinbarungen eingebettet sind, bei der Beurteilung der Verfügungsgewalt über ein Beteiligungsunternehmen als maßgebliche Tätigkeiten zu betrachten.

B53 Bei einigen Beteiligungsunternehmen kommen maßgebliche Tätigkeiten nur vor, wenn bestimmte Umstände oder Ereignisse eintreten. Das Beteiligungsunternehmen kann so ausgestaltet sein, dass seine Tätigkeiten und Renditen vorab festgelegt sind, es sei denn, dass bzw. bis diese bestimmten Umstände oder Ereignisse eintreten. In diesem Fall können nur die bei Eintreten dieser Umstände oder Ereignisse getroffenen Entscheidungen über die Tätigkeiten des Beteiligungsunternehmens dessen Rendite signifikant beeinflussen und somit maßgebliche Tätigkeiten sein. Diese Umstände oder Ereignisse müssen nicht eingetreten sein, damit ein Investor, der diese Entscheidungen treffen kann, die Verfügungsgewalt besitzt. Die Tatsache, dass die Entscheidungsbefugnis vom Eintreten bestimmter Umstände oder Ereignisse abhängig ist, macht diese Rechte für sich genommen nicht zu Schutzrechten.

Beispiel 11 Die einzige Geschäftstätigkeit eines Beteiligungsunternehmens besteht seinen Gründungsunterlagen zufolge darin, Forderungen aufzukaufen und für seine Investoren laufend abzuwickeln. Die laufende Abwicklung umfasst die Einziehung und Weiterleitung fälliger Kapital- und Zinszahlungen. Bei Ausfall einer Forderung verkauft das Beteiligungsunternehmen die Forderung automatisch an einen Investor, wie in einer Verkaufsvereinbarung zwischen dem Investor und dem Beteiligungsunternehmen gesondert vereinbart wurde. Die einzige maßgebliche Tätigkeit ist die Verwaltung der Forderungen bei Ausfall, da dies die einzige Tätigkeit ist, die die Rendite des Beteiligungsunternehmens signifikant beeinflussen kann. Die Verwaltung der Forderungen vor einem Ausfall ist keine maßgebliche Tätigkeit, da hierfür keine substanziellen Entscheidungen notwendig sind, die die Rendite des Beteiligungsunternehmens signifikant beeinflussen könnten. Die Tätigkeiten vor einem Ausfall sind vorab festgelegt und beschränken sich auf die Einziehung fälliger Zahlungen und deren Weiterleitung an die Investoren. Daher ist bei der Beurteilung der Gesamttätigkeiten des Beteiligungsunternehmens, die dessen Rendite signifikant beeinflussen, nur das Recht des Investors, die Forderungen bei Ausfall zu verwalten, zu berücksichtigen. In diesem Bespiel wird durch die Ausgestaltung des Beteiligungsunternehmens sichergestellt, dass der Investor die Entscheidungsbefugnis über die Tätigkeiten, die die wirtschaftlichen Erfolge signifikant beeinflussen, zu dem einzigen Zeitpunkt besitzt, zu dem eine solche Entscheidungsbefugnis erforderlich ist. Die Bedingungen der Verkaufsvereinbarung sind ein Bestandteil der Gesamttransaktion und der Gründung des Beteiligungsunternehmens. Daher lassen die Bedingungen der Verkaufsvereinbarung zusammen mit den Gründungsunterlagen des Beteiligungsunternehmens den Schluss zu, dass der Investor die Verfügungsgewalt über das Beteiligungsunternehmen besitzt, auch wenn er die Forderungen erst bei Ausfall in Besitz nimmt und die ausgefallenen Forderungen außerhalb der rechtlichen Sphäre des Beteiligungsunternehmens verwaltet.

Beispiel 12 Die Vermögenswerte eines Beteiligungsunternehmens bestehen ausschließlich aus Forderungen. Bei einer Beurteilung von Zweck und Ausgestaltung des Beteiligungsunternehmens wird festgestellt, dass die einzige maßgebliche Tätigkeit darin besteht, die Forderungen bei einem Ausfall zu verwalten. Die Verfügungsgewalt über das Beteiligungsunternehmen hat die Partei, die die ausgefallenen Forderungen verwalten kann, unabhängig davon, ob ein Schuldner tatsächlich ausgefallen ist.

B54 Ein Investor kann eine explizite oder implizite Verpflichtung haben, dafür zu sorgen, dass ein Beteiligungsunternehmen weiterhin wie vorgesehen tätig ist. Eine solche Verpflichtung kann das Risiko des Investors aus Renditeschwankungen vergrößern und damit für ihn den Anreiz erhöhen, ausreichende Rechte zu erlangen, um die Verfügungsgewalt zu erhalten. Eine Verpflichtung, dafür zu sorgen, dass ein Beteiligungsunternehmen wie vorgesehen tätig ist, kann daher ein Indikator dafür sein, dass der Investor die Verfügungsgewalt besitzt, verleiht ihm aber für sich genommen keine Verfügungsgewalt und verhindert auch nicht, dass eine andere Partei die Verfügungsgewalt hat.

Risiko durch oder Anrechte auf schwankende Renditen aus einem Beteiligungsunternehmen

B55 Bei der Beurteilung, ob er ein Beteiligungsunternehmen beherrscht, bestimmt der Investor, ob er aufgrund seines Engagements bei dem Beteiligungsunternehmen dem Risiko schwankender Renditen ausgesetzt ist oder Anrechte darauf hat.

B56 Schwankende Renditen sind Renditen, die nicht festgelegt sind und je nach Ertragskraft eines Beteiligungsunternehmens variieren können. Schwankende Renditen können ausschließlich positiv, ausschließlich negativ oder sowohl positiv als auch negativ sein (siehe Paragraph 15). Ein Investor beurteilt anhand des wirtschaftlichen Gehalts der Vereinbarung und unabhängig von der rechtlichen Form der Renditen, ob und wie variabel die Renditen aus einem Beteiligungsunternehmen sind. So kann ein Investor zum Beispiel eine Anleihe mit festen Zinszahlungen halten. Die festen Zinszahlungen stellen für die Zwecke dieses IFRS schwankende Renditen dar, weil sie dem Ausfallrisiko unterliegen und den Investor dem Ausfallrisiko des Anleiheemittenten aussetzen. Der Umfang der Schwankungen (d. h. wie stark sich diese Renditen verändern) hängt vom Ausfallrisiko der Anleihe ab. Auch festgelegte erfolgsabhängige Vergütungen für die Verwaltung der Vermögenswerte eines Beteiligungsunternehmens stellen schwankende Renditen dar, weil der Investor dadurch dem Erfolgsrisiko des Beteiligungsunternehmens ausgesetzt ist. Der Umfang der Schwankungen hängt von der Fähigkeit des Beteiligungsunternehmens ab, ausreichende Erträge zu erwirtschaften, um die Vergütung zu zahlen.

contractual arrangements that are closely related to the investee need to be considered as relevant activities when determining power over the investee.

For some investees, relevant activities occur only when particular circumstances arise or events occur. The investee may be designed so that the direction of its activities and its returns are predetermined unless and until those particular circumstances arise or events occur. In this case, only the decisions about the investee's activities when those circumstances or events occur can significantly affect its returns and thus be relevant activities. The circumstances or events need not have occurred for an investor with the ability to make those decisions to have power. The fact that the right to make decisions is contingent on circumstances arising or an event occurring does not, in itself, make those rights protective. B53

Example 11 An investee's only business activity, as specified in its founding documents, is to purchase receivables and service them on a day-to-day basis for its investors. The servicing on a day-to-day basis includes the collection and passing on of principal and interest payments as they fall due. Upon default of a receivable the investee automatically puts the receivable to an investor as agreed separately in a put agreement between the investor and the investee. The only relevant activity is managing the receivables upon default because it is the only activity that can significantly affect the investee's returns. Managing the receivables before default is not a relevant activity because it does not require substantive decisions to be made that could significantly affect the investee's returns—the activities before default are predetermined and amount only to collecting cash flows as they fall due and passing them on to investors. Therefore, only the investor's right to manage the assets upon default should be considered when assessing the overall activities of the investee that significantly affect the investee's returns. In this example, the design of the investee ensures that the investor has decision-making authority over the activities that significantly affect the returns at the only time that such decision-making authority is required. The terms of the put agreement are integral to the overall transaction and the establishment of the investee. Therefore, the terms of the put agreement together with the founding documents of the investee lead to the conclusion that the investor has power over the investee even though the investor takes ownership of the receivables only upon default and manages the defaulted receivables outside the legal boundaries of the investee.

Example 12 The only assets of an investee are receivables. When the purpose and design of the investee are considered, it is determined that the only relevant activity is managing the receivables upon default. The party that has the ability to manage the defaulting receivables has power over the investee, irrespective of whether any of the borrowers have defaulted.

An investor may have an explicit or implicit commitment to ensure that an investee continues to operate as designed. Such a commitment may increase the investor's exposure to variability of returns and thus increase the incentive for the investor to obtain rights sufficient to give it power. Therefore a commitment to ensure that an investee operates as designed may be an indicator that the investor has power, but does not, by itself, give an investor power, nor does it prevent another party from having power. B54

Exposure, or rights, to variable returns from an investee

When assessing whether an investor has control of an investee, the investor determines whether it is exposed, or has rights, to variable returns from its involvement with the investee. B55

Variable returns are returns that are not fixed and have the potential to vary as a result of the performance of an investee. Variable returns can be only positive, only negative or both positive and negative (see paragraph 15). An investor assesses whether returns from an investee are variable and how variable those returns are on the basis of the substance of the arrangement and regardless of the legal form of the returns. For example, an investor can hold a bond with fixed interest payments. The fixed interest payments are variable returns for the purpose of this IFRS because they are subject to default risk and they expose the investor to the credit risk of the issuer of the bond. The amount of variability (ie how variable those returns are) depends on the credit risk of the bond. Similarly, fixed performance fees for managing an investee's assets are variable returns because they expose the investor to the performance risk of the investee. The amount of variability depends on the investee's ability to generate sufficient income to pay the fee. B56

B57 Beispiele für Renditen sind u. a.:

(a) Dividenden, andere Ausschüttungen eines Beteiligungsunternehmens von wirtschaftlichem Nutzen (z. B. Zinsen aus vom Beteiligungsunternehmen ausgegebenen Schuldverschreibungen) sowie Änderungen im Wert der Beteiligung des Investors an dem betreffenden Beteiligungsunternehmen.

(b) Vergütung für die Bedienung der Vermögenswerte oder Schulden eines Beteiligungsunternehmens, Entgelte und Verlustrisiko in Verbindung mit der Gewährung von Krediten oder Liquiditätshilfen, Residualansprüche an den Vermögenswerten und Schulden eines Beteiligungsunternehmens bei dessen Liquidation, steuerliche Vorteile und Zugang zu künftiger Liquidität aufgrund des Engagements des Investors bei einem Beteiligungsunternehmen.

(c) Renditen, die anderen Anteilseignern nicht zur Verfügung stehen. Ein Investor könnte seine Vermögenswerte beispielsweise in Kombination mit den Vermögenswerten des Beteiligungsunternehmens verwenden. Dies könnte in der Zusammenfassung betrieblicher Funktionen bestehen, um Skalenerträge oder Kosteneinsparungen zu erzielen, seltene Produkte zu beziehen, Zugang zu geschütztem Know-how zu erhalten oder einige Geschäftstätigkeiten oder Vermögenswerte zu beschränken, um den Wert der anderen Vermögenswerte des Investors zu erhöhen.

Verknüpfung zwischen Verfügungsgewalt und Renditen

Delegierte Verfügungsgewalt

B58 Wenn ein Investor mit Entscheidungsbefugnissen (ein Entscheidungsträger) beurteilt, ob er ein Beteiligungsunternehmen beherrscht, muss er ermitteln, ob er ein Prinzipal oder ein Agent ist. Er muss außerdem ermitteln, ob ein anderes Unternehmen mit Entscheidungsbefugnissen als Agent für ihn handelt. Ein Agent ist eine Partei, die hauptsächlich beauftragt wurde, im Namen und zugunsten einer oder mehrerer anderer Partei(en) (des Prinzipals/ der Prinzipalen) zu handeln, und das Beteiligungsunternehmen daher nicht beherrscht, wenn sie ihre Entscheidungsbefugnis ausübt (siehe Paragraphen 17 und 18). Die Verfügungsgewalt eines Prinzipals kann also mitunter von einem Agenten gehalten und von diesem, allerdings im Namen des Prinzipals, ausgeübt werden. Ein Entscheidungsträger ist nicht allein deswegen ein Agent, weil andere Parteien einen Nutzen aus den von ihm getroffenen Entscheidungen ziehen können.

B59 Ein Investor kann seine Entscheidungsbefugnis für bestimme Angelegenheiten oder für alle maßgeblichen Tätigkeiten an einen Agenten delegieren. Bei der Beurteilung, ob er ein Beteiligungsunternehmen beherrscht, hat der Investor die an seinen Agenten delegierten Entscheidungsbefugnisse so zu behandeln, als würden sie direkt von ihm selbst gehalten. Gibt es mehrere Prinzipale, muss jeder Prinzipal anhand der Vorschriften der Paragraphen B5–B54 beurteilen, ob er die Verfügungsgewalt über das Beteiligungsunternehmen besitzt. Leitlinien für die Feststellung, ob ein Entscheidungsträger Agent oder Prinzipal ist, sind in den Paragraphen B60–B72 enthalten.

B60 Bei der Beurteilung, ob er ein Agent ist, hat ein Entscheidungsträger die Gesamtbeziehung zwischen ihm, dem geführten Beteiligungsunternehmen und anderen Parteien mit einem Engagement bei dem Beteiligungsunternehmen zu berücksichtigen. Hierzu gehören insbesondere alle folgenden Faktoren:

(a) der Umfang seiner Entscheidungsbefugnis über das Beteiligungsunternehmen (Paragraphen B62 und B63),

(b) die Rechte anderer Parteien (Paragraphen B64–B67),

(c) die Vergütung, auf die er gemäß der/den Vergütungsvereinbarung(en) Anspruch hat (Paragraphen B68–B70),

(d) der Umfang, in dem der Entscheidungsträger dem Risiko schwankender Renditen aus anderen Anteilen ausgesetzt ist, die er am Beteiligungsunternehmen hält (Paragraphen B71 und B72).

Die einzelnen Faktoren sind je nach den besonderen Fakten und Umständen unterschiedlich zu gewichten.

B61 Um zu bestimmen, ob ein Entscheidungsträger ein Agent ist, müssen alle in Paragraph B60 aufgeführten Faktoren ausgewertet werden, es sei denn, eine einzelne Partei verfügt über substanzielle Rechte, den Entscheidungsträger abzuberufen (Abberufungsrechte), und diese Abberufung kann ohne Grund erfolgen (siehe Paragraph B65).

Umfang der Entscheidungsbefugnis

B62 Der Umfang der Entscheidungsbefugnis eines Entscheidungsträgers wird anhand folgender Faktoren beurteilt:

(a) der Tätigkeiten, die gemäß der/den Entscheidungsvereinbarung(en) zulässig und gesetzlich festgelegt sind, und

(b) des Ermessensspielraums, über den der Entscheidungsträger bei seinen Entscheidungen über diese Tätigkeiten verfügt.

B63 Ein Entscheidungsträger muss den Zweck und die Ausgestaltung des Beteiligungsunternehmens, die Risiken, denen das Beteiligungsunternehmen aufgrund seiner Ausgestaltung ausgesetzt ist, die Risiken, die aufgrund seiner Ausgestaltung an die beteiligten Parteien übertragen werden, und den Umfang des Engagements des Entscheidungsträgers bei der Ausgestaltung des Beteiligungsunternehmens berücksichtigen. Wenn ein Entscheidungsträger beispielsweise erheblichen Anteil an der Ausgestaltung des Beteiligungsunternehmens hat (u. a. bei der Festlegung des Umfangs der Entscheidungsbefugnis), kann dies darauf hinweisen, dass er Gelegenheit und Anreiz hatte, Rechte zu erlangen, die ihm die Fähigkeit zur Lenkung der maßgeblichen Tätigkeiten verleihen.

Rechte anderer Parteien

B64 Substanzielle Rechte anderer Parteien können die Fähigkeit des Entscheidungsträgers zur Lenkung der maßgeblichen Tätigkeiten eines Beteiligungsunternehmens beeinträchtigen. Substanzielle Abberufungsrechte oder andere Rechte können ein Hinweis darauf sein, dass der Entscheidungsträger ein Agent ist.

Examples of returns include: B57
(a) dividends, other distributions of economic benefits from an investee (eg interest from debt securities issued by the investee) and changes in the value of the investor's investment in that investee.
(b) remuneration for servicing an investee's assets or liabilities, fees and exposure to loss from providing credit or liquidity support, residual interests in the investee's assets and liabilities on liquidation of that investee, tax benefits, and access to future liquidity that an investor has from its involvement with an investee.
(c) returns that are not available to other interest holders. For example, an investor might use its assets in combination with the assets of the investee, such as combining operating functions to achieve economies of scale, cost savings, sourcing scarce products, gaining access to proprietary knowledge or limiting some operations or assets, to enhance the value of the investor's other assets.

Link between power and returns

Delegated power

When an investor with decision-making rights (a decision maker) assesses whether it controls an investee, it shall determine whether it is a principal or an agent. An investor shall also determine whether another entity with decision-making rights is acting as an agent for the investor. An agent is a party primarily engaged to act on behalf and for the benefit of another party or parties (the principal(s)) and therefore does not control the investee when it exercises its decision-making authority (see paragraphs 17 and 18). Thus, sometimes a principal's power may be held and exercisable by an agent, but on behalf of the principal. A decision maker is not an agent simply because other parties can benefit from the decisions that it makes. B58

An investor may delegate its decision-making authority to an agent on some specific issues or on all relevant activities. When assessing whether it controls an investee, the investor shall treat the decision-making rights delegated to its agent as held by the investor directly. In situations where there is more than one principal, each of the principals shall assess whether it has power over the investee by considering the requirements in paragraphs B5—B54. Paragraphs B60—B72 provide guidance on determining whether a decision maker is an agent or a principal. B59

A decision maker shall consider the overall relationship between itself, the investee being managed and other parties involved with the investee, in particular all the factors below, in determining whether it is an agent: B60
(a) the scope of its decision-making authority over the investee (paragraphs B62 and B63).
(b) the rights held by other parties (paragraphs B64—B67).
(c) the remuneration to which it is entitled in accordance with the remuneration agreement(s) (paragraphs B68—B70).
(d) the decision maker's exposure to variability of returns from other interests that it holds in the investee (paragraphs B71 and B72).

Different weightings shall be applied to each of the factors on the basis of particular facts and circumstances.

Determining whether a decision maker is an agent requires an evaluation of all the factors listed in paragraph B60 unless a single party holds substantive rights to remove the decision maker (removal rights) and can remove the decision maker without cause (see paragraph B65). B61

The scope of the decision-making authority

The scope of a decision maker's decision-making authority is evaluated by considering: B62
(a) the activities that are permitted according to the decision-making agreement(s) and specified by law, and
(b) the discretion that the decision maker has when making decisions about those activities.

A decision maker shall consider the purpose and design of the investee, the risks to which the investee was designed to be exposed, the risks it was designed to pass on to the parties involved and the level of involvement the decision maker had in the design of an investee. For example, if a decision maker is significantly involved in the design of the investee (including in determining the scope of decision-making authority), that involvement may indicate that the decision maker had the opportunity and incentive to obtain rights that result in the decision maker having the ability to direct the relevant activities. B63

Rights held by other parties

Substantive rights held by other parties may affect the decision maker's ability to direct the relevant activities of an investee. Substantive removal or other rights may indicate that the decision maker is an agent. B64

B65 Besitzt eine einzelne Partei substanzielle Abberufungsrechte und kann sie den Entscheidungsträger ohne Grund abberufen, ist dies an sich ausreichend, um zu dem Schluss zu gelangen, dass der Entscheidungsträger ein Agent ist. Besitzen mehrere Parteien solche Rechte (und kann keine einzelne Partei den Entscheidungsträger ohne Zustimmung der anderen Parteien abberufen), lässt sich daraus allein nicht schlüssig ableiten, dass ein Entscheidungsträger hauptsächlich im Namen und zugunsten anderer handelt. Außerdem gilt: je größer die Anzahl der Parteien, die kooperieren müssen, um die Rechte auf Abberufung eines Entscheidungsträgers auszuüben, und je größer der Umfang und die damit verbundene Variabilität der anderen wirtschaftlichen Interessen des Entscheidungsträgers (z. B. Vergütung und andere Interessen) ist, desto weniger Gewicht sollte auf diesen Faktor gelegt werden.

B66 Bei der Beurteilung, ob ein Entscheidungsträger ein Agent ist, sind substanzielle Rechte anderer Parteien, die den Ermessensspielraum des Entscheidungsträgers einschränken, auf die gleiche Weise wie Abberufungsrechte zu betrachten. So ist beispielsweise ein Entscheidungsträger, der für seine Handlungen die Zustimmung einer kleinen Anzahl anderer Parteien einholen muss, im Allgemeinen ein Agent. (Weitere Leitlinien zu Rechten und der Frage, ob diese substanziell sind, sind in den Paragraphen B22–B25 enthalten.)

B67 Bei der Berücksichtigung der Rechte anderer Parteien sind auch etwaige vom Geschäftsführungs- und/oder Aufsichtsorgan (oder einem anderen Leitungsgremium) eines Beteiligungsunternehmens ausübbaren Rechte und ihre Auswirkung auf die Entscheidungsbefugnis einzubeziehen (siehe Paragraph B23 (b)).

Vergütung

B68 Je höher und variabler die Vergütung des Entscheidungsträgers im Verhältnis zu der aus den Tätigkeiten des Beteiligungsunternehmens erwarteten Rendite, desto höher die Wahrscheinlichkeit, dass der Entscheidungsträger ein Prinzipal ist.

B69 Bei der Bestimmung, ob er ein Prinzipal oder ein Agent ist, muss der Entscheidungsträger außerdem berücksichtigen, ob folgende Bedingungen zutreffen:

(a) seine Vergütung ist den erbrachten Leistungen angemessen.

(b) Die Vergütungsvereinbarung enthält nur Vertragsbedingungen oder Beträge, die in Vereinbarungen über ähnliche Leistungen und fachliche Qualifikationen zwischen voneinander unabhängigen Geschäftspartnern üblich sind.

B70 Ein Entscheidungsträger kann nur dann ein Agent sein, wenn die in Paragraph B69 (a) und (b) aufgeführten Bedingungen zutreffen. Eine Erfüllung dieser Bedingungen lässt für sich genommen jedoch nicht den Schluss zu, dass ein Entscheidungsträger ein Agent ist.

Risiko schwankender Renditen aus anderen Anteilen

B71 Ein Entscheidungsträger, der andere Anteile an einem Beteiligungsunternehmen hält (z. B. Finanzinvestitionen in das Beteiligungsunternehmen getätigt hat oder Garantien für die Leistungserfüllung des Beteiligungsunternehmens stellt) muss bei der Beurteilung, ob er ein Agent ist, das für ihn bestehende Risiko schwankender Renditen aus diesen Anteilen berücksichtigen. Das Halten anderer Anteile an einem Beteiligungsunternehmen weist darauf hin, dass der Entscheidungsträger möglicherweise ein Prinzipal ist.

B72 Bei der Beurteilung, in welchem Umfang er dem Risiko schwankender Renditen aus anderen Anteilen am Beteiligungsunternehmen ausgesetzt ist, hat der Entscheidungsträger Folgendes zu berücksichtigen:

(a) je größer der Umfang und die damit verbundene Variabilität seiner wirtschaftlichen Interessen bei Gesamtbetrachtung seiner Vergütung und anderer Interessen ist, desto wahrscheinlicher ist der Entscheidungsträger ein Prinzipal.

(b) ob, sich der Umfang, in dem er dem Risiko schwankender Renditen ausgesetzt ist, von dem anderer Investoren unterscheidet, und wenn ja, ob dies sein Handeln beeinflussen könnte. Dies könnte zum Beispiel dann der Fall sein, wenn der Entscheidungsträger nachrangige Anteile an einem Beteiligungsunternehmen hält oder diesem andere Formen der Kreditbesicherung zur Verfügung stellt.

Der Entscheidungsträger hat sein Risiko im Verhältnis zur gesamten Variabilität der Renditen des Beteiligungsunternehmens zu beurteilen. Diese Beurteilung erfolgt hauptsächlich auf Basis der Renditen, die aus den Tätigkeiten des Beteiligungsunternehmens erwartet werden. Dabei darf jedoch nicht das maximale Risiko aus der Variabilität der Renditen des Beteiligungsunternehmens, das sich für den Entscheidungsträger aus anderen von ihm gehaltenen Anteilen ergibt, außer Acht gelassen werden.

Anwendungsbeispiele

Beispiel 13 Ein Entscheidungsträger (Fondsmanager) gründet, vermarktet und verwaltet einen öffentlich gehandelten, regulierten Fonds nach eng definierten Parametern, die gemäß den für ihn geltenden örtlichen Gesetzen und Verordnungen im Anlagemandat festgelegt sind. Der Fonds wurde bei Anlegern als Anlage in ein diversifiziertes Portfolio von Eigenkapitaltiteln öffentlich gehandelter Unternehmen vermarktet. Innerhalb der definierten Parameter liegt es im Ermessen des Fondsmanagers, in welche Vermögenswerte er investiert. Der Fondsmanager hat anteilig 10 Prozent in den Fonds investiert und erhält für seine Leistungen eine marktbasierte Vergütung in Höhe von 1 Prozent des Nettovermögens des Fonds. Die Vergütung ist den erbrachten Leistungen angemessen. Der Fondsmanager ist über seine Anlage von 10

When a single party holds substantive removal rights and can remove the decision maker without cause, this, in isolation, is sufficient to conclude that the decision maker is an agent. If more than one party holds such rights (and no individual party can remove the decision maker without the agreement of other parties) those rights are not, in isolation, conclusive in determining that a decision maker acts primarily on behalf and for the benefit of others. In addition, the greater the number of parties required to act together to exercise rights to remove a decision maker and the greater the magnitude of, and variability associated with, the decision maker's other economic interests (ie remuneration and other interests), the less the weighting that shall be placed on this factor. **B65**

Substantive rights held by other parties that restrict a decision maker's discretion shall be considered in a similar manner to removal rights when evaluating whether the decision maker is an agent. For example, a decision maker that is required to obtain approval from a small number of other parties for its actions is generally an agent. (See paragraphs B22—B25 for additional guidance on rights and whether they are substantive.) **B66**

Consideration of the rights held by other parties shall include an assessment of any rights exercisable by an investee's board of directors (or other governing body) and their effect on the decision-making authority (see paragraph B23 (b)). **B67**

Remuneration

The greater the magnitude of, and variability associated with, the decision maker's remuneration relative to the returns expected from the activities of the investee, the more likely the decision maker is a principal. **B68**

In determining whether it is a principal or an agent the decision maker shall also consider whether the following conditions exist: **B69**

(a) The remuneration of the decision maker is commensurate with the services provided.

(b) The remuneration agreement includes only terms, conditions or amounts that are customarily present in arrangements for similar services and level of skills negotiated on an arm's length basis.

A decision maker cannot be an agent unless the conditions set out in paragraph B69 (a) and (b) are present. However, meeting those conditions in isolation is not sufficient to conclude that a decision maker is an agent. **B70**

Exposure to variability of returns from other interests

A decision maker that holds other interests in an investee (eg investments in the investee or provides guarantees with respect to the performance of the investee), shall consider its exposure to variability of returns from those interests in assessing whether it is an agent. Holding other interests in an investee indicates that the decision maker may be a principal. **B71**

In evaluating its exposure to variability of returns from other interests in the investee a decision maker shall consider the following: **B72**

(a) the greater the magnitude of, and variability associated with, its economic interests, considering its remuneration and other interests in aggregate, the more likely the decision maker is a principal.

(b) whether its exposure to variability of returns is different from that of the other investors and, if so, whether this might influence its actions. For example, this might be the case when a decision maker holds subordinated interests in, or provides other forms of credit enhancement to, an investee.

The decision maker shall evaluate its exposure relative to the total variability of returns of the investee. This evaluation is made primarily on the basis of returns expected from the activities of the investee but shall not ignore the decision maker's maximum exposure to variability of returns of the investee through other interests that the decision maker holds.

Application examples

Example 13 A decision maker (fund manager) establishes, markets and manages a publicly traded, regulated fund according to narrowly defined parameters set out in the investment mandate as required by its local laws and regulations. The fund was marketed to investors as an investment in a diversified portfolio of equity securities of publicly traded entities. Within the defined parameters, the fund manager has discretion about the assets in which to invest. The fund manager has made a 10 per cent pro rata investment in the fund and receives a market-based fee for its services equal to 1 per cent of the net asset value of the fund. The fees are commensurate with the services provided. The fund manager does not have any obligation to fund losses beyond its 10 per cent investment. The fund is not

Prozent hinaus in keiner Weise verpflichtet, Verluste auszugleichen. Der Fonds ist nicht zur Einrichtung eines unabhängigen Geschäftsführungs- und/oder Aufsichtsorgans verpflichtet und hat dies auch nicht getan. Die Anleger besitzen keine substanziellen Rechte, die sich auf die Entscheidungsbefugnis des Fondsmanagers auswirken würden, können aber innerhalb bestimmter vom Fonds festgelegter Grenzen eine Rücknahme ihrer Anteile verlangen.

Obgleich der Fondsmanager die im Anlagemandat festgelegten Parameter und die aufsichtsrechtlichen Vorschriften beachten muss, besitzt er Entscheidungsbefugnisse, die ihm die gegenwärtige Fähigkeit zur Lenkung der maßgeblichen Tätigkeiten des Fonds geben. Die Anleger haben keine substanziellen Rechte, die sich auf die Entscheidungsbefugnis des Fondsmanagers auswirken könnten. Der Fondsmanager erhält für seine Leistungen eine marktübliche Vergütung, die den erbrachten Leistungen angemessen ist, und hat außerdem eine anteilige Investition in den Fonds getätigt. Durch seine Vergütung und seine Investition ist der Fondsmanager den schwankenden Renditen aus den Fondstätigkeiten ausgesetzt, ohne dass dadurch ein so signifikantes Risiko entsteht, dass dies ein Hinweis darauf wäre, dass der Fondsmanager ein Prinzipal ist.

In diesem Beispiel weist das für den Fondsmanager bestehende Risiko schwankender Renditen aus dem Fonds zusammen mit seiner Entscheidungsbefugnis innerhalb eingeschränkter Parameter darauf hin, dass er ein Agent ist. Der Fondsmanager gelangt folglich zu dem Schluss, dass er den Fonds nicht beherrscht.

Beispiel 14 Ein Entscheidungsträger gründet, vermarktet und verwaltet einen Fonds, der Anlagemöglichkeiten für zahlreiche Investoren bietet. Der Entscheidungsträger (Fondsmanager) muss Entscheidungen im besten Interesse aller Anleger sowie im Einklang mit den für den Fonds maßgeblichen Verträgen treffen. Trotzdem hat der Fondsmanager weitreichende Entscheidungsfreiheit. Er erhält für seine Leistungen eine marktübliche Vergütung in Höhe von 1 Prozent des verwalteten Vermögens und 20 Prozent aller Fondsgewinne, wenn ein bestimmtes Gewinnniveau erreicht wird. Die Vergütung ist den erbrachten Leistungen angemessen.

Obgleich der Fondsmanager Entscheidungen im besten Interesse aller Investoren treffen muss, verfügt er über weitreichende Entscheidungsbefugnis, um die maßgeblichen Tätigkeiten des Fonds zu lenken. Er erhält feste und erfolgsabhängige Vergütungen, die den erbrachten Leistungen angemessen sind. Außerdem werden die Interessen des Fondsmanagers durch die Vergütung mit denen der anderen Investoren in Einklang gebracht (den Wert des Fonds zu steigern), ohne dass er dadurch einem so signifikanten Risiko schwankender Renditen aus den Tätigkeiten des Fonds ausgesetzt wird, dass die Vergütung für sich genommen darauf hinweisen würde, dass der Fondsmanager ein Prinzipal ist.

Die vorstehend beschriebene Sachlage und Analyse trifft auf die folgenden Beispiele 14A–14C zu. Jedes Beispiel wird isoliert betrachtet.

Beispiel 14A Der Fondsmanager hat außerdem eine Investition von 2 Prozent in den Fonds getätigt, die seine Interessen mit denen der anderen Investoren in Einklang bringt. Der Fondsmanager ist über seine Anlage von 2 Prozent hinaus in keiner Weise verpflichtet, Verluste auszugleichen. Die Anleger können den Fondsmanager mit einfacher Stimmenmehrheit abberufen, allerdings nur bei Vertragsverletzung.

Die Anlage des Fondsmanagers von 2 Prozent erhöht dessen Risiko schwankender Renditen aus den Fondstätigkeiten, ohne dass dadurch ein so signifikantes Risiko entsteht, dass dies ein Hinweis darauf wäre, dass der Fondsmanager ein Prinzipal ist. Die Rechte der anderen Anleger auf Abberufung des Fondsmanagers werden als Schutzrechte betrachtet, da sie nur bei Vertragsverletzung ausgeübt werden können. In diesem Beispiel hat der Fondsmanager zwar weitreichende Entscheidungsbefugnis und ist aufgrund seiner Anteile und seiner Vergütung Risiken durch Renditeschwankungen ausgesetzt, der Umfang seines Risikos weist aber darauf hin, dass er ein Agent ist. Der Fondsmanager gelangt folglich zu dem Schluss, dass er den Fonds nicht beherrscht.

Beispiel 14B Der Fondsmanager hat eine substanziellere anteilige Investition in den Fonds getätigt, ist aber über diese Investition hinaus in keiner Weise verpflichtet, Verluste auszugleichen. Die Anleger können den Fondsmanager mit einfacher Stimmenmehrheit abberufen, allerdings nur bei Vertragsverletzung.

In diesem Beispiel werden die Rechte der anderen Anleger auf Abberufung des Fondsmanagers als Schutzrechte betrachtet, da sie nur bei Vertragsverletzung ausgeübt werden können. Obgleich der Fondsmanager feste und erfolgsabhängige Vergütungen erhält, die den erbrachten Leistungen angemessen sind, könnte durch die Kombination aus der Investition des Fondsmanagers und seiner Vergütung ein so signifikantes Risiko schwankender Renditen aus den Fondstätigkeiten entstehen, dass dies ein Hinweis darauf ist, dass der Fondsmanager ein Prinzipal ist. Je größer der Umfang und die damit verbundene Variabilität der wirtschaftlichen Interessen des Fondsmanagers (bei Gesamtbetrachtung seiner Vergütung und anderen Anteile), desto mehr Gewicht würde der Fondsmanager bei der Analyse auf diese wirtschaftlichen Interessen legen und desto wahrscheinlicher ist der Fondsmanager ein Prinzipal.

required to establish, and has not established, an independent board of directors. The investors do not hold any substantive rights that would affect the decision-making authority of the fund manager, but can redeem their interests within particular limits set by the fund.

Although operating within the parameters set out in the investment mandate and in accordance with the regulatory requirements, the fund manager has decision-making rights that give it the current ability to direct the relevant activities of the fund—the investors do not hold substantive rights that could affect the fund manager's decision-making authority. The fund manager receives a market-based fee for its services that is commensurate with the services provided and has also made a pro rata investment in the fund. The remuneration and its investment expose the fund manager to variability of returns from the activities of the fund without creating exposure that is of such significance that it indicates that the fund manager is a principal.

In this example, consideration of the fund manager's exposure to variability of returns from the fund together with its decision-making authority within restricted parameters indicates that the fund manager is an agent. Thus, the fund manager concludes that it does not control the fund.

Example 14 A decision maker establishes, markets and manages a fund that provides investment opportunities to a number of investors. The decision maker (fund manager) must make decisions in the best interests of all investors and in accordance with the fund's governing agreements. Nonetheless, the fund manager has wide decision-making discretion. The fund manager receives a market-based fee for its services equal to 1 per cent of assets under management and 20 per cent of all the fund's profits if a specified profit level is achieved. The fees are commensurate with the services provided.

Although it must make decisions in the best interests of all investors, the fund manager has extensive decision-making authority to direct the relevant activities of the fund. The fund manager is paid fixed and performance-related fees that are commensurate with the services provided. In addition, the remuneration aligns the interests of the fund manager with those of the other investors to increase the value of the fund, without creating exposure to variability of returns from the activities of the fund that is of such significance that the remuneration, when considered in isolation, indicates that the fund manager is a principal.

The above fact pattern and analysis applies to examples 14A—14C described below. Each example is considered in isolation.

Example 14A The fund manager also has a 2 per cent investment in the fund that aligns its interests with those of the other investors. The fund manager does not have any obligation to fund losses beyond its 2 per cent investment. The investors can remove the fund manager by a simple majority vote, but only for breach of contract.

The fund manager's 2 per cent investment increases its exposure to variability of returns from the activities of the fund without creating exposure that is of such significance that it indicates that the fund manager is a principal. The other investors' rights to remove the fund manager are considered to be protective rights because they are exercisable only for breach of contract. In this example, although the fund manager has extensive decision-making authority and is exposed to variability of returns from its interest and remuneration, the fund manager's exposure indicates that the fund manager is an agent. Thus, the fund manager concludes that it does not control the fund.

Example 14B The fund manager has a more substantial pro rata investment in the fund, but does not have any obligation to fund losses beyond that investment. The investors can remove the fund manager by a simple majority vote, but only for breach of contract.

In this example, the other investors' rights to remove the fund manager are considered to be protective rights because they are exercisable only for breach of contract. Although the fund manager is paid fixed and performance-related fees that are commensurate with the services provided, the combination of the fund manager's investment together with its remuneration could create exposure to variability of returns from the activities of the fund that is of such significance that it indicates that the fund manager is a principal. The greater the magnitude of, and variability associated with, the fund manager's economic interests (considering its remuneration and other interests in aggregate), the more emphasis the fund manager would place on those economic interests in the analysis, and the more likely the fund manager is a principal.

So könnte der Fondsmanager beispielsweise nach Berücksichtigung seiner Vergütung und der anderen Faktoren eine Investition von 20 Prozent für ausreichend halten, um zu dem Schluss zu gelangen, dass er den Fonds beherrscht. Unter anderen Umständen (z. B. wenn die Vergütung oder andere Faktoren anders sind) könnte Beherrschung jedoch bei einem anderen Investitionsniveau vorliegen.

Beispiel 14C Der Fondsmanager hat eine anteilige Investition von 20 Prozent in den Fonds getätigt, ist aber über diese Investition hinaus in keiner Weise verpflichtet, Verluste auszugleichen. Der Fonds hat einen Verwaltungsrat, dessen Mitglieder vom Fondsmanager unabhängig sind und von den anderen Anlegern ernannt werden. Der Verwaltungsrat ernennt den Fondsmanager jährlich. Sollte der Verwaltungsrat beschließen, den Vertrag des Fondsmanagers nicht zu verlängern, könnten die vom Fondsmanager erbrachten Leistungen von anderen Managern aus der Branche erbracht werden.

Obgleich der Fondsmanager feste und erfolgsabhängige Vergütungen erhält, die den erbrachten Leistungen angemessen sind, entsteht durch die Kombination der 20-prozentigen Investition des Fondsmanagers und seiner Vergütung ein so signifikantes Risiko schwankender Renditen aus den Tätigkeiten des Fonds, dass dies ein Hinweis darauf ist, dass der Fondsmanager ein Prinzipal ist. Allerdings besitzen die Anleger substanzielle Rechte auf Abberufung des Fondsmanagers – der Verwaltungsrat stellt einen Mechanismus bereit, der gewährleistet, dass die Anleger den Fondsmanager auf ihren Beschluss hin abberufen können.

In diesem Beispiel legt der Fondsmanager in seiner Analyse größeres Gewicht auf die substanziellen Abberufungsrechte. Obgleich der Fondsmanager weitreichende Entscheidungsbefugnis besitzt und aufgrund seiner Vergütung und Investition dem Risiko schwankender Renditen aus dem Fonds ausgesetzt ist, weisen die substanziellen Rechte der anderen Investoren folglich darauf hin, dass der Fondsmanager ein Agent ist. Der Fondsmanager gelangt daher zu dem Schluss, dass er den Fonds nicht beherrscht.

Beispiel 15 Für den Kauf eines Portfolios festverzinslicher, durch Vermögenswerte besicherter Wertpapiere (Asset Backed Securities – ABS) wird ein Beteiligungsunternehmen gegründet, das durch festverzinsliche Schuld- und Eigenkapitalinstrumente finanziert wird. Die Eigenkapitalinstrumente sind so strukturiert, dass die Schuldinstrument-Investoren vor ersten Verlusten geschützt sind und eventuell verbleibende Renditen den Eigenkapitalinstrumenten des Beteiligungsunternehmens zufließen. Diese Transaktion wurde an potenzielle Schuldinstrument-Investoren als eine Anlage in ein ABS-Portfolio vermarktet, das einem mit dem möglichen Ausfall der Emittenten der ABS im Portfolio verbundenen Kreditrisiko und einem mit der Verwaltung des Portfolios verbundenen Zinsänderungsrisiko unterliegt. Bei Gründung stellen die Eigenkapitalinstrumente 10 Prozent des Werts der erworbenen Vermögenswerte dar. Ein Entscheidungsträger (der Vermögensverwalter) verwaltet das aktive Anlageportfolio, indem er Anlageentscheidungen innerhalb der im Verkaufsprospekt des Beteiligungsunternehmens festgelegten Parameter trifft. Für diese Leistungen erhält er eine marktbasierte feste Vergütung (d. h. 1 Prozent des verwalteten Vermögens) und eine erfolgsabhängige Vergütung (d. h. 10 Prozent des Gewinns), wenn die Gewinne des Beteiligungsunternehmens eine festgelegte Höhe übersteigen. Die Vergütung ist den erbrachten Leistungen angemessen. Der Vermögensverwalter hält 35 Prozent des Eigenkapitals des Beteiligungsunternehmens.

Die restlichen 65 Prozent des Eigenkapitals sowie sämtliche Schuldinstrumente befinden sich im Streubesitz einer großen Anzahl nicht nahestehender Drittinvestoren. Der Vermögensverwalter kann ohne Grund durch einfachen Mehrheitsbeschluss der anderen Anleger abberufen werden.

Der Vermögensverwalter erhält feste und erfolgsabhängige Vergütungen, die den erbrachten Leistungen angemessen sind. Durch die Vergütung werden die Interessen des Fondsmanagers mit denen der anderen Anlegerin Einklang gebracht, den Wert des Fonds zu steigern. Aufgrund seines Eigenkapitalanteils von 35 Prozent und seiner Vergütung ist der Vermögensverwalter dem Risiko schwankender Renditen aus den Tätigkeiten des Fonds ausgesetzt.

Obgleich er innerhalb der im Verkaufsprospekt des Beteiligungsunternehmens festgelegten Parameter handelt, verfügt der Vermögensverwalter über die gegenwärtige Fähigkeit, Anlageentscheidungen mit signifikanten Einfluss auf die Rendite des Beteiligungsunternehmens zu treffen – die Abberufungsrechte der anderen Anleger fallen bei der Analyse kaum ins Gewicht, da sie von einer Vielzahl breit gestreuter Anleger gehalten werden. In diesem Beispiel legt der Vermögensverwalter größeres Gewicht auf das Risiko schwankender Renditen des Fonds, dem er aufgrund seines Eigenkapitalanteils ausgesetzt ist, der den Schuldinstrumenten im Rang nachgeht. Durch den 35-prozentigen Eigenkapitalanteil entsteht ein signifikantes Nachrangrisiko in Bezug auf die Verluste und Rechte an den Renditen des Beteiligungsunternehmens, das darauf hinweist, dass der Vermögensverwalter ein Prinzipal ist. Der Vermögensverwalter gelangt daher zu dem Schluss, dass er das Beteiligungsunternehmen beherrscht.

Beispiel 16 Ein Entscheidungsträger (der Sponsor) sponsert einen Multi-Seller Conduit, der kurzfristige Schuldinstrumente an nicht nahestehende Drittinvestoren begibt. Diese Transaktion wurde potenziellen Anlegern

For example, having considered its remuneration and the other factors, the fund manager might consider a 20 per cent investment to be sufficient to conclude that it controls the fund. However, in different circumstances (ie if the remuneration or other factors are different), control may arise when the level of investment is different.

Example 14C The fund manager has a 20 per cent pro rata investment in the fund, but does not have any obligation to fund losses beyond its 20 per cent investment. The fund has a board of directors, all of whose members are independent of the fund manager and are appointed by the other investors. The board appoints the fund manager annually. If the board decided not to renew the fund manager's contract, the services performed by the fund manager could be performed by other managers in the industry.

Although the fund manager is paid fixed and performance-related fees that are commensurate with the services provided, the combination of the fund manager's 20 per cent investment together with its remuneration creates exposure to variability of returns from the activities of the fund that is of such significance that it indicates that the fund manager is a principal. However, the investors have substantive rights to remove the fund manager—the board of directors provides a mechanism to ensure that the investors can remove the fund manager if they decide to do so.

In this example, the fund manager places greater emphasis on the substantive removal rights in the analysis. Thus, although the fund manager has extensive decision-making authority and is exposed to variability of returns of the fund from its remuneration and investment, the substantive rights held by the other investors indicate that the fund manager is an agent. Thus, the fund manager concludes that it does not control the fund.

Example 15 An investee is created to purchase a portfolio of fixed rate asset-backed securities, funded by fixed rate debt instruments and equity instruments. The equity instruments are designed to provide first loss protection to the debt investors and receive any residual returns of the investee. The transaction was marketed to potential debt investors as an investment in a portfolio of asset-backed securities with exposure to the credit risk associated with the possible default of the issuers of the asset-backed securities in the portfolio and to the interest rate risk associated with the management of the portfolio. On formation, the equity instruments represent 10 per cent of the value of the assets purchased. A decision maker (the asset manager) manages the active asset portfolio by making investment decisions within the parameters set out in the investee's prospectus. For those services, the asset manager receives a market-based fixed fee (ie 1 per cent of assets under management) and performance-related fees (ie 10 per cent of profits) if the investee's profits exceed a specified level. The fees are commensurate with the services provided. The asset manager holds 35 per cent of the equity in the investee.

The remaining 65 per cent of the equity, and all the debt instruments, are held by a large number of widely dispersed unrelated third party investors. The asset manager can be removed, without cause, by a simple majority decision of the other investors.

The asset manager is paid fixed and performance-related fees that are commensurate with the services provided. The remuneration aligns the interests of the fund manager with those of the other investors to increase the value of the fund. The asset manager has exposure to variability of returns from the activities of the fund because it holds 35 per cent of the equity and from its remuneration.

Although operating within the parameters set out in the investee's prospectus, the asset manager has the current ability to make investment decisions that significantly affect the investee's returns—the removal rights held by the other investors receive little weighting in the analysis because those rights are held by a large number of widely dispersed investors. In this example, the asset manager places greater emphasis on its exposure to variability of returns of the fund from its equity interest, which is subordinate to the debt instruments. Holding 35 per cent of the equity creates subordinated exposure to losses and rights to returns of the investee, which are of such significance that it indicates that the asset manager is a principal. Thus, the asset manager concludes that it controls the investee.

Example 16 A decision maker (the sponsor) sponsors a multi-seller conduit, which issues short-term debt instruments to unrelated third party investors. The transaction was marketed to potential investors as an investment in a

gegenüber als ein Investment in ein Portfolio erstklassig bewerteter Vermögenswerte mit mittlerer Laufzeit vermarktet, das mit einem minimalen Kreditrisiko aufgrund des möglichen Ausfalls der Emittenten der Vermögenswerte im Portfolio verbunden ist. Verschiedene Verkäufer verkaufen dem Conduit Portfolios mit hochwertigen mittelfristigen Forderungen. Jeder Verkäufer betreut das an den Conduit verkaufte Forderungsportfolio und verwaltet Forderungen bei Ausfall gegen eine marktbasierte Servicegebühr. Außerdem sorgt jeder Verkäufer durch eine Übersicherung der auf den Conduit übertragenen Forderungen dafür, dass sein Forderungsportfolio gegen erste Zahlungsausfälle abgesichert ist. Der Sponsor legt die Vertragsbedingungen des Conduits fest und führt dessen Geschäfte gegen eine marktbasierte Vergütung. Die Vergütung ist den erbrachten Leistungen angemessen. Der Sponsor genehmigt die Verkäufer, die für einen Verkauf an den Conduit zugelassen werden, genehmigt die vom Conduit anzukaufenden Forderungen und trifft Entscheidungen über dessen Finanzierung. Der Sponsor muss im besten Interesse aller Anleger handeln.

Der Sponsor hat Anspruch auf verbleibende Renditen des Conduits und stellt diesem außerdem Kreditbesicherungen und Liquiditätslinien zur Verfügung. Mit der vom Sponsor bereitgestellten Kreditbesicherung werden Verluste bis in Höhe von 5 Prozent aller Vermögenswerte des Conduits kompensiert, nachdem Verluste von den Verkäufern aufgefangen worden sind. Die Liquiditätslinien können nicht für ausgefallene Forderungen in Anspruch genommen werden. Die Anleger besitzen keine substanziellen Rechte, die sich auf die Entscheidungsbefugnis des Sponsors auswirken könnten.

Auch wenn der Sponsor für seine Leistungen eine marktbasierte Vergütung erhält, die den erbrachten Leistungen angemessen ist, ist er aufgrund seiner Anrechte auf verbleibende Renditen des Conduits und aufgrund der Bereitstellung von Kreditbesicherungen und Liquiditätslinien dem Risiko schwankender Renditen aus den Tätigkeiten des Conduits ausgesetzt (d. h. der Conduit ist dadurch, dass er kurzfristige Schuldinstrumente zur Finanzierung mittelfristiger Forderungen nutzt, einem Liquiditätsrisiko ausgesetzt). Zwar hat jeder Verkäufer Entscheidungsbefugnisse, die den Wert der Vermögenswerte des Conduits beeinflussen, doch besitzt der Sponsor eine weitreichende Entscheidungsbefugnis, die ihm die gegenwärtige Fähigkeit zur Lenkung der Tätigkeiten mit dem *signifikantesten* Einfluss auf die Rendite des Conduits verleihen (d. h. der Sponsor hat die Vertragsbedingungen des Conduits festgelegt, kann Entscheidungen über die Vermögenswerte (die angekauften Forderungen und die Verkäufer dieser Forderungen zu genehmigen) und die Finanzierung des Konsortiums treffen (für das regelmäßig neues Kapital gefunden werden muss)). Durch seinen Anspruch auf die verbleibenden Renditen des Konsortiums und die Gewährung von Kreditbesicherungen und Liquiditätslinien ist der Sponsor dem Risiko schwankender Renditen aus den Tätigkeiten des Conduits ausgesetzt, das sich von dem anderer Anleger unterscheidet. Dieses Risiko ist folglich ein Hinweis darauf, dass der Sponsor ein Prinzipal ist. Der Sponsor gelangt daher zu dem Schluss, dass er den Conduit beherrscht. Die Verpflichtung des Sponsors, im besten Interesse aller Anleger zu handeln, schließt nicht aus, dass er ein Prinzipal ist.

Beziehung zu anderen Parteien

B73 Bei der Beurteilung, ob eine Beherrschung vorliegt, hat ein Investor die Art seiner Beziehungen zu anderen Parteien zu berücksichtigen und festzustellen, ob diese in seinem Namen handeln (d. h. „De-Facto-Agenten" sind). Die Bestimmung, ob andere Parteien als De-Facto-Agenten handeln, verlangt Ermessensausübung. Dabei ist nicht nur die Art der Beziehung zu berücksichtigen, sondern auch, wie diese Parteien untereinander und mit dem Investor interagieren.

B74 Mit einer solchen Beziehung muss nicht unbedingt eine vertragliche Vereinbarung einhergehen. Eine Partei ist De-Facto-Agent, wenn der Investor die betreffende Partei anweisen kann, in seinem Namen zu handeln. De-Facto-Agent könnte eine Partei auch dann sein, wenn diejenigen, die die Tätigkeiten des Investors lenken, die betreffende Partei anweisen können, im Namen des Investors zu handeln. Bei der Beurteilung, ob er ein Beteiligungsunternehmen beherrscht, hat der Investor die Entscheidungsbefugnisse seines De-Facto-Agenten sowie sein indirektes Risiko von oder seine Anrechte an schwankenden Renditen über den De-facto-Agenten zusammen mit seinen eigenen Risiken und Rechten zu berücksichtigen.

B75 Es folgen einige Beispiele für andere Parteien, die aufgrund der Art ihrer Beziehung als De-Facto-Agenten für den Investor handeln könnten:

(a) dem Investor nahe stehende Personen und Unternehmen,

(b) eine Partei, die ihre Anteile am Beteiligungsunternehmen durch eine Einlage oder ein Darlehen vom Investor erhalten hat,

(c) eine Partei, die sich verpflichtet hat, ihre Anteile am Beteiligungsunternehmen ohne vorherige Genehmigung des Investors nicht zu veräußern, zu übertragen oder zu belasten (außer in Fällen, in denen der Investor und die andere Partei das Recht auf vorherige Genehmigung haben und die Rechte auf Bedingungen beruhen, die zwischen vertragswilligen, voneinander unabhängigen Parteien im gegenseitigen Einvernehmen vereinbart wurden),

(d) eine Partei, die ihre Geschäftstätigkeit nicht ohne eine nachrangige finanzielle Unterstützung des Investors finanzieren kann,

(e) ein Beteiligungsunternehmen, bei dem die Mehrheit der Mitglieder des Leitungsorgans oder des Managements in Schlüsselpositionen mit denen des Investors identisch ist.

(f) eine Partei, die eine enge Geschäftsbeziehung zum Investor unterhält, wie z. B. eine Beziehung zwischen einem professionellen Dienstleister und einem seiner wichtigsten Kunden.

portfolio of highly rated medium-term assets with minimal exposure to the credit risk associated with the possible default by the issuers of the assets in the portfolio. Various transferors services sell high quality medium-term asset portfolios to the conduit. Each transferor the portfolio of assets that it sells to the conduit and manages receivables on default for a market-based servicing fee. Each transferor also provides first loss protection against credit losses from its asset portfolio through over-collateralisation of the assets transferred to the conduit. The sponsor establishes the terms of the conduit and manages the operations of the conduit for a market-based fee. The fee is commensurate with the services provided. The sponsor approves the sellers permitted to sell to the conduit, approves the assets to be purchased by the conduit and makes decisions about the funding of the conduit. The sponsor must act in the best interests of all investors.

The sponsor is entitled to any residual return of the conduit and also provides credit enhancement and liquidity facilities to the conduit. The credit enhancement provided by the sponsor absorbs losses of up to 5 per cent of all of the conduit's assets, after losses are absorbed by the transferors. The liquidity facilities are not advanced against defaulted assets. The investors do not hold substantive rights that could affect the decision-making authority of the sponsor.

Even though the sponsor is paid a market-based fee for its services that is commensurate with the services provided, the sponsor has exposure to variability of returns from the activities of the conduit because of its rights to any residual returns of the conduit and the provision of credit enhancement and liquidity facilities (ie the conduit is exposed to liquidity risk by using short-term debt instruments to fund medium-term assets). Even though each of the transferors has decision-making rights that affect the value of the assets of the conduit, the sponsor has extensive decision-making authority that gives it the current ability to direct the activities that *most* significantly affect the conduit's returns (ie the sponsor established the terms of the conduit, has the right to make decisions about the assets (approving the assets purchased and the transferors of those assets) and the funding of the conduit (for which new investment must be found on a regular basis)). The right to residual returns of the conduit and the provision of credit enhancement and liquidity facilities expose the sponsor to variability of returns from the activities of the conduit that is different from that of the other investors. Accordingly, that exposure indicates that the sponsor is a principal and thus the sponsor concludes that it controls the conduit. The sponsor's obligation to act in the best interest of all investors does not prevent the sponsor from being a principal.

Relationship with other parties

When assessing control, an investor shall consider the nature of its relationship with other parties and whether those other parties are acting on the investor's behalf (ie they are 'de facto agents'). The determination of whether other parties are acting as de facto agents requires judgement, considering not only the nature of the relationship but also how those parties interact with each other and the investor. **B73**

Such a relationship need not involve a contractual arrangement. A party is a de facto agent when the investor has the ability to direct that party to act on the investor's behalf. A party might also be a de facto agent when those that direct the activities of the investor have the ability to direct that party to act on the investor's behalf. The investor shall consider its de facto agent's decision-making rights and its indirect exposure, or rights, to variable returns through the de facto agent together with its own when assessing control of an investee. **B74**

The following are examples of such other parties that, by the nature of their relationship, might act as de facto agents for the investor: **B75**

(a) the investor's related parties.
(b) a party that received its interest in the investee as a contribution or loan from the investor.
(c) a party that has agreed not to sell, transfer or encumber its interests in the investee without the investor's prior approval (except for situations in which the investor and the other party have the right of prior approval and the rights are based on mutually agreed terms by willing independent parties).
(d) a party that cannot finance its operations without subordinated financial support from the investor.
(e) an investee for which the majority of the members of its governing body or for which its key management personnel are the same as those of the investor.
(f) a party that has a close business relationship with the investor, such as the relationship between a professional service provider and one of its significant clients.

Beherrschung gewisser Vermögenswerte

B76 Ein Investor muss berücksichtigen, ob er einen Teil eines Beteiligungsunternehmens als fiktives separates Unternehmen behandelt, und falls ja, ob er das fiktive separate Unternehmen beherrscht.

B77 Ein Investor hat einen Teil eines Beteiligungsunternehmens nur dann als fiktive eigenständige Einheit zu behandeln, wenn folgende Bedingung erfüllt ist:
Gewisse Vermögenswerte des Beteiligungsunternehmens (und etwaige zugehörige Kreditbesicherungen) sind die einzige Zahlungsquelle für festgelegte Schulden oder festgelegte sonstige Anteile am Beteiligungsunternehmen. Abgesehen von den Parteien mit der festgelegten Schuld haben keine weiteren Parteien Rechte oder Verpflichtungen im Zusammenhang mit den festgelegten Vermögenswerten oder den verbleibenden Zahlungsströmen aus diesen Vermögenswerten. Dem wirtschaftlichen Gehalt nach können die Renditen aus den gewissen Vermögenswerten nicht vom verbleibenden Beteiligungsunternehmen verwendet werden und die Schulden der fiktiven eigenständigen Einheit sind nicht aus den Vermögenswerten des verbleibenden Beteiligungsunternehmens zu begleichen. Alle Vermögenswerte, Schulden und das Eigenkapital dieser fiktiven eigenständigen Einheit sind dem wirtschaftlichen Gehalt nach gegenüber dem gesamten Beteiligungsunternehmen isoliert. Eine solche fiktive eigenständige Einheit wird häufig auch als „Silo" bezeichnet.

B78 Ist die in Paragraph B77 genannte Bedingung erfüllt, muss der Investor die Tätigkeiten mit signifikantem Einfluss auf die Rendite der fiktiven eigenständigen Einheit ermitteln und feststellen, wie diese Tätigkeiten gelenkt werden. Auf diese Weise kann er dann beurteilen, ob er den betreffenden Teil des Beteiligungsunternehmens beherrscht. Bei der Beurteilung der Beherrschung der fiktiven eigenständigen Einheit muss der Investor außerdem abwägen, ob er aufgrund seines Engagements bei der fiktiven eigenständigen Einheit ein Risiko aus oder Anrechte an schwankenden Renditen hat und ob er in der Lage ist, seine Verfügungsgewalt über den betreffenden Teil des Beteiligungsunternehmens dazu einzusetzen, die Höhe der Renditen des Beteiligungsunternehmens zu beeinflussen.

B79 Beherrscht der Investor die fiktive eigenständige Einheit, muss er den betreffenden Teil des Beteiligungsunternehmens konsolidieren. In diesen Fall schließen andere Parteien bei der Beurteilung der Beherrschung sowie der Konsolidierung des Beteiligungsunternehmens den betreffenden Teil des Beteiligungsunternehmens aus.

Fortlaufende Beurteilung

B80 Weisen Fakten und Umstände darauf hin, dass sich eines oder mehrere der in Paragraph 7 aufgeführten drei Elemente der Beherrschung verändert haben, muss der Investor erneut beurteilen, ob er ein Beteiligungsunternehmen beherrscht.

B81 Tritt bei der Art und Weise, in der die Verfügungsgewalt über ein Beteiligungsunternehmen ausgeübt werden kann, eine Veränderung ein, muss sich dies in der Art und Weise, wie der Investor seine Verfügungsgewalt über das Beteiligungsunternehmen beurteilt, widerspiegeln. Beispielsweise können Veränderungen bei Entscheidungsbefugnissen bedeuten, dass die maßgeblichen Tätigkeiten nicht mehr über Stimmrechte gelenkt werden, sondern dass stattdessen andere Vereinbarungen wie z. B. Verträge mit einer oder mehreren anderen Partei(en) die gegenwärtige Fähigkeit zur Lenkung der maßgeblichen Tätigkeiten verleihen.

B82 Ein Ereignis kann die Ursache dafür sein, dass ein Investor die Verfügungsgewalt über ein Beteiligungsunternehmen erlangt oder verliert, ohne dass der Investor selbst an dem betreffenden Ereignis beteiligt ist. Ein Investor kann zum Beispiel die Verfügungsgewalt über ein Beteiligungsunternehmen erlangen, weil Entscheidungsbefugnisse einer oder mehrerer anderer Partei(en), die den Investor zuvor an der Beherrschung des Beteiligungsunternehmens gehindert haben, ausgelaufen sind.

B83 Ein Investor berücksichtigt außerdem Veränderungen, die sich auf sein Risiko aus oder seine Anrechte an veränderlichen Renditen aus seinem Engagement bei der Beteiligungsgesellschaft auswirken. Beispielsweise kann ein Investor, der Verfügungsgewalt über ein Beteiligungsunternehmen hat, die Beherrschung über das Beteiligungsunternehmen verlieren, wenn er kein Anrecht auf den Empfang von Renditen oder kein Risiko durch Verpflichtungen mehr hat, weil der Investor Paragraph 7 (b) nicht mehr erfüllt (z. B. wenn ein Vertrag über die Gewährung erfolgsabhängiger Vergütungen gekündigt wird).

B84 Ein Investor muss prüfen, ob sich seine Beurteilung, dass er als Agent bzw. Prinzipal handelt, geändert hat. Veränderungen in der Gesamtbeziehung zwischen dem Investor und anderen Parteien können bedeuten, dass der Investor nicht mehr als Agent handelt, obwohl dies bislang der Fall war, und umgekehrt. Treten z. B. bei den Rechten des Investors oder anderer Parteien Veränderungen ein, hat der Investor seinen Status als Prinzipal oder Agent erneut zu prüfen.

B85 Die anfängliche Beurteilung der Beherrschung oder des Status als Prinzipal oder Agent wird sich nicht einfach nur aufgrund einer Veränderung der Marktbedingungen ändern (z.B. einer Veränderung der marktabhängigen Rendite des Beteiligungsunternehmens). Anders verhält es sich, wenn die Veränderung bei den Marktbedingungen zu einer Veränderung bei einem oder mehreren der in Paragraph 7 aufgeführten Beherrschungselementen oder einer Änderung des allgemeinen Verhältnisses zwischen Prinzipal und Agent führt.

Control of specified assets

An investor shall consider whether it treats a portion of an investee as a deemed separate entity and, if so, whether it controls the deemed separate entity. B76

An investor shall treat a portion of an investee as a deemed separate entity if and only if the following condition is satisfied: B77
Specified assets of the investee (and related credit enhancements, if any) are the only source of payment for specified liabilities of, or specified other interests in, the investee. Parties other than those with the specified liability do not have rights or obligations related to the specified assets or to residual cash flows from those assets. In substance, none of the returns from the specified assets can be used by the remaining investee and none of the liabilities of the deemed separate entity are payable from the assets of the remaining investee. Thus, in substance, all the assets, liabilities and equity of that deemed separate entity are ring-fenced from the overall investee. Such a deemed separate entity is often called a 'silo'.

When the condition in paragraph B77 is satisfied, an investor shall identify the activities that significantly affect the returns of the deemed separate entity and how those activities are directed in order to assess whether it has power over that portion of the investee. When assessing control of the deemed separate entity, the investor shall also consider whether it has exposure or rights to variable returns from its involvement with that deemed separate entity and the ability to use its power over that portion of the investee to affect the amount of the investor's returns. B78

If the investor controls the deemed separate entity, the investor shall consolidate that portion of the investee. In that case, other parties exclude that portion of the investee when assessing control of, and in consolidating, the investee. B79

Continuous assessment

An investor shall reassess whether it controls an investee if facts and circumstances indicate that there are changes to one or more of the three elements of control listed in paragraph 7. B80

If there is a change in how power over an investee can be exercised, that change must be reflected in how an investor assesses its power over an investee. For example, changes to decision-making rights can mean that the relevant activities are no longer directed through voting rights, but instead other agreements, such as contracts, give another party or parties the current ability to direct the relevant activities. B81

An event can cause an investor to gain or lose power over an investee without the investor being involved in that event. For example, an investor can gain power over an investee because decision-making rights held by another party or parties that previously prevented the investor from controlling an investee have elapsed. B82

An investor also considers changes affecting its exposure, or rights, to variable returns from its involvement with an investee. For example, an investor that has power over an investee can lose control of an investee if the investor ceases to be entitled to receive returns or to be exposed to obligations, because the investor would fail to satisfy paragraph 7 (b) (e.g. if a contract to receive performance-related fees is terminated). B83

An investor shall consider whether its assessment that it acts as an agent or a principal has changed. Changes in the overall relationship between the investor and other parties can mean that an investor no longer acts as an agent, even though it has previously acted as an agent, and vice versa. For example, if changes to the rights of the investor, or of other parties, occur, the investor shall reconsider its status as a principal or an agent. B84

An investor's initial assessment of control or its status as a principal or an agent would not change simply because of a change in market conditions (e.g. a change in the investee's returns driven by market conditions), unless the change in market conditions changes one or more of the three elements of control listed in paragraph 7 or changes the overall relationship between a principal and an agent. B85

Feststellung, ob es sich bei einem Unternehmen um eine Investmentgesellschaft handelt

B85A Wenn ein Unternehmen beurteilt, ob es eine Investmentgesellschaft ist, hat es alle Fakten und Umstände einschließlich seines Zwecks und seiner Ausgestaltung zu berücksichtigen. Ein Unternehmen, das die in Paragraph 27 aufgeführten drei Elemente der Definition einer Investmentgesellschaft erfüllt, gilt als Investmentgesellschaft. Diese Elemente der Definition werden in den Paragraphen B85B–B85M näher erläutert.

Geschäftszweck

B85B Nach der Definition einer Investmentgesellschaft hat deren Geschäftszweck allein in der Anlage von Mitteln zur Erreichung von Wertsteigerungen oder Investmenterträgen (wie Dividenden, Zinsen oder Mieteinnahmen) oder beidem zu bestehen. Aufschluss über den Geschäftszweck einer Investmentgesellschaft geben normalerweise Unterlagen, in denen die Anlageziele des Unternehmens dargelegt werden, wie Zeichnungsprospekte, Veröffentlichungen und sonstige Unternehmens- oder Gesellschaftsunterlagen. Weiterer Anhaltspunkte sind unter anderem, wie sich das Unternehmen gegenüber anderen (z. B. potenziellen Investoren oder Beteiligungsunternehmen) präsentiert; so kann ein Unternehmen seine Geschäftstätigkeit beispielsweise als mittelfristig angelegte Investitionstätigkeit zum Zwecke der Wertsteigerung darstellen. Dagegen verfolgt ein Unternehmen, das sich als Investor präsentiert, dessen Ziel darin besteht, gemeinsam mit seinen Beteiligungsunternehmen Produkte zu entwickeln, zu produzieren oder zu vermarkten, einen Geschäftszweck, der mit dem einer Investmentgesellschaft unvereinbar ist, da es sowohl mit seiner Entwicklungs-, Produktions- oder Vermarktungstätigkeit als auch mit seinen Beteiligungen Erträge erzielt (siehe Paragraph B85I).

B85C Eine Investmentgesellschaft kann gegenüber Dritten oder ihren Investoren direkt oder über ein Tochterunternehmen anlagebezogene Dienstleistungen (z. B. Anlageberatungs-, Anlagemanagement-, Anlageunterstützungs- oder Verwaltungsdienstleistungen) erbringen, selbst wenn diese Tätigkeiten für die Investmentgesellschaft von wesentlicher Bedeutung sind; allerdings muss die Gesellschaft weiterhin der Definition einer Investmentgesellschaft entsprechen.

B85D Eine Investmentgesellschaft kann sich auch direkt oder über ein Tochterunternehmen an den folgenden anlagebezogenen Tätigkeiten beteiligen, wenn diese auf die Maximierung der mit ihren Beteiligungsunternehmen erzielten Rendite (Wertsteigerungen oder Investmenterträge) ausgerichtet sind und keine gesonderte substanzielle Geschäftstätigkeit oder gesonderte substanzielle Ertragsquelle der Investmentgesellschaft darstellen:

(a) Erbringung von Managementdienstleistungen und strategischer Beratung für ein Beteiligungsunternehmen und

(b) finanzielle Unterstützung eines Beteiligungsunternehmens z. B. in Form von Darlehen, Kapitalzusagen oder Garantien.

B85E Hat eine Investmentgesellschaft ein Tochterunternehmen, das selbst keine Investmentgesellschaft ist und dessen Hauptgeschäftszweck und -tätigkeit darin besteht, für sie oder für andere anlagebezogene Dienstleistungen oder Tätigkeiten zu erbringen, die sich auf die in den Paragraphen B85C–B85D genannte Investitionstätigkeit der Investmentgesellschaft beziehen, so muss sie dieses Tochterunternehmen gemäß Paragraph 32 konsolidieren. Ist das Tochterunternehmen, das die anlagebezogenen Dienstleistungen oder Tätigkeiten erbringt, selbst eine Investmentgesellschaft, muss das Mutterunternehmen der Investmentgesellschaft diese gemäß Paragraph 31 erfolgswirksam zum beizulegenden Zeitwert bewerten.

Ausstiegsstrategien

B85F Die Investitionspläne eines Unternehmens geben auch Aufschluss über seinen Geschäftszweck. Ein Merkmal, in dem sich eine Investmentgesellschaft von anderen Unternehmen unterscheidet, besteht darin, dass eine Investmentgesellschaft nicht die Absicht hat, ihre Investitionen unbegrenzt zu halten, sondern sie lediglich über einen befristeten Zeitraum hält. Da Eigenkapitalbeteiligungen und Investitionen in nichtfinanzielle Vermögenswerte potenziell unbegrenzt gehalten werden können, muss eine Investmentgesellschaft über eine Ausstiegsstrategie verfügen, in der dokumentiert ist, wie das Unternehmen aus so gut wie allen seinen Kapitalbeteiligungen und Investitionen in nichtfinanzielle Vermögenswerte Wertsteigerungen realisieren will. Eine Investmentgesellschaft muss außerdem eine Ausstiegsstrategie für alle Schuldinstrumente haben, die potenziell unbegrenzt gehalten werden können, wie unbefristete Fremdkapitalbeteiligungen. Die Investmentgesellschaft muss nicht für jede einzelne Investition gesonderte Ausstiegsstrategien dokumentieren, sondern sollte verschiedene potenzielle Strategien für unterschiedliche Arten oder Portfolien von Investitionen einschließlich eines stichhaltigen Zeitrahmens für den Ausstieg aufstellen. Ausstiegsmechanismen, die nur bei Eintreten eines Kündigungsgrunds (z. B. Vertragsverletzung oder Nichterfüllung) greifen, gelten für den Zweck dieser Beurteilung nicht als Ausstiegsstrategien.

B85G Die Ausstiegsstrategien können je nach Art der Investition variieren. Für Private Equity-Investments kann sich als Ausstiegsstrategien beispielsweise ein Börsengang (IPO), eine Privatplatzierung (Private Placement), ein Unternehmensverkauf (Trade Sale), die Ausschüttung von Eigentumsanteilen an den Beteiligungsunternehmen (an die Investoren) und die Veräußerung von Vermögenswerten (einschließlich der Veräußerung der Vermögenswerte eines Beteiligungsunternehmens mit dessen anschließender Liquidation) anbieten. Für Eigenkapitalinstrumente, die am Kapitalmarkt gehandelt werden, kommt z. B. eine Privatplatzierung oder die Veräußerung am Kapitalmarkt als Ausstiegsstrategie in Betracht. Bei Immobilieninvestitionen könnte eine Ausstiegsstrategie z. B. die Veräußerung der Immobilie durch Immobilienhändler oder auf dem freien Markt beinhalten.

Determining whether an entity is an investment entity

An entity shall consider all facts and circumstances when assessing whether it is an investment entity, including its purpose and design. An entity that possesses the three elements of the definition of an investment entity set out in paragraph 27 is an investment entity. Paragraphs B85B—B85M describe the elements of the definition in more detail. **B85A**

Business purpose

The definition of an investment entity requires that the purpose of the entity is to invest solely for capital appreciation, investment income (such as dividends, interest or rental income), or both. Documents that indicate what the entity's investment objectives are, such as the entity's offering memorandum, publications distributed by the entity and other corporate or partnership documents, will typically provide evidence of an investment entity's business purpose. Further evidence may include the manner in which the entity presents itself to other parties (such as potential investors or potential investees); for example, an entity may present its business as providing medium-term investment for capital appreciation. In contrast, an entity that presents itself as an investor whose objective is to jointly develop, produce or market products with its investees has a business purpose that is inconsistent with the business purpose of an investment entity, because the entity will earn returns from the development, production or marketing activity as well as from its investments (see paragraph B85I). **B85B**

An investment entity may provide investment-related services (eg investment advisory services, investment management, investment support and administrative services), either directly or through a subsidiary, to third parties as well as to its investors, even if those activities are substantial to the entity, subject to the entity continuing to meet the definition of an investment entity. **B85C**

An investment entity may also participate in the following investment-related activities, either directly or through a subsidiary, if these activities are undertaken to maximise the investment return (capital appreciation or investment income) from its investees and do not represent a separate substantial business activity or a separate substantial source of income to the investment entity: **B85D**

(a) providing management services and strategic advice to an investee; and
(b) providing financial support to an investee, such as a loan, capital commitment or guarantee.

If an investment entity has a subsidiary that is not itself an investment entity and whose main purpose and activities are providing investment-related services or activities that relate to the investment entity's investment activities, such as those described in paragraphs B85C — B85D, to the entity or other parties, it shall consolidate that subsidiary in accordance with paragraph 32. If the subsidiary that provides the investment-related services or activities is itself an investment entity, the investment entity parent shall measure that subsidiary at fair value through profit or loss in accordance with paragraph 31. **B85E**

Exit strategies

An entity's investment plans also provide evidence of its business purpose. One feature that differentiates an investment entity from other entities is that an investment entity does not plan to hold its investments indefinitely; it holds them for a limited period. Because equity investments and non-financial asset investments have the potential to be held indefinitely, an investment entity shall have an exit strategy documenting how the entity plans to realise capital appreciation from substantially all of its equity investments and non-financial asset investments. An investment entity shall also have an exit strategy for any debt instruments that have the potential to be held indefinitely, for example perpetual debt investments. The entity need not document specific exit strategies for each individual investment but shall identify different potential strategies for different types or portfolios of investments, including a substantive time frame for exiting the investments. Exit mechanisms that are only put in place for default events, such as a breach of contract or non-performance, are not considered exit strategies for the purpose of this assessment. **B85F**

Exit strategies can vary by type of investment. For investments in private equity securities, examples of exit strategies include an initial public offering, a private placement, a trade sale of a business, distributions (to investors) of ownership interests in investees and sales of assets (including the sale of an investee's assets followed by a liquidation of the investee). For equity investments that are traded in a public market, examples of exit strategies include selling the investment in a private placement or in a public market. For real estate investments, an example of an exit strategy includes the sale of the real estate through specialised property dealers or the open market. **B85G**

B85H Eine Investmentgesellschaft kann eine Beteiligung an einer anderen Investmentgesellschaft halten, die aus rechtlichen, regulatorischen, steuerlichen oder ähnlichen geschäftlichen Gründen zusammen mit dem Unternehmen gegründet wird. In diesem Fall benötigt die investierende Investmentgesellschaft keine Ausstiegsstrategie für diese Investition, sofern die Investmentgesellschaft, die das Beteiligungsunternehmen ist, über eine angemessene Ausstiegsstrategie für seine Investitionen verfügt.

Erträge aus Beteiligungen

B85I Die Investitionen eines Unternehmens dienen nicht allein der Erwirtschaftung von Wertsteigerungen oder Investmenterträgen oder beidem, wenn das Unternehmen oder ein anderes Mitglied des Konzerns, dem das Unternehmen angehört (d. h. des Konzerns, der vom obersten Mutterunternehmen der Investmentgesellschaft beherrscht wird) einen anderen Nutzen aus den Investitionen des Unternehmens zieht oder anstrebt, der anderen, dem Beteiligungsunternehmen nicht nahestehenden Unternehmen oder Personen, nicht zugutekommt. Bei einem solchen Nutzen kann es sich z. B. um Folgendes handeln:

(a) Erwerb, Nutzung, Tausch oder Verwertung der Verfahren, Vermögenswerte oder Technologien eines Beteiligungsunternehmens. Dies wäre unter anderem dann der Fall, wenn das Unternehmen oder ein anderes Konzernmitglied überproportionale oder exklusive Rechte zum Erwerb von Vermögenswerten, Technologie, Produkten oder Dienstleistungen eines Beteiligungsunternehmens besitzt, beispielsweise in Form einer Kaufoption auf einen Vermögenswert eines Beteiligungsunternehmens, wenn die Entwicklung des Vermögenswerts als erfolgreich betrachtet wird;

(b) gemeinschaftliche Vereinbarungen (im Sinne von IFRS 11) oder andere Vereinbarungen zwischen dem Unternehmen oder einem anderen Konzernmitglied und einem Beteiligungsunternehmen über die Entwicklung, Produktion, Vermarktung oder Lieferung von Produkten oder Dienstleistungen;

(c) von einem Beteiligungsunternehmen gestellte finanzielle Garantien oder Vermögenswerte, die als Sicherheit für Kreditvereinbarungen des Unternehmens oder eines anderen Konzernmitglieds dienen (allerdings könnte eine Investmentgesellschaft eine Investition in ein Beteiligungsunternehmen nach wie vor als Sicherheit für eigene Fremdkapitalaufnahmen nutzen);

(d) eine von einem dem Unternehmen nahestehenden Unternehmen oder einer dem Unternehmen nahestehenden Person gehaltene Kaufoption, die diese berechtigt, von jenem Unternehmen oder einem anderen Konzernmitglied einen Eigentumsanteil an einem Beteiligungsunternehmen des Unternehmens zu erwerben;

(e) folgende Transaktionen zwischen dem Unternehmen oder einem anderen Konzernmitglied und einem Beteiligungsunternehmen mit Ausnahme des in Paragraph B85J genannten Falls:

   (i) Transaktionen zu Konditionen, die anderen Unternehmen, die weder dem Unternehmen, einem anderen Konzernmitglied noch einem Beteiligungsunternehmen nahestehen, nicht angeboten werden,

   (ii) Transaktionen, die nicht zum beizulegenden Zeitwert getätigt werden, oder

   (iii) auf die ein wesentlicher Anteil der Geschäftstätigkeit des Beteiligungsunternehmens oder des Unternehmens einschließlich der Geschäftstätigkeit anderer Konzerngesellschaften entfällt.

B85J Eine Investmentgesellschaft kann die Strategie verfolgen, sich an mehr als einem Beteiligungsunternehmen der gleichen Branche, des gleichen Marktes oder geografischen Gebiets zu beteiligen, um von Synergien zu profitieren, die die Wertsteigerungen und Investmenterträge aus diesen Beteiligungsunternehmen erhöhen. Unbeschadet des Paragraphe B85I(e) hat der Umstand, dass solche Beteiligungsunternehmen untereinander Handel treiben, nicht zwangsläufig zur Folge, dass das Unternehmen nicht als Investmentgesellschaft eingestuft werden kann.

Bewertung zum beizulegenden Zeitwert

B85K Ein wesentliches Element der Definition einer Investmentgesellschaft besteht darin, dass sie die Ertragskraft so gut wie aller ihrer Investments anhand des beizulegenden Zeitwerts bewertet und beurteilt, da dies zu relevanteren Informationen führt als beispielsweise die Konsolidierung ihrer Tochterunternehmen oder die Bilanzierung ihrer Anteile an assoziierten Unternehmen oder Gemeinschaftsunternehmen nach der Equity-Methode. Um nachzuweisen, dass sie dieses Element der Definition erfüllt, geht eine Investmentgesellschaft wie folgt vor:

(a) sie legt den Investoren Angaben zum beizulegenden Zeitwert vor und bewertet nahezu all ihre Investments in ihren Abschlüssen zum beizulegenden Zeitwert, wann immer dies nach den IFRS erforderlich oder zulässig ist, und

(b) sie verwendet bei der internen Berichterstattung an Mitglieder des Managements in Schlüsselpositionen des Unternehmens (im Sinne von IAS 24) Angaben auf Basis von beizulegenden Zeitwerten, die diese als vorrangiges Kriterium für die Bewertung der Ertragskraft so gut wie all ihrer Investitionen und für ihre Investitionsentscheidungen nutzen.

B85L Zur Erfüllung der Vorschrift in Paragraph B85K(a) würde eine Investmentgesellschaft

(a) das Wahlrecht in Anspruch nehmen, als Finanzinvestition gehaltene Immobilien nach dem Modell des beizulegenden Zeitwerts in IAS 40 *Als Finanzinvestition gehaltene Immobilien* zu bilanzieren,

(b) für ihre Beteiligungen an assoziierten Unternehmen und Gemeinschaftsunternehmen die in IAS 28 vorgesehene Ausnahme von der Anwendung der Equity-Methode in Anspruch nehmen, und

(c) ihre finanziellen Vermögenswerte nach den Vorschriften von IFRS 9 zum beizulegenden Zeitwert bewerten.

An investment entity may have an investment in another investment entity that is formed in connection with the entity for legal, regulatory, tax or similar business reasons. In this case, the investment entity investor need not have an exit strategy for that investment, provided that the investment entity investee has appropriate exit strategies for its investments. B85H

Earnings from investments

An entity is not investing solely for capital appreciation, investment income, or both, if the entity or another member of the group containing the entity (ie the group that is controlled by the investment entity's ultimate parent) obtains, or has the objective of obtaining, other benefits from the entity's investments that are not available to other parties that are not related to the investee. Such benefits include: B85I

(a) the acquisition, use, exchange or exploitation of the processes, assets or technology of an investee. This would include the entity or another group member having disproportionate, or exclusive, rights to acquire assets, technology, products or services of any investee; for example, by holding an option to purchase an asset from an investee if the asset's development is deemed successful;
(b) joint arrangements (as defined in IFRS 11) or other agreements between the entity or another group member and an investee to develop, produce, market or provide products or services;
(c) financial guarantees or assets provided by an investee to serve as collateral for borrowing arrangements of the entity or another group member (however, an investment entity would still be able to use an investment in an investee as collateral for any of its borrowings);
(d) an option held by a related party of the entity to purchase, from that entity or another group member, an ownership interest in an investee of the entity;
(e) except as described in paragraph B85J, transactions between the entity or another group member and an investee that:
    (i) are on terms that are unavailable to entities that are not related parties of either the entity, another group member or the investee;
    (ii) are not at fair value; or
    (iii) represent a substantial portion of the investee's or the entity's business activity, including business activities of other group entities.

An investment entity may have a strategy to invest in more than one investee in the same industry, market or geographical area in order to benefit from synergies that increase the capital appreciation and investment income from those investees. Notwithstanding paragraph B85I (e), an entity is not disqualified from being classified as an investment entity merely because such investees trade with each other. B85J

Fair value measurement

An essential element of the definition of an investment entity is that it measures and evaluates the performance of substantially all of its investments on a fair value basis, because using fair value results in more relevant information than, for example, consolidating its subsidiaries or using the equity method for its interests in associates or joint ventures. In order to demonstrate that it meets this element of the definition, an investment entity: B85K

(a) provides investors with fair value information and measures substantially all of its investments at fair value in its financial statements whenever fair value is required or permitted in accordance with IFRSs; and
(b) reports fair value information internally to the entity's key management personnel (as defined in IAS 24), who use fair value as the primary measurement attribute to evaluate the performance of substantially all of its investments and to make investment decisions.

In order to meet the requirement in B85K (a), an investment entity would: B85L

(a) elect to account for any investment property using the fair value model in IAS 40 *Investment Property*;
(b) elect the exemption from applying the equity method in IAS 28 for its investments in associates and joint ventures; and
(c) measure its financial assets at fair value using the requirements in IFRS 9.

B85M Eine Investmentgesellschaft kann einige nicht als Investition gehaltene Vermögenswerte wie die Betriebs- und Geschäftsausstattung der Hauptverwaltung oder ähnliche Vermögenswerte und auch finanzielle Verbindlichkeiten haben. Die Bewertung zum beizulegenden Zeitwert als Element der Definition einer Investmentgesellschaft in Paragraph 27 (c) bezieht sich auf die Beteiligungen einer Investmentgesellschaft. Folglich muss eine Investmentgesellschaft ihre nicht als Investition gehaltenen Vermögenswerte oder ihre Verbindlichkeiten nicht zum beizulegenden Zeitwert bewerten.

Typische Merkmale einer Investmentgesellschaft

B85N Wenn ein Unternehmen bestimmt, ob es der Definition einer Investmentgesellschaft entspricht, hat es zu berücksichtigen, ob es deren typische Merkmale aufweist (siehe Paragraph 28). Wenn eines oder mehrere dieser typischen Merkmale nicht gegeben ist/sind, bedeutet dies nicht zwangsläufig, dass das Unternehmen nicht als Investmentgesellschaft eingestuft werden kann, weist aber darauf hin, dass die Feststellung, ob das Unternehmen eine Investmentgesellschaft ist, eine zusätzliche Ermessensausübung erfordert.

Mehr als eine Beteiligung

B85O Eine Investmentgesellschaft hält in der Regel mehrere Beteiligungen, um ihr Risiko zu streuen und ihre Renditen zu maximieren. Ein Portfolio von Beteiligungen kann direkt oder indirekt gehalten werden, z. B. über eine einzige Beteiligung an einer anderen Investmentgesellschaft, die selbst mehrere Beteiligungen hält.

B85P Es kann vorkommen, dass ein Unternehmen nur eine einzige Beteiligung hält. Das bedeutet jedoch nicht zwangsläufig, dass das Unternehmen nicht die Definition einer Investmentgesellschaft erfüllt. So kann eine Investmentgesellschaft beispielsweise in folgenden Fällen nur ein einziges Investment halten:

(a) sie befindet sich in der Anlaufphase und hat noch keine geeigneten Beteiligungen ermittelt und folglich ihren Investitionsplan zum Erwerb mehrerer Beteiligungen noch nicht umgesetzt,

(b) sie hat veräußerte Beteiligungen noch nicht durch andere Beteiligungen ersetzt,

(c) sie wurde mit dem Ziel gegründet, die Mittel der Investoren zu bündeln und in eine einzige Beteiligung zu investieren, zu denen die Investoren einzeln keinen Zugang hätten (z. B. weil der erforderliche Mindestanlagebetrag für einen einzelnen Investor zu hoch ist), oder

(d) sie befindet sich in Liquidation.

Mehr als ein Investor

B85Q In der Regel hat eine Investmentgesellschaft mehrere Investoren, die ihre Mittel zusammenlegen, um Zugang zu Kapitalanlagedienstleistungen und Anlagemöglichkeiten zu erhalten, die ihnen einzeln möglicherweise nicht zur Verfügung stünden. Bei mehreren Investoren ist es weniger wahrscheinlich, dass das Unternehmen oder andere Mitglieder des Konzerns, zu dem das Unternehmen gehört, einen anderen Nutzen als Wertsteigerungen oder Investmenterträge erlangen würden (siehe Paragraph B85I).

B85R Alternativ kann eine Investmentgesellschaft von einem bzw. für einen einzelnen Investor gegründet werden, der die Interessen einer größeren Gruppe von Investoren (z. B. eines Pensionsfonds, eines Investmentfonds in staatlichem Eigentum oder einer Familienstiftung) vertritt oder unterstützt.

B85S Es kann jedoch auch vorkommen, dass das Unternehmen vorübergehend nur einen Investor hat. So kann eine Investmentgesellschaft beispielsweise in folgenden Fällen nur einen einzigen Investor haben:

(a) sie befindet sich in der Phase ihres Börsengangs mit noch nicht abgelaufener Erstemissionsfrist und sucht aktiv nach geeigneten Investoren,

(b) sie hat noch keine geeigneten Investoren für zurückgenommene Eigentumsanteile gefunden oder

(c) sie befindet sich in Liquidation.

Nicht nahestehende Investoren

B85T In der Regel verwaltet eine Investmentgesellschaft Mittel mehrerer Investoren, bei denen es sich nicht um nahestehende Unternehmen und Personen (im Sinne von IAS 24) des Unternehmens oder anderer Mitglieder des Konzerns, dem das Unternehmen angehört, handelt. Durch die Präsenz ihr nicht nahestehender Investoren ist es weniger wahrscheinlich, dass sie oder andere Mitglieder des Konzerns, dem sie angehört, aus dem Investment einen anderen Nutzen zieht als Wertsteigerungen oder Investmenterträge (siehe Paragraph B85I).

B85U Allerdings kann eine Gesellschaft auch dann als Investmentgesellschaft eingestuft werden, wenn ihre Investoren ihr nahestehende Unternehmen oder Personen sind. Beispielsweise kann eine Investmentgesellschaft für eine bestimmte Gruppe ihrer Mitarbeiter (wie das Management in Schlüsselpositionen) oder (einen) andere ihr nahestehende(n) Investor(en) einen gesonderten „parallelen" Fonds auflegen, der die Beteiligungen des Hauptfonds nachbildet. Dieser „parallele" Fonds könnte als Investmentgesellschaft eingestuft werden, selbst wenn all seine Investoren nahestehende Unternehmen oder Personen sind.

An investment entity may have some non-investment assets, such as a head office property and related equipment, and may also have financial liabilities. The fair value measurement element of the definition of an investment entity in paragraph 27 (c) applies to an investment entity's investments. Accordingly, an investment entity need not measure its non-investment assets or its liabilities at fair value. B85M

Typical characteristics of an investment entity

In determining whether it meets the definition of an investment entity, an entity shall consider whether it displays the typical characteristics of one (see paragraph 28). The absence of one or more of these typical characteristics does not necessarily disqualify an entity from being classified as an investment entity but indicates that additional judgement is required in determining whether the entity is an investment entity. B85N

More than one investment

An investment entity typically holds several investments to diversify its risk and maximise its returns. An entity may hold a portfolio of investments directly or indirectly, for example by holding a single investment in another investment entity that itself holds several investments. B85O

There may be times when the entity holds a single investment. However, holding a single investment does not necessarily prevent an entity from meeting the definition of an investment entity. For example, an investment entity may hold only a single investment when the entity: B85P

(a) is in its start-up period and has not yet identified suitable investments and, therefore, has not yet executed its investment plan to acquire several investments;
(b) has not yet made other investments to replace those it has disposed of;
(c) is established to pool investors' funds to invest in a single investment when that investment is unobtainable by individual investors (eg when the required minimum investment is too high for an individual investor); or
(d) is in the process of liquidation.

More than one investor

Typically, an investment entity would have several investors who pool their funds to gain access to investment management services and investment opportunities that they might not have had access to individually. Having several investors would make it less likely that the entity, or other members of the group containing the entity, would obtain benefits other than capital appreciation or investment income (see paragraph B85I). B85Q

Alternatively, an investment entity may be formed by, or for, a single investor that represents or supports the interests of a wider group of investors (eg a pension fund, government investment fund or family trust). B85R

There may also be times when the entity temporarily has a single investor. For example, an investment entity may have only a single investor when the entity: B85S

(a) is within its initial offering period, which has not expired and the entity is actively identifying suitable investors;
(b) has not yet identified suitable investors to replace ownership interests that have been redeemed; or
(c) is in the process of liquidation.

Unrelated investors

Typically, an investment entity has several investors that are not related parties (as defined in IAS 24) of the entity or other members of the group containing the entity. Having unrelated investors would make it less likely that the entity, or other members of the group containing the entity, would obtain benefits other than capital appreciation or investment income (see paragraph B85I). B85T

However, an entity may still qualify as an investment entity even though its investors are related to the entity. For example, an investment entity may set up a separate 'parallel' fund for a group of its employees (such as key management personnel) or other related party investor(s), which mirrors the investments of the entity's main investment fund. This 'parallel' fund may qualify as an investment entity even though all of its investors are related parties. B85U

Eigentumsanteile

B85V Eine Investmentgesellschaft ist in der Regel eine eigenständige juristische Einheit, muss dies aber nicht sein. Die Eigentumsanteile an der Investmentgesellschaft sind in der Regel als Eigenkapital oder eigenkapitalähnliche Rechte (z. B. Gesellschafteranteile) strukturiert, denen ein proportionaler Anteil am Nettovermögen der Investmentgesellschaft zugeordnet ist. Unterschiedliche Klassen von Investoren, die teilweise nur Rechte an bestimmten Beteiligungen oder Gruppen von Beteiligungen oder unterschiedliche proportionale Anteile am Nettovermögen haben, schließen jedoch nicht aus, dass ein Unternehmen als Investmentgesellschaft eingestuft werden kann.

B85W Darüber hinaus kann ein Unternehmen mit erheblichen Eigentumsanteilen in Form von Schuldtiteln, die gemäß anderen maßgeblichen IFRS nicht die Definition von Eigenkapital erfüllen, trotzdem die Kriterien einer Investmentgesellschaft erfüllen, sofern die Inhaber der Schuldtitel infolge von Veränderungen des beizulegenden Zeitwerts des Nettovermögens der Gesellschaft schwankenden Renditen ausgesetzt sind.

Rechnungslegungsvorschriften

Konsolidierungsverfahren

B86 Im Konzernabschluss

(a) werden gleichartige Posten der Vermögenswerte, der Schulden, des Eigenkapitals, der Erträge, der Aufwendungen und der Zahlungsströme des Mutterunternehmens mit denen der Tochterunternehmen zusammengefasst.

(b) werden der Buchwert der Beteiligung des Mutterunternehmens an jedem Tochterunternehmen und der Anteil des Mutterunternehmens am Eigenkapital jedes Tochterunternehmens verrechnet (eliminiert) (siehe IFRS 3, wo dargelegt wird, wie ein resultierender Geschäfts- oder Firmenwert zu bilanzieren ist).

(c) werden konzerninterne Vermögenswerte und Schulden, Eigenkapital, Erträge, Aufwendungen und Zahlungsströme im Zusammenhang mit Transaktionen zwischen Konzernunternehmen in voller Höhe eliminiert (Gewinne oder Verluste aus konzerninternen Transaktionen, die als Vermögenswerte erfasst werden, wie Vorräte und Anlagevermögen, werden in voller Höhe eliminiert). Konzerninterne Verluste können auf eine Wertminderung hinweisen, die im Konzernabschluss erfasst werden muss. IAS 12 *Ertragssteuern* gilt für temporäre Differenzen, die sich aus der Eliminierung von Gewinnen und Verlusten aus konzerninternen Transaktionen ergeben.

Einheitliche Rechnungslegungsmethoden

B87 Verwendet ein Konzernmitglied für gleichartige Transaktionen und Ereignisse unter ähnlichen Umständen andere Rechnungslegungsmethoden als im Konzernabschluss, ist der Abschluss dieses Konzernunternehmens bei der Aufstellung des Konzernabschlusses entsprechend anzupassen, um Übereinstimmung mit den Rechnungslegungsmethoden des Konzerns zu gewährleisten.

Bewertung

B88 Ein Unternehmen bezieht die Erträge und Aufwendungen eines Tochterunternehmens ab dem Zeitpunkt, zu dem es die Beherrschung erlangt, bis zu dem Zeitpunkt, an dem seine Beherrschung über das Tochterunternehmen endet, in den Konzernabschluss ein. Erträge und Aufwendungen des Tochterunternehmens basieren auf den Werten der Vermögenswerte und Schulden, die zum Erwerbszeitpunkt im Konzernabschluss angesetzt werden. So basieren beispielsweise planmäßige Abschreibungen, die in der Konzern-Gesamtergebnisrechnung nach dem Erwerbszeitpunkt erfasst werden, auf den beizulegenden Zeitwerten der im Konzernabschluss zum Erwerbszeitpunkt angesetzten abschreibungsfähigen Vermögenswerte.

Potenzielle Stimmrechte

B89 Bestehen potenzielle Stimmrechte oder andere Derivate, die potenzielle Stimmrechte enthalten, wird der Anteil am Gewinn oder Verlust oder an Veränderungen des Eigenkapitals, der bei Aufstellung des Konzernabschlusses dem Mutterunternehmen bzw. den nicht beherrschenden Anteilen zugeordnet wird, ausschließlich auf Grundlage der bestehenden Beteiligungsquote bestimmt. Er spiegelt nicht die mögliche Ausübung oder Umwandlung potenzieller Stimmrechte und anderer Derivate wider, es sei denn, es gilt Paragraph B90.

B90 Unter bestimmten Umständen hat ein Unternehmen infolge einer Transaktion, die ihm gegenwärtig Zugriff auf die mit einem Eigentumsanteil verbundene Rendite gewährt, der wirtschaftlichen Substanz nach einen bestehenden Eigentumsanteil. In einem solchen Fall wird der dem Mutterunternehmen und den nicht beherrschenden Anteilen zuzuordnende Anteil bei der Aufstellung des Konzernabschlusses unter Berücksichtigung der letztendlichen Ausübung jener potenziellen Stimmrechte und anderen Derivate ermittelt, die dem Unternehmen gegenwärtig Zugriff auf die Renditen verschaffen.

B91 IFRS 9 gilt nicht für Anteile an Tochterunternehmen, die konsolidiert werden. Gewähren Instrumente mit potenziellen Stimmrechten ihrem wirtschaftlichen Gehalt nach gegenwärtig Zugriff auf die mit einem Eigentumsanteil an einem Tochterunternehmen verbundene Rendite, unterliegen die Instrumente nicht den Vorschriften von IFRS 9. In allen anderen Fällen werden Instrumente mit potenziellen Stimmrechten an einem Tochterunternehmen nach IFRS 9 bilanziert.

Ownership interests

An investment entity is typically, but is not required to be, a separate legal entity. Ownership interests in an investment entity are typically in the form of equity or similar interests (eg partnership interests), to which proportionate shares of the net assets of the investment entity are attributed. However, having different classes of investors, some of which have rights only to a specific investment or groups of investments or which have different proportionate shares of the net assets, does not preclude an entity from being an investment entity. **B85V**

In addition, an entity that has significant ownership interests in the form of debt that, in accordance with other applicable IFRSs, does not meet the definition of equity, may still qualify as an investment entity, provided that the debt holders are exposed to variable returns from changes in the fair value of the entity's net assets. **B85W**

Accounting requirements

Consolidation procedures

Consolidated financial statements: **B86**

(a) combine like items of assets, liabilities, equity, income, expenses and cash flows of the parent with those of its subsidiaries.

(b) offset (eliminate) the carrying amount of the parent's investment in each subsidiary and the parent's portion of equity of each subsidiary (IFRS 3 explains how to account for any related goodwill).

(c) eliminate in full intragroup assets and liabilities, equity, income, expenses and cash flows relating to transactions between entities of the group (profits or losses resulting from intragroup transactions that are recognised in assets, such as inventory and fixed assets, are eliminated in full). Intragroup losses may indicate an impairment that requires recognition in the consolidated financial statements. IAS 12 *Income Taxes* applies to temporary differences that arise from the elimination of profits and losses resulting from intragroup transactions.

Uniform accounting policies

If a member of the group uses accounting policies other than those adopted in the consolidated financial statements for like transactions and events in similar circumstances, appropriate adjustments are made to that group member's financial statements in preparing the consolidated financial statements to ensure conformity with the group's accounting policies. **B87**

Measurement

An entity includes the income and expenses of a subsidiary in the consolidated financial statements from the date it gains control until the date when the entity ceases to control the subsidiary. Income and expenses of the subsidiary are based on the amounts of the assets and liabilities recognised in the consolidated financial statements at the acquisition date. For example, depreciation expense recognised in the consolidated statement of comprehensive income after the acquisition date is based on the fair values of the related depreciable assets recognised in the consolidated financial statements at the acquisition date. **B88**

Potential voting rights

When potential voting rights, or other derivatives containing potential voting rights, exist, the proportion of profit or loss and changes in equity allocated to the parent and non-controlling interests in preparing consolidated financial statements is determined solely on the basis of existing ownership interests and does not reflect the possible exercise or conversion of potential voting rights and other derivatives, unless paragraph B90 applies. **B89**

In some circumstances an entity has, in substance, an existing ownership interest as a result of a transaction that currently gives the entity access to the returns associated with an ownership interest. In such circumstances, the proportion allocated to the parent and non-controlling interests in preparing consolidated financial statements is determined by taking into account the eventual exercise of those potential voting rights and other derivatives that currently give the entity access to the returns. **B90**

IFRS 9 does not apply to interests in subsidiaries that are consolidated. When instruments containing potential voting rights in substance currently give access to the returns associated with an ownership interest in a subsidiary, the instruments are not subject to the requirements of IFRS 9. In all other cases, instruments containing potential voting rights in a subsidiary are accounted for in accordance with IFRS 9. **B91**

Abschlussstichtag

B92 Die bei Aufstellung des Konzernabschlusses verwendeten Abschlüsse des Mutterunternehmens und seiner Tochterunternehmen müssen denselben Stichtag haben. Haben Mutter- und Tochterunternehmen nicht den gleichen Abschlussstichtag, erstellt das Tochterunternehmen zu Konsolidierungszwecken zusätzliche Finanzinformationen auf den Stichtag des Mutterunternehmens, damit das Mutterunternehmen die Finanzangaben des Tochterunternehmens konsolidieren kann, sofern dies nicht undurchführbar ist.

B93 Sollte dies undurchführbar sein, hat das Mutterunternehmen die Finanzinformationen des Tochterunternehmens anhand des jüngsten Abschlusses des Tochterunternehmens zu konsolidieren, der im Hinblick auf die Auswirkungen bedeutender Transaktionen und Ereignisse, die zwischen diesem Abschlussstichtag und dem Konzernabschlussstichtag eingetreten sind, angepasst wird. Der Zeitraum zwischen dem Abschlussstichtag des Tochterunternehmens und dem Stichtag des Konzernabschlusses darf auf keinen Fall mehr als drei Monate betragen und die Zeiträume zwischen den Abschlussstichtagen dürfen sich von einem Berichtszeitraum zum nächsten nicht ändern.

Nicht beherrschende Anteile

B94 Ein Unternehmen hat den Gewinn oder Verlust und jedweden Bestandteil des sonstigen Ergebnisses den Eigentümern des Mutterunternehmens und den nicht beherrschenden Anteilen zuzuordnen. Dies gilt selbst dann, wenn dies dazu führt, dass die nicht beherrschenden Anteile einen Negativsaldo aufweisen.

B95 Hat ein Tochterunternehmen kumulative Vorzugsaktien ausgegeben, die als Eigenkapital eingestuft sind und zu den nicht beherrschenden Anteilen gehören, hat das Unternehmen seinen Anteil am Gewinn oder Verlust nach Berücksichtigung der Vorzugsdividende auf diese Vorzugsaktien zu berechnen, unabhängig davon, ob ein Dividendenbeschluss vorliegt.

Veränderungen bei der Beteiligungsquote nicht beherrschender Anteile

B96 Wenn sich die Beteiligungsquote nicht beherrschender Anteile am Eigenkapital ändert, muss ein Unternehmen die Buchwerte der beherrschenden und nicht beherrschenden Anteile anpassen, sodass sie die Veränderungen bei ihren relativen Anteilen am Tochterunternehmen widerspiegeln. Das Unternehmen hat jede Differenz zwischen dem Betrag, um den die nicht beherrschenden Anteile angepasst werden, und dem beizulegenden Zeitwert der gezahlten oder erhaltenen Gegenleistung unmittelbar im Eigenkapital zu erfassen und den Eigentümern des Mutterunternehmens zuzuordnen.

Verlust der Beherrschung

B97 Ein Mutterunternehmen könnte die Beherrschung über ein Tochterunternehmen mit zwei oder mehr Vereinbarungen (Transaktionen) verlieren. Mitunter weisen die Umstände jedoch darauf hin, dass mehrere Vereinbarungen als eine einzige Transaktion bilanziert werden sollten. Bei der Bestimmung, ob Vereinbarungen als eine einzige Transaktion zu bilanzieren sind, hat ein Mutterunternehmen alle Bedingungen dieser Vereinbarungen und deren wirtschaftliche Auswirkungen zu berücksichtigen. Treffen einer oder mehrere der folgenden Punkte zu, weist dies darauf hin, dass das Mutterunternehmen mehrere Vereinbarungen als eine einzige Transaktion bilanzieren sollte:

(a) die Vereinbarungen werden zeitgleich oder unter gegenseitiger Berücksichtigung geschlossen,

(b) sie bilden eine einzige Transaktion mit dem Zweck, insgesamt eine wirtschaftliche Auswirkung zu erzielen,

(c) der Abschluss einer Vereinbarung hängt vom Abschluss von mindestens einer weiteren Vereinbarung ab,

(d) eine Vereinbarung hat für sich genommen keine wirtschaftliche Berechtigung, im Zusammenhang mit anderen Vereinbarungen aber schon. Ein Beispiel hierfür wäre, wenn eine unter dem Marktpreis liegende Veräußerung von Anteilen durch eine spätere über dem Marktpreis liegende Veräußerung kompensiert würde.

B98 Verliert ein Mutterunternehmen die Beherrschung über ein Tochterunternehmen, so hat es

(a) Folgendes auszubuchen:

- (i) die Vermögenswerte (einschließlich des Geschäfts- und Firmenwerts) und Schulden des Tochterunternehmens zu ihrem Buchwert am Tag des Beherrschungsverlusts und
- (ii) den Buchwert aller nicht beherrschenden Anteile an dem ehemaligen Tochterunternehmen zu dem Zeitpunkt, zu dem die Beherrschung verloren geht (dazu gehören auch alle diesen zuzuordnenden Bestandteile des sonstigen Ergebnisses).

(b) und Folgendes zu erfassen:

- (i) den beizulegenden Zeitwert der gegebenenfalls erhaltenen Gegenleistung aus der Transaktion, aus den Ereignissen oder Umständen, die zu dem Verlust der Beherrschung geführt haben,
- (ii) wenn die Transaktion, das Ereignis oder die Umstände, die zum Verlust der Beherrschung geführt haben, mit einer Verteilung der Anteile des Tochterunternehmens an die Eigentümer, die in ihrer Eigenschaft als Eigentümer handeln, verbunden sind, diese Verteilung der Anteile, und
- (iii) jede Beteiligung, die es am ehemaligen Tochterunternehmen behält, zu dem zum Zeitpunkt des Verlustes der Beherrschung beizulegenden Zeitwert.

(c) die Beträge, die in Bezug auf das Tochterunternehmen auf der in Paragraph B99 beschriebenen Grundlage im sonstigen Ergebnis erfasst wurden, erfolgswirksam bzw. direkt in die Gewinnrücklagen umzugliedern, wenn dies von anderen IFRS verlangt wird,

(d) jede daraus resultierende Differenz als einen dem Mutterunternehmen zuzurechnenden Gewinn bzw. Verlust erfolgswirksam zu erfassen.

Reporting date

The financial statements of the parent and its subsidiaries used in the preparation of the consolidated financial statements shall have the same reporting date. When the end of the reporting period of the parent is different from that of a subsidiary, the subsidiary prepares, for consolidation purposes, additional financial information as of the same date as the financial statements of the parent to enable the parent to consolidate the financial information of the subsidiary, unless it is impracticable to do so. B92

If it is impracticable to do so, the parent shall consolidate the financial information of the subsidiary using the most recent financial statements of the subsidiary adjusted for the effects of significant transactions or events that occur between the date of those financial statements and the date of the consolidated financial statements. In any case, the difference between the date of the subsidiary's financial statements and that of the consolidated financial statements shall be no more than three months, and the length of the reporting periods and any difference between the dates of the financial statements shall be the same from period to period. B93

Non-controlling interests

An entity shall attribute the profit or loss and each component of other comprehensive income to the owners of the parent and to the non-controlling interests. The entity shall also attribute total comprehensive income to the owners of the parent and to the non-controlling interests even if this results in the non-controlling interests having a deficit balance. B94

If a subsidiary has outstanding cumulative preference shares that are classified as equity and are held by non-controlling interests, the entity shall compute its share of profit or loss after adjusting for the dividends on such shares, whether or not such dividends have been declared. B95

Changes in the proportion held by non-controlling interests

When the proportion of the equity held by non-controlling interests changes, an entity shall adjust the carrying amounts of the controlling and non-controlling interests to reflect the changes in their relative interests in the subsidiary. The entity shall recognise directly in equity any difference between the amount by which the non-controlling interests are adjusted and the fair value of the consideration paid or received, and attribute it to the owners of the parent. B96

Loss of control

A parent might lose control of a subsidiary in two or more arrangements (transactions). However, sometimes circumstances indicate that the multiple arrangements should be accounted for as a single transaction. In determining whether to account for the arrangements as a single transaction, a parent shall consider all the terms and conditions of the arrangements and their economic effects. One or more of the following indicate that the parent should account for the multiple arrangements as a single transaction: B97

(a) They are entered into at the same time or in contemplation of each other.
(b) They form a single transaction designed to achieve an overall commercial effect.
(c) The occurrence of one arrangement is dependent on the occurrence of at least one other arrangement.
(d) One arrangement considered on its own is not economically justified, but it is economically justified when considered together with other arrangements. An example is when a disposal of shares is priced below market and is compensated for by a subsequent disposal priced above market.

If a parent loses control of a subsidiary, it shall: B98

(a) derecognise:
  (i) the assets (including any goodwill) and liabilities of the subsidiary at their carrying amounts at the date when control is lost; and
  (ii) the carrying amount of any non-controlling interests in the former subsidiary at the date when control is lost (including any components of other comprehensive income attributable to them).
(b) recognise:
  (i) the fair value of the consideration received, if any, from the transaction, event or circumstances that resulted in the loss of control;
  (ii) if the transaction, event or circumstances that resulted in the loss of control involves a distribution of shares of the subsidiary to owners in their capacity as owners, that distribution; and
  (iii) any investment retained in the former subsidiary at its fair value at the date when control is lost.
(c) reclassify to profit or loss, or transfer directly to retained earnings if required by other IFRSs, the amounts recognised in other comprehensive income in relation to the subsidiary on the basis described in paragraph B99.
(d) recognise any resulting difference as a gain or loss in profit or loss attributable to the parent.

B99 Verliert ein Mutterunternehmen die Beherrschung des Tochterunternehmens, hat es alle zuvor für dieses Tochterunternehmen im sonstigen Ergebnis ausgewiesenen Beträge auf der gleichen Grundlage zu bilanzieren, die auch bei einer unmittelbaren Veräußerung der entsprechenden Vermögenswerte oder Schulden durch das Mutterunternehmen vorgeschrieben wäre. Würde daher ein zuvor im sonstigen Ergebnis erfasster Gewinn oder Verlust bei Veräußerung der dazugehörigen Vermögenswerte oder Schulden erfolgswirksam umgegliedert, hat das Mutterunternehmen den Gewinn oder Verlust erfolgswirksam (als Umgliederungsbetrag) umzugliedern, wenn es die Beherrschung des Tochterunternehmens verliert. Würde eine Neubewertungsrücklage, die zuvor im sonstigen Ergebnis erfasst worden ist, bei Veräußerung des Vermögenswerts direkt in die Gewinnrücklagen umgegliedert, hat das Mutterunternehmen die Neubewertungsrücklage direkt in die Gewinnrücklagen umzugliedern, wenn es die Beherrschung des Tochterunternehmens verliert.

Bilanzierung einer Änderung des Status als Investmentgesellschaft

B100 Wenn ein Unternehmen keine Investmentgesellschaft mehr ist, hat es auf alle Tochterunternehmen, die bis dahin gemäß Paragraph 31 erfolgswirksam zum beizulegenden Zeitwert bewertet wurden, IFRS 3 anzuwenden. Der Zeitpunkt der Statusänderung gilt als angenommener Erwerbszeitpunkt. Bei der Bewertung eines etwaigen Geschäfts- und Firmenwerts oder eines Gewinns aus einem Erwerb zu einem Preis unter Marktwert, der sich aus dem angenommenen Erwerb ergibt, ist der beizulegende Zeitwert des Tochterunternehmens zum angenommenen Erwerbszeitpunkt der Ersatz für die übertragene Gegenleistung. Alle Tochterunternehmen sind ab dem Zeitpunkt der Statusänderung gemäß den Paragraphen 19–24 dieses IFRS zu konsolidieren.

B101 Wenn ein Unternehmen eine Investmentgesellschaft wird, hat es ab dem Zeitpunkt der Statusänderung die Konsolidierung seiner Tochterunternehmen einzustellen. Eine Ausnahme bilden Tochterunternehmen, die nach Paragraph 32 weiterhin konsolidiert werden müssen. Die Investmentgesellschaft hat die Vorschriften der Paragraphen 25 und 26 auf nicht mehr konsolidierte Tochterunternehmen anzuwenden, so als hätte sie zu diesem Zeitpunkt die Beherrschung über diese Tochterunternehmen verloren.

ANHANG C

Zeitpunkt des Inkrafttretens und Übergangsvorschriften

Dieser Anhang ist integraler Bestandteil des IFRS und hat die gleiche bindende Kraft wie die anderen Teile des IFRS.

Zeitpunkt des Inkrafttretens

C1 Dieser IFRS ist auf Geschäftsjahre anzuwenden, die am oder nach dem 1. Januar 2013 beginnen. Eine frühere Anwendung ist zulässig. Wendet ein Unternehmen diesen IFRS früher an, hat es dies anzugeben und gleichzeitig IFRS 11, IFRS 12, IAS 27 *Einzelabschlüsse* und IAS 28 (in der 2011 geänderten Fassung) anzuwenden.

C1A Durch *Konzernabschlüsse, Gemeinsame Vereinbarungen und Angaben zu Anteilen an anderen Unternehmen: Übergangsleitlinien* (Änderungen an IFRS 10, IFRS 11 und IFRS 12), veröffentlicht im Juni 2012, wurden die Paragraphen C2–C6 geändert und die Paragraphen C2A–C2B, C4A–C4C, C5A und C6A–C6B eingefügt. Diese Änderungen sind erstmals auf Geschäftsjahre anzuwenden, die am oder nach dem 1. Januar 2013 beginnen. Wendet ein Unternehmen IFRS 10 auf ein früheres Geschäftsjahr an, sind auf dieses frühere Geschäftsjahr auch diese Änderungen anzuwenden.

C1B Durch *Investmentgesellschaften* (Änderungen an IFRS 10, IFRS 12 und IAS 27), veröffentlicht im Oktober 2012, wurden die Paragraphen 2, 4, C2A, C6A und Anhang A geändert und die Paragraphen 27–33, B85A–B85W, B100–B101 und C3A–C3F eingefügt. Diese Änderungen sind auf Geschäftsjahre anzuwenden, die am oder nach dem 1. Januar 2014 beginnen. Eine frühere Anwendung ist zulässig. Wendet ein Unternehmen diese Änderungen früher an, hat es dies anzugeben und alle in der Verlautbarung *Investmentgesellschaften* enthaltenen Änderungen gleichzeitig anzuwenden.

C1D Durch *Investmentgesellschaften: Anwendung der Ausnahme von der Konsolidierungspflicht* (Änderungen an IFRS 10, IFRS 12 und IAS 28), veröffentlicht im Dezember 2014, wurden die Paragraphen 4, 32, B85C, B85E und C2A geändert und die Paragraphen 4A und 4B eingefügt. Diese Änderungen sind auf Geschäftsjahre anzuwenden, die am oder nach dem 1. Januar 2016 beginnen. Eine frühere Anwendung ist zulässig. Wendet ein Unternehmen diese Änderungen auf ein früheres Geschäftsjahr an, hat es dies anzugeben.

C1E Durch die *Jährlichen Verbesserungen an den IFRS-Rechnungslegungsstandards – Band 11*, veröffentlicht im Juli 2024, wurde Paragraph B74 geändert. Diese Änderungen sind auf Geschäftsjahre anzuwenden, die am oder nach dem 1. Januar 2026 beginnen. Eine frühere Anwendung ist zulässig. Wendet ein Unternehmen diese Änderungen auf eine frühere Periode an, hat es dies anzugeben.

If a parent loses control of a subsidiary, the parent shall account for all amounts previously recognised in other comprehensive income in relation to that subsidiary on the same basis as would be required if the parent had directly disposed of the related assets or liabilities. Therefore, if a gain or loss previously recognised in other comprehensive income would be reclassified to profit or loss on the disposal of the related assets or liabilities, the parent shall reclassify the gain or loss from equity to profit or loss (as a reclassification adjustment) when it loses control of the subsidiary. If a revaluation surplus previously recognised in other comprehensive income would be transferred directly to retained earnings on the disposal of the asset, the parent shall transfer the revaluation surplus directly to retained earnings when it loses control of the subsidiary. **B99**

Accounting for a change in investment entity status

When an entity ceases to be an investment entity, it shall apply IFRS 3 to any subsidiary that was previously measured at fair value through profit or loss in accordance with paragraph 31. The date of the change of status shall be the deemed acquisition date. The fair value of the subsidiary at the deemed acquisition date shall represent the transferred deemed consideration when measuring any goodwill or gain from a bargain purchase that arises from the deemed acquisition. All subsidiaries shall be consolidated in accordance with paragraphs 19—24 of this IFRS from the date of change of status. **B100**

When an entity becomes an investment entity, it shall cease to consolidate its subsidiaries at the date of the change in status, except for any subsidiary that shall continue to be consolidated in accordance with paragraph 32. The investment entity shall apply the requirements of paragraphs 25 and 26 to those subsidiaries that it ceases to consolidate as though the investment entity had lost control of those subsidiaries at that date. **B101**

APPENDIX C

Effective date and transition

This appendix is an integral part of the IFRS and has the same authority as the other parts of the IFRS.

Effective date

An entity shall apply this IFRS for annual periods beginning on or after 1 January 2013. Earlier application is permitted. If an entity applies this IFRS earlier, it shall disclose that fact and apply IFRS 11, IFRS 12, IAS 27 *Separate Financial Statements* and IAS 28 (as amended in 2011) at the same time. **C1**

Consolidated Financial Statements, Joint Arrangements and Disclosure of Interests in Other Entities: Transition Guidance (Amendments to IFRS 10, IFRS 11 and IFRS 12), issued in June 2012, amended paragraphs C2—C6 and added paragraphs C2A—C2B, C4A—C4C, C5A and C6A—C6B. An entity shall apply those amendments for annual periods beginning on or after 1 January 2013. If an entity applies IFRS 10 for an earlier period, it shall apply those amendments for that earlier period. **C1A**

Investment Entities (Amendments to IFRS 10, IFRS 12 and IAS 27), issued in October 2012, amended paragraphs 2, 4, C2A, C6A and Appendix A and added paragraphs 27—33, B85A—B85W, B100—B101 and C3A—C3F. An entity shall apply those amendments for annual periods beginning on or after 1 January 2014. Early application is permitted. If an entity applies those amendments earlier, it shall disclose that fact and apply all amendments included in *Investment Entities* at the same time. **C1B**

Investment Entities: Applying the Consolidation Exception (Amendments to IFRS 10, IFRS 12 and IAS 28), issued in December 2014, amended paragraphs 4, 32, B85C, B85E and C2A and added paragraphs 4A — 4B. An entity shall apply those amendments for annual periods beginning on or after 1 January 2016. Earlier application is permitted. If an entity applies those amendments for an earlier period it shall disclose that fact. **C1D**

Annual Improvements to IFRS Accounting Standards – Volume 11, issued in July 2024, amended paragraph B74. An entity shall apply those amendments for annual reporting periods beginning on or after 1 January 2026. Earlier application is permitted. If an entity applies those amendments for an earlier period, it shall disclose that fact. **C1E**

Übergangsvorschriften

C2 Dieser IFRS ist gemäß IAS 8 *Rechnungslegungsmethoden, Änderungen von rechnungslegungsbezogenen Schätzungen und Fehler* rückwirkend anzuwenden, es sei denn, die Festlegungen in den Paragraphen C2A–C6 treffen zu.

C2A Unbeschadet der Vorschriften in Paragraph 28 von IAS 8 braucht ein Unternehmen bei der erstmaligen Anwendung dieses IFRS und, falls später, bei der erstmaligen Anwendung der an diesem IFRS durch die Verlautbarungen *Investmentgesellschaften* und *Investmentgesellschaften: Anwendung der Ausnahme von der Konsolidierungspflicht* vorgenommenen Änderungen für das Geschäftsjahr, das der erstmaligen Anwendung dieses IFRS unmittelbar vorausgeht (die „unmittelbar vorangegangene Periode"), nur die quantitativen Informationen gemäß Paragraph 28 (f) von IAS 8 darzustellen. Ein Unternehmen kann diese Angaben auch für die Berichtsperiode oder für frühere Vergleichsperioden darstellen, ist dazu aber nicht verpflichtet.

C2B Für die Zwecke dieses IFRS ist der Zeitpunkt der erstmaligen Anwendung der Beginn des Geschäftsjahrs, für das dieser IFRS erstmals angewendet wird.

C3 Bei der erstmaligen Anwendung braucht ein Unternehmen seine bisherige Rechnungslegung nicht anzupassen in Bezug auf sein Engagement bei:
(a) Unternehmen, die zu diesem Zeitpunkt gemäß IAS 27 *Konzern- und Einzelabschlüsse* und SIC-12 *Konsolidierung – Zweckgesellschaften* konsolidiert würden und gemäß diesem IFRS weiterhin konsolidiert werden, oder
(b) Unternehmen, die zu diesem Zeitpunkt gemäß IAS 27 und SIC-12 konsolidiert würden und gemäß diesem IFRS nicht konsolidiert werden.

C3A Bei der erstmaligen Anwendung hat ein Unternehmen ausgehend von den zu diesem Zeitpunkt vorliegenden Fakten und Umständen zu beurteilen, ob es eine Investmentgesellschaft ist. Wenn ein Unternehmen zum Zeitpunkt der erstmaligen Anwendung zu dem Schluss gelangt, dass es eine Investmentgesellschaft ist, hat es anstelle der Paragraphen C5–C5A die Paragraphen C3B–C3F anzuwenden.

C3B Mit der Ausnahme von Tochterunternehmen, die gemäß Paragraph 32 konsolidiert werden (für die die Paragraphen C3 und C6 bzw. gegebenenfalls C4–C4C gelten), hat eine Investmentgesellschaft ihre Beteiligungen an den einzelnen Tochterunternehmen erfolgswirksam zum beizulegenden Zeitwert zu bewerten, so als hätten die Vorschriften dieses IFRS schon immer gegolten. Die Investmentgesellschaft hat sowohl für das Geschäftsjahr unmittelbar vor dem Zeitpunkt der erstmaligen Anwendung als auch für das Eigenkapital zu Beginn der unmittelbar vorangegangenen Periode rückwirkende Anpassungen bezüglich einer etwaigen Differenz zwischen
(a) dem bisherigen Buchwert des Tochterunternehmens und
(b) dem beizulegenden Zeitwert der Beteiligung der Investmentgesellschaft an dem Tochterunternehmen vorzunehmen.
Der kumulierte Betrag etwaiger Anpassungen des beizulegenden Zeitwerts, die bisher im sonstigen Ergebnis erfasst wurden, ist zu Beginn des unmittelbar vor dem Zeitpunkt der erstmaligen Anwendung liegenden Geschäftsjahrs in die Gewinnrücklagen umzugliedern.

C3C Bis zur erstmaligen Anwendung von IFRS 13 *Bewertung zum beizulegenden Zeitwert* hat eine Investmentgesellschaft die beizulegenden Zeitwerte zu verwenden, die den Investoren oder dem Management bisher vorgelegt wurden, sofern diese Werte dem Betrag entsprechen, zu dem die Beteiligung zum Bewertungszeitpunkt zwischen sachverständigen, vertragswilligen und voneinander unabhängigen Geschäftspartnern unter marktüblichen Bedingungen hätte getauscht werden können.

C3D Ist die Bewertung einer Beteiligung an einem Tochterunternehmen gemäß den Paragraphen C3B–C3C undurchführbar (im Sinne von IAS 8), hat eine Investmentgesellschaft die Vorschriften dieses IFRS zu Beginn der frühesten Periode anzuwenden, für die eine Anwendung der Paragraphen C3B–C3C durchführbar ist. Dies kann die aktuelle Berichtsperiode sein. Der Investor hat für das Geschäftsjahr, das dem Zeitpunkt der erstmaligen Anwendung unmittelbar vorausgeht, rückwirkende Anpassungen vorzunehmen, es sei denn, der Beginn der frühesten Periode, für die die Anwendung dieses Paragraphen durchführbar ist, ist die aktuelle Berichtsperiode. In diesem Fall ist die Anpassung des Eigenkapitals zu Beginn der Berichtsperiode zu erfassen.

C3E Hat eine Investmentgesellschaft vor dem Zeitpunkt der erstmaligen Anwendung dieses IFRS eine Beteiligung an einem Tochterunternehmen veräußert oder die Beherrschung über das Tochterunternehmen verloren, so muss sie die bisherige Bilanzierung dieses Tochterunternehmens nicht anpassen.

C3F Wendet ein Unternehmen die Änderungen in *Investmentgesellschaften* auf eine Periode nach der erstmaligen Anwendung von IFRS 10 an, sind die Verweise auf den „Zeitpunkt der erstmaligen Anwendung" in den Paragraphen C3A–C3E als „Beginn des Geschäftsjahrs, für das die Änderungen in *Investmentgesellschaften* (Änderungen an IFRS 10, IFRS 12 und IAS 27) (veröffentlicht im Oktober 2012) erstmals angewendet werden" zu verstehen.

C4 Kommt ein Investor bei erstmaliger Anwendung dieses IFRS zu dem Schluss, dass er ein Beteiligungsunternehmen zu konsolidieren hat, das gemäß IAS 27 und SIC-12 nicht konsolidiert wurde, hat er Folgendes zu tun:

Transition

An entity shall apply this IFRS retrospectively, in accordance with IAS 8 *Accounting Policies, Changes in Accounting Estimates and Errors*, except as specified in paragraphs C2A—C6. C2

Notwithstanding the requirements of paragraph 28 of IAS 8, when this IFRS is first applied, and, if later, when the *Investment Entities* and *Investment Entities: Applying the Consolidation Exception* amendments to this IFRS are first applied, an entity need only present the quantitative information required by paragraph 28 (f) of IAS 8 for the annual period immediately preceding the date of initial application of this IFRS (the 'immediately preceding period'). An entity may also present this information for the current period or for earlier comparative periods, but is not required to do so. C2A

For the purposes of this IFRS, the date of initial application is the beginning of the annual reporting period for which this IFRS is applied for the first time. C2B

At the date of initial application, an entity is not required to make adjustments to the previous accounting for its involvement with either: C3

(a) entities that would be consolidated at that date in accordance with IAS 27 *Consolidated and Separate Financial Statements* and SIC-12 *Consolidation—Special Purpose Entities* and, are still consolidated in accordance with this IFRS; or
(b) entities that would not be consolidated at that date in accordance with IAS 27 and SIC-12 and, are not consolidated in accordance with this IFRS.

At the date of initial application, an entity shall assess whether it is an investment entity on the basis of the facts and circumstances that exist at that date. If, at the date of initial application, an entity concludes that it is an investment entity, it shall apply the requirements of paragraphs C3B—C3F instead of paragraphs C5—C5A. C3A

Except for any subsidiary that is consolidated in accordance with paragraph 32 (to which paragraphs C3 and C6 or paragraphs C4—C4C, whichever is relevant, apply), an investment entity shall measure its investment in each subsidiary at fair value through profit or loss as if the requirements of this IFRS had always been effective. The investment entity shall retrospectively adjust both the annual period that immediately precedes the date of initial application and equity at the beginning of the immediately preceding period for any difference between: C3B

(a) the previous carrying amount of the subsidiary; and
(b) the fair value of the investment entity's investment in the subsidiary.

The cumulative amount of any fair value adjustments previously recognised in other comprehensive income shall be transferred to retained earnings at the beginning of the annual period immediately preceding the date of initial application.

Before the date that IFRS 13 *Fair Value Measurement* is adopted, an investment entity shall use the fair value amounts that were previously reported to investors or to management, if those amounts represent the amount for which the investment could have been exchanged between knowledgeable, willing parties in an arm's length transaction at the date of the valuation. C3C

If measuring an investment in a subsidiary in accordance with paragraphs C3B—C3C is impracticable (as defined in IAS 8), an investment entity shall apply the requirements of this IFRS at the beginning of the earliest period for which application of paragraphs C3B—C3C is practicable, which may be the current period. The investor shall retrospectively adjust the annual period that immediately precedes the date of initial application, unless the beginning of the earliest period for which application of this paragraph is practicable is the current period. If this is the case, the adjustment to equity shall be recognised at the beginning of the current period. C3D

If an investment entity has disposed of, or has lost control of, an investment in a subsidiary before the date of initial application of this IFRS, the investment entity is not required to make adjustments to the previous accounting for that subsidiary. C3E

If an entity applies the *Investment Entities* amendments for a period later than when it applies IFRS 10 for the first time, references to 'the date of initial application' in paragraphs C3A—C3E shall be read as 'the beginning of the annual reporting period for which the amendments in *Investment Entities* (Amendments to IFRS 10, IFRS 12 and IAS 27), issued in October 2012, are applied for the first time.' C3F

If, at the date of initial application, an investor concludes that it shall consolidate an investee that was not consolidated in accordance with IAS 27 and SIC-12, the investor shall: C4

(a) Handelt es sich bei dem Beteiligungsunternehmen um einen Geschäftsbetrieb (im Sinne von IFRS 3 *Unternehmenszusammenschlüsse*), hat er die Vermögenswerte, Schulden und nicht beherrschenden Anteile an dem zuvor nicht konsolidierten Beteiligungsunternehmen so zu bewerten, als wäre das Beteiligungsunternehmen ab dem Zeitpunkt, an dem der Investor nach Maßgabe der Vorschriften dieses IFRS die Beherrschung über das Beteiligungsunternehmen erlangt hat, konsolidiert worden (und wäre folglich als Erwerb gemäß IFRS 3 bilanziert worden). Der Investor hat für das Geschäftsjahr, das der erstmaligen Anwendung dieses IFRS unmittelbar vorausgeht, rückwirkende Anpassungen vorzunehmen. Liegt der Zeitpunkt, zu dem die Beherrschung erlangt wurde, vor dem Beginn der unmittelbar vorangegangenen Periode, hat der Investor eine etwaige Differenz zwischen den folgenden Beträgen als Anpassung des Eigenkapitals zu Beginn der unmittelbar vorangegangenen Periode zu erfassen:
   (i) dem Betrag der angesetzten Vermögenswerte, Schulden und nicht beherrschenden Anteile und
   (ii) bisherigen Buchwert des Engagements des Investors bei dem Beteiligungsunternehmen.

(b) Handelt es sich bei dem Beteiligungsunternehmen nicht um einen Geschäftsbetrieb (im Sinne von IFRS 3), hat er die Vermögenswerte, Schulden und nicht beherrschenden Anteile des bisher nicht konsolidierten Beteiligungsunternehmens so zu bewerten, als wäre das Beteiligungsunternehmen ab dem Zeitpunkt, an dem der Investor nach Maßgabe der Vorschriften dieses IFRS die Beherrschung über das Beteiligungsunternehmen erlangt hat, konsolidiert worden (unter Verwendung der in IFRS 3 beschriebenen Erwerbsmethode, jedoch ohne Ansatz von Geschäfts- oder Firmenwert für das Beteiligungsunternehmen). Der Investor hat für das Geschäftsjahr, das der erstmaligen Anwendung dieses IFRS unmittelbar vorausgeht, rückwirkende Anpassungen vorzunehmen. Liegt der Zeitpunkt, zu dem die Beherrschung erlangt wurde, vor dem Beginn der unmittelbar vorangegangenen Periode, hat der Investor eine etwaige Differenz zwischen den folgenden Beträgen als Anpassung des Eigenkapitals zu Beginn der unmittelbar vorangegangenen Periode zu erfassen:
   (i) dem Betrag der angesetzten Vermögenswerte, Schulden und nicht beherrschenden Anteile und
   (ii) dem bisherigen Buchwert des Engagements des Investors bei dem Beteiligungsunternehmen.

C4A Ist eine Bewertung der Vermögenswerte, Schulden und nicht beherrschenden Anteile eines Beteiligungsunternehmens nach Paragraph C4 (a) oder (b) nicht durchführbar (im Sinne von IAS 8), hat der Investor Folgendes zu tun:

(a) Wenn es sich bei dem Beteiligungsunternehmen um einen Geschäftsbetrieb handelt, muss er die Vorschriften von IFRS 3 zum angenommenen Erwerbszeitpunkt anwenden. Der angenommene Erwerbszeitpunkt ist der Beginn der frühesten Periode, für die eine Anwendung von Paragraph C4 (a) durchführbar ist. Dies kann die aktuelle Berichtsperiode sein.

(b) Wenn es sich bei dem Beteiligungsunternehmen nicht um einen Gewerbebetrieb handelt, muss er zum angenommenen Erwerbszeitpunkt die in IFRS 3 beschriebene Erwerbsmethode anwenden, jedoch ohne einen Geschäfts- oder Firmenwert anzusetzen. Der angenommene Erwerbszeitpunkt ist der Beginn der frühesten Periode, für die die Anwendung von Paragraph C4 (b) durchführbar ist. Dies kann die aktuelle Berichtsperiode sein.

Der Investor hat für das Geschäftsjahr, das der erstmaligen Anwendung unmittelbar vorausgeht, rückwirkende Anpassungen vorzunehmen, es sei denn, der Beginn der frühesten Periode, für die eine Anwendung dieses Paragraphen durchführbar ist, ist die aktuelle Berichtsperiode. Liegt der angenommene Erwerbszeitpunkt vor dem Beginn der unmittelbar vorangegangenen Periode, hat der Investor eine etwaige Differenz zwischen den folgenden Beträgen als Anpassung des Eigenkapitals zu Beginn der unmittelbar vorangegangenen Periode zu erfassen:

(c) dem Betrag der angesetzten Vermögenswerte, Schulden und nicht beherrschenden Anteile und

(d) dem bisherigen Buchwert des Engagements des Investors bei dem Beteiligungsunternehmen.

Ist die früheste Periode, für die eine Anwendung dieses Paragraphen durchführbar ist, die aktuelle Berichtsperiode, so ist die Anpassung des Eigenkapitals zu Beginn des aktuellen Berichtszeitraums zu erfassen.

C4B Wendet ein Investor die Paragraphen C4–C4A an und liegt der Zeitpunkt, zu dem die Beherrschung gemäß diesem IFRS erlangt wurde, nach dem Zeitpunkt des Inkrafttretens von IFRS 3 in der 2008 geänderten Fassung (IFRS 3 (2008)), bezieht sich der Verweis auf IFRS 3 in den Paragraphen C4 und C4A auf IFRS 3 (2008). Wurde die Beherrschung vor dem Zeitpunkt des Inkrafttretens von IFRS 3 (2008) erlangt, hat ein Investor entweder IFRS 3 (2008) oder IFRS 3 (veröffentlicht 2004) anzuwenden.

C4C Wendet ein Investor die Paragraphen C4–C4A an und liegt der Zeitpunkt, zu dem die Beherrschung gemäß diesem IFRS erlangt wurde, nach dem Zeitpunkt des Inkrafttretens von IAS 27 in der 2008 geänderten Fassung (IAS 27 (2008)), wendet der Investor die Anforderungen dieses IFRS auf alle Geschäftsjahre an, in denen das Beteiligungsunternehmen gemäß den Paragraphen C4 und C4A rückwirkend konsolidiert wurde. Wurde die Beherrschung vor dem Zeitpunkt des Inkrafttretens von IAS 27 (2008) erlangt, wendet der Investor entweder

(a) die Vorschriften dieses IFRS auf alle Perioden an, in denen das Beteiligungsunternehmen gemäß den Paragraphen C4 und C4A rückwirkend konsolidiert wurde, oder

(b) die Vorschriften von IAS 27 in der 2003 veröffentlichten Fassung (IAS 27 (2003)) für die Perioden vor dem Inkrafttreten von IAS 27 (2008) und für die Folgeperioden die Vorschriften dieses IFRS an.

C5 Kommt ein Investor bei erstmaliger Anwendung dieses IFRS zu dem Schluss, dass er ein Beteiligungsunternehmen, das gemäß IAS 27 und SIC-12 konsolidiert wurde, nicht mehr konsolidieren wird, hat er seinen Anteil am Beteiligungsunternehmen mit dem Betrag zu bewerten, der ermittelt worden wäre, wenn die Vorschriften des vorlieg-

(a) if the investee is a business (as defined in IFRS 3 *Business Combinations*), measure the assets, liabilities and non-controlling interests in that previously unconsolidated investee as if that investee had been consolidated (and thus had applied acquisition accounting in accordance with IFRS 3) from the date when the investor obtained control of that investee on the basis of the requirements of this IFRS. The investor shall adjust retrospectively the annual period immediately preceding the date of initial application. When the date that control was obtained is earlier than the beginning of the immediately preceding period, the investor shall recognise, as an adjustment to equity at the beginning of the immediately preceding period, any difference between:
   (i) the amount of assets, liabilities and non-controlling interests recognised; and
   (ii) the previous carrying amount of the investor's involvement with the investee.

(b) if the investee is not a business (as defined in IFRS 3), measure the assets, liabilities and non-controlling interests in that previously unconsolidated investee as if that investee had been consolidated (applying the acquisition method as described in IFRS 3 but without recognising any goodwill for the investee) from the date when the investor obtained control of that investee on the basis of the requirements of this IFRS. The investor shall adjust retrospectively the annual period immediately preceding the date of initial application. When the date that control was obtained is earlier than the beginning of the immediately preceding period, the investor shall recognise, as an adjustment to equity at the beginning of the immediately preceding period, any difference between:
   (i) the amount of assets, liabilities and non-controlling interests recognised; and
   (ii) the previous carrying amount of the investor's involvement with the investee.

If measuring an investee's assets, liabilities and non-controlling interests in accordance with paragraph C4 (a) or (b) is impracticable (as defined in IAS 8), an investor shall: **C4A**

(a) if the investee is a business, apply the requirements of IFRS 3 as of the deemed acquisition date. The deemed acquisition date shall be the beginning of the earliest period for which application of paragraph C4 (a) is practicable, which may be the current period.

(b) if the investee is not a business, apply the acquisition method as described in IFRS 3 but without recognising any goodwill for the investee as of the deemed acquisition date. The deemed acquisition date shall be the beginning of the earliest period for which the application of paragraph C4 (b) is practicable, which may be the current period.

The investor shall adjust retrospectively the annual period immediately preceding the date of initial application, unless the beginning of the earliest period for which application of this paragraph is practicable is the current period. When the deemed acquisition date is earlier than the beginning of the immediately preceding period, the investor shall recognise, as an adjustment to equity at the beginning of the immediately preceding period, any difference between:

(c) the amount of assets, liabilities and non-controlling interests recognised; and

(d) the previous carrying amount of the investor's involvement with the investee.

If the earliest period for which application of this paragraph is practicable is the current period, the adjustment to equity shall be recognised at the beginning of the current period.

When an investor applies paragraphs C4—C4A and the date that control was obtained in accordance with this IFRS is later than the effective date of IFRS 3 as revised in 2008 (IFRS 3 (2008)), the reference to IFRS 3 in paragraphs C4 and C4A shall be to IFRS 3 (2008). If control was obtained before the effective date of IFRS 3 (2008), an investor shall apply either IFRS 3 (2008) or IFRS 3 (issued in 2004). **C4B**

When an investor applies paragraphs C4—C4A and the date that control was obtained in accordance with this IFRS is later than the effective date of IAS 27 as revised in 2008 (IAS 27 (2008)), an investor shall apply the requirements of this IFRS for all periods that the investee is retrospectively consolidated in accordance with paragraphs C4—C4A. If control was obtained before the effective date of IAS 27 (2008), an investor shall apply either: **C4C**

(a) the requirements of this IFRS for all periods that the investee is retrospectively consolidated in accordance with paragraphs C4—C4A; or

(b) the requirements of the version of IAS 27 issued in 2003 (IAS 27 (2003)) for those periods prior to the effective date of IAS 27 (2008) and thereafter the requirements of this IFRS for subsequent periods.

If, at the date of initial application, an investor concludes that it will no longer consolidate an investee that was consolidated in accordance with IAS 27 and SIC-12, the investor shall measure its interest in the investee at the amount at which it would have been measured if the requirements of this IFRS had been effective when the investor became involved with **C5**

enden IFRS zu dem Zeitpunkt in Kraft gewesen wären, als er sein Engagement bei dem Beteiligungsunternehmen aufnahm (aber im Sinne dieses IFRS nicht die Beherrschung darüber erlangte) bzw. seine Beherrschung über das Unternehmen verlor. Der Investor hat für das Geschäftsjahr, das der erstmaligen Anwendung dieses IFRS unmittelbar vorausgeht, rückwirkende Anpassungen vorzunehmen. Liegt der Zeitpunkt, zu dem der Investor sein Engagement bei dem Beteiligungsunternehmen begann (aber im Sinne dieses IFRS nicht die Beherrschung darüber erlangte) bzw. seine Beherrschung über das Unternehmen verlor, vor dem Beginn der unmittelbar vorausgehenden Periode, hat der Investor eine etwaige Differenz zwischen den beiden folgenden Beträgen als Anpassung des Eigenkapitals zu Beginn der unmittelbar vorangegangenen Periode zu erfassen:

(a) dem bisherigen Buchwert der Vermögenswerte, Schulden und nicht beherrschenden Anteile und

(b) dem angesetzten Betrag seines Anteils am Beteiligungsunternehmen.

C5A Ist eine Bewertung des Anteils am Beteiligungsunternehmen gemäß Paragraph C5 nicht durchführbar (im Sinne von IAS 8), hat der Investor die Vorschriften des vorliegenden IFRS zu Beginn der frühesten Periode anzuwenden, für die eine Anwendung von Paragraph C5 durchführbar ist. Dies kann die aktuelle Berichtsperiode sein. Der Investor hat für das Geschäftsjahr, das der erstmaligen Anwendung unmittelbar vorausgeht, rückwirkende Anpassungen vorzunehmen, es sei denn, der Beginn der frühesten Periode, für die eine Anwendung dieses Paragraphen durchführbar ist, ist die aktuelle Berichtsperiode. Liegt der Zeitpunkt, zu dem der Investor sein Engagement bei dem Beteiligungsunternehmen begann (aber im Sinne dieses IFRS nicht die Beherrschung darüber erlangte) bzw. seine Beherrschung über das Unternehmen verlor, vor dem Beginn der unmittelbar vorausgehenden Periode, hat der Investor eine etwaige Differenz zwischen den beiden folgenden Beträgen als Anpassung des Eigenkapitals zu Beginn der unmittelbar vorangegangenen Periode zu erfassen:

(a) dem bisherigen Buchwert der Vermögenswerte, Schulden und nicht beherrschenden Anteile und

(b) dem angesetzten Betrag seines Anteils am Beteiligungsunternehmen.

Ist die früheste Periode, für die eine Anwendung dieses Paragraphen durchführbar ist, die aktuelle Berichtsperiode, so ist die Anpassung des Eigenkapitals zu Beginn des aktuellen Berichtszeitraums zu erfassen.

C6 Bei den Paragraphen 23, 25, B94 und B96–B99 handelt es sich um 2008 vorgenommene Änderungen an IAS 27, die in IFRS 10 übernommen wurden. Außer in Fällen, in denen ein Unternehmen Paragraph C3 anwendet oder zur Anwendung der Paragraphen C4–C5A verpflichtet ist, sind die Vorschriften in den genannten Paragraphen wie folgt anzuwenden:

(a) Ein Unternehmen darf keine Gewinn- oder Verlustzuweisungen für Berichtsperioden anpassen, die vor der erstmaligen Anwendung der Änderung in Paragraph B94 liegen.

(b) Die Vorschriften in den Paragraphen 23 und B96 für die Bilanzierung von Veränderungen der Beteiligungsquote an einem Tochterunternehmen nach Übernahme der Beherrschung sind nicht auf Veränderungen anzuwenden, die vor der erstmaligen Anwendung jener Änderungen eingetreten sind.

(c) Ein Unternehmen darf den Buchwert einer Beteiligung an einem ehemaligen Tochterunternehmen nicht anpassen, wenn es die Beherrschung vor der erstmaligen Anwendung der Änderungen in den Paragraphen 25 und B97–B99 verlor. Auch darf ein Unternehmen einen Gewinn oder Verlust aus einem Verlust der Beherrschung über ein Tochterunternehmen, der vor der erstmaligen Anwendung der Änderungen in den Paragraphen 25 und B97–B99 entstanden ist, nicht neu berechnen.

Verweise auf die „unmittelbar vorangegangene Periode"

C6A Unbeschadet der Verweise auf das Geschäftsjahr unmittelbar vor dem Zeitpunkt der erstmaligen Anwendung (die „unmittelbar vorangegangene Periode") in den Paragraphen C3B–C5A kann ein Unternehmen auch angepasste Vergleichsinformationen für frühere Perioden darstellen, ist dazu aber nicht verpflichtet. Stellt ein Unternehmen angepasste Vergleichsinformationen für frühere Perioden dar, sind alle in den Paragraphen C3B–C5A enthaltenen Verweise auf die „unmittelbar vorangegangene Periode" als die „früheste dargestellte angepasste Vergleichsperiode" zu verstehen.

C6B Stellt ein Unternehmen für frühere Perioden keine angepassten Vergleichsinformationen dar, hat es die nicht angepassten Informationen klar zu kennzeichnen, darauf hinzuweisen, dass sie auf einer anderen Grundlage erstellt wurden, und diese Grundlage zu erläutern.

Verweise auf IFRS 9

C7 Wendet ein Unternehmen diesen IFRS, aber noch nicht IFRS 9 an, sind alle in diesem IFRS enthaltenen Verweise auf IFRS 9 als Verweise auf IAS 39 *Finanzinstrumente: Ansatz und Bewertung* zu verstehen.

Rücknahme anderer IFRS

C8 Dieser IFRS ersetzt die Vorschriften für Konzernabschlüsse in IAS 27 (in der 2008 geänderten Fassung).

C9 Dieser IFRS ersetzt außerdem SIC-12 *Konsolidierung – Zweckgesellschaften.*

(but did not obtain control in accordance with this IFRS), or lost control of, the investee. The investor shall adjust retrospectively the annual period immediately preceding the date of initial application. When the date that the investor became involved with (but did not obtain control in accordance with this IFRS), or lost control of, the investee is earlier than the beginning of the immediately preceding period, the investor shall recognise, as an adjustment to equity at the beginning of the immediately preceding period, any difference between:

(a) the previous carrying amount of the assets, liabilities and non-controlling interests; and
(b) the recognised amount of the investor's interest in the investee.

If measuring the interest in the investee in accordance with paragraph C5 is impracticable (as defined in IAS 8), an investor shall apply the requirements of this IFRS at the beginning of the earliest period for which application of paragraph C5 is practicable, which may be the current period. The investor shall adjust retrospectively the annual period immediately preceding the date of initial application, unless the beginning of the earliest period for which application of this paragraph is practicable is the current period. When the date that the investor became involved with (but did not obtain control in accordance with this IFRS), or lost control of, the investee is earlier than the beginning of the immediately preceding period, the investor shall recognise, as an adjustment to equity at the beginning of the immediately preceding period, any difference between: C5A

(a) the previous carrying amount of the assets, liabilities and non-controlling interests; and
(b) the recognised amount of the investor's interest in the investee.

If the earliest period for which application of this paragraph is practicable is the current period, the adjustment to equity shall be recognised at the beginning of the current period.

Paragraphs 23, 25, B94 and B96—B99 were amendments to IAS 27 made in 2008 that were carried forward into IFRS 10. Except when an entity applies paragraph C3, or is required to apply paragraphs C4—C5A, the entity shall apply the requirements in those paragraphs as follows: C6

(a) An entity shall not restate any profit or loss attribution for reporting periods before it applied the amendment in paragraph B94 for the first time.
(b) The requirements in paragraphs 23 and B96 for accounting for changes in ownership interests in a subsidiary after control is obtained do not apply to changes that occurred before an entity applied these amendments for the first time.
(c) An entity shall not restate the carrying amount of an investment in a former subsidiary if control was lost before it applied the amendments in paragraphs 25 and B97—B99 for the first time. In addition, an entity shall not recalculate any gain or loss on the loss of control of a subsidiary that occurred before the amendments in paragraphs 25 and B97—B99 were applied for the first time.

References to the 'immediately preceding period'

Notwithstanding the references to the annual period immediately preceding the date of initial application (the 'immediately preceding period') in paragraphs C3B—C5A, an entity may also present adjusted comparative information for any earlier periods presented, but is not required to do so. If an entity does present adjusted comparative information for any earlier periods, all references to the 'immediately preceding period' in paragraphs C3B—C5A shall be read as the 'earliest adjusted comparative period presented'. C6A

If an entity presents unadjusted comparative information for any earlier periods, it shall clearly identify the information that has not been adjusted, state that it has been prepared on a different basis, and explain that basis. C6B

References to IFRS 9

If an entity applies this IFRS but does not yet apply IFRS 9, any reference in this IFRS to IFRS 9 shall be read as a reference to IAS 39 *Financial Instruments: Recognition and Measurement*. C7

Withdrawal of other IFRSs

This IFRS supersedes the requirements relating to consolidated financial statements in IAS 27 (as amended in 2008). C8

This IFRS also supersedes SIC-12 *Consolidation—Special Purpose Entities*. C9

INTERNATIONAL FINANCIAL REPORTING STANDARD 11
Gemeinschaftliche Vereinbarungen

INHALT

ZIELSETZUNG

1 **Das Ziel dieses IFRS besteht darin, Grundsätze für die Rechnungslegung von Unternehmen festzulegen, die Anteil an gemeinschaftlich geführten Vereinbarungen (d. h. *gemeinschaftlichen Vereinbarungen*) haben.**

Erreichen der Zielsetzung

2 Um das in Paragraph 1 festgelegte Ziel zu erreichen, wird in diesem IFRS der Begriff der *gemeinschaftlichen Führung* definiert; ferner wird einem Unternehmen, das *Partei einer gemeinschaftlichen Vereinbarung ist*, vorgeschrieben, die Art der gemeinschaftlichen Vereinbarung durch Beurteilung seiner Rechte und Verpflichtungen zu ermitteln und diese Rechte und Verpflichtungen entsprechend der jeweiligen Art der gemeinschaftlichen Vereinbarung zu bilanzieren.

ANWENDUNGSBEREICH

3 **Dieser IFRS ist auf alle Unternehmen anzuwenden, die Partei einer gemeinschaftlichen Vereinbarung sind.**

GEMEINSCHAFTLICHE VEREINBARUNGEN

4 **Eine gemeinschaftliche Vereinbarung ist eine Vereinbarung, bei der zwei oder mehr Parteien die gemeinschaftliche Führung innehaben.**

5 **Eine gemeinschaftliche Vereinbarung weist die folgenden Merkmale auf:**
- **(a) Die Parteien sind durch eine vertragliche Vereinbarung gebunden (siehe Paragraphen B2–B4).**
- **(b) In der vertraglichen Vereinbarung wird zwei oder mehr Parteien die gemeinschaftliche Führung der Vereinbarung zugewiesen (siehe Paragraphen 7–13).**

6 **Bei einer gemeinschaftlichen Vereinbarung handelt es sich entweder um eine *gemeinschaftliche Tätigkeit* oder um ein *Gemeinschaftsunternehmen.***

Gemeinschaftliche Führung

7 **Gemeinschaftliche Führung ist die vertraglich geregelte Teilung der Beherrschung einer Vereinbarung, die nur dann gegeben ist, wenn Entscheidungen über die maßgeblichen Tätigkeiten die einstimmige Zustimmung der sich die Beherrschung teilenden Parteien erfordern.**

8 Ein Unternehmen, das Partei einer Vereinbarung ist, hat zu beurteilen, ob aufgrund der vertraglichen Vereinbarung alle Parteien oder eine Gruppe von Parteien die Vereinbarung kollektiv beherrschen. Eine kollektive Beherrschung der Vereinbarung durch alle Parteien oder eine Gruppe von Parteien liegt vor, wenn sie gemeinsam handeln müssen, um die Tätigkeiten zu lenken, die die wirtschaftlichen Erfolge der Vereinbarung signifikant beeinflussen (also die maßgeblichen Tätigkeiten).

9 Auch wenn festgestellt wurde, dass alle Parteien oder eine Gruppe von Parteien die Vereinbarung kollektiv beherrschen, liegt eine gemeinschaftliche Führung nur dann vor, wenn Entscheidungen über die maßgeblichen Tätigkeiten die einstimmige Zustimmung der Parteien erfordern, die die Vereinbarung kollektiv beherrschen.

INTERNATIONAL FINANCIAL REPORTING STANDARD 11
Joint Arrangements

SUMMARY

OBJECTIVE

The objective of this IFRS is to establish principles for financial reporting by entities that have an interest in arrangements that are controlled jointly (ie *joint arrangements*). 1

Meeting the objective

To meet the objective in paragraph 1, this IFRS defines *joint control* and requires an entity that is a *party to a joint arrangement* to determine the type of joint arrangement in which it is involved by assessing its rights and obligations and to account for those rights and obligations in accordance with that type of joint arrangement. 2

SCOPE

This IFRS shall be applied by all entities that are a party to a joint arrangement. 3

JOINT ARRANGEMENTS

A joint arrangement is an arrangement of which two or more parties have joint control. 4

A joint arrangement has the following characteristics: 5

(a) The parties are bound by a contractual arrangement (see paragraphs B2 — B4).

(b) The contractual arrangement gives two or more of those parties joint control of the arrangement (see paragraphs 7 — 13).

A joint arrangement is either a *joint operation* or a *joint venture.* 6

Joint control

Joint control is the contractually agreed sharing of control of an arrangement, which exists only when decisions about the relevant activities require the unanimous consent of the parties sharing control. 7

An entity that is a party to an arrangement shall assess whether the contractual arrangement gives all the parties, or a group of the parties, control of the arrangement collectively. All the parties, or a group of the parties, control the arrangement collectively when they must act together to direct the activities that significantly affect the returns of the arrangement (ie the relevant activities). 8

Once it has been determined that all the parties, or a group of the parties, control the arrangement collectively, joint control exists only when decisions about the relevant activities require the unanimous consent of the parties that control the arrangement collectively. 9

10 Bei einer gemeinschaftlichen Vereinbarung beherrscht keine einzelne Partei die Vereinbarung allein. Eine Partei, die an der gemeinschaftlichen Führung einer Vereinbarung beteiligt ist, kann eine der anderen Parteien oder eine Gruppe von Parteien daran hindern, die Vereinbarung zu beherrschen.

11 Bei einer Vereinbarung kann es sich auch dann um eine gemeinschaftliche Vereinbarung handeln, wenn nicht alle Parteien an der gemeinschaftlichen Führung der Vereinbarung beteiligt sind. Der vorliegende IFRS unterscheidet zwischen Parteien, die die gemeinschaftliche Führung einer gemeinschaftlichen Vereinbarung innehaben (*gemeinschaftlich Tätige* oder *Partnerunternehmen*), und Parteien, die an einer gemeinschaftlichen Vereinbarung, nicht aber an ihrer gemeinschaftlichen Führung beteiligt sind.

12 Ein Unternehmen muss bei der Beurteilung, ob alle Parteien oder eine Gruppe von Parteien die gemeinschaftliche Führung einer Vereinbarung innehaben, eine Ermessensentscheidung treffen. Diese Beurteilung hat ein Unternehmen unter Berücksichtigung sämtlicher Sachverhalte und Umstände vorzunehmen (siehe Paragraphen B5–B11).

13 Ändern sich Sachverhalte und Umstände, hat ein Unternehmen erneut zu beurteilen, ob es noch an der gemeinschaftlichen Führung der Vereinbarung beteiligt ist.

Arten gemeinschaftlicher Vereinbarungen

14 **Ein Unternehmen hat die Art der gemeinschaftlichen Vereinbarung, an der es beteiligt ist, zu ermitteln. Die Einstufung einer gemeinschaftlichen Vereinbarung als gemeinschaftliche Tätigkeit oder Gemeinschaftsunternehmen hängt von den Rechten und Verpflichtungen der Parteien der Vereinbarung ab.**

15 **Eine gemeinschaftliche Tätigkeit ist eine gemeinschaftliche Vereinbarung, bei der die Parteien, die die gemeinschaftliche Führung der Vereinbarung innehaben, Rechte an den der Vereinbarung zuzurechnenden Vermögenswerten und Verpflichtungen für deren Schulden haben. Diese Parteien werden als gemeinschaftlich Tätige bezeichnet.**

16 **Ein Gemeinschaftsunternehmen ist eine gemeinschaftliche Vereinbarung, bei der die Parteien, die die gemeinschaftliche Führung der Vereinbarung innehaben, Rechte am Nettovermögen der Vereinbarung besitzen. Diese Parteien werden als Partnerunternehmen bezeichnet.**

17 Bei der Beurteilung, ob es sich bei einer gemeinschaftlichen Vereinbarung um eine gemeinschaftliche Tätigkeit oder ein Gemeinschaftsunternehmen handelt, trifft ein Unternehmen eine Ermessensentscheidung. Ein Unternehmen hat die Art der gemeinschaftlichen Vereinbarung, an der es beteiligt ist, durch Beurteilung seiner Rechte und Verpflichtungen aus der Vereinbarung zu ermitteln. Ein Unternehmen beurteilt seine Rechte und Verpflichtungen unter Berücksichtigung von Struktur und Rechtsform der Vereinbarung, unter Berücksichtigung der von den Parteien der Vereinbarung festgelegten Vertragsbedingungen sowie gegebenenfalls unter Berücksichtigung sonstiger relevanter Sachverhalte und Umstände (siehe Paragraphen B12–B33).

18 Mitunter sind die Parteien durch einen Rahmenvertrag gebunden, in dem die allgemeinen Vertragsbedingungen für die Ausübung einer oder mehrerer Tätigkeiten festgelegt sind. Im Rahmenvertrag kann festgelegt sein, dass die Parteien verschiedene gemeinschaftliche Vereinbarungen für bestimmte Tätigkeiten, die Bestandteil des Rahmenvertrags bilden, schließen. Auch wenn sich solche gemeinschaftlichen Vereinbarungen auf denselben Rahmenvertrag beziehen, können sie unterschiedlicher Art sein, wenn die Parteien bei der Ausübung der verschiedenen im Rahmenvertrag behandelten Tätigkeiten unterschiedliche Rechte und Verpflichtungen haben. Folglich können gemeinschaftliche Tätigkeiten und Gemeinschaftsunternehmen nebeneinander bestehen, wenn die Parteien unterschiedliche Tätigkeiten ausüben, die Bestandteil desselben Rahmenvertrags sind.

19 Ändern sich Sachverhalte und Umstände, hat ein Unternehmen erneut zu beurteilen, ob sich die Art der gemeinschaftlichen Vereinbarung, an der es beteiligt ist, geändert hat.

ABSCHLÜSSE VON PARTEIEN EINER GEMEINSCHAFTLICHEN VEREINBARUNG

Gemeinschaftliche Tätigkeiten

20 **Ein gemeinschaftlich Tätiger erfasst im Zusammenhang mit seinem Anteil an einer gemeinschaftlichen Tätigkeit**

(a) **seine Vermögenswerte, einschließlich seines Anteils an gemeinschaftlich gehaltenen Vermögenswerten,**

(b) **seine Schulden, einschließlich seines Anteils an gemeinschaftlich eingegangenen Schulden,**

(c) **seine Erlöse aus dem Verkauf seines Anteils an den Erzeugnissen oder Leistungen der gemeinschaftlichen Tätigkeit,**

(d) **seinen Anteil an den Erlösen aus dem Verkauf der Erzeugnisse oder Leistungen der gemeinschaftlichen Tätigkeit und**

(e) **seine Aufwendungen, einschließlich seines Anteils an gemeinschaftlich entstandenen Aufwendungen.**

In a joint arrangement, no single party controls the arrangement on its own. A party with joint control of an arrangement can prevent any of the other parties, or a group of the parties, from controlling the arrangement. 10

An arrangement can be a joint arrangement even though not all of its parties have joint control of the arrangement. This IFRS distinguishes between parties that have joint control of a joint arrangement *(joint operators* or *joint venturers)* and parties that participate in, but do not have joint control of, a joint arrangement. 11

An entity will need to apply judgement when assessing whether all the parties, or a group of the parties, have joint control of an arrangement. An entity shall make this assessment by considering all facts and circumstances (see paragraphs B5 — B11). 12

If facts and circumstances change, an entity shall reassess whether it still has joint control of the arrangement. 13

Types of joint arrangement

An entity shall determine the type of joint arrangement in which it is involved. The classification of a joint arrangement as a joint operation or a joint venture depends upon the rights and obligations of the parties to the arrangement. 14

A joint operation is a joint arrangement whereby the parties that have joint control of the arrangement have rights to the assets, and obligations for the liabilities, relating to the arrangement. Those parties are called joint operators. 15

A joint venture is a joint arrangement whereby the parties that have joint control of the arrangement have rights to the net assets of the arrangement. Those parties are called joint venturers. 16

An entity applies judgement when assessing whether a joint arrangement is a joint operation or a joint venture. An entity shall determine the type of joint arrangement in which it is involved by considering its rights and obligations arising from the arrangement. An entity assesses its rights and obligations by considering the structure and legal form of the arrangement, the terms agreed by the parties in the contractual arrangement and, when relevant, other facts and circumstances (see paragraphs B12 — B33). 17

Sometimes the parties are bound by a framework agreement that sets up the general contractual terms for undertaking one or more activities. The framework agreement might set out that the parties establish different joint arrangements to deal with specific activities that form part of the agreement. Even though those joint arrangements are related to the same framework agreement, their type might be different if the parties' rights and obligations differ when undertaking the different activities dealt with in the framework agreement. Consequently, joint operations and joint ventures can coexist when the parties undertake different activities that form part of the same framework agreement. 18

If facts and circumstances change, an entity shall reassess whether the type of joint arrangement in which it is involved has changed. 19

FINANCIAL STATEMENTS OF PARTIES TO A JOINT ARRANGEMENT

Joint operations

A joint operator shall recognise in relation to its interest in a joint operation: 20

(a) its assets, including its share of any assets held jointly;

(b) its liabilities, including its share of any liabilities incurred jointly;

(c) its revenue from the sale of its share of the output arising from the joint operation;

(d) its share of the revenue from the sale of the output by the joint operation; and

(e) its expenses, including its share of any expenses incurred jointly.

21 Ein gemeinschaftlich Tätiger hat die Vermögenswerte, Schulden, Erlöse und Aufwendungen im Zusammenhang mit seinem Anteil an einer gemeinschaftlichen Tätigkeit gemäß den für die jeweiligen Vermögenswerte, Schulden, Erlöse und Aufwendungen maßgeblichen IFRS zu bilanzieren.

21A Erwirbt ein Unternehmen einen Anteil an einer gemeinschaftlichen Tätigkeit, die einen Geschäftsbetrieb im Sinne von IFRS 3 *Unternehmenszusammenschlüsse* darstellt, hat es, im Umfang seines Anteils gemäß Paragraph 20, sämtliche in IFRS 3 und in anderen IFRS festgelegten Grundsätze der Bilanzierung von Unternehmenszusammenschlüssen anzuwenden, die nicht mit den Leitlinien dieses IFRS im Widerspruch stehen, und die in diesen IFRS in Bezug auf Unternehmenszusammenschlüsse vorgeschriebenen Angaben zu machen. Dies gilt sowohl für den Erwerb eines ersten Anteils als auch für den Erwerb weiterer Anteile an einer gemeinschaftlichen Tätigkeit, die einen Geschäftsbetrieb darstellt. Der Erwerb eines Anteils an einer solchen gemeinschaftlichen Tätigkeit wird gemäß den Paragraphen B33A–B33D bilanziert.

22 Die Bilanzierung von Geschäftsvorfällen wie die Veräußerung, die Einlage oder der Erwerb von Vermögenswerten zwischen einem Unternehmen und einer gemeinschaftlichen Tätigkeit, an der das Unternehmen als gemeinschaftlich Tätiger beteiligt ist, wird in den Paragraphen B34–B37 im Einzelnen festgelegt.

23 Eine Partei, die an einer gemeinschaftlichen Tätigkeit, nicht aber an ihrer gemeinschaftlichen Führung beteiligt ist, hat ihren Anteil an der Vereinbarung ebenfalls gemäß den Paragraphen 20–22 zu bilanzieren, wenn sie Rechte an den Vermögenswerten der gemeinschaftlichen Tätigkeit besitzt und Verpflichtungen für die Schulden der gemeinschaftlichen Tätigkeit hat. Eine Partei, die an einer gemeinschaftlichen Tätigkeit, nicht aber an ihrer gemeinschaftlichen Führung beteiligt ist, und keine Rechte an den Vermögenswerten der gemeinschaftlichen Tätigkeit besitzt und keine Verpflichtungen für die Schulden der gemeinschaftlichen Tätigkeit hat, hat ihren Anteil an der gemeinschaftlichen Tätigkeit gemäß den für diesen Anteil maßgeblichen IFRS zu bilanzieren.

Gemeinschaftsunternehmen

24 **Ein Partnerunternehmen hat seinen Anteil an einem Gemeinschaftsunternehmen als Beteiligung anzusetzen und diese Beteiligung nach der Equity-Methode gemäß IAS 28 *Beteiligungen an assoziierten Unternehmen und Gemeinschaftsunternehmen* zu bilanzieren, es sei denn, das Unternehmen ist nach dem genannten Standard von der Anwendung der Equity-Methode befreit.**

25 Eine Partei, die an einem Gemeinschaftsunternehmen, nicht aber an seiner gemeinschaftlichen Führung beteiligt ist, hat ihren Anteil an der Vereinbarung gemäß IFRS 9 *Finanzinstrumente* bzw., falls sie maßgeblichen Einfluss auf das Gemeinschaftsunternehmen hat, gemäß IAS 28 (in der 2011 geänderten Fassung) zu bilanzieren.

EINZELABSCHLÜSSE

26 **Ein gemeinschaftlich Tätiger oder ein Partnerunternehmen hat in seinen Einzelabschlüssen seinen Anteil an**
(a) einer gemeinschaftlichen Tätigkeit gemäß den Paragraphen 20–22 zu bilanzieren.
(b) einem Gemeinschaftsunternehmen gemäß Paragraph 10 von IAS 27 *Einzelabschlüsse* zu bilanzieren.

27 **Eine Partei, die an einer gemeinschaftlichen Vereinbarung, nicht aber an ihrer gemeinschaftlichen Führung beteiligt ist, hat in ihren Einzelabschlüssen ihren Anteil an**
(a) einer gemeinschaftlichen Tätigkeit gemäß Paragraph 23 zu bilanzieren.
(b) einem Gemeinschaftsunternehmen gemäß IFRS 9 bzw., falls das Unternehmen maßgeblichen Einfluss auf das Gemeinschaftsunternehmen hat, gemäß Paragraph 10 von IAS 27 (in der 2011 geänderten Fassung) zu bilanzieren.

ANHANG A

Definitionen

Dieser Anhang ist integraler Bestandteil des IFRS.

Gemeinschaftliche Vereinbarung	Eine Vereinbarung, die unter der **gemeinschaftlichen Führung** von zwei oder mehr Parteien steht.
Gemeinschaftliche Führung	Die vertraglich geregelte Teilung der Beherrschung einer Vereinbarung, die nur dann gegeben ist, wenn Entscheidungen über die maßgeblichen Tätigkeiten die einstimmige Zustimmung der sich die Beherrschung teilenden Parteien erfordern.
Gemeinschaftliche Tätigkeit	Eine **gemeinschaftliche Vereinbarung,** bei der die Parteien, die die **gemeinschaftliche Führung** der Vereinbarung innehaben, Rechte an den der Vereinbarung zuzurechnenden Vermögenswerten und Verpflichtungen für deren Schulden haben.

A joint operator shall account for the assets, liabilities, revenues and expenses relating to its interest in a joint operation in accordance with the IFRSs applicable to the particular assets, liabilities, revenues and expenses. 21

When an entity acquires an interest in a joint operation in which the activity of the joint operation constitutes a business, as defined in IFRS 3, it shall apply, to the extent of its share in accordance with paragraph 20, all of the principles on business combinations accounting in IFRS 3, and other IFRSs, that do not conflict with the guidance in this IFRS and disclose the information that is required in those IFRSs in relation to business combinations. This applies to the acquisition of both the initial interest and additional interests in a joint operation in which the activity of the joint operation constitutes a business. The accounting for the acquisition of an interest in such a joint operation is specified in paragraphs B33A — B33D. 21A

The accounting for transactions such as the sale, contribution or purchase of assets between an entity and a joint operation in which it is a joint operator is specified in paragraphs B34 — B37. 22

A party that participates in, but does not have joint control of, a joint operation shall also account for its interest in the arrangement in accordance with paragraphs 20 — 22 if that party has rights to the assets, and obligations for the liabilities, relating to the joint operation. If a party that participates in, but does not have joint control of, a joint operation does not have rights to the assets, and obligations for the liabilities, relating to that joint operation, it shall account for its interest in the joint operation in accordance with the IFRSs applicable to that interest. 23

Joint ventures

A joint venturer shall recognise its interest in a joint venture as an investment and shall account for that investment using the equity method in accordance with IAS 28 *Investments in Associates and Joint Ventures* unless the entity is exempted from applying the equity method as specified in that standard. 24

A party that participates in, but does not have joint control of, a joint venture shall account for its interest in the arrangement in accordance with IFRS 9 *Financial Instruments,* unless it has significant influence over the joint venture, in which case it shall account for it in accordance with IAS 28 (as amended in 2011). 25

SEPARATE FINANCIAL STATEMENTS

In its separate financial statements, a joint operator or joint venturer shall account for its interest in: 26

(a) a joint operation in accordance with paragraphs 20 — 22;

(b) a joint venture in accordance with paragraph 10 of IAS 27 *Separate Financial Statements.*

In its separate financial statements, a party that participates in, but does not have joint control of, a joint arrangement shall account for its interest in: 27

(a) a joint operation in accordance with paragraph 23;

(b) a joint venture in accordance with IFRS 9, unless the entity has significant influence over the joint venture, in which case it shall apply paragraph 10 of IAS 27 (as amended in 2011).

APPENDIX A

Defined terms

This appendix is an integral part of the IFRS.

joint arrangement	An arrangement of which two or more parties have **joint control.**
joint control	The contractually agreed sharing of control of an arrangement, which exists only when decisions about the relevant activities require the unanimous consent of the parties sharing control.
joint operation	A **joint arrangement** whereby the parties that have **joint control** of the arrangement have rights to the assets, and obligations for the liabilities, relating to the arrangement.

Gemeinschaftlich Tätiger	Eine Partei einer **gemeinschaftlichen Tätigkeit**, die an deren **gemeinschaftlicher Führung** beteiligt ist.
Gemeinschaftsunternehmen	Eine **gemeinschaftliche Vereinbarung,** bei der die Parteien, die die **gemeinschaftliche Führung** der Vereinbarung innehaben, Rechte am Nettovermögen der Vereinbarung besitzen.
Partnerunternehmen	Eine Partei eines **Gemeinschaftsunternehmens,** die an dessen **gemeinschaftlicher Führung** beteiligt ist.
Partei einer gemeinschaftlichen Vereinbarung	Ein an einer **gemeinschaftlichen Vereinbarung** beteiligtes Unternehmen, unabhängig davon, ob es an der **gemeinschaftlichen Führung** der Vereinbarung beteiligt ist.
Eigenständiges Vehikel	Eine eigenständig identifizierbare Finanzstruktur, einschließlich eigenständiger Rechtseinheiten oder rechtlich anerkannter Einheiten, unabhängig davon, ob diese Einheiten eine eigene Rechtspersönlichkeit haben.

Die folgenden Begriffe sind in IAS 27 (in der 2011 geänderten Fassung), IAS 28 (in der 2011 geänderten Fassung) bzw. IFRS 10 *Konzernabschlüsse* definiert und werden im vorliegenden IFRS in der in den genannten IFRS angegebenen Bedeutung verwendet:
- Beherrschung eines Beteiligungsunternehmens,
- Equity-Methode,
- Verfügungsgewalt,
- Schutzrechte,
- Maßgebliche Tätigkeiten,
- Einzelabschluss,
- Maßgeblicher Einfluss.

ANHANG B

Anwendungsleitlinien

Dieser Anhang ist integraler Bestandteil des IFRS. Er erläutert die Anwendung der Paragraphen 1–27 und hat die gleiche bindende Kraft wie die anderen Teile des IFRS.

B1 Die Beispiele in diesem Anhang sind hypothetisch. Wenngleich einige Aspekte der Beispiele tatsächlichen Gegebenheiten ähneln könnten, müssen bei der Anwendung von IFRS 11 alle maßgeblichen Sachverhalte und Umstände bestimmter Gegebenheiten bewertet werden.

Gemeinschaftliche Vereinbarungen

Vertragliche Vereinbarung (Paragraph 5)

B2 Vertragliche Vereinbarungen können auf verschiedene Weise nachgewiesen werden: Eine durchsetzbare vertragliche Vereinbarung wird häufig, aber nicht immer, schriftlich verfasst, gewöhnlich in Form eines Vertrags oder in Form dokumentierter mündlicher Abreden zwischen den Parteien. Auch durch gesetzliche Mechanismen können durchsetzbare Vereinbarungen entstehen, die entweder allein oder in Verbindung mit Verträgen zwischen den Parteien greifen.

B3 Werden gemeinschaftliche Vereinbarungen über ein *eigenständiges Vehikel* strukturiert (siehe Paragraphen B19–B33), sind in einigen Fällen die vertragliche Vereinbarung insgesamt oder einige Aspekte der vertraglichen Vereinbarung im Gesellschaftsvertrag, der Gründungsurkunde oder der Satzung des eigenständigen Vehikels festgeschrieben.

B4 In der vertraglichen Vereinbarung werden die Bedingungen festgelegt, unter denen die Parteien sich an der Tätigkeit, die Gegenstand der Vereinbarung ist, beteiligen. In der vertraglichen Vereinbarung werden im Allgemeinen folgende Angelegenheiten geregelt:
(a) Zweck, Tätigkeit und Laufzeit der gemeinschaftlichen Vereinbarung.
(b) Die Art und Weise, wie die Mitglieder des Geschäftsführungs- und/oder Aufsichtsorgans oder eines entsprechenden Leitungsorgans der gemeinschaftlichen Vereinbarung bestellt werden.
(c) Der Entscheidungsprozess d. h. welche Angelegenheiten Entscheidungen der Parteien erfordern, die Stimmrechte der Parteien und die notwendige Mehrheit in diesen Angelegenheiten. Der Entscheidungsprozess, der sich in der vertraglichen Vereinbarung widerspiegelt, begründet die gemeinschaftliche Führung der Vereinbarung (siehe Paragraphen B5–B11).
(d) Das Kapital oder andere von den Parteien verlangte Einlagen.
(e) Die Art und Weise, wie die Parteien Vermögenswerte, Schulden, Erlöse, Aufwendungen oder Gewinne oder Verluste aus der gemeinschaftlichen Vereinbarung teilen.

joint operator	A party to a **joint operation** that has **joint control** of that joint operation.
joint venture	A **joint arrangement** whereby the parties that have **joint control** of the arrangement have rights to the net assets of the arrangement.
joint venturer	A party to a **joint venture** that has **joint control** of that joint venture.
party to a joint arrangement	An entity that participates in a **joint arrangement**, regardless of whether that entity has **joint control** of the arrangement.
separate vehicle	A separately identifiable financial structure, including separate legal entities or entities recognised by statute, regardless of whether those entities have a legal personality.

The following terms are defined in IAS 27 (as amended in 2011), IAS 28 (as amended in 2011) or IFRS 10 *Consolidated Financial Statements* and are used in this IFRS with the meanings specified in those IFRSs:

— control of an investee
— equity method
— power
— protective rights
— relevant activities
— separate financial statements
— significant influence.

APPENDIX B
Application guidance

This appendix is an integral part of the IFRS. It describes the application of paragraphs 1 — 27 and has the same authority as the other parts of the IFRS.

The examples in this appendix portray hypothetical situations. Although some aspects of the examples may be present in actual fact patterns, all relevant facts and circumstances of a particular fact pattern would need to be evaluated when applying IFRS 11. B1

Joint Arrangements

Contractual arrangement (paragraph 5)

Contractual arrangements can be evidenced in several ways. An enforceable contractual arrangement is often, but not always, in writing, usually in the form of a contract or documented discussions between the parties. Statutory mechanisms can also create enforceable arrangements, either on their own or in conjunction with contracts between the parties. B2

When joint arrangements are structured through a *separate vehicle* (see paragraphs B19 — B33), the contractual arrangement, or some aspects of the contractual arrangement, will in some cases be incorporated in the articles, charter or by-laws of the separate vehicle. B3

The contractual arrangement sets out the terms upon which the parties participate in the activity that is the subject of the arrangement. The contractual arrangement generally deals with such matters as: B4

(a) the purpose, activity and duration of the joint arrangement.
(b) how the members of the board of directors, or equivalent governing body, of the joint arrangement, are appointed.
(c) the decision-making process: the matters requiring decisions from the parties, the voting rights of the parties and the required level of support for those matters. The decision-making process reflected in the contractual arrangement establishes joint control of the arrangement (see paragraphs B5 — B11).
(d) the capital or other contributions required of the parties.
(e) how the parties share assets, liabilities, revenues, expenses or profit or loss relating to the joint arrangement.

Gemeinschaftliche Führung (Paragraphen 7–13)

B5 Bei der Beurteilung, ob ein Unternehmen an der gemeinschaftlichen Führung einer Vereinbarung beteiligt ist, hat das Unternehmen zunächst zu beurteilen, ob alle Parteien oder eine Gruppe von Parteien die Vereinbarung beherrschen. Auf der Grundlage der Definition des Begriffs „Beherrschung" in IFRS 10 ist festzustellen, ob alle Parteien oder eine Gruppe von Parteien schwankenden Renditen aus ihrem Engagement bei der Vereinbarung ausgesetzt sind bzw. Anrechte darauf haben und ob sie die Möglichkeit haben, diese Renditen durch ihre Verfügungsgewalt über die Vereinbarung zu beeinflussen. Wenn alle Parteien oder eine Gruppe von Parteien zusammen betrachtet in der Lage sind, die Tätigkeiten, die die wirtschaftlichen Erfolge der Vereinbarung signifikant beeinflussen (d. h. die maßgeblichen Tätigkeiten), zu lenken, beherrschen die Parteien die Vereinbarung kollektiv.

B6 Ist ein Unternehmen zu dem Schluss gelangt, dass alle Parteien oder eine Gruppe von Parteien die Vereinbarung kollektiv beherrschen, hat es zu beurteilen, ob es an der gemeinschaftlichen Führung einer Vereinbarung beteiligt ist. Eine gemeinschaftliche Führung liegt nur dann vor, wenn Entscheidungen über die maßgeblichen Tätigkeiten die einstimmige Zustimmung der Parteien erfordern, die die Vereinbarung kollektiv beherrschen. Die Beurteilung, ob die Vereinbarung von allen Parteien oder von einer Gruppe von Parteien gemeinsam oder nur von einer der Parteien beherrscht wird, kann eine Ermessensausübung erfordern.

B7 Mitunter führt der Entscheidungsprozess, den die Parteien in ihrer vertraglichen Vereinbarung festlegen, implizit zu gemeinschaftlicher Führung. Nehmen wir zum Beispiel an, dass zwei Parteien eine Vereinbarung abschließen, bei der jede 50 % der Stimmrechte hält und dass in der vertraglichen Vereinbarung zwischen ihnen festgelegt wird, dass für Entscheidungen über die maßgeblichen Tätigkeiten mindestens 51 % der Stimmrechte erforderlich sind. In diesem Fall haben die Parteien implizit vereinbart, dass sie die gemeinschaftliche Führung der Vereinbarung innehaben, weil Entscheidungen über die maßgeblichen Tätigkeiten nur mit Zustimmung beider Parteien getroffen werden können.

B8 In anderen Situationen schreibt die vertragliche Vereinbarung für Entscheidungen über die maßgeblichen Tätigkeiten einen Mindestanteil der Stimmrechte vor. Wenn dieser erforderliche Mindestanteil der Stimmrechte durch mehr als eine Kombination von Parteien, die sich einig sind, erreicht werden kann, handelt es sich bei der betreffenden Vereinbarung nicht um eine gemeinschaftliche Vereinbarung, es sei denn, in der vertraglichen Vereinbarung wurde festlegt, welche Parteien (oder Kombination von Parteien) Entscheidungen über die maßgeblichen Tätigkeiten der Vereinbarung einstimmig treffen müssen.

Anwendungsbeispiele

Beispiel 1 Angenommen, drei Parteien gründen eine Vereinbarung: A hält 50 % der Stimmrechte in der Vereinbarung, B 30 % und C 20 %. In der vertraglichen Vereinbarung zwischen A, B und C ist festgelegt, dass für Entscheidungen über die maßgeblichen Tätigkeiten der Vereinbarung mindestens 75 % der Stimmrechte erforderlich sind. Obgleich A jede Entscheidung blockieren kann, beherrscht A die Vereinbarung nicht, weil es die Zustimmung von B benötigt. Die Bestimmungen ihrer vertraglichen Vereinbarungen, nach denen für Entscheidungen über die maßgeblichen Tätigkeiten der Vereinbarung mindestens 75 % der Stimmrechte erforderlich sind, implizieren, dass A und B die gemeinschaftliche Führung der Vereinbarung innehaben, weil Entscheidungen über die maßgeblichen Tätigkeiten der Vereinbarung nicht ohne Zustimmung von sowohl A als auch B getroffen werden können.

Beispiel 2 Angenommen, zu einer Vereinbarung gehören drei Parteien: A hält 50 % der Stimmrechte an der Vereinbarung und B und C halten je 25 %. In der vertraglichen Vereinbarung zwischen A, B und C ist festgelegt, dass für Entscheidungen über die maßgeblichen Tätigkeiten der Vereinbarung mindestens 75 % der Stimmrechte erforderlich sind. Obgleich A jede Entscheidung blockieren kann, beherrscht es die Vereinbarung nicht, weil es die Zustimmung von B oder C benötigt. In diesem Beispiel beherrschen A, B und C die Vereinbarung kollektiv. Es gibt jedoch mehr als eine Kombination von Parteien, die sich einigen können, um 75 % der Stimmrechte zu erreichen (d. h. entweder A und B oder A und C). Damit die vertragliche Vereinbarung in einer solchen Situation eine gemeinschaftliche Vereinbarung ist, müssten die Parteien festlegen, welche Parteienkombination Entscheidungen über die maßgeblichen Tätigkeiten der Vereinbarung einstimmig zustimmen muss.

Beispiel 3 Angenommen, bei einer Vereinbarung halten A und B je 35 % der Stimmrechte und die restlichen 30 % sind breit gestreut. Entscheidungen über die maßgeblichen Tätigkeiten bedürfen einer Mehrheit der Stimmrechte. A und B haben nur dann die gemeinschaftliche Führung der Vereinbarung inne, wenn in der vertraglichen Vereinbarung festgelegt ist, dass für Entscheidungen über die maßgeblichen Tätigkeiten der Vereinbarung die Zustimmung sowohl von A als auch von B erforderlich ist.

B9 Das Erfordernis der einstimmigen Zustimmung bedeutet, dass eine Partei, die an der gemeinschaftlichen Führung der Vereinbarung beteiligt ist, verhindern kann, dass eine der anderen Parteien oder eine Gruppe von Parteien einseitige Entscheidungen (über die maßgeblichen Tätigkeiten) ohne ihre Zustimmung trifft. Bezieht sich das Erfordernis der einstimmigen Zustimmung nur auf Entscheidungen, die einer Partei Schutzrechte verleihen, nicht aber auf Entscheidungen über die maßgeblichen Tätigkeiten einer Vereinbarung, ist die betreffende Partei keine Partei, die an der gemeinschaftlichen Führung der Vereinbarung beteiligt ist.

Joint control (paragraphs 7 — 13)

In assessing whether an entity has joint control of an arrangement, an entity shall assess first whether all the parties, or a group of the parties, control the arrangement. IFRS 10 defines control and shall be used to determine whether all the parties, or a group of the parties, are exposed, or have rights, to variable returns from their involvement with the arrangement and have the ability to affect those returns through their power over the arrangement. When all the parties, or a group of the parties, considered collectively, are able to direct the activities that significantly affect the returns of the arrangement (ie the relevant activities), the parties control the arrangement collectively. B5

After concluding that all the parties, or a group of the parties, control the arrangement collectively, an entity shall assess whether it has joint control of the arrangement. Joint control exists only when decisions about the relevant activities require the unanimous consent of the parties that collectively control the arrangement. Assessing whether the arrangement is jointly controlled by all of its parties or by a group of the parties, or controlled by one of its parties alone, can require judgement. B6

Sometimes the decision-making process that is agreed upon by the parties in their contractual arrangement implicitly leads to joint control. For example, assume two parties establish an arrangement in which each has 50 per cent of the voting rights and the contractual arrangement between them specifies that at least 51 per cent of the voting rights are required to make decisions about the relevant activities. In this case, the parties have implicitly agreed that they have joint control of the arrangement because decisions about the relevant activities cannot be made without both parties agreeing. B7

In other circumstances, the contractual arrangement requires a minimum proportion of the voting rights to make decisions about the relevant activities. When that minimum required proportion of the voting rights can be achieved by more than one combination of the parties agreeing together, that arrangement is not a joint arrangement unless the contractual arrangement specifies which parties (or combination of parties) are required to agree unanimously to decisions about the relevant activities of the arrangement. B8

Application examples

Example 1 Assume that three parties establish an arrangement: A has 50 per cent of the voting rights in the arrangement, B has 30 per cent and C has 20 per cent. The contractual arrangement between A, B and C specifies that at least 75 per cent of the voting rights are required to make decisions about the relevant activities of the arrangement. Even though A can block any decision, it does not control the arrangement because it needs the agreement of B. The terms of their contractual arrangement requiring at least 75 per cent of the voting rights to make decisions about the relevant activities imply that A and B have joint control of the arrangement because decisions about the relevant activities of the arrangement cannot be made without both A and B agreeing.

Example 2 Assume an arrangement has three parties: A has 50 per cent of the voting rights in the arrangement and B and C each have 25 per cent. The contractual arrangement between A, B and C specifies that at least 75 per cent of the voting rights are required to make decisions about the relevant activities of the arrangement. Even though A can block any decision, it does not control the arrangement because it needs the agreement of either B or C. In this example, A, B and C collectively control the arrangement. However, there is more than one combination of parties that can agree to reach 75 per cent of the voting rights (ie either A and B or A and C). In such a situation, to be a joint arrangement the contractual arrangement between the parties would need to specify which combination of the parties is required to agree unanimously to decisions about the relevant activities of the arrangement.

Example 3 Assume an arrangement in which A and B each have 35 per cent of the voting rights in the arrangement with the remaining 30 per cent being widely dispersed. Decisions about the relevant activities require approval by a majority of the voting rights. A and B have joint control of the arrangement only if the contractual arrangement specifies that decisions about the relevant activities of the arrangement require both A and B agreeing.

The requirement for unanimous consent means that any party with joint control of the arrangement can prevent any of the other parties, or a group of the parties, from making unilateral decisions (about the relevant activities) without its consent. If the requirement for unanimous consent relates only to decisions that give a party protective rights and not to decisions about the relevant activities of an arrangement, that party is not a party with joint control of the arrangement. B9

B10 Eine vertragliche Vereinbarung kann Klauseln über die Beilegung von Streitigkeiten, z. B. durch Schiedsverfahren, beinhalten. Derartige Klauseln lassen eventuell zu, dass Entscheidungen ohne einstimmige Zustimmung der Parteien, die an der gemeinschaftlichen Führung beteiligt sind, getroffen werden können. Das Bestehen derartiger Klauseln schließt nicht aus, dass die Vereinbarung gemeinschaftlich geführt wird und infolgedessen eine gemeinschaftliche Vereinbarung ist.

Beurteilung der gemeinschaftlichen Führung

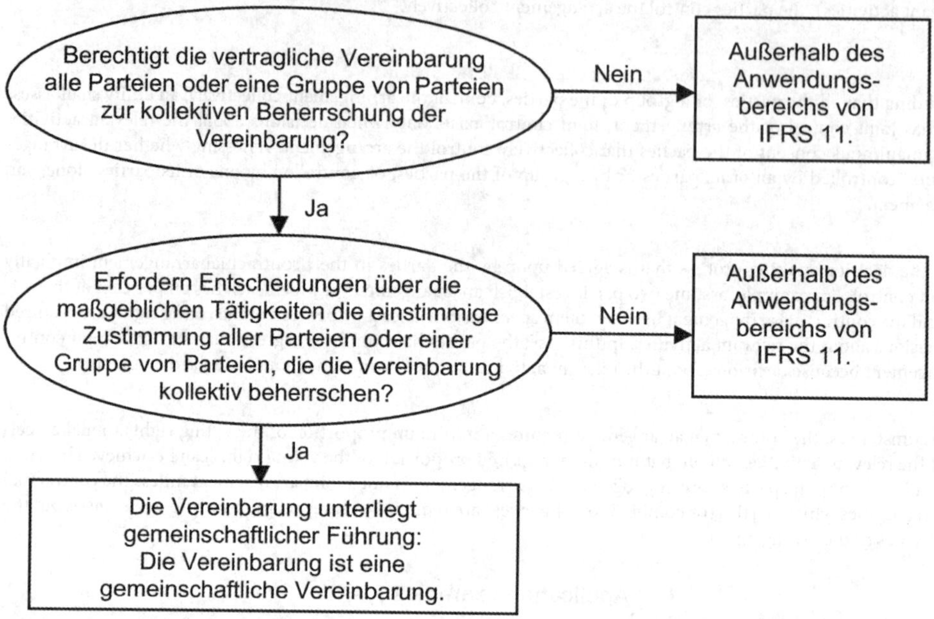

B11 Liegt eine Vereinbarung außerhalb des Anwendungsbereichs von IFRS 11, bilanziert ein Unternehmen seinen Anteil an der Vereinbarung gemäß den maßgeblichen IFRS, wie IFRS 10, IAS 28 (in der 2011 geänderten Fassung) oder IFRS 9.

Arten von gemeinschaftlichen Vereinbarungen (Paragraphen 14–19)

B12 Gemeinschaftliche Vereinbarungen werden für eine Vielzahl unterschiedlicher Zwecke geschlossen (z. B. als Möglichkeit für die Parteien, Kosten und Risiken gemeinsam zu tragen, oder als Möglichkeit, den Parteien Zugang zu neuen Technologien oder neuen Märkten zu verschaffen) und können unter Nutzung unterschiedlicher Strukturen und Rechtsformen errichtet werden.

B13 Einige Vereinbarungen schreiben nicht vor, dass die Tätigkeit, die Gegenstand der Vereinbarung bildet, in einem eigenständigen Vehikel ausgeübt werden soll. Andere Vereinbarungen beinhalten jedoch die Gründung eines eigenständigen Vehikels.

B14 Die in diesem IFRS vorgeschriebene Einstufung gemeinschaftlicher Vereinbarungen hängt von den Rechten und Verpflichtungen ab, die den Parteien im Rahmen der gewöhnlichen Geschäftstätigkeit aus der Vereinbarung erwachsen. In diesem IFRS werden gemeinschaftliche Vereinbarungen entweder als gemeinschaftliche Tätigkeiten oder als Gemeinschaftsunternehmen eingestuft. Wenn ein Unternehmen Rechte an den der Vereinbarung zuzurechnenden Vermögenswerten und Verpflichtungen für deren Schulden hat, ist die Vereinbarung eine gemeinschaftliche Tätigkeit. Wenn ein Unternehmen Rechte am Nettovermögen der Vereinbarung hat, ist die Vereinbarung ein Gemeinschaftsunternehmen. In den Paragraphen B16–B33 wird dargelegt, wie ein Unternehmen beurteilt, ob es Anteil an einer gemeinschaftlichen Tätigkeit oder an einem Gemeinschaftsunternehmen hat.

Einstufung einer gemeinschaftlichen Vereinbarung

B15 Wie in Paragraph B14 dargelegt, verlangt die Einstufung einer gemeinschaftlichen Vereinbarung von den Parteien eine Beurteilung der Rechte und Verpflichtungen, die ihnen aus der Vereinbarung erwachsen. Bei dieser Beurteilung hat ein Unternehmen Folgendes zu berücksichtigen:

(a) die Struktur der gemeinschaftlichen Vereinbarung (siehe Paragraphen B16–B21),

(b) wenn die gemeinschaftliche Vereinbarung über ein eigenständiges Vehikel strukturiert wird:

  (i) die Rechtsform des eigenständigen Vehikels (siehe Paragraphen B22–B24),

  (ii) die Bestimmungen der vertraglichen Vereinbarung (siehe Paragraphen B25–B28) und

  (iii) gegebenenfalls sonstige relevante Sachverhalte und Umstände (siehe Paragraphen B29–B33).

A contractual arrangement might include clauses on the resolution of disputes, such as arbitration. These provisions may B10
allow for decisions to be made in the absence of unanimous consent among the parties that have joint control. The existence of such provisions does not prevent the arrangement from being jointly controlled and, consequently, from being a joint arrangement.

Assessing joint control

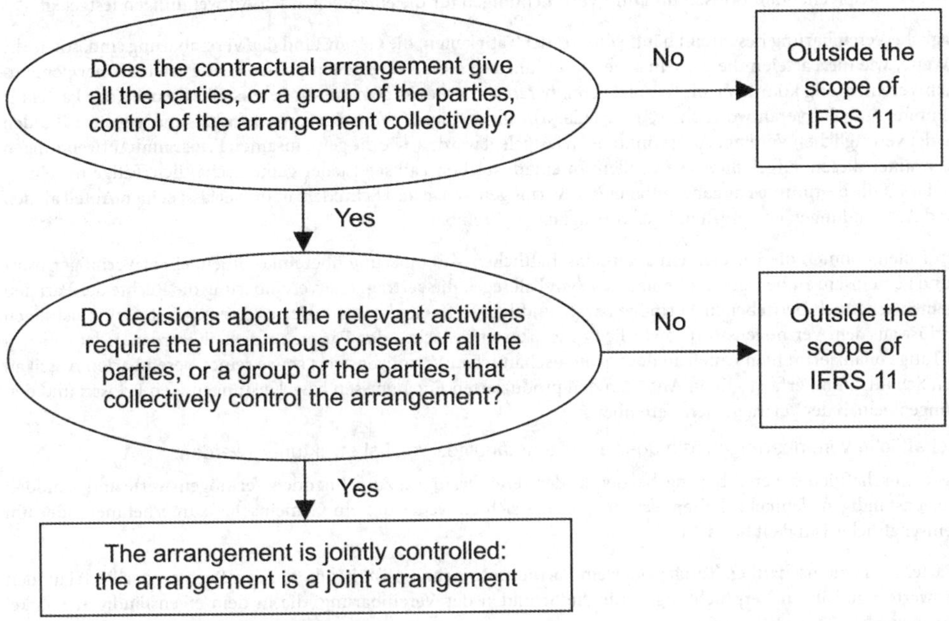

When an arrangement is outside the scope of IFRS 11, an entity accounts for its interest in the arrangement in accordance B11
with relevant IFRSs, such as IFRS 10, IAS 28 (as amended in 2011) or IFRS 9.

Types of Joint Arrangement (Paragraphs 14 — 19)

Joint arrangements are established for a variety of purposes (eg as a way for parties to share costs and risks, or as a way to B12
provide the parties with access to new technology or new markets), and can be established using different structures and legal forms.

Some arrangements do not require the activity that is the subject of the arrangement to be undertaken in a separate vehi- B13
cle. However, other arrangements involve the establishment of a separate vehicle.

The classification of joint arrangements required by this IFRS depends upon the parties' rights and obligations arising B14
from the arrangement in the normal course of business. This IFRS classifies joint arrangements as either joint operations or joint ventures. When an entity has rights to the assets, and obligations for the liabilities, relating to the arrangement, the arrangement is a joint operation. When an entity has rights to the net assets of the arrangement, the arrangement is a joint venture. Paragraphs B16 — B33 set out the assessment an entity carries out to determine whether it has an interest in a joint operation or an interest in a joint venture.

Classification of a joint arrangement

As stated in paragraph B14, the classification of joint arrangements requires the parties to assess their rights and obliga- B15
tions arising from the arrangement. When making that assessment, an entity shall consider the following:

(a) the structure of the joint arrangement (see paragraphs B16 — B21).
(b) when the joint arrangement is structured through a separate vehicle:
  (i) the legal form of the separate vehicle (see paragraphs B22 — B24);
  (ii) the terms of the contractual arrangement (see paragraphs B25 — B28); and
  (iii) when relevant, other facts and circumstances (see paragraphs B29 — B33).

Struktur der gemeinschaftlichen Vereinbarung

Gemeinschaftliche Vereinbarungen, die nicht über ein eigenständiges Vehikel strukturiert werden

B16 Eine gemeinschaftliche Vereinbarung, die nicht über ein eigenständiges Vehikel strukturiert wird, stellt eine gemeinschaftliche Tätigkeit dar. In derartigen Fällen werden in der vertraglichen Vereinbarung die Rechte der Parteien an den Vermögenswerten der Vereinbarung und ihre Verpflichtungen für die Schulden der Vereinbarung sowie die Rechte der Parteien an den entsprechenden Erlösen und ihre Verpflichtungen für die entsprechenden Aufwendungen festgelegt.

B17 Die vertragliche Vereinbarung beschreibt häufig die Art der Tätigkeiten, die Gegenstand der Vereinbarung sind, sowie die Art und Weise, wie die Parteien die gemeinsame Durchführung dieser Tätigkeiten planen. Die Parteien einer gemeinschaftlichen Vereinbarung könnten zum Beispiel vereinbaren, ein Produkt gemeinsam herzustellen, wobei jede Partei für eine bestimmte Aufgabe verantwortlich ist und jede von ihnen eigene Vermögenswerte nutzt und eigene Schulden eingeht. In der vertraglichen Vereinbarung könnte auch festgelegt werden, wie die gemeinsamen Erlöse und Aufwendungen der Parteien unter diesen aufgeteilt werden sollen. In einem solchen Fall setzt jeder gemeinschaftlich Tätige in seinem Abschluss die auf die bestimmte Aufgabe entfallenden Vermögenswerte und Schulden an und erfasst seinen Anteil an den Erlösen und Aufwendungen entsprechend der vertraglichen Vereinbarung.

B18 In anderen Fällen könnten die Parteien einer gemeinschaftlichen Vereinbarung übereinkommen, einen Vermögenswert zu teilen und gemeinsam zu betreiben. In einem solchen Fall regelt die vertragliche Vereinbarung die Rechte der Parteien an dem gemeinschaftlich betriebenen Vermögenswert und legt fest, wie die produzierten Erzeugnisse bzw. Leistungen oder die Erlöse aus dem Vermögenswert sowie die Betriebskosten zwischen den Parteien aufgeteilt werden. Jeder gemeinschaftlich Tätige bilanziert seinen Anteil an dem gemeinschaftlichen Vermögenswert sowie seinen vereinbarten Anteil an eventuellen Schulden und erfasst seinen Anteil an den produzierten Erzeugnissen bzw. Leistungen, den Erlösen und den Aufwendungen gemäß der vertraglichen Vereinbarung.

Gemeinschaftliche Vereinbarungen, die über ein eigenständiges Vehikel strukturiert werden.

B19 Bei einer gemeinschaftlichen Vereinbarung, bei der die der Vereinbarung zuzurechnenden Vermögenswerte und Schulden in einem eigenständigen Vehikel gehalten werden, kann es sich entweder um ein Gemeinschaftsunternehmen oder um eine gemeinschaftliche Tätigkeit handeln.

B20 Ob eine Partei ein gemeinschaftlich Tätiger oder ein Partnerunternehmen ist, hängt von den Rechten der Partei an den Vermögenswerten und ihren Verpflichtungen für die Schulden der Vereinbarung, die in dem eigenständigen Vehikel gehalten werden, ab.

B21 Wie in Paragraph B15 dargelegt, müssen die Parteien für den Fall, dass sie eine gemeinschaftliche Vereinbarung über ein eigenständiges Vehikel strukturiert haben, beurteilen, ob sie aufgrund der Rechtsform des eigenständigen Vehikels, aufgrund der Bestimmungen der vertraglichen Vereinbarung und gegebenenfalls aufgrund anderer relevanter Sachverhalte und Umstände Folgendes erhalten:

(a) Rechte an den der Vereinbarung zuzurechnenden Vermögenswerten und Verpflichtungen für deren Schulden (d. h. bei der Vereinbarung handelt es sich um eine gemeinschaftliche Tätigkeit) oder

(b) Rechte am Nettovermögen der Vereinbarung (d. h. bei der Vereinbarung handelt es sich um ein Gemeinschaftsunternehmen).

Einstufung einer gemeinschaftlichen Vereinbarung: Beurteilung der aus der Vereinbarung erwachsenden Rechte und Verpflichtungen der Parteien

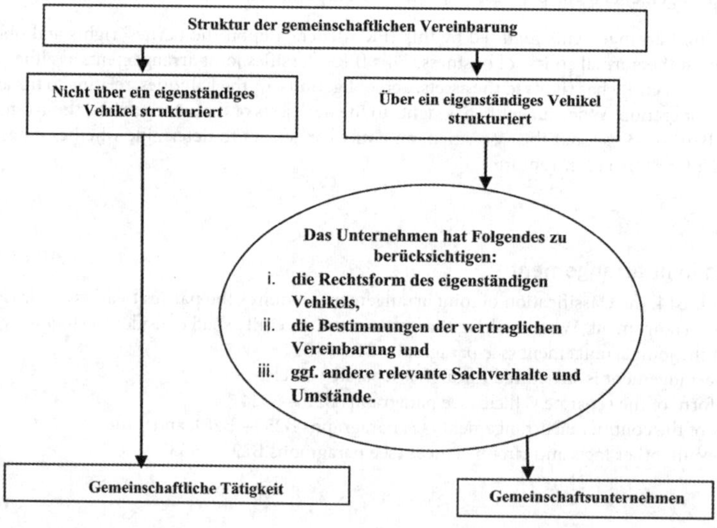

Structure of the joint arrangement

Joint arrangements not structured through a separate vehicle

A joint arrangement that is not structured through a separate vehicle is a joint operation. In such cases, the contractual arrangement establishes the parties' rights to the assets, and obligations for the liabilities, relating to the arrangement, and the parties' rights to the corresponding revenues and obligations for the corresponding expenses. **B16**

The contractual arrangement often describes the nature of the activities that are the subject of the arrangement and how the parties intend to undertake those activities together. For example, the parties to a joint arrangement could agree to manufacture a product together, with each party being responsible for a specific task and each using its own assets and incurring its own liabilities. The contractual arrangement could also specify how the revenues and expenses that are common to the parties are to be shared among them. In such a case, each joint operator recognises in its financial statements the assets and liabilities used for the specific task, and recognises its share of the revenues and expenses in accordance with the contractual arrangement. **B17**

In other cases, the parties to a joint arrangement might agree, for example, to share and operate an asset together. In such a case, the contractual arrangement establishes the parties' rights to the asset that is operated jointly, and how output or revenue from the asset and operating costs are shared among the parties. Each joint operator accounts for its share of the joint asset and its agreed share of any liabilities, and recognises its share of the output, revenues and expenses in accordance with the contractual arrangement. **B18**

Joint arrangements structured through a separate vehicle

A joint arrangement in which the assets and liabilities relating to the arrangement are held in a separate vehicle can be either a joint venture or a joint operation. **B19**

Whether a party is a joint operator or a joint venturer depends on the party's rights to the assets, and obligations for the liabilities, relating to the arrangement that are held in the separate vehicle. **B20**

As stated in paragraph B15, when the parties have structured a joint arrangement in a separate vehicle, the parties need to assess whether the legal form of the separate vehicle, the terms of the contractual arrangement and, when relevant, any other facts and circumstances give them: **B21**

(a) rights to the assets, and obligations for the liabilities, relating to the arrangement (ie the arrangement is a joint operation); or
(b) rights to the net assets of the arrangement (ie the arrangement is a joint venture).

Classification of a joint arrangement: assessment of the parties' rights and obligations arising from the arrangement

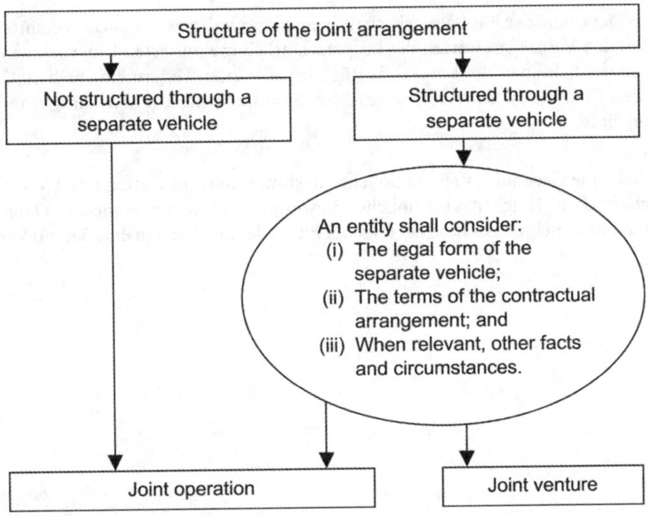

Rechtsform des eigenständigen Vehikels

B22 Bei der Beurteilung der Art einer gemeinschaftlichen Vereinbarung ist die Rechtsform des eigenständigen Vehikels maßgeblich. Die Rechtsform erleichtert die anfängliche Beurteilung der Rechte der Parteien an den Vermögenswerten und ihren Verpflichtungen für die Schulden, die im eigenständigen Vehikel gehalten werden, z. B. die Beurteilung der Frage, ob die Parteien Anteile an den im eigenständigen Vehikel gehaltenen Vermögenswerten haben und ob sie für die Schulden des eigenständigen Vehikels haften.

B23 Die Parteien können die gemeinschaftliche Vereinbarung zum Beispiel über ein eigenständiges Vehikel strukturieren, dessen Rechtsform dazu führt, dass das Vehikel als eigenständig betrachtet wird (d. h. die Vermögenswerte und Schulden, die im eigenständigen Vehikel gehalten werden, sind die Vermögenswerte und Schulden des eigenständigen Vehikels und nicht die Vermögenswerte und Schulden der Parteien). In einem solchen Fall weist die Beurteilung der Rechte und Verpflichtungen, die aufgrund der Rechtsform des eigenständigen Vehikels auf die Parteien übertragen werden, darauf hin, dass es sich bei der Vereinbarung um ein Gemeinschaftsunternehmen handelt. Allerdings kann die Beurteilung der von den Parteien in ihrer vertraglichen Vereinbarung vereinbarten Bestimmungen (siehe Paragraphen B25–B28) und sonstige relevante Sachverhalte und Umstände (siehe Paragraphen B29–B33) gegenüber der Beurteilung der Rechte und Verpflichtungen, die aufgrund der Rechtsform des eigenständigen Vehikels auf die Parteien übertragen werden, Vorrang haben.

B24 Die Beurteilung der aufgrund der Rechtsform des eigenständigen Vehikels auf die Parteien übertragenen Rechte und Verpflichtungen reicht nur dann für die Schlussfolgerung aus, dass es sich bei der Vereinbarung um eine gemeinschaftliche Tätigkeit handelt, wenn die Parteien die gemeinschaftliche Vereinbarung über ein eigenständiges Vehikel strukturiert haben, dessen Rechtsform keine Trennung zwischen den Parteien und dem eigenständigen Vehikel bewirkt (d. h. bei den im eigenständigen Vehikel gehaltenen Vermögenswerten und Schulden handelt es sich um die Vermögenswerte und Schulden der Parteien).

Beurteilung der Bestimmungen der vertraglichen Vereinbarung

B25 In vielen Fällen stehen die von den Parteien in ihren vertraglichen Vereinbarungen vereinbarten Rechte und Verpflichtungen im Einklang mit den aufgrund der Rechtsform des eigenständigen Vehikels, über das die Vereinbarung strukturiert ist, auf die Parteien übertragenen Rechten und Verpflichtungen oder sie stehen nicht im Widerspruch dazu.

B26 In anderen Fällen nutzen die Parteien die vertragliche Vereinbarung, um die aufgrund der Rechtsform des eigenständigen Vehikels, über das die Vereinbarung strukturiert ist, auf die Parteien übertragenen Rechte und Verpflichtungen rückgängig zu machen oder zu ändern.

Anwendungsbeispiel

Beispiel 4 Angenommen, zwei Parteien strukturieren eine gemeinschaftliche Vereinbarung über ein körperschaftlich organisiertes Unternehmen. Jede Partei hält einen Eigentumsanteil von 50 % an dem Unternehmen. Die Gründung der Kapitalgesellschaft erlaubt die Trennung des Unternehmens von seinen Eigentümern, sodass die im Unternehmen gehaltenen Vermögenswerte und Schulden die Vermögenswerte und Schulden des körperschaftlich organisierten Unternehmens sind. In einem solchen Fall weist die Beurteilung der aufgrund der Rechtsform des eigenständigen Vehikels auf die Parteien übertragenen Rechte und Verpflichtungen darauf hin, dass die Parteien Rechte am Nettovermögen der Vereinbarung haben.

Die Parteien ändern die Merkmale der Kapitalgesellschaft jedoch durch ihre vertragliche Vereinbarung in der Weise, dass jede einen Anteil an den Vermögenswerten des körperschaftlich organisierten Unternehmens hält und jede für einen bestimmten Anteil der Schulden des körperschaftlich organisierten Unternehmens haftet. Derartige vertragliche Änderungen an den Merkmalen einer Kapitalgesellschaft können dazu führen, dass eine Vereinbarung eine gemeinschaftliche Tätigkeit ist.

B27 Die folgende Tabelle enthält eine Gegenüberstellung üblicher Bestimmungen in vertraglichen Vereinbarungen zwischen Parteien einer gemeinschaftlichen Tätigkeit und üblicher Bestimmungen in vertraglichen Vereinbarungen zwischen Parteien eines Gemeinschaftsunternehmens. Die in der folgenden Tabelle aufgeführten Beispiele für Vertragsbestimmungen sind nicht erschöpfend.

The legal form of the separate vehicle

The legal form of the separate vehicle is relevant when assessing the type of joint arrangement. The legal form assists in the initial assessment of the parties' rights to the assets and obligations for the liabilities held in the separate vehicle, such as whether the parties have interests in the assets held in the separate vehicle and whether they are liable for the liabilities held in the separate vehicle. **B22**

For example, the parties might conduct the joint arrangement through a separate vehicle, whose legal form causes the separate vehicle to be considered in its own right (ie the assets and liabilities held in the separate vehicle are the assets and liabilities of the separate vehicle and not the assets and liabilities of the parties). In such a case, the assessment of the rights and obligations conferred upon the parties by the legal form of the separate vehicle indicates that the arrangement is a joint venture. However, the terms agreed by the parties in their contractual arrangement (see paragraphs B25 — B28) and, when relevant, other facts and circumstances (see paragraphs B29 — B33) can override the assessment of the rights and obligations conferred upon the parties by the legal form of the separate vehicle. **B23**

The assessment of the rights and obligations conferred upon the parties by the legal form of the separate vehicle is sufficient to conclude that the arrangement is a joint operation only if the parties conduct the joint arrangement in a separate vehicle whose legal form does not confer separation between the parties and the separate vehicle (ie the assets and liabilities held in the separate vehicle are the parties' assets and liabilities). **B24**

Assessing the terms of the contractual arrangement

In many cases, the rights and obligations agreed to by the parties in their contractual arrangements are consistent, or do not conflict, with the rights and obligations conferred on the parties by the legal form of the separate vehicle in which the arrangement has been structured. **B25**

In other cases, the parties use the contractual arrangement to reverse or modify the rights and obligations conferred by the legal form of the separate vehicle in which the arrangement has been structured. **B26**

Application example

Example 4 Assume that two parties structure a joint arrangement in an incorporated entity. Each party has a 50 per cent ownership interest in the incorporated entity. The incorporation enables the separation of the entity from its owners and as a consequence the assets and liabilities held in the entity are the assets and liabilities of the incorporated entity. In such a case, the assessment of the rights and obligations conferred upon the parties by the legal form of the separate vehicle indicates that the parties have rights to the net assets of the arrangement.

However, the parties modify the features of the corporation through their contractual arrangement so that each has an interest in the assets of the incorporated entity and each is liable for the liabilities of the incorporated entity in a specified proportion. Such contractual modifications to the features of a corporation can cause an arrangement to be a joint operation.

The following table compares common terms in contractual arrangements of parties to a joint operation and common terms in contractual arrangements of parties to a joint venture. The examples of the contractual terms provided in the following table are not exhaustive. **B27**

Beurteilung der Bestimmungen der vertraglichen Vereinbarung

	Gemeinschaftliche Tätigkeit	Gemeinschaftsunternehmen
Bestimmungen der vertraglichen Vereinbarung	Durch die vertragliche Vereinbarung werden auf die Parteien der gemeinschaftlichen Vereinbarung Rechte an den der Vereinbarung zuzurechnenden Vermögenswerten und Verpflichtungen für deren Schulden übertragen.	Durch die vertragliche Vereinbarung werden auf die Parteien der gemeinschaftlichen Vereinbarung Rechte am Nettovermögen der Vereinbarung übertragen (d. h. es ist das eigenständige Vehikel, das Rechte an den der Vereinbarung zuzurechnenden Vermögenswerten und Verpflichtungen für deren Schulden hat, nicht die Parteien.)
Rechte an Vermögenswerten	In der vertraglichen Vereinbarung ist festgelegt, dass die Parteien der gemeinschaftlichen Vereinbarung alle Ansprüche (d. h. Eigentumsrechte oder andere Rechte) an den der Vereinbarung zuzurechnenden Vermögenswerten in einem bestimmten Verhältnis teilen (z. B. im Verhältnis zum Eigentumsanteil der Parteien an der Vereinbarung oder im Verhältnis zu der durch die Vereinbarung ausgeübten Tätigkeiten, die den Parteien einzeln zuzuordnen sind).	In der vertraglichen Vereinbarung ist festgelegt, dass die in die Vereinbarung eingebrachten oder später von der gemeinschaftlichen Vereinbarung erworbenen Vermögenswerte die Vermögenswerte der Vereinbarung sind. Die Parteien haben keine Ansprüche (d. h. weder Eigentumsrechte noch andere Rechte) an den Vermögenswerten der Vereinbarung.
Verpflichtungen für Schulden	In der vertraglichen Vereinbarung ist festgelegt, dass die Parteien der gemeinschaftlichen Vereinbarung alle Schulden, Verpflichtungen, Kosten und Aufwendungen in einem bestimmten Verhältnis teilen (z. B. im Verhältnis zum Eigentumsanteil der Parteien an der Vereinbarung oder im Verhältnis zu den durch die Vereinbarung ausgeübten Tätigkeiten, die den Parteien einzeln zuzuordnen sind).	In der vertraglichen Vereinbarung wird festgelegt, dass die gemeinschaftliche Vereinbarung für die Schulden und Verpflichtungen der Vereinbarung haftet.
		In der vertraglichen Vereinbarung ist festgelegt, dass die Parteien der gemeinschaftlichen Vereinbarung nur im Umfang ihrer jeweiligen Beteiligung an der Vereinbarung und in Höhe ihrer jeweiligen Verpflichtung, noch nicht eingezahltes oder zusätzliches Kapital in sie einzubringen, der Vereinbarung gegenüber haften.
	In der vertraglichen Vereinbarung ist festgelegt, dass die Parteien der gemeinschaftlichen Vereinbarung für Ansprüche Dritter haften.	In der vertraglichen Vereinbarung ist festgelegt, dass die Gläubiger der gemeinschaftlichen Vereinbarung in Bezug auf die Schulden oder Verpflichtungen der Vereinbarung keine Rückgriffsrechte auf die Parteien haben.
Erlöse, Aufwendungen, Gewinn oder Verlust	In der vertraglichen Vereinbarung wird die Zuweisung von Erlösen und Aufwendungen auf der Grundlage der relativen Leistungen der einzelnen Parteien der gemeinschaftlichen Vereinbarung festgelegt. Zum Beispiel könnte in der vertraglichen Vereinbarung festgelegt werden, dass Erlöse und Aufwendungen auf Basis der Kapazitäten zugewiesen werden, die die einzelnen Parteien in einem gemeinsam betriebenen Werk nutzen und die von ihrem Eigentumsanteil an der gemeinschaftlichen Vereinbarung abweichen könnte. In anderen Fällen haben die Parteien vielleicht vereinbart, den der Vereinbarung zuzurechnenden Gewinn oder Verlust in einem festgelegten Verhältnis, wie z. B. dem jeweiligen Eigentumsanteil der Parteien an der Vereinbarung, zu teilen. Dies würde nicht ausschließen, dass die Vereinbarung eine gemeinschaftliche Tätigkeit ist, sofern die Parteien Rechte an den der Vereinbarung zuzurechnenden Vermögenswerten und Verpflichtungen für ihre Schulden haben.	In der vertraglichen Vereinbarung wird der Anteil der einzelnen Parteien am Gewinn oder Verlust aus den Tätigkeiten der Vereinbarung festgelegt.

Assessing the terms of the contractual arrangement

	Joint operation	Joint venture
The terms of the contractual arrangement	The contractual arrangement provides the parties to the joint arrangement with rights to the assets, and obligations for the liabilities, relating to the arrangement.	The contractual arrangement provides the parties to the joint arrangement with rights to the net assets of the arrangement (ie it is the separate vehicle, not the parties, that has rights to the assets, and obligations for the liabilities, relating to the arrangement).
Rights to assets	The contractual arrangement establishes that the parties to the joint arrangement share all interests (eg rights, title or ownership) in the assets relating to the arrangement in a specified proportion (eg in proportion to the parties' ownership interest in the arrangement or in proportion to the activity carried out through the arrangement that is directly attributed to them).	The contractual arrangement establishes that the assets brought into the arrangement or subsequently acquired by the joint arrangement are the arrangement's assets. The parties have no interests (ie no rights, title or ownership) in the assets of the arrangement.
Obligations for liabilities	The contractual arrangement establishes that the parties to the joint arrangement share all liabilities, obligations, costs and expenses in a specified proportion (eg in proportion to the parties' ownership interest in the arrangement or in proportion to the activity carried out through the arrangement that is directly attributed to them).	The contractual arrangement establishes that the joint arrangement is liable for the debts and obligations of the arrangement. The contractual arrangement establishes that the parties to the joint arrangement are liable to the arrangement only to the extent of their respective investments in the arrangement or to their respective obligations to contribute any unpaid or additional capital to the arrangement, or both.
	The contractual arrangement establishes that the parties to the joint arrangement are liable for claims raised by third parties.	The contractual arrangement states that creditors of the joint arrangement do not have rights of recourse against any party with respect to debts or obligations of the arrangement.
Revenues, expenses, profit or loss	The contractual arrangement establishes the allocation of revenues and expenses on the basis of the relative performance of each party to the joint arrangement. For example, the contractual arrangement might establish that revenues and expenses are allocated on the basis of the capacity that each party uses in a plant operated jointly, which could differ from their ownership interest in the joint arrangement. In other instances, the parties might have agreed to share the profit or loss relating to the arrangement on the basis of a specified proportion such as the parties' ownership interest in the arrangement. This would not prevent the arrangement from being a joint operation if the parties have rights to the assets, and obligations for the liabilities, relating to the arrangement.	The contractual arrangement establishes each party's share in the profit or loss relating to the activities of the arrangement.

	Gemeinschaftliche Tätigkeit	Gemeinschaftsunternehmen
Garantien	Von den Parteien gemeinschaftlicher Vereinbarungen wird oft verlangt, Dritten gegenüber Garantien zu leisten, die z. B. eine Dienstleistung von der gemeinschaftlichen Vereinbarung empfangen oder ihr Finanzmittel zur Verfügung stellen. Die Leistung derartiger Garantien oder die Zusage der Parteien, diese zu leisten, ist für sich genommen kein ausschlaggebender Faktor dafür, dass die gemeinschaftliche Vereinbarung eine gemeinschaftliche Tätigkeit darstellt. Der ausschlaggebende Faktor dafür, ob es sich bei der gemeinschaftlichen Vereinbarung um eine gemeinschaftliche Tätigkeit oder um ein Gemeinschaftsunternehmen handelt, ist die Frage, ob die Parteien Verpflichtungen für die der Vereinbarung zuzurechnenden Schulden haben (wobei die Parteien für einige dieser Schulden eine Garantie geleistet haben können).	

B28 Ist in der vertraglichen Vereinbarung festgelegt, dass die Parteien Rechte an den der Vereinbarung zuzurechnenden Vermögenswerten und Verpflichtungen für ihre Schulden haben, sind sie Parteien einer gemeinschaftlichen Tätigkeit und brauchen für die Zwecke der Einstufung der gemeinschaftlichen Vereinbarung keine sonstigen Sachverhalte und Umstände (Paragraphen B29–B33) zu berücksichtigen.

Beurteilung sonstiger Sachverhalte und Umstände

B29 Ist in der vertraglichen Vereinbarung nicht festgelegt, dass die Parteien Rechte an den der Vereinbarung zuzurechnenden Vermögenswerten und Verpflichtungen für ihre Schulden haben, müssen die Parteien bei der Beurteilung, ob es sich bei der Vereinbarung um eine gemeinschaftliche Tätigkeit oder ein Gemeinschaftsunternehmen handelt, sonstige Sachverhalte und Umstände berücksichtigen.

B30 Eine gemeinschaftliche Vereinbarung kann über ein eigenständiges Vehikel strukturiert werden, dessen Rechtsform eine Trennung zwischen den Parteien und dem eigenständigen Vehikel bewirkt. Auch wenn die zwischen den Parteien vereinbarten Vertragsbestimmungen keine Festlegung der Rechte der Parteien an den Vermögenswerten und ihrer Verpflichtungen für die Schulden enthalten, kann die Berücksichtigung sonstiger Sachverhalte und Umstände dazu führen, dass eine solche Vereinbarung als gemeinschaftliche Tätigkeit eingestuft wird. Dies ist der Fall, wenn die Parteien aufgrund sonstiger Sachverhalte und Umstände Rechte an den der Vereinbarung zuzurechnenden Vermögenswerten und Verpflichtungen für ihre Schulden haben.

B31 Sind die Tätigkeiten einer Vereinbarung hauptsächlich darauf ausgerichtet, den Parteien Erzeugnisse bzw. Leistungen zur Verfügung zu stellen, weist dies darauf hin, dass die Parteien Rechte an so gut wie dem gesamten wirtschaftlichen Nutzen der Vermögenswerte der Vereinbarung haben. Die Parteien einer solchen Vereinbarung sichern sich ihren in der Vereinbarung vorgesehenen Zugriff auf die produzierten Erzeugnisse und Leistungen häufig dadurch, dass sie die Vereinbarung daran hindern, Erzeugnisse und Leistungen an Dritte zu verkaufen.

B32 Eine derart gestaltete Vereinbarung wirkt sich dahin gehend aus, dass die von der Vereinbarung **eingegangenen Schulden im Wesentlichen durch die Zahlungsströme beglichen werden, die der** Vereinbarung aus den Ankäufen der produzierten Erzeugnisse und Leistungen seitens der Parteien zufließen. Wenn die Parteien im Wesentlichen die einzige Quelle für Zahlungsströme sind, die zum Fortbestehen der Tätigkeiten der Vereinbarung beitragen, weist dies darauf hin, dass die Parteien eine Verpflichtung für die der Vereinbarung zuzurechnenden Schulden haben.

Anwendungsbeispiel

Beispiel 5 Angenommen, zwei Parteien strukturieren eine gemeinschaftliche Vereinbarung als körperschaftlich organisiertes Unternehmen (Unternehmen C), an dem jede Partei einen Eigentumsanteil von 50 % besitzt. Der Zweck der Vereinbarung besteht in der Herstellung von Materialien, welche die Parteien für ihre eigenen, individuellen Herstellungsprozesse benötigen. Nach Maßgabe der Vereinbarung betreiben die Parteien die Produktionsstätte, in der die Materialien hergestellt werden, nach den Mengen- und Qualitätsvorgaben der Parteien.

Die Rechtsform von Unternehmen C (körperschaftlich organisiertes Unternehmen), über das die Tätigkeiten durchgeführt werden, weist zunächst darauf hin, dass es sich bei den in Unternehmen C gehaltenen Vermögenswerten und Schulden um die Vermögenswerte und Schulden von Unternehmen C handelt. In der vertraglichen Vereinbarung zwischen den Parteien ist nicht festgelegt, dass die Parteien Rechte an den Vermögenswerten oder Verpflichtungen für die Schulden von Unternehmen C haben. Folglich weisen die Rechtsform von Unternehmen C und die Bestimmungen der vertraglichen Vereinbarung darauf hin, dass es sich bei der Vereinbarung um ein Gemeinschaftsunternehmen handelt.

Die Parteien berücksichtigen jedoch auch folgende Aspekte der Vereinbarung:

- Die Parteien haben vereinbart, alle von Unternehmen C produzierten Erzeugnisse jeweils zur Hälfte abzunehmen. Unternehmen C kann die produzierten Erzeugnisse nur mit Zustimmung beider Parteien der Vereinbarung an Dritte verkaufen. Da der Zweck der Vereinbarung darin besteht, die Parteien mit den von ihnen benötigten

	Joint operation	Joint venture
Guarantees	The parties to joint arrangements are often required to provide guarantees to third parties that, for example, receive a service from, or provide financing to, the joint arrangement. The provision of such guarantees, or the commitment by the parties to provide them, does not, by itself, determine that the joint arrangement is a joint operation. The feature that determines whether the joint arrangement is a joint operation or a joint venture is whether the parties have obligations for the liabilities relating to the arrangement (for some of which the parties might or might not have provided a guarantee).	

When the contractual arrangement specifies that the parties have rights to the assets, and obligations for the liabilities, relating to the arrangement, they are parties to a joint operation and do not need to consider other facts and circumstances (paragraphs B29 — B33) for the purposes of classifying the joint arrangement. **B28**

Assessing other facts and circumstances

When the terms of the contractual arrangement do not specify that the parties have rights to the assets, and obligations for the liabilities, relating to the arrangement, the parties shall consider other facts and circumstances to assess whether the arrangement is a joint operation or a joint venture. **B29**

A joint arrangement might be structured in a separate vehicle whose legal form confers separation between the parties and the separate vehicle. The contractual terms agreed among the parties might not specify the parties' rights to the assets and obligations for the liabilities, yet consideration of other facts and circumstances can lead to such an arrangement being classified as a joint operation. This will be the case when other facts and circumstances give the parties rights to the assets, and obligations for the liabilities, relating to the arrangement. **B30**

When the activities of an arrangement are primarily designed for the provision of output to the parties, this indicates that the parties have rights to substantially all the economic benefits of the assets of the arrangement. The parties to such arrangements often ensure their access to the outputs provided by the arrangement by preventing the arrangement from selling output to third parties. **B31**

The effect of an arrangement with such a design and purpose is that the liabilities incurred by the arrangement are, in substance, satisfied by the cash flows received from the parties through their purchases of the output. When the parties are substantially the only source of cash flows contributing to the continuity of the operations of the arrangement, this indicates that the parties have an obligation for the liabilities relating to the arrangement. **B32**

Application example

Example 5 Assume that two parties structure a joint arrangement in an incorporated entity (entity C) in which each party has a 50 per cent ownership interest. The purpose of the arrangement is to manufacture materials required by the parties for their own, individual manufacturing processes. The arrangement ensures that the parties operate the facility that produces the materials to the quantity and quality specifications of the parties.

The legal form of entity C (an incorporated entity) through which the activities are conducted initially indicates that the assets and liabilities held in entity C are the assets and liabilities of entity C. The contractual arrangement between the parties does not specify that the parties have rights to the assets or obligations for the liabilities of entity C. Accordingly, the legal form of entity C and the terms of the contractual arrangement indicate that the arrangement is a joint venture.

However, the parties also consider the following aspects of the arrangement:

- The parties agreed to purchase all the output produced by entity C in a ratio of 50:50. Entity C cannot sell any of the output to third parties, unless this is approved by the two parties to the arrangement. Because the purpose of the arrangement is to provide the parties with output they require, such sales to third parties are expected to be uncommon and not material.

Erzeugnissen zu versorgen, ist davon auszugehen, dass derartige Verkäufe an Dritte selten vorkommen und keinen wesentlichen Umfang haben werden.

- Der Preis der an die Parteien verkauften Erzeugnisse wird von beiden Parteien in einer Höhe festgelegt, die darauf ausgelegt ist, die Unternehmen C entstandenen Produktions- und Verwaltungskosten zu decken. Auf der Grundlage dieses Betriebsmodells soll die Vereinbarung kostendeckend arbeiten.

Bei der oben beschriebenen Gegebenheit sind folgende Sachverhalte und Umstände maßgeblich:

- Die Verpflichtung der Parteien, alle von Unternehmen C produzierten Erzeugnisse abzunehmen, zeigt, dass Unternehmen C hinsichtlich der Generierung von Zahlungsströmen ausschließlich von den Parteien abhängig ist und die Parteien daher verpflichtet sind, finanzielle Mittel zur Begleichung der Schulden von Unternehmen C zur Verfügung zu stellen.
- Die Tatsache, dass die Parteien Rechte an allen von Unternehmen C produzierten Erzeugnissen haben, bedeutet, dass sie den gesamten wirtschaftlichen Nutzen der Vermögenswerte von Unternehmen C verbrauchen und daher Rechte daran haben.

Diese Sachverhalte und Umstände weisen darauf hin, dass es sich bei der Vereinbarung um eine gemeinschaftliche Tätigkeit handelt. Die Schlussfolgerung hinsichtlich der Einstufung der gemeinschaftlichen Vereinbarung unter den beschriebenen Umständen würde sich nicht ändern, wenn die Parteien ihren Anteil an den produzierten Erzeugnissen nicht in einem anschließenden Fertigungsschritt selbst verwenden, sondern ihn an Dritte verkaufen würden.

Würden die Parteien die Bestimmungen der vertraglichen Vereinbarung dahin gehend ändern, dass die Vereinbarung in der Lage wäre, ihre Erzeugnisse an Dritte zu verkaufen, würde dies dazu führen, dass Unternehmen C das Nachfrage-, Lager- und Kreditrisiko übernimmt. In diesem Szenario würde eine solche Veränderung bei den Sachverhalten und Umständen eine Neubeurteilung der Einstufung der gemeinschaftlichen Vereinbarung erfordern. Diese Sachverhalte und Umstände weisen darauf hin, dass es sich bei der Vereinbarung um ein Gemeinschaftsunternehmen handelt.

B33 Im folgenden Ablaufdiagramm wird der Beurteilungsverlauf dargestellt, dem ein Unternehmen bei der Einstufung einer über ein eigenständiges Vehikel strukturierten gemeinschaftlichen Vereinbarung folgt.

Einstufung einer über ein eigenständiges Vehikel strukturierten gemeinschaftlichen Vereinbarung

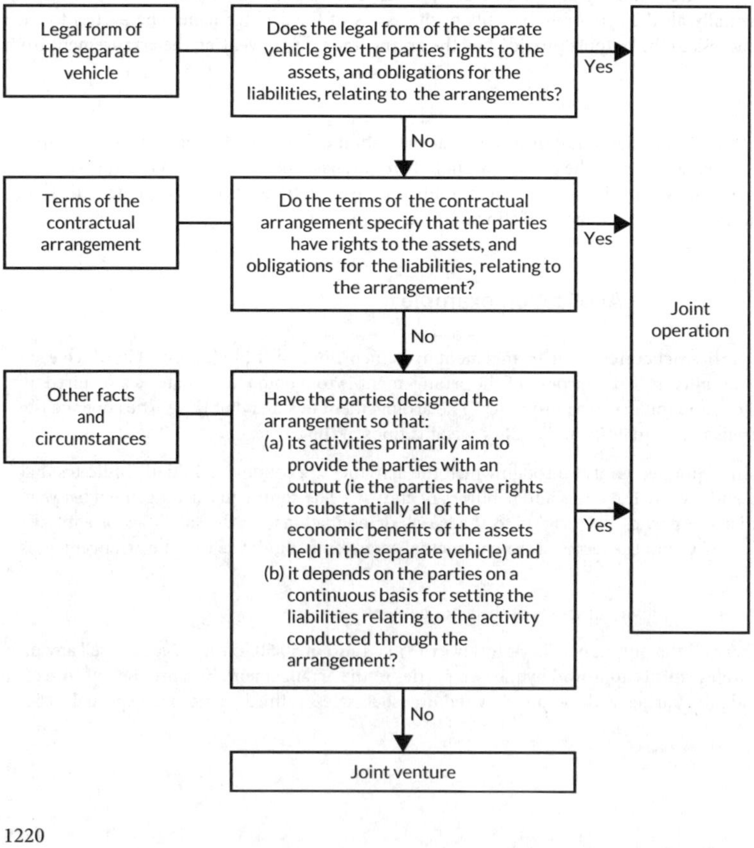

- The price of the output sold to the parties is set by both parties at a level that is designed to cover the costs of production and administrative expenses incurred by entity C. On the basis of this operating model, the arrangement is intended to operate at a break-even level.

From the fact pattern above, the following facts and circumstances are relevant:

- The obligation of the parties to purchase all the output produced by entity C reflects the exclusive dependence of entity C upon the parties for the generation of cash flows and, thus, the parties have an obligation to fund the settlement of the liabilities of entity C.
- The fact that the parties have rights to all the output produced by entity C means that the parties are consuming, and therefore have rights to, all the economic benefits of the assets of entity C.

These facts and circumstances indicate that the arrangement is a joint operation. The conclusion about the classification of the joint arrangement in these circumstances would not change if, instead of the parties using their share of the output themselves in a subsequent manufacturing process, the parties sold their share of the output to third parties.

If the parties changed the terms of the contractual arrangement so that the arrangement was able to sell output to third parties, this would result in entity C assuming demand, inventory and credit risks. In that scenario, such a change in the facts and circumstances would require reassessment of the classification of the joint arrangement. Such facts and circumstances would indicate that the arrangement is a joint venture.

The following flow chart reflects the assessment an entity follows to classify an arrangement when the joint arrangement is structured through a separate vehicle: **B33**

Classification of a joint arrangement structured through a separate vehicle

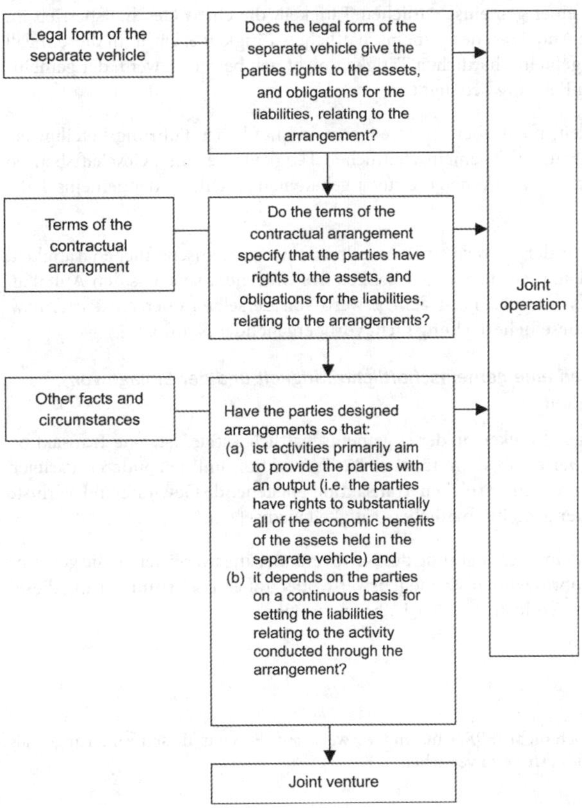

Abschlüsse von Parteien einer gemeinschaftlichen Vereinbarung (Paragraphen 21A–22)

Bilanzierung des Erwerbs von Anteilen an gemeinschaftlichen Tätigkeiten

B33A Erwirbt ein Unternehmen einen Anteil an einer gemeinschaftlichen Tätigkeit, die einen Geschäftsbetrieb im Sinne von IFRS 3 darstellt, hat es, im Umfang seines Anteils gemäß Paragraph 20, sämtliche in IFRS 3 und in anderen IFRS festgelegten Grundsätze der Bilanzierung von Unternehmenszusammenschlüssen anzuwenden, die nicht mit den Leitlinien des vorliegenden IFRS im Widerspruch stehen, und die in den vorstehend genannten IFRS in Bezug auf Unternehmenszusammenschlüsse vorgeschriebenen Angaben zu machen. Die Grundsätze der Bilanzierung von Unternehmenszusammenschlüssen, die nicht mit den Leitlinien des vorliegenden IFRS im Widerspruch stehen, sind unter anderem folgende:

(a) Die identifizierbaren Vermögenswerte und Schulden werden zum beizulegenden Zeitwert bewertet, es sei denn, es handelt sich um Posten, für die in IFR 3 und anderen IFRS Ausnahmen vorgesehen sind.

(b) Die mit dem Erwerb verbundenen Kosten werden in den Perioden, in denen die Kosten anfallen und die Dienstleistungen empfangen werden, als Aufwand erfasst, wobei die Ausnahme gilt, dass die Kosten für die Emission von Schuld- oder Eigenkapitaltiteln gemäß IAS 32 *Finanzinstrumente* : *Darstellung* und IFRS 9 erfasst werden[1].

(c) Latente Steueransprüche und latente Steuerschulden, die beim erstmaligen Ansatz von Vermögenswerten oder Schulden entstehen – ausgenommen latente Steuerschulden, die beim erstmaligen Ansatz des Geschäfts- oder Firmenwerts entstehen – werden erfasst, wie es in IFRS 3 und IAS 12 *Ertragsteuern* für Unternehmenszusammenschlüsse vorgeschrieben ist.

(d) Der Betrag, um den die übertragene Gegenleistung den Saldo der zum Erwerbszeitpunkt bestehenden Beträge der erworbenen identifizierbaren Vermögenswerte und übernommenen Schulden übersteigt, wird, sofern vorhanden, als Geschäfts- oder Firmenwert bilanziert.

(e) Zahlungsmittelgenerierende Einheiten mit zugeordnetem Geschäfts- oder Firmenwert werden, wie in IAS 36 *Wertminderung von Vermögenswerten* für bei Unternehmenszusammenschlüssen erworbene Geschäfts- oder Firmenwerte vorgeschrieben, mindestens jährlich und wann immer es einen Anhaltspunkt dafür gibt, dass die Einheit wertgemindert sein könnte, auf Wertminderung geprüft.

B33B Die Paragraphen 21A und B33A gelten nur dann auch für die Bildung einer gemeinschaftlichen Tätigkeit, wenn eine der Parteien, die an der gemeinschaftlichen Tätigkeit beteiligt sind, zur Bildung der gemeinschaftlichen Tätigkeit einen bestehenden Geschäftsbetrieb im Sinne von IFRS 3 einbringt. Diese Paragraphen gelten dagegen nicht für die Bildung einer gemeinschaftlichen Tätigkeit, wenn sämtliche an ihr beteiligten Parteien zu ihrer Bildung lediglich Vermögenswerte oder Gruppen von Vermögenswerten einbringen, die keinen Geschäftsbetrieb darstellen.

B33C Ein gemeinschaftlich Tätiger kann seinen Anteil an einer gemeinschaftlichen Tätigkeit, die einen Geschäftsbetrieb im Sinne von IFRS 3 darstellt, erhöhen, indem er weitere Anteile an der gemeinschaftlichen Tätigkeit erwirbt. In diesem Fall werden die zuvor von ihm gehaltenen Anteile an der gemeinschaftlichen Tätigkeit nicht neu bewertet, wenn der gemeinschaftlich Tätige weiterhin an der gemeinschaftlichen Führung beteiligt ist.

B33CA Eine Partei, die an einer gemeinschaftlichen Tätigkeit, nicht aber an deren gemeinschaftlicher Führung beteiligt ist, könnte die Beteiligung an der gemeinschaftlichen Führung der gemeinschaftlichen Tätigkeit, die einen Geschäftsbetrieb im Sinne von IFRS 3 darstellt, erlangen. In einem solchen Fall werden die zuvor gehaltenen Anteile an der gemeinschaftlichen Tätigkeit nicht neu bewertet.

B33D Die Paragraphen 21A und B33A–B33C gelten nicht für den Erwerb eines Anteils an einer gemeinschaftlichen Tätigkeit, wenn alle an der gemeinschaftlichen Führung beteiligten Parteien, einschließlich des Unternehmens, das den Anteil an der gemeinschaftlichen Tätigkeit erwirbt, sowohl vor als auch nach dem Erwerb von derselben obersten Partei bzw. denselben obersten Parteien beherrscht werden und diese Beherrschung nicht vorübergehender Natur ist.

Bilanzierung des Verkaufs von Vermögenswerten an eine gemeinschaftliche Tätigkeit und der Einlage von Vermögenswerten in eine gemeinschaftliche Tätigkeit

B34 Schließt ein Unternehmen mit einer gemeinschaftlichen Tätigkeit, in der es gemeinschaftlich Tätiger ist, eine Transaktion wie einen Verkauf oder eine Einlage von Vermögenswerten ab, dann führt es die Transaktion mit den anderen Parteien der gemeinschaftlichen Tätigkeit durch und hat daher aus einer solchen Transaktion entstehende Gewinne und Verluste nur im Umfang der Anteile der anderen Parteien an der gemeinschaftlichen Tätigkeit anzusetzen.

B35 Ergibt eine solche Transaktion einen Anhaltspunkt für eine Verringerung des Nettoveräußerungswerts der an die gemeinschaftliche Tätigkeit zu verkaufenden oder in sie einzubringenden Vermögenswerte oder auf eine Wertminderung dieser Vermögenswerte, hat der gemeinschaftlich Tätige diese Verluste in voller Höhe anzusetzen.

---

1 Wendet ein Unternehmen diese Änderungen, aber noch nicht IFRS 9 an, sind Verweise auf IFRS 9 in diesen Änderungen als Verweise auf IAS 39 *Finanzinstrumente: Ansatz und Bewertung* zu verstehen.

Financial Statements of Parties to a Joint Arrangement (Paragraph 21A — 22)

Accounting for acquisitions of interests in joint operations

When an entity acquires an interest in a joint operation in which the activity of the joint operation constitutes a business, as defined in IFRS 3, it shall apply, to the extent of its share in accordance with paragraph 20, all of the principles on business combinations accounting in IFRS 3, and other IFRSs, that do not conflict with the guidance in this IFRS and disclose the information required by those IFRSs in relation to business combinations. The principles on business combinations accounting that do not conflict with the guidance in this IFRS include but are not limited to: **B33A**

(a) measuring identifiable assets and liabilities at fair value, other than items for which exceptions are given in IFRS 3 and other IFRSs;
(b) recognising acquisition-related costs as expenses in the periods in which the costs are incurred and the services are received, with the exception that the costs to issue debt or equity securities are recognised in accordance with IAS 32 *Financial Instruments: Presentation* and IFRS 9[1];
(c) recognising deferred tax assets and deferred tax liabilities that arise from the initial recognition of assets or liabilities, except for deferred tax liabilities that arise from the initial recognition of goodwill, as required by IFRS 3 and IAS 12 *Income Taxes* for business combinations;
(d) recognising the excess of the consideration transferred over the net of the acquisition-date amounts of the identifiable assets acquired and the liabilities assumed, if any, as goodwill; and
(e) testing for impairment a cash-generating unit to which goodwill has been allocated at least annually, and whenever there is an indication that the unit may be impaired, as required by IAS 36 *Impairment of Assets* for goodwill acquired in a business combination.

Paragraphs 21A and B33A also apply to the formation of a joint operation if, and only if, an existing business, as defined in IFRS 3, is contributed to the joint operation on its formation by one of the parties that participate in the joint operation. However, those paragraphs do not apply to the formation of a joint operation if all of the parties that participate in the joint operation only contribute assets or groups of assets that do not constitute businesses to the joint operation on its formation. **B33B**

A joint operator might increase its interest in a joint operation in which the activity of the joint operation constitutes a business, as defined in IFRS 3, by acquiring an additional interest in the joint operation. In such cases, previously held interests in the joint operation are not remeasured if the joint operator retains joint control. **B33C**

A party that participates in, but does not have joint control of, a joint operation might obtain joint control of the joint operation in which the activity of the joint operation constitutes a business as defined in IFRS 3. In such cases, previously held interests in the joint operation are not remeasured. **B33CA**

Paragraphs 21A and B33A — B33C do not apply on the acquisition of an interest in a joint operation when the parties sharing joint control, including the entity acquiring the interest in the joint operation, are under the common control of the same ultimate controlling party or parties both before and after the acquisition, and that control is not transitory. **B33D**

Accounting for sales or contributions of assets to a joint operation

When an entity enters into a transaction with a joint operation in which it is a joint operator, such as a sale or contribution of assets, it is conducting the transaction with the other parties to the joint operation and, as such, the joint operator shall recognise gains and losses resulting from such a transaction only to the extent of the other parties' interests in the joint operation. **B34**

When such transactions provide evidence of a reduction in the net realisable value of the assets to be sold or contributed to the joint operation, or of an impairment loss of those assets, those losses shall be recognised fully by the joint operator. **B35**

1 If an entity applies these amendments but does not yet apply IFRS 9, the reference in these amendments to IFRS 9 shall be read as a reference to IAS 39 *Financial Instruments: Recognition and Measurement*."

Bilanzierung des Kaufs von Vermögenswerten von einer gemeinschaftlichen Tätigkeit

B36 Schließt ein Unternehmen mit einer gemeinschaftlichen Tätigkeit, in der es gemeinschaftlich Tätiger ist, eine Transaktion wie den Kauf von Vermögenswerten ab, setzt es seinen Anteil an den Gewinnen und Verlusten erst an, wenn es die betreffenden Vermögenswerte an einen Dritten weiterverkauft hat.

B37 Ergibt eine solche Transaktion einen Anhaltspunkt für eine Verringerung des Nettoveräußerungswerts der zu erwerbenden Vermögenswerte oder für eine Wertminderung der betreffenden Vermögenswerte, hat der gemeinschaftlich Tätige seinen Anteil an diesen Verlusten anzusetzen.

ANHANG C

Zeitpunkt des Inkrafttretens, Übergangsvorschriften und Rücknahme anderer IFRS

Dieser Anhang ist integraler Bestandteil des IFRS und besitzt die gleiche Verbindlichkeit wie dessen andere Bestandteile.

Zeitpunkt des Inkrafttretens

C1 Dieser IFRS ist auf Geschäftsjahre anzuwenden, die am oder nach dem 1. Januar 2013 beginnen. Eine frühere Anwendung ist zulässig. Wendet ein Unternehmen diesen IFRS früher an, hat es dies anzugeben und gleichzeitig IFRS 10, IFRS 12 *Angaben zu Anteilen an anderen Unternehmen*, IAS 27 (in der 2011 geänderten Fassung) und IAS 28 (in der 2011 geänderten Fassung) anzuwenden.

C1A Durch *Konzernabschlüsse, gemeinschaftliche Vereinbarungen und Angaben zu Anteilen an anderen Unternehmen: Übergangsleitlinien* (Änderungen an IFRS 10, IFRS 11 und IFRS 12), veröffentlicht im Juni 2012, wurden die Paragraphen C2–C5, C7–C10 und C12 geändert und die Paragraphen C1B und C13A–C13B eingefügt. Diese Änderungen sind auf Geschäftsjahre anzuwenden, die am oder nach dem 1. Januar 2013 beginnen. Wendet ein Unternehmen IFRS 11 auf eine frühere Berichtsperiode an, so hat es auf diese Periode auch diese Änderungen anzuwenden.

C1AA Durch *Bilanzierung von Erwerben von Anteilen an gemeinschaftlichen Tätigkeiten* (Änderungen an IFRS 11), veröffentlicht im Mai 2014, wurden die Überschrift nach Paragraph B33 geändert und die Paragraphen 21A, B33A–B33D sowie C14A und deren Überschriften eingefügt. Diese Änderungen sind prospektiv auf am oder nach dem 1. Januar 2016 beginnende Geschäftsjahre anzuwenden. Eine frühere Anwendung ist zulässig. Wendet ein Unternehmen diese Änderungen auf eine frühere Periode an, hat es dies anzugeben.

C1AB Durch die *Jährlichen Verbesserungen an den IFRS-Standards, Zyklus 2015–2017*, veröffentlicht im Dezember 2017, wurde Paragraph B33CA eingefügt. Diese Änderungen sind auf Geschäftsvorfälle anzuwenden, bei denen ein Unternehmen bei oder nach Beginn des ersten am oder nach dem 1. Januar 2019 beginnenden Geschäftsjahrs die Beteiligung an der gemeinschaftlichen Führung erlangt. Eine frühere Anwendung ist zulässig. Wendet ein Unternehmen diese Änderungen zu einem früheren Zeitpunkt an, hat es dies anzugeben.

Übergangsvorschriften

C1B Unbeschadet der Vorschriften des Paragraphen 28 von IAS 8 *Rechnungslegungsmethoden, Änderungen von rechnungslegungsbezogenen Schätzungen und Fehler* muss ein Unternehmen bei der erstmaligen Anwendung dieses IFRS lediglich die quantitativen Informationen im Sinne von Paragraph 28 (f) von IAS 8 für das Geschäftsjahr angeben, das der erstmaligen Anwendung von IFRS 11 unmittelbar vorausgeht („das unmittelbar vorausgehende Geschäftsjahr"). Ein Unternehmen kann diese Informationen für die laufende Periode oder frühere Vergleichsperioden ebenfalls vorlegen, muss dies aber nicht tun.

Gemeinschaftsunternehmen – Übergang von der Quotenkonsolidierung auf die Equity-Methode

C2 Bei der Umstellung von der Quotenkonsolidierung auf die Equity-Methode hat ein Unternehmen seine Beteiligung an dem Gemeinschaftsunternehmen zu Beginn des unmittelbar vorausgehenden Geschäftsjahrs anzusetzen. Diese anfängliche Beteiligung entspricht der Summe der Buchwerte der Vermögenswerte und Schulden, für die das Unternehmen zuvor die Quotenkonsolidierung angewendet hatte, einschließlich eines etwaigen Geschäfts- oder Firmenwerts aus dem Erwerb. Gehörte der Geschäfts- oder Firmenwert zuvor zu einer größeren zahlungsmittelgenerierenden Einheit oder Gruppe von zahlungsmittelgenerierenden Einheiten, hat das Unternehmen den Geschäfts- oder Firmenwert dem Gemeinschaftsunternehmen auf Basis der relativen Buchwerte des Gemeinschaftsunternehmens und der zahlungsmittelgenerierenden Einheit oder Gruppe von zahlungsmittelgenerierenden Einheiten, zu der der Geschäfts- oder Firmenwert vorher gehörte, zuzuordnen.

Accounting for purchases of assets from a joint operation

When an entity enters into a transaction with a joint operation in which it is a joint operator, such as a purchase of assets, it shall not recognise its share of the gains and losses until it resells those assets to a third party. B36

When such transactions provide evidence of a reduction in the net realisable value of the assets to be purchased or of an impairment loss of those assets, a joint operator shall recognise its share of those losses. B37

APPENDIX C

Effective date, transition and withdrawal of other IFRSs

This appendix is an integral part of the IFRS and has the same authority as the other parts of the IFRS.

Effective Date

An entity shall apply this IFRS for annual periods beginning on or after 1 January 2013. Earlier application is permitted. If an entity applies this IFRS earlier, it shall disclose that fact and apply IFRS 10, IFRS 12 *Disclosure of Interests in Other Entities*, IAS 27 (as amended in 2011) and IAS 28 (as amended in 2011) at the same time. C1

Consolidated Financial Statements, Joint Arrangements and Disclosure of Interests in Other Entities: Transition Guidance (Amendments to IFRS 10, IFRS 11 and IFRS 12), issued in June 2012, amended paragraphs C2 — C5, C7 — C10 and C12 and added paragraphs C1B and C12A — C12B. An entity shall apply those amendments for annual periods beginning on or after 1 January 2013. If an entity applies IFRS 11 for an earlier period, it shall apply those amendments for that earlier period. C1A

Accounting for Acquisitions of Interests in Joint Operations (Amendments to IFRS 11), issued in May 2014, amended the heading after paragraph B33 and added paragraphs 21A, B33A — B33D and C14A and their related headings. An entity shall apply those amendments prospectively in annual periods beginning on or after 1 January 2016. Earlier application is permitted. If an entity applies those amendments in an earlier period it shall disclose that fact. C1AA

Annual Improvements to IFRS Standards 2015 — 2017 Cycle, issued in December 2017, added paragraph B33CA. An entity shall apply those amendments to transactions in which it obtains joint control on or after the beginning of the first annual reporting period beginning on or after 1 January 2019. Earlier application is permitted. If an entity applies those amendments earlier, it shall disclose that fact. C1AB

Transition

Notwithstanding the requirements of paragraph 28 of IAS 8 *Accounting Policies, Changes in Accounting Estimates and Errors*, when this IFRS is first applied, an entity need only present the quantitative information required by paragraph 28 (f) of IAS 8 for the annual period immediately preceding the first annual period for which IFRS 11 is applied (the 'immediately preceding period'). An entity may also present this information for the current period or for earlier comparative periods, but is not required to do so. C1B

Joint ventures — transition from proportionate consolidation to the equity method

When changing from proportionate consolidation to the equity method, an entity shall recognise its investment in the joint venture as at the beginning of the immediately preceding period. That initial investment shall be measured as the aggregate of the carrying amounts of the assets and liabilities that the entity had previously proportionately consolidated, including any goodwill arising from acquisition. If the goodwill previously belonged to a larger cash-generating unit, or to a group of cash-generating units, the entity shall allocate goodwill to the joint venture on the basis of the relative carrying amounts of the joint venture and the cash-generating unit or group of cash-generating units to which it belonged. C2

C3 Der gemäß Paragraph C2 ermittelte Eröffnungsbilanzwert der Beteiligung wird beim erstmaligen Ansatz als Ersatz für die Anschaffungs- oder Herstellungskosten der Beteiligung betrachtet. Ein Unternehmen hat die Paragraphen 40–43 von IAS 28 (in der 2011 geänderten Fassung) auf den Eröffnungsbilanzwert der Beteiligung anzuwenden, um zu prüfen, ob die Beteiligung wertgemindert ist, und einen etwaigen Wertminderungsaufwand als Anpassung der Gewinnrücklagen zu Beginn des unmittelbar vorausgehenden Geschäftsjahrs anzusetzen. Die Ausnahmeregelung für den erstmaligen Ansatz nach den Paragraphen 15 und 24 von IAS 12 *Ertragssteuern* gilt nicht in Fällen, in denen das Unternehmen eine Beteiligung an einem Gemeinschaftsunternehmen infolge der Anwendung der Übergangsvorschriften für zuvor quotenkonsolidierte Gemeinschaftsunternehmen ansetzt.

C4 Führt die Zusammenfassung aller zuvor quotenkonsolidierten Vermögenswerte und Schulden zu einem negativen Reinvermögen, hat das Unternehmen zu beurteilen, ob es in Bezug auf das negative Reinvermögen rechtliche oder faktische Verpflichtungen hat; wenn ja, hat das Unternehmen die entsprechende Schuld anzusetzen. Gelangt das Unternehmen zu dem Schluss, dass es in Bezug auf das negative Reinvermögen keine rechtlichen oder faktischen Verpflichtungen hat, setzt es die entsprechende Schuld nicht an, muss aber die Gewinnrücklagen zu Beginn des unmittelbar vorausgehenden Geschäftsjahrs anpassen. Das Unternehmen hat diesen Sachverhalt sowie die Höhe des kumulierten, nicht erfassten Verlustanteils seiner Gemeinschaftsunternehmen zu Beginn des unmittelbar vorausgehenden Geschäftsjahrs und zum Zeitpunkt der erstmaligen Anwendung dieses IFRS anzugeben.

C5 Ein Unternehmen hat zu Beginn des unmittelbar vorausgehenden Geschäftsjahrs eine Aufschlüsselung der Vermögenswerte und Schulden anzugeben, die in dem in einer Zeile dargestellten Beteiligungssaldo zusammengefasst sind. Diese Angabe ist als Zusammenfassung für alle Gemeinschaftsunternehmen zu erstellen, bei denen das Unternehmen die in Paragraph C2–C6 genannten Übergangsvorschriften anwendet.

C6 Nach dem erstmaligen Ansatz hat ein Unternehmen seine Beteiligung am Gemeinschaftsunternehmen nach der Equity-Methode gemäß IAS 28 (in der 2011 geänderten Fassung) zu bilanzieren.

Gemeinschaftliche Tätigkeiten – Übergang von der Equity-Methode auf die Bilanzierung von Vermögenswerten und Schulden

C7 Bei der Umstellung von der Equity-Methode auf die Bilanzierung seines Anteils an den Vermögenswerten und Schulden einer gemeinschaftlichen Tätigkeit hat ein Unternehmen die Beteiligung, die zuvor nach der Equity-Methode bilanziert wurde, sowie alle anderen Posten, die gemäß Paragraph 38 von IAS 28 (in der 2011 geänderten Fassung) Bestandteil der Nettoinvestition des Unternehmens in die Vereinbarung bildeten, zu Beginn des unmittelbar vorausgehenden Geschäftsjahrs auszubuchen und seinen Anteil an jedem einzelnen Vermögenswert und jeder einzelnen Schuld der gemeinschaftlichen Tätigkeit, einschließlich eines etwaigen Geschäfts- und Firmenwert, der im Buchwert der Beteiligung enthalten war, anzusetzen.

C8 Ein Unternehmen hat seinen Anteil an den Vermögenswerten und Schulden der gemeinschaftlichen Tätigkeit unter Zugrundelegung seiner Rechte und Verpflichtungen nach einem festgelegten Verhältnis gemäß der vertraglichen Vereinbarung zu ermitteln. Ein Unternehmen ermittelt die anfänglichen Buchwerte der Vermögenswerte und Schulden durch Aufgliederung des Buchwerts seiner Beteiligung zu Beginn des unmittelbar vorausgehenden Geschäftsjahrs auf der Grundlage der bei der Bilanzierung nach der Equity-Methode verwendeten Informationen.

C9 Entsteht zwischen einer zuvor nach der Equity-Methode bilanzierten Beteiligung einschließlich sonstiger Posten, die gemäß Paragraph 38 von IAS 28 (in der 2011 geänderten Fassung) Bestandteil der Nettoinvestition des Unternehmens in die Vereinbarung waren, und dem angesetzten Nettobetrag der Vermögenswerte und Schulden, einschließlich eines etwaigen Geschäfts- und Firmenwerts eine Differenz, wird wie folgt verfahren:

(a) Ist der angesetzte Nettobetrag der Vermögenswerte und Schulden, einschließlich eines etwaigen Geschäfts- oder Firmenwerts, höher als die ausgebuchte Beteiligung (und sonstige Posten, die Bestandteil der Nettoinvestition des Unternehmens waren), wird diese Differenz mit einem etwaigen mit der Beteiligung verbundenen Geschäfts- und Firmenwert und der etwaige Restbetrag mit den Gewinnrücklagen zu Beginn des unmittelbar vorausgehenden Geschäftsjahrs verrechnet.

(b) Ist der angesetzte Nettobetrag der Vermögenswerte und Schulden, einschließlich eines etwaigen Geschäfts- oder Firmenwerts, niedriger als die ausgebuchte Beteiligung (und sonstige Posten, die Bestandteil der Nettobeteiligung des Unternehmens waren), wird diese Differenz mit den Gewinnrücklagen zu Beginn des unmittelbar vorausgehenden Geschäftsjahrs verrechnet.

C10 Ein Unternehmen, das von der Equity-Methode auf die Bilanzierung von Vermögenswerten und Schulden umstellt, hat eine Überleitungsrechnung von der ausgebuchten Beteiligung auf die angesetzten Vermögenswerte und Schulden einschließlich des mit den Gewinnrücklagen verrechneten Restbetrags zu Beginn des unmittelbar vorausgehenden Geschäftsjahrs vorzulegen.

The opening balance of the investment determined in accordance with paragraph C2 is regarded as the deemed cost of the investment at initial recognition. An entity shall apply paragraphs 40 — 43 of IAS 28 (as amended in 2011) to the opening balance of the investment to assess whether the investment is impaired and shall recognize any impairment loss as an adjustment to retained earnings at the beginning of the immediately preceding period. The initial recognition exception in paragraphs 15 and 24 of IAS 12 *Income Taxes* does not apply when the entity recognises an investment in a joint venture resulting from applying the transition requirements for joint ventures that had previously been proportionately consolidated. C3

If aggregating all previously proportionately consolidated assets and liabilities results in negative net assets, an entity shall assess whether it has legal or constructive obligations in relation to the negative net assets and, if so, the entity shall recognise the corresponding liability. If the entity concludes that it does not have legal or constructive obligations in relation to the negative net assets, it shall not recognise the corresponding liability but it shall adjust retained earnings at the beginning of the immediately preceding period. The entity shall disclose this fact, along with its cumulative unrecognised share of losses of its joint ventures as at the beginning of the immediately preceding period and at the date at which this IFRS is first applied. C4

An entity shall disclose a breakdown of the assets and liabilities that have been aggregated into the single line investment balance as at the beginning of the immediately preceding period. That disclosure shall be prepared in an aggregated manner for all joint ventures for which an entity applies the transition requirements referred to in paragraphs C2 — C6. C5

After initial recognition, an entity shall account for its investment in the joint venture using the equity method in accordance with IAS 28 (as amended in 2011). C6

Joint operations — transition from the equity method to accounting for assets and liabilities

When changing from the equity method to accounting for assets and liabilities in respect of its interest in a joint operation, an entity shall, at the beginning of the immediately preceding period, derecognise the investment that was previously accounted for using the equity method and any other items that formed part of the entity's net investment in the arrangement in accordance with paragraph 38 of IAS 28 (as amended in 2011) and recognise its share of each of the assets and the liabilities in respect of its interest in the joint operation, including any goodwill that might have formed part of the carrying amount of the investment. C7

An entity shall determine its interest in the assets and liabilities relating to the joint operation on the basis of its rights and obligations in a specified proportion in accordance with the contractual arrangement. An entity measures the initial carrying amounts of the assets and liabilities by disaggregating them from the carrying amount of the investment at the beginning of the immediately preceding period on the basis of the information used by the entity in applying the equity method. C8

Any difference arising from the investment previously accounted for using the equity method together with any other items that formed part of the entity's net investment in the arrangement in accordance with paragraph 38 of IAS 28 (as amended in 2011), and the net amount of the assets and liabilities, including any goodwill, recognised shall be: C9

(a) offset against any goodwill relating to the investment with any remaining difference adjusted against retained earnings at the beginning of the immediately preceding period, if the net amount of the assets and liabilities, including any goodwill, recognised is higher than the investment (and any other items that formed part of the entity's net investment) derecognised.
(b) adjusted against retained earnings at the beginning of the immediately preceding period, if the net amount of the assets and liabilities, including any goodwill, recognised is lower than the investment (and any other items that formed part of the entity's net investment) derecognised.

An entity changing from the equity method to accounting for assets and liabilities shall provide a reconciliation between the investment derecognised, and the assets and liabilities recognised, together with any remaining difference adjusted against retained earnings, at the beginning of the immediately preceding period. C10

C11 Die in den Paragraphen 15 und 24 von IAS 12 vorgesehene Ausnahmeregelung für den erstmaligen Ansatz gilt nicht, wenn das Unternehmen Vermögenswerte und Schulden aus seinem Anteil an einer gemeinschaftlichen Tätigkeit ansetzt.

Übergangsvorschriften für den Einzelabschluss eines Unternehmens

C12 Ein Unternehmen, das seinen Anteil an einer gemeinschaftlichen Tätigkeit zuvor gemäß Paragraph 10 von IAS 27 in seinem Einzelabschluss als zu Anschaffungskosten geführte Beteiligung oder gemäß IFRS 9 bilanziert hatte, hat wie folgt vorzugehen:

(a) Ausbuchung der Beteiligung und Ansetzen der Vermögenswerte und Schulden bezüglich seines Anteils an der gemeinschaftlichen Tätigkeit mit den gemäß Paragraph C7–C9 ermittelten Beträgen.

(b) Vorlage einer Überleitungsrechnung von der ausgebuchten Beteiligung auf die angesetzten Vermögenswerte und Schulden einschließlich eines etwaigen mit den Gewinnrücklagen verrechneten Restbetrags zu Beginn des unmittelbar vorausgehenden Geschäftsjahrs.

C13 Die Ausnahmeregelung für den erstmaligen Ansatz nach den Paragraphen 15 und 24 von IAS 12 gilt nicht, wenn das Unternehmen in Verbindung mit seinem Anteil an einer gemeinschaftlichen Tätigkeit in seinem Einzelabschluss Vermögenswerte und Schulden ansetzt, die sich aus der Anwendung der in Paragraph C12 genannten Übergangsvorschriften für gemeinschaftliche Tätigkeiten ergeben.

Verweise auf „das unmittelbar vorausgehende Geschäftsjahr"

C13A Unbeschadet der Verweise auf das „das unmittelbar vorausgehende Geschäftsjahr" in den Paragraphen C2–C12 kann ein Unternehmen auch angepasste Vergleichsinformationen für frühere dargestellte Perioden vorlegen, muss dies aber nicht tun. Sollte es sich dafür entscheiden, sind alle Verweise auf „das unmittelbar vorausgehende Geschäftsjahr" in den Paragraphen C2–C12 als „die früheste dargestellte angepasste Vergleichsperiode" zu verstehen.

C13B Legt ein Unternehmen für frühere Perioden keine angepassten Vergleichsinformationen vor, hat es die nicht angepassten Informationen klar zu kennzeichnen, darauf hinzuweisen, dass sie auf einer anderen Grundlage erstellt wurden, und diese Grundlage zu erläutern.

Verweise auf IFRS 9

C14 Wendet ein Unternehmen diesen IFRS, aber noch nicht IFRS 9 an, sind Verweise auf IFRS 9 als Verweise auf IAS 39 *Finanzinstrumente: Ansatz und Bewertung* zu verstehen.

Bilanzierung des Erwerbs von Anteilen an gemeinschaftlichen Tätigkeiten

C14A Mit der im Mai 2014 veröffentlichten Verlautbarung *Bilanzierung von Erwerben von Anteilen an gemeinschaftlichen Tätigkeiten* (Änderungen an IFRS 11) wurden die Überschrift nach Paragraph B33 geändert und die Paragraphen 21A, B33A–B33D sowie C1AA und deren Überschriften eingefügt. Bei Erwerben von Anteilen an einer gemeinschaftlichen Tätigkeit, die einen Geschäftsbetrieb im Sinne von IFRS 3 darstellt, sind diese Änderungen für diejenigen Erwerbe prospektiv anzuwenden, die ab Beginn der ersten Berichtsperiode erfolgen, in der das Unternehmen diese Änderungen anwendet. Folglich sind die für in früheren Berichtsperioden erworbene Anteile an einer gemeinschaftlichen Tätigkeit erfassten Beträge nicht anzupassen.

Rücknahme anderer IFRS

C15 Dieser IFRS ersetzt folgende IFRS:

(a) IAS 31 *Anteile an Gemeinschaftsunternehmen* und

(b) SIC-13 *Gemeinschaftlich geführte Unternehmen – Nicht monetäre Einlagen durch Partnerunternehmen.*

The initial recognition exception in paragraphs 15 and 24 of IAS 12 does not apply when the entity recognises assets and liabilities relating to its interest in a joint operation. C11

Transition provisions in an entity's separate financial statements

An entity that, in accordance with paragraph 10 of IAS 27, was previously accounting in its separate financial statements for its interest in a joint operation as an investment at cost or in accordance with IFRS 9 shall: C12

(a) derecognise the investment and recognise the assets and the liabilities in respect of its interest in the joint operation at the amounts determined in accordance with paragraphs C7 — C9.

(b) provide a reconciliation between the investment derecognised, and the assets and liabilities recognised, together with any remaining difference adjusted in retained earnings, at the beginning of the immediately preceding period presented.

The initial recognition exception in paragraphs 15 and 24 of IAS 12 does not apply when the entity recognises assets and liabilities relating to its interest in a joint operation in its separate financial statements resulting from applying the transition requirements for joint operations referred to in paragraph C12. C13

References to the 'immediately preceding period'

Notwithstanding the references to the 'immediately preceding period' in paragraphs C2 — C12, an entity may also present adjusted comparative information for any earlier periods presented, but is not required to do so. If an entity does present adjusted comparative information for any earlier periods, all references to the 'immediately preceding period' in paragraphs C2 — C12 shall be read as the 'earliest adjusted comparative period presented'. C13A

If an entity presents unadjusted comparative information for any earlier periods, it shall clearly identify the information that has not been adjusted, state that it has been prepared on a different basis, and explain that basis. C13B

References to IFRS 9

If an entity applies this IFRS but does not yet apply IFRS 9, any reference to IFRS 9 shall be read as a reference to IAS 39 *Financial Instruments: Recognition and Measurement*. C14

Accounting for acquisitions of interests in joint operations

Accounting for Acquisitions of Interests in Joint Operations (Amendments to IFRS 11), issued in May 2014, amended the heading after paragraph B33 and added paragraphs 21A, B33A – B33D, C1AA and their related headings. An entity shall apply those amendments prospectively for acquisitions of interests in joint operations in which the activities of the joint operations constitute businesses, as defined in IFRS 3, for those acquisitions occurring from the beginning of the first period in which it applies those amendments. Consequently, amounts recognised for acquisitions of interests in joint operations occurring in prior periods shall not be adjusted. C14A

Withdrawal of Other IFRSS

This IFRS supersedes the following IFRSs: C15

(a) IAS 31 *Interests in Joint Ventures;* and

(b) SIC-13 *Jointly Controlled Entities — Non-Monetary Contributions by Venturers.*

INTERNATIONAL FINANCIAL REPORTING STANDARD 12

Angaben zu Anteilen an anderen Unternehmen

INHALT

ZIELSETZUNG

1 **Zielsetzung dieses IFRS ist es, ein Unternehmen zur Angabe von Informationen zu verpflichten, anhand deren die Abschlussadressaten Folgendes beurteilen können:**

(a) die Art seiner *Anteile an anderen Unternehmen* und die damit verbundenen Risiken und

(b) die Auswirkungen dieser Anteile auf seine Vermögens-, Finanz- und Ertragslage sowie seine Zahlungsströme.

Erreichen der Zielsetzung

2 Um das Ziel in Paragraph 1 zu erreichen, hat ein Unternehmen Folgendes anzugeben:

(a) erhebliche Ermessensentscheidungen und Annahmen, die es getroffen hat bei der Ermittlung

  (i) der Art seiner Anteile an einem anderen Unternehmen oder einer Vereinbarung,

  (ii) der Art der gemeinschaftlichen Vereinbarung, an der es Anteile hält (Paragraphen 7–9),

  (iii) dass es die Definition einer Investmentgesellschaft erfüllt, falls anwendbar (Paragraph 9A), und

(b) Angaben zu seinen Anteilen an

  (i) Tochterunternehmen (Paragraphen 10–19),

  (ii) gemeinschaftlichen Vereinbarungen und assoziierten Unternehmen (Paragraphen 20–23) und

  (iii) *strukturierten Unternehmen*, die vom Unternehmen nicht beherrscht werden (nicht konsolidierte strukturierte Unternehmen) (Paragraphen 24–31).

3 Sollten die durch diesen IFRS vorgeschriebenen Angaben zusammen mit den durch andere IFRS vorgeschriebenen Angaben die Zielsetzung in Paragraph 1 nicht erfüllen, hat ein Unternehmen alle zusätzlichen Informationen anzugeben, die zur Erfüllung dieses Ziels erforderlich sind.

4 Ein Unternehmen hat zu prüfen, welcher Detaillierungsgrad zur Erfüllung der Angabepflichten notwendig ist und welcher Stellenwert jeder einzelnen Vorschrift in diesem IFRS beizumessen ist. Es hat die Angaben so zusammenzufassen oder aufzuschlüsseln, dass nützliche Angaben weder durch die Aufführung zahlreicher unbedeutender Einzelheiten noch durch die Zusammenfassung von Posten mit unterschiedlichen Merkmalen verschleiert werden (siehe Paragraphen B2–B6).

INTERNATIONAL FINANCIAL REPORTING STANDARD 12

Disclosure of Interests in Other Entities

SUMMARY

OBJECTIVE

The objective of this IFRS is to require an entity to disclose information that enables users of its financial statements to evaluate: 1

(a) the nature of, and risks associated with, its *interests in other entities;* and

(b) the effects of those interests on its financial position, financial performance and cash flows.

Meeting the objective

To meet the objective in paragraph 1, an entity shall disclose: 2

(a) the significant judgements and assumptions it has made in determining:

- (i) the nature of its interest in another entity or arrangement;
- (ii) the type of joint arrangement in which it has an interest (paragraphs 7—9);
- (iii) that it meets the definition of an investment entity, if applicable (paragraph 9A); and

(b) information about its interests in:

- (i) subsidiaries (paragraphs 10—19);
- (ii) joint arrangements and associates (paragraphs 20—23); and
- (iii) *structured entities* that are not controlled by the entity (unconsolidated structured entities) (paragraphs 24—31).

If the disclosures required by this IFRS, together with disclosures required by other IFRSs, do not meet the objective in paragraph 1, an entity shall disclose whatever additional information is necessary to meet that objective. 3

An entity shall consider the level of detail necessary to satisfy the disclosure objective and how much emphasis to place on each of the requirements in this IFRS. It shall aggregate or disaggregate disclosures so that useful information is not obscured by either the inclusion of a large amount of insignificant detail or the aggregation of items that have different characteristics (see paragraphs B2—B6). 4

ANWENDUNGSBEREICH

5 Dieser IFRS gilt für Unternehmen mit Anteilen an:
(a) Tochterunternehmen,
(b) gemeinschaftlichen Vereinbarungen (d. h. gemeinschaftlichen Tätigkeiten oder Gemeinschaftsunternehmen),
(c) assoziierten Unternehmen,
(d) nicht konsolidierten strukturierten Unternehmen.

5A Mit Ausnahme des in Paragraph B17 beschriebenen Falls gelten die Vorschriften dieses IFRS für die in Paragraph 5 aufgeführten Anteile eines Unternehmens, die gemäß IFRS 5 *Zur Veräußerung gehaltene langfristige Vermögenswerte und aufgegebene Geschäftsbereiche* als zur Veräußerung gehalten oder als aufgegebene Geschäftsbereiche eingestuft sind (oder zu einer Veräußerungsgruppe gehören, die als zur Veräußerung gehalten eingestuft ist).

6 Nicht anwendbar ist dieser IFRS auf
(a) Pläne für Leistungen nach Beendigung des Arbeitsverhältnisses oder Pläne für andere langfristig fällige Leistungen an Arbeitnehmer, auf die IAS 19 *Leistungen an Arbeitnehmer* Anwendung findet.
(b) den Einzelabschluss eines Unternehmens, auf den IAS 27 *Einzelabschlüsse* Anwendung findet. Wenn allerdings
  (i) ein Unternehmen Anteile an nicht konsolidierten strukturierten Unternehmen hält und lediglich einen Einzelabschluss erstellt, so hat es bei der Aufstellung dieses Einzelabschlusses die Vorschriften der Paragraphen 24–31 anzuwenden;
  (ii) eine Investmentgesellschaft in ihrem Abschluss all ihre Tochterunternehmen gemäß Paragraph 31 von IFRS 10 erfolgswirksam zum beizulegenden Zeitwert bewertet, so hat sie die in diesem IFRS für Investmentgesellschaften verlangten Angaben zu machen.
(c) Anteile eines Unternehmens, das an einer gemeinschaftlichen Vereinbarung, nicht aber an dessen gemeinschaftlicher Führung beteiligt ist, es sei denn, diese Anteile führen zu einem maßgeblichen Einfluss auf die Vereinbarung oder es handelt sich um Anteile an einem strukturierten Unternehmen.
(d) Anteile an einem anderen Unternehmen, die nach IFRS 9 *Finanzinstrumente* bilanziert werden. Allerdings hat ein Unternehmen diesen IFRS anzuwenden,
  (i) wenn es sich bei diesen Anteilen um Anteile an einem assoziierten Unternehmen oder Gemeinschaftsunternehmen handelt, das nach IAS 28 *Beteiligungen an assoziierten Unternehmen und Gemeinschaftsunternehmen* erfolgswirksam zum beizulegenden Zeitwert bewertet wird, oder
  (ii) wenn es sich bei diesen Anteilen um Anteile an einem nicht konsolidierten strukturierten Unternehmen handelt.

ERHEBLICHE ERMESSENSENTSCHEIDUNGEN UND ANNAHMEN

7 **Ein Unternehmen hat Informationen über erhebliche Ermessensentscheidungen und Annahmen (sowie etwaige Änderungen dieser Ermessensentscheidungen und Annahmen) anzugeben, die es getroffen hat bei der Feststellung,**
(a) dass es ein anderes Unternehmen beherrscht, d. h. ein Beteiligungsunternehmen im Sinne der Paragraphen 5 und 6 von IFRS 10 *Konzernabschlüsse*,
(b) dass es an der gemeinschaftlichen Führung einer Vereinbarung beteiligt ist oder maßgeblichen Einfluss auf ein anderes Unternehmen hat, und
(c) der Art der gemeinschaftlichen Vereinbarung (d. h. gemeinschaftliche Tätigkeit oder Gemeinschaftsunternehmen), wenn die Vereinbarung über ein eigenständiges Vehikel strukturiert wurde.

8 Die gemäß Absatz 7 anzugebenden erheblichen Ermessensentscheidungen und Annahmen umfassen auch jene, die ein Unternehmen trifft, wenn Änderungen von Sachverhalten und Umständen dergestalt sind, dass sich die Schlussfolgerung, ob eine Beherrschung, gemeinschaftliche Führung oder maßgeblicher Einfluss vorliegt, während der Berichtsperiode ändert.

9 Um Paragraph 7 zu genügen, hat ein Unternehmen beispielsweise erhebliche Ermessensentscheidungen und Annahmen anzugeben, die es getroffen hat bei der Feststellung, dass
(a) es ein anderes Unternehmen nicht beherrscht, obwohl es mehr als die Hälfte der Stimmrechte an dem anderen Unternehmen hält.
(b) es ein anderes Unternehmen beherrscht, obwohl es weniger als die Hälfte der Stimmrechte an dem anderen Unternehmen hält.
(c) es ein Agent oder ein Prinzipal ist (siehe Paragraphen B58–B72 von IFRS 10).
(d) es keinen maßgeblichen Einfluss hat, obwohl es mindestens 20 % der Stimmrechte an dem anderen Unternehmen hält.
(e) es maßgeblichen Einfluss hat, obwohl es weniger als 20 % der Stimmrechte an dem anderen Unternehmen hält.

SCOPE

This IFRS shall be applied by an entity that has an interest in any of the following: 5
(a) subsidiaries
(b) joint arrangements (ie joint operations or joint ventures)
(c) associates
(d) unconsolidated structured entities.

Except as described in paragraph B17, the requirements in this IFRS apply to an entity's interests listed in paragraph 5 that are classified (or included in a disposal group that is classified) as held for sale or discontinued operations in accordance with IFRS 5 *Non-current Assets Held for Sale and Discontinued Operations.* 5A

This IFRS does not apply to: 6
(a) post-employment benefit plans or other long-term employee benefit plans to which IAS 19 *Employee Benefits* applies.
(b) an entity's separate financial statements to which IAS 27 *Separate Financial Statements* applies. However,:
  (i) if an entity has interests in unconsolidated structured entities and prepares separate financial statements as its only financial statements, it shall apply the requirements in paragraphs 24—31 when preparing those separate financial statements.
  (ii) an investment entity that prepares financial statements in which all of its subsidiaries are measured at fair value through profit or loss in accordance with paragraph 31 of IFRS 10 shall present the disclosures relating to investment entities required by this IFRS.
(c) an interest held by an entity that participates in, but does not have joint control of, a joint arrangement unless that interest results in significant influence over the arrangement or is an interest in a structured entity.
(d) an interest in another entity that is accounted for in accordance with IFRS 9 *Financial Instruments*. However, an entity shall apply this IFRS:
  (i) when that interest is an interest in an associate or a joint venture that, in accordance with IAS 28 *Investments in Associates and Joint Ventures,* is measured at fair value through profit or loss; or
  (ii) when that interest is an interest in an unconsolidated structured entity.

SIGNIFICANT JUDGEMENTS AND ASSUMPTIONS

An entity shall disclose information about significant judgements and assumptions it has made (and changes to those judgements and assumptions) in determining: 7
(a) that it has control of another entity, ie an investee as described in paragraphs 5 and 6 of IFRS 10 *Consolidated Financial Statements;*
(b) that it has joint control of an arrangement or significant influence over another entity; and
(c) the type of joint arrangement (ie joint operation or joint venture) when the arrangement has been structured through a separate vehicle.

The significant judgements and assumptions disclosed in accordance with paragraph 7 include those made by the entity when changes in facts and circumstances are such that the conclusion about whether it has control, joint control or significant influence changes during the reporting period. 8

To comply with paragraph 7, an entity shall disclose, for example, significant judgements and assumptions made in determining that: 9
(a) it does not control another entity even though it holds more than half of the voting rights of the other entity.
(b) it controls another entity even though it holds less than half of the voting rights of the other entity.
(c) it is an agent or a principal (see paragraphs 58—72 of IFRS 10).
(d) it does not have significant influence even though it holds 20 per cent or more of the voting rights of another entity.
(e) it has significant influence even though it holds less than 20 per cent of the voting rights of another entity.

Status als Investmentgesellschaft

9A **Wenn ein Mutterunternehmen feststellt, dass es eine Investmentgesellschaft gemäß Paragraph 27 von IFRS 10 ist, hat es Angaben über erhebliche Ermessensentscheidungen und Annahmen zu machen, die es bei der Feststellung, dass es eine Investmentgesellschaft ist, getroffen hat. Wenn eine Investmentgesellschaft nicht eines oder mehrere der typischen Merkmale einer Investmentgesellschaft erfüllt (siehe Paragraph 28 von IFRS 10), hat sie die Gründe anzugeben, aus denen sie zu dem Schluss kommt, dass sie dennoch eine Investmentgesellschaft ist.**

9B Wenn ein Unternehmen den Status einer Investmentgesellschaft erlangt oder verliert, hat es diese Änderung seines Status als Investmentgesellschaft und die Gründe für die Änderung anzugeben. Außerdem hat ein Unternehmen, das den Status einer Investmentgesellschaft erlangt, die Auswirkung dieser Statusänderung auf den Abschluss für die dargestellte Periode offen zu legen; dabei ist Folgendes anzugeben:

(a) der gesamte beizulegende Zeitwert der nicht mehr konsolidierten Tochterunternehmen zum Zeitpunkt der Statusänderung,

(b) gegebenenfalls der nach Maßgabe des Paragraphen B101 von IFRS 10 berechnete Gesamtgewinn bzw. -verlust und

(c) den/die erfolgswirksamen Abschlussposten, in dem/denen der Gewinn oder Verlust angesetzt wird (falls nicht gesondert dargestellt).

ANTEILE AN TOCHTERUNTERNEHMEN

10 **Ein Unternehmen hat Informationen anzugeben, die die Adressaten seines Konzernabschlusses in die Lage versetzen,**

(a) Folgendes zu verstehen:

(i) die Zusammensetzung des Konzerns und

(ii) den Anteil, den nicht beherrschende Anteile an den Tätigkeiten und Zahlungsströmen des Konzerns ausmachen (Paragraph 12), und

(b) Folgendes zu beurteilen:

(i) die Art und den Umfang erheblicher Beschränkungen seiner Möglichkeit, Zugang zu Vermögenswerten des Konzerns zu erlangen oder diese zu nutzen und Schulden des Konzerns zu begleichen (Paragraph 13),

(ii) die Art und Änderungen der Risiken, die mit seinen Anteilen an konsolidierten strukturierten Unternehmen verbunden sind (Paragraphen 14–17),

(iii) die Auswirkungen von Änderungen seines Eigentumsanteils an einem Tochterunternehmen, die nicht zu einem Verlust der Beherrschung führen (Paragraph 18), und

(iv) die Auswirkungen des Verlusts der Beherrschung über ein Tochterunternehmen während der Berichtsperiode (Paragraph 19).

11 Unterscheidet sich der Abschluss eines Tochterunternehmens, der bei der Aufstellung des Konzernabschlusses verwendet wird, in Bezug auf den Stichtag oder die Berichtsperiode vom Konzernabschluss (siehe Paragraphen B92 und B93 von IFRS 10), hat ein Unternehmen folgende Angaben zu machen:

(a) den Abschlussstichtag dieses Tochterunternehmens und

(b) den Grund für die Verwendung eines anderen Stichtags oder einer anderen Berichtsperiode.

Der Anteil, den nicht beherrschende Anteile an den Tätigkeiten und Zahlungsströmen des Konzerns ausmachen

12 Ein Unternehmen hat für jedes Tochterunternehmen, an dem für das berichtende Unternehmen wesentliche nicht beherrschende Anteile bestehen, folgende Angaben zu machen:

(a) den Namen des Tochterunternehmens,

(b) den Hauptgeschäftssitz (und das Gründungsland, falls es vom Hauptgeschäftssitz abweicht) des Tochterunternehmens,

(c) den Teil der Eigentumsanteile, die die nicht beherrschenden Anteile ausmachen,

(d) den Teil der Stimmrechte, die die nicht beherrschenden Anteile ausmachen, falls abweichend vom Teil der Eigentumsanteile,

(e) den Gewinn oder Verlust der Berichtsperiode, der auf nicht beherrschende Anteile am Tochterunternehmens entfällt,

(f) die kumulierten nicht beherrschenden Anteile am Tochterunternehmen zum Abschlussstichtag,

(g) zusammengefasste Finanzinformationen über das Tochterunternehmen (siehe Paragraph B10).

Investment entity status

When a parent determines that it is an investment entity in accordance with paragraph 27 of IFRS 10, the investment entity shall disclose information about significant judgements and assumptions it has made in determining that it is an investment entity. If the investment entity does not have one or more of the typical characteristics of an investment entity (see paragraph 28 of IFRS 10), it shall disclose its reasons for concluding that it is nevertheless an investment entity. 9A

When an entity becomes, or ceases to be, an investment entity, it shall disclose the change of investment entity status and the reasons for the change. In addition, an entity that becomes an investment entity shall disclose the effect of the change of status on the financial statements for the period presented, including: 9B

(a) the total fair value, as of the date of change of status, of the subsidiaries that cease to be consolidated;
(b) the total gain or loss, if any, calculated in accordance with paragraph B101 of IFRS 10; and
(c) the line item(s) in profit or loss in which the gain or loss is recognised (if not presented separately).

INTERESTS IN SUBSIDIARIES

An entity shall disclose information that enables users of its consolidated financial statements 10

(a) to understand:
  (i) the composition of the group; and
  (ii) the interest that non-controlling interests have in the group's activities and cash flows (paragraph 12); and
(b) to evaluate:
  (i) the nature and extent of significant restrictions on its ability to access or use assets, and settle liabilities, of the group (paragraph 13);
  (ii) the nature of, and changes in, the risks associated with its interests in consolidated structured entities (paragraphs 14—17);
  (iii) the consequences of changes in its ownership interest in a subsidiary that do not result in a loss of control (paragraph 18); and
  (iv) the consequences of losing control of a subsidiary during the reporting period (paragraph 19).

When the financial statements of a subsidiary used in the preparation of consolidated financial statements are as of a date or for a period that is different from that of the consolidated financial statements (see paragraphs B92 and B93 of IFRS 10), an entity shall disclose: 11

(a) the date of the end of the reporting period of the financial statements of that subsidiary; and
(b) the reason for using a different date or period.

The interest that non-controlling interests have in the group's activities and cash flows

An entity shall disclose for each of its subsidiaries that have non-controlling interests that are material to the reporting entity: 12

(a) the name of the subsidiary.
(b) the principal place of business (and country of incorporation if different from the principal place of business) of the subsidiary.
(c) the proportion of ownership interests held by non-controlling interests.
(d) the proportion of voting rights held by non-controlling interests, if different from the proportion of ownership interests held.
(e) the profit or loss allocated to non-controlling interests of the subsidiary during the reporting period.
(f) accumulated non-controlling interests of the subsidiary at the end of the reporting period.
(g) summarised financial information about the subsidiary (see paragraph B10).

Art und Umfang erheblicher Beschränkungen

13 Ein Unternehmen hat folgende Angaben zu machen:

(a) erhebliche Beschränkungen (z. B. rechtliche, vertragliche und regulatorische Beschränkungen) seiner Möglichkeit, Zugang zu Vermögenswerten des Konzerns zu erlangen oder diese zu nutzen und Schulden des Konzerns zu begleichen, wie z. B.:

(i) Beschränkungen, die die Möglichkeit eines Mutterunternehmens oder seiner Tochterunternehmen einschränken, Finanzmittel oder andere Vermögenswerte auf andere Unternehmen des Konzerns zu übertragen (oder von ihnen zu erhalten),

(ii) Garantien oder andere Bestimmungen, die die Zahlung von Dividenden und anderen Kapitalausschüttungen oder die Gewährung oder Rückzahlung von Darlehen sowie Vorauszahlungen an (oder von) andere(n) Unternehmen des Konzerns einschränken können.

(b) Art und Umfang, in dem Schutzrechte nicht beherrschender Anteile die Möglichkeit des Unternehmens, Zugang zu Vermögenswerten des Konzerns zu erlangen oder diese zu nutzen und Schulden des Konzerns zu begleichen, erheblich beschränken können (z. B. wenn ein Mutterunternehmen verpflichtet ist, vor der Begleichung seiner eigenen Schulden zuerst die Schulden eines Tochterunternehmens zu begleichen, oder wenn die Zustimmung nicht beherrschender Anteile erforderlich wird, um entweder Zugang zu den Vermögenswerten eines Tochterunternehmens zu erlangen oder ihre Schulden zu begleichen),

(c) die Buchwerte der Vermögenswerte und Schulden, auf die sich diese Beschränkungen beziehen, im konsolidierten Abschluss.

Art der Risiken, die mit den Anteilen eines Unternehmens an konsolidierten strukturierten Unternehmen verbunden sind

14 Ein Unternehmen hat die Bedingungen etwaiger vertraglicher Vereinbarungen anzugeben, die das Mutterunternehmen oder seine Tochterunternehmen zur finanziellen Unterstützung eines konsolidierten strukturierten Unternehmens verpflichten könnten; dazu zählen auch Ereignisse oder Umstände, durch die das berichtende Unternehmen einen Verlust erleiden könnte (z. B. Liquiditätsvereinbarungen oder Ratingtrigger in Verbindung mit Verpflichtungen, Vermögenswerte des strukturierten Unternehmens zu erwerben oder finanzielle Unterstützung zu gewähren).

15 Wenn ein Mutterunternehmen oder eines seiner Tochterunternehmen während der Berichtsperiode ein konsolidiertes strukturiertes Unternehmen ohne vertragliche Verpflichtung finanziell oder in anderer Weise unterstützt hat (z. B. durch Kauf von Vermögenswerten des strukturierten Unternehmens oder durch Kauf von von diesem ausgegebenen Instrumenten), hat das Unternehmen folgende Angaben zu machen:

(a) Art und Höhe der gewährten Unterstützung, einschließlich Situationen, in denen das Mutterunternehmen oder seine Tochterunternehmen dem strukturierten Unternehmen bei der Beschaffung finanzieller Unterstützung behilflich war, und

(b) die Gründe für diese Unterstützung.

16 Wenn ein Mutterunternehmen oder eines seiner Tochterunternehmen während der Berichtsperiode ein zuvor nicht konsolidiertes strukturiertes Unternehmen ohne vertragliche Verpflichtung finanziell oder in anderer Weise unterstützt hat und diese Unterstützung dazu geführt hat, dass das Unternehmen das strukturierte Unternehmen beherrscht, hat das Unternehmen eine Erläuterung aller einschlägigen Faktoren vorzulegen, die zu diesem Beschluss geführt haben.

17 Ein Unternehmen hat etwaige gegenwärtige Absichten, ein konsolidiertes strukturiertes Unternehmen finanziell oder in anderer Weise zu unterstützen, anzugeben, einschließlich der Absicht, dem strukturierten Unternehmen bei der Beschaffung finanzieller Unterstützung behilflich zu sein.

Auswirkungen von Veränderungen des Eigentumsanteils eines Mutterunternehmens an einem Tochterunternehmen, die nicht zu einem Verlust der Beherrschung führen

18 Ein Unternehmen hat eine Aufstellung vorzulegen, aus der die Auswirkungen von Veränderungen des Eigentumsanteils an einem Tochterunternehmen, die nicht zu einem Verlust der Beherrschung führen, auf das den Eigentümern des Mutterunternehmens zuzurechnende Eigenkapital hervorgehen.

Auswirkungen des Verlusts der Beherrschung über ein Tochterunternehmen während der Berichtsperiode

19 Ein Unternehmen hat den etwaigen Gewinn oder Verlust anzugeben, der nach Paragraph 25 von IFRS 10 berechnet wird, und

(a) den Anteil dieses Gewinns bzw. Verlusts, der der zum beizulegenden Zeitwert erfolgenden Bewertung aller am ehemaligen Tochterunternehmen einbehaltenen Anteile zum Zeitpunkt des Verlustes der Beherrschung zuzurechnen ist, und

The nature and extent of significant restrictions

An entity shall disclose: 13

(a) significant restrictions (eg statutory, contractual and regulatory restrictions) on its ability to access or use the assets and settle the liabilities of the group, such as:
   (i) those that restrict the ability of a parent or its subsidiaries to transfer cash or other assets to (or from) other entities within the group.
   (ii) guarantees or other requirements that may restrict dividends and other capital distributions being paid, or loans and advances being made or repaid, to (or from) other entities within the group.

(b) the nature and extent to which protective rights of non-controlling interests can significantly restrict the entity's ability to access or use the assets and settle the liabilities of the group (such as when a parent is obliged to settle liabilities of a subsidiary before settling its own liabilities, or approval of non-controlling interests is required either to access the assets or to settle the liabilities of a subsidiary).

(c) the carrying amounts in the consolidated financial statements of the assets and liabilities to which those restrictions apply.

Nature of the risks associated with an entity's interests in consolidated structured entities

An entity shall disclose the terms of any contractual arrangements that could require the parent or its subsidiaries to provide financial support to a consolidated structured entity, including events or circumstances that could expose the reporting entity to a loss (eg liquidity arrangements or credit rating triggers associated with obligations to purchase assets of the structured entity or provide financial support). 14

If during the reporting period a parent or any of its subsidiaries has, without having a contractual obligation to do so, provided financial or other support to a consolidated structured entity (eg purchasing assets of or instruments issued by the structured entity), the entity shall disclose: 15

(a) the type and amount of support provided, including situations in which the parent or its subsidiaries assisted the structured entity in obtaining financial support; and
(b) the reasons for providing the support.

If during the reporting period a parent or any of its subsidiaries has, without having a contractual obligation to do so, provided financial or other support to a previously unconsolidated structured entity and that provision of support resulted in the entity controlling the structured entity, the entity shall disclose an explanation of the relevant factors in reaching that decision. 16

An entity shall disclose any current intentions to provide financial or other support to a consolidated structured entity, including intentions to assist the structured entity in obtaining financial support. 17

Consequences of changes in a parent's ownership interest in a subsidiary that do not result in a loss of control

An entity shall present a schedule that shows the effects on the equity attributable to owners of the parent of any changes in its ownership interest in a subsidiary that do not result in a loss of control. 18

Consequences of losing control of a subsidiary during the reporting period

An entity shall disclose the gain or loss, if any, calculated in accordance with paragraph 25 of IFRS 10, and: 19

(a) the portion of that gain or loss attributable to measuring any investment retained in the former subsidiary at its fair value at the date when control is lost; and

(b) den/die erfolgswirksamen Abschlussposten, in dem/denen der Gewinn oder Verlust erfasst wird (falls nicht gesondert dargestellt).

ANTEILE AN NICHT KONSOLIDIERTEN TOCHTERUNTERNEHMEN (INVESTMENTGESELLSCHAFTEN)

19A Eine Investmentgesellschaft, die gemäß IFRS 10 die Ausnahme von der Konsolidierung anzuwenden und stattdessen ihre Beteiligung an einem Tochterunternehmen erfolgswirksam zum beizulegenden Zeitwert zu bilanzieren hat, hat diese Tatsache anzugeben.

19B Eine Investmentgesellschaft hat für jedes nicht konsolidierte Tochterunternehmen Folgendes anzugeben:
(a) den Namen des Tochterunternehmens,
(b) den Hauptgeschäftssitz (und das Gründungsland, falls es vom Hauptgeschäftssitz abweicht) des Tochterunternehmens und
(c) den von der Investmentgesellschaft gehaltenen Eigentumsanteil und – falls abweichend – den gehaltenen Stimmrechtsanteil.

19C Ist eine Investmentgesellschaft das Mutterunternehmen einer anderen Investmentgesellschaft, so hat das Mutterunternehmen auch die in Paragraph 19B (a)–(c) verlangten Angaben für Beteiligungen zu machen, die von ihren Tochterunternehmen beherrscht werden. Diese Angaben können durch Aufnahme des Abschlusses des Tochterunternehmens (oder der Tochterunternehmen), der die vorstehend genannten Angaben enthält, in den Abschluss des Mutterunternehmens gemacht werden.

19D Eine Investmentgesellschaft hat Folgendes anzugeben:
(a) Art und Umfang aller erheblichen (z. B. aus Kreditvereinbarungen, regulatorischen Vorgaben oder vertraglichen Vereinbarungen herrührenden) Beschränkungen der Möglichkeit eines nicht konsolidierten Tochterunternehmens, Finanzmittel in Form von Bardividenden an die Investmentgesellschaft zu übertragen oder Darlehen bzw. Vorauszahlungen der Investmentgesellschaft an das nicht konsolidierte Tochterunternehmen zurückzuzahlen, und
(b) etwaige gegenwärtige Verpflichtungen oder Absichten, ein nicht konsolidiertes Tochterunternehmen finanziell oder in anderer Weise zu unterstützen, einschließlich der Verpflichtung oder der Absicht, dem Tochterunternehmen bei der Beschaffung finanzieller Unterstützung behilflich zu sein.

19E Wenn eine Investmentgesellschaft oder eines ihrer Tochterunternehmen während der Berichtsperiode ein nicht konsolidiertes Tochterunternehmen ohne vertragliche Verpflichtung finanziell oder in anderer Weise unterstützt hat (z. B. durch Kauf von Vermögenswerten des Tochterunternehmens oder durch Kauf von von diesem ausgegebenen Instrumenten oder Unterstützung des Tochterunternehmens bei der Beschaffung der finanziellen Unterstützung), hat das Unternehmen folgende Angaben zu machen:
(a) Art und Höhe der jedem einzelnen nicht konsolidierten Tochterunternehmen gewährten Unterstützung und
(b) die Gründe für diese Unterstützung.

19F Eine Investmentgesellschaft hat die Bedingungen etwaiger vertraglicher Vereinbarungen anzugeben, die das Unternehmen oder seine nicht konsolidierten Tochterunternehmen zur finanziellen Unterstützung eines nicht konsolidierten beherrschten strukturierten Unternehmens verpflichten könnten; dazu zählen auch Ereignisse oder Um stände, durch die das berichtende Unternehmen einen Verlust erleiden könnte (z. B. Liquiditätsvereinbarungen oder Ratingtrigger in Verbindung mit Verpflichtungen, Vermögenswerte des strukturierten Unternehmens zu erwerben oder finanzielle Unterstützung zu gewähren).

19G Wenn eine Investmentgesellschaft oder eines ihrer nicht konsolidierten Tochterunternehmen während der Berichtsperiode ein von der Investmentgesellschaft nicht beherrschtes, nicht konsolidiertes strukturiertes Unternehmen ohne vertragliche Verpflichtung finanziell oder in anderer Weise unterstützt hat und diese Unterstützung dazu geführt hat, dass die Investmentgesellschaft das strukturierte Unternehmen beherrscht, hat die Investmentgesellschaft eine Erläuterung aller einschlägigen Faktoren vorzulegen, die zu dem Beschluss über die Gewährung der Unterstützung geführt haben.

ANTEILE AN GEMEINSCHAFTLICHEN VEREINBARUNGEN UND ASSOZIIERTEN UNTERNEHMEN

20 Ein Unternehmen hat Informationen anzugeben, die seine Abschlussadressaten in die Lage versetzen, Folgendes zu beurteilen:
(a) die Art, den Umfang und die finanziellen Auswirkungen seiner Anteile an gemeinschaftlichen Vereinbarungen und assoziierten Unternehmen, einschließlich der Art und der Auswirkungen seiner vertraglichen Beziehung

(b) the line item(s) in profit or loss in which the gain or loss is recognised (if not presented separately).

INTERESTS IN UNCONSOLIDATED SUBSIDIARIES (INVESTMENT ENTITIES)

An investment entity that, in accordance with IFRS 10, is required to apply the exception to consolidation and instead account for its investment in a subsidiary at fair value through profit or loss shall disclose that fact. 19A

For each unconsolidated subsidiary, an investment entity shall disclose: 19B
(a) the subsidiary's name;
(b) the principal place of business (and country of incorporation if different from the principal place of business) of the subsidiary; and
(c) the proportion of ownership interest held by the investment entity and, if different, the proportion of voting rights held.

If an investment entity is the parent of another investment entity, the parent shall also provide the disclosures in 19B (a)—(c) for investments that are controlled by its investment entity subsidiary. The disclosure may be provided by including, in the financial statements of the parent, the financial statements of the subsidiary (or subsidiaries) that contain the above information. 19C

An investment entity shall disclose: 19D
(a) the nature and extent of any significant restrictions (eg resulting from borrowing arrangements, regulatory requirements or contractual arrangements) on the ability of an unconsolidated subsidiary to transfer funds to the investment entity in the form of cash dividends or to repay loans or advances made to the unconsolidated subsidiary by the investment entity; and
(b) any current commitments or intentions to provide financial or other support to an unconsolidated subsidiary, including commitments or intentions to assist the subsidiary in obtaining financial support.

If, during the reporting period, an investment entity or any of its subsidiaries has, without having a contractual obligation to do so, provided financial or other support to an unconsolidated subsidiary (eg purchasing assets of, or instruments issued by, the subsidiary or assisting the subsidiary in obtaining financial support), the entity shall disclose: 19E
(a) the type and amount of support provided to each unconsolidated subsidiary; and
(b) the reasons for providing the support.

An investment entity shall disclose the terms of any contractual arrangements that could require the entity or its unconsolidated subsidiaries to provide financial support to an unconsolidated, controlled, structured entity, including events or circumstances that could expose the reporting entity to a loss (eg liquidity arrangements or credit rating triggers associated with obligations to purchase assets of the structured entity or to provide financial support). 19F

If during the reporting period an investment entity or any of its unconsolidated subsidiaries has, without having a contractual obligation to do so, provided financial or other support to an unconsolidated, structured entity that the investment entity did not control, and if that provision of support resulted in the investment entity controlling the structured entity, the investment entity shall disclose an explanation of the relevant factors in reaching the decision to provide that support. 19G

INTERESTS IN JOINT ARRANGEMENTS AND ASSOCIATES

An entity shall disclose information that enables users of its financial statements to evaluate: 20
(a) the nature, extent and financial effects of its interests in joint arrangements and associates, including the nature and effects of its contractual relationship with the other investors with joint control of, or significant influence over, joint arrangements and associates (paragraphs 21 and 22); and

zu anderen Investoren, die an der gemeinschaftlichen Führung von gemeinschaftlichen Vereinbarungen und assoziierten Unternehmen beteiligt sind oder maßgeblichen Einfluss auf diese haben (Paragraphen 21 und 22), und

(b) die Art und die Änderungen der Risiken, die mit seinen Anteilen an Gemeinschaftsunternehmen und assoziierten Unternehmen verbunden sind (Paragraph 23).

Art, Umfang und finanzielle Auswirkungen der Anteile eines Unternehmens an gemeinschaftlichen Vereinbarungen und assoziierten Unternehmen

21 Ein Unternehmen hat folgende Angaben zu machen:

(a) für jede gemeinschaftliche Vereinbarung und jedes assoziierte Unternehmen, die/das für das berichtende Unternehmen wesentlich ist:
   (i) den Namen der gemeinschaftlichen Vereinbarung oder des assoziierten Unternehmens,
   (ii) die Art der Beziehung des Unternehmens zur gemeinschaftlichen Vereinbarung oder zum assoziierten Unternehmen (z. B. mittels Beschreibung der Art der Tätigkeiten der gemeinschaftlichen Vereinbarung oder des assoziierten Unternehmens und ob sie für die Tätigkeiten des Unternehmens von strategischer Bedeutung sind),
   (iii) den Hauptgeschäftssitz (und das Gründungsland, falls es vom Hauptgeschäftssitz abweicht) der gemeinschaftlichen Vereinbarung oder des assoziierten Unternehmens,
   (iv) den Anteil des vom Unternehmen gehaltenen Eigentumsanteils oder der dividendenberechtigten Anteile und – falls abweichend – den Anteil der gehaltenen Stimmrechte (sofern anwendbar);

(b) für jedes Gemeinschaftsunternehmen und jedes assoziierte Unternehmen, das für das berichtende Unternehmen wesentlich ist:
   (i) Angabe, ob die Beteiligung am Gemeinschaftsunternehmen oder assoziierten Unternehmen nach der Equity-Methode oder zum beizulegenden Zeitwert bewertet wird,
   (ii) zusammengefasste Finanzinformationen über das Gemeinschaftsunternehmen oder assoziierte Unternehmen gemäß den Paragraphen B12 und B13,
   (iii) falls das Gemeinschaftsunternehmen oder das assoziierte Unternehmen nach der Equity-Methode bilanziert wird, den beizulegenden Zeitwert seiner Beteiligung am Gemeinschaftsunternehmen oder assoziierten Unternehmen, sofern ein notierter Marktpreis für die Beteiligung vorhanden ist;

(c) Finanzinformationen gemäß Paragraph B16 über die Beteiligungen des Unternehmens an Gemeinschaftsunternehmen und assoziierten Unternehmen, die für sich genommen nicht wesentlich sind:
   (i) zusammengefasst für alle für sich genommen nicht wesentlichen Gemeinschaftsunternehmen und, gesondert,
   (ii) zusammengefasst für alle für sich genommen nicht wesentlichen assoziierten Unternehmen.

21A Eine Investmentgesellschaft braucht die in den Paragraphen 21 (b)–21 (c) verlangten Angaben nicht zu machen.

22 Ein Unternehmen hat zudem Folgendes anzugeben:

(a) Art und Umfang aller erheblichen (z. B. aus Kreditvereinbarungen, regulatorischen Vorgaben oder vertraglichen Vereinbarungen zwischen Investoren, die an der gemeinschaftlichen Führung eines Gemeinschaftsunternehmens oder eines assoziierten Unternehmens beteiligt sind oder maßgeblichen Einfluss auf diese haben, herrührenden) Beschränkungen der Möglichkeit des Gemeinschaftsunternehmens oder assoziierten Unternehmens, Finanzmittel in Form von Bardividenden auf das Unternehmen zu übertragen oder Darlehen bzw. Vorauszahlungen des Unternehmens zurückzuzahlen;

(b) wenn sich der Abschluss eines Gemeinschaftsunternehmens oder assoziierten Unternehmens, der bei der Anwendung der Equity-Methode zugrunde gelegt wurde, in Bezug auf den Stichtag oder die Berichtsperiode von dem des Unternehmens unterscheidet,
   (i) den Abschlussstichtag dieses Gemeinschaftsunternehmens oder assoziierten Unternehmens und
   (ii) den Grund für die Verwendung eines anderen Stichtags oder einer anderen Berichtsperiode;

(c) den nicht angesetzten Teil der Verluste eines Gemeinschaftsunternehmens oder assoziierten Unternehmens, sowohl für die Berichtsperiode als auch kumuliert, wenn das Unternehmen seinen Verlustanteil am Gemeinschaftsunternehmen oder assoziierten Unternehmen bei Anwendung der Equity-Methode nicht mehr ausweist.

Mit den Anteilen eines Unternehmens an Gemeinschaftsunternehmen und assoziierten Unternehmen verbundene Risiken

23 Ein Unternehmen hat folgende Angaben zu machen:

(a) in Bezug auf seine Gemeinschaftsunternehmen bestehende Verpflichtungen, getrennt vom Betrag anderer Verpflichtungen gemäß den Paragraphen B18–B20,

(b) gemäß IAS 37 *Rückstellungen, Eventualverbindlichkeiten und Eventualforderungen* – es sei denn, die Verlustwahrscheinlichkeit ist sehr gering – die Eventualverbindlichkeiten in Bezug auf seine Anteile an Gemeinschaftsunternehmen oder assoziierten Unternehmen (einschließlich seines Anteils an Eventualverbindlichkeiten, die zusammen mit anderen Investoren, die an der gemeinschaftlichen Führung der Gemeinschaftsunternehmen oder assoziierten Unternehmen beteiligt sind oder maßgeblichen Einfluss auf diese haben, eingegangen wurden), und zwar getrennt vom Betrag anderer Eventualverbindlichkeiten.

(b) the nature of, and changes in, the risks associated with its interests in joint ventures and associates (paragraph 23).

Nature, extent and financial effects of an entity's interests in joint arrangements and associates

21 An entity shall disclose:

(a) for each joint arrangement and associate that is material to the reporting entity:
   (i) the name of the joint arrangement or associate.
   (ii) the nature of the entity's relationship with the joint arrangement or associate (by, for example, describing the nature of the activities of the joint arrangement or associate and whether they are strategic to the entity's activities).
   (iii) the principal place of business (and country of incorporation, if applicable and different from the principal place of business) of the joint arrangement or associate.
   (iv) the proportion of ownership interest or participating share held by the entity and, if different, the proportion of voting rights held (if applicable).

(b) for each joint venture and associate that is material to the reporting entity:
   (i) whether the investment in the joint venture or associate is measured using the equity method or at fair value.
   (ii) summarised financial information about the joint venture or associate as specified in paragraphs B12 and B13.
   (iii) (iii) if the joint venture or associate is accounted for using the equity method, the fair value of its investment in the joint venture or associate, if there is a quoted market price for the investment.

(c) financial information as specified in paragraph B16 about the entity's investments in joint ventures and associates that are not individually material:
   (i) in aggregate for all individually immaterial joint ventures and, separately,
   (ii) in aggregate for all individually immaterial associates.

21A An investment entity need not provide the disclosures required by paragraphs 21 (b)—21 (c).

22 An entity shall also disclose:

(a) the nature and extent of any significant restrictions (eg resulting from borrowing arrangements, regulatory requirements or contractual arrangements between investors with joint control of or significant influence over a joint venture or an associate) on the ability of joint ventures or associates to transfer funds to the entity in the form of cash dividends, or to repay loans or advances made by the entity.

(b) when the financial statements of a joint venture or associate used in applying the equity method are as of a date or for a period that is different from that of the entity:
   (i) the date of the end of the reporting period of the financial statements of that joint venture or associate; and
   (ii) the reason for using a different date or period.

(c) the unrecognised share of losses of a joint venture or associate, both for the reporting period and cumulatively, if the entity has stopped recognising its share of losses of the joint venture or associate when applying the equity method.

Risks associated with an entity's interests in joint ventures and associates

23 An entity shall disclose:

(a) commitments that it has relating to its joint ventures separately from the amount of other commitments as specified in paragraphs B18—B20.

(b) in accordance with IAS 37 *Provisions, Contingent Liabilities and Contingent Assets,* unless the probability of loss is remote, contingent liabilities incurred relating to its interests in joint ventures or associates (including its share of contingent liabilities incurred jointly with other investors with joint control of, or significant influence over, the joint ventures or associates), separately from the amount of other contingent liabilities.

ANTEILE AN NICHT KONSOLIDIERTEN STRUKTURIERTEN UNTERNEHMEN

24 Ein Unternehmen hat Informationen anzugeben, die seine Abschlussadressaten in die Lage versetzen,

(a) die Art und den Umfang seiner Anteile an nicht konsolidierten strukturierten Unternehmen zu verstehen (Paragraphen 26–28) und

(b) die Art und Änderungen der Risiken, die mit seinen Anteilen an nicht konsolidierten strukturierten Unternehmen verbunden sind, zu beurteilen (Paragraphen 29–31).

25 Die in Paragraph 24 (b) verlangten Informationen umfassen auch Angaben zur Risikoexponierung eines Unternehmens, die aus seinem Engagement bei nicht konsolidierten strukturierten Unternehmen in früheren Berichtsperioden herrührt (z. B. Förderung des strukturierten Unternehmens), auch wenn das Unternehmen mit dem strukturierten Unternehmen am Abschlussstichtag keine vertraglichen Beziehungen mehr unterhält.

25A Eine Investmentgesellschaft braucht die in Paragraph 24 verlangten Angaben nicht für ein von ihr beherrschtes nicht konsolidiertes strukturiertes Unternehmen zu machen, für das sie die in den Paragraphen 19A–19G verlangten Angaben macht.

Art der Anteile

26 Ein Unternehmen hat qualitative und quantitative Informationen über seine Anteile an nicht konsolidierten strukturierten Unternehmen anzugeben, die u. a. – aber nicht ausschließlich – die Art, den Zweck, den Umfang und die Tätigkeiten des strukturierten Unternehmens sowie die Art und Weise der Finanzierung des strukturierten Unternehmens betreffen.

27 Wenn ein Unternehmen ein nicht konsolidiertes strukturiertes Unternehmen gefördert hat, für das es die in Paragraph 29 verlangten Informationen nicht angibt (z. B. weil es an diesem Unternehmen zum Abschlussstichtag keine Anteile hält), hat das Unternehmen folgende Angaben zu machen:

(a) Art und Weise, wie es ermittelt hat, welche strukturierten Unternehmen es gefördert hat,

(b) *Erträge aus diesen strukturierten Unternehmen* während der Berichtsperiode, einschließlich einer Beschreibung der Arten der dargestellten Erträge, und

(c) den Buchwert (zum Zeitpunkt der Übertragung) aller Vermögenswerte, die während der Berichtsperiode auf diese strukturierten Unternehmen übertragen wurden.

28 Ein Unternehmen hat die Informationen in Paragraph 27 (b) und (c) in tabellarischer Form darzustellen, es sei denn, eine anderes Format ist zweckmäßiger, und seine Fördertätigkeiten in die entsprechenden Kategorien einzuordnen (siehe Paragraphen B2–B6).

Art der Risiken

29 Ein Unternehmen hat das Folgende zusammengefasst in tabellarischer Form darzustellen, es sei denn, ein anderes Format ist zweckmäßiger:

(a) die Buchwerte der in seinem Abschluss angesetzten Vermögenswerte und Schulden, die sich auf seine Anteile an nicht konsolidierten strukturierten Unternehmen beziehen;

(b) die Posten in der Bilanz, unter denen diese Vermögenswerte und Schulden ausgewiesen werden;

(c) den Betrag, der das maximale Verlustrisiko des Unternehmens aufgrund seiner Anteile an nicht konsolidiertem strukturierten Unternehmen am besten darstellt, einschließlich Angaben zu der Art und Weise, wie dieses maximale Verlustrisiko ermittelt wurde. Kann ein Unternehmen sein maximales Verlustrisiko aufgrund seiner Anteile an nicht konsolidiertem strukturierten Unternehmen nicht quantifizieren, hat es diese Tatsache anzugeben und die Gründe dafür zu nennen;

(d) einen Vergleich der Buchwerte der Vermögenswerte und Schulden des Unternehmens, die sich auf seine Anteile an nicht konsolidierten strukturierten Unternehmen beziehen, und sein maximales Verlustrisiko aufgrund dieser Unternehmen.

30 Wenn ein Unternehmen während der Berichtsperiode ein nicht konsolidiertes strukturiertes Unternehmen, an dem es zuvor einen Anteil gehalten hat oder derzeit noch hält, ohne vertragliche Verpflichtung finanziell in anderer Weise unterstützt hat (z. B. durch Kauf von Vermögenswerten des strukturierten Unternehmens oder durch Kauf von von diesem ausgegebenen Instrumenten), hat es folgende Angaben zu machen:

(a) Art und Höhe der gewährten Unterstützung, einschließlich Situationen, in denen das Unternehmen dem strukturierten Unternehmen bei der Beschaffung finanzieller Unterstützung behilflich war, und

(b) die Gründe für diese Unterstützung.

31 Ein Unternehmen hat etwaige gegenwärtige Absichten, ein konsolidiertes strukturiertes Unternehmen finanziell oder in anderer Weise zu unterstützen, anzugeben, einschließlich der Absicht, dem strukturierten Unternehmen bei der Beschaffung finanzieller Unterstützung behilflich zu sein.

INTERESTS IN UNCONSOLIDATED STRUCTURED ENTITIES

An entity shall disclose information that enables users of its financial statements: 24

(a) to understand the nature and extent of its interests in unconsolidated structured entities (paragraphs 26—28); and

(b) to evaluate the nature of, and changes in, the risks associated with its interests in unconsolidated structured entities (paragraphs 29—31).

The information required by paragraph 24 (b) includes information about an entity's exposure to risk from involvement that it had with unconsolidated structured entities in previous periods (eg sponsoring the structured entity), even if the entity no longer has any contractual involvement with the structured entity at the reporting date. 25

An investment entity need not provide the disclosures required by paragraph 24 for an unconsolidated structured entity that it controls and for which it presents the disclosures required by paragraphs 19A—19G. 25A

Nature of interests

An entity shall disclose qualitative and quantitative information about its interests in unconsolidated structured entities, including, but not limited to, the nature, purpose, size and activities of the structured entity and how the structured entity is financed. 26

If an entity has sponsored an unconsolidated structured entity for which it does not provide information required by paragraph 29 (eg because it does not have an interest in the entity at the reporting date), the entity shall disclose: 27

(a) how it has determined which structured entities it has sponsored;

(b) *income from those structured entities* during the reporting period, including a description of the types of income presented; and

(c) the carrying amount (at the time of transfer) of all assets transferred to those structured entities during the reporting period.

An entity shall present the information in paragraph 27 (b) and (c) in tabular format, unless another format is more appropriate, and classify its sponsoring activities into relevant categories (see paragraphs B2—B6). 28

Nature of risks

An entity shall disclose in tabular format, unless another format is more appropriate, a summary of: 29

(a) the carrying amounts of the assets and liabilities recognised in its financial statements relating to its interests in unconsolidated structured entities.

(b) the line items in the statement of financial position in which those assets and liabilities are recognised.

(c) the amount that best represents the entity's maximum exposure to loss from its interests in unconsolidated structured entities, including how the maximum exposure to loss is determined. If an entity cannot quantify its maximum exposure to loss from its interests in unconsolidated structured entities it shall disclose that fact and the reasons.

(d) a comparison of the carrying amounts of the assets and liabilities of the entity that relate to its interests in unconsolidated structured entities and the entity's maximum exposure to loss from those entities.

If during the reporting period an entity has, without having a contractual obligation to do so, provided financial or other support to an unconsolidated structured entity in which it previously had or currently has an interest (for example, purchasing assets of or instruments issued by the structured entity), the entity shall disclose: 30

(a) the type and amount of support provided, including situations in which the entity assisted the structured entity in obtaining financial support; and

(b) the reasons for providing the support.

An entity shall disclose any current intentions to provide financial or other support to an unconsolidated structured entity, including intentions to assist the structured entity in obtaining financial support. 31

ANHANG A

Definitionen

Dieser Anhang ist integraler Bestandteil des IFRS.

Erträge aus einem strukturiertem Unternehmen

Für die Zwecke dieses IFRS umfassen Erträge aus einem **strukturierten Unternehmen** unter anderem wiederkehrende und nicht wiederkehrende Entgelte, Zinsen, Dividenden, Gewinne oder Verluste aus der Neubewertung oder Ausbuchung von Anteilen an strukturierten Unternehmen und Gewinne oder Verluste aus der Übertragung von Vermögenswerten und Schulden auf das strukturierte Unternehmen.

Anteil an einem anderen Unternehmen

Für die Zwecke dieses IFRS bezeichnet ein Anteil an einem anderen Unternehmen ein vertragliches und nichtvertragliches Engagement, durch das ein Unternehmen schwankenden Renditen aus der Tätigkeit des anderen Unternehmens ausgesetzt ist. Ein Anteil an einem anderen Unternehmen kann unter anderem durch das Halten von Eigenkapital- oder Schuldinstrumenten sowie durch andere Formen des Engagements wie die Bereitstellung von Finanzmitteln, Liquiditätshilfen, Kreditsicherheiten und Garantien nachgewiesen werden. Dazu zählen Instrumente, mit denen ein Unternehmen ein anderes Unternehmen beherrscht, an seiner gemeinschaftlichen Führung beteiligt ist oder maßgeblichen Einfluss auf das Unternehmen hat. Ein Unternehmen hält nicht notwendigerweise einen Anteil an einem anderen Unternehmen, nur weil eine typische Kunden-Lieferanten-Beziehung besteht.

Die Paragraphen B7–B9 enthalten weitere Informationen über Anteile an anderen Unternehmen.

Die Paragraphen B55–B57 von IFRS 10 enthalten Erläuterungen zu schwankenden Renditen.

Strukturiertes Unternehmen

Ein Unternehmen, das so konzipiert ist, dass Stimmrechte oder ähnliche Rechte bei der Entscheidung, wer das Unternehmen beherrscht, nicht der ausschlaggebende Faktor sind, beispielsweise, wenn sich die Stimmrechte lediglich auf die Verwaltungsaufgaben beziehen und die maßgeblichen Tätigkeiten durch vertragliche Vereinbarungen geregelt werden.

Die Paragraphen B22–B24 enthalten weitere Informationen über strukturierte Unternehmen.

Die folgenden Begriffe werden in IAS 27 (in der 2011 geänderten Fassung), IAS 28 (in der 2011 geänderten Fassung), IFRS 10 und IFRS 11 *Gemeinschaftliche Vereinbarungen* definiert und werden im vorliegenden IFRS in der in den genannten IFRS angegebenen Bedeutung verwendet:

- Assoziiertes Unternehmen,
- Konzernabschluss,
- Beherrschung eines Unternehmens,
- Equity-Methode,
- Konzern,
- Investmentgesellschaft,
- Gemeinschaftliche Vereinbarung,
- Gemeinschaftliche Führung,
- Gemeinschaftliche Tätigkeit,
- Gemeinschaftsunternehmen,
- Nicht beherrschender Anteil,
- Mutterunternehmen,
- Schutzrechte,
- Maßgebliche Tätigkeiten,
- Einzelabschluss,
- Eigenständiges Vehikel,
- Maßgeblicher Einfluss,
- Tochterunternehmen.

APPENDIX A

Defined terms

This appendix is an integral part of the IFRS.

income from a structured entity	For the purpose of this IFRS, income from a **structured entity** includes, but is not limited to, recurring and non-recurring fees, interest, dividends, gains or losses on the remeasurement or derecognition of interests in structured entities and gains or losses from the transfer of assets and liabilities to the structured entity.
interest in another entity	For the purpose of this IFRS, an interest in another entity refers to contractual and non-contractual involvement that exposes an entity to variability of returns from the performance of the other entity. An interest in another entity can be evidenced by, but is not limited to, the holding of equity or debt instruments as well as other forms of involvement such as the provision of funding, liquidity support, credit enhancement and guarantees. It includes the means by which an entity has control or joint control of, or significant influence over, another entity. An entity does not necessarily have an interest in another entity solely because of a typical customer supplier relationship. Paragraphs B7—B9 provide further information about interests in other entities. Paragraphs B55—B57 of IFRS 10 explain variability of returns.
structured entity	An entity that has been designed so that voting or similar rights are not the dominant factor in deciding who controls the entity, such as when any voting rights relate to administrative tasks only and the relevant activities are directed by means of contractual arrangements. Paragraphs B22—B24 provide further information about structured entities.

The following terms are defined in IAS 27 (as amended in 2011), IAS 28 (as amended in 2011), IFRS 10 and IFRS 11 *Joint Arrangements* and are used in this IFRS with the meanings specified in those IFRSs:

- associate
- consolidated financial statements
- control of an entity
- equity method
- group
- joint arrangement
- investment entity
- joint control
- joint operation
- joint venture
- non-controlling interest
- parent
- protective rights
- relevant activities
- separate financial statements
- separate vehicle
- significant influence
- subsidiary.

ANHANG B

Anwendungsleitlinien

Dieser Anhang ist integraler Bestandteil des IFRS. Er beschreibt die Anwendung der Paragraphen 1–31 und hat die gleiche bindende Kraft wie die anderen Teile des IFRS.

B1 Die Beispiele in diesem Anhang sind hypothetisch. Wenngleich einige Aspekte der Beispiele tatsächlichen Gegebenheiten ähneln könnten, müssen bei der Anwendung von IFRS 12 alle maßgeblichen Sachverhalte und Umstände bestimmter Gegebenheiten bewertet werden.

Zusammenfassung (Paragraph 4)

B2 Ein Unternehmen hat mit Blick auf seine Lage zu entscheiden, wie viele Details es angeben muss, um den Informationsbedarf der Abschlussadressaten zu decken, wie viel Gewicht es auf einzelne Aspekte der Vorschriften legt und wie es die Informationen zusammenfasst. Dabei dürfen die Abschlüsse weder mit zu vielen Details überfrachtet werden, die für die Abschlussadressaten möglicherweise nicht nützlich sind, noch dürfen Informationen durch zu starke Zusammenfassung verschleiert werden.

B3 Ein Unternehmen kann die in diesem IFRS verlangten Angaben im Hinblick auf Anteile an ähnlichen Unternehmen zusammenfassen, wenn eine solche Zusammenfassung mit dem Ziel der Angaben und der in Paragraph B4 genannten Anforderung im Einklang steht und die Angaben nicht verschleiert. Ein Unternehmen hat anzugeben, wie es die Anteile an ähnlichen Unternehmen zusammengefasst hat.

B4 Ein Unternehmen hat die Informationen gesondert anzugeben für Anteile an

(a) Tochterunternehmen,
(b) Gemeinschaftsunternehmen,
(c) gemeinschaftlichen Tätigkeiten,
(d) assoziierten Unternehmen und
(e) nicht konsolidierten strukturierten Unternehmen.

B5 Bei der Bestimmung, ob Informationen zusammenzufassen sind, hat ein Unternehmen quantitative und qualitative Informationen zu den verschiedenen Risiko- und Ertragsmerkmalen der einzelnen Unternehmen, die es für eine Zusammenfassung in Betracht zieht, sowie die Bedeutung der einzelnen Unternehmen für das berichtende Unternehmen zu berücksichtigen. Das Unternehmen hat die Angaben in der Weise darzustellen, dass Art und Umfang seiner Anteile an diesen anderen Unternehmen für die Abschlussadressaten klar ersichtlich werden.

B6 Beispiele für Ebenen der Zusammenfassung innerhalb der in Paragraph B4 genannten Unternehmenskategorien, die als zweckmäßig angesehen werden könnten, sind

(a) Art der Tätigkeiten (z. B. Forschungs- und Entwicklungsunternehmen, Unternehmen für die revolvierende Verbriefung von Kreditkartenforderungen),
(b) Einstufung nach Branche,
(c) geografisches Gebiet (z. B. Land oder Region).

Anteile an anderen Unternehmen

B7 Ein Anteil an einem anderen Unternehmen bezieht sich auf ein vertragliches und nichtvertragliches Engagement, durch das das berichtende Unternehmen schwankenden Renditen aus der Tätigkeit des anderen Unternehmens ausgesetzt ist. Die Berücksichtigung von Zweck und Ausgestaltung des anderen Unternehmens kann dem berichtenden Unternehmen bei der Beurteilung helfen, ob es einen Anteil an dem anderen Unternehmen hält und folglich die in diesem IFRS verlangten Angaben zu machen hat. Bei dieser Beurteilung sind die Risiken zu berücksichtigen, die das andere Unternehmen aufgrund seiner Ausgestaltung verursacht, sowie die Risiken, die das andere Unternehmen aufgrund seiner Ausgestaltung an das berichtende Unternehmen und sonstige Parteien überträgt.

B8 Durch das Halten von Instrumenten (wie z. B. von einem anderen Unternehmen emittierte Eigenkapital- oder Schuldinstrumente) oder ein anderes Engagement, das zur Absorbierung von Schwankungen führt, ist ein berichtendes Unternehmen in der Regel schwankenden Renditen aus der Tätigkeit des anderen Unternehmens ausgesetzt. Beispielsweise könnte angenommen werden, dass ein strukturiertes Unternehmen ein Kreditportfolio hält. Das strukturierte Unternehmen geht mit einem anderen Unternehmen (dem berichtenden Unternehmen) einen Credit Default Swap ein, um sich gegen den Ausfall von Zins- und Tilgungszahlungen auf die Kredite abzusichern. Das berichtende Unternehmen hat ein Engagement, durch das es schwankenden Renditen aus der Tätigkeit des strukturierten Unternehmens ausgesetzt ist, denn der Credit Default Swap absorbiert die Schwankungen der Renditen des strukturierten Unternehmens.

APPENDIX B

Application guidance

This appendix is an integral part of the IFRS. It describes the application of paragraphs 1—31 and has the same authority as the other parts of the IFRS.

The examples in this appendix portray hypothetical situations. Although some aspects of the examples may be present in actual fact patterns, all relevant facts and circumstances of a particular fact pattern would need to be evaluated when applying IFRS 12. **B1**

Aggregation (Paragraph 4)

An entity shall decide, in the light of its circumstances, how much detail it provides to satisfy the information needs of users, how much emphasis it places on different aspects of the requirements and how it aggregates the information. It is necessary to strike a balance between burdening financial statements with excessive detail that may not assist users of financial statements and obscuring information as a result of too much aggregation. **B2**

An entity may aggregate the disclosures required by this IFRS for interests in similar entities if aggregation is consistent with the disclosure objective and the requirement in paragraph B4, and does not obscure the information provided. An entity shall disclose how it has aggregated its interests in similar entities. **B3**

An entity shall present information separately for interests in: **B4**
(a) subsidiaries;
(b) joint ventures;
(c) joint operations;
(d) associates; and
(e) unconsolidated structured entities.

In determining whether to aggregate information, an entity shall consider quantitative and qualitative information about the different risk and return characteristics of each entity it is considering for aggregation and the significance of each such entity to the reporting entity. The entity shall present the disclosures in a manner that clearly explains to users of financial statements the nature and extent of its interests in those other entities. **B5**

Examples of aggregation levels within the classes of entities set out in paragraph B4 that might be appropriate are: **B6**
(a) nature of activities (eg a research and development entity, a revolving credit card securitisation entity).
(b) industry classification.
(c) geography (eg country or region).

Interests in Other Entities

An interest in another entity refers to contractual and non-contractual involvement that exposes the reporting entity to variability of returns from the performance of the other entity. Consideration of the purpose and design of the other entity may help the reporting entity when assessing whether it has an interest in that entity and, therefore, whether it is required to provide the disclosures in this IFRS. That assessment shall include consideration of the risks that the other entity was designed to create and the risks the other entity was designed to pass on to the reporting entity and other parties. **B7**

A reporting entity is typically exposed to variability of returns from the performance of another entity by holding instruments (such as equity or debt instruments issued by the other entity) or having another involvement that absorbs variability. For example, assume a structured entity holds a loan portfolio. The structured entity obtains a credit default swap from another entity (the reporting entity) to protect itself from the default of interest and principal payments on the loans. The reporting entity has involvement that exposes it to variability of returns from the performance of the structured entity because the credit default swap absorbs variability of returns of the structured entity. **B8**

B9 Einige Instrumente sind so konzipiert, dass sie Risiko von einem berichtenden Unternehmen auf ein anderes Unternehmen übertragen. Derlei Instrumente bewirken schwankende Renditen für das andere Unternehmen, setzen aber das berichtende Unternehmen in der Regel nicht schwankenden Renditen aus der Tätigkeit des anderen Unternehmens aus. Man stelle sich z. B. vor, ein strukturiertes Unternehmen wird gegründet, um Investoren Anlagemöglichkeiten zu eröffnen, die eine Exponierung gegenüber dem Kreditrisiko von Unternehmen Z wünschen (Unternehmen Z steht keiner der an der Vereinbarung beteiligten Partei nahe). Das strukturierte Unternehmen erhält Finanzmittel durch die Ausgabe von an das Kreditrisiko des Unternehmens Z gebundenen Papieren (Credit-Linked Notes) und investiert den Erlös in ein Portfolio aus risikolosen finanziellen Vermögenswerten. Das strukturierte Unternehmen erhält eine Exponierung gegenüber dem Kreditrisiko von Unternehmen Z, indem es mit einer Swap-Gegenpartei einen Credit Default Swap (CDS) abschließt. Durch den CDS geht das Kreditrisiko von Unternehmen Z gegen ein von der Swap-Gegenpartei gezahltes Entgelt auf das strukturierte Unternehmen über. Die Investoren des strukturierten Unternehmens erhalten eine höhere Rendite, die sowohl den Ertrag des strukturierten Unternehmens aus seinem Portfolio an Vermögenswerten als auch das CDS-Entgelt widerspiegelt. Die Swap-Gegenpartei steht mit dem strukturierten Unternehmen in keiner Verbindung, die sie schwankenden Renditen aus der Tätigkeit des strukturierten Unternehmens aussetzt, da der CDS die Schwankungen auf das strukturierte Unternehmen überträgt anstatt die Schwankungen der Renditen des strukturierten Unternehmens zu absorbieren.

Finanzinformationen für Tochterunternehmen, Gemeinschaftsunternehmen und assoziierte Unternehmen in zusammengefasster Form (Paragraphen 12 und 21)

B10 Für jedes Tochterunternehmen, an dem für das berichtende Unternehmen wesentliche nicht beherrschende Anteile bestehen, hat ein Unternehmen folgende Angaben zu machen:

(a) nicht beherrschenden Anteilen zugewiesene Dividenden,

(b) Finanzinformationen in zusammengefasster Form zu Vermögenswerten, Schulden, Gewinn oder Verlust und Zahlungsströmen des Tochterunternehmens, die die Abschlussadressaten in die Lage versetzen zu verstehen, welchen Anteil die nicht beherrschenden Anteile an den Tätigkeiten und Zahlungsströmen des Konzerns haben. Zu diesen Informationen könnten beispielsweise Angaben zu den kurzfristigen Vermögenswerten, langfristigen Vermögenswerten, kurzfristigen Schulden, langfristigen Schulden, Erlösen, Gewinn oder Verlust und zum Gesamtergebnis zählen.

B11 Bei den nach Paragraph B10 (b) verlangten Finanzinformationen in zusammengefasster Form handelt es sich um die Beträge vor konzerninternen Eliminierungen vorgenommen werden.

B12 Für jedes Gemeinschaftsunternehmen und jedes assoziierte Unternehmen, das für das berichtende Unternehmen wesentlich ist, hat ein Unternehmen folgende Angaben zu machen:

(a) von dem Gemeinschaftsunternehmen oder assoziierten Unternehmen erhaltene Dividenden,

(b) Finanzinformationen in zusammengefasster Form für das Gemeinschaftsunternehmen oder assoziierte Unternehmen (siehe Paragraphen B14 und B15), die Folgendes beinhalten, ohne notwendigerweise darauf beschränkt zu sein:

(i) kurzfristige Vermögenswerte,

(ii) langfristige Vermögenswerte,

(iii) kurzfristige Schulden,

(iv) langfristige Schulden,

(v) Erlöse,

(vi) Gewinn oder Verlust aus fortzuführenden Geschäftsbereichen,

(vii) Gewinn oder Verlust nach Steuern aus aufgegebenen Geschäftsbereichen,

(viii) sonstiges Ergebnis,

(ix) Gesamtergebnis.

B13 Zusätzlich zu den Finanzinformationen in zusammengefasster Form nach Paragraph B12 hat ein Unternehmen für jedes Gemeinschaftsunternehmen, das für das berichtende Unternehmen wesentlich ist, den Betrag folgender Posten anzugeben:

(a) in Paragraph B12 (b) (i) enthaltene Zahlungsmittel und Zahlungsmitteläquivalente,

(b) in Paragraph B12 (b) (iii) enthaltene kurzfristige finanzielle Verbindlichkeiten (mit Ausnahme von Verbindlichkeiten aus Lieferungen und Leistungen und sonstigen Verbindlichkeiten sowie Rückstellungen),

(c) in Paragraph B12 (b) (iv) enthaltene langfristige finanzielle Verbindlichkeiten (mit Ausnahme von Verbindlichkeiten aus Lieferungen und Leistungen und sonstigen Verbindlichkeiten sowie Rückstellungen),

(d) planmäßige Abschreibungen,

(e) Zinserträge,

(f) Zinsaufwendungen,

(g) Ertragsteueraufwand oder -ertrag.

B14 Bei den gemäß den Paragraphen B12 und B13 dargestellten Finanzinformationen in zusammengefasster Form handelt es sich um die Beträge, die im IFRS-Abschluss des Gemeinschaftsunternehmens oder assoziierten Unternehmens enthalten

Some instruments are designed to transfer risk from a reporting entity to another entity. Such instruments create variability of returns for the other entity but do not typically expose the reporting entity to variability of returns from the performance of the other entity. For example, assume a structured entity is established to provide investment opportunities for investors who wish to have exposure to entity Z's credit risk (entity Z is unrelated to any party involved in the arrangement). The structured entity obtains funding by issuing to those investors notes that are linked to entity Z's credit risk (credit-linked notes) and uses the proceeds to invest in a portfolio of risk-free financial assets. The structured entity obtains exposure to entity Z's credit risk by entering into a credit default swap (CDS) with a swap counterparty. The CDS passes entity Z's credit risk to the structured entity in return for a fee paid by the swap counterparty. The investors in the structured entity receive a higher return that reflects both the structured entity's return from its asset portfolio and the CDS fee. The swap counterparty does not have involvement with the structured entity that exposes it to variability of returns from the performance of the structured entity because the CDS transfers variability to the structured entity, rather than absorbing variability of returns of the structured entity. **B9**

Summarised Financial Information for Subsidiaries, Joint Ventures and Associates (Paragraphs 12 and 21)

For each subsidiary that has non-controlling interests that are material to the reporting entity, an entity shall disclose: **B10**
(a) dividends paid to non-controlling interests.
(b) summarised financial information about the assets, liabilities, profit or loss and cash flows of the subsidiary that enables users to understand the interest that non-controlling interests have in the group's activities and cash flows. That information might include but is not limited to, for example, current assets, non-current assets, current liabilities, non-current liabilities, revenue, profit or loss and total comprehensive income.

The summarised financial information required by paragraph B10 (b) shall be the amounts before inter-company eliminations. **B11**

For each joint venture and associate that is material to the reporting entity, an entity shall disclose: **B12**
(a) dividends received from the joint venture or associate.
(b) summarised financial information for the joint venture or associate (see paragraphs B14 and B15) including, but not necessarily limited to:
    (i) current assets.
    (ii) non-current assets.
    (iii) current liabilities.
    (iv) non-current liabilities.
    (v) revenue.
    (vi) profit or loss from continuing operations.
    (vii) post-tax profit or loss from discontinued operations.
    (viii) other comprehensive income.
    (ix) total comprehensive income.

In addition to the summarised financial information required by paragraph B12, an entity shall disclose for each joint venture that is material to the reporting entity the amount of: **B13**
(a) cash and cash equivalents included in paragraph B12 (b) (i).
(b) current financial liabilities (excluding trade and other payables and provisions) included in paragraph B12 (b) (iii).
(c) non-current financial liabilities (excluding trade and other payables and provisions) included in paragraph B12 (b) (iv).
(d) depreciation and amortisation.
(e) interest income.
(f) interest expense.
(g) income tax expense or income.

The summarised financial information presented in accordance with paragraphs B12 and B13 shall be the amounts included in the IFRS financial statements of the joint venture or associate (and not the entity's share of those amounts). If the entity accounts for its interest in the joint venture or associate using the equity method: **B14**

sind (und nicht um den Anteil des Unternehmens an diesen Beträgen). Bilanziert ein Unternehmen seinen Anteil an Gemeinschaftsunternehmen oder assoziierten Unternehmen nach der Equity-Methode, so

(a) sind die Beträge, die im IFRS-Abschluss des Gemeinschaftsunternehmens oder assoziierten Unternehmens enthalten sind, anzupassen, um den von dem Unternehmen im Rahmen der Equity-Methode vorgenommenen Änderungen Rechnung zu tragen, wie z. B. Anpassungen an den beizulegenden Zeitwert, die zum Zeitpunkt des Erwerbs vorgenommen wurden, und Anpassungen wegen unterschiedlicher Rechnungslegungsmethoden,

(b) hat das Unternehmen eine Überleitungsrechnung von den dargestellten Finanzinformationen in zusammengefasster Form auf den Buchwert seines Anteils an dem Gemeinschaftsunternehmen oder assoziierten Unternehmen vorzulegen.

B15 Ein Unternehmen kann die in den Paragraphen B12 und Paragraph B13 verlangten Finanzinformationen in zusammengefasster Form auf der Grundlage des Abschlusses des Gemeinschaftsunternehmens oder assoziierten Unternehmens darstellen, wenn

(a) das Unternehmen seinen Anteil am Gemeinschaftsunternehmen oder assoziierten Unternehmen zum beizulegenden Zeitwert gemäß IAS 28 (in der 2011 geänderten Fassung) bewertet und

(b) das Gemeinschaftsunternehmen oder assoziierte Unternehmen keinen IFRS-Abschluss aufstellt und eine Erstellung auf dieser Grundlage nicht durchführbar wäre oder mit unangemessenen Kosten verbunden wäre.

In diesem Fall hat das Unternehmen anzugeben, auf welcher Grundlage die Finanzinformationen in zusammengefasster Form erstellt wurden.

B16 Ein Unternehmen hat den Gesamtbuchwert seiner Anteile an sämtlichen einzeln für sich genommen unwesentlichen Gemeinschaftsunternehmen oder assoziierten Unternehmen anzugeben, die nach der Equity-Methode bilanziert werden. Ein Unternehmen hat zudem gesondert den Gesamtbetrag seines Anteils an folgenden Posten dieser Gemeinschaftsunternehmen oder assoziierten Unternehmen anzugeben:

(a) Gewinn oder Verlust aus fortzuführenden Geschäftsbereichen,

(b) Gewinn oder Verlust nach Steuern aus aufgegebenen Geschäftsbereichen,

(c) sonstiges Ergebnis,

(d) Gesamtergebnis.

Ein Unternehmen hat diese Angaben für Gemeinschaftsunternehmen und assoziierte Unternehmen getrennt zu machen.

B17 Wenn ein Anteil eines Unternehmens an einem Tochterunternehmen, Gemeinschaftsunternehmen oder assoziierten Unternehmen (oder ein Teil seines Anteils an einem Gemeinschaftsunternehmen oder assoziierten Unternehmen) gemäß IFRS 5 als zur Veräußerung gehalten eingestuft ist (oder zu einer Veräußerungsgruppe gehört, die als zur Veräußerung gehalten eingestuft ist), braucht das Unternehmen für dieses Tochterunternehmen, Gemeinschaftsunternehmen oder assoziierte Unternehmen die zusammengefassten Finanzinformationen gemäß den Paragraphen B10–B16 nicht anzugeben.

Verpflichtungen für Gemeinschaftsunternehmen (Paragraph 23 (a))

B18 Ein Unternehmen hat seine gesamten Verpflichtungen in Bezug auf seine Anteile an Gemeinschaftsunternehmen anzugeben, die es zum Abschlussstichtag eingegangen ist, aber nicht angesetzt hat (einschließlich seines Anteils an den Verpflichtungen, die gemeinsam mit anderen Investoren eingegangen wurden, die an der gemeinschaftlichen Führung eines Gemeinschaftsunternehmens beteiligt sind). Bei den Verpflichtungen handelt es sich um solche, die zu einem künftigen Abfluss von Zahlungsmitteln oder anderen Ressourcen führen können.

B19 Bei den nicht angesetzten Verpflichtungen, die zu einem künftigen Abfluss von Zahlungsmitteln oder anderen Ressourcen führen können, handelt es sich unter anderem um

(a) nicht angesetzte Verpflichtungen, Finanzmittel oder Ressourcen bereitzustellen, die sich z. B. ergeben aus
   (i) Vereinbarungen zur Gründung oder zum Erwerb eines Gemeinschaftsunternehmens (die beispielsweise ein Unternehmen verpflichten, Finanzmittel über einen bestimmten Zeitraum bereitzustellen),
   (ii) von einem Gemeinschaftsunternehmen durchgeführte kapitalintensive Projekte,
   (iii) unbedingte Kaufverpflichtungen für den Bezug von Ausrüstung, Vorräten oder Dienstleistungen, die ein Unternehmen verpflichtet ist, von einem Gemeinschaftsunternehmen oder in dessen Namen zu erwerben,
   (iv) nicht angesetzte Verpflichtungen, einem Gemeinschaftsunternehmen Darlehen oder andere Finanzmittel zur Verfügung zu stellen,
   (v) nicht angesetzte Verpflichtungen, einem Gemeinschaftsunternehmen Ressourcen z. B. in Form von Vermögenswerten oder Dienstleistungen zuzuführen,
   (vi) sonstige unkündbare nicht angesetzte Verpflichtungen in Bezug auf ein Gemeinschaftsunternehmen,

(b) nicht angesetzte Verpflichtungen, den Eigentumsanteil (oder einen Teil des Eigentumsanteils) einer anderen Partei an einem Gemeinschaftsunternehmen zu erwerben, sollte ein bestimmtes Ereignis in der Zukunft eintreten oder nicht eintreten.

B20 Die Vorschriften und Beispiele der Paragraphen B18 und B19 verdeutlichen einige Arten der Angaben, die in Paragraph 18 von IAS 24 *Angaben über Beziehungen zu nahestehenden Unternehmen und Personen* verlangt werden.

(a) the amounts included in the IFRS financial statements of the joint venture or associate shall be adjusted to reflect adjustments made by the entity when using the equity method, such as fair value adjustments made at the time of acquisition and adjustments for differences in accounting policies.
(b) the entity shall provide a reconciliation of the summarised financial information presented to the carrying amount of its interest in the joint venture or associate.

An entity may present the summarised financial information required by paragraphs B12 and B13 on the basis of the joint venture's or associate's financial statements if: **B15**
(a) the entity measures its interest in the joint venture or associate at fair value in accordance with IAS 28 (as amended in 2011); and
(b) the joint venture or associate does not prepare IFRS financial statements and preparation on that basis would be impracticable or cause undue cost.
In that case, the entity shall disclose the basis on which the summarised financial information has been prepared.

An entity shall disclose, in aggregate, the carrying amount of its interests in all individually immaterial joint ventures or associates that are accounted for using the equity method. An entity shall also disclose separately the aggregate amount of its share of those joint ventures' or associates': **B16**
(a) profit or loss from continuing operations.
(b) post-tax profit or loss from discontinued operations.
(c) other comprehensive income.
(d) total comprehensive income.
An entity provides the disclosures separately for joint ventures and associates.

When an entity's interest in a subsidiary, a joint venture or an associate (or a portion of its interest in a joint venture or an associate) is classified (or included in a disposal group that is classified) as held for sale in accordance with IFRS 5, the entity is not required to disclose summarised financial information for that subsidiary, joint venture or associate in accordance with paragraphs B10—B16. **B17**

Commitments for Joint Ventures (Paragraph 23 (a))

An entity shall disclose total commitments it has made but not recognised at the reporting date (including its share of commitments made jointly with other investors with joint control of a joint venture) relating to its interests in joint ventures. Commitments are those that may give rise to a future outflow of cash or other resources. **B18**

Unrecognised commitments that may give rise to a future outflow of cash or other resources include: **B19**
(a) unrecognised commitments to contribute funding or resources as a result of, for example:
  (i) the constitution or acquisition agreements of a joint venture (that, for example, require an entity to contribute funds over a specific period).
  (ii) capital-intensive projects undertaken by a joint venture.
  (iii) unconditional purchase obligations, comprising procurement of equipment, inventory or services that an entity is committed to purchasing from, or on behalf of, a joint venture.
  (iv) unrecognised commitments to provide loans or other financial support to a joint venture.
  (v) unrecognised commitments to contribute resources to a joint venture, such as assets or services.
  (vi) other non-cancellable unrecognised commitments relating to a joint venture.
(b) unrecognised commitments to acquire another party's ownership interest (or a portion of that ownership interest) in a joint venture if a particular event occurs or does not occur in the future.

The requirements and examples in paragraphs B18 and B19 illustrate some of the types of disclosure required by paragraph 18 of IAS 24 *Related Party Disclosures*. **B20**

Anteile an nicht konsolidierten strukturierten Unternehmen (Paragraphen 24–31)

Strukturierte Unternehmen

B21 Ein strukturiertes Unternehmen ist ein Unternehmen, das so konzipiert ist, dass Stimmrechte oder ähnliche Rechte bei der Entscheidung, wer das Unternehmen beherrscht, nicht der ausschlaggebende Faktor sind, beispielsweise, wenn sich die Stimmrechte lediglich auf die Verwaltungsaufgaben beziehen und die maßgeblichen Tätigkeiten durch vertragliche Vereinbarungen geregelt werden.

B22 Ein strukturiertes Unternehmen zeichnet sich oftmals durch einige oder sämtliche der nachfolgend genannten Merkmale oder Eigenschaften aus:

(a) beschränkte Tätigkeiten,

(b) enger und genau definierter Zweck, z. B. Vornahme eines steuereffizienten Leasinggeschäfts, Durchführung von Forschungs- und Entwicklungstätigkeiten, Bereitstellung einer Kapital- oder Finanzierungsquelle für ein Unternehmen oder Schaffung von Anlagemöglichkeiten für Investoren durch Übertragung von Risiken und Chancen, die mit den Vermögenswerten des strukturierten Unternehmens in Verbindung stehen, auf die Investoren,

(c) unzureichendes Eigenkapital, sodass dem strukturierten Unternehmen die Finanzierung seiner Tätigkeiten nicht ohne nachrangige finanzielle Unterstützung möglich ist,

(d) Finanzierung durch Investoren in Form von mehreren vertraglich verknüpften Instrumenten, die eine Konzentration von Kreditrisiken oder anderen Risiken bewirken (Tranchen).

B23 Beispiele von Unternehmen, die als strukturierte Unternehmen angesehen werden, umfassen folgende Formen, ohne darauf beschränkt zu sein:

(a) Verbriefungsgesellschaften,

(b) mit Vermögenswerten unterlegte Finanzierungen,

(c) einige Investmentfonds.

B24 Ein durch Stimmrechte beherrschtes Unternehmen ist nicht einfach deshalb ein strukturiertes Unternehmen, weil es beispielsweise infolge einer Umstrukturierung Finanzmittel vonseiten Dritter erhält.

Art der Risiken, die sich aus Anteilen an nicht konsolidierten strukturierten Unternehmen ergeben (Paragraphen 29–31)

B25 Zusätzlich zu den in den Paragraphen 29–31 verlangten Angaben hat ein Unternehmen weitere Informationen anzugeben, die erforderlich sind, um die Angabepflichten in Paragraph 24 (b) zu erfüllen.

B26 Beispiele für zusätzliche Angaben, die je nach den Umständen für eine Beurteilung der Risiken, denen ein Unternehmen mit Anteilen an einem nicht konsolidierten strukturierten Unternehmen ausgesetzt ist, relevant sein könnten, sind

(a) Bedingungen einer Vereinbarung, denen zufolge das Unternehmen verpflichtet sein könnte, einem nicht konsolidierten strukturierten Unternehmen finanzielle Unterstützung zu gewähren (z. B. Liquiditätsvereinbarungen oder Ratingtrigger im Zusammenhang mit Verpflichtungen zum Kauf von Vermögenswerten des strukturierten Unternehmens oder zur Bereitstellung finanzieller Unterstützung), einschließlich

  (i) einer Beschreibung der Ereignisse oder Umstände, die das berichtende Unternehmen einem Verlust aussetzen könnten,

  (ii) des Hinweises auf eventuelle Bedingungen, die die Verpflichtung einschränken,

  (iii) der Angabe, ob es andere Parteien gibt, die eine finanzielle Unterstützung gewähren, und wenn ja, welchen Rang die Verpflichtung des berichtenden Unternehmens im Verhältnis zu den Verpflichtungen der anderen Parteien hat,

(b) Verluste, die dem Unternehmen während der Berichtsperiode aus seinen Anteilen an nicht konsolidierten strukturierten Unternehmen entstanden sind,

(c) die Arten von Erträgen, die das Unternehmen während der Berichtsperiode aus seinen Anteilen an nicht konsolidierten strukturierten Unternehmen erhalten hat,

(d) die Tatsache, ob das Unternehmen verpflichtet ist, Verluste eines nicht konsolidierten strukturierten Unternehmens vor anderen Parteien aufzufangen, die Höchstgrenze dieser Verluste für das Unternehmen und (falls relevant) die Rangfolge und Beträge potenzieller Verluste, die von Parteien getragen werden, deren Anteile dem Anteil des Unternehmens am nicht konsolidierten strukturierten Unternehmen im Rang nachgehen,

(e) Informationen zu Liquiditätsvereinbarungen, Garantien oder anderen Verpflichtungen gegenüber Dritten, die sich auf den beizulegenden Zeitwert oder das Risiko der Anteile des Unternehmens an nicht konsolidierten strukturierten Unternehmen auswirken können,

(f) die Schwierigkeiten, auf die ein nicht konsolidiertes strukturiertes Unternehmen bei der Finanzierung seiner Tätigkeiten während des Berichtszeitraums gestoßen ist,

(g) im Hinblick auf die Finanzierung eines nicht konsolidierten strukturierten Unternehmens die Finanzierungsformen (z. B. Commercial Paper oder mittelfristige Schuldinstrumente) und ihre gewichtete durchschnittliche Laufzeit. Diese Informationen können unter Umständen Fälligkeitsanalysen der Vermögenswerte und der Finanzierung eines nicht konsolidierten strukturierten Unternehmens umfassen, wenn bei letzterem die Fälligkeiten der Finanzierung kürzer sind als die Fälligkeiten der Vermögenswerte.

Interests In Unconsolidated Structured Entities (Paragraphs 24—31)

Structured entities

A structured entity is an entity that has been designed so that voting or similar rights are not the dominant factor in deciding who controls the entity, such as when any voting rights relate to administrative tasks only and the relevant activities are directed by means of contractual arrangements. B21

A structured entity often has some or all of the following features or attributes: B22
(a) restricted activities.
(b) a narrow and well-defined objective, such as to effect a tax-efficient lease, carry out research and development activities, provide a source of capital or funding to an entity or provide investment opportunities for investors by passing on risks and rewards associated with the assets of the structured entity to investors.
(c) insufficient equity to permit the structured entity to finance its activities without subordinated financial support.
(d) financing in the form of multiple contractually linked instruments to investors that create concentrations of credit or other risks (tranches).

Examples of entities that are regarded as structured entities include, but are not limited to: B23
(a) securitisation vehicles.
(b) asset-backed financings.
(c) some investment funds.

An entity that is controlled by voting rights is not a structured entity simply because, for example, it receives funding from third parties following a restructuring. B24

Nature of risks from interests in unconsolidated structured entities (paragraphs 29—31)

In addition to the information required by paragraphs 29—31, an entity shall disclose additional information that is necessary to meet the disclosure objective in paragraph 24 (b). B25

Examples of additional information that, depending on the circumstances, might be relevant to an assessment of the risks to which an entity is exposed when it has an interest in an unconsolidated structured entity are: B26
(a) the terms of an arrangement that could require the entity to provide financial support to an unconsolidated structured entity (eg liquidity arrangements or credit rating triggers associated with obligations to purchase assets of the structured entity or provide financial support), including:
  (i) a description of events or circumstances that could expose the reporting entity to a loss.
  (ii) whether there are any terms that would limit the obligation.
  (iii) whether there are any other parties that provide financial support and, if so, how the reporting entity's obligation ranks with those of other parties.
(b) losses incurred by the entity during the reporting period relating to its interests in unconsolidated structured entities.
(c) the types of income the entity received during the reporting period from its interests in unconsolidated structured entities.
(d) whether the entity is required to absorb losses of an unconsolidated structured entity before other parties, the maximum limit of such losses for the entity, and (if relevant) the ranking and amounts of potential losses borne by parties whose interests rank lower than the entity's interest in the unconsolidated structured entity.
(e) information about any liquidity arrangements, guarantees or other commitments with third parties that may affect the fair value or risk of the entity's interests in unconsolidated structured entities.
(f) any difficulties an unconsolidated structured entity has experienced in financing its activities during the reporting period.
(g) in relation to the funding of an unconsolidated structured entity, the forms of funding (eg commercial paper or medium-term notes) and their weighted-average life. That information might include maturity analyses of the assets and funding of an unconsolidated structured entity if the structured entity has longer-term assets funded by shorter-term funding.

ANHANG C

Zeitpunkt des Inkrafttretens und Übergangsvorschriften

Dieser Anhang ist integraler Bestandteil des IFRS und besitzt die gleiche Verbindlichkeit wie dessen andere Bestandteile.

Zeitpunkt des Inkrafttretens und Übergangsvorschriften

C1 Dieser IFRS ist auf Geschäftsjahre anzuwenden, die am oder nach dem 1. Januar 2013 beginnen. Eine frühere Anwendung ist zulässig.

C1A *Konzernabschlüsse, Gemeinschaftliche Vereinbarungen und Angaben zu Anteilen an anderen Unternehmen:* Mit den *Übergangsleitlinien* (Änderungen an IFRS 10, IFRS 11 und IFRS 12), veröffentlicht im Juni 2012, wurden die Paragraphen C2A–C2B eingefügt. Diese Änderungen sind auf Geschäftsjahre anzuwenden, die am oder nach dem 1. Januar 2013 beginnen. Wendet ein Unternehmen IFRS 12 auf eine frühere Berichtsperiode an, so sind auf diese frühere Periode auch diese Änderungen anzuwenden.

C1B Mit der im Oktober 2012 veröffentlichten Verlautbarung *Investmentgesellschaften* (Investment Entities) (Änderungen an IFRS 10, IFRS 12 und IAS 27) wurden Paragraph 2 und Anhang A geändert und die Paragraphen 9A–9B, 19A–19G, 21A und 25A eingefügt. Diese Änderungen sind auf Geschäftsjahre anzuwenden, die am oder nach dem 1. Januar 2014 beginnen. Eine frühere Anwendung ist zulässig. Wendet ein Unternehmen diese Änderungen früher an, hat es dies anzugeben und alle in der Verlautbarung enthaltenen Änderungen gleichzeitig anzuwenden.

C1C Mit der im Dezember 2014 veröffentlichten Verlautbarung *Investmentgesellschaften: Anwendung der Ausnahme von der Konsolidierungspflicht* (Änderungen an IFRS 10, IFRS 12 und IAS 28) wurde Paragraph 6 geändert. Diese Änderung ist auf Geschäftsjahre anzuwenden, die am oder nach dem 1. Januar 2016 beginnen. Eine frühere Anwendung ist zulässig. Wendet ein Unternehmen diese Änderung auf eine frühere Periode an, hat es dies anzugeben.

C1D Durch die *Jährlichen Verbesserungen an den IFRS-Standards Zyklus 2014–2016*, veröffentlicht im Dezember 2016, wurde Paragraph 5A eingefügt und Paragraph B17 geändert. Diese Änderungen sind gemäß IAS 8 *Rechnungslegungsmethoden, Änderungen von rechnungslegungsbezogenen Schätzungen und Fehler* rückwirkend auf Geschäftsjahre anzuwenden, die am oder nach dem 1. Januar 2017 beginnen.

C2 Einem Unternehmen wird empfohlen, die in diesem IFRS verlangten Informationen vor den Geschäftsjahren beizubringen, die am oder nach dem 1. Januar 2013 beginnen. Die Darstellung einiger der in diesem IFRS verlangten Angaben verpflichtet das Unternehmen nicht, alle Vorschriften dieses IFRS einzuhalten oder IFRS 10, IFRS 11, IAS 27 (in der 2011 geänderten Fassung) und IAS 28 (in der 2011 geänderten Fassung) früher anzuwenden.

C2A Ein Unternehmen muss die Angabepflichten dieses IFRS nicht auf Berichtsperioden anwenden, die vor dem Geschäftsjahr beginnen, das der erstmaligen Anwendung von IFRS 12 unmittelbar vorausgeht.

C2B Die Angabepflichten in den Paragraphen 24–31 sowie die entsprechenden Anwendungsleitlinien in den Paragraphen B21–B26 dieses IFRS müssen nicht auf Berichtsperioden angewendet werden, die vor dem ersten Geschäftsjahr, auf das IFRS 12 angewendet wird, beginnen.

Verweise auf IFRS 9

C3 Wendet ein Unternehmen diesen IFRS, aber noch nicht IFRS 9 an, sind Verweise auf IFRS 9 als Verweise auf IAS 39 *Finanzinstrumente: Ansatz und Bewertung* zu verstehen.

APPENDIX C

Effective date and transition

This appendix is an integral part of the IFRS and has the same authority as the other parts of the IFRS.

Effective Date and Transition

An entity shall apply this IFRS for annual periods beginning on or after 1 January 2013. Earlier application is permitted. **C1**

Consolidated Financial Statements, Joint Arrangements and Disclosure of Interests in Other Entities: Transition Guidance (Amendments to IFRS 10, IFRS 11 and IFRS 12), issued in June 2012, added paragraphs C2A—C2B. An entity shall apply those amendments for annual periods beginning on or after 1 January 2013. If an entity applies IFRS 12 for an earlier period, it shall apply those amendments for that earlier period. **C1A**

Investment Entities (Amendments to IFRS 10, IFRS 12 and IAS 27), issued in October 2012, amended paragraph 2 and Appendix A, and added paragraphs 9A—9B, 19A—19G, 21A and 25A. An entity shall apply those amendments for annual periods beginning on or after 1 January 2014. Early adoption is permitted. If an entity applies those amendments earlier, it shall disclose that fact and apply all amendments included in *Investment Entities* at the same time. **C1B**

Investment Entities: Applying the Consolidation Exception (Amendments to IFRS 10, IFRS 12 and IAS 28), issued in December 2014, amended paragraph 6. An entity shall apply that amendment for annual periods beginning on or after 1 January 2016. Earlier application is permitted. If an entity applies that amendment for an earlier period it shall disclose that fact. **C1C**

Annual Improvements to IFRS Standards 2014—2016 Cycle, issued in December 2016, added paragraph 5A and amended paragraph B17. An entity shall apply those amendments retrospectively in accordance with IAS 8 *Accounting Policies, Changes in Accounting Estimates and Errors* for annual periods beginning on or after 1 January 2017. **C1D**

An entity is encouraged to provide information required by this IFRS earlier than annual periods beginning on or after 1 January 2013. Providing some of the disclosures required by this IFRS does not compel the entity to comply with all the requirements of this IFRS or to apply IFRS 10, IFRS 11, IAS 27 (as amended in 2011) and IAS 28 (as amended in 2011) early. **C2**

The disclosure requirements of this IFRS need not be applied for any period presented that begins before the annual period immediately preceding the first annual period for which IFRS 12 is applied. **C2A**

The disclosure requirements of paragraphs 24—31 and the corresponding guidance in paragraphs B21—B26 of this IFRS need not be applied for any period presented that begins before the first annual period for which IFRS 12 is applied. **C2B**

References to IFRS 9

If an entity applies this IFRS but does not yet apply IFRS 9, any reference to IFRS 9 shall be read as a reference to IAS 39 *Financial Instruments: Recognition and Measurement*. **C3**

INTERNATIONAL FINANCIAL REPORTING STANDARD 13

Bewertung zum beizulegenden Zeitwert

INHALT

ZIELSETZUNG

1 **In diesem IFRS**

(a) wird der Begriff *beizulegender Zeitwert* definiert,

(b) wird in einem einzigen IFRS ein Rahmen für die Ermittlung des beizulegenden Zeitwerts abgesteckt und

(c) werden Angaben zur Bewertung zum beizulegenden Zeitwert verlangt.

2 Der beizulegende Zeitwert ist eine marktbasierte und keine unternehmensspezifische Bewertungsgröße. Für einige Vermögenswerte und Schulden sind unter Umständen beobachtbare Markttransaktionen oder Marktinformationen verfügbar. Für andere Vermögenswerte und Schulden sind jedoch eventuell keine beobachtbaren Markttransaktionen oder Marktinformationen verfügbar. In beiden Fällen wird mit einer Bewertung zum beizulegenden Zeitwert jedoch das gleiche Ziel verfolgt – nämlich die Schätzung des Preises, zu dem unter aktuellen Marktbedingungen am Bewertungsstichtag ein *gewöhnlicher Geschäftsvorfall* zwischen Marktteilnehmern stattfinden würde, bei dem der Vermögenswert verkauft oder die Schuld übertragen würde (aus Sicht eines *Marktteilnehmers*, der den Vermögenswert hält oder die Schuld begleichen muss, also der *Abgangspreis* zum Bewertungsstichtag).

3 Ist ein Preis für einen identischen Vermögenswert oder eine identische Schuld nicht beobachtbar, ermittelt ein Unternehmen den beizulegenden Zeitwert anhand eines anderen Bewertungsverfahrens, bei dem so weit wie möglich

INTERNATIONAL FINANCIAL REPORTING STANDARD 13

Fair Value Measurement

SUMMARY

OBJECTIVE

This IFRS: 1

(a) defines *fair value*;

(b) sets out in a single IFRS a framework for measuring fair value; and

(c) requires disclosures about fair value measurements.

Fair value is a market-based measurement, not an entity-specific measurement. For some assets and liabilities, observable market transactions or market information might be available. For other assets and liabilities, observable market transactions and market information might not be available. However, the objective of a fair value measurement in both cases is the same—to estimate the price at which an *orderly transaction* to sell the asset or to transfer the liability would take place between *market participants* at the measurement date under current market conditions (i.e. an *exit price* at the measurement date from the perspective of a market participant that holds the asset or owes the liability). 2

When a price for an identical asset or liability is not observable, an entity measures fair value using another valuation technique that maximises the use of relevant *observable inputs* and minimises the use of *unobservable inputs*. Because fair 3

relevante *beobachtbare* und so wenig wie möglich *nicht beobachtbare* Eingangsparameter verwendet werden. Da der beizulegende Zeitwert eine marktbasierte Bewertungsgröße ist, wird er anhand der Annahmen, einschließlich der Annahmen zum Risiko ermittelt, auf die sich die Marktteilnehmer bei der Festlegung des Preises für den Vermögenswert oder die Schuld stützen würden. Folglich ist die Absicht eines Unternehmens, einen Vermögenswert zu halten oder eine Schuld zu begleichen oder anderweitig zu erfüllen, für die Ermittlung des beizulegenden Zeitwerts nicht relevant.

4 In der Definition des beizulegenden Zeitwerts liegt der Schwerpunkt auf Vermögenswerten und Schulden, weil diese vorrangiger Gegenstand der bilanziellen Bewertung sind. Außerdem ist dieser IFRS auf eigene Eigenkapitalinstrumente eines Unternehmens anzuwenden, die zum beizulegenden Zeitwert bewertet werden.

ANWENDUNGSBEREICH

5 **Dieser IFRS ist anzuwenden, wenn ein anderer IFRS Bewertungen zum beizulegenden Zeitwert oder Angaben über Bewertungen zum beizulegenden Zeitwert (und Bewertungen, wie beizulegender Zeitwert abzüglich Veräußerungskosten, die auf dem beizulegenden Zeitwert basieren, oder Angaben zu solchen Bewertungen) vorschreibt oder gestattet. Davon ausgenommen sind die in den Paragraphen 6 und 7 genannten Fälle.**

6 Die Bewertungs- und Angabevorschriften dieses IFRS gelten nicht für
(a) anteilsbasierte Vergütungen, die in den Anwendungsbereich von IFRS 2 *Anteilsbasierte Vergütungen* fallen,
(b) Leasingtransaktionen, die nach IFRS 16 *Leasingverhältnisse* bilanziert werden, und
(c) Bewertungen, die einige Ähnlichkeiten mit einem beizulegenden Zeitwert haben, aber kein beizulegender Zeitwert sind, wie der Nettoveräußerungswert in IAS 2 *Vorräte* oder der Nutzungswert in IAS 36 *Wertminderung von Vermögenswerten*.

7 Die in diesem IFRS verlangten Angaben müssen nicht geliefert werden für
(a) Planvermögen, das gemäß IAS 19 *Leistungen an Arbeitnehmer* zum beizulegenden Zeitwert bewertet wird,
(b) Kapitalanlagen eines Altersversorgungsplans, die gemäß IAS 26 *Bilanzierung und Berichterstattung von Altersversorgungsplänen* zum beizulegenden Zeitwert bewertet werden, und
(c) Vermögenswerte, für die der erzielbare Betrag der beizulegende Zeitwert abzüglich Veräußerungskosten gemäß IAS 36 ist.

8 Der im vorliegenden IFRS beschriebene Rahmen für die Bewertung zum beizulegenden Zeitwert gilt sowohl für die Bewertung beim erstmaligen Ansatz als auch für die Folgebewertung, falls der beizulegende Zeitwert nach anderen IFRS vorgeschrieben oder gestattet ist.

BEWERTUNG

Beizulegender Zeitwert – Definition

9 **In diesem IFRS wird der beizulegende Zeitwert als der Preis definiert, der bei einem gewöhnlichen Geschäftsvorfall zwischen Marktteilnehmern am Bewertungsstichtag für den Verkauf eines Vermögenswerts erzielt oder bei der Übertragung einer Schuld gezahlt würde.**

10 Der allgemeine Ansatz der Bewertung zum beizulegenden Zeitwert wird in Paragraph B2 beschrieben.

Der Vermögenswert oder die Schuld

11 **Eine Bewertung zum beizulegenden Zeitwert betrifft jeweils einen bestimmten Vermögenswert oder eine bestimmte Schuld. Bei der Ermittlung des beizulegenden Zeitwerts hat ein Unternehmen daher die Merkmale des Vermögenswerts oder der Schuld zu berücksichtigen, falls Marktteilnehmer diese Merkmale bei der Festlegung des Preises für den Vermögenswert oder die Schuld zum Bewertungsstichtag berücksichtigen würden. Solche Merkmale schließen unter anderem Folgendes ein:**
(a) den Zustand und den Standort des Vermögenswerts und
(b) etwaige Beschränkungen hinsichtlich der Veräußerung oder Nutzung des Vermögenswerts.

12 Wie sich ein bestimmtes Merkmal auf die Bewertung auswirkt, ist von Fall zu Fall verschieden und hängt davon ab, in welcher Weise es von Marktteilnehmern berücksichtigt würde.

13 Bei einem Vermögenswert oder einer Schuld, die zum beizulegenden Zeitwert bewertet werden, kann es sich entweder handeln um
(a) einen eigenständigen Vermögenswert oder eine eigenständige Schuld (z. B. ein Finanzinstrument oder einen nicht finanziellen Vermögenswert) oder
(b) um eine Gruppe von Vermögenswerten, eine Gruppe von Schulden oder eine Gruppe von Vermögenswerten und Schulden (z. B. eine zahlungsmittelgenerierende Einheit oder einen Geschäftsbetrieb).

value is a market-based measurement, it is measured using the assumptions that market participants would use when pricing the asset or liability, including assumptions about risk. As a result, an entity's intention to hold an asset or to settle or otherwise fulfill a liability is not relevant when measuring fair value.

The definition of fair value focuses on assets and liabilities because they are a primary subject of accounting measurement. In addition, this IFRS shall be applied to an entity's own equity instruments measured at fair value. 4

SCOPE

This IFRS applies when another IFRS requires or permits fair value measurements or disclosures about fair value measurements (and measurements, such as fair value less costs to sell, based on fair value or disclosures about those measurements), except as specified in paragraphs 6 and 7. 5

The measurement and disclosure requirements of this IFRS do not apply to the following: 6
(a) share-based payment transactions within the scope of IFRS 2 *Share-based Payment;*
(b) leasing transactions accounted for in accordance with IFRS 16 *Leases;* and
(c) measurements that have some similarities to fair value but are not fair value, such as net realisable value in IAS 2 *Inventories* or value in use in IAS 36 *Impairment of Assets.*

The disclosures required by this IFRS are not required for the following: 7
(a) plan assets measured at fair value in accordance with IAS 19 *Employee Benefits;*
(b) retirement benefit plan investments measured at fair value in accordance with IAS 26 *Accounting and Reporting by Retirement Benefit Plans;* and
(c) assets for which recoverable amount is fair value less costs of disposal in accordance with IAS 36.

The fair value measurement framework described in this IFRS applies to both initial and subsequent measurement if fair value is required or permitted by other IFRSs. 8

MEASUREMENT

Definition of fair value

This IFRS defines fair value as the price that would be received to sell an asset or paid to transfer a liability in an orderly transaction between market participants at the measurement date. 9

Paragraph B2 describes the overall fair value measurement approach. 10

The asset or liability

A fair value measurement is for a particular asset or liability. Therefore, when measuring fair value an entity shall take into account the characteristics of the asset or liability if market participants would take those characteristics into account when pricing the asset or liability at the measurement date. Such characteristics include, for example, the following: 11
(a) the condition and location of the asset; and
(b) restrictions, if any, on the sale or use of the asset.

The effect on the measurement arising from a particular characteristic will differ depending on how that characteristic would be taken into account by market participants. 12

The asset or liability measured at fair value might be either of the following: 13
(a) a stand-alone asset or liability (e.g. a financial instrument or a non-financial asset); or
(b) a group of assets, a group of liabilities or a group of assets and liabilities (e.g. a cash-generating unit or a business).

14 Ob der Vermögenswert oder die Schuld für Ansatz- oder Angabezwecke ein eigenständiger Vermögenswert oder eine eigenständige Schuld, eine Gruppe von Vermögenswerten, eine Gruppe von Schulden oder eine Gruppe von Vermögenswerten und Schulden ist, hängt von seiner/ihrer *Bilanzierungseinheit* ab. Die Bilanzierungseinheit des Vermögenswerts oder der Schuld ist bis auf die in diesem IFRS vorgesehenen Fälle gemäß dem IFRS zu bestimmen, der eine Bewertung zum beizulegenden Zeitwert verlangt oder gestattet.

Der Geschäftsvorfall

15 **Bei einer Bewertung zum beizulegenden Zeitwert wird davon ausgegangen, dass der Vermögenswert oder die Schuld in einem gewöhnlichen Geschäftsvorfall zwischen Marktteilnehmern getauscht wird, um am Bewertungsstichtag unter aktuellen Marktbedingungen verkauft bzw. übertragen zu werden.**

16 **Bei einer Bewertung zum beizulegenden Zeitwert wird davon ausgegangen, dass der Geschäftsvorfall, in dessen Rahmen der Vermögenswert verkauft oder die Schuld übertragen wird, entweder auf dem**
(a) *Hauptmarkt* für den Vermögenswert oder die Schuld oder
(b) in Ermangelung eines Hauptmarktes auf dem für den Vermögenswert oder die Schuld *vorteilhaftesten Markt* stattfindet.

17 Zur Ermittlung des Hauptmarktes oder – in Ermangelung eines solchen – des vorteilhaftesten Marktes muss das Unternehmen keine vollständige Suche aller möglichen Märkte vornehmen, hat aber alle Informationen zu berücksichtigen, die angemessenerweise verfügbar sind. Solange kein gegenteiliger Nachweis vorliegt, gilt der Markt, in dem das Unternehmen normalerweise den Verkauf des Vermögenswerts oder die Übertragung der Schuld abschließen würde, als Hauptmarkt oder – in Ermangelung eines solchen – als der vorteilhafteste Markt.

18 Ist für den Vermögenswert oder die Schuld ein Hauptmarkt vorhanden, stellt die Bewertung zum beizulegenden Zeitwert den Preis in diesem Markt dar (dieser Preis ist entweder direkt beobachtbar oder wird anhand eines anderen Bewertungsverfahrens geschätzt), selbst wenn der Preis am Bewertungsstichtag in einem anderen Markt potenziell vorteilhafter ist.

19 Das Unternehmen muss am Bewertungsstichtag Zugang zu dem Hauptmarkt (oder dem vorteilhaftesten Markt) haben. Da verschiedene Unternehmen (und Geschäftsbereiche innerhalb dieser Unternehmen) mit unterschiedlichen Tätigkeiten Zugang zu verschiedenen Märkten haben können, kann der Hauptmarkt (oder der vorteilhafteste Markt) für den gleichen Vermögenswert oder die gleiche Schuld für verschiedene Unternehmen (und Geschäftsbereiche innerhalb dieser Unternehmen) unterschiedlich sein. Aus diesem Grund muss die Betrachtung des Hauptmarktes (oder vorteilhaftesten Marktes und damit der Marktteilnehmer) aus Sicht des Unternehmens erfolgen und somit den Unterschieden zwischen Unternehmen und Unternehmensteilen mit unterschiedlichen Tätigkeiten Rechnung tragen.

20 Ein Unternehmen muss zwar den Zugang zum Markt haben, muss am Bewertungsstichtag aber den betreffenden Vermögenswert oder die betreffende Schuld nicht verkaufen bzw. übertragen können, um den beizulegenden Zeitwert auf Basis des Preises in diesem Markt zu ermitteln.

21 Selbst wenn kein beobachtbarer Markt vorhanden ist, der Informationen über den bei Verkauf des Vermögenswerts oder Übertragung der Schuld am Bewertungsstichtag erzielbaren Preis liefern könnte, ist bei einer Bewertung zum beizulegenden Zeitwert davon auszugehen, dass ein Geschäftsvorfall zu diesem Zeitpunkt unter Berücksichtigung der Sicht des Marktteilnehmers, der den Vermögenswert hält oder die Schuld begleichen muss, stattfindet. Dieser unterstellte Geschäftsvorfall bildet die Grundlage für die Schätzung des Preises, der bei Verkauf des Vermögenswerts oder Übertragung der Schuld erzielt werden kann.

Marktteilnehmer

22 **Ein Unternehmen hat den beizulegenden Zeitwert eines Vermögenswerts oder einer Schuld anhand der Annahmen zu ermitteln, die Marktteilnehmer bei der Festlegung des Preises für den Vermögenswert oder die Schuld zugrunde legen würden, wobei unterstellt wird, dass die Marktteilnehmer in ihrem wirtschaftlich besten Interesse handeln.**

23 Die Entwicklung dieser Annahmen erfordert nicht, dass ein Unternehmen bestimmte Marktteilnehmer benennt. Stattdessen hat das Unternehmen allgemeine Unterscheidungsmerkmale für Marktteilnehmer zu benennen und dabei Faktoren zu berücksichtigen, die für alle nachstehend genannten Punkte typisch sind:
(a) Vermögenswert oder Schuld,
(b) Hauptmarkt (oder vorteilhaftester Markt) für den Vermögenswert oder die Schuld und
(c) Marktteilnehmer, mit denen das Unternehmen in dem betreffenden Markt eine Transaktion abschließen würde.

Whether the asset or liability is a stand-alone asset or liability, a group of assets, a group of liabilities or a group of assets and liabilities for recognition or disclosure purposes depends on its *unit of account*. The unit of account for the asset or liability shall be determined in accordance with the IFRS that requires or permits the fair value measurement, except as provided in this IFRS. 14

The transaction

A fair value measurement assumes that the asset or liability is exchanged in an orderly transaction between market participants to sell the asset or transfer the liability at the measurement date under current market conditions. 15

A fair value measurement assumes that the transaction to sell the asset or transfer the liability takes place either: 16
(a) in the *principal market* for the asset or liability; or
(b) in the absence of a principal market, in the *most advantageous market* for the asset or liability.

An entity need not undertake an exhaustive search of all possible markets to identify the principal market or, in the absence of a principal market, the most advantageous market, but it shall take into account all information that is reasonably available. In the absence of evidence to the contrary, the market in which the entity would normally enter into a transaction to sell the asset or to transfer the liability is presumed to be the principal market or, in the absence of a principal market, the most advantageous market. 17

If there is a principal market for the asset or liability, the fair value measurement shall represent the price in that market (whether that price is directly observable or estimated using another valuation technique), even if the price in a different market is potentially more advantageous at the measurement date. 18

The entity must have access to the principal (or most advantageous) market at the measurement date. Because different entities (and businesses within those entities) with different activities may have access to different markets, the principal (or most advantageous) market for the same asset or liability might be different for different entities (and businesses within those entities). Therefore, the principal (or most advantageous) market (and thus, market participants) shall be considered from the perspective of the entity, thereby allowing for differences between and among entities with different activities. 19

Although an entity must be able to access the market, the entity does not need to be able to sell the particular asset or transfer the particular liability on the measurement date to be able to measure fair value on the basis of the price in that market. 20

Even when there is no observable market to provide pricing information about the sale of an asset or the transfer of a liability at the measurement date, a fair value measurement shall assume that a transaction takes place at that date, considered from the perspective of a market participant that holds the asset or owes the liability. That assumed transaction establishes a basis for estimating the price to sell the asset or to transfer the liability. 21

Market participants

An entity shall measure the fair value of an asset or a liability using the assumptions that market participants would use when pricing the asset or liability, assuming that market participants act in their economic best interest. 22

In developing those assumptions, an entity need not identify specific market participants. Rather, the entity shall identify characteristics that distinguish market participants generally, considering factors specific to all the following: 23
(a) the asset or liability;
(b) the principal (or most advantageous) market for the asset or liability; and
(c) market participants with whom the entity would enter into a transaction in that market.

Der Preis

24 **Der beizulegende Zeitwert ist der Preis, der bei einem gewöhnlichen Geschäftsvorfall in dem Hauptmarkt (oder dem vorteilhaftesten Markt) am Bewertungsstichtag unter aktuellen Marktbedingungen beim Verkauf eines Vermögenswerts erzielt oder bei der Übertragung einer Schuld gezahlt würde (d. h. ein Abgangspreis), unabhängig davon, ob dieser Preis direkt beobachtbar ist oder unter Verwendung eines anderen Bewertungsverfahrens geschätzt wurde.**

25 Der Preis im Hauptmarkt oder vorteilhaftesten Markt, der zur Ermittlung des beizulegenden Zeitwerts des Vermögenswerts oder der Schuld verwendet wird, ist nicht um *Transaktionskosten* zu bereinigen. Transaktionskosten sind nach anderen IFRS zu bilanzieren. Transaktionskosten sind kein Merkmal eines Vermögenswerts oder einer Schuld, sondern sind für einen Geschäftsvorfall charakteristisch und fallen abhängig davon, wie ein Unternehmen eine Transaktion für den Vermögenswert oder die Schuld abschließt, unterschiedlich aus.

26 Transaktionskosten enthalten keine *Transportkosten*. Stellt der Standort ein Merkmal des Vermögenswerts dar (wie beispielsweise bei einem Rohstoff der Fall sein könnte), ist der Preis im Hauptmarkt (oder vorteilhaftesten Markt) um etwaige Kosten zu bereinigen, die beim Transport des Vermögenswerts von seinem aktuellen Standort zu dem Markt entstehen würden.

Anwendung auf nichtfinanzielle Vermögenswerte

Höchst- und bestmögliche Nutzung für nichtfinanzielle Vermögenswerte

27 **Bei der Bewertung eines nichtfinanziellen Vermögenswerts zum beizulegenden Zeitwert wird die Fähigkeit des Marktteilnehmers berücksichtigt, durch *höchst- und bestmögliche* Nutzung des Vermögenswerts oder durch dessen Verkauf an einen anderen Marktteilnehmer, der den Vermögenswert höchst- und bestmöglich nutzen würde, wirtschaftlichen Nutzen zu generieren.**

28 Als höchst- und bestmögliche Nutzung eines nichtfinanziellen Vermögenswerts wird eine Nutzung betrachtet, die physisch möglich, rechtlich zulässig und finanziell durchführbar ist, d. h.:

(a) bei einer physisch möglichen Verwendung werden die physischen Merkmale des Vermögenswerts berücksichtigt, die Marktteilnehmer bei der Festlegung des Preises für den Vermögenswert zugrunde legen würden (z. B. Lage oder Größe eines Grundstücks),

(b) bei einer rechtlich zulässigen Nutzung werden alle rechtlichen Einschränkungen für die Nutzung des Vermögenswerts berücksichtigt, die Marktteilnehmer bei der Festlegung des Preises für den Vermögenswert zugrunde legen würden (z. B. Bebauungsvorschriften für ein Grundstück),

(c) bei einer finanziell durchführbaren Nutzung wird berücksichtigt, ob die physisch mögliche und rechtlich zulässige Nutzung eines Vermögenswerts ausreichende Erträge oder Zahlungsströme generiert (unter Berücksichtigung der Kosten der Umwandlung des Vermögenswerts für die betreffende Nutzung), um einen Kapitalertrag zu erwirtschaften, wie ihn Markteilnehmer für eine Kapitalanlage in einen auf diese Weise genutzten Vermögenswert verlangen würden.

29 Die höchst- und bestmögliche Nutzung wird auch dann aus Sicht der Marktteilnehmer bestimmt, wenn das Unternehmen eine andere Nutzung beabsichtigt. Es wird jedoch unterstellt, dass die aktuelle Nutzung eines nicht finanziellen Vermögenswerts im Unternehmen seiner höchst- und bestmöglichen Nutzung entspricht, es sei denn, dass der Markt oder andere Faktoren Anhaltspunkte dafür liefern, dass eine alternative Nutzung durch Marktteilnehmer den Wert des Vermögenswerts maximieren würde.

30 Zum Schutz seiner Wettbewerbsposition oder aus anderen Gründen kann ein Unternehmen beabsichtigen, von der aktiven Nutzung eines erworbenen nichtfinanziellen Vermögenswerts oder von seiner höchst- und bestmöglichen Nutzung abzusehen. Dies könnte beispielsweise bei einem erworbenen immateriellen Vermögenswert der Fall sein, bei dem das Unternehmen eine defensive Nutzung plant, um andere an seiner Nutzung zu hindern. Das Unternehmen hat jedoch den beizulegenden Zeitwert eines nicht finanziellen Vermögenswerts unter der Annahme seiner höchst- und bestmöglichen Nutzung durch Marktteilnehmer zu ermitteln.

Bewertungsprämisse für nichtfinanzielle Vermögenswerte

31 Die höchst- und bestmögliche Nutzung eines nichtfinanziellen Vermögenswerts bestimmt die Bewertungsprämisse, auf deren Grundlage der beizulegende Zeitwert eines Vermögenswerts ermittelt wird, wie folgt:

(a) Die höchst- und bestmögliche Nutzung eines nichtfinanziellen Vermögenswerts könnte Marktteilnehmern durch eine Nutzung in Kombination mit anderen Vermögenswerten als Gruppe (wie eingerichtet oder anderweitig zur Nutzung konfiguriert) oder in Kombination mit anderen Vermögenswerten und Schulden (z. B. ein Geschäftsbetrieb) maximalen Wert verschaffen.

(i) Besteht die höchst- und bestmögliche Nutzung des Vermögenswerts in einer Nutzung in Kombination mit anderen Vermögenswerten oder in Kombination mit anderen Vermögenswerten und Schulden, ist der beizulegende Zeitwert des Vermögenswerts der Preis, der in einem aktuellen Geschäftsvorfall beim Verkauf des Vermögenswerts erzielt

The price

Fair value is the price that would be received to sell an asset or paid to transfer a liability in an orderly transaction in the principal (or most advantageous) market at the measurement date under current market conditions (i.e. an exit price) regardless of whether that price is directly observable or estimated using another valuation technique. 24

The price in the principal (or most advantageous) market used to measure the fair value of the asset or liability shall not be adjusted for *transaction costs*. Transaction costs shall be accounted for in accordance with other IFRSs. Transaction costs are not a characteristic of an asset or a liability; rather, they are specific to a transaction and will differ depending on how an entity enters into a transaction for the asset or liability. 25

Transaction costs do not include *transport costs*. If location is a characteristic of the asset (as might be the case, for example, for a commodity), the price in the principal (or most advantageous) market shall be adjusted for the costs, if any, that would be incurred to transport the asset from its current location to that market. 26

Application to non-financial assets

Highest and best use for non-financial assets

A fair value measurement of a non-financial asset takes into account a market participant's ability to generate economic benefits by using the asset in its *highest and best* use or by selling it to another market participant that would use the asset in its highest and best use. 27

The highest and best use of a non-financial asset takes into account the use of the asset that is physically possible, legally permissible and financially feasible, as follows: 28

(a) A use that is physically possible takes into account the physical characteristics of the asset that market participants would take into account when pricing the asset (e.g. the location or size of a property).
(b) A use that is legally permissible takes into account any legal restrictions on the use of the asset that market participants would take into account when pricing the asset (e.g. the zoning regulations applicable to a property).
(c) A use that is financially feasible takes into account whether a use of the asset that is physically possible and legally permissible generates adequate income or cash flows (taking into account the costs of converting the asset to that use) to produce an investment return that market participants would require from an investment in that asset put to that use.

Highest and best use is determined from the perspective of market participants, even if the entity intends a different use. However, an entity's current use of a non-financial asset is presumed to be its highest and best use unless market or other factors suggest that a different use by market participants would maximise the value of the asset. 29

To protect its competitive position, or for other reasons, an entity may intend not to use an acquired non-financial asset actively or it may intend not to use the asset according to its highest and best use. For example, that might be the case for an acquired intangible asset that the entity plans to use defensively by preventing others from using it. Nevertheless, the entity shall measure the fair value of a non-financial asset assuming its highest and best use by market participants. 30

Valuation premise for non-financial assets

The highest and best use of a non-financial asset establishes the valuation premise used to measure the fair value of the asset, as follows: 31

(a) The highest and best use of a non-financial asset might provide maximum value to market participants through its use in combination with other assets as a group (as installed or otherwise configured for use) or in combination with other assets and liabilities (e.g. a business).
   (i) If the highest and best use of the asset is to use the asset in combination with other assets or with other assets and liabilities, the fair value of the asset is the price that would be received in a current transaction to sell the asset assuming that the asset would be used with other assets or with other assets and liabilities and that those

würde, wobei unterstellt wird, dass der Vermögenswert mit anderen Vermögenswerten oder mit anderen Vermögenswerten und Schulden genutzt würde und dass diese Vermögenswerte und Schulden (d. h. die ergänzenden Vermögenswerte und zugehörigen Schulden) den Marktteilnehmern zur Verfügung stünden.

(ii) Mit dem Vermögenswert und den ergänzenden Vermögenswerten verbundene Schulden sind unter anderem Schulden zur Finanzierung des Umlaufvermögens, nicht aber Schulden zur Finanzierung von anderen Vermögenswerten außerhalb der betreffenden Gruppe von Vermögenswerten.

(iii) Annahmen zur höchst- und bestmöglichen Nutzung eines nichtfinanziellen Vermögenswerts müssen für alle Vermögenswerte (für die die höchst- und bestmögliche Nutzung relevant ist) der Gruppe von Vermögenswerten oder der Gruppe von Vermögenswerten und Schulden, innerhalb der der Vermögenswert genutzt würde, konsistent sein.

(b) Die höchst- und bestmögliche Nutzung eines nichtfinanziellen Vermögenswerts könnte Marktteilnehmern eigenständig maximalen Wert verschaffen. Besteht die höchst- und bestmögliche Nutzung des Vermögenswerts in seiner eigenständigen Nutzung, ist der beizulegende Zeitwert des Vermögenswerts der Preis, der in einem aktuellen Geschäftsvorfall beim Verkauf des Vermögenswerts an Marktteilnehmer, die den Vermögenswert eigenständig nutzen würden, erzielt würde.

32 Bei der Bewertung eines nichtfinanziellen Vermögenswerts zum beizulegenden Zeitwert wird unterstellt, dass der Vermögenswert im Einklang mit der in anderen IFRS beschriebenen Bilanzierungseinheit (die ein einzelner Vermögenswert sein kann) verkauft wird. Dies ist auch dann der Fall, wenn bei dieser Bewertung zum beizulegenden Zeitwert unterstellt wird, dass die höchst- und bestmögliche Nutzung des Vermögenswerts seine Nutzung in Kombination mit anderen Vermögenswerten oder mit anderen Vermögenswerten und Schulden ist, da bei einer Bewertung zum beizulegenden Zeitwert unterstellt wird, dass der Marktteilnehmer die ergänzenden Vermögenswerte und zugehörigen Schulden bereits hält.

33 Paragraph B3 beschreibt die Anwendung der Bewertungsprämisse bei nichtfinanziellen Vermögenswerten.

Anwendung auf Schulden und auf eigene Eigenkapitalinstrumente eines Unternehmens

Allgemeine Grundsätze

34 **Bei einer Bewertung zum beizulegenden Zeitwert wird unterstellt, dass eine finanzielle oder nichtfinanzielle Verbindlichkeit oder ein eigenes Eigenkapitalinstrument eines Unternehmens (z. B. bei einem Unternehmenszusammenschluss als Gegenleistung ausgegebene Eigenkapitalanteile) am Bewertungsstichtag auf einen Marktteilnehmer übertragen wird. Bei der Übertragung einer Schuld oder eines eigenen Eigenkapitalinstruments eines Unternehmens wird Folgendes unterstellt:**

(a) die Schuld bliebe offen und der übernehmende Marktteilnehmer müsste die Verpflichtung erfüllen. Die Schuld würde am Bewertungsstichtag nicht mit der Vertragspartei ausgeglichen oder anderweitig getilgt.

(b) ein eigenes Eigenkapitalinstrument eines Unternehmens bliebe offen und der übernehmende Markteilnehmer würde die mit dem Instrument verbundenen Rechte und Verpflichtungen übernehmen. Das Instrument würde am Bewertungsstichtag nicht annulliert oder anderweitig aufgehoben.

35 Selbst wenn kein beobachtbarer Markt vorhanden ist, der Informationen über den bei Übertragung einer Schuld oder eines eigenen Eigenkapitalinstruments eines Unternehmens erzielbaren Preis liefern könnte (z. B. weil vertragliche oder andere rechtliche Einschränkungen die Übertragung eines derartigen Werts verhindern), könnte es für derartige Werte dann einen beobachtbaren Markt geben, wenn diese von anderen Parteien als Vermögenswerte gehalten werden (z.B. als Industrieanleihe oder Kaufoption auf die Anteile eines Unternehmens).

36 Um die Zielsetzung einer Bewertung zum beizulegenden Zeitwert zu erreichen, d. h. den Preis zu schätzen, zu dem die Schuld oder das Eigenkapitalinstrument unter aktuellen Marktbedingungen am Bewertungsstichtag bei einem gewöhnlichen Geschäftsvorfall zwischen Marktteilnehmern übertragen würde, hat ein Unternehmen grundsätzlich so weit wie möglich relevante beobachtbare Eingangsparameter und so wenig wie möglich nicht beobachtbare Eingangsparameter zu verwenden.

Schulden und Eigenkapitalinstrumente, die von anderen Parteien als Vermögenswerte gehalten werden

37 **Ist für die Übertragung einer identischen oder ähnlichen Schuld oder eines identischen oder ähnlichen eigenen Eigenkapitalinstruments eines Unternehmens keine Marktpreisnotierung verfügbar und wird der identische Wert von einer anderen Partei als Vermögenswert gehalten, hat das Unternehmen den beizulegenden Zeitwert der Schuld oder des Eigenkapitalinstruments aus der Sicht des Marktteilnehmers zu ermitteln, der den identischen Wert am Bewertungsstichtag als Vermögenswert hält.**

38 In derartigen Fällen hat ein Unternehmen den beizulegenden Zeitwert der Schuld oder des Eigenkapitalinstruments wie folgt zu ermitteln:

(a) anhand des an einem *aktiven Markt* notierten Preises des identischen Werts, der von einer anderen Partei als Vermögenswert gehalten wird, falls dieser Preis verfügbar ist,

assets and liabilities (i.e. its complementary assets and the associated liabilities) would be available to market participants.

(ii) Liabilities associated with the asset and with the complementary assets include liabilities that fund working capital, but do not include liabilities used to fund assets other than those within the group of assets.

(iii) Assumptions about the highest and best use of a non-financial asset shall be consistent for all the assets (for which highest and best use is relevant) of the group of assets or the group of assets and liabilities within which the asset would be used.

(b) The highest and best use of a non-financial asset might provide maximum value to market participants on a stand-alone basis. If the highest and best use of the asset is to use it on a stand-alone basis, the fair value of the asset is the price that would be received in a current transaction to sell the asset to market participants that would use the asset on a stand-alone basis.

The fair value measurement of a non-financial asset assumes that the asset is sold consistently with the unit of account specified in other IFRSs (which may be an individual asset). That is the case even when that fair value measurement assumes that the highest and best use of the asset is to use it in combination with other assets or with other assets and liabilities because a fair value measurement assumes that the market participant already holds the complementary assets and the associated liabilities. 32

Paragraph B3 describes the application of the valuation premise concept for non-financial assets. 33

Application to liabilities and an entity's own equity instruments

General principles

A fair value measurement assumes that a financial or non-financial liability or an entity's own equity instrument (e.g. equity interests issued as consideration in a business combination) is transferred to a market participant at the measurement date. The transfer of a liability or an entity's own equity instrument assumes the following: 34

(a) A liability would remain outstanding and the market participant transferee would be required to fulfill the obligation. The liability would not be settled with the counterparty or otherwise extinguished on the measurement date.

(b) An entity's own equity instrument would remain outstanding and the market participant transferee would take on the rights and responsibilities associated with the instrument. The instrument would not be cancelled or otherwise extinguished on the measurement date.

Even when there is no observable market to provide pricing information about the transfer of a liability or an entity's own equity instrument (e.g. because contractual or other legal restrictions prevent the transfer of such items), there might be an observable market for such items if they are held by other parties as assets (e.g. a corporate bond or a call option on an entity's shares). 35

In all cases, an entity shall maximise the use of relevant observable inputs and minimise the use of unobservable inputs to meet the objective of a fair value measurement, which is to estimate the price at which an orderly transaction to transfer the liability or equity instrument would take place between market participants at the measurement date under current market conditions. 36

Liabilities and equity instruments held by other parties as assets

When a quoted price for the transfer of an identical or a similar liability or entity's own equity instrument is not available and the identical item is held by another party as an asset, an entity shall measure the fair value of the liability or equity instrument from the perspective of a market participant that holds the identical item as an asset at the measurement date. 37

In such cases, an entity shall measure the fair value of the liability or equity instrument as follows: 38

(a) using the quoted price in an *active market* for the identical item held by another party as an asset, if that price is available.

(b) ist dieser Preis nicht verfügbar, anhand anderer beobachtbarer Eingangsparameter wie dem Preis, der an einem Markt notiert ist, der für den von einer anderen Partei als Vermögenswert gehaltenen identischen Wert kein aktiver ist,
(c) sind die beobachtbaren Preise aus (a) und (b) nicht verfügbar, anhand eines anderen Bewertungsverfahrens, wie
  (i) einem *kapitalwertbasierten Ansatz* (z. B. einem Barwertverfahren, das die künftigen Zahlungsströme berücksichtigt, deren Erhalt ein Marktteilnehmer aus dem Halten der Schuld oder des Eigenkapitalinstruments als Vermögenswert erwarten würde; siehe Paragraphen B10 und B11),
  (ii) einem marktbasierten Ansatz (z. B. Verwendung notierter Preise für ähnliche Schulden oder Eigenkapitalinstrumente, die von anderen Parteien als Vermögenswerte gehalten werden; siehe Paragraphen B5–B7).

39 Ein Unternehmen hat den notierten Preis einer Schuld oder eines eigenen Eigenkapitalinstruments, die/das von einer anderen Partei als Vermögenswert gehalten wird, nur anzupassen, wenn es für den Vermögenswert kennzeichnende Faktoren gibt, die für die Bewertung der Schuld oder des Eigenkapitalinstruments zum beizulegenden Zeitwert nicht anwendbar sind. Ein Unternehmen hat sicherzustellen, dass die Auswirkungen einer Beschränkung, die den Verkauf des Vermögenswerts verhindert, nicht im Preis des Vermögenswerts widergespiegelt werden. Faktoren, die darauf hindeuten können, dass der notierte Preis des Vermögenswerts angepasst werden sollte, sind u. a.:
(a) Der für den Vermögenswert notierte Preis bezieht sich auf eine ähnliche (aber nicht identische) Schuld oder ein ähnliches (aber nicht identisches) Eigenkapitalinstrument, die/das von einer anderen Partei als Vermögenswert gehalten wird. Die Schuld oder das Eigenkapitalinstrument kann beispielsweise ein besonderes Merkmal aufweisen (z. B. die Bonität des Emittenten), das sich von dem unterscheidet, das im beizulegenden Zeitwert der ähnlichen Schuld oder des ähnlichen Eigenkapitalinstruments, die/das als Vermögenswert gehalten wird, zum Ausdruck kommt.
(b) Die Bilanzierungseinheit für den Vermögenswert ist nicht die gleiche wie für die Schuld oder das Eigenkapitalinstrument. Bei Schulden beispielsweise spiegelt der Preis für einen Vermögenswert in einigen Fällen einen kombinierten Preis für ein Paket wider, das sowohl die vom Emittenten fälligen Beträge als auch die Kreditsicherheit eines Dritten enthält. Ist die Bilanzierungseinheit für die Schuld nicht das kombinierte Paket, besteht die Zielsetzung darin, den beizulegenden Zeitwert der Schuld des Emittenten, nicht den des kombinierten Pakets zu ermitteln. In derartigen Fällen würde das Unternehmen daher den für den Vermögenswert beobachteten Preis anpassen, um die Auswirkung der Kreditsicherheit des Dritten auszuklammern.

Schulden und Eigenkapitalinstrumente, die nicht von anderen Parteien als Vermögenswerte gehalten werden

40 **Ist für die Übertragung einer identischen oder ähnlichen Schuld oder eines identischen oder ähnlichen eigenen Eigenkapitalinstruments eines Unternehmens kein notierter Preis verfügbar und wird der identische Wert von keiner anderen Partei als Vermögenswert gehalten, hat ein Unternehmen den beizulegenden Zeitwert der Schuld oder des Eigenkapitalinstruments mithilfe eines Bewertungsverfahrens aus Sicht eines Marktteilnehmers zu ermitteln, der die Schuld begleichen muss oder den Anspruch auf das Eigenkapital begeben hat.**

41 Bei Anwendung eines Barwertverfahrens könnte ein Unternehmen beispielsweise einen der beiden folgenden Gesichtspunkte berücksichtigen:
(a) die künftigen Mittelabflüsse, die ein Marktteilnehmer bei der Erfüllung der Verpflichtung erwarten würde, einschließlich der Gegenleistung, die der Marktteilnehmer für die Übernahme der Verpflichtung verlangen würde (siehe Paragraphen B31–B33),
(b) den Betrag, den ein Marktteilnehmer für das Eingehen einer identischen Schuld oder das Begeben eines identischen Eigenkapitalinstruments erhalten würde. Dabei sind die Annahmen zugrunde zu legen, die Marktteilnehmer bei der Festlegung des Preises für den identischen Wert (z. B. mit den gleichen Kreditmerkmalen) im Hauptmarkt oder vorteilhaftesten Markt für die Ausgabe einer Schuld oder eines Eigenkapitalinstruments mit den gleichen Vertragsbedingungen verwenden würden.

Risiko der Nichterfüllung

42 **Der beizulegende Zeitwert einer Schuld spiegelt die Auswirkung des Risikos der Nichterfüllung wider. Das Risiko der Nichterfüllung beinhaltet das eigene Ausfallrisiko eines Unternehmens (im Sinne von IFRS 7 *Finanzinstrumente: Angaben*), ist aber nicht darauf beschränkt. Es wird angenommen, dass das Risiko der Nichterfüllung vor und nach der Übertragung der Schuld gleich ist.**

43 Bei der Ermittlung des beizulegenden Zeitwerts einer Schuld hat ein Unternehmen die Auswirkung seines Ausfallrisikos (Bonität) und alle anderen Faktoren zu berücksichtigen, die die Wahrscheinlichkeit der Erfüllung oder Nichterfüllung der Verpflichtungen beeinflussen könnten. Diese Auswirkung kann je nach Art der Schuld unterschiedlich sein und beispielsweise davon abhängen,
(a) ob die Schuld eine Verpflichtung zur Leistung einer Zahlung (finanzielle Verbindlichkeit) oder eine Verpflichtung zur Lieferung von Gütern oder Dienstleistungen (nicht finanzielle Verbindlichkeit) ist,
(b) wie die Bedingungen etwaiger mit der Schuld verbundener Kreditsicherheiten sind.

44 Der beizulegende Zeitwert einer Schuld spiegelt die Auswirkung des Risikos der Nichterfüllung auf der Grundlage ihrer Bilanzierungseinheit wider. Der Emittent einer Schuld, die mit einer untrennbaren Kreditsicherheit eines Dritten, die von der Schuld getrennt bilanziert wird, ausgegeben wurde, darf die Auswirkung der Kreditsicherheit (z. B. die Bürgschaft

(b) if that price is not available, using other observable inputs, such as the quoted price in a market that is not active for the identical item held by another party as an asset.
(c) if the observable prices in (a) and (b) are not available, using another valuation technique, such as:
   (i) an *income approach* (e.g. a present value technique that takes into account the future cash flows that a market participant would expect to receive from holding the liability or equity instrument as an asset; see paragraphs B10 and B11).
   (ii) a *market approach* (e.g. using quoted prices for similar liabilities or equity instruments held by other parties as assets; see paragraphs B5—B7).

An entity shall adjust the quoted price of a liability or an entity's own equity instrument held by another party as an asset only if there are factors specific to the asset that are not applicable to the fair value measurement of the liability or equity instrument. An entity shall ensure that the price of the asset does not reflect the effect of a restriction preventing the sale of that asset. Some factors that may indicate that the quoted price of the asset should be adjusted include the following: 39
(a) The quoted price for the asset relates to a similar (but not identical) liability or equity instrument held by another party as an asset. For example, the liability or equity instrument may have a particular characteristic (e.g. the credit quality of the issuer) that is different from that reflected in the fair value of the similar liability or equity instrument held as an asset.
(b) The unit of account for the asset is not the same as for the liability or equity instrument. For example, for liabilities, in some cases the price for an asset reflects a combined price for a package comprising both the amounts due from the issuer and a third-party credit enhancement. If the unit of account for the liability is not for the combined package, the objective is to measure the fair value of the issuer's liability, not the fair value of the combined package. Thus, in such cases, the entity would adjust the observed price for the asset to exclude the effect of the third-party credit enhancement.

Liabilities and equity instruments not held by other parties as assets

When a quoted price for the transfer of an identical or a similar liability or entity's own equity instrument is not available and the identical item is not held by another party as an asset, an entity shall measure the fair value of the liability or equity instrument using a valuation technique from the perspective of a market participant that owes the liability or has issued the claim on equity. 40

For example, when applying a present value technique an entity might take into account either of the following: 41
(a) the future cash outflows that a market participant would expect to incur in fulfilling the obligation, including the compensation that a market participant would require for taking on the obligation (see paragraphs B31—B33).
(b) the amount that a market participant would receive to enter into or issue an identical liability or equity instrument, using the assumptions that market participants would use when pricing the identical item (e.g. having the same credit characteristics) in the principal (or most advantageous) market for issuing a liability or an equity instrument with the same contractual terms.

Non-performance risk

The fair value of a liability reflects the effect of *non-performance risk*. Non-performance risk includes, but may not be limited to, an entity's own credit risk (as defined in IFRS 7 *Financial Instruments: Disclosures*). Non-performance risk is assumed to be the same before and after the transfer of the liability. 42

When measuring the fair value of a liability, an entity shall take into account the effect of its credit risk (credit standing) and any other factors that might influence the likelihood that the obligation will or will not be fulfilled. That effect may differ depending on the liability, for example: 43
(a) whether the liability is an obligation to deliver cash (a financial liability) or an obligation to deliver goods or services (a non-financial liability).
(b) the terms of credit enhancements related to the liability, if any.

The fair value of a liability reflects the effect of non-performance risk on the basis of its unit of account. The issuer of a liability issued with an inseparable third-party credit enhancement that is accounted for separately from the liability shall not include the effect of the credit enhancement (e.g. a third-party guarantee of debt) in the fair value measurement of the 44

eines Dritten) bei der Bewertung der Schuld zum beizulegenden Zeitwert nicht berücksichtigen. Wird die Kreditsicherheit getrennt von der Schuld bilanziert, hätte der Emittent bei der Ermittlung des beizulegenden Zeitwerts der Schuld seine eigene Bonität und nicht die des Bürgen zu berücksichtigen.

Einschränkung, die die Übertragung einer Schuld oder eines eigenen Eigenkapitalinstruments eines Unternehmens verhindert

45 Besteht eine Einschränkung, die die Übertragung des betreffenden Werts verhindert, darf das Unternehmen bei der Ermittlung des beizulegenden Zeitwerts einer Schuld oder eines eigenen Eigenkapitalinstruments hierfür keinen separaten Eingangsparameter berücksichtigen oder eine Anpassung an anderen diesbezüglichen Eingangsparametern vornehmen. Die Auswirkung einer Beschränkung, die die Übertragung einer Schuld oder eines eigenen Eigenkapitalinstruments eines Unternehmens verhindert, ist entweder implizit oder explizit in den anderen Eingangsparametern für die Ermittlung des beizulegenden Zeitwerts enthalten.

46 Zum Beispiel haben sowohl der Gläubiger als auch der Schuldner zum Zeitpunkt der Transaktion den Transaktionspreis für die Schuld akzeptiert – in voller Kenntnis des Umstands, dass die Schuld eine Einschränkung enthält, die deren Übertragung verhindert. Da die Einschränkung im Transaktionspreis berücksichtigt wurde, ist zur Abbildung der Auswirkung der Übertragungseinschränkung zum Zeitpunkt der Transaktion weder ein separater Eingangsparameter noch eine Anpassung eines bestehenden Eingangsparameters erforderlich. Ebensowenig ist an späteren Bewertungsstichtagen ein separater Eingangsparameter oder eine Anpassung bestehender Eingangsparameter erforderlich, um die Auswirkung der Übertragungseinschränkung widerzuspiegeln.

Kurzfristig abrufbare finanzielle Verbindlichkeit

47 Der beizulegende Zeitwert einer kurzfristig abrufbaren finanziellen Verbindlichkeit (z. B. einer Sichteinlage) ist nicht niedriger als der auf Sicht zahlbare Betrag, der vom ersten Tag an, an dem die Zahlung des Betrags verlangt werden könnte, abgezinst wird.

Anwendung auf finanzielle Vermögenswerte und finanzielle Verbindlichkeiten mit kompensierenden Positionen hinsichtlich des Markt- oder Kontrahenten-Ausfallrisikos

48 Ein Unternehmen, das eine Gruppe finanzieller Vermögenswerte und finanzieller Verbindlichkeiten hält, ist Marktrisiken (im Sinne von IFRS 7) und dem Ausfallrisiko (im Sinne von IFRS 7) der jeweiligen Kontrahenten ausgesetzt. Steuert das Unternehmen die betreffende Gruppe finanzieller Vermögenswerte und finanzieller Verbindlichkeiten auf Grundlage ihres durch Marktrisiken oder durch das Ausfallrisiko bedingten Nettorisikos, darf es bei der Ermittlung des beizulegenden Zeitwerts eine Ausnahme vom vorliegenden IFRS anwenden. Diese Ausnahme erlaubt es einem Unternehmen, den beizulegenden Zeitwert einer Gruppe finanzieller Vermögenswerte und finanzieller Verbindlichkeiten auf Grundlage des Preises zu ermitteln, der bei einem gewöhnlichen Geschäftsvorfall zwischen Marktteilnehmern am Bewertungsstichtag unter aktuellen Marktbedingungen beim Verkauf einer Netto-Long-Position (d. h. eines Vermögenswerts) für ein bestimmtes Risiko erzielt würde oder bei der Übertragung einer Netto-Short-Position (d. h. einer Schuld) für ein bestimmtes Risiko zu zahlen wäre. Dementsprechend hat ein Unternehmen den beizulegenden Zeitwert der Gruppe finanzieller Vermögenswerte und finanzieller Verbindlichkeiten in gleicher Weise zu ermitteln, wie Marktteilnehmer die Nettorisikoposition am Bewertungsstichtag bepreisen würden.

49 Ein Unternehmen darf die in Paragraph 48 beschriebene Ausnahme nur dann anwenden, wenn es alles Folgende unternimmt:

(a) Es steuert die Gruppe finanzieller Vermögenswerte und finanzieller Verbindlichkeiten auf Grundlage seines Nettorisikos aus einem bestimmten Marktrisiko (oder bestimmten Marktrisiken) oder aus dem Ausfallrisiko einer bestimmten Vertragspartei gemäß der dokumentierten Risikomanagement- oder Anlagestrategie des Unternehmens,

(b) es gibt dem Management in Schlüsselpositionen (im Sinne von IAS 24 *Angaben über Beziehungen zu nahestehenden Unternehmen und Personen*) auf dieser Grundlage Auskunft über die Gruppe finanzieller Vermögenswerte und finanzieller Verbindlichkeiten, und

(c) es ist verpflichtet oder hat die Wahl getroffen, diese finanziellen Vermögenswerte und finanziellen Verbindlichkeiten in der Bilanz jedes Abschlussstichtags zum beizulegenden Zeitwert zu bewerten.

50 Die Ausnahme in Paragraph 48 betrifft nicht die Darstellung des Abschlusses. In einigen Fällen unterscheidet sich die Grundlage für die Darstellung von Finanzinstrumenten in der Bilanz von der Grundlage für die Bewertung von Finanzinstrumenten. Dies ist z. B. der Fall, wenn ein IFRS keine saldierte Darstellung von Finanzinstrumenten verlangt oder gestattet. In solchen Fällen müsste ein Unternehmen die auf Portfolioebene vorgenommenen Anpassungen (siehe Paragraphen 53–56) den einzelnen Vermögenswerten oder Schulden zuordnen, die die Gruppe finanzieller Vermögenswerte und finanzieller Verbindlichkeiten bilden, die auf Grundlage der Nettorisikoposition des Unternehmens gesteuert wird. Ein Unternehmen hat solche Zuordnungen auf angemessener und stetiger Basis unter Anwendung einer den Umständen angemessenen Methode vorzunehmen.

51 Um die in Paragraph 48 beschriebene Ausnahme zu nutzen, hat ein Unternehmen eine Entscheidung für eine Rechnungslegungsmethode gemäß IAS 8 *Rechnungslegungsmethoden, Änderungen von rechnungslegungsbezogenen*

liability. If the credit enhancement is accounted for separately from the liability, the issuer would take into account its own credit standing and not that of the third party guarantor when measuring the fair value of the liability.

Restriction preventing the transfer of a liability or an entity's own equity instrument

When measuring the fair value of a liability or an entity's own equity instrument, an entity shall not include a separate input or an adjustment to other *inputs* relating to the existence of a restriction that prevents the transfer of the item. The effect of a restriction that prevents the transfer of a liability or an entity's own equity instrument is either implicitly or explicitly included in the other inputs to the fair value measurement. 45

For example, at the transaction date, both the creditor and the obligor accepted the transaction price for the liability with full knowledge that the obligation includes a restriction that prevents its transfer. As a result of the restriction being included in the transaction price, a separate input or an adjustment to an existing input is not required at the transaction date to reflect the effect of the restriction on transfer. Similarly, a separate input or an adjustment to an existing input is not required at subsequent measurement dates to reflect the effect of the restriction on transfer. 46

Financial liability with a demand feature

The fair value of a financial liability with a demand feature (e.g. a demand deposit) is not less than the amount payable on demand, discounted from the first date that the amount could be required to be paid. 47

Application to financial assets and financial liabilities with offsetting positions in market risks or counterparty credit risk

An entity that holds a group of financial assets and financial liabilities is exposed to market risks (as defined in IFRS 7) and to the credit risk (as defined in IFRS 7) of each of the counterparties. If the entity manages that group of financial assets and financial liabilities on the basis of its net exposure to either market risks or credit risk, the entity is permitted to apply an exception to this IFRS for measuring fair value. That exception permits an entity to measure the fair value of a group of financial assets and financial liabilities on the basis of the price that would be received to sell a net long position (i.e. an asset) for a particular risk exposure or to transfer a net short position (i.e. a liability) for a particular risk exposure in an orderly transaction between market participants at the measurement date under current market conditions. Accordingly, an entity shall measure the fair value of the group of financial assets and financial liabilities consistently with how market participants would price the net risk exposure at the measurement date. 48

An entity is permitted to use the exception in paragraph 48 only if the entity does all the following: 49

(a) manages the group of financial assets and financial liabilities on the basis of the entity's net exposure to a particular market risk (or risks) or to the credit risk of a particular counterparty in accordance with the entity's documented risk management or investment strategy;
(b) provides information on that basis about the group of financial assets and financial liabilities to the entity's key management personnel, as defined in IAS 24 *Related Party Disclosures;* and
(c) is required or has elected to measure those financial assets and financial liabilities at fair value in the statement of financial position at the end of each reporting period.

The exception in paragraph 48 does not pertain to financial statement presentation. In some cases the basis for the presentation of financial instruments in the statement of financial position differs from the basis for the measurement of financial instruments, for example, if an IFRS does not require or permit financial instruments to be presented on a net basis. In such cases an entity may need to allocate the portfolio-level adjustments (see paragraphs 53—56) to the individual assets or liabilities that make up the group of financial assets and financial liabilities managed on the basis of the entity's net risk exposure. An entity shall perform such allocations on a reasonable and consistent basis using a methodology appropriate in the circumstances. 50

An entity shall make an accounting policy decision in accordance with IAS 8 *Accounting Policies, Changes in Accounting Estimates and Errors* to use the exception in paragraph 48. An entity that uses the exception shall apply that accounting 51

Schätzungen und Fehler zu treffen. Macht ein Unternehmen von der Ausnahme Gebrauch, hat es diese Rechnungslegungsmethode, einschließlich seiner Methode für die Zuordnung von Geld-/Brief-Anpassungen (siehe Paragraphen 53–55) und Ausfallsrisiko-Anpassungen (siehe Paragraph 56), soweit anwendbar, für ein bestimmtes Portfolio von Periode zu Periode stetig anzuwenden.

52 Die Ausnahme in Paragraph 48 gilt nur für finanzielle Vermögenswerte, finanzielle Verbindlichkeiten und sonstige Verträge im Anwendungsbereich von IFRS 9 *Finanzinstrumente* (oder IAS 39 *Finanzinstrumente: Ansatz und Bewertung*, falls IFRS 9 noch nicht übernommen wurde). Die Bezugnahmen auf finanzielle Vermögenswerte und finanzielle Verbindlichkeiten in den Paragraphen 48–51 und 53–56 sollten unabhängig davon, ob sie der Definition von finanziellen Vermögenswerten oder finanziellen Verbindlichkeiten in IAS 32 *Finanzinstrumente: Darstellung* entsprechen, als Bezugnahmen auf sämtliche Verträge verstanden werden, die in den Anwendungsbereich von IFRS 9 (oder IAS 39, falls IFRS 9 noch nicht übernommen wurde) fallen und nach diesen bilanziert werden.

Marktrisiken

53 Wird für die Ermittlung des beizulegenden Zeitwerts einer Gruppe finanzieller Vermögenswerte und finanzieller Verbindlichkeiten, die auf Grundlage des Nettorisikos des Unternehmens aus einem bestimmten Marktrisiko (oder aus bestimmten Marktrisiken) gesteuert werden, die Ausnahme in Paragraph 48 in Anspruch genommen, hat das Unternehmen denjenigen Preis innerhalb der Geld-Brief-Spanne anzuwenden, der unter den gegebenen Umständen im Hinblick auf das Nettorisiko des Unternehmens aus diesen Marktrisiken für den beizulegenden Zeitwert am repräsentativsten ist (siehe Paragraphen 70 und 71).

54 Macht ein Unternehmen von der Ausnahme in Paragraph 48 Gebrauch, hat es sicherzustellen, dass das Marktrisiko (oder die Marktrisiken), dem bzw. denen das Unternehmen innerhalb dieser Gruppe finanzieller Vermögenswerte und finanzieller Verbindlichkeiten ausgesetzt ist, so gut wie das Gleiche ist. Ein Unternehmen würde beispielsweise nicht das mit einem finanziellen Vermögenswert verbundene Zinsänderungsrisiko und das mit einer finanziellen Verbindlichkeit verbundene Rohstoffpreisrisiko kombinieren, da dadurch das Zinsänderungsrisiko oder das Rohstoffpreisrisiko des Unternehmens nicht gemindert würde. Wenn von der Ausnahme in Paragraph 48 Gebrauch gemacht wird, ist jedes Basisrisiko, das aus nicht identischen Marktrisikoparametern resultiert, bei der Zeitwertbewertung der finanziellen Vermögenswerte und finanziellen Verbindlichkeiten der Gruppe zu berücksichtigen.

55 Auch die Dauer des mit den finanziellen Vermögenswerten und finanziellen Verbindlichkeiten verbundenen Risikos des Unternehmens aus einem bestimmten Marktrisiko (oder aus bestimmten Marktrisiken), muss so gut wie die Gleiche sein. Ein Unternehmen, das beispielsweise einen 12-Monats-Terminkontrakt gegen die entsprechenden Zahlungsströme eines 12-Monats-Werts des Zinsänderungsrisikos eines Finanzinstruments mit einer Laufzeit von fünf Jahren innerhalb einer nur aus diesen finanziellen Vermögenswerten und finanziellen Verbindlichkeiten bestehenden Gruppe verwendet, ermittelt den beizulegenden Zeitwert des Risikos aus dem Zwölfmonats-Zinsänderungsrisiko auf Nettobasis und des verbleibenden Zinsänderungsrisikos (d. h. die Jahre 2–5) auf Bruttobasis.

Ausfallrisiko einer bestimmten Vertragspartei

56 Wird von der Ausnahme in Paragraph 48 Gebrauch gemacht, um den beizulegenden Zeitwert einer Gruppe finanzieller Vermögenswerte und finanzieller Verbindlichkeiten, die mit einer bestimmten Vertragspartei geschlossen wurden, zu ermitteln, hat das Unternehmen die Auswirkung auf sein Nettorisiko aus dem Ausfallrisiko dieser Vertragspartei oder das Nettorisiko der Vertragspartei aus dem Ausfallrisiko des Unternehmens bei der Bewertung zum beizulegenden Zeitwert zu berücksichtigen, wenn Marktteilnehmer etwaige Vereinbarungen zur Verringerung des Ausfallrisikos bei Zahlungsausfall (z. B. einen Globalverrechnungsvertrag mit dem Vertragspartner oder eine Vereinbarung, die den Tausch von Sicherheiten auf Grundlage des Nettorisikos jeder Partei aus dem Ausfallrisiko der anderen Partei verlangt) berücksichtigen würden. Die Bewertung zum beizulegenden Zeitwert hat die Erwartungen der Marktteilnehmer über die Wahrscheinlichkeit, dass eine solche Vereinbarung bei einem Ausfall rechtlich durchsetzbar wäre, widerzuspiegeln.

Beizulegender Zeitwert beim erstmaligen Ansatz

57 Wird in einem Tauschgeschäft ein Vermögenswert erworben oder eine Schuld übernommen, ist der Transaktionspreis der Preis, zu dem der betreffende Vermögenswert erworben oder die betreffende Schuld übernommen wurde (*Zugangspreis*). Im Gegensatz dazu ist der beizulegende Zeitwert des Vermögenswerts oder der Schuld der Preis, zu dem der Vermögenswert verkauft oder die Schuld übertragen würde (Abgangspreis). Unternehmen veräußern Vermögenswerte nicht unbedingt zu den Preisen, die sie für deren Erwerb gezahlt haben. Ebenso übertragen Unternehmen Schulden nicht unbedingt zu den Preisen, die sie für deren Übernahme erhalten haben.

58 In vielen Fällen wird der Transaktionspreis dem beizulegenden Zeitwert entsprechen (dies kann z. B. der Fall sein, wenn zum Transaktionszeitpunkt der Kauf eines Vermögenswerts in dem Markt stattfindet, in dem dieser Vermögenswert auch verkauft würde.)

59 Bei der Bestimmung, ob der beizulegende Zeitwert beim erstmaligen Ansatz dem Transaktionspreis entspricht, hat ein Unternehmen die für die Transaktion und die für den Vermögenswert oder die Schuld charakteristischen Faktoren zu

policy, including its policy for allocating bid-ask adjustments (see paragraphs 53—55) and credit adjustments (see paragraph 56), if applicable, consistently from period to period for a particular portfolio.

The exception in paragraph 48 applies only to financial assets, financial liabilities and other contracts within the scope of IFRS 9 *Financial Instruments* (or IAS 39 *Financial Instruments: Recognition and Measurement*, if IFRS 9 has not yet been adopted). The references to financial assets and financial liabilities in paragraphs 48—51 and 53—56 should be read as applying to all contracts within the scope of, and accounted for in accordance with, IFRS 9 (or IAS 39, if IFRS 9 has not yet been adopted), regardless of whether they meet the definitions of financial assets or financial liabilities in IAS 32 *Financial Instruments: Presentation*. 52

Exposure to market risks

When using the exception in paragraph 48 to measure the fair value of a group of financial assets and financial liabilities managed on the basis of the entity's net exposure to a particular market risk (or risks), the entity shall apply the price within the bid-ask spread that is most representative of fair value in the circumstances to the entity's net exposure to those market risks (see paragraphs 70 and 71). 53

When using the exception in paragraph 48, an entity shall ensure that the market risk (or risks) to which the entity is exposed within that group of financial assets and financial liabilities is substantially the same. For example, an entity would not combine the interest rate risk associated with a financial asset with the commodity price risk associated with a financial liability because doing so would not mitigate the entity's exposure to interest rate risk or commodity price risk. When using the exception in paragraph 48, any basis risk resulting from the market risk parameters not being identical shall be taken into account in the fair value measurement of the financial assets and financial liabilities within the group. 54

Similarly, the duration of the entity's exposure to a particular market risk (or risks) arising from the financial assets and financial liabilities shall be substantially the same. For example, an entity that uses a 12-month futures contract against the cash flows associated with 12 months' worth of interest rate risk exposure on a five-year financial instrument within a group made up of only those financial assets and financial liabilities measures the fair value of the exposure to 12-month interest rate risk on a net basis and the remaining interest rate risk exposure (i.e. years 2—5) on a gross basis. 55

Exposure to the credit risk of a particular counterparty

When using the exception in paragraph 48 to measure the fair value of a group of financial assets and financial liabilities entered into with a particular counterparty, the entity shall include the effect of the entity's net exposure to the credit risk of that counterparty or the counterparty's net exposure to the credit risk of the entity in the fair value measurement when market participants would take into account any existing arrangements that mitigate credit risk exposure in the event of default (e.g. a master netting agreement with the counterparty or an agreement that requires the exchange of collateral on the basis of each party's net exposure to the credit risk of the other party). The fair value measurement shall reflect market participants' expectations about the likelihood that such an arrangement would be legally enforceable in the event of default. 56

Fair value at initial recognition

When an asset is acquired or a liability is assumed in an exchange transaction for that asset or liability, the transaction price is the price paid to acquire the asset or received to assume the liability (an *entry price)*. In contrast, the fair value of the asset or liability is the price that would be received to sell the asset or paid to transfer the liability (an exit price). Entities do not necessarily sell assets at the prices paid to acquire them. Similarly, entities do not necessarily transfer liabilities at the prices received to assume them. 57

In many cases the transaction price will equal the fair value (e.g. that might be the case when on the transaction date the transaction to buy an asset takes place in the market in which the asset would be sold). 58

When determining whether fair value at initial recognition equals the transaction price, an entity shall take into account factors specific to the transaction and to the asset or liability. Paragraph B4 describes situations in which the transaction price might not represent the fair value of an asset or a liability at initial recognition. 59

berücksichtigen. In Paragraph B4 werden Fälle beschrieben, in denen der Transaktionspreis beim erstmaligen Ansatz nicht den beizulegenden Zeitwert eines Vermögenswerts oder einer Schuld repräsentieren könnte.

60 Wird in einem anderen IFRS die erstmalige Bewertung eines Vermögenswerts oder einer Schuld zum beizulegenden Zeitwert verlangt oder gestattet und weicht der Transaktionspreis vom beizulegenden Zeitwert ab, hat das Unternehmen den resultierenden Gewinn oder Verlust erfolgswirksam zu erfassen, sofern der betreffende IFRS nichts anderes bestimmt.

Bewertungsverfahren

61 **Ein Unternehmen hat Bewertungsverfahren zu verwenden, die unter den gegebenen Umständen angemessen sind und für die ausreichend Daten für die Bewertung zum beizulegenden Zeitwert zur Verfügung stehen, wobei so weit wie möglich auf relevante beobachtbare Eingangsparameter und so wenig wie möglich auf nicht beobachtbare Eingangsparameter zurückzugreifen ist.**

62 Die Zielsetzung bei der Verwendung eines Bewertungsverfahrens besteht darin, den Preis zu schätzen, zu dem ein gewöhnlicher Geschäftsvorfall zum Verkauf des Vermögenswerts oder zur Übertragung der Schuld zwischen Marktteilnehmern am Bewertungsstichtag unter aktuellen Marktbedingungen stattfinden würde. Drei weitverbreitete Bewertungsverfahren sind der marktbasierte Ansatz, der *kostenbasierte Ansatz* und der kapitalwertbasierte Ansatz. Die Hauptaspekte dieser Ansätze sind in den Paragraphen B5–B11 zusammengefasst. Für die Ermittlung des beizulegenden Zeitwerts hat ein Unternehmen Bewertungsverfahren anzuwenden, die mit einem oder mehreren der oben genannten Ansätze in Einklang stehen.

63 In einigen Fällen wird ein einziges Bewertungsverfahren angemessen sein (z. B. bei der Bewertung eines Vermögenswerts oder einer Schuld anhand von Preisen, die in einem aktiven Markt für identische Vermögenswerte oder Schulden notiert sind). In anderen Fällen werden mehrere Bewertungsverfahren angemessen sein (dies kann z. B. bei der Bewertung einer zahlungsmittelgenerierenden Einheit der Fall sein). Werden zur Ermittlung des beizulegenden Zeitwerts mehrere Bewertungsverfahren herangezogen, sind die Ergebnisse (d. h. die entsprechenden Anhaltspunkte für den beizulegenden Zeitwert) unter Berücksichtigung der Plausibilität der durch diese Ergebnisse aufgezeigten Bandbreite von Werten zu beurteilen. Eine Bewertung zum beizulegenden Zeitwert ist der Punkt innerhalb der Bandbreite, der den beizulegenden Zeitwert unter den gegebenen Umständen am besten repräsentiert.

64 Entspricht beim erstmaligen Ansatz der Transaktionspreis dem beizulegenden Zeitwert und wird in Folgeperioden ein Bewertungsverfahren angewandt, das nicht beobachtbare Eingangsparameter nutzt, ist das Bewertungsverfahren so zu kalibrieren, dass das Ergebnis des betreffenden Bewertungsverfahrens beim erstmaligen Ansatz dem Transaktionspreis entspricht. Mit der Kalibrierung wird sichergestellt, dass das Bewertungsverfahren aktuelle Marktbedingungen widerspiegelt. Zudem unterstützt sie ein Unternehmen bei der Bestimmung, ob eine Anpassung des Bewertungsverfahrens notwendig ist (z. B. wenn der Vermögenswert oder die Schuld ein von dem Bewertungsverfahren nicht erfasstes Merkmal aufweisen). Wendet ein Unternehmen bei der Bewertung zum beizulegenden Zeitwert ein Bewertungsverfahren an, das nicht beobachtbare Eingangsparameter nutzt, muss es im Anschluss an den erstmaligen Ansatz dafür sorgen, dass die betreffenden Bewertungsverfahren zum Bewertungsstichtag beobachtbare Marktdaten widerspiegeln (d. h. den Preis für ähnliche Vermögenswerte oder Schulden).

65 Die zur Ermittlung des beizulegenden Zeitwerts verwendeten Bewertungsverfahren sind stetig anzuwenden. Eine Änderung an einem Bewertungsverfahren oder an seiner Anwendung (z. B. eine Änderung seiner Gewichtung bei Verwendung mehrerer Bewertungsverfahren oder eine Änderung an einer an einem Bewertungsverfahren vorgenommenen Anpassung) ist jedoch angemessen, wenn die Änderung zu einer Bewertung führt, die unter den gegebenen Umständen den beizulegenden Zeitwert gleich gut oder besser repräsentiert. Dies kann der Fall sein, wenn beispielsweise eines der folgenden Ereignisse eintritt:

(a) neue Märkte werden erschlossen,
(b) neue Informationen sind verfügbar,
(c) bisher verwendete Informationen sind nicht mehr verfügbar,
(d) Bewertungsverfahren werden verbessert oder
(e) Marktbedingungen ändern sich.

66 Überarbeitungen, die aus einer Änderung bei dem Bewertungsverfahren oder seiner Anwendung resultieren, sind als Änderung einer rechnungslegungsbezogenen Schätzung gemäß IAS 8 zu bilanzieren. Die in IAS 8 verlangten Angaben bei Änderung einer rechnungslegungsbezogenen Schätzung sind jedoch nicht erforderlich für Überarbeitungen, die aus einer Änderung bei dem Bewertungsverfahren oder dessen Anwendung resultieren.

Eingangsparameter für Bewertungsverfahren

Allgemeine Grundsätze

67 **Bei den zur Ermittlung des beizulegenden Zeitwerts verwendeten Bewertungsverfahren ist so weit wie möglich auf relevante beobachtbare Eingangsparameter und so wenig wie möglich auf nicht beobachtbare Eingangsparameter zurückzugreifen.**

If another IFRS requires or permits an entity to measure an asset or a liability initially at fair value and the transaction price differs from fair value, the entity shall recognise the resulting gain or loss in profit or loss unless that IFRS specifies otherwise. 60

Valuation techniques

An entity shall use valuation techniques that are appropriate in the circumstances and for which sufficient data are available to measure fair value, maximising the use of relevant observable inputs and minimising the use of unobservable inputs. 61

The objective of using a valuation technique is to estimate the price at which an orderly transaction to sell the asset or to transfer the liability would take place between market participants at the measurement date under current market conditions. Three widely used valuation techniques are the market approach, the *cost approach* and the income approach. The main aspects of those approaches are summarised in paragraphs B5—B11. An entity shall use valuation techniques consistent with one or more of those approaches to measure fair value. 62

In some cases a single valuation technique will be appropriate (e.g. when valuing an asset or a liability using quoted prices in an active market for identical assets or liabilities). In other cases, multiple valuation techniques will be appropriate (e.g. that might be the case when valuing a cash-generating unit). If multiple valuation techniques are used to measure fair value, the results (i.e. respective indications of fair value) shall be evaluated considering the reasonableness of the range of values indicated by those results. A fair value measurement is the point within that range that is most representative of fair value in the circumstances. 63

If the transaction price is fair value at initial recognition and a valuation technique that uses unobservable inputs will be used to measure fair value in subsequent periods, the valuation technique shall be calibrated so that at initial recognition the result of the valuation technique equals the transaction price. Calibration ensures that the valuation technique reflects current market conditions, and it helps an entity to determine whether an adjustment to the valuation technique is necessary (e.g. there might be a characteristic of the asset or liability that is not captured by the valuation technique). After initial recognition, when measuring fair value using a valuation technique or techniques that use unobservable inputs, an entity shall ensure that those valuation techniques reflect observable market data (e.g. the price for a similar asset or liability) at the measurement date. 64

Valuation techniques used to measure fair value shall be applied consistently. However, a change in a valuation technique or its application (e.g. a change in its weighting when multiple valuation techniques are used or a change in an adjustment applied to a valuation technique) is appropriate if the change results in a measurement that is equally or more representative of fair value in the circumstances. That might be the case if, for example, any of the following events take place: 65
(a) new markets develop;
(b) new information becomes available;
(c) information previously used is no longer available;
(d) valuation techniques improve; or
(e) market conditions change.

Revisions resulting from a change in the valuation technique or its application shall be accounted for as a change in accounting estimate in accordance with IAS 8. However, the disclosures in IAS 8 for a change in accounting estimate are not required for revisions resulting from a change in a valuation technique or its application. 66

Inputs to valuation techniques

General principles

Valuation techniques used to measure fair value shall maximise the use of relevant observable inputs and minimise the use of unobservable inputs. 67

68 Märkte, in denen für bestimmte Vermögenswerte und Schulden (z. B. Finanzinstrumente) Eingangsparameter beobachtbar sein könnten, sind u. a. Börsen, Händlermärkte („dealer markets"), Vermittlermärkte („brokered markets") und Direktmärkte („principal-to-principal markets") (siehe Paragraph B34).

69 Ein Unternehmen hat Eingangsparameter zu wählen, die denjenigen Merkmalen des Vermögenswerts oder der Schuld entsprechen, die Marktteilnehmer bei einem Geschäftsvorfall im Zusammenhang mit dem betreffenden Vermögenswert oder der betreffenden Schuld berücksichtigen würden (siehe Paragraphen 11 und 12). Solche Merkmale führen in einigen Fällen dazu, dass eine Anpassung in Form eines Aufschlags oder Abschlags vorgenommen wird, (z. B. ein Aufschlag für die Beherrschung oder ein Abschlag bei nicht beherrschenden Anteilen). In eine Bewertung zum beizulegenden Zeitwert sind jedoch keine Auf- oder Abschläge einzubeziehen, die nicht mit der Bilanzierungseinheit in dem IFRS übereinstimmen, der eine Bewertung zum beizulegenden Zeitwert verlangt oder gestattet (siehe Paragraphen 13 und 14). Auf- oder Abschläge, die Größe als ein Merkmal für einen Bestand des Unternehmens (insbesondere ein Paketabschlag, der den notierten Preis eines Vermögenswerts oder einer Schuld anpasst, weil das normale tägliche Handelsvolumen des Marktes nicht ausreicht, um die von dem Unternehmen gehaltene Menge gemäß Paragraph 80 zu absorbieren), und nicht als ein Merkmal des Vermögenswerts oder der Schuld (z. B. ein Aufschlag für die Beherrschung bei der Ermittlung des beizulegenden Zeitwerts eines beherrschenden Anteils) widerspiegeln, sind bei einer Bewertung zum beizulegenden Zeitwert nicht zulässig. In allen Fällen, in denen es für einen Vermögenswert oder eine Schuld einen notierten Preis an einem aktiven Markt (d. h. einen Eingangsparameter der Stufe 1) gibt, hat ein Unternehmen diesen Preis bei der Ermittlung des beizulegenden Zeitwerts ohne Anpassung zu verwenden, sofern nicht die in Paragraph 79 beschriebenen Umstände vorliegen.

Eingangsparameter auf der Grundlage von Geld- und Briefkursen

70 Besteht für einen zum beizulegenden Zeitwert bewerteten Vermögenswert oder eine zum beizulegenden Zeitwert bewertete Schuld ein Geld- und ein Briefkurs (z. B. ein Eingangsparameter eines Händlermarktes), ist zur Ermittlung des beizulegenden Zeitwerts der Preis innerhalb der Geld-Brief-Spanne zu verwenden, der den beizulegenden Zeitwert unter den gegebenen Umständen am besten repräsentiert. Dabei spielt es keine Rolle, welcher Stufe der Fair-Value-Hierarchie der Eingangsparameter zugeordnet wird (d. h. Stufe 1, 2, oder 3, siehe Paragraphen 72–90). Die Verwendung von Geldkursen für Vermögenspositionen und Briefkursen für Schuldpositionen ist zulässig, aber nicht vorgeschrieben.

71 Der vorliegende IFRS schließt die Nutzung von Mittelkursen oder anderen Bepreisungskonventionen, die von Marktteilnehmern als praktischer Behelf für die Bewertung zum beizulegenden Zeitwert innerhalb der Geld-Brief-Spanne herangezogen werden, nicht aus.

Fair-Value-Hierarchie

72 Um die Stetigkeit und Vergleichbarkeit bei Bewertungen zum beizulegenden Zeitwert und den zugehörigen Angaben zu erhöhen, wird im vorliegenden IFRS eine Hierarchie für den beizulegenden Zeitwert (sog. „Fair-Value-Hierarchie") festgelegt. Diese Hierarchie teilt die in den Bewertungsverfahren für die Bewertung zum beizulegenden Zeitwert verwendeten Eingangsparameter in drei Stufen ein (siehe Paragraphen 76–90). Bei der Fair-Value-Hierarchie wird den an aktiven Märkten für identische Vermögenswerte oder Schulden notierten (unverändert übernommenen) Preisen (Eingangsparameter der Stufe 1) die höchste Priorität eingeräumt, während nicht beobachtbare Eingangsparameter die niedrigste Priorität erhalten (Eingangsparameter der Stufe 3).

73 In einigen Fällen können die zur Ermittlung des beizulegenden Zeitwerts eines Vermögenswerts oder einer Schuld verwendeten Eingangsparameter verschiedenen Stufen der Fair-Value-Hierarchie zugeordnet werden. In solchen Fällen wird die Bewertung zum beizulegenden Zeitwert insgesamt der gleichen Hierarchiestufe zugeordnet wie der Eingangsparameter der niedrigsten Stufe, der für die Bewertung als Ganzes von Bedeutung ist. Die Beurteilung der Bedeutung eines bestimmten Eingangsparameters für die Bewertung insgesamt erfordert Ermessensausübung. Hierbei sind die für den Vermögenswert oder die Schuld charakteristischen Faktoren zu berücksichtigen. Bei der Bestimmung, welcher Hierarchiestufe eine Bewertung zum beizulegenden Zeitwert zuzuordnen ist, dürfen Anpassungen, die zu zeitwertbasierten Bewertungen führen, nicht berücksichtigt werden, wie Veräußerungskosten, die bei der Ermittlung des beizulegenden Zeitwerts abzüglich der Veräußerungskosten berücksichtigt werden.

74 Die Verfügbarkeit relevanter Eingangsparameter und deren relative Subjektivität könnten die Wahl angemessener Bewertungsverfahren beeinflussen (siehe Paragraph 61). In der Fair-Value-Hierarchie wird jedoch den in die Bewertungsverfahren einfließenden Eingangsparametern und nicht den zur Ermittlung des beizulegenden Zeitwerts verwendeten Bewertungsverfahren Vorrang gegeben. Beispielsweise könnte eine Bewertung zum beizulegenden Zeitwert, bei der ein Barwertverfahren verwendet wird, der Stufe 2 oder der Stufe 3 zugeordnet werden, je nachdem, welche Eingangsparameter für die Bewertung als Ganzes von Bedeutung sind und welcher Hierarchiestufe diese Parameter zugeordnet werden.

75 Wenn ein beobachtbarer Eingangsparameter eine Anpassung erfordert, bei der ein nicht beobachtbarer Eingangsparameter zum Einsatz kommt, und wenn diese Anpassung zu einer wesentlich höheren oder niedrigeren Zeitwertbewertung führt, würde die daraus resultierende Bewertung der Hierarchiestufe 3 zugeordnet. Würde ein Marktteilnehmer beispielsweise

Examples of markets in which inputs might be observable for some assets and liabilities (e.g. financial instruments) include exchange markets, dealer markets, brokered markets and principal-to-principal markets (see paragraph B34). 68

An entity shall select inputs that are consistent with the characteristics of the asset or liability that market participants would take into account in a transaction for the asset or liability (see paragraphs 11 and 12). In some cases those characteristics result in the application of an adjustment, such as a premium or discount (e.g. a control premium or non-controlling interest discount). However, a fair value measurement shall not incorporate a premium or discount that is inconsistent with the unit of account in the IFRS that requires or permits the fair value measurement (see paragraphs 13 and 14). Premiums or discounts that reflect size as a characteristic of the entity's holding (specifically, a blockage factor that adjusts the quoted price of an asset or a liability because the market's normal daily trading volume is not sufficient to absorb the quantity held by the entity, as described in paragraph 80) rather than as a characteristic of the asset or liability (e.g. a control premium when measuring the fair value of a controlling interest) are not permitted in a fair value measurement. In all cases, if there is a quoted price in an active market (i.e. a *Level 1 input)* for an asset or a liability, an entity shall use that price without adjustment when measuring fair value, except as specified in paragraph 79. 69

Inputs based on bid and ask prices

If an asset or a liability measured at fair value has a bid price and an ask price (e.g. an input from a dealer market), the price within the bid-ask spread that is most representative of fair value in the circumstances shall be used to measure fair value regardless of where the input is categorised within the fair value hierarchy (i.e. Level 1, 2 or 3; see paragraphs 72—90). The use of bid prices for asset positions and ask prices for liability positions is permitted, but is not required. 70

This IFRS does not preclude the use of mid-market pricing or other pricing conventions that are used by market participants as a practical expedient for fair value measurements within a bid-ask spread. 71

Fair value hierarchy

To increase consistency and comparability in fair value measurements and related disclosures, this IFRS establishes a fair value hierarchy that categorises into three levels (see paragraphs 76—90) the inputs to valuation techniques used to measure fair value. The fair value hierarchy gives the highest priority to quoted prices (unadjusted) in active markets for identical assets or liabilities (Level 1 inputs) and the lowest priority to unobservable inputs *(Level 3 inputs).* 72

In some cases, the inputs used to measure the fair value of an asset or a liability might be categorised within different levels of the fair value hierarchy. In those cases, the fair value measurement is categorised in its entirety in the same level of the fair value hierarchy as the lowest level input that is significant to the entire measurement. Assessing the significance of a particular input to the entire measurement requires judgement, taking into account factors specific to the asset or liability. Adjustments to arrive at measurements based on fair value, such as costs to sell when measuring fair value less costs to sell, shall not be taken into account when determining the level of the fair value hierarchy within which a fair value measurement is categorised. 73

The availability of relevant inputs and their relative subjectivity might affect the selection of appropriate valuation techniques (see paragraph 61). However, the fair value hierarchy prioritises the inputs to valuation techniques, not the valuation techniques used to measure fair value. For example, a fair value measurement developed using a present value technique might be categorised within Level 2 or Level 3, depending on the inputs that are significant to the entire measurement and the level of the fair value hierarchy within which those inputs are categorised. 74

If an observable input requires an adjustment using an unobservable input and that adjustment results in a significantly higher or lower fair value measurement, the resulting measurement would be categorised within Level 3 of the fair value hierarchy. For example, if a market participant would take into account the effect of a restriction on the sale of an asset 75

bei der Schätzung des Preises für einen Vermögenswert die Auswirkung einer Verkaufsbeschränkung für den Vermögenswert berücksichtigen, dann würde ein Unternehmen den notierten Preis anpassen, um die Auswirkung dieser Beschränkung widerzuspiegeln. Handelt es sich bei diesem notierten Preis um einen *Eingangsparameter der Stufe 2* und ist die Anpassung ein nicht beobachtbarer Eingangsparameter, der für die Bewertung als Ganzes von Bedeutung ist, würde die Bewertung der Hierarchiestufe 3 zugeordnet.

Eingangsparameter der Stufe 1

76 Eingangsparameter der Stufe 1 sind die an aktiven Märkten für identische Vermögenswerte oder Schulden notierten (unverändert übernommenen) Preise, auf die das Unternehmen am Bewertungsstichtag zugreifen kann.

77 Ein an einem aktiven Markt notierter Preis liefert den verlässlichsten Anhaltspunkt für den beizulegenden Zeitwert und ist, wann immer verfügbar, ohne Anpassung bei der Ermittlung des beizulegenden Zeitwerts zu verwenden. Ausgenommen sind die in Paragraph 79 beschriebenen Umstände.

78 Ein Eingangsparameter der Stufe 1 wird für viele finanzielle Vermögenswerte und finanzielle Verbindlichkeiten verfügbar sein, von denen einige auf mehreren aktiven Märkten ausgetauscht werden könnten (z. B. an unterschiedlichen Börsen). Aus diesem Grund liegt auf Stufe 1 der Schwerpunkt auf der Bestimmung der beiden folgenden Aspekte:

(a) welches der Hauptmarkt für den Vermögenswert oder die Schuld ist oder – in Ermangelung eines Hauptmarkts – welches der vorteilhafteste Markt für den Vermögenswert oder die Schuld ist, und

(b) ob das Unternehmen am Bewertungsstichtag zu dem Preis an diesem Markt eine Transaktion mit dem Vermögenswert oder der Schuld abschließen kann.

79 Unternehmen dürfen nur unter folgenden Umständen eine Anpassung an einem Eingangsparameter der Stufe 1 vornehmen:

(a) wenn ein Unternehmen eine große Anzahl ähnlicher (aber nicht identischer) Vermögenswerte oder Schulden (z. B. Schuldverschreibungen) hält, die zum beizulegenden Zeitwert bewertet werden und ein an einem aktiven Markt notierter Preis verfügbar, aber nicht für jeden einzelnen dieser Vermögenswerte oder Schulden ohne Weiteres zugänglich ist (d. h. bei der großen Anzahl der vom Unternehmen gehaltenen ähnlichen Vermögens werte oder Schulden wäre es schwierig, am Bewertungsstichtag Preisinformationen für jeden einzelnen Vermögenswert oder jede einzelne Schuld einzuholen). In diesem Fall kann ein Unternehmen den beizulegenden Zeitwert behelfsweise mit einer alternativen Bepreisungsmethode ermitteln, die sich nicht ausschließlich auf notierte Preise stützt (z. B. Matrix-Preismodelle). Die Anwendung einer alternativen Bepreisungsmethode führt jedoch dazu, dass die Bewertung zum beizulegenden Zeitwert einer niedrigeren Stufe in der Fair-Value-Hierarchie zugeordnet wird.

(b) wenn ein an einem aktiven Markt notierter Preis zum Bewertungsstichtag nicht den beizulegenden Zeitwert repräsentiert. Dies kann beispielsweise dann der Fall sein, wenn bedeutende Ereignisse (wie Geschäftsvorfälle in einem Direktmarkt, Handel in einem Vermittlermarkt oder Bekanntgaben) nach Marktschluss, aber vor dem Bewertungsstichtag eintreten. Ein Unternehmen muss zur Ermittlung dieser Ereignisse, die sich auf Bewertungen zum beizulegenden Zeitwert auswirken könnten, eine unternehmenseigene Methode festlegen und stetig anwenden. Wird der notierte Preis jedoch aufgrund neuer Informationen angepasst, führt diese Anpassung dazu, dass die Bewertung zum beizulegenden Zeitwert einer niedrigeren Stufe in der Fair-Value-Hierarchie zugeordnet wird.

(c) wenn der beizulegende Zeitwert einer Schuld oder eines eigenen Eigenkapitalinstruments eines Unternehmens anhand des Preises ermittelt wird, der für einen identischen, an einem aktiven Markt als Vermögenswert gehandelten Posten notiert ist, und dieser Preis aufgrund von Faktoren angepasst werden muss, die für den betreffenden Posten bzw. Vermögenswert charakteristisch sind (siehe Paragraph 39). Ist keine Anpassung erforderlich, ergibt sich eine Bewertung zum beizulegenden Zeitwerts auf Stufe 1 der Fair-Value-Hierarchie. Jede Anpassung des notierten Preises des Vermögenswerts führt jedoch dazu, dass die Bewertung zum beizulegenden Zeitwert einer niedrigeren Stufe in der Fair-Value-Hierarchie zugeordnet wird.

80 Wenn ein Unternehmen eine Position an einem einzigen Vermögenswert oder einer einzigen Schuld hält (eingeschlossen sind Positionen, die eine große Zahl identischer Vermögenswerte oder Schulden umfassen, z. B. ein Bestand an Finanzinstrumenten) und dieser Vermögenswert oder diese Schuld an einem aktiven Markt gehandelt wird, ist der beizulegende Zeitwert des Vermögenswerts oder der Schuld auf Stufe 1 als Produkt aus dem für den einzelnen Vermögenswert oder die einzelne Schuld notierten Marktpreis und der vom Unternehmen gehaltenen Menge zu ermitteln. Dies ist auch dann der Fall, wenn das normale tägliche Handelsvolumen eines Markts nicht ausreicht, um die gehaltene Menge zu absorbieren und sich Auftragserteilungen zur Veräußerung der Position in einer einzigen Transaktion auf den notierten Preis auswirken könnten.

Eingangsparameter der Stufe 2

81 Eingangsparameter der Stufe 2 sind andere als die in Stufe 1 enthaltenen notierten Preise, die für den Vermögenswert oder die Schuld entweder direkt oder indirekt beobachtbar sind.

82 Hat der Vermögenswert oder die Schuld eine festgelegte (vertragliche) Laufzeit, muss ein Eingangsparameter der Stufe 2 für so gut wie die gesamte Laufzeit des Vermögenswerts oder der Schuld beobachtbar sein. Eingangsparameter der Stufe 2 beinhalten:

when estimating the price for the asset, an entity would adjust the quoted price to reflect the effect of that restriction. If that quoted price is a Level 2 input and the adjustment is an unobservable input that is significant to the entire measurement, the measurement would be categorised within Level 3 of the fair value hierarchy.

Level 1 inputs

Level 1 inputs are quoted prices (unadjusted) in active markets for identical assets or liabilities that the entity can access at the measurement date. 76

A quoted price in an active market provides the most reliable evidence of fair value and shall be used without adjustment to measure fair value whenever available, except as specified in paragraph 79. 77

A Level 1 input will be available for many financial assets and financial liabilities, some of which might be exchanged in multiple active markets (e.g. on different exchanges). Therefore, the emphasis within Level 1 is on determining both of the following: 78

(a) the principal market for the asset or liability or, in the absence of a principal market, the most advantageous market for the asset or liability; and
(b) whether the entity can enter into a transaction for the asset or liability at the price in that market at the measurement date.

An entity shall not make an adjustment to a Level 1 input except in the following circumstances: 79

(a) when an entity holds a large number of similar (but not identical) assets or liabilities (e.g. debt securities) that are measured at fair value and a quoted price in an active market is available but not readily accessible for each of those assets or liabilities individually (i.e. given the large number of similar assets or liabilities held by the entity, it would be difficult to obtain pricing information for each individual asset or liability at the measurement date). In that case, as a practical expedient, an entity may measure fair value using an alternative pricing method that does not rely exclusively on quoted prices (e.g. matrix pricing). However, the use of an alternative pricing method results in a fair value measurement categorised within a lower level of the fair value hierarchy.
(b) when a quoted price in an active market does not represent fair value at the measurement date. That might be the case if, for example, significant events (such as transactions in a principal-to-principal market, trades in a brokered market or announcements) take place after the close of a market but before the measurement date. An entity shall establish and consistently apply a policy for identifying those events that might affect fair value measurements. However, if the quoted price is adjusted for new information, the adjustment results in a fair value measurement categorised within a lower level of the fair value hierarchy.
(c) when measuring the fair value of a liability or an entity's own equity instrument using the quoted price for the identical item traded as an asset in an active market and that price needs to be adjusted for factors specific to the item or the asset (see paragraph 39). If no adjustment to the quoted price of the asset is required, the result is a fair value measurement categorised within Level 1 of the fair value hierarchy. However, any adjustment to the quoted price of the asset results in a fair value measurement categorised within a lower level of the fair value hierarchy.

If an entity holds a position in a single asset or liability (including a position comprising a large number of identical assets or liabilities, such as a holding of financial instruments) and the asset or liability is traded in an active market, the fair value of the asset or liability shall be measured within Level 1 as the product of the quoted price for the individual asset or liability and the quantity held by the entity. That is the case even if a market's normal daily trading volume is not sufficient to absorb the quantity held and placing orders to sell the position in a single transaction might affect the quoted price. 80

Level 2 inputs

Level 2 inputs are inputs other than quoted prices included within Level 1 that are observable for the asset or liability, either directly or indirectly. 81

If the asset or liability has a specified (contractual) term, a Level 2 input must be observable for substantially the full term of the asset or liability. Level 2 inputs include the following: 82

(a) an aktiven Märkten für ähnliche Vermögenswerte oder Schulden notierte Preise,
(b) an nicht aktiven Märkten für identische oder ähnliche Vermögenswerte oder Schulden notierte Preise,
(c) andere Eingangsparameter als notierte Preise, die für den Vermögenswert oder die Schuld beobachtbar sind, z. B.:
   (i) in üblichen Intervallen beobachtbare Zinssätze und Renditekurven,
   (ii) implizite Volatilitäten und
   (iii) Kreditspreads.
(d) *marktgestützte Eingangsparameter*.

83 Anpassungen an Eingangsparametern der Stufe 2 werden je nach den für den Vermögenswert oder die Schuld charakteristischen Faktoren variieren. Diese Faktoren sind unter anderem:
(a) Zustand oder Standort des Vermögenswerts,
(b) der Umfang, in dem sich Eingangsparameter auf Posten beziehen, die mit dem Vermögenswert oder der Schuld vergleichbar sind (einschließlich der in Paragraph 39 beschriebenen Faktoren), und
(c) das Volumen oder das Ausmaß der Aktivität an den Märkten, an denen die Eingangsparameter beobachtet werden.

84 Eine Anpassung an einem Eingangsparameter der Stufe 2, die für die Bewertung als Ganzes von Bedeutung ist, könnte dazu führen, dass eine Bewertung zum beizulegenden Zeitwert der Stufe 3 der Fair-Value-Hierarchie zugeordnet wird, wenn sich die Anpassung auf wesentliche, nicht beobachtbare Eingangsparameter stützt.

85 Paragraph B35 beschreibt die Verwendung von Eingangsparametern der Stufe 2 bei bestimmten Vermögenswerten und Schulden.

Eingangsparameter der Stufe 3

86 Eingangsparameter der Stufe 3 sind Eingangsparameter, die für den Vermögenswert oder die Schuld nicht beobachtbar sind.

87 Nicht beobachtbare Eingangsparameter sind in dem Umfang zur Ermittlung des beizulegenden Zeitwerts heranzuziehen, in dem keine relevanten beobachtbaren Eingangsparameter verfügbar sind. Hierdurch wird auch Situationen Rechnung getragen, in denen für den Vermögenswert oder die Schuld am Bewertungsstichtag wenig oder keine Marktaktivität besteht. Die Zielsetzung der Bewertung zum beizulegenden Zeitwert bleibt jedoch gleich, d. h. am Bewertungsstichtag einen Abgangspreis aus der Sicht eines Marktteilnehmers zu ermitteln, der den Vermögenswert hält oder die Schuld begleichen muss. Nicht beobachtbare Eingangsparameter haben also die Annahmen, einschließlich der Annahmen zum Risiko widerzuspiegeln, die die Marktteilnehmer bei der Festlegung des Preises für den Vermögenswert oder die Schuld zugrunde legen würden.

88 Annahmen zum Risiko umfassen das mit einem bestimmten Bewertungsverfahren zur Ermittlung des beizulegenden Zeitwerts (wie ein Preismodell) verbundene Risiko und das mit den in das Bewertungsverfahren einfließenden Eingangsparametern verbundene Risiko. Eine Bewertung, bei der keine Risikoanpassung vorgenommen wird, obwohl Marktteilnehmer diese bei Festlegung des Preises des Vermögenswerts oder der Schuld berücksichtigen würden, stellt keine Bewertung zum beizulegenden Zeitwert dar. Eine Risikoanpassung könnte z. B. notwendig sein, wenn erhebliche Bewertungsunsicherheiten bestehen (z. B. wenn das Volumen oder Ausmaß an Marktaktivität im Vergleich zur normalen Marktaktivität für die betreffenden oder ähnliche Vermögenswerte oder Schulden erheblich zurückgegangen ist und das Unternehmen bestimmt hat, dass der Transaktionspreis oder der notierte Preis nicht den beizulegenden Zeitwert repräsentiert (wie in den Paragraphen B37–B47 beschrieben).

89 Ein Unternehmen hat unter Verwendung der unter den gegebenen Umständen am besten verfügbaren Informationen, die eigene Daten des Unternehmens umfassen könnten, nicht beobachtbare Eingangsparameter zu entwickeln. Bei der Entwicklung nicht beobachtbarer Eingangsparameter kann ein Unternehmen mit seinen eigenen Daten beginnen, muss diese aber anpassen, wenn bei vertretbarem Aufwand verfügbare Informationen darauf hinweisen, dass andere Marktteilnehmer andere Daten verwenden würden, oder wenn das Unternehmen eine Besonderheit aufweist, die andere Marktteilnehmer nicht haben (wie eine unternehmensspezifische Synergie). Um Informationen über die Annahmen von Marktteilnehmern einzuholen, braucht ein Unternehmen keine allumfassenden Anstrengungen zu unternehmen. Es hat jedoch alle Informationen über Annahmen von Marktteilnehmern zu berücksichtigen, die bei vertretbarem Aufwand verfügbar sind. Nicht beobachtbare Eingangsparameter, die in der oben beschriebenen Weise hergeleitet wurden, gelten als Annahmen von Marktteilnehmern und erfüllen die Zielsetzung einer Bewertung zum beizulegenden Zeitwert.

90 Paragraph B36 beschreibt die Verwendung von Eingangsparametern der Stufe 3 bei bestimmten Vermögenswerten und Schulden.

ANGABEN

91 Ein Unternehmen muss Informationen angeben, die den Abschlussadressaten helfen, die beiden folgenden Punkte zu beurteilen:

(a) quoted prices for similar assets or liabilities in active markets.
(b) quoted prices for identical or similar assets or liabilities in markets that are not active.
(c) inputs other than quoted prices that are observable for the asset or liability, for example:
  (i) interest rates and yield curves observable at commonly quoted intervals;
  (ii) implied volatilities; and
  (iii) credit spreads.
(d) *market-corroborated inputs.*

Adjustments to Level 2 inputs will vary depending on factors specific to the asset or liability. Those factors include the following: 83
(a) the condition or location of the asset;
(b) the extent to which inputs relate to items that are comparable to the asset or liability (including those factors described in paragraph 39); and
(c) the volume or level of activity in the markets within which the inputs are observed.

An adjustment to a Level 2 input that is significant to the entire measurement might result in a fair value measurement categorised within Level 3 of the fair value hierarchy if the adjustment uses significant unobservable inputs. 84

Paragraph B35 describes the use of Level 2 inputs for particular assets and liabilities. 85

Level 3 inputs

Level 3 inputs are unobservable inputs for the asset or liability. 86

Unobservable inputs shall be used to measure fair value to the extent that relevant observable inputs are not available, thereby allowing for situations in which there is little, if any, market activity for the asset or liability at the measurement date. However, the fair value measurement objective remains the same, i.e. an exit price at the measurement date from the perspective of a market participant that holds the asset or owes the liability. Therefore, unobservable inputs shall reflect the assumptions that market participants would use when pricing the asset or liability, including assumptions about risk. 87

Assumptions about risk include the risk inherent in a particular valuation technique used to measure fair value (such as a pricing model) and the risk inherent in the inputs to the valuation technique. A measurement that does not include an adjustment for risk would not represent a fair value measurement if market participants would include one when pricing the asset or liability. For example, it might be necessary to include a risk adjustment when there is significant measurement uncertainty (e.g. when there has been a significant decrease in the volume or level of activity when compared with normal market activity for the asset or liability, or similar assets or liabilities, and the entity has determined that the transaction price or quoted price does not represent fair value, as described in paragraphs B37—B47). 88

An entity shall develop unobservable inputs using the best information available in the circumstances, which might include the entity's own data. In developing unobservable inputs, an entity may begin with its own data, but it shall adjust those data if reasonably available information indicates that other market participants would use different data or there is something particular to the entity that is not available to other market participants (e.g. an entity-specific synergy). An entity need not undertake exhaustive efforts to obtain information about market participant assumptions. However, an entity shall take into account all information about market participant assumptions that is reasonably available. Unobservable inputs developed in the manner described above are considered market participant assumptions and meet the objective of a fair value measurement. 89

Paragraph B36 describes the use of Level 3 inputs for particular assets and liabilities. 90

DISCLOSURE

An entity shall disclose information that helps users of its financial statements assess both of the following: 91

(a) **bei Vermögenswerten und Schulden, die in der Bilanz nach dem erstmaligen Ansatz regelmäßig oder einmalig zum beizulegenden Zeitwert bewertet werden, die Bewertungsverfahren und die zur Entwicklung dieser Bewertungen verwendeten Eingangsparameter,**

(b) **bei regelmäßigen Bewertungen zum beizulegenden Zeitwert, bei denen bedeutende nicht beobachtbare Eingangsparameter verwendet wurden (Stufe 3), die Auswirkung der Bewertungen auf den Gewinn oder Verlust oder auf das sonstige Ergebnis der Periode.**

92 Zur Erfüllung der in Paragraph 91 genannten Zielsetzungen hat ein Unternehmen alle folgenden Punkte zu berücksichtigen:

(a) den zur Erfüllung der Angabepflichten notwendigen Detaillierungsgrad,

(b) wieviel Gewicht auf jede der verschiedenen Vorschriften zu legen ist,

(c) in welchem Umfang Zusammenfassungen oder Aufgliederungen vorzunehmen sind und

(d) ob die Abschlussadressaten zusätzliche Informationen benötigen, um die angegebenen quantitativen Informationen zu beurteilen.

Reichen die gemäß diesem und anderen IFRS vorgelegten Angaben zur Erfüllung der Zielsetzungen in Paragraph 91 nicht aus, hat ein Unternehmen zusätzliche Informationen anzugeben, um diese Zielsetzungen zu erfüllen.

93 Zur Erfüllung der in Paragraph 91 genannten Zielsetzungen hat ein Unternehmen für jede Klasse von Vermögenswerten und Schulden (siehe Paragraph 94 bezüglich Informationen zur Bestimmung geeigneter Klassen von Vermögenswerten und Schulden), die in der Bilanz nach dem erstmaligen Ansatz zum beizulegenden Zeitwert bewertet werden (einschließlich auf beizulegendem Zeitwert basierende Bewertungen im Anwendungsbereich dieses IFRS), zumindest Folgendes anzugeben:

(a) bei regelmäßigen und einmaligen Bewertungen zum beizulegenden Zeitwert die Zeitwertbewertung am Abschlussstichtag und bei einmaligen Bewertungen zum beizulegenden Zeitwert die Gründe für die Bewertung. Regelmäßige Bewertungen von Vermögenswerten oder Schulden zum beizulegenden Zeitwert sind solche, die andere IFRS für die Bilanz zu jedem Abschlussstichtag verlangen oder gestatten. Einmalige Bewertungen von Vermögenswerten oder Schulden zum beizulegenden Zeitwert sind solche, die andere IFRS für die Bilanz unter bestimmten Umständen (z. B. wenn ein Unternehmen gemäß IFRS 5 *Zur Veräußerung gehaltene langfristige Vermögenswerte und aufgegebene Geschäftsbereiche* einen zur Veräußerung gehaltenen Vermögenswert zum beizulegenden Zeitwert abzüglich Veräußerungskosten bewertet, weil der beizulegende Zeitwert abzüglich Veräußerungskosten des betreffenden Vermögenswerts niedriger als dessen Buchwert ist) verlangen oder gestatten.

(b) bei regelmäßigen und einmaligen Bewertungen zum beizulegenden Zeitwert die Stufe der Fair-Value-Hierarchie, der die Bewertungen zum beizulegenden Zeitwert in ihrer Gesamtheit zugeordnet werden (Stufe 1, 2 oder 3).

(c) bei am Abschlussstichtag gehaltenen Vermögenswerten und Schulden, die regelmäßig zum beizulegenden Zeitwert bewertet werden, die Beträge aller etwaigen Umgliederungen zwischen Stufe 1 und Stufe 2 der Fair-Value-Hierarchie, die Gründe für diese Umgliederungen und die Methode des Unternehmens zur Bestimmung, wann Umgliederungen zwischen den Stufen als stattgefunden gelten (siehe Paragraph 95). Umgliederungen in die einzelnen Stufen sind gesondert von Umgliederungen aus den einzelnen Stufen anzugeben und zu erläutern.

(d) bei regelmäßigen und einmaligen Bewertungen zum beizulegenden Zeitwert, die Stufe 2 und Stufe 3 der Fair-Value-Hierarchie zugeordnet sind, eine Beschreibung des/der Bewertungsverfahren(s) und die bei der Bewertung zum beizulegenden Zeitwert verwendeten Eingangsparameter. Wurde das Bewertungsverfahren geändert (z. B. von einem markbasierten Ansatz zu einem kapitalwertbasierten Ansatz oder ein zusätzliches Bewertungsverfahren verwendet), hat das Unternehmen diese Änderung anzugeben und zu begründen. Bei Bewertungen zum beizulegenden Zeitwert, die Stufe 3 der Fair-Value-Hierarchie zugeordnet sind, hat das Unternehmen quantitative Informationen über bedeutende, nicht beobachtbare Eingangsparameter vorzulegen, die bei der Ermittlung des beizulegenden Zeitwerts verwendet wurden. Ein Unternehmen muss zur Erfüllung seiner Angabepflicht keine quantitativen Informationen erzeugen, falls quantitative nicht beobachtbare Eingangsparameter bei der Ermittlung des beizulegenden Zeitwerts durch das Unternehmen nicht hergeleitet werden (z. B. wenn ein Unternehmen Preise früherer Geschäftsvorfälle oder Preisinformationen eines Dritten ohne Anpassung verwendet). Bei der Bereitstellung dieser Angabe darf ein Unternehmen jedoch quantitative, nicht beobachtbare Eingangsparameter, die für die Ermittlung des beizulegenden Zeitwerts von Bedeutung sind und dem Unternehmen bei vertretbarem Aufwand zur Verfügung stehen, nicht ignorieren.

(e) bei regelmäßigen, Stufe 3 der Fair-Value-Hierarchie zugeordneten Bewertungen zum beizulegenden Zeitwert eine Überleitungsrechnung von den Eröffnungs- zu den Schlusssalden mit gesonderter Angabe der in der Periode angefallenen Veränderungen, die zurückzuführen sind auf

  (i) die gesamten Gewinne oder Verluste der Periode, die erfolgswirksam erfasst wurden und der/die Posten der Gewinn- und Verlustrechnung/Gesamtergebnisrechnung, in dem/denen diese Gewinne oder Verluste erfasst sind,

  (ii) die gesamten Gewinne oder Verluste der Periode, die im sonstigen Ergebnis erfasst wurden und der/die Posten der Gesamtergebnisrechnung, in dem/denen jene Gewinne oder Verluste erfasst sind,

  (iii) Käufe, Verkäufe, Emissionen und Rückzahlungen/Rückführungen (wobei jede dieser Arten von Änderungen gesondert anzugeben ist),

  (iv) die Beträge aller Umgliederungen in oder aus Stufe 3 der Fair-Value-Hierarchie, die Gründe für diese Umgliederungen und die Methode des Unternehmens zur Bestimmung, wann Umgliederungen zwischen den

(a) for assets and liabilities that are measured at fair value on a recurring or non-recurring basis in the statement of financial position after initial recognition, the valuation techniques and inputs used to develop those measurements.

(b) for recurring fair value measurements using significant unobservable inputs (Level 3), the effect of the measurements on profit or loss or other comprehensive income for the period.

To meet the objectives in paragraph 91, an entity shall consider all the following: 92

(a) the level of detail necessary to satisfy the disclosure requirements;

(b) how much emphasis to place on each of the various requirements;

(c) how much aggregation or disaggregation to undertake; and

(d) whether users of financial statements need additional information to evaluate the quantitative information disclosed.

If the disclosures provided in accordance with this IFRS and other IFRSs are insufficient to meet the objectives in paragraph 91, an entity shall disclose additional information necessary to meet those objectives.

To meet the objectives in paragraph 91, an entity shall disclose, at a minimum, the following information for each class of assets and liabilities (see paragraph 94 for information on determining appropriate classes of assets and liabilities) measured at fair value (including measurements based on fair value within the scope of this IFRS) in the statement of financial position after initial recognition: 93

(a) for recurring and non-recurring fair value measurements, the fair value measurement at the end of the reporting period, and for non-recurring fair value measurements, the reasons for the measurement. Recurring fair value measurements of assets or liabilities are those that other IFRSs require or permit in the statement of financial position at the end of each reporting period. Non-recurring fair value measurements of assets or liabilities are those that other IFRSs require or permit in the statement of financial position in particular circumstances (e.g. when an entity measures an asset held for sale at fair value less costs to sell in accordance with IFRS 5 *Non-current Assets Held for Sale and Discontinued Operations* because the asset's fair value less costs to sell is lower than its carrying amount).

(b) for recurring and non-recurring fair value measurements, the level of the fair value hierarchy within which the fair value measurements are categorised in their entirety (Level 1, 2 or 3).

(c) for assets and liabilities held at the end of the reporting period that are measured at fair value on a recurring basis, the amounts of any transfers between Level 1 and Level 2 of the fair value hierarchy, the reasons for those transfers and the entity's policy for determining when transfers between levels are deemed to have occurred (see paragraph 95). Transfers into each level shall be disclosed and discussed separately from transfers out of each level.

(d) for recurring and non-recurring fair value measurements categorised within Level 2 and Level 3 of the fair value hierarchy, a description of the valuation technique(s) and the inputs used in the fair value measurement. If there has been a change in valuation technique (e.g. changing from a market approach to an income approach or the use of an additional valuation technique), the entity shall disclose that change and the reason(s) for making it. For fair value measurements categorised within Level 3 of the fair value hierarchy, an entity shall provide quantitative information about the significant unobservable inputs used in the fair value measurement. An entity is not required to create quantitative information to comply with this disclosure requirement if quantitative unobservable inputs are not developed by the entity when measuring fair value (e.g. when an entity uses prices from prior transactions or third-party pricing information without adjustment). However, when providing this disclosure an entity cannot ignore quantitative unobservable inputs that are significant to the fair value measurement and are reasonably available to the entity.

(e) for recurring fair value measurements categorised within Level 3 of the fair value hierarchy, a reconciliation from the opening balances to the closing balances, disclosing separately changes during the period attributable to the following:

  (i) total gains or losses for the period recognised in profit or loss, and the line item(s) in profit or loss in which those gains or losses are recognised.

  (ii) total gains or losses for the period recognised in other comprehensive income, and the line item(s) in other comprehensive income in which those gains or losses are recognised.

  (iii) purchases, sales, issues and settlements (each of those types of changes disclosed separately).

  (iv) the amounts of any transfers into or out of Level 3 of the fair value hierarchy, the reasons for those transfers and the entity's policy for determining when transfers between levels are deemed to have occurred (see paragraph 95). Transfers into Level 3 shall be disclosed and discussed separately from transfers out of Level 3.

Stufen als stattgefunden gelten (siehe Paragraph 95). Umgliederungen in die Stufe 3 sind gesondert von Umgliederungen aus der Stufe 3 anzugeben und zu erläutern.

(f) bei regelmäßigen, Stufe 3 der Fair-Value-Hierarchie zugeordneten Bewertungen zum beizulegenden Zeitwert die unter (e) (i) angegebene Summe der erfolgswirksam erfassten Gewinne oder Verluste der Periode, der auf die Veränderung nicht realisierter Gewinne oder Verluste aus am Abschlussstichtag gehaltenen Vermögenswerten und Schulden entfällt, sowie der/die Posten der Gewinn- und Verlustrechnung/Gesamtergebnisrechnung, in dem/denen diese nicht realisierten Gewinne oder Verluste erfasst sind.

(g) bei regelmäßigen und einmaligen, Stufe 3 der Fair-Value-Hierarchie zugeordneten Bewertungen zum beizulegenden Zeitwert eine Beschreibung der vom Unternehmen verwendeten Bewertungsprozesse (darunter wie ein Unternehmen z. B. seine Bewertungsmethoden und Verfahren bestimmt und Veränderungen in der Bewertung zum beizulegenden Zeitwert von Periode zu Periode analysiert).

(h) bei regelmäßigen, Stufe 3 der Fair-Value-Hierarchie zugeordneten Bewertungen zum beizulegenden Zeitwert:

(i) bei allen Bewertungen dieser Art eine ausführliche Beschreibung der Sensitivität der Bewertungen zum beizulegenden Zeitwert gegenüber Änderungen nicht beobachtbarer Eingangsparameter, falls eine Änderung solcher Eingangsparameter in einen anderen Betrag zu einer signifikant höheren oder niedrigeren Bewertung zum beizulegenden Zeitwert führen könnte. Bestehen zwischen den genannten Eingangsparametern und anderen nicht beobachtbaren Eingangsparametern, die bei der Bewertung zum beizulegenden Zeitwert zum Einsatz kommen, wechselseitige Zusammenhänge, hat ein Unternehmen außerdem diese wechselseitigen Zusammenhänge und wie sie die Auswirkung der Änderungen nicht beobachtbarer Eingangsparameter auf die Bewertung zum beizulegenden Zeitwert vergrößern oder mindern könnten, zu beschreiben. Zur Erfüllung dieser Angabepflicht muss die ausführliche Beschreibung der Sensitivität gegenüber den Änderungen nicht beobachtbarer Eingangsparameter wenigstens die nicht beobachtbaren Eingangsparameter, die zur Erfüllung der Anforderungen in (d) angegeben werden, enthalten.

(ii) würde sich bei finanziellen Vermögenswerten und finanziellen Verbindlichkeiten der beizulegende Zeitwert signifikant ändern, wenn ein oder mehrere nicht beobachtbare Eingangsparameter durch angemessenerweise für möglich gehaltene Alternativen ersetzt werden, hat ein Unternehmen diese Tatsache und die Auswirkungen dieser Änderungen anzugeben. Das Unternehmen muss angeben, wie es die Auswirkung einer Änderung auf eine angemessenerweise für möglich gehaltene Alternative berechnet hat. Zu diesem Zweck ist signifikant mit Blick auf den Gewinn oder Verlust und die Summe der Vermögenswerte oder Summe der Schulden bzw. wenn die Änderungen des beizulegenden Zeitwerts im sonstigen Ergebnis erfasst werden, auf die Summe des Eigenkapitals zu beurteilen.

(i) falls bei regelmäßigen und einmaligen Bewertungen zum beizulegenden Zeitwert die höchst- und bestmögliche Nutzung eines nichtfinanziellen Vermögenswerts von seiner gegenwärtigen Nutzung abweicht, hat ein Unternehmen dies anzugeben und zu begründen, warum der nichtfinanzielle Vermögenswert in einer Weise genutzt wird, die von der höchst- und bestmöglichen Nutzung abweicht.

94 Ein Unternehmen hat auf folgender Grundlage geeignete Klassen von Vermögenswerten und Schulden zu bestimmen:

(a) nach Art, Merkmalen und Risiken des Vermögenswerts oder der Schuld und

(b) nach der Hierarchiestufe, der die Bewertung zum beizulegenden Zeitwert zugeordnet ist.

Bei Bewertungen zum beizulegenden Zeitwert auf Stufe 3 der Fair-Value-Hierarchie muss die Anzahl der Klassen eventuell größer sein, weil diesen Bewertungen ein höherer Grad an Unsicherheit und Subjektivität anhaftet. Bei der Bestimmung angemessener Klassen von Vermögenswerten und Schulden, für die Angaben zu Bewertungen zum beizulegenden Zeitwert vorzulegen sind, ist Ermessensausübung erforderlich. Bei einer Klasse von Vermögenswerten und Schulden ist häufig eine stärkere Aufgliederung erforderlich als bei den in der Bilanz dargestellten Posten. Ein Unternehmen hat jedoch genügend Angaben bereitzustellen, um eine Überleitungsrechnung auf die in der Bilanz dargestellten Posten zu ermöglichen. Wird in einem anderen IFRS für einen Vermögenswert oder eine Schuld eine Klasse vorgegeben, kann ein Unternehmen unter der Bedingung, dass die betreffende Klasse die Anforderungen in diesem Paragraphen erfüllt, diese Klasse bei der Bereitstellung der im vorliegenden IFRS verlangten Angaben verwenden.

95 Ein Unternehmen hat seine Methode zur Bestimmung des Zeitpunkts, zu dem Umgliederungen zwischen Hierarchiestufen als stattgefunden gelten, gemäß Paragraph 93 (c) und (e) (iv) anzugeben und stetig anzuwenden. Die Methode zur Bestimmung des Zeitpunkts der Erfassung von Umgliederungen muss für Umgliederungen in Stufen und Umgliederungen aus Stufen dieselbe sein. Es folgen Beispiele für Methoden zur Bestimmung des Zeitpunkts von Umgliederungen:

(a) das Datum des Ereignisses oder der Veränderung der Umstände, das/die die Umgliederung verursacht hat,

(b) der Beginn der Berichtsperiode,

(c) das Ende der Berichtsperiode.

96 Trifft ein Unternehmen bezüglich seiner Rechnungslegungsmethode die Entscheidung, die in Paragraph 48 vorgesehene Ausnahme zu nutzen, hat es dies anzugeben.

97 Ein Unternehmen hat für jede Klasse von Vermögenswerten und Schulden, die in der Bilanz nicht zum beizulegenden Zeitwert bewertet werden, für die der beizulegende Zeitwert aber angegeben wird, die in Paragraph 93 (b), (d) und (i) verlangten Angaben zu machen. Ein Unternehmen muss jedoch nicht die in Paragraph 93 (d) verlangten quantitativen Angaben über bedeutende, nicht beobachtbare Eingangsparameter vorlegen, die bei Bewertungen zum beizulegenden

(f) for recurring fair value measurements categorised within Level 3 of the fair value hierarchy, the amount of the total gains or losses for the period in (e) (i) included in profit or loss that is attributable to the change in unrealised gains or losses relating to those assets and liabilities held at the end of the reporting period, and the line item(s) in profit or loss in which those unrealised gains or losses are recognised.

(g) for recurring and non-recurring fair value measurements categorised within Level 3 of the fair value hierarchy, a description of the valuation processes used by the entity (including, for example, how an entity decides its valuation policies and procedures and analyses changes in fair value measurements from period to period).

(h) for recurring fair value measurements categorised within Level 3 of the fair value hierarchy:

(i) for all such measurements, a narrative description of the sensitivity of the fair value measurement to changes in unobservable inputs if a change in those inputs to a different amount might result in a significantly higher or lower fair value measurement. If there are interrelationships between those inputs and other unobservable inputs used in the fair value measurement, an entity shall also provide a description of those interrelationships and of how they might magnify or mitigate the effect of changes in the unobservable inputs on the fair value measurement. To comply with that disclosure requirement, the narrative description of the sensitivity to changes in unobservable inputs shall include, at a minimum, the unobservable inputs disclosed when complying with (d).

(ii) for financial assets and financial liabilities, if changing one or more of the unobservable inputs to reflect reasonably possible alternative assumptions would change fair value significantly, an entity shall state that fact and disclose the effect of those changes. The entity shall disclose how the effect of a change to reflect a reasonably possible alternative assumption was calculated. For that purpose, significance shall be judged with respect to profit or loss, and total assets or total liabilities, or, when changes in fair value are recognised in other comprehensive income, total equity.

(i) for recurring and non-recurring fair value measurements, if the highest and best use of a non-financial asset differs from its current use, an entity shall disclose that fact and why the non-financial asset is being used in a manner that differs from its highest and best use.

An entity shall determine appropriate classes of assets and liabilities on the basis of the following: 94

(a) the nature, characteristics and risks of the asset or liability; and

(b) the level of the fair value hierarchy within which the fair value measurement is categorised.

The number of classes may need to be greater for fair value measurements categorised within Level 3 of the fair value hierarchy because those measurements have a greater degree of uncertainty and subjectivity. Determining appropriate classes of assets and liabilities for which disclosures about fair value measurements should be provided requires judgement. A class of assets and liabilities will often require greater disaggregation than the line items presented in the statement of financial position. However, an entity shall provide information sufficient to permit reconciliation to the line items presented in the statement of financial position. If another IFRS specifies the class for an asset or a liability, an entity may use that class in providing the disclosures required in this IFRS if that class meets the requirements in this paragraph.

An entity shall disclose and consistently follow its policy for determining when transfers between levels of the fair value hierarchy are deemed to have occurred in accordance with paragraph 93 (c) and (e) (iv). The policy about the timing of recognising transfers shall be the same for transfers into the levels as for transfers out of the levels. Examples of policies for determining the timing of transfers include the following: 95

(a) the date of the event or change in circumstances that caused the transfer.

(b) the beginning of the reporting period.

(c) the end of the reporting period.

If an entity makes an accounting policy decision to use the exception in paragraph 48, it shall disclose that fact. 96

For each class of assets and liabilities not measured at fair value in the statement of financial position but for which the fair value is disclosed, an entity shall disclose the information required by paragraph 93 (b), (d) and (i). However, an entity is not required to provide the quantitative disclosures about significant unobservable inputs used in fair value measurements 97

Zeitwert, die der Hierarchiestufe 3 zugeordnet werden, zum Einsatz kommen. Für diese Vermögenswerte und Schulden ist ein Unternehmen von den anderen Angabepflichten dieses IFRS befreit.

98 Bei einer zum beizulegenden Zeitwert bewertete Schuld, die mit einer untrennbaren Kreditsicherheit eines Dritten ausgegeben wurde, hat ein Emittent die Existenz dieser Kreditsicherheit und ob sie bei der Bewertung zum beizulegenden Zeitwert der Schuld berücksichtigt wurde, anzugeben.

99 Ein Unternehmen hat die im vorliegenden IFRS verlangten quantitativen Angaben tabellarisch darzustellen, sofern nicht ein anderes Format angemessener ist.

ANHANG A

Definitionen

Dieser Anhang ist integraler Bestandteil des IFRS.

Aktiver Markt	Ein Markt, an dem Geschäftsvorfälle mit dem Vermögenswert oder der Schuld mit ausreichender Häufigkeit und ausreichendem Volumen stattfinden, um fortlaufend Preisinformationen bereitzustellen.
Kostenbasierter Ansatz	Ein Bewertungsverfahren, das den Betrag widerspiegelt, der gegenwärtig erforderlich wäre, um die Leistungskapazität eines Vermögenswerts zu ersetzen (häufig als aktuelle Wiederbeschaffungskosten bezeichnet).
Zugangspreis	Der Preis, der in einem Tauschgeschäft für den Erwerb eines Vermögenswerts gezahlt oder für die Übernahme einer Schuld entgegengenommen wird.
Abgangspreis	Der Preis, der für den Verkauf eines Vermögenswerts erzielt oder für die Übertragung einer Schuld gezahlt würde.
Erwarteter Zahlungsstrom	Der wahrscheinlichkeitsgewichtete Durchschnitt (d. h. der Mittelwert der Verteilung) möglicher künftiger Zahlungsströme.
Beizulegender Zeitwert	Der Preis, der in einem gewöhnlichen Geschäftsvorfall zwischen Marktteilnehmern am Bewertungsstichtag für den Verkauf eines Vermögenswerts erzielt oder für die Übertragung einer Schuld gezahlt würde.
Höchst- und bestmögliche Nutzung	Die Nutzung eines nichtfinanziellen Vermögenswerts durch Marktteilnehmer, die den Wert des Vermögenswerts oder der Gruppe von Vermögenswerten und Schulden (z. B. eines Geschäftsbetriebs), innerhalb deren der Vermögenswert genutzt würde, maximieren würde.
Kapitalwertbasierter Ansatz	Bewertungsverfahren, bei denen künftige Beträge (z. B. Zahlungsströme oder Erträge und Aufwendungen) in einen einzigen aktuellen (d. h. abgezinsten) Betrag umgerechnet werden. Die Bewertung zum beizulegenden Zeitwert wird auf der Grundlage des durch aktuelle Markterwartungen über diese künftigen Beträge gekennzeichneten Werts ermittelt.
Eingangsparameter	Die Annahmen, die Marktteilnehmer bei der Festlegung des Preises für den Vermögenswert oder die Schuld zugrunde legen würden. Dies schließt auch Annahmen zum Risiko ein, wie beispielsweise (a) das Risiko, das mit einem bestimmten Bewertungsverfahren zur Ermittlung des beizulegenden Zeitwerts (wie einem Preismodell) verbunden ist, und (b) das Risiko, das mit den in das Bewertungsverfahren einfließenden Eingangsparametern verbunden ist. Eingangsparameter können beobachtbar oder nicht beobachtbar sein.
Eingangsparameter der Stufe 1	Notierte (unverändert übernommene) Preise an aktiven Märkten für identische Vermögenswerte oder Schulden, auf die das Unternehmen am Bewertungsstichtag zugreifen kann.
Eingangsparameter der Stufe 2	Andere Eingangsparameter als die auf Stufe 1 enthaltenen notierten Preise, die für den Vermögenswert oder die Schuld entweder direkt oder indirekt beobachtbar sind.
Eingangsparameter der Stufe 3	Für den Vermögenswert oder die Schuld nicht beobachtbare Eingangsparameter.
Marktbasierter Ansatz	Ein Bewertungsverfahren, bei dem Preise und andere relevante Informationen verwendet werden, die durch Markttransaktionen mit identischen oder vergleichbaren (d. h. ähnlichen) Vermögenswerten, Schulden oder einer Gruppe von Vermögenswerten und Schulden, wie z. B. einem Geschäftsbetrieb, generiert werden.

categorised within Level 3 of the fair value hierarchy required by paragraph 93 (d). For such assets and liabilities, an entity does not need to provide the other disclosures required by this IFRS.

For a liability measured at fair value and issued with an inseparable third-party credit enhancement, an issuer shall disclose the existence of that credit enhancement and whether it is reflected in the fair value measurement of the liability. 98

An entity shall present the quantitative disclosures required by this IFRS in a tabular format unless another format is more appropriate. 99

APPENDIX A
Defined terms

This appendix is an integral part of the IFRS.

active market A market in which transactions for the asset or liability take place with sufficient frequency and volume to provide pricing information on an ongoing basis.

cost approach A valuation technique that reflects the amount that would be required currently to replace the service capacity of an asset (often referred to as current replacement cost).

entry price The price paid to acquire an asset or received to assume a liability in an exchange transaction.

exit price The price that would be received to sell an asset or paid to transfer a liability.

expected cash flow The probability-weighted average (i.e. mean of the distribution) of possible future cash flows.

fair value The price that would be received to sell an asset or paid to transfer a liability in an orderly transaction between market participants at the measurement date.

highest and best use The use of a non-financial asset by market participants that would maximise the value of the asset or the group of assets and liabilities (e.g. a business) within which the asset would be used.

income approach Valuation techniques that convert future amounts (e.g. cash flows or income and expenses) to a single current (i.e. discounted) amount. The fair value measurement is determined on the basis of the value indicated by current market expectations about those future amounts.

Inputs The assumptions that market participants would use when pricing the asset or liability, including assumptions about risk, such as the following:

(a) the risk inherent in a particular valuation technique used to measure fair value (such as a pricing model); and

(b) the risk inherent in the inputs to the valuation technique.

Inputs may be observable or unobservable.

Level 1 inputs Quoted prices (unadjusted) in active markets for identical assets or liabilities that the entity can access at the measurement date.

Level 2 inputs Inputs other than quoted prices included within Level 1 that are observable for the asset or liability, either directly or indirectly.

Level 3 inputs Unobservable inputs for the asset or liability.

market approach A valuation technique that uses prices and other relevant information generated by market transactions involving identical or comparable (i.e. similar) assets, liabilities or a group of assets and liabilities, such as a business.

Marktgestützte Eingangsparameter — Eingangsparameter, die hauptsächlich aus oder durch beobachtbare(n) Marktdaten durch Korrelation oder sonstige Verfahren abgeleitet oder gestützt werden.

Marktteilnehmer — Käufer und Verkäufer im Hauptmarkt (oder vorteilhaftesten Markt) für den Vermögenswert oder die Schuld, die alle nachstehenden Merkmale aufweisen:

(a) Sie sind voneinander unabhängig, d. h. sie sind keine nahestehenden Unternehmen und Personen im Sinne von IAS 24, obwohl der Preis bei einem Geschäftsvorfall zwischen nahestehenden Unternehmen und Personen als Eingangsparameter zur Ermittlung des beizulegenden Zeitwerts verwendet werden kann, sofern dem Unternehmen Nachweise dafür vorliegen, dass der Geschäftsvorfall zu Marktbedingungen erfolgte.

(b) Sie sind sachkundig und verfügen über ein angemessenes Verständnis des Vermögenswerts oder der Schuld und des Geschäftsvorfalls. Hierzu nutzen sie alle bei vertretbarem Aufwand verfügbaren Informationen, einschließlich solcher, die durch sorgfältige Anstrengungen, die gängig und üblich sind, erlangt werden könnten.

(c) Sie sind in der Lage, eine Transaktion über den Vermögenswert oder die Schuld abzuschließen.

(d) Sie sind gewillt, eine Transaktion über den Vermögenswert oder die Schuld abzuschließen, d. h. sie sind motiviert, aber nicht gezwungen oder anderweitig dazu genötigt.

Vorteilhaftester Markt — Der Markt, der den nach Berücksichtigung von Transaktions- und Transportkosten beim Verkauf des Vermögenswerts einzunehmenden Betrag maximieren oder den bei Übertragung der Schuld zu zahlenden Betrag minimieren würde.

Risiko der Nichterfüllung — Das Risiko, dass ein Unternehmen eine Verpflichtung nicht erfüllen wird. Das Risiko der Nichterfüllung schließt das eigene Ausfallrisiko des Unternehmens ein, darf aber nicht darauf beschränkt werden.

Beobachtbare Eingangsparameter — Eingangsparameter, die unter Verwendung von Marktdaten wie öffentlich verfügbaren Informationen über tatsächliche Ereignisse oder Geschäftsvorfälle abgeleitet werden und die Annahmen widerspiegeln, auf die sich die Marktteilnehmer bei der Festlegung des Preises für den Vermögenswert oder die Schuld stützen würden.

Gewöhnlicher Geschäftsvorfall — Ein Geschäftsvorfall, bei dem für einen Zeitraum vor dem Bewertungsstichtag eine Marktpräsenz angenommen wird, um Vermarktungstätigkeiten zu ermöglichen, die für Geschäftsvorfälle mit solchen Vermögenswerten oder Schulden gängig und üblich sind. Es handelt sich nicht um eine erzwungene Transaktion (d. h. eine Zwangsliquidation oder einen Notverkauf).

Hauptmarkt — Der Markt mit dem größten Volumen und Ausmaß an Aktivität für den Vermögenswert oder die Schuld.

Risikoaufschlag — Von risikoscheuen Marktteilnehmern verlangte Gegenleistung für die mit den Zahlungsströmen eines Vermögenswerts oder einer Schuld verbundene Unsicherheit. Auch als „Risikoanpassung“ bezeichnet.

Transaktionskosten — Die Kosten, die für den Verkauf eines Vermögenswerts oder die Übertragung einer Schuld im Hauptmarkt (oder vorteilhaftesten Markt) für den Vermögenswert oder die Schuld anfallen, einzeln der Veräußerung des Vermögenswerts oder der Übertragung der Schuld zuordenbar sind und die beiden folgenden Kriterien erfüllen:

(a) Sie ergeben sich unmittelbar aus der Transaktion und sind für diese kennzeichnend.

(b) Sie wären dem Unternehmen nicht entstanden, wenn die Entscheidung zum Verkauf des Vermögenswerts oder zur Übertragung der Schuld nicht gefasst worden wäre (vergleichbar mit der Definition von Veräußerungskosten in IFRS 5).

Transportkosten — Die Kosten, die für den Transport eines Vermögenswerts von seinem aktuellen Standort zu seinem Hauptmarkt (oder vorteilhaftesten Markt) entstünden.

Bilanzierungseinheit — Die Ebene, auf der ein Vermögenswert oder eine Schuld in einem IFRS für Ansatzzwecke zusammengefasst oder aufgegliedert ist.

Nicht beobachtbare Eingangsparameter — Eingangsparameter, für die keine Marktdaten verfügbar sind und die anhand der besten verfügbaren Informationen über die Annahmen, auf die sich Marktteilnehmer bei der Festlegung des Preises für den Vermögenswert oder die Schuld stützen würden, hergeleitet werden.

market-corroborated inputs Inputs that are derived principally from or corroborated by observable market data by correlation or other means.

market participants Buyers and sellers in the principal (or most advantageous) market for the asset or liability that have all of the following characteristics:

(a) They are independent of each other, i.e. they are not related parties as defined in IAS 24, although the price in a related party transaction may be used as an input to a fair value measurement if the entity has evidence that the transaction was entered into at market terms.

(b) They are knowledgeable, having a reasonable understanding about the asset or liability and the transaction using all available information, including information that might be obtained through due diligence efforts that are usual and customary.

(c) They are able to enter into a transaction for the asset or liability.

(d) They are willing to enter into a transaction for the asset or liability, i.e. they are motivated but not forced or otherwise compelled to do so.

most advantageous market The market that maximises the amount that would be received to sell the asset or minimises the amount that would be paid to transfer the liability, after taking into account transaction costs and transport costs.

non-performance risk The risk that an entity will not fulfil an obligation. Non-performance risk includes, but may not be limited to, the entity's own credit risk.

observable inputs Inputs that are developed using market data, such as publicly available information about actual events or transactions, and that reflect the assumptions that market participants would use when pricing the asset or liability.

orderly transaction A transaction that assumes exposure to the market for a period before the measurement date to allow for marketing activities that are usual and customary for transactions involving such assets or liabilities; it is not a forced trans-action (e.g. a forced liquidation or distress sale).

principal market The market with the greatest volume and level of activity for the asset or liability.

risk premium Compensation sought by risk-averse market participants for bearing the uncertainty inherent in the cash flows of an asset or a liability. Also referred to as a 'risk adjustment'.

transaction costs The costs to sell an asset or transfer a liability in the principal (or most advantageous) market for the asset or liability that are directly attributable to the disposal of the asset or the transfer of the liability and meet both of the following criteria:

(a) They result directly from and are essential to that transaction.

(b) They would not have been incurred by the entity had the decision to sell the asset or transfer the liability not been made (similar to costs to sell, as defined in IFRS 5).

transport costs The costs that would be incurred to transport an asset from its current location to its principal (or most advantageous) market.

unit of account The level at which an asset or a liability is aggregated or disaggregated in an IFRS for recognition purposes.

unobservable inputs Inputs for which market data are not available and that are developed using the best information available about the assumptions that market participants would use when pricing the asset or liability

ANHANG B

Anwendungsleitlinien

Dieser Anhang ist integraler Bestandteil des IFRS. Er beschreibt die Anwendung der Paragraphen 1–99 und hat die gleiche bindende Kraft wie die anderen Teile des IFRS.

B1 In unterschiedlichen Bewertungssituationen kann die Ermessensausübung unterschiedlich sein. Im vorliegenden Anhang werden die Ermessensausübungen beschrieben, die angewendet werden könnten, wenn ein Unternehmen den beizulegenden Zeitwert in verschiedenen Bewertungsfällen ermittelt.

Der Ansatz für die Bewertung zum beizulegenden Zeitwert

B2 Die Zielsetzung einer Bewertung zum beizulegenden Zeitwert besteht darin, den Preis zu schätzen, zu dem unter aktuellen Marktbedingungen am Bewertungsstichtag ein gewöhnlicher Geschäftsvorfall zwischen Marktteilnehmern stattfinden würde, bei dem der Vermögenswert verkauft oder die Schuld übertragen würde. Bei einer Bewertung zum beizulegenden Zeitwert muss ein Unternehmen Folgendes bestimmen:

(a) den jeweiligen Vermögenswert oder die Schuld, die Gegenstand der Bewertung ist (in Übereinstimmung mit seiner/ihrer Bilanzierungseinheit),

(b) die für die Bewertung angemessene Bewertungsprämisse, wenn es sich um einen nichtfinanziellen Vermögenswert handelt (in Übereinstimmung mit dessen höchst- und bestmöglicher Nutzung),

(c) den Hauptmarkt oder vorteilhaftesten Markt für den Vermögenswert oder die Schuld und

(d) das (die) für die Ermittlung geeignete(n) Bewertungsverfahren unter Berücksichtigung der Verfügbarkeit von Daten, mit denen Eingangsparameter hergeleitet werden, die die Annahmen der Marktteilnehmer bei der Festlegung des Preises des Vermögenswerts oder der Schuld darstellen und die Hierarchiestufe, der die Eingangsparameter zugeordnet werden.

Bewertungsprämisse für nicht finanzielle Vermögenswerte (Paragraphen 31–33)

B3 Bei der Ermittlung des beizulegenden Zeitwerts eines nicht finanziellen Vermögenswerts, der in Verbindung mit anderen Vermögenswerten als Gruppe (wie eingerichtet oder anderweitig zur Nutzung konfiguriert) oder in Kombination mit anderen Vermögenswerten und Schulden (z. B. einem Geschäftsbetrieb) genutzt wird, hängt die Auswirkung der Bewertungsprämisse von den Umständen ab. Zum Beispiel:

(a) Der beizulegende Zeitwert des Vermögenswerts könnte sowohl bei seiner eigenständigen Verwendung als auch bei einer Verwendung in Kombination mit anderen Vermögenswerten oder mit anderen Vermögenswerten und Schulden gleich sein. Dies könnte zutreffen, wenn der Vermögenswert ein Geschäftsbetrieb ist, den Markteilnehmer weiterbetreiben würden. In diesem Fall beinhaltete der Geschäftsvorfall eine Bewertung des Geschäftsbetriebs in seiner Gesamtheit. Die Verwendung des Vermögenswerts als Gruppe in einem laufenden Geschäftsbetrieb würde Synergien schaffen, die Marktteilnehmern zur Verfügung stünden (d. h. Synergien der Marktteilnehmer, bei denen davon auszugehen ist, dass sie den beizulegenden Zeitwert des Vermögenswerts entweder auf eigenständiger Basis oder auf Basis einer Kombination mit anderen Vermögenswerten oder mit anderen Vermögenswerten und Schulden beeinflussen).

(b) Die Verwendung eines Vermögenswerts in Kombination mit anderen Vermögenswerten oder anderen Vermögenswerten und Schulden könnte auch mittels Wertberichtigungen des eigenständig verwendeten Vermögenswerts in die Bewertung zum beizulegenden Zeitwert einfließen. Dies könnte der Fall sein, wenn es sich bei dem Vermögenswert um eine Maschine handelt und die Bewertung zum beizulegenden Zeitwert anhand eines beobachteten Preises für eine ähnliche (nicht installierte oder anderweitig für die Nutzung konfigurierte) Maschine erfolgt. Dieser Preis wird dann um Transport- und Installationskosten angepasst, sodass die Zeitwertbewertung den gegenwärtigen Zustand und Standort der Maschine (installiert und für die Nutzung konfiguriert) widerspiegelt.

(c) Die Nutzung eines Vermögenswerts in Kombination mit anderen Vermögenswerten oder anderen Vermögenswerten und Schulden könnte auch dahin gehend in die Ermittlung des beizulegenden Zeitwerts einfließen, dass man die Annahmen, auf die sich Marktteilnehmer bei der Ermittlung des beizulegenden Zeitwerts des Vermögenswerts stützen würden, berücksichtigt. Handelt es sich bei dem Vermögenswert beispielsweise um einen Lagerbestand an unfertigen, einzigartigen Erzeugnissen und würden Marktteilnehmer den Lagerbestand in fertige Erzeugnisse umwandeln, würde der beizulegende Zeitwert auf der Annahme beruhen, dass die Marktteilnehmer eventuell notwendige, besondere Maschinen erworben haben oder erwerben würden, um den Lagerbestand in Fertigerzeugnisse umzuwandeln.

(d) Die Nutzung eines Vermögenswerts in Kombination mit anderen Vermögenswerten oder anderen Vermögenswerten und Schulden könnte in das zur Ermittlung des beizulegenden Zeitwerts verwendete Bewertungsverfahren einfließen. Dies könnte der Fall sein, wenn zur Ermittlung des beizulegenden Zeitwerts eines immateriellen Vermögenswerts die Residualwertmethode angewandt wird, weil dieses Bewertungsverfahren insbesondere den Beitrag ergänzender Vermögenswerte und zugehöriger Schulden in der Gruppe berücksichtigt, in der ein solcher immaterieller Vermögenswert genutzt würde.

APPENDIX B

Application guidance

This appendix is an integral part of the IFRS. It describes the application of paragraphs 1—99 and has the same authority as the other parts of the IFRS.

The judgements applied in different valuation situations may be different. This appendix describes the judgements that might apply when an entity measures fair value in different valuation situations. **B1**

The Fair Value Measurement Approach

The objective of a fair value measurement is to estimate the price at which an orderly transaction to sell the asset or to transfer the liability would take place between market participants at the measurement date under current market conditions. A fair value measurement requires an entity to determine all the following: **B2**

(a) the particular asset or liability that is the subject of the measurement (consistently with its unit of account).
(b) for a non-financial asset, the valuation premise that is appropriate for the measurement (consistently with its highest and best use).
(c) the principal (or most advantageous) market for the asset or liability.
(d) the valuation technique(s) appropriate for the measurement, considering the availability of data with which to develop inputs that represent the assumptions that market participants would use when pricing the asset or liability and the level of the fair value hierarchy within which the inputs are categorised.

Valuation Premise for Non-Financial Assets (Paragraphs 31—33)

When measuring the fair value of a non-financial asset used in combination with other assets as a group (as installed or otherwise configured for use) or in combination with other assets and liabilities (e.g. a business), the effect of the valuation premise depends on the circumstances. For example: **B3**

(a) the fair value of the asset might be the same whether the asset is used on a stand-alone basis or in combination with other assets or with other assets and liabilities. That might be the case if the asset is a business that market participants would continue to operate. In that case, the transaction would involve valuing the business in its entirety. The use of the assets as a group in an ongoing business would generate synergies that would be available to market participants (i.e. market participant synergies that, therefore, should affect the fair value of the asset on either a stand-alone basis or in combination with other assets or with other assets and liabilities).
(b) an asset's use in combination with other assets or with other assets and liabilities might be incorporated into the fair value measurement through adjustments to the value of the asset used on a stand-alone basis. That might be the case if the asset is a machine and the fair value measurement is determined using an observed price for a similar machine (not installed or otherwise configured for use), adjusted for transport and installation costs so that the fair value measurement reflects the current condition and location of the machine (installed and configured for use).
(c) an asset's use in combination with other assets or with other assets and liabilities might be incorporated into the fair value measurement through the market participant assumptions used to measure the fair value of the asset. For example, if the asset is work in progress inventory that is unique and market participants would convert the inventory into finished goods, the fair value of the inventory would assume that market participants have acquired or would acquire any specialised machinery necessary to convert the inventory into finished goods.
(d) an asset's use in combination with other assets or with other assets and liabilities might be incorporated into the valuation technique used to measure the fair value of the asset. That might be the case when using the multi-period excess earnings method to measure the fair value of an intangible asset because that valuation technique specifically takes into account the contribution of any complementary assets and the associated liabilities in the group in which such an intangible asset would be used.

(e) In stärker eingegrenzten Situationen könnte ein Unternehmen, das einen Vermögenswert innerhalb einer Gruppe von Vermögenswerten nutzt, diesen Vermögenswert anhand eines Betrags bewerten, der dessen beizulegendem Zeitwert nahe kommt. Dieser Betrag wird errechnet, indem man den beizulegenden Zeitwert der gesamten Gruppe an Vermögenswerten auf die einzelnen, in der Gruppe enthaltenen Vermögenswerte umlegt. Dies könnte zutreffen, wenn die Bewertung Grundeigentum betrifft und der beizulegende Zeitwert eines erschlossenen Grundstücks (d. h. einer Gruppe von Vermögenswerten) auf die Vermögenswerte umgelegt wird, aus denen es besteht (beispielsweise das Grundstück und die Grundstücksbestandteile).

Beizulegender Zeitwert beim erstmaligen Ansatz (Paragraphen 57–60)

B4 Bei der Bestimmung, ob der beizulegende Zeitwert beim erstmaligen Ansatz dem Transaktionspreis entspricht, hat ein Unternehmen die für die Transaktion und die für den Vermögenswert oder die Schuld charakteristischen Faktoren zu berücksichtigen. Trifft eine der folgenden Bedingungen zu, könnte es sein, dass der Transaktionspreis nicht den beim erstmaligen Ansatz beizulegenden Zeitwert eines Vermögenswerts oder einer Schuld repräsentiert:

(a) Der Geschäftsvorfall findet zwischen nahestehenden Unternehmen und Personen statt. Trotzdem kann der Preis in einem Geschäftsvorfall zwischen nahestehenden Unternehmen und Personen als Eingangsparameter für eine Bewertung zum beizulegenden Zeitwert verwendet werden, wenn dem Unternehmen Anhaltspunkte dafür vorliegen, dass der Geschäftsvorfall zu Marktbedingungen erfolgte.

(b) Der Geschäftsvorfall findet unter Zwang statt oder der Verkäufer ist gezwungen, den Preis in dem Geschäftsvorfall zu akzeptieren. Dies könnte beispielsweise der Fall sein, wenn der Verkäufer finanzielle Schwierigkeiten hat.

(c) Die durch den Geschäftsvorfall dargestellte Bilanzierungseinheit weicht von der Bilanzierungseinheit des Vermögenswerts oder der Schuld ab, die/der zum beizulegenden Zeitwert bewertet wird. Dies könnte beispielsweise der Fall sein, wenn der/die zum beizulegenden Zeitwert bewertete Vermögenswert oder Schuld nur eines der an dem Geschäftsvorfall beteiligten Elemente ist (z. B. bei einem Unternehmenszusammenschluss), wenn der Geschäftsvorfall nicht genannte Rechte und Vorrechte beinhaltet, die gemäß anderen IFRS getrennt bewertet werden, oder der Transaktionspreis Transaktionskosten enthält.

(d) Der Markt, auf dem der Geschäftsvorfall stattfindet, ist weder der Hauptmarkt noch der vorteilhafteste Markt. Unterschiedliche Märkte könnten zum Beispiel vorliegen, wenn es sich bei dem Unternehmen um einen Händler handelt, der im Einzelhandelsmarkt Transaktionen mit Kunden schließt, dessen Hauptmarkt (oder vorteilhaftester Markt) für die Abgangstransaktion aber der Händlermarkt ist, auf dem Transaktionen mit anderen Händlern geschlossen werden.

Bewertungsverfahren (Paragraphen 61–66)

Marktbasierter Ansatz

B5 Beim marktbasierten Ansatz werden Preise und andere relevante Informationen genutzt, die durch Markttransaktionen mit identischen oder vergleichbaren (d. h. ähnlichen) Vermögenswerten, Schulden oder Gruppen von Vermögenswerten und Schulden, z. B. Geschäftsbetrieben, generiert werden.

B6 Zum Beispiel verwenden Bewertungsverfahren, die auf dem marktbasierten Ansatz beruhen, häufig Marktmultiplikatoren, die aus einem Satz von Vergleichswerten abgeleitet werden. Multiplikatoren können in Bandbreiten mit einem unterschiedlichen Multiplikator für jeden Vergleichswert liegen. Die Auswahl des angemessenen Multiplikators innerhalb der Bandbreite erfordert Ermessensausübung. Hier sind für die jeweilige Bewertung kennzeichnende qualitative und quantitative Faktoren zu berücksichtigen.

B7 Zu den Bewertungsverfahren, die mit dem marktbasierten Ansatz vereinbar sind, gehören auch Matrix-Preismodelle. Ein Matrix-Preismodell ist ein mathematisches Verfahren, das hauptsächlich zur Bewertung einiger Arten von Finanzinstrumenten verwendet wird, wie Schuldverschreibungen, ohne sich ausschließlich auf notierte Preise für die speziellen Wertpapiere, sondern sich eher auf die Beziehung der Wertpapiere zu anderen notierten Referenz-Wertpapieren zu stützen.

Kostenbasierter Ansatz

B8 Der kostenbasierte Ansatz spiegelt den Betrag wider, der gegenwärtig erforderlich wäre, um die Leistungskapazität eines Vermögenswerts zu ersetzen (häufig als aktuelle Wiederbeschaffungskosten bezeichnet).

B9 Aus Sicht eines am Markt teilnehmenden Verkäufers basiert der Preis, den man für einen Vermögenswert erzielen würde, auf den Kosten eines am Markt teilnehmenden Käufers, einen Ersatz-Vermögenswert mit vergleichbarer Nutzbarkeit zu erwerben oder zu konstruieren, bereinigt um Veralterung. Dies ist darauf zurückzuführen, dass ein am Markt teilnehmender Käufer für einen Vermögenswert nicht mehr zahlen würde als den Betrag, für den er die Leistungskapazität des betreffenden Vermögenswerts ersetzen könnte. Veralterung umfasst physische Veralterung, funktionale (technologische) Veralterung und wirtschaftliche (externe) Veralterung. Sie ist weiter gefasst als die planmäßige Abschreibung für Rechnungslegungszwecke (eine Verteilung historischer Kosten) oder steuerliche Zwecke (unter Verwendung festgelegter

(e) in more limited situations, when an entity uses an asset within a group of assets, the entity might measure the asset at an amount that approximates its fair value when allocating the fair value of the asset group to the individual assets of the group. That might be the case if the valuation involves real property and the fair value of improved property (i.e. an asset group) is allocated to its component assets (such as land and improvements).

Fair Value at Initial Recognition (Paragraphs 57—60)

When determining whether fair value at initial recognition equals the transaction price, an entity shall take into account factors specific to the transaction and to the asset or liability. For example, the transaction price might not represent the fair value of an asset or a liability at initial recognition if any of the following conditions exist: **B4**

(a) The transaction is between related parties, although the price in a related party transaction may be used as an input into a fair value measurement if the entity has evidence that the transaction was entered into at market terms.
(b) The transaction takes place under duress or the seller is forced to accept the price in the transaction. For example, that might be the case if the seller is experiencing financial difficulty.
(c) The unit of account represented by the transaction price is different from the unit of account for the asset or liability measured at fair value. For example, that might be the case if the asset or liability measured at fair value is only one of the elements in the transaction (e.g. in a business combination), the transaction includes unstated rights and privileges that are measured separately in accordance with another IFRS, or the transaction price includes transaction costs.
(d) The market in which the transaction takes place is different from the principal market (or most advantageous market). For example, those markets might be different if the entity is a dealer that enters into transactions with customers in the retail market, but the principal (or most advantageous) market for the exit transaction is with other dealers in the dealer market.

Valuation Techniques (Paragraphs 61—66)

Market approach

The market approach uses prices and other relevant information generated by market transactions involving identical or comparable (i.e. similar) assets, liabilities or a group of assets and liabilities, such as a business. **B5**

For example, valuation techniques consistent with the market approach often use market multiples derived from a set of comparables. Multiples might be in ranges with a different multiple for each comparable. The selection of the appropriate multiple within the range requires judgement, considering qualitative and quantitative factors specific to the measurement. **B6**

Valuation techniques consistent with the market approach include matrix pricing. Matrix pricing is a mathematical technique used principally to value some types of financial instruments, such as debt securities, without relying exclusively on quoted prices for the specific securities, but rather relying on the securities' relationship to other benchmark quoted securities. **B7**

Cost approach

The cost approach reflects the amount that would be required currently to replace the service capacity of an asset (often referred to as current replacement cost). **B8**

From the perspective of a market participant seller, the price that would be received for the asset is based on the cost to a market participant buyer to acquire or construct a substitute asset of comparable utility, adjusted for obsolescence. That is because a market participant buyer would not pay more for an asset than the amount for which it could replace the service capacity of that asset. Obsolescence encompasses physical deterioration, functional (technological) obsolescence and **B9**

Leistungsdauern). In vielen Fällen wird zur Ermittlung des beizulegenden Zeitwerts materieller Vermögenswerte, die in Kombination mit anderen Vermögenswerten oder anderen Vermögenswerten und Schulden genutzt werden, die Methode der aktuellen Wiederbeschaffungskosten verwendet.

Kapitalwertbasierter Ansatz

B10 Beim kapitalwertbasierten Ansatz werden die künftigen Beträge (z. B. Zahlungsströme oder Erträge und Aufwendungen) in einen einzigen aktuellen (d. h. abgezinsten) Betrag umgerechnet. Wird der kapitalwertbasierte Ansatz angewandt, spiegelt die Bewertung zum beizulegenden Zeitwert gegenwärtige Markterwartungen hinsichtlich dieser künftigen Beträge wider.

B11 Zu derartigen Bewertungsverfahren gehören unter anderem:
(a) Barwertverfahren (siehe Paragraphen B12–B30),
(b) Optionspreismodelle, wie die Black-Scholes-Merton-Formel oder ein Binomial-Modell (d. h. ein Gitter-Modell), die Barwert-Verfahren einbeziehen und sowohl den Zeitwert als auch den inneren Wert einer Option widerspiegeln, und
(c) die Residualwertmethode, die zur Ermittlung des beizulegenden Zeitwerts bestimmter immaterieller Vermögenswerte eingesetzt wird.

Barwertverfahren

B12 In den Paragraphen B13–B30 wird die Verwendung von Barwertverfahren zur Ermittlung des beizulegenden Zeitwerts beschrieben. In diesen Paragraphen liegt der Schwerpunkt auf einem Verfahren zur Anpassung des Abzinsungssatzes und einem Verfahren der *erwarteten Zahlungsströme* (erwarteter Barwert). In diesen Paragraphen wird weder die Verwendung eines einzelnen, besonderen Barwertverfahrens verlangt, noch wird die Verwendung von Barwertverfahren zur Ermittlung des beizulegenden Zeitwerts auf die dort erörterten Methoden beschränkt. Welches Barwertverfahren zur Ermittlung des beizulegenden Zeitwerts herangezogen wird, hängt von den jeweiligen, für den bewerteten Vermögenswert bzw. die bewertete Schuld spezifischen Sachverhalten und Umständen (z. B. ob im Markt Preise für vergleichbare Vermögenswerte oder Schulden beobachtbar sind) sowie der Verfügbarkeit ausreichender Daten ab.

Die Bestandteile einer Barwertermittlung

B13 Der Barwert (d. h. eine Anwendung des kapitalwertbasierten Ansatzes) ist ein Instrument, das dazu dient, unter Anwendung eines Abzinsungssatzes eine Verbindung zwischen künftigen Beträgen (z. B. Zahlungsströmen oder Werten) und einem gegenwärtigen Wert (Barwert) herzustellen. Bei der Ermittlung des beizulegenden Zeitwerts eines Vermögenswerts oder einer Schuld mithilfe eines Barwertverfahrens werden aus der Sicht von Marktteilnehmern am Bewertungsstichtag alle unten genannten Elemente erfasst:
(a) eine Schätzung künftiger Zahlungsströme für den Vermögenswert oder die Schuld, der/die bewertet wird,
(b) Erwartungen über mögliche Veränderungen bei Höhe und Zeitpunkt der Zahlungsströme. Sie stellen die mit den Zahlungsströmen verbundene Unsicherheit dar,
(c) der Zeitwert des Geldes, repräsentiert durch den Zinssatz risikoloser monetärer Vermögenswerte mit Fälligkeitsterminen oder Laufzeiten, die mit dem durch die Zahlungsströme abgedeckten Zeitraum zusammenfallen. Darüber hinaus stellen sie für den Inhaber weder Unsicherheiten hinsichtlich des Zeitpunkts noch Ausfallrisiken dar (d. h. es handelt sich um einen risikolosen Zinssatz),
(d) der Preis für die mit den Zahlungsströmen verbundene Unsicherheit (d. h. ein Risikoaufschlag),
(e) andere Faktoren, die Marktteilnehmer unter den gegebenen Umständen berücksichtigen würden,
(f) bei einer Schuld das Risiko der Nichterfüllung bezüglich der betreffenden Schuld einschließlich des eigenen Ausfallrisikos des Unternehmens (d. h. des Gläubigers).

Allgemeine Grundsätze

B14 Barwertverfahren unterscheiden sich in der Art der Erfassung der in Paragraph B13 genannten Elemente. Für die Anwendung jedes Barwertverfahrens zur Ermittlung des beizulegenden Zeitwerts gelten jedoch alle unten aufgeführten allgemeinen Grundsätze:
(a) Zahlungsströme und Abzinsungssätze müssen die Annahmen widerspiegeln, auf die sich Marktteilnehmer bei der Festlegung des Preises für den Vermögenswert oder die Schuld stützen würden.
(b) Zahlungsströme und Abzinsungssätze müssen nur die Faktoren berücksichtigen, die dem zu bewertenden Vermögenswert oder der zu bewertenden Schuld zurechenbar sind.
(c) Zur Vermeidung von Doppelzählungen oder Auslassungen bei den Auswirkungen von Risikofaktoren müssen die Abzinsungssätze Annahmen widerspiegeln, die mit den Annahmen im Einklang stehen, die den Zahlungsströmen entsprechen. Ein Abzinsungssatz, der die Unsicherheit bei den Erwartungen hinsichtlich künftiger Ausfälle widerspiegelt, ist beispielsweise dann angemessen, wenn vertraglich festgelegte Zahlungsströme eines Darlehens verwendet werden (d. h. ein Verfahren zur Anpassung von Abzinsungssätzen). Dieser Satz darf jedoch nicht angewandt werden, wenn erwartete (d. h. wahrscheinlichkeitsgewichtete) Zahlungsströme verwendet werden (d. h. ein Verfahren des erwarteten Barwerts), denn in den erwarteten Zahlungsströmen spiegeln sich bereits Annahmen über die Unsicherheit bei künftigen Ausfällen wider. Stattdessen ist ein Abzinsungssatz zu verwenden, der dem mit den erwarteten Zahlungsströmen verbundenen Risiko angemessen ist.

economic (external) obsolescence and is broader than depreciation for financial reporting purposes (an allocation of historical cost) or tax purposes (using specified service lives). In many cases the current replacement cost method is used to measure the fair value of tangible assets that are used in combination with other assets or with other assets and liabilities.

Income approach

The income approach converts future amounts (e.g. cash flows or income and expenses) to a single current (i.e. discounted) amount. When the income approach is used, the fair value measurement reflects current market expectations about those future amounts. **B10**

Those valuation techniques include, for example, the following: **B11**

(a) present value techniques (see paragraphs B12—B30);
(b) option pricing models, such as the Black-Scholes-Merton formula or a binomial model (i.e. a lattice model), that incorporate present value techniques and reflect both the time value and the intrinsic value of an option; and
(c) the multi-period excess earnings method, which is used to measure the fair value of some intangible assets.

Present value techniques

Paragraphs B13—B30 describe the use of present value techniques to measure fair value. Those paragraphs focus on a discount rate adjustment technique and an *expected cash flow* (expected present value) technique. Those paragraphs neither prescribe the use of a single specific present value technique nor limit the use of present value techniques to measure fair value to the techniques discussed. The present value technique used to measure fair value will depend on facts and circumstances specific to the asset or liability being measured (e.g. whether prices for comparable assets or liabilities can be observed in the market) and the availability of sufficient data. **B12**

The components of a present value measurement

Present value (i.e. an application of the income approach) is a tool used to link future amounts (e.g. cash flows or values) to a present amount using a discount rate. A fair value measurement of an asset or a liability using a present value technique captures all the following elements from the perspective of market participants at the measurement date: **B13**

(a) an estimate of future cash flows for the asset or liability being measured.
(b) expectations about possible variations in the amount and timing of the cash flows representing the uncertainty inherent in the cash flows.
(c) the time value of money, represented by the rate on risk-free monetary assets that have maturity dates or durations that coincide with the period covered by the cash flows and pose neither uncertainty in timing nor risk of default to the holder (i.e. a risk-free interest rate).
(d) the price for bearing the uncertainty inherent in the cash flows (i.e. a risk premium).
(e) other factors that market participants would take into account in the circumstances.
(f) for a liability, the non-performance risk relating to that liability, including the entity's (i.e. the obligor's) own credit risk.

General principles

Present value techniques differ in how they capture the elements in paragraph B13. However, all the following general principles govern the application of any present value technique used to measure fair value: **B14**

(a) Cash flows and discount rates should reflect assumptions that market participants would use when pricing the asset or liability.
(b) Cash flows and discount rates should take into account only the factors attributable to the asset or liability being measured.
(c) To avoid double-counting or omitting the effects of risk factors, discount rates should reflect assumptions that are consistent with those inherent in the cash flows. For example, a discount rate that reflects the uncertainty in expectations about future defaults is appropriate if using contractual cash flows of a loan (i.e. a discount rate adjustment technique). That same rate should not be used if using expected (i.e. probability-weighted) cash flows (i.e. an expected present value technique) because the expected cash flows already reflect assumptions about the uncertainty in future defaults; instead, a discount rate that is commensurate with the risk inherent in the expected cash flows should be used.

(d) Annahmen über Zahlungsströme und Abzinsungssätze müssen in sich konsistent sein. Beispielsweise müssen nominelle Zahlungsströme, in denen die Auswirkung der Inflation enthalten ist, zu einem Satz abgezinst werden, der die Auswirkung der Inflation einbezieht. Im nominalen risikolosen Zinssatz ist die Auswirkung der Inflation enthalten. Reale Zahlungsströme, die die Auswirkung der Inflation ausklammern, müssen zu einem Satz abgezinst werden, der die Auswirkung der Inflation ebenfalls ausklammert. Gleicherweise sind Zahlungsströme nach Steuern mit einem Abzinsungssatz nach Steuern abzuzinsen. Zahlungsströme vor Steuern wiederum sind zu einem Satz abzuzinsen, der diesen Zahlungsströmen entspricht.

(e) Abzinsungssätze müssen mit den zugrunde liegenden wirtschaftlichen Faktoren der Währung, auf die die Zahlungsströme lauten, vereinbar sein.

Risiko und Unsicherheit

B15 Eine Bewertung zum beizulegenden Zeitwert, bei der Barwertverfahren zum Einsatz kommen, erfolgt unter unsicheren Bedingungen, weil es sich bei den eingesetzten Zahlungsströmen um Schätzungen und nicht um bekannte Beträge handelt. Häufig sind sowohl die Höhe als auch der Zeitpunkt der Zahlungsströme unsicher. Sogar vertraglich festgelegte Beträge wie die auf ein Darlehen geleisteten Zahlungen sind unsicher, wenn ein Ausfallrisiko besteht.

B16 Im Allgemeinen verlangen Marktteilnehmer eine Gegenleistung (d. h. einen Risikoaufschlag) für die Übernahme der mit den Zahlungsströmen eines Vermögenswerts oder einer Schuld verbundene Unsicherheit. Eine Bewertung zum beizulegenden Zeitwert muss einen Risikoaufschlag enthalten, in dem sich der Betrag widerspiegelt, den Marktteilnehmer als Gegenleistung für die mit den Zahlungsströmen verbundene Unsicherheit verlangen würden. Andernfalls würde die Bewertung den beizulegenden Zeitwert nicht glaubwürdig darstellen. Mitunter kann die Bestimmung des angemessenen Risikoaufschlags schwierig sein. Der Schwierigkeitsgrad allein ist jedoch kein hinreichender Grund, einen Risikoaufschlag unberücksichtigt zu lassen.

B17 Barwertverfahren unterscheiden sich hinsichtlich der Art der Risikoanpassung und der Art der zugrunde gelegten Zahlungsströme. Zum Beispiel:

(a) Das Verfahren zur Anpassung von Abzinsungssätzen (siehe Paragraphen B18–B22) arbeitet mit einem risikoangepassten Abzinsungssatz und vertraglichen, zugesagten oder wahrscheinlichsten Zahlungsströmen.

(b) Methode 1 des Verfahrens des erwarteten Barwerts (siehe Paragraph B25) arbeitet mit risikoangepassten erwarteten Zahlungsströmen und einem risikolosen Zinssatz.

(c) Methode 2 des Verfahrens des erwarteten Barwerts (siehe Paragraph B26) arbeitet mit erwarteten Zahlungsströmen, die nicht risikoangepasst sind, sowie einem Abzinsungssatz, der in der Weise angepasst wird, dass der von Marktteilnehmern verlangte Risikoaufschlag enthalten ist. Dieser Satz ist ein anderer als der, der beim Verfahren zur Anpassung von Abzinsungssätzen zugrunde gelegt wird.

Verfahren zur Anpassung von Abzinsungssätzen

B18 Das Verfahren zur Anpassung von Abzinsungssätzen stützt sich auf einen einzigen Satz an Zahlungsströmen aus der Bandbreite möglicher Beträge, unabhängig davon, ob es sich um vertragliche, zugesagte (wie bei einer Anleihe) oder höchstwahrscheinlich eintretende Zahlungsströme handelt. In jedem dieser Fälle unterliegen diese Zahlungsströme dem Vorbehalt, dass bestimmte festgelegte Ereignisse eintreten (z. B. stehen vertragliche oder zugesagte Zahlungsströme im Zusammenhang mit einer Anleihe unter dem Vorbehalt, dass kein Ausfall seitens des Schuldners eintritt). Der für das Verfahren zur Anpassung von Abzinsungssätzen eingesetzte Abzinsungssatz wird aus den beobachteten Verzinsungen vergleichbarer, im Markt gehandelter Vermögenswerte oder Schulden abgeleitet. Dementsprechend werden die vertraglichen, zugesagten oder wahrscheinlichsten Zahlungsströme in Höhe eines beobachteten oder geschätzten Marktzinssatzes für derartige, unter Vorbehalt stehende Zahlungsströme abgezinst (d. h. einer Marktrendite).

B19 Das Verfahren zur Anpassung von Abzinsungssätzen erfordert eine Analyse der für vergleichbare Vermögenswerte oder Schulden verfügbaren Marktdaten. Vergleichbarkeit wird anhand der Beschaffenheit der Zahlungsströme (z. B. anhand dessen, ob die Zahlungsströme vertraglich oder nicht vertraglich sind und wahrscheinlich ähnlich auf Veränderungen der wirtschaftlichen Rahmenbedingungen reagieren werden) sowie anhand anderer Faktoren festgestellt (z. B. Bonität, Sicherheiten, Laufzeit, restriktive Vertragsklauseln und Liquidität). Wenn ein einzelner vergleichbarer Vermögenswert oder eine einzelne vergleichbare Schuld das mit den Zahlungsströmen aus dem zu bewertenden Vermögenswert oder der zu bewertenden Schuld verbundene Risiko nicht zutreffend widerspiegelt, ist es alternativ möglich, einen Abzinsungssatz unter Verwendung von Daten für mehrere vergleichbare Vermögenswerte oder Schulden in Verbindung mit der risikolosen Renditekurve (d. h. unter Verwendung eines „sukzessiven" Ansatzes) abzuleiten.

B20 Um einen sukzessiven Ansatz zu veranschaulichen, wird angenommen, dass der Vermögenswert A ein vertragliches Recht auf den Bezug von WE 800[1] in einem Jahr ist (d. h. es gibt keine zeitliche Unsicherheit). Es besteht ein etablierter Markt für vergleichbare Vermögenswerte und Informationen über diese Vermögenswerte, einschließlich Informationen über Preise, sind verfügbar. Bei diesen vergleichbaren Vermögenswerten

1 In diesem IFRS werden Geldbeträge in „Währungseinheiten (WE)" ausgedrückt.

(d) Assumptions about cash flows and discount rates should be internally consistent. For example, nominal cash flows, which include the effect of inflation, should be discounted at a rate that includes the effect of inflation. The nominal risk-free interest rate includes the effect of inflation. Real cash flows, which exclude the effect of inflation, should be discounted at a rate that excludes the effect of inflation. Similarly, after-tax cash flows should be discounted using an after-tax discount rate. Pre-tax cash flows should be discounted at a rate consistent with those cash flows.

(e) Discount rates should be consistent with the underlying economic factors of the currency in which the cash flows are denominated.

Risk and uncertainty

A fair value measurement using present value techniques is made under conditions of uncertainty because the cash flows used are estimates rather than known amounts. In many cases both the amount and timing of the cash flows are uncertain. Even contractually fixed amounts, such as the payments on a loan, are uncertain if there is risk of default. **B15**

Market participants generally seek compensation (i.e. a risk premium) for bearing the uncertainty inherent in the cash flows of an asset or a liability. A fair value measurement should include a risk premium reflecting the amount that market participants would demand as compensation for the uncertainty inherent in the cash flows. Otherwise, the measurement would not faithfully represent fair value. In some cases determining the appropriate risk premium might be difficult. However, the degree of difficulty alone is not a sufficient reason to exclude a risk premium. **B16**

Present value techniques differ in how they adjust for risk and in the type of cash flows they use. For example: **B17**

(a) The discount rate adjustment technique (see paragraphs B18—B22) uses a risk-adjusted discount rate and contractual, promised or most likely cash flows.

(b) Method 1 of the expected present value technique (see paragraph B25) uses risk-adjusted expected cash flows and a risk-free rate.

(c) Method 2 of the expected present value technique (see paragraph B26) uses expected cash flows that are not risk-adjusted and a discount rate adjusted to include the risk premium that market participants require. That rate is different from the rate used in the discount rate adjustment technique.

Discount rate adjustment technique

The discount rate adjustment technique uses a single set of cash flows from the range of possible estimated amounts, whether contractual or promised (as is the case for a bond) or most likely cash flows. In all cases, those cash flows are conditional upon the occurrence of specified events (e.g. contractual or promised cash flows for a bond are conditional on the event of no default by the debtor). The discount rate used in the discount rate adjustment technique is derived from observed rates of return for comparable assets or liabilities that are traded in the market. Accordingly, the contractual, promised or most likely cash flows are discounted at an observed or estimated market rate for such conditional cash flows (i.e. a market rate of return). **B18**

The discount rate adjustment technique requires an analysis of market data for comparable assets or liabilities. Comparability is established by considering the nature of the cash flows (e.g. whether the cash flows are contractual or non-contractual and are likely to respond similarly to changes in economic conditions), as well as other factors (e.g. credit standing, collateral, duration, restrictive covenants and liquidity). Alternatively, if a single comparable asset or liability does not fairly reflect the risk inherent in the cash flows of the asset or liability being measured, it may be possible to derive a discount rate using data for several comparable assets or liabilities in conjunction with the risk-free yield curve (i.e. using a 'build-up' approach). **B19**

To illustrate a build-up approach, assume that Asset A is a contractual right to receive CU800[1] in one year (i.e. there is no timing uncertainty). There is an established market for comparable assets, and information about those assets, including price information, is available. Of those comparable assets: **B20**

1 In this IFRS monetary amounts are denominated in 'currency units (CU)'.

(a) ist Vermögenswert B ein vertragliches Recht auf den Empfang von 1 200 WE im Jahr bei einem Marktpreis von 1 083 WE. Die implizite jährliche Verzinsung (d. h. eine einjährige Marktrendite) beträgt daher 10,8 Prozent [(WE1 200/WE1 083) – 1].

(b) ist Vermögenswert C ein vertragliches Recht auf den Empfang von 700 WE in zwei Jahren bei einem Marktpreis von 566 WE. Die implizite jährliche Verzinsung (d. h. eine zweijährige Marktrendite) beträgt daher 11,2 Prozent [(WE700/WE566)^0,5 – 1].

(c) sind alle drei Vermögenswerte im Hinblick auf das Risiko vergleichbar (d. h. Streuung möglicher Auszahlungen und Ausfälle).

B21 Auf der Grundlage des Zeitpunktes der für Vermögenswert A zu erhaltenden vertraglichen Zahlungen verglichen mit dem Zeitpunkt für Vermögenswert B und Vermögenswert C (d. h. in einem Jahr für Vermögenswert B gegenüber in zwei Jahren für Vermögenswert C), gilt Vermögenswert B als vergleichbarer mit Vermögenswert A. Legt man die für Vermögenswert A zu erhaltende vertragliche Zahlung (WE 800) und die mit Vermögenswert B erzielte einjährige Marktrendite (10,8 Prozent) zugrunde, beträgt der beizulegende Zeitwert von Vermögenswert A WE 722 (WE 800/1,108). Liegen für Vermögenswert B keine Marktinformationen vor, kann die einjährige Marktrendite alternativ unter Verwendung des sukzessiven Ansatzes aus Vermögenswert C abgeleitet werden. In diesem Fall würde der zweijährige Marktzins von Vermögenswert C (11,2 Prozent) durch Verwendung der Laufzeitstruktur der risikolosen Renditekurve auf einen einjährigen Marktzins angepasst. Um festzustellen, ob die Risikoaufschläge für einjährige und zweijährige Vermögenswerte gleich sind, könnten zusätzliche Informationen und Analysen erforderlich sein. Falls festgestellt wird, dass die Risikoaufschläge für einjährige und zweijährige Vermögenswerte nicht gleich sind, würde die zweijährige Marktrendite um diesen Effekt weiter angepasst.

B22 Wendet man das Verfahren zur Anpassung von Abzinsungssätzen bei festen Einnahmen oder Zahlungen an, wird die Anpassung um das Risiko, das mit den Zahlungsströmen des zu bewertenden Vermögenswerts bzw. der zu bewertenden Schuld verbunden ist, in den Abzinsungssatz aufgenommen. Mitunter kann bei der Anwendung des Verfahrens zur Anpassung von Abzinsungssätzen auf Zahlungsströme, bei denen es sich nicht um feste Einnahmen oder Zahlungen handelt, eine Anpassung an den Zahlungsströmen notwendig sein, um Vergleichbarkeit mit dem beobachteten Vermögenswert oder der beobachteten Schuld, aus dem bzw. der sich der Abzinsungssatz herleitet, herzustellen.

Verfahren des erwarteten Barwerts

B23 Ausgangspunkt des Verfahrens des erwarteten Barwerts bildet ein Satz von Zahlungsströmen, der den wahrscheinlichkeitsgewichteten Durchschnitt aller möglichen künftigen Zahlungsströme (d. h. der erwarteten Zahlungsströme) darstellt. Die daraus resultierende Schätzung ist mit dem erwarteten Wert identisch, der statistisch gesehen der gewichtete Durchschnitt möglicher Werte einer diskreten Zufallsvariablen ist, wobei die jeweiligen Wahrscheinlichkeiten die Gewichte bilden. Da alle möglichen Zahlungsströme wahrscheinlichkeitsgewichtet sind, hängt der resultierende erwartete Zahlungsstrom nicht vom Eintreten eines bestimmten Ereignisses ab (anders als bei den im Verfahren der Anpassung des Abzinsungssatzes verwendeten Zahlungsströmen).

B24 Bei Anlageentscheidungen würden risikoscheue Marktteilnehmer das Risiko berücksichtigen, dass die tatsächlichen Zahlungsströme von den erwarteten Zahlungsströmen abweichen könnten. Die Portfoliotheorie unterscheidet zwischen zwei Risikoarten:

(a) nicht systematischen (diversifizierbaren) Risiken. Hierbei handelt es sich um Risiken, die für einen bestimmten Vermögenswert oder eine bestimmte Schuld spezifisch sind;

(b) systematischen (nicht diversifizierbaren) Risiken. Hierbei handelt es sich um das gemeinsame Risiko, dem ein Vermögenswert oder eine Schuld in einem diversifizierten Portfolio gemeinsam mit den anderen Positionen unterliegt.

Der Portfoliotheorie zufolge werden die Marktteilnehmer in einem im Gleichgewicht befindlichen Markt nur für das mit den Zahlungsströmen verbundene systematische Risiko entschädigt. (In ineffizienten oder nicht im Gleichgewicht befindlichen Märkten können andere Formen der Rendite oder Gegenleistung verfügbar sein.)

B25 Methode 1 des Verfahrens des erwarteten Barwerts bereinigt die erwarteten Zahlungsströme eines Vermögenswerts um das systematische Risiko (d. h. das Marktrisiko) durch Subtraktion einer Bar-Risikoprämie (d. h. risikoangepasste erwartete Zahlungsströme). Diese risikoangepassten erwarteten Zahlungsströme stellen einen sicherheitsäquivalenten Zahlungsstrom dar, der mit einem risikolosen Zinssatz abgezinst wird. Ein sicherheitsäquivalenter Zahlungsstrom bezieht sich auf einen erwarteten Zahlungsstrom (gemäß Definition), der risikoangepasst ist, sodass ein Markteilnehmer zwischen einem sicheren Zahlungsstrom und einem erwarteten Zahlungsstrom indifferent ist. Wäre ein Marktteilnehmer beispielsweise bereit, einen erwarteten Zahlungsstrom von 1 200 WE gegen einen sicheren Zahlungsstrom von 1 000 WE einzutauschen, sind die 1 000 WE das Sicherheitsäquivalent für die 1 200 WE (d. h. die 200 WE würden den Risikoaufschlag für Barmittel darstellen). In diesem Fall wäre der Marktteilnehmer dem gehaltenen Vermögenswert gegenüber indifferent.

B26 Im Gegensatz dazu wird bei Methode 2 des Verfahrens des erwarteten Barwerts um das systematische Risiko (d. h. das Marktrisiko) bereinigt, indem auf den risikolosen Zinssatz ein Risikoaufschlag angewandt wird. Dementsprechend

(a) Asset B is a contractual right to receive CU1,200 in one year and has a market price of CU1,083. Thus, the implied annual rate of return (i.e. a one-year market rate of return) is 10,8 per cent [(CU1,200/CU1,083) — 1].
(b) Asset C is a contractual right to receive CU700 in two years and has a market price of CU566. Thus, the implied annual rate of return (i.e. a two-year market rate of return) is 11,2 per cent [(CU700/CU566)^0,5 — 1].
(c) All three assets are comparable with respect to risk (i.e. dispersion of possible pay-offs and credit).

On the basis of the timing of the contractual payments to be received for Asset A relative to the timing for Asset B and Asset C (i.e. one year for Asset B versus two years for Asset C), Asset B is deemed more comparable to Asset A. Using the contractual payment to be received for Asset A (CU800) and the one-year market rate derived from Asset B (10,8 per cent), the fair value of Asset A is CU722 (CU800/1,108). Alternatively, in the absence of available market information for Asset B, the one-year market rate could be derived from Asset C using the build-up approach. In that case the two-year market rate indicated by Asset C (11,2 per cent) would be adjusted to a one-year market rate using the term structure of the risk-free yield curve. Additional information and analysis might be required to determine whether the risk premiums for one-year and two-year assets are the same. If it is determined that the risk premiums for one-year and two-year assets are not the same, the two-year market rate of return would be further adjusted for that effect. B21

When the discount rate adjustment technique is applied to fixed receipts or payments, the adjustment for risk inherent in the cash flows of the asset or liability being measured is included in the discount rate. In some applications of the discount rate adjustment technique to cash flows that are not fixed receipts or payments, an adjustment to the cash flows may be necessary to achieve comparability with the observed asset or liability from which the discount rate is derived. B22

Expected present value technique

The expected present value technique uses as a starting point a set of cash flows that represents the probability-weighted average of all possible future cash flows (i.e. the expected cash flows). The resulting estimate is identical to expected value, which, in statistical terms, is the weighted average of a discrete random variable's possible values with the respective probabilities as the weights. Because all possible cash flows are probability-weighted, the resulting expected cash flow is not conditional upon the occurrence of any specified event (unlike the cash flows used in the discount rate adjustment technique). B23

In making an investment decision, risk-averse market participants would take into account the risk that the actual cash flows may differ from the expected cash flows. Portfolio theory distinguishes between two types of risk: B24
(a) unsystematic (diversifiable) risk, which is the risk specific to a particular asset or liability.
(b) systematic (non-diversifiable) risk, which is the common risk shared by an asset or a liability with the other items in a diversified portfolio.

Portfolio theory holds that in a market in equilibrium, market participants will be compensated only for bearing the systematic risk inherent in the cash flows. (In markets that are inefficient or out of equilibrium, other forms of return or compensation might be available.)

Method 1 of the expected present value technique adjusts the expected cash flows of an asset for systematic (i.e. market) risk by subtracting a cash risk premium (i.e. risk-adjusted expected cash flows). Those risk-adjusted expected cash flows represent a certainty-equivalent cash flow, which is discounted at a risk-free interest rate. A certainty-equivalent cash flow refers to an expected cash flow (as defined), adjusted for risk so that a market participant is indifferent to trading a certain cash flow for an expected cash flow. For example, if a market participant was willing to trade an expected cash flow of CU1,200 for a certain cash flow of CU1,000, the CU1,000 is the certainty equivalent of the CU1,200 (i.e. the CU200 would represent the cash risk premium). In that case the market participant would be indifferent as to the asset held. B25

In contrast, Method 2 of the expected present value technique adjusts for systematic (i.e. market) risk by applying a risk premium to the risk-free interest rate. Accordingly, the expected cash flows are discounted at a rate that corresponds to an B26

werden die erwarteten Zahlungsströme mit einem Zinssatz, der einem erwarteten Zinssatz für wahrscheinlichkeitsgewichtete Zahlungsströme entspricht (d. h. einer erwarteten Rendite) abgezinst. Zur Schätzung der erwarteten Verzinsung können Modelle zur Festlegung des Preises riskanter Vermögenswerte eingesetzt werden, beispielsweise das Capital Asset Pricing Model. Da der im Verfahren zur Anpassung des Abzinsungssatzes verwendete Abzinsungssatz eine Rendite im Zusammenhang mit bedingten Zahlungsströmen darstellt, dürfte er höher sein als der Abzinsungssatz, der in Methode 2 des Verfahrens des erwarteten Barwerts verwendet wird und der einer erwarteten Rendite in Zusammenhang mit erwarteten oder wahrscheinlichkeitsgewichteten Zahlungsströmen entspricht.

B27 Zur Veranschaulichung der Methoden 1 und 2 wird unterstellt, dass für einen Vermögenswert in einem Jahr Zahlungsströme von 780 WE erwartet werden, die auf Grundlage der möglichen Zahlungsströme und der unten gezeigten Wahrscheinlichkeiten bestimmt werden. Der anwendbare risikolose Zinssatz für Zahlungsströme mit einem Zeithorizont von einem Jahr beträgt 5 Prozent. Der systematische Risikoaufschlag für einen Vermögenswert mit dem gleichen Risikoprofil beträgt 3 Prozent.

Mögliche Zahlungsströme	Wahrscheinlichkeit	Wahrscheinlichkeitsgewichtete Zahlungsströme
WE 500	15 %	WE 75
WE 800	60 %	WE 480
WE 900	25 %	WE 225
Erwartete Zahlungsströme		WE 780

B28 In dieser einfachen Darstellung stehen die erwarteten Zahlungsströme (780 WE) für den wahrscheinlichkeitsgewichteten Durchschnitt der drei möglichen Verläufe. In realistischeren Situationen sind zahlreiche Verläufe möglich. Zur Anwendung des Verfahrens des erwarteten Barwerts müssen nicht immer alle Verteilungen aller möglichen Zahlungsströme berücksichtigt werden; auch der Einsatz komplexer Modelle und Verfahren ist hierbei nicht immer erforderlich. Stattdessen könnte es möglich sein, eine begrenze Anzahl eigenständiger Szenarien und Wahrscheinlichkeiten zu entwickeln, mit denen die Palette möglicher Zahlungsströme erfasst wird. Ein Unternehmen könnte beispielsweise in einer maßgeblichen früheren Periode realisierte Zahlungsströme verwenden, die es um anschließend eingetretene Veränderungen in den äußeren Umständen bereinigt (z. B. Änderungen bei äußeren Faktoren wie Konjunktur- oder Marktbedingungen, Branchentrends, Trends im Wettbewerb sowie auch Änderungen bei inneren Faktoren, die spezifischere Auswirkungen auf das Unternehmen haben). Dabei werden auch die Annahmen von Marktteilnehmern berücksichtigt.

B29 Theoretisch ist der Barwert (d. h. der beizulegende Zeitwert) der Zahlungsströme eines Vermögenswerts sowohl bei einer Bestimmung nach Methode 1 als auch bei einer Bestimmung nach Methode 2 der gleiche. Dabei gilt:

(a) Bei Anwendung von Methode 1 werden die erwarteten Zahlungsströme um das systematische (d. h. das Markt-) Risiko bereinigt. Liegen keine Marktdaten vor, an denen sich unmittelbar die Höhe der Risikoanpassung ablesen lässt, könnte eine solche Anpassung aus einem Asset Pricing Model unter Verwendung des Konzepts der Sicherheitsäquivalente abgeleitet werden. Die Risikoanpassung (d. h. der Bar-Risikoaufschlag von 22 WE) könnte beispielsweise anhand des Aufschlags für systematische Risiken in Höhe von 3 Prozent bestimmt werden (780 WE - [780 WE × (1,05/1,08)]), aus dem sich die risikobereinigten erwarteten Zahlungsströme von 758 WE (780 WE - 22 WE) ergeben. Die 758 WE sind das Sicherheitsäquivalent für 780 WE und werden zum risikolosen Zinssatz (5 Prozent) abgezinst. Der Barwert (d.h. der beizulegende Zeitwert) des Vermögenswerts beträgt 722 WE (758 WE/1,05).

(b) Bei Anwendung von Methode 2 werden die erwarteten Zahlungsströme nicht um systematische Risiken (d. h. Marktrisiken) bereinigt. Die Anpassung an dieses Risiko ist stattdessen im Abzinsungssatz enthalten. Die erwarteten Zahlungsströme werden folglich mit einer erwarteten Verzinsung von 8 Prozent (d. h. 5 Prozent risikoloser Zinssatz zuzüglich 3 Prozent Aufschlag für das systematische Risiko) abgezinst. Der Barwert (d. h. der beizulegende Zeitwert) des Vermögenswerts beträgt 722 WE (780 WE/1,08).

B30 Wird zur Ermittlung des beizulegenden Zeitwerts ein Verfahren des erwarteten Barwerts angewandt, kann dies entweder nach Methode 1 oder nach Methode 2 erfolgen. Ob Methode 1 oder Methode 2 gewählt wird, hängt von den jeweiligen, für den bewerteten Vermögenswert bzw. die bewertete Schuld spezifischen Sachverhalten und Umständen ab. Weitere Auswahlkriterien sind der Umfang, in dem hinreichende Daten verfügbar sind und die jeweilige Ermessensausübung.

Anwendung von Barwertverfahren auf Schulden und eigene Eigenkapitalinstrumente eines Unternehmens, die nicht von anderen Parteien als Vermögenswerte gehalten werden (Paragraphen 40 und 41)

B31 Wendet ein Unternehmen zur Ermittlung des beizulegenden Zeitwerts einer Schuld, die nicht von einer anderen Partei als Vermögenswert gehalten wird (z. B. einer Entsorgungsverpflichtung) ein Barwertverfahren an, hat es unter anderem die künftigen Mittelabflüsse zu schätzen, von denen Marktteilnehmer erwarten würden, dass sie bei der Erfüllung der Verpflichtung entstehen. Solche künftigen Mittelabflüsse müssen die Erwartungen der Marktteilnehmer hinsichtlich der Kosten für die Erfüllung der Verpflichtung und die Gegenleistung, die ein Marktteilnehmer für die Übernahme der

expected rate associated with probability-weighted cash flows (i.e. an expected rate of return). Models used for pricing risky assets, such as the capital asset pricing model, can be used to estimate the expected rate of return. Because the discount rate used in the discount rate adjustment technique is a rate of return relating to conditional cash flows, it is likely to be higher than the discount rate used in Method 2 of the expected present value technique, which is an expected rate of return relating to expected or probability-weighted cash flows.

To illustrate Methods 1 and 2, assume that an asset has expected cash flows of CU780 in one year determined on the basis of the possible cash flows and probabilities shown below. The applicable risk-free interest rate for cash flows with a one-year horizon is 5 per cent, and the systematic risk premium for an asset with the same risk profile is 3 per cent. **B27**

Possible cash flows	Probability	Probability-weighted cash flows
CU500	15 %	CU75
CU800	60 %	CU480
CU900	25 %	CU225
Expected cash flows		CU780

In this simple illustration, the expected cash flows (CU780) represent the probability-weighted average of the three possible outcomes. In more realistic situations, there could be many possible outcomes. However, to apply the expected present value technique, it is not always necessary to take into account distributions of all possible cash flows using complex models and techniques. Rather, it might be possible to develop a limited number of discrete scenarios and probabilities that capture the array of possible cash flows. For example, an entity might use realised cash flows for some relevant past period, adjusted for changes in circumstances occurring subsequently (e.g. changes in external factors, including economic or market conditions, industry trends and competition as well as changes in internal factors affecting the entity more specifically), taking into account the assumptions of market participants. **B28**

In theory, the present value (i.e. the fair value) of the asset's cash flows is the same whether determined using Method 1 or Method 2, as follows: **B29**

(a) Using Method 1, the expected cash flows are adjusted for systematic (i.e. market) risk. In the absence of market data directly indicating the amount of the risk adjustment, such adjustment could be derived from an asset pricing model using the concept of certainty equivalents. For example, the risk adjustment (i.e. the cash risk premium of CU22) could be determined using the systematic risk premium of 3 per cent (CU780 — [CU780 × (1,05/1,08)]), which results in risk-adjusted expected cash flows of CU758 (CU780 — CU22). The CU758 is the certainty equivalent of CU780 and is discounted at the risk-free interest rate (5 per cent). The present value (i.e. the fair value) of the asset is CU722 (CU758/1,05).

(b) Using Method 2, the expected cash flows are not adjusted for systematic (i.e. market) risk. Rather, the adjustment for that risk is included in the discount rate. Thus, the expected cash flows are discounted at an expected rate of return of 8 per cent (i.e. the 5 per cent risk-free interest rate plus the 3 per cent systematic risk premium). The present value (i.e. the fair value) of the asset is CU722 (CU780/1,08).

When using an expected present value technique to measure fair value, either Method 1 or Method 2 could be used. The selection of Method 1 or Method 2 will depend on facts and circumstances specific to the asset or liability being measured, the extent to which sufficient data are available and the judgements applied. **B30**

Applying Present Value Techniques to Liabilities and an Entity's Own Equity Instruments Not Held by Other Parties as Assets (Paragraphs 40 and 41)

When using a present value technique to measure the fair value of a liability that is not held by another party as an asset (e.g. a decommissioning liability), an entity shall, among other things, estimate the future cash outflows that market participants would expect to incur in fulfilling the obligation. Those future cash outflows shall include market participants' **B31**

Verpflichtung verlangen würde, abdecken. Eine solche Gegenleistung umfasst auch die Rendite, die ein Marktteilnehmer für Folgendes verlangen würde:

(a) die Durchführung der Tätigkeit (d. h. der Wert zur Erfüllung der Verpflichtung; z. B. durch die Verwendung von Ressourcen, die für andere Tätigkeiten verwendet werden könnten), und

(b) Übernahme des mit der Verpflichtung einhergehenden Risikos (d.h. ein Risikoaufschlag, der das Risiko widerspiegelt, dass die tatsächlichen Mittelabflüsse von den erwarteten Mittelabflüssen abweichen könnten, siehe Paragraph B33).

B32 Eine nicht finanzielle Verbindlichkeit enthält beispielsweise keine vertragliche Verzinsung und es gibt keine beobachtbare Marktrendite für diese Verbindlichkeit. In einigen Fällen werden sich die Bestandteile der von Marktteilnehmern verlangten Rendite nicht voneinander unterscheiden lassen (z. B. wenn der Preis verwendet wird, den ein dritter Auftragnehmer auf Grundlage eines festen Entgelts in Rechnung stellen würde). In anderen Fällen muss ein Unternehmen diese Bestandteile getrennt schätzen (z. B. wenn es den Preis zugrunde legt, den ein dritter Auftragnehmer auf der Grundlage eines Kostenzuschlags berechnen würde, da der Auftragnehmer in diesem Fall nicht das Risiko künftiger Kostenänderungen trägt).

B33 Ein Unternehmen kann in die Zeitwertbewertung einer Schuld oder eines eigenen Eigenkapitalinstruments, die bzw. das nicht von einer anderen Partei als Vermögenswert gehalten wird, wie folgt einen Risikoaufschlag einbeziehen:

(a) durch Anpassung der Zahlungsströme (d. h. durch eine Erhöhung des Betrags der Mittelabflüsse) oder

(b) durch Anpassung des Satzes, der für die Abzinsung künftiger Zahlungsströme auf ihre Barwerte verwendet wird (d. h. durch eine Verringerung des Abzinsungssatzes).

Unternehmen müssen sicherstellen, dass sie Risikoanpassungen nicht doppelt zählen oder auslassen. Werden die geschätzten Zahlungsströme z. B. erhöht, damit die Gegenleistung für die Übernahme des mit der Verpflichtung einhergehenden Risikos berücksichtigt wird, sollte der Abzinsungssatz nicht um dieses Risiko bereinigt werden.

Eingangsparameter für Bewertungsverfahren (Paragraphen 67–71)

B34 Märkte, in denen für bestimmte Vermögenswerte und Schulden (z. B. Finanzinstrumente) Eingangsparameter beobachtet werden können, sind beispielsweise:

(a) *Börsen.* In einer Börse sind Schlusskurse einerseits leicht verfügbar und andererseits allgemein repräsentativ für den beizulegenden Zeitwert. Ein Beispiel für einen solchen Markt ist die London Stock Exchange.

(b) *Händlermärkte.* In einem Händlermarkt stehen Händler zum Kauf oder Verkauf auf eigene Rechnung bereit. Sie setzen ihr Kapital ein, um einen Bestand der Werte zu halten, für die sie einen Markt bilden, und stellen somit Liquidität zur Verfügung. Üblicherweise sind Geld- und Briefkurse (die den Preis darstellen, zu dem der Händler zum Kauf bzw. Verkauf bereit ist) leichter verfügbar als Schlusskurse. Außerbörsliche Märkte – „Over-the-Counter" – (für die Preise öffentlich gemeldet werden) sind Händlermärkte. Händlermärkte gibt es auch für eine Reihe anderer Vermögenswerte und Schulden, u. a. bestimmte Finanzinstrumente, Waren und Sachvermögenswerte (z. B. gebrauchte Maschinen).

(c) *Vermittlermärkte.* In einem Vermittlermarkt versuchen Broker, bzw. Makler, Käufer mit Verkäufern zusammenzubringen. Sie stehen aber nicht zum Handel auf eigene Rechnung bereit. Mit anderen Worten, Makler verwenden kein eigenes Kapital, um einen Bestand der Werte zu halten, für die sie einen Markt bilden. Der Makler kennt die von den jeweiligen Parteien angebotenen und verlangten Preise, aber normalerweise kennt keine Partei die Preisforderungen der jeweils anderen Partei. Mitunter sind Preise für abgeschlossene Geschäftsvorfälle verfügbar. Vermittlermärkte sind u. a. elektronische Kommunikationsnetze, in denen Kauf- und Verkaufsaufträge zusammengebracht werden, sowie Märkte für Gewerbe- und Wohnimmobilien.

(d) *Direktmärkte.* In einem Direktmarkt werden sowohl Ausreichungs- als auch Wiederverkaufstransaktionen unabhängig und ohne Mittler ausgehandelt. Über Geschäftsvorfälle dieser Art werden der Öffentlichkeit eventuell nur wenige Informationen zur Verfügung gestellt.

Fair-Value-Hierarchie (Paragraphen 72–90)

Eingangsparameter der Stufe 2 (Paragraphen 81–85)

B35 Beispiele für Eingangsparameter der Stufe 2 für besondere Vermögenswerte und Schulden sind u. a.:

(a) *Festzinsempfänger-Swap, der auf dem London Interbank Offered Rate (LIBOR) Swapsatz basiert.* Ein Eingangsparameter der Stufe 2 wäre der LIBOR Swapsatz, falls dieser in üblich notierten Intervallen für so gut wie die volle Laufzeit des Swap beobachtbar ist.

(b) *Festzinsempfänger-Swap, der auf einer Renditekurve in einer Fremdwährung basiert.* Ein Eingangsparameter der Stufe 2 wäre der Swapsatz, der auf einer Renditekurve in einer Fremdwährung basiert, der in üblich notierten Intervallen für so gut wie die volle Laufzeit des Swap beobachtbar ist. Dies wäre der Fall, wenn die Laufzeit des Swap 10 Jahre betrüge und dieser Swapsatz in allgemein notierten Intervallen für 9 Jahre beobachtbar wäre, vorausgesetzt, dass jede angemessene Extrapolation der Renditekurve für das Jahr 10 für die Bewertung zum beizulegenden Zeitwert des Swap in seiner Gesamtheit nicht von Bedeutung wäre.

expectations about the costs of fulfilling the obligation and the compensation that a market participant would require for taking on the obligation. Such compensation includes the return that a market participant would require for the following:

(a) undertaking the activity (i.e. the value of fulfilling the obligation; e.g. by using resources that could be used for other activities); and

(b) assuming the risk associated with the obligation (i.e. a *risk premium* that reflects the risk that the actual cash outflows might differ from the expected cash outflows; see paragraph B33).

For example, a non-financial liability does not contain a contractual rate of return and there is no observable market yield for that liability. In some cases the components of the return that market participants would require will be indistinguishable from one another (e.g. when using the price a third party contractor would charge on a fixed fee basis). In other cases an entity needs to estimate those components separately (e.g. when using the price a third party contractor would charge on a cost plus basis because the contractor in that case would not bear the risk of future changes in costs). **B32**

An entity can include a risk premium in the fair value measurement of a liability or an entity's own equity instrument that is not held by another party as an asset in one of the following ways: **B33**

(a) by adjusting the cash flows (i.e. as an increase in the amount of cash outflows); or

(b) by adjusting the rate used to discount the future cash flows to their present values (i.e. as a reduction in the discount rate).

An entity shall ensure that it does not double-count or omit adjustments for risk. For example, if the estimated cash flows are increased to take into account the compensation for assuming the risk associated with the obligation, the discount rate should not be adjusted to reflect that risk.

Inputs to Valuation Techniques (Paragraphs 67—71)

Examples of markets in which inputs might be observable for some assets and liabilities (e.g. financial instruments) include the following: **B34**

(a) *Exchange markets.* In an exchange market, closing prices are both readily available and generally representative of fair value. An example of such a market is the London Stock Exchange.

(b) *Dealer markets.* In a dealer market, dealers stand ready to trade (either buy or sell for their own account), thereby providing liquidity by using their capital to hold an inventory of the items for which they make a market. Typically bid and ask prices (representing the price at which the dealer is willing to buy and the price at which the dealer is willing to sell, respectively) are more readily available than closing prices. Over-the-counter markets (for which prices are publicly reported) are dealer markets. Dealer markets also exist for some other assets and liabilities, including some financial instruments, commodities and physical assets (e.g. used equipment).

(c) *Brokered markets.* In a brokered market, brokers attempt to match buyers with sellers but do not stand ready to trade for their own account. In other words, brokers do not use their own capital to hold an inventory of the items for which they make a market. The broker knows the prices bid and asked by the respective parties, but each party is typically unaware of another party's price requirements. Prices of completed transactions are sometimes available. Brokered markets include electronic communication networks, in which buy and sell orders are matched, and commercial and residential real estate markets.

(d) *Principal-to-principal markets.* In a principal-to-principal market, transactions, both originations and resales, are negotiated independently with no intermediary. Little information about those transactions may be made available publicly.

Fair Value Hierarchy (Paragraphs 72—90)

Level 2 inputs (paragraphs 81—85)

Examples of Level 2 inputs for particular assets and liabilities include the following: **B35**

(a) *Receive-fixed, pay-variable interest rate swap based on the London Interbank Offered Rate (LIBOR) swap rate.* A Level 2 input would be the LIBOR swap rate if that rate is observable at commonly quoted intervals for substantially the full term of the swap.

(b) *Receive-fixed, pay-variable interest rate swap based on a yield curve denominated in a foreign currency.* A Level 2 input would be the swap rate based on a yield curve denominated in a foreign currency that is observable at commonly quoted intervals for substantially the full term of the swap. That would be the case if the term of the swap is 10 years and that rate is observable at commonly quoted intervals for 9 years, provided that any reasonable extrapolation of the yield curve for year 10 would not be significant to the fair value measurement of the swap in its entirety.

(c) *Festzinsempfänger-Swap, der auf einem bestimmten Leitzins einer Bank basiert.* Ein Eingangsparameter der Stufe 2 wäre der Leitzins der Bank, abgeleitet durch Extrapolation, falls die extrapolierten Werte durch beobachtbare Marktdaten gestützt werden, zum Beispiel durch Korrelation mit einem Zinssatz, der für so gut wie die volle Laufzeit des Swap beobachtbar ist.

(d) *Dreijahresoption auf börsengehandelte Aktien.* Ein Eingangsparameter der Stufe 2 wäre die implizite Volatilität der Aktien, abgeleitet durch Extrapolation auf das Jahr 3, wenn die beiden folgenden Bedingungen erfüllt sind:
  (i) Preise für Ein- und Zweijahresoptionen auf die Aktien sind beobachtbar,
  (ii) die extrapolierte implizite Volatilität einer Dreijahresoption wird für so gut wie die volle Laufzeit der Option durch beobachtbare Marktdaten gestützt.

In diesem Fall könnte die implizite Volatilität durch Extrapolation der impliziten Volatilität der Einjahres- und Zweijahres-Optionen auf die Aktien abgeleitet werden und durch die implizite Volatilität für Dreijahres-Optionen auf vergleichbare Unternehmensaktien gestützt werden, vorausgesetzt, dass eine Korrelation mit den impliziten Einjahres- und Zweijahres-Volatilitäten begründet ist.

(e) *Lizenzvereinbarung.* Bei einer Lizenzvereinbarung, die in einem Unternehmenszusammenschluss erworben wurde und in jüngster Zeit von dem erworbenen Unternehmen (der Partei zur Lizenzvereinbarung) mit einer fremden Partei ausgehandelt wurde, wäre die Lizenzgebühr, die bei Beginn der Vereinbarung in dem Vertrag mit der fremden Partei festgelegt wurde, ein Eingangsparameter der Stufe 2.

(f) *Fertigerzeugnisse in einem Einzelhandelsgeschäft.* Für Fertigerzeugnisse, die bei einem Unternehmenszusammenschluss erworben werden, wäre ein Eingangsparameter der Stufe 2 entweder ein Preis für Kunden in einem Einzelhandelsmarkt oder ein Preis für Einzelhändler in einem Großhandelsmarkt, angepasst um Unterschiede hinsichtlich Zustand und Ort des Vorratspostens mit denen vergleichbarer (d. h. ähnlicher) Vorratsposten, sodass die Bewertung zum beizulegenden Zeitwert den Preis widerspiegelt, den man beim Verkauf des Bestands an einen anderen Einzelhändler, der die erforderlichen Verkaufsbemühungen durchführt, erhalten würde. Die Bewertung zum beizulegenden Zeitwert wird vom Konzept her gleich sein, unabhängig davon, ob die Anpassungen an den Einzelhandelspreis (nach unten) oder an den Großhandelspreis (nach oben) gemacht werden. Im Allgemeinen ist für die Bewertung zum beizulegenden Zeitwert der Preis zu verwenden, der die geringsten subjektiven Anpassungen erfordert.

(g) *Zur Nutzung gehaltene Gebäude.* Der aus beobachtbaren Marktdaten abgeleitete Quadratmeterpreis für das Gebäude (Bewertungsmultiplikator) wäre ein Eingangsparameter der Stufe 2. Dieser Preis wird beispielsweise aus Multiplikatoren gewonnen, die ihrerseits aus Preisen abgeleitet wurden, die in Geschäftsvorfällen mit vergleichbaren (d. h. ähnlichen) Gebäuden an ähnlichen Standorten beobachtet wurden.

(h) *Zahlungsmittelgenerierende Einheit.* Ein Bewertungsmultiplikator (z.B. ein Vielfaches der Ergebnisse, der Erlöse oder eines ähnlichen Maßstabs für die Ertragskraft), der aus beobachtbaren Marktdaten abgeleitet wird, wäre ein Eingangsparameter der Stufe 2. Dies könnten beispielsweise Bewertungsmultiplikatoren sein, die unter Berücksichtigung betrieblicher, marktbezogener, finanzieller und nicht finanzieller Faktoren aus Preisen abgeleitet werden, die in Geschäftsvorfällen mit vergleichbaren (d. h. ähnlichen) Geschäftsbetrieben beobachtet wurden.

Eingangsparameter der Stufe 3 (Paragraphen 86–90)

B36 Beispiele für Eingangsparameter der Stufe 3 für besondere Vermögenswerte und Schulden sind u. a.:

(a) *Langfristiger Währungsswap.* Ein Eingangsparameter der Stufe 3 wäre ein Zinssatz in einer bestimmten Währung, der nicht beobachtbar ist und nicht durch beobachtbare Marktdaten – in üblich notierten Intervallen oder auf andere Weise – für so gut wie die volle Laufzeit des Swap gestützt werden kann. Bei den Zinssätzen in einem Währungsswap handelt es sich um die Swapsätze, die aus den Renditekurven der betreffenden Länder berechnet werden.

(b) *Dreijahresoption auf börsengehandelte Aktien.* Die historische Volatilität, d. h. die aus den historischen Kursen der Aktien abgeleitete Volatilität wäre ein Eingangsparameter der Stufe 3. Die historische Volatilität stellt normalerweise nicht die gegenwärtigen Erwartungen der Marktteilnehmer über die künftige Volatilität dar, auch wenn sie die einzig verfügbare Information zur Preisbildung für eine Option ist.

(c) *Zinsswap.* Eine Anpassung an einem übereingekommenen (unverbindlichen) mittleren Marktkurs für den Swap, der anhand von Daten entwickelt wurde, die nicht direkt beobachtbar sind und auch nicht anderweitig durch beobachtbare Marktdaten belegt werden können, wäre ein Eingangsparameter der Stufe 3.

(d) *Bei einem Unternehmenszusammenschluss übernommene Entsorgungsverpflichtung* Ein Eingangsparameter der Stufe 3 wäre eine aktuelle Schätzung des Unternehmens über die künftigen Mittelabflüsse, die zur Erfüllung der Verpflichtung zu tragen wären, wenn es keine bei vertretbarem Aufwand verfügbaren Informationen gibt, die darauf hinweisen, dass Marktteilnehmer von anderen Annahmen ausgehen würden. Dabei legt das Unternehmen eigene Daten zugrunde und schließt die Erwartungen der Marktteilnehmer über die Kosten für die Erfüllung der Verpflichtung ein. Ebenfalls berücksichtigt wird die Gegenleistung, die ein Marktteilnehmer für die Übernahme der Verpflichtung zur Demontage des Vermögenswerts verlangen würde. Dieser Eingangsparameter der Stufe 3 würde in einem Barwertverfahren zusammen mit anderen Eingangsparametern verwendet. Dies könnte ein aktueller risikoloser Zinssatz oder ein bonitätsbereinigter risikoloser Zinssatz sein, wenn sich die Auswirkung der Bonität des Unternehmens auf den beizulegenden Zeitwert der Schuld im Abzinsungssatz widerspiegelt und nicht in der Schätzung künftiger Mittelabflüsse.

(c) *Receive-fixed, pay-variable interest rate swap based on a specific bank's prime rate.* A Level 2 input would be the bank's prime rate derived through extrapolation if the extrapolated values are corroborated by observable market data, for example, by correlation with an interest rate that is observable over substantially the full term of the swap.

(d) *Three-year option on exchange-traded shares.* A Level 2 input would be the implied volatility for the shares derived through extrapolation to year 3 if both of the following conditions exist:
   (i) Prices for one-year and two-year options on the shares are observable.
   (ii) The extrapolated implied volatility of a three-year option is corroborated by observable market data for substantially the full term of the option.

   In that case the implied volatility could be derived by extrapolating from the implied volatility of the one-year and two-year options on the shares and corroborated by the implied volatility for three-year options on comparable entities' shares, provided that correlation with the one-year and two-year implied volatilities is established.

(e) *Licensing arrangement.* For a licensing arrangement that is acquired in a business combination and was recently negotiated with an unrelated party by the acquired entity (the party to the licensing arrangement), a Level 2 input would be the royalty rate in the contract with the unrelated party at inception of the arrangement.

(f) *Finished goods inventory at a retail outlet.* For finished goods inventory that is acquired in a business combination, a Level 2 input would be either a price to customers in a retail market or a price to retailers in a wholesale market, adjusted for differences between the condition and location of the inventory item and the comparable (i.e. similar) inventory items so that the fair value measurement reflects the price that would be received in a transaction to sell the inventory to another retailer that would complete the requisite selling efforts. Conceptually, the fair value measurement will be the same, whether adjustments are made to a retail price (downward) or to a wholesale price (upward). Generally, the price that requires the least amount of subjective adjustments should be used for the fair value measurement.

(g) *Building held and used.* A Level 2 input would be the price per square metre for the building (a valuation multiple) derived from observable market data, e.g. multiples derived from prices in observed transactions involving comparable (i.e. similar) buildings in similar locations.

(h) *Cash-generating unit.* A Level 2 input would be a valuation multiple (e.g. a multiple of earnings or revenue or a similar performance measure) derived from observable market data, e.g. multiples derived from prices in observed transactions involving comparable (i.e. similar) businesses, taking into account operational, market, financial and non-financial factors.

Level 3 inputs (paragraphs 86—90)

Examples of Level 3 inputs for particular assets and liabilities include the following: B36

(a) *Long-dated currency swap.* A Level 3 input would be an interest rate in a specified currency that is not observable and cannot be corroborated by observable market data at commonly quoted intervals or otherwise for substantially the full term of the currency swap. The interest rates in a currency swap are the swap rates calculated from the respective countries' yield curves.

(b) *Three-year option on exchange-traded shares.* A Level 3 input would be historical volatility, i.e. the volatility for the shares derived from the shares' historical prices. Historical volatility typically does not represent current market participants' expectations about future volatility, even if it is the only information available to price an option.

(c) *Interest rate swap.* A Level 3 input would be an adjustment to a mid-market consensus (non-binding) price for the swap developed using data that are not directly observable and cannot otherwise be corroborated by observable market data.

(d) *Decommissioning liability assumed in a business combination.* A Level 3 input would be a current estimate using the entity's own data about the future cash outflows to be paid to fulfil the obligation (including market participants' expectations about the costs of fulfilling the obligation and the compensation that a market participant would require for taking on the obligation to dismantle the asset) if there is no reasonably available information that indicates that market participants would use different assumptions. That Level 3 input would be used in a present value technique together with other inputs, e.g. a current risk-free interest rate or a credit-adjusted risk-free rate if the effect of the entity's credit standing on the fair value of the liability is reflected in the discount rate rather than in the estimate of future cash outflows.

(e) *Zahlungsmittelgenerierende Einheit.* Eine Finanzprognose (z. B. über Zahlungsströme oder Gewinn bzw. Verlust), die anhand eigener Daten des Unternehmens entwickelt wird, wenn es keine bei vertretbarem Aufwand verfügbaren Informationen gibt, die darauf hinweisen, dass Marktteilnehmer von anderen Annahmen ausgehen würden, wäre ein Eingangsparameter der Stufe 3.

Ermittlung des beizulegenden Zeitwerts bei einem erheblichen Rückgang des Volumens oder des Umfangs der Aktivitäten bei einem Vermögenswert oder einer Schuld

B37 Der beizulegende Zeitwert eines Vermögenswerts oder einer Schuld kann dadurch beeinflusst werden, dass Volumen oder Umfang der Aktivität im Vergleich zur normalen Markttätigkeit für den Vermögenswert oder die Schuld (bzw. ähnliche Vermögenswerte oder Schulden) erheblich zurückgehen. Um auf der Grundlage vorliegender Nachweise bestimmen zu können, ob ein erheblicher Rückgang im Volumen oder Tätigkeitsniveau für den Vermögenswert oder die Schuld eingetreten ist, wertet ein Unternehmen die Bedeutung und Relevanz von Faktoren wie den unten genannten aus:

(a) in jüngster Zeit fanden wenig Geschäftsvorfälle statt,

(b) Preisnotierungen werden nicht auf der Grundlage aktueller Informationen entwickelt,

(c) Preisnotierungen unterliegen entweder im Zeitablauf oder von einem Marktmacher zum anderen (z. B. zwischen einigen Vermittlermärkten) erheblichen Schwankungen,

(d) Indizes, die früher in enger Korrelation zu den beizulegenden Zeitwerten des Vermögenswerts oder der Schuld standen, haben nachweislich keinen Bezug zu neuesten Anhaltspunkten für den beizulegenden Zeitwert des betreffenden Vermögenswerts oder der betreffenden Schuld mehr,

(e) im Vergleich zur Schätzung des Unternehmens über erwartete Zahlungsströme unter Berücksichtigung aller verfügbaren Marktdaten über das Kreditrisiko und andere Nichterfüllungsrisiken für den Vermögenswert oder die Schuld ist bei beobachteten Geschäftsvorfällen oder notierten Preisen ein erheblicher Anstieg bei den impliziten Liquiditätsrisikoaufschlägen, Renditen oder Leistungsindikatoren (beispielsweise Säumnisraten oder Schweregrad der Verluste) eingetreten,

(f) es besteht eine weite Geld-Brief-Spanne oder die Geld-Brief-Spanne hat erheblich zugenommen,

(g) die Aktivitäten im Markt für Neuemission (d. h. einem Hauptmarkt) für den Vermögenswert oder die Schuld bzw. für ähnliche Vermögenswerte oder Schulden sind erheblich zurückgegangen oder ein solcher Markt ist überhaupt nicht vorhanden,

(h) es sind nur wenige Informationen öffentlich zugänglich (z. B. über Geschäftsvorfälle, die in einem Direktmarkt stattfinden).

B38 Gelangt ein Unternehmen zu dem Schluss, dass es einen signifikanten Rückgang des Volumens oder des Ausmaßes der Aktivität für den Vermögenswert oder die Schuld im Verhältnis zur normalen Marktaktivität für den Vermögenswert oder die Schuld (oder ähnlicher Vermögenswerte und Schulden) gegeben hat, werden weitere Analysen der Transaktionen oder der notierten Preise benötigt Ein Rückgang des Volumens oder des Ausmaßes der Aktivität muss für sich gesehen nicht darauf hindeuten, dass eine Transaktionspreis oder ein notierter Preis nicht den beizulegenden Zeitwert repräsentiert, oder dass ein Geschäftsvorfall in diesem Markt kein gewöhnlicher ist. Stellt ein Unternehmen jedoch fest, dass ein Transaktionspreis oder notierter Preis den beizulegenden Zeitwert nicht repräsentiert (wenn es beispielsweise Geschäftsvorfälle gegeben hat, die nicht geordnet abgelaufen sind), ist eine Anpassung der Transaktionspreise oder notierten Preise notwendig, wenn das Unternehmen diese Preise als Grundlage für die Ermittlung des beizulegenden Zeitwerts nutzt. Diese Anpassung kann für die gesamte Bewertung zum beizulegenden Zeitwert Bedeutung haben. Anpassungen können auch unter anderen Umständen erforderlich sein (z. B. wenn ein Preis für einen ähnlichen Vermögenswert eine erhebliche Anpassung erfordert, um Vergleichbarkeit mit dem zu bewertenden Vermögenswert herzustellen, oder wenn der Preis überholt ist).

B39 Der vorliegende IFRS schreibt keine Methodik für erhebliche Anpassungen an Transaktionspreisen oder notierten Preisen vor. Eine Erörterung der Anwendung von Bewertungsverfahren bei der Ermittlung des beizulegenden Zeitwerts ist den Paragraphen 61–66 und B5–B11 zu entnehmen. Ungeachtet des jeweils verwendeten Bewertungsverfahrens muss ein Unternehmen angemessene Risikoanpassungen berücksichtigen. Hierzu gehört auch ein Risikoaufschlag, in dem sich der Betrag widerspiegelt, den Marktteilnehmer als Gegenleistung für die Unsicherheit verlangen würden, die den Zahlungsströmen eines Vermögenswerts oder einer Schuld anhaftet (siehe Paragraph B17). Andernfalls gibt die Bewertung den beizulegenden Zeitwert nicht glaubwürdig wieder. Mitunter kann die Bestimmung der angemessenen Risikoanpassung schwierig sein. Der Schwierigkeitsgrad allein bildet jedoch keine hinreichende Grundlage für den Ausschluss einer Risikoanpassung. Die Risikoanpassung muss einen am Bewertungsstichtag unter aktuellen Marktbedingungen zwischen Marktteilnehmern stattfindenden, gewöhnlichen Geschäftsvorfall widerspiegeln.

B40 Sind das Volumen oder der Umfang der Aktivität für den Vermögenswert oder die Schuld erheblich zurückgegangen, kann eine Änderung des Bewertungsverfahrens oder die Verwendung mehrerer Bewertungsverfahren angemessen sein (z. B. der Einsatz eines marktbasierten Ansatzes und eines Barwertverfahrens). Bei der Gewichtung der Anhaltspunkte für den beizulegenden Zeitwert, die aus dem Einsatz mehrerer Bewertungsverfahren gewonnen wurden, muss ein Unternehmen die Plausibilität des Wertebereichs für die Zeitwertbewertungen berücksichtigen. Die Zielsetzung besteht

(e) *Cash-generating unit.* A Level 3 input would be a financial forecast (e.g. of cash flows or profit or loss) developed using the entity's own data if there is no reasonably available information that indicates that market participants would use different assumptions.

Measuring Fair Value When the Volume or Level of Activity For an Asset or A Liability Has Significantly Decreased

The fair value of an asset or a liability might be affected when there has been a significant decrease in the volume or level of activity for that asset or liability in relation to normal market activity for the asset or liability (or similar assets or liabilities). To determine whether, on the basis of the evidence available, there has been a significant decrease in the volume or level of activity for the asset or liability, an entity shall evaluate the significance and relevance of factors such as the following: **B37**

(a) There are few recent transactions.
(b) Price quotations are not developed using current information.
(c) Price quotations vary substantially either over time or among market-makers (e.g. some brokered markets).
(d) Indices that previously were highly correlated with the fair values of the asset or liability are demonstrably uncorrelated with recent indications of fair value for that asset or liability.
(e) There is a significant increase in implied liquidity risk premiums, yields or performance indicators (such as delinquency rates or loss severities) for observed transactions or quoted prices when compared with the entity's estimate of expected cash flows, taking into account all available market data about credit and other nonperformance risk for the asset or liability.
(f) There is a wide bid-ask spread or significant increase in the bid-ask spread.
(g) There is a significant decline in the activity of, or there is an absence of, a market for new issues (i.e. a primary market) for the asset or liability or similar assets or liabilities.
(h) Little information is publicly available (e.g. for transactions that take place in a principal-to-principal market).

If an entity concludes that there has been a significant decrease in the volume or level of activity for the asset or liability in relation to normal market activity for the asset or liability (or similar assets or liabilities), further analysis of the transactions or quoted prices is needed. A decrease in the volume or level of activity on its own may not indicate that a transaction price or quoted price does not represent fair value or that a transaction in that market is not orderly. However, if an entity determines that a transaction or quoted price does not represent fair value (e.g. there may be transactions that are not orderly), an adjustment to the transactions or quoted prices will be necessary if the entity uses those prices as a basis for measuring fair value and that adjustment may be significant to the fair value measurement in its entirety. Adjustments also may be necessary in other circumstances (e.g. when a price for a similar asset requires significant adjustment to make it comparable to the asset being measured or when the price is stale). **B38**

This IFRS does not prescribe a methodology for making significant adjustments to transactions or quoted prices. See paragraphs 61—66 and B5—B11 for a discussion of the use of valuation techniques when measuring fair value. Regardless of the valuation technique used, an entity shall include appropriate risk adjustments, including a risk premium reflecting the amount that market participants would demand as compensation for the uncertainty inherent in the cash flows of an asset or a liability (see paragraph B17). Otherwise, the measurement does not faithfully represent fair value. In some cases determining the appropriate risk adjustment might be difficult. However, the degree of difficulty alone is not a sufficient basis on which to exclude a risk adjustment. The risk adjustment shall be reflective of an orderly transaction between market participants at the measurement date under current market conditions. **B39**

If there has been a significant decrease in the volume or level of activity for the asset or liability, a change in valuation technique or the use of multiple valuation techniques may be appropriate (e.g. the use of a market approach and a present value technique). When weighting indications of fair value resulting from the use of multiple valuation techniques, an entity shall consider the reasonableness of the range of fair value measurements. The objective is to determine the point **B40**

in der Bestimmung des Punktes innerhalb des Wertebereichs, der für den beizulegenden Zeitwert unter gegenwärtigen Marktbedingungen am repräsentativsten ist. Eine große Bandbreite von Zeitwerten kann ein Hinweis darauf sein, dass weitere Analysen notwendig sind.

B41 Auch wenn Volumen oder Aktivitätsumfang für den Vermögenswert oder die Schuld erheblich zurückgegangen sind, ändert sich das Ziel einer Bewertung zum beizulegenden Zeitwert nicht. Der beizulegende Zeitwert ist der Preis, zu dem unter aktuellen Marktbedingungen am Bewertungsstichtag bei einem gewöhnlichen Geschäftsvorfall (d. h. keine Zwangsliquidation und kein Notverkauf) zwischen Marktteilnehmern ein Vermögenswert verkauft oder eine Schuld übertragen würde.

B42 Die Schätzung des Preises, zu dem Marktteilnehmer unter aktuellen Marktbedingungen am Bewertungsstichtag zum Abschluss einer Transaktion bereit wären, wenn ein erheblicher Rückgang im Umfang oder Tätigkeitsniveau für den Vermögenswert oder die Schuld eingetreten ist, hängt von den Sachverhalten und Umständen am Bewertungsstichtag ab. Hier ist Ermessensausübung gefordert. Die Absicht eines Unternehmens, den Vermögenswert zu halten oder die Schuld auszugleichen oder anderweitig zu erfüllen ist bei der Ermittlung des beizulegenden Zeitwerts unerheblich, weil der beizulegende Zeitwert eine marktbasierte, keine unternehmensspezifische Bewertungsgröße darstellt.

Ermittlung von nicht gewöhnlichen Geschäftsvorfällen

B43 Die Feststellung, ob ein Geschäftsvorfall gewöhnlich (oder nicht gewöhnlich) ist, wird erschwert, wenn im Umfang oder Tätigkeitsniveau für den Vermögenswert oder die Schuld im Vergleich zu der normalen Markttätigkeiten für diesen Vermögenswert bzw. diese Schuld (oder ähnliche Vermögenswerte oder Schulden) ein erheblicher Rückgang eingetreten ist. Unter derartigen Umständen den Schluss zu ziehen, dass sämtliche Geschäftsvorfälle in dem betreffenden Markt nicht gewöhnlich (d. h. Zwangsliquidationen oder Notverkäufe) sind, ist nicht angemessen. Umstände, die darauf hinweisen können, dass ein Geschäftsvorfall nicht gewöhnlich ist, sind unter anderem:

(a) In einem bestimmten Zeitraum vor dem Bewertungsstichtag bestand keine angemessene Marktpräsenz, um Vermarktungstätigkeiten zu ermöglichen, die für Geschäftsvorfälle unter Beteiligung der betroffenen Vermögenswerte oder Schulden unter aktuellen Marktbedingungen allgemein üblich sind.

(b) Es bestand ein allgemein üblicher Vermarktungszeitraum, der Verkäufer setzte den Vermögenswert oder die Schuld aber bei einem einzigen Marktteilnehmer ab.

(c) Der Verkäufer ist in oder nahe am Konkurs oder steht unter Konkursverwaltung (d. h. der Verkäufer ist in einer Notlage).

(d) Der Verkäufer musste verkaufen, um aufsichtsbehördliche oder gesetzliche Vorschriften zu erfüllen (d. h. der Verkäufer stand unter Zwang).

(e) Im Vergleich zu anderen, in jüngster Zeit erfolgten Geschäftsvorfällen mit dem gleichen oder einem ähnlichen Vermögenswert bzw. der gleichen oder einer ähnlichen Schuld stellt der Transaktionspreis einen statistischen Ausreißer dar.

Ein Unternehmen muss die Umstände auswerten, um unter Berücksichtigung des Gewichts der verfügbaren Anhaltspunkte festzustellen zu können, ob der Geschäftsvorfall ein gewöhnlicher Geschäftsvorfall war.

B44 Bei der Ermittlung des beizulegenden Zeitwerts oder der Schätzung von Marktrisikoaufschlägen muss ein Unternehmen Folgendes berücksichtigen:

(a) Gibt es Anhaltspunkte dafür, dass ein Geschäftsvorfall nicht gewöhnlich ist, legt ein Unternehmen (im Vergleich zu anderen Anhaltspunkten für den beizulegenden Zeitwert) wenig oder gar kein Gewicht auf den betreffenden Transaktionspreis.

(b) Gibt es Anhaltspunkte dafür, dass ein Geschäftsvorfall gewöhnlich ist, berücksichtigt das Unternehmen den betreffenden Transaktionspreis. Wie hoch das Gewicht ist, das dem betreffenden Transaktionspreis im Vergleich zu anderen Anhaltspunkten für den beizulegenden Zeitwert beigemessen wird, hängt von den jeweiligen Fakten und Umständen ab, beispielsweise
   (i) dem Umfang des Geschäftsvorfalls,
   (ii) der Vergleichbarkeit des Geschäftsvorfalls mit dem bewerteten Vermögenswert bzw. der bewerteten Schuld,
   (iii) der zeitlichen Nähe des Geschäftsvorfalls zum Bewertungsstichtag.

(c) Verfügt ein Unternehmen nicht über ausreichende Informationen, um daraus schließen zu können, dass ein Geschäftsvorfall gewöhnlich ist, berücksichtigt es den Transaktionspreis. Der Transaktionspreis stellt jedoch unter Umständen nicht den beizulegenden Zeitwert dar (d. h. der Transaktionspreis ist nicht unbedingt die einzige oder vorrangige Grundlage für die Ermittlung des beizulegenden Zeitwerts oder die Schätzung von Marktrisikoaufschlägen). Verfügt ein Unternehmen nicht über ausreichende Informationen, um daraus schließen zu können, ob bestimmte Geschäftsvorfälle gewöhnlich sind, legt das Unternehmen im Vergleich zu anderen Geschäftsvorfällen, deren Ordnungsmäßigkeit bekannt ist, weniger Gewicht auf die betreffenden Geschäftsvorfälle.

Ein Unternehmen muss für die Feststellung, ob ein Geschäftsvorfall gewöhnlich ist, keine umfassenden Anstrengungen unternehmen, darf aber Informationen, die bei vertretbarem Aufwand verfügbar sind, nicht ignorieren. Ist ein Unternehmen in einem Geschäftsvorfall beteiligte Partei, wird davon ausgegangen dass es über ausreichende Informationen für die Schlussfolgerung verfügt, ob der Geschäftsvorfall gewöhnlich ist.

within the range that is most representative of fair value under current market conditions. A wide range of fair value measurements may be an indication that further analysis is needed.

Even when there has been a significant decrease in the volume or level of activity for the asset or liability, the objective of a fair value measurement remains the same. Fair value is the price that would be received to sell an asset or paid to transfer a liability in an orderly transaction (i.e. not a forced liquidation or distress sale) between market participants at the measurement date under current market conditions. **B41**

Estimating the price at which market participants would be willing to enter into a transaction at the measurement date under current market conditions if there has been a significant decrease in the volume or level of activity for the asset or liability depends on the facts and circumstances at the measurement date and requires judgement. An entity's intention to hold the asset or to settle or otherwise fulfil the liability is not relevant when measuring fair value because fair value is a market-based measurement, not an entity-specific measurement. **B42**

Identifying transactions that are not orderly

The determination of whether a transaction is orderly (or is not orderly) is more difficult if there has been a significant decrease in the volume or level of activity for the asset or liability in relation to normal market activity for the asset or liability (or similar assets or liabilities). In such circumstances it is not appropriate to conclude that all transactions in that market are not orderly (i.e. forced liquidations or distress sales). Circumstances that may indicate that a transaction is not orderly include the following: **B43**

(a) There was not adequate exposure to the market for a period before the measurement date to allow for marketing activities that are usual and customary for transactions involving such assets or liabilities under current market conditions.
(b) There was a usual and customary marketing period, but the seller marketed the asset or liability to a single market participant.
(c) The seller is in or near bankruptcy or receivership (i.e. the seller is distressed).
(d) The seller was required to sell to meet regulatory or legal requirements (i.e. the seller was forced).
(e) The transaction price is an outlier when compared with other recent transactions for the same or a similar asset or liability.

An entity shall evaluate the circumstances to determine whether, on the weight of the evidence available, the transaction is orderly.

An entity shall consider all the following when measuring fair value or estimating market risk premiums: **B44**

(a) If the evidence indicates that a transaction is not orderly, an entity shall place little, if any, weight (compared with other indications of fair value) on that transaction price.
(b) If the evidence indicates that a transaction is orderly, an entity shall take into account that transaction price. The amount of weight placed on that transaction price when compared with other indications of fair value will depend on the facts and circumstances, such as the following:
    (i) the volume of the transaction.
    (ii) the comparability of the transaction to the asset or liability being measured.
    (iii) the proximity of the transaction to the measurement date.
(c) If an entity does not have sufficient information to conclude whether a transaction is orderly, it shall take into account the transaction price. However, that transaction price may not represent fair value (i.e. the transaction price is not necessarily the sole or primary basis for measuring fair value or estimating market risk premiums). When an entity does not have sufficient information to conclude whether particular transactions are orderly, the entity shall place less weight on those transactions when compared with other transactions that are known to be orderly.

An entity need not undertake exhaustive efforts to determine whether a transaction is orderly, but it shall not ignore information that is reasonably available. When an entity is a party to a transaction, it is presumed to have sufficient information to conclude whether the transaction is orderly.

Verwendung notierter Preise, die von Dritten bereitgestellt werden

B45 Der vorliegende IFRS schließt die Verwendung notierter Preise, die von Dritten, wie Kursinformationsdiensten oder Maklern, bereitgestellt werden, nicht aus, sofern das Unternehmen festgestellt hat, dass die von diesen Dritten bereitgestellten notierten Preise gemäß vorliegendem IFRS entwickelt wurden.

B46 Im Fall eines erheblichen Rückgangs beim Umfang oder Tätigkeitsniveau für den Vermögenswert oder die Schuld hat das Unternehmen zu beurteilen, ob die von Dritten bereitgestellten notierten Preise unter Verwendung aktueller Informationen entwickelt wurden, und ob sie gewöhnliche Geschäftsvorfälle oder ein Bewertungsverfahren wiedergeben, in denen sich die Annahmen der Marktteilnehmer widerspiegeln (einschließlich der Risikoannahmen). Bei der Gewichtung eines notierten Preises als Eingangsparameter für eine Bewertung zum beizulegenden Zeitwert legt ein Unternehmen (im Vergleich zu anderen Anhaltspunkten für den beizulegenden Zeitwert, in denen sich das Ergebnis von Geschäftsvorfällen spiegelt) weniger Gewicht auf Notierungen, die nicht das Ergebnis von Geschäftsvorfällen widerspiegeln.

B47 Darüber hinaus ist bei der Gewichtung der verfügbaren Anhaltspunkte die Art der Notierung zu berücksichtigen (beispielsweise, ob die Notierung ein Taxkurs oder ein verbindliches Angebot ist). Dabei werden Notierungen Dritter, die verbindliche Angebote darstellen, stärker gewichtet.

ANHANG C

Datum des Inkrafttretens und Übergangsvorschriften

Dieser Anhang ist integraler Bestandteil des IFRS und hat die gleiche bindende Kraft wie die anderen Teile des IFRS.

C1 Dieser IFRS ist auf Geschäftsjahre anzuwenden, die am oder nach dem 1. Januar 2013 beginnen. Eine frühere Anwendung ist zulässig. Wendet ein Unternehmen diesen IFRS früher an, hat es dies anzugeben.

C2 Dieser IFRS ist prospektiv ab Beginn des Geschäftsjahrs anzuwenden, in dem er erstmals angewendet wird.

C3 Die Angabepflichten dieses IFRS gelten nicht für Vergleichsinformationen, die für Geschäftsjahre vor der erstmaligen Anwendung dieses IFRS zur Verfügung gestellt werden.

C4 Durch die *Jährlichen Verbesserungen, Zyklus 2011–2013*, veröffentlicht im Dezember 2013, wurde Paragraph 52 geändert. Diese Änderung ist auf Geschäftsjahre anzuwenden, die am oder nach dem 1. Juli 2014 beginnen. Diese Änderung ist prospektiv ab Beginn des Geschäftsjahrs anzuwenden, in dem IFRS 13 erstmals angewandt wurde. Eine frühere Anwendung ist zulässig. Wendet ein Unternehmen diese Änderung auf eine frühere Periode an, hat es dies anzugeben.

C5 Durch IFRS 9, veröffentlicht im Juli 2014, wurde Paragraph 52 geändert. Wendet ein Unternehmen IFRS 9 an, hat es auch diese Änderung anzuwenden.

C6 Durch IFRS 16 *Leasingverhältnisse*, veröffentlicht im Januar 2016, wurde Paragraph 6 geändert. Wendet ein Unternehmen IFRS 16 an, hat es diese Änderung ebenfalls anzuwenden.

Using quoted prices provided by third parties

This IFRS does not preclude the use of quoted prices provided by third parties, such as pricing services or brokers, if an entity has determined that the quoted prices provided by those parties are developed in accordance with this IFRS. **B45**

If there has been a significant decrease in the volume or level of activity for the asset or liability, an entity shall evaluate whether the quoted prices provided by third parties are developed using current information that reflects orderly transactions or a valuation technique that reflects market participant assumptions (including assumptions about risk). In weighting a quoted price as an input to a fair value measurement, an entity places less weight (when compared with other indications of fair value that reflect the results of transactions) on quotes that do not reflect the result of transactions. **B46**

Furthermore, the nature of a quote (e.g. whether the quote is an indicative price or a binding offer) shall be taken into account when weighting the available evidence, with more weight given to quotes provided by third parties that represent binding offers. **B47**

APPENDIX C

Effective date and transition

This appendix is an integral part of the IFRS and has the same authority as the other parts of the IFRS.

An entity shall apply this IFRS for annual periods beginning on or after 1 January 2013. Earlier application is permitted. If an entity applies this IFRS for an earlier period, it shall disclose that fact. C1

This IFRS shall be applied prospectively as of the beginning of the annual period in which it is initially applied. C2

The disclosure requirements of this IFRS need not be applied in comparative information provided for periods before initial application of this IFRS. C3

Annual Improvements Cycle 2011—2013 issued in December 2013 amended paragraph 52. An entity shall apply that amendment for annual periods beginning on or after 1 July 2014. An entity shall apply that amendment prospectively from the beginning of the annual period in which IFRS 13 was initially applied. Earlier application is permitted. If an entity applies that amendment for an earlier period it shall disclose that fact. C4

IFRS 9, as issued in July 2014, amended paragraph 52. An entity shall apply that amendment when it applies IFRS 9. C5

IFRS 16 *Leases*, issued in January 2016, amended paragraph 6. An entity shall apply that amendment when it applies IFRS 16. C6

INTERNATIONAL FINANCIAL REPORTING STANDARD 15

Erlöse aus Verträgen mit Kunden

INHALT

INTERNATIONAL FINANCIAL REPORTING STANDARD 15

Revenue from contracts with customers

SUMMARY

ZIELSETZUNG

1 **In diesem Standard sollen die Grundsätze festgelegt werden, nach denen ein Unternehmen den Abschlussadressaten nützliche Informationen über Art, Höhe, Zeitpunkt und Unsicherheit von Erlösen und Zahlungsströmen aus einem Vertrag mit einem Kunden zur Verfügung zu stellen hat.**

Erreichung der Zielsetzung

2 Das Kernprinzip dieses Standards, mit dem das in Paragraph 1 genannte Ziel erreicht werden soll, besteht darin, dass ein Unternehmen – um die Übertragung der zugesagten Güter oder Dienstleistungen auf den Kunden abzubilden – die Erlöse in Höhe der Gegenleistung erfassen muss, die es im Austausch für diese Güter oder Dienstleistungen voraussichtlich erhalten wird.

3 Bei der Anwendung dieses Standards hat ein Unternehmen den vertraglichen Bestimmungen sowie allen relevanten Fakten und Umständen Rechnung zu tragen. Das Unternehmen muss diesen Standard auf ähnlich ausgestaltete Verträge und unter ähnlichen Umständen einheitlich anwenden, was auch für den Einsatz etwaiger praktischer Behelfe gilt.

4 Dieser Standard regelt die Bilanzierung eines einzelnen Vertrags mit einem Kunden. Behelfsweise kann ein Unternehmen diesen Standard jedoch auch auf ein Portfolio ähnlich ausgestalteter Verträge (oder Leistungsverpflichtungen) anwenden, wenn es nach vernünftigem Ermessen davon ausgehen kann, dass es keine wesentlichen Auswirkungen auf den Abschluss hat, ob es diesen Standard auf das Portfolio oder die einzelnen Verträge (oder Leistungsverpflichtungen) innerhalb dieses Portfolios anwendet. Bei der Bilanzierung eines Portfolios hat ein Unternehmen Schätzungen und Annahmen zugrunde zu legen, die die Größe und die Zusammensetzung des Portfolios widerspiegeln.

ANWENDUNGSBEREICH

5 Dieser Standard ist auf alle Verträge mit Kunden anzuwenden, außer auf

(a) Leasingverträge, die in den Anwendungsbereich von IFRS 16 *Leasingverhältnisse* fallen,

(b) Verträge, die in den Anwendungsbereich von IFRS 17 *Versicherungsverträge* fallen. Ein Unternehmen kann jedoch von seinem Wahlrecht Gebrauch machen, IFRS 15 auf Versicherungsverträge anzuwenden, deren primärer Zweck gemäß Paragraph 8 von IFRS 17 in der Erbringung von Dienstleistungen gegen ein festes Entgelt besteht,

(c) Finanzinstrumente und andere vertragliche Rechte oder Verpflichtungen, die in den Anwendungsbereich von IFRS 9 *Finanzinstrumente*, IFRS 10 *Konzernabschlüsse*, IFRS 11 *Gemeinschaftliche Vereinbarungen*, IAS 27 *Einzelabschlüsse* und/oder IAS 28 *Beteiligungen an assoziierten Unternehmen und Gemeinschaftsunternehmen* fallen, und

(d) nichtmonetäre Tauschgeschäfte zwischen Unternehmen derselben Sparte, die Verkäufe an Kunden oder potenzielle Kunden erleichtern sollen. Vom Anwendungsbereich dieses Standards ausgenommen wäre beispielsweise ein Vertrag zwischen zwei Ölgesellschaften, die einen Tausch von Rohöl vereinbaren, um die Nachfrage ihrer Kunden an verschiedenen Standorten zeitnah decken zu können.

6 Dieser Standard ist nur auf Verträge anzuwenden (bei denen es sich nicht um einen der in Paragraph 5 genannten Verträge handelt) und deren Vertragsparteien Kunden sind. Ein Kunde ist eine Partei, die mit einem Unternehmen vertraglich vereinbart hat, im Austausch für eine Gegenleistung Güter oder Dienstleistungen aus der gewöhnlichen Geschäftstätigkeit des Unternehmens zu erhalten. So wäre eine Vertragspartei beispielsweise dann nicht als Kunde zu betrachten, wenn sie mit dem Unternehmen vertraglich die Teilnahme an einer Tätigkeit oder einem Prozess (z. B. die Entwicklung eines Vermögenswerts im Rahmen einer Kooperationsvereinbarung) vereinbart hätte, bei der/ dem die Vertragsparteien die Risiken und den Nutzen aus dieser Tätigkeit oder diesem Prozess teilen, anstatt ein Ergebnis aus der gewöhnlichen Geschäftstätigkeit des Unternehmens zu erhalten.

7 Ein Vertrag mit einem Kunden kann teilweise in den Anwendungsbereich dieses Standards und teilweise in den Anwendungsbereich anderer, in Paragraph 5 aufgeführter Standards fallen.

(a) Enthalten die anderen Standards Vorgaben zur Separierung und/oder erstmaligen Bewertung eines oder mehrerer Vertragsteile, so hat das Unternehmen zuerst die Separierungs- und/oder Bewertungsvorschriften dieser Standards anzuwenden. Das Unternehmen hat vom Transaktionspreis den Betrag des Vertragsteils (oder der Vertragsteile) in Abzug zu bringen, der (die) erstmals gemäß anderer Standards bewertet wird (werden), und hat bei der Verteilung des (ggf.) verbleibenden Betrags des Transaktionspreises auf die einzelnen in den Anwendungsbereich dieses Standards fallenden Leistungsverpflichtungen sowie auf andere gemäß Paragraph 7 (b) ermittelte Vertragsteile die Paragraphen 73–86 anzuwenden.

(b) Enthalten die anderen Standards keine Vorgaben zur Separierung und/oder erstmaligen Bewertung eines oder mehrerer Vertragsteile, so hat das Unternehmen zur Separierung und/oder erstmaligen Bewertung des Vertragsteils (oder der Vertragsteile) den vorliegenden Standard anzuwenden.

OBJECTIVE

The objective of this Standard is to establish the principles that an entity shall apply to report useful information to users of financial statements about the nature, amount, timing and uncertainty of *revenue* and cash flows arising from a *contract* with a *customer*. 1

Meeting the objective

To meet the objective in paragraph 1, the core principle of this Standard is that an entity shall recognise revenue to depict the transfer of promised goods or services to customers in an amount that reflects the consideration to which the entity expects to be entitled in exchange for those goods or services. 2

An entity shall consider the terms of the contract and all relevant facts and circumstances when applying this Standard. An entity shall apply this Standard, including the use of any practical expedients, consistently to contracts with similar characteristics and in similar circumstances. 3

This Standard specifies the accounting for an individual contract with a customer. However, as a practical expedient, an entity may apply this Standard to a portfolio of contracts (or *performance obligations*) with similar characteristics if the entity reasonably expects that the effects on the financial statements of applying this Standard to the portfolio would not differ materially from applying this Standard to the individual contracts (or performance obligations) within that portfolio. When accounting for a portfolio, an entity shall use estimates and assumptions that reflect the size and composition of the portfolio. 4

SCOPE

An entity shall apply this Standard to all contracts with customers, except the following: 5
(a) lease contracts within the scope of IFRS 16 *Leases*;
(b) contracts within the scope of IFRS 17 *Insurance Contracts*. However, an entity may choose to apply this Standard to insurance contracts that have as their primary purpose the provision of services for a fixed fee in accordance with paragraph 8 of IFRS 17;
(c) financial instruments and other contractual rights or obligations within the scope of IFRS 9 *Financial Instruments*, IFRS 10 *Consolidated Financial Statements*, IFRS 11 *Joint Arrangements*, IAS 27 *Separate Financial Statements and IAS 28 Investments in Associates and Joint Ventures*; and
(d) non-monetary exchanges between entities in the same line of business to facilitate sales to customers or potential customers. For example, this Standard would not apply to a contract between two oil companies that agree to an exchange of oil to fulfil demand from their customers in different specified locations on a timely basis.

An entity shall apply this Standard to a contract (other than a contract listed in paragraph 5) only if the counterparty to the contract is a customer. A customer is a party that has contracted with an entity to obtain goods or services that are an output of the entity's ordinary activities in exchange for consideration. A counterparty to the contract would not be a customer if, for example, the counterparty has contracted with the entity to participate in an activity or process in which the parties to the contract share in the risks and benefits that result from the activity or process (such as developing an asset in a collaboration arrangement) rather than to obtain the output of the entity's ordinary activities. 6

A contract with a customer may be partially within the scope of this Standard and partially within the scope of other Standards listed in paragraph 5. 7
(a) If the other Standards specify how to separate and/or initially measure one or more parts of the contract, then an entity shall first apply the separation and/or measurement requirements in those Standards. An entity shall exclude from the *transaction price* the amount of the part (or parts) of the contract that are initially measured in accordance with other Standards and shall apply paragraphs 73—86 to allocate the amount of the transaction price that remains (if any) to each performance obligation within the scope of this Standard and to any other parts of the contract identified by paragraph 7 (b).
(b) If the other Standards do not specify how to separate and/or initially measure one or more parts of the contract, then the entity shall apply this Standard to separate and/or initially measure the part (or parts) of the contract.

8 Dieser Standard regelt die Bilanzierung der zusätzlichen Kosten, die einem Unternehmen im Zusammenhang mit der Anbahnung und Erfüllung eines Vertrags mit einem Kunden entstehen und die nicht in den Anwendungsbereich eines anderen Standards fallen (siehe Paragraphen 91–104). Das Unternehmen hat diese Paragraphen nur auf Kosten anzuwenden, die im Zusammenhang mit einem in den Anwendungsbereich dieses Standards fallenden Vertrags (oder Teil eines Vertrags) mit einem Kunden anfallen.

ERFASSUNG

Identifizierung des Vertrags

9 **Ein Unternehmen darf einen in den Anwendungsbereich dieses Standards fallenden Vertrag mit einem Kunden nur bilanziell erfassen, wenn alle folgenden Kriterien erfüllt sind:**

(a) **die Vertragsparteien haben dem Vertrag (schriftlich, mündlich oder gemäß anderer Geschäftsgepflogenheiten) zugestimmt und zugesagt, ihre vertraglichen Pflichten zu erfüllen,**

(b) **das Unternehmen kann für jede Vertragspartei feststellen, welche Rechte diese hinsichtlich der zu übertragenden Güter oder Dienstleistungen besitzt,**

(c) **das Unternehmen kann die Zahlungsbedingungen für die zu übertragenden Güter oder Dienstleistungen feststellen,**

(d) **der Vertrag hat wirtschaftliche Substanz (d. h. das Risiko, der Zeitpunkt oder die Höhe der künftigen Zahlungsströme des Unternehmens dürfte sich infolge des Vertrags ändern), und**

(e) **es ist wahrscheinlich, dass das Unternehmen die Gegenleistung, auf die es im Austausch für die auf den Kunden zu übertragenden Güter oder Dienstleistungen Anspruch hat, erhalten wird. Bei der Bewertung, ob der Erhalt einer Gegenleistung wahrscheinlich ist, berücksichtigt das Unternehmen nur die Fähigkeit und die Absicht des Kunden zur Zahlung des entsprechenden Betrags bei Fälligkeit. Bei variabler Gegenleistung kann der Betrag, der dem Unternehmen als Gegenleistung zusteht, auch niedriger sein als der im Vertrag angegebene Preis, da das Unternehmen dem Kunden einen Preisnachlass gewähren kann (siehe Paragraph 52).**

10 Ein Vertrag ist eine Vereinbarung zwischen zwei oder mehr Parteien, die durchsetzbare Rechte und Pflichten begründet. Die Durchsetzbarkeit vertraglicher Rechte und Pflichten ist eine Rechtsfrage. Verträge können schriftlich oder mündlich geschlossen werden oder durch die Geschäftsgepflogenheiten eines Unternehmens impliziert sein. Gepflogenheiten und Verfahren für den Abschluss von Verträgen mit Kunden sind von Rechtsraum zu Rechtsraum, Branche zu Branche und Unternehmen zu Unternehmen unterschiedlich. Selbst innerhalb eines Unternehmens können sie variieren (und beispielsweise von der Kundenkategorie oder der Art der zugesagten Güter oder Dienstleistungen abhängen). Wenn ein Unternehmen bestimmt, ob und wann eine Vereinbarung mit einem Kunden durchsetzbare Rechte und Pflichten begründet, muss es diese Gepflogenheiten und Verfahren berücksichtigen.

11 Einige Verträge mit Kunden haben möglicherweise keine feste Laufzeit und können von beiden Seiten jederzeit gekündigt oder geändert werden. Andere Verträge verlängern sich möglicherweise automatisch in den im Vertrag festgelegten Abständen. Dieser Standard ist auf die Laufzeit des Vertrags (d. h. den Vertragszeitraum) anzuwenden, während der die Vertragsparteien durchsetzbare Rechte und Pflichten besitzen.

12 Für die Zwecke der Anwendung dieses Standards liegt kein Vertrag vor, wenn jede Vertragspartei das Recht hat, den noch von keiner Seite erfüllten Vertrag ohne Entschädigung der anderen Seite (oder Seiten) einseitig zu kündigen. Ein Vertrag ist dann als von keiner Seite erfüllt zu betrachten, wenn die beiden folgenden Kriterien erfüllt sind:

(a) das Unternehmen hat noch keine der zugesagten Güter oder Dienstleistungen auf den Kunden übertragen und

(b) das Unternehmen hat die Gegenleistung für die zugesagten Güter oder Dienstleistungen noch nicht erhalten und auch noch kein Anrecht darauf.

13 Erfüllt ein Vertrag mit einem Kunden bei Vertragsabschluss die in Paragraph 9 genannten Kriterien, so muss ein Unternehmen nicht erneut beurteilen, ob diese Kriterien erfüllt sind, es sei denn, es gibt einen Hinweis darauf, dass bei den Fakten und Umständen eine erhebliche Änderung eingetreten ist. Wenn sich beispielsweise die Fähigkeit eines Kunden zur Zahlung der Gegenleistung erheblich verschlechtert, müsste das Unternehmen erneut beurteilen, ob der Erhalt der Gegenleistung, die ihm im Austausch für die noch auf den Kunden zu übertragenden Güter oder Dienstleistungen zusteht, wahrscheinlich ist.

14 Wenn ein Vertrag mit einem Kunden die in Paragraph 9 genannten Kriterien nicht erfüllt, muss das Unternehmen kontinuierlich prüfen, ob diese Kriterien zu einem späteren Zeitpunkt erfüllt sind.

15 Wenn ein Vertrag mit einem Kunden die in Paragraph 9 genannten Kriterien nicht erfüllt und das Unternehmen von dem Kunden eine Gegenleistung erhält, darf es die erhaltene Gegenleistung nur dann als Erlös erfassen, wenn

This Standard specifies the accounting for the incremental costs of obtaining a contract with a customer and for the costs incurred to fulfil a contract with a customer if those costs are not within the scope of another Standard (see paragraphs 91—104). An entity shall apply those paragraphs only to the costs incurred that relate to a contract with a customer (or part of that contract) that is within the scope of this Standard. 8

RECOGNITION

Identifying the contract

An entity shall account for a contract with a customer that is within the scope of this Standard only when all of the following criteria are met: 9

(a) the parties to the contract have approved the contract (in writing, orally or in accordance with other customary business practices) and are committed to perform their respective obligations;

(b) the entity can identify each party's rights regarding the goods or services to be transferred;

(c) the entity can identify the payment terms for the goods or services to be transferred;

(d) the contract has commercial substance (ie the risk, timing or amount of the entity's future cash flows is expected to change as a result of the contract); and

(e) it is probable that the entity will collect the consideration to which it will be entitled in exchange for the goods or services that will be transferred to the customer. In evaluating whether collectability of an amount of consideration is probable, an entity shall consider only the customer's ability and intention to pay that amount of consideration when it is due. The amount of consideration to which the entity will be entitled may be less than the price stated in the contract if the consideration is variable because the entity may offer the customer a price concession (see paragraph 52).

A contract is an agreement between two or more parties that creates enforceable rights and obligations. Enforceability of the rights and obligations in a contract is a matter of law. Contracts can be written, oral or implied by an entity's customary business practices. The practices and processes for establishing contracts with customers vary across legal jurisdictions, industries and entities. In addition, they may vary within an entity (for example, they may depend on the class of customer or the nature of the promised goods or services). An entity shall consider those practices and processes in determining whether and when an agreement with a customer creates enforceable rights and obligations. 10

Some contracts with customers may have no fixed duration and can be terminated or modified by either party at any time. Other contracts may automatically renew on a periodic basis that is specified in the contract. An entity shall apply this Standard to the duration of the contract (ie the contractual period) in which the parties to the contract have present enforceable rights and obligations. 11

For the purpose of applying this Standard, a contract does not exist if each party to the contract has the unilateral enforceable right to terminate a wholly unperformed contract without compensating the other party (or parties). A contract is wholly unperformed if both of the following criteria are met: 12

(a) the entity has not yet transferred any promised goods or services to the customer; and

(b) the entity has not yet received, and is not yet entitled to receive, any consideration in exchange for promised goods or services.

If a contract with a customer meets the criteria in paragraph 9 at contract inception, an entity shall not reassess those criteria unless there is an indication of a significant change in facts and circumstances. For example, if a customer's ability to pay the consideration deteriorates significantly, an entity would reassess whether it is probable that the entity will collect the consideration to which the entity will be entitled in exchange for the remaining goods or services that will be transferred to the customer. 13

If a contract with a customer does not meet the criteria in paragraph 9, an entity shall continue to assess the contract to determine whether the criteria in paragraph 9 are subsequently met. 14

When a contract with a customer does not meet the criteria in paragraph 9 and an entity receives consideration from the customer, the entity shall recognise the consideration received as revenue only when either of the following events has occurred: 15

(a) das Unternehmen keine Güter oder Dienstleistungen mehr auf den Kunden übertragen muss und die gesamte oder die im Wesentlichen gesamte vom Kunden zugesagte Gegenleistung erhalten hat und diese nicht zurückerstattet werden muss oder

(b) der Vertrag beendet wurde und die vom Kunden erhaltene Gegenleistung nicht zurückerstattet werden muss.

16 Eine von einem Kunden erhaltene Gegenleistung ist als Verbindlichkeit zu erfassen, bis einer der in Paragraph 15 genannten Fälle eintritt oder bis die in Paragraph 9 genannten Kriterien zu einem späteren Zeitpunkt erfüllt sind (siehe Paragraph 14). Je nach Fakten und Umständen im Zusammenhang mit dem Vertrag stellt die erfasste Verbindlichkeit die Verpflichtung des Unternehmens dar, entweder künftig Güter oder Dienstleistungen zu übertragen oder die erhaltene Gegenleistung zurückzuerstatten. In beiden Fällen ist die Verbindlichkeit mit der vom Kunden erhaltenen Gegenleistung anzusetzen.

Zusammenfassung von Verträgen

17 Zwei oder mehr Verträge, die gleichzeitig oder in geringem Zeitabstand mit ein und demselben Kunden (oder diesem nahestehenden Unternehmen und Personen) geschlossen werden, sind zusammenzufassen und als ein einziger Vertrag zu bilanzieren, wenn mindestens eines der folgenden Kriterien erfüllt ist:

(a) die Verträge werden als Paket mit dem gleichen wirtschaftlichen Zweck ausgehandelt,

(b) die Höhe der in einem der Verträge zugesagten Gegenleistung hängt vom Preis oder von der Erfüllung des anderen Vertrags ab oder

(c) die in den Verträgen zugesagten Güter oder Dienstleistungen (oder einige der in den Verträgen jeweils zugesagten Güter oder Dienstleistungen) stellen gemäß den Paragraphen 22–30 eine einzige Leistungsverpflichtung dar.

Vertragsänderungen

18 Eine Vertragsänderung ist eine Änderung des Vertragsumfangs und/oder -preises, der alle Vertragsparteien zustimmen. In einigen Branchen und Rechtsräumen werden Vertragsänderungen auch als Änderungsauftrag, Variation oder Ergänzung bezeichnet. Eine Vertragsänderung liegt vor, wenn die Vertragsparteien einer Änderung zustimmen, mit der entweder neue durchsetzbare Rechte und Verpflichtungen der Vertragsparteien begründet oder die bestehenden abgeändert werden. Die Zustimmung zu einer Vertragsänderung kann schriftlich oder mündlich erfolgen oder durch die Geschäftsgepflogenheiten des Unternehmens impliziert sein. Haben die Vertragsparteien einer Vertragsänderung nicht zugestimmt, hat das Unternehmen diesen Standard so lange weiter auf den bestehenden Vertrag anzuwenden, bis der Vertragsänderung zugestimmt wurde.

19 Eine Vertragsänderung kann selbst dann vorliegen, wenn die Vertragsparteien über Umfang und/oder Preis der Änderung uneinig sind oder einer Änderung des Vertragsumfangs zwar zugestimmt, die entsprechende Preisänderung aber noch nicht festgelegt haben. Wenn ein Unternehmen bestimmt, ob die durch eine Änderung begründeten oder geänderten Rechte und Pflichten durchsetzbar sind, hat es allen maßgeblichen Fakten und Umständen, einschließlich der Vertragsbedingungen und anderer Nachweise, Rechnung zu tragen. Haben die Vertragsparteien einer Änderung des Vertragsumfangs zugestimmt, die entsprechende Preisänderung aber noch nicht festgelegt, hat das Unternehmen die durch die Änderung bedingte Änderung des Transaktionspreises gemäß den Paragraphen 50–54 (Schätzung der variablen Gegenleistung) und den Paragraphen 56–58 (Einschränkungen bei der Schätzung variabler Gegenleistungen) zu schätzen.

20 Ein Unternehmen hat eine Vertragsänderung als separaten Vertrag zu bilanzieren, wenn die beiden folgenden Voraussetzungen erfüllt sind:

(a) der Vertragsumfang nimmt zu, da die vertraglichen Zusagen um eigenständig abgrenzbare Güter oder Dienstleistungen (im Sinne der Paragraphen 26–30) erweitert werden, und

(b) der vertraglich vereinbarte Preis erhöht sich um die Gegenleistung, die dem *Einzelverkaufspreis* des Unternehmens für die zugesagten zusätzlichen Güter oder Dienstleistungen entspricht, wobei entsprechende Anpassungen dieses Preises aufgrund der Fakten und Umstände des jeweiligen Vertrags zu berücksichtigen sind. So kann ein Unternehmen einem Kunden beispielsweise einen Preisnachlass für zusätzliche Güter oder Dienstleistungen gewähren und den Einzelverkaufspreis entsprechend anpassen, weil dem Unternehmen keine vertriebsspezifischen Kosten entstehen, die beim Verkauf ähnlicher Güter oder Dienstleistungen an einen Neukunden anfallen würden.

21 Wird eine Vertragsänderung nicht als separater Vertrag gemäß Paragraph 20 bilanziert, hat das Unternehmen die zum Zeitpunkt der Vertragsänderung noch nicht übertragenen zugesagten Güter oder Dienstleistungen (d. h. die noch ausstehenden zugesagten Güter oder Dienstleistungen) auf eine der folgenden Arten zu bilanzieren:

(a) Sind die noch ausstehenden Güter oder Dienstleistungen von den Gütern oder Dienstleistungen abgrenzbar, die am oder vor dem Tag der Vertragsänderung übertragen worden sind, hat es die Vertragsänderung als Beendigung des bestehenden und Begründung eines neuen Vertrags zu bilanzieren. Die Höhe der Gegenleistung, die den noch ausstehenden Leistungsverpflichtungen (oder den noch ausstehenden eigenständig abgrenzbaren Gütern oder Dienstleistungen in einer einzigen Leistungsverpflichtung gemäß Paragraph 22 (b)) zugeordnet wird, ist die Summe aus:

(i) der vom Kunden zugesagten Gegenleistung (einschließlich der vom Kunden bereits erhaltenen Beträge), die bei der Schätzung des Transaktionspreises berücksichtigt wurde und nicht als Erlös erfasst worden ist, und

(ii) der im Rahmen der Vertragsänderung zugesagten Gegenleistung.

(a) the entity has no remaining obligations to transfer goods or services to the customer and all, or substantially all, of the consideration promised by the customer has been received by the entity and is non-refundable; or
(b) the contract has been terminated and the consideration received from the customer is non-refundable.

An entity shall recognise the consideration received from a customer as a liability until one of the events in paragraph 15 occurs or until the criteria in paragraph 9 are subsequently met (see paragraph 14). Depending on the facts and circumstances relating to the contract, the liability recognised represents the entity's obligation to either transfer goods or services in the future or refund the consideration received. In either case, the liability shall be measured at the amount of consideration received from the customer. **16**

Combination of contracts

An entity shall combine two or more contracts entered into at or near the same time with the same customer (or related parties of the customer) and account for the contracts as a single contract if one or more of the following criteria are met: **17**
(a) the contracts are negotiated as a package with a single commercial objective;
(b) the amount of consideration to be paid in one contract depends on the price or performance of the other contract; or
(c) the goods or services promised in the contracts (or some goods or services promised in each of the contracts) are a single performance obligation in accordance with paragraphs 22—30.

Contract modifications

A contract modification is a change in the scope or price (or both) of a contract that is approved by the parties to the contract. In some industries and jurisdictions, a contract modification may be described as a change order, a variation or an amendment. A contract modification exists when the parties to a contract approve a modification that either creates new or changes existing enforceable rights and obligations of the parties to the contract. A contract modification could be approved in writing, by oral agreement or implied by customary business practices. If the parties to the contract have not approved a contract modification, an entity shall continue to apply this Standard to the existing contract until the contract modification is approved. **18**

A contract modification may exist even though the parties to the contract have a dispute about the scope or price (or both) of the modification or the parties have approved a change in the scope of the contract but have not yet determined the corresponding change in price. In determining whether the rights and obligations that are created or changed by a modification are enforceable, an entity shall consider all relevant facts and circumstances including the terms of the contract and other evidence. If the parties to a contract have approved a change in the scope of the contract but have not yet determined the corresponding change in price, an entity shall estimate the change to the transaction price arising from the modification in accordance with paragraphs 50—54 on estimating variable consideration and paragraphs 56—58 on constraining estimates of variable consideration. **19**

An entity shall account for a contract modification as a separate contract if both of the following conditions are present: **20**
(a) the scope of the contract increases because of the addition of promised goods or services that are distinct (in accordance with paragraphs 26—30); and
(b) the price of the contract increases by an amount of consideration that reflects the entity's *stand-alone selling prices* of the additional promised goods or services and any appropriate adjustments to that price to reflect the circumstances of the particular contract. For example, an entity may adjust the stand-alone selling price of an additional good or service for a discount that the customer receives, because it is not necessary for the entity to incur the selling-related costs that it would incur when selling a similar good or service to a new customer.

If a contract modification is not accounted for as a separate contract in accordance with paragraph 20, an entity shall account for the promised goods or services not yet transferred at the date of the contract modification (ie the remaining promised goods or services) in whichever of the following ways is applicable: **21**
(a) An entity shall account for the contract modification as if it were a termination of the existing contract and the creation of a new contract, if the remaining goods or services are distinct from the goods or services transferred on or before the date of the contract modification. The amount of consideration to be allocated to the remaining performance obligations (or to the remaining distinct goods or services in a single performance obligation identified in accordance with paragraph 22 (b)) is the sum of:
  (i) the consideration promised by the customer (including amounts already received from the customer) that was included in the estimate of the transaction price and that had not been recognised as revenue; and
  (ii) the consideration promised as part of the contract modification.

(b) Sind die noch ausstehenden Güter oder Dienstleistungen nicht eigenständig abgrenzbar und deshalb einer einzigen Leistungsverpflichtung zuzuordnen, die zum Zeitpunkt der Vertragsänderung zum Teil erfüllt ist, hat das Unternehmen die Vertragsänderung so zu bilanzieren als wäre sie Bestandteil des bestehenden Vertrags. Die Auswirkung der Vertragsänderung auf den Transaktionspreis und den vom Unternehmen im Hinblick auf die vollständige Erfüllung einer Leistungsverpflichtung gemessenen Leistungsfortschritt wird als Erlösanpassung (d. h. entweder als Erhöhung oder als Verringerung des Erlöses) zum Zeitpunkt der Vertragsänderung erfasst (d. h. die Erlösanpassung erfolgt insoweit auf kumulierter Basis).

(c) Sind die noch ausstehenden Güter oder Dienstleistungen eine Kombination aus den unter den Buchstaben a und b genannten, hat das Unternehmen die Auswirkungen der Änderung auf die noch nicht erfüllten (oder teilweise erfüllten) Leistungsverpflichtungen des geänderten Vertrags gemäß den Zielsetzungen dieses Paragraphen zu bilanzieren.

Identifizierung der Leistungsverpflichtungen

22 Bei Vertragsabschluss hat das Unternehmen die in einem Vertrag mit einem Kunden zugesagten Güter oder Dienstleistungen zu prüfen und Leistungsverpflichtungen zu identifizieren, wenn auf den Kunden Folgendes übertragen werden soll:

(a) ein eigenständig abgrenzbares Gut bzw. eine eigenständig abgrenzbare Dienstleistung oder ein eigenständig abgrenzbares Bündel aus Gütern oder Dienstleistungen; oder

(b) eine Reihe eigenständig abgrenzbarer Güter oder Dienstleistungen, die im Wesentlichen gleich sind und nach dem gleichen Muster auf den Kunden übertragen werden (siehe Paragraph 23).

23 Eine Reihe eigenständig abgrenzbarer Güter oder Dienstleistungen wird nach dem gleichen Muster auf den Kunden übertragen, wenn die beiden folgenden Kriterien erfüllt sind:

(a) jedes eigenständig abgrenzbare Gut oder jede eigenständig abgrenzbare Dienstleistung der Reihe, deren Übertragung auf den Kunden das Unternehmen zugesagt hat, erfüllt die in Paragraph 35 genannten Kriterien für eine über einen bestimmten Zeitraum zu erfüllende Leistungsverpflichtung und

(b) die Fortschritte, die das Unternehmen bis zur vollständigen Erfüllung der Leistungsverpflichtung, jedes eigenständig abgrenzbare Gut oder jede eigenständig abgrenzbare Dienstleistung in der Reihe auf den Kunden zu übertragen, erzielt, werden gemäß den Paragraphen 39–40 nach der gleichen Methode gemessen.

In Verträgen mit Kunden enthaltene Zusagen

24 Im Allgemeinen werden die Güter oder Dienstleistungen, deren Übertragung auf den Kunden das Unternehmen zusagt, im Vertrag mit dem Kunden ausdrücklich aufgeführt. Dennoch müssen die in einem Vertrag mit einem Kunden identifizierten Leistungsverpflichtungen nicht auf die in diesem Vertrag ausdrücklich genannten Güter oder Dienstleistungen beschränkt sein. Dies ist darin begründet, dass ein Vertrag mit einem Kunden Zusagen enthalten kann, die aufgrund von Geschäftsgepflogenheiten, veröffentlichten Leitlinien oder spezifischen Aussagen eines Unternehmens beim Kunden zum Zeitpunkt des Vertragsabschlusses die gerechtfertigte Erwartung wecken, dass das Unternehmen ein Gut oder eine Dienstleistung auf den Kunden überträgt.

25 Aktivitäten, die das Unternehmen zur Vertragserfüllung zwingend durchführen muss, deren Zweck aber nicht darin besteht, ein Gut oder eine Dienstleistung auf den Kunden zu übertragen, zählen nicht zu den Leistungsverpflichtungen. So kann es beispielsweise erforderlich sein, dass ein Dienstleister zur Begründung eines Vertrags verschiedene administrative Aufgaben ausführen muss. Bei der Ausführung dieser Aufgaben wird keine Dienstleistung auf den Kunden übertragen. Somit stellen diese Aktivitäten zur Begründung eines Vertrags keine Leistungsverpflichtung dar.

Eigenständig abgrenzbare Güter oder Dienstleistungen

26 Je nach Vertrag können zugesagte Güter oder Dienstleistungen u. a. Folgendes umfassen:

(a) den Verkauf der von einem Unternehmen produzierten Güter (z. B. Bestände eines Fertigungsunternehmens),

(b) den Weiterverkauf von Gütern, die ein Unternehmen erworben hat (z. B. Ware eines Einzelhändlers),

(c) den Weiterverkauf von Rechten an Gütern oder Dienstleistungen, die ein Unternehmen erworben hat (z. B. den Weiterverkauf eines Tickets durch ein als Prinzipal agierendes Unternehmen, siehe die Paragraphen B34–B38),

(d) die Ausführung einer vertraglich vereinbarten Aufgabe (bzw. vertraglich vereinbarter Aufgaben) für einen Kunden,

(e) die Zusage, laufend für die Bereitstellung von Gütern oder Dienstleistungen bereitzustehen (z. B. nicht spezifizierte Software-Aktualisierungen vorzunehmen, sofern und sobald sie verfügbar sind) oder Güter oder Dienstleistungen für einen Kunden bereitzuhalten, der diese nutzen kann, wie und wann er möchte,

(f) das Erbringen einer Dienstleistung für einen Dritten, mit der die Übertragung von Gütern oder Dienstleistungen auf einen Kunden herbeigeführt wird (z. B. die Tätigkeit als Agent für einen Dritten, siehe die Paragraphen B34–B38),

(g) die Gewährung von Rechten an in der Zukunft bereitzustellenden Gütern oder Dienstleistungen, die ein Kunde weiterveräußern oder wiederum seinem Kunden bereitstellen kann (z. B. wenn ein Unternehmen, das ein Produkt an einen Einzelhändler verkauft, zusagt, ein weiteres Gut oder eine weitere Dienstleistung auf eine Person zu übertragen, die das Produkt vom Einzelhändler erwirbt),

(h) den Bau, die Herstellung oder die Entwicklung eines Vermögenswerts im Auftrag eines Kunden,

(i) die Gewährung von Lizenzen (siehe Paragraphen B52–B63) und

(b) An entity shall account for the contract modification as if it were a part of the existing contract if the remaining goods or services are not distinct and, therefore, form part of a single performance obligation that is partially satisfied at the date of the contract modification. The effect that the contract modification has on the transaction price, and on the entity's measure of progress towards complete satisfaction of the performance obligation, is recognised as an adjustment to revenue (either as an increase in or a reduction of revenue) at the date of the contract modification (ie the adjustment to revenue is made on a cumulative catch- up basis).

(c) If the remaining goods or services are a combination of items (a) and (b), then the entity shall account for the effects of the modification on the unsatisfied (including partially unsatisfied) performance obligations in the modified contract in a manner that is consistent with the objectives of this paragraph.

Identifying performance obligations

At contract inception, an entity shall assess the goods or services promised in a contract with a customer and shall identify as a performance obligation each promise to transfer to the customer either: 22

(a) a good or service (or a bundle of goods or services) that is distinct; or

(b) a series of distinct goods or services that are substantially the same and that have the same pattern of transfer to the customer (see paragraph 23).

A series of distinct goods or services has the same pattern of transfer to the customer if both of the following criteria are met: 23

(a) each distinct good or service in the series that the entity promises to transfer to the customer would meet the criteria in paragraph 35 to be a performance obligation satisfied over time; and

(b) in accordance with paragraphs 39—40, the same method would be used to measure the entity's progress towards complete satisfaction of the performance obligation to transfer each distinct good or service in the series to the customer.

Promises in contracts with customers

A contract with a customer generally explicitly states the goods or services that an entity promises to transfer to a customer. However, the performance obligations identified in a contract with a customer may not be limited to the goods or services that are explicitly stated in that contract. This is because a contract with a customer may also include promises that are implied by an entity's customary business practices, published policies or specific statements if, at the time of entering into the contract, those promises create a valid expectation of the customer that the entity will transfer a good or service to the customer. 24

Performance obligations do not include activities that an entity must undertake to fulfil a contract unless those activities transfer a good or service to a customer. For example, a services provider may need to perform various administrative tasks to set up a contract. The performance of those tasks does not transfer a service to the customer as the tasks are performed. Therefore, those setup activities are not a performance obligation. 25

Distinct goods or services

Depending on the contract, promised goods or services may include, but are not limited to, the following: 26

(a) sale of goods produced by an entity (for example, inventory of a manufacturer);

(b) resale of goods purchased by an entity (for example, merchandise of a retailer);

(c) resale of rights to goods or services purchased by an entity (for example, a ticket resold by an entity acting as a principal, as described in paragraphs B34—B38);

(d) performing a contractually agreed-upon task (or tasks) for a customer;

(e) providing a service of standing ready to provide goods or services (for example, unspecified updates to software that are provided on a when-and-if-available basis) or of making goods or services available for a customer to use as and when the customer decides;

(f) providing a service of arranging for another party to transfer goods or services to a customer (for example, acting as an agent of another party, as described in paragraphs B34—B38);

(g) granting rights to goods or services to be provided in the future that a customer can resell or provide to its customer (for example, an entity selling a product to a retailer promises to transfer an additional good or service to an individual who purchases the product from the retailer);

(h) constructing, manufacturing or developing an asset on behalf of a customer;

(i) granting licences (see paragraphs B52—B63B); and

(j) die Gewährung von Optionen zum Erwerb zusätzlicher Güter oder Dienstleistungen (wenn diese Optionen dem Kunden ein wesentliches Recht verschaffen, siehe die Paragraphen B39–B43).

27 Ein einem Kunden zugesagtes Gut oder eine einem Kunden zugesagte Dienstleistung ist dann eigenständig abgrenzbar, wenn die beiden folgenden Kriterien erfüllt sind:

(a) der Kunde kann aus dem Gut oder der Dienstleistung entweder gesondert oder zusammen mit anderen, für ihn jederzeit verfügbaren Ressourcen einen Nutzen ziehen (d. h. das Gut oder die Dienstleistung ist geeignet, eigenständig abgegrenzt zu werden) und

(b) die Zusage des Unternehmens, das Gut oder die Dienstleistung auf den Kunden zu übertragen, ist von anderen Zusagen aus dem Vertrag trennbar (d. h., die Zusage zur Übertragung des Guts oder der Dienstleistung lässt sich im Rahmen des Vertrags eigenständig abgrenzen).

28 Ein Kunde kann gemäß Paragraph 27 (a) aus einem Gut oder einer Dienstleistung einen Nutzen ziehen, wenn das Gut oder die Dienstleistung genutzt, verbraucht, für mehr als den Schrottwert veräußert oder auf eine andere Weise, die einen wirtschaftlichen Nutzen erzeugt, gehalten werden kann. Bei einigen Gütern oder Dienstleistungen kann der Kunde aus den Gütern oder Dienstleistungen selbst einen Nutzen ziehen. Bei anderen Gütern oder Dienstleistungen kann der Kunde aus den Gütern oder Dienstleistungen nur in Verbindung mit anderen jederzeit verfügbaren Ressourcen einen Nutzen ziehen. Eine jederzeit verfügbare Ressource ist ein Gut oder eine Dienstleistung, das oder die (vom Unternehmen oder einem anderen Unternehmen) separat veräußert wird, oder eine Ressource, die der Kunde bereits vom Unternehmen (einschließlich Güter oder Dienstleistungen, die das Unternehmen im Rahmen des Vertrags bereits auf den Kunden übertragen hat) oder aus anderen Transaktionen oder Ereignissen erhalten hat. Dass der Kunde aus den Gütern oder Dienstleistungen selbst oder aus den Gütern oder Dienstleistungen in Verbindung mit anderen jederzeit verfügbaren Ressourcen einen Nutzen ziehen kann, kann durch verschiedene Faktoren nachgewiesen werden. So deutet beispielsweise der Umstand, dass ein Unternehmen ein Gut oder eine Dienstleistung regelmäßig separat veräußert, darauf hin, dass der Kunde aus diesem Gut bzw. dieser Dienstleistung selbst oder in Verbindung mit anderen jederzeit verfügbaren Ressourcen einen Nutzen ziehen kann.

29 Bei der Beurteilung, ob die Zusagen eines Unternehmens zur Übertragung von Gütern oder Dienstleistungen auf den Kunden gemäß Paragraph 27 (b) von anderen Zusagen trennbar sind, soll bestimmt werden, ob die jeweilige Zusage im Rahmen des Vertrags darin besteht, diese Güter oder Dienstleistungen einzeln zu übertragen, oder aber auf die Übertragung eines oder mehrerer kombinierter Posten abzielt, in den bzw. die die zugesagten Güter oder Dienstleistungen eingeflossen sind. Nachstehend eine nicht erschöpfende Liste von Faktoren, die darauf hindeuten, dass zwei oder mehr Zusagen zur Übertragung von Gütern oder Dienstleistungen auf einen Kunden nicht von anderen Zusagen trennbar sind:

(a) Das Unternehmen erbringt eine erhebliche Integrationsleistung, um die Güter oder Dienstleistungen mit anderen vertraglich zugesagten Gütern oder Dienstleistungen zu einem Bündel aus Gütern oder Dienstleistungen zusammenzufassen, damit das mit dem Kunden vertraglich vereinbarte kombinierte Endergebnis bzw. die mit dem Kunden vertraglich vereinbarten kombinierten Endergebnisse erzielt wird/werden. Das heißt, dass das Unternehmen die Güter oder Dienstleistungen zur Herstellung oder Lieferung des vom Kunden gewünschten kombinierten Endergebnisses/der vom Kunden gewünschten kombinierten Endergebnisse nutzt. Ein kombiniertes Endergebnis kann mehrere Phasen, Elemente oder Einheiten umfassen.

(b) Eines oder mehrere der Güter oder Dienstleistungen führt/führen zu einer erheblichen Änderung oder Anpassung eines oder mehrerer vertraglich zugesagten Güter oder Dienstleistungen oder wird/werden durch ein oder mehrere vertraglich zugesagte Güter oder Dienstleistungen erheblich geändert oder angepasst.

(c) Die Güter oder Dienstleistungen sind in hohem Maße voneinander abhängig oder miteinander verbunden. Das heißt, dass jedes dieser Güter oder jede dieser Dienstleistungen erheblich von einem/einer oder mehreren der anderen Güter oder Dienstleistungen im Vertrag beeinflusst wird. Beispielsweise gibt es Fälle, in denen zwei oder mehrere Güter oder Dienstleistungen einander erheblich beeinflussen, weil das Unternehmen, wenn es die Güter und Dienstleistungen einzeln und unabhängig voneinander übertragen würde, seine Zusage nicht erfüllen könnte.

30 Ist ein zugesagtes Gut oder eine zugesagte Dienstleistung nicht eigenständig abgrenzbar, hat das Unternehmen diese so lange mit anderen zugesagten Gütern oder Dienstleistungen zusammenzufassen, bis ein eigenständig abgrenzbares Bündel aus Gütern oder Dienstleistungen entsteht. In einigen Fällen führt dies dazu, dass das Unternehmen alle in einem Vertrag zugesagten Güter oder Dienstleistungen als eine einzige Leistungsverpflichtung bilanziert.

Erfüllung der Leistungsverpflichtungen

31 **Wenn (oder sobald) das Unternehmen durch Übertragung eines zugesagten Guts oder einer zugesagten Dienstleistung (d. h. eines Vermögenswerts) auf einen Kunden eine Leistungsverpflichtung erfüllt, hat es einen Erlös zu erfassen. Als übertragen gilt ein Vermögenswert, wenn (oder sobald) der Kunde die Verfügungsgewalt über diesen Vermögenswert erlangt.**

32 Für jede gemäß den Paragraphen 22–30 identifizierte Leistungsverpflichtung hat ein Unternehmen bei Vertragsabschluss zu bestimmen, ob es diese (gemäß den Paragraphen 35–37) über einen bestimmten Zeitraum oder (gemäß Paragraph 38)

(j) granting options to purchase additional goods or services (when those options provide a customer with a material right, as described in paragraphs B39—B43).

A good or service that is promised to a customer is distinct if both of the following criteria are met: 27
(a) the customer can benefit from the good or service either on its own or together with other resources that are readily available to the customer (ie the good or service is capable of being distinct); and
(b) the entity's promise to transfer the good or service to the customer is separately identifiable from other promises in the contract (ie the promise to transfer the good or service is distinct within the context of the contract).

A customer can benefit from a good or service in accordance with paragraph 27 (a) if the good or service could be used, consumed, sold for an amount that is greater than scrap value or otherwise held in a way that generates economic benefits. For some goods or services, a customer may be able to benefit from a good or service on its own. For other goods or services, a customer may be able to benefit from the good or service only in conjunction with other readily available resources. A readily available resource is a good or service that is sold separately (by the entity or another entity) or a resource that the customer has already obtained from the entity (including goods or services that the entity will have already transferred to the customer under the contract) or from other transactions or events. Various factors may provide evidence that the customer can benefit from a good or service either on its own or in conjunction with other readily available resources. For example, the fact that the entity regularly sells a good or service separately would indicate that a customer can benefit from the good or service on its own or with other readily available resources. 28

In assessing whether an entity's promises to transfer goods or services to the customer are separately identifiable in accordance with paragraph 27 (b), the objective is to determine whether the nature of the promise, within the context of the contract, is to transfer each of those goods or services individually or, instead, to transfer a combined item or items to which the promised goods or services are inputs. Factors that indicate that two or more promises to transfer goods or services to a customer are not separately identifiable include, but are not limited to, the following: 29
(a) the entity provides a significant service of integrating the goods or services with other goods or services promised in the contract into a bundle of goods or services that represent the combined output or outputs for which the customer has contracted. In other words, the entity is using the goods or services as inputs to produce or deliver the combined output or outputs specified by the customer. A combined output or outputs might include more than one phase, element or unit.
(b) one or more of the goods or services significantly modifies or customises, or are significantly modified or customised by, one or more of the other goods or services promised in the contract.
(c) the goods or services are highly interdependent or highly interrelated. In other words, each of the goods or services is significantly affected by one or more of the other goods or services in the contract. For example, in some cases, two or more goods or services are significantly affected by each other because the entity would not be able to fulfil its promise by transferring each of the goods or services independently.

If a promised good or service is not distinct, an entity shall combine that good or service with other promised goods or services until it identifies a bundle of goods or services that is distinct. In some cases, that would result in the entity accounting for all the goods or services promised in a contract as a single performance obligation. 30

Satisfaction of performance obligations

An entity shall recognise revenue when (or as) the entity satisfies a performance obligation by transferring a promised good or service (ie an asset) to a customer. An asset is transferred when (or as) the customer obtains control of that asset. 31

For each performance obligation identified in accordance with paragraphs 22—30, an entity shall determine at contract inception whether it satisfies the performance obligation over time (in accordance with paragraphs 35—37) or satisfies the 32

zu einem bestimmten Zeitpunkt erfüllen wird. Kommt ein Unternehmen einer Leistungsverpflichtung nicht über einen bestimmten Zeitraum nach, wird sie zu einem bestimmten Zeitpunkt erfüllt.

33 Güter und Dienstleistungen sind Vermögenswerte, auch wenn (wie bei vielen Dienstleistungen der Fall) nur vorübergehend bei Erhalt und Nutzung. Unter Verfügungsgewalt über einen Vermögenswert ist die Fähigkeit zu verstehen, seine Nutzung zu bestimmen und im Wesentlichen den verbleibenden Nutzen aus ihm zu ziehen. Dies schließt auch die Fähigkeit ein, andere Unternehmen daran zu hindern, seine Nutzung zu bestimmen und Nutzen aus ihm zu ziehen. Der Nutzen eines Vermögenswerts besteht in den potenziellen Zahlungsströmen (Zuflüsse oder verminderte Abflüsse), die ein Unternehmen auf verschiedenste Weise direkt oder indirekt erhalten kann, u. a. indem es

(a) den Vermögenswert zur Erzeugung von Gütern oder Erbringung von Dienstleistungen (einschließlich öffentlicher Dienstleistungen) nutzt,
(b) den Vermögenswert zur Aufwertung anderer Vermögenswerte nutzt,
(c) den Vermögenswert zur Begleichung von Verbindlichkeiten oder Verringerung von Aufwendungen nutzt,
(d) den Vermögenswert veräußert oder tauscht,
(e) den Vermögenswert zur Besicherung eines Darlehens verpfändet oder
(f) den Vermögenswert hält.

34 Bei der Bewertung, ob ein Kunde die Verfügungsgewalt über einen Vermögenswert erhält, hat ein Unternehmen etwaige Rückkaufvereinbarungen zu berücksichtigen (siehe Paragraphen B64–B76).

Leistungsverpflichtungen, die über einen bestimmten Zeitraum erfüllt werden

35 Ein Unternehmen überträgt die Verfügungsgewalt über ein Gut oder eine Dienstleistung über einen bestimmten Zeitraum (und erfüllt somit eine Leistungsverpflichtung und erfasst den Erlös über einen bestimmten Zeitraum), wenn eines der folgenden Kriterien erfüllt ist:

(a) der Kunde erhält und nutzt die vom Unternehmen erbrachte Leistung, während diese erbracht wird (siehe Paragraphen B3 und B4),
(b) durch die Leistung des Unternehmens wird ein Vermögenswert erstellt oder verbessert (z. B. unfertige Leistung) und der Kunde erlangt die Verfügungsgewalt über den Vermögenswert, während dieser erstellt oder verbessert wird (siehe Paragraph B5), oder
(c) durch die Leistung des Unternehmens wird ein Vermögenswert erstellt, der keine alternativen Nutzungsmöglichkeiten für das Unternehmen aufweist (siehe Paragraph 36), und das Unternehmen hat einen Rechtsanspruch auf Bezahlung der bereits erbrachten Leistungen (siehe Paragraph 37).

36 Ein durch die Leistung eines Unternehmens erstellter Vermögenswert hat keinen alternativen Nutzen für ein Unternehmen, wenn das Unternehmen entweder vertraglichen Beschränkungen unterliegt, die es davon abhalten, den Vermögenswert während seiner Erstellung oder Verbesserung umstandslos für einen alternativen Nutzen zu bestimmen, oder wenn es praktischen Beschränkungen unterliegt, die es davon abhalten, für den Vermögenswert nach seiner Fertigstellung umstandslos einen alternativen Nutzen zu bestimmen. Ob ein Vermögenswert einen alternativen Nutzen für das Unternehmen hat, wird bei Vertragsabschluss beurteilt. Nach Vertragsabschluss darf das Unternehmen die Beurteilung des alternativen Nutzens eines Vermögenswerts nicht aktualisieren, es sei denn, die Vertragsparteien stimmen einer Vertragsänderung, mit der die Leistungsverpflichtung wesentlich geändert wird, zu. Die Paragraphen B6–B8 enthalten Leitlinien für die Beurteilung, ob ein Vermögenswert einen alternativen Nutzen für ein Unternehmen hat.

37 Bei der Bewertung, ob es einen Rechtsanspruch auf Erhalt einer Zahlung für die bereits erbrachten Leistungen gemäß Paragraph 35 (c) besitzt, hat ein Unternehmen die Vertragsbedingungen sowie alle für den Vertrag geltenden Rechtsvorschriften zu berücksichtigen. Der Anspruch auf Erhalt einer Zahlung für bereits erbrachte Leistungen muss nicht zwingend in einem festen Betrag bestehen. Allerdings muss das Unternehmen für den Fall, dass der Kunde oder eine andere Partei den Vertrag aus anderen Gründen als der Nichterfüllung der vom Unternehmen zugesagten Leistung kündigt, während der Laufzeit des Vertrags jederzeit Anspruch auf einen Betrag haben, der zumindest eine Vergütung für die bereits erbrachten Leistungen darstellt. Die Paragraphen B9–B13 enthalten Leitlinien für die Beurteilung der Frage, ob ein durchsetzbarer Zahlungsanspruch besteht und ob dieser das Unternehmen tatsächlich dazu berechtigt, für die bereits erbrachten Leistungen bezahlt zu werden.

Leistungsverpflichtungen, die zu einem bestimmten Zeitpunkt erfüllt werden

38 Wird eine Leistungsverpflichtung nicht gemäß den Paragraphen 35–37 über einen bestimmten Zeitraum erfüllt, so erfüllt das Unternehmen die Leistungsverpflichtung zu einem bestimmten Zeitpunkt. Zur Bestimmung des Zeitpunkts, zu dem ein Kunde die Verfügungsgewalt über einen zugesagten Vermögenswert erlangt und das Unternehmen eine Leistungsverpflichtung erfüllt, hat das Unternehmen den Vorschriften zur Verfügungsgewalt in den Paragraphen 31–34 Rechnung zu tragen. Zusätzlich dazu hat das Unternehmen u. a. folgende Indikatoren für die Übertragung der Verfügungsgewalt zu berücksichtigen:

(a) Das Unternehmen hat gegenwärtig einen Anspruch auf Erhalt einer Zahlung für den Vermögenswert: Ist ein Kunde gegenwärtig dazu verpflichtet, für einen Vermögenswert zu zahlen, kann dies ein Indikator dafür sein, dass der

performance obligation at a point in time (in accordance with paragraph 38). If an entity does not satisfy a performance obligation over time, the performance obligation is satisfied at a point in time.

Goods and services are assets, even if only momentarily, when they are received and used (as in the case of many services). Control of an asset refers to the ability to direct the use of, and obtain substantially all of the remaining benefits from, the asset. Control includes the ability to prevent other entities from directing the use of, and obtaining the benefits from, an asset. The benefits of an asset are the potential cash flows (inflows or savings in outflows) that can be obtained directly or indirectly in many ways, such as by: 33
(a) using the asset to produce goods or provide services (including public services);
(b) using the asset to enhance the value of other assets;
(c) using the asset to settle liabilities or reduce expenses;
(d) selling or exchanging the asset;
(e) pledging the asset to secure a loan; and
(f) holding the asset.

When evaluating whether a customer obtains control of an asset, an entity shall consider any agreement to repurchase the asset (see paragraphs B64—B76). 34

Performance obligations satisfied over time

An entity transfers control of a good or service over time and, therefore, satisfies a performance obligation and recognises revenue over time, if one of the following criteria is met: 35
(a) the customer simultaneously receives and consumes the benefits provided by the entity's performance as the entity performs (see paragraphs B3—B4);
(b) the entity's performance creates or enhances an asset (for example, work in progress) that the customer controls as the asset is created or enhanced (see paragraph B5); or
(c) the entity's performance does not create an asset with an alternative use to the entity (see paragraph 36) and the entity has an enforceable right to payment for performance completed to date (see paragraph 37).

An asset created by an entity's performance does not have an alternative use to an entity if the entity is either restricted contractually from readily directing the asset for another use during the creation or enhancement of that asset or limited practically from readily directing the asset in its completed state for another use. The assessment of whether an asset has an alternative use to the entity is made at contract inception. After contract inception, an entity shall not update the assessment of the alternative use of an asset unless the parties to the contract approve a contract modification that substantively changes the performance obligation. Paragraphs B6—B8 provide guidance for assessing whether an asset has an alternative use to an entity. 36

An entity shall consider the terms of the contract, as well as any laws that apply to the contract, when evaluating whether it has an enforceable right to payment for performance completed to date in accordance with paragraph 35 (c). The right to payment for performance completed to date does not need to be for a fixed amount. However, at all times throughout the duration of the contract, the entity must be entitled to an amount that at least compensates the entity for performance completed to date if the contract is terminated by the customer or another party for reasons other than the entity's failure to perform as promised. Paragraphs B9—B13 provide guidance for assessing the existence and enforceability of a right to payment and whether an entity's right to payment would entitle the entity to be paid for its performance completed to date. 37

Performance obligations satisfied at a point in time

If a performance obligation is not satisfied over time in accordance with paragraphs 35—37, an entity satisfies the performance obligation at a point in time. To determine the point in time at which a customer obtains control of a promised asset and the entity satisfies a performance obligation, the entity shall consider the requirements for control in paragraphs 31—34. In addition, an entity shall consider indicators of the transfer of control, which include, but are not limited to, the following: 38
(a) The entity has a present right to payment for the asset—if a customer is presently obliged to pay for an asset, then that may indicate that the customer has obtained the ability to direct the use of, and obtain substantially all of the remaining benefits from, the asset in exchange.

Kunde im Gegenzug die Fähigkeit erhalten hat, die Nutzung des Vermögenswerts zu bestimmen und im Wesentlichen den verbleibenden Nutzen aus dem Vermögenswert zu ziehen.

(b) Der Kunde hat ein Eigentumsrecht an dem Vermögenswert: Eigentum an einem Vermögenswert kann ein Indikator dafür sein, welche Vertragspartei in der Lage ist, die Nutzung des Vermögenswerts zu bestimmen und im Wesentlichen den verbleibenden Nutzen aus dem Vermögenswert zu ziehen oder den Zugang anderer zu diesem Nutzen zu beschränken. Daher kann die Übertragung des Eigentumsrechts an einem Vermögenswert ein Indikator dafür sein, dass der Kunde die Verfügungsgewalt über den Vermögenswert erlangt hat. Behält ein Unternehmen das Eigentum nur, um sich gegen einen Zahlungsausfall des Kunden abzusichern, hindert dieses Eigentumsrecht des Unternehmens den Kunden nicht daran, die Verfügungsgewalt über den Vermögenswert zu erlangen.

(c) Das Unternehmen hat den physischen Besitz des Vermögenswerts übertragen: Ist ein Vermögenswert im physischen Besitz des Kunden, kann dies ein Indikator dafür sein, dass der Kunde die Nutzung des Vermögenswerts bestimmen und im Wesentlichen den verbleibenden Nutzen aus dem Vermögenswert ziehen oder den Zugang anderer zu diesem Nutzen beschränken kann. Doch muss physischer Besitz nicht immer gleichbedeutend mit Verfügungsgewalt über den Vermögenswert sein. So kann sich der Vermögenswert bei einigen Rückkauf- und Kommissionsvereinbarungen zwar physisch im Besitz des Kunden befinden, die Verfügungsgewalt über den Vermögenswert aber beim Unternehmen liegen. Bei sogenannten Bill-and-hold-Vereinbarungen kann sich der Vermögenswert dagegen physisch im Besitz des Unternehmens befinden, die Verfügungsgewalt aber beim Kunden liegen. Die Paragraphen B64–B76, B77–B78 und B79–B82 enthalten Leitlinien für die Bilanzierung von Rückkauf-, Kommissions- und Bill-and-hold-Vereinbarungen.

(d) Die mit dem Eigentum an dem Vermögenswert verbundenen erheblichen Risiken und Chancen liegen beim Kunden: Die Übertragung der mit dem Eigentum an dem Vermögenswert verbundenen erheblichen Risiken und Chancen auf den Kunden kann ein Indikator dafür sein, dass der Kunde die Fähigkeit erhalten hat, die Nutzung des Vermögenswerts zu bestimmen und im Wesentlichen den verbleibenden Nutzen aus dem Vermögenswert zu ziehen. Bei der Bewertung der mit dem Eigentum an einem zugesagten Vermögenswert verbundenen Risiken und Chancen hat das Unternehmen jedoch jegliche Risiken außer Acht zu lassen, die zusätzlich zu der Verpflichtung zur Übertragung des Vermögenswerts eine separate Leistungsverpflichtung begründen. So kann ein Unternehmen beispielsweise die Verfügungsgewalt über einen Vermögenswert bereits auf einen Kunden übertragen, eine zusätzliche Leistungsverpflichtung, wie die Ausführung von Wartungsarbeiten für den übertragenen Vermögenswert, aber noch nicht erfüllt haben.

(e) Der Kunde hat den Vermögenswert abgenommen: Die Abnahme eines Vermögenswerts durch den Kunden kann ein Indikator dafür sein, dass dieser die Fähigkeit erhalten hat, die Nutzung des Vermögenswerts zu bestimmen und im Wesentlichen den verbleibenden Nutzen aus dem Vermögenswert zu ziehen. Zur Einschätzung der Auswirkungen einer im Vertrag enthaltenen Abnahmeklausel auf den Zeitpunkt, zu dem die Verfügungsgewalt über einen Vermögenswert übertragen wird, hat ein Unternehmen den Leitlinien in den Paragraphen B83–B86 Rechnung zu tragen.

Bestimmung des Leistungsfortschritts im Hinblick auf die vollständige Erfüllung einer Leistungsverpflichtung

39 Bei jeder Leistungsverpflichtung, die gemäß den Paragraphen 35–37 über einen bestimmten Zeitraum erfüllt wird, hat ein Unternehmen den über einen bestimmten Zeitraum erzielten Erlös zu erfassen, indem es den Leistungsfortschritt im Hinblick auf die vollständige Erfüllung dieser Leistungsverpflichtung ermittelt. Bei der Bestimmung des Leistungsfortschritts wird das Ziel verfolgt, die Leistung des Unternehmens bei der Übertragung der Verfügungsgewalt über die einem Kunden zugesagten Güter oder Dienstleistungen darzustellen (d. h. darzustellen, inwieweit das Unternehmen seiner Leistungsverpflichtung nachkommt).

40 Bei jeder Leistungsverpflichtung, die über einen bestimmten Zeitraum erfüllt wird, hat das Unternehmen den Leistungsfortschritt nach der gleichen Methode zu bestimmen, wobei diese Methode konsistent auf ähnliche Leistungsverpflichtungen und in ähnlichen Umständen anzuwenden ist. Am Ende jeder Berichtsperiode hat ein Unternehmen erneut zu messen, welche Fortschritte es bei einer über einen bestimmten Zeitraum vollständig zu erfüllenden Leistungsverpflichtung erzielt hat.

Methoden zur Messung des Leistungsfortschritts

41 Zur Messung des Leistungsfortschritts eignen sich u. a. output- und inputbasierte Methoden. Die Paragraphen B14–B19 enthalten Leitlinien im Hinblick darauf, wie output- und inputbasierte Methoden zur Messung des Fortschritts eines Unternehmens bei der vollständigen Erfüllung einer Leistungsverpflichtung eingesetzt werden können. Wenn ein Unternehmen die zur Fortschrittsmessung geeignete Methode bestimmt, hat es der Art des Guts oder der Dienstleistung Rechnung zu tragen, deren Übertragung auf den Kunden es zugesagt hat.

42 Bei der Anwendung einer Methode zur Messung des Leistungsfortschritts hat ein Unternehmen von der Messung des Leistungsfortschritts alle Güter und Dienstleistungen auszunehmen, bei denen es die Verfügungsgewalt nicht auf einen Kunden überträgt. Umgekehrt hat ein Unternehmen in die Messung des Leistungsfortschritts alle Güter und Dienstleistungen einzubeziehen, bei denen es die Verfügungsgewalt bei Erfüllung der betreffenden Leistungsverpflichtung auf einen Kunden überträgt.

(b) The customer has legal title to the asset—legal title may indicate which party to a contract has the ability to direct the use of, and obtain substantially all of the remaining benefits from, an asset or to restrict the access of other entities to those benefits. Therefore, the transfer of legal title of an asset may indicate that the customer has obtained control of the asset. If an entity retains legal title solely as protection against the customer's failure to pay, those rights of the entity would not preclude the customer from obtaining control of an asset.

(c) The entity has transferred physical possession of the asset—the customer's physical possession of an asset may indicate that the customer has the ability to direct the use of, and obtain substantially all of the remaining benefits from, the asset or to restrict the access of other entities to those benefits. However, physical possession may not coincide with control of an asset. For example, in some repurchase agreements and in some consignment arrangements, a customer or consignee may have physical possession of an asset that the entity controls. Conversely, in some bill-and-hold arrangements, the entity may have physical possession of an asset that the customer controls. Paragraphs B64—B76, B77—B78 and B79—B82 provide guidance on accounting for repurchase agreements, consignment arrangements and bill-and-hold arrangements, respectively.

(d) The customer has the significant risks and rewards of ownership of the asset—the transfer of the significant risks and rewards of ownership of an asset to the customer may indicate that the customer has obtained the ability to direct the use of, and obtain substantially all of the remaining benefits from, the asset. However, when evaluating the risks and rewards of ownership of a promised asset, an entity shall exclude any risks that give rise to a separate performance obligation in addition to the performance obligation to transfer the asset. For example, an entity may have transferred control of an asset to a customer but not yet satisfied an additional performance obligation to provide maintenance services related to the transferred asset.

(e) The customer has accepted the asset—the customer's acceptance of an asset may indicate that it has obtained the ability to direct the use of, and obtain substantially all of the remaining benefits from, the asset. To evaluate the effect of a contractual customer acceptance clause on when control of an asset is transferred, an entity shall consider the guidance in paragraphs B83—B86.

Measuring progress towards complete satisfaction of a performance obligation

For each performance obligation satisfied over time in accordance with paragraphs 35—37, an entity shall recognise revenue over time by measuring the progress towards complete satisfaction of that performance obligation. The objective when measuring progress is to depict an entity's performance in transferring control of goods or services promised to a customer (ie the satisfaction of an entity's performance obligation). 39

An entity shall apply a single method of measuring progress for each performance obligation satisfied over time and the entity shall apply that method consistently to similar performance obligations and in similar circumstances. At the end of each reporting period, an entity shall remeasure its progress towards complete satisfaction of a performance obligation satisfied over time. 40

Methods for measuring progress

Appropriate methods of measuring progress include output methods and input methods. Paragraphs B14—B19 provide guidance for using output methods and input methods to measure an entity's progress towards complete satisfaction of a performance obligation. In determining the appropriate method for measuring progress, an entity shall consider the nature of the good or service that the entity promised to transfer to the customer. 41

When applying a method for measuring progress, an entity shall exclude from the measure of progress any goods or services for which the entity does not transfer control to a customer. Conversely, an entity shall include in the measure of progress any goods or services for which the entity does transfer control to a customer when satisfying that performance obligation. 42

43 Da sich Umstände im Laufe der Zeit ändern, hat ein Unternehmen seine Fortschrittsmessung an etwaige Änderungen beim Ergebnis der Leistungsverpflichtung anzupassen. Solche Änderungen bei der Messung des Leistungsfortschritts eines Unternehmens sind gemäß IAS 8 *Rechnungslegungsmethoden, Änderungen von rechnungslegungsbezogenen Schätzungen und Fehler* als Änderung einer Schätzung zu bilanzieren.

Angemessene Fortschrittsmaße

44 Ein Unternehmen darf den Erlös einer über einen bestimmten Zeitraum erfüllten Leistungsverpflichtung nur dann erfassen, wenn es seinen Fortschritt im Hinblick auf die vollständige Erfüllung der Leistungsverpflichtung angemessen messen kann. Dies ist nur dann der Fall, wenn das Unternehmen über die für eine geeignete Fortschrittsmessmethode erforderlichen verlässlichen Informationen verfügt.

45 Unter bestimmten Umständen (zum Beispiel in den frühen Vertragsphasen) kann es einem Unternehmen unmöglich sein, das Ergebnis einer Leistungsverpflichtung angemessen zu bewerten, das Unternehmen aber davon ausgehen, dass es die bei Erfüllung der Leistungsverpflichtung angefallenen Kosten erstattet bekommen kann. In diesem Fall darf das Unternehmen den Erlös nur im Umfang der Kosten erfassen, die bis zu dem Zeitpunkt angefallen sind, zu dem es das Ergebnis der Leistungsverpflichtung angemessen bewerten kann.

BEWERTUNG

46 **Wenn (oder sobald) eine Leistungsverpflichtung erfüllt wird, hat das Unternehmen als Erlös den dieser Leistungsverpflichtung zugeordneten Transaktionspreis zu erfassen (der keine gemäß den Paragraphen 56–58 Einschränkungen unterliegenden Schätzungen variabler Gegenleistungen enthalten darf).**

Bestimmung des Transaktionspreises

47 **Bei der Bestimmung des Transaktionspreises hat ein Unternehmen die Vertragsbedingungen und seine Geschäftsgepflogenheiten zu berücksichtigen. Der Transaktionspreis ist die Gegenleistung, die ein Unternehmen im Austausch für die Übertragung zugesagter Güter oder Dienstleistungen auf einen Kunden voraussichtlich erhalten wird. Hiervon ausgenommen sind Beträge, die im Namen Dritter eingezogen werden (z. B. Umsatzsteuer). Die in einem Vertrag mit einem Kunden zugesagte Gegenleistung kann feste oder variable Beträge oder beides enthalten.**

48 Die Art, der Zeitpunkt und die Höhe einer vom Kunden zugesagten Gegenleistung wirkt sich auf die Schätzung des Transaktionspreises aus. Bei der Bestimmung des Transaktionspreises hat ein Unternehmen den Auswirkungen aller folgenden Faktoren Rechnung zu tragen:
(a) variable Gegenleistungen (siehe Paragraphen 50–55 und 59),
(b) Einschränkungen bei der Schätzung variabler Gegenleistungen (siehe Paragraphen 56–58),
(c) Vorliegen einer erheblichen Finanzierungskomponente im Vertrag (siehe Paragraphen 60–65),
(d) nicht zahlungswirksame Gegenleistungen (siehe Paragraphen 66–69) und
(e) an einen Kunden zu zahlende Gegenleistungen (siehe Paragraphen 70–72).

49 Zur Bestimmung des Transaktionspreises hat das Unternehmen davon auszugehen, dass die Güter oder Dienstleistungen wie vertraglich zugesagt auf den Kunden übertragen werden und dass der Vertrag nicht gekündigt, verlängert oder geändert wird.

Variable Gegenleistung

50 Enthält eine vertraglich zugesagte Gegenleistung eine variable Komponente, so hat das Unternehmen die Höhe der Gegenleistung, die ihm im Austausch für die Übertragung der zugesagten Güter oder Dienstleistungen auf einen Kunden zusteht, zu bestimmen.

51 Die Höhe der Gegenleistung kann aufgrund von Skonti, Rabatten, Rückerstattungen, Gutschriften, Preisnachlässen, Anreizen, Leistungsprämien, Strafzuschlägen o. Ä. variieren. Ebenfalls variieren kann die zugesagte Gegenleistung, wenn der Anspruch auf die Gegenleistung vom Eintreten oder Nichteintreten eines künftigen Ereignisses abhängig ist. So ist eine Gegenleistung zum Beispiel dann variabel, wenn ein Produkt mit Rückgaberecht verkauft wurde oder wenn ein fester Betrag bei Erreichen eines bestimmten Leistungsziels als Leistungsprämie zugesagt wurde.

52 Der variable Charakter der von einem Kunden zugesagten Gegenleistung kann ausdrücklich im Vertrag festgelegt sein. Ebenfalls als variabel ist die Gegenleistung in einem der folgenden Fälle anzusehen:
(a) Der Kunde hat aufgrund der Geschäftsgepflogenheiten, veröffentlichten Grundsätze oder spezifischen Aussagen des Unternehmens die gerechtfertigte Erwartung, dass das Unternehmen als Gegenleistung einen Betrag akzeptiert, der unter dem im Vertrag genannten Preis liegt. Es wird also davon ausgegangen, dass das Unternehmen einen Preisnachlass anbieten wird. Dieses Angebot kann je nach Land, Branche oder Kunde als Skonto, Rabatt, Rückerstattung oder Gutschrift bezeichnet werden.

As circumstances change over time, an entity shall update its measure of progress to reflect any changes in the outcome of the performance obligation. Such changes to an entity's measure of progress shall be accounted for as a change in accounting estimate in accordance with IAS 8 *Accounting Policies, Changes in Accounting Estimates and Errors.* 43

Reasonable measures of progress

An entity shall recognise revenue for a performance obligation satisfied over time only if the entity can reasonably measure its progress towards complete satisfaction of the performance obligation. An entity would not be able to reasonably measure its progress towards complete satisfaction of a performance obligation if it lacks reliable information that would be required to apply an appropriate method of measuring progress. 44

In some circumstances (for example, in the early stages of a contract), an entity may not be able to reasonably measure the outcome of a performance obligation, but the entity expects to recover the costs incurred in satisfying the performance obligation. In those circumstances, the entity shall recognise revenue only to the extent of the costs incurred until such time that it can reasonably measure the outcome of the performance obligation. 45

MEASUREMENT

When (or as) a performance obligation is satisfied, an entity shall recognise as revenue the amount of the transaction price (which excludes estimates of variable consideration that are constrained in accordance with paragraphs 56—58) that is allocated to that performance obligation. 46

Determining the transaction price

An entity shall consider the terms of the contract and its customary business practices to determine the transaction price. The transaction price is the amount of consideration to which an entity expects to be entitled in exchange for transferring promised goods or services to a customer, excluding amounts collected on behalf of third parties (for example, some sales taxes). The consideration promised in a contract with a customer may include fixed amounts, variable amounts, or both. 47

The nature, timing and amount of consideration promised by a customer affect the estimate of the transaction price. When determining the transaction price, an entity shall consider the effects of all of the following: 48

(a) variable consideration (see paragraphs 50—55 and 59);
(b) constraining estimates of variable consideration (see paragraphs 56—58);
(c) the existence of a significant financing component in the contract (see paragraphs 60—65);
(d) non-cash consideration (see paragraphs 66—69); and
(e) consideration payable to a customer (see paragraphs 70—72).

For the purpose of determining the transaction price, an entity shall assume that the goods or services will be transferred to the customer as promised in accordance with the existing contract and that the contract will not be cancelled, renewed or modified. 49

Variable consideration

If the consideration promised in a contract includes a variable amount, an entity shall estimate the amount of consideration to which the entity will be entitled in exchange for transferring the promised goods or services to a customer. 50

An amount of consideration can vary because of discounts, rebates, refunds, credits, price concessions, incentives, performance bonuses, penalties or other similar items. The promised consideration can also vary if an entity's entitlement to the consideration is contingent on the occurrence or non-occurrence of a future event. For example, an amount of consideration would be variable if either a product was sold with a right of return or a fixed amount is promised as a performance bonus on achievement of a specified milestone. 51

The variability relating to the consideration promised by a customer may be explicitly stated in the contract. In addition to the terms of the contract, the promised consideration is variable if either of the following circumstances exists: 52

(a) the customer has a valid expectation arising from an entity's customary business practices, published policies or specific statements that the entity will accept an amount of consideration that is less than the price stated in the contract. That is, it is expected that the entity will offer a price concession. Depending on the jurisdiction, industry or customer this offer may be referred to as a discount, rebate, refund or credit.

(b) Andere Fakten und Umstände deuten darauf hin, dass das Unternehmen bei Abschluss des Vertrags mit dem Kunden beabsichtigt, diesem einen Preisnachlass anzubieten.

53 Die Höhe einer variablen Gegenleistung ist von dem Unternehmen nach einer der beiden folgenden Methoden zu schätzen, je nachdem, welche von beiden das Unternehmen zu diesem Zweck für die beste hält:

(a) Erwartungswertmethode: Der Erwartungswert ist die Summe der wahrscheinlichkeitsgewichteten Beträge aus einer Vielzahl möglicher Beträge für die Gegenleistung. Hat ein Unternehmen eine große Anzahl ähnlich ausgestalteter Verträge geschlossen, kann der Erwartungswert eine angemessene Schätzung der variablen Gegenleistung darstellen.

(b) Wahrscheinlichster Betrag: Der wahrscheinlichste Betrag ist der Einzelbetrag mit der höchsten Eintrittswahrscheinlichkeit aus einer Vielzahl möglicher Gegenleistungen (d. h., das wahrscheinlichste der Ergebnisse des Vertrags). Der wahrscheinlichste Betrag kann eine angemessene Schätzung der variablen Gegenleistung darstellen, wenn der Vertrag lediglich zwei mögliche Ergebnisse hat (das Unternehmen beispielsweise eine Leistungsprämie erhält oder nicht).

54 Wenn das Unternehmen die Auswirkungen einer Unsicherheit auf die Höhe der ihm zustehenden variablen Gegenleistung schätzt, hat es die gewählte Methode durchgehend auf den gesamten Vertrag anzuwenden. Darüber hinaus hat das Unternehmen alle ihm ohne unangemessenen Aufwand zur Verfügung stehenden Informationen (historische, aktuelle sowie Prognosen) einzubeziehen und eine angemessene Anzahl möglicher Gegenleistungen zu ermitteln. Die Informationen, die ein Unternehmen zur Schätzung der variablen Gegenleistung heranzieht, sollten im Allgemeinen die Informationen sein, die das Management des Unternehmens im Rahmen des Angebotsprozesses sowie bei der Festlegung der Preise der zugesagten Güter und Dienstleistungen verwendet.

Rückerstattungsverbindlichkeiten

55 Eine Rückerstattungsverbindlichkeit ist zu erfassen, wenn ein Unternehmen von einem Kunden eine Gegenleistung erhält und erwartet, dass es dem Kunden diese Gegenleistung ganz oder teilweise zurückerstatten wird. Eine Rückerstattungsverbindlichkeit wird in Höhe der erhaltenen (oder zu erhaltenden) Gegenleistung bewertet, die dem Unternehmen voraussichtlich nicht zusteht (d. h. mit den nicht im Transaktionspreis enthaltenen Beträgen). Die Rückerstattungsverbindlichkeit (und die entsprechende Änderung des Transaktionspreises und damit auch der Vertragsverbindlichkeit) ist am Ende jeder Berichtsperiode im Hinblick auf geänderte Umstände zu aktualisieren. Bei der Bilanzierung einer Rückerstattungsverbindlichkeit bei einem Verkauf mit Rückgaberecht hat das Unternehmen die in den Paragraphen B20–B27 enthaltenden Leitlinien anzuwenden.

Einschränkungen bei der Schätzung variabler Gegenleistungen

56 Ein Unternehmen darf eine gemäß Paragraph 53 geschätzte variable Gegenleistung nur dann ganz oder teilweise in den Transaktionspreis einbeziehen, wenn hochwahrscheinlich ist, dass es bei den erfassten kumulierten Erlösen nicht zu einer erheblichen Stornierung kommt, sobald die Unsicherheit in Verbindung mit der variablen Gegenleistung nicht mehr besteht.

57 Wenn das Unternehmen beurteilt, ob es hochwahrscheinlich ist, dass es bei den erfassten kumulierten Erlösen zu keiner erheblichen Stornierung kommt, sobald die Unsicherheit in Verbindung mit der variablen Gegenleistung nicht mehr besteht, hat es sowohl die Wahrscheinlichkeit als auch das Ausmaß der Erlösstornierung in Betracht zu ziehen. Die Wahrscheinlichkeit oder das Ausmaß der Erlösstornierung könnte sich u. a. erhöhen, wenn

(a) die Gegenleistung in hohem Maße von externen Faktoren abhängt, wie Marktvolatilität, Ermessensentscheidungen oder Handlungen Dritter, Wetterbedingungen oder hohem Alterungsrisiko der zugesagten Güter oder Dienstleistungen,

(b) die Unsicherheit über die Höhe der Gegenleistung voraussichtlich über einen längeren Zeitraum anhalten wird,

(c) die Erfahrungen des Unternehmens mit ähnlichen Vertragsarten (oder sonstige Nachweise) begrenzt sind oder diese Erfahrungen (oder sonstigen Nachweise) nur geringe Aussagekraft für Prognosen besitzen,

(d) es Geschäftspraxis des Unternehmens ist, eine Vielzahl von Preisnachlässen anzubieten oder die Zahlungsbedingungen ähnlicher Verträge unter ähnlichen Umständen zu ändern,

(e) der Vertrag eine Vielzahl unterschiedlich hoher Gegenleistungen vorsieht.

58 Zur Bilanzierung von Gegenleistungen in Form von umsatz- oder nutzungsbasiertem Nutzungsentgelt im Austausch für lizenziertes geistiges Eigentum hat das Unternehmen Paragraph B63 anzuwenden.

Neubewertung variabler Gegenleistungen

59 Um ein getreues Bild der Umstände am Ende der Berichtsperiode und der während dieser Periode eingetretenen Veränderungen zu vermitteln, muss ein Unternehmen am Abschlussstichtag den geschätzten Transaktionspreis (sowie seine Beurteilung, ob die Schätzung der variablen Gegenleistung Einschränkungen unterliegt) aktualisieren. Änderungen des Transaktionspreises hat das Unternehmen gemäß den Paragraphen 87–90 zu bilanzieren.

(b) other facts and circumstances indicate that the entity's intention, when entering into the contract with the customer, is to offer a price concession to the customer.

An entity shall estimate an amount of variable consideration by using either of the following methods, depending on which method the entity expects to better predict the amount of consideration to which it will be entitled: 53

(a) The expected value—the expected value is the sum of probability-weighted amounts in a range of possible consideration amounts. An expected value may be an appropriate estimate of the amount of variable consideration if an entity has a large number of contracts with similar characteristics.
(b) The most likely amount—the most likely amount is the single most likely amount in a range of possible consideration amounts (ie the single most likely outcome of the contract). The most likely amount may be an appropriate estimate of the amount of variable consideration if the contract has only two possible outcomes (for example, an entity either achieves a performance bonus or does not).

An entity shall apply one method consistently throughout the contract when estimating the effect of an uncertainty on an amount of variable consideration to which the entity will be entitled. In addition, an entity shall consider all the information (historical, current and forecast) that is reasonably available to the entity and shall identify a reasonable number of possible consideration amounts. The information that an entity uses to estimate the amount of variable consideration would typically be similar to the information that the entity's management uses during the bid-and-proposal process and in establishing prices for promised goods or services. 54

Refund liabilities

An entity shall recognise a refund liability if the entity receives consideration from a customer and expects to refund some or all of that consideration to the customer. A refund liability is measured at the amount of consideration received (or receivable) for which the entity does not expect to be entitled (ie amounts not included in the transaction price). The refund liability (and corresponding change in the transaction price and, therefore, the *contract liability*) shall be updated at the end of each reporting period for changes in circumstances. To account for a refund liability relating to a sale with a right of return, an entity shall apply the guidance in paragraphs B20—B27. 55

Constraining estimates of variable consideration

An entity shall include in the transaction price some or all of an amount of variable consideration estimated in accordance with paragraph 53 only to the extent that it is highly probable that a significant reversal in the amount of cumulative revenue recognised will not occur when the uncertainty associated with the variable consideration is subsequently resolved. 56

In assessing whether it is highly probable that a significant reversal in the amount of cumulative revenue recognised will not occur once the uncertainty related to the variable consideration is subsequently resolved, an entity shall consider both the likelihood and the magnitude of the revenue reversal. Factors that could increase the likelihood or the magnitude of a revenue reversal include, but are not limited to, any of the following: 57

(a) the amount of consideration is highly susceptible to factors outside the entity's influence. Those factors may include volatility in a market, the judgement or actions of third parties, weather conditions and a high risk of obsolescence of the promised good or service.
(b) the uncertainty about the amount of consideration is not expected to be resolved for a long period of time.
(c) the entity's experience (or other evidence) with similar types of contracts is limited, or that experience (or other evidence) has limited predictive value.
(d) the entity has a practice of either offering a broad range of price concessions or changing the payment terms and conditions of similar contracts in similar circumstances.
(e) the contract has a large number and broad range of possible consideration amounts.

An entity shall apply paragraph B63 to account for consideration in the form of a sales-based or usage-based royalty that is promised in exchange for a licence of intellectual property. 58

Reassessment of variable consideration

At the end of each reporting period, an entity shall update the estimated transaction price (including updating its assessment of whether an estimate of variable consideration is constrained) to represent faithfully the circumstances present at the end of the reporting period and the changes in circumstances during the reporting period. The entity shall account for changes in the transaction price in accordance with paragraphs 87—90. 59

Vorliegen einer erheblichen Finanzierungskomponente

60 Bei der Bestimmung des Transaktionspreises hat ein Unternehmen die zugesagte Gegenleistung um den Zeitwert des Geldes anzupassen, wenn der zwischen den Vertragsparteien (entweder explizit oder implizit) vereinbarte Zeitpunkt der Zahlungen der Übertragung der Güter oder Dienstleistungen auf den Kunden für den Kunden oder das Unternehmen einen erheblichen Finanzierungsnutzen darstellt. In einem solchen Fall enthält der Vertrag eine erhebliche Finanzierungskomponente. Eine erhebliche Finanzierungskomponente kann unabhängig davon vorliegen, ob die Finanzierungszusage explizit im Vertrag enthalten oder durch die von den Vertragsparteien vereinbarten Zahlungsbedingungen impliziert ist.

61 Der Zweck der Anpassung der zugesagten Gegenleistung um eine erhebliche Finanzierungskomponente besteht für ein Unternehmen darin, Erlöse in einer Höhe zu erfassen, die den Preis widerspiegelt, den der Kunde gezahlt hätte, wenn er die zugesagten Güter oder Dienstleistungen bei (oder unmittelbar nach) der Übertragung auf ihn bar beglichen hätte (d. h. den Barverkaufspreis). Wenn ein Unternehmen beurteilt, ob ein Vertrag eine Finanzierungskomponente enthält und diese für den Vertrag erheblich ist, hat es allen relevanten Fakten und Umständen Rechnung zu tragen. Dazu zählen auch die beiden folgenden Faktoren:

(a) die etwaige Differenz zwischen der Höhe der zugesagten Gegenleistung und dem Barverkaufspreis der zugesagten Güter oder Dienstleistungen und

(b) der kombinierte Effekt aus

  (i) der erwarteten Zeitspanne zwischen der Übertragung der zugesagten Güter oder Dienstleistungen auf den Kunden und der Bezahlung dieser Güter und Dienstleistungen durch den Kunden und

  (ii) den marktüblichen Zinssätzen.

62 Keine erhebliche Finanzierungskomponente enthält ein Vertrag mit einem Kunden ungeachtet der in Paragraph 61 beschriebenen Beurteilung in den nachstehend genannten Fällen:

(a) Der Kunde hat die Güter oder Dienstleistungen im Voraus bezahlt, und der Zeitpunkt der Übertragung dieser Güter und Dienstleistungen liegt im Ermessen des Kunden.

(b) Ein wesentlicher Teil der vom Kunden zugesagten Gegenleistung ist variabel, wobei Höhe oder Zeitpunkt dieser Gegenleistung davon abhängen, ob ein künftiges Ereignis, auf das der Kunde oder das Unternehmen keinen wesentlichen Einfluss hat, eintritt oder ausbleibt (dies ist beispielsweise der Fall, wenn die Gegenleistung in einem umsatzbasierten Nutzungsentgelt besteht).

(c) Die Differenz zwischen der zugesagten Gegenleistung und dem Barverkaufspreis des Guts oder der Dienstleistung (gemäß Paragraph 61) ist nicht in der Bereitstellung einer Finanzierungskomponente für den Kunden oder das Unternehmen begründet, und die Differenz zwischen diesen beiden Beträgen steht zur Ursache dieser Differenz in einem angemessenen Verhältnis. So könnten beispielsweise die Zahlungsbedingungen den Kunden oder das Unternehmen davor schützen, dass die jeweils andere Partei alle oder einen Teil ihrer vertraglichen Pflichten nicht angemessen erfüllt.

63 Aus praktischen Gründen kann ein Unternehmen darauf verzichten, die Höhe der zugesagten Gegenleistung um die Auswirkungen aus einer erheblichen Finanzierungskomponente anzupassen, wenn es bei Vertragsabschluss erwartet, dass die Zeitspanne zwischen der Übertragung eines zugesagten Guts oder einer zugesagten Dienstleistung auf den Kunden und der Bezahlung dieses Guts oder dieser Dienstleistung durch den Kunden maximal ein Jahr beträgt.

64 Zur Erreichung des in Paragraph 61 genannten Ziels hat ein Unternehmen, wenn es die zugesagte Gegenleistung um die Auswirkungen aus einer erheblichen Finanzierungskomponente anpasst, den Abzinsungssatz zu verwenden, der bei einem zum Zeitpunkt des Vertragsabschlusses vereinbarten gesonderten Finanzierungsgeschäft anzuwenden wäre. Dieser Satz müsste der Kreditwürdigkeit des Kreditnehmers in diesem Vertragsverhältnis entsprechen und allen etwaigen, vom Kunden oder dem Unternehmen gestellten Sicherheiten Rechnung tragen, wozu auch im Rahmen des Vertrags übertragene Vermögenswerte zählen. Diesen Satz kann das Unternehmen bestimmen, indem es den Satz ermittelt, zu dem der Nominalbetrag der zugesagten Gegenleistung auf den Preis abgezinst wird, den der Kunde bei (oder unmittelbar nach) der Übertragung der Güter oder Dienstleistungen auf ihn bar zahlen würde. Nach Vertragsabschluss darf ein Unternehmen den Abzinsungssatz nicht um Zinssatzänderungen oder andere Umstände (wie eine Änderung der Beurteilung der Ausfallrisikoeigenschaften des Kunden) anpassen.

65 In der Gesamtergebnisrechnung hat ein Unternehmen die Auswirkungen einer Finanzierung (Zinserträge oder -aufwendungen) getrennt von den Erlösen aus Verträgen mit Kunden darzustellen. Zinserträge oder -aufwendungen werden nur erfasst, wenn bei der Bilanzierung eines Vertrags mit einem Kunden ein Vertragsvermögenswert (oder eine Forderung) oder eine Vertragsverbindlichkeit erfasst wird.

Nicht zahlungswirksame Gegenleistungen

66 Um bei Verträgen, bei denen ein Kunde eine nicht zahlungswirksame Gegenleistung zusagt, den Transaktionspreis zu bestimmen, hat ein Unternehmen die nicht zahlungswirksamen Gegenleistungen (oder die Zusage nicht zahlungswirksamer Gegenleistungen) zum beizulegenden Zeitwert zu bewerten.

The existence of a significant financing component in the contract

In determining the transaction price, an entity shall adjust the promised amount of consideration for the effects of the time value of money if the timing of payments agreed to by the parties to the contract (either explicitly or implicitly) provides the customer or the entity with a significant benefit of financing the transfer of goods or services to the customer. In those circumstances, the contract contains a significant financing component. A significant financing component may exist regardless of whether the promise of financing is explicitly stated in the contract or implied by the payment terms agreed to by the parties to the contract. 60

The objective when adjusting the promised amount of consideration for a significant financing component is for an entity to recognise revenue at an amount that reflects the price that a customer would have paid for the promised goods or services if the customer had paid cash for those goods or services when (or as) they transfer to the customer (ie the cash selling price). An entity shall consider all relevant facts and circumstances in assessing whether a contract contains a financing component and whether that financing component is significant to the contract, including both of the following: 61

(a) the difference, if any, between the amount of promised consideration and the cash selling price of the promised goods or services; and
(b) the combined effect of both of the following:
    (i) the expected length of time between when the entity transfers the promised goods or services to the customer and when the customer pays for those goods or services; and
    (ii) the prevailing interest rates in the relevant market.

Notwithstanding the assessment in paragraph 61, a contract with a customer would not have a significant financing component if any of the following factors exist: 62

(a) the customer paid for the goods or services in advance and the timing of the transfer of those goods or services is at the discretion of the customer.
(b) a substantial amount of the consideration promised by the customer is variable and the amount or timing of that consideration varies on the basis of the occurrence or non-occurrence of a future event that is not substantially within the control of the customer or the entity (for example, if the consideration is a sales-based royalty).
(c) the difference between the promised consideration and the cash selling price of the good or service (as described in paragraph 61) arises for reasons other than the provision of finance to either the customer or the entity, and the difference between those amounts is proportional to the reason for the difference. For example, the payment terms might provide the entity or the customer with protection from the other party failing to adequately complete some or all of its obligations under the contract.

As a practical expedient, an entity need not adjust the promised amount of consideration for the effects of a significant financing component if the entity expects, at contract inception, that the period between when the entity transfers a promised good or service to a customer and when the customer pays for that good or service will be one year or less. 63

To meet the objective in paragraph 61 when adjusting the promised amount of consideration for a significant financing component, an entity shall use the discount rate that would be reflected in a separate financing transaction between the entity and its customer at contract inception. That rate would reflect the credit characteristics of the party receiving financing in the contract, as well as any collateral or security provided by the customer or the entity, including assets transferred in the contract. An entity may be able to determine that rate by identifying the rate that discounts the nominal amount of the promised consideration to the price that the customer would pay in cash for the goods or services when (or as) they transfer to the customer. After contract inception, an entity shall not update the discount rate for changes in interest rates or other circumstances (such as a change in the assessment of the customer's credit risk). 64

An entity shall present the effects of financing (interest revenue or interest expense) separately from revenue from contracts with customers in the statement of comprehensive income. Interest revenue or interest expense is recognised only to the extent that a *contract asset* (or receivable) or a contract liability is recognised in accounting for a contract with a customer. 65

Non-cash consideration

To determine the transaction price for contracts in which a customer promises consideration in a form other than cash, an entity shall measure the non-cash consideration (or promise of non-cash consideration) at fair value. 66

67 Kann ein Unternehmen den beizulegenden Zeitwert der nicht zahlungswirksamen Gegenleistung nicht angemessen schätzen, so hat es die Gegenleistung indirekt anhand des Einzelverkaufspreises der im Austausch für die Gegenleistung dem Kunden (oder der Kundenkategorie) zugesagten Güter oder Dienstleistungen zu bemessen.

68 Bei bestimmten Arten von Gegenleistungen kann der beizulegende Zeitwert der nicht zahlungswirksamen Gegenleistung Schwankungen unterliegen (so kann sich beispielsweise der Preis eines Anteils, den ein Kunde einem Unternehmen liefern muss, ändern). Ist eine Schwankung des beizulegenden Zeitwerts der von einem Kunden zugesagten nicht zahlungswirksamen Gegenleistung nicht durch die Art der Gegenleistung bedingt (auch die Unternehmensleistung könnte die Ursache sein), hat das Unternehmen die Anforderungen der Paragraphen 56–58 einzuhalten.

69 Bringt ein Kunde Güter oder Dienstleistungen (wie Material, Ausrüstung oder Arbeitskräfte) ein, um einem Unternehmen die Vertragserfüllung zu erleichtern, hat das Unternehmen zu beurteilen, ob es die Verfügungsgewalt über die eingebrachten Güter oder Dienstleistungen erhält. Ist dies der Fall, hat das Unternehmen die eingebrachten Güter oder Dienstleistungen als nicht zahlungswirksame Gegenleistung des Kunden zu bilanzieren.

An einen Kunden zu zahlende Gegenleistungen

70 An einen Kunden zu zahlende Gegenleistungen umfassen Barbeträge, die ein Unternehmen an einen Kunden (oder an andere Parteien, die die Güter oder Dienstleistungen des Unternehmens über den Kunden beziehen) zahlt oder voraussichtlich zahlen wird. An einen Kunden zu zahlende Gegenleistungen umfassen darüber hinaus auch Gutschriften oder andere Posten (zum Beispiel Gutscheine), die mit Beträgen verrechnet werden können, die dem Unternehmen (oder anderen Parteien, die die Güter oder Dienstleistungen des Unternehmens über den Kunden beziehen) zustehen. An einen Kunden zu zahlende Gegenleistungen hat das Unternehmen als eine Verringerung des Transaktionspreises und damit auch der Erlöse zu erfassen, es sei denn, die Zahlung an den Kunden erfolgt im Austausch für ein vom Kunden auf das Unternehmen übertragenes, eigenständig abgrenzbares Gut oder eine vom Kunden auf das Unternehmen übertragene, eigenständig abgrenzbare Dienstleistung (siehe die Paragraphen 26–30). Schließt die an den Kunden zu zahlende Gegenleistung einen variablen Betrag ein, hat das Unternehmen den Transaktionspreis gemäß den Paragraphen 50–58 zu schätzen (und dabei zu beurteilen, ob die Schätzung der variablen Gegenleistung Einschränkungen unterliegt).

71 Handelt es sich bei der an einen Kunden zu zahlenden Gegenleistung um die Bezahlung eines vom Kunden gelieferten, eigenständig abgrenzbaren Guts oder einer vom Kunden erbrachten, eigenständig abgrenzbaren Dienstleistung, hat das Unternehmen den Kauf des Guts oder der Dienstleistung auf die gleiche Weise zu bilanzieren wie Käufe von seinen Zulieferern. Übersteigt die an den Kunden zu zahlende Gegenleistung den beizulegenden Zeitwert des vom Kunden erhaltenen, eigenständig abgrenzbaren Guts oder der vom Kunden erhaltenen, eigenständig abgrenzbaren Dienstleistung, hat das Unternehmen diese Differenz als Verringerung des Transaktionspreises zu bilanzieren. Kann das Unternehmen den beizulegenden Zeitwert des vom Kunden erhaltenen Guts oder der vom Kunden erbrachten Dienstleistung nicht angemessen schätzen, hat es die gesamte an den Kunden zu zahlende Gegenleistung als Verringerung des Transaktionspreises zu bilanzieren.

72 Wird die an einen Kunden zu zahlende Gegenleistung als Verringerung des Transaktionspreises bilanziert, hat das Unternehmen folglich die Verringerung der Erlöse zu erfassen, wenn (oder sobald) das spätere der beiden folgenden Ereignisse eintritt:

(a) das Unternehmen erfasst die Erlöse in Verbindung mit der Übertragung der entsprechenden Güter oder Dienstleistungen auf den Kunden und

(b) das Unternehmen zahlt die Gegenleistung oder sagt deren Zahlung zu (selbst wenn diese von einem künftigen Ereignis abhängt). Diese Zusage kann durch die Geschäftsgepflogenheiten des Unternehmens impliziert sein.

Aufteilung des Transaktionspreises auf die Leistungsverpflichtungen

73 **Bei der Aufteilung des Transaktionspreises besteht das Ziel für das Unternehmen darin, den Transaktionspreis in einer Höhe auf die einzelnen Leistungsverpflichtungen (oder die einzelnen eigenständig abgrenzbaren Güter oder Dienstleistungen) aufzuteilen, die der Gegenleistung entspricht, die ein Unternehmen im Austausch für die Übertragung der zugesagten Güter oder Dienstleistungen auf einen Kunden voraussichtlich erhalten wird.**

74 Um dieses Ziel zu erreichen, hat das Unternehmen den Transaktionspreis auf Basis der relativen Einzelverkaufspreise im Sinne der Paragraphen 76–80 auf die einzelnen im Vertrag identifizierten Leistungsverpflichtungen aufzuteilen. Davon ausgenommen sind Preisnachlässe (Paragraphen 81–83) und Gegenleistungen mit variablen Beträgen (Paragraphen 84–86).

75 Bei Verträgen mit nur einer Leistungsverpflichtung finden die Paragraphen 76–86 keine Anwendung. Die Paragraphen 84–86 können jedoch anwendbar sein, wenn ein Unternehmen zusagt, eine Reihe eigenständig abgrenzbarer, gemäß Paragraph 22 (b) als eine einzige Leistungsverpflichtung identifizierte Güter oder Dienstleistungen zu übertragen, und die zugesagte Gegenleistung variable Beträge enthält.

If an entity cannot reasonably estimate the fair value of the non-cash consideration, the entity shall measure the consideration indirectly by reference to the stand-alone selling price of the goods or services promised to the customer (or class of customer) in exchange for the consideration. 67

The fair value of the non-cash consideration may vary because of the form of the consideration (for example, a change in the price of a share to which an entity is entitled to receive from a customer). If the fair value of the non-cash consideration promised by a customer varies for reasons other than only the form of the consideration (for example, the fair value could vary because of the entity's performance), an entity shall apply the requirements in paragraphs 56—58. 68

If a customer contributes goods or services (for example, materials, equipment or labour) to facilitate an entity's fulfilment of the contract, the entity shall assess whether it obtains control of those contributed goods or services. If so, the entity shall account for the contributed goods or services as non-cash consideration received from the customer. 69

Consideration payable to a customer

Consideration payable to a customer includes cash amounts that an entity pays, or expects to pay, to the customer (or to other parties that purchase the entity's goods or services from the customer). Consideration payable to a customer also includes credit or other items (for example, a coupon or voucher) that can be applied against amounts owed to the entity (or to other parties that purchase the entity's goods or services from the customer). An entity shall account for consideration payable to a customer as a reduction of the transaction price and, therefore, of revenue unless the payment to the customer is in exchange for a distinct good or service (as described in paragraphs 26–30) that the customer transfers to the entity. If the consideration payable to a customer includes a variable amount, an entity shall estimate the transaction price (including assessing whether the estimate of variable consideration is constrained) in accordance with paragraphs 50—58. 70

If consideration payable to a customer is a payment for a distinct good or service from the customer, then an entity shall account for the purchase of the good or service in the same way that it accounts for other purchases from suppliers. If the amount of consideration payable to the customer exceeds the fair value of the distinct good or service that the entity receives from the customer, then the entity shall account for such an excess as a reduction of the transaction price. If the entity cannot reasonably estimate the fair value of the good or service received from the customer, it shall account for all of the consideration payable to the customer as a reduction of the transaction price. 71

Accordingly, if consideration payable to a customer is accounted for as a reduction of the transaction price, an entity shall recognise the reduction of revenue when (or as) the later of either of the following events occurs: 72

(a) the entity recognises revenue for the transfer of the related goods or services to the customer; and
(b) the entity pays or promises to pay the consideration (even if the payment is conditional on a future event). That promise might be implied by the entity's customary business practices.

Allocating the transaction price to performance obligations

The objective when allocating the transaction price is for an entity to allocate the transaction price to each performance obligation (or distinct good or service) in an amount that depicts the amount of consideration to which the entity expects to be entitled in exchange for transferring the promised goods or services to the customer. 73

To meet the allocation objective, an entity shall allocate the transaction price to each performance obligation identified in the contract on a relative stand-alone selling price basis in accordance with paragraphs 76—80, except as specified in paragraphs 81—83 (for allocating discounts) and paragraphs 84—86 (for allocating consideration that includes variable amounts). 74

Paragraphs 76—86 do not apply if a contract has only one performance obligation. However, paragraphs 84—86 may apply if an entity promises to transfer a series of distinct goods or services identified as a single performance obligation in accordance with paragraph 22 (b) and the promised consideration includes variable amounts. 75

Aufteilung auf Basis der Einzelverkaufspreise

76 Um den Transaktionspreis auf Basis der relativen Einzelverkaufspreise auf die einzelnen Leistungsverpflichtungen aufzuteilen, hat das Unternehmen bei Vertragsabschluss den Einzelverkaufspreis des oder der jeder Leistungsverpflichtung des Vertrags zugrunde liegenden eigenständig abgrenzbaren Guts bzw. Dienstleistung zu bestimmen und den Transaktionspreis proportional zu diesen Einzelverkaufspreisen aufzuteilen.

77 Der Einzelverkaufspreis ist der Preis, zu dem ein Unternehmen einem Kunden ein zugesagtes Gut oder eine zugesagte Dienstleistung separat verkaufen würde. Der beste Anhaltspunkt für einen Einzelverkaufspreis ist der beobachtbare Preis, zu dem das Unternehmen das betreffende Gut oder die betreffende Dienstleistung separat unter ähnlichen Umständen an ähnliche Kunden verkauft. Ein vertraglich festgelegter Preis oder ein Listenpreis eines Guts oder einer Dienstleistung kann der Einzelverkaufspreis dieses Guts oder dieser Dienstleistung sein (sollte aber nicht automatisch als solcher angesehen werden).

78 Ist der Einzelverkaufspreis nicht direkt beobachtbar, hat das Unternehmen ihn auf den Betrag zu schätzen, der sich ergibt, wenn der Transaktionspreis entsprechend dem in Paragraph 73 genannten Ziel der Aufteilung aufgeteilt wird. Bei der Schätzung des Einzelverkaufspreises hat das Unternehmen alle ihm ohne unangemessenen Aufwand zur Verfügung stehenden Informationen (einschließlich Marktbedingungen, unternehmensspezifischer Faktoren oder Informationen zum Kunden oder zur Kundenkategorie) zu berücksichtigen. Dabei muss das Unternehmen auf möglichst viele beobachtbare Eingangsparameter zurückgreifen und die gewählten Schätzmethoden unter vergleichbaren Umständen einheitlich anwenden.

79 Geeignete Methoden zur Schätzung des Einzelverkaufspreises eines Guts oder einer Dienstleistung sind unter anderem folgende:

(a) Adjusted-market-assessment-Ansatz: Das Unternehmen analysiert den Markt, auf dem es seine Güter und Dienstleistungen vertreibt, und schätzt, welchen Preis ein Kunde auf diesem Markt für diese Güter oder Dienstleistungen zu zahlen bereit ist. Bei diesem Ansatz kann das Unternehmen auch die Preise heranziehen, die Konkurrenten für ähnliche Güter oder Dienstleistungen verlangen, und diese gegebenenfalls anhand der eigenen Kosten und Margen anpassen.

(b) Expected-cost-plus-a-margin-Ansatz: Das Unternehmen schätzt die voraussichtlichen Kosten für die Erfüllung einer Leistungsverpflichtung und schlägt dann für das betreffende Gut oder die betreffende Dienstleistung eine angemessene Marge auf.

(c) Residualwertansatz: Das Unternehmen schätzt den Einzelverkaufspreis auf der Grundlage des gesamten Transaktionspreises abzüglich der Summe der beobachtbaren Einzelverkaufspreise anderer in dem Vertrag zugesagter Güter oder Dienstleistungen. Der Residualwertansatz darf jedoch nur dann zur Schätzung des Einzelverkaufspreises eines Guts oder einer Dienstleistung gemäß Paragraph 78 verwendet werden, wenn eines der folgenden Kriterien erfüllt ist:

  (i) das Unternehmen verkauft das gleiche Gut oder die gleiche Dienstleistung (gleichzeitig oder in geringen Zeitabständen) zu sehr unterschiedlichen Preisen an verschiedene Kunden (d. h., der Verkaufspreis schwankt in hohem Maße, da sich aus vergangenen Transaktionen oder anderen beobachtbaren Anhaltspunkten kein repräsentativer Einzelverkaufspreis ableiten lässt) oder

  (ii) das Unternehmen hat für dieses Gut oder diese Dienstleistung noch keinen Preis bestimmt und das Gut oder die Dienstleistung wurde in der Vergangenheit noch nicht separat verkauft (d. h., der Verkaufspreis ist unsicher).

80 Ist der Einzelverkaufspreis von mindestens zwei dieser Güter oder Dienstleistungen sehr schwankend oder unsicher, müssen diese Ansätze zur Schätzung des Einzelverkaufspreises der vertraglich zugesagten Güter oder Dienstleistungen möglicherweise kombiniert werden. So kann ein Unternehmen beispielsweise bei zugesagten Gütern oder Dienstleistungen mit stark schwankenden oder unsicheren Einzelverkaufspreisen zur Schätzung des aggregierten Einzelverkaufspreises nach dem Residualwertansatz verfahren und dann zur Schätzung des Einzelverkaufspreises des jeweiligen Guts oder der jeweiligen Dienstleistung unter Zugrundelegung des nach dem Residualwertansatz bestimmten aggregierten Einzelverkaufspreises auf eine andere Methode zurückgreifen. Wenn ein Unternehmen zur Schätzung des Einzelverkaufspreises jedes einzelnen vertraglich zugesagten Guts oder jeder einzelnen vertraglich zugesagten Dienstleistung verschiedene Methoden kombiniert, so hat es zu beurteilen, ob die Aufteilung des Transaktionspreises auf diese geschätzten Einzelverkaufspreise mit dem in Paragraph 73 genannten Ziel der Aufteilung und den in Paragraph 78 genannten Anforderungen an die Schätzung von Einzelverkaufspreisen in Einklang steht.

Zuordnung von Preisnachlässen

81 Ein Preisnachlass für den Erwerb eines Bündels von Gütern oder Dienstleistungen liegt dann vor, wenn die Summe der Einzelverkaufspreise dieser vertraglich zugesagten Güter oder Dienstleistungen die vertraglich zugesagte Gegenleistung übersteigt. Ein Unternehmen hat einen Preisnachlass anteilig auf alle Leistungsverpflichtungen innerhalb eines Vertrags aufzuteilen, es sei denn, es liegen nach Paragraph 82 beobachtbare Anhaltspunkte dafür vor, dass sich der Preisnachlass lediglich auf eine oder mehrere einzelne Leistungsverpflichtungen dieses Vertrags bezieht. Die anteilige Aufteilung des

Allocation based on stand-alone selling prices

To allocate the transaction price to each performance obligation on a relative stand-alone selling price basis, an entity shall determine the stand-alone selling price at contract inception of the distinct good or service underlying each performance obligation in the contract and allocate the transaction price in proportion to those stand-alone selling prices. 76

The stand-alone selling price is the price at which an entity would sell a promised good or service separately to a customer. The best evidence of a stand-alone selling price is the observable price of a good or service when the entity sells that good or service separately in similar circumstances and to similar customers. A contractually stated price or a list price for a good or service may be (but shall not be presumed to be) the stand-alone selling price of that good or service. 77

If a stand-alone selling price is not directly observable, an entity shall estimate the stand-alone selling price at an amount that would result in the allocation of the transaction price meeting the allocation objective in paragraph 73. When estimating a stand-alone selling price, an entity shall consider all information (including market conditions, entity-specific factors and information about the customer or class of customer) that is reasonably available to the entity. In doing so, an entity shall maximise the use of observable inputs and apply estimation methods consistently in similar circumstances. 78

Suitable methods for estimating the stand-alone selling price of a good or service include, but are not limited to, the following: 79

(a) Adjusted market assessment approach—an entity could evaluate the market in which it sells goods or services and estimate the price that a customer in that market would be willing to pay for those goods or services. That approach might also include referring to prices from the entity's competitors for similar goods or services and adjusting those prices as necessary to reflect the entity's costs and margins.
(b) Expected cost plus a margin approach—an entity could forecast its expected costs of satisfying a performance obligation and then add an appropriate margin for that good or service.
(c) Residual approach—an entity may estimate the stand-alone selling price by reference to the total transaction price less the sum of the observable stand-alone selling prices of other goods or services promised in the contract. However, an entity may use a residual approach to estimate, in accordance with paragraph 78, the stand-alone selling price of a good or service only if one of the following criteria is met:
    (i) the entity sells the same good or service to different customers (at or near the same time) for a broad range of amounts (ie the selling price is highly variable because a representative stand-alone selling price is not discernible from past transactions or other observable evidence); or
    (ii) the entity has not yet established a price for that good or service and the good or service has not previously been sold on a stand-alone basis (ie the selling price is uncertain).

A combination of methods may need to be used to estimate the stand-alone selling prices of the goods or services promised in the contract if two or more of those goods or services have highly variable or uncertain stand-alone selling prices. For example, an entity may use a residual approach to estimate the aggregate stand- alone selling price for those promised goods or services with highly variable or uncertain stand-alone selling prices and then use another method to estimate the stand-alone selling prices of the individual goods or services relative to that estimated aggregate stand-alone selling price determined by the residual approach. When an entity uses a combination of methods to estimate the stand-alone selling price of each promised good or service in the contract, the entity shall evaluate whether allocating the transaction price at those estimated stand-alone selling prices would be consistent with the allocation objective in paragraph 73 and the requirements for estimating stand-alone selling prices in paragraph 78. 80

Allocation of a discount

A customer receives a discount for purchasing a bundle of goods or services if the sum of the stand-alone selling prices of those promised goods or services in the contract exceeds the promised consideration in a contract. Except when an entity has observable evidence in accordance with paragraph 82 that the entire discount relates to only one or more, but not all, performance obligations in a contract, the entity shall allocate a discount proportionately to all performance obligations in the contract. The proportionate allocation of the discount in those circumstances is a consequence of the entity 81

Preisnachlasses richtet sich nach der Aufteilung des Transaktionspreises auf die einzelnen Leistungsverpflichtungen, die das Unternehmen auf Basis der relativen Einzelverkaufspreise der zugrunde liegenden Güter oder Dienstleistungen vorgenommen hat.

82 Ein Preisnachlass ist vollständig einer oder mehreren Leistungsverpflichtungen des Vertrags zuzuordnen, wenn alle folgenden Kriterien erfüllt sind:

(a) das Unternehmen veräußert jedes vertraglich vereinbarte eigenständig abgrenzbare Gut oder jede vertraglich vereinbarte eigenständig abgrenzbare Dienstleistung (bzw. jedes Bündel abgrenzbarer Güter oder Dienstleistungen) regelmäßig separat,

(b) das Unternehmen veräußert darüber hinaus ein (oder mehrere) Bündel aus einigen dieser eigenständig abgrenzbaren Güter oder Dienstleistungen separat und gewährt dabei einen Preisnachlass auf die Einzelverkaufspreise der Güter oder Dienstleistungen jedes Bündels und

(c) der Preisnachlass, der jedem der unter Buchstabe b beschriebenen Bündel aus Gütern oder Dienstleistungen zuzuordnen ist, entspricht im Wesentlichen dem vertraglich vereinbarten Preisnachlass, und eine Analyse der Güter oder Dienstleistungen in jedem Bündel liefert beobachtbare Anhaltspunkte für die Leistungsverpflichtung (oder Leistungsverpflichtungen), der (denen) der gesamte vertragliche Preisnachlass zuzuordnen ist.

83 Wird ein Preisnachlass gemäß Paragraph 82 vollständig einer oder mehreren Leistungsverpflichtungen des Vertrags zugeordnet, hat das Unternehmen die Zuordnung vorzunehmen, bevor es den Einzelverkaufspreis eines Guts oder einer Dienstleistung gemäß Paragraph 79 (c) nach dem Residualwertansatz schätzt.

Zuordnung variabler Gegenleistungen

84 Eine vertraglich zugesagte variable Gegenleistung kann dem gesamten Vertrag zuzuordnen sein oder einem bestimmten Vertragsbestandteil, beispielsweise

(a) einer oder mehreren, aber nicht allen Leistungsverpflichtungen des Vertrags (so kann eine Prämie beispielsweise davon abhängig sein, ob das Unternehmen ein zugesagtes Gut oder eine zugesagte Dienstleistung innerhalb eines bestimmten Zeitraums überträgt) oder

(b) einer oder mehreren, aber nicht allen eigenständig abgrenzbaren Gütern oder Dienstleistungen, die aus einer Reihe eigenständig abgrenzbarer Güter oder Dienstleistungen zugesagt wurden, die gemäß Paragraph 22 (b) Teil einer einzigen Leistungsverpflichtung sind (beispielsweise bei einem zweijährigen Reinigungsdienstleistungsvertrag, bei dem sich die zugesagte Gegenleistung im zweiten Jahr in Abhängigkeit von einem bestimmten Inflationsindex erhöht).

85 Das Unternehmen hat einen variablen Betrag (sowie etwaige spätere Änderungen dieses Betrags) vollständig einer Leistungsverpflichtung oder einem eigenständig abgrenzbaren Gut oder einer eigenständig abgrenzbaren Dienstleistung, das oder die gemäß Paragraph 22 (b) Teil einer einzigen Leistungsverpflichtung ist, zuzuordnen, wenn die beiden folgenden Kriterien erfüllt sind:

(a) die Konditionen der variablen Zahlung sind auf die Bemühungen des Unternehmens um Erfüllung der Leistungsverpflichtung oder Übertragung des eigenständig abgrenzbaren Guts oder der eigenständig abgrenzbaren Dienstleistung (oder auf eine spezifische Folge dieser Erfüllung oder Übertragung) abgestimmt und

(b) in Anbetracht sämtlicher vertraglicher Leistungsverpflichtungen und Zahlungsbedingungen steht die vollständige Zuordnung des variablen Teils der Gegenleistung zu der Leistungsverpflichtung oder zu dem eigenständig abgrenzbaren Gut oder der eigenständig abgrenzbaren Dienstleistung mit dem in Paragraph 73 genannten Ziel der Aufteilung in Einklang.

86 Der verbleibende Teil des Transaktionspreises, der die in Paragraph 85 genannten Kriterien nicht erfüllt, ist nach den Paragraphen 73–83 aufzuteilen.

Änderungen des Transaktionspreises

87 Nach Vertragsabschluss kann sich der Transaktionspreis aus unterschiedlichen Gründen ändern, beispielsweise durch das Eintreten unsicherer Ereignisse oder anderweitig geänderter Umstände, durch die sich die Höhe der Gegenleistung, die ein Unternehmen im Austausch für die zugesagten Güter oder Dienstleistungen voraussichtlich erhalten wird, ändert.

88 Alle etwaigen späteren Änderungen des Transaktionspreises sind den vertraglichen Leistungsverpflichtungen auf der gleichen Basis zuzuordnen wie bei Vertragsabschluss. Wenn sich die Einzelverkaufspreise nach Vertragsabschluss ändern, darf das Unternehmen den Transaktionspreis nicht neu zuordnen. Die einer erfüllten Leistungsverpflichtung zugeordneten Beträge sind in der Periode, in der sich der Transaktionspreis ändert, als Erlös bzw. Erlösminderung zu erfassen.

89 Eine Änderung des Transaktionspreises darf nur dann vollständig einer oder mehreren, aber nicht allen Leistungsverpflichtungen oder eigenständig abgrenzbaren Gütern oder Dienstleistungen, die gemäß Paragraph 22 (b) Teil einer einzigen Leistungsverpflichtung sind und im Rahmen einer Reihe eigenständig abgrenzbarer Güter oder Dienstleistungen zugesagt wurden, zugeordnet werden, wenn die in Paragraph 85 genannten Kriterien für die Zuordnung variabler Gegenleistungen erfüllt sind.

allocating the transaction price to each performance obligation on the basis of the relative stand-alone selling prices of the underlying distinct goods or services.

An entity shall allocate a discount entirely to one or more, but not all, performance obligations in the contract if all of the following criteria are met: 82

(a) the entity regularly sells each distinct good or service (or each bundle of distinct goods or services) in the contract on a stand-alone basis;
(b) the entity also regularly sells on a stand-alone basis a bundle (or bundles) of some of those distinct goods or services at a discount to the stand-alone selling prices of the goods or services in each bundle; and
(c) the discount attributable to each bundle of goods or services described in paragraph 82 (b) is substantially the same as the discount in the contract and an analysis of the goods or services in each bundle provides observable evidence of the performance obligation (or performance obligations) to which the entire discount in the contract belongs.

If a discount is allocated entirely to one or more performance obligations in the contract in accordance with paragraph 82, an entity shall allocate the discount before using the residual approach to estimate the stand-alone selling price of a good or service in accordance with paragraph 79 (c). 83

Allocation of variable consideration

Variable consideration that is promised in a contract may be attributable to the entire contract or to a specific part of the contract, such as either of the following: 84

(a) one or more, but not all, performance obligations in the contract (for example, a bonus may be contingent on an entity transferring a promised good or service within a specified period of time); or
(b) one or more, but not all, distinct goods or services promised in a series of distinct goods or services that forms part of a single performance obligation in accordance with paragraph 22 (b) (for example, the consideration promised for the second year of a two-year cleaning service contract will increase on the basis of movements in a specified inflation index).

An entity shall allocate a variable amount (and subsequent changes to that amount) entirely to a performance obligation or to a distinct good or service that forms part of a single performance obligation in accordance with paragraph 22 (b) if both of the following criteria are met: 85

(a) the terms of a variable payment relate specifically to the entity's efforts to satisfy the performance obligation or transfer the distinct good or service (or to a specific outcome from satisfying the performance obligation or transferring the distinct good or service); and
(b) allocating the variable amount of consideration entirely to the performance obligation or the distinct good or service is consistent with the allocation objective in paragraph 73 when considering all of the performance obligations and payment terms in the contract.

The allocation requirements in paragraphs 73—83 shall be applied to allocate the remaining amount of the transaction price that does not meet the criteria in paragraph 85. 86

Changes in the transaction price

After contract inception, the transaction price can change for various reasons, including the resolution of uncertain events or other changes in circumstances that change the amount of consideration to which an entity expects to be entitled in exchange for the promised goods or services. 87

An entity shall allocate to the performance obligations in the contract any subsequent changes in the transaction price on the same basis as at contract inception. Consequently, an entity shall not reallocate the transaction price to reflect changes in stand-alone selling prices after contract inception. Amounts allocated to a satisfied performance obligation shall be recognised as revenue, or as a reduction of revenue, in the period in which the transaction price changes. 88

An entity shall allocate a change in the transaction price entirely to one or more, but not all, performance obligations or distinct goods or services promised in a series that forms part of a single performance obligation in accordance with paragraph 22 (b) only if the criteria in paragraph 85 on allocating variable consideration are met. 89

90 Eine aus einer Vertragsänderung resultierende Änderung des Transaktionspreises ist nach den Paragraphen 18–21 zu bilanzieren. Kommt es nach einer Vertragsänderung zu einer Änderung des Transaktionspreises, hat das Unternehmen jedoch nach den Paragraphen 87–89 zu verfahren, wenn es diese Änderung den Umständen entsprechend auf eine der folgenden Weisen zuordnet:

(a) Das Unternehmen hat die Änderung des Transaktionspreises den vor der Vertragsänderung identifizierten Leistungsverpflichtungen zuzuordnen, wenn und soweit diese Änderung einer vor der Änderung zugesagten variablen Gegenleistung zugeordnet werden kann und die Änderung gemäß Paragraph 21 (a) bilanziert wird.

(b) In allen anderen Fällen, in denen die Änderung nicht als separater Vertrag gemäß Paragraph 20 bilanziert wurde, hat das Unternehmen die Änderung des Transaktionspreises den Leistungsverpflichtungen des geänderten Vertrags (d. h. den unmittelbar nach der Änderung unerfüllten oder teilweise unerfüllten Leistungsverpflichtungen) zuzuordnen.

VERTRAGSKOSTEN

Zusätzliche Kosten bei der Anbahnung eines Vertrags

91 **Die bei der Anbahnung eines Vertrags mit einem Kunden anfallenden zusätzlichen Kosten sind als Vermögenswert zu aktivieren, wenn das Unternehmen davon ausgeht, dass diese Kosten erstattet werden.**

92 Die bei der Anbahnung eines Vertrags mit einem Kunden anfallenden zusätzlichen Kosten sind Kosten, die dem Unternehmen ohne den Abschluss des Vertrags nicht entstanden wären (beispielsweise eine Verkaufsprovision).

93 Bei der Vertragsanbahnung anfallende Kosten, die auch ohne Vertragsabschluss entstanden wären, sind zum Zeitpunkt ihres Entstehens als Aufwand zu erfassen, es sei denn, sie sind unabhängig davon, ob der Vertrag geschlossen wird oder nicht, ausdrücklich dem Kunden anzulasten.

94 Behelfsweise kann das Unternehmen die zusätzlichen Kosten einer Vertragsanbahnung bei ihrem Entstehen als Aufwand erfassen, wenn der Abschreibungszeitraum des Vermögenswerts, den das Unternehmen anderenfalls erfasst hätte, nicht mehr als ein Jahr beträgt.

Vertragserfüllungskosten

95 **Fallen die bei Erfüllung eines Vertrags mit einem Kunden entstehenden Kosten nicht in den Anwendungsbereich eines anderen Standards (wie IAS 2 *Vorräte*, IAS 16 *Sachanlagen* oder IAS 38 *Immaterielle Vermögenswerte*), darf das Unternehmen sie nur dann als Vermögenswert aktivieren, wenn sie alle nachstehend genannten Kriterien erfüllen:**

(a) die Kosten hängen unmittelbar mit einem bestehenden Vertrag oder einem erwarteten Vertrag, den das Unternehmen konkret bestimmen kann, zusammen (z. B. Kosten in Verbindung mit Leistungen, die bei Verlängerung eines bestehenden Vertrags zu erbringen sind, oder Kosten für die Entwicklung eines Vermögenswerts, der im Rahmen eines bestimmten, noch nicht gebilligten Vertrags übertragen werden soll),

(b) die Kosten führen zur Schaffung von Ressourcen oder zur Verbesserung der Ressourcen des Unternehmens, die künftig zur (fortgesetzten) Erfüllung von Leistungsverpflichtungen genutzt werden, und

(c) es wird eine Kostenerstattung erwartet.

96 Wenn Kosten für die Erfüllung eines Vertrags mit einem Kunden in den Anwendungsbereich eines anderen Standards fallen, sind diese nach diesem anderen Standard zu bilanzieren.

97 Als Kosten, die unmittelbar mit einem Vertrag (oder einem bestimmten erwarteten Vertrag) zusammenhängen, sind alle folgenden zu betrachten:

(a) Lohneinzelkosten (wie Löhne und Gehälter von Mitarbeitern, die die zugesagten Dienstleistungen direkt für den Kunden erbringen),

(b) Materialeinzelkosten (z. B. Vorräte, die zur Erbringung der zugesagten Dienstleistungen für einen Kunden verwendet werden),

(c) zugerechnete Gemeinkosten, die unmittelbar mit dem Vertrag oder den vertraglichen Tätigkeiten zusammenhängen (wie Kosten für die Organisation und Überwachung der Vertragserfüllung, Versicherungskosten sowie die planmäßige Abschreibung von Werkzeugen, Gegenständen der Betriebs- und Geschäftsausstattung und Nutzungsrechten, die im Rahmen der Vertragserfüllung verwendet werden),

(d) Kosten, für die der Vertrag ausdrücklich vorsieht, dass sie dem Kunden anzulasten sind, und

(e) sonstige Kosten, die nur angefallen sind, weil das Unternehmen den Vertrag geschlossen hat (wie Zahlungen an Unterauftragnehmer).

98 Folgende Kosten sind zum Zeitpunkt ihres Entstehens als Aufwand zu erfassen:

(a) Betriebs- und Verwaltungskosten (ausgenommen Kosten, für die der Vertrag ausdrücklich vorsieht, dass sie dem Kunden anzulasten sind; in diesem Fall sind die Kosten anhand von Paragraph 97 zu bewerten),

An entity shall account for a change in the transaction price that arises as a result of a contract modification in accordance with paragraphs 18—21. However, for a change in the transaction price that occurs after a contract modification, an entity shall apply paragraphs 87—89 to allocate the change in the transaction price in whichever of the following ways is applicable: 90

(a) An entity shall allocate the change in the transaction price to the performance obligations identified in the contract before the modification if, and to the extent that, the change in the transaction price is attributable to an amount of variable consideration promised before the modification and the modification is accounted for in accordance with paragraph 21 (a).
(b) In all other cases in which the modification was not accounted for as a separate contract in accordance with paragraph 20, an entity shall allocate the change in the transaction price to the performance obligations in the modified contract (ie the performance obligations that were unsatisfied or partially unsatisfied immediately after the modification).

CONTRACT COSTS

Incremental costs of obtaining a contract

An entity shall recognise as an asset the incremental costs of obtaining a contract with a customer if the entity expects to recover those costs. 91

The incremental costs of obtaining a contract are those costs that an entity incurs to obtain a contract with a customer that it would not have incurred if the contract had not been obtained (for example, a sales commission). 92

Costs to obtain a contract that would have been incurred regardless of whether the contract was obtained shall be recognised as an expense when incurred, unless those costs are explicitly chargeable to the customer regardless of whether the contract is obtained. 93

As a practical expedient, an entity may recognise the incremental costs of obtaining a contract as an expense when incurred if the amortisation period of the asset that the entity otherwise would have recognised is one year or less. 94

Costs to fulfil a contract

If the costs incurred in fulfilling a contract with a customer are not within the scope of another Standard (for example, IAS 2 *Inventories*, IAS 16 *Property, Plant and Equipment* or IAS 38 *Intangible Assets*), an entity shall recognise an asset from the costs incurred to fulfil a contract only if those costs meet all of the following criteria: 95

(a) the costs relate directly to a contract or to an anticipated contract that the entity can specifically identify (for example, costs relating to services to be provided under renewal of an existing contract or costs of designing an asset to be transferred under a specific contract that has not yet been approved);
(b) the costs generate or enhance resources of the entity that will be used in satisfying (or in continuing to satisfy) performance obligations in the future; and
(c) the costs are expected to be recovered.

For costs incurred in fulfilling a contract with a customer that are within the scope of another Standard, an entity shall account for those costs in accordance with those other Standards. 96

Costs that relate directly to a contract (or a specific anticipated contract) include any of the following: 97

(a) direct labour (for example, salaries and wages of employees who provide the promised services directly to the customer);
(b) direct materials (for example, supplies used in providing the promised services to a customer);
(c) allocations of costs that relate directly to the contract or to contract activities (for example, costs of contract management and supervision, insurance and depreciation of tools, equipment and right-of-use assets used in fulfilling the contract);
(d) costs that are explicitly chargeable to the customer under the contract; and
(e) other costs that are incurred only because an entity entered into the contract (for example, payments to subcontractors).

An entity shall recognise the following costs as expenses when incurred: 98

(a) general and administrative costs (unless those costs are explicitly chargeable to the customer under the contract, in which case an entity shall evaluate those costs in accordance with paragraph 97);

(b) Kosten für Materialabfälle, Löhne oder andere zur Vertragserfüllung eingesetzte Ressourcen, die nicht im vertraglich vereinbarten Preis berücksichtigt wurden,

(c) Kosten im Zusammenhang mit bereits erfüllten (oder teilweise erfüllten) Leistungsverpflichtungen aus dem Vertrag (d. h. Kosten, die sich auf in der Vergangenheit erbrachte Leistungen beziehen) und

(d) Kosten, bei denen das Unternehmen nicht unterscheiden kann, ob sie sich auf noch nicht erfüllte oder bereits erfüllte (oder teilweise erfüllte) Leistungsverpflichtungen beziehen.

Planmäßige Abschreibung und Wertminderung

99 Gemäß Paragraph 91 oder 95 aktivierte Kosten sind planmäßig in Abhängigkeit davon abzuschreiben, wie die Güter oder Dienstleistungen, auf die sich die Kosten beziehen, auf den Kunden übertragen werden. Aktivierte Kosten können sich auch auf Güter oder Dienstleistungen beziehen, die im Rahmen eines bestimmten erwarteten Vertrags (wie in Paragraph 95 (a) beschrieben) übertragen werden sollen.

100 Bei einer erheblichen Änderung des vom Unternehmen erwarteten zeitlichen Ablaufs der Übertragung der Güter oder Dienstleistungen auf den Kunden hat das Unternehmen die planmäßige Abschreibung entsprechend anzupassen. Eine solche Änderung ist gemäß IAS 8 als Änderung einer rechnungslegungsbezogenen Schätzung zu bilanzieren.

101 Ein Wertminderungsaufwand ist vom Unternehmen erfolgswirksam zu erfassen, wenn der Buchwert der gemäß Paragraph 91 oder 95 aktivierten Kosten höher ist als:

(a) der verbleibende Teil der Gegenleistung, den das Unternehmen im Austausch für die Güter oder Dienstleistungen, auf die sich die aktivierten Kosten beziehen, erwartet, abzüglich

(b) der Kosten, die unmittelbar mit der Lieferung der Güter oder der Erbringung der Dienstleistungen zusammenhängen und nicht als Aufwand erfasst wurden (siehe Paragraph 97).

102 Für die Zwecke der Anwendung des Paragraphen 101 hat das Unternehmen zur Bestimmung der Höhe der von ihm erwarteten Gegenleistung nach den Grundsätzen für die Bestimmung des Transaktionspreises zu verfahren (davon ausgenommen sind die in den Paragraphen 56–58 genannten Einschränkungen bei der Schätzung variabler Gegenleistungen) und diesen Betrag um die Auswirkungen der Ausfallrisikoeigenschaft des Kunden anzupassen.

103 Bevor ein Unternehmen für gemäß Paragraph 91 oder 95 aktivierte Kosten einen Wertminderungsaufwand erfasst, hat es alle jenen Wertminderungsaufwendungen für aktivierte Kosten zu erfassen, die mit dem Vertrag zusammenhängen und nach einem anderen Standard (wie IAS 2, IAS 16 und IAS 38) erfasst werden. Nach Durchführung des in Paragraph 101 erläuterten Werthaltigkeitstests ist der daraus resultierende Buchwert der gemäß Paragraph 91 oder 95 als Vermögenswert aktivierten Kosten in den Buchwert der zahlungsmittelgenerierenden Einheit, zu der der Vermögenswert gehört, einzubeziehen, um auf diese zahlungsmittelgenerierende Einheit IAS 36 *Wertminderung von Vermögenswerten* anwenden zu können.

104 Das Unternehmen hat eine vollständige oder teilweise Aufholung eines in früheren Perioden gemäß Paragraph 101 erfassten Wertminderungsaufwands erfolgswirksam zu erfassen, wenn die Bedingungen für die Wertminderung nicht mehr vorliegen oder sich verbessert haben. Der erhöhte Buchwert des Vermögenswerts darf nicht über den Betrag hinausgehen, der (nach Berücksichtigung der planmäßigen Abschreibung) bestimmt worden wäre, wenn in einer früheren Periode kein Wertminderungsaufwand erfasst worden wäre.

DARSTELLUNG

105 **Hat eine der Parteien ihre vertraglichen Verpflichtungen erfüllt, so hat das Unternehmen den Vertrag in der Bilanz als Vertragsvermögenswert oder Vertragsverbindlichkeit auszuweisen, je nachdem, ob das Unternehmen seine Leistung erbracht oder der Kunde die Zahlung geleistet hat. Jeder unbedingte Anspruch auf Erhalt einer Gegenleistung ist vom Unternehmen gesondert als Forderung auszuweisen.**

106 Zahlt der Kunde eine Gegenleistung oder hat das Unternehmen vor Übertragung des Guts oder der Dienstleistung auf den Kunden einen unbedingten Anspruch auf eine bestimmte Gegenleistung (d. h. eine Forderung), so hat das Unternehmen den Vertrag als Vertragsverbindlichkeit auszuweisen, sobald die Zahlung geleistet oder fällig wird (je nachdem, welches von beidem früher eintritt). Eine Vertragsverbindlichkeit ist die Verpflichtung des Unternehmens, Güter oder Dienstleistungen auf den Kunden zu übertragen, für die es von diesem eine Gegenleistung erhalten hat (bzw. erwartet, weil diese bereits fällig ist).

107 Kommt das Unternehmen seinen vertraglichen Verpflichtungen durch Übertragung von Gütern oder Dienstleistungen auf den Kunden nach, bevor dieser die Gegenleistung zahlt oder diese fällig ist, hat das Unternehmen den Vertrag

(b) costs of wasted materials, labour or other resources to fulfil the contract that were not reflected in the price of the contract;
(c) costs that relate to satisfied performance obligations (or partially satisfied performance obligations) in the contract (ie costs that relate to past performance); and
(d) costs for which an entity cannot distinguish whether the costs relate to unsatisfied performance obligations or to satisfied performance obligations (or partially satisfied performance obligations).

Amortisation and impairment

An asset recognised in accordance with paragraph 91 or 95 shall be amortised on a systematic basis that is consistent with the transfer to the customer of the goods or services to which the asset relates. The asset may relate to goods or services to be transferred under a specific anticipated contract (as described in paragraph 95 (a)). 99

An entity shall update the amortisation to reflect a significant change in the entity's expected timing of transfer to the customer of the goods or services to which the asset relates. Such a change shall be accounted for as a change in accounting estimate in accordance with IAS 8. 100

An entity shall recognise an impairment loss in profit or loss to the extent that the carrying amount of an asset recognised in accordance with paragraph 91 or 95 exceeds: 101
(a) the remaining amount of consideration that the entity expects to receive in exchange for the goods or services to which the asset relates; less
(b) the costs that relate directly to providing those goods or services and that have not been recognised as expenses (see paragraph 97).

For the purposes of applying paragraph 101 to determine the amount of consideration that an entity expects to receive, an entity shall use the principles for determining the transaction price (except for the requirements in paragraphs 56—58 on constraining estimates of variable consideration) and adjust that amount to reflect the effects of the customer's credit risk. 102

Before an entity recognises an impairment loss for an asset recognised in accordance with paragraph 91 or 95, the entity shall recognise any impairment loss for assets related to the contract that are recognised in accordance with another Standard (for example, IAS 2, IAS 16 and IAS 38). After applying the impairment test in paragraph 101, an entity shall include the resulting carrying amount of the asset recognised in accordance with paragraph 91 or 95 in the carrying amount of the cash-generating unit to which it belongs for the purpose of applying IAS 36 *Impairment of Assets* to that cash-generating unit. 103

An entity shall recognise in profit or loss a reversal of some or all of an impairment loss previously recognised in accordance with paragraph 101 when the impairment conditions no longer exist or have improved. The increased carrying amount of the asset shall not exceed the amount that would have been determined (net of amortisation) if no impairment loss had been recognised previously. 104

PRESENTATION

When either party to a contract has performed, an entity shall present the contract in the statement of financial position as a contract asset or a contract liability, depending on the relationship between the entity's performance and the customer's payment. An entity shall present any unconditional rights to consideration separately as a receivable. 105

If a customer pays consideration, or an entity has a right to an amount of consideration that is unconditional (ie a receivable), before the entity transfers a good or service to the customer, the entity shall present the contract as a contract liability when the payment is made or the payment is due (whichever is earlier). A contract liability is an entity's obligation to transfer goods or services to a customer for which the entity has received consideration (or an amount of consideration is due) from the customer. 106

If an entity performs by transferring goods or services to a customer before the customer pays consideration or before payment is due, the entity shall present the contract as a contract asset, excluding any amounts presented as a receivable. 107

abzüglich aller als Forderung ausgewiesenen Beträge als Vertragsvermögenswert auszuweisen. Ein Vertragsvermögenswert ist der Anspruch des Unternehmens auf Gegenleistung im Austausch für Güter oder Dienstleistungen, die es auf den Kunden übertragen hat. Ob ein Vertragsvermögenswert wertgemindert ist, ist gemäß IFRS 9 zu überprüfen. Bei einem Vertragsvermögenswert ist die Wertminderung auf die gleiche Weise zu bewerten, darzustellen und anzugeben wie bei einem in den Anwendungsbereich von IFRS 9 fallenden finanziellen Vermögenswert (siehe auch Paragraph 113 (b)).

108 Eine Forderung ist der unbedingte Anspruch des Unternehmens auf Gegenleistung. Ein unbedingter Anspruch auf Gegenleistung liegt vor, wenn die Fälligkeit automatisch durch Zeitablauf eintritt. So hat ein Unternehmen beispielsweise selbst dann eine Forderung zu erfassen, wenn es aktuell einen Anspruch auf Bezahlung hat, der Betrag zu einem künftigen Zeitpunkt aber rückerstattet werden muss. Forderungen sind nach IFRS 9 zu bilanzieren. Beim erstmaligen Ansatz einer Forderung aus einem Vertrag mit einem Kunden sind alle etwaigen Unterschiede zwischen der Bewertung der Forderung nach IFRS 9 und dem entsprechenden Erlös als Aufwand (z. B. als Wertminderungsaufwand) zu erfassen.

109 Zwar werden in diesem Standard die Begriffe „Vertragsvermögenswert" und „Vertragsverbindlichkeit" verwendet, die Unternehmen aber nicht daran gehindert, diese Posten in ihrer Bilanz anders zu umschreiben. Macht ein Unternehmen von dieser Möglichkeit Gebrauch, hat es den Abschlussadressaten ausreichende Informationen vorzulegen, die diesen eine Unterscheidung zwischen Forderungen und Vertragsvermögenswerten ermöglichen.

ANGABEN

110 **Ziel der Angabevorschriften ist es, dass die Unternehmen ausreichende Informationen vorlegen, sodass die Abschlussadressaten sich ein Bild von Art, Höhe, Zeitpunkt und Unsicherheit von Erlösen und Zahlungsströmen aus Verträgen mit Kunden machen können. Damit dieses Ziel erreicht wird, hat das Unternehmen qualitative und quantitative Angaben zu allen folgenden Punkten vorzulegen:**

(a) **zu seinen Verträgen mit Kunden (siehe Paragraphen 113–122),**

(b) **zu allen erheblichen Ermessensentscheidungen (einschließlich aller etwaigen Änderungen dieser Ermessensentscheidungen), die es bei der Anwendung dieses Standards auf diese Verträge getroffen hat, (siehe Paragraphen 123–126) und**

(c) **zu sämtlichen gemäß Paragraph 91 oder 95 aktivierten Kosten, die im Rahmen der Vertragsanbahnung oder im Zusammenhang mit der Erfüllung eines Vertrags mit einem Kunden entstanden sind (siehe Paragraphen 127–128).**

111 Das Unternehmen prüft, welcher Detaillierungsgrad zur Erreichung des mit den Angabepflichten verfolgten Ziels erforderlich ist und welcher Stellenwert den einzelnen Anforderungen beizumessen ist. Die Angaben sind in aggregierter Form oder aufgeschlüsselt vorzulegen, damit nützliche Angaben weder durch Einbeziehung eines großen Teils unbedeutender Einzelheiten noch durch Aggregierung von Bestandteilen mit unterschiedlichen Merkmalen verschleiert werden.

112 Das Unternehmen muss keine Informationen gemäß diesem Standard vorlegen, wenn es diese bereits im Rahmen eines anderen Standards bereitgestellt hat.

Verträge mit Kunden

113 Das Unternehmen hat für die Berichtsperiode alle folgenden Beträge anzugeben, es sei denn, diese werden gemäß anderer Standards gesondert in der Gesamtergebnisrechnung ausgewiesen:

(a) erfasste Erlöse aus Verträgen mit Kunden, die das Unternehmen getrennt von seinen sonstigen Erlösquellen angeben muss, und

(b) alle (gemäß IFRS 9) erfassten Wertminderungsaufwendungen auf alle Forderungen oder Vertragsvermögenswerte aus den Verträgen mit Kunden, die das Unternehmen getrennt von den Wertminderungsaufwendungen aus anderen Verträgen ausweisen muss.

Aufschlüsselung von Erlösen

114 Erfasste Erlöse aus Verträgen mit Kunden sind vom Unternehmen in Kategorien aufzuschlüsseln, die den Einfluss wirtschaftlicher Faktoren auf Art, Höhe, Zeitpunkt und Unsicherheit der Erlöse und Zahlungsströme widerspiegeln. Bei der Festlegung der Kategorien zur Aufschlüsselung der Erlöse hat das Unternehmen die in den Paragraphen B87–B89 enthaltenen Leitlinien anzuwenden.

115 Ferner hat das Unternehmen den Abschlussadressaten ausreichende Informationen im Hinblick darauf zur Verfügung zu stellen, in welcher Beziehung die (gemäß Paragraph 114) aufgeschlüsselten Erlösangaben zu den Erlösangaben stehen, die das Unternehmen, wenn es IFRS 8 *Geschäftssegmente* anwendet, für jedes berichtspflichtige Segment bereitstellt.

A contract asset is an entity's right to consideration in exchange for goods or services that the entity has transferred to a customer. An entity shall assess a contract asset for impairment in accordance with IFRS 9. An impairment of a contract asset shall be measured, presented and disclosed on the same basis as a financial asset that is within the scope of IFRS 9 (see also paragraph 113 (b)).

A receivable is an entity's right to consideration that is unconditional. A right to consideration is unconditional if only the passage of time is required before payment of that consideration is due. For example, an entity would recognise a receivable if it has a present right to payment even though that amount may be subject to refund in the future. An entity shall account for a receivable in accordance with IFRS 9. Upon initial recognition of a receivable from a contract with a customer, any difference between the measurement of the receivable in accordance with IFRS 9 and the corresponding amount of revenue recognised shall be presented as an expense (for example, as an impairment loss). 108

This Standard uses the terms 'contract asset' and 'contract liability' but does not prohibit an entity from using alternative descriptions in the statement of financial position for those items. If an entity uses an alternative description for a contract asset, the entity shall provide sufficient information for a user of the financial statements to distinguish between receivables and contract assets. 109

DISCLOSURE

The objective of the disclosure requirements is for an entity to disclose sufficient information to enable users of financial statements to understand the nature, amount, timing and uncertainty of revenue and cash flows arising from contracts with customers. To achieve that objective, an entity shall disclose qualitative and quantitative information about all of the following: 110

(a) its contracts with customers (see paragraphs 113—122);

(b) the significant judgements, and changes in the judgements, made in applying this Standard to those contracts (see paragraphs 123—126); and

(c) any assets recognised from the costs to obtain or fulfil a contract with a customer in accordance with paragraph 91 or 95 (see paragraphs 127—128).

An entity shall consider the level of detail necessary to satisfy the disclosure objective and how much emphasis to place on each of the various requirements. An entity shall aggregate or disaggregate disclosures so that useful information is not obscured by either the inclusion of a large amount of insignificant detail or the aggregation of items that have substantially different characteristics. 111

An entity need not disclose information in accordance with this Standard if it has provided the information in accordance with another Standard. 112

Contracts with customers

An entity shall disclose all of the following amounts for the reporting period unless those amounts are presented separately in the statement of comprehensive income in accordance with other Standards: 113

(a) revenue recognised from contracts with customers, which the entity shall disclose separately from its other sources of revenue; and

(b) any impairment losses recognised (in accordance with IFRS 9) on any receivables or contract assets arising from an entity's contracts with customers, which the entity shall disclose separately from impairment losses from other contracts.

Disaggregation of revenue

An entity shall disaggregate revenue recognised from contracts with customers into categories that depict how the nature, amount, timing and uncertainty of revenue and cash flows are affected by economic factors. An entity shall apply the guidance in paragraphs B87—B89 when selecting the categories to use to disaggregate revenue. 114

In addition, an entity shall disclose sufficient information to enable users of financial statements to understand the relationship between the disclosure of disaggregated revenue (in accordance with paragraph 114) and revenue information that is disclosed for each reportable segment, if the entity applies IFRS 8 *Operating Segments*. 115

Vertragssalden

116 Das Unternehmen hat alle folgenden Angaben zu machen:

(a) Eröffnungs- und Schlusssalden von Forderungen, Vertragsvermögenswerten und Vertragsverbindlichkeiten aus Verträgen mit Kunden, sofern diese nicht anderweitig separat ausgewiesen werden,

(b) in der Berichtsperiode erfasste Erlöse, die zu Beginn der Periode im Saldo der Vertragsverbindlichkeiten enthalten waren, und

(c) in der Berichtsperiode erfasste Erlöse aus Leistungsverpflichtungen, die in früheren Perioden erfüllt (oder teilweise erfüllt) worden sind (wie Änderungen des Transaktionspreises).

117 Das Unternehmen hat darzulegen, wie sich der Zeitpunkt der Erfüllung seiner Leistungsverpflichtungen (siehe Paragraph 119 (a)) zum üblichen Zahlungszeitraum (siehe Paragraph 119 (b)) verhält und wie diese Faktoren sich auf die Salden von Vertragsvermögenswerten und -verbindlichkeiten auswirken. Dabei kann das Unternehmen qualitative Daten heranziehen.

118 Erhebliche Änderungen bei den Salden von Vertragsvermögenswerten und Vertragsverbindlichkeiten in der Berichtsperiode sind vom Unternehmen zu erläutern. Diese Erläuterung muss qualitative und quantitative Angaben umfassen. Beispiele für Änderungen der Salden von Vertragsvermögenswerten und Vertragsverbindlichkeiten eines Unternehmens sind:

(a) durch Unternehmenszusammenschlüsse bedingte Änderungen,

(b) kumulative Anpassungen der Erlöse, die sich auf den entsprechenden Vertragsvermögenswert oder die entsprechende Vertragsverbindlichkeit auswirken, einschließlich Anpassungen, die sich aus einer Änderung der Bestimmung des Leistungsfortschritts, einer Änderung der Schätzung des Transaktionspreises (sowie etwaiger Änderungen bei der Beurteilung, ob eine Schätzung der variablen Gegenleistung Einschränkungen unterliegt) oder einer Vertragsänderung ergeben,

(c) Wertminderung eines Vertragsvermögenswerts,

(d) Änderung des Zeitrahmens, bis ein Anspruch auf Erhalt einer Gegenleistung unbedingt wird (d. h., bis ein Vertragsvermögenswert in die Forderungen umgegliedert wird), und

(e) Änderung des Zeitrahmens, bis eine Leistungsverpflichtung erfüllt wird (d. h., bis Erlöse aus einer Vertragsverbindlichkeit erfasst werden).

Leistungsverpflichtungen

119 Das Unternehmen hat Angaben über seine Leistungsverpflichtungen aus Verträgen mit Kunden zur Verfügung zu stellen, wozu auch alle folgenden Beschreibungen zählen:

(a) der Zeitpunkt, zu dem das Unternehmen seine Leistungsverpflichtungen normalerweise erfüllt (z. B. bei Versand, bei Lieferung, bei Erbringung der Dienstleistungen oder bei Abschluss der Dienstleistungen), einschließlich des Zeitpunkts, zu dem das Unternehmen seine Leistungsverpflichtungen im Rahmen einer Bill-and-hold-Vereinbarung erfüllt,

(b) die wesentlichen Zahlungsbedingungen (z. B., wann die Zahlung normalerweise fällig ist, ob der Vertrag eine erhebliche Finanzierungskomponente enthält, ob die Höhe der Gegenleistung variabel ist und ob die Schätzung der variablen Gegenleistung normalerweise Einschränkungen gemäß den Paragraphen 56–58 unterliegt),

(c) die Art der Güter oder Dienstleistungen, deren Übertragung das Unternehmen zugesagt hat, wobei auf Leistungsverpflichtungen, bei denen ein Dritter mit der Übertragung der Güter oder Dienstleistungen beauftragt wird (d. h., wenn das Unternehmen als Agent handelt), gesondert hinzuweisen ist,

(d) Rücknahme-, Rückerstattungs- und ähnliche Verpflichtungen und

(e) Arten von Garantien und damit verbundene Verpflichtungen.

Den verbleibenden Leistungsverpflichtungen zugeordneter Transaktionspreis

120 Das Unternehmen hat zu seinen verbleibenden Leistungsverpflichtungen Folgendes anzugeben:

(a) die Gesamthöhe des Transaktionspreises, der den zum Ende der Berichtsperiode nicht (oder teilweise nicht) erfüllten Leistungsverpflichtungen zugeordnet wird, und

(b) eine Erläuterung, wann das Unternehmen mit der Erfassung des gemäß Buchstabe a angegebenen Betrags als Erlös rechnet, wobei die Erläuterung in einer der folgenden Formen zu erfolgen hat:

  (i) auf quantitativer Basis unter Verwendung der Zeitbänder, die für die Laufzeit der verbleibenden Leistungsverpflichtungen am besten geeignet sind, oder

  (ii) durch Verwendung qualitativer Informationen.

121 Behelfsweise kann das Unternehmen bei einer Leistungsverpflichtung von den in Paragraph 120 geforderten Angaben absehen, wenn eine der folgenden Bedingungen erfüllt ist:

(a) die Leistungsverpflichtung ist Teil eines Vertrags mit einer erwarteten ursprünglichen Laufzeit von maximal einem Jahr oder

(b) das Unternehmen erfasst die Erlöse aus der erfüllten Leistungsverpflichtung gemäß Paragraph B16.

Contract balances

An entity shall disclose all of the following: 116

(a) the opening and closing balances of receivables, contract assets and contract liabilities from contracts with customers, if not otherwise separately presented or disclosed;
(b) revenue recognised in the reporting period that was included in the contract liability balance at the beginning of the period; and
(c) revenue recognised in the reporting period from performance obligations satisfied (or partially satisfied) in previous periods (for example, changes in transaction price).

An entity shall explain how the timing of satisfaction of its performance obligations (see paragraph 119 (a)) relates to the typical timing of payment (see paragraph 119 (b)) and the effect that those factors have on the contract asset and the contract liability balances. The explanation provided may use qualitative information. 117

An entity shall provide an explanation of the significant changes in the contract asset and the contract liability balances during the reporting period. The explanation shall include qualitative and quantitative information. Examples of changes in the entity's balances of contract assets and contract liabilities include any of the following: 118

(a) changes due to business combinations;
(b) cumulative catch-up adjustments to revenue that affect the corresponding contract asset or contract liability, including adjustments arising from a change in the measure of progress, a change in an estimate of the transaction price (including any changes in the assessment of whether an estimate of variable consideration is constrained) or a contract modification;
(c) impairment of a contract asset;
(d) a change in the time frame for a right to consideration to become unconditional (ie for a contract asset to be reclassified to a receivable); and
(e) a change in the time frame for a performance obligation to be satisfied (ie for the recognition of revenue arising from a contract liability).

Performance obligations

An entity shall disclose information about its performance obligations in contracts with customers, including a description of all of the following: 119

(a) when the entity typically satisfies its performance obligations (for example, upon shipment, upon delivery, as services are rendered or upon completion of service), including when performance obligations are satisfied in a bill-and-hold arrangement;
(b) the significant payment terms (for example, when payment is typically due, whether the contract has a significant financing component, whether the consideration amount is variable and whether the estimate of variable consideration is typically constrained in accordance with paragraphs 56—58);
(c) the nature of the goods or services that the entity has promised to transfer, highlighting any performance obligations to arrange for another party to transfer goods or services (ie if the entity is acting as an agent);
(d) obligations for returns, refunds and other similar obligations; and
(e) types of warranties and related obligations.

Transaction price allocated to the remaining performance obligations

An entity shall disclose the following information about its remaining performance obligations: 120

(a) the aggregate amount of the transaction price allocated to the performance obligations that are unsatisfied (or partially unsatisfied) as of the end of the reporting period; and
(b) an explanation of when the entity expects to recognise as revenue the amount disclosed in accordance with paragraph 120 (a), which the entity shall disclose in either of the following ways:
    (i) on a quantitative basis using the time bands that would be most appropriate for the duration of the remaining performance obligations; or
    (ii) by using qualitative information.

As a practical expedient, an entity need not disclose the information in paragraph 120 for a performance obligation if either of the following conditions is met: 121

(a) the performance obligation is part of a contract that has an original expected duration of one year or less; or
(b) the entity recognises revenue from the satisfaction of the performance obligation in accordance with paragraph B16.

122 Das Unternehmen hat qualitativ darzulegen, ob es von dem praktischen Behelf nach Paragraph 121 Gebrauch macht und eine etwaige Gegenleistung aus Verträgen mit Kunden nicht im Transaktionspreis und somit auch nicht in den nach Paragraph 120 vorgelegten Angaben enthalten ist. So enthält eine Schätzung des Transaktionspreises beispielsweise keine geschätzten Beträge variabler Gegenleistungen, die Einschränkungen unterliegen (siehe Paragraphen 56–58).

Erhebliche Ermessensentscheidungen bei der Anwendung dieses Standards

123 Das Unternehmen hat die bei der Anwendung dieses Standards getroffenen und geänderten Ermessensentscheidungen anzugeben, die die Bestimmung von Höhe und Zeitpunkt der Erlöse aus Verträgen mit Kunden erheblich beeinflussen. Darzulegen sind insbesondere die Ermessensentscheidungen samt etwaiger Änderungen, die getroffen wurden, um
(a) den Zeitpunkt der Erfüllung der Leistungsverpflichtungen zu bestimmen (siehe Paragraphen 124–125) und
(b) den Transaktionspreis sowie die Beträge, die den Leistungsverpflichtungen zugeordnet werden, zu bestimmen (siehe Paragraph 126).

Bestimmung des Zeitpunkts der Erfüllung der Leistungsverpflichtungen

124 Bei Leistungsverpflichtungen, die das Unternehmen über einen bestimmten Zeitraum erfüllt, ist Folgendes anzugeben:
(a) nach welchen Methoden Erlöse erfasst werden (beispielsweise eine Beschreibung der verwendeten output- oder inputbasierten Methoden samt der Art und Weise ihrer Anwendung) und
(b) inwiefern die verwendeten Methoden ein getreues Bild der Übertragung der Güter oder Dienstleistungen vermitteln.

125 Bei Leistungsverpflichtungen, die zu einem bestimmten Zeitpunkt erfüllt werden, hat das Unternehmen anzugeben, welche erheblichen Ermessensentscheidungen es bei der Beurteilung des Zeitpunkts, zu dem der Kunde die Verfügungsgewalt über das Gut oder die Dienstleistung erlangt, getroffen hat.

Bestimmung des Transaktionspreises und der Beträge, die den Leistungsverpflichtungen zugeordnet werden

126 Das Unternehmen hat Angaben zu den Methoden, Eingangsparametern und Annahmen zu machen, die heran gezogen werden, um
(a) den Transaktionspreis zu bestimmen; dies umfasst u. a. die Schätzung der variablen Gegenleistung, die Anpassung der Gegenleistung um den Zeitwert des Geldes und die Bewertung nicht zahlungswirksamer Gegenleistungen,
(b) zu beurteilen, ob eine Schätzung der variablen Gegenleistung Einschränkungen unterliegt,
(c) den Transaktionspreis zuzuordnen; dies umfasst die Schätzung der Einzelverkaufspreise zugesagter Güter oder Dienstleistungen und gegebenenfalls die Zuordnung von Preisnachlässen und variablen Gegenleistungen zu einem spezifischen Teil des Vertrags, und
(d) Rücknahme-, Rückerstattungs- und ähnliche Verpflichtungen zu bewerten.

Bei Erfüllung oder Anbahnung eines Vertrags mit einem Kunden aktivierte Kosten

127 Das Unternehmen hat darzulegen,
(a) welche Ermessensentscheidungen es getroffen hat, um die Höhe der Kosten zu bestimmen, die (gemäß Paragraph 91 oder 95) bei der Anbahnung oder Erfüllung eines Vertrags mit einem Kunden entstanden sind, und
(b) nach welcher Methode es verfährt, um für jede Berichtsperiode den Abschreibungsbetrag zu bestimmen.

128 Das Unternehmen hat alle folgenden Angaben zu machen:
(a) die Schlusssalden der bei Anbahnung oder Erfüllung eines Vertrags mit einem Kunden (gemäß Paragraph 91 oder 95) aktivierten Kosten, aufgeschlüsselt nach den wichtigsten Vermögenswertkategorien (z. B. Kosten für die Vertragsanbahnung, Vorvertragskosten und Einrichtungskosten), und
(b) die Höhe der Abschreibungsbeträge sowie alle etwaigen in der Berichtsperiode erfassten Wertminderungsaufwendungen.

Praktische Behelfe

129 Entscheidet sich ein Unternehmen zur Anwendung eines der in Paragraph 63 (Vorliegen einer erheblichen Finanzierungskomponente) oder Paragraph 94 (Zusätzliche Kosten bei der Anbahnung eines Vertrags) enthaltenen praktischen Behelfe, hat es dies anzugeben.

An entity shall explain qualitatively whether it is applying the practical expedient in paragraph 121 and whether any consideration from contracts with customers is not included in the transaction price and, therefore, not included in the information disclosed in accordance with paragraph 120. For example, an estimate of the transaction price would not include any estimated amounts of variable consideration that are constrained (see paragraphs 56—58). 122

Significant judgements in the application of this Standard

An entity shall disclose the judgements, and changes in the judgements, made in applying this Standard that significantly affect the determination of the amount and timing of revenue from contracts with customers. In particular, an entity shall explain the judgements, and changes in the judgements, used in determining both of the following: 123

(a) the timing of satisfaction of performance obligations (see paragraphs 124—125); and
(b) the transaction price and the amounts allocated to performance obligations (see paragraph 126).

Determining the timing of satisfaction of performance obligations

For performance obligations that an entity satisfies over time, an entity shall disclose both of the following: 124

(a) the methods used to recognise revenue (for example, a description of the output methods or input methods used and how those methods are applied); and
(b) an explanation of why the methods used provide a faithful depiction of the transfer of goods or services.

For performance obligations satisfied at a point in time, an entity shall disclose the significant judgements made in evaluating when a customer obtains control of promised goods or services. 125

Determining the transaction price and the amounts allocated to performance obligations

An entity shall disclose information about the methods, inputs and assumptions used for all of the following: 126

(a) determining the transaction price, which includes, but is not limited to, estimating variable consideration, adjusting the consideration for the effects of the time value of money and measuring non-cash consideration;
(b) assessing whether an estimate of variable consideration is constrained;
(c) allocating the transaction price, including estimating stand-alone selling prices of promised goods or services and allocating discounts and variable consideration to a specific part of the contract (if applicable); and
(d) measuring obligations for returns, refunds and other similar obligations.

Assets recognised from the costs to obtain or fulfil a contract with a customer

An entity shall describe both of the following: 127

(a) the judgements made in determining the amount of the costs incurred to obtain or fulfil a contract with a customer (in accordance with paragraph 91 or 95); and
(b) the method it uses to determine the amortisation for each reporting period.

An entity shall disclose all of the following: 128

(a) the closing balances of assets recognised from the costs incurred to obtain or fulfil a contract with a customer (in accordance with paragraph 91 or 95), by main category of asset (for example, costs to obtain contracts with customers, pre-contract costs and setup costs); and
(b) the amount of amortisation and any impairment losses recognised in the reporting period.

Practical expedients

If an entity elects to use the practical expedient in either paragraph 63 (about the existence of a significant financing component) or paragraph 94 (about the incremental costs of obtaining a contract), the entity shall disclose that fact. 129

ANHANG A: Definitionen

Dieser Anhang ist integraler Bestandteil des Standards.

Vertrag	Eine Vereinbarung zwischen zwei oder mehr Parteien, die durchsetzbare Rechte und Pflichten begründet.
Vertragsvermögenswert	Der Rechtsanspruch eines Unternehmens auf eine Gegenleistung für von ihm an einen **Kunden** übertragene Güter oder Dienstleistungen, sofern dieser Anspruch nicht allein an den Zeitablauf geknüpft ist (beispielsweise das künftige Ergebnis des Unternehmens).
Vertragsverbindlichkeit	Die Verpflichtung eines Unternehmens, einem **Kunden** Güter oder Dienstleistungen zu übertragen, für die es von diesem eine Gegenleistung empfangen (bzw. noch zu empfangen) hat.
Kunde	Eine Partei, die mit einem Unternehmen einen Vertrag über den Erhalt von Gütern und Dienstleistungen aus der gewöhnlichen Geschäftstätigkeit des Unternehmens im Austausch für eine Gegenleistung geschlossen hat.
Ertrag	Zunahme des wirtschaftlichen Nutzens während der Bilanzierungsperiode in Form von Zuflüssen oder Wertsteigerungen von Vermögenswerten oder einer Verringerung von Schulden, durch die sich das Eigenkapital unabhängig von Einlagen der Anteilseigner erhöht.
Leistungsverpflichtung	Die in einem **Vertrag** mit einem **Kunden** enthaltene Zusage, auf den Kunden Folgendes zu übertragen: (a) ein eigenständig abgrenzbares Gut bzw. eine eigenständig abgrenzbare Dienstleistung oder ein eigenständig abgrenzbares Bündel aus Gütern oder Dienstleistungen; oder (b) eine Reihe eigenständig abgrenzbarer Güter oder Dienstleistungen, die im Wesentlichen gleich sind und nach dem gleichen Muster auf den Kunden übertragen werden.
Erlös	**Ertrag** aus der gewöhnlichen Geschäftstätigkeit eines Unternehmens.
Einzelverkaufspreis (eines Guts oder einer Dienstleistung)	Preis, zu dem ein Unternehmen einem **Kunden** ein zugesagtes Gut oder eine zugesagte Dienstleistung einzeln verkaufen würde.
Transaktionspreis (im Rahmen eines Vertrags mit einem Kunden)	Gegenleistung, die ein Unternehmen im Austausch für die Übertragung zugesagter Güter oder Dienstleistungen auf einen **Kunden** voraussichtlich erhalten wird. Hiervon ausgenommen sind Beträge, die im Namen Dritter eingezogen werden.

ANHANG B: Anwendungsleitlinien

Dieser Anhang ist integraler Bestandteil des Standards. Er beschreibt die Anwendung der Paragraphen 1–129 und hat die gleiche bindende Kraft wie die anderen Teile des Standards.

B1 Die vorliegenden Anwendungsleitlinien sind wie folgt aufgebaut:
(a) Leistungsverpflichtungen, die über einen bestimmten Zeitraum erfüllt werden (Paragraphen B2–B13),
(b) Methoden zur Bestimmung des Leistungsfortschritts im Hinblick auf die vollständige Erfüllung einer Leistungsverpflichtung (Paragraphen B14–B19),
(c) Verkauf mit Rückgaberecht (Paragraphen B20–B27),
(d) Garantien und Gewährleistungen (Paragraphen B28–B33),
(e) Überlegungen zur Konstellation Prinzipal oder Agent (Paragraphen B34–B38),
(f) Optionen des Kunden für den Erwerb zusätzlicher Güter oder Dienstleistungen (Paragraphen B39–B43),
(g) nicht geltend gemachte Ansprüche des Kunden (Paragraphen B44–B47),
(h) nicht rückerstattungsfähige, im Voraus zahlbare Entgelte (sowie einige damit zusammenhängende Kosten) (Paragraphen B48–B51),
(i) Lizenzerteilung (Paragraphen B52–B63),
(j) Rückkaufvereinbarungen (Paragraphen B64–B76),
(k) Kommissionsvereinbarungen (Paragraphen B77–B78),
(l) Bill-and-hold-Vereinbarungen (Paragraphen B79–B82),
(m) Abnahme durch den Kunden (Paragraphen B83–B86) und
(n) Aufschlüsselung der Erlöse (Paragraphen B87–B89).

Leistungsverpflichtungen, die über einen bestimmten Zeitraum erfüllt werden

B2 Nach Paragraph 35 erfüllt ein Unternehmen eine Leistungsverpflichtung über einen bestimmten Zeitraum, wenn eines der folgenden Kriterien erfüllt ist:
(a) der Kunde erhält und nutzt die vom Unternehmen erbrachte Leistung, während diese erbracht wird (siehe Paragraphen B3 und B4),

APPENDIX A: Defined terms

This appendix is an integral part of the Standard.

Contract	An agreement between two or more parties that creates enforceable rights and obligations.
contract asset	An entity's right to consideration in exchange for goods or services that the entity has transferred to a **customer** when that right is conditioned on something other than the passage of time (for example, the entity's future performance).
contract liability	An entity's obligation to transfer goods or services to a **customer** for which the entity has received consideration (or the amount is due) from the customer.
Customer	A party that has contracted with an entity to obtain goods or services that are an output of the entity's ordinary activities in exchange for consideration.
Income	Increases in economic benefits during the accounting period in the form of inflows or enhancements of assets or decreases of liabilities that result in an increase in equity, other than those relating to contributions from equity participants.
performance obligation	A promise in a **contract** with a **customer** to transfer to the customer either: (a) a good or service (or a bundle of goods or services) that is distinct; or (b) a series of distinct goods or services that are substantially the same and that have the same pattern of transfer to the customer.
Revenue	**Income** arising in the course of an entity's ordinary activities.
stand-alone selling price (of a good or service)	The price at which an entity would sell a promised good or service separately to a **customer**.
transaction price (for a contract with a customer)	The amount of consideration to which an entity expects to be entitled in exchange for transferring promised goods or services to a **customer**, excluding amounts collected on behalf of third parties.

APPENDIX B: Application Guidance

This appendix is an integral part of the Standard. It describes the application of paragraphs 1–129 and has the same authority as the other parts of the Standard.

This application guidance is organised into the following categories: **B1**

(a) performance obligations satisfied over time (paragraphs B2—B13);
(b) methods for measuring progress towards complete satisfaction of a performance obligation (paragraphs B14—B19);
(c) sale with a right of return (paragraphs B20—B27);
(d) warranties (paragraphs B28—B33);
(e) principal versus agent considerations (paragraphs B34—B38);
(f) customer options for additional goods or services (paragraphs B39—B43);
(g) customers' unexercised rights (paragraphs B44—B47);
(h) non-refundable upfront fees (and some related costs) (paragraphs B48—B51);
(i) licensing (paragraphs B52—B63B);
(j) repurchase agreements (paragraphs B64—B76);
(k) consignment arrangements (paragraphs B77—B78);
(l) bill-and-hold arrangements (paragraphs B79—B82);
(m) customer acceptance (paragraphs B83—B86); and
(n) disclosure of disaggregated revenue (paragraphs B87—B89).

Performance obligations satisfied over time

In accordance with paragraph 35, a performance obligation is satisfied over time if one of the following criteria is met: **B2**

(a) the customer simultaneously receives and consumes the benefits provided by the entity's performance as the entity performs (see paragraphs B3—B4);

(b) durch die Leistung des Unternehmens wird ein Vermögenswert erstellt oder verbessert (z. B. unfertige Leistung) und der Kunde erlangt die Verfügungsgewalt über den Vermögenswert, während dieser erstellt oder verbessert wird (siehe Paragraph B5), oder

(c) durch die Leistung des Unternehmens wird ein Vermögenswert erstellt, der keine alternativen Nutzungsmöglichkeiten für das Unternehmen aufweist (siehe Paragraphen B6–B8), und das Unternehmen hat einen Rechtsanspruch auf Bezahlung der bereits erbrachten Leistungen (siehe Paragraphen B9–B13).

Dem Kunden fließt der Nutzen aus der Leistung des Unternehmens zu und er nutzt gleichzeitig die Leistung, während diese erbracht wird (Paragraph 35 (a))

B3 Für einige Arten von Leistungsverpflichtungen ist die Beurteilung, ob einem Kunden der Nutzen aus der Leistung eines Unternehmens zufließt und er diese Leistung gleichzeitig nutzt, während das Unternehmen die Leistung erbringt, eindeutig. Beispiele hierfür sind unter anderem routinemäßige oder wiederkehrende Dienstleistungen (z. B. Reinigungsleistungen), bei denen direkt ersichtlich ist, dass dem Kunden der Nutzen aus der Leistung des Unternehmens zufließt und er die Leistung nutzt, während sie erbracht wird.

B4 Bei anderen Arten von Leistungsverpflichtungen ist es für ein Unternehmen unter Umständen nicht leicht ersichtlich, ob einem Kunden der Nutzen aus der Leistung des Unternehmens zufließt und er die Leistung gleichzeitig nutzt, während sie erbracht wird. In einem solchen Fall wird eine Leistungsverpflichtung über einen bestimmten Zeitraum erfüllt, wenn ein Unternehmen zu dem Ergebnis gelangt, dass ein anderes Unternehmen die bisherige Arbeit des Unternehmens im Wesentlichen nicht erneut erbringen müsste, wenn dieses andere Unternehmen die verbleibende Leistungsverpflichtung gegenüber dem Kunden erfüllen würde. Bei der Bestimmung, ob ein anderes Unternehmen die Arbeit, die das Unternehmen bisher erbracht hat, im Wesentlichen nicht erneut erbringen müsste, hat das Unternehmen von den beiden folgenden Annahmen auszugehen:

(a) Vernachlässigung potenzieller vertraglicher oder praktischer Einschränkungen, die das Unternehmen daran hindern könnten, die verbliebene Leistungsverpflichtung auf ein anderes Unternehmen zu übertragen, und

(b) Annahme, dass ein anderes Unternehmen, das die verbleibende Leistungsverpflichtung erfüllt, keinen Nutzen aus einem Vermögenswert ziehen würde, über den das Unternehmen gegenwärtig die Verfügungsgewalt hat und über den das Unternehmen weiter die Verfügungsgewalt hätte, wenn die Leistungsverpflichtung auf ein anderes Unternehmen übertragen würde.

Der Kunde besitzt die Verfügungsgewalt über einen Vermögenswert, während dieser erstellt oder verbessert wird (Paragraph 35 (b))

B5 Um bestimmen zu können, ob ein Kunde im Sinne von Paragraph 35 (b) die Verfügungsgewalt über einen Vermögenswert besitzt, während dieser erstellt oder verbessert wird, hat das Unternehmen die in den Paragraphen 31–34 und 38 enthaltenen Vorschriften zur Verfügungsgewalt zu beachten. Der Vermögenswert, der erstellt oder verbessert wird (z. B. unfertige Leistung), kann materiell oder immateriell sein.

Durch die Leistung des Unternehmens wird ein Vermögenswert erstellt, der keine alternativen Nutzungsmöglichkeiten für das Unternehmen aufweist (Paragraph 35 (c))

B6 Bei der Beurteilung, ob ein Vermögenswert einen alternativen Nutzen für ein Unternehmen gemäß Paragraph 36 aufweist, muss das Unternehmen die Auswirkungen vertraglicher und praktischer Einschränkungen berücksichtigen, die es an der umstandslosen Bestimmung eines anderen Nutzens für diesen Vermögenswert hindern können, z. B. seine Veräußerung an einen anderen Kunden. Die Möglichkeit einer Kündigung des Vertrags mit dem Kunden ist keine relevante Überlegung bei der Beurteilung, ob das Unternehmen umstandslos einen anderen Nutzen für den Vermögenswert bestimmen kann.

B7 Damit ein Vermögenswert keinen alternativen Nutzen für das Unternehmen besitzt, muss die vertragliche Einschränkung der Fähigkeit des Unternehmens, einen anderen Nutzen für diesen Vermögenswert zu bestimmen, wesentlich sein. Eine vertragliche Einschränkung ist dann wesentlich, wenn ein Kunde seine Ansprüche auf den zugesagten Vermögenswert durchsetzen kann, sollte das Unternehmen versuchen, einen anderen Nutzen für den Vermögenswert zu bestimmen. Eine vertragliche Einschränkung ist hingegen nicht wesentlich, wenn ein Vermögenswert beispielsweise weitgehend mit anderen Vermögenswerten austauschbar ist, die das Unternehmen an einen anderen Kunden übertragen kann, ohne damit den Vertrag zu brechen und ohne dass dadurch Kosten in beträchtlicher Höhe entstehen, die in Verbindung mit diesem Vertrag sonst nicht entstanden wären.

B8 Eine praktische Einschränkung der Fähigkeit des Unternehmens, einen anderen Nutzen für einen Vermögenswert zu bestimmen, besteht dann, wenn dem Unternehmen durch die Bestimmung eines anderen Nutzens für den Vermögenswert beträchtliche wirtschaftliche Verluste entstünden. Ein beträchtlicher wirtschaftlicher Verlust entsteht beispielsweise, wenn das Unternehmen entweder beträchtliche Kosten für die Überarbeitung des Vermögenswerts aufwenden muss oder den Vermögenswert nur mit einem beträchtlichen Verlust verkaufen kann. So gibt es für ein Unternehmen praktische Einschränkungen, einen anderen Nutzen für Vermögenswerte zu bestimmen, wenn diese Vermögenswerte entweder speziell für einen bestimmten Kunden konzipiert wurden oder sich in abgelegenen Gegenden befinden.

(b) the entity's performance creates or enhances an asset (for example, work in progress) that the customer controls as the asset is created or enhanced (see paragraph B5); or
(c) the entity's performance does not create an asset with an alternative use to the entity (see paragraphs B6—B8) and the entity has an enforceable right to payment for performance completed to date (see paragraphs B9—B13).

Simultaneous receipt and consumption of the benefits of the entity's performance (paragraph 35 (a))

For some types of performance obligations, the assessment of whether a customer receives the benefits of an entity's performance as the entity performs and simultaneously consumes those benefits as they are received will be straightforward. Examples include routine or recurring services (such as a cleaning service) in which the receipt and simultaneous consumption by the customer of the benefits of the entity's performance can be readily identified. B3

For other types of performance obligations, an entity may not be able to readily identify whether a customer simultaneously receives and consumes the benefits from the entity's performance as the entity performs. In those circumstances, a performance obligation is satisfied over time if an entity determines that another entity would not need to substantially re-perform the work that the entity has completed to date if that other entity were to fulfil the remaining performance obligation to the customer. In determining whether another entity would not need to substantially re-perform the work the entity has completed to date, an entity shall make both of the following assumptions: B4
(a) disregard potential contractual restrictions or practical limitations that otherwise would prevent the entity from transferring the remaining performance obligation to another entity; and
(b) presume that another entity fulfilling the remainder of the performance obligation would not have the benefit of any asset that is presently controlled by the entity and that would remain controlled by the entity if the performance obligation were to transfer to another entity.

Customer controls the asset as it is created or enhanced (paragraph 35 (b))

In determining whether a customer controls an asset as it is created or enhanced in accordance with paragraph 35 (b), an entity shall apply the requirements for control in paragraphs 31—34 and 38. The asset that is being created or enhanced (for example, a work-in-progress asset) could be either tangible or intangible. B5

Entity's performance does not create an asset with an alternative use (paragraph 35 (c))

In assessing whether an asset has an alternative use to an entity in accordance with paragraph 36, an entity shall consider the effects of contractual restrictions and practical limitations on the entity's ability to readily direct that asset for another use, such as selling it to a different customer. The possibility of the contract with the customer being terminated is not a relevant consideration in assessing whether the entity would be able to readily direct the asset for another use. B6

A contractual restriction on an entity's ability to direct an asset for another use must be substantive for the asset not to have an alternative use to the entity. A contractual restriction is substantive if a customer could enforce its rights to the promised asset if the entity sought to direct the asset for another use. In contrast, a contractual restriction is not substantive if, for example, an asset is largely interchangeable with other assets that the entity could transfer to another customer without breaching the contract and without incurring significant costs that otherwise would not have been incurred in relation to that contract. B7

A practical limitation on an entity's ability to direct an asset for another use exists if an entity would incur significant economic losses to direct the asset for another use. A significant economic loss could arise because the entity either would incur significant costs to rework the asset or would only be able to sell the asset at a significant loss. For example, an entity may be practically limited from redirecting assets that either have design specifications that are unique to a customer or are located in remote areas. B8

Anspruch auf Bezahlung der bereits erbrachten Leistungen (Paragraph 35 (c))

B9 Nach Paragraph 37 hat ein Unternehmen einen Anspruch auf Bezahlung der bereits erbrachten Leistungen, wenn es Anspruch auf einen Betrag hat, der es mindestens für seine bereits erbrachten Leistungen vergütet, falls der Kunde oder eine andere Partei den Vertrag aus anderen Gründen als der Nichterfüllung der vom Unternehmen zugesagten Leistung kündigt. Ein Betrag, der ein Unternehmen für seine bereits erbrachten Leistungen vergütet, ist eine Zahlung, die dem Verkaufspreis der bisher übertragenen Güter und Dienstleistungen annähernd entspricht (z. B. Erstattung der dem Unternehmen bei der Erfüllung seiner Leistungsverpflichtung entstandenen Kosten zzgl. einer angemessenen Gewinnmarge) und nicht nur eine Entschädigung für den dem Unternehmen potenziell entgangenen Gewinn im Falle der Vertragsbeendigung darstellt. Eine angemessene Gewinnmarge muss dabei nicht der für den Fall der planmäßigen Vertragserfüllung erwarteten Gewinnmarge entsprechen, jedoch sollte das Unternehmen Anspruch auf eine Vergütung in Höhe eines der folgenden Beträge haben:

(a) ein Teil der erwarteten Gewinnmarge aus dem Vertrag, der angemessen den Leistungsfortschritt des Unternehmens im Rahmen des Vertrags vor seiner Kündigung durch den Kunden (oder eine andere Partei) widerspiegelt, oder

(b) falls die vertragsspezifische Marge höher ist als die vom Unternehmen aus ähnlichen Verträgen üblicherweise generierte Rendite: eine angemessene Rendite auf die Kapitalkosten des Unternehmens für ähnliche Verträge (oder die typische operative Marge des Unternehmens für ähnliche Verträge).

B10 Der Zahlungsanspruch eines Unternehmens für die bereits erbrachten Leistungen muss kein aktueller unbedingter Zahlungsanspruch sein. In vielen Fällen wird ein Unternehmen einen unbedingten Zahlungsanspruch nur bei Erreichen eines vorab vereinbarten Leistungsziels oder bei vollständiger Erfüllung der Leistungsverpflichtung haben. Bei der Beurteilung, ob es einen Anspruch auf Bezahlung für die bereits erbrachten Leistungen hat, muss das Unternehmen berücksichtigen, ob es einen Rechtsanspruch auf Einforderung oder Einbehalt einer Zahlung für die bereits erbrachten Leistungen hat, wenn der Vertrag vor vollständiger Erfüllung aus anderen Gründen als der Nichterfüllung der vom Unternehmen zugesagten Leistung gekündigt wird.

B11 Bei manchen Verträgen hat ein Kunde möglicherweise nur zu bestimmten Zeitpunkten während der Vertragslaufzeit ein Recht zur Vertragskündigung oder aber gar kein Kündigungsrecht. Kündigt ein Kunde einen Vertrag, ohne zu diesem Zeitpunkt ein Kündigungsrecht zu haben (einschließlich bei Nichterfüllung seiner eigenen Vertragszusagen), so ist das Unternehmen möglicherweise gemäß Vertrag (oder gemäß Gesetz) dazu berechtigt, die im Vertrag zugesagten Güter oder Dienstleistungen weiter auf den Kunden zu übertragen und vom Kunden zu fordern, im Austausch für diese Güter oder Dienstleistungen die zugesagte Gegenleistung zu zahlen. In solchen Fällen hat das Unternehmen einen Zahlungsanspruch für die bereits erbrachten Leistungen, da es berechtigt ist, seine Verpflichtungen weiter gemäß dem Vertrag zu erfüllen und vom Kunden im Austausch die Erfüllung seiner Verpflichtungen (darunter die Zahlung der zugesagten Gegenleistung) zu fordern.

B12 Bei der Beurteilung, ob es einen Rechtsanspruch auf Bezahlung der bereits erbrachten Leistungen hat, muss das Unternehmen die Vertragsbedingungen sowie diesen gegebenenfalls vorgehende oder diese ergänzende gesetzliche Vorschriften oder Präzedenzfälle berücksichtigen. Hierfür prüft das Unternehmen unter anderem,

(a) ob es aufgrund des geltenden Rechts, aufgrund der gängigen Verwaltungspraxis oder aufgrund bestehender Präzedenzfälle Anspruch auf Bezahlung der bereits erbrachten Leistungen hat, auch wenn dies im Vertrag mit dem Kunden nicht ausdrücklich vorgesehen ist,

(b) ob nach den relevanten Präzedenzfällen davon auszugehen ist, dass die unter vergleichbaren Verträgen entstandenen vergleichbaren Ansprüche auf Bezahlung der bereits erbrachten Leistungen keine rechtlich bindende Wirkung entfalten, oder

(c) ob seine Geschäftsgepflogenheiten (bisheriger Verzicht, derartige Zahlungsansprüche geltend zu machen) es implizieren, dass dieser Rechtsanspruch in diesem rechtlichen Umfeld nicht durchgesetzt werden kann. Ungeachtet der Möglichkeit, dass das Unternehmen bei ähnlichen Verträgen auf seinen Zahlungsanspruch verzichtet, bleibt sein Anspruch auf Bezahlung der bereits erbrachten Leistungen bestehen, wenn der Anspruch auf Bezahlung der bereits erbrachten Leistungen im Vertrag mit dem Kunden festgelegt ist.

B13 Ein in einem Vertrag festgelegter Zahlungsplan ist nicht automatisch ein Indikator für den Zahlungsanspruch des Unternehmens für die bereits erbrachte Leistung. Zwar sind in einem vertraglich vereinbarten Zahlungsplan die Zeitpunkte und die Höhe der vom Kunden zu zahlenden Gegenleistungen festgelegt, doch lässt sich daraus nicht unbedingt ein Zahlungsanspruch des Unternehmens für die bereits erbrachte Leistung ableiten. So kann der Vertrag beispielsweise vorsehen, dass die vom Kunden erhaltene Gegenleistung aus anderen Gründen als der Nichterfüllung der vom Unternehmen vertraglich zugesagten Leistungen erstattet werden muss.

Methoden zur Bestimmung des Leistungsfortschritts im Hinblick auf die vollständige Erfüllung einer Leistungsverpflichtung

B14 Zur Bestimmung des Leistungsfortschritts, den das Unternehmen im Sinne der Paragraphen 35–37 im Hinblick auf die vollständige Erfüllung einer Leistungsverpflichtung über einen bestimmten Zeitraum erzielt hat, können unter anderem folgende Methoden angewandt werden:

(a) outputbasierte Methoden (siehe Paragraphen B15–B17) und

(b) inputbasierte Methoden (siehe Paragraphen B18–B19).

Right to payment for performance completed to date (paragraph 35 (c))

In accordance with paragraph 37, an entity has a right to payment for performance completed to date if the entity would be entitled to an amount that at least compensates the entity for its performance completed to date in the event that the customer or another party terminates the contract for reasons other than the entity's failure to perform as promised. An amount that would compensate an entity for performance completed to date would be an amount that approximates the selling price of the goods or services transferred to date (for example, recovery of the costs incurred by an entity in satisfying the performance obligation plus a reasonable profit margin) rather than compensation for only the entity's potential loss of profit if the contract were to be terminated. Compensation for a reasonable profit margin need not equal the profit margin expected if the contract was fulfilled as promised, but an entity should be entitled to compensation for either of the following amounts: **B9**

(a) a proportion of the expected profit margin in the contract that reasonably reflects the extent of the entity's performance under the contract before termination by the customer (or another party); or
(b) a reasonable return on the entity's cost of capital for similar contracts (or the entity's typical operating margin for similar contracts) if the contract-specific margin is higher than the return the entity usually generates from similar contracts.

An entity's right to payment for performance completed to date need not be a present unconditional right to payment. In many cases, an entity will have an unconditional right to payment only at an agreed-upon milestone or upon complete satisfaction of the performance obligation. In assessing whether it has a right to payment for performance completed to date, an entity shall consider whether it would have an enforceable right to demand or retain payment for performance completed to date if the contract were to be terminated before completion for reasons other than the entity's failure to perform as promised. **B10**

In some contracts, a customer may have a right to terminate the contract only at specified times during the life of the contract or the customer might not have any right to terminate the contract. If a customer acts to terminate a contract without having the right to terminate the contract at that time (including when a customer fails to perform its obligations as promised), the contract (or other laws) might entitle the entity to continue to transfer to the customer the goods or services promised in the contract and require the customer to pay the consideration promised in exchange for those goods or services. In those circumstances, an entity has a right to payment for performance completed to date because the entity has a right to continue to perform its obligations in accordance with the contract and to require the customer to perform its obligations (which include paying the promised consideration). **B11**

In assessing the existence and enforceability of a right to payment for performance completed to date, an entity shall consider the contractual terms as well as any legislation or legal precedent that could supplement or override those contractual terms. This would include an assessment of whether: **B12**

(a) legislation, administrative practice or legal precedent confers upon the entity a right to payment for performance to date even though that right is not specified in the contract with the customer;
(b) relevant legal precedent indicates that similar rights to payment for performance completed to date in similar contracts have no binding legal effect; or
(c) an entity's customary business practices of choosing not to enforce a right to payment has resulted in the right being rendered unenforceable in that legal environment. However, notwithstanding that an entity may choose to waive its right to payment in similar contracts, an entity would continue to have a right to payment to date if, in the contract with the customer, its right to payment for performance to date remains enforceable.

The payment schedule specified in a contract does not necessarily indicate whether an entity has an enforceable right to payment for performance completed to date. Although the payment schedule in a contract specifies the timing and amount of consideration that is payable by a customer, the payment schedule might not necessarily provide evidence of the entity's right to payment for performance completed to date. This is because, for example, the contract could specify that the consideration received from the customer is refundable for reasons other than the entity failing to perform as promised in the contract. **B13**

Methods for measuring progress towards complete satisfaction of a performance obligation

Methods that can be used to measure an entity's progress towards complete satisfaction of a performance obligation satisfied over time in accordance with paragraphs 35–37 include the following: **B14**

(a) output methods (see paragraphs B15—B17); and
(b) input methods (see paragraphs B18—B19).

Outputbasierte Methoden

B15 Bei outputbasierten Methoden werden die Erlöse auf Basis der direkten Ermittlung des Werts erfasst, den die bisher übertragenen Güter oder Dienstleistungen für den Kunden im Verhältnis zu den verbleibenden vertraglich zugesagten Gütern oder Dienstleistungen darstellen. Zu den outputbasierten Methoden zählen Methoden wie die Messung der bereits erbrachten Leistungen und die Ermittlung der erzielten Ergebnisse, erreichten Leistungsziele, abgelaufenen Zeit und erstellten oder gelieferten Einheiten. Bei der Beurteilung, ob das Unternehmen eine outputbasierte Methode zur Bestimmung seines Leistungsfortschritts anwenden soll, hat es zu berücksichtigen, ob der gewählte Output ein getreues Bild der bisher erbrachten Leistungen des Unternehmens im Hinblick auf die vollständige Erfüllung der Leistungsverpflichtung vermittelt. Eine outputbasierte Methode vermittelt kein getreues Bild der Leistung des Unternehmens, wenn der gewählte Output einige der Güter oder Dienstleistungen, für die die Verfügungsgewalt auf den Kunden übertragen wurde, nicht abbildet. Beispielsweise vermitteln outputbasierte Methoden, die auf erstellten oder gelieferten Einheiten basieren, kein getreues Bild des Leistungsfortschritts eines Unternehmens im Hinblick auf die Erfüllung seiner Leistungsverpflichtung, wenn durch die Leistung des Unternehmens zum Ende der Berichtsperiode unfertige Leistungen oder fertige Erzeugnisse in der Verfügungsgewalt des Kunden erstellt wurden, die im ermittelten Output nicht enthalten sind.

B16 Als praktischer Behelf kann ein Unternehmen, das Anspruch auf eine Gegenleistung von einem Kunden hat, deren Höhe direkt dem Wert entspricht, den die vom Unternehmen bereits erbrachten Leistungen für den Kunden haben (z. B. ein Dienstleistungsvertrag, bei dem ein Unternehmen einen festen Betrag für jede geleistete Stunde in Rechnung stellt), Erlöse in Höhe des Betrags erfassen, den das Unternehmen in Rechnung stellen darf.

B17 Der Nachteil der outputbasierten Methoden ist, dass die zur Bestimmung des Leistungsfortschritts verwendeten Outputs unter Umständen nicht unmittelbar beobachtbar sind und das Unternehmen die zu ihrer Anwendung notwendigen Informationen unter Umständen nur zu unverhältnismäßig hohen Kosten beschaffen kann. Daher kann eine inputbasierte Methode angezeigt sein.

Inputbasierte Methoden

B18 Bei inputbasierten Methoden werden die Erlöse auf Basis der Anstrengungen oder Inputs erfasst, die das Unternehmen zur Erfüllung einer Leistungsverpflichtung bisher aufgewandt hat (z. B. verbrauchte Ressourcen, aufgewendete Arbeitsstunden, entstandene Kosten, vergangene Zeit oder Maschinennutzung in Stunden) im Verhältnis zu den Anstrengungen oder Inputs, die insgesamt zur Erfüllung dieser Leistungsverpflichtung erwartet werden. Erfolgen die Anstrengungen oder Inputs des Unternehmens gleichmäßig über den Zeitraum der Leistungserbringung, so kann es für das Unternehmen angemessen sein, die Erlöse linear zu erfassen.

B19 Ein Nachteil der inputbasierten Methoden ist, dass es unter Umständen keine direkte Beziehung zwischen den Inputs des Unternehmens und der Übertragung der Verfügungsgewalt über Güter oder Dienstleistungen auf den Kunden gibt. Daher muss das Unternehmen bei der inputbasierten Methode die Auswirkungen von Inputs ausnehmen, die Im Sinne der Bestimmung des Leistungsfortschritts nach Paragraph 39 kein getreues Bild der Leistung des Unternehmens bei der Übertragung der Verfügungsgewalt über Güter oder Dienstleistungen auf den Kunden darstellen. Beispielsweise kann bei der Verwendung einer inputbasierten Methode eine Anpassung der Bestimmung des Leistungsfortschritts erforderlich sein, wenn die Methode auf Kosten beruht und

(a) die entstandenen Kosten nicht zum Leistungsfortschritt im Hinblick auf die Erfüllung der Leistungsverpflichtung des Unternehmens beitragen; so darf das Unternehmen keinen Erlös auf der Grundlage entstandener Kosten erfassen, die beträchtlichen Ineffizienzen bei der Leistung des Unternehmens geschuldet sind, welche im vertraglich vereinbarten Preis nicht widergespiegelt sind (z. B. Kosten für unerwartete Mengen verschwendeter Materialien, Arbeit oder anderer Ressourcen, die zur Erfüllung der Leistungsverpflichtung angefallen sind),

(b) die entstandenen Kosten nicht zum Leistungsfortschritt im Hinblick auf die Erfüllung der Leistungsverpflichtung des Unternehmens im Verhältnis stehen; in solchen Fällen kann es erforderlich sein, die inputbasierte Methode so anzupassen, dass Erlöse nur in Höhe der bei der betreffenden Leistungserbringung entstandenen Kosten erfasst werden, um die Leistung des Unternehmens bestmöglich abzubilden; beispielsweise kann es ein getreues Bild der Leistung eines Unternehmens sein, Erlöse in einer Höhe zu erfassen, die den Kosten eines zur Erfüllung der Leistungsverpflichtung genutzten Gutes entspricht, wenn das Unternehmen bei Vertragsabschluss erwartet, dass alle folgenden Bedingungen erfüllt sind:

   (i) das Gut ist nicht eigenständig abgrenzbar,

   (ii) es wird erwartet, dass der Kunde die Verfügungsgewalt über das Gut deutlich vor Erhalt der in Verbindung mit dem Gut stehenden Dienstleistungen erlangt,

   (iii) die Kosten des übertragenen Gutes sind im Verhältnis zu den insgesamt für die vollständige Erfüllung der Leistungsverpflichtung erwarteten Kosten beträchtlich und

   (iv) das Unternehmen beschafft das Gut von einem Dritten und ist nicht in erheblichem Maße in die Konzeption und Herstellung des Gutes involviert (handelt aber gemäß den Paragraphen B34–B38 als Prinzipal).

Output methods

Output methods recognise revenue on the basis of direct measurements of the value to the customer of the goods or services transferred to date relative to the remaining goods or services promised under the contract. Output methods include methods such as surveys of performance completed to date, appraisals of results achieved, milestones reached, time elapsed and units produced or units delivered. When an entity evaluates whether to apply an output method to measure its progress, the entity shall consider whether the output selected would faithfully depict the entity's performance towards complete satisfaction of the performance obligation. An output method would not provide a faithful depiction of the entity's performance if the output selected would fail to measure some of the goods or services for which control has transferred to the customer. For example, output methods based on units produced or units delivered would not faithfully depict an entity's performance in satisfying a performance obligation if, at the end of the reporting period, the entity's performance has produced work in progress or finished goods controlled by the customer that are not included in the measurement of the output. **B15**

As a practical expedient, if an entity has a right to consideration from a customer in an amount that corresponds directly with the value to the customer of the entity's performance completed to date (for example, a service contract in which an entity bills a fixed amount for each hour of service provided), the entity may recognise revenue in the amount to which the entity has a right to invoice. **B16**

The disadvantages of output methods are that the outputs used to measure progress may not be directly observable and the information required to apply them may not be available to an entity without undue cost. Therefore, an input method may be necessary. **B17**

Input methods

Input methods recognise revenue on the basis of the entity's efforts or inputs to the satisfaction of a performance obligation (for example, resources consumed, labour hours expended, costs incurred, time elapsed or machine hours used) relative to the total expected inputs to the satisfaction of that performance obligation. If the entity's efforts or inputs are expended evenly throughout the performance period, it may be appropriate for the entity to recognise revenue on a straight-line basis. **B18**

A shortcoming of input methods is that there may not be a direct relationship between an entity's inputs and the transfer of control of goods or services to a customer. Therefore, an entity shall exclude from an input method the effects of any inputs that, in accordance with the objective of measuring progress in paragraph 39, do not depict the entity's performance in transferring control of goods or services to the customer. For instance, when using a cost-based input method, an adjustment to the measure of progress may be required in the following circumstances: **B19**

(a) When a cost incurred does not contribute to an entity's progress in satisfying the performance obligation. For example, an entity would not recognise revenue on the basis of costs incurred that are attributable to significant inefficiencies in the entity's performance that were not reflected in the price of the contract (for example, the costs of unexpected amounts of wasted materials, labour or other resources that were incurred to satisfy the performance obligation).

(b) When a cost incurred is not proportionate to the entity's progress in satisfying the performance obligation. In those circumstances, the best depiction of the entity's performance may be to adjust the input method to recognise revenue only to the extent of that cost incurred. For example, a faithful depiction of an entity's performance might be to recognise revenue at an amount equal to the cost of a good used to satisfy a performance obligation if the entity expects at contract inception that all of the following conditions would be met:
   (i) the good is not distinct;
   (ii) the customer is expected to obtain control of the good significantly before receiving services related to the good;
   (iii) the cost of the transferred good is significant relative to the total expected costs to completely satisfy the performance obligation; and
   (iv) the entity procures the good from a third party and is not significantly involved in designing and manufacturing the good (but the entity is acting as a principal in accordance with paragraphs B34—B38).

Verkauf mit Rückgaberecht

B20 Bei bestimmten Verträgen überträgt das Unternehmen die Verfügungsgewalt für ein Produkt auf einen Kunden und räumt diesem gleichzeitig das Recht ein, das Produkt aus verschiedenen Gründen (beispielsweise Unzufriedenheit mit dem Produkt) gegen eine beliebige Kombination der folgenden Leistungen zurückzugeben:
(a) vollständige oder teilweise Rückerstattung der gezahlten Gegenleistung,
(b) Gutschrift auf dem Unternehmen bereits geschuldete oder künftig zustehende Beträge und
(c) Umtausch gegen ein anderes Produkt.

B21 Bei einer Übertragung von Produkten mit Rückgaberecht (sowie von bestimmten Dienstleistungen, die vorbehaltlich einer Rückerstattung geleistet werden) erfasst das Unternehmen alle folgenden Elemente:
(a) Erlöse für die übertragenen Produkte in Höhe der Gegenleistung, die dem Unternehmen voraussichtlich zusteht (d. h. für die Produkte, mit deren Rückgabe gerechnet wird, werden keine Erlöse erfasst),
(b) eine Rückerstattungsverbindlichkeit und
(c) einen Vermögenswert (und die entsprechende Anpassung der Umsatzkosten) für sein Recht, bei Begleichung der Rückerstattungsverbindlichkeit Produkte vom Kunden wiederzuerlangen.

B22 Die Zusage des Unternehmens, ein Produkt während der Rückgabefrist zurückzunehmen, wird nicht als Leistungsverpflichtung erfasst, da bereits die Verpflichtung zur Rückerstattung erfasst wird.

B23 Zur Bestimmung der Höhe der Gegenleistung, die dem Unternehmen voraussichtlich zusteht, (d. h. ohne die Produkte, deren Rückgabe zu erwarten ist) hat das Unternehmen die Bestimmungen der Paragraphen 47–72 (einschließlich der Bestimmungen bezüglich Einschränkungen bei der Schätzung der variablen Gegenleistung nach den Paragraphen 56–58) anzuwenden. Für sämtliche erhaltenen (oder noch zu erhaltenden) Beträge, die dem Unternehmen voraussichtlich nicht zustehen, erfasst es die Erlöse nicht zum Zeitpunkt der Übertragung der Produkte auf den Kunden, sondern es erfasst die entsprechenden erhaltenen (oder noch zu erhaltenden) Beträge als Rückerstattungsverbindlichkeit. Am Ende jeder Berichtsperiode muss das Unternehmen die Bewertung der Beträge, die ihm voraussichtlich im Austausch für die übertragenen Produkte zustehen, anpassen und den Transaktionspreis – und damit auch den erfassten Erlös – entsprechend korrigieren.

B24 Das Unternehmen passt die Bewertung der Rückerstattungsverbindlichkeit am Ende jedes Berichtszeitraums an die geänderten Erwartungen im Hinblick auf die Rückerstattungsbeträge an. Das Unternehmen erfasst die entsprechende Anpassung als Erlös (oder als Erlösminderung).

B25 Ein Vermögenswert, der für das Recht des Unternehmens, bei Begleichung der Rückerstattungsverbindlichkeit Produkte vom Kunden wiederzuerlangen, erfasst wird, wird bei seinem erstmaligen Ansatz mit dem vorherigen Buchwert des Produkts (z. B. als Vorrat) abzüglich der erwarteten Kosten für seine Wiedererlangung (einschließlich potenzieller Wertminderungen der wiedererlangten Produkte) bewertet. Am Ende jeder Berichtsperiode muss das Unternehmen die Bewertung des Vermögenswerts in Anbetracht der geänderten Erwartungen im Hinblick auf die zurückzugebenden Produkte anpassen. Das Unternehmen weist den Vermögenswert gesondert von der Rückerstattungsverbindlichkeit aus.

B26 Tauschvorgänge, bei denen Kunden ein Produkt gegen ein gleichartiges, qualitativ gleichwertiges Erzeugnis in gleichem Zustand tauschen, das zum gleichen Preis verkauft wird (beispielsweise bei einem Tausch gegen eine andere Farbe oder Größe), sind nicht als Rückgaben im Sinne dieses Standards anzusehen.

B27 Verträge, bei denen ein Kunde ein fehlerhaftes gegen ein funktionsfähiges Produkt tauschen kann, sind gemäß den Garantie- und Gewährleistungsleitlinien der Paragraphen B28–B33 zu bewerten.

Garantien und Gewährleistungen

B28 In Verbindung mit dem Verkauf von Produkten (Güter oder Dienstleistungen) gewähren Unternehmen häufig auch Garantien oder Gewährleistungen (die vertraglich vereinbart, gesetzlich vorgeschrieben oder nach den Geschäftsgepflogenheiten des Unternehmens üblich sein können). Solche Garantie- bzw. Gewährleistungsverpflichtungen können je nach Branche und Vertrag von sehr verschiedener Art sein. Einige Garantie- bzw. Gewährleistungsverpflichtungen sichern dem Kunden zu, dass das betreffende Produkt den vertraglich vereinbarten Spezifikationen entspricht und deshalb so funktionieren wird, wie es von den Vertragsparteien vorgesehen wurde (assurance-type warranties). Andere Garantie- bzw. Gewährleistungsverpflichtungen bieten dem Kunden eine Leistung, die über die Zusicherung hinausgeht, dass das Produkt den vereinbarten Spezifikationen entspricht (service-type warranties).

B29 Wenn der Kunde wählen kann, ob er die Gewährleistungsverpflichtung separat erwerben möchte (z. B. bei separat in Rechnung gestellten oder verhandelten Garantien), stellt diese eine eigenständig abgrenzbare Dienstleistung dar, da das Unternehmen dem Kunden diese Dienstleistung zusätzlich zur Lieferung des Produkts, das die im Vertrag vereinbarten Funktionsmerkmale besitzt, zusichert. In diesem Fall bilanziert das Unternehmen die zugesagte Gewährleistungsverpflichtung als Leistungsverpflichtung im Sinne der Paragraphen 22–30 und ordnet dieser Leistungsverpflichtung gemäß den Paragraphen 73–86 einen Teil des Transaktionspreises zu.

Sale with a right of return

In some contracts, an entity transfers control of a product to a customer and also grants the customer the right to return the product for various reasons (such as dissatisfaction with the product) and receive any combination of the following: B20

(a) a full or partial refund of any consideration paid;

(b) a credit that can be applied against amounts owed, or that will be owed, to the entity; and

(c) another product in exchange.

To account for the transfer of products with a right of return (and for some services that are provided subject to a refund), an entity shall recognise all of the following: B21

(a) revenue for the transferred products in the amount of consideration to which the entity expects to be entitled (therefore, revenue would not be recognised for the products expected to be returned);

(b) a refund liability; and

(c) an asset (and corresponding adjustment to cost of sales) for its right to recover products from customers on settling the refund liability.

An entity's promise to stand ready to accept a returned product during the return period shall not be accounted for as a performance obligation in addition to the obligation to provide a refund. B22

An entity shall apply the requirements in paragraphs 47—72 (including the requirements for constraining estimates of variable consideration in paragraphs 56—58) to determine the amount of consideration to which the entity expects to be entitled (ie excluding the products expected to be returned). For any amounts received (or receivable) for which an entity does not expect to be entitled, the entity shall not recognise revenue when it transfers products to customers but shall recognise those amounts received (or receivable) as a refund liability. Subsequently, at the end of each reporting period, the entity shall update its assessment of amounts for which it expects to be entitled in exchange for the transferred products and make a corresponding change to the transaction price and, therefore, in the amount of revenue recognised. B23

An entity shall update the measurement of the refund liability at the end of each reporting period for changes in expectations about the amount of refunds. An entity shall recognise corresponding adjustments as revenue (or reductions of revenue). B24

An asset recognised for an entity's right to recover products from a customer on settling a refund liability shall initially be measured by reference to the former carrying amount of the product (for example, inventory) less any expected costs to recover those products (including potential decreases in the value to the entity of returned products). At the end of each reporting period, an entity shall update the measurement of the asset arising from changes in expectations about products to be returned. An entity shall present the asset separately from the refund liability. B25

Exchanges by customers of one product for another of the same type, quality, condition and price (for example, one colour or size for another) are not considered returns for the purposes of applying this Standard. B26

Contracts in which a customer may return a defective product in exchange for a functioning product shall be evaluated in accordance with the guidance on warranties in paragraphs B28—B33. B27

Warranties

It is common for an entity to provide (in accordance with the contract, the law or the entity's customary business practices) a warranty in connection with the sale of a product (whether a good or service). The nature of a warranty can vary significantly across industries and contracts. Some warranties provide a customer with assurance that the related product will function as the parties intended because it complies with agreed-upon specifications. Other warranties provide the customer with a service in addition to the assurance that the product complies with agreed-upon specifications. B28

If a customer has the option to purchase a warranty separately (for example, because the warranty is priced or negotiated separately), the warranty is a distinct service because the entity promises to provide the service to the customer in addition to the product that has the functionality described in the contract. In those circumstances, an entity shall account for the promised warranty as a performance obligation in accordance with paragraphs 22—30 and allocate a portion of the transaction price to that performance obligation in accordance with paragraphs 73—86. B29

B30 Wenn dem Kunden nicht die Möglichkeit gegeben wird, die Gewährleistungsverpflichtung separat zu erwerben, bilanziert das Unternehmen die Gewährleistungsverpflichtung gemäß IAS 37 *Rückstellungen, Eventualverbindlichkeiten und Eventualforderungen,* es sei denn, die zugesicherte Gewährleistungsverpflichtung oder ein Teil der zugesicherten Gewährleistungsverpflichtung stellt für den Kunden eine Leistung dar, die über die Zusicherung hinausgeht, dass das Produkt den vereinbarten Spezifikationen entspricht.

B31 Bei der Beurteilung, ob eine Gewährleistungs- oder Garantieverpflichtung für einen Kunden eine zusätzliche Leistung darstellt, die über die Zusicherung, dass das gelieferte Produkt den vertraglich vereinbarten Spezifikationen entspricht, hinausgeht, hat das Unternehmen unter anderem folgende Faktoren zu berücksichtigen:

(a) ob die Gewährleistungs- bzw. Garantieverpflichtung gesetzlich vorgeschrieben ist; wenn das Unternehmen gesetzlich verpflichtet ist, seinen Kunden eine Gewährleistung/Garantie einzuräumen, deutet das Vorhandensein des entsprechenden Gesetzes darauf hin, dass es sich nicht um eine Leistungsverpflichtung handelt, da derartige Vorschriften in der Regel dazu dienen, Kunden vor dem mit dem Kauf schadhafter Produkte verbundenen Risiko zu schützen,

(b) die Dauer der Gewährleistungs- bzw. Garantiefrist; je länger die Gewährleistungs- bzw. Garantiefrist, desto größer die Wahrscheinlichkeit, dass es sich um eine Leistungsverpflichtung handelt, da die Gewährleistungs-/Garantiezusage mit höherer Wahrscheinlichkeit eine über die Zusicherung, dass das gelieferte Produkt den vertraglich vereinbarten Spezifikationen entspricht, hinausgehende Leistung darstellt,

(c) die Art der Leistungen, die das Unternehmen zusagt; wenn ein Unternehmen besondere Leistungen (z. B. einen Retourentransport für ein schadhaftes Produkt) erbringen muss, um zusichern zu können, dass ein Produkt die vereinbarten Spezifikationen erfüllt, ist es unwahrscheinlich, dass dadurch eine Leistungsverpflichtung begründet wird.

B32 Wenn eine Gewährleistungs- oder Garantieverpflichtung oder ein Teil einer Gewährleistungs- oder Garantieverpflichtung für einen Kunden eine zusätzliche Leistung darstellt, die über die Zusicherung, dass das Produkt den vereinbarten Spezifikationen entspricht, hinausgeht, ist die zugesagte Leistung eine Leistungsverpflichtung. Daher ordnet das Unternehmen den Transaktionspreis dem Produkt und der Dienstleistung zu. Bietet das Unternehmen eine Gewährleistungs- oder Garantieverpflichtung an, die sowohl eine assurance-type warranty als auch eine service-type warranty beinhaltet, bei denen eine getrennte Bilanzierung schwierig ist, hat das Unternehmen beide zusammen als eine einzige Leistungsverpflichtung zu bilanzieren.

B33 Wenn das Unternehmen laut Gesetz für Schäden, die von seinen Produkten verursacht werden, finanziell haftet, handelt es sich dabei nicht um eine Leistungsverpflichtung. Beispielsweise kann ein Hersteller seine Produkte in einem Land verkaufen, in dem der Hersteller laut Gesetz für jegliche Schäden (beispielsweise an persönlichem Eigentum) haftet, die vom Verbraucher bei bestimmungsgemäßer Nutzung des Produkts verursacht werden. Ebenso sind Zusagen eines Unternehmens, den Kunden für etwaige Schäden und Ansprüche aus Patent-, Urheber-, Marken- oder sonstigen Rechtsverletzungen seiner Produkte zu entschädigen, keine Leistungsverpflichtungen. Das Unternehmen hat derartige Verpflichtungen gemäß IAS 37 zu bilanzieren.

Überlegungen zur Konstellation Prinzipal oder Agent

B34 Wenn eine andere Partei an der Lieferung von Gütern oder an der Erbringung von Dienstleistungen an den Kunden beteiligt ist, hat das Unternehmen die Art seiner Zusage zu bestimmen und festzustellen, ob seine Leistungsverpflichtung darin besteht, die Güter selbst zu liefern oder die Dienstleistungen selbst zu erbringen (und es damit als Prinzipal auftritt) oder darin, diese andere Partei mit der Lieferung der Güter oder der Erbringung der Dienstleistungen zu beauftragen (und das Unternehmen damit als Agent auftritt). Das Unternehmen bestimmt für jedes dem Kunden zugesagte spezifische Gut oder jede dem Kunden zugesagte spezifische Dienstleistung, ob es in diesem Fall als Prinzipal oder Agent tätig ist. Unter einem spezifischen Gut oder einer spezifischen Dienstleistung ist ein eigenständig abgrenzbares Gut oder eine eigenständig abgrenzbare Dienstleistung (oder ein eigenständig abgrenzbares Bündel von Gütern oder Dienstleistungen) zu verstehen, das/die dem Kunden zu liefern oder für diesen zu erbringen ist (siehe Paragraphen 27–30). Sieht ein Vertrag mit einem Kunden mehr als ein spezifisches Gut oder mehr als eine spezifische Dienstleistung vor, kann das Unternehmen bei einigen spezifischen Gütern oder Dienstleistungen als Prinzipal und bei anderen spezifischen Gütern oder Dienstleistungen als Agent tätig sein.

B34A Um die Art seiner Zusage zu bestimmen (siehe Paragraph B34), hat das Unternehmen

(a) die spezifischen Güter oder Dienstleistungen, die dem Kunden zu liefern bzw. für ihn zu erbringen sind (und bei denen es sich auch um ein Recht auf ein von einer anderen Partei zu lieferndes Gut oder eine von einer anderen Partei zu erbringende Dienstleistung handeln kann (siehe Paragraph 26)), zu identifizieren und

(b) für jedes spezifische Gut oder jede spezifische Dienstleistung zu beurteilen, ob es vor Übertragung auf den Kunden die Verfügungsgewalt (im Sinne von Paragraph 33) über dieses Gut oder diese Dienstleistung besitzt.

B35 Besitzt das Unternehmen die Verfügungsgewalt über ein spezifisches Gut oder eine spezifische Dienstleistung, bevor diese/s auf einen Kunden übertragen wird, ist es als Prinzipal tätig. Erlangt ein Unternehmen jedoch nur vorübergehend das Eigentumsrecht an einem spezifischen Gut, bevor dieses auf den Kunden übergeht, so besitzt es nicht zwangsläufig die

If a customer does not have the option to purchase a warranty separately, an entity shall account for the warranty in accordance with IAS 37 *Provisions, Contingent Liabilities and Contingent Assets* unless the promised warranty, or a part of the promised warranty, provides the customer with a service in addition to the assurance that the product complies with agreed-upon specifications. B30

In assessing whether a warranty provides a customer with a service in addition to the assurance that the product complies with agreed-upon specifications, an entity shall consider factors such as: B31

(a) Whether the warranty is required by law—if the entity is required by law to provide a warranty, the existence of that law indicates that the promised warranty is not a performance obligation because such requirements typically exist to protect customers from the risk of purchasing defective products.
(b) The length of the warranty coverage period—the longer the coverage period, the more likely it is that the promised warranty is a performance obligation because it is more likely to provide a service in addition to the assurance that the product complies with agreed-upon specifications.
(c) The nature of the tasks that the entity promises to perform—if it is necessary for an entity to perform specified tasks to provide the assurance that a product complies with agreed-upon specifications (for example, a return shipping service for a defective product), then those tasks likely do not give rise to a performance obligation.

If a warranty, or a part of a warranty, provides a customer with a service in addition to the assurance that the product complies with agreed-upon specifications, the promised service is a performance obligation. Therefore, an entity shall allocate the transaction price to the product and the service. If an entity promises both an assurance- type warranty and a service-type warranty but cannot reasonably account for them separately, the entity shall account for both of the warranties together as a single performance obligation. B32

A law that requires an entity to pay compensation if its products cause harm or damage does not give rise to a performance obligation. For example, a manufacturer might sell products in a jurisdiction in which the law holds the manufacturer liable for any damages (for example, to personal property) that might be caused by a consumer using a product for its intended purpose. Similarly, an entity's promise to indemnify the customer for liabilities and damages arising from claims of patent, copyright, trademark or other infringement by the entity's products does not give rise to a performance obligation. The entity shall account for such obligations in accordance with IAS 37. B33

Principal versus agent considerations

When another party is involved in providing goods or services to a customer, the entity shall determine whether the nature of its promise is a performance obligation to provide the specified goods or services itself (ie the entity is a principal) or to arrange for those goods or services to be provided by the other party (ie the entity is an agent). An entity determines whether it is a principal or an agent for each specified good or service promised to the customer. A specified good or service is a distinct good or service (or a distinct bundle of goods or services) to be provided to the customer (see paragraphs 27—30). If a contract with a customer includes more than one specified good or service, an entity could be a principal for some specified goods or services and an agent for others. B34

To determine the nature of its promise (as described in paragraph B34), the entity shall: B34A

(a) identify the specified goods or services to be provided to the customer (which, for example, could be a right to a good or service to be provided by another party (see paragraph 26)); and
(b) assess whether it controls (as described in paragraph 33) each specified good or service before that good or service is transferred to the customer.

An entity is a principal if it controls the specified good or service before that good or service is transferred to a customer. However, an entity does not necessarily control a specified good if the entity obtains legal title to that good only momentarily before legal title is transferred to a customer. An entity that is a principal may satisfy its performance obligation to B35

Verfügungsgewalt. Als Prinzipal kann das Unternehmen seiner Leistungsverpflichtung, d. h. seiner Verpflichtung zur Lieferung des spezifischen Guts oder zur Erbringung der spezifischen Dienstleistung selbst nachkommen oder eine andere Partei (beispielsweise einen Unterauftragnehmer) damit beauftragen, die Leistungsverpflichtung ganz oder teilweise in seinem Namen zu erfüllen.

B35A Wenn eine andere Partei an der Lieferung von Gütern oder der Erbringung von Dienstleistungen an einen Kunden beteiligt ist, so erlangt ein Unternehmen, das als Prinzipal auftritt, die Verfügungsgewalt über

(a) ein Gut oder einen anderen Vermögenswert der anderen Partei, das bzw. den es dann auf den Kunden überträgt,

(b) ein Recht auf eine von der anderen Partei zu erbringende Dienstleistung, das das Unternehmen in die Lage versetzt, diese Partei anzuweisen, die Dienstleistung in seinem Namen für den Kunden zu erbringen, oder

(c) ein Gut oder eine Dienstleistung der anderen Partei, das bzw. die es dann bei Lieferung des spezifischen Guts an oder Erbringung der spezifischen Dienstleistung für den Kunden mit anderen Gütern oder Dienstleistungen kombiniert. Erbringt das Unternehmen beispielsweise eine erhebliche Integrationsleistung, indem es die von einer anderen Partei gelieferten Güter oder erbrachten Dienstleistungen in das/die dem Kunden vertraglich zugesagte spezifische Gut bzw. spezifische Dienstleistung integriert (siehe Paragraph 29 (a)), so besitzt es vor der Übertragung an den Kunden die Verfügungsgewalt über das spezifische Gut oder die spezifische Dienstleistung. Dies ist darin begründet, dass das Unternehmen zuerst die Verfügungsgewalt über die Inputs für die spezifischen Güter oder Dienstleistungen erlangt (wozu auch Güter oder Dienstleistungen anderer Parteien zählen) und diese dann zur Erzeugung des kombinierten Outputs, d. h. des speziellen Guts oder der speziellen Dienstleistung, nutzt.

B35B Wenn (oder sobald) ein Unternehmen, das als Prinzipal auftritt, eine Leistungsverpflichtung erfüllt, erfasst es als Erlös die Gesamtgegenleistung, die es im Austausch für die Übertragung der spezifischen Güter oder Dienstleistungen erwartet.

B36 Das Unternehmen ist Agent, wenn seine Leistungsverpflichtung darin besteht, eine andere Partei mit der Lieferung des spezifischen Guts oder der Erbringung der spezifischen Dienstleistung zu beauftragen. Als Agent besitzt das Unternehmen die Verfügungsgewalt über ein von einer anderen Partei geliefertes spezifisches Gut oder eine von einer anderen Partei erbrachte spezifische Dienstleistung so lange nicht, wie dieses Gut oder diese Dienstleistung nicht auf den Kunden übertragen ist. Wenn (oder sobald) ein Unternehmen, das als Agent auftritt, eine Leistungsverpflichtung erfüllt, erfasst es als Erlös die Gebühr oder Provision, die es im Austausch für die Beauftragung der anderen Partei mit der Lieferung der speziellen Güter oder der Erbringung der speziellen Dienstleistungen erwartet. Die Gebühr oder Provision des Unternehmens ist gegebenenfalls der Teil der Gegenleistung, den das Unternehmen behält, nachdem es der anderen Partei die für die Lieferung der Güter oder die Erbringung der Dienstleistungen erhaltene Gegenleistung ausbezahlt hat.

B37 Zu den Indikatoren, die darauf hindeuten, dass ein Unternehmen vor der Übertragung eines spezifischen Guts oder einer spezifischen Dienstleistung auf den Kunden die Verfügungsgewalt über dieses Gut bzw. diese Dienstleistung besitzt (und somit als Prinzipal anzusehen ist (siehe Paragraph B35)) zählen unter anderem folgende:

(a) für die Erfüllung der Zusage, das spezifische Gut zu liefern oder die spezifische Dienstleistung zu erbringen, ist primär das Unternehmen verantwortlich; hierzu zählt in der Regel die Verantwortung dafür, dass das spezifische Gut oder die spezifische Dienstleistung vom Kunden akzeptiert wird (wie die primäre Verantwortung dafür, dass das Gut oder die Dienstleistung den Spezifikationen des Kunden entspricht); wenn für die Erfüllung der Zusage, das spezifische Gut zu liefern oder die spezifische Dienstleistung zu erbringen, primär das Unternehmen verantwortlich ist, kann dies darauf hindeuten, dass die andere an der Lieferung des spezifischen Guts oder der Erbringung der spezifischen Dienstleistung beteiligte Partei im Auftrag des Unternehmens tätig ist,

(b) das Unternehmen trägt vor der Übertragung des spezifischen Guts oder der spezifischen Dienstleistung auf einen Kunden oder nach Übertragung der Verfügungsgewalt auf den Kunden (z. B. wenn dieser ein Rückgaberecht hat) ein Bestandsrisiko; wenn das Unternehmen z. B. vor Anbahnung eines Vertrags mit einem Kunden das spezifische Gut oder die spezifische Dienstleistung erhält oder sich zu dessen bzw. deren Erhalt verpflichtet, kann dies darauf hindeuten, dass es vor der Übertragung auf den Kunden die Nutzung des Guts oder der Dienstleistung bestimmen und im Wesentlichen den verbleibenden Nutzen daraus ziehen kann,

(c) das Unternehmen verfügt bei der Festlegung des Preises für das spezifische Gut oder die spezifische Dienstleistung über Ermessensspielraum; wird der Preis, den der Kunde für das spezifische Gut oder die spezifische Dienstleistung zahlt, vom Unternehmen festgelegt, kann dies darauf hindeuten, dass das Unternehmen die Nutzung des Guts oder der Dienstleistung bestimmen und im Wesentlichen den verbleibenden Nutzen daraus ziehen kann; in einigen Fällen kann allerdings der Agent bei der Preisfestsetzung über Ermessensspielraum verfügen; so verfügt der Agent z. B. möglicherweise über eine gewisse Flexibilität bei der Preisfestsetzung, damit er aus seiner Leistung, andere Parteien mit der Lieferung von Gütern oder der Erbringung von Dienstleistungen zu beauftragen, zusätzliche Erlöse ziehen kann.

B37A Die in Paragraph B37 aufgeführten Indikatoren können je nach Art des spezifischen Guts oder der spezifischen Dienstleistung und je nach Vertragsbedingungen für die Beurteilung, ob ein Unternehmen die Verfügungsgewalt besitzt, mehr oder weniger relevant sein. Auch können bei anderen Verträgen andere Indikatoren überzeugendere Anhaltspunkte liefern.

B38 Tritt eine andere Partei in die Leistungsverpflichtungen und vertraglichen Rechte des Unternehmens ein, sodass dieses nicht mehr zur Übertragung des spezifischen Guts oder der spezifischen Dienstleistung auf den Kunden verpflichtet (und

provide the specified good or service itself or it may engage another party (for example, a subcontractor) to satisfy some or all of the performance obligation on its behalf.

When another party is involved in providing goods or services to a customer, an entity that is a principal obtains control of any one of the following: B35A

(a) a good or another asset from the other party that it then transfers to the customer.
(b) a right to a service to be performed by the other party, which gives the entity the ability to direct that party to provide the service to the customer on the entity's behalf.
(c) a good or service from the other party that it then combines with other goods or services in providing the specified good or service to the customer. For example, if an entity provides a significant service of integrating goods or services (see paragraph 29 (a)) provided by another party into the specified good or service for which the customer has contracted, the entity controls the specified good or service before that good or service is transferred to the customer. This is because the entity first obtains control of the inputs to the specified good or service (which includes goods or services from other parties) and directs their use to create the combined output that is the specified good or service.

When (or as) an entity that is a principal satisfies a performance obligation, the entity recognises revenue in the gross amount of consideration to which it expects to be entitled in exchange for the specified good or service transferred. B35B

An entity is an agent if the entity's performance obligation is to arrange for the provision of the specified good or service by another party. An entity that is an agent does not control the specified good or service provided by another party before that good or service is transferred to the customer. When (or as) an entity that is an agent satisfies a performance obligation, the entity recognises revenue in the amount of any fee or commission to which it expects to be entitled in exchange for arranging for the specified goods or services to be provided by the other party. An entity's fee or commission might be the net amount of consideration that the entity retains after paying the other party the consideration received in exchange for the goods or services to be provided by that party. B36

Indicators that an entity controls the specified good or service before it is transferred to the customer (and is therefore a principal (see paragraph B35)) include, but are not limited to, the following: B37

(a) the entity is primarily responsible for fulfilling the promise to provide the specified good or service. This typically includes responsibility for the acceptability of the specified good or service (for example, primary responsibility for the good or service meeting customer specifications). If the entity is primarily responsible for fulfilling the promise to provide the specified good or service, this may indicate that the other party involved in providing the specified good or service is acting on the entity's behalf.
(b) the entity has inventory risk before the specified good or service has been transferred to a customer or after transfer of control to the customer (for example, if the customer has a right of return). For example, if the entity obtains, or commits itself to obtain, the specified good or service before obtaining a contract with a customer, that may indicate that the entity has the ability to direct the use of, and obtain substantially all of the remaining benefits from, the good or service before it is transferred to the customer.
(c) the entity has discretion in establishing the price for the specified good or service. Establishing the price that the customer pays for the specified good or service may indicate that the entity has the ability to direct the use of that good or service and obtain substantially all of the remaining benefits. However, an agent can have discretion in establishing prices in some cases. For example, an agent may have some flexibility in setting prices in order to generate additional revenue from its service of arranging for goods or services to be provided by other parties to customers.

The indicators in paragraph B37 may be more or less relevant to the assessment of control depending on the nature of the specified good or service and the terms and conditions of the contract. In addition, different indicators may provide more persuasive evidence in different contracts. B37A

If another entity assumes the entity's performance obligations and contractual rights in the contract so that the entity is no longer obliged to satisfy the performance obligation to transfer the specified good or service to the customer (ie the B38

somit kein Prinzipal mehr) ist, darf das Unternehmen für diese Leistungsverpflichtung keine Erlöse erfassen. Stattdessen hat es zu prüfen, ob es Erlöse dafür erfassen soll, dass es seiner Verpflichtung zur Anbahnung eines Vertrags für die andere Partei nachkommt (d. h. ob es als Agent auftritt).

Optionen des Kunden für den Erwerb zusätzlicher Güter oder Dienstleistungen

B39 Optionen des Kunden für den kostenlosen oder vergünstigten Erwerb zusätzlicher Güter oder Dienstleistungen gibt es in zahlreichen Formen, beispielsweise in Form von Kaufanreizen, Treueprämien (oder -punkten), Vertragsverlängerungsoptionen oder sonstigen Preisnachlässen auf später zu erwerbende Güter oder Dienstleistungen.

B40 Räumt das Unternehmen einem Kunden in einem Vertrag die Option für den Erwerb zusätzlicher Güter oder Dienstleistungen ein, so ergibt sich aus dieser Option nur dann eine vertragliche Leistungsverpflichtung, wenn die Option dem Kunden ein wesentliches Recht gewährt, das dieser ohne den Abschluss dieses Vertrags nicht erhalten würde (beispielsweise ein Preisnachlass, der über den Rabatten liegt, die dieser Kundenkategorie in dieser Region oder auf diesem Markt üblicherweise für gleichartige Güter oder Dienstleistungen gewährt werden). Wenn die Option dem Kunden ein wesentliches Recht gewährt, so entsteht eine Situation, in der der Kunde das Unternehmen im Voraus für später zu erwerbende Güter oder Dienstleistungen vergütet und das Unternehmen die entsprechenden Erlöse dann erfasst, wenn diese Güter oder Dienstleistungen übertragen werden oder wenn die Option ausläuft.

B41 Wenn einem Kunden die Option eingeräumt wird, zusätzliche Güter oder Dienstleistungen zu einem Preis zu erwerben, der dem Einzelverkaufspreis für diese Güter oder Dienstleistungen entspricht, so gewährt diese Option dem Kunden kein wesentliches Recht, selbst wenn diese Option nur aufgrund des Abschlusses des vorherigen Vertrags ausgeübt werden kann. In solchen Fällen ist das Angebot des Unternehmens als Werbeangebot einzustufen und erst dann gemäß dem vorliegenden Standard zu bilanzieren, wenn der Kunde die Option für den Erwerb der zusätzlichen Güter oder Dienstleistungen ausübt.

B42 Nach Paragraph 74 hat das Unternehmen den Transaktionspreis auf Basis der relativen Einzelverkaufspreise auf die einzelnen Leistungsverpflichtungen aufzuteilen. Ist der Einzelverkaufspreis der Option des Kunden für den Erwerb zusätzlicher Güter oder Dienstleistungen nicht direkt beobachtbar, hat das Unternehmen diesen Preis zu schätzen. Diese Schätzung muss dem Preisnachlass Rechnung tragen, den der Kunde erhält, wenn er die Option ausübt, und die beiden folgenden Faktoren berücksichtigen:

(a) jeglichen Preisnachlass, den der Kunde erhalten könnte, ohne die Option auszuüben, und

(b) die Wahrscheinlichkeit, dass die Option ausgeübt wird.

B43 Wenn dem Kunden mit der Option ein wesentliches Recht für den zukünftigen Erwerb von Gütern oder Dienstleistungen gewährt wird, die den ursprünglichen Gütern oder Dienstleistungen des Vertrags vergleichbar sind und gemäß den Bedingungen des ursprünglichen Vertrags geliefert bzw. erbracht werden, so kann das Unternehmen anstatt den Einzelverkaufspreis der Option zu schätzen behelfsweise den Transaktionspreis auf Basis der voraussichtlich zu liefernden Güter oder zu erbringenden Dienstleistungen und der hierfür erwarteten Gegenleistung auf die Güter oder Dienstleistungen der Option aufteilen. Solche Optionen kommen in der Regel einer Vertragsverlängerung gleich.

Nicht geltend gemachte Ansprüche des Kunden

B44 Nach Paragraph 106 hat das Unternehmen nach Erhalt einer Vorauszahlung eines Kunden für seine Leistungsverpflichtung, die darin besteht, Güter oder Dienstleistungen (künftig) auf den Kunden zu übertragen, eine Vertragsverbindlichkeit in Höhe des durch den Kunden vorausgezahlten Betrags zu erfassen. Das Unternehmen hat die Vertragsverbindlichkeit auszubuchen (und Erlöse zu erfassen), wenn es diese Güter oder Dienstleistungen überträgt und somit seine Leistungsverpflichtung erfüllt.

B45 Eine nicht rückerstattungsfähige Vorauszahlung, die ein Kunde an das Unternehmen leistet, räumt dem Kunden einen Anspruch auf den künftigen Erhalt eines Guts oder einer Dienstleistung ein (und verpflichtet das Unternehmen, die künftige Übertragung eines Guts oder einer Dienstleistung vorzusehen). Allerdings machen Kunden ihre vertraglichen Ansprüche nicht immer in vollem Umfang geltend. Die Nichtinanspruchnahme von Guthaben wird auch als „breakage" bezeichnet.

B46 Geht das Unternehmen bei einer Vertragsverbindlichkeit davon aus, dass ein Kunde seine Ansprüche nicht vollständig geltend macht, hat es den entsprechenden Betrag proportional zum Muster der vom Kunden geltend gemachten Ansprüche als Erlös zu erfassen. Anderenfalls hat es den erwarteten Betrag aus einer Nichtinanspruchnahme dann als Erlös zu erfassen, wenn die Wahrscheinlichkeit, dass der Kunde seine verbleibenden Ansprüche geltend macht, als sehr gering einzustufen ist. Bei der Beurteilung, ob ein Kunde seine Ansprüche voraussichtlich nicht vollständig geltend machen wird, hat das Unternehmen die in den Paragraphen 56–58 enthaltenen Bestimmungen zu Einschränkungen bei der Schätzung variabler Gegenleistungen zu beachten.

B47 Für jede erhaltene Gegenleistung, die nicht geltend gemachten Ansprüchen eines Kunden zuzuordnen ist und die das Unternehmen nach geltendem Eigentumsrecht an einen Dritten, z. B. eine staatliche Stelle, weiterleiten muss, hat das Unternehmen eine Verbindlichkeit (und keinen Erlös) zu erfassen.

entity is no longer acting as the principal), the entity shall not recognise revenue for that performance obligation. Instead, the entity shall evaluate whether to recognise revenue for satisfying a performance obligation to obtain a contract for the other party (ie whether the entity is acting as an agent).

Customer options for additional goods or services

Customer options to acquire additional goods or services for free or at a discount come in many forms, including sales incentives, customer award credits (or points), contract renewal options or other discounts on future goods or services. **B39**

If, in a contract, an entity grants a customer the option to acquire additional goods or services, that option gives rise to a performance obligation in the contract only if the option provides a material right to the customer that it would not receive without entering into that contract (for example, a discount that is incremental to the range of discounts typically given for those goods or services to that class of customer in that geographical area or market). If the option provides a material right to the customer, the customer in effect pays the entity in advance for future goods or services and the entity recognises revenue when those future goods or services are transferred or when the option expires. **B40**

If a customer has the option to acquire an additional good or service at a price that would reflect the stand-alone selling price for that good or service, that option does not provide the customer with a material right even if the option can be exercised only by entering into a previous contract. In those cases, the entity has made a marketing offer that it shall account for in accordance with this Standard only when the customer exercises the option to purchase the additional goods or services. **B41**

Paragraph 74 requires an entity to allocate the transaction price to performance obligations on a relative stand- alone selling price basis. If the stand-alone selling price for a customer's option to acquire additional goods or services is not directly observable, an entity shall estimate it. That estimate shall reflect the discount that the customer would obtain when exercising the option, adjusted for both of the following: **B42**

(a) any discount that the customer could receive without exercising the option; and
(b) the likelihood that the option will be exercised.

If a customer has a material right to acquire future goods or services and those goods or services are similar to the original goods or services in the contract and are provided in accordance with the terms of the original contract, then an entity may, as a practical alternative to estimating the stand-alone selling price of the option, allocate the transaction price to the optional goods or services by reference to the goods or services expected to be provided and the corresponding expected consideration. Typically, those types of options are for contract renewals. **B43**

Customers' unexercised rights

In accordance with paragraph 106, upon receipt of a prepayment from a customer, an entity shall recognise a contract liability in the amount of the prepayment for its performance obligation to transfer, or to stand ready to transfer, goods or services in the future. An entity shall derecognise that contract liability (and recognise revenue) when it transfers those goods or services and, therefore, satisfies its performance obligation. **B44**

A customer's non-refundable prepayment to an entity gives the customer a right to receive a good or service in the future (and obliges the entity to stand ready to transfer a good or service). However, customers may not exercise all of their contractual rights. Those unexercised rights are often referred to as breakage. **B45**

If an entity expects to be entitled to a breakage amount in a contract liability, the entity shall recognise the expected breakage amount as revenue in proportion to the pattern of rights exercised by the customer. If an entity does not expect to be entitled to a breakage amount, the entity shall recognise the expected breakage amount as revenue when the likelihood of the customer exercising its remaining rights becomes remote. To determine whether an entity expects to be entitled to a breakage amount, the entity shall consider the requirements in paragraphs 56—58 on constraining estimates of variable consideration. **B46**

An entity shall recognise a liability (and not revenue) for any consideration received that is attributable to a customer's unexercised rights for which the entity is required to remit to another party, for example, a government entity in accordance with applicable unclaimed property laws. **B47**

Nicht rückerstattungsfähige, im Voraus zahlbare Entgelte (sowie einige damit zusammenhängende Kosten)

B48 Bei einigen Verträgen stellt das Unternehmen dem Kunden bei oder in zeitlicher Nähe zum Vertragsabschluss ein nicht rückerstattungsfähiges, im Voraus zahlbares Entgelt in Rechnung. Beispiele hierfür sind Aufnahmegebühren in Fitnessclubs, Anschlussgebühren bei Telekommunikationsverträgen, Einrichtungsgebühren bei einigen Dienstleistungsverträgen und Anfangsgebühren bei bestimmten Lieferverträgen.

B49 Um die in solchen Verträgen enthaltenen Leistungsverpflichtungen zu bestimmen, hat das Unternehmen zu beurteilen, ob sich das Entgelt auf die Übertragung eines zugesagten Guts oder einer zugesagten Dienstleistung bezieht. Auch wenn sich ein nicht rückerstattungsfähiges, im Voraus zahlbares Entgelt auf eine Tätigkeit bezieht, die das Unternehmen zur Erfüllung des Vertrags bei oder in zeitlicher Nähe zum Vertragsabschluss ausführen muss, hat diese Tätigkeit in vielen Fällen nicht die Übertragung eines zugesagten Guts oder einer zugesagten Dienstleistung auf den Kunden zur Folge (siehe Paragraph 25). Stattdessen ist dieses Entgelt eine Vorauszahlung für künftige Güter oder Dienstleistungen und muss deshalb bei Bereitstellung dieser Güter oder Erbringung dieser Dienstleistungen als Erlös erfasst werden. Räumt das Unternehmen dem Kunden eine Möglichkeit zur Vertragsverlängerung ein und verleiht diese Möglichkeit dem Kunden ein wesentliches Recht gemäß Paragraph B40, geht der Zeitraum der Erlöserfassung über den ursprünglichen Vertragszeitraum hinaus.

B50 Bezieht sich das nicht rückerstattungsfähige, im Voraus zahlbare Entgelt auf ein Gut oder eine Dienstleistung, hat das Unternehmen zu beurteilen, ob dieses Gut oder diese Dienstleistung als separate Leistungsverpflichtung gemäß den Paragraphen 22–30 zu bilanzieren ist.

B51 Das Unternehmen kann ein nicht rückerstattungsfähiges Entgelt zum Teil als Vergütung für die durch die Begründung eines Vertrags (oder andere, in Paragraph 25 beschriebene administrative Aufgaben) verursachten Kosten in Rechnung stellen. Sofern diese Aktivitäten zur Begründung des Vertrags nicht als Leistungsverpflichtung angesehen werden können, darf das Unternehmen sie (wie auch die damit verbundenen Kosten) nicht in die Messung des Leistungsfortschritts gemäß Paragraph B19 einbeziehen, weil sie nicht die Übertragung von Dienstleistungen auf den Kunden widerspiegeln. Das Unternehmen hat zu beurteilen, ob die zur Begründung des Vertrags entstandenen Kosten gemäß Paragraph 95 als Vermögenswert zu aktivieren sind.

Lizenzerteilung

B52 Eine Lizenz gibt einem Kunden das Recht auf Nutzung des geistigen Eigentums eines Unternehmens. Lizenzen für geistiges Eigentum können u. a. Folgendes zum Gegenstand haben:
(a) Software und Technologie,
(b) Filme, Musik und andere Medien und Formen der Unterhaltung,
(c) Franchise-Rechte und
(d) Patente, Markenzeichen und Urheberrechte.

B53 Das Unternehmen kann einem Kunden neben der Erteilung einer Lizenz oder mehrerer Lizenzen auch die Übertragung von Gütern oder Dienstleistungen zusagen. Diese Zusagen können ausdrücklich im Vertrag enthalten oder aber durch die Geschäftsgepflogenheiten, öffentlichen oder spezifischen Aussagen eines Unternehmens impliziert sein (siehe Paragraph 24). Wird in einem Vertrag mit einem Kunden neben der Übertragung von Gütern oder Dienstleistungen auch die Erteilung einer Lizenz oder mehrerer Lizenzen zugesagt, so verfährt das Unternehmen zur Identifizierung der einzelnen Leistungsverpflichtungen des Vertrags wie bei anderen Vertragsarten nach den Paragraphen 22–30.

B54 Ist die Zusage der Lizenzerteilung nicht gemäß den Paragraphen 26–30 von anderen im Vertrag zugesagten Gütern oder Dienstleistungen abgrenzbar, hat das Unternehmen sie mit den anderen zugesagten Gütern oder Dienstleistungen als eine einzige Leistungsverpflichtung zu bilanzieren. Nicht von anderen im Vertrag zugesagten Gütern oder Dienstleistungen abgrenzbare Lizenzen umfassen unter anderem:
(a) Lizenzen, die fester Bestandteil eines materiellen Guts sind und für dessen Funktion unverzichtbar sind, und
(b) Lizenzen, die der Kunde nur in Verbindung mit einer dazugehörigen Dienstleistung nutzen kann (wie einem von dem Unternehmen erbrachten Online-Dienst, der dem Kunden über die Lizenz den Zugriff auf Inhalte ermöglicht).

B55 Ist die Lizenz nicht eigenständig abgrenzbar, hat das Unternehmen nach den Paragraphen 31–38 zu bestimmen, ob die Leistungsverpflichtung (die die zugesagte Lizenz einschließt) über einen bestimmten Zeitraum oder zu einem bestimmten Zeitpunkt erfüllt wird.

B56 Ist die Zusage der Lizenzerteilung von den anderen im Vertrag zugesagten Gütern oder Dienstleistungen abgrenzbar und somit als separate Leistungsverpflichtung anzusehen, hat das Unternehmen zu bestimmen, ob die Lizenz zu einem bestimmten Zeitpunkt oder über einen bestimmten Zeitraum auf den Kunden übertragen wird. Wenn das Unternehmen diese Bestimmung vornimmt, hat es zu berücksichtigen, ob die zugesagte Lizenz dem Kunden entweder
(a) ein Recht auf Zugriff auf sein geistiges Eigentum – mit Stand über den gesamten Lizensierungszeitraum – einräumt oder
(b) ein Recht auf Nutzung seines geistigen Eigentums – mit Stand zum Zeitpunkt der Lizenzerteilung – einräumt.

Non-refundable upfront fees (and some related costs)

In some contracts, an entity charges a customer a non-refundable upfront fee at or near contract inception. Examples B48
include joining fees in health club membership contracts, activation fees in telecommunication contracts, setup fees in some services contracts and initial fees in some supply contracts.

To identify performance obligations in such contracts, an entity shall assess whether the fee relates to the transfer of a B49
promised good or service. In many cases, even though a non-refundable upfront fee relates to an activity that the entity is required to undertake at or near contract inception to fulfil the contract, that activity does not result in the transfer of a promised good or service to the customer (see paragraph 25). Instead, the upfront fee is an advance payment for future goods or services and, therefore, would be recognised as revenue when those future goods or services are provided. The revenue recognition period would extend beyond the initial contractual period if the entity grants the customer the option to renew the contract and that option provides the customer with a material right as described in paragraph B40.

If the non-refundable upfront fee relates to a good or service, the entity shall evaluate whether to account for the good or B50
service as a separate performance obligation in accordance with paragraphs 22—30.

An entity may charge a non-refundable fee in part as compensation for costs incurred in setting up a contract (or other B51
administrative tasks as described in paragraph 25). If those setup activities do not satisfy a performance obligation, the entity shall disregard those activities (and related costs) when measuring progress in accordance with paragraph B19. That is because the costs of setup activities do not depict the transfer of services to the customer. The entity shall assess whether costs incurred in setting up a contract have resulted in an asset that shall be recognised in accordance with paragraph 95.

Licensing

A licence establishes a customer's rights to the intellectual property of an entity. Licences of intellectual property may B52
include, but are not limited to, licences of any of the following:

(a) software and technology;
(b) motion pictures, music and other forms of media and entertainment;
(c) franchises; and
(d) patents, trademarks and copyrights.

In addition to a promise to grant a licence (or licences) to a customer, an entity may also promise to transfer other goods B53
or services to the customer. Those promises may be explicitly stated in the contract or implied by an entity's customary business practices, published policies or specific statements (see paragraph 24). As with other types of contracts, when a contract with a customer includes a promise to grant a licence (or licences) in addition to other promised goods or services, an entity applies paragraphs 22—30 to identify each of the performance obligations in the contract.

If the promise to grant a licence is not distinct from other promised goods or services in the contract in accordance with B54
paragraphs 26–30, an entity shall account for the promise to grant a licence and those other promised goods or services together as a single performance obligation. Examples of licences that are not distinct from other goods or services promised in the contract include the following:

(a) a licence that forms a component of a tangible good and that is integral to the functionality of the good; and
(b) a licence that the customer can benefit from only in conjunction with a related service (such as an online service provided by the entity that enables, by granting a licence, the customer to access content).

If the licence is not distinct, an entity shall apply paragraphs 31—38 to determine whether the performance obligation B55
(which includes the promised licence) is a performance obligation that is satisfied over time or satisfied at a point in time.

If the promise to grant the licence is distinct from the other promised goods or services in the contract and, therefore, the B56
promise to grant the licence is a separate performance obligation, an entity shall determine whether the licence transfers to a customer either at a point in time or over time. In making this determination, an entity shall consider whether the nature of the entity's promise in granting the licence to a customer is to provide the customer with either:

(a) a right to access the entity's intellectual property as it exists throughout the licence period; or
(b) a right to use the entity's intellectual property as it exists at the point in time at which the licence is granted.

Bestimmung der Art der Zusage

B57 [gestrichen]

B58 Die vom Unternehmen abgegebene Zusage zur Lizenzerteilung stellt eine Zusage zur Gewährung eines Rechts auf Zugang zu geistigem Eigentum des Unternehmens dar, wenn alle folgenden Bedingungen erfüllt sind:

(a) der Vertrag sieht vor oder der Kunde kann nach vernünftigem Ermessen davon ausgehen, dass das Unternehmen Aktivitäten durchführen wird, die sich in erheblichem Maße auf das geistige Eigentum, an dem der Kunde Rechte hält, auswirken (siehe Paragraphen B59 und B59A),

(b) durch die mit der Lizenz gewährten Rechte ist der Kunde unmittelbar von allen positiven oder negativen Auswirkungen der in Paragraph B58 (a) genannten Aktivitäten betroffen und

(c) mit der Durchführung solcher Aktivitäten wird weder ein Gut noch eine Dienstleistung auf den Kunden übertragen (siehe Paragraph 25).

B59 Zu den möglichen Indikatoren, bei deren Vorliegen der Kunde nach vernünftigem Ermessen davon ausgehen kann, dass das Unternehmen Aktivitäten durchführen wird, die sich in erheblichem Maße auf das geistige Eigentum auswirken, zählen die Geschäftsgepflogenheiten, öffentlichen oder spezifischen Aussagen des Unternehmens. Haben das Unternehmen und der Kunde ein gemeinsames wirtschaftliches Interesse (z. B. eine umsatzabhängige Lizenzgebühr) in Bezug auf das geistige Eigentum, an dem der Kunde Rechte hält, ist dies ein weiterer möglicher (wenn auch nicht zwingender) Indikator dafür, dass der Kunde nach vernünftigem Ermessen von der Durchführung solcher Aktivitäten durch das Unternehmen ausgehen kann.

B59A Die Aktivitäten des Unternehmens wirken sich in erheblichem Maße auf das geistige Eigentum, an dem der Kunde Rechte hält, aus, wenn entweder

(a) davon auszugehen ist, dass diese Aktivitäten die Form (beispielsweise die Konzeption oder den Inhalt) oder die Funktion (beispielsweise die Fähigkeit zur Ausführung einer Funktion oder Aufgabe) des geistigen Eigentums in erheblichem Maße ändern, oder

(b) die Fähigkeit des Kunden, Nutzen aus dem geistigen Eigentum zu ziehen, sich im Wesentlichen aus diesen Aktivitäten ableitet oder davon abhängig ist. So leitet sich beispielsweise der Nutzen einer Marke häufig von den laufenden Aktivitäten des Unternehmens, die den Wert des geistigen Eigentums fördern oder erhalten, ab oder ist von diesen abhängig.

Wenn das geistige Eigentum, an dem der Kunde Rechte hält, eine erhebliche eigenständige Funktion aufweist, leitet sich auch ein wesentlicher Teil des Nutzens dieses geistigen Eigentums von dieser Funktion ab. Folglich wirken sich die Aktivitäten des Unternehmens in diesem Fall nicht in erheblichem Maße auf die Fähigkeit des Kunden aus, den Nutzen aus diesem geistigen Eigentum zu ziehen, es sei denn, seine Form oder Funktion werden durch diese Aktivitäten in erheblichem Maße geändert. Beispiele für geistiges Eigentum, das häufig eine erhebliche eigenständige Funktion aufweist, sind Software, chemische Verbindungen oder Arzneimittelrezepturen sowie Medieninhalte (wie Filme, Fernsehshows und Musikaufnahmen).

B60 Sind die in Paragraph B58 genannten Bedingungen erfüllt, ist die Zusage zur Lizenzerteilung als eine über einen bestimmten Zeitraum erfüllte Leistungsverpflichtung zu bilanzieren, da der Nutzen, der mit dem Zugang zum geistigen Eigentum des Unternehmens verbunden ist, dem Kunden zufließt und er die Leistung gleichzeitig nutzt, während diese erbracht wird (siehe Paragraph 35 (a)). Zur Auswahl einer angemessenen Methode zur Messung des Leistungsfortschritts im Hinblick auf die vollständige Erfüllung dieser Leistungsverpflichtung hat das Unternehmen nach den Paragraphen 39–45 zu verfahren.

B61 Sind die in Paragraph B58 genannten Bedingungen nicht erfüllt, besteht die Zusage des Unternehmens darin, dem Kunden ein Recht auf Nutzung seines geistigen Eigentums – mit Stand (in Form und Funktion) zum Zeitpunkt der Lizenzerteilung – einzuräumen. Dies bedeutet, dass der Kunde zum Zeitpunkt der Lizenzerteilung die Nutzung der Lizenz bestimmen und im Wesentlichen den verbleibenden Nutzen daraus ziehen kann. Sagt das Unternehmen das Recht auf Nutzung seines geistigen Eigentums zu, ist diese Zusage als eine zu einem bestimmten Zeitpunkt erfüllte Leistungsverpflichtung zu bilanzieren. Den Zeitpunkt, zu dem die Lizenz auf den Kunden übertragen wird, hat das Unternehmen nach Paragraph 38 zu bestimmen. Allerdings können Erlöse aus einer Lizenz, die zur Nutzung des geistigen Eigentums des Unternehmens berechtigt, nicht vor Beginn des Zeitraums erfasst werden, in dem der Kunde die Lizenz verwenden und den Nutzen daraus ziehen kann. Beginnt z. B. ein Software-Lizenzzeitraum, bevor das Unternehmen dem Kunden den Code übermittelt (oder auf anderem Wege zur Verfügung stellt), der die sofortige Nutzung der Software ermöglicht, darf das Unternehmen den Erlös nicht vor der Übermittlung (oder anderweitigen Bereitstellung) dieses Codes erfassen.

B62 Bei der Beurteilung, ob eine Lizenz ein Recht auf Zugang zu geistigem Eigentum des Unternehmens oder ein Recht auf Nutzung von geistigem Eigentum des Unternehmens gewährt, darf ein Unternehmen die folgenden Faktoren nicht einbeziehen:

(a) zeitliche Beschränkungen, geografische Beschränkungen oder Nutzungsbeschränkungen; solche Beschränkungen stellen Merkmale der zugesagten Lizenz dar, legen aber nicht fest, ob das Unternehmen seine Leistungsverpflichtung zu einem bestimmten Zeitpunkt oder über einen bestimmten Zeitraum erfüllt,

Determining the nature of the entity's promise

[Deleted] B57

The nature of an entity's promise in granting a licence is a promise to provide a right to access the entity's intellectual property if all of the following criteria are met: B58

(a) the contract requires, or the customer reasonably expects, that the entity will undertake activities that significantly affect the intellectual property to which the customer has rights (see paragraphs B59 and B59A);
(b) the rights granted by the licence directly expose the customer to any positive or negative effects of the entity's activities identified in paragraph B58 (a); and
(c) those activities do not result in the transfer of a good or a service to the customer as those activities occur (see paragraph 25).

Factors that may indicate that a customer could reasonably expect that an entity will undertake activities that significantly affect the intellectual property include the entity's customary business practices, published policies or specific statements. Although not determinative, the existence of a shared economic interest (for example, a sales- based royalty) between the entity and the customer related to the intellectual property to which the customer has rights may also indicate that the customer could reasonably expect that the entity will undertake such activities. B59

An entity's activities significantly affect the intellectual property to which the customer has rights when either: B59A

(a) those activities are expected to significantly change the form (for example, the design or content) or the functionality (for example, the ability to perform a function or task) of the intellectual property; or
(b) the ability of the customer to obtain benefit from the intellectual property is substantially derived from, or dependent upon, those activities. For example, the benefit from a brand is often derived from, or dependent upon, the entity's ongoing activities that support or maintain the value of the intellectual property.

Accordingly, if the intellectual property to which the customer has rights has significant stand-alone functionality, a substantial portion of the benefit of that intellectual property is derived from that functionality. Consequently, the ability of the customer to obtain benefit from that intellectual property would not be significantly affected by the entity's activities unless those activities significantly change its form or functionality. Types of intellectual property that often have significant stand-alone functionality include software, biological compounds or drug formulas, and completed media content (for example, films, television shows and music recordings).

If the criteria in paragraph B58 are met, an entity shall account for the promise to grant a licence as a performance obligation satisfied over time because the customer will simultaneously receive and consume the benefit from the entity's performance of providing access to its intellectual property as the performance occurs (see paragraph 35 (a)). An entity shall apply paragraphs 39—45 to select an appropriate method to measure its progress towards complete satisfaction of that performance obligation to provide access. B60

If the criteria in paragraph B58 are not met, the nature of an entity's promise is to provide a right to use the entity's intellectual property as that intellectual property exists (in terms of form and functionality) at the point in time at which the licence is granted to the customer. This means that the customer can direct the use of, and obtain substantially all of the remaining benefits from, the licence at the point in time at which the licence transfers. An entity shall account for the promise to provide a right to use the entity's intellectual property as a performance obligation satisfied at a point in time. An entity shall apply paragraph 38 to determine the point in time at which the licence transfers to the customer. However, revenue cannot be recognised for a licence that provides a right to use the entity's intellectual property before the beginning of the period during which the customer is able to use and benefit from the licence. For example, if a software licence period begins before an entity provides (or otherwise makes available) to the customer a code that enables the customer to immediately use the software, the entity would not recognise revenue before that code has been provided (or otherwise made available). B61

An entity shall disregard the following factors when determining whether a licence provides a right to access the entity's intellectual property or a right to use the entity's intellectual property: B62

(a) Restrictions of time, geographical region or use—those restrictions define the attributes of the promised licence, rather than define whether the entity satisfies its performance obligation at a point in time or over time.

(b) eigene Zusicherungen, dass es in Bezug auf das geistige Eigentum über ein gültiges Patent verfügt und dieses vor unberechtigter Nutzung schützen wird; die Zusage, ein Patentrecht zu schützen, stellt keine Leistungsverpflichtung dar, da diese Schutzmaßnahmen dazu dienen, den Wert des geistigen Eigentums des Unternehmens zu schützen, und dem Kunden die Sicherheit geben, dass die übertragene Lizenz die vertraglich zugesagten Lizenzkonditionen erfüllt.

Umsatz- oder nutzungsabhängige Lizenzgebühren

B63 Unbeschadet der Vorschriften der Paragraphen 56–59 darf das Unternehmen für umsatz- oder nutzungsabhängige Lizenzgebühren, die im Austausch für eine Lizenz an geistigem Eigentum zugesagt wurden, Erlöse nur dann erfassen, wenn (oder sobald) das spätere der beiden folgenden Ereignisse eintritt:

(a) der Umsatz bzw. die Nutzung tritt ein und

(b) die Leistungsverpflichtung, der die umsatz- oder nutzungsabhängigen Lizenzgebühren ganz oder teilweise zugeordnet wurden, wurde vollständig (oder teilweise) erfüllt.

B63A Die in Paragraph B63 genannte Vorschrift im Hinblick auf umsatz- oder nutzungsabhängige Lizenzgebühren gilt für Fälle, in denen die Lizenzgebühr ausschließlich oder vorwiegend eine Lizenz zur Nutzung geistigen Eigentums betrifft (Letzteres kann beispielsweise der Fall sein, wenn das Unternehmen nach vernünftigem Ermessen davon ausgehen kann, dass der Kunde der Lizenz einen erheblich höheren Wert zuschreibt als den anderen Gütern oder Dienstleistungen, auf die sich die Lizenzgebühr bezieht).

B63B Ist die in Paragraph B63A genannte Vorschrift erfüllt, ist der Erlös aus einer umsatz- oder nutzungsabhängigen Lizenzgebühr zur Gänze gemäß Paragraph B63 zu erfassen. Ist die in Paragraph B63A genannte Vorschrift nicht erfüllt, gelten für die umsatz- oder nutzungsabhängige Lizenzgebühr die in den Paragraphen 50–59 enthaltenen Vorschriften für variable Gegenleistungen.

Rückkaufvereinbarungen

B64 Eine Rückkaufvereinbarung ist ein Vertrag, mit dem das Unternehmen einen Vermögenswert verkauft und außerdem (im Rahmen desselben oder eines anderen Vertrags) zusagt oder sich die Option einräumt, den Vermögenswert zurückzuerwerben. Der zurückerworbene Vermögenswert kann der Vermögenswert sein, der ursprünglich an den Kunden verkauft wurde, ein Vermögenswert, der diesem Vermögenswert im Wesentlichen gleicht, oder ein anderer Vermögenswert, dessen Bestandteil der ursprünglich verkaufte Vermögenswert ist.

B65 Die drei häufigsten Formen der Rückkaufvereinbarung sind:

(a) eine Verpflichtung des Unternehmens zum Rückkauf des Vermögenswerts (ein Termingeschäft),

(b) ein Recht des Unternehmens auf Rückkauf des Vermögenswerts (eine Kaufoption) und

(c) eine Verpflichtung des Unternehmens, den Vermögenswert auf Anfrage des Kunden zurückzuerwerben (eine Verkaufsoption).

Termingeschäfte und Kaufoptionen

B66 Ist das Unternehmen zum Rückkauf des Vermögenswerts verpflichtet oder berechtigt (Termingeschäft oder Kaufoption), erlangt der Kunde – selbst wenn er physisch im Besitz des Vermögenswerts ist – nicht die Verfügungsgewalt über den Vermögenswert, da er nur eingeschränkt in der Lage ist, die Nutzung des Vermögenswerts zu bestimmen und im Wesentlichen den verbleibenden Nutzen daraus zu ziehen. Das Unternehmen muss den Vertrag deshalb auf eine der beiden folgenden Arten bilanzieren:

(a) als Leasingverhältnis gemäß IFRS 16 *Leasingverhältnisse*, wenn das Unternehmen berechtigt oder verpflichtet ist, den Vermögenswert zu einem Betrag zurückzuerwerben, der unter dem ursprünglichen Verkaufspreis liegt, es sei denn, der Vertrag ist Teil einer Sale-and-Leaseback-Transaktion; ist der Vertrag Teil einer Sale-and-Leaseback-Transaktion, hat das Unternehmen den Vermögenswert weiterhin auszuweisen und für jede vom Kunden empfangene Gegenleistung eine finanzielle Verbindlichkeit zu erfassen; die finanzielle Verbindlichkeit hat das Unternehmen gemäß IFRS 9 zu bilanzieren; oder

(b) als Finanzierungsvereinbarung gemäß Paragraph B68, wenn das Unternehmen berechtigt oder verpflichtet ist, den Vermögenswert zu einem Betrag zurückzuerwerben, der dem ursprünglichen Verkaufspreis entspricht oder darüber liegt.

B67 Wenn das Unternehmen den Rückkaufpreis mit dem Verkaufspreis vergleicht, hat es den Zeitwert des Geldes zu berücksichtigen.

B68 Handelt es sich bei der Rückkaufvereinbarung um eine Finanzierungsvereinbarung, hat das Unternehmen den Vermögenswert weiterhin auszuweisen und zusätzlich für jede vom Kunden empfangene Gegenleistung eine finanzielle Verbindlichkeit zu erfassen. Die Differenz zwischen der vom Kunden empfangenen Gegenleistung und der an den Kunden zu zahlenden Gegenleistung ist als Zinsaufwendung sowie gegebenenfalls als Verwaltungs- oder Haltekosten (z. B. Versicherung) zu erfassen.

(b) Guarantees provided by the entity that it has a valid patent to intellectual property and that it will defend that patent from unauthorised use—a promise to defend a patent right is not a performance obligation because the act of defending a patent protects the value of the entity's intellectual property assets and provides assurance to the customer that the licence transferred meets the specifications of the licence promised in the contract.

Sales-based or usage-based royalties

Notwithstanding the requirements in paragraphs 56—59, an entity shall recognise revenue for a sales-based or usage-based royalty promised in exchange for a licence of intellectual property only when (or as) the later of the following events occurs: **B63**

(a) the subsequent sale or usage occurs; and
(b) the performance obligation to which some or all of the sales-based or usage-based royalty has been allocated has been satisfied (or partially satisfied).

The requirement for a sales-based or usage-based royalty in paragraph B63 applies when the royalty relates only to a licence of intellectual property or when a licence of intellectual property is the predominant item to which the royalty relates (for example, the licence of intellectual property may be the predominant item to which the royalty relates when the entity has a reasonable expectation that the customer would ascribe significantly more value to the licence than to the other goods or services to which the royalty relates). **B63A**

When the requirement in paragraph B63A is met, revenue from a sales-based or usage-based royalty shall be recognised wholly in accordance with paragraph B63. When the requirement in paragraph B63A is not met, the requirements on variable consideration in paragraphs 50—59 apply to the sales-based or usage-based royalty. **B63B**

Repurchase agreements

A repurchase agreement is a contract in which an entity sells an asset and also promises or has the option (either in the same contract or in another contract) to repurchase the asset. The repurchased asset may be the asset that was originally sold to the customer, an asset that is substantially the same as that asset, or another asset of which the asset that was originally sold is a component. **B64**

Repurchase agreements generally come in three forms: **B65**

(a) an entity's obligation to repurchase the asset (a forward);
(b) an entity's right to repurchase the asset (a call option); and
(c) an entity's obligation to repurchase the asset at the customer's request (a put option).

A forward or a call option

If an entity has an obligation or a right to repurchase the asset (a forward or a call option), a customer does not obtain control of the asset because the customer is limited in its ability to direct the use of, and obtain substantially all of the remaining benefits from, the asset even though the customer may have physical possession of the asset. Consequently, the entity shall account for the contract as either of the following: **B66**

(a) a lease in accordance with IFRS 16 *Leases* if the entity can or must repurchase the asset for an amount that is less than the original selling price of the asset, unless the contract is part of a sale and leaseback transaction. If the contract is part of a sale and leaseback transaction, the entity shall continue to recognise the asset and shall recognise a financial liability for any consideration received from the customer. The entity shall account for the financial liability in accordance with IFRS 9; or
(b) a financing arrangement in accordance with paragraph B68 if the entity can or must repurchase the asset for an amount that is equal to or more than the original selling price of the asset.

When comparing the repurchase price with the selling price, an entity shall consider the time value of money. **B67**

If the repurchase agreement is a financing arrangement, the entity shall continue to recognise the asset and also recognise a financial liability for any consideration received from the customer. The entity shall recognise the difference between the amount of consideration received from the customer and the amount of consideration to be paid to the customer as interest and, if applicable, as processing or holding costs (for example, insurance). **B68**

B69 Wird die Option nicht ausgeübt und verfällt, hat das Unternehmen die Verbindlichkeit auszubuchen und den entsprechenden Erlös zu erfassen.

Verkaufsoptionen

B70 Ist das Unternehmen verpflichtet, den Vermögenswert auf Anfrage des Kunden zu einem Preis unter dem ursprünglichen Verkaufspreis zurückzuerwerben (Verkaufsoption), hat es bei Vertragsabschluss zu beurteilen, ob es für den Kunden einen erheblichen wirtschaftlichen Anreiz zur Ausübung dieses Rechts gibt. Übt der Kunde dieses Recht aus, hat dies zur Folge, dass er dem Unternehmen effektiv eine Gegenleistung für das Recht zahlt, einen spezifizierten Vermögenswert für einen bestimmten Zeitraum zu nutzen. Hat der Kunde einen erheblichen wirtschaftlichen Anreiz zur Ausübung dieses Rechts, hat das Unternehmen die Vereinbarung deshalb als Leasingverhältnis gemäß IFRS 16 zu bilanzieren, es sei denn, der Vertrag ist Teil einer Sale-and-Leaseback-Transaktion. Ist der Vertrag Teil einer Sale-and-Leaseback-Transaktion, hat das Unternehmen den Vermögenswert weiterhin auszuweisen und für jede vom Kunden empfangene Gegenleistung eine finanzielle Verbindlichkeit zu erfassen. Die finanzielle Verbindlichkeit hat das Unternehmen gemäß IFRS 9 zu bilanzieren.

B71 Bei der Bestimmung, ob es für einen Kunden einen erheblichen wirtschaftlichen Anreiz zur Ausübung seines Rechts gibt, hat das Unternehmen verschiedene Faktoren zu berücksichtigen. Dazu zählen unter anderem das Verhältnis zwischen dem Rückkaufpreis und dem für den Zeitpunkt des Rückkaufs erwarteten Marktwert des Vermögenswerts sowie die bis zum Erlöschen des Rechts verbleibende Zeit. Wird beispielsweise davon ausgegangen, dass der Rückkaufpreis erheblich über dem Marktwert des Vermögenswerts liegen wird, kann dies ein Indikator dafür sein, dass der Kunde einen erheblichen wirtschaftlichen Anreiz zur Ausübung der Verkaufsoption hat.

B72 Gibt es für den Kunden keinen erheblichen wirtschaftlichen Anreiz, sein Recht zu einem Preis unter dem ursprünglichen Verkaufspreis des Vermögenswerts auszuüben, hat das Unternehmen die Vereinbarung wie einen in den Paragraphen B20–B27 beschriebenen Verkauf eines Produkts mit Rückgaberecht zu bilanzieren.

B73 Ist der Rückkaufpreis des Vermögenswerts gleich dem ursprünglichen Verkaufspreis oder höher als dieser und liegt er über dem erwarteten Marktwert, so handelt es sich bei dem Vertrag effektiv um eine Finanzierungsvereinbarung, die gemäß Paragraph B68 zu bilanzieren ist.

B74 Ist der Rückkaufpreis des Vermögenswerts gleich dem ursprünglichen Verkaufspreis oder höher als dieser und liegt er unter dem erwarteten Marktwert oder entspricht diesem, und hat der Kunde keinen erheblichen wirtschaftlichen Anreiz zur Ausübung seines Rechts, so hat das Unternehmen die Vereinbarung wie einen in den Paragraphen B20–B27 beschriebenen Verkauf eines Produkts mit Rückgaberecht zu bilanzieren.

B75 Wenn das Unternehmen den Rückkaufpreis mit dem Verkaufspreis vergleicht, hat es den Zeitwert des Geldes zu berücksichtigen.

B76 Wird die Option nicht ausgeübt und verfällt, hat das Unternehmen die Verbindlichkeit auszubuchen und den entsprechenden Erlös zu erfassen.

Kommissionsvereinbarungen

B77 Liefert ein Unternehmen einem Dritten (wie einem Händler oder einem Vertriebsunternehmen) ein Produkt zum Verkauf an Endkunden, hat das Unternehmen zu beurteilen, ob dieser Dritte zum Zeitpunkt der Lieferung die Verfügungsgewalt über das Produkt erlangt hat. Erlangt der Dritte nicht die Verfügungsgewalt über das Produkt, wurde es möglicherweise im Rahmen einer Kommissionsvereinbarung an den Dritten geliefert. Wenn der Dritte das gelieferte Produkt im Rahmen einer Kommissionsvereinbarung erhält, darf das Unternehmen bei Lieferung des Produkts an den Dritten keine Erlöse erfassen.

B78 Zu den Indikatoren, die darauf hindeuten, dass eine Vereinbarung als Kommissionsvereinbarung anzusehen ist, zählen unter anderem folgende:

(a) das Unternehmen besitzt die Verfügungsgewalt über das Produkt, bis ein spezifisches Ereignis, wie der Verkauf des Produkts an einen Kunden des Händlers, eintritt oder ein festgelegter Zeitraum abläuft,

(b) das Unternehmen kann die Rückgabe des Produkts verlangen oder das Produkt auf einen Dritten (z. B. einen anderen Händler) übertragen und

(c) der Händler ist nicht bedingungslos verpflichtet, für das Produkt eine Zahlung zu leisten (es kann jedoch eine Einlage von ihm verlangt werden).

Bill-and-hold-Vereinbarungen

B79 Eine Bill-and-hold-Vereinbarung ist ein Vertrag, bei dem das Unternehmen einem Kunden ein Produkt in Rechnung stellt, jedoch im physischen Besitz des Produkts bleibt, bis es zu einem späteren Zeitpunkt auf den Kunden übertragen wird. Ein Kunde könnte das Unternehmen beispielsweise um Abschluss eines solchen Vertrags bitten, da ihm zum gegebenen Zeitpunkt die notwendigen Lagerkapazitäten fehlen oder es in seiner Fertigung zu Verzögerungen gekommen ist.

If the option lapses unexercised, an entity shall derecognise the liability and recognise revenue. B69

A put option

If an entity has an obligation to repurchase the asset at the customer's request (a put option) at a price that is lower than the original selling price of the asset, the entity shall consider at contract inception whether the customer has a significant economic incentive to exercise that right. The customer's exercising of that right results in the customer effectively paying the entity consideration for the right to use a specified asset for a period of time. Therefore, if the customer has a significant economic incentive to exercise that right, the entity shall account for the agreement as a lease in accordance with IFRS 16, unless the contract is part of a sale and leaseback transaction. If the contract is part of a sale and leaseback transaction, the entity shall continue to recognise the asset and shall recognise a financial liability for any consideration received from the customer. The entity shall account for the financial liability in accordance with IFRS 9. B70

To determine whether a customer has a significant economic incentive to exercise its right, an entity shall consider various factors, including the relationship of the repurchase price to the expected market value of the asset at the date of the repurchase and the amount of time until the right expires. For example, if the repurchase price is expected to significantly exceed the market value of the asset, this may indicate that the customer has a significant economic incentive to exercise the put option. B71

If the customer does not have a significant economic incentive to exercise its right at a price that is lower than the original selling price of the asset, the entity shall account for the agreement as if it were the sale of a product with a right of return as described in paragraphs B20—B27. B72

If the repurchase price of the asset is equal to or greater than the original selling price and is more than the expected market value of the asset, the contract is in effect a financing arrangement and, therefore, shall be accounted for as described in paragraph B68. B73

If the repurchase price of the asset is equal to or greater than the original selling price and is less than or equal to the expected market value of the asset, and the customer does not have a significant economic incentive to exercise its right, then the entity shall account for the agreement as if it were the sale of a product with a right of return as described in paragraphs B20—B27. B74

When comparing the repurchase price with the selling price, an entity shall consider the time value of money. B75

If the option lapses unexercised, an entity shall derecognise the liability and recognise revenue. B76

Consignment arrangements

When an entity delivers a product to another party (such as a dealer or a distributor) for sale to end customers, the entity shall evaluate whether that other party has obtained control of the product at that point in time. A product that has been delivered to another party may be held in a consignment arrangement if that other party has not obtained control of the product. Accordingly, an entity shall not recognise revenue upon delivery of a product to another party if the delivered product is held on consignment. B77

Indicators that an arrangement is a consignment arrangement include, but are not limited to, the following: B78

(a) the product is controlled by the entity until a specified event occurs, such as the sale of the product to a customer of the dealer or until a specified period expires;
(b) the entity is able to require the return of the product or transfer the product to a third party (such as another dealer); and
(c) the dealer does not have an unconditional obligation to pay for the product (although it might be required to pay a deposit).

Bill-and-hold arrangements

A bill-and-hold arrangement is a contract under which an entity bills a customer for a product but the entity retains physical possession of the product until it is transferred to the customer at a point in time in the future. For example, a customer may request an entity to enter into such a contract because of the customer's lack of available space for the product or because of delays in the customer's production schedules. B79

B80 Das Unternehmen hat zu bestimmen, wann es seine Leistungsverpflichtung zur Übertragung eines Produkts erfüllt, und zu diesem Zweck zu beurteilen, wann der Kunde die Verfügungsgewalt über das Produkt erlangt (siehe Paragraph 38). Bei manchen Verträgen wird die Verfügungsgewalt je nach Vertragsbedingungen (einschließlich Liefer- und Versandbedingungen) entweder bei Anlieferung des Produkts am Standort des Kunden oder bei seinem Versand übertragen. Bei anderen Verträgen hingegen erlangt der Kunde die Verfügungsgewalt über das Produkt auch dann, wenn es sich im physischen Besitz des Unternehmens befindet. In diesem Fall kann der Kunde die Nutzung des Produkts bestimmen und im Wesentlichen den verbleibenden Nutzen aus ihm ziehen, obwohl er entschieden hat, von der Ausübung seines Rechts auf physische Inbesitznahme des Produkts abzusehen. Das Unternehmen hat folglich nicht die Verfügungsgewalt über das Produkt, sondern bietet dem Kunden Verwahrungsleistungen für seinen Vermögenswert.

B81 Damit ein Kunde im Rahmen einer Bill-and-hold-Vereinbarung die Verfügungsgewalt über ein Produkt erlangt, müssen neben der Anwendung der in Paragraph 38 enthaltenen Vorschriften alle folgenden Kriterien erfüllt sein:

(a) es muss ein wesentlicher Grund für die Bill-and-hold-Vereinbarung vorliegen (z. B. der Abschluss der Vereinbarung erfolgt auf Anfrage des Kunden),

(b) das Produkt muss für sich genommen als dem Kunden gehörend identifiziert werden können,

(c) das Produkt muss für die physische Übertragung auf den Kunden bereit sein und

(d) das Unternehmen darf nicht die Möglichkeit haben, das Produkt selbst zu nutzen oder einem anderen Kunden zur Verfügung zu stellen.

B82 Erfasst das Unternehmen Erlöse aus dem Verkauf eines Produkts im Rahmen einer Bill-and-hold-Vereinbarung, muss es klären, ob es noch verbleibende Leistungsverpflichtungen (z. B. für Verwahrungsleistungen) gemäß den Paragraphen 22–30 hat, denen es einen Teil des Transaktionspreises gemäß den Paragraphen 73–86 zuordnen muss.

Abnahme durch den Kunden

B83 Gemäß Paragraph 38 (e) kann die Abnahme eines Vermögenswerts durch den Kunden ein Indikator dafür sein, dass der Kunde die Verfügungsgewalt über den Vermögenswert erlangt hat. Kundenabnahmeklauseln ermöglichen es dem Kunden, einen Vertrag zu stornieren, oder verpflichten das Unternehmen, Abhilfe zu schaffen, sollte ein Gut oder eine Dienstleistung nicht die vereinbarten Spezifikationen erfüllen. Das Unternehmen muss solche Klauseln bei der Beurteilung, ob ein Kunde die Verfügungsgewalt über ein Gut oder eine Dienstleistung erlangt hat, berücksichtigen.

B84 Kann das Unternehmen objektiv feststellen, dass die Verfügungsgewalt über ein Gut oder eine Dienstleistung gemäß den vertraglich vereinbarten Spezifikationen auf den Kunden übertragen wurde, so handelt es sich bei der Abnahme durch den Kunden um eine reine Formalität, die die Feststellung des Unternehmens, ob der Kunde die Verfügungsgewalt über das Gut oder die Dienstleistung erlangt hat, nicht beeinflusst. Basiert die Kundenabnahmeklausel beispielsweise darauf, dass bestimmte Größen-und Gewichtsmerkmale eingehalten werden, so kann das Unternehmen bereits vor Erhalt der Bestätigung der Abnahme durch den Kunden feststellen, ob diese Vorgaben eingehalten wurden. Verfügt das Unternehmen über Erfahrung mit Verträgen für ähnliche Güter oder Dienstleistungen, kann diese als Nachweis dafür herangezogen werden, dass das dem Kunden gelieferte Gut oder die für den Kunden erbrachte Dienstleistung die vertraglich vereinbarten Spezifikationen erfüllt. Wird der Erlös bereits vor der Abnahme durch den Kunden erfasst, muss das Unternehmen trotzdem prüfen, ob noch Leistungsverpflichtungen (wie die Installation von Ausrüstung) verbleiben, und beurteilen, ob diese gesondert zu bilanzieren sind.

B85 Kann das Unternehmen dagegen nicht objektiv feststellen, dass das dem Kunden gelieferte Gut oder die für den Kunden erbrachte Dienstleistung den vertraglich vereinbarten Spezifikationen entspricht, dann steht erst nach Erhalt der Bestätigung der Abnahme durch den Kunden fest, ob der Kunde die Verfügungsgewalt erlangt hat, denn in diesem Fall lässt sich vorher nicht feststellen, ob der Kunde die Nutzung des Guts oder der Dienstleistung bestimmen und im Wesentlichen den verbleibenden Nutzen daraus ziehen kann.

B86 Liefert das Unternehmen ein Produkt zu Test- oder Beurteilungszwecken an einen Kunden, und muss der Kunde die Gegenleistung nicht vor Ende des Testzeitraums zahlen, so geht die Verfügungsgewalt über das Produkt erst dann auf den Kunden über, wenn er das Produkt abnimmt oder der Testzeitraum endet.

Aufschlüsselung der Erlöse

B87 Nach Paragraph 114 hat das Unternehmen Erlöse aus Verträgen mit Kunden in Kategorien aufzuschlüsseln, die den Einfluss wirtschaftlicher Faktoren auf Art, Höhe, Zeitpunkt und Unsicherheit der Erlöse und Zahlungsströme widerspiegeln. Inwieweit die Erlöse des Unternehmens für die Zwecke dieser Angabevorschrift aufzuschlüsseln sind, hängt deshalb von den Fakten und Umständen seiner Verträge mit Kunden ab. Einige Unternehmen benötigen möglicherweise mehrere Kategorien, um das in Paragraph 114 genannte Ziel der Erlösaufschlüsselung zu erreichen. Für andere Unternehmen reicht hierfür möglicherweise eine einzige Kategorie.

B88 Wenn das Unternehmen die Kategorie (oder Kategorien) wählt, die es für die Aufschlüsselung seiner Erlöse verwenden will, berücksichtigt es die Art und Weise, wie es seine Erlöse für andere Zwecke darstellt, und insbesondere alle folgenden Angaben:

An entity shall determine when it has satisfied its performance obligation to transfer a product by evaluating when a customer obtains control of that product (see paragraph 38). For some contracts, control is transferred either when the product is delivered to the customer's site or when the product is shipped, depending on the terms of the contract (including delivery and shipping terms). However, for some contracts, a customer may obtain control of a product even though that product remains in an entity's physical possession. In that case, the customer has the ability to direct the use of, and obtain substantially all of the remaining benefits from, the product even though it has decided not to exercise its right to take physical possession of that product. Consequently, the entity does not control the product. Instead, the entity provides custodial services to the customer over the customer's asset. **B80**

In addition to applying the requirements in paragraph 38, for a customer to have obtained control of a product in a bill-and-hold arrangement, all of the following criteria must be met: **B81**

(a) the reason for the bill-and-hold arrangement must be substantive (for example, the customer has requested the arrangement);
(b) the product must be identified separately as belonging to the customer;
(c) the product currently must be ready for physical transfer to the customer; and
(d) the entity cannot have the ability to use the product or to direct it to another customer.

If an entity recognises revenue for the sale of a product on a bill-and-hold basis, the entity shall consider whether it has remaining performance obligations (for example, for custodial services) in accordance with paragraphs 22—30 to which the entity shall allocate a portion of the transaction price in accordance with paragraphs 73—86. **B82**

Customer acceptance

In accordance with paragraph 38 (e), a customer's acceptance of an asset may indicate that the customer has obtained control of the asset. Customer acceptance clauses allow a customer to cancel a contract or require an entity to take remedial action if a good or service does not meet agreed-upon specifications. An entity shall consider such clauses when evaluating when a customer obtains control of a good or service. **B83**

If an entity can objectively determine that control of a good or service has been transferred to the customer in accordance with the agreed-upon specifications in the contract, then customer acceptance is a formality that would not affect the entity's determination of when the customer has obtained control of the good or service. For example, if the customer acceptance clause is based on meeting specified size and weight characteristics, an entity would be able to determine whether those criteria have been met before receiving confirmation of the customer's acceptance. The entity's experience with contracts for similar goods or services may provide evidence that a good or service provided to the customer is in accordance with the agreed-upon specifications in the contract. If revenue is recognised before customer acceptance, the entity still must consider whether there are any remaining performance obligations (for example, installation of equipment) and evaluate whether to account for them separately. **B84**

However, if an entity cannot objectively determine that the good or service provided to the customer is in accordance with the agreed-upon specifications in the contract, then the entity would not be able to conclude that the customer has obtained control until the entity receives the customer's acceptance. That is because in that circumstance the entity cannot determine that the customer has the ability to direct the use of, and obtain substantially all of the remaining benefits from, the good or service. **B85**

If an entity delivers products to a customer for trial or evaluation purposes and the customer is not committed to pay any consideration until the trial period lapses, control of the product is not transferred to the customer until either the customer accepts the product or the trial period lapses. **B86**

Disclosure of disaggregated revenue

Paragraph 114 requires an entity to disaggregate revenue from contracts with customers into categories that depict how the nature, amount, timing and uncertainty of revenue and cash flows are affected by economic factors. Consequently, the extent to which an entity's revenue is disaggregated for the purposes of this disclosure depends on the facts and circumstances that pertain to the entity's contracts with customers. Some entities may need to use more than one type of category to meet the objective in paragraph 114 for disaggregating revenue. Other entities may meet the objective by using only one type of category to disaggregate revenue. **B87**

When selecting the type of category (or categories) to use to disaggregate revenue, an entity shall consider how information about the entity's revenue has been presented for other purposes, including all of the following: **B88**

(a) Angaben außerhalb des Abschlusses (beispielsweise in Gewinnmeldungen, Jahresberichten oder Präsentationen für Anleger),
(b) Angaben, anhand derer der Hauptentscheidungsträger regelmäßig die Finanz- und Ertragslage von Geschäftssegmenten beurteilt, und
(c) andere Angaben, die mit den unter den Buchstaben a und b genannten Informationen vergleichbar sind und vom Unternehmen oder von den Abschlussadressaten dazu verwendet werden, die Finanz- und Ertragslage des Unternehmens zu beurteilen oder über die Ressourcenallokation zu entscheiden.

B89 Beispiele für mögliche geeignete Kategorien sind unter anderem:
(a) die Art der Güter oder Dienstleistungen (z. B. die wichtigsten Produktlinien),
(b) das geografische Gebiet (z. B. Land oder Region),
(c) der Markt oder die Art des Kunden (z. B. staatliche oder privatwirtschaftliche Kunden),
(d) die Art des Vertrags (z. B. Festpreis oder Vergütung auf Zeit- und Materialbasis),
(e) die Vertragslaufzeit (z. B. kurz- oder langfristige Verträge),
(f) der Zeitpunkt der Übertragung der Güter oder Dienstleistungen (z. B. Übertragung zu einem bestimmten Zeitpunkt oder Übertragung über einen bestimmten Zeitraum) und
(g) der Vertriebskanal (z. B. direkter Verkauf an Verbraucher oder Vertrieb über Zwischenhändler).

ANHANG C: Zeitpunkt des Inkrafttretens und Übergangsvorschriften

Dieser Anhang ist integraler Bestandteil des Standards und hat die gleiche bindende Kraft wie die anderen Teile des Standards.

Zeitpunkt des Inkrafttretens

C1 Dieser Standard ist auf Geschäftsjahre anzuwenden, die am oder nach dem 1. Januar 2018 beginnen. Eine frühere Anwendung ist zulässig. Wendet ein Unternehmen diesen Standard früher an, hat es dies anzugeben.

C1A Mit dem im Januar 2016 veröffentlichten IFRS 16 *Leasingverhältnisse* wurden die Paragraphen 5, 97, B66 und B70 geändert. Wendet das Unternehmen IFRS 16 an, so hat es diese Änderungen anzuwenden.

C1B Mit den im April 2016 veröffentlichten *Klarstellungen zu IFRS 15 Erlöse aus Verträgen mit Kunden* wurden die Paragraphen 26, 27, 29, B1, B34–B38, B52–B53, B58, C2, C5 und C7 geändert, Paragraph B57 gestrichen und die Paragraphen B34A, B35A, B35B, B37A, B59A, B63A, B63B, C7A und C8A eingefügt. Diese Änderungen sind auf Geschäftsjahre anzuwenden, die am oder nach dem 1. Januar 2018 beginnen. Eine frühere Anwendung ist zulässig. Wendet ein Unternehmen diese Änderungen auf eine frühere Periode an, hat es dies anzugeben.

C1C Mit dem im Mai 2017 veröffentlichten IFRS 17 wurde Paragraph 5 geändert. Wendet das Unternehmen IFRS 17 an, so hat es diese Änderung anzuwenden.

Übergangsvorschriften

C2 Für die Zwecke der in den Paragraphen C3–C8A enthaltenen Übergangsvorschriften gilt Folgendes:
(a) Zeitpunkt der erstmaligen Anwendung ist der Beginn der Berichtsperiode, in der das Unternehmen diesen Standard zum ersten Mal anwendet, und
(b) ein erfüllter Vertrag ist ein Vertrag, bei dem das Unternehmen alle gemäß IAS 11 *Fertigungsaufträge*, IAS 18 *Umsatzerlöse* sowie den dazugehörigen Interpretationen identifizierten Güter und Dienstleistungen übertragen hat.

C3 Dieser Standard ist nach einer der beiden folgenden Methoden anzuwenden:
(a) rückwirkende Anwendung auf jede gemäß IAS 8 *Rechnungslegungsmethoden, Änderungen von rechnungslegungsbezogenen Schätzungen und Fehler* dargestellte frühere Berichtsperiode, vorbehaltlich der in Paragraph C5 genannten praktischen Behelfe, oder
(b) rückwirkende Anwendung mit Erfassung der kumulierten Anpassungsbeträge aus der Erstanwendung zum Zeitpunkt der erstmaligen Anwendung gemäß den Paragraphen C7–C8.

C4 Ungeachtet der in Paragraph 28 von IAS 8 enthaltenden Anforderungen braucht das Unternehmen, wenn es den Standard nach Paragraph C3 (a) rückwirkend anwendet, die in Paragraph 28 (f) von IAS 8 vorgesehenen Beträge lediglich für die dem Geschäftsjahr, in dem der Standard zum ersten Mal angewandt wird, „unmittelbar vorausgehende Berichtsperiode" anzugeben. Das Unternehmen kann diese Angaben für die laufende Berichtsperiode oder für frühere Vergleichsperioden vorlegen, ist dazu aber nicht verpflichtet.

C5 Bei rückwirkender Anwendung dieses Standards nach Paragraph C3 (a) kann das Unternehmen auf einen oder mehrere der folgenden praktischen Behelfe zurückgreifen:
(a) für erfüllte Verträge muss das Unternehmen keine Anpassungen vornehmen, wenn diese

(a) disclosures presented outside the financial statements (for example, in earnings releases, annual reports or investor presentations);
(b) information regularly reviewed by the chief operating decision maker for evaluating the financial performance of operating segments; and
(c) other information that is similar to the types of information identified in paragraph B88 (a) and (b) and that is used by the entity or users of the entity's financial statements to evaluate the entity's financial performance or make resource allocation decisions.

Examples of categories that might be appropriate include, but are not limited to, all of the following: B89
(a) type of good or service (for example, major product lines);
(b) geographical region (for example, country or region);
(c) market or type of customer (for example, government and non-government customers);
(d) type of contract (for example, fixed-price and time-and-materials contracts);
(e) contract duration (for example, short-term and long-term contracts);
(f) timing of transfer of goods or services (for example, revenue from goods or services transferred to customers at a point in time and revenue from goods or services transferred over time); and
(g) sales channels (for example, goods sold directly to consumers and goods sold through intermediaries).

APPENDIX C: Effective date and transition

This appendix is an integral part of the Standard and has the same authority as the other parts of the Standard.

Effective Date

An entity shall apply this Standard for annual reporting periods beginning on or after 1 January 2018. Earlier application is permitted. If an entity applies this Standard earlier, it shall disclose that fact. C1

IFRS 16 *Leases*, issued in January 2016, amended paragraphs 5, 97, B66 and B70. An entity shall apply those amendments when it applies IFRS 16. C1A

Clarifications to IFRS 15 Revenue from Contracts with Customers, issued in April 2016, amended paragraphs 26, 27, 29, B1, B34—B38, B52—B53, B58, C2, C5 and C7, deleted paragraph B57 and added paragraphs B34A, B35A, B35B, B37A, B59A, B63A, B63B, C7A and C8A. An entity shall apply those amendments for annual reporting periods beginning on or after 1 January 2018. Earlier application is permitted. If an entity applies those amendments for an earlier period, it shall disclose that fact. C1B

IFRS 17, issued in May 2017, amended paragraph 5. An entity shall apply that amendment when it applies IFRS 17. C1C

Transition

For the purposes of the transition requirements in paragraphs C3—C8A: C2
(a) the date of initial application is the start of the reporting period in which an entity first applies this Standard; and
(b) a completed contract is a contract for which the entity has transferred all of the goods or services identified in accordance with IAS 11 *Construction Contracts*, IAS 18 *Revenue* and related Interpretations.

An entity shall apply this Standard using one of the following two methods: C3
(a) retrospectively to each prior reporting period presented in accordance with IAS 8 *Accounting Policies, Changes in Accounting Estimates and Errors*, subject to the expedients in paragraph C5; or
(b) retrospectively with the cumulative effect of initially applying this Standard recognised at the date of initial application in accordance with paragraphs C7—C8.

Notwithstanding the requirements of paragraph 28 of IAS 8, when this Standard is first applied, an entity need only present the quantitative information required by paragraph 28 (f) of IAS 8 for the annual period immediately preceding the first annual period for which this Standard is applied (the 'immediately preceding period') and only if the entity applies this Standard retrospectively in accordance with paragraph C3 (a). An entity may also present this information for the current period or for earlier comparative periods, but is not required to do so. C4

An entity may use one or more of the following practical expedients when applying this Standard retrospectively in accordance with paragraph C3 (a): C5
(a) for completed contracts, an entity need not restate contracts that:

(i) innerhalb desselben Geschäftsjahres beginnen und enden oder
(ii) zu Beginn der frühesten dargestellten Periode bereits erfüllt waren,

(b) bei erfüllten Verträgen, die eine variable Gegenleistung beinhalten, kann das Unternehmen den Transaktionspreis zum Zeitpunkt der Vertragserfüllung ansetzen, anstatt die Höhe der variablen Gegenleistung in den Vergleichsperioden zu schätzen,

(c) bei Verträgen, die vor Beginn der frühesten dargestellten Periode geändert wurden, muss das Unternehmen keine rückwirkende Anpassung gemäß den Paragraphen 20–21 vornehmen, um den Vertragsänderungen Rechnung zu tragen; stattdessen hat es in den nachstehend genannten Fällen die aggregierte Auswirkung sämtlicher vor Beginn der frühesten dargestellten Periode vorgenommen Änderungen zu berücksichtigen:
(i) wenn es ermittelt, welche Leistungsverpflichtungen erfüllt und welche nicht erfüllt sind,
(ii) wenn es den Transaktionspreis bestimmt, und
(iii) wenn es den Transaktionspreis auf die erfüllten und nicht erfüllten Leistungsverpflichtungen aufteilt,

(d) in Bezug auf alle vor dem Zeitpunkt der erstmaligen Anwendung dargestellten Berichtsperioden ist das Unternehmen ist nicht verpflichtet, den Betrag des Transaktionspreises, der den verbleibenden Leistungsverpflichtungen zugeordnet wurde, anzugeben oder zu erklären, wann es mit der Erfassung dieses Betrags als Erlös rechnet (siehe Paragraph 120).

C6 Greift das Unternehmen auf einen der in Paragraph C5 aufgeführten praktischen Behelfe zurück, so hat es diesen in allen dargestellten Berichtsperioden konsistent auf alle Verträge anzuwenden. Darüber hinaus hat das Unternehmen anzugeben,
(a) welche praktischen Behelfe es angewandt hat und
(b) soweit dies nach vernünftigem Ermessen möglich ist, in welcher Höhe sich die Anwendung jedes einzelnen praktischen Behelfs voraussichtlich auswirkt.

C7 Beschließt das Unternehmen, diesen Standard gemäß Paragraph C3 (b) rückwirkend anzuwenden, muss es die kumulierte Auswirkung der erstmaligen Anwendung des Standards in der Berichtsperiode, in die der Zeitpunkt der Erstanwendung fällt, als Anpassung des Eröffnungssaldos der Gewinnrücklagen (oder ggf. anderer Eigenkapitalkomponenten) erfassen. Bei dieser Übergangsmethode kann das Unternehmen beschließen, den Standard nur auf solche Verträge rückwirkend anzuwenden, die zum Zeitpunkt der Erstanwendung (z. B. 1. Januar 2018 für Unternehmen, deren Geschäftsjahr am 31. Dezember endet) noch nicht erfüllt waren.

C7A Unternehmen, die diesen Standard gemäß Paragraph C3 (b) rückwirkend anwenden, können zudem den in Paragraph C5 (c) dargelegten praktischen Behelf anwenden, und zwar entweder
(a) auf alle vor Beginn der frühesten dargestellten Periode vorgenommenen Vertragsänderungen oder
(b) auf alle vor der erstmaligen Anwendung vorgenommenen Vertragsänderungen.
Greift ein Unternehmen auf diesen praktischen Behelf zurück, hat es diesen konsistent auf alle Verträge anzuwenden und die in Paragraph C6 vorgeschriebenen Angaben zu machen.

C8 Wird dieser Standard gemäß Paragraph C3 (b) rückwirkend angewandt, muss das Unternehmen in der Berichtsperiode, in die der Zeitpunkt der Erstanwendung fällt, die beiden folgenden zusätzlichen Angaben machen:
(a) für jeden einzelnen betroffenen Abschlussposten den aus der Anwendung dieses Standards resultierenden Anpassungsbetrag, der sich im Vergleich zu den vor der Änderung geltenden Bestimmungen in IAS 11, IAS 18 und den dazugehörigen Interpretationen ergibt, und
(b) Erläuterung der Gründe für die in Buchstabe a identifizierten erheblichen Änderungen.

C8A Die *Klarstellungen zu IFRS 15* (siehe Paragraph C1B) sind gemäß IAS 8 rückwirkend anzuwenden. Bei der rückwirkenden Anwendung der Änderungen sind diese anzuwenden, als seien sie schon zum Zeitpunkt der erstmaligen Anwendung im IFRS 15 enthalten gewesen. Folglich wenden die Unternehmen die Änderungen gemäß den Paragraphen C2–C8 nicht auf Berichtsperioden oder Verträge an, auf die IFRS 15 keine Anwendung findet. Wendet das Unternehmen z. B. IFRS 15 gemäß Paragraph C3 (b) nur auf Verträge an, die zum Zeitpunkt der erstmaligen Anwendung nicht erfüllt waren, so erfasst es zum Zeitpunkt der erstmaligen Anwendung des IFRS 15 in Bezug auf die erfüllten Verträge keine Anpassungen, um diese Änderungen einzubeziehen.

Verweise auf IFRS 9

C9 Wendet das Unternehmen diesen Standard an, bevor es IFRS 9 *Finanzinstrumente* anwendet, ist jeder Verweis auf IFRS 9 in diesem Standard als Verweis auf IAS 39 *Finanzinstrumente: Ansatz und Bewertung* zu verstehen.

Rücknahme anderer Standards

C10 Dieser Standard ersetzt die folgenden Standards und Interpretationen:
(a) IAS 11 *Fertigungsaufträge,*
(b) IAS 18 *Umsatzerlöse,*
(c) IFRIC 13 *Kundenbindungsprogramme,*
(d) IFRIC 15 *Verträge über die Errichtung von Immobilien,*
(e) IFRIC 18 *Übertragung von Vermögenswerten durch einen Kunden* und
(f) SIC-31 *Umsatzerlöse – Tausch von Werbedienstleistungen.*

(i) begin and end within the same annual reporting period; or
(ii) are completed contracts at the beginning of the earliest period presented.

(b) for completed contracts that have variable consideration, an entity may use the transaction price at the date the contract was completed rather than estimating variable consideration amounts in the comparative reporting periods.

(c) for contracts that were modified before the beginning of the earliest period presented, an entity need not retrospectively restate the contract for those contract modifications in accordance with paragraphs 20—21. Instead, an entity shall reflect the aggregate effect of all of the modifications that occur before the beginning of the earliest period presented when:
(i) identifying the satisfied and unsatisfied performance obligations;
(ii) determining the transaction price; and
(iii) allocating the transaction price to the satisfied and unsatisfied performance obligations.

(d) for all reporting periods presented before the date of initial application, an entity need not disclose the amount of the transaction price allocated to the remaining performance obligations and an explanation of when the entity expects to recognise that amount as revenue (see paragraph 120).

For any of the practical expedients in paragraph C5 that an entity uses, the entity shall apply that expedient consistently to all contracts within all reporting periods presented. In addition, the entity shall disclose all of the following information: C6
(a) the expedients that have been used; and
(b) to the extent reasonably possible, a qualitative assessment of the estimated effect of applying each of those expedients.

If an entity elects to apply this Standard retrospectively in accordance with paragraph C3 (b), the entity shall recognise the cumulative effect of initially applying this Standard as an adjustment to the opening balance of retained earnings (or other component of equity, as appropriate) of the annual reporting period that includes the date of initial application. Under this transition method, an entity may elect to apply this Standard retrospectively only to contracts that are not completed contracts at the date of initial application (for example, 1 January 2018 for an entity with a 31 December year-end). C7

An entity applying this Standard retrospectively in accordance with paragraph C3 (b) may also use the practical expedient described in paragraph C5 (c), either: C7A
(a) for all contract modifications that occur before the beginning of the earliest period presented; or
(b) for all contract modifications that occur before the date of initial application.
If an entity uses this practical expedient, the entity shall apply the expedient consistently to all contracts and disclose the information required by paragraph C6.

For reporting periods that include the date of initial application, an entity shall provide both of the following additional disclosures if this Standard is applied retrospectively in accordance with paragraph C3 (b): C8
(a) the amount by which each financial statement line item is affected in the current reporting period by the application of this Standard as compared to IAS 11, IAS 18 and related Interpretations that were in effect before the change; and
(b) an explanation of the reasons for significant changes identified in C8 (a).

An entity shall apply Clarifications to IFRS 15 (see paragraph C1B) retrospectively in accordance with IAS 8. In applying the amendments retrospectively, an entity shall apply the amendments as if they had been included in IFRS 15 at the date of initial application. Consequently, an entity does not apply the amendments to reporting periods or to contracts to which the requirements of IFRS 15 are not applied in accordance with paragraphs C2—C8. For example, if an entity applies IFRS 15 in accordance with paragraph C3 (b) only to contracts that are not completed contracts at the date of initial application, the entity does not restate the completed contracts at the date of initial application of IFRS 15 for the effects of these amendments. C8A

References to IFRS 9

If an entity applies this Standard but does not yet apply IFRS 9 *Financial Instruments*, any reference in this Standard to IFRS 9 shall be read as a reference to IAS 39 *Financial Instruments: Recognition and Measurement*. C9

Withdrawal of Other Standards

This Standard supersedes the following Standards: C10
(a) IAS 11 *Construction Contracts*;
(b) IAS 18 *Revenue*;
(c) IFRIC 13 *Customer Loyalty Programmes*;
(d) IFRIC 15 *Agreements for the Construction of Real Estate*;
(e) IFRIC 18 *Transfers of Assets from Customers*; and
(f) SIC-31 *Revenue—Barter Transactions Involving Advertising Services*.

INTERNATIONAL FINANCIAL REPORTING STANDARD 16
Leasingverhältnisse

INHALT

INTERNATIONAL FINANCIAL REPORTING STANDARD 16

Leases

SUMMARY

ZIELSETZUNG

1 **In diesem Standard werden die Grundsätze für den Ansatz, die Bewertung, die Darstellung und die Angabe von *Leasingverhältnissen* dargelegt. Ziel ist es sicherzustellen, dass die von *Leasingnehmern* und *Leasinggebern* zur Verfügung gestellten Informationen die Transaktionen glaubwürdig darstellen. Diese Informationen sollen den Abschlussadressaten die Beurteilung ermöglichen, wie sich Leasingverhältnisse auf die Vermögens-, Finanz- und Ertragslage und die Zahlungsströme eines Unternehmens auswirken.**

2 Bei der Anwendung dieses Standards hat das Unternehmen die Bedingungen der *Verträge* sowie alle maßgeblichen Fakten und Umstände zu berücksichtigen. Ferner hat es diesen Standard auf ähnlich ausgestaltete Verträge und unter ähnlichen Umständen konsistent anzuwenden.

ANWENDUNGSBEREICH

3 Dieser Standard gilt für Leasingverhältnisse jeder Art, einschließlich solcher, bei denen *Nutzungsrechte* im Rahmen eines *Unterleasingverhältnisses* weitervermietet werden. Davon ausgenommen sind

(a) Leasingverhältnisse zur Exploration oder Nutzung von Mineralen, Öl, Erdgas und ähnlichen nicht regenerativen Ressourcen,

(b) Leasingverhältnisse bei biologischen Vermögenswerten im Anwendungsbereich von IAS 41 *Landwirtschaft*, die von einem Leasingnehmer gehalten werden,

(c) Dienstleistungskonzessionsvereinbarungen im Anwendungsbereich von IFRIC 12 *Dienstleistungskonzessionsvereinbarungen*,

(d) Lizenzen zur Nutzung geistigen Eigentums, die ein Leasinggeber im Anwendungsbereich von IFRS 15 *Erlöse aus Verträgen mit Kunden* vergibt, und

(e) Rechte, die ein Leasingnehmer im Rahmen von Lizenzvereinbarungen im Anwendungsbereich von IAS 38 *Immaterielle Vermögenswerte* hält, beispielsweise für Filme, Videoaufnahmen, Theaterstücke, Manuskripte, Patente und Urheberrechte.

4 Dem Leasingnehmer steht es frei, diesen Standard auf Leasingverhältnisse anzuwenden, die andere immaterielle Vermögenswerte als die in Paragraph 3 (e) genannten zum Gegenstand haben.

FREISTELLUNGEN VOM ANSATZ (PARAGRAPHEN B3–B8)

5 Der Leasingnehmer kann beschließen, die Vorschriften der Paragraphen 22–49 nicht anzuwenden auf

(a) *kurzfristige Leasingverhältnisse* und

(b) Leasingverhältnisse, bei denen der *zugrunde liegende Vermögenswert* von geringem Wert ist (Beschreibung siehe Paragraphen B3–B8).

6 Beschließt der Leasingnehmer, die Vorschriften der Paragraphen 22–49 nicht auf kurzfristige Leasingverhältnisse oder auf Leasingverhältnisse, denen ein Vermögenswert von geringem Wert zugrunde liegt, anzuwenden, so hat er die mit diesen Leasingverhältnissen verbundenen *Leasingzahlungen* entweder linear über die *Laufzeit des Leasingverhältnisses* oder auf einer anderen systematischen Basis als Aufwand zu erfassen. Sollte eine andere systematische Basis für das Muster, nach dem der Leasingnehmer Nutzen aus dem Leasingverhältnis zieht, repräsentativer sein, so ist diese heranzuziehen.

7 Bilanziert ein Leasingnehmer kurzfristige Leasingverhältnisse gemäß Paragraph 6, so hat er das Leasingverhältnis für die Zwecke dieses Standards als neues Leasingverhältnis zu betrachten, wenn

(a) eine *Änderung des Leasingverhältnisses* vorliegt oder

(b) die Laufzeit des Leasingverhältnisses geändert wird (der Leasingnehmer beispielsweise eine Option ausübt, die bei der Festlegung der Laufzeit nicht berücksichtigt wurde).

8 Die Entscheidung, ein Leasingverhältnis als kurzfristig zu betrachten, richtet sich nach der Gruppe der zugrunde liegenden Vermögenswerte, für die das Nutzungsrecht besteht. Unter einer Gruppe zugrunde liegender Vermögenswerte ist eine Gruppe ähnlich gearteter Vermögenswerte zu verstehen, die im Rahmen der Geschäftstätigkeit eines Unternehmens ähnlich genutzt werden. Die Entscheidung, den Wert eines zugrunde liegenden Vermögenswerts als gering einzustufen, kann auf Einzelfallbasis erfolgen.

IDENTIFIZIERUNG EINES LEASINGVERHÄLTNISSES (PARAGRAPHEN B9–B33)

9 **Das Unternehmen muss bei Vertragsabschluss beurteilen, ob der Vertrag ein Leasingverhältnis begründet oder beinhaltet. Dies ist der Fall, wenn mit dem Vertrag gegen Zahlung einer Gegenleistung für einen bestimmten Zeitraum**

OBJECTIVE

This Standard sets out the principles for the recognition, measurement, presentation and disclosure of *leases*. The objective is to ensure that *lessees* and *lessors* provide relevant information in a manner that faithfully represents those transactions. This information gives a basis for users of financial statements to assess the effect that leases have on the financial position, financial performance and cash flows of an entity. 1

An entity shall consider the terms and conditions of *contracts* and all relevant facts and circumstances when applying this Standard. An entity shall apply this Standard consistently to contracts with similar characteristics and in similar circumstances. 2

SCOPE

An entity shall apply this Standard to all leases, including leases of *right-of-use assets* in a *sublease*, except for: 3

(a) leases to explore for or use minerals, oil, natural gas and similar non-regenerative resources;
(b) leases of biological assets within the scope of IAS 41 *Agriculture* held by a lessee;
(c) service concession arrangements within the scope of IFRIC 12 *Service Concession Arrangements*;
(d) licences of intellectual property granted by a lessor within the scope of IFRS 15 *Revenue from Contracts with Customers*; and
(e) rights held by a lessee under licensing agreements within the scope of IAS 38 *Intangible Assets* for such items as motion picture films, video recordings, plays, manuscripts, patents and copyrights.

A lessee may, but is not required to, apply this Standard to leases of intangible assets other than those described in paragraph 3 (e). 4

RECOGNITION EXEMPTIONS (PARAGRAPHS B3—B8)

A lessee may elect not to apply the requirements in paragraphs 22—49 to: 5

(a) *short-term leases*; and
(b) leases for which the *underlying asset* is of low value (as described in paragraphs B3—B8).

If a lessee elects not to apply the requirements in paragraphs 22—49 to either short-term leases or leases for which the underlying asset is of low value, the lessee shall recognise the *lease payments* associated with those leases as an expense on either a straight-line basis over the *lease term* or another systematic basis. The lessee shall apply another systematic basis if that basis is more representative of the pattern of the lessee's benefit. 6

If a lessee accounts for short-term leases applying paragraph 6, the lessee shall consider the lease to be a new lease for the purposes of this Standard if: 7

(a) there is a *lease modification*; or
(b) there is any change in the lease term (for example, the lessee exercises an option not previously included in its determination of the lease term).

The election for short-term leases shall be made by class of underlying asset to which the right of use relates. A class of underlying asset is a grouping of underlying assets of a similar nature and use in an entity's operations. The election for leases for which the underlying asset is of low value can be made on a lease-by-lease basis. 8

IDENTIFYING A LEASE (PARAGRAPHS B9—B33)

At inception of a contract, an entity shall assess whether the contract is, or contains, a lease. A contract is, or contains, a lease if the contract conveys the right to control the use of an identified asset for a period of time in 9

die Verfügungsgewalt über einen identifizierten Vermögenswert übertragen wird. Die Paragraphen B9–B31 enthalten Leitlinien für die Beurteilung, ob ein Vertrag ein Leasingverhältnis begründet oder beinhaltet.

10 Ein Zeitraum lässt sich auch als Nutzungsumfang eines identifizierten Vermögenswerts beschreiben (z. B. als Anzahl der Einheiten, die mit dem Ausrüstungsgegenstand produziert werden sollen).

11 Das Unternehmen hat nur bei Änderung der Vertragsbedingungen erneut zu beurteilen, ob ein Vertrag ein Leasingverhältnis begründet oder beinhaltet.

Separierung von Leasing- und Nichtleasingkomponenten eines Vertrags

12 Bei Verträgen, die ein Leasingverhältnis begründen oder beinhalten, hat das Unternehmen jede Leasingkomponente des Vertrags getrennt von den Nichtleasingkomponenten des Vertrags als Leasingverhältnis zu bilanzieren, es sei denn, es wendet den in Paragraph 15 beschriebenen praktischen Behelf an. Die Paragraphen B32–B33 enthalten Leitlinien für die Separierung von Leasing- und Nichtleasingkomponenten eines Vertrags.

Leasingnehmer

13 Bei Verträgen, die eine Leasingkomponente und eine oder mehrere zusätzliche Leasing- oder Nichtleasingkomponenten beinhalten, hat der Leasingnehmer die vertraglich vereinbarte Gegenleistung auf Basis des relativen Einzelpreises der Leasingkomponente und des aggregierten Einzelpreises der Nichtleasingkomponenten auf die einzelnen Leasingkomponenten aufzuteilen.

14 Der relative Einzelpreis von Leasing- und Nichtleasingkomponenten ist anhand des Preises zu bestimmen, den der Leasinggeber oder ein ähnlicher Lieferant dem Unternehmen für diese oder eine ähnliche Komponente gesondert berechnen würde. Ist ein beobachtbarer Einzelpreis nicht ohne Weiteres verfügbar, muss der Leasingnehmer den Einzelpreis schätzen und dabei so viele beobachtbare Daten wie möglich heranziehen.

15 Behelfsweise kann ein Leasingnehmer für einzelne Gruppen zugrunde liegender Vermögenswerte beschließen, von einer Separierung von Leasing- und Nichtleasingkomponenten abzusehen, und stattdessen jede Leasingkomponente und alle damit verbundenen Nichtleasingkomponenten als eine einzige Leasingkomponente bilanzieren. Bei eingebetteten Derivaten, die die in Paragraph 4.3.3 von IFRS 9 *Finanzinstrumente* genannten Kriterien erfüllen, darf nicht auf diesen praktischen Behelf zurückgegriffen werden.

16 Nichtleasingkomponenten sind vom Leasingnehmer nach anderen geltenden Standards zu bilanzieren, es sei denn, er wendet den in Paragraph 15 beschriebenen praktischen Behelf an.

Leasinggeber

17 Bei Verträgen, die eine Leasingkomponente und eine oder mehrere zusätzliche Leasing- oder Nichtleasingkomponenten beinhalten, hat der Leasinggeber die vertraglich vereinbarte Gegenleistung gemäß den Paragraphen 73–90 von IFRS 15 aufzuteilen.

LAUFZEIT DES LEASINGVERHÄLTNISSES (PARAGRAPHEN B34–B41)

18 Die Laufzeit des Leasingverhältnisses ist vom Unternehmen unter Zugrundelegung der unkündbaren Grundlaufzeit dieses Leasingverhältnisses sowie unter Einbeziehung der beiden folgenden Zeiträume zu bestimmen:

(a) die Zeiträume, die sich aus einer Option zur Verlängerung des Leasingverhältnisses ergeben, sofern der Leasingnehmer hinreichend sicher ist, dass er diese Option ausüben wird, und

(b) die Zeiträume, die sich aus einer Option zur Kündigung des Leasingverhältnisses ergeben, sofern der Leasingnehmer hinreichend sicher ist, dass er diese Option nicht ausüben wird.

19 Bei der Beurteilung, ob ein Leasingnehmer hinreichend sicher ist, dass er eine Verlängerungsoption ausüben oder eine Kündigungsoption nicht ausüben wird, hat das Unternehmen allen in den Paragraphen B37–B40 beschriebenen maßgeblichen Fakten und Umständen Rechnung zu tragen, die dem Leasingnehmer einen wirtschaftlichen Anreiz zur Ausübung bzw. Nichtausübung der Verlängerungs- bzw. der Kündigungsoption geben.

20 Der Leasingnehmer hat erneut zu beurteilen, ob er hinreichend sicher ist, dass er eine Verlängerungsoption ausüben oder eine Kündigungsoption nicht ausüben wird, wenn ein erhebliches Ereignis oder eine erhebliche Änderung von Umständen eintritt, das bzw. die

(a) sich seinem Einfluss nicht entzieht und

(b) sich darauf auswirkt, ob er hinreichend sicher ist, dass er eine bei der Festlegung der Laufzeit ursprünglich nicht berücksichtigte Option ausüben oder eine bei der Festlegung der Laufzeit ursprünglich berücksichtigte Option nicht ausüben wird (siehe Paragraph B41).

exchange for consideration. Paragraphs B9—B31 set out guidance on the assessment of whether a contract is, or contains, a lease.

A period of time may be described in terms of the amount of use of an identified asset (for example, the number of production units that an item of equipment will be used to produce). 10

An entity shall reassess whether a contract is, or contains, a lease only if the terms and conditions of the contract are changed. 11

Separating components of a contract

For a contract that is, or contains, a lease, an entity shall account for each lease component within the contract as a lease separately from non-lease components of the contract, unless the entity applies the practical expedient in paragraph 15. Paragraphs B32—B33 set out guidance on separating components of a contract. 12

Lessee

For a contract that contains a lease component and one or more additional lease or non-lease components, a lessee shall allocate the consideration in the contract to each lease component on the basis of the relative stand- alone price of the lease component and the aggregate stand-alone price of the non-lease components. 13

The relative stand-alone price of lease and non-lease components shall be determined on the basis of the price the lessor, or a similar supplier, would charge an entity for that component, or a similar component, separately. If an observable stand-alone price is not readily available, the lessee shall estimate the stand-alone price, maximising the use of observable information. 14

As a practical expedient, a lessee may elect, by class of underlying asset, not to separate non-lease components from lease components, and instead account for each lease component and any associated non-lease components as a single lease component. A lessee shall not apply this practical expedient to embedded derivatives that meet the criteria in paragraph 4.3.3 of IFRS 9 *Financial Instruments*. 15

Unless the practical expedient in paragraph 15 is applied, a lessee shall account for non-lease components applying other applicable Standards. 16

Lessor

For a contract that contains a lease component and one or more additional lease or non-lease components, a lessor shall allocate the consideration in the contract applying paragraphs 73—90 of IFRS 15. 17

LEASE TERM (PARAGRAPHS B34—B41)

An entity shall determine the lease term as the non-cancellable period of a lease, together with both: 18
(a) periods covered by an option to extend the lease if the lessee is reasonably certain to exercise that option; and
(b) periods covered by an option to terminate the lease if the lessee is reasonably certain not to exercise that option.

In assessing whether a lessee is reasonably certain to exercise an option to extend a lease, or not to exercise an option to terminate a lease, an entity shall consider all relevant facts and circumstances that create an economic incentive for the lessee to exercise the option to extend the lease, or not to exercise the option to terminate the lease, as described in paragraphs B37—B40. 19

A lessee shall reassess whether it is reasonably certain to exercise an extension option, or not to exercise a termination option, upon the occurrence of either a significant event or a significant change in circumstances that: 20
(a) is within the control of the lessee; and
(b) affects whether the lessee is reasonably certain to exercise an option not previously included in its determination of the lease term, or not to exercise an option previously included in its determination of the lease term (as described in paragraph B41).

21 Ändert sich die unkündbare Grundlaufzeit eines Leasingverhältnisses, hat das Unternehmen auch die Laufzeit des Leasingverhältnisses zu überprüfen. Die unkündbare Grundlaufzeit eines Leasingverhältnisses ändert sich beispielsweise dann, wenn
(a) der Leasingnehmer eine Option, die das Unternehmen bei der Festlegung der Laufzeit ursprünglich nicht berücksichtigt hatte, ausübt,
(b) der Leasingnehmer eine Option, die das Unternehmen bei der Festlegung der Laufzeit ursprünglich berücksichtigt hatte, nicht ausübt,
(c) ein Ereignis eintritt, das den Leasingnehmer vertraglich zur Ausübung einer Option verpflichtet, die das Unternehmen bei der Festlegung der Laufzeit ursprünglich nicht berücksichtigt hatte, oder
(d) ein Ereignis eintritt, das dem Leasingnehmer vertraglich die Ausübung einer Option untersagt, die das Unternehmen bei der Festlegung der Laufzeit ursprünglich berücksichtigt hatte.

LEASINGNEHMER

Ansatz

22 **Am *Bereitstellungsdatum* muss der Leasingnehmer ein Nutzungsrecht aktivieren und eine Leasingverbindlichkeit erfassen.**

Bewertung

Erstmalige Bewertung

Erstmalige Bewertung des Nutzungsrechts

23 **Am Bereitstellungsdatum muss der Leasingnehmer das Nutzungsrecht zu Anschaffungskosten bewerten.**

24 Die Kosten des Nutzungsrechts umfassen
(a) den Betrag, der sich aus der in Paragraph 26 beschriebenen erstmaligen Bewertung der Leasingverbindlichkeit ergibt,
(b) alle bei oder vor der Bereitstellung geleisteten Leasingzahlungen abzüglich aller etwaigen erhaltenen *Leasinganreize*,
(c) alle dem Leasingnehmer entstandenen *anfänglichen direkten Kosten* und
(d) die geschätzten Kosten, die dem Leasingnehmer bei Demontage und Beseitigung des zugrunde liegenden Vermögenswerts, bei Wiederherstellung des Standorts, an dem dieser sich befindet, oder bei Rückversetzung des zugrunde liegenden Vermögenswert in den in der Leasingvereinbarung verlangten Zustand entstehen werden, es sei denn, diese Kosten werden durch die Herstellung von Vorräten verursacht. Die Pflicht zur Übernahme dieser Kosten entsteht dem Leasingnehmer entweder am Bereitstellungsdatum oder infolge der Nutzung des zugrunde liegenden Vermögenswerts während eines bestimmten Zeitraums.

25 Der Leasingnehmer hat die in Paragraph 24 (d) beschriebenen Kosten als Teil der Kosten des Nutzungsrechts zu erfassen, wenn für ihn die Verpflichtung zur Kostenübernahme entsteht. Kosten, die während eines bestimmten Zeitraums entstehen, weil in diesem Zeitraum unter Inanspruchnahme des Nutzungsrechts Vorräte produziert wurden, hat der Leasingnehmer gemäß IAS 2 *Vorräte* zu bilanzieren. Die Verpflichtungen im Zusammenhang mit den gemäß diesem Standard oder gemäß IAS 2 bilanzierten Kosten werden gemäß IAS 37 *Rückstellungen, Eventualverbindlichkeiten und Eventualforderungen* erfasst und bewertet.

Erstmalige Bewertung der Leasingverbindlichkeit

26 **Am Bereitstellungsdatum muss der Leasingnehmer die Leasingverbindlichkeit zum Barwert der zu diesem Zeitpunkt noch nicht geleisteten Leasingzahlungen bewerten. Die Leasingzahlungen werden zum *dem Leasingverhältnis zugrunde liegenden Zinssatz* abgezinst, sofern sich dieser ohne Weiteres bestimmen lässt. Lässt sich dieser Satz nicht ohne Weiteres bestimmen, ist der *Grenzfremdkapitalzinssatz des Leasingnehmers* heranzuziehen.**

27 Am Bereitstellungsdatum umfassen die bei der Bewertung der Leasingverbindlichkeit zu berücksichtigenden Leasingzahlungen die nachstehend genannten, am Bereitstellungsdatum noch nicht geleisteten Zahlungen für das Recht auf Nutzung des zugrunde liegenden Vermögenswerts während der Laufzeit des Leasingverhältnisses:
(a) *feste Zahlungen* (einschließlich der in Paragraph B42 beschriebenen de facto festen Zahlungen) abzüglich etwaiger zu erhaltender Leasinganreize,
(b) *variable Leasingzahlungen,* die an einen Index oder (Zins-)Satz gekoppelt sind und deren erstmalige Bewertung anhand des am Bereitstellungsdatum gültigen Indexes oder (Zins-)Satzes vorgenommen wird (siehe Paragraph 28),
(c) Beträge, die der Leasingnehmer im Rahmen von *Restwertgarantien* voraussichtlich wird entrichten müssen,
(d) der Ausübungspreis einer Kaufoption, wenn der Leasingnehmer hinreichend sicher ist, dass er diese wahrnehmen wird (was anhand der in den Paragraphen B37–B40 beschriebenen Faktoren beurteilt wird), und
(e) Strafzahlungen für die Kündigung des Leasingverhältnisses, wenn in der Laufzeit berücksichtigt ist, dass der Leasingnehmer eine Kündigungsoption wahrnehmen wird.

An entity shall revise the lease term if there is a change in the non-cancellable period of a lease. For example, the non-cancellable period of a lease will change if: 21
(a) the lessee exercises an option not previously included in the entity's determination of the lease term;
(b) the lessee does not exercise an option previously included in the entity's determination of the lease term;
(c) an event occurs that contractually obliges the lessee to exercise an option not previously included in the entity's determination of the lease term; or
(d) an event occurs that contractually prohibits the lessee from exercising an option previously included in the entity's determination of the lease term.

LESSEE

Recognition

At the *commencement date*, a lessee shall recognise a right-of-use asset and a lease liability. 22

Measurement

Initial measurement

Initial measurement of the right-of-use asset

At the commencement date, a lessee shall measure the right-of-use asset at cost. 23

The cost of the right-of-use asset shall comprise: 24
(a) the amount of the initial measurement of the lease liability, as described in paragraph 26;
(b) any lease payments made at or before the commencement date, less any *lease incentives* received;
(c) any *initial direct costs* incurred by the lessee; and
(d) an estimate of costs to be incurred by the lessee in dismantling and removing the underlying asset, restoring the site on which it is located or restoring the underlying asset to the condition required by the terms and conditions of the lease, unless those costs are incurred to produce inventories. The lessee incurs the obligation for those costs either at the commencement date or as a consequence of having used the underlying asset during a particular period.

A lessee shall recognise the costs described in paragraph 24 (d) as part of the cost of the right-of-use asset when it incurs 25
an obligation for those costs. A lessee applies IAS 2 *Inventories* to costs that are incurred during a particular period as a consequence of having used the right-of-use asset to produce inventories during that period. The obligations for such costs accounted for applying this Standard or IAS 2 are recognised and measured applying IAS 37 *Provisions, Contingent Liabilities and Contingent Assets.*

Initial measurement of the lease liability

At the commencement date, a lessee shall measure the lease liability at the present value of the lease payments that 26
are not paid at that date. The lease payments shall be discounted using the *interest rate implicit in the lease*, if that rate can be readily determined. If that rate cannot be readily determined, the lessee shall use the *lessee's incremental borrowing rate.*

At the commencement date, the lease payments included in the measurement of the lease liability comprise the following 27
payments for the right to use the underlying asset during the lease term that are not paid at the commencement date:
(a) *fixed payments* (including in-substance fixed payments as described in paragraph B42), less any lease incentives receivable;
(b) *variable lease payments* that depend on an index or a rate, initially measured using the index or rate as at the commencement date (as described in paragraph 28);
(c) amounts expected to be payable by the lessee under *residual value guarantees*;
(d) the exercise price of a purchase option if the lessee is reasonably certain to exercise that option (assessed considering the factors described in paragraphs B37—B40); and
(e) payments of penalties for terminating the lease, if the lease term reflects the lessee exercising an option to terminate the lease.

28 Zu den in Paragraph 27 (b) beschriebenen, an einen Index oder (Zins-)Satz gekoppelten variablen Leasingzahlungen zählen unter anderem Zahlungen, die an einen Verbraucherpreisindex gekoppelt sind, Zahlungen, die an einen Referenzzinssatz (wie den LIBOR) gekoppelt sind, oder Zahlungen, die der Entwicklung bei den marktüblichen Mietpreisen folgen.

Folgebewertung

Folgebewertung des Nutzungsrechts

29 **Nach dem Bereitstellungsdatum hat der Leasingnehmer – sofern er keines der in den Paragraphen 34 und 35 beschriebenen Bewertungsmodelle verwendet – das Nutzungsrecht nach dem Anschaffungskostenmodell zu bewerten.**

Anschaffungskostenmodell

30 Will der Leasingnehmer nach dem Anschaffungskostenmodell verfahren, muss er das Nutzungsrecht zu Anschaffungskosten wie folgt bewerten:
(a) abzüglich aller kumulierten planmäßigen Abschreibungen und aller kumulierten Wertminderungsaufwendungen und
(b) angepasst um jede in Paragraph 36 (c) aufgeführte Neubewertung der Leasingverbindlichkeit.

31 Bei der planmäßigen Abschreibung des Nutzungsrechts muss der Leasingnehmer vorbehaltlich der Vorschriften in Paragraph 32 nach den Abschreibungsvorschriften von IAS 16 *Sachanlagen* verfahren.

32 Geht das Eigentum an dem zugrunde liegenden Vermögenswert zum Ende der Laufzeit des Leasingverhältnisses auf den Leasingnehmer über oder ist in den Kosten des Nutzungsrechts berücksichtigt, dass der Leasingnehmer eine Kaufoption wahrnehmen wird, so hat er das Nutzungsrecht vom Bereitstellungsdatum bis zum Ende der *Nutzungsdauer* des zugrunde liegenden Vermögenswerts abzuschreiben. Anderenfalls ist das Nutzungsrecht vom Bereitstellungsdatum bis zum Ende seiner Nutzungsdauer oder – sollte dies früher eintreten – bis zum Ende der Laufzeit des Leasingverhältnisses abzuschreiben.

33 Der Leasingnehmer hat nach IAS 36 *Wertminderung von Vermögenswerten* zu bestimmen, ob das Nutzungsrecht wertgemindert ist, und jeden festgestellten Wertminderungsaufwand zu bilanzieren.

Andere Bewertungsmodelle

34 Wendet der Leasingnehmer auf seine als Finanzinvestitionen gehaltenen Immobilien das in IAS 40 *Als Finanzinvestition gehaltene Immobilien* enthaltene Zeitwertmodell an, so hat er dieses Modell auch auf Nutzungsrechte anzuwenden, die der in IAS 40 enthaltenen Definition von als Finanzinvestition gehaltenen Immobilien entsprechen.

35 Beziehen sich Nutzungsrechte auf eine Gruppe von Sachanlagen, auf die der Leasingnehmer das in IAS 16 enthaltene Neubewertungsmodell anwendet, so kann er beschließen, dieses Modell auf alle Nutzungsrechte anzuwenden, die sich auf diese Gruppe von Sachanlagen beziehen.

Folgebewertung der Leasingverbindlichkeit

36 **Nach dem Bereitstellungsdatum bewertet der Leasingnehmer die Leasingverbindlichkeit wie folgt:**
(a) er erhöht den Buchwert, um dem Zinsaufwand für die Leasingverbindlichkeit Rechnung zu tragen,
(b) er verringert den Buchwert, um den geleisteten Leasingzahlungen Rechnung zu tragen, und
(c) er bewertet den Buchwert neu, um jeder in den Paragraphen 39–46 dargelegten Neubewertung oder Änderung des Leasingverhältnisses oder aber geänderten de facto festen Leasingzahlungen Rechnung zu tragen (siehe Paragraph B42).

37 Die während der Laufzeit des Leasingverhältnisses in jeder Periode für die Leasingverbindlichkeit anfallenden Zinsaufwendungen sind so zu bemessen, dass über die Perioden ein konstanter Zinssatz auf die verbleibende Leasingverbindlichkeit entsteht. Der Periodenzinssatz ist der in Paragraph 26 beschriebene Abzinsungssatz oder – falls anwendbar – der in den Paragraphen 41, 43 oder 45 (c) beschriebene geänderte Abzinsungssatz.

38 Nach dem Bereitstellungsdatum sind sowohl
(a) die Zinsaufwendungen für die Leasingverbindlichkeit als auch
(b) variable Leasingzahlungen, die nicht in die Bewertung der Leasingverbindlichkeit in der Periode eingeflossen sind, in der das Ereignis oder die Bedingung, das bzw. die diese Zahlungen auslöst, eintrat, vom Leasingnehmer erfolgswirksam zu erfassen, es sei denn, die Kosten sind gemäß anderer anwendbarer Standards im Buchwert eines anderen Vermögenswerts enthalten.

Neubewertung der Leasingverbindlichkeit

39 Nach dem Bereitstellungsdatum muss der Leasingnehmer die Leasingverbindlichkeit nach den Paragraphen 40–43 neu bewerten, um Änderungen bei den Leasingzahlungen Rechnung zu tragen. Das Nutzungsrecht ist vom Leasingnehmer um den aus der Neubewertung der Leasingverbindlichkeit resultierenden Betrag anzupassen. Verringert sich der

Variable lease payments that depend on an index or a rate described in paragraph 27 (b) include, for example, payments linked to a consumer price index, payments linked to a benchmark interest rate (such as LIBOR) or payments that vary to reflect changes in market rental rates. 28

Subsequent measurement

Subsequent measurement of the right-of-use asset

After the commencement date, a lessee shall measure the right-of-use asset applying a cost model, unless it applies either of the measurement models described in paragraphs 34 and 35. 29

Cost model

To apply a cost model, a lessee shall measure the right-of-use asset at cost: 30

(a) less any accumulated depreciation and any accumulated impairment losses; and

(b) adjusted for any remeasurement of the lease liability specified in paragraph 36 (c).

A lessee shall apply the depreciation requirements in IAS 16 *Property, Plant and Equipment* in depreciating the right-of-use asset, subject to the requirements in paragraph 32. 31

If the lease transfers ownership of the underlying asset to the lessee by the end of the lease term or if the cost of the right-of-use asset reflects that the lessee will exercise a purchase option, the lessee shall depreciate the right- of-use asset from the commencement date to the end of the *useful life* of the underlying asset. Otherwise, the lessee shall depreciate the right-of-use asset from the commencement date to the earlier of the end of the *useful life* of the right-of-use asset or the end of the lease term. 32

A lessee shall apply IAS 36 *Impairment of Assets* to determine whether the right-of-use asset is impaired and to account for any impairment loss identified. 33

Other measurement models

If a lessee applies the fair value model in IAS 40 *Investment Property* to its investment property, the lessee shall also apply that fair value model to right-of-use assets that meet the definition of investment property in IAS 40. 34

If right-of-use assets relate to a class of property, plant and equipment to which the lessee applies the revaluation model in IAS 16, a lessee may elect to apply that revaluation model to all of the right-of-use assets that relate to that class of property, plant and equipment. 35

Subsequent measurement of the lease liability

After the commencement date, a lessee shall measure the lease liability by: 36

(a) increasing the carrying amount to reflect interest on the lease liability;

(b) reducing the carrying amount to reflect the lease payments made; and

(c) remeasuring the carrying amount to reflect any reassessment or lease modifications specified in paragraphs 39—46, or to reflect revised in-substance fixed lease payments (see paragraph B42).

Interest on the lease liability in each period during the lease term shall be the amount that produces a constant periodic rate of interest on the remaining balance of the lease liability. The periodic rate of interest is the discount rate described in paragraph 26, or if applicable the revised discount rate described in paragraph 41, paragraph 43 or paragraph 45 (c). 37

After the commencement date, a lessee shall recognise in profit or loss, unless the costs are included in the carrying amount of another asset applying other applicable Standards, both: 38

(a) interest on the lease liability; and

(b) variable lease payments not included in the measurement of the lease liability in the period in which the event or condition that triggers those payments occurs.

Reassessment of the lease liability

After the commencement date, a lessee shall apply paragraphs 40—43 to remeasure the lease liability to reflect changes to the lease payments. A lessee shall recognise the amount of the remeasurement of the lease liability as an adjustment to the right-of-use asset. However, if the carrying amount of the right-of-use asset is reduced to zero and there is a further 39

Buchwert des Nutzungsrechts allerdings auf null und geht die Bewertung der Leasingverbindlichkeit weiter zurück, hat der Leasingnehmer jeden aus der Neubewertung resultierenden Restbetrag erfolgswirksam zu erfassen.

40 Der Leasingnehmer hat die Leasingverbindlichkeit neu zu bewerten und zu diesem Zweck die geänderten Leasingzahlungen zu einem geänderten Satz abzuzinsen, wenn entweder

(a) bei der Laufzeit des Leasingverhältnisses eine in den Paragraphen 20–21 beschriebene Änderung eintritt; in diesem Fall hat der Leasingnehmer die geänderten Leasingzahlungen ausgehend von der geänderten Laufzeit des Leasingverhältnisses zu bestimmen oder

(b) bei der Beurteilung einer Kaufoption für den zugrunde liegenden Vermögenswert eine Änderung eintritt, wobei bei der Beurteilung den in den Paragraphen 20–21 beschriebenen Ereignissen und Umständen im Kontext einer Kaufoption Rechnung zu tragen ist; in diesem Fall hat der Leasingnehmer die geänderten Leasingzahlungen so zu bestimmen, dass sie der Veränderung bei den im Rahmen der Kaufoption zahlbaren Beträgen Rechnung tragen.

41 Bei der Anwendung von Paragraph 40 hat der Leasingnehmer den geänderten Abzinsungssatz als den für die Restlaufzeit des Leasingverhältnisses dem Leasingverhältnis zugrunde liegenden Zinssatz zu bestimmen, falls sich dieser aber nicht ohne Weiteres bestimmen lässt, als den Grenzfremdkapitalzinssatz des Leasingnehmers zum Zeitpunkt der Neubeurteilung.

42 Der Leasingnehmer hat die Leasingverbindlichkeit neu zu bewerten und zu diesem Zweck die geänderten Leasingzahlungen abzuzinsen, wenn entweder

(a) bei den Beträgen, die im Rahmen einer Restwertgarantie voraussichtlich zu entrichten sind, eine Änderung eintritt; in diesem Fall hat der Leasingnehmer die geänderten Leasingzahlungen so zu bestimmen, dass sie der Veränderung bei den im Rahmen der Restwertgarantie voraussichtlich zu entrichtenden Beträgen Rechnung tragen, oder

(b) bei den künftigen Leasingzahlungen bedingt durch eine Veränderung bei einem zur Bestimmung dieser Zahlungen verwendeten Index oder (Zins-)Satz, wozu auch Veränderungen zählen, die im Anschluss an eine Mietpreis-Erhebung bei den marktüblichen Mietpreisen festgestellt wurden, eine Veränderung eintritt; diesen geänderten Leasingzahlungen muss der Leasingnehmer nur dann durch Neubewertung der Leasingverbindlichkeit Rechnung tragen, wenn bei den Zahlungsströmen eine Veränderung eintritt (d. h. wenn die Anpassung der Leasingzahlungen wirksam wird); in diesem Fall hat der Leasingnehmer die geänderten Leasingzahlungen für die Restlaufzeit des Leasingverhältnisses ausgehend von den geänderten vertraglichen Zahlungen zu bestimmen.

43 Bei der Anwendung von Paragraph 42 hat der Leasingnehmer einen unveränderten Abzinsungssatz zu verwenden, es sei denn, die Veränderung bei den Leasingzahlungen ist auf eine Veränderung bei variablen Zinssätzen zurückzuführen. In diesem Fall ist ein geänderter Abzinsungssatz zu verwenden, der dem veränderten Zinssatz Rechnung trägt.

Änderung von Leasingverhältnissen

44 Die Änderung eines Leasingverhältnisses ist vom Leasingnehmer als gesondertes Leasingverhältnis zu bilanzieren, wenn beide folgenden Voraussetzungen erfüllt sind:

(a) durch die Änderung wird ein zusätzliches Recht auf Nutzung eines oder mehrerer zugrunde liegender Vermögenswerte eingeräumt, wodurch sich der Umfang des Leasingverhältnisses erhöht, und

(b) die zu zahlende Gegenleistung erhöht sich um einen Betrag, der dem Einzelpreis der Umfangserhöhung sowie allen angezeigten Anpassungen dieses Einzelpreises aufgrund der Umstände des betreffenden Vertrags entspricht.

45 Bei Änderungen von Leasingverhältnissen, die nicht als gesondertes Leasingverhältnis bilanziert werden, hat der Leasingnehmer zum *effektiven Zeitpunkt der Änderung*

(a) die Gegenleistung für den geänderten Vertrag gemäß den Paragraphen 13–16 aufzuteilen,

(b) die Laufzeit des geänderten Leasingverhältnisses gemäß den Paragraphen 18–19 zu bestimmen und

(c) die Leasingverbindlichkeit neu zu bewerten und zu diesem Zweck die geänderten Leasingzahlungen zu einem geänderten Satz abzuzinsen; bestimmt wird der geänderte Abzinsungssatz als der für die Restlaufzeit des Leasingverhältnisses dem Leasingverhältnis zugrunde liegende Zinssatz, falls sich dieser aber nicht ohne Weiteres bestimmen lässt, als den Grenzfremdkapitalzinssatz des Leasingnehmers zum effektiven Zeitpunkt der Änderung.

46 Wird die Änderung des Leasingverhältnisses nicht als gesondertes Leasingverhältnis bilanziert, so hat der Leasingnehmer die Neubewertung der Leasingverbindlichkeit zu bilanzieren, indem er

(a) den Buchwert des Nutzungsrechts herabsetzt, um der durch Änderungen, die den Umfang des Leasingverhältnisses verringern, bedingten teilweisen oder vollständigen Beendigung des Leasingverhältnisses Rechnung zu tragen; etwaige Gewinne oder Verluste, die sich aus der teilweisen oder vollständigen Beendigung des Leasingverhältnisses ergeben, hat der Leasingnehmer erfolgswirksam zu erfassen,

(b) bei allen anderen Änderungen von Leasingverhältnissen eine entsprechende Anpassung des Nutzungsrechts vornimmt.

46A Behelfsweise kann der Leasingnehmer auf die Beurteilung, ob eine Mietkonzession, die die Voraussetzungen von Paragraph 46B erfüllt, als Änderung eines Leasingverhältnisses einzustufen ist, verzichten. In diesem Fall hat der Leasingnehmer jede auf die Mietkonzession zurückzuführende Veränderung bei den Leasingzahlungen in derselben Weise zu bilanzieren, wie er es in Anwendung dieses Standards tun würde, wenn die Veränderung nicht als Änderung eines Leasingverhältnisses einzustufen wäre.

reduction in the measurement of the lease liability, a lessee shall recognise any remaining amount of the remeasurement in profit or loss.

A lessee shall remeasure the lease liability by discounting the revised lease payments using a revised discount rate, if either: 40

(a) there is a change in the lease term, as described in paragraphs 20—21. A lessee shall determine the revised lease payments on the basis of the revised lease term; or
(b) there is a change in the assessment of an option to purchase the underlying asset, assessed considering the events and circumstances described in paragraphs 20—21 in the context of a purchase option. A lessee shall determine the revised lease payments to reflect the change in amounts payable under the purchase option.

In applying paragraph 40, a lessee shall determine the revised discount rate as the interest rate implicit in the lease for the remainder of the lease term, if that rate can be readily determined, or the lessee's incremental borrowing rate at the date of reassessment, if the interest rate implicit in the lease cannot be readily determined. 41

A lessee shall remeasure the lease liability by discounting the revised lease payments, if either: 42

(a) there is a change in the amounts expected to be payable under a residual value guarantee. A lessee shall determine the revised lease payments to reflect the change in amounts expected to be payable under the residual value guarantee.
(b) there is a change in future lease payments resulting from a change in an index or a rate used to determine those payments, including for example a change to reflect changes in market rental rates following a market rent review. The lessee shall remeasure the lease liability to reflect those revised lease payments only when there is a change in the cash flows (ie when the adjustment to the lease payments takes effect). A lessee shall determine the revised lease payments for the remainder of the lease term based on the revised contractual payments.

In applying paragraph 42, a lessee shall use an unchanged discount rate, unless the change in lease payments results from a change in floating interest rates. In that case, the lessee shall use a revised discount rate that reflects changes in the interest rate. 43

Lease modifications

A lessee shall account for a lease modification as a separate lease if both: 44

(a) the modification increases the scope of the lease by adding the right to use one or more underlying assets; and
(b) the consideration for the lease increases by an amount commensurate with the stand-alone price for the increase in scope and any appropriate adjustments to that stand-alone price to reflect the circumstances of the particular contract.

For a lease modification that is not accounted for as a separate lease, at the *effective date of the lease modification* a lessee shall: 45

(a) allocate the consideration in the modified contract applying paragraphs 13—16;
(b) determine the lease term of the modified lease applying paragraphs 18—19; and
(c) remeasure the lease liability by discounting the revised lease payments using a revised discount rate. The revised discount rate is determined as the interest rate implicit in the lease for the remainder of the lease term, if that rate can be readily determined, or the lessee's incremental borrowing rate at the effective date of the modification, if the interest rate implicit in the lease cannot be readily determined.

For a lease modification that is not accounted for as a separate lease, the lessee shall account for the remeasurement of the lease liability by: 46

(a) decreasing the carrying amount of the right-of-use asset to reflect the partial or full termination of the lease for lease modifications that decrease the scope of the lease. The lessee shall recognise in profit or loss any gain or loss relating to the partial or full termination of the lease.
(b) making a corresponding adjustment to the right-of-use asset for all other lease modifications.

As a practical expedient, a lessee may elect not to assess whether a rent concession that meets the conditions in paragraph 46B is a lease modification. A lessee that makes this election shall account for any change in lease payments resulting from the rent concession the same way it would account for the change applying this Standard if the change were not a lease modification. 46A

46B Der praktische Behelf in Paragraph 46A gilt nur für Mietkonzessionen, die eine unmittelbare Folge der COVID-19-Pandemie sind, und auch nur, wenn alle folgenden Voraussetzungen erfüllt sind:
(a) die Veränderung bei den Leasingzahlungen führt dazu, dass die geänderte Gegenleistung für das Leasingverhältnis im Wesentlichen gleich hoch bleibt wie die Gegenleistung für das Leasingverhältnis unmittelbar vor der Veränderung oder sich verringert,
(b) eine etwaige Verringerung der Leasingzahlungen betrifft nur Zahlungen, die ursprünglich zum oder vor dem 30. Juni 2022 fällig sind (eine Mietkonzession, die zu verringerten Leasingzahlungen bis zum 30. Juni 2022 und erhöhten Leasingzahlungen nach dem 30. Juni 2022 führt, würde diese Voraussetzung beispielsweise erfüllen), und
(c) die übrigen Vertragsbedingungen des Leasingverhältnisses erfahren keine wesentliche Veränderung.

Darstellung

47 Der Leasingnehmer hat
(a) Nutzungsrechte entweder in der Bilanz oder im Anhang getrennt von anderen Vermögenswerten darzustellen; stellt er die Nutzungsrechte in der Bilanz nicht gesondert dar, so hat er
(i) diese Nutzungsrechte in den gleichen Bilanzposten aufzunehmen, in dem auch die entsprechenden zugrunde liegenden Vermögenswerte dargestellt würden, wenn sie sein Eigentum wären, und
(ii) anzugeben, in welchen Bilanzposten diese Nutzungsrechte geführt werden,
(b) Leasingverbindlichkeiten entweder in der Bilanz oder im Anhang getrennt von anderen Verbindlichkeiten darzustellen; stellt er die Leasingverbindlichkeiten in der Bilanz nicht gesondert dar, hat er anzugeben, in welchen Bilanzposten diese Verbindlichkeiten geführt werden.

48 Die in Paragraph 47 (a) festgelegte Vorschrift gilt nicht für Nutzungsrechte, die der Definition einer als Finanzinvestition gehaltenen Immobilie entsprechen, da diese in der Bilanz auch als solche auszuweisen sind.

49 In der Darstellung von Gewinn oder Verlust und sonstigem Ergebnis hat der Leasingnehmer Zinsaufwendungen für die Leasingverbindlichkeit getrennt vom Abschreibungsbetrag für das Nutzungsrecht auszuweisen. Zinsaufwendungen für die Leasingverbindlichkeit sind eine Komponente der Finanzierungsaufwendungen, die nach Paragraph 82 (b) von IAS 1 *Darstellung des Abschlusses* in der Darstellung von Gewinn oder Verlust und sonstigem Ergebnis getrennt darzustellen sind.

50 In der Kapitalflussrechnung hat der Leasingnehmer
(a) Auszahlungen für den Tilgungsanteil der Leasingverbindlichkeit als Finanzierungstätigkeiten einzustufen,
(b) Auszahlungen für den Zinsanteil der Leasingverbindlichkeit gemäß den Vorschriften für gezahlte Zinsen von IAS 7 *Kapitalflussrechnung* einzustufen und
(c) Zahlungen im Rahmen kurzfristiger Leasingverhältnisse, Zahlungen bei Leasingverhältnissen, die Vermögenswerte von geringem Wert betreffen, und variable Leasingzahlungen, die bei der Bewertung der Leasingverbindlichkeit unberücksichtigt geblieben sind, als betriebliche Tätigkeiten einzustufen.

Angaben

51 **Die Angaben, die der Leasingnehmer im Anhang bereitstellt, sollen zusammen mit den in der Bilanz, in der Gewinn- und Verlustrechnung und in der Kapitalflussrechnung enthaltenen Angaben den Abschlussadressaten die Beurteilung ermöglichen, wie Leasingverhältnisse sich auf die Vermögens-, Finanz- und Ertragslage und die Zahlungsströme des Leasingnehmers auswirken. Die Vorschriften, mit denen dieses Ziel erreicht werden soll, sind in den Paragraphen 52–60 enthalten.**

52 Der Leasingnehmer hat in einer einzelnen Anhangangabe oder in einem separaten Abschnitt seines Abschlusses Angaben zu den Leasingverhältnissen zu machen, bei denen er Leasingnehmer ist. Angaben, die bereits an anderer Stelle im Abschluss gemacht wurden, müssen allerdings nicht wiederholt werden, sofern sie durch Querverweise auf diese Anhangangabe oder den separaten Abschnitt über Leasingverhältnisse auffindbar sind.

53 Der Leasingnehmer hat für die Berichtsperiode die folgenden Beträge anzugeben:
(a) Abschreibungen für das Nutzungsrecht nach Gruppen zugrunde liegender Vermögenswerte,
(b) Zinsaufwendungen für Leasingverbindlichkeiten,
(c) Aufwand für kurzfristige Leasingverhältnisse, die nach Paragraph 6 bilanziert werden; der Aufwand für Leasingverhältnisse mit maximal einmonatiger Laufzeit muss darin nicht enthalten sein,
(d) Aufwand für Leasingverhältnisse, die Vermögenswerte von geringem Wert betreffen und die nach Paragraph 6 bilanziert werden; Aufwand für kurzfristige Leasingverhältnisse nach Buchstabe c, die einen Vermögenswert von geringem Wert betreffen, darf darin nicht enthalten sein,
(e) Aufwand für variable Leasingzahlungen, die in die Bewertung dieser Leasingverbindlichkeiten nicht einbezogen wurden,
(f) Ertrag aus dem Unterleasing von Nutzungsrechten,
(g) die gesamten Zahlungsmittelabflüsse für Leasingverhältnisse,
(h) Zugänge bei den Nutzungsrechten,

The practical expedient in paragraph 46A applies only to rent concessions occurring as a direct consequence of the covid-19 pandemic and only if all of the following conditions are met: 46B

(a) the change in lease payments results in revised consideration for the lease that is substantially the same as, or less than, the consideration for the lease immediately preceding the change;
(b) any reduction in lease payments affects only payments originally due on or before 30 June 2022 (for example, a rent concession would meet this condition if it results in reduced lease payments on or before 30 June 2022 and increased lease payments that extend beyond 30 June 2022); and
(c) there is no substantive change to other terms and conditions of the lease.

Presentation

A lessee shall either present in the statement of financial position, or disclose in the notes: 47

(a) right-of-use assets separately from other assets. If a lessee does not present right-of-use assets separately in the statement of financial position, the lessee shall:
    (i) include right-of-use assets within the same line item as that within which the corresponding underlying assets would be presented if they were owned; and
    (ii) disclose which line items in the statement of financial position include those right-of-use assets.
(b) lease liabilities separately from other liabilities. If the lessee does not present lease liabilities separately in the statement of financial position, the lessee shall disclose which line items in the statement of financial position include those liabilities.

The requirement in paragraph 47 (a) does not apply to right-of-use assets that meet the definition of investment property, which shall be presented in the statement of financial position as investment property. 48

In the statement of profit or loss and other comprehensive income, a lessee shall present interest expense on the lease liability separately from the depreciation charge for the right-of-use asset. Interest expense on the lease liability is a component of finance costs, which paragraph 82 (b) of IAS 1 *Presentation of Financial Statements* requires to be presented separately in the statement of profit or loss and other comprehensive income. 49

In the statement of cash flows, a lessee shall classify: 50

(a) cash payments for the principal portion of the lease liability within financing activities;
(b) cash payments for the interest portion of the lease liability applying the requirements in IAS 7 *Statement of Cash Flows* for interest paid; and
(c) short-term lease payments, payments for leases of low-value assets and variable lease payments not included in the measurement of the lease liability within operating activities.

Disclosure

The objective of the disclosures is for lessees to disclose information in the notes that, together with the information provided in the statement of financial position, statement of profit or loss and statement of cash flows, gives a basis for users of financial statements to assess the effect that leases have on the financial position, financial performance and cash flows of the lessee. Paragraphs 52—60 specify requirements on how to meet this objective. 51

A lessee shall disclose information about its leases for which it is a lessee in a single note or separate section in its financial statements. However, a lessee need not duplicate information that is already presented elsewhere in the financial statements, provided that the information is incorporated by cross-reference in the single note or separate section about leases. 52

A lessee shall disclose the following amounts for the reporting period: 53

(a) depreciation charge for right-of-use assets by class of underlying asset;
(b) interest expense on lease liabilities;
(c) the expense relating to short-term leases accounted for applying paragraph 6. This expense need not include the expense relating to leases with a lease term of one month or less;
(d) the expense relating to leases of low-value assets accounted for applying paragraph 6. This expense shall not include the expense relating to short-term leases of low-value assets included in paragraph 53 (c);
(e) the expense relating to variable lease payments not included in the measurement of lease liabilities;
(f) income from subleasing right-of-use assets;
(g) total cash outflow for leases;
(h) additions to right-of-use assets;

(i) Gewinne und Verluste aus Sale-and-Leaseback-Transaktionen und
(j) Buchwerte der Nutzungsrechte am Ende der Berichtsperiode nach Gruppe zugrunde liegender Vermögenswerte.

54 Die in Paragraph 53 genannten Angaben sind in Tabellenform vorzulegen, es sei denn, ein anderes Format ist besser geeignet. Die angegebenen Beträge müssen auch die Kosten einschließen, die der Leasingnehmer im Berichtszeitraum in den Buchwert eines anderen Vermögenswerts integriert hat.

55 Der Leasingnehmer hat die Höhe seiner Leasingverpflichtungen aus kurzfristigen Leasingverhältnissen, die nach Paragraph 6 bilanziert werden, anzugeben, wenn der Bestand an kurzfristigen Leasingverhältnissen, bei denen am Ende des Berichtszeitraums Verpflichtungen bestehen, sich nicht mit dem Bestand an kurzfristigen Leasingverhältnissen deckt, auf die sich der nach Paragraph 53 (c) angegebene Aufwand bezieht.

56 Entsprechen die Nutzungsrechte an Leasinggegenständen der Definition von als Finanzinvestition gehaltenen Immobilien, so hat der Leasingnehmer nach den Angabevorschriften von IAS 40 zu verfahren. Für derartige Nutzungsrechte sind die in Paragraph 53 unter den Buchstaben a, f, h und j genannten Angaben nicht erforderlich.

57 Führt der Leasingnehmer für Nutzungsrechte eine Neubewertung gemäß IAS 16 durch, muss er für diese Nutzungsrechte die in Paragraph 77 von IAS 16 verlangten Angaben machen.

58 Eine gemäß den Paragraphen 39 und B11 von IFRS 7 *Finanzinstrumente: Angaben* erstellte Fälligkeitsanalyse für Leasingverbindlichkeiten hat der Leasingnehmer getrennt von den Fälligkeitsanalysen für andere finanzielle Verbindlichkeiten vorzulegen.

59 Neben den in den Paragraphen 53–58 verlangten Angaben hat der Leasingnehmer zur Erreichung des in Paragraph 51 genannten (und in Paragraph B48 beschriebenen) Angabeziels zusätzliche qualitative und quantitative Angaben zu seinen Leasingaktivitäten vorzulegen. Diese zusätzlichen Angaben können unter anderem Informationen umfassen, die den Abschlussadressaten die Beurteilung der folgenden Elemente erleichtern:
(a) Art der Leasingaktivitäten des Leasingnehmers,
(b) künftige Zahlungsmittelabflüsse, zu denen es beim Leasingnehmer kommen könnte und die bei der Bewertung der Leasingverbindlichkeit nicht berücksichtigt wurden; diese können sich ergeben aus
  (i) variablen Leasingzahlungen (siehe Paragraph B49),
  (ii) Verlängerungs- und Kündigungsoptionen (siehe Paragraph B50),
  (iii) Restwertgarantien (siehe Paragraph B51) und
  (iv) Leasingverhältnissen, die der Leasingnehmer eingegangen ist, die aber noch nicht begonnen haben,
(c) mit Leasingverhältnissen verbundene Beschränkungen oder Zusagen und
(d) Sale-and-Leaseback-Transaktionen (siehe Paragraph B52).

60 Bilanziert der Leasingnehmer kurzfristige Leasingverhältnisse oder Leasingverhältnisse, die Vermögenswerte von geringem Wert betreffen, nach Paragraph 6, so hat er dies anzugeben.

60A Wenn der Leasingnehmer den in Paragraph 46A beschriebenen praktischen Behelf anwendet, hat er im Abschluss
(a) anzugeben, dass er den praktischen Behelf auf alle Mietkonzessionen, die die Voraussetzungen nach Paragraph 46B erfüllen, angewendet hat oder, sollte dies nicht der Fall sein, auszuführen, auf welche Art von Verträgen er den praktischen Behelf angewendet hat (siehe Paragraph 2), und
(b) anzugeben, welche Beträge für die Berichtsperiode erfolgswirksam erfasst wurden, um Veränderungen bei den Leasingzahlungen Rechnung zu tragen, die sich aus Mietkonzessionen ergeben, auf die der Leasingnehmer den in Paragraph 46A beschriebenen praktischen Behelf angewendet hat.

LEASINGGEBER

Einstufung von Leasingverhältnissen (Paragraphen B53–B58)

61 **Der Leasinggeber hat jedes Leasingverhältnis entweder als *Operating-Leasingverhältnis* oder als *Finanzierungsleasingverhältnis* einzustufen.**

62 **Ein Leasingverhältnis wird als Finanzierungsleasingverhältnis eingestuft, wenn dabei im Wesentlichen alle mit dem Eigentum verbundenen Risiken und Chancen übertragen werden. Ist dies nicht der Fall, wird ein Leasingverhältnis als Operating-Leasingverhältnis eingestuft.**

63 Ob es sich bei einem Leasingverhältnis um ein Finanzierungsleasingverhältnis oder um ein Operating-Leasingverhältnis handelt, hängt vom wirtschaftlichen Gehalt der Transaktion und nicht von der Vertragsform ab. Beispiele für Fälle, die für sich genommen oder in Kombination normalerweise zur Einstufung eines Leasingverhältnisses als Finanzierungsleasingverhältnis führen, sind:

(i) gains or losses arising from sale and leaseback transactions; and
(j) the carrying amount of right-of-use assets at the end of the reporting period by class of underlying asset.

A lessee shall provide the disclosures specified in paragraph 53 in a tabular format, unless another format is more appropriate. The amounts disclosed shall include costs that a lessee has included in the carrying amount of another asset during the reporting period. 54

A lessee shall disclose the amount of its lease commitments for short-term leases accounted for applying paragraph 6 if the portfolio of short-term leases to which it is committed at the end of the reporting period is dissimilar to the portfolio of short-term leases to which the short-term lease expense disclosed applying paragraph 53 (c) relates. 55

If right-of-use assets meet the definition of investment property, a lessee shall apply the disclosure requirements in IAS 40. In that case, a lessee is not required to provide the disclosures in paragraph 53 (a), (f), (h) or (j) for those right-of-use assets. 56

If a lessee measures right-of-use assets at revalued amounts applying IAS 16, the lessee shall disclose the information required by paragraph 77 of IAS 16 for those right-of-use assets. 57

A lessee shall disclose a maturity analysis of lease liabilities applying paragraphs 39 and B11 of IFRS 7 *Financial Instruments: Disclosures* separately from the maturity analyses of other financial liabilities. 58

In addition to the disclosures required in paragraphs 53—58, a lessee shall disclose additional qualitative and quantitative information about its leasing activities necessary to meet the disclosure objective in paragraph 51 (as described in paragraph B48). This additional information may include, but is not limited to, information that helps users of financial statements to assess: 59
(a) the nature of the lessee's leasing activities;
(b) future cash outflows to which the lessee is potentially exposed that are not reflected in the measurement of lease liabilities. This includes exposure arising from:
   (i) variable lease payments (as described in paragraph B49);
   (ii) extension options and termination options (as described in paragraph B50);
   (iii) residual value guarantees (as described in paragraph B51); and
   (iv) leases not yet commenced to which the lessee is committed.
(c) restrictions or covenants imposed by leases; and
(d) sale and leaseback transactions (as described in paragraph B52).

A lessee that accounts for short-term leases or leases of low-value assets applying paragraph 6 shall disclose that fact. 60

If a lessee applies the practical expedient in paragraph 46A, the lessee shall disclose: 60A
(a) that it has applied the practical expedient to all rent concessions that meet the conditions in paragraph 46B or, if not applied to all such rent concessions, information about the nature of the contracts to which it has applied the practical expedient (see paragraph 2); and
(b) the amount recognised in profit or loss for the reporting period to reflect changes in lease payments that arise from rent concessions to which the lessee has applied the practical expedient in paragraph 46A.

LESSOR

Classification of leases (paragraphs B53—B58)

A lessor shall classify each of its leases as either an *operating lease or a finance lease*. 61

A lease is classified as a finance lease if it transfers substantially all the risks and rewards incidental to ownership of an underlying asset. A lease is classified as an operating lease if it does not transfer substantially all the risks and rewards incidental to ownership of an underlying asset. 62

Whether a lease is a finance lease or an operating lease depends on the substance of the transaction rather than the form of the contract. Examples of situations that individually or in combination would normally lead to a lease being classified as a finance lease are: 63

(a) am Ende der Laufzeit des Leasingverhältnisses wird dem Leasingnehmer das Eigentum am zugrunde liegenden Vermögenswert übertragen,
(b) der Leasingnehmer hat die Option, den zugrunde liegenden Vermögenswert zu einem Preis zu erwerben, der den *beizulegenden Zeitwert* zum Optionsausübungszeitpunkt voraussichtlich so stark unterschreitet, dass die Ausübung der Option bei *Beginn des Leasingverhältnisses* hinreichend sicher ist,
(c) die Laufzeit des Leasingverhältnisses erstreckt sich auf den größten Teil der *wirtschaftlichen Nutzungsdauer* des zugrunde liegenden Vermögenswerts, auch wenn das Eigentumsrecht nicht übertragen wird,
(d) zu Beginn des Leasingverhältnisses entspricht der Barwert der Leasingzahlungen mindestens dem nahezu gesamten beizulegenden Zeitwert des zugrunde liegenden Vermögenswerts und
(e) der zugrunde liegende Vermögenswert ist so speziell, dass nur der Leasingnehmer ihn ohne wesentliche Veränderungen nutzen kann.

64 Indikatoren für Fälle die für sich genommen oder in Kombination ebenfalls zur Einstufung eines Leasingverhältnisses als Finanzierungsleasingverhältnis führen können, sind:
(a) wenn der Leasingnehmer das Leasingverhältnis auflösen kann, hat dieser die Verluste, die dem Leasinggeber durch die Auflösung des Leasingverhältnisses entstehen, zu tragen
(b) Gewinne oder Verluste, die auf Schwankungen des beizulegenden Zeitwerts des Restwerts zurückzuführen sind, fallen dem Leasingnehmer zu (beispielsweise in Form einer Mietrückerstattung, die einem Großteil des Verkaufserlöses am Ende des Leasingverhältnisses entspricht) und
(c) der Leasingnehmer hat die Möglichkeit, das Leasingverhältnis für eine zweite Mietperiode zu einer Miete fortzuführen, die erheblich unter dem marktüblichen Mietpreis liegt.

65 Die in den Paragraphen 63–64 aufgeführten Beispiele und Indikatoren lassen nicht immer einen endgültigen Schluss zu. Wenn aus anderen Merkmalen eindeutig hervorgeht, dass bei einem Leasingverhältnis nicht im Wesentlichen alle mit dem Eigentum an dem zugrunde liegenden Vermögenswert verbundenen Risiken und Chancen übertragen werden, wird es als Operating-Leasingverhältnis eingestuft. Dies kann beispielsweise dann der Fall sein, wenn das Eigentum am zugrunde liegenden Vermögenswert am Ende des Leasingverhältnisses gegen eine variable Zahlung in Höhe des jeweiligen beizulegenden Zeitwerts übertragen wird oder wenn variable Leasingzahlungen dazu führen, dass der Leasinggeber nicht im Wesentlichen alle derartigen Risiken und Chancen überträgt.

66 Die Einstufung erfolgt zu Beginn des Leasingverhältnisses und wird nur bei einer Änderung des Leasingverhältnisses neu beurteilt. Änderungen von Schätzungen (wie Änderungen einer Schätzung der wirtschaftlichen Nutzungsdauer oder des Restwerts des zugrunde liegenden Vermögenswerts) oder geänderte Umstände (wie ein Zahlungsausfall des Leasingnehmers) führen jedoch nicht zu einer Neueinstufung des Leasingverhältnisses für Rechnungslegungszwecke.

Finanzierungsleasingverhältnisse

Ansatz und Bewertung

67 **Am Bereitstellungsdatum hat der Leasinggeber die im Rahmen eines Finanzierungsleasingverhältnisses gehaltenen Vermögenswerte in seiner Bilanz anzusetzen und sie als Forderung in Höhe der *Nettoinvestition in das Leasingverhältnis* darzustellen.**

Erstmalige Bewertung

68 Zur Bewertung der Nettoinvestition in das Leasingverhältnis zieht der Leasinggeber den dem Leasingverhältnis zugrunde liegenden Zinssatz heran. Lässt sich bei einem Unterleasingverhältnis der zugrunde liegende Zinssatz nicht ohne Weiteres bestimmen, kann der Unterleasinggeber zur Bewertung der Nettoinvestition in das Unterleasingverhältnis den für das Hauptleasingverhältnis verwendeten Abzinsungssatz verwenden, den er um alle etwaigen mit dem Unterleasingverhältnis verbundenen anfänglichen direkten Kosten anpasst.

69 Anfängliche direkte Kosten fließen in die erstmalige Bewertung der Nettoinvestition in das Leasingverhältnis ein und vermindern die über die Laufzeit des Leasingverhältnisses erfassten Erträge; davon ausgenommen sind anfängliche direkte Kosten, die bei Leasinggebern anfallen, die Hersteller oder Händler sind. Zur Festlegung des dem Leasingverhältnis zugrunde liegenden Zinssatzes werden die anfänglichen direkten Kosten immer in die Nettoinvestition in das Leasingverhältnis einbezogen, sodass sie nicht gesondert hinzugerechnet werden müssen.

Erstmalige Bewertung der Leasingzahlungen, die in die Nettoinvestition in das Leasingverhältnis einbezogen werden

70 Am Bereitstellungsdatum umfassen die bei der Bewertung der Nettoinvestition in das Leasingverhältnis berücksichtigten Leasingzahlungen die nachstehend genannten, am Bereitstellungsdatum noch nicht vereinnahmten Zahlungen für das Recht auf Nutzung des zugrunde liegenden Vermögenswerts während der Laufzeit des Leasingverhältnisses:
(a) feste Zahlungen (einschließlich der in Paragraph B42 beschriebenen de facto festen Zahlungen) abzüglich etwaiger zu zahlender Leasinganreize,

(a) the lease transfers ownership of the underlying asset to the lessee by the end of the lease term;
(b) the lessee has the option to purchase the underlying asset at a price that is expected to be sufficiently lower than the *fair value* at the date the option becomes exercisable for it to be reasonably certain, at the *inception date*, that the option will be exercised;
(c) the lease term is for the major part of the *economic life* of the underlying asset even if title is not transferred;
(d) at the inception date, the present value of the lease payments amounts to at least substantially all of the fair value of the underlying asset; and
(e) the underlying asset is of such a specialised nature that only the lessee can use it without major modifications.

Indicators of situations that individually or in combination could also lead to a lease being classified as a finance lease are: 64
(a) if the lessee can cancel the lease, the lessor's losses associated with the cancellation are borne by the lessee;
(b) gains or losses from the fluctuation in the fair value of the residual accrue to the lessee (for example, in the form of a rent rebate equaling most of the sales proceeds at the end of the lease); and
(c) the lessee has the ability to continue the lease for a secondary period at a rent that is substantially lower than market rent.

The examples and indicators in paragraphs 63—64 are not always conclusive. If it is clear from other features that the lease does not transfer substantially all the risks and rewards incidental to ownership of an underlying asset, the lease is classified as an operating lease. For example, this may be the case if ownership of the underlying asset transfers at the end of the lease for a variable payment equal to its then fair value, or if there are variable lease payments, as a result of which the lessor does not transfer substantially all such risks and rewards. 65

Lease classification is made at the inception date and is reassessed only if there is a lease modification. Changes in estimates (for example, changes in estimates of the economic life or of the residual value of the underlying asset), or changes in circumstances (for example, default by the lessee), do not give rise to a new classification of a lease for accounting purposes. 66

Finance leases

Recognition and measurement

At the commencement date, a lessor shall recognise assets held under a finance lease in its statement of financial position and present them as a receivable at an amount equal to the *net investment in the lease*. 67

Initial measurement

The lessor shall use the interest rate implicit in the lease to measure the net investment in the lease. In the case of a sublease, if the interest rate implicit in the sublease cannot be readily determined, an intermediate lessor may use the discount rate used for the head lease (adjusted for any initial direct costs associated with the sublease) to measure the net investment in the sublease. 68

Initial direct costs, other than those incurred by manufacturer or dealer lessors, are included in the initial measurement of the net investment in the lease and reduce the amount of income recognised over the lease term. The interest rate implicit in the lease is defined in such a way that the initial direct costs are included automatically in the net investment in the lease; there is no need to add them separately. 69

Initial measurement of the lease payments included in the net investment in the lease

At the commencement date, the lease payments included in the measurement of the net investment in the lease comprise the following payments for the right to use the underlying asset during the lease term that are not received at the commencement date: 70
(a) fixed payments (including in-substance fixed payments as described in paragraph B42), less any lease incentives payable;

(b) variable Leasingzahlungen, die an einen Index oder (Zins-)Satz gekoppelt sind und deren erstmalige Bewertung anhand des am Bereitstellungsdatum gültigen Indexes oder (Zins-)Satzes vorgenommen wird,
(c) alle etwaigen Restwertgarantien, die der Leasinggeber vom Leasingnehmer, einer mit dem Leasingnehmer verbundenen Partei oder einem nicht mit dem Leasinggeber verbundenen Dritten, der bzw. die finanziell zur Erfüllung der mit der Garantie verbundenen Verpflichtungen in der Lage ist, erhält,
(d) den Ausübungspreis einer Kaufoption, wenn der Leasingnehmer hinreichend sicher ist, dass er diese ausüben wird (was anhand der in Paragraph B37 beschriebenen Faktoren beurteilt wird), und
(e) Strafzahlungen für die Kündigung des Leasingverhältnisses, wenn in der Laufzeit berücksichtigt ist, dass der Leasingnehmer eine Kündigungsoption wahrnehmen wird.

Leasinggeber, die Hersteller oder Händler sind

71 Leasinggeber, die Hersteller oder Händler sind, haben am Bereitstellungsdatum für jedes ihrer Finanzierungsleasingverhältnisse Folgendes zu erfassen:
(a) den Umsatzerlös, d. h. den beizulegenden Zeitwert des zugrunde liegenden Vermögenswerts oder, wenn dieser niedriger ist, den dem Leasinggeber zufallenden Barwert der Leasingzahlungen, zu einem marktüblichen Satz abgezinst,
(b) die Umsatzkosten, d. h. die Anschaffungs- oder Herstellungskosten bzw., falls abweichend, den Buchwert des zugrunde liegenden Vermögenswerts abzüglich des Barwerts des nicht garantierten Restwerts und
(c) Veräußerungsgewinne oder -verluste (d. h. die Differenz zwischen dem Umsatzerlös und den Umsatzkosten) gemäß ihrer Methode zur Erfassung direkter Verkaufsgeschäfte, für die IFRS 15 gilt. Leasinggeber, bei denen es sich um Hersteller oder Händler handelt, müssen Veräußerungsgewinne oder -verluste aus Finanzierungsleasingverhältnissen am Bereitstellungsdatum erfassen, unabhängig davon, ob der zugrunde liegende Vermögenswert gemäß IFRS 15 übertragen wird oder nicht.

72 Hersteller oder Händler lassen ihren Kunden häufig die Wahl zwischen Erwerb oder Leasing eines Vermögenswerts. Ist der Leasinggeber bei einem Finanzierungsleasingverhältnis ein Hersteller oder Händler, entsteht ein Gewinn oder Verlust, der dem Gewinn oder Verlust aus dem direkten Verkauf des zugrunde liegenden Vermögenswerts zu normalen Verkaufspreisen entspricht und in dem alle anwendbaren Mengen- oder Handelsrabatte berücksichtigt sind.

73 Leasinggeber, die Hersteller oder Händler sind, bieten zuweilen künstlich niedrige Zinssätze an, um das Interesse von Kunden zu wecken. Die Anwendung eines solchen Zinssatzes hätte zur Folge, dass der Leasinggeber am Bereitstellungsdatum einen übermäßig hohen Anteil des Gesamtertrags aus der Transaktion erfasst. Bietet ein Hersteller oder Händler als Leasinggeber künstlich niedrige Zinsen an, hat er den Veräußerungsgewinn auf den Betrag zu beschränken, der bei einem marktüblichen Zinssatz erzielt würde.

74 Kosten, die dem Hersteller oder Händler als Leasinggeber bei der Erlangung eines Finanzierungsleasingverhältnisses am Bereitstellungsdatum entstehen, sind als Aufwand zu erfassen, da sie in erster Linie durch Bemühungen zur Erzielung seines Veräußerungsgewinns verursacht werden. Kosten, die Herstellern oder Händlern als Leasinggebern bei der Erlangung eines Finanzierungsleasingverhältnisses entstehen, fallen nicht unter die Definition anfänglicher direkter Kosten und bleiben somit bei der Nettoinvestition in das Leasingverhältnis unberücksichtigt.

Folgebewertung

75 **Der Leasinggeber hat seine Finanzerträge über die Laufzeit des Leasingverhältnisses nach einem Muster zu erfassen, dem eine konstante periodische Verzinsung seiner Nettoinvestition in das Leasingverhältnis zugrunde liegt.**

76 Ziel des Leasinggebers ist es, die Finanzerträge auf einer planmäßigen und rationalen Grundlage über die Laufzeit des Leasingverhältnisses zu verteilen. Dabei hat er die auf die Berichtsperiode bezogenen Leasingzahlungen mit der *Bruttoinvestition in das Leasingverhältnis* zu verrechnen, um sowohl den Kapitalbetrag als auch den *nicht realisierten Finanzertrag* zu reduzieren.

77 Auf die Nettoinvestition in das Leasingverhältnis hat der Leasinggeber die Ausbuchungs- und Wertminderungsvorschriften von IFRS 9 anzuwenden. Die bei der Berechnung der Bruttoinvestition in das Leasingverhältnis angesetzten geschätzten nicht garantierten Restwerte hat der Leasinggeber in regelmäßigen Abständen zu überprüfen. Bei einer Minderung des geschätzten nicht garantierten Restwerts hat der Leasinggeber die Ertragsverteilung über die Laufzeit des Leasingverhältnisses anzupassen und jede Minderung bereits abgegrenzter Beträge umgehend zu erfassen.

78 Stuft der Leasinggeber einen Vermögenswert im Rahmen eines Finanzierungsleasingverhältnisses gemäß IFRS 5 *Zur Veräußerung gehaltene langfristige Vermögenswerte und aufgegebene Geschäftsbereiche* als zur Veräußerung gehalten ein (oder nimmt ihn in eine als zur Veräußerung gehaltene Veräußerungsgruppe auf), so hat er diesen Vermögenswert auch nach IFRS 5 zu bilanzieren.

Änderung von Leasingverhältnissen

79 Die Änderung eines Finanzierungsleasingverhältnisses ist vom Leasinggeber als gesondertes Leasingverhältnis zu bilanzieren, wenn beide folgenden Voraussetzungen erfüllt sind:

(b) variable lease payments that depend on an index or a rate, initially measured using the index or rate as at the commencement date;
(c) any residual value guarantees provided to the lessor by the lessee, a party related to the lessee or a third party unrelated to the lessor that is financially capable of discharging the obligations under the guarantee;
(d) the exercise price of a purchase option if the lessee is reasonably certain to exercise that option (assessed considering the factors described in paragraph B37); and
(e) payments of penalties for terminating the lease, if the lease term reflects the lessee exercising an option to terminate the lease.

Manufacturer or dealer lessors

At the commencement date, a manufacturer or dealer lessor shall recognise the following for each of its finance leases: 71
(a) revenue being the fair value of the underlying asset, or, if lower, the present value of the lease payments accruing to the lessor, discounted using a market rate of interest;
(b) the cost of sale being the cost, or carrying amount if different, of the underlying asset less the present value of the *unguaranteed residual value*; and
(c) selling profit or loss (being the difference between revenue and the cost of sale) in accordance with its policy for outright sales to which IFRS 15 applies. A manufacturer or dealer lessor shall recognise selling profit or loss on a finance lease at the commencement date, regardless of whether the lessor transfers the underlying asset as described in IFRS 15.

Manufacturers or dealers often offer to customers the choice of either buying or leasing an asset. A finance lease of an asset by a manufacturer or dealer lessor gives rise to profit or loss equivalent to the profit or loss resulting from an outright sale of the underlying asset, at normal selling prices, reflecting any applicable volume or trade discounts. 72

Manufacturer or dealer lessors sometimes quote artificially low rates of interest in order to attract customers. The use of such a rate would result in a lessor recognising an excessive portion of the total income from the transaction at the commencement date. If artificially low rates of interest are quoted, a manufacturer or dealer lessor shall restrict selling profit to that which would apply if a market rate of interest were charged. 73

A manufacturer or dealer lessor shall recognise as an expense costs incurred in connection with obtaining a finance lease at the commencement date because they are mainly related to earning the manufacturer or dealer's selling profit. Costs incurred by manufacturer or dealer lessors in connection with obtaining a finance lease are excluded from the definition of initial direct costs and, thus, are excluded from the net investment in the lease. 74

Subsequent measurement

A lessor shall recognise finance income over the lease term, based on a pattern reflecting a constant periodic rate of return on the lessor's net investment in the lease. 75

A lessor aims to allocate finance income over the lease term on a systematic and rational basis. A lessor shall apply the lease payments relating to the period against the *gross investment in the lease* to reduce both the principal and the *unearned finance income*. 76

A lessor shall apply the derecognition and impairment requirements in IFRS 9 to the net investment in the lease. A lessor shall review regularly estimated unguaranteed residual values used in computing the gross investment in the lease. If there has been a reduction in the estimated unguaranteed residual value, the lessor shall revise the income allocation over the lease term and recognise immediately any reduction in respect of amounts accrued. 77

A lessor that classifies an asset under a finance lease as held for sale (or includes it in a disposal group that is classified as held for sale) applying IFRS 5 *Non-current Assets Held for Sale and Discontinued Operations* shall account for the asset in accordance with that Standard. 78

Lease modifications

A lessor shall account for a modification to a finance lease as a separate lease if both: 79

(a) durch die Änderung wird ein zusätzliches Recht auf Nutzung eines oder mehrerer zugrunde liegender Vermögenswerte eingeräumt, wodurch sich der Umfang des Leasingverhältnisses erhöht, und
(b) die zu zahlende Gegenleistung erhöht sich um einen Betrag, der dem Einzelpreis der Umfangserhöhung sowie allen angezeigten Anpassungen dieses Einzelpreises aufgrund der Umstände des betreffenden Vertrags entspricht.

80 Bilanziert der Leasinggeber eine Änderung eines Finanzierungsleasingverhältnisses nicht als gesondertes Leasingverhältnis, so hat er
(a) in Fällen, in denen das Leasingverhältnis, wenn die Änderung schon zu Beginn des Leasingverhältnisses wirksam gewesen wäre, als Operating-Leasingverhältnis eingestuft worden wäre
 (i) die Änderung des Leasingverhältnisses ab dem effektiven Zeitpunkt der Änderung als neues Leasingverhältnis zu bilanzieren und
 (ii) den Buchwert des zugrunde liegenden Vermögenswerts unmittelbar vor dem effektiven Zeitpunkt der Änderung als Nettoinvestition in das Leasingverhältnis anzusetzen,
(b) in allen anderen Fällen die Vorschriften von IFRS 9 anzuwenden.

Operating-Leasingverhältnisse

Ansatz und Bewertung

81 **Leasingzahlungen aus Operating-Leasingverhältnissen hat der Leasinggeber entweder linear oder auf einer anderen systematischen Basis als Ertrag zu erfassen. Eine andere systematische Basis ist dann heranzuziehen, wenn sie das Muster, nach dem der aus der Verwendung des zugrunde liegenden Vermögenswerts gezogene Nutzen abnimmt, besser abbildet.**

82 Kosten, einschließlich planmäßige Abschreibungen, die bei der Erzielung der Leasingerträge anfallen, hat der Leasinggeber als Aufwand zu erfassen.

83 Anfängliche direkte Kosten, die bei der Erlangung eines Operating-Leasingverhältnisses entstehen, hat der Leasinggeber dem Buchwert des zugrunde liegenden Vermögenswerts hinzuzurechnen und über die Laufzeit des Leasingverhältnisses auf der gleichen Basis als Aufwand zu erfassen wie die Leasingerträge.

84 Bei einem Operating-Leasingverhältnis müssen die Abschreibungsgrundsätze für abschreibungsfähige zugrunde liegende Vermögenswerte mit den normalen Abschreibungsgrundsätzen des Leasinggebers für ähnliche Vermögenswerte im Einklang stehen. Der Leasinggeber hat die Abschreibung nach IAS 16 und IAS 38 zu berechnen.

85 Zur Bestimmung, ob ein einem Operating-Leasingverhältnis zugrunde liegender Vermögenswert wertgemindert ist, und zur Bilanzierung jedes festgestellten Wertminderungsaufwands hat der Leasinggeber IAS 36 anzuwenden.

86 Ein Leasinggeber, der Hersteller oder Händler ist, setzt beim Abschluss eines Operating-Leasingverhältnisses keinen Veräußerungsgewinn an, weil ein solches Leasingverhältnis nicht mit einem Verkauf gleichzusetzen ist.

Änderung von Leasingverhältnissen

87 Die Änderung eines Operating-Leasingverhältnisses bilanziert der Leasinggeber ab dem effektiven Zeitpunkt der Änderung als neues Leasingverhältnis und betrachtet dabei alle im Rahmen des ursprünglichen Leasingverhältnisses im Voraus geleisteten oder abgegrenzten Leasingzahlungen als Teil der Leasingzahlungen des neuen Leasingverhältnisses.

Darstellung

88 Die einem Operating-Leasingverhältnis zugrunde liegenden Vermögenswerte hat der Leasinggeber in seiner Bilanz ihrer Art entsprechend darzustellen.

Angaben

89 **Die Angaben, die der Leasinggeber im Anhang bereitstellt, sollen zusammen mit den in der Bilanz, in der Gewinn- und Verlustrechnung und in der Kapitalflussrechnung enthaltenen Angaben den Abschlussadressaten die Beurteilung ermöglichen, wie Leasingverhältnisse sich auf die Vermögens-, Finanz- und Ertragslage und die Zahlungsströme des Leasinggebers auswirken. Die Vorschriften, mit denen dieses Ziel erreicht werden soll, sind in den Paragraphen 90–97 enthalten.**

90 Der Leasinggeber hat für die Berichtsperiode die folgenden Beträge anzugeben:
(a) bei Finanzierungsleasingverhältnissen:
 (i) Veräußerungsgewinn oder -verlust,
 (ii) Finanzertrag auf die Nettoinvestition in das Leasingverhältnis und
 (iii) die nicht in die Bewertung der Nettoinvestition in das Leasingverhältnis einbezogenen Erträge aus variablen Leasingzahlungen,

(a) the modification increases the scope of the lease by adding the right to use one or more underlying assets; and
(b) the consideration for the lease increases by an amount commensurate with the stand-alone price for the increase in scope and any appropriate adjustments to that stand-alone price to reflect the circumstances of the particular contract.

For a modification to a finance lease that is not accounted for as a separate lease, a lessor shall account for the modification as follows: 80
(a) if the lease would have been classified as an operating lease had the modification been in effect at the inception date, the lessor shall:
   (i) account for the lease modification as a new lease from the effective date of the modification; and
   (ii) measure the carrying amount of the underlying asset as the net investment in the lease immediately before the effective date of the lease modification.
(b) otherwise, the lessor shall apply the requirements of IFRS 9.

Operating leases

Recognition and measurement

A lessor shall recognise lease payments from operating leases as income on either a straight-line basis or another systematic basis. The lessor shall apply another systematic basis if that basis is more representative of the pattern in which benefit from the use of the underlying asset is diminished. 81

A lessor shall recognise costs, including depreciation, incurred in earning the lease income as an expense. 82

A lessor shall add initial direct costs incurred in obtaining an operating lease to the carrying amount of the underlying asset and recognise those costs as an expense over the lease term on the same basis as the lease income. 83

The depreciation policy for depreciable underlying assets subject to operating leases shall be consistent with the lessor's normal depreciation policy for similar assets. A lessor shall calculate depreciation in accordance with IAS 16 and IAS 38. 84

A lessor shall apply IAS 36 to determine whether an underlying asset subject to an operating lease is impaired and to account for any impairment loss identified. 85

A manufacturer or dealer lessor does not recognise any selling profit on entering into an operating lease because it is not the equivalent of a sale. 86

Lease modifications

A lessor shall account for a modification to an operating lease as a new lease from the effective date of the modification, considering any prepaid or accrued lease payments relating to the original lease as part of the lease payments for the new lease. 87

Presentation

A lessor shall present underlying assets subject to operating leases in its statement of financial position according to the nature of the underlying asset. 88

Disclosure

The objective of the disclosures is for lessors to disclose information in the notes that, together with the information provided in the statement of financial position, statement of profit or loss and statement of cash flows, gives a basis for users of financial statements to assess the effect that leases have on the financial position, financial performance and cash flows of the lessor. Paragraphs 90—97 specify requirements on how to meet this objective. 89

A lessor shall disclose the following amounts for the reporting period: 90
(a) for finance leases:
   (i) selling profit or loss;
   (ii) finance income on the net investment in the lease; and
   (iii) income relating to variable lease payments not included in the measurement of the net investment in the lease.

(b) bei Operating-Leasingverhältnissen die Leasingerträge, wobei die Erträge aus variablen Leasingzahlungen, die nicht von einem Index oder (Zins-)Satz abhängen, gesondert anzugeben sind.

91 Die in Paragraph 90 genannten Angaben sind in Tabellenform vorzulegen, es sei denn, ein anderes Format ist besser geeignet.

92 Daneben hat der Leasinggeber zur Erreichung des in Paragraph 89 genannten Angabeziels zusätzliche qualitative und quantitative Angaben zu seinen Leasingaktivitäten vorzulegen. Diese zusätzlichen Angaben können unter anderem Informationen umfassen, die den Abschlussadressaten die Beurteilung der folgenden Elemente erleichtern:

(a) Art der Leasingaktivitäten des Leasinggebers und

(b) Umgang des Leasinggebers mit den Risiken aus allen etwaigen Rechten, die er an den zugrunde liegenden Vermögenswerten behält; insbesondere hat der Leasinggeber seine Risikomanagementstrategie für seine verbleibenden Rechte an zugrunde liegenden Vermögenswerten darzulegen einschließlich aller Maßnahmen, mit denen er diese Risiken mindert; hierzu zählen beispielsweise Rückkaufvereinbarungen, Restwertgarantien oder variable Leasingzahlungen in Fällen, in denen vereinbarte Obergrenzen überschritten werden.

Finanzierungsleasingverhältnisse

93 Der Leasinggeber hat zu erheblichen Änderungen des Buchwerts der Nettoinvestition in das Finanzierungsleasingverhältnis qualitative und quantitative Angaben zu machen.

94 Für die Leasingforderungen hat der Leasinggeber eine Fälligkeitsanalyse vorzulegen, aus der mindestens für jedes der ersten fünf Jahre die nicht diskontierten jährlich fälligen Leasingzahlungen und für die verbleibenden Jahre die Summe der Beträge hervorgehen. Die nicht abgezinsten Leasingzahlungen sind auf die Nettoinvestition in das Leasingverhältnis überzuleiten. Diese Überleitung soll den nicht realisierten Finanzertrag in Bezug auf die Leasingforderungen sowie jegliche Reduktion des nicht garantierten Restwerts sichtbar machen.

Operating-Leasingverhältnisse

95 Bei Operating-Leasingverhältnissen für Sachanlagen gelten für den Leasinggeber die Angabevorschriften von IAS 16. Bei der Anwendung der Angabevorschriften von IAS 16 hat der Leasinggeber die Angaben für die einzelnen Gruppen von Sachanlagen danach aufzuschlüsseln, ob im jeweiligen Fall ein Operating-Leasingverhältnis besteht oder nicht. Folglich hat der Leasinggeber die in IAS 16 verlangten Angaben getrennt vorzulegen, d. h. einerseits für Vermögenswerte, für die ein Operating-Leasingverhältnis besteht (nach Gruppen zugrunde liegender Vermögenswerte), und andererseits für Vermögenswerte, die der Leasinggeber selbst hält und nutzt.

96 Auf Vermögenswerte, für die ein Operating-Leasingverhältnis besteht, hat der Leasinggeber die Angabevorschriften von IAS 36, IAS 38, IAS 40 und IAS 41 anzuwenden.

97 Für die Leasingzahlungen hat der Leasinggeber eine Fälligkeitsanalyse vorzulegen, aus der mindestens für jedes der ersten fünf Jahre die nicht diskontierten jährlich fälligen Leasingzahlungen und für die verbleibenden Jahre die Summe der Beträge hervorgehen.

SALE-AND-LEASEBACK-TRANSAKTIONEN

98 Überträgt ein Unternehmen (Verkäufer/Leasingnehmer) einen Vermögenswert auf ein anderes Unternehmen (Käufer/Leasinggeber) und least diesen Vermögenswert dann vom Käufer/Leasinggeber zurück, haben sowohl der Verkäufer/Leasingnehmer als auch der Käufer/Leasinggeber den Übertragungsvertrag und das Leasingverhältnis nach den Paragraphen 99–103 zu bilanzieren.

Bestimmung, ob die Übertragung des Vermögenswerts einen Verkauf darstellt

99 Um zu bestimmen, ob die Übertragung eines Vermögenswerts als Verkauf zu bilanzieren ist, hat das Unternehmen die Vorschriften von IFRS 15 anzuwenden, anhand deren bestimmt wird, wann eine Leistungsverpflichtung als erfüllt gilt.

Die Übertragung des Vermögenswerts stellt einen Verkauf dar

100 Wenn die Übertragung eines Vermögenswerts durch den Verkäufer/Leasingnehmer die in IFRS 15 festgelegten Vorschriften für die Bilanzierung eines Vermögenswerts als Verkauf erfüllt,

(a) hat der Verkäufer/Leasingnehmer das mit dem Rückleasing verbundene Nutzungsrecht mit dem Teil des früheren Buchwerts anzusetzen, der sich auf das vom Verkäufer/Leasingnehmer zurückbehaltene Nutzungsrecht bezieht; dementsprechend hat der Verkäufer/Leasingnehmer etwaige Gewinne oder Verluste nur insoweit zu erfassen, als sie sich auf die auf den Käufer/Leasinggeber übertragenen Rechte beziehen,

(b) for operating leases, lease income, separately disclosing income relating to variable lease payments that do not depend on an index or a rate.

A lessor shall provide the disclosures specified in paragraph 90 in a tabular format, unless another format is more appropriate. 91

A lessor shall disclose additional qualitative and quantitative information about its leasing activities necessary to meet the disclosure objective in paragraph 89. This additional information includes, but is not limited to, information that helps users of financial statements to assess: 92

(a) the nature of the lessor's leasing activities; and
(b) how the lessor manages the risk associated with any rights it retains in underlying assets. In particular, a lessor shall disclose its risk management strategy for the rights it retains in underlying assets, including any means by which the lessor reduces that risk. Such means may include, for example, buy-back agreements, residual value guarantees or variable lease payments for use in excess of specified limits.

Finance leases

A lessor shall provide a qualitative and quantitative explanation of the significant changes in the carrying amount of the net investment in finance leases. 93

A lessor shall disclose a maturity analysis of the lease payments receivable, showing the undiscounted lease payments to be received on an annual basis for a minimum of each of the first five years and a total of the amounts for the remaining years. A lessor shall reconcile the undiscounted lease payments to the net investment in the lease. The reconciliation shall identify the unearned finance income relating to the lease payments receivable and any discounted unguaranteed residual value. 94

Operating leases

For items of property, plant and equipment subject to an operating lease, a lessor shall apply the disclosure requirements of IAS 16. In applying the disclosure requirements in IAS 16, a lessor shall disaggregate each class of property, plant and equipment into assets subject to operating leases and assets not subject to operating leases. Accordingly, a lessor shall provide the disclosures required by IAS 16 for assets subject to an operating lease (by class of underlying asset) separately from owned assets held and used by the lessor. 95

A lessor shall apply the disclosure requirements in IAS 36, IAS 38, IAS 40 and IAS 41 for assets subject to operating leases. 96

A lessor shall disclose a maturity analysis of lease payments, showing the undiscounted lease payments to be received on an annual basis for a minimum of each of the first five years and a total of the amounts for the remaining years. 97

SALE AND LEASEBACK TRANSACTIONS

If an entity (the seller-lessee) transfers an asset to another entity (the buyer-lessor) and leases that asset back from the buyer-lessor, both the seller-lessee and the buyer-lessor shall account for the transfer contract and the lease applying paragraphs 99—103. 98

Assessing whether the transfer of the asset is a sale

An entity shall apply the requirements for determining when a performance obligation is satisfied in IFRS 15 to determine whether the transfer of an asset is accounted for as a sale of that asset. 99

Transfer of the asset is a sale

If the transfer of an asset by the seller-lessee satisfies the requirements of IFRS 15 to be accounted for as a sale of the asset: 100

(a) the seller-lessee shall measure the right-of-use asset arising from the leaseback at the proportion of the previous carrying amount of the asset that relates to the right of use retained by the seller-lessee. Accordingly, the seller-lessee shall recognise only the amount of any gain or loss that relates to the rights transferred to the buyer-lessor.

(b) hat der Käufer/Leasinggeber den Erwerb des Vermögenswerts nach den geltenden Standards und das Leasingverhältnis nach den im vorliegenden Standard festgelegten Bilanzierungsvorschriften für Leasinggeber zu bilanzieren.

101 Stimmen der beizulegende Zeitwert der beim Verkauf eines Vermögenswerts vereinnahmten Gegenleistung und der beizulegende Zeitwert des Vermögenswerts nicht überein oder entsprechen die Leasingzahlungen nicht den marktüblichen Sätzen, hat das Unternehmen zur Bewertung der Verkaufserlöse zum beizulegenden Zeitwert die folgenden Anpassungen vorzunehmen:

(a) bei schlechteren Konditionen als den marktüblichen ist die Differenz als Vorauszahlung auf die Leasingzahlungen zu bilanzieren und

(b) bei besseren Konditionen als den marktüblichen ist die Differenz als zusätzliche Finanzierung des Käufers/Leasinggebers an den Verkäufer/Leasingnehmer zu bilanzieren.

102 Für jede potenzielle Anpassung gemäß Paragraph 101 hat das Unternehmen einen der beiden folgenden Werte heranzuziehen, je nachdem welcher von beiden sich leichter bestimmen lässt:

(a) die Differenz zwischen dem beizulegenden Zeitwert der beim Verkauf vereinnahmten Gegenleistung und dem beizulegenden Zeitwert des Vermögenswerts oder

(b) die Differenz zwischen dem Barwert der vertraglichen Leasingzahlungen und dem Barwert marktüblicher Leasingzahlungen.

102A Nach dem Bereitstellungsdatum hat der Verkäufer/Leasingnehmer die Paragraphen 29–35 auf das Nutzungsrecht aus dem Rückleasing und die Paragraphen 36–46 auf die Leasingverbindlichkeit aus dem Rückleasing anzuwenden. Bei der Anwendung der Paragraphen 36–46 hat der Verkäufer/Leasingnehmer „Leasingzahlungen" oder „geänderte Leasingzahlungen" so zu bestimmen, dass der Verkäufer/Leasingnehmer keinen Gewinn oder Verlust erfasst, der sich aus dem vom Verkäufer/Leasingnehmer zurückbehaltenen Nutzungsrecht ergibt. Die Anwendung der Vorschriften dieses Paragraphen hindert den Verkäufer/Leasingnehmer nicht daran, Gewinne oder Verluste, die sich aus der teilweisen oder vollständigen Beendigung eines Leasingverhältnisses ergeben, wie in Paragraph 46 (a) verlangt, erfolgswirksam zu erfassen.

Die Übertragung des Vermögenswerts stellt keinen Verkauf dar

103 Wenn die Übertragung eines Vermögenswerts durch den Verkäufer/Leasingnehmer nicht die in IFRS 15 festgelegten Vorschriften für die Bilanzierung eines Vermögenswerts als Verkauf erfüllt,

(a) hat der Verkäufer/Leasingnehmer den übertragenen Vermögenswert weiterhin zu erfassen und eine finanzielle Verbindlichkeit in Höhe der Erlöse aus der Übertragung zu erfassen; die finanzielle Verbindlichkeit ist gemäß IFRS 9 zu bilanzieren,

(b) darf der Käufer/Leasinggeber den übertragenen Vermögenswert nicht erfassen und muss einen finanziellen Vermögenswert in Höhe der Erlöse aus der Übertragung erfassen; der finanzielle Vermögenswert ist gemäß IFRS 9 zu bilanzieren.

DURCH DIE REFORM DER REFERENZZINSÄTZE BEDINGTE VORÜBERGEHENDE AUSNAHME

104 Auf alle Änderungen eines Leasingverhältnisses, die infolge der Reform der Referenzzinssätze eine Änderung der Basis für die Ermittlung künftiger Leasingzahlungen bewirken (siehe die Paragraphen 5.4.6 und 5.4.8 von IFRS 9), hat der Leasingnehmer die Paragraphen 105–106 anzuwenden. Diese Paragraphen gelten ausschließlich für derartige Änderungen eines Leasingverhältnisses. In diesem Zusammenhang bezeichnet der Begriff „Reform der Referenzzinssätze" die marktweite Reform von Referenzzinssätzen wie in Paragraph 6.8.2 von IFRS 9 beschrieben.

105 Um eine infolge der Reform der Referenzzinssätze erforderliche Änderung eines Leasingverhältnisses zu bilanzieren, hat der Leasingnehmer behelfsweise Paragraph 42 anzuwenden. Dieser praktische Behelf gilt nur für derartige Änderungen. In diesem Zusammenhang wird eine Änderung des Leasingverhältnisses nur dann als infolge der Reform der Referenzzinssätze erforderlich betrachtet, wenn die beiden folgenden Bedingungen erfüllt sind:

(a) die Notwendigkeit der Änderung ergibt sich unmittelbar aus der Reform der Referenzzinssätze und

(b) die neue Basis für die Ermittlung der Leasingzahlungen ist mit der vorherigen (d. h. der Änderung unmittelbar vorausgehenden) Basis wirtschaftlich gleichwertig.

106 Werden neben den infolge der Reform der Referenzzinssätze erforderlichen Änderungen von Leasingverhältnissen zusätzliche Änderungen an den Leasingverhältnissen vorgenommen, so hat der Leasingnehmer die anwendbaren Vorschriften dieses Standards anzuwenden, um alle Änderungen von Leasingverhältnissen, einschließlich der infolge der Reform der Referenzzinssätze erforderlichen, gleichzeitig zu bilanzieren.

(b) the buyer-lessor shall account for the purchase of the asset applying applicable Standards, and for the lease applying the lessor accounting requirements in this Standard.

If the fair value of the consideration for the sale of an asset does not equal the fair value of the asset, or if the payments for the lease are not at market rates, an entity shall make the following adjustments to measure the sale proceeds at fair value: 101
(a) any below-market terms shall be accounted for as a prepayment of lease payments; and
(b) any above-market terms shall be accounted for as additional financing provided by the buyer-lessor to the seller-lessee.

The entity shall measure any potential adjustment required by paragraph 101 on the basis of the more readily determinable of: 102
(a) the difference between the fair value of the consideration for the sale and the fair value of the asset; and
(b) the difference between the present value of the contractual payments for the lease and the present value of payments for the lease at market rates.

After the commencement date, the seller-lessee shall apply paragraphs 29—35 to the right-of-use asset arising from the leaseback and paragraphs 36—46 to the lease liability arising from the leaseback. In applying paragraphs 36—46, the seller-lessee shall determine 'lease payments' or 'revised lease payments' in a way that the seller-lessee would not recognise any amount of the gain or loss that relates to the right of use retained by the seller-lessee. Applying the requirements in this paragraph does not prevent the seller-lessee from recognising in profit or loss any gain or loss relating to the partial or full termination of a lease as required by paragraph 46 (a). 102A

Transfer of the asset is not a sale

If the transfer of an asset by the seller-lessee does not satisfy the requirements of IFRS 15 to be accounted for as a sale of the asset: 103
(a) the seller-lessee shall continue to recognise the transferred asset and shall recognise a financial liability equal to the transfer proceeds. It shall account for the financial liability applying IFRS 9.
(b) the buyer-lessor shall not recognise the transferred asset and shall recognise a financial asset equal to the transfer proceeds. It shall account for the financial asset applying IFRS 9.

TEMPORARY EXCEPTION ARISING FROM INTEREST RATE BENCHMARK REFORM

A lessee shall apply paragraphs 105—106 to all lease modifications that change the basis for determining future lease payments as a result of interest rate benchmark reform (see paragraphs 5.4.6 and 5.4.8 of IFRS 9). These paragraphs apply only to such lease modifications. For this purpose, the term 'interest rate benchmark reform' refers to the market-wide reform of an interest rate benchmark as described in paragraph 6.8.2 of IFRS 9. 104

As a practical expedient, a lessee shall apply paragraph 42 to account for a lease modification required by interest rate benchmark reform. This practical expedient applies only to such modifications. For this purpose, a lease modification is required by interest rate benchmark reform if, and only if, both of these conditions are met: 105
(a) the modification is necessary as a direct consequence of interest rate benchmark reform; and
(b) the new basis for determining the lease payments is economically equivalent to the previous basis (i.e. the basis immediately preceding the modification).

However, if lease modifications are made in addition to those lease modifications required by interest rate benchmark reform, a lessee shall apply the applicable requirements in this Standard to account for all lease modifications made at the same time, including those required by interest rate benchmark reform. 106

ANHANG A: Definitionen

Dieser Anhang ist integraler Bestandteil des Standards.

Bereitstellungsdatum	Datum, zu dem ein **Leasinggeber** einem **Leasingnehmer** einen **zugrunde liegenden Vermögenswert** zur Nutzung bereitstellt.
Wirtschaftliche Nutzungsdauer	Entweder der Zeitraum, über den ein Vermögenswert voraussichtlich für einen oder mehrere Nutzer wirtschaftlich nutzbar ist, oder die Anzahl an Produktions- oder ähnlichen Einheiten, die ein oder mehrere Nutzer voraussichtlich mit einem Vermögenswert erzielen können.
Effektiver Zeitpunkt der Änderung	Datum, zu dem beide Seiten eine Änderung des **Leasingverhältnisses** vereinbaren.
Beizulegender Zeitwert	Zwecks Anwendung der in diesem Standard enthaltenen Bilanzierungsvorschriften für **Leasinggeber** der Betrag, zu dem zwischen sachverständigen, vertragswilligen und voneinander unabhängigen Geschäftspartnern ein Vermögenswert getauscht oder eine Schuld beglichen werden könnte.
Finanzierungsleasingsverhältnis	Ein **Leasingverhältnis,** bei dem im Wesentlichen alle mit dem Eigentum an einem **zugrunde liegenden Vermögenswert** verbundenen Risiken und Chancen übertragen werden.
Feste Zahlungen	Zahlungen, die ein **Leasingnehmer** an einen **Leasinggeber** leistet, um über die **Laufzeit des Leasingverhältnisses** zur Nutzung eines **zugrunde liegenden Vermögenswerts** berechtigt zu sein, ohne **variable Leasingzahlungen.**
Bruttoinvestition in das Leasingverhältnis	Die Summe aus (a) den **Leasingzahlungen,** die dem Leasinggeber im Rahmen eines **Finanzierungsleasingverhältnisses** zustehen, und (b) etwaigen **nicht garantierten Restwerten**, die dem Leasinggeber zufallen.
Beginn des Leasingverhältnisses	Das Datum der Leasingvereinbarung oder das Datum, an dem sich die Vertragsparteien zur Einhaltung der wesentlichen Bedingungen der Leasingvereinbarung verpflichten, je nachdem, welches von beiden das frühere ist.
Anfängliche direkte Kosten	Zusätzliche Kosten, die bei der Erlangung eines **Leasingverhältnisses** entstehen und ohne dessen Abschluss nicht angefallen wären, mit Ausnahme der Kosten, die einem **Leasinggeber**, der Hersteller oder Händler ist, in Verbindung mit einem **Finanzierungsleasingsverhältnis** entstehen.
Dem Leasingverhältnis zugrunde liegender Zinssatz	Der Zinssatz, bei dem der Barwert (a) der **Leasingzahlungen** und (b) des **nicht garantierten Restwerts** der Summe aus (i) dem **beizulegenden Zeitwert** des **zugrunde liegenden Vermögenswerts** und (ii) allen etwaigen **anfänglichen direkten Kosten** des Leasinggebers entspricht.
Leasingverhältnis	Ein Vertrag oder Teil eines Vertrags, der im Austausch für eine Gegenleistung für einen bestimmten Zeitraum zur Nutzung eines Vermögenswerts (des **zugrunde liegenden Vermögenswerts**) berechtigt.
Leasinganreize	Zahlungen, die ein **Leasinggeber** im Zusammenhang mit einem **Leasingverhältnis** an einen **Leasingnehmer** leistet, oder die Rückerstattung oder Übernahme von Kosten des Leasingnehmers durch den Leasinggeber.
Änderung eines Leasingverhältnisses	Eine in den ursprünglichen Bedingungen nicht vorgesehene Änderung des Umfangs eines **Leasingverhältnisses** oder seiner Gegenleistung (wenn beispielsweise ein zusätzliches Recht auf Nutzung eines oder mehrerer **zugrunde liegender Vermögenswerte** eingeräumt oder ein bestehendes Recht gekündigt oder die vertragliche **Laufzeit des Leasingverhältnisses** verlängert oder verkürzt wird).
Leasingzahlungen	Zahlungen, die ein **Leasingnehmer** an einen **Leasinggeber** leistet, um das Recht zu erhalten, einen **zugrunde liegenden Vermögenswert** über die **Laufzeit des Leasingverhältnisses** zu nutzen; hierzu zählen: (a) **feste Zahlungen** (einschließlich de facto fester Zahlungen) ohne **Leasinganreize,** (b) **variable Leasingzahlungen,** die an einen Index oder (Zins-) Satz gekoppelt sind, (c) der Ausübungspreis einer Kaufoption, wenn der Leasingnehmer hinreichend sicher ist, dass er diese wahrnehmen wird, und (d) Strafzahlungen für die Kündigung des **Leasingverhältnisses,** wenn in der Laufzeit berücksichtigt ist, dass der Leasingnehmer eine Kündigungsoption wahrnehmen wird.

APPENDIX A: Defined terms

This appendix is an integral part of the Standard.

commencement date of the lease (commencement date) The date on which a **lessor** makes an **underlying asset** available for use by a **lessee.**

economic life Either the period over which an asset is expected to be economically usable by one or more users or the number of production or similar units expected to be obtained from an asset by one or more users.

effective date of the modification The date when both parties agree to a **lease modification**.

fair value For the purpose of applying the **lessor** accounting requirements in this Standard, the amount for which an asset could be exchanged, or a liability settled, between knowledgeable, willing parties in an arm's length transaction.

finance lease A **lease** that transfers substantially all the risks and rewards incidental to ownership of an underlying asset.

fixed payments Payments made by a **lessee** to a **lessor** for the right to use an **underlying asset** during the **lease term**, excluding **variable lease payments**.

gross investment in the lease The sum of:

(a) the **lease payments** receivable by a **lessor** under a **finance lease**; and

(b) any **unguaranteed residual value** accruing to the lessor.

inception date of the lease (inception date) The earlier of the date of a **lease** agreement and the date of commitment by the parties to the principal terms and conditions of the lease.

initial direct costs Incremental costs of obtaining a **lease** that would not have been incurred if the lease had not been obtained, except for such costs incurred by a manufacturer or dealer **lessor** in connection with a **finance lease**.

interest rate implicit in the lease The rate of interest that causes the present value of (a) the **lease payments** and (b) the **unguaranteed residual value** to equal the sum of (i) the **fair value** of the **underlying asset** and (ii) any **initial direct costs** of the lessor.

lease A contract, or part of a contract, that conveys the right to use an asset (the **underlying asset**) for a period of time in exchange for consideration.

lease incentives Payments made by a **lessor** to a **lessee** associated with a **lease**, or the reimbursement or assumption by a lessor of costs of a lessee.

lease modification A change in the scope of a **lease**, or the consideration for a lease, that was not part of the original terms and conditions of the lease (for example, adding or terminating the right to use one or more **underlying assets**, or extending or shortening the contractual **lease term**).

lease payments Payments made by a **lessee** to a **lessor** relating to the right to use an **underlying asset** during the **lease term**, comprising the following:

(a) **fixed payments** (including in-substance fixed payments), less any **lease incentives**;

(b) **variable lease payments** that depend on an index or a rate;

(c) the exercise price of a purchase option if the lessee is reasonably certain to exercise that option; and

(d) payments of penalties for terminating the **lease**, if the lease term reflects the lessee exercising an option to terminate the lease.

Für den Leasingnehmer schließen Leasingzahlungen auch Beträge ein, die er im Rahmen von **Restwertgarantien** voraussichtlich wird entrichten müssen; nicht als Leasingzahlungen zu betrachten sind Zahlungen für Nichtleasingkomponenten eines Vertrags, es sei denn, der Leasingnehmer entscheidet sich dafür, diese mit einer Leasingkomponente zu kombinieren und beide als eine einzige Leasingkomponente zu bilanzieren.

Für den Leasinggeber schließen Leasingzahlungen auch alle etwaigen Restwertgarantien ein, die er vom Leasingnehmer, einer mit dem Leasingnehmer verbundenen Partei oder einem nicht mit dem Leasinggeber verbundenen Dritten, der bzw. die finanziell zur Erfüllung der mit der Garantie verbundenen Verpflichtungen in der Lage ist, erhält; nicht als Leasingzahlungen zu betrachten sind Zahlungen für Nichtleasingkomponenten.

Laufzeit des Leasingverhältnisses
Die unkündbare Grundlaufzeit, in der ein **Leasingnehmer** zur Nutzung eines **zugrunde liegenden Vermögenswerts** berechtigt ist, sowie

(a) die Zeiträume, die sich aus einer Option zur Verlängerung des **Leasingverhältnisses** ergeben, sofern der Leasingnehmer hinreichend sicher ist, dass er diese Option ausüben wird, und
(b) die Zeiträume, die sich aus einer Option zur Kündigung des Leasingverhältnisses ergeben, sofern der Leasingnehmer hinreichend sicher ist, dass er diese Option nicht ausüben wird.

Leasingnehmer
Ein Unternehmen, das im Austausch für eine Gegenleistung das Recht erhält, einen **zugrunde liegenden Vermögenswert** für einen bestimmten Zeitraum zu nutzen.

Grenzfremdkapitalzinssatz des Leasingnehmers
Der Zinssatz, den ein **Leasingnehmer** zahlen müsste, um für eine ähnliche Laufzeit und mit einer ähnlichen Sicherheit das nötige Fremdkapital aufzunehmen, um in einem ähnlichen wirtschaftlichen Umfeld einen Vermögenswert zu erwerben, der ihm ein vergleichbares **Nutzungsrecht** bietet.

Leasinggeber
Ein Unternehmen, das im Austausch für eine Gegenleistung Recht einräumt, einen **zugrunde liegenden Vermögenswert** für einen bestimmten Zeitraum zu nutzen.

Nettoinvestition in das Leasingverhältnis
Die **Bruttoinvestition in ein Leasingverhältnis,** abgezinst zu dem **dem Leasingverhältnis zugrunde liegenden Zinssatz.**

Operating-Leasingverhältnis
Ein **Leasingverhältnis,** bei dem nicht im Wesentlichen alle mit dem Eigentum an einem **zugrunde liegenden Vermögenswert** verbundenen Risiken und Chancen übertragen werden.

Leasingzahlungen für optionale Zeiträume
Zahlungen, die ein Leasingnehmer an einen Leasinggeber leisten muss, um in den unter eine Verlängerungs- oder Kündigungsoption fallenden, nicht in die Laufzeit des Leasingverhältnisses eingeschlossenen Zeiten zur Nutzung eines zugrunde liegenden Vermögenswerts berechtigt zu sein.

Verwendungszeitraum
Der gesamte Zeitraum, in dem ein Vermögenswert zur Erfüllung eines Vertrags mit einem Kunden genutzt wird (einschließlich etwaiger nicht aufeinanderfolgender Zeiträume).

Restwertgarantie
Eine Garantie, die eine nicht mit dem **Leasinggeber** verbundene Partei gegenüber dem Leasinggeber abgibt, wonach der Wert (oder ein Teil des Werts) des **zugrunde liegenden Vermögenswerts** am Ende des **Leasingverhältnisses** eine bestimmte Mindesthöhe erreichen wird.

Nutzungsrecht
Ein Vermögenswert, der das Recht eines **Leasingnehmers** auf Nutzung eines **zugrunde liegenden Vermögenswerts** während der **Laufzeit des Leasingverhältnisses** darstellt.

Kurzfristiges Leasingverhältnis
Ein **Leasingverhältnis,** dessen **Laufzeit** am **Bereitstellungsdatum** maximal zwölf Monate beträgt; ein Leasingverhältnis mit einer Kaufoption ist kein kurzfristiges Leasingverhältnis.

Unterleasingverhältnis
Eine Transaktion, bei der ein **zugrunde liegender Vermögenswert** von einem **Leasingnehmer** („Unterleasinggeber") an einen Dritten weitervermietet wird, das **Leasingverhältnis** („Hauptleasingverhältnis") zwischen Hauptleasinggeber und Hauptleasingnehmer aber weiter wirksam bleibt.

Zugrunde liegender Vermögenswert
Ein Vermögenswert, der Gegenstand eines **Leasingverhältnisses** ist, bei dem ein **Leasinggeber** einem **Leasingnehmer** das Recht auf Nutzung dieses Vermögenswerts eingeräumt hat.

Nicht realisierter Finanzertrag
Die Differenz zwischen

(a) der **Bruttoinvestition in das Leasingverhältnis** und
(b) der **Nettoinvestition in das Leasingverhältnis.**

For the lessee, lease payments also include amounts expected to be payable by the lessee under **residual value guarantees**. Lease payments do not include payments allocated to non-lease components of a contract, unless the lessee elects to combine non-lease components with a lease component and to account for them as a single lease component.

For the lessor, lease payments also include any residual value guarantees provided to the lessor by the lessee, a party related to the lessee or a third party unrelated to the lessor that is financially capable of discharging the obligations under the guarantee. Lease payments do not include payments allocated to non-lease components.

lease term
The non-cancellable period for which a **lessee** has the right to use an **underlying asset**, together with both:
(a) periods covered by an option to extend the **lease** if the lessee is reasonably certain to exercise that option; and
(b) periods covered by an option to terminate the lease if the lessee is reasonably certain not to exercise that option.

lessee
An entity that obtains the right to use an **underlying asset** for a period of time in exchange for consideration.

lessee's incremental borrowing rate
The rate of interest that a **lessee** would have to pay to borrow over a similar term, and with a similar security, the funds necessary to obtain an asset of a similar value to the **right-of- use asset** in a similar economic environment.

lessor
An entity that provides the right to use an **underlying asset** for a period of time in exchange for consideration.

net investment in the lease
The **gross investment in the lease** discounted at the **interest rate implicit in the lease.**

operating lease
A **lease** that does not transfer substantially all the risks and rewards incidental to ownership of an **underlying asset.**

optional lease payments
Payments to be made by a **lessee** to a **lessor** for the right to use an **underlying asset** during periods covered by an option to extend or terminate a **lease** that are not included in the **lease term.**

period of use
The total period of time that an asset is used to fulfil a contract with a customer (including any non-consecutive periods of time).

residual value guarantee
A guarantee made to a **lessor** by a party unrelated to the lessor that the value (or part of the value) of an **underlying asset** at the end of a **lease** will be at least a specified amount.

right-of-use asset
An asset that represents a **lessee's** right to use an **underlying asset** for the **lease term.**

short-term lease
A **lease** that, at the **commencement date**, has a **lease term** of 12 months or less. A lease that contains a purchase option is not a short-term lease.

sublease
A transaction for which an **underlying asset** is re-leased by a **lessee** ('intermediate lessor') to a third party, and the **lease** ('head lease') between the head lessor and lessee remains in effect.

underlying asset
An asset that is the subject of a **lease**, for which the right to use that asset has been provided by a **lessor** to a **lessee.**

unearned finance income
The difference between:
(a) the **gross investment in the lease**; and
(b) the net investment in the lease.

Nicht garantierter Restwert Der Teil des Restwerts des **zugrunde liegenden Vermögenswerts**, dessen Realisierung durch den **Leasinggeber** nicht gesichert ist oder nur durch eine mit dem Leasinggeber verbundene Partei garantiert wird.

Variable Leasingzahlungen Der Teil der Zahlungen, die ein **Leasingnehmer** an einen **Leasinggeber** leistet, um einen **zugrunde liegenden Vermögenswert** über die **Laufzeit des Leasingverhältnisses** nutzen zu dürfen, der variiert, weil sich nach dem **Bereitstellungsdatum** Fakten und Umstände geändert haben, die nicht allein an den Zeitablauf geknüpft sind.

In anderen Standards definierte und im vorliegenden Standard mit derselben Bedeutung verwendete Begriffe

Vertrag Eine Vereinbarung zwischen zwei oder mehr Parteien, die durchsetzbare Rechte und Pflichten begründet.

Nutzungsdauer Der Zeitraum, über den ein Vermögenswert voraussichtlich von einem Unternehmen nutzbar ist, oder die voraussichtlich mit dem Vermögenswert im Unternehmen zu erzielende Anzahl an Produktionseinheiten oder ähnlichen Messgrößen.

ANHANG B: Anwendungsleitlinien

Dieser Anhang ist integraler Bestandteil des Standards. Er beschreibt die Anwendung der Paragraphen 1–103 und hat die gleiche bindende Kraft wie die anderen Teile des Standards.

Anwendung auf Portfolios

B1 Dieser Standard regelt die Bilanzierung einzelner Leasingverhältnisse. Behelfsweise kann ein Unternehmen diesen Standard jedoch auch auf ein Portfolio ähnlich ausgestalteter Leasingverhältnisse anwenden, wenn es nach vernünftigem Ermessen davon ausgehen kann, dass es keine wesentlichen Auswirkungen auf den Abschluss hat, ob es diesen Standard auf das Portfolio oder die einzelnen Leasingverhältnisse innerhalb dieses Portfolios anwendet. Bei der Bilanzierung eines Portfolios hat ein Unternehmen Schätzungen und Annahmen zugrunde zu legen, die die Größe und die Zusammensetzung des Portfolios widerspiegeln.

Zusammenfassung von Verträgen

B2 Bei der Anwendung dieses Standards hat ein Unternehmen zwei oder mehr Verträge, die gleichzeitig oder in geringem Zeitabstand mit ein und derselben Gegenpartei (oder dieser nahestehenden Unternehmen und Personen) geschlossen werden, zusammenzufassen und als einen einzigen Vertrag zu bilanzieren, wenn mindestens eines der folgenden Kriterien erfüllt ist:

(a) die Verträge werden als Paket mit einem wirtschaftlichen Zweck ausgehandelt, dessen Sinn an die Gesamtheit der Verträge geknüpft ist,

(b) die Höhe der in einem der Verträge zugesagten Gegenleistung hängt vom Preis oder von der Erfüllung des anderen Vertrags ab oder

(c) die mit den Verträgen übertragenen Rechte auf Nutzung der zugrunde liegenden Vermögenswerte (oder einige der mit den Verträgen jeweils übertragenen Rechte auf Nutzung der zugrunde liegenden Vermögenswerte) stellen gemäß Paragraph B32 eine einzige Leasingkomponente dar.

Freistellungen vom Ansatz: Leasingverhältnisse, bei denen der zugrunde liegende Vermögenswert von geringem Wert ist (Paragraphen 5–8)

B3 Sofern nicht die in Paragraph B7 beschriebenen Umstände vorliegen, kann der Leasingnehmer nach diesem Standard Leasingverhältnisse, bei denen der zugrunde liegende Vermögenswert von geringem Wert ist, nach Paragraph 6 bilanzieren. Bei der Beurteilung des Werts eines zugrunde liegenden Vermögenswerts legt der Leasingnehmer ungeachtet des tatsächlichen Alters des geleasten Vermögenswerts dessen Neuwert zugrunde.

B4 Ob ein zugrunde liegender Vermögenswert von geringem Wert ist, wird losgelöst von den jeweiligen Umständen beurteilt. Leasingverhältnisse über Vermögenswerte von geringem Wert können unabhängig davon, ob sie für den Leasingnehmer wesentlich sind, nach Paragraph 6 bilanziert werden. Die Größe und Art des Leasingnehmers sowie dessen Umstände sind für die Beurteilung nicht von Belang. Demzufolge müssen unterschiedliche Leasingnehmer bei der Beurteilung der Frage, ob ein bestimmter zugrunde liegender Vermögenswert von geringem Wert ist, zum selben Ergebnis gelangen.

B5 Ein zugrunde liegender Vermögenswert kann nur als von geringem Wert eingestuft werden, wenn

(a) der Leasingnehmer aus der Nutzung des zugrunde liegenden Vermögenswerts entweder gesondert oder zusammen mit anderen, für ihn jederzeit verfügbaren Ressourcen einen Nutzen ziehen kann und

unguaranteed residual value	That portion of the residual value of the **underlying asset**, the realisation of which by a **lessor** is not assured or is guaranteed solely by a party related to the lessor.
variable lease payments	The portion of payments made by a **lessee** to a **lessor** for the right to use an **underlying asset** during the **lease term** that varies because of changes in facts or circumstances occurring after the **commencement date**, other than the passage of time.

Terms defined in other Standards and used in this Standard with the same meaning

contract	An agreement between two or more parties that creates enforceable rights and obligations.
useful life	The period over which an asset is expected to be available for use by an entity; or the number of production or similar units expected to be obtained from an asset by an entity.

APPENDIX B: Application guidance

This appendix is an integral part of the Standard. It describes the application of paragraphs 1—103 and has the same authority as the other parts of the Standard.

Portfolio application

B1 This Standard specifies the accounting for an individual lease. However, as a practical expedient, an entity may apply this Standard to a portfolio of leases with similar characteristics if the entity reasonably expects that the effects on the financial statements of applying this Standard to the portfolio would not differ materially from applying this Standard to the individual leases within that portfolio. If accounting for a portfolio, an entity shall use estimates and assumptions that reflect the size and composition of the portfolio.

Combination of contracts

B2 In applying this Standard, an entity shall combine two or more contracts entered into at or near the same time with the same counterparty (or related parties of the counterparty), and account for the contracts as a single contract if one or more of the following criteria are met:

(a) the contracts are negotiated as a package with an overall commercial objective that cannot be understood without considering the contracts together;

(b) the amount of consideration to be paid in one contract depends on the price or performance of the other contract; or

(c) the rights to use underlying assets conveyed in the contracts (or some rights to use underlying assets conveyed in each of the contracts) form a single lease component as described in paragraph B32.

Recognition exemption: leases for which the underlying asset is of low value (paragraphs 5—8)

B3 Except as specified in paragraph B7, this Standard permits a lessee to apply paragraph 6 to account for leases for which the underlying asset is of low value. A lessee shall assess the value of an underlying asset based on the value of the asset when it is new, regardless of the age of the asset being leased.

B4 The assessment of whether an underlying asset is of low value is performed on an absolute basis. Leases of low- value assets qualify for the accounting treatment in paragraph 6 regardless of whether those leases are material to the lessee. The assessment is not affected by the size, nature or circumstances of the lessee. Accordingly, different lessees are expected to reach the same conclusions about whether a particular underlying asset is of low value.

B5 An underlying asset can be of low value only if:

(a) the lessee can benefit from use of the underlying asset on its own or together with other resources that are readily available to the lessee; and

(b) der zugrunde liegende Vermögenswert weder in hohem Maße von anderen Vermögenswerten abhängig, noch mit diesen eng verbunden ist.

B6 Ein Leasingverhältnis kann nicht als Leasingverhältnis über einen Vermögenswert von geringem Wert eingestuft werden, wenn der zugrunde liegende Vermögenswert von seiner Art her im Neuzustand gewöhnlich nicht von geringem Wert ist. So kommt beispielsweise ein geleastes Kraftfahrzeug nicht als zugrunde liegender Vermögenswert von geringem Wert in Frage, da ein Neuwagen gewöhnlich nicht von geringem Wert ist.

B7 Wird ein Vermögenswert vom Leasingnehmer untervermietet oder beabsichtigt der Leasingnehmer diesen Vermögenswert unterzuvermieten, so kann das Hauptleasingverhältnis nicht als Leasingverhältnis über einen Vermögenswert von geringem Wert gelten.

B8 Vermögenswerte von geringem Wert können beispielsweise Tablets, Computer, Telefone und kleinere Gegenstände der Büroausstattung sein.

Identifizierung eines Leasingverhältnisses (Paragraphen 9–11)

B9 Um zu beurteilen, ob mit einem Vertrag für einen bestimmten Zeitraum die Verfügungsgewalt über einen identifizierten Vermögenswert (siehe Paragraphen B13–B20) übertragen wird, beurteilt das Unternehmen, ob der Kunde während des gesamten Verwendungszeitraums sowohl

(a) berechtigt ist, im Wesentlichen den gesamten wirtschaftlichen Nutzen aus der Verwendung des identifizierten Vermögenswerts zu ziehen (siehe Beschreibung in den Paragraphen B21–B23), als auch

(b) berechtigt ist, über die Nutzung des identifizierten Vermögenswert zu entscheiden (siehe Beschreibung in den Paragraphen B24–B30).

B10 Erlangt der Kunde die Verfügungsgewalt über einen identifizierten Vermögenswert nur während eines Teils der Vertragslaufzeit, so enthält der Vertrag nur für diesen Teil der Vertragslaufzeit ein Leasingverhältnis.

B11 Ein Vertrag über den Erhalt von Gütern oder Dienstleistungen kann von einer gemeinschaftlichen Vereinbarung im Sinne von IFRS 11 *Gemeinschaftliche Vereinbarungen* oder in deren Namen geschlossen werden. In diesem Fall gilt die gemeinschaftliche Vereinbarung für diesen Vertrag als Kunde. Um zu beurteilen, ob ein solcher Vertrag ein Leasingverhältnis enthält, beurteilt das Unternehmen demnach, ob die gemeinschaftliche Vereinbarung während des gesamten Verwendungszeitraums die Verfügungsgewalt über den identifizierten Vermögenswert erlangt.

B12 Ob ein Vertrag ein Leasingverhältnis enthält, hat das Unternehmen für jede einzelne potenzielle Leasingkomponente zu beurteilen. Paragraph B32 enthält Leitlinien zu einzelnen Leasingkomponenten.

Identifizierter Vermögenswert

B13 Gewöhnlich wird ein Vermögenswert dadurch identifiziert, dass er in einem Vertrag ausdrücklich spezifiziert wird. Ein Vermögenswert kann aber auch allein dadurch als identifiziert gelten, dass er dem Kunden zu einem bestimmten Zeitpunkt zur Nutzung zur Verfügung gestellt (und somit stillschweigend spezifiziert) wird.

Substanzielle Substitutionsrechte

B14 Selbst wenn ein Vermögenswert spezifiziert ist, ist ein Kunde nicht zur Nutzung eines identifizierten Vermögenswerts berechtigt, wenn der während des gesamten Verwendungszeitraums Lieferant das substanzielle Recht besitzt, den Vermögenswert zu ersetzen. Das Recht eines Lieferanten auf Substituierung eines Vermögenswerts gilt nur dann als substanziell, wenn die beiden folgenden Bedingungen erfüllt sind:

(a) es ist dem Lieferanten während des gesamten Verwendungszeitraums ohne Weiteres möglich, einen Vermögenswert durch alternative Vermögenswerte zu ersetzen (das ist der Fall, wenn sich der Kunde einer Substituierung des Vermögenswerts seitens des Lieferanten nicht widersetzen kann und dem Lieferanten alternative Vermögenswerte jederzeit zur Verfügung stehen oder er sich diese innerhalb eines angemessenen Zeitraums beschaffen kann), und

(b) dem Lieferanten entsteht aus der Ausübung seines Rechts auf Substituierung des Vermögenswerts ein wirtschaftlicher Nutzen (der wirtschaftliche Nutzen, der ihm durch die Substituierung des Vermögenswerts erwächst, überwiegt voraussichtlich die dadurch verursachten Kosten).

B15 Hat der Lieferant nur zu oder nach einem bestimmten Zeitpunkt oder bei oder nach Eintreten eines bestimmten Ereignisses das Recht oder die Verpflichtung, den Vermögenswert zu ersetzen, gilt sein Substitutionsrecht nicht als substanziell, weil es ihm in diesem Fall nicht während des gesamten Verwendungszeitraums ohne Weiteres möglich ist, einen Vermögenswert durch alternative Vermögenswerte zu ersetzen.

B16 Bei der Beurteilung der Frage, ob der Lieferant über ein substanzielles Substitutionsrecht verfügt, legt das Unternehmen die bei Vertragsbeginn bestehenden Fakten und Umstände zugrunde und berücksichtigt keine späteren Ereignisse, deren Eintreten bei Beginn des Vertragsverhältnisses unwahrscheinlich erscheinen. Beispiele für spätere Ereignisse, deren Eintreten bei Vertragsbeginn unwahrscheinlich erscheinen und die daher nicht in die Beurteilung einfließen dürfen, sind:

(b) the underlying asset is not highly dependent on, or highly interrelated with, other assets.

A lease of an underlying asset does not qualify as a lease of a low-value asset if the nature of the asset is such that, when new, the asset is typically not of low value. For example, leases of cars would not qualify as leases of low-value assets because a new car would typically not be of low value. **B6**

If a lessee subleases an asset, or expects to sublease an asset, the head lease does not qualify as a lease of a low- value asset. **B7**

Examples of low-value underlying assets can include tablet and personal computers, small items of office furniture and telephones. **B8**

Identifying a lease (paragraphs 9—11)

To assess whether a contract conveys the right to control the use of an identified asset (see paragraphs B13—B20) for a period of time, an entity shall assess whether, throughout the *period of use*, the customer has both of the following: **B9**

(a) the right to obtain substantially all of the economic benefits from use of the identified asset (as described in paragraphs B21—B23); and
(b) the right to direct the use of the identified asset (as described in paragraphs B24—B30).

If the customer has the right to control the use of an identified asset for only a portion of the term of the contract, the contract contains a lease for that portion of the term. **B10**

A contract to receive goods or services may be entered into by a joint arrangement, or on behalf of a joint arrangement, as defined in IFRS 11 *Joint Arrangements*. In this case, the joint arrangement is considered to be the customer in the contract. Accordingly, in assessing whether such a contract contains a lease, an entity shall assess whether the joint arrangement has the right to control the use of an identified asset throughout the period of use. **B11**

An entity shall assess whether a contract contains a lease for each potential separate lease component. Refer to paragraph B32 for guidance on separate lease components. **B12**

Identified asset

An asset is typically identified by being explicitly specified in a contract. However, an asset can also be identified by being implicitly specified at the time that the asset is made available for use by the customer. **B13**

Substantive substitution rights

Even if an asset is specified, a customer does not have the right to use an identified asset if the supplier has the substantive right to substitute the asset throughout the period of use. A supplier's right to substitute an asset is substantive only if both of the following conditions exist: **B14**

(a) the supplier has the practical ability to substitute alternative assets throughout the period of use (for example, the customer cannot prevent the supplier from substituting the asset and alternative assets are readily available to the supplier or could be sourced by the supplier within a reasonable period of time); and
(b) the supplier would benefit economically from the exercise of its right to substitute the asset (ie the economic benefits associated with substituting the asset are expected to exceed the costs associated with substituting the asset).

If the supplier has a right or an obligation to substitute the asset only on or after either a particular date or the occurrence of a specified event, the supplier's substitution right is not substantive because the supplier does not have the practical ability to substitute alternative assets throughout the period of use. **B15**

An entity's evaluation of whether a supplier's substitution right is substantive is based on facts and circumstances at inception of the contract and shall exclude consideration of future events that, at inception of the contract, are not considered likely to occur. Examples of future events that, at inception of the contract, would not be considered likely to occur and, thus, should be excluded from the evaluation include: **B16**

(a) Einverständniserklärung eines künftigen Kunden, für die Nutzung des Vermögenswerts einen über dem Marktpreis liegenden Preis zu zahlen,
(b) Einführung neuer Technologien, die bei Beginn des Vertrags noch unzureichend entwickelt waren,
(c) wesentliche Differenz zwischen der Nutzung des Vermögenswerts durch den Kunden bzw. der Leistung des Vermögenswerts und der bei Vertragsbeginn erwarteten Nutzung bzw. Leistung und
(d) wesentliche Differenz zwischen dem Marktpreis des Vermögenswerts während des Verwendungszeitraums und dem bei Vertragsbeginn erwarteten Marktpreis.

B17 Befindet sich der Vermögenswert beim Kunden oder bei Dritten, sind die mit der Substituierung verbundenen Kosten gewöhnlich höher als wenn er sich beim Lieferanten befindet. Daher ist es in diesen Fällen wahrscheinlicher, dass sie den mit der Substituierung des Vermögenswerts verbundenen Nutzen übersteigen.

B18 Hat der Lieferant das Recht oder die Verpflichtung, den Vermögenswert im Rahmen der Reparatur und Instandhaltung zu ersetzen, wenn dieser nicht ordnungsgemäß funktioniert oder eine technische Nachrüstung verfügbar wird, so schränkt dies nicht das Recht des Kunden auf Nutzung eines identifizierten Vermögenswerts ein.

B19 Ist für den Kunden nicht unmittelbar erkennbar, ob der Lieferant über ein substanzielles Substitutionsrecht verfügt, hat er davon auszugehen, dass das Substitutionsrecht nicht substanziell ist.

Teile von Vermögenswerten

B20 Ein Kapazitätsanteil eines Vermögenswerts gilt als identifizierter Vermögenswert, wenn er physisch abgrenzbar ist (beispielsweise ein Geschoss eines Gebäudes). Ein Kapazitätsanteil oder ein anderer Bestandteil eines Vermögenswerts, der nicht physisch abgrenzbar ist, (beispielsweise ein Kapazitätsanteil eines Glasfaserkabels) gilt nicht als identifizierter Vermögenswert, sofern er nicht den wesentlichen Kapazitätsanteil des Vermögenswerts darstellt und somit dem Kunden das Recht verleiht, im Wesentlichen den gesamten wirtschaftlichen Nutzen aus der Verwendung des Vermögenswerts zu ziehen.

Das Recht, den wirtschaftlichen Nutzen aus einer Verwendung zu ziehen

B21 Ein Kunde hat die Verfügungsgewalt über einen identifizierten Vermögenswert, wenn er berechtigt ist, während des gesamten Verwendungszeitraums im Wesentlichen den gesamten wirtschaftlichen Nutzen aus der Verwendung des Vermögenswerts zu ziehen (beispielsweise muss er während dieses Zeitraums den Vermögenswert exklusiv nutzen dürfen). Ein Kunde kann auf vielfältige Weise, direkt sowie indirekt wirtschaftlichen Nutzen aus der Verwendung eines Vermögenswerts ziehen, beispielsweise indem er diesen selbst nutzt, besitzt oder untervermietet. Zum wirtschaftlichen Nutzen aus der Verwendung eines Vermögenswerts zählen dessen Produktionsergebnis und Nebenprodukte (einschließlich der möglicherweise damit erzielten Zahlungsströme) sowie anderer wirtschaftlicher Nutzen, der bei einem Geschäft mit einem Dritten aus der Verwendung des Vermögenswerts gezogen werden könnte.

B22 Bei der Beurteilung des Rechts, im Wesentlichen den gesamten wirtschaftlichen Nutzen aus der Verwendung eines Vermögenswerts zu ziehen, beurteilt das Unternehmen den wirtschaftlichen Nutzen, der sich aus der Verwendung des Vermögenswerts innerhalb des für den Kunden festgelegten Nutzungsumfangs des Vermögenswerts ergibt (siehe Paragraph B30). Beispiele:
(a) Ist die Nutzung eines Kraftfahrzeugs laut Vertrag innerhalb des Verwendungszeitraums auf ein bestimmtes geografisches Gebiet beschränkt, berücksichtigt das Unternehmen lediglich den wirtschaftlichen Nutzen aus der Verwendung des Kraftfahrzeugs innerhalb dieses Gebiets und nicht darüber hinaus.
(b) Ist die Nutzung eines Kraftfahrzeugs laut Vertrag innerhalb des Verwendungszeitraums auf eine bestimmte Kilometerzahl beschränkt, berücksichtigt das Unternehmen lediglich den wirtschaftlichen Nutzen aus der Verwendung des Kraftfahrzeugs bis zur zulässigen Kilometerzahl und nicht darüber hinaus.

B23 Sieht der Vertrag vor, dass der Kunde dem Lieferanten oder einem Dritten einen Teil der mit der Verwendung des Vermögenswerts erzielten Zahlungsströme als Gegenleistung zahlt, so sind diese Zahlungen als Teil des wirtschaftlichen Nutzens zu betrachten, der dem Kunden aus der Verwendung des Vermögenswerts erwächst. Muss der Kunde beispielsweise dem Lieferanten für die Nutzung einer Verkaufsfläche einen Anteil seines Umsatzes als Gegenleistung zahlen, so schränkt diese Verpflichtung nicht das Recht des Kunden ein, im Wesentlichen den gesamten wirtschaftlichen Nutzen aus der Verwendung der Verkaufsfläche zu ziehen. Der Grund dafür ist, dass Zahlungsströme aus diesen Umsätzen als wirtschaftlicher Nutzen gelten, den der Kunde aus der Verwendung der Verkaufsfläche zieht, und dass der Anteil dieser Zahlungsströme, den er dann dem Lieferanten zahlt, als Gegenleistung für das Recht auf Nutzung dieser Fläche zu betrachten ist.

Recht, über die Nutzung zu entscheiden

B24 Der Kunde ist nur dann in der Lage, während des gesamten Verwendungszeitraums über die Nutzung eines identifizierten Vermögenswerts zu entscheiden, wenn entweder
(a) er während des gesamten Verwendungszeitraums das Recht hat, zu bestimmen, wie und für welchen Zweck der Vermögenswert eingesetzt wird (siehe Beschreibung in den Paragraphen B25–B30), oder

(a) an agreement by a future customer to pay an above market rate for use of the asset;
(b) the introduction of new technology that is not substantially developed at inception of the contract;
(c) a substantial difference between the customer's use of the asset, or the performance of the asset, and the use or performance considered likely at inception of the contract; and
(d) a substantial difference between the market price of the asset during the period of use, and the market price considered likely at inception of the contract.

If the asset is located at the customer's premises or elsewhere, the costs associated with substitution are generally higher than when located at the supplier's premises and, therefore, are more likely to exceed the benefits associated with substituting the asset. B17

The supplier's right or obligation to substitute the asset for repairs and maintenance, if the asset is not operating properly or if a technical upgrade becomes available does not preclude the customer from having the right to use an identified asset. B18

If the customer cannot readily determine whether the supplier has a substantive substitution right, the customer shall presume that any substitution right is not substantive. B19

Portions of assets

A capacity portion of an asset is an identified asset if it is physically distinct (for example, a floor of a building). A capacity or other portion of an asset that is not physically distinct (for example, a capacity portion of a fibre optic cable) is not an identified asset, unless it represents substantially all of the capacity of the asset and thereby provides the customer with the right to obtain substantially all of the economic benefits from use of the asset. B20

Right to obtain economic benefits from use

To control the use of an identified asset, a customer is required to have the right to obtain substantially all of the economic benefits from use of the asset throughout the period of use (for example, by having exclusive use of the asset throughout that period). A customer can obtain economic benefits from use of an asset directly or indirectly in many ways, such as by using, holding or sub-leasing the asset. The economic benefits from use of an asset include its primary output and by-products (including potential cash flows derived from these items), and other economic benefits from using the asset that could be realised from a commercial transaction with a third party. B21

When assessing the right to obtain substantially all of the economic benefits from use of an asset, an entity shall consider the economic benefits that result from use of the asset within the defined scope of a customer's right to use the asset (see paragraph B30). For example: B22
(a) if a contract limits the use of a motor vehicle to only one particular territory during the period of use, an entity shall consider only the economic benefits from use of the motor vehicle within that territory, and not beyond.
(b) if a contract specifies that a customer can drive a motor vehicle only up to a particular number of miles during the period of use, an entity shall consider only the economic benefits from use of the motor vehicle for the permitted mileage, and not beyond.

If a contract requires a customer to pay the supplier or another party a portion of the cash flows derived from use of an asset as consideration, those cash flows paid as consideration shall be considered to be part of the economic benefits that the customer obtains from use of the asset. For example, if the customer is required to pay the supplier a percentage of sales from use of retail space as consideration for that use, that requirement does not prevent the customer from having the right to obtain substantially all of the economic benefits from use of the retail space. This is because the cash flows arising from those sales are considered to be economic benefits that the customer obtains from use of the retail space, a portion of which it then pays to the supplier as consideration for the right to use that space. B23

Right to direct the use

A customer has the right to direct the use of an identified asset throughout the period of use only if either: B24
(a) the customer has the right to direct how and for what purpose the asset is used throughout the period of use (as described in paragraphs B25—B30); or

(b) die maßgeblichen Entscheidungen darüber, wie und für welchen Zweck der Vermögenswert eingesetzt wird, bereits im Vorfeld getroffen wurden und
   (i) der Kunde während des gesamten Verwendungszeitraums das Recht hat, den Vermögenswert einzusetzen (oder Dritte anzuweisen, den Vermögenswert in einer von ihm bestimmten Weise einzusetzen), und der Lieferant nicht berechtigt ist, diese Anweisungen zu ändern, oder
   (ii) der Kunde den Vermögenswert (oder bestimmte Teile des Vermögenswerts) in einer Weise gestaltet hat, die bereits vorgibt, wie und für welchen Zweck der Vermögenswert während des gesamten Verwendungszeitraums eingesetzt wird.

Wie und für welchen Zweck wird der Vermögenswert eingesetzt?

B25 Der Kunde hat das Recht, zu bestimmen, wie und für welchen Zweck der Vermögenswert eingesetzt wird, wenn der Vertrag ihm die Möglichkeit gibt, innerhalb des festgelegten Nutzungsumfangs die Art und den Zweck der Verwendung des Vermögenswerts während des gesamten Verwendungszeitraums zu ändern. Bei der Beurteilung dieser Frage bewertet das Unternehmen die für die Änderung der Art und des Zwecks der Verwendung des Vermögenswerts während des gesamten Verwendungszeitraums maßgeblichen Entscheidungsrechte. Entscheidungsrechte sind maßgeblich, wenn sie sich auf den mit der Verwendung zu erzielenden wirtschaftlichen Nutzen auswirken können. Die maßgeblichen Entscheidungsrechte unterscheiden sich in der Regel von Vertrag zu Vertrag, da sie von der Art des Vermögenswerts und den Vertragsbedingungen abhängig sind.

B26 Entscheidungsrechte, die je nach Rahmenbedingungen das Recht verleihen, zu bestimmen, wie und für welchen Zweck der Vermögenswert innerhalb des für den Kunden festgelegten Nutzungsumfangs eingesetzt wird, sind beispielsweise:
(a) Rechte, die es ermöglichen, die Art des mit dem Vermögenswert erzielten Ergebnisses zu ändern (beispielsweise einen Container wahlweise für Transport oder Lagerung einzusetzen oder den Produktmix festzulegen, der auf einer Verkaufsfläche angeboten wird),
(b) Rechte, die es ermöglichen zu bestimmen, wann ein Ergebnis erzielt wird (beispielsweise zu entscheiden, wann ein Anlagenteil oder ein Kraftwerk in Betrieb genommen oder abgeschaltet wird),
(c) Rechte, die es ermöglichen zu bestimmen, wo ein Ergebnis erzielt wird (beispielsweise zu entscheiden, wohin ein Lastkraftwagen oder ein Schiff fahren wird oder wo ein Ausrüstungsgegenstand eingesetzt wird), und
(d) Rechte, die es ermöglichen zu bestimmen, ob und in welchen Mengen ein Ergebnis erzielt wird (beispielsweise zu entscheiden, ob und wie viel Energie mit einem Kraftwerk erzeugt wird).

B27 Entscheidungsrechte, die nicht dazu berechtigen, zu bestimmen, wie und für welchen Zweck der Vermögenswert eingesetzt wird, sind beispielsweise solche, die sich auf den Betrieb und die Instandhaltung des Vermögenswerts beschränken. Solche Rechte kann der Kunde oder der Lieferant haben. Betriebs- und Instandhaltungsrechte sind zwar für die effiziente Nutzung des Vermögenswerts meist von wesentlicher Bedeutung, sie berechtigen aber nicht dazu, zu bestimmen, wie und für welchen Zweck der Vermögenswert eingesetzt wird, sondern sind meist von diesen Entscheidungen abhängig. Betriebsrechte für den Vermögenswert können dem Kunden dagegen das Recht verleihen, über die Nutzung des Vermögenswerts zu entscheiden, sofern die maßgeblichen Entscheidungen darüber, wie und für welchen Zweck der Vermögenswert eingesetzt wird, bereits im Vorfeld festgelegt wurden (siehe Paragraph B24 (b) (i)).

Während und vor dem Verwendungszeitraum getroffene Festlegungen

B28 Die maßgeblichen Entscheidungen darüber, wie und für welchen Zweck der Vermögenswert eingesetzt wird, können in vielfältiger Weise im Vorfeld getroffen werden. Beispielsweise können die maßgeblichen Entscheidungen durch die Bauart des Vermögenswerts vorgegeben sein oder durch im Vertrag festgelegte Nutzungsbeschränkungen.

B29 Um zu beurteilen, ob der Kunde das Recht hat, über die Nutzung eines Vermögenswerts zu entscheiden, darf das Unternehmen lediglich die Entscheidungsrechte über die Verwendung des Vermögenswerts während des Verwendungszeitraums berücksichtigen, es sei denn, der Kunde hat den Vermögenswert (oder bestimmte Teile des Vermögenswerts) wie in Paragraph B24 (b) (ii) selbst gestaltet. Daher darf das Unternehmen, wenn die Bedingungen nach Paragraph B24 (b) (ii) nicht erfüllt sind, Entscheidungen, die vor dem Verwendungszeitraum vorgegeben sind, nicht berücksichtigen. Kann der Kunde beispielsweise das mit einem Vermögenswert erzielte Ergebnis lediglich vor Beginn des Verwendungszeitraums festlegen, verfügt er nicht über das Recht, über die Nutzung des Vermögenswerts zu entscheiden. Die Möglichkeit, das zu erzielende Ergebnis vor Beginn des Verwendungszeitraums vertraglich festzulegen, verleiht dem Kunden, wenn er keine weitergehenden Entscheidungsrechte über die Nutzung des Vermögenswerts hat, dieselben Rechte wie sie jeder Kunde beim Erwerb von Gütern oder Dienstleistungen genießt.

Schutzrechte

B30 In einem Vertrag können Bedingungen festgelegt werden, die die Interessen des Lieferanten am Vermögenswert oder an anderen Vermögenswerten schützen sollen, die seine Mitarbeiter schützen sollen oder die gewährleisten sollen, dass seine rechtlichen Verpflichtungen erfüllt sind. Solche Bedingungen sind Schutzrechte. In einem Vertrag kann beispielsweise (i) der maximal zulässige Nutzungsumfang des Vermögenswerts festgelegt werden oder eingegrenzt werden, wo oder wann der Kunde den Vermögenswert nutzen darf, (ii) der Kunde verpflichtet werden, bestimmte Betriebsverfahren einzuhalten, oder (iii) der Kunde verpflichtet werden, dem Lieferanten Änderungen der Einsatzart des Vermögenswerts vorab anzuzeigen. Schutzrechte geben in der Regel den für den Kunden zulässigen Nutzungsumfang vor, sprechen aber für sich allein genommen dem Kunden nicht das Recht ab, über die Nutzung des Vermögenswerts zu entscheiden.

(b) the relevant decisions about how and for what purpose the asset is used are predetermined and:
   (i) the customer has the right to operate the asset (or to direct others to operate the asset in a manner that it determines) throughout the period of use, without the supplier having the right to change those operating instructions; or
   (ii) the customer designed the asset (or specific aspects of the asset) in a way that predetermines how and for what purpose the asset will be used throughout the period of use.

How and for what purpose the asset is used

A customer has the right to direct how and for what purpose the asset is used if, within the scope of its right of use defined in the contract, it can change how and for what purpose the asset is used throughout the period of use. In making this assessment, an entity considers the decision-making rights that are most relevant to changing how and for what purpose the asset is used throughout the period of use. Decision-making rights are relevant when they affect the economic benefits to be derived from use. The decision-making rights that are most relevant are likely to be different for different contracts, depending on the nature of the asset and the terms and conditions of the contract. **B25**

Examples of decision-making rights that, depending on the circumstances, grant the right to change how and for what purpose the asset is used, within the defined scope of the customer's right of use, include: **B26**
(a) rights to change the type of output that is produced by the asset (for example, to decide whether to use a shipping container to transport goods or for storage, or to decide upon the mix of products sold from retail space);
(b) rights to change when the output is produced (for example, to decide when an item of machinery or a power plant will be used);
(c) rights to change where the output is produced (for example, to decide upon the destination of a truck or a ship, or to decide where an item of equipment is used); and
(d) rights to change whether the output is produced, and the quantity of that output (for example, to decide whether to produce energy from a power plant and how much energy to produce from that power plant).

Examples of decision-making rights that do not grant the right to change how and for what purpose the asset is used include rights that are limited to operating or maintaining the asset. Such rights can be held by the customer or the supplier. Although rights such as those to operate or maintain an asset are often essential to the efficient use of an asset, they are not rights to direct how and for what purpose the asset is used and are often dependent on the decisions about how and for what purpose the asset is used. However, rights to operate an asset may grant the customer the right to direct the use of the asset if the relevant decisions about how and for what purpose the asset is used are predetermined (see paragraph B24 (b) (i)). **B27**

Decisions determined during and before the period of use

The relevant decisions about how and for what purpose the asset is used can be predetermined in a number of ways. For example, the relevant decisions can be predetermined by the design of the asset or by contractual restrictions on the use of the asset. **B28**

In assessing whether a customer has the right to direct the use of an asset, an entity shall consider only rights to make decisions about the use of the asset during the period of use, unless the customer designed the asset (or specific aspects of the asset) as described in paragraph B24 (b) (ii). Consequently, unless the conditions in paragraph B24 (b) (ii) exist, an entity shall not consider decisions that are predetermined before the period of use. For example, if a customer is able only to specify the output of an asset before the period of use, the customer does not have the right to direct the use of that asset. The ability to specify the output in a contract before the period of use, without any other decision-making rights relating to the use of the asset, gives a customer the same rights as any customer that purchases goods or services. **B29**

Protective rights

A contract may include terms and conditions designed to protect the supplier's interest in the asset or other assets, to protect its personnel, or to ensure the supplier's compliance with laws or regulations. These are examples of protective rights. For example, a contract may (i) specify the maximum amount of use of an asset or limit where or when the customer can use the asset, (ii) require a customer to follow particular operating practices, or (iii) require a customer to inform the supplier of changes in how an asset will be used. Protective rights typically define the scope of the customer's right of use but do not, in isolation, prevent the customer from having the right to direct the use of an asset. **B30**

B31 Anhand des folgenden Ablaufdiagramms können Unternehmen beurteilen, ob ein Vertrag ein Leasingverhältnis begründet oder beinhaltet.

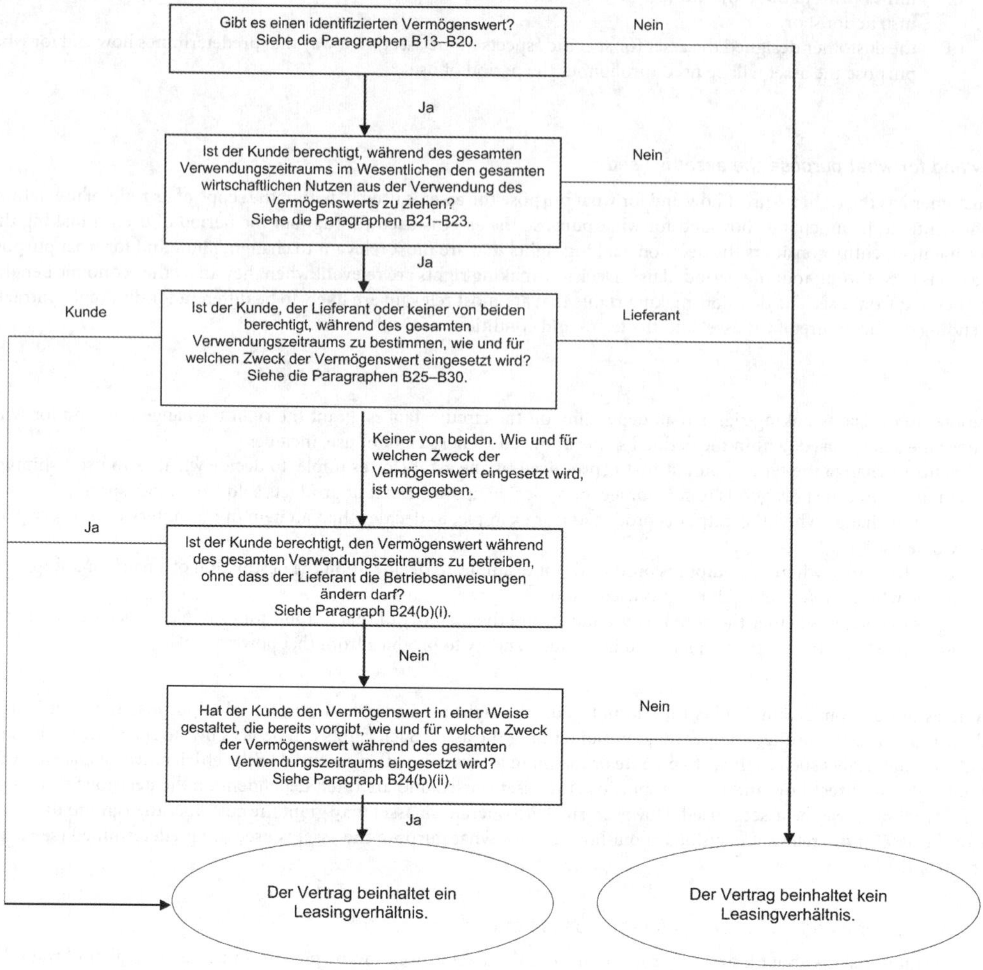

Trennung von Leasing- und Nichtleasingkomponenten eines Vertrags (Paragraphen 12–17)

B32 Das Recht, einen zugrunde liegenden Vermögenswert zu nutzen, ist als selbstständige Leasingkomponente zu betrachten, wenn sowohl

(a) der Leasingnehmer aus der Nutzung des zugrunde liegenden Vermögenswerts entweder gesondert oder zusammen mit anderen, für ihn jederzeit verfügbaren Ressourcen einen Nutzen ziehen kann; eine jederzeit verfügbare Ressource ist ein Gut oder eine Dienstleistung, die (vom Leasinggeber oder von anderen Lieferanten) separat veräußert oder vermietet wird, oder eine Ressource, die der Leasingnehmer bereits (vom Leasinggeber oder aus anderen Transaktionen oder Ereignissen) erhalten hat, als auch

(b) der zugrunde liegende Vermögenswert weder in hohem Maße von den anderen diesem Vertrag zugrunde liegenden Vermögenswerten abhängig, noch mit diesen eng verbunden ist; so kann beispielsweise der Umstand, dass ein Leasingnehmer sich dafür entscheiden kann, den zugrunde liegenden Vermögenswert nicht zu leasen, ohne dass dies seine Rechte, andere dem Vertrag zugrunde liegende Vermögenswerte zu nutzen, wesentlich beeinflusst, darauf hindeuten, dass der zugrunde liegende Vermögenswert weder in hohem Maße von diesen zugrunde liegenden Vermögenswerten abhängig noch eng mit ihnen verbunden ist.

B33 In einem Vertrag können Zahlungen des Leasingnehmers für Tätigkeiten und Kosten vorgesehen sein, mit denen diesem kein Gut und keine Dienstleistung übertragen wird. Beispielsweise kann ein Leasinggeber in den zu zahlenden Gesamtbetrag Verwaltungsgebühren oder andere im Zusammenhang mit dem Leasingverhältnis von ihm verauslagte Kosten einbeziehen, mit denen dem Leasingnehmer weder ein Gut noch eine Dienstleistung übertragen wird. Die für solche Kostenelemente zu zahlenden Beträge begründen keine selbstständige Vertragskomponente, sondern gelten als Teil der Gegenleistung, die den einzelnen Komponenten des Vertrags zuzuweisen ist.

The following flowchart may assist entities in making the assessment of whether a contract is, or contains, a lease. B31

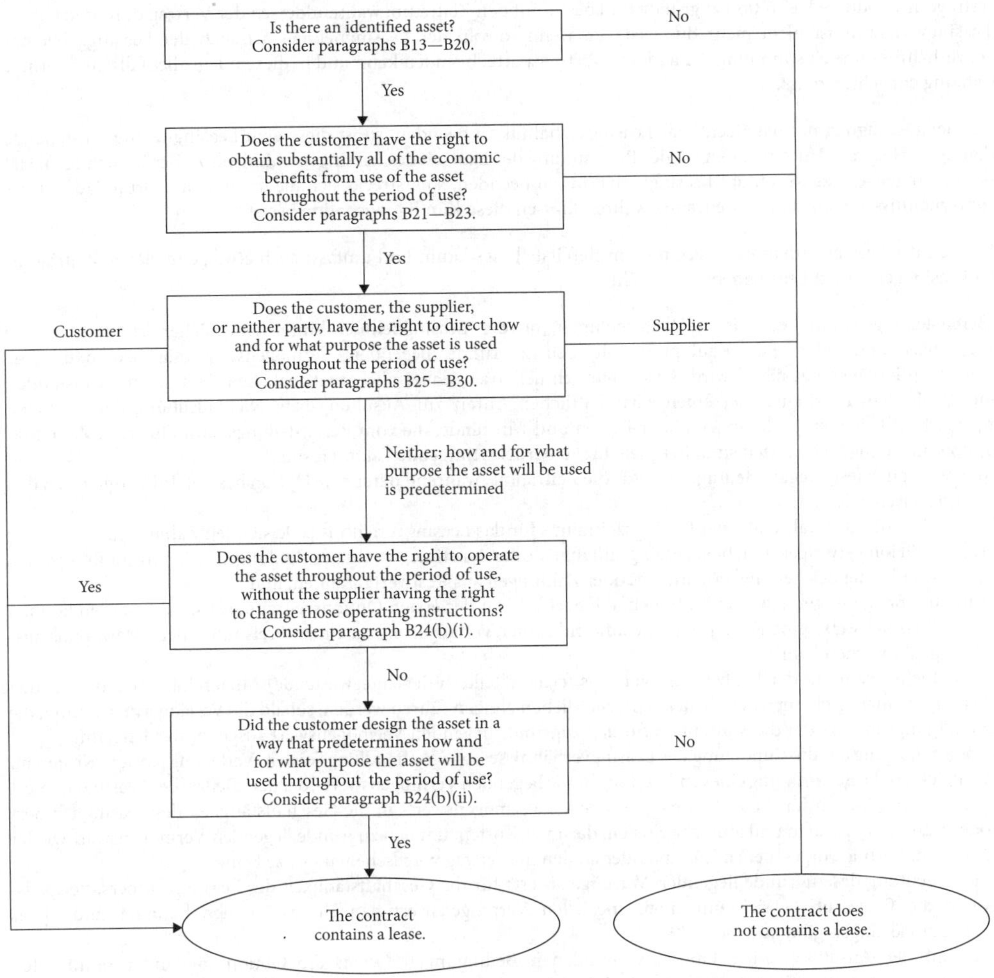

Separating components of a contract (paragraphs 12—17)

The right to use an underlying asset is a separate lease component if both: B32

(a) the lessee can benefit from use of the underlying asset either on its own or together with other resources that are readily available to the lessee. Readily available resources are goods or services that are sold or leased separately (by the lessor or other suppliers) or resources that the lessee has already obtained (from the lessor or from other transactions or events); and

(b) the underlying asset is neither highly dependent on, nor highly interrelated with, the other underlying assets in the contract. For example, the fact that a lessee could decide not to lease the underlying asset without significantly affecting its rights to use other underlying assets in the contract might indicate that the underlying asset is not highly dependent on, or highly interrelated with, those other underlying assets.

A contract may include an amount payable by the lessee for activities and costs that do not transfer a good or service to the lessee. For example, a lessor may include in the total amount payable a charge for administrative tasks, or other costs it incurs associated with the lease, that do not transfer a good or service to the lessee. Such amounts payable do not give rise to a separate component of the contract, but are considered to be part of the total consideration that is allocated to the separately identified components of the contract. B33

Laufzeit des Leasingverhältnisses (Paragraphen 18–21)

B34 Bei der Bestimmung der Laufzeit und der unkündbaren Grundlaufzeit des Leasingverhältnisses legt das Unternehmen die für Verträge anwendbare Definition zugrunde und bestimmt den Zeitraum, währenddessen der Vertrag durchsetzbar ist. Ein Leasingverhältnis ist nicht mehr durchsetzbar, wenn sowohl der Leasingnehmer als auch der Leasinggeber das Leasingverhältnis ohne Zustimmung der anderen Vertragspartei beenden kann und in diesem Fall allenfalls eine geringe Strafzahlung entrichten muss.

B35 Hat nur der Leasingnehmer das Recht, das Leasingverhältnis zu beenden, so ist diese dem Leasingnehmer zustehende Kündigungsoption vom Unternehmen bei der Bestimmung der Laufzeit des Leasingverhältnisses zu berücksichtigen. Hat nur der Leasinggeber das Recht, das Leasingverhältnis zu beenden, so erstreckt sich die unkündbare Grundlaufzeit des Leasingverhältnisses auch auf den Zeitraum, währenddessen diese Kündigungsoption besteht.

B36 Die Laufzeit des Leasingverhältnisses beginnt am Bereitstellungsdatum und umfasst auch etwaige mietfreie Zeiträume, die der Leasinggeber dem Leasingnehmer gewährt.

B37 Am Bereitstellungsdatum beurteilt das Unternehmen, ob der Leasingnehmer hinreichend sicher ist, dass er eine Verlängerungsoption oder eine Kaufoption für den zugrunde liegenden Vermögenswert ausüben oder eine Kündigungsoption nicht ausüben wird. Das Unternehmen trägt dabei allen maßgeblichen Fakten und Umständen Rechnung, die dem Leasingnehmer einen wirtschaftlichen Anreiz zur Ausübung bzw. Nichtausübung der Optionen geben, einschließlich aller Änderungen dieser Fakten und Umstände, die vom Bereitstellungsdatum bis zum Zeitpunkt der Optionsausübung zu erwarten sind. Beispiele für zu berücksichtigende Faktoren sind:

(a) die vertraglich festgelegten Bedingungen für die Zeiträume, während derer eine Option besteht, im Vergleich zu den Marktpreisen, wie
   (i) die Höhe der während eines Optionszeitraums für das Leasingverhältnis zu leistenden Zahlungen,
   (ii) die Höhe etwaiger variabler Leasingzahlungen oder sonstiger eventualer Zahlungen, wie Strafzahlungen bei Kündigung des Leasingverhältnisses oder Zahlungen aus Restwertgarantien, und
   (iii) die Bedingungen etwaiger Optionen, die nach Ablauf der ersten Optionszeiträume ausgeübt werden können (beispielsweise eine Kaufoption, die am Ende einer Verlängerung zu einem Preis unter dem Marktpreis ausgeübt werden kann),

(b) wesentliche, während der Laufzeit des Vertrags fertiggestellte (oder zu erwartende) Mietereinbauten, die für den Leasingnehmer zu einem wesentlichen wirtschaftlichen Nutzen führen werden, sobald die Verlängerungsoption, die Kündigungsoption oder die Kaufoption für den zugrunde liegenden Vermögenswert ausgeübt werden kann,

(c) Kosten in Bezug auf die Kündigung des Leasingverhältnisses, wie Verhandlungskosten, Verlegungskosten, Kosten im Hinblick auf die Bestimmung eines anderen zugrunde liegenden Vermögenswerts, der dem Bedarf des Leasingnehmers gerecht wird, Kosten für die Aufnahme eines neuen Vermögenswerts in die Geschäftstätigkeit des Leasingnehmers oder Kündigungsstrafen und ähnliche Kosten, darunter Kosten, um den zugrunde liegenden Vermögenswert wieder in den im Vertrag vorgesehenen Zustand oder an den im Vertrag vorgesehenen Ort zu bringen,

(d) die Bedeutung des zugrunde liegenden Vermögenswerts für die Geschäftstätigkeit des Leasingnehmers, beispielsweise die Frage, ob es sich um einen speziellen Vermögenswert handelt, wo er sich befindet und ob es Alternativlösungen gibt, und

(e) die mit der Ausübung einer Option verbundenen Bedingungen (wenn die Option nur unter bestimmten Voraussetzungen ausgeübt werden kann) und die Wahrscheinlichkeit, dass diese Bedingungen erfüllt sein werden.

B38 Verlängerungs- und Kündigungsoptionen können mit anderen Vertragsbedingungen kombiniert werden (beispielsweise mit einer Restwertgarantie), sodass der Leasingnehmer dem Leasinggeber eine Mindestrendite oder eine feste Rendite garantiert, die im Wesentlichen nicht davon abhängt, ob die Option ausgeübt wird oder nicht. In solchen Fällen geht das Unternehmen ungeachtet der in Paragraph B42 enthaltenen Leitlinien zu de facto festen Zahlungen davon aus, dass der Leasingnehmer hinreichend sicher ist, dass er die Verlängerungsoption ausüben bzw. die Kündigungsoption nicht ausüben wird,

B39 Je kürzer die unkündbare Grundlaufzeit eines Leasingverhältnisses ist, desto wahrscheinlicher ist es, dass der Leasingnehmer die Verlängerungsoption ausübt bzw. die Kündigungsoption nicht ausübt. Der Grund dafür ist, dass die mit dem Ersatz eines Vermögenswerts verbundenen Kosten bei einer kürzeren unkündbaren Grundlaufzeit aller Voraussicht nach im Verhältnis höher sind.

B40 Bei der Beurteilung der Frage, ob der Leasingnehmer hinreichend sicher ist, dass er eine Option ausüben oder nicht ausüben wird, können seine vergangenen Entscheidungen hinsichtlich der Zeiträume, während derer er gewöhnlich bestimmte Arten von (geleasten oder eigenen) Vermögenswerten eingesetzt hat, und die wirtschaftlichen Gründe für diese Entscheidungen aufschlussreich sein. Hat der Leasingnehmer beispielsweise in der Vergangenheit gewöhnlich bestimmte Arten von Vermögenswerten für einen bestimmten Zeitraum eingesetzt oder übt er üblicherweise bei Leasingverhältnissen mit bestimmten Arten zugrunde liegender Vermögenswerte häufig Optionen aus, so berücksichtigt er die wirtschaftlichen Gründe für diese vergangenen Entscheidungen bei der Beurteilung der Frage, ob er bei diesen Vermögenswerten eine Option mit hinreichender Sicherheit ausüben wird.

Lease term (paragraphs 18—21)

In determining the lease term and assessing the length of the non-cancellable period of a lease, an entity shall apply the definition of a contract and determine the period for which the contract is enforceable. A lease is no longer enforceable when the lessee and the lessor each has the right to terminate the lease without permission from the other party with no more than an insignificant penalty. B34

If only a lessee has the right to terminate a lease, that right is considered to be an option to terminate the lease available to the lessee that an entity considers when determining the lease term. If only a lessor has the right to terminate a lease, the non-cancellable period of the lease includes the period covered by the option to terminate the lease. B35

The lease term begins at the commencement date and includes any rent-free periods provided to the lessee by the lessor. B36

At the commencement date, an entity assesses whether the lessee is reasonably certain to exercise an option to extend the lease or to purchase the underlying asset, or not to exercise an option to terminate the lease. The entity considers all relevant facts and circumstances that create an economic incentive for the lessee to exercise, or not to exercise, the option, including any expected changes in facts and circumstances from the commencement date until the exercise date of the option. Examples of factors to consider include, but are not limited to: B37

(a) contractual terms and conditions for the optional periods compared with market rates, such as:
  (i) the amount of payments for the lease in any optional period;
  (ii) the amount of any variable payments for the lease or other contingent payments, such as payments resulting from termination penalties and residual value guarantees; and
  (iii) the terms and conditions of any options that are exercisable after initial optional periods (for example, a purchase option that is exercisable at the end of an extension period at a rate that is currently below market rates).
(b) significant leasehold improvements undertaken (or expected to be undertaken) over the term of the contract that are expected to have significant economic benefit for the lessee when the option to extend or terminate the lease, or to purchase the underlying asset, becomes exercisable;
(c) costs relating to the termination of the lease, such as negotiation costs, relocation costs, costs of identifying another underlying asset suitable for the lessee's needs, costs of integrating a new asset into the lessee's operations, or termination penalties and similar costs, including costs associated with returning the underlying asset in a contractually specified condition or to a contractually specified location;
(d) the importance of that underlying asset to the lessee's operations, considering, for example, whether the underlying asset is a specialised asset, the location of the underlying asset and the availability of suitable alternatives; and
(e) conditionality associated with exercising the option (ie when the option can be exercised only if one or more conditions are met), and the likelihood that those conditions will exist.

An option to extend or terminate a lease may be combined with one or more other contractual features (for example, a residual value guarantee) such that the lessee guarantees the lessor a minimum or fixed cash return that is substantially the same regardless of whether the option is exercised. In such cases, and notwithstanding the guidance on in-substance fixed payments in paragraph B42, an entity shall assume that the lessee is reasonably certain to exercise the option to extend the lease, or not to exercise the option to terminate the lease. B38

The shorter the non-cancellable period of a lease, the more likely a lessee is to exercise an option to extend the lease or not to exercise an option to terminate the lease. This is because the costs associated with obtaining a replacement asset are likely to be proportionately higher the shorter the non-cancellable period. B39

A lessee's past practice regarding the period over which it has typically used particular types of assets (whether leased or owned), and its economic reasons for doing so, may provide information that is helpful in assessing whether the lessee is reasonably certain to exercise, or not to exercise, an option. For example, if a lessee has typically used particular types of assets for a particular period of time or if the lessee has a practice of frequently exercising options on leases of particular types of underlying assets, the lessee shall consider the economic reasons for that past practice in assessing whether it is reasonably certain to exercise an option on leases of those assets. B40

B41 In Paragraph 20 ist vorgesehen, dass ein Leasingnehmer nach dem Bereitstellungsdatum, wenn ein wesentliches Ereignis oder eine wesentliche Änderung von Umständen eintritt, das bzw. die sich seinem Einfluss nicht entzieht und sich darauf auswirkt, ob er hinreichend sicher ist, dass er eine bei der Bestimmung der Laufzeit zuvor nicht berücksichtigte Option ausüben oder eine bei der Bestimmung der Laufzeit zuvor berücksichtigte Option nicht ausüben wird, die Laufzeit des Leasingverhältnisses erneut bestimmt. Wesentliche Ereignisse oder wesentliche Änderungen von Umständen sind beispielsweise

(a) wesentliche, am Bereitstellungsdatum nicht ins Auge gefasste Mietereinbauten, die für den Leasingnehmer zu einem wesentlichen wirtschaftlichen Nutzen führen werden, sobald die Verlängerungsoption, die Kündigungsoption oder die Kaufoption für den zugrunde liegenden Vermögenswert ausgeübt werden kann,

(b) eine wesentliche, am Bereitstellungsdatum nicht ins Auge gefasste Änderung oder Anpassung des zugrunde liegenden Vermögenswerts,

(c) der Beginn eines Unterleasingverhältnisses in Bezug auf den zugrunde liegenden Vermögenswert mit einer längeren Laufzeit als die zuvor bestimmte Laufzeit des Leasingverhältnisses und

(d) eine Geschäftsentscheidung des Leasingnehmers, die sich unmittelbar auf die Ausübung oder Nichtausübung einer Option auswirkt (beispielsweise die Entscheidung, das Leasingverhältnis bei einem ergänzenden Vermögenswert zu verlängern, einen alternativen Vermögenswert zu veräußern oder eine Geschäftseinheit zu veräußern, in der das Nutzungsrecht zur Anwendung kommt).

De facto feste Leasingzahlungen (Paragraphen 27 (a), 36 (c) und 70 (a))

B42 Zu den Leasingzahlungen gehören auch etwaige de facto feste Leasingzahlungen. De facto feste Leasingzahlungen sind Zahlungen, die formal variabel sein können, ihrem Wesen nach aber unvermeidlich sind. De facto feste Leasingzahlungen ergeben sich beispielsweise, wenn

(a) Leasingzahlungen variabel angelegt sind, die Variabilität dieser Zahlungen aber unbegründet ist; solche Zahlungen enthalten variable Komponenten, die in Wahrheit keinen wirtschaftlichen Gehalt haben, beispielsweise

  (i) Zahlungen, die nur geleistet werden müssen, wenn ein Vermögenswert nachweislich während der Dauer des Leasingverhältnisses betrieben werden kann oder wenn ein Ereignis eintritt, das zwangsläufig eintreten wird, oder

  (ii) Zahlungen, die ursprünglich in Abhängigkeit von der Nutzung des zugrunde liegenden Vermögenswerts als variable Leasingzahlungen angelegt wurden, deren Variabilität aber nach dem Bereitstellungsdatum ab einem bestimmten Zeitpunkt enden wird, sodass sie für den Rest der Laufzeit des Leasingverhältnisses zu festen Zahlungen werden; solche Zahlungen werden zu de facto festen Zahlungen, sobald die Variabilität endet,

(b) es mehrere Zahlungsschemata gibt, die für den Leasingnehmer infrage kommen, davon aber nur ein Schema realistisch ist; in diesem Fall hat das Unternehmen das realistische Zahlungsschema als Leasingzahlungen zu betrachten,

(c) es mehrere realistische Zahlungsschemata gibt, die für den Leasingnehmer infrage kommen, er aber gezwungen ist, mindestens eines davon zu wählen; in diesem Fall hat das Unternehmen dasjenige Zahlungsschema als Leasingzahlungen zu betrachten, für das sich (abgezinst) der geringste Gesamtbetrag ergibt.

Einbeziehung des Leasingnehmers vor dem Bereitstellungsdatum

Dem Leasingnehmer entstehende Kosten im Zusammenhang mit dem Bau oder der Gestaltung eines zugrunde liegenden Vermögenswerts

B43 Das Unternehmen kann ein Leasingverhältnis aushandeln, bevor der zugrunde liegende Vermögenswert zur Nutzung durch den Leasingnehmer bereitsteht. Bei bestimmten Leasingverhältnissen muss der zugrunde liegende Vermögenswert gegebenenfalls für eine Nutzung durch den Leasingnehmer speziell gebaut oder umgestaltet werden. In den Vertragsbedingungen kann vorgesehen sein, dass der Leasingnehmer Zahlungen für den Bau oder die Umgestaltung des Vermögenswerts leistet.

B44 Übernimmt der Leasingnehmer Kosten im Zusammenhang mit dem Bau oder der Gestaltung des zugrunde liegenden Vermögenswerts, so hat er diese nach anderen geltenden Standards, beispielsweise IAS 16, zu bilanzieren. Kosten im Zusammenhang mit dem Bau oder der Gestaltung eines zugrunde liegenden Vermögenswerts umfassen keine Zahlungen des Leasingnehmers in Bezug auf das Recht, den zugrunde liegenden Vermögenswert zu nutzen. Zahlungen in Bezug auf das Recht, einen zugrunde liegenden Vermögenswert zu nutzen, sind Leasingzahlungen, unabhängig vom Zeitpunkt, zu dem sie geleistet werden.

Eigentumsrecht am zugrunde liegenden Vermögenswert

B45 Es ist möglich, dass der Leasingnehmer das Eigentumsrecht an einem zugrunde liegenden Vermögenswert erhält, bevor das Eigentumsrecht an den Leasinggeber übergeht und der Vermögenswert an den Leasingnehmer vermietet wird. Der Erhalt des Eigentumsrechts ist nicht ausschlaggebend für die Art und Weise, wie die Transaktion zu bilanzieren ist.

B46 Besitzt (oder erlangt) der Leasingnehmer die Verfügungsgewalt über den zugrunde liegenden Vermögenswert, bevor dieser dem Leasinggeber übertragen wird, so handelt es sich um eine Sale-and-Leaseback-Transaktion, die nach den Paragraphen 98–103 zu bilanzieren ist.

Paragraph 20 specifies that, after the commencement date, a lessee reassesses the lease term upon the occurrence of a significant event or a significant change in circumstances that is within the control of the lessee and affects whether the lessee is reasonably certain to exercise an option not previously included in its determination of the lease term, or not to exercise an option previously included in its determination of the lease term. Examples of significant events or changes in circumstances include: B41

(a) significant leasehold improvements not anticipated at the commencement date that are expected to have significant economic benefit for the lessee when the option to extend or terminate the lease, or to purchase the underlying asset, becomes exercisable;
(b) a significant modification to, or customisation of, the underlying asset that was not anticipated at the commencement date;
(c) the inception of a sublease of the underlying asset for a period beyond the end of the previously determined lease term; and
(d) a business decision of the lessee that is directly relevant to exercising, or not exercising, an option (for example, a decision to extend the lease of a complementary asset, to dispose of an alternative asset or to dispose of a business unit within which the right-of-use asset is employed).

In-substance fixed lease payments (paragraphs 27 (a), 36 (c) and 70 (a))

Lease payments include any in-substance fixed lease payments. In-substance fixed lease payments are payments that may, in form, contain variability but that, in substance, are unavoidable. In-substance fixed lease payments exist, for example, if: B42

(a) payments are structured as variable lease payments, but there is no genuine variability in those payments. Those payments contain variable clauses that do not have real economic substance. Examples of those types of payments include:
    (i) payments that must be made only if an asset is proven to be capable of operating during the lease, or only if an event occurs that has no genuine possibility of not occurring; or
    (ii) payments that are initially structured as variable lease payments linked to the use of the underlying asset but for which the variability will be resolved at some point after the commencement date so that the payments become fixed for the remainder of the lease term. Those payments become in-substance fixed payments when the variability is resolved.
(b) there is more than one set of payments that a lessee could make, but only one of those sets of payments is realistic. In this case, an entity shall consider the realistic set of payments to be lease payments.
(c) there is more than one realistic set of payments that a lessee could make, but it must make at least one of those sets of payments. In this case, an entity shall consider the set of payments that aggregates to the lowest amount (on a discounted basis) to be lease payments.

Lessee involvement with the underlying asset before the commencement date

Costs of the lessee relating to the construction or design of the underlying asset

An entity may negotiate a lease before the underlying asset is available for use by the lessee. For some leases, the underlying asset may need to be constructed or redesigned for use by the lessee. Depending on the terms and conditions of the contract, a lessee may be required to make payments relating to the construction or design of the asset. B43

If a lessee incurs costs relating to the construction or design of an underlying asset, the lessee shall account for those costs applying other applicable Standards, such as IAS 16. Costs relating to the construction or design of an underlying asset do not include payments made by the lessee for the right to use the underlying asset. Payments for the right to use an underlying asset are payments for a lease, regardless of the timing of those payments. B44

Legal title to the underlying asset

A lessee may obtain legal title to an underlying asset before that legal title is transferred to the lessor and the asset is leased to the lessee. Obtaining legal title does not in itself determine how to account for the transaction. B45

If the lessee controls (or obtains control of) the underlying asset before that asset is transferred to the lessor, the transaction is a sale and leaseback transaction that is accounted for applying paragraphs 98—103. B46

B47 Erlangt der Leasingnehmer dagegen nicht die Verfügungsgewalt über den zugrunde liegenden Vermögenswert, bevor dieser dem Leasinggeber übertragen wird, so handelt es sich nicht um eine Sale-and-Leaseback-Transaktion. Dies kann beispielsweise der Fall sein, wenn ein Hersteller, ein Leasinggeber und ein Leasingnehmer ein Kaufgeschäft aushandeln, wobei der Leasinggeber vom Hersteller einen Vermögenswert erwirbt, der dann vom Leasingnehmer geleast wird. In diesem Fall erhält der Leasingnehmer möglicherweise das Eigentumsrecht an dem zugrunde liegenden Vermögenswert, bevor dieses an den Leasinggeber übergeht. Erhält der Leasingnehmer also das Eigentumsrecht an dem zugrunde liegenden Vermögenswert, die Verfügungsgewalt darüber aber erst, wenn das Eigentumsrecht an den Leasinggeber übergeht, so ist die Transaktion nicht als Sale-and-Leaseback-Transaktion sondern als Leasingverhältnis zu bilanzieren.

Angaben des Leasingnehmers (Paragraph 59)

B48 Um zu bestimmen, ob zur Erreichung des in Paragraph 51 für die Angabepflichten festgelegten Ziels zusätzliche Informationen zur Leasingaktivität erforderlich sind, prüft der Leasingnehmer,

(a) ob diese Informationen für die Abschlussadressaten relevant sind; der Leasingnehmer hat zusätzliche Informationen gemäß Paragraph 59 nur anzugeben, wenn diese Informationen für die Abschlussadressaten voraussichtlich relevant sind; dies ist wahrscheinlich der Fall, wenn diese Informationen die Adressaten in die Lage versetzen,
   - (i) zu verstehen, welche Flexibilitätsvorteile mit den Leasingverhältnissen verbunden sind; Leasingverhältnisse können Flexibilitätsvorteile bieten, wenn ein Leasingnehmer seine Risiken verringern kann, indem er beispielsweise eine Kündigungsoption ausübt oder das Leasingverhältnis mit günstigen Bedingungen verlängert,
   - (ii) die mit Leasingverhältnissen verbundenen Beschränkungen zu verstehen; mit Leasingverhältnissen können Beschränkungen verbunden sein, beispielsweise die Verpflichtung für den Leasingnehmer, bestimmte Finanzkennzahlen einzuhalten,
   - (iii) zu verstehen, in welchem Maße die Angaben von variablen Einflussgrößen abhängen; so können sich beispielsweise künftige variable Leasingzahlungen auf die Angaben auswirken,
   - (iv) zu verstehen, welche sonstigen Risiken mit Leasingverhältnissen verbunden sind,
   - (v) etwaige Abweichungen von branchenüblichen Praktiken zu verstehen; beispielsweise unübliche oder Sonderbestimmungen in der Leasingvereinbarung, die sich auf das Leasingportfolio des Leasingnehmers auswirken,

(b) ob diese Informationen bereits aus in der Bilanz oder im Anhang dargestellten Informationen hervorgehen; Informationen, die bereits an anderer Stelle in der Bilanz dargestellt sind, braucht der Leasingnehmer nicht erneut darzustellen.

B49 Zusätzliche Informationen zu variablen Leasingzahlungen, die unter gewissen Umständen zur Erreichung des in Paragraph 51 für die Angabepflichten festgelegten Ziels erforderlich sein können, sind beispielsweise Informationen, die es den Abschlussadressaten ermöglichen,

(a) zu verstehen, weshalb und in welchem Umfang der Leasingnehmer variable Leasingzahlungen verwendet,
(b) das Verhältnis zwischen variablen Leasingzahlungen und festen Zahlungen einzuschätzen,
(c) Kenntnis von den Einflussgrößen, die sich auf die variablen Leasingzahlungen auswirken, zu erlangen und einzuschätzen, in welcher Größenordnung diese Zahlungen variieren werden, wenn sich diese Einflussgrößen ändern, und
(d) sonstige operative und finanzielle Auswirkungen der variablen Leasingzahlungen einzuschätzen.

B50 Zusätzliche Informationen zu Verlängerungsoptionen und Kündigungsoptionen, die unter gewissen Umständen zur Erreichung des in Paragraph 51 für die Angabepflichten festgelegten Ziels erforderlich sein können, sind beispielsweise Informationen, die es den Abschlussadressaten ermöglichen,

(a) zu verstehen, weshalb und in welchem Umfang der Leasingnehmer Verlängerungsoptionen bzw. Kündigungsoptionen vorsieht,
(b) das Verhältnis zwischen *Leasingzahlungen für optionale Zeiträume* und Leasingzahlungen einzuschätzen,
(c) den Umfang der nicht in die Bewertung von Leasingverbindlichkeiten einbezogenen Optionen zu beurteilen und
(d) sonstige operative und finanzielle Auswirkungen dieser Optionen einzuschätzen.

B51 Zusätzliche Informationen zu Restwertgarantien, die unter gewissen Umständen zur Erreichung des in Paragraph 51 für die Angabepflichten festgelegten Ziels erforderlich sein können, sind beispielsweise Informationen, die es den Abschlussadressaten ermöglichen,

(a) zu verstehen, weshalb und in welchem Umfang der Leasingnehmer Restwertgarantien gibt,
(b) den Umfang des Restwertrisikos für den Leasingnehmer einzuschätzen,
(c) zu erfahren, für welche Art von zugrunde liegenden Vermögenswerten diese Garantien gegeben werden, und
(d) sonstige operative und finanzielle Auswirkungen dieser Garantien einzuschätzen.

B52 Zusätzliche Informationen zu Sale-and-Leaseback-Transaktionen, die unter gewissen Umständen zur Erreichung des in Paragraph 51 für die Angabepflichten festgelegten Ziels erforderlich sein können, sind beispielsweise Informationen, die es den Abschlussadressaten ermöglichen,

(a) zu verstehen, weshalb und in welchem Umfang der Leasingnehmer Sale-and-Leaseback-Transaktionen eingeht,
(b) zu erfahren, welche Bedingungen für einzelne Sale-and-Leaseback-Transaktionen gelten,

However, if the lessee does not obtain control of the underlying asset before the asset is transferred to the lessor, the transaction is not a sale and leaseback transaction. For example, this may be the case if a manufacturer, a lessor and a lessee negotiate a transaction for the purchase of an asset from the manufacturer by the lessor, which is in turn leased to the lessee. The lessee may obtain legal title to the underlying asset before legal title transfers to the lessor. In this case, if the lessee obtains legal title to the underlying asset but does not obtain control of the asset before it is transferred to the lessor, the transaction is not accounted for as a sale and leaseback transaction, but as a lease. **B47**

Lessee disclosures (paragraph 59)

In determining whether additional information about leasing activities is necessary to meet the disclosure objective in paragraph 51, a lessee shall consider: **B48**

(a) whether that information is relevant to users of financial statements. A lessee shall provide additional information specified in paragraph 59 only if that information is expected to be relevant to users of financial statements. In this context, this is likely to be the case if it helps those users to understand:
   (i) the flexibility provided by leases. Leases may provide flexibility if, for example, a lessee can reduce its exposure by exercising termination options or renewing leases with favourable terms and conditions.
   (ii) restrictions imposed by leases. Leases may impose restrictions, for example, by requiring the lessee to maintain particular financial ratios.
   (iii) sensitivity of reported information to key variables. Reported information may be sensitive to, for example, future variable lease payments.
   (iv) exposure to other risks arising from leases.
   (v) deviations from industry practice. Such deviations may include, for example, unusual or unique lease terms and conditions that affect a lessee's lease portfolio.

(b) whether that information is apparent from information either presented in the primary financial statements or disclosed in the notes. A lessee need not duplicate information that is already presented elsewhere in the financial statements.

Additional information relating to variable lease payments that, depending on the circumstances, may be needed to satisfy the disclosure objective in paragraph 51 could include information that helps users of financial statements to assess, for example: **B49**

(a) the lessee's reasons for using variable lease payments and the prevalence of those payments;
(b) the relative magnitude of variable lease payments to fixed payments;
(c) key variables upon which variable lease payments depend and how payments are expected to vary in response to changes in those key variables; and
(d) other operational and financial effects of variable lease payments.

Additional information relating to extension options or termination options that, depending on the circumstances, may be needed to satisfy the disclosure objective in paragraph 51 could include information that helps users of financial statements to assess, for example: **B50**

(a) the lessee's reasons for using extension options or termination options and the prevalence of those options;
(b) the relative magnitude of *optional lease payments* to lease payments;
(c) the prevalence of the exercise of options that were not included in the measurement of lease liabilities; and
(d) other operational and financial effects of those options.

Additional information relating to residual value guarantees that, depending on the circumstances, may be needed to satisfy the disclosure objective in paragraph 51 could include information that helps users of financial statements to assess, for example: **B51**

(a) the lessee's reasons for providing residual value guarantees and the prevalence of those guarantees;
(b) the magnitude of a lessee's exposure to residual value risk;
(c) the nature of underlying assets for which those guarantees are provided; and
(d) other operational and financial effects of those guarantees.

Additional information relating to sale and leaseback transactions that, depending on the circumstances, may be needed to satisfy the disclosure objective in paragraph 51 could include information that helps users of financial statements to assess, for example: **B52**

(a) the lessee's reasons for sale and leaseback transactions and the prevalence of those transactions;
(b) key terms and conditions of individual sale and leaseback transactions;

(c) die nicht in die Bewertung von Leasingverbindlichkeiten einbezogenen Zahlungen zu beurteilen und
(d) einzuschätzen, inwieweit sich die Sale-and-Leaseback-Transaktionen in der Berichtsperiode auf die Zahlungsströme auswirken.

Einstufung von Leasingverhältnissen beim Leasinggeber (Paragraphen 61–66)

B53 Grundlage für die Einstufung von Leasingverhältnissen beim Leasinggeber ist gemäß diesem Standard der Umfang, in welchem die mit dem Eigentum an einem zugrunde liegenden Vermögenswert verbundenen Risiken und Chancen übertragen werden. Zu den Risiken gehören Verlustmöglichkeiten aufgrund von ungenutzten Kapazitäten oder technischer Überholung und Renditeabweichungen aufgrund geänderter wirtschaftlicher Rahmenbedingungen. Chancen können Erwartungen hinsichtlich des gewinnbringenden Einsatzes im Geschäftsbetrieb während der wirtschaftlichen Nutzungsdauer des zugrunde liegenden Vermögenswerts und hinsichtlich eines Gewinns aus einem Wertzuwachs oder aus der Realisierung eines Restwerts sein.

B54 Eine Leasingvereinbarung kann Bestimmungen enthalten, nach denen die Leasingzahlungen angepasst werden, wenn zwischen dem Beginn des Leasingverhältnisses und dem Bereitstellungsdatum bestimmte Änderungen (wie eine Änderung der Kosten des Leasinggebers in Bezug auf den zugrunde liegenden Vermögenswert oder in Bezug auf die Finanzierung des Leasingverhältnisses) eintreten. In diesem Fall sind für die Zwecke der Einstufung des Leasingverhältnisses die Auswirkungen solcher Änderungen so zu behandeln, als hätten sie zu Beginn des Leasingverhältnisses stattgefunden.

B55 Umfasst ein Leasingverhältnis sowohl Grundstücks- als auch Gebäudekomponenten, stuft der Leasinggeber jede Komponente unter Anwendung der Paragraphen 62–66 und B53–B54 entweder als Finanzierungsleasingverhältnis oder als Operating-Leasingverhältnis ein. Bei der Einstufung der Grundstückskomponente als Operating-Leasingverhältnis oder als Finanzierungsleasingverhältnis muss unbedingt berücksichtigt werden, dass Grundstücke in der Regel eine unbegrenzte wirtschaftliche Nutzungsdauer haben.

B56 Wann immer es zur Einstufung und Bilanzierung eines Leasingverhältnisses bei Grundstücken und Gebäuden notwendig ist, teilt der Leasinggeber die Leasingzahlungen (einschließlich einmaliger Vorauszahlungen) nach dem Verhältnis der bei Beginn des Leasingverhältnisses bestehenden jeweiligen beizulegenden Zeitwerte der Leistungen für die Mietrechte für die Grundstückskomponente und die Gebäudekomponente des Leasingverhältnisses zwischen den Grundstücks- und Gebäudekomponenten auf. Sollten die Leasingzahlungen zwischen diesen beiden Komponenten nicht zweifelsfrei aufgeteilt werden können, wird das gesamte Leasingverhältnis als Finanzierungsleasingverhältnis eingestuft. Nur wenn beide Komponenten unzweifelhaft Operating-Leasingverhältnisse sind, wird das gesamte Leasingverhältnis als Operating-Leasingverhältnis eingestuft.

B57 Bei einem Leasing von Grundstücken und Gebäuden, bei dem der für die Grundstückskomponente anzusetzende Wert unwesentlich ist, kann der Leasinggeber die Grundstücke und Gebäude als eine Einheit betrachten und diese unter Anwendung der Paragraphen 62–66 und B53–B54 als Finanzierungsleasingverhältnis oder Operating-Leasingverhältnis einstufen. In diesem Fall betrachtet der Leasinggeber die wirtschaftliche Nutzungsdauer der Gebäude als wirtschaftliche Nutzungsdauer des gesamten zugrunde liegenden Vermögenswerts.

Einstufung von Unterleasingverhältnissen

B58 Der Unterleasinggeber stuft das Unterleasingverhältnis nach folgenden Kriterien entweder als Finanzierungsleasingverhältnis oder als Operating-Leasingverhältnis ein:
(a) Handelt es sich bei dem Hauptleasingverhältnis um ein kurzfristiges Leasingverhältnis, das das Unternehmen in seiner Eigenschaft als Leasingnehmer unter Anwendung von Paragraph 6 bilanziert, stuft er das Unterleasingverhältnis als Operating-Leasingverhältnis ein.
(b) Anderenfalls stuft er das Unterleasingverhältnis auf der Grundlage seines Nutzungsrechts aus dem Hauptleasingverhältnis und nicht auf der Grundlage des zugrunde liegenden Vermögenswerts (z. B. der geleasten Sachanlage) ein.

ANHANG C

Zeitpunkt des Inkrafttretens und Übergangsvorschriften

Dieser Anhang ist integraler Bestandteil des Standards und hat die gleiche bindende Kraft wie die anderen Teile des Standards.

Zeitpunkt des Inkrafttretens

C1 Dieser Standard ist auf Geschäftsjahre anzuwenden, die am oder nach dem 1. Januar 2019 beginnen. Eine frühere Anwendung ist zulässig, sofern das Unternehmen zum oder vor dem Zeitpunkt der erstmaligen Anwendung dieses Standards auch IFRS 15 *Erlöse aus Verträgen mit Kunden* anwendet. Wendet ein Unternehmen diesen Standard früher an, hat es dies anzugeben.

C1A Mit der im Mai 2020 veröffentlichten Verlautbarung *COVID-19-bezogene Mietkonzessionen* wurden die Paragraphen 46A, 46B, 60A, C20A und C20B eingefügt. Diese Änderungen sind von Leasingnehmern auf Geschäftsjahre anzuwenden, die

(c) payments not included in the measurement of lease liabilities; and
(d) the cash flow effect of sale and leaseback transactions in the reporting period.

Lessor lease classification (paragraphs 61—66)

The classification of leases for lessors in this Standard is based on the extent to which the lease transfers the risks and rewards incidental to ownership of an underlying asset. Risks include the possibilities of losses from idle capacity or technological obsolescence and of variations in return because of changing economic conditions. Rewards may be represented by the expectation of profitable operation over the underlying asset's economic life and of gain from appreciation in value or realisation of a residual value. B53

A lease contract may include terms and conditions to adjust the lease payments for particular changes that occur between the inception date and the commencement date (such as a change in the lessor's cost of the underlying asset or a change in the lessor's cost of financing the lease). In that case, for the purposes of classifying the lease, the effect of any such changes shall be deemed to have taken place at the inception date. B54

When a lease includes both land and buildings elements, a lessor shall assess the classification of each element as a finance lease or an operating lease separately applying paragraphs 62—66 and B53—B54. In determining whether the land element is an operating lease or a finance lease, an important consideration is that land normally has an indefinite economic life. B55

Whenever necessary in order to classify and account for a lease of land and buildings, a lessor shall allocate lease payments (including any lump-sum upfront payments) between the land and the buildings elements in proportion to the relative fair values of the leasehold interests in the land element and buildings element of the lease at the inception date. If the lease payments cannot be allocated reliably between these two elements, the entire lease is classified as a finance lease, unless it is clear that both elements are operating leases, in which case the entire lease is classified as an operating lease. B56

For a lease of land and buildings in which the amount for the land element is immaterial to the lease, a lessor may treat the land and buildings as a single unit for the purpose of lease classification and classify it as a finance lease or an operating lease applying paragraphs 62—66 and B53—B54. In such a case, a lessor shall regard the economic life of the buildings as the economic life of the entire underlying asset. B57

Sublease classification

In classifying a sublease, an intermediate lessor shall classify the sublease as a finance lease or an operating lease as follows: B58
(a) if the head lease is a short-term lease that the entity, as a lessee, has accounted for applying paragraph 6, the sublease shall be classified as an operating lease.
(b) otherwise, the sublease shall be classified by reference to the right-of-use asset arising from the head lease, rather than by reference to the underlying asset (for example, the item of property, plant or equipment that is the subject of the lease).

APPENDIX C

Effective date and transition

This appendix is an integral part of the Standard and has the same authority as the other parts of the Standard.

Effective date

An entity shall apply this Standard for annual reporting periods beginning on or after 1 January 2019. Earlier application is permitted for entities that apply IFRS 15 *Revenue from Contracts with Customers* at or before the date of initial application of this Standard. If an entity applies this Standard earlier, it shall disclose that fact. C1

Covid-19-Related Rent Concessions, issued in May 2020, added paragraphs 46A, 46B, 60A, C20A and C20B. A lessee shall apply that amendment for annual reporting periods beginning on or after 1 June 2020. Earlier application is permitted, including in financial statements not authorised for issue at 28 May 2020. C1A

am oder nach dem 1. Juni 2020 beginnen. Eine frühere Anwendung ist zulässig, und zwar auch für Abschlüsse, die am 28. Mai 2020 noch nicht zur Veröffentlichung freigegeben waren.

C1B Mit der im August 2020 veröffentlichten Verlautbarung *Reform der Referenzzinssätze – Phase 2* wurden die Standards IFRS 9, IAS 39, IFRS 7, IFRS 4 sowie IFRS 16 geändert und in IFRS 16 die Paragraphen 104–106 und C20C–C20D eingefügt. Diese Änderungen sind auf Geschäftsjahre anzuwenden, die am oder nach dem 1. Januar 2021 beginnen. Eine frühere Anwendung ist zulässig. Wendet ein Unternehmen diese Änderungen auf eine frühere Periode an, hat es dies anzugeben.

C1C Mit der im März 2021 veröffentlichten Verlautbarung *COVID-19-bezogene Mietkonzessionen nach dem 30. Juni 2021* wurden der Paragraph 46B geändert und die Paragraphen C20BA–C20BC eingefügt. Diese Änderungen sind von Leasingnehmern auf Geschäftsjahre anzuwenden, die am oder nach dem 1. April 2021 beginnen. Eine frühere Anwendung ist zulässig, und zwar auch für Abschlüsse, die am 31. März 2021 noch nicht zur Veröffentlichung freigegeben waren.

C1D Mit der im September 2022 veröffentlichten Verlautbarung *Leasingverbindlichkeit in einer Sale-and-Leaseback-Transaktion* wurden der Paragraph C2 geändert und die Paragraphen 102A und C20E eingefügt. Verkäufer/Leasingnehmer haben diese Änderungen auf Geschäftsjahre anzuwenden, die am oder nach dem 1. Januar 2024 beginnen. Eine frühere Anwendung ist zulässig. Wendet ein Verkäufer/Leasingnehmer diese Änderungen auf ein früheres Geschäftsjahr an, hat er dies anzugeben.

Übergangsvorschriften

C2 Für die Zwecke der Vorschriften der Paragraphen C1–C20E ist der Zeitpunkt der erstmaligen Anwendung der Beginn des Geschäftsjahres, in dem das Unternehmen diesen Standard erstmals anwendet.

Definition eines Leasingverhältnisses

C3 Behelfsweise muss das Unternehmen zum Zeitpunkt der erstmaligen Anwendung nicht erneut beurteilen, ob ein Vertrag ein Leasingverhältnis begründet oder beinhaltet. Stattdessen kann es

(a) diesen Standard auf Verträge anwenden, die zuvor unter Anwendung von IAS 17 *Leasingverhältnisse* und IFRIC 4 *Feststellung, ob eine Vereinbarung ein Leasingverhältnis enthält* als Leasingverhältnisse eingestuft wurden; auf diese Leasingverhältnisse wendet das Unternehmen die Übergangsvorschriften der Paragraphen C5–C18 an,

(b) diesen Standard auf Verträge, die zuvor unter Anwendung von IAS 17 und IFRIC 4 als Vereinbarungen ohne Leasingverhältnisse eingestuft wurden, nicht anwenden.

C4 Entscheidet sich das Unternehmen für den praktischen Behelf in Paragraph C3, hat es dies anzugeben und diesen Behelf für alle seine Verträge anzuwenden. Demnach wendet das Unternehmen die Vorschriften der Paragraphen 9–11 lediglich auf Verträge an, die zum oder nach dem Zeitpunkt der erstmaligen Anwendung geschlossen (oder geändert) werden.

Leasingnehmer

C5 Der Leasingnehmer wendet diesen Standard auf seine Leasingverhältnisse entweder

(a) rückwirkend auf jede vergangene Berichtsperiode an, in der nach IAS 8 *Rechnungslegungsmethoden, Änderungen von rechnungslegungsbezogenen Schätzungen und Fehler* verfahren wurde; oder

(b) rückwirkend an, indem er zum Zeitpunkt der erstmaligen Anwendung die kumulierte Auswirkung der erstmaligen Anwendung des Standards gemäß den Paragraphen C7–C13 bilanziert.

C6 Der Leasingnehmer wendet die gemäß Paragraph C5 gewählte Methode durchgängig für alle Leasingverhältnisse an, bei denen er Leasingnehmer ist.

C7 Entscheidet der Leasingnehmer, diesen Standard gemäß Paragraph C5 (b) anzuwenden, so nimmt er keine Anpassung von Vergleichsinformationen vor. Stattdessen bilanziert er zum Zeitpunkt der erstmaligen Anwendung die kumulierte Auswirkung der erstmaligen Anwendung des Standards als Anpassung des Eröffnungssaldos der Gewinnrücklagen (oder ggf. einer sonstigen Eigenkapitalkomponente).

Leasingverhältnisse, die zuvor als Operating-Leasingverhältnisse eingestuft waren

C8 Entscheidet der Leasingnehmer, diesen Standard gemäß Paragraph C5 (b) anzuwenden, so

(a) erfasst er für Leasingverhältnisse, die zuvor gemäß IAS 17 als Operating-Leasingverhältnisse eingestuft waren, zum Zeitpunkt der erstmaligen Anwendung eine Leasingverbindlichkeit, die er zum Barwert der verbleiben den Leasingzahlungen, abgezinst unter Anwendung seines Grenzfremdkapitalzinssatzes zum Zeitpunkt der erstmaligen Anwendung, bewertet,

(b) erfasst er für Leasingverhältnisse, die zuvor gemäß IAS 17 als Operating-Leasingverhältnisse eingestuft waren, zum Zeitpunkt der erstmaligen Anwendung ein Nutzungsrecht; er entscheidet für jedes Leasingverhältnis, ob er zur Bewertung des Nutzungsrechts entweder

Interest Rate Benchmark Reform—Phase 2, which amended IFRS 9, IAS 39, IFRS 7, IFRS 4 and IFRS 16, issued in August 2020, added paragraphs 104—106 and C20C—C20D. An entity shall apply these amendments for annual reporting periods beginning on or after 1 January 2021. Earlier application is permitted. If an entity applies these amendments for an earlier period, it shall disclose that fact. C1B

Covid-19-Related Rent Concessions beyond 30 June 2021, issued in March 2021, amended paragraph 46B and added paragraphs C20BA—C20BC. A lessee shall apply that amendment for annual reporting periods beginning on or after 1 April 2021. Earlier application is permitted, including in financial statements not authorised for issue at 31 March 2021. C1C

Lease Liability in a Sale and Leaseback, issued in September 2022, amended paragraph C2 and added paragraphs 102A and C20E. A seller-lessee shall apply these amendments for annual reporting periods beginning on or after 1 January 2024. Earlier application is permitted. If a seller-lessee applies these amendments for an earlier period, it shall disclose that fact. C1D

Transition

For the purposes of the requirements in paragraphs C1—C20E, the date of initial application is the beginning of the annual reporting period in which an entity first applies this Standard. C2

Definition of a lease

As a practical expedient, an entity is not required to reassess whether a contract is, or contains, a lease at the date of initial application. Instead, the entity is permitted: C3

(a) to apply this Standard to contracts that were previously identified as leases applying IAS 17 *Leases* and IFRIC 4 *Determining whether an Arrangement contains a Lease*. The entity shall apply the transition requirements in paragraphs C5—C18 to those leases.

(b) not to apply this Standard to contracts that were not previously identified as containing a lease applying IAS 17 and IFRIC 4.

If an entity chooses the practical expedient in paragraph C3, it shall disclose that fact and apply the practical expedient to all of its contracts. As a result, the entity shall apply the requirements in paragraphs 9—11 only to contracts entered into (or changed) on or after the date of initial application. C4

Lessees

A lessee shall apply this Standard to its leases either: C5

(a) retrospectively to each prior reporting period presented applying IAS 8 *Accounting Policies, Changes in Accounting Estimates and Errors*; or

(b) retrospectively with the cumulative effect of initially applying the Standard recognised at the date of initial application in accordance with paragraphs C7—C13.

A lessee shall apply the election described in paragraph C5 consistently to all of its leases in which it is a lessee. C6

If a lessee elects to apply this Standard in accordance with paragraph C5 (b), the lessee shall not restate comparative information. Instead, the lessee shall recognise the cumulative effect of initially applying this Standard as an adjustment to the opening balance of retained earnings (or other component of equity, as appropriate) at the date of initial application. C7

Leases previously classified as operating leases

If a lessee elects to apply this Standard in accordance with paragraph C5 (b), the lessee shall: C8

(a) recognise a lease liability at the date of initial application for leases previously classified as an operating lease applying IAS 17. The lessee shall measure that lease liability at the present value of the remaining lease payments, discounted using the lessee's incremental borrowing rate at the date of initial application.

(b) recognise a right-of-use asset at the date of initial application for leases previously classified as an operating lease applying IAS 17. The lessee shall choose, on a lease-by-lease basis, to measure that right-of-use asset at either:

(i) den Buchwert ansetzt, als ob der Standard bereits seit dem Bereitstellungsdatum angewendet worden wäre, und diesen unter Anwendung seines Grenzfremdkapitalzinssatzes zum Zeitpunkt der erstmaligen Anwendung abzinst oder
(ii) einen Wert in Höhe der Leasingverbindlichkeit ansetzt, den er um den Betrag der für dieses Leasingverhältnis im Voraus geleisteten oder abgegrenzten Leasingzahlungen anpasst, die in der dem Zeitpunkt der erstmaligen Anwendung unmittelbar vorausgehenden Bilanz ausgewiesen waren,

(c) wendet er, sofern er nicht den praktischen Behelf in Paragraph C10 (b) wählt, zum Zeitpunkt der erstmaligen Anwendung auf die Nutzungsrechte IAS 36 *Wertminderung von Vermögenswerten* an.

C9 Für Leasingverhältnisse, die zuvor gemäß IAS 17 als Operating-Leasingverhältnisse eingestuft waren, und ungeachtet der Vorschriften in Paragraph C8

(a) ist der Leasingnehmer bei Leasingverhältnissen, denen ein Vermögenswert von geringem Wert zugrunde liegt (siehe Beschreibung in den Paragraphen B3–B8) und die gemäß Paragraph 6 bilanziert werden, nicht verpflichtet, beim Übergang Anpassungen vorzunehmen; er bilanziert diese Leasingverhältnisse ab dem Zeitpunkt der erstmaligen Anwendung gemäß diesem Standard,

(b) ist der Leasingnehmer bei Leasingverhältnissen, die zuvor gemäß IAS 40 *Als Finanzinvestition gehaltene Immobilien* nach dem Modell des beizulegenden Zeitwerts als als Finanzinvestition gehaltene Immobilien bilanziert wurden, nicht verpflichtet, beim Übergang Anpassungen vorzunehmen; er bilanziert die Nutzungsrechte und die Leasingverbindlichkeiten aus diesen Leasingverhältnissen ab dem Zeitpunkt der erstmaligen Anwendung gemäß IAS 40 und diesem Standard,

(c) bewertet der Leasingnehmer bei Leasingverhältnissen, die zuvor gemäß IAS 17 als Operating-Leasingverhältnisse bilanziert wurden und ab dem Zeitpunkt der erstmaligen Anwendung gemäß IAS 40 nach dem Modell des beizulegenden Zeitwerts als als Finanzinvestition gehaltene Immobilien bilanziert werden sollen, die Nutzungsrechte zum Zeitpunkt der erstmaligen Anwendung nach dem beizulegenden Zeitwert; er bilanziert die Nutzungsrechte und die Leasingverbindlichkeiten aus diesen Leasingverhältnissen ab dem Zeitpunkt der erstmaligen Anwendung gemäß IAS 40 und diesem Standard.

C10 Wendet der Leasingnehmer diesen Standard gemäß Paragraph C5 (b) rückwirkend auf Leasingverhältnisse an, die zuvor gemäß IAS 17 als Operating-Leasingverhältnisse eingestuft waren, so kann er einen oder mehrere der folgenden praktischen Behelfe anwenden. Er kann diese praktischen Behelfe für jedes seiner Leasingverhältnisse einzeln anwenden.

(a) Der Leasingnehmer kann auf ein Portfolio ähnlich ausgestalteter Leasingverhältnisse (beispielsweise Leasingverhältnisse mit ähnlichen Vermögenswerten, mit ähnlicher Restlaufzeit und in einem ähnlichen Wirtschaftsumfeld) den gleichen Abzinsungssatz anwenden.

(b) Der Leasingnehmer kann auf einen Werthaltigkeitstest verzichten und stattdessen unmittelbar vor dem Zeitpunkt der erstmaligen Anwendung gemäß IAS 37 *Rückstellungen, Eventualverbindlichkeiten und Eventualforderungen* bewerten, ob es sich bei seinen Leasingverhältnissen um belastende Verträge handelt. Wählt er diesen praktischen Behelf, so passt er das Nutzungsrecht zum Zeitpunkt der erstmaligen Anwendung um den Betrag an, der in der dem Zeitpunkt der erstmaligen Anwendung unmittelbar vorausgehenden Bilanz als Rückstellung für belastende Leasingverhältnisse ausgewiesen war.

(c) Bei Leasingverhältnissen, deren Laufzeit innerhalb von 12 Monaten nach dem Zeitpunkt der erstmaligen Anwendung endet, kann der Leasingnehmer auf die Anwendung von Paragraph C8 verzichten. In diesen Fällen kann er
(i) diese Leasingverhältnisse so bilanzieren, als handele es sich um kurzfristige Leasingverhältnisse gemäß Paragraph 6, und
(ii) die mit diesen Leasingverhältnissen verbundenen Kosten in dem Geschäftsjahr, in das der Zeitpunkt der erstmaligen Anwendung fällt, in den Angaben als Aufwendungen für kurzfristige Leasingverhältnisse ausweisen.

(d) Bei der Bewertung des Nutzungsrechts zum Zeitpunkt der erstmaligen Anwendung kann der Leasingnehmer die anfänglichen direkten Kosten unberücksichtigt lassen.

(e) Sieht ein Vertrag Verlängerungs- oder Kündigungsoptionen vor, kann der Leasingnehmer die Laufzeit des Leasingverhältnisses rückwirkend bestimmen.

Leasingverhältnisse, die zuvor als Finanzierungsleasingverhältnisse eingestuft waren

C11 Wendet der Leasingnehmer diesen Standard gemäß Paragraph C5 (b) auf Leasingverhältnisse an, die zuvor gemäß IAS 17 als Finanzierungsleasingverhältnisse eingestuft waren, so entspricht der Buchwert des Nutzungsrechts und der Leasingverbindlichkeit zum Zeitpunkt der erstmaligen Anwendung demjenigen Buchwert, der sich bei Bewertung des geleasten Vermögenswerts und der Leasingverbindlichkeit gemäß IAS 17 unmittelbar vor diesem Zeitpunkt ergibt. Ab dem Zeitpunkt der erstmaligen Anwendung bilanziert der Leasingnehmer die Nutzungsrechte und die Leasingverbindlichkeiten dieser Leasingverhältnisse gemäß diesem Standard.

Angaben

C12 Wendet der Leasingnehmer diesen Standard gemäß Paragraph C5 (b) an, veröffentlicht er die in Paragraph 28 von IAS 8 verlangten Angaben über die erstmalige Anwendung mit Ausnahme der Angaben nach Paragraph 28 (f) von IAS 8. Anstelle der Angaben nach Paragraph 28 (f) von IAS 8 gibt der Leasingnehmer Folgendes an:

(a) den gewichteten Durchschnittswert des Grenzfremdkapitalzinssatzes, den er für die zum Zeitpunkt der erstmaligen Anwendung in der Bilanz ausgewiesenen Leasingverbindlichkeiten anwendet, und

(i) its carrying amount as if the Standard had been applied since the commencement date, but discounted using the lessee's incremental borrowing rate at the date of initial application; or
(ii) an amount equal to the lease liability, adjusted by the amount of any prepaid or accrued lease payments relating to that lease recognised in the statement of financial position immediately before the date of initial application.
(c) apply IAS 36 *Impairment of Assets* to right-of-use assets at the date of initial application, unless the lessee applies the practical expedient in paragraph C10 (b).

Notwithstanding the requirements in paragraph C8, for leases previously classified as operating leases applying IAS 17, a lessee: **C9**
(a) is not required to make any adjustments on transition for leases for which the underlying asset is of low value (as described in paragraphs B3—B8) that will be accounted for applying paragraph 6. The lessee shall account for those leases applying this Standard from the date of initial application.
(b) is not required to make any adjustments on transition for leases previously accounted for as investment property using the fair value model in IAS 40 *Investment Property*. The lessee shall account for the right-of-use asset and the lease liability arising from those leases applying IAS 40 and this Standard from the date of initial application.
(c) shall measure the right-of-use asset at fair value at the date of initial application for leases previously accounted for as operating leases applying IAS 17 and that will be accounted for as investment property using the fair value model in IAS 40 from the date of initial application. The lessee shall account for the right-of-use asset and the lease liability arising from those leases applying IAS 40 and this Standard from the date of initial application.

A lessee may use one or more of the following practical expedients when applying this Standard retrospectively in accordance with paragraph C5 (b) to leases previously classified as operating leases applying IAS 17. A lessee is permitted to apply these practical expedients on a lease-by-lease basis: **C10**
(a) a lessee may apply a single discount rate to a portfolio of leases with reasonably similar characteristics (such as leases with a similar remaining lease term for a similar class of underlying asset in a similar economic environment).
(b) a lessee may rely on its assessment of whether leases are onerous applying IAS 37 *Provisions, Contingent Liabilities and Contingent Assets* immediately before the date of initial application as an alternative to performing an impairment review. If a lessee chooses this practical expedient, the lessee shall adjust the right- of-use asset at the date of initial application by the amount of any provision for onerous leases recognised in the statement of financial position immediately before the date of initial application.
(c) a lessee may elect not to apply the requirements in paragraph C8 to leases for which the lease term ends within 12 months of the date of initial application. In this case, a lessee shall:
(i) account for those leases in the same way as short-term leases as described in paragraph 6; and
(ii) include the cost associated with those leases within the disclosure of short-term lease expense in the annual reporting period that includes the date of initial application.
(d) a lessee may exclude initial direct costs from the measurement of the right-of-use asset at the date of initial application.
(e) a lessee may use hindsight, such as in determining the lease term if the contract contains options to extend or terminate the lease.

Leases previously classified as finance leases

If a lessee elects to apply this Standard in accordance with paragraph C5 (b), for leases that were classified as finance leases applying IAS 17, the carrying amount of the right-of-use asset and the lease liability at the date of initial application shall be the carrying amount of the lease asset and lease liability immediately before that date measured applying IAS 17. For those leases, a lessee shall account for the right-of-use asset and the lease liability applying this Standard from the date of initial application. **C11**

Disclosure

If a lessee elects to apply this Standard in accordance with paragraph C 5 (b), the lessee shall disclose information about initial application required by paragraph 28 of IAS 8, except for the information specified in paragraph 28 (f) of IAS 8. Instead of the information specified in paragraph 28 (f) of IAS 8, the lessee shall disclose: **C12**
(a) the weighted average lessee's incremental borrowing rate applied to lease liabilities recognised in the statement of financial position at the date of initial application; and

(b) eine Erläuterung eines etwaigen Unterschiedsbetrags zwischen
   (i) den Verbindlichkeiten aus Operating-Leasingverhältnissen, die zum Ende des dem Zeitpunkt der erstmaligen Anwendung unmittelbar vorausgehenden Geschäftsjahres gemäß IAS 17 ausgewiesen wurden und die anhand des Grenzfremdkapitalzinssatzes zum Zeitpunkt der erstmaligen Anwendung wie in Paragraph C8 (a) beschrieben abgezinst wurden, und
   (ii) den zum Zeitpunkt der erstmaligen Anwendung in der Bilanz ausgewiesenen Leasingverbindlichkeiten.

C13 Wendet der Leasingnehmer einen oder mehrere der in Paragraph C10 aufgeführten praktischen Behelfe an, hat er dies anzugeben.

Leasinggeber

C14 Außer in den in Paragraph C15 beschriebenen Fällen ist der Leasinggeber in Bezug auf Leasingverhältnisse, bei denen er der Leasinggeber ist, nicht verpflichtet, beim Übergang Anpassungen vorzunehmen. Er bilanziert diese Leasingverhältnisse ab dem Zeitpunkt der erstmaligen Anwendung gemäß diesem Standard.

C15 Der Unterleasinggeber
(a) bewertet Unterleasingverhältnisse, die gemäß IAS 17 als Operating-Leasingverhältnisse eingestuft waren und zum Zeitpunkt der erstmaligen Anwendung noch bestehen, jeweils neu, um festzustellen, ob sie unter Anwendung dieses Standards als Operating-Leasingverhältnisse oder als Finanzierungsleasingverhältnisse einzustufen sind; er nimmt diese Bewertung zum Zeitpunkt der erstmaligen Anwendung auf der Grundlage der zu diesem Zeitpunkt gültigen Restlaufzeit und Bedingungen des Hauptleasingverhältnisses und des Unterleasingverhältnisses vor,
(b) bilanziert Unterleasingverhältnisse, die gemäß IAS 17 als Operating-Leasingverhältnisse eingestuft waren, gemäß diesem Standard aber als Finanzierungsleasingverhältnisse einzustufen sind, wie zum Zeitpunkt der erstmaligen Anwendung neu eingegangene Finanzierungsleasingverhältnisse.

Vor dem Zeitpunkt der erstmaligen Anwendung geschlossene Sale-and-Leaseback-Transaktionen

C16 Bei vor dem Zeitpunkt der erstmaligen Anwendung geschlossenen Sale-and-Leaseback-Transaktionen bewertet das Unternehmen nicht neu, ob die Übertragung des zugrunde liegenden Vermögenswerts die Vorschriften von IFRS 15 für eine Bilanzierung als Veräußerung erfüllt.

C17 Wurde eine Sale-and-Leaseback-Transaktion gemäß IAS 17 als Veräußerung und Finanzierungsleasingsverhältnis bilanziert,
(a) bilanziert der Verkäufer/Leasingnehmer das Rückleasing wie jedes andere zum Zeitpunkt der erstmaligen Anwendung bestehende Finanzierungsleasingverhältnis und
(b) schreibt jeglichen Ertrag aus der Veräußerung weiterhin über die Laufzeit des Leasingverhältnisses ab.

C18 Wurde eine Sale-and-Leaseback-Transaktion gemäß IAS 17 als Veräußerung und Operating-Leasingverhältnis bilanziert,
(a) bilanziert der Verkäufer/Leasingnehmer das Rückleasing wie jedes andere zum Zeitpunkt der erstmaligen Anwendung bestehende Operating-Leasingverhältnis und
(b) passt das Nutzungsrecht aus dem Rückleasing um etwaige marktunübliche abgegrenzte Gewinne oder Verluste, die in der dem Zeitpunkt der erstmaligen Anwendung unmittelbar vorausgehenden Bilanz ausgewiesen waren, an.

Zuvor für Unternehmenszusammenschlüsse erfasste Beträge

C19 Hat der Leasingnehmer im Rahmen eines Unternehmenszusammenschlusses günstige oder ungünstige Bedingungen eines Operating-Leasingverhältnisses übernommen und für diese zuvor einen Vermögenswert oder eine Verbindlichkeit gemäß IFRS 3 *Unternehmenszusammenschlüsse* erfasst, hat er diesen Vermögenswert oder diese Verbindlichkeit auszubuchen und den Buchwert des Nutzungsrechts zum Zeitpunkt der erstmaligen Anwendung um den entsprechenden Betrag anzupassen.

Verweise auf IFRS 9

C20 Wendet das Unternehmen diesen Standard an, bevor es IFRS 9 *Finanzinstrumente* anwendet, ist jeder Verweis auf IFRS 9 in diesem Standard als Verweis auf IAS 39 *Finanzinstrumente: Ansatz und Bewertung* zu verstehen.

COVID-19-bezogene Mietkonzessionen für Leasingnehmer

C20A Der Leasingnehmer hat die Verlautbarung *COVID-19-bezogene Mietkonzessionen* (siehe Paragraph C1A) rückwirkend anzuwenden und die kumulierten Auswirkungen der erstmaligen Anwendung dieser Änderung zu Beginn des Geschäftsjahres, in dem er die Änderung erstmals anwendet, als Anpassung des Eröffnungssaldos der Gewinnrücklagen (oder ggf. einer sonstigen Eigenkapitalkomponente) zu erfassen.

C20B Für die Berichtsperiode, in der der Leasingnehmer die Verlautbarung *COVID-19-bezogene Mietkonzessionen* erstmals anwendet, ist er nicht verpflichtet, die in Paragraph 28 (f) von IAS 8 verlangten Angaben zu machen.

(b) an explanation of any difference between:
   (i) operating lease commitments disclosed applying IAS 17 at the end of the annual reporting period immediately preceding the date of initial application, discounted using the incremental borrowing rate at the date of initial application as described in paragraph C8 (a); and
   (ii) lease liabilities recognised in the statement of financial position at the date of initial application.

If a lessee uses one or more of the specified practical expedients in paragraph C10, it shall disclose that fact. C13

Lessors

Except as described in paragraph C15, a lessor is not required to make any adjustments on transition for leases in which it is a lessor and shall account for those leases applying this Standard from the date of initial application. C14

An intermediate lessor shall: C15

(a) reassess subleases that were classified as operating leases applying IAS 17 and are ongoing at the date of initial application, to determine whether each sublease should be classified as an operating lease or a finance lease applying this Standard. The intermediate lessor shall perform this assessment at the date of initial application on the basis of the remaining contractual terms and conditions of the head lease and sublease at that date.
(b) for subleases that were classified as operating leases applying IAS 17 but finance leases applying this Standard, account for the sublease as a new finance lease entered into at the date of initial application.

Sale and leaseback transactions before the date of initial application

An entity shall not reassess sale and leaseback transactions entered into before the date of initial application to determine whether the transfer of the underlying asset satisfies the requirements in IFRS 15 to be accounted for as a sale. C16

If a sale and leaseback transaction was accounted for as a sale and a finance lease applying IAS 17, the seller-lessee shall: C17

(a) account for the leaseback in the same way as it accounts for any other finance lease that exists at the date of initial application; and
(b) continue to amortise any gain on sale over the lease term.

If a sale and leaseback transaction was accounted for as a sale and operating lease applying IAS 17, the seller-lessee shall: C18

(a) account for the leaseback in the same way as it accounts for any other operating lease that exists at the date of initial application; and
(b) adjust the leaseback right-of-use asset for any deferred gains or losses that relate to off-market terms recognised in the statement of financial position immediately before the date of initial application.

Amounts previously recognised in respect of business combinations

If a lessee previously recognised an asset or a liability applying IFRS 3 *Business Combinations* relating to favourable or unfavourable terms of an operating lease acquired as part of a business combination, the lessee shall derecognise that asset or liability and adjust the carrying amount of the right-of-use asset by a corresponding amount at the date of initial application. C19

References to IFRS 9

If an entity applies this Standard but does not yet apply IFRS 9 *Financial Instruments*, any reference in this Standard to IFRS 9 shall be read as a reference to IAS 39 *Financial Instruments: Recognition and Measurement*. C20

Covid-19-related rent concessions for lessees

A lessee shall apply *Covid-19-Related Rent Concessions* (see paragraph C1A) retrospectively, recognising the cumulative effect of initially applying that amendment as an adjustment to the opening balance of retained earnings (or other component of equity, as appropriate) at the beginning of the annual reporting period in which the lessee first applies the amendment. C20A

In the reporting period in which a lessee first applies *Covid-19-Related Rent Concessions*, a lessee is not required to disclose the information required by paragraph 28 (f) of IAS 8. C20B

C20BA Der Leasingnehmer hat die Verlautbarung *COVID-19-bezogene Mietkonzessionen nach dem 30. Juni 2021* (siehe Paragraph C1C) rückwirkend anzuwenden und die kumulierten Auswirkungen der erstmaligen Anwendung dieser Änderung zu Beginn des Geschäftsjahres, in dem er die Änderung erstmals anwendet, als Anpassung des Eröffnungssaldos der Gewinnrücklagen (oder ggf. einer sonstigen Eigenkapitalkomponente) zu erfassen.

C20BB Für die Berichtsperiode, in der der Leasingnehmer die Verlautbarung *COVID-19-bezogene Mietkonzessionen nach dem 30. Juni 2021* erstmals anwendet, ist er nicht verpflichtet, die in Paragraph 28 (f) von IAS 8 verlangten Angaben zu machen.

C20BC Nach Paragraph 2 dieses Standards hat der Leasingnehmer den praktischen Behelf in Paragraph 46A auf ähnlich ausgestaltete Verträge und unter ähnlichen Umständen konsistent anzuwenden, unabhängig davon, ob der Vertrag deshalb für den praktischen Behelf in Frage kam, weil der Leasingnehmer die Verlautbarung *COVID-19-bezogene Mietkonzessionen* (siehe Paragraph C1A) oder die Verlautbarung *COVID-19-bezogene Mietkonzessionen nach dem 30. Juni 2021* (siehe Paragraph C1C) angewandt hat.

Reform der Referenzzinssätze – Phase 2

C20C Soweit in Paragraph C20D nicht anders festgelegt, sind diese Änderungen gemäß IAS 8 rückwirkend anzuwenden.

C20D Das Unternehmen braucht frühere Perioden nicht an diese Änderungen anzupassen. Es darf frühere Perioden nur anpassen, wenn es dabei keine nachträglichen Erkenntnisse verwendet. Passt das Unternehmen frühere Perioden nicht an, hat es etwaige Differenzen zwischen dem bisherigen Buchwert und dem Buchwert zu Beginn des Geschäftsjahres, in das der Zeitpunkt der erstmaligen Anwendung der Änderungen fällt, im Eröffnungssaldo der Gewinnrücklagen (oder ggf. einer sonstigen Eigenkapitalkomponente) des Geschäftsjahres zu erfassen, in das der Zeitpunkt der erstmaligen Anwendung dieser Änderungen fällt.

Leasingverbindlichkeit in einer Sale-and-Leaseback-Transaktion

C20E Ein Verkäufer/Leasingnehmer hat die Verlautbarung *Leasing-Verbindlichkeit in einer Sale-and-Leaseback-Transaktion* (siehe Paragraph C1D) gemäß IAS 8 rückwirkend auf nach dem Zeitpunkt der erstmaligen Anwendung geschlossene Sale-and-Leaseback-Transaktionen anzuwenden.

Rücknahme anderer Standards

C21 Dieser Standard ersetzt die folgenden Standards und Interpretationen:

(a) IAS 17 *Leasingverhältnisse*,

(b) IFRIC 4 *Feststellung, ob eine Vereinbarung ein Leasingverhältnis enthält*,

(c) SIC-15 *Operating-Leasingverhältnisse – Anreize* und

(d) SIC-27 *Beurteilung des wirtschaftlichen Gehalts von Transaktionen in der rechtlichen Form von Leasingverhältnissen.*

ANHANG D

Änderungen anderer Standards

In diesem Anhang sind die Änderungen zusammengefasst, die infolge dieses vom IASB veröffentlichten Standards an anderen Standards erforderlich werden. Diese Änderungen sind auf Geschäftsjahre anzuwenden, die am oder nach dem 1. Januar 2019 beginnen. Wendet ein Unternehmen diesen Standard auf eine frühere Periode an, so hat es auf diese Periode auch diese Änderungen anzuwenden.

Das Unternehmen darf IFRS 16 nicht früher anwenden als IFRS 15 Erlöse aus Verträgen mit Kunden *(siehe Paragraph C1).*

Aus diesem Grund werden die Änderungen in Bezug auf Standards, die am 1. Januar 2016 bereits in Kraft waren, in diesem Anhang auf der Grundlage der am 1. Januar 2016 gültigen Fassungen dieser Standards, d. h. auf der Grundlage der durch den IFRS 15 geänderten Fassungen dargestellt. Änderungen, die am 1. Januar 2016 noch nicht in Kraft waren, wurden bei der Zusammenstellung in diesem Anhang außer Acht gelassen.

In Bezug auf Standards, die am 1. Januar 2016 noch nicht in Kraft waren, basieren die in diesem Anhang enthaltenen Änderungen auf der – durch den IFRS 15 geänderten – ursprünglich veröffentlichten Fassung dieser Standards. Änderungen, die am 1. Januar 2016 noch nicht in Kraft waren, wurden bei der Zusammenstellung in diesem Anhang außer Acht gelassen.

A lessee shall apply *Covid-19-Related Rent Concessions beyond 30 June 2021* (see paragraph C1C) retrospectively, recognising the cumulative effect of initially applying that amendment as an adjustment to the opening balance of retained earnings (or other component of equity, as appropriate) at the beginning of the annual reporting period in which the lessee first applies the amendment. **C20BA**

In the reporting period in which a lessee first applies *Covid-19-Related Rent Concessions beyond 30 June 2021*, a lessee is not required to disclose the information required by paragraph 28 (f) of IAS 8. **C20BB**

Applying paragraph 2 of this Standard, a lessee shall apply the practical expedient in paragraph 46A consistently to eligible contracts with similar characteristics and in similar circumstances, irrespective of whether the contract became eligible for the practical expedient as a result of the lessee applying *Covid-19-Related Rent Concessions* (see paragraph C1A) or *Covid-19-Related Rent Concessions beyond 30 June 2021* (see paragraph C1C). **C20BC**

Interest Rate Benchmark Reform—Phase 2

An entity shall apply these amendments retrospectively in accordance with IAS 8, except as specified in paragraph C20D. **C20C**

An entity is not required to restate prior periods to reflect the application of these amendments. The entity may restate prior periods if, and only if, it is possible without the use of hindsight. If an entity does not restate prior periods, the entity shall recognise any difference between the previous carrying amount and the carrying amount at the beginning of the annual reporting period that includes the date of initial application of these amendments in the opening retained earnings (or other component of equity, as appropriate) of the annual reporting period that includes the date of initial application of these amendments. **C20D**

Lease liability in a sale and leaseback

A seller-lessee shall apply *Lease Liability in a Sale and Leaseback* (see paragraph C1D) retrospectively in accordance with IAS 8 to sale and leaseback transactions entered into after the date of initial application. **C20E**

Withdrawal of Other Standards

This Standard supersedes the following Standards and Interpretations: **C21**

(a) IAS 17 *Leases*;
(b) IFRIC 4 *Determining whether an Arrangement contains a Lease*;
(c) SIC-15 *Operating Leases—Incentives*; and
(d) SIC-27 *Evaluating the Substance of Transactions Involving the Legal Form of a Lease*.

APPENDIX D

Amendments to other Standards

This appendix sets out the amendments to other Standards that are a consequence of the IASB issuing this Standard. An entity shall apply the amendments for annual periods beginning on or after 1 January 2019. If an entity applies this Standard for an earlier period, it shall also apply these amendments for that earlier period.

An entity is not permitted to apply IFRS 16 before applying IFRS 15 Revenue from Contracts *with* Customers *(see paragraph C1).*

Consequently, for Standards that were effective on 1 January 2016, the amendments in this appendix are presented based on the text of those Standards that was effective on 1 January 2016, as amended by IFRS 15. The text of those Standards in this appendix does not include any other amendments that were not effective at 1 January 2016.

For Standards that were not effective on 1 January 2016, the amendments in this appendix are presented based on the text of the initial publication of that Standard, as amended by IFRS 15. The text of those Standards in this appendix does not include any other amendments that were not effective at 1 January 2016.

INTERNATIONAL FINANCIAL REPORTING STANDARD 17
Versicherungsverträge

INHALT

ZIELSETZUNG

1 **IFRS 17 *Versicherungsverträge* regelt die Grundsätze für den Ansatz, die Bewertung, den Ausweis sowie die Angaben für *Versicherungsverträge,* die in den Anwendungsbereich dieses Standards fallen. Die Zielsetzung von IFRS 17 besteht darin sicherzustellen, dass ein Unternehmen relevante Informationen zur wahrheitsgetreuen Darstellung dieser Versicherungsverträge bereitstellt. Diese Informationen bieten den Abschlussadressaten eine Grundlage, um die Auswirkungen von Versicherungsverträgen auf die Vermögens-, Finanz- und Ertragslage sowie die Zahlungsströme eines Unternehmens beurteilen zu können.**

2 Ein Unternehmen hat bei der Anwendung von IFRS 17 seine wesentlichen Rechte und Pflichten zu berücksichtigen, unabhängig davon, ob diese in einem Vertrag, in Gesetzen oder in Vorschriften begründet sind. Ein Vertrag ist eine Vereinbarung zwischen zwei oder mehr Parteien, die durchsetzbare Rechte und Pflichten begründet. Die Durchsetzbarkeit vertraglicher Rechte und Pflichten ist eine Rechtsfrage. Verträge können schriftlich oder mündlich geschlossen werden oder sich aus den Geschäftsgepflogenheiten eines Unternehmens ergeben. Die Vertragsbedingungen umfassen alle expliziten wie impliziten

INTERNATIONAL FINANCIAL REPORTING STANDARD 17
Insurance Contracts

OBJECTIVE

IFRS 17 *Insurance Contracts* establishes principles for the recognition, measurement, presentation and disclosure of *insurance contracts* within the scope of the Standard. The objective of IFRS 17 is to ensure that an entity provides relevant information that faithfully represents those contracts. This information gives a basis for users of financial statements to assess the effect that insurance contracts have on the entity's financial position, financial performance and cash flows. 1

An entity shall consider its substantive rights and obligations, whether they arise from a contract, law or regulation, when applying IFRS 17. A contract is an agreement between two or more parties that creates enforceable rights and obligations. Enforceability of the rights and obligations in a contract is a matter of law. Contracts can be written, oral or implied by an entity's customary business practices. Contractual terms include all terms in a contract, explicit or implied, but an entity shall disregard terms that have no commercial substance (i.e. no discernible effect on the economics of the contract). 2

Bedingungen eines Vertrags. Bedingungen ohne wirtschaftliche Substanz (d. h. ohne wahrnehmbare Auswirkung auf den wirtschaftlichen Inhalt des Vertrags) sind vom Unternehmen jedoch unberücksichtigt zu lassen. Implizite Bedingungen eines Vertrags umfassen alle per Gesetz oder Vorschriften auferlegten Bedingungen. Gepflogenheiten und Verfahren für den Abschluss von Verträgen mit Kunden sind von Rechtsraum zu Rechtsraum, Branche zu Branche und Unternehmen zu Unternehmen unterschiedlich. Selbst innerhalb eines Unternehmens können sie variieren (und beispielsweise von der Kundenkategorie oder der Art der zugesagten Güter oder Dienstleistungen abhängen).

ANWENDUNGSBEREICH

3 IFRS 17 ist von einem Unternehmen anzuwenden auf
(a) von ihm ausgestellte Versicherungsverträge, einschließlich Rückversicherungsverträgen,
(b) gehaltene Rückversicherungsverträge und
(c) von ihm ausgestellte *Kapitalanlageverträge mit ermessensabhängiger Überschussbeteiligung*, vorausgesetzt, das Unternehmen stellt auch Versicherungsverträge aus.

4 Alle Verweise in IFRS 17 auf Versicherungsverträge gelten auch für
(a) gehaltene Rückversicherungsverträge, mit Ausnahme von
  (i) Verweisen auf ausgestellte Versicherungsverträge und
  (ii) wie in den Paragraphen 60–70A beschrieben.
(b) Kapitalanlageverträge mit ermessensabhängiger Überschussbeteiligung gemäß Paragraph 3 (c), ausgenommen Verweise auf Versicherungsverträge in Paragraph 3 (c) und wie in Paragraph 71 beschrieben.

5 Alle Verweise auf ausgestellte Versicherungsverträge in IFRS 17 gelten auch für Versicherungsverträge, die von dem Unternehmen im Rahmen einer Übertragung von Versicherungsverträgen oder im Rahmen eines Unternehmenszusammenschlusses erworben wurden, mit Ausnahme der gehaltenen Rückversicherungsverträge.

6 In Anhang A wird der Begriff „Versicherungsvertrag" definiert, und die Paragraphen B2–B30 des Anhangs B enthalten Leitlinien zur Definition eines Versicherungsvertrags.

7 IFRS 17 ist von einem Unternehmen nicht anzuwenden auf
(a) Garantien, die ein Hersteller, Groß- oder Einzelhändler einem Kunden in Verbindung mit dem Verkauf seiner Waren oder Dienstleistungen gewährt (siehe IFRS 15 *Erlöse aus Verträgen mit Kunden*);
(b) Vermögenswerte und Verbindlichkeiten von Arbeitgebern aus Versorgungsplänen für Arbeitnehmer (siehe IAS 19 *Leistungen an Arbeitnehmer* und IFRS 2 *Anteilsbasierte Vergütung*) und Verpflichtungen aus der Versorgungszusage, die unter leistungsorientierten Altersversorgungsplänen ausgewiesen werden (siehe IAS 26 *Bilanzierung und Berichterstattung von Altersversorgungsplänen*);
(c) vertragliche Anrechte oder vertragliche Verpflichtungen, die von der künftigen Nutzung oder vom künftigen Recht auf Nutzung eines nichtfinanziellen Postens abhängen (z. B. bestimmte Lizenzgebühren, Nutzungsentgelte, variable und andere bedingte Leasingzahlungen und ähnliche Posten: vgl. IFRS 15, IAS 38 *Immaterielle Vermögenswerte* und IFRS 16 *Leasingverhältnisse*);
(d) vom Hersteller, Groß- oder Einzelhändler gewährte Restwertgarantien und Restwertgarantien eines Leasingnehmers, wenn sie Teil eines Leasingverhältnisses sind (siehe IFRS 15 und IFRS 16);
(e) finanzielle Garantien, es sei denn, der Garantiegeber hat zuvor ausdrücklich erklärt, dass er solche Verträge als Versicherungsverträge betrachtet und die auf Versicherungsverträge anwendbaren Rechnungslegungsmethoden angewandt hat. Der Garantiegeber muss wählen, ob er auf derartige finanzielle Garantien entweder IFRS 17 oder IAS 32 *Finanzinstrumente: Darstellung*, IFRS 7 *Finanzinstrumente: Angaben* und IFRS 9 *Finanzinstrumente* anwendet. Der Garantiegeber kann das Wahlrecht für jeden Vertrag einzeln ausüben, aber das für den jeweiligen Vertrag ausgeübte Wahlrecht ist unwiderruflich;
(f) im Rahmen eines Unternehmenszusammenschlusses zu zahlende oder ausstehende bedingte Gegenleistungen (siehe IFRS 3 *Unternehmenszusammenschlüsse*);
(g) Versicherungsverträge, bei denen das Unternehmen der *Versicherungsnehmer* ist, es sei denn, es handelt sich dabei um gehaltene Rückversicherungsverträge (vgl. Paragraph 3 (b));
(h) Kreditkartenverträge oder ähnliche Verträge, die Kredit- oder Zahlungsvereinbarungen enthalten, die die Definition eines Versicherungsvertrags erfüllen. Dies gilt jedoch nur dann, falls das Unternehmen bei Bepreisung des Vertrags mit einem bestimmten Kunden keine Bewertung des mit diesem individuellen Kunden verbundenen *Versicherungsrisikos* vornimmt (siehe IFRS 9 und andere geltende IFRS). Wenn ein Unternehmen allerdings nach IFRS 9 eine in einem solchen Vertrag enthaltene Versicherungsdeckungskomponente abtrennen muss (siehe Paragraph 2.1 (e) (iv) von IFRS 9), muss es auf diese Komponente IFRS 17 anwenden.

8 Manche Verträge erfüllen die Definition eines Versicherungsvertrags, doch ihr primärer Zweck besteht in der Erbringung von Dienstleistungen gegen ein festes Entgelt. Ein Unternehmen hat das Wahlrecht, auf solche von ihm selbst ausgestellten Verträge IFRS 15 anstelle von IFRS 17 anzuwenden, vorausgesetzt, dass bestimmte Voraussetzungen erfüllt sind. Das Unternehmen kann diese Wahl für jeden Vertrag einzeln treffen, aber die für den jeweiligen Vertrag getroffene Wahl ist unwiderruflich. Diese Voraussetzungen bestehen darin, dass
(a) das Unternehmen dem mit einem einzelnen Kunden verbundenen Risiko bei der Bepreisung des Vertrags mit diesem Kunden nicht Rechnung trägt,

Implied terms in a contract include those imposed by law or regulation. The practices and processes for establishing contracts with customers vary across legal jurisdictions, industries and entities. In addition, they may vary within an entity (for example, they may depend on the class of customer or the nature of the promised goods or services).

SCOPE

An entity shall apply IFRS 17 to: 3

(a) insurance contracts, including *reinsurance contracts*, it issues;
(b) reinsurance contracts it holds; and
(c) *investment contracts with discretionary participation features* it issues, provided the entity also issues insurance contracts.

All references in IFRS 17 to insurance contracts also apply to: 4

(a) reinsurance contracts held, except:
    (i) for references to insurance contracts issued; and
    (ii) as described in paragraphs 60—70A.
(b) investment contracts with discretionary participation features as set out in paragraph 3 (c), except for the reference to insurance contracts in paragraph 3 (c) and as described in paragraph 71.

All references in IFRS 17 to insurance contracts issued also apply to insurance contracts acquired by the entity in a transfer of insurance contracts or a business combination other than reinsurance contracts held. 5

Appendix A defines an insurance contract and paragraphs B2—B30 of Appendix B provide guidance on the definition of an insurance contract. 6

An entity shall not apply IFRS 17 to: 7

(a) warranties provided by a manufacturer, dealer or retailer in connection with the sale of its goods or services to a customer (see IFRS 15 *Revenue from Contracts with Customers*);
(b) employers' assets and liabilities from employee benefit plans (see IAS 19 *Employee Benefits* and IFRS 2 *Share-based Payment*) and retirement benefit obligations reported by defined benefit retirement plans (see IAS 26 *Accounting and Reporting by Retirement Benefit Plans*);
(c) contractual rights or contractual obligations contingent on the future use of, or the right to use, a non-financial item (for example, some licence fees, royalties, variable and other contingent lease payments and similar items: see IFRS 15, IAS 38 *Intangible Assets* and IFRS 16 *Leases*);
(d) residual value guarantees provided by a manufacturer, dealer or retailer and a lessee's residual value guarantees when they are embedded in a lease (see IFRS 15 and IFRS 16);
(e) financial guarantee contracts, unless the issuer has previously asserted explicitly that it regards such contracts as insurance contracts and has used accounting applicable to insurance contracts. The issuer shall choose to apply either IFRS 17 or IAS 32 *Financial Instruments: Presentation*, IFRS 7 *Financial Instruments: Disclosures* and IFRS 9 *Financial Instruments* to such financial guarantee contracts. The issuer may make that choice contract by contract, but the choice for each contract is irrevocable;
(f) contingent consideration payable or receivable in a business combination (see IFRS 3 *Business Combinations*);
(g) insurance contracts in which the entity is the *policyholder*, unless those contracts are reinsurance contracts held (see paragraph 3 (b));
(h) credit card contracts, or similar contracts that provide credit or payment arrangements, that meet the definition of an insurance contract if, and only if, the entity does not reflect an assessment of the *insurance risk* associated with an individual customer in setting the price of the contract with that customer (see IFRS 9 and other applicable IFRS Standards). However, if, and only if, IFRS 9 requires an entity to separate an insurance coverage component (see paragraph 2.1 (e) (iv) of IFRS 9) that is embedded in such a contract, the entity shall apply IFRS 17 to that component.

Some contracts meet the definition of an insurance contract but have as their primary purpose the provision of services for a fixed fee. An entity may choose to apply IFRS 15 instead of IFRS 17 to such contracts that it issues if, and only if, specified conditions are met. The entity may make that choice contract by contract, but the choice for each contract is irrevocable. The conditions are: 8

(a) the entity does not reflect an assessment of the risk associated with an individual customer in setting the price of the contract with that customer;

(b) der Vertrag den Kunden durch die Erbringung von Dienstleistungen und nicht durch Barzahlungen an den Kunden entschädigt, und
(c) das durch den Versicherungsvertrag übertragene Versicherungsrisiko in erster Linie aus der Nutzung der Dienstleistungen durch den Kunden entsteht, und nicht aus der Ungewissheit in Bezug auf die Kosten dieser Dienstleistungen.

8A Manche Verträge erfüllen die Definition eines Versicherungsvertrags, begrenzen jedoch die Ausgleichszahlung im Versicherungsfall auf den Betrag, der ansonsten erforderlich wäre, um die durch den Vertrag begründete Verpflichtung des Versicherungsnehmers zu erfüllen (z. B. Darlehen mit Verzicht auf Rückzahlung im Todesfall). Ein Unternehmen hat das Wahlrecht, auf solche von ihm selbst ausgestellten Verträge entweder IFRS 17 oder IFRS 9 anzuwenden, falls diese Verträge nicht durch Paragraph 7 vom Anwendungsbereich des IFRS 17 ausgeschlossen sind. Das Unternehmen hat das Wahlrecht für jedes *Portfolio von Versicherungsverträgen* einzeln auszuüben, aber die für das jeweilige Portfolio getroffene Wahl ist unwiderruflich.

Kombination von Versicherungsverträgen

9 Eine Reihe oder Serie von Versicherungsverträgen mit derselben oder einer verbundenen Gegenpartei kann eine wirtschaftliche Gesamtwirkung erzielen oder auf die Erzielung einer solchen ausgerichtet sein. Zur Bilanzierung des Inhalts derartiger Verträge kann es erforderlich sein, die Reihe oder Serie von Verträgen als Ganzes zu behandeln. Wenn beispielsweise die aus einem Vertrag erwachsenden Rechte oder Pflichten nichts Anderes bewirken, als die Rechte oder Pflichten eines anderen gleichzeitig mit derselben Gegenpartei geschlossenen Vertrags hinfällig zu machen, besteht die kombinierte Wirkung darin, dass keine Rechte oder Pflichten bestehen.

Abtrennung von Komponenten eines Versicherungsvertrags (Paragraphen B31–B35)

10 Ein Versicherungsvertrag kann eine oder mehrere Komponenten beinhalten, die, wären sie getrennte Verträge, in den Anwendungsbereich eines anderen Standards fielen. So kann ein Versicherungsvertrag beispielsweise eine *Kapitalanlagekomponente* und/oder eine Komponente für andere Dienstleistungen als die *Leistungen gemäß dem Versicherungsvertrag* beinhalten. Zur Bestimmung und Bilanzierung der Komponenten des Vertrags hat ein Unternehmen nach den Paragraphen 11–13 zu verfahren.

11 Ein Unternehmen
(a) hat unter Anwendung von IFRS 9 zu bestimmen, ob ein getrennt zu bilanzierendes eingebettetes Derivat vorliegt und, sofern vorhanden, wie dieses Derivat zu bilanzieren ist.
(b) hat eine Kapitalanlagekomponente nur dann vom Basisversicherungsvertrag abzutrennen, wenn diese Komponente eigenständig abgrenzbar ist (siehe Paragraphen B31–B32). Das Unternehmen muss die abgetrennte Kapitalanlagekomponente nach IFRS 9 bilanzieren, es sei denn, es handelt sich um einen Kapitalanlagevertrag mit ermessensabhängiger Überschussbeteiligung, der in den Anwendungsbereich von IFRS 17 fällt (siehe Paragraph 3 (c)).

12 Nach Anwendung von Paragraph 11 zur Abtrennung etwaiger Zahlungsströme im Zusammenhang mit eingebetteten Derivaten und eigenständig abgrenzbaren Kapitalanlagekomponenten muss ein Unternehmen nach Paragraph 7 von IFRS 15 jede etwaige Zusage zur Übertragung anderer eigenständig abgrenzbarer Güter oder Dienstleistungen als Leistungen gemäß dem Versicherungsvertrag auf einen Versicherungsnehmer vom Basisversicherungsvertrag abtrennen. Das Unternehmen hat derartige Zusagen nach IFRS 15 zu bilanzieren. Bei der Anwendung von Paragraph 7 von IFRS 15 muss ein Unternehmen zur Abtrennung der Zusage die Paragraphen B33–B35 von IFRS 17 anwenden und beim erstmaligen Ansatz
(a) IFRS 15 anwenden, um die Mittelzuflüsse entweder der Versicherungskomponente oder etwaigen Zusagen zur Bereitstellung anderer eigenständig abgrenzbarer Güter oder Dienstleistungen als Leistungen gemäß dem Versicherungsvertrag zuzuordnen, und
(b) die Mittelabflüsse entweder der Versicherungskomponente oder etwaigen anderen zugesagten Gütern oder Dienstleistungen als Leistungen gemäß dem Versicherungsvertrag zuordnen, die nach IFRS 15 bilanziert werden, sodass
    (i) Mittelabflüsse, die direkt mit jeder Komponente verbunden sind, dieser Komponente zugeordnet werden und
    (ii) etwaige verbleibende Mittelabflüsse auf systematischer und rationaler Basis zugeordnet werden, unter Berücksichtigung von Mittelabflüssen, die das Unternehmen erwarten würde, wenn die Komponente ein gesonderter Vertrag wäre.

13 Nach Anwendung der Paragraphen 11–12 hat ein Unternehmen auf alle verbleibenden Komponenten des Basisversicherungsvertrags IFRS 17 anzuwenden. Im Folgenden beziehen sich alle Verweise auf eingebettete Derivate auf Derivate, die nicht vom Basisversicherungsvertrag abgetrennt wurden, und alle Verweise auf Kapitalanlagekomponenten beziehen sich auf Kapitalanlagekomponenten, die nicht vom Basisversicherungsvertrag abgetrennt wurden (mit Ausnahme der in den Paragraphen B31–B32 enthaltenen Verweise).

AGGREGATIONSNIVEAU VON VERSICHERUNGSVERTRÄGEN

14 **Ein Unternehmen hat Portfolios von Versicherungsverträgen zu bestimmen. Ein Portfolio umfasst Versicherungsverträge mit ähnlichen Risiken, die gemeinsam gesteuert werden. Für Verträge innerhalb einer Sparte ist zu erwarten, dass sie ähnlichen Risiken ausgesetzt sind und daher dem gleichen Portfolio zugeordnet werden, wenn sie gemein-**

(b) the contract compensates the customer by providing services, rather than by making cash payments to the customer; and
(c) the insurance risk transferred by the contract arises primarily from the customer's use of services rather than from uncertainty over the cost of those services.

Some contracts meet the definition of an insurance contract but limit the compensation for *insured events* to the amount otherwise required to settle the policyholder's obligation created by the contract (for example, loans with death waivers). An entity shall choose to apply either IFRS 17 or IFRS 9 to such contracts that it issues unless such contracts are excluded from the scope of IFRS 17 by paragraph 7. The entity shall make that choice for each *portfolio of insurance contracts*, and the choice for each portfolio is irrevocable. **8A**

Combination of insurance contracts

A set or series of insurance contracts with the same or a related counterparty may achieve, or be designed to achieve, an overall commercial effect. In order to report the substance of such contracts, it may be necessary to treat the set or series of contracts as a whole. For example, if the rights or obligations in one contract do nothing other than entirely negate the rights or obligations in another contract entered into at the same time with the same counterparty, the combined effect is that no rights or obligations exist. **9**

Separating components from an insurance contract (paragraphs B31—B35)

An insurance contract may contain one or more components that would be within the scope of another Standard if they were separate contracts. For example, an insurance contract may include an *investment component* or a component for services other than *insurance contract services* (or both). An entity shall apply paragraphs 11—13 to identify and account for the components of the contract. **10**

An entity shall: **11**
(a) apply IFRS 9 to determine whether there is an embedded derivative to be separated and, if there is, how to account for that derivative;
(b) separate from a host insurance contract an investment component if, and only if, that investment component is distinct (see paragraphs B31—B32). The entity shall apply IFRS 9 to account for the separated investment component unless it is an investment contract with discretionary participation features within the scope of IFRS 17 (see paragraph 3 (c)).

After applying paragraph 11 to separate any cash flows related to embedded derivatives and distinct investment components, an entity shall separate from the host insurance contract any promise to transfer to a policyholder distinct goods or services other than insurance contract services, applying paragraph 7 of IFRS 15. The entity shall account for such promises applying IFRS 15. In applying paragraph 7 of IFRS 15 to separate the promise, the entity shall apply paragraphs B33—B35 of IFRS 17 and, on initial recognition, shall: **12**
(a) apply IFRS 15 to attribute the cash inflows between the insurance component and any promises to provide distinct goods or services other than insurance contract services; and
(b) attribute the cash outflows between the insurance component and any promised goods or services other than insurance contract services, accounted for applying IFRS 15 so that:
 (i) cash outflows that relate directly to each component are attributed to that component; and
 (ii) any remaining cash outflows are attributed on a systematic and rational basis, reflecting the cash outflows the entity would expect to arise if that component were a separate contract.

After applying paragraphs 11—12, an entity shall apply IFRS 17 to all remaining components of the host insurance contract. Hereafter, all references in IFRS 17 to embedded derivatives refer to derivatives that have not been separated from the host insurance contract and all references to investment components refer to investment components that have not been separated from the host insurance contract (except those references in paragraphs B31—B32). **13**

LEVEL OF AGGREGATION OF INSURANCE CONTRACTS

An entity shall identify portfolios of insurance contracts. A portfolio comprises contracts subject to similar risks and managed together. Contracts within a product line would be expected to have similar risks and hence would be **14**

sam gesteuert werden. Bei Verträgen in verschiedenen Sparten (wie Verträgen mit Einmalprämie und festen Jahresbeträgen im Vergleich zu Lebensversicherungen mit regulärer Laufzeit) würde nicht von ähnlichen Risiken ausgegangen und folglich würde man erwarten, dass sie verschiedenen Portfolios zugeordnet werden.

15 **Die Paragraphen 16–24 gelten für ausgestellte Versicherungsverträge. Die Vorschriften in Bezug auf das Aggregationsniveau von gehaltenen Rückversicherungsverträgen sind in Paragraph 61 enthalten.**

16 **Ein Unternehmen unterteilt ein Portfolio ausgestellter Versicherungsverträge in mindestens**

(a) **eine Gruppe von Verträgen, die beim erstmaligen Ansatz belastend sind (soweit vorhanden),**

(b) **eine Gruppe von Verträgen, bei denen beim erstmaligen Ansatz keine signifikante Wahrscheinlichkeit besteht, dass sie belastend werden (soweit vorhanden) und**

(c) **eine Gruppe mit den verbleibenden Verträgen eines Portfolios (soweit vorhanden).**

17 Verfügt ein Unternehmen über angemessene und belastbare Informationen, die darauf schließen lassen, dass eine Reihe von Verträgen bei Anwendung des Paragraphen 16 derselben Gruppe angehören werden, kann das Unternehmen diese Reihe von Verträgen bewerten, um zu bestimmen, ob sie belastend sind (siehe Paragraph 47), und das Unternehmen kann die Reihe von Verträgen beurteilen, um festzustellen, ob sie keine signifikante Wahrscheinlichkeit aufweisen, in der Folge zu belastenden Verträgen zu werden (siehe Paragraph 19). Verfügt das Unternehmen nicht über angemessene und belastbare Informationen, die darauf schließen lassen, dass eine Reihe von Verträgen alle derselben Gruppe angehören werden, hat es durch Prüfung der einzelnen Verträge die Gruppe zu bestimmen, zu der die Verträge gehören.

18 Bei ausgestellten Verträgen, auf die das Unternehmen den Prämienallokationsansatz anwendet (siehe Paragraphen 53–59), hat das Unternehmen davon auszugehen, dass keine Verträge im Portfolio beim erstmaligen Ansatz belastend sind, es sei denn, Fakten und Umstände deuten auf etwas anderes hin. Ein Unternehmen hat zu prüfen, ob Verträge, die beim erstmaligen Ansatz nicht belastend sind, keine signifikante Wahrscheinlichkeit aufweisen, dass sie in der Folge zu belastenden Verträgen werden, und bewertet zu diesem Zweck die Wahrscheinlichkeit von Änderungen bei zugrunde zu legenden Fakten und Umständen.

19 Bei ausgestellten Verträgen, auf die das Unternehmen den Prämienallokationsansatz nicht anwendet (siehe Paragraphen 53 und 54), hat das Unternehmen zu beurteilen, ob Verträge, die beim erstmaligen Ansatz nicht belastend sind, keine signifikante Wahrscheinlichkeit aufweisen, dass sie belastend werden können

(a) aufgrund der Wahrscheinlichkeit von Änderungen der Annahmen, welche – sofern sie vorkommen – dazu führen würden, dass die Verträge belastend werden,

(b) unter Heranziehung von Informationen über Schätzungen, die vom internen Berichtswesen des Unternehmens zur Verfügung gestellt werden. Bei der Beurteilung, ob Verträge, die beim erstmaligen Ansatz nicht belastend sind, eine signifikante Wahrscheinlichkeit aufweisen, dass sie belastend werden,

   (i) darf ein Unternehmen folglich Informationen, die vom internen Berichtswesen zur Verfügung gestellt werden bezüglich der Auswirkungen von Änderungen bei Annahmen zu verschiedenen Verträgen, auf die Wahrscheinlichkeit, dass sie belastend werden, nicht unberücksichtigt lassen, aber

   (ii) ist ein Unternehmen nicht verpflichtet, zusätzliche Informationen einzuholen, die über das hinausgehen, was im internen Berichtswesen in Bezug auf die Auswirkungen von Änderungen der Annahmen zu verschiedenen Verträgen vorgesehen ist.

20 Wenn unter Anwendung der Paragraphen 14–19 Verträge eines Portfolios in verschiedene Gruppen fallen würden, nur weil Gesetze oder Vorschriften die tatsächliche Fähigkeit des Unternehmens spezifisch einschränken, einen unterschiedlichen Preis oder ein unterschiedliches Leistungsniveau für Versicherungsnehmer mit unterschiedlichen Eigenschaften festzulegen, kann das Unternehmen diese Verträge derselben Gruppe zuordnen. Das Unternehmen darf diesen Paragraphen nicht analog auf andere Sachverhalte anwenden.

21 Ein Unternehmen darf die in Paragraph 16 beschriebenen Gruppen unterteilen. So kann ein Unternehmen beispielsweise die Wahl treffen, die Portfolios aufzuteilen in

(a) mehrere Gruppen, die beim erstmaligen Ansatz nicht belastend sind, wenn das interne Berichtswesen des Unternehmens Informationen liefert, die folgende Unterscheidungen ermöglichen:

   (i) unterschiedliche Profitabilitätsniveaus oder

   (ii) unterschiedliche Wahrscheinlichkeiten, dass Verträge nach dem erstmaligen Ansatz belastend werden, und

(b) mehr als eine Gruppe von Verträgen, die beim erstmaligen Ansatz belastend sind, wenn das interne Berichtswesen detaillierte Informationen in Bezug auf das Ausmaß, zu dem die Verträge belastend sind, liefert.

22 **Ein Unternehmen darf Verträge, die mit mehr als einem Jahr Abstand voneinander ausgestellt wurden, nicht in ein und dieselbe Gruppe aufnehmen. Um dies zu erreichen, hat das Unternehmen erforderlichenfalls die in den Paragraphen 16–21 beschriebenen Gruppen weiter zu unterteilen.**

23 Eine *Gruppe von Versicherungsverträgen* umfasst einen einzelnen Vertrag, wenn dies das Ergebnis der Anwendung der Paragraphen 14–22 ist.

24 Ein Unternehmen hat die Ansatz- und Bewertungsvorschriften von IFRS 17 auf die durch Anwendung der Paragraphen 14–23 bestimmten Vertragsgruppen anzuwenden. Ein Unternehmen hat die Gruppen beim erstmaligen Ansatz zu

expected to be in the same portfolio if they are managed together. Contracts in different product lines (for example single premium fixed annuities compared with regular term life assurance) would not be expected to have similar risks and hence would be expected to be in different portfolios.

Paragraphs 16—24 apply to insurance contracts issued. The requirements for the level of aggregation of reinsurance contracts held are set out in paragraph 61. 15

An entity shall divide a portfolio of insurance contracts issued into a minimum of: 16
(a) a group of contracts that are onerous at initial recognition, if any;
(b) a group of contracts that at initial recognition have no significant possibility of becoming onerous subsequently, if any; and
(c) a group of the remaining contracts in the portfolio, if any.

If an entity has reasonable and supportable information to conclude that a set of contracts will all be in the same group applying paragraph 16, it may measure the set of contracts to determine if the contracts are onerous (see paragraph 47) and assess the set of contracts to determine if the contracts have no significant possibility of becoming onerous subsequently (see paragraph 19). If the entity does not have reasonable and supportable information to conclude that a set of contracts will all be in the same group, it shall determine the group to which contracts belong by considering individual contracts. 17

For contracts issued to which an entity applies the premium allocation approach (see paragraphs 53—59), the entity shall assume no contracts in the portfolio are onerous at initial recognition, unless facts and circumstances indicate otherwise. An entity shall assess whether contracts that are not onerous at initial recognition have no significant possibility of becoming onerous subsequently by assessing the likelihood of changes in applicable facts and circumstances. 18

For contracts issued to which an entity does not apply the premium allocation approach (see paragraphs 53—54), an entity shall assess whether contracts that are not onerous at initial recognition have no significant possibility of becoming onerous: 19
(a) based on the likelihood of changes in assumptions which, if they occurred, would result in the contracts becoming onerous;
(b) using information about estimates provided by the entity's internal reporting. Hence, in assessing whether contracts that are not onerous at initial recognition have no significant possibility of becoming onerous:
    (i) an entity shall not disregard information provided by its internal reporting about the effect of changes in assumptions on different contracts on the possibility of their becoming onerous; but
    (ii) an entity is not required to gather additional information beyond that provided by the entity's internal reporting about the effect of changes in assumptions on different contracts.

If, applying paragraphs 14—19, contracts within a portfolio would fall into different groups only because law or regulation specifically constrains the entity's practical ability to set a different price or level of benefits for policyholders with different characteristics, the entity may include those contracts in the same group. The entity shall not apply this paragraph by analogy to other items. 20

An entity is permitted to subdivide the groups described in paragraph 16. For example, an entity may choose to divide the portfolios into: 21
(a) more groups that are not onerous at initial recognition—if the entity's internal reporting provides information that distinguishes:
    (i) different levels of profitability; or
    (ii) different possibilities of contracts becoming onerous after initial recognition; and
(b) more than one group of contracts that are onerous at initial recognition—if the entity's internal reporting provides information at a more detailed level about the extent to which the contracts are onerous.

An entity shall not include contracts issued more than one year apart in the same group. To achieve this the entity shall, if necessary, further divide the groups described in paragraphs 16—21. 22

A *group of insurance contracts* shall comprise a single contract if that is the result of applying paragraphs 14—22. 23

An entity shall apply the recognition and measurement requirements of IFRS 17 to the groups of contracts determined by applying paragraphs 14—23. An entity shall establish the groups at initial recognition and add contracts to the groups 24

bestimmen und Verträge den Gruppen unter Anwendung von Paragraph 28 hinzuzufügen. Das Unternehmen darf in der Folge keine Neubeurteilung der Zusammensetzung der Gruppen vornehmen. Zur Bewertung einer Gruppe von Verträgen kann ein Unternehmen die *Erfüllungswerte* auf einem höheren Aggregationsniveau als dem der Gruppe oder des Portfolios schätzen, vorausgesetzt, das Unternehmen ist in der Lage, die angemessenen Erfüllungswerte bei der Bewertung der Gruppe nach den Paragraphen 32 (a), 40 (a) (i) und 40 (b) aufzunehmen, indem diese Schätzungen den Gruppen von Verträgen zugeordnet werden.

ANSATZ

25 **Eine Gruppe von Versicherungsverträgen ist vom ausstellenden Unternehmen zum frühesten der folgenden Zeitpunkte anzusetzen:**

(a) **zu Beginn des Deckungszeitraums der Gruppe von Verträgen,**

(b) **zum Zeitpunkt, an welchem die erste Zahlung eines Versicherungsnehmers in der Gruppe fällig wird, und**

(c) **für eine Gruppe von belastenden Verträgen, wenn die Gruppe belastend wird.**

26 Wenn es kein vertragliches Fälligkeitsdatum gibt, gilt die erste Zahlung des Versicherungsnehmers dann als fällig, wenn sie eingeht. Ein Unternehmen ist verpflichtet, vor dem frühesten der in den Paragraphen 25 (a) und 25 (b) festgelegten Zeitpunkten unter Anwendung von Paragraph 16 zu bestimmen, ob Verträge eine Gruppe belastender Verträge bilden, wenn Fakten und Umstände darauf hinweisen, dass eine solche Gruppe besteht.

27 [gestrichen]

28 Beim Ansatz einer Gruppe von Versicherungsverträgen in einer Berichtsperiode darf ein Unternehmen nur Verträge berücksichtigen, die – jeder für sich – eines der in Paragraph 25 festgelegten Kriterien erfüllen, und das Unternehmen muss die Abzinsungssätze zum Zeitpunkt des erstmaligen Ansatzes (vgl. Paragraph B73) und die in der Berichtsperiode erbrachten Deckungseinheiten schätzen (vgl. Paragraph B119). Vorbehaltlich der Paragraphen 14–22 kann ein Unternehmen nach Ende einer Berichtsperiode weitere Verträge in die Gruppe aufnehmen. Die Aufnahme eines Vertrags in die Gruppe hat in der Berichtsperiode zu erfolgen, in der dieser Vertrag eines der in Paragraph 25 dargestellten Kriterien erfüllt. Dies kann zu einer Änderung bei der Bestimmung der Abzinsungssätze zum Zeitpunkt des erstmaligen Ansatzes unter Anwendung von Paragraph B73 führen. Ein Unternehmen wendet die geänderten Abzinsungssätze ab Beginn der Berichtsperiode, in der die neuen Verträge in die Gruppe aufgenommen werden, an.

Abschlusskosten (Paragraphen B35A–B35D)

28A Ein Unternehmen hat seine *Abschlusskosten* unter Anwendung der Paragraphen B35A und B35B nach einer systematischen und rationalen Methode auf Gruppen von Versicherungsverträgen aufzuteilen, es sei denn, es übt das Wahlrecht aus, sie unter Anwendung von Paragraph 59 (a) als Aufwand zu erfassen.

28B Wenn ein Unternehmen Paragraph 59 (a) nicht anwendet, muss es die gezahlten Abschlusskosten (oder Abschlusskosten, die unter Anwendung eines anderen IFRS als Verbindlichkeit angesetzt wurden) als Vermögenswert ansetzen, bevor die zugehörige Gruppe von Versicherungsverträgen bilanziert wird. Ein Unternehmen hat für jede zugehörige Gruppe von Versicherungsverträgen einen solchen Vermögenswert auszuweisen.

28C Ein Unternehmen hat den für die Abschlusskosten angesetzten Vermögenswert auszubuchen, wenn die Abschlusskosten unter Anwendung von Paragraph 38 (c) (i) oder Paragraph 55 (a) (iii) in der Bewertung der zugehörigen Gruppe von Versicherungsverträgen enthalten sind.

28D Wenn Paragraph 28 anzuwenden ist, hat ein Unternehmen die Paragraphen 28B–28C in Einklang mit Paragraph B35C anzuwenden.

28E Am Ende jeder Berichtsperiode muss ein Unternehmen die Werthaltigkeit der für Abschlusskosten angesetzten Vermögenswerte beurteilen, wenn Fakten und Umstände auf eine mögliche Wertminderung hindeuten (siehe Paragraph 35D). Wenn das Unternehmen eine Wertminderung feststellt, muss es den Buchwert des Vermögenswerts anpassen und den Wertminderungsaufwand erfolgswirksam erfassen.

28F Ein Unternehmen hat eine vollständige oder teilweise Aufholung eines in früheren Perioden unter Anwendung von Paragraph 28E erfassten Wertminderungsaufwands erfolgswirksam zu erfassen und den Buchwert des Vermögenswerts zu erhöhen, soweit die Bedingungen für eine Wertminderung nicht mehr vorliegen oder sich verbessert haben.

BEWERTUNG (PARAGRAPHEN B36–B119F)

29 Die Paragraphen 30–52 sind von dem Unternehmen auf alle unter IFRS 17 fallenden Gruppen von Versicherungsverträgen anzuwenden, mit folgenden Ausnahmen:

applying paragraph 28. The entity shall not reassess the composition of the groups subsequently. To measure a group of contracts, an entity may estimate the *fulfilment cash flows* at a higher level of aggregation than the group or portfolio, provided the entity is able to include the appropriate fulfilment cash flows in the measurement of the group, applying paragraphs 32 (a), 40 (a) (i) and 40 (b), by allocating such estimates to groups of contracts.

RECOGNITION

An entity shall recognise a group of insurance contracts it issues from the earliest of the following: 25

(a) the beginning of the *coverage period* of the group of contracts;

(b) the date when the first payment from a policyholder in the group becomes due; and

(c) for a group of onerous contracts, when the group becomes onerous.

If there is no contractual due date, the first payment from the policyholder is deemed to be due when it is received. An entity is required to determine whether any contracts form a group of onerous contracts applying paragraph 16 before the earlier of the dates set out in paragraphs 25 (a) and 25 (b) if facts and circumstances indicate there is such a group. 26

[Deleted] 27

In recognising a group of insurance contracts in a reporting period, an entity shall include only contracts that individually meet one of the criteria set out in paragraph 25 and shall make estimates for the discount rates at the date of initial recognition (see paragraph B73) and the coverage units provided in the reporting period (see paragraph B119). An entity may include more contracts in the group after the end of a reporting period, subject to paragraphs 14—22. An entity shall add a contract to the group in the reporting period in which that contract meets one of the criteria set out in paragraph 25. This may result in a change to the determination of the discount rates at the date of initial recognition applying paragraph B73. An entity shall apply the revised rates from the start of the reporting period in which the new contracts are added to the group. 28

Insurance acquisition cash flows (paragraphs B35A—B35D)

An entity shall allocate *insurance acquisition cash flows* to groups of insurance contracts using a systematic and rational method applying paragraphs B35A—B35B, unless it chooses to recognise them as expenses applying paragraph 59 (a). 28A

An entity not applying paragraph 59 (a) shall recognise as an asset insurance acquisition cash flows paid (or insurance acquisition cash flows for which a liability has been recognised applying another IFRS Standard) before the related group of insurance contracts is recognised. An entity shall recognise such an asset for each related group of insurance contracts. 28B

An entity shall derecognise an asset for insurance acquisition cash flows when the insurance acquisition cash flows are included in the measurement of the related group of insurance contracts applying paragraph 38 (c) (i) or paragraph 55 (a) (iii). 28C

If paragraph 28 applies, an entity shall apply paragraphs 28B—28C in accordance with paragraph B35C. 28D

At the end of each reporting period, an entity shall assess the recoverability of an asset for insurance acquisition cash flows if facts and circumstances indicate the asset may be impaired (see paragraph B35D). If an entity identifies an impairment loss, the entity shall adjust the carrying amount of the asset and recognise the impairment loss in profit or loss. 28E

An entity shall recognise in profit or loss a reversal of some or all of an impairment loss previously recognised applying paragraph 28E and increase the carrying amount of the asset, to the extent that the impairment conditions no longer exist or have improved. 28F

MEASUREMENT (PARAGRAPHS B36—B119F)

An entity shall apply paragraphs 30—52 to all groups of insurance contracts within the scope of IFRS 17, with the following exceptions: 29

(a) für Gruppen von Versicherungsverträgen, die eines der in Paragraph 53 genannten Kriterien erfüllen, kann ein Unternehmen die Bewertung der Gruppe unter Anwendung des Prämienallokationsansatzes gemäß den Paragraphen 55–59 vereinfachen;
(b) auf Gruppen von gehaltenen Rückversicherungsverträgen hat ein Unternehmen gemäß den Paragraphen 63–70A die Paragraphen 32–46 anzuwenden. Der Paragraph 45 (*Versicherungsverträge mit direkter Überschussbeteiligung*) und die Paragraphen 47–52 (Belastende Verträge) gelten nicht für Gruppen von gehaltenen Rückversicherungsverträgen;
(c) auf Gruppen von Kapitalanlageverträgen mit ermessensabhängiger Überschussbeteiligung hat ein Unternehmen die Paragraphen 32–52 in der durch Paragraph 71 geänderten Fassung anzuwenden.

30 Bei Anwendung von IAS 21 *Auswirkungen von Wechselkursänderungen* auf eine Gruppe von Versicherungsverträgen, die zu Zahlungsströmen in einer Fremdwährung führen, hat ein Unternehmen die Gruppe von Verträgen, einschließlich der *vertraglichen Servicemarge*, als monetären Posten zu behandeln.

31 Im Abschluss eines Unternehmens, das Versicherungsverträge begibt, darf der Erfüllungswert nicht das Risiko der Nichterfüllung dieses Unternehmens widerspiegeln (das Risiko der Nichterfüllung ist in IFRS 13 *Bewertung zum beizulegenden Zeitwert* definiert).

Bewertung beim erstmaligen Ansatz (Paragraphen B36–B95F)

32 Beim erstmaligen Ansatz ist eine Gruppe von Versicherungsverträgen zu bewerten als die Summe aus
(a) dem Erfüllungswert, der sich zusammensetzt aus:
(i) Schätzungen der zukünftigen Zahlungsströme (Paragraphen 33–35),
(ii) einer Anpassung, die den Zeitwert des Geldes und die *finanziellen Risiken*, die mit den zukünftigen Zahlungsströmen verbunden sind, widerspiegelt, sofern die finanziellen Risiken nicht bei den Schätzungen der zukünftigen Zahlungsströme berücksichtigt wurden (Paragraph 36), und
(iii) einer Risikoanpassung für nichtfinanzielle Risiken (Paragraph 37).
(b) der vertraglichen Servicemarge, bewertet unter Anwendung der Paragraphen 38–39.

Schätzungen der zukünftigen Zahlungsströme (Paragraphen B36–B71)

33 In die Bewertung einer Gruppe von Versicherungsverträgen sind alle zukünftigen Zahlungsströme innerhalb der Vertragsgrenze jedes einzelnen Vertrags in der Gruppe einzubeziehen (siehe Paragraph 34). Bei Anwendung von Paragraph 24 kann ein Unternehmen die zukünftigen Zahlungsströme auf einer höheren Aggregationsebene schätzen und dann die resultierenden Erfüllungswerte den einzelnen Gruppen von Versicherungsverträgen zuordnen. Die Schätzungen der zukünftigen Zahlungsströme
(a) müssen auf unverzerrte Art und Weise alle angemessenen und belastbaren Informationen beinhalten, die ohne unangemessenen Kosten- oder Zeitaufwand über Betrag, zeitlichen Anfall und Unsicherheit der zukünftigen Zahlungsströme verfügbar sind (siehe Paragraphen B37–B41). Um dies zu tun, hat das Unternehmen den Erwartungswert (d. h. den wahrscheinlichkeitsgewichteten Mittelwert) der gesamten Bandbreite der möglichen Ergebnisse zu schätzen.
(b) müssen die Unternehmensperspektive widerspiegeln, vorausgesetzt, die Schätzungen der relevanten Marktvariablen stehen mit den beobachtbaren Marktpreisen für diese Marktvariablen in Einklang (siehe Paragraphen B42–B53).
(c) müssen aktuell sein: Die Schätzungen müssen die Bedingungen zum Bewertungszeitpunkt widerspiegeln, einschließlich der zu diesem Zeitpunkt zugrunde gelegten Annahmen für die Zukunft (siehe Paragraphen B54–B60).
(d) müssen explizit sein: Das Unternehmen hat die Risikoanpassung für nichtfinanzielle Risiken getrennt von den anderen Schätzungen zu schätzen (siehe Paragraph B90). Das Unternehmen hat auch die Zahlungsströme getrennt von der Anpassung für den Zeitwert des Geldes und die finanziellen Risiken zu schätzen, es sei denn, die angemessenste Bewertungsmethode kombiniert diese Schätzungen (siehe Paragraph B46).

34 Zahlungsströme liegen innerhalb der Grenzen eines Versicherungsvertrags, wenn sie aus wesentlichen Rechten und Pflichten entstehen, die während der Berichtsperiode bestehen, in der das Unternehmen den Versicherungsnehmer zur Zahlung der Prämien zwingen kann oder in der das Unternehmen die wesentliche Verpflichtung hat, für den Versicherungsnehmer Leistungen gemäß dem Versicherungsvertrag zu erbringen (siehe Paragraphen B61–71). Eine wesentliche Verpflichtung zur Erbringung von Leistungen gemäß dem Versicherungsvertrag endet, wenn
(a) das Unternehmen die praktische Fähigkeit besitzt, die Risiken des einzelnen Versicherungsnehmers neu zu bewerten und folglich einen Preis oder ein Leistungsniveau festzulegen, das diesen Risiken vollkommen Rechnung trägt, oder
(b) beide nachstehenden Kriterien erfüllt sind:
(i) das Unternehmen besitzt die praktische Fähigkeit, die Risiken des Portfolios von Versicherungsverträgen, in dem der Vertrag enthalten ist, neu zu bewerten, und folglich einen Preis oder ein Leistungsniveau festzulegen, das diesen Risiken vollkommen Rechnung trägt, und
(ii) bei der Preisfestsetzung der Prämien bis zu dem Zeitpunkt, zu dem die Risiken neu bewertet werden, werden die Risiken im Zusammenhang mit Zeiträumen nach dem Zeitpunkt der Neubewertung nicht berücksichtigt.

(a) for groups of insurance contracts meeting either of the criteria specified in paragraph 53, an entity may simplify the measurement of the group using the premium allocation approach in paragraphs 55—59;
(b) for groups of reinsurance contracts held, an entity shall apply paragraphs 32—46 as required by paragraphs 63—70A. Paragraph 45 (on *insurance contracts with direct participation features*) and paragraphs 47—52 (on onerous contracts) do not apply to groups of reinsurance contracts held;
(c) for groups of investment contracts with discretionary participation features, an entity shall apply paragraphs 32—52 as modified by paragraph 71.

When applying IAS 21 *The Effects of Changes in Foreign Exchange Rates* to a group of insurance contracts that generate cash flows in a foreign currency, an entity shall treat the group of contracts, including the *contractual service margin*, as a monetary item. 30

In the financial statements of an entity that issues insurance contracts, the fulfilment cash flows shall not reflect the non-performance risk of that entity (non-performance risk is defined in IFRS 13 *Fair Value Measurement*). 31

Measurement on initial recognition (paragraphs B36—B95F)

On initial recognition, an entity shall measure a group of insurance contracts at the total of: 32
(a) the fulfilment cash flows, which comprise:
  (i) estimates of future cash flows (paragraphs 33—35);
  (ii) an adjustment to reflect the time value of money and the *financial risks* related to the future cash flows, to the extent that the financial risks are not included in the estimates of the future cash flows (paragraph 36); and
  (iii) a *risk adjustment for non-financial risk* (paragraph 37).
(b) the contractual service margin, measured applying paragraphs 38—39.

Estimates of future cash flows (paragraphs B36—B71)

An entity shall include in the measurement of a group of insurance contracts all the future cash flows within the boundary of each contract in the group (see paragraph 34). Applying paragraph 24, an entity may estimate the future cash flows at a higher level of aggregation and then allocate the resulting fulfilment cash flows to individual groups of contracts. The estimates of future cash flows shall: 33
(a) incorporate, in an unbiased way, all reasonable and supportable information available without undue cost or effort about the amount, timing and uncertainty of those future cash flows (see paragraphs B37—B41). To do this, an entity shall estimate the expected value (i.e. the probability-weighted mean) of the full range of possible outcomes;
(b) reflect the perspective of the entity, provided that the estimates of any relevant market variables are consistent with observable market prices for those variables (see paragraphs B42—B53);
(c) be current—the estimates shall reflect conditions existing at the measurement date, including assumptions at that date about the future (see paragraphs B54—B60);
(d) be explicit—the entity shall estimate the adjustment for non-financial risk separately from the other estimates (see paragraph B90). The entity also shall estimate the cash flows separately from the adjustment for the time value of money and financial risk, unless the most appropriate measurement technique combines these estimates (see paragraph B46).

Cash flows are within the boundary of an insurance contract if they arise from substantive rights and obligations that exist during the reporting period in which the entity can compel the policyholder to pay the premiums or in which the entity has a substantive obligation to provide the policyholder with insurance contract services (see paragraphs B61—B71). A substantive obligation to provide insurance contract services ends when: 34
(a) the entity has the practical ability to reassess the risks of the particular policyholder and, as a result, can set a price or level of benefits that fully reflects those risks; or
(b) both of the following criteria are satisfied:
  (i) the entity has the practical ability to reassess the risks of the portfolio of insurance contracts that contains the contract and, as a result, can set a price or level of benefits that fully reflects the risk of that portfolio; and
  (ii) the pricing of the premiums up to the date when the risks are reassessed does not take into account the risks that relate to periods after the reassessment date.

35 Beträge im Zusammenhang mit erwarteten Prämien oder erwarteten Schadensfällen außerhalb der Vertragsgrenze des Versicherungsvertrags dürfen nicht als Verbindlichkeit oder Vermögenswert erfasst werden. Diese Beträge beziehen sich auf zukünftige Versicherungsverträge.

Abzinsungssätze (Paragraphen B72–B85)

36 **Schätzungen zukünftiger Zahlungsströme sind anzupassen, um den Zeitwert des Geldes und die mit diesen Zahlungsströmen verbundenen finanziellen Risiken widerzuspiegeln, sofern die finanziellen Risiken nicht bei den Schätzungen der zukünftigen Zahlungsströme berücksichtigt wurden. Die auf die Schätzung der zukünftigen Zahlungsströme gemäß Paragraph 33 angewandten Abzinsungssätze haben**

(a) den Zeitwert des Geldes, die Merkmale der Zahlungsströme und die Liquiditätsmerkmale der Versicherungsverträge widerzuspiegeln,

(b) in Einklang zu stehen mit beobachtbaren aktuellen Marktpreisen (soweit vorhanden) für Finanzinstrumente mit Zahlungsströmen, deren Eigenschaften sich mit denen der Versicherungsverträge decken (z. B. hinsichtlich des zeitlichen Anfalls, der Währung und der Liquidität), und

(c) die Auswirkungen solcher Faktoren auszuschließen, die zwar die beobachtbaren Marktpreise beeinflussen, sich aber nicht auf die zukünftigen Zahlungsströme der Versicherungsverträge auswirken.

Risikoanpassung für nichtfinanzielle Risiken (Paragraphen B86–B92)

37 **Ein Unternehmen hat die Schätzung des Barwerts der zukünftigen Zahlungsströme um eine Entschädigung anzupassen, die das Unternehmen für das Tragen der Unsicherheit aus nichtfinanziellen Risiken hinsichtlich des Betrags und des zeitlichen Anfalls der Zahlungsströme verlangt.**

Vertragliche Servicemarge

38 **Die vertragliche Servicemarge ist eine Komponente des Vermögenswerts oder der Verbindlichkeit für die Gruppe von Versicherungsverträgen. Sie stellt den noch nicht realisierten Gewinn dar, den das Unternehmen bei der zukünftigen Erbringung von Leistungen gemäß dem Versicherungsvertrag ausweisen wird. Wenn weder Paragraph 47 (belastende Verträge) noch Paragraph B123A (versicherungstechnische Erträge in Bezug auf Paragraph 38 (c) (ii)) anwendbar sind, hat ein Unternehmen die vertragliche Servicemarge beim erstmaligen Ansatz einer Gruppe von Versicherungsverträgen mit einem Betrag zu bewerten, der zu keinem Ertrag oder Aufwand führt aus:**

(a) erstmaligem Ansatz des Betrags des Erfüllungswerts, bewertet unter Anwendung der Paragraphen 32–37,

(b) Zahlungsströmen, die zu diesem Zeitpunkt aus Verträgen der Gruppe entstehen,

(c) der Ausbuchung zum Zeitpunkt des erstmaligen Ansatzes von:

(i) unter Anwendung von Paragraph 28C als Abschlusskosten angesetzten Vermögenswerten und

(ii) in Paragraph B66A festgelegten anderen im Vorfeld für Zahlungsströme in Bezug auf die Gruppe von Verträgen angesetzten Vermögenswerten oder Verbindlichkeiten.

39 Bei Versicherungsverträgen, die durch eine Übertragung von Versicherungsverträgen oder durch einen Unternehmenszusammenschluss im Rahmen von IFRS 3 erworben wurden, ist Paragraph 38 gemäß den Paragraphen B93–B95F anzuwenden.

Folgebewertung

40 **Der Buchwert einer Gruppe von Versicherungsverträgen zum Ende einer Berichtsperiode ist die Summe aus**

(a) der *Deckungsrückstellung*, bestehend aus:

(i) dem Erfüllungswert, der sich auf zukünftige Leistungen bezieht, die der Gruppe zu diesem Zeitpunkt zugeordnet wurden, bewertet unter Anwendung der Paragraphen 33–37 und B36–B92,

(ii) der vertraglichen Servicemarge der Gruppe zu diesem Zeitpunkt, bewertet unter Anwendung der Paragraphen 43–46, und

(b) der *Rückstellung für noch nicht abgewickelte Versicherungsfälle*, die den Erfüllungswert in Bezug auf vergangene Leistungen umfasst, welcher der Gruppe zu diesem Zeitpunkt zugeordnet wurde, bewertet unter Anwendung der Paragraphen 33–37 und B36–B92.

41 **Ein Unternehmen hat Erträge und Aufwendungen für folgende Änderungen beim Buchwert der Deckungsrückstellung zu erfassen:**

(a) versicherungstechnische Erträge: zur Reduzierung der Deckungsrückstellung aufgrund von in der Berichtsperiode erbrachten Leistungen, bewertet unter Anwendung der Paragraphen B120–B124,

(b) versicherungstechnische Aufwendungen: für Verluste bei Gruppen belastender Verträge und Wertaufholungen dieser Verluste (siehe Paragraphen 47–52), und

(c) versicherungstechnische Finanzerträge oder -aufwendungen: für die Auswirkungen des Zeitwerts des Geldes und die Auswirkungen der finanziellen Risiken gemäß Paragraph 87.

42 **Ein Unternehmen hat Erträge und Aufwendungen für folgende Änderungen beim Buchwert der Rückstellung für noch nicht abgewickelte Versicherungsfälle zu erfassen:**

(a) versicherungstechnische Aufwendungen: für den Anstieg der Rückstellung aufgrund von im Zeitraum eingetretener Schäden und Aufwendungen, ausgenommen etwaige Kapitalanlagekomponenten,

An entity shall not recognise as a liability or as an asset any amounts relating to expected premiums or expected claims outside the boundary of the insurance contract. Such amounts relate to future insurance contracts. 35

Discount rates (paragraphs B72—B85)

An entity shall adjust the estimates of future cash flows to reflect the time value of money and the financial risks related to those cash flows, to the extent that the financial risks are not included in the estimates of cash flows. The discount rates applied to the estimates of the future cash flows described in paragraph 33 shall: 36

(a) reflect the time value of money, the characteristics of the cash flows and the liquidity characteristics of the insurance contracts;

(b) be consistent with observable current market prices (if any) for financial instruments with cash flows whose characteristics are consistent with those of the insurance contracts, in terms of, for example, timing, currency and liquidity; and

(c) exclude the effect of factors that influence such observable market prices but do not affect the future cash flows of the insurance contracts.

Risk adjustment for non-financial risk (paragraphs B86—B92)

An entity shall adjust the estimate of the present value of the future cash flows to reflect the compensation that the entity requires for bearing the uncertainty about the amount and timing of the cash flows that arises from non-financial risk. 37

Contractual service margin

The contractual service margin is a component of the asset or liability for the group of insurance contracts that represents the unearned profit the entity will recognise as it provides insurance contract services in the future. An entity shall measure the contractual service margin on initial recognition of a group of insurance contracts at an amount that, unless paragraph 47 (on onerous contracts) or paragraph B123A (on insurance revenue relating to paragraph 38 (c) (ii)) applies, results in no income or expenses arising from: 38

(a) the initial recognition of an amount for the fulfilment cash flows, measured by applying paragraphs 32—37;

(b) any cash flows arising from the contracts in the group at that date;

(c) the derecognition at the date of initial recognition of:

(i) any asset for insurance acquisition cash flows applying paragraph 28C; and

(ii) any other asset or liability previously recognised for cash flows related to the group of contracts as specified in paragraph B66A.

For insurance contracts acquired in a transfer of insurance contracts or in a business combination within the scope of IFRS 3, an entity shall apply paragraph 38 in accordance with paragraphs B93—B95F. 39

Subsequent measurement

The carrying amount of a group of insurance contracts at the end of each reporting period shall be the sum of: 40

(a) the *liability for remaining coverage* comprising:

(i) the fulfilment cash flows related to future service allocated to the group at that date, measured applying paragraphs 33—37 and B36—B92;

(ii) the contractual service margin of the group at that date, measured applying paragraphs 43—46; and

(b) the *liability for incurred claims*, comprising the fulfilment cash flows related to past service allocated to the group at that date, measured applying paragraphs 33—37 and B36—B92.

An entity shall recognise income and expenses for the following changes in the carrying amount of the liability for remaining coverage: 41

(a) insurance revenue—for the reduction in the liability for remaining coverage because of services provided in the period, measured applying paragraphs B120—B124;

(b) insurance service expenses—for losses on groups of onerous contracts, and reversals of such losses (see paragraphs 47—52); and

(c) insurance finance income or expenses—for the effect of the time value of money and the effect of financial risk as specified in paragraph 87.

An entity shall recognise income and expenses for the following changes in the carrying amount of the liability for incurred claims: 42

(a) insurance service expenses—for the increase in the liability because of claims and expenses incurred in the period, excluding any investment components;

(b) **versicherungstechnische Aufwendungen: für etwaige spätere Änderungen des Erfüllungswerts im Zusammenhang mit eingetretenen Schäden und eingetretenen Aufwendungen, und**

(c) **versicherungstechnische Finanzerträge oder -aufwendungen: für die Auswirkungen des Zeitwerts des Geldes und die Auswirkungen der finanziellen Risiken gemäß Paragraph 87.**

Vertragliche Servicemarge (Paragraphen B96–B119B)

43 **Die vertragliche Servicemarge zum Abschlussstichtag stellt den Gewinn in einer Gruppe von Versicherungsverträgen dar, der noch nicht erfolgswirksam erfasst wurde, da er sich auf die unter den Verträgen in der Gruppe zu erbringenden zukünftigen Leistungen bezieht.**

44 Bei *Versicherungsverträgen ohne direkte Überschussbeteiligung* ist der Buchwert der vertraglichen Servicemarge einer Gruppe von Verträgen zum Abschlussstichtag gleich dem Buchwert zu Beginn der Berichtsperiode, angepasst um

(a) die Auswirkungen etwaiger neuer Verträge, die der Gruppe hinzugefügt wurden (vgl. Paragraph 28),

(b) die Aufzinsung des Buchwerts der vertraglichen Servicemarge während des Berichtszeitraums, bewertet zu den in Paragraph B72 (b) bestimmten Abzinsungssätzen,

(c) die Änderungen des Erfüllungswerts im Zusammenhang mit künftigen Leistungen gemäß den Paragraphen B96–B100, außer wenn

(i) diese Erhöhungen des Erfüllungswerts den Buchwert der vertraglichen Servicemarge übersteigen und zu einem Verlust führen (siehe Paragraph 48 (a)) oder

(ii) diese Reduzierungen des Erfüllungswerts unter Anwendung von Paragraph 50 (b) der Verlustkomponente der Deckungsrückstellung zugeordnet werden.

(d) die Auswirkung etwaiger Wechselkursdifferenzen auf die vertragliche Servicemarge und

(e) den in der Berichtsperiode aufgrund der Übertragung von Leistungen gemäß dem Versicherungsvertrag als versicherungstechnische Erträge angesetzten Betrag, der ermittelt wird, indem die am Abschlussstichtag (vor jeglicher Aufteilung) verbleibende vertragliche Servicemarge unter Anwendung von Paragraph B119 auf den gegenwärtigen und künftigen Deckungszeitraum aufgeteilt wird.

45 Für Versicherungsverträge mit Merkmalen der direkten Überschussbeteiligung (vgl. Paragraphen B101–B118) ist der Buchwert der vertraglichen Servicemarge einer Gruppe von Verträgen zum Ende der Berichtsperiode gleich dem Buchwert zu Beginn der Berichtsperiode, der um die in den Buchstaben a) bis e) genannten Beträge angepasst wird. Ein Unternehmen ist nicht verpflichtet, diese Anpassungen gesondert zu bestimmen. Es kann vielmehr ein kombinierter Betrag für einige oder alle Anpassungen bestimmt werden. Bei den Anpassungen handelt es sich um

(a) die Auswirkungen etwaiger neuer Verträge, die der Gruppe hinzugefügt wurden (vgl. Paragraph 28),

(b) die Änderung der Höhe des Anteils des Unternehmens am beizulegenden Zeitwert der *zugrunde liegenden Referenzwerte* (siehe Paragraph B104 (b) (i), außer wenn

(i) Paragraph B115 (zur Risikobegrenzung) Anwendung findet,

(ii) der Rückgang der Höhe des Anteils des Unternehmens am beizulegenden Zeitwert der zugrunde liegenden Referenzwerte den Buchwert der vertraglichen Servicemarge übersteigt und dies zu einem Verlust führt (vgl. Paragraph 48), oder

(iii) die Erhöhung des Anteils des Unternehmens am beizulegenden Zeitwert der zugrunde liegenden Referenzwerte den in Ziffer ii) genannten Betrag umkehrt.

(c) die Änderungen des Erfüllungswerts im Zusammenhang mit Leistungen in der Zukunft gemäß den Paragraphen B101–B118, außer wenn

(i) Paragraph B115 (zur Risikobegrenzung) Anwendung findet,

(ii) diese Erhöhungen des Erfüllungswerts den Buchwert der vertraglichen Servicemarge übersteigen und zu einem Verlust führen (siehe Paragraph 48), oder

(iii) diese Reduzierungen des Erfüllungswerts unter Anwendung von Paragraph 50 (b) der Verlustkomponente der Deckungsrückstellung zugeordnet werden.

(d) die Auswirkung etwaiger Wechselkursdifferenzen auf die vertragliche Servicemarge und

(e) den in der Berichtsperiode aufgrund der Übertragung von Leistungen gemäß dem Versicherungsvertrag als versicherungstechnische Erträge angesetzten Betrag, der ermittelt wird, indem die am Abschlussstichtag (vor jeglicher Aufteilung) verbleibende vertragliche Servicemarge unter Anwendung von Paragraph B119 auf den gegenwärtigen und künftigen Deckungszeitraum aufgeteilt wird.

46 Einige Änderungen der vertraglichen Servicemarge gleichen Änderungen des Erfüllungswerts für die Deckungsrückstellung aus, sodass es zu keinen Änderungen am Gesamtbuchwert der Deckungsrückstellung kommt. Sofern Änderungen der vertraglichen Servicemarge nicht die Änderungen des Erfüllungswerts der Deckungsrückstellung ausgleichen, hat ein Unternehmen Erträge und Aufwendungen für die Änderungen unter Anwendung von Paragraph 41 zu erfassen.

Belastende Verträge

47 Versicherungsverträge gelten bei ihrem erstmaligen Ansatz als belastend, wenn die dem Vertrag zugeordneten Erfüllungswerte, die im Vorfeld angesetzten Zahlungen für Abschlusskosten und etwaige sich aus dem Vertrag zum Zeitpunkt seines erstmaligen Ansatzes ergebende Zahlungsströme insgesamt zu einem Nettomittelabfluss führen. Diese

(b) **insurance service expenses—for any subsequent changes in fulfilment cash flows relating to incurred claims and incurred expenses; and**
(c) **insurance finance income or expenses—for the effect of the time value of money and the effect of financial risk as specified in paragraph 87.**

Contractual service margin (paragraphs B96—B119B)

The contractual service margin at the end of the reporting period represents the profit in the group of insurance contracts that has not yet been recognised in profit or loss because it relates to the future service to be provided under the contracts in the group. 43

For *insurance contracts without direct participation features*, the carrying amount of the contractual service margin of a group of contracts at the end of the reporting period equals the carrying amount at the start of the reporting period adjusted for: 44
(a) the effect of any new contracts added to the group (see paragraph 28);
(b) interest accreted on the carrying amount of the contractual service margin during the reporting period, measured at the discount rates specified in paragraph B72 (b);
(c) the changes in fulfilment cash flows relating to future service as specified in paragraphs B96—B100, except to the extent that:
    (i) such increases in the fulfilment cash flows exceed the carrying amount of the contractual service margin, giving rise to a loss (see paragraph 48 (a)); or
    (ii) such decreases in the fulfilment cash flows are allocated to the loss component of the liability for remaining coverage applying paragraph 50 (b);
(d) the effect of any currency exchange differences on the contractual service margin; and
(e) the amount recognised as insurance revenue because of the transfer of insurance contract services in the period, determined by the allocation of the contractual service margin remaining at the end of the reporting period (before any allocation) over the current and remaining coverage period applying paragraph B119.

For insurance contracts with direct participation features (see paragraphs B101—B118), the carrying amount of the contractual service margin of a group of contracts at the end of the reporting period equals the carrying amount at the start of the reporting period adjusted for the amounts specified in subparagraphs (a)—(e) below. An entity is not required to identify these adjustments separately. Instead, a combined amount may be determined for some, or all, of the adjustments. The adjustments are: 45
(a) the effect of any new contracts added to the group (see paragraph 28);
(b) the change in the amount of the entity's share of the fair value of the *underlying items* (see paragraph B104 (b) (i)), except to the extent that:
    (i) paragraph B115 (on risk mitigation) applies;
    (ii) the decrease in the amount of the entity's share of the fair value of the underlying items exceeds the carrying amount of the contractual service margin, giving rise to a loss (see paragraph 48); or
    (iii) the increase in the amount of the entity's share of the fair value of the underlying items reverses the amount in (ii).
(c) the changes in fulfilment cash flows relating to future service, as specified in paragraphs B101—B118, except to the extent that:
    (i) paragraph B115 (on risk mitigation) applies;
    (ii) such increases in the fulfilment cash flows exceed the carrying amount of the contractual service margin, giving rise to a loss (see paragraph 48); or
    (iii) such decreases in the fulfilment cash flows are allocated to the loss component of the liability for remaining coverage applying paragraph 50 (b).
(d) the effect of any currency exchange differences arising on the contractual service margin; and
(e) the amount recognised as insurance revenue because of the transfer of insurance contract services in the period, determined by the allocation of the contractual service margin remaining at the end of the reporting period (before any allocation) over the current and remaining coverage period applying paragraph B119.

Some changes in the contractual service margin offset changes in the fulfilment cash flows for the liability for remaining coverage, resulting in no change in the total carrying amount of the liability for remaining coverage. To the extent that changes in the contractual service margin do not offset changes in the fulfilment cash flows for the liability for remaining coverage, an entity shall recognise income and expenses for the changes, applying paragraph 41. 46

Onerous contracts

An insurance contract is onerous at the date of initial recognition if the fulfilment cash flows allocated to the contract, any previously recognised insurance acquisition cash flows and any cash flows arising from the contract at the date of initial recognition in total are a net outflow. Applying paragraph 16 (a), an entity shall group such contracts separately from 47

Verträge sind unter Anwendung von Paragraph 16 (a) von nicht belastenden Verträgen abzugrenzen. Sofern Paragraph 17 anwendbar ist, kann ein Unternehmen die Gruppe belastender Verträge durch Bewertung einer Reihe von Verträgen (anstatt einzelner Verträge) festlegen. Ein Unternehmen hat in Bezug auf den Nettomittelabfluss für die Gruppe belastender Verträge einen Verlust erfolgswirksam zu erfassen, wobei der Buchwert der Verbindlichkeit der Gruppe den Erfüllungswerten entspricht und die vertragliche Servicemarge null ist.

48 Eine Gruppe von Versicherungsverträgen wird bei einer Folgebewertung belastend (oder belastender), wenn die folgenden Beträge den Buchwert der vertraglichen Servicemarge übersteigen:

(a) ungünstige Änderungen der der Gruppe zugeordneten Erfüllungswerte in Bezug auf zukünftige Leistungen aufgrund von Änderungen der geschätzten zukünftigen Zahlungsströme und der Risikoanpassung für nichtfinanzielle Risiken und

(b) für eine Gruppe von Versicherungsverträgen mit direkter Überschussbeteiligung: der Rückgang des betragsmäßigen Anteils des Unternehmens am beizulegenden Zeitwert der zugrunde liegenden Referenzwerte.

In diesem Fall hat das Unternehmen unter Anwendung der Paragraphen 44 (c) (i), 45 (b) (ii) und 45 (c) (ii) einen Verlust in Höhe dieser übersteigenden Differenz erfolgswirksam zu erfassen.

49 Ein Unternehmen hat eine Verlustkomponente der Deckungsrückstellung einer bestehenden Gruppe festzulegen (oder zu erhöhen), welche die unter Anwendung der Paragraphen 47–48 bestimmten Verluste abbildet. Die Verlustkomponente bestimmt die Beträge, die erfolgswirksam als Wertaufholungen von Verlusten aus belastenden Gruppen ausgewiesen und folglich bei der Bestimmung der versicherungstechnischen Erträge ausgeschlossen werden.

50 Nachdem ein Unternehmen einen Verlust bei einer belastenden Gruppe von Versicherungsverträgen erfasst hat, ordnet es wie folgt zu:

(a) die nachfolgenden Änderungen der Erfüllungswerte der Deckungsrückstellung gemäß Paragraph 51 systematisch wie folgt:

  (i) der Verlustkomponente der Deckungsrückstellung und

  (ii) der Deckungsrückstellung, ausgenommen die Verlustkomponente.

(b) nur der Verlustkomponente, bis diese Komponente auf null reduziert ist:

  (i) einen etwaigen späteren Rückgang der der Gruppe zugeordneten Erfüllungswerte in Bezug auf zukünftige Leistungen aufgrund von Änderungen der geschätzten zukünftigen Zahlungsströme und aufgrund der Risikoanpassung für nichtfinanzielle Risiken und

  (ii) etwaige spätere Erhöhungen des betragsmäßigen Anteils des Unternehmens am beizulegenden Zeitwert der zugrunde liegenden Referenzwerte.

Unter Anwendung der Paragraphen 44 (c) (ii), 45 (b) (iii) und 45 (c) (iii) ist die vertragliche Servicemarge nur um den Betrag anzupassen, um den der Rückgang über dem der Verlustkomponente zugewiesen Betrag liegt.

51 Die unter Anwendung von Paragraph 50 (a) zuzuordnenden nachfolgenden Änderungen der Erfüllungswerte der Deckungsrückstellung sind

(a) Schätzungen des Zeitwerts zukünftiger Zahlungsströme für Schadensforderungen und Ausgaben, die aus der Deckungsrückstellung aufgrund der entstandenen versicherungstechnischen Aufwendungen ausscheiden,

(b) Änderungen der Risikoanpassung für nichtfinanzielle Risiken, die aufgrund des Abbaus von Risiken erfolgswirksam erfasst werden, und

(c) versicherungstechnische Finanzerträge oder -aufwendungen.

52 Die nach Paragraph 50 (a) erforderliche systematische Zuordnung muss dazu führen, dass die nach den Paragraphen 48–50 der Verlustkomponente zugeordneten Gesamtbeträge am Ende des Deckungszeitraums einer Gruppe von Verträgen gleich null sind.

Prämienallokationsansatz

53 Ein Unternehmen kann die Bewertung einer Gruppe von Versicherungsverträgen dann und nur dann durch die Anwendung des Prämienallokationsansatzes gemäß den Paragraphen 55–59 vereinfachen, wenn beim erstmaligen Ansatz der Gruppe

(a) das Unternehmen die angemessene Erwartung hat, dass diese Vereinfachung zu einer Bewertung der Deckungsrückstellung für die Gruppe führen würde, die sich nicht wesentlich von derjenigen unterscheidet, die aus der Anwendung der Vorschriften der Paragraphen 32–52 hervorgehen würde, oder

(b) der Deckungszeitraum jedes Vertrags in der Gruppe (einschließlich Leistungen gemäß dem Versicherungsvertrag aus allen Prämien innerhalb der zu diesem Zeitpunkt unter Anwendung von Paragraph 34 bestimmten Vertragsgrenzen) nicht mehr als ein Jahr beträgt.

54 Das in Paragraph 53 (a) genannte Kriterium ist nicht erfüllt, wenn das Unternehmen beim erstmaligen Ansatz der Gruppe eine signifikante Variabilität der Erfüllungswerte erwartet, was die Bewertung der Deckungsrückstellung während der Periode vor Eintreten eines Schadens beeinflussen würde. Die Variabilität der Erfüllungswerte steigt beispielsweise an im Zusammenhang mit

(a) der Höhe der künftigen Zahlungsströme im Zusammenhang mit in die Verträge eingebetteten Derivaten und

(b) der Länge des Deckungszeitraums der Gruppe von Verträgen.

contracts that are not onerous. To the extent that paragraph 17 applies, an entity may identify the group of onerous contracts by measuring a set of contracts rather than individual contracts. An entity shall recognise a loss in profit or loss for the net outflow for the group of onerous contracts, resulting in the carrying amount of the liability for the group being equal to the fulfilment cash flows and the contractual service margin of the group being zero.

A group of insurance contracts becomes onerous (or more onerous) on subsequent measurement if the following amounts exceed the carrying amount of the contractual service margin: 48
(a) unfavourable changes relating to future service in the fulfilment cash flows allocated to the group arising from changes in estimates of future cash flows and the risk adjustment for non-financial risk; and
(b) for a group of insurance contracts with direct participation features, the decrease in the amount of the entity's share of the fair value of the underlying items.

Applying paragraphs 44 (c) (i), 45 (b) (ii) and 45 (c) (ii), an entity shall recognise a loss in profit or loss to the extent of that excess.

An entity shall establish (or increase) a loss component of the liability for remaining coverage for an onerous group depicting the losses recognised applying paragraphs 47—48. The loss component determines the amounts that are presented in profit or loss as reversals of losses on onerous groups and are consequently excluded from the determination of insurance revenue. 49

After an entity has recognised a loss on an onerous group of insurance contracts, it shall allocate: 50
(a) the subsequent changes in fulfilment cash flows of the liability for remaining coverage specified in paragraph 51 on a systematic basis between:
  (i) the loss component of the liability for remaining coverage; and
  (ii) the liability for remaining coverage, excluding the loss component.
(b) solely to the loss component until that component is reduced to zero:
  (i) any subsequent decrease relating to future service in fulfilment cash flows allocated to the group arising from changes in estimates of future cash flows and the risk adjustment for non-financial risk; and
  (ii) any subsequent increases in the amount of the entity's share of the fair value of the underlying items.

Applying paragraphs 44 (c) (ii), 45 (b) (iii) and 45 (c) (iii), an entity shall adjust the contractual service margin only for the excess of the decrease over the amount allocated to the loss component.

The subsequent changes in the fulfilment cash flows of the liability for remaining coverage to be allocated applying paragraph 50 (a) are: 51
(a) estimates of the present value of future cash flows for claims and expenses released from the liability for remaining coverage because of incurred insurance service expenses;
(b) changes in the risk adjustment for non-financial risk recognised in profit or loss because of the release from risk; and
(c) insurance finance income or expenses.

The systematic allocation required by paragraph 50 (a) shall result in the total amounts allocated to the loss component in accordance with paragraphs 48—50 being equal to zero by the end of the coverage period of a group of contracts. 52

Premium allocation approach

An entity may simplify the measurement of a group of insurance contracts using the premium allocation approach set out in paragraphs 55—59 if, and only if, at the inception of the group: 53
(a) the entity reasonably expects that such simplification would produce a measurement of the liability for remaining coverage for the group that would not differ materially from the one that would be produced applying the requirements in paragraphs 32—52; or
(b) the coverage period of each contract in the group (including insurance contract services arising from all premiums within the contract boundary determined at that date applying paragraph 34) is one year or less.

The criterion in paragraph 53 (a) is not met if at the inception of the group an entity expects significant variability in the fulfilment cash flows that would affect the measurement of the liability for remaining coverage during the period before a claim is incurred. Variability in the fulfilment cash flows increases with, for example: 54
(a) the extent of future cash flows relating to any derivatives embedded in the contracts; and
(b) the length of the coverage period of the group of contracts.

55 Wendet ein Unternehmen den Prämienallokationsansatz an, hat es die Deckungsrückstellung wie folgt zu ermitteln:
(a) beim erstmaligen Ansatz entspricht der Buchwert der Verbindlichkeit
(i) den etwaigen beim erstmaligen Ansatz erhaltenen Prämien,
(ii) abzüglich der Abschlusskosten zu diesem Zeitpunkt, es sei denn, das Unternehmen übt sein Wahlrecht aus, die Zahlungen unter Anwendung von Paragraph 59 (a) als Aufwand zu erfassen, und
(iii) zuzüglich oder abzüglich des etwaigen Betrags aus der Ausbuchung zu diesem Zeitpunkt von:
1. unter Anwendung von Paragraph 28C als Abschlusskosten angesetzten Vermögenswerten und
2. in Paragraph B66A festgelegten anderen im Vorfeld für Zahlungsströme in Bezug auf die Gruppe von Verträgen angesetzten Vermögenswerten oder Verbindlichkeiten.
(b) Zum Ende einer jeden Folgeberichtsperiode entspricht der Buchwert der Verbindlichkeit dem Buchwert zum Beginn der Berichtsperiode
(i) zuzüglich der in der Periode empfangenen Prämien,
(ii) abzüglich der Abschlusskosten; es sei denn, das Unternehmen übt sein Wahlrecht aus, die Zahlungen unter Anwendung von Paragraph 59 (a) als Aufwand zu erfassen,
(iii) zuzüglich der Amortisation der Zahlungen für Abschlusskosten, die in der Berichtsperiode als Aufwand erfasst wurden, es sei denn, das Unternehmen übt sein Wahlrecht aus, die Abschlusskosten unter Anwendung von Paragraph 59 (a) als Aufwand zu erfassen,
(iv) zuzüglich einer etwaigen Anpassung einer Finanzierungskomponente unter Anwendung von Paragraph 56,
(v) abzüglich des Betrags, der für die in dieser Berichtsperiode erbrachten Versicherungsleistungen als versicherungstechnische Erträge ausgewiesen wurde (siehe Paragraph B126), und
(vi) abzüglich der Kapitalanlagekomponenten, die gezahlt oder auf die Rückstellung für noch nicht abgewickelte Versicherungsfälle übertragen wurden.

56 Haben Versicherungsverträge einer Gruppe eine signifikante Finanzierungskomponente, ist der Buchwert der Deckungsrückstellung zu diskontieren, um den Zeitwert des Geldes und den Effekt der finanziellen Risiken unter Verwendung der Abzinsungssätze gemäß Paragraph 36 widerzuspiegeln, wie beim erstmaligen Ansatz bestimmt. Das Unternehmen kann auf diese Anpassung des Buchwerts der Deckungsrückstellung zur Berücksichtigung des Zeitwerts des Geldes und des Effekts der finanziellen Risiken verzichten, wenn das Unternehmen beim erstmaligen Ansatz erwartet, dass zwischen der Erbringung der einzelnen Versicherungsleistungen und der damit verbunden Prämien-Fälligkeitszeitpunkte nicht mehr als ein Jahr liegt.

57 Wenn zu einem beliebigen Zeitpunkt während des Deckungszeitraums Fakten und Umstände darauf hinweisen, dass eine Gruppe von Versicherungsverträgen belastend ist, ist die Differenz zu berechnen zwischen
(a) dem Buchwert der Deckungsrückstellung, bestimmt nach Paragraph 55, und
(b) dem Erfüllungswert, der sich auf den zukünftigen Versicherungsschutz der Gruppe bezieht, unter Anwendung der Paragraphen 33–37 und B36–B92. Wenn das Unternehmen jedoch bei Anwendung von Paragraph 59 (b) die Rückstellung für noch nicht abgewickelte Versicherungsfälle nicht um den Zeitwert des Geldes und den Effekt der finanziellen Risiken anpasst, dann darf es eine derartige Anpassung auch nicht beim Erfüllungswert berücksichtigen.

58 Sofern der in Paragraph 57 (b) beschriebene Erfüllungswert den Buchwert gemäß Paragraph 57 (a) übersteigt, hat das Unternehmen einen Verlust erfolgswirksam zu erfassen und die Deckungsrückstellung zu erhöhen.

59 Bei Anwendung des Prämienallokationsansatzes hat ein Unternehmen
(a) das Wahlrecht, jegliche Abschlusskosten als Aufwand zu erfassen, wenn diese Kosten entstehen, vorausgesetzt der Deckungszeitraum eines jeden Vertrags in der Gruppe beim erstmaligen Ansatz beträgt höchstens ein Jahr,
(b) die Rückstellung für noch nicht abgewickelte Versicherungsfälle für die Gruppe von Versicherungsverträgen mit dem Erfüllungswert bezogen auf die eingetretenen Schäden unter Anwendung der Paragraphen 33–37 und B36–B92 zu bewerten. Das Unternehmen ist jedoch nicht verpflichtet, künftige Geldströme um den Zeitwert des Geldes und um die Auswirkung finanzieller Risiken anzupassen, wenn davon ausgegangen wird, dass diese Zahlungsströme innerhalb höchstens eines Jahres ab Eintreten des Schadens zu zahlen sind oder vereinnahmt werden.

Gehaltene Rückversicherungsverträge

60 Die Vorschriften von IFRS 17 werden für gehaltene Rückversicherungsverträge geändert, wie in den Paragraphen 61–70A dargelegt.

61 Portfolios mit gehaltenen Rückversicherungsverträgen sind unter Anwendung der Paragraphen 14–24 zu unterteilen, außer dass die Verweise auf belastende Verträge in diesen Absätzen zu ersetzen sind durch einen Verweis auf Verträge, bei denen es beim erstmaligen Ansatz einen Nettogewinn gibt. Bei einigen gehaltenen Rückversicherungsverträgen führt die Anwendung der Paragraphen 14–24 zu einer Gruppe, welche einen einzigen Vertrag umfasst.

Using the premium allocation approach, an entity shall measure the liability for remaining coverage as follows: 55

(a) on initial recognition, the carrying amount of the liability is:
   (i) the premiums, if any, received at initial recognition;
   (ii) minus any insurance acquisition cash flows at that date, unless the entity chooses to recognise the payments as an expense applying paragraph 59 (a); and
   (iii) plus or minus any amount arising from the derecognition at that date of:
      1. any asset for insurance acquisition cash flows applying paragraph 28C; and
      2. any other asset or liability previously recognised for cash flows related to the group of contracts as specified in paragraph B66A.
(b) at the end of each subsequent reporting period, the carrying amount of the liability is the carrying amount at the start of the reporting period:
   (i) plus the premiums received in the period;
   (ii) minus insurance acquisition cash flows; unless the entity chooses to recognise the payments as an expense applying paragraph 59 (a);
   (iii) plus any amounts relating to the amortisation of insurance acquisition cash flows recognised as an expense in the reporting period; unless the entity chooses to recognise insurance acquisition cash flows as an expense applying paragraph 59 (a);
   (iv) plus any adjustment to a financing component, applying paragraph 56;
   (v) minus the amount recognised as insurance revenue for services provided in that period (see paragraph B126); and
   (vi) minus any investment component paid or transferred to the liability for incurred claims.

If insurance contracts in the group have a significant financing component, an entity shall adjust the carrying amount of 56 the liability for remaining coverage to reflect the time value of money and the effect of financial risk using the discount rates specified in paragraph 36, as determined on initial recognition. The entity is not required to adjust the carrying amount of the liability for remaining coverage to reflect the time value of money and the effect of financial risk if, at initial recognition, the entity expects that the time between providing each part of the services and the related premium due date is no more than a year.

If at any time during the coverage period, facts and circumstances indicate that a group of insurance contracts is onerous, 57 an entity shall calculate the difference between:

(a) the carrying amount of the liability for remaining coverage determined applying paragraph 55; and
(b) the fulfilment cash flows that relate to remaining coverage of the group, applying paragraphs 33—37 and B36—B92. However, if, in applying paragraph 59 (b), the entity does not adjust the liability for incurred claims for the time value of money and the effect of financial risk, it shall not include in the fulfilment cash flows any such adjustment.

To the extent that the fulfilment cash flows described in paragraph 57 (b) exceed the carrying amount described in para- 58 graph 57 (a), the entity shall recognise a loss in profit or loss and increase the liability for remaining coverage.

In applying the premium allocation approach, an entity: 59

(a) may choose to recognise any insurance acquisition cash flows as expenses when it incurs those costs, provided that the coverage period of each contract in the group at initial recognition is no more than one year;
(b) shall measure the liability for incurred claims for the group of insurance contracts at the fulfilment cash flows relating to incurred claims, applying paragraphs 33—37 and B36—B92. However, the entity is not required to adjust future cash flows for the time value of money and the effect of financial risk if those cash flows are expected to be paid or received in one year or less from the date the claims are incurred.

Reinsurance contracts held

The requirements in IFRS 17 are modified for reinsurance contracts held, as set out in paragraphs 61—70A. 60

An entity shall divide portfolios of reinsurance contracts held applying paragraphs 14—24, except that the references to 61 onerous contracts in those paragraphs shall be replaced with a reference to contracts on which there is a net gain on initial recognition. For some reinsurance contracts held, applying paragraphs 14—24 will result in a group that comprises a single contract.

Ansatz

62 Anstatt Paragraph 25 anzuwenden, hat ein Unternehmen eine Gruppe von gehaltenen Rückversicherungsverträgen zum folgenden Zeitpunkt zu erfassen:

(a) entweder zu Beginn des Deckungszeitraums der Gruppe von gehaltenen Rückversicherungsverträgen, oder, falls dieser Fall früher eintritt,

(b) zu dem Zeitpunkt, zu dem das Unternehmen unter Anwendung von Paragraph 25 (c) eine Gruppe von belastenden zugrunde liegenden Versicherungsverträgen erfasst, falls das Unternehmen den zugehörigen gehaltenen Rückversicherungsvertrag in der Gruppe der gehaltenen Rückversicherungsverträge zu diesem Zeitpunkt oder vor diesem Zeitpunkt abgeschlossen hat.

62A Ungeachtet des Paragraphen 62 (a) hat ein Unternehmen mit dem Ansatz einer Gruppe von gehaltenen Rückversicherungsverträgen, die eine anteilige Deckung bieten, bis zu dem Zeitpunkt zu warten, zu dem der erstmalige Ansatz jedes zugrunde liegenden Versicherungsvertrags erfolgt ist, falls dieser Zeitpunkt erst nach dem Beginn des Deckungszeitraums der Gruppe von gehaltenen Rückversicherungsverträgen liegt.

Bewertung

63 Bei Anwendung der Bewertungsvorschriften der Paragraphen 32–36 auf gehaltene Rückversicherungsverträge hat das Unternehmen, soweit auch die zugrunde liegenden Verträge unter Anwendung dieser Paragraphen bewertet werden, zur Bewertung des Barwerts der geschätzten künftigen Zahlungsströme für die Gruppe der gehaltenen Rückversicherungsverträge und des Barwerts der geschätzten künftigen Zahlungsströme für die Gruppe(n) der zugrunde liegenden Versicherungsverträge von konsistenten Annahmen auszugehen. Zusätzlich hat das Unternehmen bei der Bewertung des Barwerts der geschätzten künftigen Zahlungsströme für die Gruppe der gehaltenen Rückversicherungsverträge die Auswirkungen des Risikos der Nichterfüllung durch den Aussteller des Rückversicherungsvertrags, einschließlich der Auswirkungen von Sicherheiten und Verlusten aus Streitigkeiten, zu berücksichtigen.

64 Anstatt Paragraph 37 anzuwenden, hat ein Unternehmen die Risikoanpassung für nichtfinanzielle Risiken so zu bestimmen, dass dieser Betrag der Höhe des Risikos entspricht, das vom Versicherungsnehmer der Gruppe der Rückversicherungsverträge auf den Aussteller dieser Verträge übertragen wird.

65 Die Vorschriften des Paragraphen 38, die sich auf die Bestimmung der vertraglichen Servicemarge beim erstmaligen Ansatz beziehen, werden geändert, um der Tatsache Rechnung zu tragen, dass es bei einer Gruppe von gehaltenen Rückversicherungsverträgen keinen nicht realisierten Gewinn gibt, sondern stattdessen Nettokosten oder einen Nettogewinn beim Erwerb der Rückversicherung. Sofern Paragraph 65A keine Anwendung findet, hat das Unternehmen beim erstmaligen Ansatz jegliche Nettokosten oder Nettogewinne beim Erwerb der Gruppe von gehaltenen Rückversicherungsverträgen als vertragliche Servicemarge – bewertet zu einem Betrag, der der Summe folgender Elemente entspricht – auszuweisen:

(a) den Erfüllungswerten,

(b) dem zu diesem Zeitpunkt ausgebuchten Betrag der in Vorperioden angesetzten Vermögenswerte oder Verbindlichkeiten für Zahlungsströme in Bezug auf die Gruppe von gehaltenen Rückversicherungsverträgen,

(c) jeglichen Zahlungsströmen, die zu diesem Zeitpunkt anfallen, und

(d) den unter Anwendung von Paragraph 66A erfolgswirksam erfassten Erträgen.

65A Falls die Nettokosten für den Erwerb der Rückversicherungsdeckung sich auf Ereignisse vor dem Erwerb der Gruppe der gehaltenen Rückversicherungsverträge beziehen, hat das Unternehmen – ungeachtet der Vorschriften von Paragraph B5 – diese Kosten sofort aufwandswirksam zu erfassen.

66 Anstatt Paragraph 44 anzuwenden, hat ein Unternehmen die vertragliche Servicemarge für eine Gruppe von gehaltenen Rückversicherungsverträgen zum Abschlussstichtag zu dem Buchwert zu bewerten, der zu Beginn der Berichtsperiode bestimmt wurde, angepasst um

(a) die Auswirkungen etwaiger neuer Verträge, die der Gruppe hinzugefügt wurden (vgl. Paragraph 28),

(b) die Aufzinsung des Buchwerts der vertraglichen Servicemarge, bewertet zu den in Paragraph B72 (b) angegebenen Abzinsungssätzen,

(ba) die unter Anwendung von Paragraph 66A in der Berichtsperiode erfolgswirksam erfassten Erträge,

(bb) Auflösungen einer unter Anwendung von Paragraph 66B (siehe Paragraph B119F) ausgewiesenen Verlustrückerstattungskomponente, sofern es sich bei diesen Auflösungen nicht um Änderungen der Erfüllungswerte der Gruppe der gehaltenen Rückversicherungsverträge handelt,

(c) Änderungen der Erfüllungswerte, bewertet zu den in Paragraph B72 (c) angegebenen Abzinsungssätzen, sofern sich die Änderung auf zukünftige Leistungen bezieht, es sei denn

   (i) die Änderung resultiert aus einer Änderung der einer Gruppe zugrunde liegender Versicherungsverträge zugeordneten Erfüllungswerte, die keine Anpassung der vertraglichen Servicemarge für die Gruppe der zugrunde liegenden Versicherungsverträge bewirkt, oder

   (ii) die Änderung resultiert aus der Anwendung der Paragraphen 57–58 (belastende Verträge), wenn das Unternehmen eine Gruppe von zugrunde liegenden Versicherungsverträgen unter Anwendung des Prämienallokationsansatzes bewertet.

(d) die Auswirkung etwaiger Wechselkursdifferenzen auf die vertragliche Servicemarge und

Recognition

Instead of applying paragraph 25, an entity shall recognise a group of reinsurance contracts held from the earlier of the following: 62

(a) the beginning of the coverage period of the group of reinsurance contracts held; and
(b) the date the entity recognises an onerous group of underlying insurance contracts applying paragraph 25 (c), if the entity entered into the related reinsurance contract held in the group of reinsurance contracts held at or before that date.

Notwithstanding paragraph 62 (a), an entity shall delay the recognition of a group of reinsurance contracts held that provide proportionate coverage until the date that any underlying insurance contract is initially recognised, if that date is later than the beginning of the coverage period of the group of reinsurance contracts held. 62A

Measurement

In applying the measurement requirements of paragraphs 32—36 to reinsurance contracts held, to the extent that the underlying contracts are also measured applying those paragraphs, the entity shall use consistent assumptions to measure the estimates of the present value of the future cash flows for the group of reinsurance contracts held and the estimates of the present value of the future cash flows for the group(s) of underlying insurance contracts. In addition, the entity shall include in the estimates of the present value of the future cash flows for the group of reinsurance contracts held the effect of any risk of non-performance by the issuer of the reinsurance contract, including the effects of collateral and losses from disputes. 63

Instead of applying paragraph 37, an entity shall determine the risk adjustment for non-financial risk so that it represents the amount of risk being transferred by the holder of the group of reinsurance contracts to the issuer of those contracts. 64

The requirements of paragraph 38 that relate to determining the contractual service margin on initial recognition are modified to reflect the fact that for a group of reinsurance contracts held there is no unearned profit but instead a net cost or net gain on purchasing the reinsurance. Hence, unless paragraph 65A applies, on initial recognition the entity shall recognise any net cost or net gain on purchasing the group of reinsurance contracts held as a contractual service margin measured at an amount equal to the sum of: 65

(a) the fulfilment cash flows;
(b) the amount derecognised at that date of any asset or liability previously recognised for cash flows related to the group of reinsurance contracts held;
(c) any cash flows arising at that date; and
(d) any income recognised in profit or loss applying paragraph 66A.

If the net cost of purchasing reinsurance coverage relates to events that occurred before the purchase of the group of reinsurance contracts held, notwithstanding the requirements of paragraph B5, the entity shall recognise such a cost immediately in profit or loss as an expense. 65A

Instead of applying paragraph 44, an entity shall measure the contractual service margin at the end of the reporting period for a group of reinsurance contracts held as the carrying amount determined at the start of the reporting period, adjusted for: 66

(a) the effect of any new contracts added to the group (see paragraph 28);
(b) interest accreted on the carrying amount of the contractual service margin, measured at the discount rates specified in paragraph B72 (b);
(ba) income recognised in profit or loss in the reporting period applying paragraph 66A;
(bb) reversals of a loss-recovery component recognised applying paragraph 66B (see paragraph B119F) to the extent those reversals are not changes in the fulfilment cash flows of the group of reinsurance contracts held;
(c) changes in the fulfilment cash flows, measured at the discount rates specified in paragraph B72 (c), to the extent that the change relates to future service, unless:
  (i) the change results from a change in fulfilment cash flows allocated to a group of underlying insurance contracts that does not adjust the contractual service margin for the group of underlying insurance contracts; or
  (ii) the change results from applying paragraphs 57—58 (on onerous contracts), if the entity measures a group of underlying insurance contracts applying the premium allocation approach.
(d) the effect of any currency exchange differences arising on the contractual service margin; and

(e) den aufgrund von in der Berichtsperiode erhaltenen Leistungen erfolgswirksam erfassten Betrag, der ermittelt wird, indem die am Abschlussstichtag (vor einer etwaigen Aufteilung) verbleibende vertragliche Servicemarge unter Anwendung von Paragraph B119 auf den gegenwärtigen und künftigen Deckungszeitraum der Gruppe von gehaltenen Rückversicherungsverträgen aufgeteilt wird.

66A Ein Unternehmen hat die vertragliche Servicemarge einer Gruppe gehaltener Rückversicherungsverträge anzupassen und infolgedessen einen Ertrag auszuweisen, wenn es beim erstmaligen Ansatz einer belastenden Gruppe zugrunde liegender Versicherungsverträge oder bei der Hinzufügung von belastenden zugrunde liegenden Versicherungsverträgen zu einer Gruppe einen Verlust ausweist (siehe Paragraphen B119C–B119E).

66B Ein Unternehmen hat für den Vermögenswert für den zukünftigen Versicherungsschutz für eine Gruppe von gehaltenen Rückversicherungsverträgen eine Verlustrückerstattungskomponente festzulegen (oder anzupassen), welche die Aufholung der unter Anwendung der Paragraphen 66 (c) (i)–(ii) und 66A ausgewiesenen Verluste abbildet. Die Verlustrückerstattungskomponente bestimmt die Beträge, die erfolgswirksam als Auflösung/Ausbuchung von Aufholungen von Verlusten aus gehaltenen Rückversicherungsverträgen ausgewiesen werden und die folglich von der Aufteilung der an den Rückversicherer gezahlten Prämien ausgeschlossen sind (siehe Paragraph B119F).

67 Änderungen bei den Erfüllungswerten, die auf Änderungen beim Risiko der Nichterfüllung durch den Aussteller eines gehaltenen Rückversicherungsvertrags zurückzuführen sind, beziehen sich nicht auf künftige Leistungen und dürfen nicht zu einer Anpassung der vertraglichen Servicemarge führen.

68 Gehaltene Rückversicherungsverträge können nicht belastend sein. Folglich finden die Vorschriften der Paragraphen 47–52 keine Anwendung.

Prämienallokationsansatz für gehaltene Rückversicherungsverträge

69 Ein Unternehmen kann den in den Paragraphen 55, 56 und 59 dargelegten Prämienallokationsansatz anwenden (der unter Berücksichtigung der Merkmale der gehaltenen Rückversicherungsverträge angepasst wird, welche sich von ausgestellten Versicherungsverträgen unterscheiden, beispielsweise in Bezug auf die Generierung von Aufwendungen oder die Reduzierung von Aufwendungen anstatt Erträgen), um die Bewertung einer Gruppe von gehaltenen Rückversicherungsverträgen zu vereinfachen, wenn beim erstmaligen Ansatz der Gruppe

(a) das Unternehmen die angemessene Erwartung hat, dass sich die daraus ergebende Bewertung nicht wesentlich vom Ergebnis der Anwendung der Vorschriften der Paragraphen 63–68 unterscheiden würde, oder

(b) der Deckungszeitraum eines jeden Vertrags in der Gruppe der gehaltenen Rückversicherungsverträge (einschließlich Versicherungsdeckung aus allen Prämien innerhalb der zu diesem Zeitpunkt unter Anwendung von Paragraph 34 festgelegten Vertragsgrenzen) höchstens ein Jahr beträgt.

70 Ein Unternehmen kann die in Paragraph 69 (a) genannte Bedingung nicht erfüllen, wenn es beim erstmaligen Ansatz der Gruppe von einer signifikanten Variabilität der Erfüllungswerte ausgeht, was die Bewertung des aktivierten zukünftigen Versicherungsschutzes während der Periode vor Eintreten eines Schadens beeinflussen würde. Die Variabilität der Erfüllungswerte steigt beispielsweise an im Zusammenhang mit

(a) der Höhe der künftigen Zahlungsströme im Zusammenhang mit in die Verträge eingebetteten Derivaten und

(b) der Länge des Deckungszeitraums der Gruppe von gehaltenen Rückversicherungsverträgen.

70A Wenn ein Unternehmen eine Gruppe von gehaltenen Rückversicherungsverträgen unter Anwendung des Prämienallokationsansatzes bewertet, hat es Paragraph 66A anzuwenden und den Buchwert des Vermögenswerts für den zukünftigen Versicherungsschutz anzupassen, anstatt die vertragliche Servicemarge anzupassen.

Kapitalanlageverträge mit ermessensabhängiger Überschussbeteiligung

71 Ein Kapitalanlagevertrag mit ermessensabhängiger Überschussbeteiligung geht nicht mit der Übertragung eines signifikanten Versicherungsrisikos einher. Folglich werden die Vorschriften von IFRS 17 für Versicherungsverträge in Bezug auf Kapitalanlageverträge mit ermessensabhängiger Überschussbeteiligung wie folgt geändert:

(a) der Zeitpunkt des erstmaligen Ansatzes (siehe Paragraphen 25 und 28) ist der Zeitpunkt, zu dem das Unternehmen Vertragspartei wird,

(b) die Vertragsgrenze (siehe Paragraph 34) wird geändert, sodass Zahlungsströme sich dann innerhalb der Vertragsgrenze befinden, wenn sie aus einer wesentlichen Pflicht des Unternehmens zur Leistung einer Zahlung zum gegenwärtigen oder zu einem zukünftigen Zeitraum resultieren. Das Unternehmen hat keine wesentliche Pflicht zur Leistung einer Zahlung, wenn es praktisch in der Lage ist, einen Preis für die Zusage der Zahlung festzulegen, welche dem zugesagten Betrag der Zahlung und den verbundenen Risiken voll und ganz Rechnung trägt,

(c) die Allokation der vertraglichen Servicemarge (siehe Paragraphen 44 (e) und 45 (e) wird geändert, sodass das Unternehmen die vertragliche Servicemarge über die Laufzeit der Gruppe von Verträgen auf systematische Art und Weise erfasst, wobei der Übertragung von Kapitalanlageleistungen gemäß Vertrag Rechnung getragen wird.

(e) the amount recognised in profit or loss because of services received in the period, determined by the allocation of the contractual service margin remaining at the end of the reporting period (before any allocation) over the current and remaining coverage period of the group of reinsurance contracts held, applying paragraph B119.

An entity shall adjust the contractual service margin of a group of reinsurance contracts held, and as a result recognise income, when the entity recognises a loss on initial recognition of an onerous group of underlying insurance contracts or on addition of onerous underlying insurance contracts to a group (see paragraphs B119C— B119E). 66A

An entity shall establish (or adjust) a loss-recovery component of the asset for remaining coverage for a group of reinsurance contracts held depicting the recovery of losses recognised applying paragraphs 66 (c) (i)—(ii) and 66A. The loss-recovery component determines the amounts that are presented in profit or loss as reversals of recoveries of losses from reinsurance contracts held and are consequently excluded from the allocation of premiums paid to the reinsurer (see paragraph B119F). 66B

Changes in the fulfilment cash flows that result from changes in the risk of non-performance by the issuer of a reinsurance contract held do not relate to future service and shall not adjust the contractual service margin. 67

Reinsurance contracts held cannot be onerous. Accordingly, the requirements of paragraphs 47—52 do not apply. 68

Premium allocation approach for reinsurance contracts held

An entity may use the premium allocation approach set out in paragraphs 55—56 and 59 (adapted to reflect the features of reinsurance contracts held that differ from insurance contracts issued, for example the generation of expenses or reduction in expenses rather than revenue) to simplify the measurement of a group of reinsurance contracts held, if at the inception of the group: 69

(a) the entity reasonably expects the resulting measurement would not differ materially from the result of applying the requirements in paragraphs 63—68; or
(b) the coverage period of each contract in the group of reinsurance contracts held (including insurance coverage from all premiums within the contract boundary determined at that date applying paragraph 34) is one year or less.

An entity cannot meet the condition in paragraph 69 (a) if, at the inception of the group, an entity expects significant variability in the fulfilment cash flows that would affect the measurement of the asset for remaining coverage during the period before a claim is incurred. Variability in the fulfilment cash flows increases with, for example: 70

(a) the extent of future cash flows relating to any derivatives embedded in the contracts; and
(b) the length of the coverage period of the group of reinsurance contracts held.

If an entity measures a group of reinsurance contracts held applying the premium allocation approach, the entity shall apply paragraph 66A by adjusting the carrying amount of the asset for remaining coverage instead of adjusting the contractual service margin. 70A

Investment contracts with discretionary participation features

An investment contract with discretionary participation features does not include a transfer of significant insurance risk. Consequently, the requirements in IFRS 17 for insurance contracts are modified for investment contracts with discretionary participation features as follows: 71

(a) the date of initial recognition (see paragraphs 25 and 28) is the date the entity becomes party to the contract;
(b) the contract boundary (see paragraph 34) is modified so that cash flows are within the contract boundary if they result from a substantive obligation of the entity to deliver cash at a present or future date. The entity has no substantive obligation to deliver cash if it has the practical ability to set a price for the promise to deliver the cash that fully reflects the amount of cash promised and related risks;
(c) the allocation of the contractual service margin (see paragraphs 44 (e) and 45 (e)) is modified so that the entity shall recognise the contractual service margin over the duration of the group of contracts in a systematic way that reflects the transfer of investment services under the contract.

ÄNDERUNG UND AUSBUCHUNG

Änderung eines Versicherungsvertrags

72 Sind die Bedingungen eines Versicherungsvertrags geändert worden, beispielsweise durch eine Vereinbarung zwischen den Vertragsparteien oder durch eine Änderung der Rechtsvorschriften, hat ein Unternehmen den ursprünglichen Vertrag auszubuchen und den geänderten Vertrag unter Anwendung von IFRS 17 oder anderen anwendbaren Standards als neuen Vertrag einzubuchen, jedoch nur dann, wenn eine der unter (a)–(c) genannten Bedingungen erfüllt ist. Die Ausübung eines in den Vertragsbedingungen vorgesehenen Rechts ist keine Änderung der Vertragsbedingungen. Die Bedingungen sind:

(a) Wären die geänderten Vertragsbedingungen bei Vertragsabschluss vorgesehen gewesen, hätte dies zu Folgendem geführt:
   - (i) der geänderte Vertrag wäre unter Anwendung der Paragraphen 3–8A nicht in den Anwendungsbereich von IFRS 17 gefallen,
   - (ii) ein Unternehmen hätte unter Anwendung der Paragraphen 10–13 verschiedene Komponenten vom Basisversicherungsvertrag abgetrennt, was zu einem anderen Versicherungsvertrag geführt hätte, der in den Anwendungsbereich von IFRS 17 gefallen wäre,
   - (iii) der geänderte Vertrag hätte unter Anwendung von Paragraph 34 eine wesentlich andere Vertragsgrenze gehabt oder
   - (iv) der geänderte Vertrag wäre unter Anwendung der Paragraphen 14–24 in eine andere Gruppe von Verträgen aufgenommen worden.

(b) Der ursprüngliche Vertrag entsprach der Definition eines Versicherungsvertrags mit direkter Überschussbeteiligung, der geänderte Vertrag entspricht dieser Definition dagegen nicht mehr, oder umgekehrt, oder

(c) Das Unternehmen hat den Prämienallokationsansatz gemäß den Paragraphen 53–59 oder den Paragraphen 69–70 auf den ursprünglichen Vertrag angewandt, die Vertragsänderungen haben jedoch dazu geführt, dass der Vertrag die in Paragraph 53 oder Paragraph 69 vorgeschriebenen Kriterien für die Anwendung dieses Ansatzes nicht mehr erfüllt.

73 Erfüllt eine Vertragsänderung keine der in Paragraph 72 genannten Bedingungen, hat das Unternehmen Änderungen der Zahlungsströme, die auf die Vertragsänderung zurückzuführen sind, als Änderungen der geschätzten Erfüllungswerte unter Anwendung der Paragraphen 40–52 zu behandeln.

Ausbuchung

74 Ein Unternehmen hat einen Versicherungsvertrag nur dann auszubuchen,

(a) wenn er erloschen ist, d. h. wenn die im Versicherungsvertrag genannte Verpflichtung erloschen, erfüllt oder gekündigt ist, oder

(b) wenn eine der in Paragraph 72 genannten Bedingungen erfüllt ist.

75 Wenn ein Versicherungsvertrag erloschen ist, besteht für das Unternehmen kein Risiko mehr und das Unternehmen ist folglich nicht mehr verpflichtet, wirtschaftliche Ressourcen zu übertragen, um den Versicherungsvertrag zu erfüllen. Wenn ein Unternehmen beispielsweise einen Rückversicherungsvertrag abschließt, hat es den zugrunde liegenden Versicherungsvertrag/die zugrunde liegenden Versicherungsverträge nur dann auszubuchen, wenn er erloschen ist/wenn sie erloschen sind.

76 Ein Unternehmen bucht einen Versicherungsvertrag aus einer Gruppe von Verträgen aus, indem die folgenden Vorschriften von IFRS 17 angewandt werden:

(a) die der Gruppe zugeordneten Erfüllungswerte werden unter Anwendung der Paragraphen 40 (a) (i) und 40 (b) angepasst, um den Barwert der künftigen Zahlungsströme und die Risikoanpassung für nichtfinanzielle Risiken im Zusammenhang mit Rechten und Pflichten, welche aus der Gruppe ausgebucht wurden, zu eliminieren,

(b) die vertragliche Servicemarge der Gruppe wird um die unter (a) beschriebene Änderung der Erfüllungswerte angepasst, sofern die Paragraphen 44 (c) und 45 (c) dies verlangen, es sei denn, Paragraph 77 findet Anwendung, und

(c) die Anzahl der Deckungseinheiten für die erwarteten verbleibenden künftigen Leistungen gemäß dem Versicherungsvertrag wird angepasst, um den aus der Gruppe ausgebuchten Deckungseinheiten Rechnung zu tragen. Die Höhe der in der Berichtsperiode erfolgswirksam erfassten vertraglichen Servicemarge wird unter Anwendung von Paragraph B119 auf der Grundlage dieser angepassten Anzahl berechnet.

77 Wenn ein Unternehmen einen Versicherungsvertrag ausbucht, weil es diesen Vertrag an einen Dritten überträgt, oder wenn ein Unternehmen unter Anwendung von Paragraph 72 einen Versicherungsvertrag ausbucht und einen neuen Vertrag einbucht, darf es nicht nach Paragraph 76 (b) verfahren, sondern hat stattdessen

(a) die vertragliche Servicemarge der Gruppe, aus welcher der Vertrag ausgebucht wurde (sofern die Paragraphen 44 (c) und 45 (c) dies verlangen), entweder um die Differenz zwischen (i) und (ii) anzupassen (bei auf einen Dritten übertragenen Verträgen) oder um die Differenz zwischen (i) und (iii) (bei unter Anwendung von Paragraph 72 ausgebuchten Verträgen):
   - (i) die Änderung des Buchwerts der Gruppe von Versicherungsverträgen, die sich unter Anwendung von Paragraph 76 (a) aus der Ausbuchung des Vertrags ergibt,

MODIFICATION AND DERECOGNITION

Modification of an insurance contract

If the terms of an insurance contract are modified, for example by agreement between the parties to the contract or by a change in regulation, an entity shall derecognise the original contract and recognise the modified contract as a new contract, applying IFRS 17 or other applicable Standards if, and only if, any of the conditions in (a)—(c) are satisfied. The exercise of a right included in the terms of a contract is not a modification. The conditions are that: 72

(a) if the modified terms had been included at contract inception:
   (i) the modified contract would have been excluded from the scope of IFRS 17, applying paragraphs 3—8A;
   (ii) an entity would have separated different components from the host insurance contract applying paragraphs 10—13, resulting in a different insurance contract to which IFRS 17 would have applied;
   (iii) the modified contract would have had a substantially different contract boundary applying paragraph 34; or
   (iv) the modified contract would have been included in a different group of contracts applying paragraphs 14—24.

(b) the original contract met the definition of an *insurance contract with direct participation features*, but the modified contract no longer meets that definition, or vice versa; or

(c) the entity applied the premium allocation approach in paragraphs 53—59 or paragraphs 69—70 to the original contract, but the modifications mean that the contract no longer meets the eligibility criteria for that approach in paragraph 53 or paragraph 69.

If a contract modification meets none of the conditions in paragraph 72, the entity shall treat changes in cash flows caused by the modification as changes in estimates of fulfilment cash flows by applying paragraphs 40—52. 73

Derecognition

An entity shall derecognise an insurance contract when, and only when: 74

(a) it is extinguished, i.e. when the obligation specified in the insurance contract expires or is discharged or cancelled; or

(b) any of the conditions in paragraph 72 are met.

When an insurance contract is extinguished, the entity is no longer at risk and is therefore no longer required to transfer any economic resources to satisfy the insurance contract. For example, when an entity buys reinsurance, it shall derecognise the underlying insurance contract(s) when, and only when, the underlying insurance contract(s) is or are extinguished. 75

An entity derecognises an insurance contract from within a group of contracts by applying the following requirements in IFRS 17: 76

(a) the fulfilment cash flows allocated to the group are adjusted to eliminate the present value of the future cash flows and risk adjustment for non-financial risk relating to the rights and obligations that have been derecognised from the group, applying paragraphs 40 (a) (i) and 40 (b);

(b) the contractual service margin of the group is adjusted for the change in fulfilment cash flows described in (a), to the extent required by paragraphs 44 (c) and 45 (c), unless paragraph 77 applies; and

(c) the number of coverage units for expected remaining insurance contract services is adjusted to reflect the coverage units derecognised from the group, and the amount of the contractual service margin recognised in profit or loss in the period is based on that adjusted number applying paragraph B119.

When an entity derecognises an insurance contract because it transfers the contract to a third party or derecognises an insurance contract and recognises a new contract applying paragraph 72, the entity shall instead of applying paragraph 76 (b): 77

(a) adjust the contractual service margin of the group from which the contract has been derecognised, to the extent required by paragraphs 44 (c) and 45 (c), for the difference between (i) and either (ii) for contracts transferred to a third party or (iii) for contracts derecognised applying paragraph 72:
   (i) the change in the carrying amount of the group of insurance contracts resulting from the derecognition of the contract, applying paragraph 76 (a);

(ii) die von dem Dritten berechnete Prämie,
(iii) die Prämie, die das Unternehmen in Rechnung gestellt hätte, wenn es zum Zeitpunkt der Vertragsänderung einen Vertrag mit vergleichbaren Bedingungen als neuen Vertrag geschlossen hätte, abzüglich einer möglicherweise für die Änderung in Rechnung gestellten zusätzlichen Prämie.

(b) den neuen Vertrag, der unter Anwendung von Paragraph 72 eingebucht wurde, unter Berücksichtigung der Annahme zu bewerten, dass das Unternehmen die unter (a) (iii) beschriebene Prämie zum Zeitpunkt der Änderung erhalten hat.

AUSWEIS IN DER BILANZ

78 **Ein Unternehmen hat in der Bilanz den Buchwert der folgenden Portfolios getrennt auszuweisen:**
(a) **ausgestellte Versicherungsverträge, die Vermögenswerte sind,**
(b) **ausgestellte Versicherungsverträge, die Verbindlichkeiten sind,**
(c) **gehaltene Rückversicherungsverträge, die Vermögenswerte sind, und**
(d) **gehaltene Rückversicherungsverträge, die Verbindlichkeiten sind.**

79 Ein Unternehmen hat unter Anwendung von Paragraph 28B die als Vermögenswert angesetzten Abschlusskosten in den Buchwert der jeweils zugehörigen Portfolios von ausgestellten Versicherungsverträgen miteinzubeziehen. Jede der als Vermögenswert oder Verbindlichkeit angesetzten Zahlungsströme in Bezug auf Portfolios gehaltener Rückversicherungsverträgen (siehe Paragraph 65 (b)) hat das Unternehmen in den Buchwert der Portfolios gehaltener Rückversicherungsverträgen miteinzubeziehen.

ANSATZ UND AUSWEIS IN DER GESAMTERGEBNISRECHNUNG (PARAGRAPHEN B120–B136)

80 **Unter Anwendung der Paragraphen 41 und 42 hat ein Unternehmen die in der Gewinn- und Verlustrechnung und die im sonstigen Ergebnis (nachstehend als Gesamtergebnisrechnung bezeichnet) erfassten Beträge zu untergliedern in:**
(a) **ein versicherungstechnisches Ergebnis (Paragraphen 83–86), bestehend aus den versicherungstechnischen Erträgen sowie den versicherungstechnischen Aufwendungen, und**
(b) **versicherungstechnische Finanzerträge oder -aufwendungen (Paragraphen 87–92).**

81 Ein Unternehmen ist nicht verpflichtet, die Änderung der Risikoanpassung für nichtfinanzielle Risiken in versicherungstechnische Ergebnisse und versicherungstechnische Finanzerträge oder -aufwendungen aufzugliedern. Nimmt ein Unternehmen keine solche Aufgliederung vor, muss es die gesamte Änderung der Risikoanpassung für nichtfinanzielle Risiken als Teil des versicherungstechnischen Ergebnisses miteinbeziehen.

82 **Erträge oder Aufwendungen aus gehaltenen Rückversicherungsverträgen sind getrennt von den Erträgen und Aufwendungen aus ausgestellten Versicherungsverträgen darzustellen.**

Versicherungstechnisches Ergebnis

83 **Versicherungstechnische Erträge aus den Gruppen von ausgestellten Versicherungsverträgen sind erfolgswirksam auszuweisen. Die versicherungstechnischen Erträge müssen die Erbringung der aus der Gruppe von Versicherungsverträgen entstehenden Leistungen mit einem Betrag darstellen, welcher der Gegenleistung entspricht, auf die das Unternehmen im Gegenzug für diese Leistungen erwartungsgemäß einen Anspruch hat. Die Paragraphen B120–B127 regeln, wie ein Unternehmen die versicherungstechnischen Erträge zu bewerten hat.**

84 **Aus einer Gruppe von ausgestellten Versicherungsverträgen entstehende versicherungstechnische Aufwendungen, einschließlich eingetretener Schäden (ausgenommen Rückzahlungen von Kapitalanlagekomponenten), und sonstige entstandene versicherungstechnische Aufwendungen sowie andere in Paragraph 103 (b) beschriebene Beträge sind erfolgswirksam auszuweisen.**

85 **Die erfolgswirksam ausgewiesenen versicherungstechnischen Erträge und Aufwendungen dürfen keine Kapitalanlagekomponenten beinhalten. Informationen zu Prämien sind nicht erfolgswirksam auszuweisen, wenn diese Informationen nicht mit Paragraph 83 in Einklang stehen.**

86 Ein Unternehmen kann Erträge oder Aufwendungen aus einer Gruppe von gehaltenen Rückversicherungsverträgen (siehe Paragraphen 60–70A), bei denen es sich nicht um versicherungstechnische Finanzerträge oder -aufwendungen handelt, als einen Einzelbetrag ausweisen; oder das Unternehmen kann die vom Rückversicherer erstatteten Beträge und die zugeordneten gezahlten Prämien, die zusammengenommen einen diesem Einzelbetrag entsprechenden Nettobetrag ergeben, getrennt ausweisen. Wenn ein Unternehmen die vom Rückversicherer erstatteten Beträge und die zugeordneten gezahlten Prämien getrennt ausweist, hat es
(a) Rückversicherungszahlungsströme, die durch Schäden aus den zugrunde liegenden Verträgen bedingt sind, als Teil der Schäden zu behandeln, deren Rückerstattung im Rahmen des gehaltenen Rückversicherungsvertrags erwartet wird,

(ii) the premium charged by the third party;
(iii) the premium the entity would have charged had it entered into a contract with equivalent terms as the new contract at the date of the contract modification, less any additional premium charged for the modification.

(b) measure the new contract recognised applying paragraph 72 assuming that the entity received the premium described in (a) (iii) at the date of the modification.

PRESENTATION IN THE STATEMENT OF FINANCIAL POSITION

An entity shall present separately in the statement of financial position the carrying amount of portfolios of: 78

(a) insurance contracts issued that are assets;
(b) insurance contracts issued that are liabilities;
(c) reinsurance contracts held that are assets; and
(d) reinsurance contracts held that are liabilities.

An entity shall include any assets for insurance acquisition cash flows recognised applying paragraph 28B in the carrying 79 amount of the related portfolios of insurance contracts issued, and any assets or liabilities for cash flows related to portfolios of reinsurance contracts held (see paragraph 65 (b)) in the carrying amount of the portfolios of reinsurance contracts held.

RECOGNITION AND PRESENTATION IN THE STATEMENT(S) OF FINANCIAL PERFORMANCE (PARAGRAPHS B120—B136)

Applying paragraphs 41 and 42, an entity shall disaggregate the amounts recognised in the statement(s) of profit or 80 **loss and other comprehensive income (hereafter referred to as the statement(s) of financial performance) into:**

(a) an insurance service result (paragraphs 83—86), comprising insurance revenue and insurance service expenses; and
(b) insurance finance income or expenses (paragraphs 87—92).

An entity is not required to disaggregate the change in the risk adjustment for non-financial risk between the insurance 81 service result and insurance finance income or expenses. If an entity does not make such a disaggregation, it shall include the entire change in the risk adjustment for non-financial risk as part of the insurance service result.

An entity shall present income or expenses from reinsurance contracts held separately from the expenses or income 82 **from insurance contracts issued.**

Insurance service result

An entity shall present in profit or loss insurance revenue arising from the groups of insurance contracts issued. 83 **Insurance revenue shall depict the provision of services arising from the group of insurance contracts at an amount that reflects the consideration to which the entity expects to be entitled in exchange for those services. Paragraphs B120—B127 specify how an entity measures insurance revenue.**

An entity shall present in profit or loss insurance service expenses arising from a group of insurance contracts issued, 84 **comprising incurred claims (excluding repayments of investment components), other incurred insurance service expenses and other amounts as described in paragraph 103 (b).**

Insurance revenue and insurance service expenses presented in profit or loss shall exclude any investment compo- 85 **nents. An entity shall not present premium information in profit or loss if that information is inconsistent with paragraph 83.**

An entity may present the income or expenses from a group of reinsurance contracts held (see paragraphs 60—70A), other 86 than insurance finance income or expenses, as a single amount; or the entity may present separately the amounts recovered from the reinsurer and an allocation of the premiums paid that together give a net amount equal to that single amount. If an entity presents separately the amounts recovered from the reinsurer and an allocation of the premiums paid, it shall:

(a) treat reinsurance cash flows that are contingent on claims on the underlying contracts as part of the claims that are expected to be reimbursed under the reinsurance contract held;

(b) Beträge vom Rückversicherer, deren Eingang erwartet wird und die nicht durch Schäden aus den zugrunde liegenden Verträgen bedingt sind (beispielsweise einige Arten von Abtretungsprovisionen), als Minderung der an den Rückversicherer zu zahlenden Prämien zu behandeln,

(ba) unter Anwendung der Paragraphen 66 (c) (i)–(ii) und 66A–66B für die Verlustrückerstattung ausgewiesene Beträge als vom Rückversicherer zurückerstattete Beträge zu behandeln und

(c) die zugeordneten gezahlten Prämien nicht als Ertragsminderung auszuweisen.

Versicherungstechnische Finanzerträge oder -aufwendungen (siehe Paragraphen B128–B136)

87 **Versicherungstechnische Finanzerträge oder -aufwendungen umfassen die Änderungen des Buchwerts der Gruppe von Versicherungsverträgen, die sich ergeben aus:**

(a) den Auswirkungen des Zeitwerts des Geldes und den Auswirkungen der Änderungen des Zeitwerts des Geldes und

(b) den Auswirkungen des finanziellen Risikos und den Auswirkungen der Änderungen des finanziellen Risikos, aber

(c) unter Ausnahme solcher Änderungen bei Gruppen von Versicherungsverträgen mit direkter Überschussbeteiligung, welche die vertragliche Servicemarge anpassen würden, dies jedoch bei Anwendung der Paragraphen 45 (b) (ii), 45 (b) (iii), 45 (c) (ii) oder 45 (c) (iii) nicht tun. Diese sind Teil der versicherungstechnischen Aufwendungen.

87A **Ein Unternehmen hat**

(a) auf versicherungstechnische Finanzerträge oder -aufwendungen, die sich aus der Anwendung von Paragraph B115 (Risikominderung) ergeben, Paragraph B117A anzuwenden und

(b) auf alle anderen versicherungstechnischen Finanzerträge oder -aufwendungen die Paragraphen 88 und 89 anzuwenden.

88 **Sofern nicht Paragraph 89 Anwendung findet, hat ein Unternehmen unter Anwendung von Paragraph 87A (b) ein Bilanzierungswahlrecht zwischen**

(a) der erfolgswirksamen Erfassung der versicherungstechnischen Finanzerträge oder -aufwendungen einer Berichtsperiode oder

(b) der Aufgliederung der versicherungstechnischen Finanzerträge oder -aufwendungen der Berichtsperiode, um stattdessen einen unter Anwendung der Paragraphen B130–B133 durch eine systematische Aufteilung der erwarteten gesamten versicherungstechnischen Finanzerträge oder -aufwendungen auf die Laufzeit der Gruppe von Versicherungsverträgen ermittelten Betrag erfolgswirksam auszuweisen.

89 **Bei Anwendung von Paragraph 87A (b) hat ein Unternehmen bei Versicherungsverträgen mit direkter Überschussbeteiligung, für die es die zugrunde liegenden Referenzwerte hält, ein Bilanzierungswahlrecht zwischen**

(a) der erfolgswirksamen Erfassung der versicherungstechnischen Finanzerträge oder -aufwendungen einer Berichtsperiode oder

(b) der Aufgliederung der versicherungstechnischen Finanzerträge oder -aufwendungen der Berichtsperiode, um stattdessen unter Anwendung der Paragraphen B134–B136 einen Betrag erfolgswirksam auszuweisen, durch den Bewertungsinkonsistenzen mit erfolgswirksam ausgewiesenen Erträgen und Aufwendungen der zugrunde liegenden Referenzwerte beseitigt werden.

90 **Wenn ein Unternehmen von seinem Bilanzierungswahlrecht gemäß den Paragraphen 88 (b) oder 89 (b) Gebrauch macht, hat es im sonstigen Ergebnis die Differenz zwischen den auf der Grundlage dieser Paragraphen bewerteten versicherungstechnischen Finanzerträgen oder -aufwendungen und den gesamten versicherungstechnischen Finanzerträgen oder -aufwendungen der Berichtsperiode zu erfassen.**

91 **Wenn ein Unternehmen eine Gruppe von Versicherungsverträgen überträgt oder einen Versicherungsvertrag unter Anwendung von Paragraph 77 ausbucht,**

(a) hat es alle verbleibenden Beträge für die Gruppe (oder für den Vertrag), die in Vorperioden im sonstigen Ergebnis ausgewiesen waren – weil das Unternehmen von seinem Bilanzierungswahlrecht Gebrauch gemacht hat und sich für die Bilanzierung nach Paragraph 88 (b) entschieden hat – als Umgliederungsbeträge (siehe IAS 1 *Darstellung des Abschlusses*) erfolgswirksam umzugliedern.

(b) wird keiner der verbliebenen Beträge für die Gruppe (oder für den Vertrag), die in Vorperioden im sonstigen Ergebnis ausgewiesen waren – weil das Unternehmen von seinem Bilanzierungswahlrecht Gebrauch gemacht hat und sich für die Bilanzierung nach Paragraph 89 (b) entschieden hat – als Umgliederungsbetrag (siehe IAS 1) erfolgswirksam umgegliedert.

92 Zum Zwecke der Umrechnung von Posten in Fremdwährung in die funktionale Währung des Unternehmens muss ein Unternehmen nach Paragraph 30 einen Versicherungsvertrag als einen monetären Posten gemäß IAS 21 behandeln. Kursdifferenzen bei Änderungen des Buchwerts von Gruppen von Versicherungsverträgen sind in der Gewinn- und Verlustrechnung zu berücksichtigen, es sei denn, sie beziehen sich auf Änderungen des Buchwerts von Gruppen von Versicherungsverträgen, die unter Anwendung von Paragraph 90 im sonstigen Ergebnis enthalten sind; in diesem Fall sind sie in das sonstige Ergebnis mitaufzunehmen.

(b) treat amounts from the reinsurer that it expects to receive that are not contingent on claims of the underlying contracts (for example, some types of ceding commissions) as a reduction in the premiums to be paid to the reinsurer;
(ba) treat amounts recognised relating to recovery of losses applying paragraphs 66 (c) (i)—(ii) and 66A—66B as amounts recovered from the reinsurer; and
(c) not present the allocation of premiums paid as a reduction in revenue.

Insurance finance income or expenses (see paragraphs B128—B136)

Insurance finance income or expenses comprises the change in the carrying amount of the group of insurance contracts arising from: 87
(a) the effect of the time value of money and changes in the time value of money; and
(b) the effect of financial risk and changes in financial risk; but
(c) excluding any such changes for groups of insurance contracts with direct participation features that would adjust the contractual service margin but do not do so when applying paragraphs 45 (b) (ii), 45 (b) (iii), 45 (c) (ii) or 45 (c) (iii). These are included in insurance service expenses.

An entity shall apply: 87A
(a) paragraph B117A to insurance finance income or expenses arising from the application of paragraph B115 (risk mitigation); and
(b) paragraphs 88 and 89 to all other insurance finance income or expenses.

In applying paragraph 87A (b), unless paragraph 89 applies, an entity shall make an accounting policy choice between: 88
(a) including insurance finance income or expenses for the period in profit or loss; or
(b) disaggregating insurance finance income or expenses for the period to include in profit or loss an amount determined by a systematic allocation of the expected total insurance finance income or expenses over the duration of the group of contracts, applying paragraphs B130—B133.

In applying paragraph 87A (b), for insurance contracts with direct participation features, for which the entity holds the underlying items, an entity shall make an accounting policy choice between: 89
(a) including insurance finance income or expenses for the period in profit or loss; or
(b) disaggregating insurance finance income or expenses for the period to include in profit or loss an amount that eliminates accounting mismatches with income or expenses included in profit or loss on the underlying items held, applying paragraphs B134—B136.

If an entity chooses the accounting policy set out in paragraph 88 (b) or in paragraph 89 (b), it shall include in other comprehensive income the difference between the insurance finance income or expenses measured on the basis set out in those paragraphs and the total insurance finance income or expenses for the period. 90

If an entity transfers a group of insurance contracts or derecognises an insurance contract applying paragraph 77: 91
(a) it shall reclassify to profit or loss as a reclassification adjustment (see IAS 1 *Presentation of Financial Statements*) any remaining amounts for the group (or contract) that were previously recognised in other comprehensive income because the entity chose the accounting policy set out in paragraph 88 (b);
(b) it shall not reclassify to profit or loss as a reclassification adjustment (see IAS 1) any remaining amounts for the group (or contract) that were previously recognised in other comprehensive income because the entity chose the accounting policy set out in paragraph 89 (b).

Paragraph 30 requires an entity to treat an insurance contract as a monetary item under IAS 21 for the purpose of translating foreign exchange items into the entity's functional currency. An entity includes exchange differences on changes in the carrying amount of groups of insurance contracts in the statement of profit or loss, unless they relate to changes in the carrying amount of groups of insurance contracts included in other comprehensive income applying paragraph 90, in which case they shall be included in other comprehensive income. 92

ANGABEN

93 **Zielsetzung der Angabepflichten ist es, dass ein Unternehmen im Anhang Angaben macht, die in Verbindung mit den Informationen in der Bilanz, der Gesamtergebnisrechnung und der Kapitalflussrechnung den Abschlussadressaten eine Grundlage zur Beurteilung der Auswirkungen der unter IFRS 17 fallenden Verträge auf die Vermögens-, Ertrags- und Finanzlage des Unternehmens bietet. Um dieses Ziel zu erreichen, hat ein Unternehmen qualitative und quantitative Angaben zu folgenden Sachverhalten vorzulegen:**

(a) **die in seinem Abschluss für Verträge, die in den Anwendungsbereich von IFRS 17 fallen, ausgewiesenen Beträge (siehe Paragraphen 97–116),**

(b) **die wesentlichen Ermessensentscheidungen (einschließlich aller etwaiger Änderungen dieser Ermessensentscheidungen), die es bei Anwendung von IFRS 17 getroffen hat (siehe Paragraphen 117–120), und**

(c) **die Art und das Ausmaß der Risiken aus Verträgen, die in den Anwendungsbereich von IFRS 17 fallen (siehe Paragraphen 121–132).**

94 Ein Unternehmen hat zu prüfen, welcher Detaillierungsgrad zur Erreichung des mit den Angabepflichten verfolgten Ziels erforderlich ist und welcher Stellenwert den einzelnen Anforderungen beizumessen ist. Reichen die gemäß den Paragraphen 97–132 vorgelegten Angaben zur Erreichung der in Paragraph 93 genannten Zielsetzungen nicht aus, hat ein Unternehmen die zur Erreichung dieses Ziels erforderlichen zusätzlichen Angaben zu machen.

95 Das Unternehmen hat seine Angaben so zusammenzufassen oder aufzuschlüsseln, dass nützliche Angaben weder durch eine Vielzahl unwesentlicher Einzelheiten noch durch die Zusammenfassung von Posten mit unterschiedlichen Merkmalen verschleiert werden.

96 Die Vorschriften in Bezug auf die Wesentlichkeit und die Zusammenfassung von Angaben sind in den Paragraphen 29–31 von IAS 1 festgelegt. Als Grundlage für die Zusammenfassung offengelegter Angaben zu Versicherungsverträgen könnten sich beispielsweise eignen:

(a) die Art des Vertrags (beispielsweise die Hauptproduktlinien),

(b) das geografische Gebiet (beispielsweise das Land oder die Region) oder

(c) das berichtspflichtige Segment gemäß der Definition in IFRS 8 *Geschäftssegmente*.

Erläuterung der erfassten Beträge

97 Von den in den Paragraphen 98–109A verlangten Angaben müssen bei Verträgen, auf die der Prämienallokationsansatz angewandt wurde, nur die in den Paragraphen 98–100, 102–103, 105–105B und 109A verlangten Angaben gemacht werden. Wenn ein Unternehmen den Prämienallokationsansatz anwendet, hat es darüber hinaus auch anzugeben,

(a) welche der in den Paragraphen 53 und 69 genannten Kriterien es erfüllt hat,

(b) ob es unter Anwendung der Paragraphen 56, 57 (b) und 59 (b) eine Anpassung um den Zeitwert des Geldes und die Auswirkungen der finanziellen Risiken vornimmt und

(c) welche Methode es zur Erfassung der Abschlusskosten unter Anwendung von Paragraph 59 (a) gewählt hat.

98 Ein Unternehmen hat Überleitungsrechnungen vorzulegen, aus denen hervorgeht, wie der Nettobuchwert der unter IFRS 17 fallenden Verträge sich während der Berichtsperiode aufgrund von Zahlungsströmen und Erträgen und Aufwendungen geändert hat, die in der Darstellung des finanziellen Erfolgs (Gesamtergebnisrechnung) ausgewiesen sind. Für ausgestellte Versicherungsverträge und gehaltene Rückversicherungsverträge sind getrennte Überleitungsrechnungen vorzulegen. Ein Unternehmen hat die Vorschriften der Paragraphen 100–109 anzupassen, um den unterschiedlichen Merkmalen von gehaltenen Rückversicherungsverträgen und ausgestellten Versicherungsverträgen Rechnung zu tragen; beispielsweise in Bezug auf die Generierung von Aufwendungen oder die Reduzierung von Aufwendungen anstatt Erträgen.

99 Die Überleitungsrechnungen müssen ausreichende Informationen enthalten, die es den Abschlussadressaten ermöglichen, zwischen Änderungen aus Zahlungsströmen und den in der Darstellung des finanziellen Erfolgs (Gesamtergebnisrechnung) ausgewiesenen Beträgen zu unterscheiden. Zur Erfüllung dieser Vorschriften muss ein Unternehmen

(a) die Überleitungsrechnungen gemäß den Paragraphen 100–105B in tabellarischer Form vorlegen und

(b) für jede Überleitungsrechnung die Nettobuchwerte zu Beginn und zum Ende der Berichtsperiode angeben, unterteilt in einen Gesamtbetrag für Portfolios von Verträgen in Vermögenswertposition und einen Gesamtbetrag für Portfolios von Verträgen in Verbindlichkeitsposition, welche den Beträgen entsprechen, die unter Anwendung von Paragraph 78 in der Bilanz angesetzt werden.

100 Ein Unternehmen hat die Überleitungsrechnungen vom Eröffnungssaldo auf den Schlusssaldo für jeden der folgenden Posten jeweils getrennt vorzulegen:

(a) die Nettoverbindlichkeiten (oder Nettovermögenswerte) für die Komponente „zukünftiger Versicherungsschutz", ausgenommen etwaige Verlustkomponenten,

(b) alle etwaigen Verlustkomponenten (siehe Paragraphen 47–52 und 57–58),

(c) die Rückstellung für noch nicht abgewickelte Versicherungsfälle. Für Versicherungsverträge, auf die der in den Paragraphen 53–59 oder 69–70A beschriebene Prämienallokationsansatz angewandt wurde, hat ein Unternehmen jeweils getrennte Überleitungsrechnungen vorzulegen für

DISCLOSURE

The objective of the disclosure requirements is for an entity to disclose information in the notes that, together with the information provided in the statement of financial position, statement(s) of financial performance and statement of cash flows, gives a basis for users of financial statements to assess the effect that contracts within the scope of IFRS 17 have on the entity's financial position, financial performance and cash flows. To achieve that objective, an entity shall disclose qualitative and quantitative information about: 93

(a) the amounts recognised in its financial statements for contracts within the scope of IFRS 17 (see paragraphs 97—116);

(b) the significant judgements, and changes in those judgements, made when applying IFRS 17 (see paragraphs 117—120); and

(c) the nature and extent of the risks from contracts within the scope of IFRS 17 (see paragraphs 121—132).

An entity shall consider the level of detail necessary to satisfy the disclosure objective and how much emphasis to place on each of the various requirements. If the disclosures provided, applying paragraphs 97—132, are not enough to meet the objective in paragraph 93, an entity shall disclose additional information necessary to meet that objective. 94

An entity shall aggregate or disaggregate information so that useful information is not obscured either by the inclusion of a large amount of insignificant detail or by the aggregation of items that have different characteristics. 95

Paragraphs 29—31 of IAS 1 set out requirements relating to materiality and aggregation of information. Examples of aggregation bases that might be appropriate for information disclosed about insurance contracts are: 96

(a) type of contract (for example, major product lines);

(b) geographical area (for example, country or region); or

(c) reportable segment, as defined in IFRS 8 *Operating Segments*.

Explanation of recognised amounts

Of the disclosures required by paragraphs 98—109A, only those in paragraphs 98—100, 102—103, 105—105B and 109A apply to contracts to which the premium allocation approach has been applied. If an entity uses the premium allocation approach, it shall also disclose: 97

(a) which of the criteria in paragraphs 53 and 69 it has satisfied;

(b) whether it makes an adjustment for the time value of money and the effect of financial risk applying paragraphs 56, 57 (b) and 59 (b); and

(c) the method it has chosen to recognise insurance acquisition cash flows applying paragraph 59 (a).

An entity shall disclose reconciliations that show how the net carrying amounts of contracts within the scope of IFRS 17 changed during the period because of cash flows and income and expenses recognised in the statement(s) of financial performance. Separate reconciliations shall be disclosed for insurance contracts issued and reinsurance contracts held. An entity shall adapt the requirements of paragraphs 100—109 to reflect the features of reinsurance contracts held that differ from insurance contracts issued; for example, the generation of expenses or reduction in expenses rather than revenue. 98

An entity shall provide enough information in the reconciliations to enable users of financial statements to identify changes from cash flows and amounts that are recognised in the statement(s) of financial performance. To comply with this requirement, an entity shall: 99

(a) disclose, in a table, the reconciliations set out in paragraphs 100—105B; and

(b) for each reconciliation, present the net carrying amounts at the beginning and at the end of the period, disaggregated into a total for portfolios of contracts that are assets and a total for portfolios of contracts that are liabilities, that equal the amounts presented in the statement of financial position applying paragraph 78.

An entity shall disclose reconciliations from the opening to the closing balances separately for each of: 100

(a) the net liabilities (or assets) for the remaining coverage component, excluding any loss component;

(b) any loss component (see paragraphs 47—52 and 57—58);

(c) the liabilities for incurred claims. For insurance contracts to which the premium allocation approach described in paragraphs 53—59 or 69—70A has been applied, an entity shall disclose separate reconciliations for:

(i) die Schätzungen des Barwerts der künftigen Zahlungsströme und
(ii) die Risikoanpassung für nichtfinanzielle Risiken.

101 Für Versicherungsverträge, auf die der Prämienallokationsansatz gemäß den Paragraphen 53–59 oder 69–70A nicht angewandt wurde, hat ein Unternehmen ebenfalls getrennte Überleitungsrechnungen vom Eröffnungssaldo auf den Schlusssaldo vorzulegen für:
(a) die Schätzungen des Barwerts der künftigen Zahlungsströme,
(b) die Risikoanpassung für nichtfinanzielle Risiken und
(c) die vertragliche Servicemarge.

102 Ziel der Überleitungsrechnungen gemäß den Paragraphen 100–101 ist es, unterschiedliche Arten von Angaben über das versicherungstechnische Ergebnis zur Verfügung zu stellen.

103 In den in Paragraph 100 verlangten Überleitungsrechnungen hat ein Unternehmen jeden der folgenden Beträge in Bezug auf Versicherungsdienstleistungen, sofern zutreffend, jeweils getrennt anzugeben:
(a) versicherungstechnische Erträge,
(b) versicherungstechnische Aufwendungen unter getrennter Angabe von:
  (i) eingetretenen Schäden (mit Ausnahme von Kapitalanlagekomponenten) und sonstigen entstandenen versicherungstechnischen Aufwendungen,
  (ii) Abschreibung der Abschlusskosten,
  (iii) Änderungen im Zusammenhang mit vergangenen Leistungen, d. h. Änderungen der Erfüllungswerte in Bezug auf die Rückstellung für noch nicht abgewickelte Versicherungsfälle, und
  (iv) Änderungen im Zusammenhang mit zukünftigen Leistungen, d. h. Verluste aus Gruppen belastender Verträge und Aufholungen solcher Verluste.
(c) Kapitalanlagekomponenten, die nicht in den versicherungstechnischen Erträgen und Aufwendungen enthalten sind (kombiniert mit Prämienrückzahlung, es sei denn, dass die Prämienrückzahlung als Bestandteil der in Paragraph 105 (a) (i) beschriebenen Zahlungsströme in der Periode ausgewiesen werden).

104 In den in Paragraph 101 verlangten Überleitungsrechnungen hat ein Unternehmen jeden der folgenden Beträge in Bezug auf Versicherungsdienstleistungen, sofern zutreffend, jeweils getrennt anzugeben:
(a) Änderungen im Zusammenhang mit zukünftigen Leistungen unter Anwendung der Paragraphen B96–B118, unter getrennter Angabe von:
  (i) Änderungen bei den Schätzungen, die zur Anpassung der vertraglichen Servicemarge führen,
  (ii) Änderungen bei den Schätzungen, die nicht zu einer Anpassung der vertraglichen Servicemarge führen, d. h. Verluste aus Gruppen belastender Verträge und Aufholungen solcher Verluste, und
  (iii) den Auswirkungen von Verträgen, die erstmalig in der Periode erfasst werden.
(b) Änderungen im Zusammenhang mit laufenden Leistungen, d. h.
  (i) den Betrag der erfolgswirksam erfassten vertraglichen Servicemarge, um der Übertragung von Leistungen Rechnung zu tragen,
  (ii) die Änderung der Risikoanpassung für nichtfinanzielle Risiken, die sich nicht auf künftige Leistungen oder vergangene Leistungen bezieht, und
  (iii) Erfahrungswertanpassungen (siehe Paragraphen B97 (c) und B113 (a)), mit Ausnahme der in (ii) enthaltenen Beträge in Bezug auf die Risikoanpassung für nichtfinanzielle Risiken.
(c) Änderungen im Zusammenhang mit vergangenen Leistungen, d. h. Änderungen der Erfüllungswerte in Bezug auf eingetretene Schäden (siehe Paragraphen B97 (b) und B113 (a)).

105 Zur Vervollständigung der Überleitungsrechnungen gemäß den Paragraphen 100–101 hat ein Unternehmen, falls zutreffend, auch die folgenden Beträge, die nicht in Zusammenhang mit in der Periode erbrachten Versicherungsleistungen stehen, getrennt anzugeben:
(a) Zahlungsströme in der Periode, darunter:
  (i) für ausgestellte Versicherungsverträge erhaltene (oder für gehaltene Rückversicherungsverträge bezahlte) Prämien,
  (ii) Abschlusskosten und
  (iii) beglichene eingetretene Schäden und sonstige versicherungstechnische Aufwendungen im Rahmen ausgestellter Versicherungsverträge (oder im Rahmen gehaltener Rückversicherungsverträge erstattete Beträge), ausgenommen Abschlusskosten.
(b) Auswirkungen von Änderungen des Risikos der Nichterfüllung durch den Aussteller des gehaltenen Rückversicherungsvertrags,
(c) versicherungstechnische Finanzerträge oder -aufwendungen und
(d) etwaige zusätzliche Einzelposten, die zum Verständnis der Änderung des Nettobuchwerts der Versicherungsverträge erforderlich sein können.

105A Ein Unternehmen hat eine Überleitungsrechnung vom Eröffnungssaldo auf den Schlusssaldo der unter Anwendung von Paragraph 28B als Vermögenswert angesetzten Abschlusskosten vorzulegen. Die Informationen für die Überleitungsrechnung sind vom Unternehmen auf einer Ebene zu aggregieren, die zu der Überleitungsrechnung von Versicherungsverträgen unter Anwendung von Paragraph 98 konsistent ist.

(i) the estimates of the present value of the future cash flows; and
(ii) the risk adjustment for non-financial risk.

For insurance contracts other than those to which the premium allocation approach described in paragraphs 53—59 or 69—70A has been applied, an entity shall also disclose reconciliations from the opening to the closing balances separately for each of: 101
(a) the estimates of the present value of the future cash flows;
(b) the risk adjustment for non-financial risk; and
(c) the contractual service margin.

The objective of the reconciliations in paragraphs 100—101 is to provide different types of information about the insurance service result. 102

An entity shall separately disclose in the reconciliations required in paragraph 100 each of the following amounts related to services, if applicable: 103
(a) insurance revenue;
(b) insurance service expenses, showing separately:
  (i) incurred claims (excluding investment components) and other incurred insurance service expenses;
  (ii) amortisation of insurance acquisition cash flows;
  (iii) changes that relate to past service, i.e. changes in fulfilment cash flows relating to the liability for incurred claims; and
  (iv) changes that relate to future service, i.e. losses on onerous groups of contracts and reversals of such losses.
(c) investment components excluded from insurance revenue and insurance service expenses (combined with refunds of premiums unless refunds of premiums are presented as part of the cash flows in the period described in paragraph 105 (a) (i)).

An entity shall separately disclose in the reconciliations required in paragraph 101 each of the following amounts related to services, if applicable: 104
(a) changes that relate to future service, applying paragraphs B96—B118, showing separately:
  (i) changes in estimates that adjust the contractual service margin;
  (ii) changes in estimates that do not adjust the contractual service margin, i.e. losses on groups of onerous contracts and reversals of such losses; and
  (iii) the effects of contracts initially recognised in the period.
(b) changes that relate to current service, ie:
  (i) the amount of the contractual service margin recognised in profit or loss to reflect the transfer of services;
  (ii) the change in the risk adjustment for non-financial risk that does not relate to future service or past service; and
  (iii) *experience adjustments* (see paragraphs B97 (c) and B113 (a)), excluding amounts relating to the risk adjustment for non-financial risk included in (ii).
(c) changes that relate to past service, i.e. changes in fulfilment cash flows relating to incurred claims (see paragraphs B97 (b) and B113 (a)).

To complete the reconciliations in paragraphs 100—101, an entity shall also disclose separately each of the following amounts not related to services provided in the period, if applicable: 105
(a) cash flows in the period, including:
  (i) premiums received for insurance contracts issued (or paid for reinsurance contracts held);
  (ii) insurance acquisition cash flows; and
  (iii) incurred claims paid and other insurance service expenses paid for insurance contracts issued (or recovered under reinsurance contracts held), excluding insurance acquisition cash flows.
(b) the effect of changes in the risk of non-performance by the issuer of reinsurance contracts held;
(c) insurance finance income or expenses; and
(d) any additional line items that may be necessary to understand the change in the net carrying amount of the insurance contracts.

An entity shall disclose a reconciliation from the opening to the closing balance of assets for insurance acquisition cash flows recognised applying paragraph 28B. An entity shall aggregate information for the reconciliation at a level that is consistent with that for the reconciliation of insurance contracts, applying paragraph 98. 105A

105B In der in Paragraph 105A verlangten Überleitungsrechnung sind alle unter Anwendung von Paragraph 28E–28F ausgewiesenen Wertminderungen und Wertaufholungen getrennt anzugeben.

106 Für ausgestellte Versicherungsverträge, auf die der in den Paragraphen 53–59 beschriebene Prämienallokationsansatz nicht angewandt wurde, hat ein Unternehmen eine Analyse der in der Periode erfassten versicherungstechnischen Erträge vorzulegen, welche Folgendes umfasst:

(a) die Beträge im Zusammenhang mit den Änderungen der Deckungsrückstellung gemäß Paragraph B124, unter getrennter Angabe:
  (i) der in der Berichtsperiode entstandenen versicherungstechnischen Aufwendungen, wie in Paragraph B124 (a) angegeben,
  (ii) der Änderung der Risikoanpassung für nichtfinanzielle Risiken, wie in Paragraph B124 (b) angegeben,
  (iii) des Betrags der aufgrund der Übertragung von Leistungen gemäß dem Versicherungsvertrag in der Periode erfolgswirksam erfassten vertraglichen Servicemarge, wie in Paragraph B124 (c) angegeben, und
  (iv) anderer Beträge, falls vorhanden, z. B. Erfahrungswertanpassungen für Prämieneingänge, die sich nicht auf künftige Leistungen beziehen, wie in Paragraph B124 (d) angegeben.

(b) die Zuordnung des Teils der Prämien, der sich auf die Amortisation der Abschlusskosten bezieht (siehe Paragraph B125).

107 Bei Versicherungsverträgen, auf die der in den Paragraphen 53–59 oder 69–70A beschriebene Prämienallokationsansatz nicht angewandt wurde, hat ein Unternehmen die Auswirkungen auf die Bilanz – getrennt nach in der Periode erstmalig erfassten ausgestellten Versicherungsverträgen und erstmalig erfassten gehaltenen Rückversicherungsverträgen – anzugeben. Dabei ist darzustellen, wie sie sich bei ihrem erstmaligen Ansatz auf folgende Posten auswirken:

(a) die Schätzungen des Barwerts der künftigen Mittelabflüsse unter getrennter Angabe der Höhe der Abschlusskosten,
(b) die Schätzungen des Barwerts der künftigen Mittelzuflüsse,
(c) die Risikoanpassung für nichtfinanzielle Risiken und
(d) die vertragliche Servicemarge.

108 Bei den in Paragraph 107 verlangten Angaben hat ein Unternehmen die Beträge getrennt auszuweisen, die resultieren aus:

(a) Verträgen, die von anderen Unternehmen übernommen wurden, entweder im Rahmen einer Übertragung von Versicherungsverträgen oder im Rahmen eines Unternehmenszusammenschlusses, und
(b) Gruppen belastender Verträge.

109 Bei Versicherungsverträgen, auf die der in den Paragraphen 53–59 oder 69–70A beschriebene Prämienallokationsansatz nicht angewandt wurde, hat ein Unternehmen in quantitativer Form durch die Darstellung angemessener Zeitbänder anzugeben, wann es die am Abschlussstichtag verbleibende vertragliche Servicemarge erwartungsgemäß erfolgswirksam erfassen wird. Diese Informationen sind für ausgestellte Versicherungsverträge und für gehaltene Rückversicherungsverträge getrennt anzugeben.

109A Ein Unternehmen hat in quantitativer Form durch die Darstellung angemessener Zeitbänder anzugeben, wann es erwartet, die als Vermögenswert angesetzten Abschlusskosten unter Anwendung von Paragraph 28C auszubuchen.

Versicherungstechnische Finanzerträge oder -aufwendungen

110 Ein Unternehmen hat den Gesamtbetrag der versicherungstechnischen Finanzerträge oder -aufwendungen in der Berichtsperiode anzugeben und zu erläutern. Zu erläutern ist insbesondere das Verhältnis zwischen den versicherungstechnischen Finanzerträgen oder -aufwendungen und den Kapitalerträgen seiner Vermögenswerte, um die Abschlussadressaten in die Lage zu versetzen, die Herkunft der erfolgswirksam sowie im sonstigen Ergebnis ausgewiesenen Finanzerträge oder -aufwendungen zu bewerten.

111 Bei Verträgen mit direkter Überschussbeteiligung hat das Unternehmen die Zusammensetzung der zugrunde liegenden Referenzwerte zu beschreiben und deren beizulegenden Zeitwert anzugeben.

112 Falls sich ein Unternehmen unter Anwendung von Paragraph B115 dafür entscheidet, bei Verträgen mit direkter Überschussbeteiligung die vertragliche Servicemarge nicht um die Änderungen der Erfüllungswerte anzupassen, hat es die Auswirkungen dieser Entscheidung auf die Anpassung der vertraglichen Servicemarge in der laufenden Periode anzugeben.

113 Falls das Unternehmen bei Verträgen mit direkter Überschussbeteiligung die Grundlage für den aufgeteilten Ausweis von versicherungstechnischen Finanzerträgen im Gewinn oder Verlust (erfolgswirksam) und im sonstigen Ergebnis unter Anwendung von Paragraph B135 ändert, hat es für die Berichtsperiode, in der es seine Bilanzierungs- und Bewertungsmethode geändert hat, Folgendes anzugeben:

(a) den Grund, aus dem es für das Unternehmen erforderlich wurde, die Grundlage für den aufgeteilten Ausweis zu ändern,
(b) den Betrag, um den jeder der betroffenen Abschlussposten angepasst wurde, und
(c) den Buchwert der von der Änderung betroffenen Gruppe von Versicherungsverträgen zum Zeitpunkt der Änderung.

An entity shall separately disclose in the reconciliation required by paragraph 105A any impairment losses and reversals of impairment losses recognised applying paragraph 28E—28F. 105B

For insurance contracts issued other than those to which the premium allocation approach described in paragraphs 53—59 has been applied, an entity shall disclose an analysis of the insurance revenue recognised in the period comprising: 106

(a) the amounts relating to the changes in the liability for remaining coverage as specified in paragraph B124, separately disclosing:
   (i) the insurance service expenses incurred during the period as specified in paragraph B124 (a);
   (ii) the change in the risk adjustment for non-financial risk, as specified in paragraph B124 (b);
   (iii) the amount of the contractual service margin recognised in profit or loss because of the transfer of insurance contract services in the period, as specified in paragraph B124 (c); and
   (iv) other amounts, if any, for example, experience adjustments for premium receipts other than those that relate to future service as specified in paragraph B124 (d).
(b) the allocation of the portion of the premiums that relate to the recovery of insurance acquisition cash flows (see paragraph B125).

For insurance contracts other than those to which the premium allocation approach described in paragraphs 53—59 or 69—70A has been applied, an entity shall disclose the effect on the statement of financial position separately for insurance contracts issued and reinsurance contracts held that are initially recognised in the period, showing their effect at initial recognition on: 107

(a) the estimates of the present value of future cash outflows, showing separately the amount of the insurance acquisition cash flows;
(b) the estimates of the present value of future cash inflows;
(c) the risk adjustment for non-financial risk; and
(d) the contractual service margin.

In the disclosures required by paragraph 107, an entity shall separately disclose amounts resulting from: 108

(a) contracts acquired from other entities in transfers of insurance contracts or business combinations; and
(b) groups of contracts that are onerous.

For insurance contracts other than those to which the premium allocation approach described in paragraphs 53—59 or 69—70A has been applied, an entity shall disclose when it expects to recognise the contractual service margin remaining at the end of the reporting period in profit or loss quantitatively, in appropriate time bands. Such information shall be provided separately for insurance contracts issued and reinsurance contracts held. 109

An entity shall disclose quantitatively, in appropriate time bands, when it expects to derecognise an asset for insurance acquisition cash flows applying paragraph 28C. 109A

Insurance finance income or expenses

An entity shall disclose and explain the total amount of insurance finance income or expenses in the reporting period. In particular, an entity shall explain the relationship between insurance finance income or expenses and the investment return on its assets, to enable users of its financial statements to evaluate the sources of finance income or expenses recognised in profit or loss and other comprehensive income. 110

For contracts with direct participation features, the entity shall describe the composition of the underlying items and disclose their fair value. 111

For contracts with direct participation features, if an entity chooses not to adjust the contractual service margin for some changes in the fulfilment cash flows, applying paragraph B115, it shall disclose the effect of that choice on the adjustment to the contractual service margin in the current period. 112

For contracts with direct participation features, if an entity changes the basis of disaggregation of insurance finance income or expenses between profit or loss and other comprehensive income, applying paragraph B135, it shall disclose, in the period when the change in approach occurred: 113

(a) the reason why the entity was required to change the basis of disaggregation;
(b) the amount of any adjustment for each financial statement line item affected; and
(c) the carrying amount of the group of insurance contracts to which the change applied at the date of the change.

Übergangsbeträge

114 Ein Unternehmen hat Angaben zu machen, die es den Abschlussadressaten ermöglichen, die Auswirkungen von Gruppen von zum Übergangszeitpunkt unter Anwendung des modifizierten rückwirkenden Ansatzes (siehe Paragraphen C6–C19A) oder des Fair-Value-Ansatzes (siehe Paragraphen C20–C24B) bewerteten Versicherungsverträgen auf die vertragliche Servicemarge und die versicherungstechnischen Erträge in Folgeperioden zu bestimmen. Folglich hat ein Unternehmen die Überleitungsrechnung der vertraglichen Servicemarge unter Anwendung von Paragraph 101 (c) und den Betrag der versicherungstechnischen Erträge unter Anwendung von Paragraph 103 (a) für folgende Verträge getrennt anzugeben:
(a) Versicherungsverträge, die zum Übergangszeitpunkt bestanden und auf die das Unternehmen den modifizierten rückwirkenden Ansatz angewandt hat,
(b) Versicherungsverträge, die zum Übergangszeitpunkt bestanden und auf die das Unternehmen den Fair-Value-Ansatz angewandt hat, und
(c) alle anderen Versicherungsverträge.

115 Für alle Perioden, für die unter Anwendung von Paragraph 114 (a) oder 114 (b) Angaben gemacht werden, hat ein Unternehmen zu erläutern, wie es die Bewertung der Versicherungsverträge zum Übergangszeitpunkt bestimmt hat, um die Abschlussadressaten in die Lage zu versetzen, die Art und die Bedeutung der bei Ermittlung der Übergangsbeträge angewandten Methoden und Ermessensentscheidungen zu verstehen.

116 Ein Unternehmen, das sich dafür entscheidet, die Versicherungsfinanzerträge oder -aufwendungen zwischen dem Gewinn oder Verlust und dem sonstigen Ergebnis aufzuteilen, hat unter Anwendung der Paragraphen C18 (b), C19 (b), C24 (b) und C24 (c), die kumulative Differenz zwischen den Versicherungsfinanzerträgen oder -aufwendungen, die erfolgswirksam ausgewiesen worden wären, und den gesamten versicherungstechnischen Finanzerträgen oder -aufwendungen zum Übergangszeitpunkt für die Gruppen von Versicherungsverträgen, die von der Aufteilung betroffen sind, zu bestimmen. Für alle Berichtsperioden, in denen unter Anwendung dieser Paragraphen ermittelte Beträge existieren, hat das Unternehmen eine Überleitungsrechnung vom Eröffnungssaldo auf den Schlusssaldo der im sonstigen Ergebnis enthaltenen kumulierten Beträge für die erfolgsneutral zum beizulegenden Zeitwert im sonstigen Ergebnis bewerteten finanziellen Vermögenswerte vorzulegen, die den Gruppen von Versicherungsverträgen zuzuordnen sind. Die Überleitungsrechnung muss z. B. während der Berichtsperiode im sonstigen Ergebnis erfasste Gewinne oder Verluste sowie in früheren Berichtsperioden im sonstigen Ergebnis erfasste und in der Berichtsperiode erfolgswirksam umgegliederte Gewinne oder Verluste enthalten.

Wesentliche Ermessensentscheidungen bei der Anwendung von IFRS 17

117 Ein Unternehmen hat die von ihm getroffenen wesentlichen Ermessensentscheidungen bei der Anwendung von IFRS 17 und Änderungen dieser Ermessensentscheidungen anzugeben. Insbesondere hat ein Unternehmen die von ihm verwendeten Eingangsparameter, Annahmen und Schätzverfahren anzugeben, darunter:
(a) die zur Bewertung der unter IFRS 17 fallenden Versicherungsverträge verwendeten Methoden sowie die Prozesse zur Schätzung der Eingangsparameter für diese Methoden. Ein Unternehmen hat auch quantitative Angaben zu diesen Eingangsparametern vorzulegen, es sei denn, dass dies nicht praktikabel ist;
(b) etwaige Änderungen der Methoden und Verfahren zur Schätzung von Eingangsparametern, die zur Bewertung von Verträgen herangezogen werden, den Grund einer jeden Änderung und die Art der betroffenen Verträge;
(c) sofern nicht bereits unter (a) behandelt, den Ansatz:
  (i) um bei Verträgen ohne direkte Überschussbeteiligung (siehe Paragraph B98) zwischen aus Ermessensentscheidungen resultierenden Änderungen der Schätzungen der künftigen Zahlungsströme und anderen Änderungen der Schätzungen der künftigen Zahlungsströme unterscheiden zu können,
  (ii) zur Bestimmung der Risikoanpassung für nichtfinanzielle Risiken, darunter auch, ob die Änderungen der Risikoanpassung für nichtfinanzielle Risiken in eine versicherungstechnische Leistungskomponente und eine versicherungstechnische Finanzkomponente aufgeteilt werden oder ob sie vollumfänglich im versicherungstechnischen Ergebnis ausgewiesen werden,
  (iii) zur Bestimmung der Abzinsungssätze,
  (iv) zur Bestimmung der Kapitalanlagekomponenten und
  (v) zur Bestimmung der relativen Gewichtung der aufgrund der Versicherungsdeckung und der zur Erwirtschaftung von Kapitalerträgen erbrachten Leistungen oder der Versicherungsdeckungsleistungen und der kapitalanlagebezogenen Leistungen (siehe Paragraphen B119–B119B).

118 Wenn sich ein Unternehmen unter Anwendung von Paragraph 88 (b) oder Paragraph 89 (b) dafür entscheidet, die versicherungstechnischen Finanzerträge oder -aufwendungen in erfolgswirksam in der Gewinn- und Verlustrechnung ausgewiesene Beträge und erfolgsneutral im sonstigen Ergebnis (erfolgsneutral) ausgewiesene Beträge aufzuteilen, muss das Unternehmen die Methoden erläutern, anhand derer die erfolgswirksamen erfassten versicherungstechnischen Finanzerträge oder -aufwendungen bestimmt wurden.

119 Ein Unternehmen hat Angaben zum Konfidenzniveau zu machen, das zur Bestimmung der Risikoanpassung für nichtfinanzielle Risiken verwendet wurde. Wenn das Unternehmen zur Bestimmung der Risikoanpassung für nichtfinanzielle Risiken ein anderes Verfahren als die Konfidenzniveau-Methode verwendet, hat es das angewandte Verfahren und das Konfidenzniveau anzugeben, das den Ergebnissen der Anwendung dieses Verfahrens entspricht.

Transition amounts

An entity shall provide disclosures that enable users of financial statements to identify the effect of groups of insurance contracts measured at the transition date applying the modified retrospective approach (see paragraphs C6—C19A) or the fair value approach (see paragraphs C20—C24B) on the contractual service margin and insurance revenue in subsequent periods. Hence an entity shall disclose the reconciliation of the contractual service margin applying paragraph 101 (c), and the amount of insurance revenue applying paragraph 103 (a), separately for: 114

(a) insurance contracts that existed at the transition date to which the entity has applied the modified retrospective approach;
(b) insurance contracts that existed at the transition date to which the entity has applied the fair value approach; and
(c) all other insurance contracts.

For all periods in which disclosures are made applying paragraphs 114 (a) or 114 (b), to enable users of financial statements to understand the nature and significance of the methods used and judgements applied in determining the transition amounts, an entity shall explain how it determined the measurement of insurance contracts at the transition date. 115

An entity that chooses to disaggregate insurance finance income or expenses between profit or loss and other comprehensive income applies paragraphs C18 (b), C19 (b), C24 (b) and C24 (c) to determine the cumulative difference between the insurance finance income or expenses that would have been recognised in profit or loss and the total insurance finance income or expenses at the transition date for the groups of insurance contracts to which the disaggregation applies. For all periods in which amounts determined applying these paragraphs exist, the entity shall disclose a reconciliation from the opening to the closing balance of the cumulative amounts included in other comprehensive income for financial assets measured at fair value through other comprehensive income related to the groups of insurance contracts. The reconciliation shall include, for example, gains or losses recognised in other comprehensive income in the period and gains or losses previously recognised in other comprehensive income in previous periods reclassified in the period to profit or loss. 116

Significant judgements in applying IFRS 17

An entity shall disclose the significant judgements and changes in judgements made in applying IFRS 17. Specifically, an entity shall disclose the inputs, assumptions and estimation techniques used, including: 117

(a) the methods used to measure insurance contracts within the scope of IFRS 17 and the processes for estimating the inputs to those methods. Unless impracticable, an entity shall also provide quantitative information about those inputs;
(b) any changes in the methods and processes for estimating inputs used to measure contracts, the reason for each change, and the type of contracts affected;
(c) to the extent not covered in (a), the approach used:
    (i) to distinguish changes in estimates of future cash flows arising from the exercise of discretion from other changes in estimates of future cash flows for contracts without direct participation features (see paragraph B98);
    (ii) to determine the risk adjustment for non-financial risk, including whether changes in the risk adjustment for non-financial risk are disaggregated into an insurance service component and an insurance finance component or are presented in full in the insurance service result;
    (iii) to determine discount rates;
    (iv) to determine investment components; and
    (v) to determine the relative weighting of the benefits provided by insurance coverage and investment-return service or by insurance coverage and investment-related service (see paragraphs B119—B119B).

If, applying paragraph 88 (b) or paragraph 89 (b), an entity chooses to disaggregate insurance finance income or expenses into amounts presented in profit or loss and amounts presented in other comprehensive income, the entity shall disclose an explanation of the methods used to determine the insurance finance income or expenses recognised in profit or loss. 118

An entity shall disclose the confidence level used to determine the risk adjustment for non-financial risk. If the entity uses a technique other than the confidence level technique for determining the risk adjustment for non-financial risk, it shall disclose the technique used and the confidence level corresponding to the results of that technique. 119

120 Ein Unternehmen hat die Renditekurve (Zinsstrukturkurve) (oder die Bandbreite der Renditekurven) anzugeben, die es unter Anwendung von Paragraph 36 zur Abzinsung der Zahlungsströme verwendet hat, die nicht in Abhängigkeit von den Renditen der zugrunde liegenden Referenzwerte schwanken. Macht ein Unternehmen diese Angaben für mehrere Gruppen von Versicherungsverträgen in zusammengefasster Form, so hat es diese Angaben in Form von gewichteten Durchschnittswerten oder relativ engen Bandbreiten zu machen.

Art und Umfang der Risiken aus Verträgen, die in den Anwendungsbereich von IFRS 17 fallen

121 Ein Unternehmen hat Angaben zu machen, die es den Abschlussadressaten ermöglichen, die Art, den Betrag, den Zeitpunkt und die Ungewissheit künftiger Zahlungsströme aus Verträgen zu beurteilen, die in den Anwendungsbereich von IFRS 17 fallen. Vorschriften zu den Angaben, die normalerweise zur Erfüllung dieser Anforderung erforderlich wären, sind in den Paragraphen 122–132 enthalten.

122 Schwerpunkt dieser Angaben sind die aus Versicherungsverträgen erwachsenden versicherungstechnischen und finanziellen Risiken und wie diese Risiken gesteuert werden. Zu den finanziellen Risiken gehören typischerweise u. a. Kreditrisiken, Liquiditätsrisiken und Marktrisiken.

123 Wenn die Angaben, die zur Risikoposition eines Unternehmens zum Abschlussstichtag gemacht werden, nicht repräsentativ für seine Risikoposition während dieser Berichtsperiode sind, muss das Unternehmen hierauf hinweisen und den Grund dafür angeben, warum diese Exponierung zum Abschlussstichtag nicht repräsentativ ist, sowie weitere Informationen vorlegen, die für die Risikoposition während der Berichtsperiode repräsentativ sind.

124 Für jede Art von Risiko aus Verträgen, die in den Anwendungsbereich von IFRS 17 fallen, hat ein Unternehmen Folgendes anzugeben:

(a) Umfang und Ursache der Risikopositionen,
(b) die Ziele, Methoden und Prozesse des Unternehmens zur Steuerung dieser Risiken und die zur Bewertung der Risiken eingesetzten Methoden und
(c) etwaige Änderungen an (a) oder (b) gegenüber der Vorperiode.

125 Für jede Art von Risiko aus Verträgen, die in den Anwendungsbereich von IFRS 17 fallen, hat ein Unternehmen Folgendes anzugeben:

(a) zusammengefasste quantitative Daten bezüglich des jeweiligen Risikos, dem es am Abschlussstichtag ausgesetzt ist. Diese Angaben müssen auf Informationen basieren, die den Mitgliedern des Managements in Schlüsselpositionen intern vorgelegt werden;
(b) die in den Paragraphen 127–132 verlangten Angaben, sofern sie nicht bereits unter Anwendung des Buchstaben (a) erfolgen.

126 Ein Unternehmen hat Angaben zu den Auswirkungen der für das Unternehmen geltenden aufsichtsrechtlichen Bestimmungen zu machen, beispielsweise Mindestkapitalanforderungen oder vorgeschriebene Zinssatzgarantien. Wenn ein Unternehmen Gruppen von Versicherungsverträgen, auf die es die Ansatz- und Bewertungsvorschriften von IFRS 17 anwendet, unter Anwendung des Paragraphen 20 bestimmt, dann hat es dies anzugeben.

Alle Arten von Risiken – Risikokonzentrationen

127 Ein Unternehmen hat Angaben zu Risikokonzentrationen aus Verträgen im Anwendungsbereich von IFRS 17 anzugeben, einschließlich einer Beschreibung, wie das Unternehmen diese Konzentrationen bestimmt, und einer Beschreibung des gemeinsamen Merkmals, durch das jede Konzentration identifiziert wird (z. B. Art des versicherten Ereignisses, Branche, geografische Region oder Währung). Konzentrationen von finanziellen Risiken können beispielsweise aus Zinssatzgarantien entstehen, die bei einer großen Anzahl von Verträgen beim gleichen Schwellenwert greifen. Konzentrationen von finanziellen Risiken können auch aus Konzentrationen von nichtfinanziellen Risiken entstehen; beispielsweise wenn ein Unternehmen Produkthaftpflichtversicherungen für Pharmaunternehmen anbietet und gleichzeitig auch Anteile an diesen Pharmaunternehmen hält.

Versicherungs- und Marktrisiken – Sensitivitätsanalyse

128 Ein Unternehmen hat Angaben zur Sensitivität gegenüber Änderungen der Risikovariablen aus unter IFRS 17 fallenden Verträgen vorzulegen. Zur Erfüllung dieser Vorschrift sind folgende Angaben erforderlich:

(a) eine Sensitivitätsanalyse, aus der ersichtlich ist, wie das Ergebnis und das Eigenkapital durch Änderungen der Risikovariablen beeinflusst worden wären, die zum Abschlussstichtag begründeterweise für möglich gehalten wurden:
    (i) für das Versicherungsrisiko muss gezeigt werden, wie die Risikovariablen sich – vor und nach Risikominderung durch gehaltene Rückversicherungsverträge – auf die ausgestellten Versicherungsverträge auswirken, und
    (ii) für jede Art von Marktrisiko muss die Beziehung zwischen den Sensitivitäten gegenüber Änderungen der Risikovariablen, die aus Versicherungsverträgen entstehen, und Änderungen der Risikovariablen, die aus vom Unternehmen gehaltenen finanziellen Vermögenswerten entstehen, erläutert werden.
(b) die bei der Erstellung der Sensitivitätsanalyse verwendeten Methoden und zugrunde gelegten Annahmen und
(c) die Änderungen der Methoden und Annahmen zur Erstellung der Sensitivitätsanalyse gegenüber der Vorperiode sowie die Gründe für diese Änderungen.

An entity shall disclose the yield curve (or range of yield curves) used to discount cash flows that do not vary based on the returns on underlying items, applying paragraph 36. When an entity provides this disclosure in aggregate for a number of groups of insurance contracts, it shall provide such disclosures in the form of weighted averages, or relatively narrow ranges. 120

Nature and extent of risks that arise from contracts within the scope of IFRS 17

An entity shall disclose information that enables users of its financial statements to evaluate the nature, amount, timing and uncertainty of future cash flows that arise from contracts within the scope of IFRS 17. Paragraphs 122—132 contain requirements for disclosures that would normally be necessary to meet this requirement. 121

These disclosures focus on the insurance and financial risks that arise from insurance contracts and how they have been managed. Financial risks typically include, but are not limited to, credit risk, liquidity risk and market risk. 122

If the information disclosed about an entity's exposure to risk at the end of the reporting period is not representative of its exposure to risk during the period, the entity shall disclose that fact, the reason why the period-end exposure is not representative, and further information that is representative of its risk exposure during the period. 123

For each type of risk arising from contracts within the scope of IFRS 17, an entity shall disclose: 124
(a) the exposures to risks and how they arise;
(b) the entity's objectives, policies and processes for managing the risks and the methods used to measure the risks; and
(c) any changes in (a) or (b) from the previous period.

For each type of risk arising from contracts within the scope of IFRS 17, an entity shall disclose: 125
(a) summary quantitative information about its exposure to that risk at the end of the reporting period. This disclosure shall be based on the information provided internally to the entity's key management personnel;
(b) the disclosures required by paragraphs 127—132, to the extent not provided applying (a) of this paragraph.

An entity shall disclose information about the effect of the regulatory frameworks in which it operates; for example, minimum capital requirements or required interest-rate guarantees. If an entity applies paragraph 20 in determining the groups of insurance contracts to which it applies the recognition and measurement requirements of IFRS 17, it shall disclose that fact. 126

All types of risk—concentrations of risk

An entity shall disclose information about concentrations of risk arising from contracts within the scope of IFRS 17, including a description of how the entity determines the concentrations, and a description of the shared characteristic that identifies each concentration (for example, the type of insured event, industry, geographical area, or currency). Concentrations of financial risk might arise, for example, from interest-rate guarantees that come into effect at the same level for a large number of contracts. Concentrations of financial risk might also arise from concentrations of non-financial risk; for example, if an entity provides product liability protection to pharmaceutical companies and also holds investments in those companies. 127

Insurance and market risks—sensitivity analysis

An entity shall disclose information about sensitivities to changes in risk variables arising from contracts within the scope of IFRS 17. To comply with this requirement, an entity shall disclose: 128
(a) a sensitivity analysis that shows how profit or loss and equity would have been affected by changes in risk variables that were reasonably possible at the end of the reporting period:
  (i) for insurance risk—showing the effect for insurance contracts issued, before and after risk mitigation by reinsurance contracts held; and
  (ii) for each type of market risk—in a way that explains the relationship between the sensitivities to changes in risk variables arising from insurance contracts and those arising from financial assets held by the entity.
(b) the methods and assumptions used in preparing the sensitivity analysis; and
(c) changes from the previous period in the methods and assumptions used in preparing the sensitivity analysis, and the reasons for such changes.

129 Wenn ein Unternehmen eine Sensitivitätsanalyse erstellt, aus der ersichtlich ist, wie andere als die in Paragraph 128 (a) genannten Beträge durch Änderungen der Risikovariablen beeinflusst werden, und wenn das Unternehmen zur Steuerung von Risiken aus unter IFRS 17 fallenden Verträgen diese Sensitivitätsanalyse verwendet, dann kann es diese Sensitivitätsanalyse anstelle der in Paragraph 128 (a) angegebenen Analyse verwenden. Das Unternehmen hat zudem Folgendes anzugeben:

(a) eine Erläuterung der zur Erstellung einer solchen Sensitivitätsanalyse verwendeten Methode und der wichtigsten Parameter und Annahmen, die den vorgelegten Angaben zugrunde liegen, und

(b) eine Erläuterung des Ziels der verwendeten Methode und etwaiger Einschränkungen, die sich daraus für die vorgelegten Informationen ergeben können.

Versicherungsrisiko – Schadensentwicklung

130 Ein Unternehmen hat die tatsächlichen Schäden verglichen mit früheren Schätzungen des nicht abgezinsten Schadensbetrags (d. h. die Schadensentwicklung) anzugeben. Die Angaben zur Schadensentwicklung haben bis zu der Periode zurückzugehen, in welcher der/die erste(n) wesentliche(n) Schaden/Schäden entstanden ist/sind, bei dem/denen zum Abschlussstichtag noch Ungewissheit über die Höhe und den Zeitpunkt der Schadenzahlung besteht; die Angaben müssen aber nicht weiter als zehn Jahre zurückgehen (gerechnet ab dem Abschlussstichtag). Das Unternehmen ist nicht verpflichtet, Angaben zur Entwicklung von Schäden zu machen, bei denen die Ungewissheit über die Höhe und den Zeitpunkt der Schadensbegleichung üblicherweise innerhalb eines Jahres geklärt ist. Ein Unternehmen hat die Angaben zur Schadensentwicklung mit dem aggregierten Buchwert der Gruppen von Versicherungsverträgen abzustimmen, für die das Unternehmen unter Anwendung von Paragraph 100 (c) Angaben macht.

Kreditrisiko – sonstige Informationen

131 Für das aus Verträgen im Anwendungsbereich von IFRS 17 entstehende Kreditrisiko hat ein Unternehmen Folgendes anzugeben:

(a) den Betrag, welcher der Höhe des maximalen Kreditrisikos, dem das Unternehmen zum Abschlussstichtag ausgesetzt ist, am besten entspricht, getrennt für ausgestellte Versicherungsverträge und gehaltene Rückversicherungsverträge, und

(b) Informationen zur Kreditqualität von gehaltenen Rückversicherungsverträgen in Vermögenswertposition.

Liquiditätsrisiko – sonstige Informationen

132 Für das aus Verträgen im Anwendungsbereich von IFRS 17 entstehende Liquiditätsrisiko hat ein Unternehmen Folgendes anzugeben:

(a) eine Beschreibung, wie es das Liquiditätsrisiko steuert;

(b) getrennte Fälligkeitsanalysen für Portfolios von ausgestellten Versicherungsverträgen in Verbindlichkeitsposition und Portfolios von gehaltenen Rückversicherungsverträgen in Verbindlichkeitsposition, die mindestens die Nettozahlungsströme der Portfolios für jedes der ersten fünf Jahre nach dem Abschlussstichtag zeigen, sowie, in aggregierter Form, die Zahlungsströme nach den ersten fünf Jahren. Ein Unternehmen ist nicht verpflichtet, in diesen Analysen die unter Anwendung der Paragraphen 55–59 und der Paragraphen 69–70A bewerteten Verbindlichkeiten für zukünftigen Versicherungsschutz zu berücksichtigen. Die Analysen können in folgender Form erstellt werden:

   (i) als Analyse der verbleibenden nicht abgezinsten vertraglichen Nettozahlungsströme nach ihrer voraussichtlichen Fälligkeit oder

   (ii) als Analyse der Schätzungen des Barwerts der künftigen Zahlungsströme nach ihrer voraussichtlichen Fälligkeit;

(c) die auf Anforderung zu zahlenden Beträge, unter Angabe einer Erläuterung der Beziehung zwischen diesen Beträgen und dem Buchwert der zugehörigen Portfolios von Verträgen, sofern diese Beträge nicht unter Anwendung von Buchstabe (b) angegeben wurden.

If an entity prepares a sensitivity analysis that shows how amounts different from those specified in paragraph 128 (a) are affected by changes in risk variables and uses that sensitivity analysis to manage risks arising from contracts within the scope of IFRS 17, it may use that sensitivity analysis in place of the analysis specified in paragraph 128 (a). The entity shall also disclose: 129

(a) an explanation of the method used in preparing such a sensitivity analysis and of the main parameters and assumptions underlying the information provided; and
(b) an explanation of the objective of the method used and of any limitations that may result in the information provided.

Insurance risk—claims development

An entity shall disclose actual claims compared with previous estimates of the undiscounted amount of the claims (i.e. claims development). The disclosure about claims development shall start with the period when the earliest material claim(s) arose and for which there is still uncertainty about the amount and timing of the claims payments at the end of the reporting period; but the disclosure is not required to start more than 10 years before the end of the reporting period. The entity is not required to disclose information about the development of claims for which uncertainty about the amount and timing of the claims payments is typically resolved within one year. An entity shall reconcile the disclosure about claims development with the aggregate carrying amount of the groups of insurance contracts, which the entity discloses applying paragraph 100 (c). 130

Credit risk—other information

For credit risk that arises from contracts within the scope of IFRS 17, an entity shall disclose: 131

(a) the amount that best represents its maximum exposure to credit risk at the end of the reporting period, separately for insurance contracts issued and reinsurance contracts held; and
(b) information about the credit quality of reinsurance contracts held that are assets.

Liquidity risk—other information

For liquidity risk arising from contracts within the scope of IFRS 17, an entity shall disclose: 132

(a) a description of how it manages the liquidity risk;
(b) separate maturity analyses for portfolios of insurance contracts issued that are liabilities and portfolios of reinsurance contracts held that are liabilities that show, as a minimum, net cash flows of the portfolios for each of the first five years after the reporting date and in aggregate beyond the first five years. An entity is not required to include in these analyses liabilities for remaining coverage measured applying paragraphs 55—59 and paragraphs 69—70A. The analyses may take the form of:
    (i) an analysis, by estimated timing, of the remaining contractual undiscounted net cash flows; or
    (ii) an analysis, by estimated timing, of the estimates of the present value of the future cash flows.
(c) the amounts that are payable on demand, explaining the relationship between such amounts and the carrying amount of the related portfolios of contracts, if not disclosed applying (b) of this paragraph.

ANHANG A
Definitionen

Dieser Anhang ist integraler Bestandteil von IFRS 17 Versicherungsverträge.

Vertragliche Servicemarge
Eine Komponente des Buchwerts des Vermögenswerts oder der Verbindlichkeit für eine **Gruppe von Versicherungsverträgen,** die den nicht realisierten Gewinn darstellt, den das Unternehmen im Laufe der Erbringung seiner **Leistungen gemäß dem Versicherungsvertrag** gemäß den in der Gruppe enthaltenen **Versicherungsverträgen** ausweisen wird.

Deckungszeitraum
Der Zeitraum, in dem das Unternehmen **Leistungen gemäß dem Versicherungsvertrag** erbringt. Dieser Zeitraum umfasst die **Leistungen gemäß dem Versicherungsvertrag** in Bezug auf alle Prämien innerhalb der Grenzen des **Versicherungsvertrags.**

Erfahrungsbedingte Anpassungen
Eine Differenz zwischen:
(a) bei Prämieneinnahmen (und anderen damit verbundenen Zahlungsströmen, wie zum Beispiel Abschlusskosten und Steuern auf Versicherungsprämien) den zu Beginn der Periode geschätzten in der Periode erwarteten Beträgen und den tatsächlichen Zahlungsströmen in der Periode oder
(b) bei versicherungstechnischen Aufwendungen (ohne Abschlusskosten) den zu Beginn der Periode geschätzten erwartungsgemäß anfallenden Beträgen und den tatsächlich in der Periode angefallenen Beträgen.

Finanzrisiko
Das Risiko einer möglichen künftigen Änderung eines (oder mehrerer) genannten Zinssatzes, Wertpapierkurses, Rohstoffpreises, Wechselkurses, Preis- oder Zinsindexes, Bonitätsratings oder Kreditindexes oder einer anderen Variablen, vorausgesetzt, dass im Fall einer nichtfinanziellen Variablen die Variable nicht spezifisch für eine der Parteien des Vertrags ist.

Erfüllungswert
Eine explizite, objektive und wahrscheinlichkeitsgewichtete Schätzung (d. h. der Erwartungswert) des Barwerts der künftigen Mittelabflüsse abzüglich des Barwerts der künftigen Mittelzuflüsse, die im Zuge der Erfüllung der Versicherungsverträge durch das Unternehmen entstehen werden, einschließlich einer Risikoanpassung für nichtfinanzielle Risiken.

Gruppe von Versicherungsverträgen
Eine Reihe von **Versicherungsverträgen,** die aus der Aufteilung eines **Portfolios von Versicherungsverträgen** in (mindestens) Verträge resultiert, die innerhalb eines Zeitraums von maximal einem Jahr ausgestellt wurden und die bei ihrem erstmaligen Ansatz
(a) belastend sind (falls zutreffend),
(b) keine signifikante Wahrscheinlichkeit aufweisen, dass sie künftig belastend werden könnten (falls zutreffend), oder
(c) weder unter (a) noch unter (b) fallen (falls zutreffend).

Abschlusskosten
Zahlungsströme aus den Kosten für den Vertrieb, die Zeichnung und die Einrichtung einer **Gruppe von Versicherungsverträgen** (die bereits ausgestellt wurden oder die erwartungsgemäß ausgestellt werden), die dem **Portfolio von Versicherungsverträgen,** zu dem die Gruppe gehört, einzeln zugeordnet werden können. Zu diesen Zahlungsströmen gehören auch Zahlungsströme, die nicht einzelnen Verträgen oder **Gruppen von Versicherungsverträgen** innerhalb des Portfolios zuordenbar sind.

Versicherungsvertrag
Ein Vertrag, nach dem eine Partei (der Versicherer) ein signifikantes **Versicherungsrisiko** von einer anderen Partei (dem **Versicherungsnehmer**) übernimmt, indem sie sich verpflichtet, den **Versicherungsnehmer** zu entschädigen, wenn ein festgelegtes ungewisses künftiges Ereignis (das **versicherte Ereignis**) den **Versicherungsnehmer** nachteilig betrifft.

Leistungen gemäß dem Versicherungsvertrag
Folgende Leistungen, die ein Unternehmen für einen **Versicherungsnehmer** eines **Versicherungsvertrags** erbringt:
(a) Deckung für ein **versichertes Ereignis** (Versicherungsdeckungsleistung),
(b) Bei **Versicherungsverträgen ohne direkte Überschussbeteiligung**: die Erwirtschaftung von Kapitalerträgen für den Versicherungsnehmer, falls zutreffend (Leistungen zur Erwirtschaftung von Kapitalerträgen), und
(c) Bei **Versicherungsverträgen mit direkter Überschussbeteiligung**: das Management der zugrunde liegenden Referenzwerte im Namen des Versicherungsnehmers (kapitalanlagebezogene Leistungen).

APPENDIX A

Defined terms

This appendix is an integral part of IFRS 17 Insurance Contracts.

contractual service margin A component of the carrying amount of the asset or liability for a **group of insurance contracts** representing the unearned profit the entity will recognise as it provides **insurance contract services** under the **insurance contracts** in the group.

coverage period The period during which the entity provides **insurance contract services**. This period includes the **insurance contract services** that relate to all premiums within the boundary of the **insurance contract**.

experience adjustment A difference between:

(a) for premium receipts (and any related cash flows such as **insurance acquisition cash flows** and insurance premium taxes)—the estimate at the beginning of the period of the amounts expected in the period and the actual cash flows in the period; or

(b) for insurance service expenses (excluding insurance acquisition expenses)—the estimate at the beginning of the period of the amounts expected to be incurred in the period and the actual amounts incurred in the period.

financial risk The risk of a possible future change in one or more of a specified interest rate, financial instrument price, commodity price, currency exchange rate, index of prices or rates, credit rating or credit index or other variable, provided in the case of a non-financial variable that the variable is not specific to a party to the contract.

fulfilment cash flows An explicit, unbiased and probability-weighted estimate (i.e. expected value) of the present value of the future cash outflows minus the present value of the future cash inflows that will arise as the entity fulfils **insurance contracts**, including a **risk adjustment for non-financial risk**.

group of insurance contracts A set of **insurance contracts** resulting from the division of a **portfolio of insurance contracts** into, at a minimum, contracts issued within a period of no longer than one year and that, at initial recognition:

(a) are onerous, if any;

(b) have no significant possibility of becoming onerous subsequently, if any; or

(c) do not fall into either (a) or (b), if any.

insurance acquisition cash flows Cash flows arising from the costs of selling, underwriting and starting a **group of insurance contracts** (issued or expected to be issued) that are directly attributable to the **portfolio of insurance contracts** to which the group belongs. Such cash flows include cash flows that are not directly attributable to individual contracts or **groups of insurance contracts** within the portfolio.

insurance contract A contract under which one party (the issuer) accepts significant **insurance risk** from another party (the **policyholder**) by agreeing to compensate the policyholder if a specified uncertain future event (the **insured event**) adversely affects the **policyholder**.

insurance contract services The following services that an entity provides to a **policyholder** of an **insurance contract**:

(a) coverage for an **insured event** (insurance coverage);

(b) for **insurance contracts without direct participation features**, the generation of an investment return for the policyholder, if applicable (investment-return service); and

(c) for **insurance contracts with direct participation features**, the management of underlying items on behalf of the **policyholder** (investment-related service).

Versicherungsvertrag mit direkter Überschussbeteiligung
Ein **Versicherungsvertrag,** bei dem zu Beginn
(a) die Vertragsbestimmungen festlegen, dass der **Versicherungsnehmer** mit einem Anteil an einem eindeutig bestimmten Pool **zugrunde liegender Referenzwerte** beteiligt ist,
(b) das Unternehmen erwartet, dem **Versicherungsnehmer** einen Betrag zu zahlen, der einem wesentlichen Teil der Erträge aus dem beizulegenden Zeitwert der **zugrunde liegenden Referenzwerte** entspricht, und
(c) das Unternehmen erwartet, dass ein wesentlicher Teil etwaiger Änderungen der an den **Versicherungsnehmer** zu zahlenden Beträge entsprechend der Änderung des beizulegenden Zeitwerts der **zugrunde liegenden Referenzwerte** schwanken wird.

Versicherungsvertrag ohne direkte Überschussbeteiligung
Ein **Versicherungsvertrag,** der kein **Versicherungsvertrag mit direkter Überschussbeteiligung** ist.

Versicherungsrisiko
Ein Risiko – mit Ausnahme eines **finanziellen Risikos** – das vom Versicherungsnehmer auf den Versicherer übertragen wird.

Versichertes Ereignis
Ein ungewisses künftiges Ereignis, das von einem **Versicherungsvertrag** gedeckt ist und durch das ein **Versicherungsrisiko** entsteht.

Kapitalanlagekomponente
Die Beträge, die das Versicherungsunternehmen gemäß **Versicherungsvertrag** auf jeden Fall an den **Versicherungsnehmer** zurückzahlen muss, unabhängig davon, ob ein **versichertes Ereignis** eintritt oder nicht.

Kapitalanlagevertrag mit ermessensabhängiger Überschussbeteiligung
Ein Finanzinstrument, das einem bestimmten Anleger das vertragliche Recht verleiht, ergänzend zu einem Betrag, der nicht im Ermessen des Ausstellers des Vertrags liegt, zusätzliche Beträge zu erhalten,
(a) die erwartungsgemäß einen signifikanten Anteil an den gesamten vertraglichen Leistungen ausmachen,
(b) deren Fälligkeit oder Höhe vertraglich im Ermessen des Ausstellers liegen, und
(c) die vertraglich beruhen auf:
  (i) den Renditen eines bestimmten Pools an Verträgen oder eines bestimmten Typs von Verträgen,
  (ii) den realisierten und/oder nicht realisierten Kapitalerträgen bei einem bestimmten Portfolio von Vermögenswerten, die vom Verpflichteten gehalten werden, oder
  (iii) dem Gewinn oder Verlust des Unternehmens oder des Sondervermögens, das den Vertrag ausstellt.

Rückstellung für noch nicht abgewickelte Versicherungsfälle
Die Verpflichtung eines Unternehmens,
(a) berechtigte Ansprüche in Bezug auf bereits eingetretene **versicherte Ereignisse**, auch in Bezug auf Ereignisse, die eingetreten sind, für die aber noch keine Ansprüche geltend gemacht wurden, und andere angefallene Versicherungsaufwendungen zu überprüfen und zu begleichen, und
(b) in (a) nicht enthaltene Beträge zu zahlen, die sich auf Folgendes beziehen:
  (i) **Leistungen gemäß dem Versicherungsvertrag,** die bereits erbracht worden sind, oder
  (ii) etwaige **Kapitalanlagekomponenten** oder andere Beträge, die nicht in Zusammenhang mit der Erbringung von **Leistungen gemäß dem Versicherungsvertrag** stehen und die nicht in der **Deckungsrückstellung** enthalten sind.

Deckungsrückstellung
Die Verpflichtung eines Unternehmens,
(a) berechtigte Ansprüche im Rahmen bestehender **Versicherungsverträge** für **versicherte Ereignisse**, die noch nicht eingetreten sind (d. h. die Verpflichtung in Bezug auf den noch nicht abgelaufenen Teil der Versicherungsdeckung) zu überprüfen und zu begleichen, und
(b) in (a) nicht enthaltene Beträge im Rahmen bestehender **Versicherungsverträge** zu zahlen, die sich auf Folgendes beziehen:
  (i) noch nicht erbrachte **Leistungen gemäß dem Versicherungsvertrag** (d. h. die Verpflichtungen in Bezug auf die künftige Erbringung von **Leistungen gemäß dem Versicherungsvertrag**) oder
  (ii) etwaige **Kapitalanlagekomponenten** oder andere Beträge, die nicht in Zusammenhang mit der Erbringung von **Leistungen gemäß dem Versicherungsvertrag** stehen und die nicht in die **Rückstellung für noch nicht abgewickelte Versicherungsfälle** umgebucht wurden.

insurance contract with direct participation features	An **insurance contract** for which, at inception: (a) the contractual terms specify that the **policyholder** participates in a share of a clearly identified pool of **underlying items**; (b) the entity expects to pay to the **policyholder** an amount equal to a substantial share of the fair value returns on the **underlying items**; and (c) the entity expects a substantial proportion of any change in the amounts to be paid to the **policyholder** to vary with the change in fair value of the **underlying items**.
insurance contract without direct participation features	An **insurance contract** that is not an **insurance contract with direct participation features.**
insurance risk	Risk, other than **financial risk**, transferred from the holder of a contract to the issuer.
insured event	An uncertain future event covered by an **insurance contract** that creates **insurance risk**.
investment component	The amounts that an **insurance contract** requires the entity to repay to a **policyholder** in all circumstances, regardless of whether an **insured event** occurs.
investment contract with discretionary participation features	A financial instrument that provides a particular investor with the contractual right to receive, as a supplement to an amount not subject to the discretion of the issuer, additional amounts: (a) that are expected to be a significant portion of the total contractual bene-fits; (b) the timing or amount of which are contractually at the discretion of the issuer; and (c) that are contractually based on: (i) the returns on a specified pool of contracts or a specified type of contract; (ii) realised and/or unrealised investment returns on a specified pool of assets held by the issuer; or (iii) the profit or loss of the entity or fund that issues the contract.
liability for incurred claims	An entity's obligation to: (a) investigate and pay valid claims for **insured events** that have already occurred, including events that have occurred but for which claims have not been reported, and other incurred insurance expenses; and (b) pay amounts that are not included in (a) and that relate to: (i) **insurance contract services** that have already been provided; or (ii) any **investment components** or other amounts that are not related to the provision of **insurance contract services** and that are not in the **liability for remaining coverage**.
liability for remaining coverage	An entity's obligation to: (a) investigate and pay valid claims under existing **insurance contracts** for **insured events** that have not yet occurred (i.e. the obligation that relates to the unexpired portion of the insurance coverage); and (b) pay amounts under existing **insurance contracts** that are not included in (a) and that relate to: (i) **insurance contract services** not yet provided (i.e. the obligations that relate to future provision of **insurance contract services**); or (ii) any **investment components** or other amounts that are not related to the provision of **insurance contract services** and that have not been transferred to the **liability for incurred claims**.

Versicherungsnehmer	Die Partei, die nach einem **Versicherungsvertrag** das Recht auf Entschädigung hat, falls ein **versichertes Ereignis** eintritt.
Portfolio von Versicherungsverträgen	**Versicherungsverträge,** die ähnlichen Risiken unterliegen und die gemeinsam gesteuert werden.
Rückversicherungsvertrag	Ein von einem Unternehmen (dem Rückversicherer) ausgestellter **Versicherungsvertrag,** demzufolge dieses Unternehmen (der Rückversicherer) ein anderes Unternehmen für Schäden aus einem oder mehreren von diesem anderen Unternehmen ausgestellten **Versicherungsverträgen** (zugrunde liegende Verträge) entschädigen muss.
Risikoanpassung für nichtfinanzielle Risiken	Die Entschädigung, die ein Unternehmen dafür verlangt, dass es bei der Erfüllung seiner **Versicherungsverträge** die aus dem nichtfinanziellen Risiko entstehende Unsicherheit in Bezug auf die Höhe und den Zeitpunkt der Zahlungsströme trägt.
Zugrunde liegende Referenzwerte	Referenzwerte, die einige der an einen **Versicherungsnehmer** zu zahlenden Beträge bestimmen. **Zugrunde liegende Referenzwerte** können beliebige Posten umfassen; beispielsweise ein Referenzportfolio von Vermögenswerten, Nettovermögenswerte des Unternehmens oder eine spezifische Untergruppe der Nettovermögenswerte des Unternehmens.

ANHANG B

Anwendungsleitlinien

Dieser Anhang ist integraler Bestandteil von IFRS 17 Versicherungsverträge.

B1 Er enthält Leitlinien zu folgenden Punkten:

(a) Definition eines Versicherungsvertrags (siehe Paragraphen B2–B30),
(b) Abtrennung von Komponenten eines Versicherungsvertrags (siehe Paragraphen B31–B35),
(ba) als Vermögenswert angesetzte Abschlusskosten (siehe Paragraphen B35A–B35D),
(c) Bewertung (siehe Paragraphen B36–B119F),
(d) versicherungstechnische Erträge (siehe Paragraph B120–B127),
(e) versicherungstechnische Finanzerträge oder -aufwendungen (siehe Paragraphen B128–B136) und
(f) Zwischenabschlüsse (siehe Paragraph B137).

Definition eines Versicherungsvertrags (Anhang A)

B2 Dieser Abschnitt enthält Leitlinien zur Definition eines Versicherungsvertrags, wie in Anhang A bestimmt. Er behandelt die folgenden Sachverhalte:

(a) ungewisses künftiges Ereignis (siehe Paragraphen B3–B5),
(b) Naturalleistungen (siehe Paragraph B6),
(c) die Unterscheidung zwischen dem Versicherungsrisiko und anderen Risiken (siehe Paragraphen B7–B16),
(d) signifikantes Versicherungsrisiko (siehe Paragraphen B17–B23),
(e) Änderungen im Umfang des Versicherungsrisikos (siehe Paragraphen B24–B25) und
(f) Beispiele für Versicherungsverträge (siehe Paragraphen B26–B30).

Ungewisses künftiges Ereignis

B3 Ungewissheit (oder Risiko) liegt im Wesen eines Versicherungsvertrags. Dementsprechend besteht zu Beginn eines Versicherungsvertrags mindestens bei einer der folgenden Fragen Ungewissheit:

(a) der Wahrscheinlichkeit, dass ein versichertes Ereignis eintritt,
(b) wann das versicherte Ereignis eintreten wird oder
(c) wie hoch die Leistung des Unternehmens sein wird, wenn das versicherte Ereignis eintritt.

B4 Bei einigen Versicherungsverträgen ist das versicherte Ereignis das Bekanntwerden eines Schadens während der Vertragslaufzeit, selbst wenn der Schaden die Folge eines Ereignisses ist, das vor Beginn des Vertrags eingetreten ist. In anderen Versicherungsverträgen ist das versicherte Ereignis ein Ereignis, das während der Vertragslaufzeit eintritt, selbst wenn der daraus resultierende Schaden erst nach Ende der Vertragslaufzeit bekannt wird.

B5 Einige Versicherungsverträge decken Ereignisse, die bereits eingetreten sind, deren finanzielle Auswirkung aber noch ungewiss ist. Ein Beispiel hierfür ist ein Versicherungsvertrag, der Versicherungsdeckung für ungünstige Entwicklungen eines Ereignisses bietet, das bereits eingetreten ist. Bei solchen Verträgen ist das versicherte Ereignis die Bestimmung der endgültigen Höhe dieser Schäden.

policyholder	A party that has a right to compensation under an **insurance contract** if an **insured event** occurs.
portfolio of insurance contracts	**Insurance contracts** subject to similar risks and managed together.
reinsurance contract	An **insurance contract** issued by one entity (the reinsurer) to compensate another entity for claims arising from one or more **insurance contracts** issued by that other entity (underlying contracts).
risk adjustment for non-financial risk	The compensation an entity requires for bearing the uncertainty about the amount and timing of the cash flows that arises from non-financial risk as the entity fulfils **insurance contracts**.
underlying items	Items that determine some of the amounts payable to a **policyholder**. **Under-lying items** can comprise any items; for example, a reference portfolio of assets, the net assets of the entity, or a specified subset of the net assets of the entity.

APPENDIX B

Application guidance

This appendix is an integral part of IFRS 17 Insurance Contracts.

This appendix provides guidance on the following: **B1**

(a) definition of an insurance contract (see paragraphs B2—B30);
(b) separation of components from an insurance contract (see paragraphs B31—B35);
(ba) asset for insurance acquisition cash flows (see paragraphs B35A—B35D);
(c) measurement (see paragraphs B36—B119F);
(d) insurance revenue (see paragraphs B120—B127);
(e) insurance finance income or expenses (see paragraphs B128—B136); and
(f) interim financial statements (see paragraph B137).

Definition of an insurance contract (Appendix A)

This section provides guidance on the definition of an insurance contract as specified in Appendix A. It addresses the following: **B2**

(a) uncertain future event (see paragraphs B3—B5);
(b) payments in kind (see paragraph B6);
(c) the distinction between insurance risk and other risks (see paragraphs B7—B16);
(d) significant insurance risk (see paragraphs B17—B23);
(e) changes in the level of insurance risk (see paragraphs B24—B25); and
(f) examples of insurance contracts (see paragraphs B26—B30).

Uncertain future event

Uncertainty (or risk) is the essence of an insurance contract. Accordingly, at least one of the following is uncertain at the inception of an insurance contract: **B3**

(a) the probability of an insured event occurring;
(b) when the insured event will occur; or
(c) how much the entity will need to pay if the insured event occurs.

In some insurance contracts, the insured event is the discovery of a loss during the term of the contract, even if that loss arises from an event that occurred before the inception of the contract. In other insurance contracts, the insured event is an event that occurs during the term of the contract, even if the resulting loss is discovered after the end of the contract term. **B4**

Some insurance contracts cover events that have already occurred but the financial effect of which is still uncertain. An example is an insurance contract that provides insurance coverage against an adverse development of an event that has already occurred. In such contracts, the insured event is the determination of the ultimate cost of those claims. **B5**

Naturalleistungen

B6 Einige Versicherungsverträge verlangen oder gestatten die Erbringung von Naturalleistungen. In solchen Fällen liefert das Unternehmen zur Erfüllung seiner Verpflichtung, den Versicherungsnehmer für versicherte Ereignisse zu entschädigen, Waren oder Dienstleistungen an den Versicherungsnehmer. Beispielsweise kann ein Unternehmen einen gestohlenen Gegenstand direkt ersetzen, statt dem Versicherungsnehmer eine Erstattung in Höhe des ihm entstandenen Schadens zu zahlen. Als weiteres Beispiel nutzt ein Unternehmen eigene Krankenhäuser und medizinisches Personal, um medizinische Dienste zu leisten, die durch den Versicherungsvertrag zugesagt sind. Bei diesen Verträgen handelt es sich um Versicherungsverträge, selbst wenn die Ansprüche der Versicherten in Form von Naturalleistungen beglichen werden. Dienstleistungsverträge gegen festes Entgelt, welche die in Paragraph 8 genannten Bedingungen erfüllen, sind ebenfalls Versicherungsverträge. Unter Anwendung von Paragraph 8 hat das Unternehmen jedoch das Wahlrecht, diese Verträge entweder nach IFRS 17 oder nach IFRS 15 *Erlöse aus Verträgen mit Kunden* zu bilanzieren.

Die Unterscheidung zwischen dem Versicherungsrisiko und anderen Risiken

B7 Damit ein Versicherungsvertrag im Sinne der Definition vorliegt, muss eine Partei ein signifikantes Versicherungsrisiko von einer anderen Partei übernehmen. In IFRS 17 wird das Versicherungsrisiko definiert als ein „Risiko, mit Ausnahme eines Finanzrisikos, das von demjenigen, der den Vertrag nimmt (Versicherungsnehmer), auf denjenigen, der ihn ausstellt (Versicherer), übertragen wird". Ein Vertrag, der den Aussteller ohne signifikantes Versicherungsrisiko einem Finanzrisiko aussetzt, ist kein Versicherungsvertrag.

B8 Die Definition des Begriffs Finanzrisiko in Anhang A bezieht sich auf finanzielle und nichtfinanzielle Variablen. Nichtfinanzielle Variablen, die nicht spezifisch für eine Partei des Vertrags sind, wären zum Beispiel ein Index über Erdbebenschäden in einer bestimmten Region oder ein Index über Temperaturen in einer bestimmten Stadt. Finanzrisiken schließen Risiken aus nichtfinanziellen Variablen aus, die spezifisch für eine Partei dieses Vertrags sind, so wie das Eintreten oder Nichteintreten eines Feuers, das einen Vermögenswert dieser Partei beschädigt oder zerstört. Außerdem ist das Risiko, dass sich der beizulegende Zeitwert eines nichtfinanziellen Vermögenswerts ändert, kein Finanzrisiko, wenn der beizulegende Zeitwert nicht nur Änderungen der Marktpreise für solche Vermögenswerte (eine finanzielle Variable) widerspiegelt, sondern auch den Zustand eines bestimmten nichtfinanziellen Vermögenswerts im Besitz einer Partei eines Vertrags (eine nichtfinanzielle Variable). Wenn beispielsweise eine Garantie des Restwerts eines bestimmten Autos, an dem der Versicherungsnehmer ein versicherbares Interesse besitzt, den Garantiegeber dem Risiko von Änderungen des physischen Zustands des Autos aussetzt, ist dieses Risiko ein Versicherungsrisiko und kein Finanzrisiko.

B9 Einige Verträge setzen den Aussteller zusätzlich zu einem signifikanten Versicherungsrisiko auch einem Finanzrisiko aus. Zum Beispiel beinhalten viele Lebensversicherungsverträge die Garantie einer Mindestverzinsung für die Versicherungsnehmer (Finanzrisiko bewirkend) und gleichzeitig auch die Zusage von Leistungen im Todesfall, die zu manchen Zeitpunkten den Stand des Versicherungskontos des Versicherungsnehmers erheblich übersteigen (Versicherungsrisiko in Form von Sterblichkeitsrisiko bewirkend). Hierbei handelt es sich um Versicherungsverträge.

B10 Bei einigen Verträgen löst das versicherte Ereignis die Zahlung eines an einen Preisindex gekoppelten Betrags aus. Bei diesen Verträgen handelt es sich um Versicherungsverträge, sofern die durch das versicherte Ereignis bedingte Zahlung signifikant sein könnte. Ist beispielsweise eine Leibrente an einen Index der Lebenshaltungskosten gebunden, so wird ein Versicherungsrisiko übertragen, weil die Zahlung durch ein ungewisses künftiges Ereignis – dem Überleben des Leibrentners – ausgelöst wird. Die Kopplung an den Preisindex ist ein Derivat, gleichzeitig wird jedoch ein Versicherungsrisiko übertragen, weil die Anzahl der Zahlungen, für die der Index gilt, vom Überleben des Leibrentners abhängt. Wenn die daraus resultierende Übertragung von Versicherungsrisiko signifikant ist, erfüllt das Derivat die Definition eines Versicherungsvertrags und darf in diesem Fall nicht vom Basisvertrag getrennt werden (siehe Paragraph 11 (a)).

B11 Das Versicherungsrisiko ist das Risiko, das das Unternehmen vom Versicherungsnehmer übernimmt. Dies bedeutet, dass das Unternehmen vom Versicherungsnehmer ein Risiko übernehmen muss, dem der Versicherungsnehmer bereits ausgesetzt war. Ein neues, durch den Vertrag für das Unternehmen oder den Versicherungsnehmer entstandenes Risiko ist kein Versicherungsrisiko.

B12 Die Definition eines Versicherungsvertrags bezieht sich auf eine nachteilige Wirkung auf den Versicherungsnehmer. Nach dieser Definition ist die Zahlung des Unternehmens nicht auf einen Betrag begrenzt, welcher der finanziellen Wirkung des nachteiligen Ereignisses entspricht. Zum Beispiel schließt die Definition „Neuwertversicherungen" mit ein, die dem Versicherungsnehmer einen Betrag auszahlen, der es ihm ermöglicht, einen gebrauchten und beschädigten Vermögenswert durch einen neuwertigen zu ersetzen. Entsprechend beschränkt die Definition die Zahlung aufgrund eines Lebensversicherungsvertrags nicht auf den finanziellen Schaden, der den Angehörigen des Verstorbenen entstanden ist, und sie schließt auch keine Verträge aus, welche die Zahlung von vorher festgelegten Beträgen vorsehen, um den durch den Tod oder einen Unfall verursachten Schaden zu quantifizieren.

B13 Einige Verträge bestimmen eine Leistung, wenn ein festgelegtes ungewisses künftiges Ereignis eintritt, schreiben aber nicht vor, dass als Vorbedingung für die Leistung eine nachteilige Auswirkung auf den Versicherungsnehmer eingetreten sein muss. Solch ein Vertrag ist kein Versicherungsvertrag, auch dann nicht, wenn der Nehmer den Vertrag dazu benutzt,

Payments in kind

Some insurance contracts require or permit payments to be made in kind. In such cases, the entity provides goods or services to the policyholder to settle the entity's obligation to compensate the policyholder for insured events. An example is when the entity replaces a stolen article instead of reimbursing the policyholder for the amount of its loss. Another example is when an entity uses its own hospitals and medical staff to provide medical services covered by the insurance contract. Such contracts are insurance contracts, even though the claims are settled in kind. Fixed-fee service contracts that meet the conditions specified in paragraph 8 are also insurance contracts, but applying paragraph 8, an entity may choose to account for them applying either IFRS 17 or IFRS 15 *Revenue from Contracts with Customers.* B6

The distinction between insurance risk and other risks

The definition of an insurance contract requires that one party accepts significant insurance risk from another party. IFRS 17 defines insurance risk as 'risk, other than financial risk, transferred from the holder of a contract to the issuer'. A contract that exposes the issuer to financial risk without significant insurance risk is not an insurance contract. B7

The definition of financial risk in Appendix A refers to financial and non-financial variables. Examples of non-financial variables not specific to a party to the contract include an index of earthquake losses in a particular region or temperatures in a particular city. Financial risk excludes risk from non-financial variables that are specific to a party to the contract, such as the occurrence or non-occurrence of a fire that damages or destroys an asset of that party. Furthermore, the risk of changes in the fair value of a non-financial asset is not a financial risk if the fair value reflects changes in the market prices for such assets (i.e. a financial variable) and the condition of a specific non-financial asset held by a party to a contract (i.e. a non-financial variable). For example, if a guarantee of the residual value of a specific car in which the policyholder has an insurable interest exposes the guarantor to the risk of changes in the car's physical condition, that risk is insurance risk, not financial risk. B8

Some contracts expose the issuer to financial risk in addition to significant insurance risk. For example, many life insurance contracts guarantee a minimum rate of return to policyholders, creating financial risk, and at the same time promise death benefits that may significantly exceed the policyholder's account balance, creating insurance risk in the form of mortality risk. Such contracts are insurance contracts. B9

Under some contracts, an insured event triggers the payment of an amount linked to a price index. Such contracts are insurance contracts, provided that the payment contingent on the insured event could be significant. For example, a life-contingent annuity linked to a cost-of-living index transfers insurance risk because the payment is triggered by an uncertain future event—the survival of the person who receives the annuity. The link to the price index is a derivative, but it also transfers insurance risk because the number of payments to which the index applies depends on the survival of the annuitant. If the resulting transfer of insurance risk is significant, the derivative meets the definition of an insurance contract, in which case it shall not be separated from the host contract (see paragraph 11 (a)). B10

Insurance risk is the risk the entity accepts from the policyholder. This means the entity must accept, from the policyholder, a risk to which the policyholder was already exposed. Any new risk created by the contract for the entity or the policyholder is not insurance risk. B11

The definition of an insurance contract refers to an adverse effect on the policyholder. This definition does not limit the payment by the entity to an amount equal to the financial effect of the adverse event. For example, the definition includes 'new for old' insurance coverage that pays the policyholder an amount that permits the replacement of a used and damaged asset with a new one. Similarly, the definition does not limit the payment under a life insurance contract to the financial loss suffered by the deceased's dependants, nor does it exclude contracts that specify the payment of predetermined amounts to quantify the loss caused by death or an accident. B12

Some contracts require a payment if a specified uncertain future event occurs, but do not require an adverse effect on the policyholder as a precondition for the payment. This type of contract is not an insurance contract even if the holder uses it to mitigate an underlying risk exposure. For example, if the holder uses a derivative to hedge an underlying financial or B13

um eine zugrunde liegende Risikoposition auszugleichen. Nutzt der Nehmer beispielsweise ein Derivat, um eine zugrunde liegende finanzielle oder nichtfinanzielle Variable abzusichern, die mit Zahlungsströmen von einem Vermögenswert des Unternehmens korreliert, so ist das Derivat kein Versicherungsvertrag, weil die Zahlung nicht davon abhängt, ob der Nehmer durch eine Minderung der Zahlungsströme aus dem Vermögenswert nachteilig betroffen ist. Die Definition eines Versicherungsvertrags bezieht sich auf ein ungewisses künftiges Ereignis, für das eine nachteilige Wirkung auf den Versicherungsnehmer eine vertragliche Voraussetzung für die Leistung ist. Diese vertragliche Voraussetzung verlangt vom Unternehmen keine Untersuchung, ob das Ereignis tatsächlich eine nachteilige Wirkung verursacht hat, aber sie erlaubt dem Unternehmen, die Leistung zu verweigern, wenn es nicht überzeugt ist, dass das Ereignis eine nachteilige Wirkung verursacht hat.

B14 Das Storno- oder Bestandsfestigkeitsrisiko (d. h. das Risiko, dass der Versicherungsnehmer den Vertrag früher oder später kündigt als der Versicherer bei der Preisfestsetzung für den Vertrag erwartet hatte) ist kein Versicherungsrisiko, da die daraus resultierende Variabilität der Leistung an den Versicherungsnehmer nicht von einem ungewissen künftigen Ereignis abhängt, das den Versicherungsnehmer nachteilig betrifft. Entsprechend ist ein Kostenrisiko (d. h. das Risiko von unerwarteten Erhöhungen der mit der Verwaltung eines Vertrags verbundenen Verwaltungskosten, nicht jedoch der mit versicherten Ereignissen verbundenen Kosten) kein Versicherungsrisiko, da eine unerwartete Erhöhung dieser Kosten den Versicherungsnehmer nicht nachteilig betrifft.

B15 Folglich ist ein Vertrag, der das Versicherungsunternehmen einem Storno-, Bestandsfestigkeits- oder Kostenrisiko aussetzt, kein Versicherungsvertrag, sofern er das Unternehmen nicht zugleich auch einem signifikanten Versicherungsrisiko aussetzt. Wenn das Unternehmen dieses Risiko jedoch mithilfe eines zweiten Vertrags mindert, in dem es einen Teil dieses Nicht-Versicherungs-Risikos auf eine andere Partei überträgt, so setzt dieser zweite Vertrag diese andere Partei einem Versicherungsrisiko aus.

B16 Ein Unternehmen kann ein signifikantes Versicherungsrisiko nur dann vom Versicherungsnehmer übernehmen, wenn das Unternehmen ein vom Versicherungsnehmer getrenntes Unternehmen ist. Im Falle eines Gegenseitigkeitsunternehmens übernimmt dieses von jedem Versicherungsnehmer Risiken und legt dann diese Risiken zusammen. Obwohl die Versicherungsnehmer dieses zusammengelegte Risiko kollektiv tragen, weil sie einen Residualanspruch an das Unternehmen haben, ist das Gegenseitigkeitsunternehmen ein getrenntes Unternehmen, welches das Risiko übernommen hat.

Signifikantes Versicherungsrisiko

B17 Ein Vertrag ist nur dann ein Versicherungsvertrag, wenn er ein signifikantes Versicherungsrisiko überträgt. Die Paragraphen B7–B16 behandeln das Versicherungsrisiko. Die Einschätzung, ob das Versicherungsrisiko signifikant ist, wird in den Paragraphen B18–B23 behandelt.

B18 Ein Versicherungsrisiko ist nur dann signifikant, wenn ein versichertes Ereignis bewirken könnte, dass der Versicherer zusätzliche Beträge zu zahlen hat, die in einem beliebigen Einzelfall von signifikanter Höhe sind – mit Ausnahme der Szenarien ohne wirtschaftliche Substanz (d. h. ohne wahrnehmbare Auswirkung auf die wirtschaftliche Sicht des Geschäfts). Wenn ein versichertes Ereignis dazu führen könnte, dass in einem Szenario mit wirtschaftlicher Substanz signifikante zusätzliche Beträge zu zahlen wären, kann die Bedingung des vorherigen Satzes sogar dann erfüllt sein, wenn das versicherte Ereignis höchst unwahrscheinlich ist oder wenn der erwartete (d. h. wahrscheinlichkeitsgewichtete) Barwert der bedingten Zahlungsströme nur einen kleinen Teil des erwarteten Barwerts aller übrigen vertraglichen Zahlungsströme aus dem Versicherungsvertrag ausmacht.

B19 Außerdem überträgt ein Vertrag nur dann ein signifikantes Versicherungsrisiko, wenn ein Szenario mit wirtschaftlicher Substanz vorliegt, in dem für den Versicherer die Möglichkeit eines Verlustes auf Barwertbasis besteht. Selbst wenn ein Rückversicherungsvertrag den Versicherer nicht dem Risiko der Möglichkeit eines signifikanten Verlusts aussetzt, wird dennoch davon ausgegangen, dass dieser Vertrag ein signifikantes Versicherungsrisiko überträgt, wenn im Wesentlichen das gesamte Versicherungsrisiko im Zusammenhang mit den rückversicherten Anteilen der zugrunde liegenden Versicherungsverträge auf den Rückversicherer übertragen wird.

B20 Die in Paragraph B18 beschriebenen zusätzlichen Beträge werden auf Barwertbasis bestimmt. Wenn ein Versicherungsvertrag bei Eintreten eines Ereignisses mit ungewissem Zeitpunkt eine Zahlung vorsieht und wenn diese Zahlung nicht um den Zeitwert des Geldes angepasst wird, kann es Umstände geben, unter denen der Barwert der Zahlung steigt, obwohl ihr Nennwert festgelegt ist. Ein Beispiel hierfür ist eine Todesfallversicherung mit fester Versicherungssumme (Todesfallleistung) ohne Ende des Versicherungsschutzes (oft auch als lebenslange Todesfallversicherung mit fester Versicherungssumme bezeichnet). Es ist gewiss, dass der Versicherungsnehmer sterben wird, aber der Zeitpunkt des Todes ist ungewiss. Es kann der Fall eintreten, dass Zahlungen geleistet werden, wenn ein einzelner Versicherungsnehmer früher als erwartet verstirbt. Da diese Zahlungen nicht um den Zeitwert des Geldes angepasst werden, könnte selbst dann ein signifikantes Versicherungsrisiko bestehen, wenn im Portfolio von Verträgen insgesamt kein Verlust zu verzeichnen ist. Auf ähnliche Weise können Vertragsbestimmungen, welche die zeitnahe Erstattung an den Versicherungsnehmer verzögern, ein signifikantes Versicherungsrisiko eliminieren. Zur Bestimmung des Barwerts der zusätzlichen Beträge hat ein Unternehmen die in Paragraph 36 vorgeschriebenen Abzinsungssätze zu verwenden.

non-financial variable correlated with the cash flows from an asset of the entity, the derivative is not an insurance contract because the payment is not conditional on whether the holder is adversely affected by a reduction in the cash flows from the asset. The definition of an insurance contract refers to an uncertain future event for which an adverse effect on the policyholder is a contractual precondition for payment. A contractual precondition does not require the entity to investigate whether the event actually caused an adverse effect, but it does permit the entity to deny the payment if it is not satisfied that the event did cause an adverse effect.

Lapse or persistency risk (the risk that the policyholder will cancel the contract earlier or later than the issuer had expected when pricing the contract) is not insurance risk because the resulting variability in the payment to the policyholder is not contingent on an uncertain future event that adversely affects the policyholder. Similarly, expense risk (i.e. the risk of unexpected increases in the administrative costs associated with the servicing of a contract, rather than in the costs associated with insured events) is not insurance risk because an unexpected increase in such expenses does not adversely affect the policyholder. **B14**

Consequently, a contract that exposes the entity to lapse risk, persistency risk or expense risk is not an insurance contract unless it also exposes the entity to significant insurance risk. However, if the entity mitigates its risk by using a second contract to transfer part of the non-insurance risk to another party, the second contract exposes the other party to insurance risk. **B15**

An entity can accept significant insurance risk from the policyholder only if the entity is separate from the policyholder. In the case of a mutual entity, the mutual entity accepts risk from each policyholder and pools that risk. Although policyholders bear that pooled risk collectively because they hold the residual interest in the entity, the mutual entity is a separate entity that has accepted the risk. **B16**

Significant insurance risk

A contract is an insurance contract only if it transfers significant insurance risk. Paragraphs B7—B16 discuss insurance risk. Paragraphs B18—B23 discuss the assessment of whether the insurance risk is significant. **B17**

Insurance risk is significant if, and only if, an insured event could cause the issuer to pay additional amounts that are significant in any single scenario, excluding scenarios that have no commercial substance (i.e. no discernible effect on the economics of the transaction). If an insured event could mean significant additional amounts would be payable in any scenario that has commercial substance, the condition in the previous sentence can be met even if the insured event is extremely unlikely, or even if the expected (i.e. probability-weighted) present value of the contingent cash flows is a small proportion of the expected present value of the remaining cash flows from the insurance contract. **B18**

In addition, a contract transfers significant insurance risk only if there is a scenario that has commercial substance in which the issuer has a possibility of a loss on a present value basis. However, even if a reinsurance contract does not expose the issuer to the possibility of a significant loss, that contract is deemed to transfer significant insurance risk if it transfers to the reinsurer substantially all the insurance risk relating to the reinsured portions of the underlying insurance contracts. **B19**

The additional amounts described in paragraph B18 are determined on a present-value basis. If an insurance contract requires payment when an event with uncertain timing occurs and if the payment is not adjusted for the time value of money, there may be scenarios in which the present value of the payment increases, even if its nominal value is fixed. An example is insurance that provides a fixed death benefit when the policyholder dies, with no expiry date for the cover (often referred to as whole-life insurance for a fixed amount). It is certain that the policyholder will die, but the date of death is uncertain. Payments may be made when an individual policyholder dies earlier than expected. Because those payments are not adjusted for the time value of money, significant insurance risk could exist even if there is no overall loss on the portfolio of contracts. Similarly, contractual terms that delay timely reimbursement to the policyholder can eliminate significant insurance risk. An entity shall use the discount rates required in paragraph 36 to determine the present value of the additional amounts. **B20**

B21 Die in Paragraph B18 beschriebenen zusätzlichen Beträge beziehen sich auf den Barwert der Beträge, der über das hinausgeht, was zu zahlen gewesen wäre, wenn kein versichertes Ereignis eingetreten wäre (ausgenommen Szenarien ohne wirtschaftliche Substanz). Diese zusätzlichen Beträge schließen Schadensbearbeitungs- und Schadensfeststellungskosten mit ein, aber sie beinhalten nicht

(a) den Verlust der Möglichkeit, dem Versicherungsnehmer künftige Leistungen in Rechnung zu stellen. So bedeutet beispielsweise im Falle eines kapitalanlagegebundenen Lebensversicherungsvertrags der Tod des Versicherungsnehmers, dass das Unternehmen keine Kapitalanlage-Verwaltungsleistungen mehr erbringen kann und auch keine Gebühr mehr dafür verlangen kann. Für das Unternehmen resultiert dieser wirtschaftliche Schaden jedoch nicht aus dem Versicherungsrisiko, und genauso wenig trägt ein Fondsmanager ein Versicherungsrisiko in Bezug auf den möglichen Tod eines Kunden. Folglich ist der potenzielle Verlust von künftigen Kapitalanlagegebühren für die Einschätzung, wie viel Versicherungsrisiko durch einen Vertrag übertragen wird, nicht relevant.

(b) den Verzicht auf Abzüge und Gebühren im Todesfall, die bei Kündigung oder Rückkauf vorgenommen würden. Da der Vertrag diese Gebühren überhaupt erst geschaffen hat, stellt der Verzicht auf die Erhebung dieser Gebühren keine Entschädigung des Versicherungsnehmers für ein zuvor schon bestehendes Risiko dar. Folglich sind sie für die Einschätzung, wie viel Versicherungsrisiko durch einen Vertrag übertragen wird, nicht relevant.

(c) eine Zahlung, die von einem Ereignis abhängt, das dem Versicherungsnehmer keinen signifikanten Schaden verursacht. Ein Beispiel hierfür wäre ein Vertrag, der den Aussteller verpflichtet, 1 Mio. WE[1] zu zahlen, wenn ein Vermögenswert einen physischen Schaden erleidet, der dem Versicherungsnehmer einen insignifikanten wirtschaftlichen Schaden von 1 WE verursacht. Durch diesen Vertrag überträgt der Versicherungsnehmer das insignifikante Risiko, 1 WE zu verlieren, auf den Aussteller. Gleichzeitig entsteht durch den Vertrag ein Nicht-Versicherungs-Risiko, aufgrund dessen der Aussteller 999 999 WE zahlen muss, wenn das festgelegte Ereignis eintritt. Da hier kein Szenario vorliegt, in dem ein versichertes Ereignis dem Versicherungsnehmer einen signifikanten Schaden verursacht, übernimmt der Aussteller kein signifikantes Versicherungsrisiko vom Versicherungsnehmer und dieser Vertrag ist kein Versicherungsvertrag.

(d) mögliche Rückversicherungsdeckung. Das Unternehmen bilanziert diese gesondert.

B22 Ein Unternehmen hat die Signifikanz des Versicherungsrisikos für jeden einzelnen Vertrag einzuschätzen. Folglich kann das Versicherungsrisiko auch signifikant sein, selbst wenn die Wahrscheinlichkeit signifikanter Schäden für ein Portfolio oder eine Gruppe von Verträgen minimal ist.

B23 Aus den Paragraphen B18–B22 folgt, dass es sich bei einem Vertrag, der eine Leistung im Todesfall vorsieht, die über der im Erlebensfall zu zahlenden Leistung liegt, um einen Versicherungsvertrag handelt, es sei denn, die zusätzliche Todesfallleistung ist nicht signifikant (beurteilt in Bezug auf den Vertrag selbst und nicht auf das gesamte Portfolio der Verträge). Wie in Paragraph B21 (b) festgestellt, wird der Verzicht auf Kündigungs- oder Rückkaufabzüge im Todesfall bei dieser Einschätzung nicht berücksichtigt, wenn dieser Verzicht den Versicherungsnehmer nicht für ein zuvor schon bestehendes Risiko entschädigt. Entsprechend handelt es sich bei einem Rentenversicherungsvertrag, der bis zum Lebensende des Versicherungsnehmers regelmäßige Zahlungen vorsieht, um einen Versicherungsvertrag, es sei denn, dass die gesamten Zahlungen, die nur geleistet werden, so lange der Versicherungsnehmer noch lebt, insignifikant sind.

Änderungen im Umfang des Versicherungsrisikos

B24 Bei einigen Verträgen erfolgt die Übertragung des Versicherungsrisikos auf den Versicherer erst nach einem gewissen Zeitraum. Ein Beispiel hierfür ist ein Vertrag, der einen bestimmten Kapitalertrag vorsieht und ein Wahlrecht für den Versicherungsnehmer beinhaltet, das Ergebnis der Kapitalanlage bei Ablauf zum Erwerb einer Leibrente zu benutzen, und zwar zu den gleichen Sätzen, die das Unternehmen zum Ausübungszeitpunkt des Wahlrechts durch den Versicherungsnehmer auch anderen neuen Leibrentenversicherungsnehmern in Rechnung stellt. Ein solcher Vertrag überträgt das Versicherungsrisiko erst dann auf den Versicherer, wenn das Wahlrecht ausgeübt wird, weil es dem Unternehmen weiterhin freisteht, den Preis der Leibrentenversicherung so zu festzulegen, dass sie das zu diesem Zeitpunkt auf das Unternehmen übertragene Versicherungsrisiko widerspiegelt. Folglich sind die Zahlungsströme, zu denen es bei Ausübung der Option kommen würde, außerhalb der Grenzen des Versicherungsvertrags und vor Ausübung der Option kommt es zu keinen Versicherungszahlungsströmen innerhalb der Grenzen des Versicherungsvertrags. Wenn der Vertrag indes die Rentenfaktoren angibt (oder eine andere Grundlage zur Bestimmung der Rentenfaktoren als die Marktpreise), überträgt der Vertrag das Versicherungsrisiko auf den Versicherer, weil der Versicherer das Risiko trägt, dass die Rentenfaktoren für den Versicherer ungünstig sind, wenn der Versicherungsnehmer die Option ausübt. In diesem Fall sind die Zahlungsströme, zu denen es bei Ausübung der Option kommt, innerhalb der Grenzen des Versicherungsvertrags.

B25 Ein Vertrag, der die Definition eines Versicherungsvertrags erfüllt, bleibt so lange ein Versicherungsvertrag, bis alle Rechte und Pflichten erloschen (d. h. erfüllt, gekündigt oder abgelaufen) sind, es sei denn, der Vertrag wird unter Anwendung der Paragraphen 74–77 aufgrund einer Vertragsänderung ausgebucht.

1 WE steht für Währungseinheit.

The additional amounts described in paragraph B18 refer to the present value of amounts that exceed those that would be payable if no insured event had occurred (excluding scenarios that lack commercial substance). Those additional amounts include claims handling and assessment costs, but exclude: **B21**

(a) the loss of the ability to charge the policyholder for future service. For example, in an investment-linked life insurance contract, the death of the policyholder means that the entity can no longer perform investment management services and collect a fee for doing so. However, this economic loss for the entity does not result from insurance risk, just as a mutual fund manager does not take on insurance risk in relation to the possible death of a client. Consequently, the potential loss of future investment management fees is not relevant when assessing how much insurance risk is transferred by a contract;

(b) a waiver, on death, of charges that would be made on cancellation or surrender. Because the contract brought those charges into existence, their waiver does not compensate the policyholder for a pre-existing risk. Consequently, they are not relevant when assessing how much insurance risk is transferred by a contract;

(c) a payment conditional on an event that does not cause a significant loss to the holder of the contract. For example, consider a contract that requires the issuer to pay CU1 million[1] if an asset suffers physical damage that causes an insignificant economic loss of CU1 to the holder. In this contract, the holder transfers the insignificant risk of losing CU1 to the issuer. At the same time, the contract creates a non-insurance risk that the issuer will need to pay CU999,999 if the specified event occurs. Because there is no scenario in which an insured event causes a significant loss to the holder of the contract, the issuer does not accept significant insurance risk from the holder and this contract is not an insurance contract;

(d) possible reinsurance recoveries. The entity accounts for these separately.

An entity shall assess the significance of insurance risk contract by contract. Consequently, the insurance risk can be significant even if there is minimal probability of significant losses for a portfolio or group of contracts. **B22**

It follows from paragraphs B18—B22 that, if a contract pays a death benefit that exceeds the amount payable on survival, the contract is an insurance contract unless the additional death benefit is not significant (judged by reference to the contract itself rather than to an entire portfolio of contracts). As noted in paragraph B21 (b), the waiver on death of cancellation or surrender charges is not included in this assessment if that waiver does not compensate the policyholder for a pre-existing risk. Similarly, an annuity contract that pays out regular sums for the rest of a policyholder's life is an insurance contract, unless the aggregate life-contingent payments are insignificant. **B23**

Changes in the level of insurance risk

For some contracts, the transfer of insurance risk to the issuer occurs after a period of time. For example, consider a contract that provides a specified investment return and includes an option for the policyholder to use the proceeds of the investment on maturity to buy a life-contingent annuity at the same rates the entity charges other new annuitants at the time the policyholder exercises that option. Such a contract transfers insurance risk to the issuer only after the option is exercised, because the entity remains free to price the annuity on a basis that reflects the insurance risk that will be transferred to the entity at that time. Consequently, the cash flows that would occur on the exercise of the option fall outside the boundary of the contract, and before exercise there are no insurance cash flows within the boundary of the contract. However, if the contract specifies the annuity rates (or a basis other than market rates for setting the annuity rates), the contract transfers insurance risk to the issuer because the issuer is exposed to the risk that the annuity rates will be unfavourable to the issuer when the policyholder exercises the option. In that case, the cash flows that would occur when the option is exercised are within the boundary of the contract. **B24**

A contract that meets the definition of an insurance contract remains an insurance contract until all rights and obligations are extinguished (i.e. discharged, cancelled or expired), unless the contract is derecognised applying paragraphs 74—77, because of a contract modification. **B25**

1 CU denotes currency unit.

Beispiele für Versicherungsverträge

B26 Bei den folgenden Beispielen handelt es sich um Versicherungsverträge, wenn das übertragene Versicherungsrisiko signifikant ist:

(a) Diebstahlversicherung oder Sachversicherung,

(b) Produkthaftpflicht-, Berufshaftpflicht-, allgemeine Haftpflicht- oder Rechtsschutzversicherung,

(c) Lebensversicherung und Bestattungskostenversicherung (obwohl der Tod sicher ist, ist es ungewiss, wann er eintreten wird oder – bei einigen Formen der Lebensversicherung – ob der Tod während der Versicherungsdauer eintreten wird),

(d) Leibrenten und Pensionsversicherungen, d. h. Verträge, die eine Entschädigung für das ungewisse künftige Ereignis – das Überleben des Leibrentners oder Pensionärs – zusagen, um dem Leibrentner oder Pensionär ein Einkommensniveau zu ermöglichen, das ansonsten durch dessen Überleben beeinträchtigt würde. (Verbindlichkeiten des Arbeitgebers aus Versorgungsplänen für Arbeitnehmer und als betriebliche Altersversorgung mit leistungsorientierter Zusage ausgewiesene Altersversorgungsverpflichtungen fallen unter Anwendung von Paragraph 7 (b) nicht in den Anwendungsbereich von IFRS 17),

(e) Erwerbsminderungsversicherung und Krankheitskostenversicherung,

(f) Bürgschaften, Kautionsversicherungen, Gewährleistungsbürgschaften und Bietungsbürgschaften, d. h. Verträge, die den Versicherungsnehmer entschädigen, wenn eine andere Partei eine vertragliche Verpflichtung nicht erfüllt, z. B. eine Verpflichtung, ein Gebäude zu errichten,

(g) Produktgewährleistungen. Produktgewährleistungen, die von einer anderen Partei für vom Hersteller, Groß- oder Einzelhändler verkaufte Waren gewährt werden, fallen in den Anwendungsbereich von IFRS 17. Produktgewährleistungen, die direkt vom Hersteller, Groß- oder Einzelhändler gewährt werden, sind unter Anwendung von Paragraph 7 (a) jedoch außerhalb des Anwendungsbereichs von IFRS 17 und fallen vielmehr in den Anwendungsbereich von IFRS 15 oder IAS 37 *Rückstellungen, Eventualverbindlichkeiten und Eventualforderungen*,

(h) Rechtstitelversicherungen (d. h. eine Versicherung gegen die Aufdeckung von Mängeln eines Rechtstitels auf Grundeigentum oder Gebäude, die bei Abschluss des Versicherungsvertrags nicht erkennbar waren). In diesem Fall ist das versicherte Ereignis die Aufdeckung eines Mangels eines Rechtstitels und nicht der Mangel als solcher,

(i) Reiseversicherung (Entschädigung in bar oder in Form von Dienstleistungen an Versicherungsnehmer für Schäden, die ihnen vor oder während einer Reise entstanden sind),

(j) Katastrophenbonds, die verringerte Zahlungen von Kapital, Zinsen oder beidem vorsehen, wenn ein bestimmtes Ereignis den Emittenten der Anleihe nachteilig betrifft (es sei denn, dass durch dieses bestimmte Ereignis kein signifikantes Versicherungsrisiko entsteht, zum Beispiel, wenn dieses Ereignis eine Änderung eines Zinssatzes oder Wechselkurses ist),

(k) Versicherungs-Swaps und andere Verträge, die eine Zahlung auf der Grundlage von Änderungen der klimatischen, geologischen oder sonstigen physikalischen Variablen vorsehen, die spezifisch für eine Vertragspartei sind.

B27 Es folgen Beispiele für Verträge, bei denen es sich nicht um Versicherungsverträge handelt:

(a) Kapitalanlageverträge, die die rechtliche Form eines Versicherungsvertrags haben, die aber kein signifikantes Versicherungsrisiko auf den Versicherer übertragen. So handelt es sich beispielsweise bei Lebensversicherungsverträgen, bei denen das Unternehmen kein signifikantes Sterblichkeitsrisiko oder Morbiditätsrisiko trägt, nicht um Versicherungsverträge; solche Verträge sind Finanzinstrumente oder Dienstleistungsverträge, siehe Paragraph B28). Kapitalanlageverträge mit ermessensabhängiger Überschussbeteiligung entsprechen nicht der Definition eines Versicherungsvertrags, fallen jedoch in den Anwendungsbereich von IFRS 17, vorausgesetzt, sie werden von einem Unternehmen ausgestellt, das unter Anwendung von Paragraph 3 (c) auch Versicherungsverträge ausstellt.

(b) Verträge, die die rechtliche Form von Versicherungen haben, aber jedes signifikante Versicherungsrisiko durch unkündbare und durchsetzbare Mechanismen auf den Versicherungsnehmer zurückübertragen, indem sie die künftigen Zahlungen des Versicherungsnehmers an den Versicherer als direkte Folge der versicherten Schäden anpassen. Beispielsweise sehen einige finanzielle Rückversicherungsverträge oder einige Gruppenverträge eine Rückübertragung des gesamten signifikanten Versicherungsrisikos auf die Versicherungsnehmer vor; solche Verträge sind normalerweise Finanzinstrumente oder Dienstleistungsverträge (siehe Paragraph B28).

(c) Selbstversicherung (d. h. die Selbsttragung eines Risikos, das durch eine Versicherung hätte gedeckt werden können). In einer solchen Situation liegt kein Versicherungsvertrag vor, da es keine Vereinbarung mit einer anderen Partei gibt. Wenn folglich ein Unternehmen einen Versicherungsvertrag an sein Mutterunternehmen, Tochterunternehmen oder Schwesterunternehmen begibt, gibt es im Konzernabschluss keinen Versicherungsvertrag, weil es keinen Vertrag mit einer anderen Partei gibt. Im individuellen Abschluss oder im Einzelabschluss des Versicherers oder des Versicherungsnehmers liegt dagegen ein Versicherungsvertrag vor.

(d) Verträge (wie Rechtsverhältnisse von Spielbanken), die eine Zahlung bestimmen, wenn ein bestimmtes ungewisses künftiges Ereignis eintritt, aber nicht als vertragliche Bedingung für die Zahlung verlangen, dass das Ereignis den Versicherungsnehmer nachteilig betrifft. Dies schließt jedoch solche Verträge nicht aus der Definition von Versicherungsverträgen aus, in denen zur Quantifizierung des durch ein festgelegtes Ereignis, wie Tod oder Unfall, verursachten Schadens (siehe auch Paragraph B12) ein vorab bestimmter Auszahlungsbetrag festgelegt wird.

(e) Derivate, die eine Partei einem finanziellen Risiko, aber keinem Versicherungsrisiko aussetzen, weil der Derivatekontrakt diese Partei nur dann verpflichtet, ein Zahlung zu leisten (oder ihr das Recht verleiht, eine Zahlung zu erhalten), wenn sich ein festgelegter Zinssatz (oder mehrere festgelegte Zinssätze), der Kurs eines Wertpapiers, ein Rohstoffpreis,

Examples of insurance contracts

B26 The following are examples of contracts that are insurance contracts if the transfer of insurance risk is significant:

(a) insurance against theft or damage;
(b) insurance against product liability, professional liability, civil liability or legal expenses;
(c) life insurance and prepaid funeral plans (although death is certain, it is uncertain when death will occur or, for some types of life insurance, whether death will occur within the period covered by the insurance);
(d) life-contingent annuities and pensions, i.e. contracts that provide compensation for the uncertain future event—the survival of the annuitant or pensioner—to provide the annuitant or pensioner with a level of income that would otherwise be adversely affected by his or her survival. (Employers' liabilities that arise from employee benefit plans and retirement benefit obligations reported by defined benefit retirement plans are outside the scope of IFRS 17, applying paragraph 7 (b));
(e) insurance against disability and medical costs;
(f) surety bonds, fidelity bonds, performance bonds and bid bonds, i.e. contracts that compensate the holder if another party fails to perform a contractual obligation; for example, an obligation to construct a building;
(g) product warranties. Product warranties issued by another party for goods sold by a manufacturer, dealer or retailer are within the scope of IFRS 17. However, product warranties issued directly by a manufacturer, dealer or retailer are outside the scope of IFRS 17 applying paragraph 7 (a), and are instead within the scope of IFRS 15 or IAS 37 *Provisions, Contingent Liabilities and Contingent Assets*;
(h) title insurance (insurance against the discovery of defects in the title to land or buildings that were not apparent when the insurance contract was issued). In this case, the insured event is the discovery of a defect in the title, not the defect itself;
(i) travel insurance (compensation in cash or in kind to policyholders for losses suffered in advance of, or during, travel);
(j) catastrophe bonds that provide for reduced payments of principal, interest or both, if a specified event adversely affects the issuer of the bond (unless the specified event does not create significant insurance risk; for example, if the event is a change in an interest rate or a foreign exchange rate);
(k) insurance swaps and other contracts that require a payment depending on changes in climatic, geological or other physical variables that are specific to a party to the contract.

B27 The following are examples of items that are not insurance contracts:

(a) investment contracts that have the legal form of an insurance contract but do not transfer significant insurance risk to the issuer. For example, life insurance contracts in which the entity bears no significant mortality or morbidity risk are not insurance contracts; such contracts are financial instruments or service contracts—see paragraph B28. Investment contracts with discretionary participation features do not meet the definition of an insurance contract; however, they are within the scope of IFRS 17 provided they are issued by an entity that also issues insurance contracts, applying paragraph 3 (c);
(b) contracts that have the legal form of insurance, but return all significant insurance risk to the policyholder through non-cancellable and enforceable mechanisms that adjust future payments by the policyholder to the issuer as a direct result of insured losses. For example, some financial reinsurance contracts or some group contracts return all significant insurance risk to the policyholders; such contracts are normally financial instruments or service contracts (see paragraph B28);
(c) self-insurance (i.e. retaining a risk that could have been covered by insurance). In such situations, there is no insurance contract because there is no agreement with another party. Thus, if an entity issues an insurance contract to its parent, subsidiary or fellow subsidiary, there is no insurance contract in the consolidated financial statements because there is no contract with another party. However, for the individual or separate financial statements of the issuer or holder, there is an insurance contract;
(d) contracts (such as gambling contracts) that require a payment if a specified uncertain future event occurs, but do not require, as a contractual precondition for payment, the event to adversely affect the policyholder. However, this does not exclude from the definition of an insurance contract contracts that specify a predetermined payout to quantify the loss caused by a specified event such as a death or an accident (see paragraph B12);
(e) derivatives that expose a party to financial risk but not insurance risk, because the derivatives require that party to make (or give them the right to receive) payment solely based on the changes in one or more of a specified interest rate, a financial instrument price, a commodity price, a foreign exchange rate, an index of prices or rates, a credit

ein Wechselkurs, ein Preis- oder Zinsindex, ein Bonitätsrating oder ein Kreditindex oder eine andere Variablen ändert, sofern im Fall einer nichtfinanziellen Variablen die Variable nicht spezifisch für eine Partei des Vertrags ist.

(f) kreditbezogene Garantien, die Zahlungen auch dann verlangen, wenn dem Garantienehmer kein Schaden dadurch entstanden ist, dass der Schuldner eine Zahlung nicht geleistet hat, als sie fällig war; solche Verträge werden nach IFRS 9 *Finanzinstrumente* bilanziert (siehe Paragraph B29).

(g) Verträge, die eine Zahlung vorsehen, die von einer klimatischen, geologischen oder anderen physikalischen Variable abhängt, die nicht spezifisch für eine Vertragspartei ist (allgemein als Wetterderivate bezeichnet);

(h) Verträge, die in Abhängigkeit von einer klimatischen, geologischen oder anderen physikalischen Variable reduzierte Zahlungen von Kapital, Zinsen oder beidem vorsehen, wenn die Auswirkungen dieser Variable nicht für eine Vertragspartei spezifisch sind (allgemein als Katastrophenbonds bezeichnet).

B28 Auf die in Paragraph B27 beschriebenen Verträge hat ein Unternehmen andere geltende Standards anzuwenden, wie zum Beispiel IFRS 9 und IFRS 15.

B29 Die in Paragraph B27 (f) erörterten kreditbezogenen Garantien und Kreditversicherungsverträge können verschiedene rechtliche Formen haben, wie zum Beispiel die einer Garantie, einiger Arten von Akkreditiven, eines Kreditausfallvertrags („credit default contract") oder eines Versicherungsvertrags. Bei diesen Verträgen handelt es sich um Versicherungsverträge, wenn sie den Versicherer verpflichten, bestimmte Zahlungen zu leisten, um den Garantienehmer für einen Schaden zu entschädigen, der ihm entsteht, weil ein bestimmter Schuldner eine fällige Zahlung nicht fristgerecht gemäß den ursprünglichen oder veränderten Bedingungen eines Schuldinstruments an den Garantienehmer leistet. Solche Versicherungsverträge sind jedoch aus dem Anwendungsbereich von IFRS 17 ausgenommen, es sei denn, der Versicherer hat zuvor ausdrücklich erklärt, dass er diese Verträge als Versicherungsverträge betrachtet und sie nach den für Versicherungsverträge geltenden Vorschriften bilanziert hat (siehe Paragraph 7 (e)).

B30 Kreditbezogene Garantien und Kreditversicherungsverträge, denen zufolge eine Zahlung selbst dann geleistet werden muss, wenn dem Inhaber kein Schaden dadurch entstanden ist, dass der Schuldner eine fällige Zahlung nicht fristgerecht geleistet hat, fallen nicht unter IFRS 17, da sie kein signifikantes Versicherungsrisiko übertragen. Zu diesen Verträgen gehören Verträge, bei denen eine Zahlung geleistet werden muss

(a) unabhängig davon, ob die Gegenpartei das zugrunde liegende Schuldinstrument hält, oder

(b) bei Änderung des Bonitätsratings oder des Kreditindexes und nicht erst dann, wenn ein spezifischer Schuldner seinen Zahlungsverpflichtungen bei Fälligkeit nicht nachkommt.

Abtrennung von Komponenten eines Versicherungsvertrags (Paragraphen 10–13)

Kapitalanlagekomponenten (Paragraph 11 (b))

B31 Nach Paragraph 11 (b) muss ein Unternehmen eine eigenständig abgrenzbare Kapitalanlagekomponente vom Basisversicherungsvertrag trennen. Eine Kapitalanlagekomponente ist nur dann eigenständig abgrenzbar, wenn beide folgenden Bedingungen erfüllt sind:

(a) zwischen der Kapitalanlagekomponente und der Versicherungskomponente besteht keine starke Korrelation,

(b) ein Vertrag mit gleichwertigen Bedingungen wird von Versicherungsunternehmen oder anderen Parteien auf demselben Markt oder im selben Staat getrennt verkauft oder könnte getrennt verkauft werden. Das Unternehmen hat bei dieser Entscheidung alle Informationen zu berücksichtigen, die bei vertretbarem Aufwand verfügbar sind. Das Unternehmen ist nicht verpflichtet, umfassende Nachforschungen anzustellen, um zu ermitteln, ob eine Anlagenkomponente getrennt verkauft wird.

B32 Zwischen einer Kapitalanlagekomponente und einer Versicherungskomponente besteht nur dann eine starke Korrelation, wenn

(a) das Unternehmen die eine Komponente nicht bewerten kann, ohne auch die andere zu berücksichtigen. Wenn folglich der Wert der einen Komponente in Abhängigkeit vom Wert der anderen schwankt, hat ein Unternehmen die kombinierte Kapitalanlage- und Versicherungskomponente nach IFRS 17 zu bilanzieren, oder

(b) der Versicherungsnehmer den Nutzen aus einer Komponente nur ziehen kann, wenn auch die andere Komponente vorhanden ist. Wenn folglich der Ablauf oder die Fälligkeit der einen Komponente in einem Vertrag zum Ablauf oder zur Fälligkeit der anderen führt, hat das Unternehmen die kombinierte Kapitalanlage- und Versicherungskomponente nach IFRS 17 zu bilanzieren.

Zusagen, eigenständig abgrenzbare Güter oder Dienstleistungen zu übertragen, bei denen es sich nicht um Leistungen gemäß dem Versicherungsvertrag handelt (Paragraph 12)

B33 Nach Paragraph 12 muss ein Unternehmen eine Zusage, eigenständig abgrenzbare Güter oder Dienstleistungen, bei denen es sich nicht um Leistungen gemäß dem Versicherungsvertrag handelt, auf einen Versicherungsnehmer zu übertragen, von einem Versicherungsvertrag abtrennen. Zum Zwecke der Abtrennung darf ein Unternehmen Tätigkeiten, die es zur Erfüllung eines Vertrags durchführen muss, nicht berücksichtigen, es sei denn, das Unternehmen überträgt bei der Durchführung dieser Tätigkeiten ein nicht gemäß dem Versicherungsvertrag geliefertes Gut oder eine nicht gemäß dem Versicherungsvertrag erbrachte Dienstleistung auf den Versicherungsnehmer. Es kann zum Beispiel sein, dass ein

rating or a credit index or any other variable, provided that, in the case of a non-financial variable, the variable is not specific to a party to the contract;

(f) credit-related guarantees that require payments even if the holder has not incurred a loss on the failure of the debtor to make payments when due; such contracts are accounted for applying IFRS 9 *Financial Instruments* (see paragraph B29);

(g) contracts that require a payment that depends on a climatic, geological or any other physical variable not specific to a party to the contract (commonly described as weather derivatives);

(h) contracts that provide for reduced payments of principal, interest or both, that depend on a climatic, geological or any other physical variable, the effect of which is not specific to a party to the contract (commonly referred to as catastrophe bonds).

An entity shall apply other applicable Standards, such as IFRS 9 and IFRS 15, to the contracts described in paragraph B27. **B28**

The credit-related guarantees and credit insurance contracts discussed in paragraph B27(f) can have various legal forms, such as that of a guarantee, some types of letters of credit, a credit default contract or an insurance contract. Those contracts are insurance contracts if they require the issuer to make specified payments to reimburse the holder for a loss that the holder incurs because a specified debtor fails to make payment when due to the policyholder applying the original or modified terms of a debt instrument. However, such insurance contracts are excluded from the scope of IFRS 17 unless the issuer has previously asserted explicitly that it regards the contracts as insurance contracts and has used accounting applicable to insurance contracts (see paragraph 7 (e)). **B29**

Credit-related guarantees and credit insurance contracts that require payment, even if the policyholder has not incurred a loss on the failure of the debtor to make payments when due, are outside the scope of IFRS 17 because they do not transfer significant insurance risk. Such contracts include those that require payment: **B30**

(a) regardless of whether the counterparty holds the underlying debt instrument; or

(b) on a change in the credit rating or the credit index, rather than on the failure of a specified debtor to make payments when due.

Separating components from an insurance contract (Paragraphs 10—13)

Investment components (paragraph 11 (b))

Paragraph 11 (b) requires an entity to separate a distinct investment component from the host insurance contract. An investment component is distinct if, and only if, both the following conditions are met: **B31**

(a) the investment component and the insurance component are not highly interrelated;

(b) a contract with equivalent terms is sold, or could be sold, separately in the same market or the same jurisdiction, either by entities that issue insurance contracts or by other parties. The entity shall take into account all information reasonably available in making this determination. The entity is not required to undertake an exhaustive search to identify whether an investment component is sold separately.

An investment component and an insurance component are highly interrelated if, and only if: **B32**

(a) the entity is unable to measure one component without considering the other. Thus, if the value of one component varies according to the value of the other, an entity shall apply IFRS 17 to account for the combined investment and insurance component; or

(b) the policyholder is unable to benefit from one component unless the other is also present. Thus, if the lapse or maturity of one component in a contract causes the lapse or maturity of the other, the entity shall apply IFRS 17 to account for the combined investment component and insurance component.

Promises to transfer distinct goods or services other than insurance contract services (paragraph 12)

Paragraph 12 requires an entity to separate from an insurance contract a promise to transfer distinct goods or services other than insurance contract services to a policyholder. For the purpose of separation, an entity shall not consider activities that an entity must undertake to fulfil a contract unless the entity transfers a good or service other than insurance contract services to the policyholder as those activities occur. For example, an entity may need to perform various **B33**

Unternehmen zum Aufsetzen eines Vertrags verschiedene Verwaltungsaufgaben durchführen muss. Bei der Durchführung dieser Aufgaben wird keine Dienstleistung auf den Versicherungsnehmer übertragen.

B34 Ein nicht gemäß dem Versicherungsvertrag geliefertes Gut oder eine nicht gemäß dem Versicherungsvertrag erbrachte Dienstleistung, das/die einem Versicherungsnehmer zugesagt wird, ist dann eigenständig abgrenzbar, wenn der Versicherungsnehmer das Gut oder die Dienstleistung entweder alleine nutzen kann, oder zusammen mit anderen Ressourcen, die dem Versicherungsnehmer ohne Weiteres zur Verfügung stehen. Ohne Weiteres zur Verfügung stehende Ressourcen sind Güter oder Dienstleistungen, die (durch das Unternehmen oder durch ein anderes Unternehmen) getrennt verkauft werden bzw. Ressourcen, die der Versicherungsnehmer bereits (vom Unternehmen oder aus anderen Transaktionen oder Ereignissen) erhalten hat.

B35 Ein nicht gemäß dem Versicherungsvertrag geliefertes Gut oder eine nicht gemäß dem Versicherungsvertrag erbrachte Dienstleistung, das/die dem Versicherungsnehmer zugesagt wird, ist nicht eigenständig abgrenzbar, wenn

(a) die mit dem Gut oder der Dienstleistung verbundenen Zahlungsströme und Risiken in enger Korrelation mit den mit den Versicherungskomponenten im Vertrag verbundenen Zahlungsströmen und Risiken stehen und

(b) das Unternehmen eine signifikante Integrationsleistung erbringt, um das Gut oder die Dienstleistung in die Versicherungskomponenten zu integrieren.

Abschlusskosten (Paragraphen 28A–28F)

B35A Um Paragraph 28A anzuwenden, hat ein Unternehmen seine Abschlusskosten nach einer systematischen und rationalen Methode aufzuteilen:

(a) Abschlusskosten, die einer Gruppe von Versicherungsverträgen einzeln zugeordnet werden können,

  (i) sind dieser Gruppe zuzuordnen und

  (ii) sind Gruppen zuzuordnen, die Versicherungsverträge enthalten werden, die erwartungsgemäß aus Verlängerungen der Versicherungsverträge in dieser Gruppe entstehen werden.

(b) Abschlusskosten, die einem Portfolio von Versicherungsverträgen einzeln zugeordnet werden können – mit Ausnahme der unter a) aufgeführten –, sind Gruppen von Verträgen in dem Portfolio zuzuordnen.

B35B Am Ende jeder Berichtsperiode muss ein Unternehmen die gemäß Paragraph B35A zugeordneten Beträge überprüfen, um etwaigen Änderungen der Annahmen Rechnung zu tragen, welche die Eingangsparameter für die eingesetzte Zuordnungsmethode bestimmen. Nachdem einer Gruppe von Versicherungsverträgen alle ihr zugehörigen Verträge hinzugefügt wurden, darf ein Unternehmen die Beträge nicht mehr ändern, die es dieser Gruppe von Versicherungsverträgen zugeordnet hat (siehe Paragraph B35C).

B35C Ein Unternehmen könnte einer Gruppe von Versicherungsverträgen über mehrere Berichtsperioden hinweg weitere Versicherungsverträge hinzufügen (siehe Paragraph 28). In diesem Fall hat ein Unternehmen den Anteil der als Vermögenswert angesetzten Abschlusskosten auszubuchen, der sich auf Versicherungsverträge bezieht, die der Gruppe in dieser Periode hinzugefügt wurden, und es hat die als Vermögenswert angesetzten Abschlusskosten weiterhin in dem Umfang auszuweisen, wie dieser Vermögenswert sich auf Versicherungsverträge bezieht, die der Gruppe erwartungsgemäß in einer künftigen Berichtsperiode hinzugefügt werden.

B35D Um Paragraph 28E anzuwenden,

(a) hat ein Unternehmen eine Wertminderung erfolgswirksam anzusetzen und den Buchwert der als Vermögenswert angesetzten Abschlusskosten so zu reduzieren, dass der Buchwert des Vermögenswerts den unter Anwendung von Paragraph 32 (a) ermittelten erwarteten Nettomittelzufluss für die zugehörige Gruppe von Versicherungsverträgen nicht übersteigt.

(b) hat ein Unternehmen, wenn es die Abschlusskosten unter Anwendung von Paragraph B35A (a) (ii) den Gruppen von Versicherungsverträgen zuordnet, eine Wertminderung erfolgswirksam auszuweisen und den Buchwert der zugehörigen als Vermögenswert angesetzten Abschlusskosten in der Höhe zu reduzieren, wie

  (i) das Unternehmen erwartet, dass diese Abschlusskosten den unter Anwendung von Paragraph 32 (a) ermittelten Nettomittelzufluss für erwartete Vertragsverlängerungen übersteigen werden, und

  (ii) der nach (b) (i) ermittelte Überschuss nicht bereits nach (a) als Wertminderung ausgewiesen wurde.

Bewertung (Paragraphen 29–71)

Schätzungen der künftigen Zahlungsströme (Paragraphen 33–35)

B36 Dieser Abschnitt behandelt:

(a) die objektive Nutzung aller angemessenen und belastbaren Informationen, die ohne unangemessenen Kosten- oder Zeitaufwand verfügbar sind (siehe Paragraphen B37–B41),

(b) Marktvariablen und nicht marktbedingungsabhängige Variablen (siehe Paragraphen B42–B53),

(c) die Verwendung aktueller Schätzungen (siehe Paragraphen B54–B60) und

(d) Zahlungsströme innerhalb der Vertragsgrenzen (siehe Paragraphen B61–B71).

administrative tasks to set up a contract. The performance of those tasks does not transfer a service to the policyholder as the tasks are performed.

A good or service other than an insurance contract service promised to a policyholder is distinct if the policyholder can benefit from the good or service either on its own or together with other resources readily available to the policyholder. Readily available resources are goods or services that are sold separately (by the entity or by another entity), or resources that the policyholder has already got (from the entity or from other transactions or events). B34

A good or service other than an insurance contract service that is promised to the policyholder is not distinct if: B35

(a) the cash flows and risks associated with the good or service are highly interrelated with the cash flows and risks associated with the insurance components in the contract; and
(b) the entity provides a significant service in integrating the good or service with the insurance components.

Insurance acquisition cash flows (Paragraphs 28A—28F)

To apply paragraph 28A, an entity shall use a systematic and rational method to allocate: B35A

(a) insurance acquisition cash flows directly attributable to a group of insurance contracts:
  (i) to that group; and
  (ii) to groups that will include insurance contracts that are expected to arise from renewals of the insurance contracts in that group.
(b) insurance acquisition cash flows directly attributable to a portfolio of insurance contracts, other than those in (a), to groups of contracts in the portfolio.

At the end of each reporting period, an entity shall revise amounts allocated as specified in paragraph B35A to reflect any changes in assumptions that determine the inputs to the method of allocation used. An entity shall not change amounts allocated to a group of insurance contracts after all contracts have been added to the group (see paragraph B35C). B35B

An entity might add insurance contracts to a group of insurance contracts across more than one reporting period (see paragraph 28). In those circumstances, an entity shall derecognise the portion of an asset for insurance acquisition cash flows that relates to insurance contracts added to the group in that period and continue to recognise an asset for insurance acquisition cash flows to the extent that the asset relates to insurance contracts expected to be added to the group in a future reporting period. B35C

To apply paragraph 28E: B35D

(a) an entity shall recognise an impairment loss in profit or loss and reduce the carrying amount of an asset for insurance acquisition cash flows so that the carrying amount of the asset does not exceed the expected net cash inflow for the related group of insurance contracts, determined applying paragraph 32 (a);
(b) when an entity allocates insurance acquisition cash flows to groups of insurance contracts applying paragraph B35A (a) (ii), the entity shall recognise an impairment loss in profit or loss and reduce the carrying amount of the related assets for insurance acquisition cash flows to the extent that:
  (i) the entity expects those insurance acquisition cash flows to exceed the net cash inflow for the expected renewals, determined applying paragraph 32 (a); and
  (ii) the excess determined applying (b) (i) has not already been recognised as an impairment loss applying (a).

Measurement (Paragraphs 29—71)

Estimates of future cash flows (paragraphs 33—35)

This section addresses: B36

(a) unbiased use of all reasonable and supportable information available without undue cost or effort (see paragraphs B37—B41);
(b) market variables and non-market variables (see paragraphs B42—B53);
(c) using current estimates (see paragraphs B54—B60); and
(d) cash flows within the contract boundary (see paragraphs B61—B71).

Objektive Nutzung aller angemessenen und belastbaren Informationen, die ohne unangemessenen Kosten- oder Zeitaufwand verfügbar sind (Paragraph 33 (a))

B37 Das Ziel der Schätzung der künftigen Zahlungsströme besteht darin, den Erwartungswert (oder den wahrscheinlichkeitsgewichteten Mittelwert) der gesamten Bandbreite aller möglichen Ergebnisse unter Berücksichtigung aller angemessenen und belastbaren Informationen, die zum Bilanzstichtag ohne unangemessenen Kosten- oder Zeitaufwand verfügbar sind, zu bestimmen. Angemessene und belastbare Informationen, die zum Bilanzstichtag ohne unangemessenen Kosten- oder Zeitaufwand verfügbar sind, umfassen Informationen über vergangene Ereignisse und aktuelle Bedingungen sowie Prognosen künftiger Bedingungen (siehe Paragraph B41). Informationen aus den eigenen Informationssystemen des Unternehmens gelten als ohne unangemessenen Kosten- oder Zeitaufwand verfügbar.

B38 Ausgangspunkt für eine Schätzung der Zahlungsströme ist eine Bandbreite von Szenarien, welche die gesamte Bandbreite aller möglichen Ergebnisse widerspiegelt. Jedes Szenario gibt die Höhe und den Zeitpunkt der Zahlungsströme für ein bestimmtes Ergebnis sowie die geschätzte Wahrscheinlichkeit dieses Ergebnisses an. Die Zahlungsströme aus jedem Szenario werden abgezinst und unter Berücksichtigung der geschätzten Wahrscheinlichkeit, dass dieses Ergebnis zu einem erwarteten Barwert führt, gewichtet. Folglich besteht das Ziel nicht darin, das wahrscheinlichste Ergebnis oder ein eher wahrscheinliches Ergebnis für künftige Zahlungsströme zu entwickeln.

B39 Bei der Erwägung der gesamten Bandbreite aller möglichen Ergebnisse besteht das Ziel darin, alle angemessenen und belastbaren Informationen, die ohne unangemessenen Kosten- oder Zeitaufwand verfügbar sind, zu berücksichtigen, und nicht darin, jedes einzelne mögliche Szenario zu identifizieren. In der Praxis ist die Entwicklung expliziter Szenarien nicht erforderlich, wenn die resultierende Schätzung mit der Zielsetzung der Bewertung vereinbar ist, alle angemessenen und belastbaren Informationen, die bei der Bestimmung des Mittelwerts ohne unangemessenen Kosten- oder Zeitaufwand verfügbar sind, zu berücksichtigen. Wenn ein Unternehmen beispielsweise schätzt, dass die Wahrscheinlichkeitsverteilung der Ergebnisse weitgehend mit einer Wahrscheinlichkeitsverteilung übereinstimmen wird, die mit einer geringen Anzahl von Parametern vollumfänglich beschrieben werden kann, dann genügt es, die geringere Anzahl von Parametern zu schätzen. Auf ähnliche Weise kann in einigen Fällen mit einer relativ einfachen Modellierung eine Antwort gefunden werden, die präzise genug ist, ohne dass viele detaillierte Simulationen erforderlich wären. In einigen Fällen kann es jedoch sein, dass die Zahlungsströme von komplexen zugrunde liegenden Faktoren beeinflusst werden und dass sie auf Änderungen der wirtschaftlichen Rahmenbedingungen nicht-linear reagieren. Dies kann beispielsweise dann der Fall sein, wenn die Zahlungsströme eine Reihe von miteinander verbundenen Optionen widerspiegeln, die implizit oder explizit sind. In solchen Fällen ist vermutlich eine fortgeschrittenere stochastische Modellierung erforderlich, um die Zielsetzung der Bewertung zu erreichen.

B40 Die entwickelten Szenarien müssen objektive Schätzungen der Wahrscheinlichkeit katastrophaler Schäden im Rahmen der bestehenden Verträge beinhalten. Diese Szenarien schließen mögliche Ansprüche aus möglichen künftigen Verträgen aus.

B41 Ein Unternehmen hat die Wahrscheinlichkeiten und die Höhe künftiger Zahlungen im Rahmen der bestehenden Verträge auf der Grundlage der eingeholten Informationen zu schätzen, umfassend auch:

(a) Informationen über Schäden, die von den Versicherungsnehmern bereits gemeldet wurden,

(b) sonstige Informationen über die bekannten oder geschätzten Merkmale der Versicherungsverträge,

(c) historische Daten aus der eigenen Erfahrung des Unternehmens, gegebenenfalls ergänzt durch historische Daten aus anderen Quellen. Die historischen Daten werden angepasst, um den derzeitigen Bedingungen Rechnung zu tragen, beispielsweise wenn

  (i) die Merkmale der versicherten Population von den Merkmalen der Population, die als Grundlage für die historischen Daten herangezogen wurde, abweichen (oder abweichen werden, beispielsweise aufgrund von adverser Selektion),

  (ii) es Hinweise dafür gibt, dass die historischen Trends nicht anhalten werden, dass neue Trends aufkommen werden oder dass wirtschaftliche, demografische und sonstige Änderungen die Zahlungsströme beeinflussen können, die aus den bestehenden Versicherungsverträgen entstehen, oder

  (iii) es Änderungen in Punkten wie zum Beispiel bei den Zeichnungsverfahren oder den Schadenmanagementverfahren gab, die Einfluss darauf haben können, wie relevant die historischen Daten für die Versicherungsverträge sind.

(d) aktuelle Preisinformationen (falls verfügbar) für Rückversicherungsverträge und andere Finanzinstrumente (falls vorhanden), die ähnliche Risiken abdecken, wie zum Beispiel Katastrophenbonds und Wetterderivate, sowie aktuelle Marktpreise für die Übertragung von Versicherungsverträgen. Diese Informationen sind anzupassen, um die Differenzen zwischen den Zahlungsströmen aus diesen Rückversicherungsverträgen oder anderen Finanzinstrumenten und den Zahlungsströmen, die entstehen würden, während das Unternehmen die zugrunde liegenden Verträge mit dem Versicherungsnehmer erfüllt, widerzuspiegeln.

Marktvariablen und nicht marktbedingungsabhängige Variablen

B42 In IFRS 17 werden zwei Arten von Variablen identifiziert:

(a) Marktvariablen: Dies sind Variablen, die an den Märkten beobachtet oder direkt von den Märkten abgeleitet werden können (beispielsweise Kurse öffentlich gehandelter Wertpapiere und Zinssätze), und

Unbiased use of all reasonable and supportable information available without undue cost or effort (paragraph 33 (a))

The objective of estimating future cash flows is to determine the expected value, or probability-weighted mean, of the full range of possible outcomes, considering all reasonable and supportable information available at the reporting date without undue cost or effort. Reasonable and supportable information available at the reporting date without undue cost or effort includes information about past events and current conditions, and forecasts of future conditions (see paragraph B41). Information available from an entity's own information systems is considered to be available without undue cost or effort. **B37**

The starting point for an estimate of the cash flows is a range of scenarios that reflects the full range of possible outcomes. Each scenario specifies the amount and timing of the cash flows for a particular outcome, and the estimated probability of that outcome. The cash flows from each scenario are discounted and weighted by the estimated probability of that outcome to derive an expected present value. Consequently, the objective is not to develop a most likely outcome, or a more-likely-than-not outcome, for future cash flows. **B38**

When considering the full range of possible outcomes, the objective is to incorporate all reasonable and supportable information available without undue cost or effort in an unbiased way, rather than to identify every possible scenario. In practice, developing explicit scenarios is unnecessary if the resulting estimate is consistent with the measurement objective of considering all reasonable and supportable information available without undue cost or effort when determining the mean. For example, if an entity estimates that the probability distribution of outcomes is broadly consistent with a probability distribution that can be described completely with a small number of parameters, it will be sufficient to estimate the smaller number of parameters. Similarly, in some cases, relatively simple modelling may give an answer within an acceptable range of precision, without the need for many detailed simulations. However, in some cases, the cash flows may be driven by complex underlying factors and may respond in a non-linear fashion to changes in economic conditions. This may happen if, for example, the cash flows reflect a series of interrelated options that are implicit or explicit. In such cases, more sophisticated stochastic modelling is likely to be necessary to satisfy the measurement objective. **B39**

The scenarios developed shall include unbiased estimates of the probability of catastrophic losses under existing contracts. Those scenarios exclude possible claims under possible future contracts. **B40**

An entity shall estimate the probabilities and amounts of future payments under existing contracts on the basis of information obtained including: **B41**

(a) information about claims already reported by policyholders;
(b) other information about the known or estimated characteristics of the insurance contracts;
(c) historical data about the entity's own experience, supplemented when necessary with historical data from other sources. Historical data is adjusted to reflect current conditions, for example, if:
  (i) the characteristics of the insured population differ (or will differ, for example, because of adverse selection) from those of the population that has been used as a basis for the historical data;
  (ii) there are indications that historical trends will not continue, that new trends will emerge or that economic, demographic and other changes may affect the cash flows that arise from the existing insurance contracts; or
  (iii) there have been changes in items such as underwriting procedures and claims management procedures that may affect the relevance of historical data to the insurance contracts.
(d) current price information, if available, for reinsurance contracts and other financial instruments (if any) covering similar risks, such as catastrophe bonds and weather derivatives, and recent market prices for transfers of insurance contracts. This information shall be adjusted to reflect the differences between the cash flows that arise from those reinsurance contracts or other financial instruments, and the cash flows that would arise as the entity fulfils the underlying contracts with the policyholder.

Market variables and non-market variables

IFRS 17 identifies two types of variables: **B42**

(a) market variables—variables that can be observed in, or derived directly from, markets (for example, prices of publicly traded securities and interest rates); and

(b) nicht marktbedingungsabhängige Variablen: Dies sind alle anderen Variablen (beispielsweise Häufigkeit und Schwere von Versicherungsschäden und das Sterblichkeitsrisiko).

B43 Marktvariablen führen in der Regel zu finanziellen Risiken (beispielsweise beobachtbare Zinssätze) und nicht marktbedingungsabhängige Variablen führen in der Regel zu nichtfinanziellen Risiken (beispielsweise Sterblichkeitsraten). Dies muss in der Praxis jedoch nicht immer der Fall sein. Es kann beispielsweise Annahmen geben, die sich auf finanzielle Risiken beziehen, für die an den Märkten keine Variablen beobachtet werden können oder die nicht direkt von den Märkten abgeleitet werden können (beispielsweise Zinssätze, die nicht an den Märkten beobachtet oder von den Märkten abgeleitet werden können).

Marktvariablen (Paragraph 33b)

B44 Schätzungen der Marktvariablen müssen mit den beobachtbaren Marktpreisen zum Bewertungsstichtag in Einklang stehen. Ein Unternehmen hat so weit wie möglich beobachtbare Eingangsparameter zu verwenden und darf die beobachtbaren Marktdaten nicht durch eigene Schätzungen ersetzen, außer wie in Paragraph 79 von IFRS 13 *Bewertung zum beizulegenden Zeitwert* beschrieben. In Übereinstimmung mit IFRS 13 gilt: Wenn Variablen abgeleitet werden müssen (z. B., weil es keine beobachtbaren Marktvariablen gibt), dann haben sie so gut wie möglich mit beobachtbaren Marktvariablen in Einklang zu stehen.

B45 Marktpreise sind eine Mischung verschiedener Ansichten über mögliche künftige Marktergebnisse, und sie spiegeln auch die Risikopräferenzen der Marktteilnehmer wider. Folglich handelt es sich bei ihnen nicht um eine Einzelpunktprognose eines künftigen Ergebnisses. Wenn das tatsächliche Ergebnis vom vorherigen Marktpreis abweicht, bedeutet dies nicht, dass der Marktpreis „falsch" war.

B46 Eine wichtige Anwendung der Marktvariablen besteht im Konzept eines replizierenden Vermögenswerts oder eines replizierenden Portfolios von Vermögenswerten. Ein replizierender Vermögenswert ist ein Vermögenswert, dessen Zahlungsströme in allen Szenarien *exakt* der Höhe, der Fälligkeit und der Ungewissheit der vertraglichen Zahlungsströme einer Gruppe von Versicherungsverträgen entsprechen. In einigen Fällen kann für einige der Zahlungsströme aus einer Gruppe von Versicherungsverträgen ein replizierender Vermögenswert existieren. Der beizulegende Zeitwert dieses Vermögenswerts trägt sowohl dem erwarteten Barwert der Zahlungsströme aus dem Vermögenswert als auch dem mit diesen Zahlungsströmen verbundenen Risiko Rechnung. Wenn es für einige der Zahlungsströme aus einer Gruppe von Versicherungsverträgen ein replizierendes Portfolio von Vermögenswerten gibt, kann das Unternehmen den beizulegenden Zeitwert dieser Vermögenswerte zur Bewertung der relevanten Erfüllungswerte verwenden, anstatt die Zahlungsströme und den Abzinsungssatz explizit zu schätzen.

B47 IFRS 17 schreibt einem Unternehmen nicht vor, dass es die Methode des replizierenden Portfolios verwenden muss. Wenn es allerdings für einige der Zahlungsströme aus Versicherungsverträgen einen replizierenden Vermögenswert oder ein replizierendes Portfolio von Vermögenswerten gibt und ein Unternehmen sich dafür entscheidet, eine andere Methode einzusetzen, hat das Unternehmen sich davon zu überzeugen, dass die Methode des replizierenden Portfolios wahrscheinlich nicht zu einer wesentlich anderen Bewertung dieser Zahlungsströme führen würde.

B48 Andere Methoden als die eines replizierenden Portfolios, beispielsweise stochastische Modelling-Methoden, können solider oder einfacher umzusetzen sein, wenn es signifikante Wechselwirkungen zwischen Zahlungsströmen gibt, die aufgrund der Renditen der Vermögenswerte und anderer Zahlungsströme schwanken. Es muss nach Ermessen vorgegangen werden, um die Methode zu bestimmen, mit der die Zielsetzung der Übereinstimmung mit beobachtbaren Marktvariablen unter spezifischen Umständen am besten erfüllt werden kann. Insbesondere muss die verwendete Methode gewährleisten, dass die Bewertung etwaiger Optionen und Garantien, die in den Versicherungsverträgen enthalten sind, mit den beobachtbaren Marktpreisen (falls vorhanden) für solche Optionen und Garantien übereinstimmt.

Nichtmarktbedingungsabhängige Variablen

B49 Schätzungen der nicht marktbedingungsabhängigen Variablen haben alle ohne unangemessenen Kosten- oder Zeitaufwand verfügbaren angemessenen und belastbaren Informationen, sowohl externe als auch interne, zu berücksichtigen.

B50 Nicht marktbedingungsabhängige externe Variablen (beispielsweise nationale Sterblichkeitsstatistiken) können unter Umständen relevanter sein als interne Daten (beispielsweise intern entwickelte Sterblichkeitsstatistiken). So hat beispielsweise ein Unternehmen, das Lebensversicherungsverträge begibt, sich bei der Entwicklung objektiver Wahrscheinlichkeitsschätzungen für Sterblichkeitsszenarien für seine Versicherungsverträge nicht nur auf die nationale Sterblichkeitsstatistik zu stützen, sondern es muss auch alle anderen angemessenen und belastbaren internen und externen Informationsquellen berücksichtigen, die ohne unangemessenen Kosten- oder Zeitaufwand verfügbar sind. Bei der Entwicklung dieser Wahrscheinlichkeiten hat ein Unternehmen überzeugenderen Informationen mehr Gewicht beizumessen. Zum Beispiel:

(a) Interne Sterblichkeitsstatistiken können überzeugender als nationale Sterblichkeitsdaten sein, wenn die nationalen Daten aus einer großen Population abgeleitet werden, die für die versicherte Population nicht repräsentativ ist. Dies könnte beispielsweise darauf zurückzuführen sein, dass die demografischen Merkmale der versicherten Population wesentlich von denjenigen der nationalen Population abweichen, was wiederum bedeuten würde, dass ein Unternehmen den internen Daten mehr und den nationalen Statistiken weniger Gewicht beimessen müsste.

(b) non-market variables—all other variables (for example, the frequency and severity of insurance claims and mortality).

Market variables will generally give rise to financial risk (for example, observable interest rates) and non-market variables will generally give rise to non-financial risk (for example, mortality rates). However, this will not always be the case. For example, there may be assumptions that relate to financial risks for which variables cannot be observed in, or derived directly from, markets (for example, interest rates that cannot be observed in, or derived directly from, markets). B43

Market variables (paragraph 33 (b))

Estimates of market variables shall be consistent with observable market prices at the measurement date. An entity shall maximise the use of observable inputs and shall not substitute its own estimates for observable market data except as described in paragraph 79 of IFRS 13 *Fair Value Measurement*. Consistent with IFRS 13, if variables need to be derived (for example, because no observable market variables exist) they shall be as consistent as possible with observable market variables. B44

Market prices blend a range of views about possible future outcomes and also reflect the risk preferences of market participants. Consequently, they are not a single-point forecast of the future outcome. If the actual outcome differs from the previous market price, this does not mean that the market price was 'wrong'. B45

An important application of market variables is the notion of a replicating asset or a replicating portfolio of assets. A replicating asset is one whose cash flows *exactly* match, in all scenarios, the contractual cash flows of a group of insurance contracts in amount, timing and uncertainty. In some cases, a replicating asset may exist for some of the cash flows that arise from a group of insurance contracts. The fair value of that asset reflects both the expected present value of the cash flows from the asset and the risk associated with those cash flows. If a replicating portfolio of assets exists for some of the cash flows that arise from a group of insurance contracts, the entity can use the fair value of those assets to measure the relevant fulfilment cash flows instead of explicitly estimating the cash flows and discount rate. B46

IFRS 17 does not require an entity to use a replicating portfolio technique. However, if a replicating asset or portfolio does exist for some of the cash flows that arise from insurance contracts and an entity chooses to use a different technique, the entity shall satisfy itself that a replicating portfolio technique would be unlikely to lead to a materially different measurement of those cash flows. B47

Techniques other than a replicating portfolio technique, such as stochastic modelling techniques, may be more robust or easier to implement if there are significant interdependencies between cash flows that vary based on returns on assets and other cash flows. Judgement is required to determine the technique that best meets the objective of consistency with observable market variables in specific circumstances. In particular, the technique used must result in the measurement of any options and guarantees included in the insurance contracts being consistent with observable market prices (if any) for such options and guarantees. B48

Non-market variables

Estimates of non-market variables shall reflect all reasonable and supportable evidence available without undue cost or effort, both external and internal. B49

Non-market external data (for example, national mortality statistics) may have more or less relevance than internal data (for example, internally developed mortality statistics), depending on the circumstances. For example, an entity that issues life insurance contracts shall not rely solely on national mortality statistics, but shall consider all other reasonable and supportable internal and external sources of information available without undue cost or effort when developing unbiased estimates of probabilities for mortality scenarios for its insurance contracts. In developing those probabilities, an entity shall give more weight to the more persuasive information. For example: B50

(a) internal mortality statistics may be more persuasive than national mortality data if national data is derived from a large population that is not representative of the insured population. This might be because, for example, the demographic characteristics of the insured population could significantly differ from those of the national population, meaning that an entity would need to place more weight on the internal data and less weight on the national statistics;

(b) Wenn dagegen die internen Statistiken aus einer kleinen Population abgeleitet werden und davon ausgegangen wird, dass deren Merkmale denjenigen der nationalen Population ähnlich sind und dass die nationalen Statistiken aktuell sind, hat ein Unternehmen den nationalen Statistiken mehr Gewicht beizumessen.

B51 Die geschätzten Wahrscheinlichkeiten für nicht marktbedingungsabhängige Variablen dürfen nicht im Widerspruch zu den beobachtbaren Marktvariablen stehen. So müssen beispielsweise die geschätzten Wahrscheinlichkeiten künftiger Inflationsszenarien konsistent wie möglich zu den durch die Marktzinsen implizierten Wahrscheinlichkeiten sein.

B52 In einigen Fällen kann ein Unternehmen zu dem Schluss gelangen, dass die Marktvariablen unabhängig von den nicht marktbedingungsabhängigen Variablen variieren. Ist dies der Fall, hat ein Unternehmen Szenarien zu berücksichtigen, welche der Bandbreite der Ergebnisse für nicht marktbedingungsabhängige Variablen Rechnung tragen, wobei in jedem Szenario derselbe beobachtete Wert der Marktvariablen verwendet wird.

B53 In anderen Fällen können Marktvariablen und nicht marktbedingungsabhängige Variablen miteinander korrelieren. Es könnte beispielsweise Anhaltspunkte dafür geben, dass Stornoquoten (eine nicht marktbedingungsabhängige Variable) mit Zinssätzen (eine Marktvariable) korrelieren. Ebenso könnte es Anhaltspunkte dafür geben, dass die Schadenssummen für Gebäude- oder Fahrzeugversicherungen mit Wirtschaftszyklen und folglich mit Zinssätzen und Kosten korrelieren. Das Unternehmen hat sicherzustellen, dass die Wahrscheinlichkeiten der Szenarien und die Risikoanpassungen für nichtfinanzielle Risiken, die sich auf Marktvariablen beziehen, konsistent zu den beobachteten Marktpreisen sind, die von diesen Marktvariablen abhängen.

Verwendung aktueller Schätzungen (Paragraph 33 (c))

B54 Bei der Schätzung eines jeden Zahlungsstrom-Szenarios und seiner Wahrscheinlichkeit hat ein Unternehmen alle angemessenen und belastbaren Informationen zu verwenden, die ohne unangemessenen Kosten- oder Zeitaufwand verfügbar sind. Ein Unternehmen hat die Schätzungen, die zum Ende der vorherigen Berichtsperiode vorgenommen wurden, zu überprüfen und zu aktualisieren. Dabei hat ein Unternehmen zu berücksichtigen, ob

(a) die aktualisierten Schätzungen die Bedingungen zum Abschlussstichtag wahrheitsgetreu darstellen,

(b) die Änderungen der Schätzungen die Änderungen der Bedingungen während der Periode wahrheitsgetreu darstellen. Angenommen beispielsweise, die Schätzungen lagen zu Anfang einer Berichtsperiode an dem einem Ende einer angemessenen Bandbreite. Wenn sich die Bedingungen nicht geändert haben, dann wäre die Verschiebung der Schätzungen an das andere Ende der Bandbreite zum Ende der Periode keine wahrheitsgetreue Darstellung dessen, was während der Periode vorgegangen ist. Wenn die aktuellsten Schätzungen eines Unternehmens sich von seinen früheren Schätzungen unterscheiden, obwohl sich die Bedingungen nicht geändert haben, hat das Unternehmen zu bewerten, ob die einem jeden Szenario zugewiesenen neuen Wahrscheinlichkeiten gerechtfertigt sind. Bei der Aktualisierung der Schätzungen dieser Wahrscheinlichkeiten hat das Unternehmen sowohl die Anhaltspunkte zu berücksichtigen, die seine früheren Schätzungen untermauerten, als auch alle neu verfügbaren Anhaltspunkte, wobei den überzeugenderen Beweisen mehr Gewicht beizumessen ist.

B55 Die jedem Szenario zugeordnete Wahrscheinlichkeit muss den Bedingungen zum Abschlussstichtag Rechnung tragen. Unter Anwendung von IAS 10 *Ereignisse nach der Berichtsperiode* liefert folglich ein nach dem Abschlussstichtag eintretendes Ereignis, das eine zum Abschlussstichtag bestehende Ungewissheit auflöst, keine Anhaltspunkte über die Bedingungen, die zu diesem Zeitpunkt vorlagen. Es kann beispielsweise zum Abschlussstichtag eine zwanzigprozentige Wahrscheinlichkeit bestehen, dass es während der verbleibenden sechs Monate eines Versicherungsvertrags zu einem schweren Sturm kommen wird. Nach dem Abschlussstichtag, aber vor der Genehmigung zur Veröffentlichung des Abschlusses, kommt es dann tatsächlich zu einem schweren Sturm. Die in diesem Vertrag vorgesehenen Erfüllungswerte haben dem Sturm nicht Rechnung zu tragen, dessen Eintreten ja erst im Nachhinein bekannt wurde. Die bei der Bewertung berücksichtigten Zahlungsströme beinhalten stattdessen die zwanzigprozentige Wahrscheinlichkeit, die zum Abschlussstichtag ersichtlich war (wobei unter Anwendung von IAS 10 anzugeben ist, dass nach dem Abschlussstichtag ein nicht zu berücksichtigendes Ereignis eingetreten ist).

B56 Aktuelle Schätzungen der erwarteten Zahlungsströme stimmen nicht unbedingt mit den aktuellsten tatsächlichen Erfahrungen überein. Gesetzt den Fall die Sterblichkeits-Erfahrungswerte waren in der Berichtsperiode 20 % schlechter als die früheren Sterblichkeits-Erfahrungswerte und die früheren Erwartungen in Bezug auf die Sterblichkeits-Erfahrungswerte. Diese plötzliche Veränderung der Erfahrungswerte könnte von verschiedenen Faktoren verursacht worden sein, unter anderem:

(a) anhaltende Änderungen der Sterblichkeitswerte,

(b) Änderungen der Merkmale der versicherten Population (beispielsweise Änderungen bei der Zeichnung oder im Vertrieb, ein selektives Storno durch Versicherungsnehmer mit ungewöhnlich gutem Gesundheitszustand),

(c) zufällige Schwankungen oder

(d) identifizierbare einmalige Ursachen.

B57 Ein Unternehmen hat die Gründe für die Änderung der Erfahrungswerte zu ermitteln und unter Berücksichtigung der jüngsten Erfahrungswerte, der früheren Erfahrungswerte und anderer Informationen neue Schätzungen der

(b) conversely, if the internal statistics are derived from a small population with characteristics that are believed to be close to those of the national population, and the national statistics are current, an entity shall place more weight on the national statistics.

Estimated probabilities for non-market variables shall not contradict observable market variables. For example, estimated probabilities for future inflation rate scenarios shall be as consistent as possible with probabilities implied by market interest rates. **B51**

In some cases, an entity may conclude that market variables vary independently of non-market variables. If so, the entity shall consider scenarios that reflect the range of outcomes for the non-market variables, with each scenario using the same observed value of the market variable. **B52**

In other cases, market variables and non-market variables may be correlated. For example, there may be evidence that lapse rates (a non-market variable) are correlated with interest rates (a market variable). Similarly, there may be evidence that claim levels for house or car insurance are correlated with economic cycles and therefore with interest rates and expense amounts. The entity shall ensure that the probabilities for the scenarios and the risk adjustments for the non-financial risk that relates to the market variables are consistent with the observed market prices that depend on those market variables. **B53**

Using current estimates (paragraph 33 (c))

In estimating each cash flow scenario and its probability, an entity shall use all reasonable and supportable information available without undue cost or effort. An entity shall review the estimates that it made at the end of the previous reporting period and update them. In doing so, an entity shall consider whether: **B54**

(a) the updated estimates faithfully represent the conditions at the end of the reporting period;
(b) the changes in estimates faithfully represent the changes in conditions during the period. For example, suppose that estimates were at one end of a reasonable range at the beginning of the period. If the conditions have not changed, shifting the estimates to the other end of the range at the end of the period would not faithfully represent what has happened during the period. If an entity's most recent estimates are different from its previous estimates, but conditions have not changed, it shall assess whether the new probabilities assigned to each scenario are justified. In updating its estimates of those probabilities, the entity shall consider both the evidence that supported its previous estimates and all newly available evidence, giving more weight to the more persuasive evidence.

The probability assigned to each scenario shall reflect the conditions at the end of the reporting period. Consequently, applying IAS 10 *Events after the Reporting Period*, an event occurring after the end of the reporting period that resolves an uncertainty that existed at the end of the reporting period does not provide evidence of the conditions that existed at that date. For example, there may be a 20 per cent probability at the end of the reporting period that a major storm will strike during the remaining six months of an insurance contract. After the end of the reporting period but before the financial statements are authorised for issue, a major storm strikes. The fulfilment cash flows under that contract shall not reflect the storm that, with hindsight, is known to have occurred. Instead, the cash flows included in the measurement include the 20 per cent probability apparent at the end of the reporting period (with disclosure applying IAS 10 that a non-adjusting event occurred after the end of the reporting period). **B55**

Current estimates of expected cash flows are not necessarily identical to the most recent actual experience. For example, suppose that mortality experience in the reporting period was 20 per cent worse than the previous mortality experience and previous expectations of mortality experience. Several factors could have caused the sudden change in experience, including: **B56**

(a) lasting changes in mortality;
(b) changes in the characteristics of the insured population (for example, changes in underwriting or distribution, or selective lapses by policyholders in unusually good health);
(c) random fluctuations; or
(d) identifiable non-recurring causes.

An entity shall investigate the reasons for the change in experience and develop new estimates of cash flows and probabilities in the light of the most recent experience, the earlier experience and other information. The result for the example in **B57**

Zahlungsströme zu entwickeln. Das Ergebnis des in Paragraph B56 gegebenen Beispiels wäre typischerweise, dass der erwartete Barwert der Leistungen im Todesfall sich ändert, jedoch nicht um die vollen 20 %. Wenn die Sterblichkeitsquote im Beispiel in Paragraph B56 aus erwartungsgemäß anhaltenden Gründen weiterhin signifikant höher sein wird als in früheren Schätzungen, wird sich die geschätzte Wahrscheinlichkeit, die den Szenarien mit hoher Sterblichkeit zugeordnet wird, erhöhen.

B58 Die Schätzungen von nicht marktbedingungsabhängigen Variablen müssen auch Informationen über den derzeitigen Umfang der versicherten Ereignisse und Informationen über Trends beinhalten. So gingen beispielsweise in vielen Ländern die Sterblichkeitsquoten über lange Zeiträume stetig zurück. Die Bestimmung der Erfüllungswerte trägt den Wahrscheinlichkeiten Rechnung, die jedem möglichen Trendszenario unter Berücksichtigung aller angemessenen und belastbaren Informationen, die ohne unangemessenen Kosten- oder Zeitaufwand verfügbar sind, zugeordnet werden würden.

B59 Auf ähnliche Weise hat bei der Zuordnung von inflationssensitiven Zahlungsströmen zu einer Gruppe von Versicherungsverträgen die Ermittlung der Erfüllungswerte die derzeitigen Schätzungen möglicher künftiger Inflationsraten widerzuspiegeln. Da es wahrscheinlich ist, dass die Inflationsraten mit den Zinssätzen korrelieren, hat die Bewertung der Erfüllungswerte die Wahrscheinlichkeiten für jedes Inflationsszenario auf eine Weise Rechnung zu tragen, die konsistent zu den von den zur Schätzung des Abzinsungssatzes herangezogenen Markzinssätzen implizierten Wahrscheinlichkeiten ist (siehe Paragraph B51).

B60 Bei der Schätzung der Zahlungsströme hat ein Unternehmen die derzeitigen Erwartungen in Bezug auf künftige Ereignisse zu berücksichtigen, die diese Zahlungsströme beeinflussen könnten. Das Unternehmen hat Szenarien für seine Zahlungsströme zu entwickeln, die diesen künftigen Szenarien sowie objektiven Schätzungen der Wahrscheinlichkeit eines jeden Szenarios Rechnung tragen. Ein Unternehmen hat jedoch die derzeitigen Erwartungen in Bezug auf zukünftige Änderungen der Gesetzesvorschriften, welche die derzeitige Verpflichtung ändern oder aufheben würden, oder neue Pflichten im Rahmen des bestehenden Versicherungsvertrags schaffen würden, so lange nicht zu berücksichtigen, bis die Gesetzesänderung im Wesentlichen in Kraft gesetzt ist.

Zahlungsströme innerhalb der Vertragsgrenze (Paragraph 34)

B61 Bei den Schätzungen der Zahlungsströme in einem Szenario müssen alle Zahlungsströme innerhalb der Grenzen eines bestehenden Vertrags berücksichtigt werden, und keine anderen Zahlungsströme. Ein Unternehmen hat bei der Bestimmung der Vertragsgrenzen eines bestehenden Vertrags Paragraph 2 anzuwenden.

B62 Viele Versicherungsverträge weisen Merkmale auf, die es den Versicherungsnehmern ermöglichen, Maßnahmen zu ergreifen, um die Höhe, die Fälligkeit, die Natur oder die Ungewissheit der Beträge zu ändern, die sie erhalten werden. Zu diesen Merkmalen gehören unter anderem ein Verlängerungs-, Rückkaufs-, und Umwandlungsrecht sowie Beitragsfreistellungsrecht bei Aufrechterhaltung vertraglich vereinbarter Leistungen. Die Bewertung einer Gruppe von Versicherungsverträgen hat auf der Grundlage des Erwartungswerts den derzeitigen Schätzungen des Unternehmens Rechnung zu tragen, wie die Versicherungsnehmer in der Gruppe die ihnen zur Verfügung stehenden Optionen ausüben werden, und die Risikoanpassung für nichtfinanzielle Risiken hat den aktuellen Schätzungen des Unternehmens Rechnung zu tragen, wie das tatsächliche Verhalten der Versicherungsnehmer vom erwarteten Verhalten abweichen könnte. Dieses Erfordernis, den Erwartungswert zu bestimmen, gilt ungeachtet der Anzahl der Verträge in einer Gruppe; sie gilt beispielsweise auch dann, wenn die Gruppe nur einen einzigen Vertrag umfasst. Folglich ist bei der Bewertung einer Gruppe von Versicherungsverträgen nicht davon auszugehen, dass die Versicherungsnehmer mit einer Wahrscheinlichkeit von 100 %

(a) ein Rückkaufsrecht in Bezug auf ihre Verträge in Anspruch nehmen werden, wenn eine gewisse Wahrscheinlichkeit besteht, dass einige der Versicherungsnehmer dies nicht tun werden, oder

(b) ihre Verträge fortführen werden, wenn eine gewisse Wahrscheinlichkeit besteht, dass einige der Versicherungsnehmer dies nicht tun werden.

B63 Wenn ein Versicherer vertraglich verpflichtet ist, den Vertrag zu verlängern oder anderweitig fortzusetzen, hat er nach Paragraph 34 zu beurteilen, ob die Prämien und die Zahlungsströme aus dem verlängerten Vertrag innerhalb der Grenzen des ursprünglichen Vertrags liegen.

B64 Paragraph 34 bezieht sich darauf, ob ein Unternehmen praktisch in der Lage ist, einen Preis zu einem zukünftigen Zeitpunkt (Verlängerungsdatum) festzulegen, der die Risiken des Vertrags ab diesem Zeitpunkt vollkommen widerspiegelt. Ein Unternehmen ist hierzu praktisch in der Lage, wenn es keine Beschränkungen gibt, die das Unternehmen daran hindern, denselben Preis festzulegen, den es für einen neuen zu diesem Zeitpunkt ausgestellten Vertrag mit denselben Merkmalen berechnen würde, oder wenn es die Leistungen ändern kann, damit diese dem Preis entsprechen, den es berechnen wird. Ebenso hat ein Unternehmen diese praktische Fähigkeit zur Preisfestsetzung, wenn es den Preis eines bestehenden Vertrags ändern kann, sodass dieser Preis den gesamten Änderungen der Risiken in einem Portfolio von Versicherungsverträgen Rechnung trägt, selbst wenn der für jeden einzelnen Versicherungsnehmer festgesetzte Preis die Risikoänderung für diesen spezifischen Versicherungsnehmer nicht widerspiegelt. Bei der Beurteilung, ob das Unternehmen praktisch dazu in der Lage ist, einen Preis festzulegen, der die Risiken des Vertrags oder des Portfolios

paragraph B56 would typically be that the expected present value of death benefits changes, but not by as much as 20 per cent. In the example in paragraph B56, if mortality rates continue to be significantly higher than the previous estimates for reasons that are expected to continue, the estimated probability assigned to the high-mortality scenarios will increase.

Estimates of non-market variables shall include information about the current level of insured events and information about trends. For example, mortality rates have consistently declined over long periods in many countries. The determination of the fulfilment cash flows reflects the probabilities that would be assigned to each possible trend scenario, taking account of all reasonable and supportable information available without undue cost or effort. **B58**

Similarly, if cash flows allocated to a group of insurance contracts are sensitive to inflation, the determination of the fulfilment cash flows shall reflect current estimates of possible future inflation rates. Because inflation rates are likely to be correlated with interest rates, the measurement of fulfilment cash flows shall reflect the probabilities for each inflation scenario in a way that is consistent with the probabilities implied by the market interest rates used in estimating the discount rate (see paragraph B51). **B59**

When estimating the cash flows, an entity shall take into account current expectations of future events that might affect those cash flows. The entity shall develop cash flow scenarios that reflect those future events, as well as unbiased estimates of the probability of each scenario. However, an entity shall not take into account current expectations of future changes in legislation that would change or discharge the present obligation or create new obligations under the existing insurance contract until the change in legislation is substantively enacted. **B60**

Cash flows within the contract boundary (paragraph 34)

Estimates of cash flows in a scenario shall include all cash flows within the boundary of an existing contract and no other cash flows. An entity shall apply paragraph 2 in determining the boundary of an existing contract. **B61**

Many insurance contracts have features that enable policyholders to take actions that change the amount, timing, nature or uncertainty of the amounts they will receive. Such features include renewal options, surrender options, conversion options and options to stop paying premiums while still receiving benefits under the contracts. The measurement of a group of insurance contracts shall reflect, on an expected value basis, the entity's current estimates of how the policyholders in the group will exercise the options available, and the risk adjustment for non-financial risk shall reflect the entity's current estimates of how the actual behaviour of the policyholders may differ from the expected behaviour. This requirement to determine the expected value applies regardless of the number of contracts in a group; for example it applies even if the group comprises a single contract. Thus, the measurement of a group of insurance contracts shall not assume a 100 per cent probability that policyholders will: **B62**

(a) surrender their contracts, if there is some probability that some of the policyholders will not; or
(b) continue their contracts, if there is some probability that some of the policyholders will not.

When an issuer of an insurance contract is required by the contract to renew or otherwise continue the contract, it shall apply paragraph 34 to assess whether premiums and related cash flows that arise from the renewed contract are within the boundary of the original contract. **B63**

Paragraph 34 refers to an entity's practical ability to set a price at a future date (a renewal date) that fully reflects the risks in the contract from that date. An entity has that practical ability in the absence of constraints that prevent the entity from setting the same price it would for a new contract with the same characteristics as the existing contract issued on that date, or if it can amend the benefits to be consistent with the price it will charge. Similarly, an entity has that practical ability to set a price when it can reprice an existing contract so that the price reflects overall changes in the risks in a portfolio of insurance contracts, even if the price set for each individual policyholder does not reflect the change in risk for that specific policyholder. When assessing whether the entity has the practical ability to set a price that fully reflects the risks in the contract or portfolio, it shall consider all the risks that it would consider when underwriting equivalent contracts on the renewal date for the remaining service. In determining the estimates of future cash flows at the end of a reporting **B64**

vollkommen widerspiegelt, hat es alle Risiken zu berücksichtigen, die es am Verlängerungsdatum für den verbleibenden künftigen Versicherungsschutz bei Unterzeichnung gleichwertiger Verträge berücksichtigen würde. Bei der Bestimmung der Schätzungen der künftigen Zahlungsströme am Ende einer Berichtsperiode hat ein Unternehmen die Grenzen eines Versicherungsvertrags neu einzuschätzen, um die Auswirkung der Änderungen der Umstände in Bezug auf die wesentlichen Rechte und Pflichten des Unternehmens zu berücksichtigen.

B65 Zahlungsströme innerhalb der Vertragsgrenzen eines Versicherungsvertrags sind die Zahlungsströme, die sich direkt auf die Erfüllung des Vertrags beziehen, einschließlich der Zahlungsströme, bei denen das Unternehmen nach eigenem Ermessen über deren Höhe oder Fälligkeit entscheiden kann. Die Zahlungsströme innerhalb der Vertragsgrenzen umfassen:

(a) Prämien (einschließlich Prämienanpassungen und Ratenprämien) eines Versicherungsnehmers und etwaige zusätzliche Zahlungsströme, die aus diesen Prämien resultieren,

(b) Zahlungen an einen Versicherungsnehmer (oder in dessen Namen), einschließlich Schäden, die bereits gemeldet, jedoch noch nicht beglichen wurden (d. h. gemeldete Schäden), entstandene Schäden durch Ereignisse, die eingetreten sind, deren Schäden jedoch noch nicht gemeldet wurden, und alle künftigen Schäden, für die das Unternehmen eine wesentliche Verpflichtung trägt (siehe Paragraph 34),

(c) Zahlungen an einen Versicherungsnehmer (oder in dessen Namen), deren Höhe je nach den Renditen der zugrunde liegenden Referenzwerte schwankt,

(d) Zahlungen an einen Versicherungsnehmer (oder in dessen Namen), die aus Derivaten resultieren, beispielsweise aus in dem Vertrag enthaltenen Optionen und Garantien, sofern diese Optionen und Garantien nicht von dem Versicherungsvertrag getrennt wurden (siehe Paragraph 11 (a)),

(e) eine Zuordnung der Zahlungsströme aus den Abschlusskosten, die sich auf das Portfolio beziehen, zu dem der Vertrag gehört,

(f) Kosten für die Schadensbearbeitung (d. h. die Kosten, die dem Unternehmen für die Untersuchung und Bearbeitung von Schadensansprüchen und die Entscheidung über Schadensansprüche im Rahmen bestehender Verträge entstehen werden, einschließlich der Honorare von Anwälten und Sachverständigen und einschließlich der internen Kosten für die Untersuchung der Schadensfälle und die Bearbeitung der Zahlungen zur Begleichung der Schäden),

(g) Kosten, die dem Unternehmen für die Erbringung von vertraglichen Leistungen entstehen werden, die als Naturalleistungen gewährt werden,

(h) Kosten für die Verwaltung und Aufrechterhaltung von Verträgen, wie zum Beispiel die Kosten für die Prämienabrechnung und für die Bearbeitung von Vertragsänderungen (beispielsweise Umwandlungen und Wiedereinsetzungen). Diese Kosten umfassen auch wiederkehrende Provisionen, die erwartungsgemäß an die Vermittler zu zahlen sind, wenn ein bestimmter Versicherungsnehmer weiterhin die Prämien innerhalb der Grenzen des Versicherungsvertrags bezahlt,

(i) transaktionsbedingte Steuern (wie Prämiensteuern, Mehrwertsteuer und Steuern auf Waren und Dienstleistungen) und Abgaben (wie Brandschutzabgaben und Garantiefondsbewertungen), die direkt auf bestehende Versicherungsverträge zurückgehen oder diesen auf einer angemessenen und konsistenten Basis zugeordnet werden können,

(j) Zahlungen durch den Versicherer in seiner Funktion als Treuhänder zur Erfüllung von steuerlichen Verpflichtungen des Versicherungsnehmers und die damit verbundenen Einnahmen,

(k) potenzielle Mittelzuflüsse aus Rückflüssen (wie zum Beispiel Provenues und Regresse) aus künftigen Schäden, die von bestehenden Versicherungsverträgen gedeckt sind und – sofern diese die Bedingungen für die Bilanzierung als getrennte Vermögenswerte nicht erfüllen – potenzielle Mittelzuflüsse aus Rückflüssen aus früheren Schäden,

(ka) Kosten, die dem Unternehmen entstehen werden für

- (i) die Durchführung der Kapitalanlagetätigkeit, sofern das Unternehmen diese Tätigkeit durchführt, um die Leistungen aus der Versicherungsdeckung für die Versicherungsnehmer zu verbessern. Kapitalanlagetätigkeiten verbessern die Leistungen aus der Versicherungsdeckung, wenn das Unternehmen diese Tätigkeiten in der Erwartung durchführt, Kapitalerträge zu erwirtschaften, von denen die Versicherungsnehmer profitieren werden, wenn ein versichertes Ereignis eintritt,
- (ii) die Erbringung von Leistungen zur Erwirtschaftung von Kapitalerträgen für die Versicherungsnehmer von Versicherungsverträgen ohne direkte Überschussbeteiligung (siehe Paragraph B119B),
- (iii) die Erbringung von kapitalanlagebezogenen Leistungen für die Versicherungsnehmer von Versicherungsverträgen mit direkter Überschussbeteiligung,

(l) eine Zuordnung fixer und variabler Gemeinkosten (wie die Kosten für Buchhaltung, Personal, Informationstechnologie (IT) und Betreuung, Gebäudeabschreibung, Miete und Wartung und Versorgung (mit Strom, Wasser, Gas usw.)), die einzeln der Erfüllung von Versicherungsverträgen zugeordnet werden können. Diese Gemeinkosten werden mittels systematischer und rationaler Methoden Gruppen von Verträgen zugeordnet und konsistent auf alle Kosten mit ähnlichen Merkmalen angewandt,

(m) sonstige Kosten, die dem Versicherungsnehmer vertragsgemäß gesondert in Rechnung gestellt werden können.

B66 Die folgenden Zahlungsströme, die einem Unternehmen bei der Erfüllung eines bestehenden Versicherungsvertrags entstehen werden, sind bei der Schätzung der Zahlungsströme nicht zu berücksichtigen:

(a) Kapitalanlageerträge. Kapitalanlagen werden getrennt angesetzt, bewertet und ausgewiesen.

(b) Zahlungsströme (Mittelzuflüsse oder Mittelabflüsse) aus gehaltenen Rückversicherungsverträgen. Gehaltene Rückversicherungsverträge werden getrennt angesetzt, bewertet und ausgewiesen.

period, an entity shall reassess the boundary of an insurance contract to include the effect of changes in circumstances on the entity's substantive rights and obligations.

Cash flows within the boundary of an insurance contract are those that relate directly to the fulfilment of the contract, including cash flows for which the entity has discretion over the amount or timing. The cash flows within the boundary include: **B65**

(a) premiums (including premium adjustments and instalment premiums) from a policyholder and any additional cash flows that result from those premiums;
(b) payments to (or on behalf of) a policyholder, including claims that have already been reported but have not yet been paid (i.e. reported claims), incurred claims for events that have occurred but for which claims have not been reported and all future claims for which the entity has a substantive obligation (see paragraph 34);
(c) payments to (or on behalf of) a policyholder that vary depending on returns on underlying items;
(d) payments to (or on behalf of) a policyholder resulting from derivatives, for example, options and guarantees embedded in the contract, to the extent that those options and guarantees are not separated from the insurance contract (see paragraph 11 (a));
(e) an allocation of insurance acquisition cash flows attributable to the portfolio to which the contract belongs;
(f) claim handling costs (i.e. the costs the entity will incur in investigating, processing and resolving claims under existing insurance contracts, including legal and loss-adjusters' fees and internal costs of investigating claims and processing claim payments);
(g) costs the entity will incur in providing contractual benefits paid in kind;
(h) policy administration and maintenance costs, such as costs of premium billing and handling policy changes (for example, conversions and reinstatements). Such costs also include recurring commissions that are expected to be paid to intermediaries if a particular policyholder continues to pay the premiums within the boundary of the insurance contract;
(i) transaction-based taxes (such as premium taxes, value added taxes and goods and services taxes) and levies (such as fire service levies and guarantee fund assessments) that arise directly from existing insurance contracts, or that can be attributed to them on a reasonable and consistent basis;
(j) payments by the insurer in a fiduciary capacity to meet tax obligations incurred by the policyholder, and related receipts;
(k) potential cash inflows from recoveries (such as salvage and subrogation) on future claims covered by existing insurance contracts and, to the extent that they do not qualify for recognition as separate assets, potential cash inflows from recoveries on past claims;
(ka) costs the entity will incur:
  (i) performing investment activity, to the extent the entity performs that activity to enhance benefits from insurance coverage for policyholders. Investment activities enhance benefits from insurance coverage if the entity performs those activities expecting to generate an investment return from which policyholders will benefit if an insured event occurs;
  (ii) providing investment-return service to policyholders of insurance contracts without direct participation features (see paragraph B119B);
  (iii) providing investment-related service to policyholders of insurance contracts with direct participation features.
(l) an allocation of fixed and variable overheads (such as the costs of accounting, human resources, information technology and support, building depreciation, rent, and maintenance and utilities) directly attributable to fulfilling insurance contracts. Such overheads are allocated to groups of contracts using methods that are systematic and rational, and are consistently applied to all costs that have similar characteristics;
(m) any other costs specifically chargeable to the policyholder under the terms of the contract.

The following cash flows shall not be included when estimating the cash flows that will arise as the entity fulfils an existing insurance contract: **B66**

(a) investment returns. Investments are recognised, measured and presented separately;
(b) cash flows (payments or receipts) that arise under reinsurance contracts held. Reinsurance contracts held are recognised, measured and presented separately;

(c) Zahlungsströme, die aus künftigen Versicherungsverträgen entstehen können, d. h. Zahlungsströme außerhalb der Grenzen bestehender Verträge (siehe Paragraphen 34 und 35).
(d) Zahlungsströme in Verbindung mit Kosten, die dem Portfolio der Versicherungsverträge, das den Vertrag enthält, nicht direkt zugeordnet werden können, wie zum Beispiel einige Produktentwicklungs- und Schulungskosten. Diese Kosten werden zum Zeitpunkt ihres Entstehens erfolgswirksam erfasst.
(e) Zahlungsströme, die aus einem überhöhten Aufwand an Arbeitszeit oder anderen zur Vertragserfüllung eingesetzten Ressourcen entstehen. Diese Kosten werden zum Zeitpunkt ihres Entstehens erfolgswirksam erfasst.
(f) Einkommensteuerzahlungen und Einnahmen, die der Versicherer nicht in seiner Eigenschaft als Treuhänder leistet oder erhält, oder die dem Versicherungsnehmer vertragsgemäß nicht gesondert in Rechnung gestellt werden können.
(g) Zahlungsströme zwischen verschiedenen Bereichen des berichtenden Unternehmens, wie Fonds der Versicherungsnehmer und Fonds der Aktionäre, wenn diese Zahlungsströme den Betrag nicht ändern, der an die Versicherungsnehmer ausgezahlt wird.
(h) Zahlungsströme aus Komponenten, die vom Versicherungsvertrag getrennt wurden und die nach anderen anwendbaren Standards bilanziert werden (siehe Paragraphen 10–13).

B66A Es könnte sein, dass ein Unternehmen vor dem Ansatz einer Gruppe von Versicherungsverträgen einen Vermögenswert oder eine Verbindlichkeit für andere Zahlungsströme in Bezug auf diese Gruppe von Versicherungsverträgen als Zahlungsströme für die Abschlusskosten ansetzen muss, entweder weil diese anderen Zahlungsströme entstanden sind oder weil ein anderer IFRS dies vorschreibt. Zahlungsströme stehen in Bezug zu der Gruppe von Versicherungsverträgen, wenn diese Zahlungsströme zum Zeitpunkt des erstmaligen Ansatzes der Gruppe in den Erfüllungswerten enthalten gewesen wären, wenn sie nach diesem Zeitpunkt geflossen wären. Um Paragraph 38 (c) (ii) anzuwenden, hat ein Unternehmen einen solchen Vermögenswert oder eine solche Verbindlichkeit in dem Umfang auszubuchen, wie der Vermögenswert oder die Verbindlichkeit nicht getrennt von der Gruppe von Versicherungsverträgen angesetzt würde, falls die Zahlungsströme zum Zeitpunkt des erstmaligen Ansatzes der Gruppe von Versicherungsverträgen fließen würden oder der IFRS zum Zeitpunkt des erstmaligen Ansatzes der Gruppe von Versicherungsverträgen angewandt würde.

Verträge mit Zahlungsströmen, die Zahlungsströme an Versicherungsnehmer anderer Verträge beeinflussen oder von diesen beeinflusst werden

B67 Einige Versicherungsverträge beeinflussen die Zahlungsströme an Versicherungsnehmer anderer Verträge, indem sie Folgendes erfordern:
(a) der Versicherungsnehmer muss sich die Renditen aus demselben festgelegten Pool an zugrunde liegenden Referenzwerten mit Versicherungsnehmern anderer Verträge teilen und
(b) entweder
   (i) muss der Versicherungsnehmer eine Reduzierung seines Anteils an den Renditen der zugrunde liegenden Referenzwerte hinnehmen, weil Zahlungen an Versicherungsnehmer anderer Verträge geleistet werden, die ebenfalls an diesem Pool beteiligt sind, einschließlich Zahlungen aufgrund von gegenüber den Versicherungsnehmern dieser anderen Verträge abgegebenen Garantien, oder
   (ii) die Versicherungsnehmer der anderen Verträge müssen eine Reduzierung ihres Anteils an den Renditen der zugrunde liegenden Referenzwerte hinnehmen, weil Zahlungen an den Versicherungsnehmer geleistet werden, einschließlich Zahlungen aufgrund von gegenüber dem Versicherungsnehmer abgegebenen Garantien.

B68 Manchmal beeinflussen solche Verträge die Zahlungsströme an Versicherungsnehmer von Verträgen in anderen Gruppen. Die Erfüllungswerte einer jeden Gruppe tragen dem Ausmaß Rechnung, in dem die Verträge in der Gruppe dazu führen, dass das Unternehmen von erwarteten Zahlungsströmen beeinflusst wird, unabhängig davon, ob diese an Versicherungsnehmer in dieser Gruppe oder an Versicherungsnehmer in einer anderen Gruppe fließen. Folglich gilt für die Erfüllungswerte einer Gruppe Folgendes:
(a) sie umfassen Zahlungen an Versicherungsnehmer von Verträgen in anderen Gruppen, die aufgrund der Vertragsbestimmungen bestehender Verträge geleistet werden, unabhängig davon, ob erwartet wird, dass diese Zahlungen an aktuelle oder zukünftige Versicherungsnehmer geleistet werden, und
(b) sie schließen Zahlungen an Versicherungsnehmer in der Gruppe aus, die unter Anwendung von (a) in den Erfüllungswerten einer anderen Gruppe berücksichtigt wurden.

B69 Sofern Zahlungen an Versicherungsnehmer in einer Gruppe aufgrund von Zahlungen eines garantierten Betrags an die Versicherungsnehmer in einer anderen Gruppe reduziert werden, beispielsweise von einem Anteil an den Renditen der zugrunde liegenden Referenzwerte von 350 WE auf nur noch 250 WE, würden die Erfüllungswerte der ersten Gruppe die Zahlungen in Höhe von 100 WE beinhalten (d. h. sie würden sich auf 350 WE belaufen), und die Erfüllungswerte der zweiten Gruppe würden 100 WE des garantierten Betrags ausschließen.

B70 Es können unterschiedliche praktische Ansätze zur Bestimmung der Erfüllungswerte von Gruppen von Verträgen verfolgt werden, welche die Zahlungsströme an Versicherungsnehmer von Verträgen in anderen Gruppen beeinflussen oder von ihnen beeinflusst werden. In einigen Fällen könnte es sein, dass ein Unternehmen die Änderung der zugrunde liegenden Referenzwerte und die daraus resultierende Änderung der Zahlungsströme nur auf einem höheren Aggregationsniveau als

(c) cash flows that may arise from future insurance contracts, i.e. cash flows outside the boundary of existing contracts (see paragraphs 34—35);
(d) cash flows relating to costs that cannot be directly attributed to the portfolio of insurance contracts that contain the contract, such as some product development and training costs. Such costs are recognised in profit or loss when incurred;
(e) cash flows that arise from abnormal amounts of wasted labour or other resources that are used to fulfil the contract. Such costs are recognised in profit or loss when incurred;
(f) income tax payments and receipts the insurer does not pay or receive in a fiduciary capacity or that are not specifically chargeable to the policyholder under the terms of the contract;
(g) cash flows between different components of the reporting entity, such as policyholder funds and shareholder funds, if those cash flows do not change the amount that will be paid to the policyholders;
(h) cash flows arising from components separated from the insurance contract and accounted for using other applicable Standards (see paragraphs 10—13).

Before the recognition of a group of insurance contracts, an entity might be required to recognise an asset or liability for cash flows related to the group of insurance contracts other than insurance acquisition cash flows either because of the occurrence of the cash flows or because of the requirements of another IFRS Standard. Cash flows are related to the group of insurance contracts if those cash flows would have been included in the fulfilment cash flows at the date of initial recognition of the group had they been paid or received after that date. To apply paragraph 38 (c) (ii) an entity shall derecognise such an asset or liability to the extent that the asset or liability would not be recognised separately from the group of insurance contracts if the cash flow or the application of the IFRS Standard occurred at the date of initial recognition of the group of insurance contracts. **B66A**

Contracts with cash flows that affect or are affected by cash flows to policyholders of other contracts

Some insurance contracts affect the cash flows to policyholders of other contracts by requiring: **B67**
(a) the policyholder to share with policyholders of other contracts the returns on the same specified pool of underlying items; and
(b) either:
  (i) the policyholder to bear a reduction in their share of the returns on the underlying items because of payments to policyholders of other contracts that share in that pool, including payments arising under guarantees made to policyholders of those other contracts; or
  (ii) policyholders of other contracts to bear a reduction in their share of returns on the underlying items because of payments to the policyholder, including payments arising from guarantees made to the policyholder.

Sometimes, such contracts will affect the cash flows to policyholders of contracts in other groups. The fulfilment cash flows of each group reflect the extent to which the contracts in the group cause the entity to be affected by expected cash flows, whether to policyholders in that group or to policyholders in another group. Hence the fulfilment cash flows for a group: **B68**
(a) include payments arising from the terms of existing contracts to policyholders of contracts in other groups, regardless of whether those payments are expected to be made to current or future policyholders; and
(b) exclude payments to policyholders in the group that, applying (a), have been included in the fulfilment cash flows of another group.

For example, to the extent that payments to policyholders in one group are reduced from a share in the returns on underlying items of CU350 to CU250 because of payments of a guaranteed amount to policyholders in another group, the fulfilment cash flows of the first group would include the payments of CU100 (i.e. would be CU350) and the fulfilment cash flows of the second group would exclude CU100 of the guaranteed amount. **B69**

Different practical approaches can be used to determine the fulfilment cash flows of groups of contracts that affect or are affected by cash flows to policyholders of contracts in other groups. In some cases, an entity might be able to identify the change in the underlying items and resulting change in the cash flows only at a higher level of aggregation than the groups. **B70**

den Gruppen bestimmen kann. In solchen Fällen hat das Unternehmen die Auswirkung der Änderung der zugrunde liegenden Referenzwerte jeder Gruppe auf systematischer und rationaler Basis zuzuordnen.

B71 Nachdem für die Verträge in einer Gruppe alle Leistungen gemäß dem Versicherungsvertrag erbracht worden sind, können die Erfüllungswerte immer noch Zahlungen enthalten, die erwartungsgemäß noch an aktuelle Versicherungsnehmer in anderen Gruppen oder an zukünftige Versicherungsnehmer geleistet werden. Ein Unternehmen ist nicht verpflichtet, diese Erfüllungswerte weiterhin spezifischen Gruppen zuzuordnen, kann jedoch stattdessen eine Verbindlichkeit für diese Erfüllungswerte aus allen Gruppen ansetzen und bewerten.

Abzinsungssätze (Paragraph 36)

B72 Bei Anwendung von IFRS 17 hat ein Unternehmen folgende Abzinsungssätze heranzuziehen:

(a) zur Bewertung der Erfüllungswerte: die aktuellen Abzinsungssätze unter Anwendung von Paragraph 36,

(b) zur Bestimmung der Aufzinsung der vertraglichen Servicemarge bei Anwendung von Paragraph 44 (b) für Versicherungsverträge ohne direkte Überschussbeteiligung: die Abzinsungssätze, die zum Zeitpunkt des erstmaligen Ansatzes einer Gruppe von Verträgen bestimmt wurden, unter Anwendung von Paragraph 36 auf nominale Zahlungsströme, die nicht in Abhängigkeit von den Renditen eines der zugrunde liegenden Referenzwerte schwanken,

(c) zur Bewertung der Änderungen der vertraglichen Servicemarge bei Anwendung der Paragraphen B96 (a)–B96 (b) und B96 (d) auf Versicherungsverträge ohne direkte Überschussbeteiligung: die unter Anwendung von Paragraph 36 beim erstmaligen Ansatz bestimmten Abzinsungssätze,

(d) für Gruppen von Verträgen, die bei Anwendung des Prämienallokationsansatzes eine signifikante Finanzierungskomponente aufweisen, zur Anpassung des Buchwerts der Deckungsrückstellung unter Anwendung von Paragraph 56: die unter Anwendung von Paragraph 36 beim erstmaligen Ansatz bestimmten Abzinsungssätze,

(e) wenn ein Unternehmen sich dafür entscheidet, seine versicherungstechnischen Finanzerträge oder -aufwendungen in erfolgswirksam (in der Gewinn- und Verlustrechnung) und erfolgsneutral (im sonstiges Ergebnis) erfasste Beträge aufzuteilen (siehe Paragraph 88), zur Bestimmung des Betrags der erfolgswirksam zu erfassenden versicherungstechnischen Finanzerträge oder -aufwendungen

  (i) für Gruppen von Versicherungsverträgen, bei denen Änderungen der auf das Finanzrisiko bezogenen Annahmen keine wesentlichen Auswirkungen auf die an die Versicherungsnehmer ausgezahlten Beträge haben, unter Anwendung von Paragraph B131: die Abzinsungssätze, die zum Zeitpunkt des erstmaligen Ansatzes einer Gruppe von Verträgen unter Anwendung von Paragraph 36 auf die nominalen Zahlungsströme, die nicht in Abhängigkeit von den Renditen eines der zugrunde liegenden Referenzwerte schwanken, bestimmt wurden,

  (ii) für Gruppen von Versicherungsverträgen, bei denen Änderungen der auf das Finanzrisiko bezogenen Annahmen wesentliche Auswirkungen auf die an die Versicherungsnehmer ausgezahlten Beträge haben, unter Anwendung von Paragraph B132 (a) (i): die Abzinsungssätze, welche die verbleibenden revidierten erwarteten Finanzerträge oder -aufwendungen konstant über die verbleibende Laufzeit der Gruppe der Verträge aufteilen, und

  (iii) für Gruppen von Verträgen, bei denen der Prämienallokationsansatz unter Anwendung der Paragraphen 59 (b) und B133 angewandt wurde: die Abzinsungssätze, die zum Zeitpunkt des eingetretenen Schadens unter Anwendung von Paragraph 36 auf nominale Zahlungsströme, die nicht in Abhängigkeit von den Renditen eines der zugrunde liegenden Referenzwerte schwanken, bestimmt wurden.

B73 Zur Bestimmung der Abzinsungssätze zum Zeitpunkt des erstmaligen Ansatzes einer Gruppe von Verträgen, wie in den Paragraphen B72 (b)–B72 (e) beschrieben, kann ein Unternehmen die gewichteten durchschnittlichen Abzinsungssätze über die Periode, in der die Verträge in der Gruppe begeben wurden, verwenden. Gemäß Paragraph 22 darf diese Periode ein Jahr nicht übersteigen.

B74 Schätzungen von Abzinsungssätzen müssen konsistent zu den anderen Schätzungen sein, die zur Bewertung von Versicherungsverträgen verwendet wurden, um Doppelzählungen oder Auslassungen zu vermeiden, zum Beispiel:

(a) Zahlungsströme, die nicht in Abhängigkeit von den Renditen eines der zugrunde liegenden Referenzwerte schwanken, sind mit Zinsätzen abzuzinsen, die solche Schwankungen nicht widerspiegeln,

(b) Zahlungsströme, die in Abhängigkeit von den Renditen eines der zugrunde liegenden finanziellen Referenzwerte schwanken,

  (i) sind unter Verwendung von Zinssätzen abzuzinsen, die diese Schwankungen widerspiegeln, oder

  (ii) sind um die Auswirkungen dieser Schwankungen anzupassen und mit einem Zinssatz abzuzinsen, der die vorgenommene Anpassung widerspiegelt.

(c) nominale Zahlungsströme (d. h. solche, die die Auswirkungen der Inflation berücksichtigen) sind mit Zinssätzen abzuzinsen, welche die Auswirkungen der Inflation berücksichtigen, und

(d) reale Zahlungsströme (d. h. solche, die die Auswirkungen der Inflation ausschließen) sind zu Zinssätzen abzuzinsen, welche die Auswirkungen der Inflation ausschließen.

B75 Paragraph B74 (b) verlangt, dass Zahlungsströme, die je nach den Renditen der zugrunde liegende Referenzwerte schwanken, unter Verwendung von Zinssätzen abzuzinsen sind, die diesen Schwankungen Rechnung tragen, oder dass sie

In such cases, the entity shall allocate the effect of the change in the underlying items to each group on a systematic and rational basis.

After all insurance contract services have been provided to the contracts in a group, the fulfilment cash flows may still include payments expected to be made to current policyholders in other groups or future policyholders. An entity is not required to continue to allocate such fulfilment cash flows to specific groups but can instead recognise and measure a liability for such fulfilment cash flows arising from all groups. B71

Discount rates (paragraph 36)

An entity shall use the following discount rates in applying IFRS 17: B72

(a) to measure the fulfilment cash flows—current discount rates applying paragraph 36;
(b) to determine the interest to accrete on the contractual service margin applying paragraph 44 (b) for insurance contracts without direct participation features—discount rates determined at the date of initial recognition of a group of contracts, applying paragraph 36 to nominal cash flows that do not vary based on the returns on any underlying items;
(c) to measure the changes to the contractual service margin applying paragraphs B96 (a)—B96 (b) and B96 (d) for insurance contracts without direct participation features—discount rates applying paragraph 36 determined on initial recognition;
(d) for groups of contracts applying the premium allocation approach that have a significant financing component, to adjust the carrying amount of the liability for remaining coverage applying paragraph 56—discount rates applying paragraph 36 determined on initial recognition;
(e) if an entity chooses to disaggregate insurance finance income or expenses between profit or loss and other comprehensive income (see paragraph 88), to determine the amount of the insurance finance income or expenses included in profit or loss:
    (i) for groups of insurance contracts for which changes in assumptions that relate to financial risk do not have a substantial effect on the amounts paid to policyholders, applying paragraph B131—discount rates determined at the date of initial recognition of a group of contracts, applying paragraph 36 to nominal cash flows that do not vary based on the returns on any underlying items;
    (ii) for groups of insurance contracts for which changes in assumptions that relate to financial risk have a substantial effect on the amounts paid to policyholders, applying paragraph B132 (a) (i)—discount rates that allocate the remaining revised expected finance income or expenses over the remaining duration of the group of contracts at a constant rate; and
    (iii) for groups of contracts applying the premium allocation approach applying paragraphs 59 (b) and B133—-discount rates determined at the date of the incurred claim, applying paragraph 36 to nominal cash flows that do not vary based on the returns on any underlying items.

To determine the discount rates at the date of initial recognition of a group of contracts described in paragraphs B72 (b)—B72 (e), an entity may use weighted-average discount rates over the period that contracts in the group are issued, which applying paragraph 22 cannot exceed one year. B73

Estimates of discount rates shall be consistent with other estimates used to measure insurance contracts to avoid double counting or omissions; for example: B74

(a) cash flows that do not vary based on the returns on any underlying items shall be discounted at rates that do not reflect any such variability;
(b) cash flows that vary based on the returns on any financial underlying items shall be:
    (i) discounted using rates that reflect that variability; or
    (ii) adjusted for the effect of that variability and discounted at a rate that reflects the adjustment made.
(c) nominal cash flows (i.e. those that include the effect of inflation) shall be discounted at rates that include the effect of inflation; and
(d) real cash flows (i.e. those that exclude the effect of inflation) shall be discounted at rates that exclude the effect of inflation.

Paragraph B74 (b) requires cash flows that vary based on the returns on underlying items to be discounted using rates that reflect that variability, or to be adjusted for the effect of that variability and discounted at a rate that reflects the adjustment B75

um die Auswirkungen dieser Schwankungen anzupassen sind und mit einem Zinssatz abzuzinsen sind, der die vorgenommene Anpassung widerspiegelt. Die Schwankung ist ein relevanter Faktor, unabhängig davon, ob sie auf Vertragsbedingungen zurückzuführen ist, oder darauf, dass das Unternehmen seinen Ermessensspielraum ausübt, und unabhängig davon, ob das Unternehmen die zugrunde liegenden Referenzwerte hält.

B76 Zahlungsströme, die in Abhängigkeit von den Renditen der zugrunde liegenden Referenzwerte mit variablen Renditen schwanken, die aber einer garantierten Mindestrendite unterliegen, schwanken nicht nur in Abhängigkeit von den Renditen der zugrunde liegenden Referenzwerte, selbst wenn der garantierte Betrag niedriger ist als die erwartete Rendite der zugrunde liegenden Referenzwerte. Folglich hat ein Unternehmen den Zinssatz, der die Schwankungen der Renditen der zugrunde liegenden Referenzwerte widerspiegelt, um die Auswirkungen der Garantie anzupassen, selbst wenn der garantierte Betrag niedriger als die erwartete Rendite der zugrunde liegenden Referenzwerte ist.

B77 IFRS 17 verlangt nicht, dass ein Unternehmen die geschätzten Zahlungsströme aufteilen muss in Zahlungsströme, die je nach den Renditen der zugrunde liegenden Referenzwerte schwanken, und Zahlungsströme, die nicht auf diese Weise schwanken. Wenn ein Unternehmen die geschätzten Zahlungsströme nicht auf diese Weise unterteilt, hat es Abzinsungssätze anzuwenden, die für die geschätzten Zahlungsströme insgesamt geeignet sind; beispielsweise unter Einsatz stochastischer Modelling-Methoden oder risikoneutraler Bewertungsmethoden.

B78 Abzinsungssätze haben nur relevante Faktoren zu berücksichtigen, d. h. Faktoren, die sich aus dem Zeitwert des Geldes, den Merkmalen der Zahlungsströme und den Liquiditätsmerkmalen der Versicherungsverträge ergeben. Es kann sein, dass solche Abzinsungssätze auf dem Markt nicht direkt beobachtbar sind. Wenn also keine am Markt beobachtbaren Abzinsungssätze für ein Instrument mit den gleichen Merkmalen verfügbar sind bzw. wenn am Markt beobachtbare Abzinsungssätze für ähnliche Instrumente verfügbar sind, diese jedoch die Faktoren nicht getrennt identifizieren, die das Instrument von den Versicherungsverträgen unterscheiden, hat ein Unternehmen die angemessenen Zinssätze zu schätzen. IFRS 17 schreibt keine bestimmte Schätzmethode zur Bestimmung von Abzinsungssätzen vor. Bei Anwendung einer Schätzmethode hat ein Unternehmen

(a) soweit wie möglich beobachtbare Eingangsparameter zu verwenden (siehe Paragraph B44) und alle angemessenen und belastbaren Informationen über nicht marktbedingungsabhängige Variablen, die sowohl extern als auch intern ohne unangemessenen Kosten- oder Zeitaufwand verfügbar sind, zu berücksichtigen (siehe Paragraph B49). Insbesondere dürfen die verwendeten Abzinsungssätze nicht im Widerspruch zu den verfügbaren und einschlägigen Marktdaten stehen, und die verwendeten nicht marktbedingungsabhängigen Variablen dürfen nicht im Widerspruch zu den beobachtbaren Marktvariablen stehen.
(b) den derzeitigen Marktbedingungen aus der Perspektive eines Marktteilnehmers Rechnung zu tragen.
(c) eine Ermessensentscheidung zu treffen, um den Grad der Ähnlichkeit zwischen den Merkmalen der zu bewertenden Versicherungsverträge und den Merkmalen des Instruments zu beurteilen, für das beobachtbare Marktpreise verfügbar sind, und diese Preise anzupassen, um den Unterschieden zwischen ihnen Rechnung zu tragen.

B79 Für Zahlungsströme von Versicherungsverträgen, die nicht in Abhängigkeit von den Renditen der zugrunde liegende Referenzwerte schwanken, spiegelt der Abzinsungssatz die Renditekurve (Zinsstrukturkurve) in der entsprechenden Währung für Instrumente wider, die für den Halter mit keinem oder einem vernachlässigbaren Kreditrisiko verbunden sind – angepasst, um die Liquiditätsmerkmale der Gruppe von Versicherungsverträgen widerzuspiegeln. Diese Anpassung hat der Differenz zwischen den Liquiditätsmerkmalen der Gruppe von Versicherungsverträgen und den Liquiditätsmerkmalen der Vermögenswerte Rechnung zu tragen, die zur Bestimmung der Renditekurve herangezogen wurden. Renditekurven spiegeln Vermögenswerte wider, die auf aktiven Märkten gehandelt werden und die der Halter in der Regel jederzeit ohne Weiteres verkaufen kann, ohne dass ihm dabei signifikante Kosten entstehen. Im Gegensatz dazu kann das Unternehmen im Rahmen bestimmter Versicherungsverträge nicht gezwungen werden, Zahlungen vor dem Eintreten eines versicherten Ereignisses oder vor den in den Verträgen angegebenen Zeitpunkten zu leisten.

B80 Folglich kann ein Unternehmen für Zahlungsströme von Versicherungsverträgen, die nicht in Abhängigkeit von den Renditen der zugrunde liegenden Referenzwerte schwanken, Abzinsungssätze bestimmen, indem eine liquide risikolose Renditekurve angepasst wird, um den Unterschieden zwischen den Liquiditätsmerkmalen der Finanzinstrumente, die den auf dem Markt beobachteten Zinssätzen zugrunde liegen, und den Liquiditätsmerkmalen der Versicherungsverträge Rechnung zu tragen (ein Bottom-up-Ansatz).

B81 Alternativ dazu kann ein Unternehmen die angemessenen Abzinsungssätze für Versicherungsverträge auf der Grundlage einer Renditekurve bestimmen, welche die bei einer Bewertung des beizulegenden Zeitwerts eines Referenzportfolios von Vermögenswerten impliziten aktuellen marktüblichen Renditesätze widerspiegelt (ein Top-down-Ansatz). Ein Unternehmen hat die Renditekurve anzupassen, um etwaige Faktoren zu eliminieren, die für die Versicherungsverträge nicht relevant sind, es ist jedoch nicht verpflichtet, die Renditekurve um die unterschiedlichen Liquiditätsmerkmale der Versicherungsverträge und des Referenzportfolios anzupassen.

B82 Bei der Schätzung der in Paragraph B81 beschriebenen Renditekurve

(a) hat ein Unternehmen, wenn es beobachtbare Marktpreise auf aktiven Märkten für Vermögenswerte im Referenzportfolio gibt, diese Preise zu verwenden (in Übereinstimmung mit Paragraph 69 von IFRS 13),

made. The variability is a relevant factor regardless of whether it arises because of contractual terms or because the entity exercises discretion, and regardless of whether the entity holds the underlying items.

Cash flows that vary with returns on underlying items with variable returns, but that are subject to a guarantee of a minimum return, do not vary solely based on the returns on the underlying items, even when the guaranteed amount is lower than the expected return on the underlying items. Hence, an entity shall adjust the rate that reflects the variability of the returns on the underlying items for the effect of the guarantee, even when the guaranteed amount is lower than the expected return on the underlying items. B76

IFRS 17 does not require an entity to divide estimated cash flows into those that vary based on the returns on underlying items and those that do not. If an entity does not divide the estimated cash flows in this way, the entity shall apply discount rates appropriate for the estimated cash flows as a whole; for example, using stochastic modelling techniques or risk-neutral measurement techniques. B77

Discount rates shall include only relevant factors, i.e. factors that arise from the time value of money, the characteristics of the cash flows and the liquidity characteristics of the insurance contracts. Such discount rates may not be directly observable in the market. Hence, when observable market rates for an instrument with the same characteristics are not available, or observable market rates for similar instruments are available but do not separately identify the factors that distinguish the instrument from the insurance contracts, an entity shall estimate the appropriate rates. IFRS 17 does not require a particular estimation technique for determining discount rates. In applying an estimation technique, an entity shall: B78

(a) maximise the use of observable inputs (see paragraph B44) and reflect all reasonable and supportable information on non-market variables available without undue cost or effort, both external and internal (see paragraph B49). In particular, the discount rates used shall not contradict any available and relevant market data, and any non-market variables used shall not contradict observable market variables;
(b) reflect current market conditions from the perspective of a market participant;
(c) exercise judgement to assess the degree of similarity between the features of the insurance contracts being measured and the features of the instrument for which observable market prices are available and adjust those prices to reflect the differences between them.

For cash flows of insurance contracts that do not vary based on the returns on underlying items, the discount rate reflects the yield curve in the appropriate currency for instruments that expose the holder to no or negligible credit risk, adjusted to reflect the liquidity characteristics of the group of insurance contracts. That adjustment shall reflect the difference between the liquidity characteristics of the group of insurance contracts and the liquidity characteristics of the assets used to determine the yield curve. Yield curves reflect assets traded in active markets that the holder can typically sell readily at any time without incurring significant costs. In contrast, under some insurance contracts the entity cannot be forced to make payments earlier than the occurrence of insured events, or dates specified in the contracts. B79

Hence, for cash flows of insurance contracts that do not vary based on the returns on underlying items, an entity may determine discount rates by adjusting a liquid risk-free yield curve to reflect the differences between the liquidity characteristics of the financial instruments that underli.e. the rates observed in the market and the liquidity characteristics of the insurance contracts (a bottom-up approach). B80

Alternatively, an entity may determine the appropriate discount rates for insurance contracts based on a yield curve that reflects the current market rates of return implicit in a fair value measurement of a reference portfolio of assets (a top-down approach). An entity shall adjust that yield curve to eliminate any factors that are not relevant to the insurance contracts, but is not required to adjust the yield curve for differences in liquidity characteristics of the insurance contracts and the reference portfolio. B81

In estimating the yield curve described in paragraph B81: B82

(a) if there are observable market prices in active markets for assets in the reference portfolio, an entity shall use those prices (consistent with paragraph 69 of IFRS 13);

(b) hat ein Unternehmen, wenn ein Markt nicht aktiv ist, die beobachtbaren Marktpreise für ähnliche Vermögenswerte so anzupassen, dass sie mit den Marktpreisen für die zu bewertenden Vermögenswerte vergleichbar sind (in Übereinstimmung mit Paragraph 83 von IFRS 13),

(c) hat ein Unternehmen, wenn es für die Vermögenswerte im Referenzportfolio keinen Markt gibt, eine Schätzmethode zu verwenden. Für diese Vermögenswerte hat ein Unternehmen (in Übereinstimmung mit Paragraph 89 von IFRS 13)
  (i) unter Verwendung der unter den jeweiligen Umständen verfügbaren besten Informationen nicht beobachtbare Eingangsparameter zu entwickeln. Diese Eingangsparameter können eigene Daten des Unternehmens umfassen, und im Kontext von IFRS 17 kann das Unternehmen langfristigen Schätzungen ein größeres Gewicht beimessen als kurzfristigen Schwankungen, und
  (ii) diese Daten anzupassen, um alle Informationen über Annahmen von Marktteilnehmern zu berücksichtigen, die bei vertretbarem Aufwand verfügbar sind.

B83 Bei der Anpassung der Renditekurve hat ein Unternehmen die Marktpreise, die bei jüngeren Transaktionen mit Instrumenten mit ähnlichen Merkmalen für Bewegungen von Marktfaktoren seit dem Transaktionsdatum beobachtet wurden, und die beobachteten Marktpreise anzupassen, um den Grad der Unterschiedlichkeit zwischen dem zu bewertenden Instrument und dem Instrument, für das Transaktionspreise beobachtbar sind, zu berücksichtigen. Für Zahlungsströme von Versicherungsverträgen, die nicht in Abhängigkeit von den Renditen der Vermögenswerte des Referenzportfolios schwanken, beinhalten solche Anpassungen

(a) Anpassungen um Unterschiede zwischen der Höhe, der Fälligkeit und der Ungewissheit der Zahlungsströme der Vermögenswerte im Portfolio, und der Höhe, der Fälligkeit und der Ungewissheit der Zahlungsströme der Versicherungsverträge, und

(b) den Ausschluss von Marktrisikoprämien für das Kreditrisiko, die nur für Vermögenswerte relevant sind, die Teil des Referenzportfolios sind.

B84 Im Prinzip sollte es für Zahlungsströme von Versicherungsverträgen, die nicht in Abhängigkeit von den Vermögenswerten des Referenzportfolios schwanken, eine einzige illiquide risikolose Renditekurve geben, die alle Ungewissheiten in Bezug auf die Höhe und die Fälligkeit von Zahlungsströmen eliminiert. In der Praxis könnten jedoch der Top-down- und der Bottom-up-Ansatz zu unterschiedlichen Renditekurven (selbst in derselben Währung) führen. Dies ist auf die inhärenten Beschränkungen bei der Schätzung der im Rahmen eines jeden Ansatzes erfolgten Anpassungen zurückzuführen sowie auf das mögliche Fehlen einer Anpassung um unterschiedliche Liquiditätsmerkmale im Top-down-Ansatz. Ein Unternehmen ist nicht verpflichtet, den im Rahmen des gewählten Ansatzes bestimmten Abzinsungssatz mit dem Abzinsungssatz abzustimmen, der im Rahmen des anderen Ansatzes bestimmt worden wäre.

B85 IFRS 17 legt keine Beschränkungen in Bezug auf das Referenzportfolio von Vermögenswerten fest, das bei Anwendung von Paragraph B81 verwendet wird. Es wären jedoch weniger Anpassungen erforderlich, um Faktoren zu eliminieren, die für die Versicherungsverträge nicht relevant sind, wenn das Referenzportfolio der Vermögenswerte ähnliche Merkmale aufweist. Wenn beispielsweise die Zahlungsströme aus den Versicherungsverträgen nicht in Abhängigkeit von den Renditen der zugrunde liegende Referenzwerte schwanken, wären weniger Anpassungen erforderlich, wenn ein Unternehmen Schuldinstrumente und nicht Eigenkapitalinstrumente als Ausgangspunkt verwenden würde. Bei Schuldinstrumenten wäre das Ziel, aus der Gesamtrendite der Anleihen die Wirkung des Kreditrisikos und anderer Faktoren zu eliminieren, die für die Versicherungsverträge nicht relevant sind. Ein Weg zur Schätzung der Wirkung des Kreditrisikos besteht in der Verwendung des Marktpreises eines Kreditderivats als Referenzpunkt.

Risikoanpassung für nichtfinanzielle Risiken (Paragraph 37)

B86 Die Risikoanpassung für nichtfinanzielle Risiken bezieht sich auf Risiken aus Versicherungsverträgen, die keine finanziellen Risiken sind. Die finanziellen Risiken sind in den Schätzungen der künftigen Zahlungsströme oder im Abzinsungssatz berücksichtigt, der zur Anpassung der Zahlungsströme verwendet wird. Die Risiken, die von der Risikoanpassung für nichtfinanzielle Risiken abgedeckt sind, sind Versicherungsrisiken und andere nichtfinanzielle Risiken wie Stornorisiken und Kostenrisiken (siehe Paragraph B14).

B87 Die Risikoanpassung für nichtfinanzielle Risiken für Versicherungsverträge bemisst die Entgelte, die das Unternehmen verlangen müsste, damit es für das Unternehmen gleichgültig ist, ob

(a) es eine Verbindlichkeit erfüllt, welche eine Bandbreite möglicher Ergebnisse aufweist, die aus nichtfinanziellen Risiken entstehen oder ob

(b) es eine Verbindlichkeit erfüllt, die zu festen Zahlungsströmen mit demselben erwarteten Barwert wie die Versicherungsverträge führt.

So würde beispielsweise die Risikoanpassung für nichtfinanzielle Risiken die Entgelte bemessen, die das Unternehmen verlangen müsste, damit es für das Unternehmen gleichgültig ist, ob es eine Verbindlichkeit erfüllt, bei der es aufgrund eines nichtfinanziellen Risikos zu 50 % wahrscheinlich ist, dass die Verbindlichkeit sich auf 90 WE belaufen wird, und zu 50 %, dass sie sich auf 110 WE belaufen wird, oder ob das Unternehmen eine Verbindlichkeit erfüllt, deren Wert auf 100 WE festgelegt ist. Folglich vermittelt die Risikoanpassung für nichtfinanzielle Risiken den Abschlussadressaten Informationen über den vom Unternehmen in Rechnung gestellten Betrag für die Ungewissheit aus nichtfinanziellen Risiken bezüglich der Höhe und der Fälligkeit von Zahlungsströmen.

(b) if a market is not active, an entity shall adjust observable market prices for similar assets to make them comparable to market prices for the assets being measured (consistent with paragraph 83 of IFRS 13);
(c) if there is no market for assets in the reference portfolio, an entity shall apply an estimation technique. For such assets (consistent with paragraph 89 of IFRS 13) an entity shall:
   (i) develop unobservable inputs using the best information available in the circumstances. Such inputs might include the entity's own data and, in the context of IFRS 17, the entity might place more weight on long-term estimates than on short-term fluctuations; and
   (ii) adjust those data to reflect all information about market participant assumptions that is reasonably available.

In adjusting the yield curve, an entity shall adjust market rates observed in recent transactions in instruments with similar characteristics for movements in market factors since the transaction date, and shall adjust observed market rates to reflect the degree of dissimilarity between the instrument being measured and the instrument for which transaction prices are observable. For cash flows of insurance contracts that do not vary based on the returns on the assets in the reference portfolio, such adjustments include: B83
(a) adjusting for differences between the amount, timing and uncertainty of the cash flows of the assets in the portfolio and the amount, timing and uncertainty of the cash flows of the insurance contracts; and
(b) excluding market risk premiums for credit risk, which are relevant only to the assets included in the reference portfolio.

In principle, for cash flows of insurance contracts that do not vary based on the returns of the assets in the reference portfolio, there should be a single illiquid risk-free yield curve that eliminates all uncertainty about the amount and timing of cash flows. However, in practice the top-down approach and the bottom-up approach may result in different yield curves, even in the same currency. This is because of the inherent limitations in estimating the adjustments made under each approach, and the possible lack of an adjustment for different liquidity characteristics in the top-down approach. An entity is not required to reconcile the discount rate determined under its chosen approach with the discount rate that would have been determined under the other approach. B84

IFRS 17 does not specify restrictions on the reference portfolio of assets used in applying paragraph B81. However, fewer adjustments would be required to eliminate factors that are not relevant to the insurance contracts when the reference portfolio of assets has similar characteristics. For example, if the cash flows from the insurance contracts do not vary based on the returns on underlying items, fewer adjustments would be required if an entity used debt instruments as a starting point rather than equity instruments. For debt instruments, the objective would be to eliminate from the total bond yield the effect of credit risk and other factors that are not relevant to the insurance contracts. One way to estimate the effect of credit risk is to use the market price of a credit derivative as a reference point. B85

Risk adjustment for non-financial risk (paragraph 37)

The risk adjustment for non-financial risk relates to risk arising from insurance contracts other than financial risk. Financial risk is included in the estimates of the future cash flows or the discount rate used to adjust the cash flows. The risks covered by the risk adjustment for non-financial risk are insurance risk and other non-financial risks such as lapse risk and expense risk (see paragraph B14). B86

The risk adjustment for non-financial risk for insurance contracts measures the compensation that the entity would require to make the entity indifferent between: B87
(a) fulfilling a liability that has a range of possible outcomes arising from non-financial risk; and
(b) fulfilling a liability that will generate fixed cash flows with the same expected present value as the insurance contracts.

For example, the risk adjustment for non-financial risk would measure the compensation the entity would require to make it indifferent between fulfilling a liability that—because of non-financial risk—has a 50 per cent probability of being CU90 and a 50 per cent probability of being CU110, and fulfilling a liability that is fixed at CU100. As a result, the risk adjustment for non-financial risk conveys information to users of financial statements about the amount charged by the entity for the uncertainty arising from non-financial risk about the amount and timing of cash flows.

B88 Da die Risikoanpassung für nichtfinanzielle Risiken das Entgelt berücksichtigt, welches das Unternehmen für das Tragen nichtfinanzieller Risiken aus der ungewissen Höhe und der ungewissen Fälligkeit der Zahlungsströme verlangen würde, berücksichtigt die Risikoanpassung für nichtfinanzielle Risiken auch

(a) den Grad der Risikoausgleichseffekte, den das Unternehmen bei der Bestimmung des für die Übernahme des Risikos verlangten Entgelts berücksichtigt, und

(b) sowohl günstige als auch ungünstige Ergebnisse auf eine Weise, welche dem Grad der Risikoaversion des Unternehmens Rechnung trägt.

B89 Der Zweck der Risikoanpassung für nichtfinanzielle Risiken besteht darin, die Auswirkung der Ungewissheit der Zahlungsströme zu bemessen, die aus den Versicherungsverträgen entstehen, mit Ausnahme der aus dem Finanzrisiko entstehenden Ungewissheit. Folglich sind in der Risikoanpassung für nichtfinanzielle Risiken alle nichtfinanziellen Risiken in Verbindung mit den Versicherungsverträgen zu berücksichtigen. Nicht zu berücksichtigen sind dagegen die Risiken, die nicht aus den Versicherungsverträgen entstehen, wie zum Beispiel das allgemeine Betriebsrisiko.

B90 Die Risikoanpassung für nichtfinanzielle Risiken ist explizit in die Bewertung mitaufzunehmen. Die Risikoanpassung für nichtfinanzielle Risiken ist konzeptuell getrennt von den Schätzungen künftiger Zahlungsströme und den Abzinsungssätzen zur Anpassung dieser Zahlungsströme. Das Unternehmen darf die Risikoanpassung für nichtfinanzielle Risiken nicht doppelt berücksichtigen, beispielsweise indem es die Risikoanpassung für nichtfinanzielle Risiken auch implizit in die Bestimmung der Schätzungen der künftigen Zahlungsströme oder der Abzinsungssätze mitaufnimmt. Die Abzinsungssätze, die angegeben werden, um Paragraph 120 zu erfüllen, dürfen keine impliziten Anpassungen für nichtfinanzielle Risiken enthalten.

B91 IFRS 17 schreibt kein bestimmtes Schätzverfahren/keine bestimmten Schätzverfahren vor, das/die zur Bestimmung der Risikoanpassung für nichtfinanzielle Risiken zu verwenden ist/sind. Um jedoch das Entgelt widerzugeben, welches das Unternehmen für das Tragen eines nichtfinanziellen Risikos verlangen würde, muss die Risikoanpassung für nichtfinanzielle Risiken folgende Merkmale aufweisen:

(a) Risiken mit geringer Häufigkeit und hohem Schweregrad werden zu höheren Risikoanpassungen für nichtfinanzielle Risiken führen als Risiken mit hoher Häufigkeit und geringem Schweregrad,

(b) bei ähnlichen Risiken werden Verträge mit längerer Laufzeit zu höheren Risikoanpassungen für nichtfinanzielle Risiken führen als Verträge mit kürzerer Laufzeit,

(c) Risiken mit einer breiteren Wahrscheinlichkeitsverteilung werden zu höheren Risikoanpassungen für nichtfinanzielle Risiken führen als Risiken mit einer engeren Verteilung,

(d) je weniger über die aktuelle Schätzung und ihren Trend bekannt ist, desto höher wird die Risikoanpassung für nichtfinanzielle Risiken sein, und

(e) in dem Maße, wie die aufkommende Erfahrung die Ungewissheit über die Höhe und die Fälligkeit von Zahlungsströmen reduziert, gehen auch die Risikoanpassungen für nichtfinanzielle Risiken zurück und umgekehrt.

B92 Ein Unternehmen hat eine Ermessensentscheidung zu treffen, um eine geeignete Schätzmethode für die Risikoanpassung für nichtfinanzielle Risiken festzulegen. Bei der Ermessensausübung hat ein Unternehmen auch zu berücksichtigen, ob die Methode prägnante und aussagekräftige Angaben liefert, sodass die Abschlussadressaten die Leistung des Unternehmens mit der Leistung anderer Unternehmen vergleichen können. Paragraph 119 verlangt, dass ein Unternehmen, wenn es zur Bestimmung der Risikoanpassung für nichtfinanzielle Risiken eine andere Methode als das Konfidenzniveau verwendet, die verwendete Methode und das Konfidenzniveau anzugeben hat, das den Ergebnissen der Anwendung dieser Methode entspricht.

Erstmaliger Ansatz von Übertragungen von Versicherungsverträgen und Unternehmenszusammenschlüssen (Paragraph 39)

B93 Wenn ein Unternehmen ausgestellte Versicherungsverträge oder gehaltene Rückversicherungsverträge durch eine Übertragung von Versicherungsverträgen erwirbt, die keinen Geschäftsbetrieb darstellen, bzw. im Rahmen eines Unternehmenszusammenschlusses im Anwendungsbereich von IFRS 3, hat das Unternehmen die Paragraphen 14–24 anzuwenden, um die erworbenen Gruppen von Verträgen zu bestimmen, als ob es die Verträge zum Zeitpunkt der Transaktion geschlossen hätte.

B94 Ein Unternehmen hat die für die Verträge empfangenen oder gezahlten Entgelte stellvertretend für die vereinnahmten Prämien zu verwenden. Die für die Verträge empfangenen oder gezahlten Entgelte schließen die Entgelte aus, die für im Rahmen derselben Transaktion erworbene etwaige andere Vermögenswerte oder Verbindlichkeiten empfangen oder gezahlt wurden. Bei einem Unternehmenszusammenschluss im Anwendungsbereich von IFRS 3 ist das empfangene oder gezahlte Entgelt der beizulegende Zeitwert der Verträge zu diesem Zeitpunkt. Bei der Bestimmung dieses beizulegenden Zeitwerts hat ein Unternehmen Paragraph 47 von IFRS 13 (betreffend das Merkmal kurzfristiger Abrufbarkeit) nicht anzuwenden.

B95 Wenn der Prämienallokationsansatz gemäß den Paragraphen 55–59 und 69–70A auf die Deckungsrückstellung nicht anwendbar ist, wird beim erstmaligen Ansatz die vertragliche Servicemarge für erworbene ausgestellte Versicherungsverträge unter Anwendung von Paragraph 38 und für erworbene gehaltene Rückversicherungsverträge unter Anwendung von Paragraph 65 berechnet. Dabei wird das empfangene oder gezahlte Entgelt für die Verträge stellvertretend für die vereinnahmten oder gezahlten Prämien zum Zeitpunkt des erstmaligen Ansatzes verwendet.

Because the risk adjustment for non-financial risk reflects the compensation the entity would require for bearing the non-financial risk arising from the uncertain amount and timing of the cash flows, the risk adjustment for non-financial risk also reflects: B88

(a) the degree of diversification benefit the entity includes when determining the compensation it requires for bearing that risk; and
(b) both favourable and unfavourable outcomes, in a way that reflects the entity's degree of risk aversion.

The purpose of the risk adjustment for non-financial risk is to measure the effect of uncertainty in the cash flows that arise from insurance contracts, other than uncertainty arising from financial risk. Consequently, the risk adjustment for non-financial risk shall reflect all non-financial risks associated with the insurance contracts. It shall not reflect the risks that do not arise from the insurance contracts, such as general operational risk. B89

The risk adjustment for non-financial risk shall be included in the measurement in an explicit way. The risk adjustment for non-financial risk is conceptually separate from the estimates of future cash flows and the discount rates that adjust those cash flows. The entity shall not double-count the risk adjustment for non-financial risk by, for example, also including the risk adjustment for non-financial risk implicitly when determining the estimates of future cash flows or the discount rates. The discount rates that are disclosed to comply with paragraph 120 shall not include any implicit adjustments for non-financial risk. B90

IFRS 17 does not specify the estimation technique(s) used to determine the risk adjustment for non-financial risk. However, to reflect the compensation the entity would require for bearing the non-financial risk, the risk adjustment for non-financial risk shall have the following characteristics: B91

(a) risks with low frequency and high severity will result in higher risk adjustments for non-financial risk than risks with high frequency and low severity;
(b) for similar risks, contracts with a longer duration will result in higher risk adjustments for non-financial risk than contracts with a shorter duration;
(c) risks with a wider probability distribution will result in higher risk adjustments for non-financial risk than risks with a narrower distribution;
(d) the less that is known about the current estimate and its trend, the higher will be the risk adjustment for non-financial risk; and
(e) to the extent that emerging experience reduces uncertainty about the amount and timing of cash flows, risk adjustments for non-financial risk will decrease and vice versa.

An entity shall apply judgement when determining an appropriate estimation technique for the risk adjustment for non-financial risk. When applying that judgement, an entity shall also consider whether the technique provides concise and informative disclosure so that users of financial statements can benchmark the entity's performance against the performance of other entities. Paragraph 119 requires an entity that uses a technique other than the confidence level technique for determining the risk adjustment for non-financial risk to disclose the technique used and the confidence level corresponding to the results of that technique. B92

Initial recognition of transfers of insurance contracts and business combinations (paragraph 39)

When an entity acquires insurance contracts issued or reinsurance contracts held in a transfer of insurance contracts that do not form a business or in a business combination within the scope of IFRS 3, the entity shall apply paragraphs 14—24 to identify the groups of contracts acquired, as if it had entered into the contracts on the date of the transaction. B93

An entity shall use the consideration received or paid for the contracts as a proxy for the premiums received. The consideration received or paid for the contracts excludes the consideration received or paid for any other assets and liabilities acquired in the same transaction. In a business combination within the scope of IFRS 3, the consideration received or paid is the fair value of the contracts at that date. In determining that fair value, an entity shall not apply paragraph 47 of IFRS 13 (relating to demand features). B94

Unless the premium allocation approach for the liability for remaining coverage in paragraphs 55—59 and 69—70A applies, on initial recognition the contractual service margin is calculated applying paragraph 38 for acquired insurance contracts issued and paragraph 65 for acquired reinsurance contracts held using the consideration received or paid for the contracts as a proxy for the premiums received or paid at the date of initial recognition. B95

B95A Wenn die erworbenen ausgestellten Versicherungsverträge unter Anwendung von Paragraph 47 belastend sind, hat das Unternehmen den Überschuss der Erfüllungswerte über das gezahlte oder empfangene Entgelt hinaus als Teil des Geschäfts- oder Firmenwerts zu erfassen oder als Gewinn aus einem Erwerb zu einem Preis unter Marktwert im Falle von im Rahmen eines Unternehmenszusammenschlusses im Anwendungsbereich von IFRS 3 erworbenen Verträgen, oder erfolgswirksam als Verlust aus Verträgen, die im Rahmen einer Übertragung erworben wurden. Das Unternehmen hat für diesen Überschuss eine Verlustkomponente der Deckungsrückstellung festzulegen, und es hat spätere Änderungen der Erfüllungswerte unter Anwendung der Paragraphen 49–52 dieser Verlustkomponente zuzuordnen.

B95B Für eine Gruppe von gehaltenen Rückversicherungsverträgen, auf die die Paragraphen 66A und 66B anwendbar sind, hat ein Unternehmen die Verlustrückerstattungskomponente des Vermögenswerts für zukünftigen Versicherungsschutz zum Zeitpunkt der Transaktion durch Multiplikation folgender Faktoren festzulegen:

(a) Verlustkomponente der Deckungsrückstellung der zugrunde liegenden Versicherungsverträge zum Zeitpunkt der Transaktion mit dem

(b) Prozentsatz der Schäden aus den zugrunde liegenden Versicherungsverträgen, bei denen das Unternehmen zum Zeitpunkt der Transaktion erwartet, sie aufgrund der Gruppe seiner gehaltenen Rückversicherungsverträge erstattet zu bekommen.

B95C Das Unternehmen hat den Betrag der unter Anwendung von Paragraph B95B ermittelten Verlustrückerstattungskomponente als Teil des Geschäfts- oder Firmenwerts auszuweisen, oder als Gewinn aus einem Erwerb zu einem Preis unter dem Marktwert im Falle von im Rahmen eines Unternehmenszusammenschlusses im Anwendungsbereich von IFRS 3 erworbenen gehaltenen Rückversicherungsverträgen, oder erfolgswirksam als Ertrag aus im Rahmen einer Übertragung erworbenen Verträgen.

B95D Unter Anwendung der Paragraphen 14–22 kann ein Unternehmen zum Zeitpunkt der Transaktion sowohl die durch eine Gruppe von gehaltenen Rückversicherungsverträgen gedeckten belastenden Versicherungsverträge als auch die durch die Gruppe von gehaltenen Rückversicherungsverträgen nicht gedeckte belastende Versicherungsverträge in eine belastende Gruppe von Versicherungsverträgen aufnehmen. Um in solchen Fällen Paragraph B95B anzuwenden, hat das Unternehmen anhand einer systematischen und rationalen Zuordnungsgrundlage den Anteil der Verlustkomponente der Gruppe von Versicherungsverträgen zu ermitteln, der sich auf die Versicherungsverträge bezieht, die durch die Gruppe von gehaltenen Rückversicherungsverträgen gedeckt sind.

Als Vermögenswert angesetzte Abschlusskosten

B95E Wenn ein Unternehmen ausgestellte Versicherungsverträge durch eine Übertragung von Versicherungsverträgen erwirbt, die keinen Geschäftsbetrieb darstellen, bzw. im Rahmen eines Unternehmenszusammenschlusses im Anwendungsbereich von IFRS 3, hat das Unternehmen für die Rechte, folgende Verträge zu erhalten, einen Vermögenswert für die Abschlusskosten zum beizulegenden Zeitwert zum Zeitpunkt der Transaktion anzusetzen:

(a) künftige Versicherungsverträge, bei denen es sich um Verlängerungen von Versicherungsverträgen handelt, die zum Zeitpunkt der Transaktion angesetzt wurden, und

(b) künftige Versicherungsverträge, mit Ausnahme der unter (a) aufgeführten, nach dem Zeitpunkt der Transaktion, bei denen dem Unternehmen keine erneuten Abschlusskosten entstehen, die das übernommene Unternehmen bereits gezahlt hat, und die dem zugehörigen Portfolio von Versicherungsverträgen einzeln zugeordnet werden können.

B95F Zum Zeitpunkt der Transaktion darf unter Anwendung der Paragraphen B93–B95A der Betrag jedweder als Vermögenswert angesetzter Abschlusskosten bei der Bewertung der übernommenen Gruppe von Versicherungsverträgen nicht mitberücksichtigt werden.

Änderungen des Buchwerts der vertraglichen Servicemarge für Versicherungsverträge ohne direkte Überschussbeteiligung (Paragraph 44)

B96 Für Versicherungsverträge ohne direkte Überschussbeteiligung schreibt Paragraph 44 (c) eine Anpassung der vertraglichen Servicemarge einer Gruppe von Versicherungsverträgen um die Änderungen der Erfüllungswerte vor, die sich auf künftige Leistungen beziehen. Diese Änderungen umfassen:

(a) Erfahrungswertanpassungen aufgrund von in der Periode vereinnahmten Prämien, die sich auf zukünftige Leistungen beziehen, und damit verbundene Zahlungsströme wie zum Beispiel Abschlusskosten und prämienbasierte Steuern, bewertet zu den in Paragraph B72 (c) angegebenen Abzinsungssätzen.

(b) Änderungen der Schätzungen des Barwerts der künftigen Zahlungsströme der Deckungsrückstellung, mit Ausnahme der in Paragraph B97 (a) beschriebenen, bewertet zu den in Paragraph B72 (c) angegebenen Abzinsungssätzen.

(c) Abweichungen zwischen einer jedweden Kapitalanlagekomponente, die erwartungsgemäß in der Periode zahlbar wird, und der Kapitalanlagekomponente, die in der Periode tatsächlich zahlbar wird. Diese Abweichungen werden ermittelt durch einen Vergleich (i) der Kapitalanlagekomponente, die in der Periode tatsächlich zahlbar wird, mit (ii) der Zahlung in der Periode, die zu Beginn der Periode erwartet wurde, plus etwaige versicherungstechnische Finanzerträge oder -aufwendungen in Bezug auf die erwartete Zahlung, bevor sie zahlbar wird.

If acquired insurance contracts issued are onerous, applying paragraph 47, the entity shall recognise the excess of the fulfilment cash flows over the consideration paid or received as part of goodwill or gain on a bargain purchase for contracts acquired in a business combination within the scope of IFRS 3, or as a loss in profit or loss for contracts acquired in a transfer. The entity shall establish a loss component of the liability for remaining coverage for that excess, and apply paragraphs 49—52 to allocate subsequent changes in fulfilment cash flows to that loss component. **B95A**

For a group of reinsurance contracts held to which paragraphs 66A—66B apply, an entity shall determine the loss- recovery component of the asset for remaining coverage at the date of the transaction by multiplying: **B95B**

(a) the loss component of the liability for remaining coverage of the underlying insurance contracts at the date of the transaction; and
(b) the percentage of claims on the underlying insurance contracts the entity expects at the date of the transaction to recover from the group of reinsurance contracts held.

The entity shall recognise the amount of the loss-recovery component determined applying paragraph B95B as part of goodwill or gain on a bargain purchase for reinsurance contracts held acquired in a business combination within the scope of IFRS 3, or as income in profit or loss for contracts acquired in a transfer. **B95C**

Applying paragraphs 14—22, at the date of the transaction an entity might include in an onerous group of insurance contracts both onerous insurance contracts covered by a group of reinsurance contracts held and onerous contracts not covered by the group of reinsurance contracts held. To apply paragraph B95B in such cases, an entity shall use a systematic and rational basis of allocation to determine the portion of the loss component of the group of insurance contracts that relates to insurance contracts covered by the group of reinsurance contracts held. **B95D**

Asset for insurance acquisition cash flows

When an entity acquires insurance contracts issued in a transfer of insurance contracts that do not form a business or in a business combination within the scope of IFRS 3, the entity shall recognise an asset for insurance acquisition cash flows at fair value at the date of the transaction for the rights to obtain: **B95E**

(a) future insurance contracts that are renewals of insurance contracts recognised at the date of the transaction; and
(b) future insurance contracts, other than those in (a), after the date of the transaction without paying again insurance acquisition cash flows the acquiree has already paid that are directly attributable to the related portfolio of insurance contracts.

At the date of the transaction, the amount of any asset for insurance acquisition cash flows shall not be included in the measurement of the acquired group of insurance contracts applying paragraphs B93—B95A. **B95F**

Changes in the carrying amount of the contractual service margin for insurance contracts without direct participation features (paragraph 44)

For insurance contracts without direct participation features, paragraph 44 (c) requires an adjustment to the contractual service margin of a group of insurance contracts for changes in fulfilment cash flows that relate to future service. These changes comprise: **B96**

(a) experience adjustments arising from premiums received in the period that relate to future service, and related cash flows such as insurance acquisition cash flows and premium-based taxes, measured at the discount rates specified in paragraph B72 (c);
(b) changes in estimates of the present value of the future cash flows in the liability for remaining coverage, except those described in paragraph B97 (a), measured at the discount rates specified in paragraph B72 (c);
(c) differences between any investment component expected to become payable in the period and the actual investment component that becomes payable in the period. Those differences are determined by comparing (i) the actual investment component that becomes payable in the period with (ii) the payment in the period that was expected at the start of the period plus any insurance finance income or expenses related to that expected payment before it becomes payable;

(ca) Abweichungen zwischen einem jedweden Darlehen an einen Versicherungsnehmer, das erwartungsgemäß in der Periode rückzahlbar wird, und dem Darlehen an einen Versicherungsnehmer, das in der Periode tatsächlich rückzahlbar wird. Diese Abweichungen werden ermittelt durch einen Vergleich (i) des Darlehens an einen Versicherungsnehmer, das in der Periode tatsächlich rückzahlbar wird, mit (ii) der Rückzahlung in der Periode, die zu Beginn der Periode erwartet wurde, plus etwaige versicherungstechnische Finanzerträge oder -aufwendungen in Bezug auf die erwartete Rückzahlung, bevor sie rückzahlbar wird.

(d) Änderungen der Risikoanpassung für nichtfinanzielle Risiken, die mit zukünftigen Leistungen verbunden sind. Ein Unternehmen ist nicht verpflichtet, die Änderung der Risikoanpassung für nichtfinanzielle Risiken in (i) eine Änderung in Bezug auf das nichtfinanzielle Risiko und (ii) die Auswirkungen des Zeitwerts des Geldes und der Veränderungen des Zeitwerts des Geldes aufzugliedern. Falls ein Unternehmen eine solche Aufgliederung vornimmt, hat es die vertragliche Servicemarge um die Änderung in Bezug auf das nichtfinanzielle Risiko anzupassen, bewertet zu den in Paragraph B72 (c) angegebenen Abzinsungssätzen.

B97 Um die folgenden Änderungen der Erfüllungswerte hat ein Unternehmen die vertragliche Servicemarge für eine Gruppe von Versicherungsverträgen ohne direkte Überschussbeteiligung nicht anzupassen, weil diese sich nicht auf künftige Leistungen beziehen:

(a) die Auswirkungen des Zeitwerts des Geldes und der Änderungen des Zeitwerts des Geldes und die Auswirkungen des finanziellen Risikos und der Änderungen des finanziellen Risikos. Diese Auswirkungen umfassen
  (i) die Auswirkungen, falls vorhanden, auf die geschätzten künftigen Zahlungsströme,
  (ii) die Auswirkungen, falls eine Aufgliederung vorgenommen wurde, auf die Risikoanpassung für nichtfinanzielle Risiken und
  (iii) die Auswirkungen einer Änderung des Abzinsungssatzes.

(b) Änderungen der Schätzungen der Erfüllungswerte in der Rückstellung für noch nicht abgewickelte Versicherungsfälle.

(c) Erfahrungswertanpassungen, ausgenommen die in Paragraph B96 (a) beschriebenen.

B98 Die Bedingungen einiger Versicherungsverträge ohne direkte Überschussbeteiligung geben einem Unternehmen einen Ermessensspielraum in Bezug auf die an die Versicherungsnehmer zu leistenden Zahlungsströme. Eine Änderung der ermessensabhängigen Zahlungsströme gilt als auf künftige Leistungen bezogen, und dementsprechend wird die vertragliche Servicemarge angepasst. Um zu bestimmen, wie eine Änderung der ermessensabhängigen Zahlungsströme zu identifizieren ist, hat ein Unternehmen bei Vertragsbeginn die Grundlage festzulegen, auf der es seine vertragsmäßigen Verpflichtungen erwartungsgemäß bestimmen wird; beispielsweise basierend auf einem festen Zinssatz oder auf Renditen, die in Abhängigkeit von festgelegten Renditen von Vermögenswerten schwanken.

B99 Ein Unternehmen hat diese Festlegung zur Unterscheidung zwischen den Auswirkungen der Änderungen der Annahmen, die sich auf das Finanzrisiko im Zusammenhang mit dieser Verpflichtung beziehen (in diesem Fall wird die vertragliche Servicemarge nicht angepasst), und den Auswirkungen der ermessensabhängigen Änderungen dieser Verpflichtung (in diesem Fall wird die vertragliche Servicemarge angepasst) zu verwenden.

B100 Wenn ein Unternehmen zum Vertragsbeginn nicht festlegen kann, was es als seine vertragsgemäße Verpflichtung und was es als ermessensabhängig betrachtet, dann hat es als seine Verpflichtung die in der Schätzung der Erfüllungswerte zum Vertragsbeginn implizite Rendite zu betrachten, die aktualisiert wird, um die aktuellen Annahmen in Bezug auf das Finanzrisiko zu berücksichtigen.

Änderungen des Buchwerts der vertraglichen Servicemarge für Versicherungsverträge mit direkter Überschussbeteiligung (Paragraph 45)

B101 Versicherungsverträge mit direkter Überschussbeteiligung sind Versicherungsverträge, bei denen es sich im Wesentlichen um kapitalanlagebezogene Dienstleistungsverträge handelt, in deren Rahmen ein Unternehmen Kapitalerträge, basierend auf zugrunde liegenden Referenzwerten, zusagt. Diese sind folglich als Versicherungsverträge definiert, für die

(a) die Vertragsbestimmungen festlegen, dass der Versicherungsnehmer mit einem Anteil an einem eindeutig bestimmten Pools zugrunde liegender Referenzwerte beteiligt ist (siehe Paragraphen B105–B106),

(b) das Unternehmen erwartet, dem Versicherungsnehmer einen Betrag zu zahlen, der einem wesentlichen Teil der Erträge aus dem beizulegenden Zeitwert der zugrunde liegenden Referenzwerte entspricht (siehe Paragraph B107), und

(c) das Unternehmen erwartet, dass ein wesentlicher Teil etwaiger Änderungen der Beträge, die an den Versicherungsnehmer zu zahlen sind, in Abhängigkeit von Änderungen des beizulegenden Zeitwerts der zugrunde liegenden Referenzwerte schwanken wird (siehe Paragraph B107).

B102 Ein Unternehmen hat anhand seiner Erwartungen zum Vertragsbeginn zu beurteilen, ob die Bedingungen gemäß Paragraph B101 erfüllt sind; und es darf die Bedingungen zu einem späteren Zeitpunkt nicht neu einschätzen, es sei denn, der Vertrag wird unter Anwendung von Paragraph 72 geändert.

B103 Sofern Versicherungsverträge in einer Gruppe die Zahlungsströme an Versicherungsnehmer von Verträgen in anderen Gruppen beeinflussen (siehe Paragraphen B67–B71), hat ein Unternehmen zu beurteilen, ob die Bedingungen gemäß

(ca) differences between any loan to a policyholder expected to become repayable in the period and the actual loan to a policyholder that becomes repayable in the period. Those differences are determined by comparing (i) the actual loan to a policyholder that becomes repayable in the period with (ii) the repayment in the period that was expected at the start of the period plus any insurance finance income or expenses related to that expected repayment before it becomes repayable;

(d) changes in the risk adjustment for non-financial risk that relate to future service. An entity is not required to disaggregate the change in the risk adjustment for non-financial risk between (i) a change related to non-financial risk and (ii) the effect of the time value of money and changes in the time value of money. If an entity makes such a disaggregation, it shall adjust the contractual service margin for the change related to non-financial risk, measured at the discount rates specified in paragraph B72 (c).

An entity shall not adjust the contractual service margin for a group of insurance contracts without direct participation features for the following changes in fulfilment cash flows because they do not relate to future service: **B97**

(a) the effect of the time value of money and changes in the time value of money and the effect of financial risk and changes in financial risk. These effects comprise:
   (i) the effect, if any, on estimated future cash flows;
   (ii) the effect, if disaggregated, on the risk adjustment for non-financial risk; and
   (iii) the effect of a change in discount rate.
(b) changes in estimates of fulfilment cash flows in the liability for incurred claims;
(c) experience adjustments, except those described in paragraph B96 (a).

The terms of some insurance contracts without direct participation features give an entity discretion over the cash flows to be paid to policyholders. A change in the discretionary cash flows is regarded as relating to future service, and accordingly adjusts the contractual service margin. To determine how to identify a change in discretionary cash flows, an entity shall specify at inception of the contract the basis on which it expects to determine its commitment under the contract; for example, based on a fixed interest rate, or on returns that vary based on specified asset returns. **B98**

An entity shall use that specification to distinguish between the effect of changes in assumptions that relate to financial risk on that commitment (which do not adjust the contractual service margin) and the effect of discretionary changes to that commitment (which adjust the contractual service margin). **B99**

If an entity cannot specify at inception of the contract what it regards as its commitment under the contract and what it regards as discretionary, it shall regard its commitment to be the return implicit in the estimate of the fulfilment cash flows at inception of the contract, updated to reflect current assumptions that relate to financial risk. **B100**

Changes in the carrying amount of the contractual service margin for insurance contracts with direct participation features (paragraph 45)

Insurance contracts with direct participation features are insurance contracts that are substantially investment-related service contracts under which an entity promises an investment return based on underlying items. Hence, they are defined as insurance contracts for which: **B101**

(a) the contractual terms specify that the policyholder participates in a share of a clearly identified pool of underlying items (see paragraphs B105—B106);
(b) the entity expects to pay to the policyholder an amount equal to a substantial share of the fair value returns on the underlying items (see paragraph B107); and
(c) the entity expects a substantial proportion of any change in the amounts to be paid to the policyholder to vary with the change in fair value of the underlying items (see paragraph B107).

An entity shall assess whether the conditions in paragraph B101 are met using its expectations at inception of the contract and shall not reassess the conditions afterwards, unless the contract is modified, applying paragraph 72. **B102**

To the extent that insurance contracts in a group affect the cash flows to policyholders of contracts in other groups (see paragraphs B67—B71), an entity shall assess whether the conditions in paragraph B101 are met by considering the cash flows that the entity expects to pay the policyholders determined applying paragraphs B68—B70. **B103**

Paragraph B101 erfüllt sind, indem es die unter Anwendung der Paragraphen B68–B70 ermittelten Zahlungsströme berücksichtigt, die es erwartungsgemäß an die Versicherungsnehmer leisten muss.

B104 Die Bedingungen in Paragraph B101 stellen sicher, dass Versicherungsverträge mit direkter Überschussbeteiligung Verträge sind, denen zufolge die Verpflichtung des Unternehmens gegenüber dem Versicherungsnehmer der Saldo folgender Faktoren ist:

(a) der Verpflichtung, dem Versicherungsnehmer einen Betrag zu zahlen, der dem beizulegenden Zeitwert der zugrunde liegenden Referenzwerte entspricht, und

(b) einer variablen Gebühr (siehe Paragraphen B110–B118), die das Unternehmen im Gegenzug für die nach dem Versicherungsvertrag zu erbringenden künftigen Leistungen von (a) einbehält, und die umfasst:

  (i) die Höhe des Unternehmensanteils am beizulegenden Zeitwert der zugrunde liegenden Referenzwerte; abzüglich

  (ii) der Erfüllungswerte, die nicht in Abhängigkeit von den Renditen der zugrunde liegende Referenzwerte schwanken.

B105 Ein Anteil gemäß Paragraph B101 (a) schließt nicht aus, dass es im Ermessen des Unternehmens liegen kann, die an den Versicherungsnehmer ausgezahlten Beträge zu ändern. Die Verbindung zu den zugrunde liegenden Referenzwerten muss jedoch durchsetzbar sein (siehe Paragraph 2).

B106 Der Pool der zugrunde liegenden Referenzwerte gemäß Paragraph B101 (a) kann alle beliebigen Posten umfassen, beispielsweise ein Referenzportfolio von Vermögenswerten, die Nettovermögenswerte des Unternehmens oder eine festgelegte Untergruppe der Nettovermögenswerte des Unternehmens, vorausgesetzt, diese sind im Vertrag eindeutig bestimmt. Ein Unternehmen muss den bestimmten Pool der zugrunde liegenden Referenzwerte nicht halten. Ein eindeutig bestimmter Pool zugrunde liegender Referenzwerte existiert jedoch nicht, wenn

(a) ein Unternehmen die zugrunde liegenden Referenzwerte rückwirkend ändern kann, welche die Höhe der Verpflichtung des Unternehmens bestimmen, oder

(b) keine zugrunde liegenden Referenzwerte bestimmt wurden, selbst wenn an den Versicherungsnehmer eine Rendite gezahlt werden könnte, die im Grundsatz den Erfolg und die Erwartungen des Unternehmens insgesamt oder die Performance und Erwartungen einer Untergruppe von Vermögenswerten widerspiegelt, die das Unternehmen hält. Ein Beispiel für eine solche Rendite ist eine am Ende der Periode, auf die sie sich bezieht, festgelegte Guthabenverzinsung oder Dividendenzahlung. In diesem Fall spiegelt die Verpflichtung gegenüber dem Versicherungsnehmer die Guthabenverzinsung oder die Dividendenbeträge wider, die das Unternehmen festgelegt hat, und spiegelt nicht die bestimmten zugrunde liegenden Referenzwerte wider.

B107 Paragraph B101 (b) schreibt vor, dass das Unternehmen erwartet, dass ein wesentlicher Teil der Erträge aus dem beizulegenden Zeitwert der zugrunde liegenden Referenzwerte an den Versicherungsnehmer ausgezahlt wird, und Paragraph B101 (c) schreibt vor, dass das Unternehmen erwartet, dass ein wesentlicher Teil einer etwaigen Änderung der Beträge, die an den Versicherungsnehmer zu zahlen sind, sich in Abhängigkeit von der Änderung des beizulegenden Zeitwerts der zugrunde liegenden Referenzwerte ändert. Ein Unternehmen

(a) hat den Begriff „wesentlich" in beiden Paragraphen im Kontext der Zielsetzung von Versicherungsverträgen mit direkter Überschussbeteiligung als Verträge auszulegen, denen zufolge das Unternehmen kapitalanlagebezogene Leistungen anbietet und für diese Leistungen durch eine Gebühr vergütet wird, die unter Bezugnahme auf die zugrunde liegenden Referenzwerte ermittelt wird, und

(b) hat die Variabilität der Beträge in den Paragraphen B101 (b) und B101 (c) zu beurteilen:

  (i) über die Laufzeit des Versicherungsvertrags und

  (ii) auf der Grundlage eines wahrscheinlichkeitsgewichteten mittleren Barwerts und nicht auf der Grundlage des besten oder schlechtesten Ergebnisses (siehe Paragraphen B37–B38).

B108 Wenn das Unternehmen beispielsweise erwartet, einen wesentlichen Teil der Erträge aus dem beizulegenden Zeitwert der zugrunde liegenden Referenzwerte auszuzahlen, wird es – vorbehaltlich einer Mindestrenditegarantie – Szenarien geben, in denen

(a) die Zahlungsströme, die das Unternehmen erwartungsgemäß an den Versicherungsnehmer zahlen wird, in Abhängigkeit von den Änderungen des beizulegenden Zeitwerts der zugrunde liegenden Referenzwerte schwanken, weil die garantierte Rendite und andere Zahlungsströme, die nicht in Abhängigkeit von den Renditen der zugrunde liegenden Referenzwerte schwanken, die Erträge aus dem beizulegenden Zeitwert der zugrunde liegenden Referenzwerte nicht übersteigen, und

(b) die Zahlungsströme, die das Unternehmen erwartungsgemäß an den Versicherungsnehmer zahlen wird, nicht in Abhängigkeit von Änderungen des beizulegenden Zeitwerts der zugrunde liegenden Referenzwerte schwanken, weil die garantierte Rendite und andere Zahlungsströme, die nicht in Abhängigkeit von den Renditen der zugrunde liegenden Referenzwerte schwanken, die Erträge aus dem beizulegenden Zeitwert der zugrunde liegenden Referenzwerte übersteigen.

Die Beurteilung der Variabilität in Paragraph B101 (c) durch ein Unternehmen für dieses Beispiel wird einen wahrscheinlichkeitsgewichteten Mittelwert der Barwerte all dieser Szenarien widerspiegeln.

The conditions in paragraph B101 ensure that insurance contracts with direct participation features are contracts under which the entity's obligation to the policyholder is the net of: B104
(a) the obligation to pay the policyholder an amount equal to the fair value of the underlying items; and
(b) a variable fee (see paragraphs B110—B118) that the entity will deduct from (a) in exchange for the future service provided by the insurance contract, comprising:
   (i) the amount of the entity's share of the fair value of the underlying items; less
   (ii) fulfilment cash flows that do not vary based on the returns on underlying items.

A share referred to in paragraph B101 (a) does not preclude the existence of the entity's discretion to vary the amounts paid to the policyholder. However, the link to the underlying items must be enforceable (see paragraph 2). B105

The pool of underlying items referred to in paragraph B101 (a) can comprise any items, for example a reference portfolio of assets, the net assets of the entity, or a specified subset of the net assets of the entity, as long as they are clearly identified by the contract. An entity need not hold the identified pool of underlying items. However, a clearly identified pool of underlying items does not exist when: B106
(a) an entity can change the underlying items that determine the amount of the entity's obligation with retrospective effect; or
(b) there are no underlying items identified, even if the policyholder could be provided with a return that generally reflects the entity's overall performance and expectations, or the performance and expectations of a subset of assets the entity holds. An example of such a return is a crediting rate or dividend payment set at the end of the period to which it relates. In this case, the obligation to the policyholder reflects the crediting rate or dividend amounts the entity has set, and does not reflect identified underlying items.

Paragraph B101 (b) requires that the entity expects a substantial share of the fair value returns on the underlying items will be paid to the policyholder and paragraph B101 (c) requires that the entity expects a substantial proportion of any change in the amounts to be paid to the policyholder to vary with the change in fair value of the underlying items. An entity shall: B107
(a) interpret the term 'substantial' in both paragraphs in the context of the objective of insurance contracts with direct participation features being contracts under which the entity provides investment-related services and is compensated for the services by a fee that is determined by reference to the underlying items; and
(b) assess the variability in the amounts in paragraphs B101 (b) and B101 (c):
   (i) over the duration of the insurance contract; and
   (ii) on a present value probability-weighted average basis, not a best or worst outcome basis (see paragraphs B37—B38).

For example, if the entity expects to pay a substantial share of the fair value returns on underlying items, subject to a guarantee of a minimum return, there will be scenarios in which: B108
(a) the cash flows that the entity expects to pay to the policyholder vary with the changes in the fair value of the underlying items because the guaranteed return and other cash flows that do not vary based on the returns on underlying items do not exceed the fair value return on the underlying items; and
(b) the cash flows that the entity expects to pay to the policyholder do not vary with the changes in the fair value of the underlying items because the guaranteed return and other cash flows that do not vary based on the returns on underlying items exceed the fair value return on the underlying items.

The entity's assessment of the variability in paragraph B101 (c) for this example will reflect a present value probability-weighted average of all these scenarios.

B109 Gezeichnete Rückversicherungsverträge und gehaltene Rückversicherungsverträge können keine Versicherungsverträge mit direkter Überschussbeteiligung im Sinne von IFRS 17 sein.

B110 Bei Versicherungsverträgen mit direkter Überschussbeteiligung wird die vertragliche Servicemarge angepasst, um der variablen Natur der Gebühr Rechnung zu tragen. Folglich werden die in Paragraph B104 angegebenen Änderungen der Beträge so behandelt wie in den Paragraphen B111–B114 beschrieben.

B111 Änderungen der Verpflichtung, dem Versicherungsnehmer einen Betrag zu zahlen, der dem beizulegenden Zeitwert der zugrunde liegenden Referenzwerte entspricht (Paragraph B104 (a)), beziehen sich nicht auf künftige Versicherungsleistungen, und deswegen wird die vertragliche Servicemarge nicht angepasst.

B112 Änderungen des Unternehmensanteils am beizulegenden Zeitwert der zugrunde liegenden Referenzwerte (Paragraph B104 (b) (i)) beziehen sich auf künftige Versicherungsleistungen, und deswegen wird die vertragliche Servicemarge unter Anwendung von Paragraph 45 (b) angepasst.

B113 Änderungen der Erfüllungswerte, die nicht in Abhängigkeit von den Renditen der zugrunde liegende Referenzwerte schwanken (Paragraph B104 (b) (ii)), umfassen

(a) andere Erfüllungswertänderungen als die unter (b) angegebenen. Ein Unternehmen hat die Paragraphen B96–B97 anzuwenden, konsistent zu den Versicherungsverträgen ohne direkte Überschussbeteiligung, um zu bestimmen, inwieweit diese Erfüllungswertänderungen sich auf künftige Leistungen beziehen, und hat unter Anwendung von Paragraph 45 (c) die vertragliche Servicemarge anzupassen. Alle Anpassungen werden anhand aktueller Abzinsungssätze bewertet.

(b) die Änderung der Auswirkungen des Zeitwerts des Geldes und finanzieller Risiken, die nicht aus den zugrunde liegenden Referenzwerte entstehen, beispielsweise die Auswirkungen finanzieller Garantien. Diese beziehen sich auf künftige Leistungen, und die vertragliche Servicemarge wird unter Anwendung von Paragraph 45 (c) angepasst, es sei denn, Paragraph B115 ist anwendbar.

B114 Ein Unternehmen ist nicht verpflichtet, die nach den Paragraphen B112 und B113 vorgeschriebenen Anpassungen der vertraglichen Servicemarge getrennt zu bestimmen. Stattdessen kann für einige oder für alle Anpassungen ein kombinierter Betrag bestimmt werden.

Risikominderung

B115 Sofern ein Unternehmen die Bedingungen in Paragraph B116 erfüllt, kann es die Wahl treffen, eine Änderung der vertraglichen Servicemarge nicht auszuweisen, um einige oder alle Änderungen der Auswirkungen des Zeitwerts des Geldes und des Finanzrisikos auf folgende Faktoren zu berücksichtigen:

(a) die Höhe des Unternehmensanteils an den zugrunde liegenden Referenzwerten (siehe Paragraph B112), wenn das Unternehmen die Auswirkungen des finanziellen Risikos auf die Höhe dieses Anteils durch Einsatz von Derivaten oder gehaltenen Rückversicherungsverträgen mindert, und

(b) die in Paragraph B113 (b) angegebenen Erfüllungswerte, wenn das Unternehmen die Auswirkungen des finanziellen Risikos auf diese Erfüllungswerte durch Einsatz von Derivaten, von erfolgswirksam zum beizulegenden Zeitwert bewerteten nicht-derivativen Finanzinstrumenten oder von gehaltenen Rückversicherungsverträgen mindert.

B116 Um Paragraph B115 anzuwenden, muss ein Unternehmen ein zuvor dokumentiertes Risikomanagementziel und eine zuvor dokumentierte Strategie zur Minderung von Finanzrisiken haben, wie in Paragraph B115 beschrieben. Bei der Anwendung dieses Ziels und dieser Strategie

(a) besteht ein wirtschaftlicher Ausgleich zwischen den Versicherungsverträgen und dem Derivat, dem erfolgswirksam zum beizulegenden Zeitwert bewerteten nicht-derivativen Finanzinstrument oder dem gehaltenen Rückversicherungsvertrag (d. h., die Werte der Versicherungsverträge und die Werte dieser risikomindernden Posten entwickeln sich im Allgemeinen gegenläufig, weil sie auf ähnliche Weise auf die Änderungen des Risikos reagieren, das mit diesen Instrumenten gemindert wird). Ein Unternehmen hat bei der Beurteilung dieses wirtschaftlichen Ausgleichs buchhaltungstechnische Bewertungsdifferenzen nicht zu berücksichtigen.

(b) dominiert das Kreditrisiko den wirtschaftlichen Ausgleich nicht.

B117 Das Unternehmen hat die Erfüllungswerte in einer Gruppe, auf die Paragraph B115 angewendet wird, in jeder Berichtsperiode stetig zu bestimmen.

B117A Wenn das Unternehmen die Auswirkungen des finanziellen Risikos durch Einsatz von Derivaten oder von erfolgswirksam zum beizulegenden Zeitwert bewerteten nicht-derivativen Finanzinstrumenten mindert, hat es die aus der Anwendung von Paragraph B115 entstehenden versicherungstechnischen Finanzerträge oder -aufwendungen der Periode erfolgswirksam auszuweisen. Wenn das Unternehmen die Auswirkungen des finanziellen Risikos durch Einsatz von gehaltenen Rückversicherungsverträgen mindert, hat es zum Ausweis der aus der Anwendung von Paragraph B115 entstehenden versicherungstechnischen Finanzerträge oder -aufwendungen die gleichen Bilanzierungsgrundsätze anzuwenden, die es auf gehaltene Rückversicherungsverträge unter Anwendung der Paragraphen 88 und 90 anwendet.

Reinsurance contracts issued and reinsurance contracts held cannot be insurance contracts with direct participation features for the purposes of IFRS 17. B109

For insurance contracts with direct participation features, the contractual service margin is adjusted to reflect the variable nature of the fee. Hence, changes in the amounts set out in paragraph B104 are treated as set out in paragraphs B111—B114. B110

Changes in the obligation to pay the policyholder an amount equal to the fair value of the underlying items (paragraph B104 (a)) do not relate to future service and do not adjust the contractual service margin. B111

Changes in the amount of the entity's share of the fair value of the underlying items (paragraph B104 (b) (i)) relate to future service and adjust the contractual service margin, applying paragraph 45 (b). B112

Changes in the fulfilment cash flows that do not vary based on the returns on underlying items (paragraph B104 (b) (ii)) comprise: B113

(a) changes in the fulfilment cash flows other than those specified in (b). An entity shall apply paragraphs B96—B97, consistent with insurance contracts without direct participation features, to determine to what extent they relate to future service and, applying paragraph 45 (c), adjust the contractual service margin. All the adjustments are measured using current discount rates;
(b) the change in the effect of the time value of money and financial risks not arising from the underlying items; for example, the effect of financial guarantees. These relate to future service and, applying paragraph 45 (c), adjust the contractual service margin, except to the extent that paragraph B115 applies.

An entity is not required to identify the adjustments to the contractual service margin required by paragraphs B112 and B113 separately. Instead, a combined amount may be determined for some or all of the adjustments. B114

Risk mitigation

To the extent that an entity meets the conditions in paragraph B116, it may choose not to recognise a change in the contractual service margin to reflect some or all of the changes in the effect of the time value of money and financial risk on: B115

(a) the amount of the entity's share of the underlying items (see paragraph B112) if the entity mitigates the effect of financial risk on that amount using derivatives or reinsurance contracts held; and
(b) the fulfilment cash flows set out in paragraph B113 (b) if the entity mitigates the effect of financial risk on those fulfilment cash flows using derivatives, non-derivative financial instruments measured at fair value through profit or loss, or reinsurance contracts held.

To apply paragraph B115, an entity must have a previously documented risk-management objective and strategy for mitigating financial risk as described in paragraph B115. In applying that objective and strategy: B116

(a) an economic offset exists between the insurance contracts and the derivative, non-derivative financial instrument measured at fair value through profit or loss, or reinsurance contract held (i.e. the values of the insurance contracts and those risk mitigating items generally move in opposite directions because they respond in a similar way to the changes in the risk being mitigated). An entity shall not consider accounting measurement differences in assessing the economic offset;
(b) credit risk does not dominate the economic offset.

The entity shall determine the fulfilment cash flows in a group to which paragraph B115 applies in a consistent manner in each reporting period. B117

If the entity mitigates the effect of financial risk using derivatives or non-derivative financial instruments measured at fair value through profit or loss, it shall include insurance finance income or expenses for the period arising from the application of paragraph B115 in profit or loss. If the entity mitigates the effect of financial risk using reinsurance contracts held, it shall apply the same accounting policy for the presentation of insurance finance income or expenses arising from the application of paragraph B115 as the entity applies to the reinsurance contracts held applying paragraphs 88 and 90. B117A

B118 Dann und nur dann, wenn eine der Bedingungen in Paragraph B116 nicht mehr erfüllt ist, hat ein Unternehmen ab diesem Zeitpunkt Paragraph B115 nicht mehr anzuwenden. Ein Unternehmen hat keine Anpassungen um zuvor erfolgswirksam erfasste Änderungen vorzunehmen.

Erfolgswirksame Erfassung der vertraglichen Servicemarge

B119 In jeder Periode wird ein Betrag der vertraglichen Servicemarge für eine Gruppe von Versicherungsverträgen erfolgswirksam erfasst, um die Leistungen gemäß dem Versicherungsvertrag widerzuspiegeln, die in dieser Periode im Rahmen der Gruppe von Versicherungsverträgen erbracht wurden (siehe Paragraphen 44 (e), 45 (e) und 66 (e)). Der Betrag wird bestimmt durch:

(a) Bestimmung der Deckungseinheiten in der Gruppe. Die Anzahl der Deckungseinheiten in einer Gruppe ist die Menge der Leistungen gemäß dem Versicherungsvertrag, die im Rahmen der Verträge in der Gruppe erbracht werden. Die Anzahl wird bestimmt, indem für jeden Vertrag die Menge der gemäß dem Vertrag zu erbringenden Leistungen und sein erwarteter Deckungszeitraum berücksichtigt wird,

(b) gleichmäßige Aufteilung der vertraglichen Servicemarge zum Ende der Periode (vor der erfolgswirksamen Erfassung etwaiger Beträge, welche die in der Periode erbrachten Leistungen gemäß dem Versicherungsvertrag widerspiegeln sollen) auf jede in der laufenden Periode erbrachte bzw. in der Zukunft erwartungsgemäß zu erbringende Deckungseinheit,

(c) erfolgswirksame Erfassung des den in der Periode erbrachten Deckungseinheiten zugeordneten Betrags.

B119A Zwecks Anwendung von Paragraph B119 endet der Zeitraum der Leistungen zur Erwirtschaftung von Kapitalerträgen oder der kapitalanlagebezogenen Leistungen zu oder vor dem Zeitpunkt, zu dem alle an derzeitige Versicherungsnehmer fälligen Beträge in Bezug auf diese Leistungen ausgezahlt wurden, ohne Berücksichtigung von unter Anwendung von Paragraph B68 in den Erfüllungswerten enthaltenen Zahlungen an künftige Versicherungsnehmer.

B119B Versicherungsverträge ohne direkte Überschussbeteiligung können Leistungen zur Erwirtschaftung von Kapitalerträgen nur dann liefern, wenn

(a) eine Kapitalanlagekomponente existiert, oder der Versicherungsnehmer das Recht hat, einen Betrag abzuziehen,

(b) das Unternehmen erwartet, dass die Kapitalanlagekomponente oder der Betrag, den der Versicherungsnehmer abziehen kann, Kapitalerträge enthält (Kapitalerträge könnten unter null liegen, zum Beispiel in einem Negativzinsumfeld), und

(c) das Unternehmen erwartet, Kapitalanlagetätigkeiten durchzuführen, um diese Kapitalerträge zu erwirtschaften.

Gehaltene Rückversicherungsverträge – Erfassung der Verlustrückerstattung für zugrunde liegende Versicherungsverträge (Paragraphen 66A–66B)

B119C Paragraph 66A gilt nur dann, wenn der gehaltene Rückversicherungsvertrag abgeschlossen wird, bevor – oder zum gleichen Zeitpunkt, zu dem – die zugrunde liegenden belastenden Versicherungsverträge angesetzt werden.

B119D Um Paragraph 66A anzuwenden, hat ein Unternehmen die Anpassung der vertraglichen Servicemarge einer Gruppe von gehaltenen Rückversicherungsverträgen und den daraus resultierenden Ertrag wie folgt zu bestimmen:

(a) Multiplikation des ausgewiesenen Verlusts aus den zugrunde liegenden Versicherungsverträgen mit dem

(b) Prozentsatz der Schäden aus den zugrunde liegenden Versicherungsverträgen, bei denen das Unternehmen erwartet, dass es sie aus der Gruppe seiner gehaltenen Rückversicherungsverträge wieder erstattet bekommt.

B119E Bei der Anwendung der Paragraphen 14–22 kann ein Unternehmen in eine belastende Gruppe von Versicherungsverträgen sowohl die durch eine Gruppe von gehaltenen Rückversicherungsverträgen gedeckten belastenden Versicherungsverträge als auch die durch die Gruppe von gehaltenen Rückversicherungsverträgen nicht gedeckten belastenden Versicherungsverträge aufnehmen. Um in solchen Fällen die Paragraphen 66 (c) (i)–(ii) und Paragraph 66A anzuwenden, hat das Unternehmen anhand einer systematischen und rationalen Zuordnungsmethode den Anteil der ausgewiesenen Verluste aus der Gruppe von Versicherungsverträgen zu bestimmen, der sich auf die Versicherungsverträge bezieht, die durch die Gruppe von gehaltenen Rückversicherungsverträgen gedeckt sind.

B119F Nachdem ein Unternehmen unter Anwendung von Paragraph 66B eine Verlustrückerstattungskomponente gebildet hat, hat es diese anzupassen, um Änderungen der Verlustkomponente einer belastenden Gruppe von zugrunde liegenden Versicherungsverträgen zu berücksichtigen (siehe Paragraphen 50–52). Der Buchwert der Verlustrückerstattungskomponente darf den Anteil des Buchwerts der Verlustkomponente der belastenden Gruppe zugrunde liegender Versicherungsverträge nicht übersteigen, den das Unternehmen aufgrund seiner gehaltenen Rückversicherungsverträge erstattet zu bekommen erwartet.

Versicherungstechnische Erträge (Paragraphen 83 und 85)

B120 Die gesamten versicherungstechnischen Erträge einer Gruppe von Versicherungsverträgen sind die Entgelte für die Verträge, d. h. der Betrag der an das Unternehmen gezahlten Prämien,

(a) angepasst um einen Finanzierungseffekt und

(b) unter Ausschluss etwaiger Kapitalanlagekomponenten.

If, and only if, any of the conditions in paragraph B116 cease to be met an entity shall cease to apply paragraph B115 from that date. An entity shall not make any adjustment for changes previously recognised in profit or loss. **B118**

Recognition of the contractual service margin in profit or loss

An amount of the contractual service margin for a group of insurance contracts is recognised in profit or loss in each period to reflect the insurance contract services provided under the group of insurance contracts in that period (see paragraphs 44 (e), 45 (e) and 66 (e)). The amount is determined by: **B119**

(a) identifying the coverage units in the group. The number of coverage units in a group is the quantity of insurance contract services provided by the contracts in the group, determined by considering for each contract the quantity of the benefits provided under a contract and its expected coverage period;

(b) allocating the contractual service margin at the end of the period (before recognising any amounts in profit or loss to reflect the insurance contract services provided in the period) equally to each coverage unit provided in the current period and expected to be provided in the future;

(c) recognising in profit or loss the amount allocated to coverage units provided in the period.

To apply paragraph B119, the period of investment-return service or investment-related service ends at or before the date that all amounts due to current policyholders relating to those services have been paid, without considering payments to future policyholders included in the fulfilment cash flows applying paragraph B68. **B119A**

Insurance contracts without direct participation features may provide an investment-return service if, and only if: **B119B**

(a) an investment component exists, or the policyholder has a right to withdraw an amount;

(b) the entity expects the investment component or amount the policyholder has a right to withdraw to include an investment return (an investment return could be below zero, for example, in a negative interest rate environment); and

(c) the entity expects to perform investment activity to generate that investment return.

Reinsurance contracts held—recognition of recovery of losses on underlying insurance contracts (paragraphs 66A—66B)

Paragraph 66A applies if, and only if, the reinsurance contract held is entered into before or at the same time as the onerous underlying insurance contracts are recognised. **B119C**

To apply paragraph 66A, an entity shall determine the adjustment to the contractual service margin of a group of reinsurance contracts held and the resulting income by multiplying: **B119D**

(a) the loss recognised on the underlying insurance contracts; and

(b) the percentage of claims on the underlying insurance contracts the entity expects to recover from the group of reinsurance contracts held.

Applying paragraphs 14—22, an entity might include in an onerous group of insurance contracts both onerous insurance contracts covered by a group of reinsurance contracts held and onerous insurance contracts not covered by the group of reinsurance contracts held. To apply paragraphs 66 (c) (i)—(ii) and paragraph 66A in such cases, the entity shall apply a systematic and rational method of allocation to determine the portion of losses recognised on the group of insurance contracts that relates to insurance contracts covered by the group of reinsurance contracts held. **B119E**

After an entity has established a loss-recovery component applying paragraph 66B, the entity shall adjust the loss- recovery component to reflect changes in the loss component of an onerous group of underlying insurance contracts (see paragraphs 50—52). The carrying amount of the loss-recovery component shall not exceed the portion of the carrying amount of the loss component of the onerous group of underlying insurance contracts that the entity expects to recover from the group of reinsurance contracts held. **B119F**

Insurance revenue (Paragraphs 83 and 85)

The total insurance revenue for a group of insurance contracts is the consideration for the contracts, i.e. the amount of premiums paid to the entity: **B120**

(a) adjusted for a financing effect; and

(b) excluding any investment components.

B121 Paragraph 83 schreibt vor, dass der in einer Periode erfasste Betrag der versicherungstechnischen Erträge die Übertragung zugesagter Leistungen zu einem Betrag darstellt, der den Entgelten entspricht, auf die das Unternehmen im Gegenzug für diese Leistungen erwartungsgemäß Anspruch haben wird. Das gesamte Entgelt für eine Gruppe von Verträgen umfasst die folgenden Beträge:

(a) Beträge, die in Verbindung mit der Erbringung von Dienstleistungen stehen, darunter auch:

(i) versicherungstechnische Aufwendungen, mit Ausnahme der Beträge in Bezug auf die in (ii) enthaltene Risikoanpassung für nichtfinanzielle Risiken sowie der Verlustkomponente der Deckungsrückstellung zugeordnete Beträge,

(ia) Beträge in Bezug auf die Ertragsteuer, die dem Versicherungsnehmer gesondert in Rechnung gestellt werden können,

(ii) die Risikoanpassung für nichtfinanzielle Risiken, mit Ausnahme der Beträge, die der Verlustkomponente der Deckungsrückstellung zugeordnet werden, und

(iii) die vertragliche Servicemarge.

(b) Beträge, die in Verbindung mit den Abschlusskosten stehen.

B122 Die versicherungstechnischen Periodenerträge, die mit den in Paragraph B121 (a) beschriebenen Beträgen in Verbindung stehen, werden gemäß den Paragraphen B123–B124 bestimmt. Die versicherungstechnischen Periodenerträge, die mit den in Paragraph B121 (b) beschriebenen Beträgen in Verbindung stehen, werden gemäß Paragraph B125 bestimmt.

B123 Wenn ein Unternehmen Leistungen erbringt, bucht es nach IFRS 15 die Leistungsverpflichtung für diese Leistungen aus und erfasst die entsprechenden Erträge. Dementsprechend gilt nach IFRS 17: Wenn ein Unternehmen in einer Periode Leistungen erbringt, reduziert es die Deckungsrückstellung um die bereits erbrachten Leistungen und erfasst die entsprechenden versicherungstechnischen Erträge. Die Reduzierung der Deckungsrückstellung, die zu versicherungstechnischen Erträgen führt, schließt Änderungen der Verbindlichkeit aus, die sich nicht auf die Leistungen beziehen, die erwartungsgemäß von dem Entgelt gedeckt sein werden, welches das Unternehmen vereinnahmt hat. Diese Änderungen sind:

(a) Änderungen, die sich nicht auf in der Periode erbrachte Leistungen beziehen, z. B.:

(i) Änderungen aufgrund von Mittelzuflüssen aus vereinnahmten Prämien,

(ii) Änderungen, die sich auf Kapitalanlagekomponenten in der Periode beziehen,

(iia) Änderungen aufgrund von Zahlungsströmen aus Darlehen an Versicherungsnehmer,

(iii) Änderungen, die sich auf transaktionsbasierte Steuern beziehen, die im Namen Dritter eingezogen wurden (wie z. B. Prämiensteuern, Mehrwertsteuern und Steuern auf Waren und Dienstleistungen (siehe Paragraph B65 (i)),

(iv) versicherungstechnische Finanzerträge oder -aufwendungen,

(v) Abschlusskosten (siehe Paragraph B125) und

(vi) Ausbuchung von an einen Dritten übertragenen Verbindlichkeiten.

(b) Änderungen, die sich auf Dienstleistungen beziehen, für die das Unternehmen jedoch keine Entgelte erwartet, d. h. Erhöhungen oder Rückgänge der Verlustkomponente in der Deckungsrückstellung (siehe Paragraphen 47–52).

B123A Sofern ein Unternehmen zum Zeitpunkt des erstmaligen Ansatzes einer Gruppe von Versicherungsverträgen (siehe Paragraphen 38 (c) (ii) und B66A) Vermögenswerte für andere Zahlungsströme als für Abschlusskosten ausbucht, hat es versicherungstechnische Erträge und Aufwendungen in Höhe des zu diesem Zeitpunkt ausgebuchten Betrags auszuweisen.

B124 Folglich können die versicherungstechnischen Periodenerträge auch als die Gesamtheit der Änderungen der Deckungsrückstellung in der Periode analysiert werden, die sich auf Dienstleistungen bezieht, für die das Unternehmen die Vereinnahmung von Entgelten erwartet. Diese Änderungen sind:

(a) in der Periode angefallene versicherungstechnische Aufwendungen (bewertet in Höhe der zu Beginn der Periode erwarteten Beträge), ausgenommen

(i) Beträge, die unter Anwendung von Paragraph 51 (a) der Verlustkomponente der Deckungsrückstellung zugeordnet werden,

(ii) Rückzahlungen von Kapitalanlagekomponenten,

(iii) Beträge, die sich auf transaktionsbasierte Steuern beziehen, die im Namen Dritter eingezogen wurden (wie z. B. Prämiensteuern, Mehrwertsteuern und Steuern auf Waren und Dienstleistungen (siehe Paragraph B65 (i)),

(iv) Abschlusskosten (siehe Paragraph B125) und

(v) der Betrag in Bezug auf die Risikoanpassung für nichtfinanzielle Risiken (siehe (b)).

(b) die Änderung der Risikoanpassung für nichtfinanzielle Risiken, ausgenommen

(i) Änderungen, die unter Anwendung von Paragraph 87 in den versicherungstechnischen Finanzerträgen oder -aufwendungen enthalten sind,

(ii) Änderungen, bei denen die vertragliche Servicemarge angepasst wird, weil sie sich unter Anwendung von Paragraph 44 (c) und 45 (c) auf künftige Leistungen beziehen, und

(iii) Beträge, die unter Anwendung von Paragraph 51 (b) der Verlustkomponente der Deckungsrückstellung zugeordnet werden.

Paragraph 83 requires the amount of insurance revenue recognised in a period to depict the transfer of promised services at an amount that reflects the consideration to which the entity expects to be entitled in exchange for those services. The total consideration for a group of contracts covers the following amounts: B121

(a) amounts related to the provision of services, comprising:
   (i) insurance service expenses, excluding any amounts relating to the risk adjustment for non-financial risk included in (ii) and any amounts allocated to the loss component of the liability for remaining coverage;
   (ia) amounts related to income tax that are specifically chargeable to the policyholder;
   (ii) the risk adjustment for non-financial risk, excluding any amounts allocated to the loss component of the liability for remaining coverage; and
   (iii) the contractual service margin.
(b) amounts related to insurance acquisition cash flows.

Insurance revenue for a period relating to the amounts described in paragraph B121 (a) is determined as set out in paragraphs B123—B124. Insurance revenue for a period relating to the amounts described in paragraph B121 (b) is determined as set out in paragraph B125. B122

Applying IFRS 15, when an entity provides services, it derecognises the performance obligation for those services and recognises revenue. Consistently, applying IFRS 17, when an entity provides services in a period, it reduces the liability for remaining coverage for the services provided and recognises insurance revenue. The reduction in the liability for remaining coverage that gives rise to insurance revenue excludes changes in the liability that do not relate to services expected to be covered by the consideration received by the entity. Those changes are: B123

(a) changes that do not relate to services provided in the period, for example:
   (i) changes resulting from cash inflows from premiums received;
   (ii) changes that relate to investment components in the period;
   (iia) changes resulting from cash flows from loans to policyholders;
   (iii) changes that relate to transaction-based taxes collected on behalf of third parties (such as premium taxes, value added taxes and goods and services taxes) (see paragraph B65(i));
   (iv) insurance finance income or expenses;
   (v) insurance acquisition cash flows (see paragraph B125); and
   (vi) derecognition of liabilities transferred to a third party.
(b) changes that relate to services, but for which the entity does not expect consideration, i.e. increases and decreases in the loss component of the liability for remaining coverage (see paragraphs 47—52).

To the extent that an entity derecognises an asset for cash flows other than insurance acquisition cash flows at the date of initial recognition of a group of insurance contracts (see paragraphs 38 (c) (ii) and B66A), it shall recognise insurance revenue and expenses for the amount derecognised at that date. B123A

Consequently, insurance revenue for the period can also be analysed as the total of the changes in the liability for remaining coverage in the period that relates to services for which the entity expects to receive consideration. Those changes are: B124

(a) insurance service expenses incurred in the period (measured at the amounts expected at the beginning of the period), excluding:
   (i) amounts allocated to the loss component of the liability for remaining coverage applying paragraph 51 (a);
   (ii) repayments of investment components;
   (iii) amounts that relate to transaction-based taxes collected on behalf of third parties (such as premium taxes, value added taxes and goods and services taxes) (see paragraph B65 (i));
   (iv) insurance acquisition expenses (see paragraph B125); and
   (v) the amount related to the risk adjustment for non-financial risk (see (b)).
(b) the change in the risk adjustment for non-financial risk, excluding:
   (i) changes included in insurance finance income or expenses applying paragraph 87;
   (ii) changes that adjust the contractual service margin because they relate to future service applying paragraphs 44 (c) and 45 (c); and
   (iii) amounts allocated to the loss component of the liability for remaining coverage applying paragraph 51 (b).

(c) die Höhe der unter Anwendung der Paragraphen 44 (e) und 45 (e) in der Periode erfolgswirksam erfassten vertraglichen Servicemarge,
(d) andere Beträge, falls vorhanden, zum Beispiel Erfahrungswertanpassungen in Bezug auf vereinnahmte Prämien, die sich nicht auf künftige Leistungen beziehen (siehe Paragraph B96 (a)).

B125 Ein Unternehmen legt die versicherungstechnischen Erträge in Bezug auf die Abschlusskosten fest, indem es den Anteil der Beiträge, die sich auf die Wiedererlangung dieser Abschlusskosten beziehen, systematisch jeder Berichtsperiode auf der Grundlage des Zeitablaufs zuordnet. Den gleichen Betrag hat ein Unternehmen als versicherungstechnische Aufwendungen zu erfassen.

B126 Wenn ein Unternehmen den Prämienallokationsansatz gemäß den Paragraphen 55–58 anwendet, entsprechen die versicherungstechnischen Erträge der Periode dem Betrag der der Periode zugeordneten erwarteten Prämieneinnahmen (mit Ausnahme einer etwaigen Kapitalanlagekomponente und nach Anpassung um den Zeitwert des Geldes und um die Auswirkungen des Finanzrisikos, unter Anwendung von Paragraph 56, sofern anwendbar). Das Unternehmen ordnet die erwarteten Prämieneinnahmen jeder Periode, in der Leistungen gemäß dem Versicherungsvertrag erbracht werden, wie folgt zu:
(a) auf der Grundlage des Zeitablaufs, aber
(b) wenn das erwartete Muster der Befreiung vom Risiko während des Deckungszeitraums signifikant vom Zeitablauf abweicht, dann auf der Grundlage der erwarteten Zeitpunkte des Entstehens von versicherungstechnischen Aufwendungen.

B127 Ein Unternehmen hat erforderlichenfalls von der Zuordnungsgrundlage nach Paragraph B126 (a) auf die Zuordnungsgrundlage nach Paragraph B126 (b) zu wechseln, und umgekehrt, wenn sich die Fakten und Umstände ändern.

Versicherungstechnische Finanzerträge oder -aufwendungen (Paragraphen 87–92)

B128 Nach Paragraph 87 muss ein Unternehmen in den versicherungstechnischen Finanzerträgen und -aufwendungen auch die Auswirkungen des Zeitwerts des Geldes und die Auswirkungen des Finanzrisikos sowie Änderungen dieser Auswirkungen berücksichtigen. Für die Zwecke von IFRS 17
(a) sind Annahmen in Bezug auf die Inflation, die auf einem Preis- oder Kursindex oder auf den Preisen von Vermögenswerten mit inflationsabhängigen Renditen basieren, Annahmen, die sich auf das Finanzrisiko beziehen,
(b) sind Annahmen in Bezug auf die Inflation, die auf der Unternehmenserwartung in Bezug auf spezifische Preisänderungen basieren, keine Annahmen, die sich auf das Finanzrisiko beziehen, und
(c) sind Änderungen in der Bewertung einer Gruppe von Versicherungsverträgen, die durch Änderungen des Werts der zugrunde liegenden Referenzwerte (ohne Zugänge und Abgänge) verursacht wurden, Änderungen, die sich aus den Auswirkungen des Zeitwerts des Geldes und des finanziellen Risikos und aus Veränderungen bei diesen Auswirkungen ergeben.

B129 Nach den Paragraphen 88–89 hat ein Unternehmen ein Bilanzierungswahlrecht auszuüben, d. h. es muss wählen, ob es die versicherungstechnischen Finanzerträge oder -aufwendungen der Periode aufteilt in diejenigen, die es erfolgswirksam erfasst und diejenigen, die es im sonstigen Ergebnis erfasst. Ein Unternehmen hat dieses Wahlrecht der Rechnungslegungsmethode auf Portfolios von Versicherungsverträgen anzuwenden. Bei der Beurteilung, welche Rechnungslegungsmethode für ein Portfolio von Versicherungsverträgen unter Anwendung von Paragraph 13 von IAS 8 *Rechnungslegungsmethoden, Änderungen von rechnungslegungsbezogenen Schätzungen und Fehler* die Richtige ist, hat das Unternehmen für jedes Portfolio die Vermögenswerte zu berücksichtigen, die es hält, und wie es diese bilanziert.

B130 Wenn Paragraph 88 (b) Anwendung findet, muss ein Unternehmen einen Betrag erfolgswirksam ausweisen, der ermittelt wird, indem die erwarteten gesamten versicherungstechnischen Finanzerträge oder -aufwendungen systematisch über die Laufzeit der Gruppe von Versicherungsverträgen aufgeteilt werden. In diesem Kontext ist eine systematische Aufteilung eine Aufteilung der gesamten erwarteten Finanzerträge oder -aufwendungen einer Gruppe von Versicherungsverträgen über die Laufzeit der Gruppe, die
(a) auf den Merkmalen der Verträge basiert, ohne Bezugnahme auf Faktoren, welche die im Rahmen der Verträge erwarteten Zahlungsströme nicht beeinflussen. Beispielsweise darf die Aufteilung der Finanzerträge oder -aufwendungen nicht auf den erwarteten ausgewiesenen Renditen der Vermögenswerte basieren, wenn diese erwarteten ausgewiesenen Renditen die Zahlungsströme der Verträge in der Gruppe nicht beeinflussen.
(b) dazu führt, dass im sonstigen Ergebnis erfassten Beträge über die Laufzeit der Gruppe von Verträgen sich auf insgesamt null belaufen. Der im sonstigen Ergebnis erfasste kumulative Betrag ist zu jedem beliebigen Zeitpunkt die Differenz zwischen dem Buchwert der Gruppe von Verträgen und dem Betrag, zu dem die Gruppe bei Anwendung der systematischen Aufteilung bewertet würde.

B131 Für Gruppen von Versicherungsverträgen, bei denen Änderungen der Annahmen, die sich auf das Finanzrisiko beziehen, keine wesentlichen Auswirkungen auf die an den Versicherungsnehmer ausgezahlten Beträge haben, wird die systematische Aufteilung anhand der in Paragraph B72 (e) (i) angegebenen Abzinsungssätze bestimmt.

(c) the amount of the contractual service margin recognised in profit or loss in the period, applying paragraphs 44 (e) and 45 (e);
(d) other amounts, if any, for example, experience adjustments for premium receipts other than those that relate to future service (see paragraph B96 (a)).

An entity shall determine insurance revenue related to insurance acquisition cash flows by allocating the portion of the premiums that relate to recovering those cash flows to each reporting period in a systematic way on the basis of the passage of time. An entity shall recognise the same amount as insurance service expenses. B125

When an entity applies the premium allocation approach in paragraphs 55—58, insurance revenue for the period is the amount of expected premium receipts (excluding any investment component and adjusted to reflect the time value of money and the effect of financial risk, if applicable, applying paragraph 56) allocated to the period. The entity shall allocate the expected premium receipts to each period of insurance contract services: B126
(a) on the basis of the passage of time; but
(b) if the expected pattern of release of risk during the coverage period differs significantly from the passage of time, then on the basis of the expected timing of incurred insurance service expenses.

An entity shall change the basis of allocation between paragraphs B126 (a) and B126 (b) as necessary if facts and circumstances change. B127

Insurance finance income or expenses (Paragraphs 87—92)

Paragraph 87 requires an entity to include in insurance finance income or expenses the effect of the time value of money and financial risk and changes therein. For the purposes of IFRS 17: B128
(a) assumptions about inflation based on an index of prices or rates or on prices of assets with inflation-linked returns are assumptions that relate to financial risk;
(b) assumptions about inflation based on an entity's expectation of specific price changes are not assumptions that relate to financial risk; and
(c) changes in the measurement of a group of insurance contracts caused by changes in the value of underlying items (excluding additions and withdrawals) are changes arising from the effect of the time value of money and financial risk and changes therein.

Paragraphs 88—89 require an entity to make an accounting policy choice as to whether to disaggregate insurance finance income or expenses for the period between profit or loss and other comprehensive income. An entity shall apply its choice of accounting policy to portfolios of insurance contracts. In assessing the appropriate accounting policy for a portfolio of insurance contracts, applying paragraph 13 of IAS 8 *Accounting Policies, Changes in Accounting Estimates and Errors*, the entity shall consider for each portfolio the assets that the entity holds and how it accounts for those assets. B129

If paragraph 88 (b) applies, an entity shall include in profit or loss an amount determined by a systematic allocation of the expected total finance income or expenses over the duration of the group of insurance contracts. In this context, a systematic allocation is an allocation of the total expected finance income or expenses of a group of insurance contracts over the duration of the group that: B130
(a) is based on characteristics of the contracts, without reference to factors that do not affect the cash flows expected to arise under the contracts. For example, the allocation of the finance income or expenses shall not be based on expected recognised returns on assets if those expected recognised returns do not affect the cash flows of the contracts in the group;
(b) results in the amounts recognised in other comprehensive income over the duration of the group of contracts totalling zero. The cumulative amount recognised in other comprehensive income at any date is the difference between the carrying amount of the group of contracts and the amount that the group would be measured at when applying the systematic allocation.

For groups of insurance contracts for which changes in assumptions that relate to financial risk do not have a substantial effect on the amounts paid to the policyholder, the systematic allocation is determined using the discount rates specified in paragraph B72 (e) (i). B131

B132 Für Gruppen von Versicherungsverträgen, bei denen Änderungen der Annahmen, die sich auf das Finanzrisiko beziehen, wesentliche Auswirkung auf die an die Versicherungsnehmer ausgezahlten Beträge haben:

(a) zur Bestimmung einer systematischen Aufteilung der Finanzerträge oder -aufwendungen aus den Schätzungen der künftigen Zahlungsströme gibt es zwei Möglichkeiten:

(i) anhand eines Satzes, mit dem die verbleibenden revidierten erwarteten Finanzerträge oder -aufwendungen der Gruppe der Verträge konstant über deren verbleibende Laufzeit aufgeteilt werden, oder

(ii) für Verträge, bei denen eine Guthabenverzinsung zur Bestimmung der an die Versicherungsnehmer aus zuzahlenden Beträge verwendet wird: anhand einer Aufteilung, die auf den Beträgen basiert, die in der Periode gutgeschrieben werden und die erwartungsgemäß in künftigen Perioden gutgeschrieben werden.

(b) eine systematische Aufteilung der Finanzerträge oder -aufwendungen aus der Risikoanpassung für nichtfinanzielle Risiken, sofern diese unter Anwendung von Paragraph 81 getrennt von anderen Änderungen der Risikoanpassung für nichtfinanzielle Risiken aufgegliedert werden, wird anhand einer Aufteilung ermittelt, die mit derjenigen vereinbar ist, die für die Aufteilung der Finanzerträge oder -aufwendungen aus den zukünftigen Zahlungsströmen verwendet wird.

(c) es wird festgelegt, wie Finanzerträge oder -aufwendungen aus der vertraglichen Servicemarge systematisch aufzuteilen sind:

(i) bei Versicherungsverträgen ohne direkte Überschussbeteiligung: anhand der in Paragraph B72 (b) angegebenen Abzinsungssätze und

(ii) bei Versicherungsverträgen mit direkter Überschussbeteiligung: anhand einer Aufteilung, die mit derjenigen vereinbar ist, die für die Aufteilung der Finanzerträge oder -aufwendungen aus künftigen Zahlungsströmen verwendet wird.

B133 Bei der Anwendung des Prämienallokationsansatzes auf die in den Paragraphen 53–59 beschriebenen Versicherungsverträge kann es sein, dass ein Unternehmen die Rückstellung für noch nicht abgewickelte Versicherungsfälle abzinsen muss, bzw. es kann von seinem Wahlrecht Gebrauch machen, dies zu tun. In solchen Fällen kann es von seinem Wahlrecht Gebrauch machen, seine versicherungstechnischen Finanzerträge oder -aufwendungen unter Anwendung von Paragraph 88 (b) aufzugliedern. Wenn das Unternehmen sich hierfür entscheidet, hat es die versicherungstechnischen Finanzerträge oder -aufwendungen erfolgswirksam anhand des in Paragraph B72 (e) (iii) angegebenen Abzinsungssatzes zu bestimmen.

B134 Paragraph 89 findet Anwendung, wenn ein Unternehmen die zugrunde liegenden Referenzwerte für Versicherungsverträge mit direkter Überschussbeteiligung hält, entweder weil es diese Wahl getroffen hat oder weil es dazu verpflichtet ist. Wenn ein Unternehmen die Wahl trifft, seine versicherungstechnischen Erträge oder Aufwendungen unter Anwendung von Paragraph 89 (b) aufzugliedern, hat es Aufwendungen oder Erträge in der Gewinn- und Verlustrechnung zu erfassen, die genau den Erträgen oder Aufwendungen entsprechen, die erfolgswirksam für die zugrunde liegenden Referenzwerte erfasst wurden, mit dem Ergebnis, dass der Saldo der getrennt ausgewiesenen Posten null ist.

B135 Ein Unternehmen kann in einigen Perioden die Bedingungen für ein Bilanzierungswahlrecht gemäß Paragraph 89 erfüllen und in anderen Perioden nicht, je nachdem, ob es die zugrunde liegenden Referenzwerte hält oder nicht. Je nachdem, ob es die zugrunde liegenden Referenzwerte hält oder nicht, hat das Unternehmen entweder ein Bilanzierungswahlrecht nach Paragraph 88 oder ein Bilanzierungswahlrecht nach Paragraph 89. Folglich könnte ein Unternehmen seine Bilanzierungs- und Bewertungsmethoden ändern und von der Bilanzierung nach Paragraph 88 (b) auf die Bilanzierung nach Paragraph 89 (b) umstellen, und umgekehrt. Bei einer solchen Änderung

(a) hat ein Unternehmen den zuvor im sonstigen Ergebnis ausgewiesenen kumulierten Betrag ab dem Zeitpunkt der Änderung als Umgliederungsbetrag im Gewinn oder Verlust der Periode, in der die Änderung erfolgte, und in künftigen Perioden, wie folgt zu berücksichtigen:

(i) wenn das Unternehmen zuvor Paragraph 88 (b) angewandt hatte, gilt Folgendes: Das Unternehmen hat den vor der Änderung ergebnisneutral im sonstigen Ergebnis ausgewiesenen kumulierten Betrag nun erfolgswirksam zu berücksichtigen, als ob es – ausgehend von den Annahmen, die unmittelbar vor der Änderung galten – weiterhin den Ansatz gemäß Paragraph 88 (b) fortführen würde, und

(ii) wenn das Unternehmen zuvor Paragraph 89 (b) angewandt hatte, gilt Folgendes: Das Unternehmen hat den vor der Änderung ergebnisneutral im sonstigen Ergebnis ausgewiesenen kumulierten Betrag nun erfolgswirksam zu berücksichtigen, als ob es – ausgehend von den Annahmen, die unmittelbar vor der Änderung galten – weiterhin den Ansatz gemäß Paragraph 89 (b) fortführen würde.

(b) darf das Unternehmen die Vergleichsinformationen der Vorperiode nicht anpassen.

B136 Bei Anwendung von Paragraph B135 (a) darf ein Unternehmen den zuvor im sonstigen Ergebnis erfassten kumulierten Betrag nicht neu berechnen, als ob die neue Aufgliederung schon immer angewandt worden wäre, und die für die Umgliederung in künftigen Perioden zugrunde gelegten Annahmen dürfen nach dem Zeitpunkt der Änderung nicht mehr aktualisiert werden.

Die Auswirkungen von rechnungslegungsbezogenen Schätzungen in Zwischenabschlüssen

B137 Wenn ein Unternehmen unter Anwendung von IAS 34 *Zwischenberichterstattung* Zwischenabschlüsse erstellt, hat es ein Bilanzierungswahlrecht, ob es die Behandlung der rechnungslegungsbezogenen Schätzungen in vorherigen

For groups of insurance contracts for which changes in assumptions that relate to financial risk have a substantial effect on the amounts paid to the policyholders: B132
(a) a systematic allocation for the finance income or expenses arising from the estimates of future cash flows can be determined in one of the following ways:
  (i) using a rate that allocates the remaining revised expected finance income or expenses over the remaining duration of the group of contracts at a constant rate; or
  (ii) for contracts that use a crediting rate to determine amounts due to the policyholders—using an allocation that is based on the amounts credited in the period and expected to be credited in future periods.
(b) a systematic allocation for the finance income or expenses arising from the risk adjustment for non-financial risk, if separately disaggregated from other changes in the risk adjustment for non-financial risk applying paragraph 81, is determined using an allocation consistent with that used for the allocation for the finance income or expenses arising from the future cash flows;
(c) a systematic allocation for the finance income or expenses arising from the contractual service margin is determined:
  (i) for insurance contracts that do not have direct participation features, using the discount rates specified in paragraph B72 (b); and
  (ii) for insurance contracts with direct participation features, using an allocation consistent with that used for the allocation for the finance income or expenses arising from the future cash flows.

In applying the premium allocation approach to insurance contracts described in paragraphs 53—59, an entity may be required, or may choose, to discount the liability for incurred claims. In such cases, it may choose to disaggregate the insurance finance income or expenses applying paragraph 88 (b). If the entity makes this choice, it shall determine the insurance finance income or expenses in profit or loss using the discount rate specified in paragraph B72 (e) (iii). B133

Paragraph 89 applies if an entity, either by choice or because it is required to, holds the underlying items for insurance contracts with direct participation features. If an entity chooses to disaggregate insurance finance income or expenses applying paragraph 89 (b), it shall include in profit or loss expenses or income that exactly match the income or expenses included in profit or loss for the underlying items, resulting in the net of the separately presented items being nil. B134

An entity may qualify for the accounting policy choice in paragraph 89 in some periods but not in others because of a change in whether it holds the underlying items. If such a change occurs, the accounting policy choice available to the entity changes from that set out in paragraph 88 to that set out in paragraph 89, or vice versa. Hence, an entity might change its accounting policy between that set out in paragraph 88 (b) and that set out in paragraph 89 (b). In making such a change an entity shall: B135
(a) include the accumulated amount previously included in other comprehensive income by the date of the change as a reclassification adjustment in profit or loss in the period of change and in future periods, as follows:
  (i) if the entity had previously applied paragraph 88 (b)—the entity shall include in profit or loss the accumulated amount included in other comprehensive income before the change as if the entity were continuing the approach in paragraph 88 (b) based on the assumptions that applied immediately before the change; and
  (ii) if the entity had previously applied paragraph 89 (b)—the entity shall include in profit or loss the accumulated amount included in other comprehensive income before the change as if the entity were continuing the approach in paragraph 89 (b) based on the assumptions that applied immediately before the change.
(b) not restate prior period comparative information.

When applying paragraph B135 (a), an entity shall not recalculate the accumulated amount previously included in other comprehensive income as if the new disaggregation had always applied; and the assumptions used for the reclassification in future periods shall not be updated after the date of the change. B136

The effect of accounting estimates made in interim financial statements

If an entity prepares interim financial statements applying IAS 34 *Interim Financial Reporting*, the entity shall make an accounting policy choice as to whether to change the treatment of accounting estimates made in previous interim financial B137

Zwischenabschlüssen ändern möchte, wenn es in Folgeperioden seine Zwischenabschlüsse und seinen Jahresabschluss nach IFRS 17 erstellt. Die getroffene Wahl der Rechnungslegungsmethode hat das Unternehmen auf alle seine Gruppen der von ihm ausgestellten Versicherungsverträge und auf alle seine Gruppen gehaltener Rückversicherungsverträge anzuwenden.

ANHANG C

Zeitpunkt des Inkrafttretens und Übergangsvorschriften

Dieser Anhang ist integraler Bestandteil von IFRS 17 Versicherungsverträge.

Zeitpunkt des Inkrafttretens

C1 IFRS 17 ist auf Geschäftsjahre anzuwenden, die am oder nach dem 1. Januar 2023 beginnen. Wendet ein Unternehmen IFRS 17 früher an, hat es dies anzugeben. Eine frühere Anwendung ist zulässig, sofern das Unternehmen zum oder vor dem Zeitpunkt der erstmaligen Anwendung von IFRS 17 gleichzeitig auch IFRS 9 *Finanzinstrumente* anwendet.

C2 Für die Zwecke der in den Paragraphen C1 und C3–C33 enthaltenen Übergangsvorschriften

(a) ist der Zeitpunkt der erstmaligen Anwendung der Beginn des Geschäftsjahrs, in dem ein Unternehmen IFRS 17 zum ersten Mal anwendet, und

(b) ist der Übergangszeitpunkt der Beginn des Geschäftsjahrs, das dem Zeitpunkt der erstmaligen Anwendung unmittelbar vorausgeht.

C2A Durch die Verlautbarung *Erstmalige Anwendung von IFRS 17 und IFRS 9 – Vergleichsinformationen,* veröffentlicht im Dezember 2021 wurden die Paragraphen C28A–C28E und C33A eingefügt. Entscheidet sich ein Unternehmen für die Anwendung der Paragraphen C28A–C28E und C33A, so hat es diese auch bei der erstmaligen Anwendung von IFRS 17 anzuwenden.

Übergangsvorschriften

C3 Ein Unternehmen hat IFRS 17 rückwirkend anzuwenden, es sei denn, dies ist undurchführbar, oder Paragraph C5A ist anwendbar. Dies gilt vorbehaltlich der folgenden Ausnahmeregelungen:

(a) das Unternehmen ist nicht verpflichtet, die quantitativen Angaben gemäß Paragraph 28 (f) von IAS 8 *Rechnungslegungsmethoden, Änderungen von rechnungslegungsbezogenen Schätzungen und Fehler* zu machen, und

(b) das Unternehmen darf das Bilanzierungswahlrecht gemäß Paragraph B115 nicht auf Perioden vor dem Übergangszeitpunkt anwenden. Ein Unternehmen kann das Bilanzierungswahlrecht gemäß Paragraph B115 am oder nach dem Übergangszeitpunkt nur dann prospektiv anwenden, wenn es zum oder vor dem Zeitpunkt der Ausübung dieses Bilanzierungswahlrechts Risikominderungsbeziehungen designiert.

C4 Zur rückwirkenden Anwendung von IFRS 17 hat ein Unternehmen zum Übergangszeitpunkt

(a) jede Gruppe von Versicherungsverträgen so zu bestimmen, anzusetzen und zu bewerten, als ob IFRS 17 schon immer gegolten hätte,

(aa) alle als Vermögenswert angesetzten Abschlusskosten so zu bestimmen, anzusetzen und zu bewerten, als ob IFRS 17 schon immer gegolten hätte (mit der Ausnahme, dass ein Unternehmen nicht verpflichtet ist, die Werthaltigkeitsprüfung nach Paragraph 28E vor dem Übergangszeitpunkt anzuwenden),

(b) etwaige bestehenden Salden auszubuchen, die nicht bestehen würden, wenn IFRS 17 schon immer angewandt worden wäre, und

(c) etwaige resultierende Nettodifferenzen im Eigenkapital zu erfassen.

C5 Nur dann, wenn es für ein Unternehmen undurchführbar ist, Paragraph C3 auf eine Gruppe von Versicherungsverträgen anzuwenden, hat es anstatt Paragraph C4 (a) die folgenden Ansätze anzuwenden:

(a) den modifizierten rückwirkenden Ansatz gemäß den Paragraphen C6–C19A, vorbehaltlich des Paragraphen C6 (a), oder

(b) den Ansatz auf Basis des beizulegenden Zeitwerts gemäß den Paragraphen C20–C24B.

C5A Unbeschadet des Paragraphen C5 kann ein Unternehmen den Fair-Value-Ansatz gemäß den Paragraphen C20–C24B auf eine Gruppe von Versicherungsverträgen mit direkter Überschussbeteiligung, auf die das Unternehmen IFRS 17 rückwirkend anwenden könnte, nur dann anwenden, wenn

(a) es das Wahlrecht ausübt, die Risikominderungsoption gemäß Paragraph B115 ab dem Übergangszeitpunkt prospektiv auf die Gruppe von Versicherungsverträgen anzuwenden, und

(b) es bereits vor dem Übergangszeitpunkt zur Minderung des finanziellen Risikos aus der Gruppe von Versicherungsverträgen Derivate oder erfolgswirksam zum beizulegenden Zeitwert bewertete nicht-derivative Finanzinstrumente oder gehaltene Rückversicherungsverträge eingesetzt hat, wie in Paragraph B115 festgelegt.

statements when applying IFRS 17 in subsequent interim financial statements and in the annual reporting period. The entity shall apply its choice of accounting policy to all groups of insurance contracts it issues and groups of reinsurance contracts it holds.

APPENDIX C

Effective date and transition

This appendix is an integral part of IFRS 17 Insurance Contracts.

Effective date

An entity shall apply IFRS 17 for annual reporting periods beginning on or after 1 January 2023. If an entity applies IFRS 17 earlier, it shall disclose that fact. Early application is permitted for entities that apply IFRS 9 *Financial Instruments* on or before the date of initial application of IFRS 17. C1

For the purposes of the transition requirements in paragraphs C1 and C3—C33: C2
(a) the date of initial application is the beginning of the annual reporting period in which an entity first applies IFRS 17; and
(b) the transition date is the beginning of the annual reporting period immediately preceding the date of initial application.

Initial Application of IFRS 17 and IFRS 9—Comparative Information, issued in December 2021, added paragraphs C28A—C28E and C33A. An entity that chooses to apply paragraphs C28A—C28E and C33A shall apply them on initial application of IFRS 17. C2A

Transition

Unless it is impracticable to do so, or paragraph C5A applies, an entity shall apply IFRS 17 retrospectively, except that: C3
(a) an entity is not required to present the quantitative information required by paragraph 28 (f) of IAS 8 *Accounting Policies, Changes in Accounting Estimates and Errors*; and
(b) an entity shall not apply the option in paragraph B115 for periods before the transition date. An entity may apply the option in paragraph B115 prospectively on or after the transition date if, and only if, the entity designates risk mitigation relationships at or before the date it applies the option.

To apply IFRS 17 retrospectively, an entity shall at the transition date: C4
(a) identify, recognise and measure each group of insurance contracts as if IFRS 17 had always applied;
(aa) identify, recognise and measure any assets for insurance acquisition cash flows as if IFRS 17 had always applied (except that an entity is not required to apply the recoverability assessment in paragraph 28E before the transition date);
(b) derecognise any existing balances that would not exist had IFRS 17 always applied; and
(c) recognise any resulting net difference in equity.

If, and only if, it is impracticable for an entity to apply paragraph C3 for a group of insurance contracts, an entity shall apply the following approaches instead of applying paragraph C4 (a): C5
(a) the modified retrospective approach in paragraphs C6—C19A, subject to paragraph C6 (a); or
(b) the fair value approach in paragraphs C20—C24B.

Notwithstanding paragraph C5, an entity may choose to apply the fair value approach in paragraphs C20—C24B for a group of insurance contracts with direct participation features to which it could apply IFRS 17 retrospectively if, and only if: C5A
(a) the entity chooses to apply the risk mitigation option in paragraph B115 to the group of insurance contracts prospectively from the transition date; and
(b) the entity has used derivatives, non-derivative financial instruments measured at fair value through profit or loss, or reinsurance contracts held to mitigate financial risk arising from the group of insurance contracts, as specified in paragraph B115, before the transition date.

C5B Nur dann, wenn es für ein Unternehmen undurchführbar ist, Paragraph C4 (aa) auf als Vermögenswert angesetzte Abschlusskosten anzuwenden, hat das Unternehmen zur Bewertung der als Vermögenswert angesetzten Abschlusskosten die folgenden Ansätze anzuwenden:
(a) den modifizierten rückwirkenden Ansatz gemäß den Paragraphen C14B–C14D und C17A, vorbehaltlich des Paragraphen C6 (a), oder
(b) den Fair-Value-Ansatz gemäß den Paragraphen C24A–C24B.

Modifizierter rückwirkender Ansatz

C6 Zielsetzung des modifizierten rückwirkenden Ansatzes ist es, das Ergebnis zu erzielen, das der rückwirkenden Anwendung anhand angemessener und belastbarer Informationen, die ohne unangemessenen Kosten- oder Zeitaufwand verfügbar sind, am Nächsten kommt. Folglich hat ein Unternehmen bei der Anwendung dieses Ansatzes
(a) angemessene und belastbare Informationen zu verwenden. Wenn das Unternehmen keine angemessenen und belastbaren Informationen beziehen kann, die zur Anwendung des modifizierten rückwirkenden Ansatzes erforderlich sind, hat es den Fair-Value-Ansatz anzuwenden.
(b) soweit wie möglich Informationen zu verwenden, die für die Anwendung eines vollständig rückwirkenden Ansatzes verwendet worden wären, wobei aber nur Informationen zu verwenden sind, die ohne unangemessenen Kosten- oder Zeitaufwand zur Verfügung stehen.

C7 In den Paragraphen C9–C19A sind die zulässigen Anpassungen bei der rückwirkenden Anwendung für die folgenden Bereiche definiert:
(a) Beurteilungen von Versicherungsverträgen oder Gruppen von Versicherungsverträgen, die zu Vertragsbeginn oder beim erstmaligen Ansatz vorgenommen worden wären,
(b) Beträge im Zusammenhang mit der vertraglichen Servicemarge oder der Verlustkomponente für Versicherungsverträge ohne direkte Überschussbeteiligung,
(c) Beträge im Zusammenhang mit der vertraglichen Servicemarge oder der Verlustkomponente für Versicherungsverträge mit direkter Überschussbeteiligung und
(d) versicherungstechnische Finanzerträge oder -aufwendungen.

C8 Um das Ziel des modifizierten rückwirkenden Ansatzes zu erreichen, darf ein Unternehmen jede Anpassung in den Paragraphen C9–C19A nur insofern verwenden, als es nicht über angemessene und belastbare Informationen zur Anwendung eines rückwirkenden Ansatzes verfügt.

Beurteilungen zum Vertragsbeginn oder bei erstmaligem Ansatz

C9 Soweit gemäß Paragraph C8 zulässig, hat ein Unternehmen anhand der zum Übergangszeitpunkt verfügbaren Informationen folgende Festlegungen zu treffen:
(a) wie Gruppen von Versicherungsverträgen unter Anwendung der Paragraphen 14–24 zu bestimmen sind,
(b) ob ein Versicherungsvertrag die Definition eines Versicherungsvertrags mit direkter Überschussbeteiligung unter Anwendung der Paragraphen B101–B109 erfüllt,
(c) wie ermessensabhängige Zahlungsströme für Versicherungsverträge ohne direkte Überschussbeteiligung unter Anwendung der Paragraphen B98–B100 zu bestimmen sind, und
(d) ob ein Kapitalanlagevertrag die Definition eines in den Anwendungsbereich von IFRS 17 fallenden Kapitalanlagevertrags mit ermessensabhängiger Überschussbeteiligung unter Anwendung von Paragraph 71 erfüllt.

C9A Soweit nach Paragraph C8 zulässig, hat ein Unternehmen eine Verbindlichkeit für die Begleichung von Schäden, die vor Übernahme eines Versicherungsvertrags im Rahmen einer Übertragung von Versicherungsverträgen, die keinen Geschäftsbetrieb darstellen, oder im Rahmen eines Unternehmenszusammenschlusses im Anwendungsbereich von IFRS 3 eingetreten sind, als Rückstellung für noch nicht abgewickelte Versicherungsfälle einzustufen.

C10 Soweit nach Paragraph C8 zulässig, darf ein Unternehmen Paragraph 22 nicht anwenden, um Gruppen in solche aufzuteilen, die nur Verträge enthalten, deren Zeichnung mehr als ein Jahr auseinanderliegt.

Bestimmung der vertraglichen Servicemarge oder der Verlustkomponente für Gruppen von Versicherungsverträgen ohne direkte Überschussbeteiligung

C11 Soweit nach Paragraph C8 zulässig, hat ein Unternehmen bei Verträgen ohne direkte Überschussbeteiligung die vertragliche Servicemarge oder die Verlustkomponente der Deckungsrückstellung (siehe Paragraphen 49–52) zum Übergangszeitpunkt unter Anwendung der Paragraphen C12–C16C zu bestimmen.

C12 Soweit nach Paragraph C8 zulässig, hat ein Unternehmen die künftigen Zahlungsströme zum Zeitpunkt des erstmaligen Ansatzes einer Gruppe von Versicherungsverträgen als den Betrag der künftigen Zahlungsströme zum Übergangszeitpunkt (oder zu einem früheren Zeitpunkt, wenn die künftigen Cashflows zu diesem früheren Zeitpunkt rückwirkend unter Anwendung von Paragraph C4 (a) bestimmt werden können) zu schätzen, angepasst um die Zahlungsströme, von denen bekannt ist, dass sie zwischen dem Zeitpunkt des erstmaligen Ansatzes einer Gruppe von Versicherungsverträgen und

If, and only if, it is impracticable for an entity to apply paragraph C4 (aa) for an asset for insurance acquisition cash flows, the entity shall apply the following approaches to measure the asset for insurance acquisition cash flows: C5B
(a) the modified retrospective approach in paragraphs C14B—C14D and C17A, subject to paragraph C6 (a); or
(b) the fair value approach in paragraphs C24A—C24B.

Modified retrospective approach

The objective of the modified retrospective approach is to achieve the closest outcome to retrospective application possible using reasonable and supportable information available without undue cost or effort. Accordingly, in applying this approach, an entity shall: C6
(a) use reasonable and supportable information. If the entity cannot obtain reasonable and supportable information necessary to apply the modified retrospective approach, it shall apply the fair value approach;
(b) maximise the use of information that would have been used to apply a fully retrospective approach, but need only use information available without undue cost or effort.

Paragraphs C9—C19A set out permitted modifications to retrospective application in the following areas: C7
(a) assessments of insurance contracts or groups of insurance contracts that would have been made at the date of inception or initial recognition;
(b) amounts related to the contractual service margin or loss component for insurance contracts without direct participation features;
(c) amounts related to the contractual service margin or loss component for insurance contracts with direct participation features; and
(d) insurance finance income or expenses.

To achieve the objective of the modified retrospective approach, an entity is permitted to use each modification in paragraphs C9—C19A only to the extent that an entity does not have reasonable and supportable information to apply a retrospective approach. C8

Assessments at inception or initial recognition

To the extent permitted by paragraph C8, an entity shall determine the following matters using information available at the transition date: C9
(a) how to identify groups of insurance contracts, applying paragraphs 14—24;
(b) whether an insurance contract meets the definition of an insurance contract with direct participation features, applying paragraphs B101—B109;
(c) how to identify discretionary cash flows for insurance contracts without direct participation features, applying paragraphs B98—B100; and
(d) whether an investment contract meets the definition of an investment contract with discretionary participation features within the scope of IFRS 17, applying paragraph 71.

To the extent permitted by paragraph C8, an entity shall classify as a liability for incurred claims a liability for settlement of claims incurred before an insurance contract was acquired in a transfer of insurance contracts that do not form a business or in a business combination within the scope of IFRS 3. C9A

To the extent permitted by paragraph C8, an entity shall not apply paragraph 22 to divide groups into those that do not include contracts issued more than one year apart. C10

Determining the contractual service margin or loss component for groups of insurance contracts without direct participation features

To the extent permitted by paragraph C8, for contracts without direct participation features, an entity shall determine the contractual service margin or loss component of the liability for remaining coverage (see paragraphs 49—52) at the transition date by applying paragraphs C12—C16C. C11

To the extent permitted by paragraph C8, an entity shall estimate the future cash flows at the date of initial recognition of a group of insurance contracts as the amount of the future cash flows at the transition date (or earlier date, if the future cash flows at that earlier date can be determined retrospectively, applying paragraph C4 (a)), adjusted by the cash flows that are known to have occurred between the date of initial recognition of a group of insurance contracts and the transition C12

dem Übergangszeitpunkt (oder einem früheren Zeitpunkt) aufgetreten sind. Zahlungsströme, von denen bekannt ist, dass sie aufgetreten sind, umfassen Zahlungsströme aus Verträgen, die vor dem Übergangszeitpunkt erloschen.

C13 Soweit nach Paragraph C8 zulässig, hat ein Unternehmen die Abzinsungssätze, die zum Zeitpunkt des erstmaligen Ansatzes einer Gruppe von Versicherungsverträgen (oder danach) anwendbar waren, wie folgt zu bestimmen:

(a) unter Verwendung einer beobachtbaren Zinsstrukturkurve, die sich mindestens drei Jahre lang unmittelbar vor dem Übergangszeitpunkt der unter Anwendung der Paragraphen 36 und B72–B85 geschätzten Zinsstrukturkurve annähert, wenn eine solche beobachtbare Zinsstrukturkurve existiert.

(b) wenn keine beobachtbare Zinsstrukturkurve gemäß (a) existiert, hat das Unternehmen die Abzinsungssätze zu schätzen, die zum Zeitpunkt des erstmaligen Ansatzes (oder danach) anwendbar waren, indem es einen durchschnittlichen Spread zwischen einer beobachtbaren Zinsstrukturkurve und der unter Anwendung von Paragraph 36 und der Paragraphen B72–B85 geschätzten Zinsstrukturkurve bestimmt und diesen Spread auf diese beobachtbare Zinsstrukturkurve anwendet. Dieser Spread hat dem Mittelwert mindestens der letzten drei Jahre unmittelbar vor dem Übergangszeitpunkt zu entsprechen.

C14 Soweit nach Paragraph C8 zulässig, hat ein Unternehmen die Risikoanpassung für nichtfinanzielle Risiken zum Zeitpunkt des erstmaligen Ansatzes einer Gruppe von Versicherungsverträgen (oder danach) zu bestimmen, indem es die Risikoanpassung für nichtfinanzielle Risiken zum Übergangszeitpunkt um die erwartete Befreiung vom Risiko vor dem Übergangszeitpunkt anpasst. Die erwartete Befreiung vom Risiko wird unter Bezugnahme auf die Befreiung vom Risiko bei ähnlichen Versicherungsverträgen bestimmt, die das Unternehmen zum Übergangszeitpunkt zeichnet.

C14A Unter Anwendung von Paragraph B137 kann ein Unternehmen sich dafür entscheiden, die Behandlung von rechnungslegungsbezogenen Schätzungen aus früheren Zwischenabschlüssen nicht zu ändern. Soweit nach Paragraph C8 zulässig, hat ein solches Unternehmen die vertragliche Servicemarge oder die Verlustkomponente zum Übergangszeitpunkt so zu bestimmen, als ob es vor dem Übergangszeitpunkt keine Zwischenabschlüsse erstellt hätte.

C14B Soweit nach Paragraph C8 zulässig, hat ein Unternehmen die gleiche systematische und rationale Methode zu verwenden, die es erwartungsgemäß nach dem Übergangszeitpunkt verwenden wird, um unter Anwendung von Paragraph 28A die vor dem Übergangszeitpunkt (unter Ausnahme von Beträgen in Bezug auf Versicherungsverträge, die vor dem Übergangszeitpunkt erloschen) gezahlten Abschlusskosten (oder die unter Anwendung eines anderen IFRS als Verbindlichkeit angesetzten Abschlusskosten) folgenden Gruppen zuzuordnen:

(a) Gruppen von Versicherungsverträgen, die zum Übergangszeitpunkt angesetzt werden, und

(b) Gruppen Versicherungsverträgen, für die eine Erwartung besteht, dass sie nach dem Übergangszeitpunkt angesetzt werden.

C14C Bei vor dem Übergangszeitpunkt gezahlten Abschlusskosten, die einer Gruppe von zum Übergangszeitpunkt angesetzten Versicherungsverträgen zugeordnet werden, wird die vertragliche Servicemarge dieser Gruppe angepasst, sofern die erwartungsgemäß in der Gruppe befindlichen Versicherungsverträge zu diesem Zeitpunkt angesetzt werden (siehe Paragraphen 28C und B35C). Andere vor dem Übergangszeitpunkt gezahlte Abschlusskosten, einschließlich derjenigen, die einer Gruppe von Versicherungsverträgen zugeordnet sind, für die eine Erwartung besteht, dass sie nach dem Übergangszeitpunkt angesetzt werden, werden unter Anwendung von Paragraph 28B als Vermögenswert angesetzt.

C14D Wenn ein Unternehmen nicht über angemessene und belastbare Informationen verfügt, um Paragraph C14B anwenden zu können, hat es die folgenden Beträge zum Übergangszeitpunkt auf null festzulegen:

(a) die Anpassung der vertraglichen Servicemarge einer Gruppe von zum Übergangszeitpunkt ausgewiesenen Versicherungsverträgen sowie jegliche als Vermögenswert angesetzten Abschlusskosten in Bezug auf diese Gruppe und

(b) die als Vermögenswert angesetzten Abschlusskosten für Gruppen von Versicherungsverträgen, für die eine Erwartung besteht, dass sie nach dem Übergangszeitpunkt angesetzt werden.

C15 Wenn die Anwendung der Paragraphen C12–C14D zum Zeitpunkt des erstmaligen Ansatzes zu einer vertraglichen Servicemarge führt, muss ein Unternehmen zur Bestimmung der vertraglichen Servicemarge zum Übergangszeitpunkt,

(a) wenn das Unternehmen zur Schätzung der beim erstmaligen Ansatz geltenden Abzinsungssätze Paragraph C13 anwendet, die vertragliche Servicemarge anhand dieser Sätze aufzinsen, und

(b) soweit nach Paragraph C8 zulässig, die Höhe der aufgrund der Übertragung von Leistungen vor dem Übergangszeitpunkt erfolgswirksam ausgewiesenen vertraglichen Servicemarge bestimmen, indem die zu diesem Zeitpunkt verbleibenden Deckungseinheiten mit den gemäß der Gruppe von Verträgen vor dem Übergangszeitpunkt erbrachten Deckungseinheiten (siehe Paragraph B119) verglichen werden.

C16 Wenn die Anwendung der Paragraphen C12–C14D zum Zeitpunkt des erstmaligen Ansatzes zu einer Verlustkomponente der Deckungsrückstellung führt, hat ein Unternehmen etwaige Beträge, die der Verlustkomponente vor dem Übergangszeitpunkt unter Anwendung der Paragraphen C12–C14D und unter Verwendung einer systematischen Zuordnungsgrundlage zugeordnet werden, zu bestimmen.

date (or earlier date). The cash flows that are known to have occurred include cash flows resulting from contracts that ceased to exist before the transition date.

To the extent permitted by paragraph C8, an entity shall determine the discount rates that applied at the date of initial recognition of a group of insurance contracts (or subsequently): C13

(a) using an observable yield curve that, for at least three years immediately before the transition date, approximates the yield curve estimated applying paragraphs 36 and B72—B85, if such an observable yield curve exists;
(b) if the observable yield curve in paragraph (a) does not exist, estimate the discount rates that applied at the date of initial recognition (or subsequently) by determining an average spread between an observable yield curve and the yield curve estimated applying paragraphs 36 and B72—B85, and applying that spread to that observable yield curve. That spread shall be an average over at least three years immediately before the transition date.

To the extent permitted by paragraph C8, an entity shall determine the risk adjustment for non-financial risk at the date of initial recognition of a group of insurance contracts (or subsequently) by adjusting the risk adjustment for non-financial risk at the transition date by the expected release of risk before the transition date. The expected release of risk shall be determined by reference to the release of risk for similar insurance contracts that the entity issues at the transition date. C14

Applying paragraph B137, an entity may choose not to change the treatment of accounting estimates made in previous interim financial statements. To the extent permitted by paragraph C8, such an entity shall determine the contractual service margin or loss component at the transition date as if the entity had not prepared interim financial statements before the transition date. C14A

To the extent permitted by paragraph C8, an entity shall use the same systematic and rational method the entity expects to use after the transition date when applying paragraph 28A to allocate any insurance acquisition cash flows paid (or for which a liability has been recognised applying another IFRS Standard) before the transition date (excluding any amount relating to insurance contracts that ceased to exist before the transition date) to: C14B

(a) groups of insurance contracts that are recognised at the transition date; and
(b) groups of insurance contracts that are expected to be recognised after the transition date.

Insurance acquisition cash flows paid before the transition date that are allocated to a group of insurance contracts recognised at the transition date adjust the contractual service margin of that group, to the extent insurance contracts expected to be in the group have been recognised at that date (see paragraphs 28C and B35C). Other insurance acquisition cash flows paid before the transition date, including those allocated to a group of insurance contracts expected to be recognised after the transition date, are recognised as an asset, applying paragraph 28B. C14C

If an entity does not have reasonable and supportable information to apply paragraph C14B, the entity shall determine the following amounts to be nil at the transition date: C14D

(a) the adjustment to the contractual service margin of a group of insurance contracts recognised at the transition date and any asset for insurance acquisition cash flows relating to that group; and
(b) the asset for insurance acquisition cash flows for groups of insurance contracts expected to be recognised after the transition date.

If applying paragraphs C12—C14D results in a contractual service margin at the date of initial recognition, to determine the contractual service margin at the date of transition an entity shall: C15

(a) if the entity applies C13 to estimate the discount rates that apply on initial recognition, use those rates to accrete interest on the contractual service margin; and
(b) to the extent permitted by paragraph C8, determine the amount of the contractual service margin recognised in profit or loss because of the transfer of services before the transition date, by comparing the remaining coverage units at that date with the coverage units provided under the group of contracts before the transition date (see paragraph B119).

If applying paragraphs C12—C14D results in a loss component of the liability for remaining coverage at the date of initial recognition, an entity shall determine any amounts allocated to the loss component before the transition date applying paragraphs C12—C14D and using a systematic basis of allocation. C16

C16A Für eine Gruppe von gehaltenen Rückversicherungsverträgen, die für eine belastende Gruppe von Versicherungsverträgen Versicherungsschutz bietet und die vor oder gleichzeitig mit der Zeichnung der Versicherungsverträge geschlossen wurde, hat ein Unternehmen eine Verlustrückerstattungskomponente für den zum Übergangszeitpunkt angesetzten Vermögenswert für zukünftigen Versicherungsschutz zu bilden (siehe Paragraphen 66A und 66B). Soweit nach Paragraph C8 zulässig, hat ein Unternehmen die Verlustrückerstattungskomponente durch Multiplikation folgender Faktoren festzulegen:

(a) Verlustkomponente der Deckungsrückstellung der zugrunde liegenden Versicherungsverträge zum Übergangszeitpunkt (siehe Paragraphen C16 und C20) und

(b) Prozentsatz der Schäden aus den zugrunde liegenden Versicherungsverträgen, bei denen das Unternehmen erwartet, dass es sie aus der Gruppe seiner gehaltenen Rückversicherungsverträge wieder erstattet bekommen kann.

C16B In eine belastende Gruppe von Versicherungsverträgen könnte ein Unternehmen zum Übergangszeitpunkt unter Anwendung der Paragraphen 14–22 sowohl die durch eine Gruppe von gehaltenen Rückversicherungsverträgen gedeckten belastenden Versicherungsverträge als auch die durch die Gruppe von gehaltenen Rückversicherungsverträgen nicht gedeckten belastenden Versicherungsverträge mitaufnehmen. Um in solchen Fällen Paragraph C16A anzuwenden, hat das Unternehmen anhand einer systematischen und rationalen Zuordnungsgrundlage den Anteil der Verlustkomponente der Gruppe von Versicherungsverträgen zu ermitteln, der sich auf die Versicherungsverträge bezieht, die durch die Gruppe von gehaltenen Rückversicherungsverträgen gedeckt sind.

C16C Wenn ein Unternehmen nicht über angemessene und belastbare Informationen verfügt, um Paragraph C16A anwenden zu können, hat es für die Gruppe von gehaltenen Rückversicherungsverträgen keine Verlustrückerstattungskomponente zu bilden.

Bestimmung der vertraglichen Servicemarge oder der Verlustkomponente für Versicherungsverträge mit direkter Überschussbeteiligung

C17 Soweit gemäß Paragraph C8 zulässig, hat ein Unternehmen für Verträge mit direkter Überschussbeteiligung die vertragliche Servicemarge oder die Verlustkomponente der Deckungsrückstellung zum Übergangszeitpunkt zu bestimmen als:

(a) den gesamten beizulegenden Zeitwert der zugrunde liegenden Referenzwerte zu diesem Zeitpunkt, abzüglich

(b) der Erfüllungswerte zu diesem Zeitpunkt, plus oder minus

(c) einer Anpassung um:

  (i) Beträge, die das Unternehmen den Versicherungsnehmern vor diesem Zeitpunkt in Rechnung gestellt hat (einschließlich der von den zugrunde liegenden Referenzwerte einbehaltenen Beträge),

  (ii) vor diesem Zeitpunkt gezahlte Beträge, die nicht in Abhängigkeit von den zugrunde liegenden Referenzwerten geschwankt hätten,

  (iii) die durch die Befreiung vom Risiko vor diesem Zeitpunkt verursachte Änderung der Risikoanpassung für nichtfinanzielle Risiken. Das Unternehmen hat diesen Betrag unter Bezugnahme auf die Risikobefreiung bei ähnlichen Versicherungsverträgen zu schätzen, die das Unternehmen zum Übergangszeitpunkt zeichnet,

  (iv) vor dem Übergangszeitpunkt gezahlte Abschlusskosten (oder für die unter Anwendung eines anderen IFRS eine Verbindlichkeit angesetzt wurde), die der Gruppe zugeordnet werden (siehe Paragraph C17A).

(d) wenn (a)–(c) zu einer vertraglichen Servicemarge führen: abzüglich des Betrags der vertraglichen Servicemarge, der sich auf vor diesem Zeitpunkt erbrachte Leistungen bezieht. Die Summe aus (a)–(c) steht stellvertretend für die gesamte vertragliche Servicemarge für alle im Rahmen der Gruppe von Verträgen zu erbringenden Leistungen, d. h. vor etwaigen Beträgen, die für erbrachte Leistungen erfolgswirksam erfasst worden wären. Das Unternehmen hat die Beträge zu schätzen, die für erbrachte Leistungen erfolgswirksam erfasst worden wären, indem es die zum Übergangszeitpunkt verbleibenden Deckungseinheiten mit den im Rahmen der Gruppe von Verträgen vor dem Übergangszeitpunkt erbrachten Deckungseinheiten vergleicht, oder

(e) wenn (a)–(c) zu einer Verlustkomponente führen: Anpassung der Verlustkomponente auf null und Erhöhung der Deckungsrückstellung – mit Ausnahme der Verlustkomponente – um denselben Betrag.

C17A Soweit nach Paragraph C8 zulässig, hat ein Unternehmen einen Vermögenswert für die Abschlusskosten – und auch jede etwaige Anpassung der vertraglichen Servicemarge einer Gruppe von Versicherungsverträgen mit direkter Überschussbeteiligung um die Abschlusskosten (siehe Paragraph C17 (c) (iv)) – unter Anwendung der Paragraphen C14B–C14D anzusetzen.

Versicherungstechnische Finanzerträge oder -aufwendungen

C18 Für Gruppen von Versicherungsverträgen, die – unter Anwendung von Paragraph C10 – Verträge umfassen, deren Abschluss mehr als ein Jahr auseinanderliegt,

(a) ist es einem Unternehmen gestattet, die Abzinsungssätze zum Zeitpunkt des erstmaligen Ansatzes einer Gruppe gemäß den Paragraphen B72 (b)–B72 (e) (ii) und die Abzinsungssätze zum Zeitpunkt des entstandenen Schadens gemäß Paragraph B72 (e) (iii) zum Übergangszeitpunkt anstatt zum Zeitpunkt des erstmaligen Ansatzes oder des entstandenen Schadens zu bestimmen.

(b) wenn ein Unternehmen das Wahlrecht gemäß Paragraph 88 (b) oder 89 (b) ausübt und seine versicherungstechnischen Finanzerträge oder -aufwendungen in erfolgswirksam und in ergebnisneutral (im sonstigen Ergebnis) erfasste

For a group of reinsurance contracts held that provides coverage for an onerous group of insurance contracts and was entered into before or at the same time that the insurance contracts were issued, an entity shall establish a loss- recovery component of the asset for remaining coverage at the transition date (see paragraphs 66A—66B). To the extent permitted by paragraph C8, an entity shall determine the loss-recovery component by multiplying: **C16A**

(a) the loss component of the liability for remaining coverage for the underlying insurance contracts at the transition date (see paragraphs C16 and C20); and
(b) the percentage of claims for the underlying insurance contracts the entity expects to recover from the group of reinsurance contracts held.

Applying paragraphs 14—22, at the transition date an entity might include in an onerous group of insurance contracts both onerous insurance contracts covered by a group of reinsurance contracts held and onerous insurance contracts not covered by the group of reinsurance contracts held. To apply paragraph C16A in such cases, an entity shall use a systematic and rational basis of allocation to determine the portion of the loss component of the group of insurance contracts that relates to insurance contracts covered by the group of reinsurance contracts held. **C16B**

If an entity does not have reasonable and supportable information to apply paragraph C16A, the entity shall not identify a loss-recovery component for the group of reinsurance contracts held. **C16C**

Determining the contractual service margin or loss component for groups of insurance contracts with direct participation features

To the extent permitted by paragraph C8, for contracts with direct participation features an entity shall determine the contractual service margin or loss component of the liability for remaining coverage at the transition date as: **C17**

(a) the total fair value of the underlying items at that date; minus
(b) the fulfilment cash flows at that date; plus or minus
(c) an adjustment for:
  (i) amounts charged by the entity to the policyholders (including amounts deducted from the underlying items) before that date;
  (ii) amounts paid before that date that would not have varied based on the underlying items;
  (iii) the change in the risk adjustment for non-financial risk caused by the release from risk before that date. The entity shall estimate this amount by reference to the release of risk for similar insurance contracts that the entity issues at the transition date;
  (iv) insurance acquisition cash flows paid (or for which a liability has been recognised applying another IFRS Standard) before the transition date that are allocated to the group (see paragraph C17A).
(d) if (a)—(c) result in a contractual service margin—minus the amount of the contractual service margin that relates to services provided before that date. The total of (a)—(c) is a proxy for the total contractual service margin for all services to be provided under the group of contracts, i.e. before any amounts that would have been recognised in profit or loss for services provided. The entity shall estimate the amounts that would have been recognised in profit or loss for services provided by comparing the remaining coverage units at the transition date with the coverage units provided under the group of contracts before the transition date; or
(e) if (a)—(c) result in a loss component—adjust the loss component to nil and increase the liability for remaining coverage excluding the loss component by the same amount.

To the extent permitted by paragraph C8, an entity shall apply paragraphs C14B—C14D to recognise an asset for insurance acquisition cash flows, and any adjustment to the contractual service margin of a group of insurance contracts with direct participation features for insurance acquisition cash flows (see paragraph C17 (c) (iv)). **C17A**

Insurance finance income or expenses

For groups of insurance contracts that, applying paragraph C10, include contracts issued more than one year apart: **C18**

(a) an entity is permitted to determine the discount rates at the date of initial recognition of a group specified in paragraphs B72 (b)—B72 (e) (ii) and the discount rates at the date of the incurred claim specified in paragraph B72 (e) (iii) at the transition date instead of at the date of initial recognition or incurred claim;
(b) if an entity chooses to disaggregate insurance finance income or expenses between amounts included in profit or loss and amounts included in other comprehensive income applying paragraphs 88 (b) or 89 (b), the entity needs to determine the cumulative amount of insurance finance income or expenses recognised in other comprehensive

Beträge aufteilt, muss es den kumulativen Betrag der versicherungstechnischen Finanzerträge oder -aufwendungen bestimmen, der zum Übergangszeitpunkt erfolgsneutral erfasst wird, um Paragraph 91 (a) in künftigen Berichtsperioden anwenden zu können. Es ist dem Unternehmen gestattet, diesen kumulativen Betrag entweder unter Anwendung von Paragraph C19 (b) zu bestimmen, oder

(i) mit null anzusetzen, es sei denn, (ii) ist anwendbar, und

(ii) bei Versicherungsverträgen mit direkter Überschussbeteiligung, auf die Paragraph B134 anwendbar ist: in gleicher Höhe wie den ergebnisneutral im sonstigen Ergebnis erfassten kumulativen Betrag der zugrunde liegenden Referenzwerte anzusetzen.

C19 Bei Gruppen von Versicherungsverträgen, die keine Verträge umfassen, deren Abschluss mehr als ein Jahr auseinanderliegt:

(a) wenn ein Unternehmen zur Schätzung der beim erstmaligen Ansatz (oder danach) angewandten Abzinsungssätze Paragraph C13 anwendet, hat es auch die in den Paragraphen B72 (b)–B72 (e) angegebenen Abzinsungssätze gemäß Paragraph C13 zu bestimmen, und

(b) wenn ein Unternehmen das Wahlrecht gemäß Paragraph 88 (b) oder 89 (b) ausübt und seine versicherungstechnischen Finanzerträge oder -aufwendungen in erfolgswirksam (in der Gewinn- und Verlustrechnung) und in erfolgsneutral (im sonstigen Ergebnis) erfasste Beträge aufteilt, muss es den kumulativen Betrag der versicherungstechnischen Finanzerträge oder -aufwendungen bestimmen, der zum Übergangszeitpunkt ergebnisneutral ausgewiesen wird, um Paragraph 91 (a) in künftigen Berichtsperioden anwenden zu können. Das Unternehmen hat diesen kumulativen Betrag wie folgt zu bestimmen:

(i) bei Versicherungsverträgen, auf die das Unternehmen die in Paragraph B131 dargestellten Methoden der systematischen Zuordnung anwenden wird, wenn das Unternehmen zur Schätzung der Abzinsungssätze beim erstmaligen Ansatz Paragraph C13 anwendet: unter Verwendung der Abzinsungssätze, die zum Zeitpunkt des erstmaligen Ansatzes angewandt wurden, ebenfalls unter Anwendung von Paragraph C13,

(ii) bei Versicherungsverträgen, auf die ein Unternehmen die in Paragraph B132 dargestellten Methoden der systematischen Zuordnung anwenden wird: ausgehend davon, dass die Annahmen in Bezug auf das finanzielle Risiko, die zum Zeitpunkt des erstmaligen Ansatzes galten, auch diejenigen sind, die zum Übergangszeitpunkt gelten, d. h. das Unternehmen hat diesen kumulativen Betrag mit null anzusetzen,

(iii) bei Versicherungsverträgen, auf die ein Unternehmen die in Paragraph B133 dargestellten Methoden der systematischen Zuordnung anwenden wird, wenn das Unternehmen zur Schätzung der Abzinsungssätze beim erstmaligen Ansatz (oder danach) Paragraph C13 anwendet: unter Verwendung der Abzinsungssätze, die zum Zeitpunkt des entstandenen Schadens angewandt wurden, ebenfalls unter Anwendung von Paragraph C13, und

(iv) bei Versicherungsverträgen mit direkter Überschussbeteiligung, auf die Paragraph B134 anwendbar ist: in gleicher Höhe wie der ergebnisneutral im sonstigen Ergebnis erfasste kumulative Betrag aus den zugrunde liegenden Referenzwerten.

C19A Unter Anwendung von Paragraph B137 kann ein Unternehmen sich dafür entscheiden, die Behandlung von rechnungslegungsbezogenen Schätzungen aus früheren Zwischenabschlüssen nicht zu ändern. Soweit nach Paragraph C8 zulässig, hat ein Unternehmen, das sich hierfür entscheidet, die Beträge in Bezug auf versicherungstechnische Finanzerträge oder -aufwendungen zum Übergangszeitpunkt so zu bestimmen, als ob es vor dem Übergangszeitpunkt keine Zwischenabschlüsse erstellt hätte.

Fair-Value-Ansatz

C20 Zur Anwendung des Fair-Value-Ansatzes hat ein Unternehmen die vertragliche Servicemarge oder die Verlustkomponente der Deckungsrückstellung zum Übergangszeitpunkt als die Differenz zwischen dem beizulegenden Zeitwert einer Gruppe von Versicherungsverträgen zu diesem Zeitpunkt und den zu diesem Zeitpunkt bewerteten Erfüllungswerten zu bestimmen. Zur Bestimmung dieses beizulegenden Zeitwerts hat ein Unternehmen Paragraph 47 von IFRS 13 Bewertung zum beizulegenden Zeitwert (betreffend das Merkmal kurzfristiger Abrufbarkeit) nicht anzuwenden.

C20A Bei einer Gruppe von gehaltenen Rückversicherungsverträgen, auf die die Paragraphen 66A und 66B anwendbar sind (ohne dass die in Paragraph B119C aufgeführten Bedingungen erfüllt sein müssen), hat ein Unternehmen die Verlusterstattungskomponente des angesetzten Vermögenswerts für zukünftigen Versicherungsschutz zum Übergangszeitpunkt durch Multiplikation folgender Faktoren festzulegen:

(a) Verlustkomponente der Deckungsrückstellung der zugrunde liegenden Versicherungsverträge zum Übergangszeitpunkt (siehe Paragraphen C16 und C20) und

(b) Prozentsatz der Schäden aus den zugrunde liegenden Versicherungsverträgen, bei denen das Unternehmen erwartet, dass es sie aus der Gruppe seiner gehaltenen Rückversicherungsverträge wieder erstattet bekommen kann.

C20B In eine belastende Gruppe von Versicherungsverträgen könnte ein Unternehmen zum Übergangszeitpunkt unter Anwendung der Paragraphen 14–22 sowohl die durch eine Gruppe von gehaltenen Rückversicherungsverträgen gedeckten belastenden Versicherungsverträge als auch die durch die Gruppe von gehaltenen Rückversicherungsverträgen nicht gedeckten belastenden Versicherungsverträge mitaufnehmen. Um in solchen Fällen Paragraph C20A anzuwenden, hat das Unternehmen anhand einer systematischen und rationalen Zuordnungsgrundlage den Anteil der Verlustkomponente

income at the transition date to apply paragraph 91 (a) in future periods. The entity is permitted to determine that cumulative amount either by applying paragraph C19 (b) or:

(i) as nil, unless (ii) applies; and

(ii) for insurance contracts with direct participation features to which paragraph B134 applies, as equal to the cumulative amount recognised in other comprehensive income on the underlying items.

For groups of insurance contracts that do not include contracts issued more than one year apart: C19

(a) if an entity applies paragraph C13 to estimate the discount rates that applied at initial recognition (or subsequently), it shall also determine the discount rates specified in paragraphs B72 (b)—B72 (e) applying paragraph C13; and

(b) if an entity chooses to disaggregate insurance finance income or expenses between amounts included in profit or loss and amounts included in other comprehensive income, applying paragraphs 88 (b) or 89 (b), the entity needs to determine the cumulative amount of insurance finance income or expenses recognised in other comprehensive income at the transition date to apply paragraph 91 (a) in future periods. The entity shall determine that cumulative amount:

(i) for insurance contracts for which an entity will apply the methods of systematic allocation set out in paragraph B131—if the entity applies paragraph C13 to estimate the discount rates at initial recognition—using the discount rates that applied at the date of initial recognition, also applying paragraph C13;

(ii) for insurance contracts for which an entity will apply the methods of systematic allocation set out in paragraph B132—on the basis that the assumptions that relate to financial risk that applied at the date of initial recognition are those that apply on the transition date, i.e. as nil;

(iii) for insurance contracts for which an entity will apply the methods of systematic allocation set out in paragraph B133—if the entity applies paragraph C13 to estimate the discount rates at initial recognition (or subsequently)—using the discount rates that applied at the date of the incurred claim, also applying paragraph C13; and

(iv) for insurance contracts with direct participation features to which paragraph B134 applies—as equal to the cumulative amount recognised in other comprehensive income on the underlying items.

Applying paragraph B137, an entity may choose not to change the treatment of accounting estimates made in previous interim financial statements. To the extent permitted by paragraph C8, such an entity shall determine amounts related to insurance finance income or expenses at the transition date as if it had not prepared interim financial statements before the transition date. C19A

Fair value approach

To apply the fair value approach, an entity shall determine the contractual service margin or loss component of the liability for remaining coverage at the transition date as the difference between the fair value of a group of insurance contracts at that date and the fulfilment cash flows measured at that date. In determining that fair value, an entity shall not apply paragraph 47 of IFRS 13 *Fair Value Measurement* (relating to demand features). C20

For a group of reinsurance contracts held to which paragraphs 66A—66B apply (without the need to meet the condition set out in paragraph B119C), an entity shall determine the loss-recovery component of the asset for remaining coverage at the transition date by multiplying: C20A

(a) the loss component of the liability for remaining coverage for the underlying insurance contracts at the transition date (see paragraphs C16 and C20); and

(b) the percentage of claims for the underlying insurance contracts the entity expects to recover from the group of reinsurance contracts held.

Applying paragraphs 14—22, at the transition date an entity might include in an onerous group of insurance contracts both onerous insurance contracts covered by a group of reinsurance contracts held and onerous insurance contracts not covered by the group of reinsurance contracts held. To apply paragraph C20A in such cases, an entity shall use a systematic C20B

der Gruppe von Versicherungsverträgen zu ermitteln, der sich auf die Versicherungsverträge bezieht, die durch die Gruppe von gehaltenen Rückversicherungsverträgen gedeckt sind.

C21 Bei Anwendung des Fair-Value-Ansatzes kann ein Unternehmen Paragraph C22 anwenden, um Folgendes zu bestimmen:
(a) wie Gruppen von Versicherungsverträgen unter Anwendung der Paragraphen 14–24 zu bestimmen sind,
(b) ob ein Versicherungsvertrag die Definition eines Versicherungsvertrags mit direkter Überschussbeteiligung unter Anwendung der Paragraphen B101–B109 erfüllt,
(c) wie ermessensabhängige Zahlungsströme für Versicherungsverträge ohne direkte Überschussbeteiligung unter Anwendung der Paragraphen B98–B100 zu bestimmen sind, und
(d) ob ein Kapitalanlagevertrag die Definition eines in den Anwendungsbereich von IFRS 17 fallenden Kapitalanlagevertrags mit ermessensabhängiger Überschussbeteiligung unter Anwendung von Paragraph 71 erfüllt.

C22 Ein Unternehmen kann die Punkte in Paragraph C21 bestimmen, indem genutzt werden:
(a) angemessene und belastbare Informationen darüber, was das Unternehmen in Anbetracht der Vertragsbestimmungen und der Marktbedingungen zum Zeitpunkt des Beginns oder, falls zutreffend, beim erstmaligen Ansatz des Vertrags festgelegt hätte, oder
(b) verfügbare angemessene und belastbare Informationen zum Übergangszeitpunkt.

C22A Bei Anwendung des Fair-Value-Ansatzes hat ein Unternehmen das Wahlrecht, eine Verbindlichkeit für die Begleichung von Schäden, die vor Übernahme eines Versicherungsvertrags im Rahmen einer Übertragung von Versicherungsverträgen, die keinen Geschäftsbetrieb darstellen, oder im Rahmen eines Unternehmenszusammenschlusses im Anwendungsbereich von IFRS 3 eingetreten sind, als Rückstellung für noch nicht abgewickelte Versicherungsfälle einzustufen.

C23 Bei Anwendung des Fair-Value-Ansatzes ist ein Unternehmen nicht verpflichtet, Paragraph 22 anzuwenden, und kann in eine Gruppe von Verträgen auch Verträge mitaufnehmen, deren Zeichnung mehr als ein Jahr auseinanderliegt. Ein Unternehmen hat Gruppen nur dann in Gruppen aufzuteilen, die nur innerhalb eines Jahres (oder eines kürzeren Zeitraums) ausgestellte Verträge enthalten, wenn es über angemessene und belastbare Informationen verfügt, um eine solche Aufteilung vornehmen zu können. Unabhängig davon, ob ein Unternehmen Paragraph 22 anwendet oder nicht, darf es die Abzinsungssätze zum Zeitpunkt des erstmaligen Ansatzes einer Gruppe gemäß der Paragraphen B72 (b)–B72 (e) (ii) und die Abzinsungssätze zum Zeitpunkt des entstandenen Schadens gemäß Paragraph B72 (e) (iii) zum Übergangszeitpunkt anstatt zum Zeitpunkt des erstmaligen Ansatzes oder des entstandenen Schadens bestimmen.

C24 Sofern ein Unternehmen das Wahlrecht ausübt, seine versicherungstechnischen Finanzerträge oder -aufwendungen in erfolgswirksam (in der Gewinn- und Verlustrechnung) und in erfolgsneutral (im sonstigen Ergebnis) erfasste Beträge aufzuteilen, ist es dem Unternehmen bei Anwendung des Fair-Value-Ansatzes gestattet, den kumulativen Betrag der zum Übergangszeitpunkt im sonstigen Ergebnis erfassten versicherungstechnischen Finanzerträge oder -aufwendungen folgendermaßen zu bestimmen:
(a) rückwirkend, aber nur wenn es über angemessene und belastbare Informationen verfügt, um dies tun zu können, oder
(b) mit null anzusetzen, es sei denn, (c) ist anwendbar, und
(c) bei Versicherungsverträgen mit direkter Überschussbeteiligung, auf die Paragraph B134 anwendbar ist: in gleicher Höhe wie der erfolgsneutral im sonstigen Ergebnis erfasste kumulative Betrag aus den zugrunde liegenden Referenzwerten.

Als Vermögenswert angesetzte Abschlusskosten

C24A Bei Anwendung des Fair-Value-Ansatzes auf als Vermögenswerte angesetzte Abschlusskosten (siehe Paragraph C5B (b)) hat ein Unternehmen die als Vermögenswerte angesetzten Abschlusskosten zum Übergangszeitpunkt in gleicher Höhe festzulegen wie die Abschlusskosten, die dem Unternehmen zum Übergangszeitpunkt für die Rechte entstehen würden, Folgendes zu erhalten:
(a) Rückerstattung von Abschlusskosten aus Prämien von Versicherungsverträgen, die vor dem Übergangszeitpunkt ausgestellt worden waren, die aber zum Übergangszeitpunkt nicht angesetzt waren,
(b) künftige Versicherungsverträge, bei denen es sich um Verlängerungen von Versicherungsverträgen, die zum Übergangszeitpunkt angesetzt waren, und von unter (a) beschriebenen Versicherungsverträgen handelt, und
(c) künftige Versicherungsverträge nach dem Übergangszeitpunkt, bei denen es sich nicht um die unter (b) angeführten handelt und bei denen dem Unternehmen keine erneuten Abschlusskosten entstehen, weil es Abschlusskosten, die dem zugehörigen Portfolio von Versicherungsverträgen einzeln zugeordnet werden können, bereits bezahlt hat.

C24B Zum Übergangszeitpunkt hat das Unternehmen den Betrag jedweder als Vermögenswert angesetzter Abschlusskosten aus der Bewertung jeglicher Gruppen von Versicherungsverträgen auszuschließen.

Vergleichsinformationen

C25 Ungeachtet der Bezugnahme auf das Berichtsjahr unmittelbar vor dem Zeitpunkt der erstmaligen Anwendung in Paragraph C2 (b) kann ein Unternehmen auch angepasste Vergleichsinformationen für jedwede frühere Vorperioden unter

and rational basis of allocation to determine the portion of the loss component of the group of insurance contracts that relates to insurance contracts covered by the group of reinsurance contracts held.

In applying the fair value approach, an entity may apply paragraph C22 to determine: C21
(a) how to identify groups of insurance contracts, applying paragraphs 14—24;
(b) whether an insurance contract meets the definition of an insurance contract with direct participation features, applying paragraphs B101—B109;
(c) how to identify discretionary cash flows for insurance contracts without direct participation features, applying paragraphs B98—B100; and
(d) whether an investment contract meets the definition of an investment contract with discretionary participation features within the scope of IFRS 17, applying paragraph 71.

An entity may choose to determine the matters in paragraph C21 using: C22
(a) reasonable and supportable information for what the entity would have determined given the terms of the contract and the market conditions at the date of inception or initial recognition, as appropriate; or
(b) reasonable and supportable information available at the transition date.

In applying the fair value approach, an entity may choose to classify as a liability for incurred claims a liability for settlement of claims incurred before an insurance contract was acquired in a transfer of insurance contracts that do not form a business or in a business combination within the scope of IFRS 3. C22A

In applying the fair value approach, an entity is not required to apply paragraph 22, and may include in a group contracts issued more than one year apart. An entity shall only divide groups into those including only contracts issued within a year (or less) if it has reasonable and supportable information to make the division. Whether or not an entity applies paragraph 22, it is permitted to determine the discount rates at the date of initial recognition of a group specified in paragraphs B72 (b)—B72 (e) (ii) and the discount rates at the date of the incurred claim specified in paragraph B72 (e) (iii) at the transition date instead of at the date of initial recognition or incurred claim. C23

In applying the fair value approach, if an entity chooses to disaggregate insurance finance income or expenses between profit or loss and other comprehensive income, it is permitted to determine the cumulative amount of insurance finance income or expenses recognised in other comprehensive income at the transition date: C24
(a) retrospectively—but only if it has reasonable and supportable information to do so; or
(b) as nil—unless (c) applies; and
(c) for insurance contracts with direct participation features to which paragraph B134 applies—as equal to the cumulative amount recognised in other comprehensive income from the underlying items.

Asset for insurance acquisition cash flows

In applying the fair value approach for an asset for insurance acquisition cash flows (see paragraph C5B (b)), at the transition date, an entity shall determine an asset for insurance acquisition cash flows at an amount equal to the insurance acquisition cash flows the entity would incur at the transition date for the rights to obtain: C24A
(a) recoveries of insurance acquisition cash flows from premiums of insurance contracts issued before the transition date but not recognised at the transition date;
(b) future insurance contracts that are renewals of insurance contracts recognised at the transition date and insurance contracts described in (a); and
(c) future insurance contracts, other than those in (b), after the transition date without paying again insurance acquisition cash flows the entity has already paid that are directly attributable to the related portfolio of insurance contracts.

At the transition date, the entity shall exclude from the measurement of any groups of insurance contracts the amount of any asset for insurance acquisition cash flows. C24B

Comparative information

Notwithstanding the reference to the annual reporting period immediately preceding the date of initial application in paragraph C2 (b), an entity may also present adjusted comparative information applying IFRS 17 for any earlier periods C25

Anwendung von IFRS 17 vorlegen, ist dazu aber nicht verpflichtet. Wenn ein Unternehmen angepasste Vergleichsinformationen für jedwede Vorperioden vorlegt, ist der Verweis auf „den Beginn des Geschäftsjahrs, das dem Zeitpunkt der erstmaligen Anwendung unmittelbar vorausgeht" in Paragraph C2 (b) zu verstehen als „der Beginn der frühesten angepassten dargestellten Vergleichsperiode".

C26 Ein Unternehmen ist nicht verpflichtet, die in den Paragraphen 93–132 aufgeführten Angaben für dargestellten Berichtsperioden zu machen, die vor dem Beginn des Geschäftsjahrs liegen, das dem Zeitpunkt der erstmaligen Anwendung unmittelbar vorausgeht.

C27 Wenn das Unternehmen für frühere Berichtsperioden nicht angepasste Vergleichsinformationen und Angaben vorlegt, hat es die Informationen deutlich zu kennzeichnen, die nicht angepasst wurden, und anzugeben, dass die Informationen auf einer anderen Grundlage erstellt wurden, und es hat diese Grundlage zu erläutern.

C28 Ein Unternehmen braucht keine bisher unveröffentlichten Informationen über die Schadenentwicklung anzugeben, wenn der Schaden mehr als fünf Jahre vor dem Ende des Geschäftsjahrs, in dem das Unternehmen IFRS 17 erstmals anwendet, zurückliegt. Falls ein Unternehmen diese Informationen jedoch nicht offenlegt, hat es dies anzugeben.

Unternehmen, die IFRS 17 und IFRS 9 gleichzeitig erstmalig anwenden

C28A Ein Unternehmen, das IFRS 17 und IFRS 9 gleichzeitig erstmalig anwendet, darf die Paragraphen C28B–C28E (Klassifizierungsüberlagerung) zur Darstellung von Vergleichsinformationen über einen finanziellen Vermögenswert anwenden, wenn die Vergleichsinformationen für den jeweiligen finanziellen Vermögenswert nicht für IFRS 9 angepasst wurden. Vergleichsinformationen für einen finanziellen Vermögenswert werden nicht für IFRS 9 angepasst, wenn entweder das Unternehmen sich für die Nichtanpassung früherer Perioden entscheidet (siehe Paragraph 7.2.15 von IFRS 9), oder wenn das Unternehmen frühere Perioden anpasst, der finanzielle Vermögenswert aber in diesen früheren Perioden ausgebucht wurde (siehe Paragraph 7.2.1 von IFRS 9).

C28B Wendet ein Unternehmen die Klassifizierungsüberlagerung auf einen finanziellen Vermögenswert an, so hat es Vergleichsinformationen so darzustellen, als ob auf diesen finanziellen Vermögenswert die Einstufungs- und Bewertungsvorschriften von IFRS 9 angewandt worden wären. Zur Bestimmung der bei der erstmaligen Anwendung von IFRS 9 erwarteten Einstufung und Bewertung hat das Unternehmen zum Übergangszeitpunkt verfügbare angemessene und belastbare Informationen zu verwenden (siehe Paragraph C2 (b)) (das Unternehmen kann beispielsweise die zur Vorbereitung auf die erstmalige Anwendung von IFRS 9 vorgenommenen vorläufigen Bewertungen verwenden).

C28C Die Anwendung der Klassifizierungsüberlagerung auf einen finanziellen Vermögenswert verpflichtet ein Unter nehmen nicht zur Anwendung der Wertminderungsvorschriften in Abschnitt 5.5 von IFRS 9. Würde der finanzielle Vermögenswert ausgehend von der Einstufung gemäß Paragraph C28B den Wertminderungsvorschriften in Abschnitt 5.5 von IFRS 9 unterliegen, das Unternehmen diese Vorschriften bei Anwendung der Klassifizierungsüberlagerung jedoch nicht anwenden, so hat das Unternehmen weiterhin jeden in der vorangegangenen Periode angesetzten Wertminderungsbetrag gemäß IAS 39 – *Finanzinstrumente: Ansatz und Bewertung* darzustellen. Andernfalls ist eine entsprechende Wertaufholung vorzunehmen.

C28D Etwaige Differenzen zwischen dem bisherigen Buchwert eines finanziellen Vermögenswerts und dem sich aus der Anwendung der Paragraphen C28B–C28C ergebenden Buchwert zum Übergangszeitpunkt sind im Eröffnungsbilanzwert der Gewinnrücklagen (oder, falls angemessen, einer sonstigen Eigenkapitalkomponente) zum Übergangszeitpunkt anzusetzen.

C28E Ein Unternehmen, das die Paragraphen C28B–C28D anwendet,

(a) hat qualitative Angaben zu machen, die es den Abschlussadressaten ermöglichen, sich ein Bild davon zu machen,
   (i) in welchem Umfang die Klassifizierungsüberlagerung angewandt wurde (z. B. ob sie auf alle in der Vergleichsperiode ausgebuchten finanziellen Vermögenswerte angewandt wurde);
   (ii) ob und in welchem Umfang die Wertminderungsvorschriften in Abschnitt 5.5 von IFRS 9 angewandt wurden (siehe Paragraph C28C);

(b) darf diese Paragraphen nur auf Vergleichsinformationen für Berichtsperioden zwischen dem Zeitpunkt des Übergangs zu IFRS 17 und dem Zeitpunkt der erstmaligen Anwendung von IFRS 17 anwenden (siehe die Paragraphen C2 und C25) und

(c) hat zum Zeitpunkt der erstmaligen Anwendung von IFRS 9 die Übergangsvorschriften von IFRS 9 anzuwenden (siehe Abschnitt 7.2 von IFRS 9).

Neudesignation finanzieller Vermögenswerte

C29 Zum Zeitpunkt der erstmaligen Anwendung von IFRS 17 gilt für ein Unternehmen, das IFRS 9 in den Berichtsjahren vor dem Zeitpunkt der erstmaligen Anwendung von IFRS 17 angewandt hatte:

(a) Das Unternehmen kann neu einschätzen, ob ein qualifizierter finanzieller Vermögenswert die Bedingungen in Paragraph 4.1.2 (a) oder in Paragraph 4.1.2A (a) von IFRS 9 erfüllt. Ein finanzieller Vermögenswert ist nur dann qualifiziert, wenn der finanzielle Vermögenswert nicht im Zusammenhang mit einer Tätigkeit gehalten wird, die

presented, but is not required to do so. If an entity does present adjusted comparative information for any earlier periods, the reference to 'the beginning of the annual reporting period immediately preceding the date of initial application' in paragraph C2 (b) shall be read as 'the beginning of the earliest adjusted comparative period presented'.

An entity is not required to provide the disclosures specified in paragraphs 93—132 for any period presented before the beginning of the annual reporting period immediately preceding the date of initial application. C26

If an entity presents unadjusted comparative information and disclosures for any earlier periods, it shall clearly identify the information that has not been adjusted, disclose that it has been prepared on a different basis, and explain that basis. C27

An entity need not disclose previously unpublished information about claims development that occurred earlier than five years before the end of the annual reporting period in which it first applies IFRS 17. However, if an entity does not disclose that information, it shall disclose that fact. C28

Entities that first apply IFRS 17 and IFRS 9 at the same time

An entity that first applies IFRS 17 and IFRS 9 at the same time is permitted to apply paragraphs C28B—C28E (classification overlay) for the purpose of presenting comparative information about a financial asset if the comparative information for that financial asset has not been restated for IFRS 9. Comparative information for a financial asset will not be restated for IFRS 9 if either the entity chooses not to restate prior periods (see paragraph 7.2.15 of IFRS 9), or the entity restates prior periods but the financial asset has been derecognised during those prior periods (see paragraph 7.2.1 of IFRS 9). C28A

An entity applying the classification overlay to a financial asset shall present comparative information as if the classification and measurement requirements of IFRS 9 had been applied to that financial asset. The entity shall use reasonable and supportable information available at the transition date (see paragraph C2 (b)) to determine how the entity expects the financial asset would be classified and measured on initial application of IFRS 9 (for example, an entity might use preliminary assessments performed to prepare for the initial application of IFRS 9). C28B

In applying the classification overlay to a financial asset, an entity is not required to apply the impairment requirements in Section 5.5 of IFRS 9. If, based on the classification determined applying paragraph C28B, the financial asset would be subject to the impairment requirements in Section 5.5 of IFRS 9 but the entity does not apply those requirements in applying the classification overlay, the entity shall continue to present any amount recognised in respect of impairment in the prior period in accordance with IAS 39 *Financial Instruments: Recognition and Measurement*. Otherwise, any such amounts shall be reversed. C28C

Any difference between the previous carrying amount of a financial asset and the carrying amount at the transition date that results from applying paragraphs C28B—C28C shall be recognised in opening retained earnings (or other component of equity, as appropriate) at the transition date. C28D

An entity that applies paragraphs C28B—C28D shall: C28E

(a) disclose qualitative information that enables users of financial statements to understand:
  (i) the extent to which the classification overlay has been applied (for example, whether it has been applied to all financial assets derecognised in the comparative period);
  (ii) whether and to what extent the impairment requirements in Section 5.5 of IFRS 9 have been applied (see paragraph C28C);
(b) only apply those paragraphs to comparative information for reporting periods between the transition date to IFRS 17 and the date of initial application of IFRS 17 (see paragraphs C2 and C25); and
(c) at the date of initial application of IFRS 9, apply the transition requirements in IFRS 9 (see Section 7.2 of IFRS 9).

Redesignation of financial assets

At the date of initial application of IFRS 17, an entity that had applied IFRS 9 to annual reporting periods before the initial application of IFRS 17: C29

(a) may reassess whether an eligible financial asset meets the condition in paragraph 4.1.2 (a) or paragraph 4.1.2A (a) of IFRS 9. A financial asset is eligible only if the financial asset is not held in respect of an activity that is unconnected with contracts within the scope of IFRS 17. Examples of financial assets that would not be eligible for reassessment

nicht mit Verträgen im Anwendungsbereich von IFRS 17 im Zusammenhang steht. Beispiele für finanzielle Vermögenswerte, die für eine Neueinschätzung nicht qualifiziert wären, sind finanzielle Vermögenswerte, die im Zusammenhang mit Bankgeschäften gehalten werden, oder finanzielle Vermögenswerte, die in Fonds gehalten werden, die sich auf Kapitalanlageverträge beziehen, die nicht in den Anwendungsbereich von IFRS 17 fallen.

(b) Das Unternehmen hat seine bisherige Designation eines finanziellen Vermögenswerts als erfolgswirksam zum beizulegenden Zeitwert bewertet aufzuheben, wenn die Bedingung in Paragraph 4.1.5 von IFRS 9 aufgrund der Anwendung von IFRS 17 nicht mehr erfüllt ist.

(c) Das Unternehmen kann einen finanziellen Vermögenswert als erfolgswirksam zum beizulegenden Zeitwert bewertet designieren, wenn die Bedingung in Paragraph 4.1.5 von IFRS 9 erfüllt ist.

(d) Das Unternehmen kann unter Anwendung des Paragraphen 5.7.5 von IFRS 9 eine Finanzinvestition in ein Eigenkapitalinstrument als erfolgsneutral zum beizulegenden Zeitwert im sonstigen Ergebnis bewertet designieren.

(e) Das Unternehmen kann seine bisherige gemäß Paragraph 5.7.5 von IFRS 9 vorgenommene Designation einer Finanzinvestition in ein Eigenkapitalinstrument als erfolgsneutral zum beizulegenden Zeitwert im sonstigen Ergebnis bewertet aufheben.

C30 Ein Unternehmen hat Paragraph C29 auf der Grundlage der zum Zeitpunkt der erstmaligen Anwendung von IFRS 17 vorliegenden Fakten und Umstände anzuwenden. Ein Unternehmen hat diese Designationen und Einstufungen rückwirkend anzuwenden. Dabei hat das Unternehmen die einschlägigen Übergangsvorschriften von IFRS 9 anzuwenden. Als Zeitpunkt der erstmaligen Anwendung gilt zu diesem Zweck der Zeitpunkt der erstmaligen Anwendung von IFRS 17.

C31 Ein Unternehmen, das Paragraph C29 anwendet, ist nicht verpflichtet, Anpassungen an früheren Perioden vorzunehmen, um diesen Änderungen bei den Designationen oder Einstufungen Rechnung zu tragen. Das Unternehmen darf frühere Perioden nur anpassen, wenn dabei keine nachträglichen Erkenntnisse verwendet werden. Wenn ein Unternehmen frühere Perioden anpasst, müssen die angepassten Abschlüsse alle Anforderungen von IFRS 9 an die betreffenden finanziellen Vermögenswerte erfüllen. Wenn ein Unternehmen die früheren Perioden nicht anpasst, erfasst es im Anfangssaldo der Gewinnrücklagen (oder einer anderen geeigneten Eigenkapitalkomponente) zum Zeitpunkt der erstmaligen Anwendung etwaige Differenzen zwischen

(a) dem vorherigen Buchwert dieser finanziellen Vermögenswerte und

(b) dem Buchwert dieser finanziellen Vermögenswerte zum Zeitpunkt der erstmaligen Anwendung.

C32 Wenn ein Unternehmen Paragraph C29 anwendet, hat es in diesem Geschäftsjahr für die betreffenden finanziellen Vermögenswerte je nach Klasse Folgendes anzugeben:

(a) Falls Paragraph C29 (a) angewendet wird: auf welcher Grundlage es bestimmt hat, welche finanziellen Vermögenswerte in Betracht kommen.

(b) Falls einer der Paragraphen C29 (a)–C29 (e) angewendet wird:

  (i) die Bewertungskategorie und den unmittelbar vor dem Zeitpunkt der erstmaligen Anwendung von IFRS 17 ermittelten Buchwert der betreffenden finanziellen Vermögenswerte und

  (ii) die neue Bewertungskategorie und den nach der Anwendung von Paragraph C29 ermittelten Buchwert der betreffenden finanziellen Vermögenswerte.

(c) Falls Paragraph C29 (b) angewendet wird: den Buchwert der finanziellen Vermögenswerte in der Bilanz, die zuvor gemäß Paragraph 4.1.5 von IFRS 9 als erfolgswirksam zum beizulegenden Zeitwert bewertet designiert wurden und die nicht mehr so designiert sind.

C33 Wenn ein Unternehmen Paragraph C29 anwendet, hat es in diesem Geschäftsjahr qualitative Angaben zu machen, die es den Abschlussadressaten ermöglichen würden, Folgendes nachzuvollziehen:

(a) wie das Unternehmen Paragraph C29 auf finanzielle Vermögenswerte angewendet hat, deren Einstufung bei der erstmaligen Anwendung von IFRS 17 geändert wurde,

(b) die Gründe, weshalb finanzielle Vermögenswerte unter Anwendung von Paragraph 4.1.5 von IFRS 9 als erfolgswirksam zum beizulegenden Zeitwert bewertet designiert wurden oder eine solche Designation aufgehoben wurde, und

(c) warum das Unternehmen bei der Neubeurteilung unter Anwendung von Paragraph 4.1.2 (a) oder Paragraph 4.1.2A (a) von IFRS 9 zu anderen Schlussfolgerungen gelangt ist.

C33A Wurde ein finanzieller Vermögenswert zwischen dem Übergangszeitpunkt und dem Zeitpunkt der erstmaligen Anwendung von IFRS 17 ausgebucht, kann ein Unternehmen die Paragraphen C28B–C28E (Klassifizierungsüberlagerung) zur Darstellung von Vergleichsinformationen so anwenden, als wäre auf diesen Vermögenswert Paragraph C29 angewandt worden. Das Unternehmen hat die Vorschriften der Paragraphen C28B–C28E dann so anzupassen, dass der Ausgangspunkt für die Klassifizierungsüberlagerung die vom Unternehmen erwartete Designierung des finanziellen Vermögenswerts zum Zeitpunkt der erstmaligen Anwendung von IFRS 17 gemäß Paragraph C29 ist.

Rücknahme anderer IFRS

C34 IFRS 17 ersetzt IFRS 4 *Versicherungsverträge* in der 2020 geänderten Fassung.

are financial assets held in respect of banking activities or financial assets held in funds relating to investment contracts that are outside the scope of IFRS 17;

(b) shall revoke its previous designation of a financial asset as measured at fair value through profit or loss if the condition in paragraph 4.1.5 of IFRS 9 is no longer met because of the application of IFRS 17;

(c) may designate a financial asset as measured at fair value through profit or loss if the condition in paragraph 4.1.5 of IFRS 9 is met;

(d) may designate an investment in an equity instrument as at fair value through other comprehensive income applying paragraph 5.7.5 of IFRS 9;

(e) may revoke its previous designation of an investment in an equity instrument as at fair value through other comprehensive income applying paragraph 5.7.5 of IFRS 9.

An entity shall apply paragraph C29 on the basis of the facts and circumstances that exist at the date of initial application C30 of IFRS 17. An entity shall apply those designations and classifications retrospectively. In doing so, the entity shall apply the relevant transition requirements in IFRS 9. The date of initial application for that purpose shall be deemed to be the date of initial application of IFRS 17.

An entity that applies paragraph C29 is not required to restate prior periods to reflect such changes in designations or C31 classifications. The entity may restate prior periods only if it is possible without the use of hindsight. If an entity restates prior periods, the restated financial statements must reflect all the requirements of IFRS 9 for those affected financial assets. If an entity does not restate prior periods, the entity shall recognise, in the opening retained earnings (or other component of equity, as appropriate) at the date of initial application, any difference between:

(a) the previous carrying amount of those financial assets; and

(b) the carrying amount of those financial assets at the date of initial application.

When an entity applies paragraph C29, it shall disclose in that annual reporting period for those financial assets by class: C32

(a) if paragraph C29 (a) applies—its basis for determining eligible financial assets;

(b) if any of paragraphs C29 (a)—C29 (e) apply:

  (i) the measurement category and carrying amount of the affected financial assets determined immediately before the date of initial application of IFRS 17; and

  (ii) the new measurement category and carrying amount of the affected financial assets determined after applying paragraph C29.

(c) if paragraph C29 (b) applies—the carrying amount of financial assets in the statement of financial position that were previously designated as measured at fair value through profit or loss applying paragraph 4.1.5 of IFRS 9 that are no longer so designated.

When an entity applies paragraph C29, the entity shall disclose in that annual reporting period qualitative information C33 that would enable users of financial statements to understand:

(a) how it applied paragraph C29 to financial assets the classification of which has changed on initially applying IFRS 17;

(b) the reasons for any designation or de-designation of financial assets as measured at fair value through profit or loss applying paragraph 4.1.5 of IFRS 9; and

(c) why the entity came to any different conclusions in the new assessment applying paragraphs 4.1.2 (a) or 4.1.2A (a) of IFRS 9.

For a financial asset derecognised between the transition date and date of initial application of IFRS 17, an entity may C33A apply paragraphs C28B—C28E (classification overlay) for the purpose of presenting comparative information as if paragraph C29 had been applied to that asset. Such an entity shall adapt the requirements of paragraphs C28B—C28E so that the classification overlay is based on how the entity expects the financial asset would be designated applying paragraph C29 at the date of initial application of IFRS 17.

Withdrawal of other IFRS Standards

IFRS 17 supersedes IFRS 4 *Insurance Contracts*, as amended in 2020. C34

IFRIC INTERPRETATION 1

Änderungen bestehender Rückstellungen für Entsorgungs-, Wiederherstellungs- und ähnliche Verpflichtungen

VERWEISE

- IFRS 16 *Leasingverhältnisse*
- IAS 1 *Darstellung des Abschlusses* (überarbeitet 2007)
- IAS 8 *Rechnungslegungsmethoden, Änderungen von rechnungslegungsbezogenen Schätzungen und Fehler*
- IAS 16 *Sachanlagen* (überarbeitet 2003)
- IAS 23 *Fremdkapitalkosten*
- IAS 36 *Wertminderung von Vermögenswerten* (überarbeitet 2004)
- IAS 37 *Rückstellungen, Eventualverbindlichkeiten und Eventualforderungen*

HINTERGRUND

1 Viele Unternehmen sind verpflichtet, Sachanlagen zu demontieren, zu entfernen oder wiederherzustellen. In dieser Interpretation werden solche Verpflichtungen als „Entsorgungs-, Wiederherstellungs- und ähnliche Verpflichtungen" bezeichnet. Gemäß IAS 16 umfassen die Anschaffungs- oder Herstellungskosten von Sachanlagen die erstmalig geschätzten Kosten für die Demontage und das Entfernen der Sachanlage sowie die Wiederherstellung des Standorts, an dem sie sich befindet, d. h. die Verpflichtung, die ein Unternehmen entweder bei Erwerb der Sachanlage oder bei ihrer Umwidmung eingeht, d. h., wenn es die Sachanlage während eines gewissen Zeitraums zu anderen Zwecken als zur Herstellung von Vorräten nutzt. IAS 37 enthält Vorschriften zur Bewertung von Rückstellungen für Entsorgungs-, Wiederherstellungs- und ähnliche Verpflichtungen. Diese Interpretation enthält Leitlinien zur Bilanzierung der Auswirkung von Bewertungsänderungen bestehender Rückstellungen für Entsorgungs-, Wiederherstellungs- und ähnliche Verpflichtungen.

ANWENDUNGSBEREICH

2 Diese Interpretation gilt für Bewertungsänderungen bei einer bestehenden Rückstellung für Entsorgungs-, Wiederherstellungs- oder ähnliche Verpflichtungen, die sowohl

(a) nach IAS 16 als Teil der Anschaffungs- oder Herstellungskosten einer Sachanlage oder nach IFRS 16 als Teil der Kosten eines Nutzungsrechts als auch

(b) nach IAS 37 als Rückstellung angesetzt wurde.

Rückstellungen für Entsorgungs-, Wiederherstellungs- oder ähnliche Verpflichtungen bestehen beispielsweise für den Abbruch einer Fabrikanlage, die Sanierung von Umweltschäden in der rohstoffgewinnenden Industrie oder die Entfernung einer Sachanlage.

FRAGESTELLUNG

3 Diese Interpretation betrifft die Frage, wie zu bilanzieren ist, wenn sich die Bewertung einer bestehenden Rückstellung für Entsorgungs-, Wiederherstellungs- oder ähnliche Verpflichtungen infolge eines der folgenden Ereignisse ändert:

(a) Änderung des geschätzten Abflusses von Ressourcen mit wirtschaftlichem Nutzen (z. B. Zahlungsströme), der für die Erfüllung der Verpflichtung erforderlich ist,

(b) Änderung des aktuellen marktbasierten Abzinsungssatzes im Sinne von Paragraph 47 von IAS 37 (dies schließt Änderungen des Zinseffekts und für die Verbindlichkeit spezifische Risiken ein) und

(c) Erhöhung, die den Zeitablauf widerspiegelt (dies wird auch als Aufzinsung bezeichnet).

BESCHLUSS

4 Bewertungsänderungen einer bestehenden Rückstellung für Entsorgungs-, Wiederherstellungs- oder ähnliche Verpflichtungen, die auf Änderungen der geschätzten Fälligkeit oder Höhe des Abflusses von Ressourcen mit wirtschaftlichem Nutzen, der zur Erfüllung der Verpflichtung erforderlich ist, oder auf einer Änderung des Abzinsungssatzes beruhen, sind gemäß den nachstehenden Paragraphen 5–7 zu bilanzieren.

5 Wird der dazugehörige Vermögenswert nach dem Anschaffungskostenmodell bewertet,

(a) sind Änderungen der Rückstellung zu den Anschaffungs- oder Herstellungskosten des dazugehörigen Vermögenswerts in der laufenden Periode hinzuzufügen oder gemäß Buchstabe b davon abzuziehen,

IFRIC INTERPRETATION 1
Changes in existing decommissioning, restoration and similar liabilities

REFERENCES

- IAS 1 *Presentation of Financial Statements* (as revised in 2007)
- IAS 8 *Accounting policies, changes in accounting estimates and errors*
- IAS 16 *Property, plant and equipment* (as revised in 2003)
- IAS 23 *Borrowing costs*
- IAS 36 *Impairment of assets* (as revised in 2004)
- IAS 37 *Provisions, contingent liabilities and contingent assets*
- IFRS 16 *Leases*

BACKGROUND

Many entities have obligations to dismantle, remove and restore items of property, plant and equipment. In this interpretation such obligations are referred to as 'decommissioning, restoration and similar liabilities'. Under IAS 16, the cost of an item of property, plant and equipment includes the initial estimate of the costs of dismantling and removing the item and restoring the site on which it is located, the obligation for which an entity incurs either when the item is acquired or as a consequence of having used the item during a particular period for purposes other than to produce inventories during that period. IAS 37 contains requirements on how to measure decommissioning, restoration and similar liabilities. This interpretation provides guidance on how to account for the effect of changes in the measurement of existing decommissioning, restoration and similar liabilities. 1

SCOPE

This interpretation applies to changes in the measurement of any existing decommissioning, restoration or similar liability that is both: 2

(a) recognised as part of the cost of an item of property, plant and equipment in accordance with IAS 16 or as part of the cost of a right-of-use asset in accordance with IFRS 16; and

(b) recognised as a liability in accordance with IAS 37.

For example, a decommissioning, restoration or similar liability may exist for decommissioning a plant, rehabilitating environmental damage in extractive industries, or removing equipment.

ISSUE

This interpretation addresses how the effect of the following events that change the measurement of an existing decommissioning, restoration or similar liability should be accounted for: 3

(a) a change in the estimated outflow of resources embodying economic benefits (e.g. cash flows) required to settle the obligation;

(b) a change in the current market-based discount rate as defined in paragraph 47 of IAS 37 (this includes changes in the time value of money and the risks specific to the liability); and

(c) an increase that reflects the passage of time (also referred to as the unwinding of the discount).

CONSENSUS

Changes in the measurement of an existing decommissioning, restoration and similar liability that result from changes in the estimated timing or amount of the outflow of resources embodying economic benefits required to settle the obligation, or a change in the discount rate, shall be accounted for in accordance with paragraphs 5—7 below. 4

If the related asset is measured using the cost model: 5

(a) subject to (b), changes in the liability shall be added to, or deducted from, the cost of the related asset in the current period;

(b) darf der von den Anschaffungs- oder Herstellungskosten des Vermögenswerts abgezogene Betrag seinen Buchwert nicht übersteigen; wenn eine Abnahme der Rückstellung den Buchwert des Vermögenswerts übersteigt, ist dieser Überhang unmittelbar erfolgswirksam zu erfassen,

(c) hat das Unternehmen, wenn die Änderung zu einer Erhöhung der Anschaffungs- oder Herstellungskosten eines Vermögenswerts führt, zu prüfen, ob dies ein Anhaltspunkt dafür ist, dass der neue Buchwert des Vermögenswerts nicht vollständig erzielbar sein könnte. Liegt ein solcher Anhaltspunkt vor, hat das Unternehmen den Vermögenswert auf Wertminderung zu prüfen, indem es seinen erzielbaren Betrag schätzt, und den Wertminderungsaufwand nach IAS 36 zu bilanzieren.

6 Wird der dazugehörige Vermögenswert nach dem Neubewertungsmodell bewertet,

(a) gehen die Änderungen in die für diesen Vermögenswert angesetzte Neubewertungsrücklage ein, sodass

(i) eine Abnahme der Rückstellung (nach Buchstabe b) im sonstigen Ergebnis erfasst wird und zu einer Erhöhung der Neubewertungsrücklage im Eigenkapital führt, es sei denn, sie macht eine in der Vergangenheit erfolgswirksam als Aufwand erfasste Abwertung desselben Vermögenswerts rückgängig und wird deshalb erfolgswirksam erfasst,

(ii) eine Erhöhung der Rückstellung erfolgswirksam erfasst wird, es sei denn, sie übersteigt den Betrag der entsprechenden Neubewertungsrücklage nicht und wird deshalb im sonstigen Ergebnis erfasst, was zu einer Minderung der Neubewertungsrücklage im Eigenkapital führt,

(b) ist in dem Fall, dass eine Abnahme der Rückstellung den Buchwert überschreitet, der angesetzt worden wäre, wenn der Vermögenswert nach dem Anschaffungskostenmodell bilanziert worden wäre, der Überhang umgehend erfolgswirksam zu erfassen,

(c) ist eine Änderung der Rückstellung ein Anhaltspunkt dafür, dass der Vermögenswert möglicherweise neu bewertet werden muss, um sicherzustellen, dass der Buchwert nicht wesentlich von dem abweicht, der unter Verwendung des beizulegenden Zeitwerts zum Abschlussstichtag ermittelt würde. Solche Neubewertungen sind bei der Bestimmung der Beträge, die nach Buchstabe a erfolgswirksam oder im sonstigen Ergebnis zu erfassen sind, zu berücksichtigen. Ist eine Neubewertung erforderlich, sind alle Vermögenswerte dieser Gruppe neu zu bewerten,

(d) ist nach IAS 1 jeder Bestandteil des sonstigen Ergebnisses in der Gesamtergebnisrechnung auszuweisen. Somit ist auch jede auf einer Änderung der Rückstellung beruhende Veränderung der Neubewertungsrücklage gesondert auszuweisen.

7 Der geänderte Abschreibungsbetrag wird über die gesamte Nutzungsdauer des Vermögenswerts abgeschrieben. Deshalb sind alle Änderungen der Rückstellung, die nach dem Ende der Nutzungsdauer des dazugehörigen Vermögenswerts anfallen, zum Zeitpunkt ihres Eintretens erfolgswirksam zu erfassen. Dies gilt sowohl für das Anschaffungskostenmodell als auch für das Neubewertungsmodell.

8 Die periodische Aufzinsung ist zum Zeitpunkt ihres Eintretens erfolgswirksam als Finanzierungsaufwand zu erfassen. Eine Aktivierung nach IAS 23 ist nicht zulässig.

ZEITPUNKT DES INKRAFTTRETENS

9 Diese Interpretation ist auf Geschäftsjahre anzuwenden, die am oder nach dem 1. September 2004 beginnen. Eine frühere Anwendung wird empfohlen. Wendet ein Unternehmen diese Interpretation auf Berichtsperioden an, die vor dem 1. September 2004 beginnen, hat es dies anzugeben.

9A Infolge (der 2007 überarbeiteten Fassung) von IAS 1 wurde die in allen IFRS verwendete Terminologie geändert. Außerdem wurde dadurch Paragraph 6 geändert. Diese Änderungen sind auf Geschäftsjahre anzuwenden, die am oder nach dem 1. Januar 2009 beginnen. Wendet ein Unternehmen die 2007 überarbeitete Fassung von IAS 1 auf eine frühere Periode an, so hat es auf diese Periode auch diese Änderungen anzuwenden.

9B Mit dem im Januar 2016 veröffentlichten IFRS 16 wurde Paragraph 2 geändert. Wendet ein Unternehmen IFRS 16 an, hat es diese Änderung ebenfalls anzuwenden.

ÜBERGANGSVORSCHRIFTEN

10 Änderungen der Rechnungslegungsmethoden sind nach IAS 8 *Rechnungslegungsmethoden, Änderungen von rechnungslegungsbezogenen Schätzungen und Fehler* vorzunehmen[1].

---

1 Wendet ein Unternehmen diese Interpretation auf eine Berichtsperiode an, die vor dem 1. Januar 2005 beginnt, hat es die Vorschriften der früheren Fassung von IAS 8 mit dem Titel *Periodenergebnis, grundlegende Fehler und Änderungen der Rechnungslegungsmethoden* anzuwenden, es sei denn, es wendet auf diese frühere Periode die überarbeitete Fassung dieses Standards an.

(b) the amount deducted from the cost of the asset shall not exceed its carrying amount. If a decrease in the liability exceeds the carrying amount of the asset, the excess shall be recognised immediately in profit or loss;
(c) if the adjustment results in an addition to the cost of an asset, the entity shall consider whether this is an indication that the new carrying amount of the asset may not be fully recoverable. If it is such an indication, the entity shall test the asset for impairment by estimating its recoverable amount, and shall account for any impairment loss, in accordance with IAS 36.

If the related asset is measured using the revaluation model: 6
(a) changes in the liability alter the revaluation surplus or deficit previously recognised on that asset, so that:
 (i) a decrease in the liability shall (subject to (b)) be recognised in other comprehensive income and increase the revaluation surplus within equity, except that it shall be recognised in profit or loss to the extent that it reverses a revaluation deficit on the asset that was previously recognised in profit or loss;
 (ii) an increase in the liability shall be recognised in profit or loss, except that it shall be recognised in other comprehensive income and reduce the revaluation surplus within equity to the extent of any credit balance existing in the revaluation surplus in respect of that asset;
(b) in the event that a decrease in the liability exceeds the carrying amount that would have been recognised had the asset been carried under the cost model, the excess shall be recognised immediately in profit or loss;
(c) a change in the liability is an indication that the asset may have to be revalued in order to ensure that the carrying amount does not differ materially from that which would be determined using fair value at the end of the reporting period. Any such revaluation shall be taken into account in determining the amounts to be recognised in profit or loss or in other comprehensive income under (a). If a revaluation is necessary, all assets of that class shall be revalued;
(d) IAS 1 requires disclosure in the statement of comprehensive income of each component of other comprehensive income or expense. In complying with this requirement, the change in the revaluation surplus arising from a change in the liability shall be separately identified and disclosed as such.

The adjusted depreciable amount of the asset is depreciated over its useful life. Therefore, once the related asset has reached the end of its useful life, all subsequent changes in the liability shall be recognised in profit or loss as they occur. This applies under both the cost model and the revaluation model. 7

The periodic unwinding of the discount shall be recognised in profit or loss as a finance cost as it occurs. Capitalisation under IAS 23 is not permitted. 8

EFFECTIVE DATE

An entity shall apply this interpretation for annual periods beginning on or after 1 September 2004. Earlier application is encouraged. If an entity applies the interpretation for a period beginning before 1 September 2004, it shall disclose that fact. 9

IAS 1 (as revised in 2007) amended the terminology used throughout IFRSs. In addition it amended paragraph 6. An entity shall apply those amendments for annual periods beginning on or after 1 January 2009. If an entity applies IAS 1 (revised 2007) for an earlier period, the amendments shall be applied for that earlier period. 9A

IFRS 16, issued in January 2016, amended paragraph 2. An entity shall apply that amendment when it applies IFRS 16. 9B

TRANSITION

Changes in accounting policies shall be accounted for according to the requirements of IAS 8 *Accounting policies, changes in accounting estimates and errors*[1]. 10

1 If an entity applies this interpretation for a period beginning before 1 January 2005, the entity shall follow the requirements of the previous version of IAS 8, which was entitled *Net profit or loss for the period, fundamental errors and changes in accounting policies*, unless the entity is applying the revised version of that standard for that earlier period.

IFRIC INTERPRETATION 2
Geschäftsanteile an Genossenschaften und ähnliche Instrumente

VERWEISE

- IFRS 9 *Finanzinstrumente*
- IFRS 13 *Bewertung zum beizulegenden Zeitwert*
- IAS 32 *Finanzinstrumente: Angaben und Darstellung* (überarbeitet 2003)[1]

HINTERGRUND

1 Genossenschaften und ähnliche Unternehmen werden von einer Gruppe von Personen zur Verfolgung gemeinsamer wirtschaftlicher oder sozialer Interessen gegründet. In den einzelstaatlichen Gesetzen ist eine Genossenschaft meist als eine Gesellschaft definiert, welche die gegenseitige wirtschaftliche Förderung ihrer Mitglieder mittels eines gemeinschaftlichen Geschäftsbetriebs bezweckt (Prinzip der Selbsthilfe). Die Anteile der Mitglieder einer Genossenschaft werden häufig unter der Bezeichnung Geschäftsanteile, Genossenschaftsanteile o.ä. geführt und nachfolgend als „Geschäftsanteile" bezeichnet.

2 IAS 32 stellt Grundsätze für die Einstufung von Finanzinstrumenten als finanzielle Verbindlichkeiten oder Eigenkapital auf. Diese Grundsätze beziehen sich insbesondere auf die Einstufung kündbarer Instrumente, die den Inhaber zur Rückgabe an den Emittenten gegen Zahlungsmittel oder andere Finanzinstrumente berechtigen. Die Anwendung dieser Grundsätze auf die Geschäftsanteile an Genossenschaften und ähnliche Instrumente gestaltet sich schwierig. Einige Mitglieder des International Accounting Standards Board haben den Wunsch geäußert, Unterstützung zu erhalten, wie die Grundsätze von IAS 32 auf Geschäftsanteile und ähnliche Instrumente, die bestimmte Merkmale aufweisen, anzuwenden sind und unter welchen Umständen diese Merkmale einen Einfluss auf die Einstufung als Verbindlichkeit oder Eigenkapital haben.

ANWENDUNGSBEREICH

3 Diese Interpretation ist auf Finanzinstrumente anzuwenden, die in den Anwendungsbereich von IAS 32 fallen, einschließlich an Genossenschaftsmitglieder ausgegebener Anteile, mit denen das Eigentumsrecht der Mitglieder am Unternehmen verbrieft wird. Sie erstreckt sich nicht auf Finanzinstrumente, die in Eigenkapitalinstrumenten des Unternehmens zu erfüllen sind oder erfüllt werden können.

FRAGESTELLUNG

4 Viele Finanzinstrumente, darunter auch Geschäftsanteile, sind mit Merkmalen wie Stimmrechten und Ansprüchen auf Dividenden verbunden, die für eine Einstufung als Eigenkapital sprechen. Einige Finanzinstrumente berechtigen den Inhaber, eine Rücknahme gegen Zahlungsmittel oder andere finanzielle Vermögenswerte zu verlangen, können jedoch Beschränkungen hinsichtlich einer solchen Rücknahme unterliegen. Wie lässt sich anhand dieser Rücknahmebedingungen bestimmen, ob ein Finanzinstrument als Verbindlichkeit oder als Eigenkapital einzustufen ist?

BESCHLUSS

5 Das vertragliche Recht des Inhabers eines Finanzinstruments (worunter auch ein Geschäftsanteil an einer Genossenschaft fällt), eine Rücknahme zu verlangen, führt nicht unmittelbar zu einer Einstufung des Finanzinstruments als finanzielle Verbindlichkeit. Vielmehr hat ein Unternehmen bei der Entscheidung, ob ein Finanzinstrument als finanzielle Verbindlichkeit oder als Eigenkapital einzustufen ist, alle rechtlichen Bestimmungen und Gegebenheiten des Finanzinstruments zu berücksichtigen. Hierzu gehören auch die einschlägigen lokalen Gesetze und Vorschriften sowie die zum Zeitpunkt der Einstufung gültige Satzung des Unternehmens. Voraussichtliche künftige Änderungen dieser Gesetze, Vorschriften oder der Satzung sind dagegen nicht zu berücksichtigen.

---

1 Im August 2005 wurde der Titel von IAS 32 in „IAS 32 *Finanzinstrumente: Darstellung*" geändert. Im Februar 2008 änderte der IASB den Standard IAS 32 dahin gehend, dass Instrumente, die über alle in den Paragraphen 16A und 16B oder 16C und 16D von IAS 32 beschriebenen Merkmale verfügen und die dort genannten Bedingungen erfüllen, als Eigenkapital einzustufen sind.

IFRIC INTERPRETATION 2
Members' shares in cooperative entities and similar instruments

REFERENCES

— IFRS 9 *Financial Instruments*
— IFRS 13 *Fair Value Measurement*
— IAS 32 *Financial instruments: disclosure and presentation* (as revised in 2003)[2]

BACKGROUND

Cooperatives and other similar entities are formed by groups of persons to meet common economic or social needs. National laws typically define a cooperative as a society endeavouring to promote its members' economic advancement by way of a joint business operation (the principle of self-help). Members' interests in a cooperative are often characterised as members' shares, units or the like, and are referred to below as 'members' shares'. 1

IAS 32 establishes principles for the classification of financial instruments as financial liabilities or equity. In particular, those principles apply to the classification of puttable instruments that allow the holder to put those instruments to the issuer for cash or another financial instrument. The application of those principles to members' shares in cooperative entities and similar instruments is difficult. Some of the International Accounting Standards Board's constituents have asked for help in understanding how the principles in IAS 32 apply to members' shares and similar instruments that have certain features, and the circumstances in which those features affect the classification as liabilities or equity. 2

SCOPE

This interpretation applies to financial instruments within the scope of IAS 32, including financial instruments issued to members of cooperative entities that evidence the members' ownership interest in the entity. This interpretation does not apply to financial instruments that will or may be settled in the entity's own equity instruments. 3

ISSUE

Many financial instruments, including members' shares, have characteristics of equity, including voting rights and rights to participate in dividend distributions. Some financial instruments give the holder the right to request redemption for cash or another financial asset, but may include or be subject to limits on whether the financial instruments will be redeemed. How should those redemption terms be evaluated in determining whether the financial instruments should be classified as liabilities or equity? 4

CONSENSUS

The contractual right of the holder of a financial instrument (including members' shares in cooperative entities) to request redemption does not, in itself, require that financial instrument to be classified as a financial liability. Rather, the entity must consider all of the terms and conditions of the financial instrument in determining its classification as a financial liability or equity. Those terms and conditions include relevant local laws, regulations and the entity's governing charter in effect at the date of classification, but not expected future amendments to those laws, regulations or charter. 5

---

1 In August 2005, IAS 32 was amended as IAS 32 *Financial Instruments: Presentation*. In February 2008 the IASB amended IAS 32 by requiring instruments to be classified as equity if those instruments have all the features and meet the conditions in paragraphs 16A and 16B or paragraphs 16C and 16D of IAS 32.

6 Geschäftsanteile, die als Eigenkapital eingestuft würden, wenn die Mitglieder nicht das Recht hätten, eine Rücknahme zu verlangen, stellen Eigenkapital dar, wenn eine der in den Paragraphen 7 und 8 genannten Bedingungen erfüllt ist oder die Geschäftsanteile alle in den Paragraphen 16A und 16B oder 16C und 16D von IAS 32 beschriebenen Merkmale aufweisen und die dort genannten Bedingungen erfüllen. Sichteinlagen, einschließlich Kontokorrentkonten, Einlagenkonten und ähnliche Verträge, die Mitglieder in ihrer Eigenschaft als Kunden schließen, sind als finanzielle Verbindlichkeiten des Unternehmens einzustufen.

7 Geschäftsanteile stellen Eigenkapital dar, wenn das Unternehmen ein uneingeschränktes Recht auf Ablehnung der Rücknahme von Geschäftsanteilen besitzt.

8 Lokale Gesetze, Vorschriften oder die Satzung des Unternehmens können die Rücknahme von Geschäftsanteilen mit verschiedenen Verboten belegen, wie z. B. uneingeschränkten Verboten oder Verboten, die auf Liquiditätskriterien beruhen. Ist eine Rücknahme nach lokalen Gesetzen, Vorschriften oder der Satzung des Unternehmens uneingeschränkt verboten, stellen die Geschäftsanteile Eigenkapital dar. Dagegen haben Bestimmungen in lokalen Gesetzen, Vorschriften oder der Satzung des Unternehmens, die eine Rücknahme nur dann verbieten, wenn bestimmte Bedingungen – wie beispielsweise Liquiditätsgrenzen – erfüllt (oder nicht erfüllt) sind, keine Einstufung von Geschäftsanteilen als Eigenkapital zur Folge.

9 Ein uneingeschränktes Verbot kann absolut sein und alle Rücknahmen verbieten. Ein uneingeschränktes Verbot kann aber auch nur teilweise gelten und die Rücknahme von Geschäftsanteilen insoweit verbieten, als durch die Rücknahme die Anzahl der Geschäftsanteile oder die Höhe des auf die Geschäftsanteile eingezahlten Kapitals einen bestimmten Mindestbetrag unterschreitet. Geschäftsanteile, die nicht unter das Rücknahmeverbot fallen, stellen Verbindlichkeiten dar, es sei denn, das Unternehmen verfügt über das in Paragraph 7 beschriebene uneingeschränkte Recht auf Ablehnung der Rücknahme oder die Geschäftsanteile weisen alle in den Paragraphen 16A und 16B oder 16C und 16D von IAS 32 beschriebenen Merkmale auf und erfüllen die dort genannten Bedingungen. In einigen Fällen kann sich die Anzahl der Anteile oder die Höhe des eingezahlten Kapitals, die bzw. das von einem Rücknahmeverbot betroffen sind bzw. ist, von Zeit zu Zeit ändern. Eine derartige Änderung führt zu einer Umbuchung zwischen finanziellen Verbindlichkeiten und Eigenkapital.

10 Beim erstmaligen Ansatz hat das Unternehmen seine Rücknahme-Verbindlichkeiten zum beizulegenden Zeitwert zu bewerten. Bei uneingeschränkt rückgabefähigen Geschäftsanteilen ist der beizulegende Zeitwert dieser finanziellen Verbindlichkeiten mindestens mit dem gemäß den Rücknahmebestimmungen in der Satzung des Unternehmens oder gemäß dem einschlägigen Gesetz zahlbaren Höchstbetrag anzusetzen, abgezinst vom frühestmöglichen Fälligkeitszeitpunkt an (siehe Beispiel 3).

11 Nach Paragraph 35 von IAS 32 sind Ausschüttungen an Inhaber von Eigenkapitalinstrumenten direkt im Eigenkapital zu erfassen. Bei Finanzinstrumenten, die als finanzielle Verbindlichkeiten eingestuft werden, sind Zinsen, Dividenden und andere Erträge unbeschadet ihrer möglichen gesetzlichen Bezeichnung als Dividenden, Zinsen oder ähnlich als Aufwand zu berücksichtigen.

12 Der Anhang, der integraler Bestandteil dieses Beschlusses ist, enthält Beispiele für die Anwendung des Beschlusses.

Angaben

13 Führt eine Änderung des Rücknahmeverbots zu einer Umbuchung zwischen finanziellen Verbindlichkeiten und Eigenkapital, hat das Unternehmen den Betrag, den Zeitpunkt und den Grund für die Umbuchung gesondert anzugeben.

Zeitpunkt des Inkrafttretens

14 Der Zeitpunkt des Inkrafttretens und die Übergangsvorschriften dieser Interpretation entsprechen denen von IAS 32 (in der 2003 überarbeiteten Fassung). Diese Interpretation ist auf Geschäftsjahre anzuwenden, die am oder nach dem 1. Januar 2005 beginnen. Wendet ein Unternehmen diese Interpretation auf Berichtsperioden an, die vor dem 1. Januar 2005 beginnen, hat es dies anzugeben. Diese Interpretation ist rückwirkend anzuwenden.

14A Die Änderungen an den Paragraphen 6, 9, A1 und A12 sind erstmals auf Geschäftsjahre anzuwenden, die am oder nach dem 1. Januar 2009 beginnen. Wendet ein Unternehmen die im Februar 2008 veröffentlichten Änderungen an IAS 32 und IAS 1 *Kündbare Finanzinstrumente und bei Liquidation entstehende Verpflichtungen* auf eine frühere Periode an, so sind auch die Änderungen an den Paragraphen 6, 9, A1 und A12 auf diese frühere Periode anzuwenden.

15 [gestrichen]

16 Mit dem im Mai 2011 veröffentlichten IFRS 13 wurde Paragraph A8 geändert. Wendet ein Unternehmen IFRS 13 an, so hat es diese Änderung anzuwenden.

Members' shares that would be classified as equity if the members did not have a right to request redemption are equity if either of the conditions described in paragraphs 7 and 8 is present or the members' shares have all the features and meet the conditions in paragraphs 16A and 16B or paragraphs 16C and 16D of IAS 32. Demand deposits, including current accounts, deposit accounts and similar contracts that arise when members act as customers are financial liabilities of the entity. 6

Members' shares are equity if the entity has an unconditional right to refuse redemption of the members' shares. 7

Local law, regulation or the entity's governing charter can impose various types of prohibitions on the redemption of members' shares, e.g. unconditional prohibitions or prohibitions based on liquidity criteria. If redemption is unconditionally prohibited by local law, regulation or the entity's governing charter, members' shares are equity. However, provisions in local law, regulation or the entity's governing charter that prohibit redemption only if conditions—such as liquidity constraints—are met (or are not met) do not result in members' shares being equity. 8

An unconditional prohibition may be absolute, in that all redemptions are prohibited. An unconditional prohibition may be partial, in that it prohibits redemption of members' shares if redemption would cause the number of members' shares or amount of paid-in capital from members' shares to fall below a specified level. Members' shares in excess of the prohibition against redemption are liabilities, unless the entity has the unconditional right to refuse redemption as described in paragraph 7 or the members' shares have all the features and meet the conditions in paragraphs 16A and 16B or paragraphs 16C and 16D of IAS 32. In some cases, the number of shares or the amount of paid-in capital subject to a redemption prohibition may change from time to time. Such a change in the redemption prohibition leads to a transfer between financial liabilities and equity. 9

At initial recognition, the entity shall measure its financial liability for redemption at fair value. In the case of members' shares with a redemption feature, the entity measures the fair value of the financial liability for redemption at no less than the maximum amount payable under the redemption provisions of its governing charter or applicable law discounted from the first date that the amount could be required to be paid (see example 3). 10

As required by paragraph 35 of IAS 32, distributions to holders of equity instruments are recognised directly in equity. Interest, dividends and other returns relating to financial instruments classified as financial liabilities are expenses, regardless of whether those amounts paid are legally characterised as dividends, interest or otherwise. 11

The Appendix, which is an integral part of the consensus, provides examples of the application of this consensus. 12

DISCLOSURE

When a change in the redemption prohibition leads to a transfer between financial liabilities and equity, the entity shall disclose separately the amount, timing and reason for the transfer. 13

EFFECTIVE DATE

The effective date and transition requirements of this interpretation are the same as those for IAS 32 (as revised in 2003). An entity shall apply this interpretation for annual periods beginning on or after 1 January 2005. If an entity applies this interpretation for a period beginning before 1 January 2005, it shall disclose that fact. This interpretation shall be applied retrospectively. 14

An entity shall apply the amendments in paragraphs 6, 9, A1 and A12 for annual periods beginning on or after 1 January 2009. If an entity applies Puttable Financial Instruments and Obligations Arising on Liquidation (Amendments to IAS 32 and IAS 1), issued in February 2008, for an earlier period, the amendments in paragraphs 6, 9, A1 and A12 shall be applied for that earlier period. 14A

[deleted] 15

IFRS 13, issued in May 2011, amended paragraph A8. An entity shall apply that amendment when it applies IFRS 13. 16

17 Mit der im Mai 2012 veröffentlichten Verlautbarung *Jährliche Verbesserungen – Zyklus 2009–2011* wurde Paragraph 11 geändert. Diese Änderung ist rückwirkend gemäß IAS 8 *Rechnungslegungsmethoden, Änderungen von rechnungslegungsbezogenen Schätzungen und Fehler* auf Geschäftsjahre anzuwenden, die am oder nach dem 1. Januar 2013 beginnen. Wendet ein Unternehmen diese Änderung an IAS 32 im Rahmen der im Mai 2012 veröffentlichten Verlautbarung *Jährliche Verbesserungen – Zyklus 2009–2011* auf eine frühere Periode an, so ist auch die Änderung an Paragraph 11 auf diese frühere Periode anzuwenden.

18 [gestrichen]

19 Mit dem im Juli 2014 veröffentlichten IFRS 9 wurden die Paragraphen A8 und A10 geändert und die Paragraphen 15 und 18 gestrichen. Wendet ein Unternehmen IFRS 9 an, hat es diese Änderungen ebenfalls anzuwenden.

ANHANG

Beispiele für die Anwendung des Beschlusses

Dieser Anhang ist integraler Bestandteil der Interpretation.

A1 Dieser Anhang enthält sieben Beispiele für die Anwendung des IFRIC-Beschlusses. Die Beispiele stellen keine abschließende Liste dar; es sind auch andere Konstellationen denkbar. In jedem Beispiel wird davon ausgegangen, dass außer den im Beispiel genannten Gegebenheiten keine weiteren Bedingungen vorliegen, die eine Einstufung des Finanzinstruments als finanzielle Verbindlichkeit erforderlich machen würden, und dass das Finanzinstrument nicht alle der in den Paragraphen 16A und 16B oder 16C und 16D von IAS 32 beschriebenen Merkmale aufweist oder die dort genannten Bedingungen nicht erfüllt.

Uneingeschränktes Recht auf Ablehnung der Rücknahme (Paragraph 7)

Beispiel 1

Sachverhalt

A2 Die Satzung des Unternehmens besagt, dass Rücknahmen nach freiem Ermessen des Unternehmens durchgeführt werden. Dieser Ermessensspielraum ist in der Satzung nicht weiter ausgeführt und wird auch keinen Beschränkungen unterworfen. In der Vergangenheit hat das Unternehmen die Rücknahme von Geschäftsanteilen nie abgelehnt, obwohl der Vorstand hierzu berechtigt ist.

Einstufung

A3 Das Unternehmen verfügt über das uneingeschränkte Recht, die Rücknahme abzulehnen. Folglich stellen die Geschäftsanteile Eigenkapital dar. IAS 32 stellt Grundsätze für die Einstufung auf, die auf den Vertragsbedingungen des Finanzinstruments beruhen, und merkt an, dass eine Zahlungshistorie oder beabsichtigte freiwillige Zahlungen keine Einstufung als Verbindlichkeit auslösen. In Paragraph AL26 von IAS 32 heißt es:

Wenn Vorzugsanteile nicht rücknahmefähig sind, hängt die angemessene Einstufung von den anderen mit ihnen verbundenen Rechten ab. Die Einstufung erfolgt nach Maßgabe der wirtschaftlichen Substanz der vertraglichen Vereinbarungen und der Begriffsbestimmungen für finanzielle Verbindlichkeiten und Eigenkapitalinstrumente. Wenn Ausschüttungen an Inhaber kumulativer oder nichtkumulativer Vorzugsanteile im Ermessensspielraum des Emittenten liegen, gelten die Anteile als Eigenkapitalinstrumente. Nicht beeinflusst wird die Einstufung eines Vorzugsanteils als Eigenkapitalinstrument oder als finanzielle Verbindlichkeit beispielsweise durch
(a) Ausschüttungen in der Vergangenheit,
(b) die Absicht, künftig Ausschüttungen vorzunehmen,
(c) eine mögliche nachteilige Auswirkung auf den Kurs der Stammanteile des Emittenten, falls keine Ausschüttungen vorgenommen werden (aufgrund von Beschränkungen hinsichtlich der Zahlung von Dividenden auf Stammanteile, wenn keine Dividenden auf Vorzugsanteile gezahlt werden),
(d) die Höhe der Rücklagen des Emittenten,
(e) eine Gewinn- oder Verlusterwartung des Emittenten für eine Berichtsperiode oder
(f) die Fähigkeit oder Unfähigkeit des Emittenten, die Höhe seines Periodengewinns oder -verlusts zu beeinflussen.

Beispiel 2

Sachverhalt

A4 Die Satzung des Unternehmens besagt, dass Rücknahmen nach freiem Ermessen des Unternehmens durchgeführt werden. Sie führt jedoch weiter aus, dass ein Antrag auf Rücknahme automatisch genehmigt wird, sofern das Unternehmen mit dieser Zahlung nicht gegen lokale Liquiditäts- oder Rücklagenvorschriften verstößt.

Annual Improvements 2009—2011 Cycle, issued in May 2012, amended paragraph 11. An entity shall apply that amendment retrospectively in accordance with IAS 8 *Accounting Policies, Changes in Accounting Estimates and Errors* for annual periods beginning on or after 1 January 2013. If an entity applies that amendment to IAS 32 as a part of the *Annual Improvements 2009—2011 Cycle* (issued in May 2012) for an earlier period, the amendment in paragraph 11 shall be applied for that earlier period. 17

[deleted] 18

IFRS 9, as issued in July 2014, amended paragraphs A8 and A10 and deleted paragraphs 15 and 18. An entity shall apply those amendments when it applies IFRS 9. 19

APPENDIX

Examples of application of the consensus

This appendix is an integral part of the interpretation.

This appendix sets out seven examples of the application of the IFRIC consensus. The examples do not constitute an exhaustive list; other fact patterns are possible. Each example assumes that there are no conditions other than those set out in the facts of the example that would require the financial instrument to be classified as a financial liability and that the financial instrument does not have all the features or does not meet the conditions in paragraphs 16A and 16B or paragraphs 16C and 16D of IAS 32. A1

UNCONDITIONAL RIGHT TO REFUSE REDEMPTION (paragraph 7)

Example 1

Facts

The entity's charter states that redemptions are made at the sole discretion of the entity. The charter does not provide further elaboration or limitation on that discretion. In its history, the entity has never refused to redeem members' shares, although the governing board has the right to do so. A2

Classification

The entity has the unconditional right to refuse redemption and the members' shares are equity. IAS 32 establishes principles for classification that are based on the terms of the financial instrument and notes that a history of, or intention to make, discretionary payments does not trigger liability classification. Paragraph AG26 of IAS 32 states: A3

When preference shares are non-redeemable, the appropriate classification is determined by the other rights that attach to them. Classification is based on an assessment of the substance of the contractual arrangements and the definitions of a financial liability and an equity instrument. When distributions to holders of the preference shares, whether cumulative or non-cumulative, are at the discretion of the issuer, the shares are equity instruments. The classification of a preference share as an equity instrument or a financial liability is not affected by, for example:

(a) a history of making distributions;
(b) an intention to make distributions in the future;
(c) a possible negative impact on the price of ordinary shares of the issuer if distributions are not made (because of restrictions on paying dividends on the ordinary shares if dividends are not paid on the preference shares);
(d) the amount of the issuer's reserves;
(e) an issuer's expectation of a profit or loss for a period; or
(f) an ability or inability of the issuer to influence the amount of its profit or loss for the period.

Example 2

Facts

The entity's charter states that redemptions are made at the sole discretion of the entity. However, the charter further states that approval of a redemption request is automatic unless the entity is unable to make payments without violating local regulations regarding liquidity or reserves. A4

Einstufung

A5 Das Unternehmen verfügt nicht über das uneingeschränkte Recht auf Ablehnung der Rücknahme. Folglich stellen die Geschäftsanteile eine finanzielle Verbindlichkeit dar. Die vorstehend beschriebene Einschränkung bezieht sich auf die Fähigkeit des Unternehmens, eine Verbindlichkeit zu begleichen. Rücknahmen werden nur dann und so lange beschränkt, wenn bzw. wie die Liquiditäts- oder Rücklagenvorschriften nicht erfüllt sind. Folglich führen diese Einschränkungen nach den Grundsätzen von IAS 32 nicht zu einer Einstufung des Finanzinstruments als Eigenkapital. In Paragraph AL25 von IAS 32 heißt es:

Vorzugsanteile können bei der Emission mit verschiedenen Rechten ausgestattet werden. Bei der Einstufung eines Vorzugsanteils als finanzielle Verbindlichkeit oder als Eigenkapitalinstrument beurteilt ein Emittent die einzelnen Rechte, die mit dem Anteil verbunden sind, um zu bestimmen, ob er die wesentlichen Merkmale einer finanziellen Verbindlichkeit aufweist. So beinhaltet ein Vorzugsanteil, der eine Rücknahme zu einem bestimmten Zeitpunkt oder auf Wunsch des Inhabers vorsieht, eine finanzielle Verbindlichkeit, da der Emittent zur Abgabe finanzieller Vermögenswerte an den Anteilsinhaber verpflichtet ist. *Auch wenn ein Emittent der vertraglich vereinbarten Rücknahmeverpflichtung von Vorzugsanteilen aus Mangel an Finanzmitteln, aufgrund einer gesetzlich vorgeschriebenen Verfügungsbeschränkung oder ungenügender Gewinne oder Rücklagen u. U. nicht nachkommen kann, wird die Verpflichtung dadurch nicht hinfällig.* [Kursivschreibung hinzugefügt]

Rücknahmeverbote (Paragraphen 8 und 9)

Beispiel 3

Sachverhalt

A6 Eine Genossenschaft hat an ihre Mitglieder zu unterschiedlichen Zeitpunkten und unterschiedlichen Beträgen die folgenden Anteile ausgegeben:

(a) 1. Januar 20X1 100 000 Anteile zu je 10 WE (1 000 000 WE),

(b) 1. Januar 20X2 100 000 Anteile zu je 20 WE (2 000 000 WE, sodass insgesamt Anteile im Wert von 3 000 000 WE ausgegeben wurden).

Die Anteile sind auf Verlangen zu ihrem jeweiligen Ausgabepreis rücknahmepflichtig.

A7 Die Satzung des Unternehmens besagt, dass kumulative Rücknahmen nicht mehr als 20 Prozent der größten Anzahl jemals in Umlauf gewesener Geschäftsanteile betragen dürfen. Am 31. Dezember 20X2 hatte das Unternehmen 200 000 umlaufende Anteile, was der höchsten Anzahl von Geschäftsanteilen entspricht, die je in Umlauf waren. Bisher wurden keine Anteile zurückgenommen. Am 1. Januar 20X3 ändert das Unternehmen seine Satzung und erhöht die Höchstgrenze für kumulative Rücknahmen auf 25 Prozent der größten Anzahl jemals in Umlauf gewesener Geschäftsanteile.

Einstufung

Vor der Satzungsänderung

A8 Die Geschäftsanteile, die nicht unter das Rücknahmeverbot fallen, stellen finanzielle Verbindlichkeiten dar. Die Genossenschaft bewertet diese finanziellen Verbindlichkeiten beim erstmaligen Ansatz zum beizulegenden Zeitwert. Da diese Anteile auf Verlangen rücknahmepflichtig sind, bestimmt sie den beizulegenden Zeitwert dieser finanziellen Verbindlichkeiten nach Paragraph 47 von IFRS 13: „Der beizulegende Zeitwert einer kurzfristig abrufbaren finanziellen Verbindlichkeit (z. B. einer Sichteinlage) ist nicht geringer als der bei Fälligkeit zahlbare Betrag . . .“. Die Genossenschaft setzt daher als finanzielle Verbindlichkeit den höchsten Betrag an, der gemäß den Rücknahmevorschriften auf Verlangen zahlbar wäre.

A9 Am 1. Januar 20X1 beträgt der gemäß den Rücknahmevorschriften zahlbare Höchstbetrag 20 000 Anteile zu je 10 WE. Dementsprechend stuft das Unternehmen 200 000 WE als finanzielle Verbindlichkeit und 800 000 WE als Eigenkapital ein. Am 1. Januar 20X2 erhöht sich jedoch der gemäß den Rücknahmevorschriften zahlbare Höchstbetrag durch die Ausgabe neuer Anteile zu je 20 WE auf 40 000 Anteile zu je 20 WE. Durch die Ausgabe zusätzlicher Anteile zu 20 WE entsteht eine neue Verbindlichkeit, die beim erstmaligen Ansatz zum beizulegenden Zeitwert bewertet wird. Die Verbindlichkeit nach Ausgabe dieser Anteile beträgt 20 Prozent aller im Umlauf befindlichen Anteile (200 000), bewertet mit je 20 WE, also 800 000 WE. Dies bedeutet, dass eine weitere Verbindlichkeit in Höhe von 600 000 WE angesetzt werden muss. In diesem Beispiel wird kein Gewinn oder Verlust erfasst. Folglich stuft die Genossenschaft 800 000 WE als finanzielle Verbindlichkeit und 2200000 WE als Eigenkapital ein. In diesem Beispiel wird davon ausgegangen, dass sich diese Beträge zwischen dem 1. Januar 20X1 und dem 31. Dezember 20X2 nicht ändern.

Nach der Satzungsänderung

A10 Infolge der Änderung ihrer Satzung kann die Genossenschaft nunmehr verpflichtet sein, bis zu 25 Prozent ihrer im Umlauf befindlichen Anteile oder bis zu 50 000 Anteile zu je 20 WE zurückzunehmen. Entsprechend stuft sie am 1. Januar 20X3 1 000 000 WE als finanzielle Verbindlichkeit ein. Dies entspricht dem Höchstbetrag, der gemäß den Rücknahmevorschriften und nach Paragraph 47 von IFRS 13 bei Fälligkeit zahlbar ist. Sie bucht daher am 1. Januar 20X3 200 000 WE vom Eigenkapital in die finanziellen Verbindlichkeiten um; 2 000 000 WE bleiben weiterhin als Eigenkapital eingestuft. In diesem Beispiel wird bei der Umbuchung kein Gewinn oder Verlust erfasst.

Classification

The entity does not have the unconditional right to refuse redemption and the members' shares are a financial liability. The restrictions described above are based on the entity's ability to settle its liability. They restrict redemptions only if the liquidity or reserve requirements are not met and then only until such time as they are met. Hence, they do not, under the principles established in IAS 32, result in the classification of the financial instrument as equity. Paragraph AG25 of IAS 32 states: A5

Preference shares may be issued with various rights. In determining whether a preference share is a financial liability or an equity instrument, an issuer assesses the particular rights attaching to the share to determine whether it exhibits the fundamental characteristic of a financial liability. For example, a preference share that provides for redemption on a specific date or at the option of the holder contains a financial liability because the issuer has an obligation to transfer financial assets to the holder of the share. *The potential inability of an issuer to satisfy an obligation to redeem a preference share when contractually required to do so, whether because of a lack of funds, a statutory restriction or insufficient profits or reserves, does not negate the obligation.*

PROHIBITIONS AGAINST REDEMPTION (paragraphs 8 and 9)

Example 3

Facts

A cooperative entity has issued shares to its members at different dates and for different amounts in the past as follows: A6
(a) 1 January 20X1 100 000 shares at CU10 each (CU1 000 000);
(b) 1 January 20X2 100 000 shares at CU20 each (a further CU2 000 000, so that the total for shares issued is CU3 000 000).
Shares are redeemable on demand at the amount for which they were issued.

The entity's charter states that cumulative redemptions cannot exceed 20 per cent of the highest number of its members' shares ever outstanding. At 31 December 20X2 the entity has 200 000 of outstanding shares, which is the highest number of members' shares ever outstanding and no shares have been redeemed in the past. On 1 January 20X3 the entity amends its governing charter and increases the permitted level of cumulative redemptions to 25 per cent of the highest number of its members' shares ever outstanding. A7

Classification

Before the governing charter is amended

Members' shares in excess of the prohibition against redemption are financial liabilities. The cooperative entity measures this financial liability at fair value at initial recognition. Because these shares are redeemable on demand, the cooperative entity measures the fair value of such financial liabilities in accordance with paragraph 47 of IFRS 13: 'The fair value of a financial liability with a demand feature (eg a demand deposit) is not less than the amount payable on demand . . .'. Accordingly, the cooperative entity classifies as financial liabilities the maximum amount payable on demand under the redemption provisions. A8

On 1 January 20X1 the maximum amount payable under the redemption provisions is 20 000 shares at CU10 each and accordingly the entity classifies CU200 000 as financial liability and CU800 000 as equity. However, on 1 January 20X2 because of the new issue of shares at CU20, the maximum amount payable under the redemption provisions increases to 40 000 shares at CU20 each. The issue of additional shares at CU20 creates a new liability that is measured on initial recognition at fair value. The liability after these shares have been issued is 20 per cent of the total shares in issue (200 000), measured at CU20, or CU800 000. This requires recognition of an additional liability of CU600 000. In this example no gain or loss is recognised. Accordingly the entity now classifies CU800 000 as financial liabilities and CU2 200 000 as equity. This example assumes these amounts are not changed between 1 January 20X1 and 31 December 20X2. A9

After the governing charter is amended

Following the change in its governing charter the cooperative entity can now be required to redeem a maximum of 25 per cent of its outstanding shares or a maximum of 50 000 shares at CU20 each. Accordingly, on 1 January 20X3 the cooperative entity classifies as financial liabilities an amount of CU1 000 000 being the maximum amount payable on demand under the redemption provisions, as determined in accordance with paragraph 47 of IFRS 13. It therefore transfers on 1 January 20X3 from equity to financial liabilities an amount of CU200 000, leaving CU2 000 000 classified as equity. In this example the entity does not recognise a gain or loss on the transfer. A10

Beispiel 4

Sachverhalt

A11 Das lokale Genossenschaftsgesetz oder die Satzung der Genossenschaft verbieten die Rücknahme von Geschäftsanteilen, wenn das eingezahlte Kapital aus Geschäftsanteilen dadurch unter 75 Prozent des Höchstbetrags des eingezahlten Kapitals aus Geschäftsanteilen fallen würde. Der Höchstbetrag für die betreffende Genossenschaft beträgt 1 000 000 WE. Am Abschlussstichtag lag das eingezahlte Kapital bei 900 000 WE.

Einstufung

A12 In diesem Fall sind 750 000 WE als Eigenkapital und 150 000 WE als finanzielle Verbindlichkeit einzustufen. Zusätzlich zu den bereits zitierten Paragraphen heißt es in Paragraph 18 (b) von IAS 32:
„Finanzinstrumente, die den Inhaber berechtigen, sie gegen Zahlungsmittel oder andere finanzielle Vermögenswerte an den Emittenten zurückzugeben („kündbare Instrumente"), stellen mit Ausnahme der nach den Paragraphen 16A und 16B oder 16C und 16D als Eigenkapitalinstrumente eingestuften Instrumente finanzielle Verbindlichkeiten dar. Ein Finanzinstrument ist selbst dann eine finanzielle Verbindlichkeit, wenn der Betrag an Zahlungsmitteln oder anderen finanziellen Vermögenswerten auf der Grundlage eines Indexes oder einer anderen veränderlichen Bezugsgröße ermittelt wird. Wenn der Inhaber über das Wahlrecht verfügt, das Finanzinstrument gegen Zahlungsmittel oder andere finanzielle Vermögenswerte an den Emittenten zurückzugeben, erfüllt das kündbare Finanzinstrument die Definition einer finanziellen Verbindlichkeit, sofern es sich nicht um ein nach den Paragraphen 16A und 16B oder 16C und 16D als Eigenkapitalinstrument eingestuftes Instrument handelt."

A13 Das in diesem Beispiel beschriebene Rücknahmeverbot unterscheidet sich von den in den Paragraphen 19 und AL25 von IAS 32 beschriebenen Beschränkungen. Jene Beschränkungen stellen eine Beeinträchtigung der Fähigkeit des Unternehmens dar, den fälligen Betrag einer finanziellen Verbindlichkeit zu begleichen, d. h. sie verhindern die Zahlung der Verbindlichkeit nur dann, wenn bestimmte Bedingungen erfüllt sind. Im Gegensatz dazu liegt in diesem Beispiel bei Erreichen eines bestimmten Betrags ein uneingeschränktes Rücknahmeverbot vor, das unabhängig von der Fähigkeit des Unternehmens, die Geschäftsanteile zurückzunehmen, (z. B. in Anbetracht seiner Barreserven, Gewinne oder ausschüttungsfähigen Rücklagen) besteht. Tatsächlich wird das Unternehmen durch das Rücknahmeverbot daran gehindert, eine finanzielle Verbindlichkeit für eine Rücknahme einzugehen, die über eine bestimmte Höhe des eingezahlten Kapitals hinausgeht. Daher stellt der Teil der Geschäftsanteile, der dem Rücknahmeverbot unterliegt, keine finanzielle Verbindlichkeit dar. Die einzelnen Geschäftsanteile können zwar, jeder für sich genommen, rücknahmepflichtig sein, jedoch ist bei einem Teil aller im Umlauf befindlichen Anteile eine Rücknahme nur bei einer Liquidation des Unternehmens möglich.

Beispiel 5

Sachverhalt

A14 Der Sachverhalt dieses Beispiels ist der gleiche wie in Beispiel 4. Zusätzlich darf das Unternehmen am Abschlussstichtag aufgrund von Liquiditätsvorschriften des lokalen Rechtskreises nur dann Geschäftsanteile zurücknehmen, wenn sein Bestand an Zahlungsmitteln und kurzfristigen Anlagen einen bestimmten Wert überschreitet. Diese Liquiditätsvorschriften am Abschlussstichtag haben zur Folge, dass das Unternehmen für die Rücknahme von Geschäftsanteilen nicht mehr als 50 000 WE aufwenden kann.

Einstufung

A15 Wie im Beispiel 4 stuft das Unternehmen 750 000 WE als Eigenkapital und 150 000 WE als finanzielle Verbindlichkeit ein. Der Grund hierfür liegt darin, dass die Einstufung als Verbindlichkeit auf dem uneingeschränkten Recht des Unternehmens auf Ablehnung einer Rücknahme beruht und nicht auf bedingten Einschränkungen, die eine Rücknahme nur verhindern, wenn und solange Liquiditäts- oder andere Bedingungen nicht erfüllt sind. In diesem Fall sind die Paragraphen 19 und AL25 von IAS 32 anzuwenden.

Beispiel 6

Sachverhalt

A16 Laut Satzung darf das Unternehmen Geschäftsanteile nur in der Höhe des Gegenwerts zurücknehmen, der in den letzten drei Jahren durch die Ausgabe zusätzlicher Geschäftsanteile an neue oder vorhandene Mitglieder erzielt wurde. Die Rücknahmeanträge von Mitgliedern müssen aus dem Erlös aus der Ausgabe von Geschäftsanteilen bestritten werden. Während der drei letzten Jahre betrug der Erlös aus der Ausgabe von Geschäftsanteilen 12 000 WE, und es wurden keine Geschäftsanteile zurückgenommen.

Example 4

Facts

Local law governing the operations of cooperatives, or the terms of the entity's governing charter, prohibit an entity from redeeming members' shares if, by redeeming them, it would reduce paid-in capital from members' shares below 75 per cent of the highest amount of paid-in capital from members' shares. The highest amount for a particular cooperative is CU1 000 000. At the end of the reporting period the balance of paid-in capital is CU900 000. A11

Classification

In this case, CU750,000 would be classified as equity and CU150,000 would be classified as financial liabilities. In addition to the paragraphs already cited, paragraph 18 (b) of IAS 32 states in part: A12

... a financial instrument that gives the holder the right to put it back to the issuer for cash or another financial asset (a puttable instrument) is a financial liability, except for those instruments classified as equity instruments in accordance with paragraphs 16A and 16B or paragraphs 16C and 16D. The financial instrument is a financial liability even when the amount of cash or other financial assets is determined on the basis of an index or other item that has the potential to increase or decrease. The existence of an option for the holder to put the instrument back to the issuer for cash or another financial asset means that the puttable instrument meets the definition of a financial liability, except for those instruments classified as equity instruments in accordance with paragraphs 16A and 16B or paragraphs 16C and 16D.

The redemption prohibition described in this example is different from the restrictions described in paragraphs 19 and AG25 of IAS 32. Those restrictions are limitations on the ability of the entity to pay the amount due on a financial liability, i.e. they prevent payment of the liability only if specified conditions are met. In contrast, this example describes an unconditional prohibition on redemptions beyond a specified amount, regardless of the entity's ability to redeem members' shares (e.g. given its cash resources, profits or distributable reserves). In effect, the prohibition against redemption prevents the entity from incurring any financial liability to redeem more than a specified amount of paid-in capital. Therefore, the portion of shares subject to the redemption prohibition is not a financial liability. While each member's shares may be redeemable individually, a portion of the total shares outstanding is not redeemable in any circumstances other than liquidation of the entity. A13

Example 5

Facts

The facts of this example are as stated in example 4. In addition, at the end of the reporting period, liquidity requirements imposed in the local jurisdiction prevent the entity from redeeming any members' shares unless its holdings of cash and short-term investments are greater than a specified amount. The effect of these liquidity requirements at the end of the reporting period is that the entity cannot pay more than CU50 000 to redeem the members' shares. A14

Classification

As in example 4, the entity classifies CU750 000 as equity and CU150 000 as a financial liability. This is because the amount classified as a liability is based on the entity's unconditional right to refuse redemption and not on conditional restrictions that prevent redemption only if liquidity or other conditions are not met and then only until such time as they are met. The provisions of paragraphs 19 and AG25 of IAS 32 apply in this case. A15

Example 6

Facts

The entity's governing charter prohibits it from redeeming members' shares, except to the extent of proceeds received from the issue of additional members' shares to new or existing members during the preceding three years. Proceeds from issuing members' shares must be applied to redeem shares for which members have requested redemption. During the three preceding years, the proceeds from issuing members' shares have been CU12 000 and no member's shares have been redeemed. A16

Einstufung

A17 Das Unternehmen stuft 12 000 WE der Geschäftsanteile als finanzielle Verbindlichkeit ein. Wie im Beispiel 4 erläutert, stellen Geschäftsanteile, die einem uneingeschränkten Rücknahmeverbot unterliegen, keine finanzielle Verbindlichkeit dar. Ein solches uneingeschränktes Verbot gilt für einen Betrag in Höhe des Erlöses aus der Ausgabe von Anteilen, die vor mehr als drei Jahren stattfand, weshalb dieser Betrag als Eigenkapital eingestuft wird. Der Betrag in Höhe des Erlöses aus Anteilen, die in den letzten drei Jahren ausgegeben wurden, unterliegt jedoch keinem uneingeschränkten Rücknahmeverbot. Folglich entsteht durch die Ausgabe von Geschäftsanteilen in den letzten drei Jahren solange eine finanzielle Verbindlichkeit, bis diese Anteile nicht mehr rücknahmepflichtig sind. Das Unternehmen hat also eine finanzielle Verbindlichkeit in Höhe des Erlöses aus Anteilen, die in den letzten drei Jahren ausgegeben wurden, abzüglich etwaiger in diesem Zeitraum getätigter Rücknahmen.

Beispiel 7

Sachverhalt

A18 Das Unternehmen ist eine Genossenschaftsbank. Das lokale Gesetz, das die Tätigkeit von Genossenschaftsbanken regelt, schreibt vor, dass mindestens 50 Prozent der gesamten „offenen Verbindlichkeiten" des Unternehmens (die laut Definition im Gesetz auch die Konten mit Geschäftsanteilen umfassen) in Form von eingezahltem Kapital der Mitglieder vorliegen muss. Diese Vorschrift hat zur Folge, dass eine Genossenschaft, bei der alle offenen Verbindlichkeiten in Form von Geschäftsanteilen vorliegen, sämtliche Anteile zurücknehmen kann. Am 31. Dezember 20X1 hat das Unternehmen offene Verbindlichkeiten von insgesamt 200 000 WE, wovon 125 000 WE auf Konten mit Geschäftsanteilen entfallen. Gemäß den Vertragsbedingungen für Konten mit Geschäftsanteilen ist der Inhaber berechtigt, eine Rücknahme seiner Anteile zu verlangen, und die Satzung des Unternehmens enthält keine Rücknahmebeschränkungen.

Einstufung

A19 In diesem Beispiel werden die Geschäftsanteile als finanzielle Verbindlichkeiten eingestuft. Das Rücknahmeverbot ist mit den in den Paragraphen 19 und AL25 von IAS 32 beschriebenen Beschränkungen vergleichbar. Diese Beschränkung stellt eine bedingte Beeinträchtigung der Fähigkeit des Unternehmens dar, den fälligen Betrag einer finanziellen Verbindlichkeit zu begleichen, d. h. sie verhindert die Zahlung der Verbindlichkeit nur dann, wenn bestimmte Bedingungen erfüllt sind. So könnte das Unternehmen verpflichtet sein, den gesamten Betrag der Geschäftsanteile (125 000 WE) zurückzunehmen, wenn es alle anderen Verbindlichkeiten (75 000 WE) zurückgezahlt hätte. Folglich wird das Unternehmen durch das Rücknahmeverbot nicht daran gehindert, eine finanzielle Verbindlichkeit für eine Rücknahme einzugehen, die über eine bestimmte Anzahl von Geschäftsanteilen oder einen bestimmten Betrag des eingezahlten Kapitals hinausgeht. Es bietet dem Unternehmen nur die Möglichkeit, eine Rücknahme aufzuschieben, bis die Bedingung – in diesem Fall die Rückzahlung anderer Verbindlichkeiten – erfüllt ist. Die Geschäftsanteile unterliegen in diesem Beispiel keinem uneingeschränkten Rücknahmeverbot und sind daher als finanzielle Verbindlichkeit einzustufen.

IFRIC INTERPRETATION 5

Rechte auf Anteile an Fonds für Entsorgung, Rekultivierung und Umweltsanierung

VERWEISE

- IFRS 9 *Finanzinstrumente*
- IFRS 10 *Konzernabschlüsse*
- IFRS 11 *Gemeinschaftliche Vereinbarungen*
- IAS 8 *Rechnungslegungsmethoden, Änderungen von rechnungslegungsbezogenen Schätzungen und Fehler*
- IAS 28 *Beteiligungen an assoziierten Unternehmen und Gemeinschaftsunternehmen*
- IAS 37 *Rückstellungen, Eventualverbindlichkeiten und Eventualforderungen*

Classification

The entity classifies CU12 000 of the members' shares as financial liabilities. Consistently with the conclusions described in example 4, members' shares subject to an unconditional prohibition against redemption are not financial liabilities. Such an unconditional prohibition applies to an amount equal to the proceeds of shares issued before the preceding three years, and accordingly, this amount is classified as equity. However, an amount equal to the proceeds from any shares issued in the preceding three years is not subject to an unconditional prohibition on redemption. Accordingly, proceeds from the issue of members' shares in the preceding three years give rise to financial liabilities until they are no longer available for redemption of members' shares. As a result the entity has a financial liability equal to the proceeds of shares issued during the three preceding years, net of any redemptions during that period. **A17**

Example 7

Facts

The entity is a cooperative bank. Local law governing the operations of cooperative banks state that at least 50 per cent of the entity's total 'outstanding liabilities' (a term defined in the regulations to include members' share accounts) has to be in the form of members' paid-in capital. The effect of the regulation is that if all of a cooperative's outstanding liabilities are in the form of members' shares, it is able to redeem them all. On 31 December 20X1 the entity has total outstanding liabilities of CU200 000, of which CU125 000 represent members' share accounts. The terms of the members' share accounts permit the holder to redeem them on demand and there are no limitations on redemption in the entity's charter. **A18**

Classification

In this example members' shares are classified as financial liabilities. The redemption prohibition is similar to the restrictions described in paragraphs 19 and AG25 of IAS 32. The restriction is a conditional limitation on the ability of the entity to pay the amount due on a financial liability, i.e. they prevent payment of the liability only if specified conditions are met. More specifically, the entity could be required to redeem the entire amount of members' shares (CU125 000) if it repaid all of its other liabilities (CU75 000). Consequently, the prohibition against redemption does not prevent the entity from incurring a financial liability to redeem more than a specified number of members' shares or amount of paid-in capital. It allows the entity only to defer redemption until a condition is met, i.e. the repayment of other liabilities. Members' shares in this example are not subject to an unconditional prohibition against redemption and are therefore classified as financial liabilities. **A19**

IFRIC INTERPRETATION 5

Rights to interests arising from decommissioning, restoration and environmental rehabilitation funds

REFERENCES

- IFRS 9 *Financial Instruments*
- IFRS 10 *Consolidated Financial Statements*
- IFRS 11 *Joint Arrangements*
- IAS 8 *Accounting policies, changes in accounting estimates and errors*
- IAS 28 *Investments in Associates and Joint Ventures*
- IAS 37 *Provisions, contingent liabilities and contingent assets*

HINTERGRUND

1 Fonds für Entsorgung, Rekultivierung und Umweltsanierung, nachstehend als „Entsorgungsfonds“ oder „Fonds“ bezeichnet, dienen zur Trennung von Vermögenswerten, die für die Finanzierung eines Teils oder aller Kosten bestimmt sind, die bei der Entsorgung von Anlagen (z. B. eines Kernkraftwerks) oder gewisser Sachanlagen (z. B. von Kraftfahrzeugen) oder bei der Umweltsanierung (z. B. Bereinigung von Gewässerverschmutzung oder Rekultivierung von Bergbaugeländen), zusammen als „Entsorgung“ bezeichnet, anfallen.

2 Beiträge zu diesen Fonds können auf freiwilliger Basis erfolgen oder durch eine Verordnung bzw. gesetzlich vorgeschrieben sein. Die Fonds können eine der folgenden Strukturen aufweisen:

(a) von einem einzelnen Teilnehmer eingerichtete Fonds zur Finanzierung seiner eigenen Entsorgungsverpflichtungen, sei es für einen bestimmten oder für mehrere, geografisch verteilte Orte,

(b) von mehreren Teilnehmern eingerichtete Fonds zur Finanzierung ihrer individuellen oder gemeinsamen Entsorgungsverpflichtungen, wobei die Teilnehmer einen Anspruch auf Erstattung der Entsorgungsaufwendungen bis zur Höhe ihrer Beiträge und der angefallenen Erträge aus diesen Beiträgen abzüglich ihres Anteils an den Verwaltungskosten des Fonds haben; die Teilnehmer unterliegen eventuell der Pflicht, zusätzliche Beiträge zu leisten, beispielsweise im Fall der Insolvenz eines Teilnehmers,

(c) von mehreren Teilnehmern eingerichtete Fonds zur Finanzierung ihrer individuellen oder gemeinsamen Entsorgungsverpflichtungen, wobei sich die Höhe des Beitrags jedes Teilnehmers nach seiner derzeitigen Tätigkeit und die Höhe seines Anspruchs nach seiner vergangenen Tätigkeit bestimmt; in diesen Fällen besteht eine potenzielle Inkongruenz bezüglich der Höhe der von einem Teilnehmer geleisteten Beiträge (auf Grundlage der derzeitigen Tätigkeit) und des aus dem Fonds realisierbaren Werts (auf Grundlage der vergangenen Tätigkeit).

3 Im Allgemeinen haben diese Fonds folgende Merkmale:

(a) der Fonds wird von unabhängigen Treuhändern gesondert verwaltet,

(b) Unternehmen (Teilnehmer) leisten Beiträge an den Fonds, die in verschiedene Vermögenswerte, die sowohl Anlagen in Schuld- als auch in Beteiligungstitel umfassen können, investiert werden und die den Teilnehmern für die Begleichung ihres Entsorgungsaufwands zur Verfügung stehen; die Treuhänder bestimmen, wie die Beiträge nach Maßgabe der in der Satzung des Fonds dargelegten Beschränkungen sowie der anzuwendenden Gesetze oder sonstigen Vorschriften investiert werden,

(c) die Begleichung des Entsorgungsaufwands obliegt den Teilnehmern; die Teilnehmer können jedoch eine Erstattung des Entsorgungsaufwands aus dem Fonds erhalten, die höchstens dem Anteil des Teilnehmers an den Vermögenswerten des Fonds entspricht und den tatsächlichen Entsorgungsaufwand nicht übersteigen kann,

(d) der Zugriff der Teilnehmer auf den Teil der Vermögenswerte, der über die zur Begleichung des erstattungsfähigen Entsorgungsaufwands hinaus im Fonds verbleibt, kann begrenzt oder ganz verwehrt sein.

ANWENDUNGSBEREICH

4 Diese Interpretation ist in Abschlüssen eines Teilnehmers für die Bilanzierung von Anteilen an Entsorgungsfonds anzuwenden, welche die beiden folgenden Merkmale aufweisen:

(a) die Vermögenswerte werden gesondert verwaltet (sie werden entweder in einer eigenständigen rechtlichen Einheit oder innerhalb einer anderen Einheit als getrennte Vermögenswerte gehalten) und

(b) die Zugriffsrechte der Teilnehmer auf die Vermögenswerte sind begrenzt.

5 Ein über den Erstattungsanspruch hinaus gehender Residualanspruch, wie beispielsweise ein vertragliches Recht auf Ausschüttung nach Durchführung aller Entsorgungen oder bei Auflösung des Fonds, kann als unter IFRS 9 fallendes Eigenkapitalinstrument eingestuft werden und fällt nicht in den Anwendungsbereich dieser Interpretation.

FRAGESTELLUNGEN

6 Diese Interpretation betrifft die folgenden Fragen:

(a) Wie hat ein Teilnehmer seinen Anteil an einem Fonds zu bilanzieren?

(b) Wie hat ein Teilnehmer seine Verpflichtung zu bilanzieren, wenn er zusätzliche Beiträge zu leisten hat, beispielsweise im Falle der Insolvenz eines anderen Teilnehmers?

BESCHLUSS

Bilanzierung eines Anteils an einem Fonds

7 Der Teilnehmer hat seine Verpflichtung, den Entsorgungsaufwand zu begleichen, als Rückstellung und seinen Anteil an dem Fonds getrennt anzusetzen, es sei denn, der Teilnehmer haftet in dem Fall, dass der Fonds nicht zahlt, nicht für die Begleichung des Entsorgungsaufwands.

BACKGROUND

The purpose of decommissioning, restoration and environmental rehabilitation funds, hereafter referred to as 'decommissioning funds' or 'funds', is to segregate assets to fund some or all of the costs of decommissioning plant (such as a nuclear plant) or certain equipment (such as cars), or in undertaking environmental rehabilitation (such as rectifying pollution of water or restoring mined land), together referred to as 'decommissioning'. 1

Contributions to these funds may be voluntary or required by regulation or law. The funds may have one of the following structures: 2

(a) funds that are established by a single contributor to fund its own decommissioning obligations, whether for a particular site, or for a number of geographically dispersed sites;
(b) funds that are established with multiple contributors to fund their individual or joint decommissioning obligations, when contributors are entitled to reimbursement for decommissioning expenses to the extent of their contributions plus any actual earnings on those contributions less their share of the costs of administering the fund. Contributors may have an obligation to make additional contributions, for example, in the event of the bankruptcy of another contributor;
(c) funds that are established with multiple contributors to fund their individual or joint decommissioning obligations when the required level of contributions is based on the current activity of a contributor and the benefit obtained by that contributor is based on its past activity. In such cases there is a potential mismatch in the amount of contributions made by a contributor (based on current activity) and the value realisable from the fund (based on past activity).

Such funds generally have the following features: 3

(a) the fund is separately administered by independent trustees;
(b) entities (contributors) make contributions to the fund, which are invested in a range of assets that may include both debt and equity investments, and are available to help pay the contributors' decommissioning costs. The trustees determine how contributions are invested, within the constraints set by the fund's governing documents and any applicable legislation or other regulations;
(c) the contributors retain the obligation to pay decommissioning costs. However, contributors are able to obtain reimbursement of decommissioning costs from the fund up to the lower of the decommissioning costs incurred and the contributor's share of assets of the fund;
(d) the contributors may have restricted access or no access to any surplus of assets of the fund over those used to meet eligible decommissioning costs.

SCOPE

This interpretation applies to accounting in the financial statements of a contributor for interests arising from decommissioning funds that have both of the following features: 4

(a) the assets are administered separately (either by being held in a separate legal entity or as segregated assets within another entity); and
(b) a contributor's right to access the assets is restricted.

A residual interest in a fund that extends beyond a right to reimbursement, such as a contractual right to distributions once all the decommissioning has been completed or on winding up the fund, may be an equity instrument within the scope of IFRS 9 and is not within the scope of this Interpretation. 5

ISSUES

The issues addressed in this interpretation are: 6

(a) how should a contributor account for its interest in a fund?
(b) when a contributor has an obligation to make additional contributions, for example, in the event of the bankruptcy of another contributor, how should that obligation be accounted for?

CONSENSUS

Accounting for an interest in a fund

The contributor shall recognise its obligation to pay decommissioning costs as a liability and recognise its interest in the fund separately unless the contributor is not liable to pay decommissioning costs even if the fund fails to pay. 7

8 Der Teilnehmer hat zu bestimmen, ob er nach IFRS 10, IFRS 11 und IAS 28 den Fonds beherrscht, an der gemeinschaftlichen Führung des Fonds beteiligt ist oder einen maßgeblichen Einfluss auf den Fonds hat. Wenn dies der Fall ist, hat der Teilnehmer seinen Anteil an dem Fonds gemäß diesen Standards zu bilanzieren.

9 Wenn der Teilnehmer den Fonds nicht beherrscht, nicht an seiner gemeinschaftlichen Führung beteiligt ist und keinen maßgeblichen Einfluss auf ihn hat, so hat er den Erstattungsanspruch aus dem Fonds gemäß IAS 37 als Erstattung anzusetzen. Diese Erstattung ist zu dem niedrigeren Betrag aus

(a) dem Betrag der angesetzten Entsorgungsverpflichtung und

(b) dem Anteil des Teilnehmers am beizulegenden Zeitwert der den Teilnehmern zustehenden Nettovermögenswerte des Fonds zu bewerten.

Änderungen des Buchwerts des Erstattungsanspruchs sind in der Berichtsperiode, in der sie anfallen, erfolgswirksam zu erfassen, nicht aber Beiträge an den Fonds und Zahlungen aus dem Fonds.

Bilanzierung von Verpflichtungen zur Leistung zusätzlicher Beiträge

10 Ist ein Teilnehmer verpflichtet, bei Bedarf zusätzliche Beiträge zu leisten, beispielsweise im Fall der Insolvenz eines anderen Teilnehmers oder falls der Wert der vom Fonds gehaltenen Anlagevermögenswerte so weit fällt, dass diese nicht mehr ausreichen, um die Erstattungsverpflichtungen des Fonds zu erfüllen, so ist diese Verpflichtung als unter IAS 37 fallende Eventualverbindlichkeit einzustufen. Der Teilnehmer hat nur dann eine Rückstellung anzusetzen, wenn die Leistung zusätzlicher Beiträge wahrscheinlich ist.

Angaben

11 Ein Teilnehmer hat die Art seines Fondsanteils sowie alle den Zugriff auf die Vermögenswerte des Fonds betreffenden Beschränkungen anzugeben.

12 Besteht für einen Teilnehmer die Verpflichtung, bei Bedarf zusätzliche Beiträge zu leisten, und hat er für diese Verpflichtung keine Rückstellung angesetzt (siehe Paragraph 10), so hat er die in Paragraph 86 von IAS 37 verlangten Angaben zu machen.

13 Bilanziert ein Teilnehmer seinen Fondsanteil nach Paragraph 9, so hat er die in Paragraph 85 (c) von IAS 37 verlangten Angaben zu machen.

ZEITPUNKT DES INKRAFTTRETENS

14 Diese Interpretation ist auf Geschäftsjahre anzuwenden, die am oder nach dem 1. Januar 2006 beginnen. Eine frühere Anwendung wird empfohlen. Wendet ein Unternehmen diese Interpretation auf Berichtsperioden an, die vor dem 1. Januar 2006 beginnen, hat es dies anzugeben.

14A [gestrichen]

14B Mit den im Mai 2011 veröffentlichten IFRS 10 und IFRS 11 wurden die Paragraphen 8 und 9 geändert. Wendet ein Unternehmen IFRS 10 und IFRS 11 an, hat es diese Änderungen ebenfalls anzuwenden.

14C [gestrichen]

14D Mit dem im Juli 2014 veröffentlichten IFRS 9 wurde Paragraph 5 geändert und wurden die Paragraphen 14A und 14C gestrichen. Wendet ein Unternehmen IFRS 9 an, hat es diese Änderungen ebenfalls anzuwenden.

ÜBERGANGSVORSCHRIFTEN

15 Änderungen der Rechnungslegungsmethoden sind gemäß IAS 8 zu bilanzieren.

The contributor shall determine whether it has control or joint control of, or significant influence over the fund by reference to IFRS 10, IFRS 11 and IAS 28. If it does, the contributor shall account for its interest in the fund in accordance with those Standards. 8

If a contributor does not have control or joint control of, or significance influence over, the fund, the contributor shall recognise the right to receive reimbursement from the fund as a reimbursement in accordance with IAS 37. This reimbursement shall be measured at the lower of: 9

(a) the amount of the decommissioning obligation recognised; and

(b) the contributor's share of the fair value of the net assets of the fund attributable to contributors.

Changes in the carrying value of the right to receive reimbursement other than contributions to and payments from the fund shall be recognised in profit or loss in the period in which these changes occur.

Accounting for obligations to make additional contributions

When a contributor has an obligation to make potential additional contributions, for example, in the event of the bankruptcy of another contributor or if the value of the investment assets held by the fund decreases to an extent that they are insufficient to fulfil the fund's reimbursement obligations, this obligation is a contingent liability that is within the scope of IAS 37. The contributor shall recognise a liability only if it is probable that additional contributions will be made. 10

Disclosure

A contributor shall disclose the nature of its interest in a fund and any restrictions on access to the assets in the fund. 11

When a contributor has an obligation to make potential additional contributions that is not recognised as a liability (see paragraph 10), it shall make the disclosures required by paragraph 86 of IAS 37. 12

When a contributor accounts for its interest in the fund in accordance with paragraph 9, it shall make the disclosures required by paragraph 85 (c) of IAS 37. 13

EFFECTIVE DATE

An entity shall apply this interpretation for annual periods beginning on or after 1 January 2006. Earlier application is encouraged. If an entity applies this interpretation to a period beginning before 1 January 2006, it shall disclose that fact. 14

[deleted] 14A

IFRS 10 and IFRS 11, issued in May 2011, amended paragraphs 8 and 9. An entity shall apply those amendments when it applies IFRS 10 and IFRS 11. 14B

[deleted] 14C

IFRS 9, as issued in July 2014, amended paragraph 5 and deleted paragraphs 14A and 14C. An entity shall apply those amendments when it applies IFRS 9. 14D

TRANSITION

Changes in accounting policies shall be accounted for in accordance with the requirements of IAS 8. 15

IFRIC INTERPRETATION 6
Verbindlichkeiten, die sich aus einer Teilnahme an einem spezifischen Markt ergeben – Elektro- und Elektronik- Altgeräte

VERWEISE

- IAS 8 *Rechnungslegungsmethoden, Änderungen von rechnungslegungsbezogenen Schätzungen und Fehler*
- IAS 37 *Rückstellungen, Eventualverbindlichkeiten und Eventualforderungen*

HINTERGRUND

1 Nach Paragraph 17 von IAS 37 ist ein verpflichtendes Ereignis ein Ereignis der Vergangenheit, das zu einer gegenwärtigen Verpflichtung führt, zu deren Erfüllung ein Unternehmen keine realistische Alternative hat.

2 Nach Paragraph 19 von IAS 37 werden Rückstellungen nur für „diejenigen aus Ereignissen der Vergangenheit entstandenen Verpflichtungen angesetzt, die unabhängig von den künftigen Handlungen eines Unternehmens (z. B. der künftigen Geschäftstätigkeit) bestehen".

3 Die Richtlinie der Europäischen Union über Elektro- und Elektronik-Altgeräte, welche die Sammlung, Behandlung, Verwertung und umweltgerechte Beseitigung von Altgeräten regelt, hat Fragen bezüglich des Ansatzzeitpunktes der durch die Entsorgung von Elektro- und Elektronik-Altgeräten entstehenden Verbindlichkeit aufgeworfen. Die Richtlinie unterscheidet zwischen „neuen" und „historischen" Altgeräten sowie zwischen Altgeräten aus Privathaushalten und Altgeräten aus anderer Verwendung. Neue Altgeräte betreffen Produkte, die nach dem 13. August 2005 verkauft wurden. Alle vor diesem Termin verkauften Haushaltsgeräte gelten als historische Altgeräte im Sinne der Richtlinie.

4 Die Richtlinie besagt, dass die Kosten für die Entsorgung historischer Haushaltsgeräte von den Herstellern des betreffenden Gerätetyps zu tragen sind, die sich in einem Zeitraum am Markt befinden, der in den anwendbaren Rechtsvorschriften eines jeden Mitgliedstaats festzulegen ist (Erfassungszeitraum). Die Richtlinie besagt weiter, dass jeder Mitgliedstaat einen Mechanismus einzurichten hat, mittels dessen die Hersteller einen anteiligen Kostenbeitrag, „z. B. im Verhältnis zu ihrem jeweiligen Marktanteil für den betreffenden Gerätetyp", leisten.

5 Verschiedene in der Interpretation verwendete Begriffe, wie „Marktanteil" und „Erfassungszeitraum", können in den anwendbaren Rechtsvorschriften der einzelnen Mitgliedstaaten sehr unterschiedlich definiert sein. Beispielsweise kann die Dauer des Erfassungszeitraums ein Jahr oder nur einen Monat betragen. Auch können die Bewertung des Marktanteils und die Formel für die Berechnung der Verpflichtung in den verschiedenen einzelstaatlichen Rechtsvorschriften unterschiedlich ausfallen. Diese Beispiele betreffen allerdings diese lediglich die Bewertung der Verbindlichkeit, die nicht in den Anwendungsbereich dieser Interpretation fällt.

ANWENDUNGSBEREICH

6 Diese Interpretation enthält Leitlinien für den Ansatz von Verbindlichkeiten im Abschluss von Herstellern, die sich aus der Entsorgung gemäß der EU-Richtlinie über Elektro- und Elektronik-Altgeräte hinsichtlich des Verkaufs historischer Haushaltsgeräte ergeben.

7 Diese Interpretation behandelt weder neue Altgeräte noch historische Altgeräte, die nicht aus Privathaushalten stammen. Die Verbindlichkeit für eine derartige Entsorgung ist in IAS 37 hinreichend geregelt. Sollten jedoch in den einzelstaatlichen Rechtsvorschriften neue Altgeräte aus Privathaushalten auf die gleiche Art und Weise wie historische Altgeräte aus Privathaushalten behandelt werden, gelten die Grundsätze der Interpretation gemäß der in den Paragraphen 10–12 von IAS 8 vorgesehenen Hierarchie. Die Hierarchie von IAS 8 gilt auch für andere Vorschriften, die Verpflichtungen auf eine Art und Weise vorschreiben, die dem in der EU-Richtlinie genannten Kostenzuweisungsverfahren ähnelt.

IFRIC INTERPRETATION 6

Liabilities arising from participating in a specific market—waste electrical and electronic equipment

REFERENCES

— IAS 8 *Accounting policies, changes in accounting estimates and errors*
— IAS 37 *Provisions, contingent liabilities and contingent assets*

BACKGROUND

Paragraph 17 of IAS 37 specifies that an obligating event is a past event that leads to a present obligation that an entity has no realistic alternative to settling. 1

Paragraph 19 of IAS 37 states that provisions are recognised only for 'obligations arising from past events existing independently of an entity's future actions'. 2

The European Union's Directive on Waste Electrical and Electronic Equipment (WE&EE),.which regulates the collection, treatment, recovery and environmentally sound disposal of waste equipment, has given rise to questions about when the liability for the decommissioning of WE&EE should be recognised. The Directive distinguishes between 'new' and 'historical' waste and between waste from private households and waste from sources other than private households. New waste relates to products sold after 13 August 2005. All household equipment sold before that date is deemed to give rise to historical waste for the purposes of the Directive. 3

The Directive states that the cost of waste management for historical household equipment should be borne by producers of that type of equipment that are in the market during a period to be specified in the applicable legislation of each Member State (the measurement period). The Directive states that each Member State shall establish a mechanism to have producers contribute to costs proportionately 'e.g. in proportion to their respective share of the market by type of equipment.' 4

Several terms used in the interpretation such as 'market share' and 'measurement period' may be defined very differently in the applicable legislation of individual Member States. For example, the length of the measurement period might be a year or only one month. Similarly, the measurement of market share and the formulae for computing the obligation may differ in the various national legislations. However, all of these examples affect only the measurement of the liability, which is not within the scope of the interpretation. 5

SCOPE

This interpretation provides guidance on the recognition, in the financial statements of producers, of liabilities for waste management under the EU Directive on WE&EE in respect of sales of historical household equipment. 6

The interpretation addresses neither new waste nor historical waste from sources other than private households. The liability for such waste management is adequately covered in IAS 37. However, if, in national legislation, new waste from private households is treated in a similar manner to historical waste from private households, the principles of the interpretation apply by reference to the hierarchy in paragraphs 10—12 of IAS 8. The IAS 8 hierarchy is also relevant for other regulations that impose obligations in a way that is similar to the cost attribution model specified in the EU Directive. 7

FRAGESTELLUNG

8 Das IFRIC wurde im Zusammenhang mit der Entsorgung von Elektro- und Elektronik-Altgeräten gebeten festzulegen, was das verpflichtende Ereignis gemäß Paragraph 14 (a) von IAS 37 für den Ansatz einer Rückstellung für die Entsorgungskosten darstellt:
- die Herstellung oder der Verkauf des historischen Haushaltsgeräts?
- die Teilnahme am Markt während des Erfassungszeitraums?
- der Kostenanfall bei der Durchführung der Entsorgungstätigkeiten?

BESCHLUSS

9 Es ist die Teilnahme am Markt während des Erfassungszeitraums, die als verpflichtendes Ereignis gemäß Paragraph 14 (a) von IAS 37 anzusehen ist. Folglich entsteht die Verbindlichkeit für die Kosten der Entsorgung historischer Haushaltsgeräte nicht bei der Herstellung oder beim Verkauf der Produkte. Da die Verpflichtung bei historischen Haushaltsgeräten an die Marktteilnahme während des Erfassungszeitraums und nicht an die Herstellung oder den Verkauf der zu entsorgenden Geräte geknüpft ist, besteht keine Verpflichtung, solange während des Erfassungszeitraums kein Marktanteil vorhanden ist. Das zeitliche Eintreten des verpflichtenden Ereignisses kann auch unabhängig von dem Zeitraum sein, innerhalb dessen die Entsorgungstätigkeiten durchgeführt werden und die entsprechenden Kosten entstehen.

ZEITPUNKT DES INKRAFTTRETENS

10 Diese Interpretation ist auf Geschäftsjahre anzuwenden, die am oder nach dem 1. Dezember 2005 beginnen. Eine frühere Anwendung wird empfohlen. Wendet ein Unternehmen diese Interpretation auf Berichtsperioden an, die vor dem 1. Dezember 2005 beginnen, hat es dies anzugeben.

ÜBERGANGSVORSCHRIFTEN

11 Änderungen der Rechnungslegungsmethoden sind gemäß IAS 8 zu bilanzieren.

IFRIC INTERPRETATION 7

Anwendung des Anpassungsansatzes nach IAS 29 Rechnungslegung in Hochinflationsländern

VERWEISE

- IAS 12 *Ertragsteuern*
- IAS 29 *Rechnungslegung in Hochinflationsländern*

HINTERGRUND

1 Mit dieser Interpretation werden Leitlinien für die Anwendung von IAS 29 auf eine Berichtsperiode festgelegt, in der ein Unternehmen feststellt, dass in dem Land seiner funktionalen Währung Hochinflation herrscht[1], Land in der vorhergehenden Berichtsperiode nicht als hochinflationär anzusehen war, und folglich seinen Abschluss gemäß IAS 29 anpasst.

1 Das Unternehmen stellt das Vorliegen einer Hochinflation nach eigenem Ermessen unter Berücksichtigung der Kriterien des Paragraphen 3 von IAS 29 fest.

ISSUE

8 The IFRIC was asked to determine in the context of the decommissioning of WE&EE what constitutes the obligating event in accordance with paragraph 14 (a) of IAS 37 for the recognition of a provision for waste management costs:

- the manufacture or sale of the historical household equipment?
- participation in the market during the measurement period?
- the incurrence of costs in the performance of waste management activities?

CONSENSUS

9 Participation in the market during the measurement period is the obligating event in accordance with paragraph 14 (a) of IAS 37. As a consequence, a liability for waste management costs for historical household equipment does not arise as the products are manufactured or sold. Because the obligation for historical household equipment is linked to participation in the market during the measurement period, rather than to production or sale of the items to be disposed of, there is no obligation unless and until a market share exists during the measurement period. The timing of the obligating event may also be independent of the particular period in which the activities to perform the waste management are undertaken and the related costs incurred.

EFFECTIVE DATE

10 An entity shall apply this interpretation for annual periods beginning on or after 1 December 2005. Earlier application is encouraged. If an entity applies the interpretation for a period beginning before 1 December 2005, it shall disclose that fact.

TRANSITION

11 Changes in accounting policies shall be accounted for in accordance with IAS 8.

IFRIC INTERPRETATION 7

Applying the restatement approach under IAS 29 Financial reporting in hyperinflationary economies

REFERENCES

- IAS 12 *Income taxes*
- IAS 29 *Financial reporting in hyperinflationary economies*

BACKGROUND

1 This interpretation provides guidance on how to apply the requirements of IAS 29 in a reporting period in which an entity identifies[1] the existence of hyperinflation in the economy of its functional currency, when that economy was not hyperinflationary in the prior period, and the entity therefore restates its financial statements in accordance with IAS 29.

1 The identification of hyperinflation is based on the entity's judgement of the criteria in paragraph 3 of IAS 29.

FRAGESTELLUNGEN

2 Diese Interpretation betrifft die folgenden Fragen:
(a) Wie ist die Vorschrift in Paragraph 8 von IAS 29 („... *in der am Abschlussstichtag geltenden Maßeinheit auszudrücken*...") auszulegen, wenn ein Unternehmen diesen Standard anwendet?
(b) Wie sollte ein Unternehmen latente Steuern in der Eröffnungsbilanz in seinem angepassten Abschluss bilanzieren?

BESCHLUSS

3 In der Berichtsperiode, in der ein Unternehmen feststellt, dass in dem Land seiner funktionalen Währung Hochinflation herrscht, obwohl dies in der vorhergehenden Berichtsperiode nicht der Fall war, hat das Unternehmen IAS 29 so anzuwenden, als wäre dieses Land zuvor bereits hochinflationär gewesen. Folglich sind nichtmonetäre Posten, die zu den historischen Anschaffungs- und Herstellungskosten bewertet werden, in der Eröffnungsbilanz der frühesten im Abschluss dargestellten Berichtsperiode so anzupassen, dass den Auswirkungen der Inflation ab dem Zeitpunkt, zu dem die Vermögenswerte erworben und die Verbindlichkeiten eingegangen oder übernommen wurden, bis zum Abschlussstichtag Rechnung getragen wird. Für nichtmonetäre Posten, die in der Eröffnungsbilanz mit Beträgen angesetzt wurden, die zu einem anderen Zeitpunkt als dem des Erwerbs der Vermögenswerte oder des Eingehens der Verbindlichkeiten bestimmt wurden, muss die Anpassung stattdessen den Auswirkungen der Inflation ab dem Zeitpunkt, zu dem die Buchwerte bestimmt wurden, bis zum Abschlussstichtag Rechnung tragen.

4 Am Abschlussstichtag werden latente Steuern nach IAS 12 erfasst und bewertet. Für die Eröffnungsbilanz der Berichtsperiode werden die Beträge der latenten Steuern jedoch wie folgt ermittelt:
(a) das Unternehmen bewertet die latenten Steuern nach IAS 12 neu, nachdem es die nominalen Buchwerte der nichtmonetären Posten zum Zeitpunkt der Eröffnungsbilanz der Berichtsperiode durch Anwendung der zu diesem Zeitpunkt geltenden Maßeinheit angepasst hat,
(b) die nach Buchstabe a neu bewerteten latenten Steuern werden vom Zeitpunkt der Eröffnungsbilanz der Berichtsperiode bis zum Abschlussstichtag dieser Berichtsperiode an die Änderung der Maßeinheit angepasst.

Für die Berichtsperiode, in der das Unternehmen IAS 29 anwendet, verwendet es im angepassten Abschluss für alle Vergleichsperioden, die es dort darstellt, zur Anpassung der latenten Steuern in der Eröffnungsbilanz den unter den Buchstaben a und b genannten Ansatz.

5 Nachdem ein Unternehmen seinen Abschluss angepasst hat, werden im Abschluss der späteren Berichtsperiode alle Zahlen einschließlich der latenten Steuern angepasst, indem für diese folgende Berichtsperiode der angepasste Abschluss der vorherigen Berichtsperiode nur um die Änderung der Maßeinheit angepasst wird.

ZEITPUNKT DES INKRAFTTRETENS

6 Diese Interpretation ist auf Geschäftsjahre anzuwenden, die am oder nach dem 1. März 2006 beginnen. Eine frühere Anwendung wird empfohlen. Wenn ein Unternehmen diese Interpretation für Berichtsperioden anwendet, die vor dem 1. März 2006 beginnen, so ist diese Tatsache anzugeben.

IFRIC INTERPRETATION 10

Zwischenberichterstattung und Wertminderung

VERWEISE

- IFRS 9 *Finanzinstrumente*
- IAS 34 *Zwischenberichterstattung*
- IAS 36 *Wertminderung von Vermögenswerten*

HINTERGRUND

1 Ein Unternehmen ist verpflichtet, den Geschäfts- oder Firmenwert zu jedem Abschlussstichtag auf Wertminderung zu prüfen und gegebenenfalls zu diesem Stichtag gemäß IAS 36 einen Wertminderungsaufwand zu erfassen. Zu einem späteren Abschlussstichtag können sich die Bedingungen allerdings derart verändert haben, dass der Wertminderungsaufwand geringer ausgefallen wäre oder hätte vermieden werden können, wenn die Wertminderungsprüfung erst zu diesem Zeitpunkt erfolgt wäre. Mit dieser Interpretation werden Leitlinien dafür festgelegt, inwieweit ein solcher Wertminderungsaufwand wieder rückgängig gemacht werden kann.

ISSUES

The questions addressed in this interpretation are: 2
(a) how should the requirement '...stated in terms of the measuring unit current at the end of the reporting period' in paragraph 8 of IAS 29 be interpreted when an entity applies the standard?
(b) how should an entity account for opening deferred tax items in its restated financial statements?

CONSENSUS

In the reporting period in which an entity identifies the existence of hyperinflation in the economy of its functional currency, not having been hyperinflationary in the prior period, the entity shall apply the requirements of IAS 29 as if the economy had always been hyperinflationary. Therefore, in relation to non-monetary items measured at historical cost, the entity's opening statement of financial position at the beginning of the earliest period presented in the financial statements shall be restated to reflect the effect of inflation from the date the assets were acquired and the liabilities were incurred or assumed until the end of the reporting period. For non-monetary items carried in the opening statement of financial position at amounts current at dates other than those of acquisition or incurrence, that restatement shall reflect instead the effect of inflation from the dates those carrying amounts were determined until the end of the reporting period. 3

At the end of the reporting period, deferred tax items are recognised and measured in accordance with IAS 12. However, the deferred tax figures in the opening statement of financial position for the reporting period shall be determined as follows: 4
(a) the entity remeasures the deferred tax items in accordance with IAS 12 after it has restated the nominal carrying amounts of its non-monetary items at the date of the opening statement of financial position of the reporting period by applying the measuring unit at that date;
(b) the deferred tax items remeasured in accordance with (a) are restated for the change in the measuring unit from the date of the opening statement of financial position of the reporting period to the end of the reporting period.

The entity applies the approach in (a) and (b) in restating the deferred tax items in the opening statement of financial position of any comparative periods presented in the restated financial statements for the reporting period in which the entity applies IAS 29.

After an entity has restated its financial statements, all corresponding figures in the financial statements for a subsequent reporting period, including deferred tax items, are restated by applying the change in the measuring unit for that subsequent reporting period only to the restated financial statements for the previous reporting period. 5

EFFECTIVE DATE

An entity shall apply this interpretation for annual periods beginning on or after 1 March 2006. Earlier application is encouraged. If an entity applies this interpretation to financial statements for a period beginning before 1 March 2006, it shall disclose that fact. 6

IFRIC INTERPRETATION 10

Interim financial reporting and impairment

REFERENCES

- IFRS 9 *Financial Instruments*
- IAS 34 *Interim financial reporting*
- IAS 36 *Impairment of assets*

BACKGROUND

An entity is required to assess goodwill for impairment at the end of each reporting period, and, if required, to recognise an impairment loss at that date in accordance with IAS 36. However, at the end of a subsequent reporting period, conditions may have so changed that the impairment loss would have been reduced or avoided had the impairment assessment been made only at that date. This Interpretation provides guidance on whether such impairment losses should ever be reversed. 1

2 Diese Interpretation befasst sich mit der Wechselwirkung zwischen den Vorschriften von IAS 34 und der Erfassung des Wertminderungsaufwands von Geschäfts- oder Firmenwerten nach IAS 36 sowie mit ihrer Auswirkung auf spätere Zwischenabschlüsse und jährliche Abschlüsse.

FRAGESTELLUNG

3 Nach Paragraph 28 von IAS 34 hat ein Unternehmen in seinen Zwischenabschlüssen dieselben Rechnungslegungsmethoden anzuwenden wie in seinen jährlichen Abschlüssen. Darin heißt es, dass die „Häufigkeit der Berichterstattung eines Unternehmens (jährlich, halb- oder vierteljährlich) [. . .] die Höhe des Jahresergebnisses jedoch nicht beeinflussen [darf]. Um diese Zielsetzung zu erreichen, sind Bewertungen in Zwischenberichten unterjährig auf einer vom Geschäftsjahresbeginn bis zum Zwischenberichtstermin kumulierten Grundlage vorzunehmen."

4 In Paragraph 124 von IAS 36 heißt es: „Ein für einen Geschäfts- oder Firmenwert erfasster Wertminderungsaufwand darf nicht in einer nachfolgenden Periode aufgeholt werden."

5–6 [gestrichen]

7 Diese Interpretation betrifft die folgende Frage:

Muss ein Unternehmen den in einem Zwischenberichtszeitraum für den Geschäfts- oder Firmenwert erfassten Wertminderungsaufwand rückgängig machen, wenn kein oder ein geringerer Aufwand erfasst worden wäre, wenn die Wertminderungsprüfung erst zu einem späteren Abschlussstichtag vorgenommen worden wäre?

BESCHLUSS

8 Ein Unternehmen darf einen in einem Zwischenberichtszeitraum erfassten Wertminderungsaufwand für den Geschäfts- oder Firmenwert nicht wieder rückgängig machen.

9 Ein Unternehmen darf diesen Beschluss nicht analog auf andere Bereiche anwenden, in denen es zu einer Kollision zwischen dem IAS 34 und anderen Standards kommen kann.

ZEITPUNKT DES INKRAFTTRETENS UND ÜBERGANGSVORSCHRIFTEN

10 Diese Interpretation ist auf Geschäftsjahre anzuwenden, die am oder nach dem 1. November 2006 beginnen. Eine frühere Anwendung wird empfohlen. Wendet ein Unternehmen diese Interpretation auf Berichtsperioden an, die vor dem 1. November 2006 beginnen, hat es dies anzugeben. Diese Interpretation ist ab dem Zeitpunkt, ab dem IAS 36 angewendet wird, vorausschauend auf den Geschäfts- oder Firmenwert anzuwenden. Sie ist ab dem Zeitpunkt, ab dem die Bewertungskriterien von IAS 39 angewendet werden, vorausschauend auf Finanzinvestitionen in Eigenkapitalinstrumente oder in finanzielle Vermögenswerte, die zu Anschaffungs- oder Herstellungskosten bilanziert werden, anzuwenden.

11–13 [gestrichen]

14 Mit dem im Juli 2014 veröffentlichten IFRS 9 wurden die Paragraphen 1, 2, 7 und 8 geändert und die Paragraphen 5, 6 und 11–13 gestrichen. Wendet ein Unternehmen IFRS 9 an, hat es diese Änderungen ebenfalls anzuwenden.

IFRIC INTERPRETATION 12

Dienstleistungskonzessionsvereinbarungen

VERWEISE

- *Rahmenkonzept für die Aufstellung und Darstellung von Abschlüssen*[1]
- IFRS 1 *Erstmalige Anwendung der International Financial Reporting Standards*
- IFRS 7 *Finanzinstrumente: Angaben*
- IFRS 9 *Finanzinstrumente*
- IFRS 15 *Erlöse aus Verträgen mit Kunden*
- IFRS 16 *Leasingverhältnisse*
- IAS 8 *Rechnungslegungsmethoden, Änderungen von rechnungslegungsbezogenen Schätzungen und Fehler*
- IAS 16 *Sachanlagen*
- IAS 20 *Bilanzierung und Darstellung von Zuwendungen der öffentlichen Hand*

The Interpretation addresses the interaction between the requirements of IAS 34 and the recognition of impairment losses on goodwill in IAS 36, and the effect of that interaction on subsequent interim and annual financial statements. 2

ISSUE

IAS 34 paragraph 28 requires an entity to apply the same accounting policies in its interim financial statements as are applied in its annual financial statements. It also states that 'the frequency of an entity's reporting (annual, half-yearly, or quarterly) shall not affect the measurement of its annual results. To achieve that objective, measurements for interim reporting purposes shall be made on a year-to-date basis.' 3

IAS 36 paragraph 124 states that 'An impairment loss recognised for goodwill shall not be reversed in a subsequent period.' 4

[deleted] 5—6

The interpretation addresses the following issue: 7

Should an entity reverse impairment losses recognised in an interim period on goodwill if a loss would not have been recognised, or a smaller loss would have been recognised, had an impairment assessment been made only at the end of a subsequent reporting period?

CONSENSUS

An entity shall not reverse an impairment loss recognised in a previous interim period in respect of goodwill. 8

An entity shall not extend this consensus by analogy to other areas of potential conflict between IAS 34 and other standards. 9

EFFECTIVE DATE AND TRANSITION

An entity shall apply the interpretation for annual periods beginning on or after 1 November 2006. Earlier application is encouraged. If an entity applies the interpretation for a period beginning before 1 November 2006, it shall disclose that fact. An entity shall apply the interpretation to goodwill prospectively from the date at which it first applied IAS 36; it shall apply the interpretation to investments in equity instruments or in financial assets carried at cost prospectively from the date at which it first applied the measurement criteria of IAS 39. 10

[deleted] 11—13

IFRS 9, as issued in July 2014, amended paragraphs 1, 2, 7 and 8 and deleted paragraphs 5, 6, 11—13. An entity shall apply those amendments when it applies IFRS 9. 14

IFRIC INTERPRETATION 12

Service Concession Arrangements

REFERENCES

- *Framework for the Preparation and Presentation of Financial Statements*[1]
- IFRS 1 *First-time Adoption of International Financial Reporting Standards*
- IFRS 7 *Financial Instruments: Disclosures*
- IFRS 9 *Financial Instruments*
- IFRS 15 *Revenue from Contracts with Customers*
- IFRS 16 *Leases*
- IAS 8 *Accounting Policies, Changes in Accounting Estimates and Errors*
- IAS 16 *Property, Plant and Equipment*
- IAS 20 *Accounting for Government Grants and Disclosure of Government Assistance*

- IAS 23 *Fremdkapitalkosten*
- IAS 32 *Finanzinstrumente: Darstellung*
- IAS 36 *Wertminderung von Vermögenswerten*
- IAS 37 *Rückstellungen, Eventualverbindlichkeiten und Eventualforderungen*
- IAS 38 *Immaterielle Vermögenswerte*
- SIC-29 *Dienstleistungskonzessionsvereinbarungen: Angaben*[2]

HINTERGRUND

1 In vielen Ländern werden die Infrastruktureinrichtungen zur Erfüllung öffentlicher Aufgaben (z. B. Straßen, Brücken, Tunnel, Gefängnisse, Krankenhäuser, Flughäfen, Wasserversorgungssysteme, Energieversorgungssysteme und Telekommunikationsnetze) traditionell von der öffentlichen Hand errichtet, betrieben und instand gehalten und durch Zuweisungen aus den öffentlichen Haushalten finanziert.

2 In einigen Ländern haben die Regierungen verschiedene Vertragsmodelle eingeführt, um für Privatinvestoren einen Anreiz zu schaffen, sich an der Entwicklung, der Finanzierung, dem Betrieb oder der Instandhaltung solcher Infrastruktureinrichtungen zu beteiligen. Die Infrastruktureinrichtung kann entweder schon bestehen oder sie wird während der Laufzeit des Vertrags errichtet. Eine Vereinbarung, die in den Anwendungsbereich dieser Interpretation fällt, regelt normalerweise, dass ein Privatunternehmen (der Betreiber) eine Infrastruktureinrichtung zur Erfüllung öffentlicher Aufgaben errichtet oder verbessert (z. B. durch eine Erhöhung der Kapazität) oder dass er diese Infrastruktureinrichtung für eine bestimmte Zeit betreibt und instand hält. Für diese während der Dauer der Vereinbarung erbrachten Dienstleistungen erhält der Betreiber ein Entgelt. Die Vereinbarung wird durch einen Vertrag formalisiert, der den Standard der zu erbringenden Leistungen, die Preisanpassungsmechanismen sowie die Verfahren zur Schlichtung von Streitigkeiten regelt. Unter solche Vereinbarungen fallen Betreibermodelle, die Konstellationen wie „Build-Operate-Transfer" (BOT) oder „Rehabilitate-Operate-Transfer" (ROT) abdecken, und öffentlich-private Konzessionsvereinbarungen.

3 Ein Merkmal dieser Konzessionsvereinbarungen ist die öffentliche Dienstleistung, zu der sich der Betreiber verpflichtet. Die Infrastruktureinrichtung hat eine öffentliche Aufgabe zu erfüllen. Welcher Betreiber die Dienstleistung für die Öffentlichkeit erbringt, ist dabei unerheblich. Der Betreiber wird vertraglich verpflichtet, im Namen der öffentlichen Einrichtung eine Dienstleistung für die Öffentlichkeit zu erbringen. Andere häufige Merkmale sind:

(a) die übertragende Partei (der Konzessionsgeber) ist entweder eine öffentliche Einrichtung, beispielsweise eine Behörde, oder ein privatrechtliches Unternehmen, dem die Verantwortung für die Erfüllung der öffentlichen Dienstleistung übertragen wurde,

(b) der Betreiber ist zumindest teilweise für den Betrieb der Infrastruktureinrichtung und die damit zu erbringenden Dienstleistungen verantwortlich und handelt nicht nur stellvertretend für den Konzessionsgeber in dessen Namen,

(c) der Vertrag regelt die Ausgangspreise, die der Betreiber verlangen kann, sowie die Preisanpassungen während der Laufzeit der Konzessionsvereinbarung,

(d) der Betreiber ist verpflichtet, dem Konzessionsgeber die Infrastruktureinrichtung bei Vertragsende in einem bestimmten Zustand gegen eine geringe oder ohne zusätzliche Gegenleistung zu übergeben, unabhängig davon, wer die Infrastruktureinrichtung ursprünglich finanziert hat.

ANWENDUNGSBEREICH

4 Diese Interpretation enthält Leitlinien für die Rechnungslegung der Betreiber im Rahmen öffentlich-privater Konzessionsvereinbarungen.

5 Diese Interpretation ist auf öffentlich-private Konzessionsvereinbarungen anwendbar, wenn

(a) der Konzessionsgeber steuert oder regelt, welche Dienstleistungen der Betreiber mit der Infrastruktureinrichtung zu erbringen hat, an wen er sie zu erbringen hat und zu welchem Preis, und

(b) dem Konzessionsgeber nach Ablauf der Vereinbarung aufgrund von Eigentumsrechten oder sonstigen ihm zustehenden Rechten sämtliche erheblichen Residualansprüche an der Infrastruktureinrichtung zukommen.

6 Auf Infrastruktureinrichtungen, die während ihrer gesamten wirtschaftlichen Nutzungsdauer (gesamte Nutzungsdauer der Vermögenswerte) einer öffentlich-privaten Konzessionsvereinbarung unterliegen, ist diese Interpretation dann

---

1 Dieses *Rahmenkonzept für die Aufstellung und Darstellung von Abschlüssen* des IASB wurde im Jahr 2001 vom IASB übernommen und war zum Zeitpunkt der Ausarbeitung dieser Interpretation in Kraft.

2 Vor seiner Änderung durch die Interpretation IFRIC 12 lautete der Titel der Interpretation SIC-29: *Angaben – Dienstleistungskonzessionsvereinbarungen.*

— IAS 23 *Borrowing Costs*
— IAS 32 *Financial Instruments: Presentation*
— IAS 36 *Impairment of Assets*
— IAS 37 *Provisions, Contingent Liabilities and Contingent Assets*
— IAS 38 *Intangible Assets*
— SIC-29 *Disclosure — Service Concession Arrangements*[2]

BACKGROUND

In many countries, infrastructure for public services — such as roads, bridges, tunnels, prisons, hospitals, airports, water distribution facilities, energy supply and telecommunication networks — has traditionally been constructed, operated and maintained by the public sector and financed through public budget appropriation. 1

In some countries, governments have introduced contractual service arrangements to attract private sector participation in the development, financing, operation and maintenance of such infrastructure. The infrastructure may already exist, or may be constructed during the period of the service arrangement. An arrangement within the scope of this Interpretation typically involves a private sector entity (an operator) constructing the infrastructure used to provide the public service or upgrading it (for example, by increasing its capacity) and operating and maintaining that infrastructure for a specified period of time. The operator is paid for its services over the period of the arrangement. The arrangement is governed by a contract that sets out performance standards, mechanisms for adjusting prices, and arrangements for arbitrating disputes. Such an arrangement is often described as a 'build-operate-transfer', a 'rehabilitate-operate-transfer' or a 'public-to-private' service concession arrangement. 2

A feature of these service arrangements is the public service nature of the obligation undertaken by the operator. Public policy is for the services related to the infrastructure to be provided to the public, irrespective of the identity of the party that operates the services. The service arrangement contractually obliges the operator to provide the services to the public on behalf of the public sector entity. Other common features are: 3

(a) the party that grants the service arrangement (the grantor) is a public sector entity, including a governmental body, or a private sector entity to which the responsibility for the service has been devolved.
(b) the operator is responsible for at least some of the management of the infrastructure and related services and does not merely act as an agent on behalf of the grantor.
(c) the contract sets the initial prices to be levied by the operator and regulates price revisions over the period of the service arrangement.
(d) the operator is obliged to hand over the infrastructure to the grantor in a specified condition at the end of the period of the arrangement, for little or no incremental consideration, irrespective of which party initially financed it.

SCOPE

This Interpretation gives guidance on the accounting by operators for public-to-private service concession arrangements. 4

This Interpretation applies to public-to-private service concession arrangements if: 5

(a) the grantor controls or regulates what services the operator must provide with the infrastructure, to whom it must provide them, and at what price; and
(b) the grantor controls — through ownership, beneficial entitlement or otherwise — any significant residual interest in the infrastructure at the end of the term of the arrangement.

Infrastructure used in a public-to-private service concession arrangement for its entire useful life (whole of life assets) is within the scope of this Interpretation if the conditions in paragraph 5 (a) are met. Paragraphs AG1—AG8 provide 6

---

1 The reference is to the IASC's *Framework for the Preparation and Presentation of Financial Statements*, adopted by the Board in 2001 and in effect when the Interpretation was developed.
2 The title of SIC-29, formerly *Disclosure—Service Concession Arrangements*, was amended by IFRIC 12.

anzuwenden, wenn die Bedingungen des Paragraphen 5 (a) vorliegen. Die Paragraphen AL1–AL8 enthalten Leitlinien für die Beurteilung, ob und in welchem Umfang öffentlich-private Konzessionsvereinbarungen in den Anwendungsbereich dieser Interpretation fallen.

7 Diese Interpretation ist anzuwenden auf
(a) Infrastruktureinrichtungen, die der Betreiber für die Zwecke der Konzessionsvereinbarung selbst errichtet oder von einem Dritten erwirbt, und
(b) auf bestehende Infrastruktureinrichtungen, die der Konzessionsgeber dem Betreiber für die Zwecke der Vereinbarung zugänglich macht.

8 Diese Interpretation lässt die Rechnungslegung für Infrastruktureinrichtungen, die vom Betreiber bereits vor Abschluss der Vereinbarung als Sachanlagen gehalten und erfasst wurden, unberührt. Auf solche Infrastruktureinrichtungen sind die (in IAS 16 enthaltenen) IFRS-Ausbuchungsvorschriften anzuwenden.

9 Diese Interpretation regelt nicht die Rechnungslegung des Konzessionsgebers.

FRAGESTELLUNGEN

10 Diese Interpretation enthält allgemeine Regeln für die Erfassung und Bewertung von Verpflichtungen und Rechten aus Konzessionsvereinbarungen. Welche Angaben im Zusammenhang mit Konzessionsvereinbarungen zu machen sind, ist in SIC-29 geregelt. Diese Interpretation betrifft die folgenden Fragen:
(a) Wie sind die Rechte, die dem Betreiber im Zusammenhang mit der Infrastruktureinrichtung zustehen, zu behandeln?
(b) Wie ist die Gegenleistung aus der Vereinbarung zu erfassen und zu bewerten?
(c) Wie sind Bau- oder Ausbauleistungen zu erfassen?
(d) Wie sind Betriebsleistungen zu erfassen?
(e) Wie sind Fremdkapitalkosten zu erfassen?
(f) Wie sind finanzielle und immaterielle Vermögenswerte in der Folge zu bilanzieren?
(g) Wie sind Gegenstände zu erfassen, die dem Betreiber vom Konzessionsgeber zur Verfügung gestellt werden?

BESCHLUSS

Behandlung der Rechte, die dem Betreiber im Zusammenhang mit der Infrastruktureinrichtung zustehen

11 Infrastruktureinrichtungen im Anwendungsbereich dieser Interpretation sind nicht als Sachanlagen des Betreibers zu erfassen, da der Konzessionsvertrag den Betreiber nicht dazu berechtigt, selbst über die Nutzung der öffentlichen Infrastruktureinrichtung zu bestimmen. Der Betreiber hat Zugang zur Infrastruktureinrichtung, um die öffentlichen Aufgaben entsprechend den vertraglich vereinbarten Modalitäten anstelle des Konzessionsgebers zu erfüllen.

Ansatz und Bewertung der vereinbarten Gegenleistung

12 Im Rahmen der in den Anwendungsbereich dieser Interpretation fallenden Verträge handelt der Betreiber als Dienstleistungserbringer. Der Betreiber errichtet eine Infrastruktureinrichtung, mit der öffentliche Aufgaben erfüllt werden, oder baut sie aus (Bau- oder Ausbauleistungen), und er übernimmt für einen vereinbarten Zeitraum den Betrieb und die Instandhaltung (Betriebsleistungen) dieser Einrichtung.

13 Der Betreiber hat den Ertrag aus den von ihm erbrachten Dienstleistungen nach IFRS 15 zu bewerten und zu erfassen. Wie die Gegenleistung in der Folge zu bilanzieren ist, hängt von der Art der Gegenleistung ab. Wie eine in Form eines finanziellen Vermögenswerts oder eines immateriellen Vermögenswerts erhaltene Gegenleistung in der Folge zu bilanzieren ist, wird in den Paragraphen 23–26 erläutert.

Bau- oder Ausbauleistungen

14 Der Betreiber hat Bau- und Ausbauleistungen nach IFRS 15 zu erfassen.

Vom Konzessionsgeber an den Betreiber geleistete Gegenleistungen

15 Erbringt der Betreiber Bau- oder Ausbauleistungen, so ist die hierfür erhaltene oder zu erhaltende Gegenleistung nach IFRS 15 zu erfassen. Die Gegenleistung kann bestehen in Ansprüchen auf
(a) einen finanziellen Vermögenswert oder
(b) einen immateriellen Vermögenswert.

guidance on determining whether, and to what extent, public-to-private service concession arrangements are within the scope of this Interpretation.

This Interpretation applies to both: 7
(a) infrastructure that the operator constructs or acquires from a third party for the purpose of the service arrangement; and
(b) existing infrastructure to which the grantor gives the operator access for the purpose of the service arrangement.

This Interpretation does not specify the accounting for infrastructure that was held and recognised as property, plant and equipment by the operator before entering the service arrangement. The derecognition requirements of IFRSs (set out in IAS 16) apply to such infrastructure. **8**

This Interpretation does not specify the accounting by grantors. **9**

ISSUES

This Interpretation sets out general principles on recognising and measuring the obligations and related rights in service concession arrangements. Requirements for disclosing information about service concession arrangements are in SIC-29 *Service Concession Arrangements: Disclosures*. The issues addressed in this Interpretation are: **10**
(a) treatment of the operator's rights over the infrastructure;
(b) recognition and measurement of arrangement consideration;
(c) construction or upgrade services;
(d) operation services;
(e) borrowing costs;
(f) subsequent accounting treatment of a financial asset and an intangible asset; and
(g) items provided to the operator by the grantor.

CONSENSUS

Treatment of the operator's rights over the infrastructure

Infrastructure within the scope of this Interpretation shall not be recognised as property, plant and equipment of the operator because the contractual service arrangement does not convey the right to control the use of the public service infrastructure to the operator. The operator has access to operate the infrastructure to provide the public service on behalf of the grantor in accordance with the terms specified in the contract. **11**

Recognition and measurement of arrangement consideration

Under the terms of contractual arrangements within the scope of this Interpretation, the operator acts as a service provider. The operator constructs or upgrades infrastructure (construction or upgrade services) used to provide a public service and operates and maintains that infrastructure (operation services) for a specified period of time. **12**

The operator shall recognise and measure revenue in accordance with IFRS 15 for the services it performs. The nature of the consideration determines its subsequent accounting treatment. The subsequent accounting for consideration received as a financial asset and as an intangible asset is detailed in paragraphs 23—26 below. **13**

Construction or upgrade services

The operator shall account for construction or upgrade services in accordance with IFRS 15. **14**

Consideration given by the grantor to the operator

If the operator provides construction or upgrade services the consideration received or receivable by the operator shall be recognised in accordance with IFRS 15. The consideration may be rights to: **15**
(a) a financial asset, or
(b) an intangible asset.

16 Der Betreiber hat einen finanziellen Vermögenswert zu erfassen, wenn er als Gegenleistung für seine Bauleistungen einen unbedingten vertraglichen Anspruch darauf hat, vom Konzessionsgeber selbst oder auf dessen Anweisung einen Geldbetrag oder einen anderen finanziellen Vermögenswert zu erhalten. Der Konzessionsgeber hat so gut wie keine Möglichkeit, die Zahlung zu vermeiden, da die Vereinbarung in der Regel gerichtlich durchsetzbar ist. Der Betreiber hat einen unbedingten Zahlungsanspruch, wenn der Konzessionsgeber sich gegenüber dem Betreiber vertraglich zur Zahlung a) eines bestimmten oder bestimmbaren Betrags oder b) des Differenzbetrags (falls ein solcher existiert) zwischen den von den Nutzern für die öffentliche Dienstleistung gezahlten Beträgen und bestimmten oder bestimmbaren Beträgen verpflichtet hat, auch wenn die Zahlung davon abhängt, ob die Leistungen des Betreibers in Bezug auf die Infrastruktureinrichtung bestimmten Qualitäts- oder Effizienzanforderungen genügen.

17 Der Betreiber hat einen immateriellen Vermögenswert zu erfassen, wenn er als Gegenleistung das Recht (Konzession) erhält, von den Benutzern der öffentlichen Dienstleistung eine Gebühr zu verlangen. Das Recht, von den Benutzern der öffentlichen Dienstleistung eine Gebühr zu verlangen, stellt keinen unbedingten Zahlungsanspruch dar, da der Gesamtbetrag davon abhängt, in welchem Umfang diese die öffentliche Dienstleistung nutzen.

18 Erhält der Betreiber für seine Bauleistungen eine Gegenleistung, die aus einem finanziellen Vermögenswert und aus einem immateriellen Vermögenswert besteht, so hat er die einzelnen Bestandteile der Gegenleistung separat zu erfassen. Die erhaltenen oder zu erhaltenden Bestandteile der Gegenleistung sind erstmalig nach IFRS 15 zu erfassen.

19 Welcher Kategorie die vom Konzessionsgeber an den Betreiber geleistete Gegenleistung angehört, ist aufgrund der vertraglichen Bestimmungen und – wenn anwendbar – nach dem geltenden Vertragsrecht zu bestimmen. Wie die Gegenleistung in der Folge zu bilanzieren ist, hängt von der Art der Gegenleistung ab und ist in den Paragraphen 23–26 erläutert. Während der Bau- bzw. Ausbauphase werden jedoch beide Arten von Gegenleistungen nach IFRS 15 als Vertragsvermögen eingestuft.

Betriebsleistungen

20 Der Betreiber hat Betriebsleistungen nach IFRS 15 zu bilanzieren.

Vertragliche Verpflichtung, einen bestimmten Grad der Gebrauchstauglichkeit der Infrastruktureinrichtung wiederherzustellen

21 Die dem Betreiber erteilte Konzession kann bedingt sein durch die Verpflichtung, (a) einen bestimmten Grad der Gebrauchstauglichkeit der Infrastruktureinrichtung aufrechtzuerhalten oder (b) die Infrastruktureinrichtung zum Ende des Konzessionsvertrages vor der Rückgabe an den Konzessionsgeber wieder in einen bestimmten Zustand zu versetzen. Mit Ausnahme von Ausbauleistungen (siehe Paragraph 14) sind vertragliche Verpflichtungen, einen bestimmten Zustand der Infrastruktureinrichtung aufrechtzuerhalten oder wiederherzustellen, nach IAS 37 zu erfassen und zu bewerten, d. h. zum bestmöglichen Schätzwert der Ausgaben, die erforderlich wären, um die gegenwärtige Verpflichtung am Abschlussstichtag zu erfüllen.

Dem Betreiber entstehende Fremdkapitalkosten

22 Nach IAS 23 sind der Vereinbarung zurechenbare Fremdkapitalkosten in der Periode, in der sie anfallen, als Aufwand zu erfassen, es sei denn, der Betreiber hat einen vertraglichen Anspruch auf einen immateriellen Vermögenswert (das Recht, von den Benutzern der öffentlichen Dienstleistung eine Gebühr zu verlangen). In diesem Fall sind der Vereinbarung zurechenbare Fremdkapitalkosten während der Bauphase nach jenem Standard zu aktivieren.

Finanzieller Vermögenswert

23 Auf einen nach den Paragraphen 16 und 18 erfassten finanziellen Vermögenswert sind IAS 32 sowie IFRS 7 und IFRS 9 anzuwenden.

24 Ein vom Konzessionsgeber selbst oder auf dessen Anweisung erhaltener oder zu erhaltender Betrag ist nach IFRS 9 wie folgt zu bewerten:
(a) zu fortgeführten Anschaffungskosten oder
(b) zum beizulegenden Zeitwert im sonstigen Ergebnis oder
(c) erfolgswirksam zum beizulegenden Zeitwert.

25 Wird der vom Konzessionsgeber geschuldete Betrag zu fortgeführten Anschaffungskosten oder zum beizulegenden Zeitwert im sonstigen Ergebnis bewertet, so sind nach IFRS 9 die nach der Effektivzinsmethode berechneten Zinsen erfolgswirksam zu erfassen.

The operator shall recognise a financial asset to the extent that it has an unconditional contractual right to receive cash or another financial asset from or at the direction of the grantor for the construction services; the grantor has little, if any, discretion to avoid payment, usually because the agreement is enforceable by law. The operator has an unconditional right to receive cash if the grantor contractually guarantees to pay the operator (a) specified or determinable amounts or (b) the shortfall, if any, between amounts received from users of the public service and specified or determinable amounts, even if payment is contingent on the operator ensuring that the infrastructure meets specified quality or efficiency requirements. 16

The operator shall recognise an intangible asset to the extent that it receives a right (a licence) to charge users of the public service. A right to charge users of the public service is not an unconditional right to receive cash because the amounts are contingent on the extent that the public uses the service. 17

If the operator is paid for the construction services partly by a financial asset and partly by an intangible asset it is necessary to account separately for each component of the operator's consideration. The consideration received or receivable for both components shall be recognised initially in accordance with IFRS 15. 18

The nature of the consideration given by the grantor to the operator shall be determined by reference to the contract terms and, when it exists, relevant contract law. The nature of the consideration determines the subsequent accounting as described in paragraphs 23—26. However, both types of consideration are classified as a contract asset during the construction or upgrade period in accordance with IFRS 15. 19

Operation services

The operator shall account for operation services in accordance with IFRS 15. 20

Contractual obligations to restore the infrastructure to a specified level of serviceability

The operator may have contractual obligations it must fulfil as a condition of its licence (a) to maintain the infrastructure to a specified level of serviceability or (b) to restore the infrastructure to a specified condition before it is handed over to the grantor at the end of the service arrangement. These contractual obligations to maintain or restore infrastructure, except for any upgrade element (see paragraph 14), shall be recognised and measured in accordance with IAS 37, i.e. at the best estimate of the expenditure that would be required to settle the present obligation at the balance sheet date. 21

Borrowing costs incurred by the operator

In accordance with IAS 23, borrowing costs attributable to the arrangement shall be recognised as an expense in the period in which they are incurred unless the operator has a contractual right to receive an intangible asset (a right to charge users of the public service). In this case borrowing costs attributable to the arrangement shall be capitalised during the construction phase of the arrangement in accordance with that Standard. 22

Financial asset

IAS 32 and IFRSs 7 and 9 apply to the financial asset recognised under paragraphs 16 and 18. 23

The amount due from or at the direction of the grantor is accounted for in accordance with IFRS 9 as measured at: 24

(a) amortised cost;
(b) fair value through other comprehensive income; or
(c) fair value through profit or loss.

If the amount due from the grantor is measured at amortised cost or fair value through other comprehensive income, IFRS 9 requires interest calculated using the effective interest method to be recognised in profit or loss. 25

Immaterieller Vermögenswert

26 Auf einen nach den Paragraphen 17 und 18 erfassen immateriellen Vermögenswert ist IAS 38 anzuwenden. Die Paragraphen 45–47 von IAS 38 enthalten Leitlinien zur Bewertung immaterieller Vermögenswerte, die im Austausch gegen einen oder mehrere nichtmonetäre Vermögenswerte oder gegen eine Kombination aus monetären und nichtmonetären Vermögenswerten erworben wurden.

Dem Betreiber vom Konzessionsgeber zur Verfügung gestellte Gegenstände

27 Nach Paragraph 11 sind Infrastruktureinrichtungen, die dem Betreiber zum Zwecke der Konzessionsvereinbarung zugänglich gemacht werden, nicht als Sachanlagen des Betreibers zu erfassen. Der Konzessionsgeber kann dem Betreiber auch andere Gegenstände zur Verfügung stellen, mit denen der Betreiber nach Belieben verfahren kann. Sind solche Vermögenswerte Bestandteil der vom Konzessionsgeber für die Dienstleistung zu leistenden Gegenleistung, stellen sie keine Zuwendung der öffentlichen Hand im Sinne von IAS 20 dar, sondern sind als Teil des Transaktionspreises im Sinne von IFRS 15 zu bilanzieren.

ZEITPUNKT DES INKRAFTTRETENS

28 Diese Interpretation ist auf Geschäftsjahre anzuwenden, die am oder nach dem 1. Januar 2008 beginnen. Eine frühere Anwendung ist zulässig. Wendet ein Unternehmen diese Interpretation auf Berichtsperioden an, die vor dem 1. Januar 2008 beginnen, hat es dies anzugeben.

28D Mit dem im Mai 2014 veröffentlichten IFRS 15 *Erlöse aus Verträgen mit Kunden* wurden der Abschnitt „Verweise“ und die Paragraphen 13–15, 18– 20 und 27 geändert. Wendet ein Unternehmen IFRS 15 an, so hat es diese Änderungen anzuwenden.

28E Mit dem im Juli 2014 veröffentlichten IFRS 9 wurden die Paragraphen 23–25 geändert und die Paragraphen 28A–28C gestrichen. Wendet ein Unternehmen IFRS 9 an, hat es diese Änderungen ebenfalls anzuwenden.

28F Mit dem im Januar 2016 veröffentlichten IFRS 16 wurde Paragraph AL8 geändert. Wendet ein Unternehmen IFRS 16 an, hat es diese Änderung ebenfalls anzuwenden.

ÜBERGANGSVORSCHRIFTEN

29 Vorbehaltlich des Paragraphen 30 werden Änderungen in den Rechnungslegungsmethoden nach IAS 8, das heißt rückwirkend, berücksichtigt.

30 Falls für den Betreiber eine rückwirkende Anwendung dieser Interpretation zu Beginn der ersten dargestellten Periode bei einer bestimmten Konzessionsvereinbarung nicht durchführbar sein sollte, so hat er

(a) diejenigen finanziellen und immateriellen Vermögenswerte zu erfassen, die zu Beginn der ersten dargestellten Periode vorhanden waren,

(b) die bisherigen Buchwerte dieser finanziellen und immateriellen Vermögenswerte (unabhängig von ihrer bisherigen Einstufung) als die Buchwerte zu diesem Zeitpunkt anzusetzen und

(c) zu prüfen, ob bei den zu diesem Zeitpunkt angesetzten finanziellen und immateriellen Vermögenswerten eine Wertminderung vorliegt. Sollte dies nicht durchführbar sein, so sind die angesetzten Buchwerte zu Beginn der laufenden Berichtsperiode auf Wertminderung zu prüfen.

ANHANG A

Anwendungsleitlinien

Dieser Anhang ist integraler Bestandteil der Interpretation.

Anwendungsbereich (Paragraph 5)

AL1 Nach Paragraph 5 dieser Interpretation fällt eine Infrastruktureinrichtung in den Anwendungsbereich dieser Interpretation, wenn

Intangible asset

IAS 38 applies to the intangible asset recognised in accordance with paragraphs 17 and 18. Paragraphs 45—47 of IAS 38 provide guidance on measuring intangible assets acquired in exchange for a non-monetary asset or assets or a combination of monetary and non-monetary assets. 26

Items provided to the operator by the grantor

In accordance with paragraph 11, infrastructure items to which the operator is given access by the grantor for the purposes of the service arrangement are not recognised as property, plant and equipment of the operator. The grantor may also provide other items to the operator that the operator can keep or deal with as it wishes. If such assets form part of the consideration payable by the grantor for the services, they are not government grants as defined in IAS 20. Instead, they are accounted for as part of the transaction price as defined in IFRS 15. 27

EFFECTIVE DATE

An entity shall apply this Interpretation for annual periods beginning on or after 1 January 2008. Earlier application is permitted. If an entity applies this Interpretation for a period beginning before 1 January 2008, it shall disclose that fact. 28

IFRS 15 *Revenue from Contracts with Customers*, issued in May 2014, amended the 'References' section and paragraphs 13—15, 18—20 and 27. An entity shall apply those amendments when it applies IFRS 15. 28D

IFRS 9, as issued in July 2014, amended paragraphs 23—25 and deleted paragraphs 28A—28C. An entity shall apply those amendments when it applies IFRS 9. 28E

IFRS 16, issued in January 2016, amended paragraph AG8 and Appendix B. An entity shall apply those amendments when it applies IFRS 16. 28F

TRANSITION

Subject to paragraph 30, changes in accounting policies are accounted for in accordance with IAS 8, i.e. retrospectively. 29

If, for any particular service arrangement, it is impracticable for an operator to apply this Interpretation retrospectively at the start of the earliest period presented, it shall: 30

(a) recognise financial assets and intangible assets that existed at the start of the earliest period presented;
(b) use the previous carrying amounts of those financial and intangible assets (however previously classified) as their carrying amounts as at that date; and
(c) test financial and intangible assets recognised at that date for impairment, unless this is not practicable, in which case the amounts shall be tested for impairment as at the start of the current period.

APPENDIX A

Application guidance

This appendix is an integral part of the Interpretation.

SCOPE (paragraph 5)

Paragraph 5 of this Interpretation specifies that infrastructure is within the scope of the Interpretation when the following conditions apply: AG1

(a) der Konzessionsgeber steuert oder regelt, welche Dienstleistungen der Betreiber mit der Infrastruktureinrichtung zu erbringen hat, an wen er sie zu erbringen hat und zu welchem Preis, und
(b) dem Konzessionsgeber nach Ablauf der Vereinbarung aufgrund von Eigentumsrechten oder sonstigen ihm zustehenden Rechten sämtliche erheblichen Residualansprüche an der Infrastruktureinrichtung zukommen.

AL2 Die unter Buchstabe a aufgeführte Festlegungs- oder Steuerungsbefugnis kann sich aus dem Vertrag oder aus anderen Umständen (z. B. einer Regulierungsbehörde) ergeben und umfasst sowohl die Fälle, in denen der Konzessionsgeber der alleinige Abnehmer der erbrachten Leistungen ist, als auch die Fälle, in denen andere Benutzer ganz oder zum Teil Abnehmer der Leistungen sind. Bei der Prüfung, ob diese Voraussetzung erfüllt ist, sind dem Konzessionsgeber nahestehende Unternehmen und Personen als ihm zugehörig zu betrachten. Ist der Konzessionsgeber eine öffentliche Einrichtung, so wird für die Zwecke dieser Interpretation die gesamte öffentliche Hand zusammen mit allen Aufsichtsbehörden, die im öffentlichen Interesse tätig sind, als dem Konzessionsgeber nahestehend angesehen.

AL3 Zur Erfüllung der unter Buchstabe a genannten Voraussetzung ist es nicht erforderlich, dass der Konzessionsgeber die Preisgebung vollständig steuert, sondern es reicht aus, dass der Preis vom Konzessionsgeber, im Vertrag oder von einer Regulierungsbehörde reguliert wird, zum Beispiel durch einen Preisbegrenzungsmechanismus. Die Voraussetzung muss allerdings für den wirtschaftlichen Gehalt der Vereinbarung erfüllt sein. Unwesentliche Bestimmungen wie ein Preisbegrenzungsmechanismus, der nur unter sehr unwahrscheinlichen Umständen greift, bleiben unberücksichtigt. Umgekehrt ist das Preissteuerungselement gegeben, wenn beispielsweise der Vertrag dem Betreiber zwar ermöglicht, die Preise frei festzusetzen, er jedoch jeden zusätzlichen Gewinn an den Konzessionsgeber weiterzureichen hat, da in diesem Fall der Ertrag für den Betreiber begrenzt ist.

AL4 Zur Erfüllung der unter Buchstabe b genannten Voraussetzung müssen die dem Konzessionsgeber zukommenden erheblichen Residualansprüche an der Infrastruktureinrichtung es dem Betreiber einerseits unmöglich machen, die Infrastruktureinrichtung zu verkaufen oder zu belasten, und dem Konzessionsgeber andererseits ein Nutzungsrecht für die gesamte Dauer der Vereinbarung einräumen. Der Residualanspruch an der Infrastruktureinrichtung entspricht ihrem geschätzten Marktwert am Ende der Vereinbarung in ihrem zu diesem Zeitpunkt zu erwartenden Zustand und Alter.

AL5 Steuerung und Geschäftsführung sind zu unterscheiden. Behält der Konzessionsgeber sowohl das in Paragraph 5 (a) beschriebene Maß an Steuerung über die Infrastruktureinrichtung als auch sämtliche erheblichen Residualansprüche darauf, so ist der Betreiber vom Konzessionsgeber lediglich mit der Geschäftsführung der Infrastruktureinrichtung betraut, auch wenn er dabei in vielen Fällen eine weitreichende Entscheidungsbefugnis innehat.

AL6 Aus der Kombination der Voraussetzungen unter den Buchstaben a und b ergibt sich, ob die Steuerung der Infrastruktureinrichtung während der gesamten Dauer ihrer wirtschaftlichen Nutzung, einschließlich aller erforderlichen Erneuerungen (siehe Paragraph 21), beim Konzessionsgeber liegt. Muss der Betreiber beispielsweise während der Laufzeit der Vereinbarung einen Teil der Infrastruktureinrichtung ersetzen (z. B. den Belag einer Straße oder das Dach eines Gebäudes), so ist die Infrastruktureinrichtung als Ganzes zu betrachten. Daher ist die Voraussetzung unter Buchstabe b für die gesamte Infrastruktureinrichtung einschließlich des ersetzten Teils erfüllt, wenn dem Konzessionsgeber sämtliche erheblichen Residualansprüche an dem ersetzten Teil zukommen.

AL7 In manchen Fällen ist die Nutzung der Infrastruktureinrichtung teilweise im Sinne von Paragraph 5 (a) geregelt und teilweise ungeregelt. Diese Vereinbarungen können verschiedener Art sein:
(a) Jede Infrastruktureinrichtung, die physisch abtrennbar ist, eigenständig betrieben werden kann und eine zahlungsmittelgenerierende Einheit im Sinne von IAS 36 darstellt, ist gesondert zu betrachten, sofern sie ausschließlich für ungeregelte Zwecke genutzt wird. Dies ist z. B. bei einem zur Behandlung von Privatpatienten genutzten Flügel eines Krankenhauses der Fall, wenn das übrige Krankenhaus für die Behandlung von Kassenpatienten genutzt wird.
(b) Sind lediglich Nebentätigkeiten ungeregelt (z. B. der Krankenhauskiosk), so werden diese Tätigkeiten bei der Frage der tatsächlichen Steuerung nicht berücksichtigt, weil eine solche Nebentätigkeit in Fällen, in denen der Konzessionsgeber die Infrastruktureinrichtung nach Paragraph 5 steuert, seine Steuerung nicht beeinträchtigt.

AL8 Der Betreiber kann das Recht gewährt werden, die in Paragraph AL7 (a) beschriebene abtrennbare Infrastruktureinrichtung zu nutzen oder eine in Paragraph AL7 (b) beschriebene Nebentätigkeit auszuüben. In beiden Fällen kann zwischen dem Konzessionsgeber und dem Betreiber ein Leasingverhältnis bestehen, das dann nach IFRS 16 zu bilanzieren ist.

(a) the grantor controls or regulates what services the operator must provide with the infrastructure, to whom it must provide them, and at what price; and
(b) the grantor controls — through ownership, beneficial entitlement or otherwise — any significant residual interest in the infrastructure at the end of the term of the arrangement.

The control or regulation referred to in condition (a) could be by contract or otherwise (such as through a regulator), and includes circumstances in which the grantor buys all of the output as well as those in which some or all of the output is bought by other users. In applying this condition, the grantor and any related parties shall be considered together. If the grantor is a public sector entity, the public sector as a whole, together with any regulators acting in the public interest, shall be regarded as related to the grantor for the purposes of this Interpretation. **AG2**

For the purpose of condition (a), the grantor does not need to have complete control of the price: it is sufficient for the price to be regulated by the grantor, contract or regulator, for example by a capping mechanism. However, the condition shall be applied to the substance of the agreement. Non-substantive features, such as a cap that will apply only in remote circumstances, shall be ignored. Conversely, if for example, a contract purports to give the operator freedom to set prices, but any excess profit is returned to the grantor, the operator's return is capped and the price element of the control test is met. **AG3**

For the purpose of condition (b), the grantor's control over any significant residual interest should both restrict the operator's practical ability to sell or pledge the infrastructure and give the grantor a continuing right of use throughout the period of the arrangement. The residual interest in the infrastructure is the estimated current value of the infrastructure as if it were already of the age and in the condition expected at the end of the period of the arrangement. **AG4**

Control should be distinguished from management. If the grantor retains both the degree of control described in paragraph 5(a) and any significant residual interest in the infrastructure, the operator is only managing the infrastructure on the grantor's behalf — even though, in many cases, it may have wide managerial discretion. **AG5**

Conditions (a) and (b) together identify when the infrastructure, including any replacements required (see paragraph 21), is controlled by the grantor for the whole of its economic life. For example, if the operator has to replace part of an item of infrastructure during the period of the arrangement (e.g. the top layer of a road or the roof of a building), the item of infrastructure shall be considered as a whole. Thus condition (b) is met for the whole of the infrastructure, including the part that is replaced, if the grantor controls any significant residual interest in the final replacement of that part. **AG6**

Sometimes the use of infrastructure is partly regulated in the manner described in paragraph 5(a) and partly unregulated. However, these arrangements take a variety of forms: **AG7**
(a) any infrastructure that is physically separable and capable of being operated independently and meets the definition of a cash-generating unit as defined in IAS 36 shall be analysed separately if it is used wholly for unregulated purposes. For example, this might apply to a private wing of a hospital, where the remainder of the hospital is used by the grantor to treat public patients.
(b) when purely ancillary activities (such as a hospital shop) are unregulated, the control tests shall be applied as if those services did not exist, because in cases in which the grantor controls the services in the manner described in paragraph 5, the existence of ancillary activities does not detract from the grantor's control of the infrastructure.

The operator may have a right to use the separable infrastructure described in paragraph AG7 (a), or the facilities used to provide ancillary unregulated services described in paragraph AG7 (b). In either case, there may in substance be a lease from the grantor to the operator; if so, it shall be accounted for in accordance with IFRS 16. **AG8**

IFRIC INTERPRETATION 14

IAS 19 – Die Begrenzung eines leistungsorientierten Vermögenswerts, Mindestdotierungsverpflichtungen und ihre Wechselwirkung

VERWEISE

- IAS 1 *Darstellung des Abschlusses*
- IAS 8 *Rechnungslegungsmethoden, Änderungen von rechnungslegungsbezogenen Schätzungen und Fehler*
- IAS 19 *Leistungen an Arbeitnehmer* (in der 2011 geänderten Fassung)
- IAS 37 *Rückstellungen, Eventualverbindlichkeiten und Eventualforderungen*

HINTERGRUND

1 In Paragraph 64 von IAS 19 wird die Bewertung eines Nettovermögenswerts aus einem leistungsorientierten Plan auf den jeweils niedrigeren Wert der Überdeckung des leistungsorientierten Plans und der Obergrenze für den Vermögenswert begrenzt. In Paragraph 8 von IAS 19 wird die Obergrenze für den Vermögenswert als der „Barwert eines wirtschaftlichen Nutzens in Form von Rückerstattungen aus dem Plan oder Minderungen künftiger Beitragszahlungen an den Plan" definiert. Es sind Fragen aufgekommen, wann Rückerstattungen oder Minderungen künftiger Beitragszahlungen als verfügbar betrachtet werden sollten, vor allem dann, wenn Mindestdotierungsverpflichtungen bestehen.

2 In vielen Ländern wurden Mindestdotierungsverpflichtungen festgelegt, um die Sicherheit der Zusagen für Leistungen nach Beendigung des Arbeitsverhältnisses zu erhöhen, die Mitgliedern von Plänen für Leistungen nach Beendigung des Arbeitsverhältnisses gemacht werden. Solche Verpflichtungen sehen normalerweise Mindestbeiträge vor, die über einen bestimmten Zeitraum an einen Plan zu leisten sind. Eine Mindestdotierungsverpflichtung kann daher die Fähigkeit des Unternehmens zur Minderung künftiger Beitragszahlungen einschränken.

3 Außerdem kann die Bewertungsobergrenze für einen Vermögenswert aus einem leistungsorientierten Plan dazu führen, dass eine Mindestdotierungsverpflichtung belastend wird. Normalerweise würde eine Vorschrift, Beitragszahlungen an einen Plan zu leisten, keine Auswirkungen auf die Bewertung des Vermögenswerts oder der Schuld aus einem leistungsorientierten Plan haben. Dies liegt daran, dass die Beträge zum Zeitpunkt der Zahlung Planvermögen werden und damit die zusätzliche Nettoschuld null beträgt. Eine Mindestdotierungsverpflichtung begründet jedoch eine Schuld, wenn die erforderlichen Beiträge dem Unternehmen nach ihrer Zahlung nicht zur Verfügung stehen.

3A Im November 2009 änderte der International Accounting Standards Board IFRIC 14, um eine unbeabsichtigte Folge der Behandlung von Beitragsvorauszahlungen in bestimmten Fällen, in denen Mindestdotierungsverpflichtungen bestehen, zu beseitigen.

ANWENDUNGSBEREICH

4 Diese Interpretation ist auf alle Leistungen nach Beendigung des Arbeitsverhältnisses aus leistungsorientierten Plänen und auf andere langfristig fällige Leistungen an Arbeitnehmer aus leistungsorientierten Plänen anzuwenden.

5 Für die Zwecke dieser Interpretation bezeichnen Mindestdotierungsverpflichtungen alle Verpflichtungen zur Dotierung eines leistungsorientierten Plans, der Leistungen nach Beendigung des Arbeitsverhältnisses oder andere langfristig fällige Leistungen an Arbeitnehmer beinhaltet.

FRAGESTELLUNGEN

6 Diese Interpretation betrifft die folgenden Fragen:
(a) Wann sollen Rückerstattungen oder Minderungen künftiger Beitragszahlungen im Sinne der in Paragraph 8 von IAS 19 definierten Obergrenze für den Vermögenswert als verfügbar betrachtet werden?
(b) Wie kann sich eine Mindestdotierungsverpflichtung auf die Verfügbarkeit künftiger Beitragsminderungen auswirken?
(c) Wann ist für eine Mindestdotierungsverpflichtung eine Schuld zu erfassen?

IFRIC INTERPRETATION 14

IAS 19—The Limit on a Defined Benefit Asset, Minimum Funding Requirements and their Interaction

REFERENCES

- IAS 1 *Presentation of Financial Statements*
- IAS 8 *Accounting Policies, Changes in Accounting Estimates and Errors*
- IAS 19 *Employee Benefits* (as amended in 2011)
- IAS 37 *Provisions, Contingent Liabilities and Contingent Assets*

BACKGROUND

Paragraph 64 of IAS 19 limits the measurement of a net defined benefit asset to the lower of the surplus in the defined benefit plan and the asset ceiling. Paragraph 8 of IAS 19 defines the asset ceiling as 'the present value of any economic benefits available in the form of refunds from the plan or reductions in future contributions to the plan'. Questions have arisen about when refunds or reductions in future contributions should be regarded as available, particularly when a minimum funding requirement exists. 1

Minimum funding requirements exist in many countries to improve the security of the post-employment benefit promise made to members of an employee benefit plan. Such requirements normally stipulate a minimum amount or level of contributions that must be made to a plan over a given period. Therefore, a minimum funding requirement may limit the ability of the entity to reduce future contributions. 2

Further, the limit on the measurement of a defined benefit asset may cause a minimum funding requirement to be onerous. Normally, a requirement to make contributions to a plan would not affect the measurement of the defined benefit asset or liability. This is because the contributions, once paid, will become plan assets and so the additional net liability is nil. However, a minimum funding requirement may give rise to a liability if the required contributions will not be available to the entity once they have been paid. 3

In November 2009 the International Accounting Standards Board amended IFRIC 14 to remove an unintended consequence arising from the treatment of prepayments of future contributions in some circumstances when there is a minimum funding requirement. 3A

SCOPE

This Interpretation applies to all post-employment defined benefits and other long-term employee defined benefits. 4

For the purpose of this Interpretation, minimum funding requirements are any requirements to fund a post-employment or other long-term defined benefit plan. 5

ISSUES

The issues addressed in this Interpretation are: 6

(a) when refunds or reductions in future contributions should be regarded as available in accordance with the definition of the asset ceiling in paragraph 8 of IAS 19.

(b) how a minimum funding requirement might affect the availability of reductions in future contributions;

(c) when a minimum funding requirement might give rise to a liability.

BESCHLUSS

Verfügbarkeit einer Rückerstattung oder Minderung künftiger Beitragszahlungen

7 Die Verfügbarkeit einer Rückerstattung oder Minderung künftiger Beitragszahlungen ist nach den Bedingungen des Plans und den im Rechtskreis des Plans maßgeblichen gesetzlichen Vorschriften zu bestimmen.

8 Ein wirtschaftlicher Nutzen in Form von Rückerstattungen oder Minderungen künftiger Beitragszahlungen ist verfügbar, wenn das Unternehmen diesen Nutzen zu irgendeinem Zeitpunkt während der Laufzeit des Plans oder bei Begleichung der Planschulden realisieren kann. Ein solcher wirtschaftlicher Nutzen kann insbesondere auch dann verfügbar sein, wenn er zum Abschlussstichtag nicht sofort realisierbar ist.

9 Der verfügbare wirtschaftliche Nutzen ist von der beabsichtigten Verwendung der Überdeckung unabhängig. Ein Unternehmen hat den maximalen wirtschaftlichen Nutzen zu bestimmen, der aus Rückerstattungen, Minderungen künftiger Beitragszahlungen oder einer Kombination aus beidem verfügbar ist. Ein Unternehmen darf keinen wirtschaftlichen Nutzen aus einer Kombination von Rückererstattungen und Minderungen künftiger Beitragszahlungen erfassen, wenn diese auf sich gegenseitig ausschließenden Annahmen beruhen.

10 Nach IAS 1 hat ein Unternehmen Angaben zu den am Abschlussstichtag bestehenden Hauptquellen von Schätzungsunsicherheiten zu machen, die ein beträchtliches Risiko dahingehend enthalten, dass eine wesentliche Anpassung des Buchwerts des in der Bilanz ausgewiesenen Nettovermögenswerts bzw. der in der Bilanz ausgewiesenen Nettoschuld erforderlich wird. Hierzu können auch Angaben zu etwaigen Einschränkungen hinsichtlich der gegenwärtigen Realisierbarkeit der Überdeckung gehören oder die Angabe, auf welcher Grundlage der verfügbare wirtschaftliche Nutzen bestimmt wurde.

Als Rückerstattung verfügbarer wirtschaftlicher Nutzen

Rückerstattungsanspruch

11 Für ein Unternehmen, das einen unbedingten Anspruch auf eine Rückerstattung hat, ist die Rückerstattung verfügbar
(a) während der Laufzeit des Plans unter der Annahme, dass die Planschulden nicht beglichen werden müssen, um die Rückerstattung zu erhalten (in einigen Rechtskreisen kann ein Unternehmen z. B. während der Laufzeit des Plans einen Rückerstattungsanspruch haben, der unabhängig davon besteht, ob die Planschulden beglichen sind), oder
(b) unter der Annahme, dass die Planschulden nach und nach beglichen werden, bis alle Berechtigten aus dem Plan ausgeschieden sind, oder
(c) unter der Annahme, dass die Planschulden vollständig durch ein einmaliges Ereignis beglichen werden (d. h. bei der Beendigung des Plans).

Ein unbedingter Rückerstattungsanspruch kann unabhängig vom Deckungsgrad des Plans zum Abschlussstichtag bestehen.

12 Wenn Rückerstattungsansprüche für Überdeckungen von dem Eintreten oder Nichteintreten eines oder mehrerer unsicherer zukünftiger Ereignisse abhängen, die das Unternehmen nicht vollständig beeinflussen kann, so hat das Unternehmen keinen unbedingten Anspruch und darf keinen Vermögenswert erfassen.

Bewertung des wirtschaftlichen Nutzens

13 Der wirtschaftliche Nutzen einer verfügbaren Rückerstattung entspricht dem Betrag der Überdeckung zum Abschlussstichtag (dem beizulegenden Zeitwert des Planvermögens abzüglich des Barwerts der leistungsorientierten Verpflichtung), auf dessen Rückerstattung das Unternehmen Anspruch hat, abzüglich aller zugehörigen Kosten. Ist eine Rückerstattung beispielsweise mit einer anderen Steuer als der Ertragsteuer belegt, so ist der Betrag der Rückerstattung abzüglich dieser Steuer zu bestimmen.

14 Bei der Bewertung des verfügbaren Betrags einer Rückerstattung im Falle der Beendigung des Plans (Paragraph 11 (c)) sind die dem Plan entstehenden Kosten für die Begleichung der Planschulden und die Abwicklung der Rückerstattung zu berücksichtigen. Beispielsweise hat ein Unternehmen Honorare in Abzug zu bringen, wenn diese vom Plan und nicht vom Unternehmen gezahlt werden, sowie die Kosten für etwaige Versicherungsprämien, die zur Absicherung der Schuld bei der Beendigung notwendig sind.

15 Wird der Betrag einer Rückerstattung als voller Betrag oder Teil der Überdeckung und nicht als fester Betrag bestimmt, hat das Unternehmen keine Abzinsung für den Zeitwert des Geldes vorzunehmen, selbst wenn die Rückerstattung erst zu einem späteren Zeitpunkt realisiert werden kann.

Als Beitragsminderung verfügbarer wirtschaftlicher Nutzen

16 Besteht keine Mindestdotierungsverpflichtung für Beitragszahlungen für künftige Dienstjahre, so entspricht der als Minderung künftiger Beitragszahlungen verfügbare wirtschaftliche Nutzen dem künftigen Dienstzeitaufwand für das Unternehmen für die erwartete Laufzeit des Plans oder die erwartete Lebensdauer des Unternehmens, je nachdem, welche der beiden Perioden die kürzere ist. Nicht im künftigen Dienstzeitaufwand für das Unternehmen enthalten sind die Beiträge, die von den Arbeitnehmern geleistet werden.

CONSENSUS

Availability of a refund or reduction in future contributions

An entity shall determine the availability of a refund or a reduction in future contributions in accordance with the terms and conditions of the plan and any statutory requirements in the jurisdiction of the plan. 7

An economic benefit, in the form of a refund or a reduction in future contributions, is available if the entity can realise it at some point during the life of the plan or when the plan liabilities are settled. In particular, such an economic benefit may be available even if it is not realisable immediately at the end of the reporting period. 8

The economic benefit available does not depend on how the entity intends to use the surplus. An entity shall determine the maximum economic benefit that is available from refunds, reductions in future contributions or a combination of both. An entity shall not recognise economic benefits from a combination of refunds and reductions in future contributions based on assumptions that are mutually exclusive. 9

In accordance with IAS 1, the entity shall disclose information about the key sources of estimation uncertainty at the end of the reporting period that have a significant risk of causing a material adjustment to the carrying amount of the net asset or liability recognised in the statement of financial position. This might include disclosure of any restrictions on the current realisability of the surplus or disclosure of the basis used to determine the amount of the economic benefit available. 10

The economic benefit available as a refund

The right to a refund

A refund is available to an entity only if the entity has an unconditional right to a refund: 11

(a) during the life of the plan, without assuming that the plan liabilities must be settled in order to obtain the refund (e.g. in some jurisdictions, the entity may have a right to a refund during the life of the plan, irrespective of whether the plan liabilities are settled); or

(b) assuming the gradual settlement of the plan liabilities over time until all members have left the plan; or

(c) assuming the full settlement of the plan liabilities in a single event (i.e. as a plan wind-up).

An unconditional right to a refund can exist whatever the funding level of a plan at the end of the reporting period.

If the entity's right to a refund of a surplus depends on the occurrence or non-occurrence of one or more uncertain future events not wholly within its control, the entity does not have an unconditional right and shall not recognise an asset. 12

An entity shall measure the economic benefit available as a refund as the amount of the surplus at the end of the reporting period (being the fair value of the plan assets less the present value of the defined benefit obligation) that the entity has a right to receive as a refund, less any associated costs. For instance, if a refund would be subject to a tax other than income tax, an entity shall measure the amount of the refund net of the tax. 13

In measuring the amount of a refund available when the plan is wound up (paragraph 11 (c)), an entity shall include the costs to the plan of settling the plan liabilities and making the refund. For example, an entity shall deduct professional fees if these are paid by the plan rather than the entity, and the costs of any insurance premiums that may be required to secure the liability on wind-up. 14

If the amount of a refund is determined as the full amount or a proportion of the surplus, rather than a fixed amount, an entity shall make no adjustment for the time value of money, even if the refund is realisable only at a future date. 15

The economic benefit available as a contribution reduction

If there is no minimum funding requirement for contributions relating to future service, the economic benefit available as a reduction in future contributions is the future service cost to the entity for each period over the shorter of the expected life of the plan and the expected life of the entity. The future service cost to the entity excludes amounts that will be borne by employees. 16

17 Die bei der Ermittlung des künftigen Dienstzeitaufwands zugrunde gelegten Annahmen müssen sowohl mit den Annahmen, die bei der Bestimmung der leistungsorientierten Verpflichtung herangezogen werden, als auch mit der Situation zum Abschlussstichtag nach IAS 19 vereinbar sein. Aus diesem Grund hat ein Unternehmen so lange von künftig unveränderten Leistungen des Plans auszugehen, bis dieser geändert wird, und eine unveränderte Belegschaft anzunehmen, solange es die Zahl der am Plan teilnehmenden Arbeitnehmer nicht reduziert. In letzteren Fall hat es die geplante Reduzierung der Belegschaft bei der Annahme zu berücksichtigen.

Auswirkung einer Mindestdotierungsverpflichtung auf den als Minderung künftiger Beitragszahlungen verfügbaren wirtschaftlichen Nutzen

18 Ein Unternehmen hat jede Mindestdotierungsverpflichtung zu einem festgelegten Zeitpunkt daraufhin zu analysieren, welche Beiträge (a) zur Deckung einer bestehenden Unterschreitung der Mindestdotierungsgrenze für zurückliegende Dienstjahre und (b) zur Deckung der künftigen Dienstjahre erforderlich sind.

19 Beiträge zur Deckung einer bestehenden Unterschreitung der Mindestdotierungsgrenze für bereits geleistete Dienstjahre haben keinen Einfluss auf künftige Beiträge für künftige Dienstjahre. Diese können zur Erfassung einer Schuld gemäß den Paragraphen 23–26 führen.

20 Unterliegen Beiträge für künftige Dienstjahre einer Mindestdotierungsverpflichtung, ist der als Minderung künftiger Beitragszahlungen verfügbare wirtschaftliche Nutzen die Summe aus

(a) allen Beträgen, durch die sich künftige Beiträge, die im Rahmen einer Mindestdotierungsverpflichtung für künftige Dienstjahre zu entrichten sind, verringern, weil das Unternehmen eine Vorauszahlung geleistet (d. h. den Betrag vor seiner Fälligkeit gezahlt) hat, und

(b) dem gemäß den Paragraphen 16 und 17 geschätzten künftigen Dienstzeitaufwand in jeder Periode abzüglich der geschätzten Beiträge, die im Rahmen einer Mindestdotierungsverpflichtung für künftige Dienstjahre in diesen Perioden zu entrichten wären, wenn keine Vorauszahlung gemäß Buchstabe a erfolgt wäre.

21 Bei der Schätzung der im Rahmen einer Mindestdotierungsverpflichtung für künftige Dienstjahre zu entrichtenden Beiträge hat das Unternehmen die Auswirkungen etwaiger Überdeckungen zu berücksichtigen, die anhand der Mindestdotierung, aber unter Ausschluss der in Paragraph 20 (a) genannten Vorauszahlung bestimmt werden. Die vom Unternehmen zugrunde gelegten Annahmen müssen mit der Mindestdotierung und für den Fall, dass in dieser Dotierung ein Faktor unberücksichtigt bleibt, sowohl mit den bei Bestimmung der leistungsorientierten Verpflichtung zugrunde gelegten Annahmen als auch mit der Situation zum Abschlussstichtag nach IAS 19 vereinbar sein. In der Schätzung sind alle Änderungen zu berücksichtigen, die sich ergeben werden, wenn das Unternehmen die Mindestbeiträge zum Fälligkeitstermin entrichtet. Nicht berücksichtigt werden dürfen dagegen Auswirkungen von Änderungen, die bezüglich der Bedingungen der Mindestdotierung erwartet werden, zum Abschlussstichtag aber noch nicht in Kraft oder vertraglich vereinbart sind.

22 Falls bei der Bestimmung des in Paragraph 20 (b) genannten Betrags die im Rahmen einer Mindestdotierungsverpflichtung für künftige Dienstjahre zu entrichtenden Beiträge den künftigen Dienstzeitaufwand nach IAS 19 in einer beliebigen Periode übersteigen, reduziert sich der als Minderung künftiger Beitragszahlungen verfügbare wirtschaftliche Nutzen um diesen Differenzbetrag. Der nach Paragraph 20 (b) zu ermittelnde Betrag kann jedoch niemals kleiner als null sein.

Fälle, in denen für eine Mindestdotierungsverpflichtung eine Schuld zu erfassen ist

23 Falls ein Unternehmen im Rahmen einer Mindestdotierungsverpflichtung aufgrund einer bestehenden Unterschreitung der Mindestdotierungsgrenze zusätzliche Beiträge für bereits geleistete Dienstjahre einzuzahlen hat, muss es ermitteln, ob die zu zahlenden Beiträge nach ihrer Einzahlung in den Plan als Rückerstattungen oder Minderungen künftiger Beitragszahlungen verfügbar sein werden.

24 Für zu zahlende Beiträge, die nach ihrer Einzahlung in den Plan nicht verfügbar sein werden, hat das Unternehmen zum Zeitpunkt des Entstehens der Verpflichtung eine Schuld zu erfassen. Diese Schuld führt zu einer Reduzierung des Nettovermögenswerts aus einem leistungsorientierten Plan oder zu einer Erhöhung der Nettoschuld aus einem leistungsorientierten Plan, sodass durch die Anwendung von Paragraph 64 von IAS 19 bei der Leistung der Beitragszahlungen kein Gewinn oder Verlust entstehen dürfte.

ZEITPUNKT DES INKRAFTTRETENS

27 Diese Interpretation ist auf Geschäftsjahre anzuwenden, die am oder nach dem 1. Januar 2008 beginnen. Eine frühere Anwendung ist zulässig.

27A Infolge (der 2007 überarbeiteten Fassung) von IAS 1 wurde die in allen IFRS verwendete Terminologie geändert. Außerdem wurde dadurch Paragraph 26 geändert. Diese Änderungen sind auf Geschäftsjahre anzuwenden, die am oder nach dem 1. Januar 2009 beginnen. Wendet ein Unternehmen die 2007 überarbeitete Fassung von IAS 1 auf eine frühere Periode an, so hat es auf diese Periode auch diese Änderungen anzuwenden.

An entity shall determine the future service costs using assumptions consistent with those used to determine the defined benefit obligation and with the situation that exists at the end of the reporting period as determined by IAS 19. Therefore, an entity shall assume no change to the benefits to be provided by a plan in the future until the plan is amended and shall assume a stable workforce in the future unless the entity makes a reduction in the number of employees covered by the plan. In the latter case, the assumption about the future workforce shall include the reduction. 17

The effect of a minimum funding requirement on the economic benefit available as a reduction in future contributions

An entity shall analyse any minimum funding requirement at a given date into contributions that are required to cover (a) any existing shortfall for past service on the minimum funding basis and (b) future service. 18

Contributions to cover any existing shortfall on the minimum funding basis in respect of services already received do not affect future contributions for future service. They may give rise to a liability in accordance with paragraphs 23—26. 19

If there is a minimum funding requirement for contributions relating to future service, the economic benefit available as a reduction in future contributions is the sum of: 20

(a) any amount that reduces future minimum funding requirement contributions for future service because the entity made a prepayment (ie paid the amount before being required to do so); and
(b) the estimated future service cost in each period in accordance with paragraphs 16 and 17, less the estimated minimum funding requirement contributions that would be required for future service in those periods if there were no prepayment as described in (a).

An entity shall estimate the future minimum funding requirement contributions for future service taking into account the effect of any existing surplus determined using the minimum funding basis but excluding the prepayment described in paragraph 20 (a). An entity shall use assumptions consistent with the minimum funding basis and, for any factors not specified by that basis, assumptions consistent with those used to determine the defined benefit obligation and with the situation that exists at the end of the reporting period as determined by IAS 19. The estimate shall include any changes expected as a result of the entity paying the minimum contributions when they are due. However, the estimate shall not include the effect of expected changes in the terms and conditions of the minimum funding basis that are not substantively enacted or contractually agreed at the end of the reporting period. 21

When an entity determines the amount described in paragraph 20 (b), if the future minimum funding requirement contributions for future service exceed the future IAS 19 service cost in any given period, that excess reduces the amount of the economic benefit available as a reduction in future contributions However, the amount described in paragraph 20 (b) can never be less than zero. 22

When a minimum funding requirement may give rise to a liability

If an entity has an obligation under a minimum funding requirement to pay contributions to cover an existing shortfall on the minimum funding basis in respect of services already received, the entity shall determine whether the contributions payable will be available as a refund or reduction in future contributions after they are paid into the plan. 23

To the extent that the contributions payable will not be available after they are paid into the plan, the entity shall recognise a liability when the obligation arises. The liability shall reduce the net defined benefit asset or increase the net defined benefit liability so that no gain or loss is expected to result from applying paragraph 64 of IAS 19 when the contributions are paid. 24

EFFECTIVE DATE

An entity shall apply this Interpretation for annual periods beginning on or after 1 January 2008. Earlier application is permitted. 27

IAS 1 (as revised in 2007) amended the terminology used throughout IFRSs. In addition it amended paragraph 26. An entity shall apply those amendments for annual periods beginning on or after 1 January 2009. If an entity applies IAS 1 (revised 2007) for an earlier period, the amendments shall be applied for that earlier period. 27A

27B Mit der Verlautbarung *Vorauszahlungen im Rahmen von Mindestdotierungsverpflichtungen* wurden der Paragraph 3A hinzugefügt und die Paragraphen 16–18 und 20–22 geändert. Diese Änderungen sind auf Geschäftsjahre anzuwenden, die am oder nach dem 1. Januar 2011 beginnen. Eine frühere Anwendung ist zulässig. Wendet ein Unternehmen diese Änderungen auf eine frühere Periode an, hat es dies anzugeben.

27C Mit (der 2011 geänderten Fassung von) IAS 19 wurden die Paragraphen 1, 6, 17 und 24 geändert und die Paragraphen 25 und 26 gestrichen. Wendet ein Unternehmen IAS 19 (in der 2011 geänderten Fassung) an, so hat es diese Änderungen anzuwenden.

ÜBERGANGSVORSCHRIFTEN

28 Diese Interpretation ist vom Beginn der ersten Berichtsperiode, die im ersten Abschluss, für den diese Interpretation gilt, dargestellt wird, anzuwenden. Alle Anpassungen aufgrund der erstmaligen Anwendung dieser Interpretation sind in den Gewinnrücklagen zu Beginn dieser Periode zu erfassen.

29 Die in den Paragraphen 3A, 16–18 und 20–22 vorgenommenen Änderungen sind mit Beginn der frühesten Vergleichsperiode, die im ersten nach dieser Interpretation erstellten Abschluss dargestellt ist, anzuwenden. Falls ein Unternehmen diese Interpretation schon vor Anwendung der Änderungen angewandt hat, hat es die aus der Anwendung der Änderungen resultierende Anpassung mit Beginn der frühesten dargestellten Vergleichsperiode in den Gewinnrücklagen zu erfassen.

IFRIC INTERPRETATION 16

Absicherung einer Nettoinvestition in einen ausländischen Geschäftsbetrieb

VERWEISE

- IFRS 9 *Finanzinstrumente*
- IAS 8 *Rechnungslegungsmethoden, Änderungen von rechnungslegungsbezogenen Schätzungen und Fehler*
- IAS 21 *Auswirkungen von Wechselkursänderungen*

HINTERGRUND

1 Viele berichtende Unternehmen haben Investitionen in ausländische Geschäftsbetriebe (im Sinne von Paragraph 8 von IAS 21). Solche ausländischen Geschäftsbetriebe können Tochterunternehmen, assoziierte Unternehmen, Gemeinschaftsunternehmen oder Niederlassungen sein. Nach IAS 21 hat ein Unternehmen für jeden ausländischen Geschäftsbetrieb als funktionale Währung die Währung des primären Wirtschaftsumfelds des betreffenden Geschäftsbetriebs festzulegen. Bei der Umrechnung der Vermögens-, Finanz- und Ertragslage eines ausländischen Geschäftsbetriebs in die Darstellungswährung hat ein Unternehmen bis zum Abgang des ausländischen Geschäftsbetriebs Währungsumrechnungsdifferenzen im sonstigen Ergebnis zu erfassen.

2 Die Voraussetzungen für eine Bilanzierung von Sicherungsbeziehungen für das aus einer Nettoinvestition in einen ausländischen Geschäftsbetrieb resultierende Währungsrisiko sind nur erfüllt, wenn das Nettovermögen dieses ausländischen Geschäftsbetriebs im Abschluss enthalten ist[1]. Bei dem in Bezug auf das Währungsrisiko aufgrund einer Nettoinvestition in einen ausländischen Geschäftsbetrieb abgesicherten Geschäft kann es sich um den Betrag des Nettovermögens handeln, der dem Buchwert des Nettovermögens des ausländischen Geschäftsbetriebs entspricht oder geringer als dieser ist.

3 Nach IFRS 9 müssen für die Bilanzierung einer Sicherungsbeziehung ein zulässiges Grundgeschäft und ein zulässiges Sicherungsinstrument designiert werden. Besteht im Fall einer Absicherung einer Nettoinvestition eine designierte Sicherungsbeziehung, wird der Gewinn oder Verlust aus dem Sicherungsinstrument, das als effektive Absicherung der Nettoinvestition bestimmt ist, zusammen mit den Währungsumrechnungsdifferenzen aus der Umrechnung der Vermögens-, Finanz- und Ertragslage des ausländischen Geschäftsbetriebs im sonstigen Ergebnis erfasst.

1 Dies ist der Fall bei Konzernabschlüssen, Abschlüssen, bei denen Finanzinvestitionen wie Anteile an assoziierten Unternehmen oder Gemeinschaftsunternehmen unter Verwendung der Equity-Methode bilanziert werden, und bei Abschlüssen, die eine Niederlassung oder eine gemeinschaftliche Tätigkeit im Sinne von IFRS 11 *Gemeinschaftliche Vereinbarungen* umfassen.

Prepayments of a Minimum Funding Requirement added paragraph 3A and amended paragraphs 16—18 and 20—22. An entity shall apply those amendments for annual periods beginning on or after 1 January 2011. Earlier application is permitted. If an entity applies the amendments for an earlier period, it shall disclose that fact. 27B

IAS 19 (as amended in 2011) amended paragraphs 1, 6, 17 and 24 and deleted paragraphs 25 and 26. An entity shall apply those amendments when it applies IAS 19 (as amended in 2011). 27C

TRANSITION

An entity shall apply this Interpretation from the beginning of the first period presented in the first financial statements to which the Interpretation applies. An entity shall recognise any initial adjustment arising from the application of this Interpretation in retained earnings at the beginning of that period. 28

An entity shall apply the amendments in paragraphs 3A, 16—18 and 20—22 from the beginning of the earliest comparative period presented in the first financial statements in which the entity applies this Interpretation. If the entity had previously applied this Interpretation before it applies the amendments, it shall recognise the adjustment resulting from the application of the amendments in retained earnings at the beginning of the earliest comparative period presented. 29

IFRIC INTERPRETATION 16

Hedges of a Net Investment in a Foreign Operation

REFERENCES

- IFRS 9 *Financial Instruments*
- IAS 8 *Accounting Policies, Changes in Accounting Estimates and Errors*
- IAS 21 *The Effects of Changes in Foreign Exchange Rates*

BACKGROUND

Many reporting entities have investments in foreign operations (as defined in IAS 21 paragraph 8). Such foreign operations may be subsidiaries, associates, joint ventures or branches. IAS 21 requires an entity to determine the functional currency of each of its foreign operations as the currency of the primary economic environment of that operation. When translating the results and financial position of a foreign operation into a presentation currency, the entity is required to recognise foreign exchange differences in other comprehensive income until it disposes of the foreign operation. 1

Hedge accounting of the foreign currency risk arising from a net investment in a foreign operation will apply only when the net assets of that foreign operation are included in the financial statements.[1] The item being hedged with respect to the foreign currency risk arising from the net investment in a foreign operation may be an amount of net assets equal to or less than the carrying amount of the net assets of the foreign operation. 2

IFRS 9 requires the designation of an eligible hedged item and eligible hedging instruments in a hedge accounting relationship. If there is a designated hedging relationship, in the case of a net investment hedge, the gain or loss on the hedging instrument that is determined to be an effective hedge of the net investment is recognised in other comprehensive income and is included with the foreign exchange differences arising on translation of the results and financial position of the foreign operation. 3

1 This will be the case for consolidated financial statements, financial statements in which investments such as associates or joint ventures are accounted for using the equity method and financial statements that include a branch or a joint operation as defined in IFRS 11 *Joint Arrangements*.

4 Ein Unternehmen mit vielen ausländischen Geschäftsbetrieben kann mehreren Währungsrisiken ausgesetzt sein. Mit dieser Interpretation werden Leitlinien dafür festgelegt, welche Währungsrisiken als durch die Absicherung einer Nettoinvestition in einen ausländischen Geschäftsbetrieb abgesichert gelten können.

5 Nach IFRS 9 darf ein Unternehmen sowohl ein derivatives als auch ein nicht derivatives Finanzinstrument (oder eine Kombination aus beidem) als Sicherungsinstrument für Währungsrisiken designieren. Mit dieser Interpretation werden Leitlinien dafür festgelegt, an welcher Stelle innerhalb einer Gruppe Sicherungsinstrumente, die eine Nettoinvestition in einen ausländischen Geschäftsbetrieb absichern, gehalten werden können, um die Voraussetzungen für die Bilanzierung einer Sicherungsbeziehung zu erfüllen.

6 Nach IAS 21 und IFRS 9 müssen kumulierte Beträge, die im sonstigen Ergebnis erfasst sind und sich sowohl auf Währungsdifferenzen aus der Umrechnung der Vermögens-, Finanz- und Ertragslage des ausländischen Geschäftsbetriebs als auch auf Gewinne oder Verluste aus dem Sicherungsinstrument beziehen, das als effektive Absicherung der Nettoinvestition bestimmt wurde, beim Abgang des ausländischen Geschäftsbetriebs vom Mutterunternehmen als Umgliederungsbetrag erfolgswirksam umgegliedert werden. Mit dieser Interpretation werden Leitlinien dafür festgelegt, wie ein Unternehmen die Beträge, die in Bezug auf das Sicherungsinstrument und das Grundgeschäft erfolgswirksam umzugliedern sind, zu bestimmen hat.

ANWENDUNGSBEREICH

7 Diese Interpretation ist von Unternehmen anzuwenden, die das Währungsrisiko aus ihren Nettoinvestitionen in ausländische Geschäftsbetriebe absichern und die Bedingungen für die Bilanzierung von Sicherungsbeziehungen gemäß IFRS 9 erfüllen möchten. Zur Vereinfachung wird in dieser Interpretation stellvertretend für ein solches Unternehmen das Wort „Mutterunternehmen" und stellvertretend für den Abschluss, der das Nettovermögen der ausländischen Geschäftsbetriebe umfasst, das Wort „Konzernabschluss" verwendet. Dementsprechend gelten alle Verweise auf ein Mutterunternehmen gleichermaßen für Gemeinschaftsunternehmen, assoziierte Unternehmen oder Niederlassungen, die eine Nettoinvestition in einen ausländischen Geschäftsbetrieb haben.

8 Diese Interpretation gilt nur für Absicherungen von Nettoinvestitionen in ausländische Geschäftsbetriebe; sie darf nicht analog auf die Bilanzierung anderer Sicherungsbeziehungen angewandt werden.

FRAGESTELLUNGEN

9 Investitionen in ausländische Geschäftsbetriebe können direkt von einem Mutterunternehmen oder indirekt von seinem bzw. seinen Tochterunternehmen gehalten werden. Diese Interpretation betrifft die folgenden Fragen:

(a) *bezüglich der Art des abgesicherten Risikos und des Betrags des Grundgeschäfts, das als Sicherungsbeziehung designiert werden kann:*
   (i) Darf das Mutterunternehmen nur die Währungsumrechnungsdifferenz zwischen der funktionalen Währung des Mutterunternehmens und derjenigen seines ausländischen Geschäftsbetriebs als abgesichertes Risiko designieren oder darf es auch die Währungsumrechnungsdifferenzen zwischen der Darstellungswährung des Konzernabschlusses des Mutterunternehmens und der funktionalen Währung des ausländischen Geschäftsbetriebs als abgesichertes Risiko designieren?
   (ii) Wenn das Mutterunternehmen den ausländischen Geschäftsbetrieb indirekt hält: Darf das abgesicherte Risiko nur die Währungsumrechnungsdifferenzen zwischen der funktionalen Währung des ausländischen Geschäftsbetriebs und derjenigen des Mutterunternehmens enthalten oder darf es auch alle Währungsumrechnungsdifferenzen zwischen der funktionalen Währung des ausländischen Geschäftsbetriebs und denjenigen der zwischengeschalteten oder obersten Mutterunternehmen enthalten? (d. h.: Beeinflusst die Tatsache, dass die Nettoinvestition in den ausländischen Geschäftsbetrieb von einem zwischengeschaltetem Mutterunternehmen gehalten wird, das wirtschaftliche Risiko des obersten Mutterunternehmens?)

(b) *bezüglich der Stelle innerhalb einer Gruppe, an der das Sicherungsinstrument gehalten werden kann:*
   (i) Darf nur dann eine Sicherungsbeziehung bilanziert werden, wenn das seine Nettoinvestition absichernde Unternehmen eine an dem Sicherungsinstrument beteiligte Partei ist, oder kann jedes Unternehmen der Gruppe unabhängig von seiner funktionalen Währung das Sicherungsinstrument halten?
   (ii) Beeinflusst die Art des Sicherungsinstruments (derivatives oder nicht derivatives Instrument) oder die Konsolidierungsmethode die Wirksamkeit der Absicherung?

(c) *bezüglich der Beträge, die beim Abgang eines ausländischen Geschäftsbetriebs als Umgliederungsbeträge erfolgswirksam umzugliedern sind:*
   (i) Welche Beträge der Währungsumrechnungsrücklage des Mutterunternehmens sind beim Abgang eines abgesicherten ausländischen Geschäftsbetriebs hinsichtlich des Sicherungsinstruments und des betreffenden Geschäftsbetriebs im Konzernabschluss des Mutterunternehmens erfolgswirksam umzugliedern?
   (ii) Beeinflusst die Konsolidierungsmethode die Bestimmung der erfolgswirksam umzugliedernden Beträge?

An entity with many foreign operations may be exposed to a number of foreign currency risks. This Interpretation provides guidance on identifying the foreign currency risks that qualify as a hedged risk in the hedge of a net investment in a foreign operation. 4

IFRS 9 allows an entity to designate either a derivative or a non-derivative financial instrument (or a combination of derivative and non-derivative financial instruments) as hedging instruments for foreign currency risk. This Interpretation provides guidance on where, within a group, hedging instruments that are hedges of a net investment in a foreign operation can be held to qualify for hedge accounting. 5

IAS 21 and IFRS 9 require cumulative amounts recognised in other comprehensive income relating to both the foreign exchange differences arising on translation of the results and financial position of the foreign operation and the gain or loss on the hedging instrument that is determined to be an effective hedge of the net investment to be reclassified from equity to profit or loss as a reclassification adjustment when the parent disposes of the foreign operation. This Interpretation provides guidance on how an entity should determine the amounts to be reclassified from equity to profit or loss for both the hedging instrument and the hedged item. 6

SCOPE

This Interpretation applies to an entity that hedges the foreign currency risk arising from its net investments in foreign operations and wishes to qualify for hedge accounting in accordance with IFRS 9. For convenience this Interpretation refers to such an entity as a parent entity and to the financial statements in which the net assets of foreign operations are included as consolidated financial statements. All references to a parent entity apply equally to an entity that has a net investment in a foreign operation that is a joint venture, an associate or a branch. 7

This Interpretation applies only to hedges of net investments in foreign operations; it should not be applied by analogy to other types of hedge accounting. 8

ISSUES

Investments in foreign operations may be held directly by a parent entity or indirectly by its subsidiary or subsidiaries. The issues addressed in this Interpretation are: 9

(a) *the nature of the hedged risk and the amount of the hedged item for which a hedging relationship may be designated:*
  (i) whether the parent entity may designate as a hedged risk only the foreign exchange differences arising from a difference between the functional currencies of the parent entity and its foreign operation, or whether it may also designate as the hedged risk the foreign exchange differences arising from the difference between the presentation currency of the parent entity's consolidated financial statements and the functional currency of the foreign operation;
  (ii) if the parent entity holds the foreign operation indirectly, whether the hedged risk may include only the foreign exchange differences arising from differences in functional currencies between the foreign operation and its immediate parent entity, or whether the hedged risk may also include any foreign exchange differences between the functional currency of the foreign operation and any intermediate or ultimate parent entity (i.e. whether the fact that the net investment in the foreign operation is held through an intermediate parent affects the economic risk to the ultimate parent);

(b) *where in a group the hedging instrument can be held:*
  (i) whether a qualifying hedge accounting relationship can be established only if the entity hedging its net investment is a party to the hedging instrument or whether any entity in the group, regardless of its functional currency, can hold the hedging instrument;
  (ii) whether the nature of the hedging instrument (derivative or non-derivative) or the method of consolidation affects the assessment of hedge effectiveness;

(c) *what amounts should be reclassified from equity to profit or loss as reclassification adjustments on disposal of the foreign operation:*
  (i) when a foreign operation that was hedged is disposed of, what amounts from the parent entity's foreign currency translation reserve in respect of the hedging instrument and in respect of that foreign operation should be reclassified from equity to profit or loss in the parent entity's consolidated financial statements;
  (ii) whether the method of consolidation affects the determination of the amounts to be reclassified from equity to profit or loss.

BESCHLUSS

Art des abgesicherten Risikos und Betrag des Grundgeschäfts, das als Sicherungsbeziehung designiert werden kann

10 Nur Währungsumrechnungsdifferenzen, die zwischen der funktionalen Währung des ausländischen Geschäftsbetriebs und der funktionalen Währung des Mutterunternehmens entstehen, dürfen als Sicherungsbeziehung bilanziert werden.

11 Bei der Absicherung des Währungsrisikos aus einer Nettoinvestition in einen ausländischen Geschäftsbetrieb kann das Grundgeschäft ein Betrag des Nettovermögens sein, der dem Buchwert des Nettovermögens des ausländischen Geschäftsbetriebs im Konzernabschluss des Mutterunternehmens entspricht oder geringer als dieser ist. Welcher Buchwert des Nettovermögens eines ausländischen Geschäftsbetriebs im Konzernabschluss des Mutterunternehmens als Grundgeschäft designiert werden darf, hängt davon ab, ob ein niedriger angesiedeltes Mutterunternehmen des ausländischen Geschäftsbetriebs das gesamte oder einen Teil des Nettovermögens des betreffenden ausländischen Geschäftsbetriebs als Sicherungsbeziehung bilanziert hat und ob diese Bilanzierung im Konzernabschluss des Mutterunternehmens beibehalten wurde.

12 Das abgesicherte Risiko kann als das Währungsrisiko designiert werden, das zwischen der funktionalen Währung des ausländischen Geschäftsbetriebs und derjenigen eines (direkten, zwischengeschalteten oder obersten) Mutterunternehmens dieses ausländischen Geschäftsbetriebs entsteht. Die Tatsache, dass die Nettoinvestition von einem zwischengeschalteten Mutterunternehmen gehalten wird, hat keinen Einfluss auf die Art des wirtschaftlichen Risikos, das dem obersten Mutterunternehmen aus dem Währungsrisiko entsteht.

13 Ein Währungsrisiko aus einer Nettoinvestition in einen ausländischen Geschäftsbetrieb kann nur einmal als Sicherungsbeziehung im Konzernabschluss bilanziert werden. Wenn dasselbe Risiko aus demselben Nettovermögen eines ausländischen Geschäftsbetriebs von mehr als einem Mutterunternehmen innerhalb der Gruppe (z. B. sowohl von einem direkten als auch von einem indirekten Mutterunternehmen) abgesichert wird, darf im Konzernabschluss des obersten Mutterunternehmens daher nur eine dieser Sicherungsbeziehungen bilanziert werden. Eine von einem Mutterunternehmen in seinem Konzernabschluss designierte Sicherungsbeziehung braucht nicht von einem anderen Mutterunternehmen auf höherer Ebene beibehalten zu werden. Wird sie vom Mutterunternehmen auf höherer Ebene nicht beibehalten, muss jedoch die von dem Mutterunternehmen auf niedrigerer Ebene bilanzierte Sicherheitsbeziehung aufgehoben werden, ehe sie vom Mutterunternehmen auf höherer Ebene designiert werden kann.

Stelle, an der das Sicherungsinstrument gehalten werden kann

14 Ein derivatives oder nicht derivatives Instrument (oder eine Kombination aus beidem) kann bei der Absicherung einer Nettoinvestition in einen ausländischen Geschäftsbetrieb als Sicherungsinstrument designiert werden. Das (die) Sicherungsinstrument(e) kann (können) von einem oder mehreren Unternehmen innerhalb der Gruppe gehalten werden, sofern die in Paragraph 6.4.1 von IFRS 9 festgelegten Voraussetzungen für die Designation, Dokumentation und Wirksamkeit der Absicherung der Nettoinvestition erfüllt sind. Die Absicherungsstrategie der Gruppe ist eindeutig zu dokumentieren, um zu vermeiden, dass auf verschiedenen Ebenen der Gruppe unterschiedliche Designationen verwendet werden.

15 Zur Beurteilung der Wirksamkeit wird die Wertänderung des Sicherungsinstruments für das Währungsrisiko bezogen auf die funktionale Währung des Mutterunternehmens, die als Basis für die Bewertung des abgesicherten Risikos gilt, gemäß der Dokumentation zur Bilanzierung von Sicherungsbeziehungen ermittelt. Je nachdem wo das Sicherungsinstrument gehalten wird, kann die gesamte Wertänderung ohne Bilanzierung von Sicherungsbeziehungen im Gewinn oder Verlust, im sonstigen Ergebnis oder in beiden erfasst werden. Die Beurteilung der Wirksamkeit wird jedoch nicht dadurch beeinflusst, ob die Wertänderung des Sicherungsinstruments im Gewinn oder Verlust oder im sonstigen Ergebnis erfasst wird. Wenn eine Sicherungsbeziehung bilanziert wird, ist der gesamte effektive Teil der Änderung im sonstigen Ergebnis enthalten. Die Beurteilung der Wirksamkeit wird weder davon beeinflusst, ob das Sicherungsinstrument ein derivatives oder nicht derivatives Instrument ist, noch von der Konsolidierungsmethode.

Abgang eines abgesicherten ausländischen Geschäftsbetriebs

16 Der Betrag, der beim Abgang eines abgesicherten ausländischen Geschäftsbetriebs bezüglich des Sicherungsinstruments im Konzernabschluss des Mutterunternehmens als Umgliederungsbetrag aus der Währungsumrechnungsrücklage erfolgswirksam umzugliedern ist, entspricht dem nach Paragraph 6.5.14 von IFRS 9 zu ermittelnden Betrag. Dieser Betrag entspricht dem kumulierten Gewinn oder Verlust aus dem Sicherungsinstrument, der als wirksame Absicherung bestimmt wurde.

17 Der Betrag, der hinsichtlich der Nettoinvestition in den betreffenden ausländischen Geschäftsbetrieb im Konzernabschluss des Mutterunternehmens aus der Währungsumrechnungsrücklage nach Paragraph 48 von IAS 21 erfolgswirksam umzugliedern ist, entspricht dem in der Währungsumrechnungsrücklage des betreffenden Mutterunternehmens bezüglich dieses ausländischen Geschäftsbetriebs enthaltenen Betrag. Der im Konzernabschluss des obersten Mutterun-

CONSENSUS

Nature of the hedged risk and amount of the hedged item for which a hedging relationship may be designated

Hedge accounting may be applied only to the foreign exchange differences arising between the functional currency of the foreign operation and the parent entity's functional currency. 10

In a hedge of the foreign currency risks arising from a net investment in a foreign operation, the hedged item can be an amount of net assets equal to or less than the carrying amount of the net assets of the foreign operation in the consolidated financial statements of the parent entity. The carrying amount of the net assets of a foreign operation that may be designated as the hedged item in the consolidated financial statements of a parent depends on whether any lower level parent of the foreign operation has applied hedge accounting for all or part of the net assets of that foreign operation and that accounting has been maintained in the parent's consolidated financial statements. 11

The hedged risk may be designated as the foreign currency exposure arising between the functional currency of the foreign operation and the functional currency of any parent entity (the immediate, intermediate or ultimate parent entity) of that foreign operation. The fact that the net investment is held through an intermediate parent does not affect the nature of the economic risk arising from the foreign currency exposure to the ultimate parent entity. 12

An exposure to foreign currency risk arising from a net investment in a foreign operation may qualify for hedge accounting only once in the consolidated financial statements. Therefore, if the same net assets of a foreign operation are hedged by more than one parent entity within the group (for example, both a direct and an indirect parent entity) for the same risk, only one hedging relationship will qualify for hedge accounting in the consolidated financial statements of the ultimate parent. A hedging relationship designated by one parent entity in its consolidated financial statements need not be maintained by another higher level parent entity. However, if it is not maintained by the higher level parent entity, the hedge accounting applied by the lower level parent must be reversed before the higher level parent's hedge accounting is recognised. 13

Where the hedging instrument can be held

A derivative or a non-derivative instrument (or a combination of derivative and non-derivative instruments) may be designated as a hedging instrument in a hedge of a net investment in a foreign operation. The hedging instrument(s) may be held by any entity or entities within the group, as long as the designation, documentation and effectiveness requirements of IFRS 9 paragraph 6.4.1 that relate to a net investment hedge are satisfied. In particular, the hedging strategy of the group should be clearly documented because of the possibility of different designations at different levels of the group. 14

For the purpose of assessing effectiveness, the change in value of the hedging instrument in respect of foreign exchange risk is computed by reference to the functional currency of the parent entity against whose functional currency the hedged risk is measured, in accordance with the hedge accounting documentation. Depending on where the hedging instrument is held, in the absence of hedge accounting the total change in value might be recognised in profit or loss, in other comprehensive income, or both. However, the assessment of effectiveness is not affected by whether the change in value of the hedging instrument is recognised in profit or loss or in other comprehensive income. As part of the application of hedge accounting, the total effective portion of the change is included in other comprehensive income. The assessment of effectiveness is not affected by whether the hedging instrument is a derivative or a non-derivative instrument or by the method of consolidation. 15

Disposal of a hedged foreign operation

When a foreign operation that was hedged is disposed of, the amount reclassified to profit or loss as a reclassification adjustment from the foreign currency translation reserve in the consolidated financial statements of the parent in respect of the hedging instrument is the amount that IFRS 9 paragraph 6.5.14 requires to be identified. That amount is the cumulative gain or loss on the hedging instrument that was determined to be an effective hedge. 16

The amount reclassified to profit or loss from the foreign currency translation reserve in the consolidated financial statements of a parent in respect of the net investment in that foreign operation in accordance with IAS 21 paragraph 48 is the amount included in that parent's foreign currency translation reserve in respect of that foreign operation. In the ultimate parent's consolidated financial statements, the aggregate net amount recognised in the foreign currency translation reserve 17

ternehmens für alle ausländischen Geschäftsbetriebe in der Währungsumrechnungsrücklage erfasste Gesamtnettobetrag wird durch die Konsolidierungsmethode nicht beeinflusst. Ob das oberste Mutterunternehmen die direkte oder die schrittweise Konsolidierungsmethode[2] anwendet, kann sich jedoch auf den Betrag seiner Währungsumrechnungsrücklage hinsichtlich eines einzelnen ausländischen Geschäftsbetriebs auswirken. Die Anwendung der schrittweisen Konsolidierungsmethode kann dazu führen, dass ein anderer Betrag als der für die Ermittlung der Wirksamkeit der Absicherung verwendete erfolgswirksam umgegliedert wird. Diese Differenz kann durch die Bestimmung des Betrags beseitigt werden, der sich bezüglich des ausländischen Geschäftsbetriebs ergeben hätte, wenn die direkte Konsolidierungsmethode angewandt worden wäre. In IAS 21 ist diese Anpassung nicht vorgeschrieben. Entscheidet sich ein Unternehmen jedoch für diese Rechnungslegungsmethode, hat es diese bei allen Nettoinvestitionen konsequent beizubehalten.

ZEITPUNKT DES INKRAFTTRETENS

18 Diese Interpretation ist auf Geschäftsjahre anzuwenden, die am oder nach dem 1. Oktober 2008 beginnen. Die mit der im April 2009 veröffentlichten Verlautbarung *Verbesserungen der IFRS* erfolgte Änderung an Paragraph 14 ist auf Geschäftsjahre anzuwenden, die am oder nach dem 1. Juli 2009 beginnen. Eine frühere Anwendung ist zulässig. Wendet ein Unternehmen diese Interpretation auf Berichtsperioden an, die vor dem 1. Oktober 2008 beginnen, oder wendet es die Änderung an Paragraph 14 auf Berichtsperioden an, die vor dem 1. Juli 2009 beginnen, so hat es dies anzugeben.

18B Mit dem im Juli 2014 veröffentlichten IFRS 9 wurden die Paragraphen 3, 5–7, 14, 16, AL1 und AL8 geändert und der Paragraph 18A gestrichen. Wendet ein Unternehmen IFRS 9 an, hat es diese Änderungen ebenfalls anzuwenden.

ÜBERGANGSVORSCHRIFTEN

19 In IAS 8 ist ausgeführt, wie ein Unternehmen eine Änderung der Rechnungslegungsmethoden anwendet, die aus der erstmaligen Anwendung einer Interpretation resultiert. Wenn ein Unternehmen diese Interpretation erstmals anwendet, muss es diese Anforderungen nicht erfüllen. Wenn ein Unternehmen ein Sicherungsinstrument als Absicherung einer Nettoinvestition designiert hat und diese Absicherung die Voraussetzungen für die Bilanzierung von Sicherungsbeziehungen nach dieser Interpretation nicht erfüllt, so hat es IAS 39 anzuwenden, um diese Bilanzierung von Sicherungsbeziehungen prospektiv einzustellen.

ANHANG

Anwendungsleitlinien

Dieser Anhang ist integraler Bestandteil der Interpretation.

AL1 Dieser Anhang soll die Anwendung dieser Interpretation am Beispiel der unten dargestellten Unternehmensstruktur veranschaulichen. Die beschriebenen Sicherungsbeziehungen sind in jedem Fall nach IFRS 9 auf ihre Wirksamkeit zu prüfen; auf diese Prüfung wird in diesem Anhang jedoch nicht eingegangen. Das (oberste) Mutterunternehmen stellt seinen Konzernabschluss in seiner funktionalen Währung, dem Euro (EUR) dar. Alle Tochterunternehmen stehen zu hundert Prozent in seinem Besitz. Die Nettoinvestition des Mutterunternehmens in das Tochterunternehmen B (funktionale Währung: Pfund Sterling (GBP)) in Höhe von 500 Mio. GBP umfasst 159 Mio. GBP, die der Nettoinvestition von Tochterunternehmen B in das Tochterunternehmen C (funktionale Währung: US-Dollar (USD)) in Höhe von 300 Mio. USD entsprechen. Das bedeutet, das Nettovermögen des Tochterunternehmens B ohne seine Investition in das Tochterunternehmen C beträgt 341 Mio. GBP.

Art des abgesicherten Risikos, für das eine Sicherungsbeziehung designiert werden kann (Paragraphen 10–13)

AL2 Das Mutterunternehmen kann seine Nettoinvestition in seine Tochterunternehmen A, B und C gegen die Währungsrisiken zwischen deren jeweiligen funktionalen Währungen (Japanischer Yen (JPY), Pfund Sterling (GBP) und US-Dollar (USD)) und dem Euro absichern. Zusätzlich kann das Mutterunternehmen das Währungsrisiko USD/GBP zwischen den

2 Die direkte Methode ist die Konsolidierungsmethode, durch welche der Abschluss des ausländischen Geschäftsbetriebs direkt in die funktionale Währung des obersten Mutterunternehmens umgerechnet wird. Die schrittweise Methode ist die Konsolidierungsmethode, durch welche der Abschluss des ausländischen Geschäftsbetriebs zuerst in die funktionale Währung eines der zwischengeschalteten Mutterunternehmen und dann in die funktionale Währung des obersten Mutterunternehmens (oder die Darstellungswährung, sofern diese unterschiedlich ist) umgerechnet wird.

in respect of all foreign operations is not affected by the consolidation method. However, whether the ultimate parent uses the direct or the step-by-step method of consolidation[2] may affect the amount included in its foreign currency translation reserve in respect of an individual foreign operation. The use of the step-by-step method of consolidation may result in the reclassification to profit or loss of an amount different from that used to determine hedge effectiveness. This difference may be eliminated by determining the amount relating to that foreign operation that would have arisen if the direct method of consolidation had been used. Making this adjustment is not required by IAS 21. However, it is an accounting policy choice that should be followed consistently for all net investments.

EFFECTIVE DATE

An entity shall apply this Interpretation for annual periods beginning on or after 1 October 2008. An entity shall apply the amendment to paragraph 14 made by *Improvements to IFRSs* issued in April 2009 for annual periods beginning on or after 1 July 2009. Earlier application of both is permitted. If an entity applies this Interpretation for a period beginning before 1 October 2008, or the amendment to paragraph 14 before 1 July 2009, it shall disclose that fact. **18**

IFRS 9, as issued in July 2014, amended paragraphs 3, 5—7, 14, 16, AG1 and AG8 and deleted paragraph 18A. An entity shall apply those amendments when it applies IFRS 9. **18B**

TRANSITION

IAS 8 specifies how an entity applies a change in accounting policy resulting from the initial application of an Interpretation. An entity is not required to comply with those requirements when first applying the Interpretation. If an entity had designated a hedging instrument as a hedge of a net investment but the hedge does not meet the conditions for hedge accounting in this Interpretation, the entity shall apply IAS 39 to discontinue that hedge accounting prospectively. **19**

APPENDIX

Application guidance

This appendix is an integral part of the Interpretation.

This appendix illustrates the application of the Interpretation using the corporate structure illustrated below. In all cases the hedging relationships described would be tested for effectiveness in accordance with IFRS 9, although this testing is not discussed in this appendix. Parent, being the ultimate parent entity, presents its consolidated financial statements in its functional currency of euro (EUR). Each of the subsidiaries is wholly owned. Parent's £500 million net investment in Subsidiary B (functional currency pounds sterling (GBP)) includes the £159 million equivalent of Subsidiary B's US$300 million net investment in Subsidiary C (functional currency US dollars (USD)). In other words, Subsidiary B's net assets other than its investment in Subsidiary C are £341 million. **AG1**

Nature of hedged risk for which a hedging relationship may be designated (paragraphs 10—13)

Parent can hedge its net investment in each of Subsidiaries A, B and C for the foreign exchange risk between their respective functional currencies (Japanese yen (JPY), pounds sterling and US dollars) and euro. In addition, Parent can hedge the USD/GBP foreign exchange risk between the functional currencies of Subsidiary B and Subsidiary C. In its consoli- **AG2**

2 The direct method is the method of consolidation in which the financial statements of the foreign operation are translated directly into the functional currency of the ultimate parent. The step-by-step method is the method of consolidation in which the financial statements of the foreign operation are first translated into the functional currency of any intermediate parent(s) and then translated into the functional currency of the ultimate parent (or the presentation currency if different).

funktionalen Währungen des Tochterunternehmens B und des Tochterunternehmens C absichern. In seinem Konzernabschluss kann das Tochterunternehmen B seine Nettoinvestition in das Tochterunternehmen C gegen das Währungsrisiko zwischen deren funktionalen Währungen (USD und GBP) absichern. In den folgenden Beispielen ist das designierte Risiko das Risiko des sich ändernden Devisenkassakurses, da die Sicherungsinstrumente keine Derivate sind. Wären die Sicherungsinstrumente Terminkontrakte, so könnte das Mutterunternehmen das Währungsrisiko den Terminkontrakten zuordnen.

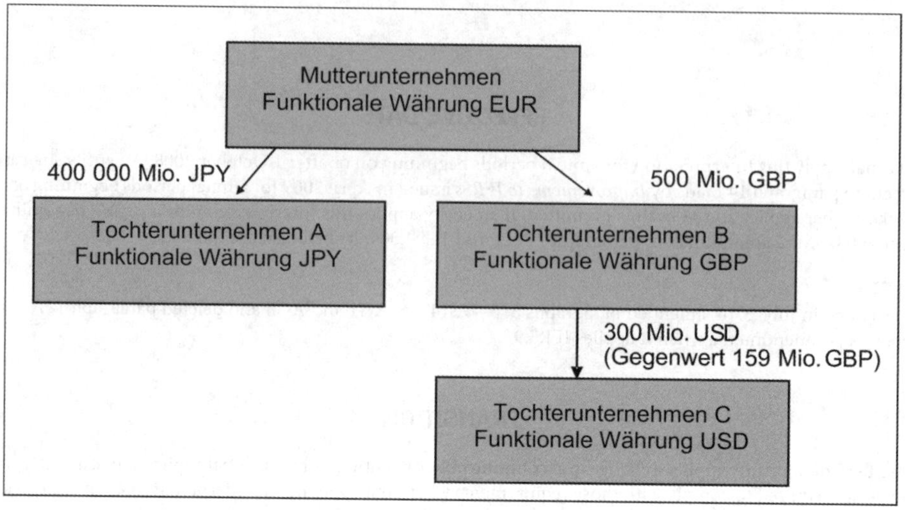

Betrag des Grundgeschäfts, für das eine Sicherungsbeziehung designiert werden kann (Paragraphen 10–13)

AL3 Das Mutterunternehmen möchte das Währungsrisiko seiner Nettoinvestition in das Tochterunternehmen C absichern. Es wird angenommen, dass das Tochterunternehmen A Fremdmittel in Höhe von 300 Mio. USD aufgenommen hat. Zu Beginn der Berichtsperiode beläuft sich das Nettovermögen des Tochterunternehmens A einschließlich der Mittel aus der externen Kreditaufnahme von 300 Mio. USD auf 400 000 Mio. JPY.

AL4 In seinem Konzernabschluss kann das Grundgeschäft einem Nettovermögen entsprechen, das gleich dem Buchwert der Nettoinvestition des Mutterunternehmens in das Tochterunternehmen C (300 Mio. USD) ist oder darunter liegt. Das Mutterunternehmen kann in seinem Konzernabschluss die externe Kreditaufnahme von 300 Mio. USD von Tochterunternehmen A als Absicherung des Risikos des sich ändernden Devisenkassakurses EUR/USD, das mit seiner Nettoinvestition in das Nettovermögen des Tochterunternehmens C von 300 Mio. USD verbunden ist, designieren. In diesem Fall sind nach Anwendung der Bilanzierung von Sicherungsbeziehungen sowohl die Währungsdifferenz EUR/USD hinsichtlich der externen Kreditaufnahme von 300 Mio. USD des Tochterunternehmens A als auch die Währungsdifferenz EUR/USD der Nettoinvestition von 300 Mio. USD in das Tochterunternehmen C in der Währungsumrechnungsrücklage des Konzernabschlusses des Mutterunternehmens enthalten.

AL5 Ohne die Bilanzierung von Sicherungsbeziehungen würde die gesamte Währungsumrechnungsdifferenz USD/EUR der externen Kreditaufnahme von 300 Mio. USD des Tochterunternehmens A im Konzernabschluss des Mutterunternehmens wie folgt erfasst:
- die Wechselkursänderung des USD/JPY-Kassakurses umgerechnet in Euro im Gewinn oder Verlust und
- die Wechselkursänderung des JPY/EUR-Kassakurses im sonstigen Ergebnis.

Anstatt der Designation nach Paragraph AL4 kann das Mutterunternehmen in seinem Konzernabschluss die externe Kreditaufnahme von 300 Mio. USD des Tochterunternehmens A als Absicherung des Risikos des sich ändernden Devisenkassakurses GBP/USD zwischen den Tochterunternehmen C und B designieren. In diesem Fall würde die gesamte Währungsumrechnungsdifferenz USD/EUR der externen Kreditaufnahme von 300 Mio. USD des Tochterunternehmens A im Konzernabschluss des Mutterunternehmens wie folgt erfasst:
- die Wechselkursänderung des GBP/USD-Kassakurses in der Währungsumrechnungsrücklage für das Tochterunternehmen C,
- die Wechselkursänderung des GBP/JPY-Kassakurses umgerechnet in Euro im Gewinn oder Verlust und
- die Wechselkursänderung des JPY/EUR-Kassakurses im sonstigen Ergebnis.

dated financial statements, Subsidiary B can hedge its net investment in Subsidiary C for the foreign exchange risk between their functional currencies of US dollars and pounds sterling. In the following examples the designated risk is the spot foreign exchange risk because the hedging instruments are not derivatives. If the hedging instruments were forward contracts, Parent could designate the forward foreign exchange risk.

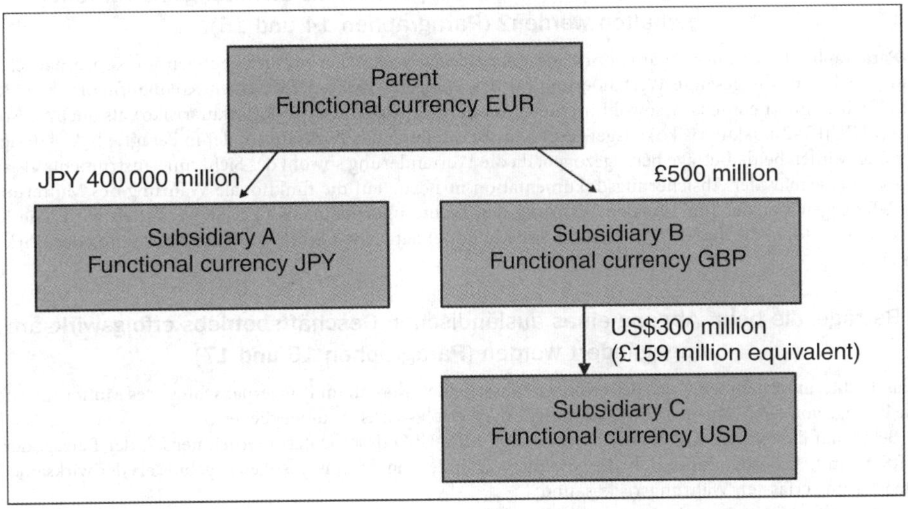

Amount of hedged item for which a hedging relationship may be designated (parargraph 10—13)

Parent wishes to hedge the foreign exchange risk from its net investment in Subsidiary C. Assume that Subsidiary A has an external borrowing of US$300 million. The net assets of Subsidiary A at the start of the reporting period are JPY 400 000 million including the proceeds of the external borrowing of US$300 million. AG3

The hedged item can be an amount of net assets equal to or less than the carrying amount of Parent's net investment in Subsidiary C (US$300 million) in its consolidated financial statements. In its consolidated financial statements Parent can designate the US$300 million external borrowing in Subsidiary A as a hedge of the EUR/USD spot foreign exchange risk associated with its net investment in the US$300 million net assets of Subsidiary C. In this case, both the EUR/USD foreign exchange difference on the US$300 million external borrowing in Subsidiary A and the EUR/USD foreign exchange difference on the US$300 million net investment in Subsidiary C are included in the foreign currency translation reserve in Parent's consolidated financial statements after the application of hedge accounting. AG4

In the absence of hedge accounting, the total USD/EUR foreign exchange difference on the US$300 million external borrowing in Subsidiary A would be recognised in Parent's consolidated financial statements as follows: AG5

— USD/JPY spot foreign exchange rate change, translated to euro, in profit or loss, and
— JPY/EUR spot foreign exchange rate change in other comprehensive income.

Instead of the designation in paragraph AG4, in its consolidated financial statements Parent can designate the US$300 million external borrowing in Subsidiary A as a hedge of the GBP/USD spot foreign exchange risk between Subsidiary C and Subsidiary B. In this case, the total USD/EUR foreign exchange difference on the US$300 million external borrowing in Subsidiary A would instead be recognised in Parent's consolidated financial statements as follows:

— the GBP/USD spot foreign exchange rate change in the foreign currency translation reserve relating to Subsidiary C,
— GBP/JPY spot foreign exchange rate change, translated to euro, in profit or loss, and
— JPY/EUR spot foreign exchange rate change in other comprehensive income.

AL6 Das Mutterunternehmen darf in seinem Konzernabschluss die externe Kreditaufnahme von 300 Mio. USD des Tochterunternehmens A nicht als Absicherung beider Währungsrisiken (Kassakurs EUR/USD und Kassakurs GBP/USD) designieren. Ein Sicherungsinstrument kann zur Absicherung desselben designierten Risikos nur einmal eingesetzt werden. Das Tochterunternehmen B darf in seinem Konzernabschluss keine Sicherungsbeziehungen bilanzieren, da das Sicherungsinstrument außerhalb der Gruppe der Tochterunternehmen B und C gehalten wird.

An welcher Stelle innerhalb einer Gruppe darf das Sicherungsinstrument gehalten werden? (Paragraphen 14 und 15)

AL7 Wie in Paragraph AL5 erläutert, würde ohne die Bilanzierung von Sicherungsbeziehungen im Konzernabschluss des Mutterunternehmens die gesamte Wertänderung für das Währungsrisiko der externen Kreditaufnahme von 300 Mio. USD des Tochterunternehmens A sowohl im Gewinn oder Verlust (USD/JPY-Kassakursrisiko) als auch im sonstigen Ergebnis (EUR/JPY-Kassakursrisiko) ausgewiesen. Zur Beurteilung der Wirksamkeit der in Paragraph AL4 designierten Absicherung werden beide Beträge herangezogen, da die Wertänderung sowohl des Sicherungsinstruments als auch des Grundgeschäfts gemäß der Absicherungsdokumentation in Bezug auf die funktionale Währung des Mutterunternehmens (EUR) gegenüber der funktionalen Währung des Tochterunternehmens C (USD) ermittelt wird. Die Konsolidierungsmethode (d. h. die direkte oder schrittweise Methode) hat keinen Einfluss auf die Beurteilung der Wirksamkeit der Absicherung.

Beträge, die beim Abgang eines ausländischen Geschäftsbetriebs erfolgswirksam umgegliedert werden (Paragraphen 16 und 17)

AL8 Wenn das Tochterunternehmen C aus dem Konzern ausscheidet, werden im Konzernabschluss des Mutterunternehmens folgende Beträge von der Währungsumrechnungsrücklage erfolgswirksam umgegliedert:

(a) in Bezug auf die externe Kreditaufnahme von 300 Mio. USD des Tochterunternehmens A der Betrag, der gemäß IFRS 9 ermittelt werden muss, d. h. die gesamte Wertänderung des im sonstigen Ergebnis als der wirksame Teil der Absicherung erfassten Währungsrisikos, und

(b) in Bezug auf die Nettoinvestition von 300 Mio. USD in das Tochterunternehmen C der durch die Konsolidierungsmethode des Unternehmens ermittelte Betrag. Wenn das Mutterunternehmen die direkte Methode anwendet, bestimmt sich seine Währungsumrechnungsrücklage für das Tochterunternehmen C direkt durch den EUR/USD-Wechselkurs. Wendet das Mutterunternehmen die schrittweise Methode an, so wird seine Währungsumrechnungsrücklage für das Tochterunternehmen C durch die vom Tochterunternehmen B bilanzierte Währungsumrechnungsrücklage, die den GBP/USD-Wechselkurs widerspiegelt, bestimmt, die unter Verwendung des EUR/GBP-Wechselkurses in die funktionale Währung des Mutterunternehmens umgerechnet wird. Hat das Mutterunternehmen in früheren Perioden die schrittweise Konsolidierungsmethode angewandt, so ist es vorbehaltlich seiner Rechnungslegungsmethode weder dazu verpflichtet noch wird es daran gehindert, beim Abgang des Tochterunternehmens C den umzugliedernden Betrag der Währungsumrechnungsrücklage zu bestimmen, den es erfasst hätte, wenn es immer die direkte Methode angewandt hätte.

Absicherung mehrerer ausländischer Geschäftsbetriebe (Paragraphen 11, 13 und 15)

AL9 Die folgenden Beispiele veranschaulichen, dass das Risiko, das im Konzernabschluss des Mutterunternehmens abgesichert werden kann, immer das Risiko zwischen seiner funktionalen Währung (EUR) und den funktionalen Währungen der Tochterunternehmen B und C ist. Unabhängig davon, wie die Absicherungen designiert werden, sind die Höchstbeträge, die als effektive Sicherungsgeschäfte in der Währungsumrechnungsrücklage des Konzernabschlusses des Mutterunternehmens für die beiden ausländischen Geschäftsbetriebe enthalten sein können, 300 Mio. USD für das Währungsrisiko EUR/USD und 341 Mio. GBP für das Währungsrisiko EUR/GBP. Andere durch Wechselkursänderungen bedingte Wertänderungen sind im Konzerngewinn oder -verlust des Mutterunternehmens auszuweisen. Natürlich könnte das Mutterunternehmen auch 300 Mio. USD nur für Änderungen des USD/GBP-Devisenkassakurses und 500 Mio. GBP nur für Änderungen des GBP/EUR-Devisenkassakurses designieren.

Das Mutterunternehmen hält sowohl USD- als auch GBP-Sicherungsinstrumente

AL10 Das Mutterunternehmen möchte sowohl das Währungsumrechnungsrisiko seiner Nettoinvestition in das Tochterunternehmen B als auch das Währungsumrechnungsrisiko seiner Nettoinvestition in das Tochterunternehmen C absichern. Es wird angenommen, dass das Mutterunternehmen geeignete, auf USD und GBP lautende Sicherungsinstrumente hält, die es als Absicherung für seine Nettoinvestitionen in die Tochterunternehmen B und C designieren kann. In seinem Konzernabschluss kann das Mutterunternehmen zu diesem Zweck unter anderem Folgendes designieren:

(a) Ein Sicherungsinstrument von 300 Mio. USD wird als Absicherung für die Nettoinvestition von 300 Mio. USD in das Tochterunternehmen C mit dem Risiko des sich ändernden Devisenkassakurses (EUR/USD) zwischen dem Mutterunternehmen und dem Tochterunternehmen C designiert und ein Sicherungsinstrument von bis zu 341 Mio. GBP wird als Absicherung für die Nettoinvestition von 341 Mio. GBP in das Tochterunternehmen B mit dem Risiko des sich ändernden Devisenkassakurses (EUR/GBP) zwischen dem Mutterunternehmen und dem Tochterunternehmen B designiert.

Parent cannot designate the US$300 million external borrowing in Subsidiary A as a hedge of both the EUR/USD spot foreign exchange risk and the GBP/USD spot foreign exchange risk in its consolidated financial statements. A single hedging instrument can hedge the same designated risk only once. Subsidiary B cannot apply hedge accounting in its consolidated financial statements because the hedging instrument is held outside the group comprising Subsidiary B and Subsidiary C. AG6

Where in a group can the hedging instrument be held? (paragraphs 14 and 15)

As noted in paragraph AG5, the total change in value in respect of foreign exchange risk of the US$300 million external borrowing in Subsidiary A would be recorded in both profit or loss (USD/JPY spot risk) and other comprehensive income (EUR/JPY spot risk) in Parent's consolidated financial statements in the absence of hedge accounting. Both amounts are included for the purpose of assessing the effectiveness of the hedge designated in paragraph AG4 because the change in value of both the hedging instrument and the hedged item are computed by reference to the euro functional currency of Parent against the US dollar functional currency of Subsidiary C, in accordance with the hedge documentation. The method of consolidation (i.e. direct method or step-by-step method) does not affect the assessment of the effectiveness of the hedge. AG7

Amounts reclassified to profit or loss on disposal of a foreign operation (paragraphs 16 and 17)

When Subsidiary C is disposed of, the amounts reclassified to profit or loss in Parent's consolidated financial statements from its foreign currency translation reserve (FCTR) are: AG8

(a) in respect of the US$300 million external borrowing of Subsidiary A, the amount that IFRS 9 requires to be identified, ie the total change in value in respect of foreign exchange risk that was recognised in other comprehensive income as the effective portion of the hedge; and

(b) in respect of the US$300 million net investment in Subsidiary C, the amount determined by the entity's consolidation method. If Parent uses the direct method, its FCTR in respect of Subsidiary C will be determined directly by the EUR/USD foreign exchange rate. If Parent uses the step-by-step method, its FCTR in respect of Subsidiary C will be determined by the FCTR recognised by Subsidiary B reflecting the GBP/USD foreign exchange rate, translated to Parent's functional currency using the EUR/GBP foreign exchange rate. Parent's use of the step-by-step method of consolidation in prior periods does not require it to or preclude it from determining the amount of FCTR to be reclassified when it disposes of Subsidiary C to be the amount that it would have recognised if it had always used the direct method, depending on its accounting policy.

Hedging more than one foreign operation (paragraphs 11, 13 and 15)

The following examples illustrate that in the consolidated financial statements of Parent, the risk that can be hedged is always the risk between its functional currency (euro) and the functional currencies of Subsidiaries B and C. No matter how the hedges are designated, the maximum amounts that can be effective hedges to be included in the foreign currency translation reserve in Parent's consolidated financial statements when both foreign operations are hedged are US$300 million for EUR/USD risk and £341 million for EUR/GBP risk. Other changes in value due to changes in foreign exchange rates are included in Parent's consolidated profit or loss. Of course, it would be possible for Parent to designate US$300 million only for changes in the USD/GBP spot foreign exchange rate or £500 million only for changes in the GBP/EUR spot foreign exchange rate. AG9

Parent holds both USD and GBP hedging instruments

Parent may wish to hedge the foreign exchange risk in relation to its net investment in Subsidiary B as well as that in relation to Subsidiary C. Assume that Parent holds suitable hedging instruments denominated in US dollars and pounds sterling that it could designate as hedges of its net investments in Subsidiary B and Subsidiary C. The designations Parent can make in its consolidated financial statements include, but are not limited to, the following: AG10

(a) US$300 million hedging instrument designated as a hedge of the US$300 million of net investment in Subsidiary C with the risk being the spot foreign exchange exposure (EUR/USD) between Parent and Subsidiary C and up to £341 million hedging instrument designated as a hedge of £341 million of the net investment in Subsidiary B with the risk being the spot foreign exchange exposure (EUR/GBP) between Parent and Subsidiary B.

(b) Ein Sicherungsinstrument von 300 Mio. USD wird als Absicherung für die Nettoinvestition von 300 Mio. USD in das Tochterunternehmen C mit dem Risiko des sich ändernden Devisenkassakurses (GBP/USD) zwischen dem Tochterunternehmen B und dem Tochterunternehmen C designiert und ein Sicherungsinstrument von bis zu 500 Mio. GBP wird als Absicherung für die Nettoinvestition von 500 Mio. GBP in das Tochterunternehmen B mit dem Risiko des sich ändernden Devisenkassakurses (EUR/GBP) zwischen dem Mutterunternehmen und dem Tochterunternehmen B designiert.

AL11 Das EUR/USD-Risiko aus der Nettoinvestition des Mutterunternehmens in das Tochterunternehmen C unterscheidet sich von dem EUR/GBP-Risiko aus der Nettoinvestition des Mutterunternehmens in das Tochterunternehmen B. In dem in Paragraph AL10 (a) beschriebenen Fall hat das Mutterunternehmen jedoch aufgrund der Designation des von ihm gehaltenen USD-Sicherungsinstruments bereits das EUR/USD-Risiko aus seiner Nettoinvestition in das Tochterunternehmen C voll abgesichert. Wenn das Mutterunternehmen auch ein von ihm gehaltenes GBP-Instrument als Absicherung für seine Nettoinvestition von 500 Mio. GBP in das Tochterunternehmen B designiert, wären 159 Mio. GBP dieser Nettoinvestition, die den Gegenwert seiner USD Nettoinvestition in das Tochterunternehmen C darstellen, für das GBP/EUR-Währungsrisiko im Konzernabschluss des Mutterunternehmens doppelt abgesichert.

AL12 In dem in Paragraph A10 (b) beschriebenen Fall ist, wenn das Mutterunternehmen das Risiko des sich ändernden Devisenkassakurses (GBP/USD) zwischen dem Tochterunternehmen B und dem Tochterunternehmen C als abgesichertes Risiko designiert, in der Währungsumrechnungsrücklage des Mutterunternehmens für das Tochterunternehmen C nur der GBP/USD-Teil der Wertänderung des Sicherungsinstruments von 300 Mio. USD enthalten. Der Rest der Änderung (GBP/EUR-Änderung auf 159 Mio. GBP) ist im Konzerngewinn oder -verlust des Mutterunternehmens enthalten (siehe Paragraph AL5). Da die Designation des USD/GBP-Risikos zwischen den Tochterunternehmen B und C das GBP/EUR-Währungsrisiko nicht enthält, kann das Mutterunternehmen auch bis zu 500 Mio. GBP seiner Nettoinvestition in das Tochterunternehmen B mit dem Risiko des sich ändernden Devisenkassakurses (GBP/EUR) zwischen dem Mutterunternehmen und dem Tochterunternehmen B designieren.

Das Tochterunternehmen B hält das USD Sicherungsinstrument

AL13 Es wird angenommen, dass das Tochterunternehmen B einen externen Kredit von 300 Mio. USD hält und dieser mittels eines auf GBP lautenden konzerninternen Darlehens auf das Mutterunternehmen übertragen wurde. Da sich dadurch sowohl das Vermögen als auch die Schulden des Tochterunternehmens B um je 159 Mio. GBP erhöhten, bleibt das Nettovermögen unverändert. In seinem Konzernabschluss könnte das Tochterunternehmen B den externen Kredit als Absicherung für das GBP/USD-Währungsrisiko seiner Nettoinvestition in das Tochterunternehmen C designieren. Das Mutterunternehmen könnte die Designation dieses Sicherungsinstruments des Tochterunternehmens B als Absicherung für seine Nettoinvestition von 300 Mio. USD in das Tochterunternehmen C für das GBP/USD-Währungsrisiko (siehe Paragraph 13) beibehalten und das Mutterunternehmen könnte das GBP-Sicherungsinstrument designieren, das es als Absicherung für seine gesamte Nettoinvestition von 500 Mio. GBP in das Tochterunternehmen B hält. Die erste vom Tochterunternehmen B designierte Absicherung würde in Bezug auf die funktionale Währung des Tochterunternehmens B (GBP) beurteilt, und die zweite vom Mutterunternehmen designierte Absicherung würde in Bezug auf die funktionale Währung des Mutterunternehmens (EUR) beurteilt. In diesem Fall ist im Konzernabschluss des Mutterunternehmens nur das GBP/USD-Risiko der Nettoinvestition des Mutterunternehmens in das Tochterunternehmen C durch das USD-Sicherungsinstrument abgesichert und nicht das gesamte EUR/USD-Risiko. Daher kann im Konzernabschluss des Mutterunternehmens das gesamte EUR/GBP-Risiko der Nettoinvestition von 500 Mio. GBP des Mutterunternehmens in das Tochterunternehmen B abgesichert werden.

AL14 Allerdings muss auch die Darlehensverbindlichkeit von 159 Mio. GBP des Mutterunternehmens gegenüber dem Tochterunternehmen B bei der Bilanzierung berücksichtigt werden. Wenn die Darlehensverbindlichkeit des Mutterunternehmens nicht als Teil seiner Nettoinvestition in das Tochterunternehmen B betrachtet wird, weil sie die Bedingungen in Paragraph 15 von IAS 21 nicht erfüllt, ist die Währungsumrechnungsdifferenz GBP/EUR im Konzerngewinn oder -verlust des Mutterunternehmens zu erfassen. Wenn die Darlehensverbindlichkeit von 159 Mio. GBP als Teil der Nettoinvestition des Mutterunternehmens in das Tochterunternehmen B betrachtet wird, beträgt diese Nettoinvestition nur 341 Mio. GBP und der Betrag, den das Mutterunternehmen als Absicherung für das GBP/EUR-Risiko designieren kann, reduziert sich von 500 Mio. GBP auf 341 Mio. GBP.

AL15 Wenn das Mutterunternehmen die vom Tochterunternehmen B designierte Sicherungsbeziehung aufhebt, kann es den vom Tochterunternehmen B gehaltenen externen Kredit von 300 Mio. USD als Absicherung seiner Nettoinvestition in das Tochterunternehmen C von 300 Mio. USD für das EUR/USD Risiko designieren und das von ihm selbst gehaltene GBP-Sicherungsinstrument bis zu einem Betrag von 341 Mio. GBP als Absicherung seiner Nettoinvestition in das Tochterunternehmen B designieren. In diesem Fall wird die Wirksamkeit beider Absicherungen in Bezug auf die funktionale Währung (EUR) des Mutterunternehmens ermittelt. Folglich ist im Konzernabschluss des Mutterunternehmens sowohl die USD/GBP-Wertänderung des vom Tochterunternehmen B gehaltenen externen Kredits als auch die GBP/EUR-Wertänderung der Darlehensverbindlichkeit des Mutterunternehmens gegenüber dem Tochterunternehmen B (d. h. USD/EUR) in der Währungsumrechnungsrücklage zu erfassen. Da das Mutterunternehmen das EUR/USD-Risiko aus seiner Nettoinvestition in das Tochterunternehmen C bereits voll abgesichert hat, kann es nur noch bis zu 341 Mio. GBP für das EUR/GBP-Risiko seiner Nettoinvestition in das Tochterunternehmen B absichern.

(b) US$300 million hedging instrument designated as a hedge of the US$300 million of net investment in Subsidiary C with the risk being the spot foreign exchange exposure (GBP/USD) between Subsidiary B and Subsidiary C and up to £500 million hedging instrument designated as a hedge of £500 million of the net investment in Subsidiary B with the risk being the spot foreign exchange exposure (EUR/GBP) between Parent and Subsidiary B.

The EUR/USD risk from Parent's net investment in Subsidiary C is a different risk from the EUR/GBP risk from Parent's net investment in Subsidiary B. However, in the case described in paragraph AG10(a), by its designation of the USD hedging instrument it holds, Parent has already fully hedged the EUR/USD risk from its net investment in Subsidiary C. If Parent also designated a GBP instrument it holds as a hedge of its £500 million net investment in Subsidiary B, £159 million of that net investment, representing the GBP equivalent of its USD net investment in Subsidiary C, would be hedged twice for GBP/EUR risk in Parent's consolidated financial statements. AG11

In the case described in paragraph AG10(b), if Parent designates the hedged risk as the spot foreign exchange exposure (GBP/USD) between Subsidiary B and Subsidiary C, only the GBP/USD part of the change in the value of its US$300 million hedging instrument is included in Parent's foreign currency translation reserve relating to Subsidiary C. The remainder of the change (equivalent to the GBP/EUR change on £159 million) is included in Parent's consolidated profit or loss, as in paragraph AG5. Because the designation of the USD/GBP risk between Subsidiaries B and C does not include the GBP/EUR risk, Parent is also able to designate up to £500 million of its net investment in Subsidiary B with the risk being the spot foreign exchange exposure (GBP/EUR) between Parent and Subsidiary B. AG12

Subsidiary B holds the USD hedging instrument

Assume that Subsidiary B holds US$300 million of external debt the proceeds of which were transferred to Parent by an inter-company loan denominated in pounds sterling. Because both its assets and liabilities increased by £159 million, Subsidiary B's net assets are unchanged. Subsidiary B could designate the external debt as a hedge of the GBP/USD risk of its net investment in Subsidiary C in its consolidated financial statements. Parent could maintain Subsidiary B's designation of that hedging instrument as a hedge of its US$300 million net investment in Subsidiary C for the GBP/USD risk (see paragraph 13) and Parent could designate the GBP hedging instrument it holds as a hedge of its entire £500 million net investment in Subsidiary B. The first hedge, designated by Subsidiary B, would be assessed by reference to Subsidiary B's functional currency (pounds sterling) and the second hedge, designated by Parent, would be assessed by reference to Parent's functional currency (euro). In this case, only the GBP/USD risk from Parent's net investment in Subsidiary C has been hedged in Parent's consolidated financial statements by the USD hedging instrument, not the entire EUR/USD risk. Therefore, the entire EUR/GBP risk from Parent's £500 million net investment in Subsidiary B may be hedged in the consolidated financial statements of Parent. AG13

However, the accounting for Parent's £159 million loan payable to Subsidiary B must also be considered. If Parent's loan payable is not considered part of its net investment in Subsidiary B because it does not satisfy the conditions in IAS 21 paragraph 15, the GBP/EUR foreign exchange difference arising on translating it would be included in Parent's consolidated profit or loss. If the £159 million loan payable to Subsidiary B is considered part of Parent's net investment, that net investment would be only £341 million and the amount Parent could designate as the hedged item for GBP/EUR risk would be reduced from £500 million to £341 million accordingly. AG14

If Parent reversed the hedging relationship designated by Subsidiary B, Parent could designate the US$300 million external borrowing held by Subsidiary B as a hedge of its US$300 million net investment in Subsidiary C for the EUR/USD risk and designate the GBP hedging instrument it holds itself as a hedge of only up to £341 million of the net investment in Subsidiary B. In this case the effectiveness of both hedges would be computed by reference to Parent's functional currency (euro). Consequently, both the USD/GBP change in value of the external borrowing held by Subsidiary B and the GBP/EUR change in value of Parent's loan payable to Subsidiary B (equivalent to USD/EUR in total) would be included in the foreign currency translation reserve in Parent's consolidated financial statements. Because Parent has already fully hedged the EUR/USD risk from its net investment in Subsidiary C, it can hedge only up to £341 million for the EUR/GBP risk of its net investment in Subsidiary B. AG15

IFRIC INTERPRETATION 17
Sachdividenden an Eigentümer

VERWEISE

- IFRS 3 *Unternehmenszusammenschlüsse* (überarbeitet 2008)
- IFRS 5 *Zur Veräußerung gehaltene langfristige Vermögenswerte und aufgegebene Geschäftsbereiche*
- IFRS 7 *Finanzinstrumente: Angaben*
- IFRS 10 *Konzernabschlüsse*
- IFRS 13 *Bewertung zum beizulegenden Zeitwert*
- IAS 1 *Darstellung des Abschlusses* (überarbeitet 2007)
- IAS 10 *Ereignisse nach dem Abschlussstichtag*

HINTERGRUND

1 Unternehmen schütten an ihre Eigentümer[1], die in dieser Eigenschaft handeln, zuweilen andere Vermögenswerte als Zahlungsmittel (Sachwerte) als Dividenden aus. In solchen Fällen kann das Unternehmen seinen Eigentümern auch das Wahlrecht einräumen, entweder Sachwerte oder einen Barausgleich zu erhalten. Das IFRIC wurde ersucht, Leitlinien zur Bilanzierung dieser Art von Dividendenausschüttungen zur Verfügung zu stellen.

2 Die International Financial Reporting Standards (IFRS) enthalten keine Leitlinien dahingehend, wie die Unternehmen Ausschüttungen an seine Eigentümer (üblicherweise als „Dividenden" bezeichnet) zu bewerten haben. Nach IAS 1 muss das Unternehmen die Einzelheiten zu Dividenden, die als Ausschüttungen an Eigentümer erfasst werden, entweder in der Eigenkapitalveränderungsrechnung oder im Anhang zum Abschluss darstellen.

ANWENDUNGSBEREICH

3 Diese Interpretation gilt für die folgenden Arten von ohne Gegenleistung erfolgenden Ausschüttungen von Vermögenswerten an die Eigentümer eines Unternehmens, die in ihrer Eigenschaft als Eigentümer handeln:

(a) Ausschüttungen von Sachwerten (z. B. Sachanlagen, Geschäftsbetriebe laut Definition in IFRS 3, Eigentumsanteile an einem anderen Unternehmen oder einer Veräußerungsgruppe laut Definition in IFRS 5) und

(b) Ausschüttungen, die Eigentümer wahlweise als Sachwerte oder als Barausgleich erhalten können.

4 Diese Interpretation gilt nur für Dividendenausschüttungen, bei denen die Eigentümer von Eigenkapitalinstrumenten derselben Gruppe gleich behandelt werden.

5 Diese Interpretation gilt nicht für die Ausschüttung eines Sachwerts, wenn dieser vor und nach der Ausschüttung letztlich der Verfügungsgewalt derselben Partei bzw. Parteien unterliegt. Diese Ausnahme gilt für den Einzel- und den Konzernabschluss des Unternehmens, das die Dividende ausschüttet.

6 Gemäß Paragraph 5 gilt diese Interpretation nicht, wenn der Sachwert vor wie auch nach der Ausschüttung letztlich der Verfügungsgewalt derselben Parteien unterliegt. In Paragraph B2 von IFRS 3 ist festgelegt: „Von einer Gruppe von Personen wird angenommen, dass sie ein Unternehmen beherrscht, wenn sie aufgrund vertraglicher Vereinbarungen gemeinsam die Möglichkeit hat, dessen Finanz- und Geschäftspolitik zu bestimmen, um aus dessen Geschäftstätigkeiten Nutzen zu ziehen." Daher gilt diese Interpretation aufgrund der Tatsache, dass der Vermögenswert vor und nach der Ausschüttung der Verfügungsgewalt derselben Parteien unterliegt, nicht für Dividendenausschüttungen, wenn eine Gruppe einzelner Anteilseigner, an die die Dividende ausgeschüttet wird, aufgrund vertraglicher Vereinbarungen die endgültige gemeinsame Verfügungsgewalt über das ausschüttende Unternehmen hat.

7 Gemäß Paragraph 5 gilt diese Interpretation nicht, wenn das Unternehmen einige seiner Eigentumsanteile an einem Tochterunternehmen ausschüttet, dabei aber die Verfügungsgewalt über das Tochterunternehmen behält. Wenn die Dividendenausschüttung dazu führt, dass das Unternehmen lediglich einen nicht beherrschenden Anteil an seinem Tochterunternehmen hält, hat es diese Ausschüttung gemäß IFRS 10 zu bilanzieren.

---

1 In Paragraph 7 von IAS 1 sind Eigentümer als Inhaber von Instrumenten, die als Eigenkapital eingestuft werden, definiert.

IFRIC INTERPRETATION 17
Distributions of Non-cash Assets to Owners

REFERENCES

- IFRS 3 *Business Combinations* (as revised in 2008)
- IFRS 5 *Non-current Assets Held for Sale and Discontinued Operations*
- IFRS 7 *Financial Instruments: Disclosures*
- IFRS 10 *Consolidated Financial Statements*
- IFRS 13 *Fair Value Measurement*
- IAS 1 *Presentation of Financial Statements* (as revised in 2007)
- IAS 10 *Events after the Reporting Period*

BACKGROUND

Sometimes an entity distributes assets other than cash (non-cash assets) as dividends to its owners[1] acting in their capacity as owners. In those situations, an entity may also give its owners a choice of receiving either non-cash assets or a cash alternative. The IFRIC received requests for guidance on how an entity should account for such distributions. 1

International Financial Reporting Standards (IFRSs) do not provide guidance on how an entity should measure distributions to its owners (commonly referred to as dividends). IAS 1 requires an entity to present details of dividends recognised as distributions to owners either in the statement of changes in equity or in the notes to the financial statements. 2

SCOPE

This Interpretation applies to the following types of non-reciprocal distributions of assets by an entity to its owners acting in their capacity as owners: 3

(a) distributions of non-cash assets (eg items of property, plant and equipment, businesses as defined in IFRS 3, ownership interests in another entity or disposal groups as defined in IFRS 5); and

(b) distributions that give owners a choice of receiving either non-cash assets or a cash alternative.

This Interpretation applies only to distributions in which all owners of the same class of equity instruments are treated equally. 4

This Interpretation does not apply to a distribution of a non-cash asset that is ultimately controlled by the same party or parties before and after the distribution. This exclusion applies to the separate, individual and consolidated financial statements of an entity that makes the distribution. 5

In accordance with paragraph 5, this Interpretation does not apply when the non-cash asset is ultimately controlled by the same parties both before and after the distribution. Paragraph B2 of IFRS 3 states that 'A group of individuals shall be regarded as controlling an entity when, as a result of contractual arrangements, they collectively have the power to govern its financial and operating policies so as to obtain benefits from its activities.' Therefore, for a distribution to be outside the scope of this Interpretation on the basis that the same parties control the asset both before and after the distribution, a group of individual shareholders receiving the distribution must have, as a result of contractual arrangements, such ultimate collective power over the entity making the distribution. 6

In accordance with paragraph 5, this Interpretation does not apply when an entity distributes some of its ownership interests in a subsidiary but retains control of the subsidiary. The entity making a distribution that results in the entity recognising a non-controlling interest in its subsidiary accounts for the distribution in accordance with IFRS 10. 7

1 Paragraph 7 of IAS 1 defines owners as holders of instruments classified as equity.

8 Diese Interpretation betrifft nur die Bilanzierung eines Unternehmens, das Sachdividenden ausschüttet. Sie betrifft nicht die Bilanzierung der Anteilseigner, die eine solche Dividendenausschüttung erhalten.

FRAGESTELLUNGEN

9 Wenn das Unternehmen eine Dividendenausschüttung beschließt und verpflichtet ist, die betreffenden Vermögenswerte an seine Eigentümer auszuschütten, muss es für die Dividendenverbindlichkeit eine Schuld ansetzen. Diese Interpretation betrifft die folgenden Fragen:
(a) Wann muss das Unternehmen die Dividendenverbindlichkeit ansetzen?
(b) Wie hat das Unternehmen die Dividendenverbindlichkeit zu bewerten?
(c) Wie hat das Unternehmen bei der Erfüllung der Dividendenverbindlichkeit eine etwaige Differenz zwischen dem Buchwert der ausgeschütteten Vermögenswerte und dem Buchwert der Dividendenverbindlichkeit zu bilanzieren?

BESCHLUSS

Zeitpunkt des Ansatzes der Dividendenverbindlichkeit

10 Die Verpflichtung, eine Dividende zu zahlen, ist zu dem Zeitpunkt anzusetzen, zu dem die Dividende ordnungsgemäß genehmigt wurde und nicht mehr im Ermessen des Unternehmens liegt, d. h.,
(a) wenn die z. B. vom Management oder vom Geschäftsführungs- und/oder Aufsichtsorgan festgelegte Dividende vom zuständigen Organ, z. B. den Anteilseignern, genehmigt wird, sofern eine solche Genehmigung gesetzlich vorgeschrieben ist, oder
(b) wenn die Dividende, z. B. vom Management oder vom Geschäftsführungs- und/oder Aufsichtsorgan, festgelegt wird, sofern keine weitere Genehmigung gesetzlich vorgeschrieben ist.

Bewertung der Dividendenverbindlichkeit

11 Die Verpflichtung, Sachwerte als Dividende an die Eigentümer des Unternehmens auszuschütten, ist mit dem beizulegenden Zeitwert der zu übertragenden Vermögenswerte zu bewerten.

12 Wenn das Unternehmen seinen Eigentümern die Möglichkeit gibt, zwischen einem Sachwert oder einem Barausgleich zu wählen, muss es die Dividendenverbindlichkeit unter Berücksichtigung des beizulegenden Zeitwerts jeder Alternative und der Wahrscheinlichkeit, dass sich die Eigentümer für die eine oder andere Alternative entscheiden, schätzen.

13 An jedem Abschlussstichtag und am Erfüllungstag muss das Unternehmen den Buchwert der Dividendenverbindlichkeit überprüfen und anpassen, wobei alle Änderungen des Buchwerts der Dividendenverbindlichkeit im Eigenkapital als Anpassungen des Ausschüttungsbetrags zu erfassen sind.

Bilanzierung von Differenzen zwischen dem Buchwert der ausgeschütteten Vermögenswerte und dem Buchwert der Dividendenverbindlichkeit zum Zeitpunkt der Erfüllung der Dividendenverbindlichkeit

14 Bei der Erfüllung der Dividendenverbindlichkeit hat das Unternehmen jede etwaige Differenz zwischen dem Buchwert der ausgeschütteten Vermögenswerte und dem Buchwert der Dividendenverbindlichkeit erfolgswirksam zu erfassen.

Darstellung und Angaben

15 Differenzen nach Paragraph 14 sind als gesonderte Posten erfolgswirksam zu erfassen.

16 Das Unternehmen hat, soweit anwendbar, die folgenden Informationen anzugeben:
(a) Buchwert der Dividendenverbindlichkeit zu Beginn und zum Ende der Berichtsperiode und
(b) Erhöhung oder Minderung des Buchwerts, der infolge der Änderung des beizulegenden Zeitwerts der auszuschüttenden Vermögenswerte gemäß Paragraph 13 in der Berichtsperiode erfasst wurde.

17 Wenn das Unternehmen nach dem Abschlussstichtag, jedoch bevor der Abschluss zur Veröffentlichung freigegeben wird, beschließt, einen Sachwert als Dividende auszuschütten, muss es die folgenden Angaben machen:
(a) die Art des auszuschüttenden Vermögenswerts,
(b) den Buchwert des auszuschüttenden Vermögenswerts am Abschlussstichtag und
(c) den beizulegenden Zeitwert des auszuschüttenden Vermögenswerts am Abschlussstichtag, sofern dieser vom Buchwert abweicht, sowie Informationen über die Methode(n), die für die Bewertung zum beizulegenden Zeitwert angewandt wurde(n), wie in den Paragraphen 93 (b), (d), (g) und (i) und 99 von IFRS 13 vorgeschrieben.

This Interpretation addresses only the accounting by an entity that makes a non-cash asset distribution. It does not address the accounting by shareholders who receive such a distribution. 8

ISSUES

When an entity declares a distribution and has an obligation to distribute the assets concerned to its owners, it must recognise a liability for the dividend payable. Consequently, this Interpretation addresses the following issues: 9

(a) When should the entity recognise the dividend payable?
(b) How should an entity measure the dividend payable?
(c) When an entity settles the dividend payable, how should it account for any difference between the carrying amount of the assets distributed and the carrying amount of the dividend payable?

CONSENSUS

When to recognise a dividend payable

The liability to pay a dividend shall be recognised when the dividend is appropriately authorised and is no longer at the discretion of the entity, which is the date: 10

(a) when declaration of the dividend, eg by management or the board of directors, is approved by the relevant authority, eg the shareholders, if the jurisdiction requires such approval, or
(b) when the dividend is declared, eg by management or the board of directors, if the jurisdiction does not require further approval.

Measurement of a dividend payable

An entity shall measure a liability to distribute non-cash assets as a dividend to its owners at the fair value of the assets to be distributed. 11

If an entity gives its owners a choice of receiving either a non-cash asset or a cash alternative, the entity shall estimate the dividend payable by considering both the fair value of each alternative and the associated probability of owners selecting each alternative. 12

At the end of each reporting period and at the date of settlement, the entity shall review and adjust the carrying amount of the dividend payable, with any changes in the carrying amount of the dividend payable recognised in equity as adjustments to the amount of the distribution. 13

Accounting for any difference between the carrying amount of the assets distributed and the carrying amount of the dividend payable when an entity settles the dividend payable

When an entity settles the dividend payable, it shall recognise the difference, if any, between the carrying amount of the assets distributed and the carrying amount of the dividend payable in profit or loss. 14

Presentation and disclosures

An entity shall present the difference described in paragraph 14 as a separate line item in profit or loss. 15

An entity shall disclose the following information, if applicable: 16

(a) the carrying amount of the dividend payable at the beginning and end of the period; and
(b) the increase or decrease in the carrying amount recognised in the period in accordance with paragraph 13 as result of a change in the fair value of the assets to be distributed.

If, after the end of a reporting period but before the financial statements are authorised for issue, an entity declares a dividend to distribute a non-cash asset, it shall disclose: 17

(a) the nature of the asset to be distributed;
(b) the carrying amount of the asset to be distributed as of the end of the reporting period; and
(c) the fair value of the asset to be distributed as of the end of the reporting period, if it is different from its carrying amount, and the information about the method(s) used to measure that fair value required by paragraphs 93 (b), (d), (g) and (i) and 99 of IFRS 13.

ZEITPUNKT DES INKRAFTTRETENS

18 Diese Interpretation ist vorausschauend auf Geschäftsjahre anzuwenden, die am oder nach dem 1. Juli 2009 beginnen. Eine rückwirkende Anwendung ist nicht zulässig. Eine frühere Anwendung ist zulässig. Wendet das Unternehmen diese Interpretation auf ein vor dem 1. Juli 2009 beginnendes Geschäftsjahr an, so hat es dies anzugeben und ebenfalls die Standards IFRS 3 (überarbeitet 2008), IAS 27 (in der im Mai 2008 geänderten Fassung) und IFRS 5 (in der durch diese Interpretation geänderten Fassung) anzuwenden.

19 Mit dem im Mai 2011 veröffentlichten IFRS 10 wurde Paragraph 7 geändert. Wendet das Unternehmen IFRS 10 an, so hat es diese Änderung anzuwenden.

20 Mit dem im Mai 2011 veröffentlichten IFRS 13 wurde Paragraph 17 geändert. Wendet das Unternehmen IFRS 13 an, so hat es diese Änderung anzuwenden.

IFRIC INTERPRETATION 19

Tilgung finanzieller Verbindlichkeiten durch Eigenkapitalinstrumente

VERWEISE

- *Rahmenkonzept für die Aufstellung und Darstellung von Abschlüssen*[1]
- IFRS 2 *Anteilsbasierte Vergütung*
- IFRS 3 *Unternehmenszusammenschlüsse*
- IFRS 9 *Finanzinstrumente*
- IFRS 13 *Bewertung zum beizulegenden Zeitwert*
- IAS 1 *Darstellung des Abschlusses*
- IAS 8 *Rechnungslegungsmethoden, Änderungen von rechnungslegungsbezogenen Schätzungen und Fehler*
- IAS 32 *Finanzinstrumente: Darstellung*

HINTERGRUND

1 Der Schuldner und der Gläubiger können die Bedingungen einer finanziellen Verbindlichkeit neu aushandeln und dabei vereinbaren, dass der Schuldner die Verbindlichkeit durch Ausgabe von Eigenkapitalinstrumenten an den Gläubiger ganz oder teilweise tilgt. Transaktionen dieser Art werden zuweilen als „Debt-For-Equity-Swaps" bezeichnet. Das IFRIC wurde ersucht, Leitlinien für die Bilanzierung solcher Transaktionen zur Verfügung zu stellen.

ANWENDUNGSBEREICH

2 Diese Interpretation betrifft die Frage, wie ein Unternehmen zu bilanzieren hat, wenn die Bedingungen einer finanziellen Verbindlichkeit neu ausgehandelt werden und dabei beschlossen wird, dass das Unternehmen zur vollständigen oder teilweisen Tilgung dieser Verbindlichkeit Eigenkapitalinstrumente an den Gläubiger ausgibt. Sie betrifft nicht die Bilanzierung des Gläubigers.

3 Das Unternehmen darf diese Interpretation nicht auf Transaktionen anwenden, bei denen
(a) der Gläubiger gleichzeitig auch direkter oder indirekter Anteilseigner ist und in dieser Eigenschaft handelt,
(b) der Gläubiger und das Unternehmen vor und nach der Transaktion von derselben Partei/denselben Parteien beherrscht werden und die Transaktion ihrem wirtschaftlichen Gehalt nach eine Kapitalausschüttung des Unternehmens oder eine Kapitaleinlage in das Unternehmen einschließt,
(c) die Möglichkeit einer Tilgung durch Ausgabe von Eigenkapitalinstrumenten bereits in den ursprünglichen Bedingungen der finanziellen Verbindlichkeit vorgesehen waren.

---

1 Dieses *Rahmenkonzept für die Aufstellung und Darstellung von Abschlüssen* des IASB wurde im Jahr 2001 vom IASB übernommen und war zum Zeitpunkt der Ausarbeitung dieser Interpretation in Kraft.

EFFECTIVE DATE

An entity shall apply this Interpretation prospectively for annual periods beginning on or after 1 July 2009. Retrospective application is not permitted. Earlier application is permitted. If an entity applies this Interpretation for a period beginning before 1 July 2009, it shall disclose that fact and also apply IFRS 3 (as revised in 2008), IAS 27 (as amended in May 2008) and IFRS 5 (as amended by this Interpretation). 18

IFRS 10, issued in May 2011, amended paragraph 7. An entity shall apply that amendment when it applies IFRS 10. 19

IFRS 13, issued in May 2011, amended paragraph 17. An entity shall apply that amendment when it applies IFRS 13. 20

IFRIC INTERPRETATION 19

Extinguishing Financial Liabilities with Equity Instruments

REFERENCES

- *Framework for the Preparation and Presentation of Financial Statements*[1]
- IFRS 2 *Share-based Payment*
- IFRS 3 *Business Combinations*
- IFRS 9 *Financial Instruments*
- IFRS 13 *Fair Value Measurement*
- IAS 1 *Presentation of Financial Statements*
- IAS 8 *Accounting Policies, Changes in Accounting Estimates and Errors*
- IAS 32 *Financial Instruments: Presentation*

BACKGROUND

A debtor and creditor might renegotiate the terms of a financial liability with the result that the debtor extinguishes the liability fully or partially by issuing equity instruments to the creditor. These transactions are sometimes referred to as 'debt for equity swaps'. The IFRIC has received requests for guidance on the accounting for such transactions. 1

SCOPE

This Interpretation addresses the accounting by an entity when the terms of a financial liability are renegotiated and result in the entity issuing equity instruments to a creditor of the entity to extinguish all or part of the financial liability. It does not address the accounting by the creditor. 2

An entity shall not apply this Interpretation to transactions in situations where: 3

(a) the creditor is also a direct or indirect shareholder and is acting in its capacity as a direct or indirect existing shareholder.

(b) the creditor and the entity are controlled by the same party or parties before and after the transaction and the substance of the transaction includes an equity distribution by, or contribution to, the entity.

(c) extinguishing the financial liability by issuing equity shares is in accordance with the original terms of the financial liability.

1 The reference is to the IASC's *Framework for the Preparation and Presentation of Financial Statements*, adopted by the Board in 2001 and in effect when the Interpretation was developed.

FRAGESTELLUNGEN

4 Diese Interpretation betrifft die folgenden Fragen:

(a) Sind die von einem Unternehmen zur vollständigen oder teilweisen Tilgung einer finanziellen Verbindlichkeit ausgegebenen Eigenkapitalinstrumente als „gezahltes Entgelt" im Sinne von Paragraph 3.3.3 von IFRS 9 anzusehen?

(b) Wie hat das Unternehmen die zur Tilgung der finanziellen Verbindlichkeit ausgegebenen Eigenkapitalinstrumente beim erstmaligen Ansatz zu bewerten?

(c) Wie hat das Unternehmen etwaige Differenzen zwischen dem Buchwert der getilgten finanziellen Verbindlichkeit und dem Betrag, der bei der erstmaligen Bewertung der ausgegebenen Eigenkapitalinstrumente angesetzt wird, zu erfassen?

BESCHLUSS

5 Eigenkapitalinstrumente, die das Unternehmen zur vollständigen oder teilweisen Tilgung einer finanziellen Verbindlichkeit an einen Gläubiger ausgibt, sind gezahltes Entgelt im Sinne von Paragraph 3.3.3 von IFRS 9. Nach Paragraph 3.3.1 von IFRS 9 darf das Unternehmen eine finanzielle Verbindlichkeit (oder einen Teil derselben) erst ausbuchen, wenn sie getilgt ist.

6 Eigenkapitalinstrumente, die zur vollständigen oder teilweisen Tilgung einer finanziellen Verbindlichkeit an einen Gläubiger ausgegeben werden, sind bei ihrem erstmaligen Ansatz zum beizulegenden Zeitwert zu bewerten, es sei denn, dieser lässt sich nicht verlässlich ermitteln.

7 Lässt sich der beizulegende Zeitwert der ausgegebenen Eigenkapitalinstrumente nicht verlässlich ermitteln, so sind sie mit dem beizulegenden Zeitwert der getilgten finanziellen Verbindlichkeit anzusetzen. Schließt eine getilgte finanzielle Verbindlichkeit eine kurzfristig abrufbare finanzielle Verbindlichkeit (wie eine Sichteinlage) ein, ist bei der Bestimmung ihres beizulegenden Zeitwerts Paragraph 47 von IFRS 13 außer Acht zu lassen.

8 Wird nur ein Teil der finanziellen Verbindlichkeit getilgt, hat das Unternehmen zu beurteilen, ob sich aus einem Teil des gezahlten Entgelts eine Änderung der Bedingungen des noch ausstehenden Teils der Verbindlichkeit ergibt. Ist dies der Fall, hat das Unternehmen das gezahlte Entgelt auf den getilgten und den noch ausstehenden Teil der Verbindlichkeit aufzuteilen. Bei dieser Aufteilung hat das Unternehmen alle relevanten Fakten und Umstände der Transaktion zu berücksichtigen.

9 Nach Paragraph 3.3.3 von IFRS 9 ist die Differenz zwischen dem Buchwert der getilgten finanziellen Verbindlichkeit (bzw. des getilgten Teils derselben) und dem gezahlten Entgelt erfolgswirksam zu erfassen. Die ausgegebenen Eigenkapitalinstrumente sind zu dem Zeitpunkt, zu dem die finanzielle Verbindlichkeit (oder ein Teil derselben) getilgt wird, erstmals zu bewerten und anzusetzen.

10 Wird nur ein Teil der finanziellen Verbindlichkeit getilgt, so ist das Entgelt nach Paragraph 8 aufzuteilen. Bei der Beurteilung der Frage, ob sich eine wesentliche Änderung der Bedingungen der noch ausstehenden Verbindlichkeit ergibt, ist der Teil des Entgelts, der der noch ausstehenden Verbindlichkeit zugewiesen wird, zu berücksichtigen. Ergibt sich eine wesentliche Änderung der noch ausstehenden Verbindlichkeit, so hat das Unternehmen die Änderung nach Paragraph 3.3.2 von IFRS 9 als Tilgung der ursprünglichen Verbindlichkeit und Ansatz einer neuen Verbindlichkeit zu bilanzieren.

11 Das Unternehmen hat gemäß den Paragraphen 9 und 10 angesetzte Gewinne oder Verluste als gesonderte Bilanzposten erfolgswirksam zu erfassen oder im Anhang auszuweisen.

ZEITPUNKT DES INKRAFTTRETENS UND ÜBERGANGSVORSCHRIFTEN

12 Diese Interpretation ist auf Geschäftsjahre anzuwenden, die am oder nach dem 1. Juli 2010 beginnen. Eine frühere Anwendung ist zulässig. Wendet ein Unternehmen diese Interpretation auf Berichtsperioden an, die vor dem 1. Juli 2010 beginnen, hat es dies anzugeben.

13 Gemäß IAS 8 hat das Unternehmen eine Änderung der Rechnungslegungsmethode ab dem Beginn der frühesten dargestellten Vergleichsperiode anzuwenden.

14 [gestrichen]

15 Mit dem im Mai 2011 veröffentlichten IFRS 13 wurde Paragraph 7 geändert. Wendet das Unternehmen IFRS 13 an, so hat es diese Änderung anzuwenden.

16 [gestrichen]

17 Mit dem im Juli 2014 veröffentlichten IFRS 9 wurden die Paragraphen 4, 5, 7, 9 und 10 geändert und die Paragraphen 14 und 16 gestrichen. Wendet ein Unternehmen IFRS 9 an, hat es diese Änderungen ebenfalls anzuwenden.

ISSUES

This Interpretation addresses the following issues: 4

(a) Are an entity's equity instruments issued to extinguish all or part of a financial liability 'consideration paid' in accordance with paragraph 3.3.3 of IFRS 9?

(b) How should an entity initially measure the equity instruments issued to extinguish such a financial liability?

(c) How should an entity account for any difference between the carrying amount of the financial liability extinguished and the initial measurement amount of the equity instruments issued?

CONSENSUS

The issue of an entity's equity instruments to a creditor to extinguish all or part of a financial liability is consideration paid in accordance with paragraph 3.3.3 of IFRS 9. An entity shall remove a financial liability (or part of a financial liability) from its statement of financial position when, and only when, it is extinguished in accordance with paragraph 3.3.1 of IFRS 9. 5

When equity instruments issued to a creditor to extinguish all or part of a financial liability are recognised initially, an entity shall measure them at the fair value of the equity instruments issued, unless that fair value cannot be reliably measured. 6

If the fair value of the equity instruments issued cannot be reliably measured then the equity instruments shall be measured to reflect the fair value of the financial liability extinguished. In measuring the fair value of a financial liability extinguished that includes a demand feature (eg a demand deposit), paragraph 47 of IFRS 13 is not applied. 7

If only part of the financial liability is extinguished, the entity shall assess whether some of the consideration paid relates to a modification of the terms of the liability that remains outstanding. If part of the consideration paid does relate to a modification of the terms of the remaining part of the liability, the entity shall allocate the consideration paid between the part of the liability extinguished and the part of the liability that remains outstanding. The entity shall consider all relevant facts and circumstances relating to the transaction in making this allocation. 8

The difference between the carrying amount of the financial liability (or part of a financial liability) extinguished, and the consideration paid, shall be recognised in profit or loss, in accordance with paragraph 3.3.3 of IFRS 9. The equity instruments issued shall be recognised initially and measured at the date the financial liability (or part of that liability) is extinguished. 9

When only part of the financial liability is extinguished, consideration shall be allocated in accordance with paragraph 8. The consideration allocated to the remaining liability shall form part of the assessment of whether the terms of that remaining liability have been substantially modified. If the remaining liability has been substantially modified, the entity shall account for the modification as the extinguishment of the original liability and the recognition of a new liability as required by paragraph 3.3.2 of IFRS 9. 10

An entity shall disclose a gain or loss recognised in accordance with paragraphs 9 and 10 as a separate line item in profit or loss or in the notes. 11

EFFECTIVE DATE AND TRANSITION

An entity shall apply this Interpretation for annual periods beginning on or after 1 July 2010. Earlier application is permitted. If an entity applies this Interpretation for a period beginning before 1 July 2010, it shall disclose that fact. 12

An entity shall apply a change in accounting policy in accordance with IAS 8 from the beginning of the earliest comparative period presented. 13

[deleted] 14

IFRS 13, issued in May 2011, amended paragraph 7. An entity shall apply that amendment when it applies IFRS 13. 15

[deleted] 16

IFRS 9, as issued in July 2014, amended paragraphs 4, 5, 7, 9 and 10 and deleted paragraphs 14 and 16. An entity shall apply those amendments when it applies IFRS 9. 17

IFRIC INTERPRETATION 20

Abraumbeseitigungskosten im Tagebau

VERWEISE

- *Rahmenkonzept für die Finanzberichterstattung*[1]
- IAS 1 *Darstellung des Abschlusses*
- IAS 2 *Vorräte*
- IAS 16 *Sachanlagen*
- IAS 38 *Immaterielle Vermögenswerte*

HINTERGRUND

1 Im Tagebau kann es für Unternehmen erforderlich sein, nicht verwertbares Gesteinsmaterial (Abraum) zu beseitigen, um Zugang zu den Erzvorkommen zu erhalten. Diese Tätigkeit wird als Abraumbeseitigung bezeichnet.

2 In der Erschließungsphase eines Bergwerks (d. h. vor Beginn der Produktion) werden die Abraumbeseitigungskosten in der Regel als Teil der abschreibungsfähigen Kosten für die Anlage, Erschließung und Errichtung des Bergwerks aktiviert. Diese aktivierten Kosten werden ab Beginn der Produktion planmäßig abgeschrieben, und zwar üblicherweise nach der leistungsabhängigen Abschreibungsmethode.

3 Auch während der Produktionsphase kann das Bergbauunternehmen laufend Abraum beseitigen müssen, sodass ihm weitere Abraumbeseitigungskosten entstehen.

4 Der in der Produktionsphase beseitigte Abraum ist nicht immer zu 100 Prozent unverwertbar. Oft handelt es sich um eine Mischung aus Erz und Abfallmaterial. Dabei kann das Verhältnis Erz-zu-Abfall (Abraumverhältnis) von einem unwirtschaftlich niedrigen bis hin zu einem profitabel hohen Prozentsatz reichen. Bei der Beseitigung von Abraum mit niedrigem Abraumverhältnis kann dennoch für die Vorratsproduktion nutzbares Material gefördert werden. Außerdem können dadurch tiefer liegende Gesteinsschichten zugänglich werden, die ein höheres Erz-zu-Abfall-Verhältnis aufweisen. Ein Bergbauunternehmen kann aus der Abraumbeseitigung folglich zwei Arten von Nutzen ziehen: verwertbares Erz, das für die Vorratsproduktion eingesetzt werden kann, und ein besserer Zugang zu weiteren Erzvorkommen für den späteren Abbau.

5 Diese Interpretation betrifft die Frage, zu welchem Zeitpunkt und auf welche Weise diese beiden bei der Abraumbeseitigung entstehenden Arten von Nutzen getrennt zu bilanzieren sind und wie diese Nutzen beim erstmaligen Ansatz und danach zu bewerten sind.

ANWENDUNGSBEREICH

6 Diese Interpretation ist auf Abraumbeseitigungskosten anzuwenden, die im Tagebau während der Produktionsphase anfallen (bei der Produktion anfallende Abraumbeseitigungskosten).

FRAGESTELLUNGEN

7 Diese Interpretation betrifft die folgenden Fragen:
(a) Wie sind die bei der Produktion anfallenden Abraumbeseitigungskosten zu aktivieren?
(b) Wie ist der Vermögenswert aus der Abraumbeseitigung erstmals zu bewerten? und
(c) Wie ist der Vermögenswert aus der Abraumbeseitigung in der Folge zu bewerten?

1 Dieses *Rahmenkonzept für die Finanzberichterstattung* wurde im Jahr 2010 herausgegeben und war zum Zeitpunkt der Ausarbeitung dieser Interpretation in Kraft.

IFRIC INTERPRETATION 20

Stripping Costs in the Production Phase of a Surface Mine

REFERENCES

- *Conceptual Framework for Financial Reporting*[1]
- IAS 1 *Presentation of Financial Statements*
- IAS 2 *Inventories*
- IAS 16 *Property, Plant and Equipment*
- IAS 38 *Intangible Assets*

BACKGROUND

In surface mining operations, entities may find it necessary to remove mine waste materials ('overburden') to gain access to mineral ore deposits. This waste removal activity is known as 'stripping'. 1

During the development phase of the mine (before production begins), stripping costs are usually capitalised as part of the depreciable cost of building, developing and constructing the mine. Those capitalised costs are depreciated or amortised on a systematic basis, usually by using the units of production method, once production begins. 2

A mining entity may continue to remove overburden and to incur stripping costs during the production phase of the mine. 3

The material removed when stripping in the production phase will not necessarily be 100 per cent waste; often it will be a combination of ore and waste. The ratio of ore to waste can range from uneconomic low grade to profitable high grade. Removal of material with a low ratio of ore to waste may produce some usable material, which can be used to produce inventory. This removal might also provide access to deeper levels of material that have a higher ratio of ore to waste. There can therefore be two benefits accruing to the entity from the stripping activity: usable ore that can be used to produce inventory and improved access to further quantities of material that will be mined in future periods. 4

This Interpretation considers when and how to account separately for these two benefits arising from the stripping activity, as well as how to measure these benefits both initially and subsequently. 5

SCOPE

This Interpretation applies to waste removal costs that are incurred in surface mining activity during the production phase of the mine ('production stripping costs'). 6

ISSUES

This Interpretation addresses the following issues: 7

(a) recognition of production stripping costs as an asset;
(b) initial measurement of the stripping activity asset; and
(c) subsequent measurement of the stripping activity asset.

1 The reference is to the *Conceptual Framework for Financial Reporting*, issued in 2010 and in effect when the Interpretation was developed.

BESCHLUSS

Aktivierung der bei der Produktion anfallenden Abraumbeseitigungskosten

8 Den Teil der Abraumbeseitigungskosten, der auf den Nutzen entfällt, den das Unternehmen in Form von erzeugten Vorräten aus der Abraumbeseitigung zieht, hat es gemäß IAS 2 *Vorräte* zu erfassen. Den Teil der Abraumbeseitigungskosten, der auf den Nutzen entfällt, den das Unternehmen aufgrund des besseren Zugangs zu den Erzvorkommen aus der Abraumbeseitigung zieht, hat es als langfristigen Vermögenswert zu erfassen, sofern die Kriterien von Paragraph 9 erfüllt sind. Dieser langfristige Vermögenswert wird in dieser Interpretation als „Vermögenswert aus der Abraumbeseitigung" bezeichnet.

9 Das Unternehmen darf nur dann einen Vermögenswert aus der Abraumbeseitigung erfassen, wenn alle folgenden Voraussetzungen erfüllt sind:
(a) es ist wahrscheinlich, dass der künftige wirtschaftliche Nutzen der Abraumbeseitigung (verbesserter Zugang zum Erzvorkommen) dem Unternehmen zufließen wird,
(b) das Unternehmen kann den Teil des Erzkörpers, für den der Zugang verbessert wurde, identifizieren, und
(c) die Kosten, die mit der Abraumbeseitigung für diesen Teil einhergehen, können verlässlich bewertet werden.

10 Der Vermögenswert aus der Abraumbeseitigung ist als Erweiterung oder Verbesserung eines bestehenden Vermögenswerts zu bilanzieren. Folglich wird der Vermögenswert aus der Abraumbeseitigung *als Teil* eines bestehenden Vermögenswerts erfasst.

11 Ob der Vermögenswert aus der Abraumbeseitigung als materieller oder immaterieller Vermögenswert einzustufen ist, hängt von der Art des bestehenden Vermögenswerts ab. Das bedeutet, je nachdem, welcher Art der bestehende Vermögenswert ist, hat das Unternehmen den Vermögenswert aus der Abraumbeseitigung als materiell oder immateriell einzustufen.

Erstmalige Bewertung des Vermögenswerts aus der Abraumbeseitigung

12 Bei der erstmaligen Bewertung des Vermögenswerts aus der Abraumbeseitigung hat das Unternehmen die Anschaffungs- oder Herstellungskosten zugrunde zu legen. Dies sind die Gesamtkosten, die unmittelbar durch die Abraumbeseitigung, die den Zugang zum identifizierten Erzkörperbestandteil verbessert, anfallen, zuzüglich des einzeln zuordenbaren Teils der Gemeinkosten. Zusammen mit der produktionsbegleitenden Abraumbeseitigung können einige Nebentätigkeiten stattfinden, die für die weitere planmäßige Ausführung dieser Abraumbeseitigung nicht erforderlich sind. Die Kosten solcher Nebentätigkeiten dürfen nicht in den Vermögenswert aus der Abraumbeseitigung eingerechnet werden.

13 In Fällen, in denen die als Vermögenswert aus der Abraumbeseitigung zu aktivierenden Kosten und die der Vorratsproduktion zuordenbaren Kosten sich nicht getrennt bestimmen lassen, teilt das Unternehmen die Kosten unter Verwendung einer auf einer relevanten Produktionsmessgröße basierenden Verteilung auf diese beiden Bestandteile auf. Diese Produktionsmessgröße ist für den identifizierten Teil des Erzkörpers zu berechnen und als Referenz zu verwenden, um zu ermitteln, inwieweit die zusätzliche, auf die Schaffung eines zukünftigen Nutzens gerichtete Tätigkeit stattgefunden hat. Beispiele für solche Messgrößen sind:
(a) Kosten der erzeugten Vorräte im Vergleich zu den erwarteten Kosten,
(b) bezogen auf ein bestimmtes Erzproduktionsvolumen: Verhältnis zwischen dem Volumen des beseitigten Abfalls und dem erwarteten Abfallvolumen, und
(c) bezogen auf ein bestimmtes Erzproduktionsvolumen: Mineralgehalt des gewonnenen Erzes im Vergleich zu seinem erwarteten Mineralgehalt.

Folgebewertung des Vermögenswerts aus der Abraumbeseitigung

14 Nach dem erstmaligen Ansatz ist der Vermögenswert aus der Abraumbeseitigung auf die gleiche Art und Weise wie der bestehende Vermögenswert, dessen Bestandteil er ist, entweder zu den fortgeführten Anschaffungs- oder Herstellungskosten oder zum neu bewerteten Betrag abzüglich planmäßiger Abschreibung und Wertminderungsaufwand zu bilanzieren.

15 Der Vermögenswert aus der Abraumbeseitigung ist über die erwartete Nutzungsdauer des identifizierten Teils des Erzkörpers, der durch die Abraumbeseitigung besser zugänglich wird, planmäßig abzuschreiben. Sofern sich keine zweckmäßigere Methode anbietet, ist die leistungsabhängige Abschreibungsmethode anzuwenden.

16 Die erwartete Nutzungsdauer des identifizierten Teils des Erzkörpers, die für die planmäßige Abschreibung des Vermögenswert aus der Abraumbeseitigung zugrunde gelegt wird, ist nicht mit der erwarteten Nutzungsdauer, die für die planmäßige Abschreibung des Bergwerks selbst oder der mit diesem in Verbindung stehenden Vermögenswerte gilt, gleichzusetzen. Dies wäre lediglich der Fall, wenn die Abraumbeseitigung den Zugang zum gesamten verbleibenden Erzkörper verbessert. Dies kann beispielsweise gegen Ende der Nutzungsdauer des Bergwerks eintreten, wenn es sich bei dem identifizierten Teil des Erzkörpers um den gesamten verbleibenden Teil des abzubauenden Erzkörpers handelt.

CONSENSUS

Recognition of production stripping costs as an asset

To the extent that the benefit from the stripping activity is realised in the form of inventory produced, the entity shall account for the costs of that stripping activity in accordance with the principles of IAS 2 *Inventories*. To the extent the benefit is improved access to ore, the entity shall recognise these costs as a non-current asset, if the criteria in paragraph 9 below are met. This Interpretation refers to the non-current asset as the 'stripping activity asset'. 8

An entity shall recognise a stripping activity asset if, and only if, all of the following are met: 9

(a) it is probable that the future economic benefit (improved access to the ore body) associated with the stripping activity will flow to the entity;
(b) the entity can identify the component of the ore body for which access has been improved; and
(c) the costs relating to the stripping activity associated with that component can be measured reliably.

The stripping activity asset shall be accounted for as an addition to, or as an enhancement of, an existing asset. In other words, the stripping activity asset will be accounted for as *part* of an existing asset. 10

The stripping activity asset's classification as a tangible or intangible asset is the same as the existing asset. In other words, the nature of this existing asset will determine whether the entity shall classify the stripping activity asset as tangible or intangible. 11

Initial measurement of the stripping activity asset

The entity shall initially measure the stripping activity asset at cost, this being the accumulation of costs directly incurred to perform the stripping activity that improves access to the identified component of ore, plus an allocation of directly attributable overhead costs. Some incidental operations may take place at the same time as the production stripping activity, but which are not necessary for the production stripping activity to continue as planned. The costs associated with these incidental operations shall not be included in the cost of the stripping activity asset. 12

When the costs of the stripping activity asset and the inventory produced are not separately identifiable, the entity shall allocate the production stripping costs between the inventory produced and the stripping activity asset by using an allocation basis that is based on a relevant production measure. This production measure shall be calculated for the identified component of the ore body, and shall be used as a benchmark to identify the extent to which the additional activity of creating a future benefit has taken place. Examples of such measures include: 13

(a) cost of inventory produced compared with expected cost;
(b) volume of waste extracted compared with expected volume, for a given volume of ore production; and
(c) mineral content of the ore extracted compared with expected mineral content to be extracted, for a given quantity of ore produced.

Subsequent measurement of the stripping activity asset

After initial recognition, the stripping activity asset shall be carried at either its cost or its revalued amount less depreciation or amortisation and less impairment losses, in the same way as the existing asset of which it is a part. 14

The stripping activity asset shall be depreciated or amortised on a systematic basis, over the expected useful life of the identified component of the ore body that becomes more accessible as a result of the stripping activity. The units of production method shall be applied unless another method is more appropriate. 15

The expected useful life of the identified component of the ore body that is used to depreciate or amortise the stripping activity asset will differ from the expected useful life that is used to depreciate or amortise the mine itself and the related life-of-mine assets. The exception to this are those limited circumstances when the stripping activity provides improved access to the whole of the remaining ore body. For example, this might occur towards the end of a mine's useful life when the identified component represents the final part of the ore body to be extracted. 16

ANHANG A

Zeitpunkt des Inkrafttretens und Übergangsvorschriften

Dieser Anhang ist integraler Bestandteil der Interpretation und hat die gleiche bindende Kraft wie die anderen Teile der Interpretation.

A1 Diese Interpretation ist auf Geschäftsjahre anzuwenden, die am oder nach dem 1. Januar 2013 beginnen. Eine frühere Anwendung ist zulässig. Wendet ein Unternehmen diese Interpretation auf eine frühere Periode an, hat es dies anzugeben.

A2 Das Unternehmen hat diese Interpretation auf bei der Produktion anfallende Abraumbeseitigungskosten anzuwenden, die seit Beginn der frühesten dargestellten Periode angefallen sind.

A3 In der Eröffnungsbilanz der frühesten dargestellten Periode ist jeder zuvor ausgewiesene Saldo eines Vermögenswerts aus der Abraumbeseitigung während der Produktion („früherer Vermögenswert aus der Abraumbeseitigung") als Teil des bestehenden Vermögenswerts, dem die Abraumbeseitigung zuzuordnen ist, auszuweisen, sofern ein identifizierbarer Teil des Erzkörpers verbleibt, dem der frühere Vermögenswert aus der Abraumbeseitigung zugeordnet werden kann. Diese Salden werden über die verbleibende erwartete Nutzungsdauer des identifizierten Teils des Erzkörpers, dem der frühere Vermögenswert aus der Abraumbeseitigung zuzuordnen ist, planmäßig abgeschrieben.

A4 Lässt sich kein Teil des Erzkörpers ermitteln, dem der frühere Vermögenswert aus der Abraumbeseitigung zugeordnet werden kann, sind diese Salden in der Eröffnungsbilanz der frühesten dargestellten Periode in den Gewinnrücklagen auszuweisen.

IFRIC INTERPRETATION 21

Abgaben

VERWEISE

- IAS 1 Darstellung des Abschlusses
- IAS 8 Rechnungslegungsmethoden, Änderungen von rechnungslegungsbezogenen Schätzungen und Fehler
- IAS 12 Ertragsteuern
- IAS 20 Bilanzierung und Darstellung von Zuwendungen der öffentlichen Hand
- IAS 24 Angaben über Beziehungen zu nahestehenden Unternehmen und Personen
- IAS 34 Zwischenberichterstattung
- IAS 37 Rückstellungen, Eventualverbindlichkeiten und Eventualforderungen
- IFRIC 6 Verbindlichkeiten, die sich aus einer Teilnahme an einem spezifischen Markt ergeben – Elektro- und Elektronik-Altgeräte

HINTERGRUND

1 Die öffentliche Hand kann Unternehmen zur Entrichtung von Abgaben verpflichten. Das IFRIC wurde ersucht, den Unternehmen Leitlinien zur Bilanzierung solcher Abgaben in ihren Abschlüssen zur Verfügung zu stellen. Insbesondere sollte geklärt werden, zu welchem Zeitpunkt eine Verpflichtung zur Entrichtung einer solchen Abgabe zu erfassen ist, wenn nach IAS 37 *Rückstellungen, Eventualverbindlichkeiten und Eventualforderungen* bilanziert wird.

ANWENDUNGSBEREICH

2 Diese Interpretation betrifft de Frage, wie Verpflichtungen zur Entrichtung einer Abgabe, die in den Anwendungsbereich von IAS 37 fallen, zu bilanzieren sind. Sie betrifft auch die Bilanzierung von Verpflichtungen zur Entrichtung einer Abgabe, deren Zeitpunkt und Betrag feststehen.

3 Diese Interpretation betrifft nicht die Bilanzierung von Kosten, die durch die Erfassung einer Verpflichtung zur Entrichtung einer Abgabe verursacht werden. Ob für eine Verpflichtung zur Zahlung einer Abgabe ein Vermögenswert oder ein Aufwand zu erfassen ist, haben die Unternehmen auf der Grundlage anderer Standards zu entscheiden.

APPENDIX A

Effective date and transition

This appendix is an integral part of the Interpretation and has the same authority as the other parts of the Interpretation.

An entity shall apply this Interpretation for annual periods beginning on or after 1 January 2013. Earlier application is permitted. If an entity applies this Interpretation for an earlier period, it shall disclose that fact. **A1**

An entity shall apply this Interpretation to production stripping costs incurred on or after the beginning of the earliest period presented. **A2**

As at the beginning of the earliest period presented, any previously recognised asset balance that resulted from stripping activity undertaken during the production phase ('predecessor stripping asset') shall be reclassified as a part of an existing asset to which the stripping activity related, to the extent that there remains an identifiable component of the ore body with which the predecessor stripping asset can be associated. Such balances shall be depreciated or amortised over the remaining expected useful life of the identified component of the ore body to which each predecessor stripping asset balance relates. **A3**

If there is no identifiable component of the ore body to which that predecessor stripping asset relates, it shall be recognised in opening retained earnings at the beginning of the earliest period presented. **A4**

IFRIC INTERPRETATION 21

Levies

REFERENCES

- IAS 1 *Presentation of Financial Statements*
- IAS 8 *Accounting Policies, Changes in Accounting Estimates and Errors*
- IAS 12 *Income Taxes*
- IAS 20 *Accounting for Governments Grants and Disclosures of Government Assistance*
- IAS 24 *Related Party Disclosures*
- IAS 34 *Interim Financial Reporting*
- IAS 37 *Provisions, Contingent Liabilities and Contingent Assets*
- IFRIC 6 *Liabilities arising from Participating in a Specific Market—Waste Electrical and Electronic Equipment*

BACKGROUND

A government may impose a levy on an entity. The IFRS Interpretations Committee received requests for guidance on the accounting for levies in the financial statements of the entity that is paying the levy. The question relates to when to recognise a liability to pay a levy that is accounted for in accordance with IAS 37 *Provisions, Contingent Liabilities and Contingent Assets*. **1**

SCOPE

This Interpretation addresses the accounting for a liability to pay a levy if that liability is within the scope of IAS 37. It also addresses the accounting for a liability to pay a levy whose timing and amount is certain. **2**

This Interpretation does not address the accounting for the costs that arise from recognising a liability to pay a levy. Entities should apply other Standards to decide whether the recognition of a liability to pay a levy gives rise to an asset or an expense. **3**

4 Eine Abgabe im Sinne dieser Interpretation ist ein Ressourcenabfluss, der einen wirtschaftlichen Nutzen wider spiegelt und den die öffentliche Hand Unternehmen aufgrund von Rechtsvorschriften (d. h. gesetzlicher und/oder Regulierungsvorschriften) auferlegt. Dazu gehören weder

(a) Ressourcenabflüsse, die unter andere Standards fallen (wie Ertragsteuern, die unter IAS 12 *Ertragsteuern* fallen), noch
(b) Buß- oder andere Strafgelder, die bei Gesetzesverstößen verhängt werden.

Der Begriff „öffentliche Hand" bezeichnet Regierungsbehörden, Institutionen mit hoheitlichen Aufgaben und ähnliche Körperschaften, unabhängig davon, ob diese auf lokaler, nationaler oder internationaler Ebene angesiedelt sind.

5 Nicht unter die Definition von Abgabe fallen Zahlungen, die ein Unternehmen im Rahmen einer vertraglichen Vereinbarung mit der öffentlichen Hand für den Erwerb eines Vermögenswerts oder für die Erbringung von Dienstleistungen entrichtet.

6 Auf Verbindlichkeiten aus Emissionshandelssystemen müssen die Unternehmen diese Interpretation nicht anwenden.

FRAGESTELLUNGEN

7 Um klarzustellen, wie eine Verpflichtung zur Entrichtung einer Abgabe zu bilanzieren ist, werden in dieser Interpretation die folgenden Fragestellungen behandelt:

(a) Worin besteht das Ereignis, das eine Verpflichtung zur Entrichtung einer Abgabe auslöst?
(b) Führt der wirtschaftliche Zwang, die Geschäftstätigkeit in einer künftigen Periode fortzuführen, zu einer faktischen Verpflichtung, eine an die Geschäftstätigkeit in dieser künftigen Periode geknüpfte Abgabe zu entrichten?
(c) Bedeutet die Prämisse der Unternehmensfortführung, dass das Unternehmen gegenwärtig zur Zahlung einer Abgabe verpflichtet ist, die an die Geschäftstätigkeit in einer künftigen Periode geknüpft ist?
(d) Wird die Verpflichtung zur Entrichtung einer Abgabe zu einem bestimmten Zeitpunkt zu erfassen sein oder kann eine solche Verpflichtung unter bestimmten Umständen fortlaufend entstehen?
(e) Worin besteht das Ereignis, das bei Erreichen eines Mindestschwellenwerts eine Verpflichtung zur Entrichtung einer Abgabe auslöst?
(f) Gelten für die Erfassung einer Verpflichtung zur Entrichtung einer Abgabe im Jahresabschluss und im Zwischenbericht die gleichen Grundsätze?

BESCHLUSS

8 Das Ereignis, das eine Verpflichtung zur Entrichtung einer Abgabe auslöst, ist der Vorgang, an den die gesetzliche Vorschrift die Abgabe knüpft. Ist die Abgabe beispielsweise an die Erzielung von Erlösen in der laufenden Periode geknüpft und wird diese Abgabe anhand der in der vorangegangenen Periode erzielten Erlöse berechnet, so ist das verpflichtende Ereignis für diese Abgabe die Erzielung von Erlösen in der laufenden Periode. Die Erzielung von Erlösen in der vorangegangenen Periode ist für die Auslösung einer gegenwärtigen Verpflichtung zwar notwendig, aber nicht ausreichend.

9 Ein Unternehmen, das wirtschaftlich dazu gezwungen ist, seine Geschäftstätigkeit in einer künftigen Periode fortzuführen, ist faktisch nicht zur Entrichtung einer an die Geschäftstätigkeit in dieser künftigen Periode geknüpften Abgabe verpflichtet.

10 Die Erstellung eines Abschlusses unter der Prämisse der Unternehmensfortführung bedeutet für das Unternehmen nicht, dass es gegenwärtig zur Entrichtung einer an die Geschäftstätigkeit in einer künftigen Periode geknüpften Abgabe verpflichtet ist.

11 Erstreckt sich das verpflichtende Ereignis (d. h. der Vorgang, an den die gesetzliche Vorschrift die Entrichtung der Abgabe knüpft) über einen gewissen Zeitraum, so wird die Verpflichtung zur Entrichtung dieser Abgabe fortlaufend erfasst. Handelt es sich bei dem verpflichtenden Ereignis beispielsweise um die Erzielung von Erlösen über einen gewissen Zeitraum, so wird die entsprechende Verpflichtung bei Erzielung dieser Erlöse fortlaufend erfasst.

12 Ist eine Verpflichtung zur Entrichtung einer Abgabe an das Erreichen eines Mindestschwellenwerts geknüpft, so wird die aus dieser Verpflichtung resultierende Verbindlichkeit nach den in den Paragraphen 8–14 dieser Interpretation (und insbesondere in den Paragraphen 8 und 11) niedergelegten Grundsätzen bilanziert. Besteht das verpflichtende Ereignis beispielsweise im Erreichen eines auf die Geschäftstätigkeit bezogenen Mindestschwellenwerts (wie Mindesterlös, Mindestumsatz oder Mindestproduktion), so wird die entsprechende Verbindlichkeit bei Erreichen dieses Mindestschwellenwerts erfasst.

13 Bei Erstellung des Zwischenberichts ist beim Ansatz nach den gleichen Grundsätzen zu verfahren wie bei Erstellung des Jahresabschlusses. Infolgedessen ist eine Verpflichtung zur Entrichtung einer Abgabe im Zwischenbericht

For the purposes of this Interpretation, a levy is an outflow of resources embodying economic benefits that is imposed by governments on entities in accordance with legislation (i.e. laws and/or regulations), other than: 4

(a) those outflows of resources that are within the scope of other Standards (such as income taxes that are within the scope of IAS 12 Income Taxes); and
(b) fines or other penalties that are imposed for breaches of the legislation.

'Government' refers to government, government agencies and similar bodies whether local, national or international.

A payment made by an entity for the acquisition of an asset, or for the rendering of services under a contractual agreement with a government, does not meet the definition of a levy. 5

An entity is not required to apply this Interpretation to liabilities that arise from emissions trading schemes. 6

ISSUES

To clarify the accounting for a liability to pay a levy, this Interpretation addresses the following issues: 7

(a) what is the obligating event that gives rise to the recognition of a liability to pay a levy?
(b) does economic compulsion to continue to operate in a future period create a constructive obligation to pay a levy that will be triggered by operating in that future period?
(c) does the going concern assumption imply that an entity has a present obligation to pay a levy that will be triggered by operating in a future period?
(d) does the recognition of a liability to pay a levy arise at a point in time or does it, in some circumstances, arise progressively over time?
(e) what is the obligating event that gives rise to the recognition of a liability to pay a levy that is triggered if a minimum threshold is reached?
(f) are the principles for recognising in the annual financial statements and in the interim financial report a liability to pay a levy the same?

CONSENSUS

The obligating event that gives rise to a liability to pay a levy is the activity that triggers the payment of the levy, as identified by the legislation. For example, if the activity that triggers the payment of the levy is the generation of revenue in the current period and the calculation of that levy is based on the revenue that was generated in a previous period, the obligating event for that levy is the generation of revenue in the current period. The generation of revenue in the previous period is necessary, but not sufficient, to create a present obligation. 8

An entity does not have a constructive obligation to pay a levy that will be triggered by operating in a future period as a result of the entity being economically compelled to continue to operate in that future period. 9

The preparation of financial statements under the going concern assumption does not imply that an entity has a present obligation to pay a levy that will be triggered by operating in a future period. 10

The liability to pay a levy is recognised progressively if the obligating event occurs over a period of time (i.e. if the activity that triggers the payment of the levy, as identified by the legislation, occurs over a period of time). For example, if the obligating event is the generation of revenue over a period of time, the corresponding liability is recognised as the entity generates that revenue. 11

If an obligation to pay a levy is triggered when a minimum threshold is reached, the accounting for the liability that arises from that obligation shall be consistent with the principles established in paragraphs 8—14 of this Interpretation (in particular, paragraphs 8 and 11). For example, if the obligating event is the reaching of a minimum activity threshold (such as a minimum amount of revenue or sales generated or outputs produced), the corresponding liability is recognised when that minimum activity threshold is reached. 12

An entity shall apply the same recognition principles in the interim financial report that it applies in the annual financial statements. As a result, in the interim financial report, a liability to pay a levy: 13

(a) nicht anzusetzen, wenn am Ende der Zwischenberichtsperiode keine gegenwärtige Verpflichtung zur Entrichtung der Abgabe besteht, aber
(b) anzusetzen, wenn am Ende der Zwischenberichtsperiode eine gegenwärtige Verpflichtung zur Entrichtung der Abgabe besteht.

14 Hat das Unternehmen eine Abgabenvorauszahlung geleistet, ist aber gegenwärtig noch nicht zur Zahlung dieser Abgabe verpflichtet, so hat es einen Vermögenswert anzusetzen.

ANHANG A

Zeitpunkt des Inkrafttretens und Übergangsvorschriften

Dieser Anhang ist integraler Bestandteil der Interpretation und hat die gleiche bindende Kraft wie die anderen Teile der Interpretation.

A1 Diese Interpretation ist auf Geschäftsjahre anzuwenden, die am oder nach dem 1. Januar 2014 beginnen. Eine frühere Anwendung ist zulässig. Wendet ein Unternehmen diese Interpretation auf eine frühere Periode an, hat es dies anzugeben.

A2 Aus der erstmaligen Anwendung dieser Interpretation resultierende Änderungen bei den Rechnungslegungsmethoden sind gemäß IAS 8 *Rechnungslegungsmethoden, Änderungen von rechnungslegungsbezogenen Schätzungen und Fehler* rückwirkend anzuwenden.

IFRIC INTERPRETATION 22

Fremdwährungstransaktionen und im Voraus erbrachte oder erhaltene Gegenleistungen

VERWEISE

- *Rahmenkonzept für die Finanzberichterstattung*[1]
- IAS 8 *Rechnungslegungsmethoden, Änderungen von rechnungslegungsbezogenen Schätzungen und Fehler*
- IAS 21 *Auswirkungen von Wechselkursänderungen*

HINTERGRUND

1 Nach Paragraph 21 von IAS 21 *Auswirkungen von Wechselkursänderungen* ist das Unternehmen verpflichtet, eine Fremdwährungstransaktion erstmalig in der funktionalen Währung anzusetzen, indem es den Fremdwährungsbetrag mit dem am jeweiligen Tag des Geschäftsvorfalls gültigen Kassakurs zwischen der funktionalen Währung und der Fremdwährung umrechnet. Nach Paragraph 22 von IAS 21 ist der Tag des Geschäftsvorfalls der Tag, an dem der Geschäftsvorfall erstmals gemäß den IFRS (im Folgenden „Standards") ansetzbar ist.

2 Wenn ein Unternehmen eine Gegenleistung in Fremdwährung im Voraus erbringt oder erhält, setzt es im Allgemeinen einen nichtmonetären Vermögenswert oder eine nichtmonetäre Verbindlichkeit an, bevor der zugehörige Vermögenswert, Aufwand oder Ertrag erfasst wird[2]. Der zugehörige Vermögenswert, Aufwand oder Ertrag (oder ein Teil davon) entspricht dem Betrag, der gemäß den anwendbaren Standards bei der Ausbuchung des nichtmonetären Vermögenswerts oder der nichtmonetären Verbindlichkeit aus der im Voraus erbrachten oder erhaltenen Gegenleistung erfasst wird.

3 Das IFRIC wurde ersucht, Leitlinien zu der Frage zur Verfügung zu stellen, wie bei der Erfassung von Erlösen gemäß den Paragraphen 21–22 von IAS 21 der „Tag des Geschäftsvorfalls" zu bestimmen sei. Dabei ging es um den konkreten Fall, dass ein Unternehmen bei Erhalt einer Gegenleistung im Voraus eine nichtmonetäre Verbindlichkeit erfasste, bevor es den zugehörigen Erlös ansetzte. Bei seinen Beratungen stellte das IFRIC fest, dass im Voraus erhaltene oder erbrachte Gegenleistungen in Fremdwährung nicht auf Umsatztransaktionen beschränkt sind. Daher beschloss das IFRIC klarzustellen, wie der Tag des Geschäftsvorfalls festzulegen ist, der für die Bestimmung des Wechselkurses für die erstmalige Erfassung des zugehörigen Vermögenswerts, Aufwands oder Ertrags zugrunde zu legen ist, wenn ein Unternehmen eine Gegenleistung in Fremdwährung im Voraus erhält oder erbringt.

---

1 Dieses *Rahmenkonzept für die Finanzberichterstattung* wurde im Jahr 2010 herausgegeben und war zum Zeitpunkt der Ausarbeitung dieser Interpretation in Kraft.

(a) shall not be recognised if there is no present obligation to pay the levy at the end of the interim reporting period; and
(b) shall be recognised if a present obligation to pay the levy exists at the end of the interim reporting period.

An entity shall recognise an asset if it has prepaid a levy but does not yet have a present obligation to pay that levy. 14

APPENDIX A

Effective date and transition

This appendix is an integral part of the Interpretation and has the same authority as the other parts of the Interpretation.

An entity shall apply this Interpretation for annual periods beginning on or after 1 January 2014. Earlier application is permitted. If an entity applies this Interpretation for an earlier period, it shall disclose that fact. A1

Changes in accounting policies resulting from the initial application of this Interpretation shall be accounted for retrospectively in accordance with IAS 8 *Accounting Policies, Changes in Accounting Estimates and Errors.* A2

IFRIC INTERPRETATION 22

Foreign Currency Transactions and Advance Consideration

REFERENCES

- The Conceptual Framework for Financial Reporting[1]
- IAS 8 *Accounting Policies, Changes in Accounting Estimates and Errors*
- IAS 21 *The Effects of Changes in Foreign Exchange Rates*

BACKGROUND

Paragraph 21 of IAS 21 T*he Effects of Changes in Foreign Exchange Rates* requires an entity to record a foreign currency transaction, on initial recognition in its functional currency, by applying to the foreign currency amount the spot exchange rate between the functional currency and the foreign currency (the exchange rate) at the date of the transaction. Paragraph 22 of IAS 21 states that the date of the transaction is the date on which the transaction first qualifies for recognition in accordance with IFRS Standards (Standards). 1

When an entity pays or receives consideration in advance in a foreign currency, it generally recognises a non-monetary asset or non-monetary liability[2] before the recognition of the related asset, expense or income. The related asset, expense or income (or part of it) is the amount recognised applying relevant Standards, which results in the derecognition of the non-monetary asset or non-monetary liability arising from the advance consideration. 2

The IFRS Interpretations Committee (the Interpretations Committee) initially received a question asking how to determine 'the date of the transaction' applying paragraphs 21—22 of IAS 21 when recognising revenue. The question specifically addressed circumstances in which an entity recognises a non-monetary liability arising from the receipt of advance consideration before it recognises the related revenue. In discussing the issue, the Interpretations Committee noted that the receipt or payment of advance consideration in a foreign currency is not restricted to revenue transactions. Accordingly, the Interpretations Committee decided to clarify the date of the transaction for the purpose of determining the exchange rate to use on initial recognition of the related asset, expense or income when an entity has received or paid advance consideration in a foreign currency. 3

1 The reference is to the *Conceptual Framework for Financial Reporting*, issued in 2010 and in effect when the Interpretation was developed.

ANWENDUNGSBEREICH

4 Diese Interpretation gilt für Fremdwährungstransaktionen (oder einen Teil davon), wenn ein Unternehmen einen nichtmonetären Vermögenswert oder eine nichtmonetäre Verbindlichkeit für eine im Voraus erbrachte oder erhaltene Gegenleistung ansetzt, bevor es den zugehörigen Vermögenswert, Aufwand oder Ertrag (oder einen Teil davon) erfasst.

5 Diese Interpretation gilt nicht, wenn ein Unternehmen die zugehörigen Vermögenswerte, Aufwendungen oder Erträge beim erstmaligen Ansatz
(a) zum beizulegenden Zeitwert bewertet oder
(b) zum beizulegenden Zeitwert der Gegenleistung, die zu einem anderen Zeitpunkt als dem Zeitpunkt des erstmaligen Ansatzes des nichtmonetären Vermögenswerts oder der nichtmonetären Verbindlichkeit erbracht oder erhalten wurde, (beispielsweise bei der Bewertung des Geschäfts- oder Firmenwerts gemäß IFRS 3 *Unternehmenszusammenschlüsse*) bewertet.

6 Die Anwendung dieser Interpretation ist für die Unternehmen nicht verpflichtend bei
(a) Ertragsteuern oder
(b) Versicherungsverträgen (einschließlich Rückversicherungsverträgen), die es ausgibt, und Rückversicherungsverträgen, die es hält.

FRAGESTELLUNG

7 Diese Interpretation betrifft die Frage, wie bei der Ausbuchung eines nichtmonetären Vermögenswerts oder einer nichtmonetären Verbindlichkeit für die im Voraus erbrachte oder erhaltene Gegenleistung in Fremdwährung der Tag des Geschäftsvorfalls festzulegen ist, der für die Bestimmung des Wechselkurses für die erstmalige Erfassung des zugehörigen Vermögenswerts, Aufwands oder Ertrags (oder eines Teils davon) heranzuziehen ist.

BESCHLUSS

8 In Anwendung der Paragraphen 21–22 von IAS 21 ist der Tag des Geschäftsvorfalls zum Zweck der Bestimmung des Wechselkurses, der für die erstmalige Erfassung des zugehörigen Vermögenswerts, Aufwands oder Ertrags (oder eines Teils davon) zu verwenden ist, der Zeitpunkt, zu dem ein Unternehmen erstmalig einen nichtmonetären Vermögenswert oder eine nichtmonetäre Verbindlichkeit für die im Voraus erbrachte oder erhaltene Gegenleistung ansetzt.

9 Werden mehrere Gegenleistungen im Voraus erbracht oder erhalten, so bestimmt das Unternehmen für jede im Voraus erbrachte oder erhaltene Gegenleistung den Tag des Geschäftsvorfalls.

ANHANG A

Zeitpunkt des Inkrafttretens und Übergangsvorschriften

Dieser Anhang ist integraler Bestandteil von IFRIC 22 und hat die gleiche bindende Kraft wie die anderen Teile von IFRIC 22.

ZEITPUNKT DES INKRAFTTRETENS

A1 Diese Interpretation ist auf Geschäftsjahre anzuwenden, die am oder nach dem 1. Januar 2018 beginnen. Eine frühere Anwendung ist zulässig. Wendet ein Unternehmen diese Interpretation auf eine frühere Periode an, hat es dies anzugeben.

ÜBERGANGSVORSCHRIFTEN

A2 Erstanwender wenden diese Interpretation wie folgt an:
(a) rückwirkend unter Anwendung von IAS 8 *Rechnungslegungsmethoden, Änderungen von rechnungslegungsbezogenen Schätzungen und Fehler* oder

2 Gemäß Paragraph 106 von IFRS 15 *Erlöse aus Verträgen mit Kunden* ist ein Unternehmen beispielsweise in dem Fall, in dem ein Kunde eine Gegenleistung zahlt oder es selbst vor Übertragung des Guts oder der Dienstleistung auf den Kunden einen unbedingten Anspruch auf eine bestimmte Gegenleistung (d. h. eine Forderung) hat, verpflichtet, den Vertrag als Vertragsverbindlichkeit auszuweisen, sobald die Zahlung geleistet oder fällig wird (je nachdem, welches von beidem früher eintritt).

SCOPE

This Interpretation applies to a foreign currency transaction (or part of it) when an entity recognises a non-monetary asset or non-monetary liability arising from the payment or receipt of advance consideration before the entity recognises the related asset, expense or income (or part of it). 4

This Interpretation does not apply when an entity measures the related asset, expense or income on initial recognition: 5
(a) at fair value; or
(b) at the fair value of the consideration paid or received at a date other than the date of initial recognition of the non-monetary asset or non-monetary liability arising from advance consideration (for example, the measurement of goodwill applying IFRS 3 *Business Combinations*).

An entity is not required to apply this Interpretation to: 6
(a) income taxes; or
(b) insurance contracts (including reinsurance contracts) that it issues or reinsurance contracts that it holds.

ISSUE

This Interpretation addresses how to determine the date of the transaction for the purpose of determining the exchange rate to use on initial recognition of the related asset, expense or income (or part of it) on the derecognition of a non-monetary asset or non-monetary liability arising from the payment or receipt of advance consideration in a foreign currency. 7

CONSENSUS

Applying paragraphs 21—22 of IAS 21, the date of the transaction for the purpose of determining the exchange rate to use on initial recognition of the related asset, expense or income (or part of it) is the date on which an entity initially recognises the non-monetary asset or non-monetary liability arising from the payment or receipt of advance consideration. 8

If there are multiple payments or receipts in advance, the entity shall determine a date of the transaction for each payment or receipt of advance consideration. 9

APPENDIX A

Effective date and transition

This Appendix is an integral part of IFRIC 22 and has the same authority as the other parts of IFRIC 22.

EFFECTIVE DATE

An entity shall apply this Interpretation for annual reporting periods beginning on or after 1 January 2018. Earlier application is permitted. If an entity applies this Interpretation for an earlier period, it shall disclose that fact. A1

TRANSITION

On initial application, an entity shall apply this Interpretation either: A2
(a) retrospectively applying IAS 8 *Accounting Policies, Changes in Accounting Estimates and Errors*; or

2 For example, paragraph 106 of IFRS 15 *Revenue from Contracts with Customers* requires that if a customer pays consideration, or an entity has a right to an amount of consideration that is unconditional (i.e. a receivable), before the entity transfers a good or service to the customer, the entity shall present the contract as a contract liability when the payment is made or the payment is due (whichever is earlier).

(b) vorausschauend auf alle in den Anwendungsbereich dieser Interpretation fallenden Vermögenswerte, Aufwendungen und Erträge, die zu oder nach einem der folgenden Zeitpunkte erstmals erfasst werden:
   (i) Beginn der Berichtsperiode, auf die das Unternehmen die Interpretation erstmals anwendet, oder
   (ii) Beginn einer vorhergehenden Berichtsperiode, die im Abschluss derjenigen Berichtsperiode, auf die das Unternehmen die Interpretation erstmals anwendet, als Vergleichsinformation dargestellt wird.

A3 Wendet das Unternehmen Paragraph A2 (b) an, so wendet es die Interpretation bei der erstmaligen Anwendung auf Vermögenswerte, Aufwendungen und Erträge an, die zu oder nach Beginn einer Berichtsperiode gemäß Paragraph A2 (b) (i) oder (ii), in der es nichtmonetäre Vermögenswerte oder nichtmonetäre Verbindlichkeiten für vor diesem Zeitpunkt erbrachte oder erhaltene Gegenleistungen erfasst hat, erstmals angesetzt werden.

ANHANG B

Die in diesem Anhang enthaltene Änderung ist auf Geschäftsjahre anzuwenden, die am oder nach dem 1. Januar 2018 beginnen. Wendet ein Unternehmen diese Interpretation früher an, so hat es auch diese Änderung für jene frühere Periode anzuwenden.

IFRIC INTERPRETATION 23
Unsicherheit bezüglich der ertragsteuerlichen Behandlung

VERWEISE

- IAS 1 *Darstellung des Abschlusses*
- IAS 8 *Rechnungslegungsmethoden, Änderungen von rechnungslegungsbezogenen Schätzungen und Fehler*
- IAS 10 *Ereignisse nach dem Abschlussstichtag*
- IAS 12 *Ertragsteuern*

HINTERGRUND

1 IAS 12 *Ertragsteuern* enthält Vorschriften in Bezug auf tatsächliche und latente Steueransprüche und Steuerschul den. Die Vorschriften von IAS 12 sind auf der Grundlage der geltenden Steuerrechtsvorschriften anzuwenden.

2 Wie das Steuerrecht auf einen bestimmten Geschäftsvorfall oder Umstand anzuwenden ist, lässt sich möglicherweise nicht immer eindeutig bestimmen. Ob eine bestimmte steuerliche Behandlung nach dem Steuerrecht akzeptiert werden kann, ist möglicherweise solange nicht bekannt, bis die zuständige Steuerbehörde oder ein Gericht eine Entscheidung fällt. Daher kann sich die Anfechtung einer bestimmten steuerlichen Behandlung oder deren Prüfung durch die Steuerbehörde auf die Bilanzierung der tatsächlichen oder latenten Steueransprüche oder Steuerschulden des Unternehmens auswirken.

3 In dieser Interpretation werden die folgenden Begriffe verwendet:
(a) „steuerliche Behandlung" bezeichnet die Behandlung, die ein Unternehmen bei seinen Ertragsteuererklärungen verwendet hat oder zu verwenden beabsichtigt,
(b) „Steuerbehörde" bezeichnet die Stelle oder Stellen, die entscheidet bzw. entscheiden, ob eine steuerliche Behandlung nach dem Steuerrecht akzeptiert werden kann; dies schließt auch Gerichte ein,
(c) „unsichere steuerliche Behandlung" bezeichnet eine steuerliche Behandlung, bei der unsicher ist, ob die zuständige Steuerbehörde sie nach dem Steuerrecht akzeptieren wird; so ist beispielsweise die Entscheidung des Unternehmens, in einem Steuerhoheitsgebiet keine Ertragsteuer zu erklären oder bestimmte Erträge nicht im zu versteuernden Gewinn zu erfassen, eine unsichere steuerliche Behandlung, solange unsicher ist, ob diese Behandlung nach dem Steuerrecht akzeptiert werden kann.

ANWENDUNGSBEREICH

4 Mit dieser Interpretation wird geklärt, wie die in IAS 12 festgelegten Ansatz- und Bewertungsvorschriften anzuwenden sind, wenn Unsicherheit bezüglich der ertragsteuerlichen Behandlung besteht. Das Unternehmen hat in solchen Fällen seine tatsächlichen und latenten Steueransprüche und Steuerschulden unter Anwendung der Vorschriften von IAS 12

(b) prospectively to all assets, expenses and income in the scope of the Interpretation initially recognised on or after:
   (i) the beginning of the reporting period in which the entity first applies the Interpretation; or
   (ii) the beginning of a prior reporting period presented as comparative information in the financial statements of the reporting period in which the entity first applies the Interpretation.

An entity that applies paragraph A2 (b) shall, on initial application, apply the Interpretation to assets, expenses and income initially recognised on or after the beginning of the reporting period in paragraph A2 (b) (i) or (ii) for which the entity has recognised non-monetary assets or non-monetary liabilities arising from advance consideration before that date. A3

APPENDIX B

The amendment in this Appendix shall be applied for annual reporting periods beginning on or after 1 January 2018. If an entity applies this Interpretation for an earlier period this amendment shall be applied for that earlier period.

IFRIC INTERPRETATION 23

Uncertainty over income tax treatments

REFERENCES

— IAS 1 *Presentation of Financial Statements*
— IAS 8 *Accounting Policies, Changes in Accounting Estimates and Errors*
— IAS 10 *Events after the Reporting Period*
— IAS 12 *Income Taxes*

BACKGROUND

IAS 12 *Income Taxes* specifies requirements for current and deferred tax assets and liabilities. An entity applies the requirements in IAS 12 based on applicable tax laws. 1

It may be unclear how tax law applies to a particular transaction or circumstance. The acceptability of a particular tax treatment under tax law may not be known until the relevant taxation authority or a court takes a decision in the future. Consequently, a dispute or examination of a particular tax treatment by the taxation authority may affect an entity's accounting for a current or deferred tax asset or liability. 2

In this Interpretation: 3
(a) 'tax treatments' refers to the treatments used by an entity or that it plans to use in its income tax filings.
(b) 'taxation authority' refers to the body or bodies that decide whether tax treatments are acceptable under tax law. This might include a court.
(c) an 'uncertain tax treatment' is a tax treatment for which there is uncertainty over whether the relevant taxation authority will accept the tax treatment under tax law. For example, an entity's decision not to submit any income tax filing in a tax jurisdiction, or not to include particular income in taxable profit, is an uncertain tax treatment if its acceptability is uncertain under tax law.

SCOPE

This Interpretation clarifies how to apply the recognition and measurement requirements in IAS 12 when there is uncertainty over income tax treatments. In such a circumstance, an entity shall recognise and measure its current or deferred 4

anzusetzen und zu bewerten und dafür die nach Maßgabe dieser Interpretation ermittelten Werte des zu versteuernden Gewinns (bzw. steuerlichen Verlusts), der steuerlichen Basis, der ungenutzten steuerlichen Verluste und Steuergutschriften sowie der Steuersätze zugrunde zu legen.

FRAGESTELLUNGEN

5 Im Falle von Unsicherheit bezüglich der ertragsteuerlichen Behandlung regelt diese Interpretation,

(a) ob das Unternehmen unsichere steuerliche Behandlungen gesondert zu berücksichtigen hat,

(b) welche Annahmen das Unternehmen bezüglich der Prüfung der steuerlichen Behandlung durch die Steuerbehörde zugrunde zu legen hat,

(c) wie das Unternehmen den zu versteuernden Gewinn (den steuerlichen Verlust), die steuerliche Basis, die ungenutzten steuerlichen Verluste und Steuergutschriften und die Steuersätze zu bestimmen hat, und

(d) wie das Unternehmen geänderte Fakten und Umstände zu berücksichtigen hat.

BESCHLUSS

Gesonderte Berücksichtigung unsicherer steuerlicher Behandlungen

6 Bei der Frage, ob eine unsichere steuerliche Behandlung gesondert oder zusammen mit einer oder mehreren anderen unsicheren steuerlichen Behandlungen zu berücksichtigen ist, wählt das Unternehmen diejenige Option, die sich im Hinblick auf die voraussichtliche Auflösung der Unsicherheit besser eignet. Zur Bestimmung der Option, die sich im Hinblick auf die voraussichtliche Auflösung der Unsicherheit besser eignet, kann das Unter nehmen beispielsweise berücksichtigen, (a) wie es seine Ertragssteuererklärungen erstellt und seine steuerlichen Behandlungen begründet oder (b) wie die Steuerbehörde nach Einschätzung des Unternehmens die Prüfung vornehmen und die dabei möglicherweise festgestellten Probleme lösen wird.

7 Fasst das Unternehmen in Anwendung von Paragraph 6 mehrere unsichere steuerliche Behandlungen zusammen, so bezeichnet der Ausdruck „unsichere steuerliche Behandlung" in dieser Interpretation die gesamte Gruppe dieser unsicheren steuerlichen Behandlungen.

Prüfung durch die Steuerbehörde

8 Bei der Beurteilung, ob und wie sich eine unsichere steuerliche Behandlung auf die Bestimmung des zu versteuernden Gewinns (bzw. steuerlichen Verlusts), der steuerlichen Basis, der ungenutzten steuerlichen Verluste und Steuergutschriften und der Steuersätze auswirkt, hat das Unternehmen davon auszugehen, dass die Steuerbehörde sämtliche Beträge prüfen wird, zu deren Prüfung sie befugt ist, und dass sie für deren Prüfung über sämtliche einschlägigen Informationen verfügt.

Bestimmung des zu versteuernden Gewinns (steuerlichen Verlusts), der steuerlichen Basis, der ungenutzten steuerlichen Verluste und Steuergutschriften und der Steuersätze

9 Das Unternehmen hat zu beurteilen, ob es wahrscheinlich ist, dass die Steuerbehörde eine unsichere steuerliche Behandlung akzeptiert.

10 Ist es nach Einschätzung des Unternehmens wahrscheinlich, dass die Steuerbehörde eine unsichere steuerliche Behandlung akzeptiert, so hat das Unternehmen den zu versteuernden Gewinn (steuerlichen Verlust), die steuerliche Basis, die ungenutzten steuerlichen Verluste und Steuergutschriften und die Steuersätze gemäß der steuerlichen Behandlung zu bestimmen, die es in seinen Ertragsteuererklärungen verwendet hat bzw. zu verwenden beabsichtigt.

11 Ist es nach Einschätzung des Unternehmens unwahrscheinlich, dass die Steuerbehörde eine unsichere steuerliche Behandlung akzeptiert, so hat das Unternehmen bei der Bestimmung des zu versteuernden Gewinns (steuerlichen Verlusts), der steuerlichen Basis, der ungenutzten steuerlichen Verluste und Steuergutschriften und der Steuersätze die Auswirkung der Unsicherheit zu berücksichtigen. Zur Berücksichtigung der Auswirkung der Unsicherheit hat das Unternehmen auf jede unsichere steuerliche Behandlung diejenige der beiden folgenden Methoden anzuwenden, die sich seiner Einschätzung nach im Hinblick auf die voraussichtliche Auflösung der Unsicherheit besser eignet:

(a) Methode des wahrscheinlichsten Betrags – derjenige Betrag, der innerhalb der Vielzahl möglicher Ergebnisse am wahrscheinlichsten ist; diese Methode eignet sich möglicherweise besser für die Vorhersage der Auflösung der Unsicherheit, wenn die möglichen Ergebnisse binär sind oder sich auf einen Wert konzentrieren,

(b) Erwartungswertmethode – die Summe der wahrscheinlichkeitsgewichteten Beträge innerhalb der Vielzahl möglicher Ergebnisse; diese Methode eignet sich möglicherweise besser für die Vorhersage der Auflösung der Unsicherheit, wenn es eine Vielzahl möglicher Ergebnisse gibt, die weder binär sind noch sich auf einen Wert konzentrieren.

tax asset or liability applying the requirements in IAS 12 based on taxable profit (tax loss), tax bases, unused tax losses, unused tax credits and tax rates determined applying this Interpretation.

ISSUES

When there is uncertainty over income tax treatments, this Interpretation addresses: 5
(a) whether an entity considers uncertain tax treatments separately;
(b) the assumptions an entity makes about the examination of tax treatments by taxation authorities;
(c) how an entity determines taxable profit (tax loss), tax bases, unused tax losses, unused tax credits and tax rates; and
(d) how an entity considers changes in facts and circumstances.

CONSENSUS

Whether an entity considers uncertain tax treatments separately

An entity shall determine whether to consider each uncertain tax treatment separately or together with one or more other uncertain tax treatments based on which approach better predicts the resolution of the uncertainty. In determining the approach that better predicts the resolution of the uncertainty, an entity might consider, for example, (a) how it prepares its income tax filings and supports tax treatments; or (b) how the entity expects the taxation authority to make its examination and resolve issues that might arise from that examination. 6

If, applying paragraph 6, an entity considers more than one uncertain tax treatment together, the entity shall read references to an 'uncertain tax treatment' in this Interpretation as referring to the group of uncertain tax treatments considered together. 7

Examination by taxation authorities

In assessing whether and how an uncertain tax treatment affects the determination of taxable profit (tax loss), tax bases, unused tax losses, unused tax credits and tax rates, an entity shall assume that a taxation authority will examine amounts it has a right to examine and have full knowledge of all related information when making those examinations. 8

Determination of taxable profit (tax loss), tax bases, unused tax losses, unused tax credits and tax rates

An entity shall consider whether it is probable that a taxation authority will accept an uncertain tax treatment. 9

If an entity concludes it is probable that the taxation authority will accept an uncertain tax treatment, the entity shall determine the taxable profit (tax loss), tax bases, unused tax losses, unused tax credits or tax rates consistently with the tax treatment used or planned to be used in its income tax filings. 10

If an entity concludes it is not probable that the taxation authority will accept an uncertain tax treatment, the entity shall reflect the effect of uncertainty in determining the related taxable profit (tax loss), tax bases, unused tax losses, unused tax credits or tax rates. An entity shall reflect the effect of uncertainty for each uncertain tax treatment by using either of the following methods, depending on which method the entity expects to better predict the resolution of the uncertainty: 11
(a) the most likely amount—the single most likely amount in a range of possible outcomes. The most likely amount may better predict the resolution of the uncertainty if the possible outcomes are binary or are concentrated on one value.
(b) the expected value—the sum of the probability-weighted amounts in a range of possible outcomes. The expected value may better predict the resolution of the uncertainty if there is a range of possible outcomes that are neither binary nor concentrated on one value.

12 Wenn sich eine unsichere steuerliche Behandlung sowohl auf tatsächliche als auch auf latente Steuern auswirkt (wenn sie sich z. B. sowohl auf den zu versteuernden Gewinn, auf dessen Grundlage die tatsächliche Steuer ermittelt wird, als auch auf die steuerliche Basis, die zur Ermittlung der latenten Steuern herangezogen wird, auswirkt), hat das Unternehmen für beide Steuern konsistente Ermessensentscheidungen zu fällen und Schätzungen vorzunehmen.

Geänderte Fakten und Umstände

13 Falls sich die einer Ermessensentscheidung oder Schätzung zugrunde liegenden Fakten oder Umstände ändern oder Informationen bekannt werden, die sich auf diese Ermessensentscheidung oder Schätzung auswirken, hat das Unternehmen die nach Maßgabe dieser Interpretation erforderliche Ermessensentscheidung oder Schätzung zu überprüfen. Geänderte Fakten und Umstände können beispielsweise bewirken, dass das Unternehmen hinsichtlich der voraussichtlich akzeptierten steuerlichen Behandlung zu einer anderen Schlussfolgerung und/oder hinsichtlich der von ihm geschätzten Auswirkung der Unsicherheit zu einem anderen Ergebnis gelangt. Die Paragraphen A1–A3 enthalten Leitlinien für die Berücksichtigung geänderter Fakten und Umstände.

14 Das Unternehmen hat die Auswirkungen von geänderten Fakten und Umständen oder von neuen Informationen gemäß IAS 8 *Rechnungslegungsmethoden, Änderungen von rechnungslegungsbezogenen Schätzungen und Fehler* als Änderung einer rechnungslegungsbezogenen Schätzung zu erfassen. Das Unternehmen hat IAS 10 *Ereignisse nach dem Abschlussstichtag* anzuwenden, um zu beurteilen, ob es sich bei einer nach dem Abschlussstichtag eingetretenen Änderung um ein zu berücksichtigendes oder nicht zu berücksichtigendes Ereignis handelt.

ANHANG A

Anwendungsleitlinien

Dieser Anhang ist integraler Bestandteil von IFRIC 23 und hat die gleiche bindende Kraft wie die anderen Teile von IFRIC 23.

Geänderte Fakten und Umstände (Paragraph 13)

A1 Bei der Anwendung von Paragraph 13 dieser Interpretation hat das Unternehmen die Relevanz und Auswirkung der geänderten Fakten und Umstände oder neuen Informationen vor dem Hintergrund des anwendbaren Steuerrechts zu beurteilen. Beispielsweise könnte ein bestimmtes Ereignis dazu führen, dass eine in Bezug auf eine steuerliche Behandlung getroffene Ermessensentscheidung oder vorgenommene Schätzung neu zu bewerten ist, während dies bei einer anderen steuerlichen Behandlung, die anderen Steuerrechtsvorschriften unterliegt, nicht der Fall sein mag.

A2 Beispiele für geänderte Fakten und Umstände oder neue Informationen, die je nach den Umständen eine Neubewertung einer Ermessensentscheidung oder einer Schätzung nach dieser Interpretation erforderlich machen, sind unter anderem:

(a) Prüfungen oder Maßnahmen einer Steuerbehörde wie:
   - (i) die Genehmigung oder Ablehnung der Steuerbehörde in Bezug auf die vom Unternehmen verwendete steuerliche Behandlung oder eine ähnliche steuerliche Behandlung,
   - (ii) die Information darüber, dass die Steuerbehörde eine von einem anderen Unternehmen verwendete ähnliche steuerliche Behandlung genehmigt oder abgelehnt hat, und
   - (iii) die Information über den bei einer ähnlichen steuerlichen Behandlung erhaltenen oder gezahlten Betrag,

(b) Änderungen bei den von der Steuerbehörde festgelegten Vorschriften,

(c) das Ende der Befugnis der Steuerbehörde im Hinblick auf die Prüfung oder erneute Prüfung einer steuerlichen Behandlung.

A3 Der alleinige Umstand, dass eine Steuerbehörde eine steuerliche Behandlung weder genehmigt noch abgelehnt hat, ist eher nicht als eine Änderung der Fakten und Umstände oder als neue Information anzusehen, die sich auf die nach Maßgabe dieser Interpretation erforderlichen Ermessensentscheidungen oder Schätzungen auswirkt.

Angaben

A4 Im Falle von Unsicherheit bezüglich der ertragsteuerlichen Behandlung hat das Unternehmen zu bestimmen, ob es

(a) in Anwendung von Paragraph 122 von IAS 1 *Darstellung des Abschlusses* die Ermessensentscheidungen angibt, die es bei der Bestimmung des zu versteuernden Gewinns (bzw. steuerlichen Verlusts), der steuerlichen Basis, der ungenutzten steuerlichen Verluste und Steuergutschriften und der Steuersätze getroffen hat, und

(b) in Anwendung der Paragraphen 125–129 von IAS 1 Angaben zu den Annahmen und Schätzungen macht, die es bei der Bestimmung des zu versteuernden Gewinns (bzw. steuerlichen Verlusts), der steuerlichen Basis, der ungenutzten steuerlichen Verluste und Steuergutschriften und der Steuersätze zugrunde gelegt hat.

If an uncertain tax treatment affects current tax and deferred tax (for example, if it affects both taxable profit used to determine current tax and tax bases used to determine deferred tax), an entity shall make consistent judgements and estimates for both current tax and deferred tax. 12

Changes in facts and circumstances

An entity shall reassess a judgement or estimate required by this Interpretation if the facts and circumstances on which the judgement or estimate was based change or as a result of new information that affects the judgement or estimate. For example, a change in facts and circumstances might change an entity's conclusions about the acceptability of a tax treatment or the entity's estimate of the effect of uncertainty, or both. Paragraphs A1—A3 set out guidance on changes in facts and circumstances. 13

An entity shall reflect the effect of a change in facts and circumstances or of new information as a change in accounting estimate applying IAS 8 *Accounting Policies, Changes in Accounting Estimates and Errors.* An entity shall apply IAS 10 *Events after the Reporting Period* to determine whether a change that occurs after the reporting period is an adjusting or non-adjusting event. 14

APPENDIX A

Application Guidance

This appendix is an integral part of IFRIC 23 and has the same authority as the other parts of IFRIC 23.

Changes In Facts And Circumstances (Paragraph 13)

In applying paragraph 13 of this Interpretation, an entity shall assess the relevance and effect of a change in facts and circumstances or of new information in the context of applicable tax laws. For example, a particular event might result in the reassessment of a judgement or estimate made for one tax treatment but not another, if those tax treatments are subject to different tax laws. A1

Examples of changes in facts and circumstances or new information that, depending on the circumstances, can result in the reassessment of a judgement or estimate required by this Interpretation include, but are not limited to, the following: A2

(a) examinations or actions by a taxation authority. For example:
    (i) agreement or disagreement by the taxation authority with the tax treatment or a similar tax treatment used by the entity;
    (ii) information that the taxation authority has agreed or disagreed with a similar tax treatment used by another entity; and
    (iii) information about the amount received or paid to settle a similar tax treatment.
(b) changes in rules established by a taxation authority.
(c) the expiry of a taxation authority's right to examine or re-examine a tax treatment.

The absence of agreement or disagreement by a taxation authority with a tax treatment, in isolation, is unlikely to constitute a change in facts and circumstances or new information that affects the judgements and estimates required by this Interpretation. A3

Disclosure

When there is uncertainty over income tax treatments, an entity shall determine whether to disclose: A4

(a) judgements made in determining taxable profit (tax loss), tax bases, unused tax losses, unused tax credits and tax rates applying paragraph 122 of IAS 1 *Presentation of Financial Statements*; and
(b) information about the assumptions and estimates made in determining taxable profit (tax loss), tax bases, unused tax losses, unused tax credits and tax rates applying paragraphs 125—129 of IAS 1.

A5 Ist es nach Einschätzung des Unternehmens wahrscheinlich, dass die Steuerbehörde eine unsichere steuerliche Behandlung akzeptiert, so hat das Unternehmen festzulegen, ob es die potenzielle Auswirkung der Unsicherheit in Anwendung von Paragraph 88 von IAS 12 als steuerbezogene Eventualverbindlichkeit bzw. -forderung ausweist.

ANHANG B

Zeitpunkt des Inkrafttretens und Übergangsvorschriften

Dieser Anhang ist integraler Bestandteil von IFRIC 23 und hat die gleiche bindende Kraft wie die anderen Teile von IFRIC 23.

Zeitpunkt des Inkrafttretens

B1 Diese Interpretation ist auf Geschäftsjahre anzuwenden, die am oder nach dem 1. Januar 2019 beginnen. Eine frühere Anwendung ist zulässig. Wendet ein Unternehmen diese Interpretation auf eine frühere Periode an, hat es dies anzugeben.

Übergangsvorschriften

B2 Erstanwender wenden diese Interpretation wie folgt an:

(a) rückwirkend unter Anwendung von IAS 8, wenn dies ohne Verwendung nachträglicher Erkenntnisse möglich ist, oder

(b) rückwirkend mit Erfassung der kumulierten Auswirkungen der erstmaligen Anwendung der Interpretation zum Zeitpunkt der Erstanwendung; wählt das Unternehmen diese Übergangsregelung, so hat es keine Anpassung von Vergleichsinformationen vorzunehmen; stattdessen bilanziert es die kumulierte Auswirkung der erstmaligen Anwendung der Interpretation als Anpassung des Eröffnungssaldos der Gewinnrücklagen (oder – soweit sachgerecht – einer sonstigen Eigenkapitalkomponente); Zeitpunkt der erstmaligen Anwendung ist der Beginn der Berichtsperiode, in der das Unternehmen diese Interpretation zum ersten Mal anwendet.

If an entity concludes it is probable that a taxation authority will accept an uncertain tax treatment, the entity shall determine whether to disclose the potential effect of the uncertainty as a tax-related contingency applying paragraph 88 of IAS 12. **A5**

APPENDIX B

Effective date and transition

This appendix is an integral part of IFRIC 23 and has the same authority as the other parts of IFRIC 23.

Effective Date

An entity shall apply this Interpretation for annual reporting periods beginning on or after 1 January 2019. Earlier application is permitted. If an entity applies this Interpretation for an earlier period, it shall disclose that fact. **B1**

Transition

On initial application, an entity shall apply this Interpretation either: **B2**

(a) retrospectively applying IAS 8, if that is possible without the use of hindsight; or

(b) retrospectively with the cumulative effect of initially applying the Interpretation recognised at the date of initial application. If an entity selects this transition approach, it shall not restate comparative information. Instead, the entity shall recognise the cumulative effect of initially applying the Interpretation as an adjustment to the opening balance of retained earnings (or other component of equity, as appropriate). The date of initial application is the beginning of the annual reporting period in which an entity first applies this Interpretation.

SIC INTERPRETATION 7
Einführung des Euro

VERWEISE

- IAS 1 *Darstellung des Abschlusses* (überarbeitet 2007)
- IAS 8 *Rechnungslegungsmethoden, Änderungen von rechnungslegungsbezogenen Schätzungen und Fehler*
- IAS 10 *Ereignisse nach dem Abschlussstichtag*
- IAS 21 *Auswirkungen von Wechselkursänderungen* (überarbeitet 2003)
- IAS 27 *[Konzern- und] Einzelabschlüsse* (geändert 2008)

FRAGESTELLUNG

1 Ab dem 1. Januar 1999, dem Zeitpunkt des Inkrafttretens der Wirtschafts- und Währungsunion (WWU), wird der Euro eine Währung eigenen Rechts werden und die Wechselkurse zwischen dem Euro und den teilnehmenden nationalen Währungen werden unwiderruflich festgelegt, d. h. das Risiko nachfolgender Währungsdifferenzen hin sichtlich dieser Währungen ist ab diesem Tag beseitigt.

2 Diese Interpretation betrifft die Frage, wie IAS 21 auf die Umstellung von nationalen Währungen teilnehmender Mitgliedstaaten der Europäischen Union auf den Euro („die Umstellung") anzuwenden ist.

BESCHLUSS

3 Die Vorschriften von IAS 21 bezüglich der Umrechnung von Fremdwährungstransaktionen und Abschlüssen ausländischer Geschäftsbetriebe sind streng auf die Umstellung anzuwenden. Der gleiche Grundgedanke gilt für die Festlegung von Wechselkursen, wenn Länder in späteren Phasen der WWU beitreten.

4 Daraus folgt im Besonderen:

(a) aus Geschäftsvorfällen resultierende monetäre Vermögenswerte und Schulden in Fremdwährung sind weiterhin zum Stichtagskurs in die funktionale Währung umzurechnen; etwaige Umrechnungsdifferenzen, die sich dabei ergeben, sind sofort als Ertrag oder Aufwand zu erfassen, mit der Ausnahme, dass das Unternehmen für Gewinne und Verluste aus der Währungsumrechnung, die aus der Absicherung des Währungsrisikos einer erwarteten Transaktion entstehen, weiterhin seine bestehenden Rechnungslegungsmethoden anzuwenden hat,

(b) kumulierte Umrechnungsdifferenzen im Zusammenhang mit der Umrechnung von Abschlüssen ausländischer Geschäftsbetriebe, die im sonstigen Ergebnis erfasst werden, sind im Eigenkapital zu kumulieren und erst bei der Veräußerung oder teilweisen Veräußerung der Nettoinvestition in den ausländischen Geschäftsbetrieb erfolgswirksam umzugliedern und

(c) Umrechnungsdifferenzen aus der Umrechnung von Schulden, die auf Fremdwährungen der Teilnehmerstaaten lauten, sind nicht dem Buchwert des dazugehörenden Vermögenswerts zuzurechnen.

DATUM DES BESCHLUSSES

Oktober 1997

ZEITPUNKT DES INKRAFTTRETENS

Diese Interpretation tritt am 1. Juni 1998 in Kraft. Änderungen der Rechnungslegungsmethoden sind gemäß IAS 8 vorzunehmen.

Infolge (der 2007 überarbeiteten Fassung) von IAS 1 wurde die in allen IFRS verwendete Terminologie geändert. Außerdem wurde dadurch Paragraph 4 geändert. Diese Änderungen sind auf Geschäftsjahre anzuwenden, die am oder nach dem 1. Januar 2009 beginnen. Wendet ein Unternehmen die 2007 überarbeitete Fassung von IAS 1 auf eine frühere Periode an, so hat es auf diese Periode auch diese Änderungen anzuwenden.

Mit dem 2008 geänderten IAS 27 wurde Paragraph 4 (b) geändert. Diese Änderung ist auf Geschäftsjahre anzuwenden, die am oder nach dem 1. Juli 2009 beginnen. Wendet ein Unternehmen die 2008 geänderte Fassung von IAS 27 auf eine frühere Periode an, so hat es auf diese Periode auch diese Änderung anzuwenden.

SIC INTERPRETATION 7

Introduction of the euro

REFERENCES

— IAS 1 *Presentation of Financial Statements* (as revised in 2007)
— IAS 8 *Accounting policies, changes in accounting estimates and errors*
— IAS 10 *Events after the reporting period* (as revised in 2003)
— IAS 21 *The effects of changes in foreign exchange rates* (as revised in 2003)
— IAS 27 *Consolidated and Separate Financial Statements* (as amended in 2008)

ISSUE

From 1 January 1999, the effective start of Economic and Monetary Union (EMU), the euro will become a currency in its own right and the conversion rates between the euro and the participating national currencies will be irrevocably fixed, i.e. the risk of subsequent exchange differences related to these currencies is eliminated from this date on. 1

The issue is the application of IAS 21 to the changeover from the national currencies of participating Member States of the European Union to the euro (the changeover). 2

CONSENSUS

The requirements of IAS 21 regarding the translation of foreign currency transactions and financial statements of foreign operations should be strictly applied to the changeover. The same rationale applies to the fixing of exchange rates when countries join EMU at later stages. 3

This means that, in particular: 4

(a) foreign currency monetary assets and liabilities resulting from transactions shall continue to be translated into the functional currency at the closing rate. Any resultant exchange differences shall be recognised as income or expense immediately, except that an entity shall continue to apply its existing accounting policy for exchange gains and losses related to hedges of the currency risk of a forecast transaction;
(b) cumulative exchange differences relating to the translation of financial statements of foreign operations, recognised in other comprehensive income, shall be accumulated in equity and shall be reclassified from equity to profit or loss only on the disposal or partial disposal of the net investment in the foreign operation; and
(c) exchange differences resulting from the translation of liabilities denominated in participating currencies shall not be included in the carrying amount of related assets.

DATE OF CONSENSUS

October 1997

EFFECTIVE DATE

This interpretation becomes effective on 1 June 1998. Changes in accounting policies shall be accounted for according to the requirements of IAS 8.

IAS 1 (as revised in 2007) amended the terminology used throughout IFRSs. In addition it amended paragraph 4. An entity shall apply those amendments for annual periods beginning on or after 1 January 2009. If an entity applies IAS 1 (revised 2007) for an earlier period, the amendments shall be applied for that earlier period.

IAS 27 (as amended by the International Accounting Standards Board in 2008) amended paragraph 4(b). An entity shall apply that amendment for annual periods beginning on or after 1 July 2009. If an entity applies IAS 27 (amended 2008) for an earlier period, the amendment shall be applied for that earlier period.

SIC INTERPRETATION 10

Zuwendungen der öffentlichen Hand – Kein spezifischer Zusammenhang mit betrieblichen Tätigkeiten

VERWEISE

- IAS 8 *Rechnungslegungsmethoden, Änderungen von rechnungslegungsbezogenen Schätzungen und Fehler*
- IAS 20 *Bilanzierung und Darstellung von Zuwendungen der öffentlichen Hand*

FRAGESTELLUNG

1 In manchen Ländern können Zuwendungen der öffentlichen Hand existieren, die auf die Förderung oder Langzeitunterstützung von Geschäftstätigkeiten entweder in bestimmten Regionen oder in bestimmten Branchen ausgerichtet sind. Die Bedingungen für den Erhalt dieser Zuwendungen beziehen sich nicht immer speziell auf die betrieblichen Tätigkeiten der Unternehmen. Beispiele für solche Zuwendungen sind Übertragungen von Ressourcen der öffentlichen Hand auf Unternehmen, die
(a) in einer bestimmten Branche tätig sind,
(b) weiterhin in kürzlich privatisierten Branchen tätig sind oder
(c) ihren Geschäftsbetrieb in unterentwickelten Gebieten aufnehmen oder fortführen.

2 Diese Interpretation betrifft die Frage, ob solche Zuwendungen der öffentlichen Hand eine Zuwendung der öffentlichen Hand im Sinne von IAS 20 darstellen und demnach gemäß jenem Standard zu bilanzieren sind.

BESCHLUSS

3 Zuwendungen der öffentlichen Hand für Unternehmen erfüllen die Definition für Zuwendungen der öffentlichen Hand von IAS 20, auch wenn es außer der Vorschrift, in bestimmten Regionen oder Branchen tätig zu sein, keine Bedingungen gibt, die sich speziell auf die betriebliche Tätigkeit des Unternehmens beziehen. Sie dürfen deshalb nicht unmittelbar dem Eigenkapital zugeordnet werden.

DATUM DES BESCHLUSSES

Januar 1998

ZEITPUNKT DES INKRAFTTRETENS

Diese Interpretation tritt am 1. August 1998 in Kraft. Änderungen der Rechnungslegungsmethoden sind gemäß IAS 8 zu bilanzieren.

SIC INTERPRETATION 10

Government assistance—no specific relation to operating activities

REFERENCES

— IAS 8 *Accounting policies, changes in accounting estimates and errors*
— IAS 20 *Accounting for government grants and disclosure of government assistance*

ISSUE

In some countries government assistance to entities may be aimed at encouragement or long-term support of business activities either in certain regions or industry sectors. Conditions to receive such assistance may not be specifically related to the operating activities of the entity. Examples of such assistance are transfers of resources by governments to entities which: 1

(a) operate in a particular industry;
(b) continue operating in recently privatised industries; or
(c) start or continue to run their business in underdeveloped areas.

The issue is whether such government assistance is a 'government grant' within the scope of IAS 20 and, therefore, should be accounted for in accordance with this standard. 2

CONSENSUS

Government assistance to entities meets the definition of government grants in IAS 20, even if there are no conditions specifically relating to the operating activities of the entity other than the requirement to operate in certain regions or industry sectors. Such grants shall therefore not be credited directly to shareholders' interests'. 3

DATE OF CONSENSUS

January 1998

EFFECTIVE DATE

This interpretation becomes effective on 1 August 1998. Changes in accounting policies shall be accounted for in accordance with IAS 8.

SIC INTERPRETATION 25

Ertragsteuern – Änderungen im Steuerstatus eines Unternehmens oder seiner Anteilseigner

VERWEISE

- IAS 1 *Darstellung des Abschlusses* (überarbeitet 2007)
- IAS 8 *Rechnungslegungsmethoden, Änderungen von rechnungslegungsbezogenen Schätzungen und Fehler*
- IAS 12 *Ertragsteuern*

FRAGESTELLUNG

1 Eine Änderung im Steuerstatus eines Unternehmens oder seiner Anteilseigner kann für das Unternehmen eine Erhöhung oder Verringerung der Steuerschulden oder -ansprüche zur Folge haben. Dies kann beispielsweise infolge der Börsennotierung von Eigenkapitalinstrumenten oder bei einer Eigenkapitalrestrukturierung eintreten. Zudem kann es infolge eines Umzugs des beherrschenden Anteilseigners ins Ausland eintreten. Nach einem solchen Ereignis wird das Unternehmen möglicherweise anders besteuert; es kann beispielsweise Steueranreize erlangen oder verlieren oder künftig einem anderen Steuersatz unterliegen.

2 Eine Änderung im Steuerstatus des Unternehmens oder seiner Anteilseigner kann eine sofortige Auswirkung auf die tatsächlichen Steuerschulden oder -ansprüche des Unternehmens haben. Eine solche Änderung kann zudem die durch das Unternehmen erfassten latenten Steuerschulden oder -ansprüche erhöhen oder verringern, je nachdem, welche steuerlichen Konsequenzen sich aus der Änderung im Steuerstatus hinsichtlich der Realisierung oder Erfüllung des Buchwerts der Vermögenswerte und Schulden des Unternehmens ergeben.

3 Diese Interpretation betrifft die Frage, wie das Unternehmen die steuerlichen Konsequenzen einer Änderung seines Steuerstatus oder des Steuerstatus seiner Anteilseigner zu bilanzieren hat.

BESCHLUSS

4 Ein geänderter Steuerstatus eines Unternehmens oder seiner Anteilseigner hat keine Erhöhung oder Verringerung von nicht erfolgswirksam erfassten Beträgen zur Folge. Die Konsequenzen, die sich aus einem geänderten Steuerstatus für die tatsächlichen und latenten Ertragsteuern ergeben, sind in der Berichtsperiode erfolgswirksam zu erfassen, es sei denn, diese Konsequenzen stehen mit Geschäftsvorfällen oder Ereignissen im Zusammenhang, die in der gleichen oder einer anderen Periode unmittelbar eine Gutschrift oder Belastung des erfassten Eigenkapitalbetrags oder eine Erfassung im sonstigen Ergebnis bewirken. Steuerliche Konsequenzen, die sich auf Änderungen des erfassten Eigenkapitalbetrags in der gleichen oder einer anderen Periode beziehen (die also nicht erfolgswirksam erfasst werden), sind ebenfalls unmittelbar dem Eigenkapital gutzuschreiben oder zu belasten. Steuerliche Konsequenzen, die sich auf im sonstigen Ergebnis erfasste Beträge beziehen, sind auch im sonstigen Ergebnis zu erfassen.

DATUM DES BESCHLUSSES

August 1999

ZEITPUNKT DES INKRAFTTRETENS

Dieser Beschluss tritt am 15. Juli 2000 in Kraft. Änderungen der Rechnungslegungsmethoden sind gemäß IAS 8 zu bilanzieren.

Infolge (der 2007 überarbeiteten Fassung) von IAS 1 wurde die in allen IFRS verwendete Terminologie geändert. Außerdem wurde dadurch Paragraph 4 geändert. Diese Änderungen sind auf Geschäftsjahre anzuwenden, die am oder nach dem 1. Januar 2009 beginnen. Wendet ein Unternehmen die 2007 überarbeitete Fassung von IAS 1 auf eine frühere Periode an, so hat es auf diese Periode auch diese Änderungen anzuwenden.

SIC INTERPRETATION 25

Income taxes—changes in the tax status of an entity or its shareholders

REFERENCES

— IAS 1 *Presentation of Financial Statements* (as revised in 2007)
— IAS 8 *Accounting policies, changes in accounting estimates and errors*
— IAS 12 *Income taxes*

ISSUE

A change in the tax status of an entity or of its shareholders may have consequences for an entity by increasing or decreasing its tax liabilities or assets. This may, for example, occur upon the public listing of an entity's equity instruments or upon the restructuring of an entity's equity. It may also occur upon a controlling shareholder's move to a foreign country. As a result of such an event, an entity may be taxed differently; it may for example gain or lose tax incentives or become subject to a different rate of tax in the future. 1

A change in the tax status of an entity or its shareholders may have an immediate effect on the entity's current tax liabilities or assets. The change may also increase or decrease the deferred tax liabilities and assets recognised by the entity, depending on the effect the change in tax status has on the tax consequences that will arise from recovering or settling the carrying amount of the entity's assets and liabilities. 2

The issue is how an entity should account for the tax consequences of a change in its tax status or that of its shareholders. 3

CONSENSUS

A change in the tax status of an entity or its shareholders does not give rise to increases or decreases in amounts recognised outside profit or loss. The current and deferred tax consequences of a change in tax status shall be included in profit or loss for the period, unless those consequences relate to transactions and events that result, in the same or a different period, in a direct credit or charge to the recognised amount of equity or in amounts recognised in other comprehensive income. Those tax consequences that relate to changes in the recognised amount of equity, in the same or a different period (not included in profit or loss), shall be charged or credited directly to equity. Those tax consequences that relate to amounts recognised in other comprehensive income shall be recognised in other comprehensive income. 4

DATE OF CONSENSUS

August 1999

EFFECTIVE DATE

This consensus becomes effective on 15 July 2000. Changes in accounting policies shall be accounted for in accordance with IAS 8.

IAS 1 (as revised in 2007) amended the terminology used throughout IFRSs. In addition it amended paragraph 4. An entity shall apply those amendments for annual periods beginning on or after 1 January 2009. If an entity applies IAS 1 (revised 2007) for an earlier period, the amendments shall be applied for that earlier period.

SIC INTERPRETATION 29

Dienstleistungskonzessionsvereinbarungen: Angaben

VERWEISE

- IFRS 16 *Leasingverhältnisse*
- IAS 1 *Darstellung des Abschlusses* (überarbeitet 2007)
- IAS 16 *Sachanlagen* (überarbeitet 2003)
- IAS 37 *Rückstellungen, Eventualverbindlichkeiten und Eventualforderungen*
- IAS 38 *Immaterielle Vermögenswerte* (überarbeitet 2004)
- IFRIC 12 *Dienstleistungskonzessionsvereinbarungen*

FRAGESTELLUNG

1 Ein Unternehmen (der Betreiber) kann mit einem anderen Unternehmen (dem Konzessionsgeber) eine Vereinbarung zur Erbringung von Dienstleistungen schließen, die der Öffentlichkeit Zugang zu wichtigen wirtschaftlichen und sozialen Einrichtungen gewähren. Der Konzessionsgeber kann ein privates Unternehmen oder eine öffentliche Einrichtung einschließlich eines staatlichen Organs sein. Beispiele für Dienstleistungskonzessionsvereinbarungen sind Vereinbarungen über Abwasserkläranlagen und Wasserversorgungssysteme, Autobahnen, Parkhäuser und -plätze, Tunnel, Brücken, Flughäfen und Fernmeldenetze. Ein Beispiel für Vereinbarungen, die keine Dienstleistungskonzessionsvereinbarungen darstellen, ist ein Unternehmen, das seine internen Dienstleistungen (z. B. die Kantine, die Gebäudeinstandhaltung, das Rechnungswesen oder Funktionsbereiche der Informationstechnologie) auslagert.

2 Bei einer Dienstleistungskonzessionsvereinbarung überträgt der Konzessionsgeber dem Betreiber für die Laufzeit der Konzession normalerweise

(a) das Recht, Dienstleistungen zu erbringen, die der Öffentlichkeit Zugang zu wichtigen wirtschaftlichen und sozialen Einrichtungen gewähren, und

(b) in einigen Fällen das Recht, bestimmte materielle, immaterielle und/oder finanzielle Vermögenswerte zu benutzen, im Austausch dafür, dass der Betreiber

(c) sich verpflichtet, die Dienstleistungen während der Laufzeit der Konzession entsprechend bestimmten Bedingungen zu erbringen, und

(d) sich verpflichtet, gegebenenfalls nach Ablauf der Konzession die Rechte zurückzugeben, die er am Anfang der Laufzeit der Konzession erhalten bzw. während der Laufzeit der Konzession erworben hat.

3 Das gemeinsame Merkmal aller Dienstleistungskonzessionsvereinbarungen ist, dass der Betreiber sowohl ein Recht erhält als auch die Verpflichtung eingeht, öffentliche Dienstleistungen zu erbringen.

4 Diese Interpretation betrifft die Frage, welche Informationen im Anhang der Abschlüsse eines Betreibers und eines Konzessionsgebers anzugeben sind.

5 Bestimmte Aspekte und Angaben im Zusammenhang mit einigen Dienstleistungskonzessionsvereinbarungen werden bereits in anderen International Financial Reporting Standards behandelt (z. B. bezieht sich IAS 16 auf den Erwerb von Sachanlagen, IFRS 16 auf das Leasing von Vermögenswerten und IAS 38 auf den Erwerb von immateriellen Vermögenswerten). Eine Dienstleistungskonzessionsvereinbarung kann aber noch zu erfüllende Verträge enthalten, die in den International Financial Reporting Standards nicht behandelt werden, es sei denn, es handelt sich um belastende Verträge, auf die IAS 37 anzuwenden ist. Daher betrifft diese Interpretation zusätzliche Angaben hinsichtlich Dienstleistungskonzessionsvereinbarungen.

BESCHLUSS

6 Bei der Bestimmung der angemessenen Angaben im Anhang sind alle Aspekte einer Dienstleistungskonzessionsvereinbarung zu berücksichtigen. Der Betreiber und der Konzessionsgeber haben in jeder Periode die folgenden An gaben zu machen:

(a) eine Beschreibung der Vereinbarung,

(b) wesentliche Bestimmungen der Vereinbarung, die den Betrag, den Zeitpunkt und die Wahrscheinlichkeit des Eintretens künftiger Zahlungsströme beeinflussen können (z. B. die Laufzeit der Konzession, die Termine für die Neufestsetzung der Gebühren und die Grundlage für Gebührenanpassungen oder Neuverhandlungen),

SIC INTERPRETATION 29

Service Concession Arrangements: Disclosures

REFERENCES

— IAS 1 *Presentation of financial statements* (as revised in 2007)
— IAS 16 *Property, plant and equipment* (as revised in 2003)
— IAS 17 *Leases* (as revised in 2003)
— IAS 37 *Provisions, contingent liabilities and contingent assets*
— IAS 38 *Intangible assets* (as revised in 2004)
— IFRS 16 *Leases*

ISSUE

An entity (the operator) may enter into an arrangement with another entity (the grantor) to provide services that give the public access to major economic and social facilities. The grantor may be a public or private sector entity, including a governmental body. Examples of service concession arrangements involve water treatment and supply facilities, motorways, car parks, tunnels, bridges, airports and telecommunication networks. Examples of arrangements that are not service concession arrangements include an entity outsourcing the operation of its internal services (e.g. employee cafeteria, building maintenance, and accounting or information technology functions). 1

A service concession arrangement generally involves the grantor conveying for the period of the concession to the operator: 2
(a) the right to provide services that give the public access to major economic and social facilities; and
(b) in some cases, the right to use specified tangible assets, intangible assets, or financial assets;
in exchange for the operator:
(c) committing to provide the services according to certain terms and conditions during the concession period; and
(d) when applicable, committing to return at the end of the concession period the rights received at the beginning of the concession period and/or acquired during the concession period.

The common characteristic of all service concession arrangements is that the operator both receives a right and incurs an obligation to provide public services. 3

The issue is what information should be disclosed in the notes in the financial statements of a operator and a grantor. 4

Certain aspects and disclosures relating to some service concession arrangements are already addressed by existing International Financial Reporting Standards (eg IAS 16 applies to acquisitions of items of property, plant and equipment, IFRS 16 applies to leases of assets, and IAS 38 applies to acquisitions of intangible assets). However, a service concession arrangement may involve executory contracts that are not addressed in International Financial Reporting Standards, unless the contracts are onerous, in which case IAS 37 applies. Therefore, this Interpretation addresses additional disclosures of service concession arrangements. 5

CONSENSUS

All aspects of a service concession arrangement shall be considered in determining the appropriate disclosures in the notes. A operator and a grantor shall disclose the following in each period: 6
(a) a description of the arrangement;
(b) significant terms of the arrangement that may affect the amount, timing and certainty of future cash flows (e.g. the period of the concession, repricing dates and the basis upon which repricing or renegotiation is determined);

(c) Art und Umfang (z. B. Menge, Laufzeit oder Betrag) von
  (i) Rechten, spezifizierte Vermögenswerte zu nutzen,
  (ii) zu erfüllenden Verpflichtungen oder Rechten auf das Erbringen von Dienstleistungen,
  (iii) Verpflichtungen, Sachanlagen zu erwerben oder zu errichten,
  (iv) Verpflichtungen, spezifizierte Vermögenswerte am Ende der Laufzeit der Konzession zu übergeben oder Ansprüche, solche zu diesem Zeitpunkt zu erhalten,
  (v) Verlängerungs- und Kündigungsoptionen und
  (vi) anderen Rechten und Verpflichtungen (z. B. Großreparaturen und -instandhaltungen),
(d) Veränderungen der Vereinbarung während der Laufzeit der Konzession und
(e) wie die Konzessionsvereinbarung eingestuft wurde.

6A Der Betreiber hat die Erlöse und die Gewinne oder Verluste anzugeben, die im Berichtszeitraum dadurch entstanden sind, dass er im Austausch für einen finanziellen oder immateriellen Vermögenswert Bauleistungen erbracht hat.

7 Die gemäß Paragraph 6 dieser Interpretation erforderlichen Angaben sind für jede einzelne Dienstleistungskonzessionsvereinbarung oder zusammenfassend für jede Gruppe von Dienstleistungskonzessionsvereinbarungen zu machen. Eine Gruppe von Dienstleistungskonzessionsvereinbarungen umfasst Dienstleistungen ähnlicher Art (z. B. Mauteinnahmen, Telekommunikationsdienstleistungen oder Abwasseraufbereitungsdienste).

DATUM DES BESCHLUSSES

Mai 2001

ZEITPUNKT DES INKRAFTTRETENS

Diese Interpretation tritt am 31. Dezember 2001 in Kraft.

Die Änderungen an den Paragraphen 6 (e) und 6A sind auf Geschäftsjahre anzuwenden, die am oder nach dem 1. Januar 2008 beginnen. Wendet ein Unternehmen IFRIC 12 auf eine frühere Periode an, so hat es auf diese Periode auch diese Änderung anzuwenden.

Mit dem im Januar 2016 veröffentlichten IFRS 16 wurde Paragraph 5 geändert. Wendet ein Unternehmen IFRS 16 an, hat es diese Änderung ebenfalls anzuwenden.

(c) the nature and extent (e.g. quantity, time period or amount as appropriate) of:
  (i) rights to use specified assets;
  (ii) obligations to provide or rights to expect provision of services;
  (iii) obligations to acquire or build items of property, plant and equipment;
  (iv) obligations to deliver or rights to receive specified assets at the end of the concession period;
  (v) renewal and termination options; and
  (vi) other rights and obligations (e.g. major overhauls); and
(d) changes in the arrangement occurring during the period and
(e) how the service arrangement has been classified.

An operator shall disclose the amount of revenue and profits or losses recognised in the period on exchanging construction services for a financial asset or an intangible asset. **6A**

The disclosures required in accordance with paragraph 6 of this interpretation shall be provided individually for each service concession arrangement or in aggregate for each class of service concession arrangements. A class is a grouping of service concession arrangements involving services of a similar nature (e.g. toll collections, telecommunications and water treatment services). 7

DATE OF CONSENSUS

May 2001

EFFECTIVE DATE

This interpretation becomes effective on 31 December 2001.

An entity shall apply the amendment in paragraphs 6 (e) and 6A for annual periods beginning on or after 1 January 2008. If an entity applies IFRIC 12 for an earlier period, the amendment shall be applied for that earlier period.

IFRS 16, issued in January 2016, amended paragraph 5. An entity shall apply that amendment when it applies IFRS 16.

SIC INTERPRETATION 32

Immaterielle Vermögenswerte – Kosten von Internetseiten

VERWEISE

- IFRS 3 *Unternehmenszusammenschlüsse*
- IFRS 15 *Erlöse aus Verträgen mit Kunden*
- IFRS 16 *Leasingverhältnisse*
- IAS 1 *Darstellung des Abschlusses* (überarbeitet 2007)
- IAS 2 *Vorräte* (überarbeitet 2003)
- IAS 16 *Sachanlagen* (überarbeitet 2003)
- IAS 36 *Wertminderung von Vermögenswerten* (überarbeitet 2004)
- IAS 38 *Immaterielle Vermögenswerte* (überarbeitet 2004)

FRAGESTELLUNG

1 Für die Entwicklung und den Betrieb einer Internetseite für den betriebsinternen oder -externen Gebrauch können einem Unternehmen interne Ausgaben entstehen. Eine Internetseite, die für den betriebsexternen Gebrauch entworfen wird, kann verschiedenen Zwecken dienen, zum Beispiel der Verkaufsförderung und Bewerbung der unternehmenseigenen Produkte und Dienstleistungen, dem Angebot elektronischer Dienstleistungen und dem Verkauf von Produkten und Dienstleistungen. Eine Internetseite für den betriebsinternen Gebrauch kann für die Speicherung von Unternehmensstrategien oder Kundendaten eingesetzt werden, oder auch dem Auffinden betriebsrelevanter Informationen dienen.

2 Die Entwicklungsstadien einer Internetseite lassen sich wie folgt beschreiben:

(a) Planung – umfasst die Durchführung von Realisierbarkeitsstudien, die Definition von Zweck und Leistungsumfang, die Bewertung von Alternativen und die Festlegung von Prioritäten,

(b) Einrichtung und Entwicklung der Infrastruktur – umfasst die Einrichtung einer Domain, den Erwerb und die Entwicklung der Hardware und der Betriebssoftware, die Installation der entwickelten Anwendungen und die Belastungsprüfung,

(c) Entwicklung der grafischen Gestaltung – umfasst die Konzeption des Erscheinungsbilds der Internetseiten,

(d) Entwicklung der Inhalte – umfasst die Erstellung, den Erwerb, die Vorbereitung und das Hochladen von textlicher oder grafischer Information für die Internetseite im Zuge der Entwicklung der Internetseite; die Information wird entweder direkt in die Internetseiten einprogrammiert oder sie ist in separaten Datenbanken gespeichert, die in die Internetseite integriert werden oder auf die von der Internetseite zugegriffen wird.

3 Nach dem Abschluss der Entwicklung einer Internetseite beginnt die Betriebsphase. Während dieser Phase unterhält und verbessert das Unternehmen die Anwendungen, die Infrastruktur, die grafische Gestaltung und den Inhalt der Internetseite.

4 Bei der Bilanzierung von internen Ausgaben für die Entwicklung und den Betrieb einer unternehmenseigenen Internetseite für den betriebsinternen oder -externen Gebrauch, stellen sich die folgenden Fragen:

(a) Handelt es sich bei der Internetseite um einen selbst geschaffenen immateriellen Vermögenswert, der den Vorschriften von IAS 38 unterliegt?

(b) Nach welcher Methode sind diese Ausgaben zu bilanzieren?

5 Diese Interpretation gilt nicht für Ausgaben für den Erwerb, die Entwicklung und den Betrieb der Hardware (z. B. Webserver, Staging-Server, Produktionsserver und Internetanschlüsse) für diese Internetseite, da diese nach IAS 16 zu bilanzieren sind. Wenn das Unternehmen zudem Ausgaben für einen Internetdienstleister tätigt, der die Internetseite als Provider ins Netz stellt, so sind diese Ausgaben bei Erhalt der Dienstleistung gemäß Paragraph 88 von IAS 1 und gemäß dem *Rahmenkonzept für die Finanzberichterstattung* als Aufwand zu erfassen.

6 IAS 38 gilt weder für immaterielle Vermögenswerte, die vom Unternehmen im normalen Geschäftsgang zur Veräußerung gehalten werden (siehe IAS 2 und IFRS 15), noch für immaterielle Vermögenswerte, die einem Leasingverhältnis unterliegen und gemäß IFRS 16 zu bilanzieren sind. Dementsprechend gilt diese Interpretation nicht für Ausgaben im Zuge der Entwicklung oder des Betriebs einer Internetseite (oder von Internetseiten-Software), die an ein anderes Unternehmen veräußert oder nach IFRS 16 bilanziert wird.

SIC INTERPRETATION 32

Intangible assets—web site costs

REFERENCES

— IFRS 3 *Business combinations*
— IFRS 15 *Revenue from Contracts with Customers*
— IFRS 16 *Leases*
— IAS 1 *Presentation of Financial Statements* (as revised in 2007)
— IAS 2 *Inventories* (as revised in 2003)
— IAS 16 *Property, plant and equipment* (as revised in 2003)
— IAS 36 *Impairment of assets* (as revised in 2004)
— IAS 38 *Intangible assets* (as revised in 2004)

ISSUE

An entity may incur internal expenditure on the development and operation of its own website for internal or external access. A website designed for external access may be used for various purposes such as to promote and advertise an entity's own products and services, provide electronic services, and sell products and services. A website designed for internal access may be used to store company policies and customer details, and search relevant information. 1

The stages of a website's development can be described as follows: 2
(a) Planning—includes undertaking feasibility studies, defining objectives and specifications, evaluating alternatives and selecting preferences.
(b) Application and infrastructure development—includes obtaining a domain name, purchasing and developing hardware and operating software, installing developed applications and stress testing.
(c) Graphical design development—includes designing the appearance of web pages.
(d) Content development—includes creating, purchasing, preparing and uploading information, either textual or graphical in nature, on the website before the completion of the website's development. This information may either be stored in separate databases that are integrated into (or accessed from) the website or coded directly into the web pages.

Once development of a website has been completed, the Operating stage begins. During this stage, an entity maintains and enhances the applications, infrastructure, graphical design and content of the website. 3

When accounting for internal expenditure on the development and operation of an entity's own website for internal or external access, the issues are: 4
(a) whether the website is an internally generated intangible asset that is subject to the requirements of IAS 38; and
(b) the appropriate accounting treatment of such expenditure.

This Interpretation does not apply to expenditure on purchasing, developing, and operating hardware (e.g. web servers, staging servers, production servers and internet connections) of a web site. Such expenditure is accounted for under IAS 16. Additionally, when an entity incurs expenditure on an internet service provider hosting the entity's web site, the expenditure is recognised as an expense under IAS 1.88 and the *Conceptual Framework for Financial Reporting* when the services are received. 5

IAS 38 does not apply to intangible assets held by an entity for sale in the ordinary course of business (see IAS 2 and IFRS 15) or leases of intangible assets accounted for in accordance with IFRS 16. Accordingly, this Interpretation does not apply to expenditure on the development or operation of a web site (or web site software) for sale to another entity or that is accounted for in accordance with IFRS 16. 6

BESCHLUSS

7 Bei einer unternehmenseigenen Internetseite, der eine Entwicklung vorausgegangen ist und die für den betriebsinternen oder -externen Gebrauch bestimmt ist, handelt es sich um einen selbst geschaffenen immateriellen Vermögenswert, der den Vorschriften von IAS 38 unterliegt.

8 Eine Internetseite, der eine Entwicklung vorausgegangen ist, ist nur dann als immaterieller Vermögenswert anzusetzen, wenn das Unternehmen außer den in Paragraph 21 von IAS 38 festgelegten allgemeinen Voraussetzungen für Ansatz und erstmalige Bewertung auch die Voraussetzungen von Paragraph 57 von IAS 38 erfüllt. So kann das Unternehmen insbesondere nachweisen, dass seine Internetseite voraussichtlich einen künftigen wirtschaftlichen Nutzen gemäß Paragraph 57 (d) von IAS 38 erzeugen wird, wenn über die Seite Erlöse erwirtschaftet werden können, darunter direkte Erlöse, weil Bestellungen aufgegeben werden können. Ist ein Unternehmen nicht in der Lage nachzuweisen, in welcher Weise eine Internetseite, die ausschließlich oder hauptsächlich zu dem Zweck entwickelt wurde, unternehmenseigene Produkte und Dienstleistungen zu bewerben und ihren Verkauf zu fördern, voraussichtlich einen künftigen wirtschaftlichen Nutzen erzeugen wird, muss es die Ausgaben für die Entwicklung der Internetseite bei ihrem Anfall als Aufwand erfassen.

9 Interne Ausgaben für die Entwicklung und den Betrieb unternehmenseigener Internetseiten sind nach IAS 38 zu bilanzieren. Zur Bestimmung der anzuwendenden Bilanzierungsmethode ist die Art der Tätigkeit, für die die Ausgaben entstehen (z. B. Schulung von Angestellten oder Pflege der Internetseite), zu berücksichtigen sowie das Entwicklungsstadium bzw. die Betriebsphase der Internetseite (zusätzliche Anwendungsleitlinien sind den dieser Interpretation beigefügten konkreten Beispielen zu entnehmen). Zum Beispiel:

(a) Das Planungsstadium gleicht seinem Wesen nach der in den Paragraphen 54–56 von IAS 38 beschriebenen Forschungsphase. Ausgaben während dieses Stadiums sind bei ihrem Anfall als Aufwand zu erfassen.

(b) Die Stadien der Einrichtung und Entwicklung der Infrastruktur, der Entwicklung der grafischen Gestaltung und der Entwicklung der Inhalte gleichen ihrem Wesen nach, sofern die Inhalte nicht zum Zweck der Werbung und der Verkaufsförderung der unternehmenseigenen Produkte und Dienstleistungen entwickelt werden, der in den Paragraphen 57–64 von IAS 38 beschriebenen Entwicklungsphase. Ausgaben, die in diesen Stadien getätigt werden, sind Teil der Kosten einer Internetseite und nach Paragraph 8 dieser Interpretation als immaterieller Vermögenswert anzusetzen, wenn die Ausgaben einzeln zugeordnet werden können und für die Erstellung, Aufbereitung und Vorbereitung der Internetseite für den beabsichtigten Gebrauch notwendig sind. So sind Ausgaben für den Erwerb oder die Erstellung von Inhalten für Internetseiten (sofern der Zweck dieser Inhalte nicht die Werbung und Verkaufsförderung der unternehmenseigenen Produkte und Dienstleistungen ist) oder Ausgaben, die den Gebrauch der Inhalte der Internetseite ermöglichen (z. B. Gebühren für die Verwendung von Inhalten Dritter), als Teil der Entwicklungskosten zu erfassen, wenn diese Bedingungen erfüllt sind. Nach Paragraph 71 von IAS 38 dürfen Ausgaben für einen immateriellen Posten, die in früheren Abschlüssen ursprünglich als Aufwand erfasst wurden, jedoch zu einem späteren Zeitpunkt nicht mehr als Teil der Anschaffungs- oder Herstellungskosten des immateriellen Vermögenswerts angesetzt werden (z. B. wenn die Kosten für das Urheberrecht vollständig abgeschrieben sind und der Inhalt danach auf einer Internetseite bereitgestellt wird).

(c) Während des Stadiums der Entwicklung der Inhalte getätigte Ausgaben sind, sofern die Inhalte für die Werbung und Verkaufsförderung der unternehmenseigenen Produkte und Dienstleistungen entwickelt werden (z. B. Produkt-Fotografien), nach Paragraph 69 (c) von IAS 38 in der Periode, in der sie anfallen, als Aufwand zu erfassen. So sind Ausgaben für professionelle Dienstleistungen im Zusammenhang mit digitalen Fotoaufnahmen von unternehmenseigenen Produkten und der Verbesserung der Produktpräsentation bei Erhalt der professionellen Dienstleistungen laufend als Aufwand zu erfassen und nicht erst, wenn die Digitalaufnahmen auf der Internetseite veröffentlicht werden.

(d) Die Betriebsphase beginnt, sobald die Entwicklung der Internetseite abgeschlossen ist. Ausgaben, die in dieser Phase getätigt werden, sind bei ihrem Anfall als Aufwand zu erfassen, es sei denn, sie erfüllen die in Paragraph 18 von IAS 38 festgelegten Ansatzkriterien.

10 Eine Internetseite, die nach Paragraph 8 der vorliegenden Interpretation als immaterieller Vermögenswert erfasst wird, ist nach dem erstmaligen Ansatz gemäß den Paragraphen 72–87 von IAS 38 zu bewerten. Die Nutzungsdauer einer Internetseite ist normalerweise als kurz einzuschätzen.

DATUM DES BESCHLUSSES

Mai 2001

ZEITPUNKT DES INKRAFTTRETENS

Diese Interpretation tritt am 25. März 2002 in Kraft. Die Auswirkungen der Anwendung dieser Interpretation sind nach den Übergangsbestimmungen von IAS 38 (in der 1998 herausgegebenen Fassung) zu bilanzieren. Wenn eine Internetseite

CONSENSUS

An entity's own website that arises from development and is for internal or external access is an internally generated intangible asset that is subject to the requirements of IAS 38. 7

A website arising from development shall be recognised as an intangible asset if, and only if, in addition to complying with the general requirements described in IAS 38.21 for recognition and initial measurement, an entity can satisfy the requirements in IAS 38.57. In particular, an entity may be able to satisfy the requirement to demonstrate how its website will generate probable future economic benefits in accordance with IAS 38.57 (d) when, for example, the website is capable of generating revenues, including direct revenues from enabling orders to be placed. An entity is not able to demonstrate how a website developed solely or primarily for promoting and advertising its own products and services will generate probable future economic benefits, and consequently all expenditure on developing such a website shall be recognised as an expense when incurred. 8

Any internal expenditure on the development and operation of an entity's own website shall be accounted for in accordance with IAS 38. The nature of each activity for which expenditure is incurred (e.g. training employees and maintaining the website) and the website's stage of development or post-development shall be evaluated to determine the appropriate accounting treatment (additional guidance is provided in the Appendix to this interpretation). For example: 9

(a) the planning stage is similar in nature to the research phase in IAS 38.54—.56. Expenditure incurred in this stage shall be recognised as an expense when it is incurred;
(b) the application and infrastructure development stage, the graphical design stage and the content development stage, to the extent that content is developed for purposes other than to advertise and promote an entity's own products and services, are similar in nature to the development phase in IAS 38.57—.64. Expenditure incurred in these stages shall be included in the cost of a website recognised as an intangible asset in accordance with paragraph 8 of this interpretation when the expenditure can be directly attributed and is necessary to creating, producing or preparing the website for it to be capable of operating in the manner intended by management. For example, expenditure on purchasing or creating content (other than content that advertises and promotes an entity's own products and services) specifically for a website, or expenditure to enable use of the content (e.g. a fee for acquiring a licence to reproduce) on the website, shall be included in the cost of development when this condition is met. However, in accordance with IAS 38.71, expenditure on an intangible item that was initially recognised as an expense in previous financial statements shall not be recognised as part of the cost of an intangible asset at a later date (e.g. if the costs of a copyright have been fully amortised, and the content is subsequently provided on a website);
(c) expenditure incurred in the content development stage, to the extent that content is developed to advertise and promote an entity's own products and services (e.g. digital photographs of products), shall be recognised as an expense when incurred in accordance with IAS 38.69 (c). For example, when accounting for expenditure on professional services for taking digital photographs of an entity's own products and for enhancing their display, expenditure shall be recognised as an expense as the professional services are received during the process, not when the digital photographs are displayed on the website;
(d) the operating stage begins once development of a website is complete. Expenditure incurred in this stage shall be recognised as an expense when it is incurred unless it meets the recognition criteria in IAS 38.18.

A website that is recognised as an intangible asset under paragraph 8 of this interpretation shall be measured after initial recognition by applying the requirements of IAS 38.72—.87. The best estimate of a website's useful life should be short. 10

DATE OF CONSENSUS

May 2001

EFFECTIVE DATE

This interpretation becomes effective on 25 March 2002. The effects of adopting this interpretation shall be accounted for using the transition requirements in the version of IAS 38 that was issued in 1998. Therefore, when a website does not

also die Kriterien für den Ansatz als immaterieller Vermögenswert nicht erfüllt, zuvor aber als Vermögenswert angesetzt war, ist dieser Posten auszubuchen, sobald diese Interpretation in Kraft tritt. Eine bestehende Internetseite, deren Entwicklungsausgaben die Kriterien für den Ansatz als immaterieller Vermögenswert erfüllen, die zuvor aber nicht als Vermögenswert angesetzt war, ist bei Inkrafttreten dieser Interpretation nicht als immaterieller Vermögenswert anzusetzen. Bei einer bestehenden Internetseite, deren Entwicklungsausgaben die Kriterien für den Ansatz als immaterieller Vermögenswert erfüllen, die zuvor als Vermögenswert angesetzt war und ursprünglich mit den Anschaffungs- oder Herstellungskosten bewertet wurde, gilt der ursprünglich erfasste Betrag als zutreffend.

Infolge (der 2007 überarbeiteten Fassung) von IAS 1 wurde die in allen IFRS verwendete Terminologie geändert. Außerdem wurde dadurch Paragraph 5 geändert. Diese Änderungen sind auf Geschäftsjahre anzuwenden, die am oder nach dem 1. Januar 2009 beginnen. Wendet ein Unternehmen die 2007 überarbeitete Fassung von IAS 1 auf eine frühere Periode an, so hat es auf diese Periode auch diese Änderungen anzuwenden.

Mit dem im Mai 2014 veröffentlichten IFRS 15 *Erlöse aus Verträgen mit Kunden* wurden der Abschnitt „Verweise" und der Paragraph 6 geändert. Wendet das Unternehmen IFRS 15 an, so hat es diese Änderung anzuwenden.

Durch IFRS 16, veröffentlicht im Januar 2016, wurde Paragraph 6 geändert. Wendet das Unternehmen IFRS 16 an, hat es diese Änderung ebenfalls anzuwenden.

Mit der 2018 veröffentlichten Verlautbarung *Änderungen der Verweise auf das Rahmenkonzept in IFRS-Standards* wurde Paragraph 5 geändert. Diese Änderung ist auf Geschäftsjahre anzuwenden, die am oder nach dem 1. Januar 2020 beginnen. Eine frühere Anwendung ist zulässig, wenn das Unternehmen gleichzeitig alle anderen mit der Verlautbarung *Änderungen der Verweise auf das Rahmenkonzept in IFRS-Standards* einhergehenden Änderungen anwendet. Nach IAS 8 *Rechnungslegungsmethoden, Änderungen von rechnungslegungsbezogenen Schätzungen und Fehler* ist die Änderung an SIC 32 rückwirkend anzuwenden. Sollte das Unternehmen jedoch feststellen, dass eine rückwirkende Anwendung nicht durchführbar ist oder mit unangemessenem Kosten- oder Zeitaufwand verbunden wäre, hat es die Änderungen an SIC 32 nach Maßgabe der Paragraphen 23–28, 50–53 und 54F von IAS 8 anzuwenden.

meet the criteria for recognition as an intangible asset, but was previously recognised as an asset, the item shall be derecognised at the date when this interpretation becomes effective. When a website exists and the expenditure to develop it meets the criteria for recognition as an intangible asset, but was not previously recognised as an asset, the intangible asset shall not be recognised at the date when this interpretation becomes effective. When a website exists and the expenditure to develop it meets the criteria for recognition as an intangible asset, was previously recognised as an asset and initially measured at cost, the amount initially recognised is deemed to have been properly determined.

IAS 1 (as revised in 2007) amended the terminology used throughout IFRSs. In addition it amended paragraph 5. An entity shall apply those amendments for annual periods beginning on or after 1 January 2009. If an entity applies IAS 1 (revised 2007) for an earlier period, the amendments shall be applied for that earlier period.

IFRS 15 *Revenue from Contracts with Customers*, issued in May 2014, amended the 'References' section and paragraph 6. An entity shall apply that amendment when it applies IFRS 15.

IFRS 16, issued in January 2016, amended paragraph 6. An entity shall apply that amendment when it applies IFRS 16.

Amendments to References to the Conceptual Framework in IFRS Standards, issued in 2018, amended paragraph 5. An entity shall apply that amendment for annual periods beginning on or after 1 January 2020. Earlier application is permitted if at the same time an entity also applies all other amendments made by *Amendments to References to the Conceptual Framework in IFRS Standards*. An entity shall apply the amendment to SIC-32 retrospectively in accordance with IAS 8 *Accounting Policies, Changes in Accounting Estimates and Errors*. However, if an entity determines that retrospective application would be impracticable or would involve undue cost or effort, it shall apply the amendment to SIC-32 by reference to paragraphs 23—28, 50—53 and 54F of IAS 8.

Stichwortverzeichnis

A

Index

F

T

U

V

M

N

O

P

R

W

Z

S

T

U

V

W